DICCIONARIO TÉCNICO
TECHNICAL DICTIONARY

F. BEIGBEDER ATIENZA
Ingeniero Civil y Militar

DICCIONARIO TÉCNICO
TECHNICAL DICTIONARY

INGLÉS - ESPAÑOL
ESPAÑOL-INGLÉS

ENGLISH-SPANISH
SPANISH-ENGLISH

ediciones
DIAZ DE SANTOS

Ediciones Díaz de Santos, S.A.
Juan Bravo, 3A. 28006 MADRID
España

ISBN : 84-7978 - 221- 8
Depósito legal: M. 40.083-1995

Diseño Gráfico: Antonio Lax
Fotocomposición: Díaz de Santos, S.A.
Impresión: Lavel, S.A.
Encuadernación: Felipe Méndez, S.L.

PRÓLOGO

El Diccionario de la Lengua Española, de la Real Academia Española (DRAE), vigésima primera edición, 1994, ofrece tres acepciones del vocablo «técnico»: 1) Perteneciente o relativo a las aplicaciones de las ciencias y las artes; 2) Aplícase en particular a las palabras o expresiones empleadas exclusivamente, y con sentido distinto del vulgar, en el lenguaje propio de un arte, ciencia, oficio, etc.; 3) Persona que posee los conocimientos especiales de una ciencia o arte.

Este DICCIONARIO TÉCNICO bilingüe responde a las dos primeras acepciones del DRAE mediante una selección analizada y revisada de palabras o expresiones recogidas en el *Nuevo Diccionario Politécnico de las Lenguas Española e Inglesa, de F. Beigbeder* (Díaz de Santos, 1988) más la incorporación actualizada de cientos de vocablos relativos a las nuevas tecnologías.

Al publicar este Diccionario pretendemos alcanzar un doble objetivo: ofrecer una acertada selección de «las palabras o expresiones empleadas en el lenguaje propio de un arte, ciencia, oficio, etc.», y que esta selección se traduzca en un producto de calidad, económicamente asequible para el lector.

Son tantas las ciencias, las artes, los oficios y tantas las palabras o expresiones empleadas en el lenguaje o lenguajes propios de un arte, ciencia, oficio..., que sería torpeza imperdonable decir que una obra como ésta las abarca todas. Y, especialmente, cuando sabemos que las ciencias y las tecnologías están en constante evolución y que hay que contemplar vocablos que para algunos serán arcaicos, para otros resultarán básicos, vocablos que responden a neologismos no registrados oficialmente.

Creemos, y es nuestro más sincero deseo, que con este Diccionario ofrecemos una obra de calidad que abarca una amplia y multifacética terminología técnica, que incluye un número importante de voces hispanoamericanas y una amplísima terminología y modalidades lingüísticas de los Estados Unidos aplicada a campos y áreas como: Arquitectura, Automoción, Aviación,

Electricidad, Hidráulica, Magnetismo, Máquinas, Herramientas, Mecánica, Metalurgia, Minería, Motores, Náutica, Óptica, Radio, etc., así como a los campos y sectores tecnológicamente más modernos y avanzados: Aeronáutica, Audiovisual, Cibernética, Electrobiología, Electrónica, Energía Nuclear, Informática, Láseres, Multimedia, Petroquímica, Radar, Robótica, Técnica Espacial, Telecomunicaciones, Telefonía y Televisión.

El DICCIONARIO TÉCNICO que presentamos es una herramienta de uso diario para resolver problemas concretos de terminología bilingüe, aporta soluciones con rapidez, precisión y claridad y reduce la necesidad de efectuar otras consultas para obtener la información precisa.

Hemos hecho lo posible para que las carencias de esta obra sean las mínimas y, conscientes de éstas, agradeceremos las críticas y sugerencias que nos ayudarán sin duda a mejorar las próximas ediciones.

EL EDITOR

PREFACE

The 21st edition (1994) of the Spanish Royal Academy's Dictionary of the Spanish Language provides three meanings of the term 'technical': 1) Pertaining or related to the applications of sciences and arts; 2) Particularly applicable to words or expressions used in an exclusive manner, and in a sense other than the common one, in the particular language of an art, science, profession, etc.; 3) a person possessing the specific knowledge of a science or art. This bilingual TECHNICAL DICTIONARY satisfies the first two meanings of the DRAE by means of a selection, analysis and review of the words or expressions included in the *New Polytechnic Dictionary of the Spanish and English Languages*, by F. Beigbeder (Díaz de Santos, 1988), plus the incorporation of hundreds of terms in connection with new technologies.

In publishing this Dictionary we purport to achieve a double goal: offer an appropriate selection of the 'words or expressions used in the particular language of an art, science, profession, etc'; and render this selection in a quality product that is economically attainable for readers.

The sciences, arts, and professions are so many, as are the words or expressions used in the particular language of each of the arts, sciences, and professions, etc., that it would inexcusable to assert that a work such as this encloses them all. Especially when we know that science and technology are developing continually and we must consider terms that will seem antiquated for some and very basic for others, alongside neologisms that have not been recorded officially.

We believe, and it is our most earnest desire, that with this Dictionary we are providing a quality work encompassing a wide and multifarious technical terminology, including a significant number of Latin American words and a comprehensive display of terminology and linguistic varieties from the United States, applying to areas such as Architecture, the Automotive Industry, Aviation, Broadcasting, Engines, Hydraulics, Machines,

Magnetism, Mechanics, Metallurgy, Mining, Navigation, Optics, Tools, etc., as well more modern and advanced fields of technology: Aeronautics, Atomic Energy, Audiovisual Technologies, Computing and Information Technology, Cybernetics, Electrobiology, Electronics, Laser, Multimedia, Petrochemistry, Radars, Robotics, Space Technology, Telecommunications, Telephones, and Television.

The TECHNICAL DICTIONARY that we present here is an everyday tool meant to solve specific difficulties concerning bilingual terminology, offering solutions quickly, precisely and clearly, and reducing the need for further consultation in order to obtain the required information.

We have strived to keep the deficiencies in this work down to a minimum - bearing this in mind, we will appreciate criticism and suggestions that are sure to help improve forthcoming editions.

THE EDITOR

CLASIFICACIÓN DE LAS PRINCIPALES ÁREAS TEMÁTICAS QUE CUBRE ESTE DICCIONARIO

Acústica
Adhesivos-Pinturas-Disolventes y abrasivos
Álgebra
Análisis-Análisis funcional
Astronomía óptica
Automática-Robótica-Tecnología de los ordenadores
Bioquímica
Cerámica-Refractarios-Vidrio
Ciencia de los ordenadores-Informática
Ciencias de la atmósfera (Física del aire)
Ciencias del espacio
Ciencias del suelo (Edafología)
Climatología
Construcción-Materiales de construcción
Cosmología y cosmografía-Astrofísica
Diseño arquitectónico
Electromagnetismo
Electrónica
Estadística-Investigación operativa
Fibras y textiles
Física atómica y nuclear
Física de fluidos y plasmas-Aerodinámica
Física del estado sólido-Cristalografía
Física molecular
Física teórica-Teoría cuántica-Relatividad
Geodesia-Cartografía-Topografía
Geofísica-Geomagnetismo
Geología
Geometría
Geoquímica
Hidrología
Ingeniería y Tecnología aeronáuticas
Ingeniería y Tecnología del medio ambiente-Ingeniería sanitaria-Residuos
Ingeniería y Tecnología eléctricas
Ingeniería y Tecnología forestales
Ingeniería y Tecnología mecánicas-Máquinas herramientas
Ingeniería y Tecnología navales
Ingeniería y Tecnología químicas
Limnología
Madera y papel

Materiales compuestos
Materiales metalúrgicos
Mecánica-Elasticidad
Medios de comunicación
Meteorología
Minería-Mineralogía
Nucleónica-Física de alta energía-Partículas elementales
Oceanografía
Óptica-Fotografía
Pieles y cuero
Planetología
Plásticos
Química industrial
Química inorgánica
Química macromolecular
Química nuclear
Química orgánica
Radioastronomía
Tecnología de la construcción-Ingeniería civil-Ingeniería hidráulica
Tecnología de la instrumentación
Tecnología de las artes gráficas
Tecnología de las telecomunicaciones
Tecnología de los alimentos
Tecnología de los sistemas de transporte-Ferrocarril-Vehículos de motor
Tecnología de materiales
Tecnología de productos metálicos
Tecnología del carbón y del petróleo
Tecnología del espacio
Tecnología electrónica
Tecnología energética
Tecnología metalúrgica
Tecnología militar-Armamento
Tecnología minera
Tecnología nuclear
Tecnología textil
Tecnología bioquímica-Biotecnología-Bioingeniería
Termología-Vacío
Topología
Unidades y constantes-Metrología
Urbanismo-Planificación urbana

A

A battery l batería de filamentos.

A bracket l arbotante (buques).

A display l presentación A (radar).

A frame l soporte en pirámide, batiente en pirámide (máquinas) l estructura A l cabria en A.

A stage resins l resinas termosólidas en estado inicial.

A switchboard l cuadro de salida.

A. A. cruiser l crucero antiaéreo.

A. A. gun l cañón antiaéreo.

A. C. ammeter l amperímetro de corriente alterna.

A. C. bridge l puente de corriente alterna.

A. C. carrier l portaaviones.

A. C. choke l bobina de reactancia de corriente alterna.

A. C. component l componente de la corriente alterna.

A. C. engineering l técnica de las corrientes alternas.

A. C. magnetic circuit-breaker l conmutador magnético de corriente alterna.

A. C. panel l cuadro de corriente alterna.

A. C. voltmeter l voltímetro de corriente alterna.

A. C. welding machine l soldadora de corriente alterna.

A. C. winder l máquina de extracción de corriente alterna (minas).

A. F. amplifier l amplificador de audiofrecuencia.

A. F. transformer l transformador de audiofrecuencias.

A. G. C. diode l diodo de control automático de amplificación.

A. G. C. stage l etapa de control automático de amplificación.

A. P. I. ammunition l munición incendiaria perforante.

A. P. shell l proyectil perforante.

A. pole l postes acoplados (líneas telegráficas).

A. T. cut l talla a 35 grados del eje óptico (cristal de cuarzo).

A. turret l torre más a proa en crujía (buques guerra).

A. W. tube l tubo lanzatorpedos de superficie.

A.C generator l generador de corriente alterna.

A.C motor l motor de corriente alterna.

A.C system l red de corriente alterna.

a.c. bias l corriente de polarización alterna.

A.C. circuit breaker l interruptor de circuito de C.A.

A.C. dump l fallo en la corriente alterna.

A.C. generator l alternador.

a.c. plate resistance l resistencia anódica de corriente alterna.

a.c. power cord l cordón de alimentación de c.a.

A.C. relay l relé de alterna.

A.C. signaling l señales en corriente alterna.

A.C. voltage multimeter l multimetro de tensión alterna.

A.F. signal generator l generador de señales de audiofrecuencia.

a.f.c. loop l servocircuito de c.a.f.

A.M. broadcast channel l canal de radiodifusión A.M.

A.M. detector l detector de modulación por la amplitud.

a.m. field signature l signatura de campo magnético alterno (electrónica).

a.m. signal generator l generador de señalar modulares en amplitud.

A.N. radio-range l radiofaro direccional A.N.

a.r.c.-tangent l ángulo tangente.

a.r.q. equipment l dispositivo de corrección automática de errores.

A.S.A. film speed l número A.S.A. de sensibilidad de película.

A.T.R. switch l conmutador ATR (radar).

A.U. l angstrom (longitud de 10^{-7} mm).

A.V.C. voltage l tensión de regulación automática del volumen l tensión de CAV.

A1 wave l onda entretenida (telegrafía) l onda A1 (radiocomunicaciones).

A1 welding l soldadura de primera calidad.

A2 wave l onda entretenida (telegrafía modulada).

A5 emission l emisión A5 (TV).

AA lava l lava de superficie rugosa.

AA-lava l lava afrolítica.

A-alloy l aleación de 3% cobre, 20% cinc y 77% aluminio.

A-amplifier l amplificador inmediatamente después del micrófono.

ab-A l ab-amperio (c.g.s. = 10a).

abac l ábaco (matemáticas) l lavadero (minas).

abampere l unidad de intensidad (10 amperios) l abamperio.

abasement l asiento (muros, terrenos, cimentación).

abatement of radio-interference l supresión de radiointerferencias.

abating l recocido (metalurgia).

abat-jour l claraboya, tragaluz.

abat-vent l paraviento (construcción).

abaxial I abaxial.

abb I trama (tejidos).

abbcite I dinamita amoniacal con gran proporción de cloruro alcalino.

Abbe number I constringencia (óptica) I número de Abbe.

Abbe tube mill I molino movido por engranajes.

Abbe value I medida de la dispersión de un cristal.

Abbe-refractometer I refractómetro de Abbee (para líquidos).

abbot I cañón autopropulsado (105 mm).

ab-C I ab-culombio (c.g.s. = 10 columbios).

abcoulomb I abculombio.

Abegg's rule I regla de Abegg.

abelian I abeliano.

Abel's reagent I reactivo de Abel (10% de trióxido de cromo en agua).

aberration I desvío I aberración.

aberrometer I aberrómetro.

aberroscope I aberroscopio.

abfarad I unidad de capacitancia (10^9 faradios) I abfaradio.

abhenry I unidad de inductancia (10^9 henrios) I abhenrio.

abiochemistry I abioquímica I química inorgánica.

abiocoen I abioceno (ecología).

abiogenesis I abiogénesis.

abiotic I abiótico.

A-blast I explosión atómica.

ablating heat shield I escudo térmico ablativo.

ablation cooling I enfriamiento por ablación.

ablation moraine I morrena de ablación (geología).

ablative I ablativo.

ablative coating I revestimiento ablativo.

ablative cooling I enfriamiento por ablación (mecánica).

ablative heat shield I escudo térmico ablativo.

ablative shielding I protector de ablación (ingeniería).

ablatively cooled I enfriado ablativamente.

ablatograph I ablatógrafo.

ablatometer I ablaciómetro.

abluent I detergente.

abmho I unidad de conductancia (10^{-9} mho).

abnormal glow I luminiscencia anormal de flanco (aeronáutica).

abnormal spin I barrena anormal I barrena abierta.

abnormal spoilage I material averiado anormal.

abnormal synclinorium I sinclinorio atípico (geología).

abnoxious fumes I gases nocivos.

abohm I abohmio (10^{-9} ohmio).

abolass I tejido de amianto y fibras de vidrio.

A-bomb I bomba atómica.

abort I suspensión de la ejecución del programa (informática).

abort rate I número de vuelos abortados dividido por el número de salidas (aviación).

abort zone I zona de aborción (aviación).

about length I longitud aproximada con menos tolerancia que la normal de fabricación (tubos).

about ship (to) I virar.

about-sledge I mazo de hierro I mallo (metalurgia) I porra I mandarria I macho.

above trunnions I por encima del eje de muñones.

above-ground height I altura sobre el suelo (aviación).

abox I contrabraceado (buques vela).

A-brackets I arbotantes de hélices (marina).

abradability I abrasividad.

abradable I abrasible.

abradant I abrasivo.

abradant land I resalto abrasivo (entre acanaladuras).

abrade (to) I desgastar I abradir.

abraded land I resalto abrasivo.

abraded yarn I hilo raspado (rayón).

abraded-platform I plataforma de erosión.

abrader I medidor de desgaste por frotamiento.

abrading I abrasión.

abrading tool I herramienta abrasiva.

abrading-lubricating solution I solución abrasiolubricante.

abrading-wheel I muela de desbastar.

abrase I desgastado I esmerilado I erosionado.

abraser I medidor del desgaste por abrasión.

abrasiometry I abrasimetría.

abrasion I desgaste I raspadura I escoriación I abrasión.

abrasion erosion I erosión por abrasión.

abrasion hardness I dureza a la abrasión.

abrasion marks I rayaduras (fotografía) I rayas en la emulsión (visibles después de revelar-placas fotográficas) I marcas de abrasión.

abrasion meter I abrasímetro.

abrasion of refractories I abrasión de los cuerpos refractarios por el roce de sólidos en movimiento.

abrasion platform I plataforma de abrasión.

abrasion proof I resistente al desgaste por abrasión.

abrasion resistance I resistencia a la abrasión I resistencia al desgaste.

abrasion resistant I resistente al desgaste, abrasiorresistente.

abrasion resistant coating | revestimiento abrasiorresistente.

abrasion soldering | soldadura por abrasión.

abrasion test | ensayo de abrasión.

abrasion tester | abrasímetro.

abrasion testing equipment | equipo para pruebas de abrasión.

abrasionmeter | abrasímetro.

abrasion-resisting | abrasiorresistente.

abrasive | abrasivo.

abrasive action | desgaste por raspadura (fotografía).

abrasive belt | cinta abrasiva | banda abrasiva (mecánica).

abrasive belt grinding | afilado por cinta abrasiva.

abrasive blasting | chorreo abrasivo.

abrasive brick | bloque abrasivo.

abrasive cleaning compound | pasta abrasiva para pulimentar.

abrasive cloth | tela abrasiva | tela esmeril.

abrasive cutting-off machine | máquina de cortar de disco abrasivo.

abrasive disc | muela de pulir.

abrasive disk | disco abrasivo (mecánica).

abrasive drilling | perforación abrasiva (minería).

abrasive ground | formación abrasiva.

abrasive hardness | dureza abrasiva.

abrasive jet | chorro de aire con abrasivo en suspensión.

abrasive jet cleaning | limpieza por chorro abrasivo.

abrasive machine | máquina que trabaja por abrasión.

abrasive machining | mecanizado por abrasión.

abrasive paper | papel abrasivo.

abrasive sand | arena abrasiva.

abrasive sawing | aserrado por frotamiento.

abrasive shot | abrasivo metálico (chorreo).

abrasive slurry | barro abrasivo.

abrasive stick | pastilla de abrasivo.

abrasive tools | herramientas para abrasión.

abrasive trimming | ajuste por abrasión.

abrasive wear | desgaste por rozamiento | desgaste por abrasión.

abrasive wheel | muela para pulverizar | esmeril | pulidora.

abrasive-laden liquid | líquido con abrasivo en suspensión.

abrasiveness | abrasividad.

abrasive-stick dresser | reafilador de muela abrasiva de barra abrasiva.

abrasive-throwing wheel | rueda que arroja el abrasivo.

abrasivity | abrasividad.

abreast | en derivación (electricidad) | por el través (buques).

abreast connection | acoplamiento en paralelo, acoplamiento en cantidad, acoplamiento en derivación (electricidad).

abreast milling | fresado en paralelo (mecánica).

abreuvoir | junta de mortero.

abriachanite | abriachanita (forma amorfa de la crocidolita).

abrid | pata de araña (máquinas).

abros | aleación inoxidable de 10% cromo, 88% níquel y 2% manganeso.

abrupt translatory wave | onda de resalto traslacional.

abrupt wave | onda repentina.

abscissa | abscisa.

abscission layer | capa de separación | capa abscisa.

absolute accuracy | precisión absoluta.

absolute activity | actividad absoluta (química).

absolute address | dirección absoluta (informática).

absolute addressing | direccionamiento absoluto.

absolute aerodynamic ceiling | techo aerodinámico teórico.

absolute alcohol | alcohol anhidro.

absolute altimeter | altímetro absoluto.

absolute anemometer | anemómetro absoluto.

absolute apparatus | aparato graduado en valores absolutos.

absolute block | enclavamiento absoluto (ferrocarril).

absolute boiling point | temperatura absoluta de ebullición.

absolute ceiling | techo teórico (aviación).

absolute code | código absoluto.

absolute coding | codificación absoluta (informática).

absolute cutoff frequency | frecuencia absoluta de corte.

absolute delay | retardo absoluto (radionavegación).

absolute drift | deriva absoluta.

absolute dry weight | peso absoluto en estado seco.

absolute electrometer | electrómetro absoluto | electrómetro de balanza.

absolute heat conductivity | termoconductibilidad absoluta.

absolute isohypse | isohipsa absoluta.

absolute level | nivel absoluto de potencia.

absolute line I línea de presión cero (diagrama indicador).

absolute manometer I manómetro de gas absoluto I manómetro para medir la presión absoluta.

absolute pattern I diagrama absoluto.

absolute permeability I permeabilidad específica.

absolute pressure pickup I transductor de presión absoluta.

absolute roof I techo absoluto (minería).

absolute scalar I magnitud escalar absoluta.

absolute specific gravity I peso específico absoluto.

absolute term I término constante I término independiente (ecuaciones).

absolute threshold I umbral absoluto.

absolute total loss I pérdida total.

absolute vacuum I vacío perfecto.

absolute value device I dispositivo de valor absoluto.

absolute vorticity I vorticidad absoluta.

absolute weight I peso en el vacío.

absolute zero I cero absoluto (_459,65 grados Fahrenheit=273,13 Celsius).

absorbability I absorbibilidad.

absorbable energy I energía absorbible.

absorbance I absorbancia I densidad óptica I absorbencia (radiación).

absorbate I producto de absorción.

absorbed charge I carga absorbida.

absorbed dose I dosis absorbida.

absorbed neutron I neutrón absorbido (radiaciones).

absorbed power I potencia absorbida.

absorbed wave I onda absorbida.

absorbed-circuit factor I factor de compensación de carga (radio).

absorbedness I absorción.

absorbency I absorbencia.

absorbent I absorbente.

absorbent charcoal I carbón absorbente.

absorbent clay I arcilla absorbente.

absorbent cotton I algodón hidrófilo.

absorbent earth I tierra absorbente.

absorbent grounds I pintura al temple.

absorbent ink additive I aditivo absorbente de la tinta.

absorbent lining I revestimiento absorbente (acústica).

absorbent paper I papel secante.

absorbents I sustancias que forman explosivos débiles cuando se mezclan con nitratos metálicos.

absorber I absorbente I atenuador I torre de absorción I chapa de metal para absorber ciertas radiaciones I recipiente donde se absorbe el vapor refrigerante I frasco de absorción (química) I cuerpo que absorbe irradiaciones de radio I sustancia que absorbe neutrones sin reproducirlos.

absorber control I control por absorbente.

absorber tube I válvula de absorción (radiación).

absorber valve I válvula amortiguadora.

absorbing I absorbente.

absorbing boom I cadena de absorción (ingeniería).

absorbing capacity I capacidad de absorción I higroscopicidad.

absorbing circuit I circuito de absorción I circuito de compensación.

absorbing filter I filtro de absorción.

absorbing material I material absorbente.

absorbing rod I barra absorbente (nuclear).

absorbing strip I banda absorbente.

absorbing tank I tanque de absorción.

absorbing tower I torre de absorción.

absorbing well I pozo de drenaje, pozo absorbente.

absorbing well or tank I pozo de fondo arenoso.

absorptance I absortancia, factor de absorción (iluminación).

absorptiometry I absorciometría.

absorption I absorción I amortiguamiento.

absorption band I banda de absorción.

absorption bed I lecho de absorción (construcción).

absorption buildup factor I factor de acumulación en energía absorbida (física nuclear).

absorption cell I cuba de absorción (análisis espectral) I celda de absorción.

absorption chromatography I cromatografía de absorción.

absorption column I torre de absorción (petróleo).

absorption compound I compuesto de absorción.

absorption cooling I refrigeración por absorción.

absorption cross-section I superficie efectiva de antena I sección eficaz de absorción.

absorption current I corriente de absorción.

absorption discontinuity I discontinuidad de absorción I borde de absorción.

absorption dynamometer I dinamómetro de absorción.

absorption fabric I tela absorbente.

absorption factor | absortividad | coeficiente de absorción, factor de absorción.

absorption fading | desvanecimiento por absorción (comunicaciones).

absorption flask | frasco de absorción.

absorption frequency meter | ondámetro de absorción | frecuencímetro de absorción.

absorption hygrometer | higrómetro de absorción.

absorption isolator | aislador por absorción.

absorption lines | rayas de absorción (espectrografía).

absorption loss | pérdida por absorción.

absorption marker | señal de absorción.

absorption mesh | red de absorción.

absorption microradiograpy | microrradiografía de absorción.

absorption modulation | modulación por absorción.

absorption oil | aceite absorbente.

absorption peak | absorción máxima | pico de absorción.

absorption pipette | pipeta de absorción.

absorption plant | instalación de absorción (petróleo).

absorption pyrometer | pirómetro de absorción.

absorption ratio | factor de absorción, relación de absorción.

absorption refrigeration | refrigeración por absorción.

absorption refrigerator | refrigerador de absorción.

absorption separator | separador de absorción.

absorption spectroscopy | espectroscopia de absorción.

absorption tower | torre de absorción (petróleo).

absorption trap | circuito de amortiguamiento.

absorption wavemeter | ondámetro de absorción.

absorptive | absorbente, absortivo.

absorptivity | absorcividad (óptica) | absorbencia.

absortion edge | borde de absorción (espectro) | discontinuidad de absorción (radiaciones).

absortion wavemeter | ondámetro de absorción.

abstat unit | unidad electrostática absoluta (CGS).

abstersive | abstergente.

abstract | extracto | absorción (geología).

abstract energy (to) | sustraer energía.

abstract geometry | geometría abstracta.

abstract mathematics | matemática abstracta.

abstract mechanics | mecánica racional.

abstract number | número abstracto.

abstract (to) | extraer por destilación (química).

abstracter | extractor técnico.

abstracting of heat | pérdida de calor.

abstraction | abstracción (informática).

abstractor | extractor.

abt rack | cremallera doble de dientes alternos.

abundance ratio | abundancia isotópica, relación isotópica (nucleónica).

aburton | atravesada (en el sentido de la manga-estiba buques).

abused tool | herramienta averiada por mal uso.

abut against | rebajo de un estrato (desaparición brusca de una capa -geología).

abutment | empalme contrapeado de plecas o interlíneas (imprenta) | contrafuerte | estribo (de puente) | botarel | obturador | soporte | empotramiento.

abutment back | cara del estribo (construcción).

abutment cradle | manguito-tope.

abutment hinge | articulación del arranque (arcos).

abutment impost | rótula en el apoyo.

abutment line | línea de cierre (arcos).

abutment pier | pila-estribo, pila de estribación, estribo (de puente).

abutment sleeve | manguito-tope.

abuttal | linde.

abutted | contrapeado | sin chaflán (imprenta).

abutted rule | filete contrapeado unido a ras (imprenta).

abutting | contacto | derivación.

abutting frame | tornillo de empalmar (carpintería).

abutting joint | junta de escuadra | junta plana.

abutting surface | superficie de contacto.

ab-V | ab-voltio (c.g.s. = 10^{-8} v).

abvolt | unidad de diferencia de potencial (10^{-8} voltios) | advoltio.

abysmal | abisal.

abyss | abismo (oceanografía).

abyssal | abisal | plutónico (geología).

abyssal assimilation | asimilación magmática.

abyssal depths | profundidades abisales.

abyssal gap | desfiladero abisal (geología).

abyssal hill | colina abisal (geología).

abyssal intrusion | intrusión plutónica | intrusión abisal.

abyssal plain | llanura abisal.

abyssal realm | reino abisal.

abyssal rock | roca abisal.

abyssal zone | zona abisal.

abyssalbenthic | abisalbéntico.

abyssian gold | bronce de aluminio de color amarillo o dorado que contiene de 5 a 10 por ciento de aluminio y el resto cobre.

abyssic | abísico.

abyssiniam gold | latón con una capa fina de oro aplicada por presión.

abyssobenthic | abisobéntico.

abyssolith | abisolito.

abyssopelagic | abisopelágico.

AC brushes | escobillas de corriente alterna.

AC calculating board | analizador de redes de corriente alterna.

AC coupling | acoplamiento de corriente alterna.

AC dialing | teleselección por corriente alterna.

AC erasing head | cabeza borradora de corriente alterna.

AC fan-out | salida en abanico de corriente alterna.

AC hum | zumbido de corriente alterna.

Ac K | actinio K.

AC load line | línea de carga de corriente alterna.

AC magnetic biasing | polarización magnética por corriente alterna.

Ac motor driven pump | bomba accionada por motor de corriente alterna.

AC noise margin | margen de ruido de corriente alterna.

AC outlet | toma de corriente alterna.

AC relay | relé para alterna (corriente).

AC ringdown | señalización manual por CA.

AC ringing | señalización por CA (telecomunicación) | timbre CA.

AC tie bus | barra de enlace de corriente alterna.

AC toll dialing | teleselección urbana por CA.

AC transducer | transductor de corriente alterna.

AC welder | máquina soldadora de CA | soldador de corriente alterna.

acacia gum | goma arábiga.

academy-board | cartón encolado para pintar.

acadialite | acadialita.

Acadian | acadiense (geología).

Acadian orogeny | orogenia acadiense.

acanthine | acantina (química).

acanthite | acantita.

acaustobiolith | acaustobiolito.

acaustophytolith | acaustofitolito (geología).

accelerant | catalizador | acelerador.

accelerated flow | corriente acelerada, flujo acelerado.

accelerating anode | ánodo acelerador.

accelerating contactor | contactor de aceleración.

accelerating densifier | densificador acelerador.

accelerating electrode | electrodo acelerador.

accelerating flux | flujo acelerante.

accelerating force | fuerza aceleratriz, fuerza acelerante.

accelerating grid | rejilla acelerante.

accelerating jet | tobera de aceleración | surtidor de aceleración (autos) | chorro acelerador.

accelerating lane | faja de aceleración (aeródromos).

accelerating points | posiciones de controladores eléctricos que aumentan la corriente del motor.

accelerating pump | bomba de aceleración.

accelerating relay | relé de aceleración.

accelerating voltage | voltaje acelerador.

accelerating well | fuente aceleradora | cubeta aceleradora.

acceleration area | superficie de aceleración.

acceleration at stall | aceleración en pérdida.

acceleration feedback | retroacción de aceleración.

acceleration focusing | espacio de aceleración.

acceleration governor | regulador de aceleración.

acceleration indicator | acelerómetro.

acceleration jet | surtidor de aceleración.

acceleration measurement | acelerometría.

acceleration meter | acelerómetro.

acceleration nozzle | tobera acelerante.

acceleration path | trayectoria de aceleración.

acceleration polygon | polígono de aceleraciones.

acceleration pump | bomba de aceleración (autos).

acceleration pump jet | surtidor de la bomba de aceleración.

acceleration recorder | acelerógrafo.

acceleration rocket | cohete acelerador.

acceleration space | espacio de aceleración (microondas).

acceleration time | tiempo de la aceleración (informática).

acceleration torque | par acelerador.

acceleration voltage | tensión entre cátodo y ánodo | voltaje acelerante | tensión de aceleración.

acceleration-time graph | diagrama de aceleraciones y tiempos.

accelerative force | fuerza aceleratriz.

accelerative power | potencia aceleratriz.

accelerator I acelerador (nuclear).

accelerator gear I dispositivo para acelerar en el despegue con ayuda de cohete (aviones).

accelerator grid I rejilla aceleradora.

accelerator jet I surtidor de aceleración.

accelerator linkage I varillaje de mando del acelerador.

accelerator pedal I pedal del acelerador.

accelerator plunger I émbolo de la bomba aceleradora.

accelerator pump I bomba de aceleración (mecánica).

accelerator pump jet I surtidor de la bomba de aceleración.

accelerogram I acelerograma.

accelerograph I acelerógrafo.

accelerometer I acelerómetro.

accelerometer head I cabezal del acelerómetro.

accentuator I circuito acentuador (radio) I amplificador selectivo.

acceptance fire test I prueba de fuego de recepción (cañones).

acceptance firing I tiro de recepción (artillería).

acceptance gage I calibre de recepción.

accepted depth I profundidad observada (hidrografía).

accepting station I estación terminal receptora.

acceptor I aceptor (química, electrónica).

acceptor atom I átomo receptor.

acceptor center I centro aceptor.

acceptor circuit I circuito de admisión (radio).

acceptor concentration I concentración de aceptores.

accesory drive I mando auxiliar.

access I acceso (informática).

access arm I brazo de acceso I brazo de posicionamiento.

access board I pasadera.

access code I código de acceso (informática).

access eye I tapón roscado para limpiar codos o sifones (tuberías).

access fitting I abertura.

access selector I selector primario (telefonía).

access shaft I pozo de acceso.

access time I tiempo de acceso (informática).

access vector I vector de acceso (informática).

accessible terminal I borne accesible (electricidad).

accessory I repuesto.

accessory back I respaldo para accesorios (cámara de fotomecánica).

accessory drive I transmisión auxiliar I mando auxiliar.

accessory drive gear I engranaje motor auxiliar.

accessory gear train I tren de engranaje de accesorios.

accessory gearbox I dispositivo de accionamiento de accesorios (aviones) I caja de engranajes de accesorios.

accessory plate I cuña de cuarzo que se inserta en el microscopio I placa de mica que retarda la luz amarilla I placa de selenita entre nicoles cruzados.

accessory probe I sonda especial.

accessory shaft I eje accesorio.

accidental block I pedazo de roca sólida arrancada del basamento subvolcánico.

accidental ground I pérdida a tierra (telecomunicación).

accidental inclusion I xenolito.

accidental jamming I interferencia accidental I perturbación ocasional.

accidented I accidentado (terrenos).

acclimation I aclimación.

acclimatization I aclimatación.

acclinal valley I valle aclinal.

acclivity I subida I pendiente ascendente, rampa.

acclivous I aclive.

accolade I moldura de dos curvas unidas en forma de corchete.

accommodation deck I cubierta de alojamientos (buque).

accommodation deck beam I bao de la cubierta de alojamientos (buques).

accommodation ladder I escalera de portalón.

accommodation ramp I rampa de acceso.

accommodation road I camino de servicio.

accommodation train I tren de cercanías, tren mixto, tren de escalas.

accompanying mineral I mineral asociado.

accompanying sound I parte sonora del programa (TV).

accompanying supplies I tren logístico.

accompanyin weapons I armas de acompañamiento.

accon I chata (bote de fondo plano).

accordant fold I pliegue concordante (geología).

accordant unconformity I discordancia paralela (geología).

accordion door I puerta plegadiza I puerta de acordeón (construcción).

accordion fold I plegado en zigzag I doblez en zigzag.

accordion pleating I plegado en fuelle.

accordion pleats I pliegues en acordeón.

accordion roller conveyor | transportador de rodillos en acordeón.

accordion stitch | punto de fuelle (tejido de malla).

accosted | atracado (buques).

account | computación.

account (to) | computar | contar, numerar.

accountable file | fichero significativo (informática).

accounting equation | ecuación de propiedad.

accounting package | paquete contable (informática).

accounting routine | subprograma (informática).

accounting symbol | código de identificación de un material.

accouple (to) | acoplar | ensamblar.

accouplement | acoplamiento | ensambladura.

accoustic wave filter | filtro de onda superficial acústica.

accouterment | pertrechos | equipo | vituallas.

accoutrement | equipo.

accoutrement maker | fabricante de equipos militares.

accretion by avulsion | accesión por separación.

accretion coast | costa de acreción.

accretion of crystals | acrecencia de los cristales.

accretion of silt | acrecimiento por aluviones.

accretionary lapillus | pisolitas.

accretionary limestone | caliza acrecionaria.

accretionary ridge | cresta de acreación (geología).

accumulating | acumulación | acumulador.

accumulating dial | disco acumulador.

accumulating register | registro del resultado.

accumulation | reservorio de petróleo | yacimiento de petróleo | acumulación.

accumulation of fire damp | acumulación de grisú.

accumulator | acumulador | contador | totalizador sumador (calculadora electrónica) | unidad aritmética (calculadora digital).

accumulator battery | batería de acumuladores.

accumulator box | vaso de acumulador.

accumulator casing | vaso del acumulador.

accumulator cell | elemento del acumulador.

accumulator charging set | instalación para cargar acumuladores.

accumulator cylinder | cilindro del acumulador.

accumulator lock | fijador del acumulador (máquina calcular).

accumulator metal | aleación de 90% de plomo, 9,25% de estaño y 0,75% de antimonio.

accumulator paste | pasta para acumuladores.

accumulator plate | placa de acumulador.

accumulator plate lug | borna de placa de acumulador.

accumulator plunger | émbolo del acumulador.

accumulator pressure | voltaje del acumulador | presión del acumulador.

accumulator switch | conmutador del acumulador.

accumulator traction | tracción por acumuladores.

accumulator tray | cubeta del acumulador.

accumulator vehicle | vehículo de tracción por acumuladores.

accumulator voltage | voltaje del acumulador.

accuracy | exactitud | precisión.

accuracy bombing | bombardeo de precisión.

accuracy landing | aterrizaje exacto | aterrizaje de precisión.

accuracy life | vida de precisión, tiempo en que conserva la precisión del disparo (cañones).

accuracy of fire | precisión del tiro (balística).

accuracy stage | aterrizaje de precisión.

accurate | exacto (electrónica).

accurate adjustment | reglaje de precisión.

accurate templet | plantilla de precisión.

accurate timepiece | reloj de precisión.

accurateness | precisión.

AC-DC circuit | circuito universal.

AC-DC receiver | receptor CA-CC.

AC/DC ringing | llamada en corriente alterna.

acenaphthene | acenafteno.

acenotyl acetone | acenotil acetona.

acerado | mineral gris de cobre | cualquier mineral gris duro (México).

acerate | acerato (química).

acerdese | manganita | acerdesa.

acescence | acescencia.

acescent | acescente.

acetal plastic | plástico acetálico.

acetaldehyde | acetaldehido.

acetate | acetato.

acetate base | soporte de acetato (fotografía).

acetate basic copper | acetato básico de cobre.

acetate butyrate dope | barniz de acetato butirato.

acetate dope | barniz de acetato de celulosa (para telas de avión).

acetate dye | colorante al acetato.

acetate of copper | acetato de cobre.

acetate of lime | acetato de cal.

acetate overlay | lámina de superposición para enmascarar (fotomontaje).

acetate proof | prueba de imprenta sobre acetato transparente (arte final).

acetate rayon | rayón de acetato.

acetate sheet | lámina de superposición para enmascarar (fotomontaje).

acetate silk | rayón de acetato de celulosa.

acetate tape | cinta de acetato.

acethydrazide | hidrácido acético.

acetic acid | ácido acético.

acetic acid amide | acetamida.

acetic acid bacteria | bacterias acetificadoras | bacterias acéticas.

acetic acid fermentation | fermentación acética.

acetic ether | éter acético.

acetic oxide | óxido acético.

acetic short stop | solución paralizadora del ácido acético (fotografía).

aceticoceptor chain | cadena aceticoceptora.

acetification | acetificación.

acetify (to) | acetificar.

acetil | acetil.

acetimeter | acetímetro.

acetin | acetina.

acetoacetanilide | acetil-acetanilida.

acetoacet-toluidide | toluidida de ácido acetilecético.

acetobacter | acetobacteria.

acetoclastic bacteria | bacterias acetoclásticas.

acetolyze (to) | acetolizar.

acetometer | acetímetro.

acetone cyanhydrin | acetona cianhidrina.

acetone oils | aceites cetónicos.

acetone powder | polvo de acetona.

acetone pyrolysis | pirólisis de la acetona (química).

acetone soluble matter | extracto acetónico.

acetonebutanol fermentation | fermentación acetobutílica.

acetonedicarboxylic acid | ácido acetonadicarboxílico.

acetone-purified enzyme | enzima depurada con acetona.

acetonitrile | acetonitrilo.

acetosity | acetosidad.

acetosoluble | acetosoluble.

acetostearin | acetoestearina.

acetous | acetoso.

acetum | vinagre.

acetyl bromide | bromuro de acetilo.

acetyl carbinol | acetilcarbinol.

acetyl chloride | cloruro de acetilo.

acetyl peroxide | peróxido de acetilo.

acetyl phosphate | fosfato de acetilo | anhidrido aceltilfosfórico.

acetyl value | índice de acetilo (química).

acetylate (to) | acetilar.

acetylated cotton | algodón acetilado.

acetylation of wood | acetilación de la madera.

acetylcholinesterase | esterasa de acetilcolina.

acetyl-coenzyme | acetil-coenzima.

acetylene | acetileno | acetilénico.

acetylene black | negro de acetileno de tipo grafítico | negro de humo de acetileno.

acetylene blowpipe | soplete oxiacetilénico.

acetylene bottle | tanque de acetileno.

acetylene burner | mechero para acetileno.

acetylene cutting | corte con llama de acetileno.

acetylene cylinder | cilindro para acetileno, botella de acetileno.

acetylene gas line | tubería de distribución de acetileno.

acetylene generating plant | central de acetileno (astillero).

acetylene generator | gasógeno de acetileno.

acetylene hardening | temple con llama oxiacetilénica.

acetylene light | lámpara de acetileno.

acetylene reduction test | prueba de reducción del acetileno.

acetylene torch | soplete oxiacetilénico | soplete de acetileno.

acetylene welding | soldadura de acetileno.

acetylenic hydrocarbons | hidrocarburos acetilénicos.

acetylide | acetiluro (química).

acetylite | acetílita | carburo cálcico tratado con glucosa.

acetylize (to) | acetilar.

achene | aqueno.

Acheson graphite | grafito artificial obtenido del coque por calentamiento en horno eléctrico.

achloride | acloruro.

achroit | acroita (turmalina).

achromat | lente acromática.

achromate | acromato.

achromatic | acromático.

achromatic cell | grupo de lentes acromáticas.

achromatic couple | par de objetivos acromáticos.

achromatic locus | región acromática | área acromática.

achromatic spindle | haz acromático.

achromatic threshold | umbral acromático.

achromatic triplet | lupa corregida de aberración acromática.

achromic | acrómico.

achronizoical I acronizoico.

acicular cast iron I fundición acicular.

acicular gold I oro acicular.

acicular habitus I facies acicular.

acicular powder I polvo acicular.

aciculine I acicular.

aciculum I acícula.

acid I ácido I agrio I silíceo (metalurgia).

acid acceptor I aceptador de ácidos (química).

acid ager I vaporizador en ácido (curado de telas).

acid alum I alumbre con exceso de ácido sulfúrico.

acid amide I amida de ácido.

acid ammonium tartrate I tartrato ácido de amonio (química).

acid annealing I recocido con humectación de ácido (metales ferrosos).

acid badging I estampado al ácido (vidrio).

acid bath I baño ácido (fotografía) I baño con mordiente (fotomecánica).

acid Bessemer process I procedimiento Bessemer ácido.

acid blast I rociada del mordiente en la máquina grabadora (fotograbado).

acid blast machine I grabadora al agua fuerte por aspersión del mordiente.

acid blow case I tanque inyector de ácido.

acid bottom I solera ácida (hornos).

acid brittleness I fragilidad ácida.

acid bronze I aleación acidorresistente compuesta de 1,5% níquel, 17% plomo, 8% estaño y 73,5% cobre.

acid burn I quemadura química con ácidos.

acid calcium phosphate I superfosfato de cal.

acid carbonate of potash I bicarbonato de potasa.

acid carbonate of sosa I bicarbonato de sosa.

acid carboy I bombona para ácidos.

acid catalyst I catalizador ácido.

acid cell I acumulador ácido de plomo.

acid chloride I cloruro de ácido.

acid chromate of potash I bicromato de potasio.

acid clay I arcilla ácida.

acid cleaning I limpieza con ácido.

acid color I color ácido.

acid colorant I colorante ácido.

acid container I depósito de ácido.

acid content I grado de acidez.

acid core solder I varilla de soldadura con núcleo ácido.

acid cupola I cubilote de revestimiento ácido.

acid cure I tratamiento al ácido.

acid denitration I desnitración ácida.

acid densimeter I pesa-ácidos.

acid depolarizer I despolarizador ácido.

acid detergent fiber I fibra detergente ácida.

acid developer I revelador ácido.

acid dip (to) I decapar en ácido.

acid dye I colorante ácido.

acid egg I monta-ácidos.

acid electric furnace I horno eléctrico ácido (aceros).

acid embossing I mateado al ácido (vidrio) I esmerilado al ácido.

acid embrittleness I fragilidad de decapado (trefilería).

acid etch (to) I grabar al ácido I deslustrar al ácido.

acid etched I mordentado al ácido, atacado por ácido.

acid etching I decapaje al ácido I ataque con ácido (prueba).

acid etching bath I baño ácido de mordentado.

acid extractor I destartarizador.

acid fast I acidorresistente.

acid fat I grasa ácida.

acid feeder I alimentador de ácido.

acid fermentation I fermentación ácida.

acid ferruginous slag I escoria ferruginosa ácida.

acid fixer I baño fijador ácido (fotografía).

acid fixing I fijador ácido I fijación por ácido.

acid flux I fundente ácido.

acid fog I niebla ácida.

acid former I productor de ácido.

acid forming I acídico.

acid forming element I elemento cuyos compuestos son anionígenos.

acid forming oxide I anhídrico.

acid free I sin ácido I exento de ácido.

acid free grease I grasa neutra.

acid free oil I aceite neutro.

acid fulling I enfurtido ácido, batanado ácido (telas lana).

acid fumarole I fumarola ácida.

acid fumes I vapores ácidos.

acid fusion I fusión al ácido.

acid gold I decoración en oro de alfarería vidriada de gran calidad.

acid green I tintura verde de emulsión ácida (fotografía) I verde ácido.

acid ground glass I vidrio despulido por ácido.

acid halide I haluro de ácido.

acid heat test I prueba acidotérmica.

acid holding I que contiene ácido.

acid holocrystalline rock I roca holocristalina ácida.

acid hydroextractor I hidroextractor de ácidos.
acid hydrolysis I hidrólisis ácida.
acid hydrolyzed I hecho por hidrólisis ácida.
acid hydrometer I pesa-ácidos.
acid hypo I fijador de hiposulfito.
acid igneous rock I roca ígnea ácida.
acid inhibitor I inhibidor de la corrosión ácida.
acid laden I cargado de ácido.
acid leached I lixiviado en ácido.
acid leakage I pérdida de ácido.
acid lined furnace I horno ácido, horno de revestimiento ácido.
acid metal I aleación para resistir la corrosión por ácido compuesta de 88 % cobre, 10% estaño y 2% plomo.
acid milled I fresado con ácido (fresado químico).
acid neutralizer I neutralizador de ácidos.
acid neutralizing I acidoneutralizante.
acid number I índice de acidez.
acid oil I aceite ácido.
acid open-hearth steel I acero sobre solera ácida, acero Siemens ácido.
acid ore I mena ácida.
acid ores I minerales silíceos.
acid pickling solution I solución ácida de decapado.
acid pickling tank I tanque para decapar con ácido.
acid proof alloy I aleación antiácida.
acid proportioner I dosificador de ácido.
acid protease I proteasa ácida.
acid quick stop I solución paralizadora del ácido acético (fotografía).
acid rain I lluvia ácida.
acid refining I refinación con ácido.
acid refractories I productos refractarios ácidos con gran proporción de sílice.
acid residue I residuo de ácido.
acid resist I reserva (fotograbado).
acid resisting I acidorresistente.
acid resisting alloy I aleación acidorresistente, aleación antiácida.
acid salt I sal ácida, oxisal.
acid size I cola de resina con gran proporción de resina no combinada (fabricación papel).
acid slag I escoria ácida I escoria silícea.
acid sludge I lodo ácido (química).
acid soaking I imbibición en ácido.
acid sodium carbonate I bicarbonato sódico.
acid stain I colorante ácido.
acid steel I acero ácido.
acid steeping water I agua de enriar ácida.
acid strength I acidez.

acid sulfate I bisulfato.
acid sulphite I bisulfito.
acid test I prueba al ácido.
acid test ratio I prueba ácida.
acid to litmus I ácido al tornasol.
acid treat (to) I acidificar.
acid violet I colorante para emulsiones fotográficas.
acid waste I desecho ácido.
acid whey I suero ácido.
acid-catalyzed I catalizado por ácido.
acide sludge I lodo ácido I sedimento ácido.
acid-fast I acidorresistente.
acid-forming organism I organismo acidificante.
acidic I acídico.
acidic amino acid I aminoácido ácido.
acidic dye I colorante ácido.
acidic dyestuff I materia colorante ácida.
acidic oxide I anhídrido acídico I óxido ácido, anhídrido.
acidic rock I roca silícea I roca ácida.
acidic salts I sales con hidrógeno reemplazable.
acidic solvent I disolvente ácido.
acidic stain I colorante ácido.
acidified I acidulado.
acidified rinse I lavado en solución ácida.
acidifier I acidificador.
acidify (to) I acidificar I acidular.
acidimetric titration I valoración acidimétrica.
acidising I acidificación.
acidism I acidismo.
acidity I acidez.
acidity coefficient I coeficiente de acidez.
acidity value I índice de acidez.
acidize (to) I acidizar, acidular.
acidizer I acidificante.
acidizing I acidificación I acidización.
acidless I exento de ácido.
acidness I acidez.
acidolysis I acidólisis.
acidometer I acidímetro.
acidometry I acidimetría.
acidophile I acidófilo.
acidproof I antiácido, acidorresistente.
acidproof alloy I aleación resistente a los ácidos.
acidproof paint I pintura antiácida.
acidproof varnish I barniz antiácido.
acidulae I aguas minerales frías impregnadas de ácido carbónico.
acidulate (to) I acidular.
acidulent I acídulo, acidulado.
acidulous I acidulado, acídulo I agrio.

acierage I aceración, galvanoplastia con hierro o acero.

acieral I aleación que contiene de 92 a 97% de aluminio.

acierate (to) I acerar (por cementación o galvanoplastia).

acinose I acinoso.

acinous I acinoso.

ack-ack I artillería antiaérea.

acknowledging circuit I circuito eliminador.

acknowledgment I reconocimiento (informática).

aclinic line I línea aclínica.

acme screw thread I rosca de tornillo acme.

acnode I punto aislado (matemáticas) I acnodo.

acolate I acolato (química).

acord-shaped I abellotado.

acorn nut I tuerca cerrada.

acorn sugar I quercitol.

acorn tube I válvula pequeña (termiónica).

acoumeter I acuómetro.

acouphene I acuófeno.

acoustextile I tejido acústico.

acoustic absorption loss I pérdida por absorción acústica.

acoustic aislator I aislador acústico.

acoustic anemometry I anemometría acústica.

acoustic baffle I pantalla acústica.

acoustic baffling I deflección acústica.

acoustic beam I haz acústico.

acoustic bearing I marcación sónica.

acoustic board I tablero acústico.

acoustic branch I rama acústica.

acoustic bridge I puente acústico.

acoustic clarifier I clasificador del sonido.

acoustic compliance I elasticidad acústica.

acoustic coupler I acoplador acústico.

acoustic coupling I acoplamiento acústico.

acoustic damping I amortiguamiento acústico.

acoustic dazzle I ofuscación acústica.

acoustic delay I retraso acústico.

acoustic depth finder I sonosondador.

acoustic detecting apparatus I aparato fonolocalizador.

acoustic detector I detector acústico I fonolocalizador.

acoustic drag I resistencia acústica.

acoustic feedback I retroalimentación acústica.

acoustic filter I filtro acústico.

acoustic flowmeter I flujómetro acústico.

acoustic frequency I audiofrecuencia.

acoustic fuze I espoleta acústica.

acoustic generator I generador acústico.

acoustic holography I holografía acústica.

acoustic impedance meter I impedancímetro acústico.

acoustic insulation I aislamiento acústico.

acoustic interferometer I interferómetro acústico.

acoustic jamming I interferencia.

acoustic jars I vibraciones acústicas.

acoustic lens I lente acústica.

acoustic log I diagrafía acústica (pozos).

acoustic methanometer I metanómetro acústico.

acoustic modem I modem acústico (convierte datos digitales en tonos).

acoustic pickup I captador acústico.

acoustic plaster I revoco antisonoro.

acoustic rangefinder I telémetro acústico.

acoustic reading I lectura al sonido (telegrafía).

acoustic scattering I difusión acústica.

acoustic screen I pantalla acústica.

acoustic signal I señal acústica.

acoustic sounder I sondador acústico.

acoustic sounding I sondeo ecométrico I sondeo acústico.

acoustic store I memoria acústica.

acoustic strain gage I galga eléctrica de deformaciones I extensímetro acústico.

acoustic streaming I flujo acústico.

acoustic treatment I insonorización.

acoustic twinkling I parpadeo acústico (océanos).

acoustic vault I bóveda acústica.

acoustic wave I onda acústica.

acoustical absorptivity I absortancia acústica.

acoustical field I campo acústico.

acoustical liner I forro acústico.

acoustical mismatch I inadaptación de impedancia sonora.

acoustical ohm I ohmio acústico.

acoustical plaster I enlucido acústico (construcción).

acoustical reflectivity I coeficiente de reflexión acústica.

acoustical strain gauge I banda extensométrica acústica.

acoustical transmittivity I coeficiente de transmisión acústica.

acoustics I acústica (ciencia).

acoustic-wave amplifier I amplificador de onda acústica.

acoustimeter I acustímetro.

acoustodynamic I acusticodinámico.

acoustoelectric I electroacústico.

acousto-optics I óptico-acústica.

acquisition I captación del objetivo (radar).

acquisition radar | radar de captación de un blanco que se aproxima.

acratism | acratismo.

acratron | acratrón (electrónica).

acribometer | acribómetro.

acridine | acridina.

acridine dye | colorante acridínico.

acridine yellow | amarillo de acridina (química).

acrobatholitic | acrobatolítico (minería).

acroblast | acroblasto.

acrocentric | acrocéntrico.

acrography | acrografía.

acrolein | acroleína.

acrolein methyl chloride | cloruro de metilo con acroleína.

acromorph | acromorfo | domo salífero (geología).

acronycal | acrónico (astronomía).

across | en paralelo (electricidad).

across a resistance | en paralelo con una resistencia (electricidad).

across course | transversal al rumbo.

across fiber | en sentido transversal a las fibras.

across the load | en derivación con la carga (electricidad).

across-the-line valve | válvula de cierre.

acrotomous | acrótomo (mineralogía).

acrylic | acrílico.

acrylic acid | ácido acrílico.

acrylic canopy | torreta de acrílico (aviones).

acrylic laminate | laminado de acrílico.

actinic | actínico.

actinic rays | rayos actínicos.

actinic screen | pantalla actínica.

actinic spectrum | espectro químico.

actinide | actínido.

actining light | luz actínica.

actinium | actinio (Ac).

actinium A | polonio 215.

actinium B.a | plomo 211.

actinium C.a | bismuto 211.

actinium C'a | polonio 211.

actinium C'/Ca | talio 207.

actinium D | plomo 207.

actinium emanation | actinón.

actinium K | francio 223.

actinium X | número atómico = 88 | peso atómico = 223.

actinium-uranium | uranio 235.

actinochemistry | actinoquímica.

actinodrome | actinódromo.

actinodromous | actinódromo.

actinogen | actinógeno.

actinogram | actinograma.

actinograph | actinógrafo.

actinography | actinografía.

actinolite | actinolita.

actinometer | actinómetro.

actinometer paper | papel fotográfico rápido.

actinometry | actinometría.

actinomorphic | actinomorfo.

actinon | actinón (radón 219) | emanación de actinio.

actinophone | actinófono.

actinotous | actinótico.

actinotrocha | actinotroco.

actinouranium | uranio 235 | actinouranio.

action arm | biela (mecanismo).

action finding | busca automática de una línea (telefonía).

action homing | retorno a su posición de reposo (selectores).

action impulse | busca de la línea (selector accionado por impulsos).

action of the governor | funcionamiento del regulador.

action spike | punta de acción.

action stations | puestos de zafarrancho de combate (buques de guerra).

action-face | cara donde se asienta el culote del cartucho (recámara cañones).

actionless | inerte.

action-radius | radio de acción | alcance eficaz (antena).

activate (to) | accionar | activar.

activated alumina | óxido de aluminio granular y poroso | alúmina activada.

activated bauxite | bauxita molida (tamizada y calcinada.).

activated carbon adsorption | adsorción en carbón activo.

activated charcoal | carbón vegetal activado.

activated clay | arcilla activada.

activated draft | tiro activado (hornos).

activated sintering | sinterización activada.

activated sludge | fango activado.

activated water | agua activada | agua radiactiva.

activating | activante.

activation | activación.

activation analysis | análisis por activación (química).

activation mechanism | mecanismo de activación (inteligencia artificial).

activation overvoltage | sobretensión de activación.

activation probe | sonda de activación.

activation stack | fila de activación (procesos).

activator | activador (química).

active | que transmite una señal | fisionable | radiactivo | que recibe y amplifica y retransmite (satélite artificial).

active aerial | antena activa.

active aircraft | aeronave en servicio.

active aluminum | amalgama de aluminio.

active balance return loss | atenuación activa de equilibrado (circuito electrónico).

active carbon | carbon activado.

active circuit | circuito activo.

active communications satellite | satélite activo de comunicaciones.

active core | medio multiplicador (nucleónica).

active current | corriente activa.

active decoder | decodificador activo.

active detection system | sistema activo de detección (ingeniería).

active device | dispositivo activo.

active dope | absorbente activo.

active energy | energía cinética.

active failure | avería activa.

active filter | filtro activo (amplificador).

active fourpole | cuadripolo activo.

active guidance | guiancia activa.

active homing | busca activa.

active hydrogen | hidrógeno nascente.

active lattice | red activa (física).

active length | longitud inducida (electricidad).

active lime | cal activa.

active line | línea de comunicación dispuesta para la transmisión de los datos.

active liquid | líquido excitador (electricidad).

active liquor | líquido radiactivo.

active material | material radiactivo.

active mine | mina en explotación (minería).

active probe | sonda activa.

active rudder | timón activo (buques).

active runway | pista utilizable (aeródromos).

active satellite | estación repetidora orbital | satélite activo | satélite transmisor de señales.

active star | estrella activa (informática).

active station | estación terminal activa.

active voltage | voltaje activo.

active volt-amperes | potencia activa (electricidad).

active-power meter | contador de potencia activa.

activity counts | contaje de la actividad (reactor nuclear).

activity loading | carga activa.

activity network | red de actividades (informática).

activity sampling | muestreo de actividad.

actograph | actógrafo (registrador de movimientos).

actol | lactato de plata.

actomal | dolomita calcinada (fertilizantes).

actual brake horsepower | potencia al freno real.

actual damping | amortiguamiento efectivo.

actual energy | energía cinética.

actual ground zero | punto cero real.

actual horsepower | potencia efectiva, potencia al freno.

actual monitor | monitor de salida (TV).

actual output | potencia efectiva.

actual parameter | parámetro efectivo (informática).

actual power | energía real | potencia activa, potencia real, potencia efectiva, potencia al freno.

actual pressure | presión efectiva.

actual speed | velocidad con relación al viento (aviones).

actual suction lift | altura práctica de aspiración (bombas).

actuating coil | bobina actuadora | bobina excitadora.

actuating current | corriente motriz.

actuating flux | flujo motor.

actuating gear | mecanismo de transmisión.

actuating jack | gato impulsor.

actuating pawl | uña de accionamiento, linguete de accionamiento.

actuating pressure valve | válvula excitadora de presión.

actuating screw | tornillo sinfín de accionamiento.

actuating system | sistema mecánico que proporciona energía a otro mecanismo o sistema.

actuating voltage | voltaje de actuación.

actuation coil | bobina activadora.

actuation valve | válvula de actuación.

actuator | accionador | servomotor, biela de accionamiento.

actuator pendulum | péndulo actuador (turbina hidráulica).

actuator switch | conmutador actuador.

acuity meter | audiómetro.

acute angled | acutángulo.

acute exposure | irradiación aguda.

acute solid angle | diedro agudo.

acute triangle | triángulo acutángulo.

acv | vehículo levitante por acción de chorros de aire sobre una superficie horizontal.

acyclic | acíclico.

acyclic compound | compuesto acíclico.

acyclic dynamo | dinamo unipolar de corriente continua.

acyclic sets | conjuntos acíclicos (matemáticas).

acyl | acilo.

acylamino acid | acilaminoácido.

acylation | acilación.

aczolling | tratamiento de maderas con una mezcla de amoniatos metálicos y un ácido antiséptico.

A/D converter | convertidor analógico-numérico.

adamantine drill | sondeadora de granalla de acero | taladro diamantino.

adamellite | monzonita cuarzoza.

adamic earth | arcilla común.

adamite | adamita.

adamsite | adamsita (química).

adaptation brightness | luminancia de adaptación.

adaptation illuminance | luminancia de adaptación.

adapter | adaptador | alargadera (química) | reductor de voltaje | válvula de un grifo | empalme.

adapter back | respaldo adaptador (fotografía).

adapter sleeve | manguito de fijación.

adapter-type ball bearing | cojinete de bolas con adaptador.

adaptive control system | sistema de control adaptable (informática).

adaptive metallurgy | metalurgia adaptiva.

adaptive telemetry | telemetría autoadaptable.

adaptor | adaptador.

adaptor plate | platina para montaje.

adarce | adarce (depósitos calcáreos de fuentes minerales).

adcut | logotipo (imprenta).

added traction | tracción adicional.

addendum cone | cono de cabeza (engranaje cónico).

addendum line | circunferencia exterior (engranajes).

adder | sumador.

addice | azuela.

adding machine | máquina de sumar.

adding material | metal de aportación (soldadura).

adding network | red de adición.

addition of rationals | adición de números racionales.

addition of vectors | suma de vectores (matemáticas).

additional reinforcement | armadura de refuerzo (hormigón armado).

additive | clave para cifrar | aditivo.

additive functional | funcional aditivo (ecuaciones).

additive predicting equation | ecuación aditiva de predicción.

address bus | enlace de direcciones (informática).

address field | campo de direcciones (informática).

address format | formato de dirección (informática).

address mapping | transformación de dirección (informática).

address mark | marca de direccionamiento (informática).

address register | registro de dirección (informática).

address track | pista de direcciones (disco magnético).

addressability | direccionamiento.

addressable location | posición direccionable (informática).

addressing | direccionamiento (informática).

addressing schemes | esquemas de direccionamiento (informática).

addressing system | sistema direccional.

adduct | aducto (química).

adenosine diphosphate (A.D.P.) | adenosindifosfato.

adenosine monophosphate | adenosinmonofosfato (bioquímica).

adeps lanae hydrosus | lanolina hidratada.

ader wax | azocerita en masas hojosas | ozoquerita (geología).

ADF let-down | aterrizaje por radio-goniómetro automático.

adherence | adherencia.

adherence meter | adherencímetro.

adhering nappe | capa adherente (hidráulica).

adherography | adherografía.

adherometer | adherímetro.

adhesion | atracción (electricidad) | adherencia.

adhesive | adhesivo.

adhesive capacity | poder adherente.

adhesive hot-setting | adhesivo termoendurecible.

adhesive mounting | montaje de clisés con adhesivo (fotograbado).

adhesive plaster | esparadrapo.

adhesive tape | cinta adhesiva | cinta aislante (electricidad).

adhesive water | agua pelicular.

adiabat | línea adiabática.

adiabatic chart | diagrama adiabático.

adiabatic engine | motor adiabático.

adiabatic flow | corriente adiabática | flujo adiabático.

adiabatic heat drop | caída térmica adiabática.

adiabatic trap | trampa adiabática (reacción termonuclear).

adiaphory | adiaforia | neutralidad (química).

adiathermal | curva adiatérmica | adiatérmico.

adiathermancy | adiatermancia.

adicity | valencia (química).

A-digit selector | selector primario (telefonía) | selector del dígito A (telefonía).

adion | adión | ion labil.

adipoid | lipoideo.

adipolysis | adipólisis.

adit | entrada, acceso.

adit gutter | galería de desagüe (minas).

adit mining | explotación a cielo cubierto.

adit opening | bocamina.

adjoining | adyacente | contiguo.

adjoining rock | roca encajante (minas).

adjoint of a matrix | matriz adjunta.

adjoint vector space | espacio vectorial adjunto (matemáticas).

adjugate | adjunto (matemáticas).

adjust a machine (to) | reglar una máquina.

adjust bearings (to) | reajustar cojinetes.

adjust the brushes (to) | calar las escobillas.

adjust the cut-off (to) | ajustar el grado de admisión.

adjust the engine (to) | afinar el motor.

adjust the sight (to) | ajustar el alza.

adjust the voltage (to) | regular el voltaje.

adjust (to) | graduar, ajustar, regular, reglar, arquear | ensamblar, acoplar | montar, armar | aplantillar | compensar (topografía).

adjustability | graduabilidad.

adjustable brake block | zapata de freno regulable.

adjustable cam | leva reguladora.

adjustable capacitor | condensador ajustable.

adjustable die | cojinete reglable.

adjustable drill spindle | árbol portabroca regulable.

adjustable friction damper | amortiguador de fricción reglable.

adjustable leveling jack | gato nivelante graduable.

adjustable lever | palanca de brazo variable.

adjustable nozzle | tobera regulable.

adjustable peep sight | mira óptica ajustable.

adjustable pitch propeller | hélice de paso regulable.

adjustable port valve | válvula de camisa graduable.

adjustable spanner | llave inglesa.

adjustable tuyere | tobera ajustable (alto horno).

adjustable vane | álabe ajustable.

adjustable wing aircraft | avión con alas en delta regulables.

adjustable wrench | llave ajustable (electricidad).

adjustable-jaw wrench | llave inglesa.

adjusted angle | ángulo compensado (topografía) | ángulo corregido.

adjusted circuits | circuitos sintonizados.

adjusted decibel | decibelio corregido.

adjusted link | tramo compensado (topografía).

adjusted value | valor compensado (topografía).

adjuster | regulador | graduador | compensador.

adjuster board | guía del cable de la cuchara (perforación).

adjuster point | índice de ajuste.

adjusting | ajuste | cálculo, computación.

adjusting arm | brazo regulador.

adjusting bushing | buje de ajuste.

adjusting cam | leva de regulación.

adjusting device | dispositivo de reglaje.

adjusting gear | aparato de reglaje.

adjusting gib | regleta de ajuste.

adjusting knob | botón de ajuste.

adjusting lever | palanca de regulación.

adjusting nut | tuerca tensora | tuerca de ajuste.

adjusting pin | clavija de corrección.

adjusting rod | varilla de ajuste, varilla reguladora.

adjusting screw | tornillo de reglaje.

adjusting sleeve | casquillo de regulación.

adjusting spanner | llave inglesa.

adjusting spring link | tensor de ajuste del muelle.

adjusting tapping | derivación reguladora (transformadores).

adjustment | computación | regulación, corrección (aparatos) | adaptación (geología) | calaje de las escobillas (dinamos) | reglaje.

adjustment knob | botón de reglaje.

adjustment mechanism | mecanismo regulador.

adjustment notch | muesca de ajuste.

adjustment of angles | ajuste de cierre de un circuito topográfico.

adjustment range | escala de ajuste.

adjustor body | cuerpo de la válvula de profundidad (cargas de profundidad).

adjutage | tobera, boca (hidráulica).

admeasurement of vessels | arqueo de buques.

administrative data processing | informática de gestión.

administrative map | plano de situación logística.

administrative net | red logística.

administrative unit | unidad logística.

Admiralty measured mile | milla de 6.080 pies = 1.853 metros.

Admiralty metal | aleación de cobre (71%), cinc (28%) y estaño (1%).

admission | admisión | recepción, acceso, entrada (máquinas).

admission cam | leva de admisión.

admission camshaft | árbol de levas de admisión.

admission edge | arista de escape (distribuidor máquinas de vapor).

admission point | principio de la admisión (diagramas).

admission valve | válvula de admisión.

admits between centers | distancia máxima entre puntos (tornos).

admittance meter | admitancímetro.

admitting port | lumbrera de admisión (máquinas).

admix (to) | mezclar | incorporar | unir.

admixtion | mezcla.

admixture | aditivo | mezcla.

adobe flats | llanuras de adobe (geología).

adobe structure | estructura barrosa que se agrieta al secarse (suelos).

adquisition of signal | establecimiento de contacto (astronáutica).

adrenergic blocking agent | agente bloqueador adrenérgico (bioquímica).

adrenoglomerulotropin hormone | hormona adrenoglomerulotropina (bioquímica).

adrift | a la deriva.

adsorb (to) | adsorber.

adsorbability | adsorbibilidad.

adsorbable | adsorbible.

adsorbate | adsorbato.

adsorbent | adsorbente.

adsorber | adsorbedor, sustancia adsorbente.

adsorbing | adsorción | adsorbente.

adsorption | adsorción.

adsorption chromatography | cromatografía de adsorción.

adsorption isostere | isostera de adsorción.

adsorption isotherm | isoterma de adsorción.

adular | adularia (geología).

adularescence | adularescencia (gemas).

adularia | adularia (silicato aluminopotásico).

adumbra | penumbra (eclipse de luna).

adustion | afinidad por el oxígeno | inflamabilidad.

advance | avance, progresión.

advance definition television set | televisor de definición avanzada (imagen).

advance diameter ratio | parámetro de semejanza (hélices aéreas).

advance feed tape | cinta perforada de arrastre avanzado.

advance felling | corta anticipada (bosques).

advance heading | galería de avance (minas).

advance message center | puesto avanzado de transmisiones.

advance per round | avance por pega de barrenos (minería).

advance resistance wire | alambre acelerador para calentador eléctrico.

advance scout helicopter | helicóptero avanzado de reconocimiento.

advance sheet | capilla (imprenta).

advance the throttle (to) | dar gases, suministrar más combustible a (motores).

advance (to) | hacer avanzar | desfilar (cinta magnética).

advance turn marker | señal avanzada de curva (ferrocarril).

advance wave | onda de presión del aire que precede a la llama de una explosión de polvo de carbón (minería).

advanced | avanzado | de punta (industria) | desarrollado.

advanced epithermal thorium reactor | reactor avanzado epitérmico de torio.

advanced gas-cooled reactor | reactor avanzado de gas.

advanced mathematics | matemáticas superiores.

advanced mw filters | filtros de microondas perfeccionadas.

advanced steaming | vaporización a altas temperaturas y presiones.

advanced surface missile system | sistema de misiles de tierra avanzado (ejército).

advancer | compensador (electricidad).

advancing edge | borde de ataque.

advancing system | explotación sin galería preparatoria (minas).

advantage factor | factor de irradiación óptima.

advected energy | energía de conducción.

advection | advección | corriente de aire horizontal.

advectional current | corriente de advección.

adventive cone | cono parásito (volcanes).

adventive crater | cráter adventicio.

adverse pressure gradient | gradiente de presión opuesta.

adverse weather | condiciones meteorológicas desfavorables.

adynamic I adinámico.
adze the sleepers (to) I cajear las traviesas de madera (ferrocarril).
adze (to) I cajear traviesas.
adzing I cajeo de traviesas.
adzing and boring I preformado (forestal).
adzing machine I azoladora (máquina para cajear traviesas) I máquina de cajear (forestal).
aelotropic I aelotrópico, anisotrópico.
aelotropy I aelotropía.
aeolian I eólico.
aeolian basin I cuenca eólica.
aeolian medium sand I arena eólica de granulometría media.
aeolic I eólico.
aeolight I lámpara de descarga luminosa I luz fría.
aeolipyle I eolipila.
aeolosphere I eolosfera (región entre la superficie y las nubes-Venus).
aeon I era (geología).
aerage I ventilación.
aeral eruption I erupción volcánica producida por el colapso del techo de un batolito.
aeral map I mapa geológico indicando las extensiones de capas minerales superficiales.
aerate flow I fluido aireado (física).
aerate (to) I airear I ventilar.
aerated concrete I hormigón celular I hormigón aireado.
aerated platinum cathode I cátodo de platino ventilado.
aeration I ventilación.
aeremia I aeremia.
aerenchyma I aerenquima.
aereous I gaseoso.
aerial I perteneciente al aire, a la atmósfera o a la aviación I antena (G.B. - radio) I aéreo.
aerial arch I anticlinal aéreo (geología).
aerial array I red de antenas.
aerial beacon I aerofaro.
aerial blocking condenser I condensador de bloqueo de antena.
aerial booster I amplificador de antena.
aerial bridge I transbordador aéreo.
aerial capacitor I condensador de antena.
aerial carrier I portaaviones.
aerial change-over switch I conmutador de antena.
aerial circuit I circuito de antena.
aerial circuit breaker I disyuntor de antena.
aerial condenser I condensador de antena.
aerial contact line I línea aérea de contacto (electricidad).
aerial craft I aeronave.

aerial crosstalk I diafonía entre antenas.
aerial delivery parachute I paracaídas de reaprovisionamiento (aviación).
aerial download I conductor de bajada de antena.
aerial EMF I fuerza electromotriz de la antena.
aerial empedance I impedancia de antena.
aerial feed impedance I impedancia de alimentación de antena.
aerial feeder I alimentador de antena.
aerial feeding I alimentación de antena.
aerial fighting I combate aéreo.
aerial fold I pliegue aéreo (geología).
aerial inductance coil I bobina de inductancia de antena.
aerial input I potencia en la antena.
aerial input socket I enchufe de entrada de antena.
aerial lead-in I bajada de antena.
aerial lead-out I salida de antena.
aerial line I línea aérea.
aerial mapping I aerofotogrametría.
aerial matching transformer I transformador de adaptación de la antena.
aerial monitoring I prospección aérea.
aerial mosaic I fotomapa.
aerial network I red de antena.
aerial nitrogen I nitrógeno atmosférico.
aerial photographic mapping I fotocartografía.
aerial photographic survey I aerofotometría.
aerial power I potencia de antena.
aerial radiation pattern I diagrama de irradiación de la antena.
aerial radiation resistance I resistencia de irradiación de antena.
aerial reactance I reactancia de antena.
aerial relay I relé de antena.
aerial resistance I resistencia de antena.
aerial route I ruta aérea.
aerial shortening condenser I condensador disminuidor de antena.
aerial sound ranging I telemetría aérea por sonido (aeronáutica) I
aerial survey I aerofotometría.
aerial switching I conmutación de haz.
aerial telegraphy I radiotelegrafía.
aerial terminal I terminal de antena.
aerial topography I aerofototopografía.
aerial tow I remolque por avión.
aerial trimmer I condensador de ajuste de antena.
aerial tuning condenser I condensador de sintonización de antena.
aerial tuning inductance I inductancia de sintonización de antena.

aerial variometer I variómetro de antena.
aerial weight I entrada de antena.
aerial wire I antena (radio) I hilo de antena.
aerial-ground circuit I circuito antena-tierra.
aerifaction I aerificación.
aeriferous cement I cemento celular.
aeriform I aeriforme I gaseoso.
aerify (to) I aerificar.
aero engine I motor de avión.
aero transportable unit I unidad terrestre equipada y entrenada para el rápido transporte por aire.
aeroballistic I aerobalístico.
aeroballistic missile I misil aerobalístico.
aeroballistics I aerobalística.
aerobee I cohete utilizado para la exploración.
aerobic I aerobio.
aeroboat I hidroplano.
aerobridge I puente de acceso a las aeronaves (aeropuertos).
aerocamera I cámara aerofotogramétrica.
aerocar I vehículo convertible para usarse como automóvil o como avión.
aerocartography I aerocartografía.
aeroconcrete I cemento celular.
aerodonetics I aerodonética.
aerodrome I aeródromo.
aerodrome beacon I faro de aeródromo.
aerodrome direction-finder I radiogoniómetro de aeródromo.
aerodrome hazard beacon I faro de peligro de aeródromo.
aerodromic I aerodrómico.
aerodynamic I aerodinámico.
aerodynamic balance I equilibrio aerodinámico.
aerodynamic brake I freno aerodinámico.
aerodynamic drag I resistencia aerodinámica (mecánica).
aerodynamic expansion I dilatación aerodinámica.
aerodynamic heating I calentamiento aerodinámico.
aerodynamic lag I retardo aerodinámico.
aerodynamic lift I sustentación aerodinámica.
aerodynamic load I carga aerodinámica.
aerodynamic output I rendimiento aerodinámico.
aerodynamic pitch I paso aerodinámico, paso de par nulo (hélices).
aerodynamic stiffness I rigidez aerodinámica.
aerodynamic torque I par aerodinámico.
aerodynamic twist I torsión aerodinámica.
aerodynamic wave drag I resistencia de onda aerodinámica.

aerodynamically smooth surface I superficie aerodinámica lisa (mecánica).
aerodynamics I aerodinámica.
aerodyne I aerodino (vehículo más pesado que el aire).
aeroelastic I aeroelástico.
aeroelastics I perturbaciones aeroelásticas.
aero-engineering I aerotecnología.
aerofloat I cresilditiofosfato.
aeroflocs I polímeros sintéticos solubles en agua.
aerofoil I perfil aerodinámico.
aerogel I aerogel (química).
aerogenerator I dinamo eólica I aerogenerador.
aerogonio I aerogonio (estación radiogonométrica aeronáutica).
aerogram I radiotelegrama I aerograma.
aerography I aerografía.
aerohydrous I aerohídrico.
aerohydrous mineral I mineral esponjoso hidratado.
aeroides I aguamarina de color azulado pálido.
aerojet I motor de reacción.
aerokinetics I aerocinética.
aerolite I aerolito, meteorito.
aeromail I correo aéreo.
aeronautical I aeronáutico.
aeronautical beacon I faro aeronáutico.
aeronautical broadcasting service I servicio de radiodifusión aeronáutica.
aeronautical camera I cámara aerofotográfica.
aeronautical earth station I estación terrena aeronáutica.
aeronautical emergency frequency I frecuencia aeronáutica de emergencia (radiocomunicaciones).
aeronautical flutter I vibración aeronáutica.
aeronautical light I baliza luminosa.
aeronautical pilotage chart I carta de pilotaje aeronáutica.
aeronautical radio service I servicio de radiocomunicaciones aeronáuticas.
aeronautical radio station I estación radioeléctrica aeronáutica.
aeronautical station I estación aeronáutica.
aeronautics I aeronáutica.
aeronomic I aeronómico.
aeronomy I aeronomía (geofísica).
aeroplane flight I vuelo en aeroplano.
aeroplane flutter I interferencia de avión (TV).
aeroplane machine gun I ametralladora de avión.
aeroplane mapping I aerofotogrametría.
aeroplane wing I ala de aeroplano.
aeropulse I pulsorreactor.
aerorefuelling I repostaje en vuelo.

aerosol | aerosol.

aerosolize (to) | dispersar en un gas partículas sólidas o líquidas.

aerosonde | radiosonda.

aerospace | espacio aéreo.

aerospace plane | planeador aeroespacial.

aerospace remote sensing | teledetección aeroespacial.

aerospacecraft | navegación cósmica.

aerostat | aeróstato | globo aerostático.

aerostatic | aerostático.

aerostatic force | fuerza ascensional.

aerostatic lift | fuerza ascensional.

aerosurveying | aerofotogrametría.

aerothermodynamic border | frontera aerotermodinámica (altitud de unos 180 kilómetros).

aerothermodynamic ceiling | techo aerotermodinámico (aviación).

aerotow | remolque aéreo.

aeroturbine | turbina de aviación.

aerovane | aeropaleta.

aery | aéreo.

aesthesiometer | estesiómetro.

aether | éter.

aethiops mineral | metacinabarita.

aetites | aetita.

a-f current | corriente de audiofrecuencia.

AF output | salida de audiofrecuencia.

AF power | potencia de audio.

affected quadratic | ecuación completa de segundo grado.

affected quadratic equation | ecuación cuadrática completa.

affinity | tracción | conexión | enlace.

affix (to) | adherir, juntar, añadir, unir.

afflorescence | aflorescencia.

affluent streams | cursos de agua afluentes.

afforest (to) | repoblar (bosques).

afforestation | forestación.

affreight (to) | fletar.

afloat | a flote | flotante.

afore | a proa.

aft | a popa | aguas abajo (ríos).

aft engined | con máquina a popa (buques).

aft fuselage section | sección posterior del fuselaje.

aft of amidships | a popa de la maestra.

aft of bilge keel | a popa de la quilla de balance.

aft of step | a popa del redán (hidros).

aft of the bow | a popa de la roda (buques).

aft of the forward machinery space bulkhead | a popa del mamparo de proa del espacio de maquinaria (buques).

aft of the hinge axis | detrás del eje de la charnela.

aft of the line of the bulkhead | a popa del mamparo.

aft position lights | luces posteriores de posición.

aft under the stern | a popa encima del codaste.

aft upper portion | parte superior de popa.

after | a popa.

after capstan | cabrestante de popa.

after current | corriente de retorno.

after deck | cubierta de popa.

after engine-room bulkhead | mamparo de popa de la cámara de máquinas.

after firing | poscombustión.

after hatch | escotilla de popa.

after hatchway coaming | brazola de escotilla de popa.

after hold | bodega de popa.

after image | imagen consecutiva.

after leech | caída popel (velas) | valuma (marina).

after leech rope | relinga de caída (vela triangular o trapezoidal).

after peak | trimen de popa.

after poppets | gigantones de popa (botadura buques).

after pouring | recolado (metalurgia).

after rope | amarra de popa, cabo de popa (buques).

after sails | velas de popa.

after tossing | marejada.

after turret | torre de popa (buques de guerra).

after well | pozo de popa (marina).

after yards | todas las vergas menos las del palo trinquete.

afterbay | depósito de compensación (central hidroeléctrica) | cámara de salida (turbina hidráulica).

afterbody | cuerpo de popa | cuadernas de popa | distancia del rediente al codaste (hidros) | cola (torpedos).

afterburner | dispositivo para inyectar combustible en los gases calientes de exhaustación para obtener empuje adicional (motor de chorro).

afterburning | combustión retardada | inyección de combustible en los gases de exhaustación (motor de chorro).

aftercondenser | condensador posterior.

afterdamp | gases tóxicos en mina.

aftergases | gases de explosión o de incendio (minas).

afterglow | luminiscencia residual | incandescencia residual | recalescencia (metalurgia) | fosforescencia.

afterimage | imagen continua (óptica) | persiana de imagen (radar).

afterpart | popa (buques).

afterpeak | rasel de popa, trimen de popa (buques).

after-power | potencia residual.

afterrake | lanzamiento del codaste.

aftershock | réplica (geofísica) | terremoto réplica.

after-shrinkage | contracción posterior al moldeo (plásticos).

aft-fitted squid | calamar disparando hacia popa (arma antisubmarina).

agar | agar.

agaric acid | ácido agárico (química).

agarose | agarosa (química).

agatized wood | madera silificada | madera agatizada.

agaty | agatino.

age determination | datación (geología).

age gelation | gelificación por envejecimiento.

age hardenability | endurecibilidad por envejecimiento.

age hardenable nickel-cupper steel | acero con pequeña aleación de níquel y cobre endurecible por autoenvejecimiento.

age hardened alloy | aleación cronoendurecida.

age hardening | endurecimiento por envejecimiento.

age hardening austenitic steel | acero austenítico cronoendurecible.

age hardening precipitate | precipitado que se endurece con el tiempo.

age of maturity | edad de explotación (de un bosque).

age resistant | resistente al envejecimiento.

age (to) | estabilizar por reposo (aleación, fundición).

age to absortion | edad para la absorción (nuclear).

aged | estabilizado (metalurgia).

aged alloy | aleación estabilizada.

aged martensite | martensita estabilizada.

aged nickel-aluminum alloy | aleación de níquel-aluminio endurecida por autoenvejecimiento.

age-harden (to) | endurecerse por envejecimiento (metalurgia).

age-hardenable | endurecible por envejecimiento.

ageing hardness | endurecimiento por envejecimiento.

agent | sustancia (química).

ager | estabilizador | vaporizador (estampado telas).

agglomerate | brecha compuesta de fragmentos de rocas volcánicas | aglomerado.

agglomerating kiln | horno de aglomeración.

agglutinate | aglutinato, yacimiento piroclástico.

aggradation | agradación, acreación | aluvionación (geología).

aggradational | agradacional.

aggradational deposit | depósito aluvial.

aggrade (to) | rellenar por aluviones (geología) | depositar sedimentos (en ríos).

aggregate | material inerte (hormigón) | agregado (geología).

aggregate bins | depósitos para áridos (hormigón).

aggregate fineness | finura del árido (hormigón).

aggregate gradation | granulometría del árido (hormigón).

aggregate handling plant | instalación para el manejo de áridos (hormigón).

aggregate horsepower | potencia propulsora total.

aggregate polarization | polarización en que los constituyentes minerales no pueden ser reconocidos individualmente (rocas).

aggregate proportioning | dosificación de áridos (hormigón).

aggregate sulfide | sulfuro masivo en que el sulfuro es el 20% del volumen total.

aggregate tonnage | tonelaje total (flota).

aggregation | agregación.

aggregative model | modelo agregativo (econometría).

aggressive | agresivo | corrosivo.

aggressive atmosphere | atmósfera corrosiva.

aggressive soil | terreno agresivo (ataque de corrosión).

aggressive water | agua con materia corrosiva.

aggressivity | corrosividad.

agile aircraft | avión maniobrero.

aging | envejecimiento | relajación térmica | estabilización de tensiones interiores por reposo (metalurgia) | normalización térmica (aceros).

aging hardening | endurecimiento por reposo.

aging of cement | curado del cemento.

aging of iron | estabilización del hierro (por reposo).

aging test | prueba de envejecimiento.

aging treatment | tratamiento de estabilización | tratamiento de envejecimiento.

aging vat | cuba de envejecimiento.

agitating arm | brazo agitador.

agitating brush | cepillo batidor.

agitating truck | camión con hormigonera giratoria.

agitation vat | cuba de agitación mecánica.

agitator | mezclador, agitador (aparato).

A-glass | fibra de vidrio con el 10 al 15% de álcali.

aglycon | aglucona (bioquímica).

agrichemistry | agroquímica.

agricolite | agricolita (silicato de bismuto adamantino).

agricultural | agronómico.

agricultural aeroplane | avión de usos agrícolas.

agricultural aircraft | avión de tratamientos para la agricultura.

agricultural ammonia | amoníaco para abonos químicos.

agricultural bolt | perno para máquinas agrícolas (el fuste tiene ranuras helicoidales).

agricultural chemicals | productos químicos para agricultura.

agricultural chemistry | agroquímica.

agricultural engineering | ingeniería agrícola.

agricultural geology | agrogeología.

agricultural hydraulics | agrohidráulica.

agricultural meteorology | agrometeorología.

agricultural microbiology | agromicrobiología.

agricultural service | servicio de radiocomunicaciones de ayuda a la agricultura.

agricultural stone | caliza finamente molida.

agricultural wastes | desechos agrícolas | residuos agrícolas.

agrifos | arcilla fosfático-coloidal (fertilizante).

agrochemicals | productos agroquímicos.

agrochemistry | agroquímica.

aground | varado, encallado (buques).

ahead | por la proa, avante.

ahead power | potencia avante (buques).

ahead thrown | lanzado por la proa.

ahead turbine | turbina de marcha avante.

ahold | a barlovento (marina).

ahull | buque abandonado.

AI radar | radar aéreo interceptativo.

aid | ayuda.

aid to air navigation | ayuda para la navegación aérea.

aid to landing | ayuda para el aterrizaje.

aid to navigation | aparato auxiliar para la navegación.

aid to taxiing | ayuda para el rodaje (aviación).

aided tracking | seguimiento automático con corrección suplementaria.

aileron | alerón.

aileron angle | ángulo de alerón (aeronáutica).

aileron booster | motor para el alerón.

aileron bus cable | cable de interconexión de los alerones (aviación).

aileron control | mando del alerón.

aileron droop | bajada de los alerones (avión).

aileron flutter | vibración de alta frecuencia del alerón.

aileron follow-up | transmisión de alerones.

aileron gear | mando del alerón.

aileron tab | aleta de compensación del alerón (avión).

aileron trim control | control de compensación del alerón.

aileron yaw | guiñada en la dirección del ala ascendente cuando funcionan los alerones.

ailevator | combinación de alerón y timón de altura (aviones).

ailsite | ailsita.

aiming | puntería.

aiming angle | ángulo de mira.

aiming circle | goniómetro brújula.

aiming correction | corrección en altura.

aiming off allowance | corrección de puntería angular.

aiming point | punto de referencia (artillería) | punto de enfilada (aeronáutica).

air | aire | atmósfera | aéreo.

air abort | misión aérea abortada.

air accumulator | acumulador de aire comprimido.

air acetylene welding | soldadura aeroacetilénica.

air actuated | impulsado por aire comprimido, accionado por aire comprimido.

air aerated acid | ácido aireado.

air area | zona de observación aérea.

air ballistics | aerobalística.

air barrage | barrera de bombas explosivas arrojadas desde aviones | barrera antiaérea.

air based | aerotransportado.

air beacon | baliza de aeronavegación, faro de aeropuerto.

air bearing | cojinete con lubricación por aire.

air being excluded | al abrigo del aire (química).

air bells | burbujas (en el vidrio).

air blast | chorro de aire.

air blast transformer | transformador con enfriamiento de aire a presión.

air blast-cooled valve | válvula enfriada por corriente de aire.

air blockade | bloqueo aéreo.

air boat | embarcación propulsada por hélice aérea montada al aire.

air boiler | calentador tubular del aire.

air borne | en suspensión en el aire.

air box | caja de viento (hornos), caja de ventilación (minas) | colector de barrido (motores).

air brake I aerofreno (aviones).

air brake dynamometer I molinete dinamométrico.

air brake gage I manómetro para freno neumático.

air brush I aerógrafo.

air brushing I aerografía.

air bubbling I burbujeo (química).

air camera I máquina para fotografía aérea.

air capacitator I condensador de aire.

air carrier I avión de carga.

air cell I pila de aire.

air chamber I cámara de viento (hornos), cámara de aire.

air channel I canal de aire (hornos).

air choke I bobina protectora (electricidad).

air circulated oven I horno con circulación de aire caliente.

air circulating fan I ventilador de circulación de aire.

air cleaner I filtro del aire.

air cock I válvula purgadora de aire.

air coil I bobina de núcleo de aire.

air compartment I compartimiento de ventilación (minas).

air compressor crankshaft I cigüeñal de compresor de aire.

air compressor cylinder I cilindro compresor de aire.

air condenser I refrigerante de aire (química) I condensador de aire (electricidad).

air conditioner I acondicionador del aire.

air control sleeve I manguito de regulación del aire.

air cooled engine I motor enfriado por aire.

air cooled graphite reactor I reactor de grafito refrigerado por aire (nuclear).

air coordinates I coordenadas aéreas.

air core I sin núcleo magnético (electricidad).

air core choke I impedancia sin núcleo magnético.

air core reactance coil I bobina de reactancia sin núcleo magnético.

air core transformer I transformador sin núcleo magnético.

air cored selenoid I selenoide sin núcleo magnético.

air course I portillo de ventilación (buques) I pozo de ventilación (minas).

air cushion I amortiguador de aire.

air cylinder I cilindro de aire (compresores).

air damper I amortiguador de aire.

air dashpot I amortiguador neumático.

air data computer I calculadora de datos de la atmósfera tomados durante el vuelo (aviones).

air delay valve I válvula retardadora de la admisión de aire.

air delivery valve I válvula de impulsión de aire.

air dielectric I dieléctrico de aire.

air dielectric cable I cable coaxial.

air dielectric capacitor I condensador con dieléctrico de aire.

air discharge valve I válvula de impulsión del aire.

air distributor valve I válvula distribuidora del aire.

air disturbance I perturbación atmosférica.

air dolly I buterola para martillo neumático.

air dose I dosis atmosférica I dosis en el aire (nucleónica).

air draw I revenido con circulación de aire.

air draw furnace I horno de revenido con circulación de aire.

air dried I secado al aire.

air drill I perforadora de aire comprimido I taladro neumático.

air driven directional gyro I giroscopio direccional accionado por aire comprimido.

air driven generator I generador accionado por aire.

air driven pick machine I rafadora de aire comprimido (minas).

air duct I conducto de aire I conducto de guía de ondas (radio).

air electric drill I perforadora electroneumática.

air electric relay I relé electroneumático.

air elutriation I elutriación por corriente de aire.

air entrainment cement I hormigón celular.

air entrainment concrete I hormigón celular.

air escape I purga de aire.

air exhausting pump I máquina neumática, máquina de hacer el vacío.

air feed stoper I perforadora telescópica.

air field I campo en el entrehierro (electricidad).

air fleet I flota aérea.

air float (to) I elutriar.

air floated quartz I cuarzo elutriado.

air floating I elutriación.

air forging hammer I martillo neumático para forja.

air free solution I solución exenta de aire.

air friction dynamometer I molinete dinamométrico.

air furnace I horno de ventilación (minas) I horno de reverbero.

air gage I manómetro del aire.

air gaging I neumocalibración.

air gap I entrehierro (imanes).

air gap ampere-turns | amperios-vueltas del entrehierro.

air gap induction | inducción en el entrehierro.

air gap reluctance | reluctancia del entrehierro.

air gap transformer | transformador con entrehierro.

air gapped choke | bobina de reactancia sin núcleo magnético.

air gate | puerta de aireación | galería de ventilación (minas).

air gauge | manómetro.

air grate | rejilla de ventilación.

air gun | martillo neumático | ametralladora aérea.

air hammer | martillo neumático.

air hardenability | autoendurecibilidad.

air hardening steel | acero de temple al aire.

air hoist | grúa neumática, torno neumático.

air holding-on hammer | martillo sufridor neumático.

air horsepower | potencia aerodinámica.

air humidity | humedad atmosférica.

air hydraulic | hidroneumático, neumohidráulico.

air hydraulic accumulator | acumulador neumohidráulico.

air induction | entrada de aire | inducción en el aire (electricidad).

air injection oil engine | motor diesel de inyección neumática.

air inlet disc valve | válvula de mariposa de entrada de aire.

air inlet valve | válvula de entrada de aire.

air interception radar | radar de intercepción aérea.

air jig | criba neumática (metalurgia).

air knockout | eyector neumático.

air launch | lanzamiento desde el aire (aeronáutica).

air launched rocket projectile | proyectil cohete lanzado desde avión.

air leg | soporte neumático (martillo perforador).

air leg drill | perforadora de soporte neumático.

air lift | extracción por aire.

air line distance | distancia ortodrómica.

air load | carga aerodinámica.

air loaded accumulator | acumulador hidroneumático.

air lock | disminución o parada del flujo en un sistema hidráulico por una bolsa de aire o vapor | cámara capaz de cierre hermético para comunicar dos sitios de presión diferente | esclusa de aire.

air lubricated bearing | cojinete lubricado con aire comprimido.

air magnetic resistance | resistencia magnética del aire.

air magnetic switch | disyuntor magnético de aire comprimido.

air main | tubería principal del viento (alto horno).

air maneuver | maniobra en vuelo (avión).

air map | mapa aéreo.

air maze | filtro de aspiración en el cárter (soplantes).

air moistener | humectador del aire.

air moisture | humedad de aire.

air monitor | detector de la radiactividad del aire.

air motive engine | motor de aire comprimido.

air navigation chart | carta de navegación aérea.

air navigation radio aid | radioayuda para la navegación aérea.

air oil shock strut | amortiguador oleoneumático.

air oil strut | pata oleoneumática (aterrizador).

air operated | accionado por aire comprimido.

air operated hammer drill | perforadora neumática.

air operated jet ejector | eyector neumático de chorro.

air operated spot welder | soldadora por puntos neumática.

air particle detector | detector de partículas radiactivas en el aire.

air passage | conducto de aire | paso de aire.

air patenting | calentamiento a 1.050º C y enfriamiento al aire (termotratamiento aceros).

air path | entrehierro (electricidad).

air peeler | extractor de aire (bombas autocebadoras).

air photography | aerofotografía.

air pipe | conducto del viento (alto horno) | canal de ventilación (minas).

air piston | émbolo del cilindro de aire | pistón de aire.

air pit | pozo de ventilación (minas) | burbuja de aire (metales fundidos sobre vidrio).

air pocket | bache (aviación) | cámara de aire | depresión.

air poise | aerómetro.

air pollution | polución del aire | contaminación atmosférica.

air porting | eyección de aire.

air power | potencia aérea.

air press | prensa neumática.

air pressure | presión atmosférica | presión barométrica.

air pressure fuze | espoleta barométrica.

air propeller | hélice.

air pump | bomba compresora de aire | emulsor de aire | bomba de ventilación.

air raid | ataque aéreo.

air rammer | pisón neumático.

air receiver | depósito del aire.

air refreshing pipe | tubería de respiro (buques).

air refueling | repostaje en vuelo.

air release valve | válvula de escape de aire.

air resistance | resistencia aerodinámica.

air road | ruta aérea.

air route | vía aérea.

air route radar | radar para el tráfico aéreo.

air sac | vesícula de aire (geología).

air saddle | anticlinal al aire (geología).

air scrubber | filtro de aire.

air scuttle | portilla de ventilación (buques).

air seal | obturador de aire.

air search | vigilancia aérea.

air search radar | radar de vigilancia aérea.

air ship | dirigible.

air shipment | embarque aéreo.

air shot | barreno de aire.

air shower | grupo de rayos cósmicos.

air sieve | elutriador por corriente ascendente de aire.

air slatter | radiación dispersada.

air sluice | esclusa de aire.

air space | cámara de aire.

air speed | velocidad aerodinámica.

air speed indicator | anemómetro.

air speed recorder | anemógrafo.

air start | arranque hecho en vuelo (motor chorro de avión).

air starter | arrancador neumático.

air stone | meteorito.

air strake | traca de ventilación (buques).

air supply | inyección de aire.

air support signal unit | unidad de transmisiones para apoyo aéreo.

air surface | superficie de enfriamiento (radiadores).

air surveillance | vigilancia aérea.

air surveillance radar | radar de vigilancia aérea.

air survey | fotogrametría aérea.

air sweetening | desulfuración con aire.

air tanker | avión cisterna.

air telemetering | telemetría mediante aeronaves.

air temperature digitizer-range | analizador digital de temperatura de aire.

air tight | hermético.

air to ground communications | comunicaciones aire a tierra.

air traffic | tráfico aéreo.

air traffic control | control del tráfico aéreo.

air traffic control and warning | control de tráfico y alarma aérea.

air traffic control radar | radar de control del tráfico aéreo.

air train | tren aéreo (avión remolcando varios planeadores).

air transportability | transportabilidad aérea.

air trap | bolsa de aire.

air trunk | tronco de ventilación (buques) | compartimiento de ventilación (minas) | conducto de ventilación.

air tube | cámara de aire (neumáticos).

air turbine | turbina de aire comprimido.

air vacuum control | regulador de vacío de aire.

air valve | válvula de aire.

air vane | paleta de aire.

air vector | vector que representa el rumbo verdadero y la velocidad real del aeroplano.

air vent | respiro (buques).

air volcano | cráter producido por explosión de gas y emisión de fangos.

air washer | depurador de aire.

air way | ruta aérea.

air winch | malacate neumático | chigre neumático.

air wing | molinete regulador.

air-air radio net | red de radiocomunicación aérea.

airbag | ballonet (dirigibles).

airblast circuit breaker | disyuntor de aire comprimido.

airboat | hidroavión.

airborne | en suspensión en el aire.

airborne computer | computadora de a bordo.

airborne control system | topografía aérea.

airborne gas turbine | turbina de combustión aviónica.

airborne intercept radar | radar de avión para interceptación.

airborne loran receiver | receptor loran para aviones.

airborne magnetometer | magnetómetro de avión.

airborne radar | radar de avión.

airborne radar responder | contestador de radar aeroportado (emisor-receptor).

airborne search radar | radar de detección en vuelo.

airborne surveying | levantamiento de planos topográficos desde aeronaves.

airborne transceiver | radio de la aeronave.

airborne transmitter | transmisor de aeronaves.

airborne weather radar | radar meteorológico de aeronave.

airbrake | freno mecánico accionado por la presión que actúa en el pistón.

airbreak high voltage contactor | contactor de alto voltaje con ruptura por aire comprimido.

airbreak star-delta starter | arrancador estrella-triángulo de ruptura por aire comprimido.

air-breathing engine | motor de oxígeno atmosférico.

air-breathing missile | misil atmosférico.

airbrush | aerógrafo.

airburst fuze | espoleta de concusión.

air-compressor valve | válvula reguladora de compresor.

airconduit | conducto de aire.

aircool (to) | aerorrefrigerar.

aircooled | refrigerado por aire.

aircooled disc brake | freno de disco enfriado por aire.

aircooled machine | máquina ventilada.

aircooled silicone-impregnated distribution transformer | transformador de distribución impregnado con silicona y enfriado con aire.

aircooler | refrigerador de aire.

aircooling | refrigeración por aire.

air-core coil | bobina sin núcleo | bobina con núcleo de aire.

air-cored | sin núcleo magnético.

aircraft | avión.

aircraft aerial | antena de avión.

aircraft carrier | portaaviones.

aircraft control and warning | alerta y control de aviones.

aircraft electrical engineering | electrotecnia aplicada a los aviones.

aircraft engineering | ingeniería aeronáutica.

aircraft fuel | combustible para aviones.

aircraft heading | rumbo del avión.

aircraft instrument panel | tablero de instrumentos de la aeronave.

aircraft integrated data system | sistema de datos integrados de avión.

aircraft intercept radar | radar de avión para interceptación.

aircraft interception | interceptación de aviones en vuelo.

aircraft landing field | campo de aterrizaje.

aircraft light | luz de aeronave.

aircraft metals | metales para construcciones aeronáuticas.

aircraft navigational equipment | equipo de navegación para aeronaves.

aircraft power control | servomando para aeronaves.

aircraft radar | radar de a bordo.

aircraft range finder | telémetro para aviones.

aircraft rocket | cohete de aviación.

aircraft tender | avión nodriza.

aircraft tire | neumático del avión.

aircraft undercarriage | tren de aterrizaje.

aircraft warning | alarma antiaérea.

aircraft warning radar | radar detector de aviones.

aircraft-laid mines | minas lanzadas por la aviación.

aircraft-machine-gun turret | torreta de ametralladora de avión.

air-cure (to) | polimerizar a la temperatura ambiente (resinas sintéticas).

air-cushion vessel | embarcación en levitación por reacción de chorros de aire comprimido sobre la superficie del agua.

airdraulic | hidroneumático.

air-driven turbine | turbina de aire comprimido.

airdrop | lanzamiento aéreo | descenso por paracaidas.

air-electric machine | máquina electroneumática.

air-ferry | avión transbordador.

airfield | aeródromo.

airfield mat | estera de acero para pistas de aterrizaje.

airfoil profile | perfil aerodinámico.

airfoil section | perfil de ala (aeronáutica).

airframe | fuselaje.

airfreight | flete aéreo.

airfreight (to) | aerotransportar.

air-gap flux | flujo de entrehierro.

air-glider | aerodeslizador.

air-ground communication | comunicación de aire a tierra.

air-ground frequency | frecuencia aire-tierra.

air-ground intelligence service | servicio de información aeroterrestre.

air-hardened steels | aceros aleados endurecidos por corriente de aire.

airjack | gato de aire comprimido.

airlift | elevador neumático.

air-lift pump | bomba de aire.

airload | carga aerodinámica.

airlock | cámara de aire (nave espacial).

air-melted | fundido al aire libre.

air-melting | fusión al aire libre.

airmeter | instrumento para determinar la velocidad del viento.

airplane | avión.

airport I aeropuerto.
airport beacon I faro de aeropuerto.
airport danger beacon I radiofaro de espera de aterrizaje (aviación).
airport runway beacon I baliza de pista del aeropuerto.
airport traffic control I control del tráfico aeroportuario.
airpower I potencia aérea.
air-powered I accionado por aire comprimido.
air-quench (to) I templar al aire, autotemplar.
air-quenched steel I acero de autotemple.
airscrew I hélice aérea.
airscrew pitch I paso de hélice aérea.
airscrew-turbine I turbina de hélice (aviación).
air-sea rescue I salvamento aeromarítimo.
airshaft I respiradero (minas).
airship I aeronave.
airshipping I navegación aérea.
air-shutter I obturador de aire.
airspeed I velocidad aerodinámica (aviones).
airspeed indicator I anemómetro.
airtight seal I obturador hermético.
airway lighting I balizaje (aviación).
ajax metal I metal antifricción de cobre, estaño, plomo y arsénico.
ajutage I boca (hidráulica) I tobera (hidráulica).
alargan I aleación de aluminio y plata espolvoreada con negro de platino.
alarm valve I válvula de seguridad.
albedo I albedo (nuclear) I potencia reflectora (astronomía, meteorología).
albian I albiense (geología).
albiclase I oligoclasa albítica (contracción de albite-oligoclase).
albite I albita.
albumin I albúmina (bioquímica).
albumose I albumosa (química).
alchemy (to) I alear con otro metal.
alcladding I revestimiento de una pieza de aluminio con una capa de otra aleación de mayor resistencia a la corrosión.
aldehyde I aldehído (química).
alfatron I alfatrón (electrónica).
algebra of sets I álgebra de conjuntos.
algodonite I arseniuro de cobre en forma de incrustación blanca (algodona - Chile).
algol I algol (informática).
algorithm I algoritmo.
alguin I alguina (química).
alidade I alidada (topografía).
alidade distance-finder I telémetro de alidada.
alidade with sights I alidada de pínulas.
alight (to) I aterrizar I amarar.

align grid I escuadra de montaje (fotomecánica).
align (to) I alinear I encuadrar I sintonizar I ajustar.
aligning tool I alineador I herramienta para ajustar.
alignment I trazado I alineación I ajuste I calibración.
alignment chart I monograma I gráfico de alineación.
alignment gage I calibrador de alineación.
alignment of a circuit I ajuste de un circuito (telecomunicación).
alignment of a course I alineación de un rumbo (radionavegación).
aliphatic I alifático (química).
aliphatic chemichals I productos alifáticos (química).
aliphatic compound I compuesto alifático.
aliphatic hydrocarbon I hidrocarburo alifático.
alist I escorado (buques).
alive I en relingas (velas) I con corriente (electricidad) I activado.
alkali I álcali.
alkali amide I amida alcalina.
alkali feldspar I feldespato alcalino.
alkali lead I aleación de plomo con litio.
alkalimeter I alcalímetro.
alkaline battery I batería alcalina.
alkaline catalyst I catalizador alcalino.
alkaline-milled I fresado por ataque alcalino (aleación aluminio).
alkaliproof I alcalinorresistente.
alkene I alquino (química).
alkoside I alcoholato.
alkyd I alquido.
alkyl I alquilo.
alkylate I alquilato.
alkylene I alquileno (química).
all fuel engine I motor policombustible.
all in the wind I en facha, proa al viento (buque vela).
all right I vía libre (ferrocarril).
all-day efficiency I rendimiento diario.
allette I contrafuerte I pilastra I aleta (muros).
alley arm I cruceta excéntrica (poste telegráfico).
all-gas turbine propulsion I propulsión exclusiva por turbina de combustión.
alligator I rastra (explotación forestal) I carro anfibio (milicia).
alligator effect I efecto de cuarteado (metalurgía).
alligator scale I cascarilla infusible formada durante el recalentamiento (acero al cromo).

alligator shears | cizalla de palanca | tijeras de palanca.

alligator wrench | llave de mandíbulas.

all-jet | de motor de chorro (aviones).

all-mine pig | fundición obtenida con mineral todo uno.

allochthonous | alóctono.

allochthonous fold | pliegue alóctono.

allogenic | alogénico (geología).

allotter | distribuidor de buscadores (telefonía).

allotter relay | relé destribuidor.

allotter switch | conmutador de asignación (electrotecnia).

all-out | sin resistencias (reóstatos) | máxima admisión (reguladores vapor) | a toda velocidad | a toda potencia | a pleno rendimiento.

allowable tension | tensión admisible | voltaje admisible.

allowance | tolerancia de ajuste | holgura.

alloy | aleación.

alloy casting | fundición de aleación.

alloy plate | capa galvanoplástica de mezcla de dos o más metales.

alloy (to) | ligar.

alloy-leaded steel | acero de aleación con plomo.

alloy-treated steel | acero afinado con una aleación.

all-pass | de todo paso (electricidad).

alluvial | aluvión | aluvial.

alluvial basin | depósito aluvial.

alluvial fan | cono de deyección | abanico aluvial.

alluvial mine | mina de aluvión.

alluvial ore | mineral de aluvión.

alluvial ore deposit | yacimiento aluvial.

alluvial soil | terrenos de aluvión.

alluviation | aluvionamiento (geología).

alluvion | derrubio | aluvión.

all-wave | omnionda, universal (aparatos radio).

all-wave receiver | receptor omnionda.

all-weather | para todas las condiciones atmosféricas.

all-wetted propeller | hélice sin cavitación.

all-work | laboreo por grandes tajos (minas).

allyl | alilo (química).

alnico | aleación de aluminio níquel y cobalto.

along the coast | paralelo a la costa (navegación).

along the dip | en inclinaciones (filones).

alongshore current | corriente costera (oceanografía).

alongside | al costado | atracado (buques).

alosca | mezcla de cuarcita y cuarzo.

alowalt | óxido de aluminio fundido.

alpaca | aleación de cobre 65%, cinc 20%, níquel 13% y plata 2%.

alpax | siluminio.

alpha | partícula alfa.

alpha brass | aleación de 70% cobre y 30% de cinc.

alpha bronze | aleación de cobre y estaño.

alpha carnegieite | anortita sódica producida calentando nefelina a 1.248 °C.

alpha counter | contador de partículas alfa.

alpha detector | detector de partículas alfa.

alpha radiation | radiación alfa.

alpha ray | partícula compuesta de 2 neutrones y 2 protones | rayo alfa.

alphanumeric | alfanumérico.

alphanumeric code | código alfanumérico.

alphanumeric item | dato alfanumérico.

alphanumeric keyboard | teclado alfanumérico.

Alpine diamond | pirita de hierro.

Alsilox | producto de fusión de óxido de plomo y sílice.

altaite | altaita, plomo telural.

altar of a dock | escalón lateral de un dique seco (astilleros).

alterability | alterabilidad.

alterable | alterable.

alteration | alteración.

alteration switch | conmutador de alteración | inversor.

alternate airport | aeropuerto de emergencia.

alternate frequency | frecuencia alternativa (radiocomunicación).

alternate operation | transmisión en alternativa.

alternate program | programa alternativo.

alternate route | vía alternativa | vía auxiliar.

alternate selection | selección alternativa (informática).

alternate strip felling | corta por fajas alternas (bosques).

alternate track | pista alternativa.

alternate voice/data circuits | circuitos alternos de voz/datos (comunicaciones).

alternate-line scanning | exploración alterna de líneas (TV).

alternating | alternativo.

alternating current | corriente alterna.

alternating current circuir breaker | disyuntor de corriente alterna.

alternating current transformer | transformador de corriente alterna.

alternating load | carga alternativa.

alternating operating systems | sistemas operativos alternativos (informática).

alternating voltage | tensión alterna.

alternating-current generator | alternador.

alternative I variante I alternativo.

alternative route I vía auxiliar (telecomunicación).

alternator I alternador, generador de corriente alterna.

alternator set I grupo alternador.

alternator shaft I eje del alternador.

alternator transmitter I transmisor de alternador.

altigraph I altígrafo.

altimeter I altímetro.

altimeter setting I reglaje del altímetro.

altiscope I altiscopio (óptico).

altitude I altura, altitud.

altitude chamber I cámara de baja presión.

altitude difference I diferencia entre altitud calculada y observada (navegación).

altitude measurement I altimetría.

altitude pressure I presión de altura.

altitude recorder I altímetro registrador.

altitude valve I válvula reguladora de nivel (aeronáutica).

altometer I teodolito.

alum I alumbre.

alum stone I alunita.

alumina I alumina.

aluminite I aluminita.

aluminium I aluminio (G.B.).

aluminium casting I pieza fundida de aluminio.

aluminium killed steel I acero calmado con aluminio.

aluminization I aluminización, aluminiación.

aluminize (to) I aluminizar.

aluminized steel I acero aluminizado.

aluminous I aluminoso.

aluminous refractory brick I ladrillo refractario aluminoso.

aluminum I aluminio (Estados Unidos).

aluminum brass I latón de aluminio (aluminio 1 a 6%, cinc 24 a 42%, cobre 55 a 71%).

aluminum gold I aleación de aluminio 22% y oro 78%.

aluminum oxide I alúmina I óxido de aluminio.

aluminum plate I clisé de aluminio I placa de aluminio (offset).

aluminum pressure die-casting I fundición de aluminio a presión.

aluminum sheet I chapa de aluminio.

aluminum-base alloy I aleación a base de aluminio.

aluminum-clad I chapado en aluminio.

alundum I óxido de aluminio.

AM carrier I portadora de amplitud modulada.

amalgam retort I cámara de amalgamar.

amalgam solution I baño de amalgamación.

amalgamate (to) I fusionar I amalgamar.

amateur radio I radiocomunicación de aficionado.

Amazon stone I amazonita.

amazonite I amazonita.

amber I ámbar (resina fósil del Pinus succinifera).

amendment record I registro de reforma (informática).

American bond I aparejo americano (ingeniería).

American gold I aleación para monedas de oro 90% y cobre 10%.

American pump I cuchara (perforaciones).

amethyst I amatista.

AM/FM receiver I receptor de radio de señales moduladas en amplitud y de señales moduladas en frecuencia.

amicable numbers I números amigos (matemáticas).

amicron I amicrón I milimicra.

amide I amida (química).

amidships I en el centro (buques) I crujía.

aminate (to) I aminar (química).

amine I amina (química).

amino acid I aminoácido (bioquímica).

aminoazo I aminoazoico.

ammate I sulfamato amónico.

ammeter I amperímetro.

ammeter shunt I derivador amperimétrico.

ammogas I amoníaco anhidro fraccionado.

ammonia I amoníaco.

ammonia leaching I lixiviación al amoníaco.

ammonia liquor I agua amoniacal.

ammonia nitrate I nitrato amónico.

ammonite I amoniuro (química) I amonita (explosivo).

ammonium I amonio I amónico.

ammunition I munición.

ammunition carrier I armón (artillería).

ammunition drum I tambor de cartuchos (ametralladoras).

ammunition handing room I antepañol de municiones (buques).

ammunition hanger I pescante para cargar (cañones).

ammunition hopper I tolva de carga (cañones).

ammunition stowage I estiba de municiones.

amortisseur I amortiguador.

amortisseur winding I devanado en cortocircuito I devanado amortiguador.

amount of space available I espacio disponible en la memoria (informática).

amperage I amperaje.

ampere | amperio.

ampere gage | amperímetro.

ampere-centimeter | amperio-centímetro.

ampere-foot | amperio-pie.

ampere-hour | amperio-hora.

amperemeter | amperímetro.

ampere-volt | voltio-amperio.

amphibious | anfibio.

amphibious air-craft | hidroavión.

amphibole | anfibol.

amphibolite | anfibolita.

amphidromic | anfidrómico.

amphidromic region | región anfidrómica (cartografía).

ampholyte | anfólito, electrólito anfotérico.

amphoteric | anfótero (química).

amplidyne | amplidino (amplificador magnético rotativo).

amplified banck bias | polarización amplificada realimentada (electrónica).

amplifier | amplificador.

amplifier chain | cadena amplificadora.

amplifier circuit | circuito amplificador.

amplifying | amplificador.

amplifying delay line | línea de retardo de amplificación (electrónica).

amplifying exchange | central amplificadora (telecomunicaciones).

amplifying frequency | frecuencia de señal.

amplifying power | potencia amplificadora.

amplitude | amplitud.

amplitude control | ajuste de amplitud.

amplitude fading | desvanecimiento de amplitud.

amplitude meter | vibrómetro.

amplitude modulation | modulación de amplitud.

amplitude noise | ruido de amplitud (radar).

amyl | amilo.

amyl acetate | acetato de amilo (química).

amyl alcohol | alcohol amílico.

amyl aldehyde | aldehído amílico (química).

amyl benzoate | benzoato de amilo (química).

amyl nitrate | amilnitrato (gasóleos).

amyl nitrite | nitrito de amilo.

amyl salicylate | salicilato amílico.

amylaceous | amiláceo.

amylene | amileno.

amylic | amílico.

amylin | amilina.

anabatic | que se mueve hacia arriba (meteorología) | anabático.

anacoustic | anacústico.

anacoustic zone | región insonora (geofísica).

anaerobe | anaerobio.

anaerobic | anaeróbico.

analcite | analcita.

analog computer | ordenador analógico.

analog multiplex | multicanalización portadora (transmisión de datos).

analog output | salida analógica.

analog output channel amplifier | amplificador de canal con salida analógica (informática).

analog signal | señal analógica (informática).

analog to digital converter | convertidor analógico-digital (informática).

analyst | analista, químico analítico.

analyst chemist | químico analista.

analytic chemistry | química analítica.

analytic geometry | geometría analítica.

analytic trigonometry | trigonometría analítica (matemáticas).

analyze (to) | analizar.

analyzer | analizador | explorador (TV).

anamorphote | anamorfótico.

anamorphote lens | lente anamorfótica (óptica).

anastatic | realzado en relieve | anastático.

anastatic engraving | grabado anastático | grabado en relieve.

anastatic plate | clisé anastático (imprenta).

anastatic printing | impresión anastática.

anastigmatic | anastigmático.

anastigmatic lens | lente anastigmática.

anatomical alloy | aleación anatómica | aleación de baja temperatura de fusión | aleación de bismuto (53,5%), plomo (17%), estaño (19%) y mercurio (10,5%).

anchor | ancla.

anchor arm | brazo del ancla | tramo de anclaje.

anchor back | galga del ancla.

anchor beam | serviola del ancla.

anchor bed | varadero del ancla (buques).

anchor bill | uña del ancla.

anchor blade | pata del ancla.

anchor bolt | perno de anclaje | clavo de moldeador.

anchor buoy | boya de ancla.

anchor clamp | grapa de amarre | dispositivo para unir el cable al aislador (líneas de transmisión).

anchor ice | hielo marino de fondo (oceanografía).

anchor ring | anilla de amarre | arganeo (anclas).

anchor rope | cable de anclaje.

anchor shackle | grillete de ancla.

anchor slipper | engrilletador.

anchor stowage | arrumaje del ancla, estiba del ancla.

anchor (to) | fondear, anclar | amarrar.

anchorage | anclaje | fondeadero.

anchoring I anclaje.

ancillary circuit I circuito auxiliar.

ancillary equipment I equipo auxiliar.

ancillary position I posición auxiliar (teleco-municación).

AND circuit I circuito Y I circuito lógico.

AND function I función AND.

AND gate I puerta lógica Y.

AND operation I intersección lógica.

AND-or-NOT gate I compuerta Y-o-NO (informática).

anechoic I anecoico.

anechoic chamber I cámara anecoica.

anelectrode I electrodo positivo I ánodo.

anemometer I anemómetro.

anemometer tower I torre anemométrica (meteorología).

anemometric probe I sonda anemométrica.

angel I eco parásito (radar).

angels I bloques metálicos pequeños que soportan las hojas de vidrio cuando están en el baño de grabado al ácido (trabajos en vidrio).

angle I arista I ángulo.

angle back-pressure valve I válvula angular de contrapresión (mecánica).

angle bead I cantonera (construcción).

angle beam I bao de angular (buques).

angle bender I máquina de curvar angulares.

angle beveler I máquina de biselar.

angle body I cuerpo oblicuo (tipos de imprenta).

angle brace I riostra angular.

angle bracket I ménsula angular (arquitectura) I soporte en escuadra.

angle clip I cartela angular, tojino.

angle cutter I fresa cónica de ángulo.

angle float I llana de ángulo, palustrillo (albañilería).

angle gage I galga para ángulos I calibrador angular I goniómetro.

angle iron I angular.

angle iron cropper I tijera para angulares.

angle iron cutting machine I cizalla para cortar angulares.

angle iron shears I tijera para angulares.

angle jib I brazo acodado (grúas).

angle line I línea quebrada (topografía).

angle measuring I goniometría.

angle meter I clinómetro I goniómetro.

angle modulation I modulación angular.

angle of attack I ángulo de ataque I ángulo de incidencia (aviones).

angle of deflection I ángulo de deflexión I ángulo de desviación I ángulo de deriva.

angle of heading I rumbo de un avión.

angle of heel I ángulo de escora (buques, hidros).

angle of jump I ángulo de reelevación (balística).

angle of lag I ángulo de desplazamiento I ángulo de decalaje.

angle of lap I ángulo de recubrimiento (distribuidor vapor).

angle of lead I ángulo de calaje I ángulo de avance (electricidad).

angle of lift I ángulo de sustentación (aviación).

angle of nip I ángulo de contacto.

angle of obliquity I ángulo de oblicuidad.

angle of pitch I ángulo de inclinación longitudinal (aviones) I ángulo de cabeceo (buques).

angle of rake I ángulo de inclinación.

angle of repose I ángulo de reposo I ángulo de deslizamiento (mecánica).

angle of roll I ángulo de balance (aeronáutica).

angle of scattering I ángulo de dispersión.

angle of site I ángulo de situación (balística).

angle of skew I ángulo de oblicuidad I ángulo de inclinación.

angle of slide I ángulo de deslizamiento.

angle of stall I ángulo de pérdida (aviones).

angle of superelevation I ángulo de mira I ángulo de alza.

angle of torque I ángulo de torsión.

angle of total reflection I ángulo de incidencia límite (óptica) I ángulo de reflexión total.

angle of trim I ángulo de compensación.

angle of twist I ángulo de torsión.

angle of unconformity I ángulo de discordancia (geología).

angle of yaw I ángulo de guiñada (buques).

angle planer I biseladora.

angle plate I escuadra de apoyo I escuadra de ángulo.

angle rib I nervadura angular (construcción).

angle (to) I oblicuar I enfaldillar (chapas).

angle-bead I cantonera.

angle-measuring device I dispositivo goniométrico.

angle-staff I cantonera.

angle-test tube I artilugio para averiguar si un pozo de sondeo es vertical y en caso contrario su ángulo de inclinación.

angling gear I mecanismo de angulación (giroscopio, torpedos).

anglite I anglita.

angstrom I angstrom = 10^{-4} micrómetros = 10^{-8} cm.

angstrom unit I unidad angstrom (10^{-8} cm).

angular advance I avance angular.

angular bearing I dirección angular I rumbo.

angular bevel gear I engranaje cónico angular.

angular bitstalk | taladro angular.

angular bitstock | berbiquí acodado.

angular borer | mandrinadora para motores con cilindros en V.

angular core | macho cuadrado (moldes).

angular cutter | cortador angular | fresa de ángulo (mecánica).

angular file | lima angular.

angular frequency | frecuencia angular (radianes/segundo).

angular gear | engranaje cónico | engranaje helicoidal | engranaje angular.

angular height | altura en longitud de onda $\times 2$ radianes (antenas).

angular ionic capital | capitel jónico en ángulo (arquitectura).

angular length | longitud en radianes | longidud angular.

angular magnification | aumento angular (óptica).

angular mill | fresa cónica.

angular milling | fresado oblicuo | fresado angular (mecánica).

angular phase difference | ángulo de desfase.

angular pitch | paso angular (mecánica).

angular play | huelgo angular.

angular point | vértice.

angular position | posición angular.

angular position encoder | codificador de posición angular.

angular resolution | resolución angular (radar).

angular scintillation | centelleo angular (radar).

angular shear | corte angular.

angular speed | velocidad angular | cambio de dirección por unidad de tiempo (radar).

angular twist | torsión angular.

angular unconformity | discordancia angular (geología).

angular width | amplitud angular | ángulo de abertura.

angularity | angularidad.

angular-momentum vector | vector cinético.

angulated sails | foque escocés.

angulometer | goniómetro.

anhedral | diedro negativo.

anhydrite | anhidrita.

anhydroc | roca compuesta casi exclusivamente de anhidrita.

anhydrogenous | anhidrogénico.

anhydrous | anhidro.

anil | anila (química).

aniline | anilina.

aniline dye | colorante de anilina.

aniline number | temperatura más baja en la que anilina recién destilada se mezcla con el petróleo a ensayar.

animikite | animikita.

anion | anión | ion con carga negativa.

anion exchange | permutación aniónica | cambio aniónico.

anionic | aniónico.

anionic current | corriente aniónica.

anisotrope | anisótropo.

anisotropic alloy | aleación anisótropa.

anisotropic hardness | dureza anisótropa.

anisotropic lattice | retículo anisótropo.

anisotropic magnet | imán anisotrópico.

anisotropism | anisotropismo.

anisotropous | anisótropo.

anisotropy | anisotropía | heterotropía.

ankaratrite | ankaratrita.

annaline | yeso fibroso.

anneal quench-pickle cycle | ciclo de recocido-enfriamiento-decapado.

anneal steel (to) | recocer al acero.

anneal (to) | recocer (metalurgia).

annealed cast iron | fundición maleable.

annealed in vacuo | recocido en el vacío.

annealed steel | acero recocido.

annealing | ablandamiento | esmaltación | recocido (metalurgia).

annealing bath | baño de recocido.

annealing box | caja de cementación (aceros) | caja de recocido.

annealing furnace | horno de recocer (aceros).

annealing kiln | cámara de recocido.

annealing temperature | temperatura de recocido.

annealing twin | macla de recristalización (metales) | macla de recocido.

annihilation photon | fotón de aniquilación.

annihilation radiation | irradiación de aniquilación.

annotate (to) | agregar notas o comentarios (informática).

annual cut | corta anual (bosques).

annulling network | red de anulación (telecomunicaciones) | circuito de anulación (telecomunicación).

annulus | corona circular (geometría).

annunciator | cuadro indicador (timbres) | aparato de correspondencia eléctrica (señales ferroviarias).

anode | ánodo (electricidad).

anode a-c conductance | conductancia diferencial del ánodo.

anode breakdown voltage | voltaje anódico de cebado.

anode circuit | circuito del ánodo.

anode cleaning | limpieza electrolítica por inversión de corriente (el metal a limpiar es el ánodo) | limpieza anódica.

anode conductance | conductancia del ánodo.

anode drop | caída anódica de voltaje.

anode fall | caída anódica.

anode feed | corriente de placa.

anode feed resistance | resistencia de carga de ánodo.

anode feed supply | corriente de alimentación del ánodo.

anode firing | cebado anódico.

anode follower circuit | circuito de carga anódica.

anode glow | luminosidad anódica.

anode induction coil | bobina de inducción del ánodo.

anode input power | potencia anódica de entrada | potencia absorbida por el ánodo.

anode layer | capa anódica (electroquímica).

anode load | carga anódica.

anode pickling | decapado anódico | decapado electrolítico.

anode potential fall | caída de tensión anódica.

anode power suppy | fuente de alimentación anódica.

anode power-supply voltage | tensión de alimentación anódica.

anode pulse modulation | modulación por impulsos anódicos.

anode pulsing | oscilador de ánodo pulsado | pulsación de ánodo.

anode reactor | inductancia de ánodo.

anode resistance | resistencia del ánodo.

anode rest current | corriente permanente de placa (termiónica).

anode sheath | capa anódica.

anode slope conductance | conductancia diferencial del ánodo.

anode slope resistance | resistencia diferencial de placa.

anode voltage | voltaje de placa (válvula termiónica) | voltaje del ánodo.

anode voltage pulse | tensión anódica de impulsos.

anode-circuit detector | detector de circuito de ánodo (electrónica).

anodic | anódico.

anodic coating | revestimiento anódico.

anodic etch | decapado anódico.

anodize (to) | anodizar.

anodizing | anodización, oxidación anódica.

anomalous cathodic fall | caída catódica anómala.

anorthic feldspar | anortita.

anorthite | anortita.

answer dial | cuadrante de los resultados (cálculo) | indicador de resultados (cálculo).

answer lamp | lámpara de respuesta (electricidad).

answerback | respuesta (teletipos) | respuesta de control (terminales) | respuesta a señales de control.

answering and listening circuit | circuito de contestación y escucha (telefonía).

answering jack | jack de respuesta (comunicaciones) | conjuntor de respuesta.

answering machine | contestador automático (telefonía).

answering wave | onda de respuesta.

anta | pilastra.

anta cap | capitel de anta.

antagonizing screw | tornillo antagonista.

antenna | antena (Estados Unidos-radio).

antenna array | agrupación de antenas.

antenna changeover switch | conmutador de antena.

antenna control board | panel de conmutación de antenas.

antenna coupler | acoplador de antena.

antenna current | intensidad de antena | corriente de antena.

antenna detector | alarma antirradar (avión) | detector de antena.

antenna earthing switch | conmutador de puesta a tierra de antena.

antenna farm | parque de antenas (estaciones de radiodifusión).

antenna feed | alimentación de antena.

antenna feed current | corriente de alimentación de antena.

antenna field | campo de antenas.

antenna field gain | ganancia de antena (televisión).

antenna input | entrada de antena.

antenna input connector | conector de antena.

antenna lens | lente de antena (radar).

antenna loading | carga de antena.

antenna switch | conmutador de antena.

antenna trimmer | compensador de antena (radiorreceptores).

antenna tuner | adaptador de antena | sintonizador de antena.

antenna winch | torno de antena (aviones).

antenna-matching network | red de acoplamiento de la antena.

anthracite | antracita.

anthracolithic | antracolítico.

antiacid | álcali | antiácido.

antiacid bronze I bronce antiácido, aleación de cobre 78%, estaño 7% y plomo 15%.

antiaircraft I antiaéreo.

antiaircraft armament I armamento antiaéreo.

antiaircraft artillery I artillería antiaérea.

antiaircraft warning system I sistema de alarma antiaérea.

antiballistic missile (ABM) I misil antibalístico.

anticapacitance switch I interruptor anticapacitivo.

anticapacity switch I conmutador anticapacitivo.

anticatalyst I catalizador negativo.

anticipatory control I control compensado.

anticlinal I anticlinal.

anticlinal axis I eje anticlinal, bóveda (geología).

anticlinal fault I falla anticlinal.

anticlinal fold I pliegue anticlinal.

anticlutter I filtro antiparásitos, eliminador de imágenes parásitas (radar).

anticlutter circuit I circuito contra falsos ecos (radar).

anticreep device I dispositivo para impedir la marcha en vacío (contador eléctrico).

anticreeper I abrazadera antideslizante.

antidazzle I antideslumbrante.

antidrag I contrarresistencia al avance.

antidrag wire I tirante de retenida (aviación).

antielectron I positrón I antielectrón I electrón positivo.

antifire I ignífugo.

antiflux I antifundente.

antifoam I antiespuma.

antifogging I antiempañante.

antifouling I antiincrustante.

antifreeze I anticongelante.

antifriction I antifricción.

antifriction bearing I cojinete de bolas I cojinete antifricción.

antifriction bowl I rodillo antifricción.

anti-friction lining I revestimiento antifricción.

antiglare I antideslumbrante.

antihunt I antifluctuación (electricidad) I antioscilador.

antiice device I dispositivo antihielo.

antiinterference I antirruido I antiparásito I antiinterferencia.

antijamming I eliminador de perturbaciones.

antilogous pole I polo piroeléctrico negativo (piroelectricidad).

antimere I antímero.

antimonial lead I plomo antimonial.

antimonial red silver I pirargirita.

antimonial silver I plata antimonial I discrasita.

antimonial tin solder I aleación de estaño (95%) y antimonio (5%).

antimonite I antimonita (mineralogía) I antimónito (química).

antimonium I antimonio.

antimony I antimonio.

antimony glance I estibina.

antimony orange I pentasulfuro de antimonio.

antimony red I trisulfuro de antimonio.

antinode I antinodo.

antinuclear suit I traje antinuclear I traje contra las radiaciones atómicas.

antioffset I antirrepinte.

antipillbox weapon I arma contra blocaos de hormigón.

antipinking fuel I combustible antidetonante.

antiprecipitating compound I compuesto antiprecipitante, compuesto contra la formación de depósitos (calderas).

antiproton I antiprotón, protón negativo.

antirad I antirradiactivo.

antireflection coating I revestimiento antirreflector I recubrimiento antirreflector (fibra óptica).

antiresonant circuit I circuito antirresonante.

antirot I antipútrido.

antirust I antioxidante, antiherrumbroso I anticorrosivo.

antiscale I desincrustante (calderas).

antisettling I antisedimentante.

antishort I anticortocircuito (electricidad).

antiskid I antideslizante, antipatinador.

antislip I antirresbaladizo.

antispray film I película de aceite para evitar la formación de niebla de ácido durante la carga (acumuladores).

antisqueak I antirrechinante.

antistabilizing I antiestabilizante.

antistatic loop direction finder I radiogoniómetro direccional antiestático.

antistatics I dispositivo para descargar la electricidad estática.

antistripping compound I compuesto adhesivo.

antisubmarine I antisubmarino.

antisubmarine aircraft I avión antisubmarinos.

antisubmarine barrier I barrera antisubmarinos.

antisurface vessel radar I radar detector de buques de superficie (aviones).

antisweep mine I mina antidragante.

antisymmetric matrix I matriz antisimétrica (matemáticas).

antitank I anticarro.

antithetic fault I falla antitética.

antitorpedo I antitorpedo.

antitorpedo net | red antitorpedos.

antitorque propeller | hélice compensadora de par.

antitorque rotor | rotor antipar (helicóptero).

antivacuum profile | perfil antidepresión (presas).

antivacuum valve | válvula para evitar el vacío (tuberías).

antivibration gear | mecanismo de antivibración.

anvil | yunque.

anvil beak | bigornia.

anvil bed | tajo del yunque, cepo del yunque.

anvil block | pilón de forja | chabota (martillo pilón).

anvil horn | bigornia.

anvil stock | cepo del yunque, tajo del yunque | chabota (martillo pilón).

anvil (to) | forjar al yunque | martillar.

anvil tongs | tenazas de forja.

anvil tool | herramientas de fragua.

anvil vise | yunque de tornillo de banco.

apple acid | ácido málico.

apple oil | valerianato de amilo.

appliance | mecanismo | herramienta.

appliance circuit | circuito de utilización.

application library | biblioteca de programas aplicables (informática).

application software | conjunto de programas de aplicación (informática).

application technology satellite | satélite de experimentación tecnológica.

applied load | carga real.

applied or mixed mathematics | matemáticas aplicadas.

applied pressure | diferencia de potencial entre terminales (circuito eléctrico).

applique armour | blindaje suplementario.

applique circuit | circuito adaptador.

apply (to) | aplicar | fijar.

applying | aplicación.

appoint (to) | equipar | fijar.

approach | acceso, entrada | vía de acceso | recalada, arribada (puertos, aeropuertos), espigón de atraque | aproximación.

approach aid | ayuda para la aproximación.

approach and landing aids | ayudas de aproximación y aterrizaje.

approach angle | pendiente de descenso | ángulo de aproximación.

approach beacon | radiobaliza de aterrizaje | baliza de acercamiento.

approach clearance | autorización de aproximación (aeropuertos).

approach control radar | radar de control de aproximación.

approach coupler | dispositivo automático para vuelos de aproximación.

approach cutting | trinchera de acceso (ferrocarril).

approach light | luz de aproximación, luz de acceso, luz de recalada, luz de aterrizaje.

approach light beacon | faro de aproximación.

approach locking | enclavamiento de aproximación (ferrocarril) | bloqueo de llegada.

approach marker-beacon-transmitter | radiofaro de acercamiento.

approach navigation | navegación de acercamiento.

approach path | ruta de aproximación | trayectoria de aterrizaje.

approach route | ruta de aproximación.

approach the land (to) | recalar (marina).

approach (to) | acercarse, aproximarse, recalar (marina, aviación).

appropriating brush | escobilla colectora (electricidad).

approve (to) | homologar.

approximand | aproximando (matemáticas).

approximate a decimal (to) | forzar un decimal.

approximate contour | curva de nivel aproximada.

appulse | apulso (astronomía).

appurtenances | accesorios | aditamentos.

apron | zócalo | cubierta de protección | plataforma (esclusas) | batiente de dique | placa frontal (carro de torno) | caja de mando del carro (tornos) | pista de estacionamiento.

apron distributor | distribuidor de telera.

apron shield | escudo blindado (cañones) | pantalla blindada.

aprotic | aprótico.

aprotic organic solvent | solvente orgánico-aprótico.

aptian reef limestone | caliza arrecifal aptense.

apyrous | incombustible.

aqua ammonia | agua amoniacal.

aquadag | suspensión coloidal de grafito desfloculado en agua | grafito coloidal | acuadag.

aquafact | acuafacto (geología).

aqua-fortis | ácido nítrico diluido | agua fuerte.

aquagem | nombre comercial de una espinela sintética azulada.

aquagene tuff | tuba acuágena (geología).

aquamarine | aguamarina (mineral).

aquamarine chrysolite | berilo amarillo-verdoso.

aquamarine sapphire | zafiro azul-pálido.

aquamarine topaz | topacio verdoso.

aquamarine tourmaline | turmalina azul-verdosa pálido.

aquamarine triplet | imitación de esmeralda compuesta de dos porciones de aguamarina con una capa colorante verdosa entre las dos porciones.

aquametry | acuametría | proceso analítico para medir agua.

aquaplane | embarcación con aletas hidrodinámicas sustentadoras, acuaplano.

aqua-regia | mezcla de ácido clorhídrico y ácido nítrico.

aquastat | termostato para el agua.

aquatint | acuatinta | procedimiento a la goma bicromatada (fotografía).

aquatint (to) | grabar al agua tinta.

aquavion | acuavión, embarcación con aletas hidrodinámicas sustentadoras.

aqueoigneous | acuoígneo.

aqueoigneous solution | solución acuoígnea (geología).

aqueous | acuoso | sedimentario (rocas).

aqueous rock | roca acuosa | roca hidrogénica.

aquifer | acuífero.

A-R steel | acero abrasiorresistente.

araban | arabana (polisacáridos).

Arabian magic diamond | zafiro sintético incoloro o con color dorado.

Arago point | punto de Arago (astronomía).

aranous paws | patas de araña (cojinetes).

arbitraries | cantidades arbitrarias (ecuaciones).

arbitrarily sectioned file | fichero en el que se realiza una división arbitraria (informática).

arbor | eje | soporte metálico para machos (funderías) | rodillo-eje (cilindro de estiraje) | husillo (mecánica).

arbor collar | collarín de eje (ingeniería).

arbor expanded by taper plug | mandril abierto por medio de una espiga cónica.

arbor hole | agujero para el eje.

arbor press | prensa de husillo a mano | prensa de tornillo.

arborescent | dendrítico.

arborescent powder | polvo dendrítico.

arborescent structure | estructura dendrítica.

arc | arco (geometría) | arco eléctrico.

arc baffle | difusor de arco.

arc ballast | regulador de corriente del arco.

arc blow | soplo magnético del arco (soldadura).

arc brazing | electrocobresoldadura.

arc converter | conversor de arco (electrónica).

arc cutting | corte por arco eléctrico.

arc damper | centralizador del arco (soldadura).

arc deflector | desviaarcos (electricidad).

arc discharge | descarga en arco (electricidad).

arc drop | caída de arco.

arc evaporated | evaporado mediante el arco eléctrico.

arc furnace | horno de arco eléctrico.

arc gate | compuerta de arco, compuerta radial (minas).

arc heating | calentamiento por arco.

arc inverter | inversor de arco.

arc lamp | arco voltaico | lámpara de arco eléctrico | lámpara de arco voltaico.

arc light | luz de arco voltaico.

arc minute | minuto de arco (sesentava parte de un grado).

arc motor-generator set | motogenerador para arco voltaico.

arc of action | arco de conducción.

arc of approach | arco de acceso (engranajes).

arc of recess | arco de receso (engranajes).

arc of swing | arco de oscilación.

arc of visibility | sector de visibilidad.

arc on closing | arco de cierre (electricidad).

arc process | proceso del arco voltaico (química).

arc smelting | fusión por arco eléctrico.

arc spraying | pulverización por arco eléctrico (metalurgia).

arc stabilizer | estabilizador del arco (soldadura).

arc stream | flujo del arco, flujo de iones negativos entre el cátodo y el ánodo (arco eléctrico).

arc stream voltage | caída de tensión de arco.

arc weld (to) | soldar con arco eléctrico.

arc welding | soldadura con arco eléctrico.

arcade | galería | arcada.

arcaded lantern | cimborrio de arcadas.

arcair torch | soplete de arco con electrodo de carbón con chorro de aire comprimido a lo largo del electrodo (limpieza de piezas fundidas).

arcback | arco inverso | encendido inverso (electricidad) | retroarco.

arch | bóveda | cimbra.

arch buttress | arbotante.

arch center | cimbra.

arch core | núcleo de pliegue (geología).

arch rib | nervadura de arco.

arch set | entibación poligonal (minas).

arch span | vano del arco.

arch (to) | arquear | abovedar.

arch-brace | arbotante.

archean | arqueozoico.

archean rock | roca arqueozóica.

arched falsework | cimbra.

archibenthic | arquibéntico | perteneciente a una zona desde 200 metros de profundidad hasta 1100 metros de profundidad.

archibentic zone | zona arquibéntica (oceanografía).

architecture | arquitectura.

architrave | arquitrabe.

archive disk | disco archivo (informática).

archive (to) | archivar.

archivolt | arquivolta.

archon | arcón (química).

arch-pillar | pilar de bóveda, pilar de protección debajo de la galería (minas).

arch-stone | dovela.

archton-6 | freón-6.

archway | arcada.

arcifinial point | punto arcifinio, punto geográfico.

arcing | formación de arco eléctrico.

arcing contact | contacto de arco.

arcing ground | arco a tierra.

arcing horns | electrodos de guarda (aisladores).

arcing ring | anillo protector del arco, anillo de guarda (aisladores de rosario).

arcograph | arcógrafo, ciclógrafo.

arcover | salto de arco.

arcover voltage | voltaje de descarga (pararrayos).

arc-pitch | paso circular, paso circunferencial (engranajes).

arc-regulator | regulador de arco voltaico.

Arctic blackout | debilitación de las radiocomunicaciones debido a trastornos ionosféricos por actividad auroral.

arcuation | curvatura | arqueamiento (geología).

arcwall coal cutter | rozadora de brazo largo (minas).

Arden's rule | regla de Arden (informática).

area | área | superficie, extensión.

area code | prefijo de zona (telefonía).

area communication centre | centro de comunicaciones de área (telefonía).

area control center (ACC) | centro de control de área (aviación).

area control radar | radar de control de área (tráfico aéreo).

area exchange | centro telefónico.

area forecast | pronóstico de área (meteorología).

area network | red zonal.

area of bearing | superficie de apoyo (cojinetes).

areal | areal | regional | zonal.

areal geology | geología de las diversas áreas de la superficie terrestre.

areal velocity | velocidad areal (astronomía).

areaway | galería de servicios (ingeniería) | pozo de luz o ventilación.

arena | arena arcillosa.

arenaceous | arenoso.

arenaceous limestone | caliza arenosa.

arenaceous rock | roca compuesta de fragmentos de cuarzo y granos de arena de tamaño menor de 0,005 milímetros.

arenite | arenisca.

arenous | arenoso.

areography | areografía | descripción de la superficie del planeta Marte.

argentate | argentato (química).

argentine | afrita, caliza espumosa, espato esquistoso.

argentine metal | aleación de estaño 85,5% y antimonio 14,5%.

argentite | argentita, plata vítrea.

argentum | plata.

argilla | caolín.

argillaceous | arcilloso.

argillaceous binding material | aglutinante arcilloso.

argol | argol.

argon | argón (A).

argon arc weld | soldadura por arco en atmósfera de argón.

argon arc weld (to) | soldar con arco en atmósfera de argón.

argon arc welding | soldadura eléctrica de arco sumergido en gas argón.

argon ionization detector | cámara de ionización de argón.

argon-melted alloy | aleación fundida bajo capa protectora de argón.

argon-shielded | protegido por atmósfera de argón.

argyroceratite | argiroceratita, cerargirita.

argyrose | argirosa, argentita, sulfuro de plata vítreo, argirita.

argyrythrose | argiritrosa, pirargirita.

arid | árido, seco.

aridity index | índice de aridez (climatología).

aridized plaster | argamasa aridizada | argamasa tratada en caliente con una sal delicuescente.

aristate | aristato (química).

arites | metalitos (geología).

arithmetic average | promedio aritmético | media aritmética.

arithmetic check | verificación aritmética | prueba aritmética.

arithmetic mean | media aritmética.

arithmetic progression | progresión aritmética (matemáticas).

arithmetic shift | desplazamiento aritmético (informática).

arithmetical instruction | instrucción aritmética (informática).

arm I palanca de arrastre (engranajes) I barra (cabestrante).

arm coal cutter I rafadora de barra, rozadora de barra.

armament I armamento.

armature I armadura armazón núcleo (electroimán) I inducido.

armature arm I brazo del inducido.

armature chatter I vibración de la armadura (electromagnetismo).

armature coil I bobina del inducido.

armature core I núcleo del inducido.

armature gap I entrehierro de inducido.

armature leakage I pérdida del inducido.

armature shaft I eje del inducido.

armature tester I probador de inducidos.

armature (to) I montar el inducido, montar el rotor (electromotor).

armature torque I par motor del inducido.

armature voltage I voltaje del inducido.

armed I armado I montado (espoleta, cerrojo, fusil).

armed firing mechanism I mecanismo de disparo montado.

armed fuze I espoleta armada, espoleta montada.

armillary I armilar.

arming I armamento I armadura (imanes).

armor I canillera I arnés I coraza I blindaje.

armor bulkhead I mamparo blindado.

armor castings I fundición blindada (metalurgia).

armor penetration I penetración en blindajes (proyectiles).

armor piercing I perforante (proyectiles).

armor piercing capped projectile I proyectil perforante con capacete.

armor piercing projectile I proyectil perforante.

armor piercing shell I granada perforante.

armor plate I acero de blindaje I placa de blindaje.

armor (to) I armar I acorazar I blindar.

armored concrete I hormigón armado.

armored deck I cubierta protectriz, cubierta blindada (buques).

armory I armadura I armería I arsenal, almacén de armas.

army I ejército.

army accoutrements I equipos para el ejército.

aromatic I aromático, de cadena cerrada (química).

aromatic compound I compuesto aromático, compuesto de cadena cerrada.

aromatic fuel I combustible de la serie aromática.

aromatic hydrocarbons I hidrocarburos aromáticos.

aromatite I aromatita.

aromatizing cracking I cracking aromatizante, pirólisis aromatizante.

arquerite I amalgama de plata con 86,5% de plata y pequeña cantidad de mercurio.

arrange in sequence (to) I ordenar en secuencias.

arrange (to) I poner en orden, ordenar.

arrangement I ordenamiento I reordenación I dispositivo.

arrastra I arrastra (molino para triturar minerales).

array I matriz I conjunto I ordenación I serie I antena direccional I antenaje.

array declarator I definidor de matriz.

array device I dispositivo en red.

array of solar cells I batería de células solares.

array of structures I matriz de estructuras.

array pitch I paso longitudinal.

array (to) I colocar, poner en orden.

arrest I parada, interrupción.

arrest knob I botón de bloqueo.

arrest points I puntos de detención, puntos de las curvas de calentamiento y enfriamiento que indican cambios ocurridos en el metal o aleación (metalurgia).

arrested anticlinal I anticlinal interrumpido.

arrester I detenedor I supresor I pararrayos.

arrester horn I pararrayos de antena.

arrester net I red de detención.

arrester wire I cable detenedor (cubierta de vuelo de portaaviones).

arresting disc I disco de tope.

arresting gear I mecanismo detenedor, mecanismo de paro.

arresting net I red de frenado.

arris I filo I esquina.

arrival I arribada (marina), llegada.

arrive (to) I arribar I fondear (buques).

arrow I flecha I aguja de cadeneo (topografía).

arrow diagram I diagrama que utiliza flechas para el sentido del movimiento.

arrow wing I ala en flecha.

arrow-shaped supersonic aeroplane I aeroplano supersónico aflechado.

arse I popa I caja (de cuadernal).

arsenal I maestranza I arsenal I atarazana.

arsenate I arseniato (química).

arsenated I arseniado.

arsenic I arsénico.

arsenic blanc I óxido arsenioso.

arsenic bloom I arsenita I flores de arsénico (minerología).

arsenic glass I trióxido de arsénico.

arsenic orange I trisulfuro de arsénico.

arsenic silver I piedra fría, plata arsenical.

arsenic silver blende I proustita.

arsenic yellow I trisulfuro de arsénico.

arsenical I arsenical.

arsenical nickel I nicolita.

arsenical pyrite I míspiquel, hierro arsenical.

arsenical silver blende I plata arsenical.

arsenite I arsenito (química), arsenolita (mineralogía).

art print I impresión artística.

art still I boceto I arte final I diseño gráfico.

art work I arte final I boceto I diseño gráfico.

artesian I artesiano.

artesian aquifer I acuífero artesiano.

artesian spring I manantial artesiano.

artesian well I pozo artesiano.

articulate I articulado.

articulate (to) I articular.

articulated blade I pala articulada (helicóptero).

articulated connecting rod I biela articulada.

articulated drawbar truck I camión tractor articulado.

articulated driving mechanism I mecanismo motor articulado.

articulated jack I gato de tijera.

articulated nipple I niple articulado, racor articulado.

articulated plane I ala articulada (aviones).

articulated rod I varilla articulada I bieleta.

articulation I articulación I nitidez (telecomunicación).

artificial intelligence I inteligencia artificial.

artificial landmark I punto artificial de referencia (marina).

artificial lift I elevación artificial (petrología).

artificial malachite I carbonato de cobre.

artificial numbers I logaritmos.

artificial satellite I satélite artificial.

artillery I artillería.

A/S tube I tubo lanzatorpedos antisubmarinos.

asbestine I asbestina I incombustible.

asbestinize (to) I asbestinizar I hacer ininflamable.

asbestos I asbesto, amianto.

asbestos bed I yacimiento de amianto.

ascend (to) I ascender, subir I elevar.

ascending I ascendente.

ascending cut I tajo ascendente (minas).

ascending horizontal slicing I laboreo por rebanadas ascendentes (minas).

ascending node I nodo ascendente (astronomía).

ascending pipe I columna ascendente (horno de cok).

aschistic I asquístico.

aschistic rock I roca asquística.

asdic I asdic (radar ultrasonoro), sonar.

asdic beam I haz del asdic.

asdic (to) I detectar con sonar I detectar con asdic.

A-service area I región donde la intensidad del campo es mayor de 10 milivoltios por metro (estación radioemisora).

ash I ceniza I escorias.

ash rock I roca compuesta de material de textura arenácea producida por explosiones volcánicas.

ash (to) I calcinar I incinerar.

ashing I extracción de cenizas I incineración I combustión total.

ashlar I sillar.

ashlar masonry I cantería.

ashlar work I cantería.

ashy grit I mezcla de arena ordinaria y cenizas volcánicas I arenisca volcánica.

aspect angle I ángulo de orientación.

aspect ratio I relación entre dimensiones (de un objeto).

asperse (to) I asperjar, rociar.

aspersion I aspersión, rociadura.

asphalt I asfalto.

asphalt base I petróleo que produce asfalto por destilación.

asphalt binder I ligante asfáltico.

asphalt cement I cemento asfáltico.

asphalt concrete I hormigón de asfalto.

asphalt-base oil I petróleo de base asfáltica.

aspiring pump I bomba aspirante I máquina neumática.

aspiring tube I tubo de aspiración.

assault I asalto I ataque.

assault boat I buque de asalto (marina).

assault tank I carro de asalto.

assay I prueba, verificación I análisis (química).

assay furnace I horno de copelación I horno de ensayos.

assay (to) I aquilatar (minería) I verificar I experimentar I analizar (química).

assay value I riqueza (de un mineral).

assemblage I conjunto (petrografía) I asociación (geología).

assemble (to) I montar, armar I ensamblar.

assemble write I escritura ordenada (informática).

assembled program I programa traducido a código máquina (informática).

assembler I elevador reunidor (imprenta) I ensamblador (informática) I programa de montaje I armador.

assembling track I vía de clasificación (ferrocarril).

assembly I montaje I ensamblaje.

assembly deck I lote de compaginación (informática).

assembly language I lenguaje ensamblador I lenguaje simbólico de programas (informática).

assembly line I cadena de montaje I línea de producción.

assembly listing I listado ensamblado (informática).

assembly program I programa de ensamblaje (informática).

assembly routine I rutina de montaje (informática).

assertion I aserto (informática).

assertion checker I comprobador de asertos (informática).

assignment sign I símbolo de asignación (informática).

assignment statement I sentencia de asignación (informática).

assignment-free language I lenguaje sin asignación (informática).

assimilative I asimilador.

assisted combustion I combustión del carbón con adición de toberas de vapor encima de la parrilla (calderas).

assisted takeoff I despegue asistido.

assisted-takeoff rocket I cohete para despegue ayudado.

associate matrix I matriz asociada (matemáticas).

associated circuit I circuito anexo.

associated sheets I capas asociadas (geología).

associated vectors I vectores asociados (matemáticas).

associative array registers I matriz de registros asociativos.

associative infinite matrices I matrices infinitas asociativas (matemáticas).

associative memory I memoria asociativa (informática).

assumed height I altura hipotética.

assumed load I carga supuesta.

assumed position I posición supuesta (navegación) I situación estimada.

astable I astable (informática).

A-stage resin I resina termosólida en estado inicial.

astatic I astático (física).

astatic couple I par astático.

astatine I astato I astatino (elemento núm. 85).

A-station I estación auxiliar (topografía).

astern I de popa I a popa.

astern post I codaste.

astern power I potencia de marcha atrás, potencia de ciar (turbina buques).

astern running I marcha atrás.

astigmatic I astigmático.

astigmatic lens I lente astigmática.

astigmometer I astigmómetro.

astillen I tabique (minas) I salbanda (geología).

Aston dark space I espacio oscuro de Aston.

Aston mass spectrometer I espectrómetro de masa de Aston.

astragal I astrágalo (arquitectura).

astral I lámpara astral I astral.

astral dome I astródomo (aviones) I cúpula estelar.

astral sights I observación astral (navegación).

astrionics I astriónica I astroelectrónica I electrónica microminiaturizada aplicada a los vehículos cósmicos.

astrocompass I astrobrújula I astrocompás (aviación) I instrumento óptico para determinar el rumbo verdadero (aviación).

astrodome I cúpula estelar I astródomo (abertura de observación en la parte alta del fuselaje).

astrographic I astrográfico.

astrographic chart I mapa astrográfico.

astrographics I astrográfica I navegación por las estrellas, astronavegación.

astronaut I astronauta.

astronautical craft I artefacto astronáutico.

astronautics I astronáutica.

astronomic I astronómico.

astronomic azimuth I azimut astronómico (topografía).

astronomic bearing I rumbo astronómico.

astronomic latitude I latitud astronómica.

astronomical navigation I navegación astronómica.

asymmetric I asimétrico.

asymmetric fold I pliegue asimétrico.

asymptote I asíntota.

asymptotic breakdown voltage I tensión de ruptura asintótica.

asymptotic curve I curva asintótica (matemáticas).

asyn I sincro (aparato para transmitir información angular convirtiendo el movimiento mecánico en información eléctrica).

asynchronous I asincrónico (informática).

at forward speed I en marcha avante (buques).

at full ahead I avante a toda fuerza (buques).

at full blast I a pleno tiro, con el tiro todo abierto (hornos, calderas, etc.).

at full lick I a toda velocidad I a toda marcha.

at full load I a plena carga.

at full power I a plena potencia.

at full speed I a toda máquina I a toda velocidad.

at full throttle I con todos los gases, a toda potencia (motores).

athermal martensite I martensita atérmica (martensita presente en el acero antes del tratamiento isotérmico).

athermal transformation I transformación atérmica (física).

athwart plane I plano transversal (buques).

athwartship propeller I hélice de atraque (marina).

atmoclastic rock I roca atmoclástica.

atmometer I atmómetro.

atmosphere I atmósfera.

atmosphere generator I generador de atmósfera artificial (horno de termotratamientos).

atmospheric brake I freno de aire comprimido.

atmospheric discharge I descarga atmosférica.

atmospheric disturbance I perturbación atmosférica.

atmospheric engine I máquina de vapor sin condensación I motor de aire rarificado.

atmospheric hammer I martillo pilón de vapor con exhaustación al aire.

atmospheric physics I meteorología física.

atmospheric pressure I presión atmosférica.

atmospheric rock I roca eólica.

atmospheric sampling I refracción atmosférica (radar).

atmospheric scattering I dispersión atmosférica.

atmospheric stone I aerolito.

atom I átomo.

atom packing I esctructura reticular atómica.

atom smasher I acelerador electrónico I acelerador atómico (nuclear).

atomechanics I atomecánica I estudio de los movimientos de los átomos.

atomic I atómico.

atomic absorption I absorción atómica.

atomic accelerator I acelerador de partículas atómicas.

atomic air burst I explosión atómica en el aire.

atomic battery I batería atómica.

atomic beam I haz atómico.

atomic bomb I bomba de fisión nuclear I bomba atómica.

atomic charge I carga atómica.

atomic clock I reloj atómico.

atomic cloud I nube atómica.

atomic collision I colisión atómica.

atomic core I núcleo atómico.

atomic cross section I sección eficaz atómica.

atomic device I dispositivo atómico.

atomic disintegration I desintegración atómica.

atomic electricity I electricidad nuclear.

atomic energy I energía nuclear I energía atómica.

atomic energy plant I central atómica.

atomic energy reactor I reactor de energía nuclear.

atomic engine I motor atómico.

atomic engineering I tecnología atómica.

atomic fission I fisión nuclear.

atomic frequency standard I patrón de frecuencia atómica.

atomic fuel I combustible atómico.

atomic furnace I horno atómico.

atomic heat I calor atómico.

atomic mass I masa atómica.

atomic migration I migración atómica.

atomic nucleus I núcleo atómico.

atomic number I número atómico.

atomic orbit I órbita atómica.

atomic physics I física nuclear I física atómica.

atomic pile I pila atómica.

atomic power I potencia nuclear I energía atómica.

atomic scale I escala atómica.

atomic smasher I acelerador de partículas atómicas.

atomic stopping power I potencia de frenado atómico.

atomic trigger I cebador atómico, detonador atómico.

atomic waves I ondas atómicas.

atomic weight I peso atómico.

atomize (to) I atomizar I pulverizar.

atomizer I atomizador I pulverizador.

atomizing I pulverización.

attach (to) I conectar (informática).

attaching I enlace I soporte.

attachment I dispositivo de sujeción I acoplamiento, accesorio (máquinas).

attachment bolt I perno de unión, perno de sujeción.

attal I labores abandonadas (minas) I escombros (minas).

attemperator I atemperador, regulador térmico, regulador de temperatura.

attendance I mantenimiento I conservación.

attended time I tiempo de espera (informática).

attention I interrupción de atención (informática).

attenuation I amortiguación I atenuación (radio).

attenuator I amortiguador I atenuador (radio).

attenuator equalizer | equilibrador de atenuación.

attic oil | petróleo ático (petróleo crudo).

attitude | posición.

attitude control | control de situación.

attitude indicator | indicador de posición (aeronave).

attitude jet | chorro para corregir o alterar la orientación (vehículo espacial).

attitude of flight | posición de vuelo (aviones).

attitude of strata | posición de los estratos (geología).

attle | ganga (minas).

attle-packing | relleno (minas).

attrition | rozamiento | abrasión.

attrition test | prueba de desgaste por frotamiento.

audar | radar de corto alcance | audar.

audibility meter | audímetro.

audible | acústico, sonoro.

audible frequency | frecuencia acústica.

audible signal | señal acústica.

audio | audio | audiofrecuencia.

audio frequency | audiofrecuencia | frecuencia acústica.

audio oscillator | audiooscilador, oscilador de audiofrecuencia.

audio power | potencia de audio.

audio voltage | tensión de audiofrecuencia | voltaje de audio.

audiofrequency | frecuencia de modulación, audiofrecuencia.

audiometer | audiómetro, sonómetro, fonómetro.

audiorange | gama de audiofrecuencias audibles (15 a 20.000 hertzios).

audio-signal | audioseñal, señal acústica.

audio-video | audiovisual.

audiovisual | audiovisual.

audit trail | pista de auditoría (informática) | intervención de seguimiento (informática).

auditory direction finding | goniometría auditiva.

Auer's metal | aleación pirofórica de aproximadamente, hierro (30%) y metales de tierras raras (70%).

augen gneiss | neis glanduloso.

augen schist | esquisto glandular.

augen structure | estructura lenticular | estructura con formas elípticas (geología).

auger | barrena | taladro, berbiquí | sonda | cuchara (sondeos).

auger bit | broca de berbiquí.

auger boring | sondeo con barrena.

auger brace | taladro de carpintero.

auger conveyor | transportador de tornillo de Arquímedes | transportador de tornillo sinfín | transportador de hélice.

auger drill | perforadora rotativa.

auger drilling | perforación por barrena.

auger holder | cepo de barrena, portabarrena.

auger in (to) | entrar en barrena de cola (aviones).

Auger shower | chaparrón de Auger | enjambre muy grande de rayos cósmicos.

auger stem | varilla de hierro con que el trépano se une al tren de varillas (sondeos) | vástago de perforación.

auget | cartucho cebador (voladuras).

augetron | augetrón (electrónica) | multiplicador electrónico.

augite | augita.

augite-gneiss | neis augítico.

augmented matrix | matriz aumentada (matemáticas).

aural | aural, sonoro, audible.

aural masking | enmascaramiento auditivo.

aural monitoring | control auditivo.

aural null | recepción nula (radio).

aural null direction finder | radiogoniómetro de referencia acústica cero.

auric chloride | cloruro áurico.

auric cyanide | cianuro de oro.

auriferous deposit | criadero aurífero.

auriferous gravel | grava aurífera.

auriferous iron pyrites | pirita de hierro aurífera.

aurora yellow | sulfuro de cadmio.

ausforging | forjado austenítico (metalurgia).

ausforming | deformación de la austenita metastable hacia 500 °C.

austemper (to) | austemplar, templar bainíticamente.

austempering | austemple, temple bainítico (temple en baño de temperatura constante con tiempo suficiente para que la austenita se transforme isotérmicamente en bainita).

austenitic | austenítico.

austenitic alloy steels | acero de aleación austenítica.

austenitic cast iron | fundición austenítica.

austenitic steel | acero austenítico.

Australian gold | aleación para monedas de oro 91,66% y plata 8,33%.

authigenic mineral | mineral autígeno.

auto | automóvil | torno automático | máquina herramienta automática | automático.

autocode | código automático (informática).

autocoder | autocodificador | sistema programador (informática).

autocontrol I autorregulación.
autocontrol device I dispositivo de autocontrol.
autocue I indicador automático visual.
autodyne I autodino.
autodyne circuit I circuito autodino.
autoelectrolysis I autoelectrólisis.
auto-feed I avance automático (máquinas).
autogenous I autógeno.
autogenous cutting I corte autógeno.
autogenous fusion welding I soldeo por fusión autógena.
autogenous grinding I molienda autógena (minería) I molturación autógena.
autogenous welding I soldadura autógena.
autoland I aterrizaje automático (aeronáutica).
autoload I autocarga (informática).
autoload cartridge I cargado de autocarga (informática).
automate (to) I automatizar.
automated I automatizado I mecanizado.
automated data medium I soporte de datos automatizado.
automated disk library I biblioteca automatizada en discos (informática).
automated equipment I equipo automatizado.
automated logic diagram I diagrama lógico automatizado (ordenador).
automated tape library (ATL) I biblioteca automatizada de cintas (informática).
automatic I máquina herramienta automática I automático.
automatic adjuster I regulador automático.
automatic advance cam I leva para avance automático.
automatic aiming I puntería automática.
automatic air brake I freno automático de aire comprimido, freno autoneumático.
automatic area I red automática (telefonía).
automatic back bias I polarización automática inversa (radar).
automatic background control I control automático de fondo.
automatic celestial navigation I navegación astronómica automática I navegación con referencia a cuerpos celestes.
automatic central I central automática (telecomunicaciones).
automatic changeover I conmutación automática.
automatic check I control automático.
automatic coding I codificación automática (computadora).
automatic computing system I sistema informático.
automatic control I control automático.

automatic coupling I acoplamiento automático I enganche automático (ferrocarril).
automatic cutout I cortocircuitador automático I cortador automático de circuito.
automatic data processing I proceso automático de datos.
automatic device I dispositivo automático.
automatic dial I llamada automática.
automatic dialer I teleselector automático (telefonía).
automatic digital data error recorder I registrador automático de errores en datos digitales (informática).
automatic digital network I red automática digital.
automatic error detection I detección automática de errores.
automatic error-correction I corrección automática de errores.
automatic error-detecting-and-correcting system I sistema de detección y corrección automática de errores.
automatic exchange I central telefónica automática I intercambio automático (comunicaciones).
automatic feed I avance automático (máquinas herramientas).
automatic holding I mantenimiento automático.
automatic hunting I selección automática (radio).
automatic injector I inyector automático.
automatic insertion I inserción automática (telefonía).
automatic keying I manipulación automática (telecomunicaciones).
automatic lathe I torno automático.
automatic lead I avance automático (motores).
automatic locking I enclavamiento automático, bloqueo automático I trincado automático (marina).
automatic motion I mecanismo automático.
automatic process control I control de series automáticas de operaciones.
automatic process timer I sincronizador automático de procesos.
automatic program controller I controlador automático de programas.
automatic programming I programación automática (informática).
automatic programming languaje I lenguaje automático de programación.
automatic programming tools I herramientas de programación automática (informática).
automatic readout I lectura automática.
automatic receiver program I programa receptor automático (informática).

automatic recovery program | programa de recuperación automática (informática).

automatic switch | interruptor automático, conmutador automático (electricidad) | aguja automática (ferrocarril).

automatic timer | autosincronizador.

automatic timing | avance automático (magneto).

automatic tracking | seguimiento automático (radar).

automobile | automóvil.

automotive | automoción | automotor, automotriz, automóvil.

automotive engine | motor de automóvil.

autospec | equipo corrector de errores en telegrafía.

autosyn | autosincrónico | sincro (aparato para transmitir información angular convirtiendo el movimiento mecánico en información eléctrica).

autotab | aleta compensadora automática (aviones).

autothread | autoposicionamiento (informática).

auxiliar | auxiliar | subsidiario.

auxiliar power unit | planta auxiliar de energía.

auxiliary | máquina auxiliar.

auxiliary switchboard | cuadro auxiliar (electricidad).

auxiliary tank | nodriza (motores) | depósito auxiliar.

auxiliary valence | valencia residual (química).

availability | utilización | energía utilizable | disponibilidad.

availability evaluation | evaluación de la energía utilizable.

availability factor | factor de disponibilidad.

available | utilizable, disponible.

available ore surplus | reservas de mineral (yacimientos).

available time | tiempo efectivo de funcionamiento.

avalanche | avalancha electrónica.

avalanche breakdown | disrupción en avalancha | descarga en alud (física).

average | media aritmética.

average power | potencia media.

average (to) | promediar (matemáticas) | establecer la medida de | dar una media de.

average traffic | tráfico medio (telecomunicaciones).

average voltage | tensión media.

avgas | gasavión.

avigation | navegación aérea.

avionics | electrónica aeronáutica | aviónica | electrónica espacial.

avtur | gasolina para motores de chorro (aviación).

aweigh (to) | zarpar el ancla (buques).

ax | hacha | martillo de peña doble (cantería).

axe (to) | desbastar.

axicon | axicón (dispositivo óptico que produce una zona oscura en el centro de un haz luminoso que pasa por él).

axiotron | axiotrón (magnetrón).

axle | eje (vehículos, máquinas).

axle bearing | soporte del eje | caja del eje | cojinete.

axle pin | chaveta del eje | pasador del eje.

axlebox | volandera (caja del eje).

axletree | biela | torno de elevar pesos | eje (coches) | eje de carretón.

azeotropic mixture | mezcla azeotrópica (química).

azimuth | azimut | puntería en dirección.

azimuth compass | brújula azimutal, compás azimutal.

azimuth marker | escala azimutal que rodea la pantalla panorámica (radar) | indicador de azimut.

azimuth range finder | telémetro azimutal.

azimuth setting | graduación en azimut (artillería).

azimuth sweep | barrido azimutal | exploración acimutal.

azimuthal angle | desviación azimutal.

azimuthal control | regulación azimutal.

azimuthal map projection | proyección de mapa azimutal (cartografía).

azine | azina.

azine dyes | colorantes de azina (química).

azon bomb | bomba radioguiada | bomba de dirección radioguiada, bomba de aletas móviles en la cola regulables por señales de radio para gobernar solamente en azimut (aviación).

azotic | nitrogenado | nítrico.

azotization | nitrogenación.

azotize (to) | nitrogenar, azoar.

azotometer | nitrómetro.

azure | lapislázuli.

azure copper | carbonato de cobre.

azure malachite | azurmalaquita.

azure quartz | cuarzo zafirino.

azure spar | lazulita.

azure stone | azurita.

azurite | azurita.

azurlite | azurlita.

B

B- I -B (identificación del borne negativo).

B amplifier I amplificador clase B.

B blasting powder I pólvora con nitrato sódico 72%, carbón 16% y azufre 12%.

B board I cuadro de entrada (telefonía).

B box I registro índice (calculadora).

B station I estación esclava (loran).

B switchboard I cuadro de posiciones de llegada (telefonía).

B. M. lever I palanca del cierre (cañones).

B. T. oven I horno de cock que emplea el procedimiento Brennstoff-Techmik.

B.E.T. equation I ecuación Brunauer-Emmet-Teller.

babbitt I metal antifricción.

babbitt metal I metal antifricción estaño 84%, cobre 8%, antimonio 8% I metal babbit.

babbitt (to) I revestir de metal antifricción.

babble I interferencia múltiple I diafragma múltiple I diafonía múltiple.

Babel-quartz I cuarzo de Babilonia.

Babinet point I punto de Babinet (astronomía).

babosil I frita para vidriado de productos cerámicos.

baby I bombilla incandescente pequeña I tanque extra de combustible que puede ser arrojado (avión).

baby spot I lámpara proyectora miniatura (fotografía).

baby (to) I usar las herramientas por debajo de sus posibilidades.

baby tooth I diente muy pequeño (microengranajes).

baby-roll mill I tren pequeño para laminar en frío.

bacca-box smoother I alisador de seta (moldeo).

back I batea (embarcación) I cola (trenes) I borde de salida (escobilla de máquina eléctrica) I lomo (cuchillos, sierras) I respaldo (filones) I trasdos (arcos) I cara anterior (pala de hélice).

back all astern I atrás toda (máquina buques).

back ampere-turn I contraamperio-vuelta.

back anchor I ancla de galga.

back anchorage I anclaje posterior.

back area I zona posterior.

back astern (to) I ciar.

back axle I eje trasero.

back azimuth I azimut inverso.

back band I correa del freno I listón interior.

back beam I haz posterior I plegador (de urdidor).

back bearing I marcación de salida I marcación recíproca I cojinete trasero del cabezal.

back belt I correa de inversión de marcha.

back bench method I estirado de tubos en frío sobre mandril.

back bias I polarización inversa I retropolarización (electrónica) I contrapolarización.

back blast I rebufe de culata.

back brace I tirante horizontal (telefonía).

back brake I freno posterior I freno del malacate de la cuchara (sondeos).

back break I rotura de roca sin seguir la línea de los barrenos.

back bumper I travesaño posterior (locomotoras).

back casing I revestimiento provisional (pozo minas).

back center I contrapunto (torno), punto posterior (telares).

back center pin I pivote trasero.

back center socket I casquillo del contrapunto (torno).

back chrome (to) I cromatar ulteriormente.

back circuit I circuito de retorno.

back cloth I empesa (estampado telas).

back conductance I conductancia inversa (rectificadores).

back cone I cono complementario I cono de referencia (engranaje cónico recto).

back contact I contacto de reposo (manipulador Morse) I acoplamiento de reacción.

back coupling I reacción (radioelectricidad) I acoplamiento de reacción (radio).

back course I rumbo posterior.

back crank pumping I bombeo combinado (pozo petróleo).

back cupping I acción de picar cara nueva al dorso del tronco (resinación de árboles).

back current I contracorriente (electricidad).

back cut I boca de apeo (forestal).

back dead-center I punto muerto posterior (locomotora).

back diffusion I retrodifusión.

back digger I pala retrocavadora.

back diode I retrodiodo I diodo inverso.

back discharge I retrodescarga.

back dryer I mansarda.

back dump I descarga por detrás.

back eccentric I excéntrica de marcha atrás.

back echo I eco reflejado.

back edge I contrafilo (armas).

back electrode I electrodo posterior.

back electromotive force | fuerza contraelectromotriz.

back emission | contraemisión.

back end | ordenador principal (sistema) | fondo (cilindros) | parte no explotada (pilares minas) | avance (minas).

back end processor | procesador auxiliar.

back entry | entrada posterior | conducto de ventilación (minas).

back face (to) | fresar la cara de atrás.

back feed | alimentación por detrás.

back filling mangle | aprestadora del envés (máquina).

back flash | rebufo.

back flow | sobreflujo (hélice marina en aguas poco profundas) | reflujo.

back focal length | distancia de la última lente al foco (sistema óptico).

back focus | foco trasero.

back gate | vía de retorno (minas).

back gear | engranaje reductor | contramarcha (máquinas herramientas).

back geared motor | motor con engranajes reductores.

back gears in | contramarchas conectadas (tornos).

back gears out | contramarchas desconectadas (máquina-herramienta).

back gray | empesa (estampado textil).

back guy | tensor de oposición.

back heating | calentamiento por bombardeo electrónico | calentamiento de retorno.

back her | atrás (máquinas marinas).

back hole | barreno de techo (minas).

back loader | retrocargadora.

back loading | carga posterior (electroacústica).

back magnetization | contraimanación.

back milling | fresado de retroceso.

back motion | retroceso.

back nut | contratuerca.

back observation | nivelada hacia atrás (topografía).

back of a lode | respaldo de un filón (minería).

back of a stope | techo de un testero (minas).

back of an arch | trasdós de un arco.

back of hearth | placa de tobera (forja).

back off | desbloqueo | desconexión.

back pedal | contrapedal.

back pick | pasada del envés, pasada del revés (telar).

back pitch | paso del devanado en el extremo más alejado del colector.

back plane | placa posterior sobre la que se realizan interconexiones.

back plate | placa de apoyo | espejo (cilindros) | contra-plato (tornos).

back plug | clavija de atrás (telefonía).

back pointer | retroindicador.

back porch | umbral posterior (televisión).

back position | posición de reposo.

back post | codaste popel (marina).

back pressure | contrapresión.

back puppet | contrapunto (torno).

back rail | larguero posterior portahilos (telares).

back rake | ángulo de ataque frontal (herramienta de torno) | ángulo de salida superior.

back resistance | resistencia inversa (semiconductores).

back rest ring | soporte guía.

back rodman | portamiras trasero (topografía).

back roll | cilindro de respaldo (laminador de bandajes).

back saddle | campana en el techo (minas).

back scatter | retrodispersión.

back screen | falsa braga (fortificación).

back sealing run | cordón espaldar de estanqueidad | cordón de cierre de la raíz (soldadura a tope).

back sight | lectura atrás (topografía) | visual inversa.

back slope | ángulo de despojo (fresas).

back spacer | tecla de retroceso (máquina escribir).

back spade | retroexcavador.

back spring | resorte de retorno, muelle antagonista.

back squirt | chisguete | derrame (máquina de composición en imprentas).

back starching | apresto del envés, carga del envés (acabado de telas).

back steam | contravapor.

back stope | testero, grada invertida (minas).

back stress | contratensión.

back strip | tira de papel o tela pegada al lomo de los pliegos cosidos antes de encuadernar (libros).

back timber | entibado del techo (minas).

back titration | retrovaloración (química).

back (to) | calzar la matriz | fachear (velas) | enlomar (libros) | dar atrás (máquinas) | ciar (marina) | engalgar (anclas) | entibar (minas).

back tools | peines (herramientas de torno) | hierros de filetear (encuadernación).

back tuning | sintonización recíproca, reglaje recíproco (comunicaciones).

back turbine | turbina de reacción.

back turns | contraespiras.

back turret | torreta en la parte superior del fuselaje (aviones).

back up (to) | calzar la matriz (estereotipia).

back valve | válvula de contrapresión.

back vent | tubo de antisifonaje.

back wash | resalto (hidráulica).

back water (to) | ciar, dar máquina atrás (marina).

back wave | onda residual, onda de reposo (radio) | onda de contramanipulación (telegrafía).

backacter | excavadora retromóvil.

back-action | movimiento inverso.

back-and-forth motion | movimiento de avance y retroceso.

backbone network (bearer network) | red principal (informática).

backbone system | red principal (telecomunicación).

back-break | fractura fuera de la línea de barrenos (minería).

backbye work | trabajos hechos entre el pozo y la cara de trabajo (minas).

back-coming | laboreo en retirada, laboreo retrocediendo (minas).

back-cone distance | generatriz del cono de referencia (engranaje cónico).

backdigger | retroexcavador.

backdigging shovel | pala retrocavadora.

backed saw | sierra con sobrelomo, sierra de costilla.

backed stamper | matriz reforzada.

backed-off | destalonado (herramientas) | despuntado (hilos).

backed-off cutter | fresa de dientes destalonados, fresa de perfil constante.

backed-off thread | rosca destalonada.

backed-off tooth | diente destalonado.

backed-off yarn | hilo despuntado (selfactina).

backed-on finish | acabado a la estufa.

backed-up mill | tren de laminación de fleje en frío.

back-emf | fuerza contraelectromotriz.

back-enamel | contraesmalte.

backer-up | entibador (remachado).

back-etch process | arreglo previo del fotograbado por mordido y manipulación de la plancha (grabado).

backfill (to) | rellenar (minas).

backfiller | máquina rellenadora (minas).

backfire | encendido prematuro (motores) | petardeo (explosión en el carburador - automóviles) | retrogresión de la llama hacia el interior de la boquilla (soldadura oxiacetilénica) | retroceso de gases en el carburador | retroceso del arco (electrónica).

backfire array | red de antenas de radiación regresiva.

backfire trap | válvula para recoger los gases de explosiones a destiempo.

backflash | retorno de la llama | llamarada (tubo de escape de motores) | retroinflamación (química).

backflooding | contraflujo (hidrología).

backflow | contracorriente (electrónica).

backflow valve | válvula de contracorriente.

back-gearing | contramarcha.

background | luminosidad de fondo (TV) | efecto de fondo (radiactividad).

background brightness | brillo de fondo.

background color | color de fondo.

background control | control de brillo (TV).

background exposure | exposición de fondo | irradiación natural.

background ink | tinta del fondo (procesos de reconocimiento óptico de caracteres).

background level | nivel de fondo (TV).

background noise | ruido de fondo (acústica).

background processing | tratamiento de programas no prioritario | proceso subordinado.

background program | programa no prioritario.

background radiation | radiación de fondo | radiación ambiente (nucleónica).

backhand welding | soldadura de revés.

back-head | contrapunto (torno).

backing | impresión del reverso del pliego (imprenta) | formación de cajos (encuadernación) | refuerzo | refacción | carga (de horno) | cocción (ladrillos) | enlomado (encuadernación) | almohadillado (coraza buques) | relleno de un muro | mampostería detrás de la sillería.

backing deal | tablestaca, aguja (minas).

backing hammer | martillo para redondear lomos (encuadernación).

backing lathe | torno de despojar, torno de destalonar.

backing pan | platina para relleno de galvanos (electrotipia).

backing reglet | regla de igualar el lomo (encuadernación).

backing rings | espalderas (soldadura).

backing store | memoria adicional (calculadoras).

backing strip | pletina espaldar (soldadura), contrachapa para la raíz (soldadura a tope de chapas).

backing voltage | voltaje antipolarizador.

backing warp | urdimbre de forro.

backing weft | pasada del revés (tejeduría).

backing weld | soldadura espaldar.

backing-off I destalonado (herramientas) I despuntado (salfactina).

backing-up I impresión del reverso del pliego (imprenta) I formación de cajos (encuadernación) I relleno del dorso de la cascarilla del galvano (electrotipia) I macizado (muros).

back-kick I descarga de vuelta (electricidad) I inversión violenta del sentido de rotación (motores).

backlash I contrapresión I asimetría I desajuste I contratensión I huelgo entre piezas de máquina, falta de rectificación (radio) I zona muerta (servomecanismos).

backlight I contraluz.

backlighting I iluminación a contraluz (fotografía).

back-line I cable de retorno.

back-of-board I montado detrás del cuadro de distribución (electricidad).

back-off motion I mecanismo de retroceso I mecanismo de despuntado (selfactinas).

back-pack I bomba de mochila.

back-pack parachute I paracaídas de espalda.

back-piercing I perforación en sentido opuesto.

backplane I tarjeta principal (informática) I tarjeta base (microcomputadora).

backplate I placa de apoyo I contraplato.

backpressure I contrapresión I presión en los tubos cuando es mayor que la atmósfera.

backpressure valve I válvula de retenida, válvula de seguridad I válvula de contrapresión.

back-rake angle I ángulo de ataque frontal (herramienta de torno) I ángulo superior de inclinación (herramientas).

backscattering I difusión retrógrada I retrodispersión.

backscattering thickness gage I medidor de espesores por retrodispersión I calibre de espesores de retrodifusión.

back-seating valve I válvula de control de dirección (refrigeración).

back-shunt circuit I circuito de contraderivación.

backsight I visual hacia atrás I alza (armas).

backsiphonage I contrasifonaje.

backslope I talud interior.

backstay I soporte (refuerzo posterior) I cadena de retenida I cadena de amarre.

backstay ring I soporte guía.

back-stoping I explotación por gradas invertidas (minas).

back-to-back connection I conexión recíproca I interconexión en frecuencia vocal (telecomunicaciones).

back-to-back repeater I repetidor desmodulador.

back-to-back test I prueba en bucle (telefonía) I prueba de recuperación (prueba de dos máquinas eléctricas acopladas mecánica y eléctricamente).

back-to-back testing I prueba por conexión local directa (telecomunicaciones).

backtracking I búsqueda de retroceso (informática) I retorno (informática) I vuelta atrás (informática).

backup I registro de protección (radio) I reserva (ordenador) I repuesto de piezas.

backup diskette I diskette de seguridad.

back-up facilities I instalación de seguridad.

backup motion I mecanismo de retroceso (cámaras).

backup post I poste de retención (sondeos).

backup roll I cilindro de respaldo, cilindro espaldar (tren laminación).

back-up station I estación de apoyo para satélites.

backup tongs I tenazas de contrafuerza (perforaciones).

back-up turbine I turbina de ciar (marina).

backward I atrás, hacia atrás.

backward bearing I azimut antecedente.

backward chaining I encadenamiento retrospectivo (inteligencia artificial).

backward conductance I conductancia inversa.

backward diode I diodo inverso.

backward dip I arfada (marina).

backward frequency I frecuencia de retorno (telecomunicaciones).

backward holding I retención hacia atrás (telecomunicación).

backward indicator bit I bitio indicador hacia atrás.

backward pitch I paso retrógrado.

backward scatter I retrodispersión.

backward signal I señal inversa (comunicaciones).

backward wave I onda inversa I onda regresiva.

backward wave tube I tubo de onda regresiva.

backwards supervision I supervisión invertida (informática).

backward-wave magnetron I magnetrón de onda de retorno (electrónica).

backward-wave oscillator I oscilador de onda de retorno, oscilador de onda reflejada.

backward-wave tube I tubo de onda de retornos I tubo de onda inversa.

backwind (to) I rebobinar, trascanar.

bacterial leaching I lixiviación bacterial (minerales).

baculite | cristalitos en forma de varillas negras.

bad bearing sector | sector de marcación errónea, sector de marcaciones dudosas (radiogoniómetro).

bad break | línea corta a principio de la columna (topografía).

bad fit | mal ajuste.

bad ground | cortocircuito.

bad melt | mala fusión.

badge | dosímetro.

badge meter | placa dosimétrica (nuclear).

baffa diamond | cristal de roca.

baffle | manga (termiónica), deflector | pantalla acústica | resonador (radio).

baffle board | pantalla acústica | tabla de retención (minas).

baffle defector | desviador.

baffle loudspeaker | altavoz ortofónico.

baffle pier | disipador de energía.

baffle plate | placa difusora.

baffle tube | tubo de disminución de presión.

bag | cavidad llena de agua o gas (minas) | avión destruido (en combate) | cámara de gas (globo libre y otros aerostatos) | ballonet (dirigibles).

bag of foulness | cavidad en una capa de carbón rellena de grisú.

bag wrinkle | pallete de estay (buques de vela).

bagalla | embarcación de madera a vela, parecida al galeón español (Arabia).

baguette cabling | moldura de junquillos (arquitectura).

bahnmetal | metal antifricción blando composición aproximada sodio (0,58 a 0,62%) calcio (0,69 a 0,73%) litio (0,04%) y el resto plomo.

baikalite | baikalita.

bailer | vertedor | achicador | cuchara (tubo de fondo de válvula plana - sondeos).

bailer grab | gancho pescacuchara (sondeos).

bailer valve | válvula en el fondo del achicador.

bailing crown block | polea de corona para el achicador (sondeos).

bailing drum | tambor de cuchara (sondeos).

bailing line | cable de la cuchara (sondeos).

bailing mud | lodo de perforación.

bailing piston | pistón de achique.

Baily's beads | perlas de Baily (astronomía).

bainitic hardening | temple bainítico.

bake (to) | calcinar | hornear | secar la matriz bajo presión | cocer (en horno).

baked types | tipos pegados (tipografía).

bakelite | baquelita.

bakelite paper | papel impregnado con una resina fenólica.

bakelite tube socket | portaválvula de baquelita.

bakelize (to) | baquelizar, impregnar con una resina fenólica.

baker | horno secadero (fabricación alambres).

baker's salt | carbonato amónico.

baking | cochura, cocción.

baking oven | horno de carbonización (tejeduría) | horno de cocción.

baking potash | bicarbonato potásico.

baking soda | bicarbonato sódico o potásico.

baking varnish | barniz para secado al horno.

bakor | refractario de zirconía y corindón (Rusia).

bakuin | lubricante para máquinas preparado de petróleo de Baku con mucha viscosidad y resistente al frío.

balance | equilibrio | red equilibradora (telefonía).

balance area | área de una superficie de control que está a proa del eje de giro (aviones).

balance attenuation | atenuación de equilibrio (telecomunicación).

balance brow | plano inclinado de plataforma.

balance chamber | cámara hidrostática (torpedos).

balance electrometer | electrómetro de balanza.

balance engine | balanza hidrostática.

balance equation | ecuación de equilibrio.

balance frame | redel (marina).

balance gear | compensador diferencial (turbinas) | diferencial (automóvil) | engranaje diferencial | compensador (mecanismo equilibrador).

balance incline | plano inclinado automotor de simple efecto (minas).

balance lever | palanca de contrapeso.

balance low-pass filter | filtro de paso bajo equilibrado.

balance network | red equilibradora (telecomunicación).

balance piston | pistón compensador | disco de empuje (turbinas).

balance point | punto de equilibrio | punto de igualación de desmonte y terraplén (carreteras).

balance return loss | atenuación de equilibrado (circuitos eléctricos).

balance rope | cable de equilibrio, cable de compensación (pozos de minas).

balance shot | barreno paralelo al frente.

balance tab | aleta de compensación de mando (aviones).

balance transformer | transformador equilibrador.

balance truck | carro de contrapeso (minas).
balance weight | contrapeso.
balance wheel | rueda catalina.
balance wire | hilo de equilibrio (electricidad).
balance-bar | balancín (puerta de exclusa).
balance-booster | elevador compensador de voltaje.
balance-brae | plano inclinado automotor de simple efecto (minas).
balanced | equilibrado | compensado.
balanced aerial | antena compensada.
balanced amplifier | amplificador equilibrado.
balanced check valve | válvula de retención equilibrada.
balanced current | corriente equilibrada | corriente simétrica (línea trifásica).
balanced input | entrada equilibrada (circuito).
balanced method | método de cero (electricidad) | método de compensación.
balanced mill | laminador con el cilindro superior accionado independientemente del inferior por medio de piñones separados.
balanced needle valve | válvula equilibrada de aguja.
balanced network | red equilibrada (electricidad).
balanced output | salida simétrica (electrónica).
balanced pair | par simétrico | línea bifilar equilibrada.
balanced reaction | reacción incompleta (química).
balanced relay | relé compensado, relé diferencial.
balanced rudder | timón compensado.
balanced sights | visuales compensadas (topografía).
balanced sound | sonido equilibrado.
balanced speed | velocidad de equilibrio.
balanced surface | superficie de compensación.
balanced termination | terminación equilibrada (telecomunicación).
balanced twist | torsión compensada.
balanced voltage | tensión equilibrada.
balancer | compensador | igualador | equilibrador.
balancer set | grupo compensador (electricidad).
balancer-booster | compensador-elevador del voltaje.
balancing antenna | antena compensadora.
balancing attenuator | atenuador equilibrador (telecomunicación).
balancing capacitance | capacitancia de compensación | capacitancia de neutralización (radio).

balancing capacitor | condensador compensador | capacitador equilibrador.
balancing flux | flujo equilibrador, flujo de compensación.
balancing force | fuerza equilibradora.
balancing impedance | impedancia equilibradora.
balancing lever | palanca de equilibrio.
balancing line | línea equilibradora (telecomunicación).
balancing load | carga de compensación (aviación).
balancing machine | máquina de equilibrar.
balancing network | red de compensación | red equilibradora.
balancing of a circuit | equilibrado de un circuito.
balancing plane | plano equilibrador (avión).
balancing ring | anillo de compensación | anillo equipotencial (electricidad).
balancing speed | velocidad de equilibrio.
balancing tab | aleta de compensación, aleta compensadora de mando (aviones).
balancing-gear | mecanismo equilibrador.
Balbach process | separación electrolítica del oro de la plata (empleando la aleación como ánodo y baño con solución de nitrato de plata).
bald | escueto (números).
bald figures | números escuetos.
baldheaded | que le faltan las velas altas (buques vela).
bald-headed anticline | anticlinal calvo.
Baldwin's phosphorus | nitrato de calcio fundido.
balection | moldura saliente (arquitectura).
baler | achicador.
baling pump | bomba de achique.
balk | contracción de un filón (minas) | material entre dos excavaciones, viga | adelgazamiento en cuña (capa geológica) | relinga.
balk iron | camacita.
balk (to) | perder potencia (motores).
balked landing | aterrizaje frustrado (avión).
balking | pérdida de potencia (motores) | reducción de velocidad de 1/7 de la normal por presencia de una armónica de séptimo orden (motor de inducción).
ball | esfera (espacios métricos) | bola | nódulo (geología) | válvula esférica.
ball ammunition | munición no perforante con proyectil macizo.
ball and seat valve | válvula de bola y asiento.
ball bank indicator | inclinómetro de bola.
ball bearing | cojinete de bolas.

ball bearing crankshaft | cigüeñal montado sobre cojinete de bolas (mecánica).

ball bearing cup | cubeta del cojinete de bolas.

ball bearing housing | asiento del cojinete de bolas.

ball bearing pitman | biela con cojinete de bolas.

ball bearing race | anillo de rodadura de cojinetes de bolas.

ball bearing sleeve | manguito cónico de cojinete de bolas.

ball bolt | perno de cabeza esférica.

ball breaker | dispositivo para determinar cuándo se alcanza el fondo del mar por medio de la implosión de una bola de vidrio.

ball bushing | casquillo de bolas.

ball check valve | válvula de bola.

ball clay | arcilla muy plástica (que se añade al caolín para darle plasticidad), arcilla figulina.

ball cock | grifo de flotador.

ball distance ring | anillo de separación de las bolas (cojinetes).

ball flower | botón (decoración en forma de bola con flores - arquitectura).

ball gear change lever | palanca de cambio de rótula.

ball governor | regulador de bolas.

ball gunner | ametrallador de torreta esférica giratoria (aviones).

ball head bolt | perno de rótula.

ball indenter | indentador de bola.

ball iron | hierro de lupia | mineral de hierro arcilloso.

ball joint bearing | cojinete a rótula.

ball jointed rod | biela de rótula.

ball lever | palanca de contrapeso | palanca de rótula.

ball mine | mineral de hierro nodular | nódulos de hierro carbonatado.

ball pivot bearing | rangua de bolas.

ball porphyry | pórfido cuarcífero con bolas de felsita.

ball reamer | escariador para rótulas | escariador esférico.

ball reception | recepción retransmitida (TV).

ball retaining valve | válvula de retención esférica.

ball roller | rodillos de bolas.

ball sealers | bolas de obturación.

ball socket | cojinete esférico.

ball socket housing | caja de rótula.

ball spark gap | espinterómetro.

ball spring oiler | engrasador de presión.

ball spunt | canal de conducción de las bolas.

ball squeezer | cinglador de palanca.

ball stake | pasador con cabeza semiesférica.

ball stang | palanqueta.

ball structure | estructura esferoidal.

ball swivel | pivote a rótula.

ball tap | válvula de flotador.

ball tap wrench | terraja esférica.

ball thrust bearing | cojinete de bolas de empuje axial | cojinete de bolas de presión.

ball (to) | aglomerar (pudelaje) | ovillar (tejeduría).

ball valve | válvula esférica | válvula de flotador.

ball warp | urdimbre en ovillo.

ball warper | urdidor para ovillos.

ball winder | ovillera (máquina).

balladeur train | tren desplazable (cambio de autos).

balland | mineral de plomo pulverizado después de separado de su ganga.

ball-and-seat valve | válvula de bola y asiento.

ball-and-socket | rótula esférica.

ball-and-socket joint | junta de rótula esférica.

ball-and-stick model | modelo de esferas y varillas (química orgánica).

ballas | agregado de muchos cristales de diamantes pequeños.

ballast | resistencia | lastre (buques) | balasto.

ballast and fire pump | bomba de lastre y contraincendios.

ballast bed | balasto.

ballast bonus | lastrada.

ballast border | banqueta (balasto vía).

ballast capacitor | capacitor para estabilizador.

ballast cleaner | limpiador de balasto.

ballast displacement | desplazamiento en rosca (buques).

ballast donkey | bomba de lastre (buques).

ballast lamp | lámpara compensadora (electricidad).

ballast pit | mina de arena | cantera de balasto.

ballast resistor | resistencia estabilizadora, resistencia de carga (electricidad).

ballast tank | depósito de lastre (marina).

ballast tank test head | altura hidrostática de prueba del tanque de lastre (buques).

ballast tube | tubo estabilizador | tubo regulador.

ballast valve | válvula reguladora | válvula estabilizadora.

ball-diorite | diorita orbicular.

ball-drop viscosity | viscosidad medida por caída de bola.

balled fines | finos aglomerados (minerales).

baller | ovilladora.

ballers | arena con grandes masas esferoidales de gres calcífero.

balling I lupia (metalurgia) I ovillado (plegado en ovillos) I esferoidización (metalurgia).

balling furnace I horno de lupias, horno para recalentar paquetes (hierro pudelado).

balling machine I ovilladora.

balling spindle I huso ovillador.

balling up I embarramiento (perforaciones) I atascamiento (trépano).

ballistic I balístico.

ballistic ascent I subida balística.

ballistic bulkhead I mamparo balístico.

ballistic camera I cámara fotográfica balística (registro de trayectoria de cohetes).

ballistic cap I falsa ojiva.

ballistic glass I vidrio antibala.

ballistic mirror galvanometer I galvanómetro balístico de reflexión.

ballistic mortar I mortero balístico.

ballistic of penetration I balística de efectos.

ballistic powder I pólvora balística conteniendo nitrocelulosa más nitroglicerina.

ballistic power I potencia balística.

ballistite I balistita (pólvora sin humo).

ballonet I balonet I globo compensador.

balloon I prolongación metálica fijada a un condensador de cinc I levantamiento geológico que produce montañas abovedadas rendondeadas I globo aerostático I matraz (química) I bola esférica rematando un pilar (arquitectura).

balloon antenna I antena de globo.

balloon apron I barrera de globos cautivos.

balloon brick I ladrillo perforado para reducir su peso.

balloon curtain I barrera de globos cautivos.

balloon flask I matraz.

balloon gun I cañón antiaéreo contra globos.

balloon jib I foque balón.

balloon loop I raqueta (vías de tranvías).

balloon sail I foque-balón (yates).

balloon (to) I rebotar sobre la pista de aterrizaje I flotar hacia arriba cuando se trata de aterrizar a gran velocidad I ondear como un globo fláccido (paracaídas).

balloon valve I válvula de gas del globo.

balloon-barrage cables I barrera de cables suspendida de globos cautivos.

balloon-borne I transportado en globo (globo libre o globo sonda).

ballooning I aerostación.

ball-peen I bola (de martillo).

Baltic amber I succinita (Mar Báltico).

baltimorite I baltimorita.

balun I balun (dispositivo de acoplamiento equilibrador o dispositivo para adaptar un cir-cuito desequilibrado a uno equilibrado) I convertidor equilibrador.

banana oil I acetato de amilo.

banana plug I clavija con punta cónica.

band I banda I enlace, unión, conexión I estrato, capa I franja (tipografía).

band articulation I nitidez de la banda (telefonía).

band attenuation I atenuación de banda.

band brake I freno de cinta.

band chain I cinta métrica de acero con graduaciones muy espaciadas.

band clay I mineral de hierro arcilloso.

band clutch I embrague de cinta.

band compressor I compresor de banda.

band conveyor I transportador de correa sin fin.

band coupling I acoplamiento de cinta.

band drive I impulsión por cuerda (husos).

band edge I límite de banda.

band elimination filter I filtro eliminador de banda (comunicaciones).

band filter I filtro de paso de banda I filtro de frecuencia.

band friction clutch I embrague de fricción de cinta.

band gap I banda prohibida.

band iron I fleje.

band of frequencies I banda de frecuencias.

band pass I paso de banda.

band printer (belt printer) I impresora de banda (impresora de correa).

band pulley I polea para correa.

band rejection I atenuación de banda.

band rejection filter I filtro eliminador de bandas.

band saw I sierra de banda.

band wheel I polea para correa I polea portasierra.

band width I anchura de banda.

band-break I interrupción de banda.

banded I zonal (listado - mineralogía).

banded differentiated I rocas ígneas formadas por bandas de diferente composición.

banded jasper I jaspe zonar.

banded obsidian I obsidiana con bandas de diferentes colores.

banded peat I turba compuesta de bandas de restos de vegetales alternando con bandas de materia sapropélica.

banded pipe I tubo zunchado.

banding I anillo de forzamiento (proyectiles) I acintamiento (mineralogía) I estratificación (metalurgia) I segregación dendrítica del carbono (aceros).

banding machine | zunchadora de inducidos.
banding plane | cepillo bocel.
bandlet | listón (arquitectura).
band-limited channel | canal de banda limitada (informática).
bandpass | paso de banda.
bandpass action | efecto de filtro pasabanda.
bandpass amplifier | amplificador sintonizado.
bandpass circuit | circuito pasabanda.
bandpass coupling | acoplamiento pasabanda.
band-pass filter | filtro de paso de banda (transductor selectivo).
band-reject filter | filtro de banda eliminada.
bandspread dial | cuadrante de banda ensanchado.
band-spread tuning | sintonización por espaciamiento de banda.
bandspread tuning control | control de sintonía de ensanche de banda.
bandstick | palos para frotar y hacer nervaduras (lomo de libros).
band-stone | tizón (muros).
bandwidth | anchura de la banda.
bandwidth control | control de ancho de banda.
bandy metal | pizarra con bandas delgadas de arenisca.
bang-bang servo | servomecanismo de guiñadas (buques).
banjo | cárter del diferencial | cincha de proa (botadura de buques).
bank | estizola (tejeduría) | rampa (ferrocarril) | terraplén | inclinación lateral (escora - aeroplano).
bank a road (to) | peraltar una carretera (en una curva).
bank and pitch indicator | indicador de inclinación longitudinal y transversal.
bank angle | ángulo de inclinación.
bank cutting | corte de talud.
bank engine | locomotora de refuerzo para subida de rampas (ferrocarril) | máquina de extracción (minas).
bank head | boca del socavón (minas) | enganche superior (plano inclinado).
bank of lamps | batería de lámparas.
bank of levers | tren de palancas.
bank of ovens | fila de hornos para convertir carbón en cok.
bank switching | conmutación de bancos (informática).
bank (to) | peraltar (curvas) | sobreelevar el carril exterior en las curvas (ferrocarril) | agrupar (palancas) | inclinarse lateralmente al virar (aviones).
banked curve | curva con peralte (carreteras).

banked track | vía peraltada (ferrocarril).
banked transformers | transformadores montados en paralelo.
banked turn | viraje inclinado.
banket | conglomerado aurífero.
banket reef | yacimiento diamantífero.
banket structure | estructura en placas.
banking | inclinación transversal, viraje inclinado (aviones) | llegada de la jaula al enganche (pozo minas) | alimentación sólo con coque hasta que se consume el mineral (alto horno) | montaje en paralelo (transformadores).
banking out | descarga de vagonetas (pozo mina).
banking pin | pasador de inversión.
bank-run gravel | grava tal como sale de la cantera.
bank-wound | de devanado apilado (electricidad).
bank-wound coil | bobina de devanado apilado (electricidad).
banner | señal de semáforo (ferrocarril).
banner (to) | empavesar (buques).
banox | compuesto de metafosfato amorfo (trefilerías).
banqueria | capa gruesa de bloques de granito.
bantam tube | válvula miniatura (radio).
bantams | guijarros de roca bandeada de cuarzo y granates, asociados con diamantes (Africa del Sur).
baptist cone | cono metálico fijado en el extremo del rollizo para que en el arrastre no tropiece con tocones y otros obstáculos (corta de árboles).
bar | barra | palanca | afuste (perforaciones) | balancín (carruajes).
bar capacity | diámetro admisible de redondos (tornos).
bar chairs | separadores.
bar chart | diagrama de barras.
bar code | codigo de barras (informática).
bar code scanner | lector de código de barras (informática).
bar connection | acoplamiento por barra (mecánica).
bar contact | varilla de contacto.
bar drawing | trefilado de tubos (siderurgia).
bar folder | rebordeadora de plancha.
bar font | placa de caracteres para lectura magnética.
bar generator | generador de barras.
bar graph | gráfico de barras (estadística).
bar joist | vigueta de celosía (construcción).
bar keel | quilla de barra.
bar knife | hoja fija (tijera templazo).

bar lathe I torno de varal.

bar loom I telar de barras.

bar magnet I barra imanada I imán recto.

bar mill I laminador para perfiles I tren laminador de pletinas.

bar pattern I carta de ajuste de barras (TV).

bar tight I tensado como una barra (cables metálicos).

bar time I línea divisoria.

bar turner I torno para redondos.

bar waveform I señal de barra (TV).

baralyme I nombre comercial de una mezcla de hidróxido de bario y de hidróxido cálcico.

bar-and-dot generator I generador de franjas y puntos (TV).

barb bolt I perno dentado.

Barbados earth I yacimiento de radiolarios fósiles.

barber I calima I viento fuerte cargado de niebla helada (golfo de San Lorenzo - Canadá).

barbette I barbeta.

barbette carriage I instalación a barbeta (cañones).

barbette gun I cañón de barbeta.

barbican I barbacana.

barbituric acid I ácido barbitúrico.

barboo quartzite I cuarzita (Wisconsin).

bar-code optical scanner I restaurador óptico de código de barras.

bare conductor I conductor desnudo.

bare core I núcleo sin reflector (reactor nuclear).

bare electrode I electrodo sin revestimiento.

bare fuse I fusible desnudo.

bare homogeneous thermal reactor I reactor térmico homogéneo sin reflector.

bare pump I bomba de trasegar.

bare reactor I reactor nuclear sin reflector.

bare slab reactor I reactor de placas sin reflector (radiología).

bareboat charter I fletamento del buque sin tripulación.

bareboat (to) I fletar el buque sin tripulación.

bare-electrode welding I soldadura con electrodo desnudo.

bareface I de haz liso (telas).

bareface fabric I tejido raso (textil).

barefaced tongue I lengüeta de cara.

barefoot I empalme sin embarbillar.

barefoot hole I pozo de petróleo no revestido en su parte inferior.

barefoot joint I empalme clavado sin embarbillar.

bare-hull charter I fletamento del casco solo (sin tripulación).

bare-hull resistance I resistencia del casco sin apéndices (buques).

barelattograph I barelatógrafo.

bare-wiring strapping I cableado con hilos desnudos.

bar-fed automatics I torno automático alimentado con barra.

barge I medida de carbón = 21,6 toneladas, barcaza I gánguil I doble lengüeta (carpintería) I bandeja de compartimientos para tipos de imprenta I falúa.

barge carrier I buque portabarcazas.

barge course I hilada de coronación de ladrillos a sardinel.

barge stone I piedra de muro piñón.

barge tug I remolcador para gabarras y lanchones.

barges articulated train I tren articulado de barcazas (transporte fluvial).

bar-graph I histograma.

baria I baria (óxido de bario).

baria frit I frita de baria.

baric I barométrico I barítico.

barilla I concentrados de estaño de gran pureza I cenizas de barrilla (Salsola Kali y S. soda).

baring I desmonte, destape (acción de quitar las tierras que cubren un filón).

barite I barita (química) I sulfuro de bario.

barite dollar I masa discoidal redonda de barita en una arenisca.

barium I bario.

barium concrete I hormigón con gran proporción de bario.

barium feldspar I feldespato barítico.

barium flint glass I flintglass conteniendo óxido de bario.

barium fuel cell I pila de bario (electricidad).

barium hydrate I hidrato de bario.

barium titanate ring I anillo de titanato de bario.

barium uranophane I silicato de bario y uranio.

barium-titanate piezoelectric pickup I fonocaptor piezoeléctrico de titanato bárico.

bark mill I molino de triturar casca.

Barker sequence I secuencia de Barker (informática).

barkhan I barcana (duna falciforme).

barking I descortezamiento.

barkometer I tanímetro (hidrómetro para soluciones curtientes) I pesa-taninos (química).

barn I barnio (física).

barney I vagoneta pequeña que se desliza entre las vías principales (plano inclinado minas).

barnhardt I pluma móvil (plataforma).

baro switch I conmutador barométrico.

barocyclonometer I barómetro anticiclonal.

barometer I barómetro.

barometer elevation I altura barométrica.

barometer falling I bajada barométrica.

barometric bomb fuse I espoleta barométrica para bombas de aviación.

barometric discharge pipe I tubo de caída barométrica.

barometric fog I niebla barométrica.

barometric fuze I espoleta barométrica.

barometric leveling I nivelación barométrica.

barometric low I depresión barométrica.

barometric pressure I presión atmosférica.

barometric switch I conmutador barométrico.

barometric tendency I predicción de presión atmosférica.

barometric tide I fluctuación regular de la presión atmosférica.

baromil I baromil = 1 milibar.

baron I protón.

baroswitch I barómetro - conmutador I transmisor barométrico.

barotropic flow I corriente barotrópica, flujo barotrópico.

barque I barca (buque).

barque rig I aparejo de barca.

barracks shale I pizarra bituminosa (Escocia).

barrage I presa (ríos) I tiro de barrera (artillería).

barrage balloon I globo cautivo para proteger de los ataques aéreos a baja altura I globo de barrera.

barrage basin I embalse.

barrage chart I plano del embalse I plano de fuegos de barrera.

barrage jamming I perturbación de multifrecuencias.

barrage reservoir I embalse.

barré I barras transversales.

barre copper I cobre nativo en terrones que pueden ser sacados a mano de la roca.

barred basin I cuenca restringida por barra (geología).

barrel I fuste (bisagra) I tambor giratorio I cilindro (turbina, bombas) I tambor (cabrestante o molinete) I cañón (escopeta, fusil, cerradura, pluma).

barrel cam I leva de tambor.

barrel cleaning I limpieza mecánica o electrolítica de metales en equipo rotatorio.

barrel deburring I desbarbado en tambor.

barrel distortion I distorsión negativa I distorsión esferoide.

barrel electro-plating I galvanoplastia en tambor.

barrel enameling I esmaltado en tambor giratorio.

barrel erosion I desgaste del cañón, erosión del ánima.

barrel finishing I acabado en tambor giratorio.

barrel length I tabla de cilindro de laminar.

barrel printer I impresora de barrilete.

barrel quartz I cuarzo con vetas corrugadas de cuarzo aurífero.

barrel reflector I espejo reflector para examinar el ánima (cañones).

barrel roll I escora lateral, inclinación lateral (avión).

barrel roller I cilindro dolioforme.

barrel roof I techo abovedado.

barrel saw I sierra cilíndrica.

barrel shot blaster I limpiadora de granalla en tambor giratorio.

barrel shutter I obturador cilíndrico (cine).

barrel (to) I dar bombeo (carreteras) I tratar en tambor giratorio.

barrel tone I efecto de tonel (electroacústica).

barrel vault I bóveda de cañón, bóveda de medio punto.

barrel winding I devanado en tambor.

barrelled I arqueado I bombeado I con cañón (fusil).

barrelling I bombeo I electrodeposición en tambor giratorio.

barrelling solution I solución para electrodepositar en tambor giratorio.

barrel-nut I manguito de tuerca, tuerca de cañón.

barrel-plated I electrodepositado en tambor.

barrel-shaped double flanged bobbin I bobina combada (tejeduría).

barren lode I filón estéril.

barren measures I mantos estériles, terrenos estériles.

barren rock I roca estéril.

barren trap I sondeo sin petróleo o gas pero puede contener agua (minería).

barren well I perforación estéril (sondeo petróleo).

barreter I detector I resistencia de compensación I lámpara de resistencia (circuito eléctrico).

barrier I muro de sostenimiento, muro de protección (minas), pilar de seguridad (minas) I aislante sólido que forma el aislamiento principal aparte del aceite (transformadores) I materia refractaria para localizar el arco de ruptura (disyuntores) I material aislante (electricidad).

barrier height I altura de la barrera de potencial.

barrier layer I barrera de potencial (electrónica) I capa aislante.

barrier layer rectifier I rectificador de selenio.

barrier materials I materiales protectores de las radiaciones.

barrier resistance I resistencia de barrera.

barrier separation I separación por difusión (química).

barrier shield I pantalla protectora.

barrier system I labores por cámaras y pilares (minas).

barrier transistor I transistor de barrera.

barrier voltage I tensión de barrera.

barrier-film rectifier I rectificador por película de óxido.

barrier-layer photocell I fotocélula de barrera de potencial.

barrier-layer rectifier I rectificador de capa de barrera.

barring engine I servomotor de arranque (máquinas) I máquina de arranque.

barring gear I aparato de arranque en el volante.

barring motor I virador (para máquina).

barrow I carretilla I parihuela I cabria I vagoneta de mina, pila de estériles (minas).

barrow way I ferrocarril de caballos (minas).

bar-shear I cizalla para barras, tijera para perfiles.

bar-stock lathe I torno para redondos.

bar-stock valve I válvula maquinada de redondo de acero.

Barstovian I Mioceno Superior.

bartizan I galería saliente (arquitectura).

bar-wound rotor I rotor de barras.

barybiotite I biotita barítica.

barycenter I baricentro I centro común de gravedad (sistema de masas).

barye I baria (unidad de presión).

baryon I barion (física).

baryta feldspar I feldespato barítico.

baryta paper I papel revestido de sulfato de bario.

baryta white I blanco de barita.

baryte I baritina.

barytic I barítico (mineralogía) I baritífero (geología).

barytic sandstone I arenisca baritífera.

basal área I área basal.

basal slip I deslizamiento basal (cristalografía).

basalt I basáltico I basalto (minería).

basalt glass I taquilita.

basalt-breccia I brecha basáltica.

basalte I gres sin vidriar negro y de grano fino.

basaltic jointing I división prismática (geología).

basanite I basanita (pedernal negro).

basculating fault I falla basculante (geología).

bascule leaf I tramo basculante (ingeniería).

bascule span I tramo de báscula (puentes).

base I base I basamento I cimiento I culote (cartuchos, proyectiles, tubo de vacío).

base altitude I altitud mantenida durante un vuelo.

base apparatus I aparato para medida de bases.

base beads I armazón para revestimiento (arquitectura).

base bullion I plomo en bruto (plomo argentífero con 10 a 60% de plata y con o sin oro).

base centre lattice I red de bases centradas (geología).

base course I hilada inferior I hilada de base I capa de asiento.

base diameter I diámetro de la base I diámetro del círculo de la base (engranajes).

base doping I impurificación de la base.

base exchange I intercambio de cationes.

base language I lenguaje base (informática).

base lead inductance I inductancia del conductor de la base (electricidad).

base level I nivel de base.

base lighting I iluminación general (TV).

base line I línea de fuga, línea de tierra (perspectiva) I base (topografía).

base load I carga fundamental (electricidad).

base metal I elemento metálico principal (aleaciones) I metal común (metal no noble).

base oil I petróleo crudo.

base repair I reparación en la base.

base resistance I resistencia de base (transistores).

base shoe I pie de moldura (arquitectura).

base storage capacitance I capacidad por almacenamiento en la base (seminconductor).

base surge I nube desprendida del fondo de la columna de una explosión nuclear.

base tilt I inclinación de la base.

base unit I basamento.

base weight I ponderación base I peso básico.

baseband I banda base I banda de modulación.

baseband channel capacity I capacidad de canales de la banda básica.

baseband impedance I impedancia a frecuencias de banda base.

baseband networking I red de banda de base (informática).

baseboard I tabla de montaje.

baseboard raceway I conducto para zócalo (electricidad).

base-catalyzed I catalizado por bases (química).

base-centered orthorhombic lattice I red ortorrómbica centrada en la base.

base-exchange I cambio catiónico, permutación catiónica (propiedad de ciertos minerales como las zeolitas, que pueden permutar átomos de sodio, por ejemplo, por calcio).

base-exchange material I zeolita sódica.

base-line break I interrupción de línea de base.

basement I basamento.

basement complex I complejo de roca ígnea o metamórfica debajo de rocas sedimentarias o volcánicas.

basement rock I complejo de roca ígnea o metamórfica debajo de rocas sedimentarias o volcánicas.

base-metal couple I termopar hecho con metales no nobles.

base-metal heat-affected-zone cracking I fisuración en la zona afectada por el calor del metal base.

baseness I susceptible a la oxidación I inferioridad debido a la aleación I pobreza (minerales).

base-ore I mineral de baja ley.

base-sheet resistance I resistencia de la capa base (semiconductor).

base-width modulation I modulación de la anchura de la base.

basic I dolomita fritada (refractarios) I básico.

basic arc furnace I horno eléctrico básico.

basic band I banda de base (telecomunicación).

basic batch I lote básico (informática).

basic Bessemer pig I fundición Thomas.

basic bismuth pyrogallate I pirogalato básico de bismuto (química).

basic booster I acentuador de graves.

basic cycle I ciclo básico I ciclo de memoria (informática).

basic disk operating system I sistema operativo básico en disco (informática).

basic flux I fundente básico.

basic furnace I horno de revestimiento básico (metalurgia).

basic gate circuit I circuito compuerta básico (electricidad).

basic gneissoid rock I roca neística básica.

basic hole I agujero base (tolerancias).

basic input output system I sistema básico de entrada salida (informática).

basic intrusive I roca intrusiva básica.

basic land station I estación-base terrestre (meteorología).

Basic language I lenguaje Basic (informática).

basic lead chromate I cromato básico de plomo (rojo de cromo).

basic lining I revestimiento básico (hornos).

basic linkage I enlace básico (ordenador).

basic network I línea equilibradora (telecomunicación).

basic open-hearth steel I acero sobre solera básica, acero Martín Siemens básico.

basic operator panel I panel principal de comunicación del usuario con el ordenador.

basic parallel a-c. panel I panel básico de corriente alterna en paralelo.

basic power amplifier I amplificador de potencia básico.

basic rack I cremallera base, cremallera de referencia (engranajes).

basic repetition rate I frecuencia básica de repetición (sistema loran).

basic rock I roca alcalina.

basic salt I sal básica.

basic schist I esquisto básico (petrología).

basic shaft I eje base (tolerancias).

basic slag I escoria Thomas I escoria de desfosforación (metalurgia).

basic stain I colorante básico.

basic telecommunications access method I método básico de acceso en telecomunicaciones.

basic waveform I onda básica.

basin I cuenca (ríos) I cubeta (barómetro) I dársena I dique seco I solera (horno pudelar) I cubeta sinclinal.

basin dam I dique de retención.

basin fold I cubeta (geología).

basin lock I esclusa-darsena.

basin peat I turbera azonal (geología).

basis brass I latón con 61,5 a 64% de cobre y el resto cinc.

basket I medida de peso igual a 2 cwt I tubo de sedimentos (sondeos) I barquilla (globos).

basket car I vagón de plataforma baja.

basket strainer I colador de cesta (química).

basket winding I devanado reticulado I devanado en cesto (electricidad).

basket-handle arch I arco de asa de cesto (arquitectura).

basket-weave armor I armadura reticulada (cables).

bass I carbón esquistoso, arcilla compacta (geología) I pizarra carbonosa negra I grave (audiofrecuencia).

bass boost I amplificación de las bajas frecuencias.

bass frequencies I frecuencias del extremo inferior de la escala audible.

bastard I roca maciza (minas).

bastard asbestos I pierolita.

bastard ashlar I sillar en bruto.

bastard coal I carbón duro.

bastard emerald I peridoto.

bastard sawing I aserrado simple.

bastard type I tipo de ojo mayor o menor que el cuerpo respectivo (tipografía).

bastite I bastita.

bat I mazo (de plomero) I pala de amasar (arena moldeo) I atacador (de horno) I bloque de material aislante I esquisto bituminoso compacto I arcilla (en capa de carbón).

bat bolt I perno arponado.

batch I hornada I lecho de fusión I carga (de un horno) I lote.

batch control I control de lotes (informática).

batch data processing I procesamiento de datos por lote (informática).

batch furnace I horno discontinuo, horno intermitente.

batch operated I de funcionamiento discontinuo.

batch process I proceso discontinuo I proceso por lotes.

batch sampling I muestreo discontinuo.

batch test I prueba por lotes.

batch (to) I engrasar (tejeduría), arrollar sobre un rodillo después de pasar por el baño de teñir (telas) I formar lotes.

batch vaporization I vaporización intermitente.

batch-header document I documento cabecera de lote (informática).

bate I solución alcalina para curtir pieles I baño de maceración (cueros).

bate (to) I tratar las pieles para quitar la cal antes de curtirlas I rebajar el plano de excavación (minas).

batement I enlazamiento de ornamentos (arquitectura).

bath development I revelado (fotografía).

bath voltage I voltaje del baño (electroquímica).

bat-handle switch I interruptor de palanca (instalación eléctrica) I interruptor basculante (electricidad).

bath-lubrication I lubricación por baño.

bathroclase I batroclasa (diaclasa horizontal).

bathyal I batial.

bathymetric chart I plano batimétrico I carta batimétrica.

bathymetric survey I levantamiento batimétrico.

bathypelagic I batipelágico.

bathyscaphe I batiscafo.

bathyvessel I batiscafo I submarino para navegar en la profundidad del mar.

batten I listón de madera I batiente I dispositivo de inmovilización de las superficies móviles de un avión de estacionamiento (portaaviones).

batter I talud, inclinación.

batter (to) I demoler, derribar I ataludar I inclinar.

battery I batería.

battery bias I polarización por batería.

battery booster I dinamo elevadora de voltaje.

battery cell I célula de batería.

battery feed I alimentación por batería.

battery gage I verificador de pila I voltímetro de acumulador.

battery ignition I encendido por batería.

battery loader I probador de acumuladores.

battery parallax I paralaje de la batería (artillería).

battery post I borne de la batería.

battery salts I cloruros de amonio y cinc.

battery spears I puntas (de voltímetro).

battery switch I reductor para carga de acumuladores I interruptor de la batería.

battery-charging booster I dinamo elevadora de voltaje para carga de acumuladores.

battery-charging generator I dinamo para carga de baterías.

battery-driven I accionado por acumulador.

battery-fed I alimentado por acumulador.

battery-operated I accionado por acumulador.

battery-operated radio I radio de batería.

battery-powered I accionado por acumulador.

battery-propelled I accionado por acumuladores.

batting dowing on blacks sit I rebaje de los negros (TV).

batting machine I batán (máquina de abatanar) I máquina de espadillar.

battle lantern I linterna de acumuladores para casos de emergencia (buques guerra).

battle plane I avión de combate.

battle sight I alza abatida (armas de fuego).

battlement I muralla almenada I pretil dentado.

baud I baudío (unidad velocidad de transmisión telegráfica).

baud rate I velocidad de línea en baudios (teleproceso) I frecuencia de transmisión en baudios I velocidad de transmisión digital.

Baudot code I código Baudot (telegrafía).

Baudot system I sistema Baudot (telegrafía múltiple sincronizada).

baud-rate generator I generador de velocidad de transmisión en baudios.

baulk I vigueta.

baulk (to) I desbastar (carpintería).

baulked landing I aterrizaje frustrado.

Baumé hydrometer scale I escala hidrométrica de Baumé (química).

Baur's musk I trinitrobutiltolueno.

bauxite I bauxita.

bauxitic clay I arcilla bauxítica.

Bavarian cat's eye I crisoberilo de cuarzo.

Baveno twin I macla de Baveno (cristalografía).
bavin I caliza impura.
bay I bahía, rada, abra I compuerta de dique I elemento de una red de antena I bastidor.
bay work I tabique de madera I celosía (construcción metálica) I entramado metálico.
baybolt I perno arponado.
bayed I con vanos, con huecos (arquitectura).
bayonet I bayoneta.
bayonet base I zócalo de bayoneta.
bayonet holder I enchufe de bayoneta.
bayonet plug I clavija de bayoneta I enchufe de bayoneta.
bazooka I fusil anticarro, bazuca I convertidor de equilibrio de línea I transformador simétrico-asimétrico (televisión) I acoplador equilibrador (radar).
B-battery I batería de alta tensión I batería de placa, batería de ánodo (radio).
B-board I cuadro de entrada.
beach drift I acarreos de playa (geología).
beach erosion I erosión de playas, erosión de costas.
beach gravel I grava de playa.
beach mining I extracción de minerales de la playa.
beach sandstone I roca formada por restos de esqueletos calizos cementados por carbonato cálcico.
beachrock I roca formada por restos de esqueletos calizos cementados por carbonato cálcico.
beacon I baliza I radiobaliza (navegación aérea) I radiofaro.
beacon buoy I boya baliza.
beacon course I rumbo por balizaje.
beacon receiver I receptor de radiofaro.
beacon reply frequency I frecuencia de respuesta de radiofaro.
beacon skipping I omisión de impulsos del radiofaro al radar interrogante.
beacon stealing I pérdida del rastreo por un radar debido a señales de interrogación de otro radar I pérdida de radiofaro (radar).
beacon (to) I balizar.
beacon tracking I rastreo balizado.
beacon transponder I radiofaro respondedor.
beaconed I balizado.
bead I perla (química, análisis) I cordón (de soldadura) I reborde I nervadura I borde reforzado.
bead areometer I areómetro de bolas.
bead chain I cadena de rosario (mecánica).
bead clinometer I clinómetro de burbuja.
bead plane I cepillo de astrágalo, cepillo de machihembrar.

bead proof I ensayo a la perla (química).
bead router I máquina de machihembrar.
bead sight I mira de pínula.
bead thermistor I termistor de cuenta.
bead (to) I hacer filetes (carpintería) I rebordear (tubos) I hacer un cordón de soldadura I nervar en la prensa (chapa delgada).
bead trim I repaso del cordón (soldadura).
beaded I rebordeado I perlado (química).
beaded joint I junta achaflanada (construcción).
beader I mandril para rebordear tubos, rebordeadora I achaflanadora.
beadflush I bocel corrido I ensamblado con bordón a ras con marco y entrepaño.
beading I moldura convexa I listón cubrejuntas I deposición sin oscilación del electrodo (soldaduras).
beading die I troquel para rebordear.
beading plane I cepillo de molduras, cepillo de astrágalos.
beading tool I cincel de repicar (remachado) I marcador de astrágalos I bordeador (para tubos, etc.) I mandril.
beadlock I llanta (rueda neumáticos).
beads of weld I rosario de soldaduras.
beak I bigornia I saltillo de proa I espolón (buques).
beak of anvil I pico del yunque.
beaked graver I buril de punta arqueada.
beaker I vaso con pico (química) I vaso para análisis (química).
beaker points I platinos, contactos (del ruptor).
beakhorn stake I bigornia de cola, bigorneta de pico.
beam I haz de luz I enjullo (plegador - tejeduría) I viga I manga (buques) I costado (de avión).
beam angle I ángulo de radiación (antenas).
beam antenna I antena de haz, antena direccional, antena dirigida.
beam approach beacon I radiofaro de aproximación por haz.
beam attenuance I atenuancia del haz.
beam bar I varilla del plegador (telar).
beam bearing I soporte del plegador.
beam bender I prensa para curvar vigas, desviador del haz.
beam blanking I supresión de haz.
beam bombardment I bombardeo por haz electrónico.
beam building I afianzamiento de techos (minas).
beam catcher I captador de haz de partículas.
beam ceiling I techo sin cielorraso (con las vigas al descubierto).

beam coupling | acoplamiento del haz | acoplamiento electrónico.

beam current | corriente del haz.

beam deflection | deflexión del rayo (electrones).

beam deflection tube | tubo de haces electrónicos dirigidos.

beam edge | borde del haz.

beam emission | emisión de ondas dirigidas (radio).

beam extraction | extracción de un haz electrónico.

beam finder | localizador de haz.

beam focusing | enfocamiento del haz electrónico.

beam handling | guiado por haz.

beam hole | canal de irradiación, canal de experimentación (reactor nuclear).

beam jitter | movimiento angular indeseable del haz radárico guiador (misiles teleguiados) | temblor de antena.

beam lead | conductor soporte (seminconductor).

beam magnet | imán de convergencia.

beam parallel | haz de rayos paralelos.

beam pattern | diagrama direccional de radiación (antenas) | diagrama direccional de respuestas.

beam plate | placa desviadora (rayos catódicos).

beam power amplifier | amplificador de potencia de haces electrónicos.

beam projector | reflector parabólico.

beam reactor | reactor de haz.

beam rider guidance | teleguiado por haz.

beam riding | vuelo sobre el eje del haz radárico (proyectil teledirigido) | guiaje por haz | seguimiento del haz.

beam rotor | rotador de antena direccional.

beam scanning | exploración del haz.

beam section | sección de la viga | sección por la maestra (buques).

beam shaft | árbol del plegador.

beam shaped | haz perfilado.

beam signal | señal en un haz de impulsos de radio.

beam splice | empalme de viga (ingeniería).

beam splitter | divisor del haz.

beam splitting | escisión de haz | división de haz (radar).

beam spread | dispersión del haz.

beam stacking | acumulación de partículas de varios impulsos y su empleo posterior en una sola descarga (acelerador de partículas).

beam steering | conducción por haz (radiaciones).

beam store | memoria por rayos (almacenamiento magnético).

beam switching | orientación del haz | conmutación de lóbulo (radar).

beam tetrode | tetrodo de haz (radar).

beam (to) | emitir rayos | radiar | transmitir (radio).

beam transmission | transmisión dirigida (radio).

beam transmission station | estación de ondas dirigidas.

beam transmittance | transmitancia de un haz de diámetro pequeño en relación con su longitud.

beam transmitter | emisor dirigido | transmisor de ondas dirigidas.

beam valve | tubo de haz electrónico.

beam voltage | voltaje acelerante | voltaje anódico (klistrón).

beam width | abertura del haz | anchura del haz | ángulo de radiación (antena direccional).

beamed | orientado | dirigido | con vigas (construcción).

beamed microwave transmission | transmisión de microondas dirigidas.

beam-index color television tube | tubo televisivo en colores con indicación de la posición del haz electrónico.

beam-power amplifier | amplificador de potencia de haces dirigidos.

beam-power tube | válvula amplificadora por haces.

beam-rider | haz de un radiodirector.

beam-rider missile | misil dirigido por haz electrónico.

bean | niple reductor (pozo petróleo) | grifo con boca de diámetro reducido.

bean ore | mineral de hierro pisolítico | mena metálica lenticular.

bear | punzón hidráulico | punzonadora portátil de mano.

bear down (to) | dar caza (a un buque) | recalar sobre (marina).

bear in (to) | atracar (marina).

bear off (to) | alejarse de la costa (buques) | desatracar.

bear up (to) | aproar al viento (buques, aviones).

bearance | punto de apoyo (palancas).

beard | rebaba | diente (pestillo de cerradura) | relieve de la letra | altura del hombro al ojo (tipografía) | hombro frontal del tipo.

bearding | línea de intersección del forro con la roda y codaste (buques).

bearer | caballete, soporte.

bearer cable | cable sustentador.

bearer channel | canal soporte.

bearer circuit | circuito portador (telegrafía).

bearer pile I pilote maestro.

bearer set I marco portador (entibación).

bearing I porta-macho (fundición) I punto de apoyo I cojinete, rodamiento I puntal I derrota, rumbo (buques).

bearing accuracy I precisión en demora (radiogoniometría) I exactitud de marcación.

bearing angle I ángulo de contacto I ángulo de demora (buques).

bearing axle I eje portador.

bearing balls I bolas para rodamientos.

bearing beam I viga maestra.

bearing capacity I carga admisible.

bearing chart I gráfico de marcaciones.

bearing cursor I cursor de rumbos.

bearing deviation indicator I indicador de error de puntería (sonar) I indicador de desviación de marcaciones.

bearing door I puerta de ventilación (minas).

bearing holder I portacojinete.

bearing marker I marcador del rumbo.

bearing metal I metal para cojinetes I metal antifricción.

bearing plotter I marcador trazador de demoras I marcador de rumbo.

bearing point I punto de contacto I punto de aplicación I punto de apoyo.

bearing projector I faro fijo de aterrizaje, proyector direccional (aeropuertos).

bearing retainer I soporte de fijación de cojinete I retén del cojinete I retén de rodamiento.

bearing rod I biela de suspensión.

bearing roller I rodillo de apoyo I rodillo del cojinete.

bearing scale I escala de rumbos I escala acimutal I escala de marcaciones (radar).

bearing shell I casquillo de cojinete.

bearing spindle I árbol principal.

bearing spring I muelle de suspensión.

bearing stop I tabique de ventilación (minas).

bearing strain I deformación de apoyos (mecánica).

bearing strength I resistencia de apoyo (mecánica).

bearing stress I tensiones de apoyo (mecánica).

bearing support I soporte de cojinete.

bearing surface I superficie de contacto I superficie de rozamiento.

bearing transmission I transmisión de orientación.

bearing up I soporte.

bearing up pulley I polea-soporte (tracción por cable sin fin).

bearing up-stops I trinquetes de seguridad (jaula de minas).

bearing wall I muro de contención.

beat I oscilación I afloramiento (geología) I vibración I pulsación, frecuencia resultante (radio).

beat frequency I frecuencia heterodina, frecuencia acústica, frecuencia de pulsación (radio).

beat interference I ruido de interferencia.

beat note I nota resultante (radio) I frecuencia audible.

beat note oscillator I oscilador heterodino.

beat oscillator I oscilador de pulsación, oscilador de frecuencia heterodina.

beat receiver I receptor heterodino, receptor cambiador de frecuencia.

beat reception I recepción heterodina.

beat signal I señal heterodina I señal de pulsaciones.

beaten proof I prueba sacada con tamborilete (imprenta).

beaten tin I hoja de estaño.

beat-frequency oscillator I oscilador de frecuencia acústica, oscilador de pulsaciones, heterodino I oscilador de frecuencia de batido (electrónica).

beating I batido (radio) I navegación contra el viento I combinación de frecuencias (radio) I gualdrapeo (marina).

beating current I corriente oscilatoria.

beating mill I calandria (máquina) I batán.

beating oscillator I oscilador de pulsaciones.

Beaufort notation I notación Beaufort (meteorología).

Beaufort number I número de Beaufort.

Beaufort scale I tabla graduada de velocidades del viento.

beavertail I haz de radar en abanico.

beavertail aerial I antena de haz en abanico.

beavertail beam I haz en abanico (radio).

beccarite I becarita.

becking I aumento del diámetro interior para recibir el mandril para el estirado (forjas huecas).

becking bar I barra redonda apoyada en los extremos que constituye la herramienta inferior para ensanchar el hueco (forjas huecas).

becquerelite I becquerelita.

bed I hilada I yacimiento I bancada (máquinas) I filón I capa, estrato, cauce (ríos) I base I platina (tipografía).

bed and platen press I minerva (imprenta).

bed chocks I cuñas para colocar el buque sobre las imadas (botadura).

bed die I matriz estampa.

bed joint I junta de asiento I junta horizontal (muros) I grieta paralela al terreno (geología).

bed mining I explotación de capas (minería).

bed pile I pilar de asiento.

bed (to) I apoyar I precipitar I estratificar.

bed vein I manto (geología).

bedded ore I mineral en capas.

bedded ore deposit I yacimiento de agregaciones de mineral en rocas sedimentarias.

bedded salt deposit I yacimiento salino estratificado.

bedded volcano I cono volcánico estratificado.

bedding I yacimiento, estratificación (geología).

bedding fault I falla de la estratificación.

bedding joint I diaclasa según la estratificación (geología).

bedding plant I parque de homogenización de minerales (sinterización).

bedding-thrust I cabalgamiento según la estratificación (geología).

bedpiece I plancha matriz (grabado).

bedrock I suelo rocoso I roca subyacente, roca de fondo (geología).

bedspring I antena direccional de reflector plano.

bedspring array I antena múltiple de reflector plano.

bed-stone I sillar (muros).

beech pulp I celulosa de madera de haya.

beech tar creosote I creosota de alquitrán de haya.

beech-wood sugar I xilosa.

beef I carbonato de cal fibroso (Portland).

beehive insulator I aislador coniforme.

beehive-shape charge I carga hueca (explosivos).

beep I impulso de audiofrecuencia.

beer stone I caliza no oolítica (piedra porosa).

beetle I mazo de madera I aplanadora I martinete I batán I mandarria (marina).

beetle-stones I nódulos coprolíticos (mineralogía).

beetling machine I máquina de estampar (tejeduría) I batán.

bel I belio I unidad de sensación auditiva.

bell and hopper arrangement I dispositivo de tolva y cono (alto horno).

bell and spigot joint I junta de espiga y campana.

bell butt joint I junta de enchufe.

bell chuck I mandril de tornillos (tornos), plato de tornillos (tornos).

bell crank I leva acodada.

bell end I extremo abocardado (tubos).

bell jar I campana de vidrio (química).

bellcrank I palanca acodada.

bellfast I sistema para interconectar impresoras remotas.

bellite I cromoarseniato de plomo.

bellows I fuelle.

bellows gage I manómetro de fuelle.

bellows pipe I tobera.

belly I bolsa (geología) I parte socavada del frente de arranque (minas) I superficie radiadora de sonido (acústica) I frente del cuerpo del tipo (tipografía) I pantogue (vela).

bellyland (to) I aterrizar con el tren de aterrizaje dentro (aterrizar de panza-avión con avería en el tren).

belly-landing I aterrizaje sobre el fuselaje, aterrizaje de panza.

below ground I en el fondo (minas).

belt I correa de transmisión I hilada saliente (arquitectura) I cinta (transportadores).

belt conveyor I transportador de banda.

belt course I hilada saliente (arquitectura) I hilada de amarre (muros).

belt drive I transmisión por correa (mecánica).

belt feed I alimentación por cinta.

belt gearing I transmisión intermedia por correa.

belt leakage I dispersión circundante I flujo de dispersión (motores de inducción).

belt of weathering I zona de erosión (geología).

belt printer I impresora de correa (informática).

belt scanner I analizador de cinta.

belt tightener I tensor de la correa.

belt transmission I transmisión por correa.

belt-bucket elevator I elevador de cangilones.

belted cable I cable encintado (electricidad).

belteroporic I belteropórico (cristales).

belt-feed pawl I trinquete de alimentación de la cinta (ametralladora).

belt-holding pawl I trinquete de retenida de la cinta.

belting I transmisión.

belt-saw I sierra de cinta.

bench I banco de ajustador I mesa de trabajo manual I terreno de aluvión I grada recta (minas) I antepecho (minas) I batería de retortas de carbonización (hornos de cok).

bench assembly I montaje en el banco.

bench check I comprobación en el taller.

bench diggings I lechos de grava aurífera en los flancos de los valles.

bench drill I taladradora de banco.

bench gravel I terraza fluvial.

bench gravels I lechos de gravas auríferas en los flancos de los valles, gravas de terraza.

bench hammer I martillo de banco, martillo de ajuste.

bench hardening I endurecimiento por estirado (trefilería).

bench lathe I torno para banco.

bench magma I costra de lava marginal (geología).

bench placer I lechos de grava aurífera situados en los flancos de los valles, placer de terraza.

bench shear I cizalla de mano.

bench slope I pendiente de la berma (minas).

bench stoping I laboreo por gradas (minas).

bench terrace I bancales escalonados.

bench (to) I abancalar I excavar a media ladera.

bench working I laboreo por gradas (minas).

benchboard I pupitre de distribución (electricidad).

bench-land I terreno de aluvión.

benchmark I banco de pruebas (ordenador) I prueba de rendimiento I nivel de referencias.

bench-mark data I datos de referencia.

benchmark problem I problema patrón.

benchmark program I programa patrón (ordenador) I programa para estudios comparados.

bench-scale I escala experimental.

bend I inflexión I curvatura I arcilla indurada I dovela (arcos) I alabeo I charnela (geología) I distorsión de imagen.

bend back (to) I reflejar (la luz).

bend cold (to) I doblar en frío (metalurgia).

bend down (to) I curvar, plegar.

bend hot (to) I doblar en caliente.

bend test I prueba de flexión I prueba de plegado, prueba de ductilidad.

bend test sample I probeta de flexión.

bend (to) I flexar I curvar I arquear I plegar I envergar (velas) I refractar (óptica) I entalingar (anclas).

bender I máquina para curvar (tubos, viguetas) I probeta para prueba de doblado I curvadora.

bending I flexión I inflexión I refracción I alabeo I inclinación.

bending couple I par flector.

bending creep I termofluencia por flexión.

bending die I matriz de curvar.

bending iron I herramienta para abocardar (tubos de plomo).

bending load I carga de flexión.

bending moment diagram I diagrama de momentos flectores (mecánica).

bending pin I herramienta para abocardar (tubos de plomo).

bending press I prensa para curvar.

bending roll I rodillo de curvar.

bending strength I resistencia a la flexión.

bending stress I esfuerzo de flexión I tensión normal de flexión (mecánica).

bending wave I onda de flexión.

beneficiation I tratamiento de minerales I reducción de minerales.

bengal amethyst I zafiro color púrpura.

bent I pórtico I asentamiento (techo de minas), talud I pliegue.

bent chisel I cincel oblicuo.

bent course I rumbo desviado I haz deformado.

bent crank I palanca curvada.

bent file I lima de punta curva.

bent gun ion trap I atrapador iónico de cañón inclinado (nuclear).

bent neck gouge I escoplo de pico de cuervo.

bent pipe I tubo curvado.

bent rasp I lima musa.

benthic I béntico (oceanografía).

bentonite I bentonita.

bentonitic clay I arcilla bentonítica.

bent-shank tap I macho de espiga acodada.

benzene monosulphonic acid I bencenmonosulfónico.

benzhydrol I difenilcarbinol.

benzil I bencilo (química).

benzoin I benzoína (química).

benzol I benzol I benceno.

benzoyl I benzoílo (química).

benzyl I bencilo (química).

bergenite I berguenita.

bergmeal I harina fósil (tierra de infusorios).

bergzunderz I jamesomita impura.

berm I bancal I espaldón (geología).

berth I grada de construcción (astillero) I fondeadero, emplazamiento (marina) I sitio que necesita un buque para bornear.

beryl I berilo.

beryllia I óxido de berilio I berilia.

beryllia crucible I crisol de berilia.

beryllium I berilio (Be).

beryllium moderated reactor I reactor con moderador de berilio (nuclear).

beryllium reactor I reactor de berilio (nuclear).

beryloid I pirámide dihexagonal en cristales de berilo (cristalografía).

berylometer I berilómetro I detector de berilo en minerales.

berzelianite I berzelianita (seleniuro de cobre con color blanco plateado cuando se extrae).

Bessel function I función de Bessel.

Besselian star numbers I números besselianos de estrellas (astronomía).

Bessemer iron I fundición Bessemer.

Bessemer steel I acero Bessemer.

best bower anchor I ancla de respeto (buques).

best coal I carbón en roca.

best selected copper I metal con 99,75% de cobre.

best soft steel I acero dulce superior.

best tap I escoria de pudelado compuesta principalmente de óxidos férrico y magnético.

beta I rayo beta I beta (ganancia en transistor) I factor beta I partícula beta.

beta absorber I absorbedor de rayos beta.

beta activity I emisión de partículas beta.

beta beam I rayo beta.

beta carotene I betacaroteno (bioquímica).

beta decay I desintegración beta.

beta factor I factor beta.

beta function I función beta (matemáticas).

beta gage I calibrador beta (nuclear).

beta particle I partícula beta.

beta quench I enfriamiento rápido del uranio desde la fase beta.

beta ray I rayo beta.

beta ray spectrometer I espectrómetro de rayos beta.

beta tester I medidor del factor beta (transistores).

beta value I factor beta.

beta wave I onda beta.

beta-decay electron I electrón de desintegración beta (nuclear).

betasynchrotron I betasincrotón.

betty napper I estratos de arenisca compacta de grano fino difícil de extraer.

betweenness I relación entre (matemáticas).

bev I bev (unidad de energía) I begaelectrón-voltios.

bevatron I bevatrón.

bevel angle I ángulo oblicuo.

bevel blade I escuadra de bisel.

bevel chisel I escoplo biselado.

bevel cut I corte en bisel, chaflán.

bevel gear transmision I transmisión perpendicular.

bevel lifter I escuadra de cartabones, escuadra de escantillones.

bevel pinion I piñón cónico.

bevel pinion differential I diferencial de engranajes cónicos.

bevel shears I cizalla cónica.

bevel (to) I cortar al sesgo I biselar.

beveled-edge chisel I cortafríos en bisel.

beveler I máquina de cortar a bisel.

bevel-gear differential I diferencial de piñones cónicos.

beveling chisel I formón de chaflanar.

beveling machine I máquina de achaflanar.

bezel (to) I biselar, achaflanar.

B-H loop I curva de histéresis (magnetismo).

bias I oblicuidad I derivación (electricidad) I voltaje medio (electrodos) I polarización (telegrafía) I voltaje de polarización de rejilla

(radio) I potencial del electrodo con relación al cátodo.

bias battery I batería de polarización.

bias cell I pila de polarización.

bias check I verificación de polarización.

bias clamp I fijador de polarización.

bias coil I bobina de polarización.

bias control I control por polarización.

bias current I corriente de polarización.

bias distortion I distorsión por asimetría del circuito (señales telegráficas) I distorsión telegráfica polarizada.

bias filter I filtro de polarización.

bias generator I generador de voltaje de polarización.

bias level I nivel de polarización.

bias modulation I modulación por polarización.

bias oscillator I oscilador de polarización.

bias point I punto de carga (termiónica).

bias potential I tensión de polarización.

bias resistor I resistor de polarización (válvulas).

bias supply I fuente de polarización.

bias testing I prueba de desviación.

bias voltage I voltaje de polarización I tensión polarizadora.

bias winding I devanado de polarización.

biased I derivado (electricidad) I polarizado (electrónica).

biased relay I relé polarizado.

biased-diode discriminator I discriminador de diodo en polarización.

biasing I derivación I polarización.

biasing circuit I circuito derivador I circuito de polarización.

biasing method I método de polarización.

biasing resistance I resistencia de derivación.

biasing resistor I resistor de polarización.

biaxial stress I tensión biaxial (mecánica).

biaxially rotated I con rotación sobre dos ejes.

bibenzyl I bibencilo (química).

bibliolite I bibliolita (roca esquistosa laminada).

bichromate battery I pila de bicromato potásico.

bichromate cell I pila de bicromato de potasio.

bichromate dipped finish I acabado en solución de bicromato y ácido sulfúrico (cobre y latón).

bichromatic I bicoloro, bicromático.

bickern I yunque de espiga I pico de bigornia I bigornia.

bicomponent algorithm I algoritmo de dos componentes (informática).

biconical antenna I antena bicónica.

biconvex I biconvexo.

bicotar I bicotar (sistema de medida de trayectorias vehiculares espaciales).

bicyclic I bicíclico.

bid I intento de ocupación (ordenador).

biddery I aleación de cinc.

bidirectional I bidireccional.

bidirectional clamping circuit I circuito fijador bidireccional (electrónica).

bidirectional coupler I detector bidireccional (guía de ondas).

bidirectional flow I circulación bidireccional.

bidirectional hydrophone I hidrófono bidireccional.

bidirectional printer I impresora bidireccional.

bidirectional pulse I impulso bidireccional.

bidirectional pulse train I tren bidireccional de impulsos.

bidirectional thyristor I tiristor bidireccional.

bidops I bidops (sistema radioeléctrico-basado en el efecto Doppler).

bidree I aleación de cinc, estaño y plomo de cobre

bidry I aleación de plomo cobre y cinc.

bielectrolysis I bielectrólisis.

Bierbaum scratch test I prueba de rayado de Bierbaum (anodizado).

bifilar I bifilar.

bifilar cable I cable bifilar.

bifilar coil I bobina bifilar.

bifilar current indicator I indicador de la dirección de la corriente a diferentes profundidades (oceanografía).

bifilar suspension I suspensión bifilar (instrumentos de medida).

bifilar transformer I transformador bifilar (electricidad).

bifilar winding I devanado bifilar.

big bang I gran explosión (cosmología).

big crunch I gran contracción (cosmología).

big dipper I gran carro (astronomía).

big-frequency signal I señal de alta frecuencia.

bigit (binary digit) I cifra binaria.

bilateral bearing I marcación bilateral (radiogoniometro).

bilateral diode switch I conmutador a diodo bilateral.

bilateral network I red bilateral (electricidad).

bilateral scanning I exploración bilateral (televisión).

bilateral transducer I transductor bilateral.

bilge I sentina I pantoque (buques).

bilge bracket I cartabón de pie de cuaderna.

bilge drainage I achique de sentina.

bilge ejector I eyector de sentina.

bilge keel I quilla de balance (buques).

bilge log I sobrequilla lateral (buques madera).

bilge pump I bomba de sentina.

bilge (to) I tener avería en los fondos I abrirse una vía de agua.

bilge water I agua de sentina (buques).

billboard I antena direccional de reflector plano.

billboard array I red de radiación plana direccional.

billboard reflector I reflector plano.

billet I pletina I lingote I tocho.

billet continuous mill I tren continuo de laminación.

billet mill I tren de laminación de palanquilla I laminador de lupias (mecánica) I laminador de lingotes.

billet roll I cilindro desbastador I tren desbastador (laminador).

billet shears I cizallas para tochos.

billet steel I acero de tochos.

billibit I kilomegabit I mil millones de bitios.

billi-condenser I condensador variable de pocos microfaradios, picocondensador (radio).

billon I aleación de plata con mucho cobre I oro o plata de baja ley.

billot I oro o plata contenidos en lingote que se ha de acuñar.

bimagnesium phosphate I fosfato dicálcico I fosfato dimagnésico.

bimetal I aleación bimetálica.

bimorph cell I elemento piezoeléctrico I célula bimorfa.

bimorphism I bimorfismo.

bimssand I arena pumícea.

bin I tolva I acumulador (para mineral o carbón).

binary I binario.

binary adder I adicionador binario.

binary algebra I álgebra binaria.

binary alloy I aleación binaria.

binary automatic computer I calculador binario automático.

binary base I base binaria.

binary card I tarjeta perforada con datos codificados en binario.

binary cell I célula binaria.

binary chain I cadena binaria.

binary chop I pieza binaria (informática).

binary circuit I circuito binario.

binary code I código binario.

binary code disk I disco de código binario.

binary coded decimal I decimal codificado binariamente.

binary coded matrix I matriz codificada en binario.

binary coded octal I octal codificado en binario.

binary coded octal system I sistema de numeración octal codificado en binario.

binary coding I codificación binaria.

binary counter I contador binario (informática).

binary decimal code I código decimal binario.

binary digit I dígito binario I cifra binaria.

binary encoder I codificador binario.

binary function I función binaria.

binary granite I granito binario.

binary group I grupo binario.

binary integer I entero binario.

binary item I dato binario.

binary language I lenguaje binario (computadora).

binary logic I lógica binaria (informática).

binary number I número escrito en notación binaria.

binary number system I sistema de números binarios.

binary rate I régimen de bitios.

binary reaction I interacción binaria.

binary scale I escala binaria.

binary search tree I arbol de búsqueda binaria (informática).

binary sequence I secuencia binaria.

binaural I estereofónico I binaural.

binaural recorder I registrador estereofónico.

bind I arcilla endurecida entre capas de carbón I esquisto bituminoso I adelgazamiento en cuña (filones).

bind (to) I juntar, unir I trabar I empastar, encuadernar I fijar (química) I aglomerar.

binder I pieza de unión, amarre I unión I trabazón I aglomerante I aglutinant.

binder course I capa de ligazón I hilada de ligazón (zuncho - muros).

binding I ligazón I ligadura.

binding chain I cadena abrazacarga I cadena de arrastre.

binding clamp I borna I abrazadera de fijación.

binding energy I energía de electrovalencia I energía para la desintegración total (núcleo atómico) I energía de enlace (física).

binding iron I herraje I hierro de unión.

binding margin I margen de encuadernación.

binding material I aglutinante, aglomerante.

binding nut I tuerca de fijación.

binding pulley I polea de tensión I rodillo de tensión.

binding rafter I cabio maestro.

binding screw I tornillo de fijación.

binding stay I brida del cordón inferior (vigas armadas).

binding stone I tizón (construcción).

binding time I tiempo de asignación (informática).

binding-force strain I deformación por fuerza de enlace (semiconductor).

bing I depósito de mineral.

bing ore I mineral rico en plomo.

bingstead I instalación para tratar menas de plomo.

binodal I binodal (curvas cuárticas).

binograph I binógrafo.

binomial I binomio I binomial.

binomial antenna array I red binómica de radiación transversal.

binomial squared I binomio al cuadrado (matemáticas).

binomial twist I rotación binómica.

binomialism I binomialismo.

binominal array I distribución binómica.

bioassay I ensayo biológico (química).

biocatalyst I biocatalizador (enzima).

biochemical I bioquímico.

biochemical catalyst I catalizador bioquímico.

biochemical deposit I yacimiento bioquímico (minería).

biochip I chip que funciona como estructura biológica y una estructura electrónica.

biocomputer I biocomputador.

bioconversion I bioconversión (energía).

biocybernetics I biocibernética.

biodegradability I biodegradabilidad.

biodynamical chemistry I química biodinámica.

bioelectric I bioeléctrico.

bioelectric circuit I circuito bioeléctrico.

bioelectricity I bioelectricidad.

bioelectronics I bioelectrónica.

biofouling I corrosión biológica.

biolite I biolito.

biolithite I biolitita.

biological hole I cámara de ensayos biológicos (nuclear) I canal de irradiación biológica (reactor nuclear).

biological satellite I satélite biológico (astronáutica).

biolysis I biólisis.

biolytic I biolítico.

biomathematics I biomatemáticas.

biomechanics I biomecánica.

biomedical reactor I reactor de radiobiología.

biomicrite I biomicrita.

bionics I biónica, electrónica biológica.

biopak I envase para un organismo vivo (vuelo cósmico).

biopelite I pizarra negra.

biophysics I biofísica.

bioradiology I radiobiología.

biosatellite I biosatélite.
biose I glúcido I biosa.
biosphere I biosfera.
biostromal limestone I caliza biostromal.
biot I biotio.
Biot number I número de Biot (resistencia al choque térmico).
biotics I biótica (ciencia).
biotite I biotita (mica negra).
biotite gneiss I neis biotítico.
biotope I biotopa (oceanografía).
biotron I biotrón (electricidad).
biphase I bifásico.
biphase current I corriente bifásica.
biphase demodulator I desmodulador bifásico.
biphase winding I devanado bifásico.
biphonic I bifónico.
bipin I biclavija.
biplane I biplano.
biplane rudder I timón biplano.
biplug I enchufe bipolar.
bipolar I bipolar.
bipolar cam I leva bipolar.
bipolar electrode I electrodo bipolar.
bipolar fuse I fusible bipolar.
bipolar magnetic driving unit I unidad de excitación magnética bipolar.
bipolar pulse pair I par bipolar de impulsos.
bipolar receiver I receptor bipolar.
bipolar transistor I transistor bipolar.
bipolar voltmeter I voltímetro bipolar.
bipolar winding I devanado bipolar.
bipost I de dos bornas.
bipropellant I propulsante que consiste en dos productos químicos no mezclados.
biquadratic I ecuación bicuadrada I bicuadrado I bicuadrático.
biquartz I bicuarzo I placa de cuarzo formada por media placa dextrorrotatoria y media placa levorrotatoria.
biquinary I biquinario.
biquinary code I código biquinario.
biquinary number system I sistema numérico biquinario (matemáticas).
bi-radial stylus I aguja fonocaptora para altas frecuencias (exploración).
bird I proyectil cohete de aletas I satélite artificial I cosmonave.
bird mouth joint I junta en V soldada en la fragua.
birdcage bobbin I linterna de devanadera (tejeduría).
bird-foot delta I delta digitado (geología).
birdie I chirrido, silbido (radio).

bird's-eye limestone I piedra caliza de grano fino con manchas o tubos de calcita.
bird's-eye quartz I jaspe con pequeños esferolitos de cuarzo incoloro.
bird's-eye slate I pizarra con abundantes concreciones.
bird's-eyes I perlas con imperfecciones sobre la superficie.
bird's-mouth weld I soldadura en V.
birefringence I birrefringencia.
birefringence noise I ruido birrefringente (fibras ópticas).
birefringent I birrefringente.
biscuit I racimo de piezas moldeadas (plásticos) I pieza tosca recalcada para formar una forja I pasta de porcelana I galleta (metalurgia).
biscuit-board topography I topografía caracterizada por planicies y circos (fase parcial de glaciación).
bisect (to) I bisectar (ángulos).
bisecting I bisector I bisección.
bisecting dividers I compás de bisección.
bisecting line I bisectriz.
bisection I bisección.
bisector I bisectriz.
bisector triangle I triángulo bisectriz.
bishop's ring I corona pardo rojiza que se ve algunas veces alrededor del sol después de una erupción volcánica.
bisilicate I bisilicato.
bismite I bismita (ocre de bismuto).
bismuth I bismuto (Bi).
bismuth blende I culytita I blenda de bismuto.
bismuth brass I aleación de cinc-níquel-cobre y bismuto.
bismuth bronze I aleación de bismuto y estaño.
bismuth cathode I cátodo de bismuto.
bismuth flux I mezcla de 1 parte de yoduro potásico, 1 parte de sulfato potásico ácido y 2 partes de azufre I mezcla de partes iguales de óxido potásico y azufre.
bismuth furnace I horno para extracción de bismuto.
bismuth glance I sulfuro de bismuto.
bismuth ocher I ocre de bismuto.
bismuth oxycarbonate I oxicarbonato de bismuto.
bismuth phenolate I fenolato de bismuto (química).
bismuth silver I chilenita.
bismuth steel I acero al bismuto.
bismuth telluride I telururo de bismuto I tetradimita (bismuto telurado).
bismuth white I nitrato básico de bismuto.
bismuthate I bismutato (químico).

bismuthite I bismutita (carbonato básico de bismuto - mineralogía) I bismutito (química).

bistable I biestable.

bistable circuit I circuito biestable.

bistable control amplifier I amplificador de control biestable.

bistable unit I elemento binario I elemento que puede tener alguno de los dos estados estables.

bistatic radar I radar biestático.

bistatic reflectivity I reflectividad biestática.

bisulfate I bisulfato (sulfato ácido).

bisymmetric I bisimétrico.

bit I cuanto de información I barrena, broca I trépano (sondeos) I taladro.

bit addressability I posibilidad direccional de bits.

bit (binary-digit) I bit I bitio I dígito binario.

bit brace I berbiquí.

bit buffer unit I unidad separadora de bitios.

bit check I bitio de verificación.

bit crushing I taladro giratorio.

bit dresser I afiladora de brocas.

bit drilling I perforadora.

bit error rate (B.E.R) I probabilidad de error en un bit (calidad del sistema de transmisión).

bit file I lima de filos.

bit gage I calibrador de brocas.

bit interleaving I entrelazado de bitios.

bit location I celda de bitio I celda binaria.

bit pattern I configuración de bits I representación binaria.

bit per inch I bits por pulgada (densidad de almacenamiento magnético).

bit punch I punzón de broca.

bit rate I velocidad de transferencia de bits I tasa en bits.

bit sample I muestra de trépano (sondeos).

bit setting I condicionamiento de bits.

bit storage I almacenamiento de un bitio I registro de bitios.

bit string I cadena de bits (informática).

bit stuffing I relleno de bitios I inserción de bits (informática).

bit viewing device I sistema visor de bits.

bitartrate I bitartrato.

bitch chain I cadena fijadora, cadena de acoplamiento.

bite I octeto I agarre (tornillos, etc.).

bite (to) I atacar al ácido I corroer (un ácido) I dar una sacudida eléctrica (máquinas al tocarlas).

bit-generated stability I estabilidad generada por el trépano (sondeos).

biting angle I ángulo máximo de incidencia.

bitpad I relleno de bits (informática).

bit-rate generators I generadores de velocidad de transmisión.

bit-slice architecture I arquitectura en elementos de bits (informática).

bit-slice microprocessor I microprocesador de silicio.

bits/second I bitios/segundo.

bitt I bita (buques).

bitt (to) I bitar (marina).

bitter earth I magnesia.

bitter salt I epsomita.

bitter spar I dolomita, magnesita.

bittering I depósito salino.

bitumen I asfalto I alquitrán I bitumen (pizarra carbonífera).

bitumen-pumping apparatus I aparato para bombear asfalto.

bituminate (to) I bituminar.

bituminize (to) I bituminizar I bituminar.

bituminized paint I pintura bituminada.

bituminosis I bituminosis.

bituminous I bituminoso.

bituminous aggregate I agregado bituminoso.

bituminous batcher I mezclador de materias bituminosas.

bituminous cement I mástique bituminoso.

bituminous coal I carbón bituminoso I hulla grasa.

bituminous lignite I lignito bituminoso.

bituminous limestone I caliza bituminosa.

bituminous ores I minerales de hierro en que la ganga es materia carbonosa.

bituminous overlay I recubrimiento con una capa bituminosa.

bituminous paver I pavimentadora para asfalto.

bituminous pitch I pez de asfalto.

bituminous sand I arena bituminosa.

bituminous sandstone I arenisca bituminosa.

bituminous shale I pizarra bituminosa.

Biuret reaction I reacción Biuret (bioquímica).

bivalence I bivalencia.

bivalent I bivalente.

bivinyl I butadieno I bivinilo.

black I opaco (a las radiaciones).

black alum I sulfato de aluminio con un porcentaje de carbón activo.

black and white I en blanco y negro (tipografía, grabado).

black and white iceberg I iceberg con una porción opaca y oscura que contiene arena y piedras.

black and white onyx I ónice con bandas alternas blanca y negra.

black andradite garnet I melanita.

black annealing | recocido en negro (recocido sin medio protector).

black anodizing | anodizado negro (revestimiento con capa de óxido cúprico negro).

black ash | ceniza negra | sosa bruta.

black blasting powder | pólvora negra de mina.

black blend | pechblenda.

black body | cuerpo negro | cuerpo absorbente de neutrones incidentes.

black body radiation | radiación del cuerpo negro (electromagnética).

black boil | baño muy ácido para desoxidar (metalurgia).

black box | caja negra (electrónica) | registrador de vuelo (aviación).

black chalcedony | ónice negro.

black clamping | ausencia de imágenes transmitidas (televisión).

black clipper | circuito limitador para el nivel negro (TV).

black compression | compresión del negro (TV).

black copper | cobre negro | tenorita.

black copper oxide | óxido negro de cobre.

black durain | duráin rico en esporas de exinas.

black dwarf | enana negra (astrología).

black edges | cantos oxidados durante el termotratamiento.

black face | letra negrita (imprenta).

black flux | mezcla de carbonato potásico y carbón.

black heart casting | fundición maleable de núcleo negro.

black hole | agujero negro.

black iron ore | magnetita.

black jack | blenda oscura.

black lava glass | obsidiana.

black lead | plombagina (minerología).

black level | nivel del negro (TV).

black light | energía radiante infrarroja o ultravioleta.

black lignite | lignito sub-bituminoso.

black liquor | licor negro (fabricación papel) | acetato de hierro (mordiente para negro).

black mud | fango negro | sedimento oscuro que contiene materia orgánica y sulfuros de hierro y que desprende sulfuro de hidrógeno.

black oakum | estopa alquitranada.

black oil | residuo del petróleo o de sus destilados | petróleo bruto.

black onyx | ónice negro.

black opal | ópalo azul de Australia con destellos de color de llamas | ópalo de tinte negro.

black ore | pirita cuprosa oxidada.

black oxide of cobalt | cobalto terroso.

black oxide of iron | hierro oxidulado | magnetita.

black pickling | decapado en negro.

black picture | imagen negativa (radar).

black pipe | tubería de hierro negro (sin galvanizar).

black salt | carbonato de sodio impuro.

black sand | arena negra | mezcla de magnetita e ilmenita asociada al oro.

black saturation | saturación del negro (TV).

black signal | frecuencia del negro (TV).

black silver | mineral sulfurado de plata y antimonio.

black solder | aleación para soldar compuesta de cobre, cinc y pequeña cantidad de estaño.

black spotter | diodo inversor antiparasitario (TV) | diodo limitador de ruido.

black stone | esquisto carbonoso.

black tellurim | sulfotelururo de oro y plomo con algo de antimonio.

black tin | mineral de estaño concentrado (estaño negro).

black vignette | esfumado en negro (fotografía).

black-and-white broadcast | transmisión en blanco y negro (TV).

blackband | blackband, siderita carbonífera, hierro carbonatado.

blackboard storage | memoria auxiliar.

blackening | negro de fundición.

blacker-than-black | parte de la señal dedicada a la sincronización y que no aparece en la pantalla (televisión) | ultranegro, infranegro.

blacker-than-black level | nivel más allá del negro (radio).

blacker-than-black region | región infranegra (televisión).

blackheart malleable cast-iron | fundición maleable blanca de núcleo negro (recocida a 850 grados para convertir la cementita en rosetas de grafito).

blacking mill | trituradora de grafito.

blacking-bag | saquete para dar plombagina en seco, saquete para ennegrecer (fundición).

blackjack | esfalerita.

blacklead crucible | crisol de plombagina.

blacklead or plumbago | bióxido de plomo | plombagina | grafito.

blacklead ore | plomo espático.

blacklead (to) | grafitar, plombaginar.

blackout | bloqueo de la transmisión por radio y telemetría entre estaciones terrestres y una cosmonave al reentrar en la atmósfera terrestre | desaparición de señales de radio | apagón (en el servicio eléctrico) | interrupción de comunicaciones.

blackout pulse | impulso de supresión del haz.

black-plague | corrosión por el azufre del combustible y por ingestión de sal marina (turbina de gases marina) | corrosión a altas temperaturas cuando el combustible contiene azufre (turbina de gas).

blacksmith sledge | macho de fragua.

blacksmith tongs | tenazas de forja.

blacksmith welding | soldadura de fragua a mano.

blacksmith's hammer | martillo de mano (forja).

blackstone | pizarra fuertemente carbonosa.

blacktop | capa bituminosa | superficie bituminosa.

blacktop paver | alquitranadora.

blackwash | negro líquido (mezcla de polvo de carbón con agua arcillosa-fundición).

blade | boca (del destornillador) | cuchilla | hoja (armas, pala) | pala (hélice) | álabe (turbina).

blade angle | ángulo de pala (hélices) | ángulo de álabe (turbina).

blade flapping | batimiento de palas (helicópteros).

blade grader | niveladora de hoja frontal.

blade holder | portacuchilla | portasierra.

blade spacing | paso de los álabes (turbinas).

blade twist | torsión de la pala (hélice).

bladed | de láminas | laminado | empaletado (turbinas).

blade-feathering gear | mecanismo para orientar las palas (turbinas hidráulicas).

blaes | pizarra carbonosa (Escocia) | capas bituminosas de arenisca | arenisca dura sin grietas.

blanc de perle | oxicloruro de bismuto.

blanc fixe | sulfato de bario precipitado (blanco fijo).

blanch | mineral de plomo mezclado con otros minerales | mineral incrustado en la roca.

blanch (to) | estañar (chapas).

blanched copper | aleación de cobre y arsénico | cobre blanqueado.

blank | lima forjada | lingote de acero fundido | cartucho de fogueo | obturador, pieza en tosco.

blank after (to) | borrar después (memoria).

blank bit | corona (trépano sondeos).

blank bolt | perno sin roscar.

blank carburizing | ciclo térmico de cementado aplicado a una probeta sin el medio cementante.

blank cartridge | cartucho de fogueo.

blank case | caja ciega, caja con cajetines (imprenta).

blank level | nivel de borrado.

blank liner | revestidor sin perforaciones (sondeos).

blank off (to) | tapar, obturar | aislar del circuito (tuberías, etc.).

blank plug | clavija sin conexión.

blank shots | tiros de hueco (barrenos).

blank (to) | cortar con el cortador en la prensa (chapas) | espaciar (tipografía) | suprimir el haz | borrar | anular.

blank trial | ensayo testigo (análisis químico).

blanker | eliminador (radar).

blanket | mantilla (imprenta) | compuesto para proteger la superficie (baños de galvanización) | capa bituminosa (carreteras).

blanket area | zona adyacente a una estación en la que hay dificultad de recibir otras estaciones (TV) | zona de bloqueo.

blanket circuit | circuito interferente.

blanket deposit | capa (geología).

blanket of dumper rock | colchón de rocalla.

blanket of uranium | envoltura de uranio.

blanket restorer | restaurador de mantillas (offset).

blanket table | mesa de bayeta (preparación minerales).

blanket the arc (to) | rodear el arco con un gas inerte (soldadura eléctrica).

blanket (to) | perturbar la recepción (radio) | rodear con atmósfera inerte (electrosoldadura).

blanket vein | manto, capa, filón-capa horizontal.

blanketing | interferencia (radio).

blanking | interferencia (radio) | supresión del haz (TV).

blanking circuit | circuito de borrado (TV).

blanking interval | intervalo de supresión.

blanking level | nivel de borrado | nivel de supresión (comunicaciones).

blanking signal | señal de supresión del haz (TV) | señal de borrado (electrónica).

blast | chorro | viento inyectado | explosión | onda de explosión | barreno (minas) | pegada (canteras).

blast deflector | deflector de chorro (motor cohete).

blast effect | efecto rompedor (explosivos).

blast furnace bosh | etalaje de alto horno.

blast furnace jacket | blindaje del horno.

blast furnace lining | revestimiento interior para altos hornos.

blast gate | compuerta de regulación del viento | válvula de sobrepresión (turbocompresor).

blast gauge | manómetro del chorro de aire.

blast gelatine | dinamita goma.

blast metallizing | metalización por chorro de polvo metálico.

blast nozzle I tobera soplante.

blast of steam I chorro de vapor.

blast pipe I tobera I tubería del viento (altos hornos) I tubo de escape (máquinas vapor).

blast pipe pressure I presión de la tobera I presión de escape (máquina vapor).

blast powder I pólvora de mina.

blast pressure I presión del viento (alto horno) I presión del rebufo (cañones).

blast (to) I despegar de la plataforma de lanzamiento (cohetes) I inyectar aire I pegar (barrenos) I tratar en el chorro de arena o de perdigones I volar I dinamitar.

blast wave I onda de choque I onda explosiva.

blastability I facilidad para ser volada con explosivos (rocas).

blasted I que se ha volado (con explosivo) I chorreado (con arena o perdigones) I arrancado por explosivos (minerales).

blaster I chorreadora (de arena, de perdigones).

blaster oil I nitroglicerina.

blast-firing I pega de barrenos.

blast-furnace I alto horno.

blast-furnace coke I coque metalúrgico, coque siderúrgico.

blast-furnace jacket I blindaje de alto horno.

blast-furnace tapping I colada (alto horno).

blasthole I agujero de aspiración (bombas) I barreno (minas) I sopladura (metalurgia).

blast-hole drill I perforadora para minas.

blastic I blástico (recristalizado - petrología).

blasting I distorsión de sobrecarga (radio) I deformación (acústica) I voladura (minería).

blasting charge I carga explosiva.

blasting circuit I circuito de voladura (canteras, minas).

blasting circuit tester I galvanómetro para probar el circuito de voladura.

blasting compounds I substancias explosivas usadas en minería y cantería.

blasting explosives I explosivos para minas.

blasting fuse I mecha lenta.

blasting gelatine I dinamita goma, gelatina detonante.

blasting powder I pólvora negra I pólvora de mina I polvo detonante.

blasting-cartridge I barreno.

blast-off I lanzamiento (nave espacial) I despegue I disparo de cohete.

blatt I falla (geología).

blaze I capas bituminosas de arenisca.

blaze angle I ángulo del costado menos inclinado de la ranura (rejilla de difracción).

blaze off (to) I revenir en aceite (aceros).

blaze (to) I encender, inflamar I revenir (aceros).

bleach I decoloración I cloruro de cal, hipoclorito cálcico.

bleach liquor I solución de cloruro cálcico I bióxido de hidrógeno.

bleach (to) I blanquear.

bleacher I blanqueador I pileta de asentamiento (petróleo).

bleaching bath I baño de blanqueo (fotografía).

bleaching powder I polvo de blanqueamiento I hipoclorito cálcico.

bleaching soda I lejía de blanqueo I hipoclorito sódico.

bleed I límite de impresión (lectora) I a sangre (impresión) I sangrado (tipografía) I drenaje (radio).

bleed cut I grabado a sangre.

bleed engraving I clisé a sangre.

bleed off (to) I purgar (gases).

bleed (to) I imprimir a sangre I derramarse el metal en la fundición (estereotipia) I correrse la tinta en la impresión (litografía, imprenta) I perder (juntas) I correrse el color I sangrar (maquinado) I purgar (aire) I drenar (radio).

bleeder I tubo de purga I grieta por donde sale grisú (minas) I purgador (de aire) I divisor de voltaje.

bleeder drain I sangradora.

bleeder hose I tubo de sangrar.

bleeder plug I tapón de purga.

bleeder point I toma de vapor vivo.

bleeder resistance I resistencia derivadora, resistencia de compensación, resistencia de drenaje (electricidad).

bleeder resistor I resistor de sangría I resistor regulador de tensión.

bleeder turbine I turbina de extracción de vapor I turbina de derivación.

bleeding I fuga (canalizaciones) I extracción de vapor.

bleeding cycle I ciclo regenerativo (máquina vapor).

bleeding rock I arenisca que contiene agua.

bleeding-switch I conmutador de tomas (transformador).

bleed-off I sangría (maquinado).

bleep I sonido electrónico agudo.

bleke I tierra calcárea.

blemish I imperfección I defecto (piezas fundidas).

blend I unión, mixtura.

block I bloque (construcción) I grupo de caracteres de información (informática) I cepo del yunque.

block and falls I aparejo, polipasto, cuadernal.

block and tackle | polipasto | aparejo de poleas.

block and whip | aparejo.

block axe | azuela de desbastar.

block brake | freno de zapata.

block cancel character | carácter de supresión de bloques (informática).

block capitals | versales (tipografía).

block casting | fundición en bloque.

block caving | explotación por socavación y derrumbe (minas) | explotación por pozos tolva (minas).

block chain | cadena articulada.

block check | control por bloques | comprobación por bloques.

block check procedure | procedimiento de verificación de bloques de datos.

block code | código de bloques (informática).

block coding | codificación por bloqueos (computadoras).

block coefficient | coeficiente de bloque.

block condenser | condensador de bloqueo (radio).

block control signal | señal de control de bloque.

block data | bloque de datos (informática).

block diagram | diagrama de cuadros (bloques) | diagrama bloque.

block disintegration | desintegración en bloques.

block faulting | falla en forma de bloques.

block hammer | martillo pilón.

block heading statement | sentencia de encabezamiento de un bloque de instrucciones (informática).

block in (to) | esbozar, bosquejar.

block input | entrada de bloque (informática).

block length | longitud de bloque | número de octetos de un bloque.

block mountain | terreno fallado (geología).

block out (to) | opacar ciertas partes del negativo (fotografía) | tapar algo impreso con sobreimpresión (imprenta) | cubicar (minas).

block post | puesto de bloqueo (maniobras de ferrocarriles).

block prefix | registro que precede a un bloque de datos (información).

block print | xilografía.

block printing | impresión con grabados xilográficos.

block process | fototipografía.

block pulley | motón, cuadernal.

block received signal | señal de bloque recibido.

block retrieval | recuperación de bloque (informática).

block rubble | mampostería de piedra sin labrar.

block shears | cizallas de mano.

block shell | cuerpo de polea.

block sight | alza fija (armas).

block signal | señal de enclavamiento, señal de tramo (ferrocarril).

block size | longitud de bloque (informática).

block sort | ordenación de bloques (archivo).

block spangle | cristalización dendriforme de los cristales de cinc en la superficie (chapa galvanizada).

block speed | velocidad media (aeronaves).

block structure | estructura en bloques (programas).

block system | sistema de señales por tramos de vía, sistema de bloque (ferrocarril) | extracción por cuarteles (minas).

block system relay | relé de seccionamiento (ferrocarriles).

block tackle | aparejo de poleas.

block terminal | caja de derivación | caja de distribución.

block test | prueba de frenado.

block time | tiempo desde que se quitan los calzos a la salida hasta que vuelven a ponerse a la llegada | tiempo de parado a parado (duración del viaje - vuelos aviones).

block tin | estaño comercial sólido, estaño en lingotes.

block (to) | agrupar en bloque | comprimir | bloquear | obstruir | calzar las ruedas | desoxidar rápidamente (aceros) | hacer inactivo (química).

block transfer | transferencia de bloques (informática).

block transmission | transmisión por bloques.

block up (to) | obstruir.

blockbuster | bomba de demolición con gran carga explosiva hasta 11 toneladas (aviación).

blocked grid keying | manipulación por variación de polarización (telegrafía).

blocked impedance | impedancia sin carga (electricidad), impedancia bloqueada | impedancia de salida (transmisor acústico).

blocked nozzle | tobera obstruida.

blocked resistance | resistencia amortiguada (radio).

blocked-number system | sistema decimal.

blocker | azuela | estampa para dar forma aproximada a la definitiva, estampa preacabadora (forja).

blocker circuit | circuito de bloqueo.

blocker-type forging | forja por matrices.

block-fault | falla en bloque, falla tubular.

block-grid keying I codificación por bloqueo de rejilla.

blockhole (to) I taquear, bloquear, tacochear (minas).

blockholing I taqueos, tacocha, troceo de rocas grandes, bloqueo (minas).

block-in-course I sillarejo I mampostería aparejada.

block-in-course masonry I mampostería de piedras escuadradas a escoda.

blocking I bloqueo (radio, ferrocarril, medicina).

blocking attenuation I atenuación de bloqueo (radio).

blocking axe I azuela de desbastar.

blocking battery I batería de bloqueo (telecomunicaciones).

blocking cell I célula de capa barrera (semiconductor).

blocking circuit I circuito de bloqueo.

blocking condenser I condensador de bloqueo (condensador de pequeña capacidad que impide el paso de una corriente continua) I condensadores de gran capacidad colocados en serie en los extremos (cables submarinos).

blocking device I dispositivo de bloqueo (telecomunicaciones).

blocking die I estampa para desbaste (forja).

blocking factor I factor de bloque (informática).

blocking hammer I martillo de triscar.

blocking impression I impresión de desbaste (piezas forjadas).

blocking layer I capa de bloqueo I capa barrera (radio).

blocking magnet I imán de bloqueo (telecomunicación).

blocking oscillator I oscilador que genera impulsos de corta duración I oscilador de relajamiento (radio) I oscilador autoamortiguado I oscilador de bloqueo.

blocking pawl I lengüeta de bloqueo (telecomunicación).

blocking relay I relé de bloqueo (telecomunicación).

blocking slab I platina para montaje de clisés.

blocking the bath I adición de ferroaleaciones desoxidantes al caldo para que no baje el contenido de carbono (metalurgia).

blocking the heat I adición de un desoxidante al baño (metalurgia).

blocking voltage I tensión de bloqueo.

blocking-off I acuñamiento de la carga para que no se mueva (bodegas buques).

blocking-out I desbaste I corte en macizos para laboreo (minas) I cubrición con barniz opaco (fotoimpresión).

blocking-up I obstrucción I cierre.

block-lava I lava en bloques.

blockout (to) I socavar I cortar en macizos para el laboreo (minas) I desbastar (piedras).

block's alloy I aleación de 54% cobalto, 45% de níquel y 0,9% silicio.

block-to-block time I tiempo de vuelo (aviones).

blocky structure I estructura en bloques.

blood rain I lluvia de polvo (geología).

bloodstone I jaspe sanguíneo (heliotropo-mineral).

bloom I desbaste cuadrado (acerías).

bloom iron I hierro afinado, hierro en tochos, hierro en lupias.

bloom out (to) I eflorescer (química).

bloom roll I cilindro del tren desbastador (laminador).

bloom shears I cizalla para tochos.

bloom (to) I desbastar (metalurgia) I martillar (metalurgia).

bloomer furnace I horno de lupias.

bloomery I forja.

bloomery iron I hierro refinado a fragua baja.

blooming I florescencia I tren de desbaste (laminador).

blooming machine I máquina de cinglar.

blooming mill I laminador de desbaste I laminador de gruesos.

blooming shears I cizalla para lupias.

blossom I afloramiento oxidado (geología).

blossom of coal I estrato de carbón terroso cerca de la superficie.

blossom rock I mineral oxidado del afloramiento.

blotter I arandela para sujetar la muela abrasiva.

blow I corriente de aire I mineral fundido de una hornada.

blow coil I bobina de soplado.

blow cold I soplado frío (alto horno).

blow gun I pistola para limpieza de piezas por chorro de aire comprimido.

blow in (to) I poner en marcha, encender (dar viento-alto horno).

blow molding I moldeo por insuflación de aire comprimido (objetos huecos de plástico o vidrio).

blow moulding I moldeo por soplado.

blow off pipe I tubería de extracción.

blow out I erupción (de un pozo).

blow out preventer I obturador antierupción.

blow out (to) I estallar I volar I apagar (altos hornos).

blow through (to) I purgar máquinas.

blow (to) I inyectar aire I soplar.

blow up | ampliación (fotografía).

blow up halftone | ampliación autotípica (fotomecánica).

blow up (to) | ampliar (fotografía).

blowability | soplabilidad (acero en el convertidor).

blowback | retorno del aire | retorno de la llama (sopletes) | disminución de la presión al funcionar la válvula de seguridad (calderas).

blowby gases | gases que pasan de la cámara de explosión al cárter (motores).

blow-cock | grifo de purga.

blowdown | purga (calderas).

blowdown energy | energía de los gases de preexhaustación (motor de dos tiempos).

blowdown (to) | evacuar | purgar (calderas) | soplar a fondo (metalurgia).

blowdown turbine | turbina de purga.

blowdown valve | válvula de extracción de fondo.

blowdown wind tunnel | túnel aerodinámico de soplado.

blower | fuelle | soplante | escape de grisú (minas) | galería de ventilación.

blower ratio | relación de sobrealimentación (compresores).

blower wax | ozoquerita blanda amarillo-pálida que se desprende de un filón | parafina insuflada.

blowhole | respiradero (de volcán, etc.) | ventilador (túnel), oquedad (fundición).

blowing charge | carga explosiva.

blowing current | corriente de fusión.

blowing furnace | horno para soplados de vidrio.

blowing iron | soplete (química).

blowing off | seguridad (evacuación - calderas).

blowing out | extinción (de un fuego) | expulsión de aire (tuberías de gas) | purga (cilindros).

blowing up | explosión, voladura.

blow-mold (to) | moldear por insuflación de aire (plásticos).

blown | porosa (fundición) | sobrealimentado (motores) | soplado | oxidado por corriente de aire (aceites).

blown oil | petróleo soplado | aceite soplado.

blown petroleum | petróleo de oxidación.

blown petroleums | productos sólidos o semisólidos obtenidos al inyectar aire en betunes líquidos nativos calentados.

blowoff | salida de desagüe, purga.

blowoff cock | grifo de extracción.

blowoff gear | purgador (del vapor).

blowoff pipe | tubo de evacuación, tubo de salida.

blowoff (to) | extraer, purgar.

blowoff valve | válvula de purga, válvula de descarga.

blowout | escape repentino del aire.

blowout magnet | extintor magnético | electroimán de soplado.

blowout preventer | cierre de emergencia, válvula de control.

blowpipe | tubo de escape (máquina vapor) | soplete (química).

blowtorch | lámpara de soldar.

blow-valve | válvula de seguridad (calderas).

blue annealed | empavonado por recocido.

blue annealing | recocido azul.

blue asbestos | crocidolita.

blue ashes | ceniza azul nativa (mineral).

blue beam | haz del azul (TV).

blue billy | residuo de calcinación de menas de sulfuro de hierro | briqueta de mineral de cobre tostado | pirita tostada (fabricación ácido sulfúrico).

blue brittleness | fragilidad al azul (metalurgía).

blue carbonate of copper | azurita.

blue chalcedony | safirina.

blue cooperas | caparrosa azul.

blue copper carbonate | cobre carbonato azul (azurita).

blue copper ore | cobre azul.

blue copperas | sulfato de cobre, vitriolo azul, caparrosa azul.

blue dip | baño de cloruro mercúrico (para amalgamar) | solución mercurial (baño con un compuesto mercurial - galvanoplastia).

blue dust | polvo fino que contiene de 75 a 90% de cinc puro | subproducto de reducción del cinc, conteniendo 90% cinc metálico y 5 a 8% de óxido de cinc.

blue earth | fosfato ferroso hidratado.

blue gain control | control de ganancia del azul (TV).

blue glow | luminiscencia azul.

blue gold | solución azulada coloidal de oro preparada con cloruro de oro y con hidrato de hidrazina | oro azul | aleación de oro con (25 a 33%) de hierro.

blue ground | aglomerado descompuesto de terrenos diamantíferos.

blue information | señal del azul (TV).

blue iron earth | vivianita.

blue ironstone | crocidolita.

blue jack | negro de marfil.

blue jasper | imitación fraudulenta de lapislázuli obtenida tiñendo jaspe de color pálido con ferrocianuro.

blue John | fluorina.

blue lead | plomo metálico.

blue malachite | azurita.

blue metal | esquisto arcilloso azulado cuprífero | polvo de partículas de cinc recubiertas de óxido (extracción del cinc por destilación), mata de cobre.

blue moonstone | calcedonia azulada.

blue ochre | vivianita.

blue onyx | ágata azulada o calcedonia de tinte azulado.

blue opal | lazulita.

blue paper | papel heliográfico, papel al ferroprusiato.

blue peach | turmalina de grano fino de color azul-pizarra.

blue pigeon | plomo (del escandallo).

blue powder | mezcla de polvo de cinc metálico y óxido de cinc que contiene de 75 a 90% de cinc puro (recuperación de la destilación del cinc).

blue printing | cianotipia.

blue quartz | cuarzo azul (seudozafiro).

blue rot | pudrición azul de la madera.

blue salts | sulfuro de níquel.

blue sandstone | arenisca azul.

blue sapphire | zafiro oriental.

blue schorl | turmalina azul.

blue stripe | raya azul (análisis minerales).

blue stuff | kimberlita.

blue talc | cianita.

blue (to) | azular | pavonar | broncear (un cañón).

blue toning | viraje azul (fotografía).

blue verditer | óxido cúprico hidratado.

blue vitriol | caparrosa azul | sulfato de cobre hidratado | vitriolo azul.

blue-anneal (to) | recocer azul.

blue-black ore | corvusita (mineral de vanadio de gran calidad).

blued steel | acero pavonado | acero azulado.

blue-glow voltage | voltaje de luminiscencia (célula fotoeléctrica).

blueground | kimberlita.

blueing | pavonado en azul | termotratamiento a unos 300ºC que aumenta el límite elástico (aceros al carbono) | proceso para blanquear vidriados de plomo amarillo (añadiéndole un poco de cobalto) | adición de una pequeña cantidad de azul para corregir el tono amarillo.

blueing salts | solución que contiene hidróxido sódico y nitrato sódico para formar una superificie azul oxidada sobre el acero.

bluejack | vitriolo azul | sulfato de cobre.

blueline | ferroprusiato (imprenta).

blueprint | copia cianográfica | heliografía.

blueprint (to) | sacar copias al ferroprusiato | fotocalcar.

blue-sensitive | sensible al azul.

blue-short | quebradizo al azul.

blue-spar | lazulita.

bluestone | caparrosa azul, sulfato de cobre, vitriolo azul | piedra azul (química).

bluff | farallón, acantilado a pico | promontorio.

blume | flor del hierro (pudelado).

blunge (to) | batir la pasta, mezclar la pasta (cerámica).

blunger | mezcladora (cerámica).

blunt | romo, embotado (filos) | despuntado | obtuso (ángulo).

blunt file | lima de dientes romos.

blunt forceps | pinzas romas.

blunt switch | cambio de carriles móviles (ferrocarril).

blunt (to) | enromar (filos).

bluntness | embotadura, falta de filo.

blur | perturbación (acústica).

blur (to) | desenfocar | difuminar.

blurred | desenfocado | impreciso (fotografía).

blurred features | contornos borrosos (TV-cine).

blurred impression | maculatura (tipografía).

boa | cúmulo boa (meteorología).

board | cuadro (electricidad) | tablero | borda (buques) | cámara (tajo grande de explotación - minas) | galería transversal (minas).

board binding | encartonado (libros).

board on the quarter (to) | abordar por la aleta (buques).

board rule | regla de cubicación (forestal).

board signal | señal de tablero (ferrocarril).

board tester | probador de placa (circuito impreso) | comprobador de tarjetas (circuito impreso).

board-and-pillar method | método de explotación por cámaras y pilares (minas).

board-and-pillar system | método de macizos cortos, método de pilares y galerías (minas carbón).

boarding | entarimado | abordaje, granelado (cueros).

boarding gage | gramil graduado para curvas.

boarding machine | graneladora, máquina de granelar (cueros).

boardstuff | pizarra laminada sobre una capa de carbón.

boardy clift | pizarra laminada sobre una capa de carbón.

boast (to) | desbastar (cantería).

boasted ashlar | sillarejo desbastado.

boaster | elevador de voltaje (electricidad), cincel de desbastar (cantería).

boasting I desbaste (cantería).
boasting chisel I cincel de desbastar.
boat I bote, barca I embarcación.
boat car I barquilla de canoa (dirigibles) .
boat deck I cubierta de botes (buques).
boat gear I aparejo del bote.
boat hoist I chigre para botes.
boat hook I bichero.
boat level I galería de navegación (minas).
boat lowering gear I mecanismo para arriar botes.
boat plug I espiche de bote.
boat seaplane I hidroavión de canoa.
boat spar I tangón para botes (buques).
boat tackle I aparejo para botes.
boat tail I porción posterior troncocónica.
boat-chock I calzo de bote.
boat-hoisting gear I mecanismo para izar botes.
boat-stowage arrangement I dispositivo para estibar botes.
bob I saca con rastra (forestal) I volante (de máquina) I plomo (de plomada).
bob drill I berbiquí.
bob plumb I plomada.
bobbin I devanadera I carrete I bobina.
bobbin carrier I soporte de bobina.
bobbin cradle I soporte de bobina.
bobbin flange I plato de bobina, valona de carrete.
bobbin insulator I aislador de polea.
bobbin lifter I palanca de alza de canillas (textil).
bobbin shaft I eje corto (línea ejes de buques).
bobbin skewer I husillo de bobina.
bobbin spinning I hilatura paralela (rayón).
bobbin stand I bastidor portabobinas (textil).
bobbin winding frame I bobinadora para urdimbre (tejeduría).
bobbin-winder I devanador I máquina de bobinar.
bocca I cráter volcánico.
body I macizo de mineral I capa (agua o petróleo) I pasta (cerámica) I carrocería (automóvil) I fuselaje (aviones).
body centrode I lugar geométrico descrito por el centro instantáneo de rotación (cuerpo en movimiento) I centrodo del cuerpo.
body engineering I técnica de construcción de carrocerías (autos).
body fittings I accesorios de carrocería.
body frame I armazón de la caja I bastidor de la carrocería.
body gear I tren de fuselaje (aviación).
body post I codaste proel (buques).
body range I galería principal (minas).

body size I tamaño de letra (tipografía).
body stabilization I estabilización triaxial (satélites).
body station I estación de fuselaje.
body suspension I suspensión de la carrocería.
body suspension link I biela de suspensión de la carrocería.
body (to) I dar forma a, dar cuerpo a I carrozar (autos).
body tube I barrilete (objetivo de anteojo).
body type I tipo común (tipografía).
body work I carrocería.
bodywise I dirección vertical del ojo (tipo de imprenta).
bog I turbera I pantano.
bog coal I lignito de turbera.
bog ore I limonita, hierro de pantanos.
bogey I vagoneta I carretón, bogie (ferrocarril).
boghead I carbón de algas.
boghead cannel I torbanita (geología).
bog-ice I tundra.
bogie I bogie (carretón - ferrocarril) I carretón.
bogie casting I colada sobre lingoteras puestas sobre vagón (acerías).
bogie furnace I horno de solera móvil sobre carretones.
bogie kiln I horno de solera móvil sobre carretones.
bogie landing gear I aterrizador de bogie, tren de aterrizaje de carretones (aeronaves).
bogie wire I cable de rastreo de minas.
bogie-frame I bastidor del bogie.
Bohemian crysolite I moldavita.
Bohemian crystal I vidrio de Bohemia.
Bohemian diamond I cristal de roca.
Bohemian glass I vidrio de cal y potasa.
Bohemian ruby I cuarzo rosado cortado como gema.
Bohemian topaz I cuarzo amarillo.
boil I ebullición.
boil away (to) I concentrar (química).
boil down (to) I reducir por ebullición, concentrar (química).
boil off (to) I descrudar, desgomar (seda).
boil out the dye (to) I descolorar por cocción.
boil period I periodo de descarburación (convertidor Bessemer).
boil (to) I cocer I bullir.
boiled bar I barra de hierro pudelado.
boiler I caldera I tacho para la fabricación de azúcar I cámara de combustión (turbina de gases) I hervidor (reactor nuclear).
boiler bearer I asiento de caldera I polín de caldera.
boiler compound I antiincrustante.

boiler float | flotador de alarma (nivel agua calderas).

boiler oil | fuel-oil para calderas, petróleo de calderas.

boiler pressure | presión de la caldera.

boiler saddle | polín de caldera.

boiler scale | incrustación de caldera.

boiler stay | estay de caldera | tirante de caldera.

boiler steam space | cámara de vapor de la caldera.

boiler stop-valve | válvula de cuello de la caldera.

boiling | ebullición | hervor.

boiling bulb | matraz.

boiling heat | temperatura de ebullición.

boiling point | punto de ebullición.

boiling point barometer | hipsómetro.

boiling range | escala de ebullición.

boiling tube | tubo de ensayo (química).

boiling water | agua en ebullición.

boiling water reactor | reactor nuclear de agua en ebullición.

boiling-point thermometer | hipsómetro.

bold-faced type | letra negrita.

bole | bol (medida=200 litros) | producto de descomposición de rocas basálticas | arcilla calcareoferruginosa.

bologna stone | barita en masas redondeadas de fibras radiantes que es fosforescente cuando se calcina con carbón vegetal.

Bolognian phosphorus | fósforo de Bolonia | sulfuro bárico.

Bolognian spar | barita.

bolometer | bolómetro (radiación).

bolometer smoke detector | detector bolométrico de humo.

bolometric | bolométrico.

bolometric bias | polarización bolométrica.

bolometric magnitude | magnitud bolométrica (estrellas).

bolometry | bolometría.

boloretin | boloretina (resina de madera fósil).

boloscope | boloscopio.

bolsom | bolsón (geología).

bolster | apoyo, soporte | caballete | travesaño | testero.

bolster bolt | clavija maestra.

bolster pin | clavija maestra.

bolster plate | plancha de cabezal.

bolster (to) | apoyar | sostener | reforzar.

bolt | rollizo (forestal) | cachón (forestal) | clavija | cerrojo | pasador | falleba | perno | tornillo | eje.

bolt breaker | cortapernos.

bolt chisel | cortafríos para perno (mecánica).

bolt clasp | armella de cerrojo.

bolt clevis | perno abrazadera.

bolt coupling | acoplamiento de pernos (mecánica).

bolt die | terraja para pernos.

bolt forging machine | máquina para forjar pernos.

bolt lever | palanca del cierre, palanca del cerrojo (armas).

bolt lug | tetón del cerrojo | tetón del cierre (fusiles).

bolt nut | tuerca de perno.

bolt rope | relinga (marina).

bolt screw | rosca de perno.

bolt screwing machine | roscadora de pernos, atornilladora de tuercas.

bolt stay | seguro del pestillo (cerraduras).

bolt (to) | enclavijar | empernar, tamizar | cerner.

bolt tongs | tenazas para pernos.

bolt-action rifle | fusil de cerrojo.

bolt-and-pipe machine | máquina de terrajar.

boltcutter | máquina de hacer pernos | terrajadora.

bolt-cutting pliers | tijeras cortapernos.

bolted joint | junta empernada.

bolted roof | techo empernado (minas).

bolter | sierra circular con carro.

bolthead | cerrojo (fusil) | cabeza de perno.

bolthole | agujero de perno | pasillo (minas) | vía de ventilación (minas).

bolting machine | cernedor.

bolting mill | cedazo mecánico.

bolting-reel | cedazo, tamiz.

boltrope | relinga.

bomb | bomba de lava (erupción explosiva) | misil con un explosivo | bomba (proyectil).

bomb adapter-booster | adaptador multiplicador de bomba.

bomb ballistics | balística relacionada con las bombas lanzadas desde aviones.

bomb calorimeter | calorímetro a volumen constante | calorímetro de bomba.

bomb carrier | portabombas.

bomb debris | residuos de bomba | cenizas radiactivas.

bomb disposal | destrucción o desarme de bombas sin explosionar.

bomb dropping | lanzamiento de bombas.

bomb navigation system | sistema radárico para navegación y bombardeo (aviones).

bomb pistol | percutor de la bomba.

bomb testing | prueba de una bomba explosiva.

bomb thrower | lanzabombas.

bombarder | calentador de inducción de alta frecuencia.

bombarding electron | electrón bombardeante.

bombardment | avión de bombardeo | irradiación.

bombfall | caída de la bomba o bombas, rosario de bombas | impacto en el terreno de una bomba | rosa de impactos sobre el terreno.

bomb-grade plutonium | plutonio apto para bombas nucleares.

bombite | bombita (mineral).

bomb-N | bomba neutrónica.

bombshell | granada, proyectil.

bonamite | calamina verde.

bonanza | zona de mineral muy rico | filón rico (de oro o plata).

bonanza ores | menas de primer orden (minería).

bond | ligamento | aglomerante | aglutinante | aparejo, tizón (muros) | enlace (química).

bond clay | arcilla de liga, arcilla de cohesión.

bond course | cadena, hilada de trabazón (muros).

bond energy | energía de enlace.

bond hybridization | hibridación de enlace (química).

bond strength | resistencia a la adherencia | fuerza de ligadura.

bond stress | fuerza de cohesión.

bond test | prueba de adherencia.

bond (to) | pegar | ligar (química) | unir | aparejar (muros) | conectar eléctricamente.

bondability | trabazón | adherencia.

bonded | ligado | trabado | unido.

bonded abrasive | abrasivo ligado, abrasivo aglomerado.

bonded fiber fabric | tejido de fibras aglomeradas.

bonded fluxes | fundentes aglomerados.

bonded glass | fibra de vidrio impregnada.

bonded joint | junta eléctrica (carriles) | junta por adhesión.

bonded masonry | mampostería con cadenas (hiladas de ladrillo de trabazón-muros).

bonded strain gage | galga de deformación pegada sobre la pieza, extensímetro pegado.

bonded-barrier transistor | transistor de barrera de unión.

bonder (to) | bonderizar.

bonderize (to) | bonderizar (tratar con solución de ácido fosfórico con un catalizador).

bonding | conexión a tierra | ligamento | unión eléctrica para continuidad de potencial, ligazón, empalme | enlace | aparejo (muros) | entibación (minas) | adhesivo | aglutinante.

bonding action | acción ligante.

bonding additive | aditivo de adhesividad.

bonding agent | agente adherente | adhesivo.

bonding area | área de unión.

bonding cement | cemento adhesivo.

bonding clay | arcilla aglutinante.

bonding drill | broca para eclisar rieles.

bonding electron | electrón de ligadura.

bonding flaw | defecto de ligazón (soldadura).

bonding key | adaraja (muros).

bonding strength | fuerza de unión | cohesión | adherencia.

bondstone | adaraja, tizón (muros).

bone | carbón esquistoso | espina (aceros de forja).

bone bed | capa delgada de osamentas fosilizadas (geología).

bone charcoal | carbón de huesos, carbón animal.

bone china | porcelana fosfatada, porcelana fabricada con caolín y 25% de huesos calcinados.

bone clay | caolín puro de feldespato y granito.

bone coal | carbón terroso | hulla pizarrosa, esquisto carbonoso.

bone dryness | sequedad total (química).

bone folder | plegadora de hueso (encuadernación).

bone glass | vidrio opalino, vidrio opaco.

bone glue | oseína, osteocola.

bone porcelain | porcelana hecha con polvos de huesos, porcelana fosfatada (porcelana blanda inglesa).

bone (to) | nivelar (topografía).

bone-ash | fosfato de calcio.

boning | nivelación (topografía).

boning rod | niveleta, jalón de nivelación.

boning staff | niveleta.

boning stick | niveleta.

boning tool | punzón para realzar matrices (estereotipia).

bonnet | tapa de válvula | puerta de visita (válvula de la bomba) | parachispas (locomotoras) | techo protector (jaula minas) | bonete (fortificación) | capó, capota (autos) | cumbrera (marco de mina) | casquete (válvula).

bonnet hip tile | teja de caballete.

bonnet valve | válvula de caperuza, válvula de sombrerete.

bont | estrechamiento (filones) | cable y jaula de extracción (minas) | parte dura de una veta (minería).

bony | carbón con material pizarroso.

bony coal | carbón esquistoso | carbón pizarroso.

bonze | mineral de plomo no tratado.

booby-trap | granada unida a un objeto inofensivo, mina disimulada | trampa explosiva.

booby-trapped | sembrado de minas enmascaradas.

booby-trapped mine | mina disimulada.

book back rounder | máquina para redondear el lomo (encuadernación).

book clay | arcilla depositada en capas finísimas | arcilla laminada (geología).

book folding machine | máquina de plegar (encuadernación).

book jacket | sobrecubierta, cubretapas (libros).

book sewing machine | cosedora de libros.

book smasher | prensa para comprimir libros por el doblez del lomo antes de coserlo.

book trimmer | cortadora lateral de libros.

book wrapper | camisa de libro.

bookbind tape | cinta para enlomar (libros).

bookbind (to) | encuadernar.

bookbinding | encuadernación.

bookbinding glue | cola para encuadernar.

bookbinding machine | máquina de encuadernar.

bookbinding press | prensa de encuadernar.

bookbinding threads | torcidos para encuadernación.

book-folder | plegador (tipografía).

bookmaking | encuadernación.

bookmark | registro (imprenta, litografía) | ex libris.

bookplate | grabado para impresión de libros.

book's back | lomo de libro.

book-sewer | cosedora de pliegos (encuadernación).

book-sewing | cosido de pliegos (libros).

Boolean algebra | álgebra de Boole.

Boolean circuit | circuito booleano | circuito lógico.

Boolean operation table | tabla de operación booleana.

Boolean rings | anillos booleanos (matemáticas).

Boole's equation | ecuación de Boole.

boom | estallido | barra distribuidora | expansión súbita | soporte extensible (TV), cordón (vigas), aguilón (grúas) | botalón, botavara | reverberación del sonido en espacios cerrados con baja frecuencia | larguero (aviones) | brazo de grua de un vehículo.

boom bail | estribo del brazo (grúas).

boom box | caja acústica con resonancia a frecuencia única | caja acústica para bajos.

boom iron | zuncho de botalón | guía de driza.

boom jaw | boca de botavara.

boom member | miembro del cordón (viga de celosía).

boom plate | platabanda (de cordón de viga).

boom sail | vela cangreja.

boom sheet | palanca de apoyo | platabanda (tabla - vigas metálicas).

boom swing | radio de rotación del brazo (grúas).

boom-defence buoy | boya de red antisubmarinos.

boom-defence vessel | buque posarredes antisubmarinos.

boomer | transductor de sonar para exploración submarina de los substratos del fondo | avión de bombardeo, altavoz para notas graves | esclusa automática (minas).

boom-gate vessel | embarcación para colocar la puerta de la red antisubmarina (puertos).

booming | lavado de terrenos auríferos por una corriente violenta de agua | erosión por inundación de la sobrecapa de una ladera (minas) | manejo del brazo (grúas, palas) | avance con tablestacas (minas).

booming ship | buque de vela con todo el aparejo largo.

boost | alza, aumento | exceso de la presión de admisión sobre la atmosférica, presión de sobrealimentación (motores) | motor cohético acelerador (misiles).

boost a cable (to) | aumentar el voltaje de servicio de un cable.

boost charge | carga de refuerzo (electricidad).

boost control | control del sobrealimentador (motores) | regulación de la presión en la aspiración (motor aviación).

boost element | módulo de propulsión.

boost gage | indicador de sobrealimentación, manómetro de la presión de admisión (motor sobrealimentado).

boost glide missile | misil cohético.

boost motor | motor acelerador.

boost pressure | presión de sobrealimentación (motores) | aumento de presión en la aspiración sobre la presión atmosférica normal al nivel del mar (motor aviación).

boost system | servomando.

boost (to) | elevar el voltaje (electricidad) | sobrealimentar (motores) | amplificar | acelerar.

boost voltage | voltaje reforzador | tensión reforzadora (TV).

boosted compressor | compresor sobrealimentado por la presión del aire en marcha (aviones).

boosted voltage | voltaje suplementario.

booster | estación relé | generador auxiliar | motor principal de un cohete | acelerador de refuerzo | generador auxiliar reforzador de tensión | fundente (química) | elevador de voltaje | sobrealimentador (motores) | reforzador, aumentador de presión.

booster amplifier I amplificador de potencia.

booster battery I batería elevadora de voltaje, batería de refuerzo.

booster bottle I cohete para un despegue ayudado.

booster brake I servofreno.

booster charge I carga de inflamación I carga intensificadora I carga multiplicadora.

booster coil I bobina elevadora de voltaje I bobina de arranque I bobina excitadora.

booster diode I diodo reforzador I diodo de recuperación.

booster engine I motor suplementario.

booster explosive I explosivo para carga iniciadora.

booster glider I avión lanzado como un proyectil por medio de cohetes.

booster motor I motor reforzador.

booster pilot valve I válvula auxiliar reforzadora.

booster pump I bomba reforzadora I bomba cebadora (motor aviación).

booster rocket I cohete de arranque I cohete acelerador (aviones).

booster section I sección propulsora (astronáutica).

booster station I estación reforzadora I emisora auxiliar de televisión I estación repetidora de la señal de televisión.

booster switch I interruptor auxiliar I conmutador auxiliar.

booster transformer I transformador regulador I transformador elevador.

booster voltage I sobrevoltaje I sobretensión.

boost-glide vehicle I vehículo reactor-planeador (aeronáutica).

boosting I elevación del voltaje I elevación de la presión I sobrealimentación (motores).

boosting battery I batería auxiliar, batería de refuerzo (acumuladores).

boosting main I línea auxiliar I línea de refuerzo, línea de socorro (electricidad).

boost-pressure gage I manómetro de sobrealimentación (motores).

boosttrap circuit I amplificador autoelevador.

boosttrapping I autoelevación.

boot I tolva (para alimentar una máquina) I neumático (rueda de avión) I manguito (tubos) I separador de gas (petróleo) I vierteaguas I carga inicial.

boot loader I cargador de arranque.

boot override I sobrepresión de admisión (motores).

bootleg I protector de hilos I manguito I culata (minas).

bootstrap I comando de entrada (calzador - informática) I secuencia inicial de instrucciones (inicialización-sistema informático) I inicio de programa I punto de control de un programa (calculadoras) I enlace (nucleónica) I cebador I amplificador cargado por cátodo I proceso de carga automático (ordenador).

bootstrap circuit I circuito autoelevador (radar, televisión).

bootstrap instructor technique I técnica de autocebado.

bootstrap loader I cargador de programa inicial (informática).

bootstrap routine I subprograma de inicialización (informática).

bootstrap (to) I introducir una secuencia de llamada I arrancar.

booze I mineral de plomo.

boracic I bórico.

boral I boral (sandwich de cristales de carburo de boro recubierto con aluminio puro).

borate I borato.

borate developer I revelador a base de bórax (fotografía).

borated graphite I grafito boratado.

borates I minerales de boro.

borax I bórax I tetraborato sódico.

borax bead I perla de bórax.

borax glass I vidrio que contiene óxido bórico.

borazon I nitruro de boro sintetizado I forma cúbica del nitruro de boro.

borcher's process I método electrolítico para afinación de la plata.

bord I galería normal al crucero del carbón (minas) I cámara (minas).

bord and pillar system I explotación por pilares (minas).

bord gate I tajo ascendente (minas).

bord-and pillar method I laboreo por cámaras y pilares (minas).

bord-and-pillar I cámaras y pilares (minas).

bord-and-pillar mining I minería de cámara y pilar.

Bordeaux mixture I solución de carbonato cuproso.

border I orilla, borde.

border plane I cepillo de igualar, cepillo de cantear.

border thread I hilo para orillos (tejidos).

border (to) I bordear I perfilar.

bore I superficie interior I diámetro interior (tubos) I taladro I ánima (cañones) I defecto de urdimbre I sondeo I perforación I barreno.

bore. brush I escobillón (para tubos, cañones).

bore catch I arrancasondas.

bore clear | ánima clara (cañón).

bore core | testigo (sondeos) | muestra (sondeos).

bore frame | caballete de sondeo.

bore gage | calibrador del ánima (cañones).

bore out (to) | escariar | mandrilar | perforar (un pozo) | trabajar con la fresa.

bore through (to) | perforar.

bore (to) | mandrinar | horadar | taladrar, barrenar | sondear, perforar.

bore well | pozo de sondeo.

bore-bit | broca | barrena (minas) | trépano (perforación).

borehole | pozo de sondeo | barreno, taladro.

borehole camera | aparato para fotografiar las paredes del agujero (sondeos).

borehole cartridge | cartucho para barreno.

borehole deviation | desviación del barreno | desviación del sondeo.

borehole mining | minería de perforación.

borehole periscope | periscopio para examinar el interior de los agujeros.

borehole pump | bomba de sondeos.

borehole radiometry | radiometría del sondeo.

borehole survey | topografía de un pozo de sondeo.

borehole (to) | hacer sondeos.

boreholing | sondeo.

borer | barrena | sonda | perforadora | pistolete de mina | máquina de mandrinar | berbiquí | broca.

boresight | visor del ánima.

boresight camera | cámara fotográfica montada en el eje óptico de un radar de rastreo.

Borgenet furnace | horno para cinc con cámara única de combustión.

boric acid | ácido bórico (H_3BO_3).

boride | boruro.

boride base cermet | ceramental a base de boruros.

boride cathode | cátodo borúrico.

boride-forming metal | metal formador de boruros.

boriferous | borífero.

borine | boroalquilo (química).

boring | mandrinado | barrenación | sondeo, perforación | taladro.

boring attachment | accesorio de barrenar, aditamento de taladrar.

boring bar | barra de mandrinar | barra taladradora | rectificadora (cilindros).

boring bit | trépano.

boring crown | trépano compuesto.

boring frame | máquina de taladrar.

boring head | cabezal barrenador | cabezal de taladrar.

boring lathe | torno de taladrar.

boring log | registro de sondeo, registro de perforación.

boring machine | mandrinadora | máquina de taladrar | perforadora.

boring mill | mandrinadora (mecánica).

boring rod | varilla de sonda, vástago de sondeo | barrena.

boring spindle | eje portabrocas | eje portaherramientas.

boring tool | herramienta de perforación, herramienta de sondeo | barrena | broca.

boring tower | torre de sondeos.

borings | perforaciones de reconocimiento.

bornite | bornita | sulfuro de cobre y hierro | erubescita, cobre penachado, bronce morado.

boroaluminate | borato de aluminio | boroaluminato.

boroglycerine | boroglicerina.

borolon | alúmina preparada fundiendo bauxita.

boron | boro.

boron carbide | carburo de boro.

boron chamber | cámara ionizante con boro.

boron counter tube | tubo contador de boro (reacción nuclear).

boron doping | adulteración con boro (semiconductores).

boron fiber | fibra de boro.

boron frit | frita de borax con sílice.

boron oxide | óxido bórico.

boron steel | acero al boro.

boron trifluoride counter tube | detector con trifluoruro de boro.

boronatrocalcite | ulexita.

boron-based fuel | combustible con gran proporción de boro.

boron-coated electrode | electrodo revestido de boro.

boron-containing | borífero | borado.

boron-deoxidized | desoxidado con boro.

boron-dope silicon | silicio con impurezas de boro.

boron-inoculated steel | acero inoculado con boro.

boron-stabilized | estabilizado con boro, boroestabilizado.

boron-treated | tratado con boro.

boroscope | boroscopio.

borosilicate glass | vidrio con 5% de óxido de boro.

boroto metal | metal blanco de antimonio, plomo y estaño con grafito coloidal.

borsella | instrumento para estirar o contraer el vidrio en su fabricación.

bort | diamante industrial.

bose | vientre (alto horno).

bosh | cuba para enfriar en el temple | etalaje (alto horno).

bosom | superficie total interior (de un angular).

bosom bar | cubrejunta interior (de un angular).

bosom piece | cubrejunta de angular.

bosom plate | cubrejunta de angular.

boss | abolladura | realce, saliente | henchimiento (buques) | unión de nervios (bóveda gótica).

boss bolt | perno de cabeza redonda.

boss frame | cuaderna de henchimiento (buques).

boss (to) | abollonar.

bossage | almohadillado (arquitectura) | sillería almohadillada | sillar que se labra después de colocado en obra.

bossed framing | cuadernaje de henchimiento, armazonado de henchimiento (buques).

bossing | repujado | conformación de las planchas de plomo sobre la superficie a cubrir | socavado de un manto potente (minas).

bossing-up | abollonamiento (mecánica).

botany twill | tejido hecho con fibras botánicas.

botany worsted cloth | paño de estambre.

both-way | bilateral | bidireccional.

both-way communication | comunicación en ambos sentidos.

both-way junction | circuito mixto | línea de enlace en ambos sentidos.

both-way radio channel | canal de radio bidireccional.

botryogen | botriógeno, hierro sulfatado rojo, vitriolo rojo (mineral).

botryoidal blende | blenda concrecionada, blenda testácea.

botryoidal limestone | caliza botrioide.

botryoidal stalactite | estalactita botrioidal.

botryolite | botriolita.

bott | tapón cónico de hierro para la piquera de escoria (alto horno).

bott plug | tapón de arcilla para parar la colada (horno de cúpula).

bott stick | barra de cierre de la piquera.

botting | taponeado de una sangría de horno (metal).

botting cloth | tela de tamiz.

bottle | caja de moldeo | válvula del amplificador de baja frecuencia (radio) | tubo emisor.

bottle chock | polea de cambio de dirección, polea para curvas (teleféricos).

bottle leg | pilar de haz de tubos de gran diámetro que actúan como flotadores (plataforma de prospección submarina).

bottled gas | gas embotellado.

bottleite | taquilita | basalto vítreo.

bottle-stone | moldavita.

bottling | reducción del diámetro en el extremo (forjas huecas).

bottom | fondo | base | muro (capa de hulla) | balasto (vía férrea) | residuo de destilación (petróleo).

bottom blowoff | extracción por el fondo (calderas).

bottom chord | cordón inferior (vigas).

bottom chord joint | nudo del cordón inferior (vigas).

bottom coat | capa del fondo, imprimación.

bottom composition | pintura para fondos, pintura para la obra viva (buques).

bottom contact | contacto inferior (electricidad).

bottom covering | revestimiento del fondo.

bottom die | matriz.

bottom drift | galería inferior de avance (minas).

bottom electrode | electrodo de fondo.

bottom end | pie de biela.

bottom flare | eliminación del detalle en la parte inferior de la imagen (televisión).

bottom flash | marco inferior (caja de moldería) | rebaba inferior (lingotes).

bottom fuller | degüello inferior, contradegüello (herramienta de fragua).

bottom gear | primera velocidad (automóvil).

bottom heading | galería de avance inferior (minas y túneles).

bottom level | nivel del fondo, galería inferior (minas).

bottom moraine | morrena de fondo (geología).

bottom mud hole | registro del fondo (calderas).

bottom pillar | macizo de protección del pozo (minas).

bottom plate | larguero inferior (encofrado de muro) | placa del fondo (molde fundición) | chapa de fondo (calderas).

bottom pressure | presión sobre el fondo.

bottom sawyer | aserrador de fosa.

bottom sediment | sedimento del fondo | residuo de los fondos, impurezas (petróleos).

bottom set beds | sedimentos basales | estratos de sedimentos aluviales depositados en frente de un delta (oceanografía).

bottom shaft | eje de excéntricas (telares).

bottom stem | espiga de la base (válvulas).

bottom stone | arcilla refractaria.

bottom stope | grada recta (escalón de banco-minas).

bottom stoping | explotación por bancos, explotación en gradas rectas (minas).

bottom (to) | cimentar, basar | encontrar el fondo sólido (minas) | tocar con los fondos (buques) | posarse en el fondo (submarinos) | reducir a cero la corriente de ánodo (válvula termoiónica).

bottom wall | piso (minas) | labio inferior (fallas).

bottom water | agua de fondo (pozo petróleo).

bottom-hole motor | motor situado en el fondo de la perforación (sondeos).

bottom-hole pressure | presión en el fondo del pozo (petróleo).

bottoming | balasto.

bottoming die | estampa inferior, estampa hembra, matriz.

bottoming drill | avellanadora | broca para orificios ciegos.

bottoming tap | macho cilíndrico | macho roscador para agujeros ciegos.

bottoms copper | cobre que se precipita en el fondo de los hornos de fusión (es la parte menos pura de la masa y contiene estaño, plomo y antimonio).

boucherize (to) | boucherizar (inyectar con sulfato de cobre-maderas) | impregnar con sulfato de cobre.

boulder | canto rodado, morrillo | bloque errático (geología) | bloque de mineral.

boulder clay | arcilla en bloques, arcilla glaciar | acarreo glacial (geología).

boulder train | línea de cantos glaciales que se extiende en dirección del movimiento del hielo | alineación de bloques erráticos (geología).

boulder wall | morrena glacial formada por cantos.

bouldery ground | pedregal, canchal.

bounce | salto de la imagen (TV) | estridencia (cine) | cualidad acústica.

bouncing jumping | inestabilidad vertical (imagen televisión).

bouncing pin | aguja indicadora | manómetro para medir la intensidad de detonación (motores).

bouncing putty | masilla botadora (goma de silicona).

bound | límite (matriz) | cota (conjunto de números reales) | ligado | combinado (química).

bound circuit | circuito limitador.

bound electron | electrón ligado.

bound masonry | mampostería aparejada.

bound sulfur | azufre combinado.

bound vector | vector ligado | vector fijo.

bound vortex | vórtice hipotético que circula alrededor de la línea de los centros de presión (aerodinos).

bound water | agua ligada | agua combinada químicamente.

boundary angle | ángulo de unión.

boundary fault | falla marginal.

boundary filling | relleno intercristalino (metalurgia).

boundary film | película de un aleante que rodea los cristales de otro aleante (aleaciones).

boundary friction | rozamiento en la capa límite (cojinetes).

boundary gable | piñón (muros).

boundary layer | capa límite.

boundary layer separation | cavitación.

boundary light | luz de demarcación | luz de extremidad (aeropuertos).

boundary marker | radiobaliza de limite.

boundary of saturation | límite de saturación.

boundary pillar | macizo de protección (minas).

boundary slip | deslizamiento intercristalino (metalurgia).

boundary wave | onda limítrofe.

boundary wavelength | la longitud de onda mínima (espectro de rayos X).

boundary-layer bleeding | sangría de la capa límite.

boundary-layer photocell | fotocélula de capa límite.

bounded domain | dominio limitado (matemáticas).

bounded variation | variación acotada.

boundedly convergent sequence | sucesión convergente acotada.

boundedness | calidad de acotado (topología) | acotación (matemáticas).

bounding wall | muro de deslinde (construcción).

bounds register | registros de límites (informática).

bouse | mineral de plomo no refinado.

bouse (to) | maniobrar con aparejos (marina).

bow | amura | roda.

bow | arco (construcción) | bigotera (compás).

bow | proa (buques, dirigibles).

bow area | zona plegada (geología).

bow beam | viga cajón (construcción).

bow calipers | compás de espesores, compás de gruesos.

bow collector | toma de corriente de lira (trenes eléctricos).

bow compass | compás de muelle de precisión (bigotera).

bow compasses | compás de espesores.

bow contact | contacto del arco de toma de corriente.

bow divider | compás de precisión, bigotera.

bow file | lima de media caña, lima encorvada.

bow hanger | arco de suspensión.

bow light | luz de proa (buques).

bow line | amarra de proa.

bow pen | bigotera (compás).

bow piece | canto de popa del timón (buques).

bow pointer | buzarda de proa.

bow propeller | hélice de proa.

bow rope | estacha de proa, cabo de amura | amarra de proa.

bow rudder | timón de proa.

bow saw | sierra de contornear, sierra de arco, segueta.

bow stiffeners | refuerzos de proa, rigidizadores de proa (dirigibles).

bow stopper | estopor (buques).

bow thruster propeller | hélice de atraque (marina).

bow visor | visor de proa.

bow wave | onda frontal | onda balística (proyectiles) | onda de arco (mecánica).

bowed-in | cóncavo.

bowed-out | convexo.

bower anchor | ancla de leva (buques).

bow-first launching | lanzamiento de proa, botadura de proa.

bowing | arqueamiento | desviación de la planeidad (abrasivos) | curvatura.

bowk | cajón de arrastre (minas).

bowknot | nudo corredizo.

bowl | armadura para luz eléctrica | embudo (geología) | cuba, cubeta.

bowl mill | molino cilíndrico (mecánica).

bowse | mineral de plomo extraído del filón.

bowse boat | bote con tanques de gasolina para repostar a los hidros.

bowsprit | bauprés (buques).

bowstring beam | viga de arco.

box | entalladura de apeo (árboles) | cajetín (imprentas) | tambor (barómetro aneroide) | molde de fundición.

box baffle | difusor de caja (acústica).

box beam | bao tubular (buques).

box camera | cámara rectangular (fotografía).

box carburizing | carburación en hornos cuadrados.

box casting | fundición en cajas, fundición en moldes | pieza de fundición con sopladura.

box chronometer | cronómetro marino.

box cofferdam | ataguía de cajón.

box column | columna hueca (de sección cuadrada o rectangular).

box coupling | acoplamiento de manguito, unión de manguito.

box culvert | alcantarilla rectangular.

box drain | canal cubierto | tubo de evacuación de sección rectangular.

box fold | pliegue en abanico (geología).

box frame | bastidor de cajón.

box girder | viga tubular.

box groove | canal hembra (cilindro laminador) canal para hierros cuadrados o planos (cilindro laminador).

box hook | gancho de estibador.

box hooks | eslinga de ganchos para izar cajas.

box jig | gálibo de caja.

box kite | cometa para la antena de emergencia (estación de radio).

box loom | telar de cajón (textil).

box mold | caja de moldeo.

box of coils | caja de resistencias (electricidad).

box of tricks | diferencial (de mechera).

box off (to) | compartimentar | contrabracear a proa (buques vela).

box pass | canal hembra (laminador), canal para hierros cuadrados o planos (laminador).

box peg | huso de estuche (tejeduría).

box regulator | puerta de regulación (ventilación minas).

box spanner | llave inglesa de tubo, llave de vaso, llave de cazoleta.

box the compass (to) | cuartear el compás (buques).

box the text (to) | encuadrar el texto (tipografía).

box (to) | sangrar (árboles) | hacer la entalladura de apeo (árboles) | fachear (velas) | cuartear (la aguja).

box tool | herramienta de caja.

box wrench | llave de muletilla, llave de vaso, llave de tubo.

boxcar lengthener | prolongador de impulsos rectangulares.

box-distribution profile | perfil de la distribución en caja (semiconductor).

box-frame motor | motor de tracción con el bastidor fundido en una sola pieza.

box-girder bridge | puente tubular.

boxhaul (to) | virar en redondo facheando el trinquete (buque de vela).

boxhead wrench | llave inglesa de boca cerrada.

boxhole | contracielo (minas).

boxing I ensamblado de las traviesas (ferrocarril) I entibación con cuadros adosados (pozo minas) I escarpe de unión del pie de roda a la quilla (buques) I balasto de asiento I contorneado de soldadura (metalurgia).

boxpile I pilote metálico de sección redonda o exagonal.

box-section upright I montante tubular.

box-setter I lavadero de pileta (metalurgia).

box-staple I armella (cerrojos).

box-stone I arenisca ferruginosa o fosfática con restos fósiles.

box-type crosshead I cruceta cerrada (bielas).

box-type furnace I horno de caja.

boxwork I artesonado limonítico (geología).

boyau I ramal de trinchera (fortificación).

Boylston's reagent I reactivo compuesto de 5% de solución de ácido nítrico en alcohol metílico.

brace I tirante (ferrocarril) I plataforma I llave, corchete (tipografía) I abrazadera I anclaje I piso de maniobra (minas) I hembra del timón (buques).

brace aback (to) I bracear en facha (buques de vela).

brace abox (to) I contrabracear (vergas buque de vela).

brace head I cabeza de sonda, llave de maniobra (sondeos).

brace key I mango de maniobra (sondeos).

brace pile I pilote inclinado.

brace pit I barrena para berbiquí.

brace rod I tensor I tornapunta.

brace round (to) I bracear en cruz (vergas).

brace sharp up (to) I bracear a ceñir.

brace (to) I apuntalar, tornapuntar I anclar I arriostrar I bracear (vergas).

brace wrench I llave de berbiquí.

braced arch I arco de celosía.

braced bridge girder I viga de celosía para puentes.

braced framing I estructura atirantada (construcción).

braced girder I viga de celosía.

braced one way I arriostrada en una sola dirección.

braced portal I pórtico arriostrado, pórtico de celosía.

braced rectangular frame I marco arriostrado.

braced-rib arch I arco arriostrado.

brace-up (to) I bracear para sotavento (buque de vela) I orientar una vela.

bracing I arriostramiento I consolidación I anclaje I contraventeamiento I ligazón, entibación I apuntalamiento.

bracket I escuadra I palomilla (electrotecnia) I abrazadera I cartabón I puntal I ménsula I piso de maniobra (minas) I plataforma en la boca del pozo (minas).

bracket angle I ménsula de escuadra.

bracket cornice I cornisa con ménsulas (edificios).

bracket floor I varenga armada (buques).

bracket scaffold I andamio acartelado.

bracket support I cartela.

bracket (to) I encuadrar, acartelar (estructuras) I hacer una serie de aproximaciones de prueba sobre un punto para deducir la aproximación correcta (aviación) I cruzar y recruzar un haz de radiofaro para establecer el rumbo verdadero (avión en vuelo).

bracket-arm I brazo de la cartela, brazo de la consola.

bracketing I enlace, unión I armadura interior (cornisas) I listones de cielorraso.

brad I punta para fundición (aguja - moldería).

bradawl I punzón recto I buril.

braggite I braggita.

braid (to) I trenzar (cables).

braided I trenzado I galoneado.

braided wire I alambre trenzado.

braiding I separación y cruzamiento de vías (ferrocarril).

brake I freno I plegadora de chapas, pestañadora.

brake adjuster I dispositivo de reglaje del freno, compensador del freno.

brake block I zapata de freno.

brake booster I servofreno.

brake camp I leva del freno.

brake check I zapata de freno.

brake chute I paracaídas de frenado.

brake controller I combinador del freno (electricidad).

brake current I corriente del freno (electricidad).

brake drum I tambor del freno.

brake dynamometer I freno dinamométrico.

brake field I campo de retardo (electrotecnia).

brake flange I disco de freno.

brake gripper I mordaza de freno.

brake handle I palanca de freno.

brake hanger I biela de suspensión del freno.

brake hoop I zuncho de freno.

brake horsepower I potencia al freno I caballos al freno.

brake hose I manguera de acoplamiento de la cañería del freno (trenes).

brake load I fuerza de frenado.

brake magnet I electroimán del freno.

brake on differential shaft | freno del árbol del diferencial.

brake parachute | paracaídas de deceleración (cola de aviones).

brake pin | eje del freno.

brake pipe | cañería del freno (ferrocarril).

brake power | fuerza de frenado, potencia efectiva (motores).

brake resistance | resistencia de frenado.

brake sieve | criba hidráulica, criba oscilante.

brake staple | grapa del freno (sondeos).

brake support | portafreno.

brake system | circuito de frenado.

brake (to) | frenar | agramar.

brakeage | frenaje.

braked landing | aterrizaje con frenos actuando.

brakes off | desapriete (frenos).

brakes on | apriete (frenos).

brake-test (to) | probar al freno.

braking | curvatura, deflección | frenado | agramado.

braking chute | paracaídas de deceleración (aeroplanos).

braking current | corriente de frenado.

braking dynamo | dinamo-freno.

braking ellipses | elipses de frenado (cosmonave).

braking float | rastra de cadenas para frenado (botadura buques).

braking machine | máquina de espadillar, agramadora, máquina de agramar.

braking motor | motor de frenado.

braking parachute | paracaídas de cola frenante (aterrizaje de aviones).

braking pitch | paso de frenado (hélice aviones).

braking power | fuerza frenante | potencia de frenado.

braking propeller | hélice de paso reversible (aviones).

braking ratio | relación entre el peso y la presión de frenado (vehículos).

braking rocket | retrocohete | cohete frenante, cohete descelerante.

brakometer | frenómetro (aparato para el registro simultáneo del esfuerzo de frenado sobre las ruedas).

brale | penetrador de diamante para dureza Rockwell | diamante cónico con punta esférica (aparato Rockwell).

Bramah press | prensa hidráulica.

brame | desbaste para chapa (metalurgia).

brances | piritas de hierro en el carbón.

branch | pata (de compás) | tubuladura | capa (minas) | subdivisión, división | nervadura

(bóveda gótica) | derivación (tuberías, electricidad).

branch box | caja de bifurcación (electricidad).

branch cable | cable derivado (telecomunicación) | cable de bifurcación.

branch circuit | circuito derivado.

branch constructor | elemento de bifurcación (informática).

branch culvert | ladrón (esclusas).

branch current | corriente derivada, corriente de derivación.

branch cutout | portafusible de derivación (electricidad).

branch exchange | centralita privada conectada a la red pública telefónica | centro telefónico secundario.

branch haulage road | galería secundaria (minas).

branch instruction | instrucción de rama (electrónica).

branch jack | conjunto de derivación.

branch joint | T de derivación, conexión en T (electricidad).

branch line | línea derivada.

branch link | derivación (telecomunicaciones).

branch off (to) | empalmar | conectar.

branch pilot | práctico de puerto.

branch pipe | ramal de tubería | bifurcación de tubería.

branch point | nudo (telecomunicación) | terminal de red.

branch raise | contracielo ramal (minas).

branch terminal | borna de derivación (electricidad).

branch (to | bifurcar | derivar (electricidad).

branch track | vía de derivación (ferrocarril).

branch transmittance | transmitancia de rama (mecánica).

branch windings | devanado en derivación.

branch wire | hilo de derivación.

branched | derivado (electricidad).

branched chain | cadena ramificada (química).

branched chain hydrocarbon | hidrocarburo con cadena ramificada.

branched current | corriente derivada.

branched hydrocarbon | hidrocarburo ramificado.

branched lead | conductor ramificado (electricidad).

branched-chain explosion | explosión en cadena ramificada.

branching | enganche (telefonía) | ramificación (tuberías) | derivación (electricidad).

branching bay | estuario (oceanografía).

branching equipment I equipo de distribución (energía).

branching jack I conjuntor general (telefonía).

branching network I red de conexiones múltiples.

branching ratio I relación entre el número de átomos (elementos radiactivos).

branching repeater I repetidor de ramificación (telecomunicaciones).

branching-off points I aguja de bifurcación (ferrocarril).

branch-off station I estación de bifurcación.

branch-off (to) I desconectar.

brand (to) I grabar a fuego.

branded marble I mármol ónice.

brannerite I branerita.

brasque I brasca.

brasque (to) I brascar.

brasqued crucible I crisol brascado I crisol revestido.

brass I latón I cobre amarillo I piritas de hierro en el carbón.

brass balls I pirita nodular.

brass broom I escoba (telecomunicación).

brass furnace I horno para fundir latón.

brass galley I galera de latón (imprenta).

brass ore I calamina.

brass powder I mezcla pulverizada de limaduras de cobre y ocre I granalla de latón.

brass rule I filete de latón (tipografía).

brass solder I soldadura de latón, soldadura de cobre.

brass thin space I espacio fino de latón (tipografía).

brass (to) I latonar.

brass type I letra de latón.

brass wire I alambre de latón.

brass wire bolt I redondo de latón fundido verticalmente.

brassage I monedaje (derecho de acuñar moneda).

brasses I interlíneas de latón I bronces (piritas en el carbón-minas).

brassfinisher's lathe I torno para grifería.

brassidic acid I ácido brasídico.

brassil I pirita I carbón piritoso.

brassing I latonaje, latonado.

brassing solution I solución para latonar.

brass-mounted I guarnecido de bronce.

brass-plate (to) I latonar, broncear.

brass-trimmed I guarnecido de latón, con accesorios de bronce.

brassy I carbón piritoso.

brat I capa delgada de carbón mezclada con piritas o caliza (minas) I carbón terroso.

brattice I tabique de ventilación (minas).

brattice way I galería de ventilación (minas).

brattish I tabique.

braunite I braunita I silicato de manganeso.

brave west winds I vientos australes fuertes.

bray (to) I batir a mano la tinta en losa antes de aplicarla al plato de la minerva.

brayer I rodillo batidor de mano I rodillo de entintar a mano I moleta (tipografía).

braze I cobresoldadura.

braze (to) I latonar I cobresoldar, broncesoldada.

brazeability I cobresoldabilidad.

brazed brass corners I esquineros angulares enterizos de latón (imprenta).

brazed graphite I grafito cobresoldado.

brazed joint I junta broncesoldada.

brazil I pirita de hierro.

Brazil twin I tipo de macla encontrada en el cuarzo en que no existe eje de maclaje.

Brazilian aquamarine I topacio verdoso I aguamarina.

Brazilian chrysolite I turmalina verde-amarillenta tallada como gema.

Brazilian diamond I cristal de roca.

Brazilian emerald I turmalina verde I berilo verde-amarillento de Bahía y Minas Geraes I esmeralda del Brasil (variedad de turmalina verde).

Brazilian pebble I cuarzo incoloro transparente (óptica) I cristal de roca.

Brazilian peridot I crisoberilo.

Brazilian ruby I espinela rojo-rosada I topacio de color casi rojo.

Brazilian sapphire I zafiro del Brasil (variedad azul de turmalina).

Brazilian topaz I topacio verdadero de colores desde blanco puro a azul y amarillo (Minas Geraes).

brazilite I brasilita.

brazilly coal I carbón rico en piritas.

brazing I latonado I cobresoldadura, broncesoldadura.

brazing alloy I aleación para broncesoldar.

brazing by induction I soldadura por inducción.

brazing metal I aleación de aproximadamente cobre (86,75 partes), cinc (12 partes), plomo (1,25 partes) I aleación para cobresoldar de cobre 98 partes y estaño 2 partes.

brazing seam I soldadura I costura (electrotecnia).

brazing solder I cobresoldadura.

breach I ruptura I rotura.

breach (to) I abrir brecha I romper.

breached cone I cráter mellado (volcán).

breadboard I montaje provisional I tabla de experimentos I tablero de pruebas.

breadboard model I panel experimental.

bread-crust bomb I bomba volcánica con corteza dura y el interior esponjoso-vesicular.

breadth I ancho I holgura I latitud I manga (buques) I anchura.

breadth coefficient I coeficiente de devaneo, factor de distribución (electricidad).

breadth line I batayola.

breadth molded I manga a la grúa, manga de trazado (buques).

breadth-first search I búsqueda de primer momento (inteligencia artificial) I búsqueda primero a lo ancho (bases de datos).

break I fisura I ruptura I abertura I rotura.

break a circuit (to) I abrir el circuito (electricidad).

break adrift (to) I romper las amarras I partir a la deriva.

break anticline I anticlinal fracturado.

break arc I arco de ruptura (electricidad).

break away I corrosión galopante.

break bulk (to) I desarrumar (buques) I fraccionar la carga I transbordar I descargar.

break bulkhead I mamparo frontal del saltillo (buques) I frontón (buques).

break cloud (to) I atravesar una nube (aviación).

break contact I contacto de reposo I contacto de abertura I contacto de disparo.

break corners (to) I redondear las aristas I matar los cantos, descantear.

break current I corriente de ruptura.

break down I avería.

break down (to) I averiarse I analizar.

break even point I punto de equilibrio I punto muerto.

break free (to) I marchar a la deriva (buques).

break ground (to) I garrear (buques) I zafar el ancla I abrir una excavación.

break her back (to) I partirse en dos (por quebranto o por arrufo - buques).

break impulse I impulsión de apertura del circuito (electricidad).

break in lode I falla (minería).

break in the circuit I disyuntor.

break in (to) I colocar los grabados en el texto (imprenta) I interrumpir (las comunicaciones).

break induced current I corriente inducida de desconexión.

break jack I jack de corte, clavija de interrupción (telefonía).

break key I tecla de interrupción.

break line I línea corta de fin de párrafo (tipografía).

break locator I localizador de la interrupción (electricidad).

break of the forecastle I extremo de popa del castillo (buques).

break off (to) I interrumpir I separar I cortar I terminar.

break out the hold (to) I desarrumar (buques).

break out (to) I reventar, rebosar.

break over (to) I hender (encuadernación).

break point I punto de quiebra (curva) I punto de cloración (aguas) I punto de inflexión.

break point instruction I instrucción que origina la parada de la máquina (calculadora electrónica).

break point process I tratamiento con cloro de agua conteniendo amoníaco.

break pulse I impulso de apertura.

break surface (to) I emerger (submarinos o ballenas).

break switch I disyuntor (electricidad) I interruptor.

break the sound barrier (to) I romper la barrera del sonido (alcanzar un número de Mach mayor de 1).

break through (to) I calar I perforar.

break timer I sincronizador de apertura del circuito.

break (to) I descomponer un molde (imprenta) I fragmentar I forzar (bloqueo) I romper I interrumpir, interceptar.

break up (to) I descomponer (tipografía) I desarmar el molde I sacar contramoldes (tipografía).

breakage I ruptura I fragmentación I fractura, rotura I quebranto después de la botadura (buques) I arranque (de mineral).

breakaway I rotura de enganches (trenes) I cambio brusco de rumbo (aviones) I aumento repentino del índice de corrosión (reactor nuclear) I corrosión galopante (química).

breakaway cockpit unit I cápsula de eyección del puesto de pilotaje (aviones).

breakaway (to) I partir a la deriva I separarse de la formación (aviones).

breakback lever I palanca flexible.

break-circuit I disyuntor, conmutador disyuntor, interruptor disyuntor.

breakdown I interrupción del servicio I desintegración I descarga eléctrica a través de un aislamiento.

breakdown bench I banco medidor de tensiones de ruptura (electricidad).

breakdown diode | diodo de avalancha | diodo de rotura.

breakdown impedance | impedancia de ruptura.

breakdown lights | luces rojas para indicar que no se puede gobernar (buques).

breakdown of passivity | rotura de la pasividad (acero).

breakdown point | punto de avalancha (diodos) | punto de ruptura.

breakdown signal | señal de interrupción (telefonía).

breakdown strength | rigidez dieléctrica.

breakdown the voltage (to) | rebajar el voltaje.

breakdown (to) | destruir, demoler | descomponer, disgregar (química).

breakdown torque | par motor crítico (motores de inducción) | par máximo (motores).

breakdown voltage | voltaje de ruptura | tensión de ruptura.

breaker | disyuntor | interruptor | ruptor.

breaker points | platinos | contactos del ruptor.

breaker terrace | terraza de rompientes (geología).

breakerless ignition | encendido sin ruptor, encendido electrónico (motores).

break-even chart | gráfica del punto de equilibrio.

break-in device | dispositivo de interposición (radio).

break-in procedure | interrupción para transmisión de prioridad (comunicaciones).

breaking | irrupción | interrupción | fractura, rotura | disolución, desconexión (electricidad) | flexión axial por compresión | arranque de mineral | disgregación (geología).

breaking down | fragmentación | rotura | derrumbe (minas) | arranque de mineral.

breaking down test | prueba de perforación, prueba de disrupción (dieléctricos).

breaking load | carga de ruptura | carga de rotura (mecánica).

breaking pressure | presión de ruptura.

breaking prop | estemple flexible, apea flexible (minas).

breaking step | desenganche (máquina eléctrica).

breaking strength | resistencia a la ruptura.

breaking stress | esfuerzo de rotura | carga de rotura.

breaking up | desintegración | labor de realce (minas) | desguace (de buques).

breaking-down roll | cilindro desbastador (laminador de chapa).

breakout device | aparato para desatornillar barrenas (sondeos).

breakout force | fuerza de hincada (construcción).

breakout plate | placa de desconexión.

breakout tongs | llave para desconectar.

breakover | transición conductiva | ruptura.

breakover voltage | tensión de transición conductiva | tensión de irrupción (tiristores).

breakpoint | punto de inflexión | punto de rotura (radio).

breakpoint switch | conmutador de puntos de ruptura.

break-stone | grava.

breakthrough | perforación | afloramiento (geología) | calada (de un túnel).

breakup | ruptura.

breakwater | tajamar (puente) | rompeolas (buques).

bream (to) | flamear la pintura.

breast | extremo de la grada (astilleros) | testero (frente de ataque -minas) | frente (de filón).

breast beam | bao de frontón (buques) | bao más cerca a la maestra (cubierta del castillo o ciudadela).

breast beam height | altura del antepecho (telares).

breast beam regulator | regulador del antepecho.

breast boards | tablazón del frente de ataque (minas, túneles) entablonado de la cara de avance (minas, túneles).

breast cylinder | cilindro desbrozador (carda para lanas).

breast derrick | cabrestante.

breast heads | juntas naturales con roca, carbón, etc.

breast hole | agujero de evacuación de escorias (puerta de deshornar - cubilotes).

breast off (to) | separar del muelle para que quepan barcazas entre el buque y el muelle.

breast rope | amarra de costado (buques).

breast stoping | labor de frente escalonado (arranque por ataque frontal -minas).

breast wall | muro de sostenimiento.

breast wheel | rueda de costado (hidráulica).

breast work | cabilleros (marina).

breast works | avantrén (carda para lana).

breast-and-pillar | laboreo por cámaras y pilares.

breastfast | amarra del costado (buques).

breasthook | buzarda (buques).

breasting | labor de frente escalonado, tablazón del frente (minas).

breasting float I flotador que actúa como defensa (entre dos buques o entre un buque y el muelle).

breast-line I cable de orilla a orilla para amarrar los pontones (puente de pontones).

breather I tubo de aireación I válvula de aire I válvula de entrada y salida del aire (transformadores, etc.) I depósito de expansión (transformadores)I respiradero (pozo petróleo).

breather pipe I tubo de escape de presión I tubo de ventilación (cárter de motor).

breathing I desgasificación.

breathing system I sistema de respiro del cárter (motores).

breccia I brecha (geología).

breech I recámara (cañón) I cierre (armas) I culata.

breech action I mecanismo de cierre (armas).

breech airblast valve I válvula de soplado de la recámara.

breech bolt I pasador del cierre (cañones) I cerrojo (fusiles).

breech loader I fusil de repetición.

breech loading mortar I mortero de retrocarga (ejércitos).

breech opening I apertura del cierre.

breech pressure I presión en la recámara.

breech ring I anillo de culata, zuncho de culata.

breech (to) I introducir en la recámara (el proyectil).

breechblock I bloque del cierre, bloque de culata (cañones).

breeches pipe I tubo bifurcado.

breeching I cajas de humo (calderas) I braga (retenida -de cañón).

breech-loading gun I cañón de retrocarga.

breeder I reactor nuclear convertidor que produce más átomos fisionables que los que consume, reactor nuclear autorregenerable, reactor nuclear que genera por cada kilo de U 235 consumido no menos de un kilo de plutonio o de U 233 I pila autorregeneradora.

breeder material I material fértil (reactor nuclear).

breeder pile I pila autorregeneradora.

breeder reactor I reactor reproductor I reactor autorregenerador.

breeding I transformación de núcleo de sustancia fértil en núcleo de sustancia fisil.

breeding fire I combustión espontánea (minería).

breeding gain I porcentaje de regeneración (reactor nuclear).

breeding ratio I rendimiento nuclear.

breeding reactor I reactor nuclear autorregenerable.

breeze I cisco de coque, polvo de coque, menudo de cok (de 3 pulgada a polvo).

bremsstrahlung I radiación fotónica de frenado electromagnético, radiación de espectro continuo debida al retardo de partículas cargadas en movimiento.

brettis I pila de madera (minas) I tabique de ventilación (minas).

brevium I brevio (uranio X_2).

brew (to) I fermentar.

brewster I unidad de fotoelasticidad.

Brewster angle I ángulo de Brewster (polarización).

Brewster point I punto de Brewster (astronomía).

brick I subconjunto electrónico de módulo pequeño I ladrillo.

brick axe I aciche (albañilería).

brick ballast I balasto de ladrillo.

brick clay I arcilla de ladrillo.

brick course I hilada de ladrillos.

brick facing I paramento de ladrillo.

brick in timber (to) I dejar la entibación embebida en la obra.

brick laying I mampostería de ladrillo.

brick lining I revestimientos de ladrillos.

brick mold I molde para ladrillos.

brick nogging I forjado de ladrillos.

brick (to) I mampostear I enladrillar.

brickwork I albañilería (obra de ladrillos) I obra de mampostería.

bridge I puente I altar (calderas) I tabique entre las lumbreras (motor de explosión) I montaje en derivación (electricidad) I ciudadela (buques).

bridge across I conector en derivación.

bridge across (to) I conectar en derivación.

bridge circuit I circuito en derivación (electricidad).

bridge connection I montaje en puente (electricidad).

bridge deck I cubierta del puente.

bridge duplex I dúplex puente (electricidad).

bridge magnetic amplifier I amplificador magnético de puente (electrónica).

bridge method I método de puente (electrónica).

bridge mill I fresadora de dos montantes.

bridge over I paso superior (ferrocarriles) I sobrepuente (carpintería).

bridge oxygen I oxígeno de conexión (química).

bridge piece I puente polar (acumuladores).

bridge pier I pilar I pilastra.

bridge plate I placa de apriete I placa de fijación.

bridge power I energía para la excitación del puente (circuitos).

bridge (to) I conectar en derivación (electricidad) I puentear (electricidad) I entibar el techo (minas).

bridge transition I transformación de un montaje en serie por otro en derivación con ayuda de un puente (motores).

bridge under I paso inferior (ferrocarril).

bridged compound I compuesto de puente (química).

bridged ring I anillo de puente (química).

bridge-formation I formación del puente (química).

bridge-megger I aparato portátil para medir resistencias por el puente de Wheatstone.

bridgeware I soporte de puente informático.

bridging I derivación I arriostramiento (vigas pisos) I formación de cavidades abovedadas (pulvimetalurgia).

bridging amplifier I amplificador en derivación.

bridging joist I viga-riostra I viga maestra.

bridging oxygen I oxígeno de conexión, oxígeno de puente (química).

bridle I brida (resortes) I sujeción lateral (electricidad) I poa de bolina.

bridle joint I ensambladura a horquilla, junta de empotramiento.

bridle sling I eslinga de brida.

bridle-chain I cadena de seguridad (jaula minas).

bright annealing I recocido evitando la oxidación I recocido brillante.

bright dipping I baño para abrillantar.

bright steel I acero decapado, acero brillante I acero pulido.

brighten (to) I bruñir, pulir I abrillantar.

brightening I brillo.

brightness I luminosidad I esplendor (óptica).

brightness control I control de brillo.

brightness level I luminancia de adaptación I nivel de brillo.

brightness meter I medidor del brillo.

brightness value I valor de brillantez.

brightness-contrast I contraste de brillo.

brill I brillo (unidad de brillo aparente).

brilliance I lustre I luminosidad.

brilliance contrast I contraste lumínico.

brilliance control I control de luminosidad.

brim I borde, orilla I carel (horno metalúrgico).

brimstone I azufre nativo.

Brinell hardness I dureza Brinell.

brinelling I brinelación (indentación por presión) I indentación plástica (deformación bajo

carga en aceros cementados, pero con interior blando).

bring afloat (to) I poner a flote.

bring back (to) I llevar a la posición de equilibrio (química) I explotar en retirada (minas).

bring from memory (to) I extraer de la memoria (informática).

bring in memory (to) I introducir en la memoria (informática).

bring in (to) I poner en producción (pozo petróleo) I envergar (una vela) I guarnir una cadena al barbotén I ponerse en facha (marina).

bring to the surface (to) I subir al exterior (minas).

bring up (to) I nivelar con calzos la forma (imprenta) I parar un buque (por el ancla o por varada) I fondear (buques).

briquette I briqueta.

briquette (to) I briquetear I aglomerar.

briquetting I briquetación, briquetaje.

brisance I efecto rompedor.

brisant effect I efecto rompedor (explosivos).

Bristol diamond I cristal de cuarzo, cristal de roca.

britannia joint I conexión soldada I empalme soldado sin manguito.

britannia metal I metal inglés I aleación de estaño y antimonio.

British plate I aleación de níquel, cobre y cinc.

brittle I quebradizo, frágil I agrio (metales).

brittle core I macho frágil (fundición).

brittle iron I hierro agrio.

brittle silver I estefanita (plata agria).

brittle silver glance I sulfuro negro de plata.

broach I escariador, mandril I lezna, punzón.

broach (to) I quebrar la roca que hay entre barrenos I escariar I barrenar, mandrinar.

broaching I mandrinado I brochado I escariado (mecánica).

broad I batería de lámparas incandescentes o fluorescentes I batería de luces.

broad axe I argallera, doladera I hacha de carpintero.

broad beam I haz ancho (óptica).

broad chisel I escoda.

broad gage I vía ancha.

broad gage railway I ferrocarril de vía ancha.

broad on the beam I por la manga (marina).

broad tuning I sintonización plana, sintonización ancha.

broad wave I onda muy amortiguada (radio).

broadband amplifier I amplificador de banda ancha.

broadband antenna I antena omnionda I antena de banda ancha.

broadband coaxial systems | sistemas coaxiales de banda ancha (informática).

broadband networking | red de banda ancha (informática).

broadcast | radiodifusión.

broadcast band | banda de radiodifusión.

broadcast station | radioemisora.

broadcast (to) | radiodifundir.

broadcaster | radioemisor, aparato emisor (radio).

broadwall | tajo largo (minas).

brochantite | brochantita | sulfato básico de cobre.

broggerite | uraninita torionífera.

Broglie wave | onda de Broglie (mecánica ondulatoria).

broil | indicios de un filón de terreno suelto, vestigios de filón en roca alterada (geología).

broked draw | remetido de orden interrumpido (tejeduría).

broken | pilar de carbón (minas) | accidentado (quebrado - terreno), partido, quebrado, roto.

broken down | avería.

broken joints | juntas contrapeadas.

broken line | línea corta de fin de párrafo (tipografía) | línea quebrada.

broken stone | grava.

broken stowage | estiba con huecos.

broken up | agrietado | desguazado (buques).

broken working | arranque (minas).

bromate | bromato (química).

bromhydric acid | ácido bromhídrico.

bromic | brómico.

bromide | bromuro.

brominize (to) | bromar.

bromite | bromita (mineralogía) | bromito (química).

bromyrite | bromargirita (plomo verde) | bromirita.

brontolith | brontolito | piedra meteórica.

bronze | bronce.

bronze forging | pieza de bronce forjado.

bronze founding | pieza de fundición de bronce.

bronze gold | bronce con color parecido al del oro.

bronze green | mezcla de cromato de plomo y azul de Berlín.

bronze plating | electrobronceado.

bronze powder | purpurina.

bronze steel | aleación de cobre con estaño y hierro.

bronze (to) | broncear.

bronzeability | broncesoldabilidad (facilidad para soldarse con bronce - hierro fundido).

bronze-bushed | con manguito de bronce | con casquillo de bronce.

bronzeweld (to) | broncesoldar, soldar con bronce.

bronzing | metalización (fotografía) | impresión espolvoreando purpurina sobre la impresión fresca de tinta (imprenta).

bronzite | broncita.

bronzitite | broncitita | roca ígnea compuesta de broncita.

brood | mezcla heterogénea de minerales, yacimiento, filón | ganga (minas).

brookite | bruquita.

broom | perturbador automático (radio).

broomstick | eliminador de interferencias.

broomy flow | flujo de escoba (mecánica).

brouse | masa de escoria o mineral imperfectamente fundida.

brow | plano inclinado (automotor -minas) | plancha de desembarque (buques) | frente de pliegue (geología) | galería inclinada (chiflón -minas) | cresta (minería).

brown acetate | acetato de calcio.

brown blende | blenda parda.

brown chrysolite | hialosiderita.

brown clay ironstone | limonita arcillosa.

brown coal gas | gas de lignito.

brown gold | oro impuro.

brown hematite | limonita.

brown hyacinth | vesuvianita.

brown iron ore | limonita.

brown ironstone | siderita.

brown lead oxide | peróxido de plomo.

brown petroleum | producto producido por la acción del aire sobre betúmenes fluidos.

brown spar | espato pardo, ankerita.

brown stone | gres de construcción.

brown-coal tar | alquitrán de lignito.

browned steel | acero pavonado.

brownie | equipo pequeño portátil de radar.

brownout | oscurecimiento parcial | pérdida de brillo por voltaje bajo (lámparas eléctricas).

brownstone | arenisca ferruginosa.

brow-up | galería de transporte ascendente (minas).

brucite | brucita.

Brunswick black | barniz opaco con base de asfalto.

Brunswick blue | pintura blanca teñida con ferrocianuro.

Brunton | brújula de Brunton | pequeña brújula de bolsillo (minas).

bruntonizing | estiramiento en la hilera después de galvanización en caliente (alambres).

brush I brocha I pincel I frotador I escobillón I escobilla I haz de rayos (luz polarizada) I descarga azulada (electricidad).

brush breaker I desbrozadora.

brush discharge I efluvio eléctrico, descarga radiante.

brush displacement I decalaje de las escobillas.

brush holder I portaescobilla.

brush leads I cable para escobillas (electricidad).

brush pitch I paso de las escobillas.

brush plating I galvanoplastia mediante escobillas.

brush shift (to) I decalar.

brush shifting I calaje de la escobilla.

brush (to) I franquear (recortar -minas) I bruzar (imprenta).

brush type reader I lector con escobillas (informática).

bruskins I trozos de carbón mineral de una libra cada uno.

brute I gema no pulida o ligeramente pulida.

bruted diamond I diamante no pulido.

bryanizing I proceso electroquímico por el que el 99,99% de cinc puro se deposita sobre un alambre.

bryle I indicios de un filón guía, veta-guía.

B-S gauge I galga de Brown y Sharpe.

B-Service Area I zona alrededor de una estación transmisora (donde la intensidad del campo varía de 5 a 10 milivoltios por metro).

bubble I burbuja I nivel (aparatos topográficos) I hervor I sopladura (pieza fundida).

bubble memory I memoria de burbujas (informática).

bubble plate I plato de destilación.

bubble point I punto de burbujeo (química).

bubble reading I lectura de la burbuja (nivelación).

bubble sextant I sextante aeronáutico.

bubble sort I clasificación por burbujas (informática).

bubble (to) I burbujear I hervir.

bubble tower I torre de borboteo (química).

bubble tray I placa de burbujeo, plato de borboteo.

bubbling I burbujeo I borboteo (química).

bubbly clay I arcilla que contiene materia orgánica (esmaltes vítreos).

buck arm I cruceta atravesada (postes).

buck stone I roca sin oro.

buck (to) I encabritarse (aviones) I alabearse (maderas) I escoger (minerales) I bajar mineral por chimeneas (minas).

bucker-wheel excavator I excavador con ruedas de cangilones (minería).

bucket I cucharón (draga excavadora) I cangilón I cubeta I vagoneta I jaula de extracción (minas).

bucket carrier I portador de cangilones (mecánica).

bucket chain I rosario de cangilones.

bucket chain dredger I draga de rosario de cangilones.

bucket conveyor I transportador de cangilones.

bucket dredge I draga de cangilones.

bucket excavator I excavadora de cangilones I excavadora de cucharón I draga seca.

bucket pump I bomba aspirante-impelente con válvulas en el pistón.

bucket set I bomba de agotamiento (minas).

bucket sort I clasificación en cubetas (informática).

bucket the recovery (to) I hacer la ciaboga.

bucket-ladder dredger I draga de cangilones.

buckeying I explotación irracional (pirquinería -minas).

bucking current I corriente en oposición (electricidad).

bucking voltage I voltaje en oposición.

buckle I alabeo, deformación I pandeo (columnas).

buckle end I francalete (correas).

buckle fold I pliegue en bucle (geología).

buckle (to) I encorvarse, alabearse I pandear (columnas).

buckling I alabeo I deformación I flexión lateral, pandeo (columnas).

buckling resistance I resistencia al pandeo.

buckling strength I resistencia al pandeo.

buckling stress I carga de pandeo (columnas) I tensión crítica de pandeo (mecánica).

bucksaw I sierra de bastidor.

buckstay I viga de atirantar (montantes colocados contra los muros laterales -calderas) I viga de anclaje (armadura de hogar -hornos).

buddle I gamella, lavadero (artesa -minas).

buddle table I artesa de lavar (minerales).

buddle (to) I lavar mineral.

buff (to) I pulir, bruñir, pulimentar I tamponar (química).

buffed solution I solución tamponada (química).

buffer I pulidor I separador de interferencias I regulador (sustancia que se añade a una solución electrolítica para evitar cambios rápidos en la concentración de un ion dado) I amortiguador (reactivo compensador -química) I compensador I circuito intermedio I memoria tampón (informática) I memoria intermedia (informática).

buffer action | acción compensadora (química, electricidad).

buffer amplifier | amplificador separador, amplificador compensador.

buffer amplifier stage | fase separadora amplificadora.

buffer battery | batería de compensación.

buffer beam | travesaño de tope (ferrocarril).

buffer capacitor | capacitor compensador.

buffer liquid | líquido del freno.

buffer memory | memoria tampón (informática) | memoria intermedia (informática).

buffer pooling | memoria intermedia (informática).

buffer register | registro intermedio (informática).

buffer salt | sal tampón (química) | sal estabilizadora del pH (soluciones).

buffer solution | solución retardadora, solución amortiguadora (química).

buffer stage | etapa de aislamiento (radio).

buffer storage | memoria de tránsito (informática) | memoria tampón (informática).

buffer (to) | amortiguar (tamponar -química) | introducir en memoria intermedia.

buffered alphanumeric terminal | terminal alfanumérico de memoria dinámica.

buffered card punch | perforadora de fichas con memoria intermedia.

buffered computer | ordenador con memoria intermedia.

buffered input-output | entrada-salida con memoria intermedia.

buffered keyboard | teclado de memoria dinámica.

buffering | tamponación (química) | almacenamiento temporal (informática).

buffeting | bataneo, sacudida.

buffeting Mach number | número Mach de conmoción estructural (aeronáutica).

buffing | pulimento.

buffing lathe | torno de pulir.

buffing machine | pulidora.

buffing wheel | rueda bruñidora, rueda pulidora.

bug | error (informática) | avería difícil de localizar (radio) | indicador de posición (radar).

bug (to) | intervenir un teléfono.

buggeroo | capa de dolomita en caliza carbonífera.

buggy | bogie (vagoneta pequeña -minas) | carretilla de transporte.

bugre | bolsones de arcilla amarilla ricos en oro (Brasil).

buhl saw | sierra de calar, sierra segueta.

build | construcción.

build a chapel (to) | tomar por avante (marina).

build (to) | edificar | fábricar, construir.

build up (to) | reforzar | ensamblar.

builder cam | excéntrico formador (de la bobina).

build-in reactivity | reactividad inicial (reactividad intrínseca -reactor nuclear).

building | construcción | edificación | murete de piedra en seco (minas) | relleno (minas).

building basin | dique seco para construir buques.

building berth | grada de construcción (buques).

building block | bloque hueco de arcilla cocida | bloque hueco de hormigón | bloque constitutivo (informática).

building crane | grúa para construcciones.

building frame | armazón del edificio.

building slip | grada de construcción (de buques).

building stone | piedra de construcción | sillar.

building up | edificación | formación.

building-out circuit | circuito modificado.

buildup | formación | producción | factor de acumulación (física nuclear).

build-up of pressure | aumento de la presión.

build-up sequence | método de deposición de cordones sucesivos (soldadura).

build-up welding | soldadura por pasadas transversales.

built crankshaft | cigüeñal armado, cigüeñal compuesto.

built girder | viga compuesta.

built section | viga armada.

built terrace | terraza aluvial.

built-in antenna | antena incorporada (antena dentro de la caja -de la radio).

built-in check | comprobador incorporado (informática).

built-in electric field | campo formado electrostáticamente.

built-in electrical equipment | equipo eléctrico integrado.

built-up engine | motor con sus accesorios ya instalados o dispuestos para ser instalados (aviación).

built-up lens | lente de escalones.

built-up mica | micanita.

bulb | cubeta (barómetro) | bola (termómetro) | bombilla (lámpara) | matraz | lámpara.

bulb filament | filamento de lámpara.

bulb funnel | embudo de bolas (química).

bulb mold | molde de ampolla (electrónica).

bulb rectifier | rectificador termiónico.

bulb shaped funnel | embudo de bola (química).

bulb surface I carena del bulbo de proa (buques).

bulb termostat I termostato de bulbo.

bulb-fin I quilla lastrada (yates).

bulb-keel I quilla lastrada (yates).

bulbous bow I proa de bulbo (buques) I rada de bulbo.

bulge I bombeo, pandeo.

bulk I masa, grosor I capacidad o carga (buques) I a granel, no envasado.

bulk cargo I carga a granel (transporte).

bulk cargo container I contenedor de graneles.

bulk carrier I buque para carga a granel.

bulk cement I cemento a granel (no envasado).

bulk density I densidad por unidad de volumen, densidad en masa.

bulk effect I efecto volumétrico (semiconductor).

bulk eraser I borrador volumétrico I desmagnetizador.

bulk mining I laboreo en masa (minas).

bulk modulus I módulo volumétrico (coeficiente de estabilidad volumétrico).

bulk of steam I volumen de vapor (calderas).

bulk ore ship I buque mineralero.

bulk specific gravity I peso específico de la masa, densidad aparente.

bulk stacking I apilado macizo.

bulk storage unit I unidad con memoria de gran capacidad (informática).

bulk store I memoria auxiliar de amplia capacidad (informática).

bulkhead I malecón, muro ribereño de contención I tabique (minas, túneles) I mamparo (buques).

bulkhead dam I presa de retención.

bulkhead deck I cubierta de compartimentación (buques).

bulkhead liner I embono de mamparo (buques).

bulkhead wharf I muelle de mamparo.

bulkheading I mamparaje.

bulk-injection pump I bomba de inyección directa.

bull gear I engranaje de giro I mecanismo de giro.

bull ring I anillo de conexión (electricidad) I anillo de presión (válvulas).

bull rod I varilla de sondeo, cable de herramientas de perforación (sondeos).

bull valve I válvula esférica, válvula de bola.

bull wheel I rueda de giro (grúas) I polea motriz del cigüeñal (batería de bocartes).

bulldog I escoria de pudelaje I arpón pescatubos (sondeos) I escoria calcinada de horno Siemens (G.B.).

bulldog wrench I llave de mordaza.

bulldoze (to) I volar sin barrenar (voladuras) I requebrar (minas) I fragmentar (taquear -minería).

bulldozer I máquina de curvar baos (construcción naval) I explanadora de cuchilla frontal fija, empujadora niveladora.

bullet I bala.

bulletproof I a prueba de bala.

bulletproof armor I blindaje antibalas.

bulletproof glass I cristal antibalas.

bullgrader I explanadora de empuje, niveladora de empuje angular.

bullhead rope I cable del malacate de herramientas (sondeos).

bulling I resquebrajamiento (minas) I atraque (de un barreno) I revestimiento de un barreno para detonación con arcilla.

bullion I oro o plata bruta I lingote de oro o plata I oro y plata acuñado.

bullion-room I pañol de valores (buques).

bullions I masas calcáreas que contienen fragmentos de plantas fósiles (minas de carbón).

bullock gear I malacate.

bull's eye I claraboya, tragaluz I ojo de buey (buques) I abertura en el techo para paso del electrodo (horno eléctrico).

bull's eye lens I lente planoconvexa de foco corto.

bull's liver I mezcla de arena fina y arcilla con agua.

bull's nose I ángulo saliente en la intersección de dos superficies.

bull's-eyes I nódulos de pirita en pizarras.

bully I martillo perforador (minas) I martillo de minero.

bullying I ensanchamiento del fondo del barreno.

bulwark I borda, amurada, batayola (buques) I rompeolas, dique.

bulwark angle bar I angular de amurada.

bulwark port I faluchera (buques).

bulwark stanchion I montante de batayola.

bulwark stay I pie de batayola.

bumblebee I dispositivo fonógeno contra minas acústicas I programa de misiles de chorro teleguiados.

bumicky I mezcla de piedra en polvo mezclada con cemento I argamasa.

bummer I carrito (para troncos) I carretón I carretilla.

bummock I parte sumergida de un montículo de hielo flotante (oceanografía).

bump I ruido sordo que se produce por derrumbe del techo de una capa (mina carbón) I corriente de aire vertical (meteorología) I zumbido (minas).

bump contact I contacto a presión (transistor).

bump cutter I alisadora de resaltos superficiales (pistas aeródromos) I máquina para alisar el pavimento.

bump (to) I hacer explotar una mina I tocar fondo (buques) I aterrizar bruscamente.

bumper I defensa (buques) I parachoques.

bumper bolt I perno-tope.

bumper effect I efecto obstaculizador.

bumper pad I amortiguador.

bumping I choque, golpe.

bumping hammer I martillo desabollador, martillo de chapista.

bumpkin I pescante de amura (buques).

bumpless transfer switching I conmutación de transferencia sin perturbaciones.

bumpometer I medidor de las desigualdades de la superficie (pavimentos).

bumpy I rafagoso (viento) I inestable (atmósfera).

bumpy air I aire agitado (aviación).

bumpy coal I carbón con gases ocluidos.

bumpy runway I pista de despegue con resaltos (aviación).

bunch I yacimiento de riqueza variable I bolsón de mineral (minas) I agrupación (de electrones) I haz.

bunch of circuits I haz de circuitos.

bunch (to) I juntar I agrupar.

bunched cable I cable de conductores múltiples.

bunched circuit I circuito de dos hilos en paralelo I circuito para telefonía y telegrafía simultáneas.

bunched electron beam I haz electrónico con equipamiento de electrones.

bunched seismometers I grupo de sismómetros.

buncher I deflector (termoiónico) I resonador de entrada (tubos electrónicos) I agrupador de electrones.

buncher beacon I radiofaro para posicionar un número de aviones sobre un punto dado.

buncher space I espacio de modulación (Klystron).

buncher voltage I voltaje de modulación (Klystron).

bunching I descargas electrónicas I agrupamiento de electrones.

bunching section I sección agrupadora de electrones (acelerador de electrones).

bunchy lode I filón de bolsadas.

bunchy ore I mineral de bolsada.

bunchy vein I veta de tope, veta de tambor (minas).

bundle I haz, manojo, fibrado (matemáticas) I haz tubular.

bundle conductor I conductor múltiple (líneas transporte energía) I mazo de conductores (electrotecnia).

bung I pila de enhornar I tapas (hornos de crisol).

bungee I cable inmovilizador de la palanca de mando (aviones).

bunging up I atascamiento (alto horno).

bunk I travesaño, solera.

bunk hook I gancho de solera.

bunked engines I motores uno arriba y otro debajo del ala con un carenaje común (aviones de chorro).

bunker I espaldón (fortificación) I depósito I combustible (para buques) I tolva I blocao de hormigón.

bunker oil I petróleo combustible para buques.

bunker (to) I carbonear (buques) I petrolear (buques).

bunny I yacimiento rico y poco potente, bolsa de mineral (minas).

Bunsen screen I pantalla fotométrica.

bunt I medio rizo invertido (aviación).

buntline I briol.

bunton I puntal divisorio (minas) I piezas de guía perfiladas (pozos de mina).

buoy I boya I baliza.

buoy dues I derechos de boya, boyaje.

buoy layer I buque nodriza para el servicio de balizamiento.

buoy out (to) I balizar con boyas.

buoy rope I orinque.

buoy tender I balizador.

buoy (to) I flotar I balizar.

buoyage I sistema de boyas I balizamiento.

buoyage vessel I embarcación para el servicio de boyas (puertos).

buoyancy pressure I presión hidrostática.

buoyancy tank I tanque de emersión (submarinos).

buoyant I flotante, boyante.

buoyant magnetic mine I mina fondeada magnética.

buoying I balizamiento.

buoy-type weather station I estación meteorológica de boya.

bur (to) I remachar (clavos) I desmotar (tejeduría) I quitar rebabas, rebabar.

burble I desprendimiento (de la corriente de aire).

burbling I turbulencia aerodinámica.

burden I carga (radiactividad) I carga total (electricidad) I cielo (minas) I línea de mínima resistencia de un barreno (voladuras) I carga de mineral y fundente (carga de fusión -hornos metalúrgicos) I terrenos de recubrimiento (geología).

Burger vector I vector de Burger (cristalografía).

burgy I carbón fino (menudos).

buried I subterráneo (cables).

buried wiring I instalación eléctrica empotrada (edificios).

burin I buril I cincel.

burk I parte muy dura (filones) I manchón duro de una veta (minas).

Burma jade I jade de Birmania.

Burma sapphire I zafiro oriental.

Burmese jade I jadeíta birmana.

Burmese spinel I espinela roja y espinela flamígera en octaedros perfectos.

burmite I burmita.

burn away (to) I eliminar quemando (química) I fundir.

burn lime I cal viva.

burn nuclear fuel (to) I consumir combustible nuclear.

burn off I pérdida al fuego (química).

burn off (to) I eliminar quemando (química).

burn (to) I arder I calcinar I formar arco en las escobillas (electricidad).

burnable poison I veneno consumible (reactor nuclear).

burned I que se adhiere fuertemente al carbón (pizarras).

burned alloy I aleación quemada (en el termotratamiento).

burned lime I óxido de calcio.

burned sand I arena gris (fundición).

burned-up I con sobreexposición, pasada (fotografía).

burner I quemador I horno de combustión del azufre (fabricación ácido sulfúrico) I soplete cortador I cámara de combustión.

burner gas I gas de hornos de pirita, gas de hornos de azufre.

burner ignition I encendido por quemador (motores).

burning I cochura I calcinación I combustión I soldadura con soplete.

burning chamber I cámara de cocción.

burning kiln I horno de calcinar.

burning point I temperatura de combustión I punto de ignición.

burning rate I velocidad de combustión.

burning voltage I tensión de funcionamiento.

burnish (to) I pulimentar I satinar (fotografías) I pulir I bruñir.

burnished finish I acabado bruñido.

burnisher I pulidor I satinador.

burnishing I bruñido (electroquímica) I satinado.

burnishing hammer I martillo de pulimentar.

burnout I rotura de las paredes de la cámara de combustión por sobrecalentamiento (motor de chorro) I extinción de la llama por falta de combustible (motor de chorro), agotamiento (del combustible nuclear) I quemado destructivo.

burnout (to) I destruir por el fuego I fundirse (cojinetes).

burnout velocity I velocidad cuando se ha consumido todo el combustible o el oxidante (cohetes).

burnt alum I alumbre calcinado, sulfato aluminicopotásico anhidro.

burnt clay I arcilla cocida.

burnt copper I óxido de cobre.

burnt cut I corte cilíndrico al centro del frente de ataque (minería).

burnt gas I gas combusto (hornos).

burnt ocher I óxido férrico.

burnt ore I mineral gastado (maleabilización).

burnt topaz I topacio genuino alterado en su color.

burnup I combustión completa I destrucción de átomos por neutrones I quemado (nuclear).

burr I rebaba.

burr brick I ladrillo vitrificado.

burr cutter I máquina de desbastar metales.

Burrel gas detector I detector de gas de Burrel (minas).

burring machine I máquina de desbastar metales I desbrozadora mecánica.

burring reamer I escariador quitarrebabas.

burring roller I cilindro desbrozador.

burring tool I buril de grabador (retoque de clisés).

burrow I calicata (minas) I escombrera (minas) I desmonte (minas).

burrow (to) I prospeccionar.

burrowing for lodes I trabajos de prospección (minas).

burst I estallido I explosión I impulsión.

burst channel I canal deformado (telefonía) I canal interferido (radio).

burst disk I disco de ruptura (mecánica).

burst fuel cartridge I cartucho de combustible nuclear fisurado.

burst fuel slug I cartucho de combustible nuclear fisurado.

burst mode I modalidad de ráfagas (informática).

burst separator | separador de la señal de sincronismo de color (electrónica).

burst signal | señal de sincronización.

burst slug detector | monitor de rotura de vaina (nuclear).

burst (to) | explotar, estallar.

burst wave | onda explosiva.

bursting | rotura | estallido, explosión.

bursting charge | carga explosiva.

bursting point | punto de explosión.

bursting pressure | presión de rotura.

bursting strength | resistencia a reventar | resistencia a la rotura por presión | resistencia a presiones internas (mecánica).

burton | polipasto | aparejo.

bus | camino principal para transmitir las señales (informática) | enlace común (informática) | vía principal transmisora.

bus board | panel de control (electricidad).

bus controller | controlador de bus (microprocesador).

bus data line | línea ómnibus de datos (informática).

bus driver | amplificador de señales | circuito excitado común.

bus terminator | terminador de bus (informática).

busbar | barra conductora | barra de distribución, barra colectora (electricidad).

bused interface | interfaz en bus (informática).

bush | casquillo | virola | manguito | entrada de conductor.

bush puller | desbrozadora.

bush pusher | cortadora rotativa.

bush (to) | encasquillar.

bushel | unidad de capacidad para áridos.

bushel (to) | pudelar.

busheled iron | hierro pudelado formado por el proceso de busheling.

busheling | fusión de chatarra de hierro o acero en horno de reverbero.

busheling furnace | horno para pudelar chatarra.

bushhammer | bujarda, escoda.

bushhammer (to) | labrar con escoda (martellinar).

bushing | pasante aislante (paso de muros, electricidad) | codo doble (tuberías) | cojinete de polea | manguito | casquillo.

bushing extractor | sacabujes.

bushing press | prensa para bujes.

bushing ring | manguito.

business computer | ordenador de gestión.

business computer system | sistema informático diseñado para las oficinas.

business data processing | informática de gestión.

busted insulator | aislador rajado (electricidad).

bus-tie feeder | circuito de interconexión de barras (cuadro eléctrico).

busway | conducto para barras colectoras (electricidad).

busy | ocupado (telefonía).

busy back | señal de línea ocupada (telefonía).

busy indicator | indicador de ocupación (telecomunicación).

busy line | línea ocupada (comunicación).

busy tone | señal de ocupación (teléfonos).

butadiene | butadieno.

butadiene rubber | caucho de butadieno (química orgánica).

butadiene-styrene | butadieno-estireno.

butane | butánico | butano (G.B.).

butane gas | gas butano.

butanedioic anhydride | anhídrido butanodioico (química).

butanol | alcohol butílico | butanol.

butene | buteno | butileno.

butress | arbotantes.

butt angle | angular de unión.

butt anode | ánodo parcialmente destruido (electrólisis).

butt calking | calafateo de los topes, calafateo de las juntas transversales (forro buques).

butt cleat | plano secundario de crucero.

butt contact | contacto de tope (contacto de presión directa).

butt gage | gramil para bisagras.

butt hinge | pernio.

butt joint | junta a tope, junta plana.

butt riveting | remachado a tope.

butt saw | sierra de tronzar.

butt scrap | despunte (metalurgia).

butt (to) | ensamblar | juntar a tope.

butt weld (to) | soldar a tope.

butte | mesa pequeña (geología) | colina de erosión, testigo (geología).

butter | cloruro (química) | topadora (sierra para nivelar los extremos de los rollizos -aserradero).

butter (to) | plastecer | extender mortero sobre un ladrillo.

butter yellow | dimetilaminobenzol.

buttercup yellow | cromato de cinc.

butterfield | reflector confusional antirradárico hecho de tela metálica.

butterfly capacitor | condensador de mariposa.

butterfly circuit | circuito mariposa.

butterfly curve | curva de mariposa.

butterfly nut | tuerca de orejetas | tuerca de aletas.

butterfly tail | cola en V (aviones).

butterfly throttle | válvula de mariposa.

butterfly valve | válvula de mariposa | válvula de pivote.

butter-rock | halotriquita.

buttock | frente de carbón (minas) | sección longitudinal por un plano paralelo al diametral (plano de formas de buques).

button | culote de crisol.

button balance | balanza de ensayos (química).

button line | cable de nudos (telefonía), cable rosario (teleféricos).

butt-plate | cubrejunta | placa de contera (cañones) | chapa de culata (cantonera -fusiles).

buttress | pilar | contrafuerte | nervadura.

buttrice | pujavante.

butt-strap | cubrejunta | eclisa (carriles).

butt-strip | cubrejunta.

butyl | butilo.

butyl acetate | acetato butílico.

butyl acetyl ricinoleate | acetilricinoleato de butilo (química).

butyl acrilate | acrilato de butilo.

butyl alcohol | butanol.

butyl aldehyde | aldehído butílico (química).

butyl glycol acetate | acetato de butilglicol (química).

butyl rubber | goma butílica.

butylcarbinol | pentanol.

butylene | buteno.

butylene glycol | butilenglicol (química).

butylene oxide | óxido de butileno (química).

butyric | butírico.

butyric acid | ácido butírico.

buzz | zumbido | ruido confuso | bordoneo (avión) | ruido de fritura (radio) | vibración.

buzz (to) | volar bajo | picar (aviación).

buzzard | capa de carbón de inferior calidad.

buzz-bomb | bomba teledirigida.

buzzer | vibrador | zumbador.

buzzing | zumbido.

byard | correa de cuero puesta sobre el pecho para extraer vagonetas de carbón o mineral.

byat | estemple, puntal, apea (minas).

byerlite | bierlita.

byon | grava gemífera con arcilla amarillo-parduzca en la que hay corundones.

bypass | paso | desviación | comunicación lateral | derivación | tubo de paso | conducto de derivación | filtro (radio) | interruptor (electricidad).

bypass adapter | adaptador de derivación.

bypass anode | ánodo de derivación.

bypass capacitance | capacitancia en derivación.

bypass capacitor | condensador de paso (radio).

bypass capacitor impedance | impedancia del capacitor de paso.

bypass capacity | capacidad de derivación.

bypass condenser | condensador derivador.

bypass filter | filtro en derivación, filtro de paso.

bypass line | línea de derivación.

bypass pit | pozo de ventilación (minas).

bypass relief valve | válvula de seguridad en derivación (bombas).

bypass switch | interruptor de sobrepaso.

bypass system | sistema de vías auxiliares (telefonía).

bypass the pump (to) | poner una válvula de seguridad en derivación en la tubería de impulsión (bombas).

bypass (to) | poner en derivación (electricidad, vapor, etc.) | cortocircuitar | derivar.

bypass trunk | circuito de derivación.

bypass valve | válvula de sobrecarga | válvula auxiliar en derivación, válvula de comunicación, válvula de desviación.

bypassed cathode resistor | resistor de cátodo con condensador de paso.

bypassed to ground | derivado a tierra.

bysmalith | bismalito.

byte | octeto | secuencia de bit | byte (unidad básica de información) | grupo de ocho bitios.

byte mode | modalidad octeto a octeto.

byte of addressing | octeto direccional (informática).

byte processor | procesador de octetos.

byte space | área de memoria necesaria para almacenar un bitio.

bytes per inch | bitios por pulgada | octetos por pulgada.

C

C + | + C polo positivo de la tensión polarizadora de rejilla (tubo electrónico).
C 14-labeled | irradiado con carbono 14.
C battery | batería de rejilla.
C bias | polarización C | polarización de rejilla.
C bomb | bomba de cobalto.
C display | presentación visual tipo C (radar).
C minus | polo negativo.
C network | red en C.
C plus | polo positivo.
C power supply | fuente de alimentación C (electricidad).
C scope | indicador visual tipo C (radar).
C wire | hilo de punta.
c. c. generator | generador de corriente continua.
c. i. engine | motor de encendido por compresión.
C.A.V.V. | cielo despejado con visibilidad superior a 10 millas (aeronavegación).
C.C. filter | filtro de conversión de color.
c.g.s. system | sistema c.g.s. (centímetro, gramo y segundo).
C.I. engine | motor diesel.
c.n. (cetane number) | índice de cetano.
C.P. propeller | hélice de paso modificable.
C.P.U. time | tiempo de unidad central de tratamiento.
c.r. oscillograph | oscilógrafo de rayos catódicos.
C.R.T. filmsetter | fotocomponedora digital de tubo de rayo catódico.
C.R.T. terminal | terminal de pantalla (informática).
C.W. distress band | banda de socorro telegráfica.
C.W. interference | interferencia heterodina.
c.w. jamming | perturbación de onda continua.
C.W. keying | manipulación telegráfica de onda continua.
C.W. oscillator | oscilador de ondas continuas.
C.W. reference signal | señal de referencia de onda continua.
c.w. transmission | emisión de ondas entretenidas.
C.W.A. answer | respuesta suposición de mundo cerrado (sistemas expertos).
C3 hidrocarbon | hidrocarburo cuya molécula tiene tres átomos de carbono.
cabal glass | vidrio formado por óxido cálcico, óxido bórico y alumina.

caballing | aumento de densidad cuando se mezclan aguas de diferente temperatura y salinidad.
cabbage leaf marking | fundición frondescente.
cabin | cámara, camarote (buques) | estación contra incendios (interior minas carbón) | carlinga, cabina (aviones).
cabin pressure seal | cierre de estanqueidad de la cabina (aviones).
cabin pressurization | presión interior de la cabina.
cabin supercharger | compresor de cabina.
cabinet | chibalete (estante de cajas de tipos -tipografía).
cabinet burnisher | pulidora de ebanista.
cabinet chisel | escoplo de ebanista.
cabinet file | lima de ebanista, escofina.
cabinet rasp | escofina de ebanista.
cabinet saw | sierra de ebanistería.
cabinet scraper | rasqueta de ebanista.
cable | estría, acanaladura | cadena de ancla (buques) | cable de alambres | cable de fibras, cuerda, calabrote | cablegrama.
cable binding | conexión de cable.
cable box | caja de empalme de cables (electricidad).
cable car | funicular.
cable carrier | cable aéreo | teleférico.
cable carrier system | sistema de frecuencia vetriz para cable | sistema de corriente portadora por cable.
cable channel | canal por cable (telecomunicaciones).
cable circuit | circuito por cable.
cable code | código telegráfico.
cable comb | peine de cable (telecomunicaciones).
cable compensation unit | unidad compensadora de cable.
cable compound | composición aislante para cables (electricidad).
cable connection | conexión de cable (telecomunicaciones).
cable control | mando por cable.
cable creepage | corrimiento longitudinal del cable soterrado.
cable delay | retardo del cable (comunicaciones).
cable distribution head | caja de distribución (telecomunicaciones).
cable distribution point | punto de ramificación.

cable end | extremo del cable.

cable end coupling | manguito terminal para cables.

cable extension | extensión por cable (telecomunicaciones).

cable fan | peine (telecomunicaciones).

cable fault tester | detector de fallos de las líneas.

cable ferry | andarivel (pontón flotante sobre cable -paso de ríos).

cable form | peine (telecomunicaciones).

cable hoist | teleférico.

cable impedance | impedancia del cable.

cable joint | empalme de cables.

cable key | manipulador de cable (telegrafía).

cable layup | cableado.

cable lifter | barbotén (molinete buques).

cable link | enlace por cable (telecomunicaciones).

cable loading | pupinización (telefonía).

cable logging | saca de madera por teleférico (corta forestal).

cable market | borne indicador.

cable messenger | cable portante.| cable sustentador de conductor aéreo

cable Morse code | código Morse para cable.

cable network | red de cables (telecomunicaciones).

cable package | haz de cables.

cable parameter | parámetro del cable.

cable plant | red de cables (telecomunicaciones).

cable railway | transportador de cable, funicular, teleférico.

cable record | registro de cables (telecomunicaciones).

cable run | tendido de cable (electricidad).

cable shaft | chimenea de subida de cables (telecomunicaciones).

cable stopper | estopor (buques).

cable stud | contrete de cadena.

cable subway | galería (telecomunicaciones).

cable support rack | bastidor terminal de cables.

cable system | red de cables.

cable telecommunication | telecomunicación por cable.

cable telephone circuit | circuito telefónico por cable.

cable television | televisión por cable.

cable terminal box | caja terminal de los cables | caja de conexiones para cables.

cable termination | caja terminal.

cable tier | pañol de jarcias (buques) | caja de cadenas (buques).

cable (to) | amarrar con un cable (buques) | cablear (para formar un cable) | cortar redondos para formar paquetes (metalurgia) | telegrafiar.

cable tool drilling | sondeo por percusión.

cable tracer | detector de canalizaciones eléctricas subterráneas.

cable traffic | tráfico de telecomunicación por cable.

cable transmission | transmisión por cable.

cable trench | canal para el tendido de cables.

cable trough | canalización para cables.

cable TV | televisión por cable.

cable wheel | barbotén.

cable wireway | canalización (electricidad).

cablecasting | televisión por cable.

cable-circuit diagram | diagrama de circuitos en cable.

cablegram | cablegrama.

cable-laid rope | calabrote.

cable-operated scraper | rastra accionada por cable.

cable-radio connection | enlace cable-radio.

cable-reel locomotive | locomotora eléctrica de tambor (minas).

cablet | amarra (de un bote).

cableway | cable aéreo | teleférico.

cableway skidder | cable aéreo | cable-vía.

cabling | cableado.

cabochon | cabujón.

cabochon sapphire | zafiro tallado en cabujón.

cabotage | cabotaje (marina, aviación comercial).

cabra stone | fluorita.

cabrerite | cabrerita | arseniato hidratado de níquel, cobalto y magnesio.

cache | memoria asociada (informática).

cache storage | memoria de pequeña capacidad con acceso rápido (informática).

cacheutaite | seleniuro de plomo, cobre y plata.

cacholong | ópalo amarillo-pálido o blanco-azulado opaco con un poco de alúmina.

cacodylate | cacodilato.

cacodylic acid | ácido cacodílico.

cactus | misil tierra-aire.

cadacryst | cadacristal | xenocristal.

cadder | hielo de mar que permanece en la playa en la zona de pleamar.

caddle axis | eje anticlinal.

caddy | caddie (informática).

cadmia | cadmia | óxido de cinc impuro de las paredes del horno para fundir cinc | amarillo de cadmio.

cadmiferous | cadmífero.

cadmium | cadmio.

cadmium cell I pila Weston I pila de cadmio.

cadmium compound I compuesto de cadmio.

cadmium copper I cobre con 0,7 a 1% de cadmio.

cadmium electrode I electrodo de cadmio.

cadmium iodide I yoduro de cadmio.

cadmium niobate I niobato de cadmio (electrocerámica).

cadmium ocher I greenoquita.

cadmium ratio I relación cádmica.

cadmium selenide cell I célula de seleniuro de cadmio.

cadmium sulfide photocell I fotocélula de sulfuro de cadmio.

cadmium sulphide I sulfuro de cadmio.

cadmium telluride I telururo de cadmio.

cadmium titanate I titanato de cadmio.

cadmium tungstate I tungstato de cadmio (pinturas fluorescentes).

cadmium yellow I amarillo de cadmio I sulfuro de cadmio.

cadmium-blende I cadmio sulfurado.

cadmium-copper I cobre de cadmio (cobre con 0,5% a 1% de cadmio).

cadmium-plated steel I acero cadmiado.

caesium I cesio (Cs).

caesium 134 I cesio 134.

caesium aluminum sulphate I alumbre de cesio.

caesium cell I célula fotoeléctrica de cesio.

cage I jaula de extracción (minas) I estructura (edificios).

cage antenna I antena multifilar I antena de jaula.

cage dipole I dipolo de jaula.

cage hoisting I extracción por jaula (minas).

cage relay I relé de jaula.

cage slides I guías de la jaula (minas).

cage (to) I introducir en la jaula de extracción (minas) I inactivar o inmovilizar (instrumento giroscópico en aviones) I enclavar en una posición fija con referencia a la envuelta (giroscopios, instrumentos girocontrolados).

cage winding I extracción por jaulas (minas).

caging device I dispositivo de bloqueo, dispositivo de inmovilización (giroscopio).

cagutte I bagueta.

caicos salt I sal de salinas.

cainozoic volcanism I volcanismo cenozoico.

cairngorm I cuarzo ahumado.

caisson I cajón de aire comprimido (cimentaciones) I barco-puerta (diques) I campana neumática.

caisson foundation I cimiento artesonado.

caisson righting I enderezamiento de un cajón neumático inclinado (cimentaciones).

cake I pastilla (acumulador) I lingote de cobre de sección rectangular I masa coalescida de polvo sin prensar (pulvimetalurgia).

cake alum I sulfato de alumina I alumbre en bloque.

cake coal I hulla aglutinada.

cake (to) I solidificar I taponar (perforación) I rellenar.

cakes of ore I masas planas de mineral.

caking I aglutinación (del carbón) I concreción I aglomeración.

caking coal I carbón aglutinante I carbón fusible I carbón aglomerable (geología).

calaite I turquesa I calaíta.

calamine I calamina I minerales oxidados de cinc I silicato de cinc hidratado (EE UU) I carbonato anhidro de cinc (G.B.) I clase especial de hierro galvanizado.

calamine brass I latón obtenido al calentar cobre con calamina (carbonato de cinc) y carbón vegetal.

calamine copper I cobre de desplatado.

calamine stone I carbonato de cinc I smithsonita.

calandria I calandria (tanque de aluminio que contiene los tubos de combustible nuclear -reactor nuclear).

calaverite I telururo de oro y plata I calaverita.

calc-alkali rock I roca alcalinocalcífera, roca calcialcalina.

calcar I carquesa (horno de recocer -metalurgia) I horno de calcinar.

calcareous I calcáreo, calizo.

calcareous alabaster I alabastro calizo.

calcareous crust I costra caliza (geología).

calcareous flux I fundente calizo.

calcareous grit I capas arenosas intermezcladas con carbonato cálcico.

calcareous iron ore I siderita con algo de calcio.

calcareous ore I mineral de hierro con la ganga de carbonato cálcico.

calcareous peat I turba eutrófica.

calcareous plate I placa calcárea.

calcareous sinter I travertino.

calcareous slag I escoria caliza.

calcareous spar I carbonato de calcio cristalino.

calc-dolomite I roca con cristales de calcita y de dolomita.

calcedony I calcedonia.

calces I residuos de calcinación I cenizas metálicas.

calcination assay I análisis por calcinación (química).

calcining furnace | horno de calcinación.
calcining kiln | horno de calcinación.
calcinite | preparación de carburo de silicio.
calciocelestite | calciocelestita | celestita conteniendo calcio.
calciothermy | calciotermia.
calcirudite | calcirudita.
calcisiltite | calcisiltita.
calcite | calcita (espato calizo -espejuelo) | carbonato de calcio.
calcitrant | refractario (minerales).
calcium | calcio (Ca).
calcium 45 | calcio radiactivo (radiación beta).
calcium ammonia | amoníaco cálcico.
calcium arsenate | arsenato cálcico.
calcium bromide | bromuro cálcico.
calcium carbide | carburo de calcio.
calcium carbonate | carbonato cálcico.
calcium chlorate | clorato de calcio.
calcium chloride | cloruro cálcico.
calcium chloride jar | probeta para desecar gases (química).
calcium citrate | citrato cálcico.
calcium cyclamate | ciclamato cálcico.
calcium gluconate | gluconato de calcio.
calcium hafnate | hafnato de calcio.
calcium lead | plomo con pequeña proporción de calcio metálico.
calcium metatitanate | peroviskita.
calcium mica | margarita.
calcium nitrate | nitrato cálcico.
calcium phosphate | fosfato cálcico (química).
calcium plumbate | plumbato cálcico.
calcium silicate | silicato cálcico.
calcium silicide | siliciuro de calcio.
calcium sulphide | sulfuro de calcio.
calcium tungstate | scheelita.
calcium-45 tagged | radioisotopizado con calcio-45.
calcium-aluminum garnet | granate aluminocálcico (grossularia) | grossuralita.
calcium-chromium garnet | granate cromocálcico (uwarowita).
calcium-iron garnet | granate ferrocálcico (andradita).
calcium-lead | plomo endurecido por un porcentaje fraccional de calcio.
calcium-magnesium silicate | silicato calciomagnésico.
calcium-silicon | calciosilicio.
calcium-treated melt | caldo tratado con calcio (metalurgia).
calclithite | calclitita.
calcomalachite | calcomalaquita | malaquita que contiene calcita y yeso.

calcosine | calcosina (minerales).
calcouranite | autonita.
calc-schist | esquisto calcáreo.
calcspar | calcita | espato calizo (mineralogía).
calculating board | analizador de redes eléctricas.
calculating chart | ábaco.
calculating punch | calculador electrónico.
calculation report | memoria de cálculo.
calculograph | calculógrafo | registrador de comunicaciones (telefonía).
caldron | paila, caldera.
Caledonian | caledoniano.
Caledonian folds | plegamientos caledónicos.
caledonite | caledonita.
calefaction | polución térmica.
calender | calandria | satinador.
calender (to) | calandrar (tejidos) | satinar (papel).
calf reel | tambor del cable de tuberías (sondeos).
calf rope | cable del malacate de tuberías (sondeos).
calf wheel | malacate para tuberías, cabrestante para tuberías (sondeos).
calibrate (to) | calibrar | rectificar | verificar.
calibrated graticule | gratícula calibrada (microscopio).
calibrated pad | atenuador fijo calibrado.
calibrated pressure gage | manómetro contrastado.
calibrating | calibración.
calibrating beam | haz calibrador.
calibrating electrometer | electrómetro patrón.
calibrating oscillator | oscilador de calibración.
calibrating receiver | receptor de calibración.
calibrating resistance | resistencia calibradora.
calibration | verificación (comprobación -de aparatos), calibración.
calibration accuracy | exactitud de calibración (aparato).
calibration circle | círculo de calibración (radar).
calibration condenser | condensador patrón.
calibration oscillator | oscilador de calibración.
calibration ring | anillo de calibración (radar).
calibration standard | patrón de calibración.
calibration test | prueba de calibración.
calibration voltage | voltaje de verificación.
calibration wavelength | longitud de onda de calibración.
calibrator | aparato patrón, calibrador.

calibre (G.B.) I calibre.
caliche I caliche (nitrato sódico).
calico gas I gas de alto horno con gran proporción de hidrógeno.
calico printer's red mordant I acetato de alumina.
caliduct I caliducto.
calientes I minerales de plata coloreados con algo de sulfato de hierro (México).
California hyacinth I hessonita.
California iris I tunzita.
California lapis I cuarzo dumortierítico azul.
California moonstone I calcedonia blanca o blancuzca.
California ruby I granate.
California tigereye I serpentina fibrosa compacta.
California turquoise I variscita.
Californian jade I californita.
californite I vesuvianita masiva compacta.
Californium I californio (elemento núm. 98).
calin I aleación de plomo y estaño.
caliper I calibre (artillería).
caliper (to) I calibrar, tarar.
calipering I calibrado, tarado.
calisthenics I calisténica.
calite I calita (aleación resistente al calor de aluminio, níquel y hierro).
calk (to) I calafatear, retacar I sellar juntas.
calk weld I soldadura de estanqueidad, soldadura de calafateo.
calker I calafate.
calking I calafateo.
calking lead I plomo con 99,70% de pureza.
calking weld I soldadura de estanqueidad (de una junta).
call I llamada I escala (línea navegación) I llamada telefónica.
call accepted signal I señal de llamada aceptada.
call announcer I anunciador de llamadas (telefonía).
call box I cabina telefónica.
call by reference I llamada por referencia (informática).
call by value I llamada por valor (programas).
call channel I canal de llamada (telecomunicación).
call circuit I circuito de llamada.
call directing code I código de identificación de llamada.
call distributor I distribuidor de llamada.
call in I llamada (informática).
call in (to) I poner en circuito una estación repetidora (telecomunicaciones).

call indicator I indicador de llamada.
call relay I relé de llamada.
call transfer I transferencia de llamadas (telefonía).
call-accepted signal I señal de aceptación de llamada (terminal de datos).
call-counting meter I contador de llamadas (telefonía automática).
called party I punto de la línea en el que se efectúa una conexión.
calligraphic display device I dispositivo de presentación caligráfica (informática).
calligraphic etching I grabado caligráfico en cobre.
callina I calina (niebla).
calling dial I disco de llamada.
calling feature I dispositivo de llamada.
calliper I calibre.
calliper compass I compás de espesores.
calliper gage I compás de calibrar.
calliper (to) I calibrar, tarar.
callipers I compás de gruesos.
callow I hondonada I manto superficial (geología).
call-sign I indicativo de llamada.
call-up I señal de llamada (radio).
callys I rocas estratificadas atravesadas por filones (Escocia).
calm air I aire en calma.
calm belt I zona de calmas.
calm water speed I volocidad en aguas tranquilas (buques).
calms of Capricorn I calmas de Capricornio (meteorología).
calocar I arcilla o tierra blanca.
calomel I calomelanos (cloruro mercurioso).
calomel electrode I electrodo de calomelanos.
calopone I sulfato cálcico.
caloreceptor I termosensible.
calorescence I calorescencia.
caloric power I potencia térmica.
calorie I caloría.
calorific I calorífico I térmico.
calorific emissivity I poder emisivo calorífico.
calorific value I potencia calorífica I valor calorífico.
calorifics I termotecnia.
calorimetric pyrometer I pirómetro calorimétrico.
calorimetry I calorimetría.
caloriscope I caloriscopio.
calorization I calorización.
calorize (to) I calorizar (alear superficialmente con aluminio por termotratamiento).

calorized steel | acero calorizado (acero aleado superficialmente con aluminio).

calorizing | calorización (impregnación con aluminio de una superficie metálica).

calp | caliza azul-grisácea (Irlanda).

calrod units | alambres de gran resistencia eléctrica.

caltrop | caltropo (espícula de cuatro puntas - geología).

calutron | calutrón (espectógrafo de masa).

calve (to) | desprenderse un glaciar.

calved berg | iceberg desprendido de la banca de hielo.

calves | fragmentos desprendidos de un iceberg.

calving | fragmentación de un iceberg.

calx | óxido de calcio.

calyon | canto rodado (construcción de muros).

calyx | corona dentada (perforadoras).

calyx drill | barrena tubular, sonda de corona con dentadura de acero.

calzirtite | calzirtita.

cam | leva, excéntrica.

cam actuator | interruptor de leva.

cam blank | primordio de leva.

cam bowl | roldana de leva.

cam drive | impulsión por medio de levas.

cam ejector mechanism | mecanismo eyector de leva.

cam engine | motor de levas.

cam feed | avance por levas (mecánica).

cam fixture | montaje para levas.

cam follower | empujador de leva | biela de la excéntrica.

cam gear | engranaje del eje de levas (autos).

cam grinder | rectificadora para levas.

cam groove | ranura excéntrica.

cam hammer | martinete de leva.

cam handle | cierre de leva.

cam lever | palanca de leva.

cam lift | carrera de la excéntrica.

cam lifter | levantaválvula (motores).

cam motion | rotación de leva.

cam operated switch | conmutador accionado por leva.

cam parachute | paracaídas de excéntricas (jaula minas).

cam safety-catch | paracaídas de excéntricas (jaulas minas).

cam sleeve | tambor de levas (motor radial).

cam squeezer | cinglador de leva, cinglador de excéntrica (cilindro compresor -pudelado hierro).

cam switch | interruptor de excéntrica | interruptor de leva (electricidad).

camel | flotador que actúa como defensa (entre dos buques o entre el buque y el muelle) | parachoques flotante de cuatro rollizos empernados entre sí (muelles) | pontón cilíndrico de acero (salvamento de buques).

camel's foot | zapata circular articulada de un metro de diámetro que toma la inclinación del terreno (estructuras desmontables militares).

camera | cavidad | cámara fotográfica | cámara tomavistas (cine, televisión).

camera aircraft | aeronave fotográfica.

camera amplifier | amplificador de cámara (TV).

camera chain | circuitos monitores enlazados a la cámara.

camera copy | original para su filmación.

camera extension | distancia del objetivo a la placa (fotografía).

camera lens | lente de cámara.

camera lines | campo visual de la cámara.

camera mixing | selección de escenas a transmitir a partir de diferentes cámaras.

camera monitor | monitor de cámara.

camera preamplifier | preamplificador de cámara (TV).

camera recording | registro fotográfico.

camera register test | prueba de estabilidad de imagen.

camera rehearsal | ensayo general antes del rodaje (TV).

camera tube | tubo de cámara | tubo generador de señales de imagen.

cam-lock | cerrojo de leva.

cam-lock adapter | adaptador de leva de bloqueo (fresas).

camming | disposición de las levas | selección de levas para un trabajo dado (máquinas herramientas).

camouflage | camuflaje, enmascaramiento (milicia).

camouflage detection film | película de color sensible a los rayos infrarrojos.

camouflage detection photography | fotografía de detección de enmascaramiento.

camouflage net | red mimética.

camouflage (to) | camuflar, mimetizar (milicia).

camouflet | humazo (minas terrestres).

camp sheathing | tablestacado (cimentaciones).

campan marble | mármol pálido o verde-amarillento moteado con mármol blanco.

campan rouge | mármol verde oscuro moteado con mármol rojo.

camshaft way I paso para el eje de distribución (motores).

camstone I caliza compacta blanquisca.

cam-up (to) I levantar por excéntricas, levantar por levas.

can I bidón I molde I cápsula I bote I lata.

can spinning frame I continua de hilar de bobinas tubulares.

can (to) I enlatar I conducir el caudal por tuberías (obras en canales, etc.), encamisar (combustible nuclear).

Canada balsam I bálsamo de Canadá (para unir vidrios ópticos) I cemento óptico utilizado en periscopios.

Canadian asbestos I crisótilo.

Canadian corundum I abrasivo natural con 90 a 95 % de alúmina cristalina.

canadol I canadol I éter ligero derivado del petróleo.

canal I canal.

canal lock I esclusa de canal.

canal rays I rayos positivos, haz de iones positivos (descargas eléctricas).

canal regulator I canal de toma (toma de agua -turbinas).

canal tender I acequiero (riegos).

canal (to) I canalizar.

canalage I construcción de canales, canalaje I sistema de distribución por canales.

canalize (to) I canalizar.

canard I avión con el timón a proa.

canaries I rumores en el registro sonoro.

canary beryl I berilo amarillo-verdoso.

canary diamond I diamante amarillo.

canary ore I mineral de plomo argentífero de color amarillo.

canary stone I variedad amarilla de cornalina.

canary-ore I mineral argentífero de plomo.

canary-yellow I melino.

cancel I supresión I escartivana.

cancel key I botón de anulación.

cancel leaf I escartivana.

cancel (to) I poner a cero (informática).

cancel transmission (to) I cancelar transmisión.

cancelland I hoja impresa con errores que se sustituye por una escartivana.

cancellandum I hoja impresa con errores que se sustituye por una escartivana.

cancellation I cancelación I anulación.

cancellation button I pulsador de puesta a cero (aparatos).

cancellation circuit I circuito de cancelación.

cancellation effect I efecto de anulación.

cancellation message I mensaje de cancelación.

cancelled call I petición de comunicación anulada.

cancelled matter I composición o páginas suprimidas (imprenta).

cancelling signal I señal de cancelación.

canch I canaleta I rebaje (minas).

canch hole I barreno horizontal.

cand I espato fluor (Escocia).

candela I candela (unidad luminosa).

candescence I candescencia.

candid camera I cámara oculta I cámara de bolsillo.

candle I candela, bujía I bote químico (guerra química) I rayo de luz que registra fotográficamente el sonido (filmos sonoros) I unidad fotométrica = lumen x estereorradian.

candle filter I filtro de bujía.

candle power I intensidad lumínica I potencia lumínica en bujías.

candle power brilliancy I intensidad luminosa.

candle quartz I cristal de cuarzo de forma prismática larga.

candle-fitting I bujía de comparación.

candle-foot I bujía-pie.

candle-meter I bujía-metro.

candlepower brilliancy I intensidad luminosa.

Canfield's reagent I reactivo compuesto de 1,5 gramos de cloruro cúprico, 5 gramos de nitrato de níquel, 6 gramos de cloruro férrico y 12 miligramos de agua hirviente.

canga I canga (brecha ferruginosa) I mineral con 68% de hierro (Brasil) I roca glacial aurífera.

canister I recipiente I bote de metralla (artillería) I lata para cargar pólvora (minería).

canker I sedimento ocroso en las aguas de pozos de carbón (minas) I cancro (escarzo -maderas).

canker (to) I oxidar, corroer.

canned motor I electromotor encapsulado interiormente.

canned motor pump I bomba de rotor blindado.

canned program I programa enlatado (informática).

canned pump I bomba hermética.

canned rotor pump I bomba de rotor hermético.

cannel coal I carbón de gas, carbón de bujía.

canning material I material para encartuchar los elementos del combustible (reactor nuclear).

cannon I guardaeje I cañón.

cannon hole I tronera.

cannular chamber | cámara de combustión con varios tubos de llamas dentro de una envuelta de aire anular (turbina de gases).

cannular combustion chamber | cámara de combustión mixta | cámara de combustión canular.

canoe fold | pliegue sinclinal.

canoe stern | popa de canoa (buque de vela).

canoe valley | valle sinclinal.

canoe yacht | yate de vela con popa de canoa.

canon | tipo grande de 48 puntos (imprenta).

canopy | marquesina, velamen, escudete (electricidad) | cubierta.

cant | peralte (vía férrea) | sobreelevación | arista | chaflán.

cant beam | bao radial (canastilla popa buques).

cant body | parte formada por las cuadernas reviradas a proa y a popa (buques).

cant chisel | buril triangular | escoplo en bisel.

cant dog | bichero corto.

cant edge | arista.

cant file | lima triangular achatada.

cant floor | cuaderna.

cant frame | cuaderna revirada (cuaderna sesgada -buques).

cant off (to) | biselar, achaflanar (esquinas).

cant over (to) | escorar (buques).

cant spar | percha de unos 10 metros de larga con circunferencia en la coz de unos 50 cm (marina).

cant strip | listón achaflanado (construcción).

cant (to) | inclinar | bascular | escorar (buques).

canted | oblicuo, inclinado | achaflanado | poligonal.

canted deck | cubierta con pista de aterrizaje sesgada (portaaviones).

canted shot | plano oblicuo (TV).

cantilever | ménsula | soporte-pescante | viga voladiza.

cantilever altar | grada en voladizo (dique seco).

cantilever beam | viga voladiza.

cantilever bracket | cartela de la ménsula (buques) | consola equilibrada.

cantilever bridge | puente cantilever (puente de ménsulas).

cantilever crane | grúa de martillo.

cantilever retaining wall | muro de sostenimiento en voladizo.

cantilever roof | cubierta en voladizo (marquesina).

cantilever supported | apoyado en voladizo.

cantilever tank | tanque de lastre lateral (buques).

cantilevering erection | montaje en ménsula (puentes).

canton | pilastra formando una esquina saliente (paramento de muro).

canvas | lona | vela, velamen | lienzo.

canvas room | pañol de velas (buques).

canvas tube | conducto de ventilación flexible (minería).

canyon | barranco (geología) | desfiladero.

caolad flint | sílice criptocristalina.

caoutchouc | caucho.

cap | afloramiento (minas) | aureola (lámpara minas) | obturador (perforación pozos) | sombrerete (prensaestopas, cojinetes) | cúpula (alambique) | casquillo (lámpara incandescencia) | válvula (bombas) | reverbero (hornos) | bolsa (gas).

cap bars | guiacilindros (tren de estiraje).

cap illumination | iluminación con lámpara eléctrica puesta en el casco (mineros).

cap lamp | lámpara del casco (minería).

cap pot | crisol con tapa (fabricación vidrio).

cap screw | perno de sombrerete | tornillo para unir partes de máquinas.

cap spindle | huso de caja.

cap spinning frame | continua de hilar de campanas, continua de hilar de capacetes.

cap stone | terreno de recubrimiento (geología).

cap strip | larguerillo de costilla (alas aviones).

cap (to) | cofiar (proyectiles) | armar (un imán), obturar (pozos) | recauchutar (neumáticos) | descoronar (cortar los extremos de un cilindro de vidrio -fabricación vidrio).

capability architecture | arquitectura de capacidades (informática).

capability list | lista de capacidades (informática).

capacimeter | capacímetro.

capacitance | capacitancia, capacidad (electricidad).

capacitance bridge | puente medidor de capacitancias.

capacitance measuring assembly | conjunto para medidas de capacitancia | equipo capacimétrico.

capacitance operated switch | conmutador accionado por una capacitancia.

capacitance pickup | captor de capacitancia.

capacitance relay | relé capacitivo.

capacitance resistance diviser | divisor óhmico-capacitativo.

capacitance to ground | capacitancia respecto a tierra.

capacitance to neutral | capacitancia respecto al neutro.

capacitance unbalance | desequilibrio de capacitancias.

capacitative feedback | reacción capacitiva.

capacitative reactive power | potencia reactiva capacitiva.

capacitive energy impulse | impulso de energía capacitiva.

capacitive feedback | reacción capacitiva.

capacitive reactance | reactancia capacitiva.

capacitive tuning | sintonización capacitiva.

capacitive voltage divider | divisor de voltaje capacitivo.

capacitor | capacitor.

capacitor motor | motor de condensador (motor de inducción monofásico que puede arrancar como bifásico disponiendo de un capacitor en serie con devanado de arranque auxiliar).

capacitor tester | probador de capacitores.

capacitor voltage transformer | transformador de voltaje por capacitor.

capacity | capacidad | porte (tonelaje -buques) | caudal (bombas, ventiladores) | rendimiento (máquinas) | abertura (micrómetros) | cilindrada (motores) | producción | peso de la carga normal (hornos).

capacity balance | equilibrio de capacitancia.

capacity coupling | acoplamiento por capacidad.

capacity current heating | caldeo dieléctrico.

capacity earth | tierra de compensación, tierra de equilibrio (capacidad de tierra -electricidad).

capacity loaded antenna | antena de carga capacitiva.

capacity meter | medidor de capacidades | capacímetro.

capacity per heat | capacidad por colada (metalurgia).

capacity per stroke | caudal por embolada (bombas).

cape | cabo (geología).

cape blue | crocidolita.

Cape garnet | almandita amarillo-rojo brillante.

Cape ruby | piropo (granate).

capel | mordaza para cable metálico (cable extracción minas).

capillary | capilar.

capillary cathode | cátodo cápilar.

capillary electrometer | electrómetro capilar.

capillary fringe | franja capilar (capa de terreno humedecido por el agua capilar sobre la capa acuífera).

capillary meter | medidor de capilaridad.

capillary pyrites | millerita.

capillary red oxide of copper | chalcotriquita.

capillary tube | tubo con diámetro interior de 0,6 a 2,3 milímetros (dispositivo de expansión).

capital ship armor | coraza para acorazados (buques de guerra).

capitalize (to) | componer con mayúsculas o con inicial mayúscula (imprenta).

capitalling | empleo de letras mayúsculas, empleo de versales.

caporcianite | laumontita.

cappagh brown | pigmento bituminoso térreo coloreado con óxido de manganeso y hierro.

capped | coronado.

capped projectile | proyectil cofiado.

capped quartz | cuarzo con capas de arcilla.

capped shell | proyectil con capacete.

capped steel | acero de efervescencia interrumpida (colocando una chapa en la parte alta de la lingotera cuando está llena).

capper | máquina coronadora (laboratorios).

capping | cumbrera, coronación (coronamiento -muros), terreno de recubrimiento (filones) | control de la producción (pozos de petróleo) | testero (muros).

capping brick | ladrillo de coronación (arquitectura).

capping cement | cemento de obturación.

capping mass | terreno de recubrimiento (sobrecapa -minería).

capping piece | dintel | cumbrera.

capristor | resistencia-condensador.

caproic | caproico.

capronyl | capronilo.

capsize (to) | zozobrar (buques) | capotar (aviones).

capstan | cabrestante | rodillo impulsor | malacate | polea (máquina trenzadora).

capstan idler | polea guía.

capstan shaft | rodillo de cabrestante.

capstan spinale | eje de cabrestante.

capsule | cápsula | cebo (detonador).

capsule metal | aleación de 92% plomo y 8% estaño.

captive balloon sounding | sondeo con globo cautivo (meteorología).

captive device | banco de pruebas.

captive nut | tuerca cautiva.

captive oscillator | oscilador cautivo.

captive test | prueba estática (motor de chorro).

captor gamma rays | rayos gamma instantáneos resultantes de una captura radiativa.

capture area | plano de absorción (antena).

capture gamma radiation | radiación gamma de captura.

capture gamma rays | captura de rayos gamma.

capture range | margen de captura (sincronización).

capture ratio | razón de captura.

capture-to-fission ratio | relación captura-fisión (nucleónica).

capturing | empleo de un torsor para restringir el eje de giro a una posición especificada (giroscopio).

capwise | en dirección del cabezal (entibación minas).

capy ruby | granate brillantemente rojo (gema).

car | vagón | automóvil | cabina móvil (pala de vapor).

car coupler | enganchador de vagones (minas) | enganche de vagones (trenes).

car electrics | equipo eléctrico para automóviles.

car hauler | molinete para mover vagones.

car jack | gato para automóviles.

carat | quilate (en diamantes = 200 miligramos; en ley del oro = 24 partes).

carat loss | pérdida en peso en quilates del conjunto de diamantes (trépano de sondeo).

caratage | quilataje (diamantes).

carbazotic acid | ácido pícrico.

carbene | carbeno.

carbide | carburo (química).

carbide carbon | carbono de cementación.

carbide coarsening | engrosamiento de los carburos (aceros).

carbide cracking | fisuración de los carburos.

carbide insert | inserto de carburo.

carbide mine | minador de carburo (máquina).

carbide saw sharpener | afiladora para sierras de dientes de carburo de tungsteno.

carbide tip | cuchilla postiza de carburo de tungsteno o sinterizado (herramienta de corte).

carbide tip brazing | cobresoldadura de la cuchilla de carburo de tungsteno (herramientas).

carbidic phase | fase carbúrica.

carbidized layer | capa de cementación de carburos de titanio y vanadio (aceros inoxidables austeníticos).

carbidizing process | proceso de cementación con carbono y sales de titanio y vanadio (aceros inoxidables austeníticos).

carbin | carbín.

carboallotropic | carboalotrópico.

carbocyanin dyes | colorantes de carbocianina (química).

carbograph | carbografía (fotografía).

carbohydrate | carbohidrato (bioquímica) | hidrato de carbono.

carbolate | carbolato | sal del ácido carbólico.

carbolic | fénico | carbólico.

carbolic acid | ácido fénico (química).

carbolized | fenicado | carbolizado.

carbometer | carbonómetro.

carbon | carbón (electricidad) | carbono (química).

carbon 14 method | datación radiactiva con radiocarbono 14.

carbon anode | ánodo de carbón.

carbon arc welding | soldadura con electrodos de carbón.

carbon bisulfide | bisulfuro de carbono.

carbon block protector | pararrayo de carbón estriado.

carbon brick | ladrillo de grafito.

carbon cell | pila de carbón (electricidad).

carbon chloride | tetracloruro de carbono.

carbon contact | contacto de carbón.

carbon deposit | calamina.

carbon dioxide | dióxido de carbono | ácido carbónico | anhídrido carbónico.

carbon dioxide gas | gas carbónico.

carbon dioxide indicator | detector de anhídrido carbónico (minas).

carbon electrode | electrodo de carbón.

carbon elimination | eliminación del carbono (descarburación -metalurgia).

carbon fiber | fibra de carbono.

carbon filter | filtro de carbón.

carbon fluoride | fluoruro de carbono.

carbon gage | medidor del potencial cementador de una atmósfera artificial.

carbon hearth | solera de grafito (hornos).

carbon hexachloride | hexacloruro de carbono.

carbon hydrate | hidrato de carbono.

carbon hydride | hidrocarburo.

carbon hydrophone | hidrófono de carbón.

carbon ice | anhídrido carbónico sólido.

carbon inoculation | inoculación de carbono (aceros).

carbon J | brea de alquitrán mineral.

carbon killed steel | acero al carbono calmado.

carbon monoxide disintegration | desintegración del monóxido de carbono.

carbon penetration | penetración del carbono (cementación).

carbon pickup | descarburación (aceros).

carbon pile regulator | resistencia de placas de carbón.

carbon plate rheostat | reóstato de placas de carbón.

carbon potentiometer | potenciómetro de carbón.

carbon pressure recording | registro sobre carbón a presión.

carbon protector | pararrayos de carbón (telecomunicación).

carbon resistor | resistencia de carbón.

carbon restoration | recarburación, regeneración (de piezas descarburadas).

carbon rheostat | reóstato de carbón.

carbon ring | aro de grafito.

carbon steel | acero al carbono.

carbon steel forgings | forjas de acero al carbono.

carbon tetrachloride | tetracloruro de carbono.

carbon trash | restos de carbón de plantas y asociados con mineralización del uranio.

carbon trim | electrodos de carbón (lámparas de arco).

carbon-14 dating | datación con carbono-14.

carbon-14 label (to) | irradiar con carbono-14.

carbona | masa irregular de mineral impregnada de casiterita.

carbonaceous | carbonoso | carbonado (química).

carbonaceous shale | pizarra carbonosa | esquisto carbonoso (geología).

carbon-arc lamp | lámpara de arco con electrodos de carbón.

carbon-arc welding | soldeo con electrodos de carbón.

carbonatation | carbonatación.

carbonate | carbonato (química).

carbonate energizer | activador de carbonato.

carbonate hardness | dureza de carbonatos (agua).

carbonate leaching | lixiviación al carbonato.

carbonate nodules | nódulos de carbonato.

carbonate ore | mineral carbonatado | siderita.

carbonate (to) | carbonatar.

carbonating | carbonatación.

carbonation | carbonación (saturación de un líquido con bióxido de carbono).

carbonatized kimberlite | kimberlita carbonatizada.

carbon-black vulcanizate | vulcanizado de negro de carbón.

carbon-bonded graphite crucible | crisol de grafito ligado con alquitrán.

carbon-carbon triple bond | enlace triple carbono-carbono.

carbon-composition resistor | resistor de conglomerado de carbono.

carbon-contact pickup | fonocaptor de cátodo de carbón.

carbonet | briqueta de carbón.

carbon-free | libre de carbono.

carbon-free iron-nickel alloy | aleación de hierro y níquel exenta de carbono.

carbonic | carbónico.

carbonic acid | anhídrido carbónico.

carbonic oxide gas | óxido de carbono.

carboniferous | carbonífero.

carboniferous bed | capa carbonífera, manto carbonífero.

carbonimeter | carbonómetro.

carbonite | carbonita (coque nativo).

carbonitride (to) | carbonitrurar.

carbonitriding | carbonitruración.

carbonium | carbonio.

carbonium ion | ion carbónio.

carbonize (to) | carbonizar | cementar (acero).

carbonized | carbonizado | cementado.

carbonized iron | hierro cementado | hierro carbonizado.

carbonized plate | electrodo recubierto de carbono.

carbonized steel | acero al carbono.

carbonizer | carbonizador (horno).

carbonizing | carbonización | cementación (aceros).

carbonizing bath | baño cementante.

carbonizing dryer | horno de carbonización.

carbonizing stove | estufa de carbonización.

carbon-labeled | irradiado con un isótopo de carbono.

carbonometer | carbonómetro.

carbonometry | carbonometría.

carbonous | carbonoso.

carbon-pile regulator | resistencia de placas de carbón (electricidad).

carbonyl | carbonilo.

carbonyl chloride | cloruro de carbonilo.

carbonyl process | procedimiento de carbonilo (metalurgia).

carbonylation | carbonilación.

carbo-permian rock | roca carbopérmica.

carbopetrocene | carbopetroceno.

carborundum | carburo de silicio.

carbosand | arena fina tratada con una solución orgánica y tostada para combatir el peligro de ignición de petróleo en agua.

carbostyril | carbostirilo.

carbothermal | carbotermal.

carbothermic process | proceso carbotérmico (magnesio).

carbotite | carburo de silicio aluminocálcico.

carboxy terminal | extremo carboxiloterminal.

carboxyl | carboxilo (química).

carboxylate ester | éster carboxílico.

carbozite I líquido negro fabricado de minerales bituminosos.

carbuncle I carbunclo (mineralogía).

carburan I carburano.

carburated hydrogen I hidrógeno carburado.

carburating I carburación.

carburet I carburo.

carbureted water gas I gas de agua carburado.

carburetor I carburador (motores).

carburetted hydrogen I metano.

carburetter I carburador (motores).

carburetting I carburación.

carburize (to) I carburar I cementar (acero).

carburizing I cementación, carbocementación (metalurgia).

carburizing carbon I carbono de cementación.

carburizing furnace I horno de cementación.

carburizing fusion process I proceso de fusión carburante.

carburizing gas I gas cementante (metalurgia).

carburometer I carburómetro.

carcase I carcasa I casco (embarcación) I estructura, entramado (edificios) I armazón I armadura I

carcass I armazón I carcasa.

carcassing I instalación de las tuberías de gas (edificios).

carcel I carcel (unidad de luminosidad).

carcinotron I carcinotrón (oscilador de onda).

card I tarjeta (imprenta) I ficha I cartón (telar) I diagrama de indicador (máquinas) I tarjeta perforada (informática).

card checking I comprobación de tarjeta (informática).

card code I código de tarjetas (informática).

card cutter I cizalla I perforador de cartones.

card cutting machine I máquina perforadora de cartones (tejeduría).

card fluff I pelusa de ficha (informática).

card frame I bastidor de carda.

card image I representación gráfica de las perforaciones de la tarjeta (informática).

card punch I perforadora de fichas (informática).

card punch buffer I memoria intermedia de perforadora de fichas (informática).

card reader I lectora de fichas (informática).

card read-punch I perforadora-lectora de fichas (informática).

card reproducer I reproductora de fichas (informática).

card resident program I programa residente en ficha magnética (informática).

card set I tarjetas en continuo.

card setter I ajustador de cardas.

card setting I ajuste de la carda.

card sorter I clasificadora de tarjetas perforadas (informática).

card stripper I descargador de cardas.

card systems I sistemas que cuentan con perforadora-lectora de tarjetas (informática).

card unit I dispositivo de fichas (informática).

card verifier I verificadora de fichas perforadas (informática).

cardan I cardan.

cardan joint I junta cardánica I junta universal.

cardan motion I suspensión cardan.

cardanic I cardánico.

cardanic suspension I suspensión cardan.

cardan's suspension I suspensión cardan.

card-changeable I modificable por tarjeta perforada (informática).

carded patterns I placa portamodelo (fundición).

cardiglio marble I mármol gris para obras ornamentales.

cardinal point effect I efecto de punto cardinal (radar).

cardinal points I puntos cardinales.

carding I cardadura, carda.

carding beater I batidor cardante.

carding bench I banco de cardar.

carding comb I peine de cardar.

carding engine I cardadora.

cardioid I cardioide (matemáticas).

cardoxide I mezcla de sosa caústica y cal.

card-punching printer I impresora perforadora de tarjetas (informática).

card-to card transceiving I transrecepción tarjeta a tarjeta (telefonía).

card-to-disk conversion I conversión de tarjetas perforadas a disco (informática).

card-to-print program I programa de tarjeta a impresora (informática).

card-to-tape converter I convertidor de ficha a cinta (informática).

careen (to) I carenar.

carene I careno (química) I carena (buques).

caretaker status I estado de no funcionamiento.

cargo I flete I carga I cargamento.

cargo A I avión de carga.

cargo aircraft I avión de carga.

cargo battens I serretas (buques).

cargo bay I compartimiento para la carga (aeroplanos).

cargo boom I puntal de carga (buques).

cargo hatchway I escotilla de carga (buque).

cargo hold I bodega de carga (avión).

cargo oil piping system I sistema de tuberías del petróleo de carga (petroleros).

cargo oil pump I bomba de carga de petróleo.

cargo piping I tubería de carga (petroleros).

cargo plan I plano de estiba (buques).

cargo plane I avión de carga.

cargo ship I carguero I buque de carga.

cargo sling I eslinga.

cargo steamer I buque de carga, carguero.

cargo stripper service I servicio de achique final del cargamento (petroleros).

cargo vessel I buque de carga.

cargo-carrier I buque carguero I avión carguero.

cargo-passenger liner I buque mixto de carga y pasaje.

cargo-pump room I cámara de bombas de carga (petroleros).

carinate I carenado, carinado.

carinate anticline I anticlinal aquillado, anticlinal carenado.

carinate fold I pliegue isoclinal (geología).

carinate syncline I sinclinal aquillado.

carination I carinación.

carline I carlinga I eslora de escotilla.

carling I carlinga I eslora de escotilla.

carminite I carminita I arsenato de plomo y hierro.

carnazul I mineral de cobre oxidado con diversas coloraciones.

carnelian I calcedonia rojo clara.

Carnot efficiency I rendimiento termodinámico.

carnotite I carnotita (química) I vanadato de potasio y uranio.

carolina stone I feldespato caolinizado.

carotene I caroteno.

carotenoid I carotenoide (bioquímica).

carpentering I carpintería.

carpenter's adze I azuela de carpintero.

carpenter's bevel I falsa escuadra.

carpenter's chisel I formón.

carpenter's line I cordel de carpintero.

carpenter's plane I cepillo de carpintero.

carpenter's plow I cepillo de ranurar.

carpenter's saw I sierra de carpintero.

carpentry I carpintería.

carpet I antirradar en aeronave I alfombra (interferidor de radar) I tapiz (radar).

carpet checker I frecuencímetro.

carpet tester I generador de impulsos de radiofrecuencia.

carpet-bomb (to) I bombardear con un rosario de bombas (aviación).

carrageenin I carragenina.

carriage I carro (máquinas) I soporte I pedestal I chasis.

carriage guide I guía del carro (tornos).

carriage lock I palanca de bloqueo del carro (tornos).

carriage stop I tope del carro (tornos).

carried to end I explotado a fondo (minas).

carrier I soporte I carro (máquinas) I suspensión (transportador aéreo) I canal (hidráulica) I corriente de alta frecuencia, corriente portadora.

carrier air group I grupo aéreo de portaaviones.

carrier aircraft I avión nodriza.

carrier amplifier I amplificador de portadora.

carrier amplitude I amplitud de portadora.

carrier based aircraft I avión base en un portaaviones.

carrier bearing I chumacera de apoyo, chumacera de suspensión.

carrier cable I cable para corrientes portadoras I cable para alta frecuencia.

carrier channel I canal de corriente portadora.

carrier circuit I circuito de corrientes portadoras.

carrier color signal I señal cromática de portadora (TV).

carrier communication I comunicación con frecuencia portadora.

carrier component I componente de la onda portadora.

carrier current I corriente portadora.

carrier current telephony I telefonía por corrientes de alta frecuencia.

carrier diffusion I difusión de las ondas portadoras.

carrier drop-out I caída de la portadora (corrientes).

carrier efficiency I rendimiento en portadora.

carrier equipment I equipo de corriente portadora.

carrier facility I vía de transmisión de onda portadora.

carrier flying I vuelo desde portaaviones.

carrier frequency I frecuencia de la onda portadora, frecuencia portadora.

carrier generator I generador de frecuencias portadoras.

carrier level I nivel de la portadora.

carrier line I línea portadora I enlace en línea (comunicaciones).

carrier line link I enlace por línea de portadora.

carrier maximum amplitude I amplitud máxima de la portadora.

carrier modulation I modulación de la portadora.

carrier multiplexing system | sistema de multiplexión por corrientes portadoras.

carrier oscillator | oscilador de frecuencia portadora.

carrier output | potencia de salida de portadora (radio).

carrier plane | avión diseñado para operar desde portaaviones.

carrier plate | placa portamuela | hoja maestra.

carrier population | población de portadores de carga (semiconductor).

carrier power | potencia de la portadora.

carrier repeater | repetidor de portadora.

carrier rocket | cohete transportador.

carrier route | ruta de corrientes portadoras (telecomunicación).

carrier sense | detector de portadora (informática).

carrier shift | desviación de la onda portadora.

carrier signal | señal de portadora.

carrier spacing | separación de portadoras.

carrier substance | sustancia empleada para aumentar la adherencia de los lubricantes al acero.

carrier suppression | supresión de la frecuencia portadora.

carrier synchronization | sincronización de la corriente portadora.

carrier telegraphy | telegrafía por frecuencias.

carrier telephone circuit | circuito telefónico de corriente portadora.

carrier telephony | telefonía con frecuencia portadora.

carrier terminal | terminal de portadora (informática).

carrier tone | portadora de audiofrecuencia.

carrier transfer filter | filtro de transferencia de portadora.

carrier transmitter | transmisor de corriente portadora.

carrier ware | radiotransmisión en código.

carrier wave | onda portadora | onda transmisora.

carrier wave telegraphy | telegrafía por onda portadora.

carrier wave telephony | telefonía por onda de alta frecuencia.

carrier-controlled regulation | regulación de amplitud de portadora.

carrier-free | sin transportador | producto de reacción de transmutación | cantidad detectable de isótopos estables que acompañan a un radioisótopo.

carrier-free isotope | isótopo sin portador.

carrier-frequency interconnection | interconexión por frecuencia portadora.

carrier-leak | fuga de la portadora (residuo de la corriente portadora -electricidad).

carrollite | sulfuro de cobalto.

carry down by precipitation (to) | arrastrar por precipitación (química).

carry flag | indicador de desbordamiento (informática).

carry lookahead | arrastre anticipado (informática).

carry over circuit | circuito de acarreo.

carry over (to) | arrastrar por destilación (química).

carry through antioxidant | antioxígeno persistente, antioxidante persistente.

carry time | tiempo requerido por una cadena binaria para completar su respuesta a un impulso de entrada.

carry (to) | transportar.

carry traffic (to) | cursar el servicio (comunicaciones).

carry with (to) | arrastrar mecánicamente (química).

carrying capacity | intensidad de corriente admisible (electricidad).

carrying current relay | relé de corriente portante.

carrying gate | galería principal de transporte (minas).

carrying power | potencia útil | capacidad de carga (aviación).

carrying rope | cable sustentador.

carrying sleeve | manguito portador.

carryover | arrastres de impurezas con el vapor (calderas).

carryover factor | factor de transmisión (cálculo estructuras).

carte-du-ciel | mapa del cielo (astronomía).

cartesian control | control cartesiano (misiles guiados).

cartesian coordinate axes | ejes de coordenadas cartesianas.

cartesian reference frame | sistema de referencia de coordenadas cartesianas.

cartogram | cartograma.

cartographer | cartógrafo.

cartographic satellite | satélite cartográfico.

cartography | cartografía.

cartography (to) | cartografiar.

cartologist | cartólogo.

cartology | cartología.

cartridge | unidad de almacenamiento informático | lector fonográfico | cartucho | briqueta de carbón | cabeza (del fonocaptor) | cápsula (fonocaptora) | culote (aviación).

cartridge diode | diodo tipo cartucho.

cartridge disk | disco en cartucho (miniordenadores).

cartridge drive | unidad de cartucho (informática).

cartridge rim | culote del cartucho.

cartridge starter | dispositivo de arranque por explosión de cartucho (motores).

cartridge starting engine | motor de arranque por cartucho.

cartridge tape playback unit | reproductor de cinta magnética en cartucho.

cartridge-actuated | accionado por explosión de un cartucho.

cartwheel configuration | configuración radial.

cartwheel (to) | hacer el tonel (aviación).

carve (to) | labrar piedras | grabar | tallar.

carved gem | gema tallada.

carvel joint | junta a tope.

carving chisel | cincel de desbastar | escoplo | cincel de entallador.

carving gouge | gubia.

carving lathe | torno para entallar.

carving of amalgam | modelado de amalgamas.

cascade | descarga en un aislador de rosario | cascada (aerodinámica) | conjunto de fases separadas o de elementos separadores (separación de isótopos) | en serie (electricidad) | multigradual.

cascade aerator | aireador de escalones.

cascade amplification | amplificación multigradual.

cascade arrangement | acoplamiento en serie.

cascade connection | conexión en cascada.

cascade converter | convertidor en serie.

cascade decay | desintegración en cascada.

cascade emission | emisión en cascada.

cascade fermentation | fermentación en cascada.

cascade grouping | agrupamiento en serie | agrupamiento en cascada.

cascade motor | motor en serie.

cascade networks | redes en cascada (electricidad).

cascade noise | ruido de cascada (comunicaciones).

cascade of four-terminal networks | cadena de cuadripolos.

cascade set | grupo en cascada (electricidad).

cascade synchronism | sincronismo en serie.

cascade (to) | acoplar en serie (electricidad).

cascade tube | tubo electrónico en cascada.

cascade-connected | conectado en serie (electricidad).

cascaded amplifier stages | pasos amplificadores en cascada.

cascaded amplifiers | amplificadores conectados en serie.

cascaded binary counter | contador binario en cascada.

cascaded current amplifier | amplificador de corriente multietápico.

cascaded voltage amplifier | amplificador de voltaje multietápico.

cascades | paletas deflectoras (motor de chorro).

case | caja de tipos (imprenta) | capa superficial carbocementada (metalurgia).

case carburizing | cementación en caja (acero).

case casting | fundición en molde metálico, fundición en concha (fundición en coquilla).

case off (to) | entubar (pozos).

case stand | chibalete (imprenta).

case (to) | poner tapas (encuadernaciones) | envasar | forrar (calderas) | entubar (pozos).

case-carburized | carbocementado (aceros).

case-carburizing | carbocementación (aceros).

case-core interphase | interfase entre el núcleo y la capa exterior cementada (aceros).

caseharden (to) | cementar (metalurgia) | fundir en coquilla, fundir en molde metálico.

casehardenability | cementabilidad (aceros).

casehardened | cementado (metalurgia).

casehardened casting | fundición en molde, fundición en concha.

casehardened steel | acero de cementación.

case-hardening salts | sales para temple y cementación.

casehardening steel | acero de cementación.

cash | pizarra blanda en minas de carbón | esquisto blando.

casing | funda | forro, camisa (cilindro vapor) | blindaje | encofrado | cuba (hornos) | placa de revestimiento | tubería de revestimiento (pozo petróleo), tubería de entubación.

casing block | garrucha para entubación (sondeos).

casing cementing | cementación de la tubería (sondeos).

casing clamp | mordaza de varillaje (sondeo) | abrazadera de tubería.

casing depth | profundidad del entubado (pozos).

casing fittings | accesorios para tubería de entubación (sondeos).

casing guide bolt | perno-guía del estator (turbinas).

casing gun | perforador de entubado (sondeos).

casing head | cabezal de tubería de revestimiento (pozo petróleo).

casing head gas | gas natural, gas de boca de pozo (petróleo).

casing head gasoline | gasolina ligera separada de los gases que se desprenden de los pozos de petróleo, gasolina natural.

casing jack | gato levantatubos (pozo petróleo).

casing line | cable de entubación.

casing log | registro de encamisado.

casing pipe | tubería de revestimiento, tubería de entubación (pozo petróleo).

casing pump | bomba insertada (pozo petróleo).

casing spider | cruceta para la tubería.

casing swivel | niple giratorio para tubos.

casing tester | probador de tubería.

casing tools | herramientas para tubería (entubado de pozos).

casinghead gas | gas natural (EE UU) | gas de boca de pozo.

casinghead tank | tanque de cabeza de encamisado.

cask | recipiente de transporte | envase.

caskflask | castillo de plomo (materias radiactivas).

Cassel yellow | oxicloruro de plomo | amarillo de Cassel.

Cassel's green | verde de Cassel | manganato de bario.

cassette | casete (contenedor de cinta magnética) | portaisótopos | recipiente ligero para contener una película fotográfica sometida a presión sobre la pieza (radiografía por rayos X o por radioisótopos).

cassette memory | memoria de casete de cinta magnética.

cassette resident program | programa almacenado en una cinta magnética.

cassiterite | casiterita (óxido de estaño).

cast | plancha electrotípica | plancha estereotípica | pieza fundida | colada (metalurgia) | carga fundida (hornos).

cast aluminum | aluminio fundido.

cast analysis | análisis de colada.

cast austenitic-steel stator | estator de acero austenítico fundido.

cast basalt tile | ladrillo de basalto fundido.

cast bronze | bronce fundido.

cast carbon steel | acero fundido al carbono.

cast chill (to) | fundir en coquilla.

cast chilled | fundido en coquilla.

cast down (to) | abatir, derribar (aviones).

cast glass | vidrio colado.

cast heat-resistant alloy | aleación fundida termorresistente.

cast hollow (to) | fundir en hueco.

cast iron | hierro colado | fundición | hierro fundido | arrabio (fundición bruta).

cast iron leg | pie de fundición.

cast magnesium | magnesio colado.

cast moulding | moldeo por vaciado.

cast nickel anode | ánodo de níquel por fusión.

cast off (to) | abatir por el viento (buques) | largar las amarras (buques) | largar (marina) | quitar la jarcia firme (buques).

cast steel | acero colado, acero fundido.

cast steel shaft bracket | arbotante de acero moldeado (buques).

cast (to) | fundir (tipografía, estereotipia) | calibrar la composición (imprenta) | fundir | colar (metalurgia) | abatir | naufragar.

castability | colabilidad (aceros) | moldeabilidad.

castable | fundible, colable.

castable refractory | refractario moldeable.

castellated beam | viga de acero laminado cortada en zigzag por el centro del alma y unidas las dos mitades | viga de doble T con el alma oxicortada longitudinalmente en forma almenada.

caster | fundidor | moldeador | máquina de fundir (monotipia) | inclinación del eje delantero.

caster action | reversibilidad (del volante de dirección autos).

caster bed | cama de roldanas.

castillite | castillita (variedad impura de birnita con cinc y plomo y sulfuros de plata).

cast-in-block | fundido en bloque.

casting | colada | vaciado | abatimiento (aviones, buques) | alabeo (maderas) | moldeo | fundición (colada - metalurgia).

casting bars | guardas de fundir (estereotipia).

casting bed | lecho de colada.

casting box | estereotipadora, caja-molde (estereotipia).

casting crust | costra de fundición.

casting die | coquilla de moldeo.

casting fluidity | fluidez de la colada | colabilidad.

casting frame | molde para fundir.

casting ladle | cuchara de fundición.

casting matrix | matriz para fundir (tipografía).

casting mold | lingotera.

casting mould | molde de fundición.

casting pig | lingotera.

casting pit I foso de colada.

casting plaster I yeso de vaciar I yeso de molde.

casting resin I resina de moldeo.

casting sealing I impermeabilización de piezas fundidas.

casting shoe I antecrisol (horno de solera).

casting shrinkage I contracción por solidificación (lingotes).

casting steel I acero de moldeo, acero colado.

casting track I vía de colada (fundición mecanizada).

casting-furnace I horno de fusión.

casting-machine I fundidora.

cast-iron mold I molde de fundición.

castor I casiterita I castor (petalita -mineralogía).

castorite I castorita I silicato natural incoloro de litio y aluminio.

cat clay I arcilla superficial.

cat coal I carbón con piritas.

cat cracker I desintegrador catalítico I instalación para cracking catalítico.

cat cracking I craqueo catalítico I piroescisión catalítica.

cat gold I oro falso I mica amarilla.

cat plant I planta de destilación por catálisis (petróleo).

cat sapphire I zafiro verdadero sin color característico I zafiro oriental de color azul verdoso.

cat silver I mica blanca.

cat (to) I enganchar la gata (de un ancla).

catacaustic I catacáustica (cáustica por reflexión).

catadioptric I catadióptrico.

catalase I catalasa (bioquímica).

catalectrode I cátodo.

catalina sardonyx I catalinita.

catalysatron I catalisatrón (electroquímica).

catalyse (to) I catalizar.

catalysing tube I tubo catalizador.

catalysis I catálisis.

catalysis cracking I piroescisión por catálisis.

catalyst I catalítico I catalizador (química).

catalyst regenerator I regenerador del catalizador.

catalyst revivification I reactivación del catalizador.

catalyst stripping I destilación primaria por proceso catalítico.

catalytic alkylization I alquilación catalítica.

catalytic burning I combustión catalítica.

catalytic cracking I desintegración catalítica.

catalytic dehydration I deshidratación catalítica.

catalytic fluid I fluido catalítico.

catalytic methanometer I metanómetro catalítico.

catalytic refining I refino catalítico.

catalytically cracked I catalíticamente pirodesintegrado.

catalyze (to) I catalizar.

cataract I regulador hidráulico (bombas).

catathermometer I catatermómetro.

catatype I catatipia (fotografía).

catazone I catazona (geología).

catbrain I suelo compuesto por arcilla basta mezclada con piedras.

catch hammer I martillo de aplanar.

catch lever I palanca de freno I palanca de trinca.

catch pawl I gatillo de retención I trinquete de retención.

catch prop I puntal avanzado de la entibación general (minas).

catchbar I barra de impulsión.

catcher I tope (de válvula) I toma (de gas) I trinquete, resonador colector (radio) I captador.

catcher electrode I electrodo recogedor.

catcher grid I rejilla de captación de electrones.

catching diode I diodo de bloque I diodo fijador.

catching signal I señal de toma (telefonía).

catch-net I red protectora (debajo de líneas eléctricas aéreas).

catchpit I arqueta decantadora, pozo de sedimentación.

catear I prospección de nuevas minas.

catelectrode I cátodo.

catena I catena (secuencia de suelos topográficamente determinados -geología).

catenarian I catenario.

catenary I catenaria (matemáticas).

catenary aerial cable I cable catenario.

caterpillar I tractor oruga.

caterpillar crane I grúa sobre orugas.

caterpillar gate I compuerta de orugas (hidráulica).

caterpillar landing gear I aterrizador de oruga (aviones).

caterpillar tractor I tractor oruga.

cathead I recogeminas I cabrestante I carrete (torno) I manguito de refuerzo I luneta (collarín sujetador -tornos).

cathedral I diedro negativo (aviación).

catherine wheel I rueda catalina.

catheter I catéter.

cathetometer I catetómetro.

cathetron I catetrón.

cathion I catión.

cathode I cátodo I catódico.

cathode beam I rayo catódico I haz catódico.

cathode bias I polarización de cátodo.

cathode coating I revestimiento catódico.

cathode coating impedance I impedancia de recubrimiento de cátodo.

cathode copper I cobre electrolítico, cobre de cátodo.

cathode coupling I acoplamiento catódico.

cathode dark space I espacio negro del cátodo.

cathode desintegration I desintegración catódica.

cathode drop I caída catódica.

cathode efficiency I rendimiento catódico (electroquímica).

cathode evaporation I evaporación catódica.

cathode face I cara catódica.

cathode fall I caída catódica.

cathode follower I amplificador catódico I amplificador con ánodo a tierra.

cathode follower amplifier I amplificador de carga catódica.

cathode glow I brillo catódico.

cathode gun I conjunto de montaje catódico.

cathode header I portacátodo.

cathode heating time I tiempo de encendido de un cátodo termoeléctrico.

cathode hum I zumbido de cátodo.

cathode impedance bridge I puente de medida para la impedancia catódica.

cathode inhibitor I inhibidor catódico.

cathode interface capacitance I capacidad intersuperficial de cátodo.

cathode interface impedance I impedancia entre la base y el recubrimiento del cátodo.

cathode keying I manipulación por cátodo.

cathode layer I capa catódica.

cathode lining I recubrimiento catódico.

cathode luminescence I luminiscencia catódica.

cathode modulation I modulación catódica.

cathode pickling I decapado catódico.

cathode poisoning I intoxicación del cátodo.

cathode potential fall I caída de tensión catódica.

cathode radiant sensitivity I sensibilidad catódica a la radiación.

cathode ray I rayo catódico.

cathode ray direction finder I radiogoniómetro de rayos catódicos.

cathode ray furnace I horno de rayos catódicos.

cathode ray oscillograph I oscilógrafo de rayos catódicos.

cathode ray oscilloscope I osciloscopio de rayos catódicos.

cathode ray storage I memoria de rayos catódicos.

cathode ray trace I oscilograma (tubo rayos catódicos).

cathode ray tube I tubo de rayos catódicos.

cathode spot I punto luminoso del cátodo I foco catódico.

cathode sputtering I pulverización catódica.

cathode tab I conexión interna del cátodo.

cathode tail I derivación catódica.

cathode tube display I pantalla de rayos catódicos.

cathode-coupled amplifier I amplificador con acoplamiento catódico.

cathode-loaded amplifier I amplificador de carga catódica.

cathode-ray current I corriente de rayo catódico.

cathode-ray depth sounder I sondeador osciloscópico de profundidades.

cathode-ray direction finder I radiogoniómetro de osciloscopio.

cathode-ray display I oscilógrafo catódico.

cathode-ray echo sounder I sondeador ecoico osciloscópico.

cathode-ray indicator I osciloscopio de rayos catódicos.

cathode-ray-tube store I memoria de tubos catódicos.

cathode-to-ground circuit I circuito cátodo a tierra.

cathodic I catódico.

cathodic etcher I reactivo catódico (metalografía).

cathodic etching I ataque catódico (metalografía).

cathodic sputtering I sublimación catódica.

cathodic vacuum etching I ataque por bombardeo catódico en vacío (metalurgia).

cathodize (to) I catodizar.

catholyte I católito.

cathoscope I catoscopio.

cation I catión I catiónico.

cation exchanger I intercambiador de cationes.

cationic I catiónico.

cationic asphaltic emulsion I emulsión asfáltica catiónica.

cationic deionizer I desionizador catiónico.

cationic exchange I permutación catiónica.

cationic polymer I polímero catiónico.

cationic reagent I reactivo catiónico I agente catiónico.

cationic sublattice I subred catiónica.

cationic surfactant I surfactante catiónico.

cationotropy I cationotropia.

catkin tube I válvula con la cubierta por ánodo.

catline I cable del torno, cable del cabrestante (sondeos).

catline sheave I carretel de cabrestante (sondeos).

catogene I catógeno (geología).

catoptric I catóptrico.

catoptric light I luz catóptrica.

cat's eye I variedad de crisoberilo I variedad de cuarzo fibroso.

cat's whiskers I alambre fino de contacto (transistores).

cat's-head I nódulo de arenisca de grano grueso en pizarras.

cat-tackle I aparejo de gata.

catted anchor I ancla colocada en el aparejo de gata.

cattlerite I cattlerita (bisulfuro de cobalto).

catty I peso de oro = 2,9818 libras troy.

caulk I ramplón (herraduras).

caulk (to) I impermeabilizar I calafatear.

caulked joint I junta calafateada.

caulker I martillo neumático para calafatear.

caulking I calafateo.

caulking chisel I cincel de retocar.

caulking compound I compuesto para calafatear I masilla de calafateo.

caulking iron I cincel de calafatear.

caulking weld I recubrimiento.

caustic I sosa cáustica I hidróxido de sodio I cáustica (curva) I cáustico I corrosivo.

caustic alkaline solution I solución alcalina cáustica.

caustic ammonia I amoníaco gaseoso.

caustic by reflection I cáustica por reflexión (catacáustica -óptica).

caustic by refraction I cáustica por refracción (diacáustica).

caustic cracking I fisuración cáustica, fisuración intercristalina .

caustic curve I curva cáustica (óptica).

caustic dip I baño de hidróxido sódico I líquido cáustico I inmersión cáustica.

caustic embrittlement I fisuración intercristalina.

caustic inversion point I punto de inversión cáustica.

caustic lime I hidrato cálcico, óxido de calcio, cal cáustica.

caustic silver I nitrato de plata.

causticity I causticidad.

causticize (to) I caustificar I causticar.

causticized ash I combinación de cenizas de sosa y sosa cáustica.

causticizing I caustificación I causticación.

causticness I causticidad.

caustify (to) I caustificar.

caustobiolith I caustobiolito.

causul metal I hierro fundido que contiene níquel, cobre y cromo.

caution I cautela, precaución.

caution area I zona de cautela (aeronavegación).

caution light I luz de advertencia.

caution sign I señal de precaución.

caution (to) I advertir, avisar.

cavability I derrumbabilidad (minas).

cavalier projection I proyección caballera (geometría).

cave I foso (radiactivo) I hundimiento, derrumbe (minas) I cenicero (horno de crisol).

cave catcher I guardaderrumbes (minas).

cave marble I depósito criptocristalino de calcita o aragonita que puede pulimentarse.

cave onyx I depósito criptocristalino de calcita o aragonita que puede pulimentarse.

cave pearl I pisolita.

caved-in level I galería desplomada (minas).

cave-in I hundimiento I desprendimiento de tierras I derrumbamiento, derrumbe (minas).

cavern I caverna.

cavern limestone I caliza cavernosa.

cavernous limestone I caliza cavernosa.

caving I espeleología I hundimiento, derrumbamiento I laboreo por derrumbe (minas).

caving by raising I derrumbe por contrapozos (minería).

caving system I explotación por hundimiento (minas) I explotación por derrumbe (minas).

cavitate (to) I cavitar.

cavitation I cavitación I formación de una burbuja por una carga detonada dentro del agua (geofísica).

cavitied panel I panel celular.

cavity I hueco I oquedad, cavidad I rechupe (lingote metalúrgico).

cavity antenna I antena de cavidad.

cavity magnetron I magnetrón de cavidad.

cavity party wall I muro medianero sordo I muro medianero hueco.

cavity resonance I resonancia de cavidad (electroacústica).

cavity resonator I resonador de cavidad.

cavity wall I pared hueca, pared sorda.

cavity wavemeter I ondámetro de cavidad resonante.

cawk I tierra amarilla de barita I sulfato de bario I greda I yeso I caliza.

cay sandstone I arenisca de cayo.

cazin I latón con 82,6% de cobre y 17,4% de cinc.

CB line ǀ línea de batería central (telefonía).

C-battery ǀ batería de polarización de rejilla (radio).

C-bias ǀ polarización de rejilla.

C-display ǀ presentación tipo C (radar).

ceil (to) ǀ revestir interiormente ǀ techar con cielorraso ǀ subir hasta su techo (aviones).

ceiling ǀ cielorraso ǀ techo (aviación) ǀ forro interior (buques de madera), empanado de bodega (buques de acero) ǀ visibilidad (techo de nubes -meteorología) ǀ límite máximo ǀ altura máxima de la trayectoria (proyectiles).

ceiling baffle ǀ pantalla acústica para cielo raso (electroacústica).

ceiling diffuser ǀ difusor de aire para techo.

ceiling height indicator ǀ medidas fotoeléctricas de la altura de un techo de nubes.

ceiling lighting ǀ alumbrado cenital.

ceiling projector ǀ proyector nefoscópico.

ceiling unlimited ǀ visibilidad ilimitada (aviación).

ceiling voltage ǀ tensión máxima ǀ voltaje máximo.

ceiling zero ǀ visibilidad nula (aviación).

ceiling-height indicator ǀ indicador de altitud de las nubes.

ceilometer ǀ indicador de altura de techo ǀ telémetro de nubes ǀ instrumento para medir la altitud de las nubes ǀ nefoaltímetro ǀ medidor de techo (aeronáutica).

cel ǀ celio (velocidad por segundo que una dina imprime a 1 gramo).

celadon green ǀ celadonita.

celestial ǀ celestial ǀ astronómico.

celestial air navigation ǀ navegación aérea astronómica.

celestial altitude ǀ altitud celeste.

celestial axis ǀ eje de la esfera celeste.

celestial body ǀ cuerpo celeste.

celestial coordinate ǀ coordenada celeste.

celestial declination ǀ declinación astronómica.

celestial equator ǀ ecuador astronómico.

celestial fix ǀ situación por observaciones astronómicas (navegación) ǀ posición celeste.

celestial geodesy ǀ geodesia de satélites ǀ geodesia celeste.

celestial guidance ǀ guiado astronómico.

celestial intercept ǀ diferencia entre la distancia cenital observada y la calculada (navegación astronómica).

celestial latitude ǀ latitud celeste.

celestial line of position ǀ línea de posición determinada por observación de cuerpos celestes.

celestial longitude ǀ longitud celeste.

celestial mechanics ǀ mecánica celeste.

celestial meridian ǀ meridiano celeste.ǀ meridiano astronómico

celestial navigationǀ navegación astronómica, astronavegación

celestial observation ǀ observación astronómica

celestial pole ǀ polo celeste

celestial precious stone ǀ olivino de un meteorito.

celestial sphere ǀ esfera astronómica.

celestial stone ǀ turquesa.

celestial triangle ǀ triángulo esférico sobre la esfera celeste.

celestial water ǀ solución amoniacal de cobre.

celestial-inertial guidance ǀ guiancia inercial por observación de cuerpos celestes.

celestite ǀ celestina (mineral).

celidographer ǀ celidógrafo.

celidography ǀ celidografía.

celite ǀ celita (constituyente del clinker del cemento portland) ǀ sílice diatomácea.

cell ǀ celda (unidad elemental de almacenamiento -informática) ǀ pila eléctrica ǀ acumulador (electricidad), bloque de cristales pequeños (metalografía) ǀ cuba (electrólisis) ǀ diapositiva (televisión) ǀ balonet (dirigibles).

cell box ǀ recipiente (electroquímica).

cell cavity ǀ cuba crisol.

cell connector ǀ conexión ǀ conector de elementos.

cell constant ǀ constante de un elemento.

cell regulator ǀ reductor para acumuladores.

cell terminal ǀ borna de pila ǀ borna de acumulador.

cell tester ǀ voltímetro portátil para comprobar pilas o acumuladores.

cell voltage ǀ voltaje de pila o de acumulador.

cellar ǀ antepozo (petróleo).

cell-composition ǀ composición de la malla (cristalografía).

cell-diagonal ǀ diagonal de la malla (cristalografía).

cell-ignition ǀ encendido por acumuladores.

cellular ǀ celular.

cellular bulkhead ǀ ataguía celular.

cellular calcium silicate ǀ silicato de calcio celular.

cellular cofferdam ǀ ataguía celular.

cellular lava ǀ escorias volcánicas, lava celular.

cellular precipitation ǀ precipitación celular (aceros).

cellular switchgear ǀ disyuntor protegido.

cellular telephone system ǀ sistema telefónico celular.

cellular-steel panel ǀ panel celular de acero.

cellulolytic bacterium ǀ bacteria celulolítica.

cellulose I celulosa.

cellulose acetate I acetato de celulosa.

cellulose acetate butyrate I acetato butirato de celulosa.

cellulose acetate-propionate I acetato propionato de celulosa.

cellulose ion exchanger I intercambiador iónico de celulosa.

cellulose nitrate I nitrato de celulosa.

cellulosic fiber I fibra celulósica.

celonavigation I navegación astronómica, astronavegación.

celsian I silicato incoloro de bario y aluminio I celsiana (silicato de aluminio y bario).

cement I cemento I argamasa I mástique I aglutinante I precipitado de sulfuro de oro (extracción por cloruración) I pasta (geología) I polvos de cementar (metalurgia).

cement carbon I carbono de cementación I cementita.

cement earth I arcilla para fabricar cemento.

cement formation I formación cementada (geología).

cement grout I lechada de cemento I inyección de cemento.

cement gun I inyector de cemento I lanza neumática para enlucidos de cemento I cañón lanzacemento.

cement kiln I horno del cemento.

cement silver I plata precipitada de una solución (generalmente de cobre) I plata cementatoria.

cement stone I piedra de cal hidráulica (caliza arcillosa).

cement (to) I cementar.

cement water I agua de cemento conteniendo cobre.

cementation I cementación (metalurgia, sondeos) I aglutinación.

cemented I cementado (metalurgia).

cemented armor plate I plancha de blindaje cementada.

cemented carbide I carburo de tungsteno I carburo cementado I carburo sinterizado.

cemented metal carbide I carburo metálico aglomerado.

cemented nitrided steel I acero nitrurado cementado.

cemented quartzite I cuarcita cementada.

cemented steel I acero cementado.

cementing I aglutinación (combustibles) I cementación (metalurgia, sondeos).

cementing furnace I horno de cementar.

cementing material I aglutinante I cemento (pasta -geología).

cementing powder I polvo de cementación.

cementite I cementita I hierro combinado con carbono.

cementitic carbide I carburo cementítico.

cementitic steel I acero cementítico.

cementizing I cementación (metalurgia).

cement-mixer I hormigonera.

cement-sand core I macho de arena mezclada con un 8% de cemento.

cenogonal angles I ángulos cenogonales (cristalografía).

cenology I cenología I geología superficial.

center drift I galería central (minas) I galería céntrica de avance (túneles).

center easing I aflojamiento de la cimbra, descimbramiento (arcos).

center expansion I dilatación del centro de la pantalla (radar).

center face cracking I grieta longitudinal en el centro de la cara (defecto lingotes de acero de proporción media de carbono tratados con aluminio).

center frequency I frecuencia central.

center gage I calibrador de centro, calibre para rectificar el ángulo de los puntos (tornos).

center girder I vagra central I viga central.

center keelson I vagra central.

center line I eje longitudinal.

center of gravity I centro de gravedad (baricentro).

center of lift I centro de sustentación (aviones).

center of mass I centro de masas, centro de gravedad.

center of mass of a system of masses I baricentro.

center of thrust I eje de empuje (aviones, cohetes).

center pin I pivote I pasador central.

center punch I punzón de marcar I punzón de perforar.

center reamer I escariador centrador.

center square I escuadra de diámetros, escuadra de centrar.

center strand I alma (cables).

center tap I toma central I derivación central.

center tape I toma intermedia.

center (to) I centrar I cimbrar I granetear (agujeros).

center (U S A) I centro I eje vertical (teodolitos) I punto muerto (máquinas) I cimbra I punto (tornos) I alma (cables).

center zero relay I relé conmutador.

center-dot (to) I granetear.

center-driven antenna I antena con alimentación central.

centered cubic lattice I red cúbica centrada.

centered lattice I red de mallas centradas (cristalografía).

center-feed tape I cinta perforada de arrastre centrado.

centering I centraje I determinación del centro I cimbra (arcos).

centering adjustment I ajuste de convergencia (cámara).

centering catch I pestillo de centrar.

centering chuck I mandril de centrar, plato de centrar (tornos).

centering cone I cono de centraje.

centering control I control para el centrado I pulsador de encuadre (televisión).

centering current I corriente de centrado.

centering diode I diodo de centrado.

centering magnets I imanes de centrado.

centering potentiometer I potenciómetro de centrado.

centerless I acéntrico I sin puntos (tornos).

centerline I eje I crujía I plano diametral (buques).

centerline pillar I puntal en crujía I puntal en el plano diametral (buques).

center-pop (to) I granetear.

center-punch mark I granetazo.

center-tap keying I manipulación por toma central.

center-tapped input transformer I transformador de entrada con toma central.

center-up (to) I centrar la imagen.

center-zero scale I escala de cero central.

centigrade I centígrado.

centigrade degree I grado Celsius.

centimeter I centímetro.

centimeter-candle I bujía-centímetro.

centimeter-gram-second system I sistema cegesimal.

centimeter-wave amplifier I amplificador de onda centimétrica.

centimetric radar I radar centimétrico.

centimetric wave I onda centimétrica.

centrad I unidad de medida circular = 0,573 grados = 0,01 radián.

central acceleration I aceleración centrípeta.

central control I control central.

central control actuator I accionador de control central.

central drainage tunnel I túnel de drenaje central para servicio de varias minas y con objeto de reducir los gastos de bombeo.

central eruption I erupción central (volcanes).

central field of force I campo de fuerza central.

central nuclear potencial I potencia nuclear central.

central processing unit I unidad central de procesamiento (informática).

central terminal I unidad de control de transmisión I terminal central I central de terminales (comunicaciones).

central zero galvanometer I galvanómetro de dos direcciones, galvanómetro con escala de cero central.

centralized control I control centralizado.

centralized control room I sala de control centralizado.

centralized data processing I procesado de datos centralizados (informática).

centralized television antenna system I sistema centralizado de antena para televisión.

centraradian I centésima de radián = 0,573 grados.

centre (G.B.) I centro I cimbra.

centre holes I perforaciones de arrastre (telegrafía).

centre line I eje geométrico I crujía (buque).

centre pin I pivote.

centre (to) I concentrar I centrar, cimbrar I granetear (un agujero) I poner en estación (aparato topográfico).

centreing I centraje.

centreline (G.B.) I eje I crujía I plano diametral (buques).

centricast I centrifugado (fundición).

centricity I centricidad.

centrifugal I centrífugo.

centrifugal acceleration I fuerza centrífuga I aceleración centrífuga.

centrifugal air compressor I compresor centrífugo de aire.

centrifugal brake I freno centrífugo.

centrifugal casting I fundición centrífuga.

centrifugal clarification I separación de impurezas salidas de un líquido.

centrifugal current I corriente centrífuga.

centrifugal desintegrator I desintegrador centrífugo.

centrifugal drying I secamiento centrífugo.

centrifugal elutriator I elutriador centrífugo.

centrifugal emulsifier I emulsionadora centrífuga.

centrifugal fault I falla centrífuga (geología).

centrifugal force field I campo de fuerza centrífuga.

centrifugal governor I regulador de Watt, regulador de bolas (regulador centrífugo).

centrifugal grading I clasificación centrífuga.

centrifugal impeller I compresor centrífugo.

centrifugal molecular still | equipo de destilación molecular centrífuga.
centrifugal moulding | moldeo por centrifugación.
centrifugal ore concentration | concentración centrífuga de minerales.
centrifugal strength | fuerza centrífuga.
centrifugal-flow compressor | compresor centrífugo.
centrifugalization | centrifugación.
centrifugalize (to) | centrifugar.
centrifugally graded | clasificado centrífugamente.
centrifugally moulded grinding wheel | muela de rectificar moldeada centrífugamente.
centrifugal-type supercharger | sobrealimentador centrífugo (motores).
centrifugate (to) | centrifugar.
centrifugation | centrifugación.
centrifuge microscope | microscopio centrífugo.
centrifuge (to) | centrifugar.
centrifuging | centrifugación.
centring | cimbra | centraje.
centring lathe | torno de puntos.
centring screw | tornillo de centrar.
centriole | centriolo.
centripetal acceleration | aceleración centrípeta.
centripetal current | corriente centrípeta.
centripetal fault | falla centrípeta (geología).
centripetal pump | bomba centrípeta.
centrispinning | fundición centrifugada.
centro | centro de rotación (mecánica).
centrobaric | centrobárico.
centroclinal | centroclinal | alzamiento de estratos.
centroclinal fold | braquisinclinal (cubeta - geología).
centroid of an area | centro de gravedad de un área.
centroid of compression | baricentro de compresión.
centroid of displaced volume | centroide del volumen desplazado.
centroidal axis | eje centroidal.
centroidal radius of gyration | radio central de giro.
centromere | centrómero.
centrosome | centrosoma.
centrosphere | barisfera (geología).
centrum | centro.
cepheid | estrella doble variable (astronomía).
cepheid variable | cefeida variable (astronomía).
ceramic | cerámico.

ceramic capacitor | condensador cerámico.
ceramic colorant | óxido colorante.
ceramic crystal transducer | transductor de cristal cerámico.
ceramic detector | detector piezo- eléctrico.
ceramic ferroelectrics | ferroeléctricos cerámicos.
ceramic gage | galga cerámica.
ceramic glass | vidrio de cerámica.
ceramic insulator | aislador cerámico | aislador de cerámica.
ceramic magnet | imán cerámico.
ceramic metal | óxido metálico sinterizado.
ceramic metallic mixture | cerametal.
ceramic nuclear fuel | combustible nuclear recubierto de cerámica.
ceramic phonograph cartridge | cápsula fonocaptora de cerámica.
ceramic photography | fotocerámica.
ceramic pickup | fonocaptor cerámico.
ceramic reactor | reactor cerámico (nuclear).
ceramic sponge | cerámica porosa.
ceramic tube | tubo cerámico.
ceramic vibration pickup | vibrocaptor cerámico.
ceramic-fueled reactor | reactor de combustible cerámico.
ceramicite | ceramicite (roca compuesta de plagioclasa básica y cordierita).
ceramicon | condensador cerámico.
ceramics | cerámicos (productos cerámicos - material no metálico de alta temperatura de fusión).
ceramplifier | amplificador cerámico.
cerargyrite | cerargirita, plata córnea, clorargirita.
ceratoid cusp | punto de retroceso ceratoide (curvas).
ceraunite | ceraunito (meteorito).
ceresin | ozokerita refinada.
ceria | ceria (óxido de cerio).
ceric | cérico.
ceric sulphate | sulfato de cerio.
cerimetric titration | valoración cerimétrica.
ceri-rouge | óxido de cerio.
cerium | cerio (Ce).
cerium bearing alloy | aleación ceriosa.
cerium chloride | cloruro ceroso.
cerium copper | aleación de cobre y 80 a 90% de mischmetal.
cerium hydrate | óxido cérico | hidróxido cérico.
cerium metal | cérido.
cerium oxalate | oxalato ceroso.
cermet | asociación de cerámica y metales | cermet | cerametal, óxido metálico sinterizado.

cermet electrode sheath | revestimiento de cerametal para electrodos.

cermet fuel | combustible cerametálico.

cermet resistor | resistencia cermet.

cermetology | cerametología.

cerography | cerografía.

cerous | ceroso (que contiene cerio en estado trivalente).

certificated thermometer | termómetro comprobado, termómetro contrastado.

certification test | ensayo de homologación | prueba de homologación (motor avión).

ceruse | cerusa, albayalde, carbonato de plomo, blanco de plomo | cerusita.

cerussite | cerusita, plomo blanco, plomo carbonatado.

cervantite | cervantita (óxido de antimonio).

cesium | cesio (Cs).

cesium cell | célula de cesio.

cesium cell thermionic converter | convertidor termiónico de célula de cesio.

cesium diode | diodo de cesio.

cesium hollow cathode | cátodo hueco de cesio.

cesium ion | átomo de cesio que ha perdido algunos electrones.

cesium ion engine | motor iónico de cesio.

cesium standard | patrón de cesio.

cetane rating | graduación cetánica, cetanaje.

Ceylon alexandrite | alexandrita transparente (Ceilán).

Ceylon diamond | zircón incoloro.

Ceylon garnet | almandita.

Ceylon hyacinth | almandita de Ceilán.

Ceylon sapphire | zafiro azul pálido | zafiro de Ceilán.

Ceylon thorite | torita de Ceilán (torio (57%) y uranio (1%).

Ceylonese chrysolite | nombre comercial del crisoberilo amarillo dorado de Ceilán.

Ceylonese peridot | nombre comercial de turmalina verde-amarillenta (gema semipreciosa).

Ceylonese zircon | turmalina.

CH steel | acero cementado.

chad tape | cinta de perforación completa | cinta perforada (comunicaciones).

chadded tape | cinta perforada total.

chadless perforated tape | cinta con perforación parcial.

chadless tape | banda semiperforada.

chaetognath | quetognato.

chafe (to) | friccionar | desgastarse | excoriar.

chaff | reflectores de ondas electromagnéticas (cintas metálicas antirradar), tiras de papel metalizado antirradar (aviones).

chaff cloud | nube de cintas metálicas antirradar.

chaff dropping | lanzamiento de cintas metálicas antirradar.

chain | cadena (unidad de longitud igual a 20,11 metros) | cadena de agrimensor | cadenada (topografía) | circuito de una pila | muro de seguridad (minas) | red geodésica | concatenado.

chain amplifier | amplificador en cadena.

chain bearer | portacadena (topografía).

chain belt | correa articulada | cadena de transmisión.

chain block | polipasto de cadena.

chain breaking reagent | reactivo rompecadena (química).

chain breast machine | rafadora de cadena (minas).

chain brow way | plano inclinado subterráneo que funciona por cadena sinfín, galería de transporte inclinada con cable sinfín (minas).

chain carrier | portador de la cadena (reacciones).

chain code | código encadenado.

chain conveyor | transportador de cadena, cadena transportadora.

chain drive | impulsión por cadena (mecánica) | transmisión por cadena.

chain fall | polipasto (mecánica).

chain fission | fisión nuclear en cadena.

chain fission yield | rendimiento de una cadena de fisión (nuclear).

chain gear | engranaje de cadena.

chain hoist | grúa de cadena.

chain home beamed | cadena de estaciones litorales de radar.

chain home low | cadena de estaciones de radar para detección de aviones de vuelo bajo.

chain iron | eslabón.

chain isomerism | isomerismo lineal (química).

chain mesh dredge | draga para recoger sedimentos de granos gruesos y organismos de la plataforma continental (oceanografía).

chain of buckets | rosario (norias, dragas).

chain of cascaded feedback amplifiers | cadena de amplificadores en cascada con realimentación.

chain pillar | pilar de protección de galerías (minas).

chain pin | perno de cadena.

chain pipe wrench | llave de cadena para tubos.

chain pipe wrench (pipe cutter) | cortatubos de cadena.

chain printer | impresora de cadena (informática).

chain pulley I rueda de cadena I barbotén.

chain pump I bomba de cangilones.

chain radar beacon I baliza radárica con tiempo de recuperación muy rápido I radar secundario en cadena.

chain radar system I sistema de radar en cadena.

chain reaction I reacción en cadena.

chain reaction plant I reactor nuclear.

chain rule I regla de la cadena (cálculo diferencial) I regla de conjunta, regla de tres compuesta, regla de compañía (aritmética).

chain saw I sierra de cadena I motosierra.

chain scission I escisión de la cadena (química).

chain shackle I grillete de cadena.

chain shot I bala encadenada (marina).

chain sling I eslinga de cadena.

chain sprocket I cadena Galle I engranaje de cadena.

chain stopper I estopor (boza de la cadena -ancla buques).

chain straightener I agente químico para que las moléculas formen cadenas lineales (industria del caucho).

chain tackle I aparejo de cadena.

chain (to) I enlazar, unir I eslabonar, concatenar.

chainage I cadenada (topografía).

chain-branching reaction I reacción generadora de cadenas (química).

chain-breaking reaction I reacción de rotura de cadenas.

chained list I lista enlazada (informática).

chained record I registro encadenado (fichero).

chainwall I explotación por huecos y pilares (minas).

chair plate I cojinete (carriles) I placa de asiento del carril (ferrocarriles).

chair saw I segueta (sierra de contornear).

chair track I vía sobre cojinetes (ferrocarril).

chalcanthite I chalcantita I sulfato hidratado de cobre I vitriolo azul.

chalcedony I cuarzo translúcido azulado.

chalcedony onyx I calcedonia con franjas alternas de color blanco o gris.

chalcedonyx I ónice (mineral).

chalchuite I turquesa verde.

chalcites I sulfato de cobre.

chalcocite I chalcocita (contiene un 79% de cobre) I calcocita I sulfuro de cobre.

chalcogen I anfígeno I calcógeno.

chalcography I examen al microscopio por luz reflejada (secciones pulimentadas de minerales).

chalcopyrite I calcopirita (cobre piritoso).

chalcopyrrhotite I calcopirrotita (sulfuro de cobre y hierro, amarillo de latón).

chalcosiderite I calcosiderita (fosfato hidratado de cobre y hierro).

chalcosine I calcosina, cobre sulfurado, cobre vítreo.

chaldera I caldera (geología).

chaldron I medida de carbón variable de 32 a 36 bushels (en Newcastle = 53 cwt.) I chaldrón (medida equivalente a treinta y seis bushels).

chalk I yeso I caliza I tiza I marga, creta I carbonato cálcico.

chalk liquid I agárico mineral.

chalk overlay I alza mecánica de tiza (imprenta).

chalk plate I estereotipia a la escayola (grabado).

chalk-formation I terreno cretáceo.

chalky I gredoso I margoso I cretáceo.

chalky chert I sílex gredoso.

challenger I transmisor que envía una señal al radiofaro de aterrizaje (aviación), emisor de impulsos de interrogación.

chalybeate I impregnado de sales de hierro.

chamber I cámara I alojamiento I cuerpo de bomba I hornillo de mina I recámara (cañón) I mezclador (inyector) I laboratorio (hornos) I cuenco (esclusas) I anchurón (minas) I bolsón de mineral.

chamber acid I ácido sulfúrico de cámaras de plomo (53 grados Bé).

chamber crystals I cristales de ácido nitrososulfúrico (cámaras de plomo).

chamber flight I vuelo simulado en una cámara de descompresión.

chamber kiln I horno de cámaras de cocción múltiple (fabricación ladrillos).

chamber of ore I bolsón de mineral.

chamber volume I volumen de la cámara de combustión (cohete).

chamber working I laboreo por pilares y salones (minas).

chamber-and-pillar I explotación por cámaras y pilares (minas).

chambered core I macho con conductos para gases (fundición).

chamfer I bisel I chaflán.

chamfer angle I ángulo de bisel.

chamfer bit I broca de berbiquí.

chamfer edge I bisel, chaflán.

chamfer (to) I acanalar I escarpar, espatillar (chapas) I biselar, chaflanar, estriar.

chamfering anvil I yunque de calderero.

chamfering drill I fresa plana de dos cortes.

chamfering reamer I escariador de achaflanar.
chamfering tool I fresa plana de dos cortes I herramienta biseladora.
champion lode I filón principal (minas).
Champlain forge I forja catalana I forja de Champlain (forja americana para producción del hierro dulce directamente).
champlevé I esmalte incrustado I campeado (esmalte formado con polvos vítreos incrustados en canales abiertas en la base metálica).
chance glass I vidrio azul oscuro que sólo transmite luz ultravioleta.
chandelle I subida en candelero (empinada seguida de viraje -aviones).
chandelle (to) I subir en candelero (aviación).
change color (to) I virar (química) I cambiar de color.
change direction command indicator I señal indicadora de que el emisor ha terminado de transmitir y se encuentra listo para recibir datos.
change dump I transcripción de modificaciones (memoria).
change file I fichero de modificaciones.
change gear I cambio de velocidades I engranaje de cambio.
change in bias I cambio en polarización.
change of direction I cambio de dirección I cambio de rumbo I inflexión (curvas).
change one's course (to) I cambiar de dirección I cambiar de rumbo (buques).
change over point I punto de cambio de frecuencia (radio).
change over switch I inversor de corriente I inversor de polaridad.
change over (to) I conmutar I permutar.
change point I punto de estación (nivelación).
change record I registro de cambio (informática).
change (to) I modificar I transformar I cambiar I alterar.
changeable feldspar I feldespato opalino.
change-back signal I señal de retorno al enlace normal.
changed over I conmutado (electricidad).
change-face I inversión (anteojo de teodolito).
changeover I permutación I cambio I transferencia (electricidad).
change-over contact I contacto inversor, contacto de conmutación.
change-over switch I conmutador electrónico I conmutador de telecomunicación I interruptor de cambio I conmutador.
changer I permutador I conmutador.
change-tune switch I conmutador de sintonización, conmutador de longitud de ondas.

changing over I conmutación.
channel I vía I grupo de frecuencias I canal I filón estéril I filón de roca I vía de transmisión I circuito eléctrico I canal de paso a través del núcleo (reactor nuclear).
channel assignment I distribución de canales.
channel associated signaling I señalización asociada al canal (información).
channel balance I equilibrio entre canales (radiodifusión).
channel capacity I capacidad de canal I capacidad de información por vía.
channel carrier generator I generador de portadora del canal.
channel command I orden de canal (informática).
channel demodulator I desmodulador de canal.
channel designator I identificación del canal.
channel distribution I distribución de canales.
channel drop I derivación de canales.
channel dropping I extracción de canales.
channel effect I efecto de canal.
channel equipment I equipo de canalización.
channel filter I filtro de canal.
channel frequency I frecuencia de canal.
channel group I grupo primario.
channel indicator I indicador de canal.
channel isolation I desacoplamiento entre canales.
channel loading I carga de canal (telecomunicaciones).
channel marker I baliza.
channel mixer I mezclador de canales (comunicaciones).
channel modulation I modulación de canal.
channel of ascent I chimenea de ascenso (minas).
channel of communication I vía de comunicación I conducto oficial de enlace.
channel pass filter I filtro de paso de canal.
channel program I programa de canal de entrada/salida.
channel pulse I impulso de canal (telefonía).
channel quality indicator I indicador de calidad de canal.
channel reversal I inversión de canales (estereofonía).
channel selector I selector de canales.
channel sense command I orden de exploración de canal (informática).
channel sharing I asignación de canales (radio).
channel shifter I cambiador de canal.
channel spin I suma vectorial de los espines de las partículas iniciales o de las partículas resultantes (reacción nuclear).

channel spotter I selector autómata de canales.
channel (to) I encauzar I acanalar, estriar.
channel unit I unidad de canal (sistemas de onda portadora).
channel wave I onda elástica propagada en un canal sonoro.
channel write command I orden de escritura por canal (informática).
channel-effect factor I factor de inhomogeneidad (nucleónica).
channeler I máquina para abrir rozas profundas en la roca (canteras) I rafadora (minas) I máquina de acanalar.
channeling I canalización (sondeos y refinos) I transmisión canalizada.
channeling machine I máquina de acanalar I rafadora (minas).
channeling reduction I reducción del ancho de los canales.
channelized modem I modem de subcanales.
channelized transmitter I transmisor de canales simultáneos.
channel-preview-monitor I monitor previo de canal (cámara).
channel-substrate breakdown I ruptura del sustrato del canal (transistor).
channer I grava.
chapinha I hematita brasileña hidratada.
chapiter I capitel.
chapmanizing I nitruración por amoniaco activado I temple superficial en baño de sales en presencia de hidrógeno activo.
chapping I averiguación de distancias golpeando una roca con un mazo (minería).
Chappius bands I bandas de absorción para el ozono entre 4.500 y 6.500 angstroms.
chaptrel I capitel de imposta (arco gótico).
char I carbón de leña I coque de calidad inferior I carbón animal, carbón de huesos I escorias de hulla.
char oven I horno de carbonizar.
char test I prueba de calcinación.
char (to) I carbonizar.
character I letra I carácter de imprenta (tipografía).
character assembly I composición de caracteres (informática).
character code I señal telegráfica I código de caracteres.
character disassembly I descomposición de caracteres (informática).
character per inch I caracteres por pulgada.
character printer I impresora por caracteres.
character recognition I identificación de caracteres automáticamente.

character recognition device I aparato para lectura óptica.
character sensing strip I banda de lectura de caracteres (informática).
character string I cadena de caracteres (informática).
characteristic I característica (logaritmos) I grupo de señales codificadas (radio).
characteristic acoustic impedance I impedancia acústica característica.
characteristic anode voltage I tensión anódica característica.
characteristic frequency I frecuencia fundamental.
characteristic radiation I rayos característicos de fluorescencia.
characterization I caracterización (química).
characterization factor I factor de Watson (petróleos).
character-writing tube I tubo inscriptor de caracteres (electrónica).
charactron I charactrón.
charbon I ántrax, carbunco.
charcoal I carbón vegetal, carbón de leña.
charcoal bar I redondo al carbón vegetal (metalurgia).
charcoal gas producer I gasógeno de carbón de leña.
charcoal hearth cast iron I arrabio fundido con solera de carbón vegetal.
charcoal iron I hierro al carbón vegetal I arrabio fundido con carbón vegetal.
charcoal pig I arrabio al carbón vegetal.
charge carrier I onda portadora electrizada.
charge density I densidad de carga (electricidad).
charge image I imagen de potencial (televisión).
charge indicating device I dispositivo indicador de carga (electricidad).
charge indicator I indicador de carga.
charge meter I computador de tasa (telecomunicaciones).
charge multiplication I multiplicación de carga (electricidad).
charge neutrality I neutralidad de carga (semiconductor).
charge neutralization I neutralización de la carga (electridad).
charge of the electron I carga de electrón.
charge pulse amplifier I amplificador de carga.
charge quantization I cuantización de carga (electricidad).
charge rheostat I reóstato de carga.
charge switch I conmutador de carga.

charge (to) | cargar | llenar el cilindro (motores) | alimentar | electrizar.

charge valve | válvula de alimentación.

charge voltage | tensión de carga.

charge-controlled device | dispositivo de carga controlada (transistor).

charge-coupled devices | dispositivos de acoplo de carga (electrónica).

charged conductor | conductor con corriente.

charged particle radiation | radiación de partícula electrizada.

charged particles irradiations | irradiaciones por partículas cargadas.

charge-discharge machine | máquina para descarga y carga consecutiva (reactor nuclear).

charge/mass ratio | cociente de la carga eléctrica por la masa.

charge-or-discharge switch | reductor de carga o descarga (batería).

charger | maquina de cargar (hornos) | dínamo para carga de acumuladores.

charges sources | fuentes de cargas (electrotecnia).

charge-storage diode | diodo de almacenamiento de carga.

charge-storage transistor | transistor de almacenamiento de carga.

charge-storage tube | tubo de almacenamiento de carga.

charge-to-tap time | tiempo entre la carga y la sangría (hornos).

charging board | cuadro de distribución de carga.

charging boats | navecillas de carga (horno continuo de cinta transportadora).

charging choke | choque de carga (electricidad).

charging circuit | circuito de carga.

charging current | corriente de carga.

charging current strength | intensidad de la corriente de carga.

charging load | régimen de carga (electricidad).

charging panel | tablero de carga (electricidad).

charging period | periodo de carga | periodo de admisión (motores).

charging rate | régimen de carga | amperaje de carga.

charging resistance | resistencia de carga (electricidad).

charging valve | válvula de carga.

charging voltage | voltaje de carga.

charlie | radar pequeño de alarma y control de tiro (aviones).

charred coal | cok, coque.

charring | carboneo | carbonización.

charring ablator | material de ablación que forma en la superficie calentada una capa carbonácea.

chart | diagrama, gráfico | mapa | carta marina | carta hidrográfica | plano.

chart comparison unit | unidad de comparación con el mapa (radar).

chart for averages | gráfica de promedios.

chart limits | tabla de tolerancias.

chart making | cartografía.

chart of gear ratios | diagrama de relaciones de transmisión.

chart plotting | transcripción de un mapa.

chart (to) | establecer un gráfico | hidrografiar | tabular.

charted depth | distancia vertical del plano de referencia al fondo (cartas marinas) | profundidad tabulada (oceanografía).

charter | cabrial (minas) | trabajo a destajo (minas).

charting photography | fotografía para obtener datos para las cartas aeronáuticas.

charting template | normógrafo para trazar organigramas.

chartographer | cartógrafo.

chartography | cartografía.

chartometer | cartómetro.

chartroom | cuarto de derrota (marina).

chase | rama (imprenta) | ranura, muesca | roza.

chase bar | crucero de rama (imprenta).

chase (to) | engastar | cincelar | trazar un filón hasta su origen (minas), roscar en el torno | acanalar.

chased | gofrado | engastado | cincelado, repujado.

chaser | buril fileteado para clisés (grabado) | vehículo que maniobra para efectuar una reunión con un objeto orbitante (cosmonaves) | cincelador | engastador | avión de caza | almohadilla (cabezal de roscar) | peine para roscar (machos o tornillos).

chasing | engaste | cinceladura | explotación en dirección del filón (minas) | ranuración.

chasing anvil | yunque de embutir.

chasing cement | cemento de engastar.

chasing hammer | martillo de embutir.

chasmophyte | chasmófita (ecología).

chasse maree | lugre.

chassingite | chassingita.

chassis | armazón, bastidor, marco | chasis (autos, vagones, etc.).

chat sand | subproducto de las minas de cinc y plomo que se emplean en pavimentos de hormigón.

chatoyancy | contraste (minerales) | tornasol.

chats I arenas plomíferas empleadas para aserrar piedras, productos intermedios (preparación de minerales) I mineral de baja ley que se separa.

chatter I vibración I superficie irregular (extrusión) I resbalamiento de la rueda sobre el carril (ferrocarril).

chatter marks I defectos de rectificado.

chattock gauge I manómetro de inclinación.

chatty ore I mineral finamente diseminado.

chauffage I recalentamiento (metalurgia).

check I cotejo, comprobación I interrupción, grieta.

check analysis I análisis de comprobación.

check base I base de comprobación.

check beam I haz de referencia I haz de aterrizaje (aviones).

check bit I bit de verificación I bidígito de control I bit de comprobación.

check buffer I moderador de entrada en batería.

check circuit I circuito verificador.

check digit I dígito de comprobación I dígito de verificación (almacenamiento) I clave numérica de identificación.

check flight I vuelo de prueba.

check light I luz indicadora de error.

check line I línea de referencia.

check loop I circuito de pruebas de continuidad.

check okay I prueba positiva (telecomunicación).

check point I punto de verificación I punto de comprobación.

check program I juego de pruebas (informática).

check ride I vuelo de comprobación.

check screen I tamiz de comprobación (minas).

check station I punto de verificación.

check sum I suma de control (informática).

check (to) I comprobar I verificar I chequear I controlar.

check valve I válvula de retención I válvula de frenado.

checked I verificado, comprobado.

checked maneuver I maniobra controlada (aviones).

checker I comprobador I verificador, termorrecuperador (hornos metalúrgicos).

checker chamber I cámara de regeneración del calor (horno Martín Siemens).

checker coal I antracita formada por granos rectangulares.

checkerwork I recuperador de calor, regenerador de calor (hornos).

checking I comprobación, verificación I reducción del viento (alto horno).

checking brake I frenado de reducción de velocidad I freno desacelerador.

checking fixture I montaje de verificación.

checking form I ficha de control.

checking gage I galga de comprobación.

checking program I programa verificador (informática).

checking routine I programa de control.

checkout I comprobación, verificación.

checkpoint I punto de reanudación (informática) I punto de relanzamiento I punto de comprobación.

checkpoint restart I reinicialización de un programa en un punto de control (informática).

checksum I suma de control (informática).

cheese I lingote de acero I disco (laminación de llantas) I forja cilíndrica con lados convexos formada por recalcamiento del lingote I pieza en tosco antes de la extrusión I cilindro muy corto.

cheese of granite I bloque de granito en forma de queso gouda.

cheesebox still I alambique de bóveda (química).

cheesy copper I azurita.

chelate I quelato (química).

chelate laser I laser de quelato (óptica).

chelate (to) I quelar, complejar (química).

chelating agent I agente quelante I quelificante.

chelating resin I resina quelante (química).

chelation I quelación (química).

chellating agent I quelatador.

cheloid I queloide.

chelone I quelón (microquímica).

chemiatry I quimiatría.

chemic I solución de hipoclorito cálcico.

chemical I producto químico I químico I resistente a los ácidos o productos químicos.

chemical adsorption I adsorción química.

chemical air pollutant I contaminante químico del aire.

chemical antidetonant I antidetonante químico.

chemical attack I ataque químico (metalurgia).

chemical binding effect I efecto de enlace químico.

chemical bleaching I blanqueo químico.

chemical bond I enlace químico, ligadura química.

chemical change I modificación química I transformación química I alteración química.

chemical compound I compuesto químico.

chemical concentration I concentración química expresada en gramos por 100 mililitros.

chemical corrosion I corrosión química.

chemical crystallography I cristaloquímica.

chemical decay I disgregación química.
chemical defoliation I defoliación química.
chemical descaling I decapado químico (aceros).
chemical dielectric I dieléctrico de película química (electricidad).
chemical dosemeter I dosímetro químico.
chemical enology I enoquímica.
chemical equivalent I equivalente químico.
chemical etching I atacado químico.
chemical factor I factor gravimétrico.
chemical filling I carga química.
chemical focus I foco químico (lente fotográfica para rayos fotoactínicos).
chemical fog I velado químico (fotografía).
chemical fuel motor I motor que emplea un producto químico como combustible que no depende de la atmósfera para su oxidación.
chemical gamma-ray dosimeter I dosímetro químico para rayos gamma.
chemical hydrodynamics I hidrodinámica química.
chemical hydrometry I hidrometría química.
chemical ignition I ignición química.
chemical lace I encaje químico (encaje de Plauen).
chemical ladened atmosphere I atmósfera cargada de gases.
chemical lead I plomo resistente a los ácidos, plomo de 99,9% de pureza con 0,04 a 0,08% de cobre.
chemical limestone I roca compuesta casi exclusivamente de calcita.
chemical luminiscence I luminiscencia química.
chemical makeup I estructura química.
chemical milling I fresado químico (metalurgia) I abrasión química.
chemical phosphorescence I quimiofosforescencia.
chemical plaster I enyesados químicos.
chemical polishing I pulimentación química.
chemical pressurization I presurización química.
chemical propylene I propileno químico.
chemical pump I bomba dosificadora de productos químicos.
chemical rays I rayos actínicos.
chemical reagent I reactivo químico.
chemical recovery I recuperación química.
chemical reduction deposition I deposición por reducción química.
chemical remanent magnetization I magnetización química remanente (geofísica).
chemical resistant I quimiorresistente.

chemical reversal I inversión del positivo a negativo o viceversa por tratamiento químico (fotografía).
chemical shift I desplazamiento químico.
chemical shim I compensación química.
chemical shutdown I detención de proceso químico.
chemical sludge I cienos químicos.
chemical stress I tensión química.
chemical tanks I depósitos de reactivos químicos.
chemical tanning I curtido químico.
chemical vapor deposition I depósito de vapores químicos.
chemical vapour deposition I deposición de vapores químicos.
chemical washing I lavado químico.
chemical weathering I meteorización química.
chemical-inertia I inercia química.
chemicalize (to) I tratar por procedimientos químicos.
chemically formed I formado químicamente I no clástica (rocas).
chemically formed rock I roca no clástica I roca de origen químico.
chemically pumped laser I laser de bombeo químico (óptica).
chemicogenesis I quimiogénesis.
chemiluminescence I quimioluminiscencia.
chemiluminescent reaction I reacción quimiluminiscente.
chemisorb (to) I quimioadsorber.
chemistries I sustancias químicas.
chemistry I química.
chemograph I quimiógrafo.
chemoimmunity I inmunoquímica.
chemolysis I quimiólisis.
chemomorphosis I quimiomorfosis.
chemonuclear I quimionuclear.
chemonuclear reactor I reactor nuclear químico.
chemoresistance I quimiorresistencia.
chemosorption I adsorción activada.
chemosphere I quimiosfera.
chempure tin I estaño químicamente puro (pureza 99,991%).
chemurgy I química agrícola industrial I agrotecnia I quimiurgia.
cheralite I queralita.
chert I pedernal I horsteno (geología).
chessy copper I azurita, cobre carbonatado azul.
chessylite I azurita.
chestnut I antracita de tamaño entre 25 y 32 mm, masa de acero agarrada a la sangría (alto horno).

cheval-de-vapeur I caballo métrico.

chevaliers I nódulos de pirita de hierro.

chevee I gema plana con depresión cóncava pulida.

chevet I ábside lobulado (presbiterio - catedrales góticas).

chi phase I fase chi (metalurgia).

chief arch I arco maestro.

chief beam I viga maestra.

Chile bars I barras de cobre impuro de unos 90 Kilos de peso y que contienen un 98% de cobre.

Chile current I corriente de Humboldt I corriente oceánica fría de las costas de Chile y Perú.

Chile niter I nitro de Chile.

Chile saltpeter I nitrato sódico, nitrato de Chile, salitre de Chile.

Chilean lapis I lapizlázuli azul pálido con vetas de matriz blanca.

Chilean nitrate I nitrato de Chile.

chilenite I chilenita (plata bismutal).

chili I nitrato de Chile.

chill I enfriamiento I molde de fundición I inserción metálica empleada para producir enfriamiento rápido en un punto determinado (moldes) I coquilla (metalurgia).

chill cast I fundido a coquilla.

chill casting I fundición dura.

chill crystals I cristales formados por enfriamiento rápido del metal fundido en contacto con las paredes frías de una lingotera.

chill mould I coquilla de colada.

chill mould (to) I moldear en coquilla.

chill moulding I moldeo en coquilla.

chill ring I cubrejuntas interior (soldadura).

chill roll extrusion I extrusión sobre rodillo frío.

chill test I prueba de temple (hierro al carbón vegetal).

chill (to) I enfriar I fundir en concha I congelar I colocar inserciones metálicas interiores para extraer calor (funderías) I endurecer superficialmente I fundir en moldes I refrigerar.

chill-cast bronze I bronce fundido en coquilla.

chill-cast pig I arrabio colado en coquilla.

chilled I refrigerado, fundido en concha.

chilled cast iron I fundición de concha, fundición de coquilla, fundición endurecida superficialmente.

chilled iron I hierro en moldes, fundición de coquilla.

chilled mold I coquilla, concha (para fundición).

chilled shot-drill I sondeo con granalla.

chilled spots I puntos duros (pieza fundida).

chilled steel I acero fundido en coquilla.

chilled stiff metal I metal fundido en coquilla sin deformación.

chiller I máquina refrigeradora I refrigerador.

chill-harden (to) I fundir en concha, fundir en coquilla I templar al aire.

chilling I refrigerante I enfriamiento I temple en coquilla I fundición en concha I congelación I aceración.

chill-mold I molde de fundición, concha de fundición.

chimney I chimenea (minas) I bóveda (hueco en la carga interior de un alto horno).

chimney rock I roca saliente (pirámide de erosión -geología).

chimopelagic plankton I plancton quimopelágico.

China bark I quinina.

China blue I azul de cobalto.

China clay I caolín I arcilla de China.

China stone I caliza de grano muy fino I roca granítica caolinizada con plagioclasa.

chine I pantoque (aviación) I barranco (garganta -geología).

Chinese binary I binario chino.

Chinese binary code I código binario por columnas (informática).

Chinese blue I azul de Prusia.

Chinese jade I jadeíta.

Chinese landing I abarloamiento de dos buques proa con popa I atraque a un muelle a favor de la corriente I aterrizaje a favor del viento.

Chinese red I sulfuro mercúrico rojo.

Chinese script I forma microestructural angular (aleaciones).

Chinese silver I aleación de 58% de cobre, 17,5% cinc, 11,5% níquel, 11% cobalto y 2% de plata.

Chinese soapstone I agalmatolita.

Chinese speculum metal I aleación rojiza para espejos que contiene 80,8% de cobre y 3,5% de antimonio.

Chinese white I blanco de cinc (óxido de cinc molido en aceite y agua) I blanco de China (química).

chinon clay I caolín.

chinse (to) I embromar costuras (marina).

chinse (to) I calafatear ligeramente (botes).

chiolite I chiolita (fluoruro de sodio y aluminio de color blanco-nieve).

chip I pastilla de silicio I placa I chip.

chip axe I azuela, doladera.

chip card I tarjeta de memoria (informática).

chip (to) | burilar | escoplear (estereotipia) | picar (calderas, chapas) | desbarbar (fundición).

chipless forming | conformación sin desprendimiento de viruta (metales).

chipper | máquina astilladora de rollizos | escarificador resinador (árboles) | sangrador (industria resinera) | astilladora (fabricación pasta de madera) | martillo burilador, martillo cincelador.

chipping | desbastación a buril | desbastado | desangrado (industria resinera), escarpado (tochos, chapas) | desbarbado (rebarbado -de piezas fundidas) | desconchado (dientes engranajes).

chipping chisel | cincel de desbastar, cincel de desbarbar.

chipping hammer | martillo burilador, martillo de cincelar | martillo neumático de repelar, martillo de picar óxido.

chiral | quiral, que tiene poder rotatorio (química).

chiral twin | macla de Brasil.

chiral twinning | macla de reflexión (cristalografía).

chirality | quiralidad (poder rotatorio de una solución).

chiropterite | quiropterita.

chirothesia | quirotesia.

chisel | gubia | escoplo | cincel | formón | acodadera | buril | trépano.

chisel steel | acero con 1% de carbono | acero para cinceles.

chisel (to) | escoplear | cincelar | esculpir | grabar al buril, burilar.

chiseling | burilación | cincelado.

chloral hydrate | hidrato de cloral (química).

chloralum | solución acuosa impura de cloruro de aluminio (antiséptico).

chloramide | cloramida.

chloramine | cloramina.

chloranilic | cloranílico.

chlorapatite | apatito.

chlorate | clorato.

chlorate candle | mezcla de compuestos químicos sólidos que al arder liberan oxígeno libre.

chlorate explosive | explosivo cloratado | explosivo de clorato.

chlorate powder | pólvora cloratada.

chlore (to) | clorar.

chlorhydrate | clorhidrato.

chlorhydric acid | ácido clorhídrico.

chlorhydrin | clorhidrina.

chloric | clórico.

chloridate (to) | clorizar.

chloridation | clorización.

chloride | cloruro (química).

chloride of lime | cloruro de cal.

chloride shift | cambio de cloruros.

chlorides | minerales conteniendo cloruro de plata.

chloridization | cloruración.

chloridize (to) | clorizar.

chloridizing | cloruración.

chlorimeter | clorómetro.

chlorimetry | clorimetría.

chlorinate (to) | clorar, clorizar.

chlorinated lime | hipoclorito cálcico | cloruro de cal.

chlorinated polyphenil | polifenilo clorado.

chlorinated water | agua clorada.

chlorinating | cloruración | cloración.

chlorination | desgaseado de metales fundidos por adición de cloro.

chlorination process | proceso de cloruración.

chlorine | cloro.

chlorine dioxide | dióxido de cloro.

chlorine minerals | minerales que contienen cloro.

chlorine trifluoride | trifluoruro de cloro.

chlorine war gas | gas cloro.

chloring | cloración.

chlorinity | clorinidad.

chlorite schist | cloritoesquisto.

chloritization | cloritización (mineralogía).

chloritized biotite | biotita cloritizada.

chloritoid | cloritoide.

chloritous | cloritoso.

chlorized | clorado.

chlorobenzene | clorobenceno.

chlorocyanic | clorociánico.

chloroethylene | cloroetileno (química).

chloropal | clorópalo (silicato de hierro hidratado).

chlorophenol red | rojo de clorofenol (química).

chlorophyll | clorofila.

chloroprene | cloropreno.

chloros | hipoclorito de sosa.

chock | ampuesa, calzo, cuña | estemple (minería), pila rectangular de maderos horizontales colocados de plano unos sobre otros y relleno el interior de escombros (entibación minas).

chock block | estemple (minería).

chock-releaser | trinquete de calzo (minas).

chock-to-chock time | tiempo de vuelo (desde que se quitan los calzos hasta que se vuelven a poner, aviones).

choke | regulador de un pozo petrolero | difusor (carburador) | bobina de autoinducción, autoinducción | transformador reductor (electricidad) | surco en una superficie metálica para impedir el escape de energía de microondas (electrónicas).

choke capacity | capacidad de reactancia.

choke capacity coupling | acoplamiento por inductancia y capacidad, acoplamiento de capacidad inductiva.

choke coil | bobina de choque | bobina filtro para impedir el paso de corrientes de alta frecuencia, bobina de reactancia, bobina de bloqueo.

choke control | modulación por corriente constante (ánodo).

choke coupling | acoplo inductivo.

choke filter | filtro de impedancias.

choke input filter | filtro de entrada inductiva | filtro de entrada por choque (electricidad).

choke modulation | modulación por reactancia | modulación por corriente constante, modulación por variación del voltaje de placa (radio).

choke-coupled | acoplado en reactancia, acoplado con bobina de impedancia.

choke-coupled amplifier | amplificador de bobina de impedancia.

choke-coupling | acoplamiento de reacción, acoplamiento por bobina de reactancia (radio).

chokedamp | mofeta (minas).

choke-input filter | filtro de entrada inductiva | filtro con bobina de entrada (electricidad).

choking coil | bobina de reactancia | bobina de impedancia protectora (radio).

choking field | campo de reactancia.

choking gas | gas sofocante.

choking Mach number | número de obstrucción de Mach.

choking of chute | atoramiento de la chimenea (minas).

choking turns | espiras de reactancia.

choking winding | arrollamiento de reactancia.

cholaic acid | ácido colaico (bioquímica).

cholecystokinin | colecistoquinina (bioquímica).

choleglobin | coleglobina (bioquímica).

cholic acid | ácido cólico (bioquímica).

choline | colina (bioquímica).

cholinergic | colinérgica.

chololith | cololito.

chondri | gránulos redondeados e elipsoidales de silicato (meteoritos).

chondrification | condrificación.

chondriogene | condriogén.

chondrite | condrito.

chondritic | condrítico.

chondrostibian | antimoniato de hierro y manganeso.

chop | hendidura, grieta.

chop (to) | virar (el viento) | desbastar (carpintería) | interrumpir (corriente eléctrica) | cerrar rápidamente la admisión de combustible (motores) | perder potencia | conmutar rápidamente el emisor-receptor para fines de identificación.

chopped wave | onda de choque.

chopper | pulsador (espectrometría) | plataforma de perforación submarina del fondo del mar (petróleo) | contactor | discriminador rotatorio (física atómica) | pulsador para hacer discontinuo el flujo de neutrones.

chopper amplifier | amplificador de interrupción periódica | amplificador troceador (electrónica) | amplificador pulsador.

chopper disk | disco perforado.

chopper relay | relé modulador.

chopping | corte | interrupción | modulación.

chopping bit | trépano cortante (sondeos) | barrena cortante (mecánica).

chord | cuerda (geometría y anatomía) | cuerda aerodinámica (mecánica).

chord length | longitud de la cuerda aerodinámica (aeronáutica).

chord thickness | cuerda del ala (aviones).

chordwise | en el sentido de la cuerda (ala avión).

chordwise direction | dirección según la cuerda.

chorometry | corometría | levantamiento de terrenos.

Christiansen effect | fenómeno de dispersión en gránulos de mineral en el microscopio.

Christmas tree | árbol de conexiones, conjunto de válvulas, manómetros, etc., en la cabeza de la tubería para controlar el petróleo que sale (pozo petróleo) | luces de situación (torre de submarinos) | banderita colocada en un mapa para indicar la trayectoria de un avión.

Christmas tree antenna | antena direccional en espina de pescado.

Christmas tree pattern | diagrama óptico.

christmatite | chrismatita (hidrocarburo).

chroma | cromaticidad | saturación cromática.

chroma bandpass amplifier | amplificador de paso de banda de saturación cromática.

chroma circuit | circuito de croma (TV).

chroma control | control de color (TV).

chroma detector | detector de croma.

chroma oscillator | oscilador de croma.

chromacity | cromacidad.
chromakey | inserción de imagen.
chromatation | cromatación.
chromate | cromato.
chromate treatment | cromado.
chromated red | cromato básico de plomo.
chromatic | cromático.
chromatic scale | escala cromática.
chromatic spectrum | espectro cromático.
chromatic stroboscope | estroboscopio cromático.
chromaticity | cromaticidad.
chromaticity diagram | diagrama de cromaticidad.
chromatin | cromatina.
chromatism | cromatismo.
chromatites | cromatitas (minería).
chromatize (to) | cromatizar | cromar.
chromatogram | cromatograma.
chromatograph | cromatógrafo.
chromatograph (to) | cromatografiar.
chromatographic | cromatográfico.
chromatography | cromatografía (química).
chromatology | cromatología.
chromatolysis | cromatólisis.
chromatometer | cromatómetro.
chromatoptometer | cromatoptómetro.
chromatoptometry | cromatoptometría.
chromatoscope | cromatoscopio (óptica).
chromatron | cromatrón.
chromaventurine | vidrio verde que contiene óxido crómico.
chrome | cromita (mineral) | cromo (química) | bicromato potásico.
chrome alum | alumbre de cromo.
chrome brick | ladrillo de cromita.
chrome garnet | uvarovita.
chrome green | verde de cromo, óxido cromoso.
chrome greens | pigmentos de mezclas de amarillo de cromo y azul de hierro (pinturas y esmaltes).
chrome iron ore | cromita.
chrome molybdenum steel | acero al cromo molibdeno.
chrome mordant | mordiente de cromo.
chrome ocher | material de arcilla verde brillante con 2 a 10,5% de óxido de cromo.
chrome ochre | ocre de cromo (anagenita).
chrome ore | cromita.
chrome pickle | decapado en solución de ácido nítrico con bicromato sódico (magnesio).
chrome refractory | refractario al cromo.
chrome spinel | picotita (espinela cromífera).
chrome steel | acero al cromo.

chrome (to) | cromar | tratar con bicromato potásico (tintorería).
chrome yellow | amarillo de cromo (cromato de plomo).
chrome-aluminum steel | acero con el 6% de cromo y 1 a 1,5% de aluminio.
chrome-carbide precipitation | precipitación del carburo de cromo (aceros al cromoníquel).
chrome-cobalt alloy | aleación de cromo y cobalto.
chrome-fast black | negro al cromo sólido.
chromel | aleación de níquel 80% y cromo 20%.
chrome-nickel steel | acero al cromoníquel.
chrome-plated brass | latón cromado.
chrome-titanium steel | acero al cromotitanio.
chrome-vanadium steel | acero al cromovanadio.
chromia | cromia | óxido de cromo.
chromic | crómico.
chromic acid | ácido crómico.
chromic iron | cromita.
chromic nitrate | nitrato crómico (química).
chromic protection | protección crómica.
chromicize (to) | cromar (con cromo).
chromiferous | cromífero.
chrominance | crominancia.
chrominance amplifier | amplificador de crominancia (TV).
chrominance amplitude | amplitud de crominancia (TV).
chrominance carrier | portadora de crominancia (comunicaciones).
chrominance channel | canal de crominancia (TV).
chrominance demodulator | demodulador de crominancia (electrónica).
chrominance information | señal de crominancia.
chrominance mixer | mezclador de crominancia (TV).
chrominance modulator | modulador de crominancia.
chrominance primary | primario de crominancia.
chrominance signal | señal de crominancia (comunicaciones).
chrominance tube | tubo de crominancia.
chrominance vector | vector de crominancia.
chromism | cromismo.
chromite | cromito (química).
chromium aluminide | aluminiuro de cromo con buena resistencia a la oxidación.
chromium bronze | bronce al cromo.
chromium copper | cromocobre.

chromium denudation I denudación del cromo (aleación de cromoníquel).

chromium depletion I depleción del cromo (aleaciones).

chromium metal I cromo metal.

chromium mirror I espejo de cromo (química).

chromium steel I acero al cromo.

chromium sulphate I sulfato de cromo.

chromium-gold metallising I metalización cromo-oro.

chromium-oxide aerosol I aerosol de óxido de cromo.

chromize (to) I cromizar.

chromized steel I acero cromizado.

chromizice (to) I cromar.

chromizing I cromización, cementación con polvos de cromo.

chromizing furnace I horno de sales para cromar.

chromodioxid I dióxido de cromo.

chromodizing I formación de una película dura sobre el aluminio.

chromogen I cromógeno.

chromogenic I cromogénico.

chromograph I cromógrafo.

chromogravimetry I cromogravimetría.

chromoisomerism I cromoisomerismo.

chromolitho I cromolitografía.

chromolithographic printing I impresión cromolitográfica.

chromolithography I cromolitografía.

chromometer I cromómetro (aparato para determinar el color del petróleo y otros aceites) I colorímetro (química).

chromophotography I cromofotografía.

chromophotolithography I cromofotolitografía.

chromophototype I cromofototipia.

chromophotoxylography I cromofotoxilografía.

chromoscope I cromoscopio.

chromoscopy I cromoscopia.

chromosphere I cromosfera.

chromotogram I cromotograma.

chromotography I cromotografía.

chromotropism I cromotropismo.

chromotype I cromotipia I cromolitografía.

chromotypography I cromotipografía.

chromous I que contiene cromo en estado bivalente.

chromoxylography I cromoxilografía.

chronic exposure I exposición continuada a pequeñas dosis de radiación nuclear I irradiación crónica I exposición crónica (nuclear).

chronoelectrical I cronoeléctrico.

chronometer I cronómetro.

chronometric I cronométrico.

chronometric heliostat I heliostato cronométrico.

chronometric radiosonde I radiosonda cronométrica.

chronometry I cronometría.

chronoscope I cronoscopio.

chronoscopy I cronoscopia.

chronostat I cronostato.

chryselephantine I criselefantino.

chrysoberyl I crisoberilo.

chrysochlorous I crisocloro.

chrysochrous I crisocro.

chrysocolla I crisocola (silicato de cobre hidratado).

chrysocolla quartz I calcedonia translúcida coloreada por crisocola.

chrysography I crisografía.

chrysolepic acid I ácido pícrico.

chrysolite aquamarine I berilo crisolítico.

chrysolite sapphire I zafiro verde-amarillento.

chrysolitus I berilo verde-amarillento.

chrysopal I ópalo coloreado con níquel.

chrysophilite I crisofilita.

chrysophyric basalt I basalto con fenocristales de olivino.

chrysoprase I crisoprasa.

chrysoquartz I cuarzo aventurino verde.

chrysotile I crisotilo.

chuca I sulfato sódico.

chuck I manguito portaherramienta I cuña I calzo I plato (torno de plato) I portabroca.

chuck guard I protector del plato.

chuck (to) I poner en el torno una pieza para trabajarla, fijar por medio del plato.

chucking lathe I torno de mandrilar.

chucking reamer I escariador para trabajos en el torno.

chuffing I combustión no uniforme de la carga de pólvora (motor cohético) I borbolleo resonante (nuclear) I combustión irregular (avión).

chugging I escape (máquina de vapor) I expulsiones periódicas (reactor) I borbolleo resonante I combustión de baja frecuencia.

chunk I explosiones (motores) I bloque de información.

chunk effect I desprendimiento por corrosión de pequeñas partículas (corrosión del acero).

churchite I churtita I fosfato hidratado de cerio.

churn drill I taladro giratorio I sonda de percusión I barrena de cable I perforadora de percusión.

churn drill (to) | taladrar por percusión (sondeos).

churn drilling | perforación con lavado y muestreo | perforación a percusión.

churn (to) | girar | agitar.

churning | pulsación del líquido (bombas) | agitación de la superficie del mar por la hélice | agitación del metal fundido en el molde (metalurgia).

chute | rampa | canalizo | canalón | salto de agua | canaleta (minas) | vertedera (dragas) | paracaídas | manga de evacuación | brazo de carga | tubo neumático.

chute mouth | boca de chimenea (boca de alcancía - minas).

chute raise | chimenea (tiro de alcancía -minas).

chute set | marco de soporte de chimenea (minas).

chute system | laboreo por pozos tolva (minas).

chymase | quimasa.

chymosin | quimosina (bioquímica).

cibernetic | cibernética.

ciclic twinning | macla cíclica (cristalografía).

cill | dintel | umbral (presas).

ciminite | ciminita.

cimogene | cimógeno | butano puro.

cinder heat | calda de exudación (metalurgia).

cinder notch | bigotera, piquera para la escoria (orificio de salida de escorias -alto horno).

cinder pig | fundición escoriosa (metalurgia).

cinerite | cinerita (toba volcánica) | toba volcánica.

cinnabar | cinabrio (sulfuro mercúrico) | bermellón | sulfuro de mercurio con 80% de mercurio.

cinnamon stone | grosularita.

cinology | cinología.

cipher | cero | cifra | lenguaje cifrado.

cipher code | código cifrado, clave telegráfica.

cipher disk | disco de cifrado.

cipher key | clave.

cipher (to) | cifrar.

cipolin | cipolino (mármol cipolino).

circle | círculo.

circle coefficient | factor de dispersión (motor inducción) | coeficiente de Froude (hidrodinámica).

circle of altitude | círculo vertical (astronomía).

circle of equal altitude | círculo de igual altitud (navegación aérea).

circle of equal declination | círculo de igual declinación (astronomía).

circle of longitude | círculo meridiano (esfera terrestre) | paralelo de latitud (esfera celeste).

circle of position | círculo de igual altitud (navegación aérea) | círculo de posición (navegación).

circle reader | microscopio para lectura de limbos (aparatos topográficos).

circle reading | lectura del limbo (topografía).

circle (to) | girar | circundar, rodear.

circling | giro | corte en círculos (chapas) | vuelo en círculo.

circuit | circuito | circuital.

circuit analyzer | multímetro | analizador de circuitos.

circuit arrangement | esquema de circuitos | disposición de circuitos.

circuit balance | equilibrio de circuito.

circuit board | placa de circuito impreso | tarjeta de circuito.

circuit breaker | cortacircuito | interruptor | disyuntor.

circuit breaking relay | relé disyuntor.

circuit busy hour | hora de mayor tráfico en un circuito (telefonía).

circuit card | tarjeta de circuito (informática).

circuit closer | cierracircuito (conmutador conjuntor).

circuit components | componentes electrónicos | elementos de circuito.

circuit design | proyecto de circuitos | diseño de circuito.

circuit diagram | diagrama del circuito | esquema de montaje (electricidad) | esquema de conexiones.

circuit driver | generador de radiofrecuencia.

circuit efficiency | rendimiento del circuito.

circuit gap admittance | admitancia de intervalo de un circuito.

circuit grade | capacidad de circuito (telecomunicación).

circuit interrupter | interruptor de circuito (electricidad).

circuit matrix | matriz circuital.

circuit overload | sobrecarga eléctrica.

circuit parameter | parámetro circuital.

circuit protection | protección de circuito eléctrico.

circuit Q | factor de calidad de un circuito.

circuit switching | conmutación de líneas (circuitos) | conmutación de circuitos (terminales de datos).

circuit tester | galvanómetro.

circuit (to) | poner en circuito, circuitar.

circuit workboard | tablero de circuitos | tablero de montaje.

circuital I circuital I rotacional.

circuital vector field I campo rotacional.

circuitation I circulación (electricidad).

circuitron I circuitrón.

circuitry I montaje, circuitería I conjunto de circuitos.

circular arc cam I leva de sectores circulares.

circular birefringence I birrefringencia circular (óptica).

circular blast main I conducto circular del viento (alto horno).

circular boxes I revólver (telares).

circular chisel I cincel circular (perforación).

circular constant I pi = 3,1416.

circular cross section I sección transversal circular.

circular electric wave I onda eléctrica circular.

circular electrode I electrodo redondo.

circular electron path I trayectoria circular de electrones.

circular frequency I frecuencia angular I frecuencia en radianes/segundo.

circular guide I guía de ondas cilíndrica.

circular loom I telar circular I tubo flexible aislador, macarrón (electricidad).

circular magnetic wave I onda magnética circular (electromagnetismo).

circular measure I medida en radianes (ángulos).

circular pendulum movement I movimiento péndulo-circular.

circular permutation I permutación circular.

circular polarization I polarización circular.

circular protractor I transportador de círculo entero, transportador circular.

circular rack I corona dentada.

circular radiobeacon I radiofaro de radiación circular.

circular sailing I navegación ortodrómica.

circular scanning I exploración circular, escansión circular (TV).

circular shed I rotonda (para locomotoras).

circular shift I desplazamiento circular.

circular steel blank I primordio circular de acero.

circular sweep I barrido circular.

circular velocity I velocidad orbital circular.

circular waveguide I guía de ondas cilíndricas, guía de ondas anular I guiaondas circular.

circular-geometry gauge I galga de geometría circular.

circularly polarized loop vee I antena de polarización circular con cuadro en v.

circularly polarized wave I onda de polarización circular.

circulating I circulación.

circulating current I corriente de circulación.

circulating fuel reactor I reactor con combustible circulante.

circulating ground current I corriente de circulación por tierra.

circulating memory I memoria de línea de retardo.

circulating pump I bomba de circulación.

circulating reactor I reactor con combustible circulante.

circulating register I memoria de línea de retardo.

circulating storage I almacenamiento circulante (electrónica).

circulating system I sistema de recirculación (química).

circulating-fuel reactor I reactor de combustible circulante.

circulating-power test I prueba de oposición (transformadores).

circulation I circulación (meteorología) I flujo circulatorio (aerodinámica).

circulation map I carta de navegación.

circulation thermostat I termostato de circulación.

circulation time studies I diagnóstico para la radiocirculografía.

circulator I bomba de circulación.

circumferential and axial lean I error de desplazamiento uniformemente progresivo en la posición de las paletas (maquinado motor de chorro).

circumferential pitch I paso circunferencial (paso circular -engranajes).

circumferential speed I velocidad circunferencial.

circumferential velocity I velocidad periférica, velocidad tangencial.

circumferentor I brújula de minero I brújula de agrimensor (grafómetro).

circumfuse (to) I circunfundir I difundir alrededor.

circumfusion I circunfusión, dispersión alrededor.

circumlunar orbit I órbita circunlunar.

circumlunar rocket I cohete circunlunar.

circummeridian altitude I altitud circunmeridiana.

circumnavigate (to) I circunnavegar.

circumnavigation I circunnavegación.

circumpolar I circumpolar.

circumpolar westerlies I vientos del oeste circumpolares.

circumpolarization I circumpolarización.

circumrotation | rotación | circunvolución.
circumsolar | circunsolar.
circumterrestrial | circunterrestre.
circumterrestrial orbit | órbita circunterrestre.
cirque | circo glaciar (geología).
cirrocumulus | cirrocúmulo.
cirro-nebula | capa de cirroestratos.
cirrostratus | cirroestrato.
cirrus | cirro.
cis effect | efecto cis (química).
cis-configuration | cis-configuración (química).
ciselysian | ciselíseo.
cisgangetic | cisgangético.
cislunar | cislunar (entre la Luna y la Tierra).
cislunar orbit | órbita cislunar.
citizens band radio | canal de frecuencias para uso de particulares | banda especial para radioaficionados.
citizen's radio service | servicio de radiocomunicación ciudadana.
citrate | citrato.
citric acid cycle | ciclo del ácido cítrico.
citrine | citrina.
citrine quartz | cuarzo citrino (topacio falso) | variedad amarilla de cuarzo.
citrography | citrografía.
citrometer | citrómetro.
citron yellow | amarillo de cinc.
citrooxalate | citrooxalato.
city circuit | sector de alimentación (electricidad).
city fog | niebla urbana.
city line | línea urbana (telefonía).
city survey | levantamiento topográfico en ciudades.
city trunk | enlace urbano (telefonía).
civary | faldón de bóveda.
civet | algalia (química).
civic design | arquitectura de ciudades.
civil | civil.
civil aeronautics | aeronáutica civil.
civil air surveillance radar | radar de vigilancia para la aviación civil.
civil airport | aeropuerto civil.
civil airway | ruta de aeronavegación comercial-civil.
civil aviation | aviación civil.
civil defense emergency | emergencia de protección civil.
civil defense radiation detection | detección de radiaciones por defensa civil.
civil twilight | crepúsculo civil (astronomía).
civil-approved engine | motor aprobado para su empleo en aviación civil.

civil-defence radiation detection | detección de radiaciones por la defensa civil.
clack | tarabilla (cítola -molino) | válvula de charnela.
clack shale | esquisto arcilloso negro.
clack valve | válvula de charnela | válvula de bola.
clad | cubierto | revestido | grava de río | metalizado | funda de revestimiento.
clad diamond grain | gránulo de diamante metalizado.
clad metal | metal plaqueado, metal chapado (con otro metal) | metal recubierto.
clad or cladding | revestimiento de un circuito impreso.
clad printed-circuit board | panel recubierto por circuito impreso.
clad steel | acero plaqueado | acero revestido.
clad (to) | chapar, plaquear (chapar con otro material) | revestir, encamisar | envainar.
cladding | revestimiento | chapado | encamisado (del combustible nuclear).
clad-steel bullet jacket | camisa de bala de acero chapado.
claggy | falso techo esquistoso (minas).
claggy coal | carbón que está muy unido al techo (minas).
clamp | abrazadera | grapa | laña, prensa de sujeción | motón de una gualdera (marina) | tapón (horno al crisol) | ladrillo de escorias, mordaza.
clamp ammeter | amperímetro de tenaza | amperímetro de abrazadera.
clamp amplifier | amplificador estabilizador, amplificador corrector (TV).
clamp bolt | tornillo de presión.
clamp brake | aerofreno.
clamp circuit | circuito de bloqueo.
clamp gate valve | válvula de compuerta con abrazadera.
clamp handle | maneta de sujeción (mecánica).
clamp microammeter | microamperímetro de pinza.
clamp pulses | impulsos de fijación de nivel (electrónica).
clamp screw | tornillo de fijación.
clamp (to) | fijar | apretar.
clamp tube | válvula fijadora de nivel (electrónica).
clamp-and-hold digital voltmeter | voltímetro digital de muestreo.
clamped video amplifier | amplificador de imagen de señal nivelada.

clamper I circuito sujetador (electrónica) I acoplador electrónico I circuito restaurador de nivel (electrónica) I fijador.

clamping I junta I fijación, apriete I bloqueo de nivel (radar).

clamping bolt I perno de apriete.

clamping circuit I circuito de fijación de amplitud (radio) I circuito auxiliar para cortocircuitar una carga inductiva a la corriente máxima (investigación termonuclear) I circuito fijador (electrónica).

clamping diode I diodo fijador de nivel I diodo de bloqueo I diodo fijador (electrónica).

clamping plate I junta de conexión.

clamping ring I anillo de fijación.

clamping screw I tornillo de sujeción I borna.

clamp-on ammeter I amperímetro de inserción I amperímetro de pinza.

clamp-to-unclamp cycle I ciclo de sujeción y desenganche.

clamp-tube modulation I modulación por tubo de bloqueo.

clamp-type ammeter I amperímetro de tenaza, amperímetro de pinza (para pinchar el cable).

clamshell ⊧ cucharón de quijadas, cucharón de mordazas, almeja (cuchara automática -excavadoras).

clamshell bucket I cucharón bivalvo, cucharón de quijadas automáticas, cucharón de almeja automático (excavadoras).

clamshell dredge I draga de cucharón de quijadas, draga de almeja.

clamshell excavator I excavadora de cucharón de quijadas.

clamshell- type canopy I cabina de concha de almeja (avión de caza).

clapper I tarabilla, cítola de molino I válvula de charnela I disco basculante.

clara I sin contacto radar.

clarain I clarain, hulla semibrillante I clareno (geología).

clarified effluent I efluente clarificado.

clarifier I clarificador I caldera de clarificar I depósito de decantación I decantador.

clariflocculator I clarifloculador.

clarify (to) I clarificar.

clarifying filter I filtro clarificador.

clarifying vat I cuba de clarificación.

clarity I claridad I resplandor I pureza (diamantes).

clarity grading I graduación de la pureza (diamantes).

clarkeite I clarqueíta (mineral muy radiactivo que se presenta como un producto de alteración de la uraninita).

Clarke's orbit I órbita de Clarke I órbita geosíncrona circular ecuatorial (satélite de comunicaciones).

clarodurain I carbón rocoso.

claroline I clarolina.

clarovitrain I carbón rocoso que consiste en un maceral de vitrinita.

clash gear I piñón recto de engrane directo.

clasolite I clasolita I roca compuesta de fragmentos de otras rocas.

clasp I corchete, presilla I abrazadera I pieza de conexión de vástagos de bomba.

clasp brake I freno con dos zapatas opuestas entre sí, freno de dos zapatas actuando cada una en el extremo de un mismo diámetro (ruedas).

class A audio amplifier I amplificador audio de clase A.

class A operation I funcionamiento en clase A (dispositivos electrónicos).

class A push-pull sound track I pista sonora en contrafase clase A I pista acústica en contrafase clase A.

class of emission I clase de emisión (radiocomunicación).

class-A transistor amplifier I amplificador de transistores clase A.

classifier I clasificador I lavador (de mineral o de carbón).

classifying screen I criba clasificadora.

classing I clasificación de minerales según sus cualidades.

classy I madera húmeda (forestal).

clastic I clástico (detrítico).

clastic deformation I deformación clástica.

clastic deposit I yacimiento clástico, yacimiento detrítico.

clastic dike I dique clástico (geología).

clastic rocks I rocas clásticas.

clastic sediment I sedimento clástico.

clasticity index I índice de clasticidad (sedimentos).

clastocrystaline I clastocristalino.

clastogene I clastógeno I brecha (petrología).

clastomorphic I clastomórfico.

clastomorphism I clastomorfismo.

clatersal I espículas de diamantes para producir micropartículas de diamante.

clathrate I clatrado.

clausal form conversion I conversión de la forma clausulada (informática).

clausthalite I claustalita (seleniuro de plomo).

clavalite I clavalita.

claw I garra I gancho I palanca de pie de cabra.

claw arm I brazo de garra.

claw bar I palanca de pie de cabra I palanca de uña.

claw beam I árbol portagarras.

claw chuck I plato de garras (tornos).

claw clutch I embrague de dientes (mecánica).

claw coupling I acoplamiento dentado, embrague de dientes.

claw hammer I martillo de uña hendida I escoda.

claw hatchet I hachuela de uña.

claw hook I gancho de garfios.

claw jack I gato de uña.

claw lever I alzaprima, espeque I palanca de pie de cabra.

claw off (to) I ganar barlovento sobre una costa I alejarse de la costa (navegación).

claw stopper I boza (de cadena del ancla).

claw tool I escoplo de cantería.

claw wrench I llave inglesa dentada.

clay I arcilla I barro.

clay atmometer I atmómetro de arcilla.

clay bagasse brick I ladrillo de arcilla mezclada con bagazo picado.

clay band I salbanda I mineral de hierro arcilloso, pirita de hierro arcillosa I intercalación de arcilla (minas).

clay band ironstone I mineral de hierro arcilloso I carbonato de hierro arcilloso impuro.

clay brick I ladrillo de arcilla.

clay contacting plant I instalación de contacto con arcilla (petróleo).

clay course I salbanda arcillosa.

clay crucible I crisol de arcilla, crisol de barro.

clay flux I fundente arcilloso.

clay gall I mancha de arcilla (geología).

clay galls I piedras de arcilla (geología).

clay gouge I salbanda arcillosa (reliz).

clay grit I marga arcillosa.

clay iron ore I mineral de hierro arcilloso.

clay ironstone I siderita arcillosa, hierro arcilloso.

clay loam I limo arcilloso.

clay marl I marga arcillosa (geología).

clay pit I cantera de arcilla I mina de arcilla.

clay pot I crisol de arcilla.

clay puddle I pasta arcillosa (arcilla batida), barro amasado.

clay refining I refino con arcilla (química).

clay retort I retorta de arcilla.

clay selvage I salbanda arcillosa.

clay shale I arcilla laminada, esquisto arcilloso I pizarra arcillosa.

clay slip I pasta de arcilla.

clay slurry silo I silo para el barro (fábrica de cemento).

clay stains I películas pardo-amarillentas depositadas por minerales arcillosos.

clay state I estado de terminación de un producto de arcilla terminado pero no cocido.

clay stone I piedra arcillosa (arcilla endurecida).

clay substance I arcilla pura para los cálculos cerámicos usados por los ceramistas.

clay suspensions I suspensiones de arcilla.

clay (to) I arcillar I lodar (rellenar de arcilla -barrenos).

clay vein I veta arcillosa.

clay-bonded I aglutinado con arcilla, ligado con arcilla.

C-layer I capa ionosférica reflectora entre 35 a 70 kilómetros de altura (radio).

clayey I arcilloso.

clayey breccia I brecha arcillosa.

clayey calcite I calcita arcillosa.

clayey gravel I grava arcillosa.

clayey marl I marga arcillosa I tierra gredosa.

clayey sand I arena arcillosa.

clayey slate I pizarra arcillosa.

claying bar I trépano para arcilla (sondeos).

clayshale structure I estructura esquisto -arcillosa.

clay-suspension coating I revestimiento con arcilla en suspensión.

clayworks I cantera de arcilla.

cleading I forro I revestimiento, guarnición.

clean bomb I bomba nuclear con pequeña lluvia radiactiva.

clean castings (to) I rebajar asperezas en piezas de fundición.

clean cathodically (to) I limpiar catódicamente.

clean grease off metal (to) I desengrasar el metal.

clean image I imagen nítida.

clean proof I prueba dispuesta para la impresión (tipografía).

clean reactor I reactor nuclear con carga completa de combustible virgen.

clean tape I cinta en blanco (registros magnéticos).

clean the engine (to) I acelerar brevemente el motor.

clean (to) I limpiar I depurar I purificar I pulir I desbastar I rectificar (una pieza) I lavar (el mineral) I desarenar (piezas fundidas) I decapar I purgar (urdimbre).

clean up I bombeo, vaciamiento.

clean welds (to) I repasar soldaduras.

cleanable air filter I filtro de aire limpiable.

clean-air inlet duct I conducto de entrada de aire limpio.

clean-burning I contrafuego.

cleaned I desarenado I desbarbado I decapado.

cleaned gas I gas depurado.

cleaner I aspirador de polvo I limpiador I depurador I aparato de limpieza I máquina purgadora (tejeduría) I desarenador (fundición) I sustancia desgrasante, desengrasante I filtro I cuchara (minas) I decapante (metalurgia) I producto para limpiar.

cleaner cell I célula acabadora (flotación minerales).

cleaning barrel I tonel para desarenar (fundición).

cleaning bars I emparrillado para el polvo (batanes).

cleaning ferret I hurón limpiador (tuberías de agua).

cleaning shop I taller de desarenar (fundición).

cleaning solution I solución limpiante I mezcla de ácido sulfúrico concentrado y bicromato sódico saturado en la relación 100/1.

clean-out bailer I cuchara limpiadora, cuchara limpiapozos (sondeos).

cleanse (to) I lavar, limpiar I purificar.

cleanser I desarenador (de piezas fundidas).

clean-shaped I de formas aerodinámicas.

cleanup I limpieza I purificación I recobrado (tratamiento de residuos auríferos) I barrido (electrotécnica) I depuración (de gases) I aumento del vacío por adsorción del gas residual (tubo electrónico) I desgasificación I mejoramiento y lisura para reducir la resistencia aerodinámica.

clean-up circuit I circuito de purificación.

cleanup pan I cuba para tratamiento de residuos auríferos.

cleanup system I sistema de depuración.

clear air turbulence I turbulencia en aire claro (meteorología).

clear area I área de exploración.

clear back signal I señal de fin de comunicación (telefonía).

clear band I banda exploradora I banda libre.

clear channel I canal despejado I onda exclusiva.

clear down signal I señal de principio de comunicación.

clear forward signal I señal de terminación.

clear hawse I cadenas claras (buque fondeado con dos anclas).

clear of gas (to) I desgasificar.

clear pond I balsa de decantación, estanque de decantación.

clear screen (to) I borrar la pantalla (informática).

clear signal I señal de vía libre I señal de comunicación.

clear the engine (to) I acelerar brevemente el motor.

clear (to) I limpiar I desatascar I purificar I hacerse a la mar (buques) I poner a cero (informática) I suprimir (tabulación).

clear well I pozo de decantación I depósito de salida (estación de tratamiento).

clear-air turbulence I turbulencia en tiempo sin nubes.

clearance I autorización, permiso I altura de seguridad (minas) I recubrimiento negativo (distribuidor máquinas alternativas) I huelgo (mecánica).

clearance angle I ángulo muerto I ángulo de ataque (ángulo de incidencia -herramientas) I ángulo de incidencia.

clearance fit I ajuste con huelgo.

clearance gage I gálibo de carga (ferrocarril).

clearance losses I pérdidas por huelgos (mecanismos).

clearance space I huelgo I espacio perjudicial (cilindros) I intervalo (máquina dinamoeléctrica) I cámara (bombas centrífugas).

clearcutting I saca (explotación forestal).

clear-down signal I señal de principio de comunicación.

cleared fault I fallo suprimido (líneas eléctricas).

cleared firebreak I parafuegos limpio de vegetación (montes).

clearer I limpiador I desborrador de carda, purgador (limpiador - tejeduría) I agente clarificante.

clear-felling I corta forestal.

clearing I limpieza I depuración I evacuación I despeje (radio) I permiso de salida (buques) I orden de despegue I tala (agricultura) I desbroce.

clearing agent I debilitador (fotografía) I reactivo líquido que hace transparentes los objetos en él sumergidos.

clearing current I corriente de fin de conversación (teléfono).

clearing indicator I indicador de fin de conversación.

clearing of ore I lavado del mineral.

clearing signal I señal de vía libre.

clearing solution I solución aclarante.

clearout relay I relé de fin de conversación.

cleat I mordaza I cepo I abrazadera.

cleavage I grieta I fisura I hendidura I crucero, clivaje, exfoliación, superficie de junta (mineralogía), partición (química) I disociación (química).

cleavage angle | ángulo de crucero (ángulo de clivaje -minerales).

cleavage face | cara de crucero (mineralogía) | plano de crucero (mineralogía).

cleavage plane | plano de estratificación (plano de crucero -mineralogía) | plano de exfoliación | plano de crucero (minerales).

cleavage-lines | líneas de crucero (mineralogía).

cleavage-product | producto de desdoblamiento (química).

cleaved faces | caras cortadas (láser).

cleaved glass | vidrio exfoliado.

cleaving | hendidura | clivaje | crucero (mineralogía).

cleaving grain | lecho (sillares).

cledge | arcilla | limo duro.

clevis | abrazadera, horquilla.

clevis bolt | pasador roscado | perno de horquilla.

clevis hook | gancho de abrazadera.

cliché | negativo (fotografía) | cliché.

click | perturbación atmosférica de corta duración (radio) | perturbación impulsiva (acústica).

click filter | filtro del sonido de manipulación (telegrafía) | filtro contra interferencias.

clicker | ajustador (tipografía).

cliff | escarpado, acantilado, cantil | farallón.

climate | clima.

climatic | climático, climatológico.

climatic chamber | cámara climática.

climatic cycle | ciclo climático.

climatic expectation | previsión climática.

climatic peat | turba producida por la acción del clima en una zona determinada.

climatization | climatización | diseño del material para funcionar satisfactoriamente en una amplia gama de temperaturas | acondicionamiento del aire.

climatography | climatografía.

climatology | climatología.

climb | ascensión | vuelo ascendente.

climb cutting | fresado concurrente (metalurgia).

climb milling | fresado concurrente.

climb path | trayectoria de ascensión.

climb rate | velocidad ascensional.

climb speed | velocidad de subida.

climb (to) | ascender | subir.

climb turn | viraje ascendente (avión).

climb-boosting | aceleración para la subida.

climbing angle | ángulo ascensional, ángulo de subida.

climbing course | trayectoria de vuelo ascendente.

climbing power | potencia en la subida.

climbing ramp | aguja en rampa (transbordador aéreo).

climbing-flight | vuelo ascendente.

climodiagram | climodiagrama.

climograph | climograma.

climography | climografía.

clinker | escoria | ladrillo vitrificado | clinker (fabricación cemento) | torta vítrea de cemento hidráulico sin pulverizar obtenida en horno giratorio.

clinker asphalt | asfalto de escorias.

clinker brick | ladrillo holandés, ladrillo de campana, ladrillo requemado.

clinker cake | torta de escorias.

clinker (to) | escorificar (formar escorias) | clinkerizar (cemento).

clinkering | clinkerización | escorífero | aglutinación del cok.

clinking zone | zona de un horno para cemento con temperatura entre 1,300 grados y 1,600 grados C.

clinkstone | fonolita | piedra sonora (geología).

clino | clino (oceanografía).

clinoamphibole | clinoanfibol.

clinoanemometer | clinoanemómetro.

clinoaxis | clinoeje (sistema monoclínico).

clinoclase | clinoclasa | arseniato de cobre básico.

clinode | clínodo.

clinodome | clinódomo.

clinoform | clinoformo (oceanografía).

clinograph | clinógrafo.

clinohedric | clinoédrico.

clinometer | clinómetro.

clinomicrobarograph | clinomicrobarógrafo.

clinophone | clinófono.

clinopinacoidal | clinopinacoidal.

clinoprism | clinoprisma.

clinopyroxene | piroxenos monoclínicos | clinopiroxeno.

clinorhombic | clinorrómbico.

clinoscope | clinoscopio.

clinostat | clinostato.

clinothem | clinotema (oceanografía).

clinounconformity | discordancia angular (geología).

clinton ore | hematites | mineral de hierro fosilífero de color rojo (EE.UU.).

clip | mordaza, grapa | pinza de contacto | abrazadera.

clip (to) | cercenar | recortar | cizallar | rebabar (piezas forjadas).

clipped bond | aparejo de sogas biseladas (muros).

clipped header | tizón biselado (muros).

clipper | cortadora de chapa | cercenador | recortador | clíper (velero veloz) | cortador (cizalla) | separador de sincronización, limitador de amplitud, separador de amplitud, circuito separador de señales de distinta amplitud (televisión).

clipper amplifier | amplificador limitador.

clipper circuit | circuito recortador.

clipper diode | diodo limitador | diodo de circuito recortador | diodo recortador de tensión.

clipper tube | válvula umbral (radar, TV).

clipping | mutilación de señales (radio) | descrestado de ondas | truncamiento (crestas de corriente) | corte (acústica) | distorsión (telegrafía, telefonía).

clipping circuit | circuito limitador de la amplitud de una señal de salida | circuito recortador (electrónica).

clipping edge | ángulo de rebaje (metalurgia).

clipping level | nivel de limitación de picos.

clipping point | punto de limitación de picos.

clock | reloj | cronómetro | galga de cuadrante | indicador de cuadrante.

clock bit | bit reloj (grabación de disco).

clock diagram | diagrama vectorial.

clock display | dispositivo de presentación horaria.

clock frequency | frecuencia sincronizada.

clock gauge | galga de cuadrante.

clock pulse | impulso de tiempo | impulso empleado para fines de temporización | impulso de reloj.

clock signal | señal de sincronía.

clock thermostat | termostato horario.

clock (to) | cronometrar | marcar en el reloj registrador.

clock track recorder | registro cronométrico.

clock valve | válvula de retención.

clocking | sincronización | sincronización de una transmisión de datos por impulsos de reloj.

clockwise | dextrorso | dextrógiro.

clockwise polarized wave | onda polarizada en sentido dextrorso.

clod | arcilla o pizarra dura (techo de capa de carbón) | falso techo esquistoso (minas) | terrón.

clod crusher | rodillo desterronador.

clog (to) | obstruir | tapar | atascar.

clogger | entorpecimiento en la comunicación.

clogging | obstrucción | atascamiento.

cloisonné | cloisonné | reticulado de malla de oro (soldado a la hoja y con los alvéolos rellenos de una sustancia coloreada), esmalte de colores separados por finísimos tabiques.

close | fin, conclusión, terminación | cerrado.

close a circuit (to) | cerrar un circuito.

close and collision warning | radar meteorológico y anticolisión.

close annealing | recocido en caja cerrada y enfriamiento en ella (metalurgia).

close blowing | soplado justo (alto horno).

close coil transformer | transformador de núcleo cerrado.

close control radar | radar de localización de objetivo | radar de control estricto.

close coupling | acoplamiento cerrado (electricidad).

close cribbing | entibado adosado (minas).

close down (to) | terminar la emisión (radio).

close fit | ajuste apretado, ajuste forzado.

close fold | pliegue apretado (geología).

close foliation | exfoliación fina (falsa esquistosidad).

close matter | composición apretada (tipografía).

close oscillatory circuit | circuito oscilatorio cerrado.

close pig | arrabio de grano fino.

close quarter situation | mínima distancia de acercamiento (radar marino).

close sand | arena fina compacta | arenisca.

close scanning | exploración de alta definición (TV).

close ship working | comunicación con barcos a corta distancia (radiocomunicación).

close tolerance | tolerancia menor que la normal (alta precisión) | tolerancia crítica.

close warning radar | radar de localización.

close working | comunicación a corta distancia (radiocomunicación).

close wound | devanado con poca separación entre espiras.

close wound turns | espiras juntas.

close woven | tupido (textura).

close-burning coal | carbón que arde sin llama, hulla grasa, carbón coquificable.

close-chained | cíclico (de cadena cerrada -química).

close-control bombing | bombardeo radioguiado a corta distancia.

close-coupled | acoplado en forma compacta | compacto.

close-coupled circuit | circuito cuyo coeficiente de acoplamiento es mayor de 0,5 (radio).

closed | cerrado | obturado | compacto.

closed chain | cadena cerrada (química).

closed circuit | circuito cerrado (televisión - radio).

closed circuit television | televisión en circuito cerrado.

closed fault | falla cerrada (geología).

closed flash point | punto de inflamación en vaso cerrado (combustibles líquidos).

closed fold | pliegue cerrado (geología).

closed front | crisol cerrado (alto horno).

closed hearth | crisol cerrado (alto horno).

closed heater | calentador con circuitos separados para los fluidos.

closed loop | bucle cerrado | ciclo cerrado.

closed loop control | servomando.

closed magnetic circuit | circuito magnético cerrado (electromagnético).

closed mix | mezcla sin vacíos.

closed pressure | presión del yacimiento (petróleo) | presión estática.

closed shell | capa electrónica saturada (átomo).

closed shop | centro de programación de acceso limitado (proceso de datos).

closed stub | tetón adaptador en cortocircuito (antena) | elemento adaptador en cortocircuito.

closed subroutine | subprograma cerrado (informática).

closed system | circuito cerrado.

closed tube | tubo cerrado | tubo de ensayo (química).

closed work | explotación subterránea (minas).

closed-circuit arrangement | montaje en circuito cerrado (telecomunicación).

closed-circuit communications system | sistema de comunicaciones de circuito cerrado.

closed-circuit current | corriente permanente.

closed-coil | de devanado cerrado (electricidad).

closed-coil armature | inducido de devanado cerrado.

closed-coil winding | devanado en circuito cerrado.

closed-coupled | de acoplamiento contiguo.

closed-cycle run | funcionamiento en circuito cerrado.

closed-end impedance | impedancia en cortocircuito.

closed-feed system | sistema de alimentación cerrado.

close-die forging | pieza forjada de precisión.

closed-impeller pump | bomba de impulsor cerrado.

closed-in spaces | espacios cerrados (arqueo buques).

closed-loop gain | amplificación en circuito cerrado.

closed-loop telemetry | telemetría de ciclo cerrado.

close-grained | de grano fino | de estructura compacta (metalurgia).

close-grained babbitt | metal antifricción de estructura compacta.

close-grained limestone | caliza de grano fino.

close-in feeder | alimentador contiguo.

close-in radar | radar cercano.

closely controlled | control de precisión.

closely folded beds | capas intensamente plegadas (geología).

closely-controlled | controlado con gran precisión.

close-packet structure | estructura compacta.

closer tight | primer plano de gran acercamiento (TV).

close-range photogrametry | fotogrametría a corta distancia.

close-set timber | entibado adosado | entibado hasta el frente de ataque (minas).

close-shut | hermético.

close-timbered | de entibación unida | de entibación adosada (minas).

close-to-limit forging | forja de precisión.

close-up | primer plano (filmes, TV) | vista en la que un objeto llena todo el campo de visión | fotografía de cerca | ampliación (de una imagen).

closing relay | relé de cierre, relé conjuntor.

closure | cierre | tabique | cierre definitivo (taponamiento -presas) | cierre del trazado (topografía).

cloth | paño, tela, tejido | velamen (buques).

cloth beam | plegador del tejido (rodillo de la tela -telar).

cloth press | prensa de tundir.

cloth shear | tundidora.

cloth shuttle | lanzadera para paños.

clotting | sinterización (tostación) | consolidación (minerales).

cloud | nube | mancha (piedras preciosas) | turbio (líquidos) | efecto de sombreado (TV).

cloud agate | calcedonia con manchas parecidas a nubes oscuras.

cloud and collision warning | radar meteorológico y de aviso de colisiones.

cloud and collision warning system | sistema de aviso de nubes y colisiones.

cloud attenuation | atenuación de la radiación de microondas por las nubes.

cloud band | banda ancha de nubes.

cloud chamber | cámara de niebla | cámara de ionización.

cloud detection radar | radar para la detección de nubes.

cloud firing | disparo de cohetes contra las nubes (granizo).

cloud point | temperatura de enturbiamiento | temperatura de cristalización | punto de opacidad | punto de enturbiamiento.

cloud range finder | telémetro de nubes.

cloud return | perturbación de nubes (radar).

cloud searchlight | proyector de nubes (aviación) | proyector nefoscópico.

cloud seeding | siembra de las nubes para provocar lluvia artificial | sembrado de nube (meteorología).

cloud study | nefología.

cloud temperature | temperatura de enturbiamiento.

cloud test | prueba de opacidad.

cloud (to) | nublarse | enturbiar.

cloudage | nubosidad.

cloud-and-collision radar | radar de nubes y colisión (aviones).

cloud-base measuring instrument | telémetro nefoscópico.

cloudburst | chaparrón | aguacero (meteorología).

cloudburst hardening | temple por chorro de líquido pulverizado.

cloudburst hardness test | prueba de temple por chorreado con perdigones (metales).

cloudburst treatment | endurecimiento por chorreo con perdigones (metalurgia).

cloudbursting | granallado (siderurgia).

clouded glass | cristal jaspeado.

clouded marble | brocatela.

cloudiness | enturbiamiento | turbiedad (líquidos), nubosidad | opacidad | falta de brillo (barnices).

cloudy | nuboso | veteado (piedras).

cloudy emulsion | emulsión opaca.

cloverleaf antenna | antena dipolo magnético de cuatro bucles.

cloverleaf cyclotron | ciclotrón en hoja de trébol.

cloy | mezcla de cemento plástico.

club haul (to) | virar cara al viento fondeando el ancla a sotavento (buque de vela).

club hauling | virada por avante (buques).

club (to) | garrear sobre el ancla (buques).

club-foot | arranque del codaste | pie de roda (buques).

club-footed magnet | electroimán con arrollamiento unilateral, electroimán de caja.

clue | puño de escota.

clue garnet | palanquín.

clue line | chafaldete.

clue rope | relinga del puño de escota.

clump | masa, bloque | aglutinación (agregado - de bacterias), roca arcillosa (minas) | agregado.

clump (to) | coagularse | flocular.

clunch | arcilla esquistosa, morro (minas).

clusec | unidad equivalente a un aumento de 0,01 micrómetro de mercurio por segundo en un volumen de un litro.

Clusius column | columna de difusión térmica.

cluster | aglomeración | grupo de bombas para lanzamiento simultáneo (aviones) | batería (de pilas) | tren (de engranajes).

cluster adapter | lanzabombas para paquetes de bombas (bombardeo aéreo).

cluster gear | tren de engranajes.

cluster sampling | muestreo por conglomerados | muestreo en racimo (sondeos).

clutch | embrague | manguito de embrague.

clutch bolt | perno de gancho.

clutch control | control de las revoluciones del eje del rotor por medio del engranaje reductor de la velocidad (helicóptero).

clutch gear shaft | eje del engranaje del embrague.

clutch magnet | electroimán de enganche.

clutch shaft | eje del embrague | eje primario (cambio de velocidades).

clutch (to) | embragar.

clutch transmission | transmisión por discos.

clutch winch | chigre con capirón enchavetado sobre el eje (buques).

clutch-driving | accionamiento por embrague.

clutter | emborronamiento (pantalla radárica) | reverberación (filtros) | ecos perturbadores de radar | ecos parásitos (radar).

clutter foldover | doblado de los ecos parásitos (radar).

clutter rejection | supresión de perturbaciones.

clutter return | ecos parásitos (radar).

C-meter | capacímetro.

cnoidal | cnoidal.

cnoidal wave | ola cnoidal | onda cnoidal.

coach screw | tirafondo (ferrocarril).

coach whip | gallardete, grímpola.

coagel | coagel (gel formado por coagulación) | precipitado gelatinoso.

coagulant | coagulante.

coagulation | coagulación.

coal | carbón, carbón de piedra, hulla.

coal apple | masa esférica de carbón hasta 20 centímetros de diámetro encontradas en capas carbonosas.

coal barrier | pilar protector de carbón (minería).

coal blossom | estrato de carbón terroso cerca de la superficie.

coal char | escorias de hulla.

coal chemical breaking I fracturación química del carbón (minas).

coal chemicals I productos químicos derivados del carbón, productos carboquímicos.

coal chemistry I carboquímica.

coal creosote I creosota de hulla.

coal crusher I trituradora de carbón.

coal cutter I rozadora para carbón.

coal deposit I yacimiento hullero.

coal exploitation I explotación de carbón.

coal field I cuenca hullera.

coal formation I formación carbonífera.

coal gas I gas del alumbrado.

coal gasification I gasificación del carbón.

coal grit I arenisca carbonífera.

coal hydrogenation I hidrogenación de la hulla.

coal in solid I carbón virgen (minas).

coal mine I mina de carbón.

coal mining I explotación de minas de carbón.

coal oil I petróleo de carbón.

coal pillar I pilar de carbón (minas).

coal pipe I capa de carbón irregular y de poca potencia (minas).

coal seam I veta carbonífera.

coal shed I depósito de carbón.

coal smut I carbón terroso I afloramiento de carbón.

coal synthesis plant I factoría carboquímica.

coal tar I alquitrán de hulla.

coal tar cutback I alquitrán de hulla diluido.

coal tar pitch I pez de alquitrán de hulla.

coal (to) I carbonear, carbonizar I deshullar (minería).

coal-balls I masas calizas con fragmentos de plantas fósiles (minas carbón).

coal-bed I capa de hulla, capa de carbón, manto de carbón.

coal-belt I cuenca carbonífera.

coal-carbonizing plant I coquería.

coal-cutting I arranque del carbón.

coalesce (to) I combinarse (química) I unir I fusionar I unir dos ficheros para formar uno sólo (informática).

coalesced mass I masa coalescida.

coalesced precipitates I precipitados concrecionados.

coalescence I fusión, unión I combinación (química) I coalescencia.

coal-face I frente de arranque del carbón (minas).

coal-slate I pizarra carbonífera.

coal-stone I antracita.

coal-tar distillate I destilado de alquitrán de hulla.

coaltitude I coaltitud, distancia cenital.

coal-work I hullera.

coaly I carbonoso, rico en carbón.

coaly rashings I pizarra negra blanda que contiene mucha materia carbonosa, esquisto blando carbonífero.

coaming I brazola (buques).

coarse I basto, grueso I rugoso, áspero.

coarse aggregate I gravilla (hormigón) I árido grueso.

coarse copper I cobre sin refinar.

coarse feed I avance rápido (máquinas herramientas).

coarse grind (to) I triturar en basto I desbastar a la muela.

coarse grinding I trituración basta I desbaste a la muela.

coarse grit I de grano grueso.

coarse metal I mata de cobre, mata bruta, mata bronceada (con 30 a 35% de cobre).

coarse pitch I paso largo (hélice avión).

coarse quartz gold I oro en grandes granos.

coarse radiolocation I radiolocalización aproximativa.

coarse rheostat I reóstato de regulación aproximada.

coarse solder I suelda de plomo (dos partes) y estaño (una parte).

coarse tuning I sintonización aproximada (radio).

coarse-grain sandstone I arenisca de grano grueso.

coarse-grained matrix I matriz de grano grueso (petrología).

coarse-grained pig iron I arrabio de grano grueso.

coarse-grained rock I roca fanerítica.

coarse-grained steel I acero de grano grueso, acero de grano basto.

coarse-grained structure I estructura groseramente granuda, estructura de grano grueso.

coarseness I grano grueso I granulosidad (placa fotográfica) I grosor (agregados hormigón).

coarse-powder compact I comprimido de polvo grueso (pulvimetalurgia).

coast I costa.

coast chart I carta de las costas.

coast marking I balizamiento.

coast station I estación costera.

coast (to) I navegar por la costa I hacer el cabotaje.

coastal and harbor radio equipment I equipo de radiocomunicaciones costeras y portuarias.

coastal defense radar I radar de defensa costera.

coastal radiotelephone band | banda de servicio radiotelefónico costero.

coastal working | sevicio costero (radiocomunicación).

coast-defence radar | radar para defensa de costas.

coasting tanker | buque tanque costero, buque tanque de cabotaje | petrolero de cabotaje.

coat | envoltura, funda | capa (mano -de pintura).

coat (to) | dar una mano o capa (de pintura o barniz) | pintar | enlucir | recubrir con solución sensibilizadora.

coated | cubierto | esmaltado | estucado.

coated cathode | cátodo revestido | cátodo recubierto.

coated diamond | diamante con un revestimiento delgado | diamante con revestimiento superficial metálico.

coated electrode | electrodo revestido, electrodo recubierto.

coated lens | lente con revestimiento antirreflejante.

coated optics | óptica con revestimiento antirreflexivo (aparatos ópticos).

coated stone | diamante con nitrógeno paramagnético sustitucional aislado.

coater | máquina para aplicar un revestimiento, revestidora | estucadora.

coating | capa protectora | enlucido | revestimiento.

coating alloy | aleación para revestimiento.

coating conductivity | conductividad del revestimiento de la capa.

coating of the fiber | recubrimiento de la fibra óptica.

coating-alloyed electrode | electrodo con elementos aleantes en su revestimiento.

coax | cable coaxial.

coax transition | adaptador de cable coaxial | transición guía-coaxial.

coaxial | cable coaxial | coaxial.

coaxial antenna | antena de alimentador coaxial.

coaxial antenna patch panel | panel de conmutación de antenas por cables coaxiales.

coaxial attenuator | atenuador coaxial.

coaxial bolometer | bolómetro coaxial.

coaxial cable | cable coaxial.

coaxial capacitor | capacitor coaxial.

coaxial circuit | circuito coaxial.

coaxial diode | diodo coaxial.

coaxial feeder | alimentador coaxial.

coaxial lead | conductor coaxial | cable coaxial.

coaxial line | cable coaxial | línea coaxial.

coaxial relay | relé coaxial.

coaxial sheet grating | retículo coaxial.

coaxial shunt | derivación coaxial.

coaxial switch | conmutador coaxial.

coaxial system | sistema coaxial.

coaxial-stub | tronco de línea coaxial abierta.

coaxing | mejoría de la resistencia a la fatiga de una probeta aplicando gradualmente la amplitud del esfuerzo.

cob | tapial | ladrillo crudo | bobina | mineral | pedazo grande de carbón | pilar de carbón (minas) | deformación de la imagen en la pantalla del radar.

cobalt | cobalto.

cobalt 60 | cobalto radiactivo de masa número 60 | radioisótopo de vida media.

cobalt anode | ánodo de cobalto.

cobalt bead | perla de cobalto.

cobalt black | óxido de cobalto.

cobalt bloom | eritrita (cobalto arseniado).

cobalt blue | azul de cobalto (mezcla de fosfato de cobalto fundido).

cobalt crust | cobaltoocre.

cobalt glance | cobaltina (cobalto gris).

cobalt melanterite | bieberita.

cobalt ocher | cobaltoocre | asbolana.

cobalt orthoarsenate | ortoarseniato de cobalto.

cobalt oxide | óxido de cobalto.

cobalt pyrites | octaedros de pirita cobaltífera (linneita) | linneita.

cobalt steel | acero al cobalto.

cobalt vitriol | bieberita | vitriol rojo | vitriol rosa.

cobalt yellow | amarillo de cobalto | sal de Fischer.

cobalt-cemented | cementado con cobalto.

cobalt-chromium steel | acero al cromo-cobalto | acero con 80% de hierro, 13,3% de cromo, 3,7% de cobalto, 1,5% de carbono, 0,7% de molibdeno y 0,4% de silicio.

cobalt-clad diamond | diamante chapado con cobalto.

cobaltic | cobáltico (que contiene cobalto en estado trivalente).

cobaltic oxide | óxido cobáltico.

cobaltiferous | cobaltífero.

cobaltite | cobaltina.

cobaltmolybdate desulfurization | desulfuración con molibdato de cobalto (química).

cobaltous | que contiene cobalto en el estado bivalente.

cobaltous aluminate | aluminato cobaltoso | azul de Thenardi.

cobaltous silicofluoride | silicofluoruro de cobalto (cerámica).

cobaltous sulfate heptahydrate I bieberita.
cobalt-plating I cobaltaje.
cobalt-potasium nitrite I nitrito cobaltopotásico.
cobble I guijarro, canto rodado.
cobbling I carbón galleta.
cob-coal I galleta (carbón).
cobwork I construcción de adobes (tapial).
cochannel I canal común I canal compartido (radiocomunicaciones).
cochannel broadcasting stations I radiodifusoras que usan la misma frecuencia.
co-channel interference I interferencia del canal propio I interferencia en el mismo canal.
cocinerite I cocinerita, sulfuro de cobre y plata de color gris plateado.
cock I grifo.
cock metal I latón para grifería I aleación de 2 partes de cobre y 1 parte de plomo.
cock plug I macho de grifo.
cock (to) I montar (armar -el percutor).
cock wrench I llave para grifos.
cockermeg I riostra (minas).
cockersprag I riostra (minas).
cockle I horno de secar (cerámica).
cockpit I cabina del piloto (aviones).
cockpit canopy I techo de la cabina (aviones).
cockpit check I comprobación de cabina (avión).
cockpit system I circuito piloto.
cockscomb pyrites I variedad crestada de marcasita.
coddling I acción de aumentar la temperatura del viento (alto horno).
code I código I clave I en clave, cifrado.
code bar I barra de código.
code beacon I faro de destellos I faro de señales en código.
code book I código de cifrado y descifrado.
code character I carácter de código.
code check (to) I controlar la programación.
code checking I verificación de códigos.
code checking time I tiempo de chequeo de un programa de ordenador.
code communication I comunicación cifrada.
code conversion I conversión de código.
code converter I convertidor de código.
code emitter I emisor clave.
code error checker I comprobador de error de código.
code figure I cifra de clave.
code flag I señal de código.
code key I clave de código.
code language I lenguaje cifrado.
code light I faro de destellos característicos.

code pattern I combinación de perforaciones.
code photo transistor I transistor de código fotosensible.
code pulses I impulsiones codificadas.
code reader I lector de código.
code (to) I cifrar I codificar I programar.
code tone I señal codificada.
code translation I traducción de señales telegráficas en caracteres.
code weather report I mensaje meteorológico en clave.
code wheel I disco decodificador.
code word I palabra de código I palabra clave.
code-check I comprobación de una codificación (informática).
codeclination I codeclinación.
coded call I llamada selectiva.
coded decimal I decimal codificado.
coded decimal notation I notación decimal codificada.
coded radio beacon I radiofaro de código.
coded radio tone signal I señal característica de radio codificada.
coder I registrador I dispositivo de control por interrupción o modificación del circuito de vía (trenes) I dispositivo automático para cifrar I modulador I codificador (calculadora) I cifrador I programador.
coder-decoder I cifrador-descifrador.
codimer I codímero (petróleo).
coding I codificación I secuencia de instrucciones.
coding delay I intervalo entre las transmisiones de la estación magistral y los satélites (Lorán) I retardo cifrado.
coding experimental data I codificación de datos experimentales.
coding line I línea de código.
coding pulse I impulso de codificación.
coding scheme I código.
coding signal I señal de codificación.
codistor I codistor (semiconductor multiunión).
codorous ore I hematites silícea conteniendo mucho potasio y trazas de fósforo.
coenzyme I coenzima (bioquímica).
coercive force I fuerza coercitiva (magnetismo).
coffer I cámara (de exclusa) I dique flotante I revestimiento (pozo de mina).
coffer work I tapial.
cofferdam I dique de presa I ataguía I caja-dique (encajonado) I compartimiento estanco (buques) I coferdán (buques).

coffin | explotación a cielo abierto (minas) | caja protectora de plomo para transporte de material radiactivo | crisol (hornos) | encofrado para tubos.

cog | leva | diente (de rueda) | madero de ademado (minas) | intrusión de roca (dique -minas).

cog (to) | unir a espiga (carpintería) | endentar (poner dientes -a una rueda).

cogging | junta de espiga y muesca | desbaste | desbastado a martillo (acero al crisol).

cogging mill | tren de desbaste (metalurgia).

cognate inclusion | autolito (petrología).

cohade | pendiente (geología) | talud.

coherent | ligado, unido.

coherent carrier | portadora coherente (onda).

coherent pulses | impulsos coherentes (radiofrecuencia).

coherent-pulse radar | radar de impulsos sincronizados.

coherer effect | efecto de cohesión (electricidad).

coil | espira (de muelle) | zuncho | serpentín | arrollamiento | bobina.

coil antenna | antena de cuadro.

coil condenser | serpentín.

coil electrode | electrodo arrollado.

coil field | campo rotacional.

coil loading | carga por bobinas | pupinización (comunicaciones).

coil neutralization | neutralización por bobina.

coil signal | señal de excitación (relés).

coil spacing | paso de pupinización (telecomunicaciones).

coil (to) | adujar (marina) | bobinar | zunchar | pupinizar.

coil winder | bobinadora.

coil winding machine | máquina para bobinar.

coiler | enrollador | bobinador | plegador (manuar).

coil-loaded cable | cable pupinizado.

coin gold | aleación de 90% de oro y 10% de cobre (EE UU) | aleación de 91,67% de oro y 8,33% de cobre (G.B.).

coinage bronze | bronce de monedas | en Gran Bretaña, cobre (95,5%), estaño (3%) y cinc (1,5%) | aleación de 2 a 4% de estaño y 1 a 2% de cinc.

coke | cok, coque.

coke ash | ceniza de coque.

coke bed | lecho de coque.

coke blast-furnace | alto horno de coque.

coke dross | menudo de coque.

coke dust | coque pulverizado.

coke iron | fundición de coque.

coke oven | horno de coque.

coke pitch | sólido amorfo negro obtenido de la destilación del alquitrán.

coke plant | coquería.

cokeite | coqueíta (coque nativo).

cokify (to) | coquizar, coquificar.

coking | coquificación | coquificante.

coking fuel | combustible coquificante.

coking still | alambique de coquización (química).

colcather | óxido de hierro pardo-rojizo como residuo de sulfato ferroso (pigmentos).

colcrete | hormigón coloidal.

cold | en frío (química) | inactivo (reactor nuclear) | sin contacto con materiales radiactivos (laboratorios).

cold amalgamation process | amalgamación en frío (metalurgia).

cold area | zona fría | zona inactiva (reactor nuclear).

cold assay | prueba en frío.

cold beaten | forjado en frío.

cold blast furnace | horno de tiro de viento frío.

cold casting | electroformación.

cold chisel | buril.

cold cutter | tajadera, cortafrío de herrero.

cold deck | pila de rollizos cortados esperando el transporte a la serrería | cambra.

cold drain | canalización no activa (reactor nuclear).

cold draw (to) | estirar en frío | estampar en frío.

cold drawing | estirado en frío (laminación).

cold ductility | ductilidad en frío.

cold emission | emisión fría (autoemisión -válvula termiónica) | autoemisión.

cold extrusion | extrusión en frío.

cold form (to) | estampar en frío.

cold galvanizing | galvanizado en frío (metalurgia).

cold hammer (to) | forjar en frío (metalurgia).

cold hardiness | resistencia al frío.

cold heading | extrusión en frío.

cold heat exchanger | termorrecuperador.

cold junction | temperatura absoluta del hielo fundente | extremos libres de los dos elementos (extremos fríos -termopar).

cold light | luz fría | luz de vapor de mercurio | luz fluorescente.

cold low | depresión atmosférica de baja temperatura.

cold pit | pozo de ventilación (minas).

cold pressure weld (to) | soldar por presión en frío.

cold pressure welding I soldeo por presión en frío.

cold resistant I criorresistente, frigorresistente.

cold rolled steel I acero laminado en frío.

cold rolling I laminado en frío (metalurgia).

cold runs I puntos fríos (fundición).

cold saw I sierra para cortar metales.

cold shut I eslabón dividido que se cierra en frío para reparar cadenas rotas I cierre por enfriamiento (lingotes).

cold solder I pasta de piroxilina mezclada con polvo de aluminio.

cold starting I arranque en frío.

cold test I prueba en frío.

cold top enamel I esmalte en frío (fotograbado).

cold treat (to) I criotratar, tratar en frío.

cold treatment I criotratamiento.

cold type I composición sin emplear tipos de imprenta I fotocomposición.

cold vulcanization I vulcanización en frío.

cold weld I soldadura por presión.

cold working I trabajo en frío I deformación plástica (metales).

cold-cathode arc I arco eléctrico en que el cátodo es incandescente.

cold-cathode gage I contador de ionización de cátodo frío.

cold-drawn alloy steel I acero de aleación estirado en frío.

cold-forged I forjado en frío.

cold-forming I trabajo en frío I moldeado en frío.

cold-front thunderstorm I tormenta de frente frío (meteorología).

cold-molded I moldeado en frío.

cold-precipitable colloid I coloide precipitable en frío.

cold-pressed chassis I chasis prensado en frío.

cold-producing I criógeno.

cold-proof I a prueba del frío.

cold-rated output I potencia frigorífica nominal.

cold-rolled finish I acabado por laminación en frío con lubricante.

cold-rolled shaft I eje laminado en frío.

cold-shortness I acritud (agrio -metales) I fragilidad en frío.

cold-sizing I prensado en frío.

cold-spot hygrometer I higrómetro de punto frío (química).

cold-stable state I estado estable en frío.

cold-treated steel I acero criotratado.

cold-worked steel I acero laminado en frío.

collapse breccia I brecha formada por el colapso del techo de una caverna.

collapse caldera I caldera de colapso (geología) I caldera de hundimiento (geología).

collapsible I desmontable I colapsible.

collapsible bit I trépano plegadizo (sondeos).

collapsible core I núcleo plegadizo.

collapsing load I carga crítica de compresión.

collar I marco del exterior (pozos minas) I cumbrera (minas), collarín I anillo, aro I zuncho I manguito I casquillo I puente de encabriado I boca (del barreno) I brocal (pozo minas).

collar beam I jabalcón I falso tirante de cercha.

collar bolt I perno de reborde.

collar (to) I poner un manguito I zunchar I corbatear (buques).

collar truss I cercha de falso tirante.

collared I corbateado (construcción naval).

collar-tie roof I techo a dos aguas con cerchas de falso tirante.

collate (to) I cotejar, confrontar I alzar los pliegos I intercalar.

collated sheets I pliegos alzados (imprenta).

collating I alzado (unión de pliegos -para encuadernar).

collating machine I alzadora de papel.

collator I intercaladora I alzadora I clasificadora.

collator-stitcher-trimmer I alzadora-cosedora-cortadora (imprenta).

collaurum I oro coloidal.

collecting electrode I electrodo pasivo, electrodo indiferente I electrodo colector.

collecting network I red colectora.

collecting voltage I tensión anódica.

collecting zone I zona de captación de señales de sincronización (televisión) I gama de sensibilidad (tubos electrónicos).

collector I toma de corriente I aparato de captación I electrodo captador.

collector brush I escobilla colectora.

collector bulk resistance I resistencia de la masa del colector (transistor).

collector circuit I circuito del colector.

collector conductor I conductor de toma (electricidad).

collector gear I engranaje colector I aparato de toma de corriente.

collet I anillo metálico (collar -mecánica) I placa metálica circular (muelas abrasivas) I pinza portapieza.

collet sleeve I manguito de apriete.

collide (to) I abordar (buques) I lascar (arriar poco a poco -marina).

colliery I hullera, mina de carbón.

colliery electrical equipment I equipo eléctrico para minas de carbón.

colliery winder gear | mecanismo de extracción de minas de carbón.

collimation | colimación (óptica).

collinsite | collinsita (fosfato hidroso de calcio, magnesio y hierro -Canadá).

collision | colisión, choque.

collision avoidance system | sistema anticolisión.

collision warning | sistema avisador de colisiones.

collision warning radar | radar detector de obstáculos.

collision wave | onda prolongada (explosión minas).

collodion | colodión (fotografía).

collodion base | colodión para negativos (fotografía).

colloform | masas reniformes redondeadas de mineral resultantes de precipitación coloidal.

colloform texture | textura coloforme (geología).

colloid | coloide (química).

colloidal | coloidal.

colloidal clay | arcilla coloidal.

colloidal fuel | mezcla de carbón finamente pulverizado y fueloil.

colonnete | columna pequeña (arquitectura).

colophonite | variedad de granate andradítico | variedad de vesuvianita que no es gema.

colophony | colofonia | pez griega | resina.

color aberration | aberración cromática.

color amplifier | amplificador de señales cromáticas (TV).

color bar | barras de color (TV) | franja de color (fotomecánica).

color brilliance control | control de brillo de los colores (TV).

color broadcast | emisión en colores (TV).

color burst | señal de sincronismo color (TV).

color cell | célula cromática.

color channel | canal cromático.

color code (to) | cromocodificar.

color coder | codificador cromático.

color coding | codificación de colores.

color correct (to) | etalonar.

color correction | rectificación cromática (fotomecánica).

color disk | disco cromático (óptica).

color encoder | codificador cromático.

color frame | cuadro de color (TV).

color fringing | bordeamiento de color (electrónica).

color index | índice cromático.

color killer | supresor de color.

color lithography | cromolitografía.

color mixer | mezclador cromático.

color overload | sobresaturación (TV).

color oxide | óxido metálico o no metálico empleado para dar color a cerámicas.

color picture tube | tubo de imagen en color (electrónica).

color print | fotocromograbado (imprenta) | fotocromía.

color printing | impresión en colores | cromotipia.

color printing press | prensa para impresión en colores.

color process plate | autotipia para impresión multicolor (grabado).

color proof | prueba en colores.

color response | sensibilidad cromática.

color roller | rodillo de entintar (tipografía) | rodillo estampador (telas).

color saturation | saturación cromática.

color scale | escala cromática.

color separation | selección fotomecánica de colores.

color signal | señal cromática.

color slides | diapositivas.

color stabilizing amplifier | amplificador de estabilización cromática (TV).

color temperature | temperatura de incandescencia | temperatura de color (en grados Kelvin).

color temperature meter | termocolorímetro.

color test | ensayo colorimétrico (química).

color (U S A) | color, pigmento.

Colorado aquamarine | aguamarina verdeazul (Colorado).

Colorado diamond | cuarzo ahumado transparente.

Colorado metal | aleación de 57% cobre, 25% níquel y 18% cinc.

Colorado ruby | granate rojo.

Colorado silver | aleación de 57% cobre, 25% níquel y 18% cinc.

Colorado topaz | topacio verdadero de color amarillo parduzco (Colorado).

coloradoite | coloradoíta (telururo de mercurio).

colored | coloreado.

colored anodized aluminum | aluminio anodizado en color.

colored thread | hilo coloreado (telecomunicaciones).

colored tracer thread | hilo piloto (telecomunicación).

color-forming | cromógeno.

colorgravure | huecograbado en colores.

colorimeter | colorímetro.

colorimetric photometer | fotocolorímetro (óptica).

coloring | colorante, coloración | tonalidad | abrillantamiento (electrodeposición).

colorless | descolorido | incoloro.

colormeter | colorímetro.

colorplate | plancha para impresión multicolor (grabado).

colour | color (G.B.).

Columbian spirits | alcohol metílico puro.

columbite-bearing-granite | granito columbitífero.

columbium | niobio.

columbium stabilization | estabilización por niobio (aceros).

column | columna | pilar.

column anchorage | anclaje de pilares.

column base | basa de columna.

column binary card | tarjeta perforada a columnas binarias.

column binary code | código en columna binaria.

column form | encofrado de pilar.

column printer | impresora por columnas (calculadoras).

column strength | resistencia al pandeo.

columnar jointing | disyunción prismática (geología).

columnation | planta de pilares (arquitectura).

column-free interiors | interiores sin columnas (edificios).

colure | coluro (astronomía).

coma | cabellera (astronomía).

coma cluster | cúmulo de la cabellera (astronomía).

comb | medida de volumen = 54,52 litros | peine de roscar | colector (máquina eléctrica) | circo glaciar (geología).

comb amplifier | amplificador en peine.

comb antenna | antena de peine.

comb filter | filtro de peine (electricidad).

comb frame | hiladora.

combe | valle | circo (geografía).

combed | cardado, peinado (textiles).

combed wool | lana cardada, lana peinada.

combed yarn | hilo de estambre.

comber | peinadora mecánica.

combination | producto combinado (química) | mezcla | combinación (matemáticas).

combination array | red compleja.

combination die | troquel combinado | molde combinado (metalurgia).

combination framing | estructura mixta.

combination steel | acero aleado.

combine harvester | cosechadora | segadora y trilladora (agricultura).

combine (to) | mezclar | combinar.

combined aerial | antena colectiva.

combined bath | baño virador fijador (fotografía).

combined carbon | carbono de cementación | carbono combinado.

combined distribution frame | repartidor de combinaciones (telefonía) | repartidor mixto.

combined fuse and cutout | fusible y pararrayos combinados (telecomunicación).

combined network | red mixta (telefónica).

combined power | potencia activa.

combined strength | resistencia compuesta.

combined twinning | maclación combinada.

combiner circuit | circuito de combinación.

combining circuit | circuito combinador.

combining network | circuito combinador | red combinadora.

combining weight | peso de combinación.

comburent | comburente, comburívoro.

combust (to) | quemar, combustir.

combustible schist | pizarra bituminosa o carbonácea.

combustimeter | combustímetro.

combustion | combustión.

combustion boat | cápsula de combustión (química).

combustion chamber | cámara de combustión, caja de fuegos (calderas) | cámara de explosión (motores).

combustion control | regulación de la combustión.

combustion engine | motor de combustión.

combustion furnace | horno de combustión.

combustion gas turbine | turbina de gases de combustión, turbina de combustión, turbina de gases.

combustive | comburente.

combustor | combustor (cámara de combustión a presión -turbina de gases) | cámara de combustión.

come on the line (to) | entrar en el circuito (telecomunicación).

come to anchor (to) | anclar, fondearse.

come up a tackle (to) | largar un aparejo.

come-along | dispositivo para aproximación (mecánica).

come-along clamp | mordaza tensadora de alambres.

comet | cometa | lunar que presenta la imagen (plancha metálica) | mancha de forma de cometa (plancha offset).

comet probe | sonda cósmica para cometas (astronomía).

cometary head | cabeza cometaria (astronomía).

cometary orbit | órbita cometaria.

cometography | cometografía.

coming into play | entrada en funcionamiento (máquina).

coming into step | enganche en máquina sincrónica.

comit | comit (lenguaje de programación de computadoras para símbolos).

command | orden | introducción | señal de control | grupo de señales que inician una fase en la ejecución de un programa | orden de realización de una función.

command and telemetry antenna | antena de telemando y telemedida.

command channel | canal radio reservado al mando.

command character | carácter de mando (periférico de ordenador).

command control | control del mando.

command guidance | teleguiado electrónico.

command language | lenguaje de órdenes.

command library | biblioteca de mandatos (calculadora).

command net | red de transmisiones del mando.

command override | neutralización por telemando.

command pulse | impulso de telemando.

command-guided missile | misil guiado por dos radares, uno para observar el blanco y otro para gobernar el misil.

commentary channel | canal de indicaciones (TV).

commercial broadcast | emisión comercial.

commercial broadcasting station | estación de radiodifusión comercial.

commercial bronze | aleación de cobre 90% y cinc 10%.

commercial dust | polvo impuro de oro.

commercial smelling salts | carbonato amónico.

commercial sublimed white lead | mezcla de sulfato de plomo (75%) con óxido de plomo (20%) y óxido de cinc (5%).

commercial zinc | peltre.

comminute (to) | triturar | pulverizar.

comminution | pulverización | trituración.

commission ore | material uranífero (con 0,10% de óxido de uranio).

commissure | junta de chapas (unión de chapas -buques).

commix (to) | mezclar.

commixture | mezcla.

common aerial | antena colectiva.

common aerial working | tráfico simultáneo sobre antena común | funcionamiento con antena común.

common alum | alumbre ordinario.

common battery | batería común | batería central.

common branch | acometida común (electricidad).

common cokes | hojalata de peso de estaño de 1,25 libras por caja base.

common control unit | unidad de control común (informática).

common drive | dirección única (telecomunicación).

common fuse | mecha ordinaria.

common garnet | almandina.

common impedance coupling | acoplamiento por impedancia común.

common joist | viga común (construcción).

common lead | plomo con 4 isótopos (con número másico de 204, 206, 207 y 208).

common limb | ala del medio (fallas).

common mica | moscovita.

common monitoring service | servicio de vigilancia (radiocomunicación).

common pewter | aleación de estaño 80% y plomo 20%.

common pitch | pez negra.

common ratio | razón (progresión geométrica).

common resin | colofonia.

common solder | suelda de estaño 50% y plomo 50%.

common storage | memoria común (informática).

common T-R working | funcionamiento con antena común (radar).

common trunk | red común (telefonía) | enlace común.

common twill weave | ligamento sarga simple.

common white alum | alumbre de potasio.

common wire | hilo neutro.

common-base amplifier | amplificador con base común.

common-emitter amplifier | amplificador con emisión común.

common-grid amplifier | amplificador con rejilla común.

common-loop bus bar | barra ómnibus de bucle común (telefonía).

common-mode voltage | voltaje con excitación común.

common-rail equipped engine | motor equipado con inyección de combustible a un colector general de admisión.

communal aerial | antena colectiva.

communal cable | cable de comunidad (TV).

communicating pipes | tubos comunicantes.

communication | comunicación | vía de acceso.

communication band | banda de comunicación (radio).

communication center | centro de comunicación.

communication channel | canal de comunicación.

communication countermeasure | contramedida de comunicación.

communication link | enlace de comunicación.

communication net | red de comunicaciones | red de transmisiones.

communication processor | procesador de comunicación (informática).

communication receiver | receptor de telecomunicación.

communication relay center | centro de enlace de telecomunicaciones.

communication transmitter | transmisor de comunicación.

communications blackout | interrupción de comunicaciones.

communications control station | estación de control de las comunicaciones.

communications network | red de comunicaciones.

communications operating signal | señal de servicio (comunicaciones).

communications relay center | centro de enlace de telecomunicaciones.

communications relay station | estación repetidora de comunicaciones.

communications satellite | satélite de comunicaciones.

community antenna | antena colectiva.

community station | estación para dar servicios a distritos metropolitanos (radio).

community system | instalación colectiva.

community television | televisión colectiva.

commutability | conmutabilidad | permutabilidad.

commutable | conmutable | permutable.

commutate (to) | conmutar (electricidad).

commutation | conmutación (electricidad).

commutation frequency | frecuencia de conmutación.

commutator | conmutador | colector (electricidad).

commutator brush | escobilla del colector.

commutator grinder | rectificadora de colectores.

commutator motor | motor de colector (electricidad).

commutator pitch | paso polar del colector (electromotor).

commutator pulse | impulso conmutador (informática).

commutator strip | delga de colector.

commutator switch | conmutador de dirección.

commutatorless | sin colector (motores).

commutatorless motor | motor sin colector.

commute (to) | conmutar | cambiar.

compact | conglomerado, producto sinterizado (pulvimetalurgia) | sólido, compacto.

compact disc | disco digital de sonido.

compact disk | disco compacto.

compact (to) | comprimir | apisonar | compactar.

compacted | compactado, apisonado.

compact-grained pig iron | arrabio de textura compacta.

compacting | compactación.

compacting pressure | presión de compactación (pulvimetalurgia).

compaction | compactación.

compaction molding | moldeo por compactación.

compactron | compactrón (tubo electrónico múltiple).

compact-wooded | picnoxílico.

compander | compresor-expansor (telefonía).

companding | compresión-expansión (comunicaciones).

compandor | compansor (telecomunicación) | expansor.

comparator | comparador.

comparator circuit | circuito comparador.

compare (to) | cotejar, confrontar.

comparison | cotejo, confrontación, comprobación.

comparison microscope | microscopio de comparación.

comparoscope | comparoscopio (microscopio).

compartmented system | sistema compartimentado (cibernética).

compass | radiocompás | goniómetro automático | brújula, compás.

compass bearing | rumbo con la brújula | compás de referencia.

compass calibration | calibración de la brújula.

compass card | rosa de la brújula | rosa de los vientos | rosa náutica.

compass course | rumbo con la brújula | derrota con el compás (buques).

compass deviation | desviación de la brújula | desviación magnética.

compass heading | dirección magnética | rumbo con relación al norte de la brújula (aviación) | rumbo.

compass locator I radiobaliza de compás.

compass needle I aguja imantada I aguja de la brújula.

compass north I norte magnético I norte de la brújula.

compass plane I cepillo redondo, argallera convexa, cepillo para superficies curvas.

compass point I puntos de la rosa de los vientos.

compass rose I rosa de la brújula I rosa náutica.

compass saw I serrucho de marquetería, serrucho de punta, segueta.

compass stand I bitácora.

compass survey I levantamiento de planos con brújula.

compass swinging I desviación de la brújula.

compass traverse I itinerario con brújula.

compass variation I declinación de la brújula.

compass-platform I pasarela de navegación (techo del puente de navegación donde se coloca el compás magistral -buques).

compelling I compulsivo.

compelling force I fuerza coercitiva, fuerza compulsiva.

compensated motor I motor compensado.

compensated scan I exploración compensada (TV).

compensated thermocouple I termopar compensado.

compensated wattmeter I vatímetro compensado.

compensating adjustment I ajuste de compensación.

compensating circuit I circuito de compensación.

compensating gear I engranaje diferencial.

compensating globe I globo compensador (aguja de navegación).

compensating hanging I suspensión compensada.

compensating jet I eyector de compensación.

compensating line I sección compensadora (electrotecnia).

compensating pole I polo compensador.

compensating voltage I voltaje de compensación.

compensating wave I onda de reposo I contramanipulación (telegrafía).

compensating winding I devanado compensador, arrollamiento compensador.

compensator I compensador I autotransformador (electricidad).

compensator magnet I imán compensador, imán corrector.

compensatory leads I conductores de compensación (electricidad).

competent beds I capas competentes (geología).

competent folds I pliegues armónicos.

competing equilibria condition I estado de equilibrio competitivo (química).

competitive inhibitor I inhibidor de oposición (química).

compile and go I técnica operativa por la que los procesos de compilación y ejecución de programa se efectúan automáticamente (informática).

compile routine I rutina de compilación (informática).

compile (to) I compilar (informática).

compiled programming language I lenguaje de programación compilado (informática).

compiler I compilador (informática).

compiler language I lenguaje de funcionamiento (informática).

compiler program I programa de recopilación (informática).

compiling I compilación (informática).

complementarity I complementariedad (física cuántica).

complementary I complementario.

complementary error function I función de error complementario (semiconductor).

complementary flip-flop I basculador complementario (electrónica).

complementary NOR gate I compuerta NOR complementaria (transistor).

complementary pair I par complementario (transistores).

complementary rectifier I rectificador complementario.

complementary resistor-diode-transistor logic circuit I circuito lógico complementario de transistor-diodo-resitor.

complementary symmetry I simetría complementaria (transistores).

complementary transistor circuit I circuito de transistores complementarios.

complementary transistor logic I lógica de transistores complementarios.

complementary wavelength I longitud de onda complementaria.

complementor I complementor (calculadora electrónica).

complete call I llamada eficaz (comunicaciones).

complete circuit I circuito completo I circuito cerrado, circuito de ida y vuelta (electricidad).

complete emission I emisión completa.

complete impulse I impulso completo (telecomunicación).

complete multiple I multiplicación total (telecomunicación).

complete radiator I radiador integral (cuerpo negro).

complete self-excitation I autoexcitación completa (transductores magnéticos).

complex I complejo I compuesto.

complex aerosol I aerosol complejo.

complex cathode I cátodo complejo.

complex chemical reaction I reacción química compleja.

complex displays I presentación visual compleja con varios datos (radar).

complex fold I pliegue polifásico (geología).

complex fraction I fracción compleja (matemáticas).

complex number I número complejo (matemáticas).

complex ore I mineral complejo I mineral que contiene varios metales difíciles de extraer.

complex steel I acero de aleación con más de dos elementos aleantes.

complexing agent I sustancia capaz de formar iones complejos, complexante.

complexometric titration I titulación complejométrica (química).

complex-profile carbide tool I herramienta de carburo de tungsteno de perfil complejo.

compo I estuco (albañilería) I mortero de cemento.

compo pipe I tubo hecho con aleación de plomo.

compole I polo compensador, polo conmutador.

component I pieza.

component charge I tasa constitutiva (telecomunicación).

compose (to) I componer tipos (tipografía).

composing frame I chibalete (tipografía).

composing machine I máquina de fundir tipos de imprenta, máquina de componer (tipografía).

composing stand I chibalete (tipografía).

composite I fotomontaje I metal compuesto.

composite beam I viga mixta, viga compuesta.

composite block I clisé combinado (fotograbado).

composite circuit I circuito derivado I circuito compuesto I circuito mixto.

composite color sync I sincronización compuesta de color (comunicaciones).

composite electrode I electrodo compuesto.

composite gain I ganancia compuesta (telecomunicación).

composite metal I metal chapado (con otro metal).

composite mould I moldeo mixto (plásticos).

composite number I número compuesto (matemáticas).

composite plate I depósito compuesto (electroquímica).

composite propellant I propulsante sólido compuesto de un combustible y un oxidante.

composite sailing I navegación mixta por círculo máximo y por paralelos.

composite signal I señal compuesta (TV).

composite signaling system I sistema con vuelta por tierra (telecomunicación).

composite take-off I despegue de un aeroplano grande que transporta a otro más pequeño.

composite voltage I tensión resultante.

composite wave I onda lunisolar (marea).

composite wire I alambre estirado por el procedimiento Wollaston (antes de usarlo hay que disolver su camisa).

composition I composición mineral (cubiertas) I mezcla.

composition face I cara o plano que une las partes de un cristal maclado I cara de agrupamiento (cristalografía) I cara de contacto.

composition formula I fórmula empírica (química).

composition metal I aleación I aleación de cobre 85%, estaño 5%, plomo 5% y cinc 5%.

composition plane I plano de composición (maclas) I plano de macla (cristalografía).

composition resistor I resistor de aglomerado.

compositive I sintético.

compositor I compositor I cajista, mecanotipista (imprenta) I componedor I tipógrafo (cajista -tipografía).

compound I combinación de átomos o de iones de diferentes elementos, mixtura I compuesto, materia I cuerpo compuesto, materia aislante I mezcla cruda (mezcla no vulcanizada de caucho y varios ingredientes), con excitación en serie y derivación (electricidad).

compound arch I bóveda compuesta.

compound beam I viga compuesta, viga ensamblada.

compound blowpipe I soplete oxídrico.

compound capstan I cabrestante múltiple.

compound catenary construction I línea catenaria compuesta (electricidad).

compound centrifugal acceleration I aceleración de Coriolis.

compound centrifugal force I fuerza de Coriolis.

compound d-c motor | motor de corriente continua de excitación mixta.

compound die | troquel combinado.

compound dynamo | dinamo de excitación mixta.

compound epicyclic gear | engranaje epicicloidal compuesto.

compound follower | seguidor compuesto (transistor).

compound lens | lente compuesta (óptica).

compound lever | palanca compuesta.

compound motor | motor de excitación mixta (electricidad).

compound oil | mezcla de aceites minerales y vegetales.

compound over (to) | reforzar (una máquina).

compound oxide | oxígeno salino.

compound pipe | conducto de diámetro variable.

compound prism | prisma compuesto.

compound propulsion | propulsión mixta.

compound rotorcraft | aparato doble avión-helicóptero.

compound steel | acero aleado.

compound sulfide | sulfuro salino.

compound target | blanco compuesto (radar).

compound (to) | componer | combinar, mezclar | excitar en serie y derivación (electricidad).

compound turbine engine | turbomotor compuesto.

compound winding | devanado doble (electricidad) | devanado en serie y derivación, devanado mixto.

compound-filled | relleno de pasta aislante (cable eléctrico).

compounding | composición (aceites) | devanado mixto (electricidad) | expansión múltiple (máquina vapor) | mezcla en el caucho.

compound-wound | con excitación mixta, con excitación en serie y derivación.

compound-wound dynamo | dinamo de excitación mixta.

compress (to) | comprimir.

compressed | comprimido.

compressed air | aire comprimido, aire a presión.

compressed air brake | freno de aire comprimido.

compressed air drill | perforadora neumática.

compressed gas | gas comprimido.

compressed-air blasting | voladura por aire comprimido.

compressed-air drill | perforadora de aire comprimido.

compressed-air hammer | martillo de aire comprimido.

compresser | placa de desviación | compresor.

compressing force | fuerza comprimente.

compression | condensación de datos (informática).

compression cable | cable con dieléctrico de nitrógeno a presión (electricidad).

compression cock | grifo de descompresión.

compression gage | manómetro de compresión, compresímetro | galga de compresión.

compression gland | prensaestopas.

compression joint | piezoclasa (geología).

compression mold (to) | piezomoldear.

compression pump | bomba de compresión.

compression ratio | índice de compresión | relación del polvo suelto al volumen del comprimido (pulvimetalurgia).

compression reinforcement | armadura de compresión (hormigón armado).

compression sleeve | manguito de compresión.

compression wave | onda de compresión (mecánica).

compressional ignition | ignición por presión.

compressional wave | onda compresional | onda longitudinal.

compression-ignition engine | motor diesel.

compressive | compresivo.

compressive creep test | prueba de fluencia compresiva.

compressive dynamometer | dinamómetro de compresión.

compressometer | compresímetro | medidor de comprensión.

compressor | compresor | freno (artillería) | estopor (buques) | limitador automático de la amplitud (telefonía).

compressor amplifier | amplificador compresor.

compressor network | red compresora.

comptometer | máquina de calcular.

Compton absorption | absorción de un fotón en el efecto Compton.

Compton electron | electrón Compton (nucleónica).

Compton meter | medidor Compton.

Compton recoil effect | efecto Compton.

compulsory | obligatorio.

compulsory equipment | equipo reglamentario de radiocomunicaciones.

computability | computabilidad.

computable | calculable.

computadorize (to) | computar.

computation center | centro de informática.

compute program | programa de computadora.

compute (to) | computar, calcular.

computed tomography I tomografía computerizada.
computer I ordenador.
computer accounting system I sistema de contabilidad por ordenador.
computer architecture I arquitectura de ordenador.
computer assisted management I dirección asistida por ordenador.
computer based data analysis I análisis de datos computerizados.
computer code I código de ordenador.
computer communications I teleinformática.
computer controlled network I red controlada por ordenador.
computer drawn I ejecutado con ordenador.
computer editing I montaje por ordenador (video-audio).
computer engineering I tecnología de las calculadoras electrónicas.
computer entry punch I entrada de perforación en un computador.
computer language I lenguaje máquina (calculadoras).
computer mail I correo electrónico.
computer memory I memoria de máquina calculadora.
computer micrographics I micrografía informática.
computer network I red de telegestión I red de ordenadores.
computer numerical control I control numérico por computadora.
computer output microfilm I impresión microfilmadora.
computer output microfilmer I dispositivo de microformas (informática).
computer output microfilming I convertidor en microformas de la salida (informática).
computer output microforma (C.O.M.) I salida microformada del ordenador.
computer output to microfilm I salida de computadora a microfilm.
computer panel wiring I cableado de los paneles de una calculadora.
computer power I potencia de ordenador.
computer science I informática.
computer typesetting I composición por ordenador.
computer-aided design I diseño asistido por ordenador.
computer-aided instruction I enseñanza asistida por ordenador.
computer-aided testing I prueba asistida por ordenador.

computer-assisted learning I enseñanza asistida por ordenador.
computer-based I computarizado.
computer-based automation I automatización computarizada.
computerize (to) I informatizar.
computerized control I control por medio de una computadora.
computer-managed instruction I instrucción de gestión por ordenador.
computing I conector I cómputo I estimación.
comraz I comraz I sistema para determinar la distancia entre dos estaciones de radio (comraz).
conachatae I ágata con inclusión de manchas cónicas de cacholonga.
concatenate (to) I concatenar.
concatenated connexion I conexión en cascada.
concatenation I concatenación I acoplamiento en cascada (electricidad).
concave I cóncavo.
concave lens I lente cóncava.
concavo-concave I bicóncavo.
concavo-convex I cóncavo-convexo.
concavospherical I concavoesférico.
concealed fault I falla del subsuelo (geología).
concealed wiring I cableado oculto I instalación oculta (electricidad).
concentrated beam I haz concentrado.
concentrated i and c I inductancia y capacitancia concentradas.
concentrated inductance I inductancia localizada.
concentration I concentración I convergencia I focalización.
concentration cell I pila de concentración (química).
concentration indicator I salinómetro I indicador de concentración.
concentration key I llave de concentración (telefonía).
concentration plant I instalación de concentración (de minerales).
concentration polarization I polarización por concentración.
concentrator I concentrador I distribuidor (centro de conmutación).
concentric I concéntrico.
concentric bundle I haz concéntrico.
concentric cable I cable coaxial (electricidad).
concentric lens I lente concéntrica I objetivo concéntrico.
concentric line I cable coaxial (telefonía).
concentric winding I arrollamiento concéntrico I devanado en capas concéntricas.

concentricity | concentricidad.

concentricity gage | galga para medir la concentricidad.

conch | media cúpula | bóveda de ábside | bóveda en forma de media cúpula.

concha | ábside | bóveda de ábside.

concrete | concreto (hormigón) | hormigón armado | mortero de cemento | argamasa.

concrete asphalt | hormigón asfáltico.

concrete bed | tongada de hormigón | capa de hormigón.

concrete biological shield | escudo biológico de hormigón (protección contra radiaciones).

concrete block | bloque de concreto | bloque de hormigón.

concrete breaker | martillo rompepavimentos.

concrete brick | ladrillo de mortero de cemento.

concrete cladding | revestimiento con hormigón.

concrete layer | capa de hormigón.

concrete masonry | mampostería de hormigón.

concrete mix | mezcla de hormigón (áridos, cemento y agua).

concrete mixer | hormigonera | mezcladora.

concrete ocrating | tratamiento del hormigón con gas de fluoruro de silicio (lo hace acidorresistente).

concrete paver | pavimentadora para hormigón.

concrete pier | pila de hormigón (puentes).

concrete pump | bomba para impeler hormigón.

concrete reinforced | hormigón armado.

concrete setting | fraguado del hormigón.

concrete shield | blindaje de hormigón.

concrete spreader | canaleta distribuidora de hormigón.

concrete steel | hormigón armado | acero para hormigón.

concrete (to) | cuajar | solidificarse | concretar | concrecionar | espesar | hormigonar.

concrete wall | muro de hormigón.

concrete-filled | relleno de hormigón.

concrete-lined | revestido de mortero de cemento | revestido de hormigón.

concreteness | concreticidad.

concreting | hormigonado, hormigonaje.

concurrent centrifugation | centrifugación de flujo paralelo.

concurrent fatigue | fatiga concurrente.

concurrent heating | calentamiento suplementario | caldeo concurrente.

concurrent real-time processing | procesamiento concurrente en tiempo real (informática).

concurrently shared device | dispositivo compartido simultáneamente (informática).

condensability | condensabilidad.

condensable fluid | fluido condensable.

condensance | reactancia capacitiva (de un capacitor de capacidad fija).

condensation code | código de condensación de mensajes.

condensation compound | compuesto de condensación (química).

condensation tower | torre de condensación.

condensation water | agua de condensación.

condense (to) | concentrar (un producto) | condensar.

condensed | condensado.

condensed deposit | material sedimentario que se acumula muy lentamente.

condensed oil | aceite densificado por soplado.

condensed steam | vapor condensado.

condensed-phase detonation | detonación de fase condensada.

condenser | condensador | refrigerante | lente colectora.

condenser antenna | antena electrostática (antena de capacitancia).

condenser bank | banco de condensadores.

condenser microphone | micrófono electrostático.

condenser pickup | transductor electrostático, fonocaptor de capacitor | reproductor electrostático.

condenser r-meter | medidor r de condensador.

condenser vacuum | vacío del condensador.

condenser-start motor | motor de arranque con capacitor.

condensing | condensación.

condensing agent | agente condensador, agente de enlace (química).

conductive flooring | piso conductor de electricidad estática.

conductive pattern | red conductiva (circuitos impresos).

conductivity | conductividad (electricidad).

conductometer | conductímetro.

conductor pattern | red conductora (circuitos impresos).

conductor pipe | tubo guía | tubo conductor.

conductor system | sistema conductor | sistema de canalización.

conductor-string | tubo guía (sondeos).

conduit | canalización | conducto | tubo de comunicación, tubo aislante | canal de cables | conducto portacables.

conduit pipe | tubo de conducción | tubo para canalizaciónes eléctricas.

cone I anillo interior (cojinetes) I cono I tobera de inyector I cono pirométrico (cono Seger).

cone aerial I antena cónica.

cone antenna I antena cónica.

cone diaphragm I diafragma cónico.

cone distance I generatriz primitiva (engranaje cónico recto).

cone of escape I cono de escape (exosfera).

cone of protection I cono de protección (pararrayos).

cone value I carga aplicada dividida por la penetración del cono (resistencia terrenos).

cone vision I visión fotópica.

coned I conificado.

cone-pulley I cono de poleas.

conference call I comunicación colectiva.

confidence check I test de seguridad (electricidad) I verificación de confiabilidad.

confining bed I capa de confinación I manto impermeable de un estrato aurífero.

conformation I conformación I configuración (química).

conformational isomerism I isomería conforme.

conformations moleculars I configuraciones moleculares.

confusion reflector I reflector de confusión (radar).

confusion region I zona de indiscriminación (radar).

congealed solution I solución sólida (metalurgia).

congenial rocks I rocas congeniales.

congenital twin I macla natural.

congested band I banda congestionada (radiocomunicaciones).

congestion I bloqueo (telecomunicación).

congestion signal I señal de congestión (comunicaciones).

conglomeratic quartzite I cuarcita conglomerada.

conical cam I leva cónica.

conical cap I casquete cónico.

conical gear I engranaje cónico.

conical grinding I rectificación cónica.

conical helix antenna I antena de hélice cónica.

conical hole I agujero cónico.

conical nozzle I tobera cónica.

conical scan I exploración cónica.

conical scan radar I radar de escansión cónica.

conical sweep I barrido cónico (radar).

conical winding I devanado cónico.

conichalcite I conichalcita (arseniato de calcio y cobre de color verde-pistacho).

conidium I conidio.

coniferin I coniferina.

coning angle I ángulo de conicidad (rotor helicóptero).

coniscope I coniscopio.

conn I control de movimientos del buque.

conn a ship (to) I gobernar un buque.

conn rod I biela.

connate water I agua intersticial I agua de formación (geología).

connect in multiple (to) I acoplar en cantidad (acoplar en derivación -electricidad).

connect in parallel (to) I acoplar en paralelo, acoplar en derivación.

connect in quantity (to) I acoplar en cantidad, acoplar en derivación.

connect in series (to) I acoplar en serie.

connect time I tiempo de conexión I duración de la conexión.

connect (to) I acoplar, conectar I poner en circuito I empalmar.

connect to earth (to) I poner a tierra (electricidad).

connect to frame (to) I conectar a masa (autos, máquinas).

connect to ground (to) I conectar a tierra.

connect up (to) I conectar.

connected I unido I enlazado I conectado.

connected load I carga conectada (electricidad).

connected network I red conectada.

connected storage I memoria conectada (informática).

connecter I racor, conectador, conector.

connecting I embrague I conexión, acoplamiento I puesta en circuito.

connecting block I regleta de conexión (electricidad).

connecting bolt I perno de unión.

connecting box I caja de distribución (caja de empalmes -cables).

connecting busbar I barra de unión (electrotecnia).

connecting circuit I circuito de conexión.

connecting diagram I esquema de montaje.

connecting fitting I conector.

connecting gear I embrague I engranaje de transmisión.

connecting in multiple I acoplamiento en derivación.

connecting in parallel I acoplamiento en derivación.

connecting link I lazo de unión I tirante de conexión I conector de conductos (electricidad).

connecting network I red de conmutación.

connecting pipe I tubo de conexión.

connecting relay I relé de conexión.

connecting rod I varilla de acoplamiento I varilla de unión I biela.

connecting rod bearings I cojinetes de biela.

connecting rod bolt I perno de biela.

connecting strip I regleta de conexión.

connecting-rod I varilla de unión, barra de conexión.

connection I montaje, engranaje I articulación I conexión I racor I acoplamiento I contacto (electricidad).

connection board I tablero de conexiones.

connection duplex I comunicacion bilateral.

connections of circuits I acoplamientos de circuitos.

connector I conector I operador lógico I conectador I borne I puente de conexión I racor.

connector panel I cuadro de conexiones.

connector-bar I barra de distribución (electricidad).

connexion (G.B.) I conexión I acoplamiento I tren de enlace I contacto (electricidad) I transbordo (aviación) I empalme (mecánica).

conoid I conoide.

conoscope I conoscopio.

conoscopic pencil of rays I haz de rayos conoscópico.

Conrad discontinuity I discontinuidad de Conrad (sismología).

consanguinity I consanguinidad (relación genética de rocas ígneas derivadas de un magma parental común).

consanguinous association I grupos naturales de sedimentos o de rocas de origen relacionado.

consecutive poles I polos consecutivos.

consecutive power residues I residuos de potencia consecutivos.

consecutive sequence computer I ordenador de secuencia consecutiva.

conservative design I diseño con amplio margen de seguridad.

conservative flux I flujo conservativo (vectores).

conservative rating I cálculo conservador.

conservative system I sistema no disipativo de energía.

consistence I capacidad del hormigón o mortero sin fraguar de resistir la deformación I consistencia I compacidad (del terreno).

consistence meter I consistómetro.

consistency I consistencia de solidez o fluidez de materiales bituminosos I consistencia I compacidad (terrenos).

consistency gage I sonda de consistencia.

consistency index I índice de consistencia.

consistency meter I medidor de consistencia.

consistency test I prueba de consistencia.

consistent I consistente.

consistometer I consistómetro.

consol I consol (radionavegación).

consol station I estación consol (radiofaro).

console I consola.

consolidate (to) I refundir I fusionar I unir I consolidar, compactar I solidificar.

consolidated rock I roca coherente.

consolidated sediments I sedimentos convertidos en roca.

consolidation settlement I asiento gradual de la arcilla sometida a carga I cedimiento debido a la consolidación I asentamiento debido a la consolidación.

consolute I miscible I consoluto (líquidos).

constant amplitude recording I grabación de amplitud fija.

constant current I corriente constante I intensidad constante (electricidad).

constant deviation prism I prisma de desviación constante.

constant field I campo fijo (no variable).

constant force I fuerza constante, fuerza continua.

constant gradient synchrotron I sincrotrón de gradiente constante.

constant multiplier I multiplicador constante.

constant of aberration I constante de aberración (20,49 segundos de arco -estrellas).

constant of nutation I constante de nutación (9,21 segundos -astronomía).

constant pressure I presión constante I voltaje constante.

constant time lag I retardo de cierre (disyuntor).

constant velocity joint I articulación de velocidad constante.

constant voltage regulator I regulador para tensión constante.

constant wavelenght scanning I exploración de longitud de onda constante.

constant-amplitude oscillator I oscilador de amplitud constante.

constant-base-current bias I polarización por corriente de base constante.

constant-phase lines I líneas isofases.

constant-potential accelerator I acelerador de potencial constante (nuclear).

constant-potential generator I generador de voltaje constante.

constant-pressure valve I regulador de presión.

constant-torque resistor I resistor autorregulador (electricidad).

constituent I constituyente, componente I elemento, ingrediente.

constituent metals I metales constituyentes (aleaciones).

constitution water I agua de constitución, agua de cristalización (mineralogía).

constitutional formula I fórmula estructural (química).

construction I edificación I construcción.

construction assembly I instalación (telecomunicación).

construction weight I peso estructural (peso sin propulsante y carga -cohete).

construction wrench I llave de montador.

constructional load I carga estructural.

consumable I consumible, fungible.

contact acid I ácido de contacto (ácido sulfúrico).

contact action I catálisis.

contact adsorption I adsorción por contacto (química).

contact bias I polarización de contacto.

contact breaker I interruptor de contacto I ruptor (aparato de ruptura) I disyuntor.

contact catalysis I catálisis por contacto.

contact chatter I vibración de contactos (electricidad).

contact drop I caída de tensión de los contactos.

contact electrode I electrodo de contacto.

contact force I fuerza de contacto (relés).

contact gap I entrehierro de contacto.

contact hardening I endurecimiento de contacto (semiconductores).

contact line I línea de contacto.

contact mass I masa activa.

contact plating I depósito por contacto (electroquímica).

contact rectifier I rectificador de contacto.

contact saturation current I corriente de saturación al contacto.

contact sense I detección de contacto.

contact shoe I zapata de toma de corriente.

contact unit I contactor.

contact voltmeter I voltímetro de contacto.

contactant I contactante (sustancia que actúa por contacto).

contactor I contactor I dispositivo para abrir y cerrar un circuito eléctrico I conjuntor, interruptor automático (electricidad).

contactor assembly line I cadena de montaje de contactores (electricidad).

contactor switch I interruptor de contactor.

container I cisterna I vasija (recipiente estanco) I vaso (de acumulador), contenedor cerrado.

container rock I roca portadora (geología).

container rupturing I rotura de la cuba (reactor nuclear).

containment I confinamiento (fusión nuclear) I envoltura de seguridad I contenedor, recipiente.

containment spray system I sistema de aspersión de la contención (central nuclear).

containment time I tiempo de confinamiento (nuclear).

containment vessel I cuba (vasija -reactor nuclear) I vasija de contención (nuclear).

contamination I contaminación.

contemporaneous rocks I rocas interestratificadas.

content meter I analizador cuantitativo I analizador.

content-addressed storage I memoria con contenido direccionado (informática).

continental circuit I circuito continental (telecomunicación).

continental crust I corteza continental (geología).

continental depletion I depleción continental.

continental geosyncline I geosinclinal continental.

continental shelf I plataforma continental, altofondo del litoral continental (oceanografía).

continental slope I talud continental, declive continental.

continuity I continuidad.

continuity angle I ángulo de continuidad.

continuity bond I conexión de continuidad.

continuity monitor I monitor de continuidad (TV).

continuity tester I aparato para medir la continuidad de circuitos I ómhetro.

continuous air monitor I monitor continuo del aire (medida radiaciones).

continuous amplifier I amplificador continuo.

continuous band dryer I secador de banda continuo.

continuous belt I correa sin fin.

continuous belt lehr I horno continuo de recocer de cadena transportadora (fabricación vidrio).

continuous carrier I portadora continua.

continuous casting I proceso de fundición con solidificación continua.

continuous coated electrode I electrodo recubierto continuo.

continuous current I corriente continua.

continuous current ammeter I amperímetro de corriente continua.

continuous current motor I motor de corriente continua.

continuous current voltage | voltaje de corriente continua.

continuous current winding | devanado para corriente continua.

continuous duty | servicio continuo.

continuous duty circuit | circuito de utilización permanente.

continuous grading | granulometría continua.

continuous grain flow | flujo continuo del grano (metalurgia).

continuous hot-dip galvanizing | galvanización continua por inmersión en caliente.

continuous input of energy | absorción continua de energía.

continuous loading | carga continua.

continuous maximum rating | potencia máxima continua | potencia máxima de régimen.

continuous power | potencia continua.

continuous rating | potencia continua.

continuous scanning | exploración en espiral (radar).

continuous short-circuit | cortocircuito sostenido.

continuous space | corriente de reposo continua.

continuous spectrum | espectro continuo.

continuous tone | tono no reticulado (fotograbado).

continuous watch | escucha continua (radio).

continuous wave | onda continua.

continuous wave radar | radar de onda continua.

continuous-wave laser | laser de onda persistente.

continuous-wave magnetron | magnetrón de ondas continuas.

continuum | continuo (matemáticas).

continuum radiation | espectro continuo.

contorted rock | roca contorsionada.

contortion | contorsión (estratos de rocas).

contour | isohipsa (meteorología) | curva de nivel.

contour chart | carta de contornos (radio) | carta de superficie isobárica (meteorología).

contour elevation | cota.

contour finder | trazador de curvas de nivel.

contour grinder | rectificadora de perfilar.

contour height | cota.

contour line | curva hipsométrica.

contour map | mapa topográfico.

contour mapping | planialtimetría.

contour mapping radar | radar para planialtimetría.

contour survey | levantamiento topográfico.

contraclinal valley | valle contraclinal.

contra-clockwise rotation | rotación sinistrorsa.

contracted vein | vena contraída (hidráulica) | filón estrechado (minas).

contracter | dispositivo compresor, compresor.

contractile | contráctil.

contractility | contractilidad.

contraction | contracción | estrechamiento.

contraction joint | junta de dilatación (hormigón) | junta de contracción | sinclasa (geología).

contraction of area | estricción (prueba de tracción) | contracción de área.

contraction rule | regla que tiene en cuenta la contracción de los metales (moldeo).

contraction wave | onda de contracción.

contractive | contractivo.

contractometer | contractímetro.

contraflexure | inflexión (vigas).

contraflexure point | punto de inflexión.

contraflow | contracorriente.

contraion | contraión.

contra-lode | filón crucero.

contrarotating | contrarrotante.

contrarotating airscrews | hélices de distinto sentido de rotación | hélices de rotación contraria.

contrarotating propellers | hélices contrarrotantes.

contrarotating rotors | rotores contragiratorios.

contrarotation | contrarrotación.

contrast range | intervalo de ennegrecimiento (fotografía) | margen de contraste | contraste máximo (TV).

contrast threshold | contraste de umbral.

contrasted picture | imagen contrastada.

contrawound helix | hélice de arrollamientos opuestos.

control | reglaje | control | mando (aviones).

control and reporting system | sistema de control e información.

control and simulation language | lenguaje de control y simulación (informática).

control break | ruptura de control.

control break switch | interruptor de mando.

control buoy | boya indicadora de zona minada.

control bus | barra principal de distribución.

control card | tarjetón (tejeduría) | tarjeta de control.

control chart | gráfico de control.

control circuit | circuito de regulación | circuito de control.

control computer subsystem | subsistema de control por ordenador (informática).

control current | corriente de mando.

control current transformer | transformador de corriente de control.

control diagram | diagrama de operaciones.

control electrode | electrodo de mando | electrodo de control | electrodo regulador.

control engineering equipment | equipo de control de maquinaria (buques).

control frequency | frecuencia piloto (telecomunicaciones).

control grid | rejilla moduladora | rejilla de control.

control hole | perforación de control (informática).

control key | tecla de control (terminal de computadora).

control memory | memorizador de control.

control oscillator | oscilador de mando.

control panel | panel de control, panel de mando.

control point | punto de control | punto de referencia.

control potentiometer | potenciómetro de control.

control program for microprocessors | programa de control para microprocesadores.

control punching | perforación controladora.

control radar | radar de control.

control range | banda de regulación | dominio de regulación | margen de control.

control record | registro de control.

control relay | relé de maniobra, relé de control.

control rod | barra de control | barra de regulación (reactor nuclear).

control rod drive | mecanismo de arrastre de barra de control.

control selector switch | conmutador selector de control.

control servomotor | servomotor de control.

control setting | ajuste de control.

control station | puesto de control | estación controladora | estación directriz (circuito telefónico internacional).

control stick | palanca de mando.

control surface | plano compensador | alerón | superficie de mando (aviones).

control switch | conmutador de mando.

control system | sistema de regulación | sistema de control.

control (to) | regularizar | comandar | verificar, controlar.

control tower | torre de control.

control transfer | transferencia de control.

control unit | unidad de control (calculadora electrónica) | dispositivo de control.

control valve | válvula de maniobra | válvula de control.

control vane | álabe de control.

control voltage | tensión de control.

control word | palabra de control (informática).

controlled | controlado | regulado.

controlled airspace | espacio aéreo controlado.

controlled circuit | circuito controlado.

controlled communication approach | aproximación por radar de a bordo.

controlled reactor | reactor controlado (nuclear).

controlled sender | emisor controlado (telecomunicación).

controlled thermonuclear fusion | fusión termonuclear controlada.

controlled thermonuclear reaction | reacción termonuclear controlada.

controlled thermonuclear reactor (CTR) | reactor termonuclear controlado.

controller | órgano de conexión | regulador, controlador.

controller case | caja del combinador (electricidad).

controller system | servocontrolador.

control-line | línea de maniobra (electricidad) | cable de control (dirigibles).

controlling signal | señal de control.

controlling testing station | estación directriz.

convection | convección.

convection annealing | recocido por convección.

convective | convectivo.

convective atmosphere | atmósfera adiabática.

convector | estufa eléctrica | convector.

convector radiator | radiador por convección.

convenience outlet | toma auxiliar | enchufe de corriente (electricidad).

convenience receptacle | toma de corriente.

conventional | convencional.

conventional arms | armas clásicas.

conventional explosive | explosivo no nuclear.

convergence | convergencia | divergencia negativa | disminución en el área o volumen.

convergence circuit | circuito de convergencia.

convergence electrode | electrodo de convergencia.

convergence magnet | imán de convergencia.

convergent beam | haz convergente.

convergent polarized light | luz polarizada convergente.

converging rays | rayos convergentes.

conversion | conversión | transformación | transformación de materia fértil en materia físil (por ejemplo, torio-232 en uranio-233 -reactor nuclear).

conversion burner I quemador para combustible líquido o gaseoso (calderas).
conversion device I dispositivo de conversión (calculadora electrónica).
conversion electron I electrón de conversión.
conversion factor I factor de conversión.
conversion pig I lingote de afino.
conversion process I proceso de conversión (energía).
conversion program I programa de conversión (informática).
conversion time I tiempo de conversión (informática).
conversion transformer I transformador de enlace (entre una línea y un cable coaxial).
conversion value I valor de conversión I valor de transformación.
convert (to) I convertir I transformar I cementar (metalurgia) I afinar (metalurgia).
converter I convertidor de afino (metalurgia) I cambiador de frecuencias I transformador (electricidad) I difusor I conversor I conmutador.
converter pig I fundición de afino, lingote de afino.
converter reactor I reactor nuclear que emplea una clase de combustible y produce otra I reactor convertidor.
converter set I grupo convertidor (electricidad).
converter unit I grupo convertidor.
converting I afino neumático (metalurgia) I conversión.
converting furnace I horno de cementación.
converting pot I cuba de cementación.
convertor I convertidor (metalurgia) I termocambiador.
convex I convexo.
convex lens I lente convexa.
convexo-concave I convexocóncavo.
convexo-convex I biconvexo.
convey power (to) I transportar fuerza motriz.
convey (to) I transmitir, comunicar.
conveyance I transmisión, comunicación I conducción I transporte (de energía).
conveyer I aparato transformador I conductor (electricidad).
conveyor I conductor (electricidad) I aparato transportador.
conveyor band I cinta transportadora.
conveyor belt I correa transportadora.
conveyor haulage I transporte por cinta.
conveyor-fed I alimentado por transportador.
convolute I convoluta (hélices).
convolution I paso de hélice I espira (electricidad).
convolutional codes I códigos convolucionales.

cook I solera (horno Siemens).
cook (to) I cocer I vulcanizar.
cooked I cocido I vulcanizado I revelado con exceso, quemado (fotografía).
cooking I montaje del percutor.
cook-off I explosión prematura dentro del ánima.
cook-off (to) I explosionar por el calor de la vaina (cartucho del cañón).
cool I frío.
cool air advection I advección de aire frío.
cool blue I azul frío.
cool by expansion (to) I enfriar por dilatación.
cool hammer (to) I batir en frío (metales).
cool (to) I enfriar.
coolant I fluido refrigerante I enfriador.
coolant channel I canal de refrigeración.
coolant loop I circuito de enfriamiento (reactor nuclear).
cooldown I enfriamiento.
cooled air I aire refrigerado.
cooler I enfriador I refrigerador I sustancias añadidas a un explosivo para enfriar la llama de la explosión (minería).
cooler coil I serpentín cilíndrico del enfriador.
cooler cooling flow I corriente de enfriamiento del enfriador.
cooler plated steel I acero de efervescencia interrumpida.
cooler storage I almacenamiento en frío.
cooling I enfriamiento I refrigeración I disminución de la radiactividad I desactivación.
cooling agent I refrigerante.
cooling demand I necesidades de refrigeración (central térmica).
cooling fluid I refrigerante.
cooling furnace I horno de recocido (vidrio).
cooling liquid I líquido refrigerante.
cooling load I consumo de refrigeración.
cooling plate I placa de refrigeración.
cooling pond I piscina de desactivación.
cooling system I sistema de refrigeración.
cooling tower I torre de enfriamiento.
cooling unit I climatizador.
cooling water I agua de enfriamiento.
cooling water pump I bomba de agua del sistema de refrigeración.
cooper-plating bath I baño para cobrear.
cooper's adze I azuela de tonelero.
cooper's adze axe I doladera.
Cooper's gold I aleación de cobre (12 partes) y platino (3 partes).
Cooper's lines I red anastomizante de fisión producida en rocas por presión.
coordinate I coordenada.

coordinate axes | ejes de coordenadas.
coordinate code | código de coordenadas (mapas).
coordinate data | datos en representación de coordenadas.
coordinate frame | sistema de referencia.
coordinate indexing | indexación coordinada.
coordinate link | coordinación (química).
coordinate storage | memoria de coordenadas.
coordinate system | sistema de coordenadas.
coordinate transformer | transformador de coordenadas.
coordinated anionic complex | complejo aniónico coordinado.
coordinating ligand | ligado coordinante.
coordination circuits | circuitos de coordinación.
coordination compound | compuesto de coordinación (química).
coordination polymer | polímero de coordinación.
coorongite | coorongita (sustancias bituminosas elásticas derivadas de las algas).
cop | husada (textil).
cop bottom shaper cam | excéntrico para formar el fondo de la husada.
cop carrier | portahusada.
cop feeler | pulsador de husada, pulsador de canilla.
cop holder | portacanilla, portahusada.
cop shuttle | lanzadera de husada, lanzadera de canilla.
cop winder | encanilladora, bobinadora para husadas.
cop winding | devanado de la husada.
copal | copal | hidrocarburo oxigenado.
copalin | copalina, copal fósil.
Copaux-Kawecki fluoride process | proceso para convertir berilo en óxido de berilio.
cope | cúpula, bóveda | rebaje.
cope chisel | escoplo ranurador, cincel para acanalar.
cope stone | piedra de albardilla, caballete (muros).
cope (to) | recubrir con bóveda | poner albardilla (a un muro).
copel | aleación de 55% cobre y 45% níquel.
cophasal | cofásico.
copiapite | copiapita (sulfato férrico básico).
coping | coronamiento, caballete, albardilla (muros) | imposta de coronación.
coping saw | serrucho de calar.
coplanar | coplanar.
coplanar parallel forces | fuerzas paralelas coplanares.

coplanar-force system | sistema de fuerzas coplanares | sistema de fuerzas situadas en el mismo plano.
copolymer | copolímero.
copolymerizate | copolimerizado.
copolymerization | copolimerización.
coppel dust | polvo de copela.
copper | lámina de cobre | grabado en cobre | cobre.
copper acetoarsenite | acetoarsenito de cobre.
copper alloy cladding | chapado en aleación de cobre.
copper barilla | barilla (cobre nativo).
copper bath | baño de cobreado.
copper bit | hierro de soldar.
copper blight | añublo cobreado.
copper brush | escobilla de cobre (electricidad).
copper carbonate | carbonato cúprico.
copper casting | fundición de cobre.
copper deposit | yacimiento de cobre.
copper electroplating | electro-cobreado.
copper emerald | diabasa.
copper furnace | horno para menas de cobre.
copper glance | calcotita.
copper lapiz | azurita.
copper losses | pérdidas en el cobre (electricidad).
copper malachite | crisocola.
copper matte | mata de cobre.
copper mica | calcofilita.
copper mill | fundición de cobre.
copper nickel | nicolita, niquelina.
copper number | índice de cobre (química).
copper orthoarsenite | ortoarsénito cúprico.
copper oxide | óxido de cobre.
copper pitch ore | crisocola.
copper plating | cobrizado.
copper pyrites | pirita de cobre, calcopirita.
copper sheath | revestimiento de cobre.
copper solder (to) | cobresoldar.
copper soldering | cobresoldadura.
copper solution | solución de caparrosa azul.
copper steel | acero con aproximadamente 1% de cobre.
copper strike bath | baño de cobre para agarre (revestimientos electrolíticos).
copper suboxide | cuprita (mineralogía).
copper sulfide | sulfito de cobre.
copper sulphate | sulfato de cobre.
copper (to) | cobrear | revestir de cobre.
copper uranite | torbenita.
copper value | índice de cobre (química).
copper vitriol | caparrosa azul, vitriolo azul, sulfato de cobre.
copper weld (to) | cobresoldar.

copper works | fundición de cobre.

copperas | vitriolo verde | melanterita (mineral) | caparrosa (química).

copperasine | sulfato de hierro y cobre.

copper-bearing shale | pizarra cuprífera.

copper-bearing steel | acero con aproximadamente 1% de cobre.

copperbelt | zona cuprífera.

copper-braze (to) | cobresoldar.

copper-clad aluminium | aluminio chapado de cobre.

copper-clad steel | acero placado en cobre.

copper-coated electrode | electrodo cobreado.

copper-containing | cuprífero.

coppering | cobreado.

copper-iron ore | mineral ferrocuprífero.

copperized steel | acero con aproximadamente 0,25% de cobre.

copper-nickel ore | mineral cuproniquelífero.

copperplate | chapa de cobre.

copperplate engraving | grabado en talla dulce | calcotipia | grabado en plataforma de cobre.

copperplated zinc | cinc electrocobreado.

copper-silver eutectic | eutéctica de cobre-plata.

copraloy | acero aleado con cobre.

coprolite | coprolito.

copula | cópula, estructura conectiva | amboceptor.

copying camera | cámara para reproducción (fotografía).

copying machine | fotocopiadora.

coral agate | ágata coralina | coral agatizado.

coral red | cromato de plomo básico (color cerámico).

coralgal | coralgal (sedimento de carbonato de corales y algas).

corallin | coralina (química).

coralline limestone | caliza coralina.

coralox | nombre comercial de óxido de aluminio fundido.

coralrag | coralrag.

corbel | ménsula | cornisa.

corbel out | cornisa volada (arquitectura).

corbel table | cornisa soportada por ménsulas, cornisa de canecillos.

corbel (to) | volar (construcción).

corbel vault | bóveda en ménsula.

corbeled vault | bóveda formada por anillos sucesivamente salientes.

corbie | piñón escalonado (muros).

corbond | masa irregular (filones).

cord | cuerda | cordón | cordoncillo | conductor flexible (electricidad) | medida peso = 8 toneladas inglesas | cuerda de leña = 3,62 metros cúbicos.

cord board | tabla de arcadas (telares).

cord circuit | circuito por cordones conductores.

cord foot | 16 pies cúbicos | 0,4530 metros cúbicos.

cord of ore | peso de unas 7 toneladas de mineral medido por cargas de vagonetas y no por peso.

cord terminal strip | regleta de terminales.

cord weight | contrapeso (telefonía).

cord-circuit | dicordio (acústica) | cordón de conexión.

cordex | mecha detonante conteniendo tetranitrato de pentacritritol.

cordierite | cordierita.

cordite | cordita (nitrato de celulosa mezclado con vaselina -explosivos).

cordless PBX | cuadro conmutador de llaves (telefonía).

corduroy | deslizadero con palos (forestal).

corduroy road | camino de rollizos.

core | corazón (madera) | ánima (hilos) | centro, núcleo | macho (funderías) | alma de cable.

core array | bloque de núcleos.

core bank | banco de núcleo (electrónica).

core barrel | portatestigo, sacatestigos | sacamuestras.

core binders | aglutinante para machos de fundición.

core casting | fundición con macho.

core cutter | trépano para testigos (sondeos).

core drill | sondeo estratigráfico (geología).

core drilling | extracción de testigos (sondeos).

core extractor | sacatestigos (sondeos).

core of the earth | centrosfera (parte central de la tierra a una profundidad de 2.900 kilómetros).

core pull | extracción de machos (funderías) | extracción de testigos (sondeos).

core pusher | expulsatestigos (sondeos).

core recovery | recuperación de testigos (sondeos).

core retainer | extractor de testigos (perforaciones).

core sample | muestra del sondeo | testigo (sondeos).

core steel | acero del núcleo (pieza de acero fundida).

core storage | memoria de núcleos (informática).

core (to) | formar con un macho (fundición) | sacar testigos, tomar muestras (sondeos).

core to-core communication | comunicación interior en la memoria (informática).

core tube I tubo testigo (sondeos) I tubo de machos (moldería).

core usage I ocupación de la memoria (informática).

core-catching head I cabezal recogetestigos (sondeos).

cored bar I barra hueca.

cored bomb I bomba volcánica con un núcleo xenolítico revestido con una capa de lava congelada.

cored casting I fundición de macho.

coreless I sin núcleo.

core-pulling equipment I equipo para extraer testigos (sondeos).

corer I sacatestigos (sondeos).

coring I moldeo de machos (moldería) I colocación de machos (moldería) I extracción de testigos (sondeos) I toma de muestras.

coring bit I trépano sacatestigos (sondeos).

coring vessel I buque destinado a sacar testigos del fondo del mar (prospección).

corkscrew I radar (aviones) I helicoidal.

corkscrew antenna I antena helicoidal.

corkscrew rule I regla del sacacorchos (electricidad).

corkscrew (to) I trazar en espiral I poner en espiral (conductores eléctricos).

cornean I asfanita.

cornelian I cornalina I variedad roja traslúcida de chalcopirita.

corneous lead I fosgenita.

corner I escuadra I ángulo, esquina I mojón I vértice, señal geodésica I nudo (estructuras) I curvatura brusca (guía de ondas).

corner cutting I oscurecimiento de las esquinas (televisión).

corner iron I hierro en escuadra, angular.

corner member I larguero (fuselajes).

corner of the delta I fase de una distribución en triángulo (electricidad).

corner piece I esquinera I jabalcón.

corner reflector I reflector angular I reflector metálico (radar).

corner-driven I con excitación en los ángulos (antenas).

corner-of-the-delta grounding I puesta a tierra de una fase de la distribución en triángulo.

cornerstone I mojón.

cornet I corneta para pruebas (forma de probeta para prueba de materiales).

Cornish diamond I cuarzo cristalino claro I cristal de cuarzo (Cornwall).

Cornish stone I pagmatita I caolín I piedra de China.

cornstalk I espátula.

cornstone I cornstone (caliza silícea o arenácea de color rojo y verde que se encuentra en las formaciones de arenisca roja).

cornuite I sustancia gelatinosa amarilla de la diatomita I silicato de cobre amorfo.

coro-coro I gránulos de cobre nativo mezclado con pirita I calcedonia I mispickel y minerales terreros (América del Sur).

corona I descarga luminosa (electricidad), halo (astronomía) I corona solar.

corona brushing I efecto corona.

corona discharge I descarga en corona.

corona loss I pérdida por efecto de corona.

corona loudspeaker I altavoz de efecto corona.

corona resistance I resistencia a la descarga luminosa.

corona voltmeter I voltímetro por efecto corona.

coronadite I coronadita (manganato de plomo y manganeso de color negro).

coronal discharge I descarga coronal (electricidad).

coronal lines I rayas coronales (sol).

corona-starting voltage I voltaje de iniciación del efecto corona (electricidad).

coroutine I co-programa (informática).

corps of signals I cuerpo de transmisiones.

corpse light I llama azul en una lámpara de seguridad de mineros cuando hay concentración peligrosa de gas metano.

corpuscular I corpuscular.

corpuscular cosmic rays I rayos cósmicos corpusculares.

corpuscular radiation I radiación corpuscular.

corpuscular ray I rayo corpuscular.

corrasion I corrasión (geología) I erosión mecánica vertical del terreno por ríos y glaciares I abrasión.

corrasive action I acción corrasiva (geología).

correct timed ignition I encendido afinado (motores).

corrected compass heading I rumbo de brújula corregida.

corrected speed I velocidad corregida.

correcting current I corriente correctora.

correcting feedback I realimentación correctora.

correction chart I gráfica de corrección.

correction curve I curva de calibración I curva de compensación.

corrective lens I lente correctiva.

corrective maintenance I mantenimiento de averías (equipos).

corrective network I red correctora.

correlate I correlato (química).

correlation shooting | perforación sismográfica con exploraciones correcionales (prospección petróleo).

corridor chaff | pasillo chaf (radar).

corrodent | corrosivo.

corrodible | oxidable | corrosible.

corroding lead | plomo comercial purísimo con pureza mayor de 99,94% empleado en la fabricación de albayalde | plomo de calidad comercial.

corrosion figure | figura de corrosión (metalografía).

corrosion immunization | inmunización a la corrosión.

corrosion inhibitor | corrosífugo.

corrosion protector | protector anticorrosivo, sustancia anticorrosiva, sustancia corrosífuga.

corrosion resistant steel | acero anticorrosivo.

corrosion-inhibiting | corrosífugo, anticorrosivo.

corrosion-resisting | corrosiorresistente | inoxidable.

corrosive | corrosivo.

corrosivity tester | comprobador de la corrosividad.

corrugated bar | redondo corrugado, redondo arrugado (hormigón armado).

corrugated glass | vidrio estriado | vidrio corrugado.

corrugated iron | chapa ondulada.

corrugated lens | lente de escalones, lente prismática de Fresnel.

corrugated pipe | tubo corrugado.

corrugated sheet | chapa ondulada.

corrugated socket | campana acanalada (sondeos).

corrugated waveguide | guía de ondas onduladas.

corrugmeter | rugosímetro.

corsican green | mineral similar a bastita.

corsite | corsita.

corundolite | corindolita (roca que contiene corindón y óxido de hierro).

corundum | corindón.

corundum cat's eye | corindón con reflexión de luz amarillenta o rojiza.

corve | vagoneta de mina.

cosalite | cosalita (sulfuro de plomo y bismuto con 42% de bismuto).

cosecant antenna | antena con irradiación vertical proporcional a la cosecante del ángulo de depresión.

cosecant-squared beam | haz compensado (radar).

cosietizing | tratamiento en ácido fosfórico (aceros).

cosine | coseno.

cosine acceleration curve | curva de aceleración cosenoidal.

coslettizzed steel | acero hervido en solución de fosfato de hierro y ácido fosfórico.

cosmetic bismuth | cloruro básico de bismuto.

cosmic | cósmico.

cosmic background radiation | radiación cósmica de fondo.

cosmic disturbance | perturbación cósmica.

cosmic dust | polvo cósmico.

cosmic energy | energía cósmica.

cosmic radiation | radiación cósmica.

cosmic ray | rayo cósmico.

cosmic ray burst | erupción de partículas cósmicas.

cosmic ray shower | lluvia de rayos cósmicos | chaparrón cósmico.

cosmic-ray flare | erupción de rayos cósmicos.

cosmic-ray protons | protones de rayos cósmicos.

cosmic-ray spectrometer | espectrómetro de rayos cósmicos.

cosmochemical | cosmoquímico.

cosmographer | cosmógrafo.

cosmography | cosmografía.

cosmology | cosmología.

cosmonaut | cosmonauta.

cosmonautics | cosmonáutica.

cosmonavigation | cosmonavegación.

cosmotron | cosmotrón | acelerador de partículas.

costean pit | pozo de prospección, pozo de cateo.

costean (to) | hacer sondeos | abrir pozos para indagar la dirección del filón, prospectar.

costeaning | cateo, calicatas.

cotar | cotar (seguimiento de vehículos espaciales).

cotat | cotat (trayectoria de un proyectil).

cotidal chart | carta cotidal | carta cobrásmica (mareas).

cotter | chaveta de retén | chaveta de guía.

cotter drill | taladro ranurador.

cotter driver | sacachavetas.

cotter file | lima ranuradora, lima carleta plana.

cotter hole | chavetero.

cotter mill | fresa ranuradora.

cotter pin | pasador de chaveta | pasador de retención.

cotter puller | sacachavetas.

cotter (to) | chavetear.

cotterite | cotterita (variedad de cuarzo con lustre nacarado metálico).

cotton I algodón.
cotton gin I despepitadora de algodón.
cotton jenny I máquina de hilar algodón.
cotton loom I telar para algodón.
cotton mill I máquina para hilar algodón.
cotton reel I devanadera de algodón.
cotton rock I horsteno desintegrado I feldespato descompuesto I roca magnesiana.
cotton seed oil I aceite de cartamo.
cotton spinning I hilatura del algodón.
cotton waste I borra de algodón.
coulee I barranco profundo, cañón (topografía), torrente de lava solidificada.
coulier brake I freno de mecanismo excéntrico (telares).
coulier brake gear I engranaje del mecanismo excéntrico.
coulier brake mechanism I mecanismo de desplazamiento excéntrico.
couloir I barranco profundo, cañón (geología).
coulomb I culombio.
Coulomb charge I carga eléctrica.
Coulomb collision I colisión coulombiana I colisión de dos partículas cargadas.
Coulomb field of force I campo de fuerza coulombiano.
Coulombic bremsstrahlung I radiación fotónica de enfrenamiento coulombiana.
coulometer I culombímetro.
coulometric titration I valoración con el voltámetro I valoración culombímetra.
coulsonite I coulsonita (mineral de hierro vanadífera - India).
coumarin I cumarina (química).
count controlled loop I bucle de iteración controlado por contador.
count cycle I ciclo de cuenta (informática).
count electromagnet I electroimán de conteo.
count rate I velocidad de conteo.
count rate dosimeter I dosímetro de velocidad de impulsos (radiación).
countdown I descuento (comunicaciones) I cuenta a la inversa (lanzamiento de misiles y satélites).
countdown circuit I circuito de conteo.
counter I filón crucero I mecanismo contador I contador I contador de revoluciones I acumulador (calculadora electrónica).
counter ceiling I bovedilla.
counter chronograph I cronógrafo contador.
counter clockwise I rotación levogira.
counter EMF cell I elemento de fuerza contraelectromatriz.
counter scroll I contraespiral (selfactina).
counter spectrometer I espectrómetro contador.

counterbalance I equilibrio.
counterbalance (to) I equilibrar.
counterbalanced crankshaft I cigüeñal equilibrado.
counterbalancing I equilibrio.
counterblow hammer I martinete de contragolpe I martillo de contragolpe.
counterborer I escariador.
counterbrace I contradiagonal, barra de contratensión (vigas celosía).
counterbrace (to) I contrabracear I arriostrar (vigas).
counterbracing I arriostramiento.
countercurrent I contracorriente.
countercurrent barometric condenser I condensador barométrico en contracorriente.
counterdiagonal I contradiagonal.
counterdie I contraestampa I contramatriz.
counterelectrode I contraelectrodo.
counterelectromotive I contraelectromotriz.
counterelectromotive force I fuerza contraelectromotriz.
counterflow I contraflujo, contracorriente.
counterflow heat-exchanger I termocambiador de contracorriente.
counterfort I contrafuerte (muros).
counterfort wall I muro de contrafuertes.
counterlode I contrafilón, filón crucero.
countermine (to) I contraminar.
countermining firing I explosión por influencia.
counterpoise I equilibrio, contrapeso I toma de tierra equilibrada (electricidad), compensación de tierra (radio).
counterpoise antenna I antena compensadora.
counterpoise (to) I equilibrar.
counterradar equipment I equipo antirradar.
counterradiation I contrarradiación.
counterrecoil energy I energía de recuperación.
counterrevolution I contragiro.
countershaft I transmisión intermedia.
countershaft transmission I transmisión por ejes intermediarios.
countertrade I contraalisio.
countervault I bóveda invertida.
countervein I contrafilón I veta transversal (minería).
counting rate meter I ictómetro medidor del número de impulsos eléctricos en la unidad de tiempo (electrónica) I ictómetro (nucleónica)
counting register I registro de cómputo.
counting strain gage I extensímetro contador.
counting tube I contador de radiactividad.
country rock I roca madre I ganga (minas).

coupe | corta forestal.

couple | elemento (electricidad) | par motor | par de fuerzas | par (mecánica).

couple back | reacción | acoplamiento retroactivo.

couple corrosion | corrosión galvánica.

couple in parallel (to) | acoplar en derivación, acoplar en paralelo (electricidad).

couple (to) | acoplar, ensamblar | conectar, embragar | empalmar.

coupled antennas | antenas acopladas.

coupled axle | eje acoplado.

coupled harmonic oscillators | osciladores armónicos acoplados.

coupled impedance | impedancia reflejada.

coupled irreversible flows | flujos irreversibles acoplados.

coupled oscillator | oscilador acoplado.

coupled piston engines | motores alternativos acoplados.

coupled range finder | telémetro acoplado.

coupled-mode filter | filtro de modos acoplados.

coupler | enganchador | manguito de acoplamiento, manguito de unión, acoplador, conectador.

coupling | conexión | acoplamiento | empalme | embrague, junta | acoplo (radio).

coupling capacitor | capacitor de acoplamiento.

coupling circuit | circuito de acoplamiento.

coupling condenser | condensador de acoplamiento.

coupling impedance | impedancia de acoplamiento.

coupling in parallel | acoplamiento en derivación.

coupling in series | acoplamiento en serie.

coupling line | línea de acoplamiento (telecomunicación).

coupling reaction | reacción de soldadura (química).

coupling shaft | árbol de acoplamiento (mecánica).

coupling transformer | transformador acoplador.

course | curso, marcha | rumbo, derrotero | dirección | filón | galería (minas) | derrota (navegación marítima).

course and distance computer | calculador de rumbo y distancia (avión).

course corrector | corrector de rumbo.

course light | faro de ruta (aviación) | baliza de pista (aeropuertos).

course line | línea de rumbo.

course made good | rumbo verdadero | ruta corregida | rumbo corregido.

course of flight | ruta de vuelo.

course plotter | trazador del rumbo.

course stability | estabilidad de ruta (buques).

course ventilation | ventilación por la misma corriente de aire (minas).

course work | mampostería aparejada.

coursed rubble | mampostería por hiladas, mampostería aparejada.

coursed work | mampostería por hiladas, mampostería aparejada.

course-indicating beacon | radiofaro indicador de rumbo, radiofaro direccional.

coursing | instalación para distribuir el aire de ventilación (minas).

covalence | covalencia.

covalent | covalente.

covalent bond | unión covalente.

covalent bonding | enlace homopolar.

covalent hydride | hidruro covalente.

covariance | covarianza (estadística).

covariant vector | vector covariante.

covariation | covariación.

cove | depresión del terreno | cornisa cóncava | bovedilla (de techo).

cove bracketing | perfil con esgucio (arquitectura).

cove (to) | abovedar.

covellite | covelita.

cover | envuelta | cubierta | sombrerete (cojinetes) | cubrejunta.

cover caving | hundimiento, desplome (minas).

cover gasket | junta de la tapa.

cover mold | moldura tapajunta.

cover plate | cubierta protectora de tubos catódicos.

cover strip | platabanda (cordón de viga) | listón tapajunta.

coverage | protección (de un sistema) | zona enfocada (fotografía) | alcance (radio) | campo de aplicación | cobertura.

covered zone | zona barrida (radar).

covering bead | moldura cubrejunta.

covering board | tapa de regala (buques).

covering joint | junta de recubrimiento.

covering plough | arado aporcador.

covering power | poder de recubrimiento | poder ocular (lentes).

coverless engine | motor de pistones opuestos.

coverplate | chapa de recubrimiento | cubrejunta | platabanda.

coward diagram | diagrama que indica el potencial explosivo de una mezcla gaseosa.

cowl | cubierta del motor (capó -aviones).

cowling | carenaje, capotaje (del motor).

cowling ring | capotaje anular (motor de aviación).

coyote (to) | ejecutar labores al azar (minas).

coyote-hole blasting | voladura de túneles.

coyoting | laboreo irregular por pozos pequeños, pirquineria (minas).

CR tube | tubo catódico.

crab | torno para elevar pesos | malacate | carro de puente-grúa | enchufe múltiple, conectador múltiple (electricidad).

crab angle | ángulo de deriva.

crab dredger | excavadora de mordazas.

crab pot valve | válvula de marmita (globos).

crack | fisura | grieta | hendidura.

crack detector | detector de grietas.

crack micrometer | micrómetro para observación de asientos (muros).

crack point | presión baja predeterminada (autos).

crack (to) | rajar, hender | estallar | agrietarse | craquear (pirolizar a presión), piezopirolizar (hidrocarburos) | piroescindir (química).

cracked ammonia | amoníaco disociado, amoníaco piroescindido.

cracked gasoline | gasolina craqueada, gasolina piezopirolizada | gasolina de desintegración.

cracked resistance weld | soldadura por resistencia fisurada.

cracked-ammonia atmosphere | atmósfera de amoniaco pirolizado.

cracker | quebrantadora de carbón | cilindro triturador | instalación de pirólisis a presión | instalación para la desintegración catalítica (petróleo denso) | alambique de desintegración.

cracking | pirólisis catalítica a presión, piezopirólisis catalítica | desintegración catalítica (petróleo muy denso).

cracking distillation | destilación pirolizante.

cracking furnace | horno para pirólisis de hidrocarburos.

cracking parameter | parámetro de agrietamiento (aceros de baja aleación).

cracking reaction | reacción pirolizante (hidrocarburos).

cracking stock | petróleo para pirolizar.

cracklelized aluminium | aluminio craquelado.

crackproof | insensible a la fisuración.

crack-resistant | resistente a las grietas.

cradle | red de protección (debajo de líneas aéreas eléctricas) | polín (de caldera) | artesa

oscilante (metalurgia) | caballete (de perforadora) | bancada (motor aviones) | plataforma colgante | caballete de soporte | platina inferior de la caja molde (estereotipia).

cradle guard | red de protección (telecomunicaciones).

cradle (to) | lavar minerales en criba lavadora.

cradling | cimbra (arcos, bóvedas).

craft | artefacto, barco, buque | avión | aeronave | vehículo espacial | cosmonave.

crag | roca anfractuosa | formación de arena mezclada con conchas (geología).

craignurite | craignurita.

cramp | prensa de mano (carpintería) | grapa | laña.

cramp iron | grapa | tirante, ancla de sujeción (muros).

cranch | parte de un filón dejado por antiguos mineros | macizo de protección, pilar de mineral (minas).

crane | grúa.

crane arm | pluma de grúa, pescante de grúa, brazo de grúa.

crane beam | pluma de grúa, pescante de grúa, brazo de grúa.

crane boom | pluma de grúa, pescante de grúa, brazo de grúa.

crane derrick | grúa giratoria.

crane helicopter | helicóptero grúa.

crane mast | brazo de grúa, pluma de grúa.

crank | manubrio | cigüeñal (brazo de manivela) | manivela.

crank arm | brazo de manivela | brazo de cigüeñal.

crank axle | eje de manivelas.

crank effort diagram | diagrama de esfuerzos tangenciales (mecanismo biela-manivela).

crank gear | transmisión por manivela | rueda conductora principal (limadoras).

crank lever | brazo del cigüeñal.

crank-action pump | bomba de cigüeñal.

cranking | giro del motor por medio del motor de arranque.

cranking power | potencia de arranque (motores).

cranking speed | velocidad de arranque (motores).

crankpin | muñequilla, muñón del cigüeñal.

crankshaft | cigüeñal, eje cigüeñal.

crankshaft bearing | cojinete del cigüeñal.

crash | choque, aterrizaje violento (aviones).

crash alarms | alarma en caso de aterrizajes violentos (aeropuertos).

crash position indicator | indicador de situación de accidente (aviación).

crash switch I conmutador que corta la corriente en el momento de un choque con tierra (aviones).

crash (to) I estallar I chocar I aterrizar bruscamente I estrellarse contra el suelo (aviones) I estrellarse contra un objeto (autos, motocicletas).

crater I cráter (volcán).

crater formation I craterización.

cratering I desgaste inmediatamente detrás del filo (carburos cementados) I formación de cráteres, craterización.

cratogenic I cratogénico.

cratogenic shelf I plataforma cratogénica.

cratogenic volcanism I volcanismo cratogénico.

crawler crane I grúa de orugas.

crawler pad I zapata de oruga.

crawler shoe I zapata de oruga.

crawler track I oruga, banda de rodamiento (tractores).

crawler tractor I tractor de oruga.

crawling I enganche (máquina asíncrona).

crazing I grietas capilares (hormigón y cerámica) I microfisuración de superficie I cuarteamiento.

creaser I repulgador (costura) I fileteador (encuadernación).

creasing I pliegue I frunce.

creasing hammer I martillo de plisar (chapa fina) I martillo de estampado.

created metal I aleación.

creek placer I placer de arroyo.

creep I formación de cristales reptantes encima de la superficie de un líquido (química) I percolación (filtración -hidráulica), resbalamiento (correa de transmisión) I deformación (de diodos) I fluencia (magnetismo).

creep recovery I restablecimiento dimensional.

creep resisting steel I acero resistente a la termofluencia.

creep strain I termodeformación plástica.

creep strength I resistencia a la fluencia.

creep stress I carga de fluencia.

creeper chain I cadena transportadora.

creeping I resbalamiento (correas) I arrastre, desplazamiento (carriles, capas de terreno).

creeping plates I eclisas de desplazamiento (vía férrea).

creepocity I relación entre la plastodeformación y el tiempo a una temperatura dada.

creepy-peepy I telecámara portátil (TV).

creosote I creosota.

creosote coal-tar solution I solución de 20% al 40% de alquitrán de hulla con creosota.

creosote oil I aceite creosotado.

creosote-petroleum I solución de creosota en petróleo.

cresceleration I aceleración en que cada sucesivo aumento o disminución de la velocidad está elevado a una cierta potencia.

crescent I luna creciente.

crescentic bar I barra semilunar (oceanografía).

cresotic acid I ácido cresótico.

crest factor I factor de amplitud.

crest value I valor máximo instantáneo (corriente alterna).

crest voltage I voltaje de pico.

cresyl alcohol I cresol I fenol metílico.

cresyl methylether I éter cresilmetílico.

crevasse I fisura (brecha -presas) I grietas (en un glaciar) I hendidura (curva de resonancia de un cristal).

crevet I crisol.

crevice I fisura (rocas) I hendidura.

crew I tripulación, dotación.

crew member I tripulante.

crewed spacecraft I nave espacial tripulada.

crewless I sin dotación I no tripulado.

crewless plane I avión sin piloto.

crib (to) I entibar, encofrar (minas).

cribbed edges I bordes fracturados de primordios de lentes.

cribbing I encofrado (pozo minas) I encubado (minas) I apuntalamiento I entibación.

cribwork I cuadro de pozo (minas) I pilar de madera.

cricondenbar I presión crítica (química).

crimp (to) I plegar.

crimper I herramienta de plegar I máquina de rebordear.

crimping I ondulación I pliegue I embutición (del cuero).

crimping machine I máquina de rebordear, rebordeadora.

crimson night stone I fluorita púrpura de Idaho.

crinkle I pliegue.

crinkled stone I diamante de superficie rugosa u ondulada suavemente.

crinoidal limestone I caliza encrinítica I caliza de crinoides.

crinoline I crinolina.

crippling I abarquillamiento, inestabilidad local I pandeo del alma de la viga.

crippling load I carga crítica.

crippling strength I resistencia al pandeo.

criptozoic I criptozoico.

crisscross schistosity I esquistosidad entrecruzada.

crisscross (to) I entrecruzar.

critical altitude | altitud crítica.

critical angle | ángulo crítico.

critical assembly | conjunto crítico (nucleónica).

critical control | control exacto.

critical corona voltage | voltaje crítico de corona.

critical coupling | acoplamiento crítico.

critical current density | densidad de la corriente crítica (electrólisis).

critical damping | amortiguación crítica.

critical definitión | claridad (óptica).

critical field | campo crítico.

critical flow | caudal crítico | flujo crítico.

critical gradient | voltaje disruptivo | tensión disruptiva | gradiente crítico.

critical inductance | inductancia crítica.

critical induction | inducción crítica.

critical mass | masa crítica (física).

critical point | punto crítico | temperatura crítica.

critical potential | potencial crítico.

critical power | potencia generada dentro del complejo de lanzamiento para los sistemas electrónicos (misiles).

critical pressure | presión crítica.

critical range | temperatura crítica | intervalo crítico | intervalo de temperatura en que el hierro alfa se transforma en hierro gamma (aceros).

critical resistance | resistencia crítica.

critical speed | velocidad peligrosa | velocidad mínima de sustentación | velocidad crítica.

critical temperature | temperatura de transformación (metalurgia).

critical velocity | velocidad crítica.

critical voltage | voltaje crítico | tensión crítica.

critical wavelength | longitud de onda crítica.

criticality | criticidad.

criticality condition | condición de criticidad (reactor nuclear).

criticality factor | factor de criticidad.

CRO tube | tubo para osciloscopio de rayos catódicos.

crocidolite | crocidolita.

crocking | desprendimiento del colorante por frote | desaparición del teñido de la superficie (papel).

crock-meter | frictómetro (prueba de solidez del color al frote).

crocodile clip | pinza para conexiones temporales | presilla cocodrilo.

crocodile shear | cortador de palanca.

crocodile shears | tijeras de guillotina.

crocodile spanner | tenaza de boca dentada.

crocodiling | cuarteo, cuarteamiento.

crocoisite | crocoita (plomo rojo, plomo cromado).

crocoite | mineral que contiene cromato de plomo (Siberia).

crocus | púrpura de hierro.

crocus martis | pigmento impuro de óxido férrico rojo.

crocus of antimony | tioantimonita sódica o potásica.

crocus of Venus | óxido cuproso.

crook stick | horquilla (telecomunicaciones).

crook-bit tongs | tenazas de boca curva (fragua).

crooked adze | azuela curva.

crooked handle | manivela.

crop | afloramiento (minas) | mineral de estaño bueno para la fusión.

crop fall | hundimiento de la superficie (minas).

crop line | límite del carbón explotable.

crop ore | mineral rico en estaño.

crop out (to) | aflorar (filones).

crop spraying aeroplane | aeroplano para fumigación.

crop (to) | aflorar (filones) | recortar.

crop-end | despunte de lingotes.

crophead | despunte de lingotes.

cropper | cizalla para perfiles laminados | tundidor (de tejidos) | máquina recortadora.

cropper coal | capa delgada del carbón que se deja en el piso para contener el agua (minas).

cropping | despunte de lingotes | corte a longitud aproximada | afloramiento (filones) | corta forestal.

cropping die | cortador (prensa).

cropping flock | barra de tundir.

cropping loss | pérdida por escorificación y arrugamiento (funderías).

cropping machine | cizalla para cortar perfiles laminados | máquina para tundir, tundidora (lino).

cropping punch | cortador (prensa).

cropping shears | cizalla recortadora, tijeras de quijadas.

cropping tool | cortador (prensa).

crossguide coupler | acoplador de guías cruzadas (guiaondas).

cross | aspa | cruz | escuadra de agrimensor | contacto entre conductores (cruce -electricidad) | cortaveta (minas) | te doble (tuberías).

cross adjustment | ajuste transversal.

cross admittance | transmitancia (admitancia cruzada - oscilaciones).

cross aisle | crucero (arquitectura).

cross anchor | anclaje transversal.

cross assembler | ensamblador cruzado (informática).

cross axle | eje transversal.

cross beam | travesaño, traviesa | viga transversal.

cross bed | capa oblicua (minas).

cross bit | barrena de filo cruciforme.

cross board | recorte de pilar (minas).

cross bond | aparejo cruzado (muros) | conexión entre el alimentador y el carril.

cross brace | riostra.

cross break | separación transversal | coca (al desenrollar una bobina de banda o alambre).

cross compiler | compilador cruzado (informática).

cross control | control cruzado (telecomunicaciones).

cross coupling | acoplamiento cruzado (informática).

cross fire | cruce telegráfico | interferencia causada por otro circuito (telegrafía, telefonía) | fuego cruzado (artillería).

cross hammer | traviesa.

cross member | travesaño, traviesa.

cross mouthed chisel | cincel de minero | trépano.

cross pane hammer | martillo de ajuste.

cross peen hammer | martillo con boca de peña.

cross ratio | proporción | relación anarmónica (geometría).

cross reeling | devanado cruzado.

cross section | perfil transversal | sección eficaz | sección transversal.

cross section (to) | seccionar, cortar transversalmente.

cross sleeper | traviesa de ferrocarril.

cross staff | alidada | pínula | escuadra de agrimensor.

cross staff head | escuadra de agrimensor.

cross stay | estay transversal.

cross stone | estaurolita.

cross stretcher | riostra.

cross stud | riostra.

cross system | sistema de barras cruzadas (redes de computadoras).

cross talk | intermodulación (radio) | diafonía (telefonía) | cruce aparente.

cross talk attenuation | atenuación diafónica.

cross talk meter | diafonímetro.

cross the track (to) | cortar la derrota (marina) | cruzar la derrota (marina).

cross timber | traviesa.

cross (to) | cruzar, atravesar.

cross travel | desplazamiento transversal.

cross valve | válvula de intercomunicación, válvula de triple paso, válvula de tres vías.

cross vault | bóveda por arista.

cross vein | filón crucero, filón transversal.

cross way | galería transversal (minas).

cross wire | tirante transversal (catenaria de cable) | retículo en cruz.

cross wire micrometer | micrómeter con retículo.

crossarm | traviesa | cruceta.

crossband | banda cruzada.

crossband communication | comunicación de banda cruzada.

crossband operation | funcionamiento con banda cruzada (radio).

crossband transponder | contestador de banda cruzada.

crossbanding | cruce de bandas (radio) | banda cruzada de transpondor.

crossbar | barra transversal (telecomunicación) | barra de acoplamiento de las ruedas delanteras (autos) | travesaño (telar a mano) | barra de tensión (plegadora de urdimbre) | porción de una antena de donde se radian las ondas visuales (telecomunicación) | matriz de barras cruzadas (calculadora analógica) | barras cruzadas (TV).

crossbar automatic system | sistema automático de barras cruzadas (telefonía).

crossbar dialing system | sistema selector automático de barras cruzadas (telefonía).

crossbar switch | conmutador de barras cruzadas (telefonía).

crossbar system | sistema de barra cruzada (telefonía).

cross-bearer | riostra transversal.

cross-bearing | marcación cruzada.

crossbedding | estratificación diagonal, estratificación cruzada.

cross-bombardment | bombardeo múltiple (nuclear).

cross-bonding | alternación geométrica de los conductores de las fases (cable trifásico).

cross-breaking strength | resistencia a la flexión.

cross-color | deformación de la información de crominancia | interferencia por diacromía (TV).

cross-connect (to) | interconectar.

cross-connection | conexión cruzada.

cross-coupling | potencia de fuga (entre dos circuitos).

crosscut | galería transversal, crucero (minas), recorte, socavón crucero (minas).

crosscut adit | socavón crucero (minas).

crosscut chisel | buril.

crosscut file | lima muza.

crosscut saw | sierra alternativa de tronzar | sierra tronzadera.

crosscut tunnel | socavón crucero (minas).

crosscutter | trozador | rozadora, rafadora (minas).

crosscutting | cizallamiento transversal.

crossed | cruzado.

crossed antennas | dipolos cruzados.

crossed axial dispersion | dispersión axial cruzada.

crossed bond | aparejo cruzado (muros).

crossed dispersion | dispersión cruzada (mineralogía óptica).

crossed parallax | paralaje cruzado.

crossed-coil antenna | radiogoniómetro de cuadros ortogonales.

crossette | saltacaballo (dovela de arco).

crossfeed circuit | circuito de intercomunicación.

cross-feed joint | brida de intercomunicación.

cross-feed line | canalización de intercomunicación.

cross-feed unit | grupo de intercomunicaciones.

crossflow | flujo cruzado (aerodinámica) | corriente cruzada | flujo transversal.

crossflow plane | plano perpendicular a la corriente libre (aerodinámica).

cross-flow turbine | turbina hidráulica con flujo transversal.

crossfooting | control cruzado (informática).

crosshair | cruz filar (aparato topográfico).

crosshatch generator | generador de trama de la imagen (TV).

crosshead | cruceta | traviesa | pie de biela | escuadra de agrimensor.

crosshead bolt | pasador de cruceta del vástago del pistón.

crossing | cruce | cruzamiento | filón crucero (minas).

crossing at grade | paso a nivel (ferrocarriles).

crossing course | rumbo transversal.

crossing file | lima oval puntiaguda, lima ovalada.

crossing line | línea transversal.

crossing loop | vía de cruzamiento (ferrocarril).

crossing sign | baliza de paso a nivel | señal de cruce.

crossing vault | bóveda de crucería.

crossing vein | filón transversal, filón crucero.

crosslinking | entrecruzamiento | reticulación (química).

crosslinking of cellulose | reticulación de la celulosa.

cross-modulation | intermodulación, transmodulación (electricidad).

cross-office | tránsito de central (comunicaciones).

crossover | cruce de conductores (electricidad) | filtro (electrónica) | frecuencia de cambio | cruzamiento | punto de cruce (TV).

crossover distortion | distorsión cruzada.

crossover frequency | frecuencia de cruce.

crossover network | red de cruce.

crossover point | punto de cruce (telecomunicación).

crosspiece | cruceta | traviesa.

crossrail | traviesa, travesaño.

cross-section | sección transversal.

cross-sectional elevation | sección transversal, corte transversal.

cross-seizing | ligada cruzada.

cross-slide | cursor transversal | carro transversal de máquinas herramientas | carro superior (tornos).

cross-staff | ballestilla (náutica) | escuadra de agrimensor.

cross-strapping | interconexión cruzada.

crosstalk | diafonía telefónica | diafonía | interferencia entre los canales | cruce.

crosstalk attenuation | atenuación diafónica.

crosstalk balancing frame | panel compensador de diafonía.

crosstalk isolation | separación diafónica (telecomunicación).

crosstalk meter | diafonímetro | diafonómetro.

crosstalk suppression filter | filtro supresor de diafonía.

crosswind | viento de través | viento de costado.

crosswind landing | aterrizaje con viento atravesado.

crosswind (to) | bobinar en cruz.

cross-winding | arrollamiento cruzado.

cross-work | recorte (minas).

cross-working | labor a través (minas).

crotale | misil superficie-aire.

crotch | bifurcación (tuberías).

crotonaldehyde | aldehído crotónico.

crotonic acid | ácido crotónico.

crotovine | crotovina.

crowbar | circuito auxiliar para cortocircuitar una carga inductiva a la corriente máxima (investigación termonuclear).

crowd | avance (cucharón de palas mecánicas).

crowd on sail (to) | hacer fuerza de vela, largar todo el trapo.

crowd (to) | desplegar más velas (buques) | empujar, clavar (cucharón de pala mecánica).

crowding gear | mecanismo de empuje (palas mecánicas).

crowfoot | marca de distancia o de alineación (topografía).

crowfoot cell | pila de gravedad (electricidad).

crowfoot spanner | llave de horquilla (para tuercas).

crowfoot wrench | llave de pata.

crown | rueda de levas | mesa (yunque) | bombeo (carreteras) | cumbrera (edificios) | cabezal (minas) | cresta anticlinal, frente de pliegue (geología).

crown bar | larguero del techo, longarina (entibación de túneles y galerías).

crown filler | sulfato cálcico hidratado obtenido mezclando cloruro cálcico con sulfato cálcico.

crown gear | corona (de rueda dentada) | engranaje cónico de ejes en ángulo recto.

crown of aberration | círculo de aberración.

crown tree | cabezal (minas).

crown wheel | corona dentada cónica | rueda mayor (engranaje de reducción) | corona del diferencial (autos).

crowning | bombeo, abombamiento (carreteras, poleas).

crown-piece | cabezal, cumbrera (marco de mina).

crownwork | coronación (obras de fortificación).

crowstone | depósito de acarreo formado por grava friable esquistosa y arena.

croy | revestimiento protector contra socavaciones (márgenes ríos) | defensa para márgenes de ríos.

croze | ranura, argallera.

CRT controller | controlador de tubo de rayos catódicos.

CRT representation | representación sobre tubo de rayos catódicos.

CRT screen | pantalla osciloscópica catódica.

crucible | crisol.

crucible clays | arcillas para crisoles que soportan grandes temperaturas.

crucible furnace | horno de crisol.

crucible graphite | grafito para crisoles.

crucible refining | afino al crisol.

crucible steel | acero al crisol.

crucible test | ensayo al crisol (química).

cruciform core | núcleo cruciforme.

crucite | andalusita.

crud | impureza o materia extraña (procesos químicos).

crude | petróleo bruto, crudo | rudimentario.

crude antimony | sulfuro de antimonio comercial | mena de sulfuro de antimonio.

crude apparatus | aparato rudimentario.

crude asphalt | asfalto bruto.

crude calcium cyanamide | cal nitrogenada.

crude caustic potash | potasa a la cal.

crude copper | cobre sin refinar.

crude fuel | petróleo bruto.

crude gypsum | aljez | piedra de yeso.

crude iron | arrabio.

crude line | oleoducto de crudos.

crude mineral oil | petróleo crudo.

crude nitrate | caliche.

crude oil | petróleo bruto, crudo | petróleo crudo.

crude oil pipeline | oleoducto de crudos.

crude ore | mineral crudo.

crude pitch | asfalto crudo.

crude still | alambique para crudos (petróleo) | torre de separación de petróleo crudo.

crudy asbestos | asbestos parcialmente molido cuyas fibras están sólo separadas de la roca.

cruise missile | proyectil balístico atómico ilocalizable por radar | misil de gran alcance.

cruiser | crucero (buque de guerra).

cruiser minelayer | crucero posaminas, crucero minador.

cruising | vuelo en crucero (aviación) | crucero.

cruising altitude | altitud de crucero (aviación).

cruising power | potencia de crucero.

cruising radius | radio de acción (buques) | autonomía (navegación).

cruising speed | velocidad de crucero.

cryogenic memory | memoria criogénica (informática).

cryptanalysis | criptoanálisis.

cryptography | criptografía.

cryptohalite | fluosilicato amónico gris.

cryptomagmatic deposit | yacimiento criptomagmático.

crypton | criptón (Kr).

cryptoperthite | criptopertita lamelar.

cryptovolcanic | criptovolcánico | producido por actividad volcánica oculta.

cryptozoic eon | eón criptozoico.

crystal | cristal de roca | cristal piezoeléctrico | cristal de cuarzo.

crystal axis | eje cristalográfico.

crystal carbonate | carbonato sódico.

crystal cartridge | cápsula de cristal.

crystal clock | cronómetro de cristal de cuarzo.

crystal control | control piezoeléctrico.
crystal cutter | grabador piezoeléctrico.
crystal detector | detector cristal.
crystal diode | diodo estabilizado por cristal piezoeléctrico.
crystal diode modulator | modulador de diodo de cristal.
crystal electricity | piezoelectricidad.
crystal filter | filtro de fibra de vidrio | filtro piezoeléctrico.
crystal growth | concrescencia de cristales.
crystal lattice | red cristalina, retículo cristalino.
crystal lattice filter | filtro de cristal en celosía.
crystal lock system | dispositivo de sincronización por cuarzo.
crystal mixer | mezclador de cristal.
crystal pebble | cristal falso (mineralogía).
crystal pickup | reproductor de cristal | fonocaptor piezoeléctrico.
crystal potentiometer | potenciómetro piezoeléctrico.
crystal rectifier | rectificador piezoeléctrico.
crystal resonator | resonador piezo eléctrico.
crystal sedimentation | sedimentación de cristales en un magma líquido.
crystal shutter | obturador de cristal.
crystal soda | sosa cristalizada.
crystal spectrograph | espectrógrafo de cristal.
crystal spectrometer | espectrómetro de cristal.
crystal transducer | transductor piezoeléctrico.
crystal triodo | triodo de cristal.
crystal unit | cristal piezoeléctrico (cristal de cuarzo).
crystal valve oscillator | oscilador de lámparas estabilizadas por cristal de cuarzo.
crystal vibrator | vibrador piezoeléctrico.
crystal video receiver | receptor de vídeo de cristal.
crystal water | agua de cristalización (química).
crystal-diode mixer | mezclador de diodo de cristal.
crystalline chondrite | meteorito pétreo cristalino de broncita y olivino.
crystalline dolomitic limestone | caliza dolomítica cristalina.
crystallization magnetization | magnetización química.
crystallization vessel | vaso de cristalización (química).
crystallize (to) | cristalizar.
crystallized | cristalizado.
crystallized cementite | cementita cristalizada.
crystallized chromic acid | ácido crómico cristalizado.

crystallized soda | sosa cristalizada.
crystallized verdigris | acetato cúprico, verdete cristalizado.
crystallizing dish | cristalizador (química).
crystallizing pan | cristalizador (química).
crystalloblast | cristaloblasto.
crystalloblastesis | cristaloblástesis.
crystalloblastic | cristaloblástico.
crystallochemistry | cristaloquímica.
crystallographic refractometer | refractómetro cristalográfico.
crystalloid | cristaloide.
crystalloidal | cristaloidal.
crystalloluminescence | cristaloluminiscencia.
crysalon | carburo de silicio.
crystal-oscillator multiplier | multiplicador de oscilador de cristal piezoeléctrico.
crystalotechny | cristalotecnia.
crystal-pulling furnace | horno para formación de cristales por crecimiento de monocristales.
crystal-pulling technique | técnica del estirado del cristal.
crystal-vitric tuff | toba cristalino-vítrea.
crystic | crístico (geología).
crystolon | carburo de silicio.
CS transistor | transistor CS | transistor fuente común.
C-service area | alrededores de una estación transmisora donde la intensidad del campo varía de 2,5 a 5 milivoltios por metro.
cubanite | cubanita (sulfuro de cobre y mineral de hierro -Cuba).
cubbyhole | nicho en la pared para almacenar explosivos o detonadores (minería).
cube alum | sulfato aluminicopotásico.
cube annealing texture | textura cúbica de recocido.
cube plane | plano cúbico (cristal de diamante).
cube root | raíz cúbica.
cube spar | espato cúbico.
cube strength | resistencia al aplastamiento en cubos (hormigón).
cube (to) | elevar al cubo | cubicar.
cubek | contenido de petróleo de rocas sedimentarias en barriles por kilómetro cúbico de sedimento.
cubem | contenido de petróleo de rocas sedimentarias en barriles por milla cúbica de sedimento.
cubic | cúbico.
cubic capacity | capacidad cúbica | cilindrada (motores).
cubic contents | volumen, capacidad.
cubic expansion | dilatación volumétrica.

cubic lattice | red cúbica, retículo cúbico (cristalografía).

cubic measure | medida de capacidad, medida de volumen.

cubic measurement | cubicación.

cubic niter | nitrato sódico.

cubic root | raíz cúbica.

cubic saltpeter | salitre de Chile.

cubic system | sistema cúbico.

cubical cleavage | rotura cúbica por despegue (metalografía) | exfoliación cúbica.

cubical coal | briqueta de carbón.

cubicle-type switchboard | cuadro de distribución de cubículos (electricidad).

cubit | codo (18 pulgadas = 45,71 cm).

cubizite | zoolita cúbica.

cubonite | cubonita (nitruro de boro cúbico).

cuckoo shots | barrenos en el techo entre la capa de carbón y los estériles (minería).

cue | punto de referencia (TV) | señal de entrada | carácter indicador.

cue bus | canal piloto.

cue channel | onda de enlace de servicio.

cue circuit | circuito de señalización.

cue light | alumbrado de toma de vistas (cine, TV) | señal que se está transmitiendo | luz indicadora.

cue (to) | insertar | intercalar | avisar | indicar.

cueing channel | canal piloto (TV).

culasse | culata (diamante tallado en brillante).

culet | culata (faceta posterior -diamante tallado en brillante).

cull | traviesa de clase inferior (vía férrea) | pieza de metal rechazada (inspecciones) | madero de desecho.

cull ore | mineral escogido.

cull (to) | desechar | elegir, escoger | escarmenar | entresacar.

culled ore | mineral escogido.

culler | escogedor | cubicador.

culm | tubo | varilla | caño | polvo de antracita | antracita que pasa por la criba de 3 milímetros | culm (sedimento terrígeno de conglomerado, pizarras arcillosas y areniscas) | polvo de carbón | cisco.

culm breeze | polvo de antracita | cisco de antracita.

culmiferous | culmífero (geología).

culminate (to) | culminar | alcanzar su apogeo | pasar por el meridiano (astros).

culmination | vértice | apogeo | culminación.

culm-producing | culmífero (geología).

cultivating | escarificación.

cultivator | máquina cultivadora, cultivadora.

cultured | artificial | sintético.

cultured diamond | diamante artificial.

cultured emerald | esmeralda cultivada.

cultured quartz | cuarzo sintético.

culvert | obra de desagüe | canal | conducto subterráneo (electricidad) | alcantarilla, pontón (carreteras) | atarjea.

culverting | construcción de alcantarillas (carreteras).

cumene | hidrocarburo (C_6H_{12}).

cumengeite | cumengeíta | oxicloruro de plomo y cobre.

cumulant | acumulante, determinante acumulante (matemáticas).

cumulant generating function | función generatriz de cumulantes (estadística).

cumulate (to) | acumular.

cumulated double bond | doble enlace acumulado.

cumulative | acumulativo.

cumulative error | error sistemático.

cumulative fission yield | rendimiento acumulado de fisión (nuclear).

cumulative ionization | ionización acumulativa.

cumulative pitch error | error de paso sistemático.

cumulative rectification | rectificación por condensador en derivación.

cumulative shunt field | campo en derivación aditivo.

cumulative timing | cronometraje continuo.

cumulative tolerance | tolerancia acumulativa.

cumulative vibration | vibración acumulada.

cumulescent | cumulescente.

cumuliform | cumuliforme.

cumulite | cumulito.

cumulo dome | protrusión de lava viscosa.

cumulonimbus | cumulonimbo.

cup | cubeta (barómetro) | copa (embutición).

cup and cone | cono y embudo (cierre alto horno).

cup and cone fracture | fractura en cono y embudo (cristalografía).

cup anemometer | anemoscopio (meteorología) | anemometro de cazoletas (meteorología).

cup assay | copelación.

cup center | punta acopada (tornos).

cup chuck | plato de copa (tornos).

cup fracture | fractura en copa | rotura en forma de embudo (mecánica).

cup joint | junta de rótula.

cup (to) | embutir (chapas, tubos).

cup weld | soldadura de enchufe (tubo de plomo).

cup wheel | muela acoplada.

cup winding machine | canillera de embudo.

cupaloy | aleación de 99,4% de cobre, 0,1% de plata y 0,5% de cromo.

cupel | copela.

cupel ashes | cendrada.

cupel dust | polvo para purificar metales.

cupel (to) | copelar.

cupellate (to) | copelar.

cupelling furnace | horno de copelar.

Cupid's darts | cristales aciculares de rutilo.

cupola | cúpula (bóveda) | horno de ladrillos | cubilote | bóveda (geología).

cupola deoxidation | deoxidación al cubilote.

cupola fan | soplador de cubilote.

cupola furnace | horno de cubilote | cubilote (siderurgia).

cupola melt (to) | fundir en cubilote.

cupola-melted cast iron | arrabio de cubilote.

cupolette | horno de crisol pequeño, cubilote pequeño.

cupping | bombeo | acopamiento, embutición, acopación (chapas, tubos) | escarificación.

cupping press | prensa de embutir.

cupping tool | herramienta para embutir.

cupram | cupram, carbonato de cobre amoniacal.

cuprene | cupreno.

cupreous | cobrizo, cuproso.

cupric borate | metaborato de cobre.

cupric chromate | cromato cúprico.

cuprite | cuprita (cobre vítreo rojo).

cuproauride | cuproaururo | cupruro de oro con 63% de oro y plata.

cuprocyanide | cuprocianuro.

cuproferrite | pisanita.

cuprojaroste | melanterita con 4,40% de cobre y 4,29% de magnesio.

cupronickel | cuproníquel.

cuproplumbite | cuproplumbita (mezcla de sulfuro de cobre y plomo).

cuprosilicon | cuprosilicio.

cuprozinc | cuprocinc.

cuprozincite | cuprocincita.

curable epoxy resin | resina epoxídica-curable.

curative | agente polimerizante para resinas (química) | agente vulcanizante (fabricación caucho).

curb | bordillo | reborde.

curb cock | llave de cierre | llave de paso.

curb edger | bordeadora.

curb rafter | formaleta, camón.

curbing | inversión de corriente (telegrafía) | entibado con cuadros adosados (pozo minas).

curd-ring | zunchado (minas).

cure (to) | vulcanizar | solidificar, endurecer (resinas).

curie | curio (cantidad de cualquier núclido radiactivo en que el número de desintegraciones por segundo $= 3,7 \times 10^{10}$) | curie (unidad de radiactividad).

Curie point | punto de Curie (metalurgia) | temperatura de Curie.

curing | vulcanización | tratamiento | curado (química).

curing cycle | ciclo de curación (abrasivos).

curing resin | resina polimerizante.

Curium | Curio (elemento químico de número atómico $= 96$).

curl | alabeo (maderas) | reborde (chapas) | vector rotacional, rotacional.

curl cloud | nimbo.

curl field | campo rotacional.

curl of a vector | rotacional de un vector (rayos catódicos).

curl of vector field | rotacional de un campo vectorial.

curl (to) | rizar | rebordear (chapas).

curling machine | rebordeadora.

current | flujo | corriente eléctrica | intensidad (amperaje -de corriente eléctrica).

current amplification | amplificación de corriente.

current amplifier | amplificador de corriente.

current amplitude | amplitud de la corriente.

current antinode | antinodo de corriente.

current attenuation | atenuación de la corriente.

current balance | balanza electrodinámica.

current beam position | posición actual del haz.

current bedding | estratificación cruzada, estratificación oblicua.

current bias | corriente polarizadora.

current coil | bobina en serie | bobina amperométrica (contador eléctrico).

current collection | captación de corriente, toma de corriente.

current connector | toma de corriente.

current cross section | sección transversal de la corriente.

current directional relay | relé para corriente de sentido determinado.

current divider | bobina de acoplamiento de ánodo.

current electricity | electricidad dinámica.

current electromagnet | electroimán de intensidad.

current flow | flujo de corriente.

current fluctuation | fluctuación de corriente.

current gain | ganancia de corriente.

current generator | generador de corriente.

current hogging I criba de corriente (electricidad).

current intake I intensidad absorbida (electricidad).

current integrator I integrador de corriente.

current interrupter I interruptor de corriente.

current loading I carga de corriente (electricidad).

current loop I cresta de la corriente I máximo de intensidad (electricidad).

current meter I corrientímetro, medidor de corrientes I contador de corriente (electricidad) I amperímetro.

current node I nodo de intensidad (electricidad) I nodo de corriente.

current pulse I impulso de corriente.

current rectifier I rectificador de corriente.

current regulation I regulación de la corriente.

current regulator I regulador de corriente.

current relay I relé limitacorriente, relé de intensidad.

current reverser I inversor de corriente.

current ripple I ondulación de la corriente.

current sharing network I red divisora de corriente.

current spreading I dispersión de la corriente (transistores).

current supply I corriente de entrada.

current tap I toma de corriente.

current transformer I transformador de intensidad, transformador de amperaje, transformador en serie.

current vector I vector de corriente.

current voltage I voltaje de la corriente.

current-balancing reactor I reactor equilibrador de corriente (electricidad).

current-breaking capacity I intensidad límite de desconexión (electricidad).

current-carrying test I prueba de intensidad de régimen (electricidad).

current-collecting device I dispositivo de toma de corriente.

current-controlled switch I interruptor controlado por corriente.

current-directional relay I relé que funciona en el sentido de la dirección de la corriente.

current-gain cut-off I limitación de la ganancia de corriente.

currentless I sin corriente (electricidad).

current-limiting fuse I fusible limitador de corriente.

current-limiting reactor I reactor limitador de corriente.

current-mode logic circuit I circuito lógico formado por modo de corriente.

current-operated I accionado por la corriente I accionado por el amperaje (corriente eléctrica).

current-testing transformer I transformador para pruebas de intensidad.

currier's knife I escalpelo.

cursor I cursor (informática).

curtain antenna I red de antenas I antena en cortina.

curtain array I antena en cortina.

curtain wall I muro de cierre, muro de revestimiento, muro de cortina I antepecho.

curvature I inflexión I curvatura I esfericidad (de la tierra).

curvature sagita I sagita de curvatura.

curve I curva I cimbra.

curve fitting I ajuste de curvas (matemáticas).

curve of growth I curva de crecimiento (espectroscopia).

curve of loads I curva de pesos, curva de cargas (vigas).

curve plotting I trazado de curvas, replanteo de curvas.

curvette I estructura de pilar tectónico o de fosa tectónica.

curvilinear I curvilíneo.

curvimeter I curvímetro.

curving saw I sierra de contornear, sierra segueta.

cushion I colchón de vapor I compresión del vapor en el cilindro I falso pilote I chumacera.

cushion (to) I amortiguar I apagar (sonidos).

cushion valve I válvula amortiguadora.

cushion washer I arandela elástica.

cushioning I amortiguamiento I suspensión elástica, antivibrador (acústica) I compresión del vapor en el cilindro.

cusp I cúspide.

cuspidine I cuspidina (mineral).

cut I incisión I corte I cortadura.

cut acid I cloruro de cinc.

cut gear I engranaje fresado.

cut holes I barrenos de cuña, barrenos de cuele.

cut holes (to) I perforar.

cut in (to) I intercalar I conectar (electricidad).

cut key I llave de corte (telecomunicación).

cut (to) I cortar I tallar, labrar I desbastar I aminorar (ruidos) I diluir (química) I parar (motor de aeroplano) I perforar.

cut-and-cover tunnel I galería excavada y rellena.

cut-and-cover work I obra de excavación y relleno (minas).

cut-and-try-method I método de tanteos I verificación punto por punto (línea eléctrica).

cutaneous blowholes | sopladuras superficiales, sopladuras cutáneas (piezas fundidas).

cutaway drawing | esquema de corte (aviación).

cutback | reducción | planta desmochada, asfalto rebajado, asfalto diluido.

cutback asphalt | asfalto fluidificado.

cutback bitumen | betún de viscosidad reducida por adición de un diluente volátil.

cutback mastic | mástique que emplea como disolvente una solución inflamable.

cutback products | residuos de alquitrán o petróleo fluidificados por productos de la destilación.

cutback road tar | alquitrán diluido, alquitrán rebajado.

cutback (to) | talar | rebajar (diluir -asfaltos).

cutch | mezcla de solución de sulfato de cobre al 1% con amoníaco.

cutie pie | dosímetro de mano (radiaciones) | dosímetro de radiación de pistola.

cut-in | conjuntor (electricidad), intercalado (tipografía) | conexión automática (electricidad).

cut-in loop | puesta en circuito del frenado automático (locomotora eléctrica).

cut-in the current (to) | dar la corriente (electricidad).

cut-in-point | punto de conducción (electrotecnia).

cutoff | cierre de la admisión | fin de la admisión | cortacircuito | frecuencia de corte (radio).

cutoff bias | potencial de interdicción (termiónica) | polarización de corte | supresión del haz.

cutoff frequency | frecuencia crítica, frecuencia de corte (radio).

cut-off input | potencia de corte.

cutoff potential | tensión de corte.

cutoff relay | relé de corte (telefonía) | relé interruptor.

cutoff saw | sierra de trocear.

cutoff switch | conmutador de corte.

cutoff tool | herramienta tronzadora.

cutoff tube | tubo de corte (guiaondas).

cutoff valve | distribuidor de expansión.

cutoff voltage | voltaje de corte.

cutoff waveguide | guía de ondas funcionando por debajo de la frecuencia crítica.

cutoff wavelength | longitud de onda crítica (guía de ondas) | longitud de onda de corte.

cutout | escape libre (motores) | tapón fusible | fusible (plomo -electricidad) | cortacircuito, disyuntor | ruptor | interruptor | conmutador.

cutout adjustment | ajuste del disyuntor.

cutout base | portafusible.

cutout loop | puesta fuera de circuito del frenado automático (locomotora eléctrica).

cutout relay | relé desconector.

cut-stone | piedra labrada.

cut-stone masonry | mampostería de sillares, sillería.

cuttable rough diamond | diamante en bruto tallable.

cutter | fonograbador | canal | máquina de cortar | cuchilla (herramienta) | fresa (herramienta) | broca | cabezal cortador | rafadora (minas) | cuchillo (paravanes) | cortador.

cutter and creaser | prensa de cortar y marcar.

cutter arm | eje portaherramienta | barra portacuchillas | rafadora (minas).

cutter bar | cuchilla (de segadora) | portaherramienta.

cutter bit | fresa de broca.

cutter blade | cuchilla de fresa.

cutter block | cabezal portacuchillas.

cutter dredger | draga excavadora.

cutter grinder | rectificadora de fresas | afiladora de cuchillas.

cutter head | portaherramientas.

cutter holder | portacuchilla.

cutter hole | chavetero.

cutter wheel | moleta.

cutterhead | cabezal portafresa | cabezal portacuchillas | cabezal cortador (draga succión).

cutter-loader | rafadora-cargadora, rozadora-cargadora (mina carbón).

cutting | corte, cisión | corta forestal | excavación, desmonte.

cutting action | cizallamiento.

cutting bit | trépano cortante (trépano de bisel -sondeos).

cutting blast | erosión por el viento (alto horno).

cutting blowpipe | soplete de corte.

cutting compound | lubricante para herramientas de corte (máquinas herramientas).

cutting depth | profundidad del corte.

cutting disc | disco cortador | disco troceador.

cutting down | corta forestal | socavamiento (minas) | pulimento de la superficie (metales).

cutting drift | mandril cortador.

cutting electrode | electrodo de corte.

cutting engine | máquina para tallar ruedas de engranajes.

cutting head | cabezal cortador.

cutting iron | cortafrío.

cutting out | excisión | corte | arranque (de mineral) | reducción de presión.

cutting plate | tajadera mecánica.

cutting point I punta de corte I punta de trazar I tajadera mecánica.

cutting press I cizalla.

cutting punch I punzón cortador, sacabocados.

cutting rate I cantidad de material quitado por unidad de tiempo (muela abrasiva).

cutting ring I corona cortante.

cutting tip I boquilla de corte (soplete).

cutting tool I escoplo I herramienta cortante I herramienta de corte.

cutting tool coolant I lubricante para herramientas de corte.

cutting tooth I diente cortante.

cutting torch I soplete cortador.

cutting wheel I moleta cortante.

cutting wheels I sierra de discos flexibles.

cutting-in I intercalación (de una resistencia eléctrica).

cutting-off machine I troceadora I tronzadora.

cutting-out stope I grada inferior (minas).

cuttings I detritos de sondeo I muestras de formaciones (geología) I retales (siderurgía, caucho) I sedimentos.

cut-to-length line I instalación para cortar la longitud deseada (fabricación continua de bandas metálicas).

cut-water I tajamar (hidrodinámica).

CW radar I radar de onda continua.

CW silicon avalanche diode I diodo de descarga en alud de silicio CW.

CW solid-state laser I láser de estado sólido y funcionamiento continuo.

CW system I sistema mensurador de la trayectoria que utiliza una señal de onda continua para obtener información sobre la trayectoria de un blanco.

CW wave-interference radar I radar biestático de onda continua.

C-wave I onda acoplada.

cyan I cian.

cyanacetic hydracyde I hidracida cianacética (química).

cyanamide I cianamida.

cyanate I cianato.

cyangran I cianuro sódico granulado.

cyanhydrin I cianhidrina.

cyanic acid I ácido ciánico.

cyanicide I cianicida.

cyanidation I cianuración.

cyanide I cianuro.

cyanide double salt I sal doble de cianuro.

cyanide neutralizer I neutralizador de cianuro.

cyanide powder I cianuro potásico.

cyanide process I procedimiento de cianuración (aceros).

cyanide pulp I pasta de cianuro.

cyanide (to) I cianurar.

cyanided alloy I aleación cianurada.

cyaniding I cianuración (metalurgia).

cyanine dye I colorante de cianina.

cyanized steel I acero cianizado.

cyanocarbon I hidrocarbono cianurado.

cyanogen I cianógeno.

cyanogen iodide I yoduro de cianógeno.

cyanogenetic I cianogenético.

cyanohydrin I cianhidrina.

cyanometer I cianómetro.

cyanometry I cianometría.

cyanotype I cianotipo (fotografía) I cianotipia I copia heliográfica.

cyanuric I cianúrico.

cybernetic I cibernético.

cybernetic control I control cibernético.

cybernetics I cibernética.

cycle annealing I recocido isotérmico.

cycle counter I frecuencímetro.

cycle delay selector I selector de retraso de ciclo (electromecánica).

cycle meter I frecuencímetro.

cycle recorder I registrador de ciclos, ciclógrafo.

cycle reset I reposición del ciclo (informática).

cycle time I tiempo de un ciclo (memoria).

cycle timer I distribuidor de ciclos, sincronizador de ciclos.

cycle-rate counter I contador de ciclos, contador de periodos (radar).

cyclic I cíclico.

cyclic access I acceso cíclico (informática).

cyclic admittance I admitancia cíclica.

cyclic change I permutación cíclica.

cyclic code I código cíclico (calculadoras).

cyclic compound I compuesto de cadena cerrada (química).

cyclic errors I errores cíclicos.

cyclic ketones I cetonas cíclicas.

cyclic storage I almacenamiento cíclico (computadora).

cyclic store I memoria cíclica.

cyclic switch I conmutador cíclico.

cyclic transmission I transmisión cíclica.

cyclic variation I oscilación I variación cíclica.

cyclically magnetized I magnetizado cíclicamente.

cyc-light I luz de ciclorama (TV-cine).

cycling I ciclo, funcionamiento cíclico I ciclado (reactor nuclear).

cycling thermostat I termostato de regulación cíclica.

cyclising I ciclización (química).

cyclobutadiene I ciclobutadieno.

cycloidal gear | engranaje cicloidal.

cycloidal gear teeth | diente de engranaje cicloidal.

cycloidal pendulum | péndulo cicloidal.

cycloidal propeller | hélice cicloidal.

cyclone | ciclón | ciclona (química).

cyclone separator | separador ciclónico.

cyclone (to) | ciclonar (minas).

cyclonic | ciclónico.

cyclonic vorticity | vorticidad ciclónica.

cyclonite | explosivo muy potente (1,5 veces más que el TNT).

cyclopean aggregate | agregado de cantos rodados grandes (hormigón).

cyclopean concrete | hormigón ciclópeo.

cyclopean eye | ojo ciclópeo (visión binocular).

cyclopropane | ciclopropano (química).

cyclosteel | acero obtenido soplando polvo de mineral de hierro en un gas caliente.

cyclotheme | ciclotema (geología).

cyclotron | ciclotrón.

cyclotron beam | haz ciclotrónico.

cyclotron radiation | radiación ciclotrónica.

cyclotron-generated isotope | isótopo generado en el ciclotrón.

cyclotronic | ciclotrónico.

cyclotron-produced isotope | isótopo originado en el ciclotrón.

cylinder | cilindro | linterna (selfactina) | cilindro tundidor (tundidora).

cylinder bore | calibre del cilindro.

cylinder brush | cepillo cilíndrico | escobillón.

cylinder cam | leva de cilindro, leva de tambor.

cylinder capacity | cilindrada (motores).

cylinder drill | escariador de ensanchar.

cylinder filter | filtro de bujía.

cylinder grinding machine | rectificadora para cilindros.

cylinder head | culata del cilindro (motores).

cylinder head gasket | junta de culata.

cylinder lens | lente cilíndrica.

cylinder oil | lubricante para cilindros | aceite para cilindros.

cylinder press | rotativa (tipografía).

cylinder reboring | rectificación de un cilindro.

cylinder rotator | rotador para cilindros (soldadura).

cylinder safety valve | válvula de seguridad del cilindro.

cylinder shaft | eje del cilindro.

cylindrical armature | inducido de tambor.

cylindrical cam | leva de tambor.

cylindrical cell | célula cilíndrica.

cylindrical cutter | fresa cilíndrica.

cylindrical shell | envolvente cilíndrico, envuelta cilíndrica.

cylindrical spiral | hélice.

cylindrite | cilindrita | sulfoestannato y sulfoantimoniato de plomo (Bolivia).

cylpebs | cylpebs (pequeños cilindros de acero de unos 11 mm de diámetro y 30 mm de longitud -molino para clinker).

cyma | cimacio (arquitectura).

cymol | cimol.

cymrite | cimrita (silicato de aluminio y bario).

cypher | cero | cifra.

cyprine | ciprina | vesuvianita.

cystid | cístido.

cystidean limestone | caliza cistídea.

cystolith | cistolito.

cytac | cytac (radionavegación).

cytase | citasa (química).

cytochemistry | citoquímica.

Czochralski reagent | reactivo de Czochralski para hierro o acero (solución de 10 a 20% de persulfato de amonio en agua).

D

D bit I herramienta de acabado con sección semicircular en el corte y de diámetro igual al tamaño definitivo (barrenado de agujeros).

D bit-slide valve I distribuidor de concha (máquina vapor).

D flip-flop I biestable de retardo.

D region I región D (meteorología).

D. C. amplifier I amplificador de corriente continua.

D. C. centering I centrado por corriente continua.

D. C. clamp diode I diodo de reinserción de la componente de corriente continua.

D. C. converter I convertidor de corriente continua en alterna.

D. C. motor I motor de corriente continua.

D. C. plant I instalación de corriente continua.

D. C. restoration I restauración de la componente continua (televisión).

D. C. voltmeter I voltímetro de corriente continua.

D. C. welding generator I generador de corriente continua para soldadura.

D. C. welding rectifier I rectificador de corriente continua para soldadura.

D. C./A. C. converter I convertidor de corriente continua en alterna.

D.C. bias I polarización continua I polarización de CC.

D.C. convergence I convergencia estática (TV).

D.C. coupling I acoplamiento de CC I acoplamiento directo.

D.C. current I corriente continua.

D.C. current amplification I amplificación de corriente continua.

D.C. drift I deriva de CC.

D.C. erasing head I cabeza de borrado por CC.

D.C. forward voltage I tensión directa continua (diodos).

D.C. generator I generador de CC.

D.C. input power I potencia continua de entrada.

D.C. load I carga de CC.

D.C. measurement I medida de continua.

D.C. motor I motor de corriente continua.

D.C. probe I sonda para CC.

D.C. receiver I receptor para alimentación en CC.

D.C. reinsertion I restablecimiento de la componente continua.

D.C. resistance I resistencia óhmica.

D.C. restorer diode I diodo restaurador de CC.

D.C. transformer I transformador de CC.

D.C. voltmeter I voltímetro de continua.

D.C.-A.C. power inventer I convertidor de CC en CA.

D.E.C.C.A. radar I radar DECCA.

D.F. antenna I antena goniométrica.

D.N.A. filter assay I ensayo de D.N.A. en filtro.

D.N.A. phage I fago de D.N.A.

D.N.A. probe I sonda de D.N.A.

dachiardite I dachiardita (dimorfo de mordenita).

dacker of wind I ventilación insuficiente en una mina.

dad (to) I ventilar un tajo grisuoso (minas).

dadding I dilución de gases en el aire (reforzando la ventilación) I circulación de aire controlada (minería).

dado and rabbet I mortaja y filete (mecánica).

dado cutter I cuchilla para redondear esquinas (moldura de madera).

dado head I fresa rotativa de ranurar (tupí).

dado machine I máquina de moldurar.

dado plane I cepillo de ranurar.

dag knee I curva valona (buques de madera).

dagger I cabilla de retenida (botadura de buques) I llave de lanzamiento (buques) I palanca del protector (telares).

dagger plank I chapa que arriostra longitudinalmente los gigantones de proa (botadura buques).

Dagner condenser I serie de tubos en forma de mufla para destilación y condensación del cinc.

dago I sierra de trozar.

dago stroke I boga con intervalo grande entre paladas.

daisy chain I rosario de dos paquetes con paracaídas en que el paracaídas del primero se abre al ser lanzado y el del segundo es accionado por el primer paquete I cadena tipo margarita.

daisy wheel I margarita (impresora).

daisywheel printer I impresora de margarita (informática).

Daiton sulphur I azufre nativo monoclínico (volcán Daiton -Formosa).

dalyte I dalyta (silicato de zirconio y potasio).

dam I dama (alto horno) I presa I represa I dique.

dam abutment I estribo de la presa.

dam buoy layer I barco fondeador de boyas temporales.

dam core wall I muro impermeabilizador de la presa.

dam crest I coronamiento de presa.

dam foundation I cimentación de la presa.

dam heightening I recrecimiento de la presa.

dam leakage I filtraciones de la presa.

dam plate I placa de dama (alto horno).

dam site I emplazamiento de la presa, ubicación de la presa.

dam spillway I vertedero de presa.

dam stone I dama (alto horno).

dam (to) I obstruir I embalsar I represar.

dam toe I pie de la presa.

dam top I coronación de la presa.

dam weir I dique I compuerta de presa.

damage I desperfecto I avería.

damaged fuel element I elemento combustible deteriorado (reactor nuclear).

damascene polishing I pulimento adamascado (aceros).

damascene steel I acero damasquinado.

damask (to) I damasquinar (aceros).

damaskeen (to) I damasquinar (aceros).

damming reservoir I embalse.

damourite I muscovita hidratada.

damp I humedad I vapor, exhalación.

damp air blower I humidificador.

damp coursing I capa hidrófuga.

damp crushing I trituración húmeda.

damp out (to) I pararse (aguja oscilante).

damp proof course I capa de aislamiento.

damp sheet I lona de ventilación (minas).

damp (to) I suprimir I amortiguar I humedecer I apagar (un incendio) I atracar (hornillo de mina) I parar momentáneamente (alto horno) I cesar de oscilar.

damped oscillation I oscilación amortiguada.

damped vibration I vibración amortiguada.

damped wave I onda amortiguada.

dampen (to) I humectar, humedecer I amortiguar ecos (estudios) I insonorizar.

dampener I humectador I amortiguador.

dampening I humectación, humidificación.

dampening unit I humectador I majador (offset).

damper I registro de chimenea, regulador de tiro I amortiguador I diodo amortiguador.

damper diode I diodo amortiguador.

damper gear I mecanismo del registro del tiro (chimeneas).

damper motor I motor para accionamiento de rejilla.

damper operator I accionador del tiro (chimeneas).

damper pin I eje del amortiguador.

damper setting I regulación del tiro (chimeneas).

damper winding I devanado en cortocircuito I devanado amortiguador.

damper-controlled I regulado por registro de chimenea.

damp-heat test I ensayo de calor húmedo.

damping I humectación, humidificación I amortiguamiento I atenuación I amortiguación.

damping bucket I cubo amortiguador de las oscilaciones de la plomada.

damping capacity I histéresis elástica (metales).

damping circuit I circuito amortiguador.

damping couple I par de amortiguamiento.

damping curve I curva de amortiguamiento.

damping ductor I rodillo mojador-tomador (offset).

damping magnet I electroimán amortiguador, electroimán frenante I imán amortiguador.

damping material I material absorbente.

damping roll I cilindro humectador, cilindro humidificador.

damping torque I par amortiguador.

damping tube I válvula amortiguadora.

damping winding I arrollamiento en cortocircuito, devanado en cortocircuito.

dampproof (to) I aislar contra la humedad.

dampproofing I impermeabilización.

dancing axle I eje oscilante, eje flotante.

Danforth's oil I producto de destilación de petróleo compuesto en su mayor parte por eptano.

dangling bonds I enlaces libres (semiconductores).

dank I yacimiento de arcilla arenosa.

danks I esquisto negro con trozos de carbón I pizarra negra mezclada con carbón fino.

dant I carbón blando fuliginoso.

daourite I rubellita.

dap joint I junta de cajeo (arquitectura).

daraf I darafio I daraf I unidad de medida para elasticidad.

darcy I darcio (unidad de permeabilidad).

dark and light spots I efecto de sombreado (TV).

dark banded spectrum I espectro de bandas oscuras.

dark cathode I calefactor oscuro.

dark current I corriente residual.

dark heater I calefactor oscuro.

dark hum band I zona oscura de zumbido (TV).

dark hydrogen flocculi I flóculos oscuros de hidrógeno.

dark light I luz negra.

dark red silver ore I pirargirita.

dark resistance I resistencia cuando no está iluminada, resistencia de reposo (fotocélula).

dark ruby silver I pirargirita, plata roja, rosicler oscuro.

dark trace tube I tubo catódico de pantalla absorbente.

dark-current pulse I impulso de corriente oscura (electrónica).

dark-field illumination I iluminación de campo oscuro (óptica).

darkfield microscopy I microscopia en campo oscuro.

dark-room lamp I lámpara inactínica.

dark-side hacking I contaminación de ordenadores por virus informáticos.

dark-spot signal I señal de punto oscuro (TV).

dark-trace screen I pantalla absorbente.

dart bailer I achicador con válvula de dardo en el fondo (sondeos).

dart downward (to) I picar casi verticalmente (aviación).

dart valve I válvula de dardo (sondeos).

dash and-dot line I línea de rayas y puntos (telegrafía).

dash etch I ataque por rociado (semiconductores).

dash pot I amortiguador (de pistón) I amortiguador hidráulico.

dashing I incremento de la ventilación para prevenir explosiones de gases (minería).

dashpot I amortiguador I amortiguador hidráulico.

dashpot shock absorber I amortiguador hidráulico.

dashpot valve adjuster I regulador de la válvula de amortiguamiento.

data I datos I información.

data access method I método de acceso de datos.

data acquisition I adquisición de datos.

data adapter unit I unidad adaptadora de datos (informática).

data amplifier I amplificador de impulsos codificados.

data bank I banco de datos (informática) I banco de información.

data bit I bit útil I bit informativo.

data block I bloque de información I bloque de datos.

data board I cuadro de datos.

data break I interrupción de datos (informática).

data buffer I memoria intermedia (informática).

data buoy I boya oceanográfica o meteorológica con aparatos de medida y registro de magnitudes.

data bus I enlace de datos I enlace común I barra ómnibus de datos.

data call I transmisión de datos.

data card I ficha de registro I tarjeta de datos.

data carrier I soporte de datos.

data carrier storage I almacenamiento de portadora de datos.

data cartridge I cartucho de datos (informática).

data cell I célula de memoria I celda de datos.

data chaining I encadenamiento de datos (informática).

data channel I canal de datos (informática).

data circuit I circuito de transmisión de datos.

data cleaning I depuración de datos (informática).

data code I código de datos (información).

data collection I recopilación de datos (informática).

data communication I comunicación de datos.

data communication equipment I teleinformática.

data communication network I red de comunicación de datos.

data communication terminal I terminal de comunicación de datos.

data communications I comunicaciones digitales.

data communications processor I procesador de transmisión de datos (informática).

data conversion line I línea de conversión de datos (informática).

data display panel I cuadro de datos.

data display unit I unidad de visualización.

data domain I campo de los datos (informática).

data encoder I codificador de datos.

data encrypting key I clave de cifrado de datos.

data file I archivo de datos I fichero de datos.

data gathering I recopilación de datos I centralización de datos.

data handling I tratamiento de datos.

data hierarchy I jerarquía de datos (informática).

data input station I estación de entrada de datos (informática).

data item I unidad de datos.

data line I línea de transmisión de datos.

data link I enlace de radio I enlace para la transmisión de datos I transmisión de datos I enlace de datos (teleproceso) I sistema automático defensivo de lucha antisubmarina (marina de guerra).

data logger I tabulador electrónico de datos.

data manipulation language I lenguaje de manipulación de datos (informática).

data module I módulos autónomos de discos magnéticos.

data phone (to) | transferir datos por canal telefónico.
data playback | reproducción de datos.
data processing | elaboración de datos | proceso de datos | recopilación y ordenación de datos, sistematización de datos.
data processing machine | ordenador | máquina de proceso de datos.
data processor | unidad de proceso de datos.
data purification | depuración de datos | control previo de datos.
data recording | grabación de datos | proceso de datos.
data recording and storage | registro y soporte de datos (informática).
data recording control | control de grabación de datos.
data recording medium | soporte de la información.
data register | registro de datos.
data retrieval | recuperación de datos (informática).
data scaling | variación de escala de los datos.
data selector | selector de datos (informática).
data set | conjunto de datos | grupo de datos | archivo.
data sheet | hoja de registro | hoja de datos.
data sink | colector de datos | destino de datos | receptor de datos | aceptor de datos (informática).
data storage | almacenamiento de datos.
data store cell | celda de memoria (informática).
data switching exchange | intercambio por conmutación de datos | centro de conmutación de datos.
data switching system | sistema de conmutación para mensajes.
data tracks | pista de datos (tambor magnético).
data transceiver | transceptor de datos.
data transfer | transferencia de datos.
data transmitter | transmisor de datos.
data unit | unidad de datos.
data word | palabra de datos (ordenador) | palabra de información.
database | base de datos.
database data structure | estructura de datos de base de datos.
database management | tratamiento de datos.
database query | consulta de base de datos.
database schema | esquema de base de datos.
data-directed transmission | transmisión controlada de datos.
dataflow | flujo de datos (informática).
dataflow graph | gráfico de flujo de datos (informática).

dataflow machine | máquina de flujo de datos.
datagram | datagrama.
data-handling system | sistema de manipulación de datos (informática).
data-loop transceiver | transmisor-receptor de datos.
datamation | proceso automático de datos | tratamiento automático de información.
dataphone | datafono.
dataprinter | impresor de datos.
data-reduction system | sistema de reducción de datos (informática).
date (to) | fechar, datar.
dating | datación.
dating by thermoluminiscence | datación por termoluminiscencia.
dative bond | enlace de coordinación (química) | enlace semipolar.
datum bearing | marcación al origen.
datum level | plano de referencia.
datum line | línea de referencia, línea de comparación.
daughter | descendiente (nucleónica) | producto de desintegración (nucleónica).
daughter activities | actividades engendradas (nucleónica).
daughter product | nucleido hijo | descendiente radiactivo | producto desintegrado.
daughter products | productos de filiación (descendientes -nucleónica).
davidosoine | davisonita | berilo amarillo-verdoso.
day coal | primera capa de carbón (minas) | estrato superior del carbón.
day drift | socavón (minas).
day hole | socavón (minas).
day stone | afloramiento (geología).
day water | agua superficial (minas).
daylight fluoroscope | fluoroscopio utilizando la radiación ultravioleta de la luz solar.
daylight mine | mina a cielo abierto.
dazzling white heat | temperatura de unos 1.500° Kelvin.
dB meter | decibelímetro.
dB scale | escala de decibelimétrica.
dB unit | decibelio.
d-c balance range | gama de equilibrio c.c.
DC clamp diode | diodo de nivel.
DC connection | conexión de CC | enlace en corriente continua.
DC dialing | selección a distancia por corriente continua (telefónica).
DC plate current | corriente continua de placa.
DC power supply | fuente de alimentación de CC.

deaccentuator | atenuador | circuito desacentuador (radio).

dead | fuera de servicio | inactivo.

dead air | aire con anhídrido carbónico, aire no renovado, aire viciado.

dead annealing | recocido a fondo.

dead area | área de silencio (radio).

dead circuit | circuito puesto a tierra | circuito sin corriente.

dead coil | bobina en cortocircuito.

dead earth | conexión perfecta a masa | conexión perfecta a tierra (electricidad).

dead end | espira inactiva (bobina inductancia) | extremo sin corriente (electricidad) | galería sin ventilación (minas) | extremo muerto (radio).

dead ground | roca estéril, conexión perfecta a tierra (electricidad) | ganga (minas).

dead landing | aterrizaje con la hélice calada (aviones).

dead loss | pérdida seca (química).

dead main | canalización sin corriente.

dead metal | exceso de metal alrededor o dentro de la zona impresora de un grabado | metal fundido frío.

dead oil | creosota.

dead point | punto muerto.

dead pulley | polea fija (aparejos).

dead quartz | cuarzo sin mineral valuable.

dead reckoning | navegación a estima.

dead riches | plomo de obra | plomo argentífero con 10% a 60% de plata y con o sin oro | plomo impuro (fusión de la mena en alto horno).

dead roast | tostación para eliminar por completo el azufre.

dead room | cámara anecoica | sala sin reverberación acústica.

dead sector | sector muerto (telecomunicación).

dead segment | delga inactiva (electrotecnia).

dead short | cortocircuito total.

dead spot | zona de silencio (radio) | punto de baja intensidad sonora (acústica) | zona muerta (radar).

dead steel | acero calmado | acero muerto (quemado o con mucho azufre).

dead storage | memoria permanente (informática).

dead studio | estudio anecoico (TV) | estudio sin reverberación.

dead zone | zona de silencio | zona muerta.

dead-burned lime | cal muerta.

dead-burned plaster | yeso anhidro.

deaden (to) | amortiguar.

dead-end tie | retención (telecomunicación) | conexión terminal.

dead-end tower | torre terminal de línea eléctrica aérea | torre de anclaje.

dead-ended feeder | alimentador radial, alimentador independiente (electricidad).

deadener | amortiguador | insonorizador.

deadening | insonorización | material insonorizante | insonorizante | aislamiento del ruido.

deadfront | frente de accionamiento (cuadro de distribución eléctrico) | con los dispositivos de maniobra en el lado de atrás, de frente sin corriente (cuadros eléctricos).

deadline | cable muerto (petróleo) | línea sin corriente (electricidad).

deadlock | punto muerto | bloqueo.

deadman | macizo de anclaje | piquete de anclaje.

deadman device | dispositivo para parar en caso de accidentarse el conductor (trenes eléctricos).

deadman's handle | manivela de hombre muerto (locomotora eléctrica).

deadmelt (to) | calmar (fundir hasta la fusión tranquila), desoxidar (caldo metálico).

dead-mild steel | acero con 0,07 a 0,15% de carbono.

dead-reckoning tracer | estimómetro (aeronavegación) | trazador de estima (navegación).

deads | pérdida al fuego (química) | ganga (metalurgia).

dead-slow running | funcionamiento a pocas revoluciones (motores).

dead-soft annealing | recocido a fondo.

dead-soft condition | estado de recocido completo.

dead-stroke hammer | martillo de resorte (mecánica).

deadwood | obra muerta (buques).

deadwork | obra muerta (buques).

deafener | amortiguador (telegrafía) | insonorizador.

dealkalize (to) | desalcalinizar.

dealkylate (to) | desalquilar (química).

dealuminification | corrosión selectiva de bronces de aluminio con menos de 4% de níquel.

dealuminizing | desaluminización (bronces de aluminio).

debark | desembarque.

debarkation | desembarque.

debarkation point | punto de desembarque.

debarking | descortezado químico (forestal).

debatable time | tiempo no imputable (proceso de datos) | tiempo discutible (ordenador).

debloom (to) | quitar la fluorescencia (lubricantes) | blanquear (petróleos).

deblooming | deslustre (química).

debris I detritus de rocas I derribos (geología).

debris dam I dique de retención de arrastres.

debug programs I programa depurador (informática).

debug (to) I poner a punto un programa (informática) I depurar (informática) I comprobar las instrucciones del codificador (calculadora electrónica).

debug tool I instrumento de depuración (informática).

debugged I libre de defectos (informática).

debugger I subprograma de puesta a punto.

debugging I eliminación de errores.

debugging package I programas de puesta a punto.

debullet (to) I salirse el proyectil de la vaina (cañón).

debunching I desintegración I compensación por interferencia.

debung on-line I depurar en línea (ordenador).

debur (to) I desbarbar (metalurgia).

deburring I desbarbado (metalurgia).

debutanization I desbutanización.

debutanize (to) I desbutanizar.

decade box I caja de décadas (electricidad).

decade scaler I escalímetro de décadas.

decade switch I conmutador de década.

decalescence I decalescencia.

decalescence point I punto crítico superior (aceros).

decalescent I decalescente.

decalescent point I temperatura de decalescencia.

decane I decano (hidrocarburo parafínico de 10 átomos de carbono).

decant (to) I decantar I trasvasar.

decantation I trasiego, trasvase I decantación.

decanting basin I cuba de decantación.

decarbonate (to) I descarbonizar I descarbonatar.

decarbonation I descarbonatación.

decarbonation zone I zona de descarbonatación (zona de calcinación -horno de cemento o de cal).

decarbonize (to) I descarbonizar (culatas de motores) I descarburar (aceros).

decarbonizer I descarburante (aceros).

decarbonizing I descarburación (aceros).

decarburization I descarburación (metalurgia).

decay I descomposición I extinción I amortiguamiento I desintegración (radiactividad) I degradación (isótopos) I declinación gradual del brillo después de la excitación (fósforos).

decay chain I cadena de desintegración, cadena radiactiva (nucleónica).

decay coefficient I coeficiente de amortiguamiento I coeficiente de decaimiento.

decay curve I curva de decrecimiento.

decay electron I electrón de desintegración.

decay probability I probabilidad de desintegración (física atómica).

decay product I producto de desintegración (nucleónica).

decay rate I velocidad de desintegración.

decay time I periodo de desintegración I tiempo de extinción.

decay (to) I desintegrarse I amortiguar.

decayed I desintegrado (nucleónica).

decaying I decrecimiento I amortiguamiento.

decca I decca (navegación).

decca receiving set I receptor decca.

decelerate (to) I retardar, desacelerar.

decelerating electrode I electrodo retardador (TV).

decelerating field I campo retardador.

deceleration I desaceleración.

decelerator I desacelerador I freno de desaceleración.

decelerometer I desacelerómetro.

decenter (to) I descimbrar (arcos).

decentralized data processing I tratamiento descentralizado de datos (centro de proceso de datos).

dechenite I dechenita (metavanadato de plomo).

dechlorination I descloridación.

deciampere I deciamperio.

decibar I decibar = 10^5 dinas/centímetro^2.

decibel I decibelio I decibel.

decibel adjusted I decibel de ajuste (electrónica).

decibelmeter I decibelímetro.

decimal I decimal.

decimal gage I calibre decimal, galga decimal.

decimal inch thickness I espesor en decimales de pulgada (chapas).

decimal log I logaritmo decimal.

decimeter I decímetro.

decimetric band I banda de ondas decimétricas.

decimetric wave I onda decimétrica.

decineper I decineperio (dN).

decinormal calomel electrode I electrodo de calomelanos decinormal.

decision element I elemento de decisión (calculadora electrónica).

deck cabin I cabina de mando I cabina de vuelo (aviación).

deck girder I eslora de cubierta.

deck landing I aterrizaje sobre cubierta (avión).

deck reckoning I punto estimado en navegación.

deck switch | conmutador múltiple (electricidad) | interruptor múltiple.
deck valve | válvula de disco.
deck watch | cronómetro (buques).
deck-land (to) | aterrizar en la cubierta (portaaviones).
decladding | extracción del combustible nuclear de su vaina (reactor nuclear).
declination | declinación | declinación magnética.
declination circle | círculo de declinación.
declination compass | brújula de declinación.
declining field | yacimiento en declinación (petróleo).
declinometer | declinómetro (brújula de declinación).
declivity board | gálibo de inclinación.
declutch sleeve | manguito de desembrague.
declutch (to) | desembragar (máquina).
decoagulant | decoagulante.
decoction | decocción.
decodable | descifrable (códigos).
decode cycle | ciclo de decodificación.
decode matrix | matriz decodificadora.
decode (to) | descodificar | descifrar.
decoder | dispositivo de control automático (trenes) | descodificador, descifrador.
decoder unit | descodificador | unidad descodificadora.
decoding circuit | circuito de descodificación.
decollator | separador (informática).
decolorizing agent | agente decolorante (química).
decompiler | descompilador (informática).
decomposable salt | sal desdoblable (química).
decompose (to) | descomponer | desdoblar (química).
decomposer | disgregador (química).
decomposing vat | cuba de descomposición.
decomposition temperature | temperatura de fusión (metalurgia).
decompound (to) | descomponer en sus elementos (química).
decompression chamber | cámara de descompresión.
decouple (to) | desacoplar, desconectar (electricidad).
decoupling | desacoplamiento, desacoplo.
decoupling circuit | circuito desacoplado.
decoupling filter | filtro de desacoplo.
decoupling network | red de desacoplo.
decrepitate (to) | calcinar (sales).
decryption | descriptografía (informática).
dectra | dectra (radionavegación).
decyl | decilo.

decyl alcohol | alcohol decílico.
decyne | decino (hidrocarburo acetilénico).
dee | diferencia entre la altitud barométrica y la altitud absoluta sobre el nivel del mar, electrodo hueco semicilíndrico (ciclotrón).
deelectronation | extracción de uno o más electrones | oxidación (reacción química).
deemphasis | atenuación (TV).
deenergize (to) | desimanar | desconectar un circuito de la fuente de energía.
deenergized | inactivo | desactivado.
deenergized magnet | electroimán sin corriente.
deenergized position | posición abierta (electricidad).
deenergizing circuit | circuito de desactivación.
deep | abismo | fosa marina | profundidad.
deep adit | galería de desagüe (minas).
deep boring | sondeo a gran profundidad.
deep discharge | descarga de larga duración (acumuladores).
deep etching | ataque profundo con reactivos.
deep fade | desvanecimiento profundo (radiocomunicación).
deep field | yacimiento profundo (petróleo).
deep hole | sondeo con profundidad.
deep level | galería de prolongación (minas) | galería de desagüe (minas) | galería de fondo (minas).
deep seated | abisal | plutónico (mineralogía).
deep trough | fosa (oceanografía).
deep-draw | embutición.
deepen (to) | profundizar, ahondar.
deepening | disminución de la presión (meteorología).
deep-freeze treatment | tratamiento a baja temperatura (metalurgia).
deepfreezing | criotratamiento.
deep-hole boring machine | sondeadora para gran profundidad | perforadora para barrenos profundos.
deep-hole driller | perforadora para barrenos profundos | taladradora para agujeros profundos.
deep-mined | de extracción profunda (minas).
deep-penetration electrode | electrodo de gran penetración.
deep-penetration welding | soldeo de gran penetración.
deep-sea | abisal.
deepsea ship | buque de altura.
deep-sea sounding gear | aparato de sondeo para grandes profundidades.
deep-sea towage | remolque de alta mar.
deep-sea trawler | arrastrero de altura.

deep-seated crack I grieta interna (metalurgia).

defeat switch I interruptor cancelador, interruptor anulador (electricidad).

defective I pieza defectuosa I imperfecto, defectuoso.

deferred relay I retransmisión diferida (telecomunicación).

deferrification I desferrificación.

deferrize (to) I desferrificar, desferrizar.

define (to) I precisar, fijar I definir I colimar (rayos X).

defining power I poder separador (microscopio).

definite time I retardo constante (relés).

definite time-lag I retardo (relés).

definite-time relay I relé de acción diferida, relé de tiempo regulable.

definition I definición I claridad de imagen, nitidez.

definition converter I convertidor de definición (TV).

deflagrating mixture I mezcla deflagrante I mezcla explosivamente combustible.

deflagrating spoon I cuchara de deflagración (química).

deflation I denudación eólica (deflación -geología).

deflation basin I cuenca de deflación (geología).

deflation erosion I erosión por deflación.

deflected electrón I electrón desviado.

deflecting couple I par activo I par desviador.

deflecting electrode I electrodo de desviación.

deflecting force I fuerza de Coriolis I fuerza desviadora I fuerza flexante.

deflecting plate I chapa desviadora I placa de choque (hornos).

deflecting potential I tensión de desviación.

deflecting torque I par director, par motriz (instrumentos).

deflecting voltage I voltaje de desviación.

deflecting yoke I bobina desviadora (televisión).

deflection I deflexión I deformación (telecomunicación) I flexión I pliegue (geología) I difracción (óptica).

deflection chassis I chasis de desviación (TV).

deflection coil I bobina deflectora.

deflection correction I corrección de deriva.

deflection electrode I electrodo desviador.

deflection factor I coeficiente de desviación.

deflection of the plumb line I desviación de la plomada (topografía).

deflection of the vertical I desviación de la plomada (topografía).

deflection plane I plano de desviación.

deflection polarity I polaridad de desviación.

deflection potentiometer I potenciómetro de desviación.

deflection reversal I inversión del barrido.

deflection system I sistema de desviación.

deflection voltage I tensión de desviación.

deflector I deflector I electrodo de desviación.

deflector coil I bobina de desviación electromagnética.

deflexion I separación I desviación (aguja de aparato registrador) I deflexión I deriva.

defluorination I desfluoración.

deform (to I deformar.

deformability I deformabilidad.

deformable aluminum alloy I aleación de aluminio deformable.

deformation I deformación.

deformation meter I deformímetro.

deformation processing I procesamiento por deformación.

deformation substructures I subestructuras de deformación (metalografía).

deformation welding I soldeo por deformación.

deformed bars I redondos deformados para conseguir una mayor adherencia (hormigón armado).

defroster I eliminador de hielo I descongelador.

defuze (to) I quitar la espoleta (despoletar -proyectiles).

degas (to) I desgasificar.

degasification I desgasificación.

degasified molten steel I acero fundido desgasificado.

degasify (to) I desgasificar.

degasser I desgasificador.

degassing I desgasificación (del petróleo).

degassing tower I torre de desgasificación.

degate (to) I quitar los bebederos (fundición).

degauss (to) I desmagnetizar.

degaussing I desgausamiento, neutralización del campo magnético, desimanación.

degaussing coil I bobina desmagnetizadora.

degenerate electron I electrón degenerado.

degeneration I reacción negativa (contrarreacción -radio).

degenerative feedback I realimentación negativa I contrarreacción (radio).

deglaciation I deglaciación, retroceso glaciar.

deglaze (to) I limpiar (avivar -muelas abrasivas).

degradation I deforestación I degradación I disgregación.

degrade (to) I cortar I nivelar I degradar (química, geología).

degrease (to) I desengrasar.

degreasing I desengrase.

degree I grado I nivel.

degree A. P. I. I grado del Instituto Americano del Petróleo.

degree angular I grado angular.

degree Celsius I grado Celsio.

degree Kelvin I grado Kelvin.

degree of dissociation I grado de disociación (electroquímica).

dehumidification I deshumectación I deshumidificación.

dehumidifier I deshumidificador.

dehumidify (to) I desecar I deshumidificar.

dehydracetic acid I ácido dihidroacético.

dehydratant I deshidratante.

dehydratation I deshidratación.

dehydrate (to) I deshidratar.

dehydrated alcohol I alcohol absoluto.

dehydrated tar I alquitrán anhidro.

dehydration I deshidratación I desecación.

dehydration catalyst I catalizador de deshidratación.

dehydrofreezing I dehidrocongelamiento.

dehydrogenation I deshidrogenación.

dehydrogenation catalyst I catalizador de deshidrogenación.

dehydrogenize (to) I deshidrogenar.

deice (to) I descongelar I deshelar.

deicer I descongelador I desincrustador del hielo (aviones) I dispositivo antihielo (ingeniería aeroespacial).

deicing system I sistema anticongelante del avión.

deionization I desionización.

deionize (to) I desionizar.

delay angle I ángulo de retardo.

delay circuit I circuito de retardo (telecomunicación).

delay coil I bobina de retardo.

delay distortion I deformación de retardo.

delay equalizer I compensador de fase.

delay generator I generador de retardos.

delay line I línea de retardo.

delay relay I relé temporizado.

delay system I sistema de retardo (nuclear) I dispositivo de temporización.

delay valve I válvula de retardo.

delayed action mine I mina de acción retardada.

delayed blanking signal I señal de supresión retardada (TV).

delayed branch I bifurcación diferida (informática).

delayed break timer I sincronizador de apertura de circuito retardado.

delayed fuze I espoleta de retardo.

delayed PPI I indicador de posición en el plano con retardo de barrido (radar).

delayed scanning I exploración retardada.

delayed sweep I barrido retardado (tubo de rayos catódicos).

delayed-action bomb I bomba de explosión retardada.

delayed-contact fire I explosión por contacto con retardo (minas).

delay-frequency distortion I distorsión de fase.

deleading I desplomeado I desplomización (de piritas).

delf I cantera I filón, yacimiento.

delime (to) I descalcificar.

deliver (to) I dar corriente (electricidad) I desarrollar trabajo (máquinas) I impeler (bombas) I lanzar una bomba sobre un blanco (aviación).

delivered horsepower I potencia en el eje (motor) I potencia absorbida (hélice).

delivered power I potencia de salida.

delivery I suministro I producción I caudal (bombas) I descarga I extremo de salida (de una máquina).

delivery canal I canal de descarga, canal de desagüe.

delivery car I vagoneta de mina.

delivery conduit I conducto de impulsión (bombas) I conducto de descarga.

delivery duck I conducto de inyección.

delivery pipe I tubo de impulsión (bombas) I tubo de descarga I tubo de desagüe.

delivery pressure I presión de descarga I presión de impulsión (bombas).

delivery tube I tubo de alimentación I tobera divergente (inyectores).

delivery valve I válvula de impulsión I válvula de descarga.

delrac I delrac (sistema de radionavegación británico).

delta I triángulo (electricidad) I deltaico.

delta circuit I red en delta.

delta connection I conexión delta.

delta connexion I conexión en triángulo, montaje en triángulo.

delta network I red en delta.

delta pulse code modulation I modulación de código de pulsos delta.

deltameter I deltámetro.

delve (to) I sondear I profundizar.

demagnetize (to) I desmagnetizar.

demagnetizing I desimanante.

demagnetizing field I campo desimanante.

demagnetizing forze I fuerza desimanante.

demand limiter I limitador de corriente (electricidad).

demand processing | tratamiento inmediato (informática).

demarcation level | nivel de demarcación (electrónica).

demijohn | bombona para ácidos.

demodulate (to) | desmodular.

demodulated signal | señal desmodulada.

demodulation | desmodulación.

demodulator filter | filtro desmodulador.

dempy | frente peligroso (minas).

demultiplex equipment | equipo desmultiplexor.

demultiplexer | desmultiplexador (informática).

denaturant | desnaturalizante (química) | isótopo infisionable que añadido a materia fisionable la hace no apta para armas nucleares.

denaturate (to) | desnaturalizar (química).

denaturation | desnaturalización.

dendrite | dendrita | cristalización arborescente.

dendritic agate | ágata dendrítica | ágata arborizada.

dendritic crystallization | cristalización dendrítica.

dendritic marking | arborización.

dendritic opal | ópalo con inclusiones arborescentes.

dendritic powder | partículas metálicas con estructura dendrítica (pulvimetalurgia).

dendroid | dendrítico | arborescente.

dendrolite | dendrita | dendrólito.

denickelification | corrosión selectiva en ciertas aleaciones 70/30 de cobre y níquel | desniquelificación (corrosión selectiva).

denitrify (to) | desnitrificar.

denitrogenation | desnitrogenación.

denitrogenizing | desnitrogenación.

dense | opaco (intenso -negativo fotográfico) | compacto | denso | de estructura compacta | de grano fino (fundición).

densener | cuerpo densificador, densificador (funderías).

densification | densificación | zonas de menor translucencia (plásticos translúcidos).

densimeter | densímetro.

densitometry | densitometría.

density | opacidad (placa fotográfica) | compacidad | densidad, masa volúmica.

density meter | densímetro.

density modulation | modulación de densidad.

density step tablet | carta de densidades (comunicaciones).

densographer | densígrafo.

densography | densografía | densigrafía.

densometer | densímetro.

dental coupling | acoplamiento de engranajes | acoplamiento dentado.

Denver mud | bentonita.

deoxidate (to) | desoxidar, desoxigenar (química).

deoxidize (to) | desoxidar.

deoxidized steel | acero desoxidado, acero calmado.

deoxygenate (to) | desoxigenar.

deozonize (to) | desozonizar.

deparaffining | desparafinación.

dependent exchange | central telefónica auxiliar | central subordinada (telefonía).

dependent station | estación telealimentada (telefonía).

deperming | despermeabilización, reducción del magnetismo permanente longitudinal (buques) | neutralización magnética.

dephenolize (to) | desfenolizar.

dephlegmator | deflegmador (refino del petróleo) | desflemador (separador mecánico del aceite arrastrado por el vapor).

deplate (to) | deselectrodepositar, desgalvanoplastiar.

depleted sand | arena agotada (yacimiento de petróleo).

depleted uranium | uranio empobrecido, uranio agotado.

depletion | recesión del agua subterránea | empobrecimiento (nuclear) | depleción | agotamiento de recursos minerales de un yacimiento.

depletion curve | curva de descenso | curva de agotamiento.

depletion layer | capa desierta (transistores) | capa agotada | capa de transición.

deplistor | deplistor (semiconductor).

depolarization | despolarización.

depolarize (to) | despolarizar.

depolarizer | despolarizador.

depolarizing | despolarización.

depolarizing mix | mezcla despolarizante.

depolymerization | despolimerización.

depolymerize (to) | despolimerizar.

deposit | sedimento (precipitado -química) | yacimiento, filón | mina de grava o arena | metal depositado en la soldadura | precipitado electrolítico.

deposit dose | dosis de contaminación (explosión nuclear) | dosis de precipitación (nucleónica).

deposit (to) | precipitarse (química) | decantar, sedimentar.

depositing | deposición.

depositing bath | baño galvánico.

deposition | electrodeposición | precipitación.

deposition voltage | voltaje de deposición.
deposit-welded | soldado por deposición.
depressant | producto químico empleado en el proceso de flotación por espuma | reactivo depresivo | agente tensioactivo.
depression angle | ángulo de depresión.
depressor | elevador de voltaje (circuito de tierra).
depressurization | despresionización.
depressurize (to) | despresurizar | despresionizar.
depressurizing chamber | cámara de despresurización.
depropanize (to) | despropanizar.
depth | profundidad.
depth adjuster | graduador de profundidad, batigraduador.
depth and roll indicator | registrador de calado y escora (buque).
depth bomb | bomba antisubmarinos lanzada por avión o dirigible.
depth charge | carga de profundidad, carga antisubmarinos.
depth charge chute | varadero para cargas de profundidad (minadores).
depth charge pattern | rosario de cargas de profundidad.
depth charge rail | varadero para cargas de profundidad (minadores).
depth contour | isóbata | curva batimétrica | curva isóbata (cartas).
depth curve | isóbata | línea isobática.
depth dose | dosis profunda (radiaciones).
depth finder | hidrófono de sonar | sondador | ecosondador.
depth gage | hidrobarómetro, manómetro de profundidad | galga para medir profundidades | limnímetro.
depth indicator | indicador de la profundidad.
depth line | curva batimétrica, curva isobática.
depth mark | referencia de profundidad.
depth meter | indicador de profundidad.
depth of case | profundidad del cementado (metalurgia).
depth of field | distancia hiperfocal (sistema óptico).
depth of firing | profundidad de explosión (cargas submarinas).
depth of focus | profundidad de foco.
depth of round | avance (minas).
depth ranger | batímetro.
depth recorder | registrador de profundidades | sondeador registrador.
depth setting drum | tambor de profundidad (mina fondeada).

depth setting gear | mecanismo regulador de la profundidad.
depth sounding machine | sondador.
depth taking | toma de inmersión, toma de profundidad (minas submarinas fondeadas).
depth top | tope para taladrar a la profundidad deseada.
depth wire rope | orinque de profundidad (minas submarinas fondeadas).
depth-adjusting key | llave de regulación de la profundidad.
depth-controlling mechanism | mecanismo regulador de la profundidad, mecanismo batirregulador.
depth-determining sonar | sonar determinante de profundidad.
depth-first search | primera búsqueda en profundidad (informática) | búsqueda vertical (informática).
depth-indicating gage | galga indicadora de la profundidad (agujeros).
depthometer | medidor de profundidad | sondador.
depth-regulating gear | mecanismo regulador de la profundidad.
depth-sounding equipment | sondador por ultrasonidos.
dequeue (to) | retirar de una fila de espera (informática).
derail switch | descarrilador.
derail (to) | descarrilar.
derailing points | aguja descarriladora.
Derby red | rojo chino (pigmento de cromato de plomo).
derby spar | fluorita | espato flúor.
Derbyshire spar | fluorita.
derbystone | fluorita de color de amatista.
derichment | empobrecimiento (química).
derivate control | regulación derivada.
derivate test set | comprobador de derivadas.
derivating post | borna de derivación.
derivative | producto derivado | derivado (química).
derivative action | reglaje compensador.
derivative resistance | resistencia que introduce un tiempo de decalaje (procesos).
derived circuit | circuito derivado.
derived current | corriente derivada.
dermolith | dermolito.
dermolithic | dermolítico.
dermolithic lava | lava dermolítica.
derrick | cabria | grúa | torre de taladrar, torre de perforación, torre de sondeo.
derrick crane | grúa de brazo móvil.
derrick pole | cabria.

derrick tower I torre de perforación (sondeos).

derust (to) I desoxidar, quitar la herrumbre.

desactivation I desactivación I agotamiento de la actividad electrónica (cátodo).

desalination I desalinización I desalinación.

desalinizate (to) I desalificar.

desalinization I desalinización I potabilización del agua del mar.

desalt (to) I desalar, desalificar.

desalting I desalinización I desalación.

descalant solution I solución desincrustante.

descale (to) I descascarillar (remover la capa de óxido) I desincrustar (calderas) I desescoriar (cordón soldadura).

descaling I decapado I desoxidación superficial.

descaling solution I solución desincrustante (calderas) I solución desoxidante.

descending cut I tajo descendente (minas).

descomposition voltage I tensión de descomposición (química).

desconnecting lever I palanca desconectadora I palanca de desembrague.

descriptor I descriptor (informática).

desensitize (to) I despoletar (proyectiles) I quitar el cebo (cargas explosivas).

deserialize (to) I pasar de transmitir por bitios a transmitir por palabras.

desert glass I obsidiana I moldavita.

desert rose I cristales de calcita y barita formados en arena, arenisca blanda o arcilla.

desert varnish I costra de óxido de manganeso I óxido de hierro en la superficie de rocas.

desiccant I desecante.

desiccator I deshidratante (química) I desecante.

design I proyecto, diseño.

design engineering I ingeniería de proyecto I estudio de diseños.

design takeoff weight I peso de cálculo para el despegue.

design (to) I proyectar I diseñar.

desilicate (to) I desilicatar.

desilication I desilicificación.

desilicify (to) I desilicificar.

desiliconize (to) I desiliciar (aceros).

desilt (to) I desenlodar I desentarquinar.

desilting I desenlodamiento, desentarquinamiento.

desilting chamber I cámara de decantación.

desilver (to) I desplatar.

desilverization I desplatación.

desk checking I control de la programación.

desk switchboard I cuadro de pupitre (electricidad) I mesa de distribución.

desktop I microcomputadora de mesa.

desktop publishing I edición de oficina (informática).

deslime (to) I desenlodar.

deslurrying I extracción de finos por métodos húmedos.

desmotropy I desmotropía (isomería dinámica).

desonorization I insonorización.

desorption cryostat I criostato de desorbción.

dessicant I desecante.

destannification I desestannificación.

destearinize (to) I desestearinizar.

destressing I disminucción de la presión en la excavación (minas).

destruction test I prueba de destrucción.

destructive read I lectura destructiva (informática).

destructor I horno para incineración de basuras.

destructor station I estación incineradora.

desulfonate (to) I desulfonar.

desulfur (to) I desazufrar I desulfurar (aceros).

desulfurization I desazuframiento (gases de la combustión) I desulfuramiento (aceros).

desulfurize (to) I desazufrar I desulfurar (aceros).

desulfurizer I agente eliminador del azufre, desulfurante (aceros).

desulfurizing furnace I horno para piritas.

desulphurized pig iron I fundición desazufrada.

detach (to) I desenganchar (vagones) I desmontar.

detachable I desmontable.

detachable landing gear I tren de aterrizaje lanzable.

detached nippers I pinzas de arranque I mordazas de arranque.

detail picture I imagen de detalle.

detail printing I listado de detalle I impresión del listado de un programa.

detailed balance I balance detallado (química).

detailed survey I levantamiento de detalle (topografía).

detan (to) I destanizar.

detannate (to) I destanizar.

detannization I destanización.

detar (to) I desalquitranar.

detarrer I desalquitranador (del gas).

dete I radar de submarino con frecuencia de 360 a 390 megahertzios.

detect (to) I detectar (radio) I localizar (averías).

detecting element I elemento detector I órgano de detección.

detecting head I cabeza detectora I sensor.

detecting probe I sonda detectora.

detection I detección I desmodulación (radio).

detective line I línea de referencia.

detector I advertidor (señal de alarma) I revelador I detector I galvanómetro portátil.

detector amplifier I amplificador detector.

detector amplifier gain I ganancia del amplificador del detector.

detector balanced bias I polarización automática (anti-radar) I polarización equilibrada de detector.

detector block I bloque detector.

detector cell I célula detectora.

detector circuit I circuito detector.

detector coil I bobina detectora.

detector valve I lámpara detectora.

detectory galvanometer I galvanómetro de torsión.

detectoscope I detectoscopio I instrumento que emplea ocho filtros de diferente color (gemología).

detent I retén I dispositivo sueltaminas (buque minador) I palanca de bloqueo.

detention basin I embalse de detención, depósito de retención.

detention dam I presa de retención (hidrología).

detention reservoir I depósito de retención I embalse de retención.

determinable I dosificable (química).

determinative gemmology I gemología determinativa.

determinative mineralogy I mineralogía determinativa.

deterrent I medio retardador (deflagración de pólvoras).

deterrent additive I aditivo retardador.

detin (to) I desestañar.

detinning I desestañación.

detinning bath I baño de desestañado.

detonant I detonante.

detonating cup I cebo detonante.

detonating fuse I mecha detonante.

detonating hammer I percutor.

detonating tube I eudiómetro (explosiones).

detonating wave I onda explosiva I onda de detonación.

detonation I detonación.

detonation meter I detonómetro.

detonation trap I dispositivo para que no se propague la detonación.

detonation tunnel I galería para la detonación de la carga (explosión subterránea).

detonative I detonante.

detonative combustion I combustión detonante.

detonative force I fuerza detonante.

detonator I detonador.

detonics I detónica (ciencia de las explosiones).

detoxify metals (to) I depurar metales.

detrital limestone I caliza detrítica.

detrition I desgaste I detrición.

detrusion I detrusión (deformación transversal) I deformación lateral por esfuerzo cortante.

detune (to) I desintonizar.

detuner I amortiguador dinámico de esfuerzos de torsión (cigüeñales).

detuning I asintonía (ajuste de un circuito para que su frecuencia de resonancia no coincida con la fuerza electromotriz aplicada) I amortiguamiento de esfuerzos de torsión.

detwister I destorsionador.

detwisting I destorsionamiento.

deuterate (to) I deuterizar.

deuterated hydrocarbon I hidrocarburo deuterizado.

deuterating I deuterización.

deuteric I deutérico.

deuteride I deuteruro.

deuterium I deuterio (hidrógeno pesado) I hidrógeno 2.

deuterium discharge tube I tubo de descarga de deuterio.

deuterium oxide I óxido de deuterio.

deuterize (to) I deuterizar.

deuteron I deuterón.

deuteron photodisintegration I fotodesintegración del deuterón.

devanadization of iron I desvanadización del hierro.

devaporize (to) I desvaporizar I deshidratar.

develop (to) I desarrollar I revelar fotografías I explotar (negocios, minas, etc.) I efectuar un reconocimiento (minas) I trazar (minas) I reconocer por pozos y galerías.

developed ore I mineral a la vista.

developed reserves I reservas de mineral comprobadas.

developer I desarrollador (sustancia química) I revelador (química).

developing I desprendimiento de gas I revelado (fotografía) I explotación I trazado (minas).

developing bath I baño de desarrollo (teñido telas) I baño de revelado (fotografía).

developing paper I papel fotográfico.

developing sink I artesa de revelar (fotografía).

developing solution I solución reveladora I revelador.

developing tank I tanque de revelar.

developing tray I bandeja para la solución reveladora.

development I amplificación, aumento I desarrollo I revelado (fotografía) I reconocimiento (minas) I trazado (minas) I evolución (frente meteorológico).

development end I frente de avance (minería).

development engine I motor de desarrollo.

development engineer I ingeniero encargado del reglaje.

development heading I galería de trazado (minas).

development laboratory I laboratorio de experimentación.

development plan I plan de trazado (minas) I plan de producción.

development stoping I arranque de trazado (minas).

development well I pozo de desarrollo (petróleo).

development work I trabajos de trazado y de acceso (minas).

developmental reactor I reactor de desarrollo.

developmental station I estación experimental (radiocomunicación).

deviability I desviabilidad.

deviance I desviancia (estadística).

deviated well I pozo incurvado (sondeos).

deviating angle I ángulo desviador.

deviating prism I prisma deflector.

deviation I error, desviación I perturbación (en la brújula) I cambio de derrota (buques).

deviation absorption I absorción por desviación.

deviation flag I indicador de deriva (radar).

deviation in thickness I variación en el espesor.

deviation indicator I indicador de deriva I indicador de desviación.

deviation meter I medidor de desviación.

deviation range I gama de desviaciones.

deviation ratio I relación de desviación.

deviation rectification I rectificación de la variante.

deviation stress I diferencia entre los esfuerzos máximos y mínimos en prueba triaxial.

device I mecanismo I dispositivo, aparato.

device adapter I adaptador de dispositivo.

device controller I controlador de periféricos.

device coordinate I coordenadas de dispositivo (informática).

device placement I disposición de dispositivos (semiconductores).

device selector I selector de periférico.

deviometer I desviómetro.

devitrifiable I desvitrificable.

devitrification I desvitrificación.

devitrified groundmass I pasta desvitrificada (geología).

devitrify (to) I desvitrificar.

devulcanization I desvulcanización.

devulcanize (to) I desvulcanizar.

devulcanizer I desvulcanizador.

dew I rocío.

dew line I línea de alarma a gran distancia.

dew method I metodo de vacío (vapores).

dew point I punto de rocío, punto de condensación I temperatura de saturación.

dew point hygrometer I higrómetro de rocío.

dew point indicator I indicador del punto de rocío.

dew point meter I medidor del punto de rocío.

dew point pressure I presión del punto de rocío.

dew sensor I sensor de humedad.

dewater (to) I desecar I deshidratar.

dewaterer I deshidratador.

dewatering I deshidratación I agotamiento (minas) I achique I desecación.

dewatering pump I bomba de achique.

dewatering screen I tamiz de escurrimiento.

dewaterizer I criba vibratoria para quitar la humedad.

dewax (to) I desparafinar.

dewaxed oil I aceite desparafinado.

dewaxing I desparafinaje, desparafinación I termotratamiento para quitar el lubricante de un compacto (pulvimetalurgia).

dewaxing plant I instalación desparafinadora.

dewet (to) I correrse el estaño en forma de hilos por la superficie (estañado).

dewetting I defecto consistente en que el estaño se corre en forma de nerviaciones sobre la superficie.

dewindtite I devintita.

dextrin I dextrina (química).

dextrinization I dextrinización.

dextrinize (to) I dextrinizar.

dextrorotatory I dextrógiro.

dextrose I dextrosa (química) I glucosa.

dezincification I descincación (descincado -corrosión de un latón con pérdida de cinc) I recuperación del cinc (de metales en estado líquido) I descincificación.

dezincify (to) I descincar.

diabase I diabasa.

diabatic I diabático.

diabatic flow I flujo diabático (fluido compresible).

diac I diac (diodo) I conmutador electrónico.

diacaustic I curva diacáustica.

diacetic ether I éter diacético.

diacetyl I diacetilo.

diacid I diácido.

diaclase I diaclasa.

diacrylate I diacrilato.

diad I radical bivalente.

diadactic structure l estructura diadáctica l estratificación graduada.
diadochic l diádoco (nuclear).
diadochy l diadoquia.
diaftoresis l diaftoresis (geología).
diagenesis l diagénesis.
diageotropism l diageotropismo.
diaglomerate l diaglomerado.
diagnostic mineral l mineral diagnóstico l mineral sintomático.
diagnostic programs l programas de pruebas periódicas (calculadoras electrónicas).
diagnostic test l prueba de diagnóstico (máquinas).
diagonal barometer l barómetro de tubo inclinado.
diagonal entries l elementos de la diagonal (matrices).
diagonal reinforcement l armadura diagonal (hormigón armado).
diagonal rib l aristón (bóvedas) l acanalado diagonal (acanalado oblicuo -ligamentos).
diagonal stratification l estratificación oblicua, estratificación torrencial, estratificación entrecruzada.
diagonal tension l tensión diagonal l esfuerzo de tracción principal (hormigón pretensado).
diagonalization l diagonalización.
diagonalizing l difusión, radiación del mismo programa a horas diferentes y con distinta longitud (radio).
diagram panel l cuadro óptico de comprobación.
dial l esfera (relojes) l cuadrante (reloj o instrumento) l indicador l disco combinador (telefonía) l brújula de trípode (minas) l dispositivo de selección.
dial cam l excéntrica del disco (telefonía).
dial central office l central automática (comunicaciones).
dial drop panel l cuadro de líneas de disco selector (telecomunicaciones).
dial exchange l central automática de intercomunicación l red telefónica de discos.
dial exchange area l red automática (telefonía).
dial gage l galga de cuadrante.
dial impulse l impulso de disco (telecomunicaciones).
dial leg l rama de cuadrante (electricidad).
dial line l línea conmutada.
dial lock l cerradura de combinación.
dial office l central automática (comunicaciones).
dial plate l cuadrante graduado.
dial pointer l indicador l aguja.

dial switch l interruptor de palanca rotativa l conmutador giratorio.
dial test l verificación (instrumentos de medida).
dial toll circuit l circuito interurbano con selección a distancia (telefonía).
dial trunk l enlace automático.
dialing l levantamiento con la brújula (minas) l llamada (telefonía).
dialing code l código de llamada automática.
dialitize (to) l dialitizar.
dialitized water l agua dialitizada.
dialkyl l dialquilo.
dialkyl amine l dialquilamina.
diallage l dialaga.
diallagic pyroxene l piroxeno dialágico.
dialled impulses l impulsos emitidos por el disco (teléfono automático).
dialogite l espato de manganeso (química).
dial-up line l línea de red conmutada (telecomunicación).
dial-up network l red conmutada.
dialysis l diálisis.
dialyzability l dializabilidad.
diamagnetism l diamagnetismo.
diamantiferous l diamantífero.
diamantine l óxido de aluminio l diamantino.
diameter l diámetro.
diametral voltage l voltaje diametral (sistema polifásico).
diamon l mezcla de nitrato de amonio y dieseloil.
diamond l rombo l diamante l adiamantado.
diamond antenna l antena rómbica.
diamond bit l corona de diamantes (trépano de diamantes - sondeos).
diamond borer l perforadora de diamantes.
diamond coring l sacatestigos de diamante.
diamond crystal lattice l red cristalina del diamante (cristalografía).
diamond drill l sonda de diamantes, perforadora de puntos de diamante l trépano adiamantado.
diamond drilling l sondeo con trépano de diamantes.
diamond dust l brujido (polvo de diamante).
diamond electroplate (to) l revestir electrolíticamente con partículas de diamante.
diamond faces l facetas del diamante.
diamond field l campo diamantífero.
diamond formation l formación en rombo.
diamond gage l calibrador de diamantes.
diamond galvanic plating l revestimiento electrolítico con partículas de diamante.

diamond grit | pequeños diamantes naturales en bruto | granalla de microdiamantes.

diamond harrow | grada rómbica.

diamond head | cabeza rómbica.

diamond machining | maquinización con herramienta adiamantada.

diamond matrix | roca madre del diamante.

diamond milling | fresado con diamante.

diamond point | punta de diamante.

diamond powders | microgránulos de diamante | micropartículas de diamantes.

diamond spar | corindón.

diamond steel | acero extraduro.

diamond stones | micropartículas de diamantes.

diamond thermistor | termistor con un diamante artificial como elemento sensor.

diamond true (to) | rectificar con moleta de diamante (muelas abrasivas).

diamond wheel | muela adiamantada.

diamond whisker | triquita de diamante.

diamond winding | devanado en triángulo.

diamond wing | ala en rombo.

diamond wire | alambre de acero adiamantado.

diamondize (to) | adiamantar.

diamondized carbon | carbono adiamantado.

diamondized disc | disco abrasivo adiamantado.

diamond-mounted diode | diodo montado sobre diamante.

diamondscope | diamondoscopio.

diaphragm | diafragma.

diaphragm gage | manómetro de diafragma.

diaphragm housing | cámara del diafragma.

diaphragm jig | criba de diafragma (ingeniería de minas).

diaphragm pump | bomba de membrana | bomba de diafragma.

diaphthoritic rock | roca diaftorítica.

diapir | diapiro (geología).

diapiric fold | pliegue diapírico.

diaschistic | diasquístico.

diaschistic rock | roca diasquística.

diascope | diascopio.

diascopic objective | objetivo diascópico.

diascopic projection | proyección diascópica.

diasphaltene | diasfalteno.

diasporameter | diasporámetro.

diaspore | hidróxido de aluminio.

diasporogelite | diasporogelita | forma coloidal de hidróxido de aluminio.

diastase | diastasa.

diastatic | diastático.

diastema | diastema.

diastereoisomerism | diastereoisomería.

diastereomer | diastómero (química orgánica).

diastereomerism | diastereomería.

diasteria | diasteria.

diasterism | diasterismo.

diastimeter | diastímetro.

diathermic | diatérmico.

diathermy interference | interferencia producida por máquinas de diatermia (TV).

diatom | diatomea.

diatomaceous earth | trípoli (harina fósil) | tierra diatomácea | diatomita.

diatomaceous ooze | fango diatomáceo.

diatomic | divalente.

diatrem | respiración de fisura superficial (geología).

diazo | diazo.

diazomethane | diazometano.

diazotizing salts | nitrito de sodio.

diazotypy | diazotipia.

dibenzyl | dibenzilo.

dibenzyl ether | éter dibencílico.

dibhole | poceta de recogida de aguas (minas).

dibit | dibit | bidígito | palabra formada por dos bitios (informática).

dibit coding | codificación del dibit.

diborane | diborano (B_2H_6).

dibromide | dibromuro.

dibutyl amine | dibutilamina.

dibutyl tartrate | tartrato de dibutilo.

dicalcium orthophosphate | fosfato cálcico dibásico.

dicalcium phosphate dihydrate | fosfato dicálcico dehidratado.

dicalcium silicate | silicato dicálcico.

dicaustic | curva dicáustica | dicáustico.

dichan | nitrito de diciclo-hexa-amonio.

dichloramine | dicloramina (química).

dichlorodifluoromethane | diclorodifluorometano.

dichotomy | dicotomía.

dichroic filter | filtro dicroico.

dichroic fog | velo dicroico (fotografía).

dichroic mineral | mineral dicroico.

dichroism | dicroísmo.

dichromasy | dicromasia.

dichromatic | dicroico | dicromático.

didecyl ether | éter didecílico.

didelphic | didelfo.

diderichite | dideriquita.

die | boquilla (extrusión) | dado para aterrajar, terraja | matriz, troquel, estampa.

die block | portamatriz, portaestampa.

die box | portamatriz.

die cast | fundido a presión | fundido en coquilla.

die cast (to) | fundir en matriz, fundir a troquel | fundir a presión, presofundir.

die caster I máquina de fundir a presión, máquina de fundir matrices I máquina para fabricar piezas fundidas (mecánica).

die casting I moldeo en concha, fundición en coquilla I fundición inyectada.

die cushion I amortiguador de troquel (prensas).

die forging I forjado a estampa.

die grinder I rectificadora de matrices, amoladora de troqueles, muela para rectificar matrices.

die holder I portaestampa I portatroquel I portaterraja.

die insert I parte móvil del molde (pulvimetalurgia) I inserto para la matriz, inserto para el troquel.

die mold I troquel, matriz, estampa.

die plate I estampa I terraja.

die scalping I estirado en hilera (metalurgia).

die set I juego de matrices.

die steel I acero para matrices, acero para troqueles.

die stock I terraja de roscar, terraja de anillo I compás forestal.

die (to) I troquelar, estampar.

die-cast brass I aleación de cobre (60%), estaño (1%), plomo (1%) y cinc (38%).

die-cast rotor I rotor fundido a presión.

die-forge (to) I forjar en matriz, matrizar, forjar en troquel.

dieing machine I prensa con todo el mecanismo debajo del plato, prensa de troquelar I troqueladora.

dieing press I prensa de matrizar, prensa de troquelar.

dieldrin I dieldrín (química).

dielectric I dieléctrico.

dielectric absortion I histéresis dieléctrica.

dielectric breakdown I ruptura dieléctrica, perforación dieléctrica.

dielectric current I corriente de fuga.

dielectric hysteresis I histéresis dieléctrica.

dielectric leakage I dispersión dieléctrica.

dielectric loading I carga dieléctrica.

dielectric matching plate I placa dieléctrica de adaptación (guiaondas).

dielectric soak I saturación dieléctrica.

dielectric strength I resistencia dieléctrica, resistencia de aislamiento, rigidez dieléctrica.

dielectric test I prueba de aislamiento.

dielectric vapor detector I detector del dieléctrico del vapor (química).

dielectric waveguide I guía de ondas dieléctrica.

dielectrometer I dielectrómetro.

diene I dieno.

diesel I motor diesel I dieseloil, gasoil.

diesel generator set I grupo electrógeno diesel.

diesel index I índice diesel (petróleos).

diesel knock I detonación diesel.

diesel oil I gasoil.

diesel-driven I accionado por motor diesel I con propulsión por diesel.

diesel-electric I accionado por electricidad producida por motor diesel, diesel-eléctrico.

dieseling I autoencendido (motor gasolina) I dieselizado.

dieselization I dieselización (cambio de vapor a motores diesel).

diesinker I máquina para fabricar troqueles I fresadora para troqueles.

diesinking I estampado de matrices.

diesinking machine I fresadora para estampas.

diethyl amine I dietilamina.

diethyl amino ethyl I dietil aminoetilo.

diethyl carbonate I carbonato de etilo.

diethylbarbituric acid I ácido dietilbarbitúrico.

difference number I exceso de neutrones.

differential I diferencial (autos).

differential amplifier I amplificador diferencial.

differential anode conductance I conductancia diferencial del ánodo.

differential anode resistance I resistencia diferencial de ánodo.

differential arc regulator I regulador diferencial de arco.

differential arrangement I montaje diferencial (telecomunicaciones).

differential booster I elevador diferencial.

differential capacitance I capacitancia diferencial.

differential coefficient I coeficiente diferencial.

differential connection I alimentación diferencial (relés).

differential current I corriente diferencial.

differential cutout I disyuntor diferencial (electricidad).

differential delay I retardo diferencial.

differential dilatometer I dilatómetro diferencial.

differential frequency meter I frecuencímetro diferencial.

differential gage I manómetro diferencial I calibrador diferencial.

differential galvanometer I galvanómetro diferencial.

differential gear I engranaje diferencial (autos).

differential gear box I cárter del diferencial (autos).

differential generator | generador diferencial.
differential governor | regulador diferencial, regulador dinamométrico.
differential housing | caja del diferencial, cárter del puente trasero (autos).
differential impedance | impedancia diferencial.
differential inductance transducer | transductor de inductancia diferencial.
differential locking | bloqueo del diferencial.
differential manometer | manómetro diferencial.
differential microphone | micrófono diferencial.
differential operator | operador diferencial.
differential regulator | regulador diferencial.
differential relay | relé diferencial.
differential shaft | eje del diferencial.
differential titration | titulación diferencial (química).
differential weathering | desgaste diferencial (geología) | meteorización diferencial.
differentiating circuit | circuito diferenciador.
differentiating network | red diferenciadora (electricidad).
differentiator | diferenciador | circuito diferenciador (televisión).
diffract (to) | difractar.
diffracted radiation | radiación difractada.
diffracted wave | onda difractada.
diffraction | difracción (óptica).
diffractometer | difractómetro.
diffractometry | difractometría.
diffuse (to) | propagar | difundir.
diffused-focus lens | objetivo anacromático.
diffusing | difusión | difundente.
diffusing blades | álabes fijos (turbocompresores).
diffusion | difusión | dispersión (de rayos).
diffusion boat | navecilla de difusión (química).
diffusion capacitance | capacitancia de difusión.
diffusion cloud chamber | cámara de niebla de difusión (nucleónica).
diffusion combustion | combustión por difusión.
diffusion current | corriente de difusión.
diffusion entropy | entropía de la difusión.
diffusion kernel | núcleo de difusión.
diffusion plant | instalación de difusión (nuclear).
diffusograph | difusógrafo.
dig peat (to) | extraer turba.
digallic | digálico (química).
digested ore | mineral enriquecido.

digester gas | gas de tanque digestor.
digestion | descomposición bioquímica.
digger | excavadora mecánica, pala excavadora.
digging bucket | cucharón excavador.
digging face | frente de excavación (canteras).
diggings | placer (minas) | minas | labores mineras.
digiralt | radioaltímetro digital.
digit | dígito | cifra.
digit absorbing selector | selector de absorción de impulsos.
digit acknowledgement signal | señal de acuse de recepción (telecomunicación).
digit by digit dialling | señalización dígito a dígito.
digit compression | condensación de dígitos.
digit emitter | emisor de dígitos.
digit pickup | recogida de cifras (informática).
digit pulse | impulso digital.
digit switch | marcador (telecomunicaciones).
digit train | tren de impulsos (telefonía automática).
digit-absorbing selector | selector de llamada del buscador (telefonía).
digital | digital | numérico | numeración de base binaria.
digital audio tape | cinta magnética digital para registro sonoro (informática).
digital code | código digital.
digital computer | computador electrónico | ordenador digital.
digital copier | copiador digital (informática).
digital data processor | procesador digital de datos | unidad de tratamiento de datos digitales.
digital data transmission | transmisión de datos digitales (informática).
digital differential analyzer | analizador numérico diferencial.
digital display | presentación numérica.
digital encoder | codificador digital.
digital feedback divider | divisor numérico con contrarreacción.
digital filtering | filtrado digital (informática).
digital flight simulator | simulador digital de vuelo.
digital frequency counter | frecuencímetro contador digital.
digital frequency meter | frecuencímetro digital.
digital frequency sinthesizer | sintetizador digital de frecuencia.
digital I.C. | circuito integrado digital.
digital information processing | sistematización de datos numéricos.

digital integrated circuit | circuito integrado digital.

digital integrated electronic | electrónica integrada digital.

digital machmeter | machmetro numérico.

digital matcher | circuito numérico adaptable.

digital memory | memoria numeral.

digital multimeter | multímetro digital | polímetro digital.

digital network | red digital.

digital network analysis | análisis numérico de circuitos.

digital ohmmeter | ohmímetro numérico.

digital output | salida digital.

digital pattern recognition | reconocimiento numérico de las figuras.

digital phase shifter | desfasador digital.

digital phasemeter | fasímetro numérico.

digital plotter | trazador de gráficos digital.

digital potentiometer | potenciómetro digital.

digital printing | impresión digital.

digital range tracker | seguidor digital de recorrido.

digital readout | presentador visual digital.

digital record | registro digital.

digital recorder | registrador digital.

digital recording | registro digital | grabación digital.

digital rotary transducer | transductor rotativo digital.

digital scaler | escala de cómputo digital.

digital servomechanism | servomecanismo numérico.

digital signal processing | elaboración de señales numéricas | procesamiento digital de señales.

digital sound | sonido digital.

digital speech | conversación digitalizada.

digital store | memoria numérica.

digital subset | modulador/demodulador digital | modem digital.

digital telemetering | telemetría numérica | telemetría digital.

digital television converter | conversor digital de televisión.

digital transducer | transductor digital.

digital transmitter | transmisor digital.

digital tropospheric scatter | dispersión troposférica numérica.

digital voltage encoder | codificador numérico de voltaje.

digital voltmeter | voltímetro digital.

digital voltmeter-potentiometer | voltímetro-potenciómetro numérico.

digital-analogue converter | convertidor analógico-digital.

digitalize (to) | digitalizar.

digitally coded | con codificación numérica.

digitally coded/decoded | codificación y descodificación numérica.

digitally programmable oscillator | oscilador programable digitalmente.

digital-pulse converter | convertidor de datos digitales.

digital-to analog converter | convertidor de señal digital a analógica.

digital-to-analog decoder | transformador de información numérica a información analógica.

digital-to-voice conversion | conversión numérica a vocal.

digitation | transformación numérica.

digitize (to) | digitalizar | cifrar | numerizar.

digitizer | convertidor analógico-numérico.

digitizing | digitación.

digitron | digitrón (nuclear).

diglycolic acid | ácido diglicólico.

digression | elongación (astronomía).

dihalide | dihaluro.

dihydrogen | biácido (química).

dike | dique, dique filoniano.

dike slate | pizarra filoniana.

dilatability | expansibilidad | dilatabilidad.

dilatancy | dilatancia (reología) | propiedad por la que un material se vuelve fluido al reposar y menos fluido cuando se agita (reología).

dilly | plataforma (minas) | vagoneta pequeña (minas).

dilsh | capa de carbón de mala calidad.

dilue (to) | separar el mineral de estaño por lavado en un cedazo de mano.

dilute acid | ácido diluido.

dilute alloy | aleación diluida.

dilute (to) | atenuar | diluir.

diluted fast reactor | reactor de neutrones con sustancia físil diluida (nuclear).

diluteness | dilución.

dilution | dilución.

dilution liquids | diluyentes.

diluvial deposit | yacimiento diluvial.

diluvial ore | mineral de aluvión.

dimension rock | roca granitoide y esquistosa.

dimer | dímero (química).

dimerize (to) | dimerizar.

dimethyl ethyl carbinol | dimetil etil carbinol (química).

dimethyl ethylene | dimetiletileno.

dimethyl ketone | acetona.

dimethyl sulfate | sulfato de dimetilo.

dimethyl sulfide | sulfuro de dimetilo.

dimethylketone I acetona dimetílica.
dimethyltin oxide I óxido de dimetilestaño.
diminish (to) I atenuar.
diminishing I atenuación.
diminishing glass I lente cóncava divergente.
dimmer I reductor de luz I regulador de voltaje I amortiguador de la luz I resistencia eléctrica.
dimmer switch I conmutador reductor.
dimple I depresión, concavidad.
dimple-rupture nucleation I nucleación por ruptura de depresiones (soldadura).
dinas rock I roca o arena con gran proporción de sílice.
di-neutron I sistema inestable compuesto de dos neutrones.
ding hammer I martillo de chapista.
dinging I revoco basto (muros).
dinitraniline orange I anaranjado de dinitranilina (química).
dioctyl I dioctilo (química).
diode I diodo.
diode amplifier I amplificador diódico.
diode clamping circuit I circuito de diodo.
diode damper I diodo amortiguador.
diode drop I caída de tensión de diodo.
diode peak detector I detector de diodo de picos.
diode tube I válvula diodo.
diodemeter I diodímetro.
diodide I diyoduro.
diogenite I diogenito (meteorito).
dioptometer I dioptómetro.
dioptometry I dioptometría.
diorite I diorita.
diotron I diotrón (circuito computador).
dioxide I bióxido.
dip I baño químico I solución química I baño de decapar I baño para desoxidar I buzamiento (filones) I inclinación vertical de la aguja (brújula) I distancia angular del horizonte aparente debajo del horizonte visible (navegación aérea) I calado (buques).
dip brazing I soldadura por inmersión.
dip break I interruptor de inmersión.
dip coated I revestimiento por inmersión.
dip compass I brújula de inclinación, brújula de minero.
dip fault I falla transversal, falla oblicua, falla paralela al buzamiento.
dip head level I galería principal (minas).
dip heading I chiflón (minas).
dip joint I junta paralela al buzamiento I diaclasa transversal.
dip meter I medidor de buzamiento I inclinómetro.

dip needle I brújula de inclinación.
dip pipe I sifón invertido (tuberías) I tubo de obturación (sondeos).
dip rod I varilla medidora del nivel de líquidos.
dip slope I pendiente de buzamiento.
dip solder (to) I estañosoldar por inmersión.
dip soldering I soldadura por inmersión.
dip stick I varilla medidora.
dip (to) I sumergir I decapar I buzar (geología).
diphase current I corriente bifásica.
diphenyl I difenil.
diphenylbenzene I difenilbenceno.
diphenylketone I acetona difenílica (química).
diplex I diplex (telegrafía).
diplexer I sistema de antena única para radio y radar I diplexor (mezclador de antena -televisión).
diplexing I multiacoplamiento.
diplospory I diplosporia.
dipmeter I inclinómetro (sondeos).
dipole I dipolo.
dipole antenna I antena dipolo (antena de media onda).
dipper I pala (excavadoras) I cangilón (dragas) I cucharón de dientes (excavadoras).
dipper dredge I draga de cuchara.
dipper interrupter I interruptor de baño de mercurio.
dipping I baño de desoxidar I decapado (metalurgia) I buzamiento (geología) I inmersión en un líquido.
dipping pyrometer I pirómetro de inmersión.
dipping rod I varita de radiestesista.
dipping sonar I sonar de inmersión.
dipropylketone I cetona dipropílica.
dip-tin (to) I estañar por inmersión.
direct acting I de conexión directa I de mando directo.
direct broadcast satellite I satélite de difusión directa.
direct casting I fundición de primera fusión.
direct computer control I control directo por ordenador.
direct coupling I en toma directa I acoplamiento directo.
direct current I corriente directa I corriente continua (electricidad).
direct current ammeter I amperímetro de corriente continua.
direct current meter I contador de corriente continua.
direct current relay I relé de corriente continua.
direct cycle reactor I reactor de ciclo directo.

direct data entry I entrada directa de datos (informática).

direct drive I acoplamiento directo.

direct ground I tierra directa (electricidad).

direct heating I calefacción por radiación.

direct impulse I impulso directo (telecomunicaciones).

direct keyboard transmission I transmisión directa por teclado (teleimpresora).

direct memory access I memoria de acceso directo.

direct program I emisión en directo (TV).

direct pulse I impulsión directa.

direct relation I comunicación directa (radio).

direct selection I selección directa (telecomunicaciones).

direct switching I conexión directa.

direct telex circuit I circuito télex directo.

direct transit I tránsito directo (telecomunicaciones).

direct transmission I transmisión directa (telecomunicaciones).

direct trunk I línea de enlace directo (telecomunicación).

direct vernier I nonio directo.

direct voltage I tensión continua.

direct-acting I de conexión directa.

direct-arc furnace I horno de arco directo entre electrodos y la carga.

direct-axis reactance I reactancia de eje-directo.

direct-broadcast satellite I satélite de transmisión directa.

direct-connect modem I modem de conexión directa.

direct-cooled alternator I alternador con enfriamiento de hidrógeno en contacto directo con el cobre del rotor.

direct-current amplifier I amplificador de corriente continua.

direct-current circuit I circuito de corriente continua.

direct-fired furnace I horno de fusión sin recuperador ni regenerador I horno de inyección directa.

direct-heated I de caldeo directo.

directing agency I fuerza directriz.

direction I dirección I rumbo.

direction angle I ángulo de dirección.

direction cone I cono de centrado.

direction finder I goniómetro I indicador de dirección I radiogoniómetro I radio brújula I antena indicadora de dirección.

direction finding I radiogoniometría.

direction finding station I estación radiogoniométrica.

direction indicator I indicador de dirección I indicador del sentido de la corriente (electricidad).

direction of polarization I sentido de polarización I dirección de polarización.

direction of rotation I sentido de rotación, sentido de giro.

direction switch I conmutador para subida o bajada (ascensores).

directional aerial I antena orientada, antena dirigida.

directional antenna I antena direccional.

directional beam I haz direccional.

directional bit I trépano de perforación inclinada (sondeos).

directional derivative I derivada direccional.

directional drilling I sondeo dirigido.

directional findings I marcaciones radiogoniométricas.

directional gain I índice de directividad (transductor).

directional gyro I brújula giroscópica, giroscopio direccional.

directional gyroscope I giroscopio direccional.

directional hardness I dureza direccional (metalurgia).

directional homing I radioguía direccional I aproximación direccional.

directional stability I estabilidad de ruta (aeronáutica).

directionality I resistencia direccional (forja).

directionally cast I con solidificación direccional (fundición).

directive radiation I radiación directiva.

directive reception I recepción dirigida (radio).

directivity index I índice de directividad.

directivity pattern I diagrama de directividad.

directly grounded I de puesta directa a tierra.

director I selector (telefonía) I selector de destino (telecomunicación).

director meter I contador de comunicaciones (telefonía) I contador de vueltas.

direct-switching starter I arrancador de conmutación directa.

dirt I tierra de aluvión I aluvión aurífero I sedimentos I roca estéril I polvo.

dirty metal I metal con cantidad excesiva de inclusiones no metálicas.

dirty steel I acero sucio, acero con inclusiones.

disable (to) I poner fuera de servicio (máquinas) I desactivar.

disabling I neutralización I desactivación.

disaccharide I disacárido (química) I biosa.

disacidify (to) I desacidificar I desacidular.

disadvantage factor | factor de flujo neutrónico (nuclear).
disassembler | desensamblador (informática).
disc anode | ánodo de disco.
disc bit | barrena de discos (sondeos).
disc brake | freno de discos (autos, vagones).
disc clamp | disco de fijación.
disc clutch | embrague de discos.
disc valve | válvula de disco.
discharge | descarga | salida.
discharge air chamber | cámara de aire de impulsión (bombas).
discharge air shaft | pozo de ventilación (minas).
discharge aperture | piquera de colada (alto horno).
discharge axis | eje de descarga (nuclear).
discharge breakdown | descarga disruptiva (electricidad).
discharge capacitance | capacitancia de descarga.
discharge electrode | electrodo activo | electrodo de descarga.
discharge gap | intervalo de descarga (electricidad).
discharge rate | intensidad de descarga (acumuladores) | régimen de descarga (electrotecnia).
discharge switch | interruptor de descarga | limitador de voltaje.
discharge tube | descargador (electricidad).
discharge voltage | voltaje residual | voltaje de descarga.
discharger | descargador | disparador (armas) | excitador (electricidad).
discharging | descarga (reactor nuclear).
discharging tongs | tenazas metálicas para descargar condensadores (electricidad).
discolith | discolito | cocolito discoidal.
disconnect | dispositivo de desconexión | desconectador | disyuntor.
disconnect a circuit (to) | desconectar un circuito (electricidad).
disconnect signal | señal de fin de comunicación (telefonía) | señal de desconexión.
disconnect (to) | desconectar | desembragar | poner fuera de circuito | interrumpir la comunicación.
disconnected | desembragado | desconectado | fuera de circuito.
disconnecting | desconexión.
disconnecting fuse cutout | cortacircuito de fusible de desconexión.
discontinuous flow | flujo intermitente, corriente intermitente.

discontinuous yielding | ductilidad discontinua (metalurgia).
discrete channel | canal discreto (informática).
discrete excitation | excitación discreta (nuclear).
discriminating relay | relé selector, relé discriminador.
discriminator | discriminador | selector | parte del receptor que convierte señales de frecuencia modulada en señales acústicas | diferenciador.
disc-type homopolar generator | generador homopolar de disco.
dish | cubeta (fotografía) | recipiente | cápsula de incineración (química) | batea (minas) | reflector paraboloide (radar, radiotelescopio) | parábola de micrófono.
dish barometer | barómetro de cubeta.
dish (to) | embutir (en prensa).
dished end | fondo abombado, fondo embutido.
dished plate | chapa embutida, chapa abombada.
dishing press | prensa para abombar chapas | prensa de embutir.
disilane | disilano (química).
disintegration | disgregación | desintegración.
disintegration electron | electrón de desintegración (nuclear).
disintegration energy | energía de desintegración.
disintegration family | familia radiactiva.
disintegration particle | partícula de desintegración (nuclear).
disintegration voltage | voltaje de desintegración.
disintegrator | desintegrador | triturador.
disjunctor | disyuntor (electricidad).
disk antenna | antena de disco.
disk armature | inducido de disco (electricidad).
disk attenuator | atenuador de disco.
disk brake | freno de discos.
disk cartridge | cartucho de disco (informática).
disk cathode | cátodo discoidal.
disk clutch | embrague de disco.
disk controller card | tarjeta controladora del disco (microcomputadora).
disk drive | mecanismo impulsador de discos | unidad de disco (informática).
disk operating system | sistema operativo de disco (informática).
disk saw | sierra circular.
disk source | fuente de disco (nuclear).
disk storage | memoria de disco.
disk unit | unidad de discos (informática).

diskette I disquete (informática).

disk-seal tube I magnetrón I tubo de discos.

diskspace I números de bytes libres en el disco.

dislocation I dislocación (metalurgia) I distorsión reticular.

dislocation network I red de dislocaciones (metalurgía).

dislocation node I nudo de dislocación (metalurgia).

dislocation pinning I fijación de las dislocaciones (cristales).

dismulgan I humectante para disociar las emulsiones de petróleo con agua.

disodium methylarsenatz I metilarsenato disódico.

dispatch computer I calculadora electrónica para distribución de la carga (redes eléctricas).

dispatching I centros de distribución (telefonía) I repartición de la carga (redes eléctricas).

dispenser I distribuidor I aparato distribuidor I repartidor.

dispenser cathode I cátodo emitente, cátodo emisor.

dispersion I diseminación I difusión I dispersión.

dispersion current I corriente de dispersión.

dispersion hardening I endurecimiento por dispersión de un óxido I endurecimiento por infusión.

dispersion hardness I dureza por dispersión de un óxido.

dispersion lens I lente divergente.

dispersion matrix I matriz de dispersión.

dispersion measuring altimeter I altímetro medidor de dispersión.

dispersion meter I dispersímetro.

dispersion-hardened I endurecido por dispersión de un óxido (metalurgia).

dispersion-hardened alloy I aleación endurecida por dispersión de un óxido.

dispersion-type nuclear fuel I combustible nuclear de dispersión.

dispersive dielectric I dieléctrico dispersivo.

dispersive electrode I electrodo dispersivo.

dispersive reference electrode I electrodo de referencia dispersivo.

dispersive reflector I reflector de dispersión.

dispersiveness I dispersividad.

dispersivity I dispersividad.

dispersoid I dispersoide (coloide).

disphenoid I disfenoide (cristalografía).

displace (to) I desplazar I decalar (escobillas).

displacement I desplazamiento I falla (geología) I decalaje (de escobillas) I volumen desplazado por minuto (compresores) I desajuste (máquinas).

displacement antinode I antinodo de desplazamiento.

displacement compressor I compresor de desplazamiento.

displacement current I corriente de desplazamiento.

displacement law I ley de desplazamiento (nuclear).

display I imagen (TV) I presentación osciloscópica I pantalla luminosa I dispositivo visualizador.

display command I instrucción infográfica I mandato infográfico (informática).

display of the data word I visualización de la palabra de información.

display station I unidad visualizadora (terminal).

display sweep voltage I tensión de barrido de osciloscopio.

display tube I tubo de rayos catódicos I tubo indicador.

display unit I unidad de visualización.

disrupt (to) I desorganizar (comunicaciones, etc.) I cortar un arco (electricidad).

disruptive I disruptivo.

disruptive critical voltage I tensión crítica disruptiva I voltaje crítico disruptivo.

disruptive discharge I descarga disruptiva.

disruptive effect I efecto disruptivo I efecto rompedor (explosivos).

disruptive strength I poder rompedor (explosivos) I rigidez dieléctrica, resistencia disruptiva.

disruptive voltage I voltaje de la descarga disruptiva I voltaje de perforación (aislamientos).

disruptor I disruptor.

dissector I analizador (imagen).

dissector tube I tubo disector (TV).

dissectron I disectrón.

dissimilar weld I soldadura entre aceros distintos.

dissimulated electricity I electricidad latente.

dissipative I disipador, dispersivo, disipativo.

dissipative attenuator I atenuador disipativo.

dissipative impedance I impedancia dispersora (cables).

dissipative network I red de disipación (telecomunicación).

dissociation continua I continuos de disociación.

dissociative ionization I ionización disociativa.

dissolve I desvanecido de imagen I fundido I encadenado.

dissolve (to) I disolver I desvanecerse (fotografías).

dissolved gas drive I impulsión de gas disuelto (pozo petróleo).

dissolved oxygen level I concentración en oxígeno disuelto.

dissolving I disolución I disolvente.

dissous gas I mezcla de acetileno con aire.

dissue (to) I estrecharse (filones) I romper la roca para extraer el mineral sin mucha ganga.

dissymmetrical network I red asimétrica (informática).

distance mark I marca de distancia (radar).

distance measuring equipment I equipo telemétrico.

distance relay I relé de distancia, telerrelé.

distance-finder I telémetro.

distance-measuring radar I telémetro radárico.

distance-meter I telémetro.

distant and crosstalk I telediafonía.

distant control I telemando I control a distancia.

distant electric control I estación de telemando.

distant exchange I central distante (telecomunicación).

distant office I estación corresponsal (telecomunicación).

distant-controlled I teleaccionado, telemandado.

distaxy I distaxia (cristalografía).

distributor main I línea de distribución.

distil (to) I alquitarar I destilar.

distillating flask I matraz de destilación.

distillation I destilación.

distillation desalination I desalinación por destilación.

distillation receiver I condensador del destilador.

distillatory I alambique I destilatorio.

distilled spirit I alcohol destilado.

distiller I condensador de alambique I aparato destilador, destilador.

distiller condenser I condensador de la destiladora.

distiller-evaporator I evaporador-destilador.

distillery wastes I aguas cloacales de destilería.

distilling flash I balón de destilación.

distilling flask I matraz de destilación.

distilling plant I instalación de destilación.

distinguous scanning I exploración en que no se tocan las bandas dejando espacios oscuros entre ellas (TV).

distorsional wave I onda distorsional.

distort (to) I distorsionar I torcer, alabear I desviar (campo magnético) I deformar (campo eléctrico).

distorted cylinder I cilindro ovalizado en el ánima.

distorted lattice I retículo distorsionado I red cristalina distorsionada (cristalografía).

distorted wave I onda distorsionada.

distorting effect I efecto de distorsión.

distorting forces I fuerzas deformantes.

distorting network I red de distorsión.

distortion I distorsión I desviación (campo magnético).

distortion factor I factor de distorsión.

distortion meter I distorsímetro.

distortion polarization I polarización de distorsión.

distortion set I medidor de la distorsión (de un sistema de comunicación).

distortion tolerance I tolerancia de distorsión.

distortional pull I tracción distorsional.

distortional wave I onda transversal.

distortionless I sin distorsión.

distress traffic I tráfico de socorro (radiocomunicaciones que siguen a la captación de una señal de petición de auxilio).

distress wave I onda de socorro (radiocomunicación).

distress-frequency band I banda de frecuencia de socorro.

distributaries I canales de distribución.

distributary I canal distribuidor.

distributed capacitance I capacitancia distribuida.

distributed capacity I capacidad electrostática (electricidad).

distributed inductance I autoinducción distribuida.

distributing box I caja de derivación.

distributing end I ramal distribuidor (transportador de cinta).

distributing network I red de distribución.

distributing point I punto de alimentación (de línea eléctrica).

distributing switchboard I cuadro de distribución (electricidad).

distributing terminal assembly I conjunto terminal de distribución (telefonía).

distribution I distribución.

distribution amplifier I amplificador de distribución.

distribution board I cuadro de distribución (electricidad).

distribution box I caja de distribución.

distribution cable I cable de distribución.

distribution factor I factor de distribución (máquinas eléctricas).

distribution feeder I alimentador de distribución.

distribution gear I mecanismo de distribución.

distribution main ǀ cable de distribución (electricidad).

distribution network ǀ red de distribución.

distribution panel ǀ panel de distribución.

distribution rack ǀ bastidor de distribución (telecomunicación).

distribution transformer ǀ transformador distribuidor.

distributor ǀ cable distribuidor ǀ distribuidor.

distributor box ǀ caja de derivación.

distributor duct ǀ canalización.

disturbance ǀ perturbación.

disturbing ǀ perturbación.

disulfuric acid ǀ ácido pirosulfúrico.

disulphate ǀ disulfato.

disulphide ǀ disulfuro.

ditch ǀ zanja ǀ cuneta.

ditch powder ǀ mezcla de carbón, nitrato de sodio, azufre, resina y 10% de nitroglicerina.

ditch (to) ǀ abrir zanjas ǀ caerse a la cuneta (autos) ǀ descarrilar (trenes) ǀ amarar (un avión terrestre) ǀ amarar en emergencia.

ditcher ǀ excavadora para fosos.

dither ǀ señal de despegue ǀ acción vibratoria.

dithiene ǀ ditieno.

dithiocarbonic ǀ ditiocarbónico.

dithizone ǀ difeniltiocarbazona (prospección geoquímica).

dittany ǀ dictamo (química).

diurnal parallax ǀ paralaje geocéntrico.

diurnal tide ǀ marea con una sola pleamar y una sola bajamar cada día lunar.

divacancy ǀ laguna doble (metalurgia).

dive ǀ picado (aviones) ǀ inmersión (submarinos, buzos).

dive flap ǀ freno de picado.

dive (to) ǀ sumergirse ǀ bucear ǀ picar (aviación).

divergence ǀ divergencia ǀ perturbación que aumenta sin oscilación (aviones).

divergence angle ǀ ángulo de cruzamiento.

divergence unconformity ǀ discordancia angular.

divergency ǀ divergencia.

divergent beam ǀ haz divergente.

diverging cone ǀ cono divergente.

diversion ǀ desvío del tráfico telefónico ǀ desorientación (avión).

diversion channel ǀ canal de derivación.

diversion dam ǀ presa de derivación, dique distribuidor.

diversion-canal ǀ canal de derivación.

diversity ǀ factor de diversidad de la carga (eletricidad) ǀ recepción diferencial (radiotecnia).

diversity ratio ǀ relación de la diversidad (iluminación) ǀ factor de utilización.

divert (to) ǀ desviar, apartar (ríos, corrientes) ǀ cambiar el objetivo de ataque (avión en vuelo).

diverter ǀ desviador ǀ derivador.

diverter relay ǀ relé con derivación.

diverter switch ǀ interruptor de derivación.

diverting ǀ derivación, desviación.

divertor ǀ derivador ǀ resistencia desviadora ǀ resistencia de debilitamiento.

divided broadside aerial ǀ antena dirigida hacia los lados.

divided circuit ǀ circuito derivado ǀ circuito múltiple.

divided dial ǀ cuadrante graduado.

divider ǀ pieza de separación ǀ divisor ǀ cabezal divisor ǀ reductor ǀ bifurcador ǀ desmultiplicador ǀ distribuidor.

dividing ǀ divisor ǀ de separación ǀ distribuidor.

diving ǀ buceo ǀ picado (aviones) ǀ inmersión (submarinos).

diving angle ǀ ángulo de picado (aviación).

diving apparatus ǀ escafandra.

diving depth ǀ profundidad de inmersión (submarinos).

diving gear ǀ regulador de inmersión (torpedos).

diving rules ǀ factor de compresibilidad.

diving speed ǀ velocidad en vuelo picado.

diving stability ǀ estabilidad de inmersión (submarinos).

diving trial ǀ prueba en picado (aviación).

diving turn ǀ viraje en picado (aviación).

divining rod ǀ varita de radiestesista.

divinyl ǀ divinilo.

divinyl ether ǀ éter divinílico (química).

division circuit ǀ circuito de repartición.

divisional joint ǀ junta de estratificación (geología).

divisional plane ǀ plano que divide una roca en dos masas separadas ǀ plano de estratificación.

divisor ǀ divisor ǀ denominador.

divorced pearlite ǀ perlita granular, perlita con cementita esferoizada por recocido, esferoidita.

dobie ǀ bloque moldeado de arcilla molida ǀ ladrillo deforme para ser molido.

docile ǀ flexible (cables metálicos).

docile ore ǀ mineral dócil.

docile wire rope ǀ cable metálico flexible.

dock ǀ dique ǀ dique seco ǀ dársena ǀ muelle ǀ hangar de dirigibles ǀ instalación para inspección o reparación (aviones) ǀ hangar para dirigibles.

dock crane ǀ grúa de muelle.

dock entrance ǀ entrada a la dársena.

dock (to) ǀ tronzar ǀ entrar en dársena (buques) ǀ atracar al muelle (buques).

dock yard ǀ arsenal ǀ astillero ǀ dique-taller.

dockgate anchorage | anclaje regulable de la rangua superior de la puerta (esclusas).

docking | faena de amarrar a un muelle (buques) | entrada en dique (buques) | entrada en la dársena (puertos) | ensamblaje (cosmonaves) | atraque | atraque espacial (unión de dos naves espaciales en órbita).

docking winch | chigre de amarre.

dock-piece | baticola.

dock-pit | fosa para la inmersión del dique flotante.

dockside | muelle de amarre.

doctor | soldador (hojalatería) | reparador galvánico | alambre de metal que se aplica con una esponja humedecida con la solución galvanoplástica | máquina alimentadora.

doctor solution | mezcla de litargirio con una solución de hidróxido sódico | solución de plumbito sódico (pruebas de petróleos) | solución para eliminar el azufre (petróleos).

doctor sweet | con muy escasa proporción de azufre (petróleos).

doctor sweetening | producto químico purificador.

doctor test | prueba doctor (mercaptanos) | determinación del azufre por una solución de plumbito sódico (petróleos).

doctoring | reparación galvánica | parcheo galvanoplástico.

document gage | calibre encuadrador.

document glass | vidrio que absorbe rayos ultravioletas.

document handling speed | velocidad de tratamiento de los documentos (informática).

document misregistration | registro defectuoso de documentos (informática).

document scanner | explorador de documentos (informática).

docuterm | término descriptor (informática).

dod | matriz para alfarería.

dodar | radar ultrasónico.

dodecahedral mercury | amalgama nativa con 75% de mercurio y 25% de plata.

dodecyl-benzene | dodecilbenceno.

doe | electrodo de cobre semicilíndrico en forma de D (ciclotrón).

doff | bobina de fibras (vidrio).

dog | trinquete, fiador | laña | grapa | gancho agarrador | perro de apriete.

dog chuck | plato de garras (tornos).

dog clutch | embrague de uñas, embrague de garras.

dog head | mordaza.

dog hook | gancho de apriete | gancho de arrastre.

dog iron | llave de destornillar | grapa | garfio.

dog leg | pata de perro (sondeos).

dog nail | escarpia.

dog plate | plato portaperros (torno).

dog screw | tornillo de fijación.

dog spike | escarpia.

dog stay | perno.

dog wheel | rueda de trinquete.

dog wrench | llave para perro de torno.

dogbolt | perno de uña | laña.

dogger knee | curva valona (buques de madera).

dogger-boat | circa (embarcación).

doghouse pot | crisol de colmena (hornos de vidrio).

doldrums | calmas ecuatoriales (meteorología).

dolerite | roca ígnea oscura (EE.UU.) | basalto basto.

dolerophanite | sulfato de cobre básico con 53% de cobre.

dollie | plataforma rodante.

dolly | locomotora pequeña para maniobras | estampa (de forja) | palanca de interruptor | palanca de llave de luz eléctrica | contrapeso (pozo extracción de minas) | plataforma rodante para cine | trípode | carro de rodillos (sondeos).

dolly camera | cámara en plataforma rodante.

dolly in | travelín hacia adelante, toma de vistas desplazando la cámara hacia delante, acercamiento de la cámara tomavistas al objeto (cine, TV).

dolly out | travelín hacia atrás, toma de vistas desplazando la cámara hacia atrás, distanciamiento de la cámara tomavistas del objeto (cine).

dolly shot | toma de cámara rodante (TV).

dolly (to) | entibar (remaches) | agitar el mineral en la cuba | mover la cámara tomavistas (cine, televisión).

dolly tub | cubeta para lavar mineral | cuba de agitación para amalgamación (del oro).

dolmen | dolmen.

dolomite | dolomita | dolomítico.

dolphin | boya de amarre.

domain | dominio (metalurgia).

domain magnetization | imanación del dominio.

domain nucleation | nucleación del dominio (metalurgia).

domain orientation | orientación del dominio.

domain transit | tránsito de dominio (diodo).

domain-oriented alloy | aleación del dominio orientado.

dome | bóveda (de horno) | domo (geología, cristalografía) | cúpula (bóveda).

dome fastener | cierre de presión, botón de presión.

dome refraction | refracción de la luz al atravesar un astrodomo (aviones).

domed | convexo | bombeado | abovedado | en forma de cúpula | hemisférico.

domestic shipping | navegación de cabotaje | navegación fluvial por el interior.

domestic telegraph circuit | circuito telegráfico interior.

domestic telephone circuit | circuito telefónico interior.

dometron | dometrón.

domett | domet.

domeykite | domeykita (cobre blanco).

domical groin | luneto esférico.

domical vault | cúpula, bóveda esférica.

dominant station | estación nacional de radiodifusión.

dominant wave | onda dominante.

donarite | explosivo compuesto de 70% nitrato amónico, 25% trinitrotolueno y 5% nitroglicerina.

donk | mineral blando en filones de crucero (minería).

donkey | malacate portátil.

donkey boiler | caldera auxiliar.

donkey engine | máquina pequeña auxiliar | bomba de alimentación, caballo (buques) | torno de vapor, cabrestante | motor auxiliar.

donkey pump | bomba pequeña de alimentación.

donner effect | distorsión fotográfica alineal (filmes).

donor | átomo que proporciona electrones con enlace semipolar.

donor atom | átomo donador.

donor energy state | estado de energía donadora (electrónica).

donor ion | ion donador.

donor of electrons | donador de electrones.

donor semiconductor | semiconductor donante.

donor-acceptor pair | par donador-aceptador.

donut | tor (superficie) | cámara de vacío toroidal | cuerpo tórico.

donutron | magnetrón regulable | donutrón.

doodlebug | avión dirigido sin piloto.

doojigger | aparato mecánico.

door piece | parte de una bomba que permite el acceso a las válvulas (minería).

door to shaft | entrada al pozo (minas).

doorknob | acoplo de alta frecuencia.

doorknob transformer | transformador de acoplo (guía de ondas).

doorknob tube | válvula plana | válvula en forma de tirador (mecánica).

dop | copa metálica que sujeta al diamante durante su pulimento | mordaza para sujetar y apoyar la gema sobre el platillo giratorio (pulido de diamantes).

dopant | adulterante (semiconductores) | impurificador.

dope | material absorbente | aditivo, base (explosivos) | antidetonante (motores explosión) | barniz de celulosa | solución de éster o éter de celulosa en un solvente volátil (papel) | suavizador (química) | aditivo combustible.

dope (to) | introducir gasolina en los cilindros (motores) | añadir un aditivo (lubricantes, etc.).

doped catalyst | catalizador impurificado.

doped epitaxial layer | capa epitaxial impurificada.

doped fuel | gasolina adicionada con un antidetonante.

doped germanium | germanio corregido (con otro metal).

doped junction | capa adulterada.

doped synthetic quartz | cuarzo sintético con inclusiones de sustancias extrañas.

doping | barnizado, pintado | pintura formada por mezcla de una sustancia refractaria, como tiza, con vidrio soluble (control de la velocidad de solidificación) | adulteración (semiconductores).

doploc | doploc (satélites artificiales).

Doppler effect | efecto Doppler.

Doppler integrated air navigation system | integración del radar Doppler con los sistemas de navegación hiperbólica Decca.

Doppler laser | láser de efecto Doppler.

Doppler modulated | modulado por efecto Doppler.

Doppler navigation system | sistema de navegación por efecto Doppler.

doppler pulse | radar antiperturbador.

Doppler radar | radar Doppler.

Doppler radar guidance | guía de radar por efecto Doppler.

Doppler shift | variación de la frecuencia por efecto Doppler | deslizamiento Doppler.

Doppler velocity measurement | medición de velocidad por efecto Doppler.

dopplerite sapropel | sapropel conteniendo mucho ácido húmico.

Doran | Doran (sistema radiotelemétrico Doppler).

doré | plata bruta conteniendo oro | oro o plata que permanece en el horno de copelar después de que el plomo se ha oxidado y desespumado.

dore metal | plata bruta con una proporción pequeña de oro.

doré silver | plata dorada, plata doré | plata bruta con una proporción pequeña de oro.

dormant | latente | inactivo, en reposo (volcanes).

dormant volcano | volcán durmiente.

Dorn effect | efecto de Dorn (electroforesis).

dornick | piedra de mineral de hierro que se encuentra en minas de limonita.

dorongee | artesa para lavar mineral de oro.

dorry machine | aparato para comprobar la resistencia abrasiva de un cerámico.

dosage | dosificación | dosis.

dosage of radiation | dosis de radiación.

dose build-up factor | factor de acumulación en cantidad (nucleónica).

dose rate | velocidad de dosis (radiación).

dose (to) | dosificar | irradiar (con un cuerpo radiactivo).

doser | dosificador | cuerpo irradiador (de rayos gamma, etc.).

doser manometer | manómetro dosificador.

dose-range | dosificación.

dose-rate meter | dosímetro (aparato que mide la intensidad de la dosis de radiación).

dosing | irradiación (con cuerpos radiactivos).

dosing flume | canal dosificador.

dosing siphon | sifón automático de un tanque de dosificación.

dot | impulso (telegrafía).

dot agate | calcadonia blanca con manchas coloreadas redondas.

dot and dash | punto y raya.

dot angel | eco extraño de punto brillante (radar).

dot character printer | impresora matricial.

dot encapsulation | encapsulado de unidades circuitales en bloque sólido.

dot frequency | frecuencia de exploración (TV) | frecuencia de puntos (fax).

dot generator | generador de puntos | mira electrónica de puntos.

dot interlacing | exploración por puntos sucesivos (televisión).

dot matrix | matriz de puntos (informática).

dot matrix display | visualizador de matriz de puntos (informática).

dot pattern | patrón de puntos (TV).

dot printer | impresora por puntos.

dot weld process | proceso para corregir defectos de piezas fundidas por medio de soldadura.

dots per inch | puntos por pulgada (informática).

dotting speed | velocidad de transmisión de puntos (telegrafía).

double A | símbolo para indicar diamantes de calidad media para trépanos.

double a point (to) | remontar un cabo (navegación).

double a rope (to) | reforzar amarras (buques).

double amplitude | amplitud total.

double angle bar | doble angular.

double armature D. C. generator | generador de corriente continua de doble inducido.

double beam oscillograph | oscilógrafo de doble haz.

double bell insulator | aislador de campana doble.

double beta decay | desintegración beta doble (nuclear).

double bond | doble enlace (química).

double break switch | interruptor bipolar | interruptor de doble ruptura.

double bridge | puente Kelvin (electricidad).

double coil | bobina doble | serpentín doble.

double coil dynamo | dinamo de doble excitación.

double commutator motor | motor de doble colector.

double connection | sistema de conexiones dobles (electricidad).

double cord | cordón de dos conductores, dicordio.

double cross | cruzamiento doble.

double cross slip | deslizamiento cruzado doble (cristalografía).

double cup insulator | aislador de doble campana.

double curb chain | cadena doble barbada.

double current telegraphy | telegrafía de doble polaridad.

double current transmission | transmisión por corriente de dos polaridades.

double cylinder engine | motor bicilíndrico.

double decomposition | desdoblamiento (química).

double density | doble densidad (disquetes).

double detection receiver | receptor heterodino supersónico.

double diode | duodiodo | doble diodo.

double dog | tope doble | doble perrillo (telecomunicación).

double drawn (steels) | doble estirado (aceros).

double exposure | sobreimpresión | doble exposición.

double feed valve | válvula doble de alimentación.

double female connection I unión de doble hembra.

double flow I flujo alternativo.

double frequency recording I grabación doble de frecuencia.

double frog I corazón doble (cambío de vía).

double gripping I manipulación simultánea.

double helical structure I estructura helicoidal doble.

double image I imagen eco, imagen fantasma (TV).

double keying I manipulación por inversión de corriente (comunicaciones).

double knife switch I interruptor bipolar de acción simultánea.

double local oscillator I oscilador local bifrecuencia.

double male connection I unión de doble macho.

double motion switch I conmutador de dos movimientos.

double nickel steel I sulfato doble de niquel y amonio.

double petticoat insulator I aislador de doble campana (telecomunicación).

double picture I doble imagen (TV).

double pole I bipolar.

double pole double throw I interruptor bipolar bidireccional.

double precision I doble precisión (informática).

double prism I prisma doble (registro de sonido).

double pulse recording I grabación por doble impulso.

double pulsing station I estación emisora de doble impulso.

double reflecting prism I prisma de doble reflexión.

double refracting I birrefringente.

double refraction I birrefringencia.

double regeneration I doble regeneración (radio).

double register I registro de longitud doble.

double rule I doble hilo (comunicaciones).

double run-around wiring I canalización eléctrica de circunvalación doble.

double sheath I doble vaina (electrónica).

double shed I campana doble (aisladores).

double side-band I banda lateral doble (telecomunicación).

double sideband transmission I transmisión con dos bandas laterales.

double sided disk I disco de dos caras (informática).

double spoke armature I inducido de brazos dobles.

double standard I bimetalismo.

double steel I acero cementado.

double stope I frente de dos flancos (minas) I grada de dos flancos (minería).

double stud I soporte doble de platina (funderías).

double suction riser I presurizador de doble aspiración.

double switch call I llamada de doble conmutación.

double T branch I doble ramal T.

double tide I bajamar con dos mínimos separados por una pequeña elevación I pleamar con dos máximos separados por una pequeña depresión.

double timber I marco ordinario (entibación minas).

double tuned circuit I circuito sintonizado doble.

double universal joint I junta universal doble, cardan doble.

double voltage generator I generador de doble voltaje.

double winding I doble arrollamiento (electricidad).

double-acter I motor de doble efecto.

double-acting relay I relé de doble efecto, relé de doble acción.

double-acting-engined I con motor de doble efecto.

double-action detonator I detonador de doble efecto.

double-action fuze I espoleta de doble efecto.

double-armed lever I palanca de doble brazo.

double-barrelled I de dos cuerpos (máquinas) I de dos bóvedas (una para cada vía -túneles).

double-base diode I diodo de doble base.

double-base powder I pólvora con nitrocelulosa y nitroglicerina.

double-base propellant I propulsante de doble base.

double-beat valve I válvula de campana, válvula de doble asiento.

double-bellied I simétrico (balaustres) I de doble cuba (hornos, convertidores).

double-bevel weld I soldadura de doble bisel.

double-bevelled I de doble bisel.

double-bladed I de dos cuchillas I de dos palas I bipolar (interruptores).

double-bladed switch I interruptor bipolar.

double-block brake I freno de dos zapatas.

double-concave I bicóncavo.

double-convex I biconvexo.

double-cord switchboard I conmutador manual dicordio.

double-current dynamo I dinamo de dos clases de corrientes, dinamo bimórfica.
double-cylindered I bicilíndrico.
double-declutching I doble embrague (autos).
double-diode I binodo.
double-distilled water I agua bidestilada.
double-double furnace I horno cuádruple (pudelación).
double-end control I mando reversible.
double-end reeling I devanado a dos hilos.
double-ended clipper I limitador de doble efecto.
double-ended cord-circuit I bicordio, cordón de conexión con clavija en cada extremo.
double-engined I de dos motores, bimotor I de doble motor.
double-field betatron I betatrón de doble campo acelerador.
double-flanged bobbin I bobina de dos platos.
double-flow stage I etapa de doble efecto (turbinas de vapor).
double-flow turbine I turbina de dos corrientes contrarias, turbina de doble efecto.
double-frequency pulsations I pulsaciones de frecuencia doble.
double-gearing I desmultiplicación doble, reducción doble (velocidades).
double-grid tube I tetrodo, lámpara birrejilla (radio).
double-handed boring I trabajo de marro (perforación).
double-headed traction I tracción doble por cabeza.
double-header I tren con dos locomotoras en cabeza, tren con tracción doble por cabeza.
double-heading operation I tracción doble en cabeza (trenes).
double-helical gear I engranaje de dentadura helicoidal angular I rueda dentada de doble hélice.
double-hub I de doble campana (tubos).
double-image goniometer I goniómetro de doble imagen.
double-image prism I biprisma.
double-image rangefinder I telémetro de doble imagen.
double-integrating gyro I giroscopio de doble integración.
double-J butt weld I soldadura a tope en doble J.
double-J groove weld I soldadura con doble bisel en J.
double-layer winding I devanado en doble capa.
double-lead system I sistema de doble conexión.
double-lever brake I freno de doble palanca.

double-lever press I prensa de doble palanca.
double-lift jacquard I jacquard de calada de doble alza, jacquard de doble grifa.
double-linking I enlace doble.
double-opposed I de cilindros opuestos (máquinas).
double-optical transition I transición óptica doble.
double-peak anvil I bigornia.
double-petticoat insulator I aislador de doble campana.
double-pipe condenser I condensador de tubos concéntricos.
double-pipe heat exchanger I termointercambiador de tubos concéntricos.
doubler limiter I circuito de desconexión periódica.
double-range voltmeter I voltímetro de dos lecturas.
double-reading theodolite I teodolito de doble lectura, teodolito de dos graduaciones.
double-reduction gear I engranaje de doble reducción.
double-refined iron I hierro pudelado de doble afino.
double-refraction I birrefracción.
double-row radial engine I motor de doble estrella.
doubles I antimonio puro I chapa fina de espesor entre 0,6 y 0,85 milímetros (hojalata) I chapas laminadas en caliente después de dobladas.
double-scale I de doble escala, con dos escalas (aparatos).
double-seated I de doble asiento (válvulas).
double-shrouded impeller I rotor cerrado (compresores radiales).
double-side dump car I vagón de basculamiento por los dos costados.
double-side impeller I rotor de dos caras activas (con álabes en los dos lados).
double-sideband telephony I telefonía de doble banda lateral.
double-sideband transmission I transmisión de doble banda lateral (onda).
double-sided disk I disco de doble cara (informática).
double-slotted flap I flap de doble hendidura (ala aviones).
double-slug transformer I transformador de doble puente.
double-spool relay I relé de doble bobina.
double-spot tunning I sintonía repetida (receptores superheterodinos).

double-standard receiver I televisión para dos normas (emisores).

double-stream amplifier I amplificador con dos haces.

doublestrike I doble impresión.

double-stub tuner I sintonizador de doble sección.

doublet I dipolo (antena) I doblete (química) I lente doble, objetivo doble.

double-tempering treatment I tratamiento con doble revenido.

double-throw circuit-breaker I disyuntor de dos direcciones.

double-throw disconnecting switch I conmutador de seccionamiento de dos direcciones, seccionador de dos direcciones.

double-throw lever I palanca de dos direcciones.

doublethrow switch I interruptor de doble tiro I interruptor de dos posiciones, interruptor de dos vías.

double-track I vía doble.

double-tuned I con sintonía doble.

double-tuned amplifier I amplificador con sintonía doble.

double-U butt weld I soldadura a tope en doble U.

double-V butt weld I soldadura a tope en doble V.

double-vee arrangement I disposición en doble V.

double-vee groove (to) I hacer ranuras en doble V (cantos de chapas).

double-vee preparation I preparación de cantos con doble bisel en V (soldadura chapas).

double-veed I con cantos en doble V (soldaduras).

double-wire circuit I circuito con hilo de vuelta, circuito bifilar.

doubleword I byte cuya longitud es doble.

double-wound I bifilar.

double-wound coil I bobina bifilar, bobina de doble arrollamiento.

double-y connection I conexión en doble estrella.

doubling bar I barra de desdoblamiento (telefonía).

doubling effect I extracorriente de ruptura.

doubling mechanism I mecanismo de doblaje.

doubling process I proceso para obtener antimonio puro (horno de reverbero).

doubling time I periodo multiplicado por dos (reactor nuclear) I tiempo de duplicación.

doubly balanced modulator I modulador doblemente equilibrado.

doubly bonded atom I átomo con dos valencias.

doubly fed I de doble alimentación.

doubly oblique system I sistema triclínico (cristalografía).

doubly refractive I birrefringente.

doubly refractive substance I sustancia anisótropa.

doubly-charged ion I ion doblemente cargado.

doubly-connected I con doble conexión I doblemente conexo.

doubly-linked I de doble enlace I con doble enlace etilénico (química).

doughnut I cámara de vacío toroidal donde se produce la aceleración del electrón, toroide hueco (sincrotón) I porción circular de donde se radian las ondas sonoras (antena de televisión) I amplificador de flujo (reactor) I cámara de aceleración (del betatrón) I cilindro de carbón formado por una barrena para carbón.

doughnut antenna I antena toroidal.

dovetail I cola de milano.

dovetail joint I ensambladura en cola de milano.

dovetail saw I serrucho para machiembrar, serrucho para colas de milano.

dovetail splice I empalme en cola de milano.

dovetailing I enlace, unión I unión a cola de milano.

Dow metal I aleaciones de magnesio que contienen aluminio, manganeso y silicio.

Dow process I proceso para obtener magnesio por electrólisis de cloruro magnésico fundido.

dowel I clavija I espiga, lengüeta de unión I barra corta I hierro corto de anclaje (hormigón armado).

dowel pin I clavija.

dowel pin (to) I unir por clavijas.

dowex I resinas para cambio de iones.

dowex 50 I cambiador de cationes.

dowk I barita impura.

down current I corriente descendente (meteorología).

down data I trasmisión de datos desde la cosmonave a la estación terrestre de seguimiento.

down inductor I cable de bajada (pararrayos).

down point I temperatura de ablandamiento (conos Seger).

downcast I pozo de entrada de aire, pozo de ventilación (minas) I corriente de aire descendente (minas).

downcast shaft I pozo de entrada de aire (minas).

downcome I toma de gas lateral (alto horno).

downcomer I tubo vertical de bajada I bajante de aguas (edificios) I toma de gas lateral.

downcoming wave I onda atmosférica (antena).

downcut I erosión descendente (geología).

downdraft kiln I horno de tiro invertido, horno de tiro inferior.

downdrift I dirección del movimiento predominante del sedimento litoral (oceanografía).

downer I sentaje (minas).

downfeed system I sistema de alimentación descendente.

downflow I flujo descendente.

downfold I pliegue cóncavo, pliegue sinclinal, cubeta (geología).

downhand position I posición horizontal (soldeo).

downhill casting I fundición en caída directa.

downhill ventilation I ventilación descendente (minas).

downhole motor I motor situado en el fondo de la perforación (sondeos).

down-lead I conductor de bajada I bajada de antena.

downlink I enlace a tierra (contacto por radio entre la nave espacial y tierra) I descendente (red local).

download I teleenvío (informática).

downpipe I bajante de aguas, tubo de bajada de aguas (edificios).

downscale I en el sentido decreciente de la escala (aparatos de medida).

down-sensing relay I relé que cierra los contactos al disminuir la corriente.

down-the-hole extensometer I extensómetro para medir deformaciones diferenciales en un pozo de sondeo.

downthrow I salto de falla, dislocación descendente I labio inferior (fallas).

downward flux I flujo luminoso esférico inferior.

downward heterodyninc I heterodinaje descendente.

downward irradiance I irradiación hacia abajo.

downward modulation I modulación descendente.

downward orbit I órbita de descenso (cosmonaves).

downwarding I asentamiento (geología).

downwash I deflexión de la corriente de aire I aguas abajo.

downwash angle I ángulo de deflexión.

downwelling current I corriente sumergente I corriente descendente.

downwind I viento en popa cerrado (buques) I viento de cola (aviones).

dowse (to) I sumergir en agua I emplear la varita de avellano para descubrir agua subterránea I arriar rápidamente (una vela), lascar (marina) I cerrar una portilla (buques).

dowser I obturador de positivadora I obturador de proyector.

dowsing rod I varita de radiestesista.

dowtherm I producto químico de temperatura de ebullición muy elevada (mezcla eutéctica de 26,5% de difenilo y 37,5% de óxido de difenilo-calderas).

dozzle I dispositivo refractario para mantener un depósito de acero líquido hasta que se ha solidificado la parte principal del lingote (parte alta de la lingotera) I mazarota (siderurgia).

dradge I mineral de baja ley.

Draeger breathing apparatus I aparato respirador de oxígeno (minas).

Draeger escape apparatus I aparato respirador de oxígeno con protección de 1 hora para gases venenosos o escasez de oxígeno (minas).

draff I sedimento I depósito (calderas).

draft I corriente de aire I tiro (chimeneas) I succión, aspiración I tracción I guía.

draft angle I ángulo de inclinación lateral (forja).

draft gage I indicador del tiro (chimeneas) I escala de calados (buques) I indicador de calados (buques).

draft gear I aparato de tracción I aparato de enganche (ferrocarril) I amortiguador I engranaje de mando del estiraje (hilatura).

draft recorder I aparato registrador del tiro (chimeneas).

draft regulator I regulador del tiro (chimeneas).

draft roll I cilindro motriz (tundidora) I cilindro estirador, cilindro de estiraje.

draft spring I muelle de tracción.

draft stabilizer I estabilizador del tiro de aparatos que queman combustible.

draft tube I tubo de aspiración I galería de descarga (tubería hidráulica) I tubo de exhaustación.

draft-inducing chimney I chimenea de tiro inducido.

draftless forging I forja con estampa sin conicidad en sus caras.

drag I avance lento I grada pesada I piel de naranja (pulimentación del vidrio) I estela (aeronáutica) I tren de mercancías I martellina I garfio I rastrillo I rastra, narria I draga I jábega (red pescar) I galga (de freno) I zapata (de freno) I resistencia (ventilación minas) I resistencia al avance, resistencia aerodinámica (aviones) I arrastre (motores eléctricos acoplados) I dispositivo de seguridad para frenar trenes I resistencia aerodinámica (satélites).

drag antenna | antena colgante (aviones).

drag axis | eje de arrastre | eje de resistencia (aviones).

drag bit | barrena de arrastre, barrena de fricción, trépano de láminas (sondeos).

drag brake | flap que sólo produce resistencia al arrastre (aviones).

drag breccia | fragmentos de roca en la zona de brechas de una falla.

drag chain | cadena de arrastre | cadena de retenida.

drag coefficient | coeficiente de retardo | coeficiente de frenado (aparatos eléctricos).

drag cup | rotor de metal no magnético.

drag direction | dirección de la corriente relativa del aire (aviación) | dirección de resistencia (aviación).

drag effect | efecto de atracción (electricidad).

drag fold | pliegue secundario, pliegue de arrastre, pliegue menor dentro de otro mayor (geología).

drag generator | generador para el arrastre de la banda (decapado de bandas).

drag hinge | articulación de resistencia aerodinámica | charnela de la resistencia (helicóptero).

drag link | articulación | barra de tracción | varilla de arrastre | biela de acoplamiento | biela de dirección, barra de acoplamiento de la dirección (autos).

drag parachute | paracaídas de deceleración.

drag pipe | tubo de aspiración (draga succión).

drag pit | pozo de tensión (galvanización continua de bandas).

drag rib | costilla reforzada.

drag ring | anillo de arrastre | anillo de fricción.

drag rod | biela de dirección (autos).

drag scraper | dragalina, pala de cable de arrastre, excavadora de cuchara de arrastre.

drag shoe | rastra, zapata del freno | corona para granalla de acero (sondeos).

drag strut | montante de compresión (aeronáutica).

drag (to) | garrear (anclas) | ofrecer resistencia | avanzar lentamente | enrayar (ruedas) | frotar (frenos) | volar bajo sobre una zona para examinarla antes de aterrizar.

drag twist | hierro de limpiar barrenos (minas).

drag wire | tirante de tracción (aviones) | cable de tracción (globo cautivo) | tirante de arrastre (aeronáutica).

dragade (to) | producir desperdicios echando vidrio fundido en agua.

dragger | bou | arrastrero pequeño de bajura de menos de cien pies de eslora en la flotación.

dragging | dragado | enrayado (de ruedas) | arrastre | garreo (anclas) | rastreo (en el agua) | pesca de arrastre | defecto superficial por roce de las caras móviles del molde | arrastre de la pasta al ser cortada por el alambre (fabricación mecánica de ladrillos) | movimiento de la pala sobre su encastre de la raíz en el plano de rotación (generador eólico) | desplazamiento de la imagen.

drag-in | solución adherida (galvanoplastia) | cantidad de solución adherida al cátodo al meterlo en el baño (baño galvánico).

dragless cut | corte sin desviación horizontal entre el punto de entrada y el de salida del corte (oxicorte de chapas gruesas).

drag-life curve | curva que relaciona la resistencia con la duración en órbita (satélites artificiales).

dragline | excavadora de cuchara de arrastre | funidraga | dragalina | pala de cable de arrastre.

dragline bucket | cangilón de arrastre, cucharón de arrastre, balde de arrastre.

dragline conveyor | transportador de arrastre por cable.

dragline excavator | dragalina, pala de cable de arrastre, excavadora de cable de tracción, excavadora de cuchara de arrastre.

dragon's head | nodo ascendente (de la luna o planeta).

dragon's tail | cadena portatermistores remachada para medir la temperatura media del mar | nodo descendente (luna o planeta).

dragout | líquido que queda adherido a las piezas (baños de tratamiento) | pérdida por goteo | cantidad de solución adherida al cátodo cuando se retira del baño (baño galvánico).

dragout tank | tanque de escurriduras.

drag-retarded reentry | reentrada retardada por paracaídas (cosmonave).

dragshovel | retroexcavadora, pala de tiro | retroexcavador | pala excavadora

drain | consumo (de energía, electricidad) | pérdida, fuga (de energía) | pozo absorbente | atarjea | alcantarilla | canal de descarga | desagüe | drenaje.

drain current | corriente de drenaje (telecomunicación).

drain cut-off current | corriente de corte de drenaje (electrónica).

drain diode | diodo de drenaje.

drain gallery | galería de desagüe, socavón de desagüe (minas).

drain of gold | drenaje de oro.

drain pump | bomba de achique.

drain supply | alimentación de drenaje (transistor).

drain the sump (to) | vaciar el cárter (motores).

drain (to) | desecar | drenar | filtrar, desaguar (minas) | purgar máquinas | descebar (bombas) | vaciar (calderas).

drain valve | válvula purgadora de sedimentos, válvula de drenaje.

drainage | migración (de petróleo) | saneamiento | desagüe, desecación | drenaje | sistema de alcantarillado | conducción de corriente positiva por un conductor enterrado.

drainage connection | conexión de drenaje (electricidad).

drainage piping | sistema de drenaje.

drainage pump | bomba de agotamiento, bomba de desagüe (minas).

draining | drenaje, desagüe | vaciamiento (del cárter).

draining adit | galería de agotamiento (minas).

draining engine | bomba de desagüe.

draining pump | bomba de desagüe.

drainpipe | tubo de purga | tubo de escape, tubo de descarga | tubo de avenamiento, tubo de drenaje | tubo de desagüe.

drainway | galería de desagüe (minas).

dramatic lighting | efecto de luz (cine, TV).

draught | poción | atalaje | tracción | corriente de aire | tiro (chimeneas) | succión | área de los orificios de entrada (turbina hidráulica) | ángulo de retiro (forjas) | calado (buques) | eslingada.

draught box | tubo de succión (turbinas).

draught fan | ventilador de extracción.

draught gage | indicador del tiro (calderas).

draught indicator | indicador del tiro (chimeneas) | indicador del calado (buques).

draught plate | registro (de chimenea).

draught regulator | registro regulador del tiro (chimenea).

draught retarder | retardador de velocidad del tiro (chimenea).

draught-engine | máquina de extracción (minas).

draught-fed furnace | horno alimentado por el tiro (combustible pulverizado).

draught-free admission | entrada sin corriente de aire.

draught-furnace | horno de reverbero.

draught-harness | atalaje de tiro.

draughtiless diffusion | difusión sin corriente de aire.

draughting conditions | estado del tiro (chimeneas).

dravite | turmalina magnesiana (gema).

draw | barranco, cañada | arroyo | tracción, arrastre | acarreo (minas) | hundimiento, derrumbe (minas) | aguller (selfactina) | estirado (metales).

draw a drift (to) | hacer una galería (minas).

draw bench | banco de estirado (siderurgia).

draw coal (to) | extraer carbón.

draw coupling | acoplamiento de tracción.

draw furnace | horno para revenir.

draw off (to) | extraer por destilación (química) | trasegar | decantar | destilar | tirar (chimeneas).

draw rheostat | reóstato del voltaje.

draw the temper (to) | revenir (metalurgia).

draw through heating | calefacción por aire aspirado.

draw wood (to) | extraer o recuperar maderas de una mina.

drawability | estirabilidad, aptitud para el trefilado (fabricación de alambres).

drawback tempering | calentamiento a una temperatura menor que la crítica seguido de un enfriamiento (acero templado).

drawbar | tensor (vagones) | barra de remolque, barra de tracción.

drawbridge | puente de báscula | puente giratorio | puente levadizo.

drawdown | depresión | aspiración adicional (pozos).

drawer file | unidad de discos (informática).

draw-gear | atalaje | aparato de tracción.

drawhole | agujero en la hilera, agujero de estirado | agujero de colada | chimenea de extracción para mineral (minas) | rechupe (piezas fundidas) | chimenea de extracción.

drawing | tiro (ventilación) | arranque, extracción (de mineral) | estiraje | estirado (trefilado) | remetido (urdimbre), extracción (de agua) | desgarro (piezas fundidas) | rechupado (lingotes) | desmoldeado (del molde).

drawing ability | estirabilidad | embutibilidad.

drawing brittleness | fragilidad de revenido.

drawing die | matriz de embutir | dado de estiraje | estampa (metalurgia).

drawing frame | banco de trefilado.

drawing furnace | horno de revenido (aceros).

drawing gang | equipo de arranque (minas).

drawing heat | temperatura de revenido | calda para estirado (trefilado).

drawing lubricant | lubricante para embutición.

drawing out | arranque, extracción | estirado.

drawing property | maleabilidad, ductibilidad.

drawing samples | extracción de muestras, muestreo.

drawing shaft | pozo de extracción (minas).

drawing texture I textura de estirado (metalurgia).

drawing-back the pillars I laboreo de pilares retrocediendo (minas).

drawing-engine I máquina de extracción (minas).

drawing-off motion I mecanismo arrancador.

drawing-off roller I cilindro arrancador.

drawing-out motion I mecanismo de salida I mecanismo de arranque, mecanismo extractor.

drawn current I corriente extraída (electricidad).

drawn finish I acabado por estirado.

drawn glass I vidrio estirado.

drawn steel I acero estirado I acero revenido.

drawoff culvert I acueducto ladrón (esclusas).

drawoff motor I motor de arrastre.

drawoff pipe I tubo de extracción.

drawoff slag (to) I sangrar la escoria (de hornos).

draw-out panels I paneles de extracción (electricidad).

drawout switchboard I cuadro de elementos.

draw-shaft I pozo de extracción.

draw-slide I tubo móvil, tubo de enfocamiento (microscopios, telescopios).

drawspan bridge I puente giratorio de pila central.

draw-spring I muelle de tracción.

draw-stop I registro de tiro (hornos, chimeneas).

drawtube I tubo portaocular (microscopio compuesto).

drawworks I malacate, aparejo de maniobras, torno de maniobras (sondeos).

dream-hole I tragaluz.

dredge I draga I mineral de calidad inferior.

dredge boat I gánguil.

dredge bucket I cangilón de draga.

dredge chain I rosario (de draga).

dredge out (to) I dragar.

dredge ship I buque draga.

dredge (to) I rastrear (pesca) I dragar.

dredger I draga I excavadora de rosario.

dredger excavator I excavadora de rosario, excavadora de cangilones.

dredger hopper I gánguil.

dredger pump I bomba de dragado.

dredger-barge I gánguil.

dredging tube I tubo succionador de una draga I tubo de dragado (draga succión).

dredging well I pozo de dragado (dragas).

dredging-machine I draga I excavadora.

dreelite I calcioborita.

dressed I curtido (cueros) I lavado (carbón) I concentrado (minerales) I aprestado (telas).

dressed ashlar I sillar labrado.

dressed joint I junta preparada (para soldar) I junta soldada repasada con la muela.

dressed ore I eslique I mineral preparado mecánicamente.

dressed stone I sillar.

dressed-stone facing I paramento de sillería.

dresser I reavivador de muelas de rectificar I diamante reavivador I mazo de plomero I aplanadora I alisadora I desbastador.

dressing I reafilado I reavivación (muelas abrasivas) I restauración de la superficie de corte (muela abrasiva).

dressing mandrel I mandril de afilar (mecánica).

dressing plant I instalación para desgangar I instalación de concentración, instalación de preparación mecánica (minerales).

dressing table I mesa de limpiar y concentrar (minerales).

dressing works I taller de concentraciones, taller de preparación mecánica (minerales).

drewite I drewita (carbonato cálcico precipitado del agua marina por acción bacterial).

dribble voltage I tensión de fuga.

driblet I driblete I masa piroclástica de lava líquida (volcanes).

driblet cone I hornito (volcanes).

dricold I anhídrido carbónico sólido.

dried I seco, árido I anhidro, deshidratado.

dried calcium sulfate I yeso.

dried gypsum I sulfato cálcico anhidro.

dried weight I peso de organismos una vez deshidratados pero no incinerados (oceanografía).

dries I grietas en el granito (canteras) I zona que periódicamente es cubierta y descubierta por el mar (oceanografía).

drift I arrastre de gotas de líquido por el aire (torre de enfriamiento) I deriva I velocidad de una corriente o de un banco de hielo flotante en millas náuticas/día o en nudos (navegación marítima) I corriente marina lenta de gran anchura producida por los vientos (oceanografía) I componente horizontal de la precesión del eje (giroscopio) I arrastre (electrónica).

drift and speed indicator I derivómetro.

drift angle I ángulo de deriva.

drift away I deriva.

drift axis I eje de deriva.

drift bar I derivómetro.

drift beds I depósitos glaciales.

drift coal I carbón alóctono.

drift compensation I compensación de la deriva (aeroespacial).

drift current I corriente de desplazamiento.

drift electrode | electrodo de corrimiento.

drift energy | energía de movilidad (electrones).

drift field transistor | transistor de campo de arrastre.

drift gravel | grava estannífera o con oro yacente sobre pizarra o granito y cubierta con basalto.

drift indicator | indicador de desviación de la vertical (sondeos) | indicador de deriva, derivómetro.

drift mechanism | corrector de derivación, corrector de desvío por defecto giroscópico.

drift meter | derivómetro.

drift sight | pínula de deriva, alidada de deriva, derivómetro.

drift space | espacio entre electrodos de válvula.

drift speed | corriente de arrastre de los electrones.

drift (to) | arrastrar | flotar | mandrilar (tubo) | perforar una galería horizontal (minas) | derivar.

drift velocity | velocidad media de penetración (nucleónica).

drift voltage | tensión de deriva (semiconductor).

drift wave | onda de deriva.

drifter | arrastrero, buque que pesca con red de arrastre | perforadora de avance, perforadora de columna (minas) | pistola perforadora para mina.

drifter drill | perforadora de columna, perforadora de avance (minas).

drifter trawler | pesquero de arrastre.

drifting | movimiento lento de la aguja (galvanómetro) | perforación de galerías en dirección al filón (minas) | mandrilado (de tubos) | deriva | apertura de frentes (minas).

drift-mined coal | carbón extraído de galerías.

driftway | galería horizontal de avance (minas) | deriva (navegación).

drikold | bióxido de carbono sólido.

dril ship | buque para perforaciones submarinas.

drill | taladro (agujero) | broca | portabroca | barrena | pistolete de mina | perforadora | taladro mecánico.

drill bit | broca.

drill by | desviación (minería).

drill core | testigo de perforación | testigo de sondeo.

drill gage | galga para brocas.

drill gate | compuerta (perforaciones).

drill grinder | afiladora de brocas.

drill head | corona de sondeo | cabezal portabroca.

drill holder | portabrocas.

drill mud | lodo de perforación (agua mezclada con bentonita y otros materiales como barita, petróleo, etc.)

drill parameter | parámetro del sondeo.

drill pipe | tubo de perforación.

drill post | columna soporte de perforadora (minas).

drill series | diamantes para sondeos.

drill steel | acero al crisol o al horno eléctrico compuesto de microconstituyentes de diversos minerales | varilla redonda o exagonal de acero para perforar carbón, roca o minerales | acero para brocas | acero para barrenas, acero para picas (minería) | acero de horno eléctrico.

drill (to) | perforar | taladrar, barrenar.

drillability | perforabilidad | taladrabilidad.

driller | perforadora | barrenadora | taladradora.

drilling | perforación | sondeo.

drilling crown | trépano para sondeos.

drilling derrick | torre de perforación (sondeos).

drilling diamonds | diamantes para trépanos de sondeo.

drilling draft | calado de perforación.

drilling frame | torre de sondeo.

drilling head | trépano de sondeo | válvula de control (sondeos).

drilling rig | equipo de perforación, tren de sondeo, máquina perforadora | plataforma de perforación submarina.

drilling valve | válvula maestra por la cual pasan las herramientas de perforación (sondeos).

drilling-mill | taladradora | perforadora | sonda.

drill-jar | sonda de percusión, trépano.

drillship | buque para perforaciones submarinas.

drill-test | prueba de perforación.

drip | goteo | humedad condensada | tubo de purga | vapor condensado, condensado (tuberías vapor).

drip loop | lazo de goteo (bucle hecho en un conductor eléctrico al unirlo al aislador).

drip petticoat | campana de goteo (aisladores).

drip pipe | tubo de purga.

drip point | temperatura de condensación.

drip transistor | transistor de campo interno.

drip valve | válvula de purga.

dripstone | carbonato cálcico en forma de estalactitas y estalagmitas.

drivage | galería (minas).

drive | arrastre | impulsión | unidad de disco o cinta | drenaje.

drive belt | correa de transmisión.

drive bushing | buje de transmisión, cuña para varillas (sondeos).

drive circuit I circuito excitador.

drive conditions I condiciones de excitación (transistor).

drive joint housing I cárter de la junta de transmisión.

drive motor I motor de accionamiento.

drive oscillator I oscilador excitador.

drive panel I panel de excitación.

drive pipe I tubo de sondeo, tubo de perforación.

drive shaft I eje conductor, eje motor I árbol de arrastre I árbol motor.

drive through screw I hélice de atraque.

drive (to) I excavar horizontalmente o con inclinación I purgar máquinas I excitar (magnetismo), perforar, horadar (galerías, túneles).

drive transformer I transformador de excitación.

drive voltage I tensión excitadora.

driven I accionado I activo, excitado (electricidad).

driven antenna I antena activa I antena con alimentación directa.

driven array I red de elementos excitados.

driven blocking oscillator I oscilador de bloqueo de mando exterior.

driven horizontal dipoles I dipolos horizontales alimentados.

driven multivibrator I multivibrador sincronizado.

driven oscillator I oscilador de mando (radio).

driven radiator I elemento primario.

driven rotor I rotor conducido.

driven section I sección excitada directamente.

driven sender I emisor con oscilador maestro.

driven side I ramal conducido.

driven well I pozo hincado, pozo abisinio.

driver I órgano motor I excitador, fuerza motriz I disco de fricción I engranaje motor I empujador (válvulas) I circuito excitador.

driver amplifier I amplificador excitador.

driver circuit I circuito de excitación I circuito oscilatorio.

driver frequency I frecuencia de excitación.

driver stage I etapa preamplificadora, etapa excitadora, etapa impulsora (radio).

driver sweep I barrido de excitador (informática).

driver tank circuit I circuito resonante de la etapa excitadora.

driver transformer I transformador de válvula preamplificadora (radio).

driver tube I válvula excitadora.

driver unit I unidad motriz.

driver valve I válvula preamplificadora (radio).

drive-tube I tubo perforador (sondeos).

driving I transmisión I perforación, cuele (túneles), avance (galería de mina) I apertura de una galería (minas) I marcha rápida (alto horno) I impulsor I motriz.

driving cam I leva motriz.

driving chain I cadena de transmisión.

driving circuit I selección de circuito a distancia I circuito excitador (amplificador).

driving engagement I acoplamiento de transmisión.

driving force I fuerza directriz.

driving gear I transmisión I mecanismo de transmisión I aparato de mando I mecanismo motor I piñón conductor, piñón de arrastre.

driving grid I excitador electrostático.

driving member I órgano motor, órgano de mando.

driving moment I par motor I momento motor.

driving motor I motor de impulsión I motor de propulsión.

driving oscillations I oscilaciones forzadas.

driving oscillator I oscilador de mando.

driving part I órgano transmisor.

driving point I punto de alimentación (electricidad).

driving point impedance I impedancia de entrada.

driving potential I potencial de arrastre I potencial motriz I voltaje de trabajo.

driving power I potencia de excitación (válvulas electrónicas).

driving shaft I eje telescópico.

driving torque I par motor I momento de torsión I par de impulsión.

driving transformer I transformador de excitación.

driving voltage I voltaje de excitación.

driving worm I tornillo sin fin conductor.

driving-band I correa motriz, correa de transmisión.

driving-belt I correa motriz, correa de transmisión.

driving-clock I péndulo de mando (telescopios).

driving-force I fuerza motriz.

driving-motion I transmisión.

driving-point admittance I admitancia de ingreso I admitancia del punto de excitación.

driving-strain I tensión de impulsión.

drone I avión teledirigido I avión zángano I avión radioguiado I avión sin piloto.

drone airplane I avión robot.

drone helicopter I helicóptero teledirigido.

drone ship | buque sin personal cargado de explosivos y dirigido por radio.

drooping | caída de voltaje.

drop | terminal multipunto (teleproceso) | caída de voltaje.

drop anchor (to) | anclar, fondear.

drop circuit | circuito de bajada.

drop forge | prensa de forjar en caliente | forjado al martinete.

drop forged | forjado por estampación en caliente.

drop forged gear | engranaje estampado.

drop forging | pieza forjada con estampa | pieza matrizada | estampación en caliente | pieza forjada a martinete | pieza forjada a martillo.

drop in voltage | caída de tensión.

drop ladder | escala telescópica.

drop line | caída de tensión en una línea.

drop penetration test | prueba dinámica de penetración.

drop press | prensa cortadora, prensa punzonadora | martinete forjador, martinete de caída libre | martillo pilón de caída amortiguada.

drop repeater | repetidor terminal.

drop sulfur | azufre granulado obtenido vertiendo azufre fundido en agua.

drop test | prueba por caída de maza | prueba de caída de voltaje | prueba de resistencia al choque | ensayo al toque (química) | muestra del caldo para análisis (alto horno).

drop tin | estaño granulado obtenido vertiendo estaño fundido en agua.

drop way time of relay | desprendimiento de armadura del relé.

drop ways | aberturas que conectan pasos paralelos a distinto nivel (minería).

drop weight | martinete.

drop weight tear test | prueba de cizallamiento por caída de maza (cristalografía).

drop wheels (to) | bajar el tren de aterrizaje.

drop zinc | cinc globular | cinc granular, cinc en granalla.

drop-away current | corriente de caída (relé).

drop-back selector | selector absorbente (telefonía).

drop-diagram | diagrama de caída de voltaje.

drop-forge (to) | troquelar, estampar en caliente, matrizar | embutir en la prensa.

drop-forged steel | acero matrizado, acero estampado.

drop-forging die | matriz de forjar.

drop-hammer | martillo pilón | martinete de forja, martinete de caída libre.

drop-hammer coining | troquelado en frío con el martillo pilón.

drop-in | información parásita (cintas magnéticas).

dropout | falla de señal | interrupción | intensidad de desexcitación (relés) | desconexión | pérdida de información (cintas magnéticas) | pérdida de señal | aberración por defecto (memoria).

dropout count | cómputo de exclusiones (registro magnético).

dropout current | intensidad de desexcitación, corriente de desexcitación (relés).

dropout error | error por exclusión (registro magnético de datos).

dropout fuse cutout | automático con fusible de caída (electricidad).

dropout time | tiempo de desactivación (relés).

dropout voltage | tensión de desprendimiento | tensión de desconexión, voltaje de desexcitación, voltaje de desenganche.

dropping glass | bureta.

dropping metal | metal que empieza a solidificarse.

dropping point | temperatura de fusión, temperatura de cambio de estado semisólido a líquido, temperatura de licuefacción (grasas).

dropping resistor | resistor reductor de tensión | resistor reductor de voltaje.

drop-point | temperatura de fusión.

dropsonde | radiosonda arrojada desde un avión que vuela muy alto.

dropsounding | sondeo meteorológico por dispositivos arrojados desde aviones.

drop-stamp | martinete de forja.

drop-stamping | forjado por estampación en caliente.

drop-stone | estalactita | estalagmita.

drop-sulfur | azufre granulado.

drop-test | ensayo a la gota (química).

droptight valve | válvula estanca.

drop-tin | estaño en lágrimas, estaño granulado, estaño en granalla.

dross | escoria (de metal) | sedimento | espuma (metalurgia) | carbón de calidad inferior.

drum | cilindro desgranador | tambor (fax-copiadoras) | vaso (capitel columna) | rotor (turbina reacción) | tambor de extracción (minas).

drum barrow | tambor (telecomunicaciones).

drum filter | filtro giratorio, tambor filtrante.

drum gear | engranaje de corona.

drum grinder | rectificadora de tambor.

drum magnetic storage | memorizador magnético de tambor.

drum mixer | mezclador de tambor (química).

drum plotter | graficador de tambor (informática).

drum printer I impresora de tambor.
drum recorder I tambor registrador.
drum rheostat I reóstato cilíndrico.
drum servo I servo del tambor portacabezas (vídeo).
drum starter I aparato de arranque con reóstato cilíndrico.
drum storage I almacenamiento de tambor (informática).
drum switch I conmutador de tambor, interruptor de tambor.
drum transmitter I transmisor de cilindro rotativo I transmisor de tambor (facsímil).
drum-armature I inducido de tambor.
drunken saw I sierra elíptica.
drunken screw I excéntrica de garganta helicoidal.
drusy I drúsico.
drusy cavity I geoda.
dry I árido, seco I falto de lubricación I descebado (bombas) I impuro (metales) I agrio (metales), quebradizo (metales) I por vía seca (química).
dry amalgamation I amalgamación con mercurio caliente.
dry assay I análisis por vía seca (química).
dry battery I pila seca.
dry casting I fundición en arena seca I moldeo en arena seca I pieza fundida en molde secado en estufa.
dry cell I pila seca.
dry chemical I producto químico en polvo.
dry circuit I circuito seco sin corriente.
dry cleaning I depuración en seco.
dry container I contenedor sin aislamiento térmico.
dry cooling tower I torre seca de refrigeración.
dry copper I cobre seco, cobre agrio.
dry criticality I criticidad conseguida sin un refrigerador (reactor nuclear).
dry cyaniding I carbonitruración.
dry diggings I placer desprovisto de agua.
dry distillation I destilación seca, destilación destructiva, pirogenación.
dry dock I dique seco.
dry flashover voltage I voltaje disruptivo en seco I tensión disruptiva en seco I tensión de descarga en seco (electricidad).
dry gas I gas natural compuesto de metano y etano I gas seco.
dry ice I anhídrido carbónico sólido I nieve carbónica.
dry iron I hierro bajo en silicio.
dry joint I soldadura defectuosa I junta de dilatación.

dry measure I medida de áridos.
dry method I método en seco.
dry off (to) I desecar I evaporar.
dry ore I mineral seco I mineral bajo en silicio I mineral de oro o plata con poco plomo y mucha sílice.
dry peat coal I carbón de turba seca.
dry potash I potasa cáustica.
dry pressing I moldeo en seco.
dry process I proceso por vía seca (química).
dry shaping I moldeo en seco.
dry sharpening I afilado en seco.
dry suspensed solids I sólidos en suspensión secos.
dry sweating I afino con temperatura de oxidación debajo de la temperatura de fusión (cobre).
dry tank I tanque del doble fondo que siempre está vacío (cámara calderas) I tanque permanentemente vacío, tanque sin carga alguna (petroleros).
dry test I análisis por vía seca (química).
dry transformer I transformador seco I transformador refrigerado por aire.
dry way I vía seca (química).
dry-blast furnace I horno de viento seco.
dry-bone ore I smithsonita.
dry-bulb thermometer I termómetro para la temperatura seca (sicrómetro).
dry-circuit I circuito de mínima potencia I circuito con bajo nivel de señal (contador eléctrico).
dry-compressor I compresor sin lubricación del pistón.
dry-condensation I condensación por contacto.
dry-cooled coke I coque enfriado con corriente de gas inerte.
dry-desiccant dehydration I desecación con adsorbentes sólidos.
dryer I desecador.
dry-ice cooler I refrigerador de nieve carbónica.
drying I secado I desecación I separación del hierro (pudelado) I secante.
drying agent I desecante I secante.
drying cylinder I cilindro secador I probeta de desecar gases (química).
drying furnace I cámara de secado.
drying house I cámara de secado.
drying off I evaporación de una almagama de oro.
drying out I desecación.
drying stove I horno para secar moldes.
drying tower I probeta de desecar gases (química) I torre de secado.
drying-room I cámara de secado.
drying-up I desecación.

dry-lubricated l lubricado con grafito.
dry-milled fireclay l arcilla refractaria molida y pasada por una criba.
dry-mix concrete l hormigón mezclado en seco.
dryplate rectifier l rectificador metálico, rectificador de placa seca.
drypoint l buril.
dry-process l vía seca (química).
dry-reed relays l relés de lengüeta de cierre hermético.
dry-rolled finish l acabado en frío con rodillos pulidos (laminación) l acabado brillante (laminado de metales no férricos).
drysaltery l productos químicos.
Du Mont cyclograph l ciclógrafo de Du Mont (medición magnética en aceros).
dual l dual l doble l binario.
dual chromium l cromo microfisurado.
dual control device l dispositivo de mando a dos manos.
dual control plane l avión de doble mando.
dual crystal oscillator l oscilador de dos cristales de cuarzo.
dual cycle reactor l reactor de ciclo doble (nuclear).
dual diode l doble diodo.
dual generating set l grupo electrógeno doble.
dual ignition l doble encendido.
dual ion l ion anfotero, zwitterion.
dual laser l láser para dos longitudes de onda.
dual meter l contador de dos lecturas.
dual mode servomechanism l servomecanismo de modo dual.
dual modulation l modulación doble (telecomunicación).
dual network l circuito recíproco (televisión).
dual pickup l fonocaptor reversible.
dual processor computer l ordenador con dos sitemas de tratamiento l ordenador de doble procesador (informática).
dual purpose generator l generador de alta y baja tensión.
dual reception l recepción doble (radio).
dual rotors l doble rotor (helicóptero).
dual telephone relay l relé de tipo telefónico doble.
dual triode l doble triodo.
dual-band antenna l antena para dos canales.
dual-count l de contaje binario.
dual-fuel engine l motor de dos carburantes mezclados.
dual-fuel furnace l horno que puede emplear dos combustibles l horno de doble caldeo con gas y electricidad (termotratamientos).
dual-grid tube l válvula birrejilla (radio).

dual-ground connections l conexiones a masa doble.
dualin l dinamita compuesta de nitroglicerina con serrín de madera y nitrato potásico.
dual-in-line l fila doble de patillas (circuito integrado).
dual-in-link control l control de enlace de datos.
duality l dualidad.
duality principle l principio de dualidad.
dual-purpose l de doble función.
dual-purpose reactor l reactor nuclear de doble función (que produce a la vez energía y plutonio).
dual-tone multifrequency l multifrecuencia de doble tono.
dual-voltage motor l motor para dos voltajes.
dual-voltage transformer l transformador de dos tensiones de salida.
duants l duantas (ciclotrón).
dubbing l montaje combinado de registro (grabación) l mezcla de sonidos l grabación en cinta o disco l doblaje (de audio)
dubbing cue sheet l hoja de mezcla de audio.
dubbing stage l sala de doblaje.
Dubb's asphalt l asfalto sulfurizado.
dub-in l introducción de sonidos o imágenes que no se producen en el estudio al tiempo de televisar.
duct l estrato en la atmósfera o en el oceáno donde tiene lugar la captación de ondas electromagnéticas o acústicas l canal, conducto l tubo l pipa (instalación eléctrica) l depósito de la tinta (máquina imprimir).
duct bank l grupo de conductos, canalización subterránea (electricidad).
duct line l canalización.
duct plug l tapón (telecomunicación).
duct propagation l propagación por conductos atmosféricos.
duct work l canalización.
ducted fan turbojet l turborreactor con ventilador entubado.
ducted propeller l hélice en tobera fija (buques) l hélice canalizada l hélice carenada.
ducted sound propagation l propagación del sonido en conductos.
ducted stream l corriente limitada por paredes.
ducted-fan engine l motor de hélice entubada.
ducter l instrumento de medida para lectura directa de resistencias pequeñas (electricidad).
ductile l dúctil l maleable l plástico (arcilla).
ductile anisotropic alloy l aleación anisótropa dúctil.
ductile cast iron l fundición con grafito esferoidal l fundición dúctil.

ductile weld I soldadura dúctil.

ductilimetry I ductilimetría.

ductility I ductilidad I maleabilidad I plasticidad (arcilla).

ductillized filament I filamento ductilizado.

ducting I captación de ondas electromagnéticas o acústicas dentro de un estrato.

duct-ventilated generator I generador con ventilación por conductos.

ductway I canalización.

dumb I oculto, latente.

dumb terminal I terminal simple (ordenador) I terminal no inteligente I terminal básico.

dumb (to) I amortiguar, apagar (sonidos).

dumbbell marker I radiobaliza de pista.

dumbbell rotor I rotor de polo saliente.

dumbbell slot I ranura fungiforme (guía de ondas).

dumb-drift I galería ciega (minas).

dumb-furnace I hogar de aireación, horno en ventilación (minas).

dumbo I radar de avión para vigilancia marítima.

dummy I ficticio.

dummy antenna I antena artificial, antena de prueba, antena ficticia.

dump storage I transferencia del contenido de una memoria a otra (informática) I vaciado de almacenamiento (informática).

dump (to) I cortar la corriente I volcar la memoria del ordenador I hacer un vaciado (memoria).

dumper I volquete autopropulsado I volquete I camión basculante I vagoneta basculante.

dung salt I arseniato de sodio, abono salino.

dunk (to) I bañar en una solución química (filmes).

dunked sonar I aparato de sonar sumergido remolcado por helicóptero o avión.

dunking I inmersión de una solución química (filmes) I sonar.

dunking sonar I sonar sumergido.

dunn bass I pizarra arcillosa en minas de carbón I esquisto arcilloso (minas de carbón).

dunnite I dunita.

duns I esquisto arcilloso (minas de carbón).

dunstone I caliza carbonífera dolomitizada I diabasa o espilita amigdaloidal.

dunt I golpe de corriente de aire en vertical I fisura por esfuerzos durante la elaboración (productos cerámicos).

duo cone loudspeaker I altavoz de dos conos.

duocontrol aircraft I avión de doble mando.

duodiode I doble diodo.

duo-emitter diode I diodo de doble emisor.

duophase I duofase.

duoplasmatron I duoplasmatrón.

duopole I duopolo.

duopolistic I duopolístico.

duosonic I duosónico.

duotone printing I impresión en dos colores.

duotone reproduction I reproducción en dos tonos.

duotono I duotono I bicromía.

dupled I duplicado.

duplet I doblete, par de electrones.

duplex I bidireccional simultáneo I duplo I doble, de dos vías (telefonía).

duplex alloy I aleación de dos fases.

duplex balance I circuito de compensación.

duplex cavity I cavidad dúplex (radar).

duplex channel I canal dúplex I vía dúplex (telecomunicaciones).

duplex channelling I vía dúplex I canalización doble.

duplex circuit I circuito explotado en los dos sentidos I línea dúplex.

duplex communication I comunicación simultánea en ambos sentidos.

duplex engine I motor bicilíndrico.

duplex melting furnace I horno de fusión doble.

duplex steel I acero dúplex, acero Bessemer terminado en horno Siemens o en horno eléctrico, acero fundido por un método y acabado por otro.

duplex structure I microestructura bifásica.

duplex telephone channel I canal telefónico dúplex.

duplex telex call I comunicación télex en dúplex.

duplex transmission I transmisión dúplex (telecomunicación) I transmisión bidireccional.

duplexer I duplexor I comunicación dúplex, canal doble, circuito para transmitir y recibir I antena con conmutador emisión-recepción I antena de relé retransmitiente (radar).

duplexing I comunicación en dúplex (telegrafía) I empleo de antena única para emisión y recepción I formación brusca de granos gruesos a cierta temperatura cuando se emplean inhibidores que son inefectivos (aceros) I carga de horno de reverbero con caldo del cubilote (fabricación hierro maleable) I sistema mixto de fundir por un procedimiento y acabar por otro (aceros).

duplexing circuit I circuito para transmisión y recepción.

duralumin I duraluminio, aleación a base de aluminio que contiene magnesio cobre, manganeso y hasta silicio.

duriron I hierro con 14,5% silicio, 0,35% manganeso y 0,08 carbono.

durokawimeter I instrumento para pruebas magnetoinductivas.

duroline pipe I tubo de acero revestido con cemento de poca cal (soluciones corrosivas).

durometer I durómetro.

durox dynamite I dinamita amónica.

dusting airplane I avión fumigador.

Dutch gold I latón en hojas.

Dutch liquid I cloruro de etileno.

Dutch metal I aleación muy maleable (once partes de cobre y dos partes de cinc).

Dutch white I mezcla de tres partes de sulfato de plomo y una parte de carbonato de plomo.

dwindle I merma, disminución.

dwindle away (to) I agotar (minas).

dyad I radical divalente (química).

dyadic I diádico I bivalente.

dye I tinte.

dye anodice (to) I anodizar en color.

dye anodizing I anodizamiento en color.

dye-acid I ácido colorante.

dye-anodize (to) I anodizar en color.

dyestuff indicator I indicador químico para colorantes.

dyke I dique, malecón I filón de inyección, roca filoniana I falla I fisura.

dyke phase I fase de contraveta (geología).

dykem blue I vitriolo azul.

dynacity I dinacidad.

dynactinometer I dinactinómetro.

dynagraph I dinágrafo.

dynamatic brake I freno de corrientes parásitas.

dynameter I dinámetro.

dynamic I dinámico.

dynamic beam I haz dinámico.

dynamic bending test I prueba de flexión dinámica.

dynamic bias control I regulador dinámico de la polarización.

dynamic binding I enlace dinámico.

dynamic braking I frenado reostático I frenado dinámico.

dynamic braking control I regulación por frenado reostático.

dynamic braking duty I funcionamiento en frenado reostático (motores).

dynamic buffering I separación dinámica I rango dinámico de memoria temporal.

dynamic calibration I calibración dinámica.

dynamic check I comprobación dinámica.

dynamic core allocation I asignación dinámica de memoria (informática).

dynamic damper I amortiguador dinámico (cigüeñales).

dynamic demonstrator I diagrama sinóptico (TV).

dynamic depth I altura geodinámica.

dynamic diphonia I difonía dinámica (estereofónica).

dynamic directional stability I estabilidad dinámica direccional.

dynamic ductility I ductilidad dinámica.

dynamic dump I vuelco dinámico de la memoria.

dynamic editing I montaje dinámico.

dynamic electrode potential I tensión dinámica de electrodo.

dynamic factor I coeficiente dinámico (aviación).

dynamic forging I forjado al martinete.

dynamic forward impedance I impedancia dinámica directa.

dynamic gaging I calibración dinámica.

dynamic gear tester I aparato para prueba dinámica de engranajes.

dynamic geology I geología dinámica.

dynamic graduation I graduación dinámica.

dynamic head I carga dinámica, altura cinética (hidráulica).

dynamic input capacitance I capacitancia dinámica de entrada.

dynamic instability I inestabilidad dinámica (aviones).

dynamic lift I fuerza ascensional dinámica (globos).

dynamic load line I recta de carga dinámica.

dynamic loudspeaker I altavoz electrodinámico.

dynamic memory management I gestión dinámica de memoria.

dynamic microphone I micrófono de bobina móvil.

dynamic noise suppressor I eliminador dinámico de ruidos I supresor dinámico de ruidos.

dynamic nuclear polarization I polarización nuclear dinámica.

dynamic oscillation damper I amortiguador dinámico de oscilación.

dynamic output impedance I impedancia dinámica de salida.

dynamic parameter I parámetro dinámico (transistores).

dynamic pattern I dinámica de la señal.

dynamic pickup I captador electrodinámico.

dynamic plate conductance I conductancia dinámica de placa.

dynamic plate impedance I impedancia dinámica de placa.

dynamic plate resistance I resistencia dinámica de placa.

dynamic printout I impresión móvil de la memoria.

dynamic RAM | memoria RAM dinámica (informática).

dynamic range | gama dinámica | margen dinámico (radar).

dynamic sequential control | control dinámico en serie (informática).

dynamic stop | parada dinámica (programa).

dynamic storage | memoria dinámica.

dynamic storage allocation | asignación dinámica de la memoria (informática).

dynamic strength | resiliencia (aceros).

dynamic subroutine | subrutina dinámica.

dynamic test | prueba dinámica.

dynamic thrust | tracción dinámica.

dynamic trim | compensación dinámica (aviación).

dynamic wavemeter | ondámetro dinámico.

dynamical electricity | electricidad dinámica, electricidad voltaica.

dynamical fan | ventilador centrífugo.

dynamical geomorphology | geomorfología dinámica.

dynamical torsional couple | par torsional dinámico.

dynamically balanced | equilibrado dinámicamente.

dynamically unstable | dinámicamente inestable.

dynamiciser | convertidor paralelo en serie.

dynamics | dinámica (ciencia).

dynamics in space | dinámica en el espacio.

dynamite | dinamita | líquido fuerte para revelar (fotografía).

dynamite (to) | dinamitar.

dynamo | dinamo.

dynamo brush | escobilla eléctrica.

dynamo condenser | condensador de vapor de los grupos turbogeneradores (buques).

dynamo currents | corrientes eléctricas de origen dinámico.

dynamo field coil | bobina inductora de la dinamo.

dynamo frame | armazón de la dinamo.

dynamo induction regulator | reóstato de excitación de la dinamo.

dynamo-control panel | panel de regulación de la dinamo.

dynamoelectric | dinamoeléctrico.

dynamoelectric amplifier | amplificador dinamoeléctrico.

dynamoelectric amplifier generator | generador amplificador dinamoeléctrico.

dynamoelectric induction | inducción dinamoeléctrica.

dynamoelectric machine | máquina dinamoeléctrica.

dynamogram | dinamograma.

dynamometamorphism | dinamometamorfismo.

dynamometer | dinamómetro | dinamométrico | instrumento para indicar que se ha alcanzado el fondo del mar por un dispositivo sacamuestras (oceanografía).

dynamometer ammeter | amperímetro electrodinámico.

dynamometer brake | freno dinamométrico.

dynamometer frequency meter | frecuencímetro dinamométrico.

dynamometer multiplier | multiplicador dinamométrico.

dynamometric brake | freno dinamométrico.

dynamometric dynamo | dinamo dinamométrica.

dynamometric governor | regulador dinamométrico, regulador diferencial.

dynamon | explosivo del grupo de nitrato amónico.

dynamoscope | dinamoscopio.

dynamoscopy | dinamoscopia.

dynamothermal metamorphism | metamorfismo dinamotérmico.

dynamotor | dinamotor, transformador giratorio | convertidor.

dynatherm | dinatermo.

dynatron | dinatrón (electrónica).

dynatron effect | efecto dinatrón.

dynatron oscillator | oscilador dinatrón.

dyne | dina.

dynectron | dinectrón.

dynistor | dinistor.

dynode | dínodo.

dynode aperture | cátodo secundario.

dynometer | dinómetro.

dyon | dion (física nuclear).

dyotron | diotrón | tubo oscilador de microondas.

dyscrasite | discrasita | antimoniuro de plata natural.

dysodyle | disodilo, hulla papirácea.

dysphotic | disfótico.

dysphotic zone | zona disfótica (oceanografía).

dysprosia | óxido de disprosio.

dysprosium | disprosio (Dy).

dyssymmetry | disimetría | asimetría.

dystectic | distéctico.

dystectic mixture | mezcla distéctica.

dystome spar | datolita.

dystomic | distómico (con clivaje imperfecto).

dystrophic | distrófico.

dystrophy | distrofia.

dzhezkazganite | mineral que contiene de 40 a 50% de renio y 15 a 20% de cobre (Kazakhtan).

Dzus fastener | sujetador Dzus (aviones).

E

E bend | curva E | codo E (guía onda).

E layer | capa E.

E. M. wave | onda electromagnética.

E.B. cap | cebo eléctrico.

E.O.T. marker | marca de fin de cinta (informática).

E.P.R. absorption | absorción por resonancia paramagnética electrónica.

eager | quebradizo (metales).

eaglestone | piedra de águila, etites.

eagre | ola de marea, pororoca, macareo.

ear cup | audífono | auricular.

ear of a groin | costado de un luneto (arquitectura).

eared screw | cáncamo.

early fallout | precipitación radiactiva inmediata | poso radiactivo inmediato.

early warning | radar explorador, radar de aproximación.

early warning radar | radar de alarma de largo alcance.

early-warning radar aircraft | avión de radar de descubierta.

earth | tierra | suelo | pérdida a tierra (electricidad).

earth arrester | cortacircuito de puesta a tierra.

earth bolt | clavija de puesta a tierra.

earth borer | trépano de sondar, barrena de cateo.

earth cable | cable de tierra | cable de masa (motores).

earth capacity | capacidad a tierra.

earth circuit | circuito de vuelta por tierra.

earth coal | lignito | carbón mineral.

earth cobalt | asbolita.

earth coil | inductor de tierra.

earth connection | unión a tierra, contacto de tierra | toma de tierra.

earth core | conductor de tierra (cables).

earth creep | corrimiento de tierras, derrumbe.

earth detector | detector de defectos de aislamiento.

earth electrode | electrodo de masa, electrodo de puesta a tierra.

earth fault | pérdida a tierra | contacto con tierra | pérdida a masa.

earth flax | amianto.

earth foam | afrita.

earth force | fuerza de gravedad.

earth grab | cuchara excavadora.

earth indicator | indicador de defectos de aislamiento.

earth lead | conductor de puesta a tierra | conexión de tierra | hilo de puesta a tierra.

earth leakage | pérdida a tierra, derivación a tierra.

earth line | línea de tierra.

earth magnetic field | campo magnético terrestre.

earth metal | metal terroso | metal cuyo óxido está clasificado como una tierra.

earth orbit rendez-vous | cita en órbita terrestre (astronáutica).

earth pitch | brea mineral.

earth plate | toma de tierra.

earth return | retorno por masa.

earth return system | sistema de retorno por masa.

earth rheology | reología terrestre.

earth science | pedología.

earth scientist | pedólogo | geólogo.

earth slide | derrumbe | corrimiento de tierras.

earth spring | resorte de puesta a tierra (electricidad).

earth station | estación de seguimiento.

earth strip | brida de tierra (electricidad).

earth system | sistema de conexión a tierra | sistema de conexión a masa.

earth tester | aparato para medir tierras (electricidad).

earth testing | prueba de puesta a tierra.

earth (to) | poner a tierra (electricidad) | unir a masa (motores).

earth wave | onda sísmica.

earth wire | hilo de masa | hilo de puesta a tierra.

earth-boring auger | sonda trépano, barrena de cateo.

earth-connected | unido a tierra.

earthed | unido a tierra (electricidad) | unido a masa (motores).

earthed circuit | circuito conectado a masa.

earth-electrode system | sistema de puesta a tierra con electrodos.

earth-fall | desprendimiento de tierras, derrumbe.

earth-induction compass | brújula electromagnética.

earthing point | punto de contacto con tierra.

earthing relay | relé de puesta a tierra.

earthing resistance | resistencia de conexión a masa.

earthing resistor | resistor de puesta a tierra.

earthing switch | interruptor de puesta a tierra.

earthmover | máquina para movimientos de tierras.

earthmoving | trabajo de desmonte.

earthometer | medidor de impedancia del circuito total puesto a tierra.

earth-orbiting satellite | satélite de la tierra.

earthquake | terremoto, sismo.

earthquake shock | sacudida sísmica.

earthquake waves | ondas sísmicas.

earthquake-fault | falla sísmica.

earthquake-proof | antisísmico.

earth-wired | puesto a tierra.

earthy | puesto a tierra (electricidad).

earthy cobalt | cobalto oxidado negro, asbolita, asbolana.

ease away (to) | arriar, filar, largar.

ease off (to) | arriar, filar, largar.

ease the helm down (to) | meter la caña suavemente a sotavento.

ease the helm (to) | levantar la caña.

ease (to) | dar huelgo (a una pieza) | aflojar (tornillos, frenos), aminorar la velocidad | largar (una amarra).

easing | descimbramiento.

easing centers | descimbramiento.

easing gear | mecanismo para levantar la válvula de seguridad (calderas).

easing lever | palanca de levantamiento (válvula de seguridad).

East variation | declinación de la aguja imantada hacia el nordeste.

east-bound | que va hacia el este (trenes) | con rumbo al este (buques).

eastern amplitude | amplitud ortiva (astronomía).

easting | rumbo al este | hacia el este.

easy | fácil, holgado.

easy control | manejo fácil.

easy fit | ajuste suave.

easy handling | facilidad de manejo.

easy to handle | manejable.

easy to operate | de manejo fácil.

easy to operate and maintain | fácil de funcionar y conservar.

easy to service | fácil de manejar.

easy-machining steel | acero de fácil maquinado.

easy-to-use instrument | instrumento fácil de usar.

eat away (to) | socavar | corroer.

eat into (to) | corroer.

eat (to) | corroer.

eating away | corrosión (metales).

ebb | reflujo de la marea.

ebb and flood | flujo y reflujo.

ebb channel | canal de reflujo.

ebb current | reflujo de la marea.

ebb tide | marea menguante, marea descendente, reflujo.

ebb (to) | disminuir | menguar la marea.

ebonite | ebonita.

ebulliometry | ebulliometría.

ebullioscope | ebulloscopio.

ebullioscopy | ebulloscopia.

ebullition | ebullición.

ebullition point | temperatura de ebullición.

eccentric | excéntrica (mecánica).

eccentric anomaly | anomalía excéntrica.

eccentric asembly | conjunto de excéntricas.

eccentric bearing | cojinete de la excéntrica.

eccentric bit | trépano excéntrico | barrena excéntrica.

eccentric chisel | trépano excéntrico.

eccentric chuck | mandril excéntrico.

eccentric disc | disco de excéntrica.

eccentric gear | mecanismo de excéntrica.

eccentric motion | accionamiento por excéntrica.

eccentric pin | pasador de excéntrica.

eccentric radius | radio de excentricidad.

eccentric rod | biela de excéntrica.

eccentric shaft | eje de la excéntrica | eje de levas.

eccentric transit | teodolito de anteojo excéntrico.

eccentric wheel | rueda excéntrica.

eccentricity recorder | registrador de excentricidad.

echelette | rejilla de difracción.

echelle | rejilla de difracción.

echelle grating | retículo escalonado | rejilla de difracción.

echelon | escalón.

echo | eco | onda secundaria o reflejada (radio, radar), imagen fantasma (televisión) | ecoico | energía radiante reflejada.

echo altimeter | altímetro de eco.

echo amplitude | amplitud de eco.

echo area | parte del blanco que retorna los ecos (radar).

echo blip | señal de eco (radar).

echo box | caja de resonancia.

echo cancellation | eliminación de ecos.

echo canceller | cancelador de ecos.

echo chamber | cámara de resonancia, cámara resonante (radio) | cámara ecoica.

echo check | verificación por eco (informática).

echo detection | detección por ecos.

echo distortion | distorsión ecoica.

echo intensifier | intensificador de eco (radar).

echo killer | eliminador de ecos.

echo meter | ecómetro.

echo pulse | impulso de eco.

echo range | alcance del eco.

echo ranging | ecometría.

echo record I registro del eco.

echo selector I selector de ecos.

echo sounder I sondador acústico I ecosonda.

echo sounding I sondeo acústico.

echo sounding gear I ecosondador.

echo suppressor I eliminador de ecos.

echo test set I ecómetro.

echo (to) I hacer eco I resonar, formar eco.

echo voltage I tensión de eco (telecomunicaciones).

echo wave I onda reflejada (telecomunicaciones).

echoer I repetidor (acústica).

echo-free I anecoico.

echoic I ecoico.

echoing characteristics I características ecoicas (radar).

echoless I anecoico.

echoless chamber I cámara anecoica.

echometer I sondador acústico, ecosonda.

echo-ranging sonar I sonar de ecos radáricos de distancia I sonar activo.

echosound (to) I ecosondar.

echo-sounding apparatus I sondador acústico.

echo-sounding machine I aparato de sonda acústica.

eclipsed conformation I configuración eclipsada (química).

ecliptic I eclíptico.

ecliptic coordinate system I sistema de coordenadas eclípticas.

ecliptic pole I polo eclíptico (astronomía).

eclogitic diamond I diamante eclogítico.

eclosion I eclosión.

econometer I económetro (indicador de combustión de calderas).

economic mineral I mineral de valor comercial.

economizer I calentador del agua de alimentación (calderas) I recuperador I cambiador de calor.

economizer jet I surtidor economizador (carburador).

economizing basin I depósito recuperador (esclusas).

economy coil I bobina de reactancia.

economy steel I acero con pequeñas proporciones de materiales de aleación (como níquel, tungsteno, etc.).

ecume de mer I sepiolita.

edaphology I edafología.

eddy I vórtice I vorticial I turbulencia.

eddy conduction I transferencia térmica por medio de remolinos.

eddy current I corriente de Foucault I corriente de fuga I corriente turbulenta.

eddy current brake I freno electromagnético.

eddy diffusion I difusión de la turbulencia.

eddy loss I pérdida por remolinos I pérdida por corrientes parásitas I pérdidas por torbellinos.

eddy rocks I rocas de falsa estratificación.

eddy-current brake I freno de corrientes parásitas.

eddy-current clutch I embrague por corrientes inducidas.

edge I filo, corte I esquina I borde.

edge conditioning I repaso de los cantos (chapas).

edge connector I conector de borde (informática).

edge damping I amortiguamiento periférico.

edge definition I nitidez del contorno (TV).

edge dislocation I dislocación en cuña I dislocación marginal I dislocación de borde (cristalografía).

edge flare I distorsión de contrastes sobre los bordes (TV).

edge joint I junta angular.

edge mill I fresa estrecha, fresa-sierra.

edge milling machine I máquina de achaflanar.

edge plane I superficie de separación.

edge planer I cepillo para cantos de chapas, canteadora.

edge runner I muela vertical I rueda vertical I triturador de muelas verticales.

edge saw I sierra de descantear.

edge seam I estrato empinado (geología).

edge setting I curvatura a diámetro muy pequeño (chapas).

edge shot I arista matada.

edge strip I cubrejunta longitudinal.

edge (to) I ribetear I bornear I achaflanar, biselar.

edge tool I herramienta de corte I brujidor I punta de rebajar.

edge weld I soldadura en los cantos.

edge weld (to) I soldar los cantos.

edgeless I embotado, sin filo I sin aristas I sin esquinas I sin cantos vivos.

edge-notched I con entalla en el canto I con entalla en el borde.

edger I biseladora I cepillo de cantear chapas, canteadora I sierra de cantear.

edgewise I de filo I de canto I de lado.

edging I borde I corte I ajuste preciso del ancho (laminación) I corte de los cantos para obtener la anchura deseada I redondeamiento por forja de un disco recalcado.

edging of ballast I recorte de la capa de balasto para que quede en línea recta (ferrocarriles).

edging roll I cilindro de cantear (tren de bandajes).

edgy I de aristas vivas (piedras) I de filo agudo.

edification | edificación.
edify (to) | edificar.
edit code | código de edición (informática).
edit memory | almacenamiento en memoria de un dato editado.
edit word | palabra de edición.
edited video | cinta de vídeo montada.
editing console | consola de edición.
editing cubicle | cabina de montaje (cine).
editing room | sala de montaje (comunicaciones).
editor controller | consola de montaje (grabación).
educt | producto de descomposición, residuo (química).
eduction | descarga | evacuación | emisión | educción, exhaustación, escape (motores).
eduction gear | mecanismo de evacuación.
eduction overlap | recubrimiento a la evacuación.
eduction pipe | tubo eductor, tubo de escape, tubo de evacuación.
eduction port | orificio de emisión, orificio de evacuación, orificio de escape, orificio de descarga.
eduction valve | válvula de emisión, válvula de escape.
edulcorate (to) | edulcorar | purificar.
effect | efecto | resultado | alcance | acción (palanca).
effective | efectivo | eficaz.
effective actuation time | tiempo efectivo de accionamiento (relé).
effective alternating current | corriente eficaz.
effective area | área efectiva | alcance eficaz (antena).
effective current | corriente eficaz (electricidad).
effective diameter | diámetro primitivo (engranajes) | diámetro efectivo (tornillos).
effective electrical angle | ángulo eléctrico efectivo.
effective exhaust velocity | velocidad de escape eficaz.
effective fire | tiro eficaz.
effective force | fuerza útil.
effective head | caída útil, desnivel efectivo.
effective height | altura efectiva.
effective output | potencia efectiva.
effective pitch | paso eficaz.
effective power | potencia efectiva, potencia al freno.
effective pressure | presión efectiva | voltaje real.
effective radiation | radiación eficaz.

effective range | alcance efectivo | distancia eficaz.
effective reactance | reactancia efectiva.
effective speed | velocidad efectiva.
effective thrust | empuje eficaz.
effective transmission equivalent | equivalente de transmisión efectivo (telecomunicaciones).
effective voltage | tensión eficaz.
effectiveness | eficacia, eficiencia | rendimiento (termodinámica).
effervesce (to) | efervescer.
effervescence | efervescencia.
effervescent salt | sal efervescente.
effervescent steel | acero efervescente.
efficiency | eficiencia | rendimiento, efecto útil | coeficiente de rendimiento.
efficiency curve | curva de rendimiento (electricidad).
efficiency diode | diodo de ganancia (TV) | diodo reforzador (TV) | diodo de recuperación.
efficient | factor (matemáticas).
effloresce (to) | eflorescer.
efflorescence | eflorescencia (química).
efflorescent | eflorescente.
efflorescent deposit | yacimiento eflorescente.
efflorescent salt | sal eflorescente.
effluence | efluencia.
effluent | efluente, efusión.
effluent pipe | tubo de salida.
efflux | emanación | evacuación (líquidos).
efflux coefficient | coeficiente de descarga.
efflux nozzle | tobera de descarga.
efflux pipe | tubo de salida.
effluxion | evacuación (líquidos), salida (líquidos).
effort current | corriente eficaz (electricidad).
effuser | tobera eyectora (aerodinámica).
effusiometer | efusómetro.
effusion | efusión.
effusive period | período efusivo (geología).
effusive rocks | rocas efusivas, rocas volcánicas.
egg | antracita de tamaño entre 60 y 75 milímetros | techo de escape de la cabina (aviones supersónicos).
eggshell turquoise | turquesa con aspecto agrietado.
egg-stone | oolita.
eglestonite | eglestonita | oxicloruro de mercurio (Hg_4Cl_2O).
egress | salida | escape (máquinas).
egression | salida, exhaustación | escape (máquinas).
Egyptian alabaster | alabastro oriental | calcita bandeada (Egipto).
Egyptian blue | silicato doble de cal y cobre.

Egyptian jasper I jaspe de forma redondeada.

Egyptian pebble I ágata.

Egyptian peridot I peridoto de la isla de San Juan (Mar Rojo).

Egyptian turquoise I turquesa de la península del Sinaí.

eigen value I valor propio (química).

eigenfunctions I funciones propias.

eigenvectors I vectores propios.

eighths I proceso final de laminado múltiple de chapas en paquete.

eightlings I macla cíclica con ocho partes individuales que han girado 180 grados.

eightsquare (to) I ochavar (carpintería).

einsteinium I einsteinio (nº atómico = 99).

eisen platinum I ferroplatino.

eisenwolframite I ferberita.

eject I expulsión I eyección.

ejecta I eyecta I materias vomitadas I proyectiles volcánicos.

ejectable I eyectable.

ejectable cabin I cabina eyectable.

ejectable seat I asiento eyectable.

ejected beam I haz de salida.

ejecting mechanism I deyector.

ejection I expulsión, evacuación I eyección.

ejection device I dispositivo de expulsión, eyector.

ejection mechanism I mecanismo eyector, mecanismo de expulsión.

ejection seat I asiento expulsable (aviones).

ejection velocity I velocidad de eyección I velocidad del chorro de gases (aeronáutica).

ejector I expulsador I eyector.

ejector claw I garra del expulsor.

ejector condenser I condensador de chorro, condensador por eyección.

ejector pump I bomba eyectora.

elapsed time I tiempo transcurrido I intervalo.

elapsed time recorder I totalizador de tiempo de funcionamiento.

elapsed-time indicator I indicador de tiempo de funcionamiento (máquinas).

elastic I elástico.

elastic bending I flexión elástica.

elastic bitumen I elaterita.

elastic mineral pitch I elaterita.

elastic potential energy I energía potencial de deformación.

elastic ratio I relación entre el límite elástico y la carga de rotura.

elastic scattering I dispersión elástica, difusión elástica (nucleónica).

elastic twist I torsión elástica.

elasticity I elasticidad.

elastomer I elastómero (química).

elastomeric bumper system I sistema de parachoques elastoméricos (automóviles).

elastometer I elastómetro.

elastoplastic beam I viga elastoplástica.

elaterite I elaterita (hidrocarburo amorfo) I betumen elástico.

elbow I codo I tubo acodado I desviación brusca (galería mina) I estrato vertical (geología).

elbow adapter I codo adaptador.

elbow catch I pestillo acodado.

elbow connector I conectador angular.

elbow discharge I codo de descarga.

elbow ell I codo (tuberías).

elbow in the hawse I vuelta en las cadenas de las anclas (buque fondeado con dos anclas).

elbow joint I unión en T I junta articulada.

elbow pipe I tubo acodado.

elbow room I resguardo (túneles) I amplitud lateral (máquinas).

elbow (to) I acodar.

elbow tongs I tenazas de boca curva.

elbowed I acodado.

elbowed spanner I llave inglesa acodada.

elbowed wrench I llave de pipa (para tuercas).

electra I electra (sistema de radionavegación).

electralloy I aleación con propiedades no magnéticas.

electret I electreto I imán permanente de material dieléctrico.

electric I eléctrico.

electric angle I desfasaje (electricidad).

electric arc I arco eléctrico, arco voltaico.

electric arc basic steel melting furnace I electrohorno de arco para fundir acero básico.

electric arc welding I soldeo por arco eléctrico.

electric axis I eje eléctrico.

electric balance I contrapeso eléctrico, contracapacidad eléctrica.

electric battery I batería eléctrica.

electric bias I polarización eléctrica.

electric blasting cap I cebo eléctrico.

electric bond I conexión eléctrica.

electric brake I freno eléctrico.

electric brazing I cobresoldadura eléctrica, electrocobresoldadura.

electric breakdown I rigidez dieléctrica I disrupción eléctrica.

electric cable I cable eléctrico.

electric calamine I hemiformita I silicato de cinc.

electric cap I cebo eléctrico.

electric cell I pila eléctrica.

electric charge I carga eléctrica.

electric chuck | plato de accionamiento eléctrico (tornos).
electric circuit | circuito eléctrico.
electric component | componente eléctrica, componente electrostática.
electric conduction | conducción eléctrica.
electric connection | conexión eléctrica.
electric coring | perfilaje eléctrico (sondeos).
electric counter | contador eléctrico.
electric coupling | acoplamiento eléctrico.
electric current | corriente eléctrica.
electric cutout | interruptor eléctrico.
electric damping | amortiguamiento eléctrico.
electric deflection | desviación eléctrica.
electric delay line | línea de retardo eléctrica.
electric deposition | galvanoplastia.
electric detonator | detonador eléctrico.
electric detonator fuse | cebo eléctrico.
electric dipole | dipolo eléctrico.
electric discharge | descarga eléctrica.
electric doublet | dipolo eléctrico.
electric drainage | drenaje eléctrico.
electric drive | accionamiento eléctrico | impulsión eléctrica.
electric eel | gimnoto | anguila eléctrica.
electric elasticity | elasticidad eléctrica, elastancia específica.
electric energy | energía eléctrica.
electric eye | célula fotoeléctrica.
electric field | campo eléctrico.
electric flowmeter | medidor eléctrico de flujo.
electric flux | flujo eléctrico | corriente de desplazamiento | flujo de desplazamiento (electricidad).
electric force | fuerza eléctrica.
electric forming | formación eléctrica (semiconductor).
electric fuse | cebo eléctrico.
electric gage | galga eléctrica.
electric generating set | grupo electrógeno.
electric generator | electrogenerador.
electric hammer | martillo eléctrico.
electric hoist | torno eléctrico | máquina de extracción eléctrica (minas).
electric hysteresis | histéresis eléctrica.
electric ignition | encendido eléctrico.
electric impulse | impulso eléctrico.
electric indicator | electroindicador.
electric induction | electroinducción.
electric inertia | inercia eléctrica.
electric interconnection | interconexión eléctrica.
electric lamp | lámpara eléctrica.
electric leakage | pérdida eléctrica | cortocircuito.

electric light | luz eléctrica.
electric lighter | electroencendedor.
electric line | línea eléctrica.
electric log | sondeo eléctrico (perforaciones).
electric logging | perfilaje eléctrico, testificación eléctrica (sondeos).
electric loss | pérdida eléctrica.
electric magnet | electroimán.
electric main | conductor principal (electricidad) | canalización eléctrica | red de energía eléctrica.
electric megaphone | electromegáfono.
electric melting furnace | horno de electrofusión.
electric meter | contador de electricidad | contador eléctrico.
electric moment | par eléctrico.
electric motor | electromotor.
electric network | red eléctrica.
electric piping | canalización eléctrica.
electric plant | instalación eléctrica | fábrica de electricidad.
electric plug | tomacorriente.
electric polarization | polarización eléctrica.
electric potential | potencial eléctrico.
electric potential difference | diferencia de potencial eléctrico.
electric potential gradient | gradiente del potencial eléctrico.
electric power | energía eléctrica.
electric power converter | convertidor de energía eléctrica.
electric power plant | planta eléctrica | grupo electrógeno | central eléctrica.
electric power station | central eléctrica.
electric power substation | subestación eléctrica.
electric pulley block | electropolipasto.
electric pump | electrobomba.
electric raceway | conducto eléctrico.
electric railroad | línea férrea electrificada.
electric railway | ferrocarril eléctrico.
electric regulator | electrorregulador.
electric remote control | telemando eléctrico.
electric reset | reposición eléctrica (relés).
electric residue | carga residual (electricidad).
electric rock drill | perforadora eléctrica.
electric saw | electrosierra.
electric scanning | exploración eléctrica (radar).
electric screen | pantalla eléctrica.
electric shield | pantalla eléctrica | blindaje eléctrico.
electric shock | sacudida eléctrica, electrochoque.
electric smelting | electrofusión.

electric squib | cebo eléctrico.

electric steel | acero de electrohorno, acero eléctrico.

electric strength | rigidez dieléctrica | resistencia eléctrica.

electric stress | esfuerzo dieléctrico.

electric supply | suministro eléctrico.

electric switch | conmutador eléctrico.

electric telecommunications | telecomunicaciones eléctricas.

electric telemetering | electrotelemedición | telemedición eléctrica.

electric tension | fuerza electromotriz.

electric thermostat | electrotermostato.

electric timer | cronomedidor eléctrico.

electric train | electrotrén, tren eléctrico.

electric tube | estopín eléctrico.

electric tuning | sintonización eléctrica.

electric vacuum furnace | electrohorno de vacío.

electric varnish | barniz aislante (electricidad).

electric wave | onda electromagnética, onda hertziana.

electric welder | soldadora eléctrica (máquina).

electric wiring | canalización eléctrica, cablería eléctrica.

electric wiring diagram | diagrama del cableado eléctrico.

electrical | eléctrico.

electrical accumulator | electroacumulador.

electrical axis | eje X (de un cristal).

electrical bias | polarización eléctrica.

electrical breakdown | descarga disruptiva | ruptura eléctrica.

electrical ceramics | electrocerámica, productos cerámicos para usos eléctricos.

electrical computing | cálculo electrónico.

electrical conduit | canalización eléctrica.

electrical coring | exploración geológica mediante determinación de resistividades del terreno (sondeos).

electrical delay line | línea de retardo eléctrico.

electrical disintegration | electrodesintegración.

electrical drainage | drenaje por electroósmosis.

electrical energy | energía eléctrica.

electrical fault | avería eléctrica.

electrical firing | disparo eléctrico (electrotecnia).

electrical hoist | electropolipasto.

electrical inertia | inductancia.

electrical interrupter | electrointerruptor.

electrical load | carga eléctrica.

electrical lock | bloqueo eléctrico.

electrical output | potencia eléctrica.

electrical pressure | potencial eléctrico, voltaje.

electrical propulsion | electropropulsión.

electrical prospecting | prospección geoeléctrica.

electrical repulsion | electrorrepulsión.

electrical residue | carga residual (electricidad).

electrical steel | acero obtenido en el horno eléctrico | acero al silicio | hierro electrolítico.

electrical technology | electrotecnia.

electrical telemetering | electrotelemedición.

electrical thermometer | electrotermómetro.

electrical tie-in | conexión eléctrica.

electrical twinning | maclación eléctrica.

electrical unit | unidad eléctrica | equipo eléctrico, grupo electrógeno.

electrically bonded | conectado.

electrically operated valve | electroválvula.

electric-field strength | intensidad del campo eléctrico.

electric-field-induced | inducido por un campo eléctrico.

electrician's solder | soldadura de estaño, 94,5% y plomo, 5,5%.

electricity | electricidad.

electricity data processing | procesamiento eléctrico de datos.

electricity meter | contador de electricidad.

electricity works | central eléctrica.

electrification | electrificación.

electrification detector | electroscopio.

electrify (to) | electrificar.

electrifying | electrificación.

electrization | electrización.

electrize (to) | electrizar.

electro | electroforma.

electro optics | óptica electrónica.

electro pig iron | arrabio de electrohorno.

electro (to) | galvanoplastiar.

electroabsorption | electroabsorción.

electroacoustics | electroacústica.

electro-air valve | válvula electroneumática.

electrobronze | bronce galvánico.

electroceramics | electrocerámica.

electrochemical | electroquímico.

electrochemical cell | célula electroquímica.

electrochemical forming | electroformación.

electrochemical induration | induración electroquímica (de rocas débiles).

electrochemical valve | válvula electroquímica.

electrochemistry | electroquímica.

electrochlorination | electrocloración.

electrocoating | electrorrevestimiento (química).

electrocute (to) | electrocutar.

electrocuting I electrocución.
electrocution I electrocución.
electrocybernetics I electrocibernética.
electrode I electrodo.
electrode admittance I admitancia de electrodo.
electrode capacitance I capacitancia de electrodo.
electrode impedance I impedancia electródica.
electrode potential I potencial de electrodo.
electrode pressure I voltaje del electrodo.
electrode reactance I reactancia de electrodo.
electrode resistance I resistencia de electrodo.
electrode susceptance I susceptancia de electrodo.
electrode-dynamic relay I relé electrodinámico.
electrodeless plating I revestimiento por reducción química, quimioplastia.
electrodeposit I deposición electrolítica, deposición galvanoplástica, revestimiento electrolítico, electrodepósito.
electrodeposit (to) I depositar electrolíticamente, electrodepositar, galvanoplastiar.
electrodeposited coating I revestimiento galvanoplástico.
electrodeposited metal I metal electrodepositado, metal galvanoplastiado.
electrodeposition I deposición electrolítica, electrodeposición, galvanoplastia, galvanostegia, electroplastia.
electro-desintegration I desintegración del núcleo por bombardeo electrónico.
electrodesintegrator I electrodesintegrador.
electrodic ion I ion electródico.
electrodissolution I electrodisolución.
electrodynamic arrester I pararrayos electrodinámico.
electrodynamic loudspeaker I altavoz electrodinámico.
electrodynamic relay I relé electrodinámico.
electrodynamics I electrodinámica.
electrodynamometer I electrodinamómetro.
electroerosion I erosión electrolítica, electroerosión, electrofragmentación.
electroextraction I extracción electroquímica, electroextracción (metales).
electrofacing I metalización galvánica, galvanometalización.
electrofluorescence I electrofluorescencia.
electroforged steel I acero electroforjado.
electroforging I electroforjado (por resistencia).
electroform (to) I electromoldear, electroformar, galvanoplastiar sobre horma o matriz.
electroforming I electroplastia I electroconformación I electromoldeo, metalización por

electrólisis, electroformación (deposición sobre matriz u horma) I galvanoplastia.
electrogalvanize (to) I electrocincar, electrogalvanizar.
electrogen I electrógena.
electrogenous unit I grupo electrógeno.
electrogoniometer I electrogoniómetro.
electrographic printer I impresora electrográfica.
electrohydraulic I electrohidráulico.
electrohydraulic brake I freno electrohidráulico.
electrohydraulic control I control electrohidráulico I regulación electrohidráulica.
electrohydraulic regulation I regulación electrohidráulica.
electrohydromagnetism I electrohidromagnetismo.
electrohydrometry I electrohidrometría.
electroinduction I electroinducción.
electroionic I electroiónico.
electroiron I hierro electrolítico.
electrokinetic transducer I transductor electrocinético.
electrokinetics I electrocinética.
electroleach (to) I electrolixiviar.
electroless I no electrolítico I sin electrodos I producido por reducción química.
electroless plate (to) I quimioplastiar.
electroless plating I recubrimiento por vía química I revestimiento por reacción química, quimioplastia, revestimiento anelectrolítico, deposición por inmersión.
electrology I electrología.
electrolon I electrolón.
electroluminescence I electroluminiscencia.
electroluminescent display I representación visual electroluminiscente.
electrolysis I electrólisis.
electrolysis furnace I horno de electrólisis.
electrolysis pot I cuba de electrólisis.
electrolytic I electrolítico.
electrolytic anode I ánodo electrolítico.
electrolytic brightening I electropulimento.
electrolytic cathode I cátodo electrolítico.
electrolytic cell I célula electrolítica.
electrolytic chlorination I cloración electrolítica.
electrolytic chlorine I cloro electrolítico.
electrolytic condenser I condensador electrolítico.
electrolytic conduction I conducción electrolítica (química).
electrolytic depolarization I despolarización electrolítica.

electrolytic deposition | galvanoplastia.
electrolytic derusting | desoxidación electrolítica.
electrolytic dissociation | disociación electrolítica.
electrolytic hydrogen | hidrógeno electrolítico.
electrolytic ionization | ionización electrolítica.
electrolytic polarization | polarización electrolítica.
electrolytic rheostat | reóstato electrolítico.
electrolytic salts | sulfato de níquel.
electrolytic smelting | fusión electrolítica.
electrolytic solution | disolución electrolítica.
electrolytic treatments | baños electroquímicos.
electrolytic voltmeter | voltímetro electrolítico.
electrolytic winning | separación electrolítica (metalurgia).
electrolyzation | electrolización.
electrolyze (to) | electrolizar.
electrolyzer | electrolizador.
electromachining | electropulimento.
electromagnet | electroimán.
electromagnetic | electromagnético.
electromagnetic adherence | adherencia electromagnética.
electromagnetic ammeter | amperímetro electromagnético.
electromagnetic bias | polarización electromagnética.
electromagnetic component | componente electromagnética.
electromagnetic cut-out | disyuntor electromagnético.
electromagnetic cylinder | solenoide.
electromagnetic disturbance | perturbación electromagnética.
electromagnetic energy | radiación electromagnética.
electromagnetic engine | electromotor.
electromagnetic field | campo electromagnético.
electromagnetic force | fuerza electromagnética.
electromagnetic galvanometer | galvanómetro electromagnético.
electromagnetic induction | inducción electromagnética.
electromagnetic inertia | inercia electromagnética.
electromagnetic leakage | dispersión electromagnética.
electromagnetic locking | blocaje electromagnético.
electromagnetic mirror | espejo electromagnético | antena parabólica de radar.
electromagnetic momentum | impulsión electromagnética.

electromagnetic pickup | captor electromagnético.
electromagnetic pulse | impulso electromagnético.
electromagnetic radiation | radiación electromagnética.
electromagnetic relay | relé electromagnético | relevador electromagnético (circuitos eléctricos).
electromagnetic scanning | exploración electromagnética.
electromagnetic shock wave | onda de choque electromagnética.
electromagnetic spectrum | espectro electromagnético.
electromagnetic stress | tensión electromagnética.
electromagnetic switch | interruptor electromagnético.
electromagnetic testing | prueba electromagnética.
electromagnetic torque | par electromagnético.
electromagnetic voltmeter | voltímetro electromagnético.
electromagnetic wave | onda electromagnética.
electromagnetic wave bundle | haz de ondas electromagnéticas.
electromagnetic wave propagation | propagación de las ondas electromagnéticas.
electromagnetically operated valve | válvula electromagnética.
electromagnetism | electromagnetismo.
electromagnetogasdynamics | electromagnetogasdinámica.
electromanganese | manganeso electrolítico.
electromanometer | electromanómetro.
electromechanical drive | acoplamiento electromecánico.
electromechanical feedback | retroacción electromecánica.
electromechanical plotter | trazador de gráficos electromecánicos.
electromechanical relay | relé electromecánico.
electromechanical steering gear | servomotor electromecánico.
electromechanical switch | conmutador electromecánico.
electromechanical transducer | transductor electromecánico.
electromechanics | electromecánica.
electromeric | electrómero.
electromeric anion | anión electrómero.
electromerism | electromería.
electrometalling | electrometalización.
electrometallization | electrometalización.
electrometallurgy | electrometalurgia.

electrometer I electrómetro I electrométrico.
electrometer triode I triodo electrómetro.
electrometric I electrométrico.
electrometric titration I valoración electrométrica.
electrometrology I electrometrología.
electrometry I electrometría.
electromicrography I electromicrografía.
electromigration I electromigración.
electromotance I fuerza electromotriz.
electromotion I electromoción, movimiento de la corriente eléctrica I potencia motriz eléctrica.
electromotive force I fuerza electromotriz.
electromotor I electromotor I electromotriz I motor eléctrico.
electron I electrón I megatón I electrónico.
electron annular beam I haz anular de electrones.
electron avalanche I ionización acumulativa, ionización en cadena, ionización en alud.
electron beam I haz de electrones I chorro electrónico.
electron beam generator I generador de haz electrónico.
electron beam tube I tubo de haz electrónico.
electron bunch I grupo de electrones.
electron bunching I reagrupamiento de los electrones I agrupamiento electrónico.
electron charge I carga electrónica.
electron cloud I concentración de electrones I nube electrónica.
electron conductance I conductancia electrónica.
electron coupled oscillator I oscilador de acoplamiento electrónico.
electron coupler I acoplador electrónico.
electron coupling I acoplamiento electrónico.
electron cyclotron I ciclotrón de electrones.
electron diffraction I difracción electrónica.
electron diffraction unit I difractor de electrones.
electron drift I arrastre electrónico I flujo de electrones.
electron efficiency I rendimiento electrónico.
electron emission I emisión electrónica.
electron film I capa de electrones.
electron flow I flujo electrónico.
electron gas I gas electrónico.
electron gyromagnetic ratio I relación giromagnética del electrón.
electron lens I lente electrónica.
electron logging I sondeo electrónico I registro electrónico, disgrafía electrónica (sondeos).
electron magnetic resonance I resonancia magnética electrónica.

electron microprobe I microsonda electrónica.
electron mirror I espejo electrónico I dínodo, cátodo secundario.
electron multiplier I multiplicador de electrones, tubo generador de electrones secundarios.
electron optical lens I lente opticoelectrónica.
electron optics I óptica electrónica.
electron pair I par de electrones.
electron pair bond I enlace de par de electrones.
electron probe I sonda electrónica.
electron probe microanalyser I microanalizador de sonda electrónica I microsonda electrónica.
electron radius I radio del electrón.
electron rangefinder I telémetro electrónico.
electron ray I haz de electrones.
electron recoil I retroceso de electrón.
electron resonance I resonancia electrónica.
electron scattering I dispersión de los electrones.
electron screening I blindaje electrónico.
electron seeking I aceptación de electrones.
electron sheath I capa de electrones.
electron shell I capa de electrones.
electron spin I espín de electrón.
electron spin resonance I resonancia de rotación del electrón I resonancia del espín electrónico.
electron storance I coeficiente de almacenamiento electrónico.
electron stream I flujo electrónico I corriente de electrones.
electron synchrotron I sincrotrón de electrones.
electron trimmer I compensador electrónico.
electron tube I tubo electrónico, lámpara electrónica, lámpara termiónica I válvula electrónica.
electron valence ratio I relación de los electrones de valencia a los átomos.
electron valve I válvula termiónica.
electron-beam channeling I canalización de haz electrónico.
electron-beam furnace I horno de haz electrónico.
electron-beam generator I generador de haz electrónico.
electron-beam indicator I indicador de haz catódico.
electron-beam loading I carga de haz electrónico.
electron-beam melting I fusión por haz electrónico.

electron-beam microprobe | microsonda de haz electrónico.

electron-beam readout | lectura por haz electrónico.

electron-coupled oscillator | oscilador de acoplamiento electrónico, oscilador de acoplo catódico.

electronegative | electronegativo.

electronegativity | electronegatividad.

electron-electron interaction | interacción mutua entre electrones.

electron-emissive coating | capa de emisión electrónica.

electroneutrality | electroneutrabilidad.

electronic | electrónico.

electronic a.c. potentiometer | potenciómetro electrónico para corriente alterna.

electronic absorption spectrum | espectro de absorción electrónica.

electronic array | conjunto electrónico.

electronic aural responder | receptor electrónico de referencia acústica.

electronic brain | calculadora electrónica.

electronic canary | detector electrónico de monóxido de carbono (minas).

electronic circuit | circuito electrónico.

electronic circuitry | circuitación electrónica.

electronic CO detector | detector electrónico de monóxido de carbono en el aire de una mina.

electronic computer center | centro de cálculo electrónico.

electronic concentration of ore | concentración electrónica de minerales.

electronic converter | convertidor electrónico de corriente continua en alterna | convertidor de normas electrónico.

electronic coordinate transformer | transformador electrónico de coordenadas.

electronic coupling | acoplamiento electrónico.

electronic crossover | divisor electrónico de frecuencias (electroacústica).

electronic data interchange | intercambio electrónico de datos (informática).

electronic data processing | procesamiento electrónico de datos.

electronic defibrillator | desfibrilador electrónico.

electronic despun antenna | antena de contrarrotación electrónica.

electronic detecting unit | equipo detector electrónico.

electronic dimmer | reductor de luz electrónico.

electronic distance | distancia determinada electrónicamente.

electronic driftmeter | medidor de deriva electrónico.

electronic emission spectrum | espectro de emisión electrónico.

electronic engineering | electronotecnia.

electronic exchange | central electrónica (telefonía).

electronic exciter | excitatriz electrónica.

electronic eye | ojo electrónico.

electronic field | campo electrónico.

electronic filing | archivo electrónico.

electronic flow | flujo electrónico.

electronic frequency changer | cambiador de frecuencias electrónico.

electronic fuze | espoleta electrónica.

electronic gear | equipos electrónicos | material electrónico.

electronic heat generator | termogenerador electrónico.

electronic heating | caldeo dieléctrico | calentamiento por histéresis dieléctrica | calentamiento electrónico.

electronic hum | zumbido electrónico.

electronic ignition | encendido electrónico.

electronic integrator circuit | circuito integrador electrónico.

electronic inverter | inversor electrónico.

electronic ionization | ionización electrónica.

electronic jet | haz electrónico.

electronic kit | kit electrónico.

electronic line scanning | exploración de línea electrónica.

electronic log | registro electrónico (sondeos) | sondeo electrónico.

electronic magneton | magnetón del electrón.

electronic mail | correo electrónico | correo por ordenador.

electronic media | soportes electrónicos | medios electrónicos.

electronic memory tube | tubo almacenador de datos numéricos, tubo memorizador electrónico.

electronic motor control | regulador electrónico de motor.

electronic niquel | níquel puro o con pequeñas cantidades de elementos aleados.

electronic office | oficina electrónica.

electronic orbit | órbita electrónica.

electronic oscillator | oscilador electrónico.

electronic part | componente electrónico.

electronic passband filter | filtro pasabanda electrónico.

electronic plates | clisés electrónicos | planchas electrónicas.

electronic power supply I fuente de alimentación electrónica.
electronic printed circuit I circuito impreso electrónico.
electronic printing I copia electrónica de sonido (cine).
electronic pulse I impulso electrónico.
electronic range finder I telémetro electrónico.
electronic raster scanning I exploración electrónica de trama I exploración electrónica.
electronic reader I lector electrónico.
electronic read-out unit I unidad electrónica de lectura.
electronic recording I registro electrónico.
electronic relay I relé electrónico.
electronic rhabdomancy I rabdomancia electrónica.
electronic scan radar I radar de barrido electrónico.
electronic scanner I explorador electrónico.
electronic sculpturing I esculpido electrónico (informática).
electronic servoamplifier I servoamplificador electrónico.
electronic servoregulation I servorregulación electrónica.
electronic sewing machine I soldador electrónico.
electronic shutter I obturador electrónico.
electronic sorter I clasificadora electrónica.
electronic space radar I radar electrónico espacial.
electronic spectrograph I espectrógrafo electrónico.
electronic spin I espín electrónico.
electronic spreadsheet I página electrónica (informática).
electronic storage I memorización electrónica.
electronic storage tube I tubo de acumulación electrónica.
electronic store I almacén de información electrónica (calculadoras electrónicas).
electronic sweep oscillator I oscilador de barrido electrónico.
electronic sweetening I conjunto electrónico.
electronic switch I conmutador electrónico I interruptor electrónico.
electronic switcher I conmutador.
electronic switching I conmutación electrónica.
electronic synthesizer I sintetizador electrónico.
electronic timer I cronómetro electrónico, cronógrafo electrónico, cronoscopio electrónico.
electronic translator I traductor electrónico.
electronic trigger I disparador electrónico.
electronic tuning I sintonización electrónica.

electronic video recording I registro videoelectrónico I grabación electrónica de la imagen I grabación electrónica de vídeo.
electronic view finder I monitor electrónico.
electronic viewfinder I visor electrónico.
electronic voltage regulation I regulación electrónica de tensión.
electronic voltage regulator I regulador electrónico de tensión.
electronic voltage stabilizer I estabilizador electrónico de voltaje.
electronic wave I onda electrónica.
electronically scanned radar I radar de escansión electrónica I radar con exploración electrónica.
electronic-dynamic balancer I equilibrador electronodinámico.
electronic-mechanical system I sistema electronomecánico.
electronic-monitored I con mando electrónico.
electronics application I aplicación de la electrónica.
electronics ceramics I cerámicos para electrónica.
electron-inducted I producido por electrones.
electron-irradiated I irradiado con electrones hiperenergéticos.
electronism I electronismo.
electronization I electronización.
electronize (to) I electronizar.
electronography I electronografía.
electronomy I electronomía.
electron-pairing reaction I reacción captadora de electrones.
electron-probe I microsonda electrónica.
electron-producing I electronógeno.
electron-sensitive plate I placa fotográfica con emulsión electronosensible.
electron-shared bond I enlace covalente.
electron-tube generator I generador de válvula.
electronuclear generating plant I generatriz electronuclear.
electronuclear powerhouse I central de fuerza electronuclear.
electronucleonic I electronucleónico.
electron-volt I electrón-voltio.
electron-yielding ion I ion nucleófilo.
electron-yielding molecule I molécula nucleófila.
electrooptic radar I radar electroóptico.
electrooptical birefringence I birrefringencia electroóptica.
electrooptical measure I medición electroóptica.
electrooptical relay I relé electroóptico.

electrooptical shutter | obturador electroóptico.
electrooptics | electroóptica.
electrophilic | electrófilo.
electrophilic insulator | aislante electrófilo.
electrophilic reactant | reactante electrófilo.
electrophilic reagent | reactivo electrófilo.
electrophilous | electrófilo.
electrophone | electrófono.
electrophonic effect | efecto electrofónico.
electrophonic hearing | audición electrofónica.
electrophony | electrofonía.
electrophoresis | electroforesis.
electrophoretic mobility | movilidad electroforética (bioquímica).
electrophoretogram | electroforetograma.
electrophoricity | electroforicidad.
electrophorous | electroforo.
electrophotographic printer | impresora electrofotográfica.
electroplate (to) | electrochapar, galvanoplastiar, electrodepositar.
electroplated | galvanoplastiado, electrochapado, electrodepositado.
electroplated steel | acero con baño galvanoplástico.
electroplated ware | electroplata.
electroplated waveguide | guía de ondas electroplastiada.
electroplater | baño electrolítico | galvanoplasta.
electroplating | galvanostegia, galvanoplastia, electroplastia, electrodeposición.
electroplating bath | baño galvanoplástico.
electroplating dynamo | dinamo para galvanoplastia.
electroplating solution | solución galvanoplástica, solución para electrochapar.
electropneumatic | electroneumático.
electropneumatic speed regulator | regulador electroneumático de velocidad.
electropolar | electropolar.
electropolish (to) | electropulir.
electropolishing | electropulido, pulido electrolítico | electropulimentado.
electropositive | electropositivo.
electropositive ion | ion electropositivo.
electropositivity | electropositividad.
electropotential | electropotencial.
electroprecipitation | electroprecipitación, precipitación electrolítica.
electropulse engine | motor electropulsante.
electropyrolyzer | electropirolizador.
electropyrometer | electropirómetro.
electroradiometer | electrorradiómetro.
electroreduction | reducción electrolítica.

electrorefine (to) | afinar por electrólisis, electrorrefinar.
electrorefining | afinado electrolítico, electrorrefinado, electrorrefinación | refinación electrolítica.
electroreversing gear | cambio de marcha electromagnético.
electrorheophoresis | electrorreoforesis.
electrosalvaging | electrorrecuperación (de metales).
electroscope | electroscopio.
electroscopy | electroscopia.
electrosedimentation | electrosedimentación.
electrosensitive printer | impresora electrosensible.
electroshaping | conformación electrolítica, electroformación por galvanoplastia inversa.
electrosiderurgy | electrosiderurgia.
electrosilver (to) | platear por electrólisis, galvanoplatear.
electrosis | electrosis.
electrosizing | electrocalibración.
electro-slag | soldadura por retroceso.
electroslag welding | soldadura con electroescoria.
electrosmelt (to) | electrofundir.
electrosmelting | fusión en el horno eléctrico, electrofusión.
electrosonic | electrosónico.
electrospark erosion | erosión por chispa eléctrica, electroerosión.
electrostatic | electrostático.
electrostatic accelerator | acelerador electrostático | generador electrostático.
electrostatic actuator | accionador electrostático.
electrostatic adhesion | adherencia electrostática.
electrostatic ammeter | amperímetro electrostático.
electrostatic bond | enlace electrostático.
electrostatic capacitance | capacitancia electrostática.
electrostatic capacity | capacidad electrostática.
electrostatic coalescing | coalescencia electroquímica.
electrostatic coupling | acoplamiento electrostático | acoplamiento capacitivo.
electrostatic deflection | deflexión electrostática | desviación electrostática.
electrostatic deflector | desviador electrostático.
electrostatic descaling | decapado electrostático.
electrostatic deviating field | campo desviante electrostático.

electrostatic displacement I desfasaje capacitativo.
electrostatic feedback I reacción capacitiva, reacción electrostática.
electrostatic field I campo electrostático.
electrostatic imaging process I proceso electrostático de formación de imágenes.
electrostatic influence I influencia electrostática.
electrostatic pickup probe I sonda de captación electrostática.
electrostatic plate I plancha electrostática (offset).
electrostatic printer I impresora electrostática.
electrostatic printing I impresión electrostática.
electrostatic probe I sonda electrostática.
electrostatic process I procedimiento electrostático.
electrostatic radius I radio electrostático.
electrostatic receiver I receptor electrostático.
electrostatic recording I registro electrostático.
electrostatic relay I relé relevador electrostático.
electrostatic scanning I exploración electrostática I barrido electrostático.
electrostatic screen I pantalla electrostática.
electrostatic shield I blindaje electrostático I pantalla electrostática, pantalla capacitiva.
electrostatic storage I almacenamiento electrostático I memoria electrostática.
electrostatic storage device I dispositivo de memoria electrostática (informática).
electrostatic storage tube I tubo de almacenamiento electrostático.
electrostatic store I memoria electrostática I acumulador electrostático.
electrostatic strain I tensión electrostática.
electrostatic stress I presión electrostática, esfuerzo electrostático.
electrostatic unit (E.S.U.) I unidad electrostática.
electrostatic voltmeter I voltímetro electrostático.
electrostatic wattmeter I vatímetro electrostático.
electrostatic wave I onda electrostática.
electrostatically shielded I apantallado electrostáticamente, con blindaje electrostático.
electrostatography I electrostatografía.
electrosteel I acero eléctrico, electroacero.
electrostenolysis I electroestenólisis.
electrostriction transducer I transductor de electroestricción.
electrostriction I electroestricción.
electrostrictive effect I efecto electroestrictivo.
electrostrictive relay I relé electroestrictivo.

electrotechnical porcelain I porcelana electrotécnica.
electrotechnics I electrotecnia.
electrotechnology I electrotecnología I electrotecnia.
electrotherm I electrotermia.
electrothermal ammeter I amperímetro electrotérmico.
electrothermal printer I impresora electrotérmica.
electrothermal recording I grabación electrotérmica I registro electrotérmico.
electrothermal relay I relé electrotérmico.
electro-thermal thrusters I impulsores electrotérmicos.
electrothermancy I electrotermia.
electrothermic bath I baño electrotérmico.
electrothermic furnace I horno electrotérmico.
electrothermic refining I afino electrotérmico.
electrothermic smelting I fusión electrotérmica.
electrothermics I electrotermia.
electrothermionic I electrotermiónico.
electrothermophore I electrotermóforo.
electrothermostat I electrotermostato.
electrothermy I electrotermia.
electrotin plating I estañado electrolítico.
electrotin (to) I electroestañar.
electrotinned I electroestañado.
electrotinning I electroestañado, estañado electrolítico.
electrotor I motor eléctrico de pequeñísima potencia.
electroturning machine I máquina de tornear por chispeo eléctrico.
electrotype I electrotipia I galvanotipia I galvanotipo I electrotipo.
electrotype plate I placa galvánica.
electrotype (to) I galvanotipar.
electrotyping I galvanotipia I electrotipia.
electrotypy I galvanoplástica, galvanotipia I electrotipia.
electrovalence I electrovalencia.
electrovalent bond I enlace electrovalente.
electrovalent compound I compuesto electrovalente.
electroweld (to) I electrosoldar.
electrowelding I electrosoldeo.
electrowinning I extracción electrolítica, electroextracción, electrodeposición de metales de soluciones de minerales empleando ánodos insolubles.
electrozinc plated steel I acero electrogalvanizado.
electrozinc (to) I electrocincar.

electrum I plata alemana I aleación natural de oro y plata.

elektron alloys I aleaciones basadas en magnesio con elementos adicionales de aluminio, manganeso y cinc.

element I elemento I cuerpo simple (química) I generatriz (curvas).

element 102 I nobelio.

element breakdown I descomposición en elementos.

element of a winding I sección de inducido.

elemental I sustancia elemental, elemental.

eleostearic acid I ácido eleosteárico.

elephant jasper I jaspe oscuro con inclusiones dendríticas.

elephant's trunk I eyector hidráulico.

elevating grader I cavadora cargadora I explanadora elevadora.

elevation I altura I altitud I alzado, proyección vertical I elevación I ángulo de elevación (artillería) I levantamiento (geología).

elevation position indicator I radar de posición I indicador de posición de puntería en elevación.

elevation quadrant I sitómetro, cuadrante de elevación (cañones).

elevation rod I pararrayos aéreo.

elevation sweep I barrido de elevación (radar).

elevator I elevador I montacargas I timón de profundidad (submarinos) I timón de altura (aviones) I transportador vertical de cangilones.

elevator angle I ángulo del timón de altura (aeroespacial).

elevator bracket I soporte del elevador.

elevator bucket I cangilón del elevador.

elevator control I mando del timón de profundidad (submarinos), mando de altura (aviones).

elevator dredge I draga de cangilones I draga elevadora.

elevator tab I aleta de compensación del timón de altura (aviones).

elevator transformer I transformador elevador de voltaje.

elevator wire rope I cable para ascensores.

ELF radio waves I ondas radio de frecuencia extremadamente baja.

elf-arrow I belemnites.

elf-bolt I belemnites.

eliminability I eliminabilidad.

eliminate (to) I extraer, sacar I eliminar I suprimir.

elimination I eliminación, separación I supresión.

elint I información sobre medios electrónicos.

elinvar I acero de nódulo elástico singular I acero al níquel.

eliquate (to) I licuar (metales).

eliquation I licuación (aleaciones).

ell I codo I tubo acodado en forma de L para unir dos tubos en ángulo recto I ana, medida = 45 pulgadas.

ell coupling I acoplamiento en L.

ellipsoidal core antenna I antena de núcleo magnético elipsoidal.

ellipsoidal magnet I imán elipsoidal.

elliptic compass I compás elíptico, compás para elipses.

elliptic gear I engranaje elíptico.

elliptical arch I arco elíptico I bóveda elíptica.

elliptical fuselage I fuselaje de sección elíptica (aviones).

elliptical stylus I aguja de gramófono de sección elíptica I aguja con perfil elíptico (sonido).

elongate (to) I encontrarse en elongación (astronomía).

elongation I alargamiento I prolongación (de una línea) I elongación (astronomía).

elongation elasticity I elasticidad de tracción.

eloxadize (to) I eloxadizar.

eloxadized aluminum I aluminio eloxadizado.

eloxation I eloxación.

elpasolite I elpasolita (minería).

eluant I eluante I eluyente (química).

eluate I eluato (química).

eluate (to) I lavar I purificar por lavado I filtrar.

elution I elución I lixiviación.

elution chromatography I cromatografía por elución.

elutriate (to) I elutriar I decantar.

elutriation I elutriación I levigación I decantación.

elutriation grading I clasificación por elutriación.

elutriation leg I columna de elutriación I columna de levigación.

elutriation tank I cuba de elutriación.

eluvial I eluvial.

eluviation I eluviación.

eluvium I eluvio I eluvión.

emanate (to) I emanar.

emanating power I coeficiente de emanación (nucleónica).

emanation I emanación I efluvio.

emanometer I emanómetro I instrumento medidor del contenido de radón de la atmósfera.

emanometry I emanometría.

embank (to) I terraplenar.

embankment I dique I terraplén.

embedded servo I servo intercalado.

embedment I encapsulado (electrónica) I empotramiento.

emboss (to) | estampar | estampar en relieve | grabar en relieve | gofrar.

embossed enamel | esmalte en relieve.

embossing | repujado | relieve | estampado | gofrado.

embossing stylus | punzón que desplaza el material (grabación en disco) | estilete que desplaza el material (grabación en disco).

embossment | estampación | relieve.

embrittlement | fisuración cáustica | fragilidad cáustica | fragilidad por galvanización en caliente (hierro maleable) | agriedad, agrura, aquebradización | acritud por decapado | fragilización (aceros).

embrittlement cracking | fisuración cáustica (calderas).

emerald | esmeralda.

emerald glass | vidrio verde | vidrio de color esmeralda obtenido fundiendo berilo.

emerald green | acetoarsenito de cobre, verde esmeralda | esmaragdina.

emerald jade | jadeíta de color esmeralda | jade imperial.

emerald malachite | dioptasa.

emerald matrix | roca de esmeralda.

emerald nickel | zaratita, taxasita.

emeraldine | calcedonia coloreada de verde.

emerald-like stone | madre de esmeralda.

emeralite | emeralita.

emerandine | dioptasa.

emergence | salida | emersión | emergencia.

emergence node | nodo de salida.

emergency broadcast system | red de radiodifusión de emergencia.

emergency call | aviso de socorro (telecomunicaciones).

emergency pullup | tirón de emergencia (aviación).

emergency radio channel | canal radioeléctrico de emergencia | canal de radio de emergencia.

emerging particle | partícula emitida.

emersion | emersión.

emery | esmeril.

emery tape | cinta esmerilada.

emery (to) | esmerilar.

emetic | emético (química).

emission | emisión | desprendimiento (de gases, etc.).

emission band | banda de emisión.

emission bandwidth | ancho de banda de emisión.

emission cell | célula fotoemisiva.

emission electron microscope | microscopio de emisión electrónica.

emission spectrometer | espectrómetro de emisión.

emission spectrum | espectro de emisión.

emissive power | poder emisivo, radiancia intrínseca.

emissive-coated electrode | electrodo revestido con un agente emisivo.

emissivity | poder emisivo | emisividad.

emitron | emitrón (tubo tomavistas de televisión).

emittance | emitancia, luminosidad.

emitter | cuerpo emisor | cátodo, filamento.

emitter bias circuit | circuito de polarización del emisor.

emitter crowding | concentración de corriente.

emitter cutoff current | corriente residual del emisor (transistores).

emitter diode | diodo emisor.

emitter dot | punto emisor.

emitter electrode | electrodo emisor (transistores).

emitter impedance | impedancia de emisor.

emitter pulse | impulso emisor (perforadora de tarjetas).

emitter resistance | resistencia de emisor.

emitter stripe | banda del emisor (semiconductor).

emitter valley voltage | tensión de valle del emisor.

emitter voltage | tensión de emisor.

emitter-base spacing | espaciamiento emisor-base (semiconductores).

emitter-collector resistance | resistencia de emisor-colector.

emitter-coupled logic | lógica de acoplamiento por emisor (informática).

emitter-lead inductance | inductancia del conductor del emisor.

emitting area | superficie emisora de un cuerpo | superficie de emisión.

emitting power | poder emisor, poder emisivo.

emmonite | emmonita | estroncianita en que el estroncio está parcialmente reemplazado por calcio.

emollescence | emolescencia, reblandecimiento antes de la fusión (metales).

emollescent | emolescente.

emplecton | mampostería con paramento de sillería y relleno de cascote con mortero de cal.

empty medium | soporte vacío (informática).

empty string | cadena vacía (informática).

empty (to) | descargar | vaciar.

emptying | vaciamiento | descarga (de vagones) | agotamiento (pozos).

emptying chain | cadena de descarga.

emptying culvert l ladrón de desagüe (esclusas).

emulation l emulación l técnica para hacer compatible programas entre ordenadores diferentes.

emulator l emulador (ordenadores) l dispositivo y software que realiza procesos de compatibilidad.

emulgent l emulgente.

emulseur l emulsor.

emulsibility l emulsionabilidad.

emulsible l emulsionable.

emulsificable l emulsionable.

emulsification l emulsionamiento.

emulsified l emulsionado.

emulsifier l emulsor l emulsivo l emulsionante l emulsionador l emulsificador.

emulsify (to) l emulsionar.

emulsion l emulsión.

emulsion breaking l rotura de emulsión (química).

emulsion cleanser l detergente emulsional.

emulsion mastic l mástique de emulsión (agua como disolvente).

emulsion polymerization l polimerización por emulsión.

emulsion treater l deshidratador.

emulsionize (to) l emulsionar.

emulsioplastic paint l pintura emulsoplástica.

emulsoid l emulsoide (química).

enable pulse l impulso activador (célula de memoria).

enable (to) l activar l poner un dispositivo dialogador con su unidad de control (informática).

enabling gate l puerta habilitante (circuito).

enabling pulse l impulso de desbloqueo l impulso habilitador (electrónica).

enamel l esmalte.

enamel firing kiln l horno para vidriar loza.

enamel flux l fundente para esmaltes.

enamel fusing furnace l horno de fundir esmalte.

enamel kiln l horno de esmaltar l estufa de esmaltar.

enamel painting l pintura vidriada, pintura al esmalte.

enamel slip l carbotina para esmaltes.

enamel (to) l esmaltar l satinar (fotografía) l barnizar l charolar (cuero) l vidriar (loza).

enameled l esmaltado.

enameled glass l vidrio esmaltado.

enameled pottery l loza vidriada.

enameling l esmaltería l esmaltado.

enameling furnace l horno de esmaltar.

enameling stove l estufa de esmaltar, horno de esmaltar.

enamelling l esmaltado.

encapsulate (to) l encapsular.

encapsulated coil l bobina encapsulada.

encapsulated relay l relé encapsulado.

encapsulating l encapsulación.

encapsulation l encapsulado l encapsulación.

encase (to) l revestir, recubrir l blindar (parte de una máquina).

encased gearing l engranaje en cárter.

encased in concrete l embebido en cemento.

encastered l empotramiento de viga (construcción) l empotrado, encastrado (vigas).

enclose (to) l cercar, circunvalar l encerrar l blindar, cerrar (un motor eléctrico) l encerrar en un cárter.

enclosed l cerrado l en cárter l blindado.

enclosed casing l envuelta (turbina).

enclosed chain transmission l transmisión de cadena encerrada.

enclosed gear l engranaje encerrado en cárter.

enclosed motor l motor blindado.

enclosure resonance l resonancia de la caja acústica.

enclosure wall l muro de cerramiento l muro de cerca.

encode (to) l codificar.

encoder l codificador de señales.

encoding l codificación (telecomunicación) l cifrado en clave.

encoding circuit l circuito de codificación.

encoding strip l banda de codificación.

encrinal limestone l caliza de crinoideos (geología).

encroach (to) l avanzar (minas).

encryption l puesta en cifra (informática) l puesta en clave (informática) l codificación (informática).

end l fin l conclusión l fondo (galería) l frente de arranque (minas) l terminal.

end bell l terminador (de cable).

end cell l elemento adicional l batería de regulación.

end connections l conexiones finales.

end float l huelgo axial (ejes).

end instrument l transductor de recogida de datos l aparato terminal.

end loss l oscurecimiento (iluminación) l pérdida de extremo (electricidad).

end mill l fresa universal l fresa radial.

end mill (to) l fresar radialmente.

end of card l fin de tarjeta (computadora).

end of file l fin de archivo de un casete.

end of file marker l indicador de fin de fichero.

end of file routine | rutina de fin de fichero.

end of file spot | punto indicador de fin de fichero.

end office | central terminal (telefonía).

end plate magnetron | magnetrón de placas extremas.

end play | huelgo longitudinal, huelgo axial.

end pole | poste cabeza de línea (telecomunicaciones).

end pulley | polea de retorno.

end section | sección terminal (telefonía).

end station | estación extrema (telecomunicaciones).

end stretcher | tensor final.

end temperature | temperatura final | temperatura de acabado.

end terminal | terminal extrema (telecomunicaciones).

end (to) | acabar, terminar.

end to end test | prueba dinámica.

end up (to) | concluir, terminar.

end vertical | montante extremo (viga celosía).

end weld (to) | soldar de punta.

end winding | conexión frontal (bobina) | devanado frontal.

end-around carry | acarreo circular (informática).

end-around shift | desplazamiento en esquema circular | desplazamiento circular | permutación circular.

end-feed | alimentación por el extremo.

end-fire | alimentado en la extremidad (antenas).

end-fire antenna | antena de fase progresiva.

end-fire array | antena direccional múltiple con radiación máxima en la dirección del conjunto de antenas, red de radiación longitudinal.

ending sign | señal de fin de transmisión.

endless | continuo, sin fin.

endless belt | cinta sin fin | correa sin fin.

endless belt conveyor | transportador de cinta sin fin.

endless chain | cadena sin fin.

endless line | cable sin fin | cable tractor (teleféricos).

endless loop | cinta sin fin | iteración infinita | iteración sin fin (informática).

endless rope | cable sin fin.

endodyne | endodino, autoheterodino, autodino.

endodyne circuit | circuito endodino.

endoergic | endoérgico | endotérmico.

end-of-charge voltage | voltaje al fin de la carga (acumulador).

end-of-discharge voltage | voltaje al fin de la descarga (acumuladores).

end-of-file routine | rutina de final de archivo.

endogas | gas combustible reaccionado.

endomorphism | endomorfismo.

end-on coupling | acoplamiento frontal.

end-on directional antenna | antena de radiación longitudinal, antena Yagi.

end-on directional array | red de antenas de radiación longitudinal.

endoradiosonde | endorradiosonda.

endothermal | endotérmico.

endothermic | endotérmico.

endothermic gas generator | gasógeno endotérmico.

endothermic linking | enlace endotérmico.

endothermic reaction | reacción endotérmica (química).

endothermy | endotermia.

end-product | núclido estable que es el miembro final de una desintegración radiactiva | producto final | última fracción de destilación.

end-quench test | prueba de templabilidad de Jominy (aceros).

endrin | endrina (química orgánica).

endshake | sacudida longitudinal | huelgo axial.

endshield | araña (motor eléctrico).

end-shock resistance | resistencia al choque frontal.

end-suction pump | bomba de aspiración axial.

end-tilting furnace | horno de basculación frontal.

endurance | autonomía (tiempo que puede volar un avión sin repostar combustible) | duración máxima de vuelo sin recarga de combustible.

endurance test | prueba de duración.

endurance trial | prueba de resistencia.

energise (to) | energizar | dar energía.

energization | energización | cebado magnético, excitación (magnetismo).

energize (to) | conmutar | alimentar | activar, excitar (electroimán) | imanar (bobinas) | energizar.

energized anode | ánodo activado.

energized dipole | dipolo activado.

energized magnet | electroimán activado | electroimán con corriente.

energizer | energizador | excitador (electricidad) | activador (sustancia para activar una reacción química) | material que se mezcla con el carbón vegetal para aumentar la profundidad de la cementación (metalurgia).

energizing | energización | aceleración | excitación.

energizing circuit | circuito de excitación.

energizing current | corriente de excitación.

energometer I ergómetro.

energy I energía I potencia.

energy absorption I ergoabsorción I absorción de energía.

energy beam I haz energético.

energy build-up factor I factor de acumulación de energía (física nuclear).

energy centre I polo energético I centro de energía.

energy conversion I transformación de la energía.

energy conversion unit I equipo de conversión de energía.

energy converter I conversor de energía.

energy disperser I disipador de energía.

energy dispersion I disipación de energía.

energy dispersion waveform I forma de onda de dispersión de energía.

energy eigenvalue I valor propio de la energía (mecánica cuántica).

energy extraction blanket I capa de recuperación de energía (reactor nuclear).

energy flux density I densidad de flujo energético (nuclear).

energy gap I salto energético I separación energética (electricidad) I vacío energético.

energy gradient I gradiente energético.

energy load I carga energética.

energy loss I pérdida de energía.

energy meter I medidor de energía I contador de vatios-hora.

energy of an assembly I energía de un sistema (termodinámica).

energy of motion I energía cinética I energía de movimiento.

energy of position I energía potencial.

energy of radiation I energía de radiación.

energy park I polo energético.

energy pattern factor I coeficiente estructural de la potencia.

energy quantum I cuanto de energía.

energy quench I corte de energía.

energy range I gama de energía.

energy release I liberación de la energía.

energy spectrum I espectro de energía.

energy-evolving reaction I reacción energética, reacción dinamógena, reacción exoactínica.

energy-given carbohydrate I carbohidrato energético, carbohidrato dinamóforo.

energy-measuring instrument I ergómetro.

energy-producing I energético I dinamógeno I dinamóforo.

energy-storing reaction I reacción endoactínica.

energy-yielding I energético, dinamóforo.

energyzing current I corriente de encendido.

engage (to) I engranar (mecánica) I accionar I embragar.

engaged channel I vía ocupada (telecomunicaciones).

engaged line I línea ocupada (telecomunicaciones).

engaging I embrague.

engaging coupling I embrague.

engaging gear I mecanismo de engrane I embrague.

engine I máquina I motor.

engine air intake I entrada de aire (turborreactor).

engine antifreeze I mezcla anticongelante para motores.

engine assembly I montaje de un motor.

engine bed I bancada del motor I bancada de máquina

engine car I góndola motriz (aeronáutica).

engine case I cárter del reactor.

engine casing I cárter del motor.

engine clutch I embrague del motor.

engine crankcase I cárter del motor.

engine forging I pieza de forja para máquinas.

engine horse power I potencia del motor.

engine hum I zumbido del motor (aviación).

engine ignition I encendido del motor.

engine mount I bancada de motor.

engine nacelle I fuselaje del reactor.

engine oil sump I cárter de aceite del motor.

engine output I potencia del motor.

engine pit I foso (garajes) I pozo del cigüeñal (máquinas) I foso para el volante (máquinas) I foso de picar el fuego (locomotoras) I pozo de extracción y desagüe (minas).

engine pod I góndola de reactor I envoltura del motor I fuselado del motor I góndola de motor.

engine power I potencia del motor.

engine rating I potencia del motor.

engine rigging I reglaje del motor.

engine runup I prueba del motor.

engine seating I asiento de la máquina I polín de máquina, polín de motor (buques) I basamento del motor (aviones).

engine set I grupo motopropulsor.

engine shaft I eje de la máquina I eje motor I pozo de la máquina de agotamiento.

engine shielding I blindaje del motor.

engine shop I taller de construcción de máquinas.

engine tender I ténder de locomotora.

engine test stand I banco de pruebas para motores.

engine testing I prueba del motor.

engine torque I par motor.

engine trim | reglaje del motor.

engine tune-up | regulación del motor, afino del motor.

engine-casing breather | espiro del cárter.

engineer (to) | equipar (fábricas) | proyectar | construir, fabricar.

engineering | ingeniería.

engineering reactor | reactor nuclear industrial.

engineering report | memoria técnica | informe de ingeniería.

engineering thermodynamics | termodinámica industrial.

engineers' files | limas para mecánicos.

engineer's hammer | martillo de ajustador.

engineer's scraper | rasqueta de ajustador.

engineers' square | escuadra de mecánico, escuadra de ajustador.

engineer's valve | llave del freno (locomotoras).

engineership | ingeniería.

engine-operating speed | velocidad de funcionamiento del motor.

engine-order transmitter | transmisor de órdenes a la máquina.

engine-propeller unit | grupo motopropulsor.

engrave (to) | imprimir | grabar | cincelar, esculpir | tallar.

engraving pencil | punzón de grabar.

engraving point | estilete grabador.

engyscope | microscopio de reflexión.

enhanced radiation | radiación acrecentada | radiación intensificada.

enhancer | intensificador | amplificador.

enhidrite | enhidrita (mineral).

enhydrite | mineral con cavidades que contienen agua.

enhydro | enhidro.

enhydrous | que contiene agua | que contiene gotas de un fluido | enhidro.

enhydrous agate | ágata enhidra.

enhydrous chalcedony | calcedonia enhidra.

eniscope | contador dieléctrico (depósitos de agua).

enobarometer | enobarómetro.

enochemist | enoquímico.

enochemistry | enoquímica.

enol form | forma enólica.

enolate ion | ion enolato.

enolizable | enolizable.

enological testing | pruebas enológicas.

enrich (to) | lavar (minerales) | enriquecer (química).

enriched air | viento oxigenado (altos hornos).

enriched blast | viento enriquecido con oxígeno (alto horno).

enriched fuel | combustible nuclear enriquecido.

enriched pile | pila enriquecida (nuclear).

enriched reactor | reactor de uranio enriquecido.

enriched uranium | uranio enriquecido.

enrichening needle | aguja para enriquecer la mezcla (carburadores).

enrichment plant | instalación de enriquecimiento (nuclear).

enstatite | enstatita | silicato de magnesio $MgSiO_3$.

enter (to) | introducir | introducir datos, lanzar un subprograma (informática).

entering angle | ángulo de contacto, ángulo de entrada (laminadores).

entering cone | cono entrante (embragues).

entering stream | corriente de entrada.

entire arch | bóveda de medio punto | arco de medio punto.

entity | entidad (informática).

entraide | ayuda mutua (telecomunicación).

entrainer | agente separador para una destilación azeotrópica | sustancia que se emplea para un arrastre mecánico.

entrainer disk | disco arrastrador.

entrainment | embarque (en trenes) | arrastre (hidráulica).

entrance | entrada | boca (de túnel) | bocana.

entrance cable | cable de entrada (telecomunicaciones) | cable de acometida.

entrance cone | cono de entrada.

entropy | entropía (física) | cantidad de información no disponible.

entropy of activation | entropía de activación (química).

entropy of fusion | entropía de fusión.

entropy of mixing | entropía de mezcla (química).

entropy waves | ondas de entropía.

entry | acceso, entrada | boca (ríos, desfiladeros) | bocamina | galería principal, galería de transporte, galería de ventilación.

entry leg | trayectoria de entrada (aviación).

entry pillar | pilar de carbón, pilar de galería (minas).

entry point | punto de entrada (informática).

entry sorting | ordenación de entrada (registros).

entry stump | pilar de galería, pilar de carbón (minas).

entry time | tiempo de entrada (informática).

envelope | envuelta, envoltura | ampolla (lámpara radio) | ampolla (tubo electrónico) | caja de válvula de gran potencia.

envelope analyzer | analizador de envolvente.

envelope decarburization | descarburación superficial.

envelope delay | retardo de envolvente, tiempo de propagación de grupo (radio) | retardo de grupo.

envelope delay distortion | distorsión por retardo de envolvente (electrónica).

envelope demodulator | desmodulador de envolvente.

envelope detector | detector de envolvente.

envelope distortion | distorsión de la envolvente.

envelope power peak | pico de potencia de la envolvente (de modulación).

envelope viewer | pulsoscopio (radar) | visor de envolvente.

environics | tecnología sobre el control ambiental.

environment | medio ambiente | condiciones técnicas | factor ambiental.

environmental assesment | control del medio ambiente.

environmental chamber | cámara con variación a voluntad de temperatura y humedad, cámara climatizada.

environmental chemistry | química del ambiente.

environmental engineering | técnica de la climatización | ingeniería ambiental.

environmental impact | impacto ambiental.

environmental noise testing | mediciones de ruido ambiente.

environmental science | ciencia del medio ambiente | ecología.

environmental survey satellite | satélite de vigilancia en órbita | satélite de vigilancia del medio ambiente.

environmental test | ensayo ambiental.

environmental-control laboratory | laboratorio de control medio ambiental.

enzimology | enzimología.

enzymatic | enzímico | enzimático.

enzymatic hydrolisis | hidrólisis enzímica.

enzymatic oxidation | oxidación enzímica.

enzymatic zonulolysis | zonulolisis enzimática.

enzymatically liberated lignin | lignina enzímicamente liberada.

enzyme | enzímico | enzima (bioquímica) | fermento.

enzymic | enzímico | enzimático.

enzymic fission | fisión enzímica.

enzymology | enzimología.

enzymolysis | enzimólisis.

enzymosis | enzimosis.

eolation | eolación.

eolian | eólico.

eolith | eolito (geología).

eolithic | eolítico (edad de piedra).

eolotropic | eolotrópico.

eolotropy | eolotropía.

eon | eón (unidad de tiempo cósmico).

eotechnic | eotécnico.

eotechny | eotecnia.

eotvos unit | unidad eotvos (1×10^{-9} dinas m).

eozoic | eozoico.

Ep | símbolo de tensión continua de ánodo.

epicadmium neutron | neutrón epicádmico.

epicenter | epicentro | epicéntrico, epicentral.

epicenter bearing | azimut del epicentro.

epicentral | epicentral.

epicentric | epicentral.

epicentrum | epicentro.

epicycle | epiciclo.

epicycloid | epicicloide.

epicycloidal | epicicloidal.

epidiabase | diabasa metamorfizada con augita anfibolitizada.

epidiascope | epidiascopio (óptica).

epidiascope anastigmat | objetivo anastigmático epidiascópico.

epidiascope projection | proyección epidiascópica.

epidote | epidota | epidoto (ortosilicato básico de calcio, aluminio y hierro).

epidotization | epidotización.

epidotized basalt | basalto epidotizado.

epieugeosyncline | epieugeosinclinal.

epifocal | epifocal.

epifocal point | epicentro (sismología).

epi-ianthinite | epiyantinita (óxido hidratado de uranilo).

epikote resin | resina epoxídica basada en epiclorhidrina y difenilpropano.

epimeric | epimérico, epímero (química).

epimeride | epímero (química).

epimerization | epimerización.

epipolar | epipolar.

epipolar ray | rayo epipolar.

epipole | epipolo.

epirism | epimería.

epirogen | epirogenia.

epirogenic | epirogénico.

episcope | episcopio (óptica) | proyector de objetos opacos.

episcope lens | objetivo episcópico.

episcope projector | proyector episcópico.

episcopic projection | proyección episcópica.

episcopy | episcopia.

episcotister | disco perforado | atenuador mecánico (óptica).

epistyle | arquitrabe, epistilo.

epitaxial | epitaxial.

epitaxy I epitaxia (química).
epithermal I epitermal.
epithermal energy I energía epitérmica.
epithermal flux I flujo epitermal.
epithermal neutron I neutrón epitermal.
epithermal reactor I reactor nuclear epitérmico.
epithermal thorium reactor I reactor epitérmico de torio.
epithermal vein I filón epitermal.
epithermic neutron baricenter I baricentro de neutrones epitérmicos.
E-plane I plano E.
E-plane bend I codo de plano E.
epoxide I epóxido I epoxídico (química).
epoxy I epoxia.
EPR spectrometer I espectrómetro de resonancia paramagnética de electrones.
EPROM memory I memoria programable y que puede borrarse (informática).
eprouvette I cuchara de ensayos I cuchara de fundentes (metalografía).
epsilon bronze I bronce épsilon (aleación de cobre 60 partes y estaño 40 partes).
epsilon carbide I carburo épsilon.
epsilon plutonium I plutonio épsilon.
epsilon structure I estructura épsilon (metalurgia).
Epsom salt I sal de Epson (magnesio) I epsomita.
epsomite I epsomita.
equal I regular, uniforme.
equal pressure lines I líneas isobáricas.
equal ripple response I respuesta de amplitud ondulada.
equalization amplifier I amplificador de ecualización.
equalization box I compensador.
equalization circuit I circuito compensador.
equalization voltage I tensión de igualación.
equalize (to) I compensar, equilibrar I homogeneizar I ecualizar.
equalizer I compensador I conductor de compensación I dinamo compensadora I igualador de potencial I filtro corrector I ecualizador.
equalizer feeder I alimentador de compensación.
equalizer lead I conductor de equilibrio.
equalizer network I red equilibradora (telecomunicación).
equalizer preamplifier I preamplificador compensador.
equalizer switch I interruptor de regularización.
equalizer unit I unidad de compensación (acústica).

equalizing I compensación I equilibrio (de fuerzas) I compensador, de compensación.
equalizing battery I batería de compensación (electricidad).
equalizing bracket I compensador de tensión (líneas).
equalizing charge I carga de conservación (acumuladores).
equalizing coil I bobina compensadora.
equalizing condenser I condensador de igualación.
equalizing conductor I hilo neutro (electricidad) I conductor compensador.
equalizing current I corriente compensadora.
equalizing gear I engranaje diferencial.
equalizing line I línea de compensación.
equalizing mains I conductores de compensación (electricidad).
equalizing network I circuito de compensación (electroacústica) I red reguladora.
equalizing pressure I presión de compensación I voltaje de compensación.
equalizing ring I anillo compensador I anillo equipotencial (electricidad).
equalizing voltage I voltaje de compensación.
equalizing wire I conductor de compensación.
equal-length code I código de elementos de igual duración (telecomunicaciones).
equally acting I isodinamo.
equal-pressure line I línea isobárica.
equation of a reaction I ecuación de la reacción (química).
equation of state I ecuación de estado (química).
equator I ecuador I línea neutra (imán).
equatorial coudé I ecuatorial acodado (telescopio).
equatorial mounting I montaje ecuatorial.
equatorial satellite I satélite ecuatorial.
equatorial trough I vaguada ecuatorial (meteorología).
equiangulator I astrolabio.
equiatomic I equiatómico.
equiaxed grain structure I estructura equiaxial del grano (metalurgia).
equienergy stimulus I espectro isoenergético (óptica).
equifrequent I equifrecuente I a la misma frecuencia.
equilibrator I equilibrador I compensador.
equilibrium poisoning I envenenamiento de equilibrio (nuclear).
equilibrium potential I tensión de equilibrio.
equilibrium ring I cuadro compensador (distribuidor).

equilibrium valve I válvula de equilibrio, válvula de manguito.

equimomental I equimomental, de momentos de inercia iguales.

equiphase contour I línea equifase.

equiphase curve I curva equifase.

equiphase zone I zona equifásica, zona de igualdad de fases (radioseñales).

equipment I herramental I montaje (artillería) I equipo I aparato I accesorio.

equipollence I equipolencia.

equipollent I equipolente.

equiponderance I equiponderancia.

equipotential I equipotencial.

equipped capacity I capacidad de una instalación (telecomunicación).

equipping I instalación I equipo I armamento.

equipressure surface I superficie isobárica.

equiradiactive I equirradiactivo.

equiradial I equirradial.

equiradial antenna I antena no direccional.

equisignal I equiseñal, de igual intensidad de señal.

equisignal beacon I radiofaro de alineación fija, radiofaro de zona de equiseñales.

equisignal runway localizer I localizador equiseñal de pista.

equisignal station I estación con radiofaro de equiseñales.

equivalence I equivalencia.

equivalent concentration I concentración equivalente (química).

equivalent conductance I conductancia equivalente.

equivalent couples I pares equivalentes.

equivalent dilution I dilución equivalente.

equivalent eccentric I excéntrica ficticia.

equivalent electron density I densidad electrónica equivalente.

equivalent field luminance I luminancia equivalente del campo visual.

equivalent frequency modulation I modulación de frecuencia equivalente.

equivalent ground plane I plano equivalente a tierra (telecomunicaciones).

equivalent loudness I isosonia I intensidad acústica equivalente.

equivalent plutonium I plutonio equivalente.

equivalent pressure I presión equivalente I voltaje equivalente.

equivalent trees I árboles equivalentes (informática).

equivalent weight I equivalente químico.

eradiation I radiación terrestre.

erasability I borrabilidad (cintas, memorias).

erasable I borrable I cancelable (informática).

erasable optical media I soporte óptico borrable (informática).

erasable storage I memoria borrable (informática).

erase circuit I circuito de borrado (electrónica).

erase head I cabeza de borrado (informática).

erasing I cancelación (cinta magnética) I borrado.

erasing current I corriente de borrado.

erasing field I campo de borrado.

erasing frequency I frecuencia de borrado.

erasing head of computer I cabezal eliminador de la calculadora electrónica.

erasing speed I velocidad de borrado (electrónica).

erasure I cancelación I borrado.

erbia I erbia I óxido de erbio.

erbium I erbio (Er).

erect (to) I montar, instalar.

erecting I construcción I montaje I instalación.

erecting bay I sala de montaje.

erection I construcción I montaje I instalación I ensamble.

erector lens I lente inversora.

erector mirror I lente inversora.

erector's ammeter I amperímetro de montador.

eremacausis I oxidación progresiva.

erg I ergio.

ergasia I ergasia.

ergastic I ergástico (que posee energía potencial).

ergmeter I ergómetro.

ergometer I ergómetro.

ergon I ergón.

ergonomic I ergonómico.

ergonomics I ergonomía.

ergotechnics I ergotecnia.

erinometer I erinómetro.

eriometer I eriómetro I aparato óptico para medir diámetros pequeños.

erioscope I erióscopo.

erlan I erlan I esquisto metamórfico compuesto esencialmente de augita.

Erlenmeyer flask I matraz Erlenmeyer (química).

erodability I erosionabilidad.

erodent I erosivo.

eroding I erosión.

erosibility I erosionabilidad.

erosion I erosión.

erratic I irregular I intermitente.

erratic firing I encendido irregular (motores).

erratic working I funcionamiento intermitente.

error I error I diferencia entre las potencias de salida y entrada (servomecanismos).

error checking I verificación de errores.

error checking and recovery I verificación y recuperación de errores.

error code I código de error (información).

error control I detección de error.

error detecting code I código detector de errores.

error detection pulse I impulso de detección de error.

error light I luz indicadora de error.

error-correcting code I código corrector de errores (informática).

error-correcting system I sistema corrector de errores.

erubescite I erubescita, bornita, cobre pavonado, cobre abigarrado, cobre penachado.

eruption I erupción.

eruption of kimberlite I erupción de kimberlita (geología).

eruptive batholith I batolito eruptivo.

eruptive breccia I brecha volcánica.

eruptive vein I filón eruptivo (minería).

erw process I proceso de soldadura por resistencia eléctrica.

erythrite I eritrita (química) I eritrina, cobalto arseniado (mineralogía) I eritrol (arseniato de cobalto con 37,5% de óxido de cobalto).

Esaki diode I diodo Esaki, diodo túnel.

escape I fuga, escape (gases, líquidos), descargador (hidráulica) I radiación parásita.

escape code I código de escape (informática).

escape of neutrons I fuga de neutrones.

escape of the gas I desprendimiento del gas.

escape probability I probabilidad de fuga (nuclear).

escape valve I válvula de escape I válvula de seguridad I válvula de descarga.

escaped neutrons I neutrones escapados.

escape-gas I gas de escape.

escaping I escape de gas I desprendimiento (de gases).

escaping tendency I tendencia a la separación (química física).

Eschka's mixture I mezcla de 2 partes de magnesio y 1 parte de carbonato sódico desecado.

eskolaite I eskolaita (óxido de cromo).

essential amino acid I aminoácido esencial.

essential ejecta I eyecta esencial I material magmático líquido eyectado por un volcán.

ester I éster.

ester gum I compuesto obtenido esterificando colofonía con un alcohol polihídrico I goma éster.

ester linkage I unión éster.

ester value I índice de éster (química).

esterase I esterasa (química).

esterification I esterificación.

esterify (to) I esterificar.

esthermoscope I estermoscopio.

esthesiometer I estesiómetro.

estimated position I punto estimado (navegación).

estrogens I estrógenos.

estuary cable I cable subfluvial (telecomunicación).

ESU (electrostatical unit) I unidad electrostática.

eta factor I factor eta I rendimiento neutrónico de la absorción nuclear.

eta meson I mesón eta.

etch bands I bandas intercristalinas formadas por choque o deformación y reveladas por ataque químico.

etch cleaning I limpieza por ácido.

etch figure I microdepresión sobre la superficie de un cristal I figura grabada al ácido.

etch pit I poro de ataque químico I poro de ataque al ácido.

etch polishing I pulimento por ataque químico.

etch primer I pintura de imprimación anticorrosiva con diluyente ácido.

etch test I prueba de ataque con ácido.

etch (to) I grabar por ataque químico I atacar con un ácido (metalografía) I decapar I grabar al ácido.

etch tube I botella para ácidos (química).

etchant I reactivo para ataque I ácido para grabar I solución de ataque.

etched circuit I circuito grabado.

etchent I reactivo.

etching I aguafuerte I ataque al ácido, ataque micrográfico, grabado químico, ataque químico I decapante I mordiente.

etching agent I agente de corrosión I producto decapante.

etching medium I reactivo de ataque.

etching polishing I pulimento por ataque al ácido.

etching reagents I reactivos para ataque químico.

etching resist I materia resistente a los ácidos de grabar.

etching test I prueba por corrosión, prueba por ataque químico.

etching water I agua fuerte.

ethal I alcohol cetílico I etal.

ethanamide I etanamida.

ethane I etano.

ethane nitrile I etano-nitrilo.

ethanoic acid I ácido etanóico I ácido acético.

ethanol I etanol.

ethanolic fermentation | fermentación etanólica.
ethenoid linking | enlace etenoide (química).
ethenoid resin | resina etenoide.
ether | éter.
ether drag | arrastre de éter.
ether drift | arrastre de éter.
ether-alcoholic solution | solución éter-alcohólica.
etherate | eterato (química).
etherealize (to) | eterealizar | eterificar (química).
etherification | eterificación.
etherify (to) | eterificar.
etherize (to) | eterizar.
ethidium bromide | bromuro de etidio.
ethine | acetileno.
ethmolith | etmolito.
ethyl acrylate | acrilato de etilo.
ethyl alcohol | alcohol etílico.
ethyl benzoate | benzoato de etilo.
ethyl bromide | bromuro de etilo.
ethyl caprate | caprato de etilo.
ethyl carbamate | carbamato de etilo.
ethyl carbonate | carbonato de etilo.
ethyl cellulose | etilocelulosa.
ethyl chloride | cloruro etílico.
ethyl chloroacetate | cloroacetato de etilo.
ethyl cyanacetate | cianacetato de etilo.
ethyl ether | éter etílico.
ethyl fluid | fluido etílico.
ethyl formiate | formiato etílico.
ethyl gas | gas de etilo.
ethyl glycol | etilglicol.
ethyl lactate | lactato de etilo.
ethyl mesoxalate | mesoxalato de etilo.
ethyl methacrylate | metacrilato de etilo.
ethyl morphine | etil-morfina.
ethyl morphine hydrochloride | clorhidrato de etilmorfina.
ethyl orthoformate | ortoformiato de etilo.
ethyl oxalate | oxalato de etilo.
ethylamines | etilaminas (química).
ethylate | etilato.
ethylate (to) | etilar.
ethylation | etilación.
ethyl-diamine tartrate | tartrato de etildiamina.
ethylene | etileno.
ethylene bond | enlace etilénico.
ethylene chlorobromide | clorobromuro de etileno.
ethylene cloride | cloruro de etileno.
ethylene dibromide | dibromuro de etileno (química).
ethylene dichloride | dicloruro de etileno.

ethylene glycol | etilenglicol.
ethylene linkage | enlace etilénico.
ethylene oxide | óxido de etileno.
ethylene polymer | polímero etilénico.
ethylenediaminetetracetic acid | ácido etilenodiaminotetracético.
ethylene-propylene rubber | caucho de etileno.
ethylgasoline | gasolina etilada.
ethylglycol | glicol de etileno.
ethylpropyl-ketone | cetona etilpropílica.
etiolation | descoloración | etiolación.
eucairite | eucairita (seleniuro de cobre y plata).
euchlorine | euclorina (química, mineralogía).
euclase | euclasa | silicato de glucinio y aluminio.
eudiometer | eudiómetro (gases).
eudiometric analysis | análisis eudiométrico.
eudiometry | eudiometría.
eufon | eufón (acústica).
eulyte | eulitita | silicato de bismuto.
eupatheoscope | eupateoscopio.
europia | europia | óxido de europio.
europium | europio (Eu).
europium oxide | óxido de europio | europia.
eustacy | eustacia | cambio eustático.
eustatic | eustático.
eustatic changes | variaciones eustáticas.
eustatic movement | movimiento eustático.
eustatic rise | levantamiento eustático.
eutaxitic trachyte | traquita eutaxítica.
eutectic | eutéctica.
eutectic alloy | aleación eutéctica.
eutectic composite | compuesto eutéctico.
eutectic melting | fusión eutéctica.
eutectic point | temperatura eutéctica.
eutectic solder | aleación de estaño 63% y plomo 37%.
eutecticum | mezcla eutéctica.
eutectiferous | eutectífero.
eutectoid | eutectoide.
eutexia | eutexia (aleaciones).
eutexy | eutexía.
evacuate (to) | evacuar | hacer el vacío, rarificar (física).
evacuation | escape, exhaustación (motores) | rarificación.
evanescence | evanescencia | inestabilidad.
evansite | evansita, fosfato hidratado de aluminio.
evaporate down (to) | reducir por evaporación, concentrar (química).
evaporate (to) | evaporar.
evaporate to dryness (to) | evaporar a sequedad (química).
evaporated in vacuo | evaporado en el vacío.

evaporating | vaporización | evaporación.

evaporating basin | cápsula de evaporación (química).

evaporating capsule | cápsula de evaporación (química).

evaporating pan | evaporador | concentrador.

evaporation | evaporación | vaporización.

evaporation cooling | refrigeración por evaporación.

evaporation pan | tanque de evaporación.

evaporative condenser | condensador de goteo.

evaporative cooling | refrigeración por evaporación.

evaporative cooling tower | torre de refrigeración y evaporación.

evaporative power | potencia de vaporización.

evaporative rating | potencia de vaporización (calderas).

evaporativity | evaporatividad.

evaporator | vaporizador | evaporador.

evaporator condenser | condensador del evaporador.

evaporite | evaporito (sedimentación) | evaporita.

evaporograph | evaporógrafo.

evapororphyrocrystic | evapororfirocrístico.

evapotranspiration | evapotranspiración.

evapotranspirometer | evapotranspirómetro.

everdur | aleación de cobre, silicio y manganeso.

ever-frost | congelado permanentemente, permagélido (terrenos).

evolution sulfur | azufre de evolución | azufre presente en una sustancia como un sulfito.

exalted carrier | onda portadora acentuada, onda portadora incrementada.

exalted carrier system | sistema de amplificación constante de la portadora (telecomunicación).

excavate (to) | cavar, excavar | minar | abrir (túneles).

excavating | excavación | desmonte.

excess conduction | conducción por electrones excedentes.

excess current | sobrecarga (electricidad).

excess electron | electrón excedente.

excess force | fuerza nuclear.

excess horsepower | potencia sobrante.

excess reactivity | reactividad disponible | exceso de reactividad.

excess torque | par de sobrecarga (motores).

excess voltage | sobrevoltaje.

excess-pressure test | prueba de sobrevoltaje.

exchange | permutación | intercambio | central telefónica.

exchange adsorption | adsorción por intercambio (química).

exchange buffering | trasferencia de áreas de memoria intermedia.

exchange cable | cable urbano (telecomunicaciones).

exchange center | central (telefonía).

exchange network | red conmutada (informática).

exchange reaction | reacción de intercambio (química).

exchange service | servicio de intercomunicación.

exchangeable disk storage | almacenamiento de disco permutable (informática).

exchanger | permutador.

excising machine | máquina de taladrar por electroerosión.

excitation anode | ánodo de excitación (rectificadores).

excitation choke coil | bobina de reactancia de excitación.

excitation function | función de excitación (reacción nuclear).

excitation voltage | tensión de excitación.

excitation wave | onda de excitación.

excitation winding | devanado de excitación.

excitator | excitador (electricidad).

excite (to) | excitar (electricidad) | emitir rayos X.

excited | excitado (electricidad).

excited atom | átomo excitado.

excited ion | ion excitado.

excited nucleus | núcleo excitado (nuclear).

exciter | dinamo excitadora | oscilador | antena activa (antena direccional) | inductor.

exciter dynamo | excitatriz (electricidad).

exciting anode | ánodo de cebado.

exciting coil | bobina del campo inductor, bobina inductora.

exciting converter | convertidor de excitación.

excition | excisión.

excitomotor | excitomotor.

exciton | excitón.

excitor | excitador.

excitron | excitrón.

exclusion area | zona de exclusión (nuclear).

exclusive band | banda exclusiva (radiocomunicaciones).

excursion | desviación (astronomía), amplitud (del movimiento) | difusión radiactiva | aumento brusco del nivel de potencia de un reactor nuclear.

exercizer | sistema de test (informática).

exfoliation | exfoliación.

exfoliation corrosion | corrosión por exfoliación.

exfoliation joint I diaclasa de exfoliación (geología).

exfoliation-type corrosion I corrosión exfoliativa.

exhalation I exhalación I efluvio I desprendimiento de gases.

exhalation valve I válvula de exhalación (máscaras protectoras).

exhale (to) I exhalar, despedir (gases, olores).

exhaust I aspirador (aparato) I producción del vacío (en un recipiente) I tubo de escape I gases de escape, escape (motor alternativo) I chorro (motor de reacción) I descarga.

exhaust belt I toro de escape (turbina vapor).

exhaust box I pozo de la exhaustación (motor fijo).

exhaust brake I freno por compresión de aire en el motor (autos).

exhaust cam I leva de exhaustación.

exhaust chamber I cámara de descarga.

exhaust collector I colector de escape.

exhaust draft I tiro por aspiración (chimeneas).

exhaust draught I tiro por aspiración (chimeneas).

exhaust fan I ventilador aspirante.

exhaust gases I gases de escape.

exhaust lead I avance al escape (máquina vapor) I avance al encendido (motores).

exhaust pipe I tubo de escape.

exhaust pump I bomba aspirante I bomba de agotamiento (minas).

exhaust pyrometer I pirómetro de la exhaustación (motores).

exhaust shroud I carenaje de los tubos de escape (motores).

exhaust (to) I expulsar, exhaustar (gases quemados, etc.) I hacer el vacío, rarificar (en un recipiente) I agotar (minas) I evacuar.

exhaust valve I válvula de escape.

exhaust valve lifter I descompresor.

exhaust ventilation I ventilación por aspiración (minas).

exhaust-duct I conducto de exhaustación.

exhausted I agotado I vacío de aire.

exhauster I ventilador aspirante I extractor de aire.

exhaustibility I agotabilidad I exhaustibilidad.

exhausting I aspiración (de aire de un recipiente).

exhaustion I aspirador (de un gas) I evacuación, vaciamiento I exhaustación I rarefacción.

exhaust-pulse scavenging I barrido por pulsaciones de exhaustación.

exhaust-steam heating I calefacción por vapor de escape.

exit I salida I escape I emisión I desprendimiento (de vapor).

exit cone I difusor (túneles).

exit cycle I ciclo de salida (informática).

exit gas I gas de escape.

exit tube I tubo de escape.

exitron I exitrón (radio).

exoelectron I exoelectrón.

exoelectron emission I emisión exoelectrónica.

exoenergetic I exoenergético.

exoenzyme I exoenzima.

exoergic I exoérgico.

exogas I gas combustible.

exogenetic I exogenético (geología).

exogenetic rock I roca exogenética.

exogenous dome I domo volcánico.

exogenous enclosure I xenolito, inclusión exógena.

exograph I exografía (fotografía hecha por medio de rayos X) I roentgenografía.

exography I exografía.

exolon I exolón I abrasivo.

exosmosis I exósmosis (química).

exothermic reaction I reacción exotérmica (química).

exotic fuel I combustible químico artificial I propergol (carburante para cohetes y satélites).

exotic nuclei I núcleos exóticos (radiactividad).

expand (to) I dilatarse, expandirse (vapor, gases) I alargarse (correas) I mandrilar, abocardar (tubos).

expanded metal I metal foraminado.

expanded piece I pieza autozunchada (cañón).

expanded sweep I exploración compensada (TV.) I barrido ensanchado.

expander I mecanismo de expansión I materia inerte que se añade a la materia activa para que no se contraiga la mezcla (placa acumuladores) I mandril de expansión I medidor de banda (radio).

expander-amplifier I amplificador del medidor de banda.

expanding I expansión I abocardado, mandrilado (de tubo).

expanding joint I junta de dilatación.

expanding mandrel I mandril de expansión.

expanding metal I aleación de bismuto que se dilata al enfriarse.

expanding press I prensa de mandrinar.

expanding prop I estemple flexible, apea flexible (minas).

expanding reamer I escariador extensible, escariador ajustable.

expanding steam I vapor en expansión.

expanding valve I válvula de retenida.

expandor I difusor (electricidad).

expansion I expansión I ensanche I dilatación I abocardado, mandrinado (tubos) I expansión de contraste (televisión).

expansion bend I codo compensador, codo de dilatación.

expansion capability I ampliabilidad (telecomunicaciones).

expansion card I tarjeta de expansión (informática).

expansion chamber I cámara de expansión I cámara de ionización.

expansion eccentric I excéntrica de expansión (máquina alternativa vapor).

expansion gap I junta de dilatación.

expansion joint I junta de dilatación.

expansion loop I curva de dilatación.

expansion meter I dilatómetro.

expansion orbit I órbita de expansión.

expansion pipe I tubo de dilatación.

expansion pyrometer I pirómetro de dilatación.

expansion ratio I grado de expansión.

expansion reamer I escariador de expansión.

expansion tank I depósito de expansión.

expansion trunk I tronco de expansión (buques).

expansion U bend I curva compensadora en U (dilatación tuberías).

expansion valve I válvula de expansión I distribuidor de expansión.

expansion wave I onda de expansión I onda de dilatación.

expansion-type thermostat I termostato de dilatación.

expansive clay I arcilla expansiva.

expansometer I dilatómetro.

expedance I expedanza I impedancia negativa.

expendable radio sonobuoy I boya emisora de señales radio y sonoras de duración limitada.

experiment I prueba I experimento.

experimental chamber I cámara de experimentación.

experimental chemistry I química experimental.

experimental hole I canal de irradiación.

experimental research I investigación experimental.

experimental research satellite I satélite para la investigación experimental.

experimental stage I fase experimental.

experimental station I estación experimental (radiocomunicaciones).

experimenting room I sala de pruebas.

experimentize (to) I experimentar.

expert system I sistema experto (informática).

explode (to) I hacer explosión, hacer saltar (minas) I explosionar I explotar.

exploder I explosor eléctrico I detonador.

exploit (to) I poner en explotación I catear, prospectar (minas).

exploration I exploración I prospección.

exploration boring I sondeo de exploración, sondeo de cateo.

exploration level I galería de reconocimiento, galería de exploración (minas).

exploratory boring I sondeo de reconocimiento I taladrado de reconocimiento.

exploratory drift I galería de reconocimiento (minas).

exploratory drilling I sondeo de exploración I perforación exploratoria (geología).

exploratory hole I sondeo de prospección.

exploratory pit I pozo de exploración.

exploratory well I pozo de cateo, pozo de prospección.

explore (to) I sondear I explorar.

exploring coil I bobina de pruebas.

exploring drift I galería de cateo (minas).

explosimeter I explosímetro (aparato para determinar la explosibilidad de una atmósfera cargada de gases).

explosion I explosión.

explosion bomb I bomba calorimétrica.

explosion bulb I ampolla de explosión (química).

explosion caldera I caldera de explosión (vulcanología).

explosion engine I motor de explosión.

explosion valve I válvula antiexplosiones.

explosion wave I onda explosiva.

explosionproof I antidetonante, antiexplosivo, antideflagrante.

explosive I explosivo, detonante.

explosive atmosphere I atmósfera explosiva I grisú (minas).

explosive compaction I compacción explosiva (pulvimetalurgia).

explosive D I explosivo de picrato amónico.

explosive gelatine I gelatina detonante I dinamita goma.

explosive oil I nitroglicerina.

explosive tester I probador de explosivos.

explosive vulcano I volcán con erupciones periódicas de gran violencia.

exposure I afloramiento (geología) I irradiación I radioexposición I exposición.

exposure dose I dosis de irradiación.

exposure meter I fotómetro I exposímetro.

exposure rate I exposición por unidad de tiempo (radiología).

expulsion I expulsión I eliminación.

expulsion arrester I pararrayos con fusible de expulsión (líneas eléctricas).

expulsion cut-out I cortacircuito de fusible de expulsión.

expulsion fuse-switch I interruptor-fusible de expulsión.

exsication I exsicación.

exsiccant I desecante.

exsiccate (to) I desecar I evaporar (soluciones).

extend (to) I ensanchar, amplificar I prolongar.

extender I expansor.

extensible language I lenguaje ampliable (informática).

extensible multiple switchboard I múltiple ampliable (telecomunicaciones).

extension I extensión I dilatación.

extension board I tarjeta de ampliación (circuito impreso).

extension cable I prolongador eléctrico.

extension line I línea de extensión (telefonía).

extension loudspeaker I altavoz supletorio.

extension tube I tubo telescópico.

extensional database I base de datos extensible.

extensive projector I proyector divergente.

extensometry I extensimetría.

extensor I extensor.

external cavity I cavidad externa (magnetrones).

external circuit I circuito exterior.

external device I dispositivo externo (informática).

external efficiency I rendimiento mecánico (motor diesel) I rendimiento balístico (motor de cohete o de misil propulsado por chorro).

external energizer I motor auxiliar de puesta en marcha (aeronáutica).

external exposure I irradiación externa.

external interrupt I interrupción externa (informática).

external plant I red de líneas I red (telecomunicaciones).

external pole armature I inducido de polos exteriores.

external pressure I voltaje exterior.

external storage I memoria externa (informática).

extrapolation ionization chamber I cámara de extrapolación (nucleónica).

extration pump I bomba de extracción.

extremely high frequency I frecuencia extremadamente alta, hiperfrecuencia (30.000-300.000 hertzios).

extremely low frequency I frecuencia extraordinariamente baja (de 30 a 300 Hz).

extricate (to) I desprender (gases).

extrication I liberación (de un gas).

extrude (to) I extruir (metalurgia) I troquelar por inyección, moldear por inyección, moldear a presión.

extruder I máquina de moldeo por inyección I extrusor I prensa de extrusión.

extruding I moldeo por inyección.

extruding die I troquel de moldeo por inyección.

extrusion I efusión de lava, colada (volcanes) I extrusión I estiramiento por presión.

extrusion coating I revestimiento por extrusión.

extrusion finish I acabado de extrusión.

extrusion mill I extrusora, prensa de extruir.

extrusion molding I moldeo por extrusión.

extrusion press I extrusora.

extrusive I extrusivo.

extrusive rock I roca volcánica.

extrusive sheet I capa de lava.

eye agate I ágata con bandas concéntricas de colores alternantes sobre un centro oscuro.

eye counter I contador de célula electrónica.

eye diameter I diámetro del vórtice (ciclones).

eye gneiss I neis ojoso.

eye lens I lente ocular (anteojos).

eyestone I sulfato de cinc I cuarzo ágata.

ezcurrite I ezcurrita (borato sódico hidratado).

F

F layer I capa F.

F region I ionosfera.

F scanner I explorador de tipo F (radar).

F stop I punto del diafragma (óptica).

F wave I onda modulada en frecuencia o en fase.

F+. I borne positivo.

F.C. ship I buque portacontenedores.

F.F synthetic resin I resina sintética fenol-formaldehído.

F.M. noise level I nivel de ruido en F.M.

F.M. recording I grabación por modulación de frecuencia.

F.O. emission I onda entretenida en ausencia de toda modulación I emisión FO.

F/A ratio I relación aire-combustible.

façade I fachada.

fabricate (to) I fabricar I trabajar chapas, labrar chapas.

fabricated ship I buque construido en bloques.

fabricated stator shell I caja soldada del estátor (alternador).

fabricated steel I acero comercial I chapa de acero.

fabrics I tela de amianto después de tejida.

fabulite I titanito de estroncio.

face I paramento (muros), frente de ataque (túneles, minas) I superficie de trabajo (cilindros, poleas, etc.).

face arch I arco frontal.

face bar I llanta que forma el ala (vigas).

face belt conveyor I transportador de cinta desde la cara de trabajo (minas) I cinta de transporte del frente (minas).

face brick I ladrillo de paramento, ladrillo de fachada I ladrillo de obra a la vista.

face cam I leva de ranura.

face cleat I plano principal de crucero (mineralogía).

face conveyor I transportador para el frente de arranque (minas).

face entry I tajo cuyo frente de arranque es normal al crucero (minas).

face flange I barreta (distribuidor plano de vapor).

face flat I llanta soldada sobre el canto de la plancha I pletina de cabeza.

face gear I engranaje de dentadura frontal.

face grinding I amolado de superficies frontales, rectificado de superficies frontales.

face heading I tajo cuyo frente de arranque es normal al crucero (minas).

face mask I pantalla de soldadura I máscara antigás.

face mechanization I mecanización de la cara de trabajo (minas).

face of arch I cara vista de un arco.

face of cleavage I cara de crucero (mineralogía).

face off (to) I rectificar superficies I alisar.

face on I frente de arranque paralelo al crucero (minas).

face output I rendimiento de extracción (minas).

face pass I pasada de acabado (soldadura).

face plate area I área de la sección transversal del alma (vigas).

face slab I losa de paramento.

face (to) I guarnecer, forrar I recubrir I revestir.

face tools (to) I acerar herramientas.

face wall I muro frontal I muro de revestimiento.

face width I ancho sin lengüeta (tabla machihembrada) I longitud del diente (engranaje cónico).

face-bonding I unión frontal (microcircuitos).

face-harden (to) I endurecer la superficie I cementar (metalurgia).

faceplate I placa frontal I placa de recubrimiento I chapa de pared (instalación eléctrica).

faceplate controller I regulador de discos.

faceplate coupling I acoplamiento de platos (ejes).

facer I herramientas para refrentar I chapa de revestimiento.

faceshield I pantalla protectora.

facetted I labrado con facetas I tallado de gemas.

facetted gem stone I gema facetada I gema tallada.

facies I facies I variedad (geología).

facilities I instalaciones I equipos de trabajo I estaciones de una red (radiodifusión).

facility I instalación.

facility chart I plano de instalaciones y servicios I plano con indicación de emisoras de radio (aviones).

facing I paramento I revestimiento.

facing concrete I hormigón de revestimiento.

facing lathe I torno de refrentar I torno de plato, torno al aire.

facing material I material para revestimientos.

facing sand I arena de revestimiento I arena fina de moldeo (mezcla de 4 partes de arena nueva, 6 de arena vieja y 1 de polvo de carbón).

facing stone I piedra de paramento.
facing tile I loseta de revestimiento.
facsimile I facsímil.
facsimile chart I carta facsímil (meteorología).
facsimile telegraph transmitter I transmisor telegráfico para facsímil.
facsimile telegraphy I telegrafía facsímil.
factory I fábrica I factoria.
facula I fácula I mancha solar.
fade I aparición o desaparición gradual de una imagen I desvanecido (radio, televisión).
fade chart I gráfico de desvanecimiento (electricidad).
fade in I aparición gradual de imagen I entrada del sonido (montaje).
fade in (to) I hacer aparecer gradualmente la imagen (cine, TV) I aumentar gradualmente de intensidad (radio, TV).
fade out I desaparición gradual I debilitamiento.
fade out (to) I cerrar imagen a negro (TV).
fade over I desvanecimiento gradual.
fade (to) I desaparecer gradualmente I amortiguarse la audibilidad (radio).
fader I atenuador I desvanecedor (de la luz), potenciómetro de reglaje (electricidad).
fade-up (to) I dar progresivamente brillo a la imagen (cine, TV).
fading I atenuación (fotografía) I amortiguamiento, desvanecimiento de la señal (radio).
fading carrier I onda portadora desvanescente.
fading circuit I circuito con desvanecimiento (radiocomunicaciones).
fading depth I magnitud del desvanecimiento (señales radioeléctricas).
fading loss I atenuación por desvanecimiento (radio) I pérdida por debilitamiento.
fading range I margen de desvanecimiento (radiocomunicaciones).
fahlum metal I aleación blanca con 40% de estaño y 60% de plomo.
fail (to) I fallar I descebarse (inyectores, bombas, electricidad), averiarse (máquinas).
fail-safe I seguridad contra el fallo (mecanismos) I a prueba de averías.
failure I descebado (bombas, inyectores) I avería (máquinas) I corte I fallo.
fair (to) I currentilineizar I carenar.
faired I currentilíneo I fuselado, carenado (aviones).
faired wheel I rueda carenada.
fairlead I guiacabos, alavante (buques) I guía de cable de arrastre.
fairy stone I concreción ferruginosa o calcárea de formas fantásticas I equinoide fósil.

fake I arena micácea I mástique de fundición I aduja de cable.
fall (to) I caer I bajar.
fall-back system I circuito de socorro (telecomunicaciones).
faller finger I compensador (selfactina).
fall-in I enganche I entrada sincrónica (motores).
falling barometer I barómetro descendente.
falling roller I rodillo tensor (correas).
falling saw I sierra de talar, sierra de tumba.
fallout I poso radiactivo, precipitación radiactiva (explosión nuclear superficial o subsuperficial).
false bedding I falsa estratificación, estratificación oblicua (geología).
false bed-rock I roca falsa.
false brinelling I desprendimiento de la capa antifricción con carga pequeña (cojinetes).
false chrysolite I moldavita.
false emerald I fluorita de color verde.
false galena I esfalerita, blenda.
false lapis I lazulita I ágata o jaspe teñido de azul.
false saphire I fluorita azul.
false topaz I variedad amarilla de cuarzo.
falsework I madera de encofrar I andamiaje I cimbra I apeo (encofrado) I apuntalamiento.
famatinite I famatinita (sulfuro de cobre y antimonio).
fan antenna I antena direccional en abanico.
fan beam I haz radárico en abanico ancho en el plano vertical y estrecho en el plano horizontal.
fan blower I ventilador centrífugo.
fan brake dynamometer I dinamómetro de freno de paletas.
fan delta I cono de deyección, cono aluvial.
fan drift I galería de ventilación (minas).
fan marker I radiobaliza de haz en abanico.
fan motor starter I arrancador para motores de ventiladores.
fan out I cargabilidad de la salida I conductores de salida (circuitos).
fan-drift doors I puertas de la galería de ventilación.
fang I anclaje I espiga (de herramienta) I conducto de aire de ventilación (galería de minas).
fang bolt I perno arponado, perno de empotrar, perno hendido de anclaje.
fang (to) I cebar (bombas).
fan-in I entrada de elementos I conductores de entrada (circuitos) I convergencia de entrada (electrotecnia) I cargabilidad de entrada (informática).
fan-marker antenna I antena de radiación vertical en abanico.

fan-marker beacon I radiobaliza de haz en abanico.

fanned antenna I antena en abanico.

fanned-beam antenna I antena de haz en abanico.

fanning beam I haz de exploración en abanico.

fanning strips I regletas distribuidoras, barretas de conexión (central telefónica).

fan-out I divergencia de salida (electrotecnia) I cargabilidad de salida.

fantail I cola de milano (carpintería) I canastilla de popa (buques).

fantail joint I empalme de cola de milano, ensambladura de cola de milano.

fan-tracery I crucería (bóvedas).

fan-vaulting I crucería (bóvedas).

farad I faradio (capacitancia).

faradaic capacity I capacidad en faradios (acumuladores).

faradaic current I corriente faradaica.

Faraday shield I patalla electrostática (transformadores).

faradmeter I faradímetro.

far-end crosstalk I telediafonía.

far-infrared I infrarrojo lejano.

far-infrared maser I máser de infrarrojo lejano.

far-infrared radiation I radiación infrarroja lejana.

fascicular gypsum I yeso fascicular.

fast I sólido, compacto I veloz, rápido, fijo (colores).

fast access storage I memoria con acceso rápido (informática).

fast annealing I recocido rápido.

fast breeder I reproductor rápido I reactor regenerador de neutrones rápidos.

fast coupling I acoplamiento fijo I acoplamiento rápido.

fast end I galería de avance.

fast feed I avance rápido (máquinas).

fast fission I fisión rápida.

fast fission factor I factor de fisión rápida.

fast idle I marcha rápida en vacío.

fast leakage I escape de neutrones rápidos (nuclear).

fast neutron I neutrón con energía mayor de 0,5 MeV, neutrón rápido.

fast powder I dinamita u otro explosivo con detonación rápida.

fast power reactor I reactor rápido (nuclear).

fast pulley I polea fija.

fast reactor I reactor nuclear de neutrones rápidos.

fast time gain control I control diferencial de ganancia (radar).

fast white I sulfato bárico.

fast-burst reactor I reactor de ráfagas.

fastener I perno I remache.

fastening I fijación (telecomunicación) I sujeción I cierre I atadura I anclaje.

fast-flowing electrode I electrodo de fusión rápida.

fat acids I ácidos grasos.

fat alcohols I alcoholes grasos.

fat cell I célula grasa.

fat clay I arcilla muy plástica.

fat coal I hulla grasa, carbón graso.

fat dye I colorante graso.

fat emulsifier I emulsificador de grasas.

fat extraction agent I agente desengrasador.

fat like I lipoide.

fat oil I petróleo absorbente.

fat sand I arena arcillosa.

fat solvent I solvente de grasas.

fat stone I nefelina.

fat-breaking I lipoclástico.

fat-cleaving I lipolítico.

fat-dissolving I liposoluble.

fathogram I perfil de una profundidad obtenido por ecosondeo I batigrama (fondo submarino).

fathom I sondeo I medida de profundidad I braza = 1,828 metros I volumen de un cubo de 6 pies de lado (minería).

fathom line I línea de sondear I isóbata.

fathom (to) I profundizar, sondear (marina).

fathometer I sondeador I sondador por eco I sondador de ultrasonido I sondador acústico I sondímetro I sonda I ecosonda.

fatigue durability I durabilidad a la fatiga (aceros).

fatigue-activated creep I termofluencia activada por fatiga.

fatigued I sometido a variaciones cíclicas de la carga (resistencia mecánica).

fatigued crystal I cristal fatigado (metalurgia).

fatigued in vacuum I fatigado en el vacío I fatigado a presión subatmosférica.

fatigue-induced I inducido por la fatiga (metalurgia).

fat-producing I lipógeno.

fat-reducing I lipolítico.

fat-soluble I liposoluble.

fatty I alifático I graso I plástica (arcilla).

fatty alcohol I alcohol graso.

fatty alcohol ester I éster de alcohol graso.

fatty amine I amina grasa.

fatty ester I éster graso (química).

faucet I espita.

faucet flange I brida hembra.

faucet joint | junta de bayoneta, junta de enchufe.

fault | fallo | falla (geología).

fault amplifier | amplificador de señales de falla.

fault block | bloque de fallas.

fault bundle | grupo de fallas (geología).

fault coder | codificador de fallas (telecomunicaciones).

fault current | corriente de cortocircuito (redes trifásicas) | corriente de pérdida.

fault detector | buscafugas | indicador de pérdidas a tierra (electricidad).

fault electrode current | corriente electrónica de fuga | corriente anormal de electrodo.

fault finder | localizador de averías.

fault finding | localización de averías.

fault ground | pérdida a masa (electricidad).

fault localizer | localizador de averías | buscafugas.

fault outcrop | afloramiento de falla.

fault relay | relé de fallo.

fault resistance | resistencia de aislamiento (electricidad).

fault ridge | pilar (geología) | borde de falla.

fault stuff | brecha de falla (minería).

fault tracer | detector de averías.

fault tracing | detección de averías, busca de averías.

fault trough | fosa tectónica, cuenca de la falla.

faulted | con avería.

fault-tolerant | tolerante a fallos (informática).

faulty calling lamp | lámpara de llamada defectuosa (telecomunicaciones).

faulty carburetion | carburación defectuosa (motor).

faulty circuit | circuito averiado (telecomunicación).

faulty connection | mala conexión (electrónica).

faulty line | línea averiada (telecomunicación).

faulty selection | selección falsa (telecomunicación).

faulty station | estación con avería (telecomunicación).

fax | estación fija aerodinámica | facsímil.

fax (to) | transmitir por fax.

fay | empalme, unión.

fay surface | superficie de empalme | superficie de unión (conexión soldada).

fay (to) | aflorar (minas) | juntar, unir, empalmar.

feather | chaveta corrediza | fleje de guía | uña de sujeción, eco artificial en forma de pluma de ave (radar).

feather bolt | perno de cabeza en forma de saliente cuadrado | tornillo de espiga.

feather joint | empalme de lengüeta postiza, ensambladura de falsa espiga.

feather key | chaveta semifija, chaveta de corredera | lengüeta.

feather ore | jamesonita | pirita plumosa.

feather (to) | machihembrar.

feather tongue | lengüeta.

feather valve | válvula de lengüetas.

feathered arch | bóveda de nervios, bóveda de crucería.

featheredge | canto en bisel, bisel | rebaba (fundición) | filo irregular (herramientas) | borde en bisel | herramienta para biselar.

featheredge file | lima de corte, lima espada.

feathering | foliación (arquitectura) | plumeado (defecto de vidriado), puesta en bandolera (hélices aviones) | cambio automático constante de incidencia de la pala (rotor girando - helicópteros) | variación de paso | floculación.

feathering airscrew | hélice aérea de paso variable.

feathering blade | paleta orientable.

feathering blade paddle wheel | rueda de paletas articuladas (buques).

feathering paddle | pala articulada.

feathering pitch | paso de puesta en bandolera, paso que da el mínimo de resistencia de la hélice con el motor parado.

feathering position | posición en bandolera (hélice aviones).

feathering propeller | hélice de palas móviles, hélice de palas orientables.

feathering wheel | rueda de paletas articuladas.

feather-ore | variedad de jamesonita.

feathers of litharge | cristales de litargirio.

fedal | fedal (combustible nuclear).

feed | avance (máquinas herramientas) | corriente de alimentación.

feed and eject | alimentación y descarga.

feed apparatus | aparato de alimentación.

feed automatization | automatización del avance.

feed back | retroalimentación (electrónica).

feed back coil | bobina regenerativa.

feed back effects | efectos de reacción (radio).

feed belt | correa de alimentación | cinta alimentadora | correa transportadora.

feed chain | cadena de avance (máquinas).

feed check-valve | válvula de retorno de alimentación.

feed chuck | mandril de avance.

feed chute | chimenea interior de alimentación (minas).

feed circuit | circuito de alimentación.

feed clutch | embrague del avance.

feed cock | grifo de alimentación.

feed collet I pinza de alimentación.
feed cone I cono de avance.
feed control I mecanismo de avance.
feed current I corriente de alimentación.
feed depth dial I indicador de profundidad del avance.
feed drain tank I tanque de purga de alimentación.
feed drum I tambor de municiones.
feed end I entrada de una máquina.
feed gear I engranaje de avance I mecanismo de avance I mecanismo de alimentación.
feed gearbox I caja de engranes de avances.
feed hole I perforación de avance I perforación de alimentación.
feed indicator I indicador de avances.
feed lever I palanca de alimentación I palanca de avance (máquinas herramientas).
feed line I tubería de alimentación (caldera) I canalización.
feed link I biela de avance.
feed lock I cierre de avance.
feed material I material de alimentación (nuclear).
feed mechanism I mecanismo de avance (máquinas herramientas) I mecanismo de alimentación.
feed motion I mecanismo de alimentación I movimiento de avance.
feed motor I motor del avance I motor de la alimentación.
feed movement I movimiento de avance.
feed nozzle I tobera de inyección.
feed opening I abertura de carga I boca de alimentación.
feed pawl I trinquete de arrastre, trinquete de avance.
feed pickup gears I engranajes de avance (tornos).
feed pitch I distancia entre perforaciones de alimentación I paso de arrastre I alimentador.
feed regulator I regulador del avance (máquinas herramientas) I regulador de la alimentación.
feed reverse lever I palanca de inversión de avances (torno).
feed reversing gear I cambio de marcha del avance.
feed rod I husillo de cilindrar (tornos) I biela de mando I barra de roscar.
feed roller I rodillo de avance I cilindro alimentador I rodillo alimentador.
feed screw I husillo de avance I tornillo de avance I husillo (tornos).
feed selector I selector de avances.

feed shaft I husillo (tornos) I árbol de avance I eje de avance.
feed spindle I husillo de avance.
feed spool I bobina con el rollo colocado (filmes).
feed stud I vástago de avance.
feed (to) I alimentar I suministrar.
feed tube I tubo de distribución.
feed unit I unidad de alimentación.
feed valve I válvula de alimentación.
feed variator I cambiador de avances.
feed wheel I rueda de avance I rueda de alimentación.
feed wire I conductor de alimentación, hilo de ida (electricidad).
feed work I mecanismo de avance I mecanismo de alimentación.
feedback I reutilización I retorno de energía I transferencia de energía del circuito de salida al de entrada I retroalimentación I retroacción.
feedback admittance I admitancia suplementaria de reacción de ánodo (televisión).
feedback amplifier I amplificador de retroacción I amplificador de realimentación.
feedback circuit I circuito de retroacción I circuito de realimentación.
feedback coil I bobina de regeneración, bobina de reacción.
feedback control I control de retroalimentación.
feedback control system I sistema de control por retroalimentación.
feedback coupling I acoplo reactivo.
feedback gating circuit I circuito de realimentación intermitente.
feedback loop I bucle de realimentación.
feedback oscillator I oscilador de contrarreacción.
feedback potentiometer I potenciómetro de reacción.
feedback preamplification I preamplificación de contrarreacción.
feedback queue I cola de realimentación (informática).
feedback ratio I relación de contrarreacción.
feedback receiving circuit I circuito receptor de reacción (radio).
feedback response I respuesta de retropulsión.
feedback shift register I registro de retenida de reacción (calculadora numérica).
feedback signal I señal de retorno I señal de realimentación.
feedback system I sistema cerrado (servomecanismo).
feedback (to) I acoplar en contrarreacción.

feedback transfer function I función de transferencia de retropulsión (servomecanismo) I función de transferencia de retroalimentación.

feedback voltage I voltaje de realimentación.

feedbox I tolva de carga I caja de alimentación I caja de engranajes de avance, caja de avances (máquinas herramientas).

feedchain I cadena de avance.

feed-changing lever I palanca de cambio del avance.

feed-control valve I válvula de control de alimentación.

feeder I conducto I depósito alimentador I línea de alimentación I dispositivo alimentador I filón ramal (minas).

feeder booster I elevador de voltaje al final del cable alimentador.

feeder box I caja de distribución del cable alimentador.

feeder brush I escobilla colectora (electricidad).

feeder cable I conductor alimentador, cable alimentador.

feeder delay noise I ruido por retardo en los alimentadores (telecomunicación).

feeder distortion I distorsión en el alimentador (telecomunicación).

feeder ear I orejeta de alimentación (electricidad) I anilla de suspensión (cable suspendido de catenaria).

feeder link I enlace de conexión.

feeder pillar I columna de cables I columna de alimentación.

feeder regulator I regulador de alimentación.

feeder rheostat I reóstato del cable alimentador.

feeder switchboard I cuadro de distribución de los alimentadores (electricidad).

feeder system I sistema tributario (telecomunicación) I ramal tributario (comunicaciones).

feeder trough I tolva alimentadora.

feeder voltage regulator I regulador de voltaje del alimentador.

feeder-line I ramal I línea secundaria (aviación).

feedhead I carga hidrostática de alimentación I mazarota.

feeding I alimentación I colabilidad (aceros) I avance (máquinas herramientas).

feeding arrangement I dispositivo de avance (máquinas herramientas).

feeding belt I correa de alimentación.

feeding box I tolva.

feeding characteristics I características de colabilidad (aceros).

feeding circuit I circuito de alimentación.

feeding conductor I conductor de alimentación.

feeding conduit I conducto de alimentación.

feeding gate I bebedero de mazarota.

feeding head I mazarota.

feeding mechanism I mecanismo de alimentación.

feeding metal I metal de aportación (soldadura).

feeding motion I movimiento de avance.

feeding plunger I émbolo de la bomba de alimentación.

feeding point I nudo de red de distribución eléctrica I toma I punto de alimentación.

feeding screw I tornillo de avance.

feeding trough I tolva.

feedpipe I tubo de alimentación.

feed-reserve lever I palanca de inversión del avance.

feed-retardation coil I bobina de retardo de la alimentación.

feed-roll I cilindro alimentador I cilindro guía.

feed-through capacitor I capacitor de alimentación.

feeler I sensor I galga para huelgos I galga de espesores I detector.

feeler gage I calibrador de verificación de piezas, galga de espesores I galga para huelgos.

feeler pin I varilla de comprobación.

feeler roller I cilindro de contacto.

feldspar I feldespato.

feldspar-free rocks I rocas afeldespáticas.

feldspathic gneiss I neis feldespático.

feldspathic grit I arenisca feldespática.

feldstone I roca compuesta de feldespato y cuarzo.

felling I corta forestal, tala I arranque (minas).

felsic I félsico.

felsic minerals I minerales félsicos.

felsitoid I felsitoide.

felspar I feldespato (G.B.).

felstone I feldespato compacto y de clase uniforme.

felt I fieltro I material insonorizante.

felt polish (to) I pulir con fieltro.

felt rubbing face I disco de fieltro para pulimentar.

female adapter I adaptador hembra I enchufe hembra.

female caliper gage I calibre hembra.

female connector I enchufe hembra I conector hembra.

female die I contracuño I contramatriz I troquel hembra.

female screw I tuerca I rosca interior I tornillo hembra.

female thread I rosca interior I rosca hembra.
femmer I filón pequeño.
femtovolt I femtovoltio.
fence I empalizada I contraguía I tope limitador I aleta directriz (aerodinámica) I canalizador del flujo aerodinámico (alas aviones).
fence cell I línea de separación (búsqueda informática).
fence off a road (to) I barrear una galería (minas).
fence row method I laboreo por grandes tajos con frente escalonado (minas).
fenced-off road I galería barreada, galería aislada (minas).
ferghanite I ferganita.
fergusonite I fergusonita.
ferment I fermentación I fermento I enzima.
ferment (to) I fermentar.
fermentation I efervescencia I fermentación.
fermentation alcohol I alcohol etílico.
fermentation room I cámara de fermentación.
fermentator I fermentador, tanque de fermentación.
fermenter I fermentadora I cuba de fermentación.
fermion I fermión (nuclear).
fermium I fermio (Fm).
ferrate I ferrato (química).
ferrated carbide I compuesto de hierro y carburo de hierro.
ferreed I conmutador de láminas magnéticas.
ferreed switch I conmutador de laminilla magnética.
ferret I vehículo blindado I avión localizador I rastreador electromagnético.
ferret reconnaissance I reconocimiento electromagnético.
ferret (to) I detectar un blanco por medio de equipo electrónico (aviación).
ferric acetate I acetato férrico.
ferric ammonium alum I alumbre férrico amónico.
ferric ammonium citrate I citrato de hierro amoniacal.
ferric ammonium oxalate I oxalato ferriamónico.
ferric chloride I cloruro de hierro.
ferric ferrocyanide I ferrocianuro férrico.
ferric induction saturation I saturación por inducción férrica.
ferric ion I ion férrico.
ferric sulfate I sulfato férrico.
ferrielectricity I ferrielectricidad.
ferrimagnetic I ferrimagnético.
ferrimagnetism I ferrimagnetismo.
ferristor I ferristor.

ferrite I ferrita (óxido de hierro) I ferrito (química).
ferrite antenna I antena magnética.
ferrite attenuator I atenuator de ferrita (electromagnetismo).
ferrite bead memory I memoria de núcleo de ferrita.
ferrite computer I calculadora de elementos de ferrita.
ferrite core I núcleo de ferrita.
ferrite former I ferritígeno.
ferrite switch I interruptor de ferrita.
ferritic nickel steel I acero al níquel ferrítico.
ferritic nodular iron I fundición ductil ferrítica.
ferritic S. G. iron I fundición ferrítica de grafito esferoidal, fundición dúctil ferrítica.
ferritization I ferritización.
ferritizer I ferritizador.
ferritizing I ferritización.
ferro alloy I ferroaleación.
ferro iron I hierro ferroso.
ferro vanadium I hierro al vanadio.
ferro-85 silicon I ferrosilicio con 85 de silicio.
ferroacoustic storage I memoria ferroacústica.
ferroaluminum I ferroaluminio.
ferroberyllium I ferroberilio.
ferroboron I ferroboro (aleación de hierro y boro con 24% de boro).
ferrocarbon I ferrocarbono.
ferrocement I ferrocemento I hormigón armado.
ferroceramics I ferrocerámica.
ferrocerium I ferrocerio.
ferrochrome I ferrocromo.
ferrochromium I ferrocromo.
ferrocobalt I ferrocobalto.
ferrocolumbium I ferroniobio.
ferroconcrete I hormigón armado.
ferrocyanide I ferrocianuro.
ferroelectric I ferroeléctrico.
ferroelectric dielectric I amplificador ferroeléctrico.
ferroelectric scanning I escansión ferroeléctrica (TV).
ferroelectric shutter I obturador ferroeléctrico.
ferroelectricity I ferroelectricidad.
ferroglass I ferrovidrio, vidrio ferromagnético.
ferromagnet I material ferromagnético.
ferromagnetic I ferromagnético.
ferromagnetic resonance absorption I absorción de resonancia ferromagnética.
ferromagnetism I ferromagnetismo.
ferromagnetization I ferroimanación.
ferromanganese I ferromanganeso.
ferrometer I ferromagnetómetro I ferrómetro.
ferromolybdenum I ferromolibdeno.

ferronickel I ferroníquel.
ferroniobium I ferroniobio.
ferroproducts I ferroaleaciones.
ferroprussiate I ferroprusiato.
ferroreactance I ferrorreactancia.
ferroresonance I ferrorresonancia.
ferroresonant I ferrorresonante.
ferro-resonant flip-flop I circuito basculador ferrorresonante.
ferroselenium I ferroselenio.
ferrosilicium I ferrosilicio.
ferrosilicon I ferrosilicio.
ferrosilicon block I bloqueo por adición de ferrosilicio.
ferrosoferric oxide I óxido ferrosoférrico.
ferrostatical I ferrostático.
ferrostatic-pressure crack I grieta por presión ferrostática (metalurgia).
ferrosteel I hierro acerado, fundición acerada.
ferrotantalum I ferrotántalo.
ferro-titan I ferro-titanio.
ferrotitanium I ferrotitanio.
ferrotungsten I ferrotungsteno.
ferrous I ferroso.
ferrous ammonium sulfate I sulfato ferroso amónico.
ferrous manganese ores I minerales de manganeso ferroso (con 10 a 35% de manganeso).
ferrous sulphate I sulfato ferroso.
ferrovanadium I ferrovanadio.
ferrox I mezcla de 90% de óxido de hierro hidratado y 10% de cemento Portland.
ferrozirconium I ferrozirconio.
ferruginous chert I sílex negro ferruginoso.
ferruginous china clay I caolín ferruginoso.
ferruginous laterite I laterita ferruginosa.
ferrugo I óxido férrico.
ferrule I casquillo I férula I guarnición metálica I manguito de empalme (cables) I tapa de contacto (electricidad).
ferrule terminal I borna de férula.
ferrule tip I casquillo.
ferrule (to) I zunchar I ferular (tubos).
ferry I buque transbordador.
ferry cable I andarivel.
ferry (to) I transportar de una orilla a otra orilla.
ferryboat I buque transbordador.
ferry-craft I buque transbordador.
fertile I capaz de transformarse en sustancia fisionable (nucleónica).
fertile element I elemento fértil (nuclear).
fertile fuel I elemento fértil (uranio).
fertile material I material fértil (reactor nuclear).

fertilizer I fertilizante.
fetch cycle I ciclo de búsqueda (informática).
fetch program I programa de búsqueda y carga de instrucciones (informática).
fetch (to) I extraer datos de la memoria (informática) I cebar (bombas) I dar bordadas (navegación) I buscar y cargar (informática).
fettle a casting (to) I desbarbar una pieza fundida.
fettle (to) I rebarbar, desbarbar I revestir interiormente con material protector (hornos metalúrgicos) I limpiar y parchear las paredes y solera entre carga y carga (hornos Siemens).
fettling I remoción de defectos (forjas) I limpieza de piezas fundidas I desborrado de cardas (lanas).
F-head engine I motor de válvulas laterales.
föhn I foehn (viento calentado y reseco).
föhn effect I efecto foehn (meteorología).
fiber I fibra vegetal I fibra textil.
fiber electrometer I electrómetro de hilo.
fiber optic I fibra óptica.
fiber optic network I red de fibras ópticas (ordenadores).
fiber suspension I suspensión filar.
fiberglass I fibra de vidrio, vitrofibra.
fiberglass insulation I aislamiento de fibra de vidrio.
fiberglass mat I revestimiento de fibra de vidrio.
fiber-reinforced I reforzado con fibras metálicas embebidas.
fiberscope I visor de fibras.
fibre I fibra.
fibriform I fibriforme.
fibrillose I fibrilado.
fibrolamellar I fibrolaminar I fibrolamelar.
fibrous alunogen I halotriquita.
fictile I fíctil I plástico.
fictitious voltage generator I generador ficticio de tensión.
fiddle block I aparejo diferencial I conjunto de poleas.
fiddle drill I berbiquí de herrero.
fiddle head I cabezal orientable (máquina herramienta).
fiducial I fiducial I exacto.
fiducial axis I eje de referencia.
fiducial pressure indicator I indicador de presión fiducial.
field I campo I campo inductor, campo magnético (electricidad) I imagen (TV).
field ampere-turns I amperios vueltas del campo inductor, amperios vueltas de excitación.
field balance I magnetómetro.

field breaker I interruptor de excitación, interruptor del campo magnético.
field breakup switch I conmutador de excitación.
field broadcast I toma exterior (TV).
field camera I cámara de exteriores (TV).
field circuit I circuito inductor (electrónica).
field coil I bobina inductora I bobina de campo (electromagnetismo).
field current I corriente inductora.
field deflection I desviación de la imagen (TV).
field discharge switch I interruptor de excitación.
field distribution I distribución del campo.
field excitation I campo de excitación.
field excitation control I control de la excitación del campo inductor.
field frequency I frecuencia de imagen (TV).
field ion microscope I microscopio de campo iónico.
field joint I junta de montaje.
field lens I objetivo.
field line I línea de campo.
field magnet I electroimán del campo, polo inductor (electricidad).
field magnet coil I bobina inductora.
field magnetization I campo imanador.
field meter I medidor de la intensidad del campo magnético o inductor.
field of search I campo de búsqueda (radar) I campo de exploración (radar).
field of use I campo de aplicación.
field of view I campo de visión.
field pattern I diagrama de intensidad del campo.
field pickup I toma exterior (TV).
field pole I polo inductor.
field radar I radar de campaña.
field regulator I regulador del campo inductor, reóstato de excitación.
field rheostat I reóstato excitador.
field rod I biela de mando (máquinas herramientas).
field scan I exploración de campo (TV).
field sequence I sucesión de campos (TV).
field strength I intensidad de campo.
field sweep I exploración de imagen (TV).
field synchronizing signal I señal de sincronización vertical (TV).
field tilt I corrección de la distorsión de imagen (TV).
field time I duración de una trama (TV).
field tube I tubo de circulación (calderas).
field variation I variación de campo.
field voltage I voltaje del inductor.

field weld I soldadura de montaje.
field wildcat I pozo de prueba (sondeo de petróleo).
field winding I devanado inductor, devanado de excitación, arrollamiento inductor.
field-break switch I interruptor de excitación, interruptor del campo inductor (electricidad).
field-efect transistor I transistor de efecto de campo.
field-effect controlled I controlado por efecto del campo.
field-effect tetrode I tetrodo de efecto de campo.
field-emitted electrons I electrones emitidos por el campo.
field-excitation control I regulación de la excitación del campo inductor.
field-excitation current I corriente excitadora del campo inductor.
field-failure protection I protección contra averías en el campo inductor (electricidad).
fieldistor I transistor de campo I fildistor.
field-magnet system I sistema inductor (electricidad).
field-neutralizing coil I bobina neutralizadora de campo.
field-weld (to) I soldar en obra.
field-welding I soldeo en obra.
fieldwork I trabajos de campo.
fiery I grisuoso (minas) I inflamable (gases) I que contiene gas explosivo.
fight I combate.
fighter I avión de caza.
fighter aircraft I avión de ataque.
fighter bomber I caza-bombardeo.
figure stone I piedra figurada I agalmatolito.
figure (to) I figurar I computar, calcular.
figured wood I madera veteada.
figures blank I blanco de cifras (teleimpresora).
figures section I sección de cifras (teleimpresora).
figures shift I cambio a números (teleimpresor).
figuring lathe I torno de embutir.
figuring machine I máquina calculadora I máquina de estampar telas.
filament I hilo I filamento.
filament battery I batería de filamento de caldeo.
filament choke I choque de filamento.
filament circuit I circuito de caldeo I circuito de filamento.
filament current I corriente de filamento.
filament hot resistance I resistencia de filamento caliente.

filament leads | conexiones del filamento (radio).

filament power | potencia de caldeo del filamento.

filament pressure | voltaje del filamento.

filament resistance | resistencia de filamento.

filament rheostat | reóstato de encendido.

filament rupture | rotura del filamento.

filament saturation | saturación de filamento (válvula).

filament supply transformer | transformador de filamento de caldeo.

filament switch | conmutador de tensiones de filamento.

filament transformer | transformador de filamento de encendido.

filament winding | bobinado de filamento.

filament yarn | hilado de filamentos.

filamentary cathode | cátodo.

filamentary transistor | transistor filamentario.

filar | filar, filamentoso | reticulado (ocular).

filar micrometer | micrómetro filar.

filar microscope | microscopio de ocular reticulado.

file | fila | lima | serie de datos (informática) | archivo.

file addressing | localización de fichero (informática).

file away (to) | ordenar | archivar.

file card | carda para limas | cepillo de alambre para limpiar limas | tarjeta de archivo | ficha.

file control block | bloque de control de fichero.

file control key | llave de control de archivo (informática).

file deck | compartimiento de archivo | paquete de archivo | mantenimiento de archivos.

file descriptor | descriptor de fichero (informática).

file down (to) | afinar con la lima.

file error | error de archivo.

file maintenance | mantenimiento de archivos | actualización de ficheros.

file organization | organización de ficheros | organización de archivos (informática).

file (to) | archivar | registrar | clasificar documentos | limar.

file transfer protocol | protocolo de transferencia de ficheros (informática).

file unit | unidad de disco.

file updating | actualización de ficheros.

filing | limadura | escobina.

filing block | bigornia de yunque.

filing board | bigornia de yunque | banco de limar.

filing cabinet | fichero.

filing card | tarjeta para archivador.

filing machine | limadora.

filing material | material de archivo.

filing system | sistema de archivo.

fill in (to) | rellenar | insertar | terraplenar.

fill plane | nivel de hormigonado (en los encofrados).

fill (to) | llenar | terraplenar | enmasillar.

filled asphalt | asfalto cargado con materia inerte.

filled ground | terreno de relleno | terreno echadizo.

filled level | nivel saturado (orbitales).

filled rill stope | grada escalonada inclinada con relleno (minas).

filled square-set stope | testero de escalones rectos con relleno (laboreo minas).

filled stope | franja rellenada, grada de relleno (minas).

filler | pieza de relleno | masilla | mástique | carga para dar consistencia | aparejo, tapaporos (pintura) | blanco de carga (pinturas) | producto de relleno | chapa de suplemento.

filler bit | bit de relleno.

filler block | madera de relleno.

filler character | carácter de relleno (informática).

filler coat | mano de aparejo | manto de imprimación.

filler gate | compuerta auxiliar (hidráulica).

filler load | carga para completar.

filler pipe | tubo de admisión de gasolina.

filler wire | alambre de relleno (cables metálicos).

fillet | chaflán | nervio, filete (encuadernación) | listón de madera.

fillet weld | soldadura en ángulo, soldadura ortogonal.

fillet weld (to) | soldar en ángulo, soldar ortogonalmente.

filling | mástique | relleno.

filling compound | composición para relleno | masa de relleno.

filling material | material de relleno | carga (producto de relleno).

filling valve | válvula de alimentación, válvula de llenado, válvula de carga.

film | película | capa sensible (placa fotográfica) | revestimiento galvánico delgado.

film assembly | montaje de película.

film cartridge | rollo de película | cargador de películas tipo cartucho.

film chromatography | cromatografía de capa fina.

film emulsion I emulsión de la película (placa impresa).
film loader I cargador de película.
film magazine I chasis cargador (cine).
film metering device I dispositivo de avance de la película.
film optical sensing device I lector óptico de películas.
film optical-sensing device I sensor óptico de películas.
film pack I carrete de película.
film reader I lector de película.
film recorder I registradora fotográfica I filmador I registrador de película.
film recorder-scanner I registradora-exploradora de micropelícula.
film recording I registro de película I filmación.
film rewinder I bobinadora.
film scanner I analizadora fotográfica.
film scanning I conversión de un filme en señales eléctricas correspondientes (TV).
film slide I diapositiva cinematográfica.
film speed I sensibilidad de película.
film (to) I filmar I cubrir con una película.
filming I filmación I peliculización.
filming of the anode I peliculización del ánodo.
film-insulated I aislado con película aislante (electricidad).
filter alum I sulfato de aluminio I alumbre para filtro.
filter choke I reactancia de filtro.
filter circuit I circuito de filtro.
filter condenser I condensador de filtro.
filter discrimination I selectividad del filtro.
filter factor I factor de exposición (óptica).
filter leaf I hoja de filtración (química).
filter lens I lente filtradora.
filter press I filtro prensa, prensa filtradora.
filter pump I bomba filtrante.
filter (to) I filtrar I depurar.
filter tower I torreta de filtración del lubricante (tornos).
filter vat I cuba de filtración.
filter-circuit I circuito filtro (radio).
filtering I filtración I filtrado (prospecciones sísmicas).
filtering network I red filtrante.
filter-well drainage I drenaje por pozo filtrante.
filtrate (to) I filtrar.
filtration I filtración I percolación.
filtrometer I filtrómetro (aparato medidor de la caída de presión a través de filtros de aire).
fin I aleta de tubos fundidos I rebarba (fundición).

fin area I superficie del plano de deriva (aviones).
final I final, terminal.
final adjustment I puesta a punto I ajuste final.
final selector I selector final I conectador (telefonía automática).
finder I enfocador (máquina fotográfica) I buscador (telefonía) I visor.
finder circle I círculo vertical (telescopio astronómico).
finder shelf I montura de buscadores (telecomunicaciones).
finder switch I conmutador buscador.
fine I claro, transparente I agudo, puntiagudo I fino (menudo) I refinado (puro) I de ley (oro o plata) I disgregado (minerales) I de precisión (mecanismos).
fine adjustment I ajuste preciso I reglaje de precisión.
fine balance I balanza de precisión.
fine chemical I producto químico muy puro, producto químico producido en pequeña cantidad.
fine down (to) I clarificar I afinar.
fine file I lima dulce, lima muza.
fine focus I de alta definición (óptica).
fine gage I galga fina, calibrador fino.
fine gold I oro de ley I oro en cantidades muy pequeñas (placeres auríferos).
fine metal I metal refinado.
fine scanning I exploración de alta definición.
fine setting I reglaje de precisión.
fine smelting I procedimiento de afino.
fine solder I suelda de estaño (64%) y plomo (36%).
fine (to) I depurar I clarificar I afinar (metales).
fine tuning I sintonización precisa.
fine tuning lock I sistema de sintonización automática (radio - TV).
fine-feed device I dispositivo de avance lento.
fine-fibered asbestos I amianto de fibra fina.
fineness I finura (de arena, cemento, etc.) I ley (metales).
fineness of scanning I finura del barrido (telecomunicaciones).
fine-ore furnace I horno para mineral menudo.
fine-pitch serrations I estriaciones de paso pequeño.
fine-pitch stop I tope de paso corto (hélices).
fine-powdered compact I comprimido de polvo fino (pulvimetalurgia).
finer I refinador de metales I afinador.
finery I horno de afino, horno de refinar.
finery cinder I óxido férrico.
finery furnace I horno de afinación.

finery iron | hierro afinado.

finery plate metal | metal carburado.

fines | límites (concesión minera) | menudos (carbón) | finos (minerales).

finger | índice (instrumentos), dedo de retenida (máquina) | ripador (tren de laminación) | cursor | pieza separadora | acoplamiento automático para carga y descarga de aviones (terminal de mercancías -aeropuertos).

finger grip | extractor (sondeos) | herramienta para recuperar una varilla rota o herramienta (perforaciones).

finger patch | refuerzo de nervaduras radiales (aviación).

fingerstone | belemnita (fósil).

fining | afino, refinación | clarificación | estabilización.

finish | término, fin | terminación | apresto | acabado de maquinado (de superficies metálicas) | capa superficial protectora (de metales).

finish (to) | concluir, acabar, terminar | perfeccionar, retocar, dar el último toque a | aprestar (telas).

finished crystal blank | cristal piezoeléctrico | cuarzo tallado.

finished forgings | piezas de forja terminadas.

finisher | pulidor, afinador | troquel final, troquel acabador (forja).

finisher die | troquel acabador | estampa acabadora (forjas).

finisher picker | batán acabador.

finisher scutcher | batán acabador.

finish-honed gear | engranaje rectificado en fino.

finishing | terminación, acabado | última mano | apresto.

finishing coat | capa de acabado, última capa.

finishing metal | metal de adición final.

finishing mill | tren acabador (laminador).

finishing range | tren de acabado (telas).

finishing rate | amperaje de terminación (régimen de fin de carga -acumuladores).

finishing roasting | tostación final (minerales).

finishing tool | herramienta de acabado.

finishing varnish | barniz de acabado.

finish-turn (to) | tornear en fino, tornear a medidas finales.

finish-weld (to) | acabar por soldadura.

fire | fuego | incendio | tiro, disparo.

fire alarm system | sistema de detección de incendio.

fire apparatus | aparato extintor de incendios.

fire arch | bóveda (hornos).

fire assay | ensayo pirognóstico, copelación.

fire bank | combustión espontánea (escorial de mina de carbón).

fire barriers | cortafuegos.

fire belt | cortafuegos (bosques).

fire board | mampara de chimenea | cartel indicando una zona grisuosa (minas).

fire bomb | bomba incendiaria | bomba de napalm.

fire brick | ladrillo refractario.

fire cement | cemento refractario, cemento ignífugo.

fire chopper | cortafuegos.

fire clay | arcilla refractaria | barro refractario.

fire coat | oxidación térmica superficial (metalurgia).

fire control | vigilancia de los fuegos (calderas) | control de tiro.

fire control radar | radar de control de fuego.

fire crack | grieta por contracciones desiguales de las capas (enlucidos) | grieta de recocido (metalurgia) | grieta térmica (cerámica).

fire cutoff | cortafuegos.

fire damper | válvula cortafuego.

fire detector | detector de incendios | grisuscopio (minas).

fire division | muro cortafuegos | mamparo cortafuegos (avión, buques).

fire dog | altar (hornos).

fire extinguisher | extintor de incendios.

fire gases | gases de la combustión.

fire gear | dispositivo contraincendios.

fire iron | rodo atizador (herramienta de hornos).

fire lamp | lámpara de flamear.

fire opal | ópalo de fuego.

fire point | temperatura de inflamabilidad espontánea (aceites y petróleos) | punto de combustión | punto de llama.

fire pot | lámpara de plomero, lámpara de flamear.

fire proof | ignífugo | incombustible | resistente al fuego.

fire proofing treatment | ignifugación.

fire resistance | ignifugacia, pirorresistencia.

fire resistant treatment | ignifugación.

fire resisting | ignífugo | pirorresistente | refractario.

fire retardant treatment | ignifugación.

fire retardation | ignifugación.

fire room | cuba (alto horno) | cámara de caldeo (calderas) | piso de calderas (buques).

fire sand | arena refractaria | arena de moldear.

fire stop | altar (hornos) | muro cortafuegos | camino cortafuego (bosques).

fire test | prueba pirométrica | prueba al fuego.

fire tile | ladrillo resistente a las altas temperaturas (hornos) | teja refractaria.

fire (to) | quemar | incendiar | encender | cañonear | disparar | dejar pasar la corriente eléctrica, dar corriente.

fire tube | tubo de humos.

fire up (to) | activar los fuegos (calderas).

fire valve | válvula controladora del sistema de contraincendios (aeroplanos).

fire waste | pérdida de material por escamación en procesos calientes (aceros).

fire weld | soldadura hecha en la fragua, soldadura por forja.

fire weld (to) | soldar en la fragua, soldar por forja.

fireball | bola de fuego (explosión nuclear) | granada de mano incendiaria, aerolito.

fireboat | brulote | embarcación contraincendios.

firebox | cámara de combustión (hogar-calderas) | caja de fuego de una caldera.

firebox stay | estay de caja de fuegos.

firecracker | electrodo colocado en la ranura entre dos piezas que se van a soldar.

fired tube | tubo activado | tubo de descarga luminiscente.

fired zircon | zircon natural cuyo color ha cambiado o ha sido eliminado por la acción del calor.

firedamp | grisú, metano | gas de los pantanos.

firedamp detector | grisuómetro.

firedamp explosion | explosión de grisú.

fire-danger forecasting | predicción de peligrosidad de incendio (bosques).

firedoor | puerta del horno | puerta de seguridad contraincendios (minas).

fire-finish (to) | acabar a fuego.

fire-finished | acabado a fuego.

fire-gun | extintor de incendios, soplete de flamear.

fireplug | grifo de extinción del fuego (calderas) | grifo de incendios, boca de incendios.

fireproof bulkhead | tabique cortafuego, mamparo cortafuegos.

fireproof (to) | ignifugar | incombustibilizar.

fire-retarding | ignifugación.

fire-sensitive | pirosensible, ignisensible.

fire-smothering gas | gas inerte.

fire-stone | pirita de hierro | piedra refractaria | pedernal.

fire-warning circuit | circuito avisador de incendios.

firewire | hilo termosensible.

firing | fuego | caldeo (hornos) | carga del hogar (calderas) | activación | cocción | encendido (motores) | pega de barrenos | alimentación (antena TV).

firing angle | ángulo de saturación | ángulo de disparo.

firing azimuth | acimut de tiro.

firing chamber | recámara (cañones) | cámara de combustión (motor de cohete) | cámara de ignición.

firing circuit | circuito de encendido (motores) | circuito de caldeo | circuito de activación (electricidad) | circuito de disparo.

firing current | corriente de ionización (radio).

firing elevation | ángulo de alza (tabla de tiro).

firing expansion | dilatación en la cochura, aumento de tamaño al pasar del estado seco al cocido (refractarios).

firing gear | mecanismo de disparo.

firing impulse | impulso mínimo de corriente para detonar (cebos eléctricos).

firing lever | palanca de disparo.

firing lock | llave de fuego | cerrojo portapercutor (cañones) | mecanismo de percusión (armamento).

firing machine | explosor.

firing mechanism | mecanismo de disparo | espoleta.

firing needle | percutor.

firing pin | percutor.

firing point | punto de encendido (tubo).

firing potential | potencial de ignición.

firing pressure | presión del disparo (armas).

firing pulse | impulso actuador (corriente eléctrica) | impulso de cebado.

firing shaft | eje del percutor.

firing shrinkage | contracción al fuego | contracción por cochura.

firing test | prueba de cocción.

firing torque | par de encendido.

firing trials | pruebas de tiro de cañones.

firing units | circuito de fuego (cañón).

firing voltage | voltaje de encendido (motores) | voltaje de activación (de un circuito) | voltaje de cebado.

firm | firme | fijo, estable.

firm power | potencia disponible, potencia permanente.

firmer | cincel en bisel | formón.

firmer gouge | gubia punzón.

firmer tool | formón.

firmware | programa almacenado en un chip | soporte lógico inalterable | micro-instrucción (informática) | programado fijo (informática).

first anode | primer ánodo (rayos catódicos).

first break | roturación (terrenos).

first helper | primer garzón (horno metalúrgico).

first impetus | impulso primario registrado por el sismógrafo.

first line finder I localizador primario (telecomunicaciones).

first motion shaft I eje principal (cambio velocidades).

first route I vía normal (telecomunicación).

first water I gemas sin defectos.

first water diamond I diamante de primera agua I diamante de calidad extra.

first-in-first-out (F.I.F.O.) I primero en entrar, primero en salir (informática).

fish I refuerzo I pieza de refuerzo (gimelga-vergas) I cubrejunta I eclisa, brida (carriles).

fish eye I oclusiones de hidrógeno (soldadura eléctrica).

fish-belly girder I viga parabólica.

fishbolt I perno de brida, perno de eclisa (carriles) I perno de cubrejunta.

fishbone antenna I antena direccional en espina de pescado.

fished joint I junta a tope con doble cubrejunta I junta de eclisa.

fish-joint I junta de eclisas (carriles) I junta a tope con cubrejuntas.

fishmouth splice I empalme en V I empalme a bisel.

fishmouthing I fisión longitudinal de tochos planos en un plano paralelo a la superficie laminada (metalurgia).

fishplate I cubrejunta I brida (eclisa-carriles).

fishplate joint I junta a tope con doble cubrejunta.

fishpole antenna I antena de varilla.

fishtail I cavidad en V al extremo de la pieza (defecto laminación) I pieza de transición (turborreactor) I trépano en forma de cola de pescado (sondeos).

fissibility I fisibilidad, excindibilidad.

fissible I fisible.

fissile I físil I hendible.

fissile nucleous I núcleo fisionable.

fissile nuclide I núclido físil.

fissiochemical I fisioquímico.

fissiochemistry I fisioquímica.

fission I fisión, segmentación.

fission bomb I bomba nuclear I bomba atómica.

fission chain I cadena de fisión.

fission chain reaction I reacción de fisión en cadena.

fission energy I energía de fisión.

fission gas I gas de fisión.

fission neutron I neutrón de fisión.

fission plate I placa de fisión.

fission poison I empobrecimiento de la fisión.

fission probability I probabilidad de fisión (nuclear).

fission process I proceso de fisión (nuclear).

fission rate I velocidad de fisión (nuclear).

fission reactor I reactor de fisión.

fission spectrum I espectro de fisión.

fission threshold I umbral de fisión (nuclear).

fission (to) I fisionar.

fission yield I rendimiento de fisión.

fissionable derivative I derivado físil.

fissionable fuel I combustible fisionable.

fissionable nucleus I núcleo fisionable.

fissionable plutonium I plutonio escindible.

fissioned nucleus I núcleo fisionado, núcleo excindido.

fissioning I excisión.

fission-produced neutron I neutrón nacido por fisión.

fission-product radiation I radiación de los productos de fisión.

fission-product residues I residuos de productos de fisión.

fission-product sterilization I esterilización por productos de fisión.

fissure I fisura I hendidura.

fissure (to) I hender I fisurar.

fissure vein I fisura filonaria, filón de fractura, filón de fisura, filón de relleno, veta filón.

fit I ajuste, encaje I montaje (máquinas).

fit (to) I adaptar, montar I ajustar, encajar.

fitter's hammer I martillo de mecánico, martillo de ajustador.

fitter's shop I taller de ajuste.

fitter's tool I herramienta de ajuste.

fitter-tester I ajustador-verificador.

fitting I accesorio I pieza I herraje I montaje I ajuste I conectador I adaptador.

fitting and removing I montaje y desmontaje.

fitting in I encastramiento (mecánica).

fitting out I equipamiento I armamento (buques).

fitting out dock I dársena de armamento.

fitting piece I pieza de ajuste.

fitting up bolt I perno de ajuste I tornillo de ajuste.

fitup I junta de empalme I montaje.

fitup (to) I ensamblar I montar máquinas I ajustar.

five-cylinder engine I motor pentacilíndrico.

five-membered ring I anillo pentagonal (química).

five-phase system I sistema pentafásico.

five-pole I pentapolar.

fix I punto de situación en la carta (navegación) I brasca (fundición) I punto de posición, punto de intersección de dos marcaciones, posición definida (situación-navegación) I ajuste hecho después del montaje (pieza de un equipo).

fix (to) | fijar | reparar | instalar | colocar carriles | sujetar (anclar).
fixation | fijación (química).
fixed | montado, colocado | sujeto (asegurado) | fijo | empotrado.
fixed antenna | antena fija (aviones).
fixed antenna mast | mástil de antena fija.
fixed arc lamp | lámpara de arco eléctrico de foco fijo.
fixed armature | inducido fijo.
fixed array radar | radar en funcionamiento constante.
fixed battery | batería permanente.
fixed bias | polarización fija (válvula electrónica).
fixed blade propeller | hélice de palas fijas.
fixed blades | distribuidor fijo (turbinas).
fixed capacitor | capacitor no regulable | compensador fijo.
fixed center | punto fijo (tornos).
fixed channel | canal de sintonía fija (radiocomunicación).
fixed circuit | circuito fijo (telecomunicación).
fixed communications | comunicaciones entre puntos fijos (telecomunicaciones).
fixed contact | contacto fijo (relés).
fixed control panel | panel de conexiones fijas.
fixed diode detector | detector de diodo de ajuste fijo.
fixed disk drive | unidad de discos fijos (informática).
fixed echo | eco permanente (radar) | eco fijo (radar).
fixed head disk | disco de cabezal fijo.
fixed loop aerial | antena de cuadro fijo.
fixed magnetic field | campo magnético constante.
fixed monitoring station | estación fija de control (radio).
fixed nitrogen | nitrógeno combinado.
fixed parabolic arch | arco parabólico de extremos empotrados.
fixed parabolic equalizer | ecualizador parabólico fijo (telecomunicación).
fixed pitch propeller | hélice de paso fijo | hélice de paso constante.
fixed plugboard | tablero de conexiones fijas.
fixed radio service | servicio de radiocomunicaciones.
fixed reference pip | pico de referencia fija (radar).
fixed sight | alza no ajustable (cañón).
fixed spaceship | satélite de posición fija.

fixed station | estación fija (radiocomunicación).
fixed storage | memoria fija (informática).
fixed symmetrical arch | arco simétrico empotrado.
fixed white | sulfato de bario.
fixed wiring | instalación fija (electricidad).
fixed-base system | sistema de base fija (informática).
fixed-focus camera | cámara de foco fijo.
fixed-frequency cyclotron | ciclotrón de frecuencia constante.
fixed-length code | código de longitud fija (informática).
fixed-loop antenna | antena de cuadro fija.
fixed-tuned circuit | circuito de sintonización fija.
fixer | fijador | baño fijador (fotografía).
fixer and homer | determinador de posición y aproximador (navegación aérea y marítima).
fixer network | red de localización.
fixing | sujeción | anclaje, fijación | fijado (fotografía) | montaje | empotramiento.
fixing acid | fijador (fotografía).
fixing aid | ayuda para la navegación aérea usada para determinar la posición (aeroplanos).
fixing bath | baño fijador (fotografía).
fixing bolt | perno de sujeción.
fixing couple | par de empotramiento.
fixing muff | manguito de empalme.
fixing point | punto de empotramiento.
fixing salt | tiosulfato sódico.
fixing solution | solución fijadora.
fixture | instalación | pieza fija | accesorio, montaje de sujeción.
flag | señalizador | bandera | indicador.
flag bit | bit indicador.
flag (to) | enlosar, embaldosar | hacer señales con bandera | hacer a un tren la señal de parada.
flagpole antenna | antena de varilla.
flak | tiro antiaéreo | artillería antiaérea | antiaéreo.
flak radar | radar antiaéreo.
flak ship | buque antiaéreo.
flake graphite | grafito lamelar, grafito cristalino.
flake lead | carbonato de plomo.
flake powder | polvo en escamas (pulvimetalurgia).
flake white | nitrato básico de bismuto | albayalde puro.
flake-like defect | defecto lamelar (aceros).
flakiness | descascarillamiento (aceros).

flamard harden (to) I templar a la llama oxia-cetilénica, templar por flameo.

flamard-treated bedways I guías de bancada templadas con llama oxiacetilénica.

flamatic hardening I temple a la llama.

flame I llama I destello I gallardete (buques) I soplete oxiacetilénico I masa de gases ardientes (motor de chorro).

flame annealing I recocido flameado con soplete I recocido a la llama.

flame brazing I cobresoldadura con soplete.

flame bridge I altar (calderas).

flame cleaner I mechero múltiple oxiacetiléni-co para desoxidar chapas.

flame cleaning I desoxidación por flameo con soplete de chorros múltiples.

flame cut (to) I oxicortar, cortar con soplete.

flame damper I amortiguador de llamas del escape (motores).

flame descaling I desoxidación a la llama.

flame dryer I secador de gases calientes de la combustión.

flame hardening I temple superficial a la llama, temple por flameo con soplete oxiacetilénico.

flame ionization detector I detector de ionización por conductor (física)I detector de ionización de llama.

flame machining I cortes tangenciales con el soplete I maquinado con corte con chorro de oxígeno (metales férricos).

flame plating I recubrimiento por detonación de gases que transportan el material cubriente I chapado de partes metálicas con metales en polvo fundidos, metalización con polvo de metal por medio del soplete.

flame polishing I pulimento a la llama.

flame safety electrode I electrodo de seguridad de llama.

flame softening I recocido por la llama.

flame spraying I metalización de superficies por aspersión con metal fundido I metalización por soplete.

flame test I prueba a la llama I ensayo con el mechero Bunsen, ensayo por coloración de la llama (análisis químico).

flame (to) I quemar I encender I arder I flamear I calentar con el soplete.

flame tube I horno I tubo quemador (lámpara de soldar).

flame weld (to) I soldar con llama I oxisoldar I soldar con soplete.

flame-forming I doblado con soplete (aceros).

flame-harden (to) I templar superficialmente con la llama, templar por flameo.

flameholder I flamiestabilizador.

flame-plate (to) I termochapar con polvo fundido con el soplete, metalizar con polvo metálico.

flameproof I antideflagrante I incombustible.

flame-resistant I incombustible I ignífugo.

flame-retardant I de combustión lenta.

flame-spray (to) I rociar con metal fundido, metalizar por aspersión, metalizar con soplete.

flame-sprayed polythene I politeno metalizado con metal fundido.

flame-straighten (to) I enderezar a la llama.

flammability I combustibilidad I inflamabilidad.

flammable I inflamable I muy combustible (telas).

flammable mixture I mezcla inflamable.

flange I reborde I aleta (tubos) I llanta (ruedas) I pestaña (ruedas) I brida (tubos).

flange angle I cantonera I brida angular.

flange assembly I junta de bridas.

flange chuck I mandril de rebordear (tubos).

flange connector I conector con brida.

flange coupling I unión por platos (ejes) I unión por bridas.

flange joint I junta de platos I junta de bridas.

flange mount I montura de brida (conectores).

flange nut I tuerca con brida, tuerca de reborde.

flange steel I acero para rebordear, acero suave.

flange thickness I espesor del ala (vigas) I espesor de la brida (tuberías) I espesor del plato (ejes).

flange (to) I unir con platos (ejes) I realzar I rebordear I poner bridas (tubos) I mandrilar I enfaldillar I embridar (unir con bridas) I embutir.

flange union I junta de brida I unión embridada (construcción).

flanged I con collarín I embridado, con bridas I con rebordes I con pestañas I enfaldillado I rebordeado I con aletas.

flanged beam I viga doble T I bao enfaldillado.

flanged belt I virola con bridas (calderas).

flanged bolt I perno embridado.

flanged conical roller I rodillo cónico con bridas.

flanged coupling I acoplamiento de bridas I embrague de discos.

flanged filter I filtro de bridas.

flanged pipe I tubo con brida.

flanged pulley I polea de pestañas.

flanged radiator I radiador de aletas.

flanged sleeve I manguito con brida.

flanged splice I empalme de pestaña.

flanged valve I válvula de bridas.

flanged washer I arandela de collarín.

flangeless I sin reborde I sin faldilla I sin pestaña I sin talón (ruedas, neumáticos, bandajes de ruedas).

flange-mounted I montada sobre bridas I embridado (tuberías).

flanger I pestañadora I enfaldilladora I rebordeadora I prensa de rebordear I prensa de embutir.

flangeway I vía de pestaña (ferrocarril).

flanging I reborde, faldilla.

flanging machine I pestañadora I máquina de rebordear I prensa de rebordear I máquina de enfaldillar I ribeteadora.

flanging press I prensa de rebordear I prensa de embutir I prensa de enfaldillar.

flap I flap (aleta hipersustentadora-alas aviones).

flap gate I compuerta de charnela, compuerta de cierre oscilante.

flap valve I válvula de charnela, válvula de mariposa.

flare I antorcha (gases quemados) I llama I llamarada I fulgor, brillo, destello.

flare spot I espectro secundario (fotografía) I mancha de deslumbramiento I mancha hiperluminosa (TV).

flare stack I chimenea para combustión de gases sobrantes (antorcha-refinerías petroleras).

flare star I estrella fulgurante.

flared radiating guide I guía de ondas radiantes.

flarespot I aumento brusco de la intensidad luminosa (TV).

flare-up light I luz de destellos I luz mostrada intermitentemente por embarcaciones de prácticos, pesqueros, etc.

flash I destello (flash-fotografía).

flash distillation I destilación de equilibrio I destilación instantánea.

flash fuse I espoleta eléctrica I cebo eléctrico.

flash magnetization I imanación por impulsos, imanación superficial I magnetización por impulsos.

flash photolysis I fotolisis instantánea I fotolisis por destellos.

flash point I temperatura de inflamabilidad I temperatura de inflamación.

flash power I potencia máxima de emergencia (motor de aviación).

flash smelting I fusión rápida.

flash test I prueba de la temperatura de inflamación (aceites).

flash (to) I destellar I arrancar con explosivos (minas) I rebabar.

flash tower I torre de expansión (petróleo).

flash weld I soldadura a presión por tope y con corriente intensa en el momento de la unión.

flash welder I soldadora a tope por presión y calentamiento eléctrico.

flasher I señal de destellos I reflector metálico angulado (radar).

flashing I centelleo I cinta de plomo o cinc para juntas I tapajuntas I cubrejunta estanco (de plomo o cinc).

flashing beacon I baliza de destellos I faro intermitente.

flashing light signal I señal de destellos.

flashing relay I relé de accionamiento intermitente (telecomunicaciones).

flashing tool I herramientas para rebarbar (piezas forjadas).

flashing transformer I transformador para pruebas de descarga disruptiva.

flashlamp I lámpara de magnesio (fotografía) I lámpara de flash (destellador-fotografía) I lámpara de luz relámpago.

flashlight I luz de magnesio I luz de destellos (faros) I luz de flash.

flashlight powder I fotopólvora, mezcla de magnesio 2 partes y clorato potásico 1 parte I polvo de magnesio.

flash-over I descarga disruptiva I cortocircuito con desprendimiento de chispas.

flashover strength I rigidez dieléctrica.

flashover test I prueba de descarga por arco I prueba de descarga disruptiva (cables eléctricos).

flashover voltage I voltaje disruptivo (cables eléctricos) I voltaje de contorneamiento (aisladores de rosario) I tensión de salto.

flat I llanura, planicie.

flat chain I cadena de articulaciones.

flat chisel I escoplo plano I cortafrío (herramienta) I trépano plano (cincel de boca plana-sondeos).

flat coil I serpentín plano I bobina plana (electricidad).

flat curve I curva rebajada, curva abierta.

flat field I campo plano I campo corregido (óptica) I campo uniforme de la imagen (TV).

flat file I archivo plano (informática).

flat joint I diaclasa horizontal (batroclasa).

flat loss I pérdida uniforme (frecuencia).

flat noise I ruido de fondo I ruido sin compensación (telecomunicaciones).

flat rasp I escofina plana.

flat response I respuesta plana (frecuencias).

flat rod I varilla de transmisión.

flat rope I cable plano.

flat screen I pantalla plana (informática).

flat stone I piedra plana I laja.

flat terminal transistor | transistor de terminales planos.

flat test-piece | probeta plana.

flat thermal flux | flujo térmico uniforme.

flat tuning | sintonización poco selectiva | sintonización plana.

flat turn | viraje plano (avión).

flat vein | veta acostada (minería) | filón de buzamiento débil (veta acostada).

flatbar | hierro plano | pletina | llanta.

flat-belt conveyor | transportador de correa plana.

flat-blade turbine | turbina de álabes planos.

flat-compounded | con excitación mixta plana (con voltaje constante a cualquier carga-electromotor).

flat-compounded generator | dinamo con excitación mixta y con voltaje constante a cualquier carga.

flatiron | chapa | hierro en chapas | plancha.

flatness | pérdida de contraste por sobreexposición, falta de contraste (fotografía) | rasancia (trayectoria) | ausencia de distorsión (campo magnético) | uniformidad | planeidad | planicidad.

flatness gage | galga de planeidad.

flatness tolerances | tolerancias de planeidad.

flat-nosed | de boca plana (herramientas).

flatpack | conjunto plano (circuitos integrados) | cápsula plana.

flat-position electrode | electrodo para posición horizontal.

flat-seated valve | válvula de asiento plano.

flat-steel rod | varilla de pletina.

flatten (to) | apagar (colores) | achatar | allanar | aplanar | enderezar (aviones) | evaporarse | laminar | rebajar (arcos) | suavizar (aumentar el radio -curvas).

flattened radius | radio de la zona aplanada | radio de la región en que el flujo neutrónico es casi uniforme (reactor nuclear cilíndrico).

flattened region | región con flujo neutrónico casi uniforme (reactor nuclear).

flattening | aplanamiento | achatamiento | obtención de un flujo neutrónico casi uniforme en la región central (reactor nuclear) | empleo de un filtro de forma especial para conseguir curvas isodósicas planas en un cuerpo irradiado | embotamiento (partículas abrasivas).

flattening cylinder | laminador.

flattening furnace | horno de extender (vidrio).

flatter | martillo de aplanar | plana de fragua | estampa plana de forja | aplanador | hilera para trefilar alambre plano.

flatting | capa de cemento | aplastamiento | laminación (metalurgia).

flatting hammer | martillo aplanador.

flatting pass | canal de aplanar (laminador).

flatting works | taller de laminación.

flattop antenna | antena de techo plano, antena con el hilo superior horizontal | antena horizontal con dipolos próximos en contrafase.

flat-twin motor | motor de dos cilindros horizontalmente opuestos.

flat-type resistor | resistor plano (tipo chato).

flavone | flavona (química).

flaw | defecto, imperfección | grieta.

flax | lino.

flax breaker | desfibradora de lino, agramadora para lino.

flax seal coal | antracita en granos muy finos.

flaxseed ore | mineral de hierro fosilífero de color rojo (EE UU) | arcilla ferruginosa (tintorería) | mineral oolítico.

F-layer | capa F (ionosfera).

fleam | bisel del filo (dientes de sierra).

fleche | flecha (arquitectura).

fleckshiefer | esquisto moteado.

fleet | flota | escuadra, armada.

fleet angle | ángulo de esviaje, ángulo de desviación.

fleet broadcast | radiodifusión naval.

fleet carrier | portaaviones de escuadra.

fleet flagship | buque insignia de la escuadra.

fleet train | tren de aprovisionamiento de la flota, fuerza de servicios de la flota, flotilla de entretenimiento de la flota de guerra (petroleros, buques talleres, remolcadores, etc.).

fleet wheel | polea acanalada de gran diámetro sobre la que se arrolla una o varias vueltas del cable de extracción (minas).

fleeting drum | tambor de tracción (teleférico).

fleeting sheave | polea deslizante (teleférico).

flesh clay | mezcla de feldespato y cuarzo.

fletz | mina en mantos | capa horizontal (minas).

fletz formation | formación estratiforme (geología) | roca secundaria.

fleuret | florecilla (arquitectura).

fleuron | florón (tipografía).

flex | encorvadura | punto de inflexión | conductor flexible (electricidad).

flex life | duración a flexiones repetidas (metalurgia).

flex (to) | acodar, doblar, encorvar | flexionar | flexar.

flexcracking | fisuración por flexión dinámica.

flexed | flexado, acodado.

flexes | conductores flexibles (electricidad).

flexibility I flexibilidad.

flexible I flexible I elástico I cable de conexión.

flexible coupling I conexión flexible I acoplamiento elástico I acoplamiento flexible (electrotecnia) I racor flexible.

flexible disc coupling I acoplamiento de disco flexible.

flexible discharge hose I tubo flexible de descarga.

flexible gearing I transmisión por correa.

flexible lead I cable flexible (conexión).

flexible mounting I montaje flexible.

flexible sandstone I itacolumita.

flexible shaft I eje flexible.

flexible shafting I transmisión flexible I línea de ejes flexible.

flexible stay I estay articulado (calderas).

flexible wire I conductor flexible.

fleximeter I flexímetro.

flexometer I flexímetro.

flexopressure I flexocompresión.

flexuralaxis I eje de flexión.

flexural center I centro de flexión I centro de cortadura (punto en la sección transversal por donde pasa la resultante de los esfuerzos cortantes y en que una carga aplicada sólo produce esfuerzo de flexión sin torsión -vigas en U).

flexural stiffness I rigidez flexural I resistencia a la tracción.

flexural strength I resistencia a la flexión.

flexural wave I onda de flexión.

flexure I flexura (pliegue monoclinal -geología).

flexure fault I pliegue-falla (geología).

flexuring I plegamiento (geología).

flicker I fluctuación (de voltaje) I oscilación (de la luz eléctrica por variación de la tensión de la red) I estroboscopio I oscilaciones luminosas.

flicker effect I emisión irregular de electrones (ruido de centelleo -válvulas de vacío) I fenómenos de fluctuación (soldadura por arco) I efecto de centelleo (válvula).

flickerer I limitador de corriente (alumbrado).

flicker-free welding I soldeo sin fluctuación de voltaje.

flickering I vacilación I oscilación.

flickering photometer I fotómetro de destellos.

flight I vuelo I trayectoria (proyectiles) I patrulla (formación de aviones).

flight altitude I altura de vuelo (aviación).

flight brake I flap para disminuir la velocidad de vuelo.

flight chain I cadena rota (cristalografía).

flight clearance I autorización de vuelo.

flight controller I controlador aéreo.

flight crew I tripulación de vuelo.

flight data recorder I registrador de datos de vuelo.

flight data recording I registro de datos de vuelo.

flight data subsystem I subsistema de información de vuelo.

flight deck I cubierta de vuelo (portaaviones) I cubierta de aterrizaje.

flight endurance I autonomía de vuelo.

flight indicator I horizonte giroscópico I indicador de posición de vuelo.

flight information center I centro de información de vuelos (aeronáutica).

flight log I trazador de ruta (aviación).

flight path I ruta de vuelo I trayectoria de vuelo.

flight path deviation indicator I indicador de deriva (aviación).

flight path recorder I indicador de planeo.

flight strip I pista de despegue.

flight track I trayectoria de vuelo.

flight trainer I simulador de vuelo.

flight-follow (to) I seguir el vuelo de un avión por radar.

flight-spot scanner I analizador indirecto de punto móvil (televisión).

flightstop I estación de servicio (aviación).

flightway I pista (aeropuertos).

flint I sílex, pedernal.

flint clay I arcilla de sílex.

flint fire clay I arcilla refractaria silícea.

flint glass I vidrio con potasio y gran cantidad de plomo I vidrio incoloro I cristal óptico I cristal de roca.

flint stone I pedernal, sílex.

flintshire process I procedimiento para fundir minerales de plomo sulfuroso.

flintware I gres.

flip I sacudida rápida I vuelo corto (aviación) I retroceso (armas de fuego).

flip bucket I dispersor de energía (pie de presas).

flip chip I micropastilla volante (circuito integrado).

flip coil I bobina exploradora (electrotecnia).

flip-flop I multivibrador I báscula biestable I oscilador I circuito basculante I circuito eléctrico biestable I relé compuesto de dos amplificadores monoetápicos iguales y la salida del ánodo de cada uno va a través de un divisor de potencial a la alimentación de rejilla del otro.

flip-flop circuit I circuito del basculador I círculo de multivibrador.

flip-flop generator | multivibrador de relajación monoestable.

flip-flop system | sistema de cambio brusco.

flip-flop trigger | basculador (circuito electrónico).

flip-out device | dispositivo de desconexión (electricidad).

flipping time | tiempo de inversión (basculador electrónico).

flirt | dispositivo para poner en marcha los movimientos rápidos.

float | flotador | boya | balsa | armadía (maderada -jangada) | paleta (rueda hidráulica).

float and set | enlucido (muros).

float carriage | tren de amaraje.

float case | cajón neumático (cimentaciones).

float chamber | cuba de nivel constante (carburador) | cámara del flotador.

float coat | enlucido (albañilería).

float copper | polvo finísimo de cobre, cobre en estado de finas partículas en suspensión en el agua | cobre nativo encontrado lejos de la roca de origen.

float finish | fratasado.

float gear | tren de amaraje.

float load | carga lenta (de acumuladores).

float ore | acarreos (mineral existente lejos de la roca de origen).

float seaplane | hidroavión de flotadores.

float skin | enlucido (revoque).

float test | prueba de consistencia (hormigones).

float (to) | enlucir | flotar | poner a flote, reflotar | fratasar | conectar como compensador (electricidad) | no poner a tierra (electricidad) | permitir un ligero movimiento (ejes) | cargar lentamente (acumuladores) | desplazarse (macho de fundición).

float trap | purgador de agua de flotador (tuberías de vapor, aire comprimido, etc.).

float undercarriage | tren de amaraje.

float upright (to) | flotar adrizado.

floatation | lanzamiento (de un proyectil) | flotación (minerales).

floated fluor | polvo abrasivo finísimo.

floated work | enlucido, revoco.

floater coarse | capa de acabado (construcción).

floater course | capa de acabado (construcción).

floating | enlucido, revoco, revoque | desplazamiento (macho en el molde) | carga con voltaje constante.

floating axle | eje flotante (mecánica).

floating battery | batería compensadora, batería equilibradora (batería tampón -de acumuladores).

floating beacon | baliza flotante.

floating beam | viga oscilante.

floating bearing | soporte móvil | cojinete flotante (que puede tener un ligero desplazamiento).

floating bracket | soporte de suspensión (telecomunicación).

floating brake shaft | eje de freno oscilante.

floating carrier modulation | modulación de amplitud (modulación por portadora flotante).

floating charge | carga lenta y continua (carga de entretenimiento -acumuladores) | carga flotante.

floating derrick | grúa de maniobra de los trépanos | pontón grúa.

floating grid | rejilla libre (radio) | rejilla flotante.

floating input | entrada flotante.

floating junction | unión flotante (transistores).

floating mark | índice móvil.

floating micrometer | micrómetro oscilante, micrómetro flotante.

floating neutral | hilo neutro con voltaje variable con relación a tierra, neutro flotante.

floating point | punto flotante (informática).

floating point number | número de coma flotante.

floating point register | registro de coma flotante.

floating point routine | programa en coma flotante.

floating reefs | bloques de acarreo (fragmentos de roca extraña -geología) | xenolitos accidentales (chimeneas diamantíferas).

floating reticle | retículo con la imagen móvil dentro del campo visual.

floating runway | pista fluctuante (aeródromos).

floating screed | maestra (para enlucir).

floating source | fuente sin conexión a masa.

floating temperature control | regulación automática de temperatura.

floating workshop | buque taller.

floating-card compass | compás de rosa flotante (compás de líquido).

floating-decimal method | método de la coma fluctuante.

floating-disc clutch | embrague de disco flotante.

floating-junction transistor | transistor de unión fluctuante.

float-out | acción de dar agua para que flote el buque (dique seco).

floatstone | variedad de ópalo que flota en el agua | piedra de alisar.

float-switch gear | interruptor accionado por flotador.

flobility | volumen en mililitros ocupado por 1 gramo de fibra después de decantarse en 1 litro de suspensión de 0,1% de consistencia.

floc | flóculo, grumo.

flocculant | floculante.

flocculate (to) | flocular.

flocculating agent | agente floculante.

flocculating chemicals | productos químicos floculantes.

floccule | flóculo, grumo.

flocculent | coagulante, floculante (sustancia) | floculento.

flock test | ensayo de floculación.

flog (to) | gualdrapear (velas) | desarenar (limpiar -piezas fundidas recién desmoldeadas).

flogging | corte en frío con sierras abrasivas (de bebederos, etc.).

flogging chisel | cortafríos de rebarbar (cincel de fundidor -funderías).

flogging hammer | martillo de fundidor.

flong | matriz de estereotipia.

flood | riada | inundación, flujo (mareas).

flood forecasting | pronóstico de inundaciones (meteorología).

flood hydrograph | hidrograma de avenida (ríos).

flood light | luz de inundación | lámpara muy intensa.

flood meter | limnímetro para crecidas (ríos).

flood plain clay | arcilla aluvial.

flood prevention | prevención de crecidas.

flood projection | exploración mediante eliminación por proyección.

flood routing | previsión de riadas | propagación de la crecida | regulación de crecidas | encauzamiento de la inundación.

flood wave | onda de la crecida.

flood-cooling | enfriamiento por flujo líquido.

floodgate | compuerta de esclusa | compuerta de marea | compuerta de inundación (diques) | esclusa.

flooding cathode | cátodo de rociado.

flooding gun | proyector electrónico | cañón inundador.

floodlamp | proyector.

floodlight | lámpara de alta intensidad (lámpara de gran amperaje) | alumbrado por proyectores | lámpara proyectante | proyector de iluminación intensiva.

floodlight (to) | iluminar con proyectores, inundar de luz.

floor | suelo, pavimento | profundidad mínima de inmersión (buzos) | tablero (puentes) | muro (piso -galería minas) | zampeado (umbral - presas) | fondo (plan -dique seco) | varenga (buques).

floor beam | vigueta del tablero (puentes) | viga de piso.

floor boarding | varengaje (buques).

floor bolt | cerrojo de pie (falleba de pie -puertas).

floor bracing | arriostramiento del tablero (puentes).

floor chisel | cincel arrancador | escoplo arrancador.

floor furnace | caldera de calefacción.

floor grilles | rejillas de piso (para calefacción).

floor hanger | silleta de piso (para ejes transmisiones).

floor lathe | torno vertical portátil .

floor lining | revestimiento de suelo.

floor molding | friso | zócalo.

floor of seam | muro del manto (piso del manto -geología).

floor outlet | enchufe hembra de piso | tomacorrientes de piso.

floor plan | plano horizontal (plano de forma de buques) | planta (planos edificios).

floor plug | enchufe de suelo.

floor pulley | polea baja.

floor rammer | pisón de mano (funderías).

floor sand | arena vieja (funderías).

floor slab | placa de piso (construcción) | losa de forjado (hormigón).

floor stone | losa de revestimiento.

floor (to) | solar el piso | pavimentar | entarimar.

floor trough | canalización en el piso (cables).

floor work | moldeo de tierra (funderías) | trabajo en el suelo del taller.

floored intrusive | locolito (geología).

flooring | plataforma | suelo | tablero (puentes) | entarimado | empanado (buques) | varengaje | pavimento.

flooring blade | hoja para tronzar (sierra circular).

flooring tile | loseta de piso.

flop | instrucción en coma flotante.

flop damper | registro que por su propio peso permanece abierto o cerrado (chimeneas) | contrapeso de ventana de guillotina.

flop forging | forja con troquelado igual por ambas caras (que se trabaja girándola).

flopover | vibrado de imagen (TV).

floppy disk I disco magnético flexible I disco movible (disquete).

floppy disk controller I controlador de disco flexible.

floppy disk operating system I sistema operativo de disco flexible (informática).

floppy-disk drive I unidad de discos flexibles (informática).

floram * I bifloruro de amonio.

florence I florencia (tela).

florentine I florentina I marcelina (tela).

floriated I florido (estilo arquitectónico) I con ornamentos floreados (columnas).

florist's wire I hilo bramante.

floss I seda floja I cadarzo I escorias que sobrenadan (horno de pudelar) I fundición blanca para acero I agujero para salida de escorias (piquera -alto horno).

floss hole I bigotera, piquera de la escoria, agujero para desescoriar (alto horno).

floss silk I seda en rama, seda floja I adúcar (borra de seda) I escarzo, filadiz.

flotation I flotación.

flotation collection I recuperación por flotación (minería).

flotation plant I instalación de flotación (minería).

flotation tailings I colas de flotación (minería).

flots I estratos (geología).

flour bland I mezcla de bicarbonato sódico y fosfato tricálcico.

flour copper I acarreos de cobre I polvo fino de cobre.

flour gold I oro flotante.

flour sulfur I azufre en polvo.

flour (to) I pulverizar I reducirse a harina (mercurio).

flourometer I aparato para determinar la proporción de materia fina en la parte inerte (asfaltos).

flow I corriente I caudal (hidráulica) I flujo I fluencia.

flow breccia I brecha eruptiva (geología).

flow by heads (to) I fluir intermitentemente.

flow calorimeter I calorímetro de flujo continuo I calorímetro a presión constante.

flow chart I tabla de caudales (tuberías) I diagrama de flujo.

flow cleavage I exfoliación eruptiva.

flow control I control de afluencia.

flow control valve I válvula de control de flujo.

flow head I cabezal de surgencia (cabeza de descarga -pozos artesianos o de petróleo).

flow layering I estratificación por fluencia (petrografía).

flow limit I límite de estirado (metalurgia).

flow line I contorno de inundación (embalses) I recorrido de filtración (avenamientos) I tubería de descarga I línea de fluencia (metalurgia).

flow micrometer I micrómetro para medir el líquido.

flow net I red de percolación I red de flujo.

flow nipple I niple de surgencia, válvula de regulación del caudal, válvula de surgencia (pozo petróleo).

flow packer I obturador del flujo (pozo petróleo).

flow pattern I espectro de corriente, configuración del flujo.

flow pipe I tubo abductor, tubo alimentador.

flow piping I tubería de alimentación I tubería de suministro.

flow point I temperatura a la que una suelda está completamente líquida.

flow relay I relé regulador del caudal.

flow resistance I resistencia a la fluencia (metales).

flow separation I desprendimiento de la corriente, desprendimiento de la vena fluida.

flow soldering I soldadura por ola.

flow stabilization I estabilización del flujo.

flow stream I corriente fluida.

flow stress I esfuerzo cortante necesario para producir deformación plástica (metales sólidos).

flow string I tubería de producción (pozo petróleo).

flow structure I estructura fluidal I estructura por deformación plástica.

flow tank I tanque receptor.

flow texture I textura fluidal (geología).

flow tide I marea creciente.

flow (to) I salir I crecer (la marea) I desembocar, desaguar I fluir, manar I correr (agua de río, fuente, etc.) I circular (fluidos, corriente eléctrica).

flow traffic I flujo medio de tráfico (telecomunicaciones).

flow transmitter I emisor de telemedida de caudales.

flow turning I cambio de dirección de la corriente I torneado por deformación plástica bajo presión sobre un mandril (tornos).

flow valve I válvula de paso.

flowage I estructura fluidal I movimiento del hielo (de un glaciar) I fluencia I caudal (hidráulica) I trayectoria (hidráulica).

flowboom I puntal con manguera para trasvase de líquidos (instalación en un muelle para carga y descarga de petroleros).

flow-brightening | fusión momentánea (estañado de la hojalata).

flower | ojo (capitel corintio) | florón, viñeta (tipografía).

flower of the winds | rosa de los vientos.

flowering | jaspeado (superficie metálica).

flowers of benzoin | ácido benzoico.

flowers of selenium | selenio rojo.

flowers of sulphur | azufre sublimado.

flowers of tin | flores de estaño.

flowers of zinc | cinc sublimado | óxido de cinc.

flowing back | reflujo.

flowing capacity | capacidad de descarga.

flowing furnace | horno de fusión, cubilote | horno de reverbero (minas de plomo).

flowing life | periodo de surgencia (pozo petróleo).

flowing medium | fluido.

flowing point | temperatura de fluencia.

flowing power | fluidez (acero fundido).

flowing pressure | presión de flujo, presión fluyente.

flowing well | pozo surgente, pozo brotante, pozo en producción (petróleo).

flow-line valve | válvula de descarga (pozo petróleo).

flow-melt | fusión momentánea (estañado de la hojalata).

flowmeter | flujómetro, caudalímetro.

flowmeter engineering | técnica de la medida de caudales.

flowmetering | flujometría.

flown glass | vidrio colado.

flow-off | canal en un bebedero para que se vierta el metal cuando haya alcanzado un nivel determinado (funderías).

flucan slide | filón arcilloso.

flue | canal de humos (canal de llamas -hornos) | conducto de humos.

flue expander | mandril para tubos, abocinador de tubos.

flue gas | gases de combustión.

flue tube | tubo de humos.

fluid | líquido | fluido.

fluid bearing | cojinete de fluidos (eje flotando en un líquido a presión).

fluid carbon | carbón fluidificado.

fluid catalyst | catalizador fluidizado.

fluid circuit | circuito hidráulico.

fluid coke | cok de partículas esféricas muy duras de unos 37 mm de diámetro y que puede transportarse neumáticamente en una tubería (calderas).

fluid coupling | acoplamiento hidráulico, acoplamiento por líquido.

fluid drive | accionamiento hidráulico | transmisión hidráulica.

fluid dynamics | dinámica de los fluidos, fluidodinámica.

fluid flywheel | acoplamiento hidráulico | turbo-embrague.

fluid gelatine | acetato de aluminio.

fluid lubrication | lubricación hidrodinámica.

fluid pad bearing | cojinete con lubricación hidrodinámica.

fluid polariscope | polariscopio para fluidos.

fluid stress | tensión de fluencia.

fluid-controlled valve | válvula de control hidráulico.

fluidelasticity | hidroelasticidad.

fluid-film lubrication | lubricación hidrodinámica.

fluid-flow energy | energía de corriente fluida.

fluidify (to) | fluidificar | fluidizar.

fluidimeter | fluidímetro.

fluidised bed reactor | reactor de lecho fluidizado.

fluidity | fluidez.

fluidity mold | molde espiral para pruebas de fluidez (aceros).

fluidity spiral | probeta espiral para determinar la fluidez del caldo (aceros).

fluidize (to) | fluidificar | fluidescer.

fluidized catalyst | catalizador fluidizado.

fluidized coal | carbón fluidizado (carbón pulverizado en corriente de aire).

fluidized reactor | reactor nuclear de combustible fluidizado.

fluidized-solids reactor | reactor de sólidos fluidizados (química).

fluidrive | accionamiento hidrodinámico.

fluid-shaft motor | motor con acoplamiento de fluido.

fluing arch | arco abocinado, arco conoidal.

fluke | bufada (ráfaga -de viento) | cuchara para limpiar barrenos (minas).

flume | canal de descarga | caz (turbina hidráulica) | saetín (canal de esclusa) | cámara de agua (turbina hidráulica) | canaleta de distribución del hormigón | túnel aerodinámico | canal de arrastre.

flume (to) | transportar agua en una canalización de madera | construir un canalizo.

flume-type dredger | draga de canaleta para lavado de gravas auríferas.

fluoarsenate of sodium | fluoarseniato de sodio y aluminio.

fluobrene | dibromotetrafluoretano.

fluon I fluon (politetrafluoroetileno).
fluor I fluorita (espato flúor).
fluor spar I espato flúor.
fluordichloromethane I dicloromonofluoro-metano.
fluorene I fluoreno.
fluorescence spectroscopy I espectroscopia de la fluorescencia.
fluorescent I fluorescente.
fluorescent scattering I difusión por fluorescencia .
fluorescent staining I tinción fluorescente.
fluorescent substance I sustancia fluorescente (fósforo).
fluoridate (to) I fluorar I fluorizar.
fluoride I fluoruro.
fluorimeter I fluorímetro.
fluorinate (to) I fluorar.
fluorinating agent I agente fluorante (química).
fluorination I fluoración (química).
fluorine (to) I fluorar.
fluorocarbon I hidrocarburo fluorado, fluoro-carburo.
fluorod I varilla fluorescente.
fluorography I fluorografía I radiofotografía.
fluorometer I fluorómetro.
fluorometry I fluorometría.
fluoromineralogy I fluoromineralogía.
fluorophore I fluoróforo.
fluorophotometer I fluorofotómetro.
fluorophotometry I fluorofotometría.
fluoroplastic I fluoroplástico.
fluoroscopic screen I pantalla fluoroscópica I pantalla radioscópica.
fluoroscopy I radioscopia I fluoroscopia.
fluosilicate I fluosilicato.
fluo-solid I fluosólido.
fluo-solid roasting I tostación fluidizante (minerales).
flush I floración I afluencia I escoria de lavado, primera escoria (alto horno).
flush antenna I antena empotrada I antena rasa.
flush bolt I perno de cabeza embutida.
flush box I caja de derivación (cables).
flush conductor I conductor superficial.
flush connection I unión a paño.
flush joint I junta al tope, junta lisa I junta ma-chihembrada.
flush marker I señal a ras de tierra.
flush rivet I remache de cabeza embutida, re-mache a paño.
flush screw I tornillo de cabeza embutida, tor-nillo a paño.
flush (to) I salirse (derramarse -líquidos) I lim-piar con una descarga de agua I igualar I nive-lar I enrasar I poner a paño (embutir -asas, ca-bezas de tornillos) I rellenar hidráulicamente (minas) I desenlodar (sondeos).
flush valve I válvula de descarga automática I válvula de aspersión I fluxómetro.
flushing I baldeo I limpieza por descarga de agua I relleno hidráulico (mina) I lavado del oro (minería) I desescoriado (hornos).
flushing chamber I cámara de descarga de agua.
flushing hole I bigotera (alto horno).
flushing oil I lubricante de poca viscosidad (para limpieza de tuberías de lubricación for-zada y de engranajes reductores) I aceite lim-piador I aceite de lavado.
flute (to) I estriar I acanalar.
fluted I estriado I acanalado.
fluted bit I trépano acanalado (sondeos).
fluted bossage I almohadillado rehundido (mu-ros).
fluted column I columna estriada.
fluted disk I disco dentado.
fluted glass I vidrio estriado.
fluted plate I chapa estriada.
fluted setscrew I prisionero hueco con ranuras interiores.
fluted socket setscrew I prisionero de cabeza hueca ranurada.
fluting I estría I ranura I acanaladura I gubia de 150 a 180 grados I deformación o rotura en las fibras exteriores por esfuerzo mayor que el límite elástico (chapa fina curvada) I defor-mación por curvar a un radio muy pequeño en relación con el espesor.
fluting gouge I formón de media caña I estria-dora.
fluting lathe I torno de acanalar.
fluting plane I cepillo bocel, cepillo acanala-dor, guillame de acanalar.
flutter I ondulación I diafonía (telefonía), fre-cuencias mayores de 10 a 20 hertzios (acústi-ca) I vibración parásita I oscilación del sonido (filmes).
flutter frequency I frecuencia de fluctuación.
flutter meter I medidor de la fluctuación de velocidad.
flutter rate I frecuencia de la fluctuación.
flutter speed I velocidad de vibración.
flutter (to) I vibrar I perder momentáneamente la sincronización (filmes), temblar (vibrar ae-roelásticamente -aviones) I flamear (velas al filo del viento).
flutter valve I válvula vibratoria.
fluttering I oscilación I vibración I parpadeo (de la luz).

fluttermeter I medidor de la fluctuación de la velocidad.

fluviation I fluviación (geología).

fluviograph I fluviógrafo.

fluviolacustrine I fluviolacustre (geología).

fluviometer I fluviómetro.

fluviometry I fluviometría.

flux I fundente I fluidificante I flujo (electricidad, magnetismo) I flujo luminoso I material bituminoso generalmente líquido usado para ablandar otros materiales bituminosos.

flux asphalt I asfalto rebajado.

flux blanket I capa de fundente.

flux copper backing I soporte mixto de cobre y fundente (soldadura).

flux cutting I oxicorte de acero al níquel cubriendo la pieza con chapas de acero bajo en carbono.

flux degassing I desgaseamiento del fundente (metalurgia).

flux density I densidad del flujo.

flux dip brazing I cobresoldeo por inmersión en baño de fundente.

flux dispenser I distribuidor de fundentes para soldar.

flux flattened radius I radio de aplanamiento del flujo en reactores.

flux flattening I obtención de un flujo neutrónico casi uniforme en la región central (reactor nuclear).

flux gradient I gradiente del flujo.

flux guide I guía del flujo electromagnético.

flux hopper I tolva para el fundente (soldadura).

flux linkage I acoplo inductivo (electricidad) I concatenación de flujo (electromagnetismo) I enlace de flujo magnético.

flux mapping I espectro del flujo.

flux scanning I medición del flujo neutrónico (reactor nuclear).

flux scruff I fundente quemado (revestimiento en caliente de chapas).

flux spoon I cuchara para fundentes.

flux stray I flujo de dispersión (electricidad).

flux (to) I fundir I rociar con bórax (cobresoldadura) I adicionar fundente (tratar con castina - metalurgia) I fluidificar (licuarse -escorias).

flux voltmeter I medidor de voltaje medio.

flux-backed welding I soldeo con fundente en la parte posterior de la junta.

flux-coated electrode I electrodo revestido de fundente.

flux-cored solder I soldadura con varilla de núcleo fundente.

flux-covered electrode I electrodo cubierto con fundente.

fluxed joint I junta revestida con fundente (soldadura).

fluxer I distribuidor de fundentes para soldar.

flux-forming coating I revestimiento formador de fundente (electrodos).

fluxgate I flujómetro electrónico (revelador estático de la intensidad del campo magnético terrestre).

fluxgate compass I brújula electrónica (brújula de inducción terrestre).

fluxgate magnetometer I magnetómetro de saturación.

fluxing I adición de fundente I adición de castina I rebajamiento de la temperatura de fusión.

fluxing agent I fundente.

fluxing discharge I descarga por efluvio (electricidad).

fluxing ore I mineral de ganga fusible, mineral fundente.

fluxing paste I fundente en pasta (bronceado, etc.).

fluxing plant I instalación para tratar con fundentes (estañado).

flux-injection cutting I oxicorte con inyección de un fundente químico.

fluxion I fluxión.

fluxion texture I textura de fluxión (petrología).

fluxless soldering I soldadura sin fundente.

fluxless tinning I estañado sin fundente.

fluxless welding I soldeo sin fundente.

fluxmeter I flujómetro I fluxímetro.

fluxmetry I flujometría.

flux-oxygen cutting I oxicorte con fundente.

flux-switch alternator I alternador con interruptor de flujo.

fluxvalve I flujómetro electrónico, revelador estático de la intensidad del campo magnético terrestre, detector y transmisor de la dirección del campo magnético terrestre .

fly I balancín I volante (máquinas) I molinete regulador de paletas I hélice (corredera marina) I freno de aire.

fly a pump (to) I probar una bomba en las condiciones de presión y temperatura (en vuelo a gran altitud -laboratorios).

fly bolt I perno de orejetas, perno de mariposa.

fly cutter I cuchilla suelta para barrenar (máquinas) I fresa perfilada simple I fresa matriz cónica I fresa para chaveteros I fresa de un solo corte.

fly hammer I martinete de caída.

fly over (to) I sobrevolar.

fly press I prensa de husillo, balancín de tornillo, prensa de balancín.

fly rope I cable teledinámico (andarivel).

fly round (to) I circunvolar.

fly stone I arseniuro nativo de cobalto.

fly the beam (to) I seguir un haz de radio I volar siguiendo una señal unidireccional.

fly the capsule (to) I conducir manualmente el vuelo de la cápsula (satélites tripulados).

fly (to) I volar I pilotar (un avión) I transportar por el aire I largar en banda (marina) I tremolar (marina).

flyback I tiempo de retroceso I retorno (TV) I tiempo de retorno (radio).

flyback action I retroceso.

flyback checker I comprobador de retorno.

flyback diode I diodo de retorno.

flyback generator I generador de retracción del haz (televisión) I oscilador de exploración horizontal (televisión).

flyback power supply I alimentación de muy alta tensión (electricidad) I fuente de alimentación de retorno.

flyback rectifier I rectificador de la fuente de muy alta tensión (electricidad).

flyback time I intervalo de retroceso I tiempo de retorno del haz (TV).

flyball governor I regulador de bolas, regulador de Watt, regulador centrífugo.

flyballs I bolas (regulador de Watt).

flyby I vuelo de paso (nave espacial).

fly-by-light controls I mando de vuelo optoelectrónico.

fly-crank I contramanivela.

fly-cutting I fresadura con herramienta de diamante pulido.

flyer I aviador.

flyer doubler I continua de retorcer de aletas.

flyer guide I guiahilos de aletas.

flyer leg I brazo de aleta (husos).

flyer spindle I huso de aleta.

flyer spinning frame I continua de hilar de aletas.

flyer throstle I continua de hilar de aletas.

flyer twister I continua de retorcer de aletas.

fly-fly I pasada por un punto dado a baja altura (avión en vuelo).

fly-frame spinner I hiladora de continua de aletas.

fly-governor I volante (regulador de paletas).

flying I vuelo I pilotaje de un avión.

flying blind I vuelo sin visibilidad.

flying boxcar I avión carguero para cargas muy voluminosas con fuselaje corto y panzudo.

flying buttress I botarel, arbotante.

flying cable I cable de retenida del globo cautivo.

flying control I mando de vuelo I control de vuelos.

flying field I campo de aviación.

flying micrometer I micrómetro verificador y registrador del espesor durante la elaboración (tren de bandas metálicas).

flying mike I galga medidora registradora de espesores (de bandas durante el laminado).

flying particles I partículas flotantes en el aire.

flying radar station I estación de radar para vuelos.

flying range I alcance máximo en vuelo.

flying sounder I máquina de sondar (sondador -buques).

flying speed I velocidad de crucero I velocidad de vuelo.

flying spot I punto luminoso móvil, punto explorador (televisión) I de punto móvil.

flywheel I volante (máquinas) I circuito compensador (electricidad).

flywheel bearing I cojinete de volante.

flywheel circuit I circuito compensador (radio).

flywheel effect I efecto de volante.

FM broadcast band I banda de radiodifusión por FM.

FM broadcast channel I canal de radiodifusión por FM.

FM broadcast station I estación de radiodifusión por FM.

FM carrier I portadora moduladora en frecuencia.

f-m crystal I cristal piezoeléctrico modulado por frecuencia.

FM ratio altimeter I radioaltímetro de FM.

FM recording system I sistema de grabación en FM.

FM scanning sonar I sonar explorador de FM.

FM stereophonic broadcast I emisión estereofónica por FM.

FM transmitter I emisor de FM.

FM tuner I sintonizador de FM.

FM/AM signal generator I generador de señales de FM y MA.

FM/AM tuner I sintonizador de FM y MA.

FM/FM telemetering I telemedida por doble modulación de frecuencia.

FM/PM telemetering I telemedida por modulación de frecuencia y de fase.

FM-radar I radar con modulación de frecuencia.

f-m-receiver I receptor de modulación por frecuencia.

foam I espuma, material alveolar, alveolar, celular.

foam concrete I hormigón celular.

foam glass I vidrio aburbujado para obtener efectos decorativos I vidrio celular.

foam metal I metal alveolar.

foam plastic I plástico alveolar I plástico de espuma (química).

foam polystyrene I poliestireno celular I poliestireno expandido.

foam rubber I caucho alveolar, caucho celular I espuma de goma.

foamed aluminum I aluminio con estructura vesicular.

foamed ceramic I cerámica celular.

foamed concrete I hormigón aireado I hormigón alveolar.

foamed glass I vidrio celular.

foamed plastic I espuma plástica I plástico celular.

foamed polyurethane I poliuretano expandido.

foamed slag concrete I hormigón de escorias alveolar.

foamed vinyl plastisol I plastisol de vinilo celular.

foamed-in-place structure I estructura con formación de alveolos al ser colocada en obra.

foaming agent I agente espumante.

focal I céntrico I focal.

focal aberration I aberración focal.

focal aperture I abertura focal.

focal collimator I colimador focal.

focal depth I profundidad focal.

focal length I distancia focal (óptica).

focal líne I línea focal (lente cilíndrica).

focal plane shutter I obturador de plano focal.

focal point I punto focal I foco.

focal spot I mancha focal I punto focal.

focalization I focalización I enfoque.

focalize (to) I focalizar I enfocar I centralizar.

focalizing I focalización.

focometer I focómetro.

focostat lens I lente focostática.

focus I foco (óptica, geometría, fotografía) I epicentro (sismología).

focus coil I bobina de enfoque.

focus current regulator I regulador de corriente de enfoque.

focus magnet I electroimán de concentración.

focus projection and scanning I proyección y exploración por enfoque (vidicón).

focus rectifier I rectificador de enfoque.

focus screen I pantalla de enfoque.

focus supply unit I unidad de enfoque.

focus (to) I enfocar I concentrar (electrónica) I focalizar.

focused I concentrado I convergente I enfocado.

focusing I graduación I convergencia focal, focalización I concentración, convergencia I enfoque.

focusing collimator I colimador de enfoque.

focusing electrode I electrodo de enfoque I electrodo de concentración.

focusing glass I lente de poner en foco.

focusing lens I lente convergente, lente colectora.

focusing magnet I electroimán de concentración I imán de enfoque.

focusing magnifier I lente de poner en foco (fotografía) I microscopio enfocador.

focusing mangetic field I campo magnético de enfoque.

focusing of electrons I enfoque de electrones.

focusing tube I tubo concentrador del haz electrónico.

fog I niebla I neblina, bruma I velo (fotografía, TV).

fog chamber I cámara de nebulización I cámara de ionización.

fog lamp I lámpara de velado.

fog light I faro para niebla.

fog (to) I velarse (fotografía) I nebulizar (agua a presión) I recubrirse con una capa de óxido (aleaciones).

fog wireless beacon I radiofaro para niebla.

fogbow I halo de Bouguer (meteorología) I arco de niebla (meteorología).

fog-cooling I enfriamiento por una mezcla de vapor y gotículas de agua (reactor nuclear).

fog-curing I curación con ambiente húmedo (laboratorios).

fog-dispersal equipment I equipo para dispersión de la niebla (aeropuertos).

fog-forming I nebulizador.

fogged I velado (fotografía) I con capa de óxido (metales).

fogger I generador de niebla I nebulizador.

fogging sanitizing I esterilización por nebulización.

foil I cinta metálica, hoja delgada de metal I aleta hidrodinámica sustentadora (embarcaciones) I lóbulo (arquitectura) I papel metalizado.

foil coil I bobina con devanado de cinta metálica.

foil counter I contador de hoja (nuclear).

foil detector I detector de láminas metálicas (nuclear).

foil leg I pata de la aleta hidrodinámica.

foil lift coefficient I coeficiente de sustentación de la aleta hidrodinámica.

foil retraction I retracción de la aleta hidrodinámica.

foilborne I apoyáda sobre las aletas hidrodinámicas (embarcaciones).

fold I pliegue I repliegue.

folded-wire antenna | antena en V.

folding joint | unión a charnela, junta de charnela.

folding machine | máquina de plegar, plegadora mecánica.

fold-over | imágenes superpuestas (TV) | deflexión.

foliation | azogamiento | exfoliación | foliación, esquistosidad.

foliature | azogamiento | exfoliación | foliación, esquistosidad.

follow radar | radar seguidor.

follow rest | soporte móvil | luneta móvil (tornos).

follow spot | proyector de acompañamiento | proyector de luz puntual.

follow through transmitter | diferencial eléctrico (transmisor a través del cual pasa una señal que se suma con otra y el conjunto es transmitido a un receptor).

follower | falso pilote (para hincar) | contrabrida (tubos) | pieza impulsada | tapa de pistón | elevador | transportador | contraaguja de vía muerta | parte que recibe el movimiento (máquinas) | rueda conducida | polea conducida | engranaje impulsado.

follower circuit | circuito de carga anódica | circuito seguidor.

following gear | engranaje conducido.

follow-on call | llamada sucesiva (telecomunicación).

follow-up | secuencia | continuidad | seguimiento.

follow-up channel | circuito del servomotor.

followup control | telemando | servocontrol.

follow-up gear | aparato de telemando.

follow-up system | mecanismo servomotor, servosistema.

font | fontura de telar de punto rectilíneo | almacén de tipos de un tamaño (imprenta) | matriz (tipografía).

food freeze drying | liofilización de productos alimentarios (criogenia).

food freezer | congelador de alimentos.

food freezing | congelación de alimentos.

food line | tubería de alimentación (de gasolina, aceite, etc.).

foot valve | válvula de retención | válvula de pie, válvula de aspiración (bombas).

footage | profundidad (perforación) | longitud en pies.

footage indicator | contador de la longitud (filmes).

footage number | número de secuencia (filme en varios rollos).

foot-candle | bujía-pie (unidad de intensidad de iluminación).

foot-candle level | nivel de iluminación.

foot-candle meter | luxímetro.

footing | pie (de muro) | zapata (de muro) | retallo (muros) | solera | zócalo | embasamento | cimentación.

foot-lambert | pie-lambert (luminancia).

footscrew | tornillo nivelante | tornillo de corrección.

footwall | muro, suelo, piso (filones) | labio inferior (fallas).

forbesite | forbesita | arsenato hidratado de níquel y cobalto.

forbidden band | banda prohibida (electrónica).

forbidden character code | código de caracteres ilícitos.

forbidden energy band | banda de energía prohibida.

forbidden energy gap | intervalo de energía prohibido.

force | fuerza | energía.

force constant | constante de fuerza.

force couple | par de fuerzas.

force diagram | diagrama de fuerzas | diagrama de esfuerzos.

force factor | factor de acoplamiento (circuitos).

force feed | alimentación forzada.

force field | campo de fuerzas.

force fit | ajuste forzado, montaje por presión en frío.

force pipe | tubo de impulsión.

force pump | bomba impelente | bomba aspirante.

force transducer | transductor de fuerza.

force vector | vector de fuerza.

force vector diagram | diagrama vectorial de fuerzas.

force-couple system | sistema fuerza-par.

forced air blower | ventilador de aire a presión.

forced air systems | sistema de aire forzado.

forced air ventilation | ventilación forzada.

forced coding | codificación de acceso forzado (informática).

forced combustion boiler | caldera de combustión activada.

forced convection | convección forzada | convección inducida por fuerzas mecánicas.

forced cooling tower | torre de enfriamiento de tiro forzado.

forced draft duct | conducto de tiro forzado.

forced draught | tiro forzado (chimeneas) | ventilación forzada (motores eléctricos).

forced feed I alimentación forzada I lubricación a presión.

forced frequency I frecuencia de oscilación forzada.

forced induction I aspiración a presión, sobrealimentación (motores).

forced lubricated bearing I cojinete lubricado a presión.

forced lubrication I lubricación a presión, lubricación forzada.

forced oil cooling I enfriamiento por circulación de aceite a presión.

forced vibration I oscilación forzada I vibración excitada I vibración inducida.

forced wave I onda forzada.

forced-air cooling I enfriamiento por chorro de aire a presión.

forced-circulation boiler I caldera de circulación forzada.

forced-cooled I enfriado por lubricante a presión.

forced-cooled transformer I transformador enfriado por aceite a presión.

forced-draught blower I ventilador de tiro forzado.

forced-draught furnace I horno de tiro forzado.

forced-flow boiler I caldera de circulación forzada.

forced-oil cool I enfriamiento por aceite a presión.

force-measuring device I dispositivo para medir fuerza, dispositivo dinamométrico.

force-pumped I inyectado a presión.

force-pumped concrete I hormigón inyectado a presión.

force-summing device I dispositivo de fuerza resultante.

forcible release circuit I circuito de reposición forzada (electricidad).

forcing cone I cono de la recámara, cono de la entrada en el ánima (cañones).

forcing function generator I generador de función forzada.

forcing press I prensa para meter o sacar a presión, prensa forzadora.

forcing pump I bomba impelente.

fore axle I eje anterior, eje delantero.

fore blow I soplado antes de la caída de la llama (convertidor Bessemer).

fore eccentric I excéntrica de marcha avante.

fore perpendicular I perpendicular de proa (buques).

fore plate I placa de guías soporte de las guardas (tren de laminar chapa fina).

fore poppets I gigantones de proa (botadura de buques).

fore pump I bomba de primera etapa de evacuación I bomba rotativa de alto vacío.

fore set I vela (puntal de gran diámetro -minas).

fore staysail I trinquetilla (vela).

fore-and-aft level I indicador de cabeceo (aviación).

fore-and-aft maneuvrability I maniobrabilidad longitudinal (aviones).

fore-and-aft rod I biela de dirección (autos).

fore-and-aft tipper I basculador longitudinal.

fore-and-after I galeota.

forebay I depósito de carga antes de la tubería forzada (turbinas) I cámara de agua (turbinas) I muro de caída (esclusas).

foreboiler I frente de caldera.

forebreast I frente de ataque (frente de arranque -minas).

forecast I pronóstico I predicción (pronóstico - meteorología).

forecast centre I centro de pronósticos I centro de previsiones (meteorología).

forecast chart I carta de pronóstico (meteorología).

forecast for takeoff I pronóstico para el despegue (aviación).

forecast technique I técnica de pronosticación.

forecastle I castillo de proa.

forecastle bulwark I amurada del castillo (buques).

fore-drift I socavón de avance (minas).

forefield I frente de ataque, frente de trabajo (minas).

foreground I primer plano.

foreground image I primer plano de la imagen.

foreground processing I proceso preferente (informática).

foreground program I programa de primer plano I programa preferencial.

forehammer I macho de fragua, martillo de dos manos.

forehand welding I soldeo directo (con la llama en dirección del avance).

forehead I frente de arranque (frontón -minas).

forelock I chaveta I pasador de perno.

forelock bolt I perno de chaveta.

forelock (to) I enchavetar.

foremarker I señal avanzada de avión indicando su situación a un aerodromo I señal recibida del aeródromo a una distancia de dos millas (aviones).

foremast I palo trinquete I palo más cerca de la roda (buques).

forepeak I rasel de proa (buques).
forepeak bulkhead I mamparo del rasel de proa.
forepeak drainage I desagüe de los raseles de proa.
forepeak tank I tanque de los raseles de proa.
foreplane I plano delantero I garlopa.
fore-poling I entibación hincada, entibación con agujas I avance con tablestacas (minas).
fore-pump I bomba rotativa mecánica de alto vacío.
foreshaft I antepozo (sondeo).
foreshock I sismo precursor, temblor previo (sismología).
foreshore I anteplaya I zona de costa comprendida entre la pleamar y la bajamar.
foreshots I alcoholes de cabeza (destilación).
foresight I previsión I punto de mira (armas) I muesca de puntería.
foreslope I talud interior de la cuneta (vía férrea) I contratalud.
forest I floresta I bosque.
forest assessment I amillaramiento forestal.
forest (to) I forestar I plantar bosques.
forestation I forestación I repoblación forestal I silvicultura.
forestay I estay de proa I estay de trinquete.
forest-culture I silvicultura.
forestry I silvicultura I ingeniería forestal.
forestry work I explotación forestal.
forewinning I trabajos preparatorios (minas) I explotación de cámaras (minas).
forewinning operations I trabajos de trazado (minería).
forewinning-heading I galería de trazado (minas).
forge I fragua I forja.
forge back I respaldo de fragua.
forge butt welded I soldado a tope por forja.
forge cold (to) I forjar en frío.
forge forwards (to) I forjar acercándose a la prensa.
forge hammer I martillo pilón, martillo de forja.
forge hot (to) I forjar en caliente.
forge lathe I torno de desbastar.
forge mill I fragua I taller de forja.
forge pig I fundición blanca, fundición de afino.
forge pig iron I fundición para pudelaje.
forge pump I bomba impelente de presión.
forge roll I cilindro laminador.
forge steel I acero de forja, acero pudelado.
forge (to) I fraguar I forjar I recalcar.
forge to shape (to) I forjar a medidas finales.
forge tong I tenazas de fragua I tenazas de forja.

forge train I tren de lupias, tren de desbaste (hierro pudelado).
forgeability I forjabilidad.
forged I forjado I matrizado.
forged aluminium alloy I aleación de aluminio forjada.
forged aluminium-silicon piston I pistón forjado de siluminio.
forged blank I primordio forjado.
forged boring cutter I fresa de mandrilar forjada.
forged connecting rod I biela forjada.
forged from the solid I forjado en la masa, forjado en la pieza.
forged metal propeller I hélice metálica forjada.
forged seamless drum I calderín forjado sin costura (calderas) I calderín forjado enterizo.
forged skin-panel I panel de forro forjado (aviones).
forged slab I plancha forjada.
forged steel I acero forjado.
forged steel crankcase I cárter de acero forjado.
forged work I pieza forjada.
forged-steel valve I válvula de acero forjado.
forger I forjador I forjadora (máquina).
forge-weld (to) I soldar por forja.
forge-welding I soldeo por forja.
forging I forja, forjadura.
forging billet I tocho para forja.
forging blank I primordio para forjar.
forging brass I latón de forja.
forging die I troquel de forjar I punzón de matrizado.
forging flange I reborde de pieza forjada.
forging flow lines I líneas de fluencia de la forja.
forging machine I máquina de recalcar I prensa de forjar.
forging machine die I troquel de prensa de forjar.
forging press I prensa de forjar, prensa de estampar en caliente.
forging stamping press I prensa para estampar.
forging test I prueba de forjabilidad.
fork I bifurcación I confluencia (ríos) I fondo de un pozo de recogida de aguas (minas) I tenaza de retenida (sondeos).
fork bolt I perno de horquilla.
fork cap I tapón roscado de la horquilla.
fork chuck I plato de tulipa, plato de tres puntas (plato ahorquillado -tornos).
fork connection I acoplamiento con horquilla I acoplamiento en doble.
fork crown I cabeza de horquilla.
fork lift I horquilla elevadora.

fork lift truck I carretilla elevadora.

fork (to) I ahorquillar I bifurcarse I bombear agua (minas).

forked circuit I circuito bifurcado.

forked rocking arm I balancín ahorquillado.

form I formato I asiento de bomba (minas) I relieve (geología) I molde, horma, matriz.

form block I horma (bloque para dar forma) I conjunto de la estampa y contraestampa.

form clamp I brida de moldeo.

form drag I resistencia del perfil al avance I resistencia de forma (aerodinámica) I resistencia causada por pérdidas debidas a las ondas de choque (velocidad supersónica).

form dresser I reavivadora de la forma (muelas abrasivas).

form grinder I rectificadora de perfiles.

form grinding I rectificado con muela de forma análoga al perfil deseado, rectificado de forma, perfilado a la muela.

form line I línea de forma I curva de nivel.

form lumber I madera para encofrados (hormigón).

form milling I fresado de forma.

form panel I panel de encofrado (hormigón).

form removal I desmoldeo (desencofrado hormigón).

form spreader I codal de encofrado.

form (to) I formar, modelar I encofrar (construcción).

formal I formal (metilal -química) I esencial.

formal language I lenguaje formal (informática).

formaldehyde I formaldehído (química).

formalin I formalina.

formalin-treated I tratado con formol.

format (to) I componer I ajustar a formato.

formate I formato.

formation I formación I desarrollo.

formation drill I perforadora de exploración (sondeos).

formation level I nivel de los terraplenes (ferrocarril).

formation lines I planos de estratificación.

formation time-lag I retardo de formación (fotoionización).

formatted tape I cinta magnética formateada.

formed I formado I conformado I plegado I troquelado I estampado.

formed cutter I fresa perfilada, fresa de forma.

former I sustancia formadora (química) I formador I conformador I molde, matriz I plantilla de guía I calibre reproductor I gálibo (fundería).

former winding I devanado sobre plantilla, devanado sobre horma.

formeret I arco formero (arquitectura).

forming I moldeado I modelado I embutición.

forming cutter I herramienta de forma I fresa de forma.

forming device I dispositivo para rectificar muelas.

forming die I troquel de embutir, matriz conformadora I estampa (embutición).

forming mill I fresa de perfilar I tren de formar perfiles por rodillos, laminador formador de perfiles.

forming press I prensa de embutir, prensa de rectificar I prensa de plegar (plegadora -chapas).

form-stability couple I par de estabilidad de formas.

form-tool sharpener I afiladora de herramienta de forma.

form-turning I torneo con herramienta de forma análoga al perfil deseado.

formula weight I peso fórmula I peso en gramos que corresponde a la fórmula de la sustancia (química).

formulate (to) I formular I mezclar en proporciones determinadas varios ingredientes para formar un compuesto.

formulation I formulación I composición (de un producto industrial).

form-wound I de devanado conformado, con devanado hecho sobre la horma (electricidad).

form-wound coil I bobina de devanado conformado I bobina prefabricada.

formyl I formilo (química).

forsterite I forsterita (cerámica).

fort valve I válvula de retención.

fortified I fortificado I reforzado.

fortified lubricant I lubricante con aditivos para grandes presiones.

fortiweld steel I acero soldable de 40 toneladas por pulgada^2 de resistencia a la rotura.

Fortran language I lenguaje Fortran (informática).

forward I sentido directo I adelante, hacia adelante I a proa.

forward anode voltage I voltaje anódico directo.

forward area warning I radar de exploración frontal, radar de aproximación.

forward bias I polarización negativa frontal I polarización directa.

forward breakover I transición conductiva directa.

forward chaining I encadenamiento progresivo (informática).

forward channel I canal de ida (comunicaciones).

forward clear I señal de fin de conversación (telefonía).

forward conductance I conductancia directa.

forward current I corriente directa.

forward direction I sentido de conducción I sentido directo.

forward drop I caída de tensión en sentido directo.

forward eccentric I excéntrica de marcha avante.

forward extrusion I extrusión hacia adelante (metal).

forward flow I corriente progresiva.

forward gear I embrague para marcha avante.

forward lap I superposición longitudinal (aerofotografía).

forward lead I desplazamiento de las escobillas en sentido del giro (dinamos).

forward looking infrared I sensores de infrarrojos para observación.

forward looking radar I radar frontal.

forward loss I pérdida en polarización directa.

forward overlap I superposición hacia adelante (fotogrametría aérea).

forward pitch I paso progresivo (devanados).

forward recovery time I tiempo de reactivación directa I tiempo de recuperación en sentido directo.

forward resistance I resistencia directa (semiconductores).

forward rudder I timón delantero I timón de proa.

forward scatter I dispersión frontal (radiocomunicaciones).

forward scatter equation I ecuación de dispersión hacia adelante.

forward shift I desplazamiento de las escobillas en sentido del giro (dinamos).

forward signals I señales hacia adelante I señales directas (comunicaciones).

forward slip I derrape hacia delante (avión).

forward stroke I carrera de ida.

forward transadmittance I transadmitancia directa.

forward voltage I voltaje directo.

forward voltage drop I caída del voltaje hacia adelante (rectificador, diodo) I caída de tensión directa.

forward wave I onda hacia adelante I onda directa.

forward-acting I de acción progresiva.

forward-acting selector I selector de progresión directa.

forward-bias a diode (to) I polarizar directamente un diodo.

forward-bias voltage I voltaje de polarización directa.

forwarding center I centro emisor (telegrafía).

forward-looking radar I radar de imágenes prospectivas.

forward-transfer signal I señal de intervención (comunicaciones).

forward-voltage drop I caída de tensión directa.

forward-welding I soldeo oxiacetilénico con la llama dirigida hacia la parte no soldada.

fossil I fósil.

fossil farina I diatomita I tierra de infusorios.

fossil flour I diatomita I trípoli.

fossil fuels I combustibles fósiles (carbón, petróleo, gas natural y turba).

fossil gum I copalina, copal fósil.

fossil meal I tierra de infusorios I diatomita.

fossil ore I mineral de hierro fosilífero de color rojo (EE UU) I hematita roja fosilífera.

fossil salt I sal gema.

fossil track I trayectoria fósil de fisión de uranio (rocas).

fossil wax I ceresina, cera fósil.

fossilize (to) I fosilizar I petrificar.

fot I fotio (unidad lumínica) I lux-segundo.

foul electrolyte I electrólito impuro.

foul gas I gas tóxico.

fouling I incrustación biológica I bioincrustaciones I suciedad I incrustación de caldera I ensuciamiento (de fondos buques).

fouling organisms I organismos que originan la bioincrustación (calderas, condensadores de vapor) I organismos que originan la suciedad de los fondos (buques).

fouling point I punto peligroso I sitio donde se tocan los gálibos de carga (vías convergentes) I punto de acercamiento (del apartadero a la vía principal).

found I proceso de fusión de los materiales (horno de vidrio).

found (to) I edificar I cimentar, iniciar la construcción (edificios) I fundir, derretir I moldear.

foundation I fundación I fundamento, base I terreno firme (cimientos) I cimentación, cimiento.

foundation bar I angular de brazola.

foundation block I macizo de cimentación.

foundation damping coefficient I coeficiente amortiguador de la cimentación (vibraciones).

foundation engineering I técnica de cimentaciones.

foundation grouting I inyección de cimentación.

foundation pillar | pilar de cimentación.

foundation settlement | asiento de la cimentación (construcción).

foundation slab | losa de cimentación.

foundation tester | medidor de la resistencia del terreno.

foundation tunnels | galerías de cimentación (presas).

foundation wall | muro de cimentación.

founder | fundidor.

founding | pieza de fundición | fundición | fusión.

foundry | fundería | fundición.

foundry air furnace | horno de reverbero para fundería.

foundry alloy | aleación para añadir elementos al caldo (fundición).

foundry blower | ventilador para funderías.

foundry coke | coque metalúrgico, coque para fundición, coque para fraguas.

foundry core | núcleo de fundición.

foundry core sand | arena para machos de fundición.

foundry cupola | cubilote de fundición.

foundry flask | caja de moldeo (funderías).

foundry iron | arrabio para moldería.

foundry molding sand | arena de moldeo para fundición.

foundry pattern | modelo para fundición.

foundry pig iron | arrabio para moldería.

foundry pit | foso de colada, pozo de colada.

foundry rattler | tonel desarenador (funderías).

foundry run | colada de fundición.

foundry scrap | residuos de fundición | chatarra de la fundición.

foundry stove | estufa para machos (funderías) | horno secador para moldes de fundición.

foundry waster | pieza defectuosa de fundición.

fount | fuente, conjunto de caracteres de imprenta o matrices de la misma serie y tamaño.

fountain solution | solución mojadora (offset).

four bits byte | cuarteto | medio octeto.

four wheel drive | doble tracción.

four wire repeater | repetidor de cuatro conductores.

four-angled | cuadrangular, tetragonal.

four-bar chain | cadena cinemática de cuatro barras.

four-centered arch | arco conopial.

four-color | cuatro tintas.

four-color filters | filtros para cuatricromía.

four-color picture | imagen tetracroma.

four-color print | cuatricomía.

four-cusped arch | arco cuadrilobular.

four-cusped hypocycloid | astroide.

four-cycle engine | motor de cuatro tiempos.

four-cylinder motor | motor tetracilíndrico.

four-engine | con cuatro motores, tetramotórico.

four-figures temperatures | temperaturas mayores de 1.000° C.

four-flute tap | macho roscador de cuatro ranuras.

fourfold symmetry | simetría cuaternaria.

four-high mill | tren cuarto (tren doble dúo -laminador dúo-dúo).

four-high rod-mill | tren laminador doble dúo para redondos.

four-horn feed | cuarteto de antenas de bocina.

four-jaw chuck | plato tetragarra (tornos).

four-jaw combination chuck | plato universal tetragarra.

four-jet engine aircraft | cuatrirreactor.

four-jet plane | avión tetrarreactor.

four-layer diode | diodo de cuatro capas.

four-legged platform | plataforma flotante de prospección submarina.

four-level laser | láser de cuatro niveles.

Fournier point | punto Fournier = 0,346 milímetros (tipografía).

four-phase | de cuatro fases | tetrafásico.

four-piece set | marco formado de cumbrero, solera y dos pies derechos (entibación).

four-pin differential | diferencial de cuatro satélites (autos).

four-pin-crossarm | cruceta de cuatro espigas.

four-point diamond | diamante en que la tabla está en el plano cúbico (cristal de diamante).

four-point plane | plano cúbico (cristal de diamante).

four-pole | cuadrípolo | tetrapolar.

four-pole dynamo | dinamo tetrapolar.

four-pole switch | conmutador tetrapolar.

four-speed gearbox | caja de cambio de cuatro velocidades.

four-square | cuadrangular.

four-stick set | marco completo de entibación (minas).

four-stranded rope | cable tetratorónico.

four-stroke-engined | con motor de cuatro tiempos.

four-stud toolpost | portaherramienta revólver de cuatro caras (tornos).

four-terminal device | dispositivo de cuatro bornes.

four-terminal network | red eléctrica de cuatro terminales, red de cuatro bornas.

four-throw crankshaft | cigüeñal de cuatro muñequillas.

four-tone telegraphy | telegrafía a cuatro fre-cuencias.

four-tool turret | portaherramienta revólver de cuatro caras (tornos).

four-track magnetic head | cabeza magnética de cuatro pistas.

four-track recorder | grabadora de cuatro pistas.

four-track recording | registro en cuatro pistas.

four-track tape | cinta de cuatro pistas (cinta magnética).

four-tuck splice | ajuste de cuatro inserciones.

four-way | de cuatro accesos, de cuatro vías.

four-way switch | conmutador de cuatro direc-ciones.

four-way valve | válvula de cuatro pasos.

four-wheel bogie | bogie de dos ejes.

four-wheel brake | freno a las cuatro ruedas.

four-wheel drive | accionamiento en las cuatro ruedas (de cuatro ruedas motrices) | transmi-sión a las cuatro ruedas.

four-wheel truck | camión de dos ejes | bogie de dos ejes.

four-wing bit | trépano de cuatro aletas (son-deos).

four-wire circuit | circuito bifilar doble | cir-cuito a cuatro hilos.

four-wire repeater | repetidor de cuatro hilos | repetidor de cuatro conductores (telefonía).

four-wire terminating set | terminación de cuatro hilos (telefonía) | equipo terminal de cuatro hilos (circuito).

foxer | dispositivo antitorpedos que se remolca sumergido a popa.

fractional | fraccionario | parcial.

fractional distillation flask | matraz de desti-lación fraccionada (química).

fractional elution | elución fraccionada.

fractional frequency off set | desviación rela-tiva de frecuencia.

fractional supply turbine | turbina de admi-sión parcial.

fractionating flask | balón de destilación.

fractionating tower | torre de destilación frac-cionada | torre de fraccionamiento.

fractionation | fraccionación.

fracture | rotura | fractura | disyunción (geolo-gía).

fracture cleavage | crucero de fractura (cruce-ro de disyunción -mineralogía).

fracture morphology | morfología de la rotura (metalurgia).

fracture shards | microfragmentos espiculares curvados de la fractura (diamantes).

fracture spring | fuente de fisura (geología).

fracture standards | patrones de tipos de rotu-ras (metalurgia).

fracture strength | resistencia a la rotura.

fracture stress | esfuerzo de fractura | esfuerzo de rotura.

fracture (to) | romper | fracturar | fisurar.

fragmental rocks | rocas clásticas, rocas deu-tógenas, rocas detríticas.

fragmentary | fragmentario | detrítico, clástico (geología).

frame | serie de bits | unidad de información | marco, cerco (bastidor -puertas y ventanas) | molde | estructura | batiente (máquinas) | esta-tor (motor eléctrico) | caja (bastidor -coche ferrocarril).

frame amplifier | amplificador de imagen.

frame amplitude attenuation | atenuación de la amplitud de imagen.

frame antenna | antena de cuadro.

frame assembly | conjunto de armazón (tele-comunicaciones).

frame bend | compensación de la distorsión de la imagen.

frame blanking | supresión de la imagen (TV).

frame coil | bobina reguladora de la imagen (TV).

frame distortion | distorsión del cuadro (tele-comunicaciones).

frame freeze | congelamiento de cuadro (TV).

frame grid | rejilla de cuadro (válvula).

frame ground | tierra al bastidor (telecomuni-caciones).

frame groups | grupos de cuadros (telefonía).

frame noise | ruido de imagen (cine).

frame press | filtro prensa de placas sin pestaña.

frame rate | cadencia de toma de fotografías | frecuencia de imagen (TV) | cadencia de cua-dros.

frame roll | rodamiento de la imagen (TV).

frame saw | sierra de bastidor.

frame set | marco de entibación (minas).

frame space | clara de cuadernas (separación de cuadernas -buques).

frame suppression | supresión de la imagen.

frame synchronization signal | señal de sin-cronización de cuadro | señal de sincroniza-ción de trama.

frame tilt | corrección de la distorsión de la imagen.

frame (to) | armar (ensamblar) | embarbillar (carpintería) | construir | poner a tierra (poner a masa -electricidad) | hacer contacto con ma-sa | concentrar (tratamiento minerales) | en-cuadrar (ajustar la imagen a la posición de-seada -cine, TV).

frame view-finder I visor de cuadro (visor iconométrico -fotografía).

frame-cooled I enfriado por el estátor (electromotor).

framed I con marco I ensamblado a caja y espiga I encuadrado I de celosía (vigas).

framed structure I estructura de celosía, estructura reticulada I estructura porticada.

frame-grid tube I tubo de rejilla de cuadro (electrónica).

framework I pórtico I entramado I estructura I infraestructura I andamiaje, armazón I celosía.

framing I estructuración I encuadre I composición I marco I entramado I bancada I armazón I encofrado (hormigón) I cuadernaje (buques) I concentración sobre la mesa durmiente (metalurgia) I encuadramiento I ajuste de la imagen a la posición deseada (cine, televisión) I ajuste de la frecuencia de imagen.

framing bit I bitio de sincronismo (encuadre) I bitio de enganche de trama.

framing camera I cámara multiimágenes.

framing chisel I formón de carpintero.

framing coil I bobina de centrado de imagen (TV).

framing control I control de ajuste del cuadro I regulación de ajuste de imagen.

framing device I mecanismo de encuadre (cine).

framing error I error de enfoque I error de encuadre.

framing hammer I martillo pesado de carpintero.

framing magnet I imán de centrado I imán de encuadre.

framing mask I recuadro (receptor televisión).

framing oscillations I oscilaciones libres (radio).

framing oscillator I oscilador de exploración de imagen (televisión).

francium I francio (elemento n.° 87).

frangible crash switch I conmutador frangible para caso de aterrizajes violentos (aviones).

freatical mantle I manto freático.

freatimetric I freatimétrico.

freatimetry I freatimetría.

free I libre, franco.

free airport I aeropuerto franco.

free bond I enlace libre (química).

free burning mixture I mezcla combustible correcta.

free circuit I circuito libre (telecomunicaciones).

free cyanide I cianuro libre (galvanoplastia).

free delivery pump I bomba sin impulsión.

free delivery radius I radio de distribución gratuita.

free fall pump I bomba sin impulsión.

free fatty acids I ácidos grasos libres.

free ferrite I ferrita no combinada.

free flight I vuelo libre (globo esférico) I vuelo después de soltar el cable de remolque (planeador) I vuelo después que se ha terminado el combustible (misil guiado).

free flowing I fluencia suave (moldeo a presión).

free from water I anhidro.

free gold I oro no combinado, oro en estado nativo (oro libre -geología).

free material I material poco resistente.

free milling gold I oro libre en pepitas.

free milling ore I mineral que da oro o plata sin calcinación o tratamiento químico, mineral cuyo metal es completamente amalgamable.

free milling quartz I cuarzo con oro libre.

free motional impedance I impedancia cinética libre.

free nappe I lámina libre (hidráulica).

free network I red libre (radiocomunicaciones).

free outgoing line I línea saliente libre (telefonía).

free point indicator I extensómetro.

free radical I radical libre (química).

free radical acceptor I aceptador de radicales libres.

free radical mechanism I mecanismo de radicales libres.

free radical polymerization I polimerización por radicales libres.

free reed I lengüeta vibrátil I lengüeta libre.

free reel I carrete libre (cinta magnética).

free rocket I cohete con aletas fijas pero sin superficies de control.

free sheet I papel de pasta química solamente I papel fabricado de una suspensión de pasta que chorrea agua.

free speed I velocidad constante después de haber terminado la aceleración (puente-grúa) I velocidad en vacío.

free text retrieval I recuperación de texto libre (informática).

free (to) I libertar I liberar I dejar libre I podar (árboles) I eliminar (química).

free travel I huelgo axial.

free turbulent flow I corriente turbulenta libre.

free vector I vector libre.

free vibration I vibración libre.

free vortex blade I álabe de torbellino libre.

free-air ionization chamber I cámara de ionización de aire libre.

free-bend test I prueba de plegado sin mandril, prueba de doblado libre.

freecutting I maquinabilidad (metales) I que se trabaja bien en la máquina (maquinable -metales).

free-cutting brass I latón de fácil maquinización.

free-cutting steel I acero de fácil maquinización.

freed of scale I limpio de óxido, desprovisto de óxido.

free-expansion I de libre dilatación.

free-expansion oven I horno de libre dilatación.

free-fall boring I sondeo de caída libre.

free-falling bit I trépano de caída libre.

free-falling stamp I pilón de caída libre (bocartes).

free-field response I sensibilidad en campo libre (micrófonos).

free-field room I cámara anecoica.

free-field voltage response I rendimiento en tensión en campo libre (micrófonos).

free-fit (to) I ajustar suavemente.

free-flight angle I ángulo agudo entre la horizontal y el eje longitudinal al empezar el vuelo libre (misiles).

free-flight rocket I cohete no dirigido.

free-flow valve I válvula de sección de paso total (sin estrangulación).

free-hearth electric furnace I electrohorno de corriente continua en que un electrodo forma parte del fondo de la solera.

free-machining alloy I aleación de maquinización fácil.

free-machining brass I latón de fácil maquinización.

free-piston engine I motor de pistón libre.

free-piston gage I galga de pistón libre.

free-point tester I adaptador de tubos.

free-power I de alimentación autónoma.

free-rotor current I corriente con rotor libre.

free-rotor gyro I giroscopio de rotor libre.

free-running multivibrator I multivibrador estable I multivibrador de funcionamiento libre.

free-running speed I velocidad de régimen I velocidad normal de marcha I velocidad a la que se igualan el esfuerzo de tracción y la resistencia (velocidad de equilibrio -trenes) I velocidad sin remolque (remolcadores).

free-space antenna I antena en el espacio libre.

free-space field intensity I intensidad de campo en el espacio libre.

free-space power gain I ganancia de potencia en el espacio libre.

free-space radar equation I ecuación de radar en el espacio libre.

freestone I canto rodado I caliza o arenisca que se puede labrar bien en cualquier dirección.

freeze I congelación I helada I lobo (cuesco - alto horno).

freeze casting I moldeo por cáscara congelada.

freeze dried material I material liofilizado.

freeze dryer I secador por congelación I liofilizador.

freeze drying I secado por congelación.

freeze etching I criograbado.

freeze fracturing I criofractura.

freeze frame I congelación de imagen.

freeze (to) I helar I congelar.

freeze-dried I congelado y después deshidratado en el vacío (liofilizado).

freeze-dry (to) I liofilizar.

freeze-drying I liofilización I desecación-congelación I secado por congelación.

freeze-etching technique I técnica de la criofractura.

freeze-proof I anticongelante.

freezer I congelador, frigorífico.

freeze-up I congelación.

freezing I congelación I refrigeración I solidificación (metalurgia) I aprisionamiento (sondeos) I glacial I refrigerante I congelante.

freezing curve I curva de solidificación (metalurgia).

freezing cycle I ciclo refrigerante.

freezing electrification I electrificación por congelación.

freezing isotherm I isoterma de congelación.

freezing level I nivel de congelación.

freezing nuclei I núcleos de congelación.

freezing point I punto de congelación I temperatura de congelación I punto de solidificación.

French boiler I caldera de hervidores.

French column I columna de destilación fraccionada.

French metal I que cristaliza en hojas de helecho o de estructura estrellada I antimonio muy puro con cristalización dendriforme o estrellada.

French pewter I aleación de 82 por 100 estaño y 18 por 100 plomo.

French polish I barniz de muñeca, barniz de alcohol.

freon I freón (química) I gas refrigerante I diclorodifluorometano.

freon compressor I compresor de freón.

frequencies I bandas de frecuencia (TV).

frequency I frecuencia.

frequency adapter I adaptador de frecuencia.

frequency allocation I distribución de frecuencias I asignación de frecuencia.

frequency alloted I frecuencia asignada.

frequency allotment I adjudicación de frecuencias.

frequency band I banda de frecuencias.

frequency calibrator I calibrador de frecuencias.

frequency carrier I onda portadora.

frequency changer I transformador de frecuencias, convertidor de frecuencias, convertidor de corriente alterna en alterna de otra frecuencia.

frequency channel I canal de frecuencias.

frequency check I medición de frecuencia I verificación de frecuencia.

frequency contour I curva de respuesta de frecuencia.

frequency control I estabilizador de frecuencia.

frequency counter I contador de frecuencia.

frequency curve I curva de frecuencia.

frequency cutoff I frecuencia de corte.

frequency departure I desviación de frecuencia, corrimiento de frecuencia.

frequency deviation I desviación de frecuencia.

frequency discriminator I discriminador de frecuencias, selector de frecuencias.

frequency drift I variación lenta de frecuencia I desviación de frecuencia.

frequency gage I patrón de frecuencia.

frequency interleaving I cruce de frecuencias I intercalación de frecuencias.

frequency inverter I inversor de frecuencia.

frequency jumping I salto de frecuencia (radar).

frequency keying I manipulación de frecuencia.

frequency limit I límite de frecuencia.

frequency locking I sincronización de la frecuencia.

frequency meter I frecuencímetro.

frequency modulated radar I radar con modulación de frecuencia.

frequency modulator I modulador de frecuencia.

frequency multiplier I multiplicador de frecuencias.

frequency overlap I recubrimiento de frecuencias I banda común I superposición de frecuencias.

frequency range I gama de frecuencia I banda de frecuencias.

frequency rate I límites de frecuencias.

frequency regulator I regulador de la frecuencia.

frequency relay I relé de frecuencia.

frequency response I respuesta en frecuencia.

frequency selective I selección de frecuencias.

frequency selector I selector de frecuencias.

frequency shift I desviación de frecuencia I cambio de frecuencias.

frequency shifter I cambiador de frecuencias.

frequency spectrograph I espectrógrafo de frecuencias.

frequency spread I dispersión de frecuencia.

frequency stabilization I estabilización de frecuencia.

frequency standard I patrón de frecuencia.

frequency sweep I barrido de frecuencia.

frequency sweep band I banda de barrido de frecuencia.

frequency swing I oscilación de la frecuencia.

frequency synthesizer I sintetizador de frecuencias.

frequency threshold I umbral de frecuencia.

frequency tolerance I tolerancia de variación de la frecuencia.

frequency transfer unit I aparato de transferencia de frecuencia.

frequency transformer I transformador de frecuencias.

frequency translation I conversión de frecuencia.

frequency trimming I corrección de frecuencia.

frequency variation I variación de la frecuencia.

frequency-correction equipment I equipo para corrección de la frecuencia.

frequency-division multiplex I múltiplex por división de frecuencias.

frequency-exchange signaling I señalización por cambio de frecuencia (comunicaciones).

frequency-modulated cyclotron I sincrociclotrón.

fresh I crecida, avenida, riada, inundación, potable (no salada -agua).

fresh iron I hierro activo (corrosión).

fresh sand I arena nueva (fundición).

fresh sewage I aguas negras no depuradas.

fresh-water deposits I sedimentos del agua dulce I sedimentos continentales (geología).

fresh-water distiller I destiladora de agua dulce.

fresnel I fresnel (unidad de frecuencia = 10^{12} ergios).

Fresnel lens I lente fresnel.

Fresnel prism I prisma de Fresnel.

Fresnel spot I proyector con lente escalonada.

fret cutting I corte de marquetería (calado -de la madera).

fret saw I sierra de marquetería, sierra de calar I segueta.

fret (to) I desgastar I cortar I raer I corroer I esculpir, ornamentar, adornar.

frettage I zunchado (artillería) I desgaste (partes metálicas).

fretting I desgaste I erosión I corrosión I fisuración de la capa de rodadura por defecto del aglutinante (carreteras) I destrucción molecular interfacial (metales en contacto cuando se producen desplazamientos alternados por efecto de la vibración).

fretting abrasion I abrasión molecular interfacial.

fretting corrosion I corrosión por frotamiento I vibrocorrosión interfacial localizada de superficies íntimamente en contacto, deterioro por vibración en partes muy ajustadas que origina un deslizamiento infinitesimal entre las superficies en contacto (engranajes).

fretwork I greca I calado (madera).

friability I friabilidad.

friable grit I microgránulo friable I micropartícula friable (diamantes).

friable powder compact I compacto de polvo friable.

friable synthetic diamond I diamante sintético friable.

frial mix I probeta.

friction I fricción I frotación, frotamiento I rozamiento.

friction and windage I pérdidas debidas a resistencias pasivas (electromotor de inducción).

friction angle I ángulo de rozamiento.

friction band I cinta de fricción (frenos) I freno de cinta.

friction bearing I cojinete liso I cojinete de fricción.

friction bevel I cono de fricción.

friction block I zapata de fricción.

friction bowl I rodillo de fricción.

friction brake I freno de fricción.

friction catch I trinquete de fricción I pestillo de fricción.

friction clutch I embrague de fricción.

friction corrosion I corrosión por frotamiento.

friction coupling I acoplamiento de fricción I manguito de fricción I empalme de fricción.

friction damper I amortiguador de fricción.

friction damping I amortiguamiento por rozamiento.

friction drum I cilindro de fricción.

friction dynamometer I dinamómetro de fricción.

friction factor I coeficiente de rozamiento.

friction feed I alimentación por fricción I avance por fricción.

friction fuse I espoleta de fricción.

friction gear I transmisión por rozamiento.

friction grip bolt I perno de gran apriete para obtener gran rozamiento de las partes que une (estructuras metálicas).

friction hammer I martinete de fricción.

friction head I carga hidrostática debida a la fricción I pérdida de carga por rozamiento.

friction layer I capa de rozamiento (pistas de aeropuertos) I capa de fricción I capa límite (aerodinámica).

friction loss I pérdida por rozamiento.

friction pawl I trinquete de fricción.

friction plate I placa de fricción (placa de frotamiento -rozadera).

friction reel I torno de fricción.

friction ring I anillo de rozamiento.

friction shock absorber I amortiguador de fricción.

friction socket I cono de fricción, manguito de fricción I pescatubo de fricción (campana de pesca por fricción -sondeos).

friction tape I cinta aislante, cinta aisladora (cinta de empalme -electricidad).

friction torque I par de rozamiento.

friction welding I soldeo por frotamiento.

frictional damper I amortiguador de fricción.

frictional electricity I electricidad estática.

frictional wear I desgaste por rozamiento.

friction-tube I estopín (artillería) I cebo de fricción.

friendly winds I vientos propicios (navegación).

frigistor I frigistor (termoelectricidad).

frigoconservation I frigoconservación.

frigofuge I frigófugo.

frigoisolation I frigoaislamiento.

frigorie I frigoría (termodinámica).

frigorigenous I frigorígeno, criógeno.

frigorimeter I frigorímetro.

frigorization I frigorización.

fringe I periferia I margen, linde, borde I franja (óptica) I iridescencia (fotografía) I marginal.

fringe capacitance I capacidad marginal (líneas de transmisión).

fringe effect I efecto de borde (radio).

fringe magnetic field I campo magnético marginal.

fringe out (to) I agrietarse (metalurgia).

fringing I efecto marginal (electricidad) I alteración cromática de los extremos (TV) I dispersión I imagen desenfocada (fotografía) I iridescencia (óptica) I expansión del flujo magnético I distorsión producida por tubos de rayos catódicos rellenos de gas (las líneas rectas aparecen onduladas).

fringing coefficient I coeficiente de expansión (circuito magnético).

fringing effect I efecto ondulatorio (TV).

fringing field I campo marginal.

frit I frita (cerámica) I vidrio poroso I fundente alcalino.

frit kiln I horno de frita.

frit (to) I derretir I fritar (cerámica) I calcinar I aglomerar (fabricación vidrio) I tostar I sinterizar.

frit-porcelain I porcelana porosa.

fritting I aglutinación I calcinación, fritación I sinterización.

frog I corazón de la aguja (ferrocarril) I cruzamiento de carriles I bifurcación de canalizo (explotación forestal).

frog point I punta del corazón (cruzamiento ferrocarril) I corazón (de cruzamiento).

frogging I cruzamiento de frecuencia I cruce de frecuencia.

front I frente I frontispicio I fachada.

front axle I eje delantero, eje anterior.

front axle shaft I eje de accionamiento del eje delantero.

front axle swivel I rótula del eje delantero (autos).

front beam I haz frontal.

front electrode I electrodo anterior.

front end I caja de humos (locomotoras) I testero I cara anterior, lado anterior, extremo anterior, extremo delantero.

front end processor I procesador de comunicaciones.

front loading I carga frontal (electroacústica).

front porch I umbral anterior (TV).

front rake I ángulo de ataque frontal (herramienta de torno) I ángulo de rebaje frontal (ángulo de rebaje radial -herramienta de torno).

front roller I cilindro delantero I rodillo delantero.

front view I vista frontal (dibujo) I alzado.

front wall I muro de fachada I muro frontal.

frontage I fachada.

frontal I fachada.

frontal activity I actividad frontal (meteorología).

frontal cloud system I sistema de nubes frontales (meteorología).

frontal fog I niebla de un frente (meteorología).

frontal thunderstorm I temporal en un frente (meteorología).

front-drive car I coche con tracción delantera.

front-end I terminal de entrada (informática).

front-end amplifier I preamplificador.

front-end processor I procesador central.

front-engined car I auto con motor delantero.

frontispiece I frontis, frontispicio, frontón.

fronton I frontón (arquitectura).

front-to-back ratio I eficacia direccional (antena).

front-wheel I rueda delantera.

front-wheel alignment I alineación de las ruedas delanteras (autos).

frost I escarcha I helada.

frost bursting I gelifracción.

frost churning I crioturbación.

frost cloud I nube de cristales de hielo.

frost fog I niebla helada.

frost smoke I niebla formada por cristales de hielo I bruma ártica.

frost (to) I deslustrar (metales) I escarchar, helar I esmerilar.

frosted I escarchado I esmerilado, deslustrado.

frosted gelatine I gelatina cristalizada (placa fotográfica).

frosted glass I vidrio deslustrado I vidrio esmerilado.

frostproof I resistente a la helada I incongelable.

frost-resistant I resistente a la helada.

froth I espuma.

frozen I helado, congelado, gélido I que se han fundido juntos (carbones arco eléctrico) I agarrotado (piezas máquinas) I solidificado.

frozen casing I tubería atascada (sondeos).

frozen combustion I combustión a baja temperatura.

fry I ruido de fritura.

frying I ruido del micrófono I silbido (arco eléctrico).

frying arc I arco silbante.

frying effect I crepitación.

fuel I sustancia combustible I fueloil I combustible líquido I agente oxidante (cohetes).

fuel alcohol I alcohol de quemar.

fuel analyzer I analizador del combustible I analizador de los gases de exhaustación.

fuel assembly I conjunto combustible (nuclear).

fuel cell I compartimiento de un tanque de combustible I célula energética I pila de combustible.

fuel channel I canal de carga (reactor nuclear).

fuel charge I carga de combustible (nuclear).

fuel coefficient I coeficiente de consumo de combustible.

fuel cooling I enfriamiento del combustible (nuclear).

fuel distance I autonomía de vuelo sin repostar combustible.

fuel electronic injection I inyección electrónica de combustible.

fuel element I elemento combustible (nuclear).

fuel filter I filtro de gasolina (autos) I filtro del combustible.

fuel furnace I horno de combustible líquido.

fuel gage I indicador de la gasolina (autos) I indicador del nivel de combustible.

fuel gas I gas combustible.

fuel lattices I redes de barras de combustible nuclear (reactor nuclear).

fuel line I tubería de alimentación de combustible.

fuel pellet I pastilla de combustible (nucleónica).

fuel pilot injection I inyección preliminar de combustible (motores).

fuel pins I agujas tubulares de combustible nuclear insertadas en grandes bloques de grafito (reactor nuclear).

fuel pressure gauge I manómetro de combustible.

fuel pressure indicator I manómetro del combustible.

fuel pump I bomba de gasolina (autos), bomba del combustible.

fuel ratio I poder calorífico I relación entre carbono fijo y los hidrocarburos volátiles (carbones).

fuel selector valve I llave selectora del combustible.

fuel ship I petrolero.

fuel shuffling I redistribución del combustible.

fuel tank I depósito de combustible, tanque de combustible.

fuel tanker I camión cisterna I camión cuba de combustible.

fuel (to) I aprovisionar de combustible I obtener combustible I petrolear.

fuel valve I válvula del combustible.

fuel-cooled oil-cooler I enfriador de aceite enfriado con el combustible (motor de chorro).

fueled graphite I grafito para elementos combustibles nucleares.

fuel-injection valve I válvula de inyección del combustible (inyector -motor diesel).

fueloil I fueloil, petróleo combustible (petróleo para calderas -mazut).

fuel-spray valve I válvula de pulverización del combustible (motores).

fuel-valve nozzle I tobera del inyector (motores).

fuji I popelina de rayón.

Fujita tornado scale I escala Fujita de tornados.

fulcrum bolt I perno de pivote.

full I sin mezcla I puro I lleno.

full admission I plena admisión.

full admission turbine I turbina de admisión total.

full air conditioning I climatización total.

full carrier I onda portadora completa.

full center arch I arco de medio punto.

full circuit I circuito total (ida más vuelta).

full duplex I sistema bidireccional de transmisión simultánea I dúplex integral (comunicaciones).

full duplex operation I funcionamiento en dúplex total.

full excursion I excursión completa (transductor).

full ferritic annealing I recocido ferrítico de regeneración.

full field I con toda la excitación (motor eléctrico).

full fusion welding I soldeo por fusión oxiacetilénica.

full impulse wave I onda de choque completa.

full injection turbine I turbina de inyección total.

full load I peso total I plena carga.

full load mean torque I par motor medio a plena carga.

full load rated current I corriente de régimen a plena carga.

full mill I tren que lamina chapa defectuosa.

full multiple I múltiple total (telefonía).

full output I pleno rendimiento I plena potencia.

full pipe I tubería forzada, conducto forzado (hidráulica).

full power I a todo vapor I a toda potencia, a toda fuerza.

full rated output I potencia máxima de régimen.

full rating I plena carga (electricidad).

full revolving shovel I pala de rotación completa.

full roll I rodillo ligeramente convexo (laminador).

full sail I a toda vela.

full set I marco completo de entibar (minas).

full speed I a toda marcha, a toda velocidad I velocidad total.

full throttle I plena potencia (motores) I palanca de gases puesta a fondo I a todo gas.

full track motor carriage I chasis oruga.

full track tractor I tractor oruga.

full trailer | remolque de dos ejes.
full wave | de dos alternancias (ondas).
full-center arch | arco de medio punto.
full-centered | de medio punto | semicircular (arcos).
fuller | vaciadura (acanaladura -de la bayoneta) | degüello (copador -herramienta fragua) | batanero | batán | cincel para calafatear.
fuller (to) | cortar con el degüello (fraguas) | retacar (plomo) | calafatear (chapas).
full-face drilling | perforación del frente total de ataque (túneles).
full-face tunnel-driving | perforación del túnel con frente entero.
full-face tunneling | avance con frente entero (túneles).
full-floating axle | eje sometido sólo a esfuerzos de torsión.
full-flowing tunnel | galería en carga (hidráulica).
fulling clay | tierra de batán.
fulling load | pilada (batanadora de mazos).
fulling machine | máquina de abatanar, batanadora.
fulling mill | batanadora, batán enfurtidor.
full-lap stop motion | mecanismo de parada automática de término (batán).
full-load excitation | excitación a plena carga.
full-load fuel consumption | consumo de combustible a plena carga.
full-load horsepower | potencia a plena carga.
full-load lowering | descenso con la carga máxima (grúas).
full-load speed | velocidad a plena carga.
full-rated | a toda potencia, a la potencia de régimen.
full-rated voltage | voltaje a toda potencia.
full-reaction turbine | turbina de reacción completa.
full-scale system | sistema en escala industrial.
full-timbered level | galería con entibación completa.
full-voltage starter | arrancador con pleno voltaje.
full-wave amplifier | amplificador de onda completa.
full-wave antenna | antena de onda completa.
full-wave control | control de onda completa.
full-wave rectification | rectificación de onda completa (corriente alterna).
full-wave rectifier | rectificador de onda completa | rectificador de doble efecto.
full-wave vibrator | vibrador de onda completa.
full-way valve | válvula de paso completo (válvula sin reducción en la sección de paso).

fullword | palabra entera (lenguaje de programación).
fulminate | fulminato.
fulminate of mercury | fulminato de mercurio.
fulminate (to) | fulminar | volar (hacer explosión -estallar) | detonar.
fulminating | fulminación.
fulmine (to) | fulminar | detonar | estallar.
fumaric polymer | polímero fumárico.
fumarole | fumarola.
fume | vapor, gas, humo | emanación | exhalación.
fume cupboard | campana extractora de humos industriales tóxicos (laboratorios) | campana de gases.
fume hood | campana de humos.
fume oxide particles | partículas de óxido submicrométricas.
fume removal hood | campana extractora de humos.
fume (to) | humear, echar humo | fumigar.
fume-resistant | resistente a los humos, capnorresistente.
fumigate (to) | fumigar.
fuming box | cámara para tratar con vapores de amoníaco (fotografía).
function box | caja de funciones (teleimpresora).
function cam | leva de función (teleimpresora).
function control cable | cable de mando.
function control switch | interruptor de control de funcionamiento.
function digit | dígito de función (informática).
function key | tecla de función (informática).
functional bombing | bombardeo de blancos vitales especialmente seleccionados (aviación).
functional chart | organigrama.
functional checking | comprobación funcional.
functional unit | unidad funcional (informática).
fundament | fundamento | cimiento.
fundamental | fundamento | frecuencia básica | fundamental.
fundamental carrier | onda portadora fundamental.
fundamental scanning frequency | frecuencia fundamental de exploración.
fundamental wave length | longitud de onda fundamental.
fungose | fungosa (química).
funnel | tubo de aireación | embocadura de tubo | chimenea | embudo | tolva | agujero de colada.
funnel damper | registro de chimenea.

funnel draught I tiro de la chimenea.
funnel (to) I canalizar.
fur (to) I enrasar I incrustarse I incrustar (calderas).
furan resin I resina de furano.
furcate I bifurcado I en bifurcación.
furcate (to) I bifurcar.
furcation I bifurcación.
furl the flag (to) I arriar la bandera.
furling speed I velocidad máxima del viento admisible para seguridad (generador eólico).
furnace I hornillo I horno I hogar (de caldera).
furnace blocking I adición de arrabio al baño antes de la colada para elevar la temperatura (acero Siemens).
furnace brazing I cobresoldadura en horno eléctrico.
furnace canopy I cúpula del tragante (alto horno).
furnace castings I piezas fundidas para hornos.
furnace chamber I laboratorio del horno.
furnace charging arm I brazo cargador de hornos (metalurgia).
furnace chill I coquilla de horno.
furnace coke I coque metalúrgico, cok de alto horno.
furnace cupola I horno de cubilote (metalurgia).
furnace front I delantera del horno (frente del horno - calderas).
furnace fuel oil I gasoil para calefacción.
furnace jacket I blindaje del horno.
furnace mouth I boca del hogar (boca del horno -calderas).
furnace refractories I productos refractarios para hornos.
furnace shell I blindaje del horno.
furnace soldering I estañosoldeo en horno I cobresoldadura en horno.
furnace tapping technique I técnica para sangrar el horno (acerías).
furnace top I cielo del hogar (calderas) I tragante (alto horno).
furnace tube I horno (calderas).
furnaced plate I chapa calentada en el horno antes de trabajarla.
furnace-hardening steel I acero de autotemple.
furnaceless heating I caldeo sin horno.
furnace-melt (to) I fundir en horno.
furnace-ventilation I ventilación por hogares (minas).
furnace-wall blower I soplante del hogar (calderas).
furnish (to) I guarnecer, equipar.
furnishing I equipo I suministro.

furniture I guarnición (adorno) I herrajes (puertas) I imposiciones (tipografía) I fornitura (tipografía) I aparejo (buques).
furring I guarnición I incrustaciones (tubos, calderas) I revestimiento (arquitectura) I costillaje (construcción).
furrow I zanja I surco I mediacaña (estría -arquitectura) I garganta (rosca tornillos) I raya (fusil, cañón) I estela (buques).
furrowing I corrosión electrolítica.
fuse I mecha I petardo de señales (ferrocarril) I estopín I fusor, fusible (electricidad).
fuse block I cuadro de bornas para fusibles I portafusible.
fuse box I caja de fusibles.
fuse cap I cápsula detonante.
fuse cutout I cortacircuito con fusible.
fuse diode I diodo fusible.
fuse disconnecting switch I interruptor de fusible.
fuse ejector I eyector de fusible.
fuse fusing I fusión del fusible.
fuse holder I portafusible (electricidad).
fuse insulator I aislador para fusibles.
fuse lighter I tirafrictor.
fuse panel I cuadro de fusibles.
fuse puller I sacafusibles, quitafusibles.
fuse (to) I derretir, fundir I vitrificar por fusión (esmaltes) I cebar una carga (explosivos) I poner espoleta, espoletar (proyectiles) I proteger con fusibles, fusiblear (electricidad) I combinarse por fusión (material termonuclear).
fuse wire I alambre para fusibles.
fused apparatus I aparato fusibleado (electricidad).
fused disconnect I desconectador con fusible.
fused insulator I aislador fusibleado.
fused melt I materia vítrea formada durante la fusión (soldeo por arco sumergido).
fused potassium nitrate I nitrato potásico fundido.
fused ring I anillo condensado (química).
fused salt I sal fundida.
fused switch I interruptor con fusible.
fusee I caracol (husillo -relojes) I polea cónica I tambor cónico I carga iniciadora (motor cohético) I cápsula de encendido.
fusee arbor I eje del caracol (relojería).
fusee barrel I barrilete del caracol (relojes).
fusee engine I máquina de tornear husillos (relojería).
fusee-chain I cadena de caracol (relojes).
fusee-wheel I tambor cónico (máquina extracción minas).
fuselage I fuselaje.

fuselage box I estructura de fuselaje.
fuselage bulkhead I mamparo del fuselaje.
fuselage centerline I línea central del fuselaje (avión).
fuselage joint I nudo del fuselaje.
fuselage nose I morro del fuselaje.
fuselage rear fairing I carenado posterior del fuselaje.
fuselaje frame I armazón del fuselaje.
fusible I fusible (electricidad), fundible.
fusible cone I cono termométrico fusible.
fusible cutout I cortacircuito con fusible.
fusible disconnect switch I disyuntor de fusible.
fusible fabric I tejido termoadhesivo.
fusible glaze I vidriado fusible.
fusible salt I fosfato de amonio.
fusing I vitrificación por fusión I fundente, espoletación (proyectiles) I protección con fusibles.
fusing current I intensidad de fusión I amperaje de fusión.
fusion I unión I fusión.
fusion agent I fundente.
fusion bomb I bomba de fusión.
fusion electrolysis I electrólisis por fusión.
fusion energy I energía termonuclear I energía de fusión.
fusion nucleus I núcleo de fusión.
fusion reaction I reacción de fusión.
fusion reactor I reactor nuclear de fusión.
fusion weld I soldadura por fusión I soldadura autógena.
fusion weld (to) I soldar por fusión, fusiosoldar.
fusion-area I lecho de fusión.
fusion-bonded I con ligante por fusión.

fusion-bonding I unión por fusión.
fusion-cast refractory I refractario colado por fusión.
fusion-deposition welding I soldadura depositada por fusión.
fusionless welding I soldeo sin fusión (soldeo por mezcla eutéctica del metal base con el metal de aportación).
fusion-weldable I soldable por fusión.
future ore I mineral posible (minería).
fuze I fusible I cebo I espoleta I mecha.
fuze explosive train I tren explosivo de la espoleta.
fuze holder I portafusible.
fuze igniter I tren explosivo de la espoleta.
fuze prediction I predicción angular (tiro antiaéreo).
fuze (to) I fundir, derretir, espoletar (proyectiles).
fuzed AA projectile I proyectil antiaéreo espoletado.
fuzing switch I interruptor de espoleta.
fuzz I placa desenfocada I ruido extraño (acústica) I surcos helicoidales interiores (cilindro rectificado con muela abrasiva) I fragmentación superficial (superficies pulidas).
fuzzy I deformación (cine) I borroso (fotografía).
fuzzy codification I codificación difusa I codificación borrosa.
fuzzy logic I lógica confusa (informática).
fuzzy theory I teoría de la lógica de conjuntos difusos (informática).
fuzzy tone I sonido con distorsión no lineal.
fx circuit I circuito del servicio fijo.

G

G clamp | prensa de encolar, prensa de tornillo.

g forze | fuerza g.

G m | conductancia mutua.

G ratio | rendimiento de la rectificación (muelas abrasivas).

G scan | explorador tipo G (radar).

G string | guía de tipo alámbrico.

g symbol | símbolo g ($9,8 \text{ ms}^{-2}$).

G test | ensayo de aceleración.

G unit | unidad gravitacional.

G value | valor G (radioquímica).

G. E. C. heavy alloy | aleación sinterizada de tungsteno en polvo, con polvos de cobre, níquel y hierro (densidad = 16,5 a 17).

G. M. counter | contador Geiger-Müller.

G.L. equipment | equipo de dirección y control de tiro.

G.R.P. superstructure | superestructura de plástico reforzado con vitrofibra.

g.s.m. 900 | radiotelefonía celular digital móvil europea.

gab lever | palanca de excéntrica | palanca angular | biela de caja abierta.

gabion (to) | proteger con cestones, encestonar | engabionar (márgenes ríos).

gable | piñón (edificios) | brazo de la grúa.

gable end | muro piñón.

gable roof | techo a dos aguas apoyado en muros piñones | cubierta a dos aguas.

gable skylight | lucernario de dos aguas.

gable wall | muro piñón, muro hastial | pared en el extremo de carga (horno vidrio).

gablet | frontón, tímpano (arcos).

gad | aguja (cuña de hierro -minas) | cuña de cantero.

gad picker | cuña | perforadora de mano.

gadding pin | punzón (minas).

gadget | accesorios | dispositivo | equipo radar | mecanismo | aparato | artificio.

gadgetry | conjunto de dispositivos mecánicos.

gadolinium | gadolinio (Gd).

gaff | bichero | arpón | garfio | botavara, pico cangrejo (buques).

gaff sail | vela cangreja.

gaff topsail | escandalosa (vela).

gaff-rigged | aparejado con botavara (embarcación).

gag | templador (de sierra de mano) | obstrucción de válvula (bomba de minas) | atascamiento (minas) | maza para enderezar carriles | aparato de esmerilar | limitador (reactor).

gag press | prensa enderezadora | prensa para curvar (perfiles laminados).

gag (to) | agarrarse (obstruirse -válvulas) | curvar (vigas) | enderezar (carriles) | esmerilar (válvulas).

gage bar | gálibo | escantillón | vara de trocha.

gage board | tablero de aparatos de medida, tablero de control.

gage box | cajón medidor (de arena, de grava).

gage cock | grifo indicador del nivel (calderas).

gage die | troquel colocador | matriz colocadora.

gage distance | gramil (distancia del eje del remache al vértice del angular).

gage door | puerta reguladora interior de la ventilación (minas).

gage glass | tubo de vidrio indicador del nivel de agua, tubo de nivel (calderas) | tubo de vidrio calibrado.

gage grinder | rectificadora de calibres.

gage interferometer | interferómetro calibrador.

gage length | longitud de referencia | longitud calibrada.

gage panel | cuadro de niveles de agua (sala de calderas).

gage pressure | presión barométrica | presión manométrica (presión efectiva -calderas).

gage rod | varilla de sonda, varilla graduada.

gage tester | comprobador de manómetros | comprobador de calibres (talleres).

gage (to) | calibrar | graduar | cubicar | dosificar el cemento (hormigones) | arquear (buques) | amasar (yeso).

gage (U.S.A.) | medida, escantillón | galga (calibrador -de chapas, de alambres) | plantilla, gálibo | calibre | arqueo | calado (buques).

gage valve | válvula de prueba.

gaged | calibrado | medido | aplantillado | dosificado (hormigón).

gaged arch | arco aparejado, arco galgado.

gager | arqueador | medidor.

gagger | clavo de fundidor, clavo de moldeador | gancho de molde (refuerzo para la arena -fundorías), soporte metálico para machos (fundorías) | pieza metálica para sujetar la arena o el macho (moldería).

gaging circuit | circuito medidor | circuito calibrador | circuito de comprobación.

gaging stick | varilla aforadora | varilla medidora.

gaging (U.S.A.) | verificación | calibración | arqueo | medición.

gain | crecida (ríos) | aumento | ganancia | avance (péndulos) | gárgola (carpintería) | recorte (contraveta -minas).

gain amplifier | preamplificador (radio) | amplificador previo.

gain check | control de ganancia.

gain circuit | circuito amplificador.

gain control | control de amplificación, control de volumen (sonido) | control de ganancia.

gain equalizer | igualador de ganancia (electrónica).

gain factor | rendimiento (radio).

gain flatness | uniformidad de ganancia.

gain margin | margen de seguridad | margen de ganancia.

gain measuring set | ganancímetro.

gain meter | medidor de ganancia.

gain time control | atenuador selectivo.

gain turndown | reductor de ganancia.

gain-control circuit | circuito regulador de la amplificación (antenas).

gainer | avanzador (variador -bobinadoras).

gal | galio (unidad medida gravedad -en homenaje a Galileo) | gal (unidad de aceleración) | galón.

galactic | galáctico.

galactic radio source | fuente de radioemisión galáctica.

galactic radio waves | ondas radioeléctricas galácticas.

galactose | galactosa.

galaxy | galaxia.

galaxy noise | ruido radioeléctrico estelar | ruido galáctico.

galaxy radio signals | señales radioeléctricas galácticas.

gale | borrasca, tempestad | temporal.

gallate | galato (química).

gallery | galería (minas).

gallery back | techo de la galería (minas).

gallery decks | cubiertas parciales (portaaviones).

gallery furnace | horno de galera, horno de galerías.

galley | horno de reverbero | horno de galerías | galerada (tipografía) | prueba de galerada (imprenta).

galley proof | galerada (tipografía).

gallic acid | ácido gálico.

galling | excoriación | acción abrasiva entre dientes (engranajes) | excoriación profunda (dientes engranajes) | excoriación superficial por abrasión (superficies).

gallium | galio.

gallium antimonide | antimoniuro de galio.

gallium arsenide | arseniuro de galio.

gallium arsenide diode | diodo de arseniuro de galio.

gallium nitride | nitruro de galio.

gallium phosphide | fosfuro de galio.

gallonage | capacidad en galones | caudal en galones (bombas).

galloping | oscilaciones de baja frecuencia y gran amplitud, vibración galopante (líneas eléctricas aéreas) | oscilaciones de flexión alterna (puentes colgantes).

gallows | plataforma | medio marco de entibar (minas).

galvanic | galvánico, electrolítico.

galvanic anode | ánodo galvánico.

galvanic anodizing | anodizado galvánico.

galvanic bath | baño galvánico.

galvanic battery | pila eléctrica.

galvanic cautery | cauterio eléctrico.

galvanic cell | celda galvánica | pila galvánica.

galvanic couple | par galvánico.

galvanic pile | pila galvánica.

galvanic treatment | recubrimiento galvánico.

galvanic welding | soldadura eléctrica.

galvanised | galvanizado.

galvanising | galvanización.

galvanism | galvanización.

galvanization | galvanización.

galvanize (to) | galvanizar.

galvanized iron | hierro galvanizado.

galvanized sheet | chapa galvanizada | calamina.

galvanized steel building | estructura de acero galvanizado.

galvanizing | galvanización.

galvanizing brittleness | fragilidad por galvanización.

galvanochemistry | electroquímica.

galvanography | galvanografía.

galvanolysis | electrólisis.

galvanomagnetism | galvanomagnetismo.

galvanometer driver | excitador de galvanómetro.

galvanometric registration | registro galvanométrico.

galvanoplastics | galvanoplastia.

galvanoscope | galvanoscopio.

galvanostatic | galvanostático.

galvanostegy | galvanostegia.

galvanothermy | galvanotermia.

galvanotropism | galvanotropismo.

gamma | rayo gamma | gamma (emulsión fotográfica).

gamma absorption gage | calibrador de absorción gamma.

gamma aluminium oxide | alúmina gamma.

gamma attenuation I atenuación de los rayos gamma.

gamma counter I gammámetro.

gamma decay I desintegración gamma (física nuclear).

gamma emitter I emisor de rayos gamma.

gamma ferric oxide I óxido férrico gamma.

gamma heating I calentamiento gamma.

gamma iron I hierro gamma (entre 900 y 1.404° C).

gamma irradiator I irradiador de rayos gamma.

gamma match I adaptador gamma.

gamma photon I fotón gamma.

gamma plutonium I plutonio gamma.

gamma polymerization I polimerización por rayos gamma.

gamma prime I gamma prima (aceros).

gamma ray I rayo gamma.

gamma ray photon I fotón gamma.

gamma ray spectrometer I espectrómetro gamma.

gamma ray telescope I telescopio de rayos gamma.

gamma-emitting cobalt-60 I cobalto-60 emisor de rayos gamma.

gamma-emitting isotope I isótopo emisor de partículas gamma.

gamma-irradiated I gammairradiado.

gamma-produced ionization I ionización producida por rayos gamma.

gamma-pulses I impulsos de rayos gamma.

gammaradiograph I gammarradiografía.

gammaradiography I gammarradiografía, gammagrafía.

gammaradiography checked I comprobado por gammagrafía.

gamma-ray absorptiometry I absorciometría de rayos gamma.

gamma-ray backscattering I retrodispersión de rayos gamma.

gamma-ray dosimeter I dosímetro de rayos gamma.

gamma-ray logging I registro por rayos gamma (sondeos) I sondeos por rayos gamma.

gamma-ray spectrometer I espectrómetro de rayos gamma.

gamma-ray thickness gage I calibrador de espesor de rayos gamma.

gamma-ray tracking I seguimiento por rayos gamma.

gammascope I gammascopio.

gammascopize (to) I gammascopizar.

gammatelescope I gammatelescopio.

gammexane I gammaexano.

gamut I gama de frecuencia audible (radio).

gang I grupo I ganga (mineral) I madeja de 80 hilos I serie I grupo de máquinas I múltiple, de varias herramientas.

gang borer I taladradora multibrocas.

gang capacitor I capacitor múltiple (radio), condensador tándem (radio).

gang control I mando único, mando combinado (aparato radio).

gang production I producción en cadena.

gang punch I multiperforadora.

gang soil I materias estériles (minas).

gang switch I conmutador múltiple, interruptores acoplados.

ganged I montados en conjunto (múltiples -herramientas) I en bloques combinados (acoplados -electricidad) I acoplado I múltiple (electrotecnia).

ganged circuits I circuitos acoplados (radio), circuitos de sintonía múltiples (radio) I circuitos de sintonización simultánea.

ganging I acoplamiento de varios órganos I transporte (minas) I acoplamiento mecánico.

gangue I ganga (minerales).

gangue deposit I criadero (filón).

gangway I pasillo, galería maestra (minas), galería de extracción (minas), socavón (minas).

ganister I ganister (petrología) I roca sedimentaria compacta muy silícea compuesta de granos pequeños de cuarzo cementados con sílice (petrología) I cualquier roca muy siliciosa I arcilla refractaria (para revestimiento de hornos).

gantry I pórtico.

gantry crane I grúa de pórtico.

gap I distancia, intervalo I intersticio I abertura I espacio intermedio I espacio entre alas adyacentes (biplanos, triplanos) I entrehierro.

gap admittance I admitancia de espacio de interacción.

gap arrester I pararrayos de entrehierro múltiple (pararrayos de peine).

gap bridge I puente (torno).

gap clearance I separación de los electrodos.

gap coding I codificación de intervalos.

gap depth I profundidad del entrehierro.

gap fault I falla abierta (geología).

gap filler I antena auxiliar para completar la cobertura (radar).

gap filler radar I radar auxiliar.

gap filling I llenado de espacios interlobulares (electromagnetismo).

gap gage I galga para dimensiones exteriores.

gap permeance I permeancia del entrehierro.

gap width I distancia entre bordes I ancho del entrehierro.

gapfiller | antena para completar la cobertura (radar).

gapless core | nucleo cerrado (electrotecnia).

gapless tape | cinta magnética sin separaciones.

garbage | desperdicios | información no válida | detritus | residuos.

garble | error fundamental (mensajes) | errores en la transmisión de radio.

garble in communications | lapso de comunicaciones.

garnet | granate (mineralogía) | aparejo de estrinque (aparejo de candeletón -buques) | aparejo de carga.

garnet gneiss | neis granatífero.

garnetization | granatización (petrología).

garnet-type ferrite | ferrita de granate.

gas | gas | grisú (minas) | gasolina | éter | gas industrial | gas de hulla | gas asfixiante.

gas - lubricated | de lubricación gaseosa (cojinetes).

gas ammunition depot | depósito de municiones químicas.

gas anchor | separador de gas (pozo petróleo).

gas balance | balanza para determinar la densidad de gases.

gas bearing | cojinete con lubricación por fluidos gaseosos.

gas bell | gasómetro.

gas blanketed arc welding | soldeo eléctrico con arco aislado en atmósfera de helio o argón.

gas blowpipe | soplete a gas.

gas booster | elevador de presión del gas | compresor.

gas bottle | botella de gas a presión, recipiente de gas a presión.

gas brazing | soldadura fuerte por llama de gas.

gas burner | mechero de gas | quemador de gas.

gas cap drive | expansión del casquete de gas.

gas carbon | carbón de retorta.

gas carburize (to) | cementar con gas (metalurgia).

gas carburizer | cementador de gas.

gas carburizing | cementación por gas, carbocementación de gas (metalurgia).

gas cell | célula de gas.

gas centrifuge process | centrifugación gaseosa.

gas chamber | cámara de gas.

gas check | obturador de gas.

gas chromatography | cromatografía en fase gaseosa.

gas cleaner | depurador de gas.

gas coal | carbón de gas, hulla de gas.

gas cock | llave de gas.

gas coke | coque de fábrica de gas | coque de retorta.

gas concrete | hormigón aireado.

gas condenser coil | serpentín del condensador del gas.

gas cooled fast reactor | reactor rápido refrigerado por gas (nuclear).

gas cooled reactor | reactor refrigerado por gas.

gas core reactor | reactor de núcleo gaseoso (naves espaciales).

gas cutting | oxicorte.

gas cyaniding | carbonitruración.

gas cycling | reciclaje de gas.

gas desulphurizing | desulfuración de gases.

gas detector | grisuómetro, grisuscopio | detector de gas.

gas diode | diodo de gas.

gas discharge plasma | plasma de descarga luminosa.

gas drilling | perforación por gas.

gas dynamics | dinámica de los gases.

gas eductor | eyector de desgasificación.

gas elutriation | purificación del gas.

gas engine | motor de gas.

gas escape | fuga de gas.

gas evolution | separación del gas (nuclear).

gas field | campo de petróleo con presión de gas.

gas filling | atmósfera gaseosa | llenado de gas.

gas filter | filtro para gases.

gas firing | caldeo por gas.

gas fittings | aparatos de distribución de gas | accesorios para gas.

gas flow | corriente de gas.

gas flow recorder | aparato registrador del flujo gaseoso.

gas focusing | enfoque iónico (radio) | focalización de gas | enfoque gaseoso.

gas freeing | desgasificación.

gas fuel | gas combustible.

gas fuel-line | gaseoducto.

gas gage | indicador de gasolina | manómetro de gas.

gas generator | gasógeno | generador de gas | turbina de gases, turbina de combustión.

gas grid | red de canalización de gas | red de gasoductos.

gas heating | calefacción por gas.

gas holder | gasómetro | depósito de gas.

gas hole | sopladura (oclusión gaseosa -metalurgia).

gas horsepower | potencia equivalente de la turbina de combustión.

gas indicator | grisuscopio | gasoscopio.

gas jet I chorro de gases.

gas leak I fuga de gas.

gas leak locator I detector de fuga de gas.

gas lift I producción por presión artificial de gas (pozos petróleo), elevación por bombeo de gas (bombeo neumático -pozos petróleo) I extracción por gas I elevación de gas (pozo de petróleo).

gas lines I red de distribución de gas.

gas main I canalización de gas I cañería principal de gas.

gas maser I máser gaseoso.

gas mask I máscara antigás I careta antigás.

gas metal-arc process I proceso de arco metálico en atmósfera gaseosa.

gas metal-arc welding I soldadura con arco metálico.

gas mixture I mezcla gaseosa I mezcla de gasolina y aire (motores).

gas nozzle I tobera para gas.

gas pipe I tubo de gas I gasoducto.

gas pipeline I canalización de gas I gasoducto.

gas pocket I bolsa de gas I oclusión gaseosa (sopladura -aceros).

gas pore I poro por gases (soldadura).

gas pressure gage I manómetro del gas.

gas producer I gasógeno.

gas producing I aerógeno I gasógeno.

gas quenched I enfriado rápidamente con gas.

gas ratio I coeficiente de amplificación (tiratrón).

gas relay I triodo de gas I relé gaseoso.

gas reservoir I recipiente de gas, depósito de gas.

gas sand I arena gasífera, arena de gas (geología).

gas scattering I dispersión por el gas.

gas scintillation counter I contador de escintilaciones de atmósfera gaseosa.

gas scrubber I lavador de gas.

gas scrubbing I depuración de gases por vía húmeda (alto horno).

gas seeps I emanaciones de gas natural (geología).

gas shell I granada de gas I proyectil tóxico I granada química.

gas shielded-arc welding I soldeo con arco sumergido en gas inerte.

gas stand-pipe valve I válvula de la toma de gas.

gas stock I terraja para tubos de gas.

gas stop I elemento obturador (cables con gas).

gas strata I yacimiento de gas (geología).

gas tank I gasómetro I depósito de gas.

gas tap I grifo de gas I terraja para tubos de gas.

gas tar I alquitrán de hulla, alquitrán de gas.

gas thread I rosca de tubería de gas.

gas tip I tobera para gas.

gas (to) I asfixiar I proveer de gasolina I desprender gas I intoxicar con gas I atacar con gases (gasear -milicia) I gasear (chamuscar -hilados) I desgasear (petroleros).

gas trap I sifón de alcantarilla I separador de gas I colector de gas (pozo petróleo).

gas tube I cilindro de gas a presión I válvula de gas.

gas turbine I turbina de combustión interna I turbina a gas.

gas turbine aeroengine I motor de aviación de turbina de combustión.

gas turboalternator I turboalternador de turbina de combustión.

gas turboelectric locomotive I locomotora eléctrica de turbina de combustión.

gas turbogenerator I turboalternador de turbina de gases.

gas turbogenerator set I grupo electrógeno con turbina de gas.

gas up-take I toma de gas.

gas vent I válvula de gas I escape de grisú I tubería de descarga de gases.

gas vent line I tubería de descarga de gases (petroleros).

gas verifier I grisuómetro I verificador de desgasificación (tanques petroleros).

gas volumeter I volúmetro para gas.

gas wave I ola de gas.

gas welder I soldador oxiacetilénico, soldador de autógena.

gas welding I soldeo por llama de gas (acetileno, propano, etc.) I soldeo con gas y oxígeno I soldeo oxiacetilénico.

gas welding flux I fundente para soldeo oxiacetilénico.

gas well I pozo de gas natural.

gas-actuated relay I relé accionado por gases desprendidos (transformadores en aceite).

gasahol I gasahol (mezcla del 10 de alcohol etílico y 90 de gasolina sin plomo).

gas-arc lighting I alumbrado por conducción de electricidad a través del gas xenón.

gas-bag I pulmón de gas (motores de gas) I balón para gas I balonet (dirigibles).

gas-blast circuit breaker I interruptor de gas soplado.

gas-boosted I sobrealimentado con gas.

gas-bubbling I burbujeo de gas.

gas-buoy I boya con luz de gas.

gas-burning diesel I diesel que puede trabajar con gas natural.

gas-carbon I carbón de retorta.

gas-carburized steel I acero cementado con gas.

gas-compatible I compatible con el gas.

gas-containing electrolyte I electrólito conteniendo gas.

gas-cool (to) I gasoenfriar.

gas-cooled enriched reactor I reactor nuclear enriquecido enfriado con gas.

gas-cooled fast-breeder reactor I reactor de regeneración rápida enfriado por gas.

gas-cooled graphite-moderated reactor I reactor nuclear moderado con grafito y enfriado con gas.

gas-cooled stator coil I bobina estatórica enfriada por hidrógeno a presión.

gas-cushion cable I cable con aislamiento de gas a presión.

gas-cut (to) I oxicortar.

gas-cyanided gear I engranaje carbonitrurado.

gas-dielectric capacitor I capacitor de dieléctrico gaseoso.

gas-diode rectifier I rectificador de diodo de gas.

gas-discharge lamp I lámpara de descarga luminosa (lámpara fluorescente).

gas-discharge laser I láser de descarga de gas (óptica).

gas-displacement pump I bomba impelente de cámara de combustión (bomba Humphrey).

gas-electric I gasoeléctrico.

gas-electric drive I propulsión gasolina-eléctrica.

gas-electric power plant I central gasoeléctrica.

gas-electric welding I soldeo eléctrico con arco en atmósfera de un gas inerte.

gaseous I gaseoso I grisuoso (minas).

gaseous ammonia I gas amoníaco.

gaseous electronics I electrónica del estado gaseoso.

gaseous evolution I desprendimiento gaseoso.

gaseous nitrogen vent stack I chimenea de ventilación del nitrógeno gaseoso (tunel criodinámico).

gaseous propellant rocket I cohete con propulsante gaseoso.

gas-filled I lleno de gas I de atmósfera gaseosa (lámpara eléctrica).

gas-filled diode I diodo de gas (fanotrón).

gas-filled lamp I lámpara de atmósfera gaseosa I lámpara a gas.

gas-filled photocell I fotocélula de gas.

gas-filled triode I tiratrón (triodo de atmósfera gaseosa).

gas-fire I radiador de gas I estufa de gas.

gas-fired furnace I horno de gas.

gas-fired kiln I horno de gas.

gas-fired salt bath I horno de sales caldeado con gas.

gas-free mine I mina no grisuosa.

gas-freed I sin gases I desgasificado.

gas-freeing time I tiempo de desgasificación (petroleros).

gas-freeing valve I válvula de escape de gas.

gas-fueled engine I motor de gas.

gash vein I filón por reemplazo e impregnación de una junta, filón cuneiforme, filón irregular en rosario.

gashing angle I ángulo de entalladura.

gashouse coke I coque de gas.

gasification I gasificación.

gasifier I gasificador I motor de pistones libres I generador de gas.

gasifier turbine I turbina del gasificador.

gasify (to) I gasificar.

gas-in-metal standard I patrón de contenido de gases en aleaciones metálicas.

gas-input well I pozo de inyección de gas (pozo petróleo).

gas-insulated transformer I transformador con aislamiento de gas ininflamable.

gasket I junta obturadora, obturador I junta de estanqueidad I junta elástica (tapa motores) I cubrejunta I junta plana.

gas-leading tube I tubo abductor de gas.

gaslight I luz de gas I mechero de gas I papel fotográfico al clorobromuro.

gaslight paper I papel de imagen latente (papel al bromuro de plata -fotografía).

gas-light printing paper I papel al bromuro de plata (fotografía).

gas-making I gasífero.

gas-mark I zonas de menor translucencia (plásticos translúcidos).

gas-meter I gasómetro.

gasoclastic I gasoclástico (geología).

gasogene I gasógeno.

gas-oil I gasoil, gasóleo.

gasolene I gasolina.

gasoline I gasolina I bencina I nafta.

gasoline engine I motor de explosión I motor de gasolina.

gasoline generator I generador movido por motor de gasolina.

gasoline motor I motor de gasolina.

gasoline torch I lámpara de soldar de gasolina.

gasoline treater I torre para tratamiento de la gasolina (refinería petróleo).

gasomagnetism I gasomagnetismo.

gasomagnetron I gasomagnetrón.

gasometer I gasómetro.

gas-operated fuel pump I bomba del combustible accionada por los gases de exhaustación (motores).

gasoscope I gasoscopio.

gasoscopy I gasoscopia.

gas-phase laser I láser de fase de gas.

gas-phase nitrided I nitrurado en fase gaseosa (aceros).

gasproof I hermético al gas I resistente a los gases (pinturas) I a prueba de gases.

gasproofing I desgasificación I hermeticidad a los gases.

gas-radiant fusion I fusión por caldeo radiante de gas (estañado).

gas-ring I infiernillo de gas I aro para estanqueidad con el cilindro (pistones).

gasser I gasificador I pozo de gas natural I pozo de petróleo que desprende muchos gases.

gas-shielded I protegido con gas I en atmósfera de gas inerte, protegido con gas inerte (soldadura).

gas-shielded arc I arco protegido con gas inerte.

gas-shielded furnace brazing I cobresoldadura en horno protegido con gas inerte.

gas-shielded welding I soldeo en atmósfera de gas inerte.

gas-signalling device I gasodetector.

gassing I gaseamiento I burbujeo (desprendimiento de gases al final de la carga -acumuladores) I desprendimiento de gases (reacciones) I desprendimiento de gas del electrodo (soldadura) I desprendimiento de hidrógeno en el cátodo (galvanoplastia) I desprendimiento de gas de un metal I eliminación de gases residuales (lámparas termiónicas).

gas-spring I fuente de gas.

gassy I lleno de gas I gaseoso I grisuoso (minas) I poroso (piezas fundidas).

gassy tube I tubo con vacío imperfecto (radio) I tubo con gas residual I tubo gaseado I válvula blanda I válvula gaseosa.

gastight I hermético al gas I estanco al gas.

gas-tungsten arc welding I soldadura por arco de tungsteno en gas inerte.

gas-turbine I turbina de gases.

gas-turbine aeroengine I motor de aviación de turbina de combustión.

gas-turbine blading I paletaje de turbina de gases.

gas-turbine bucket I paleta de turbina de combustión.

gas-turbine combustor I cámara de combustión de la turbina de gas.

gas-turbine disk I disco para rotor de turbina de gases.

gas-turbine generating set I grupo electrógeno de turbina de combustión.

gas-turbine heat exchanger I termocambiador para turbina de gases.

gas-turbine nozzle I tobera de una turbina de gas.

gas-turbine rotor shaft I eje del rotor de turbina de gases.

gas-turbine ship I buque propulsado por turbina de combustión.

gas-turbine-cum-jet I turbina de gases con motor de chorro.

gas-turbine-driven alternator I alternador accionado por turbina de combustión.

gas-waste acid I anhídrido sulfuroso.

gas-welded joint I junta soldada con gases (acetileno, propano, etc.).

gate I abertura I entrada I puerta I pórtico I bastidor (marco -sierras) I barrera (paso a nivel), compuerta I paleta directriz I orificio para inyectar (moldeo por inyección).

gate arrase I matriz de puertas (informática).

gate capacitance I capacitancia de compuerta (transistores).

gate circuit I circuito de compuerta.

gate contact I contacto de entrada (telefonía).

gate current I corriente de compuerta (amplificadores magnéticos).

gate file I unidad de disco.

gate generator I generador de impulsos de desbloqueo (radar).

gate indicator I indicador de posición de los álabes (turbina hidráulica).

gate operator I dispositivo de cierre de la puerta (ascensores) I mecanismo de cierre (electricidad).

gate pulse I impulso de compuerta.

gate resistance I resistencia de compuerta.

gate ring I anillo regulador de los álabes (turbinas).

gate road I galería de transporte (minas).

gate servomotor I servomotor de regulación de los álabes (turbina hidráulica).

gate signal I señal de desbloqueo I señal con retardo.

gate stick I canilla de bebedero (fundición).

gate switch I interruptor cíclico.

gate terminal I terminal de compuerta.

gate (to) I desconectar cíclicamente I poner los bebederos (fundición) I sincronizar un receptor con los ecos de retorno I circuitar I dar entrada.

gate trigger diode I diodo de desbloqueo por impulsos de excitación, diodo de desenganche, diodo de desconexión.

gate turnoff l conmutador de puerta (electrónica).

gate valve l válvula de compuerta, válvula de corredera, válvula de paso directo.

gate voltage l tensión de compuerta.

gate winding l bobinado de compuerta (electricidad) l bobinado de excitación.

gated l con compuerta, con válvula de compuerta l con orificio de inyección l con bebederos l desconectado cíclicamente.

gated sweep l barrido mandado (radar) l barrido controlado por puertas.

gated transistor l transistor con compuerta.

gated-beam tube l tubo de haz periódico.

gather l acortamiento (soldeo por forja) l alzado de pliegos (tipografía).

gather by record l agrupación por registros (informática).

gatherer l colector l alzadora.

gathering l alzado (reunión de los pliegos por su orden -encuadernación).

gathering drift l galería de captación.

gathering line l tubería colectora l tubería de captación.

gathering machine l alzadora de pliegos (imprenta).

gathering pit l foso colector.

gathering pump l bomba de agotamiento secundaria (minas) l bomba auxiliar.

gathering station l estación colectora (del petróleo de varios pozos).

gating l desconexión cíclica l supresión del haz (televisión) l sensibilización instantánea (televisión) l selección de señal (radar) l selección de impulsos.

gating circuit l circuito intermitente l circuito de control.

gating pulse l impulso de desconexión, impulso selector (radar) l impulso de fijación (radar).

gating switch l interruptor cíclico l interruptor de puerta.

gating unit l unidad de control.

gauge l medida, escantillón l galga l patrón (de medida) l verificador l indicador l sonda l calibre l gálibo de carga (ferrocarril) l arqueo l calado (buques) l dosis de cemento (hormigones).

gauge control unit l unidad de control y medida.

gauge length l distancia entre señales (probeta).

gauge pressure l presión manométrica.

gauge (to) l calibrar l graduar l cubicar, medir l dosificar (mezclas) l arquear (buques) l amasar (yeso).

gausitron l gausitrón (rectificador eléctrico).

gauss l gausio (unidad de inducción magnética).

Gauss error function l función del error de Gauss.

Gauss eyepiece l ocular de Gauss, ocular autocolimador.

gaussage l intensidad en gaussios (gaussaje -magnetismo).

Gaussian point l punto de Gauss (lentes).

gaussmeter l gausiómetro.

gauze l tamiz metálico l tela metálica.

gauze glass l vidrio armado.

gauze-lamp l lámpara de Davy (minas).

gavage l alimentación por sonda.

gavion l gabión metálico.

gayet l carbón candeloide sapropélico que contiene esporas.

geanticline l anticlinario l geanticlinal.

gear l rueda dentada l aparato, mecanismo l dispositivo, artefacto l engrane, engranaje.

gear blank l primordio antes de tallar el engranaje, primordio de rueda dentada.

gear burnisher l bruñidora para engranajes, pulidora para engranajes.

gear burnishing machine l bruñidora para engranajes l pulidora de engranajes.

gear case l caja de engranajes l caja de cambios l caja de velocidades (auto).

gear coupling l embrague por engranaje.

gear cutter l fresa para tallar engranajes l fresa para engranajes.

gear down (to) l desmultiplicar l reducir la velocidad.

gear flange l brida de engranaje (mecánica).

gear generator l talladora de engranajes, dentadora.

gear grinder l rectificadora para engranajes l fresadora de engranajes.

gear hob l fresa matriz, fresa generatriz para tallar engranajes.

gear hobber l máquina de tallar engranajes por fresa generatriz l fresadora de engranajes.

gear housing l caja del engranaje, cárter del engranaje.

gear lever l palanca de embrague y desembrague l palanca de velocidades (autos).

gear miller l fresadora para engranajes.

gear milling machine l máquina de tallar engranajes por fresa-disco.

gear motor l motor con engranaje reductor.

gear pump l bomba de engranajes.

gear ratio l relación de transmisión (multiplicación -relación de engranaje) l reducción (engranajes).

gear reducer l reductor de engranajes.

gear roller l máquina formadora de dientes.

gear selector box | caja selectora de engranajes (autos).

gear shaper | acepilladora de engranajes | máquina de tallar engranajes con cuchilla.

gear shaving cutter | fresa para rasurar engranajes.

gear shift | caja de cambio | cambio de marcha | cambio de velocidad.

gear teeth induction hardening | endurecimiento de dentaduras de engranajes por corrientes de inducción.

gear (to) | engranar | montar (una máquina) | embragarse | embragar | encajar.

gear tooth | diente de engranaje.

gear tooth cutter | máquina de tallar engranajes.

gear tooth rectification | rectificación de dientes de engranajes.

gear up (to) | engranar | aumentar la velocidad (por engranajes).

gear wheel | rueda de fricción | rueda dentada | rueda de engranaje.

gearbox | caja de engranajes | caja de velocidades, cambio de velocidades.

gearcase | caja del engranaje, cubreengranaje | cárter (bicicletas).

gear-cutting | talla de engranajes.

gear-driven | accionado por engranaje, de engranajes.

geared block | aparejo diferencial.

geared chuck | plato de engrane | mandril portabrocas con tuerca de engranaje.

geared engine | motor de engranaje | motor con reductor de velocidad.

geared lathe | torno con cabezal de engranajes.

geared motor | motor reductor | motor de engranaje.

geared rim | corona dentada.

geared sleeve coupling | acoplamiento de manguito engranado.

geared turbine | turbina con engranajes.

geared-diesel drive | accionamiento por diesel engranado.

geared-shaft system | sistema de ejes engranados.

gear-engaging lever | palanca de embrague y desembrague | palanca de velocidades (autos).

gearing | transmisión, mando, accionamiento | aparato | mecanismo | engrane | engranaje | tren de engranajes.

gearing down | desmultiplicación (de velocidad) | reducción.

gearing sprayer | rociador de lubricante del engranaje.

gearless | sin engranajes.

gear-pinion | piñón de caja de velocidades (autos).

gear-shaping | tallado de engranajes de dentadura recta en la limadora.

gear-shaver | rasuradora de engranajes (engranajes no tratados).

gear-shaving machine | máquina de cortar engranajes.

Gee | sistema de radionavegación | Gee (radionavegación por ondas métricas).

gegenion | ion contrario (química).

geic acid | ácido geico (ácido orgánico derivado de la turba).

Geiger counter | contador de radiaciones iónicas Geiger.

Geiger Mueller (G.M.) | contador Geiger.

Geiger-counter spectrometer | espectrómetro con contador Geiger.

gel | gel (química) | solución coloidal | gasolina gelatinizada.

gel chromatography | cromatografía en gel.

gel electrophoresis | electroforesis en gel.

gel filtration | filtración en gel.

gel formation | gelificación.

gel liquefaction | peptización.

gel (to) | gelificar | solidificarse (plásticos).

gelate (to) | gelarse (formarse una gela -coloides) | coagularse.

gelatification | gelatinización.

gelatin master | matriz de gelatina.

gelatinate (to) | gelatinificar.

gelatine | gelatina.

gelatinization | gelatinización.

gelation | congelación | solidificación.

gelatizing agent | gelificante.

gelify (to) | gelificar.

gelignite | gelignita.

gel-inhibiting salt | sal geloinhibidora.

gelling | gelificación | solidificación | gelificante.

gelometer | gelómetro.

gem 11 | piedra preciosa, gema.

gem salt | sal gema.

gem sands | arenas gemíferas.

gem-crystals | cristales gemas.

gem-cutting | talla de piedras preciosas | talla de gemas.

gem-diol | diol geminal (química cuántica).

gem-engraving | gliptografía.

geminal | geminal (química cuántica).

geminal-diol | diol geminal (química).

gemstone | gema, piedra preciosa.

general purpose computer | ordenador para usos generales | ordenador universal.

general radio | radioelectricidad general.

general-purpose machine | máquina universal.

general-purpose motor I motor para usos generales.

general-use switch I interruptor de uso general.

generate (to) I generar programas I generar (electricidad).

generating area I área generatriz.

generating function I generatriz.

generating pencil I haz generador.

generating plant I instalación generatriz, instalación productora de energía eléctrica I grupo electrógeno.

generating set I grupo electrógeno I gasógeno.

generating station I central eléctrica.

generator I generador I alternador I dinamo I gasógeno.

generator armature I inducido del generador.

generator gas I gas pobre (gas de gasógeno), gas de aire.

generator neutral lead I cable de neutro.

generator panel I cuadro del generador (electricidad).

generator room I sala de dinamos I sala de alternadores.

generator set I grupo electrógeno I planta eléctrica.

generator unit I generador con máquina impulsora I grupo electrógeno.

generator-driving turbine I turbina para accionamiento de generadores.

geobarometer I geobarómetro.

geobarometry I geobarometría.

geocenter I geocentro (centro de la tierra).

geocyclotron I geociclotrón (acelerador de electrones en la ionosfera).

geode I geoda (geología).

geodesic surveying I levantamiento geodésico.

geodesy I geodesia.

geodimetry I geodimetría.

geodynamics I geodinámica.

geoelectric I geoeléctrico.

geographic coordinates I coordenadas geográficas.

geographic meridian I meridiano geográfico.

geographic north I norte verdadero I norte geográfico.

geographic poles I polos geográficos.

geographic position I posición geográfica.

geographic square search I búsqueda cuadrada geográfica (navegación).

geohydraulics I geohidráulica.

geoisothermal I geoisoterma.

geolithology I geolitología.

geological prospecting I prospección geológica.

geological prospecting borehole I sondeo de prospección geológica.

geological radiocarbon I radiocarbono geológico.

geological stratigraphy I estratigrafía geológica.

geology I geología.

geomagnetism I geomagnetismo.

geometric flattening I aplanamiento geométrico (astronomía).

geometric isomerism I isomería geométrica.

geometrical crystallography I cristalografía geométrica I cristalografía morfológica.

geonavigation I geonavegación (navegación con la brújula -navegación terrestre).

geonomic I geonómico.

geonucleonic I geonucleónico.

geophysical prospecting I exploración geofísica (minerales) I prospección geofísica (petrolífera) I radiestesia (minería).

Georgia corundum I abrasivo natural con 77% de alúmina cristalina.

geoscience I geociencia.

geoscope I geoscopio.

geoseims of a tanker I geosismos de un petrolero (buques).

geosisms I geosismos.

geosphere I geósfera I litosfera.

geostatics I geostática.

geosynclinal I geosinclinal.

geosyncline I geosinclinal, pliegue cóncavo.

geotectonic I geotectónico.

geotherm I geoterma (geología).

geothermal I geotérmico.

geothermal drilling I perforación geotérmica, sondeo geotérmico.

geothermal heat I calor geotérmico.

geothermal metamorphism I metamorfismo geotermal.

geothermal power I potencia geotérmica.

geothermal power station I central geotérmica.

geothermal reservoir I depósito geotérmico.

geothermal steam I vapor geotérmico.

geothermal well logging I diagrafía geotérmica de un pozo.

geothermometer I geotermómetro.

geothermometry I geotermometría.

geothermy I geotermia.

geotropism I geotropismo.

geotumor I gran domo en la superficie de la costra terrestre.

German silver I aleación de cobre (55-65%), níquel (10 a 30%) y el resto cinc I metal blanco (maillechort) I plata alemana.

germanate I germanato.

germane * I hidruro de germanio.

germania I óxido de germanio.

germanium alloy junction transistor I transistor de unión de aleacción de germanio.
germanium crystal I cristal de germanio.
germanium crystal diode I diodo de cristal de germanio.
germanium diode I diodo de germanio.
germanium dioxide I bióxido de germanio.
germanium halide I haluro de germanio.
germanium melting point I punto de fusión del germanio.
germanium NPN transistor I transistor NPN de germanio.
germanium oxide I óxido de germanio.
germanium photocell I célula fotoeléctrica de germanio.
germanium point contact diode I diodo de contacto de punta de germanio.
germanium rectifier I rectificador de germanio.
germanium telluride I teluururo de germanio.
germanium transistor I transistor de germanio.
germanium triode I triodo de germanio.
gesso I yeso I enlucido de yeso (para recibir un fresco) I estuco.
get underway (to) I hacerse a la mar.
get up steam (to) I producir vapor (levantar presión) I dar presión.
get way (to) I aparejar I hacerse a la mar (buques).
getaway speed I velocidad de partida I velocidad de despegue.
get-home speed I velocidad con motor propulsor auxiliar en caso de avería del motor propulsor principal (buques).
getter I desgaseador I adsorbente metálico I reductor de presión I desgasificador I rarefactor (desgaseador -tubos electrónicos).
getting I arranque (de carbón) I extracción (de minerales) I arranque (minas).
getting up steam I producción de vapor I puesta en presión (calderas).
gev I gigaelectrón-voltio (unidad para definir la energía de partículas aceleradas -acelerador de partículas).
girthweld I soldadura circunferencial.
girt-line I andarivel.
git I canal de colada, bebedero central (reina -funderías) I chorro de metal líquido.
git mold I molde de alimentación en grupo, molde de alimentación por reina, molde central que sirve de bebedero.
gitter I red (óptica).
glacial I glaciar, glaciárico I glacial (viento, clima) I cristalizado (química).
glacial drift I material glaciárico I aluvión glacial I acarreo glacial I morrena.

glacial ploughing I erosión glaciárica.
glacial till I aluvión glaciárico I morrena.
glaciate (to) I helar I afectar por la acción glaciar I dar el aspecto de superficie helada (metales).
glacier I helero, glaciar.
glacierization I glaciarización I glaciación.
glacioaqueous clay I arcilla fluvioglaciárica.
glaciology I criología I glaciología.
glaciometer I glaciómetro.
glance I chalcosita (contiene un 79% de cobre) I rebote I desviación.
glance coal I antracita.
glance cobalt I cobalto gris (cobaltina).
glance copper I calcosita.
glancing angle I ángulo de incidencia I ángulo de reflexión I ángulo de arribada.
gland I collarín (mecánica) I casquillo (prensaestopas) I caja estancadora I prensaestopas.
gland sealing I obturador de vapor.
gland steam I vapor que se escapa por los prensas (máquinas vapor).
gland steam evacuating system I sistema de evacuación del vapor de escape de los prensaestopas.
glandless I sin empaquetadura (máquinas).
glandular texture I textura glandulosa (petrografía).
glare I reflejo, brillo I resplandor I capa de hielo I toma de un enlace a dos hilos desde ambos extremos.
glare (to) I brillar I deslumbrar.
glass I vaso I espejo I vidrio I ampolleta I barómetro I lente (instrumento óptica) I fibra de vidrio.
glass armor I cristal acorazado.
glass betatron toroid I toroide de vidrio para betatrón.
glass block I bloque de vidrio I ladrillo de vidrio.
glass blowing I soplado de vidrio.
glass blowing burner I soplete para ablandar el vidrio.
glass cartridge I cápsula de vidrio I cartucho de vidrio.
glass ceramic I vidrio cerámico.
glass cloth I tela de fibra de vidrio.
glass cotton I algodón vítrico.
glass cutter I grabador en cristal I tallador de vidrio I vidriero I diamante de vidriero.
glass diode I diodo de vidrio.
glass dish I cubeta de vidrio.
glass dosemeter I dosímetro de estado sólido.
glass electrode I electrodo de vidrio.

glass engraving I grabación del vidrio I hialografía.

glass etching I grabado del vidrio.

glass fabric I tejido de fibra de vidrio.

glass fiber I hilo de vidrio I fibra de vidrio, vitrofibra.

glass furnace I carquesa (horno para vidrio).

glass lubrication I lubricación por vidrio fundido (extrusión).

glass mail I mallón de cristal.

glass melamine laminate I laminado melamínico reforzado con fibra de vidrio.

glass melting furnace I horno de fundir vidrio.

glass mold I prensa de moldear vidrio.

glass of antimony I sulfuro de antimonio.

glass paper I papel de lija, papel abrasivo.

glass porphyry I pórfido vítreo.

glass pot I crisol para fundir vidrio.

glass powder I polvo de vidrio.

glass refractories I productos refractarios para fabricación del vidrio.

glass resistor I resistor de vidrio.

glass shade I pantalla de vidrio.

glass silk I seda de vidrio.

glass soap I jabón de vidrieros, bióxido de manganeso.

glass spar I feldespato molido.

glass specimen I probeta de cristal.

glass spinning I hilatura del vidrio.

glass switch I conmutador de vidrio I dispositivo ovónico.

glass thread I hilo de vidrio.

glass (to) I reflejar (espejos, etc.) I poner cristales I satinar, glasear I esmerilar (vidrios) I pulimentar (metales).

glass wool I lana de vidrio.

glass-ambient diode I diodo pasivo con vidrio.

glass-ceramic radome I cono de vidrio cerámico para cabezas de misiles teleguiados.

glass-covered I forrado de vidrio, acristalado.

glass-fiber reinforced I armado con fibra de vidrio, armado con vitrofibra (plásticos).

glass-frit I frita de vidrio.

glass-gage I indicador de nivel de agua (calderas).

glass-grinder I pulidor para vidrio.

glass-grinding sand I arena para pulir vidrio.

glasshouse I vidriería (fábrica de vidrio) I invernadero.

glasshouse effect I efecto de invernadero.

glassine I papel cristal I pergamino transparente (papel) I papel vegetal.

glasslike I transparente como vidrio I vidrioso I vítreo.

glasslined steel I acero vitrificado.

glass-metal I vidrio fundido.

glassmeter I satinómetro (papel).

glass-molding steel I acero para moldear vidrio.

glass-reinforced I reforzado con fibra de vidrio I armado con fibra de vidrio.

glasswork I fabricación de vidrio I artículos de vidrio.

glassy I vítreo I cristalino I hialino I amiloideo.

glassy shapeless material I materia amorfa vítrea.

glassy state I estado vítreo.

glauconite I glauconita.

glaze I vidrio para encristalar I esmalte, barniz (vidriado -cerámica) I cementado.

glaze stain I tinte de esmalte (química) I color para vidriado.

glaze (to) I encristalar I vidriar (esmaltar -cerámica) I barnizar I satinar, glasear I abrillantar.

glazed I acristalado I con cristal I de vidrio I vitrificado I vidriado I glaseado I barnizado (cuero).

glazed calico I percalina (lustrina de algodón).

glazed tile I teja vidriada I baldosa vidriada.

glazed wall tile I azulejo.

glazed ware I loza vidriada.

glazed wire I hilo esmaltado, alambre esmaltado.

glazier's chisel I escoplo de vidriero.

glazier's diamond I diamante de vidriero.

glaziery I vidriería I esmaltería.

glazing I encristalado I vidriería I barnizado I vidriado I esmaltado I satinado.

glazing machine I calandria I satinadora.

glazing mill I máquina de pulir I muela abrasiva.

glazing oven I horno para vidriar.

gleam I destello I resplandor I centelleo.

gleam (to) I brillar, resplandecer.

gley soil I suelo gley I suelo formado por la influencia de mal drenaje.

gley-podsol I suelo podsólico gley.

glide I deslizamiento I planeo, vuelo planeado I corrimiento (deslizamiento -metalurgia).

glide angle I ángulo de planeo.

glide beam I haz de planeo.

glide bomb I bomba de planeo I bomba con aletas sustentadoras lanzada en dirección a un blanco por un aeroplano.

glide down (to) I descender en vuelo planeado.

glide ellipse I elipse de deslizamiento.

glide landing I aterrizaje planeado (aeronáutica).

glide path I trayectoria de planeo.

glide path landing I aterrizaje radioguiado.

glide path lighting circuit I circuito de alumbrado para el planeo de aterrizaje (aeropuertos).

glide path localizer | localizador de trayectoria de planeo en aterrizaje (aviones).
glide plane | plano de deslizamiento (plano de corrimiento -metalografía).
glide slope | trayectoria de planeo.
glide (to) | deslizarse | planear (aviación).
glide-pattern transmitter | transmisor del modo de verificar el planeo (aeródromos).
gliding | deslizamiento | planeo (aviación).
gliding angle | ángulo de deslizamiento | ángulo de planeo.
gliding course | trayectoria de planeo.
gliding face | cara de deslizamiento (metalurgia).
gliding plane | plano de deslizamiento (metalografía).
glimmerite | roca micácea.
glitch | ráfaga | interferencia | corte momentáneo | franja negra rotativa (TV-vídeo).
glitter | parpadeo | variación de los impulsos.
globe | esfera.
globe joint | junta de rótula.
globe valve | válvula esférica | válvula de asiento.
globocirrus | globocirro.
globocumulus | globocúmulo.
globular | esférico | esferoidal.
globular flask | matraz.
globular oxides | óxidos globulares (aceros).
globular pearlite | esferoidita.
globular powder | polvo esferoidal.
globular star cluster | conglomerado estelar globular (astronomía).
globulimetry | globulimetría.
globulin | globulina.
globulite | globulito.
glomerate (to) | aglomerar | conglomerar.
glory | espectro Brocken (meteorología).
gloryhole | mirilla (hornos) | horno portátil para calentar objetos de vidrio y darles forma | gran excavación a cielo abierto (minas) | abrigo caverna (fortificación) | pozo de forma troncocónica, pozo-tolva (pozo vertedero -minas).
gloss | brillo, lustre | barniz | pulimento.
gloss oil | barniz de petróleo | aceite de barniz.
gloss oven | horno de esmaltar, horno de vidriar.
gloss paint | pintura esmalte | esmalte.
gloss (to) | satinar, lustrar, glasear | vidriar | pulir, pulimentar.
glossimeter | lustrómetro | brillancímetro.
glossimetry | glosimetría | reflectometría.
glossiness | pulimento | lustre, brillo.

glossy | brillante, reluciente, lustroso | pulido | glaseado, satinado | vítreo.
glost oven | horno de vidriar, horno para bizcocho (cerámica).
glow | combustión lenta | calor intenso | incandescencia | halo (electricidad) | brillo (luminiscencia -televisión).
glow discharge | efluvio | descarga luminiscente (lámpara fluorescente).
glow discharge tube | tubo de cátodo frío.
glow fuse | cebo eléctrico de cantidad.
glow lamp | lámpara de incandescencia | lámpara de neón.
glow potential | potencial de encendido | voltaje de luminiscencia | potencial de descarga luminosa.
glow starter | encebador por descarga.
glow switch | interruptor térmico de descarga luminiscente.
glow (to) | radiar (calor) | ponerse incandescente.
glow tube rectifier | tubo rectificador de descarga luminiscente.
glow voltage | tensión de luminiscencia.
glow-discharge tube | tubo de descarga luminosa.
glower | cuerpo incandescente.
glowing | luminiscente | calcinación ligera | rutilante | radiante | incandescente (combustión, filamento, etc.) | combustión incandescente.
glowing mass | masa incandescente.
glowing plug filament | filamento de bujía incandescente.
glucinium | berilio.
glucogen | glucógeno.
gluconate | gluconato.
gluconic acid | ácido glucónico.
glucoproteid | glucoproteido.
glucose | glucosa.
glucose isomerase | glucosa isomerasa.
glucose isomerization | isomerización de la glucosa.
glucoside | glucósido.
glue | gluten | cola | goma de pegar | adhesivo.
glue line | capa de adhesivo que efectúa la unión entre dos superficies.
glue press | prensa de encolar (sargento -carpintería).
glue spreader | encoladora.
glue (to) | pegar | encolar.
gluey | colante | glutinoso.
gluing machine | encoladora.
gluon | gluon (partícula nuclear).
glut | cuña de madera | ripio (ladrillo) | bóveda (de horno) | bloque de relleno.
glut weld | soldadura en V.

glutamate synthase I glutamato sintasa.
glutamin acid I ácido glutamínico.
gluten I gluten.
glutinousness I glutinosidad.
glycasa I glicasa.
glycerate I glicerato.
glycerin I glicerina.
glycerine I glicerina.
glycerol I glicerol.
glycerophosphateI glicerofosfato
glycerose| glicerina
glycocellone I glicocelona.
glycocoll I glicocola I ácido aminoacético.
glycogen I glucógeno (química).
glycogen phosphorylase I glucógeno fosforilasa.
glycol I glicol.
glycol chlorhydrin I etilén clorhidrina.
glycol diacetate I diacetato de glicol.
glycol monoacetate I manoacetato de glicol.
glycolate I glicolato.
glycolic acid I ácido glicólico.
glycolysis I glucolisis (bioquímica).
glycoproteid I glicoproteido.
glycosan I glucosana (química).
glycose I glocosa.
glycoside I glucósido (química).
glycosidic bond I enlace glicosídico.
glycosidic linkage I enlace glucosídico.
glyoxylate shunt I desviación del glioxilato.
glyph I glifo (arquitectura).
glyphography I glifografía.
glyphoscope I glifoscopio.
glyptal-resin lacquer I laca de resina gliptálica.
glyptic I glíptico.
glyptic formula I fórmula glíptica (fórmula estereoquímica).
glyptography I gliptografía.
GM (Geiger-Müller) I contador de Geiger-Müller.
G-M scaler I contador Geiger-Müller.
gneiss I neis I neísico.
gneissose rock I roca gneisosa.
gneissose syenite I sienita neisosa.
gnomic projection I proyección nómica, proyección centrográfica.
gnomonic azimuth I azimut nomónico.
gnomonic chart I carta en proyección nomónica.
gnomonic projection I proyección centrográfica.
gnomonics I nomónica (ciencia).
go I marcha, curso.
go about (to) I virar en redondo (buques).
go ahead eccentric I excéntrica de marcha avante (máquina vapor).
go ahead (g.a) I adelante (telecomunicación).

go and not go I máximo y mínimo (calibres de tolerancia).
go and return circuit I circuito de ida y vuelta.
go and return directions I sentidos de ida y vuelta (circuito).
go astern (to) I ir para atrás, marchar hacia atrás I ciar.
go channel I canal de ida (telecomunicaciones).
go critical (to) I alcanzar la criticidad (reactor nuclear).
go down (to) I caer, descender I irse a fondo, irse a pique, sumergirse I estrellarse (aviones).
go dry (to) I secarse I descebarse (bombas) I faltar la lubricación.
go gage I calibre de huelgo mínimo (calibre que entra en la pieza o debe dejar entrar la pieza en él), calibrador fijo de dimensión exacta (sin tolerancias) I galga para comprobar los límites metálicos máximos.
go gauge I calibrador fijo.
go in and not go in I máximo y mímino (calibres de tolerancias).
go in reverse (to) I marchar hacia atrás (autos).
go into dock (to) I entrar en la dársena (buques).
go into harbour (to) I entrar en puerto (buque).
go off (to) I hacer explosión I volar (minas) I disparar I explotar.
go on the air (to) I radiar, radiodifundir.
go opening I abertura máxima (calibre de tolerancias).
go over (to) I comprobar, verificar, revisar (máquinas, cuentas).
go plug I galga de diámetro un poco menor que el nominal.
go plug gauge I galga de tapón de diámetro un poco menor que el nominal.
goaf I minado antiguo I relleno con desechos (minas) I cámara rellena de desechos (minas).
goaf stowage I relleno (minas).
goal driven I controlado por objetivo.
goal-driven proof method I método de prueba guiado por objetivos (sistemas expertos).
goalpost mast I mástil de pórtico con mastelerillo en el centro de la cumbrera (buques).
go-and-return channel I vía de transmisión en los dos sentidos.
go-and-return circuit I circuito de ida y vuelta.
go-anywhere vehicle I vehículo todo terreno.
goave I parte ya explotada (minas).
gob I masa gutiforme de vidrio fundido (fabricación de botellas) I macizo de relleno (minas de carbón) I minado antiguo I hundimiento (minas).
gob road I galería en los rellenos (minas).

gob road system I explotación avanzando (minas).

gob stower I máquina rellenadora (minas).

gob stowing I relleno (minas).

gob stuff I relleno (minas).

gob (to) I rellenar con desechos (minas).

gobb I rastrel.

gob-lines I mostachos del bauprés (buques).

gobo I panel antisonoro (estudios cine) I pantalla antisonora (radio).

gob-stowing pipes I tubería para rellenar (minas).

go-devil I limpiador de tuberías I diablo (laminadores) I rastra (grada -explotación forestal) I dresina (ferrocarril) I instalación portátil de plano inclinado (minas) I raspatubos (sondeos) I pistón rascador (limpieza tuberías, oleoductos) I tarugo (mecánica) I automotor (ferrocarril) I carrito automotor (ferrocarril).

going-part I batán (telar).

gold I oro.

gold 950 fine I aleación de 950 partes de oro y 50 partes de otra sustancia.

gold amalgam I amalgama de oro (oro 2 partes y mercurio 1 parte).

gold anodized I anodizado en oro.

gold aventurine I aventurina con partículas de cobre.

gold bath I baño para dorar.

gold bearing alluvia I aluviones auríferos.

gold below the standard I oro de baja ley.

gold billet I lingote de oro.

gold bromide I bromuro de oro.

gold bronze powder I polvo de bronce dorado.

gold chlorination I cloruración del oro.

gold coating I recubrimiento de oro.

gold cyaniding I cianuración del oro.

gold dredging I dragado de aluviones auríferos.

gold electroplating I dorado galvánico I electrodorado, dorado electrolítico.

gold field I yacimiento aurífero, campo aurífero, distrito aurífero (minería).

gold flux I aventurina (fabricación vidrio).

gold gravel I grava aurífera.

gold of pleasure I camelina.

gold reef I filón aurífero.

gold retort I retorta de destilación de amalgama (metalurgia del oro).

gold sand I arena aurífera, oro en pajuelas.

gold silver I plata aurífera.

gold vein I veta de oro.

gold washings I instalación para lavado de arenas auríferas.

gold-alloy plating solution I solución galvanoplástica de aleación de oro.

gold-bearing quartz vein I filón de cuarzo aurífero.

gold-bonded diode I diodo de punta de oro.

gold-digging I explotación de aluviones auríferos.

golden ochre I ocre mezclado con amarillo de cromo.

gold-leaf I pan de oro, oro en panes.

gold-leaf electrometer I electrómetro de panes de oro.

goldleaf electroscope I electroscopio de hojas de oro.

gold-palladium alloy I aleación de oro-paladio.

goldstone I aventurina sintética (vidrio).

gold-tin purple I mezcla del cloruro de oro y óxido de estaño.

gold-foil I pan de oro.

goniasmometer I goniasmómetro (instrumento para observar ángulos horizontales y rumbos).

gonio sight I colimador (alza goniométrica).

goniograph I goniógrafo (marcaciones).

goniometer I goniómetro I radiogoniómetro I goniométrico I escuadra de agrimensor.

goniometry I goniometría.

goniophotometer I goniofotómetro.

gonioscope I gonioscopio.

goose dung I arseniato de cobalto argentífero.

gooseberry stone I grosularita, grosularia (granate cálcico).

gooseneck I sifón I pinzote de puntal de carga (buques) I codo del portaviento (tubería curva que une la busa con la tobera -alto horno) I pescante de bote (buques) I tubo en S (plomería) I herraje del brazo rígido (grúas) I barra de acoplamiento (explotación forestal) I herramienta de cuello de cisne.

gooseneck boom I brazo acodado (aguilón en cuello de cisne -grúas).

gooseneck finishing tool I herramienta de cuello de ganso para terminación.

gooseneck jib I grúa con pluma de cuello I brazo acodado (aguilón en cuello de cisne -grúas).

gooseneck spout I pico vertedero en cuello de cisne (bombas).

gooseneck ventilator I ventilador de cuello de cisne (buques).

goose-nose tool I herramienta de gubia.

go-out I canal de marea, compuerta para represar agua de la marea.

gopher hole I túnel para voladura (galería pequeña para voladuras -canteras).

gopher hole blasting I voladura por cámaras.

gopher (to) | estampar (cuero, papel) | abrir una galería subterránea | explotar sin método (pirquinear).

gophering | laboreo por galerías pequeñas irregulares, laboreo irregular (pirquinería -minas) | procedimiento que consiste en abrir un barreno, llenarlo de dinamita, dar fuego y limpiarlo, profundizando hasta que resulte un barreno con la profundidad necesaria.

gorgerin | collarino (arquitectura).

gosport tube | teléfono acústico | tubo acústico (aviación).

gossan | quijo.

gotten | mina abandonada | carbón en el exterior dispuesto para la carga (minas).

gotten mine | mina agotada.

goudron | alquitrán.

goufing | recalzo de cimientos (muros).

gouge | ranura, canal, estría | gubia | salbanda, materia arcillosa entre las paredes de una falla.

gouge out (to) | escloplear con la gubia | ahuecar con la gubia.

gouge (to) | escloplear con la gubia | arrancar, sacar, vaciar | morder el metal, penetrar en el metal (herramientas) | acanalar | excavar.

gouged-out root | raíz ranurada (soldaduras).

gouge-nose tool | herramienta de gubia.

gouging | trabajo con la gubia | proceso de abrir ranuras en el acero por medio del soplete, acanalado por oxicorte | escloplead (defecto dientes engranajes) | ensanche (ataque por el muro o el techo -minas).

gouging blowpipe | soplete de acanalar, soplete de ranurar.

gouging torch | soplete de ranurar.

governed motor | motor de velocidad regulada.

governed series motor | motor de velocidad reguladora excitado en serie | motor en serie regulada.

governed speed | velocidad de régimen (motores térmicos).

governing | reglaje (regulación -máquinas).

governing impulse | impulso regulador.

governing valve | válvula de regulación.

governor | regulador (máquinas).

governor actuator | regulador activador.

governor arms | varillas del regulador.

governor balls | bolas del regulador.

governor drive gear | engranaje impulsor del regulador.

governor driving rack | sector de mando del regulador.

governor movement | mecanismo regulador.

governor-valve | válvula reguladora, válvula de regulación.

goyege | cable que se engancha a la estacha de remolque y se vira con el cabrestante del remolcador hasta conseguir que la popa de éste se sitúe en línea con el remolque (remolques).

grab | gancho, garfio | enganchador de sondas (sondeos) | excavadora (pala automática) | cuchara de valvas mordientes (excavadoras, grúas) | mordaza | arpón múltiple para cable (sondeos) | gancho de pesca (para cables) | pala automática.

grab bailer | achicador de gancho (sondeos).

grab bucket | cucharón de quijada, cucharón de almeja | cuchara excavadora.

grab crane | grúa de almeja.

grab dredge | draga de cuchara de valva mordiente.

grab dredging crane | grúa de dragado de almeja.

grab hoisting gear | mecanismo de izada de la almeja.

grab hook | tenaza para izar piedras | gancho de grúa | gancho de retención de cadena.

grab iron | enganchador (sondeos) | asidero (para agarrarse y subir).

grab (to) | asir, agarrar | agarrotarse (partes de máquinas) | tomar con la cuchara (cucharear - excavadoras).

grabbing crane | grúa de almeja | excavadora de cuchara | excavadora de almeja | grúa de dos compresores.

grabbing pull | tracción al sacar la almeja cargada (dragas).

grabbing radius | alcance de la grúa de almeja (dragas).

grabbing-hoist | grúa de desmontar.

grab-bucket crane | grúa de almeja.

grab-bucket dredge | draga de almeja.

grab-bucket hopper dredge | draga de almeja con cántaras.

grab-closing chain | cadena de cierre de la cuchara de valvas.

graben | graben (fosa tectónica).

gradability | trepabilidad (aptitud para subir pendientes).

gradation | gradación | dosificación.

gradatory | gradería (arquitectura).

grade | gradiente | nivel | rasante | ley (proporción) | dureza (del acero) | ley (minerales) | dureza (resistencia de la liga -muelas abrasivas).

grade beam | viga de cimentación | viga de fundamentación | viga solera | viga de nivelación.

grade break | cambio de pendiente, cambio de rasante.

grade line | línea de referencia | rasante.

grade (to) ∣ regularizar la pendiente (ríos, carreteras, etc.) ∣ nivelar ∣ enrasar ∣ regularizar (ríos).

grade tolerance ∣ tolerancia fundamental (ajustes).

graded aggregate ∣ árido graduado (hormigones).

graded filter ∣ filtro con toma de alta tensión (electricidad).

graded multiple ∣ multiplicación escalonada (telecomunicaciones).

graded rack ∣ bastidor de interconexión progresiva.

graded shunt resistance ∣ resistencia graduada en derivación.

grader ∣ grada (para igualar) ∣ máquina explanadora, máquina para igualar terrenos ∣ máquina niveladora ∣ perfiladora-niveladora (carreteras) ∣ extendedora de capas de espesor constante (carreteras) ∣ criba clasificadora, clasificador ∣ plastómetro para controlar la viscosidad a una temperatura y presión dadas (fabricación politeno) ∣ motoniveladora.

gradient ∣ pendiente, declive ∣ gradiente ∣ plano inclinado (minas).

gradient centrifugation ∣ centrifugación en gradiente.

gradient cooling ∣ enfriamiento escalonado (metalurgia).

gradient coupling ∣ acoplamiento gradiente (física nuclear).

gradient indicator ∣ clinómetro.

gradient meter ∣ gradientímetro.

gradient tints ∣ tintes ipsométricos (cartografía).

gradient vector ∣ vector gradiente.

gradient wind ∣ viento isobárico, viento del gradiente.

gradienter ∣ diastimómetro ∣ medidor de pendientes.

gradimeter ∣ gradientímetro.

grading ∣ gradación ∣ dureza (muelas abrasivas) ∣ regularización (de ríos, pendientes) ∣ composición granulométrica, granulometría (arenas, gravas) ∣ explanación (nivelación) ∣ múltiple (telefonía) ∣ interconexión graduada ∣ etalonaje (cine-vídeo).

grading coefficient ∣ relación de los límites inferior y superior de corriente (reóstatos).

grading group ∣ grupo de líneas (telecomunicación) ∣ subgrupo ∣ grupo de nivelación (telefonía).

grading strips ∣ tiras de etalonaje (cine).

gradiometer ∣ gradientímetro.

gradometer ∣ gradientímetro ∣ clinómetro ∣ gradómetro.

graduate (to) ∣ graduar (escalas) ∣ concentrar (química).

graduation ∣ graduación ∣ concentración (química).

graduation tick ∣ línea de graduación (mapas).

graduation tower ∣ torre de concentración (química).

graft polymerization ∣ polimerización por injerto de una cadena (química).

grain ∣ fibra (madera, metales) ∣ grano (muela abrasiva, emulsión fotográfica) ∣ dirección en la que el número de átomos por unidad de longitud es máximo.

grain boundary ∣ contorno del grano (metalurgia) ∣ junta intergranular (metalurgia).

grain boundary diffusion ∣ difusión intercristalina (cristalografía).

grain box ∣ tolva.

grain coal ∣ granza lavada (carbón de 3 a 10 mm).

grain coarsening temperature ∣ temperatura de engrosamiento del grano (metalurgia).

grain flow ∣ dirección del grano, orientación del grano (metalurgia) ∣ estructura fibrosa (piezas forjadas).

grain friability ∣ friabilidad del grano (metalurgia).

grain refinement ∣ afino del grano.

grain refiner ∣ afinador del grano (metalurgia).

grain refining ∣ afino del grano (metalurgia), homogenización de la textura (metalurgia).

grain screen ∣ pantalla reticular (fotografía).

grain size ∣ granulidad ∣ granulometría.

grain size measurement ∣ granulometría.

grain tin ∣ casiterita ∣ estaño en grano.

grain (to) ∣ cristalizar (azúcar) ∣ granular.

grain-flow process ∣ proceso de fibrización (forja de cigüeñales).

graining ∣ veteado (fibra -de la madera) ∣ depilado (cueros) ∣ granulado (de cueros) ∣ graneo (pólvoras) ∣ graneado (fabricación de jabón) ∣ producción de granalla metálica.

graining germination ∣ germinación del grano (germinación del cristalito -metalurgia).

graining mill ∣ máquina de granelar.

grain-leather ∣ chagrín (cuero granelado).

grain-orient (to) ∣ orientar el grano (aceros).

grain-orientated steel ∣ acero de grano orientado.

grain-refined ∣ de grano afinado (metalurgia).

grain-refined alloy ∣ aleación de grano afinado.

gram ∣ gramo.

gram atom ∣ átomo-gramo ∣ peso atómico del elemento expresado en gramos.

gram ion ∣ ion-gramo (peso atómico de un ion expresado en gramos).

gram mole I mol-gramo.

gram molecule I mol.

gram rad I rad-gramo.

gram Röntgen I medida aproximadamente igual a 84 ergios.

Gram stain I coloración de Gram I tinción de Gram.

gram-atomic weight I peso atómico-gramo.

gram-calorie I caloría gramo.

gram-element specific activity I actividad específica por gramo de elemento (nucleónica).

gram-equivalent weight I peso equivalente-gramo.

gramme I gramo.

gramme ion I ion-gramo.

gram-meter I gramo-metro.

grammetry I grametría.

gram-molecule I molécula-gramo.

gram-rad I rad-gramo (1 rad-gramo=100 ergios).

grand bang I explosión (astronáutica).

grandall I herramienta de albañil para labrar piedras.

granite I granito I granítico.

granite sand I arena granítica.

granite weave I ligamento de granitos.

granitectonic I granitectónico.

granite-gneiss I neis granítico.

granitization I granitización (mineralogía).

granodizing I tratamiento superficial con fosfato de cinc (aceros) I tratamiento electrolítico en una solución caliente de fosfato de cinc.

granometer I granómetro.

granular I granular I granuloso I granulado.

granular iron I hierro de grano, hierro granudo I fundición granuda.

granulary I granular, granoso, granuloso, granudo.

granulate (to) I granular I abujardar.

granulated carbon I granalla de carbón.

granulated lead I granalla de plomo, plomo granulado.

granulated metal I granalla.

granulated slate I pizarra granulada.

granulated tin I granalla de estaño, estaño en granalla.

granulated zinc I granalla de cinc, cinc granulado.

granulating I granulación I abujardamiento (labra de piedras) I graneo.

granulating hammer I escoda I bujarda.

granulating house I taller de granear (pólvoras).

granulating pit I pozo para granulación de escorias (altos hornos).

granulating roll I cilindro de granular.

granulation I granulación.

granule I gránulo (radar, televisión).

granulite I granulita (leptinita -geología) I granulítico.

granulitization I granulitización.

granulometer I granulómetro.

granulometric I granulométrico.

granulometry I granulometría.

granulose I granulosa (química) I granuloso.

grape formation I clusterita -botrioide (geología).

graph (to) I trazar gráficamente I representar gráficamente, graficar I autocopiar (a la gelatina).

graphalloy I grafito impregnado de metal.

graphecon I graficón (radar).

grapher I instrumento de medida registrador.

graphic arts I artes gráficas.

graphic data processing I proceso de información gráfica.

graphic formula I fórmula de constitución (química) I fórmula gráfica.

graphic gold I silvanita.

graphic granite I granito gráfico (runita).

graphic instrument I aparato de medida registrador.

graphic recorder I registrador gráfico I registrador osciIográfico.

graphic tellurium I telurio gráfico.

graphic terminal I terminal gráfica.

graphic video I videoterminal gráfico.

graphical statics I estática gráfica, grafoestática.

graphics I gráfico, gráfica.

graphite I grafito, plombagina I carbono libre (fundición).

graphite anode I ánodo de grafito.

graphite brazing I cobresoldeo del grafito, broncesoldeo del grafito.

graphite crucible I crisol de grafito.

graphite electrode I electrodo de grafito.

graphite gneiss I neis grafítico.

graphite lubrication I lubricación con grafito.

graphite potentiometer I potenciómetro de grafito.

graphite reactor I reactor de grafito (nuclear).

graphite (to) I grafitar.

graphite-cellulosic fuel I combustible grafito-celulósico.

graphite-containing lubricant I lubricante grafitado.

graphited bakelite I baquelita grafitada.

graphite-matrix fuel I combustible en matriz de grafito.

graphite-metal powder compact I comprimido de pulvimetal grafitado.

graphite-moderate (to) | moderar con grafito (reactor nuclear).

graphite-moderated reactor | reactor moderado por grafito.

graphite-oil | lubricante grafitado.

graphite-resistor furnace | horno con resistencia de grafito.

graphite-to-graphite brazing | cobresoldeo de grafito con grafito.

graphite-treated | grafitado.

graphitic | grafítico.

graphitic carbon | carbono grafítico.

graphitic corrosion | corrosión grafítica (hierro fundido).

graphitic embrittlement | agrura grafítica.

graphitic fuel | combustible grafitoso.

graphitic pig | arrabio grafitoso.

graphitic silicon | silicio de grafitización.

graphitic tool steel | acero grafítico para herramientas.

graphitise (to) | grafitar | grafitizar.

graphitization | grafitación | grafitización | corrosión grafítica | corrosión selectiva del hierro fundido.

graphitize (to) | grafitar | grafitizar.

graphitized | grafitizado.

graphitized diamond | diamante grafitizado.

graphitizer | grafitizador (elemento que produce transformación según un sistema estable).

graphitizing | grafitación | grafitización.

graphitizing inoculant | inoculante grafitizante.

graphitoidal | grafitoide.

graphitoidal pig iron | arrabio grafitoide.

graphometer | grafómetro.

graphometry | grafometría.

graphostatics | grafoestática.

graphotechnics | grafotecnia.

graphotype | grafotipia.

graph-recording echo sounder | ecosondador registrador.

grapnel | arpeo | anclote, rezón.

grapple | arpeo, rezón | almeja (cucharón bivalvo -dragas) | grapas (minas).

grapple bucket | cucharón de almeja (cucharón bivalvo, cuchara de valvas mordientes).

grapple dredge | draga de almeja | draga de arpeo.

grapple hook | gancho de amarre.

grass | exterior (minas) | manchas (televisión) | señales parásitas sobre la pantalla (falsos ecos -radar) | ondulaciones de la base de tiempos (radar).

grass cloth | batista de Cantón.

grasshopper | avión para dirigir el tiro de la artillería, avioneta para observación, enlace o enseñanza | grúa locomotora.

grasshopper fuse | fusible con alarma (electricidad).

grasshopper spring | ballesta semielíptica (autos).

grass-temperature thermometer | termómetro para medir la temperatura del suelo.

grate | rejilla | reja | armadura (macho de fundición) | carbón de tamaño entre 63 y 100 milímetros | tamiz (bocarte para minerales).

grate (to) | raspar | raer | poner rejas, enrejar (ventanas) | emparrillar | poner enjaretados (buques).

graticule microscope | microscopio de retículo.

grating | reja | rejilla | retículo (microscopio) | enjaretado (buques) | rejilla de difracción (óptica) | gratícula (espectroscopio).

grating bar pattern | mira de cuadrícula.

grating constant | constante de la rejilla.

grating converter | convertidor reticular, transformador de guía de ondas.

grating generator | generador de trama.

grating space | distancia interplanar (cristalografía).

grave (to) | tallar (grabar - inscripciones) | esculpir, cincelar | despalmar (carenar -buque en una playa).

gravel | litiasis, mal de piedra | grava, cascajo.

gravel ballast | balasto de grava (ferrocarriles) | lastre de grava (buques).

gravel bank | cantera de grava | gravera.

gravel bar | gravera.

gravel mine | gravera | placer aurífero.

gravel pit | gravera | cantera de grava.

gravelly land | cascajal, gravera.

graver | buril | punzón | cincel.

graveyard | sitio para enterrar desperdicios radiactivos dentro de recipientes estancos.

gravidity | gravidez.

gravimeter | aerómetro, hidrómetro | gravímetro.

gravimetric | gravimétrico.

gravimetric survey | prospección gravimétrica, estudio gravimétrico | observación gravimétrica.

gravimetry | gravimetría | medida de densidad.

gravimetry meter | gravímetro.

graving | grabado | talla | carena (buques) | resanado de nudos (buques madera).

graving dock | dique seco, dique de carenas.

graving-tool | buril.

gravitate (to) | gravitar.

gravitation | gravitación.

gravitational | gravitacional.

gravitational acceleration | aceleración de la gravedad.

gravitational gradient | gradiente gravimétrico.

gravitational lens | lente gravitacional (astrofísica).

gravitational red shift | desplazamiento hacia el rojo por efecto de la gravitación (radiación electromagnética).

gravitational settling | sedimentación por gravedad.

gravitational torque | par gravitacional.

gravitationally stabilized satellite | satélite de estabilización gravitacional.

gravitimeter | gravidímetro (aparato para medir la intensidad de la gravedad).

gravitimetry | gravidimetría.

gravitodynamics | gravitodinámica.

gravitometer | gravidímetro (aparato para determinar la densidad de sólidos).

graviton | gravitón.

gravitron | gravitrón.

gravity | gravedad, gravitación.

gravity actuated | accionado por la gravedad.

gravity axis | eje baricéntrico.

gravity cable | cable para planos inclinados | deslizadero de cable.

gravity casting | moldeo de propio peso (fundición).

gravity center | centro de gravedad.

gravity conduit | conducto por gravitación | conducción rasante.

gravity contour | curva isogama.

gravity davit | pescante inclinable por gravedad (buques).

gravity deflection | deflexión debida a la gravedad.

gravity diecasting | fundición en coquillas, fundición colada a presión por gravedad, fundición inyectada por gravedad.

gravity escapement | escape de fuerza constante.

gravity field | campo gravitacional.

gravity free | ingrávido.

gravity fuel system | sistema alimentador de combustible por gravedad.

gravity fuel transfer | trasvase de combustible por gravedad (aeronáutica).

gravity gradiometer | aparato para medir gradientes de gravedad.

gravity head | carga estática.

gravity map | mapa gravimétrico.

gravity meter | gravímetro, gravidímetro | hidrómetro.

gravity plane | plano inclinado de gravedad.

gravity potential | geopotencial.

gravity segregation | segregación por gravedad | segregación por sedimentación de los constituyentes más pesados antes de la solidificación (piezas fundidas).

gravity settling | sedimentación por gravedad.

gravity spindle | huso de centrado automático.

gravity spring | manantial de gravedad, fuente de gravitación.

gravity survey | estudio gravimétrico, levantamiento gravimétrico.

gravity system | red de gravedad (distribución de aguas).

gravity tipple | basculador por gravedad.

gravity unit | unidad gravimétrica, décima parte de un miligalio (prospecciones).

gravity wall | muro de contención de gravedad.

gravity water system | sistema hidráulico de gravedad | circuito de agua por gravedad.

gravity welding | soldeo vertical.

gravity well | pozo de gravedad, pozo gravitatorio, pozo de superficie libre.

gravity-cell | pila de densidad.

gravity-fault | falla regular (minería).

gravivolumetric titration | valoración gravivolumétrica.

gravure | fotograbado | huecograbado.

gravure cylinder | cilindro para rotograbado.

gravure-printing | huecograbado.

gray | gray (unidad de dosis absorbida).

gray acetate | acetato de calcio.

gray antimony | sulfuro de antimonio | estibina.

Gray apparatus | aparato Gray (punto de inflamación).

gray cast-iron | fundición gris.

gray cobalt | esmaltina.

gray control rod | barra de control parcialmente absorbente (reactor nuclear).

gray copper ore | tetraedrita, tennantita.

gray manganese ore | acerdesa, manganita.

gray pig | fundición gris.

gray scale | escala de grises (tonos acromáticos) | carta de grises.

gray spiegel iron | fundición especular gris.

gray tin | estaño en forma estable por encima de 292° K.

gray-iron casting | fundición gris.

graywacke | grauwaka.

graywacke sandstone | arenisca grauwakítica.

grazing angle | ángulo rasante | ángulo de incidencia.

grease | grasa | lubricación.

grease iron | hierro caliente para alisar la capa de sebo de la imada (botadura buques) | separador entre la imada y la anguila para que no se pegue el sebo (botadura buques).

grease nipple I conectador para engrasar a presión I conexión para engrase.

grease resistance I impermeabilidad a las grasas, lipoimpermeabilidad (papeles).

grease retainer I retenedor de grasa lubricante I aro de retención de grasa (mecánica).

grease (to) I engrasar, lubricar.

greaseproofness I impermeabilidad a las grasas.

greaser I lubricador I lubricante I engrasador.

grease-resistant I resistente a la grasa, liporresistente.

grease-soluble I liposoluble.

greasing I lubricación, engrase.

greasy I grasiento, graso I porosa (fundición) I aceitoso (lustre de minerales).

greasy quartz I cuarzo lechoso.

Great Bear I Osa Mayor.

great calorie I kilocaloría.

great circle I ortodrómico I círculo máximo.

great circle course I derrota ortodrómica.

great circle distance I distancia ortodrómica.

great circle projection I presentación azimutal.

great circle route I ruta ortodrómica I derrota ortodrómica, ortodromía.

great circle sailing I navegación ortodrómica.

great circle sailing chart I carta de navegación ortodrómica.

green I crudo I fresco, reciente, acabado de hacer I sin tratar (metalurgia) I no seco por completo I fraguando (hormigón), no sinterizado (pulvimetalurgia) I sin curtir (en bruto -pieles).

green aventurine I aventurina con partículas de óxido crómico.

green blank I primordio no sinterizado.

green carbide I carburo de tungsteno no sinterizado.

green chalk I glauconia.

green chrome rouge I óxido de cromo.

green clay I arcilla magra.

green compact I comprimido crudo (pastilla no sinterizada -pulvimetalurgia).

green concrete I hormigón fraguando I concreto fraguando I hormigón fresco I concreto fresco.

green copper ore I malaquita.

green copperas I sulfato de hierro.

green density I densidad de prensado.

green diallage I dialaga verde (esmaragdita).

green earth I tierra verde I glauconita I celadonita.

green earths I pigmentos de color verde-azulado formados por desintegración de minerales.

green flash I rayo verde (meteorología).

green fog I velado dicroico (placa fotográfica).

green gain control I control de ganancia del verde.

green garnet I granate grosular.

green gas I gas natural (pozo petróleo).

green gold I oro verde (oro con 10 a 25% de plata).

green ingot I lingote sin termotratar.

green iron ore I dufrenita, craurita.

green john I espatoflúor verde.

green laser I láser de luz verde.

green lime I cal de gas.

green mica I mica de tinte verdoso en bloque.

green microcline I amazonita.

green mineral I verde de cobre (malaquita).

green mold I molde de arena sin secar (funderías).

green mordant I hiposulfito de soda.

green nickel oxide I protóxido de níquel.

green oil I aceite antracénico I petróleo verde (crudo californiano).

green ray I rayo verde.

green rouge I óxido crómico.

green salt I sal verde I tetrafluoruro de uranio.

green signal I señal correspondiente al verde (TV).

green stone I diorita.

green strength I resistencia antes de la cochura (cerámica).

green tire I cubierta no vulcanizada.

green video voltage I tensión de vídeo del verde (cámara televisora de color).

green vitriol I caparrosa (vitriolo verde -sulfato ferroso) I melanterita.

greenland spar I criolita.

green-rot I pudrición verde de la madera por el hongo Peziza aeruginosa-Pers I fractura por oxidación intergranular (metalurgia) I oxidación intergranular rápida a altas temperaturas, corrosión en seco cuando están expuestas a condiciones alternadas de oxidación y reducción en hornos industriales (aleaciones de cromoníquel y ferrocromoníquel) I ataque intercristalino (aleaciones).

green-rot attack I ataque por trabajar alternativamente en atmósferas oxidantes y reductoras.

greensand I arena sin secar (fundición), arena glauconítica I silicatos complejos empleados como permutadores de iones.

greenschist I esquisto verde.

greenstone I piedra recién extraída de cantera I glauconita I roca verde (nombre general para designar rocas ígneas verdosas, como diorita, dolerita, diabasa, gabro, etc.) I nefrita.

Greenwich Civil Time I hora universal I hora de Greenwich.

gregale I viento gregal.

gregarious wave I onda de oscilación.

greisenization I greisenización (petrografía).

grena I mineral o carbón no lavado.

grenade I granada (proyectil).

grenat syrien I granate sirio.

Grenz rays I rayos X producidos a voltajes entre 5 y 20 kilovoltios I rayos de Grenz I rayos límites I vibraciones electromagnéticas entre rayos Roentgen y rayos ultravioleta.

Grenz tube I tubo de rayos X blandos I tubo de rayos límite.

G-restrictor I dispositivo para disimular la aceleración vertical (aviones).

grex unit I peso en gramos de 10 kilómetros de hilo.

grey I color acromático (color neutro -óptica).

grey antimony I estibina.

grey cast iron I fundición gris.

grey iron I fundición gris.

grey manganese ore I manganita.

grey metal I pizarra grisácea (minas).

grey mould I botritis.

grey pig iron I fundición gris.

grey selenium I selenio gris.

grey stone I diamante industrial con gran número de inclusiones.

greystone I roca volcánica compuesta de feldespato y augita.

greyweather I bloque errático de arenisca silícea.

grid I reja I emparrillado I placa alveolada I armadura (de macho de fundición) I red nacional de energía eléctrica I serpentín plano (refrigeración) I retículo I parrilla I electrodo de tubos electrónicos.

grid acceptance I voltaje admisible de rejilla.

grid azimut I acimut del plano.

grid azimuth I azimut del cuadriculado, azimut de cuadrícula.

grid baffle I pantalla de la rejilla (tiratrones).

grid battery I batería de polarización (batería de rejilla -radio).

grid bias I voltaje de polarización de rejilla I sesgo en polarización de rejilla.

grid bias battery I batería de polarización de rejilla.

grid bias resistor I resistor de polarización de rejilla.

grid blocking I bloqueo de rejilla.

grid blocking capacitor I condensador de bloqueo de rejilla.

grid bushing I terminal de rejilla.

grid cap I toma superior de rejilla.

grid capacitor I capacitor de rejilla.

grid choke I bobina de impedancia de rejilla.

grid circuit I circuito de rejilla.

grid circuit alignment I alineamiento del circuito de rejilla.

grid coil I serpentín de parrilla, serpentín plano.

grid condenser I condensador de rejilla.

grid conductance I conductancia de rejilla.

grid control I control por rejilla.

grid control circuit I circuito de regulación de rejilla.

grid convergence I convergencia de meridianos.

grid coordinates I coordenadas del plano I coordenadas de cuadriculado (navegación).

grid current I corriente de rejilla.

grid current modulation I modulación por corriente de rejilla.

grid cutoff voltage I tensión de corte de rejilla I tensión de bloqueo.

grid declination I ángulo entre el norte verdadero y el norte del cuadriculado (mapas) I declinación del cuadriculado.

grid detection I desmodulación por rejilla (radio) I detección por rejilla.

grid dip I caída de corriente de rejilla.

grid distance I distancia según coordenadas de la cuadrícula (mapas).

grid drive I excitación de rejilla.

grid electrode I electrodo de rejilla.

grid emission I emisión de rejilla.

grid filling I relleno de la rejilla (empastillado de la rejilla -placa acumuladores).

grid ionization chamber I cámara de ionización de rejilla.

grid lead I conductor de rejilla.

grid leak I escape de rejilla I pérdida de rejilla I resistencia de rejilla.

grid limiting I limitación por resistencia de rejilla.

grid line I línea del cuadriculado (mapas).

grid load resistance I resistencia de descarga de rejilla (electrónica).

grid locking I bloqueo de rejilla (tubo).

grid magnetic angle I norte magnético.

grid metal I aleación de 91% de plomo y 9% de antimonio.

grid milliammeter I miliamperímetro de rejilla.

grid modulation I modulación de rejilla.

grid modulator I modulador por rejilla.

grid navigation I navegación con mapas cuadriculados.

grid negative bias | polarización negativa de rejilla.

grid neutralization | neutralización de rejilla.

grid north | norte del cuadriculado (sistema de navegación).

grid origin | origen de la cuadrícula.

grid phase shift | oscilación de la fase de rejilla.

grid pin | patilla de rejilla.

grid pitch | paso de rejilla.

grid polarization voltage | voltaje de polarización de rejilla.

grid potential | potencial de rejilla.

grid potentiometer | potenciómetro regulador de la rejilla.

grid pulsing | pulsación por rejilla.

grid rectification | rectificación por rejilla.

grid resistance | resistencia de rejilla.

grid rheostat | reóstato de arranque de parrilla.

grid signal | señal excitadora de rejilla | señal de entrada.

grid square | cuadrícula.

grid stopper resistor | resistencia de freno de rejilla.

grid structure | estructura de la rejilla | estructura reticular (cristales).

grid suppressor | eliminador de rejilla.

grid sweep | alcance de la rejilla (termiónica).

grid swing | variación del voltaje rejilla-cátodo | amplitud de la tensión de rejilla | oscilación de rejilla.

grid system | sistema de cuadriculado (mapas) | red de distribución (electricidad) | red distribuidora de alta tensión (electricidad) | parrilla.

grid tap | toma de rejilla.

grid (to) | cuadricular.

grid tower | poste de celosía para la red nacional de alto voltaje.

grid transformer | transformador de rejilla.

grid tuned circuit | circuito resonante de rejilla.

grid tuning | sintonización de rejilla.

grid valve | corredera de parrilla.

grid voltage | tensión de rejilla.

grid waveform | forma de onda aplicada a la rejilla.

grid wire | hilo de rejilla.

grid wires | cableado de rejilla.

grid-anode capacity | capacidad de rejilla-placa.

gridaw | castillete para las poleas del cable de extracción (pozos minas).

grid-bias | voltaje de alimentación de la rejilla.

grid-bias modulation | modulación por variación de la polarización de rejilla.

grid-bias shift | desplazamiento de polarización de rejilla.

grid-cathode voltage | voltaje entre cátodo y rejilla.

grid-circuit modulation | modulación del circuito de rejilla.

grid-circuit tester | probador de circuitos de rejilla.

grid-control rectifier | rectificador de mando por rejilla.

grid-controlled | gobernado por rejilla, regulado por rejilla, con regulación por rejilla.

grid-controlled thyratron | tiratrón con regulación por rejilla.

grid-controlled tube | válvula de mando por rejilla.

grid-cooled | enfriado con serpentín plano.

gridded | cuadriculado | emparrillado | con rejilla.

gridded bearing | cojinete emparrillado (con metal de bajo punto de fusión).

gridded map | mapa cuadriculado.

gridded mosaic | mosaico cuadriculado.

gridded plot | plano cuadriculado.

gridded-ionization chamber | cámara de ionización de rejilla.

grid-dip meter | ondámetro de absorción.

grid-dip oscillator | oscilador regulado por la caída de corriente de la rejilla.

griddle | criba (minas).

griddle (to) | cribar (minerales).

griddling | cribado.

grid-drive detector | detector de excitación de rejilla.

grid-driving power | potencia de excitación de rejilla.

grid-filament circuit | circuito del filamento de la rejilla.

grid-glow tube | tubo de rejilla luminescente.

gridiron | carenero, varadero (para buques) | vías de clasificación paralelas (ferrocarril) | red de cables de alto voltaje.

gridiron expansion valve | distribuidor de expansión de rejilla (máquina vapor alternativa).

gridiron pendulum | péndulo de parrilla.

gridiron separator | separador de rejilla.

gridiron tracks | vías de clasificación paralelas -vías de parrilla (ferrocarril).

gridiron twining | maclaje cruzado.

gridiron valve | corredera de parrilla (distribuidor de expansión de rejilla -máquina vapor alternativa) | válvula de parrilla, válvula de linterna.

gridistor | gridistor (semiconductor).

grid-leak | resistencia del circuito de rejilla (resistencia de fuga de la rejilla -válvulas termiónicas).

grid-leak bias | polarización por escape de rejilla.

grid-leak capacitor | condensador de rejilla.

grid-leak detector | detector de resistencia de rejilla.

grid-leak resistance | resistencia de escape de electrones de la rejilla.

grid-leak signal bias | polarización por escape de rejilla.

grid-like | graticular.

grid-modulated | de rejilla polarizada.

grid-modulated amplifier | amplificador modulado en rejilla.

grid-modulated convertor | convertidor de rejilla polarizada.

grid-plate transconductance | conductancia mutua entre rejilla-placa.

grid-pool tank | cuba del enderezador de vapor de mercurio de rejillas mandadas.

grid-pool tube | tubo de cátodo de mercurio y rejilla de mando.

grid-switched gas tube | tubo de gas con conmutación de rejilla.

grid-voltage supply | tensión de alimentación de la rejilla.

grief stem | vástago de transmisión, barra cuadrada giratoria (varilla de arrastre -sondeos).

grill | emparrillado de viguetas (cimentación de emparrillado) | aleta (de cilindro).

grill (to) | enrejar, poner rejas | hacer un emparrillado (cimentaciones).

grill work | emparrillado.

grillage | emparrillado | enrejado | pilotaje | cimentación en emparrillado.

grillage foundation | cimentación en emparrillado.

grille | verja (reja -ventana, etc.) | enrejado | cancela (de puerta).

grille (to) | enrejar, poner rejas.

grimmet | espárrago (tornillo).

grind a lens (to) | pulir una lente.

grind a weld (to) | rebajar una soldadura.

grind away (to) | pulverizar.

grind down (to) | rebajar con muela abrasiva | rebajar la piedra.

grind dry (to) | amolar en seco.

grind ductile metals (to) | rectificar metales dúctiles.

grind out | centrifugación (de crudos).

grind (to) | amolar, afilar | aguzar, triturar | pulverizar (minerales) | esmerilar (rectificar

-válvulas) | rectificar con muela abrasiva | bruñirpulirpulimentar.

grind true (to) | rectificar con la muela.

grind wet (to) | afilar en húmedo.

grindability | molturabilidad | triturabilidad.

grinder | muela | pulverizador | triturador | máquina de afilar, afiladora | máquina de rectificar, rectificadora | ruido de fritura (radio) | desfibradora (de pasta de madera) | esmeriladora.

grinder and mixer | trituradora-mezcladora.

grinder dresser | reavivadora de muelas de rectificar.

grinder truer | reavivadora de muela de rectificar.

grinding | molturación | trituración (pulverización) | amoladura, amolado (afilado -de herramientas) | rectificado con muela abrasiva | prepulimentado (de lentes) | esmerilado | amoladura (geología-cristalografía) | molienda | moltura | esmerilaje (semiconductores).

grinding allowance | tolerancia para el rectificado.

grinding attachment | dispositivo para el rectificado.

grinding band | cinta abrasiva.

grinding board | plancha esmeriladora.

grinding chamber | cámara de trituración.

grinding coolant | líquido refrigerante para rectificar.

grinding cylinder | muela anular.

grinding disc | muela abrasiva | disco abrasivo.

grinding feed | avance de rectificación.

grinding fineness | finura del molido (granulometría).

grinding fixture | dispositivo de rectificado (mecánica).

grinding fluid | líquido para afilar | líquido para rectificar | fluido de rectificación.

grinding head | cabezal rectificador | cabezal afilador.

grinding in | ajuste hermético de una válvula.

grinding job | trabajo de rectificado.

grinding lathe | torno de pulir.

grinding machine | máquina de pulir | máquina de amolar | máquina de rectificar con muela abrasiva | máquina de afilar | máquina de triturar | máquina de esmerilar | quebrantadora, trituradora.

grinding mandrel | mandril para rectificar (mecánica).

grinding mill | molino graneador | molino machacador | molino de muelas | triturador | torno para desbastar | amoladura.

grinding of a brush | rodamiento de escobilla.

grinding oil I aceite para amolar.

grinding pan I cuba de amalgamación, molino de amalgamación I cuba de trituración.

grinding paper I papel abrasivo.

grinding plate I disco para pulir (lentes).

grinding powder I polvo abrasivo.

grinding ratio I relación de rectificación (muelas abrasivas).

grinding roll I rodillo esmerilador I maza (de trapiche).

grinding roller I cilindro esmerilador.

grinding saddle I silleta de rectificar.

grinding tool I herramienta para rectificar.

grinding wheel I muela abrasiva.

grinding wheel dresser I reavivadora para muelas abrasivas, reavivamuelas.

grinding wheel profiling I perfilado con muela de rectificar.

grinding wheel refacer I reavivador de muelas de rectificar.

grinding wheel shape I forma de la cara de trabajo de la muela de rectificar.

grinding wheel spindle I eje portamuela I husillo portamuela.

grinding wheel tester I probador de la dureza de muelas abrasivas.

grinding wheel truing I reavivado de la muela de rectificar.

grinding wheel waviness I ondulaciones sobre la periferia de la muela abrasiva.

grinding wheelhead I cabezal de la muela de rectificar.

grinding-barrel liner I camisa de cilindros moledores.

grinding-feed rate I velocidad de avance del rectificado.

grinding-in I esmerilado (de asientos de válvula) I desgaste.

grinding-lapping machine I máquina rectificadora-lapeadora.

grinding-paste I pasta abrasiva.

grindometer I medidor de finura del molido.

grindry I taller de afilado.

grindstone I piedra de afilar, piedra de amolar, muela de afilar de gres I muela abrasiva (para afilar o rectificar) I esmeriladora I amoladera I asperón.

grindstone set I equipo de amolar I juego de muela de afilar.

grip I mordaza de sujeción I mordaza de arrastre (cable extracción minas) I brida de apriete I pieza de enganche (minas) I distancia entre las dos cabezas después de remachado (remaches).

grip a work (to) I montar una pieza (sobre una máquina herramienta).

grip bolt I perno tensado para unión de chapas o elementos estructurales (en vez de remaches).

grip disc I polea de garras.

grip dredger I excavadora de cuchara con garras.

grip gear I mecanismo de aferramiento.

grip jaw I mordaza sujetadora.

grip nut I contratuerca.

grip of the wheels I adherencia de las ruedas (locomotoras).

grip pawl I trinquete de parada.

grip pipe wrench I llave para tubos.

grip pulley I polea de adherencia.

grip ring I anillo de fijación.

grip safety I seguro de empuñadura (pistolas).

grip sheave I polea de adherencia I garrucha agarradora.

grip slipper I patín de arrastre.

grip socket I manguito de apriete I enchufe de apriete.

grip (to) I fijar, sujetar I apretar I agarrar.

grip torque I par de apriete.

grip tube I tubo de transmisión.

grip wheel I polea de adherencia.

gripper I mordaza I dispositivo de agarre I abrazadera I agarrador para mover carriles I portacarbón (lámpara de arco) I mordaza de tracción (banco de estirar, etc.) I pinza de arrastre.

gripper brake I freno de mordaza.

gripper margin I ajuste de entrada en las pinzas de arrastre I ajuste de pinzas.

gripping I apriete, sujeción I mordaza I retenedor I sujetador I mordiente.

gripping device I dispositivo de fijación, dispositivo de sujeción, dispositivo de agarre I aparato de enganche I freno de seguridad (ascensores).

gripping mandrel I mandril de sujeción.

gripping mechanism I mecanismo de apriete, mecanismo sujetador.

gripping pad I mordaza de apriete.

gripping pawl I trinquete de parada.

gripping power I fuerza de sujeción (trabajos en máquinas) I fuerza de apriete.

gripping screw I tornillo de presión, tornillo de sujeción.

grit I arena I tierra arenosa I impurezas I griota (mineralogía) I gres I grava I greda.

grit blasting I limpieza con chorro de granalla cortante.

grit rock I gres.

gritblast (to) I chorrear con granalla de aristas cortantes, limpiar por chorro de granalla cortante.

gritty I abrasivo I granujiento I arenoso, sabuloso.

gritty clay I arcilla granujienta I arcilla silícea.

grivation I ángulo entre el norte verdadero y el norte del cuadriculado (declinación reticular -cartas navegación aérea) I declinación reticular (navegación) I declinación cuadricular.

grivation computer I computadora de declinación reticular.

grizzle I color gris I carbón piritoso, mezcla natural de carbón y pirita de hierro.

grizzly I criba de barrotes (parrillas -tamiz de mineral) I criba grande.

grog I bióxido de silicio I tierra cocida pulverizada para desengrasar la arcilla plástica I ladrillos molidos para mezclar con la arcilla (fabricación ladrillos) I material refractario aplástico que se añade al ladrillo para reducir la concentración en el secado y cochura I agregado pulverizado.

groin I espigón (rompeolas -puertos) I aristón (nervio -de bóveda) I luneto (arquitectura).

groin rib I nervio de aristón I aristón (bóvedas en rincón de claustro).

groin (to) I abovedar.

groin vault I bóveda por arista, bóveda de crucería.

groined arch I arco de encuentro (bóvedas) I bóveda por arista I bóveda de aristones.

groined vault I bóveda de lunetos I bóveda por arista.

groined vaulting I bóveda de crucería.

groining I conjunto de nervios (nerviación -bóvedas).

grommet I frisa (buques) I corbata del tornillo (sujeción del entablonado de cubiertas) I ojal (para cable) I arandela aislante (radio).

groove I hendidura, ranura I acanaladura I garganta (de carril, de polea) I canal (laminadores) I raya (ranura helicoidal -cañones) I trayectoria de aproximación de un avión al aterrizar (portaaviones) I abertura (soldadura en V).

groove and tongue (to) I machihembrar.

groove angle I ángulo de la ranura I ángulo de las paredes del surco (disco gramófono).

groove cutter I fresa de ranurar.

groove drift I mandrín para ranuras.

groove gage I calibrador de muescas.

groove gashing I sangrado de ranuras (trabajo en el torno).

groove (to) I acanalar I ranurar I estriar I entallar I excavar I machihembrar.

groove weld I soldadura en ranura.

grooved I acanalado I ranurado, estriado.

grooved anvil I yunque de acanalar.

grooved bit I barrena espiral.

grooved bowl I polea de garganta.

grooved brake drum I tambor de freno acanalado.

grooved cam I excéntrica de ranura.

grooved director I sonda acanalada.

grooved flange I brida con ranuras circulares.

grooved pulley I polea de garganta.

grooved race I surco para las bolas (surco de rodadura -cojinete de bolas).

grooved shaft I eje acanalado.

grooved sheave I polea acanalada.

grooved stud I espárrago acanalado.

grooved twin I macla estriada.

grooved wheel I polea de garganta I polea con gargantas múltiples.

groover I herramienta de ranurar o acanalar.

grooving I ranurado, vaciamiento I rayado (rayas -de cañones) I fisuración por dilatación diferencial entre partes frías y calientes (chapas de caldera) I pulido curvado I entalladura.

grooving chisel I cortafrío ranurador.

grooving cutter I fresa de ranurar.

grooving head I fresa rotativa de ranurar (carpintería) I tupí de ranurar (carpintería).

grooving machine I máquina de ranurar I ranuradora.

grooving plane I acanalador hembra, cepillo de ranurar.

grooving tool I acanalador.

grossularite I grosularia.

ground I terreno, suelo I tierra I imprimación (pinturas) I rastrel (maestra -pisos) I masa (circuito eléctrico del automóvil) I situado al nivel del suelo I rectificado con muela abrasiva I terrestre I solar I toma de tierra I masa eléctrica.

ground adhesion I adherencia al suelo.

ground angle I ángulo de aterrizaje.

ground attack I ataque por fuerzas terrestres sobre un blanco terrestre I ataque aéreo sobre un blanco terrestre.

ground auger I barrena terrera.

ground azimuth I azimut terrestre.

ground bus I conductor de tierra colectiva.

ground busbar I conexión general de masa I barra colectora de tierra.

ground cable I cable de puesta a tierra I cable de masa (autos) I cable de amarre.

ground capacitance I capacitancia a tierra.

ground circuit I circuito con vuelta por tierra I retorno por tierra (electricidad).

ground clamp I brida de toma de tierra.

ground clutter I eco del suelo (eco de tierra - radar) retorno de ondas reflejadas sobre el terreno (radar).

ground coal I carbón molido I carbón de la parte inferior de una capa (minas).

ground coat I primera mano de pintura, capa de imprimación, mano de imprimación.

ground coat enamel I esmalte de imprimación.

ground color I primera capa de pintura, mano de imprimación.

ground communications transmitter I transmisor de radiocomunicación instalado en tierra.

ground conductivity I conductividad del terreno.

ground conductor I conductor de tierra I cable de tierra.

ground conduit I tubería de tierra (conductores).

ground connection I toma de tierra (electricidad) I conexión a tierra.

ground contact I contacto con el terreno I contacto a tierra.

ground control I identificación del terreno (por puntos fotogramétricos) I control desde tierra.

ground control system I sistema de control terrestre.

ground controller I controlador de estacionamiento (aeropuertos).

ground coordinates I coordenadas terrestres.

ground current I corriente telúrica.

ground detector I indicador de tierra (defectoscopio de aislamiento -electricidad).

ground dielectric constant I constante dieléctrica del suelo.

ground disposal I eliminación en el subsuelo (nuclear).

ground effect machine I vehículo levitante por la reacción de chorros de aire sobre el terreno.

ground electrode I electrodo de conexión a tierra.

ground equalizer coil I bobina compensadora de tierra.

ground exploration I exploración del terreno.

ground fault I avería por puesta a tierra I tierra accidental.

ground finish I acabado a la muela I acabado brillante con muela abrasiva.

ground flare I bengala de tierra I señal luminosa terrestre (aviación).

ground gear I engranaje rectificado I tren aterrizador (aviones) I equipo de aterrizaje y manejo en tierra (dirigibles).

ground glass I cristal deslustrado, cristal esmerilado I visor (cámara fotográfica) I vidrio esmerilado.

ground hog I cable de arrastre (saca a motor) I terraplenero (palero -minas) I contrapeso de plano inclinado.

ground indicator I indicador de tierra (defectoscopio de aislamiento -electricidad).

ground influence mine I mina aérea submarina detonada por influencia magnética o de otra clase.

ground lance I orejeta de conexión al chasis.

ground lead I hilo de tierra (hilo de puesta a masa - electricidad) I conductor a tierra (electricidad).

ground line I línea a tierra (electricidad).

ground load I carga en tierra (aviación).

ground loop I caballito, coleo en tierra (capoteo -al despegar o aterrizar).

ground lug I terminal de masa I terminal de tierra I talón de tierra (electricidad).

ground mat I toma de tierra múltiple.

ground outlet I salida para toma de tierra I tomacorriente que tiene contacto con tierra.

ground photogrammetry I fotogrametría terrestre.

ground phototopography I fototopografía terrestre.

ground pipe I canalización terrestre I tubo a tierra.

ground plan I planimetría.

ground plane I plano fundamental I plano de base I plano geométrico (plano horizontal de proyección -perspectiva).

ground plane antenna I antena con polarización horizontal I antena con tierra artificial.

ground plate I placa de conexión a tierra (electricidad) I chapa de asiento del carril I placa de cimentación.

ground position indicator I estimómetro (aviación).

ground post I pilar de tierra (portaválvulas).

ground potential I tensión de tierra.

ground power I potencia generada en tierra.

ground protection I protección de puesta a tierra.

ground radar set I equipo terrestre de radar.

ground reflection loss I atenuación por reflexiones en el suelo.

ground relay I relé de protección de puesta a tierra I relé de masa (locomotora eléctrica).

ground relay protection I protección por relé de conexión a masa I protección por relé de tierra.

ground resistance I resistencia de tierra (sistemas radiantes).

ground return I vuelta por tierra (electricidad) I eco del suelo, eco de tierra I retorno de ondas reflejadas sobre el terreno (radar).

ground rig I sonda.

ground rod I piquete de toma de tierra I varilla enterrada.

ground roll I onda parásita de superficie I onda superficial (geofísica) I camino recorrido en tierra después de aterrizar I ligero temblor en la superficie del terreno (rebufo de la bomba nuclear).

ground round steel I acero redondo rectificado con muela abrasiva.

ground running I funcionamiento en el suelo (motores aviación).

ground running-time I tiempo de funcionamiento en tierra (avión).

ground seal I cierre rectificado (con la muela).

ground search radar I radar para observar el terreno.

ground shank I mango rectificado (herramientas).

ground signal I señal de agujas (ferrocarril) I señal desde tierra.

ground signal projector I lanzacohetes de señales.

ground sluice I canal (minas).

ground speed I velocidad absoluta (velocidad respecto a tierra -aviación) I velocidad con respecto al suelo (aviación).

ground speed meter I medidor de velocidad respecto al suelo.

ground speed recorder I registrador de velocidad con relación a tierra.

ground spherically I rectificado esféricamente (con diámetro menor en la cabeza y pie que en el centro -pistones).

ground state I fase de mínima energía I estado fundamental.

ground state energy I energía del estado fundamental.

ground state of the atom I estado fundamental del átomo.

ground station I estación terrestre (telecomunicaciones).

ground steel I acero rectificado con la muela.

ground storage I embalse en el suelo de la cuenca (hidrología).

ground strap I conexión de alambre del acumulador al chasis (autos).

ground support cable I cable de apoyo terrestre.

ground support equipment I equipo de apoyo terrestre (tecnología espacial).

ground surveillance radar I radar de vigilancia en tierra I radar de vigilancia de acercamiento.

ground switch I conmutador de puesta a tierra.

ground system I sistema de tierra (sistemas de antena).

ground tackle I equipo de fondeo.

ground telegraphy I telegrafía por el suelo.

ground terminal I borna de puesta a tierra (EEUU) I borne de masa.

ground test I verificación en tierra (avión) I ensayo en tierra.

ground testing I medición de pérdidas a tierra.

ground time I intervalo de tiempo en que el avión permanece sobre el terreno esperando el despegue (avión carguero) I inmovilización en tierra.

ground (to) I basar, apoyar I preparar el fondo (pinturas) I fundar, cimentar I poner a tierra (electricidad) I encallar, embarrancar I esmerilar (válvulas) I rectificar con muela abrasiva I suspender la licencia de vuelo (aviación) I ordenar que no vuele un avión.

ground water I capa acuífera subterránea I agua del subsuelo, agua freática.

ground water table I capa freática, nivel freático I manto freático.

ground wave I onda terrestre, onda telúrica.

ground wire I hilo de masa I conductor de tierra I alambre de tierra I hilo de tierra.

ground zero I punto en el terreno inmediatamente debajo de la detonación (bomba nuclear) I punto cero.

ground-air I efectuado conjuntamente por fuerzas de tierra y del aire I de tierra al aire I formado con unidades de tierra o de marina y con unidades aéreas (fuerzas militares).

ground-based I con base en tierra (aviación) I situado sobre el terreno (radar, equipo para guiar misiles).

ground-based radar control I control por radar colocado en tierra.

ground-bearing capacity I resistencia del terreno.

ground-check (to) I inspeccionar en tierra (aviación).

ground-conductivity measures I medidas de conductividad del terreno.

ground-controlled approach I arribada con control desde tierra (aproximación dirigida desde tierra -aeropuertos) I aproximación dirigida desde tierra (avionica).

ground-controlled approach radar I radar de aproximación dirigida desde tierra (aviación).

ground-controlled interception I interceptación radiodirigida desde tierra I interceptación controlada desde tierra.

ground-controlled overhead travelling crane I puente grúa gobernado desde el suelo.

grounded I encallado (varado -buques) I puesto a tierra (unido a tierra -electricidad) I subterráneo (enterrado -tuberías) I que no vuela en virtud de órdenes recibidas (personal, aeroplanos).

grounded anode amplifier I amplificador con ánodo puesto a tierra.

grounded antenna I antena con conexión a tierra.

grounded cable bond I conexión de puesta a tierra.

grounded capacitance I capacitancia puesta a tierra.

grounded cathode amplifier I amplificador con cátodo puesto a tierra.

grounded circuit I circuito con vuelta por tierra I circuito puesto a tierra.

grounded conductor I conductor unido a tierra I cable subterráneo.

grounded current I corriente derivadora a tierra.

grounded dielectric slab I lámina dieléctrica puesta a tierra.

grounded emitter transistor I transmisor con emisor a masa.

grounded grid I rejilla puesta a masa.

grounded grid amplifier I amplificador con rejilla a tierra.

grounded impedance I impedancia puesta a masa.

grounded surface I superficie conectada a tierra.

grounded system I sistema de conexión a masa (electricidad).

grounded through a reactance I conectado a masa a través de una reactancia.

grounded wire I cable a masa I cable a tierra.

grounded wye generator I generador en estrella con neutro puesto a tierra (electricidad).

grounded-base circuit I circuito de base a masa.

grounded-cathode amplifier I amplificador con cátodo a masa.

grounded-collector amplifier I amplificador con ánodo colector a masa I amplificador con colector a tierra I seguidor por emisor.

grounded-collector circuit I circuito de colector a masa.

grounded-emitter amplifier I amplificador con emisor a masa I conexión de emisor a masa.

grounded-emitter circuit I circuito de emisor conectado a masa.

grounded-grid amplification I amplificación invertida, amplificación con rejilla puesta a tierra.

grounded-grid amplifier I amplificador de rejilla puesta a masa.

grounded-grid triode I triodo con rejilla puesta a tierra.

grounded-plate amplifier I amplificador con ánodo a tierra I seguidor catódico.

ground-effect machine I vehículo terrestre levitante.

grounder collector amplifier I amplificador colector a tierra.

grounder system I sistema de puesta a tierra (líneas eléctricas).

ground-fault current I corriente de pérdida a tierra.

ground-fault location I localización de la pérdida a tierra (electricidad).

ground-fault neutralizer I neutralizador de pérdidas a tierra.

ground-finished I acabado por muela abrasiva.

ground-guided missile I misil radioguiado desde tierra.

ground-inductor compass I brújula de inducción terrestre.

grounding I molienda I varada (encalladura -buques) I capa de imprimación I conexión a tierra, unión a tierra (puesta a tierra -electricidad).

grounding circuit I circuito de puesta a tierra.

grounding conductor I conductor a tierra.

grounding connection I conexión de puesta a tierra.

grounding connector I conector de masa I conector a tierra (electricidad).

grounding contact I contacto de puesta a tierra.

grounding cord I cable de puesta a tierra.

grounding lug I terminal de tierra.

grounding outlet I toma eléctrica con conexión de tierra.

grounding plate I placa de conexión a tierra.

grounding point I punto de conexión a masa.

grounding stud I terminal de tierra.

grounding switch I conmutador de puesta a tierra I interruptor de tierra.

grounding terminal I terminal de tierra.

grounding transformer | transformador con el neutro puesto a tierra | transformador para puesta a tierra.

ground-junction transistor | transistor por crecimiento.

ground-launched rocket | cohete lanzado desde tierra.

ground-light | baliza (aeropuertos).

ground-lighting | balizamiento (aeropuertos).

ground-mapping antenna | antena para levantamiento topográfico del terreno.

groundmass | magma de consolidación, pasta (matriz -geología) | matriz (petrología).

groundometer | indicador de pérdidas a tierra.

ground-plan | plano horizontal (planta -plano edificios) | plano de cimientos (plano de cimentaciones) | trazado (obra fortificación).

ground-plane antenna | antena con plano a tierra | antena con tierra artificial (radiación).

groundplot | posición obtenida midiendo la distancia navegada a partir de una posición previa conocida (aeronavegación).

ground-reflected wave | onda reflejada por la tierra.

ground-return circuit | circuito de vuelta por tierra.

ground-return echo | eco del suelo (radar).

ground-to-air | de tierra al avión.

ground-to-air communication | comunicación de tierra al avión, comunicación tierra-aire.

ground-to-air signaling | señalización de tierra al aire.

ground-to-ground missile | misil de tierra a tierra.

group | grupo | género (mineralogía).

group 5B metals | metales del grupo 5B de la tabla periódica.

group busy tone | tono de ocupación de grupo (telecomunicaciones).

group carrier generator | generador de portadora de grupo.

group casting | fundición en grupo.

group control station | estación directriz de grupo (telefonía).

group delay | tiempo de propagación | retardo de grupo (telecomunicaciones).

group demodulator | desmodulador de grupo.

group diffusion | difusión de grupo (nuclear).

group exchange | centro de agrupamiento (telefonía).

group frequency | frecuencia del grupo | frecuencia del tren de ondas (radio).

group link | enlace en grupo primario (comunicaciones) | enlace en grupo primario.

group modulating equipment | equipo de modulación de grupo (telecomunicaciones).

group modulator | modulador de grupo (telecomunicaciones).

group of twelve channels | grupo primario (telecomunicaciones).

group reference pilot | onda piloto de grupo primario.

group section | sección de grupo primario (telecomunicaciones).

group selector | selector de grupo (buscador -telefonía automática).

group shot | toma de grupo (cámara).

group switch | conmutador de grupo.

group switching exchange | intercambio de grupos por conmutación.

group (to) | agrupar | acoplar (electricidad).

group transfer polymerisation | polimerización por transferencias de grupos.

group translating equipment | equipo de modulación de grupo | equipo traslator de grupo (telecomunicaciones).

grouping | agrupación | agrupamiento | acoplamiento (electricidad).

grouping amplifier | amplificador agrupador (telecomunicaciones).

grouping center | centro de agrupamiento (telefonía).

grouping exchange | central de agrupamiento (telefonía).

grouping modulator | modulador agrupador (telecomunicaciones).

grouping of positions | agrupación de posiciones de operadoras vecinas (telefonía).

grouping of trunks | grupos de enlaces (telecomunicaciones).

grouping plan | plan de agrupación (telecomunicaciones).

grouping switch | conmutador-acoplador.

grout | lechada de cemento, mortero de cemento muy líquido.

grout hole | perforación de inyección, perforación de enlechado.

grout (to) | inyectar lechada de cemento a presión | construir con mortero.

grouted concrete | hormigón formado inyectando el mortero de cemento en el agregado ya colocado en el encofrado.

grouted rock | roca inyectada con lechada de cemento.

grouting | lechada de cemento | relleno de juntas | inyecciones de enlechado | cementación del terreno, consolidación del terreno por inyecciones de mortero de cemento | profundización de pozos por cementación del terreno.

growan I granito turmalínico.

growing chisel I escoplo acanalado.

growler I probador de inducidos, zumbador para probar aislamientos I indicador de cortocircuito I probador de inducido (electricidad).

grown crystal I cristal cultivado (cristalografía).

grown germanium I germanio cultivado.

grown iron I hierro crecido.

grown junction I capa cultivada I unión por crecimiento (semiconductores).

grown sea I mar gruesa.

grown-junction diode I diodo de unión por crecimiento.

growth I crecimiento (nuclear) I germinación (metalurgia) I dilatación remanente cuando se calienta repetidas veces (metales) I hinchamiento (fundición después de varias caldas repetidas).

growth diagram I diagrama de crecimiento (termotratamiento de larga duración).

growth inhibitor I inhibidor del crecimiento del grano (metalurgia).

growth twin I macla de crecimiento (cristalografía).

growth-junction transistor I transistor de formación por crecimiento.

grub hoe I escarda, almocafre.

grub saw I sierra de marmolista.

grub screw I tornillo de presión (electricidad) I tornillo de cabeza hendida.

grubbing axe I escarda, almocafre.

grubbing-mattock I almocafre.

G-suit I vestimenta para soportar valores anormales de la gravitación (aviación).

G-tolerance I tolerancia para resistir valores anormales de la gravitación.

guard I dispositivo protector, defensa (guarda -máquinas) I cárter I hilo de control (telefonía automática).

guard band I banda de seguridad (radio).

guard bands I bandas laterales de frecuencia mayor y menor que la empleada (bandas de guarda -radio).

guard bit I bitio de guarda I bit de protección.

guard circuit I circuito de seguridad.

guard frequency I frecuencia de guarda (telecomunicaciones) I frecuencia de escucha (radiocomunicaciones).

guard interval I intervalo de seguridad (telecomunicaciones).

guard net I rejilla de protección, rejilla protectora I red protectora, red de protección.

guard ratio I coeficiente de seguridad (telecomunicaciones).

guard relay I relé de seguridad.

guarded differential amplifier I amplificador diferencial con blindaje de guarda.

guarded electrostatic field I campo electrostático protegido.

guarded gear I engranaje protegido I engranaje en cárter.

guarding circuit I circuito de ocupación (telefonía).

guarding relay I relé de ocupación (telefonía).

guarding trunk I línea auxiliar de ocupación (telefonía).

guardrail I barandilla I guardacantón I pretil I contracarril (vía férrea) I carril de guía (corazón de cambio de vía) I guardaaguja (cambio de vía) I barrera (paso a nivel).

guard-ring capacitor I condensador con anillo de protección.

gubbin I mineral de hierro arcilloso.

gudgeon I clavija I pasador I pivote, perno I muñón (ejes).

guest element I elemento metasomático (geoquímica).

guest mineral I metasoma.

gug I plano inclinado automotor (minas).

guhr I trípoli diatomita I guhr (depósito terrizo producido por la acción del agua y que rellena las grietas -geología).

guidance I guía I guiamiento I teleguiamiento (proyectiles).

guidance of direction finder I marcación del radiogoniómetro (aeronáutica).

guide I guía I saetín (rueda hidráulica) I directriz (turbina hidráulica).

guide blade I paleta directriz, paleta fija.

guide card I ficha guía (fichero).

guide field I campo de direccionalidad.

guide missile I misil teledirigido.

guide plate I placa de guía I placa directriz.

guide point I punto directriz.

guide pulley I polea de desviación I polea de guía I polea directriz.

guide ring I corona directriz (distribuidor -turbinas).

guide (to) I guiar I conducir.

guide vane I aleta guiadora I encauzador (paleta directriz) I álabe fijo (turbinas), álabe guía de entrada (turbinas) I álabe del distribuidor (turbinas).

guided aircraft missile I proyectil dirigido lanzado desde un avión.

guided aircraft rocket I misil guiado cohético lanzado desde un aeroplano.

guided electromagnetic wave I onda electromagnética guiada.

guided rocket | misil teleguiado con propulsión cohética | misil guiado cohético lanzado por un avión.

guided waves | ondas guiadas.

guided weapon | misil.

guided-bend test | prueba de flexión guiada, prueba de plegado alrededor de un mandril o de una horma, prueba de plegado guiado (metalurgia).

guideline | directriz.

guilleminite | guilleminita.

guilloche | guilloquis (lazo de adorno -arquitectura).

guillotine | guillotina.

guillotine attenuator | atenuador de guillotina (ondas).

guillotine shears | tijeras de guillotina | cizalla.

gulch gold | oro aluvial.

gull wing | ala de gaviota (aeroplanos).

gullet | lima cilíndrica | garganta (espacio entre dientes -sierras) | zanja profunda | trinchera de ataque (grandes excavaciones) | desfiladero (montañas) | canal (hidráulica).

gullet saw | serrote de trozar.

gulls | reflectores antirradáricos colgados de globos cautivos.

gully | sumidero | alcantarilla | rambla | torrente | hondonada | canal (oceanografía).

gully erosion | erosión en arroyo (geología).

gully plugging | construcción de diques para combatir los surcos de erosión (laderas de montes) | corrección de cárcavas (torrenteras).

gully (to) | formar canal | excavar por erosión.

gullying | arrollamiento | erosión en arroyo (geología).

gulp | grupo de bytes | producción de un horno (metalurgia) | grupo de números binarios.

gum | goma | cola | menudos de carbón.

gum ammoniac | amoníaco gomoso.

gum camphor | goma alcanfor.

gum check | bolsa de resina | bolsa gomosa.

gum resin | resina gomosa | gomorresina.

gum reversal process | procedimiento de inversión de la goma (litografía).

gum spirit | aceite de trementina.

gum thus | goma aromática.

gum (to) | pegar con goma | engomar | encolar, embotarse (empastarse - limas, muelas abrasivas) | oxidarse (espesarse - aceites).

gum turpentine | aguarrás de resina | goma de trementina.

gumbenzoin | goma benjui (química).

gumbo | arcilla muy plástica de color oscuro | barro pegajoso (gumbo).

gum-dextrine mountant | goma a la dextrina (fotografía).

gumlac | goma laca.

gummed | engomado | encolado | oxidado, espesado (aceites), empastada (limas, muelas abrasivas).

gummed oil | aceite espeso.

gummer | encolador (encuadernación) | aparato para dentar sierras.

gummer shear | cizalla de dentar.

gumminess | pegajosidad | gomosidad, viscosidad | oxidación rápida (lubricantes).

gumming | afiladura (de dientes de sierra) | pegadura (de un pistón con el cilindro), empaste (embotamiento -limas, muelas abrasivas) | espesamiento al aire libre (aceites).

gummite | gumita.

gummy | gomoso | engomado.

gummy grease | grasa gomosa.

gummy oil | aceite muy viscoso.

gun | perforador (motor) | fusil | escopeta | pistola | revólver | ametralladora | boca de fuego (cañón) | disparo de arma de fuego | remachadora de aire comprimido | inyector de grasa lubricante | cañón electrónico (betatrón) | lanzador neumático (pistolón neumático -para mortero de cemento, etc.).

gun barrel | depósito de decantación | cañón de fusil | tubo del cañón | tanque de asentamiento (pozo petróleo).

gun blast | rebufo (cañones).

gun body | cañón (tubo -sin ajustes ni mecanismo).

gun bore line | eje del ánima del cañón.

gun bracket | caja de dirección.

gun brush | escobillón para cañones.

gun camera | ametralladora fotográfica.

gun chamber | recámara (cañones).

gun current | corriente total que va hacia el ánodo (tubo rayos catódicos).

gun data computer | calculadora de datos de tiro.

gun directing sight | alza directora del cañón.

gun displacement | distancia del cañón al observatorio (tiro terrestre).

gun drive (to) | apretar con el martillo neumático (remaches).

gun elevation corrector | corrector de puntería en elevación del cañón.

gun erosion | erosión del ánima (cañones).

gun error | error del cañón (balística).

gun firing | perforación con pistola (sondeos) | disparo del cañón.

gun firing switch | conmutador de disparo de la ametralladora o cañón.

gun laying radar I radar de control de tiro.

gun laying servo I servomecanismo de puntería.

gun laying turret I radar indicador de tiro en un avión.

gun metal I bronce de cañones.

gun oil I aceite para engrasar cañones de escopetas y fusiles I lubricante para fusibles.

gun order transmitter I transmisor de órdenes de tiro.

gun parallax I paralaje del cañón I paralaje de una pieza.

gun perforator I pistola de perforación (sondeos).

gun scale I alza de un cañón.

gun sight I visor colimador de artillería I mira del cañón.

gun synchronizer I sincronizador de ametralladora (aviones).

gun tackle I aparejo con un cuadernal fijo y otro móvil, aparejo sobre aparejo.

gun timing I sincronización de la ametralladora (aviones).

gun (to) I proyectar hormigón con pistolón neumático I dar todos los gases al motor (motor aviación) I dar toda la potencia (acelerar a fondo -motor aviación).

gun turret I torreta para la ametralladora o cañón (aviones).

gun type weapon I arma nuclear para cañón.

gun voltage I voltaje del cañón electrónico (betatrón).

gun wax I grasa para cañón I grasa para armas.

gun welder I soldadora por puntos I pistola para soldar espárragos.

gunar I sistema electrónico de dirección de tiro (buques).

gun-bank I espaldón (fortificación).

gunbarret I decantador (ingeniería química).

gunbay I compartimiento interior (torre de cañones).

gunboat I lancha cañonera I cañonero I balsa con cabrestante (Iberoamérica) I pontón (México), caja guiada, eskip (minas).

gunbore I ánima del cañón.

gunbore gage I calibre para ánima del cañón.

gunbore line I prolongación del eje del ánima de cañón.

gunboring I barrenado de cañones.

gunboring lathe I torno para barrenar cañones.

guncotton I algodón pólvora.

gundeck I cubierta principal (batería -buques guerra).

gun-directing radar I radar director de tiro.

gun-directing sight I alza directora del cañón.

gun-director servosystem I servomecanismo del alza directora.

gun-drill (to) I perforar profundamente I hacer ejercicios de cañón.

gunfire I cañonazo, disparo de cañón I cañonazo de diana o retreta (milicia).

gunfire control radar I radar de dirección de tiro.

gunfire control system I sistema director de tiro.

gunfire radar I radar de artillería.

gunflint I pedernal.

gunhouse I casamata I mantelete (artillería naval) I parte visible de la torre sobre la barbeta, techo de la torre (artillería naval) I torre del cañón.

gunis I socavón que queda después de extraer el mineral (minas).

gunite I gunita (mortero de cemento u hormigón de garbancillo) I grafito finamente pulverizado (fundición) I mortero lanzado (México).

gunite lining I revestimiento gunitado.

gunite (to) I gunitar (revestir con el pistolón lanzacemento) I repellar con lanzador neumático.

gunk I solvente para grasas.

Gunn diode I diodo de Gunn.

gunned concrete I hormigón proyectado I hormigón gunitado I mortero de cemento colocado con pistolón neumático.

Gunn-effect diode I diodo de efecto Gunn.

gunnel I regala I borda (buques).

gunnery I cañoneo I artillería I balística I tiro con cañón I técnica del tiro.

gunnery chronograph I cronógrafo balístico.

gunnery computer I calculadora balística.

gunnery control I dirección de tiro.

gunnery radar I radar artillero.

gunshot I cañonazo I escopetazo I fusilazo I pistoletazo I disparo de arma de fuego.

gunsight I goniómetro de pieza I alza de cañón.

gunsight gear I mecanismo de puntería del cañón.

gunsight graticule I cuadrícula de puntería.

gunsight head I cabeza de visor I mira.

gunsight lens I lente colimadora.

gunsight radar I radar de puntería automática (cañón).

gunsight telescope I anteojo de puntería del cañón.

gun-spotter I avión para referencia de artillería.

gunstock I caja de fusil.

Gunter's chain I cadena de Gunter = 66 pies de longitud = 20,1168 metros I cadena de agrimensor (EE UU).

gunwale I regala I falca (botes).

gunwale under I con la regala debajo del agua (balances).

gunwelder I pinza de soldar.

gunwell I pozo de la torre (artillería) I pozo del cañón.

gurlet I alcotana.

gush I chorro I arrastre de agua con el vapor (calderas).

gush (to) I derramar, verter I lanzar chorros I borbollar, borbotar I brotar, fluir, manar I chorrear.

gusher I pozo eruptivo I pozo brotante (petróleo) I pozo surtidor (petróleo).

gushing well I pozo brotante (petróleo).

gusset I recrecimiento de una cubierta de hormigón para darla pendiente I esquinero (chapa triangular de unión) I cartela (cartabón de unión -nudos estructurales) I corte en V (túneles) I palma de la cuaderna.

gusset bracket I cartela.

gusset girder I viga acartelada.

gusset plate I chapa triangular de unión (esquinero) I cartabón de unión (chapa de nudo -estructuras) I consola de refuerzo.

gust I racha de viento, ráfaga.

gust alleviating factor I factor de atenuación de ráfagas.

gust alleviator I atenuador de ráfagas.

gust anemometer I anemómetro de ráfagas.

gust detector I rafagoscopio (detector de rachas de viento -aviones).

gust envelope I diagrama de ráfagas (aviones).

gust field I campo de ráfagas.

gust load I carga por bufada de viento (estructuras).

gust vector I vector ráfaga (vientos).

gustful I ventoso (rafagoso -viento).

gustiness I turbulencia (meteorología).

gust-measuring device I rafagómetro.

gusty I borrascoso, tormentoso I ventoso, rafagoso (viento).

gut I producción rápida (pozo petrolero).

gut (to) I explotar solamente las partes ricas (yacimiento de minerales).

gutta I guta (hidrocarburo).

guttamer I medidor de la tensión superficial por el número de gotas.

gutta-percha I gutapercha (aislante).

gutter I albañal, cloaca I canalón de recogida de aguas (edificios) I alfarje I canal de gotera (guardaaguas -buques) I canal de colada.

H

H bar I hierro doble T I barra en H.
H beam I viga laminada doble T.
H bend I codo progresivo.
H bomb I bomba H.
H facility I radiofaro H.
H frame I caballete en H (líneas eléctricas).
H iron I hierro doble T.
H mode I modo H (guías de ondas).
H network I red en H.
H pole-line I línea doble (telecomunicación).
H. F. amplifier I amplificador de alta frecuencia.
H. F. channellized transmitter I transmisor simultáneo de canales de alta frecuencia.
H. F. choke coil I bobina de reactancia de alta frecuencia.
h.f. heated I caldeado por corriente de alta frecuencia.
H. F. S magnet I electroimán de superconductor de gran campo magnético.
H. F. welding I soldeo por corriente de alta frecuencia.
h. p. ahead turbine I turbina avante de alta presión.
h. p. cylinder I cilindro de alta presión (máquina vapor).
H. P. oil I lubricante para grandes presiones.
H. R. C. fuse I fusible de gran capacidad de desconexión.
H. R. steel I acero de gran resistencia.
H. S. substances I patrones químicamente puros (metales, sales y óxidos).
h. t. battery I batería de alta tensión.
H. V. D. C. inverter I conmutatriz de corriente continua de alto voltaje.
H. V. transformer I transformador de alta tensión.
h.c. copper I cobre de alta conductividad.
H.D. circuit I circuito bidireccional alternativo.
h.d. video system I sistema de vídeo de alta definición.
h.p turbine I turbina de alta presión.
H.T.S.T. I tratamiento de pasteurización o esterilización a temperaturas elevadas y de corto tiempo.
Ha I hahnio (química).
Haarlem oil I aceite de linaza trementinado y sulfurado.
Haas tester I probador Haas (petrolífero).
habitus I facies (mineralogía).
hack hammer I martillo para desbastar piedra I alcotana.
hack iron I tajadera (fraguas).

hack saw I segueta I sierra para metales.
hack (to) I burilar I picar piedra I picar (enlucidos).
hacking-knife I cuchilla de vidriero I cuchillo de tajar.
hacking-off I picado del enlucido (paredes).
hacksaw I sierra cortametales I tajadera.
hade I buzamiento, recuesto (pendiente -de un filón) I inclinación de una falla sobre la vertical (complemento del buzamiento).
hade slip fault I falla normal.
hade (to) I buzar (geología).
hading I buzamiento.
hadron I hadrón (radiación cósmica).
hadronic I hadrónico.
hafnium I hafnio.
hafnium carbide I carburo de hafnio.
hafnium-free zirconium I zirconio exento de hafnio.
hahnium (Ha-EE.UU.) I hahnio I unilpentio I nielsbohrio.
hail I granizo I pedrisco.
hailstone I pedrisco.
hailstorm I pedrisco.
hair crack I pelo (piezas fundidas) I grieta fina (metalurgia) I grieta capilar (construcción).
hair pyrites I sulfuro de níquel capilar, tricopirita.
hairline crack I grieta capilar interna (metalurgia).
hairline cracking I fisuración capilar interna.
hairline-cracked I con grietas capilares (aceros).
hair-splitting accuracy I precisión micrométrica.
hairspring I espiral (relojería).
hairstone I cabellos de Venus (mineral).
halation I halación (halo alrededor de la imagen -fotografía) I halo.
half and half I aleación de plomo 50% y estaño 50%.
half bend I codo de 180 grados.
half connection I semiconexión.
half on I frente de arranque a 45° con el crucero (minería).
half round I media caña (hierro comercial) I semicircular.
half S trap I sifón en S a 90 grados.
half-coiled winding I devanado medio bobinado I devanado de fases hemitropas.
half-compression cam I leva de descompresión (motores).

half-core I semimacho (funderías).
half-course I frente de arranque a 45 grados con el buzamiento de la capa (minería).
half-cycle I semiciclo I semiperiodo (electricidad).
half-decay period I semiperiodo (radiactividad).
half-duplex circuit I circuito dúplex en alternativa.
half-latticer girder I viga Warren.
half-life I periodo de semidesintegración I vida media (nucleónica).
half-normal bend I codo de 135 grados (tuberías).
half-power bandwidth I anchura de banda de mitad de potencia.
half-round rasp I escofina.
half-speed shaft I eje de levas (motores) I eje que gira a mitad de velocidad (motores).
half-timbered I medio entibado (minería) I muros con entramado de madera.
halftone I directo I medio tono (fotomecánica) I fotograbado de trama.
halftone and line plate I clisé compuesto (fotograbado).
halftone comb I buril-rastrillo (clisé de fotograbado).
halftone cut I plancha de autotipia I plancha de medio tono.
halftone engraving I clisé de trama.
halftone negative I negativo tramado.
half-tone plate I fotograbado a media tinta I clisé a media tinta.
halftone process image I imagen tramada (imprenta-fotografía).
half-tone reproduction I reproducción fototipográfica, reproducción en relieve.
half-track recorder I registrador de cinta de doble pista.
half-track tape I cinta de dos pistas (magnetófono).
half-value layer I capa de semiatenuación (capa de semiabsorción -nucleónica).
half-value period I periodo radiactivo.
half-value thickness I espesor del valor mitad I espesor de una sustancia que reduce a la mitad la irradiación del haz (radiología).
half-wave I semionda, semiciclo.
half-wave antenna I antena de semionda, antena en media onda.
half-wave circuit I circuito en que la corriente fluye durante semiperiodos alternos.
half-wave plate I placa de media onda (óptica).
half-wave radiator I radiador de media onda I transmisor de media onda.

half-wave rectification I rectificación de semiciclos (corrientes alternas).
half-wave rectifier I rectificador de una alternancia, rectificador de semionda, rectificador monoanódico.
half-wave reference dipole I dipolo de media onda de referencia.
half-wave suppressor coil I bobina supresora de las semiondas.
half-wave transmission line I línea de transmisión de media onda.
half-wave vibrator I vibrador de media onda.
half-wavelength I media longitud de onda.
half-width I semiamplitud I semianchura (línea espectral).
halide I haluro, halagenuro, sal halógena.
halide lamp I lámpara de soldar con alcohol o acetileno.
halite I halita (sal gema).
Hall effect I efecto Hall (líneas eléctricas).
Hall probe I sonda de Hall.
halmyrolysis I diagénesis (geoquímica).
halo I halo (astronomía, óptica, fotografía).
halobenthic I halobéntico.
halogen I halógeno (química).
halogen counter I contador con halógeno (geiger).
halogen derivatives I derivados halógenados.
halogen hydride I hidrácido.
halogen light I luz halógena.
halogenate (to) I halogenar.
halogenation I halogenación.
halogen-cutoff detector I detector de extinción con halógeno.
halogenide I halogenuro.
halogenous I halógeno.
halography I halografía.
haloid I haluro I sal haloidea I haloideo.
halometer I halómetro, eriómetro.
halophosphate I fosfato halogenado.
haloplankton I haloplancton.
haloscope I haloscopio.
halotechny I halotecnia (química).
halothane vaporiser I vaporizador de halotano.
halt I punto crítico (análisis térmico) I interrupción I detención (programa).
halvan ore I mineral de desecho.
halve (to) I partir en dos mitades I bisectar.
halved belt I correa cruzada (transmisiones).
halved joint I junta a media madera I unión a medio corte.
halving I división en dos, partición en dos I bisección.
ham I radioaficionado.

ham station I estación de radio de un aficionado.

hammer I martillo I mazo I martinete de forja I martillo pilón I maza de martinete I percutor (armas).

hammer bit I pica (martillo perforador).

hammer drill stoper I perforadora telescópica (minas).

hammer forging I forja de estampación.

hammer grab I cuchara perforadora (agujeros para pilotes).

hammer harden (to) I batir en frío (mecánica).

hammer hardening I martillado en frío (batido en frío -metales) I endurecimiento por forjado.

hammer lap I hoja producida por forja.

hammer mill I trituradora de martillos I molino triturador I trituradora.

hammer piston I pistón de la maza (martillo pilón) I pistón percutor.

hammer refraction seismograph I sismógrafo de refracción provisto de un martillo como fuente energética.

hammer shop I taller de forja.

hammer test I prueba de forjabilidad I prueba con el martillo I prueba por martillado.

hammer (to) I martillar I amartillar (montar el percutor -armas) I forjar I marchar con irregularidad (motores).

hammer tup I maza (martillo pilón).

hammer up (to) I forjar con martinete.

hammer weld I soldadura por forja.

hammer weld (to) I soldar a martillo.

hand chain I cadena de maniobra (aparejos).

hand crank I manivela.

hand file I lima carleta.

hand forging I forjado manual.

hand hammer drill I perforadora de percusión a brazo.

hand hook I palanca de enderezar.

hand lever I guimbaleta I palanca de mano I palanca de maniobra I manigueta.

hand microtelephone set I aparato microtelefónico.

hand of an engine I sentido de giro del motor.

hand of helix I sentido de giro de la hélice.

hand of spiral I dirección de la espiral.

hand press I prensa de mano.

hand pump I bomba manual.

hand radar I radar portátil.

hand receiver I receptor telefónico de mano.

hand rendering I enlucido a mano.

hand reset I reposición manual I de reenganche manual (disyuntor).

hand shank I cuchara de mano (funderías).

hand slabber I cortadora de mano I fresadora manual.

hand stamp I estampa de mano.

hand starter I manivela de arranque (motores).

hand stoping I arranque a mano (minas).

hand tight I tensado a mano.

hand tilting I basculamiento manual.

hand timing I avance a mano (magnetos).

hand tool I herramienta de mano.

hand trip gear I mecanismo disparador manual.

hand turning gear I virador a mano (máquinas).

hand wheel I volante de mano I volante de maniobra.

hand winch I torno elevador manual.

hand winding I devanado a mano I bobinado a mano.

hand wrench I volteador (sondeos).

handbook I manual.

handbrake I freno de mano.

hand-consolidated I compactado a mano (hormigón).

hand-crafted I de artesanía.

hand-crafted automobile I automóvil de artesanía.

hand-cranking I arranque a mano con manivela (motores).

hand-driven I accionado a mano I remachado a mano.

handed pair of engines I pareja de motores que giran en el mismo sentido.

hand-fitting I montaje a mano, ajuste a mano.

hand-forged I forjado a mano.

hand-held terminal I terminal portátil (telecomunicaciones).

handicraft I trabajo manual I artesanía.

handie-talkie I radioteléfono de mano.

handiness I maniobrabilidad I manejabilidad (buques, aviones) I comodidad (de una herramienta).

hand-keyed signal I señal transmitida con Morse.

handle I manivela.

handle (to) I poner mango, enmangar (herramientas), manejar (un buque).

hand-lead I sonda de mano, sondaleza, escandallo de mano.

handle-bar I manubrio.

handle-operate (to) I accionar por manivela I accionar por manigueta.

handling I embarque (aeronáutica) I manipulación I enmangamiento (de una herramienta) I manejo y transporte de materiales.

handling instructions I instrucciones de tráfico (telegrafía).

hand-made I hecho a mano.

handoff I conmutación (radiotelefónica) I transferencia a otra estación base.

hand-operated I maniobrado a mano, accionado a mano.

handover I transferencia de control I conmutación de la llamada en curso (telefonía celular).

hand-pick (to) I apartar a mano (minerales) I escoger a mano, seleccionar a mano.

hand-power I fuerza de brazos I cabria de mano.

hand-power gear I mecanismo a brazo, mecanismo movido a mano.

handsaw I serrucho I sierra de mano.

handset I micrófono I compuesto a mano (tipografía) I engastado a mano (diamantes) I microteléfono.

handset amplifier I amplificador de número teléfono (telecomunicaciones).

handset earphone I microteléfono.

handshaking I secuencia de señales electrónicas entre un ordenador y un periférico I entrada en comunicación I intercambio de controles (teleproceso) I sincronización inicial I intercambio de señalización inicial por procedimiento confirmador (telecomunicaciones).

hand-sorted ore I mineral escogido a mano.

handspike I palanca de maniobra I espeque I barra.

hand-tooled I labrado a mano I dorado a mano (encuadernación).

hand-weld (to) I soldar a mano.

handwork I obra hecha a mano.

handy-talkie I radioteléfono portátil.

hang I cabeceo I ángulo de salida I inclinación I inclinación de un palo (buques) I obstrucción (alto horno).

hang on the propeller (to) I alcanzar una posición casi de desplome en un encabritamiento (aviones).

hang the rudder (to) I montar el timón (buques).

hangar I hangar.

hangfire I explosión demorada (barrenos) I combustión retardada (municiones) I retraso en la detonación de la carga de proyección (cañones).

hanging I colocación I suspensión I montaje.

hanging compass I compás de cámara, brújula suspendida, compás invertido (buques).

hang-up I bloqueo total I inmovilización I parada de máquina imprevista I parada inesperada (informática).

harbor control radar I radar de control de puertos.

harbor (U.S.A.) I puerto.

harbour (G.B.) I puerto.

hard alloy facing I recrecimiento con aleación dura.

hard blow I soplado incompleto (alto horno).

hard carbon I carbón cristalizado duro.

hard cardboard I cartón piedra.

hard case I capa endurecida (cementación).

hard casting I pieza de fundición maleable.

hard coal I antracita I hulla I carbón antracitoso.

hard copy I copia impresa (computador) I salida de máquina impresa I copia permanente.

hard diode I diodo de alto vacío.

hard disk I disco duro (ordenador) I disco fijo.

hard disk drive I unidad de disco duro (informática).

hard drawn I estirado en frío, estirado con gran reducción de sección sin termotratamiento intermedio.

hard flow I fluencia dura (moldeo a presión).

hard glass I vidrio duro.

hard ground I paleosol (fondo marino) I terreno indurado I capa indurada (geología).

hard landing I aterrizaje brusco.

hard lead I aleación de plomo y antimonio.

hard magnetic material I material de gran remanencia y coercividad magnética de unos 100 oerstedios.

hard metal boride I boruro de metal duro.

hard negative I cliché duro (fotografía).

hard neutral I posición de equilibrio de las escobillas (motores de repulsión).

hard paper I papel de contrastes (fotografía) I papel endurecido, papel impregnado con resina fenólica.

hard rubber I vulcanita I ebonita I caucho duro.

hard sectored disk I disco rígido dividido por sectores.

hard sectoring I sectorización física (disco magnético).

hard silver solder I suelda al cuarto (3 de plata y 1 de alambre de latón).

hard solder I suelda de plata, cobre y cinc I cobresoldadura.

hard solder (to) I cobresoldar.

hard soldering I cobresoldeo.

hard spots I puntos duros I sitios donde hay solución de continuidad del material (estructuras) I partículas de carburo de hierro (fundición gris) I manchas duras (cristales primarios de compuestos intermetálicos duros aluminio).

hard start I arranque eléctrico desde una fuente exterior (motor aeroplano).

hard tap I sangría dura (alto horno).

hard tin I aleación de (99,6%) estaño y (0,4%) de cobre.

hard tube I tubo de alto vacío (termiónica).

hard vacuum I alto vacío.

hard valve modulator I modulador de válvulas de alto vacío.

hard water I agua calcárea I agua gorda, agua dura.

hard wheel I muela abrasiva dura.

hard winding I arrollado compacto.

hardboard I tablero de aglomerado I madera prensada.

hard-bound I encuadernación en pasta dura.

hard-burned clay I arcilla muy cocida.

hard-burned plaster I yeso anhidro.

hard-drawn brass I latón crudo.

hard-drawn copper I cobre estirado en frío.

harden (to) I templar, endurecer (aceros) I cementar (aceros) I hidrogenar (aceites).

hardenability I templabilidad, endurecibilidad.

hardenable I cementable I templable, endurecible (aceros).

hardened I endurecido I templado I cementado I hidrogenado (aceites).

hardened steel I acero templado I acero cementado.

hardener I endurecedor I baño reforzador (fotografía) I aleación patrón (aleación rica en un elemento que se añade al caldo).

hardening I endurecimiento I temple (aceros) I cementación.

hardening bath I baño al temple I baño reforzador (fotografía).

hardening furnace I horno de cementación I horno de templar.

hardening heat I temperatura de temple I temperatura de cementación.

hardening material I endurecedor.

hardenite I martensita.

hardface (to) I endurecer la superficie I cementar I recrecer con soldadura.

hardfacing I temple superficial I revestimiento con metal duro.

hardfacing alloy I aleación de temple superficial I aleación para recrecimiento de piezas.

hardfacing powder I polvo para cementar (metalurgia).

hardhead I concreción dura (areniscas) I aleación de hierro y estaño obtenida por fusión de escorias de alto horno o de reverbero (afino de concentrados de estaño).

hardiness I resistencia (al frío o calor).

hardness gradient I gradiente de dureza (pieza fundida).

hardness number I número de dureza I índice de dureza I coeficiente de dureza (Brinell).

hardness test I durómetro, medidor de durezas.

hardometer I medidor de durezas, durómetro.

hardpan I base sólida I suelo resistente I horizonte indurado (pedología) I tierra endurecida (geología) I costra dura (geología).

hard-rolled I laminado en duro.

hard-soldered material I material cobresoldado.

hardstand I área afirmada de estacionamiento, zona de aparcamiento de aviones I firme de aparcamiento.

hard-surface (to) I recrecer con soldadura.

hard-surfaced I de superficie dura I revestido con metal duro.

hard-surfacing I endurecimiento de la superficie I revestimiento con metal duro.

hardware I ferretería I conjunto de componentes electrónicos y mecánicos de un sistema de ordenador I parte física de un ordenador.

hardware language I lenguaje de máquina (informática).

hard-wire I conexión alámbrica.

hard-wire portion I segmento alámbrico de transmisión.

hard-wire telemetry I telemetría alámbrica.

hard-wired I cableado.

hardy I tajadera, degüello de yunque.

harlequin opal I ópalo arlequín.

harmonic I armónica I armónico.

harmonic analyzer I analizador de armónicas.

harmonic antenna I antena armónica.

harmonic attenuator I eliminador de armónicas.

harmonic balancer I equilibrador armónico I amortiguador de sacudidas (autos).

harmonic content I porcentaje de distorsión I conjunto de armónicos.

harmonic current I corriente armónica.

harmonic detector I detector de armónica.

harmonic dial I cuadrante armónico.

harmonic exciting torque I par armónico de excitación (motores).

harmonic generator I multiplicador de frecuencia (electricidad).

harmonic intensity I intensidad de armónicas.

harmonic leakage power I potencia de fuga por armónicos I fuerza de dispersión armónica (electricidad).

harmonic mean I media armónica.

harmonic mixer I mezclador en armónicos.

harmonic radiation I emisión de armónicas.

harmonic ratio | proporción armónica.

harmonic suppressor | eliminador de armónicas.

harmonic transformer | transformador armónico.

harmonic wave | onda armónica.

harmonica bug | interceptación armónica (telefonía).

harmonization | armonización | reglaje.

harness | remesa (remetido de urdimbre) | arcada (telar) | cuerpo de mallas (jacquard) | lizo (telar) | colector de cables (aviones) | mazo de conductores.

harness hook | gancho portaarcadas (jacquard) | gancho portalizos (telares).

harness kit | conjunto de cableado.

harp antenna | antena direccional en abanico (con los lóbulos principales de sección elíptica).

Harris process | procedimiento para depurar plomo.

harrow disk | grada de discos.

harrow spike | grada de dientes rígidos.

harrow (to) | rastrillar | escarificar (carreteras).

harsh steel | acero no soldable.

Harveyized steel | acero cementado calentado en contacto con carbón vegetal | acero con 3,5% de níquel.

hash | parásitos (radio) | señales parásitas de radar.

hash table search | búsqueda por cálculo de direcciones (informática).

hashing | cálculo de clave (informática).

hassok | gres calcáreo, toba.

hastelloy | aleación de níquel-hierro-molibdeno.

hasten the fires (to) | activar los fuegos (calderas).

hat roller | polea-soporte, polea para curvas (cable sin fin).

hat section | perfil laminado en U con alas enfaldilladas, perfil laminado en forma de sombrero de copa.

hat stiffener | refuerzo de sección en U profunda.

hatch | hendidura (orfebrería) | compuerta | escotilla | compuerta de esclusa | techo desmontable | panel de cierre hermético.

hatch door | escotilla.

hatch side coaming | brazola lateral de escotilla (buques) | brazola (marina).

hatchet bit | soldador, hierro para soldar (herramienta).

hatchet iron | soldador de filo (hojalatería).

hatchet strake | hierro de plegar, bigorneta de arista viva (en el yunque).

hatchway | escotilla.

hatchway beam | bao de escotilla, galeota.

haul | recorrido, trayecto | acarreo | halaje.

haul ahead (to) | halar hacia proa.

haul astern (to) | halar hacia popa (buques).

haul down cable | sirga.

haul down (to) | arriar.

haul in (to) | halar tirando | virar (marina) | recalar (marina).

haul off (to) | arriar.

haul (to) | remolcar | halar | cambiar el rumbo | mover de un muelle a otro a través de un río (buques).

haul up (to) | izar (marina) | cargar (velas).

haulage | tracción, remolque | arrastre, acarreo.

haulage level | galería de arrastre, galería de extracción | galería de carga.

haulage plane | plano inclinado.

haulage rope | cable de extracción (minas) | cable de arrastre | cable de tracción.

haulageway | galería de arrastre | galería de transporte.

hauling | remolque, tracción | halaje.

hauling cable | cable de tracción.

hauling capacity | capacidad de arrastre | potencia de tracción.

hauling chain | cadena de tracción.

hauling engine | motor de tracción.

hauling gallery | galería de extracción (minas).

hauling gear | torno de halar | mecanismo de tracción.

hauling line | guía (cable para halar) | cable tractor sin fin.

hauling rope | cable de extracción (minas) | cable de tracción, cable tractor.

hauling shaft | pozo de extracción (minas).

hauling track | vía férrea de la mina | apoyo de extracción (minas).

hauling winch | torno de extracción.

haulway | galería de arrastre, galería de extracción.

hawkbill | tenazas de soldar.

hawkeye | radar detector propio del submarino, detector de esnorkel.

hawk's eye | crocidolita silicificada de color azul oscuro.

hawse hole | escobén.

hawsepipe | escobén, bocina del escobén.

hawser | guindaleza, calabrote | cable, estacha (marina).

hawsing iron | hierro de calafatear.

haxe filter | filtro ultravioleta.

haze | bruma | calima.

haze filter | filtro ultravioleta.

hazle | arenisca esquistosa compacta.

hazy weather | tiempo cargado (meteorología) | tiempo cubierto.

H-E station | central hidroeléctrica.

head | cabeza | cima | parte superior | tapa de cilindros | culata (cilindros) | cabecera (ríos) | carga hidrostática | extremo de un vector | cabeza de grabación | cabeza de borrado.

head amplifier | preamplificador | amplificador de imagen (televisión).

head and stern mooring | anclaje por proa y popa (para no bornear).

head beam | travesaño.

head block | traviesa de camino (ferrocarril).

head canal | canal alimentador, canal de aducción.

head crash | rotura de cabeza (unidad de disco) | fallo de acceso (informática).

head demagnetizer | desmagnetizador de cabeza de registro.

head drum | tambor de cabeza (magnetoscopio).

head feed | avance del cabezal.

head gap | entrehierro de la cabeza (registro magnético).

head gate | compuerta de toma (hidráulica) | puerta de aguas arriba (esclusa), compuerta de cabecera.

head house | caseta de bocamina (minas) | caseta del filtro (conducción de aguas).

head lamp | faro de automóvil | lámpara frontal.

head metal | metal de mazarota.

head pipe | conducto de llegada, tubo de llegada | tubuladora de impulsión (bombas).

head pulley | polea motriz (cinta transportadora) | polea principal.

head resistance | resistencia al avance.

head stack | conjunto de cabezas apiladas (magnetófonos).

head switching | conmutación de cabezas (lectura-escritura).

head temperature | temperatura de licuación.

head timber | gambota de proa (buque de madera).

head tree | viga transversal | árbol de anclaje.

head up display | proyección de información sobre pantalla | colimador de pilotaje.

head valve | válvula de impulsión (bombas).

head wheel | polea del castillete de extracción, polea alta.

head/disk assembly | ensamble cabezas-discos (informática).

head-end | parte posterior del cilindro (máquinas vapor fija horizontal) | parte delantera del cilindro (locomotoras) | sistema cabezal de antena (TV).

head-end admission | admisión posterior (máquina de vapor fija horizontal) | admisión delantera (locomotoras).

header | parte superior | tizón (muros) | tubo colector | colector de agua (calderas) | colector, calderín (calderas) | cabezal de tubos (caldera acuotubular) | excavadora (minas) | picador de carbón (minas) | soporte de semiconductor.

header tank | tanque para alimentación por gravedad | tanque de compensación.

headfast | estacha, amarra.

headframe | castillete de extracción (minas) | marco de superficie (pozos de minas).

head-gear | aparejo de las velas de proa | castillete de extracción (minas) | torre de sondeo, tren de sondeo.

heading | tizón (muros) | galería de avance, socavón (minas) | frente de excavación | producto de cabeza (petróleo) | concentrado (preparación minerales) | ramal de acceso a la cámara de explosión (voladuras) | orientación | rumbo | derrota.

heading and bench | galería de avance y destroza (túneles).

heading angle | ángulo de rumbo (aviación).

heading control switch | interruptor del control de encabezamiento.

heading crossing angle | ángulo de intersección de rumbos.

heading die | troquel encabezador | matriz encabezadora.

heading face | frente de avance.

heading machine | máquina de hacer cabezas en frío (pernos, clavos, etc.) | excavadora de avance, rozadora de galería de avance (minas).

heading marker | indicador de proa (radar).

heading press | prensa para encabezar (pernos).

heading punch | punzón de recalcar.

heading repeater | repetidor de rumbo.

heading stope | tajo de avance, galería de avance (minas).

heading synchronizer | sincronizador de rumbo (aviónica).

heading tool | herramienta para formar cabezas (pernos, etc.) | punzón de recalcar.

headland | cabo, promontorio, farallón.

headlight | faro de automóvil | farol de tope (buques) | luz de carretera.

headlight antenna | antena de faro.

headlight deflector | desviador de haz de luz (faros).

head-on | de frente | frontal.

head-on phototube | célula fotoeléctrica con el cátodo en la parte superior.

headphone | auricular | casco telefónico.

headroom | altura libre de paso (vigas puentes) | altura del piso al techo (minas).

heads | mineral puro obtenido por lavado | producto de cabeza (petróleo).

headset | casco con auriculares | casco telefónico.

head-sheave | polea del castillete de extracción | polea alta.

headstock | contrapunto (torno) | castillete de extracción (minas) | travesaño (de un vagón) | testera, cabezal, travesaño frontal | caballete de extracción (minas).

headstock cap | casquete del cabezal.

headstock feed | avance del cabezal.

headstock spindle | husillo | eje del cabezal (tornos).

headwall | frontispicio | testero | muro de cabecera | muro de fondo (dique seco).

headway | arrancada, marcha (de un buque) | intervalo de tiempo.

head-wheel | tambor de cabeza (grabación magnética).

head-winding | bobinado de cabeza | devanado de cabeza (grabación magnética).

heald | lizo, malla.

healing stone | pizarra.

healthy circuit | circuito sin pérdidas (electricidad).

healthy-trip indicator | indicador de conexión correcta (cuadros control eléctrico).

heap leaching | lixiviación en pila | lixiviación en montón.

heap roasting | calcinación en montones, tostación en montón (metalurgia).

heaped concrete | hormigón colado.

hearing | escucha (radio) | acústico, auditivo.

hearing level | nivel de audición.

hearing measurement | medida audiométrica.

hearing signal | señal acústica.

hearing test | comprobación audiométrica.

heart | excéntrica de corazón | alma de cable.

heart cut | fracción media (destilación).

heart trowel | trulla del corazón (moldeo) | palaustre (albañilería).

heart-bond | hilada de tizones (muros).

hearth | cámara de fusión (hornos) | forja de carbón vegetal | solera | crisol (alto horno).

hearth area | superficie de la plaza (hornos).

hearth back | placa de dama (horno forja).

hearth block | fondo del crisol, solera del crisol.

hearth bricks | ladrillos refractarios.

hearth casing | blindaje de la solera.

hearth coverage | recubrimiento de la solera.

hearth depth | espesor de la solera (hornos).

hearth electrode | electrodo de la solera (hornos).

hearth fining | afino en horno de solera.

hearth furnace | horno de forja | horno de solera.

hearth heat | temperatura máxima (alto horno).

hearth jacket | blindaje del crisol (alto horno).

hearth level | fondo del crisol | fondo de la solera.

hearth lining | revestimiento de la solera (hornos).

hearth molding | moldeo al descubierto, moldeo en foso.

hearth rebricking | reacondicionamiento del revestimiento de ladrillos de la solera (alto horno).

hearth refining | afino en horno de solera.

hearth roasting | tostación en solera.

hearth room | laboratorio (hornos).

hearth steel | acero Martín.

hearthstone | castina | blanco de España.

hearting concrete | hormigón de la parte central, hormigón del núcleo.

heart-shaped cam | leva de corazón, excéntrica acorazonada.

heat | temperatura | calor | colada | radiación térmica | calda | hornada | carga de horno metalúrgico | radiactivo | calorífico | térmico.

heat ablation | termoablación.

heat absorbent panel | panel absorbente del calor.

heat absorption | absorción de calor.

heat accumulator | acumulador de calor | depósito térmico.

heat aging | envejecimiento en caliente | termomaduración | termocuración.

heat baffle | deflector de calor.

heat balance | equilibrio térmico | balance calorífico.

heat balance-sheet | balance térmico (metalurgia).

heat barrier | barrera térmica | barrera del calor.

heat break | rotura por acción térmica (caucho).

heat capacity | capacidad calorífica, capacidad térmica.

heat cartridge | cartucho de arranque (para motores en temperaturas muy bajas).

heat coil | bobina térmica.

heat compensator | termocompensador.

heat conducting | calefactor | termoconductivo.

heat content I capacidad calorífica (gases).
heat control I regulador de calor.
heat conveying I termotransmisión I calorífero I termoconductor.
heat cycle I ciclo térmico.
heat density I densidad calorífica.
heat drift I deriva térmica.
heat dry (to) I termosecar.
heat dynamometer I dinamómetro térmico.
heat effect I efecto térmico.
heat efficiency I rendimiento térmico.
heat emission I emisión del calor.
heat energy I energía calorífica, energía térmica.
heat engine I máquina térmica, motor térmico.
heat engineering I termotecnia.
heat exchanger I termopermutador, termointercambiador, termocanjeador I termorrecuperador (metalurgia) I caldera (reactor nuclear) I cambiador calorífico.
heat filter I filtro de absorción de calor.
heat flow I corriente de calor I flujo calorífico I flujo térmico.
heat flow meter I medidor del flujo calorífico.
heat flux I flujo calorífico, flujo térmico.
heat fusion bond I unión por fusión térmica.
heat gage I termómetro.
heat generation I termogeneración I generación de calor.
heat generator I termógeno, termogenerador.
heat given off I calor despedido I calor desprendido.
heat gradient I gradiente térmico.
heat indicator I calorímetro.
heat inertia I inercia térmica I inercia calorífica.
heat insulation I aislación térmica I termoaislamiento I calorífugo.
heat insulator I termoaislador, calorífugo.
heat interchanger I intercambiador térmico I termointercambiador.
heat lightning I relámpago de calor.
heat loss I pérdida por efecto Joule I pérdida de calor I pérdida por resistencia (electricidad).
heat measurement I calorimetría.
heat of activation I calor de activación.
heat performance I rendimiento térmico.
heat pickup I termoabsorción.
heat pipe I tubo isotérmico I tubo de calor (satélites) I evacuador de calor.
heat power I poder calorífico.
heat power station I central termoeléctrica.
heat processing I termoprocesado.
heat radiation I radiación térmica.

heat rate I consumo calorífico I rendimiento térmico.
heat reactive I termorreactivo.
heat refining I afino térmico.
heat reflectivity I termorreflectividad.
heat regenerator I termorregenerador.
heat regulator I termorregulador.
heat relay I relé térmico.
heat release I liberación de calor (termodinámica).
heat release rate I difusividad térmica I termodifusividad.
heat resistance I termofugacia, calorifugacia I resistencia al calor.
heat resistant I calorífugo, termófugo I termorresistente, refractario.
heat run I ensayo térmico I prueba de funcionamiento para ver el aumento de temperatura I prueba de calentamiento en carga (máquinas eléctricas).
heat sensitive detector I detector termosensible.
heat set (to) I termofijar I fraguar al calor.
heat sheet I balance térmico (metalurgia).
heat shield I pantalla térmica.
heat sink I disipador térmico I capa de material endotérmico I radiador de calor I escape térmico.
heat spectrum I espectro calorífico.
heat spreader I difusor de calor.
heat sterilization I termoesterilización.
heat supply I fuente térmica.
heat time I duración de cada impulso de corriente (soldeo por pulsaciones).
heat tint I termocoloración I coloración de recocido (metalurgia).
heat (to) I calentar I caldear.
heat transfer I termosimbiosis I termotransferencia, termotransmisión.
heat treat furnace I horno de tratamiento térmico.
heat treatment I termovinificación I tratamiento térmico I termotratamiento.
heat unit I unidad térmica.
heat waste I pérdida de material por escamación en procesos calientes (aceros) I pérdida de calor.
heat wave I ola de calor I onda térmica.
heat weight I peso calorífico.
heat-absorbing I endotérmico.
heat-aging I termocuración, termomaduración, envejecimiento en caliente I endurecimiento por calor.
heat-coagulable I termocoagulable.
heat-conducting path I vía termoconductora.

heat-conducting power ǀ conductibilidad térmica, poder conductor calorífero.
heat-conductive ǀ termoconductivo.
heat-control valve ǀ válvula termostática.
heat-creating ǀ termógeno.
heat-cure (to) ǀ termocurar, termomadurar.
heated back light ǀ luna trasera térmica.
heated cathode ǀ cátodo de caldeo indirecto.
heated container ǀ contenedor calorífico (transporte).
heated liner ǀ camisa recalentada (cilindros motor).
heat-electric station ǀ central termoeléctrica.
heat-emitting ǀ termógeno ǀ exotérmico.
heat-engine plant ǀ central termoeléctrica.
heater ǀ calentador ǀ calorífero ǀ radiador ǀ hervidor (calderas) ǀ resistencia de caldeo (electricidad).
heater battery ǀ batería de encendido.
heater biasing ǀ palarización del calefactor.
heater circuit ǀ circuito de placa ǀ circuito de calefactor.
heater current ǀ corriente del filamento ǀ corriente de caldeo ǀ corriente de calefacción.
heater oven ǀ cámara termostática ǀ horno calefactor.
heater panel ǀ panel calefactor.
heater pipe ǀ tubo calentador.
heater treater ǀ unidad de tratamiento térmico.
heater voltage ǀ voltaje del filamento (tubo electrónico).
heat-exchange (to) ǀ termopermutar.
heat-harden (to) ǀ termoendurecer.
heating ǀ calefacción ǀ calda ǀ caldeo ǀ calorífico.
heating apparatus ǀ calorífero, aparato de calefacción.
heating battery ǀ batería de caldeo.
heating cell ǀ célula de calefacción.
heating chamber ǀ cámara de calefacción.
heating channel ǀ canal de caldeo.
heating circuit ǀ circuito de caldeo.
heating flue ǀ conducto de caldeo ǀ canal de calefacción.
heating load ǀ carga calefactora ǀ carga por calefacción (potencia consumida sea por vapor o eléctrica).
heating plant ǀ planta calefactora ǀ planta de calefacción.
heating power ǀ poder calorífico, potencia calorífica ǀ potencia de caldeo.
heating pulse ǀ impulso calorífico.
heating quality ǀ poder calorífico.
heating rheostat ǀ reóstato de caldeo.

heating stage ǀ platina de caldeo.
heating station ǀ estación de caldeo.
heating surface ǀ superficie de caldeo, superficie calefactora.
heating tape ǀ cinta calefactora ǀ cinta calentadora.
heating tube ǀ tubo calefactor.
heating value ǀ poder calórico.
heating voltage ǀ voltaje de caldeo.
heating wire ǀ hilo térmico.
heating-resistor ǀ resistencia de calefacción ǀ resistor de caldeo.
heat-insulated ǀ termoaislado, calorifugado.
heat-interchange ǀ intercambio calorífico.
heat-isolated ǀ termoaislado, calorifugado.
heat-measuring ǀ calorimetría.
heatproof ǀ resistente al calor, refractario.
heatproof steel ǀ acero refractario.
heat-recovery plant ǀ instalación termorrecuperadora.
heat-reflecting paint ǀ pintura termorreflectora.
heat-regulating ǀ termorregulación.
heat-repellence ǀ calorifugacia, termofugacia.
heat-repellent ǀ calorífugo, termófugo.
heat-resisting ǀ refractario ǀ calorífugo, ignífugo, termófugo ǀ termorresistente.
heat-resisting steel ǀ acero refractario.
heatseal ǀ junta térmica, obturación por calor.
heat-sealable polyester ǀ poliéster termosellable.
heat-stable resin ǀ resina termoestable.
heat-tint (to) ǀ termocolorear.
heat-tinting ǀ termocoloración ǀ oxidación por calentamiento (metalurgia) ǀ termotinción.
heat-transfer oil ǀ aceite térmico.
heat-treat (to) ǀ termotratar.
heat-treatability ǀ termotratabilidad.
heat-treatable aluminium alloy ǀ aleación de aluminio termotratable.
heat-treatable boron steel ǀ acero al boro termotratable.
heat-treated ǀ termotratado.
heat-treated and aged ǀ termotratado y madurado.
heave ǀ desplazamiento lateral u horizontal de una capa (geología) ǀ resalto horizontal, rechazo vertical (fallas) ǀ dislocación (filones) ǀ recubrimiento horizontal (geología), hinchamiento, bufamiento (minas).
heave (to) ǀ fachear ǀ ponerse al pairo (buques) ǀ izar ǀ agitarse (mar) ǀ desplazarse lateralmente (geología) ǀ bufarse (piso galería mina) ǀ halar ǀ levar (anclas) ǀ virar (marina).

heaving | movimiento de oscilación vertical | izada | virada (con el cabrestante) | crecimiento, bufamiento (minas) | movedizo (arenas, pizarras) | sifonamiento (pozos) | arfada (marina) | cabezada (buque que navega).

heavy | pesado | grueso | fuerte | duro.

heavy barytes | baritina.

heavy Beaumé hydrometer | hidrómetro Beaumé para líquidos más densos que el agua.

heavy concrete | hormigón pesado | hormigón con agregados de densidad mayor que la grava (barita, granalla de acero, mineral de hierro).

heavy current | corriente de gran amperaje, corriente intensa (electricidad).

heavy duty relay | relé de gran intensidad de corriente, relé para grandes amperajes.

heavy earth | baritina.

heavy electron | electrón pesado.

heavy element | elemento pesado (química).

heavy hydrocarbon | hidrocarburo pesado.

heavy hydrogen | hidrógeno 2 | deuterio, hidrógeno pesado.

heavy isotope | isótopo pesado.

heavy metal | metal pesado (de gran densidad) | aleación de hierro y estaño que se deposita en el fondo (cubas de estañar).

heavy oil | gasoil | fueloil | aceite viscoso | aceite pesado.

heavy oil engine | motor de gasoil.

heavy oxygen | isótopos del oxígeno de masa 17 o 18.

heavy particle irradiation | irradiación por partículas pesadas.

heavy particle synchrotron | sincrotrón de partículas pesadas.

heavy pressure | hiperpresión | hipervoltaje.

heavy spar | sulfato de bario | baritina.

heavy water | agua pesada, óxido de deuterio.

heavy white | sulfato de bario.

heavy-duty | de gran caudal (bombas) | de gran potencia (máquinas) | de gran rendimiento | de gran producción | para trabajos fuertes | para grandes amperajes.

heavy-water moderated | moderado con agua pesada, moderado con óxido de deuterio (reactor nuclear).

heavy-water moderation | moderación por agua pesada.

heavy-water moderator | moderador de agua pesada.

heavy-water reactor | reactor nuclear con moderador de agua pesada.

hectoampere | hectoamperio (100 amperios).

hectoliter | hectólitro.

hectometric | hectométrico.

hectometric waves | ondas hectométricas.

hectowatt | hectovatio.

hectowatt-hour | hectovatio-hora.

hedgehog | draga | erizo (arma antisubmarinos) | fortaleza erizo (fortificación).

heel | tacón (muro de contención), extremo inferior (palos, roda, timón) | escora (buques) | corazón (cruzamiento de vías).

heel of coal | pilar de carbón (minas).

heel of pillar | pie del puntal (buques).

heel of stope | testero superior (laboreo por testeros).

heel over (to) | escorar (buques) | inclinarse sobre el ala (aviones).

heel piece | armadura fija (relé).

heel tackle | aparejo tensor.

heel (to) | ladearse, inclinarse | escorar (buques).

heeling | inclinación lateral | escora.

heeling magnet | imán corrector de escora.

heel-piece | culata (electroimán).

height | altitud | altura.

height computer | altímetro absoluto (aviones).

height correction | corrección de altura.

height effect | efecto de antena (antena de cuadro).

height finder | radar medidor de la altitud de objetos en el aire, radar altimétrico.

height finding | altimetría por radar.

height gage | galga de alturas | altímetro | escala de alturas.

height measurer | termómetro de ebullición | hipsómetro.

heightened control | servomando.

height-range indicator | indicador de altura y distancia | radariscopio que indica la altitud y distancia de un blanco.

Heising modulation | modulación de corriente constante | modulación por circuito de placa.

helf corrosion | corrosión normal del polo negativo (pilas).

heliarc welding | soldeo por arco eléctrico en atmósfera de helio.

helical antenna | antena bobinada | antena helicoidal.

helical gear | engranaje de dentadura helicoidal.

helical line | línea helicoidal.

helical recording | grabación magnética helicoidal.

helical scan | escansión en que un punto del haz traza una hélice en el espacio (radar).

helical scanning I exploración helicoidal (radar).

helical spring I resorte helicoidal.

helically wound I torcido en espiral I arrollado en espiral.

helicoid I helicoide I helicoidal.

helicometry I helicometría I medición de espirales.

helicopter I helicóptero.

helicopter carrier I buque portahelicópteros I helinave.

helio I heliógrafo.

heliocentric I heliocéntrico.

heliocentrity I heliocentricidad.

heliochemical process I proceso helioquímico.

heliochromic I heliocrómico.

heliochromoscope I heliocromoscopio.

heliochromy I heliocromía.

heliochronometer I heliocronómetro.

heliochronoscope I heliocronoscopio.

heliodor I heliodoro (variedad de berilo amarillo claro).

helioelectrical I helioeléctrico (generado por el sol).

helioelectricity I helioelectricidad.

helioengineering I helioingeniería.

heliograph I heliógrafo.

heliograph (to) I heliograbar I transmitir un mensaje por heliógrafo.

heliographic I heliográfico.

heliography I heliografía.

heliograving I heliograbado.

heliogravure I heliograbado I fotograbado.

heliometer I heliómetro.

heliometry I heliometría (medición de distancias interestelares -astronomía).

heliophotometer I heliofotómetro.

heliophysics I heliofísica.

helioprinting I heliografía.

helioscope I helioscopio (óptica).

helioscopy I helioscopia.

heliosphere I heliósfera.

heliostat I helióstato.

heliotechnology I heliotecnia.

heliothermal power plant I central heliotérmica.

heliothermometer I heliotermómetro.

heliotype I heliotipo.

heliotype (to) I imprimir un heliotipo.

heliotypography I heliotipografía.

heliotypy I heliotipia.

helipot I unidad = 13,5 kiloelectrón-voltios.

helium I helio.

helium arc welding I soldadura por arco protegido de helio.

helium atmosphere I atmósfera de helio.

helium atom I átomo de helio.

helium cation I catión de helio.

helium cooling I refrigeración por helio.

helium detection I detección del helio.

helium I I helio I (helio líquido entre 4,2 y 2,19° K).

helium II I helio II (helio líquido con temperatura inferior a 2,19° K).

helium interferometer I interferómetro de helio.

helium ion I ion de helio.

helium leak detector I detector de fugas de helio.

helium liquefier I licuador para helio.

helium nucleus I helión (química) I núcleo de helio.

helium spectrometer I espectrómetro de helio.

helix I hélice (curva) I helicoidal.

helix angle I ángulo de avance (roscas) I ángulo helicoidal (rosca de tornillo) I ángulo del paso de la hélice.

helix current I corriente de hélice I corriente helocoidal.

helix pitch I paso de hélice.

helix waveguide I guía de ondas en hélice.

hell sheave I polea inferior (castillete de sondeos).

hemidome I hemidomo, monoedro (cristalografía).

hemihedrity I hemiedria (cristalografía).

hemiprismatic system I sistema monoclínico (cristalografía).

hemisphere I hemiesfera I hemisferio I semiesfera.

hemitrope crystal I cristal hemitropo I cristal maclado.

hemitropic winding I devanado de fases hemitropes.

hemitropically wound coil I bobina devanada hemitrópicamente.

hemitropism I hemitropía.

hemitropy I hemitropía.

henry I henrio (unidad de inductancia).

henrymeter I henriómetro.

hepcat I regulador de impulsos (radar).

herringbone effect I imagen cruzada formada por barras en que la línea diagonal se desplaza alternativamente a derecha y a izquierda (TV).

herringbone gear I rueda dentada de doble hélice I engranaje bihelicoidal, engranaje de dientes angulares, engranaje de espina de pescado.

herringbone pattern | perturbación en esqueleto de pescado (TV).

herringbone pinion | piñón doble helicoidal.

herringbone stitch | punto cruzado, punto de espina.

herringbone timbering | entibación armada (minas).

herringbone work | aparejo en espina (muros).

Herschellian telescope | telescopio de Herschel.

hertz | hertzio.

Hertz vector | vector de Hertz (campo electromagnético).

hertzian | hertziano.

hertzian beacon | radiofaro.

hertzian beam | haz hertziano.

hertzian dipole | dipolo hertziano.

hertzian spectroscopy | espectroscopia hertziana.

hertzian waves | ondas hertzianas.

heterochromatic | heterocromático.

heterochromatic photometer | fotómetro heterocromo.

heterochromatic photometry | fotometría heterocromática.

heterodyne | heterodino | heterodina (radio).

heterodyne amplifier | amplificador heterodino.

heterodyne conversion transducer | transductor de conversión heterodina.

heterodyne crystal wavemeter | ondámetro heterodino de cristal piezoeléctrico.

heterodyne harmonic analyzer | analizador de armónicos heterodino.

heterodyne interference | efecto heterodino | interferencia heterodina.

heterodyne principle | principio de la heterodinación.

heterodyne wavemeter | ondámetro heterodino.

heterogeneous reactor | reactor heterogéneo | reactor nuclear en que el combustible y el moderador están separados.

heteropolar alternator | alternador heteropolar.

heteropolar binding | enlace heteropolar (química).

heteropolar bond | enlace heteropolar | enlace iónico (química).

heteropolar field magnet | inductor heteropolar.

heterostatic | heterostático.

heterostatic circuit | montaje heterostático.

Hevimet | aleación de tungsteno (90%), níquel (6%) y cobre (4%).

hew (to) | desbastar (piedra) | tallar | cajear (minas).

hewing | arranque, picado (minas) | talla, labra (de piedras).

hewing axe | hacha de desbastar.

hewing stone | piedra labrada, sillería | sillar.

hex | sistema de cálculo basado en 16 dígitos | hex (hexafluoruro de uranio).

hexad | héxada | eje senario (cristalografía).

hexad symmetry | exasimetría (cristalogía).

hexafluorzirconate | hexafluorocirconato.

hexaflurosilicate | hexafluorosilicato (química).

hexaflurotitanate | hexaflurotitanato (química).

hexagon | hexágono | hexagonal.

hexagon nut | tuerca hexagonal.

hexagon turret | torreta hexagonal (tornos).

hexagonal | hexagonal.

hexagonal axis | eje de simetría senario (cristalografía).

hexagonal diamond | diamante hexagonal (meteoritos).

hexagonal fuselage | fuselaje de sección hexagonal.

hexagonal nut | tuerca hexagonal.

hexagonal pyramid | pirámide hexagonal | dihexaedro (cristalografía).

hexane | hexano (química).

hexobarbitone sodium | sodio hexabarbitónico.

hexose | hexosa (química).

hexyl | hexilo (química).

hexyl alcohol | alcohol exílico.

HF alternator | alternador de alta frecuencia.

HF radio link | enlace radioeléctrico.

HF side | lado de alta frecuencia (telecomunicaciones).

HF tone control | corrector de agudos (electroacústica).

HFO signals | oscilaciones locales de alta frecuencia.

hickey | adaptador, casquillo conectador de aparatos eléctricos | aparato para doblar tubos (electricidad).

hidden-arc welding | soldeo con arco sumergido (en un fundente).

high | agudo (sonido) | máximo | alto, brillante (colores).

high altitude test chamber | cámara hipobárica.

high alumina ceramic | cerámica hiperaluminosa.

high band | banda alta.

high band filter | filtro de paso alto.

high bandgap semiconductor | semiconductor de ancha banda de paso.

high brass | aleación de aproximadamente cobre (65%) y cinc (35%) | latón con más de 30% de cinc.

high coercivity alloy | aleación de alta coercividad.

high definition | de gran claridad (copias fotográficas) | alta nitidez | gran poder separador (óptica) | alta definición (TV).

high definition television (H.D.T.V.) | televisión de alta definición.

high fidelity | alta fidelidad.

high film | película rápida (fotografía).

high filter | filtro de alta frecuencia.

high flux reactor | reactor nuclear de hiperflujo neutrónico.

high frequency | alta frecuencia | hiperfrecuencia.

high knock rating | índice grande de octano (gasolina).

high lead alloy | aleación rica en plomo.

high lead bronze | bronce con gran proporción de plomo.

high level language | lenguaje de alto nivel (ordenador).

high level modulation | modulación de alto nivel.

high level waste | desechos altamente radiactivos.

high ore | mineral de alta ley, mineral rico.

high pass filter | filtro de paso alto (comunicaciones).

high peaker | corrector de alta frecuencia (TV).

high pitch | paso máximo (hélices de paso modificable).

high polymer | polímero elevado.

high potential test | prueba de hipervoltaje.

high pressure | alta presión | anticiclón (meteorología).

high quartz | fase del cuarzo estable desde 867° K a 1470° K.

high resolution | gran definición | alta resolución.

high response amplifier | amplificador de elevada respuesta.

high sea | mar gruesa.

high speed | gran velocidad | muy revolucionado (motores) | de gran abertura (objetivos).

high speed fading | desvanecimiento rápido (comunicaciones).

high speed holography | holografía ultrarrápida.

high steel | acero con gran proporción de carbono.

high strenght steel | acero de gran resistencia.

high sweep-speed | con gran velocidad de exploración (radar).

high switching speed | alta velocidad de conmutación.

high temperature | temperaruta elevada, temperatura alta.

high tension | alto voltaje, alta tensión (superior a 650 voltios).

high tide | marea alta, pleamar.

high top pressure | hiperpresión | hipervoltaje.

high vacuum distillation | destilación a alto vacío.

high vacuum tube | tubo de alto vacío.

high voltage | alto voltaje, alta tensión (superior a 650 voltios).

high zinc bronce | bronce rico en cinc.

high-acuity objective | objetivo de gran resolución (óptica).

high-bismuth copper | cobre rico en bismuto.

high-breaking | para grandes amperajes, de gran capacidad de desconexión (interruptores).

high-capacity | gran capacidad | gran potencia | gran amperaje, gran intensidad.

high-carbon steel | acero con más de 0,5% de carbono | acero rico en carbono.

high-chloride bath | baño de niquelado que contiene más del 50% de níquel en forma de cloruro.

high-chlorine coal | carbón con gran proporción de cloro.

high-duty | de elevadas características (materiales) | de gran potencia | de gran rendimiento | de gran resistencia | para grandes cargas.

high-duty bronze | bronce de gran resistencia.

high-duty gearing | engranajes para grandes potencias.

high-duty oil | lubricante con aditivos para grandes presiones.

highest common divisor | máximo común divisor.

highest common factor | máximo común divisor.

highest purity tin | estaño con más de 99,9% de pureza.

high-fired | calentado en alta temperatura (cerámica) | cocido a alta temperatura | caldeado a altas temperaturas.

high-grade | de gran precisión | de ley alta (minerales) | de gran poder calorífico (combustibles).

high-lead bronze | bronce con 75% de cobre.

high-leaded | con gran porcentaje de plomo.

high-leaded brass | aleación de cobre (60,5%), cinc (37,75%) y plomo (1,75%).

high-limit control | control de tolerancia máxima.

high-pitched | de tono alto (sonidos) | muy inclinado, de fuerte pendiente (techos).

high-power | de gran potencia | de gran aumento (óptica).

high-speed steel | acero rápido, acero de gran velocidad de corte (acero de herramientas aleado con tungsteno o molibdeno).

high-speed storage | almacenamiento de alta velocidad.

high-speed store | memoria de acceso rápido.

high-speed switching circuit | circuito de conmutación rápida.

high-tensile | de gran resistencia a la tracción (metalurgia).

high-tensile brass | latón de gran resistencia a la tracción | latón de cobre (76%), cinc (22%) y aluminio (2%).

highway | enlace común | conductor común | red de conexiones principales | canal de alta velocidad.

hill | colina (geología).

hillside | ladera.

hinge | pernio, gozne, bisagra | charnela | articulación.

hinge axis | eje de giro, charnela | eje articular.

hinge hook | gozne.

hinge joint | rótula.

hinge pin | eje de articulación | pasador de bisagra | pasador de articulación.

hinge point | punto de articulación (arcos).

hinge strap | gozne, bisagra, pernio.

hinge (to) | embisagrar, engoznar | girar sobre una charnela | articular | abisagrar.

hinge-mounted | acharnelado | embisagrado.

hinging | punto de inflexión (curvas).

H-ion | hidrogenion.

hipsometer | hipsómetro.

hi-set clay | arcilla que imparte rigidez a la barbotina para esmaltes.

hi-speed | gran velocidad.

hiss | siseos (radio-telefónica) | silbido (audiofrecuencia).

histeresis meter | histeresímetro.

hit | golpe | impacto (artillería) | ruido impulsivo (telecomunicaciones).

hit on the line | perturbación momentánea en la línea (telefonía).

hit the air (to) | salir al aire un programa (radio, TV).

hi-velocity gelatin | explosivo que contiene gelatina de baja densidad (minería).

hi-voltage | hipervoltaje.

H-layer | capa H de la cubierta de humus (suelos).

hob | rueda principal (de una máquina) | fresa de aplanar | fresa matriz, fresa generatriz, fresa helicoidal, fresa de forma | macho maestro para peines de roscar, fresa para peines | punzón de embutir, punzón de acero duro para fabricar matrices.

hob arbor | eje portafresa.

hob cutting | tallado por fresa matriz.

hob feed | avance de la fresa matriz.

hob grinding truer | rectificador para fresas generatrices.

hob out | estampa en frío.

hob out (to) | estampar en frío.

hob spindle | eje portafresa.

hob swivel | pivote portafresa.

hob tap | macho maestro de roscar.

hob (to) | fresar con fresa generatriz | embutir con punzón de forma.

hobber | fresadora con fresa matriz (engranajes) | fresa generatriz, fresa matriz.

hobbing | talla (de engranajes) | maquinado por fresa generatriz | fabricación de matrices por medio de punzones de acero, formación de una cavidad en una pieza de acero suave introduciendo a presión un punzón de acero duro | embutición | estampación con mandril (siderurgia).

hobbing cutter | fresa matriz, fresa generadora, fresa generatriz.

hobo connection | conexión en paralelo de los detonadores (voladuras).

hodge-podge | transmisor perturbador (radar) | emisor perturbador.

hodograph | hodógrafa (curva) | hodógrafo.

hoe | azada | azadón.

hoeing machine | binadora.

hog the ether (to) | perturbar la radiodifusión con una estación muy potente.

hog (to) | curvar (tubos) | limpiar fondos (buques) | quebrantarse (buques) | triturar (madera) | cortar muy profundo, cortar con un avance excesivo (en el torno).

hogback | cresta monoclinal | lomo (geología).

hogbacked | arqueado | quebrantado (buques).

hogframe | armadura contraquebranto | viga con el cordón superior curvo.

hogging | gravilla | mezcla de gravilla y arcilla (para pavimentar senderos) | acuñamiento de la broca en el agujero | corte profundo (tornos) | limpieza de los fondos (buques) | quebranto (buques).

hoist | guinche | izada, levantamiento | ascensor, elevador | montacargas | cabria | grúa | polipasto | torno de izar pesos | eslingada | máquina de extracción, motor de extracción (minas) | caída (velas).

hoist block | polipasto | motón de gancho.

hoist cable | cable de izar, cable izador | cable de mando.

hoist shaft | pozo de montacargas.

hoist (to) | elevar | alzar, levantar | izar.

hoister | máquina de extracción (minas).

hoisting | extracción (minas) | subida, izada.

hoisting accesories | accesorios de izada (grúas).

hoisting block | cuadernal del gancho (grúas) | cuadernal móvil, polea móvil (grúas, sondeos).

hoisting boom | aguilón izador.

hoisting bucket | cuba de extracción.

hoisting cage | jaula de extracción.

hoisting chain | cadena elevadora | cadena de grúa.

hoisting crab | torno de extracción.

hoisting dog | enganchador (sondeos).

hoisting engine | máquina de elevar pesos | motor de extracción, máquina de extracción (minas).

hoisting gear | aparato de izar | aparato de extracción | mecanismo de izada.

hoisting hook | gancho de izar.

hoisting jack | gato.

hoisting line | cable izador | cable elevador (minas) | retorno (aparejo de puntal de carga).

hoisting machine | máquina de elevar pesos | máquina de extracción (minas).

hoisting pulley | polea del castillete de extracción (minas).

hoisting rope | cable izador | cable de extracción (minas).

hoisting shaft | pozo de extracción (minas).

hoisting tackle | motón | cuadernal | aparejo izador.

hoisting winch | torno de izar.

hoistway | pozo de izar | caja de ascensor.

hold | apoyo | sostén (TV) | espera de autorización para aterrizar | ocupación de circuitos (telecomunicaciones) | fraguado (mezclas).

hold a call (to) | retardar una llamada (telefonía).

hold a circuit (to) | bloquear una línea (telefonía) | bloquear un circuito.

hold control | control de frecuencia, control de los osciladores exploradores, control de sincronización (televisión).

hold off voltage | voltaje máximo admisible | tensión máxima admisible (electricidad).

holdback | dispositivo sujetador.

hold-down | cuña | sujeción | trinca.

hold-down gear | dispositivo sujetador .

hold-down lever | palanca de retención, palanca de trinca.

hold-down nut | tuerca de apriete, tuerca de sujeción.

hold-down screw | tornillo de sujeción.

holdfast | laña | barrilete (carpintería) | manigueta | trinca (buques) | chapa de cimentación.

holding | mantenimiento (de temperatura, presión, etc.) | termotratamiento después de fundir para regular la formación del grano (lingotes).

holding anode | ánodo mantenedor | ánodo de ionización.

holding apparatus | paracaídas (jaula de extracción).

holding arm | brazo sujetador | brazo de sujeción.

holding bar | barra de retención.

holding bolt | tornillo de retención | perno de unión.

holding brake | frenado de contención (aviación).

holding circuit | circuito de retención (telecomunicación) | circuito de mantenimiento (telefonía automática).

holding coil | bobina de retención, bobina de mantenimiento | bobina de parada (electrotecnia).

holding collet | pinza de fijación | pinza de apriete (tornos).

holding control | control de sincronización (teléfono).

holding current | corriente de retención.

holding dog | sujetador | uña de parada, uña de retención.

holding key | llave de retención (telefonía).

holding line | cable de retenida.

holding magnet | imán sostenedor | electroimán de retención.

holding pattern | vuelo de espera para aterrizaje | trayectoria de un avión esperando órdenes para aterrizar (aeropuertos) | circuito de espera (aeronáutica).

holding pawl | linguete de sujeción, linguete de retención.

holding time | tiempo de retención de una línea (telecomunicaciones) | tiempo de ocupación (telefonía) | tiempo de funcionamiento (relés) | tiempo de mantenimiento (de una presión, etc.) | tiempo necesario para la difusión interior del calor (tochos, lingotes).

holding trunk I línea auxiliar de mantenimiento (telefonía automática).

holding voltage I tensión de cebado.

holding winding I arrollamiento de bloqueo I devanado de mantenimiento.

holding-down bolt I perno de cimentación, perno de anclaje I perno de sujeción, perno de fijación.

hole I perforación I agujero I orificio I excavación I cavidad, hueco I perforación (cribas) I pozo de sondeo, deficiencia electrónica (metalografía y semiconductores) I zona muerta (radar).

hole conduction I conducción por huecos I conducción por lagunas (semiconductores).

hole cutter I fresa de barrenar, fresa de mandrinar.

hole finder I detector de perforación.

hole flow I corriente de huecos (transistores).

hole footage I longitud perforada (sondeos).

hole gage I calibre para agujeros, galga para agujeros.

hole mobility I movilidad de los huecos (semiconductor).

hole opener I abrehoyos.

hole punch I punzón.

hole punching I perforación.

hole saw I sierra de perforación I broca hueca cilíndrica con borde cortante.

hole storage I capacitancia de difusión (diodos).

hole straightening method I método de enderezar sondeos desviados de la vertical.

hole through (to) I calar, encontrarse los dos frentes de ataque (túneles).

hole (to) I taladrar I horadar (túneles) I excavar I perforar I entallar.

holed I perforado I rozado, rafado (minas).

hole-in (to) I iniciar el sondeo I iniciar la perforación.

holing I perforación I arranque (minas) I roza, descalce (minas), roza para estemple (minas).

holing machine I máquina rafadora.

holing-through I rompimiento (minas) I cala (túneles).

hollow I depresión del terreno I valle I cañada, hueco I cavidad I excavación.

hollow casting I pieza fundida hueca I moldeo con macho.

hollow core I núcleo de ferrita con abertura central.

hollow die I estampa hembra, matriz.

hollow fire furnace I horno para calentar hierro con los gases de la combustión del coque.

hollow pipe I cable coaxial.

hollow punch I punzón sacabocados.

hollow punching I trepanación en caliente por presión de un punzón hueco.

hollow screw I tuerca I tornillo hueco.

hollow (to) I excavar I ahondar I ahuecar.

hollowing I vaciamiento I ahuecamiento.

holmium I holmio (Ho).

holoblast I holoblasto (geología).

holocamera I cámara holográfica.

holocrystalline I holocristalino.

hologenide I halogenuro.

hologram I holograma.

hologramic I holorámico.

holographic I holográfico.

holographic data storage I almacenamiento holográfico de datos.

holographic memory I memoria holográfica.

holographic recording system I sistema de registro holográfico.

holographic scanner I explorador holográfico.

holographic volume storage device I memoria holográfica volumétrica.

holography I holografía I fotografía en tres dimensiones.

holohedrism I holoedrismo.

holohedron I holoedro.

holohedry I holoedría.

holometer I holómetro.

holometric alidade I alidada holométrica.

holometry I interferometría holográfica.

holomicrography I microholografía.

holomorphic I holomórfico.

holomovies I cinema holográfico.

holophote I holofoto, lámpara con lentes en escalones (faros).

home on (to) I volar hacia una fuente emisora de radiaciones utilizando como guía las ondas radiadas, seguir una trayectoria de ondas energéticas.

home (to) I autoguiar I volar hacia una fuente emisora de radiaciones utilizando como guía las ondas radiadas I dirigirse por sí mismo a su blanco guiándose por ecos radáricos, radioondas, etc., que provienen del blanco (misil guiado).

homer I radiofaro direccional I dispositivo unido al radiorreceptor de un avión para conducir éste a una estación transmisora I estación radiogoniométrica con base en tierra que utiliza radiotransmisiones de aviones en vuelo para determinar su rumbo y guiarlos hacia la estación por medio de radiotelefonía.

homewards attack I ataque retrógrado (minas).

homewards method | método retrógrado (minas de carbón).

homewards working | laboreo por el método retrógrado (minas).

homing | arribada | aproximación por radio | vuelo radiogoniométrico hacia la estación de origen | recalada (aviación) | radiomando (aviación) | posición de reposo | autodirección, autoguiamiento.

homing adapter | dispositivo unido al radiorreceptor de un avión para guiar éste a una estación transmisora.

homing agent | dispositivo buscador del blanco (que modifica la trayectoria del misil para que dé en el blanco).

homing beacon | radiofaro de recalada | radiofaro direccional | radar o radiofaro o baliza iluminada que utiliza un avión para ser guiado.

homing circuit | circuito de vuelta a la posición inicial.

homing device | radiocompás, radiobrújula, indicador automático de ruta | radioguía para recalada.

homing eye | sensor buscador del blanco (misiles teledirigidos).

homing flight | vuelo radioguiado de retorno a la base (aviación).

homing guidance | autoguiado | guiancia por medio de un mecanismo incorporado que es activado por un dispositivo sensor que responde a alguna clase de emanación del blanco (misiles).

homing selector | selector con posición de reposo.

homing station | estación emisora de señales radioguiantes | estación orientadora.

homing-arc | arco de reposición (telefonía).

homocentric condenser | condensador homocéntrico (microscopio).

homocentric rays | rayos de foco común (óptica).

homogeneous | homogéneo | monocromático (rayos Roentgen).

homogeneous area | zona con eco radar uniforme.

homogeneous atmosphere | atmósfera adiabática.

homogeneous breeder | reactor nuclear regenerable homogéneo.

homogeneous nonisotropic turbulence | turbulencia anisótropa.

homogeneous steel | acero fundido sin sopladuras.

homogenization | homogenización (proceso térmico para disminuir la segregación química por difusión -metalurgia).

homogenization annealing | recocido para homogenización.

homogenization reheat | calda de homogenización (lingotes).

homogenize (to) | mantener a alta temperatura para eliminar o disminuir la segregación química por difusión (aceros) | normalizar, homogenizar.

homogenized steel | acero normalizado.

homogenizer | homogenizador.

homogenizing | homogenización | normalización, termotratamiento a baja temperatura para eliminar la segregación química por difusión (metalurgia).

homogenizing treatment | termotratamiento para uniformar la composición (aleaciones) | tratamiento homogenizante | tratamiento de normalización (aceros).

homopolar | homopolar.

homopolar bond | enlace homopolar | enlace covalente.

homopolar induction | inducción homopolar | inducción unipolar.

homopolymer | homopolímero (química).

hone | piedra de amolar.

hone stone | piedra de repasar filos | piedra de afilar.

hone (to) | esmerilar | pulimentar | rectificar (herramientas) | asentar (filo de herramientas) | bruñir | rectificar con taco abrasivo, rectificar por fricción (interiores de cilindros).

honed tube | tubo rectificado con taco abrasivo.

honed-steel cylinder | cilindro de acero rectificado con barreta abrasiva.

honeycomb | sopladura, escarabajo (fundición) | rejilla enderezadora del flujo de aire (túnel aerodinámico) | estructura de alma en panal con forro de madera o acero o fibra de vidrio.

honeycomb core | alma alveolar, alma de panal (estructuras de emparedado).

honeycomb panel | panel de alma apanalada, panel de alma alveolar.

honing | pulimento | repaso de filos (herramientas) | rectificado con barretas abrasivas | afinado | esmerilado.

honing machine | máquina de rectificar y bruñir interiores con barretas abrasivas (cilindros) | máquina pulidora.

honing spindle | árbol de esmerilar.

honing stick | barrita para rectificar, taco abrasivo.

honing tool I herramienta rectificadora.
hood I fuelle (de carruaje) I sombrerete (chimeneas, etc.) I campana (de hogar, de fragua, de aislador).
hood insulator I aislador de campana, aislador de caperuza.
hood type furnace I horno de campana.
hook I gancho.
hook block I cuadernal de gancho, polea de gancho.
hook nail I alcayata.
hook pin I alcayata.
hook switch I disyuntor de mango aislado.
hook (to) I conectar I enganchar I engrapar (costuras).
Hooke's coupling I junta universal I junta a la Cardán.
Hooke's joint I junta a la Cardán, junta universal.
hooking I curvadura I conexión I ramificación.
hooking on I enganche.
hooking-off I desenganche.
hook-on instrument I instrumento de medida de gancho abrazador sobre el cable (electricidad).
hook-on wattmeter I vatímetro portátil de gancho abrazador del cable.
hook-switch I interruptor de comunicación.
hookup I conexión I interconexión, acoplamiento (de circuitos eléctricos) I red de circuitos (radio) I esquema de montaje, diagrama de conexiones I montaje de líneas (electricidad).
hook-up (to) I enganchar I acoplar, conectar (electricidad).
hoop I anilla, argolla I virola I zuncho I fleje I abrazadera.
hoop iron I hierro en flejes, fleje I llanta I anillo de hierro.
hoop steel I acero en flejes.
hoop tension I tracción tangencial.
hoop (to) I poner aros (barriles) I zunchar I poner aros.
hoot (to) I sonar (sirena, bocina).
hooter I avisador acústico I sirena (de fábrica).
hop I vuelo corto a baja altitud (aviación) I movimiento de una radioonda desde su origen a la ionosfera y retorno a tierra (electrónica) I trayecto (de onda reflejada) I reflejo en la ionosfera.
hop propagation I propagación por reflexiones sucesivas I propagación por relés sucesivos.
hopper I tolva I gánguil.
hopper dredger I draga-gánguil, draga de vertedera I draga con cántara.

hopper feeder I alimentadora de tolva.
horizontal amplitude control I control de anchura de imagen.
horizontal axis I eje horizontal I eje de muñones (aparatos topográficos) I eje lateral o longitudinal (aeroplanos).
horizontal blanking I supresión de la imagen (TV) I blanqueo horizontal I borrado horizontal.
horizontal distributing frame I repartidor horizontal (telecomunicaciones).
horizontal flyback I retorno horizontal, retorno de derecha a izquierda desde el extremo de una línea de exploración al principio de la siguiente (televisión).
horizontal joint I junta horizontal I batroclasa, diaclasa horizontal (geología).
horizontal oscillator I oscilador de desviación horizontal.
horizontal pattern I diagrama de radiación horizontal.
horizontal power I frecuencia de línea (TV).
horizontal pulse I impulso de sincronismo horizontal.
horizontal recorder I registrador de profundidad de inmersión (torpedos).
horizontal retrace I retorno de derecha a izquierda desde el extremo de una línea de exploración al principio de la siguiente (televisión).
horizontal size control I control de anchura (TV).
horizontal slicing I laboreo por tramos horizontales (minas).
horizontal steering engine I servomotor horizontal (timón).
horizontal sweep I barrido de izquierda a derecha (imagen de televisión) I barrido horizontal.
horizontal synchronizing impulse I impulso de sincronización de línea (TV).
horizontal synchronizing pulse I impulso de sincronismo horizontal (TV).
horizontalize (to) I rectificar (aerofotografía).
horizontally moved saddle I carro de movimiento horizontal (máquina herramienta).
horizontally polarized wave I onda de polarización horizontal.
horizon-to-horizon camera I cámara fotográfica trimetrogónica.
horn I bigornia I bocina eléctrica, claxon I brazo (soldadora por resistencia) I radiador de bocina (antena) I balancín (mando de aviones) I cuerno (electricidad).
horn antenna I antena de bocina (radar).

horn arrester I pararrayos de cuernos.

horn collector I receptor acústico (fonolocalizador).

horn flare I antena de embudo.

horn gap I distancia entre cuernos (pararrayos) I espinterómetro de electrodos divergentes.

horn lead I clorito de plomo (química).

horn lightning arrester I pararrayos de cuernos.

horn mercury I mercurio córneo, mercurio dulce.

horn ore I plata córnea, cerargirita, plata gris, plata parda.

horn quicksilver I mercurio córneo, mercurio dulce.

horn radiator I radiador de bocina (antena).

horn reflector antenna I antena con reflector de cuerno.

horn silver I plata córnea, cerargirita, plata gris, plata parda I cloruro de plata (con el 75% de plata).

horn-balanced rudder I timón con plano de compensación (aviones).

hornblende I hornablenda.

hornblende-biotite I biotita hornabléndica.

hornfels I roca córnea I pizarra alterada muy densa I hornfelsa I corneana.

horn-fuse I fusible de cuernos.

horn-gap arrester I pararrayos de cuernos.

horn-gap disconnecting switch I seccionador de cuernos (electricidad).

horn-gap gage I calibrador de distancia entre cuernos (pararrayos).

horn-gap switch I disyuntor de cuernos I interruptor de cuernos (electricidad).

horning press I prensa de bigornia.

hornito I hornito (volcanes).

hornlead I fosgenita, plomo córneo I cloruro de plomo.

horns I irregularidades producidas por el estilete de filos rectos al grabar discos matrices.

hornslate I pizarra compacta.

hornstone I horsteno, sílex córneo.

horn-switch I disyuntor de cuernos.

horn-type antenna I antena en cono invertido.

horn-type lightning arrester I pararrayos de antena.

horological stone I piedra para relojes I rangua de gemas sintéticas para relojería.

horology I horología I relojería I horometría.

horometer I horómetro.

horometry I horometría.

horse I caballete I remate de madera recubierto de plomo o cinc (arquitectura) I masa de roca dentro de un filón, nervio (geología), cuña de tierra (filones) I desplome que obstruye una galería.

horse jack I caballete I garlopa de desbastar.

horseflesh ore I cobre penachado.

horsehead I caballete I cabezal del balancín (sondeos).

horsepower I caballo inglés = 1,0139 C.V I potencia en C.V I caballo de vapor.

horse's head I punto muerto del cigüeñal (máquinas alternativas).

horseshoe magnet I imán en herradura.

horseshoe main I conducto circular del viento, morcilla (alto horno) I colector del aire caliente I tubería del viento.

horst I horst I pilar tectónico I pilar entre dos fallas (geología).

hose I manguera I tubo flexible I tubo de goma I tubo extensible I toma de agua para incendios.

hose connection I conexión de tubería flexible.

hose trough I canaleta (minas).

hosepipe I tubería.

host computer I ordenador principal I ordenador base.

host crystal I matriz I base.

host language I lenguaje base.

host node I nodo principal.

host processor I procesador principal.

hot I caliente, intenso (colores) I fuerte (olor).

hot atom I átomo radiactivo I átomo que tiene una energía cinética o un estado de energía excitado mayor que el nivel térmico de sus alrededores I átomo caliente.

hot background I fondo muy iluminado de la escena (televisión).

hot blast I corriente de aire caliente I viento caliente (alto horno).

hot blast furnace I horno con tiro de aire caliente.

hot blow I soplado caliente (alto horno).

hot break I trituración en caliente.

hot carbide I carburo de uranio.

hot carrier circuit I circuito de limitación.

hot cathode I cátodo caliente I cátodo incandescente.

hot circuit I circuito con corriente (electricidad).

hot corrosion I corrosión por el azufre del combustible y por inyección de sal marina (turbinas marinas de gases).

hot crack I grieta de calor I grieta de solidificación (fundición).

hot crushing strength I resistencia a la compresión a altas temperaturas.

hot cup (to) | acoplar en caliente, embutir en caliente.

hot die-press (to) | troquelar en caliente, estampar en caliente.

hot drain | canalización activa (reactor nuclear).

hot drawn steel | acero estirado en caliente.

hot electron emission | emisión de electrodos calientes.

hot end | lado de la admisión (turbinas).

hot etching | ataque en caliente (metalografía).

hot forging | forja en caliente | pieza estampada en caliente.

hot forming | moldeo en caliente.

hot galvanizing method | método de galvanización en caliente.

hot hanging | colgadura caliente (alto horno).

hot headed | enlucido en caliente con un antioxidante (metales) | formado en caliente (cabezas pernos, etc.).

hot iron | hierro caliente | arrabio rico en silicio y pobre en azufre.

hot laboratory | laboratorio para fuentes radiactivas de más de 50 milicurios.

hot light | alumbrado principal (cine, televisión) | luz concentrada (estudios).

hot line | zona de fabricaciones en caliente | proceso de elaboración en caliente | línea con corriente (electricidad) | canal de comunicación directo | línea telefónica directa.

hot loop | tubo en circuito cerrado que contiene material físil (reactor nuclear) | recinto experimental térmico.

hot metal | metal caliente | metal líquido, caldo (acerías) | fundición en estado de fusión.

hot moulding | moldeo en caliente.

hot plating | galvanización en caliente.

hot quenching | temple caliente | enfriamiento en un medio a temperatura mayor que la ambiente.

hot reserve | reserva de potencia, capacidad de reserva fuera de servicio (electricidad).

hot rock energy | energía geotérmica.

hot rod | electrodo en que el metal fundido y la escoria son muy fluidos y el cordón se solidifica lentamente (soldaduras).

hot rolling | laminación en caliente.

hot sate | tajadera de fragua.

hot saturated solution | solución saturada en caliente.

hot saw | sierra de cortar en caliente (metales).

hot shortness | acritud en caliente, fragilidad en caliente (metales) | fisuración superficial durante la termofluencia (aceros con cobre) | agrietamiento intergranular del acero por ata-

que con cadmio fundido (cadmiado de piezas).

hot spot | mancha caliente | zona donde hay gran desprendimiento de calor | zona en que la segregación es grande (lingotes) | temperatura de inflamación.

hot spring | fuente termal | manantial térmico.

hot spruing | remoción de bebederos en caliente (antes que el metal se haya solidificado por completo).

hot stamp (to) | estampar en caliente.

hot stand-by | reserva activa (máquinas).

hot swage (to) | estampar en caliente.

hot test | prueba en caliente | ensayo en caliente.

hot top | aislamiento refractario en la parte alta, mazarota caliente, mazarota refractaria, caja de la mazarota (lingoteras).

hot upset (to) | recalcar en caliente.

hot water sterilizer | esterilizador por ebullición.

hot water tank | acumulador de agua caliente (energía solar).

hot water wells | pozos de agua caliente (geotérmicos).

hot wave | ola de calor.

hot welding | soldadura con precalentamiento.

hot well | depósito de alimentación del agua caliente | pozo de condensación del vapor, cisterna (condensador de máquina de vapor).

hot wire filament | filamento del detector.

hot wire ionization | ionización por hilo caliente.

hot-air | aire caliente.

hot-band ammeter | amperímetro térmico.

hot-blast cupola | cubilote de viento caliente.

hot-blast furnace | horno con inyección de aire caliente.

hot-blast pig | arrabio al viento caliente.

hot-blast valve | válvula de aire caliente | compuerta del aire caliente.

hot-brittle iron | hierro quebradizo en caliente.

hot-carrier diode | diodo de portadores activos.

hot-cathode tube | tubo de cátodo incandescente, tubo termiónico.

hotching | clasificación en criba hidráulica (preparación minerales).

hotching machine | criba hidráulica (metalurgia).

hot-corrosion-resistant | resistente a la corrosión en caliente.

hot-dip galvanized | galvanizado en baño caliente, cincado en baño caliente.

hot-dip galvanizing I galvanización por inmersión en baño caliente.

hot-dip process I proceso de inmersión en caliente.

hot-dip (to) I inmergir en caliente, bañar en caliente.

hot-draw (to) I estirar en caliente.

hot-drawing I estirado en caliente.

hot-ductility test I prueba de ductilidad en caliente.

hot-extrude (to) I extruir en caliente, termoextruir.

hot-face temperature I temperatura superficial máxima.

hot-finish (to) I termoacabar, terminar en caliente.

hot-forge (to) I forjar en caliente.

hot-forged shell I proyectil forjado en caliente.

hot-forging die I troquel para forjar en caliente.

hot-form (to) I conformar en caliente.

hot-formed aluminum alloy I aleación de aluminio conformada en caliente.

hot-forming I moldeado en caliente.

hot-gas bleedback I mezcla del aire entrante con aire caliente o gases de exhaustación para evitar la formación de hielo (aviones).

hot-gas erosion I erosión por gases calientes.

hot-gas servo I servomecanismo de gas caliente (misiles).

hot-gas welding I soldeo por gas caliente.

hot-laid mixture I mezcla que puede extenderse y compactarse en caliente.

hot-lime zeolite I zeolita cálcica para aplicación caliente.

hot-line jumper I conector provisional para línea eléctrica cargada.

hot-line maintenance work I entretenimiento de la línea estando en tensión (electricidad).

hotmelt I metal fundido, metal líquido, caldo I cola que se aplica en caliente y se endurece al ponerla en contacto con una superficie fría (encuadernación) I producto de fusión.

hot-melt composition I composición de fusión en caliente.

hot-metal charged furnace I horno cargado con metal líquido.

hot-metal crane I grúa de colada, grúa para el caldo (metalurgia).

hot-metal ladle I cuchara para metal líquido, cuchara para el caldo (acerías).

hot-metal ladle car I vagón con cuchara para el caldo (metalurgia).

hot-mill I tren de laminar en caliente I laminador.

hot-mold (to) I moldear en caliente.

hot-pierce (to) I perforar en caliente.

hot-press I calandra (para telas) I prensa de satinar papel en caliente I prensa para la extracción del aceite.

hot-press (to) I satinar en caliente (papel) I prensar por medio del calor I calandrar (telas) I prensar en caliente I estampar en caliente.

hot-pressed compact I compacto comprimido en caliente.

hot-pressed silicon nitride I nitruro de silicio prensado en caliente.

hot-roll (to) I cilindrar en caliente I apisonar en caliente (carreteras) I laminar en caliente.

hot-rolled I laminado en caliente I apisonado en caliente I calandrado en caliente.

hot-rolling line I instalación de laminación en caliente, instalación para chapa negra (acerías).

hot-shear (to) I cortar en caliente.

hot-short I quebradizo en caliente (metales) I termoquebradizo.

hotshot tunnel I túnel aerodinámico de impulso hipersónico.

hotspot I recalentador de gas I punto de inflamación I zona con mayor temperatura que el resto I sitio de intenso calor I región de intenso fuego antiaéreo I mancha por luz excesiva (fotografía) I mancha caliente I zona de gran radiactividad.

hot-straighten (to) I enderezar en caliente.

hot-strain (to) I deformar en caliente.

hot-strip ammeter I amperímetro térmico de cinta.

hot-swaged I estampado en caliente (fraguas).

hot-tear I grieta por contracción al solidificarse (metales) I grieta (soldaduras).

hot-tear cracking I fisuración interdendrítica (lingote de acero).

hot-tearing I fisuración en caliente I fragilidad en caliente I termofragilidad (aleaciones).

hot-tin (to) I estañar al fuego, estañar en caliente.

hot-top sink head I mazarota refractaria.

hot-topped steel I acero de mazarota refractaria.

hot-torsion test I prueba de torsión en caliente (aceros).

hot-water decatizing I decatizado en húmedo.

hot-water funnel I embudo de filtrar en caliente (química).

hot-welded tubing I tubería soldada en caliente.

hot-wire I alambre caliente I de hilo caliente I térmico (instrumentos eléctricos).

hot-wire ammeter I amperímetro térmico.

hot-wire anemometer I anemómetro de hilo electrocalentado.

hot-wire gage I manómetro térmico.

hot-wire ionizer I ionizador de hilo caliente.

hot-wire relay I relé de hilo caliente.

hot-wire system I sistema de emergencia eléctrica (aviones).

hot-wire transducer I transductor de hilo caliente.

hot-wire vacuum-measuring gage I vacuómetro de alambre caliente.

hot-wire voltmeter I voltímetro térmico.

hot-work die steel I acero para estampas en caliente.

hot-work (to) I maquinar en caliente, labrar en caliente.

hot-working I marcha caliente (alto horno) I trabajo en caliente I maquinado en caliente.

hot-working die I estampa para forjar en caliente.

Houdresid catalytic cracking I proceso Houdresid (cráqueo catalítico).

hound band I zuncho en la parte alta para amarrar la obencadura (palos buques).

hounding I guinda (palo de buques).

hour I hora I horario.

house I casa I edificio.

house connection I acometida (del agua, del gas, de la electricidad, etc.).

house current I corriente de la red.

house drain I desagüe dentro del edificio I tubo de acometida al alcantarillado (casas) I colector de desagüe.

house equipment I aparatos terminales (telecomunicaciones).

house service I acometida (del agua, del gas, de la electricidad, etc.).

house service cutout I fusible del contador (electricidad).

house (to) I estibar I trincar (marina) I calar (palo de buque) I empotrar, encastrar (vigas).

housed I alojado I encastrado, empotrado (vigas).

housed joint I ensambladura encastrada I junta ensamblada (construcción).

housekeeping I preparación inicial por medio de programas (máquinas).

housekeeping commands I órdenes de verificación.

housekeeping operation I operación de mantenimiento (ordenador) I operación previa (programa).

housekeeping routine I rutina preparatoria I rutina verificadora I rutina de mantenimiento.

housing I caja, bastidor I muesca, rebajo I estiba I empotramiento, envuelta (motores).

housing arrangement I dispositivo de estiba.

housing cap I puente del castillete (laminador).

housing code I indicativo (telecomunicación).

housing nut I tuerca de la envuelta I tuerca de acoplamiento I tuerca-manguito.

housing pin I pasador del castillete (laminador).

housing plane I guimbarda, cepillo de ranuras.

housing planer I cepillo de puente (máquina herramienta).

hovel I chimenea de horno de ladrillos I cúpula (hornos cerámica).

hovel kiln I horno de cúpula (cerámica).

hover ceiling I techo en vuelo estacionario, techo a punto fijo (helicópteros).

hover flight ceiling I techo en vuelo estacionario (avión).

hover (to) I revolotear sobre un sitio determinado (aeroplanos) I permanecer en posición fija a una determinada altitud (dirigibles, helicópteros) I volar a punto fijo (helicópteros).

hovercraft I aerodeslizador I vehículo levitante por reacción de aire sobre una superficie horizontal I aeronave capaz de realizar vuelo estacionario I embarcación de suspensión neumática sobre la superficie del agua.

hovering I estacionamiento fijo en el aire I que permanece estacionario en el aire I que revolotea a altitud constante (aeroplanos) I vuelo estacionario.

hovering flight I vuelo estacionario.

hovertrain I aerotrén I vehículo sobre colchón de aire.

hovertruck I vehículo levitante por reacción de chorros de aire sobre el suelo.

hove-to I al pairo (buques).

howel I azuela I doladera.

howitzer I obús.

howitzer chemical shell I granada química de obús.

howl I silbido, reacción en la antena (radio) I aullido (audiofrecuencia).

howler I zumbador (telefonía) I sirena (radar).

howling I reacción en la antena (radio).

howling noise I silbido (radio).

H-pad I atenuador en H.

H-particle I protón (física nuclear).

H-steels I aceros aleados con distintos grados de templabilidad.

HTW installations I instalaciones de calefacción con agua caliente.

hub | punzón para hacer matrices | núcleo de rodete (turbina hidráulica) | estación de teodolito | vértice (topografía) | mira (de nivelación) | enchufe, parte central (rotor de helicóptero) | borne | terminal | mojón | boca de conexión | estaca de nivelación.

hub tilting | inclinación del cubo del rotor (autogiros, helicópteros).

hubbing | punzonado de cavidades.

huddling chamber | cámara acumuladora de presión (válvulas).

hudge | rastra (minas).

hue | tono | tonalidad (colores).

hue range | gama de matices.

hue wave length | longitud de onda dominante.

hug (to) | ceñir el viento (velas) | barajar la costa, costear (marina).

hulk (to) | quitar la salbanda (minas) | acuartelar sobre un pontón (marina) | convertir un buque viejo en pontón flotante.

hull | casco de buques o aviones | mancha oscura de materia extraña (laminados) | envuelta exterior (cohetes, misiles guiados).

hull armoring | blindaje del casco.

hull fuselage | fuselaje del casco (hidros).

hull return | retorno por el casco (electricidad).

hum | zumbido | interferencia de imagen por alimentación de la red (televisión).

hum balanced wound | con bobinado no resistivo.

hum bar | franja de zumbido.

humectant | sustancia humectante | humectante.

humectation | humectación.

hum-free | silencioso | sin zumbido de la red eléctrica (radio).

humid assay | análisis por vía húmeda.

humidification | humidificación, humectación.

humidifier | humidificador, humectador | cámara de reacondicionado.

humidify (to) | humedecer | humidificar, humectar.

humidifying | humidificación, humectación.

humidity conditioner | climatizador de la humedad, acondicionador de la humedad, higroacondicionador.

humidity indicator | higroindicador | higrómetro | indicador de humedad.

humidity meter | humidímetro, higrómetro.

humidity protection | protección higroscópica.

humidity-control (to) | controlar la humedad, higrorregular.

hum-reducing circuit | circuito reductor de zumbidos.

humus | humus, mantillo.

hunch pit | pozo de escoria (hornos básicos).

hung motor | motor suspendido (locomotora eléctrica).

hung shot | tiro retardado | barreno que no explota inmediatamente después de la detonación del cebo (voladuras).

hung striker | percutor defectuoso (armas) | percutor encasquillado.

hung up | con avería (automóvil) aprisionado (minas).

hungry iron | hierro con gran porcentaje de silicio y fósforo.

hunt radar | radar de seguimiento.

hunt (to) | seguir | registrar | buscar (telefonía automática) | pendular | desviarse u oscilar constantemente (brújulas) | oscilar (pantalla de radar) | guiñar repetidamente (aviones, misiles).

hunting | oscilación azimutal | oscilación rítmica | oscilación mecánica | movimiento pendular | irregularidad de funcionamiento a pocas revoluciones (motores) | perturbación (aguja imanada) | fluctuación (del sonido) | inestabilidad de la imagen (TV) | busca de línea libre (telefonía) | exploración | pulsación | pendulación | búsqueda del equilibrio (servocontrol).

hunting link | eslabón de ajuste, eslabón suplementario (transmisiones por cadena).

hunting probe | sonda para determinar el nivel del líquido (reactor nuclear moderado con agua).

hunting selector | selector buscador (telefonía).

hurricane | ciclón (meteorología) | huracán.

hurricane lamp | lámpara protegida contra la intemperie.

hurry the fires (to) | activar los fuegos (calderas).

hush pipe | tubo de sifonaje.

hushed amplifier | amplificador silencioso.

hutch | vagoneta de mina | artesa para lavado (minerales) | concentrado (de mineral).

huttonite | hutonita ($ThSiO_4$).

Huyghenian eyepiece | ocular de Huyghens.

Huyghenian ocular | ocular de Huyghens.

HY-130 steel | acero con límite elástico de 130.000 libras/pulgada^2.

hyalography | hialografía | grabado del cristal.

hybrid | híbrido.

hybrid balance | atenuación de equilibrado (telecomunicación).

hybrid base crude | crudo híbrido (petróleo).

hybrid circuit | circuito híbrido.

hybrid coil | transformador diferencial (telefonía).

hybrid coupler | acoplador diferencial.

hybrid electromagnetic wave | onda electromagnética híbrida.

hybrid ion | ion neutro | ion híbrido.

hybrid junction | unión diferencial.

hybrid network | red híbrida | circuito diferencial (telecomunicaciones).

hybrid set | juego híbrido | red diferencial.

hybrid terminating unit | unidad terminadora diferencial (telecomunicaciones).

hybrid transformer | transformador diferencial.

hydrant | toma de agua | boca de riego | boca de incendios | hidrante.

hydrate (to) | hidratar.

hydration | hidratación.

hydraulic air compressor | compresor de aire hidráulico.

hydraulic bender | prensa hidráulica para curvar.

hydraulic buffer | freno hidráulico | tope hidráulico (vagones).

hydraulic buffer stop | tope hidráulico.

hydraulic clamp | abrazadera hidráulica.

hydraulic clutch | embrague hidráulico.

hydraulic conveyor | transportador hidráulico.

hydraulic cushioning device | dispositivo amortiguador hidráulico.

hydraulic damper | amortiguador hidráulico, hidroamortiguador.

hydraulic derrick | pluma hidráulica (buques).

hydraulic die press | prensa de estampar hidráulica.

hydraulic draw bench | banco de trefilar hidráulico.

hydraulic dredge | bomba de dragado, draga de succión | draga hidráulica.

hydraulic drill | perforadora hidráulica.

hydraulic drilling | sondeo hidráulico.

hydraulic drive | accionamiento hidráulico, mando hidráulico.

hydraulic energy dissipator | disipador de energía hidráulica.

hydraulic engine | motor hidráulico, hidromotor.

hydraulic expanding brake | freno hidráulico expansor.

hydraulic feed mechanism | mecanismo hidráulico de avance, accionamiento hidráulico de la mesa.

hydraulic firing gear | mecanismo hidráulico de disparo.

hydraulic fluid | líquido para aparatos hidráulicos | líquido hidráulico | fluido para mandos hidráulicos.

hydraulic fuel injection | inyección hidráulica del combustible.

hydraulic gear | engranaje hidráulico | mecanismo hidráulico.

hydraulic gear pump | bomba hidráulica de engranajes.

hydraulic gradient | gradiente hidráulico, nivel piezométrico, pendiente piezométrica | gradiente de alturas piezométricas.

hydraulic jack | gato hidráulico.

hydraulic lever | palanca hidráulica.

hydraulic lift | ascensor hidráulico.

hydraulic lock | agarrotamiento hidráulico (válvulas y bombas).

hydraulic main | conducto principal donde descargan los productos de destilación de las retortas (fábrica gas).

hydraulic mining | minería hidráulica, laboreo por disgregación hidráulica con chorro de agua a presión.

hydraulic motor | hidromotor.

hydraulic nozzle | tobera hidráulica.

hydraulic oil | lubricante para sistemas hidráulicos.

hydraulic piercing machine | perforadora hidráulica.

hydraulic pit jack | gato hidráulico para apeas de mina.

hydraulic pit prop | apea hidráulica, estemple hidráulico (minería).

hydraulic plunger | pistón hidráulico.

hydraulic power | energía hidráulica, fuerza hidráulica, potencia hidráulica.

hydraulic press | prensa hidráulica, hidroprensa.

hydraulic press brake | plegadora hidráulica.

hydraulic press (to) | prensar hidráulicamente, hidroprensar.

hydraulic propeller | propulsor hidráulico.

hydraulic propulsion | hidropropulsión.

hydraulic ram | ariete hidráulico | pistón hidráulico | prensa hidráulica.

hydraulic rat | pistón de forma especial que se hace mover a presión a través de un tubo para quitarle las deformaciones.

hydraulic rotary drilling | sondeo hidráulico por rotación.

hydraulic servo | servomotor hidráulico.

hydraulic shaft straightener | prensa hidráulica para enderezar ejes.

hydraulic shearing machine | tijera hidráulica.

hydraulic shears | cizalla hidráulica.

hydraulic shock absorber | amortiguador hidráulico.

hydraulic stacker | apiladora hidráulica.

hydraulic stowage | relleno hidráulico (minas).

hydraulic stripping | excavación hidráulica (laboreo minas).

hydraulic switcher | locomotora de maniobras con transmisión hidráulica.

hydraulic telemotor transmitter | transmisor con telemotor hidráulico.

hydraulic (to) | disgregar hidráulicamente, excavar por chorro de agua a presión (minas).

hydraulic winch | torno hidráulico para izar pesos.

hydraulically driven | accionado por fuerza hidráulica | hidroaccionado.

hydraulic-moulding press | prensa de moldeo hidráulico.

hydraulic-operated | accionado hidráulicamente, hidroaccionado.

hydrazine | hidracina (química).

hydrazine hydrate | hidrato de hidracina.

hydrazine system | sistema de hidracina (satélites).

hydrazo compound | compuesto hidrazoico.

hydrazoic acid | ácido nitrihídrico.

hydride | hidruro (química).

hydride bath | baño de hidruro sódico.

hydriodic acid | ácido yodhídrico | ácido hidriódico.

hydro cracking | cracking en presencia de hidrógeno.

hydroacoustics | hidroacústica.

hydroaerodynamics | hidroaerodinámica.

hydroaeroplane | hidroavión.

hydroairplane | hidroavión.

hydro-arc control | regulación hidráulica del arco (hornos).

hydroballistics | hidrobalística.

hydrobarometer | hidrobarómetro.

hydrobarophone | hidrobarófono.

hydrobatics | hidrobacia.

hydroblast | chorro de agua a gran presión con arena o abrasivo en suspensión (limpieza de piezas fundidas).

hydroblast cleaning | limpieza por hidrochorro abrasivo.

hydro-brake | freno hidráulico.

hydrocarbon | hidrocarburo.

hydrochemics | hidroquímica.

hydrochlorate of ammonia | clorhidrato amónico.

hydrochloric acid | ácido clorhídrico.

hydrochloride | clorhidrato.

hydrocianic acid | ácido prúsico.

hydroconion | vaporizador | atomizador.

hydrocooling | hidroenfriamiento.

hydrocracking | hidrofisuración | cracking catalítico en atmósfera de hidrógeno, cracking hidrogenante (petróleo) | hidropirolisis | hidrodesintegración | hidrocraqueo.

hydrocyanic | cianhídrico.

hydrocyanic acid | ácido hidrociánico | ácido prúsico.

hydrocyclone | hidrociclón (aparato).

hydrodynamic | hidrodinámico.

hydrodynamic bearing | cojinete hidrodinámico.

hydrodynamic damping | amortiguamiento hidrodinámico.

hydrodynamics | hidrodinámica.

hydroelectric | hidroeléctrico.

hydroelectric energy | energía hidroeléctrica.

hydroelectric generator | alternador hidráulico.

hydroelectric power plant | central hidroeléctrica.

hydroelectric power station | central hidroeléctrica.

hydroelectricity | hidroelectricidad.

hydroelectrification | hidroelectrificación.

hydroelectrostatics | hidroelectrostática.

hydroextract (to) | centrifugar | hidroextraer.

hydrofluoric | fluorhídrico.

hydrofluoric acid | ácido fluorhídrico.

hydrofluorination | hidrofluoración.

hydrofoil | hidroala | plano hidrodinámico | perfil hidrodinámico, superficie hidrodinámica | hidroaleta, aleta hidrodinámica.

hydrofoil boat | embarcación con aletas portantes hidrodinámicas | hidróptero.

hydrofoil ship | buque con superficie auxiliar de hidroplaneo | naviplano | alíscafo | embarcación con aletas sustentadoras hidrodinámicas (buques).

hydrofoil-supported craft | naviplano, alíscafo | embarcación sobre aletas hidrodinámicas.

hydroforming | hidroformación, hidroconformación.

hydrogen | hidrógeno.

hydrogen 2 | deuterio (D).

hydrogen 3 | tritio.

hydrogen atom | átomo de hidrógeno.

hydrogen bomb | bomba termonuclear de hidrógeno.

hydrogen bond | enlace de hidrógeno.

hydrogen brittleness I fragilidad por hidrógeno.
hydrogen bromide I ácido bromhídrico.
hydrogen carbide I hidrocarburo.
hydrogen cooling I enfriamiento del hidrógeno I enfriamiento por hidrógeno (generadores eléctricos).
hydrogen cyanide I cianuro de hidrógeno.
hydrogen decarburization I descarburación por el hidrógeno.
hydrogen electrode I electrodo de hidrógeno.
hydrogen embrittlement I acritud por absorción de hidrógeno, fragilidad por absorción de hidrógeno (metalurgia).
hydrogen ion I ion hidrógeno, hidrogenión I catión.
hydrogen peroxide I agua oxigenada, peróxido de hidrógeno.
hydrogen soldering I soldadura oxhídrica.
hydrogenate (to) I hidrogenar.
hydrogenation I hidrogenación.
hydrogenator I tanque hidrogenador.
hydrogen-oxygen cell I pila eléctrica con alimentación de hidrógeno y oxígeno a dos electrodos porosos de níquel en una solución de hidróxido potásico.
hydrogen-oxygen fuel cell I pila de combustión hidrógeno-oxígeno.
hydrograph I hidrógrafo I carta hidrográfica I hidrograma.
hydrohalide I sal halogenada, sal haloidea.
hydrohematite I óxido férrico hidratado, hidrohematites, turgita.
hydrolith I hidruro de calcio.
hydrologic I hidrológico.
hydrologic map I mapa hidrológico.
hydrological and meteorological land station I estación terrestre para el servicio hidrológico y meteorológico.
hydrological basin I cuenca hidrológica.
hydrological forecasting I previsión hidrológica.
hydrology I hidrología.
hydrolysis I hidrólisis.
hydrolyze (to) I hidrolizar.
hydromagnetic I hidromagnético.
hydromagnetic condenser I condensador hidromagnético.
hydromagnetics I hidromagnética I magnetohidrodinámica.
hydromagnetism I hidromagnetismo.
hydromatic propeller I hélice de velocidad constante de funcionamiento hidráulico I hélice hidromática.
hydromechanics I hidromecánica.

hydromechanization I hidromecanización.
hydrometallurgy I hidrometalurgia.
hydrometeorology I hidrometeorología.
hydrometer I densímetro de líquidos I hidrómetro.
hydrometer float I densímetro.
hydrometry I hidrometría.
hydropercusion drilling I sondeo por hidropercusión.
hydrophilic I hidrófilo.
hydrophilous I hidrófilo.
hydrophobic I hidrófobo.
hydrophobing I impermeabilización (fibras textiles).
hydrophone I hidrófono.
hydrophony I hidrofonía.
hydroplant I central hidroeléctrica.
hydropneumatic I hidroneumático.
hydropneumatics I hidroneumática.
hydropress I hidroprensa.
hydropyrometer I hidropirómetro.
hydroscillator I hidrooscilador.
hydroscope I hidroscopio.
hydroscopy I hidroscopia I higrometría.
hydrosizer I clasificador hidráulico I hidroclasificador I calibrador hidráulico.
hydroskimming I instalaciones de destilación y reforma (petróleos).
hydrosphere I hidrosfera.
hydrostamp I prensa estampadora hidráulica.
hydrostat depth-taking I toma de profundidad hidrostática (minas submarinas fondeadas).
hydrostatic I hidrostático, hidráulico.
hydrostatic assembly line I cadena de montaje accionada hidráulicamente (talleres).
hydrostatic compaction I compactación hidrostática.
hydrostatic switch I conmutador hidrostático.
hydrostatics I hidrostática.
hydrosuction I hidrosucción.
hydrosuction machine I hidroextractor de aspiración.
hydrosulfide I bisulfuro.
hydrothermal electric system I sistema hidrotermoeléctrico.
hydrothermal system I sistema combinado hidráulico y térmico.
hydroturbine I hidroturbina, turbina hidráulica.
hydrous mica I mica hídrica.
hydrous oxide I óxido hidratado.
hydrovane I superficie hidrodinámica I plano aerodinámico I aleta de submarino.
hydroxamic acid I ácido hidroxámico.
hydroxidation I hidrooxidación.

hydroxide | hidróxido.
hydroxy-acid | ácido hidroxilado, hidroxiácido | ácido hidratado.
hydroxyl | hidróxilo.
hyetal | pluvial | lluvioso.
hyetograph | hietógrafo, pluviógrafo | mapa pluviométrico | pluviograma.
hyetography | hietografía | pluviografía.
hyetometer | hietómetro, pluviómetro.
hyetometry | hietometría, pluviometría.
hygrogram | higrograma.
hygrograph | higrógrafo, higrómetro registrador.
hygrology | higrología.
hygrometer | higrómetro.
hygroscopicity | higroscopicidad.
hygroscopy | higroscopia.
hygrostabilization | higroestabilización.
hygrostat | higrostato.
hygrothermogram | higrotermograma.
hygrothermograph | higrotermógrafo.
hypabyssal | hipoabisal.
hypabyssal rocks | rocas hipoabisales, rocas filonianas.
hyperbolic | hiperbólico.
hyperbolic flareout | enderezamiento hiperbólico.
hyperbolic grind | forma hiperbólica.
hyperbolic guidance | guiancia hiperbólica.
hyperbolic navigation | navegación hiperbólica | navegación por situación sobre fíneas hiperbólicas.
hyperbolic navigation system | sistema de navegación hiperbólica.
hypereutectic | hipereutéctico.
hypereutectic cast-iron | fundición hipereutéctica.
hypereutectic graphite | grafito hipereutéctico.
hyperfrequency | hiperfrecuencia.
hyperfrequency waves | ondas electromagnéticas, cuya longitud de onda es menor de 20 centímetros | ondas de hiperfrecuencia.
hypergolic | hipergólico.
hypergolic ignition | ignición hipergólica, ignición espontánea por el simple contacto de los componentes del propulsante (cohetes).

hypergolic propellant | propulsante que se inflama espontáneamente al contacto de un oxidante (misiles).
hyperquenched | enfriado a temperaturas criogénicas (aceros).
hypersonic | hipersónico.
hypochlorite | hipoclorito.
hypochlorite of lime | hipoclorito de cal.
hypochlorite solution | solución de hipoclorito.
hypochlorite sweetening | desulfuración con hipoclorito.
hypochlorous acid | ácido hipocloroso.
hypoeutectic alloy | aleación hipoeutéctica.
hypoeutectic cast iron | fundición hipoeutéctica.
hypometer | tiosulfatómetro.
hyponitrite | hiponitrito.
hypophosphate | hipofosfato.
hypsobarometer | barómetro altimétrico, hipsobarómetro.
hypsochromism | hipsocromismo.
hypsochromy | hipsocromía.
hypsogram | hipsograma.
hypsograph | hipsógrafo (telecomunicación).
hypsography | hipsografía.
hypsometer | hipsómetro | termómetro de ebullición.
hypsometry | hipsometría.
hysteresis | histéresis (electricidad).
hysteresis brake | freno por histéresis.
hysteresis clutch | embrague por histéresis.
hysteresis core loss | pérdida por histéresis del núcleo.
hysteresis curve | curva de histéresis.
hysteresis cycle | ciclo de histéresis.
hysteresis distortion | deformación de histéresis.
hysteresis heat | calor por histéresis.
hysteresis loop | ciclo de histéresis, bucle de histéresis.
hysteresis loss | pérdida por histéresis.
hysteresis meter | histeresímetro.
hysteresis motor | motor asíncrono de histéresis.
hysteresis tester | histeresímetro.
hysteresis torque | par de histéresis.
hysterigraph | histeresígrafo.

I

I **beam** | viga I.
I **channel** | canal de televisión a color.
I **iron** | hierro doble T.
I. C. **engine** | motor diesel.
I. C. **telegraphy** | telegrafía modulada.
I. C. **wave** | onda entretenida amortiguada.
I. R. **loss** | potencia disipada | pérdida por efecto Joule.
I. T. **calorie** | caloría internacional.
I.C. **engine** | motor de combustión interna.
I.F. **amplifier** | amplificada de FI.
I.F.F. **radar** | radar de identificación.
I.N. **treated steel** | acero calidad E obtenido controlando la temperatura durante el laminado y eliminando la subsecuente normalización (construcción naval).
i.p. **turbine** | turbina de media presión.
I.S.M. **equipment** | designación para aparatos industriales, científicos y médicos que pueden originar perturbaciones electromagnéticas.
I^2 **Rt welding** | soldadura por electrodo continuo consumible en que gran parte del calor necesario para fundirlo se produce por calentamiento por resistencia eléctrica del electrodo.
I^2**R loss** | pérdida por efecto Joule, potencia disipada.
IA **sound** | sonido infraudible.
I-**bar** | viga doble T.
ice | hielo | escarchado (papel, vidrio).
ice alum | alumbre de roca incoloro.
ice cap | casquete glacial | manto glaciar.
ice chart | carta de hielos (navegación).
ice color | colorante al hielo (química).
ice colors | colores al hielo, colorantes naftol, colorantes azoicos.
ice cone | cono de ablación (glaciar).
ice cover | capa de hielo.
ice float | masa aislada de hielo de banco.
ice floe | témpano de hielo | hielo flotante.
ice flow | glaciar.
ice glass | vidrio escarchado.
ice maker | productor de hielo.
ice needle | carámbano.
ice pack | banco de hielo.
ice period | periodo glaciar.
ice point | temperatura del hielo fundente | temperatura = 0° C | temperatura de fusión del hielo.
ice stone | fluoruro de aluminio y sodio | piedra de hielo (mineralogía).
ice stream | glaciar.

ice (to) | congelar, helar.
iceberg | iceberg, montaña de hielo flotante.
iceberg detector | detector de icebergs (radar).
icebreaker | buque rompehielos.
ice-detector relay | relé detector de formación de hielo (alas aviones).
Iceland agate | ágata de Islandia, obsidiana.
Iceland crystal | cristal de Islandia (minerología).
Iceland spar | espato de Islandia (mineralogía).
ice-river. | glaciar.
ice-stone | criolita.
ice-striated rock | roca de estriación glaciárica.
ice-water bath | baño de hielo fundente.
ice-water quenched | enfriado rápidamente en agua refrigerada (metalurgia).
ice-worn rock | roca desgastada por glaciar.
ichor | icor (geología).
icicle | carámbano.
icon | imagen, representación | ilustración, grabado.
iconometer | iconómetro.
iconometer view finder | visor iconométrico.
iconoscope | iconoscopio (TV).
iconoscope camera | cámara de iconoscopio.
iconoscope saturation | saturación del iconoscopio.
ideal articulation | nitidez ideal (telecomunicación).
ideal gas | gas perfecto | gas ideal.
ideal process | transformación reversible (termodinámica).
ideal shape | perfil óptimo.
ideal solenoid | solenoide de Ampere.
identifiable batch | hornada identificable (metalurgia).
identification beacon | faro de identificación | radiofaro de identificación.
identification light | luz de identificación (aviación).
identification marker | radiofaro de identificación.
identification radar | radar de identificación.
identified flying objets (I.F.O.) | objetos voladores identificados.
identified outward dialing | telemarcado de salida con identificación.
identify (to) | identificar.
idiohyperoxidation | idiohiperoxidación.
idiohypoxidation | idiohipoxidación.
idioscope | idioscopio.

idiostatic electrometer I electrómetro idiostático.

I-display I presentación tipo I (radar).

IDKCA (rise to the surface) I suba a la superficie (señal comunicación -submarinos).

idle I marcha lenta I inactivo, inerte, paralizado I libre (electricidad) I en vacío.

idle channel I canal vacante I canal en vacío (telecomunicación).

idle character I carácter de relleno (teleproceso).

idle characters I caracteres de control de sincronismo.

idle circuit I circuito en reposo.

idle circuit condition I circuito en reposo (telegrama).

idle component I componente reactiva (electricidad).

idle current I corriente reactiva, corriente anérgica.

idle current wattmeter I aparato para medir voltios-amperios reactivos.

idle cutoff I estrangulador de marcha en vacío.

idle cycle I ciclo en vacío.

idle jet I surtidor de marcha lenta (carburador).

idle line I línea libre (telefonía).

idle noise I ruido de fondo I ruido residual.

idle over (to) I girar a pocas revoluciones, girar lentamente (motores).

idle power I potencia reactiva (electricidad).

idle pulley I polea de guía, polea de tensión, polea tensora I polea loca.

idle running I marcha en vacío.

idle selector I selector libre (telefonía).

idle signal I señal de línea libre (telefonía).

idle time I tiempo muerto (información) I tiempo de inocupación (telefonía).

idle (to) I funcionar en vacío (motores) I funcionar con marcha lenta, funcionar a poca potencia (motores).

idle trunk I línea libre (telefonía).

idle turn I espira libre (telefonía).

idleness I parada involuntaria I inactividad.

idler I rueda loca I piñón loco I piñón de transmisión I polea-guía I polea de tensión, rodillo de tensión (correas) I polea loca.

idler circuit I circuito complementario.

idler frequency I frecuencia complementaria.

idler gear I engranaje intermedio.

idler pinion I piñón loco, piñón satélite.

idler pulley I polea-guía I rodillo de tensión, polea tensora I polea loca.

idler shaft I eje loco.

idler wheel I polea-guía I polea tensora I rodillo de tensión I rueda intermedia.

idling I tiempos muertos (máquinas) I marcha en vacío (máquinas) I marcha a pocas revoluciones I marcha lenta.

idling current I corriente de reposo.

idling power I potencia al régimen de marcha lenta.

idling speed I velocidad en vacío, velocidad sin carga.

idling system I sistema de marcha en vacío.

I-girder I viga doble T.

igneous I ígneo I volcánico, eruptivo.

igneous electrolysis I piroelectrólisis.

igneous magma I magma volcánico.

igneous metallurgy I pirometalurgia.

igneous rock sheet I capa eruptiva, capa volcánica (geología).

ignitability I inflamabilidad.

ignitable I inflamable.

ignite (to) I pegar fuego I encenderse I inflamar I ignitir I incinerar (química).

ignited material I materia calcinada (química).

ignited sample I muestra calcinada (química).

igniter I dispositivo de encendido I ignitor I encendedor I explosor I interruptor I pistolete (torpedos) I carga iniciadora, carga de inflamación (dentro del proyectil) I carga de proyección (cañones).

igniter coil I bobina de encendido.

igniter firing gear I pistolete (torpedos).

igniter plug I bujía de encendido I bujía de arranque.

igniter train I tren de inflamación (espoletas) I dispositivo de encendido.

igniting wire I cable de encendido (bujías motores) I cable de dar fuego (voladuras).

ignition I encendido I ignición I calcinación I incineración.

ignition alloy I aleación pirofórica.

ignition and lighting magneto I magneto de encendido y alumbrado.

ignition anode I ánodo de cebado.

ignition battery I batería de encendido.

ignition cable I cable del encendido.

ignition cam I leva de encendido (motores).

ignition camshaft I eje de distribución del encendido (motores).

ignition circuit I circuito de inflamación I circuito de encendido (motores).

ignition coil I bobina de encendido.

ignition device I dispositivo de encendido I dispositivo de dar fuego I estopín.

ignition distributor I distribuidor del encendido (motores).

ignition electrode I electrodo de cebado.

ignition exciter I excitador electrónico para la ignición (motores).

ignition interference I interferencia por la ignición de motores (radio).

ignition lag I retardo al encendido.

ignition loss I pérdida al fuego, pérdida por incineración (química).

ignition plug I bujía de encendido I bujía de ignición.

ignition point I temperatura de ignición I punto de combustión.

ignition quality I calidad de ignición (petróleos).

ignition resistance I resistencia a la inflamación.

ignition shield I rampa de encendido (aviación).

ignition spark I chispa de encendido (motores).

ignition starting I encendido.

ignition stroke I carrera de explosión (motores) I carrera de encendido.

ignition temperature I temperatura a la cual la energía perdida por colisiones radiactivas está equilibrada por la energía depositada en el plasma por reacciones termonucleares I temperatura de ignición.

ignition timer I distribuidor del encendido (motores).

ignition timing I reglaje del encendido.

ignition ware I productos refractarios.

ignition warning light I lámpara de señal de encendido.

ignitor I ignitor, inflamador I encendedor.

ignitor electrode I electrodo de cebado.

ignitor leakage resistance I resistencia de fuga del ignitor.

ignitor oscillation I oscilación del encendedor.

ignitor voltage drop I caída de tensión de ignitor.

ignitron I ignitrón (tubo electrónico).

ignitron rectifier I rectificador de ignitrones.

ihrigizing I silicionación, impregnación con silicio (superficies del acero).

illam I grava gemífera de Ceilán.

illinium I illinio, florencio (química).

illite I ilita (geología).

ill-timed release I desconexión intempestiva (telecomunicaciones).

illuminant I iluminante, fuente luminosa.

illuminant A I patrón de luz con una temperatura del color de 2.848° K.

illuminant B I patrón de luz con una temperatura del color de 4.800° K.

illuminant C I patrón de luz con una temperatura del color de 6.500° K.

illuminate (to) I alumbrar I iluminar.

illuminating engineering I luminotecnia I ingeniería de iluminación.

illumination I iluminación I alumbrado.

illumination meter I luxímetro.

illumination power I poder iluminante, potencia lumínica.

illuminator I iluminador I dispositivo de alumbrado I cristal de portillo de luz (buques).

illumine (to) I iluminar, alumbrar.

illuminometer I iluminómetro, fotómetro de iluminación I fotómetro portátil.

ilmenite I ilmenita, hierro titanado, crichtonita, titanio oxidado ferrífero.

ilmeniteglimmer I ilmenita en escamas transparentes delgadas.

ilmenium I ilmenio.

ILS glide path I trayectoria de planeo con instrumentos (aeropuertos).

ILS glide-path angle I ángulo de trayectoria de planeo ILS.

ILS marker I radiobaliza ILS.

ILS middle marker I radiobaliza intermedia ILS.

ILS outer marker I radiobaliza exterior ILS.

IM distortion I distorsión de intermodulación.

imacon I cámara fotográfica de alta velocidad.

image I imagen.

image amplifier I amplificador de imagen.

image analysis tube I tubo analizador de imagen.

image antenna I antena virtual, antena imaginaria situada debajo de la superficie y directamente debajo de una antena real.

image area I superficie de impresión.

image attenuation coefficient I coeficiente de atenuación entre imágenes.

image broadcasting I difusión de la imagen.

image carrier I onda portadora de imagen.

image converter I transformador de imagen I convertidor de imagen (óptica).

image drift I desviación de la imagen, arrastre de la imagen, deriva de la imagen I deslizamiento de imagen.

image file I fichero vídeo.

image force I fuerza virtual.

image framing I encuadre de la imagen.

image hunting I desviación lenta de la imagen (TV) I inestabilidad de sincronismo.

image isocon I isocón de imagen (tubo de cámara de televisión).

image lock I sincronización de imagen.

image orthicon I orticón de imagen (TV).

image phase factor I factor de fase imagen (telecomunicaciones).

image pickup tube | tubo analizador de televisión.

image point | punto de imagen | punto debajo de la superficie terrestre a una profundidad igual a la altura de explosión (bomba nuclear).

image processing | procesamiento de imágenes (informática) | tratamiento de imágenes.

image quality indicator | penetrámetro (rayos X).

image ratio | relación de la intensidad de una señal a su imagen, relación señal-imagen (selectividad de receptores) | rendimiento (de un preselector-televisión).

image ray | rayo de imagen | rayo emergente (óptica).

image reactor | reactor ficticio introducido matemáticamente (resolución de las ecuaciones críticas de un reactor).

image receiver | receptor de imágenes.

image reject mixer | mezclador supresor de señal de imagen.

image rejection | supresión de la portadora de imagen (TV) | supresión de la frecuencia de imagen.

image remover | líquido borrador (clisés) | eliminador de imagen | líquido corrector.

image reproducer | tubo de rayos catódicos | reproductor de imágenes (receptor televisión).

image response | réplica de la imagen, selectividad (frecuencia imagen) | respuesta de imagen.

image shift | desplazamiento de la imagen (TV).

image source | fuente virtual.

image splitting device | dispositivo para producir una doble imagen.

image splitting eyepiece | ocular que produce una doble imagen de cada partícula.

image storing tube | tubo almacenador de imágenes.

image (to) | representar por una imagen | formarse la imagen (telescopios).

image trap | circuito atrapador de frecuencia imagen.

image-converter tube | tubo convertidor de imagen.

image-sending apparatus | aparato emisor de imágenes.

image-viewing tube | tubo transformador de imágenes.

imaginary component | componente reactiva, componente anérgica (electricidad).

imaging | formación de imágenes.

imaging lenses | lentes reproductoras (microscopio electrónico).

imaging radar | radar de formación de imágenes.

imbalance tolerance | tolerancia de equilibrio.

imbed (to) | encajar | encastrar, empotrar | incrustar.

imbibe (to) | embeber, impregnar, absorber.

imbibent | absorbente.

imbibition | imbibición.

imbibition roller | rodillo de imbibición.

imbowment | arco, bóveda.

ImC | intensidad en milicuries | ImC (radiología).

imide | imida.

imido group | grupo imido (química).

immediate access store | memoria de acceso inmediato.

immediate action program | programa de actuación inmediata.

immediate data | datos inmediatos.

immerge (to) | sumergir.

immergence | inmersión.

immerse (to) | sumergir.

immersibility | inmersibilidad, sumergibilidad.

immersible | sumergible.

immersing roller | cilindro de inmersión.

immersion | inmersión.

immersion bath | baño de inmersión.

immersion cleaning | limpieza por inmersión | limpieza por remojo.

immersion cooling | enfriamiento por inmersión.

immersion deposition | galvanoplastia por inmersión.

immersion freezing | congelamiento por inmersión.

immersion galvanization | galvanización por inmersión.

immersion heater | termoinmersor.

immersion lens | objetivo de inmersión | lente de inmersión.

immersion plating | galvanoplastia por inmersión | revestimiento por inmersión.

immersion pyrometer | pirómetro de inmersión.

immersion reflow soldering | soldadura por inmersión.

immersion thermocouple | termopar de inmersión.

immersion thermostat | termostato de inmersión.

immersion vibrator | vibrador de inmersión (hormigón).

immiscibility | inmiscibilidad.

immiscible | inmiscible.

immobile I inmóvil I fijo.
immovable I fijo, inmóvil.
immunization I pasivación (metales).
impact I impacto I choque, percusión, impacto.
impact accelerometer I acelerómetro para medir la desaceleración al aterrizar (aviones).
impact cleaning I limpieza por chorro de arena.
impact die forging I forja de estampación.
impact energy I resiliencia (probetas).
impact extrusion I extrusión por percusión.
impact fluorescence I fluorescencia de impacto, fluorescencia por choque.
impact load I choque de aterrizaje (aviones) I carga debida al efecto dinámico (estructuras).
impact matrix printer I impresora por impacto (informática).
impact radiation I radiación excitada por choque.
impact rate I frecuencia de impactos (perforadoras).
impact screen I criba de percusión, criba vibradora.
impact test I prueba al choque I prueba de resiliencia, prueba de fragilidad.
impact tester I probadora de resiliencia.
impact value I penetración (electrodos).
impaction I impacción I empotramiento.
impactproof I resistente a los choques I protegido contra choque.
impact-resistant I resistente al impacto.
impedance I impedancia.
impedance adapter I adaptador de impedancia.
impedance angle I ángulo de desplazamiento I ángulo de impedancia.
impedance bond I conexión inductiva I bobina de impedancia.
impedance bridge I puente para medir impedancias.
impedance coil I reactor, bobina de reactancia.
impedance coupling I acoplamiento por impedancia.
impedance drop I caída de voltaje de impedancia.
impedance match I equilibrado de impedancias.
impedance matching I equilibrado de las impedancias, igualación de impedancias I adaptación de la impedancia.
impedance matching network I red igualadora de impedancia.
impedance matching transformer I transformador de igualación de impedancia I transformador equilibrante de impedancia I transformador de adaptación de impedancias.

impedance meter I impedancímetro.
impedance mismatching I desequilibrado de impedancias.
impedance range I gama de impedancias.
impedance relay I relé de impedancia.
impedance setting I reglaje de la impedancia.
impedance starter I reóstato de arranque de impedancia.
impedance step-down device I dispositivo reductor de impedancia.
impedance voltage I voltaje de impedancia.
impeder I impedidor, núcleo magnético hidroenfriado que se coloca dentro del tubo para impedir que la corriente se separe de la zona de soldadura y produzca calentamiento local indeseable (soldeo por resistencia de tubos de aluminio).
impedometer I impedancímetro.
impellent I motor I fuerza motriz I impelente I motriz.
impeller I propulsor I rueda motriz, rueda móvil (bomba centrífuga, hidroturbina) I pistón impulsor (ventilador) I soplante (de motor) I rueda de paletas I rotor.
impeller blade I álabe de la rueda móvil (turbinas) I paleta de rueda móvil (bombas).
impeller coolant pump I bomba de enfriamiento del propulsor.
impeller pump I bomba impelente.
impeller shaft I eje del rotor I eje del impulsor.
impermeable graphite I grafito de muy poca porosidad.
impermeable layer I capa impermeable.
impervious I hermético I impermeable I inatacable (por ácidos).
imperviousness I impermeabilidad I estanqueidad I hermeticidad.
impingement I colisión, choque.
impingement area I zona de choque (reactor).
impingement attack I ataque por corrosión y erosión, ataque por cavitación I ataque por choque.
impingement nozzle I tobera de choque.
impingement plate I chapa de choque.
implement I herramienta, utensilio I accesorio.
implode (to) I implotar, implosionar.
imploding shock waves I ondas de choque de implosión.
implosion I implosión.
implosion weapon I arma nuclear de implosión.
impound (to) I represar, embalsar.
impoundage I embalse.
impounding I embalsamiento.
impounding dam I presa de retenida.

impounding pump I bomba para represar agua.

impounding reservoir I depósito de captación, vaso, cuenco (de embalse).

impoverished ore I mineral de muy baja ley.

impoverishment I empobrecimiento I emborrascamiento (de una mina).

impregnate (to) I inyectar (maderas) I impregnar con asfalto (aislantes eléctricos).

impregnated I impregnado I inyectada (maderas).

impregnated carbon I carbón mineralizado, carbón impregnado (electricidad).

impregnated casting I fundición impregnada.

impregnating I impregnación, imbibición.

impregnation I impregnación, imbibición.

impregnation bath I baño de impregnación.

impregnation media I medios de impregnación.

impregnation method I método de impregnación.

impregnation vein I filón de impregnación.

impress I impresión.

impress copy I copia tipográfica.

impress (to) I grabar, estampar I imprimir.

impressed I grabado en hueco I impresionado I imprimido, impreso.

impressed stamp I timbre, sello en hueco.

impressed torque I par motor aplicado.

impressed voltage I voltaje aplicado, voltaje de carga I tensión de carga.

impressed volume change I esfuerzos internos generados al pasar de la fase gamma a la fase de hierro alfa (aceros).

impressed watermark I filigrana en seco, corondel en seco, corondel a presión (papel).

impression I impresión I edición I estampa, cavidad interior (de estampa de forja) I parte interior que ha sido rebajada para darle la forma requerida (troqueles) I impronta (mecánica, forja).

impression block I bloque de impresión (sondeos).

impression cylinder I cilindro impresor.

impression die I estampa de impresión.

impression plaster I yeso para impresiones.

impression process I procedimiento con hipoclorito (refino).

imprimery I arte de imprimir, imprenta.

imprint I impresión por estampación I pie de imprenta (libros).

imprint (to) I imprimir I estampar, grabar.

imprinted I impreso.

imprinting I impresión (tipografía).

impulse I impulso I sobrevoltaje I impulsación mecánica I integral de la cantidad de movimiento.

impulse accepting relay I relé receptor de impulsos.

impulse action I busca de línea (telefonía).

impulse astern turbine I turbina de marcha atrás, turbina de ciar (buques).

impulse blading I paletaje de impulsión.

impulse cartridge I cartucho de proyección.

impulse circuit breaker I interruptor del circuito de impulsión, interruptor de impulsos.

impulse counter I contador de impulsos.

impulse coupling I acoplamiento impulsor.

impulse excitation I excitación por choque, excitación por impulsos.

impulse generator I generador de ondas de choque I generador de impulsos.

impulse meter I contador de impulsos.

impulse oscilloscopy I osciloscopia por impulsos.

impulse peak voltmeter I voltímetro de cresta de impulsión.

impulse radiation I radiación por choque.

impulse ratio I relación de impulsión.

impulse receiver I receptor de impulsos.

impulse recorder I registrador de impulsos.

impulse recording I registro de impulsos.

impulse regenerator I filtro corrector de impulsos, regenerador de impulsos.

impulse relay I relé de impulsión.

impulse separator I separador de impulsiones I separador de sincronización (televisión).

impulse signaling I señalización por impulsos.

impulse starter I impulsador.

impulse test voltage I sobrevoltaje de prueba.

impulse transformer I transformador de impulsos.

impulse tube I tubo lanzatorpedos.

impulse turbine I turbina de impulsión, turbina de acción (de vapor) I rueda Pelton.

impulse wave I onda impulsiva I onda de choque.

impulse wheel I rueda de acción, rueda de impulsión (turbina vapor).

impulser I turbina de acción I impulsor (electricidad).

impulse-testing plant I instalación para pruebas con sobrevoltajes (cables eléctricos).

impulse-type telemeter I telémetro de impulsos.

impulsing I impulsión I impulsante.

impulsing relay I relé de impulsión.

impulsing signal I señal de llamada por impulsos, señal accionadora I señal de marcación (telefonía).

impulsion I impulsión.
impulsive admittance I admitancia impulsiva.
impulsive couple I par de impulsión.
impulsive discharge I descarga aperiódica (electricidad).
impulsive force I fuerza impulsiva I fuerza propulsiva I fuerza impulsora.
impulsive load I carga impulsiva I carga dinámica.
impurity I impureza I adulteración.
impurity atom I átomo de impureza.
impurity level I nivel de impurezas.
impurity-induced I inducido por impurezas (metalurgia).
in ballast I en lastre (buques).
in blast I en marcha, encendido (alto horno).
in bridge I en paralelo, en derivación, en cantidad (electricidad).
in circuit I en circuito.
in code I cifrado (mensajes).
in contact I en contacto.
in flight I en vuelo (avión).
in fork I en seco (minas).
in leak I en derivación.
in line I en serie (electricidad) I en línea.
in multiple I en paralelo, en derivación, en cantidad (electricidad).
in open delta I en triángulo abierto (electricidad).
in operation I en servicio I en funcionamiento.
in parallel I en paralelo, en derivación, en cantidad (electricidad).
in phase I en fase.
in print I impreso I publicado I en impresión.
in quantity I en cantidad, en derivación, en paralelo.
in shunt I en derivación, en paralelo, en cantidad (electricidad).
in shunt with the load I en paralelo con la carga I en derivación con la carga (electricidad).
in step I en fase, en sincronismo (electricidad).
in the open I al aire libre I a cielo abierto (excavaciones).
in the press I en prensa, en impresión.
inactivate (to) I inactivar.
inactivation I inactivación.
inactive I inactivo.
inactive bond I enlace inactivo.
inactive current I corriente anérgica, corriente reactiva.
inactive matter I materia inerte.
in-and-out bolt I perno de empalme, perno pasante.
in-and-out furnace I horno en que la carga se carga y descarga por el mismo extremo.

in-and-out system I sistema de doble tingladillo (forro botes).
in-and-out tank I depósito vertical cilíndrico con anillos horizontales solapados alternativamente.
in-band signalling I señalización por frecuencias vocales I señalización dentro de banda.
inboard I a bordo (buques) I del interior (buques) I de vuelta (golpe de pistón) I cerca del fuselaje I hacia dentro desde la punta del ala I interior.
inboard bulkhead I mamparo interior (avión).
inboard engine I motor interior, motor cercano al fuselaje (avión tetramotor).
inboard profile I perfil interior I corte longitudinal (buques).
inbond I atizonamiento (de muros).
inbond stone I tizón (muros).
inbound I de llegada, de entrada I de retorno, de regreso I que entra en puerto (buques).
inbound bearing I marcación de llegada.
incandescent I incandescente I candente.
incandescent welding I soldeo por resistencia eléctrica.
INCERFA I INCERFA (fase de incertidumbre en aviación).
inching I marcha lenta I avance lento I marcha intermitente.
inching device I dispositivo de avance lento.
inching relay I relé de desenganche lento I relé para la marcha lenta.
inching speed I avance lento.
inching starter I arrancador de aceleración lenta.
incident beam I haz incidente.
incident electron I electrón incidente.
incident laser pulse I impulso lasérico incidente.
incident nodal point I punto nodal anterior, punto nodal inferior.
incident radiant energy I energía radiante incidente.
incident-light meter I fotómetro de luz incidente.
incident-light microscope I microscopio de luz incidente.
incinerate (to) I incinerar.
incineration I incineración.
incineration dish I cápsula de incineración (química).
incinerator I incinerador.
incipient I incipiente.
incipient cavitation I cavitación incipiente (hélices).
incipient melting point I temperatura de la fusión incipiente.

incipient red heat I calda al rojo naciente.

incipient white heat I calda al blanco naciente (1.330° C).

incipient-melting temperature I temperatura de la fusión incipiente.

inclination I inclinación I declive I desplome (muros), manteo (geología) I inclinación magnética.

inclination compass I brújula de inclinación, inclinómetro.

inclination gage I indicador de inclinación.

inclinatory needle I aguja de inclinación.

incline I plano inclinado I galería inclinada (minas) I pozo inclinado (minas).

incline shaft I plano inclinado.

incline submergible pump I bomba sumergible que trabaja en pozos inclinados (minas).

inclined winze I pozo de arrastre (minas).

inclined-shaft timbering I entibación de pozo inclinado.

inclinometer I clinómetro I brújula de inclinación I compás de inclinación.

included angle I ángulo entre las caras de fusión (soldadura).

inclusion I inclusión I imperfección (gemas).

inclusion count I contaje de inclusiones, índice de limpieza (aceros).

inclusion counter I contador de inclusiones (metalurgia).

inclusion morphology I morfología de las inclusiones (aceros).

inclusion stringers I inclusiones acintadas (metalurgia).

incombustibility I incombustibilidad.

incombustible I incombustible.

incoming I llegada.

incoming channel I canal entrante.

incoming circuit I circuito de llegada.

incoming current I corriente de llegada.

incoming end I extremidad de llegada (telecomunicaciones).

incoming exchange I central de llegada (telefonía).

incoming feeder I alimentador de entrada.

incoming first selector I primer selector de entrada (electricidad).

incoming junction I enlace de llegada (telefonía).

incoming line I línea de llegada.

incoming one-way circuit I circuito para tráfico de llegada únicamente (telecomunicaciones).

incoming selector I selector de entrada (telecomunicaciones).

incoming service I servicio de llegada (telecomunicaciones).

incoming traffic I tráfico de llegada (telecomunicaciones).

incoming trunk I enlace de llegada (telecomunicación).

incoming trunk traffic I tráfico externo de llegada (telefonía).

incomplete circuit I circuito incompleto I circuito abierto (electricidad).

incomplete quenching I temple isotérmico.

incomplete wells I pozos en perforación (sondeos petróleo).

incongruent freezing I solidificación diferencial (metalografía).

incongruent melting I fusión incongruente.

incorrect I inexacto, erróneo I defectuoso.

incorrect weld I soldadura defectuosa.

incorrodible I incorrosible I inoxidable.

incorrodible steel I acero incorrosible.

increase gear I engranaje multiplicador.

increaser I tubo cónico de unión I refuerzo I pieza cónica de unión para unir un tubo grande a uno pequeño, cono reductor (tuberías).

increasing lift I hipersustentador.

incremental I incremental I progresivo.

incremental accuracy I exactitud diferencial.

incremental advance I avance incremental.

incremental computer I computadora que trabaja con incrementos.

incremental current change I variación diferencial de corriente.

incremental digital recorder I registrador digital paso a paso I registrador digital incremental.

incremental duplex I dúplex por adición (telegrafía).

incremental feed I avance incremental, avance progresivo (máquinas herramientas).

incremental frequency change I cambio incremental de frecuencia.

incremental frequency shift I cambio incremental de frecuencia.

incremental iron losses I pérdidas debidas a frecuencias mayores que la fundamental (motor corriente alterna).

incremental plate conductance I conductancia incremental de ánodo.

incremental resistance I resistencia adicional I resistencia diferencial de ánodo.

incrementally magnetized core I núcleo imanado por incrementos.

incrustating spring I fuente incrustante (geología).

incrustation I incrustación.

incut I escotadura.

incutting I mecanización de escotaduras I maquinado de festones I maquinado de vaciados.

indanthrene blue I azul de indantreno (química).

indent (to) I sangrar (imprenta) I dentar, endentar (carpintería).

indentation I indentación I muesca I sangría de una línea (tipografía) I escotadura.

indented bar I redondo con indentaciones (hormigón armado).

indented line I línea sangrada (tipografía).

indenter I máquina para pruebas de dureza por indentación I rulo marcador (para pisos cemento).

indenting ball I bola indentadora (durómetro).

indention I indentación I impresión I sangrado.

independent feeder I cable alimentador radial (red eléctrica).

independent phase winding I devanado de fases independientes.

independent piece I pieza suelta.

independent pump I bomba automotriz (buques).

independent safety device I dispositivo de seguridad independiente.

independent time-lag relay I relé temporizado independiente I relé de retardo constante.

independent-sideband transmitter I transmisor de banda lateral.

index I alidada I índice (matemáticas) I cabezal divisor (máquinas) I fiel (balanzas) I aguja (cuadrante indicador) I divisor (máquina herramienta).

index arm I alidada (sextante).

index array I matriz de índices (registros).

index chart I índice (náutica).

index contour I curva de nivel directriz (cartografía).

index correction I corrección del error instrumental I corrección del cero I puesta en cero.

index dial I plato divisor (máquina herramienta).

index die I troquel de división.

index ellipsoid I elipsoide índice.

index error I error de colimación I error de ajuste del índice I error instrumental (sextantes).

index gage I compás de graduación.

index glass I sextante I espejo de aliada.

index head I cabezal divisor (máquinas herramientas).

index marker I marca de pista (informática).

index matching I índice de adaptación (fibras ópticas).

index plate I placa divisora, placa graduadora I plato divisor (máquinas herramientas) I círculo graduador.

index point I punto de sincronización.

index rod I vástago graduado, varilla graduada.

indexation I indización.

indexing I indexacción I indización I división (máquinas herramientas) I graduación, ajuste.

indexing head I cabezal divisor.

indexing hole I perforación de indización.

indexometer I indexómetro (refracción).

Indian topaz I topacio oriental, citrina.

Indian yellow I amarillo de la India, nitrito cobaltopotásico.

indicated air speed transmitter I transmisor de velocidad relativa (aviónica).

indicated airspeed I velocidad relativa indicada (aviones) I velocidad indicada con relación al aire.

indicating depth sounder I sondeador indicador de profundidades.

indicating device I dispositivo indicador.

indicating dial I cuadrante indicador.

indicating fuse I cortacircuito de indicador de fusión.

indicating fuse post I portafusible indicador.

indicating pressure I manómetro indicador de la presión.

indicating synchroscope I sincroscopio indicador.

indicating tachometer I tacómetro registrador.

indicator I indicador, aguja (aparatos) I anunciador (cuadro telefónico y timbres) I testigo (lámparas, soluciones, tubos de ensayo) I tubo de rayos catódicos.

indicator cock I grifo indicador I llave para el indicador (cilindros máquinas).

indicator diagram I diagrama indicador.

indicator gate I impulso de sensibilización (radar).

indicator solution I solución indicadora (química).

indicolite I indicolita (turmalina azul o verde).

indifferent I neutro I inerte.

indifferent line I línea neutra (imanes).

indigenous inclusions I inclusiones naturales (metales).

indigo I añil.

indigo blue I azul índigo.

indigo copper I covellina (cobre añilado) I sulfito de cobre.

indigotin I azul de añil sintético.

indirect addressing I direccionamiento indirecto (informática).

indirect echoes I falsos ecos (radar).

indirect frequency modulation I modulación de frecuencia por defasaje.

indirect leveling I nivelación trigonométrica I nivelación indirecta.

indirect rays I rayos indirectos I rayos reflejados, rayos ionosféricos.

indirect view finder I visor oscuro (máquina fotográfica).

indirect wave I onda reflejada I onda indirecta I onda espacial (Argentina) I onda celeste.

indirect yarn number I número indirecto del hilo.

indirect-arc furnace I horno eléctrico en que el arco salta entre los electrodos (acero).

indirectly connected finder I buscador ordinario (telecomunicaciones).

indirectly heated cathode I cátodo de caldeo indirecto.

indirectly heated thermistor I termistor de calentamiento indirecto.

indirectly heated tube I tubo con cátodo de caldeo indirecto.

indirectly-heated cathode I cátodo equipotencial.

indirectly-heated rectifier I rectificadora de caldeo indirecto.

indirectly-heated valve I válvula con cátodo equipotencial.

indiscope I indiscopio.

indistinct cleavage I crucero incompleto (geología) I despegue indiferente (metalografía).

indium I indio (química).

indium alloy NP junction I unión NP por aleación de indio.

indium antimonide I antimoniuro de indio.

indium arsenide I arseniuro de indio (In As).

indium chloride I cloruro de indio.

indium phosphide I fosfuro de indio.

indium resistance thermometer I termómetro de resistencia de indio.

indium transistor I transistor de indio.

indium-copper-silver alloy I aleación de indio-cobre-plata.

indium-plate (to) I indiar.

indium-plated I indiado.

indophenol-oxidase I oxidasa-indofenol.

indraft I absorción, succión, aspiración.

induce the reaction (to) I iniciar la reacción (química).

induce (to) I iniciar (reacciones, explosiones).

induced I causado I provocado I inducido.

induced air I aire a presión.

induced charge I carga inducida.

induced circuit I circuito inducido.

induced current I corriente inducida (electricidad).

induced decay I desintegración inducida.

induced detonation I detonación por influencia, detonación por simpatía.

induced draft I tiro por aspiración (chimeneas).

induced drag I resistencia inducida al avance (aviones) I arrastre inducido.

induced draught I tiro por aspiración, tiro inducido (chimeneas) I ventilación por aspiración.

induced particle drift I deriva inducida de una partícula.

induced radioactivity I radiactividad artificial.

induced radionuclide I radionúclido inducido.

induced voltage I tensión inducida.

induced voltage transient I tensión transitoria de inducción.

inducing current I corriente inductora.

inducing magnetic pole I polo magnético inductor.

inductance I inductancia I bobina de inductancia, bobina de autoinducción I inductivo.

inductance balance I balanza de inductancia.

inductance box I caja de inductancias.

inductance coil I bobina de inductancia.

inductance coupling I acoplamiento inductivo, acoplamiento por bobina de inductancia.

inductance device I dispositivo de inductancia.

inductance feedback I reacción inductiva.

inductance filtering I filtrado de inductancia.

inductance load I carga inductiva.

inductance meter I inductancímetro.

inductance per unit length I inductancia unitaria.

inductance standard I patrón de inductancia.

inductance switch I conmutador de inductancia.

inductibility I inductilidad.

inductile I indúctil.

inductile fiber I fibra inextensible.

inductility I inductilidad.

inductimeter I inductímetro.

inducting I inducción (de vapor en turbinas, etc.).

induction I aspiración por succión I admisión I introducción (máquinas) I inducción (electricidad).

induction acceleration I aceleración por inducción.

induction accelerator I acelerador de inducción, betatrón.

induction aerator I aireador de inducción.

induction ammeter I amperímetro de inducción.

induction balance I balanza de inducción.

induction braze (to) I cobresoldar por corrientes de inducción.

induction brazed joint I junta cobresoldada por corrientes de alta frecuencia.

induction brazing I cobresoldadura por corriente inducida I soldadura por inducción con bronce I soldadura fuerte por inducción.

induction charging I carga por inducción.

induction coil I bobina de inducción.

induction coupling I acoplamiento inductivo.

induction crucible furnace I horno de crisol de inducción.

induction current I corriente de inducción I corriente de alta frecuencia.

induction disk relay I relé de disco de inducción (electromagnetismo).

induction effect I efecto de inducción.

induction factor I factor de inducción.

induction flowing I flujo por aspiración.

induction flux I flujo de inducción.

induction force I fuerza de inducción.

induction frequency converter I convertidor de frecuencia de inducción.

induction furnace I horno de inducción.

induction generator I generador de inducción I alternador asincrónico.

induction hardening I temple por corrientes de inducción, endurecimiento por inducción.

induction heating I calentamiento por inducción, caldeo por inducción, inductotermia.

induction heat-treatment I termotratamiento por corrientes de inducción.

induction instrument I aparato de inducción.

induction line I línea de inducción I tubería de aspiración.

induction machine I máquina de inducción, máquina asíncrona.

induction manifold I colector de admisión, tubuladura de admisión, tubuladura de aspiración (motores).

induction melting I fusión por corriente de inducción.

induction meter I contador de inducción.

induction micrometer I micrómetro de inducción.

induction motor I motor de inducción.

induction noise I ruido de inducción (circuitos).

induction pipe I tubo de admisión I tubo de la bomba de purga a los tubos de admisión (motores).

induction potentiometer I potenciómetro de inducción.

induction power I potencia reactiva (electricidad).

induction pump I bomba de inducción (mecánica).

induction radio I telefonía inalámbrica por inducción (trenes).

induction regulator I reóstato de excitación I regulador de inducción.

induction relay I relé inductivo.

induction resistance welding I soldadura por resistencia de inducción.

induction section I sección de admisión.

induction seismograph I sismógrafo de inducción.

induction strain gage I extensímetro de inducción.

induction stroke I carrera de aspiración (motores).

induction system I sistema de inducción I sistema de admisión, sistema de aspiración (motores).

induction temper (to) I revenir por corrientes de inducción.

induction thermal relay I termorrelé de inducción.

induction torsion meter I torsiómetro de inducción.

induction valve I válvula de admisión (motores).

induction voltage regulator I regulador de inducción.

induction wattmeter I vatímetro de disco de inducción.

induction welding I soldeo por corrientes de alta frecuencia.

inductional I induccional.

induction-coupled I con acoplamiento inductivo.

induction-harden (to) I templar por corrientes de inducción.

induction-hardened shaft I eje templado por corrientes de inducción.

induction-hardening steel I acero de temple por corrientes de inducción.

induction-heat (to) I caldear por inducción, calentar por corrientes de alta frecuencia.

induction-pressure welding I soldeo por inducción y presión.

induction-weld (to) I soldar por corrientes de inducción, inductosoldar.

inductive I inductivo.

inductive capacity I capacidad inductiva, poder inductor, constante dieléctrica.

inductive d. c. load I carga de corriente continua inductiva.

inductive DC voltage drop I caída de tensión continua.

inductive drop I caída inductiva del voltaje.

inductive feedback I reacción inductiva, realimentación inductiva.

inductive interference I efecto inductivo perturbador I ruido por inducción.

inductive load I carga inductiva.

inductive potentiometer I potenciómetro inductor, potenciómetro bobinado.

inductive sawtooth generator I generador inductivo de corriente en diente de sierra.

inductive shunt I derivación inductora.

inductive timer I sincronizador inductivo.

inductive transmitter I transmisor de acoplamiento de inducción.

inductive tube I tubo de inductancia.

inductive tuning I sintonía inductiva.

inductive voltage I voltaje inductivo.

inductive voltage drop I caída inductiva del voltaje.

inductive winding I arrollamiento inductivo I bobinado inductor.

inductively coupled I acoplado por inducción.

inductively coupled circuit I circuito de acoplamiento inductivo.

inductive-output valve I klistrón, tubo de modulación de velocidad.

inductometer I inductímetro.

inductor I acelerador (química) I inductor, rotor I bobína de inductancia I bobina de reactancia, reactor (electricidad).

inductor alternator I alternador de hierro giratorio, alternador de inductor fijo.

inductor coil I bobina inductora.

inductor generator I alternador síncrono.

inductor loudspeaker I altavoz electromagnético I altavoz de inductor.

inductor microphone I micrófono de inductor.

inductor-input filter I filtro con bobina de entrada.

inductronic D.C. amplifier I amplificador inductrónico de corriente continua.

inductuner I sintonizador de inducción, inductosintonizador.

indurate (to) I endurecer I indurar I templar (metalurgia).

industrial waste I residuos industriales I desechos industriales.

industrial waste recovery I recuperación de desperdicios industriales.

industrial waste treatment I tratamiento de desechos industriales.

inelastic I anelástico, rígido.

inelastic buckling I pandeo inelástico.

inelastic collision I colisión inelástica.

inelastic deformation I deformación inelástica, deformación permanente.

inelastic impact I choque inelástico.

inelastic photodissociation I fotodisociación inelástica.

inelastic scattering I dispersión inelástica.

inelastic strain I deformación inelástica.

inelasticity I inelasticidad.

inert I inerte.

inert dope I absorbente inerte, base inerte.

inert gas I gas raro I gas inerte.

inert gas backing I en atmósfera de gas inerte (soldaduras).

inert gas clean-up I absorción del gas inerte.

inert gas-shielded arc welding I soldeo por arco en atmósfera de gas inerte.

inert (to) I inertizar.

inert-arc weld I soldadura con arco en atmósfera inerte.

inert-dispersoid-strengthened I reforzado por un dispersoide inerte (metalurgia).

inert-gas breaker I disyuntor en gas inerte.

inert-gas casting I fundición en atmósfera de gas inerte.

inert-gas cutting I corte por gas inerte.

inert-gas generator I generador de gas inerte.

inert-gas spot welding I soldeo por puntos en gas inerte.

inert-gas welded I soldado en atmósfera de gas inerte.

inert-gas-shielded I protegido dentro de gas inerte.

inertia I inercia.

inertia circle I círculo de inercia (resistencia de materiales).

inertia disc I disco de inercia.

inertia ellipse I elipse de inercia.

inertia ergometer I ergómetro de inercia.

inertia error I error debido a la inercia.

inertia fuze I espoleta de percusión que funciona por inercia.

inertia governor I regulador de inercia (mecánica).

inertia loading I carga de inercia.

inertia operated I accionado por inercia.

inertia pressure I fuerza de inercia.

inertia relay I relé con efecto de inercia.

inertia shaft governor I regulador axial de inercia.

inertia stabilizer I estabilizador de inercia.

inertia starter I arrancador de inercia, arrancador de volante.

inertia switch I conmutador de inercia.

inertia torque I par de inercia.

inertia tuning system I sistema de sintonía con efecto de volante.

inertia wave I onda de inercia.

inertia weight I peso de inercia.

inertial celestial guidance I guiado inercial con corrección astronómica.

inertial component I componente inercial.

inertial control I control inercial.
inertial effect I efecto de inercia.
inertial force I fuerza de inercia.
inertial frame I sistema inercial.
inertial guidance I guiación inercial.
inertial guidance/navigation I guía de navegación inercial.
inertial load I carga estática.
inertial mass I masa inercial.
inertial measurement unit I unidad de medida inercial (nave espacial).
inertial navigation equipment I equipo inercial de navegación.
inertial navigation system I sistema de navegación inercial.
inertial orbit I órbita inercial.
inertial platform I plataforma inercial.
inertial sensor I sensor inercial.
inertial system I sistema de guiación inercial.
inertness I inertidad I inactividad.
infeed I avance normal, avance radial (máquinas herramientas) I avance en profundidad (máquina herramienta).
infeed current I corriente alimentadora.
infeed cycle I ciclo de avance de aproximación.
infeed grinding I amolado de avance normal I afilado de avance normal I rectificado guiado.
infeed mechanism I mecanismo de avance (máquina herramienta) I mecanismo de alimentación.
infeed movement I movimiento de avance.
infeed per pass I avance por pasada.
infeed pressure I presión de avance.
infeed roller I rodillo alimentador.
in-feeding I avance incremental (máquinas herramientas).
infernal stone I nitrato de plata.
infiltrate (to) I infiltrar.
infiltration I infiltración.
infiltrometer I infiltrómetro.
infinite conducting screen I pantalla de conductividad infinita (electricidad).
infinite distance I distancia infinita.
infinite loop I bucle infinito.
infinite sequence I secuencia indefinida.
infinite sheet I capa infinita (nuclear).
infinite slab I placa infinita (nuclear).
infinitesimal I infinitésimo I infinitesimal.
infinitesimal calculus I cálculo infinitesimal.
infinitesimal current I corriente infinitesimal.
infinitesimal dipole I doblete de antena I dipolo infinitesimal.
infinitron I infinitrón (microelectrónica).

infinity plug I clavija de apertura del circuito, clavija de corte, clavija de infinidad .
inflatable I inflable.
inflatable dinghy I balsa neumática.
inflatable raft I balsa inflable I balsa neumática.
inflating agent I agente inflador que desprende gases (vulcanización caucho celular).
inflexion I inflexión.
inflexion of light I difracción de la luz.
inflexion point I punto de inflexión I punto de cambio de curvatura de la elástica I punto en que el momento flector es cero (viga flexada).
inflow I flujo, afluencia I velocidad de aspiración (del aire) I flujo de aire atraído por la hélice (aviones).
inflow channel I canal de entrada.
inflow current I corriente de llegada, corriente de entrada.
inflow gradient I gradiente del flujo.
inflow ratio I relación entre la velocidad de afluencia del aire y la velocidad de la punta de la pala (helicóptero).
influence I influencia.
influence fuze I espoleta de proximidad.
influence line I línea de influencia.
influence machine I generador electrostático.
infography I infografía.
informatics I informática.
information I información.
information bandwidth I ancho de banda de información.
information bearing signals I señales portadoras de información.
information bits I bitios de información.
information call I petición de información (telefonía).
information carrier I transportador de información.
information channel I canal de información I circuito de información I vía de información.
information feedback I realimentación de la información.
information gathering I recopilación de información.
information handling I manipulación de información.
information line I línea de información (telefonía).
information network I red de información.
information pulse I impulso de información (radar).
information retrieval I búsqueda de información I localización de la información I recuperación de información (informática).

information retrieval language | lenguaje de recuperación de información (informática).

information storage | almacenamiento de información.

information storage and retrieval | almacenaje y recuperación de la información.

information telemetering | telemedida de la información.

information trunk | línea de información (telefonía).

informational-logical machine | máquina lógica de información.

informatization | informatización.

informatize (to) | informatizar.

infraacoustic | infraacústico.

infraaudible | infraaudible.

infrablack | ultranegro.

infrablack level | nivel del ultranegro.

infradyne | infradino.

infradyne receiver | receptor infradino.

infradyne reception | recepción infradina.

infralow frequency | frecuencia infrabaja (entre 0,3 y 3 khz).

infraluminescence | infraluminiscencia.

infrared | infrarrojo.

infrared absorption | absorción de infrarrojos.

infrared absorption spectrum | espectro de absorción infrarroja.

infrared absortion spectroscopy | espectroscopia de absorción infrarroja.

infrared bake (to) | cocer con rayos infrarrojos.

infrared beacon | baliza de rayos infrarrojos.

infrared brazing | soldadura por infrarrojos.

infrared camera | cámara de infrarrojo.

infrared detection | detección en franja infrarroja.

infrared detector | detector de rayos infrarrojos.

infrared dryer | secador infrarrojo.

infrared drying | secado por infrarrojos.

infrared emitter | emisor de radiaciones infrarrojas.

infrared film | película de infrarrojos | película infrarroja.

infrared filter | filtro infrarrojo.

infrared goniometer | goniometro infrarrojo.

infrared guidance | guiaje por infrarrojo.

infrared heat | calor infrarrojo.

infrared heater | lámpara infrarroja.

infrared heating | calentamiento por rayos infrarrojos.

infrared homer | buscador de rayos infrarrojos.

infrared homing | guiancia por rayos infrarrojos | guiancia por radiación infrarroja.

infrared illumination | iluminación por rayos infrarrojos.

infrared image converter | convertidor de imagen infrarroja.

infrared image tube | tubo de imagen infrarroja.

infrared lamp | lámpara de infrarrojos.

infrared lamp heating | caldeo por lámparas infrarrojas.

infrared laser | láser de infrarrojos.

infrared light | luz infrarroja.

infrared localizer | localizador infrarrojo.

infrared mapping | cartografía por rayos infrarrojos | aerofotografía por rayos infrarrojos.

infrared maser | máser de infrarrojos.

infrared measurement | medición infrarroja.

infrared microscope | microscopio de rayos infrarrojos | microscopio infrarrojo.

infrared navigation sensor | sensor de rayos infrarrojos para navegación.

infrared optics | óptica de infrarrojo.

infrared oven | horno de caldeo por rayos infrarrojos.

infrared photon | fotón infrarrojo.

infrared polarizer | polarizador de infrarrojo.

infrared projector | proyector de radiaciones infrarrojas.

infrared pyrometry | pirometría por rayos infrarrojos.

infrared radiation | radiación infrarroja.

infrared radiation heating | calefacción por radiación infrarroja.

infrared range | gama del infrarrojo.

infrared rays | rayos infrarrojos.

infrared receiver | receptor de infrarrojo.

infrared region | región del infrarrojo.

infrared scanner | detector de rayos infrarrojos | analizador de infrarrojos | explorador por infrarrojos.

infrared searchlight | proyector de infrarrojos.

infrared sensitive | sensible al infrarrojo.

infra-red sensitized film | película sensibilizada infrarroja.

infrared sensor | sensor de rayos infrarrojos (misiles) | sensor infrarrojo.

infrared sight | alza de rayos infrarrojos (armas).

infrared signaling | señalización por rayos infrarrojos.

infrared source | emisor de infrarrojo.

infrared spectrometer | espectrómetro infrarrojo.

infrared spectrophotometer | espectrofotómetro para infrarrojo.

infrared spectrophotometry | espectrofotometría de infrarrojos.

infrared spectroscope I espectroscopio de infrarrojo.

infrared spectroscopy I espectroscopia por rayos infrarrojos I espectroscopia infrarroja.

infrared spectrum I espectro infrarrojo.

infrared telegraphy I telegrafía por rayos infrarrojos.

infrared telescope I telescopio infrarrojo.

infrared transmitter I emisor de infrarrojo.

infrared wave I onda infrarroja.

infrared-sensing device I dispositivo sensible al infrarrojo I sensor del infrarrojo.

infrared-sensitive cell I célula sensible al infrarrojo.

infrasonic I infrasónico, infraacústico.

infrasonic sound I infrasonido.

infrasonic wave I onda infrasónica.

infrasonics I infrasónica, infraacústica.

infrasound I infrasonido.

infusible white precipitate I cloruro mercuriamónico.

ingate I entrada (moldes) I bebedero (funderías) I boca de galería (minas).

ingate-plot I enganche inferior (pozo de extracción).

ingot I lingote I tejo (de oro) I galápago (de cobre) I barra (oro o plata).

ingot gold I oro en barras.

ingot iron I acero bajo en carbono I hierro muy puro obtenido en hornos de solera.

ingot metal I metal en lingotes I acero bajo en carbono.

ingot mold I lingotera.

ingot mould I molde para lingote I lingotera.

ingot nickel I níquel en lingotes.

ingot steel I acero en lingotes, acero de tochos I hierro colado.

ingot steel forging I acero forjado en lingote.

ingot (to) I lingotar (acerías).

ingotism I lingotismo, estructura de cristales columnares.

ingrain color I colorante naftol, colorante azoico.

ingrain (to) I fijar I impregnar I teñir en rama.

ingress I entrada I admisión (gases) I ingresión (astronomía).

inhabit n bytes (to) I ocupar n bytes en memoria (informática).

inhaul I cable de tracción de retorno (teleféricos) I cargadera (buques de vela) I amarra (buques).

inhaul block I motón de candaliza (buques).

inhaul cable I cable de tracción.

inherent I inherente.

inherent chemical inertness I inercia química inherente.

inherent excitation alternator I alternador con excitación propia.

inherent feedback I autorreacción.

inherent internal impedance I impedancia interna propia.

inhibit formation of sigma (to) I inhibir la formación de la fase sigma (aceros).

inhibit pulse I impulso de bloqueo.

inhibit signal I señal inhibidora.

inhibit (to) I bloquear I inhibir.

inhibit wire I hilo de bloqueo.

inhibited acid I ácido inhibido.

inhibited brass I latón inmune a la dezincficación por adición de un inhibidor como arsénico, antimonio o fósforo.

inhibited descaling solution I solución desincrustante inhibida (calderas).

inhibit-gate I puerta de inhibición (circuito).

inhibition I inhibición.

inhibition circuit I circuito inhibidor.

inhibitor I inhibidor I retardador I producto químico para limitar la acción del ácido sobre el metal, moderador (baño de decapado) I producto para evitar que se quemen las aleaciones de magnesio fundido I sustancia que se añade para reducir la higroscopicidad (propulsantes cohéticos).

inhomogeneity I inhomogeneidad, heterogeneidad.

inhomogeneous I inhomogéneo, heterogéneo.

inhomogenous wave equation I ecuación de onda inhomogénea I ecuación de Lorenz.

initial approach I aproximación inicial.

initial bias gain I amplificación por polarización inicial de rejilla I ganancia por polarización de rejilla.

initial boiling point I temperatura de ebullición inicial.

initial rate of climb I régimen ascensional inicial I velocidad de subida inicial.

initial set I principio del fraguado, fraguado inicial (cales o cementos).

initiating relay I relé primario I relé iniciador.

initiator I iniciador I carga iniciadora (explosivos) I catalizador.

inject in orbit (to) I poner en órbita.

inject liquid nitrogen (to) I inyectar nitrógeno licuado.

inject (to) I introducir I lanzar I inyectar.

injectability I inyectabilidad.

injection I inyección I toma de agua del mar (buques) I inyección del combustible (motores).

injection blow molding | moldeo por inyección de aire insuflado.

injection carburetor | carburador de inyección.

injection chamber | cámara de inyección.

injection cock | grifo de inyección, llave de inyección | toma de vapor del inyector.

injection condenser | condensador de inyección.

injection delay | retardo en la inyección (motores).

injection laser | láser de inyección.

injection locking | sincronización por inyección (Klistron) | sincronización exterior.

injection mold (to) | moldear por inyección.

injection molding | moldeo a presión | moldeo por inyección.

injection mould | molde de inyección.

injection moulding machine | máquina de moldeo por inyección | inyectora (plástico).

injection nozzle | tobera de inyección | boquilla de inyección.

injection plexus | plexo de inyección (geología).

injection pump | bomba de inyección del combustible (motores).

injection pumping | bombeo por corriente de inyección.

injection ram | pistón de inyección.

injection timing | regulación del avance de la inyección.

injection timing device | regulador de la bomba de inyección.

injection timing lever | palanca de regulación del avance de la inyección.

injection timing sleeve | manguito de la regulación del avance de la inyección.

injection under pressure | inyección a presión.

injection valve | válvula de inyección, válvula de toma de agua de mar (buques) | válvula de admisión.

injection-air compressor | compresor del aire de inyección.

injection-molded polystyrene | polistireno moldeado por inyección.

injector | dispositivo para inyectar combustible y un oxidante en la cámara de combustión (motor cohético).

injector circulating water | agua de circulación del inyector.

injector cooling pump | bomba de enfriamiento del inyector (motor diesel).

injector cyclotron | ciclotrón de inyector.

injector nipple | cabeza de inyector.

injector nozzle | tobera de inyección | boquilla del inyector.

injector plunger | pistón del inyector.

injector pump | bomba inyectora | bomba de inyección.

injector resistor | resistor de acoplo.

injector steam valve | válvula de vapor del inyector.

injector switch | interruptor inyector.

injector throttle | toma de vapor del inyector.

ink | tinta.

ink duct | tintero.

ink formrolle | rodillo entintador (offset).

ink roller | rodillo entintador (tipografía).

ink (to) | entintar.

ink top process | procedimiento a la albúmina (fotograbado).

ink unit | batería entintadora (offset).

inker | rodillo de entintar (tipografía) | entintador.

inker roll | rodillo de entintar.

inking ribbon | cinta (máquina de escribir).

ink-jet printer | impresora de inyección.

inland call | comunicación interior (telefonía).

inland telephone circuit | circuito telefónico interior.

inland traffic | tráfico interior (telecomunicaciones).

inland trunk call | conversación interurbana.

inland trunk traffic | tráfico interurbano interior (telefonía).

inlay | incrustación | dispositivo electrónico para producir una imagen compuesta de escenas tomadas con dos cámaras separadas (televisión) | insertos electrónicos.

inlaying file | lima de marquetería.

inlaying machine | máquina de encartar.

inlaying saw | segueta, sierra de marquetería.

inlet | abra, ensenada | estuario | conducto | tubo de entrada, admisión | entrada.

inlet air | aire aspirado (compresores) | aire de admisión (motores).

inlet camshaft | árbol de levas de admisión.

inlet case | cárter de admisión.

inlet channel | canal de entrada.

inlet connection | conexión de entrada.

inlet diagram | diagrama de velocidades de entrada, triángulo de entrada (turbinas).

inlet filter | filtro de entrada.

inlet manifold | tubuladura de admisión | colector de admisión.

inlet nipple | conectador de admisión.

inlet pipe | tubo de admisión | tubo de entrada, tubo de llegada.

inlet plug and socket | conector.

inlet porting | lumbreraje de admisión, valvulaje de admisión (motores).

inlet stroke | carrera de admisión (motores).

inlet temperature | temperatura de entrada.

inlet tube | tubo aductor | tubo de entrada.

inlet valve | válvula de admisión | válvula de aspiración.

in-line assembly | montaje en cadena.

in-line beams | haces alineados.

in-line coding | secuencia incorporada al programa principal | codificación lineal.

in-line engine | motor de cilindros en línea.

in-line linkage | acoplamiento en línea.

in-line processing | procesamiento en línea (teleproceso).

in-line subroutine | subrutina directa.

in-line tuning | sintonización en línea (receptor).

inner | conductor interior (cable coaxial) | interior, interno.

inner bremsstrahlung | radiación de frenado interior.

inner conductor | conductor interior | hilo neutro (electricidad).

inner connector | conector interno.

inner contact | contacto interior.

inner liner | camisa interior de la cámara de combustión (motor de chorro).

inner lining | revestimiento interior.

inner marker | radiobaliza interna.

inner post | contracodaste (buques).

inner salt | zwitterion (aminoácidos).

inner shell | capa electrónica interna.

inner tube | cámara de aire (neumáticos) | tubo interior.

inner valve | válvula interior.

inner work function | trabajo interno (electrónica).

inner-cooled generator | generador con enfriamiento interno en circuito cerrado.

inner-cooled stator | estátor con enfriamiento interno.

inner-cooled stator coil | bobina estatórica enfriada interiormente.

inner-cooling | enfriamiento interno.

inner-shell electron | electrón interno.

inoculant | inoculante, material que añadido al caldo modifica la estructura y cambia las propiedades físicas y químicas (metalurgia) | elemento grafitante que añadido al caldo produce una precipitación rápida del grafito en la forma deseada (metalurgia) | aleación compleja de silicio con desoxidantes (metalurgia).

inoculate (to) | inocular.

inoculated cast iron | fundición inoculada.

inoculation | inoculación | adición de sustancias al caldo para formar núcleos para la cristalización (metalurgia).

inoperative (to) | desconectar | desactivar.

inorganic chemistry | química inorgánica.

inorganic compounds | compuestos minerales.

inorganic electrode | electrodo inorgánico.

inorganic electrolyte | electrolito mineral.

inorganic glassy bond | enlace vítreo inorgánico.

inorganic liquid laser | láser a líquido inorgánico.

inorganic thickner | espesante inorgánico (química).

inosilicate | inosilicato.

inosine monophosphate | monofosfato de inosina.

inphase | en fase.

inphase booster | elevador de voltaje para control de fase (transformadores).

inphase component | componente en fase | componente activa, componente energética (electricidad).

inphase quadrature | decalado un cuarto de periodo, en cuadratura de fase.

in-phase recording | grabación en fase (registro estereofónico).

inphase voltage control | regulación del voltaje de fase.

in-pile | en caliente (nuclear).

in-pile experiment | experimento en el interior del reactor nuclear.

in-pile loop | circuito en caliente.

in-pile test | prueba en el reactor.

input | admisión | toma de vapor | entrada, alimentación (electricidad) | corriente de entrada (electricidad) | suministro de corriente (electricidad) | potencia absorbida | energía absorbida, energía recibida | energía de entrada | conexión de entrada | potencia de entrada.

input admittance | admitancia de entrada, admitancia de potencia absorbida.

input amplifier | amplificador de entrada, preamplificador.

input attenuator | atenuador de la potencia recibida.

input auditing | control de datos a la entrada.

input block | bloque de entrada (informática).

input blocking capacitor | condensador de bloqueo de entrada.

input bucking potential | potencial compensador de entrada.

input buffer | memoria intermedia de entrada.

input bus control | control del enlace común de entrada.

input capacitance I capacitancia de entrada.
input capacity I capacidad de entrada.
input circuit I circuito de entrada de un tubo electrónico I circuito interno de entrada.
input clamp-diode I diodo limitador de entrada (semiconductores).
input coil I bobina de antena.
input conductance I conductancia de entrada.
input connection I conexión de entrada.
input data I datos de entrada I datos a procesar (informática).
input data set I fichero de entrada I conjunto de datos de entrada.
input device I órgano de entrada (electrotecnia) I dispositivo de entrada.
input electrode I electrodo de entrada.
input error voltage I tensión de error de entrada.
input filter I filtro de entrada.
input frequency I frecuencia de entrada.
input impedance I impedancia de entrada.
input instructions I instrucciones de entrada.
input job queue I cola de trabajos de entrada (informática).
input job stream I secuencia de las unidades a la entrada I corriente de trabajos de entrada.
input level I nivel de entrada (audiofrecuencia).
input level control I control de nivel de entrada.
input line I línea de entrada.
input loading I carga de entrada.
input mismatch loss I pérdida por falta de ajuste en entrada.
input of steam I toma de vapor.
input offset current I corriente de desequilibrio de entrada.
input peripheral I periférico de entrada (informática).
input potentiometer I potenciómetro de entrada.
input power I potencia de entrada I potencia absorbida (electricidad).
input process I proceso de entrada (informática).
input program I rutina de introducción I programa introductor.
input pulse I impulso de llegada I impulso de entrada.
input record I registro de entrada (informática).
input recorder I registrador de señales de entrada.
input register I registro de entrada (informática).
input resistor I resistor de entrada.
input resonator I resonador de entrada.
input shaft I eje de salida (de la máquina) I eje de entrada, eje impulsor.

input storage I registro previo I almacenamiento de entrada.
input stream I corriente de entrada.
input terminal I borna de entrada de corriente (electricidad).
input time constant I constante de tiempo de entrada.
input (to) I dar entrada.
input torque I par torsor impulsor I par de entrada.
input transformer I transformador de entrada (radio).
input tube I lámpara de entrada (radio) I válvula de entrada.
input unit I unidad de entrada.
input voltage I voltaje de entrada I voltaje de alimentación I tensión de entrada.
input water I agua inyectada (pozo petróleo).
input wave I onda de entrada.
input well I pozo de inyección (petróleo).
input winding resistance I resistencia del arrollamiento de entrada.
input-output I entradas-salidas.
input-output appendage I rutina suplementaria de entrada-salida.
input-output channel I canal de entrada/salida (informática).
input-output control system I sistema de control de entrada/salida.
input-output device I dispositivo de entrada-salida.
input-output processor I procesador de entrada-salida.
input-output register I registro de entrada-salida.
input-output switching I conmutación entre entrada y salida.
inquiry display terminal I terminal de consulta a pantalla I terminal visualizadora de consulta (informática).
inquiry line circuit I circuito de línea de consulta.
inquiry program I programa de consulta (informática).
inquiry station I estación de información I terminal consultor I terminal de usuario de consulta (informática).
inradius I radio del círculo inscrito.
inscriber I codificadora magnética I inscriptor I dispositivo codificador.
insert I separador I inserción (prueba de imprenta) I pieza añadida I pieza intercalada, accesorio de inserción I pieza metálica que se coloca en el molde y aparece como parte estructural de la pieza fundida.

insert earphone I audífono de inserción.
insert edit I montaje por inserto (vídeo).
insert into orbit (to) I colocar en órbita.
insert pin I espiga de inserción.
insert wave I onda intercalada.
inserted joint I junta de enchufe, junta de inserción.
inserted seat I asiento insertado (válvulas).
inserted teeth milling cutter I fresa de dientes postizos.
inserted valve seat I asiento de válvula insertado.
inserted-blade cutter I fresa de cuchillas postizas.
inserted-blade mill I fresa de cuchillas postizas.
inserted-blade reamer I escariador de cuchillas postizas.
inserter I embutidor I insertador I encartadora I embuchadora.
inserter-stitcher I encartadora-cosedora I embuchadora I cosedora.
inserter-trimmer I encartadora I refiladora.
inserting valve I válvula de introducción.
insertion loss I atenuación de inserción (telecomunicación) I pérdida de inserción (electrónica).
insertion switch I conmutador de inserción.
insertion test signal I señales de pruebas de inserción.
inset I encarte I inserción.
inset point I punto de inserción.
inset sprue I bebedero alimentador (funderías).
inset (to) I encartar (libros) I reforzar las líneas (tipografía) I embuchar (tipografía).
insetting I encartación (encuadernación) I inserción en medallón (tipografía) I refuerzo (tipografía).
inshore I cercano a la orilla I hacia la costa.
inshore traffic I zona de navegación costera.
inside admission turbine I turbina de admisión interior.
inside calipers I compás para interiores I compás de calibrar.
inside clutch plates I discos interiores del embrague.
inside cooling coils I serpentín interior de enfriamiento.
inside cover I recubrimiento al escape (distribuidores de máquinas vapor alternativas).
inside cut gouge I gubia de corte interior.
inside diameter (I.D.) I diámetro interno.
inside gage I galga de interiores.
inside gear I engranaje interno.

inside lead I avance a la evacuación (distribuidor de concha) I avance a la introducción (distribuidor en D).
inside screw I rosca interior.
inside screw tool I peine hembra de roscar.
inside wiring I cableado interior (arquitectura).
insolubilization I insolubilización.
insolubilize (to) I insolubilizar.
insonority I insonoridad.
insonorization I insonorización.
insonorous I insonoro.
in-span damping I amortiguación en el mismo vano (líneas eléctricas aéreas).
inspectoscope I inspectoscopio (óptica).
inspirator I inyector aspirante I mezclador (quemador petróleo).
instantaneous I instantáneo I extrarrápido I ultrarrápido.
instantaneous acoustic power I potencia acústica instantánea.
instantaneous angular acceleration I aceleración angular instantánea.
instantaneous axis of rotation I eje instantáneo de rotación.
instantaneous changeover I conmutación instantánea (telecomunicación).
instantaneous current value I valor instantáneo de corriente.
instantaneous exposure I instantánea (fotografía).
instantaneous forward voltage I tensión directa instantánea (diodos).
instantaneous fuse I mecha detonante.
instantaneous load factor I factor de carga instantáneo.
instantaneous mass-center I centro de masa instantáneo.
instantaneous output I potencia instantánea.
instantaneous piston velocity I velocidad instantánea del pistón (cinemática).
instantaneous power I potencia instantánea.
instantaneous relay I relé extrarrápido.
instantaneous reverse voltage I tensión inversa instantánea (diodos).
instantaneous sampling I muestreo instantáneo.
instantaneous trip breaker I disyuntor de desconexión ultrarrápido.
instantaneous value I valor instantáneo.
instantaneous voltage I voltaje momentáneo.
instant-on switch I interruptor de TV para imagen instantánea.
instant-start circuit I circuito de arranque instantáneo.

instepping relay | relé de impulsos directos, relé de impulsos de llegada.
instruction | instrucción | programación.
instruction counter | contador de instrucciones (informática).
instruction cycle | ciclo de instrucción.
instruction deck | paquete de instrucciones (informática).
instruction register | registro de instrucciones (informática).
instruction set | juego de instrucciones (informática).
instruction word | palabra de instrucción.
instructional flight | vuelo de entrenamiento.
instrument | aparato de medida | instrumento.
instrument accuracy | precisión del instrumento.
instrument adjustment | reglaje del instrumento.
instrument approach | aproximación por instrumentos (aeronáutica).
instrument board | cuadro de instrumentos | tablero de a bordo.
instrument conditions | condiciones meteorológicas que exigen el vuelo con instrumentos.
instrument dial | cuadrante (aparato).
instrument flight chart | carta para vuelos con instrumentos.
instrument flight rules (I.F.R.) | reglas de vuelo por instrumentos.
instrument flying | vuelo con instrumentos.
instrument kit | instrumental.
instrument landing | aterrizaje por instrumentos, aterrizaje instrumental.
instrument landing system test gear | equipo de pruebas para sistema de aterrizaje instrumental.
instrument marking | marcación sobre instrumento.
instrument meteorological conditions (I.M.C.) | condiciones meteorológicas de vuelo por instrumentos.
instrument room | sala de instrumentos.
instrument runway | pista para aterrizaje instrumental.
instrument (to) | instrumentar | dotar de instrumentos.
instrumental landing system | sistema de señales electrónicas que indican el camino para aterrizar (aviones).
instrumental parallax | paralaje instrumental.
instrumental survey | levantamiento con aparatos (topografía).
instrumentalize (to) | instrumentar.

insulance | aislancia, resistencia de aislamiento (electricidad).
insulate gate | puerta aislada (electrónica).
insulated | termoaislado | crioaislado | electroaislado | no puesto a tierra | no conectado a masa (electricidad).
insulated neutral | hilo neutro aislado.
insulated neutral system | sistema con el hilo neutro aislado.
insulated wire | hilo electroaislado | hilo aislado (electricidad).
insulating | aislador, aislante.
insulating asphalt layer | capa aislante de asfalto.
insulating barrier | pantalla aisladora.
insulating bead | perla aisladora (diodos) | cuenta aisladora (cables).
insulating boot | manguito aislante.
insulating compound | masa aislante.
insulating jacket | coquilla.
insulating strength | rigidez dieléctrica, resistencia dieléctrica | tensión de aislamiento | poder aislante.
insulating switch | seccionador de línea (electricidad).
insulating tape | cinta aislante.
insulation | aislamiento | crioaislamiento | termoaislamiento | electroaislamiento.
insulation heat | aislamiento térmico.
insulation resistance | resistencia del aislamiento (electricidad).
insulation resistance meter | ohmímetro.
insulation set | medidor del aislamiento.
insulation testing set | aparato para medir el aislamiento | medidor de resistencias.
insulation-resistance test | prueba de resistencia del electroaislamiento.
insulator chain | cadena de aisladores.
insulator stack | cadena de aisladores, ristra de aisladores.
insulator string | cadena de aisladores, ristra de aisladores.
insulator-testing laboratory | laboratorio para pruebas de aisladores.
insulectrics | tecnología de los aislantes eléctricos.
insweep | curvatura hacia dentro | estrechamiento del chasis (autos).
inswept frame | bastidor de largueros acodados (autos) | bastidor estrechado hacia adelante.
intagliated plate | plancha para huecograbado.
intaglio press | máquina de huecograbado.
intaglio printing | impresión en hueco, impresión en entalle | impresión en huecograbado.

intaglio printing process I huecograbado.
intaglio (to) I tallar en hueco.
intake I aspiración I admisión I toma (de agua, vapor, electricidad) I entrada de aire.
intake air filter I filtro de aire de admisión.
intake air heater I calentador del aire de admisión.
intake airway I galería de entrada de aire (minas).
intake and delivery pressures I presiones de admisión y salida.
intake conduit I conducto de toma I conducto de aspiración.
intake diffuser I difusor de admisión.
intake elbow I codo de entrada.
intake fan I ventilador de inyección.
intake header I toma exterior de aire para el sobrealimentador del motor (aviones).
intake heading I galería de llamada de aire (minas).
intake manifold I colector de admisión (motores) I tubería múltiple de toma (turbina hidráulica).
intake mouth I boca de aspiración.
intake muffler I silenciador de la toma I silenciador de la admisión.
intake of current I toma de corriente (electricidad).
intake pipe I tubo de admisión I tubería de entrada.
intake port I orificio de admisión, lumbrera de admisión.
intake pressure I presión de aspiración I presión de entrada.
intake screen I rejilla de admisión.
intake tower I torre de toma de agua (embalses).
intake tunnel I túnel de toma.
intake valve I válvula de admisión I válvula de aspiración.
intake well I pozo de inyección (petróleo).
integral I integral.
integral absorbed dose I dosis integral absorbida (radiología).
integral blades I paletas integrantes.
integral cam I leva formando parte del eje.
integral circuit I circuito integrado.
integral circuit package I conjunto integral de circuitos.
integral control I control integral I control por integración.
integral dose I dosis integral (radiología).
integral furnace boiler I caldera con horno integrante.
integral network I red integral.

integral reactor I reactor integrado I reactor integral.
integral waterproofing I impermeabilización integral.
integrally cast I fundido en una sola pieza.
integrated amplifier I amplificador integrado.
integrated circuit memory I memoria de circuitos integrados (informática).
integrated communications system I sistema integrado de comunicaciones.
integrated data processing I proceso integrado de datos I sistemización integrada de datos (informática).
integrated data set I convertidor de señal integrado.
integrated digital network I red digital integrada.
integrated electronics I electrónica integrada.
integrated flight system I sistema de vuelo integrado.
integrated logic network I red integrada de circuitos lógicos.
integrated optoelectronic circuit I circuito integrado optoelectrónico.
integrated peak I carga media durante un tiempo especificado (electricidad).
integrated-circuit array I red de circuitos integrados.
integrated-demand meter I contador totalizador de llamadas (telefonía).
integrating I integrante I totalizador, integrador.
integrating dose-meter I debitómetro integrador.
integrating dosimeter I dosímetro integrador.
integrating gyroscope I giroscopio integrador.
integrating ionization chamber I cámara de ionización integrante.
integrating meter I medidor de integración I contador totalizador.
integrating network I red integradora (informática).
integrating photometer I fotómetro de integración.
integrating relay I relé integrador.
integrating timer I cronómetro totalizador.
integrating wattmeter I vatímetro totalizador.
integration voltage I tensión de integración.
integrator switch I conmutador integrador.
integrimeter I integrímetro.
intelligence bit I bit de información.
intelligence signal I señal de información.
intelligence transmission I transmisión de información.
intense neutron generator I generador de neutrones rápidos.

intensifier | intensificador | reforzador (fotografía) | amplificador.

intensify (to) | intensificar | amplificar.

intensimeter | intensímetro | dosímetro.

intensitometer | intensitómetro | medidor de intensidad | dosímetro.

intensity control | control de intensidad.

intensity distortion | distorsión de amplitud (radio).

intensity level | nivel de intensidad.

intensity modulation | modulación de la intensidad | modulación de brillantez (televisión).

intensive projector | proyector convergente.

interacting | interacción | de acción recíproca, de acción conjugada.

interacting particles | partículas interactivas.

interaction | interacción.

interaction circuit | circuito de interacción.

interaction impedance | impedancia de interacción.

interaction loss | atenuación de interacción.

interaction run | distancia recorrida por un protón antes de entrar en colisión con otro núcleo.

interaction structure | estructura de interacción (tubos de microondas).

interactive cable system | sistema de cable interactivo (TV).

interactive cable TV | TV interactiva por cable | cablevisión interactiva.

interactive system | sistema interactivo.

interactive video | video interactivo.

interband | interestratificado | interbanda.

interband telegraphy | telegrafía interbandas.

interbank superheater | recalentador intercalado entre dos haces de tubos vaporizadores (calderas).

interbase current | corriente intrabase.

interbay trunk | enlace entre bastidores (telefonía).

interbedded | interestratificado, intercalado (geología).

interbedding | interestratificación.

interblock | interbloque.

interblock gap | separación entre bloques | intervalos entre bloques | banda interbloques.

interblock (to) | interbloquear.

intercalated scanning | exploración entrelazada (TV).

intercalation | intercalación.

intercardinal heading | rumbo intercardinal.

intercardinal point | punto intercardinal | rumbo oblicuo.

intercardinal points | puntos cuadrantales.

intercardinal rolling error | error de balance intercardinal (brújula giroscópica).

intercarrier | interportadora, banda libre entre dos ondas portadoras | onda interportadora.

intercarrier band | banda libre entre dos ondas portadoras.

intercarrier frequency control circuit | circuito controlador del intervalo de frecuencia entre las portadoras.

intercarrier hum | zumbido de la interportadora.

intercarrier receiver | receptor de interportadora.

intercarrier sound | sonido entre portadoras.

intercarrier sound receiver | receptor de interportadora.

intercarrier sound system | sistema sonoro de portadora múltiple (televisión).

intercarrier system | paso interportadoras, paso de portadora doble (televisión).

inter-cell connector | conectador de placas de acumuladores.

intercellular | intercelular.

intercep trunk | circuito de transferencia | tronco de intercepción.

intercept | parte de una línea entre dos puntos | diferencia entre la distancia cenital observada y la calculada (navegación) | interceptación | misión de interceptación | radiomensaje interceptado | traza de parámetro cristalográfico | intervalo interceptado | segmento interceptado.

intercept angle | ángulo de interceptación.

intercept bearing | rumbo de interceptación | marcación de interceptación.

intercept heading | dirección de interceptación.

intercept mission | misión de interceptación.

intercept position | puesto de intercepción (telecomunicaciones).

intercept receiver | localizador de emisoras | receptor de intercepción.

intercept service | servicio de intercepción (telefonía).

intercept (to) | interceptar.

intercept trunk | línea de enlace de interceptación (comunicaciones).

intercepting channel | canal interceptador.

intercepting radar | radar de intercepción.

intercepting screen | pantalla de intercepción.

intercepting trunk | enlace de interceptación.

intercepting valve | válvula interceptadora.

interception | intercepción.

interception rocket | cohete de interceptación.

interception trajectory | trayectoria de interceptación.

interceptor I interceptador I purgador de agua I sifón de pie I avión interceptador I captador.

interceptor aircraft I aviación de interceptación.

interceptor drain I dren interceptador.

interceptor missile I misil interceptor.

intercepts I parámetros cristalográficos I valores para los cuales la función se anula (matemáticas).

intercepts on axes I coordenadas en el origen.

interchain forces I fuerzas de enlace entre cadenas (polímeros).

interchange I intercambio.

interchange (to) I intercambiar.

interchange track I vía de intercambio, vía de transbordo.

interchangeable I intercambiable.

interchangeable item I pieza equivalente.

interchangeable parts I piezas intercambiables.

interchangeable spares I recambios intercambiables.

interchangeable unit I elemento intercambiable.

interchanger I intercambiador, permutador.

interchannel I entre canales (telecomunicaciones).

interchannel correlation I correlación intercanálica.

interchannel cross-talk I diafonía.

interchannel isolation I separación entre canales.

interchannel modulation I modulación entre canales.

interchannel noise suppressor I supresor de ruido entre estaciones.

intercity I interurbano.

intercity link I enlace interurbano (telecomunicaciones).

intercity message units I unidades de conversación interurbanas (telefonía).

intercity service I servicio interurbano.

intercity television network I red televisiva interurbana.

intercom I sistema de intercomunicación I sistema de intercomunicación acústica (buques) I interfono, teléfono de comunicación interior I intercomunicador.

intercommunication I intercomunicación.

intercommunication switch I selector de líneas.

intercommunication system I sistema de interconexión telefónica I sistema de intercomunicación.

intercommunication wiring I cable de intercomunicación.

interconnect (to) I interconectar.

interconnected I interconectado.

interconnected four-pole network I cuadripolo interconectado.

interconnected power system I sistema de interconexión de energía.

interconnected star connection I conexión en zigzag, conexión en estrella interconectada (electricidad).

interconnected three-phase system I sistema trifásico tetrafilar.

interconnected two-phase system I sistema bifásico trifilar.

interconnecting I interconexión.

interconnecting cabling I cableado interconectador.

interconnecting circuit I circuito de interconexión.

interconnecting feeder I alimentador interconectador.

interconnecting network I red interconectadora.

interconnecting piping I tubería interconectadora.

interconnecting plug I clavija de conexión.

interconnecting sleeve I manguito interconectador I manguera de comunicación interior (dirigibles).

interconnection I interconexión.

interconnection pattern I esquema de interconexiones (circuitos integrados).

interconnector I tubo de conexión I interconectador.

interconverting frequency I frecuencia de interconversión.

intercooler I refrigerador I interenfriador I termocambiador intermedio.

intercooling I refrigeración intermedia.

intercostal I intercostal.

intercostal bottom side girder I vagra intercostal del fondo (buques).

intercostal centerline girder I quilla vertical intercostal.

intercostal centreline docking girder I quilla de varada central intercostal (buque).

intercostal floor I varenga intercostal (buques).

intercostal girder I viga intercostal.

intercostal keelson I quilla vertical intercostal, sobrequilla intercostal (buques).

intercostal side girder I vagra intercostal (buques).

intercostal stringer I vagra intercostal (buques).

intercylinder baffle I deflector de aire interci-líndrico.

interdeck I entre los haces de tubos vaporiza-dores (calderas).

interdeck superheater I recalentador colocado entre dos haces de tubos vaporizadores.

interdendritic I interdendrítico.

interdentil I espacio entre dentellones (arqui-tectura).

interdiffusion I interdifusión.

interdigit pause I intervalo entre dígitos.

interdigital I interdigital.

interdigital delay line I línea de retardo inter-digital (microondas).

interdot flicker I parpadeo entre puntos (tele-visión).

interdynode potential difference I diferencia de potencial interdinodo (fototubos).

interelectrode I interelectrodo.

interelectrode capacitance I capacitancia inte-relectródica.

interelectrode coupling I acoplamiento intere-letródico.

interelectrode insulation I aislamiento intere-lectródico.

interelectrode leakage I fuga interelectródica.

interelectrode space I espacio interelectródico.

interelectrode transconductance I transcon-ductancia interelectródica.

interexchange channel I canal entre centrales (telecomunicaciones).

interface I superficie de contacto, superficie de separación I zona interfacial I interfaz, interfa-se (química) I interfaceta (metalografía) I in-terconexión.

interface buffer controller I controlador sepa-rador de interconexiones.

interface cabling I cableado de interconexio-nes.

interface card I tarjeta de interfaz (circuito im-preso).

interface cathode I cátodo de capa intermedia.

interface circuit I circuito de interconexión.

interface connection I conexión interfacial.

interface control module I interfase de control modular.

interface instrument I dispositivo de acopla-miento.

interface panel I panel adaptador.

interface point I punto de interconexión de cir-cuitos.

interface region I región interfacial.

interface state I estado interfaz.

interface unit I unidad de interconexión I blo-que de conexión.

interfacial I interfacial I diedro (cristalografía).

interfacial adsorption I adsorción interfacial.

interfacial angle I ángulo interfacial.

interfacial phonon scattering I dispersión in-terfacial de fonones.

interfacial scattering I dispersión interfacial.

interfacial surface I superficie interfacial.

interfacial tensiometer I tensímetro interfa-cial.

interfacial tension I tensión interfacial.

interfacing I conexión en cascada (circuito).

interference I perturbación I ruidos parásitos, parásitos (radio) I interferencia.

interference analyzer I analizador de interfe-rencia (electrónica).

interference attenuating device I dispositivo para atenuar parásitos.

interference band I banda de interferencia.

interference between services I interferencia entre distintos servicios (radiocomunicaciones).

interference blanker I supresor de interferen-cias I blanqueo de interferencias.

interference eliminator I filtro antiparásitos (radio).

interference fading I desvanecimiento de in-terferencia.

interference field I campo perturbador (radio-comunicaciones).

interference filter I eliminador de interferen-cias I filtro de interferencias.

interference fit I ajuste con apriete I ajuste en-tre piezas.

interference fringe I franja de interferencia.

interference generator I generador de interfe-rencias.

interference guard bands I bandas de protec-ción de interferencia.

interference inverter I diodo inversor antipa-rasitario (televisión).

interference level I nivel de interferencia.

interference limiter I limitador de parásitos (comunicaciones).

interference microscope I microscopio inter-ferencial.

interference microscopy I microscopia por in-terferencia.

interference minimizer circuit I circuito ate-nuador de interferencias.

interference pattern I red de interferencia I es-pectro interferencial.

interference prevention I eliminación de las interferencias.

interference pulse I impulso interferente, im-pulso parásito.

interference range I zona de interferencia.

interference refractometer I refractómetro interferencial.

interference shielding I protección antiparasitaria (motor).

interference signalling system I sistema de detección de avería.

interference spectroscope I espectroscopio interferencial.

interference spectrum I espectro de interferencia.

interference suppressor I filtro antiparásitos I eliminador de interferencias.

interference unit I generador de interferencias.

interference-enhanced photoemission I fotoemisión estimulada por interferencia.

interference-free signal I señal sin interferencias.

interference-guard band I banda de protección contra interferencia.

interferential dilatometer I dilatómetro interferencial.

interferential oscillography I oscilografía interferencial.

interferential polarization I polarización interferencial.

interfering I interferencia I interferente I perturbador I parásitos (radio).

interfering heterodyne I interferencia heterodina.

interfering inductance I inductancia parásita.

interfering signal I señal parásita (radio) I señal perturbadora.

interfering station I estación perturbadora.

interfering voltage I tensión perturbadora.

interfering wave I onda parásita.

interferogram I interferograma.

interferometer I interferómetro.

interferometer antenna system I sistema de antenas e interferómetro.

interferometer homing I aproximación por interferómetro.

interferometer photography I estrioscopia.

interferometric I interferométrico.

interferometry I interferometría (óptica).

interferoscope I interferoscopio.

interflow I corriente subsuperficial (correntías).

intergalactic I intergaláctico.

intergalactic hydrogen I hidrógeno intergaláctico.

intergalactic space I espacio intergaláctico.

intergranular I intergranular I intercristalino (metales).

intergranular carbide precipitation I precipitación de carburo intergranular.

intergranular cavitation I cavitación intergranular.

intergranular corrosion I corrosión intergranular.

intergranular cracking I fisuración intergranular.

intergranular embrittlement I fisuración intergranular.

intergranular fissuring I fisuración intergranular.

inter-header I colector intermedio (calderas).

interheater I recalentador intermedio, interrecalentador I cámara de combustión interetápica (turbina de gases).

interior screw I tornillo hembra I tuerca I rosca hembra.

interior wall cladding I revestimiento interior de muros.

interlace operation I servicio simultáneo (informática).

interlace scanning I exploración entrelazada.

interlace (to) I entrelazar, entremezclar I concatenar.

interlaced fields I campos entrelazados (TV).

interlaced scanning I exploración entrelazada, escansión de líneas alternas (TV).

interlaced winding I devanado imbricado.

interlacing I entrecruzamiento, entrelazamiento I ligamento de los hilos (tejeduría) I intersectado (arquitectura) I exploración entrelazada (televisión) I distribución alternativa (informática) I enlace I intercalación.

interlamellar I interlamelar, interlaminar.

interlamellar spacing I separación interlaminar I distancia entre las láminas (cristalografía).

interlay (to) I interestratificar.

interlayer I intercalación (geología) I interestratificación I capas intercaladas (geología).

interleave (to) I entrelaminar I interestratificar I intercalar en operaciones simultáneas I interpolar I intercalar.

interleaved system I sistema de multiplexión por división de tiempo.

interleaved winding I arrollamiento intercalado (transformadores).

interleaved-digit computer I calculadora de cifra intercalada.

interleaved-digit store I memoria de cifra intercalada (calculadora electrónica).

interleaving I transmisión de señales de crominancia y luminancia dentro de la misma gama de frecuencia de vídeo (TV color) I interpolación I entrelaminación I interestratificación I intercalación.

interlensing | intercalación lenticular.

interlink (to) | eslabonar, concatenar | unir.

interlinkable | concatenable | acoplable.

interlinkage | concatenación.

interlinked piece | pieza de unión, conectador.

interlinked pressure | voltaje entre fases unidas.

interlinked voltage | voltaje entre fases, tensión entre fases.

interlinking | unión | concatenación | unión eléctrica | acoplamiento.

interlinking cable | cable de interconexión.

interlinking of phases | acoplamiento de fases (electricidad).

interlinking point | punto de concatenación | punto de unión de fases (electricidad).

interlinking system | sistema de fases enlazadas.

interlinking voltage | voltaje entre fases unidas.

interlock | enclavamiento | dispositivo para cortar la corriente al abrir tapas, puertas, etc., de un dispositivo eléctrico | interbloqueo | fijación mutua.

interlock cam | leva de enclavamiento.

interlock circuit | circuito de entrecierre.

interlock connector | conectador de intercomunicación.

interlock device | dispositivo de interbloqueo.

interlock finger | uña de enclavamiento.

interlock push-button | pulsador con enclavamiento.

interlock relay | relé de enclavamiento.

interlock switch | conmutador de enclavamiento | interruptor de enclavamiento.

interlock system | sistema de enclavamiento.

interlock (to) | trabar | bloquear | interbloquear.

interlocked air-doors | puertas de aireación solidarias (minas).

interlocked circuits | circuitos interbloqueados.

interlocked electrical control | mando eléctrico enclavado.

interlocked safety relays | relés de enclavamiento de seguridad.

interlocked switch | aguja enclavada (ferrocarril).

interlocking | entrecruzado | engrane (ruedas) | interconexión | interbloqueo.

interlocking armor | blindaje cerrado (motores).

interlocking circuit | circuito dependiente | circuito de enclavamiento.

interlocking claw clutch | acoplamiento de garras con enclavamiento | acoplamiento de garras entrelazado.

interlocking device | sistema de cierre | dispositivo de inmovilización | dispositivo de enclavamiento.

interlocking gear | mecanismo de enclavamiento.

interlocking machine | dispositivo para maniobrar señales y agujas.

interlocking plant | instalación de enclavamiento | estación de interconexión.

interlocking protective circuit | circuito de enclavamiento de protección.

interlocking relay | relé de acoplamiento | relé de enclavamiento.

interlocking system | sistema de enclavamiento.

intermediate | intermedio.

intermediate annealing | recocido intermedio.

intermediate approach | aproximación intermedia.

intermediate assembly | conjunto intermedio.

intermediate beam | barrotín, bao intermedio (buques).

intermediate cable | cable intermedio (telecomunicaciones).

intermediate circuit | circuito intermedio.

intermediate constituent | constituyente intermedio | compuesto intermetálico.

intermediate crankshaft journal | muñequilla del cigüeñal de media presión (máquina vapor).

intermediate distribution frame | bastidor distribuidor intermedio | repartidor intermedio.

intermediate electrode | electrodo bipolar.

intermediate exchange | central intermedia.

intermediate exchange office | estación intermedia (telecomunicaciones).

intermediate frequency stage | etapa de frecuencia intermedia.

intermediate gear assembly | conjunto de piñones conducidos (cambio de velocidades).

intermediate level | entrepiso (minas).

intermediate multiple | duplicación de imágenes (TV).

intermediate neutron reactor | reactor de neutrones intermedios.

intermediate oxide | óxido anfotérico.

intermediate picker | batán intermedio, batán repasador.

intermediate points | puntos colaterales (brújula) | puntos intermedios.

intermediate pressure crankshaft | cigüeñal de media presión.

intermediate pressure eccentric gear | mecanismo de la excéntrica de media presión.

intermediate pressure piston packing ring I anillo de empaquetadura del pistón de media presión.

intermediate pressure piston rod crosshead I cruceta del vástago del pistón de media presión.

intermediate pressure slide valve I distribuidor de media presión.

intermediate pressure turbine I turbina de media presión.

intermediate pressure valve gear I mecanismo del distribuidor de media presión.

intermediate reactor I reactor de neutrones intermedios.

intermediate receiver pressure I presión del depósito intermedio.

intermediate repeater I repetidor intermedio.

intermediate rock I roca neutra I roca intermedia.

intermediate shaft I eje intermedio, eje secundario.

intermediate-frequency amplifier I amplificador de frecuencia intermedia.

intermediate-frequency strip I bloque de frecuencia intermedia I módulo de frecuencia intermedia.

intermesh (to) I engranar I concatenar fases (electricidad).

intermeshing I de toma constante (engranajes).

intermeshing gear I engranaje de toma constante.

intermetallic alloy I aleación intermetálica.

intermetallics I compuestos intermetálicos.

intermittent I intermitente.

intermittent current I corriente intermitente.

intermittent fillet weld I soldadura ortogonal discontinua.

intermittent furnace I horno discontinuo.

intermittent gear I engranaje de dentadura discontinua.

intermittent gearing I engranaje intermitente.

intermittent jet I pulsorreactor (aviación).

intermittent let-off I desarrollo intermitente.

intermittent light I luz intermitente, luz de destellos.

intermittent linear weld I soldadura lineal discontinua.

intermittent rating I servicio intermitente I carga intermitente (motores eléctricos) I potencia intermitente.

intermittent scanning I exploración intermitente.

intermittent spur gear I engranaje cilíndrico para transmisión de movimiento intermitente.

intermittent twisting I torsión intermitente.

intermittent welding I soldeo por puntos, soldeo discontinuo I soldadura por puntos.

intermittent-immersion test I prueba de inmersión intermitente.

intermittent-load cycle I ciclo de carga intermitente.

intermittently rated circuit I circuito intermitentemente cargado (electricidad).

intermix (to) I entremezclar.

intermodulation I intermodulación.

intermodulation analyzer I analizador de intermodulación.

intermodulation coefficient I coeficiente de intermodulación.

intermodulation distortion I distorsión de intermodulación.

intermodulation frequency I frecuencia de intermodulación.

intermodulation interference I interferencia de intermodulación.

intermodulation level I nivel de intermodulación.

intermodulation noise I ruido de intermodulación.

intermodulation test set I probador de intermodulación.

intermolecular bond I enlace intermolecular.

intermolecular force I fuerza intermolecular.

intermolecular hydrogen bonding I puente de hidrógeno intermolecular.

intermolecular magnetic field I campo magnético intermolecular.

internal I interno, interior.

internal absorptance I factor de absorción interna.

internal air circulation I circulación interior de aire.

internal angle I ángulo interno.

internal base resistance I resistencia interna de la base (transistores).

internal bevel gear I engranaje cónico de dentadura interna.

internal blowdown pipe I tubo de evacuación interior.

internal cable I cable interior.

internal caliper I calibre macho.

internal chill I inserción metálica interior para extraer calor en un punto determinado (moldes).

internal clocking I sincronización interna.

internal combustion engine I motor de combustión interna, motor diesel.

internal combustion turbine I turbina de combustión interna, turbina de gases.

internal congestion I bloqueo interno (telefonía).

internal conversion I conversión interna.

internal conversion electron I electrón de conversión interna.

internal cooling I enfriamiento interior.

internal corrosion I corrosión interior.

internal diameter indicator gage I galga indicadora del diámetro interior.

internal electric current I corriente eléctrica interna.

internal electrolytic grinding I rectificación electrolítica interior.

internal energy I energía interna.

internal energy-entropy diagram I diagrama de entropía y energía interna.

internal field I campo interno (dieléctricas).

internal focusing instrument I anteojo de enfoque interno.

internal focusing telescope I anteojo de enfoque interno.

internal friction I rozamiento interno.

internal furnace I hogar interior (calderas).

internal gage I calibre de interiores.

internal gaging micrometer I micrómetro para calibrar interiores.

internal gear I engranaje de dentadura interior.

internal graticule I retículo interno.

internal grind (to) I rectificar interiormente.

internal grinder I rectificadora para interiores.

internal grinding spindle I husillo para rectificar interiores.

internal heating I calefacción interna.

internal heating surface I superficie interior de caldeo.

internal impedance I impedancia interna.

internal junctor I circuito de enlace interno.

internal measuring instrument I instrumento para medidas interiores.

internal mechanical resistance I resistencia mecánica interna.

internal noise I ruido de fondo I ruido interno.

internal optical density I densidad óptica interna.

internal pole armature I inducido de polos interiores.

internal power density I densidad de energía interna.

internal pressure I voltaje interior (electricidad) I presión interna I tensión interior.

internal properties I propiedades internas I propiedades termostáticas (termodinámica).

internal reflectance spectroscopy I espectroscopia de reflectancia interna.

internal reflection I reflexión interna.

internal resistance I resistencia interna.

internal screw I tornillo hembra.

internal service exchange I centralita de servicio interno (telefónica).

internal shield I blindaje interno (válvulas electrónicas).

internal strain I deformación interna.

internal stress I esfuerzo interno I esfuerzo residual.

internal structure I estructura interna.

internal thread I rosca hembra, rosca interior.

internal twinning I maclación interna.

internal viewing instrument I instrumento endoscópico.

internal voltage I fuerza electromotriz.

internal wrenching bolt I perno de cabeza con hueco poligonal.

internal wrenching nut I tuerca con hueco poligonal.

internal-gear reducer I reductor de velocidad de engranaje interior.

internally expanding I de expansión interna.

internally focusing I con focalización interna.

internally galvanised I galvanizado interiormente.

internally oxidized I oxidado interiormente.

internally pressurized I sometido a presión interna.

international aeronautical chart I carta aeronáutica internacional.

international air navigation I navegación aérea internacional.

international air route I ruta aérea internacional.

international air traffic I tráfico aéreo internacional.

international airport I aeropuerto internacional.

international broadcast station I estación emisora internacional I estación de radiodifusión internacional.

international call I llamada internacional.

international call sign I distintivo de llamada internacional I señal internacional de llamada (comunicaciones).

international candle I bujía internacional.

international code I código internacional.

international exchange I estación cabecera de línea internacional.

international network I red internacional (telefónica).

international signal code I código internacional de señales.

international sound track I banda internacional de sonido.

international standard I norma internacional.

international telegraph circuit I circuito telegráfico internacional.

international telephone circuit I circuito telefónico internacional.

international television channels I canales internacionales para televisión.

international terminal exchange I centro terminal internacional (telefonía).

international time I hora de Greenwich.

international time signal I señal horaria internacional.

international transit call I comunicación internacional de tránsito (estaciones telefónicas).

international transit exchange I centro de tránsito internacional (telecomunicaciones).

international trunk exchange I centro cabecera de línea internacional (telecomunicaciones).

internetworking I operación de interconexión de redes (informática).

interoffice trunk I línea auxiliar intercentrálica (telefonía) I línea de enlace entre estaciones (comunicaciones).

interpenetration I interpenetración I difusión (soldaduras).

interpenetration twins I maclas de interpenetración.

interphase I interfase.

interphase connecting-rod I pieza de enlace entre las cuchillas de un interruptor multipolar (electricidad).

interphase tension I tensión interfásica I voltaje interfásico.

interphone I interfono I enlace radiotelefónico I teléfono de abordo I intercomunicador.

interphone amplifier I amplificador de interfono.

interphone connection I conexión de interfono.

interphony I interfonía.

interplane communication I comunicación interaviónica.

interplanetary I interplanetario.

interplanetary flight I vuelo interplanetario.

interplanetary navigation I navegación interplanetaria.

interplanetary physics I física interplanetaria.

interplanetary probe I sonda interplanetaria.

interplanetary radio contact I enlace interplanetario por radio.

interplanetary space I espacio interplanetario.

interpolar I interpolar.

interpolar generator I generador de polos auxiliares.

interpolate (to) I interpolar I intercalar (geología).

interpolating I interpolación.

interpolation I interpolación.

interpole I interpolo, polo de conmutación, polo conmutador.

interpole dynamo I dinamo de polos conmutadores.

interpole motor I motor con polos de conmutación.

interposition trunk I enlace entre posiciones (telefonía).

interpret (to) I decodificar.

interpretation I interpretación I decodificación.

interpretive language I lenguaje interpretativo (informática).

interpretive routine I rutina-intérprete (informática).

interquartile range I alcance intercuartil (estadística) I amplitud intercuartílica I rango intercuartílico.

interrecord gap I intervalo entre registros I espacio entre bloques (registro magnético).

interrogate the radar beacon (to) I interrogar a la baliza radárica (aviones).

interrogate the sonde (to) I interrogar al globo sonda (meteorología).

interrogate the transponder (to) I interrogar al radiofaro respondedor.

interrogate (to) I interrogar, preguntar.

interrogating I solicitud de identificación.

interrogating pulse I impulso de test I impulso para consulta.

interrogating radar pulses I impulsos radáricos interrogantes.

interrogation I interrogación I emisión de impulsos de interrogación (radio).

interrogation antenna I antena de interrogación.

interrogation coding I código de preguntas.

interrogation pulse I impulso de interrogación.

interrogation signal I señal de interrogación.

interrogator I interrogador (radar).

interrogator frequency I frecuencia de interrogación.

interrogator responder I sistema interrogador.

interrogator signal I señal de interrogación.

interrogator-responder system I sistema de interrogador y respondedor (radar).

interrogator-responsor I interrogador-respondedor.

interrupt I suceso o señal que origina una detención del proceso.

interrupt control routine | rutina de control de las interrupciones.

interrupt handling | tratamiento de la interrupción.

interrupt logging | inscripción de las interrupciones.

interrupt mask | enmascaramiento de interrupción.

interrupt request | petición de interrupción (informática).

interrupt (to) | interrumpir | desconectar (electricidad).

interrupted carrier wave | onda portadora interrumpida.

interrupted continuous wave | onda modulada, onda continua fraccionada | onda continua interrumpida.

interrupted quench | temple escalonado (metalurgia).

interrupted welding | soldeo por pulsaciones.

interrupter | interruptor | ruptor.

interrupter plate | soporte de cortocircuito | placa de ruptor.

interrupter shaft | árbol conmutador (telecomunicaciones).

interrupting ability | capacidad de ruptura, capacidad de desconexión (interruptores).

interrupting capacity | intensidad máxima de desconexión, capacidad de ruptura, capacidad de maniobra.

interrupting rate | capacidad de corte (disyuntores).

interrupting rating | capacidad de desconexión, capacidad de maniobra.

interruption arc | arco de ruptura (electricidad).

interruption key | llave de ruptura (telefonía).

intersatellite communication | enlace intersatélite.

intersatellite link | enlace intersatélite.

intersect (to) | intersectar.

intersecting | intersectante | intersectado (arquitectura).

intersecting line | línea secante.

intersecting planes | planos intersectantes.

intersecting point | punto de intersección.

intersecting vault | bóveda de crucero.

intersecting waves | olas intersectantes.

intersection | intersección.

intersection angle | ángulo de intersección.

intersection point | punto de intersección.

intersectional point | punto de intersección.

intersector | intersector.

intersheath | capa conductora en el aislante (cables eléctricos).

intership communication | radiocomunicación entre barcos.

interstage | entre etapas | intermedio.

interstage coupling | acoplamiento interfásico | acoplamiento interetápico.

interstage normalizing | normalización entre fases de maquinado.

interstage punching | perforación de filas impares únicamente (informática).

interstage transformer | transformador de enlace, transformador interetápico.

interstellar | interestelar.

interstellar dust | polvo interestelar | polvareda interestelar.

interstellar grains | polvo interestelar | polvareda interestelar.

interstellar probe | sonda interestelar.

interstitial | elemento intersticial (aleaciones) | vacío intersticial.

interstitials | átomos desplazados, átomos intersticiales (metalografía).

intersuite tie bar | barra de enlace entre filas (telecomunicación).

intersync circuit | circuito separador de impulsos de sincronismo.

intersystem communication | comunicación entre sistemas.

intertidal | intermareal.

intertie | interconexión.

intertoll | interurbano (telefonía).

intertoll trunk | línea de enlace interurbano (telecomunicación) | enlace de larga distancia.

intertripping | interdependencia entre disyuntores de una línea | disparo interdependiente.

intertropical front | frente intertropical (meteorología).

interturn voltage | voltaje interespiral | tensión entre espiras (electricidad).

interunit connection diagram | diagrama de conexiones entre unidades.

interval | intervalo.

interval clock | ritmómetro (artillería).

interval generator | generador de intervalos.

interval regulator | intervalómetro.

interval signal | señal de reposo | señal de intervalo.

interval timer | cronomedidor de intervalos | temporizador | reloj de intervalos.

intervalometer | intervalómetro, medidor de intervalos de cargas de profundidad (buques) | dispositivo eléctrico para hacer algo a intervalos prefijados.

intervalve | intervalvular | entre lámparas, entre tubos (radio).

intervalve circuit | circuito intervalvular.

intervalve coupling I acoplamiento intervalvular (radio).

intervalve transformer I transformador intermedio I transformador intervalvular.

interwiring I conexión de cableado.

interwork (to) I interconectar.

interworking I interconexión (telecomunicaciones).

interzone station I estación de comunicación interzonal.

interzone telephone trunk connection I conexión telefónica troncal interzonal.

intra-area communication I comunicación dentro del área (aeronáutica).

intracell flux distribution I distribución del flujo intracelular (nuclear).

intragranular I intragranular I intracristalino.

intragranular precipitation I precipitación intragranular (metalografía).

intralamellar I intralamelar, intralaminal.

intramagmatic I intramagmático, ortomagmático.

intranuclear network I red intranuclear.

intrapearlitic flow I flujo intraperlítico.

intricate casting I pieza de fundición con detalles.

intricate welded component I componente soldado intrincado.

intrinsic carrier multiplication I multiplicación intrínseca de portadores (semiconductores).

intrinsic concentration I concentración intrínseca (semiconductor).

intrinsic conduction I conducción intrínseca.

intrinsic conductivity I conductividad intrínseca (semiconductores).

intrinsic energy I energía interna I energía intrínseca.

intrinsic flux I flujo intrínseco.

intrinsic hardness I dureza intrínseca.

intrinsic hysteresis loop I ciclo de histéresis intrínseca.

intrinsic layering I estratificación intrínseca (semiconductor).

intrinsic noise I ruido residual (telecomunicaciones).

intrinsic resistance I resistencia intrínseca (semiconductores).

intrinsic semiconductor I semiconductor intrínseco.

intrinsic stand-off ratio I relación intrínseca (transistor) I relación intrínseca de cresta.

intrinsic temperature I temperatura intrínseca (semiconductor).

intrinsic-barrier diode I diodo de barrera intrínseca.

introduce automatic operation (to) I implantar el servicio automático I automatizar (telecomunicaciones).

introscope I introscopio.

introscopize (to) I introscopizar.

introscopized tube I tubo introscopizado.

introscopy I introscopia.

intruded rocks I rocas de intrusión, rocas de inyección.

intruding mass I masa intrusiva.

intrusion I inyección (geología) I intrusión.

intrusive I roca intrusiva I intrusivo I de inyección (geología).

intrusive breccia I brecha intrusiva (geología).

intrusive habit I hábito intrusivo (petrología).

intrusive mass I masa intrusiva.

intrusive sheet I manto intrusivo.

in-turning I giro de las hélices hacia el codaste (buques).

in-turning propeller I hélice con giro hacia el plano diametral (buques).

invar I invar, acero al níquel con coeficiente de dilatación casi invariable.

invariance I invariancia.

invariant I invariante I constante.

invasive magma I magma invasivo, magma agresivo (geología).

inverse amplification factor I transparencia de rejilla.

inverse annealing I recocido inverso.

inverse anode voltage I voltaje anódico inverso.

inverse cam I leva invertida I leva inversa (mecánica).

inverse camber I brusca cóncava (buques).

inverse chill I temple inverso.

inverse chill fracture I fractura con corazón blanco y capa exterior negra (fundición maleable).

inverse coupling I contrarreacción.

inverse current I corriente inversa (semiconductores).

inverse diffusion length I recorrido de difusión inverso (física).

inverse electrode current I corriente inversa de electrodo.

inverse feedback I reacción negativa, intrarreacción I realimentación inversa I retroalimentación inversa.

inverse Fourier transform I transformada inversa de Fourier.

inverse grid current I corriente inversa de rejilla.

inverse grid potential I tensión inversa de rejilla.

inverse matrix I matriz recíproca.

inverse network I red inversa.
inverse peak volts I voltaje inverso máximo.
inverse suppressor I limitador de onda inversa.
inverse time I retardo.
inverse time lag I de retardo inverso (telecomunicación).
inverse time relay I relé de retardo variable, relé de retardo inversamente proporcional a la carga, relé de acción diferida de tiempo.
inverse time-lag relay I relé de retardo dependiente I relé de retardo de tiempo.
inverse time-limit I de retardo dependiente.
inverse voltage I tensión inversa.
inverse-feedback amplifier I amplificador de realimentación inversa.
inversion I inversión I capa de aire superior más caliente que la capa baja I reducción de la resistencia después que el cemento está húmedo a temperatura de unos 26º C (cemento aluminoso).
inversion chromosome I cromosoma de inversión.
inversion control I control para inversión.
inversion layer I capa de inversión (meteorología).
inversion of speech I inversión de la palabra (radiotelefonía).
inversion point I punto de inversión I temperatura de inversión.
inversion temperature I temperatura de inversión.
inversion twinning I macla de inversión.
invertase I invertasa (bioquímica).
inverted amplifier I amplificador invertido.
inverted arch I arco invertido.
inverted channel I canal invertido.
inverted compass I compás invertido I compás de revés.
inverted converter I convertidor rotativo de corriente continua a alterna.
inverted crosstalk I diafonía no inteligible (telecomunicaciones).
inverted cylinder engine I máquina pilón, máquina de cilindro invertido.
inverted field pulses I impulsos de imagen invertidos.
inverted fold I pliegue invertido (geología).
inverted frame pulses I impulsos de imagen invertidos.
inverted image I imagen invertida.
inverted L antenna I antena en L invertida.
inverted normal loop I rizo normal invertido (aviación).
inverted rectifier I rectificador inversor de corriente continua a alterna.

inverted rotary convertor I convertidor rotativo de corriente continua a alterna.
inverted saddle I sinclinal (geología).
inverted speech I radiotelefonía de inversión de frecuencia I conversación invertida.
inverted tube I tubo invertido (electrónica).
inverted Vee engine I motor en V invertida.
inverted-speech radiotelephone I radioteléfono de inversión de frecuencia.
inverted-tooth chain I cadena de dientes invertidos.
inverter I invertidor, inversor I rectificador inversor I convertidor rotatorio de corriente continua a alterna, mutador.
inverter circuit I circuito inversor.
inverter transformer I transformador de inversor.
inverting I inversión.
inverting connection I conexión de inversión.
inverting parametric device I dispositivo paramétrico inversor.
inverting telescope I telescopio de imagen invertida.
invertor I invertidor I rectificador inversor (de corriente continua a alterna).
inviscid I inviscido I sin frotamiento (hidraúlica).
inviscid flow I corriente inviscida, corriente no viscosa.
inviscid fluid I fluido no viscoso.
inviscid shear layer I capa sin frotamiento con cizalladura.
involute I involuta, evolvente (curva) I de evolvente de círculo (engranajes).
involute arc I arco de evolvente de círculo.
involute cam I leva de espiral I leva de evolvente de círculo.
involute checker I comprobador de dentaduras de evolvente de círculo (engranajes).
involute curve I evolvente, involuta (curva).
involute gear I engranaje de perfil de evolvente de círculo.
involute gear cutter I fresa para tallar engranajes de evolvente de círculo I máquina de tallar los engranajes de perfil de envolvente.
involute helicoid I helicoide de evolvente de círculo I helicoide de involuta I helicoide involuto.
involute measuring machine I máquina para comprobar perfiles de dientes de evolvente de círculo.
involute spline I ranura en espiral I ranura de involuta.
involute spur gear I engranaje de dentadura recta de perfil de evolvente de círculo.

involute teeth gear | engranaje con dentadura de evolvente de círculo.

involute tooth | diente de perfil de evolvente de círculo.

involute vane | paleta en espiral.

involute worm | tornillo sin fín de evolvente de círculo.

involute worm hob | fresa matriz para tornillos sin fín de evolvente de círculo.

inwall | pared interior | revestimiento interior | paramento interior de un muro | interior de la cuba (alto horno).

inward | interior, hacia dentro.

inward board | cuadro de entrada (telefonía).

inward flow | corriente entrante.

inward flow turbine | turbina centrípeta.

inward operator | operadora de entrada | operadora de llegada (telecomunicaciones).

inward trunk | troncal de entrada (telefonía).

i/o interface | interfaz de entrada-salida.

i/o mapping | acoplamiento de entrada-salida (informática).

I/O rack | bastidor de entrada-salida.

iodic | yódico.

iodic acid | ácido yódico.

iodide | yoduro (química).

iodination | yodación.

iodine | yodo.

iodine 131 | yodo 131.

iodine number | índice de yodo.

iodine value | índice de yodo.

iodized salt | sal iodurada.

iodomethane | yodometano.

iodometric chlorine test | prueba yodométrica de cloro.

iodometric titration | valoración yodométrica.

iodoplatinate | yodoplatinato.

iodyrite | yodirita, plata córnea amarilla, plata yodurada.

ion | ion.

ion accelerating voltage | tensión de aceleración iónica.

ion accelerator | acelerador de iones.

ion acceptor | aceptador de iones.

ion acoustic waves | ondas acústicas iónicas.

ion activity | actividad iónica.

ion altimeter | altímetro iónico.

ion beam | haz iónico.

ion beam probe | sonda de haz iónico.

ion blower | soplante de aire ionizado.

ion bond enthalpy | entalpía de enlace de iones.

ion burn | quemado iónico | mancha iónica.

ion chamber | cámara de ionización.

ion charge | carga iónica.

ion charging | debilitación por impacto iónico.

ion cloud | nube ionizada | nube de iones.

ion cluster | nube iónica | grupo iónico.

ion collector | colector de iones.

ion concentration | concentración iónica.

ion counter | contador de iones por centímetro cúbico.

ion covalent bonding | enlace iónico covalente.

ion current | corriente iónica.

ion deflection | desviación de los iones.

ion density | densidad de ionización.

ion drift | deriva de iones.

ion emission | emisión iónica.

ion engine | motor iónico.

ion exchange | intercambio de iones.

ion exchange chromatography | cromatografía de cambio de iones | cromatografía de intercambio iónico.

ion exchange demineralization | desmineralización por intercambio iónico.

ion exchange filter | filtro de intercambio iónico.

ion exchange resin | resina permutadora de iones | resina intercambiadora de ion (química).

ion exchanger | permutador de iones.

ion exclusion | exclusión de iones.

ion feedback | realimentación iónica.

ion flow | flujo iónico.

ion gun | fuente iónica, cañón electrónico.

ion implantation | implantación de iones.

ion magnetron | magnetrón iónico.

ion migration | migración de iones.

ion mobility | movilidad de un ion.

ion optical system | sistema opticoiónico.

ion optics | óptica iónica.

ion pair | par iónico.

ion plating | sedimentación iónica.

ion propulsion | propulsión iónica.

ion pumping | bombeo iónico.

ion recoil | retroceso iónico.

ion repeller | reflector iónico.

ion retardation | retardo iónico (ingeniería química).

ion rocket | cohete de propulsión iónica.

ion sheath | recubrimiento iónico.

ion source | fuente de iones.

ion spot | punto de iones | mancha iónica.

ion sputtering | pulverización por haz iónico.

ion thrust rocket | cohete de propulsión iónica.

ion transfer | transferencia de iones (electroterapia).

ion yield | rendimiento en pareja de iones.

ion-beam etching | mordentado iónico.

ion-beam scanning | exploración de un haz de iones.

ion-beam sputtering I pulverización por haz iónico.
ion-beam treatment I tratamiento iónico.
ion-cryopump I criobomba de iones.
ion-exclusion chromatography I cromatografía de exclusión iónica.
ionic I iónico (química).
ionic adsorption I adsorción iónica.
ionic bond I enlace iónico (química).
ionic converter I convertidor iónico.
ionic focusing I concentración iónica, enfoque iónico (radio).
ionic heating I calentamiento por bombardeo iónico.
ionic inverter I ondulador iónico.
ionic lattice I red iónica.
ionic layer I capa ionosférica.
ionic loudspeaker I altavoz iónico.
ionic oscillator I oscilador iónico.
ionic resonance energy I energía de resonancia iónica.
ionic strength I intensidad iónica I potencial iónico I fuerza iónica.
ionic valve I válvula iónica.
ionic yield I rendimiento en pares iónicos.
ionic-change resin I resina de intercambio iónico.
ionic-covalent bonding I enlace iónico-covalente.
ionic-covalent resonance I resonancia iónico-covalente.
ionic-heated cathode I cátodo calentado iónicamente.
ionicity I ionicidad.
ionium I ionio.
ionizability I ionizabilidad.
ionization I ionización.
ionization chamber I cámara de ionización.
ionization current I corriente de ionización.
ionization density I densidad de ionización.
ionization detector I detector de ionización.
ionization dosemeter I ionómetro.
ionization gage I medidor de ionización I manómetro de ionización I vacuómetro electrónico.
ionization gauge I gálibo de ionización I medidor de ionización I manómetro de ionización.
ionization level I intensidad de ionización.
ionization manometer I manómetro de ionización.
ionization pulse I pulsación de ionización.
ionization spectrometer I espectrómetro de ionización.
ionization transducer I transductor de ionización.

ionization vacuum gage I vacuómetro de ionización.
ionization voltage I voltaje de ionización.
ionize (to) I ionizar.
ionized gas anemometer I anemómetro de ionización.
ionizer I ionizador.
ionizing I ionización.
ionizing energy I energía de ionización.
ionogen I ionógeno.
ionogenic I formador de iones I ionógeno.
ionometer I roentgenómetro.
ionometro I ionómetro (radiología).
ionometry I roentgenometría.
ionosonde I ionosonda.
ionosphere I ionosfera.
ionosphere recorder I registrador de la actividad ionosférica.
ionospheric aerodynamics I aerodinámica ionosférica.
ionospheric cross-modulation I intermodulación ionosférica.
ionospheric disturbance I perturbación ionosférica.
ionospheric drift I deriva ionosférica.
ionospheric height recorder I altímetro ionosférico, registrador de la altitud de reflexión ionosférica.
ionospheric path error I desviación en la ionosfera (ondas).
ionospheric prediction I predicción ionosférica.
ionospheric propagation I propagación ionosférica.
ionospheric recording station I estación de registros ionosféricos.
ionospheric reflection I reflexión ionosférica.
ionospheric return I reflexión ionosférica.
ionospheric scatter I dispersión ionosférica.
ionospheric scattering propagation I propagación por dispersión ionosférica.
ionospheric wave I onda ionosférica, onda reflejada (radio) I onda reflejada por la ionosfera.
ionospheric-path error I error de trayectoria en la ionosfera (radar).
ionospheric-scatter link I enlace por dispersión ionosférica.
ionospheric-scatter station I estación de enlace por dispersión ionosférica.
ionospheric-sounding station I estación de sondeo ionosférica.
ion-pair yield I rendimiento en pares de iones.
ion-selective electrode I electrodo selector de iones.

ion-sorption pump I bomba de absorción iónica.

ion-trap magnet I trampa magnética de iones.

IP turbine I turbina de vapor de media presión.

IR drop I caída de voltaje I caída de tensión IR.

iraser I máser de infrarrojo I iráser.

irdome I irdomo I caperuza infrarroja (óptica) I cubierta transparente al infrarrojo.

iridation I iridación.

iridesce (to) I irisar, iridiscer.

iridescence I iridiscencia, irisación.

iridescent I iridiscente, irisado.

iridioplatinum I platino iridiado.

Iridite n° 14 I formación de una película protectora por inmersión durante 3 a 5 minutos en una solución cromo-cromato (aluminio).

iridium I iridio (Ir).

iridium hardened platinum I platino endurecido con iridio.

iridium tetrachloride I tetracloruro de iridio.

iridium triiodide I triyoduro de iridio.

iridization I iridización.

iridize (to) I iridiar.

iridized asbestos I amianto iridiado.

iris I iris, reflejos irisados I diafragma perforado que separa las cavidades (acelerador lineal de electrones).

iris coupling I acoplo por iris (guías de ondas).

iris (to) I irisar.

irisate (to) I irisar, iridiscer.

irisation I irisación, iridiscencia.

iris-excited I excitado con diafragma iris (guía de ondas).

Irish diamond I cuarzo cristalizado transparente.

Irish temper I barras cementadas con 0,3% de carbono.

iris-in I iris abierto, diafragma abierto (fotografía).

irising I estrechamiento progresivo del campo (fotografía).

irising-in I abertura gradual del diafragma (óptica).

irising-out I cierre gradual del diafragma (óptica).

iris-loaded waveguide I guía de ondas de diagrama perforado (acelerador linear).

iris-out I iris cerrado, diafragma cerrado (fotografía).

iro alum I sulfato de potasio y hierro.

iron I hierro I lingote de hierro I fundición.

iron alloy I ferroaleación.

iron alum I alumbre de hierro, halotriquita.

iron and steel metallurgy I siderurgia.

iron and steel plant I siderurgia.

iron bath I baño ferruginoso.

iron blast furnace I alto horno para hierro.

iron blue I ferrocianuro férrico (química).

iron buff I óxido férrico, amarillo de hierro.

iron carbide I cementita.

iron carbonitride I carbonitruro de hierro.

iron casting I pieza de fundición.

iron cement I mástique de hierro.

iron ceramal I cerametal de hierro.

iron chamber I laboratorio (hornos) I cámara de fusión (horno pudelar).

iron cinder I escoria de hierro.

iron circuit I circuito magnético en el hierro.

iron clad I blindado de hierro.

iron clay I arcilla ferruginosa, hierro arcilloso, tierra de hierro.

iron coat I enlucido con mástique de hierro.

iron core I núcleo de hierro I de núcleo ferromagnético.

iron cross law I ley de la cruz de hierro (maclas).

iron cross twin I macla de la cruz de hierro.

iron crust I batiduras de hierro.

iron cutters I cizallas para chapa.

iron deposit I yacimiento de hierro.

iron dog I grapón.

iron dross I escorias de hierro.

iron dust I polvo de hierro.

iron filings I limaduras de hierro.

iron flowers I cloruro férrico.

iron foundry I fundición de hierro, fundería de hierro.

iron glance I oligisto, hematites especular.

iron glass I vidrio de hierro (meteoritos).

iron gossan I quijo, sombrero de hierro (minas).

iron hat I quijo, sombrero de hierro (minas).

iron liquor I acetato de hierro I pirolignito de hierro.

iron losses I pérdidas en el hierro (electricidad).

iron meteorite I meteorito de hierro.

iron mica I mica ferrosa.

iron mill I fábrica siderúrgica, acería.

iron mine I mina de hierro.

iron minium I minio de hierro.

iron mold I molde de hierro fundido, coquilla.

iron mordant I sulfato férrico, mordiente férrico.

iron notch I piquera de hierro (alto horno).

iron ore I mineral de hierro.

iron ore deposit I criadero de mena de hierro.

iron ore mine I mina de hierro.

iron ore roasting I calcinación de menas de hierro.

iron ore sintering | sinterización de mineral de hierro.

iron oxide | óxido de hierro.

iron pan | capa ferruginosa.

iron pig | arrabio.

iron pipe | tubo de hierro | tubo de fundición.

iron placer | mina de minerales de hierro de aluvión.

iron plate | chapa de hierro | placa de fundición.

iron plating | ferrado (galvanoplastia).

iron pot | pulvihierro.

iron powder | gránulos de hierro | polvo de hierro.

iron putty | masilla de hierro, mástique de hierro.

iron pyrite | pirita amarilla | pirita de hierro.

iron pyrolignite | pirolignito de hierro.

iron quartz | cuarzo ferrífero.

iron receiver | antecrisol (hornos).

iron reinforcement | armadura de hierro (hormigón).

iron reluctance | reluctancia del hierro.

iron removal filter | filtro desferrizador.

iron resinate | resinato de hierro.

iron runner | coladero, canal de colada (alto horno).

iron rust | herrumbre | óxido férrico.

iron sand | arena ferruginosa.

iron shot | granalla de fundición.

iron sight | alza metálica (no óptica ni calculadora) | mira metálica.

iron silicide | siliciuro de hierro.

iron spar | mineral dulce | óxido de hierro carbonatado.

iron spinel | espinela ferrífera, pleonasto.

iron stain | mancha ferruginosa.

iron steel | acero con hierro en el alma.

iron sulphate | sulfato ferroso.

iron tetracarbonyl | tetracarbonilo de hierro.

iron tie | tirante de hierro | traviesa metálica (ferrocarril) | fleje de hierro.

iron tubing | entubados de pozos.

iron vein | filón de hierro.

iron vitriol | vitriolo de hierro.

iron wiskers | filamentos de hierro.

iron works | industria de fundición (siderurgia).

iron zeolite | zeolita férrica.

iron-air magnetic circuit | circuito magnético con entrehierro.

iron-alloy magnetic powder | polvo magnético de ferroaleación.

iron-ammonium oxalate | oxalato ferroamónico.

iron-base alloy | aleación de base de hierro.

iron-bearing | ferrífero, ferroso.

iron-bearing cupronickel | cuproníquel ferroso.

iron-bearing tin | estaño ferrífero.

iron-body valve | válvula con cuerpo de fundición.

iron-carbon-nickel alloy | aleación de hierro-carbono-níquel.

iron-cased | con envuelta de fundición | acorazado (electroimán).

ironclad | acorazado | blindado | con envuelta de hierro.

ironclad motor | motor acorazado.

ironclad shaft | pozo blindado (minas).

iron-coated | cubierto de hierro | armado (cables eléctricos).

iron-containing | ferruginoso | férrico.

iron-cored | con núcleo ferromagnético.

iron-cored choke | bobina de reactancia de núcleo ferromagnético.

iron-cored electromagnet | electroimán de núcleo ferromagnético.

iron-cored reactor | reactancia de núcleo ferromagnético.

iron-cored wattmeter | vatímetro de núcleo ferromagnético.

iron-covered | forrado de chapa | con armadura de hierro.

ironed | forrado de hierro.

ironer | planchadora (máquina) | máquina planchadora.

ironer roller | calandria.

iron-filled solenoid | solenoide de núcleo ferromagnético.

ironfounder | fundidor de hierro.

iron-free silica sand | arena silícea exenta de hierro.

iron-hooped case | caja reforzada con flejes de hierro, caja enflejada.

iron-humic podsol | podsol húmico ferruginoso.

iron-in-aluminum detector | detector de hierro en la chatarra de aluminio.

iron-in-brass detector | detector de hierro en la chatarra de latón.

ironing | engatillado (alto horno) | embutición | adelgazamiento de las paredes reduciendo el huelgo entre el punzón y el troquel (piezas troqueladas), obtención de superficies planas en la prensa (piezas forjadas), estirado en prensa.

ironing of metal cups | embutición de copas metálicas.

ironish | ferruginoso.

iron-modified cupronickel | cuproníquel con adición de hierro.

iron-nickel accumulator | acumulador de ferroníquel.

iron-ore cement | cemento de mineral de hierro.

iron-plate (to) | ferrar (galvanoplastia).

iron-plated shaft | cuba blindada (alto horno).

iron-powder coated electrode | electrodo revestido de pulvihierro.

iron-powder compact | comprimido de pulvihierro.

iron-powder electrode | electrodo con recubrimiento de polvo metálico.

iron-powder metallurgy | pulvimetalurgia del hierro.

iron-powder porous pressing | comprimido poroso de pulvihierro.

iron-producing | siderógeno.

iron-rich binary alloy | aleación binaria rica en hierro.

iron-rust cement | cemento de limaduras de hierro y sal amoníaco.

iron-shrouded solenoid | solenoide forrado de chapa.

iron-stained | impregnado de óxido férrico.

ironstone | roca ferruginosa | siderita.

ironstone blow | quijo, sombrero de hierro (minas).

ironstone quarry | mina de menas de hierro de aluvión.

ironworks | fundería, fundición de hierro.

irony | ferruginoso.

irradiance | irradiación | radiación | irradiancia.

irradiate (to) | irradiar.

irradiated | irradiado | radiante | irradiado con isótopos.

irradiated field | campo irradiado.

irradiated heat | calor radiante.

irradiated uranium | uranio irradiado.

irradiating | radiante | irradiación.

irradiation | irradiación | exposición.

irradiation by neutrons | irradiación por neutrones.

irradiation channel | canal de irradiación (nuclear).

irradiation damage | modificaciones por irradiación.

irradiation embrittlement | fragilidad por irradiación.

irradiation hardening | endurecimiento por irradiación.

irradiation loop | circuito de irradiación.

irradiation reactor | reactor de irradiación.

irradiation rig | circuito de irradiación.

irradiation-induced photoconductivity | fotoconductividad inducida por irradiación.

irrational equation | ecuación irracional.

irrational function | función irracional (matemáticas).

irrational number | número irracional.

irregular | irregular, variable.

irregular distortion | deformación irregular (telegrafía).

irregular feed | avance irregular (máquinas).

irregular working | marcha irregular, marcha cruda (alto horno).

irreversible process | reacción irreversible (electroquímica).

irreversible steel | acero con variación amplia de histéresis magnética.

irreversible steering | mando irreversible | dirección irreversible (automóvil).

irritant | producto químico irritante.

irrotation | irrotación.

irrotational field | campo irrotacional, campo vectorial aperiódico.

irrotational wave | onda longitudinal.

isallobar | isalobara (meteorología).

isallohypse | isalohipsa.

isanemone | isanémona, línea de igual intensidad del viento.

isanomal | línea isanómala (meteorología).

isentrope | isentropa (física).

isentropic | isentrópico.

isentropic chart | carta isentrópica.

isinglass stone | mica.

island effect | efecto de isla.

isoactivity lines | líneas de isoactividad.

isoamyl acetate | acetato de isoamilo.

isoamyl butyrate | butirato de isoamilo.

isoamyl nitrite | nitrito de isoamilo.

isobar | isóbara (meteorología) | isobárico.

isobare | isóbaro (química).

isobaric | línea isóbara | isobárico.

isobaric chart | mapa isobárico.

isobaric line | línea isóbara.

isobaric navigation | navegación isobárica.

isobath | isobata.

isobits | isobits | dígitos binarios de igual valor.

isobutane | isobutano (química).

isobutyl alcohol | alcohol isobutílico (química).

isobutyl carbinol | alcohol isoamílico.

isobutylene | isobutileno.

isobutyraldehyde | aldehído isobutírico.

isocandle diagram | diagrama de líneas isolumínicas.

isocarb I línea del mismo contenido en carbono (metalurgia) I isocarbónica.

isocenter I isocentro (aerofotografía).

isochasm I isocasma.

isochasmic lines I líneas isocásmicas (auroras).

isochimal I línea isoquímena.

isochore I línea isócora I isócora (gas).

isochromatic I línea isocromática I isocromático.

isochrome I línea isocroma.

isochronal line I curva isócrona, cicloide.

isochronism I isocronismo, isocronía.

isochronous scanning I escansión isócrona (TV) I exploración isócrona.

isoclinal I isoclinal, pliegue isoclinal.

isocline I isoclinal, pliegue isoclinal I isoclina I línea de igual inclinación magnética.

isoclinic I línea isoclinal I isoclino.

isocracker I unidad de pirolización isomerizante.

isocracking I desintegración isomerizante.

isodose I isodosis (radiación).

isodose chart I gráfico de isodosis.

isodynamic curve I curva isodinámica.

isodynamic line I línea isodinámica, isodina I línea de igual intensidad magnética terrestre.

isodynamometer I isodinamómetro.

isodyne I línea isodina I isodino (radio).

isoecho circuit I circuito isoecoico.

isoecho contour circuit I circuito de contorno isoecoico (radar).

isoelasticity I isoelasticidad.

isoelectronic I isoelectrónico (átomos).

isoflex lines I líneas isoflexas.

isofluor I línea de isofluorescencia.

isofrequency I isofrecuencia.

isogal I isógala (gravimetría).

isogeotherm I isogeoterma.

isogon I isógona I línea de igual declinación magnética.

isogonal I línea isogonal I isogónico.

isogriv I línea de igual declinación reticular, isodesviación del norte de la retícula (navegación aérea) I isocuadrícula I isogriva I línea de igual variación magnética.

isohel I isohelia I línea de igual duración de la insolación.

isohelic line I línea isohélica, isohelia.

isohelical curve I curva isohélica.

isohyet I isohieta I línea isopluvial.

isohyetal I isohiético.

isohyetal chart I mapa isohiético.

isohyetal line I línea isohiética.

isohyetal map I mapa de isohietas.

isohypse I isohipsa.

isolated I aislado.

isolated neutral system I red con neutro aislado.

isolateral I isolateral.

isolating I aislamiento.

isolating diode I diodo separador.

isolating resistor I resistor separador.

isolating switch I desconectador, interruptor aislador, seccionador (electricidad).

isolating valve I válvula de aislamiento I válvula de seccionamiento.

isolation amplifier I amplificador separador.

isolation circuit I circuito aislador.

isolation diode I diodo de separación I diodo de aislamiento.

isolation filter I filtro de separación.

isolation network I red de aislamiento I red separadora I red aisladora I circuito aislante.

isolation probe I sonda separadora.

isolator I seccionador (líneas eléctricas) I desconectador I atenuador direccional I aislador unilateral.

isolators string I cadena de aisladores (líneas eléctricas).

isoline I isograma I isopleta.

isolith I isólito (circuito integrado).

isolux I isofotométrica I isolumínica (óptica).

isolux line I línea de igual iluminación I línea isofoto.

isomagnetic line I línea isomagnética.

isomagnetism I isomagnetismo.

isomer I isómero I isómera (meteorología).

isomeric I isomérico.

isomeric change I isomerización I cambio isomérico.

isomeric hydrocarbon I hidrocarburo isomérico.

isomeric state I estado isomérico (nuclear).

isomerism I isomería I isomerismo.

isomerization I isomerización.

isomerization reaction I reacción de isomerización (química).

isomerize (to) I isomerizar.

isometric I isométrico I cúbico (mineralogía).

isometric chart I gráfico isométrico.

isometric crystal I cristal cúbico.

isometric drawing I dibujo isométrico, dibujo en perspectiva caballera I proyección isométrica.

isometric lines I líneas isométricas.

isometric perspective I perspectiva isométrica.

isometric projection I perspectiva caballera.

isometric system I sistema cúbico (cristalografía).

isomorphism I isomorfismo.

isopach I línea isópaca I isópaca (geología).
isopach map I mapa de isópacas.
isopachous curve I curva isópaca, curva de igual espesor.
isopaque I isópaca, línea de igual densidad fotográfica.
isophone I isófono.
isophonic I isofónico.
isophonous I isófono (telefonía).
isophot I isofotométrica.
isophotometry I isofotometría.
isoplanatic I isoplanático.
isopleth I isopleta (meteorología).
isopluvial I isopluvial.
isopluvial line I línea isopluvial I isohieta.
isopluvial map I mapa de isoyetas.
isopor I línea isópora.
isopropanol I isopropanol.
isopropyl acetate I acetato de isopropilo.
isopropyl alcohol I alcohol isopropílico.
isopter I línea isóptera.
isopycnic I línea isopícnica.
isorad I línea de isorradiactividad.
isoradioactivity I isorradiactividad.
isoreagent I isorreactivo.
isosceles I isósceles.
isoscope I isoscopio.
isoseismal I línea isosísmica I isosísmico.
isospin I espín isobárico I isoespín.
isostere I isóstero (química) I isóstera (meteorología).
isotach I isotaca I línea que une puntos en los que el hielo se derrite al mismo tiempo.
isotectic I línea isotéctica I isotéctico.
isothei I línea de igual contenido de azufre.
isother I línea isótera, isótera.
isotheral I línea isótera.
isotheral chart I mapa isótero.
isotheral line I línea isótera.
isotherm I línea isoterma, isoterma.
isothermal I línea isoterma I isotérmico.
isothermal altimeter I altímetro isotérmico.
isothermal annealing I recocido isotérmico.
isothermal expansión I expansión isotérmica.
isothermal freezing I solidificación isotérmica (metalurgia).
isothermal hardening I temple isotérmico, endurecimiento isotérmico.
isothermal heat-treating I termotratamiento isotérmico.
isothermal layer I capa isotérmica.
isothermal quench I temple isotérmico.
isothismic line I línea isotísmica, isotisma.
isotime lines I líneas isócronas.
isotone I isótono.

isotonicity I isotonicidad.
isotope I isótopo, radioisótopo.
isotope carrier I portaisótopo.
isotope reactor I reactor nuclear productor de radioisótopos.
isotope shift I desplazamiento isotópico, corrimiento isotópico.
isotope thickness gage I galga radioisotópica para medir espesores.
isotopic I isotópico.
isotopic age determination I datación isotópica (nucleónica).
isotopic power I potencia radioisotópica.
isotopic spin I espín isobárico I espín isotópico.
isotopic thickness meter I galga radioisotópica para medir espesores.
isotopy I isotopía.
isotron I isotrón (isótopos).
isotropic I isotrópico, isótropo.
isotropic antenna I antena isótropa I antena isotrópica.
isotropic boron nitride I nitruro de boro isótropo.
isotropic elastic constant I constante elástica isótropa.
isotropic gain I ganancia isotrópica.
isotropic harmonic oscillator I oscilador armónico isótropo.
isotropic scattering I difusión isotrópica.
isotropic strain I deformación isótropa.
isotropism I isotropía.
item I elemento I pieza I factor I registro.
item counter I contador de unidades de información (informática).
iterative I iterativo I repetido.
iterative array I sistema iterativo.
iterative attenuation coefficient I componente de atenuación iterativa.
iterative impedance I impedancia iterativa.
iterative switching network I red de conmutación iterativa.
itinerant I itinerante.
itrol I citrato de plata.
itterbium I iterbio (Yb).
ivory I marfil.
ivory black I negro de marfil, carbón animal.
ixion I ixión (nuclear).
Izod impact value I valor de resiliencia Izod.
Izod impact-tester I medidor de resiliencia Izod.
Izod impact-testing unit I equipo para pruebas de resiliencia Izod.
Izod V notch I entalla Izod en V.
Izod-notched I con entalla Izod.

J

J²R loss I pérdida por efecto Joule.

jabez I pizarra carbonácea.

jacinth I zircón, zirconita (mineralogía).

jack I gato (máquina) I jack (teléfono) I palanca de platina I carbón de gas interestratificado con pizarra I pizarra carbonosa candeloide (minería) I conexión I unidad de bombeo (pozo petrolífero).

jack arch I arco adintelado.

jack base I base de conjuntor.

jack box I caja de conexiones.

jack chain I cadena transportadora.

jack connector I conector hembra.

jack engine I máquina auxiliar pequeña.

jack field I panel de conmutación.

jack hammer I martillo neumático I pico neumático (minería).

jack lever I palanca de alza (jacquard) I palanca de acción de los lizos (telar).

jack over (to) I virar (máquinas).

jack pad I apoyo de gato (aeronaútica).

jack panel I tablero de conexiones.

jack pit I pozo auxiliar (minas).

jack plane I garlopa.

jack saw I sierra de tronzar.

jack sinker I platina de descenso, platina de avance.

jack strip I regleta de jacks I regleta de clavijas.

jack timber I brochal I cabio corto.

jack (to) I desbastar (la madera) I mover con el gato.

jack up platform I plataforma autoelevadora.

jack up (to) I empujar o levantar con el gato.

jacker chain I cadena transportadora de troncos.

jacket I envoltura, chaqueta (cilindros) I manguito (cañones) I recipiente para los cartuchos de combustible nuclear (reactor nuclear) I camisa calefactora I sobrecubierta I cubretapas.

jacket furnace I horno cubierto.

jacket space I cámara de recalentamiento.

jacket (to) I guarnecer I envolver, forrar I enmanguitar I revestir.

jacket-cooling I enfriamiento por camisa exterior.

jacketed I con envuelta I con camisa exterior, enmanguitado I con camisa calefactora I revestido.

jacketing I guarnición I envuelta, forro exterior I revestimiento.

jacketing material I material de revestimiento.

jackhammer I trépano (sondeos) I martillo picador (minas) I martillo perforador (minas) I perforadora neumática manual.

jackhead I columna de agua alimentadora (ferrocarril).

jackhead pit I pozo de ventilación (minas).

jacking engine I virador.

jacking gear I virador.

jackling I crepitación (electricidad).

jackplugging I conexión.

jack's strip I regleta de jacks.

jackscrew I tornillo nivelador I tornillo extractor.

jackshaft I eje transversal I eje intermedio, eje secundario I eje de transmisión I eje transmisor de la potencia I contraeje I árbol de contramarcha.

jackstay I estay de unión I cable de arriostramiento.

jacot tool I herramienta para pulir pivotes (relojería).

jacquard I jacquard.

jacquard cardboard I cartón para telares.

jacquard coupling I malla jacquard.

jacquard loom I telar jacquard.

jad I roza (minas).

jad (to) I rozar (minas).

jadding I pica (minas).

jadding pick I martillo de picar (minas).

jade I jade (mineralogía).

jag I mella I muesca I perno de lengüeta.

jag bolt I perno arponado.

jag (to) I dentar I mellar I escoplear I calafatear (hierro) I cajear traviesas I uñetear (cabezas remaches).

jagged I mellado, dentado.

jagging I corte, muesca I recortadura, entalladura I calafateo de hierro I cajeo.

jam I obstrucción I atasco, agarrotamiento (válvulas) I interferencia (radio) I encasquillamiento (armas).

jam coke I cok blando.

jam die plate I terraja.

jam nut I contratuerca I tuerca de inmovilización.

jam on the brakes (to) I frenar bruscamente.

jam signal I señal de borrado.

jam (to) I atascar I enganchar I apuntalar, interferir (radio) I encasquillarse (armas).

jam weld I soldadura a tope.

jam welding I soldeo a tope, soldeo por aproximación.

jammed I agarrotado, acuñado (válvulas) I encasquillada (armas) I gripado.

jammed radar system I sistema radárico perturbado.

jammer I emisión perturbadora (radio) I emisor perturbador.

jammer band I banda de perturbación.

jammer emission I emisión interferente (perturbadora).

jammer finder I buscador de perturbador.

jamming I encasquillamiento (armas) I agarrotamiento, acuñamiento (válvulas) I perturbación, interferencia intencionada (radar, radio) I interferencia por aparatos de alta frecuencia (televisión) I recepción simultánea de dos o más estaciones (radio) I perturbación por interferencia de ondas extrañas I interferencia.

jamming countermeasures I contramedidas de pertubación.

jamming device I dispositivo perturbador.

jamming interference I perturbación provocada.

jamming of radar I interferencia de radar.

jamming roller I rodillo de bloqueo.

jamming station I estación interferente.

jamproof I inatascable I a prueba de interferencias I de funcionamiento seguro.

Japan black I barniz semitransparente de secado rápido.

japan drier I secante para barniz I secante de barniz para tintas.

japan (to) I barnizar con laca, lacar I charolar, barnizar con barniz opaco generalmente negro.

japanning I barnizado con laca I charolamiento.

japanning oven I horno para lacar, horno para charolar I estufa de barnizar en negro.

jar I vibración, trepidación I disonancia I barra de perforación, percutor I jar (unidad de capacidad).

jar bumper I destrabador (sondeos).

jar down spear I arpón pescapercutor (sondeos).

jar latch I enganchapercutor (sondeos).

jargon I variedad ahumada (mineralogía) I diamante de inferior calidad de color amarillo.

jarosite I jarosita (sulfato hidratado de hierro y potasio -España) I melanterita con óxido de magnesio (Eslovaquia).

jarring I vibración I trepidación.

jasp onyx I jaspe-ónice.

jasper I jaspe.

jasper opal I ópalo jaspe.

jasperated I mezclado con jaspe I parecido a jaspe I jaspeado.

jasperize (to) I jaspear.

jato I despegue ayudado por cohetes (aviones).

jaw I mordaza I quijada (motón) I garganta (poleas) I boca de cangrejo (buque de vela) I horquilla (de biela).

jaw carrier I portagarra.

jaw chuck I plato de garras I mandril de garras.

jaw clamp I mordaza de sujeción.

jaw clutch I embrague de mordazas.

jaw dog I perro de cojinete (tornos).

jaw grip I agarre de mordazas.

jaw setting I ajuste de la mordaza.

jaw switch I conmutador de mordazas.

jeep I coche militar de empleo general I sistema de televisión alámbrico I escoba eléctrica (oleoductos).

jell (to) I solidificar, cristalizar I gelatinizar.

Jena glass I vidrio de Jena (óptica).

jenkin I falsa galería (minas).

jenny I máquina I máquina de hilar I grúa locomóvil I carro de puente-grúa I aeroplano I generador eléctrico portátil.

jerk line I cable agitador (sondeos) I cable de llaves (perforaciones).

jerking I trepidación, vibración.

jerking machine I máquina oscilante.

jerk-pump injection I inyección por bomba pulsatoria (motores).

jet I quemador (de petróleo) I piquera, agujero de colada I bebedero (molde fundición) I haz (tubo rayos catódicos) I avión de motor de reacción, reactor I motor de reacción por chorro de gases, motor de chorro de eyección de gases calientes.

jet aeroplane I avión de reacción.

jet aircraft I avión de reacción.

jet airstream I corriente en chorro circumpolar (meteorología).

jet alloys I aleaciones para motores de chorro.

jet assisted takeoff I despegue con ayuda de reactores.

jet auger I tubo inyector con barrena.

jet bit I trépano de toberas I trépano de chorro.

jet bomb I bomba volante con motores de chorro.

jet bomber I bombardero de chorro.

jet carrier I portasurtidor (carburador).

jet coal I carbón de llama larga I carbón de gas.

jet compressor I compresor de chorro I eyector.

jet condenser I condensador de mezcla, condensador de inyección (máquina de vapor).

jet ejector I eyector a chorro.

jet engine I motor de chorro, propulsor de chorro I motor a reacción.

jet engine fuel I aerogasolina.

jet engine (to) I propulsar por chorro.

jet flame | llama producida por la combustión de petróleo lampante con oxígeno muy puro.

jet fuel | combustible para turbinas de combustión | carborreactor | combustible de reactor.

jet helicopter | helicóptero a reacción.

jet ignitor | arranque para reactor.

jet injection valve | válvula de inyección por mezcla.

jet interrupter | interruptor de chorro de mercurio.

jet lubricant | lubricante para motores de chorro.

jet molding | moldeo por inyección.

jet out (to) | alabear.

jet piercing | barrenado por chorro de fueloil con oxígeno (minas) | perforación por fusión de la roca mediante un soplete | perforación térmica.

jet pipe | tubo inyector.

jet plane | avión de chorro, avión reactor.

jet propellant | turbosina.

jet propulsion | propulsión por chorro.

jet pump | bomba de chorro | bomba de inyección (motores diesel) | eyector.

jet stream | corriente en chorro | corriente de propulsión (troposfera).

jet tanker | avión petrolero de chorro, avión cuba de chorro.

jet turbine | turbina de chorro.

jet turbine blade | álabe de turbina de reacción.

jet turbine disc | disco de turbina de chorro.

jet turbine engine | turbina de gases cuya energía se utiliza en la acción de un chorro.

jet-assisted | con ayuda de un cohete.

jet-assisted takeoff | despegue con ayuda de cohete (avión).

jet-bit | trépano de chorro (sondeos).

jet-deflector servomotor | servomotor del deflector del chorro (rueda Pelton).

jet-engine turbine | turbina de motor de chorro.

jetliner | avión reactor de pasaje | avión comercial de reacción.

jet-powered | propulsado por motor de chorro.

jet-propelled | de propulsión por chorro | propulsado por motor de chorro.

jet-propulsion engine | motor de reacción directa, motor de propulsión por chorro.

jet-rocket plane | avión de retropropulsión por chorro.

jetstone | chorlo (mineral).

jettison | echazón (buques, aviones).

jettison gear | mecanismo de echazón | lanzador.

jettison valve | válvula de vaciado rápido de depósitos (aviones).

jetty | escollera | espigón | malecón | dique, muelle.

jewel | rangua de gema sintética (relojería).

jeweler's red | colcótar, rojo de Inglaterra, óxido férrico.

jeweler's rouge | óxido férrico, colcótar.

jeweller's composition | aleación de cobre (2 partes) y cinc (1 parte).

Jewish stone | granito gráfico, runita.

J-groove weld | soldadura de ranura en J.

jib | foque (buques) | brazo, pescante | gálibo | criba hidráulica.

jib boom | botalón de foque (buque de vela).

jib crane | grúa de pescante | grúa giratoria.

jib of a crane | pluma de grúa.

jib post | eje de grúa.

jib sheet | escota de foque.

jib swing | radio de rotación del brazo (grúas).

jib-saw | sierra de contornear.

jig | conductor para taladrar | plantilla para taladrar | plantilla para posicionar o alinear | criba hidráulica, lavador de sacudidas (minas) | criba de pistón | clasificadora hidráulica | dispositivo de montaje | utillaje | montaje.

jig bore (to) | taladrar con plantilla.

jig borer | taladradora de plantillas | punteadora barrenadora | máquina punteadora.

jig brow | plano inclinado automotor de simple efecto de criba de minerales.

jig bushing | boquilla de guía, casquillo guía, conductor para taladrar (plantillas de taladrado).

jig grinder | punteadora rectificadora | rectificadora de plantillas.

jig latch | excéntrica de montaje.

jig milling | fresado según plantilla.

jig table | criba vibrante.

jig (to) | cribar (minerales) | separar por vibración y lavado (minerales) | taladrar con plantilla | posicionar en una plantilla.

jig welding | soldadura sobre plantilla.

jig-align (to) | montar sobre una plantilla.

jig-aligned system | sistema de montaje sobre una plantilla.

jigboring | taladrado sobre plantilla.

jigboring machine | taladradora de plantillas.

jig-drill (to) | taladrar con plantilla.

jigged | cribado | taladrado con plantilla.

jigger | dispositivo mecánico | torno mecánico de alfarero | variómetro, transformador de oscilaciones | aparejo pequeño (marina) | vela mesana (fragata de cuatro palos) | cangreja de mesana (barca de 4 o 5 palos) | aparejo de rabiza | vela de batículo.

jigger winding | devanado del variómetro (electricidad).

jigger work I cribado hidráulico.

jigging I conjunto de útiles y herramientas I fabricación con plantillas I lavado sobre cribas de sacudidas, cribado hidráulico (minería) I oscilante.

jigging machine I criba hidráulica I clasificadora hidráulica.

jigsaw I sierra alternativa vertical, sierra de vaivén I sierra de contornear.

jigsaw (to) I contornear, recortar con la sierra.

jig-welded I soldado sobre plantilla.

jimmy I palanqueta I barra corta.

jimmy bar I palanqueta I barra corta.

jink I remolque (vagonetas de mina).

jinny I carro de rodadura (puente grúa) I guinche de tracción I galería inclinada (minas).

jinny-road I galería inclinada (minas).

jitter I perturbaciones oscilatorias I variaciones cíclicas (servomecanismo) I fluctuación I inestabilidad de la base de tiempos, inestabilidad de la imagen (tubos rayos catódicos) I inestabilidad horizontal de la imagen (TV).

job I unidad de trabajo (informática).

job control language I lenguaje de control de trabajos (informática).

job file control block I bloque de control de fichero de trabajo (informática).

job scheduling I planificación de trabajos (informática).

job stream I flujo de trabajo (informática).

jocker chute I chimenea auxiliar de mineral (minas).

jockey I tenaza de enganche de desapriete automático I polea tensora, rodillo de tensión I dispositivo de enganche.

jockey roller I polea tensora, rodillo de tensión.

jockey valve I válvula auxiliar.

jockey weight I contrapeso móvil, contrapeso desplazable, pesa corrediza.

jockey-pulley I polea de tensión, rodillo de tensión I polea guía.

jockey-wheel I polea tensora, rodillo de tensión I polea guía.

jog I inflexión (curvas).

jogged dislocations I dislocaciones desplazadas (metalurgia).

jogger I guía lateral de escuadrar el papel I dispositivo igualador I emparejador.

jogger guide I guía móvil I guía del emparejador.

jogger-stacker I emparejadora-apiladora.

jogging I marcha lenta I emparejamiento (tipografía) I reiteración de interrupciones.

joggle I empalme de espiga.

joggle (to) I empalmar a cremallera, endentar (vigas madera) I empalmar a espiga (carpintería) I aboquillar.

joggle-joint I empalme de barbilla I ensambladura endentada, empalme de cremallera I empalme de espiga I junta de ranura y lengüeta I sillar de traba (muros).

joggling machine I máquina de estajar, estajadora, máquina de aboquillar, aboquilladora.

join by bolts (to) I unir con pernos.

join (to) I juntar, unir I ensamblar, empalmar.

join up in quantity (to) I acoplar en cantidad (electricidad).

join up in series (to) I acoplar en serie (electricidad).

join up (to) I empalmar I conectar, acoplar (electricidad).

joiner's chisel I formón de pico de pato, formón de ebanista.

joiner's gage I gramil de carpintero.

joiner's plane I cepillo de juntas.

joiner's tool I guillame.

joinery I ensamblaje.

joining I empalme, ensambladura (carpintería) I conexión (electricidad) I ensamblaje.

joining balk I tabla de encofrado (minas).

joining cable I cable de conexión.

joining length I manguito de unión.

joining piece I pieza de empalme.

joining press I prensa de carpintero.

joint I conexión, enganche I juntura I junta, unión I frisa I charnela I gozne, bisagra, ensambladura I grieta, diaclasa (geología).

joint access I acceso común (telefonía).

joint bolt I perno de unión, perno de empalme I perno de chaveta I perno de articulación.

joint box I caja de unión I caja de empalme (electrotecnia).

joint chair I cojinete de junta (vía férrea).

joint circuit I circuito común.

joint factor I coeficiente de resistencia de la junta I porcentaje de resistencia de la junta con relación a la chapa.

joint file I lima de ajustar, lima redonda pequeña.

joint filler I relleno para juntas.

joint flange I brida de unión.

joint hinge I bisagra de paleta.

joint load I carga en el nudo (estructuras).

joint pin I pasador de bisagra.

joint pipe I tubo de unión.

joint plate I placa de unión, placa de empalme.

joint pole I poste en común (electricidad).

joint restraint I restricción de la junta· I restricción de la costura (soldadura).

joint ring I anillo de junta I zapatilla de grifo I aro de junta.

joint riveting I remachado de empalme, remachado de junta.

joint screw I conectador de tornillo.

joint shield I chapa guardajunta.

joint sleeper I traviesa de junta (ferrocarril).

joint sleeve I manguito de unión (tubos) I manguito de acoplamiento.

joint tie I traviesa de junta (ferrocarril).

joint (to) I juntar, unir I articular I empalmar, ensamblar.

joint tongue I lengüeta (empalmes).

joint welding I soldadura por recubrimiento.

jointed I articulado.

jointed coupling I acoplamiento articulado.

jointed saw I sierra articulada.

jointed tool holder I portaherramienta articulado.

jointer I ensambladora I empalmador de cables I máquina de ranurar (carpintería) I juntera, cepillo de juntas I manguito de empalme, marcador de juntas (muros).

jointing I junta I juntura I unión I empalme I ensambladura I fisuración I disyunción (petrografía).

jointing chamber I cámara de empalmes (cables submarinos).

jointing compound I mástique para juntas.

jointing cutter I fresa para hacer juntas.

jointing diagram I diagrama de empalme.

jointing machine I máquina de hacer juntas.

jointing piece I pieza de unión.

jointing rivet I remache de unión.

jointing sleeve I manguito de unión, manguito de empalme.

jointing tool I paletín de rejuntar, herramienta para marcar las juntas (muros).

jointing-plane I juntera, cepillo de juntas I plano de diaclasa, plano de separación (geología).

joint-plane I plano de junta.

joint-sealing compound I compuesto obturador de juntas I mástique para sellado de juntas.

joist I vigueta laminada I perfiles laminados I viga (construcción) I nervio del forjado.

joist anchor I anclaje de vigueta.

joist shears I tijeras para viguetas laminadas.

joke pin I pasador de articulación.

jolter I vibrador.

jolting I vibración I sacudida.

jolting hearth I solera vibratoria (hornos).

jolting machine I criba hidráulica de sacudidas.

jolting molding machine I máquina de moldear de sacudidas.

jolt-pack I compactación por sacudidas.

Jominy end-quench test I prueba de Jominy de enfriamiento de la punta (metalurgia).

joule I julio (electricidad).

Joulean effect I efecto Joule.

Joulean loss I pérdida por efecto Joule.

joulemeter I juliómetro.

journal I mangueta, manga (eje de ruedas) I muñón (ejes) I cojinete I chumacera.

journal adjustment I ajuste del cojinete.

journal bearing I cojinete liso I chumacera.

journal box I cojinete I chumacera.

journaled I articulado I con cojinete.

journey logbook I libro de a bordo (aviones).

joy walking miner I rozadora móvil de Joy (ingeniería minera).

joystick I palanca de mando I palanca omnidireccional I palanca de accionamiento de profundidad I escoba (aviones).

jubilee track I vía Decauville.

jubilee wagon I vagoneta Decauville.

judder I trepidación I oscilación aeroelástica de hipofrecuencia (aviones) I imagen desdoblada.

Judean pitch I asfalto.

judgement test I ensayo de apreciación (telecomunicaciones).

juggler I riostra.

juice I corriente (electricidad) I fluido.

jumbo I caja refrigerante, manguito de enfriamiento (toberas) I refrigerador del canal de escoria (alto horno) I retorta rectangular para destilación de maderas I bastidor móvil I andamio corredizo, carro de perforadoras múltiples (túneles, minas) I rastra (explotación forestal).

jump I falla en un filón I accidente (geología) I resalto (hidráulica) I ángulo de salida inicial, ángulo de reelevación, encabritamiento (balística) I balanceo del viento (alto horno) I soldadura a tope I salto en paracaídas I salto (informática).

jump conditions I condiciones de bifurcación (informática).

jump counter I aparato totalizador de impulsión.

jump cut I salto de imagen.

jump drilling I perforación con pistolete.

jump instruction I instrucción de bifurcación I instrucción de salto (informática).

jump joint I junta recalcada I junta de solape (buques).

jump of electrons I transición electrónica.

jump sack I paracaídas.

jump set I marco intermedio de entibación (minas).

jump spark | chispa de alto voltaje | chispa de descarga | chispa disruptiva.

jump (to) | triscar (sierras) | abrir un barreno con el pistolete | recalcar | conectar provisionalmente (electricidad).

jump-coupling | acoplamiento por manguito taladrado.

jumped joint | junta a tope con los extremos recalcados.

jumper | tizón (muros) | triscador de sierras | conexión volante | hilo de conexión, cable de cierre, puente (electricidad) | conductor de empalme | barrena corta de mano, pistolete de mina, barrena de percusión | sonda de percusión (sondeos) | conexión volante (electricidad) | barrena de percusión.

jumper bar | barra de mina, pistolete de mina, pica.

jumper cable | cable de acoplamiento.

jumper mechanism | mecanismo impulsor.

jumper relay | relé de puente.

jumper switch | aguja saltacarril, aguja automática (ferrocarril).

jumper wire | alambre de enlace | hilo de puente.

jumping cable | cable conectador, puente (electricidad) | cable puenteador.

jumping drill | barra de mina, pistolete de mina.

jumping switch | aguja automática (ferrocarril) | interruptor de desconexión brusca (electricidad).

jump-jointed | soldado por aproximación.

jump-spark coil | bobina de inducción.

jump-spark igniter | encendedor por bobina de alto voltaje.

jump-weld | soldadura por aproximación, soldadura a tope | soldadura a tope en ángulo recto.

jump-weld (to) | soldar por aproximación.

jump-welding | soldeo por aproximación, soldeo a tope.

junction | confluencia | junta | empalme | punto de unión | conexión | bifurcación | estación de bifurcación, estación de empalme (ferrocarril) | nudo de comunicaciones | línea auxiliar de enlace | unión.

junction block | bloque de empalmes.

junction box | caja terminal | caja de conexiones.

junction cable | cable para líneas auxiliares | cable de unión.

junction canal | canal de unión.

junction chamber | cámara de confluencia | cámara de bifurcación.

junction circuit | circuito de enlace.

junction coupling | manguito directo.

junction curve | curva de unión | curva de enlace.

junction detector | detector de unión.

junction diagram | diagrama de enlaces (telefonía).

junction diode | diodo de unión.

junction effect | efecto de contacto.

junction field-effect transistor | transistor de unión de efecto de campo (informática).

junction filter | filtro de unión.

junction finder | buscador de enlaces (telefonía).

junction group | grupo de enlace.

junction hunter | buscador de enlaces (telecomunicaciones).

junction isolation | aislamiento por unión.

junction laser | láser de contacto | láser de unión.

junction line | línea de empalme, vía de unión | bifurcación (ferrocarril).

junction loss | pérdida de conexión.

junction luminiscence | luminiscencia por contacto.

junction network | red de enlaces (comunicaciones) | red troncal.

junction panel | panel de conexiones.

junction photodiode | fotodiodo de unión.

junction piece | injerto | derivación | pieza de unión.

junction plate | chapa de recubrimiento | cubrejunta.

junction point | punto de ramificación | nudo (red eléctrica).

junction railway station | estación de empalme, estación de transbordo.

junction signal | señal de bifurcación (ferrocarril).

junction station | estación de transbordo | estación de unión (radio).

junction tetrode | tétrodo de uniones.

junction transistor | transistor de uniones | transistor de juntura.

junction trunk | circuito de enlace.

junction unit | caja de empalmes, caja de conexiones.

junction weld | soldadura a tope en ángulo recto.

junction-box | caja de conexiones, caja de empalmes, caja de derivación | caja de unión | manguito de unión.

junction-piece | conectador, pieza de unión, bifurcación, derivación.

junctor | conjuntor (telefonía).

junk | chatarra | hierro de desecho.

K

K (carat) I quilate.
K coefficient I coeficiente de transmisión térmica.
K display I presentación visual tipo K (radar).
K electron I electrón K.
K gun I lanzador de cargas de profundidad.
K layer I capa K.
K line I línea K (espectro de rayos X de un átomo).
K method I método de la proporcionalidad.
K photocell I fotocélula de potasio.
K scan I explorador tipo K (radar).
K shell I capa K.
K truss I armadura en K I viga de celosía en K.
K. C-plate I placa de blindaje cementada por el sistema Krupp.
kaleidophone I caleidófono.
kaleidoscope I caleidoscopio.
kali I sosa.
kalimeter I alcalímetro.
kallaite I turquesa.
kame I kame, montón de grava y arena formada por la sedimentación de una corriente de agua debajo del glaciar, crestas estratificadas de acarreo perpendiculares a la dirección del glaciar I cerro glaciárico I morena (geología).
kaolin I caolín.
kaolin clay I arcilla caolínica.
kaolinite I caolinita.
Kaplan turbine I turbina Kaplan.
karat I quilate.
karst I karst (geología).
karst well I pozo kárstico.
karstic I kárstico.
karstology I karstología (geología).
kata unit I unidad Kata = 1 milicaloría/centímetro cuadrado/segundo.
katabatic I catabático.
katabatic wind I viento catabático.
kataflow I flujo catabático.
katallobaric area I zona de presión decreciente.
K-band I banda K (de 11.100 a 33.000 Mhz).
K-bracing I arriostramiento en K.
K-carrier system I sistema de portadora K (telefonía).
keel I quilla (buque).
keel moulding I cimacio, gola (arquitectura) I escantillón de la quilla a la grúa (buque madera).
keel (to) I surcar el mar, navegar I carenar (buques).

keeled I carinado I con quilla (buques).
keelson I vagra (buques) I carlinga I sobrequilla.
keep I mantenimiento I tope de fin de carrera (jaula de minas) I sombrerete (cojinetes).
keep alive circuit I circuito de acción residual.
keep alive voltage I ánodo de mantenimiento.
keep bolt I perno de sombrerete (cojinetes).
keep chain I cadena de retenida.
keep electrode I electrodo cebador I electrodo excitador.
keep-alive anode I ánodo auxiliar (radio).
keep-alive arc I arco de entretenimiento.
keep-alive circuit I circuito cebador (TR) I circuito de entretenimiento I circuito de retención I circuito de acción residual.
keep-alive electrode I electrodo de excitación, electrodo cebador I electrodo de entretenimiento.
keeper I linguete, trinquete I abrazadera I chapa de seguridad I contratuerca, contacto (electroimán) I shunt magnético I armadura de imán.
keeper pin I pasador de seguridad (tuercas).
keith master switch I conmutador principal (telecomunicaciones).
K-electron I electrón de la capa K de un átomo.
K-electron capture I captura de un electrón de la órbita K.
kelly I vástago de transmisión, varilla de arrastre (sondeo petróleo) I barra cuadrada I vástago cuadrado.
kelly bushing I buje del vástago.
Kelvin balance I balanza de Kelvin.
Kelvin bridge I puente Kelvin.
Kelvin degree I grado Kelvin.
Kelvin measurement I medición Kelvin.
Kelvin meter I medidor de temperatura-color.
Kelvin scale I escala Kelvin (cero absoluto = -273,16° C).
Kelvin temperature scale I escala termométrica de Kelvin.
kelvinometer I termocolorímetro.
Kempac pad I material absorbente de humedad I saquito de Kempac.
kenotron I kenotrón (diodo termiónico).
kep I trinquete, tope (jaula de mina).
Kepler's laws I leyes de Kepler.
Kepler's telescope I telescopio astronómico.
kerargyrite I cerargirita, plata córnea.

kerdometer I kerdómetro (telefonía) I querdómetro I medidor de nivel de ruido I ganancímetro.

kerf I entalladura I corte.

kerma I kerma (energía cinética).

kernel I núcleo I nódulo I función de dos grupos de variables (operación integral).

kerosene I keroseno, petróleo lampante I petróleo de alumbrado.

kerosene burner I quemador de keroseno.

kerosene engine I motor de petróleo lampante I motor de keroseno.

kerr cell switched laser I láser modulado por célula de kerr.

Kerr magnetooptical effect I efecto magnetoscópico Kerr.

Kerr-cell camera I cámara fotográfica con célula Kerr.

kerve (to) I rafar, rozar, socavar (minas).

kerving I rafado, roza, socave (minas).

ketone I acetona.

ketose I cetosa (química).

kettle I caldera I estufa para machos (funderías) I cuba de galvanizado I circo glaciar, marmita (geología).

kettle-hole I olla glaciar, circo glaciar.

key I llave I clave I pasador I clavija I chaveta I cuña.

key and gib I chaveta y contrachaveta.

key bolt I perno de chaveta.

key button I tecla.

key card punch I perforadora de tarjetas con teclado.

key chuck I plato de llaves (tornos) I mandril de chaveta.

key click I chasquido de manipulador I impulsos de ruidos.

key lever I palanca de la tecla I palanca del manipulador (telegrafía).

key lock I cerradura de llave.

key matching I emparejamiento por clave (informática).

key measurement point I punto clave de medición.

key mortar I mortero de agarre (cemento).

key operated card-punch I perforadora con teclas (máquinas).

key operating circuit I circuito de mando del conmutador.

key position I punto en el cual se cortan gases (aeronáutica).

key punch I perforadora de teclado.

key puncher I perforadora.

key rock I roca determinante, roca guía (geología).

key seat I asiento de chavetero I chavetero.

key seater I ranuradora.

key sender I emisor de llamada.

key sheet I clave (telefonía).

key speed I velocidad de manipulación (Morse).

key steel I acero para chavetas.

key switch I llave de aguja (ferrocarril) I cerradura de contactos (electrotecnia).

key (to) I cerrar I enchavetar I calzar, acuñar I cifrar, poner en clave I codificar la información (informática).

key to disk I registro directo sobre disco (informática).

key to tape I registro directo sobre cinta (informática).

key transmitter I transmisor de llave (ferrocarril).

key up I posición de reposo (operador).

keyboard I teclado.

keyboard buffer I memoria de teclado.

keyboard computer I ordenador de teclado.

keyboard interlocks I enclavamiento de teclado.

keyboard selection I numeración por teclado (telecomunicaciones).

keyboard send-receive I teclado de emisión -recepción.

keyboard teleprinter I teleimpresor de teclado.

keyboard transmitter I transmisor de teclado.

key-drift I punzón cilíndrico I botador de chavetas, botachavetas.

keyed I acuñado I enchavetado, cifrado.

keyed circuit I circuito manipulado.

keyed connection I unión a chaveta.

keyed damped wave I onda amortiguada manipulada.

keyed joint I junta con llave de enlace.

keyed mounting I montaje de posición trabada.

keyed shaft I eje enchavetado.

keyed sleeve I manguito ranurado.

keyed wave I onda manipulada.

keyed-on I enchavetado.

keyer I modulador (radar) I conmutador electrónico I manipulador (comunicaciones) I sobreposición (vídeo).

key-groove I chavetero.

keyhole I bocallave, ojo (cerradura).

keyhole notch I entalla en U.

keyhole saw I serrucho de calar.

keying I unión por chavetas I enchavetado I acuñamiento I manipulación I tecleo.

keying circuit I circuito de manipulación, circuito emisor (radio).

keying head I cabeza de transmisión automática.

keying sideband I banda lateral de manipulación (telefonía).

keying signal I señal conmutadora.

keying test I prueba de transmisión (telegrafía).

keying tube I tubo de manipulación (telefonía).

keying wave I onda de manipulación I flujo de transmisión.

key-interlocking switch I conmutador enclavador de las clavijas.

keypad I teclado numérico I teclado auxiliar.

keypunch (to) I perforar por teclado.

keysender I manipulador por teclas (telegrafía) I emisor de llamadas (telefonía).

key-sending I llave de llamada (telefonía) I manipulación (telegrafía) I marcación por teclado.

keyset I manipulador (radio).

key-slot I chavetero.

keystone I llave de arco (arquitectura) I agregado de relleno (carreteras) I dovela.

keystone picture I imagen fotográfica estrechada hacia arriba o hacia abajo I fotograma estrechado hacia arriba o hacia abajo.

keystoning I deformación trapezoidal (TV).

keystroke I impresión I pulsación de una tecla.

keyswitch I llave de contacto.

keytop I tecla.

key-up frequency I frecuencia de reposo (telegrafía).

keyway I bocallave (cerradura) I chavetero.

keyword I palabra clave (informática).

kick fuse I fusible temporizado.

kick motor I motor de rotación.

kick out (to) I desenganchar, desconexionar.

kick up (to) I elevar el octanaje.

kickback I explosión al carburador I dispositivo automático de llamada I retorno (TV) I retroalimentación.

kicking coil I bobina de autoinducción, bobina de impedancia, bobina de reacción.

kickoff I arranque (motores) I desembrague (prensas).

kickoff circuit I circuito de arranque.

kickout clutch I desembrague automático.

kick-out mechanism I mecanismo de disparo, mecanismo de desenganche, desconectador.

kickpipe I conducto protector I tubo de protección (cables).

kicksorter I analizador de amplitud de impulsos.

kick-starter I pedal articulado de arranque, arranque de pie (motocicletas).

kier I digestor (química) I caldera de presión I autoclave con camisa exterior de vapor (fabricación aluminio) I autoclave de blanquear (textil).

kilampere I kiloamperio.

kilderkin I capacidad de medio barril I barrilete (18 galones ingleses).

kilerg I kiloergio.

kill a well (to) I matar un pozo (sondeos).

kill lime (to) I apagar la cal.

kill the fire (to) I cubrir los fuegos (calderas).

kill the hypo (to) I eliminar el hiposulfito (fotografía).

kill the steel (to) I desoxidar el acero.

kill (to) I destruir I amortiguar I neutralizar I cubrir los fuegos (calderas) I calmar (desoxidar -aceros).

killed I neutralizado I calmado, desoxidado (aceros).

killed spirits I agua de soldar, solución de cinc en ácido clorhídrico.

killed steel I acero reposado, acero calmado, acero desoxidado.

killer I debilitador I atenuador I amortiguador.

killing I desoxidación del acero I desgaseado de metales fundidos.

kiln I horno I horno de cochura I horno de calcinación, horno de cuba.

kiln dryer I horno secador.

kiln rake I espetón de horno.

kiln (to) I cocer ladrillos I estufar (pintura) I secar en horno.

kiln-dried I secado al horno.

kiln-dry (to) I secar en horno I secar en la estufa.

kilning I cocción (cerámica) I estufado (de pinturas) I secado al horno I tratamiento en el horno.

kiloampere I kiloamperio.

kilobar I kilobar.

kilobaud I kilobaudio.

kilobit I kilobit.

kilobyte (k) I 1.024 bytes I kilobyte I kilocaracteres.

kilocalorie I kilocaloría.

kilocurie I kilocurie.

kilogauss I kilogaussio.

kilogram I kilogramo.

kilogramme I kilogramo (G.B.).

kilohertz I kilociclo por segundo I kilohertzio.

kilohm I kilohmio.

kilojoule I kilojulio.

kiloliter I kilolitro.

kilomega I kilomega (giga).

kilomegabit I kilomegabit.

kilomegacycle I kilomegaciclo.
kilooctets I kilooctetos (informática).
kiloohm I kiloohmio.
kilopond I kilopondio.
kiloton I kiloton (10^{12} calorías) I kilotonelada corta I mil toneladas de TNT.
kiloton bomb I bomba nuclear con potencia equivalente a mil toneladas de trinitrotolueno (aproximadamente 10^{12} calorías).
kiloton energy I energía equivalente del kilotón I kilotón de energía.
kilovar I kilovario I kilovoltamperio reactivo.
kilovar output I energía reactiva, potencia reactiva.
kilovolt I kilovoltio.
kilovolt-ampere I kilovoltio-amperio.
kilovoltmeter I kilovoltímetro.
kilowatt I kilovatio.
kimberlite I kimberlita.
kindling switch I conmutador para el encendido (calderas).
kine I cinescopio I registro cinescópico.
kinematic acceleration I aceleración del movimiento.
kinematic chain I cadena cinemática.
kinematical diffraction I difracción cinemática.
kinematics I cinemática (física).
kinescope I cinescopio I tubo de imagen.
kinescope display I imagen cinescópica.
kinescope recording I registro cinescópico.
kinescope tube I tubo cinescópico.
kinescoping I filmación cinescópica I registro cinescópico.
kinetic I dinámico I cinético.
kinetic energy I energía cinética.
kinetic friction I rozamiento cinético.
kinetic metamorphism I metamorfismo dinámico.
kinetic pressure I presión dinámica I presión cinética.
kinetic theory of diffussion I teoría cinética de la difusión.
kinetics I cinética (ciencia).
kingbolt I clavija maestra I pivote central I pivote de la dirección, pivote de orientación de la rueda.
kingpin I clavija maestra I pivote central I pivote de la dirección.
king's blue I azul de cobalto (silicato de cobalto y potasio).
Kingston valve I válvula Kingston.
kink I angulación I torcedura I coca de un cable.
kink (to) I alabearse (madera) I hacerse cocas (cables) I retorcerse (cuerdas).

kirve (to) I rozar, socavar, rafar (mina carbón).
kirving I roza, rafadura, socava.
kish I escoria flotante, espuma de fundición (metales) I segregación de grafito (metalurgia).
kit I juego de herramientas I equipo para armar un aparato I juego de piezas I aparejos.
kit of tools I juego de herramientas.
klystron I klistrón (electrónica).
klystron frecuency multiplier I klistrón multiplicador de frecuencia.
klystron harmonic generator I klistrón generador de armónicos.
klystron oscillator I oscilador klistrón.
klystron power amplifier I amplificador de potencia de klistrón.
klystron power supply I fuente alimentadora de energía para klistrón.
klystron reflex I klistrón de reflector.
klystron repeater I repetidor klistrón.
kneck I zona de contacto puntual (semiconductores).
knee I ménsula I escuadra de hierro I curva, codo (tuberías) I curva de refuerzo.
knee bend I tubo acodado.
knee bolt I perno de curva llave (buques de madera).
knee brace I jabalcón I riostra angular.
knee bracket I soporte de consola.
knee plate I cartabón.
knee rafter I cabio acodado.
knee rider I bulárcama.
knee roof I cubierta mansarda.
knee (to) I acodar I articular.
knee tool I herramienta de rótula I herramienta acodada.
kneed I acodado (tubos) I articulado.
knee-joint I junta articulada.
knee-lever I palanca acodada.
knee-piece I curva de refuerzo (buques).
knee-pipe I codo (tuberías).
kneiss' alloy I metal antifricción de plomo (42%), estaño (15%) cobre (3%) y cinc (40%).
knife I cuchilla.
knife bolt I perno de cuchilla.
knife clip I abrazadera I guía de sierra.
knife disk I cuchilla circular.
knife drum I tambor de cuchillas.
knife file I lima-cuchillo.
knife grinder I afiladora-amoladora de cuchillas.
knife lightning arrester I pararrayos de cuchilla.
knife pitch I ángulo de cuchilla.

knife steel | acero para cuchillería.
knife-blade fuse | fusible de cuchilla.
knife-contact switch | interruptor de contacto de cuchilla.
knife-grinder | amolador de cuchillos | muela de afilar.
knife-switch | interruptor de cuchilla, interruptor de palanca.
knobble (to) | cinglar el hierro.
knobbled iron | hierro cinglado.
knobbling | cinglado, afino (metalurgia).
knobbling furnace | horno de cinglado.
knock rating | índice de detonación.
knock suppressor | antidetonante.
knocked electron | electrón expulsado.
knocked off | a la deriva, sin gobierno (buques).
knock-free | antidetonante.
knock-induced preignition | preignición inducida por el autoencendido (motores).
knocking | ruido de choque | ruido de golpeteo, golpeteo (máquinas).
knocking off | desembrague (máquina herramienta) | desmoldeo.
knock-limited power | potencia limitada por el autoencendido (motores).
knockoff | tope de desembrague (máquinas herramientas).
knockoff cam | leva de desembrague, leva de desconexión automática.
knockoff motion | mecanismo de desconexión automática, dispositivo de paro.
knock-on atom | percusión en átomos.
knock-on electron | electrón percutido.
knockout | extractor, expulsor | disco removible | mecanismo para extraer la pieza troquelada.
knot | nudo.
knotted schist | esquisto noduloso.
knotted tap joint | derivación de nudo (electricidad).
knotwork | entrelazamiento (arquitectura).

know-how | conocimiento técnico-científico | experiencia tecnológica | método | habilidad | pericia | modo operatorio, técnica operatoria.
knowledge | información | conocimiento.
knowledge base | base de conocimientos (inteligencia artificial).
knuckle | charnela | articulación | arista viva (construcción) | codillo, cairel de bovedilla, galón de bovedilla (buques) | junta de charnela.
knuckle hinge | pernio.
knuckle joint | junta universal | junta de rótula | junta articulada | junta de charnela.
knuckle pin | perno de codillo | chaveta, pasador, perno (unión articulada) | pasador de la biela maestra (motor en estrella) | charnela.
knuckle pin joint | unión articulada con pasador, unión de charnela.
knuckle press | prensa de rótula.
knuckle sheave | polea de guía, polea desviadora.
knurling | estriado | moleteado.
konimeter | conímetro (meteorología) | contador de polvo (aire).
koniscope | coniscopio.
kraft | celulosa al sulfato | papel kraft.
kraft board | cartón kraft.
kraft paper | papel kraft.
kraft process | pasta de madera al sulfato | proceso kraft.
kraft pulp | celulosa kraft | pasta kraft.
krypton | criptón.
krypton ion laser | láser iónico de criptón.
krypton tube | tubo de cripton.
krystic | krístico.
krystic geology | geología krística.
kurchatovium | curchatovio.
kurtic curve | curva cúrtica.
kurtosis | curtosis (matemáticas).
kV meter | kilovoltímetro.
kW meter | kilovatímetro.
kyanite | cianita.

L

L **aerial** | antena en L.
L **band** | banda L (390 MHz-1550 MHz).
L **cathode** | cátodo L (cátodo compensado).
L **display** | presentación visual tipo L (radar).
L **electron** | electrón L (segunda capa de electrones).
L **head** | culata en L, culata con las válvulas de admisión y escape en un lado (cilindros).
L **iron** | hierro en ángulo, angular.
L **network** | red en L.
L **scan** | explorador tipo L (radar).
L **shell** | nivel L | capa L (electrones).
L. **B. exchange** | central de batería local (teléfonos).
L. **F. amplifier** | amplificador de baja frecuencia.
label (to) | radiactivar con isótopos, irradiar con isótopos | marcar con isótopos trazadores | identificar por medio de su contenido radiactivo.
labeled atom | átomo marcado.
labeled carbon | carbono radiactivado.
labeled cell | célula marcada.
labeled compound | sustancia química con átomos radiactivados.
labeled isotopes | isótopos marcados.
labeled molecule | molécula marcada.
labeling | radiactivación con isótopos.
labile | lábil, inestable.
labile oscillator | oscilador telecontrolado | oscilador telemandado.
labile shower | cristalización espontánea en la zona lábil (metalografía).
lability | labilidad | inestabilidad.
Labrador feldspar | labradorita.
labyrinth | laberinto.
labyrinth condenser | condensador de laberinto.
labyrinth joint | junta de laberinto.
labyrinth packing | empaquetadura de laberinto (turbinas).
labyrinth piston | pistón de laberinto.
labyrinth speaker | altavoz de cámara de compresión.
labyrinth-sealed | obturado por laberinto.
labyrinth-sealed ball bearing | cojinete de bolas con cierre de laberinto.
labyrinth-sealed piston | pistón obturado por laberinto (no tiene aros -compresores).
labyrinth-type seal | obturador laberíntico.
lac | goma laca.

lace (to) | perforar encadenadamente | perforar en cadena (fichas) | coser con tiretas (correas) | armar con enrejado (estructuras).
lacing | enrejado | celosía | gabachín (jacquard) | curva capuchina (buques madera) | culebra de vela de estay | extraperforación | talla de encaje (vidrio) | entrenzado | costura (aceros).
lacing board | escantillón para peines (telecomunicaciones).
lacing hole | ollao (marina).
lack of fusion | falta de unión (cordones soldaduras).
lacquer | barniz laca, laca.
lacquer (to) | barnizar | enlacar.
lacquering | esmalte | barnizado de laca, enlacado.
lactase | lactasa.
lactate | lactato (química).
lactic acid bacteria | bacterias lácticas.
lactic ester | éster láctico.
lactic heterofermentation | fermentación heteroláctica.
lactic homofermentation | fermentación homoláctica.
lactose | lactosa.
ladar | ladar (seguimiento de cohetes balísticos).
ladder | escalera | escala (dragas de rosario) | haz de vías de clasificación (ferrocarriles) | explosiones temporizadas (voladuras) | red celular (electricidad).
ladder attenuator | atenuador escalonado.
ladder bucket dredge | draga de rosario.
ladder ditcher | zanjadora de cangilones.
ladder filter | filtro en escalones (electricidad).
ladder network | red en escalera | red en cascada | red de cuadripolos (electricidad).
ladder winch | guinche de la escala (dragas).
ladder-chain | cadena Vaucanson.
ladder-dredger | draga de cangilones, draga de rosario.
ladle | caldero de colada, cuchara de colada (acerías).
ladle analysis | análisis en la cuchara (aceros).
ladle brick | ladrillo refractario para cucharas (acerías).
ladle button | lobo de cuchara (acerías).
ladle chill | solidificación del caldo en la cuchara.
ladle degassing | desgasificación en la cuchara.
ladle deoxidation | desoxidación en la cuchara (metalurgia).

ladle guide | guía de crisol.

ladle nozzle | buza de la cuchara (acerías).

ladle skull | lobo de cuchara (acerías).

ladle (to) | achicar | sacar con cucharón | fundir con la cuchara (metalurgia).

ladling chamber | cámara para extraer el metal fundido con la cuchara (electrohornos de inducción).

lag | retraso | desfase | vacío | retardo, decalaje | entibación | deformación elástica | componente reactiva (electricidad) | revestimiento termoaislante, revestimiento calorífugo (calderas, cilindros) | retención (minas).

lag bolt | tirafondo.

lag elastic action | acción retardadora elástica.

lag factor | factor de potencia (electricidad).

lag in phase (to) | estar en retardo de fase.

lag network | red de retardo.

lag of brushes | decalaje de las escobillas.

lag of magnetization | retardo de imanación, arrastre magnético.

lag phase | fase de latencia.

lag screw | tirafondo, tornillo de entibación.

lag (to) | retardar | guarnecer | forrar con un revestimiento termoaislante, calorifugar | estar defasado (electricidad) | entibar (pozo o galería de mina).

lagged boiler | caldera calorifugada.

lagged exhaust manifold | tubuladura de escape forrada (motores).

lagged tube | tubo calorifugado.

lagged-demand meter | registrador de retardo.

lagging | madera de revestimiento | revestimiento (canalización) | forro calorífugo (calderas) | movimiento retardado | retraso | retardo | envuelta termoaislante.

lagging current | corriente de inducción | corriente retardada.

lagging electromagnet | electroimán de caja.

lagging load | carga inductiva | carga de retardo (electricidad).

lagging phase | fase de retardo, fase retrasada | fase retardada.

lagging phase angle | ángulo de fase en retraso de la corriente (electricidad) | ángulo de retraso de fase.

lagging piece | tablestaca, aguja (entibación minas).

lagging reactive current | corriente reactiva retrasada.

lagging voltage | voltaje en retardo de fase.

laitier | escoria de alto horno.

Lake copper | cobre de los Lagos (Estados Unidos).

Lake iron ore | mineral de hierro de los Lagos (Estados Unidos).

lake ore | hierro turboso.

Lamb wave | onda de Lamb (electromagnetismo).

lambda | medida capacidad = 1 microlitro (pipetas para microquímica).

lambda hyperon | hiperón lambda.

lambert | lambert (unidad de luminancia) | lambertio.

lambertite | lambertita (mineralogía).

lambskin | antracita de mala calidad.

lamellar | laminar | laminoso | hojoso (geología).

lamellar crystal structure | estructura cristalina lamelar.

lamellar field | campo vectorial aperiódico.

lamellar magnet | imán laminoso.

lamellar martensite | martensita lamelar.

lamellar serpentine | antigorita.

lamellate | laminado.

laminar flow | flujo laminar | corriente laminar.

laminar navigation anticollision (lanac) | sistema combinado de radiocontrol por radares y radiogoniómetros.

laminarization | laminarización.

laminate | material laminar | madera lamelar, laminar, lamelar.

laminate (to) | laminar | contraplacar (madera).

laminated | laminado, lamelar | contraplacada (madera) | exfoliado (aceros) | estratificado | contrachapado.

laminated antenna | antena laminada para onda ultracorta.

laminated board | tablero estratificado | plancha estratificada (circuitos impresos).

laminated brush | escobilla de láminas (electricidad).

laminated clay | arcilla estratificada.

laminated clutch | embrague de discos.

laminated conductor | conductor formado por tiras múltiples.

laminated ferromagnetic core | núcleo ferromagnético de chapas adosadas | núcleo de hierro laminado.

laminated fiberglass | vidrio estratificado.

laminated iron core | núcleo de hierro laminado.

laminated magnet | imán lamelar.

laminated magnetic circuit | circuito magnético lamelar.

laminated moulding | moldeo de estratificado (plásticos).

laminated pearlite | perlita laminar.

laminated plastic I plástico laminado I plástico armado I plástico estratificado.

laminated rollers I laminador I cilindro del laminador.

laminating machine I plastificadora.

laminating resin I resina para estructuras lamelares.

laminating roller I cilindro ajustable.

lamination I laminación, estructura lamelar (geología).

laminography I laminografía, tomografía.

lamp I lámpara I linterna I bombilla eléctrica I luz de navegación (buques).

lamp bulp I bombilla eléctrica.

lamp call I llamada luminosa.

lamp capping cement I cemento para unir las lámparas a sus casquillos (electricidad).

lamp circuit I circuito de iluminación.

lamp oil I petróleo lampante, aceite lampante.

lamp panel I panel de luces indicadoras.

lamp resistance I resistencia formada por bombillas I resistencia de la lámpara.

lamp room I pañol de luces (buques).

lamp screen I pantalla de lámpara I pantalla de la luz de navegación (buques).

lamp signal I señal luminosa.

lamp (to) I alumbrar, iluminar.

lance (to) I deshollinar con lanza (tubos de calderas) I inyectar oxígeno con la lanza (fabricación del acero).

lance-blown convertor I convertidor soplado con lanza de oxígeno (acerías).

lancet I lanceta I ojival.

lancet-arch I ojiva, arco ojival de lanceta.

land I tierra I terreno.

land cable I cable terrestre (comunicaciones).

land chain I cadena de agrimensor.

land circuit I enlace terrestre (telecomunicaciones).

land fee I tasa terrestre (telecomunicaciones).

land line I línea terrestre (telecomunicaciones).

land line teletypewriter I teletipo por línea alámbrica.

land measurement I agrimensura.

land measurer I agrimensor.

land mile I milla terrestre.

land mobile station I estación móvil terrestre (comunicaciones).

land on moon (to) I alunizar.

land on water (to) I amarar.

land path I trayecto terrestre (comunicaciones por radio).

land pattern I modelo de circuito.

land return I eco del terreno (radar) I retorno de tierra.

land speed I velocidad en tierra.

land station I estación terrestre.

land survey I agrimensura I geodesia I estudio de agrimensura I levantamiento topográfico.

land surveying I agrimensura I topografía I geodesia.

land (to) I aterrizar I desembarcar I embarrancar (buques) I colocar tubería (sondeos).

land-based I con base terrestre, instalado en tierra.

landing I aterrizaje I recalada (marina) I cableado interno.

landing aid I ayuda al aterrizaje.

landing angle I ángulo de aterrizaje.

landing approach I aproximación para el aterrizaje I toma de tierra (aviación).

landing area I zona de desembarco I zona de aterrizaje.

landing beacon I radiofaro de aterrizaje.

landing beam I haz-guía de aterrizaje I radiofaro.

landing cable I chicote de tierra (cables submarinos).

landing chart I carta de aterrizaje.

landing chassis I bastidor de aterrizaje I tren de aterrizaje.

landing compass I compás de recalada (navegación).

landing direction light I luz de sentido de aterrizaje, baliza de pista, faro de aterrizaje (aeropuertos).

landing field I campo de aterrizaje.

landing flap I flap de aterrizaje I aleta hipersustentadora.

landing flare I bengala de aterrizaje I cohete de aterrizaje.

landing gear I aterrizador (aviones) I dispositivo de un paracaídas y el mecanismo de disparo para el descenso a tierra después del vuelo (cohetes) I tren de aterrizaje.

landing gear light I luz indicadora del aterrizador (aviones).

landing ground I campo de aterrizaje.

landing lane I pista de aterrizaje.

landing light I luz de aterrizaje I baliza de aterrizaje.

landing location I punto de amarre (cables submarinos).

landing minimums I mínimos meteorológicos que gobiernan el aterrizaje de aviones.

landing path I trayectoria de aterrizaje.

landing radar I radar de aterrizaje.

landing sequence I secuencia de aterrizajes (aeropuertos).

landing site I sector de aterrizaje I punto de amarre I lugar de aterrizaje.

landing strip I pista de aterrizaje.

landing T I T de aterrizaje, veleta en T (aeropuertos).

landing undercarriage I aterrizador, tren de aterrizaje (aeronaves).

landing wire I cable de toma de tierra I cable de aterrizaje.

landing-switch I interruptor de parada (ascensores) I interruptor de alumbrado bidireccional.

landline I cable aéreo I línea alámbrica.

landline system I red aérea I red alámbrica nacional.

landmark I señal I mojón I punto de referencia I señal del terreno.

landmark beacon I faro de identificación I faro de punto de referencia.

land-measuring I agrimensura.

landsat I satélite artificial que describe 14 órbitas diarias alrededor de la tierra.

landscape architecture I arquitectura paisajista.

landslide I desprendimiento de tierras I deslizamiento de tierras.

land-use map I mapa utilitario de terrenos (cartografía).

lane I ruta de navegación marítima I vía de tráfico I pasillo (decca) I pasillo aéreo.

langley I langley (unidad de radiación solar).

language conversion program I programa de conversión de lenguajes (informática).

language converter I conversor de lenguajes (informática).

language processor I compilador (informática).

language translation I traducción de lenguajes (informática).

language translator I programa de tratamiento de un lenguaje (informática).

lantern gear I engranaje de linterna.

lantern light I lucernario I cimborrio.

lantern screen I pantalla de proyección.

lantern slide I diapositiva proyectable.

lanternplate I placa positiva.

lantern-screen I pantalla para proyecciones.

lanthanide I lantánido.

lanthanide elements I lantánidos (tierras raras).

lanthanum I lantano (La).

lap I recubrimiento I solape.

lap dissolve I desaparición gradual I fundido de imágenes (TV).

lap dovetail I ensamble en cola de milano.

lap of the valve I recubrimiento del distribuidor, retardo a la admisión del distribuidor (máquina vapor).

lap piston-valve gear I distribuidor de válvula cilíndrica con recubrimiento (locomotoras).

lap (to) I recubrir I solapar I rectificar con muela abrasiva I pulir, alisar.

lap weld I soldadura de recubrimiento, soldadura a solape.

lap weld (to) I soldar a recubrimiento, soldar a solape.

lap welding I soldeo de recubrimiento, soldeo de solape I soldadura por superposición.

lap winding I devanado imbricado (electricidad) I devanado en lazo.

lap-joint I junta de recubrimiento, junta de solape.

lapped joint I junta de recubrimiento.

lapped surface I superficie pulimentada.

lapper I bruñidora I máquina pulimentadora I pulidora.

lapping abrasive I abrasivo para lapidar.

lapping agent I abrasivo.

lapping disc I disco lapeante.

lapping machine I máquina de rectificación I máquina lapidadora I máquina de pulimentar.

lapping stone I piedra de esmerilar.

laser I láser, máser óptico.

laser altimeter I altímetro de láser.

laser amplifier I amplificador láser.

laser anemometer I anemómetro lasérico.

laser annealing I recocido a láser.

laser beacon I faro de láser.

laser beam I haz de rayos láser.

laser beam record I grabación por láser.

laser beam splitting I separación del haz de láser.

laser burst I impulsión de láser.

laser camera I cámara lasérica.

laser card I tarjeta láser (dos millones de caracteres).

laser ceilometer I indicador de láser de altura de techo I telémetro lasérico para nubes.

laser controlled photorepeater I dispositivo para fotorreproducción por láser.

laser copying machine I copiador a láser.

laser cutting I corte con láser.

laser cutting machine I máquina cortadora por haz lasérico.

laser detection and ranging I detección y localización por medio del rayo láser.

laser device I instrumento de láser.

laser diode I diodo láser (semiconductor).

laser disk I disco láser.

laser display I presentación visual a láser.

laser drill | taladro láser | perforador lasérico.
laser drilling | perforación con láser | taladrado por láser.
laser drilling machine | máquina de taladrar lasérica | perforadora lasérica.
laser effacement | borrado por láser.
laser electrophotography | electrofotografía láser.
laser excitation | excitación lasérica.
laser flash tube | tubo de destellos láser.
laser flip-flop | basculador láser.
laser fusion research | investigaciones termonucleares por láser.
laser geodynamics satellite | satélite geodinámico láser.
laser glass | vidrio para láser.
laser gravimeter | gravímetro láser.
laser guidance | guía por rayos láser.
laser gyrocompass | brújula giroscópica láser.
laser harmonic | armónico de láser.
laser heat dissipation | disipación del calor del láser.
laser hole burning | perforación por láser.
laser hologram | holograma por láser.
laser homing | autoguiado láser.
laser induced fusion | fusión inducida por láser.
laser infrared radar | radar de láser infrarrojo.
laser interferometer | interferómetro lasérico.
laser light | luz láser.
laser lobes | diagrama direccional de radiación láser.
laser machinery | equipo tecnológico láser.
laser machining | maquinización por haz lasérico.
laser measuring | medición lasérica.
laser output energy | energía de radiación del láser.
laser perforation | perforación con láser.
laser photochemistry | fotoquímica de láser.
laser phototypesetter | dispositivo de fotoimpresión por láser.
laser pierce (to) | perforar con láser | taladrar con láser.
laser piercing | perforación por haz lasérico.
laser plasma | plasma originado por haz de láser.
laser polarization | polarización de la radiación láser.
laser probe | sonda láser.
laser produced damage | destrucción por láser.
laser pulse | impulso lasérico.
laser radar | radar de láser.
laser radiation detector | detector de radiación láser.

laser radiation energy | energía de radiación láser.
laser rangefinder | telémetro de rayos láser.
laser rays | haces de rayos laséricos.
laser reconnaissance imagery | información de reconocimiento por láser.
laser reflector | reflector láser.
laser rod | varilla de láser.
laser scanner | explorador de rayos láser.
laser scribing | escritura a láser.
laser sight | visor de rayos láser.
laser smelting | fusión por láser.
laser spectroscopy | espectroscopia láser.
laser target designator | señalador de objetivos por láser.
laser tracking system | sistema de acompañamiento láser.
laser transmitter | emisor de rayos láser | transmisor lasérico.
laser weapon for space | arma cósmica a láser.
laser welded | soldado por láser.
laser welding | soldadura por láser | soldeo por láser.
laser welding machine | equipo láser de soldadura.
laser writing | grabación por láser.
laser xerography | xerografía por láser.
laser-addressed display | indicador de dirección por láser.
laser-beam focusing | focalización del haz de láser.
laser-beam recorder | registrador por rayo láser.
laser-beam welder | soldador láser.
laser-cut | cortado con láser.
laser-diesinking | troquelado por láser.
laser-guided weapon | ingenio guiado por haz de láser.
laser-holography storage | memoria de holografía láser (informática).
laseric photocomposer | fotocomponedora lasérica.
laser-induced breakdown | ruptura por irradiación láser.
laser-induced spark | chispa inducida por láser.
laser-irradiated carbon | carbono irradiado con haz lasérico.
laser-pierced | perforado por haz lasérico.
laser-safety threshold | umbral de radiación láser admisible.
laser-scanned television | televisión con exploración por haz de láser.
laser-triggered discharge | descarga provocada por radiación láser.

lash-rope I trinca.
latch I circuito de retención.
latch bolt I perno de retención.
latch circuit I circuito inversor (electrónica).
latch gear I mecanismo de enganche.
latch hook I gancho de retenida.
latch in relay I relé de enganche I relé de conexión.
latch lever I palanca de retención.
latch needle I aguja selfactina.
latch (to) I enganchar I enclavar (ferrocarril).
latching I enganche I levantamiento con la brújula (plano de una mina).
latching current I corriente de enganche (tiristores).
latching relay I relé de enclavamiento I relé enganchador, relé de bloqueo.
latching thermal switch I conmutador térmico de enganche.
latchup I efecto tiristor (transistores).
latch-up protection I protección contra el efecto de cierre (circuitos).
latency I latencia I tiempo de espera (información).
latensification I intensificación de la imagen latente (fotografía).
lateral I lateral.
lateral attitude I actitud lateral (aviones).
lateral axis I eje lateral.
lateral compliance I elasticidad lateral.
lateral control I control lateral I mando de alabeo (aviones).
lateral deviation I desviación lateral I deriva (balística).
lateral feed I avance lateral (máquinas herramientas).
lateral magnification I aumento lateral (óptica).
lateral plane I plano lateral I plano de deriva (buques).
lateral pull I tracción lateral, laterotracción.
lateral recording I grabación de modulación lateral (acústica).
lateral setting adjustment I ajuste de corrección lateral.
lateral spotting I desvío lateral (balística).
lateral strain I deformación transversal.
lateral tracking I registro lateral (informática).
lateral transcription or recording I grabación lateral.
lateral winding I arrollamiento lateral I devanado lateral.
latex I látex I solución de caucho empleada para aumentar la resistencia del papel.
latex foam rubber I caucho celular de látex.

lath adjuster I aparato para ajustar al infinito (telémetro de coincidencia).
lathe I torno de tornear.
lathe bit I broca de torno.
lathe carrier I perro de arrastre (tornos).
lathe clamp I perro de arrastre (tornos).
lathe dog I perro de arrastre (tornos).
lathe face plate I plato de torno.
lathe lead screw I husillo de torno.
lathe slide I carro del torno.
lathe tool adaptor I adaptador para herramienta de torno.
lathe tool rest I portaherramienta del torno.
lathe tools I herramientas del torno.
latitude I latitud.
latitude by account I latitud por estima.
latitude by dead reckoning I latitud estimada.
latitude corrector I corrector de latitud.
latitude level I nivel para observar la latitud astronómica.
latitude negative I latitud sur.
latitude of the course AB I latitud de la línea AB (planimetría).
latitude positive I latitud norte.
latitude south I latitud sur.
latitudinal metacenter I metacentro transversal.
lattice I enrejado, celosía I retículo, malla, red (cristalografía).
lattice anisotropy I anisotropía del retículo.
lattice bar I barra de la celosía (vigas).
lattice beam I viga de celosía.
lattice binding I enlaces reticulares.
lattice bracing I arriostramiento de celosía.
lattice cell I célula reticular.
lattice constant I constante de red, constante de retículo (cristalografía).
lattice defects I defectos de la red cristalina, defectos reticulares (cristalografía).
lattice design I geometría de red (nuclear).
lattice diffusion I difusión de la red (pulvimetales).
lattice distortion I distorsión reticular.
lattice energy I energía reticular I energía de red cristalina.
lattice frame I viga de celosía.
lattice girder I viga de celosía I viga de alma abierta.
lattice invariant strain I deformación reticular invariante (geología).
lattice network I red en puente I red de celosía I circuito en celosía I red mallada.
lattice parameter I parámetro de la red cristalina I parámetro reticular (cristalografía).
lattice reactor I reactor de celosía.

lattice scattering I dispersión reticular.

lattice strain I deformación del retículo cristalino.

lattice structure I estructura de celosía I estructura reticular.

lattice twin I macla de celosía.

lattice vibration I vibración reticular.

lattice winding I devanado en celosía I devanado de panel (electricidad).

lattice-points I puntos reticulares.

lauegram I lauegrama I diagrama de Laue (cristalografía).

launch I lanzamiento I lancha.

launch azimuth I azimut de lanzamiento.

launch control center I centro de control de lanzamiento (astronáutica).

launch escape system I sistema de escape durante el lanzamiento.

launch of spacecraft I lanzamiento de satélites.

launch pad I pedestal para el lanzamiento (misiles).

launch process system I sistema procesador de lanzamientos (satélites).

launch ramp I rampa de lanzamiento.

launch vehicle I vehículo de lanzamiento I sección propulsora de proyectiles guiados (aeronáutica).

launch window I ventana de lanzamiento (satélites).

launcher I dispositivo de lanzamiento I lanzador.

launcher erector I erector del lanzador (misiles).

launcher pod I dispositivo lanzacohetes en las alas (aviones).

launcher tube I tubo de lanzamiento.

launching I puesta en servicio I lanzamiento.

launching angle I ángulo entre el eje longitudinal y la horizontal (misil cohético).

launching azimuth I azimut de lanzamiento.

launching pad I plataforma de lanzamiento de cohetes (EE UU).

launching platform I plataforma de lanzamiento.

launching ramp I rampa de lanzamiento.

launching site I campo de lanzamiento.

launching stage I fase de lanzamiento.

launching track I vía de lanzamiento.

launching tube I tubo guiador durante el lanzamiento I tubo lanzatorpedo.

launching ways I imadas, correderas (lanzamiento sobre la quilla).

launder I batea, artesa I lavadero I reguera de colada (metalurgia).

launder washer I lavadero separador (minas).

launderability I lavabilidad.

laurence I trémulo por refracción (óptica).

lava I lava.

lava ball I bomba volcánica (geología).

lava cone I cono de lava (volcanes).

lava flows I rocas extrusivas I torrentes de lava.

lavender copy I copia intermedia (filmes).

lawn mower I preamplificador para reducir interferencias parásitas (radar) I máquina para cortar tiras de cinta metálica antirradárica I segador (radar).

lawrencium I laurencio (número atómico = 103).

laws of thermodynamics I leyes de termodinamismo.

lay I sesgo, dirección I proyecto.

lay a course (to) I trazar el rumbo.

lay at anchor (to) I estar al ancla (buques).

lay down a ship (to) I poner la quilla (buques).

lay down buoys (to) I balizar.

lay down on (to) I tener avería (máquinas).

lay end I cabecera de batán (telares).

lay gear I tren fijo de engranajes.

lay mines (to) I fondear minas.

lay off (to) I trazar sobre un plano I dejar inactiva (calderas) I permanecer al largo (buques).

lay on (to) I instalar (agua, luz, etc.) I marginar (tipografía) I aplicar un enlucido I virar hacia (navegación) I ejecutar un bombardeo aéreo I cumplir una misión (aviación).

lay tong I llave de tubería (perforación).

layer I estrato rocoso (geología) I capa I estrato I filón (minas) I yacimiento de mineral I hilada de muro I lecho, tongada I apuntador de elevación (cañones).

layer detector I detector de capas.

layer lattice I red estratificada (cristalografía).

layer (to) I estratificar.

layer winding I devanado por capas I arrollamiento en capas superpuestas.

layered I estratificado I en capas.

layered rock I roca estratificada, roca sedimentaria.

layered soil I suelo estratificado.

layered solid I sólido estratificado.

layering I estratificación.

layerwise I arrollado en capas superpuestas.

layer-wound I arrollado en capas.

laying I colchado, toronado (cables) I tendido (de cable o tubería) I colocación de una capa o capas sucesivas I anclado (buques).

laying and training motor I motor para punterías en elevación y azimutal (cañones).

laying gear | mecanismo para fondear minas (minadores) | mecanismo de puntería en elevación (cañones).

laying of scales | trazado de escalas.

laying trials | pruebas de fondeo (minas) | pruebas de puntería (cañones).

laying up | acumulación | desarme (de un buque) | colchado (cables metálicos).

laying-on | aplicación, colocación (de un enlucido) | instalación (agua, luz, etc.).

layout | diagramación | croquis de montaje | diagramado (artes gráficas) | diseño | planimetría.

layout block | mármol de trazar (talleres).

layout character | carácter de diseño | carácter de representación (informática).

layout (to) | trazar | proyectar | bosquejar.

layshaft | árbol del cambio de velocidades | eje mandado, eje conducido | eje secundario, eje intermedio (cambio de velocidades) | eje de levas, eje de distribución (motores).

lazy pinion | rueda loca | rueda intermedia (transmisiones).

lazy-H antenna | antena de doble dipolo.

leach | lixiviación.

leach material | material lixiviable.

leach out (to) | lixiviar.

leach (to) | filtrar | lixiviar.

leachability | lixivialidad.

leachate | lixiviado | filtrado, solución de percolación.

leaching | filtración | lixiviación | extracción de sólidos con disolventes | extracción por disolución.

leaching cesspool | pozo negro filtrante | saneamiento con filtraciones.

leaching process | proceso de lixiviación.

leaching rate | grado de lixiviación | tasa de lixiviación.

leaching tank | tanque de lixiviación.

leaching vat | cuba para lixiviar | cuba de filtración (metalurgia).

leaching vessel | tina de lixiviación.

lead | avance de un hilo de la rosca (tornillos).

lead | sondaleza, escandallo, sonda (marina) | plomo.

lead accumulator | acumulador de plomo.

lead acetate | acetato de plomo.

lead admission | avance a la introducción, avance a la admisión (máquinas).

lead alloy | aleación de plomo.

lead and return | conductor de ida y vuelta (electricidad).

lead angle | ángulo de avance.

lead arsenate | arseniato de plomo.

lead basin | cuba de plomo | cápsula de plomo (química).

lead battery | acumulador de plomo.

lead borate | borato plumboso.

lead bromide | bromuro de plomo.

lead burning | soldeo por fusión del plomo.

lead carbonate | carbonato de plomo, plomo blanco, cerusita (mineral).

lead chromate | plomo cromatado | cromato de plomo.

lead computer | computador de corrección al objetivo | corrector de puntería futura (artillería artiaérea).

lead conductor | conductor de ida (electricidad).

lead connector | puente de conexión de plomo (electricidad).

lead core | alma de plomo.

lead crystal glass | vidrio de plomo.

lead cupelling furnace | horno de copelar plomo.

lead curve | curva de la desviación entre la aguja y el corazón (vía ferrea) | curva de precisión (tiro antiaéreo).

lead cyanamide | cianamida de plomo.

lead cyanide | cianuro de plomo.

lead diagram | diagrama de avance a la admisión y a la exhaustación (máquina vapor).

lead dioxide | dióxido de plomo.

lead flake | cerusa | albayalde (química).

lead frame | bastidor de conductores.

lead frit | frita de plomo, bisilicato de plomo.

lead fusion | fusión plúmbea.

lead glance | galena, plomo sulfurado.

lead glass | vidrio de plomo, flintglass.

lead glaze | barniz de plomo.

lead harden (to) | templar en baño de plomo.

lead hardening | temple en plomo.

lead hydroxide | hidróxido plumboso.

lead in phase (to) | estar en avance de fase.

lead line | cordel de la sondaleza, cordel del escandallo | cable tractor.

lead lining | revestimiento de plomo, recubrimiento de plomo.

lead lubricant | lubricante plomoso.

lead metaniobate | metaniobiato de plomo.

lead monoxide | monóxido de plomo.

lead network | red de avance.

lead nitrate | nitrato de plomo.

lead nitride | nitruro de plomo.

lead ocher | ocre de plomo.

lead ochre | litargirio, ocre de plomo.

lead of the eccentric | avance de la excéntrica.

lead of the helix | paso de la hélice geométrica.

lead ore | mena de plomo | mineral de plomo.

lead oxide I monóxido de plomo (química) I litargirio.

lead oxide red I rojo de óxido de plomo (química).

lead oxysulphate I oxisulfato de plomo.

lead paint I pintura al plomo I albayalde (mineral).

lead paper I papel plúmbico.

lead patenting I calentamiento a 1.050° C, enfriamiento en plomo derretido a 500° C y después enfriamiento rápido al aire (termotratamiento de aceros).

lead pencil I lápiz de grafito.

lead peroxide I peróxido de plomo.

lead plug I tapón de plomo I tapón fusible (calderas).

lead protoxide I monóxido de plomo.

lead quenching I temple en baño de plomo.

lead refining I afino del plomo.

lead rubber I caucho con gran proporción de plomo.

lead screw I tornillo de avance I tornillo regulador I husillo (tornos).

lead screw control I regulación por husillo.

lead screw nut I tuerca del husillo (tornos).

lead selenide I seleniuro de plomo (Pb$_2$S).

lead sheave I polea motriz.

lead sleeve I manguito.

lead smelter I horno de fundir plomo.

lead smelting works I fundición de plomo.

lead solder I suelda de plomeros I soldadura de plomo (metalurgia).

lead spreader I distribuidor de conductores.

lead sulphide I sulfato de plomo.

lead sulphide cell I célula de sulfuro de plomo.

lead telluride I telururo de plomo.

lead telluride cell I célula de telururo de plomo.

lead tempering I revenido en baño de plomo.

lead tetrachloride I cloruro plúmbico.

lead tetraethyl I tetraetilo de plomo.

lead tetroxide I tetróxido de plomo.

lead titanate I titanato de plomo.

lead (to) I plomar I emplomar.

lead track I vía de desviación (ferrocarriles).

lead vitriol I vitriolo de plomo, sulfato de plomo I anglesita (mineralogía).

lead white I cerusita, blanco de plomo, albayalde.

lead wire I hilo conductor (electricidad) I conductor principal (electricidad).

lead zirconate I zirconato de plomo.

lead zirconate-titanate I conductor de zirconato-titanato.

lead-acid battery I acumulador de plomo I batería de plomo-ácido.

lead-base alloy I aleación de base de plomo.

lead-base Babbitt I metal babbitt con base de plomo.

lead-bearing steel I acero plomoso, acero con 0,18 a 0,30 de plomo.

lead-burn (to) I soldar plomo.

leadburning I soldadura con plomo.

lead-coat (to) I recubrir de plomo.

lead-coated I revestido de plomo I plomado.

lead-coating I emplomaduras.

lead-cooling I enfriamiento en baño de plomo.

lead-copper mineral I mineral cuproplumbífero.

leaded I emplomado I cubierto de plomo.

leaded cable I cable revestido de plomo.

leaded fuel I gasolina con plomo tetraetilo.

leaded joint I junta emplomada.

leader I guía I conductor.

leader cable I cable director I cable guiador, cable guía.

lead-foil I hoja delgada de plomo.

lead-fuse I fusible de plomo.

lead-in I hilo de entrada, bajada de antena I conductor de entrada (electricidad).

lead-in insulator I aislador de entrada (electricidad).

leading I emplomadura.

leading I dirección I guía I avance de fase I veta (minas).

leading block I polea de retorno I roldana de conducción.

leading block sheave I roldana guía.

leading bobbin I bobina arrolladora, bobina activa.

leading bogie frame I bastidor de bogie delantero.

leading buoy I boya de baliza, boyarín.

leading current I corriente desfasada en avance sobre el voltaje.

leading edge I borde delantero I borde de ataque I borde de entrada (escobillas eléctricas) I frente de impulso eléctrico I frente de avance (meteorología).

leading generator I generador en avance de fase.

leading heading I frente en avance (ingeniería de minas).

leading load I carga en avance I carga capacitiva (electricidad).

leading phase I adelanto de fase.

leading pole horn I extremidad polar de entrada.

leading pony truck I bogie delantero de un eje (locomotora).

leading power I fuerza motriz.

leading pulley I polea de guía I polea motriz.

leading screw I husillo (tornos).

leading truck I bogie delantero (locomotoras).

leading tube I tubo abductor I tubo de llegada.

leading voltage I voltaje en avance de fase I tensión avanzada.

leading wheel I rueda delantera.

leading wire I hilo conductor entre el cebo eléctrico y el explosor (voladuras).

leading-edge air intake I toma de aire en el borde de ataque (alas aviones).

leading-edge angle I ángulo de borde de ataque.

leading-edge radius I radio del borde de entrada (paleta de turbina) I radio del borde de ataque.

leading-in tube I tubo de entrada, tubo de paso de pared.

leading-in wire I conductor de alimentación I entrada de corriente.

lead-lag network I red correctora (radio).

leadless glaze I vidriado sin plomo (cerámica).

lead-lined I revestido de plomo, forrado de plomo.

lead-on current I corriente de sector (electricidad).

lead-ore processing plant I instalación para elaboración de menas de plomo.

leadout I conductor de salida I conexión de salida.

lead-out groove I surco final de disco de gramófono.

lead-over groove I surco de conexión.

lead-plate (to) I plomar.

lead-plated aluminum I aluminio plomado.

lead-sealed I obturado con plomo (juntas).

lead-sheathed I forrado de plomo, envainado en plomo.

lead-shot I granalla de plomo.

lead-silica glass I vidrio de plomo y sílice.

lead-tin alloy I aleación de plomo y estaño.

lead-tin solder I sueldas de plomo y estaño.

lead-works I fundería de plomo.

leady I plomizo I plumboso.

leaf brush I escobilla laminar (dinamos).

leaf gold I oro en hojas.

leaf sight I alza de charnela, alza plegable (armas).

leaf spring I muelle de lámina, resorte de lámina flexible.

leaf valve I válvula de charnela.

leak I infiltración, fuga, escape.

leak conductance I conductancia de dispersión.

leak detector I detector de fuga I indicador de pérdidas a tierra.

leak finder I detector de fugas.

leak hunter I detector de fugas.

leak impedance I impendancia de dispersión.

leak locator I detector de fugas.

leak resistance I resistencia de dispersión.

leak test I prueba de fuga de aire (tanques de buques) I detección de fugas (semiconductores).

leak test plant I dispositivo de prueba de hermeticidad.

leak transformer I transformador de dispersión magnética.

leakage I fuga de neutrones (nuclear) I fuga total I pérdida de lechada (química) I falta de estanqueidad I escape, fuga I derivación (telegrafía) I dispersión (electricidad).

leakage conductance I conductancia transversal, disperdancia I conductancia de fuga (electricidad).

leakage correction I corrección de fugas.

leakage current I corriente de fugas I corriente de pérdida I corriente de descarga espontánea.

leakage detection circuit I circuito detector de fugas.

leakage detector I buscapérdidas de corriente (electricidad) I buscafugas (circuitos).

leakage factor I factor de fuga I coeficiente de dispersión I factor de infiltración.

leakage flux I flujo de dispersión.

leakage indicator I indicador de fugas.

leakage inductance I inductancia de fuga I inductancia de dispersión I inductancia de escape.

leakage path I línea de fuga (electricidad) I trayectoria de infiltración.

leakage peak I pico de fuga.

leakage power I potencia de fuga.

leakage radiation I radiación por fugas.

leakage rate I tasa de fuga (nuclear).

leakage relay I relé indicador de fugas.

leakage resistance I resistencia de fuga.

leakage voltage I voltaje de dispersión.

leakage-flux transformer I transformador de dispersión magnética.

leakage-impedance drop I caída por impedancia de dispersión.

leakage-reactance drop I caída por reactancia de dispersión.

leakance I conductancia de dispersión, disperdancia.

leakiness I falta de ajuste.

leaking I pérdida, escape, fuga I pérdida por dispersión (electricidad).

leak-proof I a prueba de escapes I a prueba de filtraciones I a prueba de fugas I estanco I hermético.

leakproof aluminum casting I pieza fundida de aluminio estanca en la prueba hidráulica.

leakproof joint I junta hermética.

leaktight I estanco.

leak-tight joint I junta estanca.

leak-tightness I estanqueidad.

leaky I permeable I que hace agua (buques) I que tiene fugas I mal aislado (electricidad) I con fugas (tuberías).

leaky line I línea con derivación (telecomunicación).

leaky-wave antenna I antena de fuga de onda.

lean clay I arcilla magra, arcilla aplástica.

lean coal I carbón magro, hulla magra, carbón de gas.

lean gas I gas pobre.

lean iron ore I mineral de hierro pobre.

lean lime I cal magra, cal hidráulica.

lean mixture I mezcla pobre (carburador).

lean oil I petróleo pobre (refinerías).

lean ore I mineral pobre, mena de baja ley.

lean (to) I empobrecer la mezcla, reducir la cantidad de combustible en la mezcla aire-combustible (motores) I estibar.

leapfrog test I verificación por saltos I programa de funcionamiento I comprobación selectiva (informática).

leapfrogging I rastreo a saltos I avance por saltos alternos I desplazamiento de la señal (radar).

leather mop I disco de cuero para pulir.

leather polishing wheel I rueda de pulir de discos de cuero.

leather washer I arandela de cuero I zapatilla de grifo.

leave harbor (to) I salir del puerto (navegación).

leave the air (to) I dejar de radiar (estación radio).

leave the anchorage (to) I garrear (buques).

leave (to) I partir I zarpar (buques).

leaving edge I borde de salida, lado posterior (escobilla eléctrica).

led (light emiting diode) I diodo electro-luminiscente.

ledge I roca viva I banco de arrecifes, cordón arrecifal costero I filón metalífero, manto (minas).

ledge rock I lecho de roca, roca viva, roca virgen.

ledger blade I cuchilla inferior, cuchilla fija, cuchilla tundidora.

ledger card I ficha contable.

leeward I sotavento I socaire.

leeward slope I pendiente de sotavento.

leeway I deriva (navegación).

left I izquierda.

left rudder I timón a babor.

left twist I levotorsión.

left-hand rotation I rotación a izquierdas, levorrotación.

left-handed I sinistrorso I levogiro.

left-handed crystal I cristal levógiro (óptica).

left-handed polarized wave I onda electromagnética polarizada elípticamente sinistrorsa.

leg I circuito secundario (telecomunicación) I haz de radiofaro direccional I distancia navegada I tramo, trayecto recorrido por un avión.

lehr I horno de enfriamiento I horno en túnel I túnel de recocido (fabricación vidrio).

Leipzing yellow I amarillo de cromo.

L-electron I uno de los 8 electrones en la capa L de un átomo.

lemniscate I lemniscata.

lemon yellow I mezcla de ácido crómico y bario molido en agua o en aceite.

length I longitud I eslora (buques).

length over all I longitud total I eslora total (buques).

length-margin I tolerancia en longitud (telecomunicación).

length-modulated pulse generator I generador de impulsos modulado en longitud de impulsos.

lens I vidrio óptico I lente (óptica).

lens aberration I aberración de la lente.

lens antenna I antena de lente.

lens aperture I apertura de objetivo.

lens axis I eje óptico.

lens barrel I tubo del objetivo (óptica).

lens blank I primordio de lentes.

lens checking I comprobación de lentes.

lens coating I capa antirreflejo (óptica) I recubrimiento (óptica).

lens coverage I campo de visión.

lens cribbing device I aparato para fracturar los bordes de los primordios de lentes oftálmicas.

lens current stabilizer I estabilizador de la corriente de la lente.

lens disc I disco de lentes, disco explorador (TV).

lens drum I tambor explorador (televisión).

lens flare I reflexión interna de las lentes (cámaras).

lens gage I galga para lentes.

lens grinder | pulidora para lentes.
lens grinding | pulimento de lentes.
lens holder | portalentes | portaobjetivo.
lens interferometer | interferómetro para pruebas de lentes.
lens mount | portaobjetivo.
lens opening | abertura del objetivo.
lens projector | proyector de lente.
lens scale | escala del objetivo (cámaras).
lens shutter | obturador de objetivo.
lens speed | luminosidad de la lente (óptica) | sensibilidad del objetivo (luminosidad) | rapidez del objetivo | luminosidad del objetivo.
lens spot | proyector con lente.
lens surfacing abrasive | abrasivo para pulir lentes.
lens testing | prueba de lentes.
lens turret | torreta portaobjetivos (cámara tomavistas) | torreta de objetivo (cámara) | portaobjetivo giratorio (óptica).
lensing | estratificación cuneiforme, estratificación lenticular, engruesamiento de una capa (geología).
lenslet | lentilla (óptica).
lens-like | lenticular.
lensmeter | lentímetro.
lens-shaped | lenticular, lentiforme.
lenticular | lenticular.
lenticular truss | viga de celosía lenticular.
lenticular twin | macla lenticular.
lenticularity | estratificación lenticular | lenticularidad.
leptogenesis | leptogénesis (geología).
leptometer | leptómetro.
lepton | leptón (física).
leptonic decay | desintegración leptónica.
let down (to) | diluir | reducir, eliminar (carbono) | disminuir (dureza) | revenir (metalurgia).
let run (to) | largar un cabo (marina).
let stand (to) | dejar reposar (líquidos).
let steam (to) | descargar vapor.
let-go temperature | temperatura de fusión.
lethal | letal.
lethargy | letargo (nuclear) | letargia neutrónica.
let-in (to) | encajar una pieza en otra.
letter | carácter alfabético | letra.
leuco compound | leucoderivado (química).
levee | terraplén | borde | dique de defensa, malecón (ríos).
levee (to) | proteger con malecones, proteger con diques de encauzamiento (terrenos).
level | escala, nivel.
level board | niveleta | renglón para nivelar.
level comparator | comparador de niveles.

level compensator | equilibrador del nivel | compensador de nivel.
level control | regulador de nivel | control de nivel.
level correction | corrección del nivel.
level course | hilada de nivel.
level crossing | paso a nivel (ferrocarriles).
level diagram | diagrama de niveles | hiposograma (telefonía EE UU).
level drift | galería de dirección (minas).
level flight | vuelo horizontal.
level gage | indicador de nivel.
level haulageway | galería horizontal de arrastre (minas).
level indicator | indicador de nivel.
level line | línea de nivel.
level measuring set | hipsómetro.
level meter | limnímetro.
level monitor | comprobador del nivel.
level monitoring | control de nivel (radio).
level net | red de nivelación (topografía).
level of addressing | nivel de direccionamiento.
level of escape | nivel crítico de escape (ionosfera).
level of radioactivity | índice de radiactividad.
level off (to) | nivelar | enderezar momentos antes de aterrizar (aviones) | llevar a una trayectoria horizontal de vuelo (avión).
level out (to) | nivelar.
level recorder | hipsógrafo | registrador de nivel.
level regulator | regulador de nivel.
level road | galería principal (minas).
level shaft | galería al nivel de suelo (minas).
level shifter | desfasador de nivel.
level sight | visual de nivelada.
level sights | pínula para nivelar.
level surface | superficie de nivel | superficie equipotencial (física).
level switch | conmutador de control de nivel.
level tester | comprobador de niveles.
level (to) | igualar | nivelar | electrodepositar una capa muy delgada (galvanoplastia).
level tryer | comprobador de niveles (topografía).
level turn | viraje en vuelo horizontal.
level welding | soldadura horizontal.
level-compounded generator | dinamo con excitación mixta y con voltaje constante a cualquier carga.
level-decked | con cubierta plana, con cubierta sin arrufo (buques).
leveler | igualador, aplanador | nivelador.

leveling l igualación l enrasamiento l altimetría, nivelación (topografía) l deposición homogénea y uniforme (electrólisis) l proceso para obtener una capa electrodepositada muy delgada (galvanoplastia).

leveling machine l niveladora.

leveling network l red de nivelación (topografía).

leveling point l punto de mira (topografía).

leveling rod l mira l niveleta.

leveling screw l tornillo regulador.

leveling solution l solución microdepositadora (galvanostegia).

leveling staff l mira de nivel (topografía) l niveladora l niveleta.

leveling-compass l brújula nivelante, brújula de eclímetro l grafómetro.

leveller l igualador l aplanador.

levelling (G.B.) l altimetría, nivelación (topografía).

level-setting circuit l circuito para graduar el nivel, circuito de fijación del nivel.

lever l palanca l balancín.

lever balance l romana.

lever brake l freno de palanca.

lever drawbridge l puente levadizo de balancín.

lever ejector l expulsor de palanca.

lever engine l máquina de balancín.

lever escapement l escape de áncora (relojes) l escape de leva (relojes).

lever grip tongs l tenazas articuladas para manejar sillares.

lever hammer l martinete de palanca.

lever hanger l palanca de suspensión.

lever key l llave de conmutación de báscula (teléfono).

lever link l biela (de bomba).

lever nut l tuerca con maniguetas, tuerca de mariposa.

lever pileup switch l conmutador de palanca de contactos superpuestos.

lever press l prensa de palanca.

lever punch l punzón de palanca.

lever roller l rodillo de palanca.

lever shears l alicates articulados l tijeras de palanca l cizalla de palanca.

lever switch l conmutador de palanca, interruptor de palanca.

lever throwover switch l conmutador de palanca.

lever (to) l apalancar l accionar con palanca l accionar con balancín.

lever tumbler l interruptor de palanca (electricidad).

lever up (to) l apalancar, levantar con la palanca.

lever valve l válvula de palanca.

lever watch l reloj de escape, reloj de áncora.

lever weigher l romana.

lever wheel l excéntrica.

lever-action l mecanismo de palanca.

lever-actuated l accionado por palanca.

leverage l acción de una palanca l tren de palancas l transmisión por palancas.

lever-driven l accionado por palanca l accionado por balancín (máquinas).

lever-operated l accionado por palanca l accionado por balancín.

levigate (to) l levigar.

levigating l levigación.

levigation l levigación.

levogyre l levógiro.

levogyrous l levógiro.

levorotation l levorrotación.

levorotatory l levógiro.

ley pewter l aleación de 80% estaño y 20% plomo.

Leyden jar l botella de Leyden.

LF radio waves l ondas radio de baja frecuencia.

lf signal l señal de baja frecuencia.

liaison aircraft l aeroplano de enlace.

liaison channels l canales de enlace.

liaison panel l panel de señales.

liaison switchboard l cuadro de enlace.

liberate (to) l desprender (gases).

liberation l desprendimiento de calor o de gas.

library l programateca (informática) l biblioteca de programas (informática).

library of data l biblioteca de datos (informática).

library program l programa de biblioteca (informática).

lid l tapa l punto de inversión de la temperatura (meteorología).

lidar l radar por infrarrojo l lidar (óptica-meteorológica) l radar óptico.

lierne l nervio secundario (bóveda crucería).

lierne rib l nervio (bóveda gótica).

lierne vault l bóveda de estrella (arquitectura gótica).

life buoy l boya salvavidas l guíndola.

life hook l gancho de seguridad.

life jacket l chaleco salvavidas.

life preserver l chaleco salvavidas.

life raft l balsa salvavidas.

lifeboat l bote salvavidas.

lift l jaula elevadora l montacargas l fuerza ascensional l sustentación l ascensor.

lift angle | ángulo de sustentación.
lift axis | eje de sustentación.
lift check valve | válvula horizontal de retención.
lift coefficient | coeficiente de sustención (aviación).
lift drag ratio | rendimiento aerodinámico.
lift force | fuerza de sustentación | fuerza ascensional.
lift increasing device | dispositivo hipersustentador.
lift lock | esclusa elevadora.
lift of cam | carrera de la leva.
lift of foils | sustentación de las aletas hidrodinámicas.
lift of the valve | carrera de la válvula.
lift pipe | tubo elevador.
lift pump | bomba impelente (mecánica).
lift spoiler | dispositivo para disminuir la sustentación (aviones).
lift strut | montante de sustentación (avión).
lift thrust engine | motor de sustentación y de empuje (avión de despegue vertical).
lift truck | carretilla elevadora.
lift wire | cable de suspensión | cable de sustentación | cinta de sustentación (aviones).
lift-dependent drag | resistencia debida a la sustentación.
lift-drag ratio | rendimiento aerodinámico | relación entre la resistencia y la fuerza de sustentación.
lifter | montacargas | elevador | varilla de levantamiento, alzador (telares) | empujador de válvulas, alzaválvulas (motores) | leva | tenazas (fundición) | mazo (bocartes) | armadura (electroimán).
lifter cog | leva calada en un eje.
lifting airscrew | hélice sustentadora | rotor de helicóptero.
lifting bar | barra de izar.
lifting beam | balancín (funderías) | vigueta de izada de pesos (grúas).
lifting block | conjunto elevador (mecánica).
lifting body | fuselaje sustentador.
lifting bridge | puente levadizo.
lifting capacity | fuerza de elevación | fuerza portante (imanes) | capacidad ascensional (diques flotantes).
lifting chain | cadena de carga (aparejos).
lifting circuit | circuito de izado.
lifting cylinder | cilindro de elevación.
lifting dog | gancho de elevación.
lifting eye | argolla de izada | cáncamo de maniobra, cáncamo para izar.
lifting eye bolt | cáncamo para izar.

lifting fork | horquilla elevadora.
lifting gear | mecanismo elevador | aparejo de izar.
lifting hook | gancho de izar.
lifting knife | cuchilla (jacquard).
lifting lever | palanca de alza.
lifting line | línea sustentadora (hélice marina) | cable sustentador.
lifting magnet | electroimán de suspensión, electroimán portador, electroimán levantador.
lifting nipple | niple elevador (sondeos).
lifting pawl | trinquete elevador.
lifting platform | plataforma elevadora.
lifting power | fuerza ascensional | fuerza de sostén, poder portante (imanes) | fuerza elevadora.
lifting propeller | hélice sustentadora.
lifting rotor | rotor sustentador (helicópteros).
lifting screw | husillo de izado (grúas) | tornillo de elevación.
lifting speed | velocidad de subida, velocidad de izada.
lifting stem | vástago elevador (válvulas).
lifting system | sistema de sustentación.
lifting tackle | aparejo de izar.
lifting way | pozo de extracción (minas).
lifting-dog | llave de suspensión (sondeos) | gancho de elevación.
lifting-surface cascade | cascada de superficie de sustentación (aerodinámica).
liftjet | reactor de sustentación.
lift-jet engine | motor de chorro sustentador (despegue vertical).
liftoff | instante en que un avión está flotando en el aire | despegue (cohetes).
liftoff speed | velocidad de despegue (cohetes).
lift-valve | válvula de cierre vertical.
ligand | ligante (química).
light | luz | ligero.
light absorption | fotoabsorción | absorción de luz.
light air | brisa (número 1 de la escala de Beaufort).
light amplification by stimulated emission of radiation (LASER) | amplificación de la luz por estímulo en la emisión de radiaciones.
light aperture | pínula (óptica).
light attenuator | fotoatenuador.
light beacon | baliza iluminada.
light beam telemetering | telemedición por haz luminoso.
light beam transmiter | proyector óptico de telecomunicaciones.
light board | panel luminoso.
light bundle | haz luminoso.

light carrier injection | inyección de portadora luminosa.
light cell | célula fotoeléctrica.
light chopper | troceador de luz | interruptor de luz | interruptor del haz luminoso.
light control | regulación de la luz.
light diffuser | difusor de luz.
light display | presentación visual luminosa.
light electron | electrón ligero | electrón rápido.
light emission | fotoemisión | emisión de luz.
light emissor diode | diodo emisor de luz.
light emitter | cuerpo fotoemisor.
light emitting diode | diodo fotoemisor.
light filter | filtro cromofotográfico (fotomecánica) | filtro de luz | filtro ortocromático (fotografía).
light flash | destello luminoso | destello de luz.
light flux | flujo luminoso.
light gathering | fotocaptación | fotocaptador.
light guide | guía de luz (fotocátodo).
light gun | cañón de pequeño calibre | pistola óptica.
light image | imagen luminosa.
light intensity | intensidad luminosa.
light level | nivel de iluminación.
light lock | dispositivo antiluz.
light magnesia | magnesia calcinada, óxido de magnesia.
light metal | metal liviano.
light meter | exposímetro | fotómetro | medidor de luz.
light microscope | microscopio óptico.
light modulation | modulación de la luz (TV).
light modulator | modulador de luz, fotomodulador.
light patch | mancha luminosa (TV).
light pen | lápiz luminoso (informática) | lápiz fotosensible | lápiz óptico.
light pen tracking | exploración de lápiz fotosensible.
light pencil | indicador luminoso.
light pipe | tubo luminoso | varilla conductora de luz (óptica).
light plane | avioneta.
light polarisation | polarización de la luz.
light positive | fotoconductor.
light projector | proyector luminoso (óptica).
light pulse | pulsación luminosa, impulso luminoso.
light pulser | oscilador de impulsiones luminosas.
light radar | radar de ondas luminosas.
light railway | ferrocarril de vía estrecha.
light range | alcance luminoso.

light ray | rayo de luz, rayo luminoso.
light reflection | reflexión de la luz.
light reflectivity | reflectividad de la luz.
light relay | relé fotoeléctrico.
light resistance | resistencia a la luz | resistencia de funcionamiento (fotocélula).
light room | pañol de luces (buques).
light ruby silver | proustita, plata roja arsenical.
light running | marcha en vacío (motores).
light scattering | dispersión de la luz | difusión de la luz (óptica).
light screen | pantalla opaca (cine).
light sensitive cell | celda sensible a la luz.
light sensitive tube | fototubo.
light sensor | detector de luz | sensor de luz.
light signal | señal luminosa.
light slit microscope | microscopio de rendija de luz.
light source | fuente luminosa | manantial de luz.
light spot | punto luminoso.
light standard | patrón de luz.
light stimulation | fotoestimulación.
light switch | interruptor de alumbrado.
light table | mesa de retoque | mesa luminosa (fotomecánica).
light tendering | degradación actínica (materiales celulósicos).
light (to) | encender | alumbrar, iluminar.
light transmittance | transmitancia de luz.
light transmitting systems | sistemas de transmisión de la luz.
light unit | unidad luminosa (ferrocarriles).
light up | arranque (motor chorro).
light valve | relé óptico | válvula de haz de luz | válvula luminosa.
light vector | vector luminoso.
light water | agua ligera | agua ordinaria (reactor nuclear).
light water moderated reactor | reactor moderado por agua ligera.
light water reactor | reactor de agua ligera (nuclear).
light water-draught | calado en lastre (buques).
light waterline | flotación en lastre (buques).
light wave | onda luminosa, onda de luz.
light welder | soldadora de pequeña potencia.
light year | año de luz (astronomía).
light-absorbent film | película fotoabsorbente.
light-absorbing | fotoabsorbente.
light-alloy piston | pistón de aleación liviana.
light-alloy pressings | piezas estampadas de aleación liviana.

light-alloy spot welder I soldadora por puntos para aleaciones livianas.

light-attenuating I fotoatenuante.

light-avoiding I lucífugo, fotófugo.

light-beam galvanometer I galvanómetro de haz luminoso.

light-Beaumé hydrometer I hidrómetro Beaumé para líquidos más ligeros que el agua.

light-bending power I poder de refracción.

light-collecting condenser I condensador colector de la luz.

light-creating I fotógeno I que produce luz.

light-duty I de poca potencia (máquinas) I para trabajos ligeros.

lighted wind indicator I indicador luminoso de dirección del viento.

lighted wind-tee I indicador luminoso en T de dirección del viento (aeropuertos).

light-emitting I fotoemisor, fotoemitiente, luminífero.

light-emitting diode I diodo emisor de luz I diodo electroluminiscente.

lighten (to) I relampaguear I iluminar.

lighter-than-air craft I aeróstato.

lightfast I sólido a la luz, fotorresistente.

lightfastness I solidez a la luz, fotorresistencia.

light-gathering power I poder fotocaptador (telescopios).

light-giving I fotogénico, fotógeno, luminoso.

lighthouse beacon I faro.

lighthouse tube I tubo-faro (radar).

lighting I iluminación I alumbrado I encendido, ignición (motores).

lighting circuit I circuito de alumbrado.

lighting coil I bobina de encendido.

lighting distribution boxes I cajas de distribución del alumbrado.

lighting dynamo I dinamo para alumbrado.

lighting load I carga por alumbrado (electricidad).

lighting mains I red de alumbrado I conductores de luz (electricidad) I canalización de luz.

lighting network I red de alumbrado.

lighting reflector I reflector para alumbrado.

lighting switchboard I cuadro de distribución de alumbrado.

lighting system I red de alumbrado.

lighting transformer I transformador para el alumbrado.

lighting up I encendido (caldera).

lighting-switch I interruptor de alumbrado I contacto de encendido (autos).

light-integrating timer I cronómetro integrador de luz.

lightline antenna I antena enchufable a la red.

light-load running I marcha con poca carga (motores).

light-loving I fotófilo.

lightly scaled I ligeramente oxidado (aceros).

lightmeter I fotómetro.

light-negative I fotorresistente.

lightning I descarga eléctrica I relámpago I rayo.

lightning arrester I pararrayos.

lightning conductor I pararrayos.

lightning discharger I pararrayos.

lightning generator I generador de descargas eléctricas I generador de ondas de choque.

lightning protector I pararrayos.

lightning recorder I registrador de perturbaciones atmosféricas.

lightning rod I barra pararrayos I pararrayos.

lightning stroke I destello de descarga eléctrica (geofísica).

lightning surge I sobrevoltaje por descargas atmosféricas.

lightning switch I conmutador antena-tierra.

lightning-proof I ceraunorresistente I ceraunoprotegido I protegido contra el rayo.

light-opaque screen I pantalla fotoopaca.

light-positive I fotoconductor.

light-powered I accionado por la luz, alimentado por la luz.

light-powered telephone I telefonía accionada por la luz.

light-producer I cuerpo productor de luz.

light-producing I fotógeno, fotogénico.

light-profile microscope I microscopio de perfil de luz (superficies metálicas).

lightproof I opaco I a prueba de luz.

light-ray device I dispositivo accionado por rayo de luz.

light-reactive cell I célula fotorreactiva.

light-red silver ore I plata roja arsenical, proustita.

light-scattering power I poder fotodispersor.

light-sensitive I fotosensible (película, célula, etc.).

light-sensitive detector I detector fotosensible.

light-sensitive film I película fotosensible.

light-stimulated I fotoestimulado.

light-stimulation I fotoestimulación.

light-tight I hermético a la luz.

light-triggered I fotoaccionado.

light-triggered thyristor I tiristor óptico I fototiristor.

lightweight I peso en vacío.

lignite I lignita (química) I lignito (carbón).

lignite oil I aceite de lignito.

lignite tar I alquitrán de lignito.

lignite wax I cera de lignito.
lignitic I lignítico.
like atoms I átomos iguales.
like charges I cargas iguales (electricidad).
limation I pulimentación.
limb I borde, limbo (matemáticas, astronomía, botánica) I línea horizontal tangente al disco visible (de sol, luna) I núcleo polar (imanes) I columna (núcleos magnéticos).
limber I avantrén.
limber bolt I perno pinzote de avantrén.
limber clearer I cadena de los imbornales.
limber hole I imbornal.
limber up the engine (to) I rodar el motor.
limber up (to) I colocar el armón I rodar (motores).
limbered I con avantrén enganchado (artillería).
limbered position I posición con el avantrén colocado.
limbered wagon I avantrén.
limbering up I rodaje (de un motor).
lime I cal viva.
lime acetate I acetato de cal.
lime annealing I recocido entre cal (metalurgia).
lime bath I baño de cal.
lime blast I quemado por la cal (curtición cueros).
lime concrete I hormigón de cal.
lime cooling I enfriamiento entre cal.
lime desulfurizing process I proceso de desazufrado con cal.
lime feldspar I feldespato calizo.
lime marl I marga calcárea, marga caliza.
lime mud I lodo a la cal (sondeos).
lime nitrate I nitrato cálcico.
lime nitrogen I cal nitrogenada.
lime sour I tratamiento ácido (textil).
lime-coated electrode I electrodo revestido de óxido de cal.
lime-fluoritic electrode I electrodo revestido de cal fluorítica.
lime-fluorspar-coated electrode I electrodo revestido de espatafluor y cal.
limelight I luz de calcio I lámpara de carburo.
lime-soda feldspar I feldespato sodicocálcico.
limestone I piedra caliza.
limestone flux I fundente calizo I castina (alto horno).
limestone sonde I sonda caliza (sondeos).
limey ore I mineral calizo, mena caliza.
limit I limitación I tolerancia.
limit break switch I disyuntor de máxima.

limit bridge I puente de medidas rápidas (electricidad) I indicador de tolerancias.
limit comparator I indicador sobre tolerancias (límites comparativos).
limit gage I calibre de tolerancia I galga de tolerancia I gálibo de carga.
limit indicator I indicador de tolerancias.
limit operating voltage I voltaje límite de funcionamiento.
limit switch I disyuntor de seguridad, desconectador de fin de carrera, interruptor de fin de carrera I interruptor de seguridad (electricidad).
limit testing I prueba de tolerancias I control de reglajes.
limiter I fusible (electricidad) I circuito limitador (electrónica).
limiter diode I diodo limitador.
limiter input signal I señal de entrada al limitador.
limiter valve I válvula del limitador.
limiting amplifier I amplificador limitador.
limiting choke I bobina de reactancia limitadora.
limiting circuit I circuito limitador I circuito cercenador.
limiting coil I bobina limitadora (telecomunicaciones).
limiting concentration I punto de saturación.
limiting creep stress I carga límite de termofluencia.
limiting current I corriente límite I corriente residual.
limiting device I dispositivo limitador I limitador de voltaje I limitador (telecomunicaciones).
limiting filter I filtro limitador.
limiting friction I límite de adherencia.
limiting fusing current I corriente límite de fusión.
limiting image current density I densidad limitadora de la corriente de la imagen (tubo electrónico).
limiting incident ray I rayo incidente límite.
limiting pressure I presión máxima I voltaje máximo.
limiting relay I relé limitador.
limiting switch I interruptor limitador.
limit-load gage I medidor de la carga límite.
limnigraph I limnígrafo.
limnimeter I limnímetro.
limonite I limonita.
limpet I mina magnética.
linac I linac I acelerador lineal de electrones.
linch pin I clavija.

line | tren de montaje, tren de producción (talleres) | línea de comunicación | línea.

line access points | puntos de acceso a la línea (telecomunicaciones).

line adapter | adaptador de línea.

line amplifier | amplificador de línea.

line amplitude attenuator | atenuador de la amplitud de la línea.

line amplitude control | control de anchura (TV).

line at a time printer | impresora línea a línea.

line balance | compensador de línea | balance de línea | equilibrio de línea (electricidad).

line balance converter | convertidor equilibrador de línea.

line bend | compensación de línea (televisión).

line bias | polarización de línea.

line bid | petición de línea (teleproceso).

line blanking | supresión de línea (televisión).

line booster | elevador de tensión.

line break | caída de línea (telecomunicaciones).

line breaker | ruptor de línea | seccionador de línea (electricidad) | conjuntor-disyuntor | seccionador.

line broadcasting | teledifusión (radio).

line brush | escobilla de línea telefónica.

line buffer | compensador de línea eléctrica.

line busy | línea ocupada (telefonía).

line capacity | capacidad de transmisión.

line carried on brackets | línea en soportes (comunicaciones).

line centering | encuadre de líneas (TV).

line chart | diagrama de líneas.

line circuit | circuito de señal | circuito de línea.

line circuit breaker | disyuntor de línea eléctrica.

line clamp amplifier | amplificador de estabilización (TV).

line cloking coil | inductancia protectora para sobretensiones.

line code | código de línea (informática).

line composite | línea compuesta (telefonía).

line conductor | conductor de línea (electricidad).

line connection | conexión de tensión de línea.

line connector | conectador de línea (telecomunicaciones).

line cord | cordón de línea (electricidad) | cordón de alimentación.

line correction | corrección en circuito línea.

line delay | en transmisión.

line divider | divisor de frecuencia para obtener la señal de línea (televisión).

line drilling | perforación de límite.

line driver | excitador de línea.

line drop | caída de voltaje en la línea | caída de tensión de línea | pérdida de voltaje (electricidad).

line drop compensator | compensador de caída de voltaje en la línea, compensador voltimétrico.

line drop signal | señal de caída de tensión de línea.

line dropping | caída de tensión en la línea (electricidad) | desconexión de la línea (electricidad).

line entrance | caja de acometida de línea.

line equalization | corrección de frecuencia.

line equalizer | filtro corrector | equilibrador de línea.

line facility | equipo de línea (comunicaciones).

line fault | avería de línea (electricidad).

line feed | alimentación de la línea | avance de línea (fax).

line feed code | código de avance de línea.

line feed magnet | electroimán de alimentación de la línea.

line feeder | alimentador de línea (electricidad).

line fill | relación de las líneas conectadas a las líneas disponibles (telecomunicaciones).

line filter | filtro antiparasitario | filtro de línea.

line filter balance | equilibrador de filtro de línea (comunicaciones).

line finder | buscador preselector | buscador de línea (telefonía -G.B.).

line focus | foco lineal (óptica).

line for incoming traffic | circuito para tráfico de llegada (telecomunicaciones).

line free | desbloqueado (electricidad).

line frequency | frecuencia de línea | frecuencia de traba (televisión) | frecuencia de la raya espectral.

line frequency distortion | distorsión de frecuencia de línea.

line fuse | fusible de línea (electricidad).

line gage | regla de tipógrafo.

line hit | chasquido de línea | perturbaciones en el circuito | ruido de línea.

line impedance | impedancia de línea.

line impulses | impulsos de línea.

line in | entrada de línea (sonido).

line isolation facility | equipo aislador de línea (telecomunicación).

line jack | conjuntor de línea.

line keystone correction | señal trapezoidal de corrección de línea.

line keystone waveform | compensador de la distorsión trapezoidal de línea (televisión).

line layout I distribución de la cadena de montaje.

line leakage I fuga de línea I pérdida entre conductores (telefonía).

line lengthener I alargador de línea (electricidad).

line level I nivel de línea (transmisiones).

line link I enlace terrestre I enlace en línea (telecomunicación).

line loop resistance I resistencia de bucle de línea (electricidad).

line loss I pérdida de línea (transmisiones).

line misregistration I falso registro de una línea (informática).

line mixer I mezclador en línea.

line modulation I modulación lineal (radio).

line monitoring tube I tubo monitor de línea (TV).

line noise I ruido de circuito I ruido de línea.

line of aim I línea de puntería I línea de mira.

line of bearing I línea de marcación.

line of buckets I rosario de cangilones (dragas).

line of elevation I línea de tiro (balística).

line of field strength I línea del campo electromagnético.

line of fire I línea de tiro (balística).

line of flotation I línea de flotación.

line of gear I tren de engranajes.

line of induction I línea de fuerza (magnetismo).

line of position I línea de posición (navegación) I línea de rumbo.

line of reamers I escala de escariadores (mecánica).

line of sight I línea de ejes I horizonte óptico, línea visual I línea de mira, línea de situación.

line of steeper descent I línea de máxima pendiente.

line of thrust I eje de empuje I eje tractor.

line of weakage I línea de menor resistencia.

line oscillator I oscilador de línea.

line out I salida de línea.

line outage I corte de energía de la línea, interrupción de la corriente.

line output pentode I pentodo final de línea.

line output transformer I transformador de base de tiempo de línea (TV).

line packing I carga de la línea (gas).

line pad I atenuador de línea (telecomunicaciones).

line pickup I transmisión de señales por medio de conductores metálicos.

line pipe I tubería de conducción.

line plant I red de líneas (telecomunicaciones).

line pressure I presión de la tubería I voltaje de la línea, tensión de la línea.

line printer I impresora por renglones I impresora de líneas.

line pulser I pulsador de línea (radar).

line radiator I radiador lineal (electroacústica).

line radio I radiotelegrafía por hilos, radiotelegrafía alámbrica.

line ranger I escuadra de alineación (telefonía) I alineador (topografía).

line reactance I reactancia de la línea.

line recording I cadena de grabación.

line records I registro de líneas (telecomunicaciones).

line relay I relé de línea I relé de llamada.

line repeater I repetidor de línea (telecomunicaciones).

line residual equalizer I compensador de atenuación residual.

line return I retorno de línea (TV).

line scanning I barrido por líneas (TV) I escansión por líneas (TV) I exploración de líneas (TV).

line selector I buscador de línea (telefonía automática) I selector de línea.

line shaft I eje intermedio de transmisión.

line shunt admittance I admitancia en derivación con la línea.

line signals I señales de línea (redes telefónicas).

line simulator I línea artificial complementaria.

line space I interlínea.

line space selector I selector de interlineación.

line spectrogram I espectrograma de rayas.

line spectrum I espectro de líneas I espectro de rayas.

line splitter I repartidor de línea.

line splitting I dispositivo de corte de una línea (telefonía).

line stabilized oscillator I oscilador de línea estabilizada.

line standard I patrón de longitud en que la distancia se mide entre dos rayas grabadas sobre la barra.

line stretcher I extensor de línea I alargador de línea I línea de longitud eléctrica variable.

line structure I línea no uniforme (telefonía).

line sweep circuit I circuito de barrido lineal.

line switch I conmutador de línea I interruptor de línea.

line switchboard I conmutador de línea.

line switching I conmutación de circuitos I conmutación de líneas.

line synchronizing impulse I impulso sincronizador de línea.
line synchronizing signal I impulso de sincronismo de línea I señal sincronizadora de líneas.
line telegraphy I telegrafía por hilo.
line terminal apparatus I equipo terminal de línea.
line terminal panel I panel terminal de líneas (telecomunicaciones).
line terminals I terminales de fase I bornas de fase (red).
line tilt I compensación de línea (televisión).
line transformer I transformador del número de líneas (TV) I transformador de línea.
line translation I transformación del número de líneas (TV).
line transmission I transmisión por línea.
line valve I válvula de paso.
line voltage I voltaje de línea I voltaje de la red I voltaje entre fases (sistema trifásico) I tensión de línea.
line wire carrier I portadora en línea alámbrica.
linear I longitudinal I lineal.
linear accelerator I acelerador lineal.
linear actuator I accionador lineal.
linear alkylate sulfonate I alquilsulfonato lineal.
linear amplifier I amplificador lineal.
linear analog computer I calculadora analógica lineal.
linear antenna I antena lineal.
linear array I sistema de antenas colineales, red de antenas equiespaciadas I red colineal.
linear backward wave oscillator I oscilador lineal de onda regresiva.
linear beam tube I tubo de haz lineal.
linear circuit I circuito lineal.
linear cleavage I crucero lineal (geología).
linear clipping I limitación lineal (electrónica).
linear control I control lineal.
linear correlation I correlación lineal.
linear crosstalk I diafonía lineal.
linear DC amplifier I amplificador lineal de corriente continua.
linear decrease I descenso lineal (reactividad).
linear delay amplifier I amplificador lineal con retardo.
linear delay unit I unidad de retardo lineal.
linear density I masa por unidad de longitud.
linear detection I detección lineal I rectificación lineal, desmodulación lineal (radio).
linear doubling time I tiempo de doblado lineal (reactor).

linear drift I deriva lineal.
linear electron accelerator I acelerador lineal de electrones.
linear element I elemento lineal (matemáticas).
linear equation I ecuación de primer grado I ecuación lineal.
linear exhaust lead I avance lineal al escape.
linear expansion I dilatación lineal.
linear expansivity I coeficiente de dilatación lineal.
linear feedback control I control de retroalimentación lineal.
linear filter I filtro de variación lineal.
linear foot I pie lineal.
linear footage I longitud en pies.
linear gate I compuerta lineal (electrónica).
linear hypothesis I hipótesis lineal (matemáticas).
linear increase I incremento lineal (reactividad).
linear induction motor I electromotor de inducción lineal.
linear integrated circuit I circuito integrado lineal.
linear interpolation I interpolación lineal.
linear ion accelerator I acelerador lineal de iones.
linear ionization I ionización lineal.
linear law I ley de variación lineal.
linear lead I avance lineal a la admisión.
linear light I luz lineal.
linear magnetron I magnetrón lineal.
linear magnification I aumento lineal (óptica).
linear measure I medida de longitud.
linear modulator I modulador lineal.
linear motion I movimiento rectilíneo.
linear network I red lineal.
linear oscillating motor I motor oscilante lineal (electricidad).
linear pinch I estricción lineal (física).
linear pitch I paso lineal (cremalleras) I paso axial (engranaje de tornillo sin fin).
linear power amplifier I amplificador de potencia lineal.
linear pulse amplifier I amplificador de impulsos lineales.
linear range I alcance lineal.
linear ratemeter I ictómetro lineal I intensímetro lineal.
linear rectifier I rectificador lineal (electricidad).
linear scale I escala linear.
linear scan I exploración lineal (radar).
linear strain I deformación lineal (mecánica).

linear sweep I barrido lineal (electrónica).

linear taper I reductor lineal I resistencia de variación proporcional I distribución de resistencia lineal.

linear transducer I transductor lineal.

linear unit I unidad de longitud.

linearity I linealidad, proporcionalidad.

linearity checker I comprobador de linealidad (TV).

linearity control I control de linealidad I reglaje del número de líneas (TV) I reglaje de la linealidad.

linearity test chart I mira de pruebas sobre linealidad (TV).

linearity-correction amplifier I amplificador de corrección de la linealidad.

linearly polarized I de polarización plana.

linearly polarized wave I onda polarizada en línea, onda de polarización plana.

linearly varying voltage I tensión de variación lineal.

linearly-modulated voltage I voltaje de modulación lineal.

line-balance converter I convertidor de equilibrio de línea (electricidad).

line-cord resistor I resistencia de cordón de línea (electricidad).

line-finder switch I conmutador buscador de línea (comunicaciones).

line-jump scanning I exploración entrelazada, escansión entrelazada (TV).

lineman's detector I galvanoscopio.

line-of sight path I trayectoria de línea visual.

line-of-sight propagation I propagación entre puntos ópticamente visibles, propagación directa (radiotelegrafía).

line-of-sight range I alcance óptico.

line-of-sight transmission I transmisión óptica (radioondas).

liner I avión de línea I envuelta I camisa de cilindro I coquilla I blindaje I tubería de revestimiento (sondeos) I tubo perforado (entubado de pozos).

liner catcher I garra de seguridad (para tuberías).

line-regulated voltage I voltaje regulado de las líneas.

line-reversal technique I técnica de inversión de rayas espectrales.

line-series impedance I impedancia en serie con la línea.

lineshaft I eje de transmisión.

line-to-ground fault I derivación a tierra de la línea.

line-to-ground voltage I voltaje entre la línea y tierra.

line-to-line I entre fases I entre conductores (línea trifásica).

line-to-line capacitance I capacitancia entre conductores (línea trifásica).

line-to-line fault I fuga por contacto entre conductores (línea trifásica).

line-to-line voltage I voltaje entre fases de corriente alterna I voltaje entre conductores (línea trifásica).

line-to-neutral capacitance I capacitancia entre un conductor y el neutro (línea trifásica).

line-type modulator I modulador de línea de descarga.

line-type pulser I generador de impulsos de tipo lineal.

line-type radar impulses I impulsos radáricos lineales.

line-up I alineación de circuitos I ajuste de varios circuitos en serie I ajuste I alineación.

line-voltage fluctuation I fluctuación del voltaje de la línea.

line-voltage regulator I regulador de voltaje de la red.

lining I revestimiento interior I camisa interior (máquinas) I alineación I reglaje I revestimiento de una mina I encofrado.

lining disintegration I desintegración del revestimiento.

lining ionization chamber I cámara de ionización del revestimiento.

lining metal I metal para cojinetes.

lining of bearings I revestimiento de cojinetes con metal antifricción.

lining plate I chapa de forro, chapa de revestimiento.

lining up I puesta a punto (motores) I alineación, referencia (máquinas) I alineación de cojinetes I ajuste, afino, reglaje (motores).

link I correlación I corrector de bornes I enlace I conexión, articulación I conectador acoplador I elemento fusible (de un fusible eléctrico) I montador de enlaces.

link and pin I eslabón y pasador de enganche.

link bar I barra de conexión.

link bearing I cojinete de suspensión de la corredera (distribución Stephenson).

link belt I correa articulada.

link bit I bitio de unión.

link block I corredera del sector Stephenson.

link box I caja de enlace I caja de seccionamiento (electricidad).

link chain I cadena transportadora.

link circuit I circuito de enlace I circuito de acoplamiento I circuito de eslabón I circuito de conexión.

link coupled I articulado I eslabonado.

link distributing frame I repartidor de combinaciones (telefonía).

link editing I montaje con enlace.

link encryption I criptografía de enlace I conexión criptográfica.

link fulcrum I soporte del sector (distribución Stephenson).

link fuse I fusible de cinta.

link gear I distribución por corredera.

link group I grupo de enlace.

link lever I palanca de unión I palanca de cambio de marcha (locomotoras vapor).

link motion I distribución por sector Stephenson, distribución por corredera.

link motions I bielas enlazadas de las locomotoras.

link pin I pasador de articulación.

link register I registro de enlace.

link rod I varilla de acoplamiento.

link support I biela de suspensión de la corredera.

link testing I prueba de enlaces.

link (to) I unir I juntar I conectar I enlazar I articular I eslabonar I encadenar I acoplar.

link transmitter I transmisor de radioenlace.

link up I empalme.

link up (to) I emitir en cadena (radio, TV).

link V belt I correa trapezoidal con eslabones.

link valve motion I distribución por corredera.

linkage I mecanismo articulado I flujo magnético en espiral I unión I enlace I conexión articulada I acoplamiento I sistema de eslabones I flujo concatenado (electricidad) I enlace químico I reticulación (química) I concatenación I conexión I empalme.

linkage formula I fórmula estructural (química).

linkage loader I programa de carga.

linked I articulado I acoplado.

linked ammunition I munición en cargador de cinta (ametralladora).

linked bond I enlace covalente.

linked overload circuit-breaker I interruptor automático de máxima de desconexión simultánea de los polos.

linked polymer I polímero ligado.

linked polymer chain I cadena de polímeros ligados.

linked subroutine I subprograma cerrado I subrutina con enlace.

linked switch I interruptor de acción simultánea de las cuchillas.

linking I enlace, unión I articulación.

linking cables I cables de unión.

linking panel I unidades de entrada (telecomunicación).

linking point I punto de enlace I punto de articulación.

linking ship I buque de enlace.

linking spur I ramal de enlace.

linking station I estación de enlace (comunicaciones).

link-transmitter I retransmisor de haz concentrado (red televisión).

lin-log receiver I receptor lineal-logarítmico (radar).

linograph I intertipo (imprenta) I linotipia I linotipo.

linography I linografía.

linotype I linotipo I linotipia.

linseed I linaza.

linseed cake I torta de linaza (química).

lintel I dintel I arquitrabe (arquitectura) I estructura soportante metálica de las paredes (alto horno).

lip I filo, arista de corte.

lip angle I ángulo de corte (brocas).

lip bolt I perno de reborde.

lip of cam I corona de leva (mecánica).

lip union I unión de reborde.

lipase I lipasa (bioquímica).

lipid I lípido.

lipoid I lipoide (bioquímica).

lipotectic I lipotéctico.

liquate (to) I fundir I licuar.

liquating furnace I horno de licuación.

liquation cake I pan de licuación (cobre).

liquation hearth I horno de licuación.

liquation pan I caldera de licuación.

liquefaction I licuefacción I licuación.

liquefied I licuado.

liquefied petroleum gas I gas natural I gas licuado de petróleo.

liquid I líquido.

liquid bismuth alloy I aleación líquida de bismuto.

liquid blacking I pintura para moldes (funderías).

liquid blasting I limpieza con chorro de un líquido a presión que lleva en suspensión un abrasivo.

liquid buffing compositions I compuestos líquidos para pulir.

liquid carburizing I cementación en baño de sales (metalurgia).

liquid chalk | agarico mineral.
liquid clinker | escoria fluida.
liquid contraction | contracción por enfriamiento (metales en estado líquido).
liquid controller | combinador de resistencia líquida.
liquid cooler | refrigerante líquido.
liquid cooling | refrigeración por agua | refrigeración por líquido.
liquid crystal | cristal líquido (física).
liquid dielectric | dieléctrico líquido.
liquid dispersoid | dispersoide líquido.
liquid fuel | combustible líquido.
liquid fuse | fusible de líquido.
liquid gas | gas líquido | gas licuado.
liquid injection moulding | moldeo por inyección de líquido.
liquid junction cell | célula de unión electroquímica.
liquid laser | laser líquido.
liquid limit | límite de flúidez.
liquid measure | medida de capacidad para líquidos.
liquid metal | metal licuado.
liquid meter | contador de líquidos.
liquid methane | metano licuado.
liquid nitriding | nitruración en baño de sales.
liquid nitrogen cooling | enfriamiento con nitrógeno líquido.
liquid nitrogen cryostat | criostato de nitrógeno líquido.
liquid oxigen | oxígeno líquido.
liquid ozone | ozono líquido.
liquid packing | cierre hidráulico.
liquid petroleum fuel | combustible líquido de petróleo.
liquid petroleum gas | gas licuado del petróleo.
liquid propane | propano líquido.
liquid propellant | propulsante líquido | combustible líquido.
liquid radioactive waste | residuos radiactivos líquidos.
liquid resistor | resistor de líquido.
liquid rheostat | reóstato de arranque de resistencia líquida.
liquid seal | junta hidráulica, cierre de líquido | obturador de cierre líquido | sello hidráulico.
liquid squeezed | comprimido en estado líquido.
liquid starter | reóstato de arranque de resistencia de líquido.
liquid steel | acero licuado.
liquid steel hydrodynamics | hidrodinámica del acero licuado.

liquid-carburize (to) | cementar en baño de sales.
liquid-column gage | manómetro de columna líquida.
liquid-cool (to) | enfriar con un líquido.
liquid-cooled | enfriamiento por líquido.
liquid-cooled engine | motor de refrigeración líquida.
liquid-CO_2-cooled | enfriado con anhídrido carbónico líquido.
liquid-crystal display | panel de cristal líquido.
liquid-crystalline state | estado líquido cristalino.
liquid-expansion thermometer | termómetro de dilatación de líquido.
liquid-filled thermometer | termómetro de dilatación de líquido.
liquid-hydrocarbon fuel | combustible hidrocarbúrico licuado.
liquid-impregnated capacitor | condensador impregnado en líquido.
liquid-in-glass thermometer | termómetro de bola de vidrio rellena con líquido.
liquid-junction potential | potencial de contacto entre dos electrolitos.
liquid-metal circuit | circuito del metal licuado.
liquid-metal coolant | líquido refrigerante de metal licuado (reactor nuclear).
liquid-metal fuel | combustible nuclear transportado por metal líquido.
liquid-metal nuclear fuel | combustible de metal líquido.
liquid-metal-cooled reactor | reactor nuclear enfriado por metal licuado.
liquid-nitrogen refrigeration | refrigeración por nitrógeno líquido.
liquid-oxygen converter | convertidor de oxígeno líquido en oxígeno gaseoso.
liquid-propellant rocket engine | motor cohete de propelente líquido.
liquid-quenched | apagado en un líquido | enfriado en un líquido | templado en baño de sales.
liquid-quenched fuse | fusible de apagado en líquido.
liquid-seal (to) | obturar con líquido.
liquid-sealed | obturado hidráulicamente.
liquid-sodium-cooled | enfriado con sodio líquido.
liquid-structure interaction | interacción entre estructuras líquidas.
liquidtight | impermeable | estanco.
liquidus | fase líquida.

liquor I solución I lejía (industria papelera).
liquor cure I vulcanización en frío (caucho).
listen I escucha (telecomunicaciones).
listening I escucha (telecomunicaciones) I recepción (radio) I audición I radioescucha.
listening area I área de cobertura de una emisora (radio-TV).
listening circuit I circuito de escucha (telefonía).
listening level I nivel de recepción (telefonía).
listening station I estación de escucha I estación captadora.
listening test I prueba de audición (alta fidelidad).
listening through I dispositivo para emisión y recepción en dúplex.
listening-through device I dispositivo para emisión y recepción simultáneas (radio).
listenning watch I servicio de escucha (radio).
listing I listado (informática).
listing machine I tabuladora, máquina de sumar con mecanismo de impresión.
liter I litro (sistema métrico).
litharge I litargirio, óxido de plomo.
litharge-glycerin cement I cemento de óxido de plomo y glicerina.
lithia I litia (monóxido de litio).
lithia mica I mica litinífera, mica de litio, lepidolita.
lithium I litio (Li).
lithium bromide I bromuro de litio.
lithium carbonate I carbonato de litio.
lithium cell I pila de litio I célula de litio.
lithium chloride solution I solución de cloruro de litio.
lithium citrate I citrato de litio.
lithium copper I cobre litiado.
lithium deuteride I deuteruro de litio.
lithium hydroxide I hidróxido de litio.
lithium iodide I yoduro de litio.
lithium lactate I lactato de litio.
lithium nitrate I nitrato de litio.
lithium ore I mineral de litio.
lithium oxide I óxido de litio.
lithium phosphate I fosfato de litio.
lithium silicate I silicato de litio.
lithium silicide I siliciuro de litio.
lithium soap grease I grasa lubricante con jabón de litio.
lithium stearate I estearato de litio.
lithium titanate I titanato de litio.
lithium-drifted detector I detector de gradiente de litio I detector de difusión de litio.
lithium-sulfur battery I batería de azufre-litio.

lithium-treated copper I cobre tratado con litio.
lithium-zirconium silicate I silicato de litio y circonio.
lithochromy I litocromía.
lithocromatics I cromolitografía.
lithoglyptic I litoglíptico.
lithoglyptics I litografía, litoglíptica.
lithograph (to) I litografiar.
lithosiderite I litosiderito (meteorito).
litmus I tornasol (química).
litmus paper I papel de tornasol (química) I papel indicador del pH (acidez).
Little Bear I Osa Menor (astronomía).
Little Dipper I Osa Menor (astronomía).
live I cargado (proyectiles) I con corriente (electricidad) I sin explosionar (bombas, torpedos, etc.) I emisión en directo I radiodifusión directa.
live air I aire a presión, aire comprimido.
live ammunition I munición cargada.
live axle I eje motor, eje giratorio I eje del diferencial (autos) I eje motriz.
live cable testcap I aislador de extremidad del cable.
live center I centro de giro I punto móvil, punto giratorio (tornos).
live circuit I circuito bajo tensión I circuito con corriente eléctrica I circuito a presión.
live conductor I conductor con corriente.
live end I pared reverberante, pared ecoica (acústica).
live lever I palanca motriz.
live line I línea con corriente (electricidad) I tubería en funcionamiento (con líquido circulante).
live load I carga dinámica I carga móvil I sobrecarga.
live mechanism I mecanismo activado.
live microphone I micrófono abierto.
live oil I petróleo crudo.
live pickup I toma de vistas en directo (TV).
live pit I horno de fosa caliente (metalurgia).
live projectile I proyectil cargado.
live record I registro vigente (informática).
live room I sala reverberante, sala ecoica I sala con reflexiones (ecos) I sala no absorbente (acústica).
live shot I toma en directo (TV).
live spindle I husillo móvil I husillo giratorio.
live steam I vapor a presión.
live television broadcast I emisión de televisión en directo.
live transmission I emisión en directo (TV) I transmisión en directo (TV).

live TV I televisión en directo.
live-line splicing I empalme en una línea con corriente (electricidad).
live-line work I trabajo de entretenimiento de la línea estando ésta con corriente (línea eléctrica).
lixivial salt I sal lixivial.
lixiviate I lixiviado.
lixiviate (to) I lixiviar I lejiar.
lixiviating I lixiviación.
lixiviation I lixiviación I lejiación.
lixivium I lixivio I lejía I solución alcalina.
L-meter I medidor de inductancia I inductancímetro.
L-network I red en L (electricidad).
load I carga I filón (minas) I receptor (máquinas) I capacidad productiva.
load and go (to) I cargar y trasladar (informática).
load anticipator I limitador de potencia consumida (electrohornos).
load block I cuadernal móvil, cuadernal desplazable (grúas).
load bus I línea colectiva de carga (electricidad).
load cable I cable sustentador.
load carrying capacity I capacidad de arrastre.
load cell I pila piezoeléctrica I indicador de presiones (electricidad).
load center I centro de carga (electricidad).
load circuit I circuito en carga I circuito con corriente (electricidad).
load coil I bobina de carga (circuitos) I bobina de alimentación.
load coil spacing I paso de pupinización (telecomunicación).
load curve I curva de consumo (electricidad).
load deflection behavior I comportamiento carga deflexión.
load dispatcher I repartidor de la carga (redes eléctricas).
load dispatching I oficina de explotación (interconexión redes eléctricas).
load factor I coeficiente de carga, factor de utilización (electricidad).
load fall I cable de izar.
load impedance I impedancia de carga (electricidad).
load impedance diagram I diagrama de impedancia de carga.
load increase I sobrecarga.
load limit I carga máxima.
load line I cable de elevación I línea de carga I flotación (buques).

load partition I fraccionamiento de memoria con programa cargado (informática).
load pull I arrastre de carga (telecomunicaciones).
load resistance I impedancia de carga.
load resistor I resistor regulador de la carga.
load rheostat I reóstato de carga.
load sharing I reparto de la carga (electricidad).
load switch I conmutador de carga (electricidad).
load tap-changer I variador de toma bajo carga (transformador).
load (to) I alimentar (electricidad) I pupinizar I ensuciarse (bujía de encendido) I colocar (cinta).
load transfer switch I conmutador de transferencia de carga (circuitos) I interruptor de transferencia de carga.
load variation I variación del régimen (electricidad).
load voltage I voltaje de salida I tensión de carga (circuitos).
load-and-go I carga y ejecución consecutiva (informática) I carga y arranque (informática).
load-bearing wall I muro de carga.
load-carrying area I superficie sustentadora.
load-center system I sistema de centralización de la carga (electricidad).
load-circuit power input I potencia de entrada al circuito de carga.
load-dropping test I prueba con desconexión brusca de la carga.
loaded I cargado I pupinizado.
loaded cable I cable cargado I cable pupinizado (telefonía).
loaded circuit I circuito cargado (telefonía).
loaded filter I filtro con sobrecarga.
loaded governor I regulador de masa central.
loaded iron I fundición perlítica alta en cromo.
loaded line I línea cargada con inductancia I línea pupinizada.
loaded motional impedance I impedancia cinética cargada.
loaded pair I par cargado (telecomunicación).
loaded trunk cable I cable interurbano pupinizado (telefonía).
loader I máquina cargadora I cargadora mecánica I pala mecánica.
loading I carga I volumen del tráfico (radios).
loading coil I bobina de inducción, bobina aumentadora de inductancia I bobina Pupin I bobina de carga.
loading gear I mecanismo cargador.
loading resistance I reóstato de carga.

loading resistor I reóstato de carga.

loading unit I unidad de carga (telecomunicaciones).

loading-coil pot I caja para bobina Pupin (cables).

loadless starting I arranque en vacío.

load-leveling relay I relé desconectador automático.

loadmaster I programador electrónico de la correcta distribución de la carga.

loadmeter I aparato para medir la carga aplicada a los rodillos de laminar I instrumento que indica el porcentaje de carga de un generador (electricidad).

load-shedding I restricción de la carga en la hora de máxima demanda (electricidad) I interrupción de la carga.

load-starting I arranque en carga (motores).

loadstone I magnetita, imán natural.

loam I greda (geología) I arcilla plástica I tierra de moldeo I barro de fundición.

loam board I terraja giratoria (moldeo).

loam casting I moldeo en arcilla (fundición) I colada en arcilla, colada en tierra (funderías).

loam core I macho de arcilla, macho de tierra (moldería).

loam mold I molde de arcilla I molde de barro.

lobe I lóbulo (radio), pétalo (diagrama de irradiación).

lobe penetration I alcance radioeléctrico (radar).

lobe switching I conmutación de lóbulo (radar).

lobing I conmutación de lóbulos (radar, TV).

local annealing I recocido selectivo (metalurgia).

local area network I red de área local (informática).

local back-up I protección local temporizada (electricidad).

local battery I batería local (telecomunicaciones).

local call I conferencia urbana.

local call timer I generador de tiempo para llamada local (telefonía).

local computer network I red local de computadoras.

local control I mando directo.

local current I corriente local I corriente parásita, corriente de Foucault (electricidad).

local exchange I central urbana.

local fall-out I poso radiactivo local.

local forecast I predicción local (meteorología).

local jack I jack de respuesta (telefonía).

local loop I bucle local (telefonía) I circuito local.

local mean time I hora media local.

local order wire I circuito local de órdenes (telegrafía).

local oscillator I oscilador local (electrónica).

local out junction I enlace de salida (telefonía).

local record I control local (telegrafía).

local screening I efecto enmascarador local de señales (radio).

local trunk I enlace local I línea de enlace local (comunicaciones).

local-area network I red de servicio local (informática).

localizer I localizador I aparato de radioguía para aterrizar I radiolocalizador.

localizer beacon I radioguía de alineación I radiofaro localizador.

localizer beam I haz localizador (radio).

localizer course I rumbo del localizador.

localizer marker I radiofaro localizador.

localizer receiver I receptor del localizador.

localizer sector I sector de localizador (modulación).

localizer-transmitter I radiofaro de referencia.

locate (to) I localizar, situar.

locating I localización.

locating device I dispositivo de marcación I dispositivo de localización.

locating hole I agujero de posicionamiento.

locating mechanism I mecanismo de fijación (máquinas herramientas).

locating pin I clavija posicionadora (enchufes de varias clavijas con la hembra).

locating ring I anillo sujetador I anillo de fijación.

locating screw I tornillo de fijación I tornillo de sujeción.

locating spot I punto de referencia.

location I agrimensura I emplazamiento I ubicación, posición I localización.

location fit I ajuste de posicionamiento.

location shooting I rodaje de exteriores (cine).

location survey I levantamiento de trazado (topografía).

locator I localizador I indicador I detector I radiobaliza de posición I pasador de referencia I radiofaro de localización.

loci I lugares geométricos.

lock I cerradura I cerrojo I esclusa I antecámara (cajón neumático) I bloqueo I inactivación.

lock bolt I cerrojo (cerraduras) I perno de retenida.

lock chamber I cámara de esclusa.

lock gate I puerta de esclusa I compuerta.

lock head I cabeza de esclusa.

lock hole I agujero de fijación.

lock hook I gancho de cierre.

lock joint I junta engatillada.

lock lever I palanca de enclavamiento.

lock nut I contratuerca I tuerca de fijación, tuerca de seguridad.

lock on (to) I seguir automáticamente el blanco (haz radárico).

lock out amplifier I amplificador de bloqueo (telecomunicación).

lock pin I pasador de trinca (cañones) I pasador de fijación I perno de cierre.

lock plate I platina (armas de fuego) I placa de retención.

lock rail I travesaño central.

lock ring I anillo de cierre, anillo obturador I anillo de fijación.

lock rod I varilla de enclavamiento.

lock saw I serrucho de punta.

lock screw I tornillo de seguridad I tornillo de apriete.

lock seam I costura engatillada, costura engargolada.

lock shaft I árbol de bloqueo.

lock shaft guide screw I tornillo guía del eje del cierre.

lock stop I tope de enganche.

lock strike I cerrojo hembra.

lock stud I espiga de retención.

lock switch I conmutador de resorte (electricidad).

lock (to) I cerrar I enclavar, inmovilizar, esclusar I bloquear.

lock up shaft I árbol de sujeción.

lock washer I arandela de seguridad, arandela de presión, arandela Groover I arandela de frenado.

locked I bloqueado I inmovilizado.

locked kinematic chain I cadena cinemática bloqueada.

locked nut I tuerca inmovilizada con pasador.

locked oscillator I oscilador enganchado I oscilador sincronizado.

locked position I posición de trincado I posición de trabazón.

locked record I registro bloqueado (informática).

locked rotor I rotor frenado I rotor inmovilizado (electromotor).

locked rotor current I corriente con rotor frenado I corriente de rotor bloqueado.

locked rotor torque I par al freno (máquinas) I par inicial de arranque (motor eléctrico).

locked-in oscillator I oscilador de fijación en circuito.

locker I pañol.

lock-in I sincronizado (televisión) I enclavamiento.

lock-in amplifier I amplificador síncrono.

lock-in loop I lazo de enganche.

lock-in mixer I mezclador sincrónico.

lock-in range I margen de captación de señales de sincronización (televisión) I gama de sensibilidad (tubos electrónicos) I amplitud de sensibilidad I margen de enganche.

locking I cierre I inmovilización I acoplamiento de la frecuencia del campo con la de la red (televisión) I sincronización (electricidad).

locking bolt I pestillo, cerrojo.

locking cam I leva de fijación I leva de bloqueo.

locking catch I pasador.

locking circuit I circuito de retención.

locking clamp I abrazadera de sujeción.

locking connector I conectador cerrado.

locking device I dispositivo de enclavamiento I dispositivo inmovilizador I dispositivo de bloqueo I dispositivo de parada.

locking dog I espiga de cierre.

locking finger I uñeta de trinquete.

locking gear I engranaje trabador.

locking handle I palanca de cierre.

locking key I llave de enclavamiento.

locking lever I palanca de bloqueo I palanca inmovilizadora I palanca de presión.

locking mechanism I gatillo de parada (telecomunicación).

locking on the target I seguimiento automático del blanco (radar de tiro).

locking pawl I trinquete de sujeción, linguete de bloqueo, trinquete de enclavamiento.

locking phase I fase de sincronización.

locking pin I clavija de cierre I pasador de blocaje I pasador de fijación I clavija de bloqueo.

locking plate I platillo fijador I placa de sujeción.

locking range I banda de enganche.

locking relay I relé de enclavamiento, relé enclavador I relé de protección, relé de bloqueo.

locking sleeve I manguito de detención.

locking thread I rosca de enclavamiento.

locking-in I sincronismo I enclavamiento.

lock-on I iniciación de seguimiento de radar I captura (nuclear) I enganche (radar) I localización (radar) I iniciación.

lock-on amplifier I amplificador con enganche.

lockout I cierre eléctrico I bloqueo.

lockout circuit I circuito de exclusión.
lockout relay I relé de bloqueo.
lockout (to) I excluir I bloquear.
lockout tube I tubo electrónico de bloqueo I válvula electrónica de cierre.
lock-over circuit I circuito biestable.
lock-seaming tool I herramienta para hacer engatillados (juntas).
lock-shield valve I válvula con manguito sobre el vástago para maniobra con llave.
lock-wound core I núcleo magnético de tipo cerrado (transformadores).
locomotive I locomotora.
locomotive balance I contrapesos de las ruedas (locomotora) I válvula de seguridad de palanca y muelle (locomotora).
locomotive crane I grúa locomóvil I grúa de vía.
locomotive drive I tracción por locomotora.
locomotive engine I locomotora I máquina locomóvil.
locomotive power I fuerza locomotriz.
locomotive truck I carretón de locomotora, bogie de locomotora.
locus I lugar geométrico.
lodar I lodar (radiogoniómetro).
lode I filón, veta (geología).
lode bearing I buzamiento del filón.
lode branch I ramal de filón.
lode deposits I yacimientos en filón.
lode ore I mineral de filón.
lodestone I imán natural, magnetita, piedra imán.
lodge I galería (arquitectura) I cámara de enganche I galería de desagüe (minas).
lodger knee I curva horizontal para bao, curva valona (buque madera).
lodgment I galería de desagüe (minas).
lodgment level I galería de desagüe (minas).
loess I loess.
loessic I loésico.
loessic loam I loes arcilloso.
loft I hangar I sala de trazado (aeronáutica).
loft building I hangar.
loft floor I salón de gálibos.
lofting I trazado en la sala de gálibos (astilleros) I dibujo trazado en la montea I entibado del techo (minas).
lofting table I mesa de trazado.
log I troza, rollizo I logaritmo, diagrafía (sondeos) I corredera (navegación) I indicador de velocidad (buques) I diario de navegación I libro de vuelos (aviación) I cuaderno de trabajo (máquinas) I registro cronológico de operaciones.

log boat I narria.
log book I cuaderno de bitácora I diario de navegación.
log calipers I compás para rollizos.
log chute I paso para rollizos (presas) I conducto de troncos.
log cross-cutting machine I sierra alternativa para trocear rollizos.
log frame saw I sierra de bastidor para rollizos.
log grades I clasificación de trozas I clasificación de rollizos.
log hauler I tractor de arrastre de troncos (corta forestal) I máquina de arrastre.
log hauling I arrastre de troncos.
log jack I rampa de entrada (serrerías).
log off I cese de comunicación I salida de comunicación.
log on I entrada en comunicación I iniciación de comunicación I principio de registro.
log on (to) I iniciar una serie de comunicaciones.
log raft I balsa de troncos.
log reel I carretel de la corredera (buques).
log saw I sierra de tronzar.
log ship I barquilla de la corredera (buques).
log skidder I arrastradora de troncos.
log (to) I registrar I medir la velocidad con la corredera (buques) I anotar en el diario de navegación (buques, aviones) I anotar resultados en un registro I situar una estación (radio) I tronzar I talar I cortar árboles.
log turner I volteador de trozas (sierras) I volteador de troncos.
logarithm I logaritmo.
logarithmic I logarítmico.
logarithmic amplifier I amplificador logarítmico.
logarithmic chart I gráfico logarítmico.
logarithmic computer I computador logarítmico.
logarithmic diode I diodo logarítmico.
logarithmic motor I motor logarítmico (electricidad).
logarithmic plot I diagrama logarítmico.
logarithmic potentiometer I potenciómetro de variación logarítmica.
logarithmic ratemeter I ictómetro logarítmico.
logarithmic scale I escala logarítmica.
logarithmic series I serie logarítmica.
logarithmic taper I resistencia de variación logarítmica.
logaten I atenuador logarítmico.
logatom I logátomo (acústica).

logger I registrador (instrumento) I tabulador electrónico, registrador de datos, escrutador automático de datos (calculadora electrónica) I indicador de medidas de varios fenómenos.

loggia I galería (arquitectura).

logging I explotación forestal I anotación cronológica de hechos en un diario, diagrafía (sondeos) I registro de datos I anotación cronológica (telecomunicación).

logging arch I carrillo portatroncos.

logging ax I hacha de tumba.

logging in I entrada en comunicación con el sistema I introducción I entrada.

logging of stations I referencia de las estaciones (radio).

logging road I camino de saca (bosques).

logic I circuito lógico.

logic and databases I lógica y bases de datos.

logic array I dispositivo multicircuito integrado.

logic blocks I bloques lógicos (electrónica).

logic card I tarjeta lógica.

logic cell array I orden lógico de celdas (informática).

logic chart I gráfico lógico.

logic circuit I circuito lógico.

logic diagram I diagrama lógico (proyectos lógicos).

logic hyphenation I división lógica de palabras (fotocomposición).

logic interfacing I conversión de señal lógica.

logic map I mapa lógico (informática).

logic probe I sonda lógica.

logic pulser I generador de impulsos.

logic switch I conmutador lógico.

logical I lógico.

logical card I tarjeta de circuito lógico.

logical connective I conector lógico (informática).

logical flowchart I organigrama lógico, ordinograma lógico (informática).

logical gate circuit I circuito lógico de compuerta.

logical input-output control system I sistema operativo para el control lógico del input-output.

logical instruction I instrucción lógica.

logical network I red lógica.

logic-block-diagram I diagrama lógico de bloques.

logic-level converter I conversor de nivel lógico (circuitos).

logistic support I apoyo logístico.

logistic zone I zona logística, zona de comunicaciones.

logistical I logístico.

logistical zone I zona logística I zona de comunicaciones.

logit I logit (unidad logarítmica).

log/linear preamplifier I preamplificador logarítmico/lineal.

logogram I logograma I estenograma.

logography I logografía.

logon I logonio (telecomunicación).

log-on (to) I iniciar el registro I iniciar la comunicación.

logotype I logotipo.

log-periodic antenna I antena de periodo logarítmico.

log-spiral antenna I antena en espiral logarítmica.

logway I camino de rollizos, camino de troncos.

lone electron I electrón solitario.

lone pair I par aislado (química).

long bolt I tirafondo.

long break I separación larga (telecomunicaciones).

long chain compounds I compuesto de cadena larga (química).

long distance I larga distancia.

long echo I eco retardado.

long elbow I codo de gran radio (tuberías), codo abierto.

long lines I líneas de larga distancia (comunicaciones).

long measure I medida de longitud, medida lineal.

long path bearing I azimut de arco grande.

long pitch I paso largo I paso rápido.

long pitch screw I tornillo de paso rápido.

long plane I cepillo de galera (garlopa grande).

long play I larga duración (cintas-discos).

long radius curve I curva abierta.

long range I alcance grande.

long range navigation (loran) I sistema de navegación con radar I loran I radioayuda a la navegación aérea con líneas de posición hiperbólicas.

long range plane I avión de gran radio de acción.

long saw I sierra abrazadera.

long shot I fotografía a gran distancia I toma de vista a distancia I plano lejano (cine) I foto con teleobjetivo I toma de un objeto a distancia (cine).

long shotmaster shot I plano general.

long shunt I derivación larga (electricidad).

long spur I ramal largo (telefonía).

long tail pair I par de resistencia.

long terne I chapa revestida.

long ton I tonelada larga (2.240 libras) I gran tonelada (1.016 kilogramos).

long wave I onda larga (radiocomunicaciones).

long wave broadcasting station I emisión de radiodifusión por ondas largas.

long wave length emmiter I emisor de gran longitud de onda.

long-addendum tooth I diente saliente (engranajes).

long-chain alcohol I alcohol de cadena larga.

long-chain azo-compound I compuesto azoico de cadena larga.

long-chain carboxilic acid I ácido carboxílico de cadena larga.

long-delay timer I sincronizador de gran tiempo de retardo.

long-distance station I estación de gran alcance.

long-distant telephonic circuit I circuito telefónico de larga distancia.

long-focus lens I objetivo de foco largo.

longhaul aircraft I avión para largos recorridos sin escala.

long-haul carrier system I sistema de portadora de largo alcance.

long-haul circuit I circuito a larga distancia.

long-haul flight I vuelo de larga distancia.

longitudinal I longitudinal.

longitudinal arch I arco longitudinal.

longitudinal axis I eje longitudinal.

longitudinal bar I barra longitudinal I riostra longitudinal.

longitudinal beam I larguero.

longitudinal bulkhead I mamparo longitudinal.

longitudinal circuit I circuito unifilar I circuito longitudinal.

longitudinal coil I bobina longitudinal (transmisiones).

longitudinal current I corriente longitudinal (telecomunicaciones).

longitudinal deck girder I eslora de cubierta, viga de apoyo de baos (buques).

longitudinal elevation I alzado longitudinal (dibujo).

longitudinal fault I falla longitudinal.

longitudinal feed I avance longitudinal (máquinas herramientas).

longitudinal feed screw I husillo de avance longitudinal.

longitudinal framing I estructura longitudinal.

longitudinal girder I viga longitudinal.

longitudinal magnetic field I campo magnético longitudinal.

longitudinal magnetic recording I grabación magnética longitudinal.

longitudinal section I corte longitudinal, sección longitudinal.

longitudinal stay I tirante longitudinal I riostra longitudinal.

longitudinal traverse I avance longitudinal (máquinas herramientas).

long-play disc I disco de larga duración.

long-play record I disco de larga duración.

long-playing record I disco microsurco de larga duración.

long-wave radar I radar de onda larga.

long-wave radiation I radiación de onda larga (superior a cuatro micras) I radiación terrestre.

long-wavelength cutoff I límite de longitud de onda larga.

loom I cableado previo I telar I tubo flexible I conducto fibroso flexible (electricidad).

loom beam I plegador de urdimbre, enjullo (telares) I plegador del telar.

loom buffer I tope de telar.

loom comb I peine para telares.

loom frame I bastidor del telar (textil).

loom harness I montura de lizos, aparejo de telar.

loom knife I cuchilla de tejedor.

loom shuttle I lanzadera mecánica (textil).

loom side I bancada de telar.

loom sley I batán de telar.

loom spring I muelle de telar.

loom step I cojinete de telar.

loom the warp threads (to) I remeter los hilos de urdimbre.

looming I remetido (textil) I remetido de los hilos de urdimbre.

looming frame I caballete para remeter urdimbres.

looming line I línea de remetido (urdimbre).

loop I abrazadera, anilla, vía de derivación, malla (tejido de punto).

loop aerial I antena de cuadro.

loop antenna I antena de cuadro, antena cerrada.

loop cable I cable forrado de plomo de dos conductores aislados entre sí y trenzados.

loop checking I control por comparación I verificación por bucle.

loop circuit I circuito metálico, circuito bifilar, circuito con hilo de ida y de vuelta I circuito de bucle I circuito de anillo (corriente polifásica) I circuito cerrado.

loop compass I goniómetro.

loop connection I montaje en bucle (electricidad).

loop coupling I acoplamiento de bucle (electricidad).

loop current I corriente normal (circuito bifilar) I corriente de lazo.

loop dialing I marcación en bucle (telefonía).

loop disconnect dialer I marcador de desconexión del bucle.

loop error I error del bucle.

loop feed back signal I señal para alimentación del bucle.

loop feedback signal I señal de realimentación del bucle.

loop filter I filtro de bucle (electrónica).

loop gain I ganancia de bucle.

loop impedance I impedancia del circuito.

loop in (to) I conectar en circuito, intercalar (en un circuito).

loop interconnected system I sistema de redes interconectadas.

loop jack switchboard I cuadro de conmutación telefónica manual de clavijas.

loop line I circuito en bucle, vía de derivación (ferrocarril) I ferrocarril de circunvalación.

loop lock I lazo de enganche.

loop lubrication I lubricación en circuito cerrado.

loop output signal I respuesta del bucle (telefonía).

loop resistance I resistencia de bucle.

loop scavenge I barrido en bucle, barrido en U invertida.

loop setter I emplazador del bucle (telefonía).

loop stop I parada sobre bucle de iteración.

loop telegraph I línea telegráfica de abonado (telefonía).

loop test I prueba en bucle, prueba de lazo I medida con el método del puente (cables eléctricos) I prueba de circuito cerrado.

loop testing I prueba del lazo (circuitos eléctricos).

loop through I conexión derivada.

loop (to) I entrelazar I ondular I hacer un rizo (aviación) I ejecutar un bucle.

loop transfer function I función de transferencia del bucle.

loop transfer ratio I relación de transferencia del lazo.

loop transmission I transmisión en bucle.

loop winding I devanado de lazo.

loopback I circuito en bucle.

looper I engazador, remalladora.

looping I enlace I rizo (aviación) I bucle.

looping mill I tren de alambre (laminador).

looping round I vuelta de remallar.

looping-in I conexión en circuito.

loop-scavenged engine I motor con barrido en U invertida.

loopstick antenna I antena de cuadro de ferrita.

loose I desmontable I desconectado, móvil, inconsistente.

loose axle I eje loco.

loose bottom I fondo móvil.

loose connection I conexión floja I conexión suelta.

loose coupling I acoplamiento ajustable (radio) I acoplamiento desconectable I acoplamiento inductivo.

loose end I extremo libre (cuerdas, etc.) I chicote (marina).

loose fit I ajuste sin presión, ajuste con huelgo.

loose formation I formación abierta (aviación).

loose framing I encuadrado holgado (TV).

loose head I contrapunto (tornos).

loose piece I pieza suelta, pieza desmontable.

loose pulley I polea loca.

loose tolerance I tolerancia amplia.

loose tool I estampa de mano (forjas).

loose wheel I rueda loca.

loose-coupled tuner I sintonizador de acoplamiento inductivo.

loran I radioayuda aérea con líneas de situación hiperbólicas I sistema de radionavegación I loran.

loran fix I situación por loran.

loran guidance I guiado loran.

loran line I línea de posición lorán.

loran radar I radar para navegación de gran alcance.

loran station I estación de loran.

lorelei I radar simulado en funcionamiento (buques).

Lorentz instrument landing system I sistema Lorentz de aterrizaje por instrumentos (aviación).

lorhumb line I línea rumbo-loran.

loricate (to) I enchapar I esmaltar.

lorry I camión I puente móvil en la boca de un pozo (minas).

lorry chassis I chasis de camión.

losing rate I retardo.

loss I pérdida I atenuación (electricidad).

loss angle I ángulo muerto I ángulo de pérdidas (dieléctricos).

loss current I corriente de pérdidas.

loss factor I factor de atenuación (radio) I factor de pérdidas.

loss meter I medidor de pérdidas (energía).

loss of excitation | descebado (magnetismo).

loss of head | pérdida de carga (tuberías) | pérdida de carga hidrostática.

loss of pressure | pérdida de carga (hidráulica) | pérdida de presión | caída de voltaje.

loss of prime | descebamiento (bombas).

losser | atenuador | disipador | elemento amortiguador.

losser circuit | circuito amortiguador, circuito resonante de resistencia de hiperfrecuencia.

losser element | elemento de atenuación.

lossless network | red sin pérdidas, red no disipativa (electricidad).

loss-of-head gage | indicador de pérdida de carga | manómetro de pérdida de carga.

lossy networks | redes disipativas.

lost line | línea muerta (telefonía).

lost sand core | macho perdido (fundición).

lost timbering | entibación perdida (minas).

loudhailer | altavoz, altoparlante | megáfono.

loudness | volumen sonoro | intensidad acústica | sensación sonora, intensidad (sonidos) | nivel sonoro.

loudness compensation | compensación acústica.

loudness control | control de sonoridad.

loudness equivalent | nivel de sonoridad.

loudness level | nivel de sonoridad, nivel de intensidad sonora.

loudspeaker | altavoz, altoparlante.

loudspeaker amplifier | amplificador de altavoz.

loudspeaker capacitor | capacitor de altavoz (condensador).

loudspeaker directional pattern | diagrama direccional del altavoz.

loudspeaker impedance | impedancia de altavoz.

loudspeaker system | sistema de altavoces.

loudspeaker volume control | regulación del volumen del altavoz.

louver | persiana | boca de ventilación (buques) | celosía (buques) | pantalla antideslumbrante | rejilla.

louver gear | engranaje de baja velocidad (autos).

louver shutter | obturador de persiana | obturador de cortinilla.

louvre | persiana | boca de ventilación (buques) | celosía (buques).

low | depresión barométrica, presión mínima | bajo | grave (sonido).

low altitude | altitud baja.

low altitude area | zona de bajas presiones.

low angle | ángulo bajo | ángulo contrapicado (cámara) | contrapicado (cine).

low area | depresión, área de bajas presiones.

low audio range | registro inferior audible (gama).

low band | banda inferior.

low binding | enlace débil.

low boiling | de bajo punto de ebullición.

low brake band | freno de cinta de mando de la baja velocidad.

low brass | similor, latón compuesto de 80% de cobre y 20% de cinc | latón con menos de 20% de cinc.

low carbon 3,5% nickel steel | acero con 3,5% de níquel y pequeño porcentaje de carbono.

low cetane fuel | combustible de índice de cetano bajo.

low cover | cobertura baja (radar).

low definition | baja definición (televisión).

low energy electron diffraction | difracción de electrones lentos.

low explosive | explosivo no detonante, explosivo lento | explosivo deflagrante.

low flux reactor | reactor de bajo flujo.

low flying | vuelo rasante.

low frequency | baja frecuencia, hipofrecuencia.

low frequency compensation | compensación de baja frecuencia.

low frequency direction finding | radiogoniometría sobre ondas largas.

low frequency ultrasonic generator | generador ultrasónico de baja frecuencia.

low gear | multiplicación pequeña (engranajes) | primera velocidad (autos).

low gradient | pendiente débil, pendiente suave.

low hearth | forja de afino.

low impedance | baja impedancia.

low impedance capacitor | condensador de baja impedancia.

low level | baja altitud | bajo nivel.

low melting alloy | aleación de bajo punto de fusión.

low noise amplifier | amplificador de bajo ruido.

low powder | pólvora de combustión lenta | mezcla de pólvora negra con nitroglicerina.

low power | baja potencia | poco aumento (óptica).

low pressure | baja presión | bajo voltaje, baja tensión (electricidad).

low range | autonomía pequeña, radio de acción pequeño | alcance corto.

low recording density | baja densidad de grabación.

low sound | sonido grave | sonido débil.

low speed | pequeña velocidad | baja velocidad de transmisión.

low starting current | corriente de arranque de poca intensidad.

low steel | acero suave, acero bajo en carbono.

low striking voltage | tensión baja de desconexión | voltaje bajo de desconexión.

low temper | revenido suave | temple suave.

low temperature | temperatura bajo cero | de baja temperatura.

low temperature freezer | congelador a baja temperatura.

low temperature reactor | reactor de baja temperatura.

low tension | bajo voltaje, baja tensión.

low tide | bajamar | marea baja.

low tone | sonido grave | tono bajo.

low voltage | baja tensión.

low voltage protection | protección contra bajo voltaje.

low voltage transmitter | transmisor de baja potencia.

low volume ramjet | estatorreactor de bajo volumen.

low wall | piso, muro (minas) | labio inferior (fallas).

low water | bajamar, marea baja | estiaje (ríos) | nivel mínimo (calderas).

low water flow | caudal de estiaje.

low water level | nivel de estiaje.

low wing | ala baja.

low wing aircraft | avión de ala baja.

low-activity tracer | trazador de baja radiactividad.

low-alloy | oligoaleado, hipoaleado.

low-alloy carburizing steel | acero de carburación de aleación baja.

low-alloy emergency steel | acero de emergencia hipoaleado.

low-alloy heat-treatable steel | acero termotratable hipoaleado.

low-alloy high-strength steel | acero hipoaleado de gran resistencia.

low-alloy high-tensile steel | acero hiperresistente hipoaleado.

low-alloy inoculated iron | hierro inoculado hipoaleado.

low-alloy nickel-containing steel | acero al níquel hipoaleado.

low-alloy steel | acero de baja aleación, acero hipoaleado, acero débilmente aleado.

low-alloyed | hipoaleado | débilmente aleado.

low-and-high-pass filter | filtro de eliminación de banda (radio).

low-band filter | filtro de paso bajo.

low-blast | soplado a baja presión (alto horno).

low-blast furnace | horno de manga.

low-boiling liquid fractión | fracción líquida de baja temperatura de ebullición.

low-boiling solvent | disolvente de temperatura baja de ebullición.

low-C circuit | circuito de débil capacidad.

low-carbon killed basic Bessemer steel | acero Bessemer básico calmado bajo en carbono.

low-carbon martensite | martensita con pequeña proporción de carbono, martensita baja en carbono.

low-carbon steel | acero suave | acero semidulce.

low-carbon-rimmed steel | acero efervescente bajo en carbono.

low-cycled | a ciclo lento (pruebas de materiales).

low-damped circuit | circuito de bajo amortiguamiento.

low-damping filter | filtro de bajo amortiguamiento.

low-definition television | televisión de baja definición.

low-degree pressure-charging | sobrealimentación a pequeña presión (motores).

low-eccentricity orbit | órbita de pequeña excentricidad.

low-energy beta-ray emitter | emisor de rayos beta de baja energía.

low-energy electron diffraction | difracción electrónica de baja energía.

low-energy gamma radiation | radiación gamma hipoenergética.

low-energy neutron | neutrón hipoenergético.

lower bearing | cojinete inferior.

lower dead center | punto muerto inferior (motores).

lower deck | cubierta inferior (buques) | sollado.

lower deck beam | bao de la cubierta inferior.

lower end | extremo inferior.

lower flange | asiento de un carril | cordón inferior (vigas) | zapata (carril).

lower freezing point | temperatura inferior de solidificación.

lower frequency | baja frecuencia.

lower grade fuel | combustible de calidad inferior.

lower grid | reja de soporte.

lower heating value | valor de combustión neto | poder calorífico inferior.

lower mast | mástil inferior | palo macho (buques).

lower pair | par cinemático elemental.

lower reinforcement | armadura inferior (hormigón armado).

lower rigging | obencadura del palo macho (buques).

lower roll | cilindro hembra (laminadores).

lower shed | calada inferior (tejeduría).

lower shroud | obenque del palo macho.

lower stay | estay del palo macho (buques).

lower stern | bovedilla (buques).

lower surface | intradós (ala aviones) | superficie interior.

lower the sails (to) | arriar las velas.

lower the voltage (to) | reducir el voltaje.

lower (to) | bajar, reducir | arriar | descimbrar | bajar el tren de aterrizaje.

lowerator | descargador eléctrico.

lowercase | minúscula | caja baja.

lowered | rebajado | bajado (tren de aterrizaje).

lowering | disminución | reducción.

lowering heald | lizo de baja, rebatén (telar).

lowering shaft | lizo de baja, rebatén (telar).

lowering speed | velocidad de descenso.

lower-powered | de potencia inferior | de menor potencia.

lowest effective power | mínima potencia efectiva.

lowest valence | valencia mínima (química).

low-expansion alloy | aleación de pequeña dilatación.

low-expansion steel | acero con coeficiente de dilatación pequeño.

low-flux density | densidad baja del flujo.

low-flux reactor | reactor nuclear de débil flujo neutrónico.

low-freezing point | temperatura de congelación baja.

low-frequency carrier system | sistema portador de baja frecuencia.

low-frequency choke | bobina de impedancia de baja frecuencia.

low-frequency gain | amplificación en baja frecuencia.

low-frequency padder | condensador de ajuste de baja frecuencia (radio).

low-frequency response | respuesta en baja frecuencia.

low-frequency wave | onda de baja frecuencia.

low-gage | calibre de mínima, galga mínima.

low-grade | de poca ley.

low-grade iron ore | mineral de hierro pobre.

low-grade ore mining | explotación de menas de baja ley.

low-heat treatment | tratamiento a baja temperatura.

low-induction resistance | resistencia de baja inducción.

low-key picture | imagen oscura (cine) | imagen con gradaciones de tono oscuras (TV).

low-level | poca intensidad | bajo nivel, pequeña intensidad (electricidad) | hipoenergético.

low-level energy source | fuente hipoenergética.

low-level transistor | transistor de nivel bajo.

low-loading amplifier | amplificador con carga baja.

low-loss | débilmente disipativo (electricidad).

low-melting | de temperatura de fusión baja | fusible.

low-melting alloys | aleaciones de bajo punto de fusión.

low-melting eutectic | eutéctica de temperatura de fusión baja.

low-melting solder | suelda de temperatura de fusión baja | soldadura de bajo punto de fusión.

low-melting-point alloy | aleación de temperatura baja de fusión.

low-melting-point segregates | segregados de temperatura de fusión baja.

lowness | gravedad (sonidos) | debilidad (ruidos).

low-neutron absorption | absorción de neutrones lentos.

low-nickel alloy | aleación de bajo contenido en níquel.

low-nitrogen basic-Bessemer steel | acero Bessemer básico de bajo contenido en nitrógeno.

low-nitrogen low-phosphorus steel | acero bajo en nitrógeno y en fósforo.

low-nitrogen steel | acero con escasa proporción de nitrógeno.

low-nitrogen Thomas steel | acero Thomas bajo en nitrógeno.

low-noise amplifier | amplificador de nivel bajo de ruidos.

low-noise audio amplifier | amplificador audio de pequeño ruido.

low-noise hologram | holograma bajo en ruido.

low-oblique photography | aerofotografía oblicua baja, aerofotografía panorámica.

low-octane fuel | combustible de bajo octanaje.

low-output impedance circuit | circuito de pequeña impedancia de salida.

low-pass I paso bajo.

low-pass filter I filtro contra el paso de bajas frecuencias I filtro de paso bajo.

low-pass harmonic filter I filtro armónico de paso bajo.

low-pass selective circuit I circuito selectivo contra el paso de bajas frecuencias.

low-pH solution I solución de pH bajo.

low-phosphorus pig I arrabio bajo en fósforo.

low-power I pequeña potencia I poco aumento (óptica).

low-power beacon I radiobaliza.

low-power eyepiece I ocular de poco aumento.

low-power microphotograph I microfotograma a pequeño aumento.

low-power microscope I microscopio de poco aumento.

low-power microwave triode I triodo de microondas de pequeña potencia.

low-pressure chamber I cámara de depresión.

low-pressure circuit I circuito de baja presión I circuito de bajo voltaje.

low-pressure cutoff I admisión de baja presión.

low-pressure oil system I sistema de lubricación a baja presión.

low-pressure turbine I turbina de baja presión.

low-pressure valve gear I mecanismo del distribuidor de baja presión.

low-resolution I baja resolución.

low-resolution spectrometer I espectrómetro de baja resolución.

low-shaft furnace I horno de cuba baja.

low-silicon iron I arrabio bajo en silicio.

low-speed electric motor I electromotor de pequeña velocidad.

low-sulfur hypereutectic cast iron I fundición hipereutéctica baja en azufre.

low-sulfur-content malleable iron I hierro maleable bajo en azufre.

low-temperature impact test I prueba de resiliencia a baja temperatura.

low-temperature notch brittleness I fragilidad por entalla a baja temperatura.

low-tension current I corriente de bajo voltaje.

low-tension detonator I detonador eléctrico de bajo voltaje.

low-tension fuse I fusible de bajo voltaje.

low-tension line I línea de bajo voltaje, línea de baja tensión.

low-tension pulse I impulso de bajo voltaje (electricidad).

low-tension winding I devanado de baja tensión I arrollamiento de bajo voltaje I devanado de bajo voltaje.

low-torque capacitor motor I motor de arranque con capacitor con par motor pequeño.

low-vacuum welding I soldeo en vacío escaso.

low-volt release I desconexión de voltaje mínimo.

low-voltage current I corriente de bajo voltaje.

low-voltage high-amperage current I corriente de alto amperaje y bajo voltaje.

low-voltage release I desenganche de tensión baja I disyunción de mínima, desconexión con voltaje mínimo.

low-wattage I bajo vatiaje.

loxodrome I loxodromia I derrota loxodrómica.

loxodromic curve I derrota loxodrómica.

l-p turbine I turbina de baja presión.

LP-gas I gas licuado de petróleo.

L-S coupling I acoplamiento L-S.

luber I dispositivo lubricador.

lubing system I sistema de lubricación.

lubricant I lubricante.

lubricate (to) I lubricar, lubrificar.

lubricating I lubricación I lubricante.

lubricating system I circuito de engrase.

lubrication percolation I percolación de la lubricación.

lubricator I engrasador.

lubricator fitting I conexión de engrase.

lubricity I lubricidad.

lubrify (to) I lubrificar.

lucidity I brillantez I luminosidad I transparencia.

luff I costado de barlovento I amura I orzada.

luff round I orza a la banda.

luff tackle I aparejo de bolinear.

luff (to) I orzar (marina) I amantillar.

lug I orejeta terminal I agarradera, lengüeta de conexión (electricidad).

lug band I zuncho de arrastre.

lug bolt I perno de orejeta.

lug connection I conexión de lengüeta.

lug splice I empalme de aletas (electricidad).

lug strap I abrazadera (telares).

lug strap holder I correa portaabrazadera.

lug suspension I suspensión por orejetas.

lugged nut I tuerca de orejetas.

lugger I lugre (buque).

lumber I madero.

lumberg I lumbergio (unidad de energía luminosa).

lumbering I explotación forestal.

lumen I unidad de flujo luminoso, lumen I luz diámetro interior.

lumen bronze I aleación de cobre 10%, cinc 86% y aluminio 4%.

lumen integrator | integrador del flujo luminoso.

lumen maintenance | constancia del flujo luminoso.

lumen meter | lumenímetro.

lumen output | intensidad luminosa en lúmenes | rendimiento luménico.

lumen per watt | lumen por vatio.

lumerg | lumergio.

lumeter | fotómetro portátil para medir la iluminación, lumenímetro.

luminance | luminancia (brillo fotométrico).

luminance amplifier | amplificador de luminancia (TV).

luminance carrier | portadora de luminancia.

luminance channel | canal de luminancia | canal de iluminación.

luminance compensation | compensación de la luminancia.

luminance contrast | contraste de luminancia.

luminance factor | factor de luminación, reflectancia luminosa direccional.

luminator | patrón fotométrico | iluminador.

luminescence | luminiscencia.

luminescence degradation | degradación de la luminiscencia.

luminescent dosimeter | dosímetro luminiscente.

luminometer | luminímetro.

luminosity | luminosidad (física).

luminosity tester | fotómetro.

luminous edge | recuadro filtrador de la luz (TV) | filtro óptico encuadrante de la imagen (televisión).

luminous screen | pantalla luminiscente.

luminous signal | señal luminosa.

lump ore | mineral en terrones.

lump (to) | concentrar (electricidad).

lumped | concentrado (cargas, electricidad).

lumped delay line | línea de retardo de elementos concentrados (telecomunicación) | línea de retardo de parámetros localizados.

lumped loading | carga agrupada (circuito).

lumped voltage | voltaje aparente, voltaje compuesto (termiónica).

lumped-constant circuit | circuito de concentración constante.

lumped-constant filter | filtro de constantes localizadas.

lumped-constant oscillator | oscilador de constantes concentradas.

lumped-parameter oscillator | oscilador de parámetro concentrado.

lump-loaded | pupinizado.

lunar excursion module | vehículo de exploración lunar | módulo de excursión lunar (cosmonaves).

lunar landing | alunizaje (astronáutica).

lunar landing radar | radar de alunizaje.

lunar link | radioenlace con la luna.

lunar module | vehículo lunar | módulo lunar (naves espaciales).

lunar orbit insertion | inserción en órbita lunar.

lunar orbital flight | vuelo circunlunar.

lunar probe | sonda lunar.

lunar spacecraft | cosmonave lunar | nave espacial lunar.

lunar translation technique | técnica de la maniobra de traslación cerca de la superficie lunar (cosmonaves).

lunar vacuum | vacío atmosférico lunar.

lune | lúnula (geometría) | huso esférico.

lunette | luneto (arquitectura).

lurch | bandazo, balance violento (buques) | guiñada (buques).

lurching pump | bomba para los tanques de escorar (buque rompehielos).

luster (EE UU) | lustre, brillo.

luster (to) | lustrar.

lustered yarn | hilo lustrado.

lustering | lustrado, abrillantado.

lustering machine | abrillantadora | lustradora.

lustre (G.B.) | lustre, brillo.

lute | luten | cola para injertar | pegamento, arcilla para juntas | masilla | mástique.

lute (to) | cerrar una junta | dar mástique | tapar con luten | enmasillar.

lutetium | lutecio (Lu).

luting | mezcla de masilla, albayalde y aceite de linaza | enmasillado | lutenación.

lux | lux (unidad de intensidad luminosa).

luxmeter | luxómetro.

Lydian stone | lidita, jaspe negro, piedra de toque.

lydite | lidita, jaspe negro, piedra de toque.

lye | lejía (hidróxido de sodio, hidróxido de potasio) | solución alcalina.

lying shaft | eje horizontal | árbol de transmisión horizontal (mecánica).

lysimeter | lisímetro.

M

M cal I megacaloría.
M display I presentación visual tipo M (radar).
M field I campo magnético.
M lead I hilo M (telecomunicaciones).
M meson I mesón mu, muon.
M out of N code I código binario de cuenta fija.
M scan I exploración M.
M scope I presentación visual tipo M.
M shell I capa M (átomos).
M signalin lead I conductor de señalización M I hilo M (telecomunicaciones).
M. G. set I grupo convertidor.
m. t. cable I cable de parejas múltiples.
m.a. scale I escala de miliamperaje.
M.F.M. recording I grabación por modulación de frecuencia modificada.
M.O.S. integrated circuit I circuito integrado de estructura M.O.S.
M.O.S. transistor I transistor M.O.S.
M.T. radar I radar indicador de blancos móviles.
macerate (to) I macerar.
macerating I maceración.
maceration I maceración.
mach I mach I velocidad del sonido I machio (unidad de aerodinámica) I número de Mach.
Mach 2 I bisónico I Mach 2.
Mach airspeed indicator I indicador de número de Mach y velocidad con relación al aire.
Mach angle I ángulo de Mach.
Mach front I tallo de Mach (onda) I onda de Mach.
mach hold I control automático de velocidad supersónica.
mach photometer I fotómetro de contraste.
Mach trim couper I acoplador de compensación de Mach.
mach wave I onda de choque.
Mache unit I unidad Mache.
machinability I maquinabilidad.
machinability index I índice de maquinabilidad (metalurgia).
machinable carbide I carburo maquinable.
machine I máquina.
machine bolt I perno torneado I perno roscado.
machine code I código de máquina (lenguaje).
machine coring I macho mecánico (moldeo).
machine cutting I fresado.
machine cycle I ciclo de máquina.
machine drill I perforadora mecánica.
machine drive I mando mecánico.

machine forging I forjado a máquina (metalurgia).
machine fuse I cebo eléctrico de voltaje, cebo de tensión.
machine gun I ametralladora.
machine hardware I circuitos internos (máquinas).
machine holing I perforación mecánica.
machine impedance I impedancia interna de la máquina (electricidad).
machine indexing I indización automática.
machine instruction statement I proposición de instrucción máquina (informática).
machine key I chaveta.
machine language I lenguaje máquina (informática).
machine language code I codificación en lenguaje máquina (informática).
machine language program I programa en lenguaje de máquina.
machine mining I laboreo mecanizado (minas).
machine molding I moldeo a máquina.
machine oil I aceite para maquinaria.
machine plane (to) I cepillar mecánicamente I recantear a máquina (chapas).
machine planer I cepilladora de bordes de chapa.
machine pulley I polea escalonada.
machine ream (to) I escariar a máquina.
machine riveting I remachado a máquina.
machine run I pasada de máquina.
machine screw I tornillo para metales I tornillo para maquinaria.
machine screw tap I macho para roscar a máquina.
machine stoping I laboreo mecanizado (minas).
machine switching system I sistema de conmutación por máquina (electrónica).
machine (to) I maquinizar.
machine tool I máquina herramienta.
machine translation I traducción con máquina electrónica.
machine welding I soldadura a máquina.
machine word I palabra de máquina.
machine-cut I fresado, tallado a máquina (engranajes) I arrancado mecánicamente (carbón) I tallado a máquina.
machined I labrado I maquinado.
machine-drawn I estirado a máquina.
machine-mold (to) I moldear a máquina.
machine-print (to) I imprimir a máquina I estampar a máquina (telas).

machine-readable I legible por máquina (informática).
machinery I maquinaria.
machinery iron I fundición gris.
machinery oils I lubricantes para transmisiones.
machinery steel I acero suave.
machine-sculpture (to) I esculpir a máquina.
machine-tool (to) I labrar a máquina, maquinar.
machine-weld (to) I soldar a máquina.
machine-winding I bobinado mecánico I devanado a máquina I enrollamiento a máquina.
machine-wound I bobinado a máquina.
machining I maquinización I fabricación a máquina I maquinado I labrado I impresión por máquina I fresado.
machining allowance I tolerancia de fabricación.
machining coolant I refrigerante para maquinado.
machining head I cabezal maquinizante.
machining parameters I parámetros de maquinización.
machining setup I montaje para maquinado.
machining tolerances I tolerancias de maquinado.
machmeter I indicador de velocidad supersónica I aparato para medir el número de Mach I machmetro.
machmeter air speed indicator I anemomachmetro.
Mach-one valve I válvula sónica.
mack I mástil-chimenea soporte de los equipos electrónicos de detección aérea y de superficie (buques de guerra).
macle I macla (cristalografía).
macled quartz crystal I cristal de cuarzo maclado.
macro I macroinstrucción I macro.
macro assembler I ensamblador de macro.
macro assembly program I programa macroensamblador.
macro coding I macrocodificación.
macro expansion I desarrollo de una macroinstrucción.
macro flowchart I organigrama de macros.
macro language I lenguaje de macroinstrucción.
macro maintenance program I programa de mantenimiento de macroinstrucciones.
macro service program I programa en servicio de macros.
macro test I prueba macroscópica.
macroactivate (to) I macroactivar.
macrochemistry I macroquímica.

macroetch I macroataque por ácido (metalografía).
macroetch (to) I macroatacar al ácido.
macroetchant I macrorreactivo.
macrogenerator I generador de macroinstrucciones (informática).
macrogram I macrograma.
macrography I macrografía.
macrohardness I macrodureza.
macrometer I macrómetro (óptica).
macromosaic region I región macromosaica (cristalografía).
macroparameter I macroparámetro.
macroreticular ion I ion macrorreticular.
macroscopic cleavage I clivaje macroscópico.
macroscopic cross section I sección eficaz macroscópica.
macroscopic etching I ataque macroscópico.
macroscopic strain I macrodeformación, megadeformación.
macroscopic work I trabajo macroscópico (termodinámica).
macroscopy I macroscopia.
macroseism I macroseismo.
macroseismic I macrosísmico.
macrowave I macroonda, megaonda, onda larga.
Madagascar aquamarine I berilo azul de Madagascar.
Madagascar topaz I citrina, falso topacio.
madame X I radar de espoleta de proximidad.
made circuit I circuito cerrado (electricidad).
madistor I madistor (semiconductor).
mag disk-tape I disco-cinta magnéticos.
mag welding I soldadura con electrodo continuo en atmósfera de mezcla de gas inerte y de atmósfera activa.
magamp I amplificador magnético.
magamp regulation I regulación por amplificadores magnéticos.
magazine I depósito de municiones I polvorín (edificio) I pañol de pólvora (buques) I pañol de municiones (buques) I cargador (ametralladora y fusil) I peine para cartuchos (de fusil) I chillera (cañón naval).
magazine feed I alimentación por depósito (máquinas).
magazine-fed I alimentado por depósito (máquinas).
magclad I magclad, chapa de aleación de magnesio chapada con aleación de magnesio más anódica.
magic eye I indicador catódico, indicador óptico de sintonización.
magic lantern I linterna mágica (óptica).

magic number nuclei | núcleos de números mágicos (núcleos atómicos).

magic numbers | números mágicos (2, 8, 20, 28, 50, 82, 126).

magic T | acoplador de guía de ondas | T mágica.

magistral | magistral, piritas de cobre pulverizadas.

magma | magma.

magmatic | magmático (geología).

magnascope | magnascopio.

magneform | conformado magnético.

magnesia | magnesia.

magnesia alba | magnesia blanca.

magnesia brick | ladrillo de magnesia.

magnesia-containing glass | vidrio magnesífero.

magnesian | magnésico, magnesiano (química).

magnesite | magnesita.

magnesite brick | ladrillo de magnesita.

magnesium | magnesio.

magnesium acetate | acetato de magnesio.

magnesium anode | ánodo de magnesio.

magnesium arc weld | soldadura de magnesio por arco.

magnesium bomb | bomba incendiaria de magnesio.

magnesium carbonate | carbonato magnésico.

magnesium cell | pila de magnesio.

magnesium chloride | cloruro de magnesio.

magnesium die casting | pieza de magnesio fundida a presión.

magnesium fuel | combustible de magnesio en polvo.

magnesium galvanic anode | ánodo de magnesio para protección galvánica.

magnesium hydrate | hidrato de magnesio.

magnesium lime | cal magnésica.

magnesium molybdate | molibdato magnésico.

magnesium nitrate | nitrato de magnesio.

magnesium oxide | óxido de magnesio (MgO).

magnesium oxide emitter | emisor de óxido de magnesio.

magnesium oxychloride cement | cemento de oxicloruro magnésico.

magnesium perchlorate | perclorato de magnesio.

magnesium resinate | resinato de magnesio.

magnesium sulphate | sulfato de magnesio.

magnesium-rich alloy | aleación rica en magnesio.

magnesothermy | magnesiotermia.

Magnesyn compass | brújula Magnesyn.

magnet | piedra imán | magneto | electroimán | imán permanente.

magnet brake | freno electromagnético.

magnet charger | cargador de imanes | polarizador magnético.

magnet clamp | fijador magnético.

magnet coil | bobina de electroimán.

magnet core | núcleo del electroimán.

magnet corrector | imán corrector.

magnet crane | grúa magnética.

magnet joke | culata del electroimán.

magnet keeper | shunt magnético.

magnet limb | brazo del imán.

magnet power | energía de excitación de electroimán.

magnet steel | acero para imanes.

magnet system | sistema de imanes | sistema inductor (electricidad).

magnet telephone set | aparato telefónico de llamada magnética.

magnet tester | medidor de flujo magnético de electroimanes.

magnet wire | hilo para bobinas | alambre para electroimanes.

magnet-core antenna | antena de núcleo magnético.

magnet-damped vibration | vibración amortiguada por electroimán.

magnetic | cuerpo magnético | magnético | imanado | electromagnético.

magnetic aging | envejecimiento magnético, maduración magnética (aceros).

magnetic airborne detector | detector aéreo magnético (milicia).

magnetic amplifier | amplificador magnético.

magnetic amplitude | desviación magnética.

magnetic annealing treatment | tratamiento magnético para el recocido.

magnetic ball relay | relé de bola magnética.

magnetic band | pista de ficha magnética.

magnetic bar | barra imanada.

magnetic bearing | demora magnética | azimut magnético | marcación magnética.

magnetic biasing | polarización magnética.

magnetic brake | freno magnético.

magnetic bubble memory | memoria de burbujas magnéticas (informática).

magnetic card | tarjeta magnética | ficha magnética.

magnetic card compas | brújula magnética de graduación vertical.

magnetic card storage | almacenamiento en tarjeta magnética.

magnetic card store | memoria de ficha magnética.

magnetic cartridge | cartucho magnético.

magnetic cassette | cinta magnética en casete.

magnetic cathode ray tube | tubo de rayos catódicos magnéticos.

magnetic cell | célula magnética.

magnetic change point | temperatura de cambio magnético (hierro).

magnetic character | carácter magnético.

magnetic chart | carta de declinación magnética.

magnetic charting | cartografía magnética.

magnetic chuck | plato magnético de sujeción | plato electromagnético (tornos).

magnetic circuit breaker | interruptor magnético.

magnetic cluster | agrupamiento magnético.

magnetic clutch | embrague magnético.

magnetic compass | brújula magnética | compás magnético.

magnetic compensator | imán compensador.

magnetic core | núcleo magnético.

magnetic couple | par magnético.

magnetic coupling | acoplamiento electromagnético.

magnetic course | ruta magnética | rumbo magnético.

magnetic crane | grúa de electroimán.

magnetic creeping | arrastre magnético.

magnetic current | corriente magnética.

magnetic cusp field | campo magnético de cúspide.

magnetic cutter | grabador magnético (electroacústica).

magnetic damping | amortiguación magnética.

magnetic deflection | desviación magnética.

magnetic detector | detector magnético.

magnetic dip | inclinación magnética.

magnetic disk storage | almacenamiento en disco | memoria magnética de disco.

magnetic document reader | lector de documentos magnéticos.

magnetic domain | dominio magnético.

magnetic double refraction | birrefrigerancia magnética (óptica).

magnetic drag | arrastre magnético.

magnetic dressing | preparación magnética (metalurgia).

magnetic drive | arrastre magnético.

magnetic drum | tambor magnético.

magnetic drum memory | memoria por cilindro magnético.

magnetic drum store | memorización de tambor magnético.

magnetic erasing head | cabeza magnética borradora.

magnetic explorer | bobina de prueba.

magnetic fabric | estrucura magnética (minerales).

magnetic feedback | reacción electromagnética.

magnetic field | campo magnético.

magnetic field intensity | intensidad del campo magnético.

magnetic field pattern | diagrama del campo magnético.

magnetic field system | sistema inductor (electricidad).

magnetic figure | espectro magnético.

magnetic film handler | bobinador de film magnético.

magnetic firing circuit | circuito de activación magnético.

magnetic flip-flop | basculador magnético.

magnetic flowmeter | flujómetro magnético.

magnetic fluid | fluido magnético | líquido magnético.

magnetic fluid clutch | embrague de fluido magnético | embrague de líquido magnético.

magnetic flux | flujo de inducción magnética.

magnetic focusing | concentración magnética, enfoque magnético.

magnetic fuel pump | bomba magnética de combustible.

magnetic gradient accelerator | acelerador de gradiente magnético.

magnetic gripper | sujetador electromagnético.

magnetic hammer-break | interruptor magnético de martillo.

magnetic heading | rumbo magnético | rumbo con relación al norte magnético (aviación).

magnetic hoist | grúa electromagnética | elevador electromagnético.

magnetic inclination | inclinación magnética.

magnetic ink character reader | lectora de caracteres magnéticos (informática).

magnetic iron | magnetita.

magnetic lag | retardo magnético, histéresis magnética.

magnetic latching | conexión magnética.

magnetic leakage | escape magnético | dispersión magnética.

magnetic level indicator | indicador de nivel magnético.

magnetic line | línea magnética.

magnetic line contactor | contactor magnético para línea.

magnetic lines of force | líneas de fuerza magnética.

magnetic linkage | enlace magnético.

magnetic log | registro magnético (sondeos).

magnetic memory | memoria magnética.

magnetic microcarrier I microportador magnético.

magnetic mine I mina magnética.

magnetic mirror I espejo magnético, trampa adiabática (reacción termonuclear).

magnetic multipole field I campo de multipolo magnético.

magnetic needle I aguja imanada I aguja magnética.

magnetic north I norte magnético.

magnetic oil filter I filtro magnético para lubricantes.

magnetic ore I magnetita.

magnetic oxide I óxido magnético I óxido ferrosoférrico.

magnetic oxide of iron I óxido magnético de hierro, magnetita.

magnetic pickup I fonocaptor magnético I revelador magnético, captador magnético I electroimán elevador (grúas).

magnetic pickup transmitter I transmisor captador magnético.

magnetic plated wire I conductor con revestimiento magnético I hilo con metalizado magnético.

magnetic playback I reproducción magnética I lectura magnética.

magnetic plunger I émbolo magnético.

magnetic pole I polo magnético.

magnetic powder I polvo magnético.

magnetic probe I sonda magnética.

magnetic pull I atracción magnética.

magnetic pulser I generador magnético de impulsos I pulsador magnético.

magnetic pump I bomba electromagnética.

magnetic pyrites I pirita magnética, pirrotita.

magnetic radio bearing I radiomarcación magnética I marcación radiogoniométrica magnética.

magnetic reaction analyzer I analizador de reacción magnética.

magnetic reading head I cabeza magnética de lectura.

magnetic recorder I grabador magnético.

magnetic rectifier I rectificador electromagnético.

magnetic relay I relé magnético.

magnetic reproducer I reproductor magnético.

magnetic resistance I resistencia magnética, reluctancia.

magnetic ribbon I cinta magnética.

magnetic scattering I difusión magnética.

magnetic seal I obturador magnético.

magnetic sensing I lectura magnética.

magnetic shield I blindaje magnético I pantalla magnética.

magnetic shunt I derivación magnética, shunt magnético.

magnetic slope I gradiente magnético.

magnetic sound track I banda magnética de sonido.

magnetic south I sur magnético.

magnetic stiffness I rigidez magnética.

magnetic store I memoria magnética I almacén magnético.

magnetic strain gage I galga magnética para determinación de esfuerzos I calibrador magnético de deformaciones.

magnetic strate I hoja magnética, lámina magnética (electricidad).

magnetic stray I dispersión magnética.

magnetic striction I estricción magnética.

magnetic stripe I pista magnética (tarjeta).

magnetic stripe recording I registro en bandas magnéticas.

magnetic sublattices I subretículos magnéticos.

magnetic sweeper I barredera magnética.

magnetic synchronizer I sincronizador magnético.

magnetic tape I cinta magnética I cinta grabadora.

magnetic tape deck I bobinador de cinta magnética.

magnetic tape drive I unidad de cinta magnética.

magnetic tape encoder I registrador sobre cinta magnética.

magnetic tape group I grupo de cinta magnética I bloque de cintas magnéticas.

magnetic tape memory I memoria de banda magnética.

magnetic tape reader I lector de cinta magnética.

magnetic tape recording I registro de cinta magnética I grabación en cinta magnetofónica.

magnetic tape storage I almacenamiento en cinta magnética I memoria de cinta magnética.

magnetic temperature compensator I termocompensador magnético.

magnetic temperature detector I termodetector magnético.

magnetic tester I histeresímetro I permeámetro.

magnetic thickness gauge I galga magnética para medición de espesores.

magnetic thickness measurer I medidor magnético de espesores.

magnetic time relay I relé magnético temporizado.

magnetic torque I par magnético.
magnetic torquemeter I torsiómetro magnético.
magnetic track I derrota magnética, rumbo magnético.
magnetic tube of force I tubo de fuerza magnético.
magnetic vane ammeter I amperímetro de repulsión.
magnetic variation I declinación magnética I variación magnética.
magnetic variometer I variómetro magnético.
magnetically self-shielded relay I relé autoprotegido magnéticamente.
magnetically short-circuited poles I polos magnéticamente cortocircuitados.
magnetic-latching relay I relé de enganche magnético.
magnetic-matrix switch I conmutador de matriz magnética.
magnetic-tape computer I calculadora de cinta magnética.
magnetism I magnetismo I imanación.
magnetite I magnetita I óxido ferroso-férrico.
magnetization I polarización magnética I imanación I imantación.
magnetize (to) I magnetizar I imanar.
magnetized tape I cinta imantada.
magnetized to saturation I imantado a saturación.
magnetizing current I corriente imanante I corriente reactiva.
magnetizing force I fuerza magnetizante.
magnetizing pulse I corriente instantánea imanante, impulso imanante.
magnet-keeper I armadura del imán I shunt magnético.
magnet-lifter I electroimán de suspensión (grúas).
magneto I máquina magnetoeléctrica I magneto.
magneto bell I timbre de corriente alterna I timbre electromagnético.
magneto brush I escobilla de magneto.
magneto call I llamada por magneto (telefonía).
magneto core winding I enrollamiento del núcleo de la magneto.
magneto ignition I ignición por magneto (motores) I encendido por magneto.
magneto system I sistema telefónico por magneto.
magneto timing I reglaje de la magneto, regulación de la magneto.
magneto-generator I máquina magnetoeléctrica.
magnetohydrodynamic detonation wave I onda de detonación magnetohidrodinámica.

magnetoinduction I inducción magnética.
magnetoionic duct I conducto magnetoiónico (ondas).
magneton I magnetón.
magneto-optic effect I efecto magneto óptico.
magnetooptical laser I láser magnetoóptico.
magnetooptical switch I conmutador magnetoóptico.
magnet-operated brake I freno electromagnético.
magnetorotation I magnetorrotación.
magnetoscope I magnetoscopio.
magnetoscopy I magnetoscopia, inspección por partículas magnéticas.
magnetosonic wave I onda magnetosónica.
magnetostatic I magnetostático.
magnetostatic field I campo de fuerza magnetostático.
magnetostatic focusing I enfoque magnetostático.
magnetostatic shielding I apantallamiento magnetostático.
magnetostatics I magnetostática (ciencia).
magnetothermionic I magnetotermiónico.
magnetotorquer I dispositivo de par magnético.
magnetron I magnetrón.
magnetron oscilator I oscilador magnetrón.
magnetron pulling I arrastre del magnetrón.
magnification I amplificación I aumento (óptica).
magnification factor I factor de amplificación.
magnification range I gama de ampliación.
magnified I aumentado I amplificado.
magnifier I amplificador.
magnifier circuit I circuito amplificador.
magnifier valve I válvula amplificadora.
magnify (to) I aumentar I amplificar.
magnifying lens I lente de aumento I lente dióptrica.
magnifying power I poder amplificador I potencia de aumento (óptica).
magnistor I magnistor.
magnox I magnox (nuclear).
magslip I magslip (motor síncrono) I servosincronizador automático, transmisor electromagnético de posición angular.
main I colector I conducto principal, canalización principal I tubería (de agua o gas) I conductor principal (electricidad) I conducción maestra I cañería maestra.
main bang I onda de tierra (radar) I impulso iniciador (radar).
main beam I viga maestra, jácena.
main bearing I cojinete del cigüeñal I cojinete principal.
main bolt I clavija maestra.

main busbars | barras colectoras principales (electricidad).

main distribution frame | cuadro principal de distribución | repartidor principal (teléfonos).

main drain | tubería principal de achique (buques) | colector de drenaje.

main eccentric | excéntrica de la distribución | excéntrica principal.

main engine | motor principal | motor propulsor (buques).

main feed check | válvula de alimentación principal.

main feed line | línea principal de alimentación.

main floor | varenga maestra (buques).

main frame | unidad central | procesador central | computador central | cuaderna maestra (buques) | cuadro principal (electricidad).

main gate | canal de colada (funderías).

main girder | viga maestra.

main groove | ranura principal, ranura de entrada (dique seco).

main hatch | escotilla mayor (buques).

main haulage | arrastre de extracción.

main haulageway | galería principal de arrastre (minas).

main injection valve | válvula principal de inyección | válvula de toma de agua de mar (buques).

main instruction buffer | registro de instrucción principal (informática).

main jet | surtidor principal (carburador).

main leads | conductores principales (electricidad).

main level | galería maestra (minas).

main line | canalización principal | línea de alimentación de corriente | tubería principal.

main link | guía principal | biela del paralelogramo (máquina vapor) | biela principal (motores).

main lode | filón principal, veta madre.

main memory | memoria central | memoria principal.

main pin | pivote central | perno pinzote.

main pipe | tubería principal | tubería maestra.

main plug | enchufe de conexión a la red.

main program | programa principal.

main propulsion motor | motor principal de propulsión.

main pump | bomba principal | bomba real (buques).

main radio | central de radio (buques).

main rail | tapa de regala (buques), carril fijo (ferrocarril).

main receiver | receptor principal (radio).

main road | galería principal (minas).

main route | línea principal (telecomunicaciones) | ruta principal.

main runner | canal de colada (funderías).

main scanner | explorador principal.

main schedule routine | rutina directora (programa).

main shaft | eje motor | eje principal | árbol de manivelas.

main station | estación principal de abonado (telefonía).

main steam valve | válvula principal del vapor, válvula de cuello (turbinas, máquinas alternativas).

main storage | memoria central (ordenador).

main sweep | escala de mayor alcance (radar).

main switch | interruptor principal.

main tackle | aparejo real (buques).

main transmitter | transmisor principal.

main trunk circuit | circuito principal de enlace.

main voltage | tensión de red.

main wall | pared maestra, muro de carga.

main way | galería principal (minas).

main winding | devanado principal.

main-gear beam | viga del tren de aterrizaje principal (aeronáutica).

main-phase winding | devanado de la fase principal.

main-rotor shaft | árbol de rotor.

mains | línea principal | red eléctrica, red de distribución.

mains aerial | antena de red.

mains hold | enganche con red, acoplamiento de la frecuencia del campo con la de la red (TV).

mains switch | interruptor de red.

mains transformer | transformador de la red.

maintain (to) | actualizar (fichero) | conservar, entretener (máquinas, carreteras, etc.).

maintenance circuit | circuito de conservación.

maintenance of heading | conservación de rumbo.

maintenance service | servicio de mantenimiento | servicio de mediciones (telecomunicaciones).

major | principal.

major axis | eje mayor (elipse) | eje focal (óptica).

major calorie | kilocaloría.

major cycle | ciclo principal.

major fold | pliegue principal (geología).

major lobe | lóbulo principal (radiación).

major node | nudo principal (red eléctrica).

major overhaul I revisión general.

major relay station I estación repetidora principal (electrónica).

major switch I interruptor principal I interruptor general.

major-caliber weapon I arma de gran calibre.

majority carrier I portador mayoritario (semiconductor) I portadora mayoritaria, vector mayoritario (electrónica).

majority charge carrier I portador de carga mayoritaria.

majority emitter I emisor mayoritario (telecomunicaciones).

majority gate I circuito mayorante.

majority-logic network I red lógica de mayoridad.

make I procedimiento de fabricación I fabricación I producción, conexión (circuito eléctrico).

make a circuit (to) I cerrar el circuito.

make a loose fit (to) I ajustar con huelgo (máquinas).

make a survey (to) I levantar un plano.

make a tight fit (to) I ajustar sin huelgo (máquinas).

make and break coil I bobina de conjuntor-disyuntor.

make and break (to) I conectar y desconectar I abrir y cerrar un circuito.

make contact I contacto de trabajo (electricidad) I contacto de cierre.

make position I posición de cierre del circuito (electricidad).

make the circuit (to) I cerrar el circuito (electricidad).

make-and-break I conjuntor-disyuntor I interruptor distribuidor I ruptor distribuidor.

make-and-break current I corriente intermitente.

make-and-break mechanism I ruptor (automóvil).

make-before-break contacts I contactos de conmutación sin interrupción I contactos de cierre previo a apertura.

make-ready I puesta a punto.

make-time I duración del cierre (conmutador).

make-timer I temporizador de cierres (circuitos).

makeup I montaje I impaginación, imposición (tipografía) I maquetación.

makeup air I aire de relleno (sistemas de recirculación de aire).

makeup feed distiller I destiladora de la alimentación de agua de relleno (calderas).

makeup feed water I agua de alimentación de relleno (calderas).

makeup length I pieza de unión.

make-up torque I blocaje de tubería.

makeup water I agua de relleno (calderas, acumuladores).

making I fabricación I construcción I conexión, cierre (circuito eléctrico) I montaje.

making capacity I capacidad de conexión, capacidad de cierre (circuito eléctrico).

making contact current I extracorriente de cierre.

making current I sobrecorriente al cerrar un interruptor (electricidad) I extracorriente de cierre, valor máximo de corriente al cerrar un interruptor.

making light I faro de gran alcance (navegación).

making-up length I pieza de unión (tuberías).

malabsorption I malabsorción.

malachite I malaquita (cobre carbonatado verde).

male adapter I adaptador macho.

male and female plug I enchufe macho y hembra.

male connector I enchufe macho, conectador macho.

male die I punzón.

male gage I calibre interior, calibre macho.

male jack I clavija macho.

male mold I molde macho.

male pin I pasador macho.

male pug I enchufe macho.

male reamer I escariador macho.

male rotor I rotor macho.

male screw I tornillo.

male thread I rosca exterior.

maleic acid I ácido maleico.

malfunction routine I subprograma correctivo de incidente (informática).

malic acid I ácido málico.

malleability I maleabilidad.

malleable cast iron I hierro maleable I fundición maleable.

malleable casting I pieza de fundición maleable.

malleable coke iron I hierro maleable al coque.

malleable iron I fundición dulce para moldeo I hierro forjado, hierro maleable, hierro dúctil I fundición maleable, hierro fundido maleable I lingote de hierro maleable.

malleable pig iron I fundición maleable, lingote de hierro maleable.

malleable steel I acero suave maleable.

malleable wrought iron I hierro forjado.

malleableizing I maleabilización.

malleableizing furnace I horno de maleabilizar.
malleate (to) I martillar I forjar.
mallet I mallo I maceta de cantero I maza de hierro.
mallet and chisel I mazo y cincel.
malm I mezcla de greda y arcilla para imitar marga natural (fabricación ladrillo) I marga.
malpais I malpaís, basalto de plagioclasa.
maltha I brea mineral I pissasfalto.
man a boat (to) I armar un bote (marina).
man a parapet (to) I guarnecer un parapeto (milicia).
man a ship (to) I marinar un buque I tripular un buque.
man an aircraft I pilotar una aeronave.
man her (to) I tripular, marinar (un buque).
man the battle positions (to) I guarnecer las posiciones de combate.
man the capstan (to) I guarnir el cabrestante (buques).
man the oars (to) I armar los remos (botes).
man (to) I manejar I armar (un bote) I marinar (un buque, presas, etc.) I tripular I equipar I guarnir.
manage (to) I conducir I manipular I manejar I maniobrar.
management I manejo.
mandrel I pico de minero de dos puntas (minas) I mandril I mandrín, mandrino (tornos) I alma metálica (fundición).
mandrel lathe I torno de entallar.
mandrel nose I nuez del mandrín (tornos).
mandrel press I prensa para asentar mandriles I prensa de mandril expansor.
mandrel socket I enchufe de mandril.
mandrel support I portamandril.
mandrel test I prueba de mandrilado.
mandrel (to) I mandrinar I mandrilar I abocardar.
maneuver (EE UU) I maniobra.
maneuver in the air I maniobra en vuelo.
maneuver (to) I maniobrar.
maneuverable I maniobrable, manejable.
maneuvering area I zona de maniobra (aeródromos).
maneuvering board I rosa con coordenadas polares (compás náutico) I tablero de mandos.
maneuvering rudder I pequeño timón a proa de la hélice (embarcación de desembarcos).
maneuvrability I maniobrabilidad.
manganese I manganeso.
manganese acetate I acetato de manganeso.
manganese austenitic steel I acero austenítico al manganeso.
manganese carbonate I carbonato de manganeso.

manganese epidote I manganoepidota.
manganese fluoride I fluoruro de manganeso.
manganese green I manganato de bario.
manganese hydroxide I hidróxido de manganeso.
manganese spar I rodocrosita.
manganese stearate I estearato de manganeso.
manganese steel I acero al manganeso.
manganese sulphide I sulfuro de manganeso.
manganese zeolite I zeolita manganésica, zeolita manganesífera.
manganese-activated phosphor I fósforo activado con manganeso.
manganese-doped germanium I germanio con adición de manganeso, germanio impurificado con manganeso.
manganese-molybdenum steel I acero manganomolibdoso.
manganiferous cementite I cementita manganesífera.
manganite I manganita (mineralogía).
manganous fluoride I fluoruro de manganeso.
mangle I aplanadora de chapas I cilindros de enderezar chapa I satinador, prensa de satinar I calandria, máquina de calandrar, mangle.
mangle (to) I satinar, alisar I calandrar, manglear I aplanar.
mangle wheel I ruedas de husillos, linterna.
mangle wheel pinion I piñón de la rueda de linterna.
mangler I calandria, máquina de calandrar, mangle.
mangling I calandraje, mangleado.
mangling machine I calandria, mangle.
manhole I registro (alcantarillado) I boca de inspección I pozo de registro I registro de visita I paso de inspección (mecánica).
manhole box I caja de registro.
manhole hook I palanca.
manifold I colector de vapor (locomotora) I caja de válvulas (buques) I colector, distribuidor.
manifold pressure I presión de admisión en el colector, presión absoluta en la aspiración (motores).
manifold pressure gauge I manómetro de presión de admisión.
manifold shutoff valve I válvula de cierre del colector de vapor (locomotora).
manifold valve I válvula distribuidora (pozo petróleo).
manifolder I máquina multicopista.
man-made statics I parásitos industriales (radio).
manned I tripulado, asistido I armado, equipado (buques).

manned deep sea vehicle | vehículo submarino tripulado para exploración de grandes profundidades.

manned lunar flight | vuelo lunar con vehículo habitado.

manned lunar landing | aterrizaje lunar tripulado.

manned lunar mission | misión en la luna con piloto humano.

manned lunar orbit | órbita circunlunar con cosmonave tripulada.

manned module | nave tripulada.

manned rocket | cohete tripulado.

manned simulator | simulador tripulado.

manned spacecraft | nave espacial tripulada.

manned spaceflight | vuelo espacial tripulado (cosmonave).

manoeuvre (G.B.) | maniobra.

manoeuvring gear | mecanismo de maniobra | mecanismo de arranque (motores).

manoeuvring windings | devanados de arranque (motor eléctrico).

manometer | manómetro.

manometric relay | relé manométrico.

manometry | manometría.

mantle | envuelta exterior, camisa exterior (alto horno), anillo portante (cuba de alto horno) | manto (tambor de memoria magnética).

mantle carrier ring | anillo de sostenimiento de la camisa exterior (alto horno).

mantle holder | portacamisa (mechero).

mantle of the earth | ionosfera.

mantle ring | anillo portante, anillo soporte (cuba de alto horno).

mantle-rock | regolito, saprolito, roca de recubrimiento (geología).

manual arc welding | soldadura de arco manual.

manual attitude control | control manual de la actitud (cosmonaves).

manual blow-down valve | válvula de desahogo a mano (calderas).

manual central office | central manual (comunicaciones).

manual control | control manual.

manual cutout | cortocircuito de mano.

manual exchange | central manual (teléfonos).

manual office | central manual (telefonía).

manual ringing | llamada manual (comunicaciones).

manual switchboard | cuadro de conmutación manual.

manual switching | conmutación manual | conexión manual.

manual tape relay | retransmisión manual por cinta perforada.

manual trunk exchange | central interurbana manual.

manually energized transmitter | transmisor alimentado a mano.

manufactured mineral | mineral sintético.

manufacturing coal | carbón para hornos de recalentar (metalurgia).

manway | galería de circulación del personal (minas).

manway raise | contracielo de acceso, chimenea de paso (minas).

manway-up | chimenea de paso (minas).

map | mapa | plano | carta geográfica | plano topográfico.

map compilation | montaje de planos.

map convergence | convergencia de meridianos.

map declination | declinación geográfica.

map distance | distancia topográfica.

map making | cartografía.

map measurer | curvímetro | opisómetro.

map meter | curvímetro.

map projection | proyección cartográfica.

map range | distancia topográfica.

map substitute | croquis topográfico | mapa improvisado.

map (to) | trazar mapas, levantar planos | cartografiar.

map-matching guidance | guiado cartográfico por radar | radiogoniometría astral.

mapper | cartógrafo.

mappery | cartografía.

mapping | encuadre (radio) | fotogrametría | cartografía | encuadramiento (radar, televisión).

mapping camera | cámara aerofotográfica, cámara fotocartográfica.

mapping flight | vuelo cartográfico.

mapping photograph | fotografía cartográfica.

mapping radar | radar cartográfico.

mapping satellite | satélite artificial topográfico.

mapping techniques | técnicas cartográficas.

mapping unit | unidad cartográfica.

mar (to) | indentar | obstruir | interrumpir.

maraging | contracción de martensite y aging, proceso de endurecimiento estructural a temperaturas moderadas por maduración de la martensita dúctil.

maraging steels | aceros al níquel muy bajos en carbono con 18 a 25% de níquel y otros elementos como cobalto, molibdeno, titanio, etc.

marble | mármol.

marble cement I yeso alumbrado.

marble dust I partículas de mármol, marmolina I polvo de mármol.

marble flour I polvo de mármol, marmolina.

marble (to) I jaspear (libros) I veterar (madera).

marbleize (to) I jaspear (libros) I vetear (madera) I marmolizar.

marcasite I marcasita, pirita blanca, pirita prismática.

marceline I marcelina (mineral).

mareograph I mareógrafo.

mareometer I mareómetro.

margin I margen, ganancia I tolerancia (mecánica) I carel (horno metalúrgico).

margin of allowance I margen de tolerancia.

margin of error I margen de error.

margin of power I exceso de potencia.

margin of stability I margen de estabilidad (telefonía).

marginal I marginal.

marginal crevasse I grieta marginal (geología).

marginal definition I claridad en los bordes de la imagen (óptica).

marginal fold I pliegue marginal (geología).

marginal moraine I morrena lateral (geología).

marginal ray I rayo periférico (óptica).

marginal-oscillator spectrometer I espectrómetro de tipo de oscilación marginal.

marine band I banda marítima (radio).

marine broadcast station I estación radiodifusora marítima.

marine direction finder I radiogoniómetro marino.

marine electronic equipment I equipos electrónicos navales (servicio marítimo).

marine engineering I tecnología naval.

marine fouling I suciedad de los fondos (buques).

marine galvanometer I galvanómetro de resorte (buques).

marine gas turbine I turbina marina de gases.

marine gas-turbine regenerator I regenerador de turbina marina de gases.

marine geophysics I geofísica del suelo marino.

marine glue I mezcla de 1 parte de caucho bruto, 2 partes de goma laca y 3 partes de brea.

marine oil-drilling I sondeo marino de petróleo.

marine radar I radar náutico I radar marino.

marine reactor I reactor nuclear para buques.

marine sonar equipment I equipo de sonar marino.

marine surveying I levantamiento hidrográfico.

marine turbine I turbina marina.

marine voltmeter I voltímetro de resorte.

mariner's compass I brújula marina, compás de navegación.

mariner's gyronavigation manual I manual de navegación giroscópica para uso de marinos.

maritime I marítimo, marino.

maritime communications system I sistema de telecomunicaciones marítimas.

maritime engineering I tecnología marítima.

maritime radio station I estación radioeléctrica para servicio marítimo.

maritime radiotelephone service I servicio radiotelefónico marítimo.

maritime reconnaissance aircraft I avión de reconocimiento naval.

maritime satellite system I sistema de servicio marítimo por satélite.

maritime wave-bands I bandas de ondas para uso marítimo.

mark I signo I trazo I marca I señal.

mark bias I señal marcadora excesiva, exceso de corriente de reposo (comunicaciones).

mark buoy I boya de marcación I boyarín de aviso.

mark impulse I impulso de teletipo.

mark on a map (to) I indicar sobre un plano.

mark point I punto de referencia.

mark reading I lectura óptica de marcas.

mark scan (to) I leer ópticamente.

mark scanning I lectura óptica de marcas (informática).

mark sense card I tarjeta para lectura gráfica.

mark sense (to) I marcar con grafito.

mark sensing I lectura de marcas sensibles I detección de marcas (fichas) I lectura de etiqueta automática.

mark (to) I marcar, señalar I indicar I marcar con el gramil I balizar I marcar con el punzón de garantía (inspección de materiales).

marked end I polo norte, polo austral (magnetismo).

marked pole I polo norte, polo austral (magnetismo).

marker I marcador (telefonía) I trazador I indicador I baliza I radiobaliza automática I radiofaro.

marker antenna I antena de radiofaro I antena de referencia I antena de baliza.

marker beacon I radiofaro de rumbo, radiofaro vertical, radiofaro balizador, radiobaliza, radioboya marcadora I radiofaro secundario de aproximación I radiofaro marcador.

marker beacon receiver I receptor de radiobaliza, receptor de baliza marcadora (aterrizaje).

marker board I tablero de señales.

marker bomb I bomba marcadora.

marker buoy | boyarín de referencia de las anclas (dragas).

marker frequency | frecuencia de medida.

marker generator | generador de calibración.

marker light | luz marcadora, luz de señales | luz indicadora | faro de cola (trenes) | baliza luminosa (aeropuertos).

marker pip | impulso identificador | señal de calibración.

marker pulse | impulso marcador (telecomunicaciones).

marker radio beacon | radiobaliza.

marker receiver | receptor de radiobaliza.

marker switch | marcador (telefonía).

marker system | sistema con marcador.

markerless pulse train | tren de impulsos sin señal de referencia.

marking | jalonamiento | baliza | señal | marcación, marca.

marking gage | gramil.

marking hammer | martillo para marcar, granete.

marking of field | balizaje del campo (aeropuerto).

marking transmission | transmisión de reglaje.

marking wave | onda de marcación | onda de marca, onda de manipulación | flujo de transmisión.

mark-sensed punching | perforación por marcado electrosensible.

marl | marga | arcilla calcárea.

marl (to) | margar, abonar con marga, empalomar (velas) | relingar (una vela).

marly clay | arcilla margosa.

marly limestone | marga caliza.

Mars probe | sonda exploradora marciana.

marsh | marisma | pantano.

marstrained steel | acero martensítico bonificado sometido a una pequeña deformación plástica y después revenido otra vez o madurado (aumenta el límite elástico en un 15%).

marstraining | deformación plástica y segundo revenido (termotratamiento de aceros).

martemper (to) | martemplar, templar diferidamente.

martempering | martemple, temple martensítico ininterrumpido, temple diferido, temple isotérmico.

martensite | martensita.

martensite steel | acero con hierro gamma.

martensite-like reaction | reacción martensítica.

martensitic cast iron | fundición martensítica.

martensitic chromium steel | acero al cromo martensítico.

martensitic hardening | temple martensítico.

martensitic quenching | temple martensítico.

martensitize (to) | martensitizar.

martensitizing method | método de martensitización.

marv (maneuverable re-entry vehicle) | vehículo maniobrable para la reentrada (cosmonaves).

maser | máser | amplificación de microondas por emisión estimulada de radiación.

maser amplifier | amplificador de máser.

maser interferometer | interferómetro de máser.

maser oscillator | oscilador masérico.

maser radiometer | radiómetro masérico.

maser relaxation | relajación del máser.

mash seam welding | soldeo por puntos y estampado de las juntas, soldadura plástica continua | soldadura por presión.

mash (to) | macerar | mezclar.

mash welding | soldeo por estampado (fragua) | soldeo por puntos con aplastamiento del solape por presión del rodillo.

mask | enmascaramiento (informática).

mask bit | bitio de enmascaramiento.

mask flat | montaje con máscara (fotomecánica).

mask (to) | filtrar | enmascarar.

masked battery | batería oculta.

masked echo | eco enmascarado.

masked valve | válvula con deflector (mecánica).

masked-inlet valve | válvula de admisión parcialmente tapada.

masking | perturbación (acústica) | enmascarado fotográfico.

masking audiogram | audiograma de un ruido | audiograma de enmascaramiento.

masking edge | borde de obturación.

masonite | masonita (blindaje de reactores).

masonry | sillería | albañilería | mampostería.

masonry bridge | altar de mampostería (hogar) | puente de sillería.

masonry lining | revestimiento de mampostería | forro de sillería.

masonry wall | muro de mampostería.

masonry work | obra de mampostería | obra de sillería.

mason's cutting hammer | alcotana.

mason's float | fratás.

mason's hammer | piqueta de albañil.

mason's horse | torno a mano para subir materiales (edificios).

mass | masa.

mass abundance | concentración de masa.

mass action | acción de masas (química).

mass coefficient I coeficiente de masa I coeficiente másico.

mass concrete I hormigón en masa.

mass correction I defecto de masa (nucleónica).

mass defect I defecto de masa (nucleónica).

mass enthalpy I entalpía másica.

mass entropy I entropía másica.

mass flow I flujo másico.

mass matrix I matriz de masa.

mass number I número másico (química).

mass of ore I macizo de mineral.

mass of the electron I masa del electrón.

mass polymer I polímero en masa.

mass production I producción en serie I fabricación en cadena.

mass radiator I oscilador de ondas amortiguadas (del infrarrojo lejano).

mass radius of gyration I radio de giro de la masa.

mass rate flowmeter I flujómetro de gasto másico.

mass ratio I relación de masa.

mass reactance I reactancia másica.

mass spectrograph I espectrógrafo de masas.

mass spectrometry I espectrometría de masa.

mass spectrum I espectro de masas.

mass storage I almacenamiento masivo (informática).

mass storage file I fichero de almacenamiento masivo.

mass synchrometer I sincrómetro de masa.

mass (to) I agrupar, amontonar I juntar.

mass velocity I velocidad másica (física).

massbalancing I equilibrado de masa.

mass-batch heat-treating I termotratamiento de hornada en masa.

mass-concrete blockwall I muro de bloques de hormigón en masa.

mass-generation of neutrons I generación en masa de neutrones.

massicot I masicote (mineralogía).

massive bomb I bomba atómica o de hidrógeno.

massive cementite I cementita en exceso.

massive magnesite I magnesita amorfa.

massive ore I mena recia.

mass-spectroscope I espectroscopio para determinar las masas.

mast I mástil (sondeos), percha (buques) I palo de acero (buques) I poste.

mast radiator I mástil radiante (radio).

mast step I carlinga.

master I casete original I estación principal I fichero maestro I clisé, placa, plancha (offset) I original.

master alloy I aleación magistral I aleación de composición predeterminada para añadir ciertos metales al caldo (metalurgia) I aleación patrón.

master and slave computers I ordenadores maestro y periférico.

master antenna I antena magistral compartida (TV en edificios) I antena colectiva.

master bushing I buje maestro.

master cam I leva matriz I leva patrón.

master chip I pastilla de base (semiconductor).

master compass I compás magistral (buques).

master connecting rod I biela maestra.

master control panel I mesa de control principal.

master control program I programa maestro de control I programa principal de control (informática).

master controller I combinador principal (electrotecnia), conmutador principal.

master copy I copia original I montaje original.

master data file I ficheros de datos maestros (informática).

master diamond I diamante patrón (medida durezas).

master drawing I dibujo matriz I dibujo modelo.

master drive I excitador maestro (electricidad).

master file I fichero maestro I archivo principal I archivo central.

master form I matriz.

master frequency register I registro de referencia de frecuencias.

master gage I calibre de referencia, galga patrón, calibre maestro I gálibo de carga (ferrocarril) I manómetro patrón.

master gear I engranaje principal.

master gyrostabilizer I estabilizador del giroscopio magistral.

master image I imagen patrón (comparador óptico).

master instruction tape I cinta maestra de instrucciones.

master key switch I disyuntor magistral.

master link I eslabón de empalme.

master mounting I montaje principal.

master office I estación principal (telecomunicación).

master oscillator-power amplifier I oscilador principal-amplificador de potencia I oscilador amplificador maestro.

master phonograph record I matriz negativa fonográfica.

master plan position indicator I indicador principal de posición en el plano (radar).

master print I copia maestra I copia original (filmes).

master processor I unidad central (sistema de ordenadores).

master radar I radar principal.

master radio frequency record I registro básico de frecuencia radioeléctrica.

master record I registro principal, disco matriz (gramófono).

master routine I programa principal I rutina principal (telefonía) I rutina maestra I programa normal (calculadoras electrónicas).

master service I acometida general de edificios.

master service sight I goniómetro principal.

master shot I toma maestra (cámara).

master sound receiver I receptor maestro del sonido.

master station I estación principal I estación cabecera (radio) I estación maestra (telecomunicación) I estación directora.

master switch I interruptor maestro, interruptor principal, disyuntor magistral I interruptor general.

master synchronization pulse I impulso maestro de sincronización I impulso principal de sincronización.

master tape I cinta maestra.

master television antenna I antena colectiva de televisión.

master training schedule I programa general de instrucción.

master valve I válvula maestra, válvula magistral, válvula principal.

master vein I filón principal.

master vision receiver I receptor vídeo patrón.

master wheel I rueda maestra.

master-card duplicating device I dispositivo duplicador por tarjeta maestra.

master-cock I grifo de comprobación, grifo de verificación.

mastergroup I grupo terciario (telefonía) I grupo maestro.

mastergroup link I enlace en grupo terciario.

master-rod I biela maestra.

master-slave manipulator I manipulador telemandado.

master/slave system I sistema combinado maestro/subordinado.

masthead I cabeza de la torre de perforación (sondeos).

masthead light I luz de tope (buques).

masthead tackle I aparejo para dar pendol.

mastic I masilla I lentisco I mástique I aglomerado asfáltico.

mastic asphalt flooring I piso de asfalto mezclado con un mástique.

mastic asphalt mixer I mezclador de asfalto con un mástique.

masticate (to) I triturar.

masting I arboladura (buques).

mastless I desarbolado (buques).

mast-raising gear I mecanismo para izar el mástil.

mat I placa continua de cimentación I losa continua de cimentación (hormigón) I placa de sustentación I mata (metalurgia) I matriz (litografía).

mat reinforcement I armadura de mallado (hormigón).

mat (to) I deslustrar (cristal) I dejar mate (metales) I revestir (taludes) I esmerilar cristal.

match I adaptación I equivalencia I concordancia.

match an impedance (to) I adaptar una impedancia.

match cut I corte compaginado (plano TV).

match level I nivel de comparación.

match photometer I fotómetro de contraste.

match (to) I cotejar I unir I emparejar I adaptar I centrar.

match-board I tabla machihembrada I placa modelo de madera (fundición).

matched I equilibrado I machihembrado.

matched filter I filtro ajustado.

matched load I carga equilibrada (ondas).

matched power gain I ganancia en potencia de un circuito adaptado.

matched termination I terminación adaptada.

matched waveguide I guía de ondas adaptadas (telecomunicación).

matched-metal molding I moldeo en moldes metálicos acoplados.

matcher I máquina de machihembrar.

matching I equiparación I equilibrado I adaptación (imagen).

matching device I dispositivo de adaptación.

matching knife I cuchilla para machihembrar.

matching machine I machihembradora.

matching network I red equilibradora I red de adaptación.

matching plane I cepillo de machihembrar, acanalador.

matching quadrupole I cuadripolo de adaptación.

matching section transformer I transformador de cuarto de onda.

matching strip I lámina de adaptación (telecomunicación).

matching stub l impedancia de equilibrio l sección derivada de adaptación l equilibrador de impedancia, equilibrador (radio) l transformador de velocidad l conductor adaptador (antena).

mate (to) l acoplar l engranar.

material l material l ingrediente l materia.

material buckling l laplaciano material (nucleónica).

material efficiency l rendimiento del material (nuclear).

material test reactor l reactor de prueba para materiales.

materials processing reactor l reactor de tratamiento de materiales l reactor para procesado de material.

materials testing reactor l reactor de ensayo de materiales.

materials-testing reactor l reactor de prueba de materiales.

matrix l aglomerante (química) l matriz (matemáticas, metalurgia) l molde l ganga, roca madre (geología).

matrix micro-cracking l microfisuración de la matriz (metalurgia).

matrix printer l impresora matricial.

matrix printing l impresión en matriz.

matrix unit l unidad matriz.

matrixer l circuito matriz.

matrixing l transmisión con matrices (radio).

matrixing circuit l circuito matricial.

matrixing network l red matricial.

matrix-valued function l función matricial.

matt l mata (metalurgia).

matt (to) l matear l deslustrar (vidrio).

matte l mata (metalurgia).

matte bath l baño de deslustrar.

matted track l pista sonora de densidad y anchura variables (cine - EE UU).

mattock l azadón l pico l alcotana l piqueta.

maul l mazo, machota, mandarria.

maximal flatness amplifier l amplificador de aplanamiento máximo.

maximal isometric force l fuerza isométrica máxima.

maximal safe-handling dose l dosis máxima inocua de manipulación (nuclear).

maximal signal strength l intensidad máxima de señal.

maximum allowable concentration l concentración máxima permisible.

maximum and minimum relay l relé de máxima y mínima.

maximum and minimum thermometer l termómetro de máxima y mínima.

maximum angle of attack l ángulo máximo de ataque (aeronáutica).

maximum anode dissipation l disipación anódica máxima.

maximum available power gain l ganancia máxima de potencia disponible.

maximum average power output l máximo promedio de la potencia de salida.

maximum baseband frequency l frecuencia máxima de banda base.

maximum capacity l potencia máxima (electricidad).

maximum circuit breaker l interruptor de máxima.

maximum clearance l huelgo máximo.

maximum combat power l potencia máxima de combate (motor aviones).

maximum continuous output l rendimiento continuo máximo.

maximum continuous rating l vaporización máxima continua (calderas) l potencia máxima continua l régimen continuo máximo.

maximum current relay l relé de corriente máxima.

maximum cutout l disyuntor de máxima, automático de sobreintensidad máxima.

maximum demand l consumo máximo (electricidad) l demanda máxima, punta de carga.

maximum discharge current l corriente máxima de descarga (acumuladores).

maximum distortion l distorsión máxima l deformación máxima (telegrafía).

maximum drive conditions l condiciones de excitación máxima (transistores).

maximum endurance l autonomía máxima (aviación).

maximum freezing point l punto de congelación máximo.

maximum indexation directing l direccionamiento máximo por indización.

maximum interference l apriete máximo (ajustes).

maximum interference threshold l umbral máximo de interferencia.

maximum intermittent output l potencia máxima intermitente.

maximum keying frequency l frecuencia máxima de manipulación (fototelegrafía-facsímil).

maximum landing weight l peso máximo al aterrizar.

maximum licenced takeoff weight l peso máximo autorizado en el despegue.

maximum load l carga máxima, carga límite.

maximum metal limit | tolerancia metálica máxima.

maximum negative shear | esfuerzo cortante negativo máximo.

maximum output | potencia máxima.

maximum output capacity | potencia eléctrica neta.

maximum oxide thickness | espesor máximo de óxido.

maximum peak forward current | pico máximo de corriente directa.

maximum peak inverse voltage | tensión inversa máxima de pico (electrónica) | voltaje inverso máximo de cresta.

maximum peak plate current | pico máximo de la intensidad de placa (electrónica).

maximum peak reverse voltage | máxima tensión inversa de cresta (electrónica).

maximum permissible excursion | excursión máxima admisible (reactor nuclear).

maximum permissible level | nivel máximo admisible de emisión.

maximum plate dissipation rating | límite máximo de disipación anódico.

maximum power | potencia máxima.

maximum pressure | presión máxima | voltaje máximo.

maximum range | alcance máximo | radio de acción (aviones).

maximum sound pressure | presión acústica máxima.

maximum thermometer | termómetro de máxima.

maximum transfer of power | máxima transferencia de potencia.

maximum undistorted output | rendimiento máximo sin deformación | salida máxima sin distorsión.

maximum wavelength | longitud de onda máxima.

maximum-demand alarm relay | relé avisador de demanda máxima.

maximum-demand recorder | registrador de puntas de carga (electricidad).

maxirruptor | interruptor de máxima (electricidad).

maxwell | maxvelio (unidad de flujo magnético).

Maxwellian cross section | sección eficaz maxweliana.

Maxwellian distribution | distribución maxveliana | distribución de las velocidades (nucleónica).

MAYDAY | señal radioeléctrica internacional de socorro.

mayor axis | eje focal (óptica).

MCW telegraphy | telegrafía de onda continua modulada.

meacon | transmisión de señales falsas | generador de falsas señales (radar).

meaconing | emisión de falsas señales.

meal (to) | pulverizar, triturar.

mealing | molienda, pulverización.

mean | media aritmética | promedio | media.

mean candlepower | intensidad luminosa media.

mean charge | carga media.

mean cutoff | admisión media (máquinas vapor).

mean delay | demora media (telecomunicación).

mean depth | calado medio (buques).

mean draught | calado medio (buques).

mean energy | energía media.

mean energy production | producción media de energía (electricidad).

mean ionization energy | energía media de ionización.

mean mass range | alcance medio en masa.

mean of insulation | medio de aislamiento | interruptor (líneas eléctricas).

mean power | potencia media (radio).

mean pressure | presión media.

mean range | alcance medio | amplitud media (mareas).

mean reaction time | tiempo medio de reacción.

mean RMS noise | ruido eficaz medio.

mean speed | velocidad media.

mean spherical candlepower | intensidad luminosa esférica media.

mean square deviation | desviación media cuadrática.

mean time between | intervalos de recorridos tiempo o ciclos entre averías de conjuntos.

mean time between failures (MTBF) | tiempo medio entre averías.

mean water level | nivel medio del agua.

meander line | línea quebrada auxiliar (topografía).

meander survey | levantamiento del poligonal (topografía).

mean-free-path | camino medio libre (física atómica).

means-ends analysis | análisis de medios finales (informática).

mean-square amplitude matrices | matrices de amplitud cuadrática.

mean-square deviation | desviación cuadrática media.

mean-square error | error cuadrático medio.

mean-square response | respuesta media cuadrática.

mean-square sound pressure | presión media cuadrática acústica.

mean-square speed | velocidad cuadrática media.

mean-square succesive difference | diferencia sucesiva cuadrática media.

mean-square value | valor eficaz.

mean-square velocity | media cuadrática de las velocidades.

measurability | mensurabilidad.

measure | dimensión | medida | unidad de medida.

measure (to) | valuar | mensurar, medir | arquear | cubicar | calibrar, tarar | dosificar (química).

measured service | servicio medido (telefonía) | servicio de contador (telecomunicaciones).

measurement | medición | dimensión | medida | cubicación | calibrado, tarado | dosificación.

measurement in degrees | medición en grados.

measurement of pressure | medida de voltaje (electricidad) | medida de la presión.

measurement range | gama de medida (alcance).

measurement technology | tecnología de la mensuración.

measurement ton | tonelada de arqueo.

measurer | medidor | arqueador | agrimensor.

measuring | medición, mensuración | medida | cubicación | dosificación (química) | arqueo (marina) | apreciación (pendientes, ángulos).

measuring board | panel de medición.

measuring bridge | puente de medidas (electricidad).

measuring circuit | circuito de medición (telefonía).

measuring cylinder | tubo graduado (química) | cilindro medidor.

measuring device | dispositivo de medición (magnetismo-electricidad).

measuring diode | diodo de medida (circuitos).

measuring hopper | tolva medidora, tolva dosificadora.

measuring line | circuito de medida (electricidad).

measuring mark | señal de medida | señal de referencia.

measuring pipet | pipeta medidora.

measuring potentiometer | potenciómetro de medida.

measuring range | campo de medida (instrumentos).

measuring relay | relé de medidas.

measuring stick | tipómetro (imprenta).

measuring technique | metrología | técnica de medida.

measuring transductor | transductor de medida (electricidad).

measuring tube | tubo dosificador (química).

measuring unit | unidad de medida.

measuring wedge | prisma triangular de medición.

measuring-recording circuit | circuito medidor-registrador.

mechanical | maquinal | mecánico | fotolito.

mechanical appliance | mecanismo.

mechanical axis | eje mecánico (cristalografía).

mechanical ballast-cleaning | limpieza mecánica del balasto (ferrocarril).

mechanical bias | polarización mecánica (relé).

mechanical binding | encuadernación mecánica.

mechanical bur extracting | desmotación mecánica.

mechanical clutch | embrague mecánico.

mechanical damping | amortiguación mecánica (aleaciones).

mechanical descaling | desoxidación mecánica.

mechanical detection | mecanodetección.

mechanical distance control | telemando mecánico.

mechanical dividing head | cabezal divisor mecánico.

mechanical drive | mecanoaccionamiento | transmisión mecánica | impulso mecánico.

mechanical expanding brake | freno mecánico de expansión.

mechanical feed | alimentación mecánica | avance mecánico (máquinas herramientas).

mechanical fit | ajuste mecánico.

mechanical glass | vidrio industrial.

mechanical hand | servomanipulador.

mechanical haulage | transporte mecánico, arrastre mecánico.

mechanical interlocking | enclavamiento mecánico.

mechanical joint | empalme mecánico | unión mecánica.

mechanical linkage | mecanismo articulado | articulación mecánica.

mechanical locking | bloqueo mecánico, enclavamiento mecánico.

mechanical miner | máquina para rafar y partir y cargar carbón (minas).

mechanical momentum | cantidad de movimiento mecánico.

mechanical output | potencia mecánica.

mechanical phonograph recorder | grabador de fonógrafo mecánico.

mechanical plating | galvanoplastia mecánica.
mechanical power | potencia mecánica.
mechanical puddler | horno rotativo de pudelar, pudeladora mecánica.
mechanical pulp | pasta mecánica | pulpa mecánica.
mechanical rectifier | rectificador mecánico (de corriente alterna a continua).
mechanical reproducer | fonocaptor mecánico.
mechanical resonance frequency | frecuencia de resonancia mecánica.
mechanical sampling | muestreo mecánico (metalurgia).
mechanical scanner | explorador mecánico (disco).
mechanical stability | mecanoestabilidad.
mechanical stage | platina de carro (microscopio).
mechanical stiffness | rigidez mecánica.
mechanical tachometer | cuentarrevoluciones mecánico.
mechanical tilt | desviación mecánica (radar).
mechanical torque | momento de torsión mecánico, par mecánico.
mechanical torque amplifier | amplificador del momento torsor mecánico.
mechanical torque converter | convertidor de par mecánico.
mechanical transmission system | sistema de transmisión mecánica.
mechanical twin | macla mecánica (cristalografía).
mechanical wave filter | filtro de ondas mecánicas.
mechanical-cycle machine | máquina gobernada por ciclo mecánico.
mechanicalize (to) | mecanizar | motorizar.
mechanism | mecanismo, dispositivo.
mechanism stripping | desmontaje del mecanismo.
mechanist 's hammer | martillo de ajustador.
mechanization | mecanización | motorización | automatización.
mechanize (to) | mecanizar, dotar de máquinas o mecanismos | motorizar.
mechanized draught | tracción mecanizada.
mechanized exploitation | explotación mecanizada (minas).
mechanized foundry | fundería mecanizada.
mechanized gas cutting | oxicorte mecanizado.
mechanized heat treatment | termotratamiento mecanizado.
mechanized logistics data system | sistema mecanizado de datos logísticos.

mechanized winning | arranque mecánico (minas).
mechanoelectrical | mecanoeléctrico.
mechanoelectronic | mecanoelectrónico.
mechano-hydraulic unit | unidad mecanohidráulica.
mecometer | mecómetro (aparato medidor de distancias).
mecometry | mecometría.
median | mediana (geometría) | mediana | medio, central.
median line | mediatriz.
median value | mediana.
medium | agente (química) | medio.
medium band | banda media.
medium fit | ajuste suave.
medium frequency | media frecuencia (300-3.000 kilohertzios).
medium frequency induction furnace | horno de inducción de frecuencias medias.
medium pressure | presión intermedia | voltaje medio.
medium range radar | radar de alcance medio.
medium rock | roca de dureza media.
medium shot | plano medio (cine, televisión).
medium speed | velocidad de transmisión media.
medium sweep elbow | codo a 90 grados de radio medio.
medium turn | viraje de inclinación media.
medium voltage circuit | circuito de voltaje medio.
medium wave | onda media (300 a 3.000 KHz).
medium wave diathermy | diatermia en onda media.
medium-carbon steel | acero con aproximadamente 0,3% de carbono.
medium-curing cutback | asfalto mezclado con keroseno.
medium-frequency transmitter | emisor de frecuencia media.
medium-gain amplifier | amplificador de mediana ganancia.
medium-grained pig iron | arrabio de grano medio.
medium-impedance triode | triodo de impedancia media (electricidad).
medium-long shot | campo semigeneral (TV).
medium-persistence screen | pantalla de persistencia intermedia.
medium-range nuclear vector | vector nuclear de medio alcance.
meerschaum | sepiolita | magnesita.
megabar | megabar | megabario.

megabit | megabidígito | megadígito binario | megabit.

megabyte | megaocteto.

megacryst | megacristal (geología).

megacurie | megacurio.

megacycle | megaciclo.

megaelectron volt | megaelectrón-voltio.

megafarad | megafaradio.

megagauss-oersted | megagausio-oerstedio.

megahertz | megahertzio.

megakilometer | megakilómetro.

megalumen | megalumen.

megameter | megámetro.

megamile | megamilla.

megampere | megamperio.

meganewton | meganewtonio.

megaphone | megáfono.

megarad | megarrad (nucleónica).

megaroentgen | megarroentgenio.

megaton | megatonelada | megatón.

megaton energy | energía megatónica (explosión nuclear).

megatonnage | megatonelaje (bomba atómica).

megatron | megatrón (válvula).

megavar | megavario.

megavolt | millón de voltios | megavoltio.

megavoltampere | megavoltioamperio.

megawatt | megavatio.

megawatt meter | megavatímetro.

megawatthour electric | megavatiohora eléctrico.

megerg | megaergio.

megger | megaóhmetro (probador de aislamiento) | megóhmetro.

megohm | megaohmio.

megohmmeter | megaohmímetro.

megohm-microfarad | megohmio-microfaradio.

mel | melio.

melt | fusión (metalurgia) | masa fundida | sustancia derretida, derretimiento | colada (metalurgia).

melt down (to) | fundir.

melt fracture | fractura de fusión.

melt high (to) | fundir alto.

melt hopper | tolva para el fundente.

melt low (to) | fundir bajo.

melt of steel | hornada de acero.

melt off (to) | separar por fusión.

melt scrap (to) | fundir chatarra.

melt (to) | moverse a compasión | derretir, fundir.

meltdown | fusión, tiempo de fusión | desintegración (reactor nuclear).

melted lead | plomo líquido.

melting | ablación (glaciar) | derretimiento | fusión | fundente.

melting ablator | ablador en fusión.

melting alloy | aleación de fusión.

melting cones | conos fusibles.

melting curve | curva de fusión.

melting furnace | horno de fusión.

melting heat | calor de fusión.

melting layer | capa fundente.

melting ore | mineral para fusión.

melting point | temperatura de fusión | punto de fusión.

melting pot | crisol | caldera de fusión.

melting process | proceso de extracción por fusión.

melting rate | velocidad de fusión.

melting stove | horno de fusión.

melting trough | canal de fusión.

melting vessel | caldero de fusión.

melt-loading | carga en estado líquido (explosivos).

melt-quench process | proceso de detención de la fusión.

member | pieza, órgano (máquinas) | elemento.

membrane curing | curado con membrana (hormigones).

membrane panel | panel-membrana (calderas).

membrane waterproofing | impermeabilización por membrana.

memistor | memistor (resistor).

memorizing tube | tubo memorizador, tubo almacenador de datos (electrónica).

memory | memoria | archivo electrónico de datos (informática).

memory address register | registro de dirección de la memoria (informática).

memory and storage | memoria y almacenamiento (informática).

memory block | bloque de memoria.

memory buffer register | memoria intermedia | registro tampón de la memoria (informática).

memory circuit | circuito de la memoria (informática).

memory cycle | ciclo de memoria (informática).

memory data register | registro de datos de memoria (informática).

memory dump | descarga de memoria | vaciado de memoria | vuelco de la memoria.

memory fill | ocupación de la memoria, relleno de la memoria (informática) | carga de la memoria.

memory guard | protección de memoria (informática).

memory management | gestión de memoria (informática).

memory map I mapa de la memoria.

memory map list I listado del mapa de la memoria (informática).

memory operation I operación de memoria (computadora).

memory overlays I recubrimientos de la memoria (informática).

memory print I impresión de la memoria (informática).

memory print-out I impresión del contenido de la memoria (informática) I salida impresora de la memoria (informática).

memory read I lectura memoria.

memory register I registro de memoria (ordenadores).

memory search routine I rutina de búsqueda en memoria (informática).

memory tube I tubo almacenador de datos, tubo memorizador (electrónica).

memory unit I equipo memorizador I unidad de memoria.

memoryless channel I canal sin memoria.

memoryless circuit I circuito sin memoria (informática).

memoryless filter I filtro sin memoria (electrónica).

mensuration I mensuración I medición, medida.

menu I lista de programas (informática).

Mercator chart I plano en proyección Mercator.

Mercator conformal projection I proyección conforme de Mercator.

Mercator course I rumbo verdadero indicado por una línea recta entre dos puntos en una proyección Mercator.

Mercator projection I proyección de Mercator.

Mercator projection chart I carta mercatoriana.

Mercator track I rumbo sobre una carta Mercator.

mercatorial bearing I marcación loxodrómica.

mercurial I mercurial, mercúrico.

mercurial barometer I barómetro de cubeta.

mercurial gage I manómetro de mercurio.

mercuric chloride I cloruro de mercurio.

mercuric cyanate I fulminato mercúrico.

mercuric-oxide-cadmiun cell I célula de mercurio-óxido-cadmio.

mercury I mercurio.

mercury barometer I barómetro de mercurio.

mercury battery I pila de mercurio.

mercury boiler I caldera de mercurio.

mercury break switch I interruptor de mercurio.

mercury capsule I cápsula de mercurio.

mercury cup I cubeta (barómetro).

mercury delay line I línea de retardo de mercurio (informática).

mercury discharge lamp I lámpara de vapor de mercurio.

mercury displacement relay I relé de desplazamiento de mercurio.

mercury fulminate I fulminato de mercurio.

mercury furnace I horno para tostar cinabrio.

mercury gage I manómetro de mercurio.

mercury lamp I lámpara de mercurio.

mercury number I índice de mercurio.

mercury pressure gage I manómetro de mercurio.

mercury relay I relé de mercurio.

mercury storage I memoria mercurial.

mercury switch I interruptor de mercurio.

mercury tube I tubo de mercurio.

mercury turbine I turbina de vapor mercúrico.

mercury turbine interrupter I turbointerruptor de mercurio.

mercury turbogenerator I turbogenerador de vapor de mercurio.

mercury U-tube manometer I manómetro de mercurio con tubo en U.

mercury vacuum pump I bomba de vacío de mercurio.

mercury vapor arc-discharge tube I tubo de descarga de arco de vapor de mercurio.

mercury vapor lamp I lámpara de vapor de mercurio.

mercury-arc convertor I convertidor de arco de mercurio.

mercury-arc rectifier I rectificador de arco de mercurio.

mercury-pool cathode I cátodo de baño de mercurio.

mercury-vapor turbine I turbina de vapor de mercurio.

merge I intercalacion I fusión.

merge order I orden de fusión (ficheros).

merge (to) I fundir, fusionar.

merging I fusión I fusionamiento.

meridian I meridiano.

meridian radiotelescope antenna I antena de radiotelescopio (astronomía).

meridional I meridiana, meridional.

meridional altitude I altitud meridional.

meridional part I latitudes crecientes (carta de Mercator).

mesh I trama, lazo I engrane.

mesh belt conveyer I transportador de cinta de tela metálica.

mesh circuit | circuito de red (electricidad) | circuito en triángulo.

mesh connection | acoplamiento en triángulo, montaje en triángulo | conexión en polígono.

mesh grouping | montaje en triángulo, acoplamiento en triángulo, conexión en triángulo.

mesh network | red poligonal.

mesh points | puntos reticulares.

mesh reinforcement | armadura de mallado (hormigón).

mesh structure | estructura mallada (petrología) | estructura reticular.

mesh tester | comprobador de engranamiento (engranajes).

mesh (to) | engranar | endentar.

mesh voltage | tensión entre fases | voltaje entre fases.

mesh winding | devanado de espiras escalonadas.

mesh wiring | red de cable.

mesh-connected | conectado en triángulo, montado en triángulo.

mesh-coupling | acoplamiento en triángulo.

mesh-delta connection | conexión poligonal-triángulo (circuito polifásico).

meshed network | red de mallas (electricidad) | circuito cerrado (electricidad).

mesh-star | estrella-triángulo (electricidad).

mesh-star connection | conexión en triángulo y estrella, acoplamiento en triángulo y estrella.

meson | mesón (partícula radiactiva).

meson field | campo mesónico.

meson mass | masa mesónica.

meson wave | onda mesónica.

meson-producing accelerator | acelerador mesonígeno.

mesosphere | mesosfera.

mesothorium | mesotorio.

mesotron | mesotrón (nuclear).

message center | centro de transmisiones (telecomunicación) | centro de comunicaciones.

message circuit | circuito de servicio público (telefonía).

message data set | conjunto de datos de mensajes.

message exchange | intercomunicador de mensajes.

message feedback | control con retorno de la información.

message following | continuación de mensaje (telecomunicación).

message recorder | contador de comunicaciones (telefonía).

message switching | procedimiento controlador de tráfico (telecomunicación).

metabituminous coal | carbón bituminoso que contiene de 89 a 91,2% de carbono.

metadyne | metadinamo, metadino.

metadyne-control (to) | regular por metadino.

metadyne-excited motor | motor excitado por metadino.

metal | metal | mata (metalurgia) | metálico | metalizado, impregnado con un metal.

metal atomization | pulverización de metales.

metal attachment | herraje.

metal backing | pantalla metalizada | recubrimiento metálico interior (tubo rayos catódicos).

metal bath | baño de metal.

metal bead | perla metálica (mineralogía).

metal calciner | horno de calcinar matas (metalurgia).

metal carbide granules | gránulos de carburo metálico.

metal casting | fundición metálica no férrica.

metal chelate | quelato metálico.

metal chisel | buril.

metal cladding | chapado de metales.

metal cladding layer | capa metálica de revestimiento.

metal coating | revestimiento metálico.

metal cutting | corte de metales.

metal enclosed | blindado, acorazado.

metal film | película metálica.

metal filming | revestimiento metálico.

metal fitter | ajustador mecánico.

metal fitting | herraje.

metal framework | bastidor metálico | armadura metálica.

metal hose | tubo metálico flexible, manguera metálica.

metal impregnated carbon | carbón metalizado.

metal level | nivel del baño (horno de vidrio).

metal matrix | matriz metálica.

metal mist | metal en suspensión (electrolitos).

metal outlet | piquera (alto horno).

metal oxide | óxido metálico.

metal oxide resistor | resistor de película de óxido metálico.

metal oxide semiconductor (MOS) | metal-óxido-semiconductor.

metal plating | revestimiento metálico.

metal powder | pulvimetal | polvo metálico.

metal prop | apea metálica, estemple metálico (minas).

metal ratio analyzer | analizador de aleación.

metal rectifier | rectificador metálico.

metal resistor | resistor de hoja metálica.

metal shield | revestimiento metálico.

metal skin | recubrimiento metálico | revestimiento metálico.

metal slitting saw | fresa de cortar metales | fresa de disco para ranuras.

metal spinning | entallado de chapas metálicas | centrifugación de metales | repujado en torno | repujado de metales.

metal spray (to) | rociar con metal líquido, metalizar por aspersión.

metal sprayed electrode | electrodo rociado con metal.

metal spraying | metalización con pistola | rociado metálico.

metal stove | estufa metálica (alto horno).

metal strapped | flejado.

metal strip | banda de metal | fleje.

metal tie | anclaje metálico.

metal (to) | metalizar.

metal tolerance | tolerancia metálica.

metal transfer | transporte del metal de aportación (soldadura) | transferencia metálica.

metal voltmeter | voltímetro de solución de sal metálica.

metal without body | metal sin consistencia.

metal-arc cutting | corte por arco con electrodo metálico.

metal-arc welding | soldeo por arco con electrodo metálico, soldeo con electrodo consumible.

metal-backed nylon bearing | cojinete de nilón revestido de metal.

metal-base transistor | transistor de base metálico.

metal-bonded abrasive | abrasivo ligado con metal.

metal-bonded diamond wheel | muela adiamantada con ligante metálico.

metal-ceramic | cerametal | ceramet.

metalclad | armado | blindado | metalizado.

metalclad switchgear | aparellaje blindado (aparamento) | interruptor blindado.

metal-cutting tool | herramienta para el corte de metales.

metal-deficit P-semiconductor | semiconductor P con déficit metálico.

metal-dip brazing | cobresoldadura por inmersión en baño metálico.

metal-film resistor | resistor de película metálica.

metal-fog | neblina metálica | metal en suspensión (electrolitos).

metalithograph (to) | metalitografiar.

metalithography | metalitografía.

metalization | metalización | vulcanización | recubrimiento con metal fundido.

metalize (to) | vulcanizar | metalizar | reducir a estado metálico | recubrir con metal licuado.

metalized dye | colorante metalizado (química).

metalized paper capacitor | capacitor de papel metalizado.

metalizing | metalización | metalizante.

metallic circuit | circuito magnético | circuito con hilo de vuelta.

metallic electrode arc lamp | lámpara de arco con electrodo.

metallic insulator | aislador metálico (telecomunicación).

metallic luster | brillo metálico.

metallothermy | metalotermia.

methylate | metilato.

methylene | metileno.

methylene blue | azul de metileno.

methyl-ethyl-ketone | metil-etil-cetona.

methyl-salicylate | salicilato de metilo.

methymethyl ketone | metimetilo cetona.

metrage | metraje.

metre (G.B.) | metro | agrimensor | contador.

metre-candle | bujía-metro (iluminación).

metrechon | metrecón (radar y TV industrial).

metric | métrica (matemáticas) | métrico.

metric gear | engranaje métrico.

metric system | sistema métrico.

metric tensor | tensor métrico.

metric ton | tonelada métrica (1.000 kg).

metric wire gage | galga métrica para alambres.

metrology | metrología.

metrometer | metrómetro.

metronoscope | metronoscopio.

metroscope | metroscopio.

metrotechnics | metrotecnia.

metrotechny | metrotecnia.

mev | megaelectrón-voltios.

MeV-curie | megaelectronvoltio-curio = 0,0054 vatios.

Mexican diamond | cristal de roca.

Mexican jade | calcita teñida de verde.

Mexican onyx | aragonita de Tecalí (México) | mármol ónice.

Mexican opal | ópalo de fuego.

Mexican tile | teja árabe.

Mexican turquoise | turquesa verde-azulada o azul verdosa de Nuevo México.

Mexican water opal | variedad de ópalo translúcido o casi transparente con reflejos intensos de color (México).

mezzotint | huecograbado | grabado a media tinta | mediatinta.

MGD flow | flujo magnetodinámico.

MHD control | control magnetohidrodinámico.
mho | mho, unidad de conductancia.
miargyrite | miargirita, plata negra.
mica | mica.
mica slate | esquisto micáceo.
mica spark plug | bujía con aislador de mica.
mica-dielectric capacitor | capacitor de dieléctrico de mica.
mica-streaker marble | mármol con rayas micáceas.
mic/line input | entrada de micro/línea.
microacoustics | microacústica (ciencia).
microadjustment | microajuste, ajuste micrométrico.
microalloy | microaleación.
microalloy (to) | microalear.
microalloy transistor | transistor de microaleación.
microammeter | microamperímetro.
microampere | microamperio.
microasbestos | fibras de amianto lavadas y molidas (plásticos).
microband transmission | transmisión por microbanda.
microbar | microbar (acústica).
microbarogram | microbarograma.
microbeam | microhaz.
microcaliper | calibre micrométrico.
microcalorimeter | microcalorímetro.
microcard | microtarjeta | microficha.
microchemistry | microquímica.
microcircuitry | microcircuitería (electrónica).
microcoding | microprogramación | microcodificación.
microcomputer | microcomputador | microprocesador | microordenador.
microcomputing | microprocesamiento.
microcrack | grieta microscópica, microfisura.
microcrack (to) | microfisurar.
microcreep | microtermofluencia.
microcrystalline | microcristalino.
microcurie | microcurio.
microdial | cuadrante micrométrico.
microdrill (to) | microtaladrar.
microelectrode | microelectrodo.
microelectronics | microelectrónica.
microfarad | microfaradio.
microfaradmeter | microfaradímetro.
microfeed | microavance (máquinas).
microfiche | microficha.
microfield | microcampo.
microfiling | microlimado.
microfilm | microfilm | micropelícula.
microfilm reader | lector de micropelículas.

microfilm storage | almacenamiento en microfilm.
microfilm system | sistema de microfilm.
microfilm (to) | microfilmar.
microfilming | microfilmación.
microfilter | microfiltro.
microfinishing | microacabado.
microgram | microgramo.
microhardening | microendurecimiento.
microhardness | microdureza.
microlite | microlita (mineralogía).
microlithe | microlito.
micromachining | micromaquinización | maquinización con micromáquina.
micrometer | micrómetro.
micrometer caliper | calibrador micrométrico.
micrometer dial | cuadrante micrométrico.
micrometry | micrometría.
micromicron | micromicrómetro | micromicrón.
micromotion study | estudio de micromovimientos.
micron | micrómetro | micra | micrón.
micronics | microelectrónica.
micronize (to) | micronizar.
microobjetive | microobjetivo (fotografía).
microphone | micrófono.
microphone amplifier | amplificador microfónico.
microphone cartridge | cápsula microfónica.
microphone mixer | mezclador microfónico.
microphonic | microfonía | microfónico.
microphonics | microfónica | cebado acústico, efecto microfónico, efecto Larsen.
microphonism | microfonicidad, microfonicismo.
microphony | microfonía.
microphotograph | microfotograma.
microphysics | microfísica.
microprocessor | microprocesador.
microprogram | microprograma.
microprogramming | microprogramación.
microscope graticule | gratícula del microscopio.
microscope objective | objetivo de microscopio.
microscope reader | ocular de microscopio.
microscopic metallography | metalografía microscópica.
microscopic organism | organismo microscópico.
microsecond | microsegundo (millonésima de segundo).
microseism | microsismo.
microseismic movement | movimiento microsísmico .

microsheet | microficha, microcopia.
microsizer | mecanismo para compensar el desgaste de la muela abrasiva (rectificadoras).
microslice | microsección (metalurgia).
microsphere | microesfera.
microstage | microfase.
microstraining | microdeformación.
microstrip | microcinta | microbanda.
microswitch | microconmutador, microinterruptor.
microtelescope | microtelescopio.
microtensiometer | microtensímetro.
microtome | microtomo.
microtoming | microtomización (metalografía).
microtron | microtrón (acelerador de electrones hasta pequeñas potencias) | ciclotrón de electrones.
microtwin | micromacla (cristalografía).
microvacuum gage | aparato para medir altos vacíos.
microviscometer | microviscosímetro.
microviscometry | microviscosidad.
microvolt | microvoltio.
microvoltage | microvoltaje.
microvoltmeter | microvoltímetro.
microwatt | microvatio.
microwatt circuit | circuito de microvatiaje.
microwave | microonda, onda ultracorta.
microwave absorber | atenuador de microondas.
microwave amplifier | amplificador de microondas.
microwave antenna | antena de microondas.
microwave communication | comunicación por microondas.
microwave coupler | acoplador de microondas.
microwave detector | detector de microondas.
microwave direction finding | radiogoniometría por microondas.
microwave early warning | microonda de alarma previa | aviso previo por microondas | radar explorador de microondas.
microwave filter | filtro de microondas.
microwave link | enlace radiofónico | haz hertziano | enlace por microondas.
microwave magnetron | magnetrón de microondas.
microwave mixer | mezclador de microondas.
microwave network | red de microondas.
microwave optics | óptica de microondas.
microwave oscillator | oscilador de microondas, oscilador por hiperfrecuencias.
microwave oven | horno de microondas.
microwave radar link | enlace radárico por microondas.

microwave radio link | radioenlace por microondas.
microwave radio relax | relé radioeléctrico de microondas | transmisión de radioenlaces por microondas.
microwave receiver | receptor de microondas.
microwave relay | relé de microondas.
microwave relay system | sistema relevador de microondas | sistema de retransmisión de microondas.
microwave resonator | resonador de microondas.
microwave route | enlace por microondas.
microwave spectrography | espectrografía de microondas.
microwave station | estación de microondas.
microwave system | sistema de microondas (radiocomunicación).
microwave terminal | terminal de microondas (radioenlace).
microwave tube | tubo de microondas, tubo de hiperfrecuencias | válvula de microondas.
microwavemeter | microondámetro.
microwaves radiometer | radiómetro de microondas.
midband | centro de la banda (acústica).
midband frequency | frecuencia de media banda.
mid-continent petroleum | petróleo que contiene parafina y asfalto.
middle | medio | centro | mitad.
middle conductor | hilo neutro (electricidad).
middle jib | segundo foque.
middle line | línea central | línea media | crujía.
middle line girder | sobrequilla (buques).
middle marker | baliza de aproximación | señal de aproximación.
middle wire | hilo neutro (electricidad).
middling | forjado inicial de la parte central (lingotes) | primera fase del estirado de la forja hueca.
midfrequency | frecuencia intermedia.
midfrequency range | registro medio (acústica).
midpoint | punto medio.
midrange | alcance medio.
midship | cuaderna maestra (buques).
midship floor | varenga maestra (buques).
midship frame | cuaderna maestra (buques).
midship section | cuaderna maestra (buques), maestra (buques).
midwing | ala media.
mig welding | soldeo al arco en atmósfera de gas inerte con electrodo consumible.
migrating wave | onda errante.

migration of the carbides | migración de los carburos (aceros).

migration of the ions | migración de los iones.

mil | milipulgada.

mild steel | acero suave | acero dulce.

mild thermal treatment | termotratamiento suave.

mile | milla terrestre.

mileage | millaje, distancia en millas.

milking booster | convertidor pequeño para carga de acumuladores.

milking generator | dinamo de pequeño voltaje para dar a uno o más acumuladores de una batería una carga independiente del resto de los demás.

mill | fábrica | factoría | bocarte | batán | laminador | tren laminador.

mill coupling | acoplamiento para laminadores.

mill cutter | fresa cortadora.

mill edge | borde de laminación.

mill face | ancho del corte de la fresa.

mill file | lima de un solo corte.

mill furnace | horno de recalentar (metalurgia).

mill heat | calda de laminación.

mill holder | portafresa.

mill machine | laminador | batán | bocarte.

mill peak load | carga de pico del laminador (electricidad).

mill roll | rodillo de laminador.

mill saw | sierra mecánica, sierra con armazón.

mill saw file | lima de sierra.

mill (to) | molturar | bocartear | moletear | recantear | fresar | laminar | enfurtir, abatanar.

mill tooth | diente triangular (mecánica).

mill train | tren laminador.

mill type motor | motor para laminadores.

milled armature | inducido fresado.

milled file | lima-fresa, lima con dientes fresados.

milliammeter | miliamperímetro.

milliamperage | miliamperaje.

milliampere | miliamperio.

milliampere meter | miliamperímetro.

millicurie | milicurio.

milligal | miligalio.

milligauss | miligausio (mG1).

milligram | miligramo.

millihenry | milihenrio.

millijoule | milijulio.

millimeter | milímetro.

millimeter radio telescope | radiotelescopio milimétrico.

millimeter wave | onda milimétrica.

millimeter wire gage | calibrador milimétrico para alambres.

millimeter-wave amplifier | amplificador de ondas milimétricas.

millimicron | milimicrómetro | milimicrón.

milling | molturación | bocarteo | fresado | moleteado | enfurtido, abatanado.

milling angle | ángulo de fresado.

milling arbor | mandril portafresa.

milling cutter | fresa (mecánica).

milling cutter feed | avance de la fresa.

milling cutter gang | tren de fresas.

milling cutter grinding machine | rectificadora para fresas | afiladora para fresas.

milling fixture | montaje para fresado.

milling head | máquina de fresar, fresadora.

milling tool | fresa (mecánica).

milliohm | miliohmio.

milliohmmeter | miliohmímetro.

millivolt | milivoltio.

millivoltage | milivoltaje.

millivolt-ampere | milivoltio-amperio.

millivoltmeter | milivoltímetro.

milliwatt | miliwatt | milivatio.

millstone | piedra de molino, piedra moleña.

millstone grit | piedra moleña.

millstone hammer | martellina.

millstone pick | martellina.

mimeograph | mimeógrafo | multicopista.

mimeograph machine | mimeógrafo | multicopiadora.

mine | mina | mina submarina | mina terrestre.

mine coal (to) | extraer carbón.

mine detector | detector de minas.

mine dial | brújula de mina.

mine entrance | bocamina.

mine fuze | espoleta de mina.

mine hoist | torno de extracción (minas) | malacate de mina.

mine level | galería de mina.

mine pit | pozo de mina.

mine prop | apea, estemple (minas).

mine sowing | siembra de minas.

mine sterilizer | aparato para desactivar minas.

mine stone | mineral.

mine survey | levantamiento de plano de mina.

mine (to) | minar | extraer mineral | explotar una mina.

mine working | laboreo de minas.

mine-head | frente de arranque (minas).

miner | máquina rafadora de carbón | máquina para abrir galerías (minas).

mineral | mineral.

mineral blacking | negro mineral (fundería).

mineral deposit | yacimiento mineral, criadero.

mineral dressing | tratamiento de minerales (minería) | limpieza del mineral.

mineral gotten | mineral extraído | carbón extraído.

mineral insulated | aislado con material mineral.

mineral jelly | vaselina, petrolato.

mineral oil | petróleo | aceite mineral.

mineral pitch | asfalto | brea mineral.

mineral tar | alquitrán mineral.

mineral vein | filón mineral.

mineral wax | ceresina | cera mineral.

miner's auger | sonda de barrena, trépano.

miner's hammer | martillo perforador.

miniature bearing | microcojinete (máquinas).

miniature circuit-breaker | microdisyuntor.

miniature electron tube | válvula electrónica miniatura.

miniature lamp | microlámpara.

minicomputer | minicomputador | miniordenador | minicalculadora electrónica.

minifloppy | minidisquete | minidisco flexible.

minimized distortion | distorsión atenuada.

minimizer | atenuador.

minimizer circuit | circuito atenuador.

minimum access code | código de mínimo acceso (informática).

minimum amplitude | amplitud mínima.

minimum blowing current | corriente mínima de fusión (electricidad) | corriente mínima de fusión (fusibles).

minimum circuit breaker | interruptor de mínima.

minimum clearance | huelgo mínimo.

minimum cutout | desconectador de mínima (electrónica) | disyuntor de mínima.

minimum delay code | código de retardo mínimo.

minimum demand | consumo mínimo (electricidad).

minimum flashover voltage | tensión de formación de arco (electrotecnia) | voltaje disruptivo, voltaje de formación del arco.

minimum flight altitude | altura mínima de vuelo.

minimum flying speed | velocidad mínima de vuelo.

minimum fusing current | corriente mínima de fusión.

minimum impact energy | resiliencia mínima (probetas).

minimum latency code | código de tiempo mínimo de espera.

minimum noise bias | polarización de ruido mínimo.

minimum notch sensitivity | sensibilidad mínima a la entalla.

minimum notch-impact energy | resiliencia mínima a la entalla.

minimum pause | intervalo mínimo (telefonía).

minimum phase network | red de desfase mínimo.

minimum pressure | presión mínima | voltaje mínimo.

minimum range | alcance mínimo.

minimum starting voltage | tensión mínima de arranque (servomotor).

minimum tensile strength | carga mínima de rotura a la tracción.

minimum time flight path | trayectoria de vuelo de tiempo mínimo.

minimum time path | trayectoria de tiempo mínimo.

minimum working current | corriente mínima necesaria.

minimum-strength signal | señal de audición mínima (radio).

mining | zapa | colocación de minas | industria minera | minería.

mining transit | teodolito para trabajos de minas, teodolito de brújula para minas.

minirruptor | interruptor de mínima (electricidad).

miniswitch | multiselector miniatura.

miniswitch crossing point | puntos de cruce de miniconmutador (telefonía).

minitrack | transmisor de rastreo telemétrico | miniseguimiento.

minitrack system | sistema de rastreo por satélites | rastreo telemétrico.

minor diameter | diámetro menor (roscas tornillos) | diámetro interior (roscas).

minority carrier | portadora minoritaria (electricidad) | portador minoritario (semiconductor).

minute | minuto.

miran | miran | seguimiento de proyectiles autopropulsados.

mirror | espejo | espejo metálico (química) | reflector parabólico asimétrico para microondas | zona con campo magnético de gran intensidad (reactor termonuclear).

mirror aerial | antena de reflector.

mirror capacity | capacidad reflectora.

mirror cutting | oxicorte a espejo.

mirror galvanometer | galvanómetro de espejo, galvanómetro de reflexión.

mirror image | imagen especular.

mirror image cutting | corte en imagen de espejo (máquina de oxicorte).

mirror landing I aterrizaje guiado por espejo (portaaviones).

mirror nuclide I núclido en espejo.

mirror optics I óptica de espejos.

mirror sextant I sextante de espejo.

mirror stone I moscovita (geología).

mirror symmetry I simetría por reflexión (geometría).

mirror wheel I rueda de espejos.

mirror-handed engines I motores idénticos dispuestos en forma tal que tienen los accesorios como árbol de levas, bombas, etc., en imagen de espejo (es decir enfrente unos de otros -motores marinos).

mirror-symmetry I simetría especular I simetría a espejo.

misalign (to) I desalinear I malalinear.

misaligned I malalineado, desalineado I descentrado.

misalignment I desajuste I malalineación, desalineación I defecto de alineación.

mischmetal I mischmetal, aleación de metales céricos obtenida por reducción electrolítica de cloruro de cerio impuro I mezcla natural de metales de tierras raras, cerio, lantano y didimio.

mischmetal-treated steel I acero tratado con mischmetal.

misfiling I error de clasificación.

misfire I fallo de encendido (motores) I fallo de fuego (artillería, barrenos, etc.) I fallo en el tiro.

misfire (to) I fallar (disparos), tener fallos en el encendido (motores) I dar mechazo (barrenos).

misframe I desenfoque de la imagen (cine, TV) I desencuadre.

mismatch I desajuste I desacoplo I desequilibrio.

mismatch factor I coeficiente de pérdidas por reflexión (circuito eléctrico).

mismatch loss I pérdida por reflexión I pérdida de inadaptación.

mismatch (to) I desajustar I desalinear I desequilibrar, desacoplar (radio).

mismatcher I desadaptador.

mismatching I desequilibrio I desadaptación.

mispikel I arsenopirita, pirita arsenical, hierro arsenical, mispíquel, bronce blanco.

misprint I error de imprenta I errata.

misprint (to) I imprimir mal.

misrating I tasación errónea.

misrouting I error de dirección I mal encaminamiento.

miss fire I fallo del encendido (motores) I mechazo (barrenos).

miss (to) I fallar, errar.

missed approach I aproximación fallida (aeronáutica).

missed hole I barreno que ha dado mechazo.

missent message I mensaje enviado equivocadamente.

missile I misil I proyectil.

missile defense alarm system I sistema defensivo de alarma misilística.

missile early warning station I estación de alerta previa de misiles.

missile guidance I gobierno del misil, guianza del misil.

missile guidance radar I radar de guiaje de misiles.

missile killer I misil antimisílico.

missile radar I radar para misiles.

missile shield I blindaje contra impactos.

missile telemetry I telemetría para misiles.

missile warning network I red de radares para detección anticipada de misiles.

missile's flight I trayectoria del misil.

missing I pérdida I fallos del encendido (motores) I proyectil que no da en el blanco.

missing mass I masa perdida.

mist I bruma I niebla, neblina I vapor, vaho.

mist cooling I enfriamiento por neblina.

mist projector I nebulizador de agua.

mist sprayer I rociador nebulizador I nebulizador.

mist (to) I cubrirse de vaho I nebulizar.

mistiness I estado brumoso I caliginosidad.

miter I chaflán I bisel I inglete (ángulo de 45°).

miter bend I codo angular, codo de inglete (tuberías) I codo poligonal de chapa soldada (tuberías).

miter cut I corte a inglete I corte en bisel.

miter elbow I codo de inglete, codo angular (tuberías).

miter fillet weld I soldadura de ángulo de cara plana, soldadura ortogonal de inglete.

miter gauge I cartabón de inglete.

miter gears I engranaje cónico.

miter joint I junta a inglete, unión a inglete.

miter plane I guillame de inglete, cepillo para ingletes.

miter saw I sierra para cortar ingletes.

miter square I cartabón de inglete I escuadra de ingletes.

miter (to) Iingletear I tallar en inglete I biselar (encuadernación) I cortar en bisel.

miter valve I válvula de asiento cónico.

miter welding I soldeo de una unión a ingletes.

miter wheel I rueda dentada cónica I engranaje cónico.

miter-cut I corte diagonal, corte en bisel.

mitered corner | esquina en inglete.

mitering | unión a inglete | ensambladura a inglete.

mitering gate | puerta de busco.

mitering machine | ingleteadora.

miter-seated valve | válvula de asiento cónico.

mitre (G.B.) | inglete | escuadra de ingletes | rueda dentada cónica | engranaje cónico | cónico.

mix | mezcla.

mix down | mezcla de canales | combinación de canales (estereofonía).

mix down (to) | mezclar el audio con el vídeo.

mix (to) | mezclar | combinar.

mixed | mixto | mezclado.

mixed base oil | petróleo de base mixta.

mixed circuit | circuito mixto.

mixed end | urdimbre mezclada.

mixed fines | finos mezclados.

mixed fission products | productos de fisión mezclados.

mixed flow centrifugal compressor | compresor centrífugo de flujo mixto.

mixed flow impeller | impulsor de flujo mixto (bombas centrífugas).

mixed gas | gas mixto (mezcla de gas de alto horno y gas de cok).

mixed glue | resina sintética con un endurecedor.

mixed metal | aleación.

mixed metal powder | polvo de mezcla de metales.

mixed oxide | óxido salino | óxido mixto | óxido mezclado.

mixed polymer | copolímero.

mixed producer gas | gas Dowson.

mixed route | trayecto mixto (telecomunicaciones).

mixed semiconductor circuit | circuito semiconductor mezclado.

mixed thermal-hydroelectric system | sistema mixto termohidroeléctrico.

mixed-bed | lecho mixto.

mixed-bed deionization | desionización por lecho mixto.

mixed-flow turbine | turbina mixta.

mixer | mezcladora | hormigonera | difusor (carburador) | rectificador de ondas | válvula mezcladora (radio) | mesa de mezclas de sonido.

mixer bin | tolva cargadora del mezclador.

mixer board | mesa de mezclas | mesa de sonido.

mixer circuit | circuito mezclador.

mixer coil | bobina mezcladora.

mixer shaft torque | par torsor del eje del mezclador.

mixer slag | escoria del mezclador (metalurgia).

mixer tube | tubo mezclador | válvula mezcladora (radio).

mixer-settler | mezclador-sedimentador.

mixing | mezcla | mezcla de sonidos (cine) | preparación de un compuesto.

mixing bed | lecho de fusión.

mixing chamber | cámara de mezcla.

mixing circuit | circuito mezclador.

mixing condenser | condensador de mezcla.

mixing console | mesa de mezclas | mesa de sonido.

mixing control | corrector de altitud (motor avión).

mixing desk | mesa de mezclas.

mixing efficiency | rendimiento de mezcla (nuclear).

mixing error | error de mezcla.

mixing grid | red mezcladora (telefonía).

mixing impeller | mezclador.

mixing picker | batán mezclador, batidor mezclador.

mixing pipet | pipeta mezcladora.

mixing point | punto de mezclado (telecomunicación).

mixing ratio | relación de mezcla | riqueza higrométrica, relación del vapor de agua al aire seco.

mixing room | sala de mezcla.

mixing stage | etapa de conversión.

mixing valve | válvula mezcladora.

mixing white | blanco de mezcla.

mixing-cone | difusor (carburador) | tobera de mezcla (inyector).

mixing-drum | tambor mezclador, tambor de mezcla.

mixing-mill | molino mezclador, trituradora mezcladora.

mix-muller | mezclador de arenas (funderías).

mixture | mezcla | mixtura | amalgama | mezcla explosiva, mezcla de aire-combustible.

mixture analyzer | analizador de la mezcla (motores).

mixture briquetting | briqueteación de la mezcla.

mixture regulation | regulador de la mezcla.

mizzen | vela de mesana de cangrejo, cangreja de popa.

mizzenmast | palo mesana.

MK (Mackay) | estoy listo para recibir (telegrafía).

mnemonic | mnemotécnico.

mnemonic code I código mnemotécnico.

mobile I movible, móvil I transportable I portátil.

mobile antenna I antena orientable.

mobile group I unidad móvil.

mobile land-base missile I misil móvil de base en tierra.

mobile lattice ion I ion móvil de red cristalina.

mobile launch center I centro móvil de lanzamiento.

mobile nuclear power plant I instalación transportable de energía nuclear.

mobile picture relay I enlace móvil de la televisión por cable.

mobile radio I radioenlace móvil.

mobile radio station I estación radiotelegráfica móvil.

mobile recording unit I unidad móvil de grabación.

mobile relay I radioenlace móvil.

mobile rig I plataforma móvil para prospección petrolífera.

mobile station I estación móvil I emisora móvil I emisora portátil.

mobile system I sistema de servicio móvil (radio).

mobile telemetering I telemedida por enlace móvil.

mobile unit I unidad móvil (TV) I unidad transportable.

mock lead I falsa galena, blenda, esfalerita.

mock ore I blenda, esfalerita.

mock sun I sol ficticio I parhelio.

modal I modal I ruido modal (fibras ópticas).

mode I modo, método I graduación, grado.

mode filter I filtro de modo (fibras ópticas).

mode number I número de modo (magnetrón).

mode shift I inconstancia de las frecuencias (magnetrón) I desplazamiento del modo.

mode skip I falta de cebado I deslizamiento de frecuencia.

mode switch I conmutador de modos.

mode theory I teoría modal (radiotecnia).

model I modelo I patrón I maqueta.

model aeronautics I aeromodelismo.

model aircraft I aeromodelismo.

model aviation I aeromodelismo.

modeling I modelación, modelado.

modeling board I terraja, plantilla (funderías).

modem I modem I modulador-demodulador.

moderation I moderación I decrecimiento energético (partículas cargadas).

moderator I moderador I amortiguador.

moderator control I control por moderador (nuclear).

mode-selected switch I conmutador selector de modo (telefonía).

modified frequency modulation I modulación de frecuencia modificada.

modify (to) I modificar.

modular I modular.

modular grid I cuadriculado modular.

modular lattices I redes modulares (cristalografía).

modular ratio I relación modular.

modulate (to) I modular, variar la amplitud.

modulated amplification stage I fase de amplificación modulada.

modulated amplifier I amplificador modulado.

modulated antenna I antena sintonizada.

modulated beam I haz modular.

modulated carrier I portadora modulada.

modulated carrier wave I onda portadora modulada.

modulated current I corriente modulada.

modulated power I potencia modulada.

modulated scattering I dispersión modulada.

modulating anode I ánodo de modulación.

modulating circuit I circuito de modulación.

modulating current I corriente modulante.

modulating electrode I electrodo modulador.

modulating frequency I frecuencia modulada.

modulation code I código de modulación (transmisión de datos).

modulation defocusing I desenfoque de modulación.

modulation distortion I distorsión de modulación.

modulation factor meter I modulímetro.

modulation frequency I frecuencia de modulación.

modulation index I coeficiente de modulación I índice de modulación.

modulation level I nivel de modulación.

modulation meter I modulómetro.

modulation monitor I modulímetro, monitor de modulación.

modulation noise I ruido de modulación.

modulation rate I regimen de modulación I velocidad telegráfica I velocidad de transmisión de datos I velocidad de modulación.

modulation reactor I reactor de modulación.

modulation signal I señal de modulación.

modulation wave I onda de modulación.

modulator I modulador.

modulator tube I válvula moduladora.

module gear I engranaje métrico.

modulus I coeficiente I módulo (matemáticas).

modulus of rupture I carga unitaria de rotura a la flexión.

modulus pitch | paso modular (engranajes).
mogas (motor gasoline) | carburante.
Mohr's circle diagram | diagrama del círculo de Mohr.
Mohr's salt | sulfato ferrosoamónico.
Mohs hardness scale | escala de dureza de Mohs.
Mohs scale | escala de Mohs.
moire | muaré (fotografía).
moiré effect | efecto muaré (televisión).
moist | húmedo.
moist way | vía húmeda (química) .
moisten (to) | humectar, humedecer | humidificar.
moistener | humectador | humidificador.
moistening | humidificación | humectación.
moistmeter | humidímetro, higrómetro.
moisture | humedad.
moisture content | porcentaje de humedad | humedad específica | estado higrométrico.
moisture content meter | higrómetro.
moisture detector | higroscopio.
moisture gradient | gradiente de humedad.
moisture index | índice de humedad.
moisture indicator | humidímetro, higrómetro.
moisture meter | humidímetro, higrómetro.
moisture proofing | deshumidificación.
moisture removal | eliminación de la humedad | deshumidificación.
moisture repellent | higrófugo | humidífugo.
moisture resistance | higrofugacia, humidifugacia.
moisture resisting | humidorresistente, higrorresistente.
moisture scavenger | deshumectador.
moisture seal | cierre hermético.
moisture-absorber | higroabsorbedor.
moisture-excluding | higrófugo.
moisture-free | seco | anhidro.
moistureless | seco | anhidro.
moistureproof | higrófugo.
mol | mol | molécula-gramo.
molal | molal (química).
molal specific heat | calor volumétrico.
molal volume | volumen molal (química).
molar | molar (química) | molecular.
molar mass | masa molar.
mold dressing | apresto para moldes.
mold flask | caja para fundir, caja de moldeo.
mold hole | foso para moldes (funderías).
mold loft | sala de gálibos (astilleros).
mold shrinkage | contracción de moldeo.
mold steel | acero para moldes.
mold (to) | moldear.

mold (U.S.A.) | moho | modelo, patrón | matriz (para tipos de imprenta) | gálibo, calibre, perfil | moldura (arquitectura) | molde (fundición).
moldboard | vertedera (del arado) | tabla del molde.
moldboard plow | arado de vertedera.
molded | estampado (en la prensa) | moldeado | aplantillado.
molded steel | acero moldeado, acero colado.
molding | moldura | pieza moldeada | moldeo.
molding bench | banco de moldeo.
molding between flask | moldeo en cajas (fundición).
molding by jigger | moldeo al torno (cerámica).
molding cutter | fresa de moldurar, fresa de acanalar | cuchilla de moldurar.
molding frame | terraja de moldeo (siderurgia).
molding machine | máquina de moldear | máquina de moldurar.
molding plaster | escayola.
molding press | prensa de moldear, moldeadora.
molding sand | arena de moldeo, arena de fundición.
moldproof | resistente al moho, antimoho.
mole | mol.
mole fraction | fracción molar.
mole volume | volumen molal.
molectronics | electrónica molecular | molectrónica.
molecular | molecular.
molecular beam | haz molecular.
molecular beam maser | máser de haz molecular.
molecular beam oscillator | oscilador de haz molecular.
molecular bond | enlace molecular.
molecular cloning | clonación molecular.
molecular drag pump | bomba molecular de arrastre.
molecular energy level | nivel de energía molecular.
molecular gas laser | láser de gas molecular.
molecular lattice | red molecular.
molecular mass | masa molecular | peso molecular.
molecular microwave spectroscopy | espectroscopia molecular por microondas.
molecular still | destilador molecular.
molecular weight degradation | degradación del peso molecular.
molecular-beam oscillator | oscilador de haz molecular.
molecular-ion collision | colisión iónica molecular.

molecule l molécula.

molecule-gram l molécula-gramo.

moler l material refractario aislante.

mollerizing l mollerización l tratamiento en un baño de sales recubierto con una capa de aluminio fundido.

mollisol l capa activa de un permagélido (suelos).

molochite l caolín calcinado.

molten l fundido l derretido.

molten glass l vidrio líquido.

molten iron granulation l granulación de la fundición licuada.

molten metal l metal fundido, caldo l fundición en fusión l metal en fusión, metal licuado.

molten pig l fundición licuada.

molten pool l baño de fusión.

molten salt experimental reactor l reactor experimental de sales fundidas (nuclear).

molten salt reactor l reactor nuclear de combustible fluido l reactor de sales fundidas.

molten steel degassing l desgaseamiento del acero líquido.

molten-metal spray l proyección de metal fundido.

molten-metal-bath immersion l inmersión en baño de metal licuado.

molten-salt bath furnace l horno para baño de sales licuadas.

molten-salt fuel cell l pila electroquímica con electrólito de sales fundidas.

molten-salt fuels l combustibles fluidos de soluciones de sales licuadas (reactor nuclear).

molybdate l molibdato.

molybdenum l molibdeno (Mo).

molybdenum cast iron l hierro fundido al molibdeno.

molybdenum disulphide l bisulfuro de molibdeno.

molybdenum sulphide l sulfuro de molibdeno.

molybdenum-boron steel l acero al boromolibdeno.

molybdenum-containing cast iron l fundición molibdenosa.

molybdenum-gold system l sistema molibdeno-oro.

molybdenum-steel l acero al molibdeno.

molyte l mezcla de molibdenita, cal y silicio.

moment l momento de fuerzas.

moment center l centro de momentos.

moment indicator l indicador de momentos.

moment of couple l momento del par de fuerzas.

moment of momentum l momento de la cantidad de movimiento l cantidad de movimiento angular.

moment of rotation l momento de inercia.

momentum of the particle l cantidad de movimiento de la partícula.

momentum separation l separación por inercia.

momentum vector l vector impulso.

momentum wheel l volante de inercia (satélites).

monaural l monoauricular l monofásico l monoaural l monocanal.

monaural reception l recepción monofásica.

Monel wire dehumectant l deshumectante de alambre de aleación Monel.

Monel-clad steel l acero chapado con metal Monel.

monitor l monitor l radioescucha l detector, comprobador, indicador l contrastador l regulador.

monitor and control l vigilancia y control.

monitor attenuator l atenuador del receptor de control.

monitor counter l monitor contador (nuclear).

monitor desk l mesa de escucha (telefonía).

monitor head l cabeza monitora (grabador de audio).

monitor ionisation chamber l cámara de ionización de control.

monitor operating system l monitor del sistema operativo.

monitor oscilloscope l osciloscopio del receptor de contrastación.

monitor routine l programa monitor.

monitor screen l pantalla exploradora l pantalla de control.

monitor system l sistema monitor (operativo).

monitor system components l componentes del sistema operativo (informática).

monitor (to) l regular el volumen sonoro l controlar el sonido (cine) l verificar, comprobar l contrastar l radiocaptar.

monitoring l regulación l control l escucha de recepción (radio) l determinación de la contaminación radiactiva l control de funcionamiento.

monitoring amplifier l amplificador de escucha l amplificador de verificación (electrónica).

monitoring antenna l antena de control.

monitoring board l mesa de comprobación.

monitoring circuit l circuito de comprobación, circuito de escucha (telefonía).

monitoring device l dispositivo de observación.

monitoring key l llave de comprobación l llave de escucha (telefonía).

monitoring of recording l control de registro.

monitoring panel l panel de control.

monitoring post | estación de radioescucha.

monitoring station | estación monitora | estación de control (radio).

monitoring tube | tubo monitor (TV).

monitron | aparato avisador (nucleónica) | monitrón (nuclear).

monkey | maza (para clavar pilotes) | martinete de mano (hinca de pilotes) | crisol (para fundir vidrio) | piquera para la escoria, tobera de escoria | recorte de ventilación (minas).

monkey chatter | modulación cruzada, transmodulación | interferencia (aparatos radio) | interferencia del canal adyacente (TV) | interferencia de modulación cruzada.

monkey way | conducto de ventilación (minas).

monkey wrench | llave inglesa, llave de cremallera | llave de tuercas ajustable.

monkey-dam | falsa dama (alto horno).

monkey-drift | galería de prospección, galería de reconocimiento (minas).

monkeypot | crisol para vidrio flint.

monobloc | monobloque.

monobloc bedframe | bancada en una pieza (motores).

monocable ropeway | teleférico monocable.

monochromatic | monocromático.

monochromatic neutron beam | haz monocromático de neutrones.

monochromatic picture | imagen monocromática.

monochromaticity | monocromaticidad.

monochromatize (to) | monocromatizar.

monochrome | monocromo | monocromía | blanco y negro (TV).

monoclinal flexure | pliegue monoclinal (geología).

monoclinal fold | pliegue monoclinal (geología).

monoclinal rising wave | onda creciente monoclinal.

monocline | pliegue monoclinal (geología).

monocoque | monocasco.

monocoque fuselage | fuselaje de cuadernas, fuselaje monocasco (aviones).

monocord | monocordio.

monocord switchboard | cuadro de conmutación monocordón (electricidad).

monoenergetic electron | electrón monoenergético.

monoenergetic electron collisions | colisiones de electrones monoenergéticos.

monoenergetic ion beam | haz iónico monoenergético.

monoenergetic neutron irradiation | irradiación con neutrones monoenergéticos.

monoenergetic radiation | radiación monoenergética.

monoergic beam | haz monoenergético.

monofier | klistrón especial.

monofuel | combustible que arde espontáneamente sin un oxidante (por ejemplo, nitrato de isopropilo).

monogas | gas combustible quemado del que se ha extraído el óxido de carbono y el vapor de agua.

monolayer | capa monomolecular | monoestrato, estrato monomolecular.

monolith | monolito.

monomer | monómero (química).

monometer | monómetro.

monometric | monométrico | isométrico (cristalografía).

monometric system | sistema cúbico (cristalografía).

monomineralic rock | roca monomineralógica.

monophase | monofase.

monophasic | monofásico.

monophasic subsynchronous braking | frenado subsíncrono monofásico.

monophonic | monofónico.

monophonic reception | recepción monofónica.

monophonic sound | sonido monofónico.

monophony | monofonía.

monoplane | monoplano.

monopole | monopolo | monopolar, unipolar.

monopole aerial | antena monopolo.

monopole antenna | antena monopolo.

monopropellant | monopropulsante | monergol.

monopropellant with catalyst | catergol.

monopulse | monoimpulso.

monopulse optical receiver | receptor óptico de impulso único.

monopulse radar | radar de monoimpulsos.

monopulse tracking | seguimiento por monoimpulso | rastreo de impulso único.

monorail | monocarril.

monorail train | tren monocarril.

monorefringence | monorrefringencia.

monoscope | monograma | monoscopio | imagen inmóvil (TV).

monostable | monoestable.

monostable circuit | circuito monoestable.

monostable multivibrator | multivibrador de relajación monoestable.

monostable timer | temporizador monoestable.

monostable trigger | disparador monoestable.

monostatic radar | radar monoestático.

monosymmetric system I sistema monoclínico (mineralogía).
monotonic quantity I invariante.
monotonic response filter I filtro de respuesta monotónica.
monotonic sequence I sucesión monótona.
monotonic solutions I soluciones monótonas (matemáticas).
monotype I monotipia (tipografía) I monotipo.
montage I superposición de imágenes (televisión) I montaje I composición.
montage photograph I fotomontaje.
montan wax I ozoquerita I cera montana.
montmorillonite I montmorilonita.
monzonite I monzonita.
moon I luna I mes lunar, lunación (astronomía).
moon landing I alunizaje.
moon probe I sonda lunar.
moon rock I roca lunar.
moon tracking I seguimiento de la luna (astronomía).
moonstone I adularia, feldespato nacarado, piedra de luna.
moor (to) I amarrar I anclar I atracar.
moored I amarrado I anclado, fondeado (minas).
moored balloon I globo cautivo.
mooring I fondeadero I amarre I amarraje.
mooring anchor I ancla de muerto (boyas de amarre) I ancla de amarre.
mooring buoy I amarra fija.
mooring gear I dispositivo de amarre.
mooring hawser I cable de amarre I amarra.
mooring line I estacha de amarre (buques) I amarra.
mooring pipe I escobén de amarre (buques).
mooring ring I argolla de amarre I arganeo (anclas).
mooring rope I estacha de amarre (buques), amarra.
mooring winch I chigre de amarre (buques).
moraine I morrena.
mordant I corrosivo I mordente.
Morse alphabet I alfabeto Morse.
Morse circuit I circuito Morse.
Morse code I código de Morse.
Morse dash I raya Morse.
Morse dot I punto Morse.
Morse inker I aparato Morse registrador.
Morse sounder I resonador eléctrico Morse.
Morse taper I cono Morse (herramientas).
Morse taper center I punto de cono Morse (tornos).
Morse telegraph line I línea telegráfica morse.
mortar I argamasa, mortero.

mortar board I esparavel (albañilería) I tabla de mortero.
mortar injections I inyecciones de mortero de cemento.
mortar joint I junta de mortero (albañilería).
mortar layer I capa de mortero.
mortar locating radar I radar para localización de morteros.
mortar structure I estructura en mortero (geología).
mortar texture I textura en mortero I textura en cemento (petrología).
mortice I mortaja, escopleadura.
mortice (to) I cajear, mortajar, escoplear (carpintería).
mortise I escopleadura I mortaja, muesca I entalladura.
mortise and tenon I espiga y mortaja I caja y espiga.
mortise bolt I mandrín acanalado I cerrojo embutido.
mortise chisel I escoplo I cotana.
mortise gear I dispositivo para mortajar.
mortise hole I escopleadura, mortaja.
mortise joint I ensambladura de caja y espiga.
MOS I metal-óxido-semiconductor.
MOS technology I tecnología metal-óxido-silicio I tecnología MOS.
mosaic I mosaico.
mosaic defects I defectos en mosaico (cristales).
moss I pantano I turbera.
moss peat I turba musgosa.
mother I madre I matriz.
mother aircraft I avión nodriza.
mother board I tablero madre I tablero base (electrónica) I placa madre I placa base.
mother disc I matriz.
mother gate I galería maestra, galería principal (minas).
mother liquor I agua de cristalización I solución madre.
mother lode I filón madre I filón principal.
mother metal I metal madre.
mother oil I petróleo bruto, crudo.
mother plane I avión nodriza.
mother rock I roca madre (geología).
mother ship I buque nodriza.
motion I moción, movimiento I desplazamiento I marcha.
motion indicator I indicador de velocidad, tacómetro.
motion pattern I diagrama de movimientos.
motion picture I fotografía cinematográfica I película de cine.

motion picture pickup I transductor cinematográfico (TV) I transductor de cinematografía a televisión I telecine.
motion plane I plano de movimiento.
motion simulation I simulación de movimiento.
motion stabilizer I estabilizador del movimiento.
motional I mocional, cinético.
motional energy I energía cinética.
motional field I campo cinético.
motional impedance I impedancia mocional, impedancia dinámica, impedancia cinética (acústica).
motional resistance I resistencia al movimiento.
motion-bar I guía de un mecanismo.
motionless I inmóvil.
motion-picture projector I proyector cinematográfico.
motive axle I eje motor.
motive energy I energía cinética, energía motriz.
motive fluid I fluido motor.
motive head I carga motriz (hidráulica).
motive power I medios de propulsión I potencia motriz, fuerza motriz.
motive unit I unidad motriz.
motivity I motilidad I energía cinética I potencia motriz, motricidad.
motor I motor I electromotor I motor de combustión.
motor bogie I bogie de motores, carretón de motores.
motor condenser I condensador de motor.
motor converter I motor convertidor (electricidad).
motor drive I accionamiento por motor.
motor driven I motopropulsor.
motor engine I máquina motriz.
motor field I campo inductor motórico (electromotor).
motor field regulator I regulador del campo inductor del motor.
motor frame I bastidor de motor, carcasa del motor.
motor generator I grupo convertidor.
motor generator exciter I motor generador de excitación.
motor glider I planeador motorizado.
motor grader I motoniveladora.
motor operated I motorizado.
motor operated brake I freno motorizado.
motor set I grupo motor.

motor starter I reóstato de arranque del motor I motor de arranque.
motor switchboard I cuadro de distribución del motor.
motor terminals I bornas del motor.
motor test bed I bancada para pruebas de motores.
motor thresher I mototrilladora.
motor torpedo boat I lancha torpedera.
motor torque I par motor.
motor truck I autocamión I bogie motor.
motor truck axle I eje del bogie motor.
motor truck frame I bastidor del bogie motor.
motor tune-up I reglaje del motor.
motor unit I unidad motriz I unidad motora.
motor van I autocamión.
motor vehicle I automóvil I vehículo de motor.
motor winch I cabrestante con motor.
motor working I funcionamiento del motor.
motor-actuated I motorizado.
motor-alternator set I grupo convertidor.
motor-alternator unit I grupo motor-alternador.
motor-boating I crepitación I oscilaciones intermitentes (amplificador de varias fases), tableteo (radio).
motor-bogie bolster I travesaño del bogie de motores.
motor-bogie brake I freno de bogie motor.
motorcar I automóvil I coche automotor (ferrocarril).
motorcoach I coche automotor (ferrocarril).
motor-convertor I convertidor en cascada.
motor-driven I accionado por electromotor (electricidad) I accionado por motor, motorizado.
motor-driven timing device I sincronizador de propulsión mecánica I dispositivo de regulación mecánica.
motored axle I eje con motor (coches eléctricos).
motor-generator set I grupo motor-generador, grupo convertidor.
motorgrader I motoniveladora.
motorization I motorización.
motorized I motorizado I accionado por motor.
motorized adjustment I ajuste motorizado.
motorjet I motor de chorro con su compresor accionado por motor alternativo de gasolina.
motorless flight I vuelo sin motor.
motor-operated I movido por motor, motorizado.
motor-operated phase-shifter I desfasador motorizado.

motor-propelled I motorpropulsado, accionado por motor, impulsado por motor.

motor-starting load I carga de arranque del
motor.

motor-switch I interruptor del motor.

motortruck I camión I autocamión.

mottled I jaspeado, moteado, veteado I atruchado (fundición).

mottled cast iron I fundición atruchada.

mottled grain I grano atruchado (fundición).

mottled iron I fundición atruchada.

mottled pig I fundición atruchada.

mottling diffraction I mancha de difracción
(defecto de fundición).

mould (G.B.) I moho I molde I encofrado I matriz I modelo, patrón I gálibo, calibre.

mould making I moldería.

mould release I desmoldeo.

mould (to) I moldear I modelar I aplantillar I
moldurar.

moulded gear I engranaje moldeado.

moulding I moldura I moldeo.

moulding cutter I fresa de moldurar I fresa de
acanalar.

moulding die I troquel de moldear.

moulding plane I bocel I acanalador.

moulding press I prensa de moldeo.

mound I terraplén I escollera I rompeolas I cono de deyección.

mount I monte, montaña I montaje, soporte.

mount adapter I adaptador de montaje.

mount fitting I herraje de bancada.

mount (to) I montar, instalar.

mountain barometer I barómetro altimétrico.

mountain blue I malaquita azul.

mountain cork I corcho fósil, poligorskita.

mountain crystal I cristal de roca.

mountain flour I harina fósil, diatomita.

mountain intrusive I batolito.

mountain leather I poligorskita.

mountain meal I harina fósil, diatomita.

mountain wood I poligorskita de aspecto le-
ñoso.

mounting I montaje, instalación.

mounting assembly I grupo de montaje.

mounting block I bloque de montaje.

mounting frame I chasis de montaje.

mounting gallery I galería ascendente (minas).

mounting line I tren de montaje I línea de
montaje.

mounting plate I platina I soporte I apoyo.

mounting spiral I espiral ascendente.

mounting tension I tensión creciente I tensión
de montaje.

mounting torque I par máximo de montaje
(semiconductores).

mouth I boca I orificio I desembocadura (ríos) I
entrada (galerías) I agujero de colada I embocadura I tragante.

movable I móvil.

movable coil galvanometer I galvanómetro de
cuadro móvil.

movable contact I contacto móvil.

movable jib I brazo móvil (grúas).

movable ladder I escala móvil I escalera mecánica.

movable point I aguja móvil (ferrocarril).

movable point crossing I cruzamiento de agujas móviles (ferrocarril).

movable-point frog I cruzamiento de agujas
móviles (ferrocarril).

move I movimiento I marcha I maniobra.

move line I cable de maniobra.

move off (to) I arrancar (motores).

move out engagement (to) I desengranar.

move out (to) I extraer de la memoria (informática).

move (to) I poner en movimiento I poner en
marcha, mover.

moveable I móvil.

moveable rail I carril móvil.

movement I marcha I desplazamiento I maniobra I movimiento.

mover I fuerza motriz I pistón I motor I máquina tractora.

movie I filme I película.

movie film I película I filme.

moving I movimiento I maniobra.

moving beam scanner I rastreador de rayo
móvil (código de barras).

moving bed catalytic cracking I desintegración catalítica de lecho fluidizado (química).

moving belt I cinta transportadora.

moving blade I paleta móvil I paleta receptora
(turbina).

moving coil I bobina móvil I cuadro móvil
(aparatos eléctricos).

moving field I campo variable (electricidad).

moving force I fuerza motriz.

moving forward I avance I marcha hacia adelante.

moving iron I hierro móvil (magnetismo).

moving mirror oscillograph I oscilógrafo de
espejo móvil.

moving power I fuerza motriz.

moving relay I relé de cuadro móvil.

moving vane I paleta receptora (turbinas).

moving wave I onda migrante I onda móvil.

moving-coil galvanometer | galvanómetro de cuadro móvil, galvanómetro diferencial.

moving-coil microphone | micrófono electrodinámico.

moving-coil pickup | fonocaptor de bobina móvil.

moving-coil wattmeter | vatímetro de bobina móvil.

moving-iron ammeter | amperímetro de imán móvil.

moving-magnet galvanometer | galvanómetro de imán móvil.

moving-magnet voltmeter | voltímetro de imán móvil.

moving-mirror oscillograph | oscilógrafo de espejo móvil.

moving-needle galvanometer | galvanómetro de imán móvil.

Mössbauer spectroscopy | espectroscopia por espectro Mössbauer (aceros).

MTI radar | radar indicador de blancos móviles | radar MTI.

mu | coeficiente de amplificación (válvula termiónica).

mu circuit | circuito mu.

mu factor | coeficiente de amplificación (válvula termiónica) | factor mu (triodo).

mud | cieno | lodo, barro | lodo de perforación, lodo de inyección (sondeos).

mud baffle | colector de fangos (calderas) | colector del lodo (sondeo).

mud bit | trépano para arcilla.

mud crack | grieta de desecación (geología).

mud fluid | lodo de inyección (sondeos).

mud flush | lodo de inyección (sondeos).

mud flush drilling | perforación con inyección de lodo.

mud gun | cañón de tapar la sangría (alto horno) | boquilla de inyección.

mud lighter | draga de vapor.

mud-bit | trépano para arcilla (sondeo).

mudstone | lutolita | arcilla compacta | esquistoso arcilloso | roca sedimentaria arcillosa sin estratificación aparente | sedimento arcilloso.

mud-wall | muro de adobe, tapial.

muff | manguito de acoplamiento | misil radioguiado.

muff-coupling | acoplamiento de manguito, embrague de manguito | manguito de acoplamiento.

muffle | mufla | horno de esmaltar | horno de copela.

muffle carburizing furnace | horno de cementar de mufla.

muffle furnace | horno de mufla | horno de copela.

muffle plate | placa de la mufla.

muffler | silenciador de escape (motores) | amortiguador.

mule | selfactina, hiladora mecánica intermitente.

mule jenny | hiladora mecánica intermitente, selfactina.

mule quadrant | cuadrante de selfactina, sector de selfactina.

mule spinning | hilatura en selfactina, hilado intermitente.

mule twiner | selfactina de retorcer.

mule twist | torcido de selfactina.

mule-spun yarn | hilado de selfactina, trama de selfactina.

muller | mezcladora de arenas, máquina para desterronar arenas (funderías).

multed | en múltiple (telecomunicación).

multed inputs | entradas en múltiples (telecomunicación).

multianode | multiánodo.

multianode rectifier | rectificador polianódico.

multiaxiality | multiaxialidad.

multiband antenna | antena omnionda.

multiband panoramic receiver | receptor panorámico omnionda.

multiband receiver | receptor multibanda.

multibank engine | motor con varias filas de cilindros en línea.

multibank radial engine | motor radial de varias coronas de cilindros.

multibeam | multihaz.

multibeam tube | válvula electrónica de multirayos catódicos | tubos de múltiples haces.

multicarbide hard metal | metal duro de aleación de varios carburos.

multicarrier repeater | repetidor de portadoras múltiples.

multicarrier scheme | sistema de múltiples ondas portadoras.

multicarrier transmitter | emisora de radio de muchas portadoras.

multicathode tube | tubo multicátodo.

multicavity magnetron | magnetrón de cavidades.

multichannel | canal múltiple | multicanal.

multichannel antenna | antena multicanal (TV).

multichannel carrier | onda portadora multicanal (radio) | portadora policanálica.

multichannel crystal oscillator | oscilador de cuarzo multicanálico.

multichannel equipment | equipo multicanal (telecomunicaciones).

multichannel link | enlace multicanal (telecomunicación).

multichannel microwave | microonda de canales múltiples.

multichannel microwave relay system | sistema de enlace múltiple por microondas.

multichannel scattering | difusión de varias vías, difusión multicanálica.

multichannel transmitter | transmisor multicanal (radiocomunicaciones).

multichip circuit | circuito multipastilla.

multichromatic | policromático.

multicircuit | multicircuito | multicanal.

multicircuit television | televisión multicanal.

multicircuit transformer | transformador para varios circuitos.

multicoil relay | relé con arrollamientos múltiples.

multicollector electron tube | tubo electrónico multicolector | válvula electrónica multicolector.

multicolored | policromo, multicolor.

multicomponent | multicomponente.

multicore cable | cable multifilar.

multicrankshaft | cigüeñal de varios brazos.

multicurrent dynamo | dinamo polimórfica.

multi-cycle feeding | alimentación de ciclo múltiple.

multicylinder in-line engine | motor policilíndrico en línea.

multidisc clutch | embrague polidisco.

multi-disk brake | freno polidisco.

multidrilling machine | taladradora multibrocas.

multidrop | multiterminal.

multielement tube | tubo de elementos múltiples | válvula compleja (termiónica) | válvula multielectrodo.

multiengined gear propulsion | propulsión por polimotores engranados (buques).

multiexchange area | red de centrales múltiples | circunscripción telefónica (G.B.).

multifield | de campos múltiples.

multifield exciter | excitatriz de campos múltiples.

multifilament | polifilamento | multifilamentoso.

multiflute mill | fresa poliestriada.

multifluted reamer | escariador de cortes múltiples, escariador pluriestriado.

multifocal | multifocal.

multifocal contact lens | lentilla de contacto multifocal.

multifocal lens | lente polifocal | lente multifocal.

multifoil | poliobulado (arco) | multilobulado.

multifrequency | multifrecuencia.

multifrequency radio set | equipo de radio omniondas.

multifrequency system | sistema policíclico.

multifuel | policombustible.

multifuel engine | motor que puede funcionar indistintamente con varios combustibles | motor policarburante.

multifunction array radar | radar con red directiva de antenas | radar multifuncional con varias antenas.

multifunction meter | multímetro.

multigaging equipment | equipo de comprobación multidimensional.

multigrade lubricant | lubricante multígrado.

multigrade oil | lubricante multígrado.

multigrid tube | tubo de varias rejillas | lámpara multirrejilla.

multigrounded line | línea con varias puestas a tierra (electricidad).

multigun tube | tubo multicañón (rayos catódicos).

multilayer | multicapa.

multilayer circuit | circuito de múltiples capas.

multilayer coating system | sistema de revestimiento de multicapas.

multilayer coil | bobina de varias capas de devanado.

multi-layer film circuit | circuito de película multicapa.

multilayer weld | soldadura pluricordón.

multilayer winding | devanado en capas superpuestas, devanado multicapas.

multilens | objetivo múltiple (cámara fotográfica).

multileverage hand brake | freno de mano de multiplicación progresiva.

multiloop | circuito múltiple, malla multiple (electricidad).

multiloop nonlinear system | sistema alineal de mallas múltiples.

multiloop servosystem | servomecanismo de pluricircuitos.

multimachine power system | central eléctrica de varios generadores.

multimesh network | red de anillos múltiples (electricidad).

multimeter | multímetro, medidor múltiple | polímetro.

multimillion-volt cosmotron | cosmotrón de varios millones de voltios.

multimode resonator | resonador multimodal.

multimode waveguide | guía de ondas con multimodos de transmisión | guía de ondas a modos múltiples.

multinozzle cutting machine | máquina de oxicorte de plurisopletes.

multioffice exchange | red telefónica (EE UU).

multipacting discharge | descarga sometida a varios campos magnéticos.

multipacting electrons | electrones sometidos a choques múltiples.

multiparty line | línea colectiva | línea multicompartida (telefonía).

multi-pass weld | soldadura de varios cordones.

multipass welding | soldeo policordón.

multipath | trayectoria múltiple | pluridireccional.

multipath effect | imagen eco | doble imagen.

multipath ferrite core | núcleo de ferrita de varios circuitos magnéticos.

multipath propagation | propagación por caminos múltiples (radio) | propagación por multitrayectoria.

multiphase | polifásico | multifásico.

multiphase alternator | alternador polifásico.

multi-phase clocked logic | lógico de impulsos patrón multifase.

multiphase commutatorless motor | motor polifásico sin conmutador.

multiphase generator | generador polifásico.

multiphase rectifier circuit | circuito rectificador polifásico.

multiphone | multífono.

multiphone system | red telefónica con estación central única.

multiphonon | multifonon.

multiphoton photoelectric emission | emisión fotoeléctrica multifotón.

multipin connector | conectador multiclavijas (telecomunicación) | conector con varios terminales.

multipin plug | enchufe multiclavijas.

multiplate camera | cámara multiplacas (fotografía).

multiplate clutch | embrague pluridisco.

multiplate friction clutch | embrague de fricción polidisco.

multiple | múltiplo | cuadro múltiple manual (telefonía) | múltiple | en paralelo (electricidad).

multiple access | acceso múltiple.

multiple antenna | antena múltiple.

multiple antenna surveillance radar | radar de múltiples antenas de vigilancia.

multiple axis chart | gráfica de ejes múltiples.

multiple backscattering | retrodispersión múltiple.

multiple band receiver | receptor omnionda | receptor de banda múltiple.

multiple battery | batería de pilas.

multiple bay antenna | antena de secciones múltiples.

multiple beam interference | interferencia de haz múltiple.

multiple box loom | telar multilanzaderas, telar de cajones.

multiple casting | colada múltiple.

multiple channel | canal múltiple | pluricanal.

multiple circuit | circuito múltiple | circuito compuesto | acoplamiento en cantidad, acoplamiento en derivación, acoplamiento en paralelo.

multiple circuit winding | devanado imbricado.

multiple coil transformer | transformador de bobina múltiple.

multiple conductor | conductor en haz (electricidad) | conductor múltiple.

multiple connection | montaje múltiple, conexión múltiple | acoplamiento en cantidad, acoplamiento en derivación.

multiple coverage | cobertura múltiple (radar).

multiple crosstalk | diafonía múltiple (telecomunicación).

multiple crucible furnace | horno multicrisoles.

multiple currency system | sistema de cambios múltiples.

multiple current generator | generador polimórfico.

multiple disc clutch | embrague pluridisco.

multiple drawing | estirado múltiple (alambres) | embutición en varias pasadas.

multiple drop circuit | circuito multipunto.

multiple duct conduit | canalización plurirramal | conducto multitubular (cables telefónicos - EE UU).

multiple electrode welding | soldeo con electrodos múltiples.

multiple fiber | haz de fibras.

multiple field | campo múltiple (telecomunicaciones) | campo multipolo (electromagnetismo).

multiple image | imagen múltiple (TV-fotografía).

multiple image film | película de imágen múltiple (placa impresa).

multiple jack | conjuntor general (telefonía).

multiple launch rocket system | sistema múltiple de lanzamiento de cohetes.

multiple measuring instrument | instrumento para varias medidas simultáneas.

multiple milling | fresado en serie | fresado con tren de fresas.

multiple modulation | modulación múltiple.

multiple module access | acceso de módulo múltiple (computadora).

multiple molding | moldeo múltiple.

multiple neutron capture | captura neutrónica múltiple (nuclear).

multiple of gearing | tren de engranajes.

multiple on-line programming | programación múltiple en línea.

multiple plough | arado de varias rejas.

multiple saw | sierra alternativa de varias hojas.

multiple scanning | exploración entrelazada, escansión entrelazada, exploración múltiple (TV).

multiple scattering | dispersión múltiple | difracción múltiple.

multiple series connection | conexión en series paralelas, acoplamiento en cantidad y voltaje.

multiple shuttle loom | telar multilanzaderas.

multiple signal unit | unidad múltiple de señalización.

multiple sound track | pista múltiple (acústica) | pista sonora múltiple.

multiple switch | interruptor múltiple.

multiple switching | conmutación múltiple.

multiple system | sistema multifilar (electricidad).

multiple target radar | radar selector de objetivos.

multiple television channel | canal múltiple de televisión.

multiple track radar | radar de rastreo múltiple.

multiple transformer | transformador en paralelo.

multiple transmitter | transmisor múltiple.

multiple trunk groups | formación de grupos de enlace (líneas urbanas).

multiple tube launcher | lanzacohetes multitubo.

multiple tuner | sintonizador múltiple.

multiple unit capacitor | capacitor de tomas múltiples.

multiple valve | lámpara compleja (electrónica).

multiple way switch | conmutador multidireccional.

multiple way system | sistema de transmisiones simultáneas.

multiple winding | devanado múltiple.

multiple wire antenna | antena multifilar de hilos paralelos.

multiple wire dipole antenna | antena dipolo multifilar.

multiple working | emisión multicanal | comunicación múltiple.

multiple-connected | conectado en derivación, conectado en paralelo (electricidad).

multiple-contact switch | conmutador selector.

multiple-loop servomechanism | servomecanismo pluricircuital.

multiple-loop system | sistema de circuitos múltiples.

multiple-output logical network | red lógica con salidas múltiples.

multiple-output switching circuit | circuito de conmutación de salida múltiple.

multiple-pole | multipolar (electricidad).

multiple-purpose tester | polímetro.

multiple-relay system | sistema con varias estaciones repetidoras (telecomunicación).

multiple-series battery | batería de pilas en series paralelas.

multiple-series connection | conexiones en serie conectadas en múltiple.

multiple-spot welding | soldeo por puntos múltiples.

multiple-stage missile | misil de fases múltiples.

multiple-stage rocket | cohete de etapas múltiples.

multiple-track radar | radar de múltiples canales.

multiple-track range | radiofaro con múltiples rumbos.

multiple-track recording | registro de pista múltiple.

multiple-tuned antenna | antena con sintonía múltiple.

multiple-unit steerable antenna | antena rómbica múltiple.

multiple-wheel bogie | bogie de varios ejes.

multiplex | telegrafía múltiple | múltiplex | transmisión múltiple | transmisión simultánea.

multiplex communication | comunicación múltiple | enlace múltiple de radio.

multiplex lap | devanado paralelo múltiple (electricidad).

multiplex microwave system | sistema de enlace múltiplex por microondas.

multiplex operation | funcionamiento en múltiplex.

multiplex system | sistema múltiplex (telecomunicaciones) | enlace multiplex.

multiplex (to) | transmitir simultáneamente sobre la misma onda vectriz (radio, TV) | transmitir simultáneamente sobre el mismo hilo (telegrafía o telefonía alámbrica).

multiplex transmission I transmisión múltiple I multidifusión.

multiplex winding I devanado múltiple, devanado de varios circuitos I devanado en serie-derivación.

multiplexed system I sistema de telefonía múltiple.

multiplexer channel I canal múltiplex (calculadoras electrónicas).

multiplexing I correlación múltiple I transmisión simultánea I multiplexación.

multiplexing coaxial cavity filter I filtro de cavidad coaxial para transmisión simultánea.

multiplier I multiplicador I resistencia adicional en serie (electricidad) I resistencia multiplicadora (electricidad).

multiplier phototube I célula fotoeléctrica multiplicadora, fotocélula multiplicadora I fotomultiplicador.

multiplier stage I etapa multiplicadora (electrónica).

multiplier tube I fototubo multiplicador I válvula multiplicadora.

multiplying tube I tubo multiplicador de electrones.

multiplying winding I devanado multiplicador.

multipoint circuit I circuito multiterminal.

multipoint connection I conexión multipunto.

multipoint data exchange system I sistema multipunto de intercomunicación de datos.

multipoint lubricator I lubricador para alimentar diversos circuitos.

multipoint selector switch I conmutador selector de tomas.

multipoint welding machine I soldadora por puntos múltiples.

multipolar I multipolar.

multipolar cutout I cortacircuito multipolar.

multipolar fuse I cortacircuito de fusible multipolar.

multipolar revolving-field alternator I alternador multipolar de campo giratorio.

multipolarity I multipolaridad.

multipole I multipolo I multipolar.

multipole switch I interruptor multipolar.

multipropellant I multipropulsante.

multipulse generator I generador de impulsos múltiples.

multipulse radar system I sistema de radar de impulsos múltiples.

multipurpose I universal (máquinas) I plurivalente I polivalente.

multipurpose machine I máquina universal.

multipurpose reactor I reactor de múltiple finalidad (nuclear).

multi-purpose satellite I satélite polivalente.

multipurpose set I equipo de múltiples funciones.

multirange A. C./D. C. electrical measuring instrument I instrumento medidor eléctrico para corriente continua y alterna de gama amplia.

multirange amplifier I amplificador múltiple.

multirange measuring instrument I instrumento medidor de gama amplia.

multirange meter I aparato medidor de varias sensibilidades.

multirange receiver I receptor multibanda.

multiraster signaling I señalización multitrama (TV).

multirate helical spring I muelle helicoidal de elasticidad variable.

multirun joint I junta con cordones múltiples (soldadura).

multisatellite link I enlace multisatélite.

multiscope I multiscopio.

multisegment magnetron I magnetrón plurisectoral.

multisensor processor I procesador de multisensores.

multishot firing I explosión de barrenos múltiples (voladuras) I pega de multibarrenos (minería).

multislot magnetron I magnetrón de múltiples ranuras.

multisorter I seleccionador múltiple.

multispectral scanner I analizador de barrido.

multispeed I velocidad variable.

multispeed gearing I engranaje de velocidad variable.

multispeed motor I motor de velocidades múltiples.

multi-speed supercharger I compresor de varias velocidades.

multispindle dovetailer I máquina de ejes múltiples para hacer colas de milano.

multispindle driller I taladradora múltiple.

multispot welding I soldadura por puntos múltiples.

multistage I multigradual, poliescalonado (turbinas, amplificadores, etc.), plurifásico I secuencial.

multistage axial compressor I compresor axial multigradual.

multistage centrifugal compressor I compresor centrífugo de varias etapas.

multistage decision process I proceso de decisión secuencial.

multistage machining I maquinado multigradual.

multistage magnetic amplifier I amplificador magnético multigradual.

multistatic radar I radar multiestático.

multistation I multiterminal I multipunto I multiestación.

multistep I multigradual I escalonado.

multistrip coupler I acoplador multibandas.

multitap I pluriderivación I derivación múltiple.

multitapped potentiometer I potenciómetro de tomas múltiples.

multiterminal I multiterminal.

multitone circuit I circuito multifrecuencia I circuito multicanal.

multitooth clutch I embrague pluridental.

multitorch cutting machine I máquina de oxicorte de multisopletes.

multitrace recording I registro simultáneo de varios trazados.

multitrack I multivía I multipista.

multitrack head I cabeza multipista (registros).

multitrack magnetic system I sistema de registro magnético en pista múltiple.

multitrack recording I grabación multipista.

multitrack recording system I sistema de registro de sonido en pista múltiple.

multitunnel kiln I horno de multiconductos I horno multigalerías.

multiturn I multivuelta.

multiturn potentiometer I potenciómetro de espiras I potenciómetro multivuelta.

multiunit steerable antenna I antena orientable de varios elementos.

multiunit tube I válvula electrónica múltiple.

multivalence I polivalencia.

multivalued I polivalente.

multivalued decision I decisión multivaluada (estadística).

multivalve amplifier I amplificador polivalvular.

multivalve receiver I receptor plurivalvular.

multivane I multiaspa I multipaleta.

multivane centrifugal fan I ventilador centrífugo pluripalas.

multivariant system I sistema multivariante.

multivelocity I policinético.

multivelocity electron beam I haz electrónico de velocidades múltiples.

multi-voltage charger I cargador de varios voltajes.

multivoltage control I regulación por variación de voltaje.

multiway selector I selector multidireccional.

multiwinding transformer I transformador de multiarrollamientos en derivación.

multiwire antenna I antena multifilar.

multiwired I multifilar.

mu-meson I mesón mu, muón.

mumetal I mumetal (aleacción magnética).

mumetal shield I blindaje de mumetal I pantalla de mumetal.

mundic I pirita de hierro, pirrotita.

muon I muón I muónico I mesón mu.

muon-catalyzed fusion I fusión catalizada por muones.

muonium I muonio.

muricalcite I dolomita (mineralogía).

muscovite I mica I moscovita.

Muscovy glass I mica.

mush I ruido de fritura (radio) I ruido de fondo, onda extendida (radio) I hulla terrosa blanda.

mush area I área de gran perturbación (radio) I zona de interferencia (radar - EE UU).

mushroom bolt I perno de bordón.

mushroom follower I patín de leva.

mushroom head I cabeza redonda (remaches).

mushroom headed valve I válvula de cabeza de seta.

mushroom insulator I aislador de campana.

mushroom tappet I empujador de seta (válvulas).

mushroom valve I válvula de asiento cónico (motores) I válvula tipo hongo.

mushroom ventilator I ventilador de hongo.

mushrooming I deformación (electrodos) I fungiforme.

mushy reception I recepción confusa, recepción con ruidos (radio).

mushy stage I estado pastoso (metalografía).

music track I banda sonora I pista de música.

musical frequency I frecuencia audible, audiofrecuencia.

musical pitch I frecuencia audible, audiofrecuencia.

mustard gas I iperita I gas mostaza.

mute (to) I amortiguar (ruidos) I desconectar.

muting I reducción del volumen sonoro (radio) I amortiguamiento.

muting circuit I circuito silenciador.

muting switch I interruptor silenciador.

mutual branch I rama común (telecomunicación).

mutual characteristic I característica interelectródica.

mutual conductance I conductancia mutua.

mutual coupling I acoplamiento mutuo.

mutual deadlock I bloqueo mutuo.

mutual inductor | bobina de acoplamiento | transformador estático (electricidad).

mutual resistance | resistencia mutua (antenas).

mutual surge impedance | impedancia mutua de onda.

mutual-conductance checker | probador de la conductancia mutua (tubos electrónicos).

mutual-inductance coupled | acoplado por inductancia mutua.

mutual-inductance transducer | transductor de inductancia mutua.

mutually synchronized network | red mutualmente sincronizada (comunicaciones).

muzzle | boca (arma de fuego) | buza (hornos).

muzzle blast | rebufo.

muzzle bore sight | visor interior del ánima, centrador de boca (cañones).

muzzle brake | freno en la boca (cañón).

muzzle cap | tapaboca (de cañón).

muzzle charging gear | mecanismo para cargar por la boca.

muzzle cover | tapaboca, cubreboca (cañones).

muzzle cylinder | cilindro de boca (cañón).

muzzle flash | fogonazo (cañones).

muzzle loading | carga por la boca.

muzzle ring | anillo de la boca (cañón).

Mylar | Mylar.

Mylar capacitor | condensador Mylar.

Mylar film | película Mylar.

myoelectric signal | señal mioeléctrica.

myriameter | miriámetro.

myriametric wave | onda miriamétrica.

myrmekite | mirmequita.

N

n quadrant | sector n (radionavegación).

n region | región n.

n scan | explorador de tipo n (radar).

n shell | capa n | nivel n.

N.A.N.D. gate | compuerta N.Y.

N.A.V.A.I.D. system | sistema de ayuda a la navegación.

N.N. junction | zona N.N. (semiconductores).

N.O.R. circuit | circuito N.O.R. (circuito lógico).

N.R.M. wind scale | escala de vientos N.R.M.

nacelle | barquilla (globos) | nacela.

nacrine | nacrina.

nacrite | nacrita.

naft | petróleo.

nail | uña | garra | clavo | aguja de mina | medida aproximada a 12 milímetros | unidad de medida de telas = 5,75 centímetros.

nail hammer | martillo de carpintero, martillo de uña.

nail puller | arrancaclavos, desclavador | sacaclavos.

nail punch | sacaclavos | punzón embutidor.

nail remover | sacaclavos.

nail set | embutidor de clavos.

nail stake | bigorneta.

nailhead | punta de diamante | cabeza de clavo.

nail-heading tool | clavera (molde).

nak | nak (aleación de sodio y potasio líquido para uso de refrigerante nuclear).

nameplate | placa de datos | placa de identificación.

nameplate amperes | amperaje nominal.

nameplate pressure | presión de servicio (calderas) | voltaje de servicio (electricidad) | tensión de servicio.

nameplate rating | clasificación indicada en la placa de características | potencia nominal, potencia de servicio (electromotores).

nanocurie | nanocurio.

nanofarad | nanofaradio.

nanogram | nanógramo.

nanometer | nanómetro.

nanosecond | nanosegundo.

nanowatt | nanovatio.

naphtha | nafta.

naphtha sludge | sedimento de nafta | sedimento de gasolina.

naphthalene | naftaleno.

naphthaquinone | naftoquinona.

naphthol | naftol.

Napierian base | base de los logaritmos neperianos.

Napier's logarithms | logaritmos neperianos.

narrow | angosto, estrecho.

narrow angle lens | objetivo de pequeño campo, objetivo pequeño angular | lente de ángulo angosto.

narrow back saw | sierra de costilla.

narrow band | banda estrecha.

narrow beam | haz estrecho.

narrow composition | composición apretada (tipografía).

narrow gage | vía estrecha, trocha angosta (ferrocarril).

narrow gage railway | ferrocarril de vía estrecha.

narrow pennant | gallardete, grímpola.

narrow pulsed signal | señal de impulso corto.

narrow-band axis | eje de la banda estrecha.

narrow-band cavity | resonador de banda estrecha.

narrow-band crystal filter | filtro cristalino de banda estrecha.

narrow-band frequency modulation | modulación de frecuencia de banda estrecha.

narrowband limiter | limitador de banda estrecha.

narrow-band path | vía de banda estrecha (comunicaciones).

narrowing | estrechamiento | contracción | disminución.

national extension circuits | circuitos de prolongación nacional (telecomunicaciones).

national frequency assignment | asignación nacional de frecuencia (radio).

native | natural (minería) | nativo.

native arsenic | régulo nativo de arsénico.

native paraffin | ozocerita.

native rock | roca madre (geología).

native salt | sal gema, halita.

native substance | principio inmediato (química).

native sulfur | azufre de mina.

natron | natrón | óxido de sodio, sosa.

natural | natural.

natural background radiation | radiación ionizante natural | radiación de fondo natural.

natural bed | lecho de cantera, plano de estratificación (rocas).

natural element | elemento natural (química).

natural excitation | excitación natural (magnetismo).

natural frequency I frecuencia propia.
natural inductance I inductancia propia.
natural interference I perturbación natural (electromagnetismo).
natural language interface I interfase en lenguaje natural (informática).
natural language procesing I proceso en lenguaje natural (informática).
natural logarithm I logaritmo neperiano I logaritmo natural.
natural magnet I magnetita, piedra de imán I imán natural.
natural uranium I uranio natural.
natural uranium reactor I reactor de uranio natural.
natural wavelength I longitud de onda propia.
nauropometer I nauropómetro, oscilógrafo (marina).
nautical I náutico, marítimo.
nautical chart I carta hidrográfica.
nautical charting I cartografía náutica.
nautical league I legua marina.
nautical megamile I megamilla marina (1.853.248 kms.).
nautical mile I milla marina (EE UU -1852 m; G.B. 1853 m).
nautical sextant I sextante marino.
nautics I náutica.
navaglide I navaglide (sistema de aproximación para planeo).
naval I naval I marítimo.
naval air I aeronaval.
naval aircraft I aviación naval.
naval aircraft weapon I arma antiaérea naval.
naval brass I latón naval, aleación de cobre (59%), cinc (40%) y estaño (1%).
naval chronometer I cronómetro naval.
naval docks I arsenal.
naval engineering I tecnología naval.
naval nuclear propulsion I propulsión nuclear de buques de guerra.
naval plane I avión de la armada (marina).
naval station I base naval, arsenal.
Navar I Navar (radar y control).
Navar distance meter I telémetro Navar.
Navarho I sistema de radionavegación para larga distancia.
navigate (to) I navegar I gobernar (buques) I pilotar (un avión).
navigating bridge I puente de navegación (buques).
navigating lights indicator I indicador de luces de navegación (buques).
navigation I navegación.

navigation aid I ayuda a la navegación (sistemas).
navigation chart I carta aeronáutica I carta de navegación (marina) I carta naútica.
navigation coordinate I coordenada de navegación.
navigation lamps I luces de navegación.
navigation light indicating panel I cuadro indicador de las luces de navegación.
navigation lights I luces de navegación.
navigation receiver I receptor de navegación.
navigational beacon I baliza navegacional.
navigational computer I calculadora navegacional.
navigational electronics I electrónica aplicada a la navegación.
navigational light indicator board I cuadro indicador de las luces de navegación.
navigational radar I radar navegacional.
navigational warning I aviso a la navegación.
navigraph I navígrafo.
navisphere I navisferio.
navvy I máquina excavadora de vapor, pala de vapor.
navvy excavator I pala mecánica.
Navy I Armada, marina de guerra.
navy yard I arsenal.
neap tide I marea muerta, marea de cuadratura.
near I cercano, próximo, inmediato.
near echo I eco de proximidad.
near field I campo próximo (acústica).
near infrared I infrarrojo próximo (zona inicial del infrarrojo).
near IR I cerca de la región infrarroja del espectro.
near ir-laser I láser de rayos próximos a la banda infrarroja.
near-end crosstalk I paradiafonía.
near-end crosstalk attenuation I debilitamiento paradiafónico.
near-end signal-to-crosstalk ratio I relación paradiafónica (telecomunicaciones).
nearest approach I mínima distancia de acercamiento (radar marino).
near-infrared detector I detector del infrarrojo cercano.
near-infrared spectrophotometry I espectrofotometría de infrarrojo próximo.
nearly-synchronous orbit I órbita cuasigeoestacionaria.
near-natural uranium I uranio cuasi natural, uranio ligeramente enriquecido.
near-thermal neutron I neutrón cuasi térmico.
neat I puro I nítido.
nebula I nebulosa (astronomía) I bruma.

nebule I nebulosa (astronomía) I bruma.

necessary bandwidth I ancho de banda necesario.

neck I cuello del tubo catódico I istmo I estrechamiento, bocana (puertos) I cuello del cilindro I chimenea de ascensión (geología).

neck cord I cordón de alza (jacquard).

neck core I macho de garganta (funderías).

necked-down riser I bebedero rebajado (funderías).

necking I corrosión circunferencial de los tubos en la proximidad de la placa tubular (calderas) I rebajo I alargamiento uniformemente repartido I rebaje I rebajamiento.

necking tool I herramienta acabadora I herramienta para hacer rebajos.

neck-ring I anillo de garganta (maquinaria).

needle I aguja I brújula I fiel de balanza I viga de apuntalamiento I percutor.

needle adjusting lever I palanca reguladora de las agujas (jacquard).

needle antimony I sulfuro de antimonio.

needle beam I viga transversal de apeo (recalzo muros) I viguetas de recalcado.

needle bearing I cojinete de rodillos de pequeñísimo diámetro, cojinete de agujas.

needle board I tabla de agujas, plancha de las agujas (jacquard).

needle case I tubo de eje percutor.

needle compass I brújula de aguja fija.

needle control lever I palanca de mando de la aguja.

needle control servomotor I servomotor de mando de la aguja.

needle counter tube I detector acicular.

needle dam I compuerta de agujas, presa de agujas.

needle deviation I desviación de aguja (aparatos).

needle dial I cuadrante de aguja.

needle galvanometer I galvanómetrro de aguja.

needle gap I distancia entre puntos (electrotecnia) I chispero de aguja (electricidad) I descargador de aguja (electrónica) I separación entre agujas (electrodos).

needle half lap I segmento peinador.

needle holder I portaagujas.

needle ice I témpano I carámbanos.

needle instrument I instrumento topográfico cuya parte esencial es una brújula.

needle iron I fundición acicular.

needle ironstone I óxido férrico hidratado, hierro acicular, goethita.

needle lubricator I lubricador de aguja.

needle nozzle I tobera de aguja, boquilla de aguja.

needle ore I aciculita, bismuto acicular, petrinita.

needle pellet I contrapercutor (espoletas).

needle printing I impresión por agujas I impresión por estilete.

needle pyrometer I pirómetro de aguja indicadora.

needle reading I lectura con la brújula.

needle roller bearing I cojinete de apoyo de agujas.

needle seat I asiento de válvula cónica I asiento de válvula de aguja.

needle sharpener I amoladora de agujas.

needle spar I aragonita.

needle stone I cuarzo rutilado.

needle stop I tope de aguja.

needle talk I resonancia de aguja I vibración de aguja.

needle telegraph I telégrafo de aguja I telégrafo de cuadrante.

needle thermocouple I termopar de aguja.

needle valve I válvula de aguja, válvula cónica.

needle valve seat I asiento de válvula de aguja.

needle-coke I coque cristalizado en agujas.

needle-gate I compuerta de agujas.

needle-shaped I aguzado I acicular, aciculado.

needling I recalzo de edificios empleando vigas que atraviesan los muros I punción I recalcado.

negative I negativo I levogiro (óptica).

negative acceleration I desaceleración I aceleración negativa (física).

negative acknowledge I confirmación negativa de recepción I respuesta negativa I reconocimiento negativo.

negative activation entropy I entropía negativa de activación.

negative after image I imagen secundaria negativa.

negative altitude I altitud negativa.

negative angle of site I ángulo de depresión.

negative area I zona de penetración (meteorología) I zona negativa.

negative bias I polarización negativa.

negative booster I transformador rebajador del voltaje I reductor.

negative current voltage stabilizer I estabilizador de tensión de corriente negativa.

negative feedback I realimentación negativa, reacción negativa I contracción (sistema amplificador).

negative feedback amplifier I amplificador de contrarreacción.

negative feedback loop I bucle de realimentación negativa.

negative glow I luz negativa I luz catódica I luminosidad negativa.

negative grid bias I polarización negativa de rejilla (tubos eléctricos).

negative grid generator I generador de rejilla negativa.

negative grid voltage I voltaje negativo de la rejilla.

negative hardening I temple negativo.

negative hydrogen ion injector I inyector de iones negativos de hidrógeno.

negative image I imagen virtual I imagen negativa.

negative impedance converter I conversor de impedancia negativa.

negative impedance repeater I repetidor de impedancia negativa.

negative ion I ion negativo.

negative lens I lente biconcava I lente cóncava, lente divergente.

negative loading I carga inversa.

negative picture I imagen negativa.

negative pion I pión negativo.

negative pole I polo negativo (electricidad).

negative potential I tensión negativa.

negative pressure I depresión.

negative proton I antiprotón I protón negativo.

negative pulse train I tren de impulsos negativos.

negative rake I ángulo de rebaje negativo (herramientas) I ángulo de corte negativo.

negative resistance I resistencia negativa (circuito eléctrico).

negative resistance oscillator I oscilador de resistencia negativa.

negative segregation I segregación inversa (metalurgia).

negative sequence component I componente en inversión de fase (corriente polifásica).

negative sequence relay I relé de secuencia de fase inversa I relé de secuencia negativa.

negative stagger I decalaje negativo.

negative terminal I polo negativo I terminal negativo.

negative thermion I termión negativo I electrón térmico.

negative transmission I modulación negativa, transmisión negativa (TV).

negative video modulation I modulación vídeo negativa.

negative-energy state I fase de energía negativa.

negative-going pulse I impulso negativo.

negatively ionized I negativamente ionizado.

negative-phase-sequence relay I relé de inversión de fase.

negatron I negatrón (electrón negativo).

negistor I repetidor de impedancia negativa.

nemo I toma de exteriores (radio-TV-cine).

neodymium I neodimio (Nd).

neodymium glass I vidrio de neodimio.

neodymium laser I láser de neodimio.

neon I neón (Ne).

neon-helium laser I laser de helio-neón.

neoprene I neopreno (policloropreno).

neoprene lined I neoprenado, revestido de neopreno.

neoprene-coated I revestido de neopreno, neoprenado.

neotron I neotrón (electrónica).

neper I neperio (8,686 decibelios).

nepermeter I neperímetro.

nephelometer I nefelómetro (óptica).

nest I montaje en serie.

nest of gears I engranaje reductor.

nest of tubes I grupo de tubos I haz de tubos.

nested electrode welding I soldeo por electrodos en haz.

nested electrodes I electrodos en haz.

nesting I encajado I inclusión de procesos (informática).

nesting store I memoria jerarquizada (informática).

net I neto I red I red organizada de comunicaciones I red topográfica.

net call sign I distintivo de llamada de una red.

net control station I estación control de la red I estación principal de la red.

net drainage I drenaje efectivo (petróleo).

net electrical output I potencia eléctrica neta.

net gain I ganancia neta (telecomunicación).

net head I caída neta (turbina hidráulica) I carga hidrostática neta.

net peak flow I caudal máximo neto.

net power flow I flujo neto de potencia (electromagnetismo).

net torque I par torsor neto.

net tow rope e. h. p. I potencia efectiva neta de remolque.

net traffic I tráfico útil (electricidad).

net working I conexionado en red.

net-loss factor I factor de equivalencia (telecomunicación).

nets and booms I redes antisubmarinos (defensa puertos).

492

netting I tela metálica I sintonización en red.

network I equilibrador (telefonía) I red eléctrica I red I interconexión (electricidad) I cadena de emisoras.

network access machine I máquina de acceso a red.

network analysis I análisis de redes (electricidad).

network analyzer I analizador de sistema I analizador de redes eléctricas.

network backup I reserva de redes (informática).

network branches impedances I impedancia de las ramificaciones de la red.

network chart I diagrama de red.

network control program I programa de control de redes.

network distribution I distribución aparrillada (electricidad).

network feeder I alimentador de la red (electricidad).

network filter I filtro separador (frecuencias) I filtro de red.

network group exchange I central principal de grupos de redes (telefonía).

network master relay I relé principal de una red.

network of circuits I red de circuitos (telecomunicaciones).

network of lines I red de líneas (telecomunicaciones).

network of stations I red de estaciones (radio-tv).

network operating system I sistema operativo de redes.

network operation management system I control dinámico de redes (telecomunicación).

network output factor I porcentaje de utilización de la red eléctrica.

network phasing relay I relé de fase de red.

network program I programa en cadena.

network protector I disyuntor de la red.

network remote-control system I sistema telemandado de redes.

network synthesis I síntesis del cuadrípolo I síntesis de la red.

network terminal circuits I red asociada de circuitos terminales.

network termination unit I unidad de terminación de redes.

network transformer I transformador para parrilla (electricidad).

network unbalance I desequilibrio de la red (electricidad).

networking I transmisión en cadena (radio) I operación en red (telefonía) I realización de redes I trabajo en red (informática).

networks computers I ordenadores en redes.

neutral I hilo neutro, conductor neutro I punto neutro I neutral, neutro.

neutral absorber I absorbente neutro (materia).

neutral agglomerated flux I fundente neutro aglomerado.

neutral atom I átomo neutro.

neutral atom laser I láser de átomos neutros.

neutral axis I línea neutra (electricidad) I eje neutro I fibra neutra (flexión).

neutral circuit I circuito neutral (telegrafía).

neutral conductor I conductor neutro (electricidad).

neutral density filter I filtro de densidad neutra.

neutral filter I filtro neutro.

neutral flame I llama neutra (química).

neutral gray filter I filtro polarizador (fotografía).

neutral ground I tierra neutra (electricidad).

neutral line I línea de cero I eje neutro I lemniscata de Busch (óptica atmosférica) I línea neutra.

neutral molecule I molécula neutra (química).

neutral point I punto neutro.

neutral relay I relé no polarizado I relé neutro.

neutral terminal I terminal neutro (electricidad).

neutral transmission I transmisión neutra (comunicaciones).

neutral zone I zona muerta I zona neutra (aviación).

neutralator I neutralizador (química).

neutralized-radio-frequency stage I etapa de radiofrecuencia neutralizada.

neutralizer I neutralizador.

neutralizing voltage I tensión neutralizadora I voltaje neutralizador.

neutrino I partícula elemental hipotética sin carga I neutrínico I neutrino (partícula eléctricamente neutra).

neutrodyne I neutrodino.

neutrodyne (to) I neutrodinar.

neutron I neutrón.

neutron absorber I absorbedor de neutrones.

neutron absorption I absorción de neutrones.

neutron activated slab I placa activada por neutrones.

neutron albedo I albedo neutrónico (nucleónica).

neutron attenuation I atenuación neutrónica.

neutron balance | equilibrio neutrónico.

neutron binding energy | energía de enlace neutrónica.

neutron bombardment | bombardeo neutrónico.

neutron booster | multiplicador de neutrones.

neutron burst | ráfaga de neutrones.

neutron capture cross-section | sección eficaz de captura neutrónica.

neutron capturer | captor de neutrones.

neutron chopper | selector de neutrones (nucleónica) | obturador neutrónico | modulador del haz de neutrones.

neutron cycle | ciclo neutrónico (reactor).

neutron deficient isotope | isótopo deficiente en neutrones.

neutron diffraction | difracción de neutrones.

neutron diffraction meter | difractómetro de neutrones.

neutron energy distribution | distribución energética de los neutrones.

neutron flux | flujo de neutrones.

neutron generator | generador de neutrones.

neutron hardening | endurecimiento neutrónico.

neutron irradiated | irradiado con neutrones.

neutron irradiation | irradiación neutrónica.

neutron leakage | dispersión neutrónica | escape de neutrones | fuga neutrónica.

neutron lifetime | tiempo de generación (neutrón).

neutron log | registro neutrónico.

neutron monitoring system | sistema de vigilancia neutrónica.

neutron per fission | número de neutrones por absorción.

neutron population | población neutrónica (reactor nuclear).

neutron pulse | explosión de neutrones (nucleónica).

neutron radiactive capture | captura neutrónica radiactiva.

neutron shield | blindaje neutrónico.

neutron shutter | obturador de neutrones.

neutron velocity selector | selector de velocidad neutrónica.

neutron wavelength | longitud de onda neutrónica.

neutron yield | rendimiento de neutrones (nuclear).

neutron yield per absorption | factor eta (nuclear) | índice de fisión lenta | rendimiento en neutrones por absorción.

neutron yield per fission | rendimiento neutrónico por fisión | liberación de neutrones por fisión.

neutron-absorbing boron steel | acero al boro absorbedor de neutrones.

neutron-beam intensity indicator | indicador de intensidad de haz neutrónico.

neutron-capture gamma rays | rayos gamma originados en la captura de neutrones.

neutron-capture gamma-ray spectra | espectros de rayos gamma por captura neutrónica.

neutron-capture gamma-ray spectrometry | espectrometría gamma de captura neutrónica.

neutron-capturing isotope | isótopo captor de neutrones.

neutron-counting tube | tubo contador de neutrones.

neutron-current density | densidad de corriente neutrónica.

neutron-damaged | irradiado por neutrones, modificado por neutrones.

neutron-excess isotope | isótopo con exceso de neutrones.

neutronic | neutrónico.

neutronic reactor | reactor nuclear neutrónico.

neutron-induced | provocado por neutrones, inducido por bombardeo neutrónico.

neutron-induced fission | fisión provocada por neutrones.

neutron-irradiate (to) | neutronirradiar.

newton | newtonio.

Newton rings | anillos de Newton (óptica).

Newtonian speed of sound | velocidad newtoniana del sonido.

Newton-ring-checked | contrastado por anillos de Newton.

n-heptane | heptano normal.

NI junction | unión NI.

nib | extremidad | pico (de teja plana) | pieza bruta de carburo metálico empleada como troquel de estirar | pastilla terminada (pulvimetalurgia) | apelotonamiento (separación de polvos).

nibbling | recorte por punzonado | contorneado de chapa.

nibbling machine | recortadora de chapa.

ni-carbing | carbonitruración (metalurgia).

nick | muesca | ranura | entalla.

nick (to) | biselar | entallar.

nick-break specimen | probeta con entalladura.

nicked teeth | dientes interrumpidos (fresas, escariadores) | dientes con ranuras.

nicked-tooth cutter | fresa de dientes interrumpidos.

nickel | níquel.

nickel aluminide cermet | cerametal de aluminiuro de níquel.

nickel carbonyl toxicology | toxicología del carbonilo de níquel.

nickel cast iron | hierro colado al níquel.

nickel clad (to) | chapear con níquel | revestir con níquel.

nickel halide | halogenuro de níquel.

nickel maraging steel | acero mariginizado al níquel.

nickel plating | niquelación | niquelado.

nickel shot | granalla gruesa de níquel.

nickel silver | aleación de cobre (55-65 %) níquel (10 a 30%) y el resto cinc | plata alemana.

nickel steel | aceroníquel.

nickel-4.2 percent aluminum alloy | aleación de niquel con 4,2 de aluminio.

nickel-alloyed bronze | bronce aleado con níquel.

nickel-aluminium bronze | bronce de níquel y aluminio.

nickel-based alloy | aleación de base níquel.

nickel-cadmium battery | acumulador cadmioníquel | batería níquel-cadmio.

nickel-clad steel | acero revestido con níquel | acero chapeado con níquel.

nickel-containing grey iron | fundición gris niquelosa.

nickeling | niquelación.

nickel-iron battery | batería de ferroníquel.

nielsbohrium (Ns-U.S.S.R.) | nielsbohrio (elemento radiactivo artificial de número atómico 105) | hahnio (EE.UU.) | unilpentio (I.U.P.C.).

nigger | pantalla opaca (cine).

niggerhead | marca de puntura.

night emerald | olivina.

night film | película para toma de vistas nocturnas.

night interceptor radar | radar interceptor de noche.

night vision | visión escotópica, visión nocturna.

night-lights | luces de situación (aviones, buques).

nil | nulo.

nil ductility temperature | temperatura de ductilidad nula (metalurgía).

nil transition | transición nula.

nil visibility | visibilidad nula.

nil visibility landing | aterrizaje con visibilidad nula.

nil-ductility | ductilidad nula.

nile | nilo (medida de la reactividad en reactores).

nimbostratus | nimboestrato.

nimbus | nimbo.

nine-electrode tube | eneodo (válvula de nueve electrodos).

niobium | niobio.

niobium carbide | carburo de niobio.

niobium silicide | siliciuro de niobio.

niobium-containing austenitic steel | acero austénico niobioso.

niobium-stabilize (to) | estabilizar con niobio (aceros).

niobium-stabilized | estabilizado con niobio.

nip rolls | rodillos de presión, rodillos prensadores.

NIPO (negative input-positive output) | NIPO (circuito de entrada negativa y salida positiva).

nipper | agarrador | mordaza (tejeduría).

nipper closing movement | movimiento de cierre de la mordaza.

nipper forward movement | avance de la mordaza.

nipper frame | marco de la pinza (telar).

nipper knife | mordaza superior.

nipper motion | mecanismo de las mordazas.

nipper oscillating movement | movimiento oscilante de la mordaza.

nipper plate | mordaza inferior.

nipper shuttle | lanzadera de mordaza.

nippers | tenazas de corte, alicates de corte | mordazas de retención, pinzas de retención.

nipping-fork | llave de retención, llave de retenida (sondeos).

nipping-tool | sacabocados.

nipple | tubo corto de empalme, conectador, acoplador | niple.

niter | nitro, salitre, nitrato potásico.

niter cake | sulfato sódico ácido, bisulfato sódico.

nitralloy | acero de nitruración | nitraleación | aleación nitrada.

nitrate | nitrato | salitre, caliche, nitro.

nitrate powder | pólvora al nitrato, pólvora nitrada.

nitrate (to) | nitrurar (metalurgia) | nitrar (química).

nitration | nitración (química).

nitratite | nitratina, nitro de Chile, caliche.

nitre | nitro, salitre, nitrato potásico.

nitre cake | sulfato sódico.

nitric acid | ácido nítrico.

nitridable steel | acero nitrurable.

nitridation | nitridación.

nitride | nitruro.

nitride nuclear fuel | combustible nuclear nitruro.

nitride (to) | nitrurar (metalurgia).

nitrided cast iron | fundición nitrurada.

nitrify (to) | nitrurar (metalurgia).

nitrifying bacteria | bacterias nitrificantes, nitrobacterias.

nitro dye | nitrocolorante (química).

nitrobenzene | nitrobenceno, nitrobenzol.

nitrocellulose | nitrocelulosa, piroxilina.

nitrocotton | algodón pólvora | combinación química de fibras de algodón con ácido nítrico.

nitrogen | nitrógeno.

nitrogen case-hardening | nitruración (aceros).

nitrogen mustard | iperita nitrogenada.

nitrogen-arc welding | soldeo por arco en atmósfera de nitrógeno.

nitrogen-bearing austenitic steel | acero austenítico nitrogenado.

nitrogen-hardened | nitrurado.

nitrogen-treat (to) | tratar con nitrógeno.

nitroglycerin | nitroglicerina.

nitrohydrochloric acid | ácido nitromuriático.

nitrohydrochloric water | agua regia.

nitromuriatic acid | agua regia.

nitroparaffin | nitroparafina.

nitrophenol | nitrofenol.

nitroprussiate | nitroprusiato (química).

nitrose | nitrosa.

nitrosulphinizing | nitrosulfinización (aceros).

nitrotoluene | nitrotolueno.

no load admittance | admitancia en vacío.

no load circuit breaker | interruptor de mínima.

no load cutout | interruptor automático de mínima.

no load excitation | excitación en vacío.

no load loss | pérdida en vacío.

no load power | potencia en vacío, potencia sin carga.

no load ratio | relación de transformación en vacío (transformadores).

no load release | desconexión en vacío | interruptor de mínima.

no load run | marcha en vacío.

no load short-circuit test | prueba de cortocircuito en vacío.

no load speed | velocidad en vacío.

no load starting current | intensidad de arranque en vacío (electricidad).

no load voltage ratio | relación de voltaje en vacío (transformador).

no tap-changing transformer | transformador sin tomas variables.

no volt | tensión nula, voltaje nulo.

no volt release | desconexión por falta de corriente.

no-airfield A/C | avión que no necesita campo de aterrizaje.

nobatron | nobatrón.

nobbling | cinglado.

nobelium | nobelio (No).

noble | noble (minerales) | inerte | estable.

noble gas | gas noble (inerte).

noble metal | metal noble, metal precioso.

no-connexion | circuito abierto (telecomunicación).

noctovision | noctovisión (TV).

noctovisor | noctovisor.

noctovisor scan | exploración con el noctovisor.

nodal | nodal.

nodal analysis | análisis de nudos (circuito electrónico).

nodal point | punto nodal.

nodal point keying | manipulación en el punto nodal.

nodal surface | superficie nodal (onda tridimensional).

nodalizer | nodalizador.

node | nódulo | punto de retroceso (geometría) | punto nodal | nodo (astronomía, geometría, física, electricidad) | nudo (red eléctrica -estructuras).

node of current | nodo de corriente (electricidad).

node of voltage | nodo de tensión.

node voltage | voltaje de nodo.

nodular | nodular.

nodular cast iron | fundición dúctil.

nodular cerium-containing cast iron | fundición nodular ceriosa.

nodular-graphite cast iron | fundición grafítica nodular.

nodular-graphite iron | fundición dúctil | fundición nodular.

nodule | nódulo.

nodulize (to) | nodular.

no-go gage | calibrador mínimo.

noise | ruido | perturbación eléctrica, parásito (circuito telefónico, televisión) | interferencia.

noise abatement | atenuación del ruido | insonorización (recintos).

noise amplifier-rectifier | amplificador-rectificador de ruido.

noise blanker | supresor de ruidos (radio).

noise clipper | amortiguador de ruido.

noise current | corriente perturbadora.

noise damping | insonorización.

noise deadening | amortiguación del ruido.

noise degradation | degradación del ruido.

noise detector I sonodetector I fonodetector.

noise diode I diodo de ruido (termiónica).

noise equivalent bandwidth I ancho de banda equivalente de ruido.

noise equivalent input (NEI) I potencia mínima detectable.

noise field I campo perturbador I ambiente sonoro I campo sonoro.

noise figure I valor de ruido (acústica) I coeficiente de ruidosidad, factor de ruido.

noise filter I filtro antiparasitario I filtro de ruidos.

noise generator I sofogenerador, sonogenerador.

noise grade I intensidad de ruido I nivel de ruido.

noise in amplifier I ruido de amplificador (telecomunicación).

noise insulation I aislamiento acústico.

noise jammer I interferidor por ruido (electrónica).

noise killer I eliminador de ruidos I antiparasitario I insonorizador, sonoamortiguador I supresor de ruido.

noise level meter I sofómetro I medidor de ruidos.

noise limiter I limitador de ruido.

noise load I carga de ruido (telecomunicación).

noise meter I decibelímetro I sonómetro I medidor de ruidos, sofómetro.

noise objective I nivel de ruido.

noise output I potencia de salida de ruido.

noise power I potencia de salida de ruido.

noise quieting I insonorización I amortiguación de ruidos.

noise sensing I detección de ruidos.

noise simulator I simulador de ruidos.

noise stripping I eliminación del ruido.

noise suppressor I circuito silenciador I eliminador de parásitos.

noise suppressor filter I filtro antiparásito.

noise temperature I temperatura de ruido (electricidad).

noise trap I eliminador de ruidos I eliminador de perturbaciones, eliminador de parásitos.

noise voltage I voltaje perturbador I tensión sofométrica I tensión de ruido.

noise-free I sin ruidos I libre de ruidos.

noise-intensity meter I medidor de la intensidad del ruido.

noiseless I silencioso I insonorizado I insonoro.

noiseless running I marcha silenciosa.

noise-making circuit I circuito emisor de parásitos.

noise-measuring set I equipo de medición de ruido.

noise-modulated jamming I interferencia de ruido modulado.

noise-producer I sonógeno, sofógeno.

noiseproof I silencioso, insonoro.

noise-reducing antenna I antena antirruido.

noisy blacks I alteración del negro por parásitos (TV) I negro alterado (facsímil).

noisy line I línea con ruidos I circuito con ruidos (telefonía).

nominal bandwidth I ancho de banda nominal.

nominal cutoff I admisión de régimen (máquina vapor).

nominal horsepower I potencia de régimen.

nominal load I carga nominal I carga de régimen.

nominal output I potencia de régimen.

nominal voltage I tensión nominal.

nominal white I señal de blanco (TV).

non circuit I circuito negativo.

non return valve I válvula de cierre.

non rusting I antioxidante.

non shorting contact switch I interruptor de contacto sin cortocircuito.

nonairbreathing motor I motor con poco consumo másico de aire.

nonaircraft gas turbine I turbina de combustión no aviatoria.

nonair-entraining concrete I hormigón acelular.

nonair-hardening steels I aceros perlíticos.

nonautomatic tripping I disyuntor de separación libre.

nonbattery loop I circuito de batería sin toma de tierra I circuito con batería no puesta a tierra.

nonbreeder reactor I reactor nuclear no regenerable.

nonburning steel I acero resistente a altas temperaturas, acero refractario.

noncentral force I fuerza excéntrica I fuerza no central.

noncoherent echo I eco incoherente (radar).

nonconducting I calorífugo, dieléctrico, aislante (electricidad).

nonconductive I calorífugo I adiatérmico.

nonconductor I aislador (electricidad) I calorífugo.

nonconsumable electrode I electrodo infungible I electrodo inconsumible.

noncontact explosion I explosión sin contacto directo.

noncontact hardness tester I medidor de dureza sin contacto.

noncontacting gage I galga sin contacto directo.

noncontacting piston I pistón sin contacto.

noncontinuous electrode I electrodo corto.

noncorrodible I incorrosible I inoxidable.

noncoupled axle I eje portante (locomotoras) I eje no acoplado.

noncross-linked I sin enlaces transversales (elastómeros).

noncross-linked elastomer I elastómero sin enlaces transversales.

nondata information I información que no debe ser tratada (informática).

nondeforming steel I acero indeformable.

nondirectional I adireccional I omnidireccional.

nondirectional antenna I antena omnidireccional.

nondirectional beacon I radiofaro omnidireccional.

nondirectional beacon transmitter I transmisor de baliza adireccional.

nondissipative network I red sin disipación.

noneffervescing steel I acero calmado, acero desoxidado.

nonelectric I aneléctrico.

nonerasable storage I memoria fija (informática) I memoria imborrable.

nonferrous I aferroso.

nonferrous casting I fundición no ferrosa.

nonferrous foundry I fundería de metales no ferrosos.

nonferrous powder metallurgy I pulvimetalurgia no ferrosa.

nonfission absorption I absorción sin fisión.

nonfission capture I captura estéril (nuclear) I captura neutrónica sin proceso de fisión.

nonfission neutron absorption I absorción de neutrones sin fisión.

nonflammable I ininflamable.

nonflammable hydraulic fluid I líquido para circuitos hidráulicos ininflamable.

nongaseous I no gaseoso I no grisuoso (minas).

nongaseous coal I carbón pobre en volátiles.

nonheat-conducting I adiatérmico.

nonheat-treatable I no termotratable, intermotratable.

nonheat-treatable alloy I aleación termointratable.

nonicing I anticongelante.

nonignitable I incombustible, ignífugo.

noninductive I antiinductivo.

noninductive burden I carga no inductiva, carga no reactiva (electricidad).

noninductive load I carga no reactiva.

noninductive shunt I derivación no inductiva, shunt no inductivo.

noninductive winding I devanado bifilar, arrollamiento bifilar, arrollamiento no inductivo I devanado no inductivo (electricidad).

noninductive wound coil I bobina bifilar, bobina de doble arrollamiento.

noninterchangeable fuse I cortacircuito calibrado I fusible calibrado.

nonionic I aniónico I no iónico.

nonionic surfactant I agente humectante aniónico I detergente no iónico.

nonisolated assembly I sistema no aislado (termodinámica).

nonlinear circuit component I componente no lineal de circuito.

nonlinear feedback control system I sistema no lineal de control con realimentación.

nonlinear network I red no lineal (electricidad).

nonluminous flame I llama no luminosa I llama oxidante (sopletes).

nonmagnetic I diamagnético, amagnético I antimagnético.

nonmagnetic alloy I aleación antimagnética.

nonmagnetic compass I brújula no magnética.

nonmetal I metaloide.

nonphosphoric pig I arrabio no fosforoso.

nonpolar I no polar I apolar.

nonpolar dynamo I dinamo sin polos.

nonpolarized relay I relé impolarizado, relé neutro I relé no polarizado.

nonpressure casting I fundición por gravedad.

nonquadded cable I cable de conductores pareados, cable de pares (electricidad).

nonresonant aerial I antena aperiódica.

nonresonant antenna I antena aperiódica.

nonreturn to zero I grabación sin vuelta a cero (informática).

nonreturn to zero recording I registro sin retorno a cero (informática).

nonreturn valve I válvula de retenida, válvula de retención.

nonrimming I no efervescente I desoxidados (aceros).

nonrimming steel I acero no efervescente I acero desoxidado.

nonscale carburizing I cementación no oxidante.

nonscaling I inoxidable (superficie de los aceros).

nonsequential scanning I escansión entrelazada, escansión de líneas alternas (TV).

non-shorted output I salida no corto -circuitada.

nonshorting contact switch I conmutador sin cortocircuito.

nonshrinking I indeformable (aceros) I inencogible.

nonshrinking steel I acero sin contracción.

nonskid I antirresbaladizo, antideslizante.

nonslip I antideslizante.

nonsparking alloy I aleación apirofórica.

nonstatic I dinámico.

nonsteady I inestable I intermitente.

nonstop processing I proceso permanente (informática).

nonsymmetrical I asimétrico.

nonthermal I atérmico.

nonuniform I irregular, variable.

nonuniform transmission lines I líneas de transmisión variables (telecomunicación).

nonvolatile memory I memoria no volátil I memoria permanente (ordenador).

nonvolatile storage I almacenamiento permanente I almacenamiento estable.

NOR element I elemento NI (informática).

NOR gate I puerta NOR.

normal I normal I de régimen, de servicio.

normal attitude I actitud de régimen (avión en vuelo).

normal band I grupo normal de pistas (informática) I banda normal.

normal cathode fall I caída catódica normal.

normal channel I canal normal (telecomunicaciones).

normal impedance I impedancia real I impedancia libre I impedancia normalizada.

normal induction I inducción normal (magnetismo).

normal magnification I aumento normal (telescopios).

normal operating voltage I voltaje normal de servicio, tensión normal de régimen I tensión normal de servicio.

normal output I potencia normal.

normal overload I sobrecarga normal (electricidad).

normal plugging I conexión normal.

normal position I posición normal I posición de reposo (telecomunicación).

normal radiation I radiación normal.

normal salt I sal neutra (química).

normal salt solution I solución salina normal.

normal shift I desplazamiento normal (fallas).

normal shock wave I onda de choque normal.

normal solution I solución normal (química).

normal speed I velocidad de régimen.

normal working pressure I presión de régimen I voltaje de régimen I tensión de régimen (electricidad).

normal working wave I onda normal de trabajo (radio).

normal-angle lens I objetivo gran angular (óptica).

normal-incidence radome I radomo de incidencia normal (radar).

normality of the solution I normalidad de la solución (química).

normalize (to) I normalizar I regularizar.

normalized coupling coeficient I coeficiente de acoplamiento normalizado.

normalized ingot iron I hierro de lingote homogeneizado.

normalized steel I acero normalizado, acero homogenizado.

normalizing I homogenización de la textura (metalurgia) I normalización (aceros).

north I norte I norte verdadero (aviación).

north by east I norte cuarta oeste.

north by west I norte cuarta noroeste.

north earth sensor I sensor terrestre boreal (satélites).

north geographic pole I polo norte geográfico.

north magnetic pole I polo norte magnético.

north point I punta norte (brújula).

north pole I polo norte.

north star I estrella polar.

northbound node I nodo ascendente (astronomía).

northeast trades I vientos alisios del nordeste.

norther I cierzo (meteorología) I viento del norte.

northern hemisphere I hemisferio norte I hemisferio boreal.

northern lights I aurora boreal.

north-south line I meridiana.

nose I pico de colada (convertidor Bessemer) I vertedera de fundición I boca de tenaza I punta de la aguja (ferrocarril) I pico (tobera).

nose bit I barrena de cuchara.

nose cannon I cañón de proa (aviones).

nose cowl I carenaje frontal de un avión.

nose dip I vuelo en picado.

nose gear I tren aterrizador delantero (avión) I tren de morro (avión).

nose helve I martinete en T (fraguas).

nose key I contrachaveta.

nose of the crossing I punta real del corazón (cruzamientos de ferrocarril).

nose of tool I boca de herramienta.

nose over I capotaje (aviones).

nose shock-wave I onda de choque del morro (aviones).

NOT circuit I circuito NO.

NOT gate I puerta NO.

not go | mínimo (calibre de tolerancias).

not go gage | calibre de huelgo máximo, galga para comprobar los límites metálicos mínimos.

notch | corte, incisión | entalla.

notch angle | ángulo de entalla.

notch antenna | antena de ranura | antena de muesca.

notch ductile steel | acero dúctil a la entalla.

notch filter | filtro de muesca | filtro de respuesta en hendidura (electrónica).

notch impact test | prueba de resiliencia con probeta entallada.

notch lever | palanca de retenida | palanca de retención.

notch sensitive | sensible a la entalla (metalurgia).

notch sensitivity | sensibilidad al efecto de entalladura.

notch (to) | muescar | ranurar.

notch toughness | tenacidad a la entalla | resistencia de entalle (cristalografía).

notch value | resiliencia de probeta entallada.

notched | entallado | muescado.

notching | entalla, muesca.

notching controller | conmutador de escalones (electricidad).

notching file | lima de ranurar.

notching machine | ranuradora.

notching press | prensa de entallar | prensa de muescar.

notching punch | punzón de entallar.

notching relay | relé integrador de impulso | relé de impulsos sucesivos.

notching tools | herramientas de corte.

noval | de nueve contactos (válvulas).

noval tube | tubo electrónico noval | válvula noval.

novar | novar (tubo electrónico).

nowel | rastra, caja inferior, parte inferior (caja de moldeo) | macho grande (moldería) | caja inferior de un molde (siderurgia).

nozzle | tobera | inyector (rueda Pelton) | buza (horno metalúrgico) | embocadura (guía de ondas).

nozzle assembly | ensamblaje del depósito de difusión.

nozzle atomizer | pulverizador de tobera.

nozzle blade | paleta de la tobera | paleta fija, paleta distribuidora (turbinas).

nozzle blocking | obstrucción de la tobera | pulverizador de tobera.

nozzle box | caja de toberas (turbinas).

nozzle diaphragm | diafragma de tobera.

nozzle exit pressure | presión de salida de la tobera.

nozzle guide vane | paleta guía de la tobera.

nozzle mixing burner | boquilla quemadora (gas).

nozzle needle | aguja del inyector.

nozzle plate | tobera plana.

nozzle separation | separación por tobera.

nozzle spring | muelle del inyector.

nozzle tip | boquilla de la tobera.

nozzle tug | remolcador con tobera Kort.

nozzle vane | álabe de tobera.

N-P-N sequence | secuencia negativa-positiva-negativa (transistor).

NPN transistor | transistor NPN.

n-port network | red de n accesos, red de n polos.

n-quad | semicuadratín (tipografía).

n-truss | viga en N | armadura en N.

N-type crystal rectifier | rectificador de cuarzo negativo.

nuclear | atómico, nuclear.

nuclear absorption | absorción nuclear.

nuclear airburst | explosión nuclear en el aire.

nuclear angular momentum | momento angular nuclear (física nuclear).

nuclear atom | átomo nuclear.

nuclear battery | batería nuclear.

nuclear binding energy | energía de enlace nuclear.

nuclear bomb | bomba nuclear (atómica o termonuclear).

nuclear bonds | enlaces nucleares (nucleónica).

nuclear breeder | autorregenerador nuclear | reproductor nuclear.

nuclear burst | desintegración nuclear | explosión nuclear.

nuclear cell | celda nuclear (batería nuclear).

nuclear chain ending | terminación de cadena nuclear.

nuclear chain reaction | reacción nuclear progresiva | reacción nuclear en cadena.

nuclear charge distribution | distribución de la carga nuclear.

nuclear chemistry | química nuclear.

nuclear collision dynamics | dinámica de las colisiones de los núcleos.

nuclear cooling | enfriamiento nuclear (frigoritécnica).

nuclear decay | desintegración nuclear.

nuclear denaturant | desnaturalizador nuclear.

nuclear energy | energía nuclear.

nuclear energy plant | central nucleoeléctrica.

nuclear engine | motor nuclear | máquina nuclear.

nuclear explosion detection satellite I satélite detector de explosiones nucleares.

nuclear fission reactor I reactor de fisión nuclear.

nuclear fuel I combustible nuclear.

nuclear fuel cycle I ciclo de combustible nuclear.

nuclear fuel element I elemento combustible nuclear.

nuclear fueled electrical power I energía eléctrica producida por combustible nuclear.

nuclear fueled steam plant I instalación generadora de vapor alimentada con combustible nuclear.

nuclear fusion I fusión nuclear.

nuclear fusion reaction I reacción de fusión nuclear.

nuclear network I armazón nuclear, red nuclear.

nuclear particle accelerator I acelerador de partículas nucleares.

nuclear photodisintegration I fotodesintegración nuclear.

nuclear photoelectric effect I fotodesintegración nuclear.

nuclear photofission I fotofisión nuclear.

nuclear pile I reactor nuclear.

nuclear plant I central energética nuclear.

nuclear poison I materiales neutroniabsorbentes que se introducen deliberadamente para reducir la reactividad (reactor nuclear) I veneno nuclear.

nuclear potential scattering I dispersión potencial nuclear.

nuclear power plant I central electronuclear, central nucleoenergética I central nuclear.

nuclear power reactor I generador nuclear.

nuclear power station I central nuclear I central nucleoeléctrica.

nuclear powered ship I buque con propulsión nuclear.

nuclear radiation I radiación nuclear.

nuclear radiofrequency spectra I espectros de radiofrecuencia nuclear.

nuclear ramjet I estatorreactor nuclear.

nuclear reactor I reactor nuclear.

nuclear rocket I cohete de propulsión nuclear I cohete nuclear.

nuclear scattering I dispersión nuclear.

nuclear shell I capa nuclear.

nuclear spin I espín nuclear.

nuclear structure I estructura del núcleo.

nuclear superheat I sobrecalentamiento nuclear.

nuclear test I prueba nuclear.

nuclear waste I residuos nucleares.

nuclear-generated electric power I energía eléctrica de generación nuclear.

nuclear-magnetic-resonance spectroscopy I espectroscopia de resonancia magnética nuclear.

nuclear-physics electronics I electrónica de la física nuclear.

nuclear-powered I nucleopropulsado I movido por energía nuclear.

nuclear-reactor control I control del reactor nuclear.

nuclear-thermionic converter I convertidor termiónico nuclear.

nuclear-track emulsion I emulsión para detectar trayectorias nucleares (placas fotográficas).

nucleate boiling I ebullición por núcleos.

nucleon I nucleón (partícula nuclear).

nucleon number I número nucleónico I número de masa.

nucleonics I nucleónica.

nucleus I núcleo.

nuée ardente I nube ardiente (volcanes).

nugget I pepita de oro I botón de soldadura, punto de soldadura (soldadura por puntos).

nuisance area I zona de interferencia del ruido I zona de perturbación.

nuisance noise I contaminación sonora.

null I nulo I señal de audición mínima (radio) I zona de silencio (radio) I radiación nula.

null astatic magnetometer I magnetómetro astático de punto cero I magnetómetro equilibrador.

null bridge I puente indicador de cero (electricidad).

null detector I indicador de corriente cero.

null indicator I indicador de cero, indicador del sitio de corriente nula (electricidad).

null instrument I indicador de cero.

null lens I lente concéntrica.

null meter I indicador de cero.

null network I red de transmisión nula I red equilibrada.

null point I punto nulo I punto de equilibrio (potenciómetro) I punto de audición mínima.

null reading I lectura cero I indicación cero.

null transmission network I red de transmisión cero.

null voltmeter I voltímetro anulador.

null-frequency indicator I indicador de frecuencia nula.

number I número, cifra, guarismo.

number (to) I numerar I computar.

numeral coding I código numérico.

numeric code I código numérico.

501

numeric coding I codificación numérica.
numerical code I código numérico I prefijo.
numerical control I mando numérico I control numérico.
numerical display I presentación numérica.
nun buoy I boya de barrilete, boyarín.
nupac monitoring set I conjunto monitor nupac.
nupac monitoring system I equipo de vigilancia contra radiaciones malignas (reactor nuclear).
Nuremberg gold I aleación de cobre, 90%; aluminio, 7,5% y oro, 2,5%.
Nuremberg violet I fosfato mangánico.
nut I tuerca I medio cuadratín (tipografía).
nut arbor I husillo para tuercas I mandril fileteado I mandril roscado (tornos).
nut bolt I perno de rosca I perno con tuerca.
nut brace I berbiquí para tuercas.
nut coal I carbón menudo, almendrilla, granzas I hulla menuda.
nut collar I roldana de tuerca.
nut cotter I chaveta para tuerca.
nut driver I llave para tuercas.

nut extractor I sacatuercas.
nut lock I freno para tuerca, inmovilizador de tuerca.
nut mandrel I mandril para tuercas I husillo para tuercas.
nut plate I arandela freno (mecánica) I bastidor de tuerca.
nut retainer I retén para tuerca I retenedor de tuerca.
nut tap I macho para roscar tuercas.
nut wrench I llave de tuercas.
nutate (to) I nutar.
nutating dipole I dipolo nutador.
nutating feed I alimentación de inclinación I alimentación oscilante (radar).
nutation damper I atenuador de nutación.
nutation field I campo de nutación.
nuvistor I nuvistor (tubo electrónico).
nylon I nilón.
Nyquist diagram I diagrama de Nyquist.
Nyquist's test stability I criterio de estabilidad de Nyquist.

O

O network I red en O.

O. D. pipe I tubo que se pide indicando el diámetro exterior.

O.B.O. carrier I buque de mineral, granel y petrolero.

oakum I estopa de calafatear I estopa alquitranada.

obdurate material I material rígido.

object code I salida de un compilador I código objeto.

object glass I objetivo (óptica).

object language I lenguaje objeto.

object lens I objetivo (óptica).

object program I programa ejecutable I programa objeto.

object ray I rayo incidente (óptica).

object-glass cap I tapaobjetivo.

objective aperture I diafragma del objetivo (microscopio).

objective focal length I longitud focal del objetivo.

objective lens I objetivo (óptica) I objetivo de una lente.

objective noise-meter I acutómetro objetivo.

object-point I punto incidente (óptica).

object-slide I portaobjetos (microscopio).

oblate I achatado.

oblate stellar system I sistema estelar oblato.

oblateness I aplastamiento en los polos (cuerpos celestes) I achatamiento.

oblique I oblicuo I sesgado, diagonal.

oblique axis I eje oblicuo I eje secundario (óptica).

oblique bedding I estratificación oblicua, estratificación diagonal (geología).

oblique bevel gear I engranaje cónico de dientes oblicuos.

oblique butt joint I junta al tope oblicua.

oblique cut I corte oblicuo.

oblique exposure I acercamiento oblicuo (telecomunicación).

oblique fault I falla diagonal.

oblique incidence waves I olas de incidencia oblicua.

oblique scarf joint I empalme a rayo de Júpiter.

oblique section I corte oblicuo.

oblique system I sistema monoclínico (cristalografía).

oblique turntable I placa giratoria para cruce oblicuo.

oblique winding I devanado oblicuo (electricidad) I arrollamiento oblicuo.

obliquity I oblicuidad I sesgo, desviación I esviaje.

oboe system I oboe (sistema navegación radar) I método radar para navegación de aviones.

observation chamber I cámara de observación.

observation circuit I circuito de escucha (telefonía).

observation flight I vuelo de reconocimiento.

observation station I estación de observación I observatorio.

observed bearing I demora observada I rumbo observado.

obsidian I obsidiana.

obstruct (to) I obstruir.

obstruction I obstrucción.

obstruction light I luz superior de torre de antena I luz alta de mástil de antena I luz indicadora de un obstáculo.

obturate (to) I obturar.

obturating ring I anillo obturador.

obturation I obturación.

obturator I obturador.

obturator plate I placa de cierre.

obturator spindle I aguja obturadora.

obturator's speed I velocidad del obturador.

occasional circuit connexion I conexión ocasional de un circuito (telecomunicaciones).

occasional earth connection I contacto de tierra intermitente.

occlude (to) I cerrar I absorber, ocluir (química).

occluded I ocluido.

occluded front I frente ocluido (meteorología).

occlusion I oclusión I absorción de gases.

occlusion electroforming I electroconformación por oclusión.

occlusion plating I revestimiento electrolítico por oclusión.

occulting beacon I baliza de ocultaciones.

occulting light I faro fijo de destellos I luz de ocultaciones (buques).

ocean I océano I oceánico.

ocean bottom I fondo oceánico.

ocean cable I cable oceánico (telecomunicaciones).

ocean depth measuring I batimetría.

ocean station vessel I buque de estación oceánica.

ocean thermal I termal oceánica.

ocean thermal conversion I conversión térmica oceánica.

ocean weather station I estación meteorológica oceánica.

oceanic I oceánico.

ocher I ocre.

ochre I ocre.

octahedral axes I ejes octaédricos (cristalografía).

octahedral cleavage I exfoliación octaédrica I crucero octaédrico (mineralogía).

octal I octal.

octal base I casquillo octal, casquillo con ocho pitones (válvulas radio).

octal base tube I tubo electrónico de base octal.

octal digit I dígito octal.

octal notation I notación octal.

octal number I número octal (base 8).

octane I octano.

octane number I índice de octano.

octane rating I graduación octánica, octanaje (gasolina).

octantal component of error I componente octantal del error (radar).

octet I byte con ocho bits (informática).

octode I octodo (tubo electrónico).

octose I octosa (química).

ocular prism I prisma ocular (telémetros).

odd I impar.

odd even check I control de imparidad.

odd function I función impar.

odd harmonic I armónica impar.

odd number I número impar.

odd parity I paridad impar.

odd parity bit I bit de imparidad.

odd-even check I comprobación par-impar.

odd-even nucleus I núcleo impar-par, núcleo con número impar de protones y número par de neutrones.

odd-even nuclide I nucleido impar-par.

odd-line interlace I entrelazado de número impar de líneas (TV).

odd-neutron nucleus I núcleo de neutrones impares.

odd-neutron nuclide I núclido de neutrones impares.

odd-proton nucleus I núcleo de protones impares.

odograph I odógrafo I trazador de rumbos I registrador de rumbos.

odometer I odómetro.

odometry I odometría.

odontolite I odontolita.

oersted I oerstedio (electricidad) I oersted (unidad de intensidad magnética).

off I desconexión I inactivo I fuera de servicio.

off camera I fuera de campo (cine).

off center I descentrado I excéntrico.

off center PPI I PPI excéntrico (radar).

off heat I caldo defectuoso, caldo que no tiene la composición química deseada (metalurgia).

off line I fuera de línea I desconectado.

off position I posición de desconectado.

off punch I perforación no válida.

off state I estado abierto (semiconductor) I estado de desactivado.

off station I fuera de estación.

off the air I que no transmite (radioemisora).

off the boil I baño muerto, baño agotado (procedimiento Martín-Siemens).

off time I tiempo de inactividad (máquinas) I periodo de separación de los electrodos (soldadura) I tiempo en que el electrodo está separado de la pieza (soldeo por resistencia).

off tune I desintonizado.

off-air time I tiempo de interrupción (televisión, radio).

off-balance bridge I puente desequilibrado (electricidad).

off-carrier position I punto de descarga.

off-center dipole I dipolo excéntrico.

off-center loading I carga excéntrica.

off-center spindle I eje descentrado.

off-circuit I fuera de circuito I en vacío (aparato eléctrico).

off-circuit test I ensayo en vacío I prueba en vacío.

off-coke I cok de mala calidad.

offering signal I señal de aviso (telefonía).

off-eutectic composition I composición no eutéctica.

off-firing I falta de encendido (motores).

offgrade I de calidad inferior.

offgrade metal I metal que no tiene la composición química deseada.

offgrade pig iron I arrabio defectuoso.

off-load I descarga.

off-load voltage I tensión de circuito abierto.

off-net station I estación fuera de red (comunicaciones).

off-position I posición de cierre (llaves, grifos, etc.) I posición de apriete (frenos) I posición de reposo (palanca, etc.) I fuera de circuito I posición de apertura del circuito, posición de abierto.

off-relief valve I válvula de desahogo.

off-resonance I fuera de resonancia.

off-resonant frequency I frecuencia fuera de resonancia.

offset I offset I impresión por transferencia I desajuste (temporizadores).

offset angle I ángulo de excentricidad I ángulo de descentramiento.

offset channel I canal desplazado (telecomunicación).

offset current I corriente equivalente I corriente compensadora.

offset diode I diodo de compensación (electrónica) I diodo de equilibrio.

offset duplicator I duplicador offset.

offset impression I impresión offset.

offset lithography I fotolito-offset I fotolitografía.

offset printing I impresión offset.

offset voltage I tensión de equilibrio I tensión contrapuesta I tensión de desnivel I voltaje equilibrado.

offset well I pozo de compensación, pozo enfrentado (sondeos).

offset-course computer I ordenador de desviación de rumbo I indicador automático de rumbo.

offsetting I descentramiento, desviación I excentricidad.

offshore drill rig I plataforma para prospecciones submarinas.

offshore drilling I sondeo marino I perforación petrolífera submarina.

offtake I tubo de descarga, toma I toma de agua (canales) I toma de vapor (calderas) I galería de desagüe (minas) I galería de extracción.

ohm I ohmio.

ohm-farad I ohmio-faradio.

ohmic contact I contacto eléctrico de característica óhmica I contacto óhmico.

ohmic insulation resistance I resistencia óhmica de aislamiento.

ohmic loss I pérdida óhmica.

ohmmeter I óhmetro I ohmímetro.

Ohm's law I ley de Ohm.

oil I aceite I petróleo I combustible líquido I lubricante.

oil and chalk test I prueba de detección de grietas en piezas fundidas.

oil asphalt I alquitrán de petróleo, asfalto artificial.

oil bath I baño de aceite.

oil blue I sulfuro de cobre.

oil box I caja de engrase, caja de grasas (ejes).

oil buffer I amortiguador de aceite I freno de aceite.

oil circuit I circuito del aceite.

oil circuit-breaker I interruptor en aceite, disyuntor en aceite.

oil conditioner I acondicionador para lubricantes.

oil control valve I válvula de regulación de aceite I válvula del control del aceite.

oil cooling I enfriamiento por aceite.

oil damping I amortiguamiento por aceite.

oil dashpot I freno de aceite I oleoamortiguador.

oil dashpot relay I relé del oleoamortiguador.

oil deposit I yacimiento de petróleo.

oil derrick I torre para sondeos de petróleo.

oil distillery I refinería de petróleo.

oil engine I motor diesel.

oil filter I filtro del aceite.

oil fuel I combustible líquido.

oil furnace I horno de fueloil.

oil gage I manómetro de aceite.

oil gas I gas de petróleo I gas compuesto de mezcla de metano, etileno, acetileno, benzol y otros homólogos superiores.

oil gas tar I alquitrán de gas.

oil gasification I gasificación del petróleo.

oil gear I amortiguador oleoneumático.

oil groove I ranura de lubricación.

oil harden (to) I templar en aceite.

oil hardening I temple en aceite.

oil heating I caldeo con fueloil.

oil hydrometer I oleómetro.

oil insulator I aislador de aceite.

oil level I nivel del aceite I nivel del petróleo.

oil level gauge I varilla del nivel de aceite.

oil motor I motor de gasoil I motor diesel.

oil motor (to) I lubricar el motor.

oil pad I almohadilla de engrase.

oil pipe I tubo de lubricación I tubería para petróleo.

oil pipeline I oleoducto.

oil plant I refinería.

oil pool I yacimiento de petróleo I criadero de petróleo.

oil pressure alarm I aparato avisador de la presión del aceite.

oil pressure controlled valve I válvula regulada por la presión del aceite.

oil pressure gage I indicador de presión de aceite.

oil pressure indicator I manómetro de aceite.

oil pump I bomba de aceite I bomba de lubricación.

oil pump delivery valve I válvula de descarga de la bomba de aceite.

oil pump filter I filtro de la bomba de aceite.

oil pump rotor I rotor de bomba de aceite.

oil pump valve | válvula de la bomba de aceite.

oil purification | depuración del aceite | depuración del petróleo.

oil quantity indicator | indicador de nivel de aceite.

oil quenched | enfriado en aceite (aceros).

oil quenching | temple general instantáneo en aceite (metalurgia) | enfriamiento en aceite.

oil reclaimer | depurador de lubricantes usados.

oil reclaiming | recuperación de lubricantes usados.

oil recovery | extracción de petróleo.

oil rectifier | depurador de aceite.

oil refinery | refinería.

oil relief valve | válvula de descarga de aceite.

oil reservoir | depósito de petróleo | depósito de aceite.

oil retainer | obturador del lubricante (ejes).

oil ring | anillo de engrase.

oil sand | arena petrolífera.

oil saver | economizador de aceite | economizador de petróleo.

oil scavenge pump | bomba de recuperación de aceite.

oil screen | filtro de aceite.

oil seal | junta de aceite.

oil shale | esquisto bituminoso, pizarra bituminosa.

oil ship | buque petrolero.

oil slinger ring | obturador de aceite.

oil source bed | roca madre del petróleo.

oil sprayer | pulverizador de petróleo.

oil squirt | jeringa de aceite | bureta de bomba.

oil sump | cárter del lubricante, sumidero (motores).

oil switch | interruptor por aceite | conmutador en baño de aceite, disyuntor en baño de aceite.

oil tanker | buque petrolero, petrolero.

oil temperature regulator | regulador de temperatura del aceite.

oil tempering | revenido en baño de aceite.

oil throw ring | anillo de lubricación.

oil thrower | deflector de aceite | anillo lubricador.

oil (to) | aceitar | engrasar, lubricar | petrolear (buques).

oil tube | tubo de lubricación.

oil turp | aceite de trementina.

oil vent | tubo de respiro del depósito de aceite.

oil vessel | depósito de aceite | depósito de petróleo.

oil wash | gasoil empleado para limpiar tanques después de vaporizados (petroleros).

oil water emulsion | emulsión de aceite y agua | emulsión de petróleo y agua.

oil well | pozo de petróleo.

oil well drilling | perforación de pozos de petróleo.

oil well pump | bomba para pozos petrolíferos.

oil well rig | cabria para sondeos de petróleo.

oil well shooting | dinamitación de pozos de petróleo.

oil-arresting ring | anillo rascador de aceite (pistón de motor).

oil-ash corrosion | corrosión por residuos de petróleo | corrosión por escorias de combustión del fueloil (turbina de gases).

oil-bath air cleaner | depurador de aire por baño de aceite.

oil-bath lubricate (to) | lubricar por baño de aceite.

oil-bath lubricated gear | engranaje lubricado por baño en aceite.

oil-bearing | petrolífero | oleífero, oleaginoso.

oil-break switch | interruptor en baño de aceite.

oil-brush | escobilla engrasadora.

oil-channel | ranura de engrase.

oil-control ring | anillo de regulación del aceite.

oil-cum-gas engine | motor de funcionamiento mixto.

oil-cum-town's gas engine | motor que funciona con gas industrial y una inyección pequeña de petróleo.

oil-diffusion pump | bomba de difusión de aceite.

oil-dish | colector de aceite.

oil-driven | accionado por motor de aceite pesado, accionado por diesel.

oil-duct | tubo de lubricación | canalización del aceite, tubería del aceite.

oiled | aceitado | engrasado, lubricado.

oiled plug | bujía aceitada (motores explosión).

oil-engined alternator set | grupo alternador accionado por motor diesel.

oil-fired | caldeado con petróleo | caldeado con gasoil | caldeado con fueloil.

oil-firing | caldeo con fueloil.

oil-fuel furnace | horno caldeado con fueloil.

oil-fuel ignition | encendido por inyección de gasóleo (motores de gas).

oil-fuel transfer steam pump | bomba de vapor para trasvase del combustible líquido.

oil-fueled | caldeado con fueloil.

oil-fuse cutout | cortacircuito en baño de aceite, interruptor de fusible en baño de aceite.

oil-groove bearing | cojinete con ranura de engrase.

oil-guard | obturador del aceite.

oil-hardened | templado en aceite.

oil-hardened gear | engranaje templado en aceite.

oil-hardening steel | acero de temple en aceite.

oil-immersed | bañado en aceite, metido en aceite.

oil-immersed gear | engranaje bañado en aceite.

oiling | engrase, lubricación.

oiling chain | cadena lubricadora.

oiling circuit | circuito de engrase | circuito de lubricación.

oiling machine | aparato lubricador.

oiling ring | anillo de lubricación.

oil-jacket-heated | caldeado por camisa exterior de aceite.

oil-leak detector | indicador de fugas de aceite.

oilmeter | oleómetro.

oil-pan | depósito de aceite, cárter del aceite (automóvil) | fondo del cárter | cucharilla de lubricación (bielas).

oil-pressure gage | manómetro del aceite.

oil-pressure governor | regulador de la presión del aceite.

oil-pressure relief valve | válvula de descarga de la presión del aceite.

oil-pressure warning unit | aparato avisador de la presión del aceite.

oil-repellent | oleófugo, oleorrepelente.

oil-suction piping | tubería de aspiración del petróleo (petroleros) | tubería de aspiración del aceite.

oil-tempered | revenido en aceite.

oil-tight | estanco al aceite | estanco al petróleo.

oil-tight dust-proof ball-bearing | cojinete de bolas hermético al polvo y al lubricante.

oil-tight joint | junta estanca al petróleo.

oil-toughened gear | engranaje revenido en aceite.

oil-toughening steel | acero revenido en aceite.

oil-tracks | patas de araña (cojinetes).

oil-well gas | gas natural.

oil-wet rock | roca impregnada de petróleo.

oily servo | servomotor oleohidráulico.

olefins | olefinas (química).

olein | oleína (química).

oleo gear | amortiguador oleoneumático.

oleo leg | pata oleoneumática (tren de aterrizaje).

oleo strut | montante amortiguador oleoneumático.

oleo-shock absorber | oleoamortiguador.

oligist iron | hierro oligisto.

oligiste | oligisto.

oligoclase | oligoclasa.

omniaerial | antena omnidireccional.

omnibearing | omniorientación.

omnibearing distance facility | radiofaro omnidireccional telemétrico.

omnibearing distance system | radiofaro omnidirectivo.

omnibearing indicator | indicador azimutal automático (radar).

omnibearing selector | selector regulador de rumbo.

omnibus | ómnibus.

omnibus bar | barra de línea, barra colectora (electricidad).

omnibus telegraph system | red telegráfica interconectada.

omnidirectional | omnidireccional.

omnidirectional antenna | antena omnidireccional.

omnidirectional high-gain antenna | antena omnidireccional de gran ganancia.

omnidirectional mic | micro omnidireccional (sonido).

omnidirectional radio beacon | radiofaro omnidireccional.

omnidirectional radio range | radiofaro omnidireccional.

omnidirectional range station | estación transmisora de un radiofaro omnidireccional.

omnidirectional wide-band horizontal aerial | antena horizontal omnidireccional de banda ancha.

omnidirectioning range | aeronavegación por radiobalizas.

omnidirective antenna | antena omnidireccional.

omnigraph | omnígrafo (código Morse).

omnirange | radiofaro omnidireccional.

omnirange beacon | baliza de varios alcances.

on | encendido | activo | abierto (aparatos) | en marcha, funcionando (máquinas), conectado (circuitos eléctricos), en circuito.

on air | transmitiendo | en el aire (radio) | radiando (señal).

on board | a bordo (buques, aviones).

on button | botón de puesta en marcha | botón de conexión.

on course line | línea de rumbo.

on delay timer | relé temporizador con retardo después de la excitación del electroimán.

on hook | en reposo (telefonía).

on hook signal | señal de término de conversación (telefonía).

on line operation | operación directa | funcionamiento en línea.

on line processing I tratamiento directo con el ordenador I proceso en línea.

on line storage I memoria conectada.

on line test program I programa de prueba de línea.

on position I posición de cerrado I conectado, posición de cierre (electricidad) I posición de apriete (frenos) I posición de marcha I posición de arranque (máquinas) I posición de trabajo, posición de funcionamiento.

on the air I en el aire (radio) I en emisión.

on-course line I línea de rumbo (navegación).

ondograph I ondógrafo.

ondometer I ondómetro.

ondoscope I ondoscopio.

one shot circuit I circuito monoestable.

one shot moulding I moldeo en una operación (plásticos).

one-address instruction I instrucción de dirección única (informática).

one-circuit receiver I receptor para un circuito sincronizado.

one-level store I memoria de un solo nivel (informática).

one-phase I monofásico.

one-piece crank axle I eje cigüeñal enterizo.

one-point ground system I sistema de conexión a masa en un punto único (electricidad) I sistema de puesta a tierra en un punto único (electricidad).

one-pole plug I enchufe monopolar.

one-shot circuit I circuito monoestable (electrónica).

one-time fuse I fusible no reponible I fusible no recolocable.

one-to-one transformer I transformador de relación de transformación unidad I transformador con voltajes iguales en el primario y secundario.

o-network I red en O, red cuadrangular, red en pi simétrica (electricidad).

one-way I unidireccional I unilateral.

one-way amplifier I amplificador unidireccional.

one-way channel I canal de una vía I canal unidireccional.

one-way circuit I circuito unilateral (comunicaciones) I circuito unidireccional.

one-way communication I comunicación unidireccional I comunicación unilateral.

one-way connection I comunicación unilateral I conexión de un solo sentido.

one-way distance I distancia de ida.

one-way repeater I repetidor unidireccional.

one-way single-pole switch I conmutador unipolar unidireccional.

one-way transmission I transmisión unilateral.

one-way trunk I enlace unilateral I enlace unidireccional.

one-way valve I válvula de paso único.

on-line I acoplado al sistema I conectado a la línea I en conexión directa I conectado.

on-line central file I archivo central en línea.

on-line computer I calculadora para el control de un proceso continuo.

on-line computer system I sistema de proceso de datos en línea.

on-line data handling system I sistema de tratamiento instantáneo de los datos.

on-line debugging technique I técnica de depuración en línea.

on-line disk file I archivo de disco en línea (informática).

on-line equipment I equipo en línea.

on-line monitoring facility I equipo monitor sobre la línea.

on-line process I proceso en cadena.

on-line real time operation I operación de tiempo real en línea.

on-line system I sistema en línea I sistema conectado.

on-line testing I prueba en línea (telecomunicaciones).

on-load tap-changing gear I mecanismo para variar en carga la relación de transformación (transformadores).

on-load tap-changing transformer I transformador de conmutación de reglaje en carga.

on-off I conectado-desconectado (electricidad) I interruptor.

on-off circuit I circuito de conexión y desconexión (electricidad).

on-off control I control de cierre y apertura I control de conexión y desconexión.

on-off functioning I funcionamiento discontinuo.

on-off gage I calibre máximo-mínimo.

on-off switch I conmutador conectador-desconectador, interruptor de puesta en marcha I interruptor de red.

on-power I en funcionamiento (motores, reactor nuclear, etc.).

oolite I oolito (geología).

oolitic iron ore I hierro oolítico.

oolitic limestone I cáliza oolítica.

opal glass I vidrio opalino, opalina.

opaline I vidrio opalino, opalina.

opaque I opaco.

opaque anodic coating | revestimiento anódico mate.

opaque enamel | esmalte mate.

opaque projection | proyección episcópica.

opaque projector | proyector episcópico.

opdar | opdar (sistema lasérico para seguir cohetes).

open antenna | antena exterior | antena electrostática.

open cast | labor al aire libre (minas).

open center ppi | presentación panorámica de centro abierto.

open circuit | circuito abierto.

open circuit admitance | admitancia en circuito abierto.

open circuit armature | inducido en circuito abierto.

open circuit condenser | condensador en circuito abierto.

open circuit impedance | impedancia en circuito abierto.

open circuit signalling | señalización de circuito abierto.

open circuit voltage | voltaje en vacío.

open collector | colector abierto (circuitos integrados).

open cut | cantera, explotación a cielo abierto.

open diggings | excavación a cielo abierto, explotación a cielo abierto.

open exhaust | escape libre.

open fault | falla abierta.

open flap valve | válvula de charnela.

open floor | varenga armada (buques).

open framework | armazón abierta.

open hearth | solera abierta | solera.

open heater | calentador de mezclas de fluidos.

open iron | arrabio de grano grueso.

open joint | empalme abierto | empalme un poco separado (soldadura).

open loop | circuito abierto | bucle abierto.

open mine | mina a cielo abierto.

open mining | explotación a cielo abierto.

open pit | explotación a cielo abierto | foso descubierto.

open sand casting | fundición en molde abierto, piezas fundidas sin cajas.

open sand mold | molde al descubierto.

open signal | señal de vía libre.

open steel | acero no calmado, acero efervescente.

open subroutine | subprograma abierto.

open systems interconnection | interconexión de sistemas abiertos.

open (to) | abrir.

open wire | alambre desnudo (comunicaciones) | hilo desnudo.

open wire line | línea abierta (telefonía).

open wiring | circuito abierto | instalación de hilos desnudos, instalación visible.

open-belt drive | transmisión por correa abierta.

open-chained | acíclico.

open-circuit photovoltage | fototensión en circuito abierto.

open-circuit voltage | tensión en vacío | voltaje a circuito abierto.

open-cycle gas turbine | turbina de combustión de ciclo abierto.

open-cycle reactor | reactor de ciclo abierto.

open-delta connection | conexión en V, conexión en triángulo abierto.

open-die forging | forja con estampa abierta.

open-hearth forged steel | acero forjado Martin-Siemens.

open-hearth furnace | horno Martin-Siemens, horno de solera abierta, horno de reverbero.

open-hearth pig-iron | fundición de afino para horno Martin-Siemens.

open-hearth plant | acería Martin-Siemens.

open-hearth refining | afino sobre solera, refinación en horno de reverbero.

open-hearth roof | bóveda de horno Martin-Siemens.

open-hearth slag | escoria de horno de reverbero.

open-hearth steel | acero Martin-Siemens, acero fundido en solera.

open-hearth steelworks | acería Martin-Siemens.

open-joint drain | dren de juntas abiertas.

open-link fuse | fusible de eslabón abierto.

open-loop bandwidth | anchura de banda en lazo abierto.

open-loop control system | sistema de control de bucle abierto.

open-loop system | sistema de circuito abierto (informática).

open-phase relay | relé de fase abierta.

open-transmission line | línea de transmisión abierta.

open-type dynamo | dinamo no acorazada.

open-wire carrier | portadora sobre línea alámbrica.

openwork reflector | reflector de rejilla (antena).

open-wound coil | bobina de devanado abierto.

operate (to) | operar, accionar.

operating altitude | altitud operacional (aeronáutica).

operating angle I ángulo de flujo I ángulo de funcionamiento.

operating circuit I circuito de trabajo.

operating coil I bobina de trabajo I bobina excitatriz.

operating controls I mando (máquinas).

operating current I corriente de servicio (electricidad), corriente de funcionamiento.

operating factor I factor de conexión (electrotecnia).

operating gallery I galería de maniobra (minas).

operating head I carga motriz, carga de funcionamiento (hidráulica).

operating potential I voltaje de servicio, voltaje de régimen.

operating power I potencia de servicio, potencia útil.

operating pressure I voltaje de trabajo, voltaje de servicio.

operating range I autonomía (aviones) I radio de acción I régimen de funcionamiento.

operating room I sala de cuadros de operadores I cuarto oscuro (fotografía) I cabina de proyección (cine) I sala del cuadro (teléfonos) I sala de operadores (telefonía).

operating speed I velocidad de régimen I velocidad de crucero (aviones).

operating state I estado de funcionamiento (informática).

operating system I sistema operativo (informática).

operating time I tiempo de comunicación I tiempo de funcionamiento I duración de establecimiento de una comunicación (telefonía).

operating voltage I voltaje de régimen, voltaje de servicio, voltaje de funcionamiento.

operating winding I arrollamiento de excitación.

operating-program tape I cinta de programa operativo.

operation code I código de operación (informática).

operation code trap I interrupción al código de operación (informática).

operation control language I lenguaje de control de operación (sistema informático).

operation decoder I decodificador operacional.

operation number I número de operación (informática).

operation time I tiempo de ejecución.

operational amplifier I amplificador operativo (informática).

operational bandwidth I banda de conmutación.

operational navigation chart I carta de navegación operativa.

operational procedure I sistema operativo.

operational program I programa ejecutable.

operational unit I unidad operacional (informática).

operations room I sala de explotación (radar).

operative I operativo, activo.

operative attenuation I atenuación efectiva.

operative circuitry I circuitería operativa (cibernética).

operative lever I palanca de embrague (máquina - herramienta) I palanca de funcionamiento.

operator I operador I telegrafista I telefonista.

operator call I dispositivo de llamadas al operador.

operator control panel I cuadro de mandos.

operator's car I cabina de mando.

operator's connection set I grupo de conexión de operadora.

operator's speaker circuit I circuito de enlace entre operadores (telefonía).

operator's telephone set I equipo de operadora (telefonía).

ophitron I ofitrón (electrónica).

opisometer I opisómetro I curvímetro.

opposed I opuesto I inverso.

opposed current I corriente opuesta, corriente de sentido contrario.

opposed engine I motor alternativo de cilindros opuestos.

opposed piston engine I motor de cilindros opuestos.

opposed pistons I pistones contrapuestos.

opposed windings I arrollamientos en oposición I devanados en oposición.

opposed-cylinder engine I motor de cilindros opuestos.

opposed-piston two-stroke oil engine I motor diesel de dos tiempos de cilindros opuestos.

opposed-voltage coupling I acoplamiento de transformadores opuestos I acoplamiento en oposición (transformadores).

opposing amplifier I amplificador de fase contrario a la señal de entrada (telefonía).

opposing electromotive force I fuerza contraelectromotriz.

opposing torque I par antagonista I par de torsión opuesto.

opposing winding I arrollamiento en sentido opuesto.

opposite I opuesto.

opposite angle I ángulo opuesto.

opposite phase I fase opuesta.

opposite poles I polos opuestos.

oppositely-electrified I de electrificación contraria.

oppositely-polarized I de polarización contraria.

oppositely-poled I unido a polos opuestos (electricidad).

opposition test I prueba de oposición (transformadores).

optic I óptico.

optic angle I ángulo óptico I ángulo de visión.

optic axial plane I plano axial óptico.

optic axis I eje óptico.

optic axis angle I ángulo de los ejes ópticos (cristales biaxiales).

optic character I signo óptico (mineralogía).

optic sound recording I grabación de sonido óptico.

optical altimeter I altímetro óptico.

optical ammeter I amperímetro óptico.

optical automatic ranging (O.A.R.) I indicación óptica automática.

optical axis I eje óptico.

optical bar-code reader I lectora óptica de códigos de barras.

optical centerline I eje óptico.

optical centring device I dispositivo de centrado óptico.

optical character reader I lector óptico de caracteres.

optical character recognition (OCR) I reconocimiento óptico de caracteres.

optical character sensing I lectura óptica de caracteres.

optical communication receiver I receptor de comunicación óptica.

optical computer I calculadora óptica electrónica.

optical crosstalk I acoplamiento óptico cruzado.

optical current meter I reómetro óptico.

optical direction and ranging I sistema de proyectiles dirigidos por láser de ondas continuas.

optical disk I disco óptico digital.

optical feeler I sensor óptico.

optical fiber I fibra óptica.

optical fiber cable I cable de fibra óptica.

optical fiber laser I láser de fibra óptica.

optical fiber link I enlace de fibra óptica.

optical fibre I fibra óptica.

optical field illuminator I iluminador del campo óptico.

optical filter I filtro óptico.

optical flat I plano óptico, disco de vidrio ópticamente plano.

optical gage I galga óptica, calibre óptico.

optical gaging I calibración óptica.

optical lens grinder I rectificadora de lentes ópticas.

optical lever I amplificador óptico.

optical light filter I filtro óptico antirreflexivo.

optical maser I máser óptico.

optical measuring instrument I instrumento óptico de medida.

optical medium I medio óptico (sustancia que transmite la luz).

optical mouse I ratón óptico (informática).

optical multiplexing system I sistema multiplexor óptico.

optical navigation attachment I enlace óptico para navegación.

optical path I trayecto óptico (radiocomunicaciones).

optical pressure indicator I manómetro óptico.

optical printer I positivadora óptica.

optical pumping I proceso de irradiación I reforzamiento de la emisión óptica I bombeo óptico.

optical radar I radar óptico.

optical range I alcance óptico.

optical ranger I telémetro óptico.

optical reciprocity I reversibilidad óptica.

optical recording I grabación óptica I registro fotográfico.

optical rotary dispersion I dispersión óptica rotatoria (física).

optical rouge I óxido de hierro.

optical scale reader I lector óptico de la escala.

optical scanner I explorador óptico I lector óptico I rastreador óptico I rastreador visual.

optical scanning I lectura óptica I escansión óptica.

optical shutter I obturador óptico.

optical sight I mira óptica, alza óptica.

optical slit I rendija óptica, hendidura óptica (TV).

optical sound I sonido fotográfico.

optical sound head I reproductor optoeléctrico I cabeza óptica de sonido.

optical sound projector I proyector óptico de sonidos.

optical sound recorder I registrador óptico del sonido.

optical sound reproducer I lector óptico de sonido.

optical sound track I pista óptica de sonido.

optical square I escuadra de reflexión, escuadra de agrimensor, goniómetro de espejo.

optical track I banda sonora I banda óptica de sonido.

optical tracking I persecución óptica (avionica).

optical trajectory calculation I cálculo de trayectografía óptica.

optical twinning I duplicación óptica I distorsión óptica I bimorfismo.

optical viewfinder I visor óptico.

optical-mechanical scanning I exploración óptico-mecánica, escansión opticomecánica.

optical-mechanical system I sistema opticomecánico.

opticochemical measure I medida opticoquímica.

optics I óptica (ciencia).

optimeter I optímetro.

optimization I optimización.

optimum programming I programación óptima (informática).

optional pause instruction I instrucción de pausa optativa (programa).

optional stop instruction I instrucción de parada opcional.

optional strapping I conexionado en puente opcional (telefonía).

optiscope I optiscopio.

optocoupler I optoacoplador I acoplador óptico (circuito integrado).

optoelectronic I optoelectrónico.

optoelectronic scanner I explorador optoelectrónico.

optoelectronic switch I conmutador optoelectrónico.

optoelectronics I óptica electrónica I optoelectrónica.

optoisolator I aislador óptico I optoaislador.

optometry I optometría.

optophone I optófono.

optronics I óptica electrónica I optrónica.

OR circuit I circuito O.

OR gate I puerta O (circuito lógico).

OR logic I O lógico.

orange red I óxido rojo de plomo.

orbimeter I orbitómetro (astronomía).

orbit I órbita (astronomía).

orbit (to) I orbitar I estar en órbita (satélites artificiales).

orbital beam tube I tubo de haz orbital.

orbital electron I electrón planetario I electrón orbital.

orbital rendezvous I encuentro orbital.

orbital repeater station I estación repetidora orbital.

orbital scatter communication I comunicación por dispersión orbital.

orbital telescope I telescopio situado en un satélite artificial.

orbital vehicle I vehículo orbital.

orbiter I satélite artificial.

orbiting I circuito de espera I orbitación I orbitante.

orbiting space station I estación espacial en órbita.

orbit-shift coil I bobina desviadora de órbita I bobina deflectora.

order I orden I serie, clase.

order code I código de operación (informática).

order sequence I secuencia (programa).

order wire I circuito de transferencia (telecomunicación).

ordered lattice I red ordenada (cristalografía).

ordered structure I estructura ordenada (metalografía).

order-wire circuit I circuito de enlace entre operadores (telefonía) I línea de servicio (telefonía) I circuito para ordenes (telefonía) I línea de órdenes (telecomunicación).

ordinary set I marco de cumbrera y dos pies (minas).

ordinary steel I acero al carbono corriente.

ordinary wave I onda ordinaria I onda fundamental.

ordir I ordir (radar).

ordnance bronze I bronce de cañón, aleación de cobre (80%), plomo (10%) y estaño (10%).

ore I mineral I mena.

ore assay I análisis cuantitativo de minerales.

ore assaying I ensayo de minerales.

ore bearing solution I solución mineralizante.

ore bloom I zamarra (metalurgia).

ore breaking I arranque del mineral I trituración del mineral.

ore briquet I briqueta de mineral.

ore briquetting I briqueteación de minerales.

ore bunch I bolsada de mineral, bolsón de mineral.

ore calcining furnace I horno de calcinar minerales.

ore chimney I columna de mineral (geología).

ore crusher I quebrantadora de mineral I bocarte de mineral I trituradora de mineral.

ore deposit I criadero, yacimiento metalífero.

ore dressing I preparación de menas (mineralogía).

ore furnace I horno para tostar menas.

ore lode I filón de mineral.

ore mill I bocarte, molino para minerales.

ore mine I mina metálica.

ore mining I extracción de minerales, laboreo de minerales.

ore outcrop | crestón de mineral.
ore placer | placer metalífero.
ore plot | depósito de mineral.
ore process | tratamiento del mineral.
ore refining | refinado de minerales.
ore road | vía de extracción del mineral (minas).
ore roasting furnace | horno para tostar mineral.
ore roasting oven | horno para tostar mineral.
ore sintering | sinterización de minerales.
ore slag | escoria cruda, escoria de mineral.
ore smelting | fundición de menas | fusión cruda.
ore smelting furnace | horno para fundir mineral.
ore spalling | trituración de minerales.
ore stamp | bocarte, triturador de mineral.
ore stone | ganga.
ore stoping | arranque del mineral.
ore vein | veta metalífera (minería).
ore washer | lavadero de mineral.
ore washing | lavado del mineral.
ore winning | extracción del mineral.
orebody | masa mineral | criadero mineral.
ore-flux | fundente, metal de ayuda (metalurgia).
oreing down | adición de mineral al caldo para oxidarlo (horno Siemens ácido).
ore-reclaiming system | sistema de recuperación de minerales.
ore-to-steel electric furnace | horno eléctrico para obtener acero directamente del mineral.
ore-way | galería de extracción (minas).
organic cooled reactor | reactor refrigerado orgánico.
organic electrolyte cell | pila de electrolito orgánico.
organic moderation | moderación por fluidos orgánicos (reactor nuclear).
organic power reactor | reactor electronuclear con refrigerante orgánico.
organic quenched counter tube | detector con extintor orgánico, tubo contador de vapor orgánico (detección de radiactividad).
organic-liquid-moderated reactor | reactor nuclear moderado con fluido orgánico.
organic-moderated | moderado con fluido orgánico (reactor nuclear).
organic-moderated reactor | reactor con moderador orgánico (nuclear).
Oriental cat's eye | crisoberilo.
orifice | orificio, abertura.
origin rock | roca originaria.
original rock | roca madre.

originating exchange | central emisora.
originating station | estación de procedencia, estación de origen.
originating tape | cinta emisora.
originating unit | unidad de comienzo (telefonía).
oring | adición de mineral para oxidar la carga (horno Siemens ácido).
O-ring gasket | junta tórica.
O-ring seal | junta tórica.
orlop | sollado, bodega (buques).
ormolu | bronce dorado | oro molido para dorar.
orogenic fold-belts | pliegues orogénicos (geología).
orograph | orógrafo.
orographic fog | niebla orográfica.
orographic map | mapa orográfico.
orography | orografía.
orometer | barómetro altimétrico, orómetro.
orometry | orometría.
oroscopic map | mapa oroscópico.
orthicon | orticonoscopio | iconoscopio | orticón.
orthiconoscope | orticonoscopio | orticón.
orthoaxis of the crystal | ortoeje del cristal (cristalografía).
orthochromatic | ortocromático.
orthochromaticity | ortocromaticidad.
orthochromatics | ortocromática (ciencia).
orthochromatism | ortocromatismo.
orthoclase | ortoclasa.
orthodrome | ortodromo, círculo máximo.
orthodromics | ortodromía.
orthodromy | ortodromía.
orthohelium | ortohelio (química).
orthohydrogen | ortohidrógeno.
orthojector switch | disyuntor ortoyector.
orthometer | ortómetro.
orthomorphic projection | proyección ortomórfica | proyección conforme (cartografía).
orthophotograph | ortofotografía.
orthophotoscope | ortofotoscopio.
orthophotoscopy | ortofotoscopia.
orthopinacoid | ortopinacoide.
orthorhombic | ortorrómbico, terbinario.
orthorhombic lattice | retículo atómico ortorrómbico.
orthoscope | ortoscopio.
orthoseismometer | ortosismómetro.
orthotelemeter | ortotelémetro.
orthotron | ortotrón.
oscillate (to) | oscilar, fluctuar | vibrar.
oscillating | oscilación | fluctuación.
oscillating airfoil | aerodino oscilante.
oscillating bond | enlace móvil | enlace oscilante.

oscillating current frequency I frecuencia de circuito.
oscillating discharge I descarga oscilante.
oscillating torque I par oscilante.
oscillating voltage I voltaje de oscilación.
oscillating wave I onda de oscilación.
oscillation I oscilación I fluctuación.
oscillation galvanometer I galvanómetro de oscilaciones.
oscillation generator I generador de oscilaciones.
oscillator I oscilador.
oscillatory I oscilatorio, oscilante.
oscillatory burning I combustión vibratoria (cohete de propulsante sólido).
oscillatory circuit I circuito oscilante, circuito vibratorio.
oscillatory current I corriente oscilatoria.
oscillatory discharge I descarga oscilante (electricidad).
oscillatory scanning I escansión oscilatoria.
oscillatory surge I sobretensión osciladora I impulso oscilatorio.
oscillatron I oscilatrón.
oscillion I lámpara electrónica.
oscillistor I oscilistor (electrónica).
oscillogram I oscilograma.
oscillograph I oscilógrafo, osciloscopio.
oscillograph tube I osciloscopio catódico.
oscillograph vibrator I vibrador oscilográfico.
oscillographic record I oscilograma I registro oscilográfico.
oscillometer I oscilómetro.
oscillophone I oscilófono.
oscilloscope I osciloscopio.
oscilloscope recording I oscilograma.
oscilloscope tube I osciloscopio catódico.
osmograph I osmógrafo.
osmometer I osmómetro.
osmotic I osmótico.
osmotic diffusion pump I bomba de difusión osmótica.
osmotic pressure I presión osmótica (bioquímica).
Ostwald calorie I caloría Ostwald; calor necesario para elevar la temperatura de un gramo de agua de 0 a 1.000 grados C = 0,1 kilocaloría.
out I salida I fuera I fuera de circuito.
out device I dispositivo de salida.
out feed cycle I ciclo de avance de separación.
out of band I fuera de banda.
out of band emission I emisión fuera de banda.
out of band radiation I radiación fuera de banda.
out of blast I apagado (alto horno).

out of level I desnivelado.
out of line I descentrado I desalineado.
out of memory I memoria agotada (informática).
out of order I fuera de servicio I averiado.
out of order circuit I circuito averiado.
out of phase I desfasado.
out of service I fuera de servicio.
out of sight control instrumentation I aparato de telemando a distancia.
out of sync I fuera de sincronía.
out of television I fuera del campo visual I fuera de imagen.
out of vision I fuera de campo (comunicaciones).
outage I interrupción del servicio (electricidad) I corte en la línea (electricidad) I parada (hornos, máquinas, etc.), perturbación I falta de corriente (electricidad) I avería (calderas).
outboard I fuera de borda I fuera de costado.
outboard engine I motor fuera borda.
outboard float I estabilizador.
outboard motor I motor fuera borda.
outboard motor-boat I lancha fuera borda.
outboard propeller shafting I eje propulsor fuera de borda (buques).
outboard stabilizing float I flotador estabilizador colocado cerca de la punta del ala (hidroaviones).
outboard valve I válvula de toma de mar (marina).
outbreak I erupción I afloramiento (geología).
outburst I erupción, explosión I afloramiento (geología).
outcrop I afloramiento (geología).
outcrop (to) I aflorar.
outdoor antenna I antena exterior.
outdoor scenes I exteriores (cine).
outdoor shots I exteriores (cine).
outer I conductor exterior, conductor que no es el neutro (sistema trifásico) I exterior.
outer conductor I conductor de fuera (sistema trifásico).
outer electron I electrón periférico.
outer fire box I caja de fuegos (locomotoras).
outer jib I foque.
outer keel I falsa quilla.
outer lead I línea exterior de entrada de corriente.
outer main I conductor exterior (electricidad).
outer marker beacon I radiobaliza de aproximación.
outer modulation I modulación exterior.
outer-shell electron I electrón de caja externa I electrón periférico.
outfit I equipo, herramental I equipamiento.

outflow | flujo | gasto, descarga (tuberías).

outgassing | desgaseamiento | desgasificación.

outgassing of metals | desgasificado de metales.

out-gate | respiradero | rebosadero del bebedero (funderías).

outgoing circuit | circuito exterior | circuito de salida | circuito de partida | circuito de enlace (telecomunicaciones).

outgoing selector | selector de salida.

outgoing signal | señal de emisión | señal de salida (telefonía).

outgoing traffic | tráfico de salida (telecomunicaciones).

outgoing trunk groups | grupos de enlace de salida (telefonía).

outgoing trunk multiple | grupo de enlace general (telefonía).

outgoing wave | onda emitida.

outlet | desagüe | descarga | salida (tuberías) | toma de corriente, conectador (electricidad).

outlet box | caja de salida | caja de toma de corriente (electricidad).

outlet cam | leva de escape (motores).

outlet channel | canal de salida.

outlet cock | grifo de descarga.

outlet control valve | válvula de regulación de la descarga.

outlet header | colector de salida (calderas).

outlet lock | esclusa de fuga.

outlet valve | válvula de salida | válvula de escape | compuerta de descarga.

outlet ventilator | terminal de extracción.

outlet works | desagües (hidráulica).

outlier | enclave (geología).

outline | silueta | contorno, perfil, esquema, bosquejo.

out-of-balance circuit-breaker | disyuntor asimétrico desequilibrado.

out-of-balance load | carga asimétrica.

out-of-focus | desenfocado.

out-of-focus image | imagen desenfocada.

out-of-frame | desencuadrado.

out-of-step | fallo de sincronización.

out-of-step protection | protección de asincronismo.

out-of-tape sensor | detector fin de cinta.

output | potencia generada (electricidad) | potencia de salida (electricidad) | potencia útil | corriente de salida | salida (informática) | transferencia de información desde la memoria principal a periféricos (informática).

output admittance | admitancia de salida.

output area | área de salida (informática).

output attenuator | atenuador de salida | atenuador de la potencia.

output block | bloque de salida (informática).

output buffer | memoria intermedia de salida.

output capacitance | capacitancia de salida.

output cathode follower | servocátodo de salida (televisión).

output channel | canal de salida.

output circuit | circuito de salida.

output coefficient | coeficiente de potencia.

output current | corriente de salida.

output data | datos de salida.

output density | presión media efectiva (motor diesel).

output device | dispositivo de salida.

output error voltage | voltaje del error de salida.

output filter | filtro de salida.

output gap | abertura de salida.

output level | nivel de potencia | nivel de salida.

output limiter | limitador de potencia.

output meter | indicador del nivel de potencia | medidor de salida.

output monitor | monitor de salida (TV).

output nipple | acoplador de la salida, conectador de la salida.

output peripheral | periférico de salida (informática).

output power | potencia de salida.

output pulse amplitude | amplitud del impulso de salida.

output pulse rating | potencia del impulso de salida.

output queue | cola de salida (informática).

output reactance | reactancia de salida.

output record | registro de salida (informática).

output response | ganancia.

output ripple voltage | tensión de ondulación de salida.

output shaft | eje motor | árbol motor.

output stream | serie de datos | corriente de salida.

output terminal | borna final, borna de salida.

output test | prueba de rendimiento | prueba de potencia.

output tube | lámpara amplificadora | tubo electrónico de salida | tubo amplificador de salida.

output unit | periférico de salida | unidad de salida.

output video signal | señal de imagen de salida (televisión).

output voltage | voltaje de salida.

output winding I devanado de salida.

output-balancing diode I diodo estabilizador de salida.

output-blocking capacitor I capacitor de bloqueo de salida.

outreach I alcance útil.

outrigger I viga para colgar andamios (edificios) I viga voladiza I oreja de anclaje (electricidad) I compensador (continua de hilar).

outside I exterior.

outside broadcast vehicle I unidad móvil (TV).

outside diameter I diámetro exterior.

outside gear I engranaje exterior.

outside lap I recubrimiento exterior.

outside screw I tornillo macho.

outside thread I rosca exterior.

outstope I avance (minería).

outstope process I explotación avanzando.

outstroke I carrera de ida (pistón).

outward board I cuadro de salida (comunicaciones).

outward bulging I deformación lateral, pandeo (columnas).

oven I horno.

oven battery I batería de hornos.

oven coke I cok metalúrgico.

oven drying I estufa de secado.

oven glass I vidrio termorresistente.

oven sole I solera de ladrillo del horno (horno de cok).

oven (to) I estufar I hornear.

oven-braze (to) I cobresoldar en horno.

oven-dried I secado al horno.

oven-dry (to) I secar en el horno.

oven-enamelled paint I pintura de esmalte al horno.

oven-solder (to) I estañosoldar en horno.

oven-wood I hornija.

over I terminado (comunicación telefónica) I fin de mensaje (radiotelefonía).

over and out I paso y corto (radio).

over iron I exceso de hierro fundido (fundiciones).

over oiling I hiperlubricación.

overacidity I hiperacidez.

overall gain I ganancia efectiva I ganancia total (telecomunicación) I amplificación total.

overall increase I progresión global (aeronáutica).

overall length I longitud total.

overall loss I pérdida total (telecomunicación).

overall mass flow I flujo de masa total.

over-and-under relay I relé de máxima y mínima.

overanneal (to) I sobrerrecocer.

overbias I sobrepolarización.

overbunching I agrupación excesiva I funcionamiento en sobretensión (Klystron).

overburn (to) I requemar.

overburned lime I cal muerta.

overburnt iron I hierro quemado.

overcompounded generator I dinamo con excitación mixta en que el devanado en serie está diseñado para que aumente el voltaje al aumentar la carga.

overcompounded motor I motor de corriente continua con excitación mixta en que el devanado está diseñado para que aumente la velocidad al aumentar la carga.

overcurrent I sobrecorriente, sobreamperaje.

overcurrent circuit breaker I interruptor de máxima, disyuntor de sobreintensidad.

overcurrent coil I bobina de máxima.

overcurrent factor I índice de sobrecarga.

overcurrent relay I relé de sobrecarga, relé de sobrecorriente, relé de máxima.

overcurrent release I desconexión de sobreintensidad I desconexión de sobreamperaje.

overcurrent trip I disyuntor de sobrecorriente, disyuntor de máxima.

overcurrent tripping device I disyuntor de sobreintensidad.

overdamping I hiperamortiguamiento.

overdevelopment I exceso de revelado (fotografía) I desarrollo excesivo.

overdischarge (to) I descargar con exceso, agotar (acumuladores).

overdrive (to) I sobreexcitar (electricidad).

overdriven I sobreexcitado, sobrecargado (electricidad).

overengined I con exceso de potencia (motores).

overexposure I sobreexposición (fotografía).

overfall I vertedero.

overfall dam I presa de vertedero, presa de rebose.

overfault I falla invertida.

overfeed I sobrealimentación.

overfiring I caldeo en exceso I sobrecocción I sobrecochura.

overflight I sobrevuelo.

overflow I inundación I desbordamiento I desagüe, compuerta (presas) I sobrecarga (telefonía) I sobrecapacidad (registro).

overflow channel I canal de desagüe.

overflow dam I presa de rebose, presa de vertedero.

overflow meter I contador de sobrecarga.

overflow pipe I tubo de desbordamiento I tubo de rebose.

overflow record I registro de desbordamiento.

overflow route I vía de desbordamiento (tele-comunicación).

overflow traffic I tráfico de sobrecarga (teleco-municación).

overflow valve I válvula del sobrante, válvula de rebose, válvula de derrame.

overfly (to) I sobrevolar.

overfold I pliegue invertido, pliegue de acarreo (geología).

overfrequency I sobrefrecuencia, hiperfre-cuencia.

overfrequency relay I relé de hiperfrecuencia.

overfused circuit I circuito mal protegido (electricidad).

overgassing I exceso de gas en un quemador (hornos).

overgear I engranaje multiplicador I tren multi-plicador (mecánica).

overhand stope I grada al revés, escalón de testero, rebaje de cabeza (minas).

overhand stoping I explotación por gradas al revés, arranque por realce, trabajo por teste-ros (minas).

overhang I alero I saliente I saliente de un ala sobre otra ala (biplanos).

overhanging pulley I polea colgante.

overhanging roof I techo en voladizo.

overhaul I revisión general (aeronáutica), revi-sión (máquinas).

overhaul (to) I revisar I reparar, afinar (máqui-nas) I examinar (máquinas) I verificar (máqui-nas).

overhead I aéreo (cables) I en testeros (minas) I sobrecarga I carga fija.

overhead cable I cable aéreo.

overhead crane I grúa móvil.

overhead crossing I paso elevado.

overhead distribution I catenaria (ferrocarril electrificado).

overhead driving motion I transmisión de te-cho (máquinas).

overhead electric system I red aérea de ener-gía eléctrica.

overhead equipment I instalación aérea I línea de contacto aéreo (ferrocarril eléctrico).

overhead line I línea aérea.

overhead runway I vía aérea.

overhead stoping I explotación por gradas in-vertidas.

overhead track I vía aérea.

overhead-underground system I red aérea y subterránea.

overhead-valve cylinder I cilindro con válvu-las en la culata.

overhead-valve engine I motor de válvulas en la culata.

overhead-valve rocker I balancín de válvula de culata (motores).

overheat I recalentamiento.

overhung girder I viga en ménsula I viga en consola, viga en voladizo I viga en saliente.

overhung hydraulic press I prensa hidráulica de escote.

overinterrogation I sobreinterrogación (radio-faro).

overinterrogation of beacon I sobreinterroga-ción del radiofaro.

overlap I ángulo de recubrimiento I solape de onda (radio) I superposición entre señales I solape (defecto soldadura) I recubrimiento.

overlap angle I ángulo de superposición.

overlap joint I junta de recubrimiento.

overlap switching I conmutación con recubri-miento (circuito eléctrico).

overlap (to) I solapar I recubrir.

overlay I recrecimiento con soldadura I capa superpuesta I superposición.

overlay (to) I recrecer con soldadura.

overlayer I sobrecapa.

overlaying I revestimiento I recubrimiento.

overlighting I iluminación excesiva I exceso de luz (fotografía).

overload I sobrecarga (electricidad) I sobream-peraje, sobreintensidad.

overload circuit-breaker I disyuntor de máxi-ma, automático de sobreintensidad.

overload coupling I acoplamiento de fricción.

overload cutout I interruptor de máxima, auto-mático de sobreamperaje.

overload level I nivel de sobrecarga I nivel lí-mite.

overload preventer I automático de sobrecar-ga (electrotecnia) I automático de sobreampe-raje.

overload relay I relé de sobrecarga, relé de máxima.

overload release I disyuntor de sobreintensi-dad I desembrague por sobrecarga I descone-xión por sobrecarga.

overload switch I interruptor automático de sobrecarga (electrotecnia) I disyuntor de má-xima, disyuntor de sobreintensidad.

overload trip I desconectador de sobrecarga.

overloaded circuit I circuito sobrecargado I circuito saturado.

overpoint I temperatura a la cual cae la prime-ra gota (destilación).

overpoled I sobreagitado (cobre).

overpoled copper I cobre sobrebatido.

517

overpotential I sobrepotencial (electricidad).

overpower relay I relé de máximo de potencia.

overpressure I sobrepresión I sobrevoltaje, sobretensión.

overrun I exceso I rebase.

overrun brake I freno de sobrevelocidad.

overrun (to) I sobrepasar la potencia (máquinas).

overrunning clutch I embrague de sobremarcha (autos) I embrague de rotación libre.

overshoot I sobremodulación (televisión) I sobretensión.

overspeed I velocidad excesiva.

overspeed brake I freno de sobrevelocidad.

overspeed preventer I limitador de velocidad.

overspeed sensor I sensor de sobrevelocidad.

overspeed shut-down relay I relé de desconexión para sobrevelocidad.

overspeed switch I interruptor automático para sobrevelocidad (electromotores).

overspeed test I prueba de sobrevelocidad.

overspeeder I moderador de velocidad.

overspeed-gear I moderador de velocidad.

overstress (to) I sobrecargar I sobrefatigar.

overstressing I exceso de tensión I sobrecarga.

over-the-horizon radar I radar transhorizonte.

overthrust I recubrimiento (geología) I pliegue geológico.

overthrust fault I falla ascendente I falla de corrimiento.

overturn I inversión (geología).

overturned fault I falla invertida.

overturned flexure I pliegue invertido, pliegue tumbado (geología).

overvoltage I sobrevoltaje, sobretensión.

overvoltage protection I protección de sobretensión.

overvoltage release I desprendimiento por sobretensión I disyuntor de sobrevoltaje.

overvoltage test I prueba de sobretensión, prueba de sobrevoltaje.

overwind gear I dispositivo para no sobrepasar el fin de carrera (jaula minas).

overwind preventer I limitador para evitar que se rebasen los enganches (jaula minas).

overwind (to) I rebasar los enganches, sobrepasar el fin de carrera (jaula minas).

overwinder I mecanismo moderador de velocidad al final de la carrera (jaula minas).

own code I secuencia escrita por el utilizador (informática).

own coding I codificación propia.

oxacid I oxácido.

oxalic I oxálico.

oxalic acid I ácido oxálico.

oxidase I oxidasa.

oxidate (to) I oxidar.

oxidation hardening I endurecimiento por oxidación.

oxidation inhibitor I inhibidor de oxidación.

oxidation layer I capa de oxidación.

oxidation number I grado de oxidación (química inorgánica).

oxidation state I estado de oxidación.

oxidation-reduction enzymes I enzimas óxido-reductoras (química).

oxidation-reduction titration I valoración por oxidorreducción.

oxidation-resistant steel I acero resistente a la oxidación.

oxidative explosion I explosión oxidativa (nucleónica).

oxidative fission I fisión oxidativa (química).

oxidative slagging I afinado por oxidación (nucleónica).

oxide I óxido.

oxide dispersion strengthening I endurecimiento por dispersión de un óxido (metalurgia).

oxide-coated I bañado con óxido I revestido de óxido.

oxidize (to) I oxidar.

oxidizer I comburente oxidante I cuerpo oxidante, oxidante.

oxidizing I oxidación I tratamiento de la superficie con sulfato de cobre y limaduras de hierro para conseguir un revestimiento conductor de cobre (electroplastia).

oxidizing smelting I fusión oxidante.

oxidizing zone I zona de oxidación (metalurgia).

oximetry I oximetría.

oxyacetylene I oxiacetileno (química).

oxyacetylene blowpipe I soplete oxiacetilénico.

oxyacetylene flame hardening I temple superficial oxiacetilénico.

oxyacetylene pistol I soplete oxiacetilénico.

oxyacetylene pressure welding I soldeo a presión oxiacetilénico.

oxyacetylene torch I soplete de oxiacetileno.

oxyacid I oxiácido.

oxyarc cutting I corte oxieléctrico I oxicorte por arco.

oxybromide I oxibromuro.

oxycoal gas blowpipe I soplete de oxígeno y gas pobre.

oxycut (to) I cortar con el soplete, oxicortar.

oxycutting I oxicorte.

oxygen I oxígeno.

oxygen furnace steel I acero de horno de oxígeno.

oxygen lance | lanza de oxígeno.

oxygen point | punto de oxígeno (termodinámica).

oxygen steelmaking | fabricación de acero oxigenado.

oxygen steelmaking plant | acería con afino del caldo por oxígeno.

oxygen steelworks | acería al oxígeno.

oxygenate (to) | oxigenar.

oxygenated | oxigenado | quemado (metalurgia).

oxygenated steel | acero quemado.

oxygenation | oxigenación.

oxygen-blasted | insuflado con oxígeno.

oxygen-blasted converter | convertidor insuflado con oxígeno (acerías).

oxygen-blown converter | convertidor insuflado con oxigeno (acerías).

oxygen-blown steel | acero soplado con oxígeno.

oxygen-bridge | oxígeno puente (química).

oxygen-enriched blast | viento oxigenado (alto horno).

oxygen-enriched heat | calda con aire oxigenado (metalurgia).

oxygenize (to) | oxigenar.

oxygen-powered aluminum torch | soplete oxialumínico.

oxyhydrogen | oxihidrógeno | oxídrico.

oxyhydrogen blowpipe | soplete oxídrico.

oxyniobate | oxiniobato.

oxyplane machine | recanteadora de oxicorte.

oxyplaner | recanteadora de oxicorte.

oxy-weld (to) | soldar con soplete oxiacetilénico.

oxy-welding | soldeo con soplete oxiacetilénico.

ozone | ozono (química).

ozone layer | ozonosfera | capa de ozono (de 10 a 50 km de altura en la atmósfera).

ozone stratum | ozonosfera.

ozonization | ozonización.

ozonize (to) | ozonizar | ozonar.

ozonometer | ozonómetro.

ozonometry | ozonometría.

ozonoscope | ozonoscopio.

ozonosphere | ozonosfera.

P

P waves I ondas de compresión (sismología).
P wire I hilo de contaje (telefonía).
P. & S. process I procedimiento arrabio y chatarra (metalurgia).
P. E. C. amplifier I amplificador de célula fotoeléctrica.
P. E. cell I célula fotoeléctrica.
P.B.X. power lead I conductor de información (telefonía).
P.B.X. ringing lead I conductor de llamada (telefonía).
P.B.X. switchboards I cuadros de conmutación P.B.X. (telefonía).
P.B.X. terminal hunting I selección de terminales P.B.X. automáticamente.
P.N. barrier I barrera P.N. (semiconductores).
P.N. junction photocell I célula fotoeléctrica de unión P.N.
P.N.I.N. transistor I tansistor P.N.I.N.
P.N.P. diffused-junction transistor I transistor de unión P.N.P. por difusión.
P.N.P. phototransistor I fototransistor P.N.P.
P.N.P. tetrodo I tétrodo P.N.P.
P.N.P. transistor I transistor P.N.P.
P.P.I. display I presentación panorámica (radar).
P.P.I. radar I radar panorámico.
P.Z.T. piezoelectric ceramic microphone I micrófono piezoeléctrico cerámico de zirconatotitanato de plomo.
P1 wave I onda modulada por impulsos (telegrafía).
P2d wave I onda modulada por impulsos en amplitud (telegrafía).
P2e wave I onda modulada por impulsos en duración (telegrafía).
P2f wave I onda modulada por impulsos en fase (telegrafía).
P3d wave I onda modulada por impulsos en amplitud (telefonía).
P3e wave I onda modulada por impulsos en duración (telefonía).
P3f wave I onda modulada por impulsos en fase (telefonía).
pacing I avance.
pacing device I mecanismo de avance (máquinas).
pack amplifier I amplificador de potencia.
package I paquete (informática).
packaged program I programa en paquete (informática).
packer I obturador (sondeos).

packet I paquete (informática) I grupo de bits.
packet radio I radiotransmisión de paquetes (informática).
packet sequencing I ordenamiento de paquetes (informática).
packet switching I conmutación de paquetes (informática).
packing block I bloque de empaquetamiento (informática).
packing bolt I perno de apriete (prensaestopas).
packing box I prensaestopas.
packing density I densidad de condensación (informática).
packing effect I efecto de masa (nucleónica).
packing fraction I fracción de abundancia (isótopos) I coeficiente de cohesión del núcleo, energía de enlace por partícula (física nuclear) I defecto de masa relativo (nucleónica).
packing loss I defecto de masa (nucleónica).
packing nut I tuerca de presión.
packing washer I arandela de obstrucción I anillo de prensaestopas.
packoff I obturador, cierre (pozo petróleo).
packset I equipo de mochila.
pack-type I portátil.
packwall I murete de piedra para relleno.
pad I atenuador fijo (telecomunicaciones) I portabroca (berbiquí) I disco de taladrar (tornos).
pad drill I taladro con perforadora de expansión (sondeos).
pad electrode I electrodo con punta ancha.
pad (to) I rellenar I acolchar, almohadillar.
padder I compensador (electricidad) I condensador de ajuste, condensador corrector I condensador en serie.
padding I palabras que no tienen relación con el texto del mensaje (transmisiones) I compensación (radio).
padding capacitor I capacitor de equilibrio en serie.
padding condenser I condensador atenuador.
padding error I error de transmisión (radio).
paddle I paleta I rueda de paletas.
paddle brake I freno de paletas.
paddle extractor I extractor de paletas.
paddle mixer I mezclador de paletas.
paddle shaft I eje de las ruedas (buque ruedas).
paddle wheel I rueda de paletas.
paddle wheel rotor I rotor de paletas (helicópteros).
paddle-wheel fan I ventilador centrífugo.

paddock | explotación a cielo abierto.

paddock (to) | explotar a cielo abierto (placeres).

padsaw | serrucho de contornear, serrucho de calar, serrucho de punta.

page | página | segmento de programa (informática).

page frame | celda de página (informática).

page printer | impresora de páginas (informática).

page proof | prueba en páginas (tipografía).

page table | tabla de páginas (informática).

page teleprinter | teleimpresora de páginas.

page (to) | meter en página (imprenta) | foliar, numerar (tipografía).

page-feed | alimentación de página (telegrafía).

paginate (to) | numerar páginas | foliar (imprenta).

pagination | paginación, foliación.

paging | foliación, paginación | organización en páginas (informática).

paging and numbering machine | foliadora-numeradora.

paging machine | foliadora.

paging system | sistema de llamadas (comunicaciones).

paint | pintura | negro de fundición | imagen en un radariscopio.

paint dryer | secante para pintura.

paint drying oven | horno de secado de pintura.

paint gun | pistola para pintar | atomizador de pintura.

paint rock | ocre de hierro | arcilla esquistosa ferrosa.

paint (to) | pintar | mostrar una imagen en un radariscopio.

pair | par.

pair creation | creación de una pareja (nucleónica).

pair of involute gears | par de ruedas dentadas de evolvente.

pair of wires | pareja de conductores (cables).

paired cable | cable de conductores pareados, cable de pares.

paired engines | motores pareados.

pairing | pareo | solapado de líneas (defecto TV) | enlace (mecanismo).

pairing element | elemento de acoplamiento | elemento de enlace.

paking effect | efecto de masa.

pale leaf gold | aleación de oro y plata en hojas para dorar.

pale red heat | calda al rojo pálido (950° C).

palladium | paladio (Pd).

palladium plating | paladiado.

palladium-brazing alloy | aleación paladiosa para broncesoldar.

palladium-coat (to) | paladiar.

palladium-coating | paladiado.

palladium-gold | porpezita (mineral) | aleación de paladio 1 parte y oro 2 a 6 partes.

palladous nitrate | nitrato paladioso.

pallet | espiga de apoyo | lengüeta | fijador | plataforma | fiador de rueda dentada, trinquete, linguete | caja de lastre.

pallet bridge | puente del áncora (relojes).

pallet lift-truck | carretilla elevadora para bandejas | carretilla elevadora de paletas.

pallet loader | cargadora en bandejas.

pallet stacker | máquina para apilar bandejas.

pallet (to) | paletizar.

palm | palmo (unidad de longitud) | palma (ensanchamiento final de una pieza).

pan | batea de carga (altos hornos) | hoja (de oro o plata) | recipiente | depósito | cuba de amalgamación | cilindro para vulcanizar con aire caliente a presión.

pan bolt | perno de cazoleta.

pan conveyor | transportador de artesas.

pan crusher | triturador de artesa.

pan down | cabeceo (TV).

pan humidifier | humectador de artesa.

pan mill | cuba de amalgamación.

pan shot | panorámica | plano en panorámica (cámara).

pan (to) | panoramizar (cine y TV) | lavar en la batea.

pan up | inclinación longitudinal (cámara tomavistas).

pan washing | lavado en la batea (arenas auríferas).

pancake | aterrizaje brusco casi vertical, desplome (aviones).

pancake auger | hélice plana.

pancake coil | bobina plana.

pancake engine | motor radial.

pancake landing | aterrizaje brusco.

pancake (to) | desplomarse (avión).

pancaking | desplome (de un avión en vuelo).

panchromatic | pancromático.

panchromatism | pancromatismo.

pane | cara lateral (tuercas) | tablero, entrepaño (puertas) | cristal (de ventana) | hoja de vidrio.

pane wall | antepecho (arquitectura).

panel | tablero | panel | paramento, cara (sillar) | compartimiento (minas) | cámara aislada (mina carbón) | cuadro (electricidad).

panel board I tablero de instrumentos I cuadro de instrumentos.

panel display I visualizador de panel (TV).

panel entry I galería de explotación (minas).

panel frontage I longitud del cuadro de distribución (electricidad).

panel switch I interruptor de panel.

panel system I sistema de explotación por pilares (minas).

panel wall I pared de relleno I pared sin carga.

panel work I explotación por compartimientos, laboreo por cuadros.

paneling I artesonado I empanelado.

panic button I pulsador de emergencia (electricidad).

panic lighting I alumbrado de seguridad.

panidiomorphic I panidiomórfico (cristalografía).

panning I toma panorámica (TV), panoramización (cámara tomavistas) I encuadramiento (TV).

panning shot I panorámica (cine).

panoramic radar I radar panorámico I radar omnidireccional.

panoramic receiver I receptor panorámico.

panoramic sight I alza panorámica (artillería) I goniómetro panorámico.

panoramic sound effect I efecto de sonido panorámico.

pantograph I pantógrafo (locomotora eléctrica).

pantograph controlled tooling I herramental gobernado por pantógrafo.

pantograph engraver I grabadora de pantógrafo (máquina).

pantograph foot pump I bomba de pedal para levantar el pantógrafo (electrolocomotora).

pantograph housed I pantógrafo abatido sobre el techo (locomotora eléctrica).

paper I papel.

paper cable I cable con envuelta de papel.

paper capacitor I capacitor con dieléctrico de papel.

paper electrophoresis I electroforesis en papel (química).

paper mill I fábrica de papel.

paper tape I cinta de papel.

paper tape punch I perforadora de cinta de papel.

paper tape reader I lectora de cinta perforada.

paper tape recorder punch I lectora perforadora de cinta perforada.

paper tape reproducer I reproductora de cinta de papel.

paper weight I gramaje.

paperboard I cartulina, cartón.

PAR I radar de aproximación preciso.

para red I rojo de paranitralina.

parabolic antenna I antena parabólica.

parabolic arched rib I viga de arco parabólico.

parabolic catenary I catenaria parabólica.

parabolic collector I colector parabólico (energía solar).

parabolic mirror I espejo parabólico (energía solar).

parabolic reflector I reflector parabólico (energía solar).

parabolic reflector aerial I antena de reflector parabólico.

parabolic reflector antenna I antena de reflector parabólico.

paraboloid I paraboloide.

paraboloidal I paraboloidal.

paraboloidal aerial I antena paraboloidal.

paraboloidal dish antenna I antena de disco paraboloidal (televisión).

paraboloidal shock wave I onda de choque paraboloidal.

para-bond I enlace para (química).

parabrake I paracaídas frenante de cola (aviones).

parachute I paracaídas.

para-curve I curva parabólica.

paraffin I queroseno I parafina I petróleo lampante.

paraffin base crude I crudo parafínico.

paraffin engine I motor de petróleo lampante.

paraffin hydrocarbon I hidrocarburo de parafina.

paraffin jelly I vaselina.

paraffin oil I aceite de parafina.

paraffin (to) I parafinar I petrolizar (charcas).

paraffin wax I cera de parafina.

paraffin-operated engine I motor de petróleo lampante.

paragenesis I paragénesis (petrografía).

paragraph I párrafo.

paragraph indention I sangría de párrafo (imprenta).

paragutta I paraguta (cables), mezcla de caucho desproteinizado, balata o gutapercha desresinada y algo de cera.

parallax I paralaje.

parallax analyzing mechanism I mecanismo analizador del paralaje.

parallax correction I corrección de paralaje.

parallax error I error de paralaje.

parallax scale I escala de paralaje.

parallax-measuring micrometer I micrómetro de paralajes.

parallel | línea paralela | paralelo (de latitud) | acoplamiento en derivación, acoplamiento en paralelo (electricidad) | calibre de espesores | proceso simultáneo (informática).

parallel access | acceso en paralelo (informática).

parallel audio signal | señal audiofrecuente en paralelo.

parallel battery | batería de pilas en derivación.

parallel branch | derivación en paralelo (electricidad).

parallel by bit | paralelo por dígitos binarios (informática).

parallel circuit | circuito en derivación (electricidad).

parallel computer | ordenador de funcionamiento en paralelo.

parallel conected transformer | transformador conectado en paralelo.

parallel connection | acoplamiento en derivación.

parallel digital computer | computador digital en paralelo.

parallel distribution | distribución en derivación, distribución en paralelo (electricidad).

parallel drum winding | devanado de tambor en derivación.

parallel equalizer | igualador en derivación (telegrafía).

parallel equivalent circuit | circuito equivalente paralelo.

parallel feed | alimentación en paralelo.

parallel feeders | bajada de antena doble.

parallel flow turbine | turbina axial.

parallel interface | interfaz paralelo (informática).

parallel milling cutter | fresa cilíndrica.

parallel motion | paralelogramo de Watt, paralelogramo articulado.

parallel of declination | círculo de declinación.

parallel of latitude | paralelo de latitud.

parallel operation | marcha en paralelo (electricidad) | funcionamiento en paralelo (electricidad).

parallel printer | impresora en paralelo (informática).

parallel processing | proceso en paralelo (informática).

parallel regulator | regulador en derivación.

parallel resonance | resonancia en paralelo.

parallel resonant circuit | circuito antirresonante.

parallel ring winding | devanado de anillo en derivación.

parallel rod | biela de acoplamiento (locomotoras).

parallel running | funcionamiento en derivación, marcha en paralelo | operación simultánea.

parallel series connection | acoplamiento en series paralelas (electricidad).

parallel (to) | paralelizar | acoplar en derivación, poner en paralelo (electricidad).

parallel transfer | transferencia en paralelo (informática).

parallel transmission | transmisión en paralelo.

parallel two-terminal pair | red paralela de pares con dos terminales.

parallel two-terminal pair networks | cuadripolo en paralelo | redes de dos pares de terminales en paralelo.

parallel winding | devanado en derivación.

parallel winding slotted armature | inducido enmuescado con devanado en derivación.

parallel-connected | conectado en derivación, acoplado en paralelo.

paralleled | puesto en derivación, conectado en paralelo (electricidad).

paralleling device | dispositivo para conectar en derivación (eletricidad).

paralleling reactor | reactor en derivación.

paralleling switch | conmutador para poner en derivación.

paralleling voltmeter | voltímetro de equilibrio.

parallel-plate capacitor | capacitor de placas paralelas.

parallel-rod oscillator | oscilador de líneas paralelas.

parallel-triggered blocking oscillator | oscilador de bloqueo con disparado paralelo.

parallel-tuned | sintonizado en paralelo.

parallel-tuned circuit | circuito sintonizado en paralelo.

parallel-wire line | línea bifilar | línea de conductores paralelos.

paralysis | inactividad (máquinas) | bloqueo del circuito del receptor (radar).

paramagnet | sustancia paramagnética.

paramagnetic | cuerpo paramagnético | paramagnético.

parameter | parámetro.

parameter critical value | valor crítico del parámetro.

parametric down-converter | conversor reductor paramétrico | conversor paramétrico descendente.

paraphase I parafase.
paraphase amplifier I amplificador defasador (TV).
paraphase coupling I acoplamiento parafásico.
parasitic I oscilación parásita I corriente parásita, corriente de Foucault.
parasitic antenna I antena pasiva.
parasitic array I red directiva de antena con elementos pasivos.
parasitic current I corriente parásita.
parasitic echoes I ecos parásitos.
parasitic loss I pérdida por corriente parásita.
parasitic MOS transistor I transistor MOS parásito.
parasitic noises I ruidos parásitos.
parasitic stopper I eliminador de oscilaciones parásitas I supresor de oscilaciones parásitas.
parcel plating I electroplastia de parcheo.
pard (periodic and random deviation) I desviación periódica y aleatoria.
parent I generador I generatriz.
parent alloy I aleación madre.
parent atom I átomo padre (que contiene el núcleo original).
parent base I base matriz.
parent magma I magma madre, magma primario.
parent metal I metal de origen I metal base (soldaduras).
parent rock I roca madre.
parget I mortero, argamasa I enlucido, revoco.
parget (to) I enlucir, revocar I enfoscar.
parhelion I parhelio.
paring chisel I formón de mano.
paring gouge I escoplo acanalado I gubia de mano, gubia de ebanista.
paring iron I pujavante.
paring knife I pujavante.
Paris green I verde de Schweinfurt, acetoarsenito de cobre.
Paris white I blanco de París, carbonato de calcio muy puro.
Paris yellow I amarillo de París, cromato de plomo.
parity I paridad.
parity bit I bit de paridad.
parity check I prueba de paridad (informática).
parking apron I faja de estacionamiento (aeropuertos).
parking brake I freno de estacionamiento (aviones).
parkway cable I cable armado con fleje de acero (electricidad).
parsec I parsec (astronomía) I paralaje-segundo (astronomía).

part I pieza I pieza de repuesto.
partial automatic machine I máquina semiautomática.
partial common trunk I enlace semicomún.
partial denture I dentadura parcial (engranajes).
particle I partícula.
particle accelerator I acelerador de partículas.
particle beam I haz de partículas.
particle detector I detector de partículas.
particle size analysis I granulometría.
particulate I macropartícula.
parting I plano de separación, plano de junta I exfoliación por presión (geología) I capa de material estéril entre filones I separación (minería) I desplatación, separación de la plata del oro.
parting dust I arena de espolvorear (fundería).
parting furnace I horno para refinar metales preciosos.
parting gold I oro refinado.
parting line I línea de separación, línea de rebaba (forjas).
parting plane I plano de separación I plano de fractura.
parting sand I arena para espolvorear moldes.
parting tool I herramienta de escotar I herramienta de sangrar (torno).
partition I partición, separación I fraccionamiento de la memoria (informática).
partition chromatography I cromatografía de reparto.
party line I línea compartida (telefonía), línea común para varios abonados.
party wall I pared medianera.
party-line carrier system I sistema portador de línea colectiva.
party-line exchange I central telefónica de línea selectiva.
pass I paso I pasada.
pass key I llave maestra I llave de paso.
passband I banda de paso.
passband channel I canal de frecuencias I canal de paso de banda (radio).
pass-band filter I filtro de banda de paso.
passified metal I metal pasivado.
passify (to) I pasivar (aceros).
passivate (to) I pasivar (hacer neutro).
passivated iron I hierro inerte.
passivated surface I superficie pasivada (metalurgia).
passivated zinc plated chassis I chasis galvanizado y pasivado.
passivating I pasivación (acero inoxidable).

passive communication satellite | satélite pasivo de telecomunicación.

passive electrode | electrodo pasivo, electrodo inerte.

passive iron | hierro inerte.

passive jamming | interferencia pasiva.

passive network | red pasiva (electricidad).

passive nonlinear element | elemento pasivo alineal.

passive sensing | detección pasiva.

passive sensor | sensor pasivo.

passive transducer | transductor pasivo.

passive-based oxide-coated cathode | cátodo revestido de óxido de base pasiva.

passivity | pasividad (química).

pass-out turbine | turbina con extracción.

password | código identificador | llave de acceso.

paste | pasta.

paste reactor | reactor de pasta combustible.

pasteurize (to) | pasteurizar.

patch | parche de refuerzo | conexión provisional | bacheo (carreteras).

patch board | tablero de conexiones | panel de conexiones.

patch circuit | circuito de interconexión.

patch cord | cable de conexión.

patch panel | panel de control | panel de conexiones.

patch routine | rutina de corrección.

patch (to) | conectar (electricidad) | corregir, modificar.

patch-bay | panel de acoplamiento | bastidor de conexiones.

patching | sintonización de frecuencia de radio | interconexión.

patching routine | rutina de corrección (informática).

patch-out | desconexión.

patent (to) | templar en baño de plomo (metalurgia).

patented | templado en baño de plomo (metalurgia) | galvanizado.

patenting | temple isotérmico (trefilerías).

path | senda | trayecto | trayectoria (balística, matemáticas), recorrido | alcance (óptica).

path attenuation | atenuación de la trayectoria (antenas).

path finder | localizador de trayectoria.

path length | longitud de la trayectoria.

path selector | selector de trayectos.

patinate (to) | patinar.

patinize (to) | patinar.

pattern | modelo | diseño, forma, patrón | esquema, bosquejo.

pattern draw | levantamiento del modelo | desmoldeo (funderías).

pattern draw machine | máquina de desmoldear.

pattern plate | placa portamodelo (fundición).

pattern recognition | reconocimiento de la configuración.

pattern setter | ajustador de modelos (funderías).

pave (to) | pavimentar.

pavement | pavimento.

paver | adoquinador | pavimentador.

paving breaker | martillo quebrantador.

paving mixer | hormigonera pavimentadora.

paving roller | cilindro apisonador | apisonadora.

paving spreader | máquina vibradora.

paving stone | adoquín.

paving-tile | baldosa.

pawl | linguete, trinquete.

pawl coupling | acoplamiento de trinquete | acoplamiento de gatillo (mecánica).

pawl holder | portatrinquete.

pawl hook | gancho de trinquete.

pawl lever | palanca con trinquete.

pawl mechanism | mecanismo de trinquete.

pawl pull-off | arranque del linguete.

pawl spring | muelle del trinquete.

pay ore | mineral explotable.

payload | carga explosiva (de un proyectil) | carga nuclear.

PC board | tablero de circuito impreso.

PCB connector | conector de circuito impreso.

PCM communications | comunicaciones de modulación de impulsos codificados.

PCM telephone exchanges switches | conmutaciones de centrales telefónicas por modulación de impulsos de código.

PCM/pm signals | señales moduladas por impulsiones y por impulsos codificados.

P-containing pig iron | arrabio fosforoso.

pea | grancilla.

pea coal | carbón granza.

pea gravel | gravilla.

peak | vértice | pico | valor máximo | punto máximo.

peak anode current | corriente máxima de ánodo | corriente anódica de cresta.

peak cathode current | corriente catódica de cresta (electrónica).

peak charge | carga en horas puntas.

peak clipper | limitador de corriente.

peak deviation | desviación máxima.

peak distortion | distorsión de la cresta de amplitud.

peak flow I caudal máximo.

peak hour I hora de máxima carga (electricidad) I hora punta.

peak inverse anode voltage I voltaje anódico inverso de punta.

peak limiter I limitador del valor máximo.

peak load I carga máxima, carga de punta.

peak output I rendimiento máximo (electricidad).

peak power I potencia de cresta, potencia máxima.

peak speed I velocidad de punta.

peak swing I oscilación máxima.

peak (to) I afinar, reglar aparatos.

peak to peak excursion I amplitud total de oscilación.

peak value I valor máximo I valor de cresta.

peak voltage I voltaje máximo.

peak voltmeter I voltímetro para medir el valor máximo del voltaje (corriente alterna).

peaked radar I radar reglado, radar afinado.

peaker I circuito diferenciador de crestas.

peaker circuit I circuito diferenciador.

peaking coil I bobina de captación, bobina correctora (TV) I bobina de compensación.

peaking inductor I bobina de compensación.

peaking network I circuito diferenciador.

peaking transformer I transformador para impulsos I transformador apuntador.

peak-shift limiter I descrestador (de ondas).

peak-signal level I nivel máximo de la señal.

peak-to-peak I cresta a cresta.

pearl ash I perlasa, potasa purificada.

pearlitic I perlítico.

pearlitic alloy I aleación perlítica.

pearlitic carbon steel I acero al carbono perlítico.

pearlitic cast-iron I fundición perlítica.

pearl-white I sulfato bárico I oxicloruro de bismuto.

peat I turba.

peat bog I turbera.

peat coal I hulla de turba I lignito.

peat moor I turbera.

peat tar I alquitrán de turba.

pebble I canto rodado, guijarro.

pebble nuclear reactor I reactor nuclear con lecho de bolas.

pebble-type heat exchanger I termocambiador de guijarros.

pebbling I cáscara de naranja (metalurgia) I gofrado (papel).

pechblende I pechblenda.

pedal I pedal.

pedestal I pedestal I soporte.

pedogenesis I pedogénesis (formación y desarrollo del suelo-geología) I edafogénesis (suelos).

pedology I pedología (ciencia del suelo) I edafología.

peel strength I fuerza de adherencia.

peel test I prueba de adherencia I ensayo de cohesión.

peeler I descortezador.

peeling I descortezamiento I descamación I exfoliación, defecto de adherencia (electroplastia).

peen I peña (martillos), cotillo (martillo).

peen hammer I martillo de bola, martillo de peña.

peen (to) I martillar con la peña I martillar (soldadura eléctrica), granallar.

peened I granallado.

peened surface I superficie martillada (soldadura) I superficie granallada.

peening I martillado I chorreo con granalla.

peening mark I indentación por martillado (soldadura).

peep I goniómetro de puntería.

peep sight I alza de ranura, alza de pínulas (cañón).

peg I espiga I escarpia I chaveta, pasador I husillo I clavija.

peg switch I tomacorriente de clavija.

peg-count meter I contador manual de comunicaciones (telefonía).

pegging pean I pisón de punta (funderías).

pegging rammer I pisón de punta (funderías).

pegmatite I pegmatita (mineralogía).

pellet I bala, pastilla I bloque de la carga iniciadora (proyectiles) I pastilla de combustible nuclear (reactor nuclear) I gránulo.

pellet charge I carga en pastillas.

pellet film resistor I resistor de pastilla aislante.

pellet powder I pólvora de grano grueso, pólvora comprimida.

pelleted I granulado.

pelleting I nodulización I granulación.

pelletize (to) I nodulizar I granular.

pelletizing I nodulización I granulación.

pencil I haz de luz.

pencil beam I haz filiforme.

pencil tube I tubo electrónico filiforme.

pendant switch I interruptor colgante.

pendentive I pechina (arquitectura).

pendentive dome I cúpula de pechinas.

pendulate (to) I pendular, oscilar.

pendulation I pendulación, oscilación.

pendulous I oscilante.

pendulum I péndulo.

pendulum anemometer | anemómetro de péndulo.

pendulum astrolabe | astrolabio de péndulo.

pendulum circular saw | sierra circular de balancín.

pendulum clinometer | clinómetro de péndulo.

pendulum cross-cut saw | sierra circular de balancín.

pendulum damper | amortiguador de péndulo.

pendulum governor | regulador de péndulo.

pendulum level | nivel de plomada.

pendulum milling | fresado pendular (fresadoras).

pendulum press | prensa de balancín.

pendulum scale | báscula pendular.

pendulum wheel | oscilógrafo.

penetrameter | penetrámetro.

penetrascope | penetrascopio.

penetrate (to) | penetrar | taladrar.

penetration drag | resistencia de penetración (aviación).

penetration electrode | electrodo de penetración.

penetration factor | factor de penetración (reacción nuclear).

penetration frequency | frecuencia crítica.

penetration hardness | dureza a la indentación.

penetration range | alcance de penetración (óptica).

penetration rate | velocidad de penetración.

penetration twin | macla de penetración (cristalografía).

penetrative rock | roca intrusiva.

penetrator | aparato para medir la dureza por indentación.

penetrometer | penetrómetro | medidor de dureza de rayos X.

penetrometry | penetrometría.

pennyweight | escrúpulo (unidad de farmacia).

penstock | canal de toma | canal de llegada | compuerta de esclusa | conducto forzado.

pentagrid | válvula de cinco electrodos.

pentagrid converter | conversor pentarrejilla.

pentagrid tube | pentodo.

pentane | pentano.

pentane lamp | lámpara de pentano (fotometría).

pentode | pentodo.

pentode audio amplifier | audioamplificador de pentodo.

pentode transistor | transistor pentodo.

pentode voltage amplifier | amplificador de voltaje de pentodo.

pepsin | pepsina.

peptide | péptido.

peptide bond | enlace peptídico.

perbituminous | perbituminoso.

perbituminous coal | carbón perbituminoso | carbón bituminoso conteniendo más de 5,8% de hidrógeno.

perborate | perborato.

percentage | porcentaje.

perchlorethylene | percloruro de etileno.

perchloric acid | ácido perclórico.

percolate | percolado | agua de lixiviación | agua de percolación (suelos).

percolate (to) | percolar | filtrar.

percolating filter | filtro de percolación.

percolation | filtración, percolación.

percussion | golpe | percusión.

percussion cap | fulminante, pistón, cápsula fulminante.

percussion detonator | detonador de percusión.

percussion drill | sonda de percusión | martillo perforador de percusión | barra de mina | barrenadora de percusión | taladro de percusión.

percussion drilling | sondeo por percusión | taladrado por percusión.

percussion jig | criba de percusión, criba de sacudidas.

percussion power press | prensa mecánica de percusión.

percussion table | mesa de percusión, mesa lavadora de vaivén (metalurgia).

percussion tube | estopín de percusión.

percussion wave | onda de percusión.

percussion welding | soldadura continua | soldadura por percusión.

percussion-fuze | espoleta de percusión | estopín de percusión.

percussive boring | sondeo por percusión.

percussive boring or drilling | perforación por percusión.

percussive coal-cutting machine | rafadora de percusión.

percussive drill | martillo perforador, perforadora de percusión.

perforate (to) | perforar, horadar.

perforated casing | entubación perforada (pozos).

perforated tape | cinta perforada.

perforated web | alma perforada (vigas).

perforation | perforación.

perforator | taladro | perforador.

performance | funcionamiento | capacidad | rendimiento (mecánica).

performance chart | diagrama de explotación | diagrama de funcionamiento.

performance curve | diagrama de marcha | curva de rendimiento.
performance factor | factor de rendimiento.
performance monitor | monitor de funcionamiento, monitor de control.
performance number | índice de octano.
periastron | periastrón (astronomía).
periclase | periclasa.
pericline | periclino (cristalografía).
pericynthian | pericintio | perilunio (luna).
perigean tide | marea perigea (oceanografía).
perigee | perigeo.
perihelion | perihelio.
perimeter | perímetro.
perimeter acquisition radar | radar de adquisición perimétrico.
perimeter lighting | alumbrado de demarcación.
perimeter shear | corte perimetral.
periodic | periódico, cíclico.
periodic antenna | antena sintonizada.
periodic line | línea con secciones eléctricas equivalentes | línea periódica.
periodic pulse train | tren de impulsos periódicos.
periodic trigger-type receiver | receptor de superreacción.
periodicity | periodicidad | frecuencia (corriente alterna).
periodic-reverse current | corriente de inversión cíclica.
peripheral | periférico.
peripheral control unit | unidad de control periférico (informática).
peripheral interface adapter | interfaz para dispositivos periféricos (informática).
peripheral length | perímetro.
peripheral processor | procesador de periféricos (informática).
periscope | periscopio.
periscope depth | inmersión periscópica.
periscope down (to) | calar el periscopio.
periscopic sight | goniómetro antena | alza periscópica | goniómetro periscópico.
periscopic snorkel | esnorquel periscópico (submarinos).
perished steel | acero agrio.
perlite | perlita (mineralogía).
perm | permio (unidad de permeancia).
permafic | permáfico (rocas ígneas).
permafrost | permahielo | gelisuelo | suelo permanentemente helado.
permalloy | permalloy (aleación de níquel y hierro).
permanent | permanente | fijo, estable.

permanent echo | eco permanente, eco fijo (radar).
permanent fault | avería franca.
permanent loop | llamada equivocada (telefonía).
permanent magnet | imán permanente.
permanent mold | molde fijo | coquilla.
permanent white | blanco de barita, sulfato bárico.
permanent-magnet motor | electromotor de imanes permanentes.
permanganate | permanganato.
permatron | permatrón.
permeability analyzer | analizador de permeabilidad magnética.
permeability bridge | puente magnético, permeámetro, puente para medida de la permeabilidad magnética.
permeability tensor | tensor de permeabilidad.
permeability tuning | sintonización por permeabilidad.
permeable | permeable.
permeameter | permeámetro (permeabilidad de suelos).
permeance | penetración, permeación.
permeation | permeación, penetración.
permissible | admisible, tolerable.
permissible dose | dosis permisible (nucleónica).
permissible explosives | explosivos autorizados, explosivos de seguridad.
permissible interference | interferencia admisible.
permissible irradiation | nivel admisible de irradiación.
permissive blocking | bloqueo facultativo, enclavamiento condicional (ferrocarril).
permittance | capacitancia (electricidad).
permittivity | capacitancia inductiva específica, constante dieléctrica.
permittor | condensador (electricidad).
permutator | permutador | permutatriz (electricidad).
peroxide | peróxido de hidrógeno.
peroxide value | índice de peróxido (química analítica).
perpendicular | perpendicular | nivel de plomada | vertical.
perpendicular bisector | mediatriz.
perpendicularity error | error de perpendicularidad | error instrumental (sextantes).
perpetual screw | tornillo sin fin.
persistence screen | pantalla de larga persistencia.
persistor | persistor.

persistron I persistrón (tablero luminiscente).
perspective I perspectiva.
pert I técnicas de revisión y evaluación de programas I método para planificar y controlar proyectos.
perturbed needle I aguja loca (magnetismo).
perveance I perveancia (electrónica).
pervious rock I roca permeable.
petcock I llave de purga, llave de desagüe.
petoscope I petoscopio (electrónica).
petrify (to) I petrificar.
petrochemical I petroquímico.
petrochemistry I petroquímica.
petrography I petrografía.
petrol I gasolina (G.B.) I petróleo I carburante.
petrol four-stroke engine I motor de gasolina de cuatro tiempos.
petrol gage I indicador de nivel de gasolina.
petrol pump I bomba de gasolina (autos).
petrolatum I petrolado I vaselina.
petrol-engine-driven generator I dinamo accionada por motor de gasolina.
petroleum I petróleo bruto, crudos I petróleo lampante.
petroleum engine I motor de petróleo lampante.
petroleum ether I éter de petróleo.
petroleum field I campo petrolífero.
petroleum gas I gas de petróleo.
petroleum geochemistry I geoquímica del petróleo.
petroleum geodynamics I geodinámica petrolera.
petroleum jelly I vaselina I petrolato.
petroleum occurrence I yacimiento de petróleo.
petroleum perforator I tren de sondeo para pozos petrolíferos.
petroleum reservoir I reservorio de petróleo (geología).
petroleum resin I resina de petróleo.
petroleum tar I alquitrán de petróleo.
petrolithic I petrolítico.
petrolization I petrolización.
petrological microscope I microscopio petrológico.
petrology I petrología.
petticoat I aislador de poste campana (electrotecnia) I campana de aislador.
petticoat insulator I aislador de campana.
petticoat pipe I tubo de escape de la caja de humos.
pet-valve I válvula equilibrada (bombas) I válvula de desahogo.
pewter I peltre.

pH controller I controlador del pH.
pH differential I intervalo de pH (análisis volumétrico).
pH indicator I indicador para la medida del pH.
pH meter I medidor de pH.
pH recorder I aparato registrador del pH.
pH value I índice de acidez I valor del pH.
phanotron I fanotrón (electrónica).
phantastron I fantastrón I circuito fantastrón (radar).
phantastron sweep circuit I circuito de barrido fantastrón.
phantom I espectro fantasma I señal radárica de difícil determinación.
phantom aerial I antena de prueba, antena fantasma.
phantom circuit I circuito fantasma.
phantom group I grupo combinable (telecomunicación).
phantom repeating coil I bobina repetidora fantasma (telecomunicación).
phantom view I vista translúcida.
phantoscope I fantoscopio (radiación).
phase I fase.
phase advance circuit I circuito en avance de fase.
phase advancer I modificador de fase.
phase angle I decalaje de fase (electricidad) I ángulo de desfasaje.
phase balancing network I red equilibradora de fases.
phase bit I bitio de puesta en fase (informática).
phase change I desfasaje.
phase compensator I compensador de fase.
phase conductor I hilo de fase.
phase convertor I convertidor de fase.
phase current I corriente de fase, corriente activa.
phase delay I retardo de fase (radio).
phase delay distortion I distorsión de retardo de fase.
phase demodulation I demodulación de fase.
phase diagram I diagrama de constitución (aleaciones).
phase difference I desfase I decalaje, desfasamiento.
phase discriminator I discriminador de fase.
phase displacement I desfasaje, desfasamiento.
phase distortion I distorsión de fase I desplazamiento de fase.
phase equalizer I compensador de fase I igualador de fase.
phase error I error de fase.
phase intercept I retardo de frecuencia cero (electricidad).

phase interlocking | enclavamiento de fase (telecomunicación).

phase inverter | inversor de fase | tubo desfasador.

phase lag | desfasaje.

phase lead | avance de fase.

phase lock | fijación de fase | sincronización de fase | enganche de fase (electrónica).

phase lock loop | circuito de sincronización.

phase locked loop | bucle de enganche de fase.

phase magnet | electroimán sincronizador | imán de fase (comunicaciones).

phase meter | fasímetro | medidor de fase.

phase modulation | modulación de fase.

phase monitoring | control de fase.

phase opposition | oposición de fase.

phase plotter | registrador de fase.

phase pressure | tensión de fase (electricidad) | voltaje de fase.

phase quadrature | cuadratura de fase.

phase reversal | inversión de fase.

phase reversal modulation | modulación por inversión de fase.

phase reversal relay | relé de inversión de fase (telecomunicación).

phase sequence | secuencia de fases.

phase shift | desplazamiento de fase | variación de fase | cambio de fase.

phase shift keying | manipulación por desviación de fase.

phase shifter | variador de fase | desfasador (electricidad) | cambiador de fases.

phase splitter | desfasador múltiple (electricidad) | variador de fase.

phase splitting | separación de fases | división de la fase | desfasaje.

phase splitting circuit | circuito difusor de fase.

phase splitting network | red divisora de fase.

phase swinging | oscilación pendular | oscilación de fase.

phase titration | valoración por fases (química analítica).

phase (to) | poner en fase | sincronizar (electricidad).

phase undervoltage relay | relé de tensión mínima.

phase velocity | velocidad de fase.

phase voltage | voltaje de fase (electricidad).

phase voltmeter | voltímetro de fase.

phase-angle meter | medidor de fase | fasímetro.

phase-balance relay | relé de equilibrio de fase.

phase-contrast refractometer | refractómetro de contraste de fase.

phase-correcting network | red correctora de fase (electrónica).

phase-fault protection | protección contra interrupciones de fase.

phase-inversion circuit | circuito inversor de fases.

phasemeter | fasímetro.

phase-sensitive detector | detector sensible a las variaciones de fase.

phase-shift oscillator | oscilador por desplazamiento de fase.

phase-splitting device | dispositivo para separar fases (motores monofásicos).

phase-to-phase short circuit | cortocircuito interfásico.

phasing | faseamiento (puesta en fase-TV), reglaje en fase (TV) | sincronización (electricidad).

phasing line | línea de puesta en fase.

phasitron | fasitrón (electrónica).

phasor | fasor, vector de corriente (electricidad).

phasor value | valor vectorial.

phasotron | fasotrón.

phenol | fenol (química).

phenol-base resin | resina fenólica.

phenolic | fenólico.

phenolic plastic | plástico fenólico.

phenolic resin | resina fenólica.

phlogopite | flogopita (mica plata).

phon | fonio (unidad sonora).

phone | auricular.

phone patch | enlace telefónico.

phone plug | clavija telefónica.

phone (to) | telefonear | radiotelefonear.

phone transmitter | emisor radiotelefónico.

phonic motor | motor fónico.

phonogram | telegrama por teléfono | fonograma.

phonograph | fonógrafo.

phonograph cartridge | captor fonográfico.

phonometer | fonómetro.

phonometry | fonometría.

phonon | fonón (física).

phonon maser | máser fónico.

phonon scattering | dispersión fónica.

phosgene | fosgeno (química).

phosgenite | fosgenita.

phosphate coating | revestimiento fosfático (metalurgia).

phosphate glass | vidrio al fosfato.

phosphate (to) | fosfatar.

phosphatic protection | protección fosfática (metalurgia).

phosphating | fosfatización.

phosphating bath | baño para fosfatar (metalurgia).
phosphatize (to) | fosfatar.
phosphide | fosfuro.
phosphor | sustancia luminiscente | pigmento fosforescente.
phosphor screen | pantalla fluorescente.
phosphorate (to) | fosforar.
phosphoresce (to) | fosforescer.
phosphorescence | fosforescencia.
phosphorize (to) | fosforar.
phosphorous pig iron | fundición fosforosa.
phosphorus | fósforo.
phot | fotio (unidad métrica de iluminancia).
photicon tube | foticón.
photistor | fototransistor.
photo | fotografía.
photoaquatint | fotograbado.
photoaudio generator | generador fotoacústico.
photobeam | haz fotoeléctrico.
photocathode | fotocátodo.
photocell | fotocélula.
photocell relay | relé de fotocélula.
photochemical | fotoquímico.
photochemics | fotoquímica.
photochemistry | fotoquímica.
photochromatism | fotocromatismo.
photochrome | fotocromía.
photochromy | fotocromía.
photoclinograph | fotoclinógrafo.
photoclinometer | fotoclinómetro.
photocomposition | fotocomposición.
photoconductance | fotoconductancia.
photoconduction | fotoconducción.
photoconductive | fotoconductivo.
photoconductive diode | diodo fotoconductivo.
photoconductor | fotoconductor.
photocopier | fotocopiadora.
photocopy | fotocopia.
photocopy (to) | fotocopiar.
photocurrent | fotocorriente | corriente fotoeléctrica.
photodetector | fotodetector.
photodevice | fotodispositivo.
photodiode | fotodiodo (semiconductor).
photoeffect | fotoefecto, efecto fotoeléctrico.
photoelectric absorption | absorción fotoeléctrica.
photoelectric cathode | cátodo fotoeléctrico | fotocátodo.
photoelectric cell | célula fotoeléctrica.
photoelectric conversion | conversión fotoeléctrica.
photoelectric pickup | sensor fotoeléctrico.

photoelectric pickup device | captador fotoeléctrico.
photoelectric relay | relé fotoeléctrico.
photoelectric scanner | explorador fotoeléctrico.
photoelectric screen | pantalla fotoeléctrica.
photoelectric threshold | umbral fotoeléctrico.
photoelectric timer | temporizador fotoeléctrico.
photoelectricity | fotoelectricidad.
photoelectron | fotoelectrón.
photoemissive | fotoemisivo, fotoemisor.
photoemulsion | fotoemulsión (emulsión fotográfica).
photoetch (to) | fotograbar.
photoetching | fotoincisión | fotograbado.
photofission | fotofisión (nuclear).
photofissionable | fotofisionable.
photoformer | fotoformador (tubo de rayos catódicos).
photoglow tube | tubo fotoluminiscente (electrónica).
photogoniometer | fotogoniómetro.
photogram | fotograma.
photogrammetric | fotogramétrico.
photogrammetric mapping | cartografía fotogramétrica.
photogrammetric survey | levantamiento fotogramétrico.
photogrammetry | fotogrametría.
photograph | fotografía.
photograph (to) | fotografiar.
photographic field | campo fotográfico (óptica).
photographic lens | lente fotográfica, objetivo fotográfico.
photographic mapping | fotocartografía.
photographic optics | óptica fotográfica.
photographic plotter | fotocartógrafo.
photographic print | fotograma.
photographic radar | radar fotográfico.
photographic recorder | fotorregistrador.
photographic recording | grabación fotográfica | registro fotográfico.
photographic sound | sonido óptico.
photographic survey | levantamiento fotográfico, fototopografía.
photographic topography | fototopografía.
photogravimeter | fotogravímetro.
photogravimetry | fotogravimetría.
photoionization | fotionización.
photoionization spectra | espectros de fotoionización.
photolith | fotolito.
photolithography | fotolitografía.
photolysis | fotolisis.
photomacrograph | fotomacrografía.
photomagnetism | fotomagnetismo.

photomapping | fotocartografía | aerofotocartografía.
photomechanical | fotomecánico.
photomechanical printing | impresión fotomecánica.
photomechanics | fotomecánica.
photomeson | fotomesón.
photometer | fotómetro (iluminación).
photometric amplifier | amplificador fotométrico.
photomicrograph | fotomicrograma | fotomicrografía.
photomontage | fotomontaje.
photomounting | montaje fotográfico, fotomontaje.
photomultiplier | fotomultiplicador, célula fotoeléctrica multiplicadora.
photomultiplier tube | tubo fotomultiplicador, intensificador de imagen.
photon | fotón.
photon absorption | absorción de fotones | absorción de radiaciones.
photon counter | contador de fotones.
photon coupling | acoplamiento fotónico.
photon decay | degeneración fotónica.
photon engine | motor fotónico.
photon polarization | polarización fotónica.
photon propulsion | propulsión fotónica.
photon radiation | radiación de fotones.
photonegative | fotonegativo.
photonephelometer | fotonefelómetro.
photoneutron | fotoneutrón (física nuclear).
photonics | fotónica (electrónica cuántica).
photon-induced reaction | reacción inducida por fotones.
photon-nucleon collision | colisión fotón-nucleón.
photo-offset | fotolito offset | fotolitografía.
photooxidation | fotooxidación.
photooxidize (to) | fotooxidar.
photophone | teléfono óptico | fotófono | radiófono.
photophoresis | fotoforesis.
photophysics | fotofísica.
photoplan | fotoplano (fotogrametría).
photopositive | fotoconductor, fotopositivo.
photoprint | impresión fototipográfica.
photoprinter | fotoimpresora.
photoprinting | fotograbado.
photoproton | fotoprotón.
photoradiogram | fotorradiograma.
photorelay | relé fotoeléctrico.
photoresist | fotoresist (electrónica) | recubrimiento fotográfico (placa impresa).
photoresistance | fotorresistencia.

photoresistant cell | célula fotorresistente.
photoresistive cell | célula fotoconductora.
photoresistor | fotorresistor.
photoscope | fotoscopio.
photoscope reconnaissance | reconocimiento fotoscópico (aviación).
photosensible | fotosensible.
photosensible plate | placa fotosensible.
photosensitive film | película fotosensible.
photosensitor | fotosensor.
photosensor | detector.
photosensor diode | diodo fotodetector.
photosphere | fotosfera.
photostat | reproducción fotostática, fotostato.
photostress | medición fotométrica de las tensiones (resistencia de materiales).
photosurvey | levantamiento aerofotográfico.
photoswitch | conmutador fotoeléctrico | fotoconmutador.
photosynthate | fotosintato.
photosynthesis | fotosíntesis (química).
photosynthetic cycle | ciclo de fotosíntesis.
phototechny | fototecnia.
phototelegram | fototelegrama.
phototelegraph | fototelégrafo.
phototelemetry | fototelemetría.
phototelephony | fototelefonía.
phototelescope | teleobjetivo.
phototheodolite | fototeodolito.
photothermal | fototérmico.
photothermal ionization region | región de ionización fototérmica.
photothermoelasticity | fototermoelasticidad.
photothyristor | fototiristor.
photo-timer | fotocronómetro.
phototopography | fototopografía.
phototronics | fototrónica | fotografía electrónica.
phototropism | fototropismo.
phototropy | fototropía (física).
phototube | fototubo, tubo fotoeléctrico.
phototube modulator | modulador de tubo fotomultiplicador.
phototube relay | relé de fototubo.
phototype | clisé fototipográfico | fototipia.
phototypesetting unit | fotocomponedora (imprenta).
phototypography | fototipografía.
phototypy | fototipia.
photovaristor | fotovaristor.
photovoltaic cell | célula fotovoltaica.
photovoltaic conversion | conversión fotovoltaica.
photovoltaic module | batería solar.

photovoltaic solar energy I energía fotovoltaica solar.

photronic cell I célula fotrónica.

phreatic I freático.

phreatic cycle I ciclo freático.

phreatic surface I capa freática.

phreatic water I agua freática.

phreatic wave I onda freática.

phthalein I ftaleína (química).

physical circuit I circuito metálico de ida y vuelta I circuito alámbrico.

physical conversion I conversión de un soporte a otro (informática).

physical line I línea física (circuito) I línea real (telefonía).

physical mass unit I unidad de masa atómica.

physical sputtering I pulverización catódica.

physical transmission I transmisión física (datos).

physicochemical I fisicoquímico.

physicochemical hydrodynamics I hidrodinámica fisicoquímica.

physicochemical mechanics I mecánica fisicoquímica.

physics I física (ciencia).

physiological atmosphere I ecosfera.

pi meson scattering I diseminación de los mesones pi.

pi meson-nucleon interaction I interacción entre un pión y un nucleón.

pi network I red en pi.

pick I pico (herramienta).

pick coal-cutting machine I rafadora de pico, rozadora de percusión.

pick hammer I martillo picador.

pick machine I rafadora (minas).

pick mattock I zapapico.

pick mining machine I rozadora de percusión.

pick (to) I escoger, elegir I clasificar, escoger (minerales).

picker I escardador I batán.

picket I baliza de radar I buque o avión estacionado en un sitio determinado.

picking arm I brazo del mecanismo de la picada (telar).

picking cam I leva de expulsión (telares).

picking lever I palanca de expulsión (telar).

picking motion I mecanismo de la lanzadera, mecanismo de la picada (telares).

picking movement I movimiento de inserción de la trama (telares).

picking roll I polea del mecanismo de la picada (telar).

picking shaft I eje del mecanismo de la picada.

picking shoe I zapata del mecanismo de la picada.

picking table I mesa de escogido (minería).

pickle I baño de ácido desoxidante I solución ácida.

pickle brittleness I fragilidad por decapado.

pickle liquor I líquido de decapado.

pickle solution I solución decapadora.

pickle test I prueba de inmersión en ácido.

pickle (to) I tratar con ácido I decapar.

pickled I desoxidado I decapado.

pickler I tanque decapador I máquina o dispositivo para decapar I decapador.

pickling I tratamiento desoxidante I decapaje con ácido, desoxidación por baño ácido.

pickling acid I ácido de decapar I ácido de curtición.

pickling bath I baño de decapado I baño desoxidante.

pickling line I cadena de decapado.

pickoff I transductor (mecánico-eléctrico).

pickoff diode I diodo selector.

pickoff gear I engranaje seleccionador, engranaje selector.

pickoff gear shaft I eje del engranaje selectivo.

pickoff point I punto de arranque.

pickup I absorción I aceleración rápida (motor autos) I escobilla (electricidad) I captación de zumbido.

pickup amplifier I amplificador fonográfico, fonoamplificador.

pickup arm I brazo de fonocaptor.

pickup camera I cámara de captación.

pickup cartridge I cápsula fonocaptadora.

pickup circuit I circuito captador.

pickup coil I bobina captadora.

pickup current I corriente de excitación magnética I corriente del captador fonográfico I intensidad mínima de excitación (relés).

pickup gear I dispositivo captador.

pickup needle I aguja lectora.

pickup pipe I tubo de captación.

pickup preamplifier I preamplificador del captador.

pickup tube I tubo tomavistas.

pickup velocity I velocidad de exploración.

pickup voltage I tensión de funcionamiento I voltaje de funcionamiento.

picocoulomb I picoculombio.

picocurie I picocurie.

picofarad I picofaradio.

picosecond I picosegundo (pseg).

picowatt I picovatio.

pictogram I pictograma.

pictograph I pictograma, pictografía.

picture I imagen I ilustración, grabado.
picture bounce I temblor de la imagen (TV-cine).
picture call I transmisión fototelegráfica.
picture carrier I portadora de imagen.
picture circuit I circuito de imagen.
picture detector I detector de imagen I detector de vídeo.
picture dot I elemento de imagen (TV).
picture fading I desvanecimiento de imagen (TV).
picture frame I fotograma.
picture lock I fijación de la imagen.
picture phone I videofono.
picture plane I cuadro (perspectiva) I plano de la imagen.
picture point I punto de referencia I punto fotométrico.
picture processing I tratamiento de la imagen.
picture ratio I formato de la imagen (TV).
picture signal I señal de imagen, señal vídeo (TV).
picture size I formato de la imagen, tamaño de la imagen (TV).
picture stop I señal de fin de imagen (videodisco).
picture storage tube I tubo memorizador de imágenes.
picture strip I línea exploradora (TV).
picture tone I frecuencia de imagen.
picture track I banda de imagen.
picture tube I cinescopio I tubo de imagen (TV), tubo televisivo.
picture white I señal de densidad mínima (TV), nivel del blanco máximo (TV).
picturephone I teléfono con transmisión de imagen (videotelefonía).
picture-synchronizing signal I señal sincronizante de la imagen.
picture-writing I pictografía.
pier I pilar (de mampostería) I pila (puentes) I muelle I malecón I espigón, escollera.
pier arch I arco sobre pilares.
pier bridge I puente sobre pilas.
pierce (to) I penetrar I agujerear I perforar, taladrar, barrenar.
pierced plate I chapa con perforaciones.
piercer I taladrador I punzón.
piercer press I prensa perforadora.
piercing I perforación I penetración.
piercing die I estampa perforadora I troquel de punzonar.
piercing file I lima de ensanchar.
piercing saw I sierra de contornear.
piercing tool I taladro.

piezoelectric I piezoeléctrico.
piezoelectric acceleration detector I detector de aceleraciones piezoeléctrico.
piezoelectric gage I manómetro piezoeléctrico I galga piezoeléctrica.
piezoelectric ignition I ignición piezoeléctrica (motor de combustión).
piezoelectric probe I sonda piezoeléctrica.
piezoelectricity I piezoelectricidad.
piezojunction I unión piezoeléctrica.
piezooptical I piezoóptico.
piezoquartz I cuarzo piezoeléctrico.
piezoresistance I piezorresistencia.
piezo-type transducer I transductor piezoeléctrico.
pig I lingote (metalurgia).
pig back (to) I recarburar con arrabio.
pig bed I era de colada (metalurgia).
pig cast iron I arrabio en lingotes.
pig iron I fundición bruta, fundición de primera fusión, hierro en lingotes, arrabio.
pig iron of castings I fundición por moldeo.
pig mold I molde de lingote.
pig steel I arrabio acerado, fundición acerada.
pig-and-ore process I procedimiento a la fundición y al mineral (sistema Landore-Siemens para obtener acero).
pig-breaker I rompelingotes, troceadora de arrabio.
pigging I operación de cargar el lingote (hornos), adición de arrabio para carburar la carga (horno Siemens ácido).
pig-iron desulfurization I desulfuración del arrabio.
pig-iron mixer I mezclador para arrabio.
pigment I pigmento I colorante.
pigment (to) I teñir, colorear.
pigtail I cable de llegada (electricidad) I acoplamiento metálico flexible (electricidad) I cable flexible de conexión I conductor flexible.
pigtail resistor I resistencia enrollada en espiral.
pigtail splice I empalme flexible.
pile I pila I pilote I tablestaca I pila eléctrica.
pile drawer I arrancapilotes.
pile driver I martinete I hincadora de pilotes.
pile engine I martinete.
pile extractor I arrancapilotes.
pile ferrule I zuncho de pilote.
pile foundation I cimentación sobre pilotes.
pile gun I sonda de reactor (nuclear).
pile hammer I martillo pilón.
pile hoop I zuncho de pilote.

pile modulation I modulación del reactor nuclear.

pile oscillator I oscilador de un reactor (nuclear).

pile puller I arrancapilotes.

pile ring I zuncho de pilote.

pile shoe I azuche.

pile (to) I hincar pilotes.

pill diode I diodo en forma de píldora.

pill heat I primera colada (horno Siemens).

pill press I prensa para pastillas (pulvimetalurgia).

pillar I soporte I columna I pilar.

pillar and stall I laboreo por cámaras y pilares (minas).

pillar drawing I demolición de macizos (minas).

pillar drilling machine I taladradora de columna I perforadora de columna.

pillar file I lima carleta delgada.

pillar footing I base del puntal (buques).

pillar head I cabeza del puntal (buques).

pillar heel I pie del puntal (buques).

pillar mining I explotación por pilares abandonados (minas).

pillar robbing I demolición de macizos (minas).

pillar switch I interruptor de poste.

pillar working I despilaramiento, explotación por pilares abandonados (minas).

pillar-and-stall system I laboreo por cámaras y pilares (minas).

pillow distortion I distorsión cóncava.

pillow lava I lava almohadillada.

pilot I piloto I máquina exploradora (ferrocarril) I conductor auxiliar (electricidad) I experimental.

pilot aid I piloto automático (aviones) I timonel automático (buques).

pilot balloon I globo sonda.

pilot bearing I cojinete de guía.

pilot bit I trépano de guía (sondeos).

pilot bore I galería de avance (túneles).

pilot cable I cable auxiliar.

pilot carrier I portadora piloto (telecomunicación).

pilot channel I canal de prueba I canal piloto I canal indicador (radio).

pilot chart I carta de derrotas, carta náutica (navegación).

pilot engine I máquina exploradora, locomotora exploradora.

pilot fuse I fusible indicador.

pilot heading I galería de avance (túneles).

pilot indicator I receptor auxiliar (radar).

pilot ingot I lingote testigo (metalurgia).

pilot initiating switch I conmutador iniciador auxiliar.

pilot injection I inyección preliminar.

pilot lamp I lámpara testigo.

pilot light I llama de encendido I luz testigo, lámpara testigo I luz piloto.

pilot model I modelo experimental.

pilot nut I tuerca guía I tuerca de montaje.

pilot oil regulating valve I válvula auxiliar reguladora del aceite.

pilot plant I instalación experimental I instalación de ensayos.

pilot pulse I onda de tierra.

pilot relay I relé de control I relé de comprobación.

pilot relaying I telemando I mando a distancia.

pilot run I serie de prueba, serie de reglaje (fabricaciones).

pilot sample I muestra piloto.

pilot shaft I pozo de avance (túneles).

pilot signal I lámpara indicadora (telefonía) I señal de identificación I señal de prueba.

pilot (to) I pilotar (aviones) I gobernar (buques).

pilot tone I señal de identificación, onda piloto (telecomunicación).

pilot tunnel I galería de avance (túneles).

pilot valve I válvula auxiliar I válvula de mando.

pilot wave I onda piloto (telecomunicación).

pilot wire I hilo auxiliar I hilo testigo.

pilotage I navegación aérea o marítima por referencia a puntos de comprobación.

piloted I pilotado I con guía.

piloting I pilotaje I guía I practicaje.

pilotless I sin piloto I teleguiado.

pilotless flight I vuelo automático, vuelo sin piloto.

pilotless guided vehicle I vehículo radioguiado sin conductor.

pilotless missile I misil teleguiado.

pilotless plane I avión sin piloto.

pi-meson I pión, mesón pi.

pimpling I granulación de la superficie (piezas aluminio).

pin I alfiler I espiga I pasador I cabilla I clavija I eje I pivote I chaveta I gozne I muñequilla (cigüeñal) I mandril I husillo I vástago I perno.

pin apron I telera inclinada con púas (batanes).

pin apron stripper I cilindro batidor.

pin chain I cadena de pasadores.

pin connection I unión con pasador I junta articulada.

pin connector I conector de espiga.

PIN diode I diodo PIN.

PIN diode attenuator | atenuador de diodo PIN.

pin fitting | ajuste del pasador del pistón.

pin gage | galga con extremos esféricos.

pin gearing | engranaje de linterna.

pin grinder | rectificadora de muñequillas de cigüeñales.

pin hinge | bisagra, pernio.

pin insulator | aislador de espiga.

pin joint | junta con pasador (mecánica).

pin joint (to) | articular con pernos.

pin key | llave de espiga (cerraduras).

pin lock | cerradura de espiga.

PIN microwave diode | diodo de microondas PIN.

pin plug | enchufe macho.

pin punch | punzón botador.

pin screw | tornillo de espiga.

pin setter | sacachavetas.

pin shears | cizallas de pasador.

pin socket | rangua | pescaespigas (sondeos).

pin spanner | llave de gancho con espigas, llave de tetones | llave de pasador.

pin switch | conmutador de clavija.

PIN switching diode | diodo de conmutación PIN.

pin (to) | fijar, clavar | sujetar | enchavetar | empernar, enclavijar.

pin turning machine | máquina para tornear muñequillas (cigüeñales).

pin valve | válvula de aguja.

pin wrench | llave de gancho con espiga, llave de pitones, llave de dientes.

pinboard | tablero de control | cuadro de conexiones.

pincer spot-welding machine | soldadora por puntos de pinzas.

pincers | tenacillas | tenazas de corte | pinzas.

pinch | extricción, contracción | constricción.

pinch angle | ángulo de mordedura (laminadores).

pinch bar | palanca de pie de cabra, alzaprima.

pinch effect | efecto de compresión | efecto de estricción.

pinch field | campo magnético constrictor.

pinch nut | contratuerca.

pinch roll | rodillo principal, rodillo tomador (laminadores) | cilindro guía (laminadores), rodillo de arrastre.

pinchcock | pinza de Mohr de tornillo, llave de pinzas (química) | abrazadera de compresión | abrazadera de tubo flexible.

pinching screw | tornillo de presión.

pinchoff | corte de drenador | constricción.

pinchoff voltage | tensión de corte (electricidad) | tensión de estricción (electricidad).

pincushion | punteamiento (distorsión de imágenes-TV) | distorsión de imágenes.

pincushion distortion | distorsión en acerico (TV).

pincushion effect | distorsión en acerico (TV).

pine-tree crystal | dendrito | cristal dendrítico (cristalografía).

ping | autoencendido, detonación (motores) | silbido de sonar | impulso de sonar.

pinhole | agujero para pasador | agujero para espiga | agujero para el muñón de pie de biela (pistones) | poro.

pinhole camera | estenoscopio.

pinhole detector | detector de poros.

pinhole image | imagen de estenoscopio.

pinhole porosity | porosidad puntiforme, porosidad con vacíos de unos 3 mm de diámetro (fundición).

pinholing | porosidad de las piezas fundidas debido a gases disueltos desprendidos durante la solidificación.

pinion | piñón (mecánica) | rueda dentada cuyo diámetro es igual o menor que su espesor (engranajes de ruedas iguales).

pinion gear | piñón diferencial | engranaje con piñón.

pinion rod | barra dentada de la que se cortan los piñones a la longitud deseada.

pinion shaft bearing | cojinete de eje del piñón.

pinion sleeve | manguito de piñón (rueda dentada).

pinion supporting pin | eje de piñones.

pinion wheel | rueda de piñón.

pink gold | aleación de oro, plata, cobre, niquel y cinc.

pink inclusions | inclusiones rosáceas no metálicas (metalografía).

pinking | golpeo producido por los autoencendidos, detonación (motores).

pint | pinta (medida).

pintle | pivote central | macho, charnela (bisagras) | perno pinzote.

pintle chain | cadena de pasadores, cadena articulada, cadena Galle.

pintle hook | gancho de clavija, gancho de seguridad.

pintle nozzle | tobera de aguja.

pintle pin | clavija del gancho pinzote.

pinwheel | rueda de husillos, rueda de espigas.

pinwheel gear | engranaje de linterna.

pion | piónico | pion | mesón pi.

pioneer tunnel | túnel auxiliar.

pioneer well | sondeo de exploración.

pioneer-level I galería de exploración (minas).
pionic I piónico.
pionic nuclei I núcleos piónicos.
pionium atom I átomo piónico.
pion-nucleon scattering I dispersión pión-nucleón.
pion-proton collision I colisión de un pión con un protón.
pip I imagen de un eco (radar) I agujero pequeño en el retículo (alza óptica) I pip (radar) I eco.
pipage I canalización I cañería, conducto I tubería de carga (petroleros).
pipe I conducto I tubo I tubería I cañería.
pipe bender I curvatubos.
pipe cable I cable tubular (electricidad).
pipe clamp I grapa para tubos (sondeos) I abrazadera para tubos.
pipe coil I serpentín.
pipe cooler I refrigerador tubular.
pipe coupling I acoplamiento de tubos.
pipe cutter I cortatubos I cortadora de tubos.
pipe draining I drenaje.
pipe duct I conducto para tuberías.
pipe flange I brida de tubo.
pipe gas (to) I canalizar el gas.
pipe grid I red de tubos.
pipe grip I tenaza de cadena para tubos I mordaza para tubos.
pipe joint I junta de tubería I manguito.
pipe laying I tendido de tuberías.
pipe network I red de tuberías.
pipe of ore I chimenea de mineral, columna de mineral.
pipe pressing I embutición de tubos.
pipe puller I arrancatubos.
pipe range I ramal de tubería.
pipe reamer I escariador para tubos.
pipe roller I rodillo tubular.
pipe seal I obturador del tubo.
pipe stone I magnesita, sepiolita.
pipe tap I macho para roscar tuberías.
pipe tee I conector en T.
pipe thread I rosca de tubo.
pipe (to) I transportar por medio de una canalización, canalizar.
pipe vice I tornillo de banco para tubos.
pipe work I canalización.
pipe wrench I llave para tubos I tenaza para tubos.
pipe-bending machine I curvadora de tubos.
piped I con tubos I tubular I tubulado.
piped ingot I lingote con rechupe.
piped program I programa transmitido por teléfono I programa de radiodifusión por cable telefónico.
piped television I televisión por cable.

pipelaying I instalación de tubería.
pipeline I conducto I tubería I oleoducto I gaseoducto I canalización.
pipeline (to) I canalizar, transportar por tuberías.
pipe-type cable I cable con tubo protector I cable entubado.
pipe-ventilated I ventilado por conducto I ventilado por tubería.
piping I canalización I tubería I entubación.
piping steel I acero calmado con rechupe de contracción.
piping system I red de tubos I sistema de tuberías.
pipology I análisis de ecos I estudio de los impulsos de eco (radar-sonar).
pisolite I pisolita (variedad de oolita).
pistol I pistola I revólver I mecanismo percutor, mecanismo de disparo I espoleta, aparato percutor (torpedos) I pistola de pintor.
piston I pistón, émbolo.
piston air damper I amortiguador de pistón.
piston attenuator I atenuador del pistón I atenuador de émbolo.
piston buffer I amortiguador de pistón.
piston connecting rod I biela del pistón.
piston crown I cabeza de émbolo I corona del pistón.
piston diaphragm pump I bomba de diafragma y pistón.
piston drill I taladradora de pistón.
piston engine I máquina de pistón I motor de pistón.
piston expansion valve I válvula de expansión de pistón.
piston fit I ajuste de émbolo.
piston follower I corona de émbolo.
piston gage I manómetro de pistón.
piston grinder I rectificadora para pistones.
piston head I cabeza de émbolo.
piston hole I canal de émbolo.
piston oil pump I bomba de lubricación de pistón.
piston pin I pasador del pistón, muñón de pie de biela.
piston pressure I presión del pistón.
piston propeller I propulsor del pistón.
piston pump I bomba de pistón.
piston ring I anillo de émbolo I aro de émbolo I aro de pistón.
piston rod I vástago del pistón, barra del pistón I biela.
piston rod crosshead I cruceta del vástago del pistón.

piston sleeve | manguito del pistón | manguito del émbolo.

piston slip | cabeceo del pistón.

piston stroke | carrera del émbolo del pistón.

piston throw | carrera del pistón.

piston (to) | embolar, pistonar.

piston travel | carrera del pistón.

piston type compressor | compresor tipo émbolo.

piston valve | distribuidor cilíndrico (máquina alternativa vapor) | válvula de pistón.

piston valve liner | camisa de la válvula del pistón.

piston valve piston | pistón del distribuidor cilíndrico.

piston-blower | soplante de pistón.

piston-boring machine | máquina para barrenar pistones.

piston-compressed | comprimido con pistón.

piston-controlled | accionado por pistón.

piston-operated | accionado por pistón.

pistonphone | pistonófono, cámara de compresión.

piston-powered | accionado por pistón.

piston-powered engine | motor alternativo.

piston-type aircraft engine | motor de aviación de pistones, motor de aviación alternativo.

piston-type reverse valve | válvula de inversión de tipo de pistón.

pit | foso | fosa | excavación, desmonte | cantera | pozo (minas), depresión abrupta en la superficie (metales).

pit analysis | análisis de la fosa (aceros).

pit annealing | recocido en pozo, recocido en fosa (metalurgia).

pit aperture | abertura de punteadura.

pit asphalt | brea mineral.

pit cage | jaula de extracción (minas).

pit coal | hulla, carbón de piedra.

pit cock | grifo de purga.

pit furnace | horno vertical de cuba | horno tipo foso.

pit gas | grisú.

pit gravel | grava de cantera.

pit head frame | castillete de pozo de mina.

pit kiln | horno de coque.

pit lathe | torno de foso.

pit rope | cable de extracción.

pit sample | muestra de la colada.

pit sand | arena de mina | arena de cantera.

pit saw | sierra al aire, sierra abrazadera.

pit scrap | chatarra del pozo de escoria.

pit shelter | foso de captura.

pit shoring | entibación de pozos.

pit timber | madera para minas.

pit (to) | picar, atacar (ácidos), oxidarse (chapas).

pit-car loader | cargadora mecánica de vagonetas (pozo de mina).

pit-cast | fundido en foso de colada.

pitch | pendiente, inclinación | paso geométrico, paso de los dientes (ruedas dentadas) | ángulo de los dientes (sierras) | paso (mecánica) | brea (minería) | alquitrán.

pitch acceleration | aceleración de cabeceo.

pitch amplifier | amplificador de profundidad.

pitch angle | ángulo del paso (hélices) | ángulo del cono primitivo (engranaje cónico).

pitch apex | vértice primitivo (engranaje cónico).

pitch aptitude | ángulo de cabeceo.

pitch binder | ligante de brea.

pitch chain | cadena Galle, cadena articulada.

pitch changing | cambio de paso (hélices).

pitch circle | círculo primitivo, círculo de contacto (engranajes) | círculo de rodadura.

pitch coal | lignito bituminoso.

pitch cone | cono primitivo (engranaje cónico).

pitch cone angle | ángulo del cono primitivo.

pitch control | control de explotación (TV).

pitch correction | corrección del paso (hélices).

pitch diameter | diámetro medio | diámetro efectivo (roscas) | diámetro de la circunferencia primitiva (engranajes).

pitch errors | errores en el paso (engranajes).

pitch indicator | indicador de cabeceo.

pitch level | nivel de tono.

pitch line | línea primitiva, círculo de contacto (engranajes) | curva primitiva (engranajes).

pitch of a screw | paso de rosca.

pitch of coil | inclinación de la hélice.

pitch of the blades | separación de los álabes (turbinas).

pitch oil | creosota.

pitch ore | uraninita, uranio piceo.

pitch point | punto de contacto de los círculos primitivos (engranajes).

pitch ratio | relación de paso.

pitch reversing | inversión de paso (hélices).

pitch selector | selector del paso.

pitch setting | calado del paso (hélice) | graduación del paso, ajuste del paso (hélices).

pitch (to) | inclinar, cabecear (buque, avión) | alquitranar | embrear.

pitch trim | centrado en cabeceo.

pitch wheel | rueda dentada | rueda de engranaje.

pitch-arc | arco de engrane (engranaje).

pitchblende | pechblenda, uraninita.

pitch-changing mechanism | mecanismo para cambiar el paso (hélices).

pitch-checking instrument | instrumento para comprobar el paso (hélices).

pitch-circumference | circunferencia primitiva (engranajes).

pitch-control piston | pistón de regulación del paso (hélice).

pitch-damping | amortiguamiento del cabeceo (buques).

pitched roof | cubierta a dos aguas | cubierta de gran pendiente (construcción) | cubierta inclinada.

pitching | cabeceo, macheteo (buques) | inclinación, buzamiento (de un filón).

pitching axis | eje buzando (geología) | eje de inclinación.

pitching motion | cabeceo (buques, aviones) | movimiento de galope (locomotoras).

pitching seam | capa inclinada (geología).

pitching tool | punterola, cincel para desbastar, escoplo de desbastar.

pitch-line velocity | velocidad en el círculo de contacto, velocidad periférica (engranajes).

pitch-lock | enclavamiento del paso (hélices).

pitchmeter | aparato para determinar el paso (hélices).

pitchover | sobreángulo de posición (cohete).

pitch-row | interlínea.

pitchstone | resinita.

pitch-surface | superficie primitiva de rodadura (engranajes).

pit-cooled | enfriado en fosa (metalurgia).

pit-eye | boca del pozo (minas).

pithead | boca del pozo (minas) | bocamina.

pithead frame | castillete de extracción (minas).

pit-mouth | boca del pozo (minas).

Pitot static tube | tubo de Pitot con toma estática.

Pitot tube flowmeter | reómetro de tubo Pitot.

pit-prop | estemple, apea (minas).

pitting | corrosión localizada, picadura (metales) | corrosión por picaduras (chapas).

pit-top | boca del pozo (minas) | bocamina.

pivot | pivote | espiga.

pivot arm | brazo de pivote.

pivot bearing | rangua.

pivot bolt | pasador de giro.

pivot box | rangua.

pivot frame | plataforma de pivote.

pivot gearing | engranaje de eje movible.

pivot hole | rangua.

pivot lever | palanca de giro.

pivot link | articulación de giro | articulación de pivote.

pivot pin | pasador-pivote.

pivot point | punto de giro.

pivot pressure | presión de giro.

pivot screw | tornillo-eje.

pivot (to) | girar sobre un eje, pivotar, montar sobre un eje.

pivot valve | válvula de mariposa.

pivotal bearing | soporte de báscula.

pivotal fault | falla en pivotes, falla de charnela (geología).

pivotal point | pivote.

pivotally mounted | montado sobre pivote, montado a charnela.

pivoted axle | eje oscilante.

pivoted bogie | avantrén giratorio | bogie giratorio.

pivoted chute | rampa basculante.

pivoted disc valve | válvula de mariposa.

pivoted four-wheel bogie | bogie pivotado de dos ejes.

pivoted motor mount | transmisión Rockwood.

pivoting | pivotaje | pivotación, giro.

pivoting point | punto de giro.

pivoting pressure | presión de giro.

pivot-mounted | montado sobre pivote.

pix | imágenes (televisión).

pix carrier | portadora de imágenes (TV).

pix frequency | frecuencia de imagen (TV).

pix tube | tubo de rayos catódicos.

place in orbit (to) | poner en órbita.

place into orbit (to) | satelizar.

place marker | marcador de posición.

placer | placer, terrenos de aluvión | aluvión aurífero.

placer deposit | yacimiento de aluvión.

placer dirt | aluvión aurífero.

placer mining | laboreo de placeres, explotación de placeres.

placer-gold | oro de aluvión.

plain | meseta, llanura | planicie | llano, plano, sencillo | ordinario | liso.

plain bearing | cojinete liso.

plain carbon steel | acero ordinario al carbono, acero al carbono no aleado.

plain chromium steel | acero al cromo ordinario.

plain concrete | hormigón ordinario, hormigón en masa, hormigón no armado.

plain grinder | rectificadora de superficies planas.

plain knife | cuchilla lisa.

plain lathe | torno simple, torno de cilindrar.

plain loom | telar de una lanzadera, telar sencillo.

plain mill | fresa de dentadura fina | fresa de planear.

plain miller | fresadora de planear.

plain milling cutter | fresa de planear | fresa de cepillar | fresa cilíndrica.

plain molding | moldura lisa.

plain pickled | decapado en ácido sulfúrico.

plain rod | varilla lisa.

plain sawing | aserrado simple (rollizos).

plain slide-valve | distribuidor de concha (máquina vapor).

plain slot | muesca plana.

plain steel | acero no aleado.

plain tile | teja plana.

plain tire | cubierta sin talón (neumáticos) | llanta sin pestaña (ruedas).

plain (to) | igualar | nivelar | aplanar.

plain web girder | viga de alma llena.

plain wheel | muela abrasiva plana.

plan | plan, proyecto | plano.

plan position radar | radar de presentación panorámico.

plan (to) | proyectar | planificar | organizar.

plan view | planta (dibujo) | vista en planta (dibujo).

planar | plano | planar.

planar antenna | antena plana.

planar junction | unión plana (semiconductores).

planar junction transistor | transistor planar de uniones.

planar mask | máscara de sombra (TV).

planar network | red planar.

planar photodiode | fotodiodo planar.

planar transistor | transistor planar.

planar transmission line | línea de transmisión planar.

planar tube | tubo planar.

plane | ala de avión | aeroplano, avión | plano, llano.

plane aerial | antena horizontal con dipolos próximos en contrafase.

plane angle | ángulo plano.

plane beam | haz plano.

plane condenser | condensador plano.

plane electromagnetic wave | onda electromagnética plana.

plane of a loop | plano de un cuadro (radio).

plane of clearance | plano de separación, plano de fractura.

plane of cleavage | plano de crucero (mineralogía).

plane of curvature | plano de curvatura.

plane of departure | plano de proyección (balística).

plane of polarization | plano de polarización.

plane of projection | plano de proyección.

plane of sight | plano de mira, plano de alza (artillería).

plane of symmetry | plano de simetría.

plane of yaw | plano de guiñada.

plane polarization | polarización plana, polarización lineal.

plane progressive wave | onda progresiva plana.

plane sailing | navegación loxodrómica | derrota loxodrómica.

plane shock wave | onda de choque plana.

plane sinusoidal wave | onda sinusoidal plana.

plane surface grinding | rectificado de superficies planas.

plane surveying | planimetría | levantamiento con la plancheta (topografía) | topografía plana.

plane table | plancheta.

plane tabling | levantamiento con la plancheta.

plane tile | teja plana.

plane wave | onda plana.

plane wavefront | frente de onda plano.

plane-chart | carta plana (náutica).

plane-polarised light | luz polarizada plana.

planer | alisadora | cepilladora | aplanador.

planer and matcher | machihembradora-cepilladora.

planer bed | bancada de cepilladora.

planer chuck | mandril para acepilladora.

planer head | cabezal de la cepilladora.

planer knife | cuchilla de cepillar.

planer tool | herramienta de cepillar.

planer type miller | fresadora cepilladora.

planet gear | engranaje planetario | rueda satélite.

planet wheel | rueda planetaria, rueda satélite.

planet wheel carrier | portapiñón satélite.

planet wheel pin | eje del piñón satélite.

planetary gear | engranaje planetario.

planetary gear pin | eje de piñones satélites.

planetary gear train | tren de engranajes planetarios.

planetary motion | engranaje planetario | movimiento planetario.

planetary orbit | órbita planetaria.

planetary probe | sonda planetaria.

planetary radio astronomy | radioastronomía planetaria.

planetary satellite | satélite planetario.

planetary satellite orbit | órbita planetaria de satélites.

planetary set | tren de engranajes planetarios.

planetary spindle | husillo planetario.

planetary system | sistema planetario.

planetary wheel | rueda planetaria, piñón satélite.

plane-to-ground weapon | proyectil de avión a tierra.

planet-pinion | piñón satélite, rueda satélite.

planigraph | planígrafo.

planigraphy | planigrafía | tomografía.

planimeter | planímetro.

planimetric map | mapa planimétrico | carta planimétrica.

planimetry | planimetría.

planing | planeo (aviación).

planing file | lima de igualar, lima de alisar.

planing machine | cepilladora | recanteadora (bordes de chapa).

planing resistance | resistencia al planeo (aviación).

planing tool | cuchilla de cepillar, hierro de cepilladora.

planing tool carriage | carro de cepilladora.

planing tool holder | porta-útil de acepilladora.

planish (to) | alisar | pulir | bruñir | forjar en frío | satinar (fotografía) | aplanar (metales) | laminar lingotes.

planished steel | acero bruñido.

planishing | aplanamiento | satinado (fotografía) | pulido.

planishing hammer | martillo de alisar | martillo de aplanar.

planishing machine | aplanadora.

plank | tabla | tablón.

plank lining | encofrado.

plank (to) | entibar, encofrar (galería de minas).

planked | entablonado | entibado (galería minas).

planking | tablazón | entabladura.

planning | planificación | programación.

planning chart | carta para planear vuelos.

planoconcave lens | lente planocóncava.

plano-convex | plano-convexo.

planoconvex lens | lente planoconvexa.

planography | planografía | cartografía.

planomill (to) | fresar horizontalmente.

planomiller | fresadora-cepilladora.

planomilling machine | fresadora-cepilladora.

planoshear | tijera-cepilladora, cepillo-cizalla (para chapas).

plan-position indicator | pantalla indicadora, pantalla panorámica (radar) | radar topográfico.

plant | instalación | herramental | maquinaria | instalación de alumbrado | central eléctrica.

plant factor | factor de capacidad (electricidad), coeficiente de utilización de una central eléctrica.

planted molding | moldura aplicada.

planting | sembrado de minas | fondeo (de minas submarinas).

plasma | plasma | gas caliente ionizado.

plasma diode | diodo de plasma.

plasma discharge | descarga en plasma.

plasma electron | electrón del plasma.

plasma engine | motor de plasma (ingeniería aeroespacial).

plasma engineering | tecnología del plasma.

plasma filament | filamento de plasma.

plasma flame-spraying | metalización por empleo de un metal fundido en una corriente de gas ionizado.

plasma jet | plasmatrón | motor plasmático (cohetes).

plasma laser | láser de plasma.

plasma panel | panel de plasma (pantalla).

plasma radiation | radiación del plasma.

plasma rocket | cohete de plasma (ingeniería aeroespacial).

plasma rocket engine | motor de plasma para cohete.

plasma thermionic converter | convertidor de energía termiónico a base de plasma metálico.

plasma thermocouple | termopar formado de plasma.

plasma torch | soplete de plasma | soplete para fundir polvos metálicos o alambres por medio de un arco eléctrico potente en una corriente de gas ionizado (metalización -se alcanzan temperaturas de 16.000 °K).

plasma-arc cutting | corte con plasma de arco eléctrico.

plasma-arc plating | revestimiento metálico obtenido con plasma del arco eléctrico.

plasma-flame process | proceso de metalización con metales cuya temperatura de fusión es mayor que la temperatura de la llama oxiacetilénica.

plasmatron | plasmatrón (diodo de gas).

plasmotron | plasmotrón (generador de plasma).

plaster | yeso | argamasa | enlucido.

plaster cast | vaciado en yeso | escayola.

plaster coat | enlucido (albañilería).

plaster molding | moldeo en cáscara de yeso.

plaster mould | molde de yeso.

plaster-board | cartón-yeso.

plastering-trowel | llana para enlucir.

plaster-mold casting | fundición en molde de yeso.

plastic | plástico, resina sintética | dúctil, moldeable.

plastic analysis | análisis plástico.

plastic clay | arcilla plástica.

plastic coating I recubrimiento plástico.

plastic compression wave I onda de compresión plástica.

plastic concrete I hormigón plástico.

plastic deformation I deformación plástica.

plastic dielectric I dieléctrico plástico.

plastic effect I efecto plástico I estereopsis I defecto tridimensional erróneo, defecto debido a distorsión de fase (televisión).

plastic electret I eléctrete plástico.

plastic elongation I elongación plástica, alargamiento plástico.

plastic explosive I explosivo plástico, explosivo moldeable.

plastic flow I flujo plástico, fluencia plástica I deformación plástica.

plastic molding I moldeado plástico.

plastic pipe I tubo de plástico.

plastic refractory I refractario plástico.

plastic strain I deformación plástica.

plastic strain waves I ondas de deformación plástica.

plastic wave I onda plástica.

plastic yielding I deformación plástica.

plastic-covered electrode I electrodo revestido de plástico.

plastic-insulated conductor I conductor aislado con plástico.

plasticity I plasticidad (física).

plasticity index I índice de plasticidad.

plastics-insulate (to) I electroaislar con plásticos I termoaislar con plásticos.

plastify (to) I plastificar.

plastometer I plastómetro (reología).

platalargan I aleación de aluminio, plata y platino.

plate I ánodo (diodos, tubo electrónico) I chapa, plancha I placa.

plate axis I eje fiducial (aerofotogrametría).

plate battery I batería de ánodo.

plate cam I leva plana I leva de disco.

plate capacitance I capacitancia de placa (electrónica).

plate chain I cadena Galle.

plate circuit I circuito anódico (válvulas termiónicas).

plate cleaner I solución limpiadora de clisés.

plate clutch I embrague de discos.

plate condenser I condensador de placas.

plate conductance I conductancia anódica.

plate coupling I acoplamiento de platillos, acoplamiento de platos, acoplamiento de discos, acoplamiento de bridas.

plate current I corriente anódica.

plate cylinder I cilindro del clisé (offset).

plate disc wheel I rueda de disco de chapa.

plate dissipation I disipación de placa I disipación del ánodo.

plate efficiency I potencia anódica.

plate electrode I electrodo de placa.

plate frame I bastidor de chapa.

plate gear I engranaje sólido, engranaje de plato.

plate girder I viga de alma llena.

plate glass I vidrio plano pulido, vidrio cilindrado.

plate grid I rejilla de chapa.

plate heat exchanger I termocambiador de placas.

plate impedance I impedancia anódica.

plate input power I potencia de entrada de placa.

plate iron I hierro en planchas I chapa.

plate lightning arrester I pararrayos de placas.

plate load I carga de placa I carga anódica.

plate load impedance I impedancia de carga de placa I impedancia de carga anódica.

plate magazine I chasis de almacén (fotografía).

plate mill I laminador de chapas.

plate modulation I modulación por placa.

plate neutralization I neutralización del circuito anódico I neutralización por placa (electrónica).

plate potential I potencial de ánodo.

plate power input I potencia de placa de entrada (electricidad).

plate power source I fuente de alimentación anódica.

plate press I prensa para grabados.

plate printing I impresión con planchas.

plate proof I prueba de plancha.

plate protector I pararrayos de placas.

plate pulse modulation I modulación por impulsos anódicos.

plate rectifier I rectificador de placa.

plate resistance I resistencia anódica (válvula de radio) I resistencia de la chapa.

plate saturation I saturación anódica.

plate shears I cizalla para chapas.

plate steel I chapas de acero I plancha de acero.

plate supply I batería de ánodo, alimentación anódica (radio).

plate supply voltage I tensión de alimentación de placa.

plate tester I opacímetro.

plate (to) I colocar planchas I enchapar I anodizar, electrodepositar, galvanoplastiar.

plate tuning condenser I condensador de sintonización anódica.

plate type flange I brida de plato.

plate voltage | voltaje de la chapa | voltaje de ánodo (radio).

plate voltage regulator | regulador de voltaje anódico.

plate welder | soldadora para chapa.

plate-adapter | adaptador de placas (fotografía).

plate-armor | placa de blindaje | blindaje.

plateau | meseta (geología).

plate-current shift | variación de corriente anódica.

plated | laminado | enchapado | niquelado | electrodepositado | galvanoplastiado | electroplateado.

plated circuit | circuito impreso enchapado.

plated coating | recubrimiento electrolítico.

plated deposit | depósito electrolítico.

plated finish | acabado galvanoplástico.

plated iron | hierro estañado.

plated steel | acero plaqueado.

plate-dropping resistance | resistencia de caída anódica (radio).

plate-flattening machine | aplanadora de chapas.

plate-folding machine | plegadora de chapas.

plateholder | chasis portaplacas, portaplacas (fotografía).

plateless valve | válvula sin ánodo (termiónica).

platemaker | aparato para reproducción de clisés | confeccionadora de placas offset | clisador (tipografía).

plate-marking | estampado de prueba (grabados).

plate-metal | metal en planchas.

plate-modulated class C amplifier | amplificador de clase C modulado en placa.

plate-molding | moldeo sobre placa-modelo.

platen | platina | cilindro | plato de prensa | minerva (tipografía).

platen press | minerva (tipografía) | prensa de platina.

plate-to-filament circuit | circuito ánodo-filamento.

plate-type heat exchanger | termocambiador de chapa.

platform | plataforma.

platforming | reformación con platino, unidad de reformado catalítico, proceso de reformación catalítica (refinería de petróleos) | cracking con catalizador de platino.

plating | recubrimiento electrolítico | chapeado | blindaje | revestimiento de chapa.

plating balance | balanza galvanoplástica.

plating bar | barra de metalización.

plating bath | baño galvánico | baño electrolítico.

plating cycle | ciclo de galvanoplastia.

plating finish | acabado electrolítico.

plating generator | dinamo para galvanoplastia.

plating plant | instalación de galvanización.

plating rectifier | rectificador para electroplastia, rectificador para galvanoplastia.

plating shop | taller de galvanoplastia.

plating solution | solución para galvanoplastia, baño electrolítico.

plating time | tiempo de electrodeposición.

plating wastes | aguas residuales de galvanoplastia, aguas residuales de electrólisis.

platinite | platinita | acero al níquel con 42 al 46% de níquel.

platinization | platinización, revestido de platino.

platinode | polo negativo (pila eléctrica) | platinodo.

platinoid | platinoide (aleación).

platinotron | platinotrón.

platinum | platino.

platinum electrode | electrodo de platino.

platinum-clad | platinado, chapado en platino.

platinum-plate (to) | platinar.

play | huelgo (máquinas) | carrera del pistón.

play indicator | indicador de huelgos.

play of light | juegos de luz | luces (diamantes).

play take up device | dispositivo compensador del huelgo.

playback | reproducción de registro sonoro | lectura de grabación.

playback head | cabeza lectora.

playback recorder | grabador-reproductor.

playback reproducer | grabador- reproductor.

playback system | sistema reproductor.

playback tape deck | mecanismo base de reproducción de cintas.

playback track | pista de lectura.

playbak channel | canal de reproducción.

plenum | impelente (bombas, ventiladores) | cámara de sobrepresión.

plenum system | sistema de sobrepresión.

plenum ventilation | ventilación a presión, ventilación impelente.

plexor | plexor | martillo percutor.

plication | pliegue (geología).

pliers | pinzas | alicates | tenacillas.

pliodynatron | pliodinatrón (tubo electrónico).

pliotron | pliotrón (tubo electrónico).

plot | trazado gráfico | plano, proyecto | diagrama de movimientos (de un buque, avión o submarino) | diagrama, gráfico.

plot a course (to) | trazar un rumbo.

plot a fix (to) | determinar la posición (buques, aviones).

plot (to) I diagramar I trazar I determinar un punto (topografía) I marcar por coordenadas I fijar la posición sobre la carta (navegación) I registrar el rumbo (buque o avión).

plot view I vista de planta (dibujo).

plotter I trazador automático de gráficos.

plotting I trazado de planos I levantamiento del plano, fijación de la posición en navegación.

plotting chart I carta de posición.

plotting head I cabeza trazadora (informática).

plotting instrument I instrumentos para puntear la derrota (marina).

plotting of points I marcado de puntos I topometría.

plotting paper I papel milimetrado.

plotting plate I plano de trazado (radar).

plotting room I cuarto de marcaciones.

plough I arado I cepillo de ranurar, guimbarda.

plough plane I cepillo acanalador.

plow I arado I cepillo ranurador I escoplo (carpintería).

plow-plane I cepillo acanalador, cepillo ranurador.

plug I tapón I obturador I espita.

plug adaptor I clavija de contacto I adaptador de enchufe.

plug and jack I clavija y base de contacto.

plug and socket I tapón y enchufe (electricidad).

plug cap I clavija de conexión.

plug cluster I tomacorriente.

plug commutator I conmutador de clavija.

plug connection I conexión por clavija.

plug contact I contacto de clavija.

plug cutout I cortacircuito de tapón.

plug fuse I fusible de tapón.

plug gage I tapón calibrador, calibre de tapón, calibre macho.

plug in (to) I conectar I enchufar.

plug key I clavija de conexión.

plug nut I tuerca-tapón.

plug rheostat I reóstato de clavijas.

plug selector I selector de clavija.

plug spanner I llave de bujías.

plug switch I conmutador de clavijas.

plug switchboard I cuadro de enchufes.

plug tap I macho semicónico para roscar I macho de acabar.

plug (to) I obturar, taponar I enchufar.

plug valve I válvula obturadora.

plug weld I soldadura de tapón.

plugboard I panel I cuadro de conexiones.

plugbridge I puente de clavijas (electricidad).

plugger I perforadora de percusión a mano.

plugger drill I martillo perforador (minas).

plugging I taponamiento I obturación, frenado de contramarcha.

plugging chart I esquema de conexiones.

plugging device I tomacorriente.

plugging diagram I esquema de conexiones (electricidad).

plugging in I enchufe.

plugging loop I bucle de control de obstrucciones.

plugging relay I relé conectable.

plugging-up device I dispositivo de bloqueo (telecomunicación).

plug-in I enchufe tomacorriente I clavija.

plug-in amplifier I amplificador de clavijas.

plug-in circuit I circuito enchufable.

plug-in coil I bobina reemplazable, bobina de clavija.

plug-in contact I contacto de clavija.

plug-in relay I relé de fichas I relé de clavijas.

plug-in (to) I introducir una clavija I dar corriente.

plumb I plomo de plomada.

plumb level I nivel de plomada.

plumbagin I plombagina.

plumber's solder I suelda de plomeros.

plumber's torch I lamparilla de soldar.

plumbing I instalaciones sanitarias (edificios) I fontanería I tuberías, tubos I sondeo (radar) I conjunto de líneas coaxiales y guías de ondas y accesorios para transmisión por radio y radar.

plummet I sonda, sondaleza, escandallo (marina).

plummet-level I nivel de plomada.

plunge I inclinación I buzamiento del eje (geología) I inmersión.

plunge of the fold I buzamiento del pliegue (geología).

plunge (to) I hundir I inmergir I sumergir.

plunge-cut grinder I rectificador en penetración.

plunge-cut grinding I rectificación de corte por penetración.

plunge-grinding I rectificado en profundidad, rectificado por buceo.

plunger I percutor I contacto de presión I pistón (bombas hidráulicas, prensas) I émbolo.

plunger armature stud I pulsador (telecomunicaciones).

plunger follower I disco del émbolo.

plunger jig I criba filtrante.

plunger magnet I electroimán de succión (electricidad).

plunger piston I pistón de faldilla.

plunger pump I bomba impelente.

plunger relay | relé de solenoide | relé de nucleo móvil.

plunger valve | válvula de pistón inmersor.

plunger-set | equipo impelente (bombas minas).

plunging | temple (metalurgia) | cabeceo (buques).

plunging axis | eje buzando (geología).

plunging fold | pliegue sumergido (geología).

plus sight | visual hacia delante (topografía).

pluton | plutón (mineralogía).

plutonic rock | roca plutónica, roca abisal.

plutonium | plutonio (Pu).

plutonium content meter | analizador de plutonio.

plutonium fission | fisión de plutonio.

plutonium make-up | plutonio de adición.

plutonium monitoring | detección de plutonio.

plutonium producing reactor | reactor plutonígeno.

plutonium reactor | reactor de plutonio.

plutonium-enriched | enriquecido con plutonio (combustible nuclear).

plutonium-fuelled reactor | reactor nuclear alimentado con plutonio.

plutonium-producing | plutonígeno.

pluvial | pluvial.

pluvial deposit | yacimiento pluvial.

pluviometer | pluviómetro.

pluviometric coefficient | coeficiente pluviométrico.

pluvioscope | pluvioscopio, pluviómetro.

PN boundary | límite PN.

PN hook | gancho PN.

PN junction diode | diodo de unión PN.

PN junction drift transistor | transistor de deriva de unión PN.

PN junction rectifier | rectificador de unión PN.

pneumatic | neumático.

pneumatic accumulator | acumulador neumático, acumulador de aire comprimido.

pneumatic aid | aparato auxiliar de aire comprimido.

pneumatic automatic ejector | neumoeyector automático.

pneumatic brake | freno de aire comprimido.

pneumatic caisson | cajón neumático, cajón de aire comprimido (cimentaciones).

pneumatic chain saw | sierra neumática de cadena.

pneumatic chisel | cincel neumático.

pneumatic compactor | pisón neumático.

pneumatic control | mando neumático.

pneumatic conveyor | transportador mecánico.

pneumatic damper | amortiguador neumático.

pneumatic detector | detector neumático de infrarrojo.

pneumatic drill | perforadora de aire comprimido | taladro neumático.

pneumatic fuel pump | bomba de combustible de aire comprimido.

pneumatic hammer | martinete de aire comprimido | martillo neumático.

pneumatic jack | gato de aire comprimido | gato neumático.

pneumatic lift | montacargas neumático | ascensor de aire comprimido | elevador neumático.

pneumatic machine | máquina neumática (de hacer el vacío) | máquina accionada por aire comprimido.

pneumatic motor | neumomotor, motor de aire comprimido.

pneumatic pick | martillo picador (minas).

pneumatic relay | relé neumático.

pneumatic riveter | remachadora neumática.

pneumatic servo | servomecanismo neumático, neumoservomecanismo.

pneumatic shock absorber | amortiguador neumático.

pneumatic starting | arranque neumático.

pneumatic suction | succión neumática.

pneumatic switch | interruptor de aire comprimido, neumoconmutador.

pneumatic temperature probe | sonda neumática de temperatura.

pneumatic testing | prueba con aire comprimido.

pneumatic time-delay relay | relé neumático de retardo de tiempo.

pneumatic timing mechanism | sincronizador neumático, neumosincronizador.

pneumatic tire | neumático, llanta neumática.

pneumatic tool | herramienta neumática.

pneumatic tools | herramientas neumáticas.

pneumatic tube | tubo neumático.

pneumatic valve | válvula neumática.

pneumatically-operated | accionado neumáticamente, de aire comprimido.

pneumoelectric | neumoeléctrico, de motor eléctrico accionado por motor de aire comprimido.

pneumohydraulic | neumohidráulico, hidroneumático.

pocket | cámara de válvula | alvéolo (placa acumulador) | bolsada de mineral.

pocket ammeter | amperímetro de bolsillo.

pocket meter | dosímetro de bolsillo.

pocket plate | placa de celdillas (acumuladores).

pocketed valve | válvula tubular.

pocket-size receiver | receptor de bolsillo.

pod I canaleta, ranura (herramientas) I compartimiento múltiple para cohetes (aviones) I compartimiento desprendible de carga (avión) I receptáculo para una ametralladora (avión).

podded turbojet I turborreactor en barquilla
separada (en cada ala).

pod-mounted jet engine I motor de chorro
montado en un receptáculo colgante del ala
(avión).

podometer I podómetro.

podsol I podsol (suelo orgánico y mineral).

podzol I podzol (suelo orgánico y mineral).

poidometer I báscula.

point I punto I punta I aguja (ferrocarriles).

point circle I círculo de la corona, círculo exterior (engranajes).

point contact I contacto puntual (semiconductores).

point contact crystal diode I diodo de cristal
con contacto de punta.

point contact transistor I transistor de puntas
de contacto.

point cover I cobertura puntual (radar).

point detector I detector puntual (nuclear).

point draw I remetido en punta.

point electrode I electrodo de punta.

point estimation I estimación por puntos.

point fuze I espoleta de ojiva.

point lattice I red de puntos I red puntual (cristalografía).

point lightning arrester I pararrayos de punta.

point load I carga concentrada.

point of contraflexure I punto de inflexión.

point of inversion I punto de inversión (meteorología).

point of maximum vibration I antinodo.

point of mesh I posición de engrane.

point of no return I punto límite de retorno.

point of osculation I punto de contacto.

point of sight I punto de vista (perspectiva).

point of switch I punta de aguja (cambio de
vía).

point scanning I exploración de puntos (TV).

point to point I entre estaciones fijas (comunicaciones).

point-contact photodiode I fotodiodo de contacto de punta.

point-contact rectifier I rectificador de contacto puntual.

point-contact transistor I transistor de contacto puntual, transistor de punta de contacto.

pointed bolt I perno de punta.

pointed groove I estría ojival.

pointed lightning protector I pararrayos de
puntas.

pointed rivet head I cabeza cónica de remache.

pointed tool I herramienta de punta.

pointer I aguja indicadora (aparatos) I indicador.

pointer bolt I perno puntiagudo.

pointer borer I punta de trazar.

pointer galvanometer I galvanómetro de aguja.

pointer telegraph I telégrafo de aguja.

points and crossing I cambio con cruzamiento
(ferrocarril).

point-switch I cambio de agujas, cambio de
vía con aguja (ferrocarril).

point-to point flight I vuelo ortodrómico.

point-tool I herramienta de punta.

poise (to) I equilibrar I contrapesar.

poise weight I contrapeso.

poison I veneno I sustancia atenuadora (tubo
rayos catódicos) I material que reduce la reactividad (reactor nuclear).

poison (to) I envenenar I contaminar (baños
electrolíticos, etc.) I empobrecer (catalizador).

poisoning I empobrecimiento (catalizadores) I
captura de neutrones (moderador de reactor
nuclear).

poker I punta metálica para pirograbado.

poker work I pirograbado I pirografía.

polar I polar.

polar air navigation I navegación aérea polar.

polar bond I electrovalencia I enlace iónico.

polar circuit I circuito polarizado.

polar detector I detector polar (radio).

polar flux I flujo polar (electricidad).

polar molecule I molécula polar (dieléctricos).

polar organic compound I compuesto organi-
co polar (química).

polar plot I trazado de coordenadas I diagrama
polar.

polar radiation pattern I diagrama polar de
radiación.

polar relay I relé polarizado I relé polar.

polar velocity I velocidad de polarización
(electricidad).

polarimeter I polarímetro.

polariscope I polariscopio.

polarise (to) I polarizar (G.B.).

polarising screen I filtro polarizador.

polarity I polaridad.

polarity directional relay I relé direccional polarizado.

polarity finder I detector de polaridad.

polarity reversal detector I detector de inversión de polaridad.

polarity switch I inversor de la polaridad.

polarization I polarización.

polarization capacitance | capacitancia de polarización.

polarization changer | inversor de polarización.

polarization cycle | ciclo de polarización.

polarization diversity | diversidad de polarización.

polarization effect | efecto de polarización.

polarization error | error de polarización (radiogoniometría).

polarize (to) | polarizar (EE UU).

polarized channel | canal hidrodinámico de luz polarizada.

polarized meter | instrumento de medida polarizado.

polarized plug | clavija polarizada.

polarized radiation | radiación polarizada.

polarized relay | relé polarizado.

polarized sounder | acústico polarizado (telefonía).

polarized wave | onda polarizada.

polarizing battery | batería de polarización.

polarizing current | corriente polarizante.

polarizing solar prism | helioscopio de polarización.

polarograph | polarógrafo.

polarographic | polarográfico.

polarographic analysis | análisis polarográfico (química).

polaroid | polaroide, materia transparente análoga al cristal que polariza la luz.

polaron | polaronio (unidad de medida).

polar-orbit satellite | satélite de órbita polar.

pole | polo.

pole cap | expansión polar (electroimanes).

pole changer | inversor de polaridad.

pole changing | inversión de polos.

pole core | núcleo polar, núcleo magnético.

pole detector | buscapolos (electricidad).

pole dinamo | dinamo de polos.

pole earth wire | hilo pararrayos (telecomunicaciones).

pole finder | buscapolos (electricidad).

pole gap | entrehierro (ciclotrón).

pole leakage | dispersión polar (electricidad).

pole pitch | distancia interpolar (electricidad) | paso polar.

pole reverser | inversor de corriente | inversor de polos.

pole shank | núcleo magnético.

pole shoe | expansión polar, pieza polar (generadores eléctricos).

pole-amplitude modulation | modulación de la amplitud polar (motor inducción).

pole-change motor | motor de número variable de polos.

pole-changer | conmutador cambiador de polos, inversor de polos.

pole-changing switch | conmutador cambiador de polos.

pole-face | superficie polar (generadores eléctricos).

poling | blindaje (pozos) | berlingado (metalurgia).

poling board | tablestaca de avance | plancha de entibar.

poling furnace | horno para desoxidar cobre.

polish | pulimento, bruñido | barniz.

polish attack | ataque por pulimento (metalurgia).

polish (to) | pulir, pulimentar | lustrar | bruñir.

polishing | abrillantado | pulimentación | bruñido.

polishing agent | agente pulidor.

polishing brush | cepillo de pulir.

polishing disk | disco pulidor.

polishing drum | tambor de pulir | cilindro pulidor.

polishing emery | esmeril pulidor.

polishing etch | ataque de pulido.

polishing file | lima de bruñir | lima de pulir.

polishing iron | pulidor, bruñidor.

polishing machine | pulidora.

polishing plate | placa pulidora.

polishing roll | rodillo de pulir.

polishing tool | bruñidor.

polishing wheel | pulidora, disco de pulir.

poll | cotillo (martillo, hacha) | boca plana de martillo | sistema de línea compartida (telecomunicaciones).

polled system | sistema de línea compartido por interrogación de las estaciones (telecomunicaciones).

polling | interrogación (líneas eléctricas) | barrido de las estaciones (telecomunicaciones).

pollution | contaminación.

polonium | polonio (Po).

poly | polietileno.

polyamide | poliamida.

polybutadiene | polibutadieno.

polybutadiene rubber | caucho de polibutadieno.

polybutenes | polibutenos.

polybutylene | polibutileno (química).

polychromatic | policromático, policromo.

polychromatic chart | carta policroma.

polychrome | polícromo.

polychromy | policromía.

polyester | poliester (química).

polyethylene I polietileno.
polymer I polímero.
polymerization I polimerización (química).
polymeter I polímetro (meteorología).
polyode I poliodo (electricidad).
polyode valve I válvula poliodo.
polyphase alternator I alternador polifásico.
polyphase circuit I circuito polifásico.
polyphase commutator motor I motor polifásico de colector.
polyphase converter I convertidor polifásico.
polyphase current I corriente polifásica.
polyphase rectifier I rectificador polifásico.
polyphase shunt motor I motor polifásico excitado en derivación.
polyphase synchronous motor I motor sincrónico polifásico.
polyrod antenna I antena de varillas múltiples I antena dieléctrica de poliestireno.
polyspeed motor I motor de velocidad variable.
polystyrene I poliestireno.
polysynthetic twin I macla polisintética.
polyurethane I poliuretano.
polyurethane insulation I aislamiento de poliuretano.
polyvalence I polivalencia.
polyvinyl I polivinilo.
pond I embalse.
ponton I pontón.
ponton boat I pontón.
ponton bridge I puente de pontones.
pontoon I pontón.
pontoon bridge I puente de pontones.
pontoon dock I dique flotante I dique de pontones.
pony I bogie de un eje (locomotoras).
pony engine I locomotora de maniobras.
pony girder I viga secundaria.
pony motor I motor auxiliar.
pool reactor I reactor de piscina (nucleónica).
pool tank I cuba rectificadora de vapor de mercurio I tubo de cátodo líquido.
pool tube I tubo de cátodo líquido.
poop I popa (buques).
poop deck I cubierta de popa.
poop fore end bulkhead I mamparo de proa de la toldilla.
poop front I mamparo de proa de la toldilla, frente de la toldilla.
poor conductor I mal conductor (electricidad).
poor contact I contacto deficiente, contacto defectuoso.
pop I detonación.

pop valve I válvula de seguridad de vaciado rápido I válvula de seguridad de descarga rápida (calderas) I válvula de acción directa.
poppet I columna de basada (lanzamiento de buques) I castillete de extracción (minas) I válvula de retención.
poppet-type exhaust valve I válvula de exhaustación de resorte (motores).
poppet-valve I válvula de resorte I válvula de seta, válvula de asiento cónico, válvula de disco con movimiento vertical, válvula de vástago.
porcelain I porcelana.
porcelain bead I aislador de porcelana (electricidad).
porcelain enamel I esmalte de porcelana.
porcelain insulator I aislador de porcelana.
porcelain spark plug I bujía con aislador de porcelana.
porcelain-clay I caolín.
porcelanite I porcelanita.
pore I poro.
pore-free density I densidad libre de poros.
poreless I aporoso.
porewater I agua intersticial.
porosimeter I porosímetro.
porosity I porosidad.
porous absorber I material absorbente poroso (acústica).
porous barrier I barrera porosa (nucleónica).
porous cast iron I fundición cavernosa.
port I abertura I orificio I puerto marítimo.
port anchor I ancla de babor.
port engine I máquina de babor.
port hand buoy I boya de babor.
port isolators I aisladores de acceso.
port radar I radar portuario.
portable I portátil.
portable engine I máquina locomóvil.
portable set I equipo portátil.
portable unit I equipo portatil.
porthole I portilla de luz (buques) I ventana circular (aviones).
portico I pórtico, atrio.
portland-base cement I cemento con base portland.
position I posición, situación.
position angle I ángulo de posición.
position coordinates I coordenadas de posición.
position detector I detector de posición.
position finder I posicionador (telefonía).
position indicator I indicador de posición.
position keeping I control de posición (satélites).

position meter I contador de llamadas (telefonía) I totalizador (telefonía).
position sensor I sensor de posición.
position sign I señal de posición.
position switch I interruptor de posición I conmutador de posición.
position telemetering system I sistema de telemedida de posición.
position (to) I posicionar I determinar la posición de I situar un punto sobre el plano I reglar, afinar (válvulas, motores).
position tracker I plano de trazado (radar).
position transducer I transductor para indicación posicional.
position vector I vector de posición.
positional crosstalk I diafonía posicional.
positional error I error de posición.
positional weld I soldadura posicional.
position-control servomechanism I servomecanismo de regulación de la posición.
positioner I posicionador.
position-finder I indicador de posición I posicionador.
positioning I posicionamiento I colocación I reglaje.
positioning device I posicionador.
positioning magnet I imán de posicionamiento.
position-sensitive photodiode I fotodiodo sensible a la posición.
position-target I señal de posición (ferrocarril).
position-type telemeter I telemedidor del tipo de posición.
positive I prueba positiva (fotografía) I polo positivo I positivo I eficaz (mecanismos).
positive action valve I válvula de cierre efectivo.
positive bias I polarización de rejilla positiva I polarización positiva.
positive booster I dinamo elevadora de voltaje I reforzador del voltaje, elevador del voltaje.
positive booster transformer I transformador elevador de voltaje.
positive busbar I barra colectora positiva.
positive charge I carga positiva (electricidad).
positive clutch I embrague de acción obligada I embrague de engrane.
positive conductance I conductancia positiva (electricidad).
positive connexion I conexión rígida.
positive control I mando directo.
positive direction I sentido directo.
positive displacement blower I compresor volumétrico.
positive displacement pump I bomba volumétrica.

positive distortion I distorsión en barril (TV).
positive drive I conexión directa I mando desmodrómico.
positive electrode I electrodo positivo, ánodo.
positive electron I electrón positivo I positrón.
positive feedback I realimentación positiva, retroacción, regeneración (termiónica).
positive film I positiva (fotografía).
positive glow I luz anódica (gases) I luz positiva.
positive grid I rejilla positiva (electrónica).
positive grounding I positivo a masa.
positive half of a wave I semionda positiva.
positive hole I agujero positivo (electrónica).
positive image I imagen positiva.
positive input I entrada positiva (electrónica).
positive ion I ion positivo.
positive k meson I mesón k positivo.
positive lens I lente convergente.
positive matrix I matriz positiva (electroplastia).
positive ocular I ocular positivo.
positive peak modulation I pico positivo de la modulación.
positive phototaxy I fototaxia positiva.
positive pi meson I mesón pi positivo.
positive picture phase I fase de imagen positiva (TV).
positive plate I placa positiva.
positive pole I polo positivo.
positive pump I bomba impelente.
positive shoe I zapata positiva.
positive side I lado positivo.
positive stagger I decalaje positivo.
positive terminal I borna positiva.
positive transmission I transmisión desmodrómica.
positive tube I tiratrón con rejilla de control (electrónica).
positive wave I onda positiva.
positive-contact clutch I embrague de engrane.
positive-going pulse I impulso positivo.
positive-ion accelerator I acelerador de iones positivos.
positive-ion trapping I captura de iones positivos .
positively charged I con carga positiva.
positive-negative booster I reforzador y disminuidor del voltaje.
positive-ray current I corriente de rayos positivos.
positive-sequence component I componente en fase (corriente polifásica).
positron I positrón, electrón positivo.
positron decay I desintegración positrónica (nuclear).
positronium I positronio.

post I poste I pilar I columna (máquinas) I borne de acumulador I poste de guía ondas.

post equalization I atenuación (telefonía).

postcharging scavenging I barrido después de la admisión (motores).

postforming I posformación I posmoldeado.

postforming sheet I chapa maleable en caliente (plásticos).

postluminescence I luminiscencia residual.

pot I cuba electrolítica I crisol.

pot arch I horno para el precaldeo de crisoles (fabricación vidrio).

pot clay I arcillas para crisol I arcilla figulina.

pot furnace I horno de crisoles (vidrio) I horno de sales (metalurgia).

pot lead I grafito, plombagina.

pot magnet I imán acorazado.

pot metal I azófar, aleación de cobre (88%) y plomo (12%).

pot-annealed I recocido en caja, recocido en crisol (metalurgia).

potash I potasa I carbonato potásico.

potash chrome alum I alumbre de potasa y cromo.

potash hardening I cementación con ferrocianuro potásico (metalurgia).

potassium I potasio.

potassium hydroxide I potasa I hidróxido de potasa.

pot-earth I arcilla figulina.

potency I potencia I eficacia.

potential I voltaje (electricidad) I potencial.

potential attenuator I atenuador de voltaje.

potential coil I bobina en derivación (aparatos) I bobina voltimétrica (vatímetros).

potential divider I reductor de voltaje I divisor de potencial.

potential drop I caída de voltaje I caída de potencial.

potential galvanometer I galvanómetro de potencial.

potential gradient I gradiente de potencial (electricidad).

potential interference I riesgo de interferencia (radiocomunicaciones).

potential node I nodo de voltaje.

potential peak I cresta de potencial.

potential probe I sonda de potencial.

potential rectifier I rectificador de voltaje.

potential scattering I dispersión potencial.

potential switch I interruptor de potencial.

potential transformer I transformador de voltaje.

potential well I pozo de potencial (electricidad).

potential winding I devanado en derivación (electricidad).

potentiometer I potenciómetro.

potentiometer rheostat I reóstato en puente, reóstato potenciométrico.

potentiometry I potenciometría.

potentioscope I potencioscopio.

potentiostat I potenciostato.

pothead I cabeza de cable, terminador de cable (electricidad).

pothole I horno de crisol.

pot-lid valve I distribuidor de concha (máquina alternativa vapor).

potline I cuba electrolítica (fabricación aluminio).

pot-steel I acero al crisol.

potted I encapsulado.

potted group I grupo encapsulado (electrónica).

potting I encapsulación, impregnación con resina en estado líquido (aparatos electrónicos).

poundal I poundal (unidad de fuerza).

pounding mill I bocarte.

pounding test I prueba de resiliencia.

pour I colada (de hormigón, metal fundido) I chorro de metal fundido que sale de la cuchara (acerías).

pour point I punto de fluidez I punto de fusión.

pour point depressant I aditivo reductor (petróleos) I reductor del punto de goteo.

pour the metal (to) I colar el metal licuado.

pourable mix I mezcla colable (metalurgia).

pouring I colada en lingotera.

pouring head I canal de colada (funderías).

pouring hole I agujero de colada.

pouring level I foso de lingoteras I nivel de colada.

pouring off I decantación.

pouring pit I foso de colada.

pouring ring I artesa de colar (metalurgia).

pouring sheet I cola de la matriz (estereotipia).

pouring shield I cola de la matriz (estereotipia).

pouring spout I canal de colada (funderías).

pouring-basin I cubeta de colada (metalurgia).

pouring-gate I agujero de colada.

powder I polvo I pólvora I material granular I granalla.

powder blending I mezcla de polvos (pulvimetalurgia).

powder core I núcleo de pulvimetal.

powder metalizer I metalizador de pulvimetal.

powder metallurgy I pulvimetalurgia.

powder pattern I diagrama de polvo.

powder photograph | fotografía de polvos (cristalografía) | radiografía del polvo (metalurgia).

powder snow | nieve en polvo.

powder-cutting | corte oxicinético, pulvicorte (aceros inoxidables).

powdered | pulverizado.

powdered flux | fundente en polvo.

powdered iron | hierro en polvo.

powdered metal | metal en polvo.

powdered steel | acero fritado.

powdering | pulverización, trituración.

powder-metal filter | filtro pulvimetalúrgico.

powder-metal gear | engranaje de pulvimetal.

powder-metallurgically-produced alloy | aleación pulvimetalúrgica.

power | fuerza motriz | potencia | energía.

power advantage | ganancia de potencia (telecomunicación).

power amplification | amplificación de potencia (electrónica).

power amplifying stage | etapa amplificadora de potencia.

power assistance | accionamiento mecánico.

power assisted steering | dirección asistida.

power assistor | servomotor.

power available | potencia disponible (electricidad).

power board | bogie con motores y transmisión (locomotora eléctrica).

power boosted control | mando servoasistido.

power boosting | amplificador por servomando.

power brake | freno mecánico.

power breeder | regenerador de potencia.

power bridge | puente para mediciones de potencia.

power cable | cable para transporte de energía (electricidad) | cable de transmisión.

power cableway | conducto para cables de energía eléctrica.

power capacitor | capacitador de energía.

power capacity | capacidad de potencia.

power chain | cadena de transmisión.

power circuit | circuito de potencia | circuito de energía.

power coefficient | coeficiente de reactividad de potencia (reactor nuclear).

power component | componente en fase (electricidad).

power control | servomecanismo, servomando.

power cord | cable de potencia.

power current | corriente de gran amperaje.

power cutout | disyuntor (electricidad).

power cuts | cortes de energía | restricciones de energía.

power cylinder | cilindro mecánico.

power detection | detección de potencia.

power development | producción de energía | desarrollo de potencia eléctrica.

power diode | diodo de potencia.

power directional relay | relé direccional de potencia.

power distribution panel | cuadro de distribución de fuerza (electricidad).

power divider | multiplexor | divisor de potencia.

power drift | deriva de potencia, corrimiento de potencia (nucleónica).

power drive | sistema de mando.

power drop | pérdida de potencia.

power dump | descarga mecánica.

power engineering | ergotecnia.

power equalizer | igualador de potencia.

power factor meter | medidor del factor de potencia.

power fail | caída de tensión.

power feed | alimentación automática | alimentación mecánica | avance mecánico.

power feeding station | estación alimentadora (electricidad).

power flow | flujo energético.

power follow current | corriente de descarga.

power frame | cuadro de fuerza (electricidad).

power frequency | frecuencia de red.

power gain | amplificación de potencia | ganancia de antena dirigida.

power gear | engranaje impulsor.

power hammer | martillo pilón | martinete | martillo mecánico.

power impulse | impulso de potencia.

power input | potencia de entrada | potencia específica.

power inverter | inversor de potencia.

power jack | gato accionado mecánicamente.

power kerosine | keroseno industrial.

power lead | conectador de alimentación.

power level | nivel de potencia.

power leveler | nivelador de potencia.

power limit | límite de potencia.

power line | línea de alto voltaje, electroducto | línea de energía.

power load | carga (de red eléctrica).

power loss | pérdida de potencia.

power mains | línea de fuerza motriz (electrotecnia) | conductores de fuerza (electricidad) | canalización de fuerza.

power margin | margen de potencia.

power measuring device | ergómetro.

power meter | ergómetro.

power modulation | modulación de potencia.

power monitor | monitor de potencia.

power network I red de distribución de energía.

power of resolution I poder resolutivo (óptica).

power off indicator I indicador de interrupción de circuito (electricidad).

power oscillator I oscilador de potencia.

power out I potencia de salida.

power output I capacidad I potencia disponible I potencia de salida.

power output tube I tubo de salida de potencia.

power output variation I cambio de potencia de salida.

power pack I unidad motriz I equipo motor I fuente de alimentación (radio) I unidad de alimentación.

power panel I panel de alimentación (electricidad).

power pattern I diagrama de potencia.

power pentode I pentodo de potencia.

power piston I pistón motor.

power plant I grupo motor I grupo turbomotor I planta generadora I planta motriz I central de energía.

power plug I clavija de toma de corriente.

power process I transformación energética (termodinámica).

power producing reactor I reactor nuclear energético.

power propulsion I propulsión mecánica.

power pulse I impulso de potencia I impulso de gran intensidad (electricidad).

power pump I bomba mecánica.

power rail I carril de contacto (tren eléctrico).

power range I intervalo de potencia.

power reactor I reactor de potencia.

power recovery turbine I turbina de recuperación de potencia.

power reel I devanadera mecánica, devanadera motriz.

power regulator I regulador de potencia.

power relay I relé de potencia.

power resistor I resistor de gran disipación.

power saw I motosierra I sierra mecánica.

power selector I selector de potencia.

power servo I servomotor.

power setting I reglaje (motores).

power shaft I árbol de transmisión I eje motor.

power shaft torque I par del eje de potencia.

power shovel I excavadora mecánica I pala mecánica.

power shutdown I corte de energía.

power source I fuente de energía.

power station I central energética I central eléctrica.

power supply I fuente de energía I suministro de energía.

power supply connector I conector de alimentación.

power supply rectifier I rectificador de suministro de corriente.

power supply unit I bloque de alimentación (electricidad) I fuente de alimentación eléctrica.

power switch I interruptor general.

power switchboard I cuadro de distribución de potencia (electricidad).

power system I circuito de fuerza I sistema eléctrico I red de energía.

power takeoff I toma de fuerza.

power takeoff shaft I eje de la toma de fuerza.

power terminal I borne de alimentación.

power test I prueba de potencia.

power tetrode I tétrodo de potencia (electrónica).

power (to) I suministrar energía I accionar mecánicamente.

power tool I herramienta mecánica.

power torque I par motor (electricidad).

power transformer I transformador de energía.

power transistor I transistor de potencia.

power transmission I transmisión de energía.

power traverse I avance automático, avance mecánico (tornos).

power trim motor I motor de reglaje de potencia.

power tube I válvula generadora, válvula de salida.

power unit I unidad de potencia I grupo motor I grupo electrógeno I equipo propulsor I amplificador de potencia (radio).

power winding I arrollamiento de potencia.

power-actuated I mecanoaccionado, motorizado.

power-assisted I mecanoaccionado.

power-assisted brake system I servofreno.

power-assisted control I servomando.

power-assistor I servomotor.

power-boosted I servoasistido (mecanismo).

power-conductor I conductor de electricidad.

power-control valve I válvula de control de la potencia.

power-driven I accionado mecánicamente I motorizado.

powered I impulsado I motorizado.

power-gas I gas combustible I gas industrial.

powerhouse I central eléctrica I instalación suministradora de energía.

powering control I mando mecánico.

powering system I red de distribución de energía.

power-line carrier | onda portadora sobre línea de energía, portadora sobre la red eléctrica del sector.

power-line filter | filtro para la red de alimentación | filtro de línea de energía.

power-off approach | aproximación con el motor parado (aterrizaje).

power-on key | tecla de conexión (electricidad).

power-operated | accionado mecánicamente, mecanoaccionado | motorizado | servomandado.

power-operated control | mando de vuelo por servomando | mando motorizado | mando servo accionado.

powerplant | central termoeléctrica | grupo electrógeno | equipo motor | instalación motriz.

power-plus-plutonium reactor | reactor nuclear ergógeno y plutonígeno.

power-producing | ergógeno | electrogenerador.

power-supply filter | filtro para fuente de alimentación.

power-transfer relay | relé de transferencia.

power-traversing gear | mecanismo de avance mecánico (tornos).

power-up | puesta en marcha | encendido.

PPI repeater | repetidor PPI.

PPI screen | pantalla radárica.

practical ceiling | techo práctico (aviación).

practical electromagnetic system | sistema práctico electromagnético.

practice | práctica, ejercicio.

practice ammunition | munición de fogueo.

practice cartridge | cartucho de fogueo.

practice flight | vuelo de entrenamiento.

practice projectile | proyectil de ejercicios.

practice run | lanzamiento de práctica (torpedos).

preamble | preámbulo | sincronización inicial (cinta magnética grabada).

preamble burst | ráfaga preambular (circuito).

preamp | preamplificación.

preamplification transformer | transformador de preamplificación.

preamplifier | preamplificador.

preamplifying tube | válvula preamplificadora.

préavis call | conferencia con aviso previo (telefonía internacional) | llamada de preaviso.

precast | prefabricado (hormigón) | premoldeado (hormigón) | prefraguado.

precast concrete | hormigón ya fraguado.

precast joist | vigueta prefabricada.

precession | precesión.

precession angle | ángulo de precesión.

precession rate | velocidad de precesión.

precession resonance | resonancia de precesión.

precious metal | metal precioso.

precious stone | piedra preciosa, gema.

precipitant | precipitante (química).

precipitate | precipitado (química).

precipitate (to) | precipitar, sedimentar (química).

precipitated chalk | blanco de España, creta precipitada.

precipitated copper | cobre de cementación (metalurgia).

precipitated phase | fase precipitada (aleaciones).

precipitating agent | precipitante (química) | agente precipitante.

precipitation | precipitación atmosférica (lluvia o nieve) | precipitación | solubilización de un componente aleante (aceros).

precipitation gage | pluviómetro acumulativo.

precipitation hardenable steel | acero endurecible por solubilización de un componente.

precipitation hardening | endurecimiento estructural.

precipitation hardening austenitic steel | acero austenítico de endurecimiento estructural.

precipitation hardness | temple de solubilización | endurecimiento por precipitación.

precipitation network | red pluviométrica.

precipitation station | estación pluviométrica (meteorología).

precipitation treatment | envejecimiento artificial.

precipitation unit | unidad de precipitación.

precipitation-hardening heat-treatment | termotratamiento para endurecimiento estructural.

precipitator | precipitador, sustancia precipitadora, precipitante (química).

precision | precisión, exactitud.

precision approach | aproximación de precisión (aviación).

precision approach radar | radar de precisión para la aproximación, radar de aterrizaje desde tierra.

precision calibrator | calibrador de precisión.

precision frequency meter | frecuencímetro de precisión.

precision grinding | rectificado de precisión.

precision instrument | aparato de control | instrumento de precisión.

precision landing | aterrizaje de precisión.

precision network | equilibrador de precisión (telefonía).

precision radar | radar de precisión.

precision resistor I resistor de precisión.
precision sweep I barrido de precisión (radar).
precision turn I viraje de precisión (aviación).
precision vernier I nonio de precisión.
precision wire wound resistor I resistor de precisión de alambre arrollado.
precoating I prerrecubrimiento.
precombustion chamber I cámara de precombustión.
precooler I preenfriador.
precooler control valve I válvula de control del preenfriador.
predicted wave I onda pronosticada (telecomunicaciones).
predicting mechanism I mecanismo predictor.
prediction servomechanism I servomecanismo de predicción.
predictor I predictor, calculador de tiro futuro.
predictor sight I alza predictora (cañones).
preemphasis I preamplificación, preacentuación.
preemphasis filter I filtro de preacentuación.
preemphasis network I circuito de preacentuación (TV).
prefabricated I prefabricado.
prefabricated circuit I circuito prefabricado.
preference tripping system I sistema de desconexión preferente, sistema de disyunción preferente (relés).
preference-tripping relay I relé de desconexión preferente.
preferential I preferente.
preferential direction I dirección preferencial.
preferential flow I flujo preferencial.
preferential nucleation I nucleación preferente.
preferential oxidation I oxidación preferente.
preferential segregation I segregación preferencial (metalurgia).
preferential trip coil I bobina de desconexión preferente (interruptores).
preferred circuit I circuito normalizado.
preferred tube type I tipo de tubo recomendado.
prefix I prefijo I señal de desconexión.
prefix number I número de prefijo.
prefix signal I señal de desenganche, señal de desconexión.
preflight adjustment I reglaje antes del vuelo.
preflight checking I comprobación prevuelo.
preflight testing I pruebas antes del vuelo.
preformed cable I cable metálico preestirado.
preheat I precalentamiento.
preignition I preignición, encendido prematuro (motores).

preionization I preionización.
preliminary I preliminar.
preliminary call I llamada previa.
preliminary design I anteproyecto.
preliminary warning I llamada previa.
preloading I carga previa.
premature disconnection I desconexión prematura (telecomunicaciones).
premature release I desconexión prematura (telecomunicaciones).
premium gasoline I supercarburante.
premium tube I tubo electrónico de calidad especial.
premium-grade petrol I gasolina de calidad primable.
premium-quality oil I lubricante de gran calidad.
premix I mezcla preliminar I premezcla.
premix burner I quemador de premezcla (calderas).
premodulation amplifier I amplificador de premodulación.
preoscillation current I corriente de arranque.
prepact I hormigón de árido precolocado en seco en el encofrado que se inyecta con mortero posteriormente.
preparatory I preparatorio, preliminar.
preparatory period I periodo preparatorio (telecomunicaciones).
preparatory traffic signal I señal preparatoria de tráfico (telecomunicaciones).
preplating phase I fase preliminar a la galvanostegia.
prescoring I presincronización, sincronización preventiva (filmes).
preselected automatic gear change I cambio de engranaje automático preseleccionado.
preselected reference voltage I voltaje de referencia preseleccionado.
preselected speed I velocidad preseleccionada.
preselector I preselector.
preselector gearbox I caja de engranaje preselector.
preselector head I cabezal preselector.
preselector saddle I carro preselector (máquinas herramientas).
preselector-type gearing I engranaje preselector.
present I actual.
present altitude I altura inicial I altura actual (artillería).
present azimuth I acimut inicial.
presentation I aspecto de la imagen (tubo rayos catódicos) I presentación visual del eco (radar).

preset l ajuste previo.

preset guidance l guiancia preseleccionada antes del lanzamiento (misiles guiados) l guiado preestablecido.

preset potentiometer l potenciómetro de ajuste.

preset (to) l preajustar l prefijar.

preset valve l válvula preajustable.

presintering l presinterización (pulvimetalurgia).

press l fuerza l presión l prensa l imprenta.

press battery l batería de prensas.

press button l botón de presión.

press cylinder l cilindro de presión.

press filter l filtro de presión.

press fit l encastre a presión l ajuste forzado.

press forged l forjado en prensa.

press hardening l endurecimiento por presión.

press hollow (to) l embutir.

press molding machine l moldeadora a presión.

press plate l plato de prensa l placa portaestampa (prensas).

press roll l rodillo de presión.

press screw l husillo de prensa l tornillo de apriete.

press switch l interruptor de presión, conmutador de presión.

press (to) l prensar l apretar, comprimir l presionar.

pressed l prensado, comprimido l apretado.

pressed in heat l estampado en caliente.

pressed steel l acero embutido.

pressed to shape l conformado a presión, conformado con prensa.

pressed-on tire l llanta embutida.

pressed-powder printed circuit l circuito impreso de polvo comprimido l circuito impreso sinterizado.

press-fit l colocado a presión.

press-forge (to) l estampar en caliente en la prensa.

press-forged crankshaft l cigüeñal forjado en la prensa.

press-forging l estampado en caliente en la prensa.

pressing l presión l calandraje l estampación en la prensa.

pressing die l troquel de embutición, estampa.

pressing in l penetración l inyección.

pressing pawl l linguete de presión.

pressing speed l velocidad de prensado.

pressure l voltaje, tensión (electricidad) l presión.

pressure altimeter l altímetro barométrico.

pressure altitude l altitud barométrica.

pressure amplitude l amplitud de presión (acústica).

pressure antinode l antinodo barométrico.

pressure atomizer l pulverizador de aire comprimido.

pressure cabin l cabina estanca.

pressure cable l cable eléctrico con dieléctrico gaseoso a presión.

pressure calibration l calibración de presión.

pressure carburetor l carburador a presión.

pressure casting l moldeo por inyección.

pressure chamber l cámara de impulsión l cámara de presión.

pressure change l cambio isobárico l cambio de presión.

pressure change chart l carta de isobaras.

pressure charging l sobrealimentación (motores).

pressure circuit l circuito derivado, circuito de voltaje (electricidad).

pressure coefficient l coeficiente de presión l coeficiente del voltaje.

pressure coil l bobina de voltaje, bobina en derivación (electricidad).

pressure control valve l válvula de control de la presión.

pressure detector l detector de voltaje l detector de presión.

pressure diecasting l fundición inyectada en coquillas l fundición por inyección a presión.

pressure difference l diferencia de voltaje.

pressure drop l caída de voltaje (electricidad) l caída de presión.

pressure element l manotransmisor.

pressure feed l alimentación a presión l avance por presión.

pressure filter l filtro a presión.

pressure gage l manómetro l piezómetro.

pressure gas-producer l gasógeno de aire insuflado.

pressure governor l manorregulador, piezorregulador.

pressure gradient l gradiente de presión.

pressure grouting l inyección a presión.

pressure head l carga de agua (hidráulica) l carga hidrostática debida a la presión.

pressure ignition engine l motor diesel puro.

pressure in line l presión en la tubería l voltaje en la línea.

pressure indicator l manómetro l indicador de presión.

pressure induction l aspiración a presión.

pressure jump l cambio brusco de la presión atmosférica a través de una zona estrecha (meteorología).

pressure level | altura piezométrica.

pressure line | línea de presiones (arcos) | línea de acción (engranajes).

pressure locked | presurizado.

pressure loss | pérdida de carga (hidráulica) | caída de voltaje (electricidad).

pressure measuring apparatus | manómetro.

pressure meter | manómetro.

pressure node | nodo de presión.

pressure of bath | voltaje del baño (galvanoplastia).

pressure of blast | presión del viento (alto horno).

pressure pattern flying | navegación isobárica | vuelo isobárico.

pressure pipe | tubo de presión.

pressure plate | placa de presión.

pressure plot | carta piezométrica.

pressure pulse | impulsión de presión.

pressure pump | bomba de presión.

pressure recovery | recuperación de presión.

pressure reducing valve | decompresor de gas | válvula de reducción de presión.

pressure reduction | manorreducción, piezorreducción.

pressure regulating valve | válvula manorreguladora.

pressure regulator | regulador de presión | regulador del voltaje.

pressure relay | relé de presión.

pressure relief valve | válvula de seguridad.

pressure resonance | resonancia de voltaje (electricidad).

pressure roll | cilindro prensador, cilindro de presión.

pressure roller | rodillo de presión.

pressure seal | cierre estanco a la presión, cierre automático.

pressure setting | ajuste de la presión.

pressure spectrum level | nivel del espectro de presión.

pressure spring | resorte de presión.

pressure stage | escalón de presión, estadio de presión (turbinas, compresores).

pressure stroke | carrera de impulsión (motores).

pressure surface | superficie isobara | superficie piezométrica.

pressure switch | interruptor automático por caída de voltaje, presostato | disyuntor neumático, disyuntor de aire comprimido | conmutador a presión.

pressure tap | toma de presión.

pressure test | ensayo manométrico | prueba de voltaje, prueba de aislamiento (electricidad) | prueba de presión.

pressure tighten (to) | presurizar.

pressure tightness | estanqueidad a la presión.

pressure (to) | presionizar.

pressure transformer | transformador de voltaje.

pressure transmitter | multiplicador de presión.

pressure turbine | turbina de reacción (hidráulica).

pressure vacuum gage | vacuómetro | indicador de vacío.

pressure valve | válvula de impulsión.

pressure vessel | vasija de seguridad (reactor nuclear) | tanque de presión.

pressure washer | disco de presión, arandela de presión.

pressure wave | onda de presión.

pressure welding | soldeo por presión.

pressure well | pozo de inyección (sondeos).

pressure wheel | rueda de reacción (turbinas).

pressure wire | conductor de derivación (electricidad).

pressure-blast abrasive | abrasivo para el chorreado a presión.

pressure-blast cleaning | limpieza por chorro a presión.

pressure-charge (to) | sobrealimentar (motores).

pressure-charger | soplante o bomba de sobrealimentación (motores).

pressure-controlled | regulado por la presión, piezorregulado | regulado por el voltaje.

pressure-cool (to) | enfriar a presión.

pressured combustion | combustión a presión.

pressure-fed | alimentado a presión.

pressure-feed pump | bomba de alimentación por presión.

pressure-gage calibrator | calibrador de manómetros.

pressure-gage testing machine | calibrador de manómetros.

pressureless | sin presión | sin voltaje.

pressure-limiting valve | válvula limitadora de la presión, válvula piezolimitadora.

pressure-operated | accionado por la presión | accionado por el voltaje.

pressure-return-type valve | válvula de retorno de la presión.

pressure-rise | sobrevoltaje | sobrepresión.

pressure-sensitive | piezosensible | sensible a las variaciones del voltaje.

pressurestat I manostato, piezostato I presostato.

pressure-test (to) I probar a presión.

pressure-tester I manómetro.

pressure-treated I tratado a presión I inyectado a presión (maderas).

pressurization I presionización I presurización.

pressurize (to) I mantener el interior a presión atmosférica normal, presionizar (aviones) I presurizar I regularizar la presión.

pressurized I comprimido, presionizado I presurizado.

pressurized cabin I cabina a presión.

pressurized casing I envoltura a presión (reactor).

pressurized piping system I sistema de tuberías bajo presión.

pressurized reactor I reactor de fluido bajo presión.

pressurized steam I vapor a presión.

pressurized water reactor I reactor de agua a presión.

pressurizer I compresor de cabina (aviones) I presurizador (reactor nuclear).

pressurizing I presionización I presurización.

pressurizing pump I bomba de carga.

pressurizing valve I válvula de presionización.

prestator blades I paletas predistribuidoras (turbinas de combustión).

prestressed I pretensado I precomprimido (hormigón).

pretaping I grabación (programas) I registro previo (programas).

pretreatment I tratamiento preliminar I pretratamiento.

pretune (to) I presintonizar.

pretuned frequency I frecuencia presintonizada.

pretuned receiver I receptor presintonizado.

preventer I aparato protector I obturador.

prick a bearing (to) I llevar una marcación a la carta.

prick off (to) I trazar la derrota (navegación).

prick punch I punzón de marcar.

prick (to) I marcar un punto en la carta (navegación).

pricker I punzón I tiralíneas de puntear (dibujo).

primary I primario, fundamental I elemental I inductor (electricidad).

primary battery I batería de pilas (electricidad).

primary cell I elemento primario I pila (electricidad).

primary coil I arrollamiento primario, enrollamiento de entrada (transformadores) I bobina primaria.

primary color I color elemental, color primario (óptica).

primary control program I programa de control primario.

primary coolant circuit I circuito primario de refrigeración.

primary current I corriente primaria I corriente inductora.

primary disconnecting switch I disyuntor de circuito primario (electrotecnia).

primary electron I fotoelectrón.

primary fault I falla primaria (electricidad).

primary feedback I realimentación primaria.

primary frequency I frecuencia principal (radiocomunicaciones).

primary heat I calor primario (nuclear).

primary heat exchanger I intercambiador de calor primario.

primary knock-on I átomo bombardeado, átomo expulsado.

primary line switch I buscador de líneas I conmutador de línea primaria.

primary operator control station I estación principal de control del operador (teleproceso).

primary pile I reactor primario.

primary pinion bearing I cojinete del piñón de primera reducción.

primary power I energía eléctrica primaria.

primary radar I radar que utiliza solamente la reflexión I radar primario.

primary relay I relé directo I relé primario.

primary route I vía primaria (telefonía) I vía normal (telecomunicaciones).

primary skip zone I zona primaria de silencio (radio).

primary standard I patrón prototipo (metrología).

primary storage I almacenamiento principal I memoria principal (informática).

primary surveillance radar I radar primario de vigilancia.

primary twin I macla primaria (cristalografía).

primary valve I válvula de cebado (bombas).

primary voltage I tensión primaria (transformador).

primary winding I arrollamiento primario, devanado inductor (electricidad).

primary wire I hilo inductor.

prime I principio I primero, principal.

prime coat I capa de imprimación.

prime mover I máquina motriz I motor primario.

prime (to) I cebar (arma de fuego, una bomba,.).

primer I bomba de purga I bomba para cebar el motor, carga iniciadora I cebo (carga explosiva) I cebador (para bombas), detonador.

primer tube I carga iniciadora.

primer valve I válvula de purga I válvula de cebado.

priming I cebado (bombas) I cebo (explosivos) I imprimación.

priming coat I capa imprimadora.

priming cock I llave de cebar I grifo cebador (bombas).

priming ejector I eyector cebador.

priming pad I almohadilla de cebado.

priming potential I voltaje de cebado.

priming pump I bomba de cebado del motor.

priming screw I tornillo para cebar I estopín.

priming system I sistema de purga.

priming voltage I voltaje de cebado (del arco).

priming-valve I válvula de seguridad (cilindros) I válvula de cebado.

primitive circle I circuito primitivo, círculo de contacto (engranajes).

principal I principal.

principal beam I viga maestra.

principal channel filter I filtro de la banda principal (telecomunicaciones).

principal path I vía principal I trayecto principal.

principal point I punto principal I centro óptico (aerofotografía).

print I imprenta, impresión.

print amplifier I amplificador de impresión.

print barrel I tambor impresor.

print drum I tambor de impresión.

print roll I rodillo impresor.

print set I grupo de impresión.

print (to) I imprimir I positivar.

print unit I unidad de impresión.

printed I impreso I estampado (textil).

printed circuit I circuito impreso.

printed circuit amplifier I amplificador de circuito impreso.

printed circuit generator I trazador de circuitos impresos I generador de circuito impreso (máquina herramienta).

printed circuitry I circuitería impresa (electrónica).

printed conductor I conductor impreso.

printed wiring I circuito impreso I conexionado impreso I cableado plano.

printed-circuit board I placa de circuito impreso.

printed-circuit motor I motor de circuito estampado.

printed-wiring board I placa de cableado impreso.

printer I impresor I máquina impresora.

printer control unit I unidad de control de impresora (informática).

printer input-output device I dipositivo de entrada y salida para impresora.

printer light I luz de positivado (cine).

printer output check I verificación de salida de impresión (informática).

printer perforator I receptor perforador impresor (telegrafía).

printer/punch unit I unidad impresora/perforadora.

printery I imprenta, tipografía.

printery cam I leva de imprimir.

printery machine I máquina de imprimir, prensa tipográfica.

printery paper I papel de imprenta I papel heliográfico.

printery press I prensa tipográfica, prensa de imprimir.

printery range I tren de estampado (telas).

printery roller I rodillo impresor.

printing I impresión, estampación.

printing calculating machine I calculadora impresora.

printing digitizer I convertidor impresor.

printing index I índice de exposición (fotografía).

printing machine I máquina de estampar I máquina de imprimir.

printing magnet I electroimán de impresión.

printing plate I clisé, plancha (tipografía) I placa (offset).

printing press I prensa de imprimir.

printometer I contador impresor, aparato para medir y registrar la energía eléctrica producida.

printout I impresión.

print-out effect I fotografía de imagen directa.

print-through I registro por contacto I transferencia de impresión.

priority I prioridad.

priority program I programa de prioridad.

priority queuing I cola de espera prioritaria (informática).

priority radio I radio utilizada para las comunicaciones que tienen prioridad.

prism I prisma I espectro solar.

prism antenna I antena en prisma.

prism drum I tambor de prismas.

prism optics I óptica de prismas.

prism spectrometer I espectrómetro de prisma.

prismatic antenna I antena prismática.

prismatic bar I pieza prismática, barra prismática (estructuras).

prismatic compass I brújula de reflexión, brújula de prisma (topografía).

prismatic eye I visor prismático.

prismatic lens I lentiprisma.

private branch exchange I central privada manual conectada a la red telefónica pública.

private exchange I central privada (telefonía).

private line I línea telefónica interior I línea privada.

private line network I red de líneas para uso privado (telecomunicación).

private network I red privada (comunicaciones).

private telephone I red privada telefónica.

private-address system I interfono I sistema de intercomunicación.

prize I palanca.

prize press I prensa de palanca.

prize (to) I apalancar.

probability amplitude I amplitud de probabilidad.

probability of reaction I probabilidad de reacción (nuclear).

probe I diodo rectificador (electrónica) I sonda.

probe circuit I circuito de sonda.

probe coil I bobina de pruebas.

probe coupling I acoplamiento por sonda (electrónica).

probe measurement I medición por sonda.

probe microphone I micrófono sonda.

probe (to) I sondear.

probe transformer I transformador sonda (microondas).

probe tuner I sintonizador de sonda.

probe unit I cabezal detector.

probe-rocket I cohete-sonda.

probing I sondeo.

procedure I procedimiento, proceso.

process I proceso I avance, marcha I desarrollo I método, procedimiento I reacción química I fabricación I procedimiento fotomecánico (tipografía).

process analysis I análisis de procesos.

process camera I cámara para reproducción fotomecánica (tipografía).

process chart I organigrama.

process control I control de procesos (informática).

process heat reactor I reactor productor de calor.

process lens I objetivo para reproducción fotomecánica (óptica).

process scrap I chatarra de fabricación.

process-block I fototipograbado.

processed circuit I circuito impreso.

process-engraving I fototipograbado.

processing I proceso de fabricación, tratamiento I sistematización I proceso de transformación I refinación I procesamiento.

processing unit I unidad de tratamiento I unidad procesadora.

processor I máquina elaboradora I máquina de revelar (fotografía) I unidad central de proceso I procesador.

processor control I control del microprocesador.

process-work I fotolitografía.

prod I pincho I punta de contacto (electricidad).

producer gas I gas pobre, gas de gasógeno.

production reactor I reactor generador I reactor de producción.

profile I contorno I perfil.

profile cutter I fresa de perfilar, fresa de moldurar.

profile diagram I diagrama de perfil longitudinal (radiocomunicaciones).

profile grinding I rectificado con muela de forma I rectificado con plantilla.

profile map I plano topográfico I mapa topográfico.

profile (to) I perfilar I contornear.

profile view I vista de perfil I sección longitudinal I perfil longitudinal (dibujos).

profiler I máquina perfiladora, máquina de oxicorte por plantilla I trazador de perfiles I perfiladora.

profilometer I rugosímetro.

profiloscope I rugoscopio.

profit before tax I utilidades antes del impuesto.

program I programa.

program amplifier I amplificador de programa (radio).

program area I área de programas (informática).

program card I ficha de programa (informática).

program channel I circuito radiofónico I canal de programa.

program check I verificación de programa (informática).

program circuit I circuito telefónico de radiodifusión I circuito radiofónico.

program control I control de ejecución de un programa.

program controller I controlador de programa.

program counter I contador de programa.

program deck I lote de programa (informática).

program design | confección de programas (informática).

program design language | lenguaje programado de diseño (informática).

program entry | entrada de programa (informática).

program execution | ejecución del programa (informática).

program exit | salida de programa (informática).

program failure | falla de la señal de programa (TV).

program file | fichero de programas (informática).

program flowchart | ordinograma de un programa.

program level | nivel de programa (acústica) | nivel de señal (electroacústica).

program library | biblioteca de programas (informática).

program link | enlace radiofónico.

program listing | listado de programa (informática).

program loop | línea de transmisión (telecomunicación).

program register | registro de instrucción.

program run | marcha del programa (informática).

program selector | selector de programas (informática).

program setup | preparación de programa (informática).

program step | paso de programa (informática).

program stop | parada programada (informática).

program switching | conexión para programas (radiodifusión).

program tape | cinta del programa (informática).

program test | prueba del programa (informática).

program (to) | proyectar | programar.

program transmission | transmisión radiofónica.

program transmission circuit | circuito de transmisión radiofónica.

program unit | unidad de programa (informática).

programa generator | generador de programas (informática).

programatics | programática.

programed check | prueba programada (informática).

programing computer | computadora de programación.

programme (G.B.) | programa.

progression | avance, progresión | trazado (topografía).

progressive interconnection | interconexión progresiva (telecomunicaciones).

progressive plane waves | ondas planas progresivas.

progressive scanning | exploración por líneas contiguas | exploración progresiva (comunicaciones).

project | diseño | proyecto.

projectile | proyectil.

projection | proyección | lanzamiento (de un proyectil).

projection angle | ángulo de tiro | ángulo de proyección.

projection cathode-ray tube | tubo de rayos catódicos para proyección.

projection grid | cuadrícula de proyección (cartografía).

projection lens | lente de proyección | objetivo de proyección.

projection optics | óptica de proyección (televisión).

projection printing | impresión a proyección (fotogrametría).

projection screen | pantalla de proyección.

projection tube | tubo de rayos catódicos de proyección.

projective plane | plano proyectivo.

projector | proyector.

projector comparator | comparador óptico de proyección.

prolate distortion | distorsión de alargamiento (nuclear).

prolate spheroidal antenna | antena de esferoide alargado.

PROM | memoria PROM.

PROM programmer | programador de PROM (informática).

promoter | acelerador, activador, sustancia aceleratriz (química) | acelerador de catalizadores.

prompt critical | crítico con neutrones inmediatos (crítico rápido -nuclear).

prompt gamma | gamma inmediato.

prompt gamma radiation | radiación gamma inmediata.

prompt gamma rays | rayos gamma inmediatos.

prompt neutron | neutrón inmediato.

prompt poisoning | veneno rápido (nuclear).

prompt radiation | radiación instantánea.

prompt reactivity | reactividad inmediata (nuclear).

prong | punta | espiga de contacto | terminal de contacto (electrónica).

prong die | dado de resorte.

prong key | llave de dientes.

pronged chuck | plato de puntas (tornos).

Prony brake | freno dinamométrico | freno de Prony.

proof | galerada (tipografía) | demostración | prueba | comprobación | ensayo.

proof device | dispositivo de comprobación (informática).

proof load | carga de prueba.

proof pressure | presión de prueba | voltaje de prueba.

proof resilience | resiliencia de prueba.

proof stress | límite convencional de elasticidad (en la región plástica) | carga de prueba.

proof test | ensayo de sobrecarga.

prop | soporte, apoyo | jabalcón | puntal | apea , estemple, (minas).

prop stay | estemple, apea (minas).

prop (to) | apoyar, sostener | entibar | apuntalar.

propagation | propagación.

propagation blackout | cese de la propagación (radio).

propagation loss | pérdida de propagación (telecomunicaciones).

propagation time | tiempo de propagación (telecomunicaciones).

propane | propano.

propanize (to) | propanizar.

prop-drawing | arranque de estemples, desarme de la entibación (minas).

propel (to) | impeler, empujar | impulsar.

propellant | propulsor | propulsante | combustible.

propeller | impulsor, propulsor | hélice (buque, avión).

propeller blade | pala de hélice.

propeller brake | freno de la hélice.

propeller cavitation | cavitación de la hélice.

propeller damping | amortiguamiento de la hélice.

propeller draught | calado de la hélice.

propeller drive shaft | eje propulsor de la hélice.

propeller frame | codaste de proa.

propeller governor | regulador para regular el paso de una hélice de velocidad constante (aviación).

propeller load | carga de la hélice.

propeller milling machine | fresadora para hélices.

propeller motor | motor propulsor.

propeller pitch | paso de la hélice.

propeller pump | bomba de hélice.

propeller radius | radio de la hélice.

propeller shaft | eje de transmisión | eje propulsor (autos) | eje portahélice.

propeller shaft strut | arbotante del eje.

propeller speed | velocidad de la hélice.

propeller thrust | empuje de la hélice.

propeller thrust axis | eje de tracción de hélice.

propeller torque | par de la hélice.

propeller turbine | turbohélice | turbina de hélice.

propeller-boss cone | cono del núcleo de la hélice.

propeller-driven | accionado por hélice.

propeller-excited | excitado por la hélice.

propeller-modulated radiation | irradiación modulada por la hélice (aviones).

propeller-pitch indicator | indicador del paso geométrico de la hélice.

propeller-shaft nut | tuerca del eje de la hélice.

propeller-turbine engine | motor turbohélice.

propelling chain | cadena propulsora.

propelling force | fuerza de propulsión, fuerza motriz.

propelling gear | aparato de propulsión.

propelling pawl | linguete impulsor.

propelling power | fuerza propulsora.

propelling screw | hélice propulsora.

propelling thrust | empuje propulsor.

propjet | turbohélice, turbina de combustión cuya energía se utiliza en gran parte para mover una hélice y el resto en la acción de un chorro de gases.

propjet engine | motor turbo hélice.

proportional counter | contador proporcional (radiología).

proportional counter spectrometer | espectrómetro contador proporcional.

proportional counter tube | tubo contador proporcional.

proportional current | corriente proporcional.

proportional ionization | ionización proporcional.

proportional ionization chamber | cámara de ionización proporcional.

proportional valve | válvula de control proporcional.

proportioning | dosificación.

proportioning controller | regulador de dosificación.

proportioning pump | bomba dosificadora.

proportioning valve | válvula dosificadora.
proposed frequency plan | proyecto de frecuencias (telecomunicaciones).
propping | apuntalamiento | entibación (minas).
propulsion | propulsión.
propulsion alternator | alternador de propulsión (buques).
propulsion controller | controlador de propulsión.
propulsion motor | motor propulsor.
propulsion nozzle | tobera de propulsión.
propulsion wind tunnel | túnel aerodinámico.
propulsive | propulsivo.
propulsive jet | chorro propulsor.
propulsive strength | potencia de propulsión (explosivos).
propyl acetate | acetato de n-propilo.
propyl acetone | propilacetona.
propyl alcohol | alcohol propílico.
propylene | propileno.
propylite | propilita.
prospect | prospección, cateo.
prospect hole | agujero de sondeo | pozo de prospección, pozo de cateo.
prospect (to) | prospeccionar, catear (minas).
prospecting | cateo, prospección, busca de minerales | calicata | sondeo | exploración.
prospecting audio-indicator | audio indicador de prospección.
prospecting level | galería de prospección, galería de exploración (minas).
prospecting pit | pozo de prospección, pozo de cateo, calicata.
prospection | prospección, cateo.
prospective current | corriente de cortocircuito (circuitos).
protecting band | banda protectora.
protecting choke | bobina de reactancia.
protecting screen | rejilla protectora.
protecting sheet | chapa protectora.
protection | protección | blindaje.
protection channel | canal de protección (telecomunicaciones).
protection current | corriente de protección.
protection element | elemento de protección (electricidad).
protection key | clave de protección.
protective | protector.
protective casing | envuelta protectora | blindaje protector.
protective circuit breaker | disyuntor protector.
protective gear | equipo de protección.
protective reactance coil | bobina de inductancia protectora.

protective relay | relé protector.
protector box | caja de protecciones (telecomunicaciones).
protector drainage | drenaje de protector.
protector frame | bastidor de protecciones (telecomunicaciones).
protector ground | puesta a tierra de protección (telecomunicaciones).
protector rack | bastidor de protecciones (telecomunicaciones).
protector tube | válvula protectora.
protium | protio, hidrógeno ligero (isótopo de hidrógeno de masa 1).
proton | protón.
proton accelerator | acelerador protónico.
proton binding energy | energía de enlace de un protón.
proton cycle | ciclo protónico.
proton gun | inyector de protones, cañón protónico.
proton injector | inyector de protones.
proton magnetometer | magnetómetro de protones.
proton mass | masa del protón.
proton ray | haz de protones.
proton resonance | resonancia protónica.
proton scintillation spectrometer | espectrómetro de escintilación por protones.
proton synchrotron | sincrotrón protónico.
proton track | trayectoria del protón.
proton-bombarded | bombardeado con protones.
protonic | protónico.
protonic synchrotron | sincrotrón protónico.
prototype | prototipo.
prototype aircraft | avión prototipo.
prototype piece | pieza prototipo.
prototype reactor | reactor prototipo (nuclear).
protractor | transportador de grados | transportador | goniómetro | transportador de ángulos.
proustite | proustita, plata arsenical.
prover | aparato calibrador, calibrador | aparato de ensayos, aparato para pruebas de materiales.
proving | prueba | verificación.
proving bench | banco de pruebas.
proving hole | sondeo de exploración (minas).
proving ring | anillo calibrador (para calibrar máquinas de pruebas de materiales).
proximity effect | efecto de proximidad.
proximity fuze | espoleta de proximidad.
proximity switch | conmutador de proximidad.
Prussian blue | azul de Prusia.
prussic acid | ácido prúsico | ácido cianhídrico.
pry | palanca.

pry bar I palanca.
pry (to) I apalancar.
pseudocode I seudocódigo (informática).
pseudogalena I falsa galena, esfalerita.
pseudorandom I pseudoaleatorio.
psig I presión manométrica, presión leída en el manómetro, presión efectiva en libraspulga-da^2.
psophometer I sofómetro.
psophometric noise I ruido sofométrico.
psophometric potential difference I tensión de ruido I tensión sofométrica.
psophometric power I potencia sofométrica.
psophometric voltage I voltaje sofométrico I tensión sofométrica (telecomunicación).
psophometric weight I peso sofométrico.
psophometric weighting factor I factor de peso sofométrico.
psophometry I sofometría.
psychogalvanic reflex I reflejo psicogalvánico.
psychogalvanic phenomenon I fenómeno psi-cogalvánico.
psychogalvanometer I psicogalvanómetro.
psychrograph I psicrógrafo.
psychrometer I psicrómetro (meteorología).
psychrometric tables I tablas psicrométricas (termodinámica).
P-type crystal rectifier I rectificador de cuarzo positivo.
P-type semiconductor I semiconductor trans-portador positivo.
public address amplifier I amplificador mega-fónico.
public address (PA) I difusión megafónica.
public address system I sistema megafónico.
public network I red pública (telecomunica-ciones).
public switched network I red conmutada pú-blica (comunicaciones).
public switched telephone network I red pú-blica conmutada de teléfonos.
public telecommunications network I red pú-blica de telecomunicaciones.
public telegraph network I red telegráfica pú-blica.
public telephone exchange I central telefónica pública.
puddle I pudelación, pudelaje.
puddle ball I lupia, zamarra de pudelaje.
puddle bar I hierro bruto (pudelado) I barra de hierro pudelado.
puddle core I núcleo de arcilla.
puddle roll I cilindro desbastador (laminador).
puddle rolling mill I tren desbastador.
puddle rolls I tren de pudelar.

puddle (to) I pudelar (hierro).
puddled I pudelado.
puddled iron I hierro pudelado.
puddler I pudeladora mecánica I horno de pu-delar.
puddle-train I tren desbastador I tren de pude-laje.
puddle-wrought iron I hierro pudelado de forja.
puddling I pudelación, pudelaje.
puddling basin I solera de pudelado (hornos).
puddling door I puerta de trabajo (horno de pudelar).
puddling furnace I horno de pudelar.
puddling slag I escoria de pudelado.
puffed roll I cilindro hinchado (laminadores).
puff-pipes I tuberías de empuje intermitente (aviones) I tubos de reacción (misiles).
pug hole I chimenea (minas).
pull I galerada (imprenta) I esfuerzo de tracción I tracción.
pull box I caja de paso (electricidad) I caja de derivación (electricidad).
pull chain I cadena de tracción I cadena de transmisión.
pull effectiveness I efectividad de tracción.
pull measurer I dinamómetro.
pull press I prensa extractora de cojinetes (ejes).
pull rod I varilla de arrastre.
pull rope I cable de tracción.
pull shovel I pala de arrastre.
pull switch I interruptor de cordón.
pull the trigger (to) I oprimir el disparador.
pull (to) I tirar de, halar, arrastrar.
pull transmission I transmisión de tracción.
pull tube I tubo de arrastre (nuclear).
pullback cylinder I cilindro de retroceso.
pull-back pressure I presión de retorno.
pulldown I descenso, disminución.
puller I extractor I arrancador.
puller press I prensa para montar y desmontar chapas I extractor de cojinetes.
pulley I polea I garrucha I motón, cuadernal I roldana I polipasto.
pulley block I cuadernal.
pulley shaft I pozo de extracción (minas).
pulley-lathe I torno para poleas.
pulley-pin I eje de polea.
pulley-sheave I roldana.
pulley-wheel I roldana.
pull-in current I corriente de conexión.
pull-in torque I par máximo constante en carga.
pulling I tiraje, impresión (pruebas de impren-ta) I arrastre I tracción.

pulling effect I efecto de arrastre.
pulling figure I índice de arrastre I factor de arrastre (radio).
pulling force I fuerza de tracción.
pulling head I cabezal de tracción.
pulling jack I gato de tracción.
pulling out I arranque.
pulling pawl I trinquete de tracción.
pulling screw I tornillo de tracción.
pulling speed I velocidad de tracción.
pull-off I desviador (electricidad) I aislador para curvas (líneas eléctricas).
pull-off cable I cable de suspensión.
pull-off strength I fuerza de arranque.
pull-out I arranque I desincronización, desenganche (motores síncronos).
pull-out strength I fuerza de extracción.
pull-out test I prueba de adherencia.
pull-out torque I par de arranque máximo (motores inducción) I par motor límite I par de desenganche.
pull-rod I varilla de maniobra (agujas ferrocarril) I varilla de tracción.
pullshovel I retroexcavadora I cuchara excavadora.
pull-up I parada (vehiculos), encabritamiento brusco (aviones) I carga de arranque.
pull-up current I corriente de actuación.
pulsatance I frecuencia angular I pulsación.
pulsating I pulsante.
pulsating current I corriente pulsatoria, corriente ondulatoria.
pulsating jet I chorro pulsátil.
pulsating jet engine I pulsorreactor.
pulsating load I carga pulsátil, carga cíclica.
pulsating magnetic field I campo magnético pulsante.
pulsating voltage I voltaje pulsatorio.
pulsating-field machine I máquina de campo variable.
pulsation I pulsación.
pulsation frequency I frecuencia de las pulsaciones.
pulsation welding I soldeo por impulsos de corriente.
pulsator I pulsador I pulsómetro I generador de impulsos.
pulsatory current I corriente pulsatoria.
pulse I vibración (ondas) I impulsión, variación rápida I impulso (electricidad) I pulsión.
pulse amplifier I amplificador de pulsiones I amplificador de impulsos.
pulse amplitude I amplitud de impulso.
pulse cam I leva de pulsaciones (radio).
pulse carrier I portadora de impulsos.

pulse circuit I circuito de impulsos.
pulse code I código de impulsos.
pulse code telemetry I telemetría por impulsos codificados.
pulse coder I codificador de impulsos (telecomunicación).
pulse coding I codificación de impulsos.
pulse count modulation I modulación de impulsos en código.
pulse damping I amortiguación de impulsos.
pulse decoding I descifrado de impulso.
pulse decoding system I sistema descodificador por impulsos.
pulse delay I retardo del impulso (radio).
pulse delay circuit I circuito retardador de impulsos.
pulse discrimination voltage I voltaje discriminador de impulsos.
pulse duration I duración del impulso I duración de la señal.
pulse echo meter I ecómetro de impulsos.
pulse electroplating I electrodeposición por impulsos.
pulse equalizer I igualador de impulsos.
pulse excitation I excitación por impulsos.
pulse firing I disparo de impulso eléctrico (electrónica).
pulse force I fuerza de choque I fuerza impulsiva.
pulse former I formador de impulsos (telecomunicación).
pulse forming line I línea generadora de un impulso (radar).
pulse forming network I red conformadora de impulsos.
pulse generator I generador de impulsos.
pulse impulsion I radioimpulsión (comunicaciones).
pulse integration I integración de impulsos.
pulse interleaving I intercalación de impulsos.
pulse ionization chamber I cámara de ionización de impulsos.
pulse jet I pulsorreactor.
pulse jitter I fluctuaciones de los impulsos (electrónica).
pulse length I duración de los impulsos (radar).
pulse lengthener I alargador de duración de impulso.
pulse link repeater I repetidor de enlace de impulsos.
pulse mixing I mezcla de impulsos.
pulse mode I modo de impulso (telecomunicación).
pulse modulation I modulación por impulsos.

pulse number I índice de pulsación.
pulse phase I fase de impulso.
pulse polarizer I polarizador de impulsos.
pulse position I posición de los impulsos.
pulse power I potencia pulsatoria.
pulse priming I cebado de impulsos.
pulse pumping I bombeo por impulsos.
pulse radar I radar de impulsos.
pulse recorder I registrador de impulsos.
pulse regeneration I restablecimiento de la forma del impulso, regeneración de los impulsos.
pulse regenerator I regenerador de impulsos.
pulse relay I retardo de impulso.
pulse repeater I repetidor de impulsos.
pulse reply I respuesta de impulsos.
pulse resolution I resolución de impulsos.
pulse selection I selección de impulsos.
pulse sensor I transductor de pulsaciones.
pulse shaping I conformación de impulsos.
pulse signal I señal de impulsos.
pulse snap diode circuit I circuito de diodos ultrarrápidos.
pulse sorter I selector de impulsos.
pulse spacing I intervalo de impulsos I separación de los impulsos.
pulse spectrum I espectro de impulso (física).
pulse start I inicio del impulso.
pulse stretching I aumento de la duración del impulso.
pulse subcarrier I subportadora de impulsos (comunicaciones).
pulse switch I conmutador de duración de los impulsos.
pulse synthesizer I sintetizador de impulsos.
pulse timing I temporización por impulsos.
pulse (to) I emitir impulsos.
pulse torque I par de impulsión.
pulse train I tren de impulsos (física).
pulse transformer I transformador de impulsos.
pulse transmission I transmisión de impulsos.
pulse transmitter I emisor de impulsos.
pulse trigger circuit I circuito desconectador por impulsos.
pulse wave I onda pulsatoria.
pulse welding I soldeo por impulsos.
pulse width I duración del impulso.
pulse-amplifying circuit I circuito amplificador de impulsos.
pulse-amplitude modulation I modulación de impulsos en amplitud.
pulse-code modulation I modulación por impulsos codificados.
pulse-code (to) I codificar por impulsos.
pulsed I pulsado.

pulsed arc welding I soldeo por arco mediante impulsos.
pulsed beacon I radiofaro de impulsos.
pulsed carrier I portadora pulsada.
pulsed discharge I descarga pulsante.
pulsed emission I emisión pulsada.
pulsed gradient I gradiente pulsado.
pulsed klystrom I klistrón pulsado.
pulsed magnetic field I campo magnético pulsátil.
pulsed magnetron I magnetrón pulsado.
pulsed neutron I neutrón pulsado.
pulsed oscillations I oscilaciones pulsatorias.
pulsed output laser I láser de salida pulsatoria.
pulsed pentode I pentodo pulsatorio.
pulsed photomultiplier I fotomultiplicador pulsatorio.
pulsed reactor I reactor pulsado.
pulsed signal I señal pulsatoria.
pulsed spark chamber I cámara de descargas impulsadas.
pulsed transmitter I transmisor de impulsos.
pulsed-cavitation test I prueba de cavitación pulsada.
pulse-detecting channel I canal detector de impulsos.
pulsed-light theodolite I teodolito de impulsos de luz.
pulse-Doppler radar I radar Doppler de impulsos.
pulse-duration coder I codificador de duración de impulsos (comunicaciones).
pulse-duration modulation I modulación por anchura del impulso.
pulse-echo tester I aparato de pruebas por eco de los impulsos.
pulse-forming circuit I circuito para formación de impulsos.
pulse-height detector I detector de altura de impulsos.
pulse-interval meter I medidor de intervalos entre impulsos.
pulsejet engine I motor pulsorreactor.
pulse-mode multiplex I múltiplex de modo de impulsos.
pulse-modulated radar I radar de impulsos modulados.
pulse-operated circuit I circuito accionado por impulsos.
pulser I generador de impulsos I pulsador (radar).
pulsescope I pulsoscopio.
pulse-shaping circuit I circuito para dar forma al impulso.
pulse-switching circuit I circuito de conmutación de impulsos.

pulse-time modulation | modulación por impulsos de duración variable.
pulse-timing unit | unidad temporizadora de impulsos.
pulse-type telemeter | telemedidor de impulsos.
pulsewidth | anchura de impulso (radio) | amplitud de impulso.
pulsing | pulsación, variación rápida.
pulsing cam | leva pulsatoria.
pulsing circuit | circuito de impulsiones (telecomunicaciones).
pulsing system | sistema de impulsos.
pulsing timer | temporizador pulsátil.
pulsometer | pulsómetro.
pulverize (to) | pulverizar.
pulverizer | pulverizador.
pulverizer mill | molino triturador.
pulverizing | pulverización.
pump | bomba.
pump barrel | cilindro de bomba (riegos).
pump brake | palanca de bomba | guimbalete.
pump dredger | draga de succión, draga de bomba.
pump feed | alimentación por bomba.
pump link | biela de bomba.
pump pulsation absorber | amortiguador de pulsaciones de la bomba.
pump starting torque | par de arranque de la bomba.
pump (to) | extraer agua, bombear.
pump voltage | tensión de bombeo (semiconductores).
pump wheel | rodete de bomba.
pumpage | volumen de bombeo.
pump-control gear | mecanismo de regulación de la bomba.
pump-cooling system | sistema de enfriamiento por bomba.
pumped | bombeado.
pumped rectifier | válvula de vacío mantenido.
pumped tunnel diode logic circuit | circuito lógico de diodo túnel bombeado.
pumper | máquina para bombear.
pumping | bombeo.
pumping circuit | circuito de bombeo.
pumping main | tubo de bombeo.
pumping piston | émbolo de aspiración | pistón de aspiración.
pumping radiation | radiación de bombeo (láseres).
pumping shaft | pozo de agotamiento, pozo de desagüe (minas).
pumping test | ensayo de bombeo.
pumping unit | estación de bombeo | grupo motobomba.

pumpless | sin bomba de vacío.
pumpless ignitron | ignitrón hermético.
pump-turbine | turbina-bomba reversible (central hidroeléctrica).
punch | perforadora de fichas | punzón | cuño | troquel.
punch blank | disco cortado en troquel.
punch bus | conector de perforaciones (informática).
punch card | tarjeta perforada.
punch check | verificación de la perforadora (informática).
punch die | punzón de embutir.
punch feed | alimentación de perforación.
punch hole | perforación.
punch pin | punzón.
punch press | punzonadora | prensa de recortar.
punch relay | relé de perforación.
punch switch | interruptor de perforadora.
punch (to) | taladrar | punzonar | perforar | troquelar, estampar.
punch unit | unidad de perforación (informática).
punchable armature | inducido dentado (electricidad).
punched | troquelado | taladrado | perforado.
punched card equipment | equipo para tarjetas perforadas.
punched paper tape | cinta de papel perforada.
punched tape | cinta perforada.
punched tape reader | lector de cintas perforadas (informática).
puncher | perforadora.
punching and shearing machine | máquina de punzonar y cizallar.
punching channel | canal de perforación.
punching position | posición de perforación (informática).
punching tool | punzón.
punching unit | unidad perforadora.
punch-press (to) | troquelar.
puncture | perforación | pinchazo | perforación dieléctrica | descarga eléctrica a través de un aislador.
puncture strength | rigidez dieléctrica.
puncture test | prueba de perforación.
puncture (to) | punzar | pinchar | perforar.
puncture voltage | voltaje disruptivo.
puncture-resisting | resistente a la perforación dieléctrica.
Pupin coil | bobina Pupin (telefonía).
pupinization | pupinización.
pupinize (to) | pupinizar.
pure | puro.

purge (to) | purgar | depurar.
purge valve | válvula de purga.
purge-cock | grifo de purga | grifo de vaciamiento (calderas).
purified mustard gas | iperita pura.
purifier | depurador.
purify (to) | purgar, limpiar | clarificar.
purifying | purificación | depuración.
purifying tower | torre de depuración.
purity coil | bobina purificadora.
purple copper ore | cobre penachado.
purple ore | residuo de tostación de pirita.
purple oxide | óxido férrico.
pursuit | perseguimiento.
pursuit aircraft | avión de caza.
pursuit airplane | avión de caza.
pursuit course missile | misil de perseguimiento.
push | impulsión | empuje.
push bench | banco de estire (siderurgia).
push bolt | pivote de presión.
push brace | tornapunta.
push buttom switch | interruptor pulsador.
push button | botón de presión, botón pulsador.
push lever | palanca de empuje.
push switch | pulsador conmutador.
push (to) | impulsar, empujar.
push-button box | caja de pulsadores.
push-button control | mando por pulsador.
push-button control (to) | regular por pulsador.
push-button machine | máquina automática.
pushbutton selection | selección por teclado (telefonía).
push-button switch | interruptor de pulsador.
pushbutton terminal | terminal de teclado (telefonía).
push-button-actuated | accionado por pulsador.
push-button-started motor | motor de arranque por pulsador.
pusher airplane | avión de hélice o hélices propulsoras.
pusher airscrew | hélice propulsora.
pusher charger | cargador impulsor.
pusher propeller | hélice propulsora.
pusher tug | remolcador de empuje.
push-fit | ajuste suave.
pushing rod | varilla de empuje | biela de empuje.
push-on starter | arrancador de pulsador.
push-pull | contrafase (electricidad) | equilibrado, simétrico, balanceado (electricidad).

pushpull amplifier | amplificador de montaje simétrico.
push-pull circuit | circuito de doble efecto | circuito simétrico | montaje simétrico.
push-pull currents | corrientes en contrafase.
push-pull detector | detector en contrafase.
push-pull microphone | micrófono equilibrado, micrófono simétrico.
push-pull oscillator | oscilador simétrico.
push-pull repeater | repetidor en contrafase.
push-pull running | marcha reversible.
push-pull stage | etapa en contrafase.
push-pull transformer | transformador simétrico.
push-pull voltage | tensión simétrica, voltaje simétrico.
pushrod | barra impulsora, barra de empuje.
put in circuit (to) | poner en circuito (telecomunicaciones).
put in orbit (to) | poner en órbita (satélite artificial).
put in use (to) | poner en servicio (telecomunicaciones).
put on the current (to) | dar corriente (electricidad).
put through (to) | comunicar | conectar.
putty | mástique | masilla.
puzzle-lock | cerradura de combinaciones.
PVC | cloruro polivinílico.
P-wire | hilo activo.
pylon | torre metálica para líneas de energía eléctrica | soporte con sistema de señales.
pyrite | pirita.
pyroconductivity | piroconductividad (electrometalurgia).
pyroelectric | piroeléctrico.
pyroelectric effect | efecto piroeléctrico.
pyroelectric transducer | transductor piroeléctrico.
pyrolysis | pirólisis.
pyrometer | pirómetro.
pyrometer tester | verificador de pirómetros.
pyrometric circuit | circuito pirométrico.
pyrometric switch | conmutador pirométrico.
pyrometry | pirometría.
pyron | pirón (unidad de medida de radiación electromagnética).
pyrophotometer | pirofotómetro.
pyrostat | pirostato.
pyrotechnic light | cohete luminoso (señales en el mar).
pyrotron | pirotrón (nuclear).
pyrrhotite | pirrotita (mineral).

Q

Q I factor de amplificación (radio).
Q and T steel I acero templado y revenido.
Q band I banda Q (36 a 46 GHz).
Q channel I canal (TV).
Q chrominance component I componente de crominancia Q.
Q chrominance signal I señal de crominancia Q (TV).
Q code I código Q (radiocomunicaciones).
Q electron I electrón Q.
Q factor I factor Q.
Q scan I exploración tipo Q (radar).
Q shell I séptima capa electrónica que rodea a grandes núcleos atómicos.
Q sideband I banda lateral Q (TV).
Q signal I señal del código Q (radiocomunicaciones).
Q switching I conmutación de Q (láser).
Q value I valor Q (nuclear).
Q-band radar I radar en banda Q.
Q-meter I medidor de Q I cúmetro.
QO valve I válvula de apertura rápida.
quad I cuadratín (tipografía) I cable con cuatro conductores aislados I cuádruple (telefonía) I cuadrete (telegrafía).
quad antenna I antena cuadrangular.
quad cable I cable de cuatro pares de cable.
quad in-line I cuádruple en línea (circuito integrado).
quad (to) I poner cuadratines.
quad valve I válvula de cuartete.
quad wire I hilo de cuadrete (telecomunicación).
quadradar I radar cuádruple.
quadraflop I tetrabasculador (circuito).
quadrant I cuadrante I sector del cambio de marcha (máquina alternativa de vapor).
quadrant aerial I antena de cuadrante.
quadrant antenna I antena de cuadrante.
quadrant compass I compás de arco.
quadrant drum I tambor arrollador, barrilete (selfactina).
quadrant electrometer I electrómetro de cuadrante.
quadrant sight I escuadra de nivel.
quadrantal I cuadrantal.
quadrantal component of error I componente de error cuadrantal (radionavegación).
quadrantal corrector I corrector cuadrantal (aguja magnética).
quadrantal correctors I globos compensadores (aguja náutica -buques).

quadrantal deviation I desviación cuadrantal.
quadrantal point I punto intercardinal.
quadrantal spheres I correctores cuadrantales (aguja náutica-buques).
quadraphonic cartridge player I reproductor de cartuchos cuadrifónicos.
quadraphonic decoder I descodificador para reproducción cuadrifónica.
quadraphonic disk I disco cuadrifónico.
quadraphonic recording I grabación cuadrifónica.
quadraphony I cuadrifonía.
quadrat I cuadratín (tipografía).
quadratic crystals I cristales cuadráticos.
quadratic field I campo cuadrático.
quadratron I cuadratrón I tetrodo.
quadrature I cuadratura.
quadrature adjustment I reglaje I ajuste de cuadratura.
quadrature booster I elevador de voltaje desfasador (electricidad).
quadrature component I componente en cuadratura I componente reactiva (electricidad).
quadrature current I corriente reactiva.
quadrature magnetizing current I corriente magnetizante en cuadratura.
quadrature reactance I reactancia en cuadratura.
quadrature suppressor I eliminador del efecto de cuadratura (electricidad).
quadrature transformer I transformador en cuadratura.
quadrature voltage control I regulación del voltaje de cuadratura.
quadrature-droop compensation I compensación de la caída de cuadratura.
quadrature-phase subcarrier signal I señal subportadora de fase en cuadratura.
quadripole I cuadrípolo (red eléctrica).
quadripole attenuation factor I factor de atenuación imagen (telecomunicaciones).
quadruplane I cuadriplano (avión).
quadruple phantom circuit I circuito fantasma cuádruple (telecomunicaciones).
quadruple-pair cable I cable de cuatro pares.
quadruple-screw motorship I motobuque tetrahélice.
quadruplex circuit I circuito cuádruplex (telegrafía).
quadrupole I tetrapolo.
quadrupole amplifier I amplificador tetrapolo.

quadrupole coupling constant I constante de acoplamiento del cuadripolo.
quadrupole field I campo de tetrapolo.
quadrupole lens I lente de tetrapolo.
quadrupole structure I estructura de cuadripolo.
quad-wire I hilo de cuadrete.
quake I temblor I terremoto.
quake (to) I temblar I trepidar I oscilar.
qualimeter I medidor de dureza de rayos X, penetrámetro.
quality meter I medidor de Q I cúmetro I cualidad de una radiación.
quality of a sound I calidad de un sonido (acústica).
quality of picture reproduction I nitidez de reproducción I calidad de la imagen.
quality of service I calidad del servicio (telecomunicaciones).
quality of transmission I calidad de transmisión (telecomunicaciones).
quanta I cuanta (energía).
quantal I cuántico.
quantal response I respuesta cuántica.
quantal response curve I curva de respuesta cuántica (estadística).
quantic energy I energía cuántica.
quantile I cuantil (estadística).
quantimeter I dosímetro (irradiaciones).
quantitative mapping techniques I técnicas cartográficas cuantitativas.
quantitative microanalysis I microanálisis cuantitativo (química).
quantity I cantidad I amperaje, intensidad (corriente eléctrica).
quantity determination I dosificación (química).
quantity lever I palanca cuantitativa.
quantity meter I amperihorímetro.
quantity-fuse I cebo eléctrico de incandescencia.
quantized field I campo cuantificado.
quantized lattice vibrations I vibraciones de red cuantificadas.
quantized signal I señal cuantificada.
quantized system I sistema cuantificado.
quantizer I convertidor I cuantificador.
quantizing I cuantificación.
quantizing error I error de cuantificación.
quantometer I galvanómetro balístico I cuantómetro.
quantum I cuanto (física).
quantum electrodynamics I electrodinámica cuántica.
quantum electronics I electrónica cuántica.

quantum voltage I tensión cuántica.
quark I quark (nucleónica).
quarrel I diamante de vidrieros I instrumento cortante de cuatro aristas I buril.
quarry I cantera I explotación de roca a cielo abierto.
quarry excavator I excavadora para canteras.
quarry face I frente del sillar (minas).
quarry (to) I cantear, explotar canteras.
quarrying I cantería I explotación de canteras.
quarrying machine I rafadora de cantera I máquina de acanalar I perforadora de cantera.
quarryman's saw I sierra de cantero.
quart I cuartillo (medida de capacidad).
quarter I cuarto, cuarta parte de.
quarter wave I cuarto de onda.
quarter wave antenna I antena de cuarto de onda.
quarter wave plate I placa de cuarto de onda.
quarter wavelength I cuarto de longitud de onda.
quarter-phase I difasado.
quarter-phase network I red difasada.
quarter-phase system I sistema a un cuarto de fase.
quartile I cuartil (estadística).
quartz I cuarzo.
quartz control (to) I gobernar con cuarzo (electrónica).
quartz controlled carrier I portadoras controladas por cristal de cuarzo.
quartz crystal I cristal de cuarzo.
quartz crystal oscillator I oscilador por cristal de cuarzo.
quartz delay line I línea de retardo de cuarzo.
quartz fiber I fibra de cuarzo.
quartz fiber spectroscope I espectroscopio de fibra de cuarzo.
quartz fibre I fibra de cuarzo.
quartz keratophyre I queratófiro de cuarzo (mineralogía).
quartz laser tube I tubo de cuarzo para láser.
quartz lens I lente de cuarzo.
quartz marine chronograph I cronógrafo marino con oscilador de cuarzo.
quartz master oscillator I oscilador patrón de cristal de cuarzo.
quartz microbalance I microbalanza de hilo de cuarzo.
quartz monitor I monitor con cuarzo.
quartz oscillator I oscilador de cuarzo.
quartz oscillator plate I placa de cuarzo para oscilador.
quartz rock I roca cuarzosa I cuarcita.
quartz spectrograph I espectrógrafo de cuarzo.

quartz strain gage I tensómetro de cuarzo.
quartz topaz I topacio de Bohemia, falso topacio.
quartz vibrator I oscilador de cristal de cuarzo.
quartz wavemeter I ondámetro de cuarzo.
quartz yield I rendimiento cuántico.
quartz-controlled carrier generator I generador de portadoras gobernado con cuarzo.
quartz-crystal filter I filtro de cristal de cuarzo.
quartz-diorite I diorita cuarcífera.
quartz-fiber manometer I manómetro de fibra de cuarzo.
quasar I cuásar (astronomía).
quasi optical wave I microonda.
quaternary I cuaternario.
quaternary steel I acero cuaternario I acero con hierro, carbono y otros dos elementos aleantes.
quaternary system I sistema cuaternario, sistema cuadrático (cristalografía).
quay I muelle I embarcadero.
quadrantid I cuadrántico (astrofísica).
queen-post I péndola.
queen-post truss I armadura trapecial (arquitectura) I cercha de dos péndolas I cercha trapecial.
quench I enfriamiento rápido.
quench aging I envejecimiento por inmersión.
quench frequency I frecuencia de interrupción, frecuencia de corte (superreacción).
quench hardening I endurecimiento por temple.
quench oscillator I oscilador de interrupción I oscilador de extinción.
quench tank I tanque de enfriamiento.
quench (to) I templar bruscamente en agua (metalurgia) I enfriar rápidamente en un líquido I suprimir chispas, soplar (electricidad).
quench tower I torre de enfriamiento.
quenchable I templable (aceros).
quench-cracking I agrietamiento por temple.
quenched I templado.
quenched bend test I prueba de doblado al temple.
quenched gap I espinterómetro de chispas amortiguadas.
quenched resonator I resonador de extinción.
quenched steel I acero templado.
quenched-drawn-and-aged condition I estado de templado-estirado-madurado.
quenched-spark system I sistema apagador de descarga.
quencher I atenuador I amortiguador (radio).
quenching I amortiguamiento de la oscilación I enfriamiento rápido.

quenching bath I baño de enfriamiento I baño de temple.
quenching choke I bobina de amortiguamiento.
quenching circuit I circuito amortiguador I circuito de extinción.
quenching coil I bobina de extinción.
quenching condenser I condensador apagachispas I condensador de amortiguamiento.
quenching frequency I frecuencia amortiguadora.
quenching furnace I horno de enfriamiento brusco.
quenching gas I gas de extinción.
quenching hardening I endurecimiento por temple instantáneo.
quenching oil I aceite de temple (metales).
quenching oscillator I oscilador de interrupción.
quenching power I potencia amortiguadora.
quenching probe unit I sonda amplificadora de autointerrupción (nuclear).
quenching resistance I resistencia de soplado de chispas.
quenching tower I torre de extinción.
quenching trough I cuba de enfriamiento.
quenching vapor I vapor de extinción.
quenching voltage I tensión interruptora.
quenching-oil cooler I enfriador del aceite de temple.
query language I lenguaje de consulta (informática).
queue I cola de llamadas (telefonía) I línea de espera (informática).
queue equipment I equipo de tráfico de espera (telecomunicaciones).
queuing I formación de colas (informática).
queuing delay I demora de espera (comunicaciones).
queuing system I sistema de espera (telecomunicación).
quick I rápido, veloz, activo.
quick access storage I memoria de acceso rápido (informática).
quick closing I cierre rápido.
quick closing valve I válvula de cierre rápido.
quick coupling I acoplamiento rápido.
quick drying I secado rápido.
quick flashing I destellos rápidos.
quick freezing I congelación rápida.
quick heating I calentamiento rápido.
quick operation I acción inmediata (telecomunicación).
quick powder I pólvora viva.
quick speed steel I acero de corte rápido.

quick start I arranque rápido.

quick start ejector I eyector de arranque rápido.

quick switch I interruptor rápido.

quick traverse I avance rápido (máquinas herramientas).

quick traverse lever I palanca de avance rápido (máquina-herramienta).

quick-acting relay I relé de acción rápida.

quick-break I ultrarrápido (contactores).

quick-break fuse I fusible ultrarrápido.

quick-break switch I interruptor de ruptura brusca.

quick-burning I combustión rápida.

quick-jettison valve I válvula de vaciado rápido.

quick-make I acción rápida I contacto ultrarrápido (electricidad).

quick-retracting mechanism I mecanismo de retracción rápida.

quick-revolution engine I motor rápido, motor muy revolucionado.

quick-setting I fraguado rápido.

quicksilver I azogue, mercurio.

quicksilver ore I cinabrio I mena de mercurio.

quicksilvering I amalgama para espejos I revestimiento con mercurio.

quiescent I inactivo I estático, fijo.

quiescent antenna I antena artificial.

quiescent carrier I portadora suprimida (radar).

quiescent channel noise I ruido de canal inactivo.

quiescent current I corriente de reposo I corriente estática.

quiescent current compensation I compensación de la corriente de reposo.

quiescent ground-to-base voltage I voltaje estático tierra-base.

quiescent period I periodo de reposo.

quiescent point I punto de funcionamiento I punto de reposo (radio).

quiescent potential I potencial de reposo I potencial estático.

quiescent value I valor en reposo (radio).

quiescing I inactivación.

quiet battery I batería silenciosa.

quiet channel I canal silencioso.

quiet circuit I circuito silencioso.

quiet running I marcha suave, marcha silenciosa.

quiet (to) I dejar reposar (química) I inactivar.

quiet tuning I sintonización silenciosa.

quill I eje hueco, manguito, barra para barrenar (mandrinadora) I envoltura tubular I vaina.

quill drive I impulsión por vaina, transmisión por eje hueco.

quill gear I engranaje tubular I engranaje de manguito, engranaje sobre un eje hueco.

quill shaft I eje de vaina I eje torsor.

quimioreceptor I quimiorreceptor.

quinary I quinario.

quinary solution I disolución quinaria.

quinine hydrate I hidrato de quinina.

quinone I quinona (química).

quirk I estría.

quirk (to) I acanalar, estriar.

quotient expansion I ampliación del cociente (informática).

quotient meter I logómetro.

quotient relay I relé de cociente.

quotient set I conjunto cociente.

Q-value I energía de desintegración nuclear.

R

R coefficient | coeficiente de resistencia térmica.

R display | presentación R (radar).

R F I meter | medidor de interferencia de radiofrecuencia.

R meter | R-metro (radiación ionizante).

R. H. helical cutter | fresa helicoidal dextrogira.

R.A.D.U.X. | radux (sistema de radionavegación de larga distancia).

R.A.M.A.C. | contabilidad y control por el método de libre acceso (informática).

R.A.P.P.I. | indicador PPI de acceso aleatorio (radar).

r.f. indicator | indicador de radiofrecuencia.

R.F. modulator | modulador de radiofrecuecia.

R.F. out | salida de radiofrecuencia (sonido e imagen).

r.f. shift | desplazamiento de radiofrecuencia.

r.f. sputtering | sublimación catódica por radiofrecuencia.

R.P.M. indicator | cuentarrevoluciones | tacómetro.

rabal | rabal (globo radiosonda meteorológico).

rabbet | ranura, rebajo.

rabbet joint | junta a rebajo.

rabbet plane | guillamen, garlopín.

rabbet (to) | ranurar | rebajar con el guillamen.

rabbit | objeto buscado (radar).

racetrack | pista (electrónica).

raceway | canal de conducción | canalización | conducto eléctrico | conducto para tuberías.

rack | bastidor | cremallera.

rack adjustment | ajuste por cremallera.

rack and pinion | piñón y cremallera.

rack and pinion steering | dirección por cremallera.

rack channel | base de bastidor (telecomunicaciones).

rack cutter | fresa para cremalleras.

rack cutting machine | fresadora para cremallera.

rack drive (to) | accionar por cremallera.

rack feed | avance por cremallera.

rack feed gear | mecanismo de avance por cremallera (máquina herramienta).

rack frame | caja-soporte para bastidor (electrónica).

rack gear | engranaje de cremallera.

rack hanger | soporte de montaje en bastidor.

rack hob | fresa matriz para cremalleras.

rack mount | montaje en bastidor.

rack mountable | montable en chasis.

rack panel | panel de bastidor (electrónica).

rack wheel | rueda de escape | rueda dentada.

rack wiring | cableado de bastidor.

rack work | mecanismo de cremallera.

rack-and-pinion feed | alimentación por piñón y cremallera.

rack-compass | compás de cremallera.

racking | distorsión | estibado (torre de perforación) | encuadre.

racon | baliza de radar | radiofaro respondedor, baliza radárica | racón (radar secundario).

rad | radiación | rad (unidad de dosis absorbida-100 erg/g-radiología).

RADAC (rapid digital automatic computing) | RADAC | sistema electrónico de dirección de tiro contra cohetes atacantes.

radan antenna array | red de antenas radan.

radan (radar Doppler automatic navigator) | radan | sistema de navegación por radar basado en el efecto Doppler (aviones).

radar | radar.

radar aircraft detection station | estación de radar detectora de aviones.

radar altimeter | altímetro radárico.

radar antenna | antena de radar.

radar antijamming | antiinterferencia de radar (electrónica).

radar approach | aproximación por radar.

radar astronomy | astronomía radárica.

radar balloon | globo sonda con radar.

radar beacon | baliza de radar | faro de radar.

radar beam | haz radárico.

radar blind spot | zona ciega del radar.

radar boresight | blanco de orientación de radar.

radar camouflage | enmascaramiento del radar.

radar cell | célula radárica.

radar chart | carta de radar.

radar chronometry | cronometría radárica.

radar clutter | perturbaciones de radar.

radar contact | contacto por radar.

radar coverage | cobertura radárica.

radar data | datos radáricos.

radar detection | detección radárica.

radar direction finder | goniómetro radárico.

radar distance measuring | telemetría radárica.

radar Doppler automatic navigation | sistema de navegación automático por radar Doppler.

radar drift | deriva de radar.

radar fading | atenuación radárica.

radar fence | red de radares | barrera de radares.
radar fix | situación por radar.
radar flying aid | radar de ayuda a la navegación aérea.
radar frecuency band | bandas de frecuencia de radar.
radar guidance | guiancia radárica.
radar head | equipo de radar.
radar heading | rumbo radárico.
radar homing | guiancia radárica.
radar imagen | imagen de radar.
radar indicator | indicador de radar.
radar interception | intercepción radárica.
radar jamming | interferencia radar.
radar jamming transmitter | transmisor de perturbación radárica.
radar land station | estación terrestre de radar.
radar mapping | cartografía radar.
radar mark | marcador de radar.
radar marker float | boya radárica.
radar missile tracking | seguimiento de misiles por radar.
radar modulator | modulador de radar.
radar navigation aid | medio auxiliar radárico para la navegación.
radar net | red de instalaciones de radar.
radar netting station | estación de red de radar.
radar network | red de estaciones de radar.
radar performance figure | factor de comportamiento del radar.
radar photo recorder | registrador de imágenes de radar.
radar picket | repetidor de radar.
radar pip | impulso de radar.
radar plot | diagrama de marcaciones radáricas.
radar plotting | punteo de marcaciones de radar.
radar prism | prisma radar.
radar pulse | impulso radar.
radar range | alcance del radar.
radar range finding | telemetría radárica.
radar ranging | cálculo radárico de distancia.
radar rays | ondas radáricas.
radar receiver | receptor radar.
radar receiver-transmitter | receptor-transmisor de radar.
radar reflector | reflector de radar.
radar relay | relé de radar.
radar repeat-back guidance | guiancia por repetidor de radar.
radar return | eco del radar.
radar scan | escansión del haz radárico | exploración de radar.
radar scanner | sondador radar.

radar scanning screen | pantalla de exploración de radar.
radar screen | pantalla de radar.
radar search | exploración radar.
radar selector switch | conmutador selector de radar.
radar sensor | detector de radar.
radar sonde | globo sonda con radar.
radar surveillance | vigilancia con radar.
radar surveying | topografía por radar.
radar telescope | telescopio radárico (astronomía).
radar test-set | equipo para pruebas de radar.
radar tracking | seguimiento con radar.
radar tracking station | estación de seguimiento radar.
radar tracking system | sistema de seguimiento por radar.
radar transmitter | transmisor de radar.
radar transponder | emisor-receptor radárico | transpondor de radar.
radar warning | aviso radárico.
radar warning net | red de alarma de radar.
radar warning receiver | receptor de aviso radárico.
radar wave guide | guía de ondas radáricas.
radar-controlled | gobernado por radar.
radar-detect (to) | radariscopizar.
radar-jammer | perturbador radárico | radar perturbador.
radarscope | radariscopio | pantalla de radar.
radiac | radiac (medida de la intensidad de la radiación nuclear) | detección radiactiva.
radiac computer | computador de radiactividad.
radiac survey meter | medidor de concentración radiactiva.
radial circuit | línea radial de suministro (electricidad).
radial compressor | compresor radial.
radial drill | taladradora radial.
radial engine | motor en estrella.
radial flow turbine | turbina radial.
radial outward-flow turbine | turbina radial centrífuga.
radial pattern | configuración ramificada (redes eléctricas).
radial saw | sierra de disco.
radial segregation | segregación radial (metalurgia).
radial transfer | transferencia radial (ordenador).
radial turbomachine | turbomáquina de flujo radial.
radially fed | de avance radial.

radial-ridge cyclotron | ciclotrón de aristas radiales.

radial-slot rotor | rotor de ranuras radiales.

radian frequency | frecuencia angular, frecuencia pulsatoria, pulsación, pulsatancia (electricidad).

radiance | energía radiante por unidad de superficie | radiación (física) | flujo radiante | radiancia (física).

radiance meter | medidor de radiancia.

radiancy | radiación (física).

radiant | línea radial.

radiant flux density | radiancia.

radiant heating thermostat | termostato de radiación.

radiant reflectance | factor de reflexión | reflectancia espectral.

radiant transmittance | transmitancia radiante.

radiate (to) | radiar, irradiar | radiar un programa (radio).

radiated field pattern | diagrama de radiación, espectro de radiación (radio).

radiating antenna | antena emisora.

radiating beam | haz radiador.

radiating guide | guía de ondas radiantes.

radiating line | visual de radiación.

radiating power | potencia de emisión.

radiating-receiving antenna | antena receptora transmisora.

radiation | radiación calorífica | radiación electromagnética | radiación ionizante.

radiation alarm assembly | dispositivo de alarma para las radiaciones.

radiation beam attenuation | atenuación del haz de radiación.

radiation catalysis | catálisis por radiación.

radiation channel | cadena de control de una radiación.

radiation counter | radiómetro.

radiation density | densidad de radiación.

radiation dosimetry | dosimetría de irradiaciones.

radiation field | campo de radiación.

radiation filter | filtro de radiación.

radiation gage | galga para medir espesores que emplea irradiaciones de rayos beta o rayos X.

radiation hardening | reforzamiento a las radiaciones | endurecimiento por radiación.

radiation impedance | impedancia de radiación.

radiation instrumentation | instrumentación para medir irradiaciones.

radiation ionization | ionización por radiación.

radiation law | ley de la radiación.

radiation magnitude | magnitud radiométrica.

radiation meter | medidor de radiación.

radiation monitor | detector de irradiaciones.

radiation pattern | diagrama de radiación (antena).

radiation recording | registro de la irradiación.

radiation sensor | sensor de radiaciones.

radiation shield | blindaje de radiación.

radiation sterelization | esterilización por radiación.

radiation sterilization | esterilización mediante la radiación.

radiation survey | control de radiaciones.

radiation thermopile | termopila de radiación.

radiation-induced spectrum | espectro inducido por irradiación.

radiation-resistant lubricant | lubricante resistente a las irradiaciones (vehículos espaciales).

radiation-shielding device | dispositivo protector contra irradiaciones.

radiation-sterilize (to) | esterilizar por irradiación electrónica.

radiative decay | desintegración radiativa.

radiative neutronic capture | captura neutrónica radiativa.

radiative pion capture | captura radiativa de piones.

radiaton monitoring | radiometría | vigilancia de la radiactividad.

radiator | radiador | antena emisora | transmisor (radio) | antena (radar) | elemento radiante | sustancia radiativa.

radio | radio, telegrafía sin hilos | radiotelegrama | radiografía | radiología.

radio acoustic position-finding | telemetría radioacústica.

radio aid | radioayuda.

radio aid to navigation | ayuda de radio para la navegación.

radio altimeter | sonda altimétrica | radioaltímetro, altímetro radárico (aviones).

radio approach aids | radioayudas de aproximación.

radio astronomy | astronomía radial.

radio axis | eje radioeléctrico.

radio balloon | globo radiosonda.

radio beacon | radiofaro.

radio beam | enlace hertziano | enlace de radio.

radio bearing | rumbo radiogoniométrico | marcación radiogoniométrica.

radio blackout I atenuación de las señales radio I interrupción de la radiopropagación I vacío de comunicaciones I bloqueo de radio.

radio buoy I radioboya.

radio calcium I calcio radiactivo.

radio carbon I carbono radiactivo.

radio carrier I onda portadora de radio.

radio channel I canal de frecuencia de radio I banda de frecuencias, canal radioeléctrico.

radio choke coil I bobina de choque (electricidad) I bobina de inducción.

radio circuit I circuito sin hilos I circuito radiotelefónico.

radio compass I radiogoniómetro I radiobrújula I radiocompás.

radio contact I contacto por radio.

radio controlled aircraft I avión radioguiado.

radio controlled rocket I cohete teledirigido.

radio coverage I alcance radioeléctrico.

radio data link I transmisión automática radioeléctrica de datos.

radio detection and ranging I detección y telemetría por radio.

radio direction finder I radiocompás I radiogoniómetro.

radio direction finding I radiolocalización direccional.

radio direction-finder station I estación radiogoniométrica.

radio dispatching system I sistema de comunicación por radio.

radio duct I capa radioconductora.

radio facility chart I carta de ayudas a la navegación.

radio fadeout I desvanecimiento de señales radioeléctricas I radiodesvanecimiento I desaparición de las señales de radio.

radio fan marker I radiofaro de haz vertical.

radio field intensity I intensidad de campo de radio.

radio field-strength meter I medidor de la intensidad del campo radioeléctrico.

radio fix I punto posicional determinado por radio I situación radiogoniométrica (aeronavegación) I localización por radio.

radio flutter I fluctuación de la radiorrecepción.

radio flying I vuelo radioguiado I radionavegación.

radio frecuency (RF) I radiofrecuencia.

radio frequency amplificator I amplificación de radiofrecuencia.

radio frequency band I banda de radiofrecuencia.

radio frequency channel index I banda del canal radioeléctrico.

radio frequency choke I reactor de frecuencia.

radio frequency record I registro de radiofrecuencias.

radio frequency signal generator I generador de señal de radiofrecuencia.

radio fuze I espoleta de proximidad.

radio heat welding I soldeo por calor de corriente de alta frecuencia.

radio hole I zona radioeléctrica muerta.

radio homing beacon I radiofaro para recalados I radiobaliza para la recalada.

radio inertial guidance system I sistema de guiancia radioinercial.

radio intercept I interceptación de radiomensajes I radiomensaje interceptado.

radio intercept station I estación de escucha.

radio interference I interferencia de radio.

radio interference suppression I supresión de interferencias radioeléctricas.

radio iron I hierro radiactivo.

radio jamming I radiointerferencia.

radio landing I radioaterrizaje.

radio landing beam I haz de radioaterrizaje.

radio link I enlace radioeléctrico, enlace radiofónico, enlace hertziano I enlace de radio I canal hertziano I haz hertziano.

radio location I radiolocalización.

radio loop I antena de cuadro.

radio magnetic indicator I indicador radiomagnético (radionavegación).

radio marker beacon I radiobaliza de rumbo I radiofaro de orientación, radiofaro de rumbo.

radio metal locator I detector electrónico de objetos metálicos I radiolocalizador de metales.

radio meteor I radiometeoro.

radio meteorograph I radiosonda.

radio microphone I micrófono inalámbrico I radiomicrófono.

radio monitor I monitor de radio (control de calidad).

radio multichannel link I radioenlace multicanal.

radio multiplex system I sistema radioeléctrico múltiplex.

radio multiplexing I canalización de radio.

radio net I red radioeléctrica.

radio network I red de emisoras.

radio noise I ruido radioeléctrico.

radio noise filter I filtro antiparásitos.

radio noise-suppression filter I filtro antiparásitos.

radio O.B. I unidad móvil de radio.

radio observation I observación radioeléctrica.
radio out board I contacto radio (comunicaciones).
radio outlet I tomacorriente con conexión de antena y tierra.
radio paging I radiobusca.
radio paging system I sistema de llamadas por radio.
radio path I trayectoria radioeléctrica.
radio position finding I localización de estaciones de radio.
radio positioning land station I estación terrestre de radiolocalización.
radio position-line determination I radiolocalización de línea de posición.
radio propagation prediction I predicción de la propagación por radio.
radio proximity fuze I radioespoleta de proximidad.
radio pulse I radioimpulso, impulso radioeléctrico I impulso de radio.
radio range I alcance radio I radioguía I radiofaro direccional I radiofaro directivo.
radio range finding I radiotelemetría.
radio range station I estación radiogoniométrica.
radio rays I ondas radioeléctricas radioondas.
radio receiver circuit I circuito receptor de radio.
radio recorder I registrador de radio.
radio refractive index I índice de refracción radioeléctrico.
radio relay I radioestación relé.
radio relay exchange I central de enlace radioeléctrico.
radio relay link I red de radio difusión.
radio relay system I sistema de radioenlace I sistema de cable hertziano.
radio relaying I retransmisión radioeléctrica.
radio remote control I radiocontrol I telemando por radio.
radio repeater station I estación repetidora radioeléctrica.
radio scanner I explorador de radio.
radio scattering I dispersión de radio.
radio search I radioexploración.
radio section I sección de radio (telecomunicaciones).
radio sender I radio emisor.
radio set I radiorreceptor I equipo de radio I radiotransmisor.
radio sextant I radiosextante.
radio shield I radiopantalla I radioblindaje.
radio signal I señal transmitida por radio, radioseñal.

radio silence I suspensión de emisiones por radio.
radio sky I cielo radioeléctrico.
radio sondage I exploración de la atmósfera por globos sondas con emisores de ondas radioeléctricas.
radio sonde I radiosonda.
radio sonobuoy I sonoboya de radio.
radio source I fuente radioeléctrica.
radio spectral line I raya radioeléctrica.
radio spectroscope I radioespectroscopio.
radio spectrum I espectro radioeléctrico.
radio standard I patrón radioeléctrico.
radio standards broadcast I emisión radioeléctrica de señales patrón.
radio star I radioestrella.
radio station I estación radiotelegráfica I emisora de radio.
radio station interference I interferencia de radioemisora.
radio storm I tormenta ionosférica.
radio survey I reconocimiento radioeléctrico.
radio system I sistema radioeléctrico.
radio telemetry I radiotelemetría.
radio telephone system I sistema de radioteléfono.
radio telescope I radiotelescopio.
radio tester I probador de aparatos de radio.
radio time-signal I señal horaria radiotelegráfica.
radio (to) I radiotelegrafiar I radiotelefonear I radiografiar.
radio tracker I radiolocalizador.
radio tracking I seguimiento radioeléctrico, seguimiento con radar.
radio traffic I tráfico de radiocomunicación.
radio transceiver I receptor radiotelefónico.
radio transmission I transmisión radioeléctrica.
radio trunk I enlace principal.
radio tuner I sintonizador de radio.
radio tuner unit I bloque de sintonía.
radio warning service I servicio de predicción por radio (meteorología).
radio watch I vigilancia de radio I escucha por radio.
radio wave I onda radioeléctrica, onda hertziana, onda de radio.
radioacoustic sound ranging I alcance de sonido radioacústico.
radioacoustics I radioacústica.
radioactive I radiactivo.
radioactive atoms I átomos radiactivos.
radioactive burden I carga radiactiva.
radioactive capture I captura radiactiva.
radioactive cemetery I cementerio radiactivo.

radioactive chain I cadena radiactiva.
radioactive cloud I nube radiactiva.
radioactive collision I choque radiactivo.
radioactive contamination I contaminación radiactiva.
radioactive counting I recuento radiactivo.
radioactive dating I datación radiactiva.
radioactive debris I residuos radiactivos.
radioactive decay I desintegración radiactiva.
radioactive detector I detector de radiactividad.
radioactive fallout I precipitación radiactiva I lluvia radiactiva.
radioactive gauge I indicador radiactivo I sonda radiactiva.
radioactive heat I calor radiógeno I calor radiactivo (termodinámica).
radioactive isotope I isótopo radiactivo.
radioactive leak test I ensayo de fugas radiactivas.
radioactive metal I metal radiactivo.
radioactive mineral I mineral radiactivo.
radioactive monitor I detector de radiactividad (nucleónica).
radioactive nuclide I nucleido radiactivo.
radioactive ore detector I detector de menas radiactivas.
radioactive rainout I depósito radiactivo precipitado.
radioactive scanner I explorador de radiactividad.
radioactive screening I protección contra radiactividad.
radioactive solution dosimetry I dosimetría de soluciones radiactivas.
radioactive standard I patrón de radiactividad.
radioactive survey meter I detector de radiactividad.
radioactive thickness gage I medidor radiactivo de espesores.
radioactive tracer I visualizador radiactivo, rastreador radiactivo.
radioactive waste I desechos radiactivos I residuos radiactivos.
radioactive waste disposal I tratamiento de residuos radiactivos I eliminación de desechos radiactivos.
radioactive water I agua radiactiva.
radioactivity absorber I absorbedor de radiactividad.
radioactivity air sampler I medidor de la radiactividad del aire.
radioactivity instrument I detector de radiactividad.
radioactivity meter I medidor de radiactividad.

radioactivity shielding I protección contra la radiactividad.
radioactivity standard I patrón de radiactividad.
radioactivize (to) I radiactivar.
radioaltimeter I radioaltímetro.
radioamplifier I radioamplificador.
radiobeacon I radiobaliza.
radiobeacon station I estación radiofaro.
radiocarbon I radiocarbono.
radiocarbon dating I datación radiocarbónica.
radiochemistry I radioquímica I química de las radiaciones.
radiochlorine I cloro radiactivo.
radiochromatogram I radiocromatograma.
radiochromium I radiocromo.
radiocommunication I radiocomunicación.
radiocontact (to) I establecer contacto por radiotelegrafía.
radiocontrol I radiotelemando.
radiocrystallography I radiocristalografía.
radiodetection I radiodetección.
radiodetector I radiodetector.
radiodiagraphy I radiodiagrafía.
radioelectric pattern I espectro radioeléctrico.
radioelectronics I radioelectrónica.
radioelement I elemento radiactivo.
radiofrequency I radiofrecuencia, hiperfrecuencia.
radiofrequency alternator I alternador de hiperfrecuencia.
radio-frequency band I banda de radiofrecuencia.
radio-frequency bandwidth I anchura de radiofrecuencia.
radio-frequency cavity preselector I cable de radiofrecuencia I preselector de cavidad de radiofrecuencia.
radiofrequency coaxial resistor I resistor coaxial para radiofrecuencia.
radiofrequency exciter I excitador de hiperfrecuencia.
radiofrequency feedback voltage I voltaje de alimentación de hiperfrecuencia.
radiofrequency filter I filtro de hiperfrecuencia.
radiofrequency furnace I electrohorno de hiperfrecuencia.
radio-frequency interference I interferencia de radiofrecuencia.
radiofrequency permeameter I permeámetro de hiperfrecuencia.
radiofrequency spectroscopy I espectroscopia por microondas.

radiofrequency suppressor | eliminador de hiperfrecuencia.

radio-frequency transmision line | línea de transmisión de radiofrecuencia.

radiofrequency vacuum tube voltmeter | voltímetro electrónico de radiofrecuencia.

radiogenic | radiogénico (química).

radiogenic heat | calor radiogénico.

radiogoniometer | radiogoniómetro.

radiogoniometry | radiogoniometría.

radiogram | radiotelegrama | radiografía.

radiograph | radiograma.

radiography | radiografía.

radioguide | cable de alta frecuencia | cable de hiperfrecuencia.

radiointerference eliminator | eliminador de radiointerferencias.

radiointerference filter | filtro contra las interferencias de la radio.

radiointerferometer | radiointerferómetro.

radioiodine | radioyodo.

radioisotope | radioisótopo.

radioisotope label (to) | marcar con radioisótopos.

radio-isotope thermoelectric generator | generador termoeléctrico por radioisótopos.

radioisotopy | radioisotopía.

radio-link circuit | circuito de enlaces radioeléctricos.

radio-linkage | radioenlace.

radiolocation | radiobalización | radiolocalización, radiodetección | localización radárica.

radiolocator | radar.

radiolocator aerial | antena radárica.

radiological | radiológico.

radiological monitoring | detección radiológica.

radiological scanning | exploración radiológica.

radiological survey | control radiológico.

radiology | radiología.

radiolyze (to) | radiolizar.

radiometer | radiómetro.

radiometric gage | galga radiométrica para espesores.

radiometric logging | registro radiométrico, diagrafía radiométrica (sondeos).

radiometric map | mapa isorradiométrico.

radiometric network | red radiométrica.

radiometry | radiometría.

radiomicrometer | radiomicrómetro.

radion | radión.

radionavigation | navegación radiogoniométrica, radionavegación.

radionavigation chart | carta de radionavegación.

radionavigation land station | estación terrestre de radionavegación.

radionavigation mobile station | estación móvil de radionavegación.

radionavigation system | sistema de radionavegación.

radionavigational equipment | equipo de navegación por radiogoniómetro.

radionics | radioelectrónica.

radionuclide | radionúclido.

radiooptical range | alcance radióptico.

radiopacity | opacidad a las radiaciones | radioopacidad.

radiopaque | opaco a las radiaciones | radioopaco.

radiophare | radiofaro.

radiophone | radioteléfono.

radiophone station | estación radiofónica.

radiophonograph | radiofonógrafo.

radiophony | radiofonía | radiodifusión.

radiophoto | radiofoto.

radiophoto channel | canal de radiofoto.

radiophoto circuit | circuito radiotelegráfico.

radiophotogram | radiofoto | radiofotograma.

radiophotography | fototelegrafía.

radiophotoluminescency | radiofotoluminiscencia.

radiophotoluminescense | radiofotoluminiscencia.

radiophysics | radiofísica.

radioprinter | radioteleimpresor.

radioprobe | radiosonda.

radio-range beacon | radiofaro directivo, radiofaro direccional equiseñal.

radio-relay | radioenlace.

radioscope | radioscopio.

radiosender | radiotransmisor | radioemisor.

radiosondage | radiosondeo.

radiosonde | radiosonda (meteorología).

radiosonde balloon | globo radiosonda.

radiosonde receiver | receptor de radiosonda.

radiosonde recorder | registrador de radiosonda.

radiosonde sensor | sensor de radiosonda.

radiosonde station | estación de radiosonda.

radiosonde transmitter | transmisor de radiosonda.

radiosounding | radiosondeo.

radiospectroscope | radiespectroscopio.

radiostar | radioestrella.

radiotechnology | radiotecnología.

radiotelecommunication | radiocomunicación | telecomunicación radioeléctrica.

radiotelegram I radiotelegrama.
radiotelegraph I radiotelégrafo.
radiotelegraph link I enlace radiotelegráfico.
radiotelegraph route I vía radiotelegráfica.
radiotelegraphy I radiotelegrafía.
radiotelemetering I radiotelemetría, radiotele-medición.
radiotelephone I radioteléfono.
radiotelephone circuit I circuito radiotelefó-nico.
radiotelephone relay link I enlace radiotelefó-nico.
radiotelephony I radiotelefonía.
radiotelephony network I red radiotelefónica.
radioteleprinter I radioteleimpresor I radiote-letipo.
radiotelescope I radiotelescopio.
radioteletype I radioteleimpresor.
radioteletypewriter communication I comu-nicación por radioteleimpresor.
radioteletypewriter link I enlace por radiote-leimpresor.
radiotelex call I comunicación radiotelex.
radiotelex circuit I circuito de radiotelex.
radiothermics I técnica del calentamiento por corrientes de hiperfrecuencia I radiotérmica.
radiothermoluminiscence I radiotermolumi-niscencia.
radiothorium I radiotorio.
radiotracer I radiotrazador.
radiotransmission I radiotransmisión.
radiotransmitter I radiotransmisor.
radiotransparent I radiotransparente.
radiotropism I radiotropismo.
radiovisor I relé fotoeléctrico (G.B.).
radio-wave propagation I propagación de on-das de radio.
radiowind observation I observación radio-viento.
radiowind station I estación de radioviento.
radium I radio (Ra).
radium cell I cápsula de radio.
radius I radio (geometría).
radius arm I biela de empuje I tensor.
radius bar I alidada I biela del distribuidor (distribución Walschaerts) I varilla del parale-logramo de Watt.
radius gauge I calibrador de radios.
radius of gyration I radio de giro.
radius-rod I biela de reacción I varilla tensora I estabilizador para curvas (autos).
radome I cúpula, cúpula de la antena giratoria (radar) I tapa de perfil aerodinámico para pro-tección de la antena y equipo radar, radomo (aviones).

radon I radón (Rn).
radon content meter I emanómetro.
radon seed I cápsula de radón.
radwaste I residuos radiactivos.
raffinate I refinado.
raft I balsa, almadía.
rafter dam I presa de viguetas.
rafter set I entibación poligonal (minas).
rafter square I escuadra para cabios (cerchas).
rafting I deriva (geología).
rag-bolt I perno de anclaje, perno arponado, perno para empotrar.
ragging I concentración de fangos (minas) I ca-pa de granalla I lavado previo (minerales) I trituración a mano (minas) I desbaste (lamina-ción).
ragging-off I arranque de carbón.
rail I raíl I carril I batayola, cairel (buques) I ba-rrote.
rail anvil I bigornia.
rail bearer I traviesa.
rail bond I conectador eléctrico de carriles I ca-ble de unión.
rail expansion gap I junta de dilatación del ca-rril.
rail flange I base de riel.
rail foot I zapata del carril (carril Vignole).
rail fork I horquilla para riel.
rail gage I galga de la vía, entrevía.
rail gap I junta de carril.
rail joint I junta de carril I unión de carriles (fe-rrocarril) I junta de rieles.
rail leveler I nivelador de rieles.
rail lifter I levantacarriles.
rail link I rama de ferrocarril I enlace por ferro-carril.
rail mill I laminador de carriles.
rail post I balaústre.
rail shoe I zapata del carril (carril Vignole).
rail spike I escarpia de carril.
rail splice I brida de carril.
rail train I tren laminador de carriles I tren la-minador de raíles.
rail welder I soldadora de carriles.
rail-bender I máquina curvadora de carriles.
rail-bond I conexión de carril, brida de carril.
rail-bond tester I verificador de conexiones de carriles.
railcar I vagón, automotor (ferrocarriles).
rail-cutting machine I máquina cortacarriles.
rail-guard I contracarril.
railhead I cabeza de carril, extremo del carril I cabeza de línea (ferrocarriles).

railing I baranda I barandal I antepecho, balaustrada I barandilla (escalera) I pretil I enrejado, reja I verja.
railroad I ferrocarril I vía ferrea.
railroad bridge I puente de vía férrea.
railroad clearance I gálibo del ferrocarril.
railroad crossing I paso a nivel.
railroad system I red ferroviaria.
railroad track I vía férrea.
railshaft I eje final I eje de cola.
railway I ferrocarril.
railway crossing I cruce ferroviario I paso a nivel.
railway gage I entrevía, anchura de vía.
railway junction I empalme ferroviario I nudo ferroviario.
railway line I línea férrea, vía férrea.
railway tie I traviesa.
railway wheel lathe I torno para ruedas de ferrocarril.
rain I lluvia I rayas verticales en la imagen del receptor (televisión).
rain and snow gage I pluvionivómetro.
rain attenuation I atenuación por lluvia (radio).
rain chart I mapa pluviométrico.
rain clutter I pluvioperturbación (radar).
rain gage I pluviómetro I hietómetro.
rain gaging I pluviometría.
rain ice I escarcha (meteorología).
rain shower I aguacero.
rain storm I aguacero.
rainbow I arco iris.
raindrops I gotas de lluvia.
rain-erosion I erosión pluvial.
rainfall I pluviosidad I precipitación pluvial.
rainfall chart I mapa pluviométrico.
rainfall data I datos pluviométricos.
rainfall index I índice pluvial.
rainfall regime I régimen de lluvias.
rainfall report I informe pluviométrico.
rainproof I pluviófugo.
rain-resistant I pluviorresistente.
raise I alzamiento (minas) I pozo excavado hacia arriba (minas), contracielo (minas).
raise (to) I izar I levantar I elevar I aumentar I promover.
raised beach I terraza costera (geología).
raised edge I reborde.
raised plan I alzado (planos).
raising I levantamiento I elevación.
raising hammer I martillo de realzar.
raising machine I máquina elevadora.
rake I inclinación, desviación de la vertical.

rake angle I ángulo de ataque (escariador) I ángulo de inclinación, ángulo de incidencia.
rake cathode I cátodo de puntas.
rake for puddling I gancho de pudelaje.
RAM I memoria de acceso aleatorio I memoria de acceso directo.
ram air inlet I entrada de aire a presión.
ram air pressure I presión dinámica.
ram drag I resistencia dinámica.
ram engine I martinete.
ram pressure switch I manocontactor anemométrico.
ram rocket I cohete estatorreactor.
ram stroke I carrera del pistón (prensas).
ram (to) I apisonar I hincar (pilotes).
ram-air-cooled I enfriado por aire de impacto (aeronáutica).
Raman band I banda Raman (radiología).
ramark I radiobaliza de radar I radiofaro para radar.
ramjet I autorreactor I estatorreactor.
ramjet combustion chamber I cámara de combustión del estatorreactor.
ramjet combustor I combustor del estatorreactor.
ramjet engine I estatorreactor.
ramjet igniter I ignitor del estatorreactor.
ramjet motor I estatorreactor.
rammer I espolón I baqueta de fusil, martinete de hinca de pilotes I martinete de vapor.
ramming I apisonamiento I presión dinámica de admisión (aviones).
ramming air intake I toma de aire a succión, toma de aire dinámica (motores avión).
ramp I rampa.
ramp generator I generador de rampa (electrónica).
ramp input I entrada de rampa (aviación).
ramp latching I bloqueo de la rampa (aviación).
ramp shoe I zapata de contacto (ferrocarril eléctrico).
random I aleatorio I fortuito, casual.
random access I acceso aleatorio I acceso casual (informática).
random access memory (RAM) I memoria de acceso aleatorio.
random access programing I programación de acceso aleatorio.
random channel I canal aleatorio.
random electrostatic field I campo eléctrico aleatorio.
random encounter I choque aleatorio (nuclear).
random file I archivo de acceso aleatorio.

random sampling | muestreo aleatorio.
random scattering | dispersión aleatoria.
random signal | señal casual (telecomunicación).
random-access file | fichero de acceso selectivo.
randomization | aleatorización.
randomize (to) | aleatorizar.
randomizing scheme | sistema de aleatorización.
random-loading spectrum | espectro de carga aleatoria.
random-net simulation | simulación por red aleatoria.
random-orbit satellite | satélite de órbita variable.
range | extensión, alcance | distancia.
range accuracy | exactitud en distancia (radar).
range and deflection receiver | receptor de alcance y deriva.
range angle | ángulo de alcance (bombardeo aéreo).
range beacon | faro de localización.
range calibrator | calibrador de alcances | calibrador de distancia.
range chamber | cámara de dosificación.
range chart | gráfica de recorrido.
range circle | círculo de distancia.
range control | control de distancia | control del alcance.
range corrector | corrector de alcances.
range corrector setting | compensación telemétrica.
range data transmission | transmisión de datos del recorrido.
range delay | retardo de alcance (electromagnetismo).
range deviation | desviación en alcance (balística).
range drum | tambor del alza (cañones).
range error | error en alcance.
range estimation | cálculo del alcance.
range finder | localizador de señal | telémetro | buscador de margen (comunicaciones).
range finder station | estación telemétrica.
range finding | telemetría.
range indicator | indicador de distancias.
range light | luz de balizamiento | luz de enfilación (navegación) | luz blanca del palo de popa (buques) | luz de situación | luz de posición.
range mark | marca de distancia (radar).
range marker | marcador de alcance.
range of bearings | gama azimutal.

range of frequencies | espectro de frecuencias | banda de frecuencias.
range of the radar set | alcance del equipo de radar.
range of tide | amplitud de la marea.
range of visibility | alcance de visibilidad.
range of visión | alcance visual.
range of voltage | gama de voltajes.
range plotter | registrador de alcances.
range quadrant | escuadra de nivel.
range ring | anillo marcador de distancia (radar).
range scale | tabla de alzas | escala de distancias.
range search | exploración en distancia (radar).
range selector | selector de alcance | selector de banda.
range station | radiofaro.
range sweep | barrido de distancia.
range switch | conmutador de gamas.
range transmitter | transmisor de alcances.
range unit | unidad de distancia (radar).
range zero | calibración de distancia cero (radar).
range-dial | disco de alcances, cuadrante de puntería en elevación, cuadrante de alcances, indicador de distancias (artillería).
rangefinder station | estación telemétrica.
range-splitter probe | sonda divisora de escala.
ranging | determinación de distancia | reglaje en alcance (artillería) | exploración a gran distancia (aviación) | medición de distancias.
ranging pole | jalón, mira topográfica.
ranging rod | mira topográfica | jalón.
rapcon | rapcon (aviación).
rapid | rápido.
rapid digital automatic computing (R.A.D.A.C.) | sistema de cálculo automático digital | radac.
rapid start | arranque rápido.
rare | raro | enrarecido, rarificado.
rare gas | gas inerte | gas noble.
rarefied gas | gas rarificado | gas enrarecido.
raser | raser (electricidad).
rasp-cut file | escofina.
rasping file | escofina.
raster | trama, exploración total de imagen (TV).
raster scan | exploración de trama.
rat race | derivador (guía de ondas) | puente de radiofrecuencias, puente de guía de ondas.
ratchet | trinquete.
ratchet coupling | embrague de trinquete | acoplamiento de trinquete.
ratchet drill | taladro de trinquete.
ratchet feed | avance por trinquete.

ratchet gear I dispositivo de retención.

ratchet lever I palanca de trinquete.

ratchet pawl I gatillo de trinquete.

ratchet shaft I eje del trinquete.

ratchet tool I herramienta de trinquete.

ratchet wheel I rueda de escape I rueda de trinquete.

ratchet-drive I accionado por trinquete (telecomunicación).

ratchet-stop I cabeza de fricción.

ratchetting I formación de la trama (televisión) I movimiento diferencial entre la vaina y el combustible nuclear.

ratchetting end wrench I llave de trinquete.

rate I proporción, porcentaje I régimen, intensidad I frecuencia I relación.

rate control I control derivado (electrónica).

rate gyro I giroscopio que mide la velocidad angular de viraje (aviones).

rate integrating gyro I giroscopio angular (avión).

rate motor I motor de sincronización.

rate of advance I velocidad de progresión.

rate of change relay I relé de velocidad de cambio.

rate of chemical reaction I velocidad de reacción química.

rate of climb I régimen de ascenso.

rate of cutting I velocidad de corte.

rate of decay I velocidad de desintegración (radiactividad).

rate of deceleration I régimen de retardo.

rate of deposition I velocidad de deposición (electrodos soldadura).

rate of descent I velocidad de descenso.

rate of discharge I velocidad de descarga.

rate of disintegration I velocidad de desintegración (nuclear).

rate of feed I velocidad de avance.

rate of fire I cadencia de tiro, ritmo de fuego.

rate of flow I velocidad de paso I caudal medio (hidráulica) I régimen de descarga, régimen de corriente.

rate of heat input I densidad calorífica, gasto calorífico.

rate of heating I gradiente del calentamiento.

rate of progress I ritmo de avance.

rate of turn I velocidad angular de viraje (aviones).

rate of-turn gyro rotor I rotor giroscópico de viraje.

rate (to) I evaluar I estimar.

rate tracking I rastreo de velocidad.

rate transmitter I emisor de señal de velocidad.

rated coil current I corriente nominal de excitación.

rated current I corriente de régimen I voltaje de régimen.

rated full output I potencia máxima normal.

rated input I carga máxima (motores).

rated load I carga de régimen.

rated output I potencia de régimen I potencia nominal de salida.

rated power I potencia de régimen.

rated pressure I presión de régimen I voltaje de régimen.

rated speed I velocidad de régimen.

rated torque I momento torsional de régimen (electricidad).

rated voltage I voltaje de régimen.

rated voltage drop I caída de voltaje normal.

rated working current I corriente nominal de funcionamiento.

rating I valor nominal I régimen nominal.

rating chart I gráfico de regímenes I curva de cargas.

rating curve I curva de gastos (hidráulica).

rating flume I conducto de aforo (hidráulica).

rating machine I máquina calibradora.

rating plate I placa de datos I placa signalética.

rating speed I velocidad de régimen.

ratio I proporción I relación.

ratio error I error de transformación, variación de la relación entre los voltajes del primario y secundario (transformadores).

ratio gage I indicador de relación, indicador de porcentaje.

ratio meter I medidor del porcentaje (magnetismo) I logómetro.

ratio of cutoff I relación de admisión (máquinas vapor).

ratio of expansion I relación de expansión.

rational I racional.

rational formula I fórmula empírica, fórmula de constitución (química).

rational horizon I horizonte verdadero.

rational power I potencia racional.

rato I despegue ayudado por un cohete auxiliar (aviones).

rattle I resonancia acústica.

rattle jack I esquisto carbonoso.

rattler I tambor desarenador (fundición) I zumbador (electricidad).

rauvite I rauvita.

raw I material en bruto I crudo.

raw data I datos sin procesar (informática).

raw material I materia prima.

raw ore I mineral bruto.

raw slag I escoria cruda.

raw stock I película virgen (cine).
raw tape I cinta virgen (cinta magnética).
rawin balloon I globo radiosonda.
rawin equipment I equipo de radiosondeo I equipo de radioviento.
rawin station I estación de radioviento.
rawinsonde I radiosonda del viento (meteorología).
ray I rayo I recorrido (de onda radio) I trayectoria.
ray filter I filtro cromofotográfico (fotomecánica) I pantalla fotocrónica.
ray locking I bloqueo del haz.
ray of light I rayo de luz (óptica).
ray (to) I emitir rayos.
ray tube I tubo de rayos catódicos.
rayl I raylio (acústica).
Rayleigh scatter I difusión de Rayleigh (física).
Rayleigh-distributed vector I vector con distribución Rayleigh.
rayon I rayón.
rayproof I protegido contra rayos.
razon I misil radiocontrolado cuadridireccional.
razor-stone I piedra de asentar filos I novaculita.
RC coupling I acoplamiento por resistencia-capacidad.
RC tester I probador de resistencias y condensadores.
RC-ladder network I cuadripolo de escala de resistencia-capacidad.
reach I alcance I extensión, distancia.
reach factor I factor de alcance (imanes).
reaching definition I definición de alcance.
reach-through voltage I tensión de penetración (semiconductores).
reactance I reactancia.
reactance chart I gráfico de reactancia.
reactance coil I bobina de reactancia.
reactance coupling I acoplamiento de reactancia.
reactance diode I diodo de reactancia.
reactance load I carga reactiva.
reactance meter I reactancímetro.
reactance modulation I modulación por reactancia.
reactance network I red reactiva.
reactance relay I relé de reactancia.
reactance tube I válvula de reactancia.
reactance valve I tubo de reactancia.
reactance voltage I tensión de reactancia.
reactance winding I arrollamiento de reactancia.
reactant I reactivo (química) I reactante.

reactimeter I medidor de reactividad.
reacting core I núcleo reactor.
reacting field I campo de reacción (electricidad).
reaction I reacción.
reaction alternator I alternador de reacción.
reaction chain I reacción en cadena.
reaction coil I bobina de reactancia.
reaction engine I motor de reacción.
reaction motor I motor de reacción.
reaction propulsion I propulsión a reacción.
reaction rate I velocidad de reacción.
reaction stage I expansión de reacción (turbinas).
reaction turbine I turbina de reacción.
reaction-and-impulse turbine I turbina de acción y de impulsión, turbina mixta.
reactivate (to) I reactivar.
reactivation I reactivación.
reactive I reactivo.
reactive bond I enlace reactivo (química).
reactive circuit I circuito reactivo.
reactive current I corriente reactiva.
reactive energy I energía reactiva.
reactive factor I coeficiente de reactancia.
reactive load I carga reactiva.
reactive meter I contador reactivo.
reactive power I potencia reactiva (electricidad).
reactive power meter I vatímetro de potencia reactiva.
reactive power relay I relé de potencia reactiva.
reactive voltage I tensión reactiva.
reactive volt-amperes I potencia reactiva, energía reactiva, voltios-amperios reactivos.
reactor I reactor (electricidad) I reactor nuclear I motor de reacción.
reactor block I bloque del reactor (nuclear).
reactor control I control del reactor (nuclear).
reactor core I núcleo del reactor nuclear.
reactor cycle I ciclo de carga (reactor).
reactor fuel I combustible del reactor.
reactor lattice I emparrillado de un reactor I retículo del reactor.
reactor neutron flux I flujo neutrónico del reactor.
reactor noise I fluctuación estadística de la población neutrónica.
reactor oscillator I oscilador de un reactor.
reactor pit I cámara del reactor (nuclear).
reactor poison I veneno del reactor (nuclear).
reactor power level I nivel de potencia del reactor nuclear.
reactor reactivity I reactividad del reactor.

reactor simulator I simulador de reactor.
reactor tube I tubo de reactancia.
reactor vessel I recipiente de seguridad del reactor nuclear.
read couple I acoplamiento de lectura (informática).
read cycle I ciclo de lectura (informática).
read head I cabeza de lectura (informática).
read only memory (R.O.M) I memoria solamente de lectura.
read out I salida por lectura (informática).
read out (to) I leer de salida (informática).
read output I señal de salida de lectura (informática).
read pulse I impulso de lectura (informática).
read time I tiempo de lectura (informática).
read (to) I leer (informática).
read while write I lectura-escritura a la vez (informática).
read write check indicator I indicador verificador de lectura-escritura (informática).
reader I lector (informática).
read-while-write check I control de lectura y escritura simultánea (informática).
read-write head I cabeza de lectura-grabación (informática).
ready iron I hierro formado (pudelado).
ready signal I señal de invitación a transmitir (telegrafía).
reagent I reactivo (química).
real I real, efectivo.
real circuit I circuito real (telecomunicaciones).
real field of view I campo de visión efectivo.
real focus I foco real (óptica).
real horizon I horizonte verdadero.
real image I imagen real (óptica).
real line I línea real (telefonía).
real power I potencia activa.
real time I tiempo real (informática).
real time clock I reloj de tiempo real (informática).
real time computer I ordenador explotado en tiempo real (informática).
real time computer system I sistema de proceso de datos en tiempo real (informática).
real time computing I cálculo en tiempo real (informática).
real time control I control de tiempo real (informática).
real time data I datos de tiempo real (informática).
real time inquiry I consulta en tiempo real (informática).
real time operation I funcionamiento en tiempo real (informática).

real time processing I procesamiento en tiempo real (informática).
real time remote inquiry I consulta a distancia en tiempo real (informática).
real time system I sistema de tiempo real (informática).
real time working I trabajo en tiempo real (informática).
real-time input I entrada en tiempo real (informática).
real-time output I salida en tiempo real (informática).
ream I resma (papel).
ream cutter I guillotina para cortar papel.
ream (to) I escariar, mandrilar.
reamed bolt I perno ajustado.
reamer I escariador I máquina de escariar I fresa cónica para escariar, avellanador I barrena de ensanchar (sondeos).
reamer arbor I eje portaescariador.
reamer bit I trépano rectificador (pozos) I barrena de ensanchar (sondeos).
reamer drill I broca escariadora.
reamer holder I portaescariador.
reaming bit I barrena escariadora.
reaming blade I cuchilla escariadora.
reaming fixture I montaje para escariar.
reaming machine I escariadora.
reaming-die I cojinete escariador.
reaming-tap I macho escariador.
rear I trasero I posterior.
rear axle I eje posterior.
rear edge I borde posterior.
rear engine I motor trasero.
rear feed I alimentación posterior.
rear light I luz piloto.
rear pinion I piñón trasero.
rear plate I placa posterior.
rear screen projection I retroproyección.
rear transmission box I caja de transmisión trasera.
rear view I vista posterior (dibujo).
rear wheel I rueda trasera.
rear-arch I arco interior.
rear-brake camshaft I eje de levas del freno posterior.
rearrangement I reordenación I redisposición (telecomunicación) I reajuste.
rearward communications I comunicaciones terrestres (estaciones).
rearward microwave communications link I enlace terrestre de comunicaciones por microondas.
rearward microwave link I enlace terrestre por microondas.

rearward takeoff I despegue hacia atrás (aviación).

reboiler I intercambiador de calor, hervidor I equipo de transferencia calorífica.

rebound valve I válvula de recuperación (amortiguador hidráulico).

rebroadcast I retransmisión.

rebroadcast (to) I retransmitir (radio).

rebroadcasting transmitter I retransmisor I reemisor.

recall signal I señal de llamada (telefonía).

recalling key I llave de llamada (telefonía).

receive antenna I antena receptora.

receive branch I ramal de recepción (telecomunicaciones).

receive chain I cadena de recepción (telecomunicaciones).

receive frequency I frecuencia de recepción.

receive gain I ganancia de recepción (telecomunicaciones).

receive leg I ramal de recepción (telecomunicaciones).

receive wave I onda de recepción.

received power I potencia de recepción.

receiver I receptor I colector (calderas) I antecrisol (cubilote).

receiver bandwidth I ancho de banda del receptor.

receiver changeover I conmutación de receptores (telecomunicaciones).

receiver circuit I circuito receptor.

receiver demodulator I receptor desmodulador.

receiver end I punto de recepción (telecomunicaciones).

receiver gage I galga receptora.

receiver gating I conmutación del receptor I activación del receptor.

receiver hook I gancho conmutador (telefonía).

receiver lockout system I sistema de bloqueo de receptores (radiocomunicaciones).

receiver synchro I sincrorreceptor.

receiver-transmitter amplifier I amplificador receptor-transmisor.

receiving amplifier I amplificador de recepción.

receiving area I zona de recepción (radio).

receiving bandwidth I anchura de banda de recepción.

receiving branch I ramal de recepción.

receiving circuit I circuito receptor.

receiving distributor I distribuidor receptor.

receiving electrode I electrodo receptor.

receiving end voltage I voltaje en el extremo receptor I voltaje final de recepción.

receiving filter I filtro de recepción (telecomunicación).

receiving leg I rama receptora (telecomunicación).

receiving level I nivel de recepción (telecomunicación).

receiving location I punto de recepción (telecomunicación).

receiving relay I relé receptor (telecomunicación).

receiving set I equipo receptor.

receiving station I estación receptora.

receiving telegraphist I telegrafista receptor.

receiving tube I tubo receptor I válvula receptora (termiónica).

receiving unit I unidad receptora.

reception area I zona de recepción (radiocomunicación).

receptive power I potencia de audición.

recessed I rebajado, ahuecado I embutido.

recessed head I cabeza ahuecada.

recessed nut I tuerca ahuecada.

recessed switch I conmutador de ranura.

recharge I recarga.

rechargeable battery I acumulador recargable I batería recargable.

rechargeable energy cell I acumulador de energía recargable.

recharging current I corriente de recarga.

reciprocal bearing I marcación recíproca (navegación).

reciprocal course I rumbo inverso (navegación).

reciprocal diagram I diagrama de fuerzas.

reciprocating compressor I compresor de pistón I compresor de émbolo.

reciprocating engine I máquina alternativa I motor de pistones.

reciprocating feeder I alimentador oscilante.

reciprocating motion I movimiento alternativo, movimiento de vaivén.

reciprocating pump I bomba aspirante e impelente I bomba de émbolo I bomba alternativa.

reciprocating saw I sierra alternativa.

recirculate (to) I recircular.

recirculating furnace I horno de recirculación.

recirculation I recirculación.

reckon (to) I estimar (marina).

reckoning I estima (marina).

recloser I interruptor con reconexión automática, disyuntor automático I reconectador (electricidad).

reclosing I reconexión I reenganche.

reclosing breaker I interruptor de reconexión.

reclosing fuse cutout | automático de fusible restablecedor | disyuntor automático.

recode selector | selector de recodificación (informática).

recode (to) | recodificar.

recodify (to) | recodificar.

recognition light | luz de señalización.

recoil | movimiento de retroceso | retroceso (armas de fuego) | desimanación.

recoil brake | freno de retroceso.

recoil buffer | amortiguador de retroceso.

recoil click | trinquete de seguridad.

recoil control | regulación del retroceso.

recoil curve | curva de desimanación (electrotecnia).

recoil cylinder | freno de retroceso | cilindro del freno (cañones, etc).

recoil electron | electrón de retroceso.

recoil line | línea de desimanación.

recoil nucleus | núcleo de retroceso.

recoil particle detector | detector por retroceso.

recoil proton | protón de retroceso.

recoil rod | vástago del freno.

recoil (to) | retroceder.

recoil velocity | velocidad de retroceso.

recombination | recombinación (electrónica).

recombiner | recombinador.

recondition (to) | reacondicionar | reparar (máquinas).

reconnaissance | reconocimiento | exploración.

reconnaissance aircraft | avión de reconocimiento.

reconnaissance boat | lancha de reconocimiento.

reconnaissance flare | cohete de iluminación.

reconnaissance flight | vuelo de reconocimiento.

reconversion | reconversión.

record | registro | grabación.

record circuit | circuito registrador | línea de anotadora (telefonía).

record current | corriente de grabación.

record head | cabeza de registro (informática).

record line | línea de anotación (telefonía).

record load | carga de registros.

record locking | registro bajo llave (informática).

record player | tocadiscos.

record relay | relé de registro.

record ribbon | cinta registradora.

record tape | cinta de registro.

record (to) | registrar | grabar.

recorded program | programa grabado.

recorder | aparato registrador del sonido | registrador.

recorder chart | gráfico registrado.

recorder room | estudio de sonido (registro).

recording | registro | grabación.

recording accelerometer | acelerógrafo.

recording actinometer | actinógrafo.

recording altimeter | altígrafo | altímetro registrador.

recording ammeter | amperímetro registrador.

recording amplifier | amplificador de registro.

recording anemometer | anemómetro registrador.

recording channel | canal de registro.

recording equalizer | compensador para grabación sonora.

recording gage | manómetro registrador.

recording hydrometer | densímetro registrador.

recording level | nivel de grabación.

recording level controller | controlador registrador del nivel.

recording level indicator | indicador del nivel de grabación.

recording needle | aguja marcadora (aparatos).

recording rain gage | pluviógrafo | pluviómetro registrador.

recording tachometer | tacógrafo | tacómetro registrador.

recording trunk | línea de registro de llamadas (telefonía) | enlace de registro (electricidad).

recording voltmeter | voltímetro registrador.

recording-playback head | cabeza grabadora-lectora.

recording-reproducing switch | selector registro/lectura.

recording-reproducing unit | unidad registradora y reproductora.

recording-room | central de registro (cine sonoro).

record-playback amplifier | amplificador de registro y reproducción.

recovery | recuperación | restablecimiento.

recovery current | corriente de recuperación.

recovery cycle | ciclo de restablecimiento.

recovery diode | diodo de recuperación.

recovery of the line | desmonte de la línea (telecomunicaciones).

recovery time | tiempo de restablecimiento | tiempo de recuperación (diodo).

recovery voltage | voltaje de recuperación | tensión de recuperación.

recrystallization | recristalización.

rectangular cathode | cátodo rectangular.

rectangular signal | señal de onda rectangular.

rectangular voltage pulse | impulso rectangular de voltaje.

rectangular wave | onda rectangular.

rectangular waveguide I guía de ondas paralelepipédica I guiaondas rectangular.

rectangular wiring I armado en rectángulo (telecomunicaciones).

rectangular-pulses generator I generador de impulsos rectangulares.

rectification I rectificación I corrección.

rectification distillation I destilación a reflujo (química).

rectified I corregido I rectificado.

rectified alternating current I corriente alterna rectificada.

rectified current I corriente rectificada.

rectified tension I tensión continua.

rectified transformer I transformador para rectificadores.

rectified tube I lámpara rectificadora, válvula rectificadora (termiónica).

rectified voltage I voltaje rectificado.

rectified-type ammeter I amperímetro de válvula rectificadora.

rectifier I rectificador I válvula rectificadora (electrónica), convertidor estático (de corriente alterna a continua).

rectifier bridge I puente rectificador (electrotecnia).

rectifier diode I diodo rectificador.

rectifier for hoisting-magnet I convertidor para electroimán portante.

rectifier gas tube I tubo rectificador de gas.

rectifier panel I panel rectificador.

rectifier pool I cubeta del rectificador (electrotecnia).

rectifier probe I sonda rectificadora.

rectifier reverse current I corriente inversa de rectificación.

rectifier tube I tubo rectificador.

rectify (to) I rectificar.

rectifying I rectificación.

rectifying circuit I circuito rectificador.

rectifying commutator I permutatriz (electricidad).

rectifying prism I prisma enderezador (óptica).

rectifying tube I tubo rectificador I válvula rectificadora.

rectilinear scanning I escansión rectilínea (TV) I exploración por líneas (TV).

recuperation of current I recuperación de corriente.

recuperative cycle I ciclo recuperativo.

recuperative furnace I horno de recuperación.

recuperative gas turbine I turbina de gases de recuperación.

recuperative heat exchanger I termocambiador recuperativo.

recuperator I recuperador.

recurrence I repetición I recurrencia.

recurrence frequency I cadencia, periodicidad.

recurrence period I periodo de recurrencia.

recurrence rate I cadencia.

recurrent network I red recurrente.

recurrent period I periodo recurrente, periodo cíclico.

recurrent series I serie recurrente.

recurrent structure I red recurrente.

recurrent surge I impulso cíclico.

recurrent surge generator I generador de impulsos cíclicos.

recurrent surge oscillograph I oscilógrafo de onda pulsante.

recurrent surge oscilloscope I osciloscopio de impulsos cíclicos.

recurrent sweep I barrido recurrente.

recurrent waveform I onda recurrente.

recursion I repetición (informática).

recycle I recirculación.

recycle (to) I reciclar I recircular I recuperar.

recycled fuel I combustible recirculado (nuclear).

red amplifier I amplificador del rojo (TV).

red antimony I antimonio rojo.

red brass I bronce.

red cobalt I cobalto arseniado, eritrina.

red copper ore I cuprita.

red filter I filtro del rojo (TV).

red heat I calda roja, temperatura del rojo.

red iron ore I hematites roja, ocre rojo, almagre.

red lead I minio.

red lead cement I mástique de minio.

red lead ore I plomo rojo, crocoíta, plomo cromatado.

red lead oxide I óxido de plomo.

red lead putty I mástique de minio.

red ochre I ocre rojo, almagre, hematites roja.

red shortness I fragilidad en caliente.

red silver I sanguinita, pirargirita I proustita.

red topaz I rubí del Brasil.

red vitriol I vitriolo rojo, sulfato de cobalto.

reddle I sanguina I almagre, ocre rojo.

rediffusion I redifusión.

rediffusion channel I canal de radiodistribución.

rediffusion transmitter I emisor de radiodistribución.

rediffusion wave I onda de redifusión.

redox I redox (química).

redox cell I célula de reducción-oxidación.

redox potential I potencial de reducción-oxidación.

redox reaction I reacción de oxidación-reducción.
redox system I sistema de reducción-oxidación I sistema redox.
redraw machine I rebobinadora.
redrawing I rebobinado, trascanado.
redress current I corriente enderezada.
redress (to) I rectificar.
reduce (to) I aminorar la velocidad I reducir.
reduced band I banda reducida.
reduced carrier I portadora reducida (onda).
reduced focal length I distancia focal reducida.
reduced power I potencia reducida.
reduced rate I velocidad reducida I potencia reducida.
reduced speed I velocidad reducida.
reduced voltage I voltaje reducido.
reducer I reductor de velocidad I atenuador.
reducing I reducción, disminución I desoxidación (química).
reducing elbow I codo de reducción (tuberías).
reducing flange I brida reductora.
reducing furnace I horno de reducción.
reducing gear I engranaje desmultiplicador.
reducing nipple I conectador de reducción.
reducing pipe I racor.
reducing pipe-fitting I conectador reductor (tuberías).
reducing reaction I reacción de reducción (química).
reducing train I tren desmultiplicador (de velocidad).
reducing transformer I transformador reductor.
reducing valve I válvula reductora.
reducing-agent I agente reductor.
reducing-wheel I muela abrasiva de desbastar.
reduction I reducción I disminución.
reduction gear train I tren de engranajes de reducción.
reed I lengüeta I urdimbre (tejidos) I peine (urdidor).
reed and comb I peine y carda.
reed and pick I urdimbre y trama.
reed blade I diente del peine (textiles).
reed relay I relé de láminas.
reed switch I conmutador de láminas (electricidad).
reef I filón de cuarzo aurífero I filón tabular (minería) I arrecife.
reel I carrete I devanadora I molinete I carretel, aspa.
reel aerial I antena de carretel.
reel antenna I antena de carretel.
reel brake I freno del carretel.

reel (to) I devanar, bobinar (tejeduría).
reeling frame I devanadora.
reeling machine I devanadora I bobinadora.
reemission I reemisión.
reemitter I reemisor (T.V. radio).
reentrant winding I bobinado cerrado I devanado cerrado.
reentry I reentrada.
reentry blackout I interrupción de las comunicaciones por reentrada en la atmósfera (nave espacial).
reface (to) I rectificar (asiento válvulas) I repasar en el torno I repasar (cojinetes) I retornear.
refacer I reavivador de muelas de rectificar I rectificadora de asientos de válvulas.
reference I referencia.
reference angle I ángulo de referencia.
reference bit I bit de referencia (informática).
reference burst I ráfaga de referencia (TV).
reference channel I canal de referencia.
reference color I color de referencia (TV).
reference frequency I frecuencia de referencia.
reference gage I patrón de referencia, calibre patrón.
reference level I nivel de referencia.
reference line I línea de referencia.
reference monitor I monitor patrón (TV).
reference oscillator I oscilador de referencia.
reference pilot I onda piloto.
reference point I punto de referencia I punto acotado (mapas).
reference recording I registro de referencia.
reference signal I señal de referencia.
reference telephonic power I volumen de referencia (telecomunicaciones).
reference tube I tubo de referencia.
reference voltage I voltaje de referencia.
reference volume I volumen de referencia.
refile I retransmisión (telefonía).
refine (to) I refinar, purificar.
refined gold I oro refinado, oro de copela.
refined lead I plomo dulce, plomo refinado.
refiner I refinador I horno de afino.
refinery I horno de afino I refinería I destilería.
refinery furnace I horno de refinar, horno de afino.
refining I destilación I refinación.
refining furnace I horno de afinación, horno de afino.
refining heat I calda de afino (metalurgia).
refining plant I refinería.
refining slag I escoria dulce.
refining-steel I acero de afino.
refit I reajuste.
refit (to) I reparar I reajustar I carenar (buques).

reflect (to) I reflejar, reflectar.
reflectance I reflectancia (óptica).
reflectance spectrophotometer I espectrofotómetro de reflectancia.
reflected I reflejado, reflejo.
reflected assembly I montaje con reflector (nuclear).
reflected binary code I código binario reflejado.
reflected current I corriente reflejada (electricidad).
reflected electron I electrón reflejado.
reflected light I luz reflejada.
reflected power I potencia reflejada (electricidad).
reflected reactor I reactor nuclear con reflector para neutrones.
reflected signal I señal reflejada.
reflected sound I sonido reflejado I sonido cíclico.
reflected-beam kinescope I cinescopio de haz reflejado.
reflected-light meter I fotómetro de luz reflejada.
reflecting electrode I electrodo de reflexión.
reflecting galvanometer I galvanómetro de reflexión.
reflecting goniometer I goniómetro de reflexión.
reflecting projector I proyector de transparencias.
reflecting telescope I telescopio de reflexión.
reflection I reflexión I reflejo.
reflection densitometer I densitómetro por reflexión.
reflection error I error por reflexión (radionavegación).
reflection loss I pérdida de reflexión.
reflection meter I reflectómetro.
reflection plotter I trazador de reflexión I reflectoscopio.
reflection seismograph I sismógrafo de reflexión.
reflective I reflectante.
reflective optics I óptica de proyección (televisión).
reflectometer I reflectómetro.
reflectometry I reflectometría.
reflector I reflector.
reflector electrode I electrodo de reflexión.
reflector space I espacio de reflexión (klistron).
reflector voltage I tensión de reflector (electrónica).
reflectoscope I reflectoscopio.

reflex I reflejo (electricidad) I reentrante (electroacústica) I reverberación.
reflex amplification factor I factor de amplificación reflejo (tubo electrónico).
reflex amplifier I amplificador de reflexión.
reflex baffle I pantalla reflectora.
reflex bunching I agrupamiento reflexivo (electrónica).
reflex circuit I circuito reflejo.
reflex sight I visor reflex.
reflex transconductance I transconductancia refleja.
reflexion densitometer I densitómetro de reflexión.
reflux I reflujo.
reflux-type capacitor I capacitor de contracorriente.
reflux-valve I válvula de retención (tuberías).
refracted light I luz refractada.
refracted neutron I neutrón refractado.
refracted wave I onda refractada.
refracting I refringente I refractante.
refraction I refracción.
refraction index I índice de refracción (óptica).
refraction survey I prospección de refracción.
refractive I refringente I refractivo.
refractive index I índice de refracción.
refractive modulus gradient I gradiente del módulo de refracción.
refractive power I poder refringente.
refractometer I refractómetro.
refractor I telescopio de refracción I refractor (electricidad).
refractory I refractario I pirorresistente.
refractory coating I recubrimiento refractario.
refractory dielectric I dieléctrico de refracción de rayos.
refractory lining I revestimiento refractario.
refractory ore I mineral refractario, mineral duro.
refractory slag I escoria refractaria.
refractory steel I acero refractario, acero pirorresistente.
refractoscope I refractoscopio.
refrigerant I frigorígeno, refrigerante.
refrigerant gas I gas refrigerante.
refrigerate (to) I refrigerar.
refrigerating compressor I compresor frigorígeno.
refrigerating cycle I ciclo de refrigeración.
refrigerating plant I instalación frigorífica I planta refrigeradora.
refrigerating system I instalación frigorífica.
refrigeration condenser I condensador de refrigeración.

refrigeration system controller | controlador del sistema de refrigeración.

refrigerator | refrigerador.

refrigerator circulating pump | bomba de circulación del refrigerador.

refrigerator pipe | tubo refrigerante.

refuel (to) | reaprovisionar, repostar.

refueller | buque repostador | avión para repostar en vuelo | camión cisterna de combustible.

refuelling | reaprovisionamiento | repostaje.

refuelling machine | máquina para la recarga del combustible (reactor nuclear).

refused communication | comunicación rechazada.

regap (to) | ajustar la separación entre los electrodos (bujía encendido de motores).

regenerating | regeneración | recuperación.

regenerating braking | frenado por recuperación (electricidad).

regenerating device | aparato regenerador.

regenerating-furnace | horno recuperador | horno regenerador.

regeneration | regeneración.

regenerative | regenerativo | reactivo.

regenerative amplification | amplificación de reacción.

regenerative braking | frenado retroactivo | frenado regenerativo.

regenerative cell | pila regenerable.

regenerative circuit | circuito reactivo.

regenerative coupling | acoplamiento de reacción.

regenerative detector | detector de reacción.

regenerative electrical oscillator | oscilador eléctrico regenerativo.

regenerative feedback | realimentación regenerativa (electrónica).

regenerative heat treatment | termotratamiento regenerativo.

regenerative pulse generator | generador de impulsos de regeneración.

regenerative repeater | repetidor de regeneración.

regenerator | regenerador | recuperador, cámara de recuperación del calor (hornos metalúrgicos).

regenerator chamber | cámara del recuperador (hornos).

region of anode | región anódica.

region of cathode | región catódica.

register | registro.

register chooser | buscador registrador (telefonía).

register circuit | circuito emisor (telefonía) | circuito de registro.

register finder | buscador registrador (telefonía).

register pin | clavija de fijación.

register relay | relé contador.

register selector | buscador de registrador (telefónica).

register sender | transmisor del registrador.

reglet | corondel, regleta (tipografía).

regular | regular | constante, continuo.

regular feed | avance continuo | alimentación regular (máquinas).

regular reflectance | reflectancia regular.

regular reflection | reflexión especular.

regular station | estación regular (telecomunicación).

regular transmission | transmisión sin difusión | transmisión regular.

regularization | regularización.

regulate (to) | regular, regularizar.

regulated station | estación regulada (telecomunicación).

regulating | regulación | reglaje.

regulating coil | bobina reguladora.

regulating rod | barra de regulación (reactor).

regulating switch | conmutador de carga.

regulating valve | válvula estabilizadora | válvula de regulación.

regulating voltage | voltaje de regulación.

regulating winding | arrollamiento de equilibrio.

regulation | reglaje, regulación.

regulation of wires | regulación de conductores (telecomunicación).

regulator | regulador | cronómetro regulador.

regulator circuit | circuito regulador.

regulator cock | grifo de distribución, grifo regulador.

regulator diode | diodo regulador.

regulator valve | válvula del regulador.

rehearsal | repetición (TV) | ensayo.

reheat | calentamiento intermedio del vapor entre dos expansiones (máquinas alternativas, turbinas) | recuperación de calor (calderas).

reheat factor | factor de recalentamiento.

reheat stage | etapa de recalentamiento (termodinámica).

reheat steam turbine | turbina de vapor con sobrecalentamiento intermedio.

reheat (to) | recalentar (metalurgía).

reheated steel | acero recalentado.

reheater | recalentador | poscombustor (motor de chorro).

reheater engine | máquina alternativa de vapor en que la exhaustación del cilindro de alta se recalienta antes de ser admitido en el cilindro de media presión.

reheating I recalentamiento I recocido (metalurgia) I poscombustión (motor de chorro).
reheating coil I serpentín recalentador.
reheating oven I horno de recalentar (lingotes).
reignition I reencendido, reignición.
reinforce (to) I reforzar I armar (hormigón).
reinforced concrete I hormigón armado.
reinforced timbering I entibación armada, entibado reforzado (minas).
reinforcing I reforzamiento I armadura (hormigón armado).
reinforcing angle I ángulo de refuerzo.
reinforcing arch I arco de refuerzo I arco toral (bóvedas).
reinsertion of carrier I reinserción de portadora (radiocomunicación).
reject I pieza rechazada (inspecciones).
reject gate I compuerta de purga.
rejected material I material desechado.
rejected signal I señal rechazada (telecomunicación).
rejection band I banda de rechazo (radio).
rejection circuit I circuito eliminador I circuito de supresión.
rejection filter I filtro eliminador de banda (radio).
rejective circuit I circuito eliminador.
rejector I rechazador I eliminador.
rejector circuit I circuito eliminador, circuito de reactancia.
rel I rel (unidad de reluctancia).
relative address I dirección relativa (informática).
relative addressing I direccionamiento relativo (informática).
relative attenuation I atenuación relativa.
relative bearing I marcación relativa.
relative concentration I concentración relativa (nuclear).
relative conductance I conductancia relativa.
relative course I rumbo relativo.
relative damping I amortiguamiento relativo.
relative drift I deriva relativa.
relative entropy I entropía relativa.
relative frequency I frecuencia relativa (informática).
relative power I potencia relativa.
relative power gain I ganancia relativa en potencia.
relative pressure I presión relativa.
relative response I respuesta relativa (electroacústica).
relative scatter intensity I intensidad relativa de dispersión (óptica).

relative volatility I volatilidad relativa (química).
relative voltage drop I caída relativa de tensión (electricidad).
relative voltage level I nivel relativo de tensión (telecomunicación).
relativistic electron I electrón relativista.
relativistic invariance I invariancia relativista.
relaxation I mitigación I atenuación.
relaxation circuit I circuito de relajación.
relaxation cycle I ciclo de relajación.
relaxation frequency I frecuencia de relajación (radio).
relaxation oscillator I oscilador de descarga I oscilador de relajación.
relay I relé I relevador (telefonía) I servomotor I repetidor (telegrafía).
relay automatic system I sistema automático de relés.
relay bias coil I bobina de polarización de relé (electricidad).
relay chain I cadena de relés.
relay channel I canal relevador.
relay circuit I circuito de relé.
relay contact I contacto de relé.
relay core I núcleo de relé.
relay driver I excitador de relé.
relay impedance I impedancia del relé.
relay link I radioenlace.
relay magnet I electroimán de relé.
relay network I red de retransmisión.
relay point I estación retransmisora I punto de relevo (telecomunicación).
relay power supply I fuente de alimentación de relés.
relay satellite I satélite repetidor.
relay selector I selector de relé.
relay station I estación repetidora, estación retransmisora.
relay switch I conmutador relé.
relay system I sistema de retransmisión.
relay (to) I reemitir (TV, radio) I retransmitir (radio) I transmitir por repetidor.
relay tower I torre de retransmisión (radio).
relay tube I tubo-relé.
relayed I retransmitido (radio) I accionado por relé.
relaying I reemisón (TV, radio) I instalación de relés I retransmisión.
relay-set I grupo de relés (telefonía).
release I desconexión I desenganche I desprendimiento de gases I emisión, escape de vapor.
release bearing I cojinete de desembrague.
release cam I leva de desembrague.
release circuit I circuito de liberación.

release coil I bobina de desconexión.
release gear I dispositivo de desconexión.
release lag I tiempo de reposición (electrotecnia).
release magnet I electroimán de liberación.
release of oscillations I enganche de oscilaciones (telecomunicación).
release of shutter I disparo del obturador.
release signal I señal de desconexión.
release the motor (to) I arrancar el motor.
release time I duración de la transmisión.
release (to) I desprender (gases) I emitir (humo), poner en marcha, poner en movimiento I desenganchar.
release valve I válvula de descarga I válvula de seguridad.
release wire I hilo de desconexión I hilo activo (telefonía).
releaser I separador I desenganchador I desconectador.
releasing I desenganche I desconexión I desembrague I desengrane.
releasing arrangement I dispositivo de desembrague.
releasing current I corriente de desconexión.
releasing gear I mecanismo de desconexión I mecanismo de disparo.
releasing lever I palanca de desbloqueo I palanca de disparo I palanca de desconexión I palanca de desembrague.
releasing magnet I electroimán de desconexión.
releasing mechanism I mecanismo de desconexión.
reliability I fiabilidad I seguridad de funcionamiento, regularidad de marcha, funcionalidad (máquinas).
reliability run I marcha de regularidad.
relief I relieve, realce I elevación.
relief angle I ángulo de destalonado (herramientas) I ángulo de incidencia I ángulo de relieve.
relief cam I leva de descompresión (motores).
relief culvert I alcantarilla de alivio.
relief displacement I desplazamiento de relieve (aerofotogrametría).
relief period I intervalo de reposo (telefonía).
relief port I lumbrera de escape (motores).
relief sewer I aliviadero.
relief valve I válvula de seguridad I válvula de entrada de aire I válvula de descarga.
relief well I pozo de drenajes (presas) I pozo de alivio I pozo de auxilio (sondeo petróleo).
relieve (to) I destalonar (herramientas) I rebajar (maquinado).

relieving anode I ánodo descargador.
relieving arch I arco de descarga.
relieving cam I leva de descompresión (motores).
relieving mechanism I mecanismo de desconexión.
relieving tackle I aparejo de retenida I aparejo de trinca I polipasto de recambio.
reload I recarga (reactor nuclear).
reload (to) I recargar.
relocatable code I código reubicable (informática).
relocate (to) I trasladar I reubicar I transferir.
relocation I reubicación (informática) I cambio de trazado.
reluctance I reluctancia (electricidad), resistencia magnética.
reluctance factor I factor de reluctancia.
reluctance generator I alternador reactivo.
reluctance torque meter I torsiómetro de reluctancia.
reluctance tuning I sintonía por reluctancia.
reluctivity I reluctividad (electricidad).
reluctometer I reluctómetro.
rem (roentgen equivalent man) I rem (dosis unitaria biológica).
remanence I imanación residual I remanencia magnética I remanencia (electricidad).
remelt technique I técnica de refusión.
remelt (to) I refundir, licuar de nuevo.
remelted cast iron I fundición de segunda fusión.
remelting furnace I horno de segunda fusión.
remote I remoto.
remote access I acceso a distancia (telecomunicación).
remote antena ammeter I teleamperímetro de antena.
remote compass I telebrújula.
remote computing system I sistema informático remoto.
remote control I control remoto I telemando I telecontrol I control a distancia.
remote control switch I teleinterruptor.
remote control unit I equipo de telemando I unidad de control a distancia.
remote cutoff I corte remoto.
remote cut-off valve I válvula de corte remoto.
remote detection I teledetección.
remote electrical control I telemando eléctrico.
remote gain control I telemando de ganancia.
remote guidance I teleguiaje.
remote handling I telemanipulación.
remote indicator I teleindicador.
remote keying I telemanipulación.

remote line I línea remota (telecomunicación).
remote manipulator system I sistema de manipulación remota (robots).
remote manual board I conmutador manual remoto (telefonía).
remote marking I telerreferencia.
remote measurement I telemedición.
remote meter I telémetro.
remote pickup I toma de escenas exteriores (TV).
remote printing station I estación impresora remota (informática).
remote processing I teleproceso I telegestión.
remote receiving station I estación receptora remota (radiocomunicaciones).
remote recording I registro a distancia.
remote sensing I teledetección I lectura a distancia (informática).
remote tuning I telesintonización.
remote-control antenna I antena de telemando.
remote-control break switch I disyuntor de telemando.
remote-control receiver I receptor de telecontrol.
remote-cutoff tube I válvula de corte remoto.
removable I desmontable.
removal I eliminación I traslado I remoción (neutrones) I desmontaje.
removal of fault I supresión de un defecto (electrotecnia).
remove (to) I trasladar I remover I suprimir.
rendezvous I reunión en órbita (cosmonaves).
rendezvous in space (to) I reunirse en el espacio (cosmonaves).
rendezvous manoeuvre I maniobra para la reunión (cosmonaves).
rendezvous radar I radar de cita.
renewable I renovable, reemplazable, cambiable.
renewable energy I energía renovable.
renewable fuse I fusible recambiable.
repair I reparación.
repair (to) I reparar I carenar.
repeat a signal (to) I repetir una señal.
repeat function I función de repetición.
repeat mechanism I mecanismo de repetición.
repeated signal I señal repetida.
repeater I repetidor, amplificador (telefonía, telegrafía).
repeater circuit I circuito de repetidor (telefonía).
repeater coil I bobina repetidora.
repeater jammer I perturbador repetidor (radar).
repeater line I línea de repetidor (telefonía).

repeater point I punto repetidor (telecomunicaciones).
repeater section I sección de amplificación I sección de repetición (telecomunicaciones).
repeatered circuit I circuito con repetidores.
repeatered line I línea con repetidores (telecomunicación).
repeating decimal I decimal de repetición (matemáticas).
repeating register I registrador repetidor (telecomunicaciones).
repeating relay I relé repetidor.
repel protons (to) I repeler protones.
repel (to) I repeler I rechazar.
repeller I reflector (electrónica).
repeller electrode I electrodo de reflexión.
reperforator I perforador receptor.
repetition I repetición.
repetition echo I eco de repetición.
repetition frequency I frecuencia de repetición.
repetition rate I frecuencia de repetición.
repetitive I iterativo.
repetitive account I cuenta de repetición periódica (informática).
repetitive addressing I direccionamiento reiterativo.
repetitive analog computer I calculadora analógica repetitiva.
repetitive checking I comprobación cíclica.
repetitive differential analyzer I analizador diferencial repetitivo.
repetitive motion I movimiento recurrente.
replace (to) I sustituir, cambiar, reemplazar.
replaceable I sustituible I renovable I reemplazable.
replacement I repuesto I sustitución.
replacement energy I energía de sustitución.
replacement engine I motor de sustitución.
replacement parts I piezas de recambio, recambios, piezas de repuesto.
replacements I piezas de recambio, recambios.
replay I respuesta (telecomunicación) I reproducción (grabación magnética).
replenisher I dinamo para cargar acumuladores I cuba de recuperación I regenerador I reforzador.
replica I réplica, reproducción I modelo.
reply I seña I respuesta (radar).
report I boletín de información, informe.
report call I llamada de aviso (telefonía).
reprint I reimpresión I reedición.
reprocessing I reproceso I reelaboración I reciclaje.

reprocessing loss I pérdida por reprocesamiento (nuclear).
reproduce (to) I reproducir.
reproducer I reproductor I fonocaptor.
reproduction I reproducción I copia.
reproduction channel I canal de reproducción.
reproduction factor I factor de multiplicación (nucleónica).
reproduction set I aparato reproductor (electroacústica).
repulsion I repulsión.
repulsion electrometer I electrómetro de repulsión.
repulsion motor I motor de repulsión.
repulsive I repulsivo.
repulsive core I núcleo repulsivo.
repulsive energy I energía de repulsión.
repulsive force I fuerza repulsiva (física).
repulsiveness I repulsividad.
request I solicitud I petición.
request for information I petición de información (telefonía).
request/reply transmission I transmisión pregunta-respuesta I transmisión a petición (telecomunicaciones).
reradiate (to) I retransmitir (radio).
reradiation I retransmisión (radio).
rerecording I transferencia de la banda sonora de un film a otro I regrabación I retranscripción.
rerecording amplifier I amplificador de regrabación.
rerecording console I consola de regrabación (TV).
rerecording system I sistema de regrabación (estudio de sonido).
reroute (to) I cambiar la ruta I reencaminar.
rerouting I reencaminamiento (telecomunicación).
rerun I repetición de pasada I repaso.
rerun (to) I repetir I reprocesar.
rescue I rescate.
rescue boat I bote de salvamento.
rescue frequency I frecuencia de salvamento (radiocomunicaciones).
rescue ship I buque de salvamento.
rescue vehicle I vehículo de salvamento.
research I investigación I prospección.
research reactor I reactor nuclear para la investigación.
research rocket I cohete experimental I cohete de investigación.
research satellite I satélite de investigación.
research station I estación experimental.
research vessel I buque hidrográfico.

reseat (to) I hacer un asiento nuevo (válvulas).
reseater I rectificadora de asientos de válvulas.
reserve I reserva.
reserve aircraft I avión de reserva.
reserve bars I barras de reserva (centrales eléctricas).
reserve battery I batería de reserva.
reserve circuit I circuito de reserva (telecomunicaciones).
reserve equipment I planta de reserva (electricidad) I equipo de reserva.
reserve group I grupo de reserva (telecomunicaciones).
reserve link I sección de reserva (telecomunicaciones).
reserve power I potencia de reserva (motores).
reserve section I sección de reserva (telecomunicaciones).
reserve tank I depósito de reserva.
reserves of ore I reservas de mineral.
reservoir I depósito I embalse I yacimiento de petróleo I roca madre, roca-almacén.
reservoir rock I roca reservorio, roca almacén.
reset I puesta a cero I vuelta al estado inicial I reposición I restauración.
reset a cycle (to) I restaurar un ciclo.
reset and start (to) I borrar e iniciar.
reset button I pulsador de reposición.
reset check I verificación de borrado de reposición (informática).
reset circuit I circuito de reposición.
reset contactor I disyuntor de reconexión.
reset cycle I ciclo de puesta a cero.
reset key I tecla de borrado.
reset pulse I impulso de reposición I impulso de borrado.
reset relay I relé de reenganche.
reset signal I señal de puesta a cero I señal de inicialización.
reset switch I conmutador de reposición I disyuntor de reconexión.
reset (to) I borrar I reenganchar I reajustar.
reset-input I entrada de reenganche.
resettability I reajustabilidad.
resettable I borrable.
resetting I reposición I reajuste.
resetting cam I leva de reposición.
resetting detector switch I conmutador detector de reposición.
resetting device I aparato de puesta a cero I dispositivo de reposición (electricidad) I dispositivo de rearme (relés).
resetting value I valor de desenganche (relés).
reshaping circuit I circuito de conformación.
residual I residual.

residual band I banda residual.
residual capacitance I capacitancia residual.
residual current I corriente residual.
residual deposit I criadero residual (geología).
residual energy I energía remanente.
residual gap I entrehierro (relés).
residual impedance I impedancia residual.
residual impulse I impulso residual (telecomunicaciones).
residual induction I inducción residual I inducción remanente.
residual intensity I intensidad remanente (nuclear).
residual loss I pérdida residual.
residual magnetism I magnetismo remanente.
residual pulse I impulsión residual (telecomunicaciones).
residual radiation I irradiación residual (explosión nuclear).
residual screw I tope antirremanente (relés).
residual stress I esfuerzo residual.
residual stud I placa antirremanente (relés).
residual voltage I voltaje residual.
residue gas I gas seco (petróleo).
residuum I residuos indestilables del crudo (petróleo).
resilience I resiliencia I elasticidad.
resilient I flexible (montajes) I resiliente, elástico.
resilient mounting I montaje flexible.
resin I resina.
resin coating I revestimiento de resina.
resin-encapsulated circuit I circuito embebido en resina sintética.
resin-encapsulated component I componente encapsulado en resina.
resist I materia protectora aislante I capa protectora.
resistance I resistencia eléctrica I reóstato.
resistance adapter I adaptador de resistencia.
resistance angle I ángulo de rozamiento.
resistance annealing I recocido por corriente eléctrica.
resistance attenuator I atenuador de resistencia.
resistance box I caja de resistencias (electricidad).
resistance braking I frenado reostático.
resistance coil I bobina de resistencia.
resistance contact I contacto de resistencia.
resistance coupling I acoplamiento a resistencia.
resistance furnace I horno de resistencia.
resistance gage I patrón de resistencia.
resistance graduation I graduación de la resistencia.

resistance loss I pérdida por efecto Joule.
resistance measurement I medida de aislación I medida de resistencia.
resistance pad I atenuador de resistencia.
resistance relay I relé de resistencia.
resistance thermometer I termómetro de resistencia.
resistance to abrasion I resistencia al rozamiento.
resistance to earth I resistencia a tierra.
resistance to motion I resistencia al movimiento I resistencia pasiva (máquinas).
resistance to sensitization I resistencia a la sensibilización (aceros).
resistance tube I tubo de resistencia.
resistance unit I unidad de resistencia.
resistance value I valor de resistencia.
resistance valve I válvula de retención.
resistance welder I soldadora por resistencia eléctrica.
resistance welding I soldadura por resistencia.
resistance-capacitance circuit I circuito de resistencia y capacidad.
resistance-capacitance coupling I acoplamiento por resistencia-capacidad.
resistance-capacitance network I red resistiva-capacitativa.
resistance-capacity filter I filtro resistencia-capacidad.
resistance-furnace I electrohorno de resistencia.
resistance-start motor I motor de arranque con resistor.
resistance-thermometer detector I detector termométrico de resistencia.
resisting torque I par de resistencia (eletricidad).
resistive I cuerpo no conductor (electricidad) I resistivo I resistente.
resistive circuit I circuito de gran resistencia.
resistive conductor I conductor resistivo.
resistive coupling I acoplamiento resistivo.
resistive voltage I caída de tensión resistiva.
resistive voltage divider I reductor de tensión por resistencia.
resistive-loop coupler I acoplador de espira resistiva.
resistivity I resistividad, resistencia específica.
resistor I reóstato I resistor.
resistor core I núcleo del resistor.
resistor fuse I resistor fusible.
resistor network I red resistiva.
resistor runner I resistor con cursor.
resistor sparkplug I bujía con resistencia.
resistor unit I resistor.

resmelt (to) I refundir.

resnatron I resnatrón (tetrodo).

resolution I descomposición (matemáticas), redisolución (química) I resolución I definición (televisión).

resolution characteristics I características de resolución (lentes).

resolution in azimuth I poder de resolución en acimut (radar).

resolution in range I poder de resolución en distancia (radar).

resolution limit I límite de resolución (microscopios).

resolution of current I descomposición de la corriente.

resolution wedge I haz de definición.

resolver I separador I reductor.

resolver set I dispositivo de resolución.

resolving power I poder resolutivo I poder de resolución I poder separador.

resolving time I tiempo de resolución.

resolving time correction I corrección de tiempo de resolución (radio).

resonance I resonancia.

resonance absorption energy I energía de absorción por resonancia (radio).

resonance amplifier I amplificador de resonancia.

resonance box I caja de resonancia.

resonance capture I captura por resonancia.

resonance current step-up I amplificación de corriente de resonancia.

resonance effect I efecto de resonancia.

resonance energy I energía de resonancia.

resonance energy band I banda de energía de resonancia.

resonance fluorescence I fluorescencia de resonancia.

resonance flux I flujo de resonancia.

resonance frequency meter I frecuencímetro de resonancia.

resonance integral I integral de resonancia.

resonance level I nivel de resonancia.

resonance oscillatory circuit I circuito oscilante de resonancia.

resonance peak I cresta de resonancia.

resonance reactor I reactor de resonancia.

resonance resistance I resistencia de resonancia.

resonance scattering I dispersión de resonancia.

resonance sharpness I agudeza de resonancia (radio).

resonance spectrum I espectro de resonancia.

resonance transformer I transformador sintonizado.

resonance tube I tubo de resonancia.

resonance vibration I vibración de resonancia.

resonant I resonante I de resonancia.

resonant antenna I antena sintonizada.

resonant capacitor I condensador resonante.

resonant chamber switch I conmutador de cavidades resonantes (electrónica).

resonant critical speed I velocidad crítica de resonancia (motores).

resonant dipole I dipolo resonante.

resonant earthed system I red de suministro compensada (electricidad).

resonant extraction I extracción resonante (ciclotrón).

resonant resistance I resistencia de resonancia.

resonant wavelength I longitud de onda resonante.

resonate (to) I resonar I sintonizar I entrar en resonancia (física).

resonator I resonador.

resonator wavemeter I ondámetro de resonancia.

resonistor I resonistor.

responder I detector (electricidad) I retransmisor, respondedor (de radiofaro interrogador).

responder beacon I radiofaro respondedor.

response I respuesta I rendimiento.

response analysis program I programa de análisis de respuestas.

response frequency I frecuencia de respuesta.

response linearity I linealidad de respuesta.

response spectrum I espectro de respuesta.

response time I tiempo de respuesta.

responser I respondedor (de radiofaro interrogador) I receptor (de radiofaro interrogador).

responsiveness I capacidad de respuesta I respondencia (radio).

responsor I receptor (de radiofaro interrogador).

rest current I corriente permanente (electricidad).

rest electromotive force I fuerza electromotriz en reposo.

rest mass I masa en reposo I masa propia (atómica).

rest potential I voltaje en reposo.

restart I reanudación I reencendido.

restart address I dirección de reanudación del programa (informática).

restart point I punto de reanudación (informática).

restart (to) I poner en marcha (máquinas) I recebar (inyectores, bombas) I reanudar I reiniciar.

resting frequency I frecuencia portadora estabilizada (radio) I frecuencia de reposo, frecuencia nominal (modulación de frecuencia).

resting point I punto de reposo.

restoration I restablecimiento I renovación I restauración (arquitectura).

restore (to) I volver al estado inicial I regenerar I restablecer I restituir.

restored wave I onda reconstituida.

restorer I restaurador I restablecedor (TV).

restoring circuit I circuito restablecedor.

restoring moment I momento restablecedor (aeronáutica).

restoring network I red restauradora.

restoring time I tiempo de recuperación (telecomunicación).

restoring torque I par de reposición (electrotecnia) I par antagonista (llamada).

restrained beam I viga empotrada.

restraint I restricción I limitación.

restricter I limitador.

restriction valve I válvula reguladora de la velocidad.

restrictor I válvula de freno I válvula reductora I restrictor.

restrictor valve I válvula limitadora I válvula de estrangulación.

restriking I restablecimiento de arco (electricidad) I corriente de retorno (interruptores).

restriking voltage I tensión de reencendido (electrotecnia) I voltaje de reencendido, voltaje de recebado, voltaje de restablecimiento (arco eléctrico).

retainer I dispositivo de retenida.

retainer pin I pasador de retención.

retainer ring I anillo de retención.

retainer spring I muelle de retención.

retaining I retención I sujección.

retaining bolt I perno de retención.

retaining coil I bobina de retención.

retaining device I dispositivo sujetador.

retaining nut I tuerca de retenida.

retaining pawl I linguete de retención.

retaining pin I clavija de sujeción.

retaining plate I placa de retención.

retaining rim I reborde de retención.

retaining rod I tirante.

retaining screw I tornillo sostenedor.

retaining tackle I aparejo de retenida.

retaining valve I válvula de retención (tuberías).

retaining zone I banda de sincronización (televisión).

retard I retraso I retardo (encendido motores).

retardation I retardo I aceleración negativa.

retardation coil I bobina de inductancia, bobina de reacción, bobina de impedancia.

retardation cylinder I cilindro amortiguador.

retardation effect I efecto de retardo.

retardation mechanism I mecanismo de retardo.

retardation plate I placa de retardo (óptica).

retarded acceleration I aceleración negativa.

retarded action fuze I espoleta de retardo.

retarded combustion I combustión retardada (motores).

retarded ignition I ignición retardada.

retarded relay I relé diferido, relé temporizado.

retarding electrode I electrodo decelerador I electrodo de retardación.

retarding force I fuerza retardadora, fuerza frenante.

retarding torque I par de frenado I par retardador.

retarding valve I válvula moderadora.

retarding-field oscillator I oscilador de campo retardador.

retention I retención.

retention circuit I circuito de retención.

retention of a scene I retención de una imagen (TV).

retention of images I persistencia de imágenes (retina).

retention range I banda de sincronización (televisión).

retention time I tiempo de retardo.

reticulation I reticulación.

retinite I retinita (mineral).

retornation-wave I onda de retroceso.

retort I retorta.

retort carbon I carbón de retorta.

retort furnace I horno de retorta.

retort oven I horno de retorta.

retorting I destilación en retortas.

retrace I retorno, retracción, retroceso del haz electrónico.

retrace blanking I borrado de retorno.

retrace ghost I imagen fantasmal de retorno.

retrace interval I intervalo de retorno (TV).

retrace line I línea de retorno (TV).

retrace time I intervalo de retorno (TV).

retractability I retractabilidad.

retractable I retractable I plegable.

retractable aileron I alerón retráctil.

597

retractable undercarriage l aterrizador retráctil.
retractable visor l visor de abertura.
retractable wheel l rueda plegable.
retracting l refringente, refractante.
retracting crank l manivela retráctil.
retracting gear l mecanismo retractor.
retracting lever l palanca retractora.
retracting mechanism l mecanismo retractor.
retracting telescope l telescopio de refracción.
retransmission l retransmisión.
retransmission unit l unidad de retrasmisión.
retransmit (to) l retransmitir.
retransmitter l retransmisor.
retransmitting station l estación retransmisora.
retrievability l posibilidad de acceso (informática).
retrieval l búsqueda selectiva (informática).
retrieval time l tiempo de acceso a la información.
retrieving l búsqueda selectiva (informática).
retroactive circuit l circuito de reacción.
retroactive detector l detector de reacción.
retrograde l retrógrado.
retrograde motion l movimiento retrógrado.
retrograde velocity l velocidad retrógrada, retrovelocidad.
retrograde vernier l nonio retrógrado.
retrogressive erosion l erosión retrocedente (geología).
retrogressive welding l soldeo retrógrado.
retroscopic lens l lente retroscópica.
return l retorno.
return beam l haz de retorno.
return bend l curva de retorno l codo de retorno (construcción).
return busy tone l tono de ocupación de retorno (telefonía).
return channel l canal de vuelta.
return circuit l circuito de retorno (electricidad).
return code l código de retorno.
return connection l conexión de retorno.
return current l corriente de retorno, corriente reflejada (telefonía).
return current coefficient l coeficiente de adaptación (telecomunicaciones).
return echo l señal de retorno.
return electrons l electrones de rechazo.
return feeder l alimentador de retorno.
return jump l instrucción de retorno (informática).
return lead l conductor de vuelta, hilo de vuelta (electricidad).
return light l señal de respuesta.

return line l línea de retroceso l línea de retorno.
return loss l atenuación de adaptación l pérdida de retorno (telecomunicación) l atenuación de equilibrio (telefonía - EE UU).
return measuring set l reflectómetro.
return path l circuito de retorno.
return piping l tubería de retorno.
return shaft l pozo de salida del aire de ventilación (minas).
return signal l señal de respuesta l señal de retorno.
return speed l velocidad de retroceso.
return to neutral l retorno a la posición neutra.
return video l retorno de señal de vídeo.
return wave l onda de depresión (explosiones).
return wire l hilo de retorno (electricidad) l hilo de vuelta (eletricidad).
return-code register l registro de código de retorno.
return-flow wind tunnel l túnel aerodinámico de circuito cerrado.
return-to-zero gear l mecanismo de puesta a cero.
return-to-zero recording l grabación con retorno a cero.
rev up (to) l acelerar, embalar (motores).
reverberant l resonante l reverberante.
reverberant sound l sonido reverberante.
reverberate (to) l resonar l reverberar.
reverberation l eco l reverberación.
reverberation chamber l cámara de reverberación.
reverberation response l respuesta de reverberación.
reverberation-time meter l reverberómetro.
reverberator l reflector (del calor, luz) l reverberador.
reverberatory l horno de reverbero.
reverberatory furnace l horno de reverbero.
reversal l reposición l reversión.
reversal of current l conmutación l inversión de corriente.
reversal of polarity l inversión de polaridad.
reverse arm l cruceta atravesada (telecomunicación).
reverse battery metering l cómputo por inversión de alimentación (electricidad).
reverse bearing l rumbo inverso.
reverse bending l plegado alternativo.
reverse bias l polarización inversa.
reverse breakdown l disrupción en sentido inverso (semiconductores).

reverse calculating switch | interruptor inversor de cálculo (informática).

reverse cavetto | caveto invertido (arquitectura).

reverse channel | canal de retorno.

reverse clutch | embrague de contramarcha.

reverse coding | codificación inversa.

reverse contact | contacto de inversión (electrotecnia).

reverse coupling | acoplamiento contrarreactivo.

reverse current | contracorriente, corriente invertida.

reverse current braking | frenado por inversión de corriente.

reverse current coil | bobina de inversión de corriente.

reverse current cutout | disyuntor de corriente inversa.

reverse direction | sentido inverso (diodos).

reverse drive | marcha atrás | contramarcha.

reverse flattening test | prueba de aplastamiento inverso (tubos).

reverse gear | mecanismo de cambio de marcha | engranaje de retroceso.

reverse grid current | corriente inversa de rejilla (electrónica).

reverse grid potential | potencial inverso de rejilla (electrónica).

reverse grid voltage | tensión inversa de rejilla (electrónica).

reverse image | imagen en negativo (fotografía).

reverse leakage current | corriente inversa de fuga (diodos).

reverse loss | atenuación en sentido inverso.

reverse motion | marcha atrás.

reverse polarity arc | arco de polaridad invertida.

reverse power | potencia reactiva (corriente alterna).

reverse reaction | contrarreacción (radio).

reverse running | marcha atrás.

reverse scan | exploración hacia atrás (informática).

reverse segregation | segregación inversa (metalurgia).

reverse (to) | invertir | invertir la marcha | dar marcha atrás.

reverse voltage | tensión inversa (diodos).

reverse-bias voltage | voltaje de polarización inversa.

reverse-current circuit breaker | disyuntor direccional, disyuntor de contracorriente.

reversed image | imagen invertida | imagen negativa.

reversed negative | negativo invertido (fotografía).

reversed polarity rectifier | rectificador de polaridad invertida.

reverse-flow valve | válvula de contraflujo.

reverse-phase relay | relé de inversión de fase.

reverse-polarity silicon diode | diodo de silicio de polaridad inversa.

reverse-power relay | relé direccional, relé de corriente invertida.

reverser | inversor de corriente, conmutador inversor | inversor de marcha.

reversibility | reversibilidad.

reversible | reversible | revocable, anulable.

reversible booster | generador regulador | elevador reversible de tensión.

reversible cartridge diode | diodo de cartucho reversible.

reversible circuit | circuito reversible (telecomunicaciones).

reversible friction clutch | embrague de fricción reversible.

reversible process | sistema reversible.

reversible sound program | transmisión radiofónica reversible.

reversible television channel | canal reversible de televisión.

reversible transducer | transductor bilateral | transductor reversible.

reversing | cambio de marcha.

reversing contactor | contactor inversor.

reversing gear | mecanismo de cambio de marcha | mecanismo de inversión.

reversing lever | palanca de inversión (teleimpresión) | palanca de cambio de marcha.

reversing link | sector del cambio de marcha, sector de Stephenson.

reversing motion | cambio de marcha, mecanismo de cambio de marcha.

reversing point | punto de inversión.

reversing pole | polo de conmutación.

reversing prism | prisma inversor.

reversing shaft | cambio de marcha (ferrocarril).

reversing starter | reóstato de cambio de marcha.

reversing torque converter | convertidor de par inversor.

reversing turbine | turbina de ciar.

reversing-switch | inversor, conmutador inversor, inversor de corriente, interruptor inversor.

reversing-valve | válvula de inversión | válvula de cambio de marcha.

reversion | reversión.

reversive control system I sistema de control por impulsos reenviados (telefonía).

reverting call I llamada de reversión (telefonía) I llamada revertida.

revertive blocking I bloqueo inverso (telecomunicaciones).

revertive control I control por impulsiones inversas.

revertive impulse I impulso inverso (telecomunicaciones).

revetment I revestimiento.

revolution I vuelta I revolución.

revolution counter I tacómetro I contador de vueltas.

revolution indicator I cuentarrevoluciones I taquímetro.

revolving I giratorio, rotativo.

revolving antenna I antena giratoria.

revolving beacon I faro giratorio.

revolving bow I arco pivotante.

revolving box loom I telar revólver, telar de varias lanzaderas.

revolving claps I abrazadera giratoria.

revolving coil magneto I magneto de inducido giratorio.

revolving crane I grúa de pivote.

revolving field I campo giratorio.

revolving furnace I horno giratorio.

revolving kiln I horno giratorio.

revolving light I luz giratoria I luz de destellos (faros).

revolving radiobeacon I radiofaro giratorio.

revolving saw I sierra circular.

revolving screen I criba giratoria (metalurgia).

revolving storm I ciclón (meteorología).

revolving vane anemometer I anemómetro de molinete.

rewind I rebobinado.

rewind reel I carrete de rebobinado.

rewind (to) I rebobinar.

Reynolds number formula I fórmula del número de Reynolds.

RF AF signal generator I generador de señalar de RF y AF.

RF alternator I alternador de RF.

RF amplification I amplificación de RF.

RF amplifier cathode I cátodo del amplificador de radiofrecuencia.

RF antenna lighting choke I reactor de RF para iluminación de antena.

RF bandwidth I ancho de banda RF (radiofrecuencias).

RF cable I cable de RF.

RF choke I reactor de RF.

RF coil I bobina de RF.

RF component I componente de RF.

RF converter I convertidor de RF.

RF current I corriente de RF.

RF energy I energía radioeléctrica.

RF envelope indicator I indicador de envolvente de RF.

RF gain I ganancia en RF.

RF generator I generador de energía RF.

RF grid current I corriente de RF de rejilla.

RF harmonic I armónica de frecuencia radioeléctrica.

RF head I cabeza de RF (radio).

RF heating I caldeo por radiofrecuencia.

RF indicator I indicador de RF.

RF input I entrada de radiofrecuencia (imagen y sonido).

RF interference I perturbaciones radioeléctricas.

RF intermodulation distortion I distorsión por intermodulación de radiofrecuencia.

RF leak I fuga de corrientes.

RF leak detector I detector de escapes de RF.

RF line I línea de transmisión de RF.

RF link I radioenlace.

RF load I carga de RF.

RF monitor I monitor de RF.

RF noise I perturbación radioeléctrica.

RF oscillator I oscilador de RF.

RF out I salida de radiofrecuencia (sonido-imagen).

RF output limited I limitador de potencia de radiofrecuencia.

RF path I trayectoria radioeléctrica.

RF pentode I pentodo para RF.

RF pickup I captación de RF.

RF power amplifier I amplificador de potencia de RF.

RF power probe I sonda de energía de RF.

RF preselector I preselector de RF.

RF probe I sonda de RF.

RF pulse I impulso de RF.

RF resistance I resistencia a las altas frecuencias.

RF response I respuesta de RF.

RF shift I desplazamiento de RF.

RF signal generator I generador de señales RF.

RF spectrometer I espectrómetro de radiofrecuencia.

RF spectrum I espectro de frecuencias radioeléctricas.

RF stage I etapa amplificadora de RF.

RF test set I aparato para prueba en RF.

RF tolerance I tolerancia a la energía radioeléctrica.

RF transformer I transformador de RF.
RF transmission line I línea de transmisión de RF.
RF wave I onda de hiperfrecuencia.
RF wireless remote control I radiotelemando.
RFI meter I medidor para interferencia radioeléctrica.
rhabdomancy I rabdomancia I radiestesia.
rhenium I renio.
rheoelectricity I reoelectricidad.
rheograph I reógrafo.
rheology I reología.
rheometer I reómetro I galvanómetro.
rheophore I reóforo (electricidad).
rheostat I reóstato.
rheostat starting I arranque con reóstato.
rheostatic braking I frenado reostático.
rheostatic regulator I regulador reostático.
rheostatic starter I arrancador reostático.
rheotome I reótomo.
rheotrope I reótropo (física) I conmutador de inversión (electricidad).
rho meson I mesón rho.
rhodium I rodio (Rh).
rhomb I rombo I romboedro (cristalografía).
rhomb spar I dolomita.
rhombic antenna I antena rómbica.
rhombic mica I flogopita.
rhumb I rumbo I curva loxodrómica I línea de rumbo I derrota loxodrómica (navegación).
rhumb bearing I línea loxodrómica (navegación).
rhumb course I ruta loxodrómica.
rhumb line I derrota loxodrómica (navegación).
rhumbatron I rumbatrón.
rhyobasalt I riobasalto.
rhyolite porphyrye I pórfido riolítico.
rhyolithic tuff I toba riolítica.
rib I nervio, nervadura (arquitectura) I arco I resalte, saliente, reborde I cuaderna (buques) I puntal I pilar de seguridad (galería minas).
rib bolt I perno nervado.
rib cooling I enfriamiento por aletas.
rib (to) I poner nervios I nervar (chapas) I reforzar.
ribbed I nervado (chapas) I estriado I acanalado.
ribbed arch I arco nervado.
ribbed frame I bastidor nervado.
ribbed pipe I tubo de aletas.
ribbed vault I bóveda de nervios.
ribbing I nervadura I nerviación de refuerzo I cuadernaje (buques).
ribbon I cinta de impresión I cinta I tira, banda.
ribbon agate I ágata ónix, ágata listada.

ribbon cable I cable cinta (telecomunicaciones).
ribbon cell I célula fotovoltaica de cinta.
ribbon connector I cinta conectora.
ribbon driver I impulsor de cinta.
ribbon element I elemento de cinta (electricidad).
ribbon microphone I micrófono de cinta.
ribbon multiple I múltiple de cinta (telefonía).
ribbon rock I roca veteada.
ribbon saw I sierra de cinta.
Ricci calculus I cáculo tensorial I cálculo de Ricci.
rich blastfurnace gas I gas rico de altohorno.
rich coal I hulla grasa.
rich lime I cal grasa.
riddle I criba I cedazo I tamiz.
riddle drum I criba giratoria.
riddle (to) I cribar.
riddler I cribador.
ride gain I control de volumen (radio).
ride (to) I rodar I tener huelgo I funcionar.
ride to the wind (to) I luchar contra el viento al ancla.
ridge I arista, nervio I reborde I cresta de alta presión (meteorología).
ridge fillet I reborde de filete.
ridge reamer I escariador de lomo.
ridge (to) I acanalar I estriar.
ridgepiece I parhilera, cumbrera.
riding anchor I ancla de sujección (buques).
riding bitt I bita de fondeo.
riding cable I cadena que une el buque a la cadena del muerto (fondeo permanente).
riding chock I estopor (buques).
riding light I luz de fondeo (buques) I luz de situación (buques, aviones).
riding surface I superficie de rodaje I superficie de trabajo (cojinetes).
rifle I fusil I rifle.
rifle-bolt I cierre de cerrojo (fusiles).
rifle-bore (to) I rayar (ánima cañones).
rifled barrel I cañón rayado (fusil).
rifled bore I ánima rayada.
rifling bench I máquina de rayar cañones, torno para rayar.
rifling groove I raya (ánima de cañones).
rift I hendidura, grieta I crucero principal (canteras) I crucero (cristalografía).
rifted I fisurado, hendido.
rig I mecanismo de maniobra I cabria I torre de perforación I tren de sondeo I equipo perforador I aparejo (pozo de petróleo).
rig (to) I montar (máquinas) I equipar.
rig up (to) I montar (aparatos).
rigger I polea de transmisión, polea de mando.

rigging | aparejo (de poleas) | montaje (de una máquina).
rigging pin | pasador de reglaje.
rigging position | posición de reglaje.
rigging screw | tornillo de ayustar.
right | derecho, derecha | recto, exacto | correcto.
right angle | ángulo recto.
right electrode | electrodo recto.
right handed (R.H.) | paso a derecha.
right sailing | navegación ortodrómica.
right signal | señal de la derecha.
right stereo channel | canal estéreo de la derecha.
right switch | cambio a la derecha (ferrocarril).
right (to) | corregir, rectificar | enderezar | adrizar (marina).
right-angle bend | codo en ángulo recto.
right-angle drive | accionamiento en ángulo recto (engranajes).
right-angle projection | proyección ortogonal.
right-hand | dextrogiro.
right-hand rule | regla de Fleming (electricidad).
right-handed twist | torsión dextrogira.
rigid | rígido.
rigid coupling | acoplamiento rígido.
rigid fastening | fijación rígida.
rigid frame | bastidor rígido | estructura rígida.
rigid joint | junta rigida.
rigid metal conduit | tubo-conducto rígido (electricidad).
rigid repeater | repetidor rígido (cables submarinos).
rigid support | soporte rígido.
rim | borde, margen | orilla, reborde | llanta (ruedas, poleas) | corona (rueda engranajes).
rim bolt | perno de llanta.
rim drive | arrastre por correa | accionamiento por corona dentada.
rim forging | pieza forjada para coronas (engranajes).
rim magnet | imán neutralizador de campo.
rime | grieta, hendidura, cenceñada | escarcha.
rime (to) | escariar.
rimer | escariador.
rimer tap | macho de escariar.
rimming steel | acero efervescente, acero semidesoxidado.
ring | anillo | aro | anilla, argolla.
ring anode | ánodo de anillo.
ring armature | inducido de anillo.
ring bolt | perno de argolla.
ring circuit | circuito en anillo (electricidad).
ring clutch | embrague de anillo.

ring coil | bobina toroidal.
ring compound | compuesto cíclico.
ring connection | conexión en polígono | conexión de bucle (telecomunicación).
ring core | núcleo anular.
ring counter | contador en anillo (electrónica).
ring counting circuit | circuito contador en anillo.
ring current | corriente anular, corriente circular.
ring demodulator | desmodulador en anillo.
ring gage | calibre de anillo.
ring gear | engranaje anular.
ring main | canalización circular | circuito cerrado.
ring manifold | colector anular (motor radial).
ring microphone | micrófono de cuadrilátero.
ring modulator | modulador anular.
ring oscilator | oscilador en anillo.
ring retard | anillo de retardo.
ring rheostat | reóstato de anillo.
ring spanner | llave de anillo.
ring switch | conmutador de anillo.
ring tension | tensión circunferencial.
ring time | tiempo de oscilación parásita.
ring winding | devanado anular | arrollamiento en anillo.
ringdown | llamada manual (telecomunicación).
ringdown circuit | circuito de señalización manual.
ringdown signaling | señalización manual (telefonía).
ringer | martinete pequeño | dispositivo de llamada | llamador (teléfono).
ringing | anillamiento | zunchamiento | llamada de timbre | señal de llamada.
ringing amplifier | amplificador oscilante.
ringing battery | batería de llamada (telecomunicaciones).
ringing chamber | cámara resonante (radar).
ringing changeover switch | conmutador de timbre (telecomunicaciones).
ringing circuit | circuito de llamada (telefonía) | circuito de oscilación.
ringing impulses | impulsos de llamada.
ringing key | llave de llamada.
ringing position | posición de llamada (telefonía).
ringing relay | relé de llamada.
ringing repeater | repetidor de llamada (telefonía).
ringing set | indicador acústico (radio).
riometer | riómetro (medidor de la opacidad relativa ionosférica).

ripper | formón de hender | sacaclavos, escarificadora | desgarrador (tubería pozos petróleo).

ripping | aserrado al largo | aserrado paralelo a un canto (maderas).

ripping chisel | formón de carpintero | escoplo curvo.

ripping saw | sierra para aserrar al hilo.

ripple | onda | ondulación | fluctuación, variación pequeña del voltaje.

ripple component | componente onduladora | componente alterna residual.

ripple control | telerregulación por corrientes alternas de audiofrecuencia que circulan por la red de energía.

ripple current | corriente con fluctuaciones | corriente continua ondulada.

ripple factor | factor de ondulación.

ripple filter | filtro para fluctuaciones, filtro contra el zumbido (radio).

ripple frequency | frecuencia de onda | frecuencia de las ondulaciones.

ripple percentage | porcentaje de ondulación.

ripple quantity | componente ondulada (corriente continua).

ripple signal | señal pulsatoria.

ripple (to) | ondular.

ripple voltage | voltaje ondulado | componente de voltaje unidireccional.

ripple-detecting device | detector de ondulaciones.

ripsaw | sierra de cortar a lo largo, sierra de cortar al hilo.

rise | elevación | levantamiento, desarrollo | inclinación | flujo (mareas) | subida (barómetro, temperatura) | aumento (presión).

rise time | tiempo de subida (semiconductor).

rise (to) | ascender, subir | elevarse.

riser | elevador | tubería vertical | tubo de subida | tubo ascendente | bebedero, alimentador (moldes) | mazarota | conductor vertical (electricidad).

riser pipe | tubo ascendente.

risering | conjunto de bebederos | mazarotaje (metalurgia).

risetime | tiempo de subida.

rising | ascenso, subida.

rising casting | colada en sifón.

rising current | corriente ascensional.

rising head | mazarota.

rising main | conducto ascendente | tubería de impulsión.

rising pouring | colada por el fondo (metalurgia).

rising steel | acero colado en sifón.

rising stem | husillo desplazable (válvulas).

risk area | zona de sombra (radar).

rivet | remache | clavo para remachar.

rivet chisel | uñeteador de remaches.

rivet cold (to) | remachar en frío.

rivet die | estampa para remachar, buterola.

rivet gun | remachadora.

rivet hammer | martillo de remachar.

rivet hot (to) | remachar en caliente.

rivet set | buterola | embutidor de remaches.

rivet snap | buterola.

rivet (to) | roblonar, remachar.

rivet tongs | tenazas de remache.

riveted girder | viga remachada.

riveted hull | casco remachado.

riveter | máquina de remachar.

rivethead | cabeza del remache.

riveting hammer | martillo de remachar.

RMS acceleration | aceleración eficaz.

RMS average | media de la raíz media cuadrática.

RMS current | corriente eficaz (corriente alterna).

RMS inverse voltage rating | valor eficaz de la tensión anódica inversa.

RMS load | carga eficaz.

RMS magnitude | magnitud eficaz.

RMS scale | escala de valores eficaces.

RMS sound pressure | presión acústica eficaz.

RMS value | valor medio cuadrático.

RMS velocity | velocidad eficaz.

RMS voltage | voltaje eficaz, tensión eficaz.

RMS volts | voltios eficaces.

RO set | equipo de recepción solamente (teleimpresión).

road | carretera | vía (ferrocarril) | ruta.

road drag | narria, rastra.

road grader | perfiladora-niveladora (carreteras) | máquina explanadora.

road map | mapa de carreteras.

road network | red de carreteras.

road roller | apisonadora.

road scraper | aplanadora.

road tanker | camión cisterna.

roadbed | explanación, plataforma, terreno de asiento | terraplén (vía férrea) | firme de la carretera.

roadhead | cabeza de línea (ferrocarril).

roadside | arcén (carreteras).

roadstone | balasto | grava.

roadway | calzada (carreteras) | vía (ferrocarril) | galería (minas).

roak | línea de metal defectuoso en la superficie (aceros).

roaming electrons | electrones vagabundos | electrones parásitos.

roast (to) | tostar, calcinar (minerales).

roasted ore | mineral calcinado.

roasted pyrites | pirita tostada.

roasted steel | acero descarburado, acero asado (con parte de carbono oxidado).

roaster | horno de calcinación, horno de tostación (minerales) | calcinador.

roasting | tostadura, tostación | torrefacción | calcinación.

roasting bed | lecho de calcinación.

roasting blast furnace | horno de cuba para tostación.

roasting furnace | horno de calcinación.

roasting kiln | horno de tostación.

roast-sintering | sinterizado por tostación.

rob (to) | despilarar (minas) | desentibar, desmontar la entibación (minas) | explotar irregularmente (minas).

robbing | remoción de pilares, despilaramiento (minas).

robot | autómata | máquina automática | robot.

robot pilot | piloto automático.

robot-control languaje | lenguaje de control de robots.

robot-handler | máquina manipuladora automática.

robotics | robótica.

robotism | automatismo.

robotization | robotización | automatización.

robotize (to) | automatizar | robotizar.

rock | movimiento vertical alternativo.

rock bit | barrena para roca, trépano para roca (sondeos).

rock crystal | cristal de roca.

rock dam | presa de rocalla.

rock drill | perforadora para roca.

rock drill bit | trépano para roca (sondeos).

rock drill steel | acero para barrenas.

rock drillability | perforabilidad de la roca.

rock flour | diatomita | polvo de roca.

rock formation | litogénesis.

rock fracture | litoclasa.

rock gas | gas natural.

rock hammer | martillo perforador.

rock phosphate | fosforita.

rock rot | erosión.

rock rubble | brecha de falla (geología).

rock salt | sal gema, sal de roca.

rock-blasting | voladura de rocas.

rocker | balancín | eje oscilante | segmento oscilante | oscilador.

rocker box | caja de balancín.

rocker cam | leva oscilante.

rocker joint chain | cadena de charnela.

rocker lever | palanca oscilante.

rocker movement | movimiento oscilante.

rocker operated valve | válvula de balancín.

rocker pad | almohadilla oscilante.

rocker shaft | eje de balancín.

rocker switch | interruptor oscilante.

rocker valve | válvula oscilante.

rocker-actuated | accionado por balancín.

rocker-arm | brazo oscilante | palanca oscilante.

rocket | cohete.

rocket aircraft | avión cohete.

rocket airplane | avión de propulsión cohética.

rocket assist | ayuda por motores cohéticos (aviones).

rocket booster | catapulta lanzacohetes.

rocket chamber | cámara de cohete.

rocket combustor | combustor del cohete.

rocket drive | propulsión por reacción directa.

rocket ejected | eyectado por cohete.

rocket engine | motor cohético.

rocket engine-powered | propulsado por motor cohético.

rocket feed system | sistema de propulsión del cohete.

rocket launcher | lanzacohetes | lanzamisiles.

rocket motor | propulsor de cohete | motor cohético.

rocket nozzle | tobera de cohete.

rocket projectile | proyectil cohético.

rocket propelled | propulsado por cohete.

rocket propulsion | propulsión por cohete.

rocket tube | tubo lanzacohetes.

rocket-aided | ayudado por cohete.

rocket-assisted takeoff | despegue asistido por cohete.

rocket-assisted torpedo | torpedo propulsado por cohete.

rocket-driven plane | avión propulsado por cohete.

rocketsonde | cohete-sonda, cohete meteorológico.

rocket-type propellant | propulsante para cohetes.

rockfill | rocalla, escollera.

rockfill dam | presa de rocalla, presa de escollera.

rock-flint | sílex negro.

rocking | oscilación | balance | basculación.

rocking arc furnace | horno basculante de arco (electrotermia).

rocking beam | balancín | plegador móvil.

rocking cam | leva de vaivén.

rocking device | basculador.

rocking electric furnace | electrohorno basculante.
rocking extractor | extractor oscilante.
rocking frame | bastidor oscilante.
rocking furnace | horno basculante.
rocking key | llave de conmutación.
rocking motion | movimiento oscilante.
rocking movement | balanceo.
rocking shaft | eje de balancín | eje oscilante.
rocking valve | válvula oscilante.
rock-level | palanca oscilante | balancín de suspensión.
rocky | rocoso | pedregoso, pétreo.
rod | barra | varilla | biela | jalón.
rod aerial | antena de varilla.
rod anode | anodo tubular.
rod assembly | conjunto pistón-biela.
rod coupling | enganche de barras | acoplamiento de vástago (mecánica).
rod electrode | electrodo de varilla.
rod end | cabeza de biela.
rod gage | varilla calibradora.
rod gap | distancia entre varillas.
rod level | nivel de mira.
rod line | varilla de tracción (sondeos).
rod linkage | sistema de palancas.
rod mill | tren de laminar redondos.
rod mirror | espejo de varillas.
rod size | tamaño de la varilla.
rod support | llave de retenida (sondeos) | péndola (catenaria).
rod vision | visión escotópica.
rod wavemeter | ondámetro de varilla.
rodded dielectric | dieléctrico formado de barras.
roentgen | roentgen (unidad de exposición a rayos X).
roentgen machine | equipo de rayos X.
roentgen meter | roentgenómetro.
roentgen rays | rayos X.
roentgenogram | radiograma | radiografía.
roentgenometer | dosímetro.
roentgenoscope | aparato de radioscopia.
ROGER | conforme (telefonía) | recibido y comprendido (radio).
ROK (recieved OK) | recibido bien (telegrafía).
roll | bobina | rollo | rolete | rodillo | cilindro | laminador | balanceo, bamboleo.
roll acceleration | aceleración de balance (buques).
roll amplifier | amplificador de balanceo.
roll and pitch control | control de balanceo y cabeceo.
roll angle | ángulo de balance.

roll bonding | colaminación (nuclear).
roll correction receiver | receptor de corrección del balance.
roll film | película en bobina, película en rollo, película en carrete (fotografía).
roll founding | fundición de cilindros de laminador.
roll- in roll- out | descarga de memoria (informática).
roll in routine | rutina de reincorporación a la memoria (informática).
roll in (to) | transferir de una memoria auxiliar a la central (informática).
roll lathe | torno para cilindros de laminador.
roll line | tren de laminación.
roll out (to) | descargar a la memoria externa (informática).
roll pass | canal del cilindro (laminadores).
roll shaft | eje de rodillo.
roll table | mesa de rodillos | mesa de laminar.
roll (to) | ondular, fluctuar | rodar | laminar (metal).
roll welder | soldadora de roldanas.
roll welding | soldeo de forja por laminación (chapado de metales).
rollability | laminabilidad.
rollback (to) | repetir (informática).
rolled | enrollado | cilindrado | laminado.
rolled edge | borde laminado.
rolled plate | chapa laminada.
rolled steel | acero laminado.
rolled wire | alambre laminado.
roller | rodillo | cilindro | aparato enrollador | polea | roldana, apisonadora | laminador.
roller bearing | rodamiento de rodillos, cojinete de rodillos.
roller bit | trépano de moletas, trépano de rodillos (sondeos).
roller calender | calandria.
roller clutch | embrague de rodillos.
roller die | rodillo matriz.
roller electrode | electrodo de roldana.
roller expander | mandril de expansión (para tubos).
roller feed | avance por rodillos | alimentación por rodillos.
roller follower | empujador de rodillo (válvulas).
roller path | camino de rodadura | pista de rodamiento.
roller screen | criba de rodillos.
roller shuttle | lanzadera con rodillos.
roller track | pista de rodadura.
roller train | tren de rodillos.
roller-guided | guiado por rodillos.

roller-hearth kiln | horno de solera sobre rodillo.

rolley | vagoneta de mina.

rolleyway | galería de arrastre, galería de rodaje (minas).

roll-forge (to) | forjar por laminación.

rolling | rodamiento, rodadura | balanceo | enrollamiento | laminación.

rolling ability | laminabilidad.

rolling arc | arco de rodadura.

rolling bearing | cojinete de bolas | cojinete de rodillos.

rolling bonding | unión por laminación, chapado por laminación.

rolling capacity | capacidad de laminación (laminadores).

rolling cylinders | cilindros de rodadura.

rolling friction | rozamiento de rodadura.

rolling furnace | horno basculante.

rolling gyro | giroscopio de balanceo.

rolling machine | laminadora | laminador.

rolling mill | laminador.

rolling mill cylinder | cilindro de laminador.

rolling mill pinion | piñón de laminador.

rolling platform | plataforma giratoria.

rolling press | prensa de rodillos | calandra.

rolling speed | velocidad de laminado (metalurgia).

rolling stability | estabilidad transversal (aviones).

rolling stock | material móvil (ferrocarriles).

rolling tackle | aparejo de balance.

rolling tank | tanque de balance (buques).

rolling train | tren de laminadores.

rolloff | atenuación progresiva.

rolloff circuit | circuito eliminador.

ROM memory | memoria de sólo lectura (informática).

roof | techo | cubierta, tejado.

roof aerial | antena de techo.

roof arch | bóveda.

roof bolt | perno de consolidación del techo (minas).

roof bolting | empernado del techo.

roof frame | cercha (cubiertas) | bastidor del techo.

roof light | claraboya.

roof line | perfil de cubierta.

roof timber | cumbrera (minas).

roof truss | cercha (cubiertas).

roofing tile | teja.

rooftop antenna | antena de techo.

rooftop heliport | helipuerto de azotea.

room | habitación, cámara.

room thermostat | termostato de ambiente.

room-and-pillar | cámaras y pilares.

room-and-pillar mining | laboreo por anchurón y pilar.

room-and-pillar working | explotación por cámaras y pilares (minas).

root | raíz.

root circle | círculo interior, círculo de la raíz (engranajes) | circunferencia de base (engranajes).

root mean square | media cuadrática.

root mean square deviation | desviación media cuadrática.

root of thread | fondo de rosca.

rooter | radicador | dispositivo radicador termoiónico | escarificador.

root-mean-square value | valor medio cuadrático.

rope | cuerda | cordel | cable.

rope bracing | arriostramiento con cables.

rope clip | pinza de enganche.

rope drive | tranmisión por cable | mando por cable.

rope fall | chicote, extremo de cuerda.

rope gearing | transmisión por cable.

rope haulage | arrastre por cable.

rope haulage hoist | cabrestante de arrastre (minas).

rope loop | coca del cable.

rope pulley | polea para cable.

rope railway | cable aéreo de transporte, teleférico.

rope sling | eslinga (de cuerda o cable).

rope speed | velocidad del cable.

ropeway | andarivel, funicular aéreo, teleférico.

rosette box | caja terminal (electricidad).

rosin | resina de trementina, colofonia.

rosin pitch | pez rubia.

rossite | rossita (mineral).

rot | pudrición, podredumbre.

rot (to) | pudrir.

rotary | giratorio, rotativo.

rotary actuator | actuador giratorio, rotoactuador.

rotary amplifier | amplificador magnético rotativo.

rotary antenna | antena rotativa.

rotary attenuator | atenuador rotativo.

rotary beam antenna | antena de haz giratorio.

rotary cam | leva giratoria.

rotary capacitor | capacitor rotativo.

rotary circuit controller | combinador giratorio (electrotecnia).

rotary condenser | condensador rotatorio.

rotary converter | convertidor síncrono (electricidad).

rotary convertor | conmutatriz.
rotary crane | grúa giratoria.
rotary current | corriente trifásica.
rotary dial | marcación por disco.
rotary dial selection | selección por disco giratorio.
rotary disc bit | barrena de discos (sondeos).
rotary distributor | rotodistribuidor.
rotary drawworks | mecanismo de tracción rotatoria.
rotary drill | perforadora de rotación | taladro rotativo.
rotary drill bit | trépano rotatorio de sondeo.
rotary drum | tambor rotativo.
rotary electrostatic generator | generador electrostático giratorio.
rotary engine | máquina rotativa.
rotary exhauster | rotoaspirador.
rotary field | campo magnético giratorio.
rotary furnace | horno rotatorio.
rotary gap | espinterómetro rotativo.
rotary interrupter contact | contacto de interruptor giratorio.
rotary ironer | calandria.
rotary jack hammer | perforadora rotativa.
rotary kiln | horno rotatorio.
rotary knives | cuchillas giratorias.
rotary machine | rotativa (tipografía).
rotary offset machine | máquina rotativa para offset.
rotary planer | fresadora-cepilladora.
rotary press | rotativa (tipografía).
rotary relay | relé rotativo.
rotary rig | perforadora rotatoria.
rotary screen | criba giratoria.
rotary shutter | obturador giratorio.
rotary stepping relay | relé de progresión.
rotary voltmeter | voltímetro rotativo.
rotary-disk feeder | alimentador de disco rotatorio.
rotary-percussive drilling | sondeo rotativo por percusión.
rotatable | giratorio.
rotatable antenna | antena giratoria.
rotatable cutting head | cabezal cortador giratorio.
rotatable head | cabezal giratorio.
rotatable lapping disc | disco lapeante rotatorio.
rotate (to) | girar | rotar.
rotating | giratorio, rotativo.
rotating aerial | antena rotativa.
rotating amplifier | amplificador rotativo.
rotating antenna | antena giratoria.
rotating beacon | radiofaro giratorio | baliza de destellos.

rotating beam | haz giratorio.
rotating coil | bobina giratoria.
rotating device | dispositivo de rotación.
rotating field | campo giratorio.
rotating fixture | soporte giratorio.
rotating joint | unión rotativa.
rotating loop | antena de cuadro giratorio.
rotating magnet | imán giratorio.
rotating memory | memoria rotativa (informática).
rotating radiator | antena giratoria.
rotating roller | cilindro giratorio.
rotating scaning sonar | sonar explorador del tipo rotativo.
rotating scanner | escansión rotatoria.
rotating seal | obturador rotatorio.
rotating Tacan bearing pattern | diagrama de marcación Tacan giratorio.
rotating turntable | plato giratorio.
rotating vector | vector giratorio.
rotating wedge | prisma rotatorio (óptica).
rotation | rotación, giro.
rotation angle | ángulo de rotación.
rotation axis | eje de rotación.
rotation clockwise | rotación dextrorsa.
rotation interlocking | enclavamiento de no reiteración (ferrocarril).
rotation locking | enclavamiento de continuidad (ferrocarril).
rotation number | número correlativo.
rotation spectrum | espectro de rotación.
rotational | rotacional, rotativo.
rotational casting | colada centrífuga.
rotational delay | retraso rotacional.
rotational electromotive force | fuerza electromotriz dinámica.
rotational energy | energía de rotación.
rotational line | línea de rotación (física).
rotational wave | onda rotacional | onda transversal.
rotative | rotativo, rotacional.
rotative speed | velocidad de rotación.
rotator | rotador, posicionador rotativo.
rotatory condenser | condensador síncrono.
rotatory dispersion | dispersión rotatoria (óptica).
rotatory power | poder rotatorio (óptica).
rotodyne | rotodino.
rotoexhauster | rotoaspirador.
rotoflector | reflector giratorio (radar).
rotogenerative detection | detección rotogenerativa.
rotogravure | huecograbado en rotativas | rotograbado (rotativas).
rotogravure cylinder | cilindro de rotograbado.

rotogravure printed | impreso en rotograbado.
rotometer | rotómetro, curvímetro.
rotomotor | rotomotor.
rotooscillation | rotooscilación.
rotoplunge pump | bomba rotativa.
rotor | rotor | rueda móvil (de turbina).
rotor angle of attack | ángulo de ataque del rotor (helicópteros).
rotor blade | pala de rotor | álabe del rotor.
rotor brake | freno rotor.
rotor current | corriente del inducido, corriente rotórica.
rotor diameter | diámetro del rotor.
rotor drag coefficient | coeficiente de arrastre del rotor.
rotor exciting winding | devanado excitador del rotor.
rotor head | cabeza del rotor (helicópteros).
rotor reactance | reactancia rotórica.
rotor rheostat | reóstato rotórico.
rotor shaft | eje de rotor.
rotor ship | buque de rotores.
rotor slip | deslizamiento del inducido.
rotor slot | ranura del rotor.
rotor speed | velocidad del rotor | velocidad del inducido.
rotor startor | reóstato de arranque del rotor.
rotor winding | devanado rotórico.
rotor-blade angle | ángulo de la pala del rotor.
rotorcraft | giroavión | aerogiro | aerodino de alas giratorias.
rotorplane | helicóptero.
rotoscope | rotoscopio.
rotten | podrido.
rotten rock | roca desintegrada.
rotten stone | diatomita.
rotting | putrefacción | erosión (geología).
rough | crudo | rugoso | bruto, basto.
rough arch | arco rústico.
rough ashlar | mampuesto.
rough bored | taladro basto.
rough casting | pieza bruta de fundición.
rough coal | carbón en bruto.
rough copy | boceto | bosquejo.
rough down (to) | desbastar (aceros).
rough drawing | croquis, bosquejo | boceto (dibujo).
rough file | lima gruesa.
rough filtering | desbaste.
rough gas | gas crudo.
rough in (to) | desbastar.
rough landing | aterrizaje violento (aeronáutica).
rough proof | galerada (tipografía).
rough reaming | escariado de desbaste.

rough sea | mar gruesa | mar picada.
rough surface | superficie rugosa.
rough (to) | esmerilar (el vidrio) | desbastar.
rough tuning | sintonización aproximada.
rough turning | torneado de desbaste (mecánica).
rough-cast | enfoscado | bruto de fundición, tosco de fundición.
rough-cast (to) | revocar | fundir en basto.
rough-coat (to) | revocar, enfoscar (muros).
rough-down roll | cilindro desbastador (laminador).
rough-dress (to) | desbastar.
rougher | desbastador, herramienta de desbaste.
rough-grind (to) | desbastar con la muela.
roughing | revoco | desbaste.
roughing block | hilera de desbaste.
roughing cut | corte de desbaste.
roughing cutter | fresa desbastadora.
roughing die | troquel desbastador.
roughing down roll | cilindro desbastador.
roughing filter | filtro para partículas gruesas.
roughing hammer | martellina.
roughing lathe | torno de desbastar.
roughing mill | laminador preliminar, tren desbastador.
roughing out cut | primera pasada (máquina herramienta).
roughing roll | cilindro de desbastar metales.
roughing tool | herramienta de desbastar | cincel de desbastar.
roughing tooth | diente de desbaste.
roughing-roll | cilindro desbastador.
roughmeter | rugosímetro, asperímetro.
roughness | rugosidad, aspereza.
roughness tester | rugosímetro.
rough-shape (to) | desbastar | bosquejar.
round | vuelta, giro, revolución | recorrido | ruta.
round arch | bóveda de cañón, bóveda de medio punto | arco de medio punto.
round bar | barra redonda.
round corner | esquina redonda.
round corner machine | máquina de redondear esquinas (imprenta).
round file | lima cilíndrica.
round head | cabeza redonda.
round head rivet | remache de cabeza redonda.
round iron | hierro redondo.
round robin | circuito cíclico (sistemas operativos).
round stock | redondos (aceros).
round (to) | redondear | contornear.
roundhead | cabeza redonda.
roundhead bolt | perno de cabeza redonda.

roundheaded window I ventana de medio punto.

roundhouse I toldilla (buques) I beque de proa (buques).

rounding I brusca de bao.

roundnose chisel I cincel de pico redondo.

roundnosed hammer I martillo de peña redonda.

roundnosed pliers I alicates de pico redondo.

round-the-world echo I eco de circunvalación terrestre (radio).

rout (to) I ranurar I rebajar (carpintería).

route I ruta, vía I recorrido.

route calculation I cálculo de rumbo (buques).

route chart I carta de ruta.

route connection I conexion de vía (telefonía).

route forecast I pronóstico de ruta (meteorología).

route lever I palanca de itinerario (ferrocarril).

route locking I enclavamiento de itinerario.

route marker I señal de recorrido (ferrocarriles).

route of a call I vía de encaminamiento de una comunicación.

route of a line I trazado de una línea.

route surveillance radar I radar de vigilancia de ruta.

route survey I levantamiento de caminos (topografía).

route (to) I encaminar I trazar.

router I recanteadora de chapa I buriladora I ranuradora.

router bit I broca buriladora.

router plane I cepillo ranurador, guimbarda.

routine I programa (informática).

routine broadcast I emisión regular.

routine check I control de rutinas.

routine library I biblioteca de rutinas (informática).

routine tape I cinta de programa (informática).

routine tester I aparato de pruebas (telecomunicaciones).

routing I vía (comunicaciones) I recorrido, ruta I propagación.

routing channel I vía de encaminamiento (telecomunicaciones).

routing chart I cartas de ruta (telefonía).

routing code I código de ruta (telecomunicación).

row I alineación I línea I hilera.

row of impulses I sucesión de impulsos.

row pitch I paso longitudinal.

RQ message I mensaje RQ (telegrafía).

RQ-cycle I ciclo de petición (telefonía).

R-S flip-flop I basculador R-S (electrónica).

R/T channel I canal radiotelefónico.

rub I roce, frote.

rub (to) I rozar, frotar I raspar, raer.

rubber I goma elástica, caucho.

rubber cable I cable con aislamiento de caucho.

rubber nipple I protector de caucho (bujías).

rubber pad I almohadilla de caucho.

rubber plug I clavija de caucho (telecomunicaciones).

rubber seal I obturador de caucho.

rubber tire I llanta de caucho I neumático.

rubber tubing I tubería de caucho.

rubber valve I válvula de caucho.

rubber washer I arandela de caucho.

rubber-covered I aislado con caucho (cables).

rubberized I engomado I cauchotado.

rubbing I frotamiento.

rubbing contact I frotador (electricidad).

rubbing cursor I cursor (telecomunicaciones).

rubbing head I cabezal frotador.

rubbing plate I placa de rozamiento.

rubbing surface I superficie de rozamiento.

rubbish I desechos I desperdicios I zafra (minas).

rubidium I rubidio (Rb).

ruby copper ore I cuprita.

ruby silver ore I pirargirita.

rudder I timón (buques) I timón de dirección (aviones).

rudder axle I eje del timón.

rudder bar I pedal de dirección I palanca de timón (aeronáutica).

rudder carrier I soporte del timón.

rudder control I mando de dirección (aviones).

rudder tab I aleta de compensación del timón de dirección (aviones).

rudder torque I par de torsión del timón.

rudder trim I centrado de dirección (aeronáutica).

rugged I resistente, robusta (máquinas).

rugged pulsed magnetrons I magnetrones pulsados resistentes.

rugometer I rugómetro, rugosímetro.

rugosimeter I rugosímetro.

rugosity I rugosidad, aspereza.

rumble I ruido sordo I estruendo, estampido.

rumbling vibration I vibración de baja frecuencia.

run I pasada en máquina I proceso I maniobra I curso, marcha I emisión I difusión.

run all out (to) I marchar a toda fuerza (máquinas).

run chart I gráfico de pasadas (informática) I gráfica de procesos.

run locator I localizador de programas.

run metal | metal derretido, metal licuado.

run motor | motor de arrastre.

run pipe | tubo de impulsión (bombas de mina).

run steel | acero moldeado, acero colado.

run time | tiempo de proceso (informática).

run (to) | marchar | funcionar | hacer el rodaje (máquina).

run unit | unidad de proceso.

runaround | desviación del tránsito.

runaround crosstalk | diafonía entre repetidores.

runaway | vía de traslación | embalamiento (motores).

runaway electron | electrón desacoplado.

runaway governor | regulador contra el embalamiento (motores).

runaway speed | velocidad de embalamiento.

rundown | descargado (acumuladores) | reductor.

rundown circuit | circuito reductor.

rundown (to) | descargarse (acumulador eléctrico).

runite | granito gráfico, runita.

runnability | facilidad de ejecución (informática) | fluidez (aceros licuados).

runner | cursor | rueda.

runner blade | paleta móvil, paleta receptora.

runner head | mazarota | bebedero.

runner resistance | resistencia de cursor (electricidad).

runner resistor | resistor de curso (electricidad).

running | pasada (de un programa) | marcha | funcionamiento | movimiento | accionamiento de un mecanismo | rodaje.

running balance | equilibrio dinámico.

running gate | bebedero | agujero de colada.

running gear | aparato de rodadura.

running in multiple | marcha en paralelo (electricidad).

running light | luz indicadora de que la máquina funciona.

running off | fuga | desenrollamiento.

running out | desviación | descentramiento | marcha por inercia, funcionamiento por inercia (motores).

running program | programa en funcionamiento.

running range | gama de revoluciones (motores).

running schedule | cuadro de funcionamiento.

running speed | velocidad de marcha.

running test | prueba de funcionamiento.

running voltage | tensión de servicio (electricidad).

running winding | devanado de marcha (electricidad).

running-in | puesta en marcha | inserción.

runoff | escorrentía (geología).

runoff coefficient | coeficiente de escorrentía.

runout | descarga, alcance (máquinas) | desviación | mal funcionamiento | descentramiento.

runup | arranque (máquinas) | pasada (vuelo de avión).

runup area | área de calentamiento de motores (aviación) | zona de prueba de motores.

runup system | sistema de arranque (máquinas, turbinas).

runway | superficie de rodadura (poleas) | vía de rodadura | pista de despegue (aeropuertos).

runway designation marker | baliza de identificación de pista.

runway designation marking | señal de identificación de pista (aviación).

runway edge lights | luces de borde de pista.

runway edge marking | señal de borde de pista.

runway end lights | luces de extremo de pista.

runway light | luz de pista.

runway localizar transmitter | transmisor de localizador de pista.

runway localizer beam | haz de localizador de pista.

runway localizing beacon | baliza localizadora de pista.

runway marker | luz de balizaje de pista.

runway threshold light | luz de umbral de pista (aviación).

runway threshold markings | señales de entrada de pista.

rupture | rotura, interrupción del circuito (electricidad).

rupture of the arc | descebado del arco (electricidad).

rupture spark | chispa de desconexión.

rupture strength | resistencia a la rotura.

rupture stress | esfuerzo de rotura, carga de rotura.

rupturing | rotura | ruptura, desconexión (electricidad).

rupturing capacity | capacidad de maniobra, capacidad máxima (interruptores).

rupturing diaphragm | diafragma de seguridad.

rupturing test | prueba disruptiva.

rupturing voltage | tensión disruptiva | voltaje disruptivo.

rush | presión | afluencia, aflujo.

rush hour | hora de afluencia | hora de máximo consumo (electricidad).

rush of current | sobrevoltaje (electricidad).

rust | mástique de fundición, mástique de hierro | oxidación | herrumbre.

rust inhibitive | antioxidante.

rust preventative | antioxidante.

rust preventive | antioxidante.

rust preventor | sustancia antioxidante.

rust proof coat | recubrimiento anticorrosivo.

rust proofing | tratamiento contra la herrumbre.

rust putty | masilla de hierro | mástique de limadura de hierro.

rust remover | disolvente del óxido | desoxidante.

rust resisting | inoxidable.

rust resisting steel * | acero inoxidable.

rustable | oxidable.

rustfree | inoxidable.

rusting | enmohecimiento | aherrumbrado (metalurgia).

rustless | inoxidable.

rustless steel | acero inoxidable.

rusty | oxidado | herrumbroso.

rusty gold | oro negro, oro herrumbroso.

ruthenium | rutenio (Ru).

rutherfordine | ruterfordina.

rutherfordium (Rf-USA) | rutherfordio (elemento radiactivo artificial de número atómico 104) | unilcuadio (I.U.P.A.C.) | kurtschatovio (U.R.S.S.).

rutile | rutilo.

R-W head | cabeza de lectura y escritura.

R-wave | onda Rayleigh.

R-wire | conductor de anillo (telefonía) | hilo del timbre de llamada (teléfonos).

R-Y demodulator | desmodulador de señal R-Y (TV).

R-Y signal | señal R-Y (TV).

ryotron | riotrón.

S

S band | banda S (de 1.550 a 5.200 MHz).
S curve | curva S.
S distortion | distorsión en S (TV).
S wave | onda S (electrobiología).
S. G. iron | fundición dúctil, fundición maleable.
S.E.C.A.M. system | sistema SECAM.
S.V.R circuit | circuito de telefonía y telegrafía simultáneos.
sabin | sabinio (unidad absorción acústica).
saccharase | sacarasa (bioquímica).
sacrificial anode | ánodo protector fungible (corrosión).
sacrificial anode cathodic protection | protección catódica por ánodo sacrificatorio.
sacrificial protection | protección sacrificial (con destrucción de un elemento para que otro no sea atacado).
saddening | forjado ligero de preparación.
saddening heat | calda de cohesión (lingotes).
saddle coil | bobina de desviación (TV).
saddle joint | junta saliente (muros).
saddle key | chaveta hueca, chaveta cóncava.
saddle point | punto singular (hidromecánica) | punto de equilibrio.
safe altitude | altitud de seguridad (aviones).
safe load | carga de seguridad | carga en servicio (máquina).
safe operating voltage | voltaje de régimen.
safelight | pantalla inactínica | lámpara de seguridad.
safelight filter | pantalla de seguridad.
safelight lamp | lámpara de luz inactínica.
safety | seguridad | dispositivo de seguridad.
safety angle | ángulo de seguridad.
safety arch | arco de descarga.
safety bolt | perno de seguridad.
safety catch | muesca de seguridad | fiador de seguridad.
safety circuit | circuito de seguridad.
safety clutch | embrague de seguridad.
safety control | control de seguridad (nuclear).
safety cutout | cortocircuito de fusible, dispositivo protector de sobrecarga.
safety cutout switch | disyuntor de seguridad.
safety device | dispositivo de seguridad | aparato de seguridad.
safety fuse | fusible de seguridad | plomo fusible (electricidad) | espoleta de seguridad.
safety gear | mecanismo de seguridad.
safety guard | aparato protector.

safety head | cabezal de seguridad (pozo petróleo).
safety lock | cerradura de seguridad.
safety plug | tapón fusible (calderas) | tapón de seguridad.
safety rod | varilla de seguridad | barra de seguridad (reactor nuclear).
safety short-circuit | cortocircuito de seguridad.
safety shunt | derivador de seguridad.
safety shutoff valve | válvula de cierre de seguridad.
safety signal | señal de alarma.
safety switch | interruptor de seguridad, conmutador de seguridad.
safety thermostat | termostato de seguridad.
safety (to) | inmovilizar, frenar (tuercas).
safety valve | válvula de desahogo | válvula de seguridad.
sag | flexión (del techo) | pandeo (muros) | asiento (terraplenes) | pandeo | catenaria (curva).
sag (to) | combar, caer a sotavento (buques) | tener arrufo (buques).
saggar | caja de cementación (metalurgia).
sagger | caja de cementación (metalurgia).
sagging | alabeo | flexión | arrufo (buques).
sagging moment | momento de arrufo (buques).
sagging strain | deformación por arrufo.
sagging stress | esfuerzo de arrufo.
sail | velero, buque de vela | vela.
sail (to) | navegar | zarpar (buques), aparejar (buques) | maniobrar (veleros).
sailing | navegación | navegación a vela.
sailplane | planeador.
salband | salbanda.
salicylate | salicilato.
salicylic acid | ácido salicílico.
salient | saliente, resalto.
salient-pole generator | generador de polos salientes (electricidad).
salify (to) | salificar (química).
salimeter | salinómetro.
saline | salino.
salinity | salinidad.
salinity indicator | salinómetro.
salinity meter | salinómetro.
saliter | salitre.
salt | cloruro sódico | sal (química).
salt bath | baño de sales (metalurgia).

salt bath brazing | cobresoldeo por inmersión en baño de sales.
salt bath carburizing | cementación en baño de sales.
salt dome | domo salífero (geología).
salt gage | halómetro.
salt of tartar | carbonato de potasio.
salt plug | domo de sal (geología).
salt roasting | tostación salina (minería).
salt (to) | salar.
salt-bath furnace | horno de baño de sales.
salt-bath heat treatment | termotratamiento con baño de sales.
salt-bath nitriding | nitruración en baño de sales.
salt-bath tempering | revenido en baño de sales.
salting-out | adición de sal común a una solución | precipitación de un electrólito.
saltpeter | nitro, salitre.
saltpeter annealing | recocido en baño de nitrato potásico.
saltpetre | nitro, salitre.
salt-quenching | temple en baño de sales.
salvage | salvamento | recuperación.
salvage material | material de recuperación.
salvage (to) | recuperar (materiales) | reparar.
samarium | samario (Sm).
sample | muestra | prueba | patrón.
sample boring | sondeo.
sample core | testigo (sondeos).
sample spoon | cucharilla para análisis (docimasía).
sample taker | sacamuestras (sondeos).
sample value | valor muestral.
sample variance | variancia muestral.
sample-and-hold amplifier | amplificador de muestreo y retención.
sample-and-hold device | dispositivo de muestreo (informática).
sampler | toma de muestras | extractor de muestras | sacatestigos del terreno (sondeos).
sampling | muestreo.
sampling circuit | circuito de muestreo.
sampling coil | bobina de prueba.
sampling distribution | distribución de la muestra (estadística).
sampling error | error del muestreo.
sampling gate | puerta de muestreo (informática).
sampling oscilloscope | osciloscopio discriminador.
sampling probe | sonda de toma de testigo.
sampling servo | servomecanismo discriminador.

sand | arena.
sand blown | limpiado con arena.
sand cast | colado en arena | fundido en arena.
sand conditioner | acondicionador de arenas (funderías).
sand control | control de arenas (funderías).
sand cutting | desbaste por chorro de arena.
sand dredger | draga aspirante de arena.
sand grading | granulometría de la arena.
sand load | atenuador de arena (guía de ondas).
sand mold | molde de arena.
sand pig | fundición colada en moldes de arena.
sand pillar | remolino de arena (meteorología).
sand pinnacle | pirámide de tierra (geología).
sand pump | bomba de arena.
sand roll | tambor limpiador | cilindro semiduro (laminadores).
sand sheave | polea de cuchareo (sondeos).
sand sprayer | chorreador de arena.
sandbank | banco de arena.
sand-bed | lecho de arena (metalurgia).
sandblast | chorro de arena.
sandblast nozzle | tobera para chorrear arena.
sandblast (to) | chorrear con arena.
sandblasting | limpieza con chorro de arena.
sand-cast alloy | aleación de molde de arena.
sand-cast pig | arrabio colado en arena.
sand-cast test coupon | probeta de prueba fundida en arena.
sand-casting | moldeo en arena.
sanding | limpieza por chorreo de arena.
sanding device | esmeriladora mecánica.
sanding disc | disco de esmerilar.
sanding machine | lijadora.
sandpaper | papel de lija | papel abrasivo.
sandpapering machine | lijadora.
sandstone | gres | arenisca.
sandstorm | tempestad de arena.
sandwich coil winding | devanado de bobinas superpuestas.
sandwich structure | estructura de relleno.
sandwich windings | devanados alternados (electricidad).
sandwiching | intercalación | interpolación | interposición.
sandy | arenífero, arenoso.
sandy clay | arcilla arenácea.
sapphire | zafiro.
sappropel clay | arcilla sopropélica.
sapropel | cieno acuático orgánico | sapropel.
sapropelic coal | carbón sapropélico.
SAR alert | alerta para ayuda de emergencia a buques, submarinos y aviones.

sarong cathode I cátodo de cinta envolvente (electrónica).

satellite I satélite I estación repetidora (radio) I auxiliar.

satellite airport I aeropuerto satélite.

satellite broadcasting I radiodifusión por satélite.

satellite circuit I circuito por satélite.

satellite communication antenna I antena de comunicación por satélite.

satellite communications I telecomunicaciones por satélite.

satellite drift I deriva del satélite.

satellite exchange I central telefónica auxiliar.

satellite image I imagen de televisión recibida de un satélite.

satellite link I enlace por satélite.

satellite network I red de satélites.

satellite reconnaissance I reconocimiento por satélite.

satellite relay I repetidor satélite.

satellite station I repetidor I estación satélite.

satellite telecommunication I telecomunicación vía satélite.

satellite television I televisión por satélite.

satellite transmitter I transmisor repetidor.

satellite transponder I transpondedor por satélite.

satellite-tracking radar I radar para seguimiento de satélites.

saturable I saturable.

saturable choke I bobina de reactancia saturable.

saturable core I núcleo saturable.

saturable reactance I reactancia saturable, reactancia de impedancia variable.

saturant I impregnante I saturante.

saturate (to) I saturar (soluciones), impregnar.

saturated I saturado.

saturating I saturación.

saturating reactor I reactor de saturación.

saturation I saturación.

saturation current I corriente de saturación.

saturation curve I curva de saturación.

saturation inductance I inductancia de saturación.

saturation induction I inducción de saturación.

saturation magnetization I magnetización saturante.

saturation magnetostriction I magnetostricción de saturación.

saturation meter I saturómetro.

saturation reactance I reactancia de saturación.

saturation resistance I resistencia de saturación.

saturation scale I escala de saturación (óptica).

saturation voltage I voltaje de saturación.

save our souls (S.O.S) I radioseñal de petición de socorro en la mar.

saw I serrucho I sierra.

saw bit I barrena de sierra.

saw blade I hoja de sierra.

saw (to) I serrar, aserrar.

sawing machine I sierra mecánica.

sawtooth I diente de sierra.

sawtooth bit I trépano dentado (sondeos).

sawtooth generator I generador de voltaje en diente de sierra.

sawtooth pulse I impulso en diente de sierra (electrónica).

sawtooth pulser I generador de impulsos en diente de sierra.

sawtooth sweep I barrido en diente de sierra (TV).

saxophone antenna I antena direccional plana.

scab I costra.

scab cementing I cementado de costra (pozo petróleo).

scab (to) I tapajuntar I desbastar (sillares).

scabble axe I pico para labrar piedras I alcotana.

scaffold I andamio.

scaffolding I andamiaje.

scalar I escalar.

scalar field I campo escalar (matemáticas).

scalar function I función escalar.

scalar invariant I invariante escalar.

scalar matrix I matriz escalar.

scalar meson I mesón escalar.

scalar multiplication I multiplicación escalar.

scalar negative meson I muón escalar (atómica).

scalar potential I potencial escalar.

scalar value I valor simple numérico.

scald (to) I escaldar.

scalding point I punto de recalentamiento.

scale I serie (de números) I graduación, división I escala I balanza I báscula I incrustación (calderas) I costra de óxido I capa oxidada.

scale callipers I pie de rey.

scale correction I corrección de escala.

scale distortion I distorsión de escala.

scale division I división de escala.

scale error I error de calibración.

scale factor I factor de escala.

scale of wind forces I escala anemométrica.

scale preventer I antiincrustante.

scale producing I incrustante.

scale range I amplitud de la escala (instrumentos).

scale remover I desincrustante.

scale (to) I desescamar I descortezar I graduar I medir con escala (dibujos) I trazar a escala I desincrustar (calderas) I desoxidar I decapar.

scaled design I diseño a escala.

scaled dimension I dimensión a escala.

scaled radiation detector I detector de radiaciones con desmultiplicación.

scaler I desincrustador para calderas I contador de impulsos (electrónica) I escalímetro.

scaler frequency meter I frecuencímetro desmultiplicador.

scale-tight I resistente a la cascarilla de óxido.

scaling I desmultiplicación I medición a escala I graduación I dibujo a escala I exfoliación I formación de incrustaciones (calderas) I decapado I desoxidación I desincrustación.

scaling circuit I circuito desmultiplicador de impulsos (radiactividad), circuito reductor.

scaling down I desmultiplicación.

scaling down circuit I circuito desmultiplicador.

scaling factor I factor de escala I factor de integración.

scaling furnace I horno de reducción, horno de desoxidar.

scaling hammer I martillo desincrustador.

scaling oven I horno de desoxidar, horno de reducción.

scaling tube I tubo contador (nucleónica).

scaling unit I contador de impulsos, dispositivo de recuento de impulsos (nucleónica).

scalping I desconchado (crisoles) I desprendimiento violento de vapor al calentar rápidamente un crisol húmedo I remoción de capas superficiales por maquinado (tochos).

scan I barrido I exploración.

scan antenna I antena exploradora (radar).

scan head I cabeza exploradora (electrónica).

scan pointer I indicador de exploración (informática).

scan rate I frecuencia de exploración (ordenador).

scan size I amplitud de la exploración.

scan (to) I escandir I examinar I registrar I explorar.

scan-buffer unit I unidad de registro exploratorio.

scandium I escandio (Sc).

scanistor I escanistor (analizador de imágenes).

scanned area I región barrida I cobertura (radar).

scanned image I imágen explorada.

scanned image field I campo de imágen explorada.

scanner I antena exploradora, dispositivo explorador (TV) I antena direccional giratoria (radar) I escansionador, analizador (electrónica) I selector electrónico de colores I explorador electrónico (artes gráficas).

scanner selector I selector explorador (comunicaciones).

scanner switch I conmutador de exploración.

scanner tower I torre exploradora (radar).

scanner unit I unidad de barrido.

scanning I escansión I exploración (radar, TV) I barrido (espectrometría).

scanning apertures I perforaciones de exploración.

scanning beam I haz explorador.

scanning circuit I circuito analizador.

scanning coil I bobina de exploración (TV).

scanning current I corriente de exploración (TV).

scanning cycle I ciclo de exploración.

scanning device I dispositivo de barrido.

scanning electron microscope I microscopio electrónico de exploración.

scanning field I campo de exploración.

scanning head I cabezal de exploración.

scanning holes I agujeros exploradores I aberturas de observación (reactor nuclear).

scanning light spot I punto de luz explorador.

scanning method I método de exploración.

scanning microphotometer I microfotómetro explorador.

scanning optical microscope I microscopio óptico de exploración.

scanning pitch I paso de exploración (facsímil).

scanning radar I radar explorador.

scanning radioisotope I radioisótopo de exploración.

scanning range I alcance de exploración (radar).

scanning rate I velocidad de barrido.

scanning receiver I receptor de exploración.

scanning sonar I sonar explorador.

scanning speed I velocidad de exploración.

scanning spot I punto explorador.

scanning switch I conmutador de exploración (electricidad).

scanning transducer I transductor explorador (sonar).

scanning tunneling microscopy I microscopia de efecto túnel (electrónica).

scanning unit I dispositivo explorador.

scanning voltage I voltaje de exploración.

scansion I escansión I exploración de la imagen.

scantling I escantillón I escuadría.

scarf l escarpe (soldadura) l junta en pico de flauta l chaflán del corte de apeo.

scarf joint l junta de empalme.

scarf weld l soldadura en bisel.

scarfed l biselado.

scarfed joint l unión en bisel.

scarfer l escarpador (metalurgia).

scarfing l biselado l corte oblicuo, corte en pico de flauta.

scarfing torch l soplete para escarpar.

scarifier l escarificador.

scatter l dispersión, esparcimiento l dispersión de las ondas electromagnéticas por la atmósfera.

scatter bomb l bomba de dispersión de efectos.

scatter chart l gráfica de dispersión.

scatter circuit l enlace por dispersión.

scatter diagram l diagrama de esparcimiento l diagrama de dispersión.

scatter effect l efecto de dispersión.

scatter radio communication l radiocomunicación por dispersión.

scatter radio link l enlace por difusión.

scatter read l lectura dispersa (informática).

scatter (to) l dispersar l difundir (la luz, las radiaciones).

scattered light l luz difusa.

scattered neutrons l neutrones difusos.

scattered radiation l radiación dispersa.

scattered wave l onda dispersa.

scatterer l dispersor l difusor (nucleónica).

scattering l dispersión l difusión, difracción.

scattering amplitude l amplitud de dispersión.

scattering aperture l abertura de rerradiación (telecomunicación).

scattering area l área de difusión (nucleónica).

scattering cone l cono de dispersión.

scattering cross-section l sección eficaz de difusión (reactor nuclear).

scattering frequency l frecuencia de dispersión.

scattering kernel l núcleo de dispersión.

scattering material l material difractante.

scattering matrix l matriz de dispersión.

scattering of electrons l dispersión de electrones.

scattering of light l dispersión de la luz.

scattering of neutrons l dispersión de neutrones.

scattering of radiation l difusión de la radiación.

scattering of radio waves l dispersión de ondas de radio.

scattering surface l superficie de dispersión.

scatterometer l radar dispersivo (topografía) l difusímetro.

scavenge l barrido (gases del cilindro) l desoxidación (metalurgia).

scavenge manifold l colector de barrido.

scavenge pipe l tubería de recuperación.

scavenge pump l bomba de barrido (motores).

scavenge (to) l barrer (gases quemados de motores) l depurar, eliminar (metalurgia) l desoxidar (metalurgia).

scavenger l eliminador (metalurgia).

scavenger pump l bomba de barrido.

scavenger valve l válvula de barrido.

scavenging l barrido (de gases quemados de motores).

scavenging valve l válvula de barrido.

scheme l esquema, modelo l diseño.

schorl l turmalina negra.

Schweinfurst green l verde de Schweinfurt (acetoarsenito cúprico).

Schweitzer's reagent l reactivo de Schweitzer (química).

scintillant l centelleante l escintilante.

scintillate (to) l centellear, escintilar.

scintillating l centelleo.

scintillation l centelleo l escintilación.

scintillation camera l cámara de centelleo (nuclear).

scintillation counter l contador de destellos (radiaciones).

scintillation detector l detector de escintilación.

scintillation meter l detector de centelleo l centeómetro.

scintillation spectrometer l espectrómetro de centelleo.

scintillator l escintilador (telecomunicación).

scintillometer l escintilómetro.

scintiphoto l centellograma l escintifotografía.

scintiscanner l explorador de centelleo (nuclear).

scission l corte, división l escisión.

scissoring mechanism l mecanismo de tijera.

scissors l tijeras.

scissors crossing l cruzamiento doble.

scissors jack l gato de tijera.

scissors telescope l anteojo de antenas.

sclerometer l esclerómetro l medidor de dureza.

scleroscope l escleroscopio.

scoop l cangilón l cuchara (sondeos) l cucharón (de draga).

scoop dredger l draga de cangilones.

scoop shovel l pala de cuchara l excavadora de cangilones.

scoop (to) l sacar con pala l achicar, vaciar (agua) l cavar, excavar l trabajar con la gubia.

scoop tube l tubo vertedor.

scoop wheel I noria.

scooping I excavación I vaciamiento I dragado.

scope I alcance, extensión I radio de acción, campo de aplicación I pantalla (de radar, de tubo de rayos catódicos) I esciloscopio.

scope diameter I diámetro de la pantalla (radar).

scopometer I escopómetro (óptica).

score (to) I rayar, arañar (cojinetes, etc.) I burilar I estriar (rocas).

scored I rayado (cilindros) I estriado.

scoria I escoria.

scorify (to) I escorificar I escorificarse.

scoring I corte, incisión I estriación.

scotoscope I escotoscopio (telescopio con intensificador de imagen).

scour I erosión mareal (geología).

scour and fill I erosión y relleno (geología).

scour (to) I desoxidar (metales) I decapar.

scoured I lavado I desoxidado (metales).

scourer I decapador.

scouring I corrosión I decapado, desoxidación (metales).

scout I avión de reconocimiento I avión de búsqueda y salvamento.

scout airplane I avión de reconocimiento.

scout boring I sondeo de exploración.

scout ship I buque explorador.

scram I interrupción de urgencia I paralización rápida (de un reactor nuclear).

scram button I pulsador de apagado rápido (reactor nuclear).

scram rod I barra de parada rápida.

scram signal I señal de peligro (reactor nuclear).

scram switch I conmutador de parada instantánea (reactor nuclear).

scram (to) I parar rápidamente (reactor nuclear).

scramble I señal sonora de alarma.

scrambled speech I radiotelefonía de inversión de frecuencia I comunicación codificada (radiotelefonía).

scrambled-speech system I telefonía secreta por inversión de frecuencias.

scrambler I dispersor de energía I perturbador de conversación I distorsionador.

scrambling equipment I equipos de descodificación.

scrap I chatarra I residuo.

scrap anode I ánodo de chatarra.

scrap charging box I caja para carga de chatarra (hornos).

scrap furnace I horno para pudelar chatarra.

scrap iron I chatarra de hierro.

scrap material I material de desecho.

scrap steel I chatarra de acero.

scrape I rascadura I raspadura.

scrape (to) I rascar I decapar.

scraped I rayado I rasqueteado.

scraper I excavadora de cable, excavadora de cucharón de arrastre, pala rascadora I escariador I cuchara de arrastre (minas) I escarbadora, máquina escarbadora I rascador I excavadora acarreadora I pala de arrastre.

scraper bucket I cucharón de arrastre.

scraper chain I cadena con rastras.

scraper conveyor I transportador con paletas rascadoras.

scraper drag I pala de arrastre.

scraper loader I cargadora de rastras I excavadora cargadora.

scraper pusher I empujadora de traílla.

scraping I rozadura I raspadura.

scraping chisel I cincel de raspar.

scraping knife I cuchillo raspador, raspador.

scratch I rascadura I estriación I raya I estría.

scratch awl I punzón de marcar I punzón rayador.

scratch coat I capa de roce I capa base.

scratch hardness I dureza Mohs, dureza al rayado.

scratch (to) I rascar, raspar.

scratching I estriación I rayado abrasivo (dientes engranajes) I excoriación I rascadura.

scratching noise I crepitación (acústica).

screen I mampara I pantalla I criba I cedazo I tamiz I filtro (para aire o líquidos).

screen analysis I análisis granulométrico.

screen antenna I antena con pantalla.

screen chamber I cámara cribadora.

screen effect I efecto de pantalla.

screen enclosure I jaula pantalla de Faraday.

screen generator I generador de pantalla (programa).

screen grid I rejilla-pantalla.

screen grid tube I válvula de rejilla pantalla.

screen pipe I tubo filtro (sondeos).

screen printing I impresión con retícula.

screen reader I lector de pantalla (informática).

screen sweep I haz explorador de la pantalla.

screen (to) I blindar, apantallar, faradizar (radio) I cribar, cerner I tamizar.

screen voltage I tensión de rejilla pantalla.

screened I cribado I tamizado I apantallado.

screened antenna I antena blindada.

screened circuit I circuito blindado.

screened valve I válvula blindada I válvula apantallada I válvula faradizada (radio).

screening I cribado I faradización, apantallamiento (electrónica) I visionado de material rodado (cine o TV).

screening effect I efecto de pantalla.

screening number I constante de apantallamiento (radio).

screening protector I bobina de reactancia (electricidad).

screening resistance I resistencia antiparasitaria.

screening shield I pantalla de blindaje.

screw I tornillo I propulsor de hélice I tornillo de Arquímedes I tornillo helicoidal I tornillo sin fin, husillo.

screw aperture I vano de la hélice, marco de la hélice (buques).

screw auger I broca con canal helicoidal, barrena helicoidal.

screw blade I pala de hélice.

screw brake I freno de husillo.

screw chuck I berbiquí I mandril de tornillo.

screw clamp I abrazadera de tornillo.

screw clip I pinza de Mohr I estribo de tornillo.

screw conveyor I transportador sin fin.

screw coupling I manguito roscado.

screw cutter I terraja de mano.

screw cutting I roscado.

screw dies I cojinetes de terraja.

screw down valve I válvula de husillo.

screw eye I cáncamo roscado.

screw feed I avance por husillo, avance por tornillo sin fin.

screw feed grease cup I engrasador Stauffer.

screw gage I calibrador de roscas, galga para tornillos.

screw gear I mecanismo de tornillo sin fin I engranaje de rueda dentada y tornillo sin fin I engranaje helicoidal.

screw machine I torno de roscar I roscadora.

screw nut I tuerca.

screw pin I pasador roscado.

screw pitch I paso del tornillo I paso de la hélice.

screw plate I terraja, placa para roscar.

screw press I prensa de husillo.

screw propeller I propulsor de hélice.

screw pump I bomba espiral (mecánica).

screw race I vano de la hélice, marco de la hélice (buques).

screw ring I armella.

screw roll I rodillo aislador (tundidora).

screw spike I escarpia roscada I tirafondo.

screw spindle I husillo.

screw tap I macho de aterrajar.

screw (to) I roscar I atornillar.

screw wheel I rueda helicoidal.

screw worm I rosca de tornillo.

screw wrench I llave de tuercas.

screwcutter I roscadora.

screwcutting die I cojinete de roscar.

screwcutting lathe I torno de roscar.

screwcutting machine I aterrajadora, roscadora.

screwdown I apriete I atornillamiento.

screwdown drive I mando desmultiplicador.

screwdown nonreturn valve I válvula de cierre y retención (tuberías).

screwdown valve I válvula de paso, válvula de cierre.

screwdriver bit I destornillador de berbiquí.

screwed I atornillado I aterrajado I roscado.

screwed contact I contacto de rosca (electricidad).

screwed joint I junta roscada.

screw-eye I cáncamo roscado.

screwhead I cabeza de tornillo.

screwing-die I terraja.

screwshaft I eje portahélice I eje propulsor.

screwthread calliper gage I galga para roscas.

scribe (to) I marcar, rayar I ensamblar I trazar (sobre madera o metal) I gramilar.

scriber I punta de trazar I gramil I punta trazadora.

scriber carrier I portapunta trazadora.

scribing compass I compás de marcar.

scribing gauge I gubia de mano.

scribing grid I rejilla de escritura (semiconductor).

scribing tool I herramienta trazadora.

script I letra cursiva (tipografía).

scroll I espiral.

scroll saw I sierra de marquetería, sierra de contornear.

scrolling I caracoleo (pantalla) I desplazamiento de pantalla.

scrubber I depurador I purificador I lavador de gases, torre depuradora I limpiador de tanques (petroleros).

scrubbing I lavado, depuración (gases).

scud I fractoestrato I fratonimbo I intercalación (de arcilla, de pirita) I pirita carbonífera.

scuffing I desgaste abrasivo por falta de lubricante I desgaste abrasivo I desgaste superficial.

scupper I imbornal (marina).

scupper drain tank I tanque de desagüe de imbornales (buques).

scupper nonreturn valve I válvula de retención del imbornal.

scupper pipe I conducto de desagüe I tubo de imbornal.

scutch I espadilla I espadadora, agramadora.

scutch (to) I agramar, espadillar.

scutcher I cuchilla desbastadora I espadadora, espadilladora.

scuttle I portillo de luz (buques) I escotilla pequeña.

scuttle (to) I barrenar.

sea I mar I oleaje I marejada.

sea bed I fondo del mar.

sea bottom I fondo del mar.

sea card I rosa náutica.

sea clutter I ecos de mar I reflexiones de mar (radar).

sea cock I válvula de toma de agua de mar (buques).

sea communications I comunicaciones marítimas.

sea floor I fondo del mar.

sea injection valve I válvula de toma de agua de mar (buques).

sea inlet I válvula de toma de agua de mar (buques).

sea lane I ruta marítima, vía marítima.

sea light I faro I baliza I luz de puerto (buques).

sea line I sondaleza I tubería marítima I oleoducto submarino.

sea mark I baliza.

sea mile I milla náutica.

sea mobile service I servicio móvil marítimo (radiocomunicaciones).

sea return I eco parásito por reflexión sobre las olas, ecos de mar (radar).

sea road I ruta marítima.

sea route I ruta marítima.

sea speed I velocidad en servicio (buques).

sea valve I válvula de toma de agua de mar (buques).

seaboard I litoral marino.

seaborne I embarcado.

seaborne radar I radar de barco.

seaborne tracking station I estación marítima de seguimiento.

seadrome I aeródromo flotante.

seadrome light I boya luminosa.

seagoing I alta mar.

seagoing dredger I draga de altamar.

seagoing ship I buque de altura.

seal I burlete I cierre I obturación I junta hermética, junta estanca.

seal circuit I circuito cerrado (autos).

seal pipe I tubo de obturación.

seal ring I anillo de estancamiento.

seal (to) I obturar I ocluir I tapar I empotrar I cerrar I estancar.

seal weld I soldadura de estanqueidad.

sealability I obturación I cerramiento.

sealed I cerrado I obturado I hermético I blindado (motor) I estanco.

sealed contact relay I relé de contacto hermético.

sealed rectifier I rectificador de cierre hermético.

sealed relay I relé hermético.

sealed tube I tubo electrónico de cierre hermético.

sealed valve I válvula precintada.

sea-level chart I carta al nivel del mar (meteorología).

sealing I estanqueidad I cierre hermético I hermeticidad I cierre de juntas I cierre I obturación I precinto.

sealing compound I composición obturadora I mástique para juntas I compuesto de cierre.

sealing current I corriente de cierre.

sealing end I terminal de cable I extremo protector.

sealing furnace I horno de desoxidar hierro.

sealing gasket I junta de estanqueidad.

sealing liquid I líquido obturador, junta hidráulica, junta líquida.

sealing ring I anillo de cierre, anillo obturador.

sealing valve I válvula de estanqueidad.

sealing voltage I voltaje de excitación (relés).

sealing washer I arandela de estanqueidad.

seam I junta I línea de unión I grieta, hendidura I fisura.

seam solder I soldadora de costuras.

seam welding I soldadura continua.

seamer I agrafadora, engatilladora I soldadora automática para costuras.

seamless coupling I unión sin costura.

seamless pipe I tubo sin costura.

seamless tube I tubo sin costura, tubo estirado.

seam-weld (to) I soldar las costuras.

seam-welded I soldado por electrodo de roldana.

seamwelding I electrosoldeo con roldanas.

seaplane I hidroavión.

seaport radar I radar controlador del tráfico en puertos marítimos.

seapower I potencia marítima.

seaquake I maremoto.

sear I nuez del disparador I fiador (de percutor).

sear lever I palanca del disparador (cañón).

sear piston I émbolo del disparador.

search I investigación, búsqueda I exploración.

search antenna I antena detectora.

search coil I bobina exploradora.

search cycle I ciclo de búsqueda (informática).

search gas I gas de prueba.

search gate I puerta escrutadora (electrónica).

search key I clave de búsqueda (informática).
search radar I radar de vigilancia I radar de exploración.
search range I alcance de exploración.
search receiver I receptor de exploración.
search scope I pantalla de busca (radar).
search time I tiempo de búsqueda (informática).
search (to) I inspeccionar I buscar, explorar I investigar.
search tracking radar I radar de exploración y seguimiento.
searching I prospección, cateo.
searching antenna I antena de exploración.
searchlight I proyector eléctrico I proyector de exploración.
searchlight sonar I sonar de haz explorador.
searchlight-control radar I radar de control de proyectores.
searchlighting I dirección constante de la antena sobre un blanco móvil, seguimiento automático (radar).
search-tracking antenna I antena de vigilancia (radar).
search-tracking radar I radar detector.
season I maduración (crisoles, metales).
season crack I corrosión intergranular (metalurgia).
season (to) I aclimatar I hacer reposar (soluciones) I curarse (cemento, aceros, etc.).
seasoned I madurado, curado (aceros).
seasoning I maduración (aceros) I reposo (piezas fundidas) I rodaje (de un magnetrón).
seat I asiento I polín (buques) I superficie de apoyo, superficie de contacto I alojamiento (de una pieza).
seat reamer I fresa para asientos (mecánica).
seat (to) I sentar, asentar I fijar, afianzar I ajustar I colocar (máquinas).
seating I base, asiento I engaste I montaje, ajuste I polín (buques).
seawall I malecón I dique marítimo.
seawater I agua de mar, agua salada.
seawater-cooled I enfriado por agua salada.
secant I secante.
secant conic projection I proyección cónica secante.
secant galvanometer I brújula de secantes (electricidad).
second I segundo I secundario.
second adjacent channel I canal lateral secundario.
second channel frequency I frecuencia de imagen.

second generation computer I ordenador de la segunda generación.
second pilot I copiloto (aviación).
second sound I sonido secundario.
second source I segunda fuente (informática).
second tap I macho intermedio para roscar.
second video detector I segundo detector de vídeo.
secondary I circuito secundario I formación secundaria (geología) I arrollamiento secundario (transformadores) I secundario I subordinado I suplementario, auxiliar.
secondary battery I acumulador I batería de acumuladores.
secondary cell I acumulador.
secondary circuit I circuito secundario.
secondary color I color compuesto.
secondary coolant circuit I circuito secundario de refrigeración.
secondary creep I termofluencia secundaria.
secondary current I corriente secundaria.
secondary drag coefficient I coeficiente de resistencia secundaria.
secondary electron gap loading I carga de intervalo de electrones secundarios.
secondary electron multiplier tube I válvula multiplicadora electrónica secundaria.
secondary emission I radiación secundaria I emisión secundaria.
secondary emission multiplier I multiplicador de emisión secundaria (electrónica).
secondary energy I energía secundaria.
secondary finder I buscador secundario (telefonía).
secondary group I grupo secundario (telecomunicaciones).
secondary hardening I endurecimiento por revenido (metalurgia).
secondary hardness I endurecimiento por revenido.
secondary ingot I lingote de segunda fusión.
secondary memory I memoria secundaria (informática).
secondary network I red secundaria I red urbana (electricidad).
secondary ore I mineral de acarreo.
secondary pile I pila secundaria (nuclear).
secondary power supply I fuente de energía secundaria.
secondary radar I radar secundario.
secondary route I vía secundaria (telefonía).
secondary station I estación secundaria (telecomunicaciones).
secondary storage I memoria auxiliar (informática).

secondary surveillance radar I radar secundario de vigilancia.

secondary voltage I tensión secundaria, voltaje del circuito inducido (transformadores).

secondary winding I arrollamiento secundario I devanado secundario.

secondary winding shunting I derivación del devanado secundario.

second-order differential equation I ecuación diferencial de segundo orden.

second-order equation I ecuación de segundo grado.

secrecy I secreto (telecomunicaciones).

secrecy sistem I sistema radiofónico secreto.

secret languaje I lenguaje secreto (telecomunicaciones).

secret transmission I transmisión secreta (telecomunicaciones).

sectant I sectante (cristalografía).

section I sección, división I corte.

section blocking I enclavamiento auxiliar (electricidad).

section display I información limitada a un sector (radar).

section drawing I dibujo en corte.

section header I encabezamiento de sección (informática).

section locking I enclavamiento de sección (vía férrea).

section scanning I exploración limitada a un sector (radar).

sectional elevation I corte vertical, alzado en corte.

sectional view I vista en corte (dibujos) I vista seccional.

sectional warper I urdidor por secciones.

sectionalizer I seccionador.

sectionalizing breaker I disyuntor seccionador.

sectionalizing fuse I fusible de seccionamiento.

sectionalizing switch I seccionador.

section-cropping machine I máquina para cortar perfiles laminados.

sectioning I seccionamiento.

sector I sector I compás de proporciones.

sector chart I gráfico de sectores.

sector display I presentación de sector (radar).

sector focused cyclotron I ciclotrón de enfoque por sectores (nuclear).

sector point I punto de bifurcación (rutas aéreas).

sector scan I exploración de un sector (radar).

sector transfer I transferencia de sector (informática).

sectoring I formación de sectores (radar).

sectoring system I sistema de sectorización (disco magnético).

sectorized coverage I cobertura sectorial (radar).

sectrometer I potenciómetro con tubo de rayos catódicos.

secular equation I ecuación secular.

secure (to) I fijar, sujetar I amarrar I asegurar, afianzar.

securing device I trinca I sujetador.

securing nut I tuerca de sujeción.

security I seguridad I afianzamiento.

sediment I sedimento I residuo.

sediment chamber I cámara de sedimentación.

sediment corer I sacatestigos de sedimentos (petrología).

sediment extractor I extractor de sedimentos.

sedimentary rock I roca sedimentaria.

sedimentation I sedimentación I decantación.

sedimentation tank I depósito de sedimentación.

seed cluster I región de las sustancias activas (reactor nuclear).

seed core reactor I reactor de núcleo sembrado.

seed unit I unidad de germen (nuclear).

seeing I visibilidad I visión.

seeing distance I distancia de visibilidad.

seek access time I tiempo de acceso para búsqueda (informática).

seek area I área de búsqueda (informática).

seek time I tiempo de búsqueda.

seeker I palanca selectora, palanca buscadora I buscador (telefonía) I cabeza de autoguiado.

seeker head I cabeza buscadora (electrónica).

seepage I percolación I infiltración I permeación I permeabilidad (presas) I escape de material radiactivo I filtración.

seesaw I vaivén, balance I oscilante, basculante.

seesaw circuit I circuito de carga anódica I circuito basculante.

seesaw gearing I engranaje de vaivén.

seesaw motion I basculación.

seggar I receptáculo refractario de cocción.

seggar clay I chamota.

segment I segmento.

segment gear I sector dentado (mecánica).

segmental arch I arco abocinado I arco rebajado.

segmental rack I sector dentado (mecánica).

segmentation I segmentación.

segregate I segregado, separado.

segregation I descomposición I segregación I separación.

seism I sismo.

seismic I sísmico.

seismic mass I masa sísmica I masa oscilante.

seismic refraction profile | perfil de refracción sísmica.

seismic refraction soundings | sondeos por refracción sísmica.

seismic sea wave | ola sísmica.

seismic shock | movimiento sísmico.

seismic survey | estudio sísmico | topografía sísmica.

seismic timer | cronómetro sísmico.

seismicity | sismicidad.

seismic-mass accelerometer | acelerómetro de masa sísmica.

seismitron | sismotrón.

seismochronograph | sismocronógrafo.

seismogram | sismograma.

seismograph | sismógrafo.

seismography | sismografía.

seismology | sismología.

seismometer | sismómetro.

seismometric sounding | sondeo sismométrico.

seismometry | sismometría.

seismoscope | sismoscopio.

seismotectonic | sismotectónico.

seismovolcanic | sismovolcánico.

seism-resistance | sismorresistencia.

seize (to) | agarrotarse (mecánica) | abarbetar | trincar.

seized | agarrotado (pistones).

seizing | enganche (telefonía), amarre, trinca | agarrotamiento (motores) | bloqueo.

seizure | toma (telecomunicación) | agarrotamiento | gripado.

seizure resistance | resistencia al agarrotamiento (cojinetes).

seizure signal | señal de toma de línea (telefonía).

select call circuit | circuito de llamada selectiva.

select lines | líneas selectoras (informática).

selected mode | modalidad seleccionada (informática).

selecting | llamada selectiva | selección.

selecting bar | barra selectora.

selecting circuit | circuito selector.

selecting magnet | electroimán selector (telecomunicaciones).

selecting mechanism | mecanismo de selección.

selecting stage | paso de selección (telefonía).

selection | selección.

selection key | tecla de selección (informática).

selection signal | señal de selección (red conmutadora).

selection stage | etapa de selección (telecomunicación).

selection switch | interruptor de selección.

selective amplifier | amplificador selectivo.

selective call | llamada selectiva.

selective call system | sistema de llamada selectiva.

selective calling | sistema de llamamiento colectivo (telefonía).

selective electrodeposition | electrodeposición selectiva.

selective fading | desvanecimiento selectivo (telefonía).

selective filter | filtro selectivo.

selective head | cabezal selectivo.

selective jamming | interferencia selectiva (radar).

selective network | transductor selectivo.

selective quenching | temple selectivo.

selective receiver | receptor selectivo.

selective reflection | reflexión selectiva.

selective ringing | llamada selectiva (telefonía).

selective scattering | dispersión selectiva (electromagnetismo).

selective solubility diffusion | difusión por solubilidad selectiva (química).

selective switching | conmutación selectiva.

selective trace | programa de vaciado selectivo | seguidor selectivo (informática).

selector | conmutador (telefonía) | selector del cambio de velocidades (autos) | selector (telefonía).

selector circuit | circuito selector.

selector plug | clavija de selector.

selector pulse | impulso selector.

selector shaft | árbol conmutador.

selector switch | conmutador selector.

selector unit | equipo de selectores.

selector valve | válvula selectora.

selenite | selenito (química).

selenium | selenio (Se).

selenium cell | pila de selenio.

selenium diode | diodo de selenio.

selenium photocell | fotocélula de selenio.

selenium polarizer | polarizador de selenio.

selenium rectifier cell | célula rectificadora de selenio.

selenium stainless steel | acero inoxidable al selenio.

selenoid | selenoide.

self-act | avance automático (máquinas herramientas).

self-acting | automático | automotor | autoactivador.

self-acting brake | freno automático.

self-acting feed | avance automático (máquinas herramientas).

self-acting mule | selfactina.
self-acting propulsion | autopropulsión.
self-acting regulator | autorregulador.
self-acting switch | conmutador automático.
self-adhesive | autoadhesivo.
self-adjustable | autorregulable.
self-advancing | autoavanzante, de avance automático.
self-baking | autococción.
self-balancing | autoequilibrio.
self-bias | autopolarización (electrónica).
self-braking | de freno automático.
self-catching | parada automática.
self-check digit | dígito autoverificador.
self-checking | autocomprobación.
self-complementing code | código autocomplementario (informática).
self-contained turbogenerator set | grupo turbogenerador autónomo.
self-discharge | descarga en circuito abierto.
self-disolution | autodisolución.
self-drive circuit | circuito de avance automático.
self-energized | servomotor.
self-feeder | autoalimentador.
self-fluxing | autofundente.
self-focus gun | cañón autoenfocador (electrónica).
self-focused picture tube | tubo de imagen de enfoque propio.
self-fusible | autofundente (mineral).
self-generating cell | célula fotovoltaica.
self-hardening steel | acero rápido, acero autotemplable.
self-ignition | autoignición.
self-impedance | impedancia propia.
self-inductance | autoinductancia.
self-induction | autoinducción.
self-inductive coupling | acoplamiento autoinductivo.
self-inductor | autoinductor.
self-leveling | autonivelante (aparatos).
self-locking | autobloqueo.
self-lubricating | autolubricación.
self-operated | automático.
self-oscilating | autooscilación.
self-oscilator | autooscilador.
self-oscillation | autooscilación.
self-photocell | fotocélula autogeneradora.
self-potential | autopotencial.
self-powered | automático.
self-priming carburator | carburador de cebado automático.
self-propelled | motorizado.
self-propulsion | autopropulsión.

self-quenching | autoextinción.
self-reacting | autorreacción.
self-releasing | autodesembrague | autodesconexión.
self-resetting | reposición automática.
self-running | automático.
self-saving | autorregenerable (catalizador).
self-sealing | de cierre automático | autosoldable.
self-setting flight log | registrador de ruta autoajustable (aeronáutica).
self-shielding factor | factor de autoapantallamiento.
self-starter | arrancador automático.
self-starting | arranque automático.
self-startor | reóstato de arranque automático.
self-stopping | autoparable.
self-sustaining fission reaction | reacción de fisión automantenida (nuclear).
self-synchronizing | autosincronización.
self-triggering | autodesconexión.
selsyn | selsyn | autosincrónico | aparato para transmitir información angular convirtiendo el movimiento mecánico en información eléctrica (sistema de transmisión de la General Electric).
selsyn receiver | receptor selsyn.
selsyn system | sistema de transmisión autosíncrono.
semiactive homing | guía semiactiva.
semiactive repeater | repetidor semiactivo (telecomunicaciones).
semiautomatic | semiautomático.
semiautomatic exchange | central semiautomática (telefonía).
semiautomatic keying circuit | circuito de manipulación semiautomática (comunicaciones).
semiautomatic signal | señal semiautomática (ferrocarril).
semiautomatic switching | conmutación semiautomática (telegrafía).
semiautomatic switching center | centro de conmutación semiautomática.
semiautomatic switching system | sistema de conmutación semiautomática.
semiautomatic tape relay | relé semiautomático de cinta.
semiautomatic telephone system | sistema telefónico semiautomático.
semicircle | semicírculo.
semicircular arch | arco de medio punto.
semiconducting | semiconductor.
semiconductor | semiconductor (microelectrónica).

semiconductor device | dispositivo semiconductor (electrónica).

semiconductor diode | diodo semiconductor.

semiconductor laser | láser de semiconductores.

semiconductor maser | máser de semiconductor.

semiconductor relay | relé electrónico de semiconductor.

semiconductor technology | tecnología del semiconductor.

semiconductor thermocouple | termopar de semiconductor (electrónica).

semikilled | semicalmado, parcialmente desoxidado (aceros).

semimetal | metaloide.

semistor | semistor.

send by radio (to) | transmitir por radio.

send by wire (to) | transmitir por hilo.

send leg | ramal de transmisión.

send loop | bucle de transmisión (telecomunicaciones).

send (to) | transmitir, emitir | difundir.

sender | registrador de partida (telefonía) | manipulador (telegrafía) | transmisor (telefonía).

sending | transmisión, emisión (radio).

sending amplifier | amplificador de emisión.

sending code | código telegráfico.

sending key | manipulador telegráfico.

sending slip | cinta de transmisión.

sending station | estación emisora.

sending-end impedance | impedancia de entrada.

sending-end voltage | voltaje de entrada.

send-receive relay | relé emisor-receptor.

sense | sentido (navegación).

sense antenna | antena de identificación.

sense winding | devanado de salida.

sensible | sensible, perceptible.

sensing | detección | percepción.

sensing bar | barra lectora.

sensing brush | escobilla sensora.

sensing circuit | circuito sensible.

sensing device | detector | captador.

sensing gage | galga sensora.

sensing head | cabezal sensor.

sensing pin | perno de lectura.

sensing probe | sonda detectora.

sensing relay | relé detector.

sensing station | estación de detección.

sensing tip | punta palpadora.

sensing unit | unidad sensible.

sensitive magnetic relay | relé magnético sensible.

sensitive relay | relé sensible.

sensitivity | sensibilidad (instrumentos).

sensitization | sensibilización | sensitivación (metalurgia) | activación.

sensitize (to) | sensibilizar (metalurgia) | activar.

sensitizer | amboceptor | sensibilizador.

sensitometer | sensitómetro.

sensor | sensor | captador | detector.

sensor electrode | electrodo sensor.

sensor network | red detectora.

sentinel pyrometer | cono pirométrico, cono Seger.

sentinel relief valve | válvula avisadora de la sobrepresión.

separately excited D. C. field | campo inductor de corriente continua de excitación independiente.

separating | separación | decantación.

separating filter | filtro de separación | filtro de banda (radio).

separating relay | relé desconectador (telefonía).

separating tube | tubo electrónico separador.

separating-funnel | embudo de decantación.

separation column | columna de separación (nuclear).

separation energy | energía de enlace (física).

separation etching | separación por atacado (química).

separation filter | filtro de separación.

separative work content | potencial de separación (atómica).

separator | calibradora | desbarbador | separador | embudo de decantación.

separator circuit | circuito eliminador.

sequence calls | petición de comunicación en serie (telefonía).

sequence check | verificación de la secuencia | control de secuencia (informática).

sequence control | control de secuencia (informática).

sequence of program instructions | secuencia de instrucciones del programa (informática).

sequence register | registro de secuencia.

sequence set | conjunto de secuencia.

sequence switch | conmutador de secuencia.

sequence timer | desconectador periódico.

sequence transducer | transductor de secuencias.

sequence valve | válvula secuencial.

sequencer | secuenciador | ordenador de secuencia (calculadoras).

sequencing | secuenciación.

sequential | secuencial | periódico.

sequential access | acceso de secuencia (informática).

sequential batch processing | procesamiento por lotes secuencial.
sequential computer | ordenador secuencial.
sequential file | fichero secuencial (informática).
sequential memory | memoria secuencial (informática).
sequential search | búsqueda secuencial.
sequential transmission | transmisión secuencial.
sequestering agent | antiespumante para reveladores (fotografía) | agente inhibidor | secuestrante (química).
serial | secuencial | serial.
serial access | acceso serial (informática).
serial code | código secuencial.
serial decoding | descodificación en serie.
serial operation | operación en serie (informática).
serial port | puerta serie (terminal).
serial printer | impresora en serie.
serial programing | programación en serie (informática).
serial transfer | transferencia en serie (informática).
serial transmission | transmisión en serie.
series capacitor | condensador en serie | capacitor en serie.
series circuit | circuito en serie.
series coil | bobina en serie.
series connection | montaje en serie | conexión en serie.
series decay | desintegración en cadena.
series desintegration | desintegración en cadena.
series dynamo | dinamo excitado en serie.
series equalizer | igualador en serie (telecomunicación).
series feed | alimentación en serie.
series impedance | impedancia en serie.
series motor | motor excitado en serie.
series parallel switch | conmutador de serie a paralelo.
series rectifier circuit | circuito de rectificadores conectados en serie.
series stability | estabilidad en serie (motor eléctrico).
series transductor | transductor de acoplamiento en serie.
series-connected | conectado en serie.
series-parallel | serie-paralelo.
series-parallel circuit | circuito en serie-paralelo (electricidad).
series-parallel resistive circuit | circuito resistivo en serie-paralelo.
series-shunt circuit | circuito serie-derivación.

series-shunt network | red en serie-derivación.
series-wound | excitado en serie, devanado en serie.
serpentine | serpentina (mineralogía).
serrated | acanalado | estriado | dentado.
serve | capa separadora en contacto con los conductores (electricidad).
served | forrado (cable eléctrico) | aforrado (cabo o cables metálicos -marina).
service | servicio | funcionamiento.
service band | banda de servicio.
service battery | batería de servicios.
service box | tomacorriente (electricidad).
service cable | cable de acometida.
service call | llamada de servicio (telefonía).
service ceiling | techo de servicio (aviación).
service channel | canal de servicio (telefonía).
service circuit | circuito de servicio.
service connection | acometida | derivación de servicio.
service fuse | fusible de acometida.
service head | terminal de derivación | acometida.
service instrument | aparato de prueba.
service loop | línea de enlace entre punto de enganche y el abonado.
service observation summary | registro de control (telecomunicación).
service oscillator | oscilador de prueba.
service pipe | tubería de servicio, tubería de toma.
service switch | interruptor general | interruptor de servicio.
service test | prueba en carga | prueba para determinar las características, posibilidades y limitaciones de una pieza.
service traffic | tráfico de servicio (telecomunicación).
service unit | unidad de servicio (telecomunicación).
service valve | válvula de servicio (refrigeración).
service voltage | tensión de servicio.
service wires | acometida eléctrica.
service-entrance cable | cable de acometida.
servicing | mantenimiento | manipulación | funcionamiento.
servicing time | tiempo de mantenimiento (máquina).
serving | revestimiento, envuelta | cinta aisladora para cables | revestimiento aislante.
servo | servomecanismo, servo.
servo altimeter | servoaltímetro.
servo circuit | servocircuito.
servo control valve | válvula de servomando.

servo controller I servorregulator.
servo cylinder I servocilindro.
servo equipment I servomecanismo.
servo loop I circuito del servomecanismo.
servo multiplier I servomultiplicador.
servoamplifier I servoamplificador.
servobrake I servofreno.
servocircuit I servocircuito.
servocontrol I servocontrol.
servocontrol system I servosistema.
servocoupler I servoadaptador.
servodyne I servodino.
servoelectronic I servoelectrónico.
servoengine control valve I válvula de control de servomotor.
servoflap I servoflap.
servogovernor I servorregulador.
servolink I servoenlace.
servomanipulator I manipulador de servomecanismo.
servomechanism I servomecanismo.
servomechanize (to) I servomecanizar.
servomotor I servomotor.
servooperate (to) I servoaccionar.
servopiston I servopistón.
servoprobe I servosonda.
servopump I servobomba.
servoregulator I servorregulador.
servoscope I servoscopio.
servosystem I servosistema.
servotron I servotrón.
servovalve I servoválvula.
set I conjunto I lote I juego (surtido -de piezas).
set bar I escantillón, galga.
set bolt I perno de presión.
set casing I cementación I entubado de entibación.
set chisel I cortafrío.
set concrete I hormigón fraguado.
set noise I ruido interno I ruido de equipo (telecomunicación).
set nut I tuerca de reglaje, tuerca de ajuste.
set of tools I juego de herramientas.
set point I punto de referencia I temperatura de rocío.
set pointer I aguja de reglaje.
set pressure I presión de regulación.
set ring I anillo de cierre, anillo obturador.
set shoe I zapata.
set (to) I posicionar I fijar I colocar, asentar.
set voltage I tensión de disposición.
set zero control I mando de puesta a cero.
setback I retroceso.
setback force I fuerza de retroceso.
setscrew I tornillo fijador I tornillo de ajuste.

setting I montaje I alcance I posicionamiento, instalación I ajuste, regulación, reglaje I calibración.
setting adjustment I ajuste de corrección.
setting gage I galga de reglaje I galga de ajuste.
setting index I índice de regulación.
setting point I punto de regulación I temperatura de solidificación.
setting regulator I regulador de ajuste.
setting rod I varilla de reglaje I varilla de ajuste.
setting time I tiempo de fraguado I tiempo de corrección.
settle (to) I colocar, asentar I ajustar, arreglar.
settlement I sedimentación I asentamiento.
settler I sedimentador I decantador.
settling I ajuste I establecimiento I instalación I depósito, sedimento I asiento (del terreno, de un apoyo) I decantación sedimentaria I sedimentación.
settling basin I estanque decantador I balsa de decantación.
settling head I mazarota.
settling tank I cuba de clarificación I depósito de sedimentación.
setup I esquema I colocación I instalación I montaje, dispositivo de montaje.
sewage I aguas cloacales.
sewer I alcantarilla.
sewer pipe I canal de desagüe.
sewer system I red de alcantarillado.
sextant I sextante.
sferics I descargas eléctricas atmosféricas I interferencia atmosférica (radio).
sferics receiver I receptor de perturbaciones atmosféricas.
shackle I grillete.
shackle bolt I pasador de grillete.
shackle insulator I aislador de retención, aislador de anclaje.
shade I sombra I pantalla (de lámpara).
shaded I sombreado.
shaded-pole I polo rodeado de un anillo de cobre I polo blindado (electroimán).
shaded-pole motor I motor con espira de sombra (electrónica).
shading I matizado I corrección de directividad (transductor) I regulación del nivel del ruido (TV) I corrección de la distribución de la luz en la imagen (TV).
shading coil I bobina auxiliar de arranque (motores) I bobina de sombra (electromagnetismo).
shading ring I espira de cortocircuito I anillo reductor del zumbido (altavoces) I espira de sombra (electrónica).

shading signal I señal compensadora (TV) I señal de sombreado.

shadow I sombra.

shadow area I zona de silencio I zona de sombra (radar).

shadow attenuation I atenuación de propagación.

shadow effect I efecto de sombra (nuclear).

shadow loss I pérdida por sombra (radiocomunicación).

shadow mask tube I tubo de máscara (electrónica).

shadow photometer I fotómetro de sombra.

shadow region I región de silencio (radio).

shadow (to) I oscurecer.

shadow zone I zona de sombra (radar).

shadowgraph I verificador óptico de perfiles I registrador de sombras.

shaft I eje (máquinas) I pozo (minas) I lizo (telar), estator (turbina vapor) I árbol (mecánica) I fuste de columna.

shaft bearing I chumacera del eje I cojinete del eje I cojinete de transmisión I cojinete del árbol.

shaft cable I cable de extracción (minas).

shaft cam I leva de árbol.

shaft carrier I tiralizos (telares).

shaft centerline I eje geométrico del eje.

shaft coupling I acoplamiento de los ejes.

shaft furnace I horno de cuba.

shaft governor I regulador axial.

shaft hammer I martinete de palanca I martillo de palanca.

shaft hoist I malacate de pozo.

shaft horsepower I potencia en el eje.

shaft liner I camisa del eje.

shaft output I potencia en el eje.

shaft rod I varilla de lizos.

shaft seal I obturador para ejes.

shafting I transmisión I línea de ejes.

shaft-mounted I montado en el eje.

shaft-position indicator I indicador de posición del eje giratorio.

shake I vibración I temblor de tierra.

shake test I prueba de vibración I ensayo de trepidación.

shake (to) I agitar, sacudir, vibrar I temblar.

shakedown I fase de funcionamiento en condiciones de servicio.

shakeproof I a prueba de sacudidas I antivibratorio.

shaker I agitador I criba de sacudidas, criba oscilante.

shaker screen I tamiz oscilante, criba oscilante.

shaking I trepidación I agitación I sacudida I temblor I vibración.

shaking apparatus I vibrador.

shaking barrel I tambor desarenador.

shaking chute I tolva oscilante.

shaking machine I tambor desarenador (funderías).

shaking screen I cedazo sacudidor.

shaking sieve I tamiz de sacudidas I criba oscilante.

shale I pizarra.

shale clay I arcilla esquistosa.

shale oil I petróleo de esquisto bituminoso.

shallow I bajo (oceanografía), poco profundo I superficial.

shallow layer I capa delgada.

shallow notch I entalladura poco profunda.

shallow turn I viraje cerrado.

shallow water I agua poco profunda.

shank I varilla, vástago I espiga (herramienta) I husillo.

shank pin I pasador de espiga.

shape I modelo I horma I molde I perfil laminado o estirado I plantilla.

shape mill I tren de laminar perfiles.

shape the course (to) I trazar la derrota (buques) I marcar el rumbo (navegación).

shape (to) I modelar, formar I conformar I limar I embutir.

shape work I trabajo de forja.

shaped conductor I conductor perfilado (electricidad).

shaped steel I acero laminado.

shaper I troquel I estampa de forja I prensa de embutir I circuito de formación.

shaping I forma I moldeo I embutición.

shaping circuit I circuito formador.

shaping network I red conformadora (electrónica).

shared channel I canal compartido (radiocomunicaciones).

shared file I fichero compartido (informática).

shared line I línea compartida (telefonía).

shared memory I memoria compartida (informática).

shared storage I memoria común (informática).

shared wave I onda compartida.

sharp I agudo I penetrante, claro, bien definido.

sharp angle I ángulo agudo.

sharp image I imagen nítida.

sharp (to) I afilar.

sharp tuning I sintonización precisa.

sharpen (to) I afilar I aguzar.

sharpener I afilador.

sharpness I nitidez (de imagen) I precisión.

shatter test | prueba de cohesión | prueba de frangibilidad (vidrio).

shatterproof | infracturable | inastillable.

shatterproof glass | vidrio laminado de seguridad | cristal inastillable.

shave (to) | afeitar | rasar | desbarbar.

shaver | rasqueta, rasuradora.

shaver cutter | fresa rasuradora.

shaving finish | acabamiento por rasurado (metalurgia).

shaving head | cabezal rasurador.

shear | cizalla | cortadura, cizallamiento | cabria.

shear blade | hoja de cizalla.

shear flow | flujo de cizallamiento | flujo del esfuerzo cortante.

shear force | fuerza de corte | esfuerzo cortante.

shear layer | capa deslizante (aerodinámica).

shear legs | cabria en A.

shear pin | pasador de seguridad.

shear strength | resistencia a la cizalla.

shear stress | esfuerzo cortante.

shear wave | onda de corte.

shearing | corte | deslizamiento, cizallamiento.

shearing die | troquel de corte.

shearing machine | cizalla mecánica.

shearing resilience | resiliencia al cizallamiento.

shearing strength | resistencia al corte.

sheath | revestimiento | envoltura.

sheath (to) | encofrar | envainar (cables eléctricos).

sheathing | revestimiento | vaina (cables eléctricos) | forro.

sheave | roldana | polea.

shed | campana (aisladores).

shedder | eyector (de máquina).

shedding | derramamiento | desprendimiento de emulsión magnética de una cinta.

sheer | arrufo (buques).

sheer legs | cabria.

sheet | hoja | lámina, capa (geología).

sheet beam | haz laminar.

sheet glass | vidrio laminado.

sheet iron | chapa de hierro | palastro.

sheet joints | diaclasas horizontales.

sheet metal | chapa metálica | hoja metálica.

sheet pile | tablestaca.

sheet (to) | extenderse en lámina u hojas | entibar (zanjas) | blindar.

sheeting | revestimiento | blindaje (galerías) | entubado (pozos).

shell | envuelta | revestimiento | forro.

shell bit | broca de cuchara.

shell condenser | condensador acorazado (refrigeración).

shell electron | electrón cortical.

shell model | modelo en capas (nuclear).

shell mold | molde de cáscara, molde de vaina.

shell mold (to) | moldear en vaina, moldear en cáscara.

shell molding | moldeo en cáscara, moldeo en vaina.

shell reamer | escariador con taladro axial.

shellac | goma laca.

shell-and-tube heat exchanger | termocambiador tubular.

sherardize (to) | cincar por sublimación | galvanizar.

sherardizing | cementación de piezas en cajas de arena mezclada con polvos de cinc | amalgamación con cinc.

shield | coraza | pantalla, blindaje (electricidad).

shield grid | rejilla de protección.

shield grid thyratron | thyratrón de rejilla blindada.

shield (to) | apantallar, blindar.

shielded | armado (cables) | blindado (galvanómetro, transformadores).

shielded joint | empalme cubierto (electricidad).

shielded line | línea blindada.

shielded pair | par apantallado (telecomunicación).

shielded sire | cable blindado.

shielding | cubierta protectora | pantalla | blindaje de protección biológica (reactor nuclear).

shielding factor | coeficiente de protección eléctrica.

shift | desplazamiento, rechazo horizontal (fallas) | corrimiento (geología).

shift angle | ángulo de desplazamiento.

shift code | código de cambio.

shift control | control de desplazamiento.

shift lever | palanca de volteo.

shift register | registrador de impulsos | registro de decalajes.

shift unit | unidad de desplazamiento (informática).

shifter bar | regla de desplazamiento.

shift-in character | carácter de código normal.

shifting | traslación | repercusión | desplazamiento.

shifting gage | gramil.

shifting ring | anillo regulador (turbinas).

shifting spanner | llave inglesa ajustable.

shim I ajuste de la reactividad (reactor nuclear) I suplemento I compensación I calzo para ajuste.

shim rod I varilla de ajuste.

shimming I compensación magnética (campo magnético) I compensación (reactor nuclear) I focalización del haz.

shin I eclisa, placa de junta (vía férrea) I escuadra de unión.

shingle (to) I cinglar, expulsar la escoria (pudelaje).

shingling furnace I horno de cinglar.

ship I buque, barco, embarcación.

ship bottom I carena, fondos del buque, obra viva.

ship canal I canal navegable.

ship channel I canal navegable.

ship construction I construcción naval.

ship error I error de marcación.

ship frame bender I curvadora de cuadernas (astilleros).

ship frame bending jack I gato curvacuadernas.

ship lift I elevador de barcos (canales de navegación).

ship next ahead I matalote de proa.

ship next astern I matalote de popa.

ship positioning I determinación de la posición de un buque.

ship radar I radar de a bordo.

ship railway I vía de carena.

shipboard I a bordo.

shipboard aerial I antena de barco.

shipboard antenna I antena de barco.

shipboard radar I radar para buques.

shipborne computer I ordenador de abordo.

shipborne radar I radar a bordo (marina).

shipbreaking I desguace de buques.

shipbuilding I construcción naval.

shipbuilding yard I astillero.

shipside I costado, banda (buques).

shipside valve I válvula del costado del buque.

ship-to-shore cableway I teleférico desde el buque a la playa.

ship-to-shore communication I comunicación de barco a costa.

shipyard I astillero.

shiver (to) I vibrar, sacudir I oscilar.

shock I choque I sacudida.

shock absorber I amortiguador de choques.

shock and error model I modelo de choques y errores (estadística).

shock and vibration pickup I captor de sacudidas y vibraciones.

shock bending test I prueba de flexión al choque.

shock isolator I montaje antivibratorio.

shock reducer I amortiguador de choques.

shock scaling I desincrustación por termodilatación.

shock spectra I espectro de ondas de choque.

shock spring I resorte amortiguador.

shock strut I montante amortiguador (aterrizador).

shock test I ensayo al choque.

shock tester I aparato para ensayos de choque.

shock tube I tubo de ionización por ondas de choque.

shock wave I onda dinámica I onda de choque (física).

shock waves refraction I refracción de las ondas de choque.

shock-absorbent I elástico.

shock-absorbing bearing I cojinete elástico.

shock-absorbing bumper I tope amortiguador.

shock-heated I caldeado por ondas de choque.

shock-induced I inducido por onda de choque.

shock-mounted I montado a prueba de sacudidas.

shockproof I antivibratorio.

shoe I zapata I calzo I patín (pistón).

shoe anchor I anclaje de zapatas.

shoe brake I freno de zapata.

shoe gear I mecanismo de la zapata del freno.

shoe lining I zapata.

shoot (to) I disparar, tirar I descargar.

shooting I rodaje de película I toma de fotografías.

shooting angle I ángulo de toma.

shooting box I detonador.

shop I taller.

shop drawing I dibujo de taller.

shop fit I ajuste hecho en el taller.

shop-assembled I montado en el taller.

shoran I radioayuda de navegación a corta distancia I shoran.

shore I costa I ribera I litoral I puntal, codal, escora, ademe (minas).

shore effect I difracción costera (radio).

shore (to) I apuntalar I acodalar I apear (muros) I escorar (con puntales) I ademar, entibar (minas).

shore-based radar I radar portuario I radar costero.

shoring I apeo I apuntalamiento I acodalamiento I entibamiento I ademado, entibación.

short I corto I breve.

short circuiting contactor I contactor de cortocircuito.

short cord I cuerda de leña (medida).

short dipole I dipolo corto.

short elbow I codo cerrado (tuberías).

short iron I hierro quebradizo, hierro agrio.

short path I trayecto corto.

short pin I chaveta de extremo perdido.

short pitch I paso pequeño (roscas).

short range I pequeño alcance.

short range navigation (shoran) I shoran (radiolocalizador de corto alcance).

short range radar I radar de corto alcance.

short sweep I codo cerrado (tuberías).

short take-off and landing I despegue y aterrizaje cortos (aeronáutica).

short (to) I cortocircuitar, puentear (electricidad).

short ton I tonelada corta I tonelada americana.

short wave I onda corta.

short wave antenna I antena de onda corta.

short wave converter I convertidor de onda corta.

short wave oscillator I oscilador de onda corta.

short wave receiver I receptor de onda corta.

short wave transmitter I transmisor de onda corta.

short-circuit I cortocircuito.

short-circuit admittance I admitancia en cortocircuito.

short-circuit brake I freno de cortocircuito.

short-circuit choke coil I bobina de choque de cortocircuito (energía eléctrica).

short-circuit code I código en cortocircuito.

short-circuit current I corriente de cortocircuito.

short-circuit flux I flujo de cortocircuito.

short-circuit impedance I impedancia en cortocircuito.

short-circuit key I llave de cortocircuito.

short-circuit (to) I cortocircuitar (electricidad).

short-circuit to ground I cortocircuito a tierra.

short-circuit voltage I voltaje de cortocircuito, tensión en cortocicuito.

short-circuit welding I soldeo por cortocircuito (acero suave).

short-circuiter I cortocircuitador, conmutador de puesta en cortocircuito.

short-circuiting switch I interruptor de cortocircuito.

short-circuiting test I prueba de cortocircuito.

shorted I cortocircuitado.

shortening capacitor I capacitor en serie.

shortening condenser I condensador de desacoplo.

shorterize (to) I templar por flameo.

shorting I cortocircuitación.

shorting noise I ruido de corriente de cortocircuito.

shorting relay I relé cortocircuitador.

shot I bala I proyectil I tiro I impacto (de un proyectil) I granalla (metalurgia).

shot drill I sondadora de rotación.

shot effect I efecto de impacto I ruido de fritura (radio).

shot noise I ruido de agitación térmica, ruido de granalla.

shot (to) I limpiar con chorro de granalla, granallar I rodar I filmar.

shotblast I chorro de granalla.

shotblast machine I granalladora.

shot-firing circuit I circuito de disparo (electrónica).

shoulder I soporte I saliente, reborde.

shoulder bolt I perno de tope.

shovel I pala mecánica.

shovel excavator I pala excavadora.

shower I chaparrón.

shred I triza I fragmento.

shredder I trituradora I desfibradora I desbrozadora.

shrink I encogimiento I contracción.

shrink fit I ajuste por contracción.

shrink hole I embudo de contracción (metalurgia).

shrink on (to) I montar en caliente (llantas, etc.) I enmangar en caliente (herramientas) I enmanguitar (cañones).

shrinkage I contracción.

shrinkage head I mazarota.

shrinkage stress I esfuerzo de contracción.

shrink-fitted I ajustado en caliente.

shrink-head I mazarota.

shroud I obenque (buques).

shrouded I cubierto I con obenques I protegido con cárter I con anillo periférico (hélice marina).

shrouded blades I paletas amortajadas (turbinas vapor).

shrouded gear I engranaje encerrado en cárter.

shrouded propeller I hélice carenada (aviones).

shunt I derivación (electricidad, tuberías), shunt, derivador de corriente, resistencia en derivación (electricidad).

shunt admittance I admitancia en paralelo I admitancia en derivación.

shunt box I caja de resistencias en derivación.

shunt capacitance I capacitancia en derivación.

shunt circuit I circuito derivado.

shunt coil I bobina en paralelo I bobina en derivación.

shunt connection I conexión en derivación.

shunt current I corriente derivada.

shunt detector I detector en paralelo.
shunt dynamo I dinamo excitada en derivación.
shunt efficiency diode I diodo de recuperación.
shunt excitation I excitación en derivación.
shunt feed I alimentación en paralelo.
shunt impedance I impedancia en paralelo.
shunt loading I carga por bobinas en paralelo.
shunt motor I motor en derivación.
shunt reactor I reactor en derivación.
shunt repeater I repetidor en paralelo.
shunt resistor I resistor derivador.
shunt stabilization I estabilización en paralelo.
shunt switch I interruptor en derivación.
shunt (to) I shuntar I acoplar en derivación I conectar en paralelo, conectar en derivación I derivar (electricidad, tuberías, etc.).
shunt transformer I transformador en derivación.
shunt transistor I transistor en paralelo.
shunt voltage I voltaje en derivación.
shunt winding I devanado en derivación.
shunt wire I hilo de derivación.
shunted I derivado, en paralelo (electricidad).
shunt-excited I excitado en derivación.
shunt-field relay I relé de campo derivado.
shunting capacitor I capacitor en derivación.
shunting condenser I resistor en derivación.
shunting resistance I resistencia derivadora.
shunt-operated I accionado en derivación.
shut down I parada (motor).
shut off (to) I desconectar I interceptar.
shutdown I interrupción de la corriente I paralización (nuclear).
shutdown device I dispositivo de cierre.
shutoff I cierre, oclusión.
shutoff gear I mecanismo interceptor.
shutoff rod I barra de seguridad (reactor nuclear).
shutoff valve I válvula de incomunicación I válvula de cierre, válvula de parada.
shutter I obturador I compuerta, alza (presas) I portacebo (cargas explosivas).
shutter actuator I disparador (fotografía).
shutter aperture I apertura de diafragma.
shutter cutoff frequency I frecuencia de obturación.
shuttle I lanzadera (telar).
shuttle saw I sierra de vaivén.
shuttle valve I válvula de doble efecto I válvula de lanzadera.
sial I sial (litosfera).
Siberian aquamarine I berilo azul verdoso.
Siberian jade I nefrita.
Sicilian amber I simetita.
Sicilian ruby I rubellita.

side I lado I flanco I costado.
side circuit I circuito físico, circuito fantasma (cable telefónico).
side drift I galería auxiliar, galería lateral de avance (túneles).
side frequency I frecuencia lateral (telecomunicaciones).
side lever I balancín.
side light I luz de situación (buques).
side looking radar I radar de exploración lateral I radar de barrido adyacente.
side milling cutter I fresa de corte lateral.
side rod I biela de acoplamiento (locomotoras).
side splash I interferencia del canal adyacente (radio).
sideband I banda lateral I banda de modulación (radio).
sideband component I componente de banda lateral.
sideband selector I selector de bandas laterales.
sidelap I recubrimiento transversal.
side-looking radar I radar de imágenes oblicuas I radar de imágenes laterales.
siderite I siderita.
siderurgy I siderurgia.
sidetone I ruido de parásitos ambientales (telefonía) I efecto local (centrales telefónicas).
sidetone frequency spectra I espectro de frecuencia del efecto local.
sidetrack I apartadero, desvío, vía muerta (ferrocarril).
sideways feed I alimentación transversal.
sieve I criba I cedazo I tamiz.
sieve analysis I análisis granulométrico.
sieve plate I plato de criba.
sieve testing I análisis granulométrico.
sieve (to) I cribar I tamizar.
sift (to) I cribar, tamizar I filtrar (radio).
sifter I criba.
sight I mira I goniómetro I visor I puntería I alza.
sight angle I alcance (alza de cañón).
sight bar I alidada.
sight deflection I deriva (puntería del cañón).
sight distance I visibilidad.
sight elevating arm I brazo elevador de alza.
sight gage I indicador visual de nivel.
sight glass I mirilla.
sight hole I mirilla.
sight rod I jalón.
sight vane I pínula I alidada acimutal.
sighting board I niveleta I alidada.
sighting device I visor de navegación.
sighting gear I mecanismo de alza.
sighting telescope I anteojo de alza.
sigma I fase sigma (metalurgia).

sigma circuit l circuito sigma.
sigma meson l mesón sigma.
sigma particle l partícula sigma.
sigma phase l fase sigma.
sigma welding l soldeo de arco con electrodo fungible en atmósfera inerte.
sigma-hardenable steel l acero templable en la fase sigma.
sigma-phase embrittling l fragilidad por la fase sigma (aleaciones).
sigma-phase-embrittled steel l acero fragilizado por la fase sigma.
sigmatization l sigmatización (aceros).
sigmatize (to) l sigmatizar (metalurgia).
sigmatron l sigmatrón.
sign l signo l señal.
sign bit l bitio de signo.
sign check l verificación de signo.
sign code l código de signo.
sign digit l dígito de signo.
sign off (to) l cerrar la emisión (TV, radio) l terminar una conversación (radio).
sign on (to) l anunciar el comienzo de las emisiones.
sign on/sign off (to) l entrar al sistema/salir del sistema.
sign position l posición del signo (electrónica).
signal l señal, aviso l signo.
signal bias l polarización de señal.
signal board l cuadro de señales.
signal booster l amplificador de señal.
signal cable l cable para transmisiones.
signal check l verificación de las señales.
signal circuit l circuito de señalización.
signal code l código de señales.
signal communication net l red de transmisiones.
signal communications equipment l equipo de transmisiones.
signal complex l sistema de señales (televisión).
signal corps l servicios de transmisiones y comunicaciones.
signal current l corriente de señal.
signal delay l tiempo de propagación de la señal.
signal distortion l distorsión de señal (telefonía).
signal electrode l electrodo de señal.
signal element l elemento de señal (telegrafía).
signal field l campo útil (radiocomunicación).
signal fuse light l luz indicadora de fusible.
signal generating tube l tubo generador de señales.

signal generator l generador de señal l generador omnionda.
signal generator tube l válvula generadora de señales.
signal imitation l falsa señal (telecomunicación).
signal intercarrier l señal entre portadoras.
signal light l luz de señalización.
signal output current l corriente de salida de señal.
signal output electrode l electrodo de salida de señal.
signal power l potencia de la señal.
signal pulse l impulso de señal.
signal recovery l rescate de señal (comunicaciones).
signal relay l relé de señal.
signal return l señal de retorno l eco (radar).
signal voltage l voltaje eficaz de la señal.
signal voltmeter l voltímetro avisador.
signal wave l onda de tráfico, onda de trabajo (radio).
signal winding l devanado para la señal (telecomunicación).
signal wiring l circuito de señalización (telecomunicación).
signal-flow graph l diagrama de flujos.
signaling l llamada (telefonía).
signaling battery l batería de señalización (telecomunicación).
signaling channel l canal de señalización (telecomunicación).
signaling current l corriente de llamada (telefonía).
signaling frequency l frecuencia de señalización l frecuencia de llamada.
signaling impulse l impulso de conmutación (telefonía).
signaling relay l relé de señalización.
signaling unit l unidad de control (telegrafía).
signalise (to) l señalizar, poner señales (G.B.).
signalize (to) l señalizar, poner señales (EE UU).
signalling l señalización.
signalling light l luz de señales.
signalling rate l velocidad de transmisión de señal.
signature l sintonía de una estación de radio.
silence l silencio.
silence cone l cono de silencio (radionavegación).
silence period l periodo de silencio (radiocomunicación).
silencer l silenciador, amortiguador de ruido.
silencer circuit l circuito silenciador.
silencer magnet l electroimán silenciador.

silent arc | sector de silencio (telecomunicación).
silent gear | engranaje silencioso.
silex | sílex, pedernal.
silica | sílice | dióxido de silicio.
silica gel | gel de sílice | silicagel.
silicate | silicato.
siliceous | silíceo.
siliceous earth | diatomita.
silicide | siliciuro.
silicious | silíceo.
silicium plated steel | acero siliciado.
silicocalcium | silicocalcio.
silicocarbide | silicocarburo.
silicomanganese | silicomanganeso.
silicon | silicio (Si).
silicon bilateral switch | conmutador bilateral de silicio.
silicon capacitor | condensador de silicio.
silicon carbide | carburo de silicio.
silicon cell | célula de silicona.
silicon detector | detector de silicio.
silicon diode | diodo de silicio.
silicon halide | haluro de silicio.
silicon hydride | hidruro de silicio.
silicon junction diode | diodo de unión de silicio.
silicon oxide | óxido de silicio.
silicon rectifier | rectificador de silicio.
silicon resistor | resistor de silicio.
silicon steel | acero al silicio.
silicon Zener diode | diodo Zener de silicio.
silicon-crystal rectifier | rectificador de cristal de silicio.
silicone | silicona.
silicon-iron | ferrosilicio.
siliconize (to) | impregnar con silicio (metalurgia).
silicon-killed | calmado con silicio, desoxidado con silicio (aceros).
silicophosphate | silicofosfato.
silk insulated | aislado con seda (cables).
silk-screening | serigrafía.
sill | masa intrusiva tabular (geología) | surco laminar.
silt | sedimento.
silt basin | cámara de sedimentación.
silt deposition | entarquinamiento, repleción (presas).
silt pit | fosa de sedimentos.
silt removal | desentarquinamiento | desenlodamiento.
siltation | sedimentación | atarquinamiento.
silting | aterramiento (embalses).
siltometer | tarquinómetro.

silver | plata.
silver acetate | acetato de plata.
silver alloy | aleación de plata.
silver amalgam | amalgama de plata.
silver brazing | soldeo con plata.
silver bromide | bromuro de plata.
silver chromate | cromato de plata.
silver citrate | citrato de plata.
silver halide | haluro de plata.
silver iodate | yodato de plata.
silver iodide | yoduro de plata.
silver lactate | lactato de plata.
silver mica | flogopita.
silver nitrate | nitrato de plata.
silver oxide | óxido de plata.
silver oxide battery | pila de óxido de plata.
silver oxide cell | pila de óxido de plata.
silver peak jade | malaquita (Nevada - EE UU).
silver permanganate | permanganato de plata.
silver phenolsulfonate | fenolsulfonato de plata.
silver phosphate | fosfato de plata.
silver picrate | picrato de plata (química).
silver ruby | pirargirita.
silver sulfate | sulfato de plata.
silver telluride | telururo de plata.
silver vitellin | vitelinato de plata (química).
silver-bonded diode | diodo soldado por plata.
silvering | revestimiento de plata | baño de plata.
silver-jamesonite | owyheelita.
silver-zinc storage battery | acumulador de plata-cinc.
simmetrical network | red simétrica.
simple harmonic wave | onda sinusoidal.
simple lap joint | junta solapada.
simple root | raíz simple (matemáticas).
simple signal | señal de frecuencia única.
simple steel | acero ordinario.
simple wave | onda simple.
simplex | simplex | unidireccional (circuito).
simplex winding | devanado simple.
simulated altitude | altitud simulada.
simulated flight conditions | condiciones de vuelo simulado.
simulation | simulación | circuito analógico.
simulator | simulador (aparato para enseñanza espacial) | programa o dispositivo que realiza la simulación (informática).
simulator relay | relé simulador.
simulcast | radiodifusión simultánea.
simultaneous | simultáneo.
simultaneous access | acceso simultáneo.
simultaneous broadcast | transmisión simultánea.

simultaneous lobing | conmutación de lóbulos simultáneamente (radar).

simultaneous reception | recepción simultánea de varias ondas.

SINAD | SINAD (señal ruido y distorsión).

sine | seno (matemáticas).

sine current | corriente sinusoidal.

sine meter | contador de energía reactiva.

sine oscillations | oscilaciones sinusoidales.

sine potentiometer | potenciómetro sinusoidal.

sine wave | onda senoidal.

sinewave alternator | alternador de onda sinusoidal.

sine-wave modulated jamming | interferencia de onda senoidal modulada.

singing margin | margen de cebado (circuito telefónico).

singing point | punto de cebado.

singing suppressor | supresor de reacción (telecomunicación) | eliminador de ecos.

single | simple | único, individual.

single access | acceso único.

single address code | código de dirección simple | código de una sola dirección.

single arm anvil | bigornia.

single axle bogie | bogie de un eje.

single band | banda única.

single bar crosshead | cruceta monopatín (motores).

single block | polea | motón sencillo.

single conductor cable | cable de un solo conductor.

single core | unipolar (cables), monofilar.

single current | corriente simple (telecomunicación).

single cut file | lima musa.

single diode | diodo sencillo.

single frequency | frecuencia única.

single frequency receiver | receptor monofrecuencia.

single grid thyratron | tiratrón de rejilla simple.

single hop | trayecto único (radio) | salto único (electrónica).

single ignition | encendido sencillo (motor).

single junction | unión única (semiconductor).

single line | vía única (ferrocarril).

single pole | unipolar, monopolar.

single prism | prisma sencillo (óptico).

single pulse | impulso único.

single scattering | difusión simple | dispersión única.

single shaft | monoeje.

single shot circuit | circuito monoestable.

single sideband | banda lateral única.

single sideband transmission | transmisión de banda lateral única.

single signal receiver | receptor de señal fija.

single step | paso único.

single stepping | paso a paso (programa).

single throw | unipolar.

single track | pista única.

single tuned circuit | circuito sintonizado simple.

single wave rectifier | rectificador de una alternancia.

single winding | devanado de circuito único.

single wire | conductor unipolar | hilo único.

single wire circuit | circuito unifilar.

single wire line | línea unifilar (telefonía).

single-axis | uniaxial.

single-break switch | interruptor unipolar.

single-channel | monocanal.

single-coil winding | devanado de una ranura por polo.

single-component signal | señal de componente única.

single-conductor cable | cable monofilar.

single-core magnetic amplifier | amplificador magnético unipolar.

single-current line | línea de simple polaridad.

single-cycle | monocíclico.

single-dial control | mando de cuadrante único.

single-ended bobbin | bobina con una sola guarda.

single-engined | monomotor.

single-entry system | sistema de entrada única.

single-frequency channel | canal monofrecuencia.

single-gun tube | tubo monocañón (electrónica).

single-lead cable | cable monofilar.

single-line drawing | plano unilateral (electricidad).

single-line of ducts | conducto unitario (telecomunicación).

single-motored | monomotor.

single-node vibration | vibración uninodal.

single-phase | monofásico.

single-phase alloy | aleación monofásica (metalurgia).

single-phase alternator | alternador monofásico.

single-phase current | corriente monofásica.

single-phase electromotor | electromotor monofásico.

single-phase generator | generador monofásico.

single-phase motor | motor monofásico.

single-phase system | sistema monofásico.
single-plate clutch | embrague monodisco.
single-plunger pump | bomba monocilíndrica.
single-polar | unipolar, monopolar.
single-pole fuse | fusible unipolar.
single-pole overload circuit-breaker | automático de máxima.
single-pole relay | relé unipolar.
single-pole switch | interruptor unipolar.
single-reduction gear | engranaje de reducción simple.
single-section filter | filtro de célula única.
single-shot circuit | circuito monoestable.
single-signal | monoseñal.
single-stage | monoetápico, monocompresional (compresores).
single-tank circuit breaker | interruptor de cuba única (electrónico).
single-throw circuit breaker | disyuntor unipolar.
single-throw switch | interruptor de vía única | interruptor unipolar.
single-tube | monotubo.
single-tuned circuit | circuito de sintonización única.
single-way switch | conmutador de una dirección.
single-wire line | línea monofilar.
single-wired | unifilar.
singular curve | curva singular (matemáticas).
sink | pozo | colector | sumidero | vertedero | receptor (hidráulica) | cono de avance (pozos de minas).
sink (to) | ahondar, profundizar | hundir, sumergir.
sinkage | penetración | hundimiento | asiento (muros, terrenos, cimentación) | muesca.
sinker | bomba de profundización | martillo de profundización | barra de contrapeso (de la herramienta de sondeos) | sumergidor (mina explosiva submarina).
sinker bar | barra de sondeo | barra perforadora.
sinker-bar | barra maestra.
sinkhead | mazarota (metalurgia).
sinking | profundización | hundimiento.
sinking equipment | material de perforación.
sinter | aglutinación | concreción.
sinter mix | mezcla para sinterizar.
sinter (to) | sinterizar.
sintered | aglomerado | sinterizado.
sintered cathode | cátodo sinterizado.
sintered magnetic material | material magnético sinterizado.
sintered refractory hard metal | metal duro refractario sinterizado.

sintered zirconium dioxide | dióxido de zirconio sinterizado.
sintering | aglutinación, aglomeración, sinterización.
sintering tank | cuba de decantación.
sinterization | piroaglutinación | sinterización.
sinterize (to) | sinterizar | piroaglutinar.
sinter-roastig | tostación vitrificante.
sinusoidal current | corriente sinusoidal.
sinusoidal input | señal de entrada sinusoidal.
sinusoidal sinking oscillations | oscilaciones de descenso sinusoidales.
sinusoidal voltage | tensión sinusoidal.
sinusoidal wave | onda sinusoidal.
siphon | sifón.
siphon barometer | barómetro de sifón.
siphon recorder | registrador de sifón (telegrafía).
siphonic discharge valve | válvula con descarga sifónica.
site | emplazamiento | situación, ubicación.
site (to) | instalar, emplazar.
situation | situación | ubicación, posición.
six-cylinder four stroke engine | motor de cuatro tiempos exacilíndrico.
six-phase | exafásico.
six-phase half-wave rectifier | rectificador hexafásico de media onda.
six-pole | exapolar.
size | tamaño, medida | calibre.
size analysis | análisis granulométrico.
size classification | granulometría.
size control | control de tamaño (TV).
size of picture | tamaño de la imagen (TV).
size (to) | conformar | ajustar | calibrar | dimensionar.
sizing | dimensionamiento | clasificación | calibración | granulometría.
sizing broach | broca-fresa de calibrar.
skate | roldana | patín de frenado (vagones) | colector de corriente (electricidad).
skeg | talón del codaste, talón de quilla (buques).
skeleton | armazón, armadura | esquema.
skeleton chart | carta esquemática (mapas).
skeleton key | llave maestra.
sketch | diseño, bosquejo | boceto | croquis.
skew | oblicuidad | sesgo | inclinación.
skew arch | bóveda oblicua | arco oblicuo | arco en esviaje.
skew distortion | distorsión oblicua (telecomunicación).
skew factor | factor de inclinación (eléctrico).
skew gear | engranaje hiperbólico.
skew joint | junta oblicua.

skew plate I placa salmer (hornos).

skew ray I rayo alabeado I rayo sesgado (fibra óptica).

skew (to) I oblicuar I cortar en chaflan.

skew wheel I rueda hiperbólica.

skewback I resalto I dovela de arranque (bóveda escarzana) I arranque de un arco (muro vertical) I sillar de arranque.

skewed slot I ranura oblicua.

skewing I oblicuidad I esviaje.

skewness I asimetría I sesgo I disimetría (estadística).

skiagram I radiograma I radiagrafía.

skiagraphy I radiografía.

skiatron I esquiatrón (electrónica).

skid I patín de aterrizaje I calzo I polín I rodillo.

skid shoe I calzo I zapata.

skidding I deslizamiento I arrastre de trozas I arrastre de troncos.

skiddometer I deslizómetro.

skidway I plataforma de deslizamiento.

skim I escoria, costra.

skim gate I cámara de depuración, bebedero de despumar (funderías).

skim (to) I nivelar, aplanar I desbastar I desescoriar.

skimmer I pala de cuchara niveladora I draga de cucharón perforado, desescoriador (colada de alto horno).

skimming I despumación I desescoriado.

skin I forro I capa exterior I envuelta.

skin antenna I antena pelicular.

skin effect I efecto pelicular I efecto Kelvin (electricidad).

skin friction I rozamiento superficial.

skin recovery I recarburación (aceros).

skin resistance I resistencia friccional.

skin splice I empalme de revestimiento (aviones).

skin (to) I descostrar, desescoriar (fundición).

skinhole I sopladura superficial (metalurgia).

skip I omisión I salto.

skip area I zona saltada (radiocomunicaciones).

skip distance I distancia de salto (onda) I zona de silencio (radio).

skip fading I desvanecimiento de salto (electrónica).

skip keying I desmultiplicación de frecuencia.

skip start I inicio de salto (informática).

skip stop I parada de salto (informática).

skip zone I zona de silencio (radio).

skipping I salto (telecomunicación).

skipping device I dispositivo de salto.

skipping effect I efecto de brincar (reentrada de cosmonaves o satélites en la atmósfera).

skirt I orilla, margen I bisel (guía de ondas).

skirting I tablas de zócalo.

skirting-board I rodapié.

skull I fondo de cuchara, lobo (cuchara de colada) I depósito (nucleónica).

skull furnace I horno de crisol.

sky I cielo I espacio aéreo.

sky screen I red de radares exploradores.

sky wave I onda espacial I onda ionosférica.

sky wave communication I comunicación por ondas espaciales.

sky wave field I campo creado por las ondas del espacio.

sky wave interference I interferencia por la onda reflejada.

sky wave range I alcance de la onda reflejada.

sky-compass I brújula celeste.

skycrane I helicóptero elevador.

skyhook balloon I globo libre meteorológico.

skylab I laboratorio del cielo.

skylight I claraboya.

skylight turret I linternón de una cúpula (arquitectura).

skyway I enlace radioeléctrico I ruta aérea I aerovía.

slab I losa I laja, costero (rollizos) I zamarra (metalurgia).

slab ingot I lingote para chapa.

slabbing I laminado de desbastes planos I laboreo por lajas (minas).

slabbing cutter I fresa cilíndrica helicoidal.

slabbing machine I fresadora horizontal.

slabbing method I laboreo por roza.

slack I huelgo de piezas de máquina I desgaste (de una pieza).

slack adjuster I tensor I ajustador del huelgo.

slack quenching I temple diferido.

slack time I tiempo de retardo estimable (informática).

slack (to) I decaer I amortiguar I aflojar I retardar I disminuir.

slack traffic hour I hora de poco tráfico (telecomunicaciones).

slack variables I variables auxiliares.

slackline cableway I excavadora de cucharón de arrastre I draga de arrastre.

slag I escoria.

slag eye I piquera de escoriar.

slag forming I escorificación.

slag furnace I horno de reducir escorias.

slag ladle I cuchara para la escoria (metalurgia).

slag outlet I bigotera (alto horno).

slag process I proceso de afino con escorias (aceros).

slag puddling | pudelaje caliente.
slag (to) | escorificar.
slagging | aglutinación | escorificación, formación de escoria.
slag-notch | piquera de escoriar, bigotera (alto horno).
slake (to) | apagar la cal | extinguir | desleír | fundir.
slaked lime | cal apagada.
slant | oblicuidad, sesgo | inclinación, declive.
slant course | alineación oblicua (radionavegación).
slant (to) | inclinar | oblicuar, sesgar.
slant visibility | visibilidad oblicua.
slanting | sesgado | oblicuo.
slate | pizarra.
slate black | negro mineral.
slate-clay | esquisto.
slate-coal | hulla apizarrada, carbón esquistoso.
slate-spar | afrita.
slave | satélite, subordinado | repetidor (aparatos).
slave antenna | antena servomandada.
slave circuit | circuito esclavo.
slave oscillator | oscilador esclavo.
slave relay | relé auxiliar.
slave signal | señal de estación esclava.
slave station | estación satélite.
sledge | rastra, narria.
sleek (to) | alisar, pulir.
sleeper | traviesa, travesaño | larguero | viga maestra.
sleeper wall | muro medianero de carga.
sleeper-screw | tirafondo.
sleeve | manguito | manguera (aviación) | camisa (máquinas).
sleeve antenna | antena con unipolo semicubierto.
sleeve coupling | acoplamiento de manguito.
sleeve dipole | dipolo de tubo coaxial.
sleeve joint | junta con manguito de unión.
sleeve valve | válvula de camisa.
sleeve wire | conductor de prueba.
slew rate | velocidad de salto | velocidad de rotación.
slew (to) | girar horizontalmente | apuntar en dirección, apuntar en azimut | girar rápidamente (radar, dirección de tiro).
slewing | rotación, giro | exploración rápida horizontal (radar).
slewing gear | mecanismo de rotación | mecanismo de giro (grúas).
sley | batán.
sley race | pista de la lanzadera (telar).
slice | pala | espátula | placa.

slicer | amplificador (radar) | limitador (telefonía).
slicer amplifier | amplificador seccionador.
slicing | corte, troceo.
slicing and caving | laboreo por tramos y hundimiento (minas).
slicing disc | disco para tronzar.
slicing lathe | torno de trocear | torno de cercenar.
slick | falla.
slide | resbalamiento | deslizamiento | guía | platina | diapositiva | transparencia.
slide caliper | regla de calibrar | pie de rey.
slide coil | bobina de cursor.
slide contact | cursor.
slide lathe | torno de carro.
slide projection | proyección de diapositivas.
slide projector | proyector de transparencias.
slide resistance | reóstato de cursor.
slide resistor | reóstato.
slide scanner | explorador de diapositivas.
slide short film | filmina.
slide switch | conmutador corredizo.
slide throttle-valve | regulador del distribuidor.
slide viewer | visor de diapositivas.
slide wire | resistencia de cursor.
slide-bridge | puente de cursor (electricidad).
slide-gage | pie de rey, calibrador de cursor.
slider | guía de deslizamiento, corredera (máquinas).
slide-rod | biela del distribuidor | barra del distribuidor, vástago del distribuidor.
slide-valve | distribuidor de concha, válvula de corredera, distribuidor plano (máquina alternativa vapor) | distribuidor cilíndrico.
sliding | desplazamiento | deslizamiento | resbalamiento.
sliding bearing | asiento de deslizamiento.
sliding block | cursor.
sliding cam | leva de deslizamiento | leva desplazable.
sliding contact | contacto deslizante, contacto móvil.
sliding coupling | acoplamiento telescópico.
sliding fastener | cierre de cremallera.
sliding feed | avance longitudinal | avance del carro (tornos).
sliding fit | ajuste suave.
sliding gear | engranaje desplazable | engranaje del avance longitudinal | engranaje deslizante.
sliding joint | junta de corredera | junta deslizante.
sliding lathe | torno paralelo, torno de carro.
sliding nut | tuerca móvil.

sliding plate I placa de deslizamiento.

sliding resistance I reóstato de cursor.

sliding rod I varilla corrediza.

sliding short circuit I cortocircuito deslizante.

sliding sleeve I manguito desplazable I brida deslizante.

sliding-gear transmission I transmisión por engranaje desplazable.

slime I limo, lodo, fangos (minerales).

slime (to) I tratar los fangos (metalurgia).

slimer I mesa de preparación de finos.

sliming I trituración fina I tratamiento de finos (metalurgia).

sling I cadena de suspensión I eslinga, estrobo I boza (vergas).

sling hook I gancho de eslinga.

sling load I eslingada (marina).

sling psichrometer I psicrómetro de honda.

sling thermometer I termómetro-honda (meteorología).

sling (to) I oscilar repentinamente I girar, dar vueltas.

sling-beam I balancín.

sling-chain I cadena de suspensión.

slinger I aparato para arenas de moldeo.

slip I patinamiento I deslizamiento.

slip bolt I pestillo.

slip casting I moldeo en barbotina (refractarios).

slip clutch I embrague deslizante.

slip fit I ajuste suave.

slip gage I calibrador de espesores.

slip ring I anillo rozante I anillo colector.

slip (to) I deslizar I resbalar.

slip vector I vector de deslizamiento.

slip way I rampa de deslizamiento (navíos).

slip-coupling I acoplamiento electromagnético.

slip-joint I junta de dilatación I junta telescópica I junta deslizante.

slippage I desprendimiento I deslizamiento I desplazamiento I resbalamiento I patinaje (ruedas) I desfasaje.

slipping I deslizamiento I desplazamiento I resbalamiento.

slipping clutch I acoplamiento elástico I embrague de fricción.

slipping electrode I electrodo deslizante.

slipping system I sistema de deslizamiento.

slipproof I antideslizante.

slipstream I estela I torbellino I corriente retrógrada.

slit I hendidura, grieta I ranura.

slit (to) I rajar, hender I ranurar.

slitter I tajadera I sierra de cortar al largo I máquina para cortar papel continuo I cizalla rotativa I pico (minas) I ranuradora.

slitter-rewinder I rebobinadora-cortadora.

slitting cutter I fresa para ranuras.

slitting file I lima de cuchillo, lima de cortar.

slitting machine I máquina para trocear barras I cortadora.

slitting mill I laminador cortante (relaminación).

slitting saw I sierra ranuradora.

slitting shears I cizalla para chapas.

slogging chisel I romperremaches I cortador de remaches.

slogging hammer I mandarria.

slop I desecho.

slop oil I producto derivado del petróleo de mala calidad.

slope I talud I declive, bajada, ladera I vertiente I inclinación I buzamiento (geología), galería inclinada, plano inclinado (minas).

slope filter I filtro de pendiente.

slope level I eclímetro, clinómetro.

slope test I prueba de angularidad.

slope (to) I sesgar, cortar al sesgo I formar en declive I inclinar I ataluzar.

sloper I ataludadora (carreteras).

sloping gage I escala hidrométrica.

sloping joint I junta biselada.

slot I muesca I ranura.

slot antenna I antena de ranura.

slot armor I aislador de ranura (electricidad).

slot coupling I acoplamiento por ranura (microondas).

slot frequency I frecuencia de ranura (telecomunicaciones).

slot insulation I aislamiento de ranura.

slot radiation I radiación de ranura.

slot radiator I ranura radiante.

slot (to) I enmuescar I ranurar I escoplear I acanalar.

slotted I ranurado I dentado.

slotted armature I inducido dentado (electricidad).

slotted nozzle I tobera ranurada.

slotted nut I tuerca almenada.

slotted pin I pasador con entallas.

slotted screw I tornillo de cabeza ranurada.

slotted washer I arandela abierta.

slotting I ranuración.

slotting machine I ranuradora.

slotting ram I cabezal de mortajar.

slow I lento.

slow crosstalk I interferencia lenta (circuito).

slow down (to) I retardar I desacelerar.

slow neutron I neutrón térmico I neutrón lento.

slow operating relay I relé de acción retardada.

slow reactor I reactor nuclear térmico I reactor lento.

slow releasing relay I relé de apertura retardada.

slow running I funcionamiento lento.

slow speed I marcha lenta.

slow wave I onda lenta.

slow-break switch I interruptor de ruptura lenta.

slowing down kernel I núcleo de retardación I núcleo de moderación.

slowing-down density I densidad de moderación.

slow-motion screw I tornillo de paso pequeño.

slow-opening valve I válvula de acción lenta.

slow-operate relay I relé de acción lenta.

slow-wave circuit I circuito de onda lenta.

sludge I lodo I sedimento I lodo de perforación (sondeos) I desechos de refinado I aguas fecales.

sludge-pump I bomba de arena.

sludger I bomba centrífuga para arenas y fangos I sonda de cuchara, cuchara, bomba de arena (sondeos).

slug tuner I sintonizador de guía de ondas I sintonizador de barra.

slug tuning I sintonía por núcleo (radio).

slugging I cortocircuito de frenaje.

sluice I compuerta I canal.

sluice gate I compuerta de esclusa, compuerta de desagüe.

sluice valve I válvula de compuerta I válvula de desagüe.

sluiceway I canal I conducto de evacuación, esclusa.

slurry I mezcla, mortero I fangos de lavado I lodos (minería).

slush I barro I fango I grasa lubricante.

slush pump I bomba para fangos.

slusher I excavadora de arrastre I cuchara de arrastre (minas).

small bore I pequeño diámetro interior.

small calorie I caloría-gramo I caloría pequeña.

small coal I finos del carbón.

small culvert I atarjea.

small signal I señal débil.

small-diameter I diámetro pequeño.

smash I rotura.

smash (to) I prensar I romper I quebrar.

smear I remoldeo (pozo de arena) I borrosidad (TV).

smear camera I cámara de compensación óptica (fotografía).

smearer I aplanador (electrónica).

smearing I borrosidad (TV).

smectite I esmectita.

smelt (to) I fundir, derretir.

smelter I fundidor I horno de fusión I fábrica metalúrgica.

smelting I fundición, fusión.

smelting furnace I horno de fusión.

smelting hearth I hogar de fusión I crisol (de horno).

smelting pot I cubilote.

smith forging I forja a mano.

smith (to) I forjar a mano.

smith welding I soldeo de fragua.

smithery I herrería, taller de forja.

smithing I herrería I taller de forja.

smithy I fragua, forja.

smog I niebla espesa mezclada con humo de fábricas (abreviatura de **smoke fog**).

smoke I humo.

smoke alarm system I sistema de detección de humo.

smoke gage I capnoscopio.

smoke indicator I indicador de óxido de carbono en el humo (calderas).

smoke meter I medidor de humo.

smoke pipe I conducto de humos I chimenea.

smoke redution I capnorreducción.

smokeless I fumífugo, capnófugo.

smokeproof I hermético al humo.

smokescope I capnoscopio.

smoke-tight I hermético al humo.

smooth I liso, pulido, alisado.

smooth bore I ánima lisa (cañones) I interior liso (cilindros).

smooth cut I picadura dulce (limas).

smooth file I muza I lima de pulir.

smooth plane I garlopa.

smooth rasp I escofina dulce.

smooth rim I llanta lisa (ruedas).

smooth running I marcha suave.

smooth surface I superficie lisa.

smooth (to) I aplanar, allanar, alisar I suavizar I pulir.

smooth working I marcha suave.

smoothed current I corriente filtrada (electricidad).

smoother I espátula, alisador.

smoothing I pulimentación preliminar I nivelación I aplanamiento.

smoothing capacitor I capacitor filtrador (radio).

smoothing choke I bobina de reactancia de absorción, bobina de impedancia de filtrado.

smoothing circuit I circuito estabilizador, circuito nivelador (electricidad).

smoothing factor I factor de filtrado.

smoothing mill | muela de pulir.

smoothness | lisura | suavidad de movimientos (autos).

smudge | tiznadura | fumigación.

snag | bebedero (funderías).

snag (to) | desbastar con la muela | desrebabar (piezas fundidas).

snagging | desrebabado (de piezas fundidas) | amolado de piezas fundidas.

snagging grinder | desbastadora | esmeriladora.

snagging wheel | muela desbastadora (funderías).

snakehole | barreno de taqueo.

snakeholing | voladura por barrenos de levantamiento (canteras).

snap | cierre de resorte | buterola.

snap gage | calibre de mordaza | calibre de resorte.

snap hammer | martillo de estampa.

snap head die | buterola.

snap head rivet | remache de cabeza hemisférica.

snap ring | anillo sujetador, anillo de resorte.

snap switch | interruptor de desconexión extrarrápida, interruptor de ruptura brusca, interruptor de resorte (electricidad).

snaphead | cabeza semiesférica, cabeza redonda (remaches).

snap-off diode | diodo de ruptura brusca | diodo de desconexión rápida.

snapshot | exposición instantánea | instantánea (fotografía).

snarl (to) | embutir, estampar (metales).

snarling | embutición.

sneak circuit | circuito de fuga.

sneak current | corriente de fuga (telefonía).

sniffer | radar de bombardeo automático.

sniperscope | mira telescópica | mira de infrarrojo para rifle.

snooperscope | anteojo electrónico para visión en infrarrojo a gran distancia, aparato de puntería de rayos infrarrojos.

snorkel | esnorkel (submarinos).

snort valve | válvula reductora de presión (alto horno).

snow | nieve | parásitos (radar, TV).

snow clutter | ecos de nieve (radar).

snow effect | efecto de nieve (radar y TV).

snow fall | nevada.

snow gage | nivómetro.

snow plough | máquina quitanieves.

snowdrift | ventisca.

snowflake | copo de nieve.

snub (to) | amarrar (cables) | socavar (minas).

snubber | tambor de frenado | amortiguador (autos).

snubber valve | válvula amortiguadora.

snubbing circuit | circuito de protección.

snuffer | extinguidor.

snug | tetón, tope, reborde, resalto.

snug fit | ajuste exacto | ajuste forzado.

snug (to) | ajustar.

soak (to) | embeber | impregnar | macerar | cargar lentamente (acumuladores).

soaking | impregnación, imbibición | maceración | difusión | homogenización, normalización (aceros).

soaking furnace | horno de termodifusión (acerías).

soaking tube | tubo de reacción.

soaking-pit | horno de termodifusión (acerías).

soap-chalk | esteatita.

soapstone | esteatita.

soar (to) | planear.

soaring machine | planeador.

soaring plane | planeador.

socket | casquillo adaptador | tomacorriente, enchufe hembra | zócalo | clavija bipolar.

socket antenna | antena de red.

socket flange | brida de enchufe.

socket head | cabeza hueca (tornillos).

socket joint | junta esférica, junta de rótula.

socket outlet | enchufe hembra.

socket plug | enchufe macho (electricidad).

socket (to) | enchufar.

socket wrench | llave de tubo.

socket-head screw | tornillo de cabeza hueca.

socket-outlet adapter | clavija de derivación (electricidad).

soda | sosa (química).

soda ash | carbonato de sodio anhidro.

soda feldspar | feldespato sódico.

soda mica | mica sódica.

soda niter | nitro de Chile.

soda saltpeter | salitre sódico.

sodar | radar acústico.

sodium | sodio.

sodium cooling | enfriamiento por sodio.

sodium graphite reactor | reactor de sodio-grafito.

sodium reactor | reactor refrigerado por sodio.

sodium-cool (to) | enfriar con sodio líquido.

sofar (sound fixing and ranging) | sistema sónico localizador (navegación).

soft | flexible | blando | liso.

soft coal | hulla grasa.

soft copy | copia temporal (informática).

soft iron I hierro fácilmente imanado por inducción pero que pierde el magnetismo cuando no actúa el campo magnético I hierro dulce.

soft laser I láser blando.

soft metal I metal dúctil.

soft phototube I fototubo de gas.

soft picture I imagen débil (TV).

soft quenching I temple suave.

soft rays I rayos blandos, rayos hipoenergéticos.

soft roll I cilindro desbastador (laminador).

soft solder I suelda de estaño I suelda de plomo y estaño.

soft solder (to) I estañosoldar.

soft soldering I estañosoldeo.

soft steel I acero suave, acero dulce.

soft valve I válvula blanda.

soft X rays I rayos X hipoenergéticos.

soften (to) I suavizar, ablandar I amortiguar I apagar (colores).

softening I reblandecimiento I recocido (del acero) I ablandamiento (aguas duras).

software I equipo lógico (informática).

software package I paquete informático.

software tool I herramienta de programación (informática).

soil I terreno, suelo.

soil formation I pedogénesis.

soil genesis I pedogénesis.

soil horizon I horizonte pedológico.

soil map I carta pedológica I mapa pedológico.

soil mechanics I geotecnia I geomecánica.

soil mixer I pulverizadora-mezcladora.

soil pipe I bajante de aguas sucias I tubería de desagüe I mangueta.

soil science I geotecnia I pedología I edafología.

soil stability I geoestabilidad.

soil technology I geotecnia.

soil texture I granulometría del suelo.

soil thermometer I geotermómetro.

sol I sol, coloide líquido (química).

solar I solar.

solar absorbance I absorbancia solar.

solar airplane I avión de energía solar.

solar array I batería solar.

solar battery I acumulador solar I batería solar I célula solar.

solar cell I heliopila I pila solar I célula fotovoltaica solar I célula solar.

solar chromosphere I cromosfera solar.

solar collection system I sistema de captación solar (energía solar).

solar collector I captador de energía solar I colector para radiación solar I panel solar.

solar collector panel I panel solar colector.

solar compass I brújula con anteojo solar (topografía).

solar concentrator I concentrador de energía solar.

solar corona I corona solar I aureola.

solar cosmic rays I rayos cósmicos solares.

solar distillation I destilación por calor solar.

solar electric conversion I conversión eléctrica solar.

solar electric propulsion I propulsión helioeléctrica.

solar energy collector I colector de energía solar.

solar energy converter I conversor de energía solar.

solar energy engine I máquina de energía solar.

solar energy technology I tecnología de la energía solar.

solar engine I máquina solar I motor solar.

solar excited laser I laser excitado por el sol.

solar flare I fulguración solar, erupción solar, llamarada solar.

solar flocculi I flóculos solares.

solar furnace I horno solar.

solar gear I engranaje epicicloidal.

solar generator I generador helioeléctrico.

solar granulation I granulación solar.

solar heat I calor solar.

solar heating I calefacción solar.

solar index I índice de actividad solar.

solar irradiation I radiación solar.

solar magnetic field I campo magnético solar.

solar magnetograph I magnetógrafo solar.

solar microwave radiation I radiación solar de microondas.

solar panel I panel solar.

solar photovoltaic conversion I conversión solar fotovoltaica.

solar photovoltaic generator I generador solar fotovoltaico.

solar power I potencia solar.

solar power plant I central solar I instalación de energía solar.

solar power station I central heliotérmica I central helioeléctrica.

solar powered I alimentado por energía solar.

solar print I impresión heliográfica.

solar prism I helioscopio.

solar probe I sonda solar.

solar propulsion I propulsión solar.

solar proton beam I haz de protones solares.

solar radiation I radiación solar.

solar radiation pressure I presión de la radiación solar.

solar radio noise I ruido radioeléctrico solar.
solar radio waves I ondas hertzianas solares.
solar telegraph I heliógrafo.
solar telescope I telescopio solar.
solar thermal electric I electrotérmico solar (energía solar).
solar thermal energy I energía térmica solar.
solar voltaic cells I células voltaicas solares.
solar-battery circuit I circuito de batería solar.
solar-electrics I helioelectricidad I electricidad solar.
solar-heat accumulator I acumulador de calor solar.
solarimeter I solarímetro.
solarization I solarización.
solar-thermal collection I captación de la energía heliotérmica.
solar-thermal conversion I conversión heliotérmica.
solar-thermal gasification I gasificación heliotérmica.
solar-thermal power plant I central heliotérmica.
solar-wind power plant I central eólica-solar.
solder I suelda (aleación para soldar).
solder pot I crisol para soldadura.
solder (to) I estañosoldar I soldar.
solderable I soldable.
soldered connection I conexión soldada.
soldered joint I junta estañosoldada.
soldered splice I empalme soldado.
soldering I soldeo con aleaciones de estaño y plomo.
soldering flux I fundente para soldadura.
soldering iron I cautín I hierro de soldar.
soldering machine I máquina de soldar.
soldering pot I crisol para soldadura.
soldering tongs I tenazas de soldar.
sole I base, fondo I bancada (máquina marina) I zócalo (máquinas) I solera, plaza (hornos).
solenoid I solenoide.
solenoid brake I freno electromagnético.
solenoid coil I bobina electromagnética.
solenoid current I corriente de solenoide.
solenoid focusing I enfoque por solenoide.
solenoid relay I relé de solenoide.
solenoidal vector I vector solenoidal.
solenoid-operated I accionado por solenoide.
solepiece I zapata I solera de entibación de minas I chapa de retenida (botadura buques) I zapata del codaste.
soleplate I zapata I solera base I solera de entibación de minas I placa de cimentación I placa de solera.
sol-gel process I procedimiento sol-gel.

solid I sólido I compacto.
solid area I zona negra (fotomecánica).
solid cable I cable compacto (telefonía -G.B.).
solid casting I pieza maciza de fundición.
solid circuit I circuito sólido.
solid concrete I hormigón en masa.
solid conductor I hilo único.
solid crankshaft I cigüeñal de una pieza.
solid die I terraja maciza.
solid electrolyte I electrólito sólido (electroquímica).
solid forged center I núcleo macizo forjado.
solid fuel I combustible sólido.
solid fuel injection I inyección de combustible sólido pulverizado (alto horno).
solid ground I conexión directa a tierra (electricidad).
solid phase I fase sólida (química).
solid piston I émbolo con faldilla.
solid propellant I propelente sólido.
solid propeller I hélice de una pieza, hélice enteriza.
solid pulley I polea enteriza.
solid solubility I solubilidad en el estado sólido.
solid state I elemento de una sola pieza I transistorizado.
solid state circuit I circuito de estado sólido.
solid state laser I láser de componentes sólidos.
solid state optical maser I máser óptico de estado sólido.
solid tantalum capacitor I capacitor de tantalio sólido.
solid vision I visión estereoscópica.
solid-drawn I estirado en frío I embutido.
solid-drawn tube I tubo estirado, tubo sin costura.
solid-forged I monobloque, enterizo.
solid-forged crankshaft I cigüeñal enterizo.
solidification I solidificación.
solidify (to) I solidificar (física).
solidity I consistencia I firmeza.
solidly grounded neutral I neutro puesto a tierra permanentemente.
solid-phase welding I soldeo en fase sólida.
solid-state circuit I circuito transistorizado I circuito de estado sólido.
solid-state device I dispositivo de estado sólido (semiconductores).
solid-state microwave device I sistema de microondas de estado sólido.
solid-state switch I conmutador de estado sólido.
solidus I curva de solubilidad, curva de la solución sólida.
solidus curve I curva de solidus (aleaciones).

solidus point I punto de fusión (aleaciones).
solistor I solistor (electrónica).
solistron I solistrón (klistron de estado sólido).
solubilise (to) I solubilizar (G.B.).
solubility I solubilidad.
solubilization I solubilización.
solubilize (to) I solubilizar (EE UU).
solubilizing I solubilización.
soluble I soluble.
soluble glass I silicato de potasa, vidrio soluble.
soluble in fat I liposoluble.
solution I solución, disolución (química).
solution annealing I recocido de disolución.
solution deposit I criadero por disolución (geología).
solution hardening I endurecimiento por disolución.
solution heat treatment I termotratamiento de solubilización (metalurgía).
solution polymerization I polimerización en solución.
solution pressure I presión de disolución (química física).
solution (to) I impregnar con solución.
solutioning I impregnación con una solución I termotratamiento de solubilización (metalurgia).
solution-quenched alloy I aleación templada por disolución.
solution-treat (to) I termotratar por solubilización (aleaciones aluminio).
solvar I alcohol polivinílico.
solve (to) I resolver (matemáticas) I disolver (química).
solvent I solvente I disolvente.
sonad I supresor de ruidos (telefonía).
sonance I sonancia.
sonar I sonar (EE UU) I asdic (G.B.).
sonar array I red de sonar.
sonar beacon I baliza de sonar.
sonar buoy I boya sonar.
sonar modulator I modulador de sonar.
sonar pulse I impulso sonárico.
sonar receiver I receptor de sonar.
sonar transducer I transductor de sonar.
sonar transmitter I transmisor de sonar.
sonar-detected I detectado con sonar.
sonde I sonda.
sonic I sónico, acústico.
sonic barrier I barrera sónica.
sonic boom I estampido sónico (aeronáutica).
sonic broadcasting I radiodifusión sonora.
sonic depth finder I detector sónico de profundidad I sonda acústica.

sonic detector I ecodetector I hidrófono.
sonic drill I perforación sónica (sondeos).
sonic echo sounder I sondeador sónico por eco.
sonic energy I energía acústica.
sonic frequency I frecuencia audible.
sonic gauge I galga eléctrica de deformación.
sonic sounding I sondeo sónico.
sonigage I galga ultrasónica.
soniscope I sonoscopio.
sonobuoy I sonoboya.
sonochemistry I sonoquímica.
sonograph I sonógrafo (sismógrafo).
sonometry I sonometría.
sonoprobe I sonoprobe (sonda por eco).
sonoscope I sonoscopio.
sonoscopize (to) I sonoscopizar.
sonotrode I sonotrodo (soldeo ultrasónico).
soot I hollín.
soot and white wash I efecto de sombreado (TV).
soot blasting I soplado del hollín (calderas).
soot ejector I eyector deshollinador (calderas).
sooty pitchblende I neopecblenda (óxido negro).
sorbent I sorbente (química).
sorbic acid I ácido sórbico.
sorbite I sorbita (metalurgia) I sorbitol (química).
sorbitism I sorbitismo.
sorbitize (to) I sorbitizar (aceros).
sorbitized steel I acero sorbitizado.
sorption pump I bomba de absorción.
sort routine I rutina de clasificación (informática).
sorter I aparato clasificador.
sorting I escogimiento, elección, clasificación (metalurgia).
SOS I señal internacional marítima de peligro.
sound I sonido I sonoro I sónico I sonda I sondaleza.
sound absorber I amortiguador de sonido.
sound absorption I absorción sonora.
sound amplifier I sonoamplificador.
sound analyzer I sonómetro.
sound balloon I globo sonda.
sound band I banda sonora.
sound beam I haz acústico.
sound box I caja acústica I caja de resonancia.
sound broadcasting I radiodifusión sonora.
sound carrier I portadora de sonido.
sound carrier frequency I frecuencia portadora de sonido.
sound carrier wave I onda portadora de sonido.
sound circuit I circuito del sonido.
sound damper I amortiguador acústico, sonoamortiguador.

sound damping I insonorización, sonoamortiguación.

sound deadener I insonorizador, sonoamortiguador.

sound deadening I atenuación del sonido, insonorización, fonoatenuación.

sound detection I ecoscopia, sonodetección.

sound detector I sonodetector.

sound diplexer I diplexor de la portadora de sonido.

sound effect I efecto fónico.

sound energy I energía acústica.

sound equalizer I igualador.

sound fading I desvanecimiento del sonido.

sound filter I filtro sonoro (acústica).

sound frequency I audiofrecuencia, frecuencia acústica.

sound gate I ventana de lectura (cine) I entrada del sonido I compuerta sonora.

sound IF amplifier I amplificador de FI del sonido.

sound image I imagen sonora.

sound insulation I insonorización, aislamiento acústico.

sound lag I paralaje acústico I retardo acústico.

sound level I nivel del sonido.

sound level meter I sonómetro, fonómetro.

sound location I fonolocalización.

sound measuring I sonometría.

sound meter I audiómetro.

sound mixer I mezclador de sonido.

sound navigation and ranging I navegación y exploración sónica I navegación y telemetría por sonido I sonar.

sound pickup I sonocaptación, fonocaptación.

sound power I potencia acústica.

sound power spectrum I espectro de energía acústica.

sound pressure I presión acústica.

sound print I copia sonora (filmes) I copia de sonido.

sound probe I sonda sonora.

sound program I programa de sonido (radio).

sound program circuit I circuito radiofónico.

sound projector I fonoproyector.

sound proof I insonoro.

sound proofing I insonorización.

sound ranging I localización acústica I fonotelemetría I radar acústico.

sound ranging altimeter I altímetro acústico.

sound record I registro del sonido.

sound recording on disk I registro sonoro en disco.

sound recording on film I registro sonoro en película.

sound recording on tape I registro sonoro en cinta.

sound recording system I sistema de registro sonoro.

sound reduction factor I factor de reducción del sonido.

sound scattering I difusión del sonido.

sound spectrogram I espectrograma de sonidos.

sound speed I velocidad sonora.

sound track I pista de sonido.

sound transmission I transmisión acústica.

sound transmitter I transmisor acústico.

sound vibration I vibración sonora.

sound wave I onda sonora.

sounder I resonador I sondeador, batímetro (buques).

sound-image carrier I videograma.

sounding I sondaje, sondeo I resonante, sonante, sonoro.

sounding balloon I globo sonda.

sounding electrode I electrodo de sondeo.

sounding flame I armónica química.

sounding machine I sonda mecánica.

sounding pipe I tubo de sonda.

sounding radio I radiosondeo.

sounding rod I varilla de sonda.

sound-level meter I medidor de nivel de sonido.

soundmeter I sonómetro.

sound-power level I nivel de potencia acústica.

sound-producing I fonógeno, sonógeno.

soundproof I insonoro.

soundproof (to) I insonorizar.

sound-proofed I insonorizado.

soundproofing I insonorización.

sound-ranging altimeter I altímetro acústico.

sound-resisting I insonorización.

sound-sensing detection system I sistema de detección por percepción.

sound-stone I fonolita.

soundwriter I sonógrafo.

soup I revelador fotográfico I solución reveladora.

soup up (to) I trucar un motor.

sour I acidulado (baños) I agrio, sulfuroso I neutralizador ácido.

sour soil I suelo ácido.

sour (to) I macerar I fermentar I acidular.

sour water I agua ácida.

source I fuente, procedencia I generador (electricidad) I manantial (de energía).

source code I código fuente (informática).

source data I información de base.

source data automation I automatización de datos informativos.

source follower | seguidor de la fuente (electricidad).

source impedance | impedancia de fuente (electrónica).

source languages | lenguas-fuentes (informática).

source material | material fértil (reactor nuclear).

source node | nodo fuente (electricidad).

source program | programa original (informática).

source rock | roca madre.

source voltage | tensión primaria.

source wire | hilo alimentador (electricidad).

souring | acidificación | maceración, envejecimiento (refractarios).

south | sur.

south pole | polo boreal (magnetismo).

southing | latitud Sur.

sow | lingote | galápago (plomo), marrano (metalurgia).

sow metal | metal madre (colada alto horno).

space | espacio | extensión, espacio extraterrestre.

space astronomy | astronomía cósmica.

space battery | acumulador para vuelos cósmicos.

space bias | señal de intensidad excesiva.

space control | control de espaciado (informática).

space control store | memoria de control espacial.

space craft | astronave.

space current | corriente espacial, corriente termiónica.

space diagram | diagrama de fuerzas, diagrama de Cremona.

space electronics | electrónica espacial.

space exploration | exploración espacial | exploración cósmica.

space flight | vuelo espacial.

space lattice | retículo espacial | red cristalina.

space navigation | cosmonáutica | navegación espacial.

space power unit reactor | reactor espacial de energía.

space probe | vehículo de exploración cósmica, sonda cósmica.

space radio | radiocomunicación.

space ray | rayo reflejado ionosférico.

space relay station | estación relé espacial.

space remote sensing | teledetección espacial.

space rendezvous | reunión cósmica (satélites artificiales).

space rendezvous radar | radar para la reunión cósmica.

space service | servicio espacial (radiocomunicaciones).

space shuttle | lanzadera espacial | transbordador espacial.

space simulator | cámara de simulación de viaje cósmico.

space station | estación espacial.

space technology | tecnología espacial.

space telemetry | telemetría espacial.

space telescope | telescopio espacial.

space tensor | tensor espacial.

space (to) | espaciar | interlinear, regletear (tipografía).

space to zero (to) | espaciar a cero (informática).

space transportation system | sistema de transporte espacial.

space tug | remolcador espacial.

space vacuum | vacío espacial.

space vehicle | astronave, cosmonave | vehículo espacial | nave espacial.

space wave | onda ionosférica.

space-charge limited current | corriente limitada por la carga espacial.

spacecraft | satélite | cosmonave | aeromóvil | vehículo espacial.

spacecraft command receiver | receptor de mando de la cosmonave.

spacecraft dynamics | dinámica de la cosmonave.

spacecraft power supply system | sistema propulsor de la cosmonave.

spaceflight | vuelo cósmico, vuelo astronáutico.

spacelab | laboratorio espacial.

spaceship | astronave | cosmonave | nave espacial.

space-wound | devanado espaciado (electricidad).

spacing | paso | espaciación | equidistancia | espaciamiento.

spacing bias | polarización de reposo (radio).

spacing current | corriente de reposo (telegrafía).

spacing interval | intervalo de reposo, intervalo de manipulación (telegrafía).

spacing mechanism | mecanismo espaciador.

spacing wave | onda de reposo, onda de contramanipulación (telegrafía) | onda residual.

spacistor | espacistor (electrónica) | generador de impulsos.

spade | pala | azada.

spade bolt | perno de pala | perno de azada.

spader | pala neumática | martillo de pala.

spall l laja l lasca.
spall (to) l desbastar l labrar.
spallability l lascabilidad.
spallable l desconchable l lascable.
spallation l desconchado l lajación l espalación (nuclear).
spallation reaction l reacción de espalación (física nuclear).
spalling l desbaste (cantera) l exfoliación l escamación l termofractura.
spalling test l prueba de termofractura.
span l abertura l extensión l tirante l eslinga l envergadura (aviones) l tramo l espacio.
span loading l carga según la envergadura (aviones).
span tackle l motón del amante (buques).
Spanish tile l teja lomuda.
Spanish topaz l citrina, falso topacio.
Spanish white l blanco de bismuto.
spanner l llave inglesa l llave de tuercas l llave de gancho.
spar l berlinga, mástil l larguero (alas aviones).
spar buoy l boya con mástil.
spar frame l estructura del larguero.
spar splicing l empalme de larguero (aviones).
spare l recambio, repuesto.
spare circuit l circuito de reserva.
spare contact l contacto libre (telecomunicaciones).
spare gear l piezas de recambio.
spare level l nivel muerto (telecomunicaciones).
spare part l pieza de repuesto l pieza de recambio.
spare repeater l repetidor de reserva (telecomunicaciones).
spare tube l tubo de repuesto.
spare wheel l rueda de repuesto.
spark l chispa.
spark absorber l amortiguador de chispas.
spark arrester l amortiguador de chispas.
spark blowout l apagachispas.
spark coil l bobina de inducción.
spark discharge l descarga disruptiva.
spark erosion l electroerosión.
spark gap l descargador (descarga disruptiva) l espinterómetro.
spark igniter l bujía de encendido.
spark killer l capacitor antiparasitario l apagachispas.
spark knock l autoencendido.
spark machine (to) l maquinar por electroerosión.
spark machining l maquinado por electroerosión.
spark milling l fresado por electroerosión.

spark plug l bujía de motor de automóvil l bujía de encendido.
spark plug ignition l encendido por bujías.
spark testing l prueba de descarga disruptiva (cables eléctricos).
spark transmitter l emisor de chispas (radio).
spark turning l torneado por electroerosión.
spark-fuse l cebo de chispa, cebo de tensión.
sparkgap l distancia explosiva l distancia disruptiva l espinterómetro.
spark-gap oscillator l oscilador de chispas.
sparking l encendido (motores) l descarga disruptiva.
sparking alloy l aleación pirofórica.
sparking coil l bobina de inducción.
sparking over l descarga disruptiva.
sparking voltage l voltaje disruptivo l tensión de chispa.
sparking-plug gap l distancia entre electrodos.
spark-knock l detonación.
sparkle l centelleo.
sparkle (to) l chisporrotear l chispear, centellear.
sparkover l arco eléctrico l descarga disruptiva.
spark-over test l ensayo de chispa (electrotecnia).
sparkplug l bujía de encendido (motores).
sparkplug cable l cable de bujía.
spatial l espacial.
spatial distribution l distribución espacial.
spatial lattice l red espacial.
spatial scattering l dispersión espacial.
speaker circuit l circuito de servicio (telefonía).
speaking circuit l circuito de conversación.
speaking pair l pareja de conductores que transmite la corriente de la conversación (telefonía automática).
speaking tube l tubo acústico.
spear l lanza l arpón pescaherramientas, arpón pescador (sondeos).
spear point chisel l formón de punta de lanza.
spear valve l obturador de lanza (rueda Pelton).
special locking l enclavamiento múltiple (ferrocarril).
special nuclear material l material nuclear especial.
special steel l acero aleado.
specific l específico.
specific charge l carga específica (nuclear).
specific gravity l peso específico l densidad relativa, gravedad específica .
specific gravity balance l balanza hidrostática.

specific inductive capacity | capacidad inductiva específica, constante dieléctrica.

specific insulation resistance | resistividad volumétrica.

specific power | potencia específica (nuclear).

specific radioactivity | radiactividad específica.

specific thrust | empuje específico.

specific weight | peso específico.

speckled | abigarrado | jaspeado | punteado (telas).

speckled background | fondo punteado (pantallas radáricas).

spectral essay | análisis espectral.

spectral line | línea espectral.

spectral reflectance | factor espectral de reflexión.

spectral series | serie espectral (espectografía).

spectral shift | corrimiento espectral.

spectral shift reactor | reactor de deriva espectral.

spectral wavelength | longitud de onda espectral.

spectroanalysis | espectroanálisis.

spectrobolometer | espectrobolómetro.

spectrofluorimeter | espectrofluorímetro.

spectrogram | espectrograma.

spectrography | espectrografía.

spectroheliograph | espectroheliógrafo (óptica).

spectrohelioscope | espectrohelioscopio (óptica).

spectrohelioscopy | espectrohelioscopia.

spectrology | espectrología.

spectrometallography | espectrometalografía.

spectrometer | espectrómetro.

spectrometry | espectrometría.

spectrophotocolorimetry | espectrofotocolorimetría.

spectrophotography | espectrofotografía.

spectropyrometer | espectropirómetro.

spectroradiography | espectrorradiografía.

spectroradiometer | espectrógrafo.

spectroscopy | espectroscopia.

spectrum display | oscilograma de espectro.

specular stone | mica.

speech amplifier | amplificador microfónico.

speech band | banda fónica.

speech bandwidth | ancho de banda de palabra.

speech channel | canal radiotelefónico | canal telefónico.

speech circuit | circuito de conversación.

speech frequency | audiofrecuencia.

speech input amplifier | amplificador microfónico.

speech path | canal de conversación.

speech wave | onda acústica.

speed | velocidad.

speed adjusting rheostat | reóstato para variar la velocidad.

speed counter | contador de revoluciones, tacómetro.

speed gage | tacómetro.

speed gear | cambio de velocidades.

speed indicator | contador de revoluciones, contador de vueltas, tacómetro.

speed range | régimen de velocidad.

speed rating | régimen de velocidad.

speed ring | anillo distribuidor, corona fija, rueda directriz (turbina hidráulica).

speedometer | indicador de velocidad, velocímetro | tacómetro | taquímetro | cuentamillas | cuentakilómetros.

speed-setting | ajuste de la velocidad.

speedup | aceleración.

speedup device | dispositivo acelerador.

sphere | esfera.

sphere photometer | fotómetro de esfera.

spherical | esférico.

spherical antenna | antena esférica.

spherical ball bearing | rodamiento de bolas de rótula.

spherical balloon | globo esférico.

spherical joint | junta de rótula.

spherical mirror | espejo esférico (óptica).

spherical wave | onda esférica.

spherocobaltite | esferocobaltita (carbonato de cobalto-cerámica).

spherograph | esferógrafo.

spheroid | esferoide.

spheroidal | esferoidal.

spheroidal-graphite cast iron | fundición de grafito esferoidal, fundición tratada con magnesio.

spheroidization | esferoidización.

spheroidized annealing | recocido coalescente.

spheroidized carbide | carburo esferoidizado.

spherometer | esferómetro.

spherulitic graphite structure | estructura de grafito esferolítico.

spherulitic nodular graphite | grafito nodular esferolítico.

sphygmometer | esfigmómetro.

spider | cruceta | armadura (funderías) | junta cardánica | armazón.

spider bevel gear | piñón cónico satélite.

spider pinion | piñón satélite.

spider web aerial | antena direccional en abanico.

spiegel | fundición especular.

spiegeleisen | fundición especular.

spigot I espita, canilla I llave, grifo, espiga (de tubo).

spigot and faucet joint I junta de enchufe y cordón (tuberías).

spigot and socket joint I unión de cubo y espiga.

spigot flange I brida macho.

spigot-joint I junta de enchufe.

spike I espiga, diente, punta I púa I clavo grueso I alcayata, escarpia I tirafondo (vía férrea).

spike anchor I clavo de anclaje (vías férreas).

spike bar I palanca de pie de cabra.

spike current I corriente de fuga I corriente de retorno por tierra.

spike distribution I distribución en punta.

spike extractor I extractor de escarpias.

spike nail I clavo.

spike roll I cilindro de puntas.

spike train I tren de impulsos.

spiked core reactor I reactor de núcleo sembrado.

spile I pilote de madera I clavija I espiche I madero de entibación I tablestaca, aguja (minas).

spile (to) I hincar pilotes.

spiling I avance con tablestacas.

spill I espiche I clavija I tablestaca, aguja (minas) I vertido I derrame.

spill beam I haz de desequilibrio (ciclotrón).

spill burner I inyector con retorno.

spill current I corriente de desequilibrio.

spill flow burner I inyector de retorno.

spill pipe I escobén.

spill shield I pantalla antidifusora.

spill (to) I verter, derramar.

spill valve I válvula de derrame.

spillage I derrame.

spilling I reboso, derrame I avance con entibación divergente (túneles) I avance con tablestacas, avance con agujas (minas).

spillover I rebosamiento.

spillway I vertedero (hidráulica) I canal aliviadero I desagüe I aliviadero.

spillway dam I presa vertedora.

spillway gate I compuerta de vertedero.

spillway sluice I compuerta de vertedero.

spin I rotación I giro I barrena (aviación) I rotación según una hélice I espín (electrón rotatorio).

spin axis I eje de rotación, eje de giro.

spin energy I energía cinética de rotación.

spin hardening I temple con rotación.

spin magnetism I magnetismo del espín.

spin space I espacio isobárico.

spin stabilize (to) I estabilizar por rotación, rotoestabilizar.

spin (to) I girar, hacer girar, rodar I caer en barrena, entrar en barrena (aviación), centrifugar (fundición).

spin vector I vector de espín.

spin wave I onda de espín.

spindle I huso I pivote I husillo (tornos).

spindle axis I eje del husillo.

spindle bearing I soporte del huso I cojinete del husillo (tornos).

spindle brake I freno de tornillo I freno del husillo.

spindle carriage I carro de selfactina.

spindle case I cárter del husillo.

spindle drive I mando del husillo.

spindle driving gear I mecanismo de mando del huso.

spindle fiber I fibras del huso (citología).

spindle lathe I torno de husillo.

spindle lock I bloqueo de eje.

spindle sheath I casquillo de huso.

spindle speed I velocidad del eje.

spindle wave I onda en punta.

spinel I espinela (minería).

spinner I máquina de hilar I extractor centrífugo, ojiva, cono de la hélice I antena rotativa exploradora (radar) I rotor (compresores) I centrifugador I huso.

spinning I hilatura I conformación, entallado, embutición.

spinning bobbin I husada.

spinning casting I colada centrífuga.

spinning chuck I plato para entallar (tornos).

spinning disk I disco giratorio.

spinning electron I electrón giratorio.

spinning frame I telar, máquina de hilar.

spinning gyroscope I giroscopio clásico.

spinning lathe I torno de embutir, torno de entallar.

spinning machine I hiladora, máquina de hilar.

spinning nozzle I tobera para hilar.

spinning speed I velocidad de rotación.

spinning tool I herramienta para entallar en el torno I útil de recalcar.

spin-off I derivación I escisión.

spinor I espinor (nuclear).

spin-orbit splitting I desdoblamiento espín-órbita.

spintherometer I espinterómetro.

spiral I espiral I helicoidal.

spiral aerial I antena espiral.

spiral antenna I antena espiral.

spiral bevel gear I engranaje conicohelicoidal.

spiral casing I cámara espiral.

spiral chuck I plato helicoidal.

spiral condenser I serpentín.

spiral cutter | fresa espiral.
spiral drill | broca helicoidal.
spiral flow | corriente en espiral.
spiral gear | engranaje de dentadura espiral.
spiral groove | estría helicoidal | muesca heli-
coidal.
spiral helix | hélice espiral.
spiral milling | fresadura helicoidal.
spiral pipe | tubería helicoidal.
spiral quad | cable en estrella (telecomunica-
ciones).
spiral ridge cyclotron | ciclotrón de sector es-
piral.
spiral scanning | exploración circular.
spiral wheel | rueda helicoidal.
spiral winding | arrollamiento espiral.
spiral-head | cabezal divisor helicoidal.
spirally welded | soldado espiralmente, espiro-
soldado.
spirally welding | soldadura en espiral.
spire | espira.
spitting | pega de barrenos, expulsión del me-
tal fundido (soldeo por puntos) | verificación
por sondeos | lanzamiento de sonoboyas.
splash | salpicadura, rociada.
splash lubricate (to) | lubricar por chapoteo.
splash lubrication | lubricación por borboteo,
lubricación por salpicadura.
splash (to) | rociar.
splashdown point | punto de impacto.
splasher beacon | radiofaro adireccional de re-
calada.
splashing | salpicadura (metalurgia).
splatted material | material aplastado y exten-
dido.
splay | chaflán, bisel.
splay (to) | achaflanar, biselar, descantear |
aboquillar, abocardar.
splayed arch | arco capialzado (arquitectura).
splayed drill | trépano de corona.
splaying arch | arco abocinado, arco conoidal.
splice | junta (vía férrea) | empalme.
splice bar | eclisa, brida (carriles) | traviesa.
splice box | caja de empalmes (cables).
splice case | caja de empalmes (cables).
splice enclosure | caja de empalmes (cables).
splice plate | chapa de unión | cubrejunta.
splice (to) | unir, juntar | empalmar.
splicer | ayustador | empalmador (electricidad).
splicing | ayuste | empalme | conexión.
splicing machine | máquina de empalmar.
splicing sleeve | manguito de unión.
splicing tool | herramienta de empalmar.
spline | ranura, estría | acanaladura | lengüeta.
spline fit | ajuste de ranura (telecomunicación).

spline grinder | muela ranuradora.
spline miller | fresadora ranuradora.
spline (to) | acanalar | mortajar | ranurar | es-
triar.
splined shaft | árbol con chavetas.
split | laguna (telegrafía) | hendidura, grieta,
rompimiento, escisión.
split anode | ánodo partido.
split beam | haz hendido.
split chuck | mandril partido.
split cone | cono hendido.
split die | troquel partido.
split frame | cuadro partido (TV).
split gear | engranaje en dos piezas.
split image | imagen partida | duplicación de
imágenes (TV).
split line | línea partida (telecomunicación).
split projector | proyector dividido.
split rivet | remache hendido.
split screen | pantalla fraccionada | pantalla di-
vidida.
split shaft | eje partido.
split switch | cambio de agujas (ferrocarril).
split (to) | hender | dividir, partir | rajar | frac-
cionar.
split transformation | transformación desdo-
blada (metalografía).
split washer | arandela hendida.
split winding | devanado dividido.
split-anode magnetron | magnetrón de ánodo
hendido.
split-cable tap | derivación de cable partido.
split-field telemeter | telémetro de coinciden-
cia.
split-order-wire circuit | circuito de petición
de línea dividida (telefonía).
split-phase motor | motor monofásico de tres
conductores.
split-sound receiver | receptor de sonido divi-
dido (TV).
split-switch | cambio de vía con agujas.
split-table reactor | reactor de mesa partida.
splitter | separador | divisor | hendedor | parti-
dor.
splitter box | caja de distribución.
splitter breaker | seccionador (redes eléctricas).
splitter joint | junta aislante.
splitting | escisión | corte | hendimiento | exfo-
liación | hidrólisis | disociación.
splitting device | dispositivo de corte (telefo-
nía).
splitting key | llave de separación (telefonía).
split-wound motor | motor con devanado divi-
dido.
spoil | estériles (minas) | material dragado.

spoil bank | escombrera.

spoil (to) | estropear, inutilizar.

spoiler | dispositivo para disminuir la sustentación del ala en una cierta superficie (aviones) | dispositivo para disminuir el efecto de algo | superficie de freno | deflector aerodinámico.

spoke | rayo de rueda | galga.

spongy disease | corrosión esponjosa (aceros).

spongy oxidation | oxidación esponjosa.

spongy top | mazarota esponjosa (lingotes).

sponson | aleta (hidroaviones).

spontaneous decay | desintegración espontánea.

spontaneous disintegration | desintegración espontánea.

spontaneous emission | emisión espontánea.

spontaneous ignition | ignición espontánea (motores).

spoofing | interferencia | simulación (electrónica).

spool | bobina | manguito | canilla | carretel, devanadera | molinete (máquina extracción).

spool device | dispositivo de bobina.

spool insulator | aislador de carrete.

spool pin | pasador del manguito.

spool spindle | huso de bobina.

spool (to) | encanillar | devanar | encarretar | bobinar | enrollar.

spool valve | válvula de carrete.

spooler | bobinadora | máquina encarretadora.

spooling | transferencia de datos entre periféricos (informática) | operación simultánea de periféricos en línea (informática) | desincronización de entrada-salida (informática).

spoon | cuchara | espátula de cuchara (moldería).

spoon bit | trépano de cuchara.

spoon dredger | draga de cuchara.

spot | mancha | borrón.

spot analysis | análisis de mancha (química).

spot beam antenna | antena direccional.

spot diameter | ancho de línea (TV).

spot distortion | distorsión del punto explorador.

spot elevation | punto acotado (mapas).

spot frequency | frecuencia fijada (radio).

spot jammer | perturbador específico (electrónica).

spot landing | aterrizaje de precisión.

spot light | proyector de haz | proyector intensivo.

spot size | tamaño del punto luminoso.

spot speed | velocidad de punto luminoso | velocidad de exploración.

spot takeoff | despegue desde un espacio muy pequeño (helicópteros).

spot weld | soldadura por puntos.

spot wobble | bailoteo del haz (TV).

spotlight | proyector de luz | reflector.

spotlight scanning | exploración de traza luminosa (TV).

spottiness | imagen manchada, moteado (TV).

spotting tool | herramienta posicionadora.

spotwelder | soldadora por puntos.

spout | conducto | canilla, espita | canal | tubo de descarga | tolva de evacuación | canal de colada.

spout slag | escoria de canal.

spout (to) | borbotar | surgir, brotar.

spouter | pozo surgente, pozo brotante (petróleo).

spout-hole | agujero de salida.

sprag | soporte | calzo (ruedas) | palanca de parada | ademe, puntal (minas) | palanca de detención.

sprag (to) | calzar | apuntalar, ademar (minas).

spray | aerosol | nebulizador | pulverización.

spray chamber | cámara de pulverización.

spray cone | difusor (carburador).

spray cooling | enfriamiento por pulverización.

spray dehumidification | deshumidificación por nebulización.

spray device | rociador.

spray gun | pistola pulverizadora.

spray nozzle | tobera de pulverización.

spray point | punta de inducción.

spray (to) | vaporizar | rociar | nebulizar, pulverizar.

spray tower | torre rociadora | torre de secado.

spray tube | tubo de aspersión.

spray valve | válvula de pulverización, inyector (motores).

sprayed coating | recubrimiento por aspersión.

sprayed printed circuit | circuito impreso por rociado.

sprayer | rociador | pulverizador | inyector de combustible (motores).

spraying | rociamiento | pulverización | aspersión | metalización por rociadura.

spraying circuit | circuito de pulverización.

spraying nozzle | boquilla aspersora.

spread | envergadura (aviación) | extensión, amplitud.

spread cone | cono de dispersión (proyectiles).

spread factor | coeficiente de distribución (electricidad).

spread of bearings | gama azimutal (radiogoniometría).

spread of flux I dispersión del flujo.

spread (to) I extender I desplegar, desarrollar.

spreader I propagador I separador I partidor.

spreading I dispersión (de un haz) I extensión parcial de la imagen (TV) I expansión.

sprig I tachuela I clavo remachado.

spring I muelle (mecánica) I elasticidad, fuerza elástica I resorte I ballesta.

spring bearing I soporte del muelle.

spring bolt I perno de resorte.

spring bracket I soporte de resorte, soporte del muelle.

spring bronze I bronce silicioso.

spring buffer I tope de resorte.

spring catch I fiador de resorte.

spring chuck I plato de resorte I mandril de resorte.

spring clamp I mordaza de resorte I brida de muelle.

spring clip I chaveta I presilla I cierre de resorte.

spring connector I conector elástico.

spring coupling I acoplamiento elástico.

spring cushion I amortiguador de resortes.

spring die I terraja de resorte.

spring eccentric I excéntrica del muelle.

spring frame I bastidor elástico.

spring galvanometer I galvanómetro de resorte.

spring hook I gancho de seguridad I gancho de resorte.

spring key I chaveta hendida.

spring lock I cerradura de muelle.

spring mounting I montaje elástico.

spring pressure gage I manómetro metálico.

spring relay I relé de resorte.

spring retainer I retén de resorte.

spring set I juego de resortes (telefonía).

spring shaft I tiralizos (telares).

spring sleeve I manguito de resorte.

spring spike I clavo elástico (vías férreas).

spring steel I fleje de acero.

spring switch I cambio automático (vías) I interruptor de resorte (electricidad).

spring (to) I brotar, surgir I torcer, combar, encorvar I armar con resortes.

spring valve I válvula de resorte.

spring washer I arandela elástica, arandela del resorte.

spring-actuated I accionado por muelle.

spring-controlled I accionado por muelle, accionado por resorte.

springing I imposta (arcos) I arranque (bóvedas) I muelleo I ballestaje I suspensión (autos).

springing line I línea de arranque (arcos).

spring-joint caliper I compás de puntas de resorte.

spring-loaded I accionado por muelle I accionado por resorte.

spring-loaded safety valve I válvula de seguridad de resorte.

spring-loaded valve I válvula de resorte.

spring-wound motor I motor devanado en espiral.

sprinkle (to) I aspersar I pulverizar.

sprinkler I rociador, aspersor.

sprinkler irrigation I riego por aspersor.

sprocket I rueda catalina I diente de rueda I rodillo accional.

sprocket chain I cadena articulada.

sprocket gear I engranaje de rueda y cadena.

sprocket pulse I impulso de avance (cinta magnética) I impulso de arrastre.

sprocket-wheel I rueda catalina, piñón para cadena.

sprue I canal de colada I bebedero (de un molde) I mazarota.

sprue hole I agujero de colada.

sprueing I remoción de bebederos (funderías).

sprung axle I eje sobre muelles.

spud I escoplo (para madera) I barrena inicial (sondeos).

spud-clutch I acoplamiento de espiga.

spudder I perforadora inicial, barrena iniciadora (sondeos).

spudding I iniciación del sondeo I perforación con cable.

spudding beam I balancín tiracable.

spudding cable I cable de maniobra (sondeos).

spur I riostra (carpintería) I codal I tornapunta I ramal I puntal.

spur brace I puntal inclinado I tornapunta.

spur chuck I mandril de reborde.

spur dike I espigón I dique de contrafuerte.

spur gear I engrane recto I engranaje de dientes rectos.

spur line I línea auxiliar I línea de derivación.

spur link I subenlace (radioelectricidad) I enlace lateral.

spur route I ramal (telecomunicación).

spur shore I tornapunta, puntal inclinado.

spur timber I montante, estemple (minas).

spurious noise I ruido parásito.

spurious pattern I imagen espuria.

spurious pulse I impulso parásito.

spurious response I respuesta no selectiva.

spurious shading I sombra espuria (TV).

spurious signal I señal espuria.

sputtered atoms I átomos desprendidos por bombardeo iónico.

sputtered oxide I óxido pulverizado.

sputtering I chisporroteo I sublimación catódica I emisión I desintegración, pulverización catódica I deposición electrónica.

squall I turbonada, chubasco.

squall line I zona de inestabilidad meteorológica I línea de chubasco I línea de turbonada.

squally wind I viento rafagoso.

square I cuadrado I escuadra, cartabón I escuadra de carpintero.

square detector I detector cuadrático.

square edge I arista viva, canto a escuadra.

square foot I pie cuadrado.

square joint I empalme a tope.

square kilometer I kilómetro cuadrado.

square knot I nudo llano (marina).

square loop I bucle rectangular I antena de cuadro rectangular.

square meter I metro cuadrado.

square mile I milla cuadrada.

square pulse I impulso rectangular.

square riveting I remachado rectangular.

square root I raíz cuadrada.

square root mean I valor eficaz.

square section I sección cuadrada.

square set I marco (minas) I entibación cuadricular I cuadrante de entibación.

square thread I rosca cuadrada.

square tile I baldosa.

square wave I onda rectangular.

square wave signal I señal de onda cuadrada.

square work I laboreo por pilares (minas).

square worm I rosca cuadrada.

square-law condenser I condensador de variación cuadrática.

square-law detector I detector cuadrático.

square-law electronic device I dispositivo electrónico cuadrático.

square-law voltmeter I voltímetro cuadrático.

squarer I escuadrador (electrónica).

square-wave testing I comprobación por onda cuadrada.

square-wave-amplifier I amplificador de onda cuadrada.

square-waver I modulador en onda rectangular.

squaring I cuadratura I cuadriculación I transformación en señal cuadrada (electrónica).

squaring circuit I circuito rectangulador.

squaring shear I cizalla de escuadrar.

squealing I interferencia I chillido (radio).

squeegee I lampazo de goma, escobilla de goma.

squeeze ratio I relación de compresión.

squeeze riveter I remachadora de presión.

squeeze roll I cilindro prensador.

squeeze (to) I apretar, comprimir, prensar I bocartear.

squeezer I prensa moldeadora I máquina de embutir.

squegger I oscilador autopulsante I autobloqueador I oscilador de bloqueo.

squegging I autobloqueo.

squegging oscillator I oscilador de extinciones I oscilador de autobloqueo.

squelch I reglaje silencioso I silenciador (radio) I circuito silenciador I supresor de ruidos.

squelch circuit I silenciador (radio) I circuito silenciador.

squelch diode I diodo silenciador.

squelch voltage I voltaje silenciador (radio).

squib I mecha (minas).

squib and solenoid I solenoide y detonador (satélites).

squinch I pechina (arquitectura).

squirrel cage I jaula de ardilla (electricidad).

squirrel cage armature I inducido en cortocircuito.

squirrel-cage motor I motor de rotor en cortocircuito.

squirrel-cage winding I devanado en barras, devanado en cortocircuito.

stabbing awl I lezna.

stabilitron I estabilitrón.

stability I estabilidad I constancia.

stabilivolt I estabilizador de tensión.

stabilivolt tube I tubo estabilizador de voltaje.

stabilization I estabilización.

stabilizer I estabilizador (EE UU) I amortiguador (autos).

stabilizing I estabilización.

stabilizing choke I bobina de reactancia estabilizadora.

stabilizing circuit I circuito estabilizador.

stabilizing fin I aleta estabilizadora.

stabilizing transistor I transistor de estabilización.

stabilizing voltage I tensión estabilizadora.

stable I estable I constante.

stable device I dispositivo estable.

stable dislocation I dislocación estable (metalurgia).

stable speed I velocidad constante.

stack I pila.

stack (to) I hacinar I apilar.

stacked array I formación apilada I red de antenas apiladas.

stacked dipoles I dipolos superpuestos.

stacked job processing I proceso de trabajos apilados (informática).

stacked-dipole antenna | antena de dipolos superpuestos.

stacker | máquina para apilar.

stacking | apilamiento | acumulación, escalonamiento vertical (aviones que esperan turno para aterrizar) | superposición.

stadia transit | taquímetro.

staff bead | tapajunta.

stage | etapa | estadio | fase | periodo.

stage gain | amplificación etápica, ganancia fónica (electrónica).

stagger angle | ángulo de situación.

stagger time | tiempo de escalonamiento.

stagger (to) | alternar | escalonar.

stagger tuning | sintonización escalonada.

staggered antenna | antena Yagi.

staggered conformation | configuración escalonada (química).

staggered program | programa escalonado.

staggered scanning | exploración entrelazada, escansión entrelazada (TV).

staging | andamio | estacionamiento | graduación (máquinas).

staging drive | unidad de activación (disco magnético).

staging field | campo auxiliar de aterrizaje.

stagnation | paralización | estancamiento.

stagnation temperature | temperatura de remanso (aerodinámica).

stagnation thermocouple | termopar de estancamiento.

stain | mancha | tinte, tintura.

stained glass | vidriera.

staining | coloración.

stainless | inoxidable.

stainless cast steel | acero inoxidable moldeado.

stainless iron | acero con 3 a 28% de cromo, sin níquel y de carácter ferrítico y magnético.

stainless steel | acero inoxidable.

stair | escalón | escalera.

staircase waveform | onda escalonada.

stake | poste | jalón | bigornia, bigorneta.

stake anvil | bigorneta.

stake out (to) | jalonar, piquetear.

staking | apilamiento | jalonamiento.

stall | cámara de tostación, galería de tostación (metalurgia), sala (minas) | pérdida de sustentación (aviones).

stall road | galería del frente de ataque (minas).

stall torque | par a la velocidad crítica (servomotores).

stalled torque | par límite, par máximo.

stalling | entrada en pérdida | pérdida de velocidad | pérdida de sustentación (aviones).

stalling angle | ángulo de pérdida de velocidad (aviación).

stalling speed | velocidad mínima de sustentación, velocidad de pérdida.

stamp | estampa (forja) | martinete | prensa de estampar | punzón | cuño | troquel.

stamp shoe | zapata de pilón (bocarte).

stamp (to) | acuñar | apisonar | estampar en frío | bocartear.

stamped circuit | circuito estampado.

stamper | martinete de fragua | martillo pilón | punzón de forja | bocarte, troquel | cuño, estampa.

stamping | estampación en frío | bocarteo | marcación a golpe de puntero.

stamping die | molde para embutir | macho embutidor.

stamping engine | bocarte.

stamping machine | prensa de estampar | máquina de perforar | troqueladora.

stamping press | prensa estampadora, prensa troqueladora.

stanchion | montante | puntal | pilar | candelero (buques), estemple (minas).

stand by | en reserva | en espera.

stand by (to) | estar a la espera | estar a la escucha (telecomunicación).

standard | norma, tipo | pauta | medida | modelo.

standard atmosphere | atmósfera tipo | atmósfera normal.

standard band | banda normal (radio).

standard broadcast channel | canal de radiodifusión común.

standard cable | cable de referencia.

standard channel | ancho de banda autorizado (radio).

standard compass | compás magistral.

standard converter | convertidor de normas (TV).

standard currrent generator | generador de corriente patrón.

standard deviation | desviación típica (estadística), error medio cuadrático, desviación media cuadrática.

standard error | error medio cuadrático | error típico.

standard fit | ajuste de tolerancia normal | ajuste duro | ajuste normalizado.

standard gage | plantilla, calibre patrón | galga patrón.

standard gage railway | ferrocarril de ancho normal.

standard gold | oro de ley | oro de 22 quilates.

standard interface I interfaz estándar I acoplamiento mutuo estándar.

standard of transmission I normas de transmisión (telecomunicaciones).

standard output levels I niveles de salida normalizados.

standard output load I carga de salida normal (telecomunicaciones).

standard performance channel I canal normalizado.

standard picture I imagen patrón (TV).

standard pile I pila patrón (nuclear).

standard pitch I paso nominal (hélice).

standard pulse I impulso patron (electrónica).

standard signal I señal patrón (electrotecnia).

standard silver I plata de ley I aleación de 92,5% de plata y 2,5% de cobre.

standard solution I solución normal, solución volumétrica.

standard station I emisora de señales patrón (radio).

standard tin I estaño con 99% de pureza.

standard voltage I tensión patrón I voltaje normal.

standardise (to) I regular I normalizar.

standardize (to) I normalizar.

standardized pulses I impulsos normalizados (electrónica).

standardized radioactive source I fuente normalizada de radiactividad.

standby I estado de espera I posición de espera I programa de reserva (radio).

standby computer I ordenador de reserva.

standby loss I pérdida en vacío (electricidad).

standby power I energía de reserva.

standby repeater I repetidor de reserva (telecomunicacion).

standing I zona de estacionamiento (aeropuertos) I permanente, fijo, estable, constante.

standing balance I equilibrio estático.

standing DC component I componente continua estable (TV).

standing derrick I grúa fija.

standing electron I electrón estacionario.

standing jib I foque (marina).

standing wave I onda estacionaria.

standing wave antenna I antena de onda estacionaria.

standoff insulator I aislador distanciador.

standpipe I pozo de carga I tubo soporte I tubo vertical I tubo alimentador del lodo (sondeos).

standstill I parada, detención.

stannite I estannita (mineralogía).

staple I argolla, aro I escarpia, alcayata I grapa, grapón, grampa I pozo de ventilación (minas), chimenea (minas).

staple pit I chimenea (minas).

staple shaft I chimenea (minas).

star I estrella.

star chart I mapa celeste (navegación).

star circuit I circuito en estrella.

star connection I conexión en estrella.

star gear I engranaje epicicloidal.

star grouping I montaje en estrella (electricidad).

star network I red en estrella (electricidad).

star point I punto neutro (electricidad).

star reaction I reacción en estrella (nucleónica).

star reduction gear I engranaje reductor epicicloidal.

star voltage I voltaje entre fase y el neutro.

starboard I estribor (buques).

star-connected I conectado en estrella.

star-connected winding I devanado en estrella.

start I inicio I arranque, puesta en marcha (máquinas).

start bit I bit de salida I bit de comienzo.

start circuit I circuito de arranque.

start impulse I impulso de arranque.

start light (to) I arrancar en vacío.

start of runway I cabecera de pista.

start relay I relé de puesta en marcha.

start signal I señal de comienzo I señal de arranque (comunicaciones).

start stop system I sistema de arranque-parada.

start (to) I empezar, comenzar I poner en marcha, arrancar.

starter I arrancador I electrodo de encendido I motor de arranque I reóstato de arranque I mecanismo de puesta en marcha I cebador.

starter battery I batería de arranque.

starter breakdown voltage I tensión de cebado.

starter circuit I circuito del arrancador.

starter gear I engranaje del arrancador.

starter rheostat I reóstato de arranque (electricidad).

starter voltage I voltaje de encendido.

starting I arranque, puesta en marcha (máquinas) I cebado (inyectores).

starting anode I ánodo de ignición.

starting box I reóstato de arranque (electricidad).

starting capacitor I condensador de arranque (electricidad).

starting crank I manivela de arranque (motores).

starting current I corriente de arranque.
starting electrode I electrodo de cebado (lámparas).
starting injector I inyector de arranque.
starting lever I palanca de arranque.
starting motor I motor de arranque.
starting point I punto de arranque.
starting relay I relé de puesta en marcha.
starting resistance I reóstato de arranque.
starting torque I par de arranque (motores).
starting valve I válvula de arranque (motores).
starting velocity I velocidad de arranque.
starting voltage I voltaje de arranque I tensión de cebado.
starting winding I devanado de arranque.
starting-switch I interruptor de arranque.
startor I reóstato de arranque.
start-pulsing signal I señal para transmitir (telefonía).
start-stop I arranque-parada.
start-stop switch I conmutador de arranque y parada.
start-up I puesta en marcha I arranque.
start-up loop I circuito de arranque.
startup time I periodo de arranque.
starved amplifier I amplificador subalimentado (electricidad).
starved circuit I circuito subalimentado.
starved pentode I pentodo subalimentado (electricidad).
state I estado.
state assignment I asignación de estado (informática).
statement I instrucción (informática).
statfarad I estatofaradio.
stathenry I estatohenrio.
static I electricidad estática I ruido parásito (radiorreceptor) I estático.
static balancer I equilibrador estático (electricidad).
static beam I haz estático.
static breakdown voltage I tensión de ruptura estática.
static condenser I condensador estático (electricidad).
static device I dispositivo estático (electricidad).
static diode resistance I resistencia estática del diodo.
static direction finder I radiogoniómetro para estáticos (radio).
static electric multipole I multipolo eléctrico estático.
static electrode potential I tension estática de electrodo.

static firing I encendido estático (ingeniería aeroespacial).
static focus I foco estático (electrónica).
static head I carga estática (mecánica de fluidos).
static induction I inducción electrostática (electricidad).
static lift I altura manométrica (bombas) I sustentación estática (aeronáutica).
static load I carga estática I carga fija.
static logic circuit I circuito lógico estático.
static power converter I convertidor de potencia estático.
static RAM I memoria RAM estática.
static register I registro estático (informática).
static split I detección estática (radar).
static storage I memoria estática.
static subroutine I subrutina estática.
static switching circuit I circuito estático de conmutación.
static torque I par mínimo.
static transconductance I transconductancia estática (transistores).
station I estación.
station line I línea de conexión (telegrafía).
stationary I estacionario, fijo I constante.
stationary blade I paleta fija, paleta directriz.
stationary chain I cadena inmóvil.
stationary earth orbit satellite I satélite geostacionario.
stationary ergodic noise I ruido ergódico estacionario (electrónica).
stationary orbit I órbita estacionaria (satélite artificial).
stationary vane I paleta fija, paleta directriz.
stationary wave I onda estacionaria.
statistical I estadístico.
statohm I estatohm.
stator I estator.
stator armature I inducido de estator.
stator blade I pala del estator, paleta fija.
stator core I núcleo del estator.
stator reverser I inversor de corriente estatórica.
stator winding I devanado estatórico.
statoscope I estatoscopio (aeronáutica).
status I situación I posición, estado.
status level I nivel de estado (informática).
statvolt I estatovoltio (299,796 V).
stay I soporte, apoyo I puntal I amarre I tirante (máquinas) I estay.
stay block I bloque de anclaje.
stay bolt I perno de anclaje I perno tensor I perno de puntal.
stay clamp I mordaza de unión (cables).

stay cord I cordón de anclaje (líneas eléctricas).
stay pile I pilote de entibación I pilote de anclaje.
stay pin I contrete (de cadena).
stay rod I tirante (calderas).
stay rope I cable de retenida.
stay tackle I aparejo de candeletón, estrinque.
stay (to) I reforzar I entibar, apear, apuntalar.
stay tube I tubo atirantador (calderas).
stay vane I paleta directriz fija (turbina hidráulica).
stayer I pozo de petróleo estable en su producción I máquina reforzadora de esquinas (cajas).
staying I entibación (minas) I apeo, apuntalamiento.
steadiness I regularidad I estabilidad I continuidad.
steady I sólido I rígido, resistente I estacionario I permanente.
steady carrier I portadora constante.
steady current I corriente estacionaria, corriente permanente.
steady flow I corriente uniforme.
steady noise I ruido permanente (telecomunicaciones).
steady pin I pasador de fijación I clavija de fijación.
steady-state short circuit I cortocircuito de régimen permanente.
steady-state solution I solución estacionaria (nuclear).
steam I vapor de agua.
steam black I negro reducido (extracto de campeche).
steam box I cámara de distribución del vapor.
steam brake I freno de vapor, vapofreno.
steam case I cámara de distribución del vapor.
steam casing I envolvente.
steam chamber I cámara de vapor.
steam cushion I amortiguador de vapor.
steam ejector I eyector de vapor (pulverización).
steam electric plant I central termoeléctrica.
steam engine I máquina de vapor de agua.
steam gage I manómetro de vapor.
steam generator I generador de vapor.
steam holder I cámara de vapor (calderas).
steam plant I planta eléctrica a vapor.
steam power plant I planta de vapor I central termoeléctrica.
steam propulsion I propulsión por vapor.
steam sterilization I esterilización por vapor.
steam test I prueba con presión de vapor.
steam (to) I vaporizar I generar vapor.

steam turbine I turbina de vapor.
steam valve I válvula de admisión del vapor I distribuidor del vapor.
steaming I inyección de vapor I vaporización.
steampipe I tubería de vapor.
steam-powered I vapoaccionado.
stearate I estearato (química).
stearine I estearina (química).
steatite I esteatita (mineral).
steel I acero.
steel bath I baño de aceración.
steel blade I hoja de acero.
steel carburization I cementación del acero.
steel casting I pieza de acero fundido, pieza de acero moldeado.
steel chemical polishing I pulido químico del acero.
steel company I fábrica de aceros I acería.
steel concrete I hormigón armado.
steel degasification I desgasificación del acero.
steel fabricating plant I acería.
steel forging I pieza de acero forjado.
steel foundry I moldería de acero.
steel framework I estructura de acero.
steel framing I estructura metálica.
steel ingot I lingote de acero.
steel iron I lingote de afino.
steel jacket I blindaje de acero.
steel liner I piel de estanqueidad (reactor).
steel lining plate I revestimiento de acero.
steel mill I acería, fábrica siderúrgica.
steel pipe I tubo de fundición I tubo de acero.
steel plate I chapa de acero.
steel powder I granalla de acero I polvo de acero, acero en polvo (pulvimetalurgia).
steel prop I apea de acero, estemple de acero (minas).
steel shearing I afino del acero.
steel (to) I acerar.
steel work I estructura de acero.
steel-center I de alma de acero.
steel-clad I revestido de acero I acorazado (blindajes).
steeled I acerado.
steelfounding I fundición de acero.
steelfoundry I fundería de acero.
steeling I aceración.
steel-timber (to) I blindar, fortificar (galería de mina).
steel-timbered shaft I pozo blindado (minas).
steel-timbering I blindaje, entibación metálica.
steep I pendiente I peraltada (curvas) I de fuerte buzamiento.
steep angle I ángulo de gran pendiente.

steep cutoff | corte rápido (filtros eléctricos).

steep dive | picado pronunciado (aviación).

steep gradient | pendiente fuerte, rampa fuerte.

steepfronted wave | onda de choque.

steer (to) | guiar | navegar | gobernar (buques, misiles) | orientar (según rumbo).

steerability | gobernabilidad (buques, aviones).

steerable | dirigible | orientable.

steerable aerial | antena orientable.

steerable antenna | antena orientable.

steered course | rumbo aparente.

steering | dirección, gobierno (buque, automóvil, avión).

steering arm | palanca de mando de la dirección.

steering axle | eje de la dirección.

steering circuit | circuito de mando (electrónica).

steering compass | brújula de gobernar | compás de navegación, aguja de derrota.

steering diode | diodo de dirección.

steering engine | motor para la dirección | servomotor del timón (buques).

steering gear | mecanismo de dirección (autos, cañones, etc.), mecanismo de gobierno (buques).

steering lock | agarrotamiento de la dirección (autos).

steering rod | barra de la dirección.

steering rudder | timón de rumbo.

steering wheel | rueda del timón | volante de dirección (autos).

stellar | estelar.

stellar magnetic field | campo magnético estelar.

stellar navigation | navegación estelar.

stellar noise | ruido estelar (radioeléctrico).

stellerator | estelerátor (magnetismo).

stem | vástago | caña | espiga | barra de sonda | roda (buques).

stem (to) | atacar una carga (explosivos) | avanzar (buques) | navegar contra viento y marea (buques).

stemming | repleción | retacado, atraque (barrenos).

stemple | estemple, apea (minas).

stencil | estarcido | patrón para duplicación | stencil | patrón | matriz para mimeógrafo | cliché de multicopista.

stencil cutter | perforadora de estarcidos | grabadora de cliché.

stencil plate | plantilla de estarcir.

stencil printing | impresión por cliché | duplicación en multicopista.

stencil punch | perforación de matrices | grabación de clichés.

stenograph | máquina de estenotipia | estenógrafo.

stenography | estenografía.

step | escalón | intervalo | fase | gradual, progresivo.

step bearing | rangua | cojinete de apoyo.

step box | rangua.

step by step | paso a paso (programa).

step chuck | plato escalonado (tornos).

step connection | acoplamiento gradual.

step function | función escalonada | impulso unitario (servosistemas).

step response | respuesta transitoria (telecomunicación).

step shock | onda de choque.

step voltage | tensión en escalón.

step-by-step selector | selector paso a paso (telecomunicación).

step-by-step system | sistema paso a paso (telecomunicaciones).

stepdown | reducción | desaceleración.

stepdown (to) | reducir, disminuir.

stephanite | estefanita.

steppe | estepa (geología).

stepped lens | lente escalonada.

stepped mandrel | mandril escalonado.

stepped shaft | eje escalonado.

stepping | escalonamiento | cimentación en escalones | laboreo por testeros (minas).

stepping motor | motor de avance gradual.

stepping pawl | trinquete de avance (telefonía).

stepping register | registro escalonado (informática).

stepping relay | relé de avance.

stepping switch | conmutador de escalonamiento | interruptor temporizado.

stepup (to) | elevar, aumentar (voltaje, presión).

steradian | estereorradián.

stereo | estereotipia, estéreo | estereoscópico | estereofónico.

stereo base | base estereoscópica.

stereo cartridge | cartucho estereofónico.

stereo microphone system | sistema microfónico estéreo.

stereo pickup | fonocaptor estéreo.

stereo rangefinder | telémetro estereoscópico.

stereo sound system | sistema estereofónico.

stereo surveying | topografía estereoscópica.

stereocasting | radiodifusión estereofónica | transmisión en estéreo.

stereofluoroscopy | estereofluoroscopia.

stereogram | estereograma.
stereograph | estereografía, estereoscópica.
stereometer | estereómetro.
stereometry | estereometría.
stereomicrograph | estereomicrografía.
stereomicrometer | estereomicrómetro.
stereomicroscope | estereomicroscopio.
stereomicroscopy | estereomicroscopía.
stereophonic broadcast | emisión estereofónica.
stereophonic channel | canal estereofónico.
stereophonic sound system | sistema de sonido estereofónico.
stereophony | estereofonía.
stereophotogram | estereofotograma.
stereophotography | estereofotografía.
stereopicture | imagen estereoscópica.
stereoplanigraph | estereoplanígrafo.
stereopticon | estereopticón | proyector de diapositivas.
stereoptics | estereoóptica.
stereoradar | estereorradar.
stereoradial plotter | estereotrazador radial.
stereoradiography | estereorradiografía.
stereoscope | estereoscopio.
stereoscopic heightfinder | altímetro estereoscópico.
stereoscopic mapping | cartografía estereoscópica.
stereoscopic microscope | microscopio estereoscópico.
stereoscopic rangefinder | telémetro estereoscópico.
stereotelemeter | estereotelémetro.
stereotelevision | estereotelevisión.
stereotopography | estereotopografía.
stereotyping | estereotipia (tipografía).
stereotypography | estereotipia (tipografía).
stereoviewing | visión estereoscópica.
stereovision | visión estereoscópica.
sterile | estéril | inactivo (mina explosiva).
sterile vein | filón estéril.
sterilize (to) | inactivar (mina explosiva).
sterling gold | oro de 916,6 milésimas de ley.
sterling silver | plata de ley.
stern | popa | extremo de la cola (aviones).
stern fast | amarra de popa.
stern frame | marco de la hélice (buques) | gambota | marco del codaste | codaste (buques).
stern pipe | escobén de popa.
stern post | codaste (buques).
stern quarter | aleta de popa (buques).
stern rope | amarra de popa.
stern rudder | timón popel.

stern shaft | eje de cola (buques).
sternway | cía, retroceso.
sternway (to) | retroceder | ciar.
stibium | antimonio.
stibnite | antimonita.
stick | estaca | varilla | adhesión, pegadura.
stick circuit | circuito de autorretención | línea de relés.
stick (to) | adherirse, pegarse | sujetar | clavar, hincar.
sticker | listón separador | rastrel.
sticker alignment | alineación de rastreles.
sticking | adherencia | adhesividad | retención | agarrotamiento (del pistón, cojinetes, etc.), aprisionamiento (sondeos) | bloqueo de la imagen | retención de la imagen.
sticking of valves | atascamiento de las válvulas.
stiff | duro | rígido.
stiff connection | enlace rígido.
stiff frame | marco rígido.
stiffener | contrafuerte | refuerzo.
stiffening girder | viga de refuerzo.
stiffening piece | pieza de refuerzo.
stiffness | resistencia a la flexión | rigidez (mecánica).
stiffness coefficient | coeficiente de rigidez.
stilb | unidad de luminosidad | stilb (unidad de brillo).
still | fotografía fija (TV) | inmóvil | fijo | permanente.
still image | imagen fija.
still projection | proyección fija.
still projector | proyector de diapositiva.
stilling basin | cuenco del vertedero, vaso de amortiguamiento (presas).
stilling pool | depósito amortiguador, cuenco amortiguador (pie de presas).
stinkdamp | sulfuro de hidrógeno.
stir (to) | agitar, batir | remover | activar.
stirred tank reactor | reactor de cubeta agitada.
stirrer | agitador (química) | aparato mezclador.
stitch bolt | perno de unión.
stitch bond | soldadura por puntos.
stitch welder | soldadora de pespunteo.
stitch welding | soldeo de puntos solapados, soldeo de puntadas.
stitched joint | junta cosida.
stitcher-trimmer | cosedora-refiladora (imprenta).
stochastic | estocástico | aleatorio.
stockline | nivel de la carga (alto horno).
stockline gage | indicador de descenso de la carga (alto horno).

stoichiometric I estequiométrico (química).

stoichiometry I estequiometría.

stoke (to) I cargar (hornos) I atizar el fuego (calderas).

stokehold I cámara de calderas (buques).

stoking I caldeo.

stone I piedra, gema I roca.

stone coal I antracita.

stone cutting I estereotomía de la piedra I talla del diamante.

stone drift I galería en roca (minas).

stone drill I barreno de roca.

stone facing I paramento de sillería I revestimiento de piedra.

stone hammer I dolobre I almadena I mazo de hierro para romper piedras.

stone lattice I red de erosión (geología).

stone pit I cantera de piedra.

stone red I óxido férrico.

stone saw I sierra de cantero.

stone (to) I balastar (vía férrea) I rectificar con piedra abrasiva I esmerilar.

stone tubing I entubado de mampostería, revestimiento de mampostería.

stonework I trabajo en roca (minas) I imposición (tipografía) I obra de mampostería.

stoop I pilar de carbón, macizo (minas) I pilar de protección (minas) I estemple (minas).

stoop-and-room system I laboreo por huecos y pilares (mina carbón).

stooping I despilaramiento, remoción de pilares (minas).

stop I parada, detención.

stop action I imagen retenida I imagen congelada.

stop band I banda de detención.

stop catch I trinquete de parada.

stop cock I grifo de cierre.

stop gear I mecanismo de parada.

stop joint I empalme de retención (electricidad).

stop key I llave de seguridad.

stop lever I palanca de paro.

stop loop I ciclo de parada.

stop pulse I impulso de parada.

stop (to) I parar I detener I taponar I obturar.

stop valve I válvula de retención, válvula de cierre.

stope I tajo de arranque, grada.

stope face I frente de arranque (minas).

stoping I arranque (minas) I explotación por gradas, explotación por escalones.

stoplight I luz de parada I luz de frenado.

stopnut I tuerca de tope.

stoppage I parada I cesación, interrupción I detención I obstrucción I obturación.

stopper I obturador.

stopper circuit I circuito antirresonante (radio).

stopping I obturación I obstrucción I parada I detención I interrupción.

stopping capacitor I capacitor de bloqueo (radio).

stopping down I cierre del diafragma (fotografía).

stopping potential I potencial de detención (electrón) I tensión de frenado.

stopping power I poder de detención, poder de frenado.

stopping-and-starting gear I mecanismo de parada y arranque.

stop-watch I cronógrafo, cronoscopio.

storage I depósito, acumulación I embalse (presas).

storage access channel I canal de acceso a memoria.

storage allocation I asignación de memoria.

storage bank I banco de memoria.

storage basin I embalse.

storage battery I batería de acumuladores.

storage block I bloque de memoria (informática).

storage box I caja de almacenamiento (informática).

storage cycle I ciclo de memoria (informática).

storage data register I registro de datos del almacenamiento.

storage dump I almacén de memoria (informática).

storage fill I carga de memoria (informática).

storage key I clave de memoria (informática).

storage location I posición de memoria.

storage potential I tensión de bloqueo.

storage pump I bomba de acumulación.

storage system I sistema de almacenamiento.

storage tube I tubo electrónico memorizador, memoria magnética I tubo de rayos catódicos de memoria.

storage unit I unidad de memoria.

store I memoria (informática).

store (to) I introducir en memoria I registrar, acumular I tener de reserva I memorizar (informática).

stored program control I control por programa almacenado (informática).

stored word I palabra almacenada (informática).

stored-program I programa registrado.

storm I tempestad, temporal, tormenta.

storm avoidance radar | radar para contornear y no pasar a través de una tempestad (aviones).

storm detection radar | radar de detección de tormentas.

storm-warning | aviso de tormenta (meteorología).

storm-warning-radar | radar avisador de tormentas.

stove | estufa | horno.

stoved room | cámara de desecación.

stow (to) | arrumar (buques) | rellenar (minas) | estibar.

stowage | estibaje (buques) | arrumaje (aviación) | relleno (minas).

straggling | variación aleatoria | dispersión.

straggling effects | efectos de dispersión.

straggling parameter | parámetro de dispersión.

straight | recto | directo.

straight axis | eje recto.

straight dipole | dipolo recto.

straight joint | junta a tope | ayuste recto.

straight polarity | polaridad directa.

straight run | destilación directa | de paso recto (válvulas).

straight turning | torneo cilíndrico.

straight wheel | muela plana.

straightforward circuit | circuito directo (comunicaciones).

straightforward junction | enlace rápido directo.

straight-line code | codificación lineal | código rectilíneo.

straight-through joint | empalme (electricidad).

straightway valve | válvula de paso directo.

strain | tensión, tirantez | esfuerzo de deformación.

strain age (to) | madurar por deformación plástica.

strain annealed alloy | aleación recocida por deformación plástica.

strain axis | eje de deformación.

strain etching | ataque químico para descubrir las líneas de fluencia (metalografía).

strain gage | extensómetro | galga para medir esfuerzos, galga eléctrica de deformación, electroelongámetro | medidor de deformación.

strain gaging | calibración por deformación.

strain gauge | medidor de deformación.

strain hardening | endurecimiento por deformación en frío.

strain hardness | endurecimiento por deformación plástica.

strain insulator | aislador-tensor, aislador de suspensión (líneas eléctricas).

strain plate | placa de refuerzo.

strain rate | velocidad de la deformación.

strain seismometer | sismómetro de deformación.

strain (to) | someter a esfuerzo | deformar | filtrar.

strain-age cracking | fisuración por envejecimiento mecánico (metalurgia).

strain-aged steel | acero envejecido por trabajo en frío, acero envejecido mecánicamente.

strain-ageing | maduración mecánica.

strain-gage sensor | sensor detector de deformación.

straining | deformación.

strainmeter | deformímetro.

strangeness number | número de extrañeza (nucleónica).

strangler | válvula de mariposa.

strap | cinta metálica | correa | cubrejunta | estrobo | llanta | fleje.

strap bolt | perno de abrazadera.

strap saw | sierra de cinta.

strap (to) | precintar | unir, conectar.

strapping | sujeción con flejes | conexión en puente (electricidad).

stratification foliation | exfoliación por estratificación.

stratified | estratificado.

stratified discharge | descarga estratificada (electricidad).

stratocumulus | estratocúmulo.

stratosphere | estratosfera.

stratus | estrato (meteorología).

stray | dispersión.

stray capacitance | capacitancia parásita.

stray coupling | acoplo parásito.

stray current | corriente parásita, corriente de fuga (electricidad).

stray flux | flujo de dispersión.

stray key | llave de lengüeta | lámina de contacto (electricidad).

stray neutrons | neutrones dispersos.

streak | estría | raya.

streak (to) | estriar, rayar.

streaking | imagen falsa (TV) | arrastre (imagen).

stream | corriente de agua | flujo.

stream analyzer | analizador de corriente de fluidos.

stream gage | escala hidrométrica.

stream (to) | manar | fluir, brotar.

stream tube | tubo de corriente.

streaming | cavitación | generación de flujo en una dirección | propagación ondulante | canalización.

streaming current | corriente por capilaridad (electricidad).

streamline | corriente sin turbulencia | línea de corriente, currentilínea (electricidad).

streamline (to) | fuselar, dar forma aerodinámica.

streamlined | aerodinámico, fuselado (aviones).

strength | fuerza | potencia | resistencia | intensidad.

strength of carrier | intensidad de la portadora (radio).

strength test | prueba de resistencia.

strength tester | dinamómetro.

strengthen (to) | consolidar | reforzar.

stress | tensión | esfuerzo, carga.

stress bar | barra portadora.

stress crack | grieta de tensión | fisura de tensión (metalurgia).

stress diagram | diagrama de fuerzas.

stress relieving | recocido de distensión, recocido de estabilización | estabilización (termotratamiento).

stress rupture | carga de rotura.

stress sheet | diagrama de fuerzas (mecánica).

stress strain diagram | diagrama de esfuerzos y deformaciones.

stress-corrosion cracking | fisuración por tensocorrosión | fisuración por corrosión bajo tensión.

stress-cracking | fisuración por tensiones internas (metalurgia).

stress-raiser | dispositivo que hace aumentar la fatiga en un eje (chaveteros, agujeros de lubricación, radios, etc.) | concentrador de tensiones.

stress-strain curve | curva de esfuerzos y deformaciones.

stretch | estiramiento | alargamiento.

stretch modulus | módulo de elasticidad.

stretch press | prensa para conformar por estirado.

stretch pressing | embutición por tracción.

stretch (to) | estirar | tensar.

stretcher | estirador, atesador | ensanchador | separador (minas y túneles).

stretcher rod | varilla de separación (agujas -ferrocarril) | varilla de conexión.

stretcher strain marks | líneas de Lüders.

stretcher strains | rugosidades superficiales, asurcamientos superficiales, líneas de Lüders

por deformación inuniforme (defecto piezas embutidas acero).

stretch-formed | conformado por estirado (metalurgia).

stretch-former | prensa de embutir.

stretch-forming | conformación por estirado sobre hormas, modelado por alargamiento, formación por estiraje | embutición.

stretching | tensión | alargamiento, estiramiento.

stretch-reducing process | proceso reductor-estirador (tubos).

stria | estría.

striated | estriado.

striated discharge | descarga estriada.

striation | estriación | estría.

strickle | terraja (moldería).

strickle (to) | aterrajar (moldería).

strike | rumbo, arrumbamiento (minería) | terraja (moldería) | capa fijadora de otra | encuentro (de un filón) | intersección de un filón inclinado con un plano horizontal.

strike joint | diaclasa longitudinal.

strike plate | plancha de contacto (magnetismo).

strike slip | desplazamiento horizontal | rechazo horizontal (fallas).

strike (to) | descubrir un filón minero | encontrar petróleo | golpear, batir | aterrajar (moldería) | cebar (electricidad).

striker | percusor | pasacorreas (transmisiones) | aparato de encendido (lámpara arco) | mazo | martillo.

striker mechanism | mecanismo disparador.

striker pin | aguja del percutor | dedo de arrastre, uña de arrastre.

striking | moldeo con terraja (moldería) | descimbramiento | aumento del amperaje (electrólisis) | electrodeposición de una capa fina inicial (electroplastia) | opacificación durante el recalentamiento (vidrio).

striking angle | ángulo de choque | ángulo de contacto | ángulo de incidencia (alas aviones).

striking device | dispositivo de cebado (tubos de gas).

striking of an arc | cebado de un arco.

striking pin | percutor.

striking plate | placa de choque.

striking potential | potencial de ruptura | potencial de cebado.

striking power | potencia de choque.

striking velocity | velocidad de choque.

striking voltage | voltaje de formación del arco | voltaje máximo en circuito abierto, voltaje de cebado (soldadura eléctrica).

string | secuencia conectada | serie | secuencia ordenada (informática) | cuerda | cordel | cadena de aisladores | catenaria (líneas eléctricas).

string break | ruptura de serie | ruptura de cadena (registros).

string course | hilada volada (arquitectura).

string forging | forjado en rosario.

string handling | manipulación de cadenas.

string insulator | aislador de cadena.

string milling | fresado continuo.

string of casing | tren de vástagos | columna de entubado, columna de tubos (sondeos).

string of drill tools | rosario de herramientas de perforación (sondeos).

string rod | barra de transmisión.

string (to) | estirar, atesar.

stringer | tirante (cerchas) | larguero | riostra | rigidizador | trancanil (marina).

stringer angle bar | angular de trancanil.

stringer plate | chapa de trancanil.

strinking hammer | martillo percutor.

strip | regleta (tipografía) | tira | banda | hierro en flejes | fleje | banda metálica.

strip attenuator | atenuador de lámina (guías de ondas).

strip chart | cinta de registro.

strip heat exchanger | termocambiador de láminas metálicas.

strip heating furnace | horno de recalentar bandas.

strip insulation (to) | arrancar el aislamiento.

strip iron | fleje.

strip mill | tren de laminación de fleje o de banda.

strip mine | mina de cantera.

strip of fuses | regleta de fusibles (electricidad).

strip of keys | regleta de botones (telecomunicaciones).

strip packing | relleno por tongadas (minas).

strip recorder | registrador de banda.

strip resistor | resistor de cinta.

strip rolling | laminación de flejes | laminación de bandas.

strip rolling mill | laminador de fleje.

strip rule | filete tipográfico.

strip steel | acero en bandas.

strip (to) | explotar a cielo abierto (minería) | desguarnecer | descortezar | cortar en tiras | deslingotar, desmoldear (lingotes) | desmontar.

strip width | ancho de línea (TV).

strip-chart recorder | registrador de cinta (telecomunicación).

stripe (to) | rayar | estriar.

stripline | línea de transmisión de estrías | línea plana (microondas) | línea de cinta (radio).

strip-line circuit | circuito de línea de cinta.

stripped atom | átomo desprovisto de electrones | átomo descortezado.

stripped down engine | motor con todas sus piezas desmontadas, motor totalmente despiezado.

stripped ion | ion negativo desprovisto de electrones y convertido en ion positivo.

stripper | purificador | cilindro desborrador, cilindro descargador, cilindro desprendedor (tejeduría).

stripper crane | grúa para deslingotar, deslingotera (acerías).

stripper plate | chapa eyectora.

stripper pump | bomba de achique final.

stripper punch | punzón eyector.

stripper ram | deslingotera (acerías).

stripping | desforramiento (cables eléctricos) | explotación en descubierto (minería) | burbujeo | reextracción | arrancamiento (nuclear) | depuración | rayado de remisión (organigrama) | desmontaje | desmoldeo | descoloriamiento químico | arrastre de vapor para separar la gasolina (gas natural).

stripping analysis | análisis por decapado.

stripping area | zona de explotación a cielo abierto.

stripping cascade | cascada de extracción.

stripping column | columna de destilación.

stripping film | emulsión delgada peliculable.

stripping line | colector de vaciamiento final de tanques (petroleros).

stripping machine | desmoldeadora.

stripping operation | operación de extracción | operación de desmoldeo.

stripping plate | placa de desmoldeo, chapa de expulsión (molderías) | placa de guía, placa de guarda (laminadores).

stripping pump | bomba de agotamiento final de la carga | bomba para descarga total del gas (pozo petróleo).

stripping reaction | reacción de cesión (física nuclear).

stripping roll | cilindro descargador.

stripping section | sección de extracción.

stripping tower | torre de separación.

strobe | trazo de referencia | marca estroboscópica (tubo rayos catódicos) | impulso de re-ferencia | marco de referencia (radar, pantalla).

strobe pulse | impulso de fijación (radar).

strobe (to) I seleccionar un impulso.

strobing I selección de señal en el tiempo (radar) I sincronización estroboscópica (computadora).

strobing circuit I circuito modulador.

strobing pulse I impulso de selección.

stroboflash I lámpara estroboscópica.

stroboglow I estroboscopio de luz neón.

stroboradiography I estroborradiografía.

stroboscope I estroboscopio.

stroboscope tachometer I tacómetro estroboscópico.

stroboscopic lamp I lámpara estroboscópica.

stroboscopic tachometer I taquímetro estroboscópico.

stroboscopic tape I cinta estroboscópica.

strobotron I estrobotrón.

stroke I choque, golpe.

stroke device I lector de curvas (informática).

stroke dogs I topes de inversión de marcha (máquina herramienta).

stroke length I longitud de la carrera (herramientas) I embolado (motores).

stroke pulse I impulso de sincronización.

stroke reducer I reductor de carrera (indicador de presión).

stroke speed I frecuencia de líneas de exploración (comunicaciones).

stroking speed I velocidad del pistón.

strong I fuerte I reforzado I resistente I rico (gases, mezclas) I potente (filones) I viva (pólvoras).

strong electrolyte I electrólito fuerte (química).

strong focusing synchrotron I sincrotrón de enfoque fuerte.

strong motion seismograph I acelerógrafo.

strong shock wave I onda de choque de gran presión dinámica.

strong solution I solución concentrada.

strontium I estroncio (Sr).

strophotron I estrofotrón.

Strowger selector I selector Strowger I selector de dos movimientos (vertical-horizontal).

struck atom I átomo expulsado I átomo bombardeado.

struck nucleus I núcleo bombardeado (nucleónica).

struck particle I partícula bombardeada (nuclear).

structural I estructural.

structural angle I angular de construcciones.

structural carpentry I carpintería de obra.

structural damping I amortiguación estructural.

structural drag I resistencia parásita, resistencia pasiva (aviones).

structural engineering I ingeniería de estructuras.

structural geology I tectónica.

structural lattice I red estructural (cristalografía).

structural map I mapa tectónico.

structural morphology I morfología estructural.

structural mutation I mutación estructural.

structural rivet I remache estructural.

structural shape I perfil.

structural strength I resistencia de la estructura.

structural valley I valle tectónico (geología) I valle estructural (geología).

structural weight I peso estructural I peso sin motores (aviones) I peso sin combustible (cohetes).

structure I estructura I armazón.

strut I poste I columna I riostra I jabalcón I codal I tornapunta I mangueta, puntal grueso (minas, túneles) I adema, estemple.

strut brace I puntal oblicuo I jabalcón.

strut (to) I apuntalar I acodalar.

strutting I arriostrado I apuntalamiento I apeo.

stub I adaptador I saliente lateral del casco para dar estabilidad en el agua (hidroavión de canoa).

stub angle I codo adaptador.

stub antenna I antena corta.

stub axle I eje con muñón central I eje de mangueta.

stub cable I cable conexión.

stub card I tarjeta con talón (informática).

stub end I cabilla recalcada y roscada I cabeza de muñón (máquina) I casquillo I cabeza (de biela) I colilla de electrodo.

stub feeder I alimentador de subestación.

stub involute I evolvente corta (engranajes).

stub involute tooth I diente de evolvente truncado.

stub line I sección de línea (telefonía).

stub pipe I tubo corto.

stub plane I muñón del ala (aviones) I ala corta (autogiros).

stub switch I cambio de aguja de tope (ferrocarril).

stub tap I macho roscador corto.

stub tooth I diente corto (engranaje).

stub track I vía muerta (ferrocarriles).

stub tuner I sintonizador de adaptador.

stubbed-out pair I par en cable terminal (telecomunicaciones).

stub-tooth gear I engranaje de dientes cortos, engranaje de dentadura chata.

stubwing stabilizer I hidroestabilizador (hidroavión de canoa).

stubzero treatment I tratamiento a temperaturas bajo cero, criotratamiento (aceros rápidos).

stud I resalto, saliente I borna, terminal I perno sin cabeza I espárrago I pasador corto I montante I clavija de conexión (electricidad) I husillo giratorio I contrete (de cadena).

stud bolt I pasador I perno prisionero.

stud chain I cadena de contretes I cadeneta.

stud gage I plantilla de taladrar.

stud gear I engranaje intermedio.

stud head I cabeza con espiga cuadrada (remaches).

stud lag I tirafondos de expansión.

stud setter I soldadora de espárragos.

stud (to) I clavetear, unir con pasadores.

stud union I conectador de unión (tuberías).

stud wheel I rueda parásita, rueda intermedia (engranajes).

studio I estudio (cine, TV).

studio crane I grúa de estudio (cine).

studio light I luz de estudio (TV).

studio pickup I transmisión desde el estudio I toma en el estudio (TV, radio).

studio shooting I rodaje en estudios (TV, cine).

studio-transmitter link I enlace entre estudio y transmisor.

study of meteorites I astrolitología.

stuff I materia I material.

stuff (to) I embutir I calafatear I guarnecer (máquinas).

stuffer I máquina rellenadora I embutidora.

stuffing box I prensaestopa.

stuffing box bulkhead I mamparo del prensaestopas.

stuffing box casing head I cabeza de tubería con prensaestopas (sondeos).

stuffing box flange I collarín del presaestopas.

stuffing box gland I sombrerete del prensaestopas, casquillo del prensaestopas.

stuffing nut I tuerca de prensaestopas.

stull I riostra I rollizo de entibación I estemple, puntal.

stump I poste, colilla de electrodo I mecha I pilar (minas).

stunt I acrobacia aérea.

stunt (to) I hacer acrobacias (aviación).

style of type I clase de tipo (tipografía).

styling I estilismo I diseño.

stylolith I estilolita (petrología).

stylus I estilete, punzón I aguja grabadora.

stylus holder I portapunzón I portaestilete.

stylus printer I impresora de agujas.

stylus tip I punta del estilete I punta de la aguja grabadora.

styrol I estirol (química).

styrone I estirona (química).

subaqueous I subacuático, submarino.

subaqueous cable I cable subfluvial.

subaqueous ranging I localización submarina.

subaqueous surveillance I vigilancia submarina.

subatmospheric I subatmosférico.

subatmospheric pressure I presión subatmosférica.

subatmospheric temperature I temperatura bajo cero.

subaudio I subaudio, infrasónico.

subaudio band I banda de frecuencia infraacústica.

subaudio frequency I frecuencia infraacústica.

subcadmium neutron I neutrón subcádmico.

subcarrier I subportadora.

subcarrier channel I canal de subportadora.

subcarrier frequency I frecuencia de subportadora.

subcarrier frequency shift I desplazamiento de frecuencia de subportadora.

subcarrier regenerator circuit I circuito regenerador de subportadoras.

subcarrier wave I onda subportadora.

subchannel I subcanal (telecomunicaciones).

subcontrol station I estación subdirectriz (circuito telefónico internacional).

subcool (to) I subenfriar.

subcooling I subfusión (física) I subenfriamiento.

subcritical annealing I recocido por debajo del punto crítico.

subcritical multiplication I multiplicación subcrítica (nuclear).

subcritical reactor I reactor nuclear subcrítico

subexchange I subcentral telefónica.

subfeeder I subalimentador, cable alimentador secundario.

subfreezing I enfriamiento por debajo de cero grados K.

subfreezing temperature I temperatura bajo cero.

sublimate (to) I sublimar I refinar.

sublimation I sublimación.

sublimation cooling I enfriamiento de sublimación.

sublimation drying I secado por sublimación.

sublimation nucleus I núcleo de sublimación.

submarine I submarino.

submarine borehole | perforación submarina (sondeos).

submarine bottom | fondo submarino.

submarine cable | cable submarino.

submarine earthquake | maremoto.

submarine geology | geología submarina.

submarine launched missile | misil submarino.

submarine line | línea submarina (electricidad).

submarine oil terminal | terminal submarina para cargar o descargar petróleo.

submarine oil-drilling | sondeo submarino para petróleo.

submarine pipeline | oleoducto submarino.

submarine repeater | repetidor submarino (telecomunicaciones).

submarine slide | deslizamiento submarino (geología).

submarine sound signal | señal acústica submarina.

submarine telegraph circuit | circuito telegráfico por cable submarino.

submarine telephone cable | cable telefónico submarino.

submarine television | televisión submarina.

submarine-lifter | dispositivo para izar submarinos.

submatrix | submatriz.

submerged arc welding | soldeo por arco eléctrico en atmósfera inerte.

submerged pipeline | tubería sumergida.

submerged pump | bomba de inmersión.

submerged reef | arrecife submarino (oceanografía).

submerged repeater | repetidor submarino (telecomunicaciones).

submerged run | recorrido en inmersión (submarinos).

submerged speed | velocidad en inmersión.

submerged submarine | submarino en inmersión.

submerged-arc weld (to) | soldar por arco sumergido en atmósfera inerte.

submergence | sumersión, inmersión.

submersible | motor sumergible | sumergible.

submersion | sumersión, inmersión.

submillimeter | submilímetro.

submillimeter maser | máser submilimétrico.

submillimeter wave | onda submilimétrica, onda inframilimétrica.

submillimetric | submilimétrico.

submillimetric telescope | telescopio submilimétrico.

subminiature tool | microherramienta.

subminiature tube | válvula subminiatura | tubo subminiatura (electrónica).

submultiple | submúltiplo (matemáticas).

subordinate | subordinado | secundario.

subroutine | subrutina.

subroutine call | solicitud de un subprograma (informática).

subroutine subprograms | subprogramas de subrutinas (informática).

subscriber | abonado (telefonía).

subscriber call | llamada de abonado (telefonía).

subscriber drop | línea de acometida (telefonía).

subscriber extension set | aparato supletorio telefónico | aparato para extensión (telefonía).

subscriber line switch | preselector (telecomunicaciones).

subscriber loop | bucle de abonado (electricidad).

subscriber multiple | múltiple de abonado (electricidad).

subscriber set | aparato de abonado (telecomunicaciones).

subscriber station | terminal de una red | estación de abonado (telefónica).

subsea drilling | sondeo submarino.

subsea welding | soldeo submarino.

subsidiary | secundario | auxiliar (circuitos).

subsidiary anode | ánodo subsidiario.

subsidiary conduit | conducto subsidiario.

subsoil | subsuelo.

subsonic | subsónico.

subsonic aeroplane | aeroplano subsónico.

subsonic diffuser | difusor subsónico.

subsonic flight | vuelo subsónico.

subsonic lifting surface | superficie sustentadora subsónica.

subsonic Mach number | número Mach subsónico (número Mach <1).

subsonic wind tunnel | túnel aerodinámico subsónico.

substandard mine | mina de producción escasa.

substratum | subsuelo.

subsurface | subsuelo | subterráneo | freático.

subsurface current | corriente subsuperficial.

subsurface drilling | sondeo del subsuelo.

subsurface piping | canalización subterránea.

subsystem | subsistema.

subterranean | subterráneo.

subterranean tunnel | túnel subterráneo (ferrocarril).

subway | ferrocarril subterráneo | paso inferior (ferrocarril) | galería (minas).

subzero I bajo cero (temperatura).
subzero temperature I temperatura bajo cero en grados K.
subzero-treated steel I acero criotratado.
sucker I ventosa I tubo de aspiración.
sucker rod I varilla de accionamiento del pistón (bomba aspirante) I varilla de bombeo, varilla de accionamiento de la bomba de extracción (pozo petróleo).
sucker-rod pump I bomba aspirante de varilla.
sucking I succión I aspiración.
sucking and forcing pump I bomba aspirante-impelente.
sucking booster I rebajador de voltaje.
sucking pump I bomba aspirante.
sucrose I sacarosa I sucrosa.
suction I aspiración I succión.
suction and discharge pump I bomba aspirante-impelente.
suction dredge I draga aspiradora.
suction filter I filtro de vacío.
suction line I tubería de aspiración.
suction piping I tubería de aspiración.
suction pump I bomba aspirante.
suction pyrometer I pirómetro de succión.
suction sleeve I tubo de aspiración.
suction strainer I filtro de vacío.
suction stroke I carrera de admisión (mecánica).
suction tube I tubo de aspiración.
suction valve I válvula de aspiración.
suction wave I onda de succión, onda de rarefacción.
sudden break-down I corte brusco (telefonía -radio).
sudden change I cambio brusco (meteorología).
sudden-change relay I relé de cambio brusco.
suicide connection I conexión suicida (electricidad).
suicide contactor circuit I circuito del contactor suicida (relés).
suite I conjunto de paneles de regulación I fila de bastidores (telefonía).
sulfa drug I sulfamida.
sulfate (EE UU) I sulfato.
sulfate (to) I sulfatar.
sulfating I sulfatación.
sulfation I sulfatación.
sulfation roasting I tostación sulfatante.
sulfatizing I sulfatación.
sulfatizing roasting I tostación sulfatante.
sulfide I sulfuro.
sulfinization I sulfuración (termotratamiento de aceros).

sulfite I sulfito.
sulfite cellulose I celulosa sulfitada.
sulfite cooking I cocción al sulfito.
sulfite lye I lejía sulfítica.
sulfite pulping I fabricación de pasta con sulfito.
sulfonic acid I ácido sulfónico.
sulfonitric acid I ácido sulfonítrico.
sulfur bromide I bromuro de azufre.
sulfur (EE UU) I azufre.
sulfur removal I desulfuración.
sulfur (to) I sulfurar I azufrar.
sulfuric acid I ácido sulfúrico.
sulfuric anhydride I anhídrido sulfúrico.
sulfurize (to) I sulfurar, sulfurizar.
sullage I nata de fundición (metal fundido).
sullage head I mazarota.
sulphatize (to) I sulfatar.
sulphide (G.B.) I sulfuro.
sulphonate (to) I sulfonar.
sulphur (G.B.) I azufre.
sulphurise (to) I sulfurizar (G.B.).
sulphurize (to) I sulfurizar (EE UU).
sum I suma I adición.
sum channel I canal suma (estereofonía).
summing I adicionador I sumador.
summing amplifier I amplificador totalizador.
summing circuit I circuito adicionador.
summing network I red aditiva.
summit I cima, cumbre, cúspide I vértice.
Sumner line I línea de posición, línea de Sumner (navegación).
sump I sumidero I colector de lubricante (motores) I pileta (colector de agua -minas) I poceta de drenaje (buques) I pozo de las bombas (dique seco) I pozo de achique.
sump drain valve I válvula de drenaje del colector.
sump pump I bomba de sentina I bomba de sumidero.
sun I sol.
sun battery I batería solar.
sun compass I brújula solar (navegación).
sun gear I engranaje planetario.
sun power I energía solar.
sun radiation I radiación solar.
sun spot I mancha solar.
sun tracking I seguimiento solar (colector solar).
sun wheel I piñón central (engranaje planetario) I rueda dentada madre (engranaje planetario).
sun-and-planet gear I engranaje planetario.
sunlight I luz solar.
sunlight recorder I registrador de luz solar.

sun-powered furnace | horno de radiación solar.

sun-pump laser | láser con bomba solar.

sunshade | pantalla.

sunshield | pantalla.

sunstone | ámbar | ojo de gato (crisoberilo).

superactivated screen | pantalla sobreactiva.

superalloy | superaleación.

superaudible | ultrasonoro, superaudible.

superaudio frequency | frecuencia superacústica.

superaudio telegraphy | telegrafía ultraacústica.

supercavitating propeller | hélice supercavitante.

supercharge | sobrecarga.

supercharged | sobrealimentado (motores) | sobrecargado.

supercharged compressor | compresor sobrecargado.

supercharged cooling | enfriamiento forzado (generadores).

supercharged engine | motor sobrealimentado.

supercharged motor | motor sobrealimentado.

supercharger | sobrealimentador (motores).

supercharging | sobrealimentación (motores).

supercompression engine | motor de alta compresión.

superconducting | superconducente.

superconducting electromagnet | electroimán de arrollamiento supraconductor.

superconducting material | material superconductor.

superconductive | superconductivo | supraconductor.

supercritical | supercrítico (nuclear).

supercritical Mach number | número de Mach supercrítico.

supercritical mass | masa supercrítica (nuclear).

supercritical reactor | reactor nuclear supercrítico.

superficial blemishes | defectos superficiales.

supergain antenna | antena superdirectiva.

supergain array | red superdirectiva de antenas.

supergeostrophic wind | viento supergeostrófico (meteorología).

supergrid | red eléctrica de distribución a grandísima tensión (de 300.000 a 500.000 voltios).

supergroup | grupo secundario (onda portadora) | supergrupo (telefonía).

supergroup link | conexión en supergrupo.

superheterodyne | superheterodino.

superheterodyne amplifier | amplificador superheterodínico.

superheterodyne circuit | circuito superheterodino.

superhigh frequency | hiperfrecuencia.

superimposed | superpuesto.

superimposed circuit | circuito superpuesto.

superimposed coding | codificación superpuesta (informática).

superimposed current | corriente portadora.

superimposed load | carga sobrepuesta.

supernova | supernova (astrología).

superorthicon | superorticón (TV).

supersonic | ultrasonoro, ultrasónico, supersónico.

supersonic diffusor | difusor ultrasónico.

supersonic flow | flujo supersónico, corriente supersónica.

supersonic frequency | frecuencia ultrasonora.

supersonic Mach number | número de Mach > 1.

supersonic reception | recepción supersónica (radio).

supersonic region | región infrasónica (número Mach > 1,1.).

supersonic sounding apparatus | sondador supersónico.

supersonic speed | velocidad supersónica.

supersonic wave | onda supersónica | onda ultrasonora.

supervisory channel | canal de supervisión (telecomunicaciones).

supervisory program | programa supervisor (informática).

supervisory signal | señal de finalización (telefonía).

supervisory station | estación supervisora (telecomunicación).

supervisory terminal | terminal supervisora (telecomunicación).

supervisory wiring | línea de telegobierno (electricidad).

supervoltage | hipervoltaje.

supply | manantial de corriente (electricidad) | generador (electricidad) | fuente de energía | corriente de entrada (electricidad).

supply battery | batería alimentadora (acumulador).

supply circuit | circuito de toma, circuito de alimentación.

supply current | corriente de alimentación.

supply lead | línea alimentadora (electricidad).

supply line | línea alimentadora (electricidad).

supply pipe | cañería de abastecimiento | tubería de abastecimiento, tubo de entrada.

supply point I punto de abastecimiento.
supply power I potencia de alimentación.
supply reel I carrete alimentador.
supply source I fuente de alimentación (energía).
supply terminals I terminales alimentadores (electricidad).
supply (to) I dar corriente, alimentar (electricidad).
supply transformer I transformador de alimentación (electricidad).
supply voltage I voltaje de entrada, voltaje de alimentación.
support I soporte, apoyo I sustentación.
support bearing I cojinete de soporte.
support chips I circuitos de apoyo.
support plate I chapa de montaje.
support programs I programas de apoyo (informática).
supporting I fortificación (minas).
supporting arm I brazo portante.
supporting axle I eje portador.
supporting flange I brida de fijación.
supporting grid I rejilla portadora.
suppressed aerial I antena empotrada I antena rasante.
suppressed carrier I portadora suprimida.
suppressed carrier transmission I transmisión sin onda portadora.
suppressed sideband I banda lateral suprimida (telecomunicaciones).
suppression circuit I circuito de filtro.
suppression pulse I impulso de supresión (radar).
suppressor I supresor I amortiguador.
suppressor effect I efecto supresor (nuclear).
surf I resaca, rompiente en la playa.
surface I superficie I exterior (minas).
surface arc I arco sobre la superficie (electricidad).
surface barrier I barrera de superficie (semiconductores).
surface blowhole I sopladura superficial (metalurgia).
surface burst I explosión superficial (nuclear).
surface casing I tubo guía (sondeos).
surface charge I carga superficial (electricidad).
surface chart I carta de superficie (meteorología).
surface checking I fisuración superficial (metalurgia).
surface communications I telecomunicaciones de superficie (terrestres y maritimas).
surface crack I grieta superficial.

surface effect I efecto de supeficie (electricidad).
surface gage I verificador de planeidad I gramil de trazar.
surface integrator I planímetro.
surface mine I mina a cielo abierto.
surface ray I rayo incidente, rayo directo.
surface runoff I escorrentía superficial.
surface sculpture I microescultura superficial (cristalografía).
surface search I vigilancia de superficie (radar).
surface sonar I sonar de superficie.
surface tester I rugosímetro.
surface (to) I allanar I alisar I lustrar I pulir I desbastar I emerger, salir a la superficie I nivelar (ferrocarril).
surface to air missile I misil superficie-aire.
surface to surface missile I misil superficie-superficie.
surface wave I onda superficial.
surface work I explotación a cielo abierto.
surface-active agent I agente superficiactivo, agente tensoactivo I surfactante.
surface-barrier diode I diodo de barrera de superficie.
surface-cooled motor I motor con enfriamiento natural.
surface-roughness gage I galga para medir la rugosidad superficial.
surface-runoff hydrograph I hidrograma de escorrentia superficial.
surface-set bit I trépano con diamantes engastados en la superficie (sondeos).
surfacing I alisamiento, aplanamiento I revestimiento I movimiento de avance transversal (máquina herramienta).
surfacing gear I mecanismo de avance transversal (torno).
surfacing machine I desbastadora I alisadora.
surfacing screw I husillo de avance transversal.
surge I corriente transitoria anormal I onda errante (electricidad) I pulsación, sobretensión transitoria, sobrevoltaje momentáneo I onda de impulso, onda irruptiva I sobrecarga.
surge absorber I amortiguador de ondas vagabundas.
surge arrester I disipador de sobrevoltajes.
surge chamber I cámara de carga, cámara de equilibrio (hidráulica).
surge current I corriente inicial.
surge damper I compensador I amortiguador de las oscilaciones.
surge diverter I disipador de sobrevoltajes.
surge generator I generador de impulsos.

surge impedance I impedancia de sobrevoltaje, impedancia impulsiva.

surge line I línea de rotura del flujo.

surge relay I relé de máxima, relé de sobrevoltaje.

surge suppressor I eliminador de sobrevoltaje.

surge testing I prueba por impulsos I pruebas con ondas de choque.

surge valve I válvula de alivio de sobrepresión.

surge voltage I voltaje de choque.

surgeproof I a prueba de sobretensiones I prueba de sobrevoltaje.

surging I decrecimiento brusco de la presión I pulsación transitoria, penduleo del flujo (compresores) I sobrevoltaje, sobretensión transitoria.

surveillance I vigilancia.

surveillance radar I radar de vigilancia.

surveillance satellite I satélite de vigilancia.

surveillance-radar antenna I antena de radar de exploración.

survey I medición I peritaje I reconocimiento, inspección I topografía I levantamiento de planos.

survey foot I pie topográfico.

survey plane I avión de reconocimiento.

survey ship I buque hidrográfico.

surveying I agrimensura I levantamiento de planos I peritación I topografía.

surveying altimeter I altímetro de agrimensor I altímetro topográfico.

surveying chain I cadena de agrimensor.

surveying compass I brújula topográfica.

surveying operation I levantamiento de planos.

surveying rod I jalón (agrimensura).

surveying sextant I sextante topográfico.

surveyors' transit I teodolito de brújula.

suspended catalyst I catalizador en suspensión.

suspended cradle I guíndola.

suspended frame weir I vertedero de compuertas Stoney (presas).

suspended joint I junta en voladizo.

suspended water I agua freática, agua colgada (geología).

suspension cable I cable portante.

suspensión clamp I grifa de suspensión.

suspension hanger I biela de suspensión.

suspension insulator I aislador de suspensión.

suspension rod I biela de suspensión.

suspension wire I cable de suspensión (telecomunicación).

sustained start I arranque sostenido (temporizador).

sustained wave I onda sostenida.

sustaining current I corriente de mantenimiento.

sustaining voltage I tensión de mantenimiento.

swab I limpiatubos (sondeos) I pistón de achique (pozos entubados).

swab (to) I pistonear (sondeos).

swabbing I pistoneo.

swage I estampa (de forja) I matriz.

swage anvil I yunque de estampar.

swage (to) I recalcar I forjar con estampa I estampar en caliente.

swaging I estampado, embutición.

swaging hammer I martillo de recalcar I martillo para estampado.

swaging machine I prensa de estampas.

swamping load I carga disipadora (radio).

swamping resistor I resistencia de estabilización.

swap I sustitución (de programas) I intercambio.

swap in I introducción en memoria central (informática).

swap out I salida de la memoria (informática).

swap (to) I permutar I intercambiar I descargar y elevar a la memoria (informática).

swapping I intercambio de memorias I reemplazo (programa).

swartzite I esvarcita.

swashplate I placa motriz, plato oscilante (máquinas).

sway I oscilación I vibración, sacudimiento, deformación transversal (estructuras).

sway (to) I balancear, oscilar.

sweat I exudación I condensación.

sweat cooled nozzle I tobera enfriada por sudación.

sweat cooling I enfriamiento por condensación superficial.

sweat (to) I zunchar en caliente I soldar con estaño.

sweated joint I junta soldada con estaño.

sweating I condensación (tuberías) I estañosoldadura.

swedged nipple I conectador de reducción, conectador reductor I manguito de reducción (mecánica).

sweep I reja excavadora I barrido electrónico I alcance, extensión I carrera (pieza de máquina) I lira (tornos) I terraja I desviación vertical de laminación.

sweep amplifier I amplificador de barrido.

sweep circuit I circuito barredor.

sweep frequency I frecuencia de barrido.

sweep interference I interferencia de exploración (televisión).

sweep jamming | interferencia por barrido.
sweep load | línea de retardo (TV).
sweep magnifier | ampliador de barrido.
sweep oscillator | oscilador explorador.
sweep speed | velocidad de barrido.
sweep (to) | rastrear (minas explosivas) | aterrajar (moldería) | explorar (radar, TV).
sweep voltage | voltaje de barrido.
sweeping | barrido | dragado (hidrografía) | exploración (radar, asdic).
sweeping coil | bobina desviadora.
sweeping receiver | receptor de barrido.
sweet | desazufrado (petróleo).
sweet crude | crudo con poco azufre (petróleos).
sweet oil | petróleo dulce.
sweeten the melt (to) | desazufrar la colada (metalurgia).
sweeten (to) | desazufrar (petróleo).
sweetening | desmercaptanización | desulfuración.
swell | ondulación del terreno | prominencia | oleaje | marejada | cáncamo de mar.
swept | barrido.
swept area | zona barrida.
swept cantilever | voladizo en flecha (aeroelasticidad).
swept gain | control diferencial de ganancia (radar).
swept gain generator | generador de ganancia de barrido (radar).
swept oscillator | oscilador con barrido de frecuencia.
swept volume | volumen desplazado.
sweptback | ala en flecha.
sweptback airplane | avión de alas en flecha.
swept-blade rotor | rotor con paletas en flecha.
sweptwing | ala en flecha, ala inclinada hacia atrás (aviones).
swimming pool reactor | reactor nuclear con defensa de radiaciones por agua en una piscina.
swing | balanceo, diámetro máximo admisible (tornos) | tren de engranajes | oscilación | amplitud (oscilaciones) | desviación de la aguja.
swing bolster | balancín, traviesa oscilante (bogie de locomotora).
swing bolt | perno articulado, perno de charnela.
swing bridge | puente giratorio.
swing circuit | circuito oscilante.
swing coil | bobina movil.
swing crosscut saw | sierra de balancín para trocear.

swing grinder | muela con bastidor pendular.
swing hammer crusher | machacadora de martillos oscilantes.
swing joint | junta articulada.
swing line | cable de maniobra.
swing link | eslabón pivotante.
swing (to) | oscilar | balancear.
swing valve | válvula de charnela.
swinger | mecanismo de giro (brazo grúa).
swinging | fluctuación de frecuencia | debilitamiento auditivo | rotación | viraje | oscilación | pendulación | balanceo | borneo (buques).
swinging arm | brazo giratorio.
swinging choke | bobina de reactancia de hierro saturado, reactancia de acoplamiento.
swinging circle | círculo de rotación (grúas).
swinging gear | mecanismo de giro.
swinging of compass | compensación de la brújula.
swinging sieve | criba oscilante.
swinging valve | distribuidor oscilante (máquinas vapor).
swingle | espadadora, espadilladora.
swingle (to) | espadillar.
swingle-bar | balancín.
swirl | remolino | turbulencia.
swirl combustion chamber | cámara de combustión turbulenta (motores).
swirl vane | álabe turbulento.
swirling flow | flujo turbulento.
switch | commutador | interruptor (electricidad) | seccionador (electricidad) | toma de corriente | cambio de vía | aguja de cambio (ferrocarril).
switch blade | aguja de cambio (ferrocarril).
switch cam | leva de interruptor (teleimpresor).
switch clock | reloj interruptor.
switch cutout | interruptor (electricidad).
switch hook | gancho conmutador.
switch in (to) | encender (electricidad) | conectar.
switch lever | palanca de maniobra (ferrocarril) | palanca del interruptor (electricidad).
switch matrix | matriz de conmutación (electrónica).
switch off (to) | desconectar, cortar la corriente.
switch on (to) | conectar | enchufar | dar corriente.
switch out (to) | desconectar.
switch over transformer | transformador de relación regulable.
switch over-travel | sobrecarrera de conmutador.

switch point I punta de la aguja (ferrocarril) I punto de interruptor.

switch position I posición de acoplamiento, posición de conmutación.

switch rail I carril de cambio, carril de aguja (ferrocarril).

switch rheostat I reóstato de conmutador (electricidad).

switch room I sala de distribución I sala de conmutación.

switch starter I interruptor de arranque (electricidad).

switch tie I traviesa de cambio (ferrocarril).

switch (to) I conmutar (electricidad).

switch track I vía de cambio.

switch valve I válvula de tres vías.

switchboard I panel de conmutación I tablero de control I cuadro de distribución (electricidad) I centralita (telecomunicaciones).

switchboard cable I cable cinta (telecomunicaciones).

switchbox I caja de distribución (electricidad) I caja de maniobra de las agujas (ferrocarriles).

switched I conectado.

switched connection I conexión por conmutación.

switched link I enlace con conmutación (telecomunicaciones).

switched network I red conmutada.

switched off I desconectado.

switched on I conectado.

switched out I desconectado.

switched telephone network I red telefónica de conmutación.

switcher I interruptor.

switching I derivación I conexión I interconexión I desviación (ferrocarril) I conmutación, disyunción (electricidad).

switching apparatus I aparato de maniobra I conmutador.

switching center I centro de distribución.

switching central I central de conmutación (telecomunicación).

switching circuit I circuito de conmutación I circuito selector.

switching device I órgano de conexión (telefonía).

switching diode I diodo interruptor I diodo de conmutación.

switching equipment I equipo de conmutación (electricidad).

switching flux I flujo de conmutación.

switching function I función lógica (informática) I función conmutante.

switching gate I puerta de conmutación (circuito electrónico).

switching matrix I matriz de conmutación (telefonía).

switching network I red de conmutación (electricidad).

switching off I desconexión I apertura de un circuito (electricidad).

switching on I conexión I cierre de un circuito (electricidad).

switching pad I atenuador de conmutación.

switching panel I cuadro de conmutación I panel de conmutación.

switching pilot I onda piloto de conmutación I señal auxiliar de conmutación.

switching rack I bastidor de conmutación.

switching reactor I reactor conmutador.

switching relay I relé de conmutación.

switching signal I señal de conmutación.

switching stage I paso de conmutación.

switching station I centro de conmutación.

switching surge I sobrevoltaje de desconexión (electricidad) I sobrevoltaje de conmutación.

switching system I sistema de conmutación.

switching time I tiempo de conmutación.

switching torque I par mínimo.

switching transistor I transistor de conmutación.

switching tube I válvula de conmutación I tubo de conmutación.

switching valve I válvula de conmutación.

switching waveform I onda de conmutación.

switching-selector repeater I selector repetidor de conmutación.

switch-lock I cerrojo de bloqueo (cambio de vía).

switchplate I placa de interruptor (electricidad) I placa de maniobra (ferrocarril).

swivel I pivote I rótula I eslabón giratorio.

swivel bearing I cojinete esférico I soporte basculante, soporte de rótula I cojinete de rótula.

swivel bolt I perno de cáncamo.

swivel coupling I acoplamiento oscilante.

swivel hanger I soporte basculante.

swivel head I cabezal orientable I cabezal giratorio.

swivel jaw I mordaza giratoria.

swivel joint I rótula I junta de rótula.

swivel lever I palanca oscilante.

swivel link I eslabón giratorio.

swivel mechanism I mecanismo giratorio.

swivel pin I pivote del muñón I muñón de articulación.

swivel (to) I girar I pivotear.

swiveling | movimiento giratorio | pivotación | giro.

swiveling airscrew | hélice cardán (aviones).

swiveling bogie | bogie pivotante.

swiveling nozzle | tobera giratoria.

swiveling slide | carro giratorio de torno.

sylvanite | telururo de oro y plata (minería).

sylvatron | silvatrón.

sylvester | mecanismo para recuperación de estemples (minas).

symbol | símbolo.

symbolic address | dirección simbólica (informática).

symbolic code | código de instrucción | código simbólico.

symbolic coding | codificación de lenguaje simbólico (informática).

symbolic programing | programación simbólica (informática).

symmetric pair | par simétrico (telecomunicación).

symmetrical arrangement | montaje simétrico.

symmetrical cable | cable simétrico (telecomunicaciones).

symmetrical channel | canal simétrico.

symmetrical fold | pliegue simétrico.

symmetrical lens | objetivo simétrico.

symmetrical RMS current | corriente eficaz simétrica.

symmetrical transducer | transductor simétrico.

symmetrical varistor | varistor simétrico.

symmetrize (to) | simetrizar.

symmetry | simetría.

symmetry plane | plano de simetría.

symmetry point | punto de simetría (aerofotografía).

symmetry test | prueba de simetría.

sympathetic explosion | explosión por simpatía.

sync | sincronización.

sync amplifier | amplificador de sincronización.

sync generator | generador sincrónico.

sync level | nivel de sincronización.

sync pulse | señal de sincronización.

sync signal | señal de sincronización.

sync tip | cresta de sincronismo (TV).

synchro | sincronizador | servosincronizador automático | sincro, aparato para transmitir información angular convirtiendo el movimiento mecánico en información eléctrica.

synchro angle | ángulo del sincro.

synchro motor | sincromotor.

synchro repeater | repetidor síncrono.

synchro system | sistema síncrono.

synchro unit | dispositivo sincrónico.

synchrodyne | sincrodino.

synchrogenerator | sincrogenerador.

synchroguide | sincroguía | guía de sincronización.

synchromesh | cambio sincronizado.

synchromesh gearbox | caja de cambios sincronizada.

synchromesh transmission | transmisión sincronizada.

synchrometer | sincrómetro.

synchronism | sincronismo.

synchronism indicator | indicador de sincronismo.

synchronization | sincronización.

synchronization pattern | patrón de sincronización.

synchronization pulse | impulso de sincronización.

synchronization signal | señal de sincronización.

synchronized check | verificación sincronizada.

synchronized clutch | embrague sincronizado.

synchronized condenser | condensador sincronizado.

synchronized sweep | barrido sincronizado.

synchronized timing | reglaje sincronizado.

synchronizer | sincronizador.

synchronizing band | banda sincronizadora.

synchronizing circuit | circuito sincronizador.

synchronizing current | corriente de sincronización.

synchronizing gear | mecanismo de sincronización.

synchronizing pilot | señal auxiliar de sincronización.

synchronizing relay | relé sincronizador.

synchronizing separator | separador de amplitud.

synchronizing signal | señal de sincronización.

synchronizing switch | interruptor sincronizador.

synchronometer | sincronómetro.

synchronoscope | sincronoscopio.

synchronous | síncrono.

synchronous alternator | alternador síncrono.

synchronous booster | elevador de voltaje síncrono.

synchronous capacitor | condensador sincrónico.

synchronous clock | reloj sincrónico.

synchronous computer | ordenador sincrónico.

synchronous converter | conmutatriz síncrona (electricidad) | convertidor síncrono.
synchronous detection | detección sincrónica.
synchronous generator | alternador (electricidad).
synchronous inverter | convertidor síncrono.
synchronous machine | máquina sincrónica (electricidad).
synchronous motor | motor sincrónico.
synchronous reactance | reactancia síncrona.
synchronous rectifier | rectificador sincrónico.
synchronous repeater | repetidor síncrono.
synchronous satellite | satélite geoestacionario, satélite síncrono.
synchronous scanning | exploración sincrónica.
synchronous shift register | registro de desplazamiento síncrono.
synchronous switch | conmutador sincrónico.
synchronous timer | cronómetro sincrónico.
synchronous torque | par torsor síncrono.
synchronous voltage | tensión sincrónica.
synchronous working | funcionamiento sincrónico.
synchrony | sincronía.
synchrophasotron | sincrofasotrón.
synchrophone | sincrófono.
synchroscope | sincroscopio.
synchro-shutter | obturador sincrónico.
synchrotransmitter | sincrotransmisor.
synchrotron | sincrotrón.
synclinal axis | eje sinclinal.
synclinal flexure | pliegue sinclinal (geología).
syncline | sinclinal (geología).
synergetic | sinergético.
synergetic effect | efecto sinergético.
synergistic | sinergístico.
synergistic effect | efecto sinérgico.
synodical | sinódico.
synoptic | sinóptico.
synoptic chart | carta sinóptica.
synoptic climatology | climatología sinóptica.
synoptic code | clave sinóptica (meteorología).
synoptic meteorology | meteorología sinóptica.
synthetic | sintético.
synthetic atmosphere | atmósfera artificial (tratamientos).
synthetic circuit | circuito sintético.
synthetic oil | petróleo sintético.
synthetic piezoelectric crystal | cristal piezoeléctrico sintético.
synthetic resin | resina sintética.
synthetic trainer | simulador de vuelos.
syntonize (to) | sintonizar.
syntonizer | sintonizador.

syntonizing coil | bobina de sintonización.
syntonizing inductance | inductancia de sintonización.
syphon | sifón.
syphon turbine | turbina aspirante.
system | sistema | mecanismo | dispositivo | instalación.
system analysis | análisis de sistema (informática).
system chart | diagrama de sistema.
system communication area | área de comunicación del sistema.
system compatibility | compatibilidad de sistemas.
system control area | área de control del sistema operativo.
system control lenguage | lenguaje de control de sistemas.
system design | diseño de sistemas.
system engineering | ingeniería de sistemas (informática).
system flowchart | organigrama de sistemas.
system instability | inestabilidad del sistema.
system linearity | linealidad del sistema.
system load factor | factor de carga de la red de energía.
system loader | cargador del sistema.
system log device | dispositivo de registro del sistema.
system loss | atenuación del sistema.
system maintenance | mantenimiento de un sistema.
system of pipes | canalización.
system of waveguides | sistema de guías de ondas.
system output printer | impresora de salida del sistema (informática).
system output unit | unidad de salida del sistema.
system power factor | factor de potencia de la red eléctrica.
system programming language | lenguaje de programación de sistemas.
system reserve | reserva de la red, reserva disponible de energía (electricidad).
system resource | recurso del sistema (informática).
system shutdown | apagado del sistema.
systematic | sistemático.
systematic error checking | verificación sistemática de errores (informática).
systems language | lenguaje de sistemas (informática).
systems programming | programación de sistemas (informática).

T

T beam | viga de T sencilla.

T bevel | falsa escuadra en T.

T bulb | hierro en T con nervio.

T joint | derivación (electricidad).

T M wave | onda TM.

T network | red en T (electricidad) | circuito en T (telecomunicaciones).

T pad | atenuador en T.

T T T curve | curva de transformación isotérmica (metalurgia).

T.R. cavity | cavidad TR.

T.R. switch | interruptor TR | conmutador de transmisión-recepción.

T.R. tube | válvula de transmisión-recepción.

T.V. cable system | sistema de TV por cable.

T.V. recording | grabación de televisión.

T.V. relay station | estación de enlace de televisión | repetidor de televisión.

tab | aleta compensadora articulada (aeronáutica) | tabulación.

tab key | tecla para tabular.

tab set | posicionamiento del tabulador.

tab setting | fijación de las tabulaciones.

table | tabla de datos (informática) | cuadro | tabla | listado.

table classifier | mesa de concentración (preparación minerales).

table cut diamond | diamante tallado en tabla | diamante tabla.

table of fits | tabla de tolerancias de ajuste.

table of frequency tolerances | cuadro de las tolerancias de frecuencia.

table of unit | cuadro de unidades.

table saw | sierra de mesa.

table (to) | tabular | catalogar.

tabling | tabulación | ensambladura, tratamiento sobre mesas oscilantes (minerales).

tabular | tabular.

tabulate (to) | tabular.

tabulated log | registro tabulado.

tabulating card | tarjeta de tabulación (informática).

tabulation | tabulación.

tabulation of data | tabulación de datos.

tabulator | tabulador.

tachometer | cuentavueltas | taquímetro (topografía) | tacómetro.

tachometer measurement | medida tacométrica.

tachometry | tacometría.

tachymeter | contador de revoluciones | taquímetro (topografía).

tachymetric survey | levantamiento taquimétrico.

tacitron | tacitrón.

tack | tachuela | punto de soldadura | amura | bordada | virada por avante.

tack (to) | amurar | virar por avante | voltejear (buques), apuntar con soldadura | soldar por puntos.

tack weld | soldadura por puntos.

tackle | polipasto | torno de extracción, aparejo.

tackweld (to) | soldar por puntos.

tacky | viscoso | adherente.

taconite | taconita (minería).

tactical | táctico.

tactical air navigation (tacan) | tacan (sistema táctico de navegación aérea).

tactical air operations center | centro operacional aerotáctico.

tactical control radar | radar de control táctico.

tactical map | mapa táctico.

tactical radar | radar táctico.

tag | etiqueta | marbete | borne (electricidad).

tag board | cuadro repartidor (electricidad).

tag strip | regleta de conexiones.

tag (to) | marcar | marbetear | radioisotopizar.

tagged | marcado | radioisotopizado.

tagged atom | átomo marcado | átomo de un trazador isotópico.

tagging | marcaje | marbeteado de los conductores de un cable multifilar | conificación de la extremidad (tubos o redondos).

tail | cola (aviones) | derivación (electricidad, tuberías) | persistencia del eco (radar) | cola de impulso.

tail board | cola de la matriz (estereotipia).

tail boom | vigueta de enlace | larguero de cola.

tail circuit | circuito de extensión (telegrafía).

tail cone | cono de la exhaustación.

tail drag | fuselaje de anclaje.

tail fin | plano de deriva de cola (aviones).

tail outrigger | viga de unión (aviones).

tail plane | plano fijo horizontal | plano de cola.

tail post | codaste.

tail pulley | polea de retorno.

tail rotor | rotor de cola, rotor antipar (helicópteros).

tail rotor drive shaft | transmisión de rotor trasero.

tail rotor gearbox | caja de transmisión trasera.

tail sheave | polea de retorno.

tail sitter aircraft | avión de despegue vertical.

tail skid | patín de cola (aviación).

tail slide | contrapunto (tornos).

tail transistor | transistor de cola.

tail warning radar | radar de cola para combate.

tail water course | canal de descarga.

tail wave | onda posterior (aviones).

tail-cap antenna | antena colocada en la extremidad de la cola (aviones).

tail-down landing | aterrizaje con la cola baja, aterrizaje con el morro levantado.

tail-drain | dren colector.

tailed aeroplane | aeroplano con empenaje.

tail-erosion | erosión en el canal de salida (turbina).

tailgate | compuerta de cola (esclusas).

tailing | persistencia (tubo rayos catódicos) | prolongación excesiva de la amortiguación de una señal.

tailings | residuos (refino del petróleo) | desechos (minas) | ganga (de mineral) | barros obtenidos durante el beneficio del oro | estériles finos, relaves (minería).

taillight | luz trasera.

tailpipe | tubo de aspiración (bombas) | tubo barométrico (instrumento) | tubo de exhaustación (motores) | tubo de cola | tubo de escape.

tailshaft drawing | extracción del eje de cola (buques).

tailstock | cabezal móvil (tornos) | contrapunto (tornos).

tailtrack | pista de rodaje (aeropuertos).

tailwater | agua de descarga.

tailwater course | canal de descarga (turbinas).

take | toma.

take a bearing (to) | tomar una marcación | radiomarcar (aviónica).

take off (to) | despegar (aviones).

takeoff | toma (electricidad) | supresión de la portadora de sonido (TV) | despegue (aviación).

takeoff angle indicator | indicador de ángulo de despegue.

takeoff area | zona de despegue (aviación).

takeoff bogie | bogie de despegue (aviones).

takeoff circuit | circuito de derivación.

take-off clearance | autorización de despegue.

take-off path | trayectoria de despegue (aeronáutica).

takeoff point | punto de derivación (tuberías).

takeoff power | potencia en el despegue.

takeoff rocket | cohete de despegue.

take-off runway | pista de despegue.

takeoff speed | velocidad de despegue.

takeup | tensor, curso de reglaje | cojinete ajustable.

takeup disc | disco tensor.

takeup drum | tambor arrollador.

takeup reel | bobina receptora, bobina enrolladora.

takeup roll | rodillo regulador del avance.

takeup screw | tornillo tensor.

taking-in roller | rodillo de arrastre, cilindro de arrastre, cilindro de introducción.

talbot | talbot (unidad de energía luminosa).

talc | talco.

talk | emisión hablada (TV-radio) | conferencia (telefonía).

talkback | interfono de órdenes | transmisor de órdenes.

talkback circuit | circuito de intercomunicación.

talking battery | batería telefónica.

talking beacon | radiofaro direccional acústico.

talking circuit | circuito de conversación (telecomunicaciones).

talking radio beacon | radiofaro de modulación acústica.

tallate | talato (química).

tally | compilación de datos | cómputo.

tally light | luz de aviso.

tally pin | aguja de medición (topografía).

tally (to) | ajustar | cuadrar | registrar | codificar.

tamp (to) | apisonar | batear traviesas.

tamper | reflector de bomba (nuclear) | bateadora (ferrocarril) | reflector (reactor nuclear).

tamping | apisonamiento | atraque (barrenos).

tamping roller | apisonadora | rulo apisonador.

tandem | tándem | en serie (electricidad).

tandem area | red suburbana (telefonía).

tandem central office | central de tránsito (telefonía).

tandem circuit | circuito en serie (electricidad).

tandem connection | conexión en cascada (motores) | conexión en serie (electricidad).

tandem exchange | central telefónica intermedia.

tandem mill | tren continuo de chapa.

tandem network | cuadripolo en cascada.

tandem operation | explotación en serie (telefonía).

tandem plate mill | tren continuo de chapa.

tandem riveted | remachado en cadena.

tandem roughing mill I tren continuo desbastador.

tandem working I explotación en serie (telefonía).

tandem-mounted I montado en tándem I en serie (electricidad).

tangent I tangente.

tangent bender I máquina de curvar tangente.

tangent galvanometer I galvanómetro de tangentes.

tangent welding I soldadura tangencial.

tangential acceleration I aceleración tangencial.

tangential feeding I avance tangencial.

tangential focus I foco tangencial (óptica).

tangential force I fuerza tangencial.

tangential projection I proyección tangencial (radiología).

tangential stress I esfuerzo tangencial.

tangential wave path I camino tangencial de una onda.

tangential wheel I turbina de libre desviación.

tangled dislocation I dislocación confusa (metalografía).

tank I cabina insonora I cuba I cubeta I depósito I cisterna I tanque I cuba (transformador eléctrico) I ténder de locomotora I carro de combate.

tank circuit I circuito tanque I circuito resonante paralelo I circuito de absorción, circuito antirresonante (radio).

tank coil I bobina de tanque.

tank cooling I refrigeración por circuito cerrado.

tank engine I locomotora ténder.

tank gage I indicador de nivel.

tank periscope I periscopio para tanque.

tank reactor I reactor de depósito.

tank truck I camión cisterna I vagón cisterna.

tank vessel I buque cisterna.

tankage I tancaje I capacidad de un tanque.

tanker I buque cisterna I barco cisterna I petrolero.

tanker wagon I vagón cisterna.

tankette I tanqueta.

tankship I buque petrolero.

tank-sounding tube I tubo para sondeo de tanques.

tanktainer I contenedor-tanque.

tannic acid I ácido tánico.

tantalate I tantalato.

tantalic ocher I óxido de tántalo.

tantalum I tantalio (Ta).

tantalum detector I detector de tántalo.

tantalum rectifier I rectificador de tantalio.

tantalum tetroxide I tetróxido de tántalo.

tap I canilla I espita I grifo I derivación I bifurcación I enchufe I tomacorriente I macho de roscar I sangría.

tap and reamer cutter I fresa para machos de roscar y escariadores.

tap bolt I tirafondo.

tap box I caja de derivación.

tap brazing I soldadura por superposición.

tap changer I conmutador de tomas I cambiador de derivación I cambiador de toma (electricidad).

tap circuit I derivación.

tap connector I conector de derivación (electricidad).

tap crystal I cristal de toque (electrónica).

tap drill I broca para extraer machos rotos I taladradora con macho de roscar I macho de perforación (pozos).

tap funnel I embudo con llave (química).

tap joint I empalme de derivación (electricidad).

tap lead I hilo de derivación (devanados).

tap off (to) I bifurcar I derivar I tomar.

tap splice I empalme de derivación.

tap switch I interruptor de contacto I conmutador de derivaciones I conmutador de tomas (electricidad).

tap (to) I conectar I tomar I bifurcar I aterrajar I roscar con macho I derivar (electricidad) I perforar.

tape I cinta magnetofónica I cinta magnética.

tape alignment I cinta de alineación.

tape channel I canal de cinta (informática).

tape code I código de cinta.

tape feed I alimentador de cinta.

tape file I fichero en cinta.

tape head I cabeza magnética I cabeza lectora (informática).

tape leader I cinta guía.

tape loop I cinta continua.

tape machine I magnetófono.

tape mark I marca de cinta.

tape measure I cinta métrica.

tape memory I memoria de cinta.

tape player I lector de cinta magnética I reproductor de cinta.

tape printer I teletipo.

tape punch I perforadora de cinta (informática).

tape reader I lector de cinta perforada I lectora de cinta.

tape record I registro en cinta magnética.

tape recorder I magnetófono I registrador de cinta.

tape reel I bobina.

tape relay network | red de retransmisión por cintas.

tape scanner | explorador de cinta (informática).

tape speed | velocidad de la cinta | avance de la cinta.

tape splice | empalme de cinta.

tape table | mesa de la cinta (informática).

tape (to) | registrar sobre cinta | medir con cinta (topográfica) | grabar una cinta.

tape transmitter | transmisor de cinta perforada (telegrafía).

tape transport | transportadora de cinta.

tape transport mechanism | mecanismo de transporte de cinta.

tape unit | unidad de cinta (informática).

tape verifier | verificador de cinta.

tape-cassette recorder/player | grabadora reproductora de casete de cinta.

tape-curvature | curvatura de la cinta (grabación).

taped | encintado (cables).

taped program | programa registrado en cinta magnética (TV-radio).

taped wire | hilo encintado (electricidad).

tape-driven | accionado por cinta magnética.

taper | guía de ondas apuntada | guía de ondas fusiforme | inclinación | chaflán | llave de cortocircuitar | repartición de la resistencia | contactor (radio).

taper elbow | codo reductor (tuberías).

taper gage | calibrador de conificación, calibre para verificar la conicidad.

taper key | chaveta trapecial | llave de cuña.

taper mandrel | mandril cónico (torno).

taper pin | pasador cónico.

taper reamer | escariador cónico.

taper set | calibrador de espesor (sierras) | calibrador de grueso.

taper shank | espiga cónica (herramienta).

taper square shank drill | broca de espiga piramidal.

taper tap | macho roscador cónico, macho desbastador.

taper thread | rosca cónica.

taper (to) | achaflanar, conificar | graduar.

taper washer | arandela en cuña.

taper winding | devanado cónico.

tape-record (to) | registrar en cinta magnetofónica.

tapered | aguzado | afilado | ahusado | cónico | inclinado | graduado.

tapered arbor | eje cónico.

tapered cotter | chaveta cónica.

tapered elliptical piston | pistón conicoelíptico.

tapered indentation | indentación cónica.

tapered pipeline | oleoducto de disminución gradual.

tapered plug | macho cónico (grifos).

tapered shaft | eje cónico.

tapered transition | transición gradual (ondas).

tapered wavegide | guiaondas ahusado.

tapered wheel | muela cónica.

tapered wing | ala trapezoidal (en proyección horizontal).

tapered-face-milling cutter | fresa de refrentar cónica.

tapering | afinamiento progresivo, ahusamiento | conificación | variación gradual.

taper-rolling bearing | rodamiento de rodillos cónicos.

tapewriter | impresor en cinta (telégrafo).

taphole | agujero de colada, piquera | orificio de colada (metalurgia).

taphole clay | arcilla para piquera (alto horno).

tapoff | bifurcación | derivación.

tapped | bifurcado | derivado, aterrajado.

tapped circuit | circuito con derivaciones (tomas).

tapped condenser | condensador múltiple.

tapped control | control gradual.

tapped inductance | inductancia con tomas intermedias.

tapped potentiometer | potenciómetro con tomas.

tapped resistance | resistencia derivada.

tapped resistor | resistencia con tomas (electricidad).

tapper | manipulador, transmisor | terrajadora.

tapper tap | macho aterrajador.

tappered potentiometer | potenciómetro de varias tomas.

tappet | impulsor | tope de empuje, empujaválvula | balancín (motores) | excéntrica, leva.

tappet aiming screw | tornillo de regulación del empujaválvula.

tappet clearance | huelgo del empujaválvula | juego de válvulas.

tappet gear | mando de levas.

tappet motion | mecanismo de distribución por impulsor.

tappet shaft | eje de levas.

tapping | colada de metal fundido | roscadura con macho | conexión intermedia | toma intermedia | ramificación (electricidad), derivación | acometida (electricidad) | toma | colada, sangría (fundición) | derivación eléctrica.

tapping interval | intervalo entre sangrías (alto horno).

tapping key | llave de lengüeta (electricidad).

tapping launder I reguero de colada.

tapping machine I aterrajadora.

tapping point I punto de bifurcación I toma de corriente.

tapping process I marcha continua (electro-horno).

tapping rod I barra de sangrar.

tapping screw I tornillo roscador.

tapping shoot I canal de colada (cubilote).

tapping slag I escoria de colada.

tappings I escoria final (pudelado).

tar I alquitrán I brea.

tar acid I ácido de alquitrán.

tar coefficient I proporción de alquitrán (lubricantes).

tar distillate I destilado de alquitrán.

tar oil impregnation I impregnación con creosota.

tar pitch I pez de alquitrán.

tar spreader I alquitranadora.

tar (to) I alquitranar I embrear.

tar-bitumen mixture I mezcla de alquitrán-betún.

tare I merma I tara I peso en vacío.

tare effect I efecto de tara (mecánica de fluidos).

tare weight I taraje, peso de tara.

tared filter I filtro tarado (química).

target I punto visado (topografía) I blanco I objetivo I punto de referencia.

target acquisition I busca del objetivo, busca del blanco (radar).

target angle I ángulo de foco (radiología).

target area I zona del objetivo I zona del blanco.

target chamber I cámara de bombardeo (radiactividad).

target chart I carta de objetivos (aviación).

target configuration I configuración de ejecución (informática).

target cutoff voltage I voltaje de corte del blanco.

target echo I eco de blanco.

target fade I desvanecimiento del blanco (radar).

target language I lenguaje absoluto (informática) I lenguaje traducido (informática).

target offset I paralaje del blanco (artillería).

target pickup I detección de un blanco (radarsonar).

target radio direction finder I radiogoniometro (meteorología).

target scintillation I centelleo (radar).

target search radar I radar de detección.

target signal I señal de blanco (electrónica).

target voltage I tensión del blanco (tubo toma-vista).

tarred I creosotado I embreado I alquitranado.

tarring I alquitranamiento.

tarry I parada momentánea (máquinas-herramientas) I bituminoso I alquitranoso.

tartaric acid I ácido tartárico.

tartrate I tartrato.

tasimeter I tasímetro, termómetro de presión.

task I tarea, trabajo.

task control block I bloque de datos para control de tareas (informática).

task control table I tabla de control de tareas (informática).

taurine I taurina (química).

taut I tieso I tenso.

taut (to) I tesar.

taut wire I hilo tenso.

tautness-meter I medidor de tensiones de cables y alambres.

taxi I rodaje sobre el suelo por medio de sus motores (aviones).

taxi channel I canal de deslizamiento (hidroaviones).

taxi clearance I autorización para rodar.

taxi light I luz de rodaje.

taxi radar I radar taxi (aeropuerto).

taxi run I carrera rápida de rodaje sobre la pista.

taxi strip I pista de rodaje estrecha (aeropuertos).

taxi time I tiempo de rodaje.

taxi (to) I rodar sobre el suelo (aviones) I deslizarse sobre el agua (hidros).

taxi trial I prueba de rodaje.

taxiing I deslice (hidroaviones) I rodaje (aviones).

taxiway I pista de rodaje, pista de rodadura, pista de circulación (aeropuerto).

tear I desgarradura, rasgadura.

tear gas I gas lacrimógeno.

tear (to) I desgarrar, rasgar.

tearing I rasgadura I perturbación televisora I seccionamiento de la imagen I desgarramiento.

tear-off blade I hoja de corte.

teaser I transformador pequeño.

teaser transformer I transformador de conexión en T.

technetium I tecnecio (elemento químico de número atómico = 43).

technic alloy I aleación técnica (aleación a base de aluminio o cobre con cantidades de estaño, níquel, hierro y plata).

technical I técnico I industrial.

technical assistance (T.A.) I asistencia técnica.

technical control | control técnico.
technical diagnosis system | sistema de diagnosis técnica.
technical landing | escala técnica (aviones).
technical stop | escala técnica (aviones).
technical-coordination circuit | circuito de coordinación técnica (telecomunicaciones).
technics | técnica.
technochemistry | química industrial.
technography | tecnografía.
technological | tecnológico.
technological test | ensayo tecnológico.
technology | tecnología.
tecnetron | tecnetrón (triodo).
tectogenesis | tectogénesis.
tectogenesis and orogeny | tectogénesis y orogénesis.
tectonic | tectónico.
tectonic axes | ejes tectónicos.
tectonic cycle | ciclo tectónico (geología).
tectonic geology | geotectónica.
tectonic strain | tensión tectónica (geología).
tectonics | estructura de la tierra.
tee | tubo en T | viga en T | hierro en T | unión en T | veleta en T | sección en T (guiaondas).
tee adapter | adaptador en T.
tee bulb bar | hierro en T con bulbo.
tee butt joint | junta en T a tope.
tee iron | pletina en T.
tee joint | te de derivación.
tee off (to) | bifurcar, derivar.
tee rail | carril de zapata, carril Vignole.
tee (to) | derivar (circuitos).
tee-bend test | prueba de plegado en T (soldadura).
tee-conduit box | caja de derivación en T.
teed feeder | alimentador múltiple.
teeing off | derivación (electricidad).
teem (to) | colar (funderías) | llenar un molde.
teeming | vaciado, vertimiento del metal fundido | colada desde la cuchara a la lingotera | colada (metalurgia).
tee-shaped beam | viga en T.
tee-tail | empenaje en T (aeronáutica).
tektite | tektita.
teleammeter | teleamperímetro.
teleanastigmat lens | objetivo teleanastigmático.
telecamera | cámara de televisión.
telecast | transmisión televisada | videodifusión | programa de televisión.
telecast (to) | televisar, teledifundir.
telecasting | difusión televisiva.
teleceptor | teleceptor.
telecine | telecine.
telecine projector | proyector de telecine.

teleclinometer | teleclinómetro.
telecobalt unit | unidad de telecobalto (nuclear).
telecommunication cable | cable de telecomunicación.
telecommunication channel | canal de telecomunicación | vía para telecomunicación.
telecommunication circuit | circuito de telecomunicación.
telecommunication engineering | ingeniería de las telecomunicaciones.
telecommunication line | línea de telecomunicación | línea de transmisión.
telecommunication network | red de telecomunicaciones.
telecommunication relay | relé de telecomunicación.
telecommunication satellite | satélite de telecomunicación.
telecommunication service | servicio de telecomunicaciones.
telecommunication system | red de telecomunicaciones | sistema para telecomunicaciones.
telecommunication tower | torre de telecomunicaciones.
telecommunications access method | método de acceso para telecomunicaciones.
telecommunications control unit | unidad de control de telecomunicaciones.
telecommunications relay satellite | satélite repetidor.
telecompass | telebrújula, telecompás.
telecomputer science | teleinformática.
telecomputing | telegestión | telecomputación.
telecommunication log | registro de las telecomunicaciones.
telecommunication traffic | tráfico de telecomunicaciones.
telecommunications acces method | método de acceso a telecomunicaciones.
teleconnection | teleconexión.
telecontrol | control a distancia | telemando.
telecontrol equipment | equipo de telemando.
telecontrol (to) | telecontrolar.
telecord | registro telefonográfico.
telecounting | telecómputo.
telectroscope | teleelectroscopio.
tele-data processing | teleinformática.
teledetection | teledetección.
telediffusion | teledifusión.
teledistribution | televisión por cable.
teledynamic cable | cable teledinámico.
telefacsimile | telefacsímil.
telefax | telefax (facsímil).
telegage | teleindicador.

telegraph I telégrafo.
telegraph bandwidth I anchura de banda telegráfica.
telegraph bias I polarización telegráfica.
telegraph cable I cable telegráfico.
telegraph channel I canal telegráfico.
telegraph circuit I circuito telegráfico.
telegraph code I código telegráfico.
telegraph connection I enlace telegráfico.
telegraph demodulator I demodulador telegráfico.
telegraph distortion I distorsión telegráfica.
telegraph electromagnet I electroimán telegráfico.
telegraph emission I emisión telegráfica.
telegraph exchanges I central telegráfica.
telegraph level I nivel telegráfico.
telegraph link I enlace telegráfico.
telegraph loop I línea telegráfica local.
telegraph network I red telegráfica.
telegraph printer I teleimpresor.
telegraph pulse I impulso telegráfico.
telegraph relay I relé telegráfico.
telegraph repeater I repetidor telegráfico.
telegraph set I instalación telegráfica.
telegraph signal I señal telegráfica.
telegraph signal distortion I distorsión de señal telegráfica.
telegraph signal unit I unidad de señal telegráfica.
telegraph speed I rapidez de modulación telegráfica.
telegraph switchboard I conmutador manual telegráfico.
telegraph system I red telegráfica.
telegraph (to) I telegrafiar.
telegraph transfer I transferencia telegráfica.
telegraph transmitter I transmisor telegráfico.
telegraphic code I código telegráfico.
telegraphic key I clave telegráfica.
telegraph-modulated wave I onda manipulada.
telegraphy I telegrafía.
telegrisoumetry I telegrisumetría.
teleguide (to) I teleguiar.
telehydrograph I telehidrógrafo.
tele-image I imagen de televisión.
teleinformatic I teleinformática.
teleinscriptor I teleinscriptor.
teleirradiation I teleirradiación.
telelectric I teleléctrico I mando electrónico a distancia.
telelens I teleobjetivo.
telemagnetic compass I brújula telemagnética.
telemanometer I telemanómetro.

telematic I transmisión de datos y texto (TV) I telemático.
telemechanism I telemecanismo.
telemeter I telémetro I teleindicador (electricidad).
telemetering I telemetría I telemedida, telemedición I teleindicación (electricidad).
telemetering antenna I antena de telemetría.
telemetering channel I canal de telemedida.
telemetering circuit I circuito de telemedida.
telemetering coder I codificador de telemedida.
telemetering decoder I descodificador de telemedida.
telemetering demodulator I desmodulador de telemedida.
telemetering modulator I modulador de telemedida.
telemetering pickup I transductor de telemedida.
telemetering radiosonde I radiosonda telemedidora.
telemetering record I registro telemétrico.
telemetering sampling I muestreo de telemedida.
telemetering transmitter I transmisor de telemetría.
telemetric I telemétrico.
telemetric data receiving set I equipo receptor de datos telemétricos.
telemetric signal I señal telemétrica.
telemetrograph I telemetrógrafo.
telemetry I telemetría.
telemetry and command equipment I equipo de telemetría y telemando.
telemetry beacon I radiobaliza telemétrica.
telemetry cable I cable telemétrico.
telemetry demodulator I demodulador telemétrico.
telemetry frame I ciclo de telemetría.
telemetry keyer I manipulador de telemedida.
telemetry sender I emisor de telemetría.
telemetry signal I señal de telemedida.
telemetry system I sistema telemétrico.
telemetry, tracking and command system I sistema de telemetría, persecución y mando (aviónica).
telemetry transmitter I transmisor telemedidor.
telemicroscopy I telemicroscopia.
teleobjective I teleobjetivo.
telephone I teléfono.
telephone amplifier I repetidor telefónico.
telephone answerer I contestador telefónico.
telephone answering machine I contestador automático.

telephone broadcasting I radiodifusión telefónica.

telephone cable link I enlace telefónico por cable.

telephone capacitor I condensador telefónico.

telephone carrier current I corriente portadora de teléfono.

telephone channel I canal telefónico.

telephone channel multiplexed I canales telefónicos multiplex.

telephone circuit I circuito telefónico.

telephone circuit by radio I circuito telefónico por radio.

telephone connection I enlace telefónico.

telephone coordinating circuit I circuito de coordinación telefónica.

telephone data set I equipo telefónico para datos.

telephone distress band I banda de auxilio telefónica (radio).

telephone earpiece I auricular telefónico.

telephone equipment I equipo telefónico.

telephone handset I microteléfono.

telephone image I videotelefonía.

telephone line I línea telefónica.

telephone link I enlace telefónico.

telephone message I telefonema.

telephone network I red telefónica.

telephone pickup I captador telefónico.

telephone pickup coil I bobina telefónica.

telephone plug I clavija telefónica.

telephone relay I relé telefónico.

telephone repeater I repetidor telefónico.

telephone switchboard I cuadro de operadora (telefonía) I cuadro de conmutación telefónico I centralita.

telephone switching I conmutación telefónica.

telephone system I red telefónica.

telephone transit circuit I circuito telefónico de tránsito.

telephone translator I translador telefónico.

telephone transmitter I transmisor telefónico.

telephonic circuit I circuito telefónico.

telephonic communication I comunicación telefónica.

telephonic connection I acoplador telefónico.

telephonometer I telefonómetro.

telephonometry I telefonometría.

telephoto I telefoto.

telephoto lens I teleobjetivo.

telephotometer I telefotómetro.

teleprinter I teleimpresor (terminal) I transmisor de textos a distancia I teletipo.

teleprinter code I código télex.

teleprinting I teleimpresión.

teleprocessing I telegestión I teleproceso I teletratamiento.

teleprocessing network I red de teleproceso.

teleprocessing system I sistema de teleproceso.

teleprocessing terminal I terminal de teleproceso.

teleradiography I telerradiografía.

teleran I navegación por televisión y radar I teleradar.

telereceiver I telerreceptor.

telerecorder I telerregistrador I kinescopio.

telerecording I telerregistro.

telerecording equipment I equipo telerregistro.

telerepeating device I mecanismo telerrepetidor.

telescope I telescopio.

telescope cross-lines I retículo del anteojo.

telescope joint I junta telescópica.

telescope polar axis I eje polar del telescopio.

telescopic alidade I alidada telescópica.

telescopic boring I perforación telescópica.

telescopic damper I amortiguador telescópico.

telescopic lens I lente telescópica.

telescopic pipe I tubo telescópico.

telescopic rod I biela telescópica.

telescopic shaft I eje telescópico.

telescopic sight I goniómetro de puntería I mira telescópica I alza telescópica.

telescopic sprayer I pulverizador telescópico.

telescopic staff I mira telescópica.

telescopic tube I tubo telescópico.

telescoping antenna I antena telescópica.

telescoping derrick I torre de extensión (sondeos).

telescopy I telescopia.

telescreen I telepantalla.

teleselector I teleselector.

teleservice I servicio de telecomunicación.

teleswitch I teleconmutador.

teletachometer I teletacómetro.

teletext I teletexto.

telethermograph I teletermógrafo.

telethermometer I teletermómetro.

teletorque I sincro.

teletransmission I teletransmisión.

teletron I teletrón I tubo imagen (TV).

teletype I teletipo.

teletype (to) I teletipar.

teletypesetter I teletipia.

teletypewriter I teleimpresor.

teletypewriter equipment I teletipia.

teletypewriter signal I señal de teleimpresor.

teletypewriter transmitter I transmisor de teleimpresor.

televise (to) I televisar.

televised microscopy | telemicroscopia.
televised picture | imagen televisada.
televising receiver | receptor de televisión.
television | televisión.
television aerial | antena de televisión.
television and radar air navigation (TELE-RAN) | sistema electrónico de navegación aérea (telerán).
television antenna | antena de televisión.
television bandwidth | anchura de banda de televisión.
television broadcasting | radiodifusión televisiva.
television broadcasting station | emisora de televisión.
television camera | cámara de televisión.
television chain | cadena televisiva.
television channel | canal de televisión.
television chart | patrón de prueba de televisión.
television circuit | circuito de televisión.
television connection | enlace de televisión.
television control | regulación por televisión.
television frequency band | banda televisiva de frecuencias.
television link | enlace de televisión.
television magnetic tape recorder | magnetoscopio.
television microscope | microscopio televisivo.
television monitor | monitor de televisión.
television network | red de televisión.
television operating center | centro de explotación de TV.
television optics | óptica de televisión.
television pickup | toma de televisión.
television pickup station | unidad móvil de televisión.
television picture | imagen de televisión.
television picture tube | tubo de rayos catódicos para televisión | tubo de imagen de televisión.
television programme circuit | circuito radiofónico de televisión.
television projector | cámara tomavista televisiva.
television radar navigation | navegación por radar y televisión.
television rebroadcasting | retrasmisión televisiva.
television receiver | receptor televisivo.
television recording | registro de programas de televisión | grabación de televisión.
television relay | relé de televisión.
television relay network | red interurbana de televisión.

television relay service | servicio de retransmisión televisiva.
television relay station | repetidor de televisión.
television repeater | repetidor de televisión.
television satellite | satélite de televisión.
television scanning | exploración de televisión.
television screen | pantalla cinescópica.
television set | estudio de televisión | receptor televisivo.
television signal | señal de televisión.
television sound transmitter | emisor de sonido para televisión.
television sync generator | generador de sincronismo para televisión.
television system converter | convertidor de sistemas de televisión.
television tape machine | magnetoscopio (TV).
television test transmission | emisión de prueba de televisión.
television transcription | transcripción cinescópica.
television transmission | transmisión de imágenes.
television transmitter | transmisor de televisión.
television tube | tubo de rayos catódicos para televisión.
television tuner | sintonizador televisivo.
television waveform | forma de onda de televisión.
televisor | televisor.
televoltmeter | televoltímetro.
telewattmeter | televatímetro.
telewriter | teletranscriptor.
telex | télex.
telex call | comunicación télex.
telex channel | vía télex | canal télex.
telex circuit | circuito télex.
telex communication | comunicación télex.
telex connection | enlace télex.
telex exchange | central télex.
telex link | enlace por teletipo.
telex network | red télex.
telex radio link | enlace télex por radio.
telex route | enlace télex.
telex service | servicio de télex.
telex service signals | señales del servicio télex.
telex switchboard | conmutador télex.
telex system | sistema télex.
telex tape | cinta télex.
telex terminal | terminal télex.
telex transmission | transmisión télex.

telex trunk call I comunicación interurbana télex.
telltale I indicador I dispositivo avisador.
tellurate I telurato.
telluric I telúrico.
telluric current I corriente telúrica.
telluric electricity I electricidad telúrica.
telluric field I campo telúrico.
tellurium I telurio.
tellurometer I telurómetro.
temper I porcentaje de carbono (aceros de herramientas al carbono) I grado de carburación (aceros duros) I estado con acritud por laminado en frío I ductibilidad (bandas de acero).
temper brittleness I fragilidad de temple.
temper carbon I carbono de revenido.
temper hardening I endurecimiento por laminación en frío.
temper mill I laminador endurecedor.
temper rolling I templado por laminación en frío.
temper screw I tornillo regulador, tornillo graduador.
temper (to) I enfriar (un gas) I revenir (aceros) I endurecer por laminación en frío (chapas delgadas) I templar, endurecer (vidrio).
temperature I temperatura.
temperature balance I equilibrio térmico.
temperature compensator I compensador térmico.
temperature conditioning I termoacondicionamiento.
temperature control I control de temperatura.
temperature controller I regulador de temperatura.
temperature correction chart I gráfico de corrección por temperatura.
temperature delay I inercia térmica.
temperature derating I degradación térmica I caída térmica.
temperature detector I termodetector.
temperature drift I deriva térmica.
temperature drop I caída de temperatura.
temperature indicator meter I indicador de temperatura (instrumento).
temperature interval I intervalo de temperatura I histéresis térmica.
temperature inversion I inversión de la temperatura (meteorología).
temperature lag I inercia térmica.
temperature limited diode I diodo saturado.
temperature limiting I limitación por temperatura (cátodo).
temperature operated I termoaccionado.
temperature pickup I captor térmico.

temperature probe I sonda de temperatura.
temperature recorder I termógrafo.
temperature relay I relé térmico, termorrelé.
temperature scale I escala de temperaturas.
temperature selector unit I registro de temperatura.
temperature sensor I termistor.
temperature shock I choque térmico.
temperature-controlled chamber I cámara de temperatura controlada.
temperature-detector coil I bobina termodetectora.
temperature-responsive I termosensible.
temperature-sensing I sensible a la temperatura.
temperature-time curve I curva de enfriamiento.
tempered I atemperado I revenido (aceros).
tempered casting I fundición maleable.
tempered glass I vidrio templado.
tempered martensite I martensita revenida.
tempered scale I escala temperada (acústica).
tempered steel I acero revenido.
temper-embrittled steel I acero fragilizado por revenido.
temper-embrittlement I fragilidad por revenido.
tempering I templado I atemperación I endurecimiento por laminación en frío.
tempering bath I baño de revenido.
tempering heat I temperatura de revenido.
tempering-furnace I horno de templado.
temper-passed steel I acero endurecido por acritud.
template I solera I patrón, calibre I plantilla I modelo I gálibo.
template grinder I muela abrasiva para rectificar plantillas.
template positioning device I dispositivo para posicionar la plantilla.
templet I gálibo I calibre I modelo I patrón I terraja.
templet molding I moldeo con terraja.
temporary magnet I imán inducido.
temporary magnetism I magnetismo pasajero.
temporary set I deformación elástica.
tender I ténder de locomotora.
tender locomotive I locomotora ténder (ferrocarril).
tensile I extensible I traccional.
tensile axis I eje de tracción.
tensile breaking stress I carga de rotura traccional.
tensile deformation I deformación por tracción.

tensile energy load | carga energética de tracción.

tensile impact test | prueba de tracción por choque.

tensile plastic instability | inestabilidad plástica a la tracción.

tensile resilience | resiliencia a la tracción.

tensile strain | deformación por tracción.

tensile strength | resistencia a la tracción.

tensile stress | esfuerzo de tracción.

tensile test | prueba a la tracción.

tensile tester | máquina para pruebas de tracción.

tensimeter | tensímetro.

tension | tensión | presión | voltaje (electricidad).

tension bar | probeta de tensión (química).

tension diagonal | diagonal de tracción (vigas celosía).

tension drop | caída de tensión (electricidad).

tension gear | aparato tensor.

tension load | carga a tracción.

tension member | tirante, tensor.

tension motion | mecanismo tensor.

tension pad | lengüeta tensora (lanzadera).

tension plate | placa de tensión.

tension pulley | polea tensora.

tension roll | rodillo tensor.

tension spring | muelle tensor.

tension tackle | aparejo compensador.

tension test | ensayo de ruptura.

tension transformer | transformador de voltaje.

tension wheel | volante tensor.

tensional | tensional.

tensioner | tensor.

tensioning device | dispositivo tensor.

tensioning head | cabezal tensor.

tensometer | tensímetro.

tephigram | tefigrama (meteorología).

terabyte | un trillón de bytes (unidad de información) | teraocteto (1.000 megaoctetos).

teracurie | teracurie (10^{12} curies).

terahertz | terahertzio.

teratron | teratrón (electrónica).

terawatt | teravatio (electricidad).

terbium | terbio (Tb).

terminal | borna, terminal (electricidad).

terminal block | bloque terminal | tablero de bornas.

terminal board | cuadro de bornas | tablero de bornes.

terminal box | caja de cables (electricidad) | caja de bornas.

terminal bushing | boquilla de borna (transformador).

terminal chamber | caja de empalme (electricidad).

terminal entry | entrada de terminal.

terminal equipment | equipo terminal.

terminal exchange | central terminal.

terminal grid | regleta de bornas, regleta de terminales.

terminal impedance | impedancia en las bornas, impedancia final.

terminal installation | instalación terminal (telecomunicación).

terminal job | trabajo de terminal.

terminal keyboard | teclado de terminal.

terminal line | línea terminal (transmisiones).

terminal lug | contacto.

terminal marking | indicación de polaridad (pilas).

terminal network | red terminal (telégrafos).

terminal operating system | sistema operativo de terminales (informática).

terminal pad | zona terminal (circuitos impresos).

terminal pair | par de terminales.

terminal plate | regleta de bornas (electricidad).

terminal point | punto terminal (circuito).

terminal post | borne.

terminal pressure | presión final | voltaje en las bornas.

terminal repeater | repetidor terminal (comunicaciones).

terminal return loss | pérdida en las bornas finales (circuitos).

terminal rocket | cohete terminal (espacial).

terminal room | sala terminal (telefonía).

terminal screen | pantalla de terminal (monitor).

terminal station | estación terminal (telecomunicación).

terminal strip | regleta de conexiones | bloque de terminales | regleta de terminales | regleta de bornes.

terminal stud | clavija de conexión | borne.

terminal traffic | tráfico terminal (telecomunicaciones).

terminal UHF omnirange | terminal UHF de amplio rango.

terminal unit | unidad terminal (telecomunicación).

terminal valve | válvula terminal.

terminal velocity | velocidad límite | velocidad final | velocidad de llegada (proyectiles).

terminal voltage | tensión entre bornes.

terminal VOR | VOR terminal (radiofaro de aeropuertos).

terminal-lug | orejeta terminal, borna de orejeta.

terminating station | estación de destino (telecomunicación).

termination circuit | circuito de terminación.

termination interface | interfase de terminación (informática).

termination of a block | terminación de un bloque (informática).

termination plug | clavija terminal.

terminus | estación de cabeza de línea, estación terminal (ferrocarril).

termograph | termógrafo (meteorología).

ternary | ternario.

ternary code | código ternario.

ternary sigma phase | fase sigma ternaria (aceros).

ternary solubility diagram | diagrama de solubilidad ternario.

ternary-compound semiconductor system | sistema semiconductor compuesto ternario.

terne | emplomado.

terne coating | inmersión de artículos de acero en un baño fundido de estaño (12 a 40%) y el resto plomo.

terne plate | aleación de plomo con 25% de estaño | chapa emplomada.

terrain following radar | radar topográfico.

terrain-following radar | radar de seguimiento del terreno.

terrestrial biosphere | biosfera terrestre.

terrestrial coordinates | coordenadas geográficas, coordenadas terrestres.

terrestrial ecosystem | ecosistema terrestre.

terrestrial equator | línea equinocial.

terrestrial exosphere | exosfera terrestre.

terrestrial globe | globo terráqueo | esfera terrestre.

terrestrial magnetic field | campo magnético terrestre.

terrestrial pole | polo terrestre.

terrestrial refraction | refracción terrestre (óptica).

terrestrial xenon | xenón terrestre.

tertiary path | trayectoria terciaria (telecomunicación).

tertiary sodium phosphate | fosfato sódico terciario.

tertiary winding | arrollamiento terciario.

test | experimento, prueba.

test aircraft | avión en pruebas.

test battery | batería de pruebas.

test bed | banco de pruebas.

test bench | banco de ensayos | banco de pruebas.

test blocks | bloques de prueba.

test board | cuadro de pruebas.

test boring | sondeo de exploración.

test box | caja de prueba.

test cap | aislador de extremidad del cable.

test cell | espinterómetro (rigidez dieléctrica).

test chamber | cámara de pruebas | cámara de ensayos.

test channel | canal de prueba.

test chart | patrón de ajuste.

test circuit | circuito de prueba.

test code | normas de ensayo.

test coil | bobina exploradora.

test command | mandato de prueba (telecomunicación).

test cylinder | probeta cilíndrica.

test data | datos de la prueba.

test desk | mesa de pruebas.

test flight | vuelo de ensayo | vuelo de comprobación.

test fly | vuelo de pruebas.

test for fitting | prueba de ajuste.

test glass | probeta.

test insulator | aislador de corte (telecomunicación).

test key | llave de prueba.

test level | nivel de ensayo.

test load | carga de prueba.

test lock | seguro de prueba (informática).

test loop | circuito experimental | bucle de medida | circuito de prueba.

test matrix | matriz test (cálculo matricial) | matriz de prueba.

test message | mensaje de prueba (circuitos).

test number | cifra de clave | número de clave.

test of random order | prueba de orden aleatorio.

test orbital flight | vuelo orbital de prueba.

test oscillator | oscilador de prueba (radio).

test panel | cuadro de pruebas | equipo de pruebas.

test pattern | carta de ajuste.

test piece | muestra.

test pit | pozo de sondeo (cimentaciones).

test plug | clavija de prueba (telecomunicaciones).

test pressure | presión de prueba | voltaje de prueba | presión de ensayo.

test prod | sonda de pruebas.

test register | registrador de pruebas (telefonía).

test relay | relé verificador.

test run | ensayo de programa | pasada de control | prueba de duración | marcha de prueba.
test scaling | graduación de pruebas.
test set | equipo de verificación.
test signal input voltage | voltaje de entrada de la señal de prueba.
test switchboard | cuadro de pruebas.
test tape | cinta de prueba (registro sonoro).
test terminal | borna de prueba | terminal de ensayo.
test (to) | verificar | probar.
test tone | tono de prueba | prueba de sonido.
test trial | ensayo de prueba.
test waveform | onda de prueba.
test well | pozo de ensayo (ingeniería de petróleo).
tested | probado.
tester | aparato de pruebas (electricidad) | medidor | comprobador | sacatestigos (sondeos).
testing | experimentación | ensayo | verificación.
testing ammeter | amperímetro de medición.
testing bench | banco de pruebas.
testing electrodes | electrodos auxiliares.
testing level | nivel de prueba.
testing pressure | presión de prueba | voltaje de prueba.
testing set | equipo probador.
testing shop | laboratorio de pruebas.
testing spike | sonda.
testing tank | canal hidrodinámico.
testing terminal | borna de pruebas.
test-meter | aparato de medida.
test-pit (to) | prospectar con calicatas.
test-pitted | prospeccionado con calicatas (minería).
test-pitting | prospección por pozos.
test-rig | dispositivo para pruebas | montaje de prueba (para alas de aviones, motores, etc.).
testroom | sala de pruebas.
test-tube | tubo de ensayo.
test-tube stand | gradilla de tubos de ensayo (química).
tetracid | tetrácido (química).
tetradecane | tetradecano (carburos).
tetraethyl lead | plomo tetraetilo | tetraetilo de plomo.
tetragonal distortion | distorsión tetragonal (metalurgia).
tetragonal lattice | red tetragonal.
tetragonal martensite | martensita tetragonal.
tetragonal system | sistema tetragonal.
tetrahydrofuran | tetrahidrofurano (química orgánica).
tetramethylene | tetrametileno.

tetramethyllead | tetrametilo de plomo.
tetrazene | tetraceno (química).
tetrode | tetrodo.
tetrode high level amplifier | amplificador de alto nivel tetródico.
tetrode high-level amplifier | amplificador de alto nivel tetródico.
tetrode junction transistor | transistor tetrodo de unión.
tetrode oscillator | tetrodo oscilador.
tetrode thyratron | tiratrón de tretodo.
tetrode transistor | transistor de tetrodo.
tetryl | tetrilo (química).
tewel | tobera de un horno.
text | texto.
text buffer | memoria intermedia de texto (informática).
text editing | edición de texto (informática).
text processing | procesamiento de texto | tratamiento de texto.
textile loom | telar.
textile machinery | maquinaria textil.
textile printing | impresión textil.
thallium | talio (Tl).
thaw | deshielo.
thaw (to) | deshelar | descongelar.
theodolite | teodolito.
theodolite surveying | levantamiento con el teodolito.
theory | teoría.
theory of charge transport | teoría del transporte de cargas (electricidad).
theory of functions | teoría de funciones (matemáticas).
theory of probabilities | cálculo de probabilidades.
therm | termia (unidad de calor-th).
thermal | corriente térmica | termal, térmico.
thermal activation | activación térmica.
thermal agitation | termoagitación.
thermal ammeter | amperímetro térmico.
thermal balance sheet | balance térmico.
thermal battery | batería termoeléctrica | batería térmica.
thermal belt | cinturón térmico (meteorología).
thermal boring | perforación térmica.
thermal breeder | reproductor térmico.
thermal cell | pila térmica.
thermal checking | termofisuración.
thermal collision | colisión térmica (nuclear).
thermal conductivity | conductividad térmica.
thermal conductometry | conductometría térmica.
thermal contraction | termocontracción.

thermal cracking | termofraccionación | termodensintegración, pirodesintegración (petróleo) | craqueo térmico.
thermal current | corriente térmica.
thermal cutout | corte térmico | disyuntor térmico | cortocircuitador térmico.
thermal damping | amortiguamiento térmico.
thermal decomposition | descomposición térmica | termólisis | pirólisis (química).
thermal defects | defectos térmicos (cristalografía).
thermal delay relay | relé de retardo térmico.
thermal density current | corriente de convección térmica.
thermal drift | deriva térmica | arrastre térmico.
thermal electricity | piroelectricidad.
thermal endurance | resistencia térmica.
thermal equivalent circuit | circuito equivalente térmico.
thermal etching | termoataque, ataque térmico (metalografía).
thermal explosion | explosión térmica.
thermal fission | fisión térmica (nuclear).
thermal fission factor | factor de fisión térmica.
thermal flasher | contactor térmico.
thermal generating station | central termoeléctrica.
thermal horsepower | potencia térmica.
thermal hydrocracking | pirolización hidrogenante.
thermal impedance | impedancia térmica.
thermal insulation | aislamiento térmico | termoaislamiento.
thermal ionization | termoionización.
thermal jet engine | motor termopropulsor.
thermal lag | retardo térmico, inercia térmica.
thermal lensing | deformación térmica lenticular (láser).
thermal load | carga térmica.
thermal loss | pérdida de calor | pérdida térmica.
thermal method | método de recuperación térmica.
thermal network analyzer | analizador de red térmica.
thermal neutron images | imágenes de neutrones térmicos.
thermal noise | ruido de termoagitación.
thermal oxidation | oxidación térmica.
thermal phonon | fonón térmico.
thermal pit | pozo térmico (nuclear).
thermal power | energía térmica.
thermal power plant | central térmica.

thermal power station | central térmica.
thermal probe | sonda térmica.
thermal radar | radar térmico.
thermal radiation | radiación térmica (ondas electromagnéticas).
thermal ratchetting | trincado térmico.
thermal reactor | reactor térmico | termorreactor | termorreactor nuclear.
thermal receiver | termorreceptor.
thermal region | región térmica (nuclear).
thermal relay | relé térmico (electrotermia).
thermal requirements | demanda térmica (refrigeración).
thermal resistivity | resistividad térmica.
thermal response | respuesta térmica.
thermal runaway | desbordamiento térmico | inestabilidad térmica.
thermal scattering | dispersión térmica.
thermal shield | blindaje térmico (nucleónica).
thermal shock | choque térmico.
thermal shunt | derivación térmica.
thermal shutter | cortina térmica.
thermal siphon | sifón térmico.
thermal spike | espiga térmica.
thermal station | central térmica.
thermal stencil | estarcido térmico.
thermal storage | acumulación térmica.
thermal stratification | termoestratificación.
thermal stress | termoesfuerzo | tensión térmica.
thermal switch | termostato | conmutador térmico | ruptor térmico.
thermal thrusting | impulsión por combustión.
thermal titration | valoración térmica.
thermal transfer | transferencia térmica.
thermal transfer printer | impresora térmica.
thermal transfer voltmeter | voltímetro de conversión térmica.
thermal treatment | termotratamiento.
thermal tuner | sintonizador térmico.
thermal unit | unidad térmica.
thermal vacuum test | prueba térmica al vacío.
thermal wattmeter | vatímetro térmico.
thermal wave | onda térmica.
thermal-agitation voltage | tensión de agitación térmica.
thermal-energy neutron | neutrón de energía térmica (nuclear).
thermally stable forging | forja termoestable.
thermally stress-relieved weld | soldadura termoestabilizada.
thermally tinned | termoestañado.

thermal-magnetic circuit breaker I disyuntor termomagnético.
thermal-neutron fission I fisión térmica.
thermic I termal, térmico.
thermic boring I perforación térmica.
thermic drilling I barrenado térmico.
thermic evaporation I termoevaporación.
thermic exchanger I intercambiador de temperatura.
thermically stressed I sometido a tensiones térmicas.
thermion I termión, termoelectrón.
thermionic I termiónico I termoeléctrico.
thermionic amplifier I amplificador termoiónico.
thermionic arc I arco termoeléctrico.
thermionic cathode I cátodo termiónico.
thermionic current I corriente termoiónica.
thermionic diode I diodo termiónico.
thermionic emission I emisión termiónica.
thermionic magnifier I amplificador termiónico.
thermionic oscillator I oscilador termiónico.
thermionic rectifier I válvula termiónica.
thermionic relay I relé termiónico.
thermionic triode I triodo termoiónico.
thermionic tube I tubo termiónico, lámpara termiónica (electrónica) I tubo catódico.
thermionic valve I válvula termiónica.
thermionics I termiónica (ciencia).
thermistor I termistor I resistencia térmica.
thermistor bridge I puente de termistores (circuito eléctrico).
thermistor probe I sonda con termistor.
thermistor thermostat I termostato de termistor.
thermistor time constant I constante de tiempo del termistor.
thermistor (to) I termistorizar.
thermistored oscillator I oscilador termistorizado.
thermit welding I soldadura por aluminotermia.
thermoammeter I termoamperímetro.
thermobarograph I termobarógrafo.
thermobarometry I termobarometría.
thermobattery I termopila.
thermochemistry I termoquímica.
thermocolorimeter I termocolorímetro.
thermocompression I termocompresión.
thermocouple I termopar I par termoeléctrico I par térmico.
thermocouple ammeter I amperímetro de termopar.
thermocouple probe I probeta termopar I sonda de termopar.

thermodiffusion I termodifusión.
thermodynamics I termodinámica.
thermoelastic I termoelástico.
thermoelasticity I termoelasticidad.
thermoelectric cooling I enfriamiento termoeléctrico.
thermoelectric heater I calefactor termoeléctrico.
thermoelectric power I poder termoeléctrico.
thermoelectric power generator I generador termoeléctrico de potencia.
thermoelectric solar cell I pila termoeléctrica solar.
thermoelectric voltage I tensión termoeléctrica.
thermoelectron I termoelectrón, termión, electrón térmico.
thermoelectron engine I motor termoelectrónico.
thermoelectronics I termiónica.
thermoexpansivity I termodilatación.
thermoform I pieza termoformada (metalurgia).
thermoform (to) I termoformar, formar en caliente.
thermofusión I termofusión.
thermogalvanism I termogalvanismo.
thermogalvanometer I termogalvanómetro.
thermogravimetry I termogravimetría.
thermohydrometer I termodensímetro.
thermohygrometer I termohigrómetro.
thermoinsulated I termoaislado.
thermojunction I termopar I termounión.
thermojunction battery I batería termoeléctrica.
thermolysis I termólisis (química).
thermomechanics I termomecánica.
thermometallurgy I termometalurgia.
thermometer I termómetro.
thermometer probe I sonda pirométrica.
thermometer resistor I resistencia pirométrica.
thermometer scale I escala termométrica.
thermometer well I bulbo del termómetro.
thermonuclear I termonuclear.
thermonuclear cycle I ciclo termonuclear.
thermonuclear energy I energía termonuclear.
thermonuclear fission I fisión termonuclear.
thermonuclear fuel I combustible termonuclear.
thermonuclear fusion I fusión termonuclear.
thermonuclear neutron I neutrón termonuclear.
thermonuclear reaction I reacción termonuclear.
thermonuclear reactor I reactor termonuclear.

thermopair I par térmico I termopar.
thermopile I pila termoeléctrica I termopila.
thermoplastic polyesters I poliésteres termo-plásticos.
thermoplastic reduction I termorreducción (química).
thermopole I pila termoeléctrica.
thermopower I termopotencia.
thermoprobe I termosonda.
thermopump I bomba térmica.
thermoregulator I termorregulador I termos-tato.
thermoresistance I termorresistencia.
thermoscope I termoscopio.
thermoset (to) I termofraguar I termoendurecer I fraguar por calor.
thermosetting I termofraguado I termoendure-cible, termoindurante.
thermostat I termostato.
thermostatic delay relay I relevador de retar-do termostático.
thermostatic relay I relé termostático.
thermostatics I termostática (ciencia).
thermostatted I termostatizado.
thermoswitch I interruptor térmico I termocon-mutador.
thermotechnics I termotecnia.
thetatron I tetatrón (nuclear).
thiamine chloride I cloruro de tiamina.
thiazole I tiazol.
thiazole yellow I amarillo tiazol.
thick I espesor I grueso I espeso.
thick dipole I dipolo grueso.
thick target I blanco espeso (nuclear).
thicken (to) I espesar I engrosar.
thickener I espesador I coagulante I espesante.
thickening agent I agente espesante.
thickness I espesor, grosor.
thickness gage I galga de espesores, espesíme-tro I calibrador de aberturas I calibrador de es-pesores.
thimble I casquillo I guardacabo I obturador I boquilla I virola I manguito I mandrín cónico para ensanchar (tubos) I manguito del pie de rey (herramienta).
thin I delgado I fino.
thin sheet mill I laminador para chapa fina, tren para chapa fina (laminador).
thin vault I bóveda de membrana.
thin-film circuit I circuito de película delgada (electrónica).
thin-film lubrication I lubricación en la capa límite.
thin-film matrix I matriz de película delgada.
third I tercero I tercio.

third tap I macho acabador.
third wire I hilo neutro, conductor neutro (electricidad).
third-rail shoe I zapata (tracción eléctrica).
thirl I crucero, galería transversal, recorte (mi-nas).
Thomas slag I escoria Thomas, escoria básica.
Thomas steel I acero Thomas.
thorium I torio (Th).
thorium content meter I analizador de torio.
thorium reactor I reactor de torio (nuclear).
thoron I torón (radón-220).
thread I fibra I hebra I filamento I hilo I rosca (tornillo) I paso (tornillo).
thread counter I cuentahilos.
thread gage I galga para tornillos.
thread gauge I calibre de roscas.
thread grinder I rectificadora de roscas.
thread grinding wheel I muela para rectificar roscas.
thread locator I centrador de rosca.
thread micrometer I micrómetro para roscas (tornillo).
thread miller I fresadora de roscar.
thread milling cutter I fresa para tallar roscas.
thread roller I laminador para roscas.
thread rolling machine I laminador de roscas.
thread testing I comprobación de roscas.
thread (to) I roscar, aterrajar.
threaded I aterrajado, roscado.
threader I enhebradora I máquina de roscar, roscadora.
threading die I cojinete de roscar, dado de ros-car I terraja para roscas exteriores.
threading head I cabezal roscador.
threading machine I enhebradora I roscadora.
threadmilling hob I fresadora de roscas.
three address instruction I instrucción de tres direcciones (informática).
three dimensional I tridimensional.
three engined jet aircraft I trirreactor.
three engined plane I avión trimotor.
three high mill I laminador trío.
three phase current I corriente trifásica.
three phase full wave I onda completa trifá-sica.
three phase half rectifier I rectificador de me-dia onda trifásica.
three pole switch I interruptor de tres polos.
three port plug I válvula macho de tres vías.
three stage I trigradual I trietápico.
three way I tridireccional I triposicional.
three-bladed propeller I hélice tripala.
three-cell electrocolorimeter I electrocolorí-metro tricelular.

three-color | tricolor.
three-component alloy | aleación ternaria.
three-d television | televisión tridimensional.
three-dimensional photolithography | fotolitografía tridimensional.
three-dimensional radar | radar tridimensional.
three-electrode vacuum tube | válvula electrónica trielectródica | triodo.
three-electrode valve | triodo.
three-electroded | trielectródico.
three-engined | trimotor.
three-gang outlet box | caja de derivación de tres salidas.
three-high blooming mill | tren trío de desbaste.
three-high cluster mill | tren múltiple trío.
three-high mill | tren trío, laminador trío.
three-high plate mill | laminador trío para chapa.
three-high rougher | tren desbastador trío.
three-junction transistor | transistor de tres uniones.
three-layer diode | diodo de tres capas.
three-layer steel | acero de tres capas.
three-orbital bond | enlace triorbital.
three-phase cable | cable de corriente trifásica.
three-phase circuit | circuito trifásico.
threephase current | corriente trifásica.
three-phase double-circuit line | línea trifásica de doble circuito.
three-phase four wire system | sistema trifásico tetrafilar.
three-phase motor | motor trifásico.
three-phase rectifier | rectificador trifásico.
three-phase seven-wire system | red trifásica de siete hilos.
three-phase short circuit | cortocircuito trifásico.
three-phase static inverter | inversor estático trifásico.
three-phase-current system | sistema de corriente trifásica (motores).
three-point switch | conmutador de tres direcciones.
three-pole socket | caja de enchufe tripolar.
three-prong plug | enchufe de tres clavijas (electricidad).
three-stage ejector | eyector de tres etapas.
three-stage reducer | reductor de tres fases.
three-terminal contac | contacto triple (relés).
three-terminal device | dispositivo de tres bornes.
three-throw crankshaft | cigüeñal de tres muñequillas.

three-throw pump | bomba tricilíndrica.
three-throw switch | cambio de tres vías.
three-valved | trivalvular.
three-way switch | interruptor de triple acción.
three-winding transformer | transformador con tres devanados.
three-wire | trifilar.
three-wire system | red trifilar.
three-wire transformer | transformador trifásico.
threshold | umbral | entrada | cabecera de pista.
threshold amplifier | amplificador de umbral (electrotecnia).
threshold circuit | circuito de umbral.
threshold current | corriente umbral (tubos).
threshold decoding | descifrado de umbral.
threshold detector | detector de umbral.
threshold energy | energía umbral (física).
threshold field | campo umbral (magnetismo).
threshold frequency | frecuencia crítica, frecuencia umbral.
threshold level | nivel de corte (registros magnéticos) | nivel umbral.
threshold lights | luces de umbral | luces de umbrales de pista (aeródromos).
threshold of detection | umbral de detección (radar).
threshold of energy | umbral de energía.
threshold of frequency | umbral de frecuencia.
threshold radiation | radiación umbral (solar).
threshold signal | señal de umbral (radionavegación).
threshold signal level | nivel de señal de recepción.
threshold switch | interruptor de umbral.
threshold tube | válvula umbral (radar, TV).
threshold voltage | voltaje de entrada (radio) | voltaje de umbral.
threshold wavelength | longitud de onda crítica (umbral).
throat | entrada, orificio | tragante (alto horno) | cuello de cisne (máquina herramienta) | sección mínima de paso (conductos, etc.) | cuello (soldadura ortogonal).
throat armor | armadura del tragante (alto horno).
throat stopper | cierre del tragante (alto horno).
throat valve | válvula de cuello, válvula de admisión.
throttle | regulador, toma de vapor | mariposa de válvula.
throttle interlock valve | válvula de enclavamiento de mandos de gases (aviación).

throttle lever | palanca de la mariposa, palanca de mando de los gases (motores) | palanca del regulador (locomotora de vapor) | palanca de admisión de gases (motores).

throttle (to) | estrangular el vapor | moderar.

throttle valve | válvula de admisión | válvula reguladora | toma de vapor.

through channel | canal directo (telecomunicación).

through (G.B.) | depresión (meteorología) | terminal, directo.

through joint | empalmador (electricidad).

through pin | pasador.

through pressure | presión de entrada.

through repeater | repetidor directo | repetidor de tránsito | repetidor pasante (electricidad).

through road | vía directa (ferrocarril).

through terminal | terminal de paso continuo (ferrocarril).

through traffic | tráfico de escala (telecomunicación).

throughput | rendimiento | productividad comparada | medida de proceso y transferencia (informática).

throw | dislocación (geología), resalto vertical, desplazamiento vertical, rechazo vertical (fallas) | carrera (máquinas) | descarga (bomba impelente) | radio (manivelas) | excentridad, alzada (levas).

throw in (to) | embragar | engranar (engranajes).

throwaway cycle | ciclo de desecho (reactor de uranio natural).

throwaway dry cell | pila seca no recargable.

throwing mechanism | mecanismo lanzador.

throwing power | poder cubridor, poder de deposición (galvanoplastia).

throw-off | dispositivo automático de parada del avance (máquina herramienta).

throw-off point | aguja de descarrilamiento.

throwout | mecanismo de desembrague | desembrague.

throw-out plug | clavija de conmutación.

throw-out switch | conmutador inversor, interruptor de dos vías.

throw-out (to) | desengranar (engranajes) | desembragar.

throw-over plug | enchufe de conmutación (telefonía).

throw-over switch | conmutador inversor.

thrust | impulso | empuje | falla, corrimiento (geología) | aplastamiento de pilares (minas) | tracción (hélice).

thrust at take-off | empuje al despegue (aeronáutica).

thrust axis | eje de tracción | eje de empuje.

thrust block | pivote de empuje | chumacera de empuje (buques).

thrust coefficient | coeficiente de tracción (aviación).

thrust collar | anillo de tope (mecánica).

thrust deduction | coeficiente de succión (buques).

thrust efficiency | rendimiento de la hélice.

thrust fault | falla inversa, falla de corrimiento.

thrust gland | manguito de empuje.

thrust horsepower | potencia útil (aeronaves).

thrust load | esfuerzo axial.

thrust loading | carga de empuje.

thrust nut | tuerca de empuje (mecánica).

thrust of propeller | empuje de la hélice.

thrust power | fuerza motriz total (aeronaves).

thrust reverse | inversión de empuje (aeronáutica).

thrust reverser | inversor del empuje.

thrust ring | anillo de empuje.

thrust screw | tornillo de empuje.

thrust shaft | árbol de empuje | eje de empuje.

thrust shoulder | disco de tope.

thrust split | división del empuje.

thrust spring | resorte de empuje.

thrust stud | perno de presión.

thrust (to) | empujar, impeler.

thrust washer | arandela de empuje.

thrust wire | cable de tracción.

thrustblock | cojinete de empuje | chumacera de empuje (buques).

thruster | generador de empuje, propulsor | hélice de atraque.

thrustor | propulsor, generador de empuje.

thrust-vector control | control del vector de empuje (aviones).

thulium | tulio (Tm).

thumb rule | regla del pulgar (electricidad).

thumb switch | pulsador (electricidad).

thumbnut | tuerca de mariposa.

thumbscrew | tornillo de palometa, tornillo de mariposa | tornillo de alas.

thumbwheel encoder | codificador manual.

thunder | trueno.

thunderstorm | tormenta.

thyratron | tiratrón, válvula-relé.

thyratron amplifier | amplificador tiratrónico.

thyratron bias voltage | voltaje de polarización del tiratrón.

thyratron control | control por tiratrón.

thyratron firing angle | ángulo de encendido del tiratrón.

thyratron generator | generador tiratrónico.

thyratron inverter l inversor de tiratrón.

thyratron tester l probador de tiratrones.

thyratron timer l sincronizador de tiratrón.

thyratron tube l válvula tiratrón l tubo tiratrón.

thyristor l tiristor (electrónica).

thyristor driver l generador tiristor.

ticker l interruptor intermitente, temblador (electricidad) l vibrador l teleimpresor.

ticker tape l cinta perforada de télex.

tickler l varilla de flotador l cebador del carburador l bobina excitadora l bobina de realimentación.

tickler coil l bobina de reacción, bobina excitatriz (radio) l bobina de realimentación.

tidal l mareal.

tidal amplitude l amplitud de la marea.

tidal bore l macareo, raz de marea.

tidal current l corriente mareal.

tidal energy l energía mareal.

tidal plant l central maremotriz.

tidal power l energía mareal.

tidal power plant l central maremotriz.

tidal power station l central maremotriz.

tidal stream l corriente de la marea.

tide l flujo l marea.

tide gage l mareómetro l mareógrafo.

tide register l mareógrafo.

tide-power l energía maremotriz.

tie l atadura, ligadura l tirante l enlace, amarre l ligazón l unión l conexión l riostra l travesaño l traviesa.

tie band l abrazadera l banda de amarre.

tie bar l varilla de unión l tirante.

tie beam l viga-tirante.

tie bolt l tirante l perno de sujeción l perno sujetador.

tie bracket l ménsula de unión, cartabón de unión.

tie bus l barra de enlace.

tie cable l cable de unión.

tie feeder l alimentador intercentrálico.

tie line l línea de conexión, línea de enlace, enlace directo (telefonía) l línea de acoplamiento l línea de empalme.

tie piece l conector múltiple.

tie plate l placa de anclaje l chapa de refuerzo l chapa de unión.

tie point l punto de amarre l punto de unión l punto de cierre (topografía) l punto de conexión.

tie rod l tirante l varilla de conexión l varilla de unión l tirante de tracción l biela de unión.

tie terminal l terminal de anclaje.

tie (to) l unir, enlazar l encadenar l sujetar l juntar.

tie trunk l enlace telefónico privado.

tie wire l alambre de unión l alambre para ligaduras.

tie-down l amarre, sujeción, trinca l estructura de anclaje.

tie-down point l punto de amarre.

tieline l enlace (telecomunicación) l interconexión (electricidad).

tier l tongada l capa l hilera l antena de elementos superpuestos.

tier array l estructura apilada l antena de elementos superpuestos.

tiered antenna l antena de elementos superpuestos.

tight l tirante, tieso l ajustado l estanco (buques, recipientes) l cerrado.

tight closing l cierre hermético.

tight coat l revestimiento hermético.

tight coupling l acoplamiento fuerte (electricidad) l acoplamiento cerrado (TV).

tight fit l ajuste forzado l encaje apretado l ajuste apretado.

tight pulley l polea fija.

tight shutoff l cierre hermético (válvulas).

tight tolerance l tolerancia restringida l tolerancia mínima.

tighten (to) l estirar, atesar l estanqueificar l hermetificar.

tightener l tensor, atesador.

tightening l apriete l estrechamiento.

tightening bolt l tornillo tensor.

tightening plate l placa de estanqueidad.

tightening torque l par de apriete.

tight-fitting l bien ajustado.

tightly-sealed l cerrado herméticamente.

tightness l tirantez l rigidez l estanqueidad l apriete.

tile l azulejo l baldosa l teja plana.

tile kiln l horno de tejas.

tile ore l ziegelina, cobre oxidulado terroso.

till l arcilla glaciárica l depósito glacial l morrena de fondo (glaciares) l aluvión glacial.

tiller l caña del timón l llave de maniobra.

tilt l distorsión de la imagen (TV) l ladeo l inclinación.

tilt angle l ángulo de inclinación.

tilt control l control de inclinación (TV).

tilt correction l corrección de imagen (TV).

tilt corrector l corrector de inclinación l corrector de imagen.

tilt error l error de inclinación.

tilt lever l palanca de incidencia.

tilt mixer l corrector de distorsión de imagen.

tilt shot | inclinación de la cámara para lograr efectos escénicos (TV).

tilt stabilization | estabilización contra la inclinación.

tilt (to) | ladear | inclinar | panoramizar (cine y TV) | inclinarse lateralmente (aviones).

tiltable | inclinable | basculable.

tiltable saw | sierra basculable.

tilter | basculador, volcador | martinete (forja).

tilting | inclinación | basculamiento | panorámica vertical (cine) | martilleo.

tilting beam | viga basculante.

tilting furnace | horno basculante.

tilting head | cabezal inclinable.

tilting hook | gancho basculante.

tilting mechanism | mecanismo basculador.

tilting mixer | mezcladora basculante | hormigonera basculante.

tilting rotor | rotor basculante, rotor inclinable.

tilting sweep | barrido vertical (TV).

tilting wing | ala basculante.

tiltmeter | inclinómetro | medidor de inclinación.

timber | maderamen, maderaje | viga | madero | armazón | cuaderna (buques).

timber lining | tablestaca.

timber scriber | gramil de trazar.

timber set | marco de entibación (minas).

timber (to) | ademar, entibar (minas).

timbering | entibado | apeo | ademado | entibación, ademación (minas).

time | tiempo | tiempo cronométrico.

time base circuit | circuito de base de tiempo (televisión).

time bomb | bomba de efecto retardado.

time broadcasting | radiodifusión de las señales horarias.

time calibrator | calibrador de tiempos.

time channel | canal de tiempo (nuclear).

time clock | reloj temporizador.

time control | sincronización.

time control pulse | impulso sincronizante.

time controlled relay | relé con regulador de tiempo.

time delay | temporizado (relés) | tiempo de propagación | retraso.

time delay circuit | circuito retardador | circuito temporizador (electrónica).

time delay relay | relé retardador, relé de tiempo retardado.

time delay switch | interruptor de retardo.

time division multiplex | múltiplex de tiempo compartido.

time fuze | espoleta de tiempos.

time keeping | cronometraje.

time lag | retraso | desfasamiento cronológico | tiempo de retardo | retardo | tiempo muerto (mecanismos) | plazo de reposición (avión) | retraso.

time locking relay | relé de acción diferida | relé temporizado | relé de bloqueo diferido.

time metering | cronometraje.

time of flight | duración del vuelo, duración de la trayectoria (balística) | tiempo de vuelo.

time of growth | tiempo de incremento (nuclear).

time recorder | cronógrafo.

time recording | cronografía.

time reference point | punto de referencia de tiempo.

time regulator | cronorregulador.

time relay | relé temporizado.

time release | desconexión temporizada.

time switch | interruptor de tiempos, cronointerruptor.

time tick | señal cronométrica | señal horaria.

time (to) | cronometrar | regular | sincronizar.

time varying field | campo de variación temporal.

time-compressor | compresor del tiempo (comunicaciones).

time-continuous channel | canal continuo en el tiempo (comunicaciones).

timed | cronometrado | temporizado, cronorregulado.

timed approach | aproximación sincronizada.

timed contact | contacto temporizado.

timed injection | inyección cíclica.

timed pulse | impulso temporizado.

timed turn | viraje cronometrado.

time-delayed relay | relé de retardo.

time-delayed switch | interruptor temporizado | cronorruptor.

timed-graded overload relay | relé de sobrecarga temporizado.

time-discrete Markov chain | cadena de Markov de tiempo discreto.

time-division multiplex | múltiplex de división de tiempo.

time-division multiplexing | multiplexado por división del tiempo.

time-interval radiosonde | radiosonda de intervalos de tiempo.

timekeeper | cronómetro | marcador de tiempos | cronometrador.

timekeeping | cronometraje.

time-lag fuse | fusible de acción retardada (electricidad).

time-limit attachment | dispositivo limitador de tiempo.

time-limit relay I relé de acción diferida.
time-marking mechanism I mecanismo cronometrador.
time-measuring I cronomedición.
timer I cronómetro I cronógrafo, temporizador I cronorruptor I regulador de tiempo, interruptor automático de reglaje.
timer switch I contactor de programación.
time-sharing switch I conmutador repartidor de tiempos.
time-totalizing device I dispositivo totalizador del tiempo I cronototalizador.
time-varying coding network I red de codificación de tiempo variable.
timing I cronometración, cronomedición I sincronización I temporización I reglaje I cadencia (TV).
timing axis oscillator I oscilador de base de tiempos.
timing circuit I circuito temporizador.
timing contact I contacto temporizador (electricidad).
timing control I mando temporizado.
timing device I dispositivo medidor I dispositivo cronométrico I dispositivo sincronizador.
timing diagram I cronograma.
timing element I relé de temporización.
timing equipment I equipo cronométrico.
timing error I error de sincronización.
timing function I función de temporización.
timing gear I engranaje de la distribución del encendido (motores).
timing instrument I instrumento de cronometraje.
timing mark I marca de sincronización.
timing marker I marcador de sincronización.
timing motor I motor de temporización.
timing network I red cronizadora (TV).
timing pulse I impulso de sincronización (radar, TV).
timing relay I relé temporizado I relé de retardo.
timing sequence I secuencia cronizada.
timing shaft I eje de distribución (motores).
timing signal I señal de regulación de tiempo I señal de temporización.
timing system I sitema temporizador.
timing unit I equipo de cronometraje.
timing valves I válvulas regladas.
tin I estaño.
tin sheet I hojalata.
tin solder I estañosoldadura.
tin stone I casiterita.
tin sweat I sudación del estaño (fundición de bronce con hidrógeno).

tin (to) I estañar I estañosoldar.
tincture I tintura I tinte.
tin-lead solder I suelda de estaño y plomo.
tinned I estañado I estañosoldado.
tinned iron I hojalata.
tin-nickel electroplate I aleación de 35% níquel y 65% estaño.
tin-nickel electroplating I galvanoplastia con aleación de estaño-níquel.
tin-nickel plate (to) I galvanoplastiar con aleación de estaño y níquel.
tinning I estañado I estañadura I revestimiento con una aleación de estañosoldar.
tin-oxyde I óxido de estaño.
tinplate (to) I estañar.
tinsel I oropel I blindaje metálico espiral I reflector para confusión radárica.
tinsel cord I cordón de oropel.
tint I tinte.
tinted I coloreado I tintado.
tinting medium I agente colorante.
tintometer I tintómetro.
tiny I minúsculo I miniaturizado.
tiny bearing I microcojinete.
tiny crack I microgrieta.
tip I punta, extremo, extremidad I casquillo I virola I cúspide (arquitectura).
tip clearance I huelgo radial.
tip diameter I diámetro exterior (paletas turbinas).
tip jack I jack sencillo I clavijero de espiga.
tip mass I masa terminal.
tip of plug I punta de la clavija (telecomunicación).
tip of tooth I punta del diente (engranaje).
tip radius I radio de la hélice.
tip speed I velocidad periférica I velocidad de rotación en la punta de la pala (hélice, rotor).
tip (to) I inclinar I volcar I bascular.
tipping I ladeo I basculamiento I encarte I despunte I arfada (marina).
tippler I balancín, basculador.
tire bending machine I curvadora de llantas I curvadora de bandajes.
tire bolt I perno de llanta.
tire bore I diámetro interior de la llanta.
tire (USA) I cubierta (de rueda automóvil) I llanta (ruedas) I neumático.
tire (to) I enllantar (ruedas).
tire tube I cámara de neumático.
titanium I titanio (Ti).
titanium-carbide-base cermet I cerametal a base de carburo de titanio.
titanium-clad steel I acero chapado con titanio.
titrant I valorante (química).

titratable I valorable (química).
titratable acidity I acidez valorable.
titrate I titrato.
titrate (to) I valorar (química).
titrating acid I ácido valorante (química).
titrating solution I solución valorante.
titration I valoración (química).
titrimeter I valorímetro.
titrimetry I valorimetría.
toast (to) I tostar.
toe I leva I base, pie I reborde inferior I punta I fondo (barrenos) I borde.
toe brake I freno de pedal.
toe of slope I pie de talud (carreteras).
toe plate I leva de disparo automático.
toe switch I interruptor de pedal.
toe-and-wiper cam I leva de disco oscilante.
toggle I conexión oscilante I basculador.
toggle joint I junta de codillo.
toggle mechanism I mecanismo de palanca.
toggle press I prensa de rótula I prensa de palanca.
toggle switch I interruptor de palanca I interruptor basculante.
toggle (to) I bascular I activar.
toll cable I cable interurbano.
toll call I comunicación interurbana I llamada de larga distancia (telefonía).
toll center I centro de enlace interurbano (comunicaciones).
toll circuit I red interurbana (telefonía).
tomograph I radiotomograma.
tomography I tomografía.
tonal I tonal I acústico.
tone I tono.
tone channel I canal de tono (telecomunicaciones).
tone channeling I canalización de tonos (telecomunicaciones).
tone correction I corrección de tonalidad.
tone frequency I frecuencia de tono.
tone localizer I radiofaro de doble modulación.
tone receiver I receptor de tono.
tone telegraph I telegrafía por tonos.
tone wedge I escala de matices (óptica).
tone-modulated wave I onda modulada en baja frecuencia, onda modulada de frecuencia audible.
toner I toner (copiadoras) I pigmento orgánico (pinturas) I virador (fotografía).
tongue I lengua I lengüeta I espiga (herramientas) I chaveta I aguja, punta móvil (cambio de vía) I canal macho (cilindro laminador).
tongue rail I punta de cruzamiento (ferrocarril).

tonguing I machihembrado.
tonguing and grooving machine I machihembradora.
tonguing cutter I fresa de machihembrar.
tonlar I regulador sinusoidal I tonlar (circuito telefónico).
tonnage I tonelaje I arqueo.
tonnage oxygen I oxígeno industrial en gran cantidad (acerías) I oxígeno de pureza media.
tool I utensilio I herramienta.
tool angle I ángulo de corte (máquina herramienta).
tool bit I cuchilla I vástago de herramienta.
tool blank I primordio de herramienta.
tool carrier I portaherramienta.
tool crane I cabria de herramientas (sondeos).
tool drum I tambor elevador de herramientas (sondeos).
tool feed I avance de herramienta.
tool gager I calibrador de herramientas.
tool grinder I afiladora de herramientas I rectificadora de herramientas.
tool grinding machine I afiladora de herramientas.
tool holder I portaherramienta.
tool joint I unión doble.
tool kit I estuche de herramientas I utillaje.
tool saddle I carro portaherramientas.
tool set I herramental.
tool setup I utillaje.
tool sharpener I afiladora.
tool shop I taller mecánico.
tool slide I carro portaherramientas.
tool standard I carro portaherramientas.
tool (to) I instalar máquinas herramientas I maquinar, mecanizar I estampar.
toolbox I caja de herramientas I portaherramienta I carro portaherramientas.
toolhead I cabezal portaherramienta I cabezal giratorio (máquina herramienta).
toolholder I portaherramienta.
tooling I herramental I estampadura I estampación.
tooth I diente I púa I espiga invisible (carpintería).
tooth caliper I calibre para dientes de engranajes.
tooth clutch I garra de embrague (mecánica).
tooth load I carga de empuje.
tooth pitch I paso dental I paso de un engranaje.
tooth root I pie del diente (engranaje).
tooth (to) I dentar I mellar I engranar, endentar.
toothed I dentado I serrado, dentellado.
toothed gearing I tren de engranajes.

toothing mill I fresa de piñones.

tooth-set gage I calibre de triscado (sierras).

top I vértice I punta I cima, cúspide, capota (autos) I coronamiento (presas, muros) I parte superior (aviones) I tragante (alto horno).

top angle I ángulo del vértice.

top antenna I antena de techo (radio).

top casting I colada en caída directa, colada por arriba (funderías).

top compression ring I aro compresor superior (cilindros).

top cutting angle I ángulo de corte superior.

top end bearing I cojinete de cabeza de biela (máquina alternativa).

top gas I gas de alto horno.

top hanger I anclaje (pozo petrolero).

top hat kiln I horno de campana.

top hole I boca (pozos) I barreno de techo I realce, labor a cielo (minas).

top light I alumbrado vertical I claraboya I luz de posición (submarino en superficie).

top output I potencia máxima.

top plate I chapa superior I placa de recubrimiento (fundición).

top pouring I colada en caída directa, colada a chorro (lingoteras).

top power I potencia máxima.

top rating I potencia máxima.

top ring I aro de fuego (pistones).

top rod I cabeza de sonda (sondeos).

top roll I cilindro superior, cilindro macho (laminador).

top (to) I coronar, rematar I recargar a fondo (acumuladores).

topaz I topacio.

top-loaded antenna I antena de carga terminal.

top-loaded vertical antenna I antena vertical de carga terminal.

topographic mapping I cartografía topográfica.

topographic plot I levantamiento topográfico.

topographic survey I levantamiento topográfico.

topographical aerial film I película aérea topográfica.

topographical map I plano topográfico I mapa topográfico.

topographical photogrammetry I fotogrametría topográfica.

topographical stereoscope I estereoscopio topográfico.

topographical survey I levantamiento topográfico.

topped crude I crudo de destilación primaria.

topped petroleum I residuos de petróleo.

topping I ciclo de contrapresión I rectificación periférica (disco cortador) I capa superior I superposición I capa final de enlucido.

topping furnace I horno de destilación.

topping joint I junta para dilatación.

topping plant I planta de destilación (petróleo).

topping-lift winch I chigre para amantillar (buques).

torch I lámpara eléctrica de bolsillo I soplete oxiacetilénico.

torch brazing I soldadura fuerte con soplete.

torch cut (to) I oxicortar, cortar a la autógena.

torch igniter I inyector de encendido.

torch solder (to) I estañosoldar con soplete.

torch welding I soldadura con soplete.

torch-brazing I broncesoldeo con el soplete.

toric contact lenses I lentillas de contacto tóricas.

toric surface generator I generador de superficies tóricas.

torispherical end I fondo torisférico (recipientes a presión).

torispherical shell I envuelta torisférica.

tornado I tornado.

toroid I toroide I bobina toroidal.

toroid core I núcleo toroide.

toroidal core I núcleo tórico.

toroidal transformer welder I soldadora con transformador toroidal.

torpedo I torpedo.

torpedo gun I tubo lanzatorpedos.

torpedo launcher I lanzatorpedos.

torpedo (to) I torpedear I dinamitar (pozo petróleo).

torpedo tube I tubo lanzatorpedos.

torque I momento de una fuerza I momento dinámico de torsión I momento torsor, momento de torsión I par torsor, par motor.

torque amplifier I amplificador de par de torsión.

torque converter I convertidor del par motor.

torque gage I torsiómetro.

torque limiter I limitador del par motor.

torque measurer I torsiómetro.

torque roll axis I eje del par de rotación (máquina).

torque spanner I llave inglesa torsiométrica.

torque synchro I síncrono de fuerza.

torque wrench I llave de apriete prefijado, llave torsiométrica.

torque wrench adapter I adaptador de llave dinamométrica.

torque-control unit I equipo regulador del par.

torque-limited control I control de par limitado.

torquemeter | medidor del par, torsiómetro.

torque-multiplication unit | convertidor del par.

torque-operated wattmeter | vatímetro funcionando por torsión.

torquer | motor de par.

torr | torr (unidad de presión).

torrid | tórrido.

torrid zone | zona tórrida.

torsiogram | torsiograma.

torsiograph | torsiógrafo.

torsion | torsión.

torsion balance | balanza de torsión.

torsion bar | barra de torsión.

torsion couple | par de torsión.

torsion impact test | prueba de torsión por choque.

torsion meter | flexímetro | torsiómetro.

torsion test | prueba de torsión | ensayo de torsión.

torsion tester | torsiómetro.

torsion torque | par de torsión.

torsional | torsional.

torsional angle | ángulo de torsión.

torsional hysteresis | histéresis torsional.

torsional moment | momento de torsión.

torsional resilience | resiliencia torsional.

torsional stress | esfuerzo torsional.

torsional vibration damper | amortiguador de vibraciones torsionales.

torsion-string galvanometer | galvanómetro de cuerda.

torsion-tube stabilizer | estabilizador de tubo de torsión.

total carbon (TC) | carbono total.

total drag | resistencia total al avance.

total earth | conexión total a masa o a tierra (electricidad).

total electron binding energy | energía total de enlace de los electrones.

total exposure | irradiación total.

touch | enlace, contacto.

touch control | control de contacto (electricidad).

touch screen | pantalla táctil (ordenador).

touch welding | soldeo por contacto.

touch-and-go landing | aterrizaje con despegue inmediato.

touchdown | contacto (aterrizaje).

touch-down lights | luces para el contacto con la pista (aeropuertos).

touchdown point | punto de contacto (aterrizajes).

touchdown speed | velocidad de aterrizaje (aviación).

touch-screen computer | computador de pantalla táctil.

touchstone | lidita (piedra de toque).

tough steel | acero correoso.

toughen (to) | templar, endurecer (vidrio).

toughened cast iron | fundición tenaz, fundición acerada.

toughened glass | vidrio templado, vidrio endurecido.

toughness | rigidez | tenacidad (aceros), resiliencia al choque (metales).

tough-pitch copper | cobre oxidulado, cobre con óxido de cobre.

tow | estopa | remolque.

tow bar | barra de remolque | barra de tracción.

tow boat | remolcador.

tow line | estacha de remolque (buques).

tow plane | aeroplano remolcador.

tow (to) | remolcar.

tow truck | camión de remolque.

tower | torre | castillete.

tower crane | grúa de torre.

tower launcher | torre de lanzamiento.

tower scrubber | torre de lavado (química).

towing aircraft | avión remolcador.

towline | sirga | calabrote de remolque | cable de remolque | estacha de remolque.

town gas | gas industrial | gas de alumbrado.

town mains | línea urbana (electricidad).

towrope | sirga | cable de remolque | calabrote de remolque.

TRACALS | sistema TRACALS (ayuda a la navegación en EE UU).

trace | traza | análisis de programa | indicio (química) | exploración.

trace program | programa de rastreo (informática).

trace routine | rutina de rastreo | rutina de análisis.

trace (to) | imprimir un programa | trazar, delinear, radioisotopizar.

tracer | indicador | rastreador.

tracer element | indicador radiactivo | elemento indicador.

tracer lever | trazador.

tracer technique | método de rastreo.

tracer thread | hilo testigo.

tracerhead | cabezal copiador.

tracing circuit | circuito localizador.

tracing lathe | torno copiador (mecánica).

tracing point | punta de trazar.

track | canal (cinta) | ancho de vía (cinta magnética) | pista | guía de deslizamiento | traza | trayectoria | vía férrea | pista de rodadura.

track angle | ángulo de derrota.

track bolt | perno de brida.

track cable | cable-vía | cable portante.

track chamber | cámara de trayectorias | cámara de trazas.

track correlation | correlación de datos de seguimiento.

track crossing | cruzamiento de vías.

track guidance system | sistema de radioalineación.

track guide | guía de trayectoria (radionavegación).

track hopper | gánguil de ferrocarril.

track jack | gato de vía (ferrocarril).

track laying | tendido de vía (ferrocarriles).

track length | longitud de traza (nuclear).

track of the particle | trayectoria de la partícula.

track pitch | distancia entre pistas.

track radar | radar de tiro.

track record | registro de pistas.

track roller | bola de un rodamiento.

track sector | sector de pistas.

track selector | selector de pista (registros magnéticos).

track test | prueba de pista.

tracker | anteojo seguidor | radar seguidor del blanco.

tracking | búsqueda | sondeo | rastreo | arrastre (radio).

tracking alignment | alineamiento de pistas (registros magnéticos).

tracking antenna | antena de rastreo | antena de seguimiento.

tracking beam | haz de seguimiento.

tracking channel | canal de seguimiento.

tracking control | control de seguimiento (grabadora).

tracking element | elemento de rastreo | elemento de seguimiento.

tracking filter | filtro de seguimiento.

tracking network | red de seguimiento.

tracking radar | radar de seguimiento | radar de exploración, radar de rastreo.

tracking receiver | receptor de seguimiento.

tracking rod | sonda | varilla guía.

tracking spacecraft | astronave de seguimiento.

tracking station | estación de seguimiento.

tracking system | sistema de rastreo.

tracklaying | tendido de la vía.

track-to-track seek time | tiempo de búsqueda pista a pista (informática).

traction | tracción.

traction dynamometer | dinamómetro de tracción.

traction motor | motor de tracción.

traction network | red de tracción.

tractional resistance | resistencia traccional, resistencia de arranque.

tractive force | fuerza tractora | esfuerzo motor.

tractive power | esfuerzo de tracción.

tractive pull | fuerza de tracción.

tractor | tractor | propulsor | impulsor.

tractor feed | arrastre de dientes (impresora).

tractor propeller | hélice tractora.

tractor shovel | pala tractorizada.

trade wastes | desechos industriales, residuos industriales.

trade wind | viento alisio.

traffic | tráfico | circulación.

traffic analysis | análisis del tráfico.

traffic channel | canal para el tránsito aéreo.

traffic circuit | circuito de servicio | circuito de tráfico (telecomunicación).

traffic computer | ordenador de tránsito.

traffic control | regulación de la circulación | control del tráfico aéreo.

traffic curve | curva de tráfico (telecomunicaciones).

traffic diagram | diagrama de líneas (telefonía) | diagrama de tráfico.

traffic flow | volumen de tráfico (telefonía) | corriente de tránsito (aeronáutica).

traffic load | carga de explotación (ferrocarriles) | capacidad de tráfico.

traffic meter | contador de tráfico | registrador de llamadas automáticas (telefonía).

traffic record | registro de tráfico (telefonía).

traffic regulation | control de tránsito.

traffic room | sala de operadores (radio).

traffic summary | estadística de tráfico (telecomunicación).

traffic wave | onda de tráfico (radio).

traffic-carrying capacity | capacidad de tráfico (telecomunicaciones).

trail | pista | persistencia (tubo rayos catódicos) | trayectoria.

trail (to) | arrastrar | remolcar.

trailer | coche de remolque, remolque | carro de remolque.

trailer truck | camión con remolque.

trailer van | remolque.

trailer-coach | remolque.

trailing aerial | antena telescópica.

trailing cable | cable de remolque.

trailing screw | sinfín de granzas.

trailing-point switch | cambio de agujas de arrastre, cambio de talón, agujas tomadas de talón (ferrocarril).

train | tren | sistema de engranajes, tren de engranajes.

train brake relay | relé del freno de puntería en azimut.

train of waves | tren de ondas.

train pipe | tubería general del frenado (trenes).

train system | sistema de remolque.

train (to) | trazar (un filón) | apuntar en dirección, apuntar en azimut.

trainer | apuntador en dirección, apuntador en azimut (artillería) | dispositivo de entrenamiento.

trainer aircraft | avión de adiestramiento.

training | ejercitación | regulación | orientación.

training angle | ángulo de puntería en dirección, ángulo de puntería en azimut.

training dike | dique de guía, dique de encauzamiento.

training flight | vuelo de entrenamiento.

training gear | mecanismo de puntería en dirección (cañones) | mecanismo de orientación | visual de apuntar (artillería).

training idler | polea de guía.

training indicator | indicador de puntería azimutal.

training motor | motor de orientación.

training plane | avión escuela.

training power | potencia de puntería azimutal (artillería).

training shaft | eje de orientación | eje de puntería azimutal.

training ship | buque escuela.

trajectory | trayectoria.

trajectory chart | gráfico de trayectorias.

tram level | galería de arrastre (minas).

tram (to) | arrastrar por vía Decauville (minas) | ajustar (mecánica).

tramcar | vagoneta (minería).

trammel | compás de varas | elipsógrafo.

tramp element | elemento captador de oxígeno (metalurgia).

transaction code | código de operación.

transaction file | archivo de movimientos (informática).

transadmittance | transadmitancia (electrodos).

transceiver | transmisor-receptor | emisor-receptor portátil | transceptor (radio).

transcoder | transcodificador.

transcodificator | transcodificador.

transcoding | conversión de color.

transcribe (to) | transcribir.

transcriber | transcriptor, registrador.

transcribing machine | dictáfono.

transcription | transcripción.

trans-dimer | dímero trans (química).

transdiode | transdiodo (electrónica).

transduce (to) | transducir.

transducer | captor | transductor, convertidor de energía de transformación.

transducer blocked impedance | impedancia en vacío del transductor.

transducer gain | ganancia de un transductor.

transducer head | cabeza de transductor.

transducer loss | pérdida transductiva | pérdida de transductor.

transducer powerloss | pérdida transductiva.

transducer scanner | explorador de transductores.

transducer tube | tubo transductor (electrónica).

transducing piezoid | cuarzo transductor.

transductor | transductor.

transductor amplifier | amplificador magnético.

transductor-operated | accionado por transductor.

transfer | transferencia | traspaso | desplazamiento.

transfer admittance | admitancia de transferencia.

transfer board | conmutador de tránsito.

transfer canal | canal de transferencia (nuclear).

transfer channel | canal de transferencia.

transfer check (to) | transferir el control (informática).

transfer circuit | circuito de transferencia | circuito intermedio (telefonía).

transfer current | corriente de transferencia.

transfer device | dispositivo de conversion.

transfer electrode | electrodo de transferencia (electrónica).

transfer impedance | impedancia de transferencia.

transfer lever | palanca de transferencia.

transfer loop | circuito de transferencia (informática).

transfer moulding | moldeo a presión.

transfer of control | transferencia de control (aeronáutica).

transfer orbit | orbita de transferencia.

transfer oscillator | oscilador de transferencia.

transfer pipe | tubería de trasiego.

transfer print | transferencia de impresión (informática).

transfer pump | bomba de trasiego.

transfer station | estación de transbordo.

transfer switch | conectador.

transfer time I tiempo de conmutación (telefonía) I tiempo de transferencia.

transfer (to) I transmitir I transferir I trasegar.

transfer trunk I enlace de transferencia (telefonía).

transfer vector I vector de transferencia.

transfluxor I transfluxor (núcleo ferromagnético).

transformation I transformación, conversión.

transformation range I intervalo térmico de transformación, intervalo crítico (metalurgia).

transformation resistance I resistencia de transformación.

transformation series I familia radiactiva (nuclear).

transformer I transformador.

transformer coil I bobina transformadora.

transformer core I núcleo de transformador.

transformer tap I toma del transformador.

transformer trimmer I compensador de transformación (radio).

transformer voltage ratio I relación de tensiones del transformador.

transformer-coupled I conectado a un transformador.

transformer-coupled amplifier I amplificador acoplado por transformador.

transforming section I línea de adaptación (telefonía).

transgranular crack I grieta transcristalina.

transient I transitorio I corriente momentánea I corriente de sobrevoltaje, extracorriente I perturbación transitoria I oscilación momentánea.

transient current I corriente momentánea, corriente discontinua, corriente transitoria.

transient decay current I corriente residual.

transient high flux reactor I reactor nuclear de alto flujo neutrónico transitorio.

transient image I imagen no permanente.

transient load I carga temporal.

transient nucleus I núcleo transitorio (nuclear).

transient pressure I presión transitoria I voltaje transitorio.

transient reactance I reactancia transitoria.

transient short circuit I cortocircuito momentáneo.

transient suppressor I supresor de transitorios (electrónica).

transient torque I par transitorio (electromecánica).

transient voltage I voltaje momentáneo I tensión transitoria.

transient wave I onda móvil transitoria.

transistance I transistancia.

transistor I transistor, amplificador electrónico con un semiconductor.

transistor action I efecto transistor.

transistor analyzer I analizador de transistores.

transistor battery I batería para transistores.

transistor calculator I calculadora transistorizada.

transistor checker I probador de transistores.

transistor circuit I circuito de transistores.

transistor coupled logic I lógica con transistor acoplado.

transistor hybrid parameters I parámetros híbridos del transistor.

transistor logic circuit I circuito lógico de transistor.

transistor network I red de transistores.

transistor oscillator I oscilador transistor.

transistor pulse amplifier I amplificador de impulsiones de transistor.

transistor radio I radiotransistor.

transistor redundancy switch I conmutador de redundancia de transistor.

transistor subcarrier I subportadora de transistores.

transistor-diode logic I lógica del diodo de transistores.

transistorization I transistorización.

transistorized amplifier I amplificador transistorizado.

transistorized F-M signal generator I generador de señales moduladas en frecuencia transistorizado.

transistorized relay I relé transistorizado.

transit I retransmisión I teodolito de brújula.

transit angle I ángulo de tránsito.

transit call I llamada de tránsito (telefonía).

transit circle I círculo meridiano.

transit frame I soporte de teodolito.

transit line I línea de colimación.

transit routing I ruta de tránsito (telecomunicaciones).

transit survey I topografía con teodolito.

transit theodolite I taquímetro I teodolito de anteojo central.

transit traffic I tráfico de tránsito (telefonía).

transit with switching I tránsito con conmutación.

transition I transición.

transition flow I flujo de transición (de laminar a turbulento).

transition joint I junta de transición.

transition piece I pieza de transición, adaptador.

transition radius | curva de unión, curva de enlace.

transition resistance | resistencia de paso (tracción eléctrica).

transition weld | soldadura de transición.

transitional coupling | acoplo transicional.

transitron | transitrón (electrotecnia).

translate (to) | traducir de un lenguaje a otro (informática) | transformar | trasladar.

translating equipment | equipo de traslación (telecomunicaciones).

translating routine | programa de traducción | rutina de traducción.

translation field | campo de selección (telefonía) | banco de contactos (telegrafía).

translator | traductor | translador (telefonía) | repetidor | aparato que recibe señales de un canal y lo transmite en otro canal sin producir señales audio o vídeo (radiocomunicación).

translator transmitter | reemisor (TV).

translatory wave | onda de traslación.

translucent screen | pantalla translúcida.

transmission | transmisión | emisión (radio).

transmission bandwidth | ancho de banda de transmisión.

transmission bridge | puente de transmisión (telecomunicaciones).

transmission casing | caja de cambios (autos).

transmission center | centro transmisor (radio).

transmission channel | canal de transmisión.

transmission code | código de transmisión.

transmission delay | retardo de transmisión.

transmission frame | unidad de información | bloque de transmisión.

transmission gain | ganancia de transmisión (telecomunicación).

transmission grating | red de transmisión (óptica) | retículo de transmisión.

transmission level | nivel de transmisión.

transmission level meter | medidor de nivel de transmisión (hipsómetro).

transmission loss | debilitación en la transmisión.

transmission measuring set | decibelímetro | equipo de medida de transmisión.

transmission network | red de transmisión.

transmission path | vía de transmisión, trayectoria de transmisión (telecomunicación).

transmission performance | calidad de transmisión.

transmission plane | plano de propagación.

transmission pulse | impulso de emisión.

transmission range | alcance de transmisión.

transmission rope | cable de transmisión.

transmission route | vía de transmisión | ruta de transmisión.

transmission unit | unidad de transmisión (telecomunicaciones).

transmission via satellite | transmisión vía satélite.

transmission-line cable | cable de línea de transmisión.

transmission-line coupler | acoplador de líneas de transmisión.

transmission-line power | potencia de línea de transmisión.

transmit amplifier | amplificador de emisión.

transmit control | mando de transmisión.

transmit gain | ganancia de transmisión (telecomunicaciones).

transmit signal | señal de emisión (comunicaciones).

transmit (to) | transmitir | transferir | trasladar | emitir.

transmit-receive relay | relé conmutador de transmisión/recepción.

transmittance | transmitancia (luminotecnia).

transmitted wave | onda transmitida.

transmitter | transmisor.

transmitter current | corriente microfónica (telecomunicación).

transmitter damping | amortiguamiento del transmisor.

transmitter key | manipulador (telegrafía).

transmitter output | potencia de emisión.

transmitter output voltage | tensión de salida del transmisor.

transmitter power | potencia de emisión.

transmitter receiver | transmisor receptor.

transmitter supply | alimentación microfónica (telecomunicación).

transmitter synchro | sincrotransmisor.

transmitter unit | unidad transmisora.

transmitting antenna | antena transmisora.

transmitting antenne | antena emisora.

transmitting loop | bucle de transmisión (telecomunicación).

transmitting power response | respuesta de potencia (electroacústica).

transmitting set | radiotransmisor.

transmitting station | estación emisora (comunicaciones).

transmitting system | sistema emisor.

transoceanic | transoceánico.

transoceanic circuit | circuito transoceánico.

transoceanic link | enlace transoceánico (telecomunicaciones).

transom | tirante | dintel | travesaño.

transonic I supersónico I transónico (número de Mach entre 0,9 y 1,1).

transonic acceleration I aceleración transónica (avión supersónico).

transonic aerodynamics I aerodinámica transónica.

transonic drag I resistencia transónica.

transonic flight I vuelo transónico.

transonic flow I flujo transónico.

transonic propeller I hélice transónica.

transonic speed I velocidad transónica.

transparency I transparencia I diapositiva.

transparency projector I proyector de transparencias.

transparency slide I diapositiva.

transparent I transparente.

transpolar I transpolar.

transpolar navigation I navegación transpolar.

transpolarizer I transpolarizador (electrónica).

transponder I repetidor (telecomunicación) I respondedor (IFF) I transpondedor I emisor-receptor accionado por impulsos I estación receptora-transmisor.

transponder beacon I baliza respondedora (de un transpondedor) I radiofaro transpondor.

transponder set I equipo transpondor.

transport cross-section I sección eficaz de transporte (nuclear).

transport effects I efectos de transporte (semiconductores).

transport time I tiempo de transferencia (informática).

transport (to) I transportar.

transposer I repetidor I reemisor.

transposing gear I engranaje de transposición.

transposition I transposición I cruzamiento.

transposition insulator I aislador de transposición (línea telefónica).

transreceiver I transceptor.

transversal recording I grabación magnética transversal.

transverse check I comprobación transversal.

transverse crosstalk coupling I acoplamiento diafónico transversal.

transverse current I corriente transversal.

transverse force I fuerza de corte I fuerza transversal.

transverse overvoltage I sobretensión transversal.

transverse strain I deformación transversal.

transverse strength I resistencia transversal.

transverse stress I carga de flexión.

transverse test I prueba de flexión.

transverse voltage I tensión transversal (electricidad).

transverter I conmutatriz, convertidor de corriente continua a alterna y viceversa, permutatriz (electricidad).

trap I purgador de vapor (tuberías) I poceta I colector I circuito eliminador.

trap circuit I circuito eliminador.

trap handling routine I rutina de gestión de interrupciones.

trap (to) I poner sifón (tuberías).

trap valve I válvula del obturador.

trap vector I vector de interrupciones (rutinas).

trapezoidal generator I generador de onda trapecial (electrónica).

trapezoidal input wave I onda de entrada trapezoidal.

trapezoidal pattern I imagen en trapecio (TV).

trapped I retenido I captado I ocluido.

trapped electrons I electrones retenidos, electrones cautivos.

trapped radiation I radiación atrapada.

trapping I retención I bloqueo I oclusión I captura (comunicaciones).

trapping center I centro de captura (semiconductores).

trapping level I nivel de captura (semiconductores).

trapping voltage I voltaje de bloqueo.

travel I desplazamiento I propagación I carrera (máquinas) I avance (máquinas herramientas).

travel ghosts I imágenes múltiples (TV).

travel indicator I indicador de apertura (válvulas).

travel mechanism I mecanismo de avance.

travel shot I toma seguida (cámara).

traveling head I cabezal móvil.

traveling nut I tuerca desplazable.

traveling overvoltage I sobretensión móvil.

traveling plane wave I onda plana progresiva.

traveling platform I carro transportador I plataforma móvil.

traveling (U.S.) I travelín, toma de una escena mientras la cámara se acerca o separa del objeto I traslación (puente-grúa).

traveling wave I onda vagante (hidráulica) I onda progresiva (física).

traveling wheel I rueda portadora.

traveling-wave accelerator I acelerador de ondas progresivas.

traveling-wave magnetron I magnetrón de onda progresiva.

traveling-wave maser I máser de onda progresiva.

travelling band I banda transportadora.

travelling block I polea móvil.

travelling crane I grúa móvil.

travelling ionospheric disturbance I perturbación ionosférica itinerante.

travelling probe I sonda móvil.

travelling wave I onda viajera.

travelling wave tube I tubo de ondas progresivas.

travel-reversing switch I conmutador de cambio de marcha.

traverse I avance longitudinal (tornos) I línea transversal, itinerario (topografía) I carrera (máquina herramienta) I pasada (rectificado) I puntería en azimut, puntería en dirección.

traverse feed I avance de la herramienta I avance longitudinal (tornos).

traverse in azimuth I ángulo de puntería en dirección.

traverse sailing I navegación transversal.

traverse table I cuadro de latitudes y desviaciones (topografía) I tabla de coordenadas de latitud y longitud.

traverse (to) I atravesar, cruzar, trazar un itinerario I apuntar en dirección, apuntar en azimut.

traversing I ángulo de puntería en dirección I avance transversal, movimiento transversal I puntería en dirección, puntería azimutal (cañones).

treat (to) I tratar químicamente.

treater I purificador (gas o petróleo).

treatment I depuración.

treble I tonos altos I agudos (acústica) I frecuencias altas.

treble block I aparejo I polipasto (mecánica).

treble boost control I control reforzador de agudos (acústica).

treble reproducer I reproductor de agudos (acústica).

treble resonance I resonancia de alta frecuencia (acústica).

tree branch I circuito derivado (electricidad).

tree circuit I circuito ramificado.

tree network I red no mallada (electricidad).

treeing I conjunto de caminos conductores (deterioro de dieléctricos).

tremble I vibración.

trembler I ruptor (electricidad) I vibrador.

tremie I tolva.

tremor I vibración I trepidación.

trench I foso I zanja I fosa.

trench brace I codal.

trench bracing I acodalamiento I entibación (construcción).

trench digger I zanjadora de cangilones.

trencher I zanjadora de cangilones I excavadora.

trepan I trépano.

trepan (to) I trepanar.

trepanning drill I broca trepanadora.

trepanning head I cabezal trepanador.

trepanning tool I herramienta ahuecadora.

trestle I bastidor I caballete.

trestlework I estructura de caballetes I castillete.

triac I tiristor bidireccional I triac (electrotecnia).

triad I trivalente I triádico I triplete (radio).

trial I ensayo, experimento I prueba.

trial and error I método de tanteo.

trial drilling I sondeo de investigación I sondeo de prospección.

trial flight I vuelo de prueba.

trial hole I sondeo.

trial lenses I lentes graduadas.

trial mix I probeta.

trial pit I agujero de prospección I calicata.

trial proof I prueba de grabador.

trial run I pasada de comprobación I marcha de prueba (motores) I pasada de prueba (informática).

triangle I triángulo.

triangular I triangular.

triangular lattice I red de prismas triangulares (cristalografía).

triangular pulse I impulso triangular (electrónica).

triangular random noise I ruido errático triangular (espectral).

triangular scale I escalímetro.

triangular voltage I tensión de onda triangular.

triangular wave I onda triangular.

triangulation net I red de triangulación.

triaxial I triaxial.

triaxial cable I cable triaxial.

tribometer I tribómetro (medidor de rozamientos).

tributary circuit I circuito tributario (telecomunicación).

tributary station I estación tributaria (telecomunicación) I estación subordinada.

trichite I triquita.

trichloride I tricloruro.

trickle I goteo I escurrimiento.

trickle charge I carga lenta, carga de entretenimiento (acumuladores).

trickle current I corriente de carga lenta (acumuladores).

trickle (to) I gotear I destilar.

trickling filter | filtro percolador, filtro de escurrimiento.

triclinic system | sistema triclínico, sistema asimétrico.

tricolor beam | haz tricolor (TV).

tricolor picture tube | cinescopio tricolor (TV).

tricolor tube | tubo tricolor.

tricon | tricón (radionavegación).

tricone | tricono.

tricresyl phosphate | fosfato triclesilo.

tridimensional | tridimensional.

tridop | tridop (seguimiento de proyectiles).

triductor | triductor.

trifocal lenses | lentes trifocales.

triforium | triforio (arquitectura).

trigger | activador | disparador | trinquete | circuito de mando, circuito de excitación | circuito basculador.

trigger action | acción desencadenante | mecanismo de disparo.

trigger battery | batería de polarización (radio).

trigger button | botón disparador | pulsador disparador.

trigger circuit | circuito de desenganche, circuito desconectador | circuito disparador | circuito activador, circuito excitador.

trigger current | corriente de disparo.

trigger electrode | electrodo de disparo | electrodo de cebado.

trigger grid voltage | voltaje de la rejilla del activador.

trigger points | impulsos activadores.

trigger pulse | impulsor iniciador | impulso activador.

trigger relay | relevador de disparo | relé electrónico | relé primario (termiónica).

trigger shaft | eje del disparador.

trigger sharpener | circuito agudizador de una onda.

trigger timing pulse | impulso de control de tiempo (radar).

trigger (to) | desconectar | lanzar | disparar.

trigger tube | tubo de disparo (electrónica).

triggering | condición de inestabilidad (electrónica).

triggering circuit | circuito activador.

triggering electrode | electrodo de cebado.

triggering level | nivel de desconexión, nivel de desenganche | nivel de actuación (radiofaro respondedor).

triggering pulses | impulsos activadores.

triggering signal | señal disparadora (electrotecnia).

trigonal | triangular | trigonal (cristalografía).

trigonal chromium carbide | carburo de cromo trigonal.

trigonal reflector antenna | antena de reflector triedro.

trigonal system | sistema trigonal.

trigonometer | trigonómetro.

trim | guarnición | contramarco | equilibrio, compensación (aviones) | equilibrio en vuelo rectilíneo (aviones).

trim angle | posición de equilibrio | ángulo de asiento del casco (buques) | ángulo de asiento (hidroavión de canoa) | ángulo de la aleta de compensación (aviones).

trim shield | tapa de ajuste.

trim speed | velocidad de compensación.

trim tab | aleta de compensación.

trim (to) | equilibrar los calados | ajustar | rebabar | equilibrar | encuadrar | calibrar.

trimmed | ajustado | cortado a medidas exactas | equilibrado (aviones) | asentado.

trimmer | ribeteador (máquina de coser) | recortadora, desbastadora (serrerías) | condensador de derivación de equilibrio, capacitor compensador de ajuste (radio).

trimmer capacitor | capacitor de corrección, capacitor de equilibrado.

trimming | orla | ajuste, reglaje | desrebabado | desbaste (de piedra) | compensación.

trimming control | control fino (electricidad) | mando de compensación (aviones).

trimming die | troquel de recortar | matriz de recortar.

trimming potentiometer | potenciómetro de regulación.

trimming rheostat | reóstato regulador.

trimming strip | corrector de la aleta de centrado (aviones).

trimming tab | aleta compensadora del timón, aleta de compensación.

trimming tank | tanque de los raseles, tanque de asiento (buques) | tanque de equilibrio.

trimode waveguide | guía de ondas de tres modos.

trinistor | trinistor (semiconductor).

trinitrobenzene | trinitrobenceno (química).

trinitrotoluene | trinitrotolueno.

triode | triodo.

triode amplifier | amplificador de triodos.

triode clipping circuit | circuito recortador con triodo.

triode flip-flop | báscula de triodos (electrónica).

triode oscillator | oscilador triodo.

triode switch | conmutador triodo (electrotecnia).

triode voltmeter I voltímetro de triodo.
trioxide I trióxido (química).
trip I desconexión I disyuntor I relé.
trip circuit I circuito desconectador (electrónica).
trip coil I bobina de atracción, bobina de excitación (relé).
trip current I corriente de desenganche, corriente de desconexión (relés).
trip gear I disparador, mecanismo de desenganche.
trip hammer I martillo de báscula.
trip lever I palanca de desenganche I palanca propulsora.
trip magnet I electroimán sincronizador.
trip mechanism I mecanismo de desenganche.
trip pawl I trinquete propulsor.
trip protection circuit I circuito de protección por apertura.
trip relay I relé desconectador.
trip spindle I selector de escobillas.
trip (to) I voltear (transportador), desconectar (relés, etc.) I desenganchar (minas).
trip valve I válvula de detención.
triphaser I alternador trifásico.
triple I triple.
triple bond I triple enlace.
triple diode I triple diodo.
triple valve I válvula de tres vías.
triple-pole I tripolar.
triplet I triplete de carga I red de tres estaciones radiogoniométricas.
triple-throw switch I conmutador de tres vías.
triplexer I triplexor (radar).
tripole I tripolo.
tripout I interrupción de la corriente I disyunción.
tripper I basculador I trinquete I disparador.
tripping I interrupción I desembrague, desenganche I desconexión I disyunción.
tripping bracket I cartabón de contrafuerte.
tripping device I dispositivo de disparo I trinquete I disyuntor I desconectador.
tripping gear I mecanismo de disparo.
tripping relay I relé desconectador.
tripping transformer I transformador para desenganche.
trisilicate I trisilicato (química).
trisulfide I trisulfuro (química).
triterium I triterio.
tritium I tritio (H_3).
triton I núcleo de tritio I tritón (núcleo del tritio).
triturate (to) I triturar.
trivet I trípode.

troilite I troilita.
trolley I remolque I trole.
trolley conveyor I transportador teleférico.
trolley frog I aguja de trole, cruzamiento aéreo.
trolley rail I carril conductor.
trolley wire I cable conductor (trenes eléctricos) I cable de trole.
trommel I criba I tromel, criba giratoria (metalurgia).
trommel (to) I tromelar (metalurgia).
tropic I trópico.
tropical I tropical.
tropical cyclone I ciclón tropical.
tropical disturbance I perturbación tropical (meteorología).
tropometer I tropómetro.
tropometry I tropometría.
troposcatter I difusión troposférica.
troposphere I troposfera.
tropospheric I troposférico.
tropospheric node I nodo troposférico.
tropospheric scatter I dispersión troposférica.
tropospheric wave I onda troposférica.
tropotron I tropotrón (magnetrón).
trouble I avería.
trouble indicator I indicador de averías.
trouble tone I señal de avería.
troubleshooter I aparato localizador de averías.
troubleshooting I localización y reparación de averías.
trough I seno (ondas) I surco de bajas presiones (meteorología) I artesa I cubeta I tolva I pliegue sinclinal.
trough axis I eje sinclinal (geología).
trough compass I brújula declinatoria.
trough conveyor I transportador de cinta cóncava.
trough fault I falla de hundimiento.
trough limb I ala sinclinal.
trough washer I lavadora de cubetas (metalurgia).
trough waveguide I guía de onda abierta longitudinalmente.
troughing I atarjea (electricidad) I canalización.
truck I camión I vagón de mercancías (EE UU) I bogie (EE UU) I carro de rodadura (puente grúa).
truck axle I eje portador (locomotora).
truck mill I batán.
truck wheel I rueda portadora (locomotoras).
true I exacto I verdadero, real.
true airspeed I velocidad verdadera (aviación).
true altitude I altitud real I altura verdadera.

true bearing I marcación verdadera I rumbo verdadero.

true course I rumbo astronómico, rumbo verdadero.

true fit I ajuste exacto.

true meridian I meridiano geográfico I meridiano astronómico.

true north I norte geográfico I norte verdadero.

true pitch I paso real.

true plot I trazado verdadero (radar).

true position I posición real (navegación).

true power I potencia real, potencia activa, potencia eficaz (electricidad).

true resistance I resistencia real (electricidad).

true screw I hélice de paso invariable.

true specific gravity I densidad absoluta.

true time I tiempo real I tiempo solar.

true (to) I reacondicionar, reavivar, rectificar (muelas abrasivas).

true up (to) I pulir, alisar, corregir, rectificar I igualar.

true watts I vatios efectivos.

trueing I ajuste I corrección.

trueness I exactitud, precisión.

true-strain energy I energía de deformación real.

truing I conformación de la muela abrasiva I rectificación.

trumpeting I abocinamiento (tubos).

truncate (to) I truncar.

truncated picture I imagen truncada (TV).

trunk I línea de unión (telefonía) I red I línea principal I tubería principal I enlace.

trunk circuit I circuito principal (telecomunicación).

trunk control center I centro de control arterial (telefonía).

trunk distribution frame I cuadro de distribución de enlace.

trunk exchange I central interurbana (telefonía).

trunk feeder I alimentador principal.

trunk finder I buscador de enlaces (telefonía).

trunk group I grupo de enlaces (telecomunicación).

trunk hunting I busca de enlaces (telefonía).

trunk line I circuito principal (telefonía) I línea principal (ferrocarril) I línea interurbana (telefonía) I línea de conexión telefónica.

trunk main I colector principal.

trunk pipeline I canalización principal.

trunk route I ruta de enlace (telefonía) I ruta principal.

trunk telegraph circuit I circuito telegráfico de enlace.

trunk test rack I mesa de pruebas (telefonía).

trunk transmission line I línea principal de transmisión.

trunk-hunting switch I conmutador buscador de enlace.

trunking I circuito de unión I enlace.

trunking diagram I esquema del cableado I plano de la red (telefonía).

trunnel I espiga, cabilla, clavija.

trunnion axis I eje de basculación I eje de rotación I eje de muñones.

trunnion center I eje del muñón.

truss I armazón I pieza de refuerzo I cercha I viga de celosía I viga reticulada.

truss beam I viga de celosía.

truss post I pendolón (arquitectura).

truss rod I tirante de cercha.

truss (to) I reforzar I atirantar I apuntalar, atirantar (vigas) I aferrar (velas).

trussed arch I arco de celosía.

trussed beam I viga reforzada, viga atirantada.

trussed girder I viga reforzada.

trusswork I entramado.

try I ensayo I prueba.

try cock I espita de medida I grifo de purga I grifo de prueba.

try square I escuadra de mecánico I escuadra de espaldón I cartabón.

try (to) I probar, ensayar.

T-slot I muesca de sección en T I ranura en T.

T-slot cutter I fresa para ranuras en T.

tsunami I tsunami (oceonografía) I onda marina sísmica, maremoto.

tub I tina, cuba I cubeta I tonel.

tub (to) I revestir, entubar, blindar (minas).

tub wheel I rueda de cuba (hidráulica).

tubage I entibación, blindaje (minas).

tubbing I entibación (minas) I entubación.

tube I tubo electrónico I válvula electrónica, conducto I cámara de aire (neumáticos) I tubo I ferrocarril subterráneo.

tube beader I rebordeadora de tubos, abocardadora de tubos.

tube bender I curvadora de tubos I dobladora de tubos.

tube bundle I paquete de tubos I haz de tubos.

tube circuit I circuito de válvulas I circuito de tubos electrónicos.

tube cooling I refrigeración del tubo (electrónica).

tube detection I detección por válvula (radio).

tube drainage I drenaje tubular.

tube electrometer I tubo electrómetro.

tube equipment I equipo valvular (electrónica).

tube expander tool I mandril.

tube filament I filamento tubo.

tube furnace I horno de galera I horno de tubo.

tube guide I guía para tubos electrónicos.

tube insulator I aislador tubular.

tube lifter I extractor de válvulas.

tube mill I molino tubular I laminador para tubos.

tube of flow I tubo de corriente (electricidad).

tube oscillator I oscilador de tubo (electrónica).

tube pilot I guía para tubos electrónicos.

tube pin I espiga de tubo electrónico.

tube puller I extractor de tubos electrónicos.

tube radiator I radiador de tubos.

tube receiver I receptor de tubos electrónicos (radio).

tube relay I relé de válvulas electrónicas.

tube rolling I laminación de tubos.

tube rolling mill I laminador de tubos.

tube sampler I tubo de muestreo.

tube saw I sierra cilíndrica.

tube shield I blindaje de tubo.

tube sight I alza de anteojo (cañón).

tube socket I zócalo portaválvula I zócalo de tubo.

tube tester I comprobador de tubos electrónicos I comprobador de válvulas I comprobador de lámparas termiónicas.

tube valve I válvula con obturador tubular.

tube voltage I tensión de lámpara.

tube voltage drop I caída de tensión de un tubo electrónico I caída de tensión de válvula.

tube voltmeter I voltímetro electrónico.

tubeless I sin cartucho (fusibles) I sin cámara interior (neumáticos) I sin tubo I sin válvula termiónica.

tubeless tire I neumático sin cámara de aire.

tubing I tubería de revestimiento I cañería I tubería I tubuladura I entubación, tubería de producción, tubería de explotación (pozo petróleo).

tubing safety valve I válvula de seguridad de la tubería.

tubular I tubular.

tubular busbar I barra de distribución tubular (electrónica).

tubular capacitor I capacitor tubular.

tubular cooler I enfriador tubular.

tubular frame I bastidor tubular, marco de tubos.

tubular pinch I estricción tubular (física).

tubular plate I placa de tubos (acumuladores).

tubular probe I sonda tubular.

Tudor arch I arco conopial, arco de cuatro centros.

tufa I toba caliza, toba calcárea I toba (geología).

tuff I toba volcánica.

tug I remolcador I remolque.

tug (to) I arrastrar I remolcar.

tugboat I remolcador.

tugger I remolcador.

tugger hoist I torno de izar pequeño de aire comprimido.

tugmaster I cabeza tractora.

tumble bay I lecho amortiguador, amortiguador de energía (pie de presas).

tumbler I basculador I volteador I tambor giratorio I tambor desarenador (fjunderías).

tumbler gear I engranaje de cambio de velocidad I engranaje inversor.

tumbler graduate I vaso graduado.

tumbler switch I conmutador oscilante, interruptor unipolar de bajo voltaje.

tumbling shaft I eje de levas.

tun dish I artesa de colada (lingotes).

tunable I sintonizable.

tunable magnetron I magnetrón sintonizable.

tunable probe I testigo sonda sintonizable.

tune I tono I sintonía.

tune (to) I modular, sintonizar (radio, TV) I reglar, afinar (motores).

tuned I sintonizado (radio, TV) I reglado, afinado (motores, aparatos).

tuned aerial I antena sintonizada.

tuned amplifier I amplificador de resonancia.

tuned anode coupling I acoplamiento anódico sintonizado.

tuned circuit I circuito resonante I circuito sintonizado.

tuned dipole I dipolo sintonizado.

tuned filter I filtro sintonizado (circuitos).

tuned load I carga sintonizada (circuitos).

tuned plate circuit I circuito anódico sintonizado.

tuned relay I relé sintonizado.

tuned transformer I transformador sintonizado.

tuned-reed relay I relé de resonancia, relé armónico.

tuner I sintonizador I selector (radio).

tuneup I sintonización I reglaje (motores) I puesta a punto.

tungsten I tungsteno, volframio.

tungsten arc I arco de tungsteno.

tungsten arc spot welding I soldadura por puntos con arco de electrodo de tungsteno.

tungsten argon-arc welding I soldeo por arco en atmósfera de argón con electrodo infungible de volframio.
tungsten carbide I carburo de volframio.
tungsten filament I filamento de tungsteno.
tungsten lamp I lámpara de tungsteno.
tungsten steel I acero al tungsteno.
tungsten-alloyed steel I acero volframioso.
tuning I sintonización I reglaje, afinación (motores).
tuning band I banda de sintonía (radio).
tuning capacitor I condensador de sintonía.
tuning circuit I circuito sintonizador.
tuning dial I cuadrante de sintonización.
tuning eye I indicador de sintonía.
tuning frequency I frecuencia de sintonía.
tuning meter I indicador de sintonía.
tuning probe I sonda sintonizable.
tuning pulse I impulso de sintonización.
tuning range I alcance de sintonía.
tuning screw I tornillo de sintonía (microondas).
tuning unit I sintonizador.
tunnel I tubo de chimenea, tragante (hornos) I túnel I canal hidrodinámico.
tunnel cathode I cátodo de efecto túnel (electrónica).
tunnel current I corriente por efecto túnel (electrónica).
tunnel diode I diodo con efecto túnel, diodo túnel.
tunnel diode amplifier I amplificador a diodo tunel.
tunnel diode logic circuit I circuito lógico con diodo de tipo túnel.
tunnel effect I filtración cuántica I efecto túnel.
tunnel furnace I horno de túnel, horno de galería.
tunnel gage I gálibo de carga (ferrocarril).
tunnel kiln I horno de túnel.
tunnel oven I horno de túnel.
tunnel resistor I resistor túnel.
tunnel (to) I excavar una galería I excavar un túnel I horadar I horadar un túnel.
tunnel-emission device I dispositivo de emisión por efecto túnel (semiconductores).
tunneling I perforación I construcción de túneles.
tunneling effect I efecto túnel (electrónica).
turbine I turbina.
turbine alignment gage I galga para alineación del eje de la turbina.
turbine box I cárter de la turbina.
turbine bucket I paleta de turbina.
turbine cooler unit I turborrefrigerador.

turbine drilling I turbosondeo.
turbine engine I motor de turbina.
turbine nozzle I tobera de turbina.
turbine powered plane I avión de turbina.
turbine pump I turbobomba.
turbine runner I rodete de turbina hidráulica.
turbine shaft I árbol de turbina.
turbine ship I turbonave.
turbine stop valve I válvula de cierre de la turbina.
turbine wheel I rotor de turbina.
turbine-driven I accionado por turbina.
turbine-driven pressure charger I soplante de turbina.
turbine-driven propeller I turbohélice (aeroplanos).
turbine-electric propulsion I propulsión turboeléctrica.
turbine-engined aircraft I avión con turbina de gases.
turbine-generator unit I grupo turboalternador.
turbine-powered I accionado por turbina.
turbine-propeller engine I motor de turbohélice (aviones).
turbine-type machines I turbomáquina I turbodinamo I turboalternador.
turboaerator I turboaireador.
turboagitator I turboagitador.
turboalternator I turboalternador.
turboblower I turboventilador I turbosoplante (para hornos) I turbocompresor (motores).
turbobooster I turbosoplante.
turbocharged I sobrealimentación (motores).
turbocharger I turbosoplante I turbosobrealimentador (motores).
turbocirculator I turbocirculador.
turbocollector I turboaspirador.
turbocompressor I turbocompresor.
turboconvector I turboconvector.
turboconvertor I turboconvertidor.
turbocoring I turboextracción de testigos (sondeos).
turbodrill I turbotaladro.
turbodrilling I turboperforación.
turbodriven I accionado por turbina.
turbodryer I turbosecador.
turbodynamo I turbodinamo.
turboelectric drive I propulsión turboeléctrica.
turboelectric power station I central turboeléctrica.
turboengine I turbomotor.
turboexciter I turboexcitador (electricidad).
turboexhauster I turboexhaustor.
turboexpander I turboexpansor.
turboexpansion I turboexpansión.

turboextractor I turboextractor.
turbofan I turboventilador.
turbofan reactor I reactor de doble flujo (aviación).
turbofuel I gasolina para turborreactores (aviación).
turbogenerator I turbodinamo I turbogenerador I turboalternador.
turbogenerator set I grupo turbogenerador (electricidad).
turbojet I turborreactor.
turbojet engine I motor turborreactor.
turbomachine I turbomáquina.
turbomachinery I turbomaquinaria.
turbomixer I turbomezclador.
turbomotor I turbomotor.
turbopneumatic I turboneumático.
turboprop I turbohélice.
turboprop engine I grupo turbohélice I motor turbohélice I turbopropulsor.
turbopropeller I turbohélice.
turboprop-jet engine I turbohélice.
turbopropulsion I turbopropulsión.
turboramjet I turborreactor a postcombustion.
turboramjet engine I motor turborreactor a postcombustión.
turboreactor I turborreactor.
turborotor I rotor de turbina.
turbostarter I turboarrancador.
turbosupercharged engine I motor turbosobrealimentado.
turbosupercharger I turbosobrealimentador.
turbothermal machine I máquina turbotérmica.
turbotransmission I turbotransmisión.
turboventilator I turboventilador.
turbulence I turbulencia.
turbulent diffusion in a stratified fluid I difusión turbulenta en un fluido estratificado.
turbulent jet I chorro turbulento.
turbulent layer I capa turbulenta (meteorología).
turbulent vorticity I vorticidad turbulenta.
turf I turba.
turn I giro I vuelta.
turn off (to) I desviar I apagar I desconectar I desactivar (electrónica).
turn on (to) I abrir la llave I conectar.
turn pulley I polea de retorno.
turn ratio I relación de transformación.
turn switch I interruptor giratorio I conmutador giratorio.
turn (to) I girar I tornear I voltear I virar.
turnaround time I tiempo de respuesta I tiempo de inversión I tiempo de ejecución.

turning I recodo I viraje I vuelta, rodeo I giro.
turning area I área de viraje (aeropuertos).
turning axis I eje de giro.
turning force I par de rotación I par motor.
turning gear I virador.
turning gouge I escoplo para tornear.
turning moment I momento de rotación.
turning motion I movimiento de rotación.
turning pair I par cinemático rotoidal I par giratorio I par motor.
turning piece I formaleta.
turning pin I punzón.
turning point I punto de inflexión I punto de cambio I punto de viraje I punto de mutación.
turning radius I radio de giro.
turning torque I par de giro.
turn-off I desconexión.
turnoff circuit I circuito de interrupción.
turnoff current I corriente de interrupción.
turnoff time I tiempo de bloqueo (válvulas electrónicas) I tiempo de desconexión.
turn-on I puesta en circuito (electricidad).
turn-on delay time I retardo de activación (electrónica).
turn-on plasma I plasma de desbloqueo (tiristores).
turn-on time I tiempo de desbloqueo I intervalo de activación (electrónica).
turnpin I mandril abocardador.
turnplate I placa giratoria (ferrocarril) I disco giratorio (microscopio) I plataforma giratoria.
turnscrew I destornillador.
turnstile I torniquete, molinete.
turnstile antenna I antena de molinete, antena cruzada.
turntable I mesa giratoria I soporte plano giratorio I placa giratoria (ferrocarril) I plataforma giratoria.
turpentine I aguarrás I trementina.
turret I torreta, portaherramienta revólver (tornos).
turret lathe I torno revólver.
turret press I prensa revólver.
turret slide I carro portatorreta.
turret terminal I borna de conexión.
turret tuner I sintonizador giratorio I sintonizador de torreta.
turret-mounted I montado en torre (cañones) I montado en la torreta (aviones).
tuyere I tobera.
tuyere nozzle I bocín de tobera (alto horno).
tuyere pipe I portaviento (alto horno).
tuyere sack I manga (alto horno).
tuyere stock I boquilla de la tobera (alto horno).

TV bulb I tubo de televisión.
TV cable system I sistema de TV por cable.
TV picture tube cannon I cañón electrónico de tubo de rayos catódicos para televisión.
TV-aluminized tube I tubo aluminizado para TV.
TV-controlled I controlado por televisión.
TV-equipped I equipado con TV.
tweeter I altavoz para notas agudas, altavoz reforzador de altos.
tweezers I tenacillas I pinzas (para coger letras).
twice speed of sound I velocidad bisónica.
twin I dual I macla (cristalografía).
twin axis I eje de maclas.
twin band I banda de macla (cristalografía).
twin cable I cable de dos conductores aislados retorcidos entre sí I cable de varios pares (telefonía).
twin check I prueba por duplicación (equipo).
twin clip I pinza de conexión doble (electrónica).
twin coaxial cable I cable coaxial doble.
twin compressor I compresor bicilíndrico.
twin crystal I macla (cristalografía).
twin diode I doble diodo (electrónica).
twin ignition I ignición doble I doble encendido.
twin jet I birreactor.
twin jet plane I avión birreactor.
twin line I línea bifilar.
twin marking I traza de macla (cristalografía).
twin mount I montaje doble (cañones).
twin rolling mill I tren laminador doble.
twin spool turbojet I turborreactor de doble manguito I reactor de dos rotores.
twin (to) I maclar.
twin track I doble pista.
twin triode I triodo doble, duotriodo.
twin-arc welding I soldeo con dos electrodos.
twin-bundled conductor I conductor bifilar por fase (línea trifásica).
twin-core I bifilar (cables).
twin-cored electrode I electrodo de doble alma.
twin-engine I bimotor.
twin-engine high-wing monoplane I monoplano bimotor de ala alta.
twin-engine plane I avión bimotor.
twin-hulled ferry I transbordador en catamarán.
twining plane I plano de maclación.
twin-motor aircraft I avión bimotor.
twinning I maclaje, maclación I hemitropía (cristalografía).

twin-rotor I birrotórico.
twin-steered truck I camión de doble eje direccional.
twin-turbine I biturbina.
twirl I rotación, vuelta, giro.
twirl (to) I girar I rotar.
twist I enroscadura I hilo, torzal, cordoncillo I nudo de urdimbre I alabeo (chapas) I torsión I deformación por torsión.
twist compensator I compensador de torsión.
twist drill I broca helicoidal I broca espiral.
twist moment I momento torsional.
twist off I rotura por torsión, rotura de varillas (sondeos).
twist pitch I paso del cableado (cables).
twist (to) I torcer, retorcer I entrelazar, entretejer I arrollar I torsionar.
twisted I torcido I revirado I retorcido I enroscado.
twisted pair I par trenzado.
twisted treble cable I cable de tres conductores trenzados.
twister I retorcedora, continua de retorcer.
twisting I torsión I torsionamiento I reviro, alabeo, abarquillamiento (maderas).
twisting moment I momento de torsión I momento de rotación.
twisting torque I par torsor.
twistor I hilo cilíndrico ferromagnético con núcleo amagnético I tuistor.
two beam display I imagen de dos haces (radar).
two beam radar I radar de dos haces.
two channel switch I conmutador a dos canales.
two conductor plug I clavija de dos conductores.
two cylinder engine I motor bicilíndrico.
two emitter transistor I transistor de dos emisores.
two high roll I tren laminador doble.
two link international call I conferencia internacional de doble tránsito.
two lipped cutter I fresa de dos labios, fresa de dos cortes.
two port network I red de doble acceso.
two shaft I biéje.
two tone telegraphy I telegrafía en dos frecuencias.
two way channel I canal de dos direcciones.
two way connection I comunicación bilateral.
two way switch I conmutador de dos vías.
two wire circuit I circuito bifilar.
two-axis I biaxial.
two-channel receiver I receptor de dos canales.

two-circuit winding I devanado ondulado.
two-color I bicromático, bicolor.
two-color print I bicromía.
two-component alloy I aleación binaria.
two-conductor I bifilar.
two-conductor cable I cable bifilar.
two-cycle engine I motor de dos tiempos.
two-electrode vacuum-tube I válvula electrónica bielectródica.
two-engine aircraft I avión bimotor.
two-engined I bimotor.
twoflod purchase I aparejo de dos bloques.
twofold screw axis I eje binario helicoidal (cristalografía).
two-gap head I cabeza doble (informática).
two-gyro guidance platform I plataforma de guía de dos giroscopios.
two-high rougher I tren dúo para desbastar.
two-high train I laminador dúo.
two-jet I birreactor.
two-motor I bimotor.
two-noded vibration I vibración binodal.
two-pass condenser I condensador de doble flujo.
two-phase alternator I alternador bifásico.
two-phase current I corriente bifásica.
two-phase flow I flujo bifásico.
two-phase injection I inyección en dos fases.
two-phase motor I motor bifásico.
two-phase system I sistema bifásico.
two-pivoted I biarticulado.
two-pole I dipolo I bipolar.
two-pole cylindrical rotor I rotor cilíndrico bipolar.
two-pole magnetic switch I interruptor magnético bipolar (electricidad).
two-pole switch I conmutador bipolar (electricidad).
two-port network I red de dos accesos.
two-receiver radiometer I radiómetro de dos receptores.
two-revolution engine I motor de cuatro tiempos.
two-shafted ship I buque bihélice.
two-shot cutout I cortocircuito de doble acción.
two-stage I bigradual, bietápico.
two-stage compression I compresión biescalonada, compresión bietápica.
two-stage printed-circuit amplifier I amplificador bietápico de circuito impreso.
two-stage process I proceso de dos fases.
two-stage replication method I método de replicación en dos fases.
two-stage turbine I turbina de doble expansión.

two-standard vertical lathe I torno vertical bimontante.
two-step gauge I galga de dos escalones.
two-step relay I relé de doble efecto I relé de dos posiciones.
two-stroke crosshead engine I motor de cruceta de dos tiempos.
two-stroke-cycle engine I motor de dos tiempos.
two-supply-circuit I circuito de doble alimentación.
two-terminal I bipolar I de dos bornas.
two-terminal network I red de dos bornas.
two-terminal relay I relé bipolar.
two-terminal-pair network I red de dos pares de terminales.
two-throw I bidireccional.
two-tone I bitono I bicolor.
two-tone modulation I modulación de dos tonos (telegrafía).
two-tone signaling I señalización de dos tonos.
two-track recording I registro de dos pistas (registro magnético).
two-valve cathode follower I repetidor catódico bivalvular (radio).
two-way I dos vías, dos direcciones I bidireccional I bilateral.
two-way amplifier I amplificador bilateral.
two-way channel I canal de dos vías (telecomunicaciones).
two-way circuit I circuito bilateral (comunicaciones).
two-way communication I comunicación de doble sentido I comunicación bidireccional.
two-way connection I enlace bilateral (telecomunicaciones).
two-way contact I contacto de dos direcciones (relés).
two-way link I enlace en ambos sentidos (telecomunicación) I malla bidireccional (telecomunicación).
two-way microwave radio link I radioenlace de microondas bidireccional.
two-way radio equipment I equipo emisor y receptor.
two-way radio link I enlace radioeléctrico bilateral.
two-way single-pole switch I conmutador unipolar bidireccional.
two-way station I estación emisora-receptora.
two-way thrust-bearing I cojinete doble de empuje.
two-way valve I válvula de dos vías.
two-way-system I sistema de dos canales.
two-wire I bifilar.

two-wire amplifier I amplificador a dos hilos.
two-wire cable I cable bifilar.
two-wire channel I canal a dos hilos (telecomunicación).
two-wire circuit I circuito bifilar (telecomunicaciones).
two-wire line I línea bifilar.
two-wire repeater I repetidor bifilar.
two-wire route I línea a dos hilos (telecomunicación).
two-wire trunk I línea auxiliar de dos hilos (telefonía).
two-wire winding I devanado bifilar (electricidad).
twyer I tobera.
twystron I twystron.
type I tipo, letra de imprenta.
type A1 wave I onda tipo A1 (comunicaciones).
type casting I fundición de tipos de imprenta.
type check I verificación de tipos.
type gage I tipómetro (tipografía).
type matter I composición.
type metal I metal tipográfico.
type mold I matriz para fundir tipos.
type printer I teletipo.
type printing telegraph I telégrafo impresor.

type test I prueba del prototipo, prueba de homologación.
type test horsepower I potencia homologada.
type (to) I imprimir I tipografiar.
typebar I barra de tipos.
typebox I caja de tipos.
typecase I caja tipográfica (imprenta).
typecast (to) I fundir tipos (tipografía).
typecaster I fundidora de tipos (tipografía).
typecasting machine I máquina de componer (tipografía).
typeface I tipo I carácter (letra).
typesetting I tipografía.
type-setting machine I componedora (imprenta).
typewrite (to) I mecanografiar, escribir a máquina.
typewriter I máquina de escribir.
typhoon I tifón.
typography I tipografía.
typolithography I tipolitografía.
typology I tipología.
typometry I tipometría (tipografía).
tyre (G.B.) I llanta (ruedas) I neumático.
tyre tube I cámara de neumático.
tysonite I tisonita (mineralogía).

U

U abutment I estribo en U (puentes).
U bend I curva en U (tuberías).
U bolt I estribo.
U butt weld I soldadura a tope en U.
U plug I clavija en U.
U.H.F. antenna I antena para hiperfrecuencias.
U.V. irradiation I irradiación con luz ultravioleta.
U.V. radiation I radiación ultravioleta (inferior a 0,3 mm.).
U.V. ray I rayo ultravioleta.
ubitron I ubitrón (microondas).
U-boat I submarino.
udometer I pluviómetro, udómetro.
udomograph I pluviógrafo.
U-format I formato U (calculadora).
ufos I ovnis.
U-groove weld I soldadura de ranura en U.
UHF antenna I antena para hiperfrecuencias.
UHF omnirange I radiofaro onmidireccional de UHF.
UHF oscillator I oscilador de ultrafrecuencia.
uilateral network I red unilateral.
ullage I merma (líquidos) I espacio vacío (cisterna).
ullage rocket I cohete de aceleración.
ultimate allowable stress I carga máxima admisible.
ultimate factor I coeficiente de rotura.
ultimate load I carga límite.
ultimate range I radio de acción máximo (aviones).
ultimate strength I resistencia máxima.
ultimate stress I tensión de ruptura.
ultimate yield strength I límite elástico.
ultor I ánodo terminal.
ultra-audible I ultrasónico.
Ultrafax I Ultrafax (sistema de telecomunicación para transmisión ultrarrápida de información impresa combinando técnicas de radio, facsímil y televisión).
ultrafine dust I polvo micrométrico.
ultrahigh frequency I hiperfrecuencia.
ultrahigh-frequency loop I dipolo de UHF.
ultrahigh-frequency transmission I transmisión por frecuencias ultraaltas.
ultrahigh-frequency tuner I sintonizador de frecuencia ultraalta.
ultralow temperature I temperatura ultrabaja.
ultramicrowave I ultramicroonda.
ultrared I infrarrojo.
ultrashort I ultracorto.

ultrashort waves I ondas ultracortas (comunicaciones).
ultrasonic I ultraacústico, ultrasonoro.
ultrasonic camera I cámara ultrasónica (TV).
ultrasonic communication I comunicación por ultrasonidos.
ultrasonic delay line I línea de retardo ultrasónico.
ultrasonic depth finder I sondeador ultrasónico de profundidades.
ultrasonic depth sounder I sonda ultrasónica.
ultrasonic detecter I detector ultrasónico.
ultrasonic dispersion I dispersión por ultrasonidos.
ultrasonic drill I taladro ultrasónico.
ultrasonic electrical energy I energía eléctrica ultrasónica.
ultrasonic equipment I equipo ultrasónico.
ultrasonic image converter I convertidor de imágenes ultrasónico.
ultrasonic light diffraction I difracción ultrasónica de la luz.
ultrasonic pickling I decapado ultrasónico.
ultrasonic probe I sonda ultrasónica.
ultrasonic receiver I detector ultrasónico.
ultrasonic scanner I analizador ultrasónico.
ultrasonic vibration generator I generador de vibraciones ultrasónicas.
ultrasonic wave I onda ultrasónica.
ultrasonics I ultraacústica, ultrasónica.
ultrasonographical technique I técnica ultrasonográfica.
ultrasonoscope I ultrasonoscopio.
ultrasound I ultrasonido.
ultrasound scanning I exploración ultrasónica.
ultraspeed I ultravelocidad.
ultratight I ultrahermético.
ultraviolet I ultravioleta.
ultraviolet filter I filtro para luz ultravioleta.
ultraviolet range I gama del ultravioleta.
ultraviolet spectrum I espectro ultravioleta.
ultraviolet wave I longitud de onda ultravioleta.
ultrawhite region I región del ultrablanco (TV).
umbrella aerial I antena en paraguas.
umbrella wing I ala en parasol (aviones).
unalloyed I no aleado, puro (metales).
unalloyed metal I metal puro.
unalloyed steel I acero no aleado.
unattended operation I funcionamiento automático.
unattended station I estación no atendida (telecomunicación).

unattenuated propagation | propagación sin atenuación (perturbaciones).
unaudible | inaudible.
unbalance factor | grado de desequilibrio (corriente trifásica).
unbalance voltage | tensión de desequilibrio.
unbalanced circuit | circuito desequilibrado | circuito asimétrico.
unbalanced input | entrada asimétrica (radio).
unbalanced network | red desequilibrada.
unblanking | desbloqueo (electrónica).
unblanking circuit | circuito de permanencia.
unblanking generator | generador de impulsos de desbloqueo.
unblocking | desagrupamiento de bloques (informática).
unblocking signal | señal de desbloqueo (telecomunicaciones).
unbolt (to) | destornillar | desempernar.
unbounded wave | onda limitada.
unbypassed | sin condensador en paralelo (electricidad).
unbypassed resistance | resistencia sin derivación (electricidad).
uncharged | neutro (electricidad).
uncharged particle | partícula neutra.
unclad fuel | combustible no encartuchado (reactor nuclear).
unclamping lever | palanca de desbloqueo.
uncoded | no codificado.
uncombined | no combinado (química).
uncombined carbon | carbono no combinado | carbono libre (química).
uncouple (to) | desembragar | desenganchar.
uncoupling | desconexión | desenganche.
uncover (to) | destapar | descubrir.
undamped | no amortiguado, persistente.
undamped oscillations | oscilaciones sostenidas, oscilaciones persistentes (radio) | oscilaciones no amortiguadas.
undamped wave | onda no amortiguada (electromagnetismo).
underbunching | desagrupación (de electrones) | subagrupamiento.
undercarriage | bastidor | tren de aterrizaje.
undercarriage fairing | carenado del tren de aterrizaje (aeronáutica).
undercart | aterrizador (aviones).
undercurrent | corriente submarina | corriente derivada | corriente menor que la de régimen.
undercurrent relay | relé de hipocorriente.
undercut | corte sesgado | socavadura | roza (minas).
undercut (to) | socavar | rozar (minas).
undercutter | socavadora, rafadora (minas).

undercutting | rebajo | socavación | roza, descalce (minas).
underexposure | exposición insuficiente (foto, cine).
underflow | corriente derivada | corriente del fondo (hidráulica) | corriente subfluvial | desbordamiento de la capacidad mínima (fotocomposición).
underframe | infraestructura | bastidor inferior.
underfrequency | subfrecuencia (electricidad).
undergear | mecanismo inferior | engranaje inferior.
underground | ferrocarril subterráneo | subterráneo.
underground circuit | circuito subterráneo.
underground line | línea subterránea (electricidad).
underground mains | canalización subterránea (electricidad).
underground nuclear blast | explosión nuclear subterránea.
underground nuclear detonation | detonación nuclear subterránea.
underground plant | canalización enterrada (electricidad).
underground power station | central hidroeléctrica subterránea.
underground system of lines | red de canalizaciones subterráneas.
underground water | aguas subterráneas | aguas freáticas.
underhole (to) | rafar, socavar (minas).
underlap | falta de yuxtaposición.
underlay | calzo, realce | buzamiento | inclinación | capa base, capa soporte (galvanoplastia).
underlay (to) | reforzar | calzar, realzar (tipografía) | buzar.
underlier | piso (minas).
underload | carga reducida (electricidad).
underload circuit breaker | disyuntor de mínima.
underload interruptor | interruptor de mínima.
underload relay | relé de mínima.
undermine (to) | socavar | minar.
underminig | socavación | descalce (obra hidráulica).
underpin (to) | submurar | apuntalar.
underpower relay | relé de mínimo voltaje.
underprop (to) | apuntalar, recalzar.
underreamer | trépano ensanchador (sondeos) | ensanchador de un pozo.
underscan | subdesviación (TV).
undersea | submarino.
undershoot | aterrizaje corto.

undershot wheel | rueda hidráulica.
undersluice | aliviadero de fondo | desagüe.
understanding machine | máquina inteligente (información semántica).
underthrow distortion | distorsión de submodulación.
undervoltage | hipovoltaje, subvoltaje.
undervoltage circuit breaker | disyuntor de subvoltaje.
undervoltage relay | relé de mínima, relé de subvoltaje.
undervoltage test | prueba de tensión reducida.
underwater | submarino | subacuático.
underwater burst | explosión submarina.
underwater camera | cámara submarina (óptica).
underwater communication | comunicación submarina.
underwater cutting | oxicorte submarino.
underwater detector | detector subacuático.
underwater link | enlace submarino (telecomunicaciones).
underwater optics | óptica submarina.
underwater radar | radar submarino.
underwater signalling | señalización submarina.
underwater sounding | sondeo subacuático.
underwater television | televisión submarina.
underwater topography | topografía submarina.
undistorted | indistorsionado.
undistorted output | potencia de salida sin distorsión.
undistorted wave | onda sin distorsión.
undoped | puro (semiconductor).
undoped state | estado puro (semiconductor).
undulate (to) | ondular.
undulating | ondulante | pulsatorio.
undulating beam | haz ondulante.
undulator | ondulador.
undulatory voltage | tensión ondulatoria.
unenriched | no enriquecido (nuclear).
unenriched uranium | uranio natural.
uneven | impar | desigual | irregular.
unfasten (to) | desatar | desabrochar.
unfinished | semielaborado | inconcluso | inacabado.
unfired | no cocido.
unfix (to) | desatar | desligar.
unfocus (to) | desenfocar.
unfold (to) | desplegar.
unfreeze (to) | descongelar.
unfurlable antenna | antena desplegable.

ungalvanized | no cincado | no galvanizado (metales).
ungear (to) | desembragar | desengranar.
unglazed | deslustrado | mate.
ungrounded | con el neutro aislado, con el neutro no puesto a tierra (red eléctrica) | sin conexión a masa.
ungrounded circuit | circuito sin conexión a tierra.
ungrounded system | sistema aislado de tierra (electricidad).
unhook (to) | desenganchar.
unhooking | desenganche.
uniaxial | uniaxial, monoaxial.
uniaxial crystal | cristal uniáxico (óptica).
uniaxial tension | tensión uniaxial.
unicom | unicom (frecuencia 122,8 MHz EE.UU.).
unidentified | inidentificado.
unidentified flying object (UFO) | objeto volante no identificado (OVNI).
unidimensional | unidimensional.
unidirectional circuit | circuito para un solo sentido (telecomunicación).
unidirectional current | corriente unidireccional | corriente continua (electricidad).
unidirectional pulse train | tren unidireccional de impulsos.
unidirectional supply | alimentación unidireccional.
unidirectional voltage | voltaje unidireccional.
unidyne receiver | receptor unidino (radio).
unified | unificado.
unified atomic mass unit | unidad de masa atómica unificada.
unified field theory | teoría del campo unificado (física).
unifilar | unifilar.
uniflow | equicorriente.
uniflow scavenging | barrido uniflujo.
uniform | uniforme | invariable, constante.
uniform beam | haz uniforme.
uniform convergence | convergencia uniforme (matemáticas).
uniform line | línea uniforme (transmisiones).
uniform load | carga uniforme.
uniform magnetic field | campo magnético uniforme.
uniform rifling | rayado uniforme.
uniform twist | paso invariable (hélices) | torsión uniforme.
uniform velocity | velocidad uniforme | velocidad constante.
uniformity | uniformidad | regularidad.
unijunction | uniunión (semiconductores).

unilateral bearing I demora unilateral.

unilateral channel I canal unilateral (telecomunicaciones).

unilateral gear I engranaje unilateral.

unilateral transmission I transmisión unilateral (TV).

unilayer I monoestrato I monocapa.

unilevel I de nivel constante.

unilevel amplifier I amplificador de nivel constante.

unimode magnetron I magnetrón unimodal.

uninsulated I inaislado I descubierto (hilos eléctricos).

uninsulated wire I hilo desnudo I alambre sin aislamiento (electricidad).

uninterrupted duty I servicio ininterrumpido (telefonía).

union I unión I junta, conexión.

union joint I junta de conexión (tuberías).

union nipple I conectador de unión, manguito de unión.

union nut I tuerca de unión.

unipolar I unipolar.

unipolar photoconductivity I fotoconductividad unipolar.

unipolar transistor I transistor de efecto de campo I transistor unipolar.

unipole I antena isotrópica I unipolo.

unipole aerial I antena monopolo.

unipotential I equipotencial.

unipotential cathode I cátodo de caldeo indirecto.

unit I unidad I conjunto I elemento I aparato I máquina I equipo de máquinas.

unit assembly I grupo de mecanismo.

unit automatic exchange I centro rural automático (telefonía).

unit call I unidad de conversación (telefonía).

unit casting I fundido en un bloque solo.

unit charge I carga unidad (electricidad).

unit circle I círculo de radio unidad.

unit counter I contador de unidades (informática).

unit crystal I cristal simple (metalografía).

unit delay I unidad de retardo.

unit dielectric strength I rigidez dieléctrica específica.

unit escapement I unidad de escape (informática).

unit flexural stress I esfuerzo unitario de flexión.

unit frequency I unidad de frecuencia.

unit load I carga unitaria.

unit matrix I matriz unidad.

unit of current I unidad de corriente (electricidad) I unidad de intensidad.

unit plane I plano principal (óptica).

unit pole I polo unitario.

unit process I proceso unitario.

unit record I registro unitario (informática).

unit record device I dispositivo de registro de unidad.

unit record equipment I equipo de registro unitario.

unit resilience I resiliencia por unidad de volumen.

unit separator I separador de unidades.

unit sequence switch I conmutador de secuencia de unidades.

unit set I conjunto unitario.

unit start-up I arranque de la unidad generatriz (electricidad).

unit step current I escalón unidad de corriente.

unit stress I esfuerzo por unidad (mecánica).

unitary I unitario.

unitary code I código unitario.

unitary detector I detector puntual.

unite (to) I enlazar I unir, juntar I unificar.

unit-graph I grafo unitario (informática).

unitor I unitor (electrónica).

unity coupling I acoplamiento unitario (electricidad).

unity gain antenna I antena de ganancia unidad.

unity gain band-width I ancho de banda de ganancia unidad.

univalence I univalencia (química).

universal I universal.

universal chuck I mandril universal.

universal coupling I junta cardánica.

universal grinding machine I esmeriladora universal.

universal holding tool I portaherramienta universal.

universal joint I junta cardánica I rótula cardan.

universal shearing, punching and section cropping and notching machine I máquina universal para cortar, punzonar, cortar perfiles laminados y escotar.

universal steel I acero aleado bajo en carbono.

universal suspension I suspensión tipo cardan.

universal time I hora de Greenwich.

universally steerable I omnidireccional (antenas) I orientable en todas direcciones.

universe I universo.

univibrator I monovibrador I multivibrador monoestable.

unjointed I desunido I desarticulado.

unkilled steel I acero efervescente.

unlace (to) I desatar I descargar.

unlatch-and-lock cam I leva de trinca y destrinca, leva de descerrojar y encerrojar (cañón).

unlike charges I cargas desiguales (electricidad).

unlike ions I iones de signos contrarios.

unlike poles I polos opuestos (magnéticos).

unlimited I ilimitado.

unlimited ceiling I techo ilimitado (aeronáutica).

unload I descarga.

unloaded antenna I antena no cargada, antena inactivada.

unloaded cable I cable no cargado (telecomunicación).

unloader I aparato descargador I válvula de seguridad.

unloader valve I válvula de descarga.

unloading amplifier I amplificador no cargado.

unloading circuit I circuito sin carga (computadora).

unloading valve I válvula de descarga.

unlock (to) I destrincar (marina) I desencerrojar (agujas vía férrea).

unlocking device I dispositivo de desenclavamiento.

unlocking lever I palanca de desbloqueo.

unmanned I sin piloto (globos, aviones) I sin tripulación (buque-faro, satélites) I automático (aparatos).

unmoderated neutron I neutrón no moderado (nuclear).

unmodulated I no modulado I inmodulado.

unmodulated carrier I onda portadora sin modular, portadora desmodulada.

unneutralized impurity atom I átomo impurificador sin neutralizar.

unnilhexium (Unh - I.U.P.A.C.) I unilhéxio.

unnilpentium (Unp - I.U.P.A.C.) I unilpentio I hahnio (EE.UU.) I nielsbohrio (Rusia).

unnilquadium (Unq - I.U.P.A.C.) I unilcuadio I rutherfordio (EEUU) I kurtschatovio (Rusia).

unnotched endurance limit I límite de fatiga sin entalla.

unnotched test piece I probeta sin entalla.

unoperated I inactivado.

U-notch test I prueba de resiliencia con entalla en U.

unpack (to) I desagrupar (informática) I descifrar (telegrafía).

unpacking I desagrupamiento de datos (informática).

unpaired electron I electrón impar.

unplug (to) I desconectar I desenchufar.

unprime (to) I descebar (cartuchos) I desarmar (espoletas).

unprotected field I campo desprotegido (visualización).

unprotected storage I memoria no protegida.

unrecorded tape I cinta sin registrar I cinta magnética sin grabar.

unrefined material I material en bruto I material sin refinar.

unsaturated I insaturado.

unsaturated fatty acid I ácido graso insaturado.

unsaturated short-circuit ratio I relación de cortocircuito no saturado.

unsaturated solution I solución no saturada (química).

unscheduled maintenance I mantenimiento no programado I mantenimiento no periódico.

unshrouded centrifugal compressor I compresor centrífugo de rotor abierto.

unshrouded impeller I rotor de álabes montados al aire.

unstable I inestable I radiactivo (núclidos).

unstable isotope I isótopo inestable.

unsymmetrical I asimétrico.

unsymmetrical bending I flexión asimétrica (vigas).

unsymmetrical curve I curva asimétrica.

unsymmetrical footing I zapata asimétrica (cimentación).

unsymmetrical loading I carga disimétrica.

unsymmetry I asimetría.

unsymmetry factor I grado de desequilibrio (corriente trifásica).

untapped energy I energía concentrada.

untempered martensite I martensita no revenida.

untimber (to) I desentibar (minas).

untune (to) I desintonizar, desafinar (motores).

untuned I desintonizado.

untuned aerial I antena asintonizada, antena aperiódica.

untuning I desintonización.

unwanted echo I eco parásito (radar).

unwanted emission I emisión indeseada (radio).

up-and-down cycle I ciclo alternativo.

up-converter I conversor elevador.

upcurrent I corriente ascendente.

update I puesta al día de un programa (informática).

update file I fichero de actualización (informática).

upflow I flujo ascendente.

upkeep I mantenimiento I conservación.

upper I superior.
upper air I atmósfera superior I alta atmósfera.
upper air chart I carta de altura (meteorología).
upper airway I aerovía superior.
upper brush I escobilla superior (informática).
upper plate I placa de los nonios.
upper roll I cilindro macho (laminador).
upper sideband I banda lateral superior (telecomunicación).
upper stage I última fase (cohetes).
upper surface I alerón superior.
upright I soporte, apoyo.
upset I estampa para recalcar I recalcado (metal).
upset circuit I circuito de cambio de estado (electrónica).
upset forging I forjadura por recalcado.
upset metal I metal recalcado.
upset (to) I recalcar (forja).
upset welding I soldeo por recalcadura.
upsetter I máquina de forjar horizontal I recalcadora.
upsetter forging I forja recalcada.
upsetting I recalcado I forja por recalcado.
upsetting forge I fragua de recalcar.
uptake I captación I conducto ascendente I conducto vertical.
upwelling current I corriente emergente I corriente surgente (oceanografía).
uranium I uranio.
uranium decay series I serie de desintegración del uranio.
uranium reactor I reactor de uranio (nuclear).
uranium slug I lingote de uranio (nuclear).
uranium steel I acero con uranio.
uranium-bearing steel I acero aleado con uranio.
uranochalcite I uranocalcita.
uranyl I uranilo.

urbitron I urbitrón (ondas milimétricas).
usable I utilizable.
usable frequency I frecuencia utilizable.
usable range I gama utilizable.
use I uso I forja parcialmente conformada I tocho en bruto.
use factor I factor de capacidad (electricidad).
useful I disponible I aprovechable.
useful beam I haz útil.
useful capacity I capacidad de proceso (fotografía).
useful field I campo útil (radiocomunicaciones).
useful load I carga útil.
useful magnification I aumento eficaz (microscopio).
useful performance I potencia útil.
useful range I alcance efectivo.
user program I programa del usuario (informática).
utility I utilidad I servicio.
utility disk I disco utilitario (informática).
utility modifier statement I sentencia modificadora utilitaria (informática).
utility monitor I monitor de uso general (TV).
utility program I programa de servicio I programa de utilidad.
utility routine I rutina de utilidad (informática).
U-tube I tubo en U.
U-tube leveling I nivelación por tubos comunicantes.
U-tube manometer I manómetro de tubo en U.
UV absorption I absorción ultravioleta.
UV erasable I borrable por ultravioleta.
UV lighting I alumbrado ultravioleta.
uvanite I uvanita.
uvicon I uvicón (TV).

V

V **beam** | haz en V (radar).
V **block** | bloque metálico con ranura en V.
V **branch** | bifurcación.
V **connection** | conexión en V.
V **engine** | motor en V.
V **gear** | engranaje bihelicoidal.
V **notch** | muesca en V | entalla en V.
V **point** | punto nadiral (fotogrametría).
V **screen** | pantalla en V.
V. **F. amplifier** | amplificador de videofrecuencia.
V. **U. indicator** | volúmetro | decibelímetro.
V.H.F. **broadcasting** | radiodifusión por ondas métricas (VHF).
V.H.F. **channel tuner** | sintonizador para canales de VHF.
V.H.F. **link** | enlace de VHF.
V.H.F. **radar** | radar de onda métrica.
V.H.F. **relay equipment** | equipo de radienlace por VHF.
V.H.F. **tube** | tubo para VHF.
V.O.R. | radiofaro omnidireccional de onda métrica (radionavegación).
V.O.R. **receiver** | receptor omnidireccional de UHF.
V.O.R. **test signal** | señal verificadora del VOR.
V.U. **meter** | volúmetro.
vacancy | vacuidad | vacío.
vacancy cluster | grupo de lagunas (cristalografía).
vacant conductor | conductor vacante (cables).
vacant level | nivel muerto (telecomunicaciones).
vacuity | vacuidad, vacío | hueco.
vacuocompressed | vacuocomprimido.
vacuocrystallyzer | vacuocristalizador.
vacuodegasification | vacuodesgasificación.
vacuodepressor | vacuodepresor.
vacuoimpregnation | vacuoimpregnación.
vacuojunction | vacuounión.
vacuometallization | vacuometalización.
vacuometry | vacuometría.
vacuopressor | vacuopresor.
vacuotechnics | vacuotecnia.
vacuous space | espacio rarificado.
vacuum | vacío.
vacuum arc | arco en el vacío (electricidad).
vacuum aspirator | aspirador al vacío.
vacuum booster | vacuomultiplicador de fuerza, vacuorreforzador.

vacuum bottle | botella aislante.
vacuum brake | freno de vacío, vacuofreno.
vacuum brake servo | servofreno de vacío.
vacuum breaker | válvula vacuorreguladora.
vacuum cap | descargador de vacío (telefonía).
vacuum cast steel | acero fundido desgasificado por vacío.
vacuum chamber | cámara de vacío parcial.
vacuum chuck | soporte de mantenimiento en vacío.
vacuum circuit breaker | vacuodisyuntor.
vacuum cleaner | aspirador al vacío.
vacuum coating | vacuometalización.
vacuum control | vacuorregulación | vacuoaccionamiento.
vacuum crystallizer | cristalizador por vacío parcial.
vacuum degasified steel | acero vacuodesgasificado.
vacuum degassification | desgasificación al vacío | vacuodesgasificación.
vacuum deposition | deposición al vacío (química).
vacuum desiccator | vacuodesecador | campana de vacío.
vacuum distillation | destilación al vacío.
vacuum drawing | vacuoembutición.
vacuum dryer | vacuosecador.
vacuum drying | secamiento al vacío.
vacuum ejector | vacuoeyector.
vacuum feed | alimentación por succión.
vacuum fermentation | fermentación al vacío.
vacuum filter | filtro al vacío.
vacuum fixation | fijación por vacío.
vacuum forming | moldeo por vacío.
vacuum freezing | vacuocongelación.
vacuum furnace | horno de vacío.
vacuum gage | vacuómetro.
vacuum gage testing machine | probador de vacuómetros.
vacuum gauge | manómetro | vacuómetro.
vacuum head | carga de vacío (hidráulica).
vacuum heat treatment | tratamiento térmico en vacío.
vacuum impregnation | vacuoimpregnación.
vacuum lamp | lámpara de vacío.
vacuum lightning arrester | pararrayos de gas rarificado.
vacuum melt (to) | vacuofundir.
vacuum melting | vacuofusión | fusión en vacío.

vacuum metallizing | vacuometalización | metalización al vacío.

vacuum oven | vacuohorno.

vacuum pan | evaporador | concentrador.

vacuum photocell | fotocélula al vacío.

vacuum phototube | fototubo de vacío.

vacuum pipe still tower | torre de destilación.

vacuum pump | bomba de vacío.

vacuum range | alcance en el vacío (radio).

vacuum rectifier | rectificador al vacío (tubo).

vacuum refrigeration | refrigeración por vacío parcial.

vacuum relay | relé al vacío.

vacuum remelted ingot | lingote refundido en el vacío.

vacuum remelted steel | acero refundido en atmósfera rarificada.

vacuum seal | junta hermética, vacuoobturador, junta de vacío, obturador de vacío.

vacuum sensing element | elemento vacuosensible.

vacuum servo | vacuoservomotor.

vacuum sinter (to) | vacuosinterizar.

vacuum sintering | sinterización en el vacío, vacuosinterización.

vacuum steaming | vacuovaporización.

vacuum steel | acero desgasificado en el vacío, acero vacuodesgasificado.

vacuum still | alambique de vacío.

vacuum stream degassing | desgaseamiento por colada en lingotera bajo vacío.

vacuum stripping | vacuoextracción.

vacuum switch | conmutador al vacío | interruptor al vacío.

vacuum tank | cuba de vacío | tanque de vacío.

vacuum technique | técnica al vacío.

vacuum test | prueba en vacío parcial.

vacuum (to) | limpiar por aspiración | rarificar | hacer un vacío parcial.

vacuum tube | tubo de vacío | válvula electrónica, lámpara electrónica | tubo al vacío | tubo electrónico (EE.UU.) | válvula de vacío | válvula térmiónica.

vacuum tube mixer | mezcladora de válvula termoeléctrica.

vacuum tube rectifier | rectificador de tubo al vacío.

vacuum valve | válvula de admisión de aire | válvula de vacío.

vacuum-arc-melted steel | acero fundido en arco eléctrico en el vacío.

vacuum-arc-remelted ingot | lingote relicuado en vacío parcial en horno de arco eléctrico.

vacuum-brake ejector | eyector de aire del vacuofreno.

vacuum-brake (to) | vacuofrenar.

vacuum-braze (to) | cobresoldar en el vacío.

vacuum-brazing furnace | horno para vacuocobresoldar.

vacuum-dried | vacuosecado.

vacuum-firing | caldeo en el vacío.

vacuum-heating | calentamiento en el vacío.

vacuum-induction furnace | horno con caldeo por inducción trabajando en el vacío.

vacuumize (to) | vacuodeshidratar.

vacuumized chamber | cámara vacuodeshidratadora.

vacuumized concrete | cemento tratado al vacío.

vacuum-melted | licuado en vacío parcial | fundido en vacío parcial | vacuolicuado (metalurgia).

vacuum-melted steel | acero vacuofundido.

vacuum-melted-and-cast | fundido y colado en el vacío.

vacuummeter | vacuómetro.

vacuum-quality carbon steel | acero al carbono obtenido in vacuo.

vacuum-remelted | refundido en el vacío | relicuado in vacuo.

vacuumtight | cierre al vacío.

vacuum-treat (to) | vacuotratar, tratar en atmósfera rarificada.

vacuum-triode amplifier | amplificador electrónico de triodo de vacío.

vacuum-tube amplifier | amplificador de lámparas electrónicas.

vacuum-tube circuit | circuito de tubo de vacío.

vacuum-tube pentode | válvula de vacío pentodo.

vacuum-tube tetrode | válvula de vacío tetrodo.

vacuum-tube transmitter | transmisor de tubos de vacío.

vacuum-tube triode | válvula electrónica triodo.

vacuum-tube voltmeter | voltímetro de válvula electrónica.

valence | valencia (química).

valence band | banda de valencia.

valence bond | enlace covalente | enlace de valencia.

valence electron | electrón de valencia.

valence shell | capa de valencia (electrónica).

valley | valle.

value | riqueza (minas).

valve I válvula I lámpara termiónica (radio) I tubo electrónico (G.B.).

valve actuator I servoválvula.

valve adjusting I reglaje de la válvula.

valve amplifier I amplificador de lámparas, amplificador termiónico I amplificador por válvulas termoiónicas.

valve arrester I pararrayos de válvula.

valve box I caja de válvulas I caja de distribución.

valve casing I linterna de válvula (motor diesel).

valve chest I cuerpo de válvula I caja de válvulas.

valve clearance I holgura de la válvula.

valve core I obús de la válvula (cámara de aire).

valve cotter I chaveta de válvula.

valve detector I detector termoiónico.

valve drive I impulsión por válvula.

valve drop I caída de voltaje en la lámpara (radio).

valve engine I máquina con distribución por válvulas.

valve face I cara de una válvula.

valve flange I brida de válvula.

valve gear I mecanismo de distribución por válvulas I mecanismo de mando del distribuidor I mecanismo distribuidor.

valve gear rods I varillaje de distribución.

valve grinder I rectificadora de valvulas.

valve head I cabeza de válvula.

valve in head engin I motor de válvulas en cabeza.

valve key I llave para válvula.

valve lead I avance de la válvula.

valve lift I carrera de la válvula.

valve lifter I desmontaválvulas I levantaválvula.

valve liner I caja del distribuidor.

valve lug I racor de válvula.

valve manifold I caja de válvulas.

valve oscillator I oscilador de lámpara I oscilador de válvula.

valve plate I platillo de válvula I placa de lámpara, ánodo de lámpara.

valve reactor I tubo de reactancia (electrónica).

valve rectifier I rectificador de válvula electrónica.

valve reseater I rectificadora de asientos de válvulas.

valve rocker shaft I eje de los balancines.

valve rod I vástago de válvula.

valve seat I asiento de la válvula.

valve setting I regulación de la válvula I tarado de la válvula.

valve socket I soporte de válvula.

valve spindle I vástago de válvula.

valve spring I muelle de válvula.

valve stem I vástago de válvula.

valve tappet I empujador de válvula.

valve tester I comprobador de válvulas electrónicas.

valve thermostat I termostato de la válvula.

valve timing I reglaje de distribución I reglaje de las válvulas.

valve (to) I dotar de válvulas I regular por válvula (tuberías).

valve travel I carrera de la válvula I carrera del distribuidor.

valve tube I válvula electrónica.

valve voltimeter I voltímetro de lámpara termiónica.

valve-actuated control I mando accionado por válvula.

valve-grinding I rectificado de válvulas.

valveless I sin válvulas I avalvulado.

valveless engine I motor sin válvulas.

valving I valvulaje.

Van Allen belt I cinturón de Van Allen.

vanadinite I vanadinita.

vanadium I vanadio (V).

vanadium steel I acero al vanadio.

vane I álabe, paleta (turbinas) I pínula.

vane tube I tubo de pínula (topografía).

vane wheel I rotor de turbina.

vaned diffuser I difusor de paletas.

vanishing I anulación (matemáticas).

vanishing point I punto de desvanecimiento.

vanner I separador de minerales I vibroseparador.

vapography I vapografía.

vapometallurgy I vapometalurgia.

vapor containment I contención de vapores radiactivos (nuclear).

vapor leak I fuga de vapor.

vapor lock I obstrucción por burbujas (tubería hidráulica) I tapón de vapor (canalizaciones).

vapor pressure I presión del vapor.

vapor pump I bomba de vapor.

vapor streamer I estela de condensación (avión).

vapor (to) I evaporar.

vapor trail I estela de condensación (avión).

vapor (U.S.) I vapor I niebla, bruma.

vapor welding I soldeo por vaporización de metales.

vaporimeter I vaporímetro (química).

vaporization I evaporación.

vaporize (to) I nebulizar I vaporizar.

vaporizing chamber | cámara de vaporización.

vaporizing oil | keroseno de gran volatilidad.

vaporizing point | punto de evaporación.

vapotron | vapotrón (tubo electrónico).

vapour (G.B.) | vapor | niebla, bruma.

vapour line | tubo de aireación (petroleros) | tubo de ventilación.

vapour source | evaporador | vaporizador.

vapourize (to) | vaporizar.

var | voltamperio reactivo, var (unidad de energía reactiva).

varactor | varactor | diodo de reactancia, reactancia variable.

varactor diode | diodo varactor.

variable | variable | regulable, modificable, ajustable.

variable capacitor | condensador variable.

variable carrier | onda portadora variable (telecomunicaciones).

variable carrier modulation | modulación por portadora variable.

variable connector | operador lógico variable (ordenador).

variable damping | amortiguación variable.

variable delay | retardo variable (electrónica).

variable discharge | caudal regulable (bombas).

variable duty | caudal regulable (bombas).

variable electronic filter | filtro electrónico variable.

variable erase | borrado variable (registros magnéticos).

variable gain | ganancia variable.

variable inductor | inductor variable, variómetro.

variable radio frequency | radiofrecuencia variable.

variable reactance | reactancia regulable.

variable reluctance | reluctancia variable (magnetismo).

variable resistance | resistencia variable.

variable resistor | reóstato | resistor variable.

variable speed motor | motor de velocidad regulable.

variable sweep | exploración variable | barrido variable.

variable transformer | transformador regulable.

variable tuning | sintonización variable.

variable voltage | tensión variable.

variable voltage stabilizer | estabilizador de voltaje regulable.

variable-area flow meter | flujómetro de sección variable.

variable-bandwidth filter | filtro de ancho de banda variable.

variable-capacitance diode | diodo de capacitancia variable.

variable-depth sonar | sonar de profundidad variable | sonar de inmersión variable.

variable-discharge pump | bomba de caudal regulable.

variable-ratio transformer | transformador de relación de voltaje regulable.

variable-stroke pump | bomba de carrera regulable.

variable-throw eccentric | excéntrica de carrera regulable.

variable-volume pump | bomba de caudal regulable.

variance | variación, fluctuación | varianza, variancia (estadística).

variant | variante.

variation | variación | declinación magnética.

variation chart | carta de declinación magnética.

variation of the compass | declinación magnética.

varicap | varicap (condensador).

varindor | varindor (inductor).

variocoupler | varioacoplador | acoplador variable.

variolosser | atenuador variable | atenuador regulable.

variometer | variómetro (radio) | inductor regulable.

varistor | varistor (resistencia) | resistencia variable.

varitron | varitrón.

var-meter | varmetro.

varnish | barniz.

varnishing | barnizamiento.

varotron | varotrón (electrónica).

vary offline (to) | liberar un periférico del procesador central (informática).

vary online | colocar un periférico bajo el control central (informática).

vary (to) | variar | desviar.

varying duty | servicio de carga variable | demanda variable (circuito eléctrico).

varying load | carga variable.

varying speed | velocidad regulable.

vaseline | vaselina.

vat | cuba, artesa, tina.

vault | bóveda.

vault (to) | abovedar.

V-beam radar | radar de haz en V.

V-bend die | matriz en forma de V.

V-connected | conectado en V (transformadores).

V-drill I broca de punta.
vectograph I vectógrafo.
vector I vector, rumbo de un avión.
vector group of a transformer I acoplamiento de un transformador (electricidad).
vector plot I diagrama vectorial.
vector power I potencia vectorial (electricidad).
vector (to) I dirigir I dar rumbo a, vectar I indicar velocidad y rumbo.
vectoriality I vectorialidad.
vectormeter I vectórmetro.
vee I en forma de V I trapezoidal I triangular.
vee engine I motor de cilindros en V.
vee filament I filamento en V.
vee out (to) I biselar, achaflanar (cantos chapas).
vee slideway I guía trapezoidal.
vee slip I regleta de ajuste.
vee-bloc compressor I compresor con cilindros en V.
vee-form engine I motor con los cilindros en V.
veer again (to) I revirar I cambiar de rumbo (buques).
veer (to) I cambiar de dirección I rolar, virar el viento I arriar, largar, filar.
veering I cambio dextrógiro I viraje por redondo (marina) I viento dextrógiro.
vee-twin engine I motor bicilíndrico en V.
vehicle I vehículo.
vehicular I vehicular.
vehicular repeater I repetidora móvil (radiocomunicaciones).
vehicular station I estación rodada (radio).
vein I filón, veta.
vein (to) I vetear I jaspear (vidrio).
vein wall I salbanda, respaldo (minas).
vein-rock I quijo, roca filoniana, roca de inyección (minas).
veinstuff I materia filoniana, ganga (minas).
velocimeter I velocímetro.
velocity I velocidad.
velocity channel I canal regulador de velocidad (hidráulica).
velocity compounded stage I doble expansión de impulsión (turbina vapor).
velocity error I error de velocidad (servomecanismos).
velocity filter I filtro de velocidad (radar).
velocity head I presión de velocidad I altura dinámica, altura cinética (hidráulica).
velocity lag I retardo por propagación I retardo por velocidad.
velocity limiting I limitación de velocidad.

velocity modulation I modulación de velocidad.
velocity modulation oscillator tube I válvula osciladora modulada en velocidad.
velocity of a wave I velocidad de propagación de una onda.
velocity pickup I detector de velocidad (electricidad).
velocity potential I potencial de velocidad (mecánica de fluidos).
velocity pressure I presión dinámica.
velocity range I gama de velocidades.
velocity resonance I resonancia de fase (electricidad).
velocity staging I graduación de velocidad.
velocity turbine I turbina de impulsión.
velocity vector field I campo vectorial de velocidades.
velocity-limiting servo I servo limitador de velocidad.
velometer I velómetro.
veneer I chapa de madera I chapa de piedra.
veneer (to) I chapear I revestir I chapar.
veneering I revestimiento I chapeado, enchapado I forro de madera.
Venetian-blind shutter I obturador de persiana (fotografía).
vent I respiradero I abertura I ventosa I agujero de ventilación I purga de aire I agujero de aire (moldes) I manga de ventilación.
vent gage I manómetro de purga de aire.
vent opening I respiradero.
vent pipe I tubo de ventilación.
vent set I ventilador de baja presión.
vent shaft I purga de aire.
vent system I sistema de ventilación.
vent (to) I abrir respiraderos, ventear (moldería) I ventilar.
vent valve I válvula de desfogue.
venthole I orificio de escape I orificio de ventilación, respiradero.
ventilate (to) I airear I ventilar.
ventilating course I galería de ventilación.
ventilating duct I canal de aireación, conducto de ventilación.
ventilating system I sistema de ventilación.
venting valve I válvula de ventilación.
Venturi I tubo Venturi.
Venturi flow I flujo Venturi.
Venturi meter I venturímetro.
verge I borde, margen I vara, varilla, visera (tejados), arista (de alero).
vergency I vergencia, recíproca de la distancia focal (lentes).
verification I comprobación I verificación.

verification mode I modo de verificación (procesos).

verified data base I base de datos unificada.

verified reproducing I reproducción verificada (informática).

verifying punch I perforadora verificadora.

vernier I nonio.

vernier adjustment I ajuste micrométrico I regulación de nonio.

vernier calipers I calibre de nonio.

vernier capacitor I condensador vernier.

vernier dial I cuadrante vernier.

vernier gauge I calibre de nonio.

vernier gear I engranaje micrométrico.

vernier knob I botón micrométrico.

vernier level I nivel de nonio.

vernier motor I motor tipo nonio.

vernier plate I disco del nonio.

vernier rocket I motor cohético de ajuste fino (vehículo espacial).

vernier scale I escala del nonio.

vernier type gauge I noniotipómetro (tipografía).

vernitel I vernitel (telecomunicaciones).

versatile I adaptable I polivalente.

vertex I cima, cumbre, cúspide I vértice.

vertex plate I placa de vértice (microondas).

vertical I vertical.

vertical aerial I antena vertical.

vertical air current I corriente de aire vertical.

vertical and lateral tolerances I tolerancias vertical y lateral.

vertical antenna I antena vertical.

vertical axis propeller I hélice de eje vertical.

vertical beam I haz vertical.

vertical blanking I supresión de línea (televisión) I borrado vertical.

vertical break switch I disyuntor de cuchilla vertical.

vertical centering I encuadre vertical (TV).

vertical channel I canal vertical (osciloscopio).

vertical convergence I convergencia vertical (TV).

vertical coverage I cobertura vertical (radio).

vertical cross hair I hilo vertical.

vertical definition I definición vertical (TV).

vertical drive I transmisión vertical (mecánica) I cronización vertical (TV).

vertical effect I efecto de antena (radio).

vertical eprouvette I probeta de cremallera.

vertical flight I vuelo vertical (helicópteros).

vertical frequency I frecuencia de exploración vertical (TV).

vertical generator I generador de eje vertical.

vertical haul I arrastre vertical (oceanografía).

vertical hold control I control de sujeción vertical I control de sincronismo vertical.

vertical incidence I incidencia vertical (radio).

vertical interlace I entrelazamiento vertical (TV).

vertical magnet I electroimán de elevación.

vertical oscillator I oscilador vertical (TV).

vertical polarization I polarización vertical.

vertical pulse I impulso de sincronismo (TV).

vertical redundance I redundancia vertical (ordenadores).

vertical resolution I definición vertical (TV).

vertical scanning I exploración vertical (TV, radar).

vertical schematic diagram I esquema vertical.

vertical shaft I pozo vertical I eje vertical.

vertical spindle I eje vertical I husillo vertical.

vertical step I paso vertical (telecomunicaciones).

vertical sweep I barrido vertical (electrónica).

vertical switchboard I cuadro vertical (conmutación).

vertical tail plane I plano vertical de cola (aeronáutica).

vertical time base I base de tiempos exploradores vertical (TV).

vertical twin I motor de dos cilindros verticales.

vertical welding I soldeo vertical.

very high frequency I hiperfrecuencia.

very high tension I supervoltaje, hipervoltaje.

very low frequency I hipofrecuencia.

very short range radar I radar de muy corto alcance.

very short waves I ondas ultracortas.

very-high-frequency oscillator I oscilador de muy alta frecuencia.

very-high-frequency tuner I sintonizador de muy alta frecuencia.

very-long range radar I radar de muy largo alcance.

vessel I recipiente, contenedor I buque, barco, embarcación.

vessel demagnetizing I desimanación de buques.

vestigial band I banda residual (telecomunicaciones).

vestigial sideband I banda lateral residual.

V-form diamond wheel I muela adiamantada en forma de V.

VG recorder I registrador de la fuerza de la gravedad debida a la aceleración I acelerómetro registrador.

VH recorder I registrador VH.

VHF channel cascade tuner I sintonizador en cascada para canales de ondas ultracortas.

VHF directional range I radiofaro direccional de VHF.

VHF homing adapter I adaptador de aproximación de VHF.

VHF omnidirectional radio range I radiofaro omnidireccional de alta frecuencia.

VHF radio link I enlace hertziano de ondas métricas.

VHF radio waves I radioondas de hiperfrecuencia (entre 30 y 300 megahertzios).

VHF radiotelephone I radioteléfono de VHF.

VHF radiotelephony I radiotelefonía por hiperfrecuencias.

VHF/UHF direction finder I radiogoniómetro VHF/UHF.

via circuit I circuito de tránsito (telecomunicación).

via traffic I tráfico de escala (telecomunicación).

vibrate (to) I vibrar.

vibrating arm I balancín.

vibrating coil I bobina móvil (altavoces).

vibrating contact I contacto vibrante (electricidad).

vibrating relay I relé de resonancia I relé vibrador.

vibrating wire strain gage I extensímetro de hilo vibrante.

vibration absorber I vibroabsorbedor, amortiguador de vibraciones.

vibration dampener I amortiguador de vibraciones.

vibration detector I detector de vibraciones.

vibration eliminator I amortiguador antivibratorio.

vibration isolation I aislamiento antivibratorio.

vibration meter I vibrómetro.

vibration pickup I captador de vibraciones.

vibration sensor I sensor de vibración.

vibration test I ensayo de vibraciones I prueba de vibración.

vibrator I vibrador I oscilador.

vibrator transformer I transformador de vibrador (electricidad).

vibratory feeder I alimentador vibratorio.

vibratory gyroscope I giroscopio vibratorio.

vibratory pressure I presión vibratoria.

vibratory torque I par torsor vibratorio.

vibratron I vibratrón.

vibrodamper I vibroamortiguador.

vibrodrill (to) I vibrotaladrar.

vibrodrilling I vibroperforación.

vibrometer I medidor de vibración I vibrómetro.

vibromotive I vibromotriz.

vibrorotation I vibrorrotación.

vibroscope I vibroscopio.

vibroton I vibrotón (triodo electrónico).

video I imagen I visión I vídeo.

video amplifier I amplificador de imagen, videoamplificador.

video band I banda de vídeo.

video buffer I memoria de vídeo (electrónica).

video carrier I canal visual, canal vídeo I portadora de vídeo.

video channel I canal de vídeo.

video circuit I circuito de vídeo.

video control I control de vídeo.

video delay-line I circuito de retardo para TV.

video detector I videodetector I detector de vídeo.

video detector filter I filtro del videodetector.

video disc I videodisco.

video display unit I unidad de presentación visual.

video filter I filtro de imagen.

video frequency I videofrecuencia.

video gain I ganancia de vídeo.

video gain control I control de ganancia de vídeo.

video head I cabeza de reproducción.

video integration I integración vídeo.

video link I videoenlace I videofrecuencia.

video masking I máscara de vídeo (radar).

video mixer I mezclador de vídeo.

video monitor I monitor de vídeo.

video noise level I nivel de ruido de imagen.

video oscillator I oscilador de visión.

video output I potencia de salida vídeo.

video pass band I banda de paso de vídeo.

video pentode I pentodo para vídeo.

video pickup I videocaptación.

video power I potencia de vídeo.

video projector I proyector de vídeo.

video receiver I receptor de vídeo.

video replay I repetición vídeo.

video screen I pantalla visual.

video signal I señal de vídeo, señal visual.

video stage I etapa de vídeo.

video switching I conmutación de vídeo.

video tape I videocasete I cinta magnética.

video tape machine I videograbadora.

video tape recorder I magnetoscopio I registrador de bandas de vídeo I videógrafo I videograbadora

video tape replay I repetidor de cinta de vídeo.

video teleconferencing I teleconferencia por vídeo.

video track I pista de vídeo.

video transmission I señal de vídeo.

video transmitter | videotransmisor.
video tuner | sintonizador de vídeo.
video waveform | forma de onda vídeo.
videocartridge player | reproductor vídeo.
videocartridge recorder | registrador de cartuchos de vídeo.
video-cassette | videocasete.
videocenter | videocentro.
videodisc | videodisco.
videofrequency band | banda de videofrecuencia.
video-gain control | control de ganancia vídeo.
videograph | videógrafo.
videometric | videométrico.
videoplayer | reproductor de vídeo | magnetoscopio reproductor.
videoprinter | impresora magnética.
videorecorder | videorregistrador | videograbación.
videorecording | registro de vídeo.
videosensor | videosensor.
videotape | videocinta.
video-tape generation | televisión por videocasete.
videotape recorder | registrador de vídeo.
videotape (to) | grabar un programa de TV.
videotelephone | videófono.
videotext | videotexto.
videotransistor | videotransistor.
videotype | videoescritura.
vidicon | vidicón (televisión).
vidicon camera | cámara de vidicón.
view finder | visor (fotografía).
viewer | visor | visualizador | proyector de diapositivas.
viewfinder | lente visor | visor de cámara.
viewing | enfoque.
viewing eyepiece | ocular.
viewing lens | lente de enfoque.
viewing screen | pantalla de visualización.
vignette | viñeta (imprenta).
vinyl | vinilo.
vinyl acetate | acetato de vinilo.
vinyl benzene | estireno.
virgin coil | carrete virgen.
virgin flux | flujo virgen (nuclear).
virgin medium | soporte virgen (informática).
virgin reactor | reactor nuclear que no ha funcionado.
virgin tape | cinta virgen.
virtual | virtual, efectivo | aparente.
virtual address | dirección virtual (informática).
virtual anode | ánodo virtual.
virtual carrier | portadora visual (telecomunicaciones).

virtual current | corriente efectiva.
virtual disk | disco virtual.
virtual image | imagen virtual, imagen directa.
virtual level | nivel virtual (nuclear).
virtual machine | máquina virtual (informática).
virtual resistance | resistencia virtual | impedancia (electricidad).
virtual storage | memoria virtual (informática).
virtual storage management | gestión de memoria virtual (informática).
viscosimeter | viscosímetro.
viscosity index | índice de viscosidad.
viscous creep | fluencia viscosa.
viscous damper | amortiguador viscoso.
viscous flow | flujo laminar.
viscous hysteresis | histéresis viscosa, arrastre magnético.
vise jaw | mordaza de tornillo.
visibility | visibilidad.
visibility chart | gráfica de visibilidad.
visibility distance | alcance de visibilidad.
visibility index | índice de visibilidad.
visibility meter | medidor de visibilidad, visibilímetro.
visibility minima | mínimos de visibilidad.
visibility range | alcance de visibilidad.
visible light | luz visible.
visible signal | señal óptica.
visible-arc welding | soldeo con arco visible.
vision | visión, vista | imagen.
vision aerial | antena para visión.
vision bandwidth | anchura de banda de vídeo, anchura de banda de imagen.
vision circuit | circuito vídeo.
vision frequency | frecuencia de visión, videofrecuencia.
vision mixer | mezclador de imagen.
vision modulation | modulación de visión, videomodulación.
vision on sound | imagen sobre sonido.
vision receiver | videorreceptor, receptor de imagen.
vision signal | señal vídeo | señal de imagen (TV).
vision switcher | mezclador de imagen.
vision tuner | sintonizador de visión.
visual | visual | óptico.
visual approach | aproximación visual.
visual aural range | radiófono direccional audiovisual.
visual broadcast service | servicio de transmisión visual.
visual carrier | onda portadora visual, portadora de imagen.

visual communication | transmisión óptica | comunicación visual.

visual display amplifier | amplificador de visualización.

visual effects | efectos visuales (TV).

visual field | campo visual.

visual flight | vuelo visual.

visual flow indicator | indicador visual del flujo.

visual focusing | enfoque visual (fotografía).

visual frequency | videofrecuencia (TV).

visual indicator | indicador visual, visuoindicador.

visual link | enlace visual.

visual monitoring | comprobación visual | control visual.

visual radio range | radiofaro visual.

visual range | alcance visual.

visual rays | rayos visuales.

visual reconnaissance | reconocimiento visual.

visual record computer | computadora de registro visual.

visual scanner | explorador visual | explorador óptico | analizador visual.

visual scanning | exploración visual.

visual signaling | telegrafía óptica.

visual storage tube | tubo de almacenamiento visual.

visual threshold | umbral visual.

visual transmitter | transmisor visual (TV).

visual tuning | sintonización óptica.

vitreous | vítreo.

vitreous copper | cobre vítreo | torbernita.

vitreous electricity | electricidad vítrea.

vitreous enamel | esmalte vítreo.

vitreous fusion | fusión gradual.

vitreous silver | plata vítrea | argentita.

vitrification | vitrificación.

vitrified brick | ladrillo vitrificado.

vitrified pipe | tubería vitrificada.

vitrify (to) | vitrificar.

vitriol | vitriolo.

vitrobasalt | vitrobasalto, basalto vítreo.

vivianite | vivianita.

V-notch | muesca en V.

voder | voder.

vogad | regulador vocal, vogad.

voice | voz | fonía.

voice and data integrated system | sistema integrado de telefonía y datos.

voice call sign | indicativo de llamada local (comunicaciones).

voice channel | canal de conversación | canal acústico.

voice circuit | circuito acústico.

voice coil | bobina móvil de altavoz, bobina audio.

voice communication | comunicación en fonía.

voice filter | filtro de voz (acústica).

voice frequency relay | relé de frecuencia acústica.

voice frequency repeater | repetidor de frecuencia vocal.

voice frequency signalling | señalización de frecuencia vocal.

voice frequency system | sistema de frecuencia vocal.

voice frequency telegraph | telegrafía armónica.

voice line | línea de voz | línea telefónica.

voice operated gain adjusting device (V.O.G.A.D.) | regulador vocal | vogad.

voice pipe | tubo acústico.

voice response unit | unidad de respuesta vocal.

voice synthesizer | sintetizador de voz.

voice transmitter | radioteléfono.

voice tube | tubo acústico.

voice unit | sintetizador de voz.

voice wire | línea de conversación (telefónica).

voice-actuated modulator | modulador accionado por la voz.

voice-frequency range | gama de frecuencias vocales.

voice-switched | conmutado por la voz humana.

voice-switched circuit | circuito de conmutación por la voz.

voiceway | canal de comunicación (telecomunicación).

void | rechupe (lingotes) | espacio entre partículas (pólvoras) | vacío, desocupado.

void coefficient | coeficiente cavitario | coeficiente de huecos.

volatile | volátil.

volatile environment | entorno volátil (informática).

volatile file | archivo volátil.

volatile memory | memoria volátil (electrónica).

volatility | volubilidad.

volatilization roasting | tostación volatilizante.

volatilize (to) | volatilizar | vaporizar | gasificar.

volcanic dome | cúpula volcánica.

volcanic geology | geología volcánica.

volcanic glass | obsidiana, vidrio volcánico.

volcanic rock | roca volcánica | roca eruptiva.

volcanic spring | manantial volcánico.

volcanic tuff | toba volcánica.

volcanism | vulcanismo.

volcano | volcán.
volcanology | vulcanología.
VOLSCAN | VOLSCAN (ayuda al aterrizaje de aviones).
volt | voltio (unidad de tensión).
volt efficiency | rendimiento de voltaje.
volt ohmmeter | medidor de voltios y ohnios.
voltage | voltaje, tensión.
voltage balance | equilibrio de tensiones.
voltage bias | polarización de tensión | polarización de voltaje.
voltage booster | elevador de voltaje.
voltage breakdown | descarga disruptiva (dieléctricos).
voltage changer | cambiador de tensión.
voltage chart | cuadro de tensiones.
voltage circuit | circuito derivado.
voltage coil | bobina de voltaje.
voltage control | control de tensión.
voltage converter | convertidor de tensión.
voltage corrector | corrector de tensión.
voltage cutoff | reducción de voltaje | tensión de corte.
voltage detector | detector de tensión | indicador de tensión.
voltage divider | resistor reductor de voltaje.
voltage drift | deriva de tensión.
voltage drop | caída de voltaje.
voltage equalization | compensación del voltaje | compensación de tensión.
voltage feed | alimentación en tensión.
voltage feedback circuit | circuito de realimentación de voltaje.
voltage gain | ganancia de tensión | amplificación de voltaje.
voltage generator | generador de tensión (circuitos).
voltage gradient | gradiente de voltaje.
voltage impulse | impulso de voltaje.
voltage indicator | indicador de tensión | detector de tensión.
voltage jump | salto de tensión | salto de voltaje.
voltage level | nivel absoluto de voltaje.
voltage limiter | limitador de tensión.
voltage loop | cresta de tensión.
voltage multiplier | multiplicador de voltaje.
voltage node | nodo de tensión (ondas estacionarias).
voltage overload | sobrecarga de tensión.
voltage probe | sonda de tensión.
voltage pulse | impulso de voltaje.
voltage range | gama de voltajes.
voltage rating | tensión límite | voltaje máximo de servicio, tensión de régimen.

voltage ratio | relación de transformación de voltajes.
voltage recorder | voltímetro registrador.
voltage regulating transformer | transformador regulador de voltaje.
voltage regulator | regulador de voltaje.
voltage relay | relé de tensión.
voltage restricter | limitador de voltaje.
voltage rise | subida de tensión.
voltage sensing | recepción de voltaje.
voltage stabilizer | estabilizador de voltaje.
voltage standard | patrón de tensión.
voltage step | variación de tensión en escalón.
voltage step up | elevación de voltaje.
voltage step-down | reducción de tensión.
voltage stressing | sobrevoltaje, sobretensión.
voltage surge | sobrevoltaje.
voltage test | ensayo de tensión (electricidad).
voltage tester | voltímetro.
voltage threshold | tensión de umbral.
voltage transformer | transformador de tensión.
voltage wave | onda de tensión.
voltage-clamp | fijación del voltaje.
voltage-dependent resistor | resistor dependiente del voltaje.
voltage-grading electrode | electrodo de reparto de potencial.
voltage-metering magnetic amplifier | amplificador magnético para medida de voltaje.
voltage-operated | accionado por voltaje.
voltage-regulator diode | diodo regulador del voltaje.
voltage-stabilizing tube | tubo estabilizador de la tensión.
voltage-to-neutral | voltaje entre fase y el neutro.
voltage-trebling circuit | circuito triplicador del voltaje.
voltage-type telemeter | telémetro del tipo de tensión.
voltaic battery | batería voltaica.
voltaic cell | pila voltaica.
voltaic couple | termopar voltaico.
voltaic current | corriente voltaica.
voltaic pile | pila voltaica.
voltameter | coulombímetro | voltámetro.
voltametric titration | valoración voltamétrica.
voltametry | voltametría.
voltammeter | vatímetro | voltiamperímetro.
voltammetric titration | valoración vatimétrica.
volt-ampere | voltamperio.
voltampere-hour | voltioamperio-hora.
volt-hour meter | volthorímetro.

voltmeter | voltímetro.
voltmeter-ammeter | voltímetro-amperímetro.
voltmeter-ohmmeter-milliammeter | voltímetro-ohmímetro-miliamperímetro.
voltohmeter | voltiohmímetro.
volt-ohm-milliammeter | voltiohmimiliamperímetro.
volt-reading meter | voltímetro.
volume | potencia sonora (radio) | cilindrada (motores) | volumen.
volume batcher | medidor por volumen.
volume blower | ventilador volumétrico.
volume change | cambio volumétrico.
volume compensator | compensador de volumen.
volume control | control de volumen.
volume coverage | cobertura de volumen.
volume effect | efecto de volumen (nuclear).
volume energy | energía volumétrica.
volume flow | gasto volumétrico.
volume indicator | volúmetro.
volume level | nivel sonoro.
volume lifetime | vida media volumétrica.
volume limiter | limitador de volumen.
volume meter | contador de volumen.
volume resistivity | resistividad de volumen.
volume reverberation | reverberación volumétrica.
volume unit (VU) | decibelio (unidad de volumen).
volume-charge capacitor | capacitor de carga volumétrica.
volume-defined chamber | cámara de volumen variable.
volumeter | volúmetro.
volumetric | volumétrico.
volumetric calibration | calibración volumétrica.
volumetric coverage | volúmen de cobertura (radiolocalización).
volumetric efficiency | rendimiento volumétrico.
volumetric glassware | cristalería graduada (química).
volumetric pump | bomba volumétrica.
volumetric radar | radar volumétrico.
volumetric scanning | barrido volumétrico (radar).
volumetric shrinkage | contracción volumétrica.

volumetric solution | solución normal (química) | solución volumétrica.
volumetric strain | deformación volumétrica.
volumetric yield | rendimiento volumétrico.
voluminal | voluminal.
volute casing | difusor en espiral (hidráulica).
volute chamber | difusor (ventilador centrífugo) | canal colector (bomba centrífuga).
volute spring | resorte espiral cónico.
VORTAC | combinación VOR y TACAN (aeronáutica).
vortex | remolino | turbonada | vórtice.
vortex street | hileras paralelas de vórtices, vórtices de Karmán | fila de vórtices.
vortex tube | vórtice tubular.
vortex tunnel | túnel aerodinámico vorticial.
vortex type flow | circulación en remolino (meteorología).
vortex zone | zona de turbulencia.
vortex-type sprayer | quemador de flujo vorticial.
vortical flow | flujo vortical.
vorticity | vorticidad.
VR tube (voltage-regulator tube) | tubo regulador de tensión.
V-shaped chisel | trépano plano de corte en punta de diamante (sondeos).
V-shaped dies | matrices en V.
V-shaped frame | cuaderna en V (buque).
VT fuze | espoleta de proximidad radioeléctrica.
VTOL aircraft | avión de despegue vertical y aterrizaje corto.
VTOL fighter | avión de caza de despegue vertical y aterrizaje corto.
VTOL terminal | helipuerto.
V-twin engine | motor de dos cilindros en V.
vu | unidad de flujo acústico.
VU meter | medidor vu.
vu meter (VU) | volúmetro.
vug | drusa, geoda.
vulcanism | vulcanismo.
vulcanite | ebonita | vulcanita.
vulcanizable cement | cemento vulcanizable.
vulcanizable saturated elastomers | elastómeros saturados vulcanizables.
vulcanizate | vulcanizado.
vulcanize (to) | volcanizar | vulcanizar.
vulcanized | vulcanizado.
vulcanized asbestos | amianto vulcanizado.
vulcanized rubber | caucho vulcanizado.

W

wafer | fulminante (cartuchos), disco (metales) | microplaqueta | placa de contacto.

wafer coil | bobina de disco.

wafer lever switch | conmutador de palanca de disco.

wafer polishing machine | pulidora de pastillas.

wafer socket | zócalo de pastilla (válvula electrónica).

wafer switch | conmutador de sectores.

wafer (to) | gofrar.

wafering machine | cortadora de láminas delgadas | máquina para cortar pastillas.

waffle-iron store | memoria de placa de ferrita.

waft | ráfaga de aire | banderín de señales.

wagnerite | wagnerita.

wagon | vagón (ferrocarril) | vagoneta (minas).

wainscot | friso | alfarje.

wainscot (to) | revestir | artesonar, enfrisar | entibar.

waist | parte central (buques) | vientre (alto horno) | parte central del fuselaje (aviones).

waist rail | travesaño.

wait | pausa | espera.

wait order | orden de espera.

waiting time | tiempo de espera de la unidad base (informática).

waiting traffic | tráfico de espera (telecomunicación).

walkie-lookie | cámara de televisión portátil.

walkie-talkie | emisor-receptor portátil | radioteléfono portátil.

walking | móvil (grúas).

walking beam | balancín (mecánica) | viga-balancín.

walking beam furnace | horno de paso de peregrino (acerías) | horno continuo.

walking beam pump | bomba de balancín.

walking-beam kiln | horno de paso de peregrino.

walking-beam pump | bomba de balancín (petróleo).

wall | pared | muro | salbanda.

wall bearing | muro de carga.

wall box | caja de embutir (electricidad).

wall face | frente de arranque (minas).

wall fitting | aplique.

wall foundation | muro de cimiento.

wall hook | escarpia, alcayata.

wall outlet | tomacorriente mural.

wall pillar | pilar del muro, pilar de seguridad (minas).

wall socket | enchufe de pared, enchufe mural.

wall switch | interruptor de pared (electricidad).

wall (to) | emparedar | tapiar | amurallar | murar.

walling | albañilería | mampostería | revestimiento de fábrica (pozos) | muraje de galerías.

wallplate | placa de asiento (construcción) | placa de fijación.

wander | desviación angular del eje (giroscopio) | precesión del eje (giroscopio) | desplazamiento rápido en la pantalla de radar.

wander plug | clavija de conmutación.

wander rate | variación del cambio de dirección del eje (giroscopio).

wane | mengua, disminución | declinación | menguante de la luna.

wanga | niové (Staudtia gabonensis - Warb).

warble | aullido (acústica).

warble tone | tono de frecuencia variable (acústica).

warbler | vibrador de frecuencia.

warbling carrier | portador de frecuencia vibrada.

warm blast | viento caliente (alto horno).

warm front | frente cálido (meteorología).

warm start | arranque en caliente.

warm (to) | calentar | encender.

warming-up area | área de calentamiento (aeronáutica).

warming-up period | periodo de calentamiento (motores).

warner | aparato avisador | grisuscopio (minas).

warning | aviso | alarma.

warning device | dispositivo de alarma.

warning light | luz de aviso | lámpara testigo | luz de avería.

warning net | red de alerta | red de alarma.

warning radar | radar de alarma | radar de aviso.

warning sign | señal de alarma.

warning signal | señal de alarma | señal de advertencia.

warning-receiver system | sistema receptor de alarma (electrónica).

warp | alabeo | urdimbre | calabrote, estacha.

warp bobbin | bobina de urdimbre.

warp drawing machine | estiradora de urdimbres.

warp rib | acanalado por trama.

warp roller | plegador de urdidor.

warp spooler I bobinador de urdimbre.
warp (to) I combar, alabear I urdir (tejeduría).
warp twill I sarga por urdimbre.
warp winder I bobinadora de urdimbre.
warp yarn I hilo para urdimbre.
warpage I alabeamiento I abarquilladura.
warper I urdidor.
warping I alabeo, combadura I distorsión I tor-cimiento.
warping beam I plegador de urdidor.
warping block I bigornia.
warping bridge I pasadera de popa (buques).
warping buoy I boya de espía.
warping capstan I cabrestante de espía.
warping chock I alavante, guíacabos, escotera de espiar (buques).
warping line I calabrote de remolque.
warping machine I urdidora.
warping winch I chigre de atoar I chigre de es-piar (buques).
wash I lavado I baño I revoque (muros) I alu-vión (geología) I cono aluvial I arrastre de arena del molde (funderías) I perturbación ae-rodinámica.
wash boring I sondeo con inyección de agua I perforación con lavado I sondeo hidráulico.
wash heat I calentamiento superficial (tochos) I calda de exudación, calda al blanco I colada de lavado (horno Siemens).
wash metal process I afino en baño de escoria.
wash primer I pintura de imprimación hecha con un plástico (pinturas) I barniz de fondo.
wash (to) I lavar I metalizar (revestimientos).
wash tower I torre de depuración (química).
washed electrode I electrodo con revestimien-to muy delgado.
washed metal I arrabio refinado I metal afi-nado.
washer I lavadora I arandela.
washer thermistor I termistor tipo arandela.
washin I alabeo positivo, aumento del ángulo de incidencia hacia la extremidad del ala (aviones).
washing I lavado I socavación I afino en baño de escorias I preparación de minerales.
washing tower I torre de lavado (gases).
washing tub I cuba de lavado.
washout I cancelación del registro (cinta o alambre magnético) I derrumbe por socavón, hundimiento por la acción del agua, socavón por la acción del agua I alabeo negativo.
washout valve I válvula de vaciado, válvula de desagüe (tuberías).
washpot I cuba con estaño fundido (estañado).

waste I desperdicios I desechos I escombrera (minas) I aguas residuales.
waste chute I chimenea para relleno (minas).
waste coal I residuos de carbón.
waste cock I grifo purgador.
waste containment I contención de desechos (radiactividad).
waste disposal I evacuación de desechos.
waste fill I relleno (minas).
waste gate I compuerta de desagüe.
waste heap I escombrera (minas).
waste heat I calor residual.
waste heat boiler I caldera de recuperación.
waste iron I chatarra.
waste nut I brida de paso.
waste outlet I tubería de drenaje.
waste pile I escombrera.
waste pipe I tubo de desagüe I tubo de evacua-ción.
waste shaft I pozo de relleno (minas).
waste steam I vapor de exhaustación, fuga de vapor.
waste tank I depósito de residuos.
waste (to) I desperdiciar I mermar, agotar.
waste water I agua de condensación I agua de descarga I aguas residuales.
waste water treatment I tratamiento de aguas residuales.
waste-wax process I procedimiento a la cera perdida (fundición).
wasteway I canal evacuador I canal de descarga.
wasting I desbaste (sillares) I pirquinería, labo-res sin plan (minas).
watch I escucha I vigilancia.
watch frequency I frecuencia de escucha (ra-diocomunicaciones).
watch wave I onda de escucha (radiocomuni-caciones).
water I agua.
water adit I galería de desagüe (minas).
water balance I balance hidrológico.
water blast I hidroaspirador I chorro de agua a presión.
water brake I freno hidráulico para medir po-tencias.
water charger I cebador (bombas).
water concentration I concentración húmeda (metalurgia).
water condenser I refrigerante de agua.
water cooled tube I válvula refrigerada por agua I tubo enfriado por agua.
water desalter I desalinador del agua de mar.
water divining I rabdomancia.
water drain valve I válvula de drenaje de agua.
water drainage I drenaje I desagüe.

water drive I impulsión por agua, empuje por agua (pozo petróleo).

water drum I colector de agua (calderas) I colector inferior.

water elutriation I hidroelutriación.

water engine I máquina hidráulica.

water flooding I inyección de agua.

water flow cooling I refrigeración por agua.

water fluorization I fluorización del agua.

water gage I indicador del nivel de agua I hidrómetro.

water gas I gas de agua.

water gauge I indicador del nivel de agua.

water glass I indicador de nivel, tubo de nivel (calderas), vidrio soluble.

water hammer I martillo de agua (explosión del torpedo) I golpe de ariete (tuberías).

water head I carga hidrostática.

water horsepower I potencia útil (bombas).

water injection system I sistema de inyección de agua.

water jacket I envuelta de agua I camisa de refrigeración.

water jet I chorro de agua I inyección de agua.

water jet aspirator I trompa de agua.

water joint I junta hidráulica.

water level I nivel del agua I galería de desagüe (minas) I nivel hidrostático (geología).

water level recorder I limnígrafo I registrador del nivel de agua.

water lines I red de distribución del agua.

water load I carga hidrodinámica.

water manifold I colector de agua.

water meter I hidrómetro I contador de agua.

water monitor I radiodetector de agua (física nuclear) I monitor del agua (radiactividad).

water motor I motor hidráulico, hidromotor.

water packer I guarnición estanca (sondeos).

water packing I relleno hidráulico (minas).

water pipe I cañería, tubería de agua I tubo de toma de agua (calderas).

water post I boca de incendios.

water power I energía hidráulica.

water press I prensa hidráulica.

water pressure I presión del agua.

water pump I bomba de agua.

water radiolytic decomposition I descomposición radiolítica del agua.

water regulator I cámara de equilibrio (torpedos).

water repellancy treatment I tratamiento hidrófugo.

water repellency I hidrofugacidad, hidrorrepelencia.

water repellent I higrófugo, hidrorrepelente.

water resistance I resistencia líquida (electricidad).

water resisting I hidrófugo.

water resources I recursos hidráulicos.

water rheostat I reóstato de agua.

water seal I cierre hidráulico, junta hidráulica I frisa estanca.

water service I acometida de agua.

water shaft I pozo de agotamiento, pozo de desagüe.

water shutter I obturador de agua (nuclear).

water slurry I suspensión acuosa.

water solution I solución acuosa.

water sprayer I nebulizador de agua I pulverizador de agua.

water spring I pozo.

water station I estación aprovechadora de agua.

water stop I dispositivo de estancamiento.

water stripper I deshidratador de aceites.

water supply and drainage I instalación de toma de agua y desagüe.

water solvable polymer I polímero hidrófilo.

water system I sistema fluvial I red de distribución del agua.

water table I nivel hidrostático (geología), nivel freático I capa freática.

water table stream I corriente freática.

water table well I pozo de agua freática.

water tank I tanque de agua.

water test I prueba al agua.

water (to) I humedecer I mojar I aguar.

water tower I torre de enfriamiento.

water trap I deshidratador del vapor I colector de agua.

water tunnel I túnel hidrodinámico.

water valve I válvula de toma de agua.

water wall I espacio de agua (calderas acuotubulares).

water wheel I rueda hidráulica I turbina Pelton.

water-bearing stratum I manto acuífero I capa freática.

water-brake I dinamómetro hidráulico.

water-collecting area I cuenca de recepción.

water-cool (to) I hidroenfriar.

water-cooled I enfriado por agua, hidroenfriado.

water-cooled condenser I condensador refrigerado por agua.

water-cooled engine I motor refrigerado por agua.

water-cooled machine I máquina enfriada con agua.

water-cooled reactor I reactor refrigerado por agua.

water-driven I accionado por hidroturbina.
waterfall I catarata I cascada I salto de agua.
waterflood input well I pozo con extracción por inyección de agua (petróleo).
waterflood oil recovery I recuperación de petróleo por inyección de agua (pozos petroleros).
water-harden (to) I templar con agua.
water-jet pump I bomba de vacío de chorro de agua, eyector hidráulico.
water-level gauge I limnímetro.
waterline I tubería del agua I línea de agua (plano buques) I flotación (buques) I nivel del agua (calderas).
waterlogged I anegado, inundado (buques).
waterplane I hidroavión I superficie de flotación.
water-power resources I recursos hidroeléctricos.
water-power station I central hidroeléctrica.
waterproof I impermeable, hidrófugo.
waterproof motor I motor estanco (electricidad).
waterproof (to) I impermeabilizar.
waterproofing I impermeabilización.
water-pump lubricant I lubricante para bomba de agua.
water-pumping plant I estación de bombeo de agua.
water-repelling I hidrófobo.
water-resistant I acuorresistente.
water-saturated air I aire higrosaturado.
watershed I cuenca hidrográfica I vertiente I cuenca de captación (hidrología).
water-soluble I soluble en agua I hidrosoluble.
watertight I estanco al agua.
watertight bulkhead I mamparo estanco.
watertight compartment I compartimiento estanco.
watertight floor I varenga estanca (buques).
watertight ring I anillo de estanqueidad.
watertight weld I soldadura estanca al agua.
watertightness I impermeabilidad al agua I estanqueidad al agua.
waterway I conducto de agua I canalón I sección de paso de agua (válvulas) I sección de desagüe (puentes) I canalón de trancanil (buques) I vía fluvial.
watt I vatio I watt.
watt current I corriente activa.
watt density I vatiaje.
watt hour meter I contador de vatio-hora.
watt loss I pérdida de potencia.
watt second I vatio-segundo.
Watt spestrum I espectro de Watt (fisión).

wattage I vatiaje.
wattage rating I potencia de utilización I potencia nominal I vatiaje nominal.
watt-balance I vatímetro de balanza, balanza vatimétrica.
wattfull current I corriente activa.
wattfull load I carga activa.
wattfull power I potencia útil.
watthour I vatio-hora (Wh).
watthour capacity I capacidad en vatios-hora.
watthour meter I contador de vatios-hora.
wattless I desvatiado I reactivo.
wattless component I componente reactiva.
wattless current I corriente reactiva.
wattless load I carga reactiva.
wattless power I potencia reactiva (electricidad).
wattless power meter I contador de potencia reactiva.
wattmeter I vatímetro.
Watts-nickel deposit I revestimiento de níquel Watts.
wave I ola I onda.
wave acoustics I acústica de ondas.
wave action I oleaje I flujo.
wave analyzer I analizador de ondas.
wave angle I ángulo de radiación.
wave antenna I antena Beverage, antena de onda completa.
wave band I banda de onda.
wave band switch I conmutador de banda y onda.
wave changer I conmutador de cambio de onda.
wave collector I colector de ondas.
wave conducting gun I guía de ondas.
wave converter I convertidor de ondas.
wave crest I cresta de onda.
wave current I corriente ondulatoria.
wave detector I detector de ondas.
wave drag I resistencia a la formación de olas (buques) I resistencia a la formación de ondas (proyectiles).
wave duct I guiaondas cilíndrico I conducto de ondas.
wave field I campo ondulatorio.
wave filter I filtro de ola I filtro de frecuencia, filtro de onda.
wave form thermocouple I termopar de forma de onda.
wave heating I calentamiento de onda.
wave impedance I impedancia característica I impedancia de onda.
wave polarization I polarización de la onda (electromagnética).

wave range I gama de ondas I amplitud de la onda.

wave trough I seno de la onda I seno de ola.

wave vector I vector de onda (física).

wave winding I devanado ondulado I enrollamiento ondulado.

waveband I banda de frecuencias, banda de ondas, gama de longitud de ondas.

wave-band switch I conmutador de banda de onda.

waveform I forma de onda.

waveform distortion I distorsión armónica.

waveform encoding I codificación de la forma de onda.

waveform of alternating current I curva de corriente alterna.

wavefront I frente de onda (acústica, electromagnética).

waveguide I guiaondas I guía de ondas.

waveguide connector I conector de guía de ondas.

waveguide converter I conversor de guía de onda.

waveguide coupler I acoplador de guiaondas.

waveguide cutoff frequency I frecuencia de corte de guíaondas.

waveguide phase shifter I desfasador de guía de ondas.

waveguide plunger I émbolo de guiaondas.

waveguide propagation I propagación por guíaondas.

waveguide radiator I radiador de guíaondas (electromagnético).

waveguide reflector I reflector de guía de ondas.

waveguide slug tuner I sintonizador de guiaondas de manguito.

waveguide stub I adaptador de guías de ondas.

waveguide T I unión de guíaonda en T.

waveguide tuner I sintonizador de guía de ondas.

waveguide wavelength I longitud de onda de guía de ondas.

wavelength I longitud de onda.

wavelength constant I constante de fase.

wavelength scale I escala de longitudes de onda.

wavelength unit I unidad de longitud de onda.

wavemaker I generador de ondas.

wavemeter I ondámetro.

wavetrap I circuito resonante paralelo (radio) I circuito absorbente, circuito eliminador (radio) I circuito de antiinterferencia (radio) I bloqueo de interferencias (radio) I atenuador de la potencia de una señal (radio) I dispositi-

vo para aumentar la selectividad (antena) I circuito selectivo.

waviness I perfil ondulado.

wax I cera I parafina.

wax coal I piropisita.

wax electret I electreto de cera.

wax shale I pizarra bituminosa.

wax (to) I encerar I parafinar.

wax-electrolyte battery I pila de electrólito de cera sólida.

waxing I parafinación, parafinaje.

wax-laden I parafínico (química).

wax-laden crude oil I petróleo crudo parafínico.

way I vía, senda I conducto I rumbo, dirección I ruta, derrota.

way shaft I pozo interior (minas).

way station I estación intermedia (meteorología).

way-mark I poste I mojón.

weak I débil I frágil.

weak acid I ácido débil (química).

weak picture I imagen sin contraste.

weak shock waves I ondas de choque hipoenergéticas.

weak signal I señal débil.

weaken (to) I atenuar, debilitar I desgastar.

weakening I atenuación I debilitamiento.

weapon I arma.

weapon debris I residuos de armas nucleares I cenizas radiactivas.

weaponry I armamento.

wear I uso, deterioro I desgaste.

wear plate I placa de desgaste.

wear (to) I desgastar, deteriorar.

wearing I uso I desgaste, deterioro.

wearing depth I profundidad de desgaste.

wearing ring I anillo de desgaste.

wearing strip I banda de frotamiento.

weather I tiempo atmosférico I condiciones meteorológicas.

weather broadcast I radiodifusión meteorológica.

weather bureau I observatorio meteorológico I oficina meteorológica.

weather central I central meteorológica.

weather change I cambio atmosférico.

weather chart I mapa del tiempo I mapa meteorológico.

weather code I código meteorológico.

weather conditions I condiciones atmosféricas.

weather data I datos meteorológicos.

weather detection radar I radar para detectar el mal tiempo (meteorología).

weather flight I vuelo meteorológico.

weather forecast I pronóstico del tiempo I previsión meteorológica I predicción meteorológica.

weather map I mapa meteorológico.

weather observation satellite I satélite meteorológico.

weather proofing draught seal I junta estanca.

weather radar I radar meteorológico.

weather recording station I estación de registro metereológico.

weather report I información meteorológica.

weather resistance I resistencia a la intemperie.

weather science I meteorología.

weather service I servicio meteorológico.

weather ship I buque meteorológico.

weather sonde I sonda meteorológica aérea I radiosonda.

weather station I estación meteorológica.

weather (to) I exponer a la intemperie I orear, airear.

weather vane I veleta.

weathercock I veleta.

weathercock stability I estabilidad direccional.

weathered I disgregado I intemporizado I meteorizado.

weathering I descomposición a la intemperie (piedras) I desgaste (geología) I exposición a la intemperie I alteración al aire libre.

weathermeter I aparato medidor de las condiciones atmosféricas.

weatherproof I resistente a la intemperie I protegido contra la intemperie I hermético.

weather-protected I protegido contra la intemperie.

weather-responsive device I mecanismo que reacciona a las variaciones meteorológicas.

weathertight I hermético I estanco.

weave bead I cordón con pasada pendular (soldadura).

weave beading I deposición del cordón con movimiento pendular (soldadura).

weave (to) I urdir I tejer I tramar.

weaving I tejido I tejeduría.

web I red de estaciones de radio I rollo de cinta magnética I banda de suspensión, ánima (taladro) I retículo (óptica) I alma (vigas) I cinta de papel continuo I bobina de papel continuo (tipografía).

web feeder I alimentador para bobinas.

web girder I viga de alma llena.

web offset I offset a bobina.

web offset folding I plegado en el offset a bobina.

web offset press I prensa offset de bobina.

web paper I bobina de papel de imprimir continuo I papel continuo.

web registering system I sistema de registro de banda.

web reinforcement I refuerzo del alma (vigas).

weber I weberio (unidad de flujo magnético) I weber.

weber-turns I weberes-espiras I weberes-vueltas (electricidad).

web-fed letterpress rotary I rotativa tipográfica de bobina.

web-fed offset I impresión offset a bobina.

web-fed press I prensa de bobina.

wed press I rotativa a bobina.

wedge I prisma triangular (óptica) I cuña I calzo I chaveta.

wedge bolt I chaveta de apriete, chaveta de ajuste I perno de cuña.

wedge bonding I conexión en cuña.

wedge flow I corriente en cuña.

wedge gear I mecanismo de cuña.

wedge gearing I engranaje cónico.

wedge hole I chavetero.

wedge key I cuña de apriete I chaveta de apriete.

wedge piece I dovela (arcos).

wedge pyrometer I pirómetro de cuña.

wedge section I perfil especial en cuña.

wedge (to) I acuñar I calzar (ruedas) I enchavetar I enclavijar.

wedge-gate valve I válvula de compuerta de cuña.

wedge-grooved pulley I polea de canales trapezoidales.

wedging I calce I acuñamiento.

weep hole I mechinal I agujero de drenaje.

weep pipe I tubo de drenaje.

weigh (to) I pesar I ponderar.

weighbar I eje oscilante.

weighbeam I balancín de máquinas.

weighbridge I báscula puente I puente báscula.

weighgear I pesadora I báscula.

weigh-hopper I tolva pesadora, tolva-báscula.

weighing I peso I pesaje.

weighing machine I balanza I báscula.

weighshaft I eje oscilante I eje del distribuidor.

weight I peso I carga I lastre.

weight dosage I dosaje ponderal.

weight lever I palanca de presión.

weight load factor I coeficiente de carga del peso (aviación).

weight per axle I carga por eje.

weight per horsepower I peso por caballo.

weight per length I peso por longitud unitaria.

weight per pound thrust | peso por libra de empuje (aeronáutica).

weight psophometric | peso sofométrico.

weight (to) | pesar | ponderar.

weight tolerance | tolerancia ponderal.

weight voltameter | voltámetro de peso.

weight-density | peso específico (líquidos).

weighted | ponderado | cargado.

weighted amplifier | amplificador compensado.

weighted code | código ponderado.

weighted current | corriente ponderada.

weighted current value | valor ponderado de la corriente (telecomunicaciones).

weighted factor | media ponderada.

weighted index | índice ponderado.

weighted level | nivel ponderado (acústica).

weighted mean | media ponderada | medida aritmética ponderada.

weighted noise | ruido ponderado (acústica).

weighted safety valve | válvula de seguridad con contrapeso.

weighted voltage value | valor ponderado de la tensión.

weighting | evaluación | ponderación | carga.

weighting network | red de atenuación predeterminada, red correctora, red filtrante | red compensadora (telefonía) | red ponderada (acústica).

weighting system | sistema de evaluación.

weightlessness switch | conmutador de ingravidez (electricidad).

weightometer | pesador automático.

weir | esclusa | aliviadero | vertedero (hidráulica).

weld decay | corrosión intergranular de la soldadura.

weld factor | coeficiente de soldadura.

weld grinding | amolado de soldaduras.

weld junction | unión de soldadura.

weld metal | metal depositado.

weld overlay | recrecimiento con soldadura.

weld polarity | polaridad de la soldadura.

weld surfacing | recrecimiento con soldadura, restauración con soldadura.

weld (to) | soldar.

weldable | soldable.

weldable quality steel | acero de calidad soldable.

welded adaptor | conectador soldado.

welded bedplate | bancada soldada (motores).

welded chassis | chasis soldado (auto).

welded wire fabric | mallazo, tela metálica de alambres soldados.

welder | soldadora (máquina).

welders' glasses | cristales inactínicos para soldadores.

weld-forge (to) | soldar por forja.

welding | soldeo | estructura fabricada por soldeo.

welding alternator | alternador para soldar.

welding arc voltage | voltaje de arco de soldadura.

welding blowpipe | soplete para soldar.

welding burner | soplete de soldar.

welding compound | soldadura.

welding current | corriente de soldadura.

welding distortion | distorsión por el soldeo.

welding electrode | electrodo para soldar.

welding engineering | técnica del soldeo.

welding fire | forja de soldar.

welding flux | fundente para soldar.

welding forge | forja para soldar.

welding generator | electrogenerador para soldar.

welding machine | soldadora.

welding metal | metal para soldaduras.

welding nipple | tubo corto soldable.

welding parameters | parámetros del soldeo.

welding pass | canal de soldar.

welding press | prensa de soldar.

welding pressure | presión de soldeo.

welding regulator | válvula reguladora (soldadura autógena).

welding rod | varilla para soldar, electrodo infungible (soldeo por arco).

welding seam | soldadura.

welding sleeve | manga soldable (tuberías) | manguito para soldar.

welding table | banco para soldar.

welding timer | sincronizador de ciclos de soldeo.

welding torch | soplete de soldar.

welding transformer | transformador de soldar.

welding wheel | roldana para soldar, electrodo circular.

welding wire | alambre para soldar.

welding-electrode holder | portaelectrodo para soldar.

weld-interval timer | temporizador de soldadura.

weldment | construcción soldada | pieza soldada.

weld-surface (to) | recrecer con soldadura.

well | pozo | crisol (alto horno).

well bit | broca para perforación de pozos.

well counter | contador de pozo (radiación).

well drill | sonda perforadora de pozos.

well log I diagrama de pozo I registro diario de perforación, perfil del sondeo, diagrafía del sondeo (pozo petrolífero).

well parameter I parámetro del pozo (nuclear).

well pressure I presión del pozo (petróleo, gas).

well stimulation I estimulación del pozo para obtener más agua I estimulación de pozos petrolíferos.

well surveying I estudio de pozos (petróleo).

well testing I pruebas de un pozo.

well type ionization chamber I cámara ionizante de pozo.

well-bore I sondeo.

wellhead I boca de pozo I cabeza de pozo (petróleo).

wellhole I boca de pozo.

well-seating valve I válvula estanca.

welt I pliegue, reborde I ribete I cubrejunta.

welt (to) I ribetear (costura).

welted joint I empalme con cubrejuntas I junta engatillada.

Weston cell I pila Weston I pila de cadmio.

wet I mojado I húmedo.

wet adiabatic I adiabática húmeda (meteorología).

wet analysis I análisis húmedo (química).

wet ashing I descomposición en ácido.

wet assay I ensayo por vía húmeda (química) I análisis por vía húmeda.

wet batteries I acumuladores líquidos.

wet blasting I chorreado húmedo de abrasivos.

wet cell I pila hidroeléctrica I pila húmeda.

wet circuit I circuito humedo.

wet connection I conexión de toma, conexión bajo presión (tuberías).

wet contact I contacto húmedo (relés).

wet cooling tower I torre de refrigeración húmeda.

wet dock I dársena I dique de mareas.

wet down a contact (to) I humedecer un contacto (relés).

wet drifter I martillo perforador con inyección de agua.

wet drill (to) I perforar con inyección de agua.

wet electrolyte capacitor I capacitor electrolítico húmedo.

wet engine I motor con inyección de agua (aviación).

wet essay I ensayo por vía húmeda.

wet flashover I descarga en ambiente húmedo (aisladores).

wet flashover voltage I voltaje de salto del arco con aislador húmedo, voltaje de contorneamiento en húmedo (aisladores).

wet galvanizing I galvanización por inmersión.

wet grinding I afilado en húmedo I molienda en húmedo.

wet lattice I celosía húmeda (nuclear).

wet magnetic separator I separador magnético por vía húmeda.

wet process I método húmedo I vía húmeda.

wet puddling I pudelado caliente, pudelado húmedo.

wet screening I cribado húmedo.

wet slag I escoria fusible.

wet stamping I bocarteo con agua, bocarteado húmedo.

wet steam I vapor húmedo I vapor saturado.

wet steam turbine I turbina de vapor saturado.

wet sump I colector de lubricante dentro del cárter (motores).

wet suspension I suspensión húmeda.

wet (to) I mojar, humedecer, humidificar.

wet treatment I tratamiento húmedo.

wet water I agua con humectantes.

wet wind tunnel I túnel aerodinámico de flujo de agua.

wet-bulb temperature I temperatura de bulbo húmedo.

wet-bulb thermometer I termómetro de bulbo húmedo.

wet-motor pump I bomba con electromotor refrigerado por agua.

wetness I humedad.

wetness loss I pérdida por humedad.

wet-process cement kiln I horno de cemento por vía húmeda.

wet-sand (to) I chorrear con arena húmeda.

wettability I mojabilidad, humectabilidad.

wetted I mojado.

wetting I humedecimiento I agente humidificador.

wetting agent I agente humectante, agente tensoactivo, agente superficieactivo I sustancia reductora de la tensión superficial.

wetting current I corriente de humectación.

wetting solution I solución humidificante I solución humectante.

wet-way analysis I análisis por vía húmeda.

wharf I muelle I embarcadero.

wharf crane I grúa de muelle.

Wheatstone bridge I puente de resistencias (electricidad) I puente de Wheatstone (electricidad).

wheel I rueda I roldana, rodete I polea I muela de rectificar I muela abrasiva I volante (máquinas) I corona móvil.

wheel alignment I alineación de las ruedas.

wheel and axle I torno I cabria.

wheel antenna | antena circular plana.
wheel arrangement | rodamiento.
wheel band | llanta.
wheel barometer | barómetro de cuadrante.
wheel base | distancia entre ejes.
wheel blank | primordio para ruedas.
wheel bobbing | pulido con muela de abrasivo fino.
wheel brace | berbiquí.
wheel carrier | portarruedas.
wheel crank | manivela de plato | disco volante (mecánica).
wheel cutter | fresa para engranajes | talladora de ruedas.
wheel dresser | reafilador de muela abrasiva | rectificador de muelas abrasivas.
wheel dressing tool | herramienta para reavivar muelas abrasivas.
wheel engraved | grabado con muela abrasiva.
wheel gear | transmisión por engranajes.
wheel grit | grano de muela abrasiva.
wheel handle | manivela de volante.
wheel locator | centrador de muela.
wheel pivot | muñón de la rueda.
wheel press | prensa de calandra.
wheel printer | impresora de disco | impresora de rueda de tipos (informática).
wheel profile truing | rectificación del perfil de la muela.
wheel refacer | reavivador de muela abrasiva.
wheel reversing gear | mecanismo de cambio de marcha por engranajes.
wheel rim | corona de rueda | llanta de rueda.
wheel rod | varilla de guardín.
wheel rope | guardín (timón-buques).
wheel screen | tambor cribador.
wheel screw | engranaje helicoidal.
wheel set | conjunto del eje con sus dos ruedas, rodamiento (ferrocarril).
wheel slide | carro portamuela (rectificadora).
wheel slip | patinaje de la rueda (locomotoras).
wheel snubber | amortiguador de las ruedas (avión).
wheel spat | carena de ruedas.
wheel spindle | eje portamuela | muñón de la rueda | mangueta (rueda autos).
wheel stand | cabezal portamuelas.
wheel static | estática de las ruedas.
wheel stud | espárrago de rueda | perno de rueda.
wheel (to) | rodar, girar.
wheel track | carrilada.
wheel truck | carretón de las ruedas (avión).
wheel true (to) | rectificar con la muela.
wheel truing | rectificación de ruedas (de vagones o locomotoras) | equilibrado de la muela.

wheel wobble | bailoteo de las ruedas delanteras, oscilación angular periódica de las ruedas delanteras (autos).
wheelbase | base de ruedas | distancia entre ejes.
wheelcase | caja de engranajes, cárter de engranaje.
wheeled cable drum | carro portacables (telecomunicaciones).
wheelhead | cabezal portamuelas.
wheelhead slide traverse | carrera del carro del cabezal portamuela.
wheeling | rodaje | rotación.
wheels up | con las ruedas de aterrizaje dentro del fuselaje o alas.
wheel-up landing | aterrizaje con las ruedas retraídas (aviones).
whet (to) | afilar, amolar.
whetstone | piedra de amolar, piedra de afilar.
whiffletree | balancín.
whiffletree switch | conmutador de balancín (electrónica).
whim | torno | cabrestante.
whip | conexión flexible | lantión | muelle de ruptor | vibrador de muelle.
whip aerial | antena de varilla extensible.
whip antenna | antena de látigo.
whip current collector | tomacorriente de pértiga.
whipping speed | velocidad de frecuencias críticas (ejes).
whipping warp end | cabirón para espiar (chigres).
whipstock | cuña desviadora (sondeos) | guiasondas.
whirl | giro, vuelta, rotación | remolino | inestabilidad rotacional.
whirl velocity | velocidad tangencial (compresor axial).
whirling | vibración torsional (ejes) | vibración lateral (ejes en rotación).
whirling frequencies | frecuencias laterovibratorias (ejes).
whirling needle | brújula inestable | aguja loca (brújula).
whirling speed | velocidad crítica (de ejes).
whirling spiral disk | disco de espiral giratoria (cine).
whirling table | torno de alfarero.
whirling vibrations | laterovibraciones críticas (ejes).
whirling wing | ala rotatoria.
whirlpool | vórtice.
whirlpool chamber | canal colector (bomba centrífuga).

whirlwind | remolino | torbellino.

whisker | buscador (radio) | monocristal sin deformaciones | crecimiento cristalino filamentario, cristal microscópico de crecimiento filiforme.

whistle | silbido.

whistle box | inductancia de arco.

whistler | perturbación silbante, silbido parásito atmosférico (ionosfera).

whistler wave | onda silbante (radioelectricidad).

whistling atmospherics | atmosféricos silbantes.

white | blanco.

white adjusment | ajuste blanco (TV).

white antimony | antimonio blanco.

white arsenic | arsénico blanco.

white body exposure | irradiación global.

white bole | caolín.

white brass | latón blanco.

white bronce | bronce blanco.

white cast iron | fundición blanca.

white casting | fundición con fractura blanca brillante.

White circuit | circuito de White (electrónica).

white copperas | sulfato de cinc, caparrosa blanca.

white damp | óxido de carbono.

white garnet | leucita | granate blanco.

white gold | oro blanco.

white hot | calentado al blanco (química).

white iron | fundición blanca | hojalata | marcasita.

white lead | albayalde, blanco de plomo, cerusa.

white level | nivel de blanco.

white light | luz blanca.

white line | blanco, interlínea (tipografía).

white metal | metal antifricción.

white mica | mica blanca | moscovita.

white peak limiter | limitador de pico de blanco (TV).

white pig | arrabio blanco.

white pot | criba de estañar (hojalata) | crisol blanco.

white radiation | radiación blanca.

white resin | trementina.

white room | sala blanca (acústica) | sala esterilizada.

white spirit | bencina mineral | aguarrás sintético.

white tellurium | silvanita, aurotelurita.

white water | aguas blancas, aguas coladas.

white-dot pattern | imagen de puntos blancos.

white-metal bearing alloy | aleación de metal blanco para cojinetes.

white-metal (to) | antifriccionar, guarnecer con antifricción (cojinetes).

white-metalled bearing | cojinete guarnecido de metal blanco.

whiting | blanqueo, blanqueamiento | blanco de España, tiza.

whizz (to) | centrifugar.

whizzer | hidroextractor | extractor centrífugo, centrifugadora.

whizzing | centrifugación.

whole tone | tono completo (acústica).

whole-body exposure | irradiación global.

wick | mecha.

wick carburator | carburador de mecha.

wick lubricator | engrasador de mecha.

wicket | portillo | postigo (puertas) | mirilla (hornos) | ventanilla.

wicket dam | presa de abatimiento | presa de tableros.

wicket gate | compuerta de mariposa | compuerta de postigo.

wide | ancho, dilatado | extenso, amplio.

wide angle | vista general (TV).

wide angle floodlight | proyector extensivo.

wide angle lens | lente de ángulo ancho.

wide angle object lens | objetivo gran angular.

wide band | banda ancha.

wide channel | canal ancho (telecomunicación).

wide frequency coverage | variación amplia de frecuencia.

wide open | a toda velocidad, a toda potencia, con todos los gases (motores).

wide shot | plano general amplio (TV).

wide spectrum | amplio espectro.

wide voltage range | variación amplia de voltaje.

wideband amplifier | amplificador de amplia banda.

wideband antenna | antena omnionda.

wideband axis | eje de banda ancha.

wideband dipole | dipolo de banda ancha.

wideband repeater | repetidor de banda ancha.

wide-band switching | conmutación de banda ancha (electrónica).

wideband television signal | señal televisiva de amplia banda.

wide-gear | engranaje de dentadura ancha.

widen (to) | abocardar, mandrilar (tubos) | ensanchar.

widening | ampliación | ensanchamiento.

wide-range | de amplia gama | de gran campo de lectura (aparatos).

width | anchura | longitud (pulsación).

width coding | código de anchura (comunicaciones).

width control I control de la anchura de imagen I regulación de anchura de imagen (televisión).

width of angle I ángulo de visión.

width of splitting I anchura de disociación (cristalografía).

width of tooth I anchura del diente (mecánica).

widthmeter I anchurómetro.

wiewdata I videodatáfono.

Wigner energy I energía Wigner.

wigwag I comunicación por señales I telegrafía con banderas.

wigwag signal I señal oscilante.

wilco I recibido y atendido (radiotelefonía).

wild gas I gas de incompleta combustión (alto horno).

wild heat I calda efervescente (acero).

wild metal I metal agitado.

wild steel I acero muy efervescente.

wild well I pozo surgente sin control (petróleo).

wildcat I cateo, sondeo de prospección I sondeo explorador (yacimiento petrolífero).

wildcat drilling I perforación de exploración.

wildcat well I pozo de sondeo I pozo exploratorio I pozo de cateo.

wildcatting I perforación exploratoria I prospección de pozos petrolíferos I sondeos de exploración.

willemite I wilemita.

wimble I berbiquí I barrena de gusano.

winch I cabrestante I torno para elevar pesos I chigre I montacarga.

winch barrel I tambor de torno I capirón del chigre.

winch drum I tambor de torno.

winch head I molinete I cabeza de cabrestante I huso.

wind I viento.

wind belt I cámara del viento (cubilote).

wind charger I aerogenerador.

wind chart I carta de los vientos, rosa de los vientos.

wind cone I manga de aire I manga-veleta (aeropuertos).

wind correction I corrección de deriva.

wind deflector I pantalla deflectora.

wind deposition I deposicion eólica.

wind direction indicator I anemoscopio.

wind drift I deriva de viento (fonolocalizador).

wind electric plant I central electrógena eólica I planta eléctrica eólica.

wind energy I energía eólica.

wind engine I aeromotor.

wind engineering I tecnología de la energía eólica.

wind erosion I erosión eólica.

wind force scale I escala anemométrica.

wind gage I anemómetro.

wind gage sight I alidada para determinar la dirección y velocidad del viento.

wind gauge I anemómetro.

wind gradient I gradiente del viento.

wind indicator I anemómetro.

wind loading I carga de viento máxima.

wind machine I máquina eólica I generador eólico, aerogenerador.

wind meter I anemómetro.

wind motor I motor eólico, aeromotor.

wind power I energía eólica.

wind power plant I central energética eólica.

wind pump I bomba eólica.

wind road I galería de ventilación (minas).

wind rose I rosa de los vientos.

wind scale I escala de los vientos.

wind screen I parabrisas.

wind sensor I detector del viento, eolodetector, anemodetector.

wind sleeve I manga-veleta (aeropuertos).

wind tee I veleta en T (aeródromos).

wind tide I marea de origen eólico.

wind (to) I devanar I ovillar, encanillar I torcer.

wind (to) I ventear I airear, orear.

wind tower I torre de enfriamiento.

wind triangle I triángulo del viento (navegación aérea).

wind tunnel I tunel aerodinámico.

wind tunnel throat I canal de túnel aerodinámico.

wind turbine I turbina eólica.

wind vane I veleta (vientos).

wind wave I ola eólica.

wind wheel I rueda eólica.

windage I resistencia al viento (estructuras) I resistencia aerodinámica I corrección por el viento (balística).

windage loss I pérdida por resistencia aerodinámica (aviación).

wind-drift angle I ángulo de deriva.

wind-driven I eólico.

wind-driven battery charger I cargador de batería eólica.

wind-driven generator I electrogenerador eólico.

wind-driven plant I central eólica.

winder I escalón de compensación, escalón de vuelta I carretel I devanadora, bobinadora I arrolladora.

winding l alabeo, reviro, abarquillamiento (maderas) l enrollamiento l devanado (electricidad) l extracción del mineral.

winding arc l arco de devanado.

winding drum l tambor de enrollamiento l tambor del cable de extracción (minas).

winding engine l máquina de extracción (minas).

winding factor l factor de devanado.

winding factory l factoría de devanados (electricidad).

winding faller l plegador (selfactina).

winding former l gálibo para el devanado.

winding machine l devanadora l bobinadora.

winding pitch l paso del devanado (electricidad).

winding ropes l cables para extracción minera.

winding shaft l pozo de extracción, pozo de trabajo (minas).

winding tackle l aparejo de devanado.

winding-on drum l tambor arrollador, barrilete (selfactina).

windlass l cabrestante l cabria l montacargas l malacate.

windlass jack l gato de manivela.

windmill l molino de viento l aeromotor.

windmill (to) l girar por la acción del viento (hélice).

windmill torque l par en autorrotación.

windmilling l autorrotación.

windmilling propeller l hélice en régimen de molinete l hélice en autorrotación.

wind-operated l eólico.

window l ventana l tira antirradárica de papel metalizado (aviones) l diafragma (de guiaondas) l circuito de desconexión periódica, circuito isocronodesconectador (radar, TV).

window blind l celosía.

window frame l bastidor de ventana, marco de ventana.

window frame finder l visor reticulado (fotografía).

window jamb l jamba de ventana.

window post l jamba de ventana.

window rocket l cohete antirradárico.

window signal l señal de ventana (TV).

wind-power generator l generador eólico.

windscreen l parabrisas (automóvil).

windscreen washer l lavaparabrisas.

windscreen wiper l limpiaparabrisas.

windshield l parabrisas (automóvil).

windspout l manga l tromba (agua) l tifón l torbellino.

windstream l flujo de aire (túnel aerodinámico).

wind-tunnel l túnel aerodinámico l túnel de viento.

wind-up signal l señal de despegar (aviones).

windward l barlovento.

wing l ala l aleta l pala de rotor (helicópteros).

wing area l superficie sustentadora (aviones).

wing bolt l perno de palomilla.

wing bottom surface l intradós (aviones).

wing caliper l compás con arco.

wing camber l curvatura del ala.

wing circuit l circuito de ánodo.

wing combustion chamber l cámara de combustión lateral (caldera de varios hornos).

wing compass l compás con arco.

wing contour l perfil alar (aviones).

wing drag l resistencia de las alas al avance.

wing drop l pérdida de fuerza sustentadora.

wing envelope l recubrimiento del ala.

wing expanse l envergadura.

wing flap l flap, hipersustentador (aviones).

wing flap hinge l charnela de alerón.

wing flexure l curvatura del ala.

wing flexure-torsion l torsión flexural del ala.

wing flutter l vibración aeroelástica alar.

wing lift l sustentación del ala.

wing loading l carga alar.

wing mirror l espejo retrovisor (autos).

wing motor l motor lateral l motor de ala (aviación).

wing nut l tuerca de aletas, tuerca de orejetas, tuerca de palomilla, tuerca de mariposa l palomilla.

wing profile l perfil alar (aviones).

wing pump l bomba de aletas.

wing root l unión del ala al fuselaje l raíz del ala (aviones).

wing screw l tuerca de orejetas, tuerca de palomilla.

wing section l perfil del ala.

wing setting l reglaje del ala.

wing skid l patín de ala (aviación).

wing stressing l esfuerzos en el ala.

wing structure l estructura alar.

wing stull l estemple de aletas (minería).

wing upper surface l extradós (aviones).

wing valve l válvula de ala.

wing-body-tail combination l combinación ala-fuselaje-empenaje.

wingspan l envergadura.

wingspread l envergadura.

wink l parpadeo de la imagen (TV).

winking indicator l indicador de intermitencia.

winning l campo de explotación (minas) l extracción, arranque (minas).

winter I invierno.

winterization I protección contra los agentes invernales.

winterize (to) I equipar para funcionar a temperaturas muy bajas I invernizar.

winterized oil I aceite frigelizado.

winterizing I protección contra los agentes invernales.

winze I pozo de comunicación, pozo ciego, coladero, chiflón.

winzing I perforación de chiflones, perforación de coladeros (minas).

wipe I soldadura I agrandamiento gradual de la imagen (TV) I borrado.

wipe joint I junta soldada I unión soldada.

wipe (to) I secar I cepillar I soldar I cancelar (cinta magnética registrada).

wiped joint I unión soldada.

wipe-on offset plate I plancha offset para sensibilizar.

wipe-on (to) I emulsionar (litografía) I sensibilizar.

wipeout I interferencia de gran intensidad, bloqueo (radio).

wiper I contacto deslizante, contacto móvil I frotador I escobilla I leva I excéntrica I escurridor.

wiper blade I rasqueta de la prensa de huecograbado (imprenta) I rasqueta del limpiaparabrisas.

wiper contact I contacto deslizante.

wiper gland I prensaestopas rascador.

wiper motor I motor del limpiaparabrisas.

wiper ring I aro rascador (pistones).

wiper shaft I eje de levas.

wiper sleeve I manguito de soldar (electricidad).

wiping I barrido (desimanación de buques) I cancelación (cinta o alambre magnético registrado).

wiping action I barrido.

wiping contact I contacto rozante (electricidad).

wiping demagnetization I desimanación por barrido con cable horizontal desplazable (buques).

wiping effect I efecto de barrido (metalurgia).

wiping head I cabeza de borrado de vídeo.

wiping sleeve I manguito de soldar (electricidad).

wire I alambre I hilo metálico I hilo (electricidad) I cordón de estaño (defecto chapas estañadas).

wire antenna I antena de hilos.

wire bond I fijación de hilos de conexión (electrónica).

wire bonding I unión por hilo I puente de continuidad (física).

wire broadcasting I transmisión por cable (radio-TV) I teledifusión I difusión por hilo.

wire brush I cepillo de alambre I carda metálica.

wire change-over switch I conmutador de antena.

wire circuit I circuito por hilo (telecomunicaciones).

wire clamp I abrazadera de fijación.

wire cloth I tela metálica.

wire coil I carrete de alambre.

wire communication I comunicación alámbrica.

wire connectors I conectores de cables eléctricos.

wire core I alma metálica I alma de cobre.

wire cutters I tenazas para alambre.

wire cutting pliers I alicates para cortar alambre.

wire distribution service I televisión por cable.

wire drawer I trefilador.

wire drawing I trefilado de alambre.

wire fabric I tela metálica.

wire fuse I fusible de alambre.

wire gage I calibrador de alambres, galga de alambres.

wire gauge I calibrador de alambres.

wire gauze I tela metálica.

wire guidance I guiado por hilo I guiado alámbrico.

wire guidance link I enlace de guía de alambre.

wire guided missile I misil filodirigido.

wire halyard I driza de cable.

wire line I cable de perforación, cable de acero (sondeos).

wire line coring I cable sacatestigos (pozos).

wire link I enlace alámbrico (telecomunicación).

wire mark I corondel (papel).

wire mesh I tela metálica.

wire mill I hilera (máquina) I tren de alambre, laminador para alambres, tren de varilla.

wire network I red por hilos (telecomunicaciones).

wire nippers I tenazas de corte para alambres.

wire nut I tuerca para hilos.

wire pair I par de hilos (telecomunicaciones).

wire part I pantalla metálica.

wire photo I telefoto.

wire picture I telefoto.

wire printer I impresora de matriz de alambre.

wire recorder I registradora de alambre I grabador de hilo.

wire reel I devanadera de alambre.

wire resistance I resistencia de alambre.

wire resistance strain gage I dilatómetro de resistencia eléctrica, extensímetro de resistencia eléctrica de hilo.

wire rod I barra para trefilar I barra para estirar.

wire rod mill I tren de alambre.

wire room I sala de teletipos.

wire rope I cable de acero I cable metálico.

wire ropeway I cable aéreo transportador, teleférico.

wire route I circuito por hilo (telecomunicaciones).

wire routing I ruta de conexiones.

wire shears I cizalla para alambre.

wire sieve I tamiz de tela metálica I criba de tela metálica.

wire solder I alambre de soldadura.

wire stay I estay de cable.

wire stitch (to) I coser con grapa (encuadernar).

wire stitcher I cosedora con alambre.

wire strand I torón metálico I torón de alambre.

wire stretcher I carraca tensaalambre.

wire stripper I desforrador de hilos I herramienta pelahilos.

wire sweep I cable de rastreo.

wire system I sistema alámbrico I red de los hilos (telecomunicaciones).

wire telemetry I telemetría por transmisión alámbrica.

wire telephony I telefonía alámbrica.

wire tension I tensión del hilo (telefonía).

wire (to) I alambrar I telegrafiar, cablear (tender cables eléctricos en aparatos, instalaciones, etc.) I conectar (electricidad).

wire tramway I cable aéreo.

wire twister I torcedor de alambre.

wire wrap I hilo de envoltura I conexión por arrollamiento.

wire wrapper I máquina de cablear.

wirecutter I cizalla.

wired I de red metálica I con alambre I con instalación eléctrica.

wired control I control cableado.

wired memory translator I traslador con circuito de memoria (telefonía).

wired panel I panel de conexiones.

wired radio I radiodistribución.

wired television I televisión por cable.

wiredraw (to) I estirar metales I trefilar alambres.

wiredrawer I trefilador, banco de trefilar.

wiredrawing I estiramiento I trefilado.

wiredrawing machine I máquina de estirar alambre.

wiredrawing works I trefilería.

wire-guided I guiado por hilo.

wireless I inalámbrico, sin hilos I radiotelegráfico.

wireless beacon I radiofaro.

wireless compass I radiogoniómetro.

wireless equipment I equipo de radiotelefonía.

wireless message I radiograma.

wireless microphone I micrófono inalámbrico.

wireless route I vía analámbrica (telecomunicación).

wireless telegram I radiotelegrama.

wireless telegraphy I radiotelegrafía.

wireless telephony I telefonía sin hilos.

wireless timekeeping I radiocronometría.

wireless (to) I radiotelegrafiar.

wireless valve I válvula electrónica.

wireless-equip (to) I equipar con radiotelefonía.

wireless/radio mic I micro inalámbrico.

wireline drilling I sondeo con cable.

wire-link telemetry I telemetría por enlace alámbrico.

wirephoto I telefotografía, fototelegrafía.

wiresonde I sonda cautiva.

wiretap I conexión espía.

wiretapping I captación de mensajes telefónicos I derivación (circuitos).

wire-weight gage I limnímetro de cable y peso.

wire-wound gun I cañón zunchado con alambre.

wire-wound potentiometer I potenciómetro de hilo bobinado.

wire-wound resistor I resistor de hilo bobinado.

wire-wound rheostat I reóstato devanado de alambre.

wire-wound trimming potentiometer I potenciómetro de ajuste bobinado.

wire-wrapping tools I instrumentos para conexiones arrolladas.

wiring I costura con alambre I alambrado I instalación (electricidad) I colocación de alambres I instalación eléctrica.

wiring board I tablero de conexiones.

wiring connector I conector de hilos.

wiring diagram I esquema de conexiones eléctricas, diagrama del circuito (electricidad).

wiring switch I interruptor interior.

wiring system I cableado I distribución (telecomunicación).

withdraw (to) I desmoldear I extraer.

withdrawable I extraíble I desmontable.

withdrawable element I elemento extraíble.

withdrawable type circuit breaker I disyuntor de circuito de elementos extraíbles.

withdrawal I retroceso I retracción.

withdrawal load I carga de separación I esfuerzo de arranque.

withdrawal solenoid I solenoide de borrado magnético.

withdrawing device I dispositivo extractor.

witherite I witerita.

withstand voltage I voltaje no disruptivo.

witness stake I estaca testigo (topografía).

wobble I giro excéntrico I trefle, trébol (cilindro de laminador).

wobble bond I conexión por oscilación.

wobble frequency I frecuencia de modulación.

wobble joint I acoplador oscilante (ondas).

wobble plate I chapa oscilante (helicóptero).

wobble pump I bomba de mano para combustible (motores).

wobble saw I sierra excéntrica, sierra circular oscilante I sierra elíptica.

wobble (to) I balancear I tambalear I desplazarse con oscilaciones irregulares (ejes verticales) I modular (radio).

wobbler I placa oscilante I cabezal motor, trefle, muñón de acoplamiento (cilindro de laminadores).

wobbling I ondulación (radio).

wobbling cylinder I tambor oscilante.

wobbling satellite I satélite con el eje en oscilación, satélite con nutación.

wobbulator I modulador de frecuencia I balanceador.

wolfram I volframio.

wolframate I volframato.

wollastonite I wollastonita (minería).

womp I mancha hiperluminosa I relumbrón repentino (TV).

wood I madera I leña I bosque.

wood block I polipasto de madera.

wood borer I xilógrafo I taladro para madera.

wood engraving I xilografía I grabado en madera.

wood file I escofina I lima para madera.

wood frame construction I armazón (arquitectura).

wood molding I moldura de madera para canalización (electricidad).

wood piling I plancha de entibar.

wood pulp I pulpa de madera, pasta papelera.

wood rasp I escofina para madera.

wood scab I brida de madera I cubrejunta de madera.

wood screw I tornillo de rosca para madera I tirafondo.

wood shore I puntal de madera.

wood spirit I alcohol metílico, metanol.

wood tin I estaño xiloide, casiterita fibrosa.

wood turpentine I aguarrás de madera.

wood-block printing I impresión xilográfica.

woodcut I xilografía.

woodcut drawing I estampa xilográfica.

wooden block I falso protector (telecomunicación).

wooden peg I jalón de madera.

wooden pin I estaca I espiga.

wooden raceway I moldura para conductores.

wooden spike I escarpia de madera.

wood-free paper I papel de pasta química.

wood-tar I creosota.

woofer I altavoz de bobina para bajas frecuencias, altavoz para sonidos graves, altavoz reforzador de bajos.

wool I lana.

wool top I estambre.

wool yarns and twists I hilos y torcidos de lana (textil).

word I palabra I vocablo I grupo de señales (informática).

word call sign I contraseña de llamada (telefonía).

word code I palabra clave (telecomunicación).

word date I velocidad de palabra (informática).

word format I formato de palabra (informática).

word generator I generador de palabras (informática).

word length I longitud de palabra (informática).

word locator I localizador de palabras (informática).

word mark I marca de palabra (informática).

word processing I proceso de la palabra I tratamiento de texto.

word processing equipment I equipo para procesado de textos.

word processor I procesador de texto.

word rate I velocidad de transmisión (telegrafía) I velocidad de palabra (informática).

word size I dimensión de palabra (informática).

word time I tiempo de transferencia de palabra.

word transfer I transferencia de palabra.

wordage I número de palabras transmitidas (telegrafía).

word-organized storage I memoria organizada por palabras.

word-parallel I palabras en paralelo (telefonía).

work I carga térmica I trabajo I obra I tarea I labor I mecanismo.

work arbor I eje portapieza.

work area I área de trabajo (informática).

work assembly I ensamblado de trabajos (programas).

work blank I embrión de pieza I primordio para maquinar.

work coil I bobina de trabajo (telecomunicación).

work count I cronometraje.

work electrodes I electrodos de trabajo.

work function I trabajo de extracción (gas ionizado).

work hardening I endurecimiento por medios mecánicos, endurecimiento por acritud (se sobrepasa el límite elástico).

work holder I mandril.

work in the broken (to) I despilarar (minas carbón).

work lead I plomo de obra, plomo impuro obtenido en alto horno.

work queue I cola de trabajos (informática).

work rest I portapieza.

work sheet I hoja electrónica I hoja de trabajo I hoja de cálculo.

work spindle I eje portapieza.

work stone I sillar.

work (to) I poner en marcha (máquinas) I trabajar I fabricar, elaborar I funcionar I hacer funcionar.

workability I manejabilidad I explotabilidad.

workable alloy I aleación que se puede maquinizar.

workboard I tablero de montaje (electrotecnia).

worked out I agotado (minas).

work-harden (to) I endurecer por acritud, endurecer por medios mecánicos (metalurgia).

work-hardened wheel tread I llanta de rueda endurecida por acritud (vagones).

workhead I cabezal portapieza (máquina herramienta).

workholder I portapieza, soporte de la pieza.

workholding device I dispositivo de fijación de la pieza.

workholding table I mesa portapieza (máquina herramienta).

work-in bearings (to) I asentar cojinetes.

working I trabajo I funcionamiento, operación I manejo I explotación (patentes, minas) I circulación de trenes I marcha I laboreo (minas).

working anchorage I fondeadero de descarga.

working angle I ángulo de trabajo, ángulo de ataque.

working aperture I abertura útil (objetivos).

working band I banda de trabajo (radio).

working beam I balancín.

working chamber I cámara de trabajo (cajón neumático) I cámara de maniobra.

working channel I canal de trabajo (reactor) I canal activo (telecomunicaciones).

working circuit I circuito de trabajo (telecomunicaciones).

working conditions I régimen de marcha (máquinas).

working current I corriente de trabajo, corriente de régimen I corriente activa.

working curve I curva de calibración.

working diagram I diagrama sinóptico (receptor radio o televisión).

working drawing I plano de taller, plano de ejecución I plano de construcción I montea.

working face I frente de arranque (minas) I fondo de trabajo (tuneles).

working fall I salto efectivo I salto útil (hidrografía).

working file I fichero de trabajo (informática).

working fit I ajuste sin huelgo.

working fluid I fluido motor.

working flux I flujo útil.

working forwards I laboreo en avance.

working frequency I frecuencia de trabajo (radio).

working gage I calibre de fabricación.

working hearth I solera de trabajo (hornos).

working homewards I laboreo en retirada (minas).

working in the broken I despilaramiento (minas carbón).

working in-bye I laboreo en avance, explotación directa (minas).

working lines I cabos de amarre.

working load I carga de trabajo, carga admisible.

working mean I media funcional I media de trabajo (estadística).

working method I método de explotación de minas I método de trabajo.

working moment I momento motor.

working of the anchor I laboreo del ancla (buques).

working part I parte móvil (máquinas).

working pit I foso de trabajo I pozo de extracción.

working plan I plan de explotación I plan de trabajo.

working platform I andamiada.

working point I centro de esfuerzo I punto de aplicación.

working pressure I presión efectiva I presión de trabajo I presión de régimen I presión de servicio, presión de funcionamiento I voltaje de régimen.

working program I programa de trabajo.

working range I alcance útil (radio, TV) I gama de trabajo.

working schedule I plan de trabajo I plan de servicio.

working shaft I pozo de extracción (minas).

working storage I almacenamiento de proceso.

working stress I esfuerzo de trabajo (mecánica).

working stroke I carrera motriz, carrera útil.

working surface I superficie activa (electrónica).

working test I prueba de funcionamiento.

working track I banda de procesamiento (informática).

working voltage I voltaje de régimen, voltaje de servicio I tensión de servicio I tensión de trabajo I tensión de funcionamiento I voltaje de funcionamiento.

working wave I onda de trabajo (radiocomunicaciones).

working weight I peso en marcha.

work-load I carga de trabajo (informática).

workpiece I pieza a máquina I pieza a soldar por resistencia.

workpiece surface I superficie de la pieza.

works I explotación I trabajos I fábrica, taller, maquinaria.

workstation I estación de trabajo (informática).

workyard I taller I factoría.

world coordinate I coordenada universal (cartesiana).

worldwide short-wave band I banda de onda corta internacional.

worm I husillo I serpentín I rosca (tornillos) I tornillo sin fin.

worm and wheel I engranaje de tornillo sin fin, engranaje de tornillo tangente.

worm and wheel drive I transmisión por tornillo sin fin.

worm bit I broca helicoidal.

worm block I aparejo diferencial de tornillo sin fin.

worm condenser I condensador de serpentín.

worm conveyor I transportador de hélice.

worm drive I engranaje de tornillo sin fin I transmisión de husillo.

worm feeder I aparato cargador de tornillo sin fin.

worm gear I rueda para husillo I engranaje helicoidal, engranaje de tornillo tangente I engranaje de tornillo sinfín I rueda de tornillo sin fin.

worm gear feed I mecanismo de avance de tornillo sin fin.

worm gear jack I gato de tornillo sin fin.

worm gear miller I fresadora de engranajes helicoidales.

worm gear milling machine I fresadora para engranajes helicoidales.

worm gear speed reducer I reductor de velocidad de tornillo sin fin.

worm hob I fresa helicoidal.

worm hole I sopladura tubular (soldadura).

worm letoff I regulador de tornillo sin fin (telares).

worm miller I fresa para tornillos sin fin.

worm pipe I serpentín.

worm shaft I eje de transmisión helicoidal.

worm thread I rosca de gusano I rosca de tornillo sin fin.

worm (to) I filetear I roscar.

worm wheel I engranaje helicoidal.

worm wheel gear I engranaje por corona sin fin.

worm-geared capstan I molinete accionado por sin fin.

wormshaft I eje de tornillo sin fin (mecánica).

wound 11 I bobinado I excitado (electricidad).

wound-rotor induction motor I motor de inducción con rotor devanado I motor de inducción de rotor bobinado.

wound-rotor motor I motor de rotor bobinado.

woven I entrelazado I tejido.

woven memory matrix I matriz de memoria tejida.

woven wire I tela metálica.

woven-screen storage I memoria de malla.

woven-wire conveyor belt I correa transportadora de tela metálica.

woven-wire sling I eslinga de tela metálica.

wow I ululación (cinta).

wow and flutter I fluctuación y trémolo (acústica).

wrap I envoltorio I arrollamiento.

wrap a joint (to) I revestir una junta (electricidad).

wrap around plate I plancha arrollable (imprentas).

wrap post I terminal de conexión arrollada.

wrap storage I almacenamiento cíclico (informática).

wrap (to) I envolver I enrollar.

wraparound I reordenación I reiniciación cíclica de imagen.

wrap-around cartridge I cartucho de cinta sin fin.

wraparound plate I plancha de impresión enrollable.

wrap-around storage I almacenamiento cíclico (informática).

wrapped l envuelto l forrado l aislado.

wrapped connection l conexión arrollada (electricidad).

wrapped electrode l electrodo recubierto.

wrapped tap joint l derivación enrollada de alambre.

wrapper l empaquetador, envoltura, cubierta l cubrejunta.

wrapper plate l forro exterior de la caja de fuegos l chapa de cierre.

wrapping l cableado l conexión enrollada l cubierta l envoltura l envoltorio.

wreck l choque l destrucción l atasco (tarjetas) l naufragio.

wreck (to) l demoler l naufragar l zozobrar.

wrecking l derribo (edificios) l demolición l naufragio.

wrecking car l camión-grúa de socorro.

wrecking crane l grúa de auxilio l grúa de salvamento.

wrench l torsor (fuerza y un par estática) l sistema de una fuerza y un par (mecánica) l llave inglesa para tuercas, llave de tuercas.

wrench fault l falla de torsión (geología).

wrench fit l ajuste para hacer con llave de tuercas.

wriggle l sinuosidad l retorcimiento.

wriggle instability l inestabilidad del efecto de torsión (nucleónica).

wriggle (to) l retorcer l serpentear l ondular.

wriggling l ondulación, serpenteo.

wriggling discharge l descarga serpenteante (gases).

wring nut l tuerca de orejetas, tuerca de mariposa.

wringer l escurridora l exprimidor l rodillo escurridor l máquina de escurrir l hidroextractor.

wringing fit l ajuste sin huelgo.

wringing machine l exprimidor l calandria (máquina).

wringing moment l momento de torsión.

wrinkle l pliegue, arruga.

wrinkle finish l acabado en relieve.

wrinkling l arrugamiento l corrugación.

wrist l muñón l pasador del pistón.

wrist pin l muñón, pasador de pie de biela, pasador del pistón l muñequilla (cigüeñal).

wrist pin end l pie de biela.

wrist plate l disco distribuidor (máquina vapor) l plato conductor (distribución Corliss).

write l escritura.

write cycle l ciclo de escritura (informática).

write enable ring l anillo de habilitación de escritura (informática).

write gap l separación entre grabaciones (informática).

write head l cabeza de grabación l cabeza de escritura.

write (to) l registrar l escribir.

writing head l cabeza grabadora.

wrong l erróneo l equivocado.

wrong alarm l falsa alarma.

wrong phase connection l conexión falsa de las fases (electrónica).

wrong way l vía contraria (ferrocarriles).

wrought l labrado, trabajado l forjado.

wrought alloy l aleación forjada l aleación laminada.

wrought austenitic steel l acero austenítico forjado.

wrought bronze l bronce forjado.

wrought iron l hierro forjado l hierro maleable.

wrought iron pipe l tubería de hierro forjado.

wrought steel l acero forjado.

wulfenite l wulfenita.

wurtzite l wurtcita.

wye l horquilla l injerto en Y (tuberías) l montaje en estrella (electricidad).

wye branch l calzón (tuberías).

wye configuration l configuración en estrella (electricidad).

wye connection l conexión de estrella (electricidad).

wye junction l unión en Y (ondas).

wye level l nivel con anteojo reversible.

wye member l estructura en Y.

wye network l red en estrella (electricidad).

wye theodolite l teodolito con anteojo reversible.

wye-delta connection l conexión estrella-triángulo.

wye-pipe l tubo de bifurcación, calzón (tuberías).

X

X band | margen X | banda X (radioeléctricas).
X band klystron | klistrón para banda X.
X bar | barra X.
X cut | corte normal | corte X.
X punch | perforación de X (informática).
X radiation | radiación de rayos X.
X ray contrast medium | medio de contraste radiológico.
X ray excitation fluorimeter | fluorímetro de excitación por rayos X.
X ray picture | radiografía.
X ray spectrograph | espectrógrafo de rayos X.
X ray (to) | comprobar por rayos X.
X unit | unidad X (radiaciones).
xanthate | xantato.
xanthene | xanteno.
X-axis | eje eléctrico (cristal de cuarzo) | eje longitudinal (aviones).
X-bracing | cruceta | aspa | riostra en X.
xenoblast | xenoblasto.
xenon | xenón (química).
xenon flash lamp | tubo de destellos de xenón.
xenon flash tube | tubo de destellos de xenón.
xenon gas | gas xenón.
xenon lamp | lámpara de xenón.
xenon poisoning | envenenamiento por xenón (reactor nuclear).
xerocopying | xerocopia.
xerographic copyng machine | máquina copiadora xerográfica.
xerographic data printer | impresor xerográfico de datos.
xerographic printer | impresora xerográfica.
xerographic printing | impresión xerográfica.
xerography | xerografía.
xeroprinting | xerorreproducción.
xeroradiography | xerorradiografía.
X-ing | radiografía, roentgenografía.
X-irradiate (to) | irradiar con rayos X.
X-irradiation | tratamiento con rayos X.
X-mitter | transmisor de radio.
X-off | transmisor desconectado.
X-on | transmisor conectado.
X-operation | accionamiento a la vez de un grupo de selectores (telefonía).
X-parallax | paralaje horizontal (fotografía).
X-parallax index | índice de paralaje X.
X-particle | mesón.
X-raser | ráser-X.
X-ray | rayo X.
X-ray analysis | análisis con rayos X.

X-ray and ultraviolet | rayos X y ultravioleta.
X-ray back-reflection photograph | radiofotografía por retrorreflexión.
X-ray camera | cámara de radiografías.
X-ray counter | contador de rayos X.
X-ray cristallography | cristalografía por rayos X.
X-ray crystallography | radiocristalografía.
X-ray detecting device | dispositivo detector por rayos X.
X-ray developer | revelador para radiografías.
X-ray diffraction camera | cámara de difracción por rayos X.
X-ray diffractometry | difractometría por rayos X.
X-ray dosimeter | dosímetro radiológico.
X-ray examination | exploración por rayos X.
X-ray film | radiografía | película de rayos X.
X-ray fluorescence spectrometry | espectrometría de fluorescencia por rayos X.
X-ray fluoroscopy | fluoroscopia por rayos X.
X-ray focal spot | punto focal de rayos X.
X-ray generator | generador de rayos X.
X-ray goniometer | radiogoniómetro (cristalografía) | goniómetro de rayos X.
X-ray illuminator | negatoscopio.
X-ray inspection | verificación por rayos X.
X-ray lithography | litografía por rayos X.
X-ray machine | aparato de rayos X.
X-ray metallography | radiometalografía.
X-ray photograph | radiofotografía.
X-ray print | radiograma | radiografía.
X-ray scattering | dispersión de rayos Roentgen.
X-ray spectrogram | espectrograma de rayos X.
X-ray spectrum | espectro de rayos X.
X-ray television | televisión por rayos X.
X-ray testing of materials | ensayo de materiales por rayos X.
X-ray thickness gage | calibrador de espesores por rayos X.
X-ray timer | cronometrador para rayos X.
X-ray (to) | radiografiar | comprobar por rayos X | verificar por rayos X.
X-ray tube | tubo de rayos X.
X-ray unit | aparato de rayos Roentgen.
X-rayed | radiografiado.
X-rayed weld | soldadura radiografiada.
X's | ruidos parásitos (radio).
X's stopper | supresor de ruidos parásitos.
XY chart | gráfica XY.

X-Y plotter | trazador de curvas | trazador gráfico X-Y.

X-Y recorder | registrador de dos coordenadas.

XY switching system | sistema de comunicación XY (telefonía).

xylenol | xilenol.

xylograph | xilografía.

xylometer | xilómetro.

xylonite | xilonita.

xylose | xilosa.

xylotype | xilotipo.

XYZ chromaticity diagram | diagrama de cromaticidad XYZ.

Y

Y box | caja bifurcada (canalización).
Y coordinate | eje de ordenadas.
Y gun | lanzacargas de profundidad.
Y level | nivel de soporte en Y.
Y load | carga en estrella (sistema trifásico).
Y match | adaptación en Y.
Y network | sistema en Y | red en Y (electricidad).
Y parameter | parámetro Y.
Y punch | perforación de Y (informática).
Y signal | señal Y.
Y switch | cambio de vía en Y (ferrocarril).
Y voltage | tensión entre fase y neutro.
Yagi antenna | antena Yagi.
yard | yarda (medida).
yard crane | grúa flotante | grúa móvil.
yard engine | locomotora de maniobra.
yard locomotive | locomotora de maniobra.
yardage | yardaje, longitud en yardas | cubicación.
yarn | medida = 2,5 yardas | hilaza | hilo | hebra (textil).
yarn angular path | ángulo de pasaje del hilo (urdidor).
yarn beam | plegador de urdimbre.
yarn carrier | devanador.
yarn guide | guíahilos.
yarn tester | dinamómetro (para hilos).
yarning chisel | escoplo.
yaw | guiñada, movimientos angulares alrededor de un eje vertical (buques) | derrape (aviación) | ángulo de oblicuidad.
yaw acceleration | aceleración de guiñada.
yaw angle | ángulo de derrape | ángulo de guiñada.
yaw attitude | ángulo de guiñada.
yaw attitude sensor | sensor de guiñada (satélites).
yaw axis | eje vertical (aviones).
yaw damper | amortiguador de guiñadas (aviones).
yaw damping | amortiguación de guiñada (aeroplanos).
yaw rate gyro | giróscopo de régimen de guiñada (aviación).
yaw sensor | sensor de guiñada (satélite).
yaw (to) | ladear | guiñar.
yawing | pandiculación | derrape (aviación) | balanceo anclado (buques) | oscilación rotatoria alrededor de un eje vertical pasando por el centro de gravedad (buques, aviones).

yawing axis | eje normal, eje vertical (aviones) | eje de guiñada.
yawing couple | par de derrape | par de guiñada.
yawing moment | momento de guiñada.
yawing motion | movimiento giroscópico (proyectil).
yawing vane | veleta móvil.
yawl-rigged | aparejado de balandro.
yawmeter | instrumento para medir la guiñada, guiñadímetro.
yaw-rate gyro | giroscopio para amortiguar guiñadas (aviones).
Y-axis | eje lateral (aviones).
Y-connection | conexión en estrella, montaje en estrella.
YD (yard) | yarda.
Y-delta connection | conexión estrella-triángulo.
yeast | levadura | fermento.
yellow anodizing | aluminización.
yellow brass | latón ordinario | latón amarillo.
yellow cake | uranio puro refinado | torta amarilla (uranio).
yellow chrome | amarillo de cromo.
yellow copper | latón | calcopirita.
yellow copperas | copiapita.
yellow earth | almagre.
yellow lead | albayalde calcinado, masicote, protóxido de plomo.
yellow lead ore | wulfenita.
yellow metal | latón.
yellow ocher | ocre amarillo.
yellow ore | cobre piritoso, calcopirita.
yellow prussiate | prusiato amarillo.
yellow prussiate potash | prusiato amarillo de potasa.
yellow tellurium | silvania, aurotelurita.
yellow-aspect signal | señal con luz amarilla.
Y-gear | rueda de fricción.
yield | rendimiento | deformación.
yield curve | curva de rendimiento.
yield determination | cálculo de producción.
yield limit | límite aparente de elasticidad.
yield load | carga de deformación.
yield of radiation | rendimiento de radiación.
yield point | límite de elasticidad | límite de resistencia | límite de fluencia (aceros) | punto de relajamiento, límite de estricción | punto de fluencia (mecánica).
yield ratio | límite de alargamiento, límite de elasticidad.

yield strength | límite aparente de elasticidad, límite elástico | carga de fluencia.

yield strength steel | resistencia de acero elástico.

yield stress | carga de deformación remanente, carga iniciadora de la fluencia (aceros) | límite elástico | flujo plástico | tensión de fluencia.

yield temperature | temperatura de fusión.

yield (to) | ceder.

yielding | límite elástico, escurrimiento plástico | deformación permanente (con carga constante).

yielding connection | conexión elástica.

yielding point | límite elástico aparente.

yieldingness | elasticidad.

YIG device | dispositivo YIG.

yoke | horquilla de articulación | grabación en bloque | brida, estribo | horquilla | garra de fijación (taladros).

yoke coil | bobina del yugo.

yoke current | corriente de yugo.

yoke drive | impulsión a horquillas (locomotora eléctrica).

yoke gear | engranaje de cambio de marcha | engranaje de inversión.

yoke joint | articulación de horquilla.

yoke leakage field | campo de dispersión de la culata.

yoke piece | culata (electricidad).

yoke plug | conector macho del yugo.

yoke post | montante del yugo (máquina circular tejido punto).

young's modulus | módulo young | módulo elástico.

yperite | iperita, gas mostaza (química).

Y-plates | placas de desviación vertical (tubo rayos catódicos).

Y-point | punto neutro (electricidad).

Y-punch | perforación Y.

Y-switch | cambio doble (ferrocarril).

ytterbia | iterbia.

ytterbium | iterbio.

yttrium (Y) | itrio.

Y-tube | tubo en Y.

Y-voltage | voltaje de una fase de la estrella, voltaje entre fase y el neutro.

Y-wound | devanado en Y.

Y-Y connection | conexión estrella-estrella.

Y-zigzag connection | conexión estrella zigzag.

Z

Z axis I eje Z.
Z component I componente Z (magnetoiónica).
z factor I factor z (calidad).
Z manoeuvre I prueba de maniobrabilidad.
Z marker I radiobaliza Z (radionavegación).
Z match I adaptación Z.
z meter I impedancímetro.
Z-axis I eje óptico (cristal de cuarzo) I eje vertical (aviones).
Z-beam I viga en Z.
zebra time I hora Z I hora de Greenwich.
Zener breakdown I ruptura Zener.
Zener diode I diodo Zener.
Zener diode voltage regulator I regulador de tensión con diodo Zener.
Zener level detector I detector de nivel Zener.
zenith I cénit.
zenith distance I distancia cenital (astronomía).
zenith telescope I telescopio cenital.
zenith tube I telescopio cenital.
zenithal I cenital.
zenithal optics I óptica cenital.
zero I cero I nulo.
zero acceptance number I número de aceptación cero.
zero access storage I almacenamiento de tiempo de acceso cero (informática).
zero address computer I calculadora sin dirección.
zero adjuster I ajustador de puesta a cero.
zero angle of attack I ángulo de ataque nulo.
zero angle of yaw I incidencia nula.
zero axis I eje de cero (coordenadas cartesianas).
zero beat reception I recepción de cero batido.
zero bias I polarización nula.
zero cancellation I cancelación del cero.
zero carrier I cero de la portadora (radiocomunicaciones).
zero charge I carga cero.
zero control I control de cero.
zero current I corriente nula.
zero detector I detector de cero.
zero energy I energía nula.
zero energy reactor I reactor de potencia cero.
zero error I error por desplazamiento del cero I error nulo.
zero gradient synchrotron I sincrotrón de gradiente nulo.
zero hour I hora crítica.
zero layer I capa cero (oceanografía).
zero lift I sustentación nula (avión).

zero lift line I línea de sustentación nula.
zero line I eje neutro.
zero load I carga nula.
zero loss I pérdida nula.
zero matrix I matriz cero.
zero modulation I modulación nula.
zero offset voltage I tensión de equilibrio del cero.
zero output I salida cero (señal).
zero point energy I energía a la temperatura del cero absoluto.
zero power reactor I reactor de potencia nula.
zero proof I prueba a cero.
zero reactance I reactancia nula (electricidad).
zero reading I lectura cero.
zero set I puesta a cero.
zero setting device I dispositivo de puesta a cero.
zero signal I señal nula.
zero static error I error estático nulo.
zero tester I probador de cero.
zero thrust I empuje nulo.
zero variation I variación nula.
zero voltage I tensión nula.
zero-access memory I memoria con tiempo de acceso nulo.
zero-access storage I memoria con tiempo de acceso nulo.
zero-address instruction I instrucción de dirección nula I instrucción de dirección cero.
zero-beat I pulsación cero.
zero-bias tube I tubo de polarización cero.
zero-degree spiral angle I ángulo de espiral igual a cero.
zero-field emission I emisión de campo nulo.
zeroing I ajuste de los elementos de puntería I ajuste a cero.
zero-lead I hilo neutro.
zero-level input I entrada a nivel cero.
zero-level output I salida a nivel cero.
zero-lift angle I ángulo de sustentación nula.
zero-loss circuit I circuito sin pérdida.
zero-memory system I sistema de memoria nula.
zero-phase sequence relay I relé homopolar.
zero-point energy I energía en el cero absoluto (física).
zero-point stability I estabilidad del punto cero.
zero-power range I funcionamiento en vacío (reactor nuclear).
zero-resetting device I dispositivo de puesta a cero.

zero-sequence component | componente homopolar.

zero-sum game | juego de suma cero.

zeroth law | ley cero (termodinámica).

zero-thrust pitch | paso dinámico, paso experimental (hélices).

zero-voltage switch | interruptor de tensión cero.

zinc | cinc.

zinc bloom | zinconita.

zinc coated | recubierto de cinc | galvanizado.

zinc plate | plancha de cinc (litografía).

zinc printing | cincografía.

zinc sheet | lamina de cinc | plancha de cinc (litografía).

zinc (to) | galvanizar, cincar.

zincification | galvanización, cincado.

zincify (to) | galvanizar, cincar.

zincing | galvanización | cincado.

zincography | cincografía.

zinc-spray (to) | asperjar con cinc fundido, cincometalizar.

zircon | circón, zircón.

zirconia | zirconia.

zirconium | circonio.

zirconium lamp | lámpara de circonio.

zirconium-niobium scanner | explorador de circonio-niobio.

zirconyl | circonilo.

Z-marker | radiobaliza Z.

Z-meter | impedancímetro.

zone | zona.

zone beam | haz de zona.

zone bit | bitio de zona.

zone blanking | supresión de zona.

zone magnet | electroimán de zona.

zone marker | radiobaliza de zona | radiofaro zonal con haz vertical.

zone melting | fusión por zonas (semiconductor) | fusión fraccional.

zone position indicator radar (Z.P.I.) | radar de vigilancia.

zone punching area | campo de perforación de zona.

zone suppression | supresión de zona (informática).

zone time | huso horario.

zone track | zona de pista magnética (cinta).

zoned circuit | circuito de protección de zonas.

zoned decimal | decimal con zona (informática).

zoned lens | lente radioeléctrica escalonada.

zoning | ordenación | zonación.

zoom | acercamiento rápido a una escena televisada.

zoom lens | objetivo de foco variable | lente de cambio rápido de plano | lente variable, lente de foco regulable.

zoom shot | plano con zoom.

zoom (to) | aumentar.

zooming | encabritado (avión) | variación de foco.

zootic acid | ácido prúsico | ácido cianhídrico.

zwitterion | ion anfotérico | ion con carga positiva y negativa.

zymosis | fermentación.

zymurgy | cimurgia (fermentaciones).

Spanish-English
Español-Inglés

A

a bordo | on board (ships, airplanes) | shipboard.
a cielo abierto | in the open (diggings).
a prueba de sobretensiones | surgeproof.
a toda potencia | wide open.
a toda velocidad | wide open.
ábaco | abac (mathematics) | calculating chart.
abamperio | abampere.
abanico aluvial | alluvial fan.
abarbetar | seize (to).
abarquilladura | warpage.
abarquillamiento | crippling | twisting (wood) | winding (wood).
abatanado | milling.
abatanar | mill (to).
abatimiento | casting (airplanes, ships).
abatir | cast (to).
abaxial | abaxial.
abculombio | abcoulomb.
abeliano | abelian.
abellotado | acord-shaped.
aberración | aberration.
aberración de la lente | lens aberration.
aberrómetro | aberrometer.
aberroscopio | aberroscope.
abertura | access fitting | break | capacity (micrometer) | gap | gate | orifice | span | vent.
abertura de carga | feed opening.
abertura de punteadura | pit aperture.
abertura de rerradiación | scattering aperture (telecommunications).
abertura de salida | output gap.
abertura del haz | beam width.
abertura del objetivo | lens opening.
abertura gradual del diafragma | irising-in (optics).
abertura útil | working aperture (objective lenses).
aberturas de observación | scanning holes (nuclear reactor).
abfaradio | abfarad.
abhenrio | abhenry.
abierto | on (apparatus).
abigarrado | speckled.
abiogénesis | abiogenesis.
abioquímica | abiochemistry.
abiótico | abiotic.
abisagrar | hinge (to).
abisal | abyssal | deep seated.
abisalbéntico | abyssalbenthic.
abismo | abyss (oceanography) | deep.
abisobéntico | abyssobenthic.

abisolito | abyssolith.
abisopelágico | abyssopelagic.
ablaciómetro | ablatometer.
ablación | melting (geology).
ablador en fusión | melting ablator.
ablandamiento | annealing | softening (hard waters).
ablativo | ablative.
ablatógrafo | ablatograph.
abocardadora de tubos | tube beader.
abocardar | expand (to) (tubes) | mandrel (to) | splay (to) | widen (to).
abocinamiento | trumpeting (tubes).
abohmio | abohm (10^{-9} ohm).
abolladura | boss.
abollonamiento | bossing-up (mechanics).
abollonar | boss (to).
abonado | subscriber (telephony).
abonar con marga | marl (to).
aboquilladora | joggling machine.
aboquillar | joggle (to) | splay (to).
abordaje | boarding.
abovedado | domed.
abovedar | arch (to) | cove (to) | groin (to) | vault (to).
abra | inlet.
abrasible | abradable.
abrasimetría | abrasiometry.
abrasímetro | abrasion meter | abrasion tester | abrasionmeter.
abrasión | abrading | abrasion | attrition | corrasion.
abrasión química | chemical milling.
abrasiorresistente | abrasion resistant.
abrasividad | abradability | abrasiveness.
abrasivo | abradant | abrasive | lapping agent.
abrasivo aglomerado | bonded abrasive.
abrasivo ligado con metal | metal-bonded abrasive.
abrasivo metálico (chorreo) | abrasive shot.
abrasivo para el chorreado a presión | pressure-blast abrasive.
abrasivo para lapidar | lapping abrasive.
abrasivo para pulir lentes | lens surfacing abrasive.
abrazadera | clamp | clasp | clevis | clip | gripper | hoop | keeper | knife clip | loop | lug strap (loom) | tie band.
abrazadera de compresión | pinchcock.
abrazadera de fijación | wire clamp.
abrazadera de sujección | locking clamp.
abrazadera de tornillo | screw clamp.

abrazadera de tubo flexible I pinchcock.
abrazadera giratoria I revolving claps.
abrazadera para tubos I pipe clamp.
abrehoyos I hole opener.
abriachanita I abriachanite (crocidolite amorphic form).
abrillantado I lustering I polishing.
abrillantadora I lustering machine.
abrillantar I brighten (to).
abrir I open (to).
abrir brecha I breach (to).
abrir la llave I turn on (to).
abrir respiraderos I vent (to).
abrir un barreno con el pistolete I jump (to).
abrir y cerrar un circuito I make and break (to).
abscisa I abscissa.
ábside I concha.
absorbancia I absorbance.
absorbancia solar I solar absorbance.
absorbedor de neutrones I neutron absorber.
absorbedor de radiactividad I radioactivity absorber.
absorbencia I absorbance (radiation) I absorbency I absorptivity.
absorbente I absorbent I imbibent.
absorbente activo I active dope.
absorbente inerte I inert dope.
absorbente neutro (materia) I neutral absorber.
absorber I imbibe (to) I occlude (to).
absorbibilidad I absorbability.
absorciometría I absorptiometry.
absorciometría de rayos gamma I gamma-ray absorptiometry.
absorción I absorbedness I absorption I abstract (geology) I indraft I pickup.
absorción atómica I atomic absorption.
absorción de fotones I photon absorption.
absorción de gases I occlusion.
absorción de infrarrojos I infrared absorption.
absorción de luz I light absorption.
absorción de neutrones I neutron absorption.
absorción de neutrones lentos I low-neutron absorption.
absorción de neutrones sin fisión I nonfission neutron absorption.
absorción de radiaciones I photon absorption.
absorción de resonancia ferromagnética I ferromagnetic resonance absorption.
absorción del gas inerte I inert gas clean-up.
absorción fotoeléctrica I photoelectric absorption.
absorción máxima I absorption peak.
absorción nuclear I nuclear absorption.
absorción sin fisión I nonfission absorption.

absorción sonora I sound absorption.
absorción ultravioleta I UV absorption.
absorcividad I absorptivity (optics).
absortancia I absorptance.
absortancia acústica I acoustical absorptivity.
absortividad I absorption factor.
absortivo I absorptive.
abstergente I abstersive.
abstracción I abstraction (computing).
acabado de extrusión I extrusion finish.
acabado electrolítico I plating finish.
acabado en relieve I wrinkle finish.
acabado galvanoplástico I plated finish.
acabado por estirado I drawn finish.
acabamiento por rasurado I shaving finish (metallurgy).
acabar I end (to) I finish (to).
acadialita I acadialite.
acadiense I Acadian (geology).
acanalado I ribbed I serrated.
acanalado por trama I warp rib.
acanalador I grooving tool I matching plane I moulding plane.
acanaladura I fluting I groove I spline.
acanalar I chamfer (to) I channel (to) I chase (to) I flute (to) I gouge (to) I groove (to) I quirk (to) I ridge (to) I slot (to) I spline (to).
acantilado I cliff.
acantina I acanthine (chemistry).
acantita I acanthite.
acarreo I haul I haulage.
acartelar I bracket (to) (structures).
acaustobiolito I acaustobiolith.
acaustofitolito I acaustophytolith (geology).
accesión por separación I accretion by avulsion.
acceso I access (computing) I entry.
acceso a distancia I remote access (telecommunications).
acceso aleatorio I random access.
acceso casual I random access (computing).
acceso cíclico I cyclic access (computing).
acceso común I joint access (telephony).
acceso de módulo múltiple I multiple module access (computer).
acceso de secuencia I sequential access (computing).
acceso en paralelo I parallel access (computing
acceso múltiple I multiple access.
acceso serial I serial access (computing).
acceso simultáneo I simultaneous access.
acceso único I single access.
accesorio I attachment (machines) I fitting I implement.

accesorios | appurtenances.
accidentado | accidented (grounds)| broken.
accidente | jump (geology).
acción de masas | mass action (chemistry).
acción de una palanca | leverage.
acción desencadenante | trigger action.
acción inmediata | quick operation (telecommunications).
acción retardadora elástica | lag elastic action.
accionado en derivación | shunt-operated.
accionado mecánicamente | power-driven | power-operated.
accionado por acumulador | battery-operated | battery-powered.
accionado por balancín | lever-driven (machines) | lever-operated | rocker-actuated.
accionado por cinta magnética | tape-driven.
accionado por diesel | oil-driven.
accionado por el voltaje | pressure-operated.
accionado por electromotor | motor-driven (electricity).
accionado por hélice | propeller-driven.
accionado por hidroturbina | water-driven.
accionado por inercia | inertia operated.
accionado por la luz | light-powered.
accionado por la presión | pressure-operated.
accionado por motor | motor-driven | motor-propelled | motorized.
accionado por motor de aceite pesado | oil-driven.
accionado por muelle | spring-controlled | spring-loaded.
accionado por palanca | lever-actuated | lever-driven | lever-operated.
accionado por pistón | piston-controlled | piston-operated | piston-powered.
accionado por pulsador | push-button-actuated.
accionado por relé | relayed.
accionado por resorte | spring-controlled | spring-loaded.
accionado por solenoide | solenoid-operated.
accionado por transductor | transductor-operated.
accionado por trinquete | ratchet-drive (telecommunications).
accionado por turbina | turbine-driven | turbine-powered | turbodriven.
accionado por voltaje | voltage-operated.
accionador | actuator.
accionador lineal | linear actuator.
accionamiento de un mecanismo | running.
accionamiento eléctrico | electric drive.

accionamiento en ángulo recto | right-angle drive (gear).
accionamiento hidráulico | hydraulic drive.
accionamiento mecánico | power assistance.
accionamiento por corona dentada | rim drive.
accionamiento por motor | motor drive.
accionar | activate (to) | engage (to) | operate (to).
accionar con balancín | lever (to).
accionar con palanca | lever (to).
accionar mecánicamente | power (to).
accionar por cremallera | rack drive (to).
aceitado | oiled.
aceitar | oil (to).
aceite | oil.
aceite absorbente | absorption oil.
aceite ácido | acid oil.
aceite de lignito | lignite oil.
aceite de parafina | paraffin oil.
aceite de temple | quenching oil (metals).
aceite de trementina | oil turp.
aceite frigelizado | winterized oil.
aceite lampante | lamp oil.
aceite mineral | mineral oil.
aceite para maquinaria | machine oil.
aceite soplado | blown oil.
aceites cetónicos | acetone oils.
aceleración | energizing | speedup.
aceleración angular instantánea | instantaneous angular acceleration.
aceleración centrífuga | centrifugal acceleration.
aceleración centrípeta | central acceleration.
aceleración de balance | roll acceleration (ships).
aceleración de cabeceo | pitch acceleration.
aceleración de Coriolis | compound centrifugal acceleration.
aceleración de guiñada | yaw acceleration.
aceleración del movimiento | kinematic acceleration.
aceleración eficaz | RMS acceleration.
aceleración en pérdida | acceleration at stall.
aceleración negativa | negative acceleration (physics) | retardation | retarded acceleration.
aceleración rápida | pickup (automobile engine).
aceleración tangencial | tangential acceleration.
aceleración transónica | transonic acceleration (supersonic plane).
acelerador | accelerant | accelerator (nuclear energy) | inductor (chemistry) | promoter.
acelerador atómico | atom smasher (nuclear energy).

acelerador de catalizadores I promoter.
acelerador de gradiente magnético I magnetic gradiente accelerator.
acelerador de inducción I induction accelerator.
acelerador de iones I ion accelerator.
acelerador de iones positivos I positive-ion accelerator.
acelerador de ondas progresivas I traveling-wave accelerator.
acelerador de partículas I cosmotron I particle accelerator.
acelerador de partículas nucleares I nuclear particle accelerator.
acelerador de refuerzo I booster.
acelerador electrónico I atom smasher.
acelerador lineal I linear accelerator.
acelerador lineal de electrones I linac I linear electron accelerator.
acelerador lineal de iones I linear ion accelerator.
acelerador mesonígeno I meson-producing accelerator.
acelerador protónico I proton accelerator.
acelerar I boost (to) I rev up (to).
acelerógrafo I acceleration recorder I accelerograph I recording accelerometer I strong motion seismograph.
acelerograma I accelerogram.
acelerometría I acceleration measurement.
acelerómetro I accelerometer.
acelerómetro de masa sísmica I seismic-mass accelerometer.
acelerómetro registrador I Vg recorder.
acenafteno I acenaphthene.
acenotil acetona I acenotyl acetone.
acéntrico I centerless.
acentuador de graves I basic booster.
aceptador de ácidos I acid acceptor (chemistry).
aceptador de iones I ion acceptor.
aceptor I acceptor (chemistry, electronics).
aceración I acierage I chilling I steeling.
acerado I steeled.
acerar I acierate (to) (hardening or electroplating) I steel (to).
acerato I acerate (chemistry).
acercamiento oblicuo I oblique exposure (telecommunications).
acercamiento rápido a una escena televisada I zoom.
acerdesa I acerdese I gray manganese ore.
acería I iron mill I steel company I steel fabricating plant I steel mill.
acería al oxígeno I oxygen steelworks.

acería con afino del caldo por oxígeno I oxygen steelmaking plant.
acería Martin-Siemens I open-hearth plant I open-hearth steelworks.
acero I steel.
acero abrasiorresistente I A-R steel.
acero ácido I acid steel.
acero agrio I perished steel.
acero al bismuto I bismuth steel.
acero al boro absorbedor de neutrones I neutron-absorbing boron steel.
acero al boromolibdeno I molybdenum-boron steel.
acero al carbono I carbon steel.
acero al carbono corriente I ordinary steel.
acero al carbono no aleado I plain carbon steel.
acero al carbono obtenido in vacuo I vacuum-quality carbon steel.
acero al carbono perlítico I pearlitic carbon steel.
acero al cobalto I cobalt steel.
acero al crisol I crucible steel I pot-steel.
acero al cromo I chromium steel.
acero al cromo martensítico I martensitic chromium steel.
acero al cromo ordinario I plain chromium steel.
acero al manganeso I manganese steel.
acero al molibdeno I molybdenum-steel.
acero al níquel ferrítico I ferritic nickel steel.
acero al níquel hipoaleado I low-alloy nickel-containing steel.
acero al tungsteno I tungsten steel.
acero aleado I compound steel.
acero aleado bajo en carbono I universal steel.
acero aleado con uranio I uranium-bearing steel.
acero aluminizado I aluminized steel.
acero austénico niobioso I niobium-containing austenitic steel.
acero austenítico I austenitic steel.
acero austenítico al manganeso I manganese austenitic steel.
acero austenítico forjado I wrought austenitic steel.
acero austenítico nitrogenado I nitrogen-bearing austenitic steel.
acero autotemplable I self-hardening steel.
acero azulado I blued steel.
acero bajo en carbono I ingot iron I ingot metal I low steel.
acero bajo en nitrógeno y en fósforo I low-nitrogen low-phosphorus steel.

acero Bessemer | Bessemer steel.

acero Bessemer básico de bajo contenido en nitrógeno | low-nitrogen basic-Bessemer steel.

acero brillante | bright steel.

acero bruñido | planished steel.

acero cadmiado | cadmium-plated steel.

acero calmado | deoxidized steel | killed steel | noneffervescing steel.

acero calmado con aluminio | aluminium killed steel.

acero cementado | double steel | hardened steel.

acero cementítico | cementitic steel.

acero chapado con metal Monel | Monel-clad steel.

acero chapado con titanio | titanium-clad steel.

acero chapeado con níquel | nickel-clad steel.

acero colado | cast steel | casting steel | molded steel | run steel.

acero colado en sifón | rising steel.

acero comercial | fabricated steel.

acero con aproximadamente 0,3% de carbono | medium-carbon steel.

acero con coeficiente de dilatación pequeño | low-expansion steel.

acero con escasa proporción de nitrógeno | low-nitrogen steel.

acero con hierro en el alma | iron steel.

acero con hierro gamma | martensite steel.

acero con inclusiones | dirty steel.

acero con uranio | uranium steel.

acero correoso | tough steel.

acero criotratado | cold-treated steel | subzero-treated steel.

acero cromizado | chromized steel.

acero cuaternario | quaternary steel.

acero de afino | refining-steel.

acero de autotemple | air-quenched steel.

acero de baja aleación | low-alloy steel.

acero de blindaje | armor plate.

acero de calidad soldable | weldable quality steel.

acero de cementación | casehardened steel.

acero de corte rápido | quick speed steel.

acero de emergencia hipoaleado | low-alloy emergency steel.

acero de fácil maquinado | easy-machining steel.

acero de forja | forge steel.

acero de horno de oxígeno | oxygen furnace steel.

acero de nitruración | nitralloy.

acero de temple al aire | air hardening steel.

acero de temple en aceite | oil-hardening steel.

acero de tochos | ingot steel.

acero de tres capas | three-layer steel.

acero débilmente aleado | low-alloy steel.

acero decapado | bright steel.

acero descarburado | roasted steel.

acero desgasificado en el vacío | vacuum steel.

acero desoxidado | deoxidized steel | killed steel | noneffervescing steel | nonrimming steel.

acero dúctil a la entalla | notch ductile steel.

acero dulce | mild steel | soft steel.

acero efervescente | effervescent steel | open steel | rimming steel | unkilled steel.

acero efervescente bajo en carbono | low-carbon-rimmed steel.

acero eléctrico | electric steel | electrosteel.

acero electrogalvanizado | electrozinc plated steel.

acero embutido | pressed steel.

acero en bandas | strip steel.

acero en lingotes | ingot steel.

acero en polvo | steel powder (powder metallurgy

acero endurecido por acritud | temper-passed steel.

acero envejecido mecánicamente | strain-aged steel.

acero envejecido por trabajo en frío | strain-aged steel.

acero estirado | drawn steel.

acero extraduro | diamond steel.

acero forjado | forged steel | wrought steel.

acero forjado en lingote | ingot steel forging.

acero forjado Martin-Siemens | open-hearth forged steel.

acero fragilizado por la fase sigma | sigma-phase-embrittled steel.

acero fragilizado por revenido | temper-embrittled steel.

acero fritado | powdered steel.

acero fundido | cast steel.

acero fundido desgasificado por vacío | vacuum cast steel.

acero fundido en arco eléctrico en el vacío | vacuum-arc-melted steel.

acero fundido en solera | open-hearth steel.

acero hiperresistente hipoaleado | low-alloy high-tensile steel.

acero incorrosible | incorrodible steel.

acero indeformable | nondeforming steel.

acero inoxidable | stainless steel.

acero inoxidable al selenio | selenium stainless steel.

acero inoxidable moldeado | stainless cast steel.

acero laminado | rolled steel | shaped steel.

acero licuado | liquid steel.

acero manganomolibdoso | manganese-molybdenum steel.

acero mariginizado al níquel | nickel maraging steel

acero Martín | hearth steel.

acero Martin-Siemens | open-hearth steel.

acero matrizado | drop-forged steel.

acero moldeado | molded steel | run steel.

acero muy efervescente | wild steel.

acero nitrurable | nitridable steel.

acero no aleado | plain steel | unalloyed steel.

acero no calmado | open steel.

acero no efervescente | nonrimming steel.

acero normalizado | normalized steel.

acero obtenido en el horno eléctrico | electrical steel.

acero ordinario | simple steel.

acero ordinario al carbono | plain carbon steel.

acero para barrenas | rock drill steel.

acero para brocas | drill steel.

acero para chavetas | key steel.

acero para cuchillería | knife steel.

acero para imanes | magnet steel.

acero para matrices | die steel.

acero para moldes | mold steel.

acero para troqueles | die steel.

acero pavonado | blued steel | browned steel.

acero pirorresistente | refractory steel.

acero plaqueado | clad steel | plated steel.

acero plomoso | lead-bearing steel.

acero pudelado | forge steel.

acero pulido | bright steel.

acero quemado | oxygenated steel.

acero rápido | self-hardening steel.

acero recalentado | reheated steel.

acero recocido | annealed steel.

acero refractario | heatproof steel | nonburning steel | refractory steel.

acero refundido en atmósfera rarificada | vacuum remelted steel.

acero reposado | killed steel.

acero resistente a altas temperaturas | nonburning steel.

acero resistente a la oxidación | oxidation-resistant steel.

acero revenido | tempered steel.

acero revenido en aceite | oil-toughening steel.

acero revestido | clad steel.

acero semidesoxidado | rimming steel.

acero semidulce | low-carbon steel.

acero Siemens ácido | acid open-hearth steel.

acero siliciado | silicium plated steel.

acero sin contracción | nonshrinking steel.

acero soplado con oxígeno | oxygen-blown steel.

acero sorbitizado | sorbitized steel.

acero suave | low steel | low-carbon steel | machinery steel | mild steel | soft steel.

acero suave maleable | malleable steel.

acero sucio | dirty steel.

acero templable en la fase sigma | sigma-hardenable steel.

acero templado | hardened steel | quenched steel.

acero templado y revenido | Q and T steel.

acero Thomas | Thomas steel.

acero Thomas bajo en nitrógeno | low-nitrogen Thomas steel.

acero tratado con mischmetal | mischmetal-treated steel.

acero vacuodesgasificado | vacuum degasified steel | vacuum steel.

acero vacuofundido | vacuum-melted steel.

acero volframioso | tungsten-alloyed steel.

aceroníquel | nickel steel.

aceros perlíticos | nonair-hardening steels.

acescencia | acescence.

acescente | acescent.

acetaldehído | acetaldehyde.

acetamida | acetic acid amide.

acetato | acetate.

acetato básico de cobre | acetate basic copper.

acetato butílico | butyl acetate.

acetato butirato de celulosa | cellulose acetate butyrate.

acetato de alumina | calico printer's red mordant.

acetato de amilo | amyl acetate (chemistry).

acetato de cal | acetate of lime | lime acetate.

acetato de celulosa | cellulose acetate.

acetato de cobre | acetate of copper.

acetato de isoamilo | isoamyl acetate.

acetato de isopropilo | isopropyl acetate.

acetato de magnesio | magnesium acetate.

acetato de manganeso | manganese acetate.

acetato de n-propilo | propyl acetate.

acetato de plata | silver acetate.

acetato de plomo | lead acetate.

acetato de vinilo | vinyl acetate.

acetato férrico | ferric acetate.

acetificación | acetification.

acetificar | acetify (to).

acetil | acetil.
acetil-acetanilida | acetoacetanilide.
acetilación de la madera | acetylation of wood.
acetilar | acetylate (to) | acetylize (to).
acetilcarbinol | acetyl carbinol.
acetil-coenzima | acetyl-coenzyme.
acetileno | acetylene | ethine.
acetilita | acetylite.
acetiluro | acetylide (chemistry).
acetímetro | acetimeter.
acetina | acetin.
acetobacteria | acetobacter.
acetoestearina | acetostearin.
acetolizar | acetolyze (to).
acetona | dimethyl ketone | ketone.
acetona cianhidrina | acetone cyanhydrin.
acetona dimetílica | dimethylketone.
acetonitrilo | acetonitrile.
acetosidad | acetosity.
acetoso | acetous.
acetosoluble | acetosoluble.
achaflanadora | beader.
achaflanar | bezel (to) | cant off (to) (edges) | edge (to) | splay (to) | taper (to) | vee out (to) (plate edge).
achatado | oblate.
achatamiento | flattening | oblateness.
achatar | flatten (to).
achicar | scoop (to).
achique | dewatering.
aciche | brick axe (masonry).
acíclico | acyclic | open-chained.
acícula | aciculum.
aciculado | needle-shaped.
acicular | aciculine | needle-shaped.
aciculita | needle ore.
acidez | acid strength | acidity | acidness.
acidez valorable | titratable acidity.
acídico | acid forming | acidic.
acidificación | acidising | acidizing | souring.
acidificador | acidifier.
acidificante | acidizer.
acidificar | acid treat (to) | acidify (to).
acidimetría | acidometry.
acidímetro | acidometer.
acidismo | acidism.
acidización | acidizing.
acidizar | acidize (to).
ácido | acid.
ácido acético | acetic acid.
ácido acetonadicarboxílico | acetonedicarboxylic acid.
ácido acrílico | acrylic acid.
ácido agárico | agaric acid (chemistry).

ácido aireado | air aerated acid.
ácido al tornasol | acid to litmus.
ácido barbitúrico | barbituric acid.
ácido bórico | boric acid (H_3BO_3).
ácido brasídico | brassidic acid.
ácido bromhídrico | bromhydric acid.
ácido butírico | butyric acid.
ácido carbónico | carbon dioxide.
ácido carboxílico de cadena larga | long-chain carboxilic acid.
ácido cianhídrico | prussic acid | zootic acid.
ácido clorhídrico | chlorhydric acid.
ácido cresótico | cresotic acid.
ácido de alquitrán | tar acid.
ácido de curtición | pickling acid.
ácido de decapar | pickling acid.
ácido débil | weak acid (chemistry).
ácido etanoico | ethanoic acid.
ácido fénico | carbolic acid (chemistry).
ácido glutamínico | glutamin acid.
ácido graso insaturado | unsaturated fatty acid.
ácido maleico | maleic acid.
ácido málico | malic acid.
ácido nítrico diluido | aqua-fortis.
ácido oxálico | oxalic acid.
ácido para grabar | etchant.
ácido perclórico | perchloric acid.
ácido pícrico | carbazotic acid | chrysolepic acid.
ácido prúsico | prussic acid | zootic acid.
ácido salicílico | salicylic acid.
ácido sórbico | sorbic acid.
ácido sulfónico | sulfonic acid.
ácido sulfonítrico | sulfonitric acid.
ácido sulfúrico | sulfuric acid.
ácido tánico | tannic acid.
ácido tartárico | tartaric acid.
ácido valorante | titrating acid (chemistry).
ácido yódico | iodic acid.
acidófilo | acidophile.
acidólisis | acidolysis.
acidoneutralizante | acid neutralizing.
acidorresistente | acid fast | acid resisting.
ácidos grasos | fat acids.
acidulado | acidified | acidulous | sour (baths).
acidular | acidify (to) | acidize (to) | acidulate (to) | sour (to).
acilación | acylation.
acilaminoácido | acylamino acid.
acilo | acyl.
acimut inicial | present azimuth.
acinoso | acinose | acinous.
acintamiento | banding (mineralogy).
aclimación | acclimation.

aclimatación I acclimatization.
aclimatar I season (to).
aclive I acclivous.
acloruro I achloride.
acnodo I acnode.
acodado I kneed (tubes).
acodalamiento I shoring I trench bracing.
acodalar I shore (to) I strut (to).
acodar I elbow (to) I knee (to).
acolato I acolate (chemistry).
acolchar I pad (to).
acometida I service connection I service head I tapping (electricity).
acometida común I common branch (electricity).
acometida de agua I water service.
acometida eléctrica I service wires.
acometida general de edificios I master service.
acondicionador de arenas I sand conditioner (foundry).
acondicionador del aire I air conditioner.
acondicionador para lubricantes I oil conditioner.
acondicionamiento del aire I climatization.
acopamiento I cupping.
acoplable I interlinkable.
acoplado I ganged I linked.
acoplado al sistema I on-line.
acoplado en paralelo I parallel-connected.
acoplado por inducción I inductively coupled.
acoplado por inductancia mutua I mutual-inductance coupled.
acoplador I coupler I nipple.
acoplador acústico I acoustic coupler.
acoplador de compensación de Mach I Mach trim coupler.
acoplador de espira resistiva I resistive-loop coupler.
acoplador de guía de ondas I magic T.
acoplador de guiaondas I waveguide coupler.
acoplador de la salida I output nipple.
acoplador de líneas de transmisión I transmission-line coupler.
acoplador de microondas I microwave coupler.
acoplador diferencial I hybrid coupler.
acoplador electrónico I clamper I electron coupler.
acoplador multibandas I multistrip coupler.
acoplador óptico I optocoupler (integrated circuit).
acoplador oscilante I wobble joint (waves).
acoplador telefónico I telephonic connection.
acoplador variable I variocoupler.

acoplamiento I accouplement I attachment I connecting I connection I connexion (G.B.) I coupling I interlinking I linkage.
acoplamiento a resistencia I resistance coupling.
acoplamiento acústico I acoustic coupling.
acoplamiento ajustable I loose coupling (radio).
acoplamiento anódico sintonizado I tuned anode coupling.
acoplamiento articulado I jointed coupling.
acoplamiento autoinductivo I self-inductive coupling.
acoplamiento automático I automatic coupling.
acoplamiento catódico I cathode coupling.
acoplamiento cerrado I tight coupling (TV).
acoplamiento contrarreactivo I reverse coupling.
acoplamiento crítico I critical coupling.
acoplamiento de bridas I plate coupling.
acoplamiento de bucle I loop coupling (electricity).
acoplamiento de CC I D.C. coupling.
acoplamiento de cinta I band coupling.
acoplamiento de discos I plate coupling.
acoplamiento de entrada-salida I i/o mapping (computing).
acoplamiento de espiga I spud-clutch.
acoplamiento de fases I interlinking of phases (electricity).
acoplamiento de fricción I overload coupling.
acoplamiento de garras con enclavamiento I interlocking claw clutch.
acoplamiento de garras entrelazado I interlocking claw clutch.
acoplamiento de gatillo I pawl coupling (mechanics).
acoplamiento de lectura I read couple (computing).
acoplamiento de los ejes I shaft coupling.
acoplamiento de manguito I muff-coupling I sleeve coupling.
acoplamiento de platillos I plate coupling.
acoplamiento de platos I faceplate coupling (axes) I plate coupling.
acoplamiento de reacción I back coupling (radio) I regenerative coupling.
acoplamiento de reactancia I reactance coupling.
acoplamiento de transformadores opuestos I opposed-voltage coupling.
acoplamiento de trinquete I pawl coupling I ratchet coupling.
acoplamiento de tubos I pipe coupling.

acoplamiento de un transformador | vector group of a transformer (electricity).

acoplamiento de vástago | rod coupling (mechanics).

acoplamiento del haz | beam coupling.

acoplamiento desconectable | loose coupling.

acoplamiento diafónico transversal | transverse crosstalk coupling.

acoplamiento directo | D.C. coupling | direct coupling | direct drive.

acoplamiento elástico | slipping clutch | spring coupling.

acoplamiento eléctrico | electric coupling.

acoplamiento electromagnético | magnetic coupling | slip-coupling.

acoplamiento electrónico | beam coupling | electronic coupling.

acoplamiento electrostático | electrostatic coupling.

acoplamiento en cantidad | abreast connection | multiple circuit | multiple connection.

acoplamiento en cantidad y voltaje | multiple series connection.

acoplamiento en derivación | abreast connection (electricity) | multiple circuit | multiple connection | parallel | parallel connection.

acoplamiento en línea | in-line linkage.

acoplamiento en oposición | opposed-voltage coupling (transformers).

acoplamiento en paralelo | abreast connection | multiple circuit | parallel (electricity).

acoplamiento en serie | cascade arrangement.

acoplamiento en series paralelas | parallel series connection (electricity).

acoplamiento en triángulo | mesh connection | mesh grouping | mesh-coupling.

acoplamiento en triángulo y estrella | mesh-star connection.

acoplamiento fijo | fast coupling.

acoplamiento fotónico | photon coupling.

acoplamiento fuerte | tight coupling (electricity).

acoplamiento gradual | step connection.

acoplamiento impulsor | impulse coupling.

acoplamiento inductivo | inductance coupling | induction coupling | loose coupling.

acoplamiento intereletródico | interelectrode coupling.

acoplamiento interetápico | interstage coupling.

acoplamiento interfásico | interstage coupling.

acoplamiento intervalvular | intervalve coupling (radio).

acoplamiento L-S | L-S coupling.

acoplamiento metálico flexible | pigtail (electricity).

acoplamiento mutuo | mutual coupling.

acoplamiento mutuo estándar | standard interface.

acoplamiento óptico cruzado | optical crosstalk.

acoplamiento oscilante | swivel coupling.

acoplamiento para laminadores | mill coupling.

acoplamiento parafásico | paraphase coupling.

acoplamiento pasabanda | bandpass coupling.

acoplamiento por impedancia | impedance coupling.

acoplamiento por manguito taladrado | jump-coupling.

acoplamiento por ranura | slot coupling (microwaves).

acoplamiento por resistencia-capacidad | RC coupling | resistance-capacitance coupling.

acoplamiento por sonda | probe coupling (electronics).

acoplamiento rápido | fast coupling | quick coupling.

acoplamiento resistivo | resistive coupling.

acoplamiento rígido | rigid coupling.

acoplamiento telescópico | sliding coupling.

acoplamiento unitario | unity coupling (electricity).

acoplar | accouple (to) | connect (to) | hook-up (to) | join up (to) (electricity) | link (to) | mate (to).

acoplar en caliente | hot cup (to).

acoplar en cantidad | join up in quantity (to) (electricity).

acoplar en contrarreacción | feedback (to).

acoplar en derivación | couple in parallel (to) | parallel (to) | shunt (to).

acoplar en paralelo | couple in parallel (to) (electricity).

acoplar en serie | cascade (to) (electricity) | connect in series (to) | join up in series (to) (electricity).

acoplo | coupling (radio).

acoplo inductivo | choke coupling.

acoplo parásito | stray coupling.

acoplo por iris | iris coupling (waveguide).

acoplo reactivo | feedback coupling.

acoplo transicional | transitional coupling.

acorazado | ironclad | metal enclosed | steel-clad (shielding).

acorazar | armor (to).

acotación | boundedness (mathematics).

acratismo | acratism.

acratrón I acratron (electronics).
acreación I aggradation.
acrecencia de los cristales I accretion of crystals.
acrecimiento por aluviones I accretion of silt.
acribómetro I acribometer.
acridina I acridine.
acrílico I acrylic.
acritud I cold-shortness (metallurgy).
acritud en caliente I hot shortness.
acritud por decapado I embrittlement.
acrobacia aérea I stunt.
acrobatolítico I acrobatholitic (mining).
acroblasto I acroblast.
acrocéntrico I acrocentric.
acrografía I acrography.
acroíta I achroit (tourmaline).
acroleína I acrolein.
acromático I achromatic.
acromato I achromate.
acrómico I achromic.
acromorfo I acromorph.
acrónico I acronycal (astronomy).
acronizoico I achronizoical.
acrótomo I acrotomous (mineralogy).
actínico I actinic.
actínido I actinide.
actinio I actinium (Ac).
actinio K I Ac K.
actinódromo I actinodrome I actinodromous.
actinófono I actinophone.
actinógeno I actinogen.
actinografía I actinography.
actinógrafo I actinograph I recording actinometer.
actinograma I actinogram.
actinolita I actinolite.
actinometría I actinometry.
actinómetro I actinometer.
actinomorfo I actinomorphic.
actinón I actinium emanation I actinon (radon 219).
actinoquímica I actinochemistry.
actinótico I actinotous.
actinotroco I actinotrocha.
actinouranio I actinouranium.
actitud de régimen I normal attitude (inflight airplane).
actitud lateral I lateral attitude (airplanes).
activación I activation I firing I sensitization.
activación del receptor I receiver gating.
activación térmica I thermal activation.
activado I alive.
activador I activator (chemistry) I promoter I trigger.

activante I activating.
activar I activate (to) I enable (to) I energize (to) I sensitize (to) I toggle (to).
actividad absoluta I absolute activity (chemistry).
actividad iónica I ion activity.
activo I on I operative I quick.
actógrafo I actograph.
actuador giratorio I rotary actuator.
actual I present.
actualizar I maintain (to) (file).
acuadag I aquadag.
acuafacto I aquafact (geology).
acuametría I aquametry.
acuaplano I aquaplane.
acuatinta I aquatint.
acuífero I aquifer.
acuífero artesiano I artesian aquifer.
acumulación I accumulating I accumulation I stacking I storage.
acumulación de grisú I accumulation of fire damp.
acumulación térmica I thermal storage.
acumulador I accumulator I cell (electricity) I secondary battery I secondary cell.
acumulador ácido de plomo I acid cell.
acumulador cadmioníquel I nickel-cadmium battery.
acumulador de aire comprimido I pneumatic accumulator.
acumulador de calor solar I solar-heat accumulator.
acumulador de energía recargable I rechargeable energy cell.
acumulador de ferroníquel I iron-nickel accumulator.
acumulador de plata-cinc I silver-zinc storage battery.
acumulador de plomo I lead accumulator I lead battery I lead-acid battery.
acumulador hidroneumático I air loaded accumulator.
acumulador neumático I pneumatic accumulator.
acumulador para vuelos cósmicos I space battery.
acumulador recargable I rechargeable battery.
acumulador solar I solar battery.
acumuladores líquidos I wet batteries.
acumular I store (to).
acumulativo I cumulative.
acuñado I jammed (valves) I keyed.
acuñamiento I jamming (valves) I keying I wedging.
acuñar I key (to) I stamp (to) I wedge (to).

acuófeno I acouphene.
acuoígneo I aqueoigneous.
acuómetro I acoumeter.
acuorresistente I water-resistant.
acuoso I aqueous.
acústica I acoustics (science).
acústica de ondas I wave acoustics.
acústico I audible I sonic I tonal.
acústico polarizado I polarized sounder (telephony).
acusticodinámico I acoustodynamic.
acustímetro I acoustimeter.
acutómetro objetivo I objective noise-meter.
adamita I adamite.
adamsita I adamsite (chemistry).
adaptable I versatile.
adaptación I adjustment (geology) I match I matching (image).
adaptación en Y I Y match.
adaptación Z I Z match.
adaptador I adapter I adaptor I fitting I hickey I stub I transition piece.
adaptador de antena I antenna tuner.
adaptador de aproximación de VHF I VHF homing adapter.
adaptador de derivación I bypass adapter.
adaptador de enchufe I plug adaptor.
adaptador de guías de ondas I waveguide stub.
adaptador de impedancia I impedance adapter.
adaptador de línea I line adapter.
adaptador de llave dinamométrica I torque wrench adapter.
adaptador de montaje I mount adapter.
adaptador de placas I plate-adapter (photography).
adaptador de resistencia I resistance adapter.
adaptador en T I tee adapter.
adaptador gamma I gamma match.
adaptador hembra I female adapter.
adaptador macho I male adapter.
adaptador para herramienta de torno I lathe tool adaptor.
adaptar I fit (to) I match (to).
adaptar una impedancia I match an impedance (to).
adaraja I bonding key (walls) I bondstone.
adelanto de fase I leading phase.
adema I strut.
ademación I timbering (mining).
ademado I shoring I timbering.
ademar I shore (to) I sprag (to) (mining) I timber (to).
ademe I shore (mining) I sprag.

adenosindifosfato I adenosine diphosphate (A.D.P.).
adenosinmonofosfato I adenosine monophosphate (biochemistry).
adherencia I adherence I adhesion I bondability I bonding strength I sticking.
adherencímetro I adherence meter.
adherente I tacky.
adherímetro I adherometer.
adherografía I adherography.
adhesividad I sticking.
adhesivo I adhesive I bonding agent I glue.
adhesivo termoendurecible I adhesive hot-setting.
adiabática húmeda I wet adiabatic (meteorology).
adiaforia I adiaphory.
adiamantar I diamondize (to).
adiatermancia I adiathermancy.
adiatérmico I adiathermal I nonconductive I nonheat-conducting.
adición I sum.
adicionador I summing.
adinámico I adynamic.
adión I adion.
adipólisis I adipolysis.
adireccional I nondirectional.
aditamentos I appurtenances.
aditivo I additive I admixture I dope.
aditivo reductor I pour point depressant (petroleum).
adjunto I adjugate (mathematics).
admisible I permissible.
admisión I induction I ingress (gas) I inlet I input I intake.
admisión de baja presión I low-pressure cuttoff
admisión de régimen I nominal cutoff (steam engine).
admisión media I mean cutoff (steam engine).
admitancia cíclica I cyclic admittance.
admitancia de electrodo I electrode admittance.
admitancia de entrada I input admittance.
admitancia de salida I output admittance.
admitancia de transferencia I transfer admittance.
admitancia en circuito abierto I open circuit admittance.
admitancia en cortocircuito I short-circuit admittance.
admitancia en derivación I shunt admittance.
admitancia en derivación con la línea I line shunt admittance.
admitancia en paralelo I shunt admittance.
admitancia en vacío I no load admittance.

admitancia impulsiva | impulsive admittance.
admitancímetro | admittance meter.
adoquín | paving stone.
adoquinador | paver.
adrizar | right (to) (navy).
adsorbato | adsorbate.
adsorbedor | adsorber.
adsorbente | adsorbent | adsorbing.
adsorber | adsorb (to).
adsorbibilidad | adsorbability.
adsorbible | adsorbable.
adsorción | adsorbing | adsorption.
adsorción activada | chemosorption.
adsorción en carbón activo | activated carbon adsorption.
adsorción interfacial | interfacial adsorption.
adsorción iónica | ionic adsorption.
adsorción química | chemical adsorption.
aducto | adduct (chemistry).
aduja de cable | fake.
adujar | coil (to) (navy).
adularescencia | adularescence (gemstones).
adularia | adular (geology) | adularia (aluminopotasic silicate) | moonstone.
adulteración | impurity.
advección | advection.
advoltio | abvolt.
aelotropía | aelotropy.
aelotrópico | aelotropic.
aeremia | aeremia.
aerenquima | aerenchyma.
aéreo | aerial | air | overhead (cables).
aerificación | aerifaction.
aerificar | aerify (to).
aeriforme | aeriform.
aerobalística | aeroballistics | air ballistics.
aerobalístico | aeroballistic.
aerobio | aerobic.
aerocartografía | aerocartography.
aerocinética | aerokinetics.
aerodeslizador | air-glider | hovercraft.
aerodinámica | aerodynamics.
aerodinámica ionosférica | ionospheric aerodynamics.
aerodinámica transónica | transonic aerodynamics.
aerodinámico | aerodynamic | streamlined.
aerodino de alas giratorias | rotorcraft.
aerodino oscilante | oscillating airfoil.
aerodonética | aerodonetics.
aerodrómico | aerodromic.
aeródromo | aerodrome | airfield.
aeródromo flotante | seadrome.
aeroelástico | aeroelastic.
aerofaro | aerial beacon.

aerofotocartografía | photomapping.
aerofotografía | air photography.
aerofotografía oblicua baja | low-oblique photography.
aerofotografía panorámica | low-oblique photography.
aerofotografía por rayos infrarrojos | infrared mapping.
aerofotogrametría | aerial mapping | aeroplane mapping | aerosurveying.
aerofotometría | aerial photographic survey | aerial survey.
aerofreno | air brake (airplanes) | clamp brake.
aerogasolina | jet engine fuel.
aerogenerador | aerogenerator | wind charger | wind machine.
aerogiro | rotorcraft.
aerogonio | aerogonio (radiogoniometric station).
aerografía | aerography | air brushing.
aerógrafo | air brush | airbrush.
aerograma | aerogram.
aerohídrico | aerohydrous.
aerolito | aerolite | atmospheric stone.
aerómetro | air poise | gravimeter.
aeromodelismo | model aeronautics | model aircraft | model aviation.
aeromotor | wind engine | wind motor | windmill.
aeronáutica | aeronautics.
aeronáutica civil | civil aeronautics.
aeronáutico | aeronautical.
aeronaval | naval air.
aeronave | craft.
aeronave en servicio | active aircraft.
aeronavegación por radiobalizas | omnidirectioning range.
aeronomía | aeronomy (geophysics).
aeronómico | aeronomic.
aeropaleta | aerovane.
aeroplano | plane.
aeroplano con empenaje | tailed aeroplane.
aeroplano de enlace | liaison aircraft.
aeroplano remolcador | tow plane.
aeroplano subsónico | subsonic aeroplane.
aeropuerto | airport.
aeropuerto civil | civil airport.
aeropuerto de emergencia | alternate airport.
aeropuerto internacional | international airport.
aeropuerto satélite | satellite airport.
aerorrefrigerar | aircool (to).
aerosol | aerosol | spray.
aerosol complejo | complex aerosol.
aerostático | aerostatic.

aeróstato | aerostat | lighter-than-air craft.
aerotecnología | aero-engineering.
aerotransportar | airfreight (to).
aerotrén | hovertrain.
aerovía | skyway.
aerovía superior | upper airway.
aetita | aetites.
afeitar | shave (to).
aferrar | truss (to) (ships).
aferroso | nonferrous.
afianzamiento | security.
afianzar | secure (to).
afilado | tapered.
afilado de avance normal | infeed grinding.
afilado en húmedo | wet grinding.
afilado en seco | dry sharpening.
afilador | sharpener.
afiladora | grinder | tool sharpener.
afiladora de herramientas | tool grinder | tool grinding machine.
afiladora para fresas | milling cutter grinding machine.
afiladora-amoladora de cuchillas | knife grinder.
afilar | grind (to) | sharp (to) | sharpen (to) | whet (to).
afinación | tuning (engines).
afinado | tuned (engines, apparatus).
afinado electrolítico | electrorefining.
afinado por oxidación | oxidative slagging (nucleonics).
afinador | finer | finisher.
afinamiento progresivo | tapering.
afinar | convert (to) (metallurgy) | fine down (to) | overhaul (to) (machines) | peak (to) | position (to) (valves, engines) | tune (to) (engines).
afinar el motor | adjust the engine (to).
afino | knobbling (metallurgy) | lining up.
afino del acero | steel shearing.
afino del motor | engine tune-up.
afino del plomo | lead refining.
afino en baño de escoria | wash metal process.
afino en baño de escorias | washing.
afino sobre solera | open-hearth refining.
aflojar | slack (to).
afloramiento | beat (geology) | breakthrough (geology) | cap (mining) | cropping (veins) | day stone (geology) | outbreak (geology) | outburst (geology) | outcrop (geology).
afloramiento de falla | fault outcrop.
aflorar | fay (to) (mining) | outcrop (to).
aflorescencia | afflorescence.
afluencia | inflow.
aforrado | served (metallic cables).

afrita | argentine.
afuste | bar (drillings).
agalmatolita | Chinese soapstone.
agar | agar.
agárico mineral | chalk liquid | liquid chalk.
agarosa | agarose (chemistry).
agarradera | lug.
agarrar | grip (to).
agarre de mordazas | jaw grip.
agarrotado | jammed | seized (pistons).
agarrotamiento | jam (valves) | jamming | seizing (engines) |. seizure | sticking (piston, bearings).
agarrotamiento de la dirección | steering lock (autos).
agarrotarse | seize (to) (mechanics).
ágata | Egyptian pebble.
ágata arborizada | dendritic agate.
ágata dendrítica | dendritic agate.
ágata enhidra | enhydrous agate.
ágata listada | ribbon agate.
ágata ónix | ribbon agate.
agatino | agaty.
agente | medium (chemistry).
agente catiónico | cationic reagent.
agente colorante | tinting medium.
agente de corrosión | etching agent.
agente desengrasador | fat extraction agent.
agente espesante | thickening agent.
agente humectante | wetting agent.
agente humectante aniónico | nonionic surfactant.
agente humidificador | wetting.
agente inhibidor | sequestering agent.
agente precipitante | precipitating agent.
agente pulidor | polishing agent.
agente quelante | chelating agent.
agente reductor | reducing-agent.
agente superficiactivo | wetting agent.| surface-active agent.
agente tensioactivo | surface-active agent | wetting agent.
agitación | shaking.
agitador | agitator (apparatus) | shaker | stirrer (chemistry).
agitar | shake (to) | stir (to).
aglomeración | caking | sintering.
aglomerado | agglomerate | sintered.
aglomerado asfáltico | mastic.
aglomerante | binder | binding material | bond | matrix (chemistry).
aglomerar | ball (to) (puddling) | glomerate (to).
aglucona | aglycon (biochemistry).

aglutinación I cementing (propellants) I sinter I sintering I slagging.

aglutinante I binding material I bond I cement I binder.

aglutinato I agglutinate.

agotado I worked out (mining).

agotamiento I dewatering (mining).

agotar I overdischarge (to) (electricity) I waste (to).

agradación I aggradation.

agradacional I aggradational.

agrafadora I seamer.

agramado I braking.

agramadora I scutch.

agramar I brake (to) I scutch (to).

agrandamiento gradual de la imagen I wipe (TV).

agregación I aggregation.

agregado I aggregate (geology) I clump.

agregado de relleno I keystone (roads).

agresivo I aggressive.

agricolita I agricolite

agriedad I embrittlement

agrietado I broken up.

agrietamiento por temple I quench-cracking.

agrietarse I crack (to).

agrimensor I land measurer I measurer I metre (G.B.).

agrimensura I land measurement I land survey I land surveying I land-measuring I location I surveying.

agrio I brittle (metals) I dry (metals) I sour.

agrogeología I agricultural geology.

agrohidráulica I agricultural hydraulics.

agrometeorología I agricultural meteorology.

agromicrobiología I agricultural microbiology.

agronómico I agricultural.

agroquímica I agrichemistry I agricultural chemistry I agrochemistry.

agrotecnia I chemurgy.

agrupación de antenas I antenna array.

agrupación excesiva I overbunching.

agrupador de electrones I buncher.

agrupamiento en cascada I cascade grouping.

agrupamiento en serie I cascade grouping.

agrupamiento magnético I magnetic cluster.

agrupamiento reflexivo I reflex bunching (electronics).

agrupar I bank (to) (levers) I group (to) I mass (to).

agrura I embrittlement.

agua I water.

agua ácida I sour water.

agua activada I activated water.

agua amoniacal I ammonia liquor I aqua ammonia.

agua calcárea I hard water.

agua clorada I chlorinated water.

agua colgada I suspended water (geology).

agua con humectantes I wet water.

agua de alimentación de relleno I makeup feed water (boilers).

agua de condensación I waste water.

agua de cristalización I mother liquor.

agua de descarga I tailwater I waste water.

agua de enriar ácida I acid steeping water.

agua de formación I connate water (geology).

agua de lixiviación I percolate.

agua de mar I seawater.

agua de percolación I percolate (soil).

agua de relleno I makeup water (boilers, accumulators).

agua de soldar I killed spirits.

agua dura I hard water.

agua freática I phreatic water I suspended water.

agua fuerte I aqua-fortis I etching water.

agua gorda I hard water.

agua intersticial I connate water I porewater.

agua ligada I bound water.

agua ligera I light water.

agua ordinaria I light water (nuclear reactor).

agua oxigenada I hydrogen peroxide.

agua pelicular I adhesive water.

agua pesada I heavy water.

agua poco profunda I shallow water.

agua radiactiva I activated water I radioactive water.

agua regia I nitrohydrochloric water I nitromuriatic acid.

agua salada I seawater.

agua superficial I day water (mining).

aguacero I cloudburst (meteorology) I rain shower I rain storm

aguafuerte I etching.

aguamarina I aquamarine (minerals) I Brazilian aquamarine.

aguar I water (to).

aguarrás I turpentine.

aguarrás de madera I wood turpentine.

aguarrás sintético I white spirit.

aguas blancas I white water.

aguas cloacales I sewage.

aguas coladas I white water.

aguas fecales I sludge.

aguas freáticas I underground water.

aguas residuales I waste I waste water.

aguas residuales de electrólisis I plating wastes.

aguas residuales de galvanoplastia | plating wastes.

aguas subterráneas | underground water.

agudeza de resonancia | resonance sharpness (radio).

agudos | treble (acoustics).

aguja | lagging piece (mining) | needle | point (railways) | spile (mining) | spill (mining) | tongue.

aguja automática | jumper switch (railways) | jumping switch (railways).

aguja de cambio | switch (railways) | switch blade (railways).

aguja de derrota | steering compass.

aguja de descarrilamiento | throw-off point.

aguja de inclinación | inclinatory needle.

aguja de medición | tally pin (topography).

aguja de mina | nail.

aguja de reglaje | set pointer.

aguja de trole | trolley frog.

aguja del inyector | nozzle needle.

aguja del percutor | striker pin.

aguja enclavada | interlocked switch (railways).

aguja grabadora | stylus.

aguja imanada | magnetic needle.

aguja imantada | compass needle.

aguja indicadora | bouncing pin | pointer (apparatus).

aguja lectora | pickup needle.

aguja loca | perturbed needle (magnetism) | whirling needle (compass).

aguja magnética | magnetic needle.

aguja marcadora | recording needle (apparatus).

aguja móvil | movable point (railways).

aguja obturadora | obturator spindle.

aguja saltacarril | jumper switch.

aguja selfactina | latch needle.

agujas tomadas de talón | trailing-point switch (railways).

agujerear | pierce (to).

agujero cónico | conical hole.

agujero de aire | vent (molds).

agujero de colada | jet | mouth | pouring hole | pouring-gate | running gate | sprue hole | tap-hole.

agujero de drenaje | weep hole.

agujero de fijación | lock hole.

agujero de posicionamiento | locating hole.

agujero de prospección | trial pit.

agujero de salida | spout-hole.

agujero de sondeo | prospect hole.

agujero de ventilación | vent.

agujero negro | black hole.

agujero para espiga | pinhole.

agujero para pasador | pinhole.

agujero positivo | positive hole (electronics).

agujeros exploradores | scanning holes.

aguzado | tapered.

aguzar | grind (to) | sharpen (to).

aherrumbrado | rusting (metallurgy).

ahondar | hollow (to).

ahorquillar | fork (to).

ahuecado | recessed.

ahuecamiento | hollowing.

ahuecar | hollow (to).

ahusado | tapered.

ahusamiento | tapering.

ailsita | ailsite.

aire | air.

aire a presión | compressed air | induced air.

aire caliente | hot-air.

aire comprimido | compressed air | live air.

aire de relleno | makeup air (air recirculation system).

aire en calma | calm air.

aire higrosaturado | water-saturated air.

airear | aerate (to) | ventilate (to) | weather (to) | wind (to).

aislado | wrapped.

aislado con caucho | rubber-covered (cables).

aislado con seda | silk insulated (cables).

aislador | nonconductor (electricity).

aislador acústico | acoustic aislator.

aislador de aceite | oil insulator.

aislador de anclaje | shackle insulator.

aislador de cadena | string insulator.

aislador de campana | mushroom insulator | petticoat insulator.

aislador de carrete | spool insulator.

aislador de cerámica | ceramic insulator.

aislador de corte | test insulator (telecommunications).

aislador de entrada | lead-in insulator (electricity).

aislador de espiga | pin insulator.

aislador de extremidad del cable | live cable testcap | test cap.

aislador de porcelana | porcelain bead (electricity) | porcelain insulator.

aislador de ranura | slot armor (electricity).

aislador de retención | shackle insulator.

aislador de suspensión | strain insulator (electric line) | suspension insulator.

aislador de transposición | transposition insulator (telephone line).

aislador distanciador | standoff insulator.

aislador metálico | metallic insulator (telecommunications).

aislador óptico I optoisolator.
aislador para curvas I pull-off (electric line).
aislador por absorción I absorption isolator.
aislador tubular I tube insulator.
aislador unilateral I isolator.
aisladores de acceso I port isolators.
aislador-tensor I strain insulator.
aislamiento I insulation I isolating.
aislamiento acústico I acoustic insulation I noise insulation I sound insulation.
aislamiento antivibratorio I vibration isolation.
aislamiento de poliuretano I polyurethane insulation.
aislamiento de ranura I slot insulation.
aislamiento interelectródico I interelectrode insulation.
aislamiento por unión I junction isolation.
aislamiento térmico I insulation heat I thermal insulation.
aislancia I insulance.
aislante I insulating I nonconducting (electricity).
ajustable I variable.
ajustado I tight I trimmed.
ajustado en caliente I shrink-fitted.
ajustador I clicker (typography).
ajustador de cardas I card setter.
ajustador de modelos I pattern setter (foundry).
ajustador de puesta a cero I zero adjuster.
ajustador del huelgo I slack adjuster.
ajustador mecánico I metal fitter.
ajustar I adjust (to) I align (to) I fit (to) I fitup (to) I seat (to) I settle (to) I snug (to) I tally (to) I tram (to) (mechanics).
ajustar con huelgo I make a loose fit (to) (machines).
ajustar el alza I adjust the sight (to).
ajustar el grado de admisión I adjust the cut-off (to).
ajustar sin huelgo I make a tight fit (to) (machines).
ajuste I alignment I fit I fitting I line-up I lining up I seating I setting I trimming I trueing.
ajuste a cero I zeroing.
ajuste apretado I tight fit.
ajuste blanco I white adjusment (TV).
ajuste con apriete I interference fit.
ajuste con huelgo I clearance fit I loose fit.
ajuste de amplitud I amplitude control.
ajuste de corrección I setting adjustment.
ajuste de corrección lateral I lateral setting adjustment.
ajuste de cuadratura I quadrature adjustment.
ajuste de émbolo I piston fit.

ajuste de la carda I card setting.
ajuste de la mordaza I jaw setting.
ajuste de la presión I pressure setting.
ajuste de la reactividad I shim (nuclear reactor).
ajuste de la velocidad I speed-setting.
ajuste de los elementos de puntería I zeroing.
ajuste de posicionamiento I location fit.
ajuste de ranura I spline fit (telecommunications).
ajuste de tolerancia normal I standard fit.
ajuste de varios circuitos en serie I line-up.
ajuste del cojinete I journal adjustment.
ajuste del pasador del pistón I pin fitting.
ajuste del paso I pitch setting (screws).
ajuste duro I standard fit.
ajuste entre piezas I interference fit.
ajuste exacto I snug fit I true fit.
ajuste forzado I press fit I snug fit I tight fit.
ajuste mecánico I mechanical fit.
ajuste micrométrico I microadjustment I vernier adjustment.
ajuste motorizado I motorized adjustment.
ajuste normalizado I standard fit.
ajuste para hacer con llave de tuercas   I wrench fit.
ajuste por abrasión I abrasive trimming.
ajuste por contracción I shrink fit.
ajuste por cremallera I rack adjustment.
ajuste previo I preset.
ajuste sin huelgo I working fit I wringing fit.
ajuste sin presión I loose fit.
ajuste suave I easy fit I medium fit I push-fit I sliding fit I slip fit.
al aire libre I in the open.
ala I wing.
ala baja I low wing.
ala basculante I tilting wing.
ala corta I stub plane (autogyros).
ala de aeroplano I aeroplane wing.
ala de avión I plane.
ala en flecha I arrow wing I sweptback I sweptwing.
ala en parasol I umbrella wing (airplanes).
ala en rombo I diamond wing.
ala inclinada hacia atrás I sweptwing (airplanes).
ala media I midwing.
ala rotatoria I whirling wing.
ala sinclinal I trough limb.
ala trapezoidal I tapered wing (plan view).
álabe I blade (turbine) I vane.
álabe ajustable I adjustable vane.
álabe de control I control vane.
álabe de tobera I nozzle vane.

álabe de turbina de reacción | jet turbine blade.

álabe del rotor | rotor blade.

álabe turbulento | swirl vane.

alabeamiento | warpage.

alabear | jet out (to) | warp (to).

alabearse | buck (to) (wood) | buckle (to) | kink (to) (wood).

alabeo | bend | bending | buckle | buckling | casting (wood) | twist (plates) | twisting | warp | warping | winding.

alabeo negativo | washout.

alabeo positivo | washin.

alambique | distillatory.

alambique de vacío | vacuum still.

alambrado | wiring.

alambrar | wire (to).

alambre | wire.

alambre de enlace | jumper wire.

alambre de latón | brass wire.

alambre de soldadura | wire solder.

alambre de unión | tie wire.

alambre desnudo | open wire (communications).

alambre laminado | rolled wire.

alambre para electroimanes | magnet wire.

alambre para ligaduras | tie wire.

alambre para soldar | welding wire.

alambre sin aislamiento | uninsulated wire (electricity).

alambre trenzado | braided wire.

alargadera | adapter (chemistry).

alargador de duración de impulso | pulse lengthener.

alargador de línea | line lengthener (electricity) | line stretcher.

alargamiento | elongation | stretch | stretching.

alargamiento plástico | plastic elongation.

alarma | warning.

alarma antiaérea | aircraft warning.

alarma antirradar | antenna detector (airplanes).

alavante | warping chock.

albañal | gutter.

albañilería | masonry | walling.

albayalde | ceruse | lead flake (chemistry) | lead paint (minerals) | lead white | white lead.

albayalde calcinado | yellow lead.

albedo | albedo (nuclear energy).

albedo neutrónico | neutron albedo (nucleonics).

albiense | albian (geology).

albita | albite.

albúmina | albumin (biochemistry).

albumosa | albumose (chemistry).

álcali | alkali.

alcalímetro | alkalimeter | kalimeter.

alcalinorresistente | alkaliproof.

alcance | coverage (radio) | path (optics) | range | reach | runout (machines) | scope | setting | sight angle (gun sight) | sweep.

alcance corto | low range.

alcance de exploración | scanning range (radar) | search range.

alcance de la onda reflejada | sky wave range.

alcance de penetración | penetration range (optics).

alcance de sintonía | tuning range.

alcance de sonido radioacústico | radioacoustic sound ranging.

alcance de transmisión | transmission range.

alcance de visibilidad | range of visibility | visibility range | visibility distance.

alcance del eco | echo range.

alcance del equipo de radar | range of the radar set.

alcance del radar | radar range.

alcance efectivo | effective range | useful range.

alcance eficaz | action-radius (aerials) | effective area (aerials).

alcance en el vacío | vacuum range (radio).

alcance grande | long range.

alcance intercuartil | interquartile range (statistics).

alcance lineal | linear range.

alcance luminoso | light range.

alcance máximo | maximum range.

alcance medio | mean range | midrange.

alcance medio en masa | mean mass range.

alcance mínimo | minimum range.

alcance óptico | line-of-sight range | optical range.

alcance radio | radio range.

alcance radioeléctrico | lobe penetration (radar) | radio coverage.

alcance radioóptico | radiooptical range.

alcance útil | outreach | working range (radio, TV).

alcance visual | range of visión | visual range.

alcantarilla | culvert | drain | gully | sewer.

alcantarilla de alivio | relief culvert.

alcayata | hook nail | hook pin | spike | staple | wall hook.

alcohol amílico | amyl alcohol.

alcohol anhidro | absolute alcohol.

alcohol butílico | butanol.

alcohol de cadena larga | long-chain alcohol.

alcohol decílico | decyl alcohol.

alcohol graso | fatty alcohol.

alcohol isoamílico | isobutyl carbinol.

alcohol isobutílico | isobutyl alcohol (chemistry).

alcohol isopropílico | isopropyl alcohol.
alcohol metílico | wood spirit.
alcohol polivinílico | solvar.
alcohol propílico | propyl alcohol.
alcoholato | alkoside.
alcoholes grasos | fat alcohols.
alcotana | gurlet | hack hammer | mason's cutting hammer | mattock | scabble axe.
aldehído | aldehyde (chemistry).
aldehído amílico | amyl aldehyde (chemistry).
aldehído butílico | butyl aldehyde (chemistry).
aldehído isobutírico | isobutyraldehyde.
aleación | alloy | composition metal | created metal | mixed metal.
aleación acidorresistente | acid resisting alloy.
aleación anatómica | anatomical alloy.
aleación anisótropa | anisotropic alloy.
aleación antiácida | acid proof alloy | acid resisting alloy.
aleación antimagnética | nonmagnetic alloy.
aleación apirofórica | nonsparking alloy.
aleación binaria | binary alloy | two-component alloy.
aleación ceriosa | cerium bearing alloy.
aleación cronoendurecida | age hardened alloy.
aleación de aluminio níquel y cobalto | alnico.
aleación de bajo contenido en níquel | low-nickel alloy.
aleación de bajo punto de fusión | low melting alloy..
aleación de base de hierro | iron-base alloy.
aleación de base níquel | nickel-based alloy.
aleación de fusión | melting alloy.
aleación de metal blanco para cojinetes | white-metal bearing alloy.
aleación de molde de arena | sand-cast alloy.
aleación de pequeña dilatación | low-expansion alloy.
aleación de plata | silver alloy.
aleación de plomo | lead alloy.
aleación de temperatura baja de fusión | low-melting-point alloy.
aleación estabilizada | aged alloy.
aleación forjada | wrought alloy.
aleación intermetálica | intermetallic alloy.
aleación laminada | wrought alloy.
aleación líquida de bismuto | liquid bismuth alloy.
aleación madre | parent alloy.
aleación magistral | master alloy.
aleación monofásica | single-phase alloy (metallurgy).
aleación nitrada | nitralloy.

aleación patrón | master alloy.
aleación perlítica | pearlitic alloy.
aleación pirofórica | ignition alloy | sparking alloy.
aleación pulvimetalúrgica | powder-metallurgically-produced alloy.
aleación que se puede maquinizar | workable alloy.
aleación rica en magnesio | magnesium-rich alloy.
aleación templada por disolución | solution-quenched alloy.
aleación termointratable | nonheat-treatable alloy.
aleación ternaria | three-component alloy.
aleaciones de bajo punto de fusión | low-melting alloys.
aleaciones para motores de chorro | jet alloys.
aleatorio | random | stochastic.
aleatorización | randomization.
aleatorizar | randomize (to).
alerón | aileron | control surface.
alerón retráctil | retractable aileron.
alerón superior | upper surface.
alerta y control de aviones | aircraft control and warning.
aleta | allette (walls) | sponson (hydroplanes) | wing.
aleta compensadora articulada | tab (aeronautics).
aleta compensadora del timón | trimming tab.
aleta de compensación | trim tab | trimming tab.
aleta de popa | stern quarter (ships).
aleta directriz | fence (aerodynamics).
aleta estabilizadora | stabilizing fin.
aleta hidrodinámica | hydrofoil.
aleta hipersustentadora | landing flap.
alfabeto Morse | Morse alphabet.
alfanumérico | alphanumeric.
alfarje | gutter | wainscot.
alfatrón | alfatron (electronics).
alfiler | pin.
alfombra | carpet (radar).
algalia | civet (chemistry).
álgebra de Boole | Boolean algebra.
álgebra de conjuntos | algebra of sets.
algodón acetilado | acetylated cotton.
algodón hidrófilo | absorbent cotton.
algol | algol (computing).
algoritmo | algorithm.
alguina | alguin (chemistry).
alicates | pliers.
alicates articulados | lever shears.
alicates de corte | nippers.

alicates de pico redondo I roundnosed pliers.

alicates para cortar alambre I wire cutting pliers.

alidada I alidade (topography) I cross staff I index I radius bar I sight bar I sighting board.

alidada acimutal I sight vane.

alidada de pínulas I alidade with sights.

alidada telescópica I telescopic alidade.

alifático I aliphatic (chemistry) I fatty.

alilo I allyl (chemistry).

alimentación I feeding I input (electricity).

alimentación a presión I pressure feed.

alimentación anódica I plate supply (radio).

alimentación automática I power feed.

alimentación de antena I aerial feeding I antenna feed.

alimentación de ciclo múltiple I multi-cycle feeding.

alimentación de inclinación I nutating feed.

alimentación de la línea I line feed.

alimentación de página I page-feed (telegraphy).

alimentación de perforación I punch feed.

alimentación en paralelo I parallel feed I shunt feed.

alimentación en serie I series feed.

alimentación en tensión I voltage feed.

alimentación mecánica I mechanical feed I power feed.

alimentación microfónica I transmitter supply (telecommunications).

alimentación oscilante I nutating feed (radar).

alimentación por bomba I pump feed.

alimentación por depósito I magazine feed (machines).

alimentación por el extremo I end-feed.

alimentación por piñón y cremallera I rack-and-pinion feed.

alimentación por rodillos I roller feed.

alimentación por succión I vacuum feed.

alimentación posterior I rear feed.

alimentación regular I regular feed (machines).

alimentación transversal I sideways feed.

alimentación unidireccional I unidirectional supply.

alimentación y descarga I feed and eject.

alimentado a presión I pressure-fed.

alimentado por depósito I magazine-fed (machines).

alimentado por energía solar I solar powered.

alimentado por la luz I light-powered.

alimentador I feed pitch I riser (molds).

alimentador coaxial I coaxial feeder.

alimentador de ácido I acid feeder.

alimentador de antena I aerial feeder.

alimentador de cinta I tape feed.

alimentador de disco rotatorio I rotary-disk feeder.

alimentador de entrada I incoming feeder.

alimentador de la red I network feeder (electricity).

alimentador de línea I line feeder (electricity).

alimentador de retorno I return feeder.

alimentador de subestación I stub feeder.

alimentador intercentrálico I tie feeder.

alimentador interconectador I interconnecting feeder.

alimentador múltiple I teed feeder.

alimentador oscilante I reciprocating feeder.

alimentador para bobinas I web feeder.

alimentador principal I trunk feeder.

alimentador vibratorio I vibratory feeder.

alimentar I energize (to) I feed (to) I load (to) (electricity) I supply (to) (electricity).

alineación I line-up I lining I lining up I row.

alineación de circuitos I line-up.

alineación de cojinetes I lining up.

alineación de las ruedas I wheel alignment.

alineación de rastreles I sticker alignment.

alineación oblicua I slant course (radionavigation).

alineador I line ranger (topography).

alineamiento de pistas I tracking alignment (magnetic recording).

alinear I align (to).

alisado I smooth.

alisador I smoother.

alisador de seta I bacca-box smoother (molding).

alisadora I planer I surfacing machine.

alisamiento I surfacing.

alisar I face off (to) I lap (to) I mangle (to) I planish (to) I sleek (to) I smooth (to) I surface (to) I true up (to).

alíscafo I hydrofoil ship.

aliviadero I relief sewer I spillway I weir.

aliviadero de fondo I undersluice.

aljez I crude gypsum.

allanar I flatten (to) I smooth (to) I surface (to).

alma I center (U.S.A.) (cables) I center strand (cables) I web (girders).

alma de cobre I wire core.

alma de plomo I lead core.

alma metálica I mandrel (smelting) I wire core.

alma perforada I perforated web (girders).

almacén de armas I armory.

almacén de memoria I storage dump (computing).

almacén magnético I magnetic store.

almacenaje y recuperación de la información | information storage and retrieval.
almacenamiento cíclico | wrap storage (computing) | wrap-around storage (computing).
almacenamiento de datos | data storage.
almacenamiento de entrada | input storage.
almacenamiento de información | information storage.
almacenamiento de proceso | working storage.
almacenamiento de tiempo de acceso cero | zero access storage (computing).
almacenamiento en cinta magnética | magnetic tape storage.
almacenamiento en disco | magnetic disk storage.
almacenamiento en microfilm | microfilm storage.
almacenamiento en tarjeta magnética | magnetic card storage.
almacenamiento estable | nonvolatile storage.
almacenamiento masivo | mass storage (computing).
almacenamiento permanente | nonvolatile storage.
almacenamiento principal | primary storage.
almacenamiento temporal | buffering (computing).
almadena | stone hammer.
almadía | raft.
almagre | red iron ore | red ochre | reddle | yellow earth.
almandina | common garnet.
almandita | Ceylon garnet.
almandita de Ceilán | Ceylon hyacinth.
almendrilla | nut coal.
almocafre | grub hoe | grubbing axe | grubbing-mattock.
almohadilla de caucho | rubber pad.
almohadilla de cebado | priming pad.
almohadilla de engrase | oil pad.
almohadilla oscilante | rocker pad.
almohadillado | backing (ships).
almohadillar | pad (to).
alóctono | allochthonous.
alogénico | allogenic (geology).
alojamiento | seat (piece).
alquido | alkyd.
alquilación catalítica | catalytic alkylization.
alquilato | alkylate.
alquileno | alkylene (chemistry).
alquilo | alkyl.
alquilsulfonato lineal | linear alkylate sulfonate.
alquino | alkene (chemistry).

alquitarar | distil (to).
alquitrán | bitumen | pitch | tar.
alquitrán de gas | gas tar | oil gas tar.
alquitrán de hulla | coal tar.
alquitrán de lignito | brown-coal tar | lignite tar.
alquitrán de petróleo | oil asphalt | petroleum tar.
alquitrán de turba | peat tar.
alquitrán diluido | cutback road tar.
alquitrán mineral | mineral tar.
alquitrán rebajado | cutback road tar.
alquitranado | tarred.
alquitranadora | blacktop paver | tar spreader.
alquitranamiento | tarring.
alquitranar | pitch (to) | tar (to).
alquitranoso | tarry.
alta atmósfera | upper air.
alta definición | high definition (TV).
alta fidelidad | high fidelity.
alta frecuencia | high frequency.
alta mar | seagoing.
alta nitidez | high definition.
alta resolución | high resolution.
altaíta | altaite.
altar | bridge (boilers) | fire stop (furnaces).
altar de mampostería | masonry bridge.
altavoz | loudhailer | loudspeaker.
altavoz de bobina para bajas frecuencias | woofer.
altavoz de cámara de compresión | labyrinth speaker.
altavoz de inductor | inductor loudspeaker.
altavoz electromagnético | inductor loudspeaker.
altavoz iónico | ionic loudspeaker.
altavoz para notas agudas | tweeter.
altavoz para sonidos graves | woofer.
altavoz reforzador de altos | tweeter.
altavoz reforzador de bajos | woofer.
alterabilidad | alterability.
alterable | alterable.
alteración | alteration.
alteración al aire libre | weathering.
alteración del negro por parásitos | noisy blacks (TV).
alterar | change (to).
alternador | A.C. generator | alternating-current generator | alternator | generator | synchronous generator (electricity).
alternador asincrónico | induction generator.
alternador bifásico | two-phase alternator.
alternador con excitación propia | inherent excitation alternator.
alternador de hierro giratorio | inductor alternator.

alternador de hiperfrecuencia I radiofrequency alternator.

alternador de inductor fijo I inductor alternator.

alternador de onda sinusoidal I sinewave alternator.

alternador de propulsión I propulsion alternator (ships).

alternador de reacción I reaction alternator.

alternador de RF I RF alternator.

alternador monofásico I single-phase alternator.

alternador multipolar de campo giratorio I multipolar revolving-field alternator.

alternador para soldar I welding alternator.

alternador polifásico I multiphase alternator I polyphase alternator.

alternador reactivo I reluctance generator.

alternador síncrono I inductor generator I synchronous alternator.

alternador trifásico I triphaser.

alternar I stagger (to).

altígrafo I altigraph I recording altimeter.

altimetría I altitude measurement I leveling I levelling (G.B.).

altímetro I altimeter I height gage.

altímetro absoluto I absolute altimeter.

altímetro acústico I sound ranging altimeter I sound-ranging altimeter.

altímetro barométrico I pressure altimeter.

altímetro de agrimensor I surveying altimeter.

altímetro de eco I echo altimeter.

altímetro de láser I laser altimeter.

altímetro estereoscópico I stereoscopic height-finder.

altímetro iónico I ion altimeter.

altímetro ionosférico I ionospheric height recorder.

altímetro isotérmico I isothermal altimeter.

altímetro óptico I optical altimeter.

altímetro radárico I radar altimeter I radio altimeter (airplanes).

altímetro registrador I altitude recorder I recording altimeter.

altímetro topográfico I surveying altimeter.

altiscopio I altiscope (optics).

altitud I elevation I height.

altitud baja I low altitude.

altitud barométrica I pressure altitude.

altitud celeste I celestial altitude.

altitud de seguridad I safe altitude (airplanes).

altitud meridional I meridional altitude.

altitud negativa I negative altitude.

altitud operacional I operating altitude (aeronautics).

altitud real I true altitude.

altitud simulada I simulated altitude.

alto I high.

alto horno I blast-furnace.

alto horno para hierro I iron blast furnace.

alto vacío I hard vacuum.

alto voltaje I high tension I high voltage.

altoparlante I loudhailer I loudspeaker.

altura I elevation I height.

altura actual I present altitude (artillery).

altura barométrica I barometer elevation.

altura cinética I velocity head (hydraulics).

altura dinámica I velocity head.

altura efectiva I effective height.

altura hipotética I assumed height.

altura inicial I present altitude.

altura manométrica I static lift (pumps).

altura mínima de vuelo I minimum flight altitude.

altura piezométrica I pressure level.

altura verdadera I true altitude.

alumbrado I illumination I lighting.

alumbrado de demarcación I perimeter lighting.

alumbrado de seguridad I panic lighting.

alumbrado ultravioleta I UV lighting.

alumbrado vertical I top light.

alumbrar I illuminate (to) I illumine (to) I lamp (to) I light (to).

alumbre I alum.

alumbre calcinado I burnt alum.

alumbre de cesio I caesium aluminum sulphate.

alumbre de cromo I chrome alum.

alumbre de hierro I iron alum.

alumbre de potasa y cromo I potash chrome alum.

alumbre de potasio I common white alum.

alumbre en bloque I cake alum.

alúmina I alumina I aluminum oxide.

alúmina activada I activated alumina.

aluminato cobaltoso I cobaltous aluminate.

aluminiación I aluminization.

aluminio I aluminium (G.B.) I aluminum (USA).

aluminio fundido I cast aluminum.

aluminio plomado I lead-plated aluminum.

aluminita I aluminite.

aluminización I aluminization I yellow anodizing.

aluminizar I aluminize (to).

aluminoso I aluminous.

alunita I alum stone.

alunizaje I lunar landing (astronautics) I moon landing.

alunizar I land on moon (to).
aluvial I alluvial.
aluvión I alluvial I alluvion I wash (geology).
aluvión aurífero I placer dirt I placer.
aluvión glacial I till.
aluvionación I aggradation (geology).
aluvionamiento I alluviation (geology).
alvéolo I pocket (accumulator plate).
alza I backsight (weapons) I shutter (dam) I sight.
alza de anteojo I tube sight (cannons).
alza de cañón I gunsight.
alza de charnela I leaf sight.
alza de pínulas I peep sight (cannons).
alza de ranura I peep sight.
alza metálica I iron sight.
alza óptica I optical sight.
alza panorámica I panoramic sight (artillery).
alza periscópica I periscopic sight.
alza plegable I leaf sight (weapons).
alza predictora I predictor sight (cannons).
alza telescópica I telescopic sight.
alzada I throw (cams).
alzado I elevation I front view I raised plan (charts).
alzado en corte I sectional elevation.
alzado longitudinal I longitudinal elevation (draw).
alzador I lifter (loom).
alzadora I collator I gatherer.
alzamiento I raise (mining).
alzaprima I claw lever I pinch bar.
alzar I hoist (to).
alzar los pliegos I collate (to).
alzaválvulas I lifter (engines).
amagnético I nonmagnetic.
amalgama I mixture.
amalgama de aluminio I active aluminum.
amalgama de plata I silver amalgam.
amalgama para espejos I quicksilvering.
amalgamación con cinc I sherardizing.
amalgamar I amalgamate (to).
amantillar I luff (to).
amarar I alight (to) I land on water (to).
amarillo de acridina I acridine yellow (chemistry).
amarillo de cadmio I cadmium yellow.
amarillo de Cassel I Cassel yellow.
amarillo de cinc I citron yellow.
amarillo de cromo I yellow chrome.
amarillo de hierro I iron buff.
amarillo de París I Paris yellow.
amarillo tiazol I thiazole yellow.
amarra I headfast I inhaul (ships) I mooring hawser I mooring line I mooring rope.

amarra de popa I after rope I stern fast I stern rope.
amarra de proa I bow line I bow rope.
amarra del costado I breastfast (ships).
amarra fija I mooring buoy.
amarrado I moored.
amarraje I mooring.
amarrar I moor (to) I secure (to) I snub (to) (cables).
amarre I mooring I seizing I stay I tie I tie-down.
amatista I amethyst.
amazonita I amazonite I green microcline.
ámbar I amber (fossil resin) I sunstone.
ambiente sonoro I noise field.
amboceptor I sensitizer.
ametralladora I gun I machine gun.
ametralladora aérea I air gun.
ametralladora de avión I aeroplane machine gun.
amianto I asbestos I earth flax.
amianto iridiado I iridized asbestos.
amianto vulcanizado I vulcanized asbestos.
amicrón I amicron.
amida I amide (chemistry).
amida alcalina I alkali amide.
amida de ácido I acid amide.
amiláceo I amylaceous.
amileno I amylene.
amílico I amylic.
amilina I amylin.
amilnitrato I amyl nitrate (gas oil).
amilo I amyl.
amiloideo I glassy.
amina I amine (chemistry).
amina grasa I fatty amine.
aminar I aminate (to) (chemistry).
aminoácido I amino acid (biochemistry).
aminoácido ácido I acidic amino acid.
aminoazoico I aminoazo.
aminorar la velocidad I reduce (to).
amoladera I grindstone.
amolado de avance normal I infeed grinding.
amolado de piezas fundidas I snagging.
amolado de soldaduras I weld grinding.
amolado de superficies frontales I face grinding
amolador de cuchillos I knife-grinder.
amoladora de agujas I needle sharpener.
amoladora de troqueles I die grinder.
amolar I grind (to) I whet (to).
amoníaco I ammonia.
amoníaco cálcico I calcium ammonia.
amoníaco disociado I cracked ammonia.
amoníaco gaseoso I caustic ammonia.

amónico I ammonium.

amonio I ammonium.

amonita I ammonite (explosives).

amoniuro I ammonite (chemistry).

amontonar I mass (to).

amortiguación I attenuation I damping.

amortiguación crítica I critical damping.

amortiguación de guiñada I yaw damping (airships).

amortiguación de impulsos I pulse damping.

amortiguación de ruidos I noise quieting I noise deadening.

amortiguación estructural I structural damping.

amortiguación magnética I magnetic damping.

amortiguación mecánica I mechanical damping (alloys).

amortiguación variable I variable damping.

amortiguador I attenuator I bumper pad I dampener I damper I dash pot (piston) I dashpot I deadener I deafener (telegraphy) I killer I moderator I muffler I quencher (radio) I snubber (autos) I stabilizer (autos) I suppressor I buffer (buffer reagent - chemistry).

amortiguador acústico I sound damper.

amortiguador antivibratorio I vibration eliminator.

amortiguador de aceite I oil buffer.

amortiguador de aire I air cushion I air damper.

amortiguador de chispas I spark absorber I spark arrester.

amortiguador de choques I shock absorber I shock reducer.

amortiguador de energía I tumble bay (dam).

amortiguador de fricción I friction shock absorber I frictional damper.

amortiguador de fricción reglable I adjustable friction damper.

amortiguador de guiñadas I yaw damper (airplanes).

amortiguador de las oscilaciones I surge damper.

amortiguador de las ruedas I wheel snubber (airplanes).

amortiguador de ondas vagabundas I surge absorber.

amortiguador de péndulo I pendulum damper.

amortiguador de pistón I piston air damper I piston buffer.

amortiguador de pulsaciones de la bomba I pump pulsation absorber.

amortiguador de resortes I spring cushion.

amortiguador de retroceso I recoil buffer.

amortiguador de ruido I noise clipper I silencer.

amortiguador de sonido I sound absorber.

amortiguador de troquel I die cushion (press).

amortiguador de vapor I steam cushion.

amortiguador de vibraciones I vibration absorber I vibration dampener.

amortiguador de vibraciones torsionales I torsional vibration damper.

amortiguador hidráulico I dashpot I dashpot shock absorber.

amortiguador neumático I air dashpot I pneumatic damper I pneumatic shock absorber.

amortiguador oleoneumático I air oil shock strut I oil gear I oleo gear.

amortiguador telescópico I telescopic damper.

amortiguador viscoso I viscous damper.

amortiguamiento I absorption I cushioning I damping I decaying I fading I muting.

amortiguamiento acústico I acoustic damping.

amortiguamiento de la hélice I propeller damping

amortiguamiento de la oscilación I quenching.

amortiguamiento del cabeceo I pitch-damping (ships).

amortiguamiento del transmisor I transmitter damping.

amortiguamiento efectivo I actual damping.

amortiguamiento eléctrico I electric damping.

amortiguamiento por aceite I oil damping.

amortiguamiento relativo I relative damping.

amortiguamiento térmico I thermal damping.

amortiguar I cushion (to) I damp (to) I deaden (to) I dumb (to) I kill (to) I mute (to) (noises) I slack (to) I soften (to).

amortiguarse la audibilidad I fade (to) (radio).

amperaje I amperage I quantity.

amperaje de carga I charging rate.

amperaje nominal I nameplate amperes.

amperihorímetro I quantity meter.

amperímetro I ammeter I current meter.

amperímetro de abrazadera I clamp ammeter.

amperímetro de bolsillo I pocket ammeter.

amperímetro de corriente alterna I A. C. ammeter.

amperímetro de imán móvil I moving-iron ammeter.

amperímetro de inducción I induction ammeter.

amperímetro de inserción I clamp-on ammeter.
amperímetro de medición I testing ammeter.
amperímetro de pinza I clamp-on ammeter.
amperímetro de repulsión I magnetic vane
ammeter.
amperímetro de tenaza I clamp ammeter.
amperímetro de termopar I thermocouple
ammeter.
amperímetro de válvula rectificadora I rectified-type ammeter.
amperímetro electromagnético I electromagnetic ammeter.
amperímetro óptico I optical ammeter.
amperímetro registrador I recording ammeter.
amperímetro térmico I thermal ammeter.
amperio I ampere.
amperio-centímetro I ampere-centimeter.
amperio-hora I ampere-hour.
amperio-pie I ampere-foot.
ampliación I blow up (photography) I widening.
ampliación del cociente I quotient expansion
(computing).
ampliador de barrido I sweep magnifier.
ampliar I blow up (to) (photography).
amplificación I magnification.
amplificación de corriente de resonancia I
resonance current step-up.
**amplificación de la luz por estímulo en la
emisión de radiaciones** I light amplification
by stimulated emission of radiation
(L.A.S.E.R.).
amplificación de potencia I power amplification (electronics) I power gain.
amplificación de radiofrecuencia I radio frequency amplificator.
amplificación de reacción I regenerative amplification.
amplificación de RF I RF amplification.
amplificación de voltaje I voltage gain.
amplificación en baja frecuencia I low-frequency gain.
amplificación etápica I stage gain.
amplificación total I overall gain.
amplificado I magnified.
amplificador I amplifier I enhancer I intensifier
I magnifier I repeater (telephony, telegraphy) I
slicer (radar).
amplificador a diodo tunel I tunnel diode amplifier.
amplificador a dos hilos I two-wire amplifier.
amplificador acoplado por transformador I
transformer-coupled amplifier.

amplificador audio de pequeño ruido I low-
noise audio amplifier.
amplificador bietápico de circuito impreso I
two-stage printed-circuit amplifier.
amplificador bilateral I two-way amplifier.
amplificador catódico I cathode follower.
amplificador cerámico I ceramplifier.
amplificador compensado I weighted amplifier.
amplificador compensador I buffer amplifier.
amplificador con carga baja I low-loading
amplifier.
amplificador con enganche I lock-on amplifier.
amplificador de altavoz I loudspeaker amplifier.
amplificador de alto nivel tetródico I tetrode
high level amplifier I tetrode high-level amplifier.
amplificador de amplia banda I wideband
amplifier.
amplificador de antena I aerial booster.
amplificador de aplanamiento máximo I maximal flatness amlifier.
amplificador de audiofrecuencia I A. F. amplifier.
amplificador de baja frecuencia I L. F. amplifier.
amplificador de bajo ruido I low noise amplifier.
amplificador de balanceo I roll amplifier.
amplificador de barrido I sweep amplifier.
amplificador de bloqueo I lock out amplifier
(telecommunications).
amplificador de carga I charge pulse amplifier.
amplificador de célula fotoeléctrica I P. E. C.
amplifier.
amplificador de circuito impreso I printed
circuit amplifier.
amplificador de clavijas I plug-in amplifier.
amplificador de contrarreacción I negative
feedback amplifier.
amplificador de corrección de la linealidad I
linearity-correction amplifier.
amplificador de corriente continua I D. C.
amplifier.
amplificador de emisión I sending amplifier I
transmit amplifier.
amplificador de entrada I input amplifier.
amplificador de escucha I monitoring amplifier.
amplificador de estabilización I line clamp
amplifier (TV).

amplificador de FI del sonido | sound IF amplifier.

amplificador de frecuencia intermedia | intermediate-frequency amplifier.

amplificador de imagen | image amplifier | video amplifier.

amplificador de impresión | print amplifier.

amplificador de impulsiones de transistor | transistor pulse amplifier.

amplificador de impulsos | pulse amplifier.

amplificador de impulsos lineales | linear pulse amplifier.

amplificador de interfono | interphone amplifier.

amplificador de lámparas | valve amplifier.

amplificador de lámparas electrónicas | vacuum-tube amplifier.

amplificador de línea | line amplifier.

amplificador de luminancia | luminance amplifier (TV).

amplificador de máser | maser amplifier.

amplificador de mediana ganancia | medium-gain amplifier.

amplificador de microondas | microwave amplifier.

amplificador de montaje simétrico | pushpull amplifier.

amplificador de muestreo y retención | sample-and-hold amplifier.

amplificador de nivel bajo de ruidos | low-noise amplifier.

amplificador de nivel constante | unilevel amplifier.

amplificador de onda acústica | acoustic-wave amplifier.

amplificador de onda cuadrada | square-wave-amplifier.

amplificador de ondas milimétricas | millimeter-wave amplifier.

amplificador de par de torsión | torque amplifier.

amplificador de portadora | carrier amplifier.

amplificador de potencia | booster amplifier | pack amplifier | power unit (radio).

amplificador de potencia de klistrón | klystron power amplifier.

amplificador de potencia de RF | RF power amplifier.

amplificador de potencia lineal | linear power amplifier.

amplificador de premodulación | premodulation amplifier.

amplificador de profundidad | pitch amplifier.

amplificador de programa | program amplifier (radio).

amplificador de pulsiones | pulse amplifier.

amplificador de realimentación | feedback amplifier.

amplificador de realimentación inversa | inverse-feedback amplifier.

amplificador de recepción | receiving amplifier.

amplificador de reflexión | reflex amplifier.

amplificador de registro | recording amplifier.

amplificador de registro y reproducción | record-playback amplifier.

amplificador de regrabación | rerecording amplifier.

amplificador de resonancia | resonance amplifier | tuned amplifier.

amplificador de retroacción | feedback amplifier.

amplificador de señal | signal booster.

amplificador de señales | bus driver.

amplificador de señales de falla | fault amplifier.

amplificador de sincronización | sync amplifier.

amplificador de triodos | triode amplifier.

amplificador de umbral | threshold amplifier (electrotecnics).

amplificador de verificación | monitoring amplifier (electronics).

amplificador de videofrecuencia | V. F. amplifier.

amplificador de visualización | visual display amplifier.

amplificador de voltaje de pentodo | pentode voltage amplifier.

amplificador defasador | paraphase amplifier (TV).

amplificador del momento torsor mecánico | mechanical torque amplifier.

amplificador del rojo | red amplifier (TV).

amplificador detector | detector amplifier.

amplificador electrónico con un semiconductor | transistor.

amplificador electrónico de triodo de vacío | vacuum-triode amplifier.

amplificador en cadena | chain amplifier.

amplificador en derivación | bridging amplifier.

amplificador equilibrado | balanced amplifier.

amplificador estabilizador | clamp amplifier.

amplificador ferroeléctrico | ferroelectric dielectric.

amplificador fonográfico | pickup amplifier.

amplificador fotométrico I photometric amplifier.

amplificador heterodino I heterodyne amplifier.

amplificador inductrónico de corriente continua I inductronic D.C. amplifier.

amplificador integrado I integrated amplifier.

amplificador invertido I inverted amplifier.

amplificador láser I laser amplifier.

amplificador limitador I limiting amplifier.

amplificador lineal I linear amplifier.

amplificador lineal con retardo I linear delay amplifier.

amplificador lineal de corriente continua I linear DC amplifier.

amplificador logarítmico I logarithmic amplifier.

amplificador magnético I magamp I magnetic amplifier I transductor amplifier.

amplificador magnético multigradual I multistage magnetic amplifier.

amplificador magnético para medida de voltaje I voltage-metering magnetic amplifier.

amplificador magnético rotativo I rotary amplifier.

amplificador magnético unipolar I single-core magnetic amplifier.

amplificador megafónico I public address amplifier.

amplificador microfónico I microphone amplifier I speech amplifier I speech input amplifier.

amplificador modulado I modulated amplifier.

amplificador múltiple I multirange amplifier.

amplificador no cargado I unloading amplifier.

amplificador operativo I operational amplifier (computing).

amplificador óptico I optical lever.

amplificador oscilante I ringing amplifier.

amplificador polivalvular I multivalve amplifier.

amplificador por servomando I power boosting.

amplificador por válvulas termoiónicas I valve amplifier.

amplificador previo I gain amplifier.

amplificador receptor-transmisor I receiver-transmitter amplifier.

amplificador rotativo I rotating amplifier.

amplificador seccionador I slicer amplifier.

amplificador selectivo I accentuator I selective amplifier.

amplificador separador I buffer amplifier I isolation amplifier.

amplificador síncrono I lock-in amplifier.

amplificador sintonizado I bandpass amplifier.

amplificador subalimentado I starved amplifier (electricity).

amplificador superheterodínico I superheterodyne amplifier.

amplificador termiónico I thermionic magnifier I valve amplifier.

amplificador termoiónico I thermionic amplifier.

amplificador tetrapolo I quadrupole amplifier.

amplificador tiratrónico I thyratron amplifier.

amplificador totalizador I summing amplifier.

amplificador transistorizado I transistorized amplifier.

amplificador unidireccional I one-way amplifier.

amplificador-rectificador de ruido I noise amplifier-rectifier.

amplificar I boost (to) I extend (to) I intensify (to) I magnify (to).

amplio I wide.

amplio espectro I wide spectrum.

amplitud I spread I swing (oscillations).

amplitud angular I angular width.

amplitud de dispersión I scattering amplitude.

amplitud de eco I echo amplitude.

amplitud de impulso I pulse amplitude I pulse-width.

amplitud de la escala I scale range (implements).

amplitud de la exploración I scan size.

amplitud de la marea I range of tide I tidal amplitude.

amplitud de la onda I wave range.

amplitud de portadora I carrier amplitude.

amplitud de presión I pressure amplitude (acoustics).

amplitud de probabilidad I probability amplitude.

amplitud de sensibilidad I lock-in range.

amplitud del impulso de salida I output pulse amplitude.

amplitud intercuartílica I interquartile range.

amplitud media I mean range (tides).

amplitud mínima I minimum amplitude.

amplitud total de oscilación I peak to peak excursion.

ampuesa I chock.

amura I bow I luff I tack.

amurada I bulwark.

amurallar I wall (to).

amurar I tack (to).

anabático I anabatic.

anacústico I anacoustic.
anaeróbico I anaerobic.
anaerobio I anaerobe.
analcita I analcite.
análisis I assay (chemistry).
análisis con rayos X I X-ray analysis.
análisis cuantitativo de minerales I ore assay.
análisis de colada I cast analysis.
análisis de ecos I pipology.
análisis de la fosa I pit analysis (metallurgy).
análisis de mancha I spot analysis (chemistry).
análisis de medios finales I means-ends analysis (computing).
análisis de nudos I nodal analysis (electronic circuit).
análisis de procesos I process analysis.
análisis de programa I trace.
análisis de redes I network analysis (electricity).
análisis de sistema I system analysis (computing).
análisis del tráfico I traffic analysis.
análisis en la cuchara I ladle analysis (metallurgy).
análisis espectral I spectral essay.
análisis granulométrico I screen analysis I sieve analysis I sieve testing I size analysis.
análisis húmedo I wet analysis (chemistry).
análisis plástico I plastic analysis.
análisis polarográfico I polarographic analysis (chemistry).
análisis por activación I activation analysis (chemistry).
análisis por decapado I stripping analysis.
análisis por vía húmeda I wet assay I wet-way analysis.
analista I analyst.
analizador I analyzer I content meter I scanner (electronics).
analizador de aleación I metal ratio analyzer.
analizador de amplitud de impulsos I kick-sorter.
analizador de barrido I multispectral scanner.
analizador de corriente de fluidos I stream analyzer.
analizador de infrarrojos I infrared scanner.
analizador de interferencia I interference analyzer (electronics).
analizador de intermodulación I intermodulation analyzer.
analizador de la mezcla I mixture analyzer (engines).
analizador de ondas I wave analyzer.
analizador de permeabilidad magnética I permeability analyzer.

analizador de plutonio I plutonium content meter.
analizador de reacción magnética I magnetic reaction analyzer.
analizador de red térmica I thermal network analyzer.
analizador de redes eléctricas I network analyzer.
analizador de sistema I network analyzer.
analizador de torio I thorium content meter.
analizador de transistores I transistor analyzer.
analizador diferencial repetitivo I repetitive differential analyzer.
analizador ultrasónico I ultrasonic scanner.
analizador visual I visual scanner.
analizar I analyze (to) I assay (to) (chemistry) I break down (to).
anamorfótico I anamorphote.
anastático I anastatic.
anastigmático I anastigmatic.
ancho I breadth I wide.
ancho de banda autorizado I standard channel (radio).
ancho de banda de ganancia unidad I unity gain band-width.
ancho de banda de información I information bandwidth.
ancho de banda de palabra I speech bandwidth.
ancho de banda de transmisión I transmission bandwidth.
ancho de banda del receptor I receiver bandwidth.
ancho de banda equivalente de ruido I noise equivalent bandwidth.
ancho de banda necesario I necessary bandwidth.
ancho de banda nominal I nominal bandwidth.
ancho de banda RF I RF bandwidth (radiofrequencies).
ancho de línea I spot diameter (TV) I strip width (TV).
ancho de vía I track (tape).
ancho del corte de la fresa I mill face.
ancho del entrehierro I gap width.
anchura I breadth I width.
anchura de banda de imagen I vision bandwidth.
anchura de banda de recepción I receiving bandwidth.
anchura de banda de televisión I television bandwidth.

anchura de banda de vídeo | vision bandwidth.

anchura de banda en lazo abierto | open-loop bandwidth.

anchura de banda telegráfica | telegraph bandwidth.

anchura de disociación | width of splitting (crystallography).

anchura de impulso | pulsewidth (radio).

anchura de radiofrecuencia | radio-frequency bandwidth.

anchura de vía | railway gage.

anchura del diente | width of tooth (mechanics).

anchura del haz | beam width.

anchurómetro | widthmeter.

ancla | anchor.

ancla de amarre | mooring anchor.

ancla de babor | port anchor.

ancla de galga | back anchor.

ancla de leva | bower anchor (ships).

ancla de muerto | mooring anchor (mooring buoy).

anclado | laying (ships) | moored.

anclaje | anchorage | anchoring | brace | bracing.| fang | fastening | fixing | top hanger (oil well).

anclaje de vigueta | joist anchor.

anclaje de zapatas | shoe anchor.

anclaje metálico | metal tie.

anclaje posterior | back anchorage.

anclaje transversal | cross anchor.

anclar | come to anchor (to) | drop anchor (to) | moor (to).

anclote | grapnel.

andalusita | crucite.

andamiada | working platform.

andamiaje | framework | scaffolding.

andamio | scaffold | staging.

andamio acartelado | bracket scaffold.

andamio corredizo | jumbo.

andarivel | ferry cable | girt-line | ropeway.

anecoico | anechoic | echo-free | echoless.

anegado | waterlogged.

anelástico | inelastic.

aneléctrico | nonelectric.

anemodetector | wind sensor.

anemógrafo | air speed recorder.

anemomachmetro | machmeter air speed indicator.

anemometría acústica | acoustic anemometry.

anemómetro | air speed indicator | anemometer | wind gage | wind gauge | wind indicator | wind meter.

anemómetro absoluto | absolute anemometer.

anemómetro de ionización | ionized gas anemometer.

anemómetro de molinete | revolving vane anemometer.

anemómetro de péndulo | pendulum anemometer.

anemómetro lasérico | laser anemometer.

anemómetro registrador | recording anemometer.

anemoscopio | cup anemometer (meteorology) | wind direction indicator.

anfibio | amphibious.

anfibol | amphibole.

anfibolita | amphibolite.

anfidrómico | amphidromic.

anfígeno | chalcogen.

anfólito | ampholyte.

anfótero | amphoteric (chemistry).

anglesita | lead vitriol (mineralogy).

anglita | anglite.

angosto | narrow.

angstrom | A.U.

anguila eléctrica | electric eel.

angulación | kink.

angular | angle iron | L iron.

angular de amurada | bulwark angle bar.

angular de construcciones | structural angle.

angular de trancanil | stringer angle bar.

angularidad | angularity.

ángulo | angle.

ángulo agudo | sharp angle.

ángulo bajo | low angle.

ángulo compensado | adjusted angle (topography).

ángulo contrapicado | low angle (chamber).

ángulo corregido | adjusted angle.

ángulo crítico | critical angle.

ángulo de abertura | angular width.

ángulo de alcance | range angle (aerial bombardment).

ángulo de alerón | aileron angle (aeronautics).

ángulo de alza | angle of superelevation.

ángulo de aproximación | approach angle.

ángulo de asiento | trim angle (flying boat).

ángulo de asiento del casco | trim angle (ships).

ángulo de ataque | angle of attack | rake angle (reamer) | working angle.

ángulo de ataque del rotor | rotor angle of attack (helicopter).

ángulo de ataque frontal | back-rake angle (lathe tool).

ángulo de ataque nulo | zero angle of attack.

ángulo de aterrizaje | landing angle.

ángulo de avance | angle of lead (electricity) | lead angle.

ángulo de balance | angle of roll (aeronautics) | roll angle.

ángulo de bisel | chamfer angle.

ángulo de borde de ataque | leading-edge angle.

ángulo de cabeceo | angle of pitch (ships) | pitch aptitude.

ángulo de calaje | angle of lead.

ángulo de choque | striking angle.

ángulo de compensación | angle of trim.

ángulo de contacto | angle of nip | bearing angle | striking angle.

ángulo de corte | lip angle (tools) | tool angle (machine tool).

ángulo de corte negativo | negative rake.

ángulo de corte superior | top cutting angle.

ángulo de cuchilla | knife pitch.

ángulo de decalaje | angle of lag.

ángulo de deflexión | angle of deflection.

ángulo de depresión | negative angle of site.

ángulo de deriva | angle of deflection | drift angle | wind-drift angle.

ángulo de derrape | yaw angle.

ángulo de derrota | track angle.

ángulo de descentramiento | offset angle.

ángulo de desfasaje | phase angle.

ángulo de desfase | angular phase difference.

ángulo de deslizamiento | angle of repose (mechanics) | angle of slide.

ángulo de desplazamiento | angle of lag | impedance angle | shift angle.

ángulo de destalonado | relief angle (tools).

ángulo de desviación | angle of deflection.

ángulo de disparo | firing angle.

ángulo de dispersión | angle of scattering.

ángulo de encendido del tiratrón | thyratron firing angle.

ángulo de entalla | notch angle.

ángulo de escora | angle of heel (ships, hydros).

ángulo de espiral igual a cero | zero-degree spiral angle.

ángulo de excentricidad | offset angle.

ángulo de fase en retraso de la corriente | lagging phase angle (electricity).

ángulo de flujo | operating angle.

ángulo de foco | target angle (radiology).

ángulo de fresado | milling angle.

ángulo de funcionamiento | operating angle.

ángulo de gran pendiente | steep angle.

ángulo de guiñada | angle of yaw (ships) | yaw angle | yaw attitude.

ángulo de impedancia | impedance angle.

ángulo de incidencia | clearance angle | rake angle | relief angle | striking angle (airships).

ángulo de inclinación | angle of rake | bank angle | rake angle | tilt angle.

ángulo de interceptación | intercept angle.

ángulo de intersección | intersection angle.

ángulo de la aleta de compensación | trim angle (airplanes).

ángulo de la pala del rotor | rotor-blade angle.

ángulo de los dientes | pitch (saws).

ángulo de Mach | Mach angle.

ángulo de mira | aiming angle | angle of superrelevation.

ángulo de mordedura | pinch angle (rolling mill).

ángulo de oblicuidad | angle of obliquity | angle of skew | yaw.

ángulo de orientación | aspect angle.

ángulo de pasaje del hilo | yarn angular path (warper).

ángulo de pérdida | angle of stall (airplanes).

ángulo de pérdida de velocidad | stalling angle (aeronautics).

ángulo de pérdidas | loss angle (dielectric).

ángulo de posición | position angle.

ángulo de precesión | precession angle.

ángulo de proyección | projection angle.

ángulo de puntería en azimut | training angle.

ángulo de puntería en dirección | training angle | traverse in azimuth | traversing.

ángulo de radiación | beam angle (aerials) | wave angle.

ángulo de rebaje negativo | negative rake (tools).

ángulo de recubrimiento | overlap | angle of lap (steam valve).

ángulo de reelevación | jump.

ángulo de referencia | reference angle.

ángulo de refuerzo | reinforcing angle.

ángulo de relieve | relief angle.

ángulo de reposo | angle of repose.

ángulo de retardo | delay angle.

ángulo de retraso de fase | lagging phase angle.

ángulo de rotación | rotation angle.

ángulo de rozamiento | resistance angle.

ángulo de salida inicial | jump.

ángulo de saturación | firing angle.

ángulo de seguridad | safety angle.

ángulo de situación | stagger angle.

ángulo de superposición | overlap angle.

ángulo de sustentación | lift angle.

ángulo de sustentación nula | zero-lift angle.

ángulo de tiro | projection angle.

ángulo de toma I shooting angle.
ángulo de torsión I angle of torque I angle of twist I torsional angle.
ángulo de trabajo I working angle.
ángulo de tránsito I transit angle.
ángulo de unión I boundary angle.
ángulo de visión I optic angle I width of angle.
ángulo del cono primitivo I pitch cone angle I pitch angle (conic gear).
ángulo del paso I pitch angle (screws).
ángulo del sincro I synchro angle.
ángulo del vértice I top angle.
ángulo entre el eje longitudinal y la horizontal I launching angle (rocket missile).
ángulo interfacial I interfacial angle.
ángulo interno I internal angle.
ángulo máximo de ataque I maximum angle of attack (aeronautics).
ángulo muerto I loss angle.
ángulo oblicuo I bevel angle.
ángulo óptico I optic angle.
ángulo opuesto I opposite angle.
ángulo plano I plane angle.
ángulo recto I right angle.
ángulo superior de inclinación I back-rake angle (tools).
ángulo tangente I a.r.c.-tangent.
anhídrico I acid forming oxide.
anhídrido I acidic oxide.
anhídrido aceltilfosfórico I acetyl phosphate.
anhídrido acídico I acidic oxide.
anhídrido carbónico I carbon dioxide I carbonic acid.
anhídrido sulfúrico I sulfuric anhydride.
anhidrita I anhydrite.
anhidro I anhydrous I dried I free from water I moisture-free I moistureless.
anhidrogénico I anhydrogenous.
anila I anil (chemistry).
anilina I aniline.
anilla I hoop I loop I ring.
anilla de amarre I anchor ring.
anilla de suspensión I feeder ear (catenary suspended cable).
anillamiento I ringing.
anillo I collar I ring.
anillo calibrador I proving ring.
anillo colector I slip ring.
anillo de calibración I calibration ring (radar).
anillo de cierre I lock ring I sealing ring I set ring.
anillo de culata I breech ring.
anillo de desgaste I wearing ring.
anillo de émbolo I piston ring.
anillo de empuje I thrust ring.

anillo de engrase I oil ring.
anillo de estancamiento I seal ring.
anillo de estanqueidad I watertight ring.
anillo de fijación I clamping ring I locating ring I lock ring.
anillo de garganta I neck-ring (machinery).
anillo de habilitación de escritura I write enable ring (computing).
anillo de junta I joint ring.
anillo de la boca I muzzle ring (cannons).
anillo de lubricación I oil throw ring I oiling ring.
anillo de prensaestopas I packing washer.
anillo de regulación del aceite I oil-control ring.
anillo de resorte I snap ring.
anillo de retardo I ring retard.
anillo de retención I retainer ring.
anillo de rodadura de cojinetes de bolas I ball bearing race.
anillo de sostenimiento de la camisa exterior I mantle carrier ring (blast furnaces).
anillo de tope I thrust collar (mechanics).
anillo distribuidor I speed ring.
anillo lubricador I oil thrower.
anillo marcador de distancia I range ring (radar).
anillo obturador I lock ring I obturating ring I sealing ring I set ring.
anillo portante I mantle (metallurgy) I mantle ring.
anillo rascador de aceite I oil-arresting ring (pistons).
anillo reductor del zumbido I shading ring.
anillo regulador I shifting ring (turbine).
anillo rozante I slip ring.
anillo soporte I mantle ring (metallurgy).
anillo sujetador I locating ring I snap ring.
anillos de Newton I Newton rings (optics).
ánima I bore (cannons) I web (boreholes).
ánima lisa I smooth bore (cannons).
ánima rayada I rifled bore.
animikita I animikite.
anión I anion.
aniónico I anionic I nonionic.
anisotropía I anisotropy.
anisotropía del retículo I lattice anisotropy.
anisotrópico I aelotropic.
anisotropismo I anisotropism.
anisótropo I anisotrope I anisotropous.
ankaratrita I ankaratrite.
ankerita I brown spar.
anódico I anodic.
anodizado galvánico I galvanic anodizing.
anodizar I anodize (to) I plate (to).

ánodo | anelectrode | anode (electricity) | plate (diodes, electronic tube) | positive electrode.

ánodo acelerador | accelerating anode.

ánodo activado | energized anode.

ánodo auxiliar | keep-alive anode (radio).

ánodo de anillo | ring anode.

ánodo de carbón | carbon anode.

ánodo de cebado | exciting anode | ignition anode.

ánodo de chatarra | scrap anode.

ánodo de derivación | bypass anode.

ánodo de ignición | starting anode.

ánodo de lámpara | valve plate.

ánodo de magnesio | magnesium anode.

ánodo de magnesio para protección galvánica | magnesium galvanic anode.

ánodo de mantenimiento | keep alive voltage.

ánodo de modulación | modulating anode.

ánodo de níquel por fusión | cast nickel anode.

ánodo descargador | relieving anode.

ánodo partido | split anode.

ánodo subsidiario | subsidiary anode.

ánodo terminal | ultor.

anodo tubular | rod anode.

ánodo virtual | virtual anode.

anomalía excéntrica | eccentric anomaly.

anortita | anorthic feldspar | anorthite.

anotación cronológica | logging (telecommunications).

anotación cronológica de hechos en un diario | logging.

anotar en el diario de navegación | log (to) (ships, airplanes).

anotar resultados en un registro | log (to).

antecámara | lock (floating dam).

antecrisol | iron receiver (furnaces) | receiver (metallurgy).

antena | aerial (G.B. - radio) | aerial wire (radio) | antenna (radio-USA) | radiator (radar).

antena activa | active aerial | driven antenna.

antena antirruido | noise-reducing antenna.

antena aperiódica | nonresonant aerial | nonresonant antenna | untuned aerial.

antena armónica | harmonic antenna.

antena artificial | dummy antenna | quiescent antenna.

antena asintonizada | untuned aerial.

antena Beverage | wave antenna.

antena bicónica | biconical antenna.

antena blindada | screened antenna.

antena cerrada | loop antenna.

antena circular plana | wheel antenna.

antena colectiva | combined aerial | common aerial | communal aerial | master antenna.

antena colectiva de televisión | master television antenna.

antena colocada en la extremidad de la cola | tail-cap antenna (airplanes).

antena compensada | balanced aerial.

antena compensadora | balancing antenna.

antena con pantalla | screen antenna.

antena con sintonía múltiple | multiple-tuned antenna.

antena con unipolo semicubierto | sleeve antenna.

antena cónica | cone aerial | cone antenna.

antena corta | stub antenna.

antena cruzada | turnstile antenna.

antena cuadrangular | quad antenna.

antena de avión | aircraft aerial.

antena de baliza | marker antenna.

antena de banda ancha | broadband antenna.

antena de barco | shipboard aerial | shipboard antenna.

antena de carga terminal | top-loaded antenna.

antena de carretel | reel aerial | reel antenna.

antena de cavidad | cavity antenna.

antena de comunicación por satélite | satellite communication antenna.

antena de control | monitoring antenna.

antena de cuadrante | quadrant aerial | quadrant antenna.

antena de cuadro | loop aerial | loop antenna | radio loop.

antena de cuadro giratorio | rotating loop.

antena de cuadro rectangular | square loop.

antena de cuarto de onda | quarter wave antenna.

antena de dipolos superpuestos | stacked-dipole antenna.

antena de disco paraboloidal | paraboloidal dish antenna (television).

antena de doble dipolo | lazy-H antenna.

antena de elementos superpuestos | tier | tier array | tiered antenna.

antena de esferoide alargado | prolate spheroidal antenna.

antena de exploración | searching antenna.

antena de fuga de onda | leaky-wave antenna.

antena de ganancia unidad | unity gain antenna.

antena de globo | balloon antenna.

antena de haz | beam antenna.

antena de haz en abanico | fanned-beam antenna.

antena de haz giratorio | rotary beam antenna.

antena de hilos | wire antenna.

antena de identificación I sense antenna.
antena de interrogación I interrogation antenna.
antena de látigo I whip antenna.
antena de lente I lens antenna.
antena de microondas I microwave antenna.
antena de molinete I turnstile antenna.
antena de muesca I notch antenna.
antena de núcleo magnético I magnet-core antenna.
antena de onda completa I wave antenna.
antena de onda corta I short wave antenna.
antena de onda estacionaria I standing wave antenna.
antena de periodo logarítmico I log-periodic antenna.
antena de prueba I dummy antenna I phantom aerial.
antena de radar I radar antenna.
antena de radar de exploración I surveillance-radar antenna.
antena de radiación longitudinal I end-on directional antenna.
antena de radiación vertical en abanico I fan-marker antenna.
antena de radiofaro I marker antenna.
antena de radiotelescopio I meridian radiotelescope antenna (astronomy).
antena de ranura I notch antenna.
antena de rastreo I tracking antenna.
antena de red I mains aerial I socket antenna.
antena de referencia I marker antenna.
antena de reflector I mirror aerial.
antena de reflector parabólico I parabolic reflector aerial I parabolic reflector antenna.
antena de reflector triedro I trigonal reflector antenna.
antena de secciones múltiples I multiple bay antenna.
antena de seguimiento I tracking antenna.
antena de techo I roof aerial I rooftop antenna I top antenna (radio).
antena de telemando I remote-control antenna.
antena de telemetría I telemetering antenna.
antena de televisión I television aerial I television antenna.
antena de varilla I rod aerial.
antena de varilla extensible I whip aerial.
antena de varillas múltiples I polyrod antenna.
antena de vigilancia I search-tracking antenna (radar).
antena desplegable I unfurlable antenna.
antena detectora I search antenna.

antena dieléctrica de poliestireno I polyrod antenna.
antena dipolo multifilar I multiple wire dipole antenna.
antena direccional I array I directional antenna I spot beam antenna.
antena direccional en abanico I fan antenna I spider web aerial.
antena direccional giratoria I scanner (radar).
antena direccional plana I saxophone antenna.
antena dirigida I directional aerial.
antena electrostática I open antenna.
antena emisora I radiating antenna I radiator I transmitting antenna.
antena empotrada I suppressed aerial.
antena en abanico I fanned antenna.
antena en cortina I curtain array.
antena en espiral logarítmica I log-spiral antenna.
antena en L I L aerial.
antena en L invertida I inverted L antenna.
antena en paraguas I umbrella aerial.
antena en prisma I prism antenna.
antena en V I folded-wire antenna.
antena enchufable a la red I lightline antenna.
antena esférica I spherical antenna.
antena espiral I spiral aerial I spiral antenna.
antena exploradora I scan antenna (radar) I scanner.
antena exterior I open antenna I outdoor antenna.
antena fantasma I phantom aerial.
antena giratoria I revolving antenna I rotatable antenna I rotating antenna I rotating radiator.
antena goniométrica I D.F. antenna.
antena inactivada I unloaded antenna.
antena isótropa I isotropic antenna.
antena isotrópica I isotropic antenna I unipole.
antena laminada para onda ultracorta I laminated antenna.
antena lineal I linear antenna.
antena magnética I ferrite antenna.
antena monopolo I monopole aerial I monopole antenna I unipole aerial.
antena multicanal I multichannel antenna (TV).
antena multifilar I cage antenna I multiwire antenna.
antena multifilar de hilos paralelos I multiple wire antenna.
antena múltiple I multiple antenna.
antena no cargada I unloaded antenna.
antena no direccional I equiradial antenna.

antena omnidireccional | nondirectional antenna | omniaerial | omnidirectional antenna | omnidirective antenna.

antena omnidireccional de gran ganancia | omnidirectional high-gain antenna.

antena omnionda | multiband antenna | wideband antenna.

antena orientable | mobile antenna | steerable aerial | steerable antenna.

antena orientable de varios elementos | multiunit steerable antenna.

antena orientada | directional aerial.

antena para hiperfrecuencias | U.H.F. antenna | UHF antenna.

antena para visión | vision aerial.

antena parabólica | parabolic antenna.

antena paraboloidal | paraboloidal aerial.

antena pasiva | parasitic antenna.

antena pelicular | skin antenna.

antena plana | planar antenna.

antena prismática | prismatic antenna.

antena radárica | radiolocator aerial.

antena rasante | suppressed aerial.

antena receptora | receive antenna.

antena receptora transmisora | radiating-receiving antenna.

antena rómbica | diamond antenna | rhombic antenna.

antena rómbica múltiple | multiple-unit steerable antenna.

antena rotativa | rotary antenna | rotating aerial.

antena rotativa exploradora | spinner (radar).

antena servomandada | slave antenna.

antena sintonizada | modulated antenna | periodic antenna | resonant antenna | tuned aerial.

antena superdirectiva | supergain antenna.

antena telescópica | telescoping antenna | trailing aerial.

antena transmisora | transmitting antenna.

antena vertical | vertical aerial | vertical antenna.

antena vertical de carga terminal | top-loaded vertical antenna.

antena virtual | image antenna.

antena Yagi | end-on directional antenna | staggered antenna | Yagi antenna.

antenaje | array.

anteojo de alza | sighting telescope.

anteojo de antenas | scissors telescope.

anteojo de enfoque interno | internal focusing instrument | internal focusing telescope.

anteojo seguidor | tracker.

antepecho | pane wall (architectura) | railing.

anteplaya | foreshore.

antepozo | cellar (petroleum) | foreshaft (drilling).

anteproyecto | preliminary design.

antiácido | acidproof | antiacid.

antiaéreo | antiaircraft | flak.

anticlinal aéreo | aerial arch (geology).

anticlinal al aire | air saddle (geology).

anticlinal calvo | bald-headed anticline.

anticlinal interrumpido | arrested anticlinal.

anticlinario | geanticline.

anticongelante | antifreeze | freeze-proof | non-icing

anticorrosivo | antirust | corrosion-inhibiting.

anticortocircuito | antishort (electricity).

antideflagrante | explosionproof | flameproof.

antideslizante | antiskid | nonskid | nonslip | slipproof.

antideslumbrante | antidazzle | antiglare.

antidetonante | explosionproof | knock suppressor | knock-free.

antielectrón | antielectron.

antiempañante | antifogging.

antiespuma | antifoam.

antiespumante para reveladores | sequestering agent (photography).

antiestabilizante | antistabilizing.

antiexplosivo | explosionproof.

antifluctuación | antihunt (electricity).

antifricción | antifriction.

antifriccionar | white-metal (to).

antifundente | antiflux.

antigorita | lamellar serpentine.

antiherrumbroso | antirust.

antiincrustante | antifouling | scale preventer.

antiinductivo | noninductive.

antiinterferencia | antiinterference.

antiinterferencia de radar | radar antijamming (electronics).

antimagnético | nonmagnetic.

antímero | antimere.

antimoho | moldproof.

antimonio | antimony | stibium.

antimonio blanco | white antimony.

antimonio rojo | red antimony.

antimonita | antimonite (mineralogy).

antimónito | antimonite (chemistry).

antimoniuro de galio | gallium antimonide.

antimoniuro de indio | indium antimonide.

antinodo | antinode | point of maximum vibration.

antinodo barométrico | pressure antinode.

antioscilador | antihunt.

antioxidante | antirust | non rusting | rust inhibitive | rust preventative.

antioxidante persistente I carry through antioxidant

antiparasitario I noise killer.

antiparásito I antiinterference.

antipatinador I antiskid.

antiprotón I antiproton I negative proton.

antipútrido I antirot.

antirradar en aeronave I carpet.

antirradiactivo I antirad.

antirrechinante I antisqueak.

antirrepinte I antioffset.

antirresbaladizo I antislip I nonskid.

antirruido I antiinterference.

antisedimentante I antisettling.

antisísmico I earthquake-proof.

antitorpedo I antitorpedo.

antivibratorio I shakeproof I shockproof.

antracita I anthracite I coal-stone I glance coal I hard coal.

antracolítico I anthracolithic.

ántrax I charbon.

anulable I reversible.

anulación I cancellation I vanishing (mathematics).

anular I blank (to).

añil I indigo.

año de luz I light year (astronomy).

apagachispas I spark blowout I spark killer.

apagado I out of blast (blast furnaces).

apagado del sistema I system shutdown.

apagado en un líquido I liquid-quenched.

apagar I blow out (to) (blast furnaces) I soften (to) (colors) I turn off (to).

apagar la cal I kill lime (to) I slake (to).

apalancar I lever (to) I lever up (to) I prize (to) I pry (to).

apantallado I screened.

apantallamiento I screening (electronics).

apantallamiento magnetostático I magnetostatic shielding.

apantallar I screen (to) I shield (to).

aparato I gadget I gear I gearing I unit.

aparato auxiliar de aire comprimido I pneumatic aid.

aparato avisador I monitron (nucleonics) I warner.

aparato calibrador I prover.

aparato cargador de tornillo sin fin I worm feeder.

aparato clasificador I sorter.

aparato de abonado I subscriber set (telecommunications).

aparato de alimentación I feed apparatus.

aparato de captación I collector.

aparato de control I precision instrument.

aparato de encendido I striker (arc lamp).

aparato de ensayos I prover.

aparato de esmerilar I gag.

aparato de inducción I induction instrument.

aparato de maniobra I switching apparatus.

aparato de medida I instrument I test-meter.

aparato de propulsión I propelling gear.

aparato de prueba I service instrument.

aparato de pruebas I routine tester (telecommunications) I tester (electricity).

aparato de puesta a cero I resetting device.

aparato de radioguía para aterrizar I localizer.

aparato de radioscopia I roentgenoscope.

aparato de rayos Roentgen I X-ray unit.

aparato de rayos X I X-ray machine.

aparato de reglaje I adjusting gear.

aparato de rodadura I running gear.

aparato de seguridad I safety device.

aparato descargador I unloader.

aparato distribuidor I dispenser.

aparato emisor I broadcaster (radio).

aparato enrollador I roller.

aparato fonolocalizador I acoustic detecting apparatus.

aparato localizador de averías I troubleshooter.

aparato lubricador I oiling machine.

aparato medidor de varias sensibilidades I multirange meter.

aparato mezclador I stirrer.

aparato Morse registrador I Morse inker.

aparato para ajustar al infinito I lath adjuster (coincidence telemeter).

aparato para arenas de moldeo I slinger.

aparato para desactivar minas I mine sterilizer.

aparato para ensayos de choque I shock tester.

aparato para extensión I subscriber extension set (telephony).

aparato para medir altos vacíos I microvacuum gage.

aparato para medir el aislamiento I insulation testing set.

aparato para medir el número de Mach I Machmeter.

aparato para prueba en RF I RF test set.

aparato para pruebas de materiales I prover.

aparato patrón I calibrator.

aparato percutor I pistol (torpedos).

aparato protector I safety guard.

aparato regenerador I regenerating device.

aparato registrador del pH I pH recorder.

aparato registrador del sonido I recorder.

aparato reproductor I reproduction set (electroacoustics).

aparato supletorio telefónico I subscriber extension set.

aparato telefónico de llamada magnética I magnet telephone set.

aparato tensor I tension gear.

aparato totalizador de impulsión I jump counter.

aparejado de balandro I yawl-rigged.

aparejar I bond (to) (walls) I get way (to) I sail (to) (ships).

aparejo I block and whip I bond I bonding (walls) I burton I rig (oil well) I rigging (pulleys) I tackle I treble block.

aparejo americano I American bond (engineering).

aparejo compensador I tension tackle.

aparejo de balance I rolling tackle.

aparejo de barca I barque rig.

aparejo de bolinear I luff tackle.

aparejo de cadena I chain tackle.

aparejo de candeletón I stay tackle.

aparejo de devanado I winding tackle.

aparejo de dos bloques I twoflod purchase.

aparejo de gata I cat-tackle.

aparejo de izar I lifting gear I lifting tackle.

aparejo de poleas I block and tackle I block tackle.

aparejo de rabiza I jigger.

aparejo de retenida I relieving tackle I retaining tackle

aparejo de telar I loom harness.

aparejo de trinca I relieving tackle.

aparejo diferencial de tornillo sin fin I worm block.

aparejo izador I hoisting tackle.

aparejo para dar pendol I masthead tackle.

aparejo pequeño I jigger (navy).

aparejo real I main tackle (ships).

aparellaje blindado I metalclad switchgear (architecture).

aparente I virtual.

aparición gradual de imagen I fade in.

aparición o desaparición gradual de una imagen I fade.

apartadero I sidetrack.

apatito I chlorapatite.

apea I mine prop I pit-prop (mining) I prop stay (mining) I stemple (mining) I prop.

apea de acero I steel prop.

apea flexible I breaking prop (mining) I expanding prop (mining).

apea metálica I metal prop.

apear I shore (to) (walls) I stay (to).

apeo I shoring I staying I strutting I timbering.

apertura de diafragma I shutter aperture.

apertura de objetivo I lens aperture.

apertura de un circuito I switching off (electricity).

apertura del cierre I breech opening.

apilado macizo I bulk stacking.

apilamiento I stacking I staking.

apilar I stack (to).

apisonado I compacted.

apisonadora I paving roller I road roller I roller I tamping roller.

apisonamiento I ramming I tamping.

apisonar I compact (to) I ram (to) I stamp (to) I tamp (to).

aplanador I flatter I leveler I leveller I planer I smearer (electronics).

aplanadora I beetle I dresser I planishing machine I road scraper.

aplanadora de chapas I mangle I plate-flattening machine.

aplanamiento I flattening I planishing I smoothing I surfacing.

aplanamiento geométrico I geometric flattening (astronomy).

aplanar I flatten (to) I mangle (to) I plain (to) I planish (to) (metals) I smooth (to).

aplantillado I gaged I molded.

aplantillar I adjust (to) I mould (to).

aplastamiento de pilares I thrust (mining).

aplastamiento en los polos I oblateness (astronomy).

aplicación I laying-on.

aplicar un enlucido I lay on (to).

aplique I wall fitting.

apolar I nonpolar.

aporoso I poreless.

apoyar I ground (to) I prop (to).

apoyo I mounting plate I prop I stay I support I upright.

apoyo de gato I jack pad (aeronautics).

apoyo logístico I logistic support.

apreciación I measuring (slopes, angles).

apresto para moldes I mold dressing.

apretado I pressed.

apretar I clamp (to) I grip (to) I press (to) I squeeze (to).

apriete I brakes on (brakes) I clamping I gripping I screwdown I tightening I tightness.

apriete máximo I maximum interference (mechanics).

aprisionamiento I sticking (drillings).

aprótico I aprotic.

aprovechable I useful.

aproximación I approach.

aproximación de precisión | precision approach (aeronautics).

aproximación fallida | missed approach (aeronautics).

aproximación inicial | initial approach.

aproximación intermedia | intermediate approach.

aproximación para el aterrizaje | landing approach.

aproximación por instrumentos | instrument approach (aeronautics).

aproximación por interferómetro | interferometer homing.

aproximación por radar | radar approach.

aproximación sincronizada | timed approach.

aproximación visual | visual approach.

aproximando | approximand (mathematics).

apulso | appulse (astronomy).

apuntador de elevación | layer (cannons).

apuntador en azimut | trainer (artillery).

apuntador en dirección | trainer.

apuntalamiento | bracing | cribbing | falsework | propping | shoring | staying | strutting.

apuntalar | brace (to) | prop (to) | shore (to) | sprag (to) | stay (to) | strut (to) | truss (to) | underpin (to) | underprop (to).

apuntar con soldadura | tack (to).

apuntar en azimut | slew (to) | train (to) | traverse (to).

apuntar en dirección | slew (to) | train (to) | traverse (to).

aquebradización | embrittlement.

aqueno | achene.

aquilatar | assay (to) (mining).

arabana | araban (polysacharides).

arado | plough | plow.

arado aporcador | covering plough.

arado de varias rejas | multiple plough.

arado de vertedera | moldboard plow.

arandela | washer.

arandela abierta | slotted washer.

arandela de caucho | rubber washer.

arandela de cuero | leather washer.

arandela de empuje | thrust washer.

arandela de estanqueidad | sealing washer.

arandela de frenado | lock washer.

arandela de obstrucción | packing washer.

arandela de presión | lock washer | pressure washer.

arandela de seguridad | lock washer.

arandela del resorte | spring washer.

arandela elástica | spring washer.

arandela en cuña | taper washer.

arandela freno | nut plate (mechanics).

arandela Groover | lock washer.

arandela hendida | split washer.

arañar | score (to) (bearings).

árbol | shaft (mechanics).

árbol con chavetas | splined shaft.

árbol conmutador | interrupter shaft (telecommunications) | selector shaft.

árbol de anclaje | head tree.

árbol de arrastre | drive shaft.

árbol de avance | feed shaft.

árbol de bloqueo | lock shaft.

árbol de contramarcha | jackshaft.

árbol de empuje | thrust shaft.

árbol de levas de admisión | admission camshaft.

árbol de manivelas | main shaft.

árbol de rotor | main-rotor shaft.

árbol de sujeción | lock up shaft.

árbol de transmisión | power shaft.

árbol de transmisión horizontal | lying shaft (mechanics).

árbol de turbina | turbine shaft.

árbol del cambio de velocidades | layshaft.

árbol del plegador | beam shaft.

árbol motor | drive shaft | output shaft.

árbol portagarras | claw beam.

árbol principal | bearing spindle.

arboladura | masting (ships).

arborescente | dendroid.

arborización | dendritic marking.

arbotante | A bracket (ships) | arch buttress | flying buttress.

arbotante del eje | propeller shaft strut.

arbotantes | butress.

arbotantes de hélices | A-brackets (navy).

arcada | arcade.

arcén | roadside (roads).

archivar | archive (to) | file (to) | file away (to).

archivo | data set | file.

archivo central | master file.

archivo central en línea | on-line central file.

archivo de acceso aleatorio | random file.

archivo de datos | data file.

archivo de disco en línea | on-line disk file (computing).

archivo de movimientos | transaction file (computing).

archivo electrónico de datos | memory (computing).

archivo principal | master file.

archivo volátil | volatile file.

arcilla | clay.

arcilla absorbente | absorbent clay.

arcilla ácida | acid clay.

arcilla activada | activated clay.

arcilla aglutinante | bonding clay.

arcilla aluvial I flood plain clay.
arcilla aplástica I lean clay.
arcilla arenácea I sandy clay.
arcilla bauxítica I bauxitic clay.
arcilla bentonítica I bentonitic clay.
arcilla calcárea I marl.
arcilla caolínica I kaolin clay.
arcilla cocida I burnt clay.
arcilla coloidal I colloidal clay.
arcilla compacta I bass (geology) I mudstone.
arcilla común I adamic earth.
arcilla de China I China clay.
arcilla esquistosa I shale clay.
arcilla esquistosa ferrosa I paint rock.
arcilla estratificada I laminated clay.
arcilla ferruginosa I iron clay.
arcilla figulina I ball clay I pot clay I pot-earth.
arcilla glaciárica I till.
arcilla indurada I bend.
arcilla laminada I clay shale.
arcilla magra I lean clay.
arcilla margosa I marly clay.
arcilla muy plástica I fat clay.
arcilla para juntas I lute.
arcilla para piquera I taphole clay (blast furnaces).
arcilla plástica I loam I plastic clay.
arcilla refractaria I bottom stone.
arcilla sopropélica I sappropel clay.
arcilla superficial I cat clay.
arcillas para crisol I pot clay.
arcilloso I argillaceous I clayey.
arco I arc (geometry) I bow (construction) I imbowment I rib.
arco abocinado I segmental arch I splaying arch.
arco adintelado I jack arch.
arco arriostrado I braced-rib arch.
arco capialzado I splayed arch (architectura).
arco conoidal I splaying arch.
arco conopial I Tudor arch.
arco de celosía I trussed arch.
arco de conducción I arc of action.
arco de cuatro centros I Tudor arch.
arco de descarga I relieving arch I safety arch.
arco de devanado I winding arc.
arco de engrane I pitch-arc (gear).
arco de entretenimiento I keep-alive arc.
arco de evolvente de círculo I involute arc.
arco de medio punto I round arch I semicircular arch.
arco de polaridad invertida I reverse polarity arc.
arco de refuerzo I reinforcing arch.
arco de rodadura I rolling arc.

arco de ruptura I break arc (electricity) I interruption arc (electricity).
arco de suspensión I bow hanger.
arco de tungsteno I tungsten arc.
arco eléctrico I arc I electric arc I sparkover.
arco en el vacío I vacuum arc (electricity).
arco en esviaje I skew arch.
arco interior I rear-arch.
arco inverso I arcback.
arco invertido I inverted arch.
arco iris I rainbow.
arco longitudinal I longitudinal arch.
arco maestro I chief arch.
arco nervado I ribbed arch.
arco oblicuo I skew arch.
arco ojival de lanceta I lancet-arch.
arco pivotante I revolving bow.
arco rebajado I segmental arch.
arco rústico I rough arch.
arco sobre la superficie I surface arc (electricity).
arco sobre pilares I pier arch.
arco termoeléctrico I thermionic arc.
arco toral I reinforcing arch (architecture).
arco voltaico I arc lamp I electric arc.
arcógrafo I arcograph.
arcón I archon (chemistry).
arder I burn (to) I flame (to).
área I area.
área acromática I achromatic locus.
área basal I basal área.
área de bajas presiones I low area.
área de búsqueda I seek area (computing).
área de calentamiento I warming-up area (aeronautics).
área de calentamiento de motores I runup area (aeronautics).
área de cobertura de una emisora I listening area (radio-TV).
área de comunicación del sistema I system communication area.
área de control del sistema operativo I system control area.
área de difusión I scattering area (nucleonics).
área de gran perturbación I mush area (radio).
área de programas I program area (computing).
área de salida I output area (computing).
área de silencio I dead area (radio).
área de trabajo I work area (computing).
área de unión I bonding area.
área de viraje I turning area (airports).
área efectiva I effective area.
arena I grit I sand.

arena abrasiva I abrasive sand.
arena arcillosa I arena I clayey sand I fat sand.
arena bituminosa I bituminous sand.
arena de cantera I pit sand.
arena de espolvorear I parting dust (foundry).
arena de fundición I molding sand.
arena de mina I pit sand.
arena de moldear I fire sand.
arena de moldeo I molding sand.
arena de revestimiento I facing sand.
arena ferruginosa I iron sand.
arena para espolvorear moldes   I   parting sand.
arena petrolífera I oil sand.
arena refractaria I fire sand.
arena silícea exenta de hierro I iron-free silica sand.
arenífero I sandy.
arenisca I arenite I close sand I sandstone.
arenisca azul I blue sandstone.
arenisca baritífera I barytic sandstone.
arenisca de cayo I cay sandstone.
arenisca ferruginosa I brownstone.
arenisca volcánica I ashy grit.
arenoso I sandy.
areografía I areography.
areómetro de bolas I bead areometer.
arfada I backward dip (ships) I tipping (ships).
argallera I croze.
argallera convexa I compass plane.
argamasa I bumicky I cement I concrete I mortar I parget I plaster.
argamasa aridizada I aridized plaster.
arganeo I anchor ring (anchor) I mooring ring (anchor).
argentato I argentate (chemistry).
argentita I argentite I argyrose I vitreous silver.
argirita I argyrose.
argiritrosa I argyrythrose.
argiroceratita I argyroceratite.
argirosa I argyrose.
argol I argol.
argolla I hoop I ring I staple.
argolla de amarre I mooring ring.
argolla de izada I lifting eye.
argón I argon (A).
árido I dried I dry.
arista I angle I cant edge I ridge I verge (architecture).
arista de corte I lip.
arista matada I edge shot.
arista viva I knuckle (construction) I square edge.
aristato I aristate (chemistry).
aristón I diagonal rib (architecture).

arma I weapon.
arma antiaérea naval I naval aircraft weapon.
arma cósmica a láser I laser weapon for space.
arma de gran calibre I major-caliber weapon.
armada I fleet I Navy.
armado I iron-coated (electric cables) I manned I metalclad I shielded (cables).
armado en rectángulo   I   rectangular wiring (telecommunications).
armador I assembler.
armadura I arming (magnets) I armory I carcase I lifter (electric magnet) I reinforcing (reinforced concrete) I skeleton I spider (foundry).
armadura de hierro I iron reinforcement (concrete).
armadura de imán I keeper.
armadura de mallado   I   mat reinforcement (concrete) I mesh reinforcement (concrete).
armadura de refuerzo   I   additional reinforcement (reinforced concrete).
armadura del imán I magnet-keeper.
armadura del tragante I throat armor (blast furnaces).
armadura en K I K truss.
armadura en N I N-truss.
armadura inferior   I   lower reinforcement (reinforced concrete).
armadura metálica I metal framework.
armadura trapecial I queen-post truss (architecture).
armamento I armament I arming I equipping I weaponry.
armamento antiaéreo I antiaircraft armament.
armar I armor (to) I cap (to) (magnet) I man (to) (boat) I reinforce (to) (concrete).
armar con enrejado I lace (to) (structures).
armar con resortes I spring (to).
armar los remos I man the oars (to) (boats).
armar un bote I man a boat (to) (navy).
armazón I carcase I chassis I framework I framing I skeleton I spider I structure I timber I truss I wood frame construction (architecture).
armazón abierta I open framework.
armazón de la caja I body frame.
armazón nuclear I nuclear network.
armazonado de henchimiento   I   bossed framing (ships).
armella I box-staple (bolts) I screw ring.
armería I armory.
armónica I harmonic.
armónica de frecuencia radioeléctrica   I   RF harmonic.
armónica impar I odd harmonic.
armónica química I sounding flame.

armónico I harmonic.
armónico de láser I laser harmonic.
armonización I harmonization.
arnés I armor.
aro I collar I ring I staple.
aro compresor superior I top compression ring (rolls).
aro de émbolo I piston ring.
aro de fuego I top ring (pistons).
aro de grafito I carbon ring.
aro de junta I joint ring.
aro de pistón I piston ring.
aro rascador I wiper ring (pistons).
aromatita I aromatite.
arpeo I grapnel I grapple.
arpón I gaff.
arpón pescador I spear (drillings).
arpón pescaherramientas I spear.
arpón pescapercutor I jar down spear (drillings).
arqueado I barrelled.
arqueador I gager I measurer.
arqueamiento I arcuation (geology) I bowing.
arquear I bend (to) I measure (to).
arqueo I gage (U.S.A.) I gaging (U.S.A.) I gauge I measuring (navy) I tonnage.
arqueo de buques I admeasurement of vessels.
arqueozoico I archean.
arqueta decantadora I catchpit.
arquibéntico I archibenthic.
arquitectura I architecture.
arquitectura paisajista I landscape architecture.
arquitrabe I architrave I epistyle I lintel (architecture).
arquivolta I archivolt.
arrabio I cast iron (pig iron) I crude iron I iron pig I pig iron.
arrabio acerado I pig steel.
arrabio bajo en fósforo I low-phosphorus pig.
arrabio bajo en silicio I low-silicon iron.
arrabio blanco I white pig.
arrabio colado en arena I sand-cast pig.
arrabio de grano grueso I open iron.
arrabio de grano medio I medium-grained pig iron.
arrabio defectuoso I offgrade pig iron.
arrabio en lingotes I pig cast iron.
arrabio fosforoso I P-containing pig iron.
arrabio no fosforoso I nonphosphoric pig.
arrabio refinado I washed metal.
arrancaclavos I nail puller.
arrancado mecánicamente I machine-cut (coal).
arrancador I puller I starter.
arrancador automático I self-starter.

arrancador de aceleración lenta I inching starter.
arrancador de inercia I inertia starter.
arrancador de pulsador I push-on starter.
arrancador de volante I inertia starter.
arrancador neumático I air starter.
arrancador para motores de ventiladores I fan motor starter.
arrancador reostático I rheostatic starter.
arrancamiento I stripping (nuclear energy).
arrancapilotes I pile drawer I pile extractor I pile puller.
arrancar I bootstrap (to) I move off (to) (engines) I start (to).
arrancar el aislamiento I strip insulation (to).
arrancar el motor I release the motor (to).
arrancar en vacío I start light (to).
arrancasondas I bore catch.
arrancatubos I pipe puller.
arranque I broken working (mining) I drawing I drawing out I felling (mining) I hewing I kickoff (engines) I light up (jet engine) I pull-out I pulling out I runup (machines) I springing (architecture) I start I start-up I starting I stoping (mining) I winning (mining).
arranque automático I self-starting.
arranque con reóstato I rheostat starting.
arranque de carbón I ragging-off.
arranque de estemples I prop-drawing.
arranque de la unidad generatriz I unit start-up (electricity).
arranque de mineral I breaking I breaking down.
arranque de pie I kick-starter (motorcycles).
arranque de trazado I development stoping (mining).
arranque de un arco I skewback (vertical wall).
arranque del carbón I coal-cutting.
arranque del codaste I club-foot.
arranque del linguete I pawl pull-off.
arranque del mineral I ore breaking I ore stoping.
arranque en caliente I warm start.
arranque en carga I load-starting (engines).
arranque en frío I cold starting.
arranque en vacío I loadless starting.
arranque mecánico I mechanized winning (mining).
arranque neumático I pneumatic starting.
arranque para reactor I jet ignitor.
arranque por realce I overhand stoping.
arranque rápido I quick start I rapid start.
arranque sostenido I sustained start (timer).

arranque-parada I start-stop.
arrastradora de troncos I log skidder.
arrastrar I drift (to) I pull (to) I trail (to) I tug (to).
arrastrar por vía Decauville I tram (to) (mining).
arrastre I dragging I draw I drive I haulage I pulling I streaking (image) I tracking (radio).
arrastre de arena del molde I wash (foundry).
arrastre de carga I load pull (telecommunications).
arrastre de dientes I tractor feed (printer).
arrastre de éter I ether drift.
arrastre de extracción I main haulage.
arrastre de la imagen I image drift.
arrastre de troncos I log hauling I skidding.
arrastre de trozas I skidding.
arrastre del magnetrón I magnetron pulling.
arrastre electrónico I electron drift.
arrastre inducido I induced drag.
arrastre magnético I lag of magnetization I magnetic creeping I magnetic drag I magnetic drive I viscous hysteresis.
arrastre mecánico I mechanical haulage.
arrastre por cable I rope haulage.
arrastre por correa I rim drive.
arrastre térmico I thermal drift.
arrastre vertical I vertical haul (oceanography).
arrecife I reef.
arrecife submarino I submerged reef (oceanography).
arreglar I settle (to).
arriar I ease away (to) I ease off (to) I haul down (to) I haul off (to) I lower (to) I veer (to).
arriar las velas I lower the sails (to).
arribada I approach (harbors, airports) I arrival (ships) I homing.
arriostrado I strutting.
arriostramiento I bracing I bridging (floor joist) I counterbracing.
arriostramiento con cables I rope bracing.
arriostramiento de celosía I lattice bracing.
arriostramiento en K I K-bracing.
arriostrar I brace (to) I counterbrace (to) (girders).
arrollado en capas I layer-wound.
arrollado en capas superpuestas I layerwise.
arrolladora I winder.
arrollamiento I coil I wrap.
arrollamiento bifilar I noninductive winding.
arrollamiento concéntrico I concentric winding.

arrollamiento de bajo voltaje I low-tension winding.
arrollamiento de bloqueo I holding winding.
arrollamiento de equilibrio I regulating winding.
arrollamiento de excitación I operating winding.
arrollamiento de potencia I power winding.
arrollamiento de reactancia I reactance winding.
arrollamiento en anillo I ring winding.
arrollamiento en capas superpuestas I layer winding.
arrollamiento en cortocircuito I damping winding.
arrollamiento espiral I spiral winding.
arrollamiento inductivo I inductive winding.
arrollamiento intercalado I interleaved winding (transformers).
arrollamiento lateral I lateral winding.
arrollamiento no inductivo I noninductive winding.
arrollamiento oblicuo I oblique winding.
arrollamiento primario I primary coil I primary winding.
arrollamiento secundario I secondary (transformers) I secondary winding.
arrollamiento terciario I tertiary winding.
arrollamientos en oposición I opposed windings.
arrollar I twist (to).
arroyo I draw.
arrufo I sagging (ships) I sheer (ships).
arruga I wrinkle.
arrugamiento I wrinkling.
arrumaje I stowage (aeronautics).
arrumaje del ancla I anchor stowage.
arrumar I stow (to) (ships).
arrumbamiento I strike (mining).
arsenal I armory I arsenal I dock yard I naval docks I naval station I navy yard.
arsenato cálcico I calcium arsenate.
arseniado I arsenated.
arseniato I arsenate (chemistry).
arseniato de plomo I lead arsenate.
arsenical I arsenical.
arsénico I arsenic.
arsénico blanco I white arsenic.
arsenita I arsenic bloom.
arsenito I arsenite (chemistry).
arseniuro de galio I gallium arsenide.
arseniuro de indio I indium arsenide (In As).
arsenolita I arsenite (mineralogy).
arsenopirita I mispikel.
arte final I art still I art work.

artefacto I craft I gear.
artefacto astronáutico I astronautical craft.
artes gráficas I graphic arts.
artesa I launder I trough I vat.
artesa de colada I tun dish (ingots).
artesa de colar I pouring ring (metallurgy).
artesanía I handicraft.
artesiano I artesian.
artesonado I paneling.
artesonar I wainscot (to).
articulación I connection I drag link I hinge I knuckle I link I linking.
articulación de giro I pivot link.
articulación de horquilla I yoke joint.
articulación de pivote I pivot link.
articulación del arranque I abutment hinge (architecture).
articulación mecánica I mechanical linkage.
articulado I jointed I journaled I kneed I link coupled I linked.
articular I articulate (to) I hinge (to) I joint (to) I knee (to) I link (to).
articular con pernos I pin joint (to).
artificio I gadget.
artillería I artillery I gunnery.
artillería antiaérea I ack-ack I antiaircraft artillery.
asbestina I asbestine.
asbestinizar I asbestinize (to).
asbesto I asbestos.
asbolana I cobalt ocher I earthy cobalt.
asbolita I earth cobalt I earthy cobalt.
ascendente I ascending.
ascender I ascend (to) I climb (to) I rise (to).
ascensor I hoist I lift.
ascensor de aire comprimido I pneumatic lift.
asdic I asdic (dodar) I sonar (G.B.).
asentamiento I settlement.
asentar I seat (to) I set (to).
asentar cojinetes I work-in bearings (to).
aserrado paralelo a un canto I ripping (wood).
aserrado por frotamiento I abrasive sawing.
aserrado simple I plain sawing (logs).
aserrador de fosa I bottom sawyer.
aserrar I saw (to).
aserto I assertion (computing).
asfalto I asphalt I bitumen I Judean pitch I mineral pitch.
asfalto artificial I oil asphalt.
asfalto bruto I crude asphalt.
asfalto crudo I crude pitch.
asfalto diluido I cutback.
asfalto fluidificado I cutback asphalt.
asfalto mezclado con queroseno I medium-curing cutback.

asfalto rebajado I cutback.
asfanita I cornean.
asiento I abasement (walls, grounds, foundation) I sag (banks) I seat I seating I settling (ground) I sinkage (walls, grounds, foundation).
asiento de chavetero I key seat.
asiento de deslizamiento I sliding bearing.
asiento de la máquina I engine seating.
asiento de la válvula I valve seat.
asiento de un carril I lower flange.
asiento de válvula cónica I needle seat.
asiento de válvula de aguja I needle seat I needle valve seat.
asiento de válvula insertado I inserted valve seat.
asiento eyectable I ejectable seat.
asiento insertado I inserted seat (valves).
asignación de estado I state assignment (computing).
asignación de memoria I storage allocation.
asignación nacional de frecuencia I national frequency assignment (radio).
asimetría I dyssymmetry I skewness I unsymmetry.
asimétrico I nonsymmetrical I unsymmetrical.
asimilación magmática I abyssal assimilation.
asincrónico I asynchronous (computing).
asíntota I asymptote.
asistencia técnica I technical assistance (T.A.).
asistido I manned.
asociación I assemblage (geology).
aspa I cross I reel I X-bracing.
aspecto de la imagen I presentation (cathodic rays tube).
aspereza I roughness I rugosity.
asperímetro I roughmeter.
asperjar I asperse (to).
asperjar con cinc fundido I zinc-spray (to).
áspero I coarse.
asperón I grindstone.
aspersar I sprinkle (to).
aspersión I aspersion I spraying.
aspersor I sprinkler.
aspiración I draft I indraft I intake I sucking I suction.
aspiración a presión I pressure induction.
aspiración por succión I induction.
aspirador I exhaust (apparatus).
aspirador al vacío I vacuum aspirator I vacuum cleaner.
asquístico I aschistic.
astable I astable (computing).
astático I astatic (physics).
astato I astatine.

astigmático I astigmatic.
astigmómetro I astigmometer.
astillero I dock yard I shipbuilding yard I ship-yard.
astrágalo I astragal (architecture).
astral I astral.
astriónica I astrionics.
astrobrújula I astrocompass.
astrocompás I astrocompass (aeronautics).
astroelectrónica I astrionics.
astrográfica I astrographics.
astrográfico I astrographic.
astrolabio I equiangulator.
astrolabio de péndulo I pendulum astrolabe.
astrolitología I study of meteorites.
astronauta I astronaut.
astronáutica I astronautics.
astronave I space craft I space vehicle I space-ship.
astronave de seguimiento I tracking space-craft.
astronavegación I astrographics I celestial na-vigation.
astronomía cósmica I space astronomy.
astronomía radárica I radar astronomy.
astronomía radial I radio astronomy.
astronómico I celestial.
asurcamientos superficiales I stretcher strains.
atacado químico I chemical etching.
atacar I pit (to) (acids).
atacar con un ácido I etch (to) (metalo-graphy).
atacar una carga I stem (to) (explosives).
atadura I fastening I tie.
ataguía I cofferdam.
ataguía celular I cellular bulkhead I cellular cofferdam.
ataguía de cajón I box cofferdam.
atalaje I draught I draw-gear.
atalaje de tiro I draught-harness.
ataludadora I sloper (roads).
ataluzar I slope (to).
ataque aéreo I air raid.
ataque al ácido I etching.
ataque con ácido I acid etching (proof).
ataque de pulido I polishing etch.
ataque macroscópico I macroscopic etching.
ataque por pulimento I polish attack (metallurgy).
ataque térmico I thermal etching (metalo-graphy).
atarazana I arsenal.
atarjea I culvert I drain I small culvert I trough-ing (electricity)
atarquinamiento I siltation.

atascamiento I balling up (drilling bit) I clog-ging I gag (mining).
atascamiento de las válvulas I sticking of valves.
atascar I clog (to) I jam (to).
atasco I jam I wreck (cards).
atemperación I tempering.
atemperado I tempered.
atenuación I attenuation (radio) I damping I deemphasis (TV) I diminishing I fading (pho-tography) I loss (electricity) I post equaliza-tion (telephony) I relaxation I weakening.
atenuación de adaptación I return loss.
atenuación de banda I band attenuation I band rejection.
atenuación de equilibrio I return loss (tele-phony).
atenuación de inserción I insertion loss (tele-communications).
atenuación de interacción I interaction loss.
atenuación de la trayectoria I path attenua-tion (aerials).
atenuación de las señales radio I radio black-out..
atenuación de propagación I shadow attenua-tion.
atenuación del haz de radiación I radiation beam attenuation.
atenuación del ruido I noise abatement.
atenuación del sistema I system loss.
atenuación del sonido I sound deadening.
atenuación efectiva I operative attenuation.
atenuación en sentido inverso I reverse loss.
atenuación neutrónica I neutron attenuation.
atenuación por desvanecimiento I fading loss (radio).
atenuación por lluvia I rain attenuation (ra-dio).
atenuación progresiva I rolloff.
atenuación radárica I radar fading.
atenuación relativa I relative attenuation.
atenuador I absorber I attenuator (radio) I deac-centuator I fader I killer I losser I minimizer I quencher I reducer.
atenuador coaxial I coaxial attenuator.
atenuador de arena I sand load (waveguide).
atenuador de conmutación I switching pad.
atenuador de diodo PIN I PIN diode attenua-tor.
atenuador de émbolo I piston attenuator.
atenuador de la amplitud de la línea I line amplitude attenuator.
atenuador de la potencia I output attenuator.
atenuador de la potencia de una señal I wa-vetrap (radio).

atenuador de la potencia recibida I input attenuator.

atenuador de lámina I strip attenuator (waveguide).

atenuador de línea I line pad (telecommunications).

atenuador de microondas I microwave absorber.

atenuador de nutación I nutation damper.

atenuador de resistencia I resistance attenuator I resistance pad.

atenuador de salida I output attenuator.

atenuador de voltaje I potential attenuator.

atenuador del pistón I piston attenuator.

atenuador del receptor de control I monitor attenuator.

atenuador direccional I isolator.

atenuador en T I T pad.

atenuador escalonado I ladder attenuator.

atenuador fijo I pad (telecommunications).

atenuador fijo calibrado I calibrated pad.

atenuador logarítmico I logaten.

atenuador regulable I variolosser.

atenuador rotativo I rotary attenuator.

atenuador selectivo I gain time control.

atenuador variable I variolosser.

atenuancia del haz I beam attenuance.

atenuar I dilute (to) I diminish (to) I weaken (to).

atenuator de ferrita I ferrite attenuator (electromagnetism).

atérmico I nonthermal.

aterrajado I screwed I tapped I threaded.

aterrajadora I screwcutting machine I tapping machine.

aterrajar I strickle (to) (foundry) I strike (to) (foundry) I sweep (to) (foundry) I tap (to) I thread (to).

aterramiento I silting (dam).

aterrizador I landing gear (airplanes) I landing undercarriage I undercart (airplanes).

aterrizador retráctil I retractable undercarriage.

aterrizaje I landing.

aterrizaje brusco I pancake landing.

aterrizaje brusco casi vertical I pancake.

aterrizaje con despegue inmediato I touch-and-go landing.

aterrizaje con el morro levantado I tail-down landing.

aterrizaje con la cola baja I tail-down landing.

aterrizaje con las ruedas retraídas I wheel-up landing (airplanes).

aterrizaje con visibilidad nula I nil visibility landing.

aterrizaje corto I undershoot.

aterrizaje de panza I belly-landing.

aterrizaje de precisión I accuracy landing I accuracy stage I precision landing I spot landing.

aterrizaje exacto I accuracy landing.

aterrizaje guiado por espejo I mirror landing (airplane carrier).

aterrizaje instrumental I instrument landing.

aterrizaje lunar tripulado I manned lunar landing.

aterrizaje por instrumentos I instrument landing.

aterrizaje por radio-goniómetro automático I ADF let-down.

aterrizaje violento I rough landing (aeronautics).

aterrizar I alight (to) I land (to).

atesador I stretcher I tightener.

atesar I string (to) I tighten (to).

atirantar I truss (to) (girders).

atizar el fuego I stoke (to) (boilers).

atmómetro I atmometer.

atmósfera I air I atmosphere.

atmósfera artificial I synthetic atmosphere (treatments).

atmósfera corrosiva I aggressive atmosphere.

atmósfera de helio I helium atmosphere.

atmósfera explosiva I explosive atmosphere.

atmósfera normal I standard atmosphere.

atmósfera superior I upper air.

atmósfera tipo I standard atmosphere.

atmosféricos silbantes I whistling atmospherics.

atomecánica I atomechanics.

atómico I atomic I nuclear.

atomizador I atomizer I hydroconion.

atomizador de pintura I paint gun.

atomizar I atomize (to).

átomo I atom.

átomo bombardeado I primary knock-on I struck atom.

átomo de impureza I impurity atom.

átomo de un trazador isotópico I tagged atom.

átomo descortezado I stripped atom.

átomo desprovisto de electrones I stripped atom.

átomo excitado I excited atom.

átomo expulsado I primary knock-on I struck atom.

átomo impurificador sin neutralizar I unneutralized impurity atom.

átomo marcado I labeled atom I tagged atom.

átomo neutro I neutral atom.

átomo nuclear I nuclear atom.

átomo padre | parent atom.
átomo piónico | pionium atom.
átomo receptor | acceptor atom.
átomo-gramo | gram atom.
átomos desplazados | interstitials.
átomos desprendidos por bombardeo iónico | sputtered atoms.
átomos iguales | like atoms.
átomos intersticiales | interstitials (metalography).
átomos radiactivos | radioactive atoms.
atornillado | screwed.
atornilladora de tuercas | bolt screwing machine.
atornillamiento | screwdown.
atornillar | screw (to).
atracado | accosted (ships).
atracar | bear in (to) (ships) | moor (to).
atracción | adhesion (electricity).
atracción magnética | magnetic pull.
atraque | docking | stemming (blast holes) | tamping (blast holes).
atravesar | traverse (to).
atrio | portico.
atruchado | mottled (smelting).
audar | audar.
audición | listening.
audífono | ear cup.
audífono de inserción | insert earphone.
audímetro | audibility meter.
audio | audio.
audioamplificador de pentodo | pentode audio amplifier.
audiofrecuencia | acoustic frequency | audio | audio frequency | audiofrequency | musical frequency | musical pitch | sound frequency | speech frequency.
audiograma de enmascaramiento | masking audiogram.
audiograma de un ruido | masking audiogram.
audioindicador de prospección | prospecting audio-indicator.
audiómetro | acuity meter | audiometer | sound meter.
audiooscilador | audio oscillator.
audioseñal | audio-signal.
audiovisual | audio-video | audiovisual.
augetrón | augetron (electronics).
augita | augite.
aullido | warble (acoustics).
aumentado | magnified.
aumentador de presión | booster.
aumentar | magnify (to) | raise (to) | stepup (to) (voltage, pressure).

aumento | magnification (optics) | rise (pressure).
aumento angular | angular magnification (optics).
aumento de la duración del impulso | pulse stretching.
aumento del amperaje | striking (electrolysis).
aumento eficaz | useful magnification (microscope).
aumento lateral | lateral magnification (optics).
aumento lineal | linear magnification (optics).
aumento normal | normal magnification (telescopes).
aureola | cap (mine lamps) | solar corona.
auricular | ear cup | headphone | phone.
auricular telefónico | telephone earpiece.
aurora boreal | northern lights.
aurotelurita | white tellurium | yellow tellurium.
austemplar | austemper (to).
austemple | austempering.
austenítico | austenitic.
autoactivador | self-acting.
autoadhesivo | self-adhesive.
autoalimentador | self-feeder.
autoavanzante | self-advancing.
autobloqueador | squegger.
autobloqueo | self-locking | squegging.
autocamión | motor truck | motor van | motor-truck.
autocarga | autoload (computing).
autoclave de blanquear | kier (weaving).
autococción | self-baking.
autocodificador | autocoder.
autocomprobación | self-checking.
autodesconexión | self-releasing | self-triggering.
autodesembrague | self-releasing.
autodino | autodyne | endodyne.
autodirección | homing.
autodisolución | self-disolution.
autoelectrólisis | autoelectrolysis.
autoelevación | boosttrapping.
autoemisión | cold emission.
autoencendido | ping | spark knock.
autoendurecibilidad | air hardenability.
autoequilibrio | self-balancing.
autoextinción | self-quenching.
autofundente | self-fluxing | self-fusible (minerals).
autógeno | autogenous.
autoguiado láser | laser homing.
autoguiamiento | homing.
autoguiar | home (to).
autoheterodino | endodyne.

autoignición I self-ignition.
autoinducción I self-induction.
autoinductancia I self-inductance.
autoinductor I self-inductor.
autolubricación I self-lubricating.
autómata I robot.
automático I auto I automatic I self-acting I self-running I unmanned (apparatus).
automático de fusible restablecedor I reclosing fuse cutout.
automático de máxima I single-pole overload circuit-breaker.
automático de sobreamperaje I overload cutout I overload preventer.
automático de sobrecarga I overload preventer (electronics).
automático de sobreintensidad I overload circuit-breaker.
automático de sobreintensidad máxima I maximum cutout.
automatismo I robotism.
automatización I mechanization I robotization.
automatización de datos informativos I source data automation.
automatización del avance I feed automatization.
automatizado I automated.
automatizar I automate (to) I robotize (to) I introduce automatic operation (to) (telecommunications).
automoción I automotive.
automotor I automotive I railcar (railways).
automóvil I auto I automobile I car I motor vehicle I motorcar.
autonita I calcouranite.
autonivelante I self-leveling (apparatus).
autonomía I cruising radius (navigation) I operating range (airplanes).
autonomía máxima I maximum endurance (aeronautics).
autonomía pequeña I low range.
autooscilación I self-oscilating I self-oscillation.
autooscilador I self-oscilator.
autoparable I self-stopping.
autopolarización I self-bias (electronics).
autoposicionamiento I autothread (computing).
autopotencial I self-potential.
autopropulsión I self-acting propulsion I self-propulsion.
autorización de despegue I take-off clearance.
autorización para rodar I taxi clearance.
autorreacción I inherent feedback I self-reacting.
autorreactor I ramjet.
autorregenerable I self-saving (catalyzer).

autorregenerador nuclear I nuclear breeder.
autorregulable I self-adjustable.
autorregulación I autocontrol.
autorregulador I self-acting regulator.
autorrotación I windmilling.
autosincrónico I autosyn I selsyn.
autosincronización I self-synchronizing.
autosincronizador I automatic timer.
autosoldable I self-sealing.
autotemplar I air-quench (to).
autotransformador I compensator (electricity).
auxiliar I secondary I subsidiary (circuits).
avalancha electrónica I avalanche.
avalvulado I valveless.
avance I advance I back end (mining) I depth of round (mining) I feed (machine tool) I moving forward I outstope (mining) I pacing I process I progression I travel (machine tool).
avance a la admisión I lead admission (machines).
avance a la introducción I lead admission.
avance angular I angular advance.
avance automático I automatic lead (engines) I power traverse I self-act (machine tool) I self-acting feed (machine tool).
avance con agujas I spilling (mining).
avance con entibación divergente I spilling (tunnels).
avance con tablestacas I spiling I spilling.
avance continuo I regular feed.
avance de fase I leading I phase lead.
avance de herramienta I tool feed.
avance de la cinta I tape speed.
avance de la excéntrica I lead of the eccentric.
avance de la fresa I milling cutter feed.
avance de la herramienta I traverse feed.
avance de la mordaza I nipper forward movement.
avance de la válvula I valve lead.
avance de línea I line feed (fax).
avance de un hilo de la rosca I lead (screws).
avance del carro I sliding feed (lathe).
avance en profundidad I infeed (machine tool).
avance incremental I in-feeding (machine tool) I incremental advance I incremental feed.
avance irregular I irregular feed (machines).
avance lateral I lateral feed (machine tool).
avance lento I inching I inching speed.
avance lineal a la admisión I linear lead.
avance lineal al escape I linear exhaust lead.
avance longitudinal I longitudinal feed (machine tool) I longitudinal traverse (machine tool) I sliding feed I traverse (lathe) I traverse feed (lathe).

avance mecánico | mechanical feed (machine tool) | power feed | power traverse (lathe).
avance normal | infeed.
avance por cremallera | rack feed.
avance por fricción | friction feed.
avance por husillo | screw feed.
avance por levas | cam feed (mechanics).
avance por pasada | infeed per pass.
avance por presión | pressure feed.
avance por rodillos | roller feed.
avance por saltos alternos | leapfrogging.
avance por tornillo sin fin | screw feed.
avance por trinquete | ratchet feed.
avance progresivo | incremental feed (machine tool).
avance radial | infeed (machine tool).
avance rápido | fast feed (machines) | quick traverse (machine tool).
avance tangencial | tangential feeding.
avance transversal | traversing.
avantrén | breast works (wool card) | limber | limbered wagon.
avantrén giratorio | pivoted bogie.
avanzado | advanced.
avellanador | reamer.
avellanadora | bottoming drill.
avería | break down | broken down | damage | failure (machines) | outage (boilers) | trouble.
avería activa | active failure.
avería de línea | line fault (electricity).
avería franca | permanent fault.
averiado | out of order.
averiarse | break down (to).
aviación civil | civil aviation.
aviación de interceptación | interceptor aircraft.
aviación naval | naval aircraft.
aviador | flyer.
avión | aircraft | airplane | craft | plane.
avión antisubmarinos | antisubmarine aircraft.
avión bimotor | twin-engine plane | twin-motor aircraft | two-engine aircraft.
avión birreactor | twin jet plane.
avión cisterna | air tanker.
avión cohete | rocket aircraft.
avión comercial de reacción | jetliner.
avión con turbina de gases | turbine-engined aircraft.
avión cuba de chorro | jet tanker.
avión de adiestramiento | trainer aircraft.
avión de ala baja | low wing aircraft.
avión de alas en flecha | sweptback airplane.
avión de ataque | fighter aircraft.
avión de búsqueda y salvamento | scout.

avión de carga | air carrier | cargo A | cargo aircraft.
avión de caza | chaser | fighter | pursuit aircraft.
avión de caza de despegue vertical y aterrizaje corto | VTOL fighter.
avión de chorro | jet plane.
avión de combate | battle plane.
avión de despegue vertical | tail sitter aircraft.
avión de despegue vertical y aterrizaje corto | VTOL aircraft.
avión de energía solar | solar airplane.
avión de gran radio de acción | long range plane.
avión de hélice o hélices propulsoras | pusher airplane.
avión de la armada | naval plane (navy).
avión de línea | liner.
avión de motor de reacción | jet.
avión de propulsión cohética | rocket airplane.
avión de reacción | jet aeroplane | jet aircraft.
avión de reconocimiento | reconnaissance aircraft | scout | scout airplane | survey plane.
avión de reconocimiento naval | maritime reconnaissance aircraft.
avión de reserva | reserve aircraft.
avión de retropropulsión por chorro | jet-rocket plane.
avión de turbina | turbine powered plane.
avión en pruebas | test aircraft.
avión escuela | training plane.
avión interceptador | interceptor.
avión nodriza | aircraft tender | carrier aircraft | mother aircraft | mother plane.
avión para largos recorridos sin escala | longhaul aircraft.
avión para repostar en vuelo | refueller.
avión petrolero de chorro | jet tanker.
avión propulsado por cohete | rocket-driven plane.
avión prototipo | prototype aircraft.
avión que no necesita campo de aterrizaje | no-airfield A/C.
avión radioguiado | drone | radio controlled aircraft.
avión reactor | jet plane.
avión reactor de pasaje | jetliner.
avión remolcador | towing aircraft.
avión sin piloto | pilotless plane.
avión teledirigido | drone.
avión tetrarreactor | four-jet plane.
avión transbordador | air-ferry.
avión trimotor | three engined plane.
avioneta | light plane.
aviónica | avionics.

aviso | signal | warning.
aviso a la navegación | navigational warning.
aviso de tormenta | storm-warning (meteorology).
aviso previo por microondas | microwave early warning.
aviso radárico | radar warning.
axiotrón | axiotron (magnetron).
ayuda a la navegación | navigation aid (systems).
ayuda al aterrizaje | landing aid.
ayuda de radio para la navegación | radio aid to navigation.
ayuda para el aterrizaje | aid to landing.
ayuda para el rodaje | aid to taxiing (aeronautics).
ayuda para la aproximación | approach aid.
ayuda para la navegación aérea | aid to air navigation.
ayuda por motores cohéticos | rocket assist (airplanes).
ayudado por cohete | rocket-aided.
ayustador | splicer.
ayuste | splicing.
ayuste recto | straight joint.
azada | hoe | spade.
azadón | hoe | mattock.
azimut | azimuth.
azimut antecedente | backward bearing.
azimut de arco grande | long path bearing.
azimut de lanzamiento | launching azimuth | launch azimuth.

azimut inverso | back azimuth.
azimut magnético | magnetic bearing.
azina | azine.
azoar | azotize (to).
azocerita en masas hojosas | ader wax.
azogamiento | foliation | foliature.
azogue | quicksilver.
azoladora | adzing machine (tie cutter).
azuche | pile shoe.
azuela | addice | blocker | chip axe | howel.
azuela curva | crooked adze.
azuela de carpintero | carpenter's adze.
azuela de tonelero | cooper's adze.
azufrar | sulfur (to).
azufre | sulfur (EE.UU.) | sulphur (G.B.).
azufre combinado | bound sulfur.
azufre de mina | native sulfur.
azufre nativo | brimstone.
azufre sublimado | flowers of sulphur.
azul de cobalto | China blue.
azul de metileno | methylene blue.
azul de Prusia | Prussian blue.
azul de Thenardi | cobaltous aluminate.
azular | blue (to).
azulejo | tile.
azurita | azure stone | azurite | blue carbonate of copper | cheesy copper | chessylite | copper lapiz.
azurlita | azurlite.
azurmalaquita | azure malachite.

B

bache I air pocket (aeronautics).
bacheo I patch (roads).
bacteria celulolítica I cellulolytic bacterium.
bacterias acéticas I acetic acid bacteria.
bacterias acetificadoras I acetic acid bacteria.
bacterias acetoclásticas I acetoclastic bacteria.
bacterias lácticas I lactic acid bacteria.
bacterias nitrificantes I nitrifying bacteria.
baikalita I baikalite.
bailoteo de las ruedas delanteras   I   wheel wobble.
bailoteo del haz I spot wobble (TV).
baja altitud I low level.
baja definición I low definition (television).
baja densidad de grabación I low recording density.
baja frecuencia I low frequency I lower frequency.
baja impedancia I low impedance.
baja potencia I low power.
baja presión I low pressure.
baja resolución I low-resolution.
baja tensión I low pressure (electricity) I low tension I low voltage.
baja velocidad de transmisión I low speed.
bajada barométrica I barometer falling.
bajada de antena I aerial lead-in I lead-in.
bajada de antena doble I parallel feeders.
bajado I lowered (undercarriage).
bajamar I low tide I low water.
bajante de aguas I downpipe.
bajante de aguas sucias I soil pipe.
bajar I fall (to) I lower (to).
bajar el tren de aterrizaje I lower (to).
bajo I shallow (oceanography).
bajo cero I subzero (temperature).
bajo nivel I low level.
bajo vatiaje I low-wattage.
bajo voltaje I low pressure I low tension.
bala I bullet I pellet.
balance I seesaw.
balance de línea I line balance.
balance hidrológico I water balance.
balance térmico I thermal balance sheet.
balance violento I lurch (ships).
balanceado I push-pull (electricity).
balanceador I wobbulator.
balancear I sway (to) I swing (to).
balanceo I rocking movement I roll I rolling I swing I swinging.
balanceo anclado I yawing (ships).
balanceo del viento I jump (blast furnaces).

balancín I fly I lever I lifting beam (foundry) I rocker I rocking beam I side lever I sling-beam I swing bolster I swingle-bar I tappet (engines) I tippler I vibrating arm I walking beam (mechanics) I whiffletree I working beam I bar
balancín de máquinas I weighbeam.
balancín de suspensión I rock-level.
balancín de válvula de culata I overhead-valve rocker (engines).
balancín tiracable I spudding beam.
balanza I scale I weighing machine.
balanza de inductancia I inductance balance.
balanza de Kelvin I Kelvin balance.
balanza de torsión I torsion balance.
balanza galvanoplástica I plating balance.
balanza hidrostática I balance engine I specific gravity balance.
balanza vatimétrica I watt-balance.
balastar I stone (to) (railway line).
balasto I ballast I ballast bed I bottom (railway line) I bottoming I roadstone.
balasto de asiento I boxing.
balaustrada I railing.
balaústre I rail post.
baldosa I paving-tile I square tile I tile.
balística I gunnery.
balística de efectos I ballistic of penetration.
balístico I ballistic.
baliza I beacon I buoy I channel marker I marker I making I sea light I sea mark.
baliza de acercamiento I approach beacon.
baliza de aeronavegación I air beacon.
baliza de aproximación I middle marker.
baliza de aterrizaje I landing light.
baliza de destellos I rotating beacon.
baliza de identificación de pista I runway designation marker.
baliza de ocultaciones I occulting beacon.
baliza de pista I landing direction light.
baliza de pista del aeropuerto I airport runway beacon.
baliza de radar I picket I racon I radar beacon.
baliza de rayos infrarrojos I infrared beacon.
baliza de sonar I sonar beacon.
baliza de varios alcances I omnirange beacon.
baliza iluminada I light beacon.
baliza localizadora de pista I runway localizing beacon.
baliza luminosa I aeronautical light I marker light (airports).
baliza navegacional I navigational beacon.

baliza radárica I racon.
baliza respondedora I transponder beacon (transponder).
balizado I beaconed.
balizaje I airway lighting (aeronautics).
balizaje del campo I marking of field (airport).
balizamiento I buoyage I buoying I coast marking.
balizar I beacon (to) I buoy (to) I lay down buoys (to) I mark (to).
ballesta I spring.
ballestaje I springing.
ballonet I airbag (dirigibles).
balón para gas I gas-bag.
balonet I ballonet I cell (dirigibles).
balsa I float I raft.
balsa de decantación I settling basin.
balsa de troncos I log raft.
balsa inflable I inflatable raft.
balsa neumática I inflatable dinghy I inflatable raft.
balsa salvavidas I life raft.
baltimorita I baltimorite.
bamboleo I roll.
bancada I bed (machines) I framing I sole (marine engine).
bancada de cepilladora I planer bed.
bancada de máquina I engine bed.
bancada de motor I engine mount.
bancada de telar I loom side.
bancada del motor I engine bed.
bancada en una pieza I monobloc bedframe (engines).
bancada para pruebas de motores I motor test bed.
bancada soldada I welded bedplate (engines).
bancal I berm.
banco de ajustador I bench.
banco de arena I sandbank.
banco de arrecifes I ledge.
banco de contactos I translation field (telegraphy).
banco de datos I data bank (computing).
banco de ensayos I test bench.
banco de estire I push bench (siderurgy).
banco de hielo I ice pack.
banco de información I data bank.
banco de memoria I storage bank.
banco de moldeo I molding bench.
banco de pruebas I benchmark (computer) I captive device I proving bench I test bed I test bench I testing bench.
banco de trefilar I wiredrawer.
banco para soldar I welding table.
banda I band I ribbon I shipside (ships) I strip.

banda abrasiva I abrasive belt (mechanics).
banda absorbente I absorbing strip.
banda alta I high band.
banda ancha I wide band.
banda base I baseband.
banda cruzada I crossband.
banda de absorción I absorption band.
banda de amarre I tie band.
banda de auxilio telefónica I telephone distress band (radio).
banda de base I basic band (telecommunications).
banda de conmutación I operational bandwidth.
banda de detención I stop band.
banda de energía de resonancia I resonance energy band.
banda de enganche I locking range.
banda de frecuencia infraacústica I subaudio band.
banda de frecuencias I band of frequencies I frequency band I frequency range I radio channel I range of frequencies I waveband.
banda de frotamiento I wearing strip.
banda de imagen I picture track.
banda de interferencia I interference band.
banda de macla I twin band (crystallography).
banda de metal I metal strip.
banda de modulación I baseband I sideband (radio).
banda de onda I wave band.
banda de onda corta internacional I worldwide short-wave band.
banda de ondas I waveband.
banda de paso I passband.
banda de paso de vídeo I video pass band.
banda de perturbación I jammer band.
banda de procesamiento I working track (computing).
banda de protección contra interferencia I interference-guard band.
banda de radiodifusión I broadcast band.
banda de radiofrecuencia I radio frequency band.
banda de rechazo I rejection band (radio).
banda de servicio I service band.
banda de sincronización I retaining zone (television) I retention range (television).
banda de sintonía I tuning band (radio).
banda de suspensión I web.
banda de trabajo I working band (radio).
banda de valencia I valence band.
banda de vídeo I video band.
banda de videofrecuencia I videofrequency band.

banda del canal radioeléctrico | radio frequency channel index.
banda estrecha | narrow band.
banda exploradora | clear band.
banda extensométrica acústica | acoustical strain gauge.
banda fónica | speech band.
banda inferior | low band.
banda interbloques | interblock gap.
banda internacional de sonido | international sound track.
banda L | L band (390 MHz-1550 MHz).
banda lateral | sideband.
banda lateral de manipulación | keying sideband (telephony).
banda lateral Q | Q sideband (TV).
banda lateral residual | vestigial sideband.
banda lateral superior | upper sideband (telecommunications).
banda lateral suprimida | suppressed sideband (telecommunications).
banda lateral única | single sideband.
banda libre | clear band.
banda libre entre dos ondas portadoras | intercarrier | intercarrier band.
banda magnética de sonido | magnetic sound track.
banda marítima | marine band (radio).
banda media | medium band.
banda metálica | strip.
banda normal | normal band | standard band (radio).
banda óptica de sonido | optical track.
banda prohibida | band gap.
banda protectora | protecting band.
banda Q | Q band (36 to 46 GHz).
banda Raman | Raman band (radiology).
banda reducida | reduced band.
banda residual | residual band | vestigial band (telecommunications).
banda S | S band (from 1,550 to 5,200 MHz).
banda semiperforada | chadless tape.
banda sincronizadora | synchronizing band.
banda sonora | music track | optical track | sound band.
banda televisiva de frecuencias | television frequency band.
banda transportadora | travelling band.
banda única | single band.
banda X | X band (radioelectrics).
bandas de frecuencia de radar | radar frequency band.
bandas de ondas para uso marítimo | maritime wave-bands.

bandas de protección de interferencia | interference guard bands.
bandazo | lurch.
bandera | flag.
banderín de señales | waft.
banqueta | ballast border (railways).
bañado con óxido | oxide-coated.
bañado en aceite | oil-immersed.
bañar en caliente | hot-dip (to).
baño ácido | acid bath (photography).
baño ácido de mordentado | acid etching bath.
baño agotado | off the boil (Martin-Siemens process).
baño al temple | hardening bath.
baño cementante | carbonizing bath.
baño con mordiente | acid bath (photomechanics).
baño de aceite | oil bath.
baño de aceración | steel bath.
baño de ácido desoxidante | pickle.
baño de cal | lime bath.
baño de decapado | pickling bath.
baño de decapar | dip.
baño de deslustrar | matte bath.
baño de enfriamiento | quenching bath.
baño de fusión | molten pool.
baño de impregnación | impregnation bath.
baño de inmersión | immersion bath.
baño de metal | metal bath.
baño de plata | silvering.
baño de revelado | developing bath (photography).
baño de revenido | tempering bath.
baño de sales | salt bath (metallurgy).
baño de temple | quenching bath.
baño desoxidante | pickling bath.
baño electrolítico | electroplater | plating bath | plating solution.
baño ferruginoso | iron bath.
baño fijador ácido | acid fixer (photography).
baño galvánico | depositing bath | galvanic bath | plating bath.
baño galvanoplástico | electroplating bath.
baño muerto | off the boil.
baño para fosfatar | phosphating bath (metallurgy).
baño químico | dip.
bao de angular | angle beam (ships).
bao de la cubierta inferior | lower deck beam.
bao intermedio | intermediate beam (ships).
baquelita | bakelite.
baquelizar | bakelize (to).
baqueta de fusil | rammer.
baranda | railing.

barandal I railing.
barandilla I guardrail I railing (stair).
barbacana I barbican.
barbeta I barbette.
barbotén I cable wheel I chain pulley.
barca I barque (ships) I boat.
barcaza I barge.
barco I craft I ship I vessel.
barco cisterna I tanker.
barelatógrafo I barelattograph.
baria I baria (barium oxide) I barye (pressure unit).
baricentro I barycenter I center of mass of a system of masses.
baricentro de compresión I centroid of compression.
bario I barium.
barion I baryon (physics).
barisfera I centrosphere (geology).
barita I Bolognian spar I barite (chemistry).
barita impura I dowk.
barítico I baric I barytic (mineralogy).
baritífero I barytic (geology).
baritina I baryte I heavy barytes I heavy earth I heavy spar.
barlovento I windward.
barnio I barn (physics).
barniz I gloss I varnish I polish.
barniz antiácido I acidproof varnish.
barniz de fondo I wash primer.
barniz de plomo I lead glaze.
barniz laca I lacquer.
barnizado con laca I japanning.
barnizado de laca I lacquering.
barnizamiento I varnishing.
barnizar I enamel (to) I glaze (to) I lacquer (to).
barométrico I baric.
barómetro I barometer.
barómetro - conmutador I baroswitch.
barómetro altimétrico I mountain barometer I orometer.
barómetro anticiclonal I barocyclonometer.
barómetro de cuadrante I wheel barometer.
barómetro de cubeta I mercurial barometer.
barómetro de mercurio I mercury barometer.
barómetro de sifón I siphon barometer.
barómetro descendente I falling barometer.
barquilla I basket (balloons) I nacelle (balloons).
barquilla de la corredera I log ship (ships).
barra I arm (capstan) I handspike I rod.
barra absorbente I absorbing rod (nuclear energy).
barra colectora I busbar (electricity) I omnibus bar (electricity).

barra colectora positiva I positive busbar.
barra conductora I busbar.
barra corta I jimmy bar.
barra cuadrada I kelly.
barra de cierre de la piquera I bott stick.
barra de conexión I connecting-rod I link bar.
barra de contrapeso I sinker (borings).
barra de control I control rod.
barra de distribución tubular I tubular busbar (electronics).
barra de empuje I pushrod.
barra de enlace I tie bus.
barra de enlace entre filas I intersuite tie bar (telecommunications).
barra de hierro pudelado I puddle bar.
barra de izar I lifting bar.
barra de la celosía I lattice bar (girders).
barra de la dirección I steering rod.
barra de línea I omnibus bar.
barra de mandrinar I boring bar.
barra de metalización I plating bar.
barra de mina I jumper bar I jumping drill I percussion drill.
barra de parada rápida I scram rod.
barra de perforación I jar.
barra de regulación I regulating rod (reactor).
barra de remolque I tow bar.
barra de roscar I feed rod.
barra de sangrar I tapping rod.
barra de seguridad I safety rod (nuclear reactor) I shutoff rod (nuclear reactor).
barra de sonda I stem.
barra de sondeo I sinker bar.
barra de tipos I typebar.
barra de torsión I torsion bar.
barra de tracción I drag link I tow bar.
barra de transmisión I string rod.
barra de tundir I cropping flock.
barra del distribuidor I slide-rod.
barra del pistón I piston rod.
barra hueca I cored bar.
barra imanada I magnetic bar.
barra impulsora I pushrod.
barra lectora I sensing bar.
barra longitudinal I longitudinal bar.
barra maestra I sinker-bar.
barra para barrenar I quill (boring machine).
barra para estirar I wire rod.
barra para trefilar I wire rod.
barra pararrayos I lightning rod.
barra perforadora I sinker bar.
barra portadora I stress bar.
barra prismática I prismatic bar (structures).
barra redonda I round bar.
barra selectora I selecting bar.

barra taladradora I boring bar.
barra X I X bar.
barranco I canyon (geology) I draw.
barras colectoras principales I main busbars (electricity).
barras de color I color bar (TV).
barras de reserva I reserve bars (power stations).
barredera magnética I magnetic sweeper.
barrena I auger I bit I bore-bit (mining) I borer I boring rod I boring tool I drill I spin (aeronautics).
barrena abierta I abnormal spin.
barrena anormal I abnormal spin.
barrena corta de mano I jumper.
barrena de cable I churn drill.
barrena de cateo I earth borer I earth-boring auger.
barrena de cuchara I nose bit.
barrena de discos I rotary disc bit (drillings).
barrena de ensanchar I reamer (drillings) I reamer bit (drillings).
barrena de gusano I wimble.
barrena de percusión I jumper I jumper.
barrena de sierra I saw bit.
barrena escariadora I reaming bit.
barrena excéntrica I eccentric bit.
barrena helicoidal I screw auger.
barrena iniciadora I spudder (drillings).
barrena inicial I spud (drillings).
barrena para roca I rock bit.
barrena tubular I calyx drill.
barrenado térmico I thermic drilling.
barrenadora I driller.
barrenadora de percusión I percussion drill.
barrenar I bore (to) I broach (to) I drill (to) I pierce (to) I scuttle (to).
barreno I blast (mining) I blasthole (mining) I blasting-cartridge I bore I borehole.
barreno de aire I air shot.
barreno de roca I stone drill.
barreno de taqueo I snakehole.
barreno de techo I top hole.
barreno horizontal I canch hole.
barreno que ha dado mechazo I missed hole.
barrer I scavenge (to) (motor exhaust gas).
barrera antiaérea I air barrage.
barrera antisubmarinos I antisubmarine barrier.
barrera de potencial I barrier layer (electronics).
barrera de radares I radar fence.
barrera de superficie I surface barrier (semiconductors).
barrera PN I P.N. barrier (semiconductors).

barrera porosa I porous barrier (nucleonics).
barrera sónica I sonic barrier.
barrera térmica I heat barrier.
barrido I scan I scanning (spectrometry) I scavenge (gas) I scavenging (motor exhaust gases) I (sweeping) I swept I wiping (vessel demagnetizing) wiping action.
barrido circular I circular sweep.
barrido de distancia I range sweep.
barrido de frecuencia I frequency sweep.
barrido de precisión I precision sweep (radar).
barrido electrónico I sweep.
barrido en bucle I loop scavenge.
barrido en diente de sierra I sawtooth sweep (TV).
barrido en U invertida I loop scavenge.
barrido lineal I linear sweep (electronics).
barrido por líneas I line scanning (TV).
barrido recurrente I recurrent sweep.
barrido sincronizado I synchronized sweep.
barrido uniflujo I uniflow scavenging.
barrido variable I variable sweep.
barrido vertical I tilting sweep (TV) I vertical sweep (electronics).
barrido volumétrico I volumetric scanning (radar).
barrilete I kilderkin (18 English gallons) I quadrant drum (self-acting mule) I winding-on drum (self-acting mule).
barro I clay I mud I slush.
barro abrasivo I abrasive slurry.
barro de fundición I loam.
barrote I rail.
barrotín I intermediate beam.
basalto I basalt (mining).
basalto de plagioclasa I malpais.
basalto vítreo I bottleite I vitrobasalt.
basamento I base I base unit I basement.
basanita I basanite (black silex).
basar I ground (to).
báscula I poidometer I scale I weighgear I weighing machine.
báscula biestable I flip-flop.
báscula de triodos I triode flip-flop (electronics).
báscula pendular I pendulum scale.
báscula puente I weighbridge.
basculable I tiltable.
basculación I rocking I seesaw motion.
basculador I rocking device I tilter I tippler I toggle I tripper I tumbler.
basculador láser I laser flip-flop.
basculador magnético I magnetic flip-flop.
basculador R-S I R-S flip-flop (electronics).
basculamiento I tilting I tipping.

bascular I cant (to) I tip (to) I toggle (to).
base I base I base line (topography) I bed I bottom I foundation I host crystal I seating I sole I toe.
base binaria I binary base.
base de bastidor I rack channel (telecommunications).
base de conjuntor I jack base.
base de conocimientos I knowledge base (artificial intelligence).
base de datos I database.
base de datos unificada I verified data base.
base de los logaritmos neperianos I Napierian base.
base de riel I rail flange.
base de ruedas I wheelbase.
base de tiempos exploradores vertical I vertical time base (TV).
base del puntal I pillar footing (ships).
base estereoscópica I stereo base.
base inerte I inert dope.
base matriz I parent base.
base naval I naval station.
bastidor I chassis I housing I rack I trestle I undercarriage.
bastidor de aterrizaje I landing chassis.
bastidor de bogie delantero I leading bogie frame.
bastidor de cajón I box frame.
bastidor de carda I card frame.
bastidor de chapa I plate frame.
bastidor de conductores I lead frame.
bastidor de conexiones I patch-bay.
bastidor de conmutación I switching rack.
bastidor de entrada-salida I I/O rack.
bastidor de la carrocería I body frame.
bastidor de motor I motor frame.
bastidor de protecciones I protector frame (telecommunications) I protector rack (telecommunications).
bastidor de tuerca I nut plate.
bastidor de ventana I window frame.
bastidor del bogie motor I motor truck frame.
bastidor del techo I roof frame.
bastidor del telar I loom frame (weaving).
bastidor distribuidor intermedio I intermediate distribution frame.
bastidor elástico I spring frame.
bastidor inferior I underframe.
bastidor metálico I metal framework.
bastidor móvil I jumbo.
bastidor nervado I ribbed frame.
bastidor oscilante I rocking frame.
bastidor rígido I rigid frame.
bastidor tubular I tubular frame.

bastita I bastite.
batán I batting machine (fulling machine) I beating mill I beetling machine I mill I mill machine I picker I sley I truck mill.
batán de telar I loom sley.
batán intermedio I intermediate picker.
batán mezclador I mixing picker.
batán repasador I intermediate picker.
batanado ácido I acid fulling (weaving).
batanadora I fulling machine I fulling mill.
batayola I breadth line I bulwark (ships) I rail.
batea I back (ships) I launder.
batea de carga I pan (blast furnaces).
bateadora I tamper (railways).
batear traviesas I tamp (to).
batería I battery.
batería alcalina I alkaline battery.
batería alimentadora I supply battery (electricity).
batería atómica I atomic battery.
batería central I common battery.
batería común I common battery.
batería de acumuladores I accumulator battery I secondary battery I storage battery.
batería de alta tensión I B-battery.
batería de ánodo I plate battery I plate supply.
batería de arranque I starter battery.
batería de azufre-litio I lithium-sulfur battery.
batería de encendido I ignition battery.
batería de ferroníquel I nickel-iron battery.
batería de filamentos I A battery.
batería de hornos I oven battery.
batería de lámparas I bank of lamps.
batería de llamada I ringing battery (telecommunications).
batería de luces I broad.
batería de pilas I multiple battery I primary battery (electricity).
batería de pilas en derivación I parallel battery.
batería de pilas en series paralelas I multiple-series battery.
batería de placa I B-battery.
batería de plomo-ácido I lead-acid battery.
batería de polarización I polarizing battery I trigger battery (radio).
batería de prensas I press battery.
batería de pruebas I test battery.
batería de refuerzo I boosting battery (electricity).
batería de rejilla I C battery.
batería de reserva I reserve battery.
batería de señalización I signaling battery (telecommunications).
batería de servicios I service battery.

batería eléctrica | electric battery.
batería entintadora | ink unit (offset).
batería local | local battery (telecommunications).
batería níquel-cadmio | nickel-cadmium battery.
batería nuclear | nuclear battery.
batería oculta | masked battery.
batería para transistores | transistor battery.
batería recargable | rechargeable battery.
batería silenciosa | quiet battery.
batería solar | photovoltaic module | solar array | solar battery | sun battery.
batería telefónica | talking battery.
batería térmica | thermal battery.
batería termoeléctrica | thermal battery | thermojunction battery.
batería voltaica | voltaic battery.
batial | bathyal.
baticola | dock-piece.
batidor cardante | carding beater.
batidor mezclador | mixing picker.
batiduras de hierro | iron crust.
batiente | batten.
batiente en pirámide | A frame (machines).
batigraduador | depth adjuster.
batigrama | fathogram (submarine bottom).
batimetría | ocean depth measuring.
batímetro | depth ranger | sounder (ships).
batipelágico | bathypelagic.
batir | stir (to).
batiscafo | bathyscaphe | bathyvessel.
batolito | mountain intrusive.
batroclasa | horizontal joint.
baudío | baud (telegraphic transmission speed unit).
bauprés | bowsprit (ships).
bauxita | bauxite.
bauxita molida (tamizada y calcinada.) | activated bauxite.
bayoneta | bayonet.
bazuca | bazooka.
bebedero | ingate (foundry) | jet (casting mold) | riser | runner head | running gate | snag (foundry) | sprue (mold).
bebedero alimentador | inset sprue (foundry).
bebedero de despumar | skim gate (foundry).
bebedero de mazarota | feeding gate.
bebedero rebajado | necked-down riser (foundry).
becarita | beccarite.
becquerelita | becquerelite.
begaelectrón-voltios | bev.
belemnites | elf-arrow | elf-bolt.
belio | bel.

belteropórico | belteroporic (crystal).
bencenmonosulfónico | benzene monosulphonic acid.
benceno | benzol.
bencilo | benzil (chemistry) | benzyl (chemistry).
bencina | gasoline.
bencina mineral | white spirit.
bengala de aterrizaje | landing flare.
béntico | benthic (oceanography).
bentonita | bentonite.
benzoato de amilo | amyl benzoate (chemistry).
benzoílo | benzoyl (chemistry).
benzoína | benzoin (chemistry).
benzol | benzol.
beque de proa | roundhouse (ships).
berbiquí | auger | bit brace | bob drill | borer | screw chuck | wheel brace | wimble.
berbiquí acodado | angular bitstock.
berbiquí para tuercas | nut brace.
berguenita | bergenite.
berilia | beryllia.
berilio | beryllium (Be) | glucinium.
berilo | beryl.
berilo azul de Madagascar | Madagascar aquamarine.
berilómetro | berylometer.
berlinga | spar.
berlingado | poling (metallurgy).
bermellón | cinnabar.
berzelianita | berzelianite (copper selenide).
betacaroteno | beta carotene (biochemistry).
betasincrotrón | betasynchrotron.
betatrón | induction accelerator.
betumen elástico | elaterite.
bev | bev (energy unit).
bevatrón | bevatron.
biácido | dihydrogen (chemistry).
biarticulado | two-pivoted.
biaxial | two-axis.
bibencilo | bibenzyl (chemistry).
biblioteca de datos | library of data (computing).
biblioteca de programas | library (computing) | program library (computing).
biblioteca de rutinas | routine library (computing).
bicarbonato de potasa | acid carbonate of potash.
bicarbonato de sosa | acid carbonate of sosa.
bicarbonato potásico | baking potash.
bicarbonato sódico | acid sodium carbonate.
bichero | boat hook | gaff.
bichero corto | cant dog.

bicíclico | bicyclic.
bicilíndrico | double-cylindered.
bicolor | two-color | two-tone.
bicoloro | bichromatic.
bicóncavo | concavo-concave | double-concave.
biconvexo | biconvex | convexo-convex | double-convex.
bicordio | double-ended cord-circuit.
bicromático | bichromatic | two-color.
bicromato de potasio | acid chromate of potash.
bicromía | duotono | two-color print.
bicuadrado | biquadratic.
bicuadrático | biquadratic.
bicuarzo | biquartz.
bidígito | dibit.
bidígito de control | check bit.
bidireccional | bidirectional | both-way | two-throw | two-way.
bidón | can.
bieberita | cobalt melanterite | cobalt vitriol | cobaltous sulfate heptahydrate.
biéje | two shaft.
biela | action arm (gear) | axletree | conn rod | connecting rod | lever link (pump) | piston rod | rod.
biela de accionamiento | actuator.
biela de acoplamiento | drag link | parallel rod (locomotives) | side rod (locomotives).
biela de avance | feed link.
biela de bomba | pump link.
biela de caja abierta | gab lever.
biela de dirección | drag link.
biela de empuje | pushing rod | radius arm.
biela de excéntrica | eccentric rod.
biela de mando | feed rod.
biela de reacción | radius-rod.
biela de rótula | ball jointed rod.
biela de suspensión | suspension hanger | suspension rod.
biela de suspensión de la corredera | link support.
biela de unión | tie rod.
biela del distribuidor | slide-rod | radius bar (Walschaerts distribution).
biela del paralelogramo | main link (steam engine).
biela del pistón | piston connecting rod.
biela maestra | master connecting rod | master-rod.
biela principal | main link (engines).
biela telescópica | telescopic rod.
bielas enlazadas de las locomotoras | link motions.
bielectrólisis | bielectrolysis.

bieleta | articulated rod.
bien ajustado | tight-fitting.
bierlita | byerlite.
biestable | bistable.
bietápico | two-stage.
bifásico | biphase.
bifilar | bifilar | double-wound | twin-core (cables) | two-conductor | two-wire.
bifónico | biphonic.
bifurcación | crotch (pipes) | fork | furcation | junction | junction line (railways) | junction-piece | tap | tapoff | V branch.
bifurcación de tubería | branch pipe.
bifurcado | tapped.
bifurcador | divider.
bifurcar | branch (to | furcate (to) | tap (to) | tap off (to) | tee off (to).
bigorneta | nail stake | stake | stake anvil.
bigornia | anvil beak | anvil horn | double-peak anvil | horn | rail anvil | single arm anvil | stake | warping block.
bigornia de yunque | filing block.
bigotera | bow (compass) | bow pen (compass) | floss hole | flushing hole (blast furnaces) | slag outlet (blast furnaces) | slag-notch (blast furnaces).
bigradual | two-stage.
bilateral | both-way | two-way.
bimetalismo | double standard.
bimorfismo | bimorphism | optical twinning.
bimotor | double-engined | twin-engine | two-engined | two-motor.
binadora | hoeing machine.
binario | binary | dual.
binario chino | Chinese binary.
binaural | binaural.
binodo | double-diode.
binógrafo | binograph.
binomial | binomial.
binomialismo | binomialism.
biocatalizador | biocatalyst (enzyme).
biocibernética | biocybernetics.
biocomputador | biocomputer.
bioconversión | bioconversion (energy).
biodegradabilidad | biodegradability.
bioelectricidad | bioelectricity.
bioelectrónica | bioelectronics.
biofísica | biophysics.
biólisis | biolysis.
biolítico | biolytic.
biolitita | biolithite.
biomatemáticas | biomathematics.
biomecánica | biomechanics.
biomicrita | biomicrite.
bioquímico | biochemical.

biosa I biose I disaccharide.
biosatélite I biosatellite.
biosfera I biosphere.
biosfera terrestre I terrestrial biosphere.
biótica I biotics (science).
biotio I biot.
biotita barítica I barybiotite.
biotita cloritizada I chloritized biotite.
biotopa I biotope (oceanography).
biotrón I biotron (electricity).
bióxido I dioxide.
bióxido de plomo I blacklead or plumbago.
biplano I biplane.
bipolar I bipolar I double pole I two-pole I two-terminal.
biprisma I double-image prism.
biquinario I biquinary.
birreactor I twin jet I two-jet.
birrefracción I double-refraction.
birrefrigerancia magnética I magnetic double refraction (optics).
birrefringencia I birefringence I double refraction.
birrefringente I birefringent I double refracting I doubly refractive.
birrotórico I twin-rotor.
bisagra I hinge I hinge strap I joint I pin hinge.
bisagra de paleta I joint hinge.
bisección I bisecting I bisection I halving.
bisectar I bisect (to) (angles).
bisector I bisecting.
bisectriz I bisecting line I bisector.
bisel I chamfer I miter I skirt (waveguide) I splay.
biselado I scarfed I scarfing.
biseladora I angle planer I edger.
biselar I bevel (to) I bezel (to) I cant off (to) I chamfer (to) I edge (to) I miter (to) (bindings) I nick (to) I splay (to) I vee out (to).
bisilicato I bisilicate.
bisilicato de plomo I lead frit.
bisimétrico I bisymmetric.
bismalito I bysmalith.
bismutato I bismuthate (chemistry).
bismutito I bismuthite (chemistry).
bismuto I bismuth (Bi).
bismuto 211 I actinium C.a.
bismuto acicular I needle ore.
bisónico I Mach 2.
bisulfato I acid sulfate.
bisulfato I bisulfate.
bisulfito I acid sulphite.
bisulfuro de molibdeno I molybdenum disulphide.
bit I bit (binary-digit).

bit de comienzo I start bit.
bit de comprobación I check bit.
bit de imparidad I odd parity bit.
bit de información I intelligence bit.
bit de paridad I parity bit.
bit de referencia I reference bit (computing).
bit de salida I start bit.
bit de verificación I check bit.
bit informativo I data bit.
bit útil I data bit.
bita I bitt (ships).
bita de fondeo I riding bitt.
bitácora I compass stand.
bitar I bitt (to) (navy).
bitartrato I bitartrate.
bitio I bit (binary-digit).
bitio de enmascaramiento I mask bit.
bitio de puesta en fase I phase bit (computing).
bitio de signo I sign bit.
bitio de unión I link bit.
bitio de zona I zone bit.
bitios de información I information bits.
bitios por pulgada I bytes per inch.
bitios/segundo I bits/second.
bitono I two-tone.
bituminar I bituminate (to) I bituminize (to).
bituminizar I bituminize (to).
bituminosis I bituminosis.
bituminoso I bituminous I tarry.
biturbina I twin-turbine.
bivalencia I bivalence.
bivalente I bivalent.
bivinilo I bivinyl.
blanco I target I white I white line.
blanco de bismuto I Spanish white.
blanco de España I precipitated chalk I whiting.
blanco de mezcla I mixing white.
blanco de orientación de radar I radar boresight.
blanco de París I Paris white.
blanco de plomo I ceruse I lead white I white lead.
blanco espeso I thick target (nuclear energy).
blanco y negro I monochrome (TV).
blanqueador I bleacher.
blanqueamiento I whiting.
blanquear I bleach (to).
blanqueo I whiting.
blanqueo de interferencias I interference blanker.
blanqueo químico I chemical bleaching.
blenda I false galena I mock lead I mock ore.
blenda parda I brown blende.

blindado I ironclad I metal enclosed I metalclad I sealed (engine) I shielded (galvanometer, transformers).

blindado de hierro I iron clad.

blindaje I armor I liner I plate-armor I plating I poling (wells) I protection I sheeting (mining) I shield (electricity) I steel-timbering I tubage (mining).

blindaje antibalas I bulletproof armor.

blindaje cerrado I interlocking armor (engines).

blindaje contra impactos I missile shield.

blindaje de acero I steel jacket.

blindaje de mumetal I mumetal shield.

blindaje de protección biológica I shielding (nuclear reactor).

blindaje de radiación I radiation shield.

blindaje de tubo I tube shield.

blindaje del motor I engine shielding.

blindaje interno I internal shield (electronic valves).

blindaje magnético I magnetic shield.

blindaje metálico espiral I tinsel.

blindaje neutrónico I neutron shield.

blindaje protector I protective casing.

blindaje térmico I thermal shield (nucleonics).

blindar I armor (to) I enclose (to) I screen (to) I sheet (to) I shield (to) I steel-timber (to) I tub (to) (mining).

blocaje de tubería I make-up torque.

blocaje electromagnético I electromagnetic locking.

bloque I block (construction).

bloque abrasivo I abrasive brick.

bloque de alimentación I power supply unit (electricity).

bloque de anclaje I stay block.

bloque de cintas magnéticas I magnetic tape group.

bloque de concreto I concrete block.

bloque de conexión I interface unit.

bloque de control de fichero de trabajo I job file control block (computing).

bloque de datos para control de tareas I task control block (computing).

bloque de empalmes I junction block.

bloque de empaquetamiento I packing block (computing).

bloque de entrada I input block (computing).

bloque de fallas I fault block.

bloque de frecuencia intermedia I intermediate-frequency strip.

bloque de hormigón I concrete block.

bloque de memoria I memory block I storage block (computing).

bloque de mineral I boulder.

bloque de montaje I mounting block.

bloque de salida I output block (computing).

bloque de sintonía I radio tuner unit.

bloque de terminales I terminal strip.

bloque de transmisión I transmission frame.

bloque del reactor I reactor block (nuclear energy).

bloque detector I detector block.

bloque metálico con ranura en V I V block.

bloque terminal I terminal block.

bloqueado I locked.

bloquear I block (to) I inhibit (to) I interlock (to) I lock (to) I lockout (to).

bloqueo I blocking (radio, railways) I congestion (telecommunications) I deadlock I lock I lockout I seizing I trapping I wipeout (radio).

bloqueo aéreo I air blockade.

bloqueo automático I automatic locking.

bloqueo de eje I spindle lock.

bloqueo de interferencias I wavetrap (radio).

bloqueo de la imagen I sticking.

bloqueo de la rampa I ramp latching (aeronautics).

bloqueo de radio I radio black-out.

bloqueo del haz I ray locking.

bloqueo eléctrico I electrical lock.

bloqueo facultativo I permissive blocking.

bloqueo interno I internal congestion (telephony).

bloqueo inverso I revertive blocking (telecommunications).

bloqueo mecánico I mechanical locking.

bloqueo mutuo I mutual deadlock.

bloqueo por adición de ferrosilicio I ferrosilicon block.

bloqueo total I hang-up.

bloques de prueba I test blocks.

bloques lógicos I logic blocks (electronics).

bobina I coil I roll I spool I tape reel.

bobina activa I leading bobbin.

bobina activadora I actuation coil.

bobina actuadora I actuating coil.

bobina arrolladora I leading bobbin.

bobina audio I voice coil.

bobina aumentadora de inductancia I loading coil.

bobina auxiliar de arranque I shading coil (engines).

bobina bifilar I noninductive wound coil.

bobina captadora I pickup coil.

bobina con una sola guarda I single-ended bobbin.

bobina correctora I peaking coil (TV).

bobina de acoplamiento I mutual inductor.

bobina de alimentación I load coil.

bobina de amortiguamiento I quenching choke.

bobina de antena I input coil.

bobina de arranque I booster coil.

bobina de atracción I trip coil.

bobina de autoinducción I kicking coil.

bobina de bloqueo I choke coil.

bobina de captación I peaking coil.

bobina de carga I load coil (circuits) I loading coil.

bobina de choque I radio choke coil (electricity).

bobina de choque de cortocircuito I short-circuit choke coil (electric energy).

bobina de clavija I plug-in coil.

bobina de compensación I peaking coil I peaking inductor.

bobina de conjuntor-disyuntor I make and break coil.

bobina de cursor I slide coil.

bobina de desconexión I release coil.

bobina de desconexión preferente I preferential trip coil (circuit breakers).

bobina de desviación I saddle coil (TV).

bobina de devanado abierto I open-wound coil.

bobina de disco I wafer coil.

bobina de doble arrollamiento I noninductive wound coil.

bobina de electroimán I magnet coil.

bobina de encendido I igniter coil I ignition coil I lighting coil.

bobina de excitación I trip coil (relays).

bobina de exploración I scanning coil (TV).

bobina de extinción I quenching coil.

bobina de impedancia I impedance bond I kicking coil I retardation coil.

bobina de impedancia de baja frecuencia I low-frequency choke.

bobina de impedancia de filtrado I smoothing choke.

bobina de inducción I induction coil I jump-spark coil I loading coil I radio choke coil I spark coil I sparking coil.

bobina de inductancia I inductance coil I retardation coil I inductor.

bobina de inductancia protectora I protective reactance coil.

bobina de inversión de corriente I reverse current coil.

bobina de máxima I overcurrent coil.

bobina de papel continuo I web (typography).

bobina de papel de imprimir continuo I web paper.

bobina de polarización de relé I relay bias coil (electricity).

bobina de prueba I magnetic explorer I sampling coil.

bobina de pruebas I exploring coil I probe coil.

bobina de reacción I feedback coil I kicking coil I retardation coil I tickler coil.

bobina de reactancia I choke coil I economy coil I impedance coil I inductor I protecting choke I reactance coil I reaction coil I screening protector (electricity).

bobina de reactancia de absorción I smoothing choke.

bobina de reactancia de excitación I excitation choke coil.

bobina de reactancia de hierro saturado I swinging choke.

bobina de reactancia de núcleo ferromagnético I iron-cored choke.

bobina de reactancia estabilizadora I stabilizing choke.

bobina de reactancia limitadora I limiting choke.

bobina de reactancia saturable I saturable choke.

bobina de realimentación I tickler I tickler coil.

bobina de regeneración I feedback coil.

bobina de resistencia I resistance coil.

bobina de retardo I delay coil.

bobina de retardo de la alimentación I feed-retardation coil.

bobina de retención I retaining coil.

bobina de RF I RF coil.

bobina de sombra I shading coil (electromagnetism).

bobina de soplado I blow coil.

bobina de tanque I tank coil.

bobina de trabajo I operating coil I work coil (telecommunications).

bobina de urdimbre I warp bobbin.

bobina de varias capas de devanado I multilayer coil.

bobina de voltaje I pressure coil I voltage coil.

bobina deflectora I deflection coil I orbit-shift coil.

bobina del yugo I yoke coil.

bobina desmagnetizadora I degaussing coil.

bobina desviadora I sweeping coil.

bobina desviadora de órbita I orbit-shift coil.

bobina electromagnética I solenoid coil.

bobina en cortocircuito I dead coil.

bobina en derivación I potential coil (apparatus) I pressure coil (electricity) I shunt coil.

bobina en paralelo I shunt coil.

bobina en serie I series coil.

bobina enrolladora I takeup reel.
bobina excitadora I actuating coil I booster coil I tickler.
bobina excitatriz I operating coil I tickler coil (radio).
bobina exploradora I search coil I test coil.
bobina giratoria I rotating coil.
bobina inductora I exciting coil I inductor coil.
bobina limitadora I limiting coil (telecommunications).
bobina longitudinal I longitudinal coil (transmissions).
bobina mezcladora I mixer coil.
bobina móvil I moving coil I swing coilI vibrating coil.
bobina móvil de altavoz I voice coil.
bobina plana I pancake coil.
bobina primaria I primary coil.
bobina protectora I air choke (electricity).
bobina Pupin I loading coil I Pupin coil (telephony).
bobina purificadora I purity coil.
bobina receptora I takeup reel.
bobina reemplazable I plug-in coil.
bobina regenerativa I feed back coil.
bobina reguladora I regulating coil.
bobina repetidora I repeater coil.
bobina repetidora fantasma I phantom repeating coil (telecommunications).
bobina sin núcleo I air-core coil.
bobina telefónica I telephone pickup coil.
bobina térmica I heat coil.
bobina termodetectora I temperature-detector coil.
bobina toroidal I ring coil I toroid.
bobina transformadora I transformer coil.
bobina voltimétrica I potential coil (vattmeter).
bobinado I wound.
bobinado a máquina I machine-wound.
bobinado cerrado I reentrant winding.
bobinado inductor I inductive winding.
bobinado mecánico I machine-winding.
bobinador I coiler.
bobinador de cinta magnética I magnetic tape deck.
bobinador de film magnético I magnetic film handler.
bobinador de urdimbre I warp spooler.
bobinadora I coil winder I film rewinder I reeling machine I spooler I winder I winding machine.
bobinadora de urdimbre I warp winder.
bobinadora para husadas I cop winder.

bobinar I coil (to) I reel (to) (weaving) I spool (to).
boca I adjutage (hydraulics) I ajutage (hydraulics) I mouth I muzzle (weapons) I top hole (wells).
boca de alimentación I feed opening.
boca de apeo I back cut (forestry).
boca de aspiración I intake mouth.
boca de botavara I boom jaw.
boca de galería I ingate (mining).
boca de herramienta I nose of tool.
boca de incendios I water post.
boca de inspección I manhole.
boca de pozo I wellhead I wellhole.
boca de tenaza I nose.
boca de ventilación I louver (ships) I louvre (ships).
boca del pozo I pit-eye (mining) I pit-mouth (mining) I pit-top (mining) I pithead (mining).
boca plana de martillo I poll.
bocallave I keyhole I keyway (locks).
bocamina I adit opening I entry I mine entrance I pit-top I pithead.
bocana I entrance I neck (harbors).
bocarte I mill I mill machine I ore mill I ore stamp I pounding mill I stamper I stamping engine.
bocarte de mineral I ore crusher.
bocarteado húmedo I wet stamping.
bocartear I mill (to) I squeeze (to) I stamp (to).
bocarteo I milling I stamping.
bocarteo con agua I wet stamping.
bocel I moulding plane.
bocel corrido I beadflush.
boceto I art still I art work I rough copy I rough drawing I sketch.
bocín de tobera I tuyere nozzle (blast furnaces).
bodega I orlop (ships).
bodega de carga I cargo hold (airplanes).
bodega de popa I after hold.
bogie I bogey (railways) I bogie (railways) I truck (USA).
bogie con motores y transmisión I power board (electromotive).
bogie de despegue I takeoff bogie (airplanes).
bogie de locomotora I locomotive truck.
bogie de motores I motor bogie.
bogie de un eje I pony (locomotives) I single axle bogie.
bogie de varios ejes I multiple-wheel bogie.
bogie delantero I leading truck (locomotives).
bogie delantero de un eje I leading pony truck (locomotives).
bogie giratorio I pivoted bogie.

bogie motor | motor truck.
bogie pivotado de dos ejes | pivoted four-wheel bogie.
bogie pivotante | swiveling bogie.
bola | ball | bulb (thermometer).
bola de un rodamiento | track roller.
bola esférica rematando un pilar | balloon (architecture).
bolas de obturación | ball sealers.
boletín de información | report.
bolometría | bolometry.
bolométrico | bolometric.
bolómetro | bolometer (radiation).
bolómetro coaxial | coaxial bolometer.
boloscopio | boloscope.
bolsa | cap (gas).
bolsa de aire | air trap.
bolsada de mineral | pocket.
bolsón | bolsom (geology).
bolsón de mineral | chamber of ore.
bomba | bomb (projectiles) | pump.
bomba alternativa | reciprocating pump.
bomba aspirante | aspiring pump | exhaust pump | sucking pump | suction pump.
bomba aspirante de varilla | sucker-rod pump.
bomba aspirante e impelente | reciprocating pump.
bomba aspirante-impelente | sucking and forcing pump | suction and discharge pump.
bomba atómica | A-bomb | atomic bomb.
bomba auxiliar | gathering pump.
bomba calorimétrica | explosion bomb.
bomba cebadora | booster pump (aircraft engine).
bomba centrípeta | centripetal pump.
bomba con electromotor refrigerado por agua | wet-motor pump.
bomba de absorción | sorption pump.
bomba de absorción iónica | ion-sorption pump.
bomba de aceite | oil pump.
bomba de aceleración | accelerating pump | acceleration pump (autos) | accelerator pump (mechanics).
bomba de achique | baling pump | dewatering pump | drain pump.
bomba de achique final | stripper pump.
bomba de acumulación | storage pump.
bomba de agotamiento | exhaust pump (mining).
bomba de agotamiento final de la carga | stripping pump.
bomba de agua | water pump.

bomba de aire | air-lift pump.
bomba de aletas | wing pump.
bomba de alimentación por presión | pressure-feed pump.
bomba de arena | sand pump | sludge-pump | sludger (drillings).
bomba de balancín | walking beam pump | walking-beam pump (petroleum).
bomba de barrido | scavenge pump (engines).
bomba de cangilones | chain pump.
bomba de carga | pressurizing pump.
bomba de carrera regulable | variable-stroke pump.
bomba de caudal regulable | variable-discharge pump | variable-volume pump.
bomba de cebado del motor | priming pump.
bomba de chorro | jet pump.
bomba de circulación | circulator.
bomba de circulación del refrigerador | refrigerator circulating pump.
bomba de cobalto | C bomb.
bomba de combustible de aire comprimido | pneumatic fuel pump.
bomba de desagüe | draining engine | draining pump.
bomba de diafragma | diaphragm pump.
bomba de diafragma y pistón | piston diaphragm pump.
bomba de difusión de aceite | oil-diffusion pump.
bomba de difusión osmótica | osmotic diffusion pump.
bomba de dispersión de efectos | scatter bomb.
bomba de dragado | hydraulic dredge.
bomba de efecto retardado | time bomb.
bomba de émbolo | reciprocating pump.
bomba de fisión nuclear | atomic bomb.
bomba de gasolina | petrol pump (autos).
bomba de hélice | propeller pump.
bomba de inducción | induction pump (mechanics).
bomba de inmersión | submerged pump.
bomba de inyección | injector pump | jet pump (diesel engine).
bomba de inyección del combustible | injection pump (engines).
bomba de lubricación | oil pump.
bomba de lubricación de pistón | piston oil pump.
bomba de membrana | diaphragm pump.
bomba de pistón | piston pump.
bomba de presión | pressure pump.
bomba de profundización | sinker.
bomba de purga | primer.
bomba de recuperación de aceite | oil scavenge pump.

bomba de sentina | bilge pump | sump pump.
bomba de sumidero | sump pump.
bomba de trasiego | transfer pump.
bomba de vacío | vacuum pump.
bomba de vacío de chorro de agua | water-jet pump.
bomba de vacío de mercurio | mercury vacuum pump.
bomba de vapor | vapor pump.
bomba de ventilación | air pump.
bomba dosificadora | proportioning pump.
bomba electromagnética | magnetic pump.
bomba eólica | wind pump.
bomba espiral | screw pump (mechanics).
bomba eyectora | ejector pump.
bomba hermética | canned pump.
bomba impelente | impeller pump | lift pump (mechanics) | plunger pump | positive pump.
bomba incendiaria de magnesio | magnesium bomb.
bomba inyectora | injector pump.
bomba magnética de combustible | magnetic fuel pump.
bomba manual | hand pump.
bomba marcadora | marker bomb.
bomba mecánica | power pump.
bomba molecular de arrastre | molecular drag pump.
bomba monocilíndrica | single-plunger pump.
bomba neutrónica | bomb-N.
bomba nuclear | nuclear bomb (atomic or thermonuclear energy).
bomba para cebar el motor | primer.
bomba para descarga total del gas | stripping pump (oil well).
bomba para fangos | slush pump.
bomba para los tanques de escorar | lurching pump (icebreaker ship).
bomba para pozos petrolíferos | oil well pump.
bomba principal | main pump.
bomba radioguiada | azon bomb.
bomba real | main pump (ships).
bomba rotativa | rotoplunge pump.
bomba teledirigida | buzz-bomb.
bomba térmica | thermopump.
bomba termonuclear de hidrógeno | hydrogen bomb.
bomba tricilíndrica | three-throw pump.
bomba volante con motores de chorro | jet bomb.
bomba volcánica | lava ball (geology).
bomba volumétrica | positive displacement pump | volumetric pump.

bombardeado con protones | proton-bombarded.
bombardeo de precisión | accuracy bombing.
bombardeo neutrónico | neutron bombardment.
bombardero de chorro | jet bomber.
bombeado | barrelled | domed | pumped.
bombear | pump (to).
bombeo | pumping.
bombeo combinado | back crank pumping (oil well).
bombeo iónico | ion pumping.
bombeo óptico | optical pumping.
bombeo por corriente de inyección | injection pumping.
bombeo por impulsos | pulse pumping.
bombilla | bulb (lamps).
bombilla eléctrica | lamp | lamp bulp.
bombita | bombite (minerals).
bombona para ácidos | acid carboy.
bonderizar | bonder (to).
boquilla | thimble.
boquilla aspersora | spraying nozzle.
boquilla de aguja | needle nozzle.
boquilla de borna | terminal bushing (transformer).
boquilla de guía | jig bushing.
boquilla de inyección | injection nozzle | mud gun.
boquilla de la tobera | nozzle tip | tuyere stock (blast furnaces).
boquilla del inyector | injector nozzle.
boquilla quemadora | nozzle mixing burner (gas).
borado | boron-containing.
borato | borate.
borato de aluminio | boroaluminate.
borato plumboso | lead borate.
bórax | borax.
borbotar | spout (to).
borboteo | bubbling (chemistry).
borda | board (ships) | bulwark.
bordada | tack.
borde | border | brim | edge | edging | limb | rim | toe | verge.
borde de absorción | absorption discontinuity | absortion edge (spectrum).
borde de ataque | advancing edge | leading edge.
borde de entrada | leading edge (electric brushes).
borde de falla | fault ridge.
borde de laminación | mill edge.
borde de obturación | masking edge.
borde de salida | leaving edge.

borde del haz I beam edge.
borde delantero I leading edge.
borde en bisel I featheredge.
borde laminado I rolled edge.
borde posterior I rear edge.
borde reforzado I bead.
bordeadora I curb edger.
bordear I border (to).
bordillo I curb.
bórico I boracic.
borífero I boriferous I boron-containing.
borna I binding clamp I clamping screw I stud I terminal.
borna de acumulador I cell terminal.
borna de conexión I turret terminal.
borna de entrada de corriente I input terminal (electricity).
borna de orejeta I terminal-lug.
borna de pila I cell terminal.
borna de placa de acumulador I accumulator plate lug.
borna de prueba I test terminal.
borna de salida I output terminal.
borna final I output terminal.
borna positiva I positive terminal.
bornas de fase I line terminals (net).
bornas del motor I motor terminals.
borne I connector I hub I tag (electricity) I terminal post I terminal stud.
borne accesible I accessible terminal (electricity).
borne de acumulador I post.
borne de alimentación I power terminal.
borne de masa I ground terminal.
borne indicador I cable market.
bornear I edge (to).
borneo I swinging (ships).
bornita I bornite I erubescite.
boro I boron.
boroaluminato I boroaluminate.
boroglicerina I boroglycerine.
boroscopio I boroscope.
borra de algodón I cotton waste.
borrable I erasable I resettable.
borrable por ultravioleta I UV erasable.
borrado I erasure I wipe.
borrado de retorno I retrace blanking.
borrado por láser I laser effacement.
borrado variable I variable erase (magnetic recording).
borrado vertical I vertical blanking.
borrar I blank (to) I reset (to).
borrar e iniciar I reset and start (to).
borrar la pantalla I clear screen (to) (computing).

borrascoso I gusty.
borrón I spot.
borrosidad I smear (TV) I smearing (TV).
boruro I boride.
bosque I forest I wood.
bosquejar I layout (to) I rough-shape (to).
bosquejo I outline I pattern I rough copy I rough drawing I sketch.
botachavetas I key-drift.
botadura de proa I bow-first launching.
botalón I boom.
botalón de foque I jib boom (ships).
botarel I abutment I flying buttress.
botavara I boom I gaff.
bote I can.
bote de salvamento I rescue boat.
bote salvavidas I lifeboat.
botella aislante I vacuum bottle.
botella de acetileno I acetylene cylinder.
botella de Leyden I Leyden jar.
botón de ajuste I adjusting knob.
botón de anulación I cancel key.
botón de bloqueo I arrest knob.
botón de conexión I on button.
botón de presión I press button I push button.
botón de puesta en marcha I on button.
botón de reglaje I adjustment knob.
botón de soldadura I nugget.
botón disparador I trigger button.
botón micrométrico I vernier knob.
botón pulsador I push button.
botriógeno I botryogen.
botriolita I botryolite.
botritis I grey mould.
bou I dragger.
bóveda I anticlinal axis (geology) I arch I cope I cupola (geology) I imbowment I roof arch I vault.
bóveda acústica I acoustic vault.
bóveda compuesta I compound arch.
bóveda de ábside I conch.
bóveda de cañón I barrel vault I round arch.
bóveda de crucería I feathered arch.
bóveda de crucero I intersecting vault.
bóveda de estrella I lierne vault (architecture).
bóveda de horno Martin-Siemens I open-hearth roof.
bóveda de medio punto I barrel vault I round arch.
bóveda de membrana I thin vault.
bóveda de nervios I feathered arch I ribbed vault.
bóveda oblicua I skew arch.
bovedilla I counter ceiling I lower stern (ships).
boya I buoy I float.

boya baliza I beacon buoy.
boya con mástil I spar buoy.
boya de amarre I dolphin.
boya de ancla I anchor buoy.
boya de babor I port hand buoy.
boya de baliza I leading buoy.
boya de barrilete I nun buoy.
boya de espía I warping buoy.
boya de marcación I mark buoy.
boya luminosa I seadrome light.
boya radárica I radar marker float.
boya salvavidas I life buoy.
boya sonar I sonar buoy.
boyarín I leading buoy I nun buoy.
boyarín de aviso I mark buoy.
boyarín de referencia de las anclas I marker buoy (dredges).
boza I sling (ships).
branerita I brannerite.
brasca I brasque.
brascar I brasque (to).
brasilita I brazilite.
braunita I braunite.
brazo I jib.
brazo acodado I angle jib (cranes).
brazo agitador I agitating arm.
brazo de acceso I access arm.
brazo de cigüeñal I crank arm.
brazo de fonocaptor I pickup arm.
brazo de garra I claw arm.
brazo de grúa I crane arm I crane beam I crane boom I crane mast.
brazo de la cartela I bracket-arm.
brazo de la grúa I gable.
brazo de manivela I crank arm.
brazo de pivote I pivot arm.
brazo de posicionamiento I access arm.
brazo del ancla I anchor arm.
brazo del imán I magnet limb.
brazo del inducido I armature arm.
brazo elevador de alza I sight elevating arm.
brazo giratorio I swinging arm.
brazo móvil I movable jib (cranes).
brazo oscilante I rocker-arm.
brazo portante I supporting arm.
brazo regulador I adjusting arm.
brazola I coaming (ships).
brazola de escotilla de popa I after hatchway coaming.
brea I pitch (mining) I tar.
brea mineral I earth pitch I mineral pitch I pit asphalt.
brecha I breccia (geology) I clastogene (petrology).
brecha arcillosa I clayey breccia.
brecha basáltica I basalt-breccia.

brecha de falla I fault stuff (mining) I rock rubble (geology).
brecha intrusiva I intrusive breccia (geology).
brevio I brevium (uranium X_2).
brida I bridle (springs) I fish (rail) I splice bar (rail) I yoke.
brida de carril I rail splice I rail-bond.
brida de enchufe I socket flange.
brida de fijación I supporting flange.
brida de madera I wood scab.
brida de muelle I spring clamp.
brida de paso I waste nut.
brida de plato I plate type flange.
brida de tierra I earth strip (electricity).
brida de tubo I pipe flange.
brida de unión I joint flange.
brida de válvula I valve flange.
brida deslizante I sliding sleeve.
brida hembra I faucet flange.
brida macho I spigot flange.
brida reductora I reducing flange.
brillancímetro I glossimeter.
brillantez I lucidity.
brillo I brightening I glare I glossiness I luster (USA) I lustre (G.B.).
brillo catódico I cathode glow.
brillo de fondo I background brightness.
brillo metálico I metallic luster.
briol I buntline.
briqueta I briquette.
briqueta de carbón I carbonet.
briqueta de mineral I ore briquet.
briqueteación de la mezcla I mixture briquetting.
briqueteación de minerales I ore briquetting.
briquetear I briquette (to).
brisa I light air (Beaufort scale number 1).
broca I bit I bore-bit I borer I boring tool I drill I drill bit.
broca buriladora I router bit.
broca con canal helicoidal I screw auger.
broca de berbiquí I auger bit I chamfer bit.
broca de cuchara I shell bit.
broca de espiga piramidal I taper square shank drill.
broca de punta I V-drill.
broca de torno I lathe bit.
broca escariadora I reamer drill.
broca espiral I twist drill.
broca helicoidal I spiral drill I twist drill I worm bit.
broca para extraer machos rotos I tap drill.
broca para perforación de pozos I well bit.
broca trepanadora I trepanning drill.
broca-fresa de calibrar I sizing broach.

brocatela l clouded marble.
brocha l brush.
brochado l broaching.
brochal l jack timber.
brochantita l brochantite.
bromargirita l bromyrite.
bromato l bromate (chemistry).
brómico l bromic.
bromirita l bromyrite.
bromita l bromite (mineralogy).
bromito l bromite (chemistry).
bromuro l bromide.
bromuro cálcico l calcium bromide.
bromuro de acetilo l acetyl bromide.
bromuro de azufre l sulfur bromide.
bromuro de litio l lithium bromide.
bromuro de plata l silver bromide.
bromuro de plomo l lead bromide.
bronce l bronze l red brass.
bronce aleado con níquel l nickel-alloyed bronze.
bronce blanco l mispikel l white bronce.
bronce de níquel y aluminio l nickel-aluminium bronze.
bronce forjado l wrought bronze.
bronce fundido l cast bronze.
bronce morado l bornite.
bronce silicioso l spring bronze.
broncear l blue (to) (cannon) l bronze (to).
broncesoldadura l brazing.
broncesoldar l braze (to).
broncesoldeo con el soplete l torch-brazing.
broncita l bronzite.
broncitita l bronzitite.
brontolito l brontolith.
brotar l spout (to) l stream (to).
brucita l brucite.
brujidor l edge tool.
brújula l compass l needle.
brújula celeste l sky-compass.
brújula con anteojo solar l solar compass (topography).
brújula de aguja fija l needle compass.
brújula de Brunton l Brunton.
brújula de declinación l declination compass.
brújula de eclímetro l leveling-compass.
brújula de gobernar l steering compass.
brújula de inclinación l inclination compass l inclinometer.
brújula de mina l mine dial.
brújula de prisma l prismatic compass (topography).
brújula de reflexión l prismatic compass.
brújula de secantes l secant galvanometer (electricity).

brújula declinatoria l trough compass.
brújula giroscópica láser l laser gyrocompass.
brújula inestable l whirling needle.
brújula Magnesyn l Magnesyn compass.
brújula magnética l magnetic compass.
brújula magnética de graduación vertical l magnetic card compas.
brújula marina l mariner's compass.
brújula nivelante l leveling-compass.
brújula no magnética l nonmagnetic compass.
brújula solar l sun compass (navigation).
brújula telemagnética l telemagnetic compass.
brújula topográfica l surveying compass.
brulote l fireboat.
bruma l fog l haze l mist l nebule l vapor (U.S.) l vapour (G.B.).
bruñido l burnishing (electrochemistry) l polishing l polish.
bruñidor l polishing iron l polishing tool.
bruñidora l lapper.
bruñir l brighten (to) l buff (to) l burnish (to) l grind (to) l hone (to) l planish (to) l polish (to).
bruquita l brookite.
brusca cóncava l inverse camber (ships).
brusca de bao l rounding.
bruto de fundición l rough-cast.
bruzar l brush (to) (printing).
buceo l diving.
bucle l looping.
bucle abierto l open loop.
bucle cerrado l closed loop.
bucle de abonado l subscriber loop (electricity).
bucle de control de obstrucciones l plugging loop.
bucle de enganche de fase l phase locked loop.
bucle de medida l test loop.
bucle de realimentación l feedback loop.
bucle de realimentación negativa l negative feedback loop.
bucle de transmisión l send loop (telecommunications) l transmitting loop (telecommunications).
bucle infinito l infinite loop.
bucle local l local loop (telephony).
bucle rectangular l square loop.
bujarda l bushhammer l granulating hammer.
buje de ajuste l adjusting bushing.
buje del vástago l kelly bushing.
buje maestro l master bushing.
bujía l candle.
bujía aceitada l oiled plug (explosion engine).

bujía con aislador de mica I mica spark plug.
bujía con aislador de porcelana I porcelain spark plug.
bujía con resistencia I resistor sparkplug.
bujía de arranque I igniter plug.
bujía de encendido I igniter plug I ignition plug I spark igniter I spark plug I sparkplug (engines).
bujía de ignición I ignition plug.
bujía de motor de automóvil I spark plug.
bujía internacional I international candle.
bujía-centímetro I centimeter-candle.
bujía-metro I candle-meter I metre-candle (illumination).
bujía-pie I candle-foot.
bulárcama I knee rider.
bulbo del termómetro I thermometer well.
buque I craft I ship I vessel.
buque abandonado I ahull.
buque antiaéreo I flak ship.
buque bihélice I two-shafted ship.
buque cisterna I tank vessel I tanker.
buque con propulsión nuclear I nuclear powered ship.
buque de altura I seagoing ship.
buque de carga I cargo ship I cargo vessel.
buque de enlace I linking ship.
buque de estación oceánica I ocean station vessel.
buque de mineral, granel y petrolero I O.B.O. carrier.
buque de salvamento I rescue ship.
buque de vela I sail.
buque draga I dredge ship.
buque escuela I training ship.
buque explorador I scout ship.
buque hidrográfico I research vessel I survey ship.
buque meteorológico I weather ship.
buque nodriza I mother ship.
buque para carga a granel I bulk carrier.
buque petrolero I oil ship I oil tanker I tankship.
buque portabarcazas I barge carrier.
buque portacontenedores I F.C. ship.
buque repostador I refueller.
buque rompehielos I icebreaker.
buque transbordador I ferry-craft I ferryboat.
burbuja I bubble I air bell (glass).
burbuja I bubble (to).
burbujeo I air bubbling (chemistry) I stripping.
bureta I dropping glass.
bureta de bomba I oil squirt.

buril I bradawl I burin I cold chisel I crosscut chisel I drypoint I graver I graving-tool I metal chisel I quarrel.
buril triangular I cant chisel.
burilación I chiseling.
buriladora I router.
burilar I chip (to) I chisel (to) I score (to).
burlete I seal.
burmita I burmite.
busca activa I active homing.
busca de averías I fault tracing.
busca de enlaces I trunk hunting (telephony).
busca de línea I impulse action (telephony).
busca de minerales I prospecting.
busca del blanco I target acquisition (radar).
busca del objetivo I target acquisition.
buscador I seeker (telephony).
buscador de enlaces I junction finder (telephony) I junction hunter (telecommunications) I trunk finder (telephony).
buscador de línea I line finder (telephony) I line selector (machine switching).
buscador de líneas I primary line switch.
buscador de margen I range finder (communications).
buscador de perturbador I jammer finder.
buscador de rayos infrarrojos I infrared homer.
buscador de registrador I register selector (telephony).
buscador ordinario I indirectly connected finder (telecommunications).
buscador preselector I line finder.
buscador registrador I register chooser (telephony) I register finder (telephony).
buscador secundario I secondary finder (telephony).
buscafugas I fault detector I fault localizer I leakage detector (circuits).
buscapérdidas de corriente I leakage detector (electricity).
buscapolos I pole detector (electricity) I pole finder (electricity).
buscar I search (to).
búsqueda I search I tracking.
búsqueda de información I information retrieval.
búsqueda secuencial I sequential search.
búsqueda selectiva I retrieval (computing) I retrieving (computing).
butadieno I bivinyl I butadiene.
butano I butane (G.B.).
butanol I butanol I butyl alcohol.
buteno I butene I butylene.

buterola I rivet die I rivet set I rivet snap I snap I snap head die.
butileno I butene.
butilo I butyl.
butirato de isoamilo I isoamyl butyrate.
butírico I butyric.
buza I muzzle (furnaces) I nozzle (metallurgical furnace).
buza de la cuchara I ladle nozzle (metallurgy).
buzamiento I dipping (geology) I hading I pitching (vein) I slope (geology) I underlay.

buzamiento del eje I plunge (geology).
buzamiento del filón I lode bearing.
buzamiento del pliegue I plunge of the fold (geology).
buzar I dip (to) (geology) I underlay (to).
buzarda I breasthook (ships).
buzarda de proa I bow pointer.
byte con ocho bits I octet (computing).
byte I byte I byte..

C

caballete I bearer I horse I horse jack I horse-head I trestle.

caballete de sondeo I bore frame.

caballete para remeter urdimbres I looming frame.

caballo de vapor I horsepower.

caballo métrico I cheval-de-vapeur.

cabecear I pitch (to) (ship, airplane).

cabeceo I hang I pan down (TV) I pitching I pitching motion (ships, airplanes) I plunging (ships).

cabeceo del pistón I piston slip.

cabecera de batán I lay end (loom).

cabecera de pista I start of runway I threshold.

cabellera I coma (astronomy).

cabeza I head I stub end (rod).

cabeza ahuecada I recessed head.

cabeza buscadora I seeker head (electronics).

cabeza con espiga cuadrada I stud head (rivets).

cabeza cónica de remache I pointed rivet head.

cabeza de autoguiado I seeker.

cabeza de biela I rod end.

cabeza de borrado de vídeo I wiping head.

cabeza de cable I pothead.

cabeza de cabrestante I winch head.

cabeza de carril I railhead.

cabeza de clavo I nailhead.

cabeza de émbolo I piston crown I piston head.

cabeza de esclusa I lock head.

cabeza de escritura I write head.

cabeza de fricción I ratchet-stop.

cabeza de grabación I write head.

cabeza de inyector I injector nipple.

cabeza de la torre de perforación I masthead (drillings).

cabeza de lectura I read head (computing).

cabeza de lectura y escritura I R-W head.

cabeza de lectura-grabación I read-write head (computing).

cabeza de línea I railhead (railways) I road-head (railways).

cabeza de muñón I stub end (machines).

cabeza de pozo I wellhead (petroleum).

cabeza de registro I record head (computing).

cabeza de reproducción I video head.

cabeza de RF I RF head (radio).

cabeza de sonda I brace head I top rod (drillings).

cabeza de tornillo I screwhead.

cabeza de transductor I transducer head.

cabeza de transmisión automática I keying head.

cabeza de tubería con prensaestopas I stuffing box casing head (drillings)

cabeza de válvula I valve head.

cabeza de visor I gunsight head.

cabeza del puntal I pillar head (ships).

cabeza del remache I rivethead.

cabeza del rotor I rotor head (helicopter).

cabeza doble I two-gap head (computing).

cabeza exploradora I scan head (electronics).

cabeza grabadora I writing head.

cabeza grabadora-lectora I recording-play-back head.

cabeza hueca I socket head (screws).

cabeza lectora I playback head I tape head (computing).

cabeza magnética I tape head.

cabeza magnética borradora I magnetic erasing head.

cabeza magnética de lectura I magnetic reading head

cabeza monitora I monitor head (audio recorder).

cabeza multipista I multitrack head (register).

cabeza óptica de sonido I optical sound head.

cabeza redonda I mushroom head (rivets) I round head I roundhead I snaphead (rivets).

cabeza semiesférica I snaphead.

cabeza tractora I tugmaster.

cabeza trazadora I plotting head (computing).

cabezal I crown-piece I headstock.

cabezal barrenador I boring head.

cabezal copiador I tracerhead.

cabezal cortador I cutting head.

cabezal cortador giratorio I rotatable cutting head.

cabezal de exploración I scanning head.

cabezal de la cepilladora I planer head.

cabezal de mortajar I slotting ram.

cabezal de seguridad I safety head (oil well).

cabezal de taladrar I boring head.

cabezal de tracción I pulling head.

cabezal del acelerómetro I accelerometer head.

cabezal detector I probe unit.

cabezal divisor I index head (machine tool) I indexing head.

cabezal divisor helicoidal I spiral-head.

cabezal divisor mecánico I mechanical dividing head

cabezal frotador I rubbing head.

cabezal giratorio | rotatable head | swivel head | toolhead (machine tool).

cabezal inclinable | tilting head.

cabezal maquinizante | machining head.

cabezal motor | wobbler.

cabezal móvil | tailstock (lathe) | traveling head.

cabezal orientable | swivel head.

cabezal portabroca | drill head.

cabezal portacuchillas | cutter block.

cabezal portaherramienta | toolhead.

cabezal portamuelas | wheel stand | wheelhead.

cabezal portapieza | workhead (machine tool).

cabezal preselector | preselector head.

cabezal rasurador | shaving head.

cabezal roscador | threading head.

cabezal selectivo | selective head.

cabezal sensor | sensing head.

cabezal tensor | tensioning head.

cabezal trepanador | trepanning head.

cabilla | pin | trunnel.

cabilla recalcada y roscada | stub end.

cabilleros | breast work (navy).

cabina | cabin (airplanes).

cabina a presión | pressurized cabin.

cabina de mando | deck cabin | operator's car.

cabina de proyección | operating room (cinematography).

cabina del piloto | cockpit (airplanes).

cabina estanca | pressure cabin.

cabina eyectable | ejectable cabin.

cabina insonora | tank.

cabina telefónica | call box.

cabio acodado | knee rafter.

cabio corto | jack timber.

cabio maestro | binding rafter.

cabirón para espiar | whipping warp end (winch).

cable | hawser | rope.

cable aéreo | cable carrier | landline | overhead cable | wire tramway.

cable aéreo de transporte | rope railway.

cable aéreo transportador | wire ropeway.

cable agitador | jerk line (drillings).

cable alimentador | feeder cable.

cable alimentador secundario | subfeeder.

cable auxiliar | pilot cable.

cable bifilar | bifilar cable | two-conductor cable | two-wire cable.

cable blindado | shielded sire.

cable cargado | loaded cable.

cable catenario | catenary aerial cable.

cable cinta | ribbon cable (telecommunications) | switchboard cable (telecommunications).

cable coaxial | air dielectric cable | coaxial cable | coaxial line | hollow pipe.

cable coaxial doble | twin coaxial cable.

cable compacto | solid cable (telephony).

cable con aislamiento de caucho | rubber cable.

cable con cuatro conductores aislados | quad.

cable con envuelta de papel | paper cable.

cable con tubo protector | pipe-type cable.

cable conductor | trolley wire (electric trains).

cable conectador | jumping cable.

cable conexión | stub cable.

cable de acero | wire line (drillings) | wire rope.

cable de acometida | service cable | service-entrance cable.

cable de acoplamiento | jumper cable.

cable de alta frecuencia | radioguide.

cable de amarre | mooring hawser.

cable de anclaje | anchor rope.

cable de arriostramiento | jackstay.

cable de aterrizaje | landing wire.

cable de bujía | sparkplug cable.

cable de cierre | jumper.

cable de conductores pareados | paired cable.

cable de conexión | flexible | joining cable | patch cord.

cable de corriente trifásica | three-phase cable.

cable de cuatro pares | quadruple-pair cable.

cable de cuatro pares de cable | quad cable.

cable de dos conductores aislados retorcidos entre sí | twin cable.

cable de elevación | load line.

cable de encendido | igniting wire (mechanics).

cable de entubación | casing line.

cable de equilibrio | balance rope.

cable de extracción | haulage rope (mining) | pit rope | shaft cable (mining).

cable de fibra óptica | optical fiber cable.

cable de hiperfrecuencia | radioguide.

cable de intercomunicación | intercommunication wiring.

cable de interconexión | interlinking cable.

cable de izar | load fall.

cable de línea de transmisión | transmission-line cable.

cable de llaves | jerk line (drillings).

cable de llegada | pigtail (electricity).

cable de maniobra | move line | spudding cable (drillings) | swing line.

cable de neutro I generator neutral lead.
cable de parejas múltiples I m. t. cable.
cable de pares I nonquadded cable (electricity) I paired cable.
cable de perforación I wire line.
cable de potencia I power cord.
cable de radiofrecuencia I radio-frequency cavity preselector.
cable de rastreo I wire sweep.
cable de referencia I standard cable.
cable de remolque I towline I towrope I trailing cable.
cable de retenida I stay rope.
cable de retorno I back-line.
cable de RF I RF cable.
cable de suspensión I lift wire I pull-off cable I suspension wire (telecommunications).
cable de sustentación I lift wire.
cable de telecomunicación I telecommunication cable.
cable de tierra I earth cable.
cable de toma de tierra I landing wire.
cable de tracción I inhaul cable I pull rope I thrust wire.
cable de tracción de retorno I inhaul (ropeways).
cable de transmisión I power cable I transmission rope.
cable de tres conductores trenzados I twisted treble cable.
cable de trole I trolley wire.
cable de un solo conductor I single conductor cable.
cable de unión I junction cable I rail bond I tie cable.
cable de varios pares I twin cable (telephony).
cable del encendido I ignition cable.
cable director I leader cable.
cable distribuidor I distributor.
cable eléctrico I electric cable.
cable en estrella I spiral quad (telecommunications).
cable entubado I pipe-type cable.
cable flexible de conexión I pigtail.
cable guía I leader cable.
cable guiador I leader cable.
cable interior I internal cable.
cable intermedio I intermediate cable (telecommunications).
cable interurbano I toll cable.
cable interurbano pupinizado I loaded trunk cable (telephony).
cable metálico I wire rope.
cable metálico preestirado I preformed cable.

cable monofilar I single-conductor cable I single-lead cable.
cable multifilar I multicore cable.
cable no cargado I unloaded cable (telecommunications).
cable oceánico I ocean cable (telecommunications).
cable para corrientes portadoras I carrier cable.
cable para líneas auxiliares I junction cable.
cable para transmisiones I signal cable.
cable para transporte de energía I power cable (electricity).
cable portante I cable messenger I suspension cable I track cable.
cable puenteador I jumping cable.
cable pupinizado I coil-loaded cable I loaded cable (telephony).
cable revestido de plomo I leaded cable.
cable sacatestigos I wire line coring (wells).
cable simétrico I symmetrical cable (telecommunications).
cable sin fin I endless line.
cable subfluvial I subaqueous cable.
cable submarino I submarine cable.
cable sustentador I bearer cable I carrying rope I lifting line I load cable.
cable sustentador de conductor aéreo I cable messenger.
cable teledinámico I teledynamic cable.
cable telefónico submarino I submarine telephone cable.
cable telegráfico I telegraph cable.
cable telemétrico I telemetry cable.
cable terrestre I land cable (communications).
cable tractor I lead line.
cable triaxial I triaxial cable.
cable tubular I pipe cable (electricity).
cableado I wiring system I wrapping.
cableado de bastidor I rack wiring.
cableado de interconexiones I interface cabling.
cableado interconectador I interconnecting cabling.
cableado interno I landing.
cableado oculto I concealed wiring.
cableado plano I printed wiring.
cableado previo I loom.
cablear I wire (to).
cablegrama I cable I cablegram.
cables de unión I linking cables.
cables para extracción minera I winding ropes.
cable-vía I track cable.
cablevisión interactiva I interactive cable TV.
cabo I cape (geology) I headland.

cabo de amura I bow rope.
cabo de popa I after rope (ships).
cabos de amarre I working lines.
cabotaje I cabotage (navy, aviation).
cabrerita I cabrerite.
cabrestante I breast derrick I capstan I cathead I whim I winch I windlass.
cabrestante con motor I motor winch.
cabrestante de arrastre I rope haulage hoist (mining).
cabrestante de espía I warping capstan.
cabrestante de popa I after capstan.
cabria I barrow I derrick I derrick pole I hoist I rig I shear I sheer legs I wheel and axle I windlass.
cabria de herramientas I tool crane (drillings).
cabria de mano I hand-power.
cabria en A I A frame I shear legs.
cabria para sondeos de petróleo I oil well rig.
cabrial I charter (mining).
cachón I bolt (forestry).
cacodilato I cacodylate.
cadacristal I cadacryst.
cadarzo I floss.
caddie I caddy (computing).
cadena aceticoceptora I aceticoceptor chain.
cadena amplificadora I amplifier chain.
cadena articulada I block chain I pintle chain I pitch chain I sprocket chain.
cadena binaria I binary chain.
cadena cinemática I kinematic chain.
cadena cinemática bloqueada I locked kinematic chain.
cadena con rastras I scraper chain.
cadena de absorción I absorbing boom (engineering).
cadena de agrimensor I chain I land chain I surveying chain.
cadena de aisladores I insulator chain I insulator stack I insulator string I isolators string (electric line) I string.
cadena de amarre I backstay.
cadena de ancla I cable (ships).
cadena de avance I feed chain (machines).
cadena de bits I bit string (computing).
cadena de carga I lifting chain (tackle).
cadena de charnela I rocker joint chain.
cadena de contretes I stud chain.
cadena de control de una radiación I radiation channel.
cadena de decapado I pickling line.
cadena de dientes invertidos I inverted-tooth chain.
cadena de emisoras I network.
cadena de grabación I line recording.

cadena de grúa I hoisting chain.
cadena de los imbornales I limber clearer.
cadena de Markov de tiempo discreto I time-discrete Markov chain.
cadena de montaje I assembly line.
cadena de pasadores I pin chain I pintle chain.
cadena de polímeros ligados I linked polymer chain.
cadena de recepción I receive chain (telecommunications).
cadena de relés I relay chain.
cadena de retenida I backstay I drag chain I keep chain.
cadena de rosario I bead chain (mechanics).
cadena de suspensión I sling I sling-chain.
cadena de tracción I pull chain.
cadena de transmisión I chain belt I driving chain I power chain I pull chain.
cadena elevadora I hoisting chain.
cadena Galle I chain sprocket I pintle chain I pitch chain I plate chain.
cadena inmóvil I stationary chain.
cadena lubricadora I oiling chain.
cadena propulsora I propelling chain.
cadena radiactiva I decay chain (nucleonics) I radioactive chain.
cadena televisiva I television chain.
cadena tipo margarita I daisy chain.
cadena transportadora I creeper chain I jack chain I link chain.
cadena transportadora de troncos I jacker chain.
cadena Vaucanson I ladder-chain.
cadenada I chain (topography) I chainage (topography).
cadencia I recurrence frequency I recurrence rate I timing (TV).
cadencia de tiro I rate of fire.
cadeneta I stud chain.
cadmífero I cadmiferous.
cadmio I cadmium.
caer I fall (to).
caer en barrena I spin (to).
caída anódica I anode fall.
caída catódica I cathode drop I cathode fall.
caída catódica normal I normal cathode fall.
caída de línea I line break (telecommunications).
caída de potencial I potential drop.
caída de presión I pressure drop.
caída de temperatura I temperature drop.
caída de tensión I power fail I tension drop (electricity).
caída de tensión continua I inductive DC voltage drop.

caída de tensión de ignitor | ignitor voltage drop.

caída de tensión de línea | line drop.

caída de tensión de un tubo electrónico | tube voltage drop.

caída de tensión de válvula | tube voltage drop.

caída de tensión en la línea | line dropping (electricity).

caída de tensión IR | IR drop.

caída de tensión resistiva | resistive voltage.

caída de voltaje | drop | IR drop | loss of pressure | potential drop | pressure drop (electricity) | pressure loss (electricity) | voltage drop.

caída de voltaje en la lámpara | valve drop (radio).

caída de voltaje en la línea | line drop.

caída de voltaje normal | rated voltage drop.

caída inductiva del voltaje | inductive drop | inductive voltage drop.

caída neta | net head (hydraulic turbine).

caída popel | after leech (ships).

caída por impedancia de dispersión | leakage-impedance drop.

caída por reactancia de dispersión | leakage-reactance drop.

caída relativa de tensión | relative voltage drop (electricity).

caída térmica | temperature derating.

caída térmica adiabática | adiabatic heat drop.

caída útil | effective head.

cairel | rail (ships).

cairel de bovedilla | knuckle.

caja | arse (block).

caja acústica | sound box.

caja baja | lowercase.

caja bifurcada | Y box (pipeline).

caja ciega | blank case.

caja de acometida de línea | line entrance.

caja de alimentación | feedbox.

caja de almacenamiento | storage box (computing).

caja de avances | feedbox (machine tool).

caja de balancín | rocker box.

caja de bornas | terminal box.

caja de cables | terminal box (electricity).

caja de cambio | gear shift.

caja de cambios | transmission casing (autos).

caja de cambios sincronizada | synchromesh gearbox.

caja de cementación | annealing box (metallurgy) | saggar (metallurgy) | sagger (metallurgy).

caja de conexiones | jack box | junction box | junction unit.

caja de derivación | block terminal | junction-box | pull box (electricity) | tap box.

caja de derivación de tres salidas | three-gang outlet box.

caja de derivación en T | tee-conduit box.

caja de distribución | block terminal | distribution box | splitter box | switchbox (electricity) | valve box.

caja de distribución del cable alimentador | feeder box.

caja de embutir | wall box (electricity).

caja de empalme | joint box (electrotecnics) | terminal chamber (electricity).

caja de empalmes | junction unit | junction-box | splice box (cables) | splice case (cables) | splice enclosure (cables).

caja de enchufe tripolar | three-pole socket.

caja de engranaje preselector | preselector gearbox.

caja de engranajes | wheelcase.

caja de engranajes de accesorios | accessory gearbox.

caja de engranajes de avance | feedbox.

caja de engranes de avances | feed gearbox.

caja de engrase | oil box.

caja de enlace | link box.

caja de fuegos | outer fire box (locomotives).

caja de fusibles | fuse box.

caja de fusil | gunstock.

caja de grasas | oil box (axes).

caja de herramientas | toolbox.

caja de lastre | pallet.

caja de maniobra de las agujas | switchbox (railways).

caja de moldeo | bottle | mold flask.

caja de paso | pull box (electricity).

caja de protecciones | protector box (telecommunications).

caja de prueba | test box.

caja de pulsadores | push-button box.

caja de recocido | annealing box.

caja de registro | manhole box.

caja de resistencias | resistance box (electricity).

caja de resistencias en derivación | shunt box.

caja de resonancia | echo box | resonance box | sound box.

caja de rótula | ball socket housing.

caja de salida | outlet box.

caja de seccionamiento | link box (electricity).

caja de tipos | case (printing) | typebox.

caja de toberas | nozzle box (turbine).

caja de toma de corriente | outlet box (electricity).

caja de transmisión trasera | rear transmission box | tail rotor gearbox.

caja de unión | joint box | junction-box.

caja de válvulas | manifold (ships) | valve box | valve chest | valve manifold.

caja de ventilación | air box (mining).

caja de viento | air box (furnaces).

caja del distribuidor | valve liner.

caja enflejada | iron-hooped case.

caja inferior de un molde | nowel (siderurgy).

caja negra | black box (electronics).

caja para bobina Pupin | loading-coil pot (cables).

caja para fundir | mold flask.

caja reforzada con flejes de hierro | iron-hooped case.

caja refrigerante | jumbo.

caja terminal | cable termination | junction box | rosette box (electricity).

caja tipográfica | typecase (printing).

caja y espiga | mortise and tenon.

caja-molde | casting box (stereotypography).

cajas de distribución del alumbrado | lighting distribution boxes.

cajas de humo | breeching (boilers).

caja-soporte para bastidor | rack frame (electronics).

cajear | mortice (to).

cajear traviesas | adze (to) | jag (to).

cajeo | jagging.

cajeo de traviesas | adzing.

cajetín | box (printing).

cajista | compositor.

cajón de aire comprimido | caisson (foundations) | pneumatic caisson (foundations).

cajón neumático | pneumatic caisson.

cal activa | active lime.

cal apagada | slaked lime.

cal cáustica | caustic lime.

cal grasa | rich lime.

cal hidráulica | lean lime.

cal magnésica | magnesium lime.

cal magra | lean lime.

cal muerta | dead-burned lime | overburned lime.

cal nitrogenada | lime nitrogen.

cal viva | burn lime | lime.

calabrote | cable | cable-laid rope | hawser | warp.

calabrote de remolque | towline | towrope | warping line.

calada inferior | lower shed (weaving).

calado de la hélice | propeller draught.

calado del paso | pitch setting (screws).

calado en lastre | light water-draught (ships).

calado medio | mean depth (ships) | mean draught (ships).

calafatear | calk (to) | caulk (to) | jag (to) (iron) | stuff (to).

calafateo | caulking.

calafateo de hierro | jagging.

calaíta | calaite.

calaje de las escobillas | adjustment (dynamos).

calamina | brass ore | calamine | galvanized sheet.

calandra | rolling press.

calandraje | mangling | pressing.

calandrar | calender (to) (weaving) | mangle (to).

calandria | beating mill (machines) | calender | glazing machine | ironer roller | mangle | mangler | mangling machine | rotary ironer | wringing machine (machines) | roller calender.

calar | break through (to) | hole through (to).

calar el periscopio | periscope down (to).

calar las escobillas | adjust the brushes (to).

calaverita | calaverite.

calce | wedging.

calcedonia | calcedony.

calcedonia azulada | blue moonstone.

calcinación | burning | ignition | roasting.

calcinación de menas de hierro | iron ore roasting.

calcinador | roaster.

calcinar | ash (to) | bake (to) | burn (to) | decrepitate (to) (salts) | roast (to) (minerals).

calcio | calcium (Ca).

calcio radiactivo | calcium 45 (beta radiation) | radio calcium.

calciocelestita | calciocelestite.

calciosilicio | calcium-silicon.

calciotermia | calciothermy.

calcirudita | calcirudite.

calcisiltita | calcisiltite.

calcita arcillosa | clayey calcite.

calclitita | calclithite.

calcocita | chalcocite.

calcofilita | copper mica.

calcógeno | chalcogen.

calcomalaquita | calcomalachite.

calcopirita | copper pyrites | yellow copper | yellow ore.| chalcopyrite

calcosina | calcosine (minerals) | chalcosine.

calcotipia | copperplate engraving.

calcotita | copper glance.

calculable | computable.

calculador de tiro futuro | predictor.

calculador electrónico | calculating punch.

calculadora analógica lineal | linear analog computer.

calculadora analógica repetitiva | repetitive analog computer.

calculadora de cifra intercalada | interleaved-digit computer.

calculadora de cinta magnética | magnetic-tape computer.

calculadora impresora | printing calculating machine.

calculadora navegacional | navigational computer.

calculadora óptica electrónica | optical computer.

calculadora sin dirección | zero address computer.

calculadora transistorizada | transistor calculator.

calcular | compute (to) | figure (to).

cálculo | adjusting.

cálculo de probabilidades | theory of probabilities.

cálculo de producción | yield determination.

cálculo de Ricci | Ricci calculus.

cálculo de rumbo | route calculation (ships).

cálculo de trayectografía óptica | optical trajectory calculation.

cálculo del alcance | range estimation.

cálculo en tiempo real | real time computing (computing).

cálculo infinitesimal | infinitesimal calculus.

cálculo radárico de distancia | radar ranging.

calda | heat | heating.

calda al blanco | wash heat.

calda al blanco naciente | incipient white heat (1,330° C).

calda al rojo naciente | incipient red heat.

calda al rojo pálido | pale red heat (950° C).

calda con aire oxigenado | oxygen-enriched heat (metallurgy).

calda de afino | refining heat (metallurgy).

calda de cohesión | saddening heat (ingots).

calda de exudación | wash heat.

calda de laminación | mill heat.

calda efervescente | wild heat (metallurgy).

calda roja | red heat.

caldeado con fueloil | oil-fired | oil-fueled.

caldeado con gasoil | oil-fired.

caldeado con petróleo | oil-fired.

caldeado por corriente de alta frecuencia | h f heated.

caldeado por ondas de choque | shock-heated.

caldear | heat (to).

caldear por inducción | induction-heat (to).

caldeo | firing (furnaces) | heating | stoking.

caldeo con fueloil | oil heating | oil-firing.

caldeo en el vacío | vacuum-firing.

caldeo en exceso | overfiring.

caldeo por inducción | induction heating.

caldeo por lámparas infrarrojas | infrared lamp heating.

caldeo por radiofrecuencia | RF heating.

caldera | boiler | chaldera (geology) | kettle.

caldera calorifugada | lagged boiler.

caldera de explosión | explosion caldera (volcanology).

caldera de fusión | melting pot.

caldera de licuación | liquation pan.

caldera de mercurio | mercury boiler.

caldera de presión | kier.

caldera de recuperación | waste heat boiler.

caldero de colada | ladle.

caldero de fusión | melting vessel.

caldo | molten metal.

caldo defectuoso | off heat.

caledonita | caledonite.

calefacción | heating.

calefacción interna | internal heating.

calefacción por radiación infrarroja | infrared radiation heating.

calefacción solar | solar heating.

calefactor | heat conducting.

calefactor oscuro | dark cathode.

calefactor termoeléctrico | thermoelectric heater.

caleidófono | kaleidophone.

caleidoscopio | kaleidoscope.

calentado al blanco | white hot (chemistry).

calentador | heater.

calentador de mezclas de fluidos | open heater.

calentador del aire de admisión | intake air heater.

calentamiento aerodinámico | aerodynamic heating.

calentamiento de onda | wave heating.

calentamiento de retorno | back heating.

calentamiento en el vacío | vacuum-heating.

calentamiento gamma | gamma heating.

calentamiento por bombardeo iónico | ionic heating.

calentamiento por inducción | induction heating.

calentamiento por rayos infrarrojos | infrared heating.

calentamiento rápido | quick heating.

calentamiento superficial | wash heat (ingots).

calentar | heat (to) | warm (to).

calentar por corrientes de alta frecuencia | induction-heat (to).

calibración | alignment | calibration | gaging (USA) | setting | sizing.
calibración de distancia cero | range zero (radar).
calibración de presión | pressure calibration.
calibración óptica | optical gaging.
calibración por deformación | strain gaging.
calibración volumétrica | volumetric calibration.
calibrado | gaged | measurement.
calibrador | calibrator | prover.
calibrador angular | angle gage.
calibrador beta | beta gage (nuclear energy).
calibrador de aberturas | thickness gage.
calibrador de alambres | wire gage | wire gauge.
calibrador de alcances | range calibrator.
calibrador de alineación | alignment gage.
calibrador de brocas | bit gage.
calibrador de conificación | taper gage.
calibrador de cursor | slide-gage.
calibrador de distancia | range calibrator.
calibrador de espesor | taper set (saws).
calibrador de espesor de rayos gamma | gamma-ray thickness gage.
calibrador de espesores | slip gage | thickness gage.
calibrador de espesores por rayos X | X-ray thickness gage.
calibrador de frecuencias | frequency calibrator.
calibrador de grueso | taper set.
calibrador de herramientas | tool gager.
calibrador de manómetros | pressure-gage calibrator | pressure-gage testing machine.
calibrador de precisión | precision calibrator.
calibrador de radios | radius gauge.
calibrador de roscas | screw gage.
calibrador de tiempos | time calibrator.
calibrador de verificación de piezas | feeler gage.
calibrador magnético de deformaciones | magnetic strain gage.
calibrador micrométrico | micrometer caliper.
calibrador milimétrico para alambres | millimeter wire gage.
calibrador mínimo | no-go gage.
calibradora | separator.
calibrar | calibrate (to) | caliper (to) | gage (to) | gauge (to) | measure (to) | size (to) | trim (to).
calibrar la composición | cast (to) (printing).
calibre | calibre (G.B.) | caliper (artillery) | gauge | mold (USA.) | mould (G.B.) | size | template | templet.

calibre de anillo | ring gage.
calibre de espesores | parallel.
calibre de fabricación | working gage.
calibre de huelgo máximo | not go gage.
calibre de interiores | internal gage.
calibre de mínima | low-gage.
calibre de mordaza | snap gage.
calibre de nonio | vernier calipers | vernier gauge.
calibre de recepción | acceptance gage.
calibre de referencia | master gage.
calibre de resorte | snap gage.
calibre de roscas | thread gauge.
calibre de tapón | plug gage.
calibre de tolerancia | limit gage.
calibre de triscado | tooth-set gage (saws).
calibre decimal | decimal gage.
calibre hembra | female caliper gage.
calibre interior | male gage.
calibre macho | internal caliper | male gage | plug gage.
calibre maestro | master gage.
calibre máximo-mínimo | on-off gage.
calibre micrométrico | microcaliper.
calibre óptico | optical gage.
calibre para dientes de engranajes | tooth caliper.
calibre para verificar la conicidad | taper gage.
calibre patrón | reference gage | standard gage.
calicata | burrow (mining) | prospecting | prospecting pit | trial pit.
calicatas | costeaning.
caliche | caliche (cubic niter) | crude nitrate | nitrate.
calidad de la imagen | quality of picture reproduction.
calidad de transmisión | quality of transmission (telecommunications) | transmission performance.
calidad de un sonido | quality of a sound (acoustics).
calidad del servicio | quality of service (telecommunications).
caliducto | caliduct.
caliente | hot.
californio | Californium (chemistry).
caliginosidad | mistiness.
calima | haze.
calisténica | calisthenics.
caliza | cawk | chalk.
caliza acrecionaria | accretionary limestone.
caliza arenosa | arenaceous limestone.
caliza cavernosa | cavern limestone | cavernous limestone.
caliza coralina | coralline limestone.

caliza de grano muy fino | China stone.

caliza encrinítica | crinoidal limestone.

caliza espumosa | argentine.

cáliza oolítica | oolitic limestone.

calmado | killed.

calmar | kill (to) (steels).

calomelanos | calomel.

calor | heat.

calor atómico | atomic heat.

calor de fusión | melting heat.

calor geotérmico | geothermal heat.

calor infrarrojo | infrared heat.

calor primario | primary heat (nuclear energy).

calor radiactivo | radioactive heat (thermodynamics).

calor radiante | irradiated heat.

calor radiogénico | radiogenic heat.

calor radiógeno | radioactive heat.

calor residual | waste heat.

calor solar | solar heat.

calor volumétrico | molal specific heat.

calorescencia | calorescence.

caloría | calorie.

caloría gramo | gram-calorie.| small calorie

caloría pequeña | small calorie.

calorífero | heater | heating apparatus.

calorifugacia | heat resistance | heat-repellence.

calorifugado | heat-isolated.

calorifugar | lag (to).

calorífugo | heat resistant | heat-repellent | heat-resisting | nonconducting | nonconductive | nonconductor.

calorimetría | calorimetry | heat measurement | heat-measuring.

calorímetro | heat indicator.

caloriscopio | caloriscope.

calorización | calorization.

calzada | roadway.

calzar | key (to) | sprag (to) | underlay (to) | wedge (to) (wheels).

calzar la matriz | back (to) | back up (to) (stereotypography).

calzar las ruedas | block (to).

calzo | chock | chuck | shoe | skid | skid shoe | sprag (wheels) | underlay | wedge.

calzo para ajuste | shim.

calzón | wye branch (pipes) | wye-pipe (pipes).

cama de roldanas | caster bed.

camacita | balk iron.

cámara | bord (mining) | room.

cámara aerofotográfica | aeronautical camera.

cámara aerofotogramétrica | aerocamera.

cámara aislada | panel (coal mine).

cámara anecoica | anechoic chamber | echoless chamber | free-field room.

cámara cribadora | screen chamber.

cámara de aire | air chamber | air pocket | air space | air tube (tires) | airlock (space vehicle) | inner tube (tires) | tube (tires).

cámara de bifurcación | junction chamber.

cámara de bolsillo | candid camera.

cámara de bombardeo | target chamber (radioactivity).

cámara de calderas | stokehold (ships).

cámara de captación | pickup camera.

cámara de carga | surge chamber.

cámara de centelleo | scintillation camera (nuclear energy).

cámara de cocción | burning chamber.

cámara de cohete | rocket chamber.

cámara de combustión | burner | combustion chamber | combustor | firing chamber (rocket engine).

cámara de combustión del estatorreactor | ramjet combustion chamber.

cámara de combustión interetápica | interheater (gas turbine).

cámara de combustión lateral | wing combustion chamber (boilers).

cámara de combustión turbulenta | swirl combustion chamber (engines).

cámara de compensación óptica | smear camera (photography).

cámara de compresión | pistonphone.

cámara de confluencia | junction chamber.

cámara de decantación | desilting chamber.

cámara de depresión | low-pressure chamber.

cámara de depuración | skim gate.

cámara de descarga | exhaust chamber.

cámara de descargas impulsadas | pulsed spark chamber.

cámara de descompresión | decompression chamber.

cámara de desecación | stoved room.

cámara de difracción por rayos X | X-ray diffraction camera.

cámara de distribución del vapor | steam box | steam case.

cámara de dosificación | range chamber.

cámara de empalmes | jointing chamber (submarine cables).

cámara de enganche | lodge.

cámara de ensayos | test chamber.

cámara de equilibrio | surge chamber (hydraulics) | water regulator (torpedos).

cámara de esclusa | lock chamber.

cámara de experimentación | experimental chamber.

cámara de fermentación | fermentation room.
cámara de fusión | iron chamber (puddler).
cámara de gas | gas chamber.
cámara de iconoscopio | iconoscope camera.
cámara de ignición | firing chamber.
cámara de impulsión | pressure chamber.
cámara de infrarrojo | infrared camera.
cámara de inyección | injection chamber.
cámara de ionización | cloud chamber | ion chamber | ionization chamber.
cámara de ionización de control | monitor ionization chamber.
cámara de ionización de impulsos | pulse ionization chamber.
cámara de ionización del revestimiento | lining ionization chamber.
cámara de ionización integrante | integrating ionization chamber.
cámara de ionización proporcional | proportional ionization chamber.
cámara de maniobra | working chamber.
cámara de mezcla | mixing chamber.
cámara de neumático | tire tube | tyre tube.
cámara de observación | observation chamber.
cámara de precombustión | precombustion chamber.
cámara de presión | pressure chamber.
cámara de pruebas | test chamber.
cámara de pulverización | spray chamber.
cámara de radiografías | X-ray camera.
cámara de recalentamiento | jacket space.
cámara de recocido | annealing kiln.
cámara de recuperación del calor | regenerator (metallurgical furnace).
cámara de resonancia | echo chamber.
cámara de reverberación | reverberation chamber.
cámara de secado | drying furnace | drying house.
cámara de sedimentación | sediment chamber | silt basin.
cámara de sobrepresión | plenum.
cámara de televisión | telecamera | television camera.
cámara de televisión portátil | walkie-lookie.
cámara de temperatura controlada | temperature-controlled chamber.
cámara de tostación | stall.
cámara de trabajo | working chamber (floating dam)..
cámara de trayectorias | track chamber.
cámara de trazas | track chamber.
cámara de vacío parcial | vacuum chamber.
cámara de válvula | pocket.

cámara de vapor | steam chamber | steam holder (boilers).
cámara de vaporización | vaporizing chamber.
cámara de vidicón | vidicon camera.
cámara de viento | air chamber (furnaces).
cámara de volumen variable | volume-defined chamber.
cámara del reactor | reactor pit (nuclear energy).
cámara del recuperador | regenerator chamber (furnaces).
cámara del viento | wind belt (metallurgy).
cámara ecoica | echo chamber.
cámara espiral | spiral casing.
cámara fotocartográfica | mapping camera.
cámara fotográfica | camera.
cámara hipobárica | high altitude test chamber.
cámara ionizante de pozo | well type ionization chamber.
cámara lasérica | laser camera.
cámara multiplacas | multiplate camera (photography).
cámara oculta | candid camera.
cámara resonante | echo chamber (radio) | ringing chamber (radar).
cámara submarina | underwater camera (optics).
cámara tomavista televisiva | television projector.
cámara ultrasónica | ultrasonic camera (TV).
cámara vacuodeshidratadora | vacuumized chamber.
cámaras y pilares | room-and-pillar.
camarote | cabin (ships).
cambiable | renewable.
cambiador calorífico | heat exchanger.
cambiador de avances | feed variator.
cambiador de calor | economizer.
cambiador de canal | channel shifter.
cambiador de derivación | tap changer.
cambiador de fases | phase shifter.
cambiador de frecuencias | frequency shifter.
cambiador de tensión | voltage changer.
cambiador de toma | tap changer (electricity).
cambiar | change (to) | commute (to) | replace (to).
cambiar de dirección | change one's course (to) | veer (to).
cambiar de rumbo | change one's course (to) (ships) | veer again (to) (ships).
cambiar la ruta | reroute (to).
cambio | changeover.
cambio a la derecha | right switch (railways).

cambio aniónico I anion exchange.
cambio atmosférico I weather change.
cambio automático I spring switch (ways).
cambio brusco I sudden change (meteorology).
cambio con cruzamiento I points and crossing (railways).
cambio de aguja de tope I stub switch (railways).
cambio de agujas I point-switch I split switch (railways).
cambio de agujas de arrastre I trailing-point switch.
cambio de frecuencias I frequency shift.
cambio de marcha I reversing I reversing motion I reversing shaft (railways).
cambio de marcha del avance I feed reversing gear.
cambio de paso I pitch changing (screws).
cambio de potencia de salida I power output variation.
cambio de presión I pressure change.
cambio de talón I trailing-point switch.
cambio de trazado I relocation.
cambio de tres vías I three-throw switch.
cambio de velocidades I change gear I speed gear.
cambio de vía I switch.
cambio de vía con aguja I point-switch (railways).
cambio de vía con agujas I split-switch.
cambio de vía en Y I Y switch (railways).
cambio dextrógiro I veering.
cambio doble I Y-switch (railways).
cambio en polarización I change in bias.
cambio incremental de frecuencia I incremental frequency change I incremental frequency shift.
cambio isobárico I pressure change.
cambio isomérico I isomeric change.
cambio sincronizado I synchromesh.
cambio volumétrico I volume change.
cambra I cold deck.
camino de rodadura I roller path.
camino de rollizos I logway.
camino de saca I logging road (woods).
camino de servicio I accommodation road.
camino de troncos I logway.
camino medio libre I mean-free-path (atomic physics).
camino tangencial de una onda I tangential wave path.
camión I lorry I motortruck I truck.
camión cisterna I road tanker I tank truck.
camión cisterna de combustible I refueller.

camión con remolque I trailer truck.
camión de doble eje direccional I twin-steered truck.
camión de remolque I tow truck.
camión-grúa de socorro I wrecking car.
camisa I casing (rolls) I sleeve (machines).
camisa calefactora I jacket.
camisa de cilindro I liner.
camisa de la válvula del pistón I piston valve liner.
camisa de refrigeración I water jacket.
camisa del eje I shaft liner.
camisa exterior I mantle (blast furnaces).
camisa interior I lining (machines).
camón I curb rafter.
campana I shed (electricity).
campana de aislador I petticoat.
campana de vacío I vacuum desiccator.
campana neumática I caisson.
campo I field.
campo acústico I acoustical field.
campo auxiliar de aterrizaje I staging field.
campo cinético I motional field.
campo crítico I critical field.
campo cuadrático I quadratic field.
campo cuantificado I quantized field.
campo de antenas I antenna field.
campo de aplicación I scope.
campo de aterrizaje I aircraft landing field I landing field I landing ground.
campo de direcciones I address field (computing).
campo de dispersión de la culata I yoke leakage field
campo de exploración I scanning field.
campo de explotación I winning (mining).
campo de fuerza magnetostático I magnetostatic field.
campo de imagen explorada I scanned image field.
campo de lanzamiento I launching site.
campo de medida I measuring range (implements).
campo de multipolo magnético I magnetic multipole field.
campo de nutación I nutation field.
campo de perforación de zona I zone punching area.
campo de radiación I radiation field.
campo de reacción I reacting field (electricity).
campo de selección I translation field (telephony).
campo de tetrapolo I quadrupole field.
campo de variación temporal I time varying field.

campo de visión I lens coverage.
campo de visión efectivo I real field of view.
campo desprotegido I unprotected field (visualization).
campo eléctrico I electric field.
campo eléctrico aleatorio I random electrostatic field.
campo electromagnético I electromagnetic field.
campo electrónico I electronic field.
campo electrostático I electrostatic field.
campo escalar I scalar field (mathematics).
campo fotográfico I photographic field (optics).
campo giratorio I revolving field I rotating field.
campo gravitacional I gravity field.
campo inductor motórico I motor field (electromotor).
campo interno I internal field (dielectric).
campo irradiado I irradiated field.
campo irrotacional I irrotational field.
campo magnético I M field I magnetic field.
campo magnético constrictor I pinch field.
campo magnético de cúspide I magnetic cusp field.
campo magnético estelar I stellar magnetic field.
campo magnético giratorio I rotary field.
campo magnético intermolecular I intermolecular magnetic field.
campo magnético longitudinal I longitudinal magnetic field.
campo magnético pulsante I pulsating magnetic field.
campo magnético pulsátil I pulsed magnetic field.
campo magnético solar I solar magnetic field.
campo magnético terrestre I terrestrial magnetic field.
campo magnético uniforme I uniform magnetic field.
campo mesónico I meson field.
campo múltiple I multiple field (telecommunications).
campo multipolo I multiple field (electromagnetism).
campo ondulatorio I wave field.
campo perturbador I interference field (radiocommunications) I noise field.
campo petrolífero I petroleum field.
campo próximo I near field (acoustics).
campo rotacional I circuital vector field I coil field.
campo semigeneral I medium-long shot (TV).

campo sonoro I noise field.
campo telúrico I telluric field.
campo umbral I threshold field (magnetism).
campo útil I signal field (radiocommunications) I useful field (radiocommunications).
campo variable I moving field (electricity).
campo vectorial aperiódico I irrotational field I lamellar field.
campo vectorial de velocidades I velocity vector field.
campo visual I visual field.
campos entrelazados I interlaced fields (TV).
camuflaje I camouflage.
canadol I canadol.
canal I canal I carrier (hydraulics) I channel I culvert I cutter I duct I Q channel (TV) I sluice I sluiceway I spout I track (tape).
canal a dos hilos I two-wire channel (telecommunications).
canal activo I working channel (telecommunications).
canal acústico I voice channel.
canal aleatorio I random channel.
canal aliviadero I spillway.
canal ancho I wide channel (telecommunications).
canal colector I volute chamber (centrifugal pump) I whirlpool chamber (centrifugal pump).
canal compartido I cochannel (radiocommunications) I shared channel (radiocommunications).
canal común I cochannel.
canal continuo en el tiempo I time-continuous channel (communications).
canal cromático I color channel.
canal cubierto I box drain.
canal de acceso a memoria I storage access channel.
canal de aire I air channel (furnaces).
canal de aireación I ventilating duct.
canal de cinta I tape channel (computing).
canal de colada I iron runner (blast furnaces) I main gate (foundry) I main runner (foundry) I pouring head (foundry) I pouring spout (foundry) I spout I sprue I tapping shoot (metallurgy).
canal de comunicación I communication channel I voiceway (telecommunications).
canal de conducción I raceway.
canal de conversación I speech path I voice channel.
canal de datos I data channel (computing).
canal de derivación I diversion channel I diversion-canal.

canal de desagüe I delivery canal I overflow channel I sewer pipe.

canal de descarga I delivery canal I drain I tailwater course (turbine) I wasteway.

canal de deslizamiento I taxi channel (hydroplanes).

canal de dos direcciones I two way channel.

canal de dos vías I two-way channel (telecommunications).

canal de émbolo I piston hole.

canal de entrada I inflow channel I inlet channel.

canal de entrada-salida I input-output channel (computing).

canal de frecuencia de radio I radio channel.

canal de frecuencias I frequency channel I passband channel.

canal de fusión I melting trough.

canal de iluminación I luminance channel.

canal de información I information channel.

canal de irradiación I irradiation channel (nuclear energy).

canal de llamada I call channel (telecommunications).

canal de llegada I penstock.

canal de luminancia I luminance channel.

canal de paso de banda I passband channel (radio).

canal de perforación I punching channel.

canal de programa I program channel.

canal de protección I protection channel (telecommunications).

canal de prueba I pilot channel I test channel.

canal de radio bidireccional I both-way radio channel.

canal de radiodifusión A.M I AM. broadcast channel.

canal de radiodifusión común I standard broadcast channel.

canal de radiodistribución I rediffusion channel.

canal de radiofoto I radiophoto channel.

canal de referencia I reference channel.

canal de reflujo I ebb channel.

canal de registro I recording channel.

canal de reproducción I playbak channel I reproduction channel.

canal de retorno I reverse channel.

canal de salida I outlet channel I output channel.

canal de seguimiento I tracking channel.

canal de señalización I signaling channel (telecommunications).

canal de servicio I service channel (telephony).

canal de soldar I welding pass.

canal de subportadora I subcarrier channel.

canal de supervisión I supervisory channel (telecommunications).

canal de telecomunicación I telecommunication channel.

canal de telemedida I telemetering channel.

canal de televisión I television channel.

canal de tiempo I time channel (nuclear energy).

canal de toma I penstock.

canal de tono I tone channel (telecommunications).

canal de trabajo I working channel (reactor).

canal de transferencia I transfer canal (nuclear energy) I transfer channel.

canal de transmisión I transmission channel.

canal de túnel aerodinámico I wind tunnel throat.

canal de una vía I one-way channel.

canal de unión I junction canal.

canal de vídeo I video channel.

canal de vuelta I return channel.

canal deformado I burst channel (telephony).

canal del cilindro I roll pass (rolling mill).

canal desplazado I offset channel (telecommunications).

canal detector de impulsos I pulse-detecting channel.

canal directo I through channel (telecommunications).

canal dúplex I duplex channel.

canal en vacío I idle channel (telecommunications).

canal entrante I incoming channel.

canal entre centrales I interexchange channel (telecommunications).

canal estéreo de la derecha I right stereo channel.

canal estereofónico I stereophonic channel.

canal evacuador I wasteway.

canal hembra I box pass (rolling mill).

canal hertziano I radio link.

canal hidrodinámico I testing tank I tunnel.

canal hidrodinámico de luz polarizada I polarized channel.

canal indicador I pilot channel (radio).

canal interceptador I intercepting channel.

canal invertido I inverted channel.

canal lateral secundario I second adjacent channel.

canal macho I tongue (rolling mill roll).

canal monofrecuencia I single-frequency channel.

canal múltiple | multichannel | multiple channel.

canal múltiple de televisión | multiple television channel.

canal múltiplex | multiplexer channel (electronic computers).

canal navegable | ship canal | ship channel.

canal normal | normal channel (telecommunications).

canal normalizado | standard performance channel.

canal para el tránsito aéreo | traffic channel.

canal piloto | pilot channel.

canal radioeléctrico | radio channel.

canal radiotelefónico | R/T channel | speech channel.

canal regulador de velocidad | velocity channel (hydraulics).

canal relevador | relay channel.

canal reversible de televisión | reversible television channel.

canal silencioso | quiet channel.

canal simétrico | symmetrical channel.

canal sin memoria | memoryless channel.

canal soporte | bearer channel.

canal suma | sum channel (stereophonics).

canal telefónico | speech channel | telephone channel.

canal telegráfico | telegraph channel.

canal télex | telex channel.

canal unidireccional | one-way channel.

canal unilateral | unilateral channel (telecommunications).

canal vacante | idle channel.

canal vertical | vertical channel (oscilloscope).

canal vídeo | video carrier.

canal visual | video carrier.

canales de enlace | liaison channels.

canales internacionales para televisión | international television channels.

canales telefónicos multiplex | telephone channel multiplexed.

canaleta | canch | chute (mining) | pod.

canalización | cable wireway (electricity) | channeling (drillings and refineries) | conduit | distributor duct | duct line | duct work | ductway | feed line | pipage | pipe work | pipeline | piping | raceway | streaming | system of pipes | troughing.

canalización circular | ring main.

canalización de fuerza | power mains.

canalización de luz | lighting mains.

canalización de radio | radio multiplexing.

canalización de tonos | tone channeling (telecommunications).

canalización del aceite | oil-duct.

canalización doble | duplex channelling.

canalización eléctrica | electric main | electric piping | electrical conduit.

canalización enterrada | underground plant (electricity).

canalización plurirramal | multiple duct conduit.

canalización principal | main | main line | trunk pipeline.

canalización subterránea | subsurface piping | underground mains (electricity).

canalizador del flujo aerodinámico | fence (airships).

canalizar | canal (to) | canalize (to) | funnel (to) | pipe (to) | pipeline (to).

canalizar el gas | pipe gas (to).

canalón | chute | waterway.

canalón de trancanil | waterway (ships).

canastilla de popa | fantail (ships).

cáncamo | eared screw.

cáncamo de maniobra | lifting eye.

cáncamo de mar | swell.

cáncamo para izar | lifting eye | lifting eye bolt.

cáncamo roscado | screw eye.

cancelable | erasable (computing).

cancelación | cancellation | erasure | wiping (tape).

cancelación del cero | zero cancellation.

cancelación del registro | washout (tape).

cancelador de ecos | echo canceller.

cancelar | wipe (to) (tape).

canchal | bouldery ground.

candela | candela (brilliance unit) | candle.

candelero | stanchion (ships).

candente | incandescent.

candescencia | candescence.

canga | canga (geology).

cangilón | bucket | dipper (dredges) | scoop.

cangilón de arrastre | dragline bucket.

cangreja de popa | mizzen.

canilla | spigot | spool | spout | tap.

canillera | armor.

canteadora | edge planer | edger.

cantear | quarry (to).

cantera | delf | open cut | pit | quarry.

cantera de balasto | ballast pit.

cantera de piedra | stone pit.

cantería | ashlar masonry | ashlar work | quarrying.

cantidad | quantity.

cantidad de movimiento angular | moment of momentum.

cantidad de movimiento de la partícula I momentum of the particle.

cantidad de movimiento mecánico I mechanical momentum.

cantil I cliff.

canto a escuadra I square edge.

canto en bisel I featheredge.

canto rodado I boulder I cobble I pebble.

cantonera I angle bead (construction) I angle-staff I flange angle.

caña I stem.

caña del timón I tiller.

cañada I draw I hollow.

cañería I pipage I pipe I tubing I water pipe.

cañería de abastecimiento I supply pipe.

cañería maestra I main.

cañón I cannon.

cañón antiaéreo I A. A. gun.

cañón autopropulsado I abbot (105 mm).

cañón de pequeño calibre I light gun.

cañón de proa I nose cannon (airplanes).

cañón de tapar la sangría I mud gun (blast furnaces).

cañón electrónico I ion gun.

cañón electrónico de tubo de rayos catódicos para televisión I TV picture tube cannon.

cañón lanzacemento I cement gun.

cañón protónico I proton gun.

cañón rayado I rifled barrel (rifle).

cañón zunchado con alambre I wire-wound gun.

cañonazo I gunfire.

caolín I argilla I China clay I Cornish stone I kaolin I porcelain-clay I white bole.

caolinita I kaolinite.

capa I band I bed I blanket deposit (geology) I blanket vein I branch (mining) I layer I sheet (geology) I tier.

capa abscisa I abscission layer.

capa activa de un permagélido I mollisol (soil).

capa adherente I adhering nappe (hydraulics).

capa agotada I depletion layer.

capa aislante I barrier layer.

capa anódica I anode layer (electrochemistry) I anode sheath.

capa antirreflejo I lens coating (optics).

capa barrera I blocking layer (radio).

capa base I scratch coat I underlay.

capa bituminosa I blacktop I blanket (roads).

capa carbonífera I carboniferous bed.

capa catódica I cathode layer.

capa cero I zero layer (oceanography).

capa conductora en el aislante I intersheath (electric cables).

capa de bloqueo I blocking layer.

capa de carbón I coal-bed.

capa de electrones I electron shell.

capa de fricción I friction layer.

capa de granalla I ragging.

capa de hormigón I concrete bed I concrete layer.

capa de hulla I coal-bed.

capa de imprimación I prime coat.

capa de inversión I inversion layer (meteorology).

capa de mortero I mortar layer.

capa de oxidación I oxidation layer.

capa de ozono I ozone layer (meteorology).

capa de roce I scratch coat.

capa de separación I abscission layer.

capa de transición I depletion layer.

capa de valencia I valence shell (electronics).

capa delgada I shallow layer.

capa deslizante I shear layer (aerodynamics).

capa E I E layer.

capa electrónica interna I inner shell.

capa eruptiva I igneous rock sheet.

capa exterior I skin.

capa ferruginosa I iron pan.

capa fijadora de otra I strike.

capa final de enlucido I topping.

capa freática I phreatic surface I water table I water-bearing stratum.

capa fundente I melting layer.

capa imprimadora I priming coat.

capa inclinada I pitching seam (geology).

capa infinita I infinite sheet (nuclear energy).

capa ionosférica I ionic layer.

capa isotérmica I isothermal layer.

capa K I K layer I K shell.

capa L I L shell (electrons).

capa límite I boundary layer.

capa M I M shell (atoms).

capa metálica de revestimiento I metal cladding layer.

capa monomolecular I monolayer.

capa n I n shell.

capa nuclear I nuclear shell.

capa oxidada I scale.

capa protectora I coating I resist.

capa radioconductora I radio duct.

capa soporte I underlay (electroplating).

capa superior I topping.

capa superpuesta I overlay.

capa turbulenta I turbulent layer (meteorology).

capa volcánica I igneous rock sheet (geology).

capacidad I capacity I cubic contents I performance I power output.

capacidad a tierra I earth capacity.

capacidad ascensional I lifting capacity (floating docks).

capacidad de absorción I absorbing capacity.

capacidad de arrastre I load carrying capacity.

capacidad de canal I channel capacity.

capacidad de carga I carrying power (aeronautics).

capacidad de cierre I making capacity (electric circuit).

capacidad de conexión I making capacity.

capacidad de corte I interrupting rate (breakers).

capacidad de derivación I bypass capacity.

capacidad de desconexión I interrupting ability (circuit breakers) I interrupting rating.

capacidad de entrada I input capacity.

capacidad de laminación I rolling capacity (rolling mill).

capacidad de maniobra I interrupting capacity I interrupting rating I rupturing capacity.

capacidad de medio barril I kilderkin.

capacidad de potencia I power capacity.

capacidad de proceso I useful capacity (photography).

capacidad de respuesta I responsiveness.

capacidad de ruptura I interrupting ability I interrupting capacity.

capacidad de tráfico I traffic load I traffic-carrying capacity (telecommunications).

capacidad de transmisión I line capacity.

capacidad de un tanque I tankage.

capacidad en faradios I faradaic capacity (electricity).

capacidad en galones I gallonage.

capacidad en vatios-hora I watthour capacity.

capacidad inductiva I inductive capacity.

capacidad inductiva específica I specific inductive capacity.

capacidad máxima I rupturing capacity (circuit breakers).

capacidad productiva I load.

capacidad reflectora I mirror capacity.

capacímetro I C-meter I capacimeter I capacity meter.

capacitador de energía I power capacitor.

capacitador equilibrador I balancing capacitor.

capacitancia I permittance (electricity).

capacitancia de compensación I balancing capacitance.

capacitancia de entrada I input capacitance.

capacitancia de neutralización I balancing capacitance (radio).

capacitancia de placa I plate capacitance (electronics).

capacitancia de polarización I polarization capacitance.

capacitancia de salida I output capacitance.

capacitancia en derivación I shunt capacitance.

capacitancia entre conductores I line-to-line capacitance (three-phase line).

capacitancia entre un conductor y el neutro I line-to-neutral capacitance (three-phase line).

capacitancia inductiva específica I permittivity.

capacitancia interelectródica I interelectrode capacitance.

capacitancia parásita I stray capacitance.

capacitancia residual I residual capacitance.

capacitor I capacitor.

capacitor antiparasitario I spark killer.

capacitor coaxial I coaxial capacitor.

capacitor compensador I buffer capacitor.

capacitor compensador de ajuste I trimmer (radio).

capacitor con dieléctrico de papel I paper capacitor.

capacitor de acoplamiento I coupling capacitor.

capacitor de alimentación I feed-through capacitor.

capacitor de altavoz I loudspeaker capacitor (condenser).

capacitor de bloqueo I stopping capacitor (radio).

capacitor de bloqueo de salida I output-blocking capacitor.

capacitor de carga volumétrica I volume-charge capacitor.

capacitor de contracorriente I reflux-type capacitor.

capacitor de corrección I trimmer capacitor.

capacitor de dieléctrico de mica I mica-dielectric capacitor.

capacitor de equilibrado I trimmer capacitor.

capacitor de equilibrio en serie I padding capacitor.

capacitor de papel metalizado I metalized paper capacitor.

capacitor de placas paralelas I parallel-plate capacitor.

capacitor de tantalio sólido I solid tantalum capacitor.

capacitor de tomas múltiples I multiple unit capacitor.

capacitor electrolítico húmedo I wet electrolyte capacitor.

capacitor en derivación I shunting capacitor.

capacitor en serie I series capacitor I shortening capacitor.

capacitor filtrador I smoothing capacitor (radio).

capacitor múltiple I gang capacitor (radio).

capacitor rotativo I rotary capacitor.

capacitor tubular I tubular capacitor.

caparrosa I copperas (chemistry).

caparrosa azul I blue cooperas I blue vitriol I copper vitriol.

caparrosa blanca I white copperas.

capas intercaladas I interlayer (geology).

caperuza infrarroja I irdome (optics).

capilar I capillary.

capilla I advance sheet (printing).

capirón del chigre I winch barrel.

capitel I chapiter.

capitel de anta I anta cap.

capnófugo I smokeless.

capnorreducción I smoke redution.

capnoscopio I smoke gage I smokescope.

capota I top (autos).

capotaje I nose over (airplanes).

capotar I capsize (to) (airplanes).

caproico I caproic.

capronilo I capronyl.

cápsula I can.

cápsula de mercurio I mercury capsule.

cápsula de plomo I lead basin (chemistry).

cápsula de radio I radium cell.

cápsula de radón I radon seed.

cápsula fonocaptadora I pickup cartridge.

cápsula fulminante I percussion cap.

cápsula microfónica I microphone cartridge.

captación I uptake.

captación de la energía heliotérmica I solar-thermal collection.

captación de mensajes telefónicos I wiretapping.

captación de RF I RF pickup.

captación de zumbido I pickup.

captación del objetivo I acquisition (radar).

captado I trapped.

captador I catcher I interceptor I sensing device I sensor.

captador acústico I acoustic pickup.

captador de energía solar I solar collector.

captador de vibraciones I vibration pickup.

captador fotoeléctrico I photoelectric pickup device.

captador magnético I magnetic pickup.

captador telefónico I telephone pickup.

captor I transducer.

captor de neutrones I neutron capturer.

captor de sacudidas y vibraciones I shock and vibration pickup.

captor fonográfico I phonograph cartridge.

captor térmico I temperature pickup.

captura I lock-on (nuclear energy) I trapping (communications).

captura de iones positivos I positive-ion trapping.

captura de neutrones I poisoning (nuclear reactor moderator).

captura de rayos gamma I capture gamma rays.

captura estéril I nonfission capture (nuclear energy).

captura neutrónica múltiple I multiple neutron capture (nuclear energy).

captura neutrónica radiactiva I neutron radiactive capture.

captura neutrónica radiativa I radiative neutronic capture.

captura neutrónica sin proceso de fisión I nonfission capture.

captura por resonancia I resonance capture.

captura radiactiva I radioactive capture.

captura radiativa de piones I radiative pion capture.

cara I panel (work stone).

cara catódica I cathode face.

cara de una válvula I valve face.

cara del estribo I abutment back (construction).

cara lateral I pane (screw nuts).

caracoleo I scrolling (shielding).

carácter alfabético I letter.

carácter de código normal I shift-in character.

carácter de diseño I layout character.

carácter de imprenta I character (typography).

carácter de representación I layout character (computing).

carácter (letra) I typeface.

carácter magnético I magnetic character.

caracteres por pulgada I character per inch.

característica I characteristic (logarithms).

característica interelectródica I mutual characteristic.

características de colabilidad I feeding characteristics (metallurgy).

características de resolución I resolution characteristics (lenses).

caracterización I characterization (chemistry).

carámbano I ice needle I icicle. .

carbeno I carbene.

carbín I carbin.

carboalotrópico I carboallotropic.

carbocementación | carburizing (metallurgy).
carbografía | carbograph (photography).
carbohidrato | carbohydrate (biochemistry).
carbolato | carbolate.
carbólico | carbolic.
carbolizado | carbolized.
carbón | carbon (electricity) | coal.
carbón absorbente | absorbent charcoal.
carbon activado | active carbon.
carbón aglomerable | caking coal (geology).
carbón aglutinante | caking coal.
carbón animal | bone charcoal | char | ivory black.
carbón bituminoso | bituminous coal.
carbón con piritas | cat coal.
carbón de gas | gas coal | jet coal | lean coal.
carbón de huesos | bone charcoal | char.
carbón de leña | char.
carbón de llama larga | jet coal.
carbón de piedra | coal | pit coal.
carbón de retorta | retort carbon.
carbón en bruto | rough coal.
carbón esquistoso | bass | bony coal | slate-coal.
carbón extraído | mineral gotten.
carbón fusible | caking coal.
carbón galleta | cobbling.
carbón granza | pea coal.
carbón graso | fat coal.
carbón magro | lean coal.
carbón menudo | nut coal.
carbón metalizado | metal impregnated carbon.
carbón para hornos de recalentar | manufacturing coal (metallurgy).
carbón perbituminoso | perbituminous coal.
carbón piritoso | brassy.
carbón pizarroso | bony coal.
carbón pobre en volátiles | nongaseous coal.
carbón sapropélico | sapropelic coal.
carbón terroso | bone coal.
carbón vegetal activado | activated charcoal.
carbonado | carbonaceous (chemistry).
carbonatación | carbonatation | carbonating.
carbonatar | carbonate (to).
carbonato | carbonate (chemistry).
carbonato cálcico | calcium carbonate.
carbonato de calcio | calcite.
carbonato de cobre | artificial malachite.
carbonato de litio | lithium carbonate.
carbonato de manganeso | manganese carbonate.
carbonato de plomo | ceruse | lead carbonate.
carbonato de potasio | salt of tartar.
carbonato de sodio anhidro | soda ash.

carbonato magnésico | magnesium carbonate.
carbonato potásico | potash.
carbonato sódico | crystal carbonate.
carbonear | coal (to).
carboneo | charring.
carbónico | carbonic.
carbonífero | carboniferous.
carbonilación | carbonylation.
carbonilo | carbonyl.
carbonio | carbonium.
carbonita | carbonite (native coke).
carbonitruración | carbonitriding | dry cyaniding | gas cyaniding | ni carbing (metallurgy).
carbonitrurar | carbonitride (to).
carbonitruro de hierro | iron carbonitride.
carbonización | carbonizing | charring.
carbonizado | carbonized.
carbonizador | carbonizer (furnace).
carbonizar | carbonize (to) | char (to) | coal (to).
carbono | carbon (chemistry).
carbono de cementación | carbide carbon | carburizing carbon | cement carbon | combined carbon.
carbono de revenido | temper carbon.
carbono irradiado con haz lasérico | laser-irradiated carbon.
carbono libre | uncombined carbon (chemistry).
carbono no combinado | uncombined carbon.
carbono radiactivado | labeled carbon.
carbono radiactivo | radio carbon.
carbono total | total carbon (TC).
carbonometría | carbonometry.
carbonómetro | carbometer | carbonimeter | carbonometer.
carbonoso | carbonaceous | carbonous | coaly.
carbopetroceno | carbopetrocene.
carboquímica | coal chemistry.
carborreactor | jet fuel.
carbostirilo | carbostyril.
carbotermal | carbothermal.
carboxilo | carboxyl (chemistry).
carbunclo | carbuncle (mineralogy).
carbunco | charbon.
carburación | carburetting.
carburación defectuosa | faulty carburetion (engine).
carburador | carburetor (engines) | carburetter (engines).
carburador a presión | pressure carburetor.
carburador de cebado automático | self-priming carburator.
carburador de inyección | injection carburetor.

carburador de mecha I wick carburator.
carburano I carburan.
carburante I petrol.
carburar I carburize (to).
carburo I carbide (chemistry).
carburo cementado I cemented carbide.
carburo cementítico I cementitic carbide.
carburo de boro I boron carbide.
carburo de calcio I calcium carbide.
carburo de cromo trigonal I trigonal chromium carbide.
carburo de niobio I niobium carbide.
carburo de silicio I carborundum I silicon carbide.
carburo de volframio I tungsten carbide.
carburo esferoidizado I spheroidized carbide.
carburo maquinable I machinable carbide.
carburo sinterizado I cemented carbide.
carburómetro I carburometer.
carcasa I carcase I carcass.
carcasa del motor I motor frame.
carcel I carcel (luminosity unit).
carcinotrón I carcinotron (wave oscillator).
carda metálica I wire brush.
cardado I combed.
cardadora I carding engine.
cardan I cardan.
cardan doble I double universal joint.
cardioide I cardioid (mathematics).
carel I margin (metallurgical furnace).
carena I ship bottom.
carena de ruedas I wheel spat.
carenado I faired (airplanes).
carenado del tren de aterrizaje I undercarriage fairing (aeronautics).
carenaje I cowling.
carenaje frontal de un avión I nose cowl.
carenar I careen (to) I fair (to) I keel (to) (ships) I refit (to) (ships) I repair (to).
careno I carene (chemistry).
carga I backing (furnace) I batch (furnace) I burden (radioactivity) I cargo I load I loading I power load (electricity) I stress I weight I weighting.
carga a granel I bulk cargo (carriage).
carga a tracción I tension load.
carga absorbida I absorbed charge.
carga activa I activity loading I wattfull load.
carga admisible I working load.
carga aerodinámica I aerodynamic load I air load.
carga agrupada I lumped loading (circuit).
carga alar I wing loading.
carga anódica I anode load I plate load.
carga antisubmarinos I depth charge.

carga asimétrica I out-of-balance load.
carga atómica I atomic charge.
carga capacitiva I leading load (electricity).
carga cero I zero charge.
carga cíclica I pulsating load.
carga concentrada I point load.
carga continua I continuous loading.
carga de agua I pressure head (hydraulics).
carga de antena I antenna loading.
carga de arranque I pull-up.
carga de arranque del motor I motor-starting load.
carga de CC I D.C. load.
carga de corriente continua inductiva I inductive d. c. load.
carga de deformación I yield load.
carga de deformación remanente I yield stress.
carga de empuje I thrust loading I tooth load.
carga de entrada I input loading.
carga de entretenimiento I trickle charge (electricity).
carga de explotación I traffic load (railways).
carga de flexión I bending load I transverse stress.
carga de fluencia I yield strength.
carga de funcionamiento I operating head (hydraulics).
carga de haz electrónico I electron-beam loading.
carga de inercia I inertia loading.
carga de inflamación I booster charge.
carga de la hélice I propeller load.
carga de la línea I line packing (gas).
cargade memorial storage fill (computing) I memory fill
carga de pandeo I buckling stress (architecture).
carga de pico del laminador I mill peak load (electricity).
carga de placa I plate load.
carga de profundidad I depth charge.
carga de prueba I proof load I proof stress I test load.
carga de punta I peak load.
carga de refuerzo I boost charge (electricity).
carga de régimen I nominal load I rated load.
carga de registros I record load.
carga de retardo I lagging load (electricity).
carga de RF I RF load.
carga de rotura I breaking load (mechanics) I breaking stress I rupture stress I stress rupture.
carga de rotura traccional I tensile breaking stress.

carga de ruido | noise load (telecommunications).

carga de ruptura | breaking load.

carga de salida normal | standard output load (telecommunications).

carga de seguridad | safe load.

carga de separación | withdrawal load.

carga de trabajo | work-load (computing) | working load.

carga de vacío | vacuum head (hydraulics).

carga de viento máxima | wind loading.

carga del hogar | firing (boilers).

carga dieléctrica | dielectric loading.

carga dinámica | impulsive load | live load.

carga disimétrica | unsymmetrical loading.

carga disipadora | swamping load (radio).

carga eficaz | RMS load.

carga eléctrica | electric charge.

carga electrónica | electron charge.

carga en avance | leading load.

carga en estado líquido | melt-loading (explosives).

carga en estrella | Y load (three-phase system).

carga en horas puntas | peak charge.

carga en pastillas | pellet charge.

carga en servicio | safe load (machines).

carga energética | energy load.

carga energética de tracción | tensile energy load.

carga equilibrada | matched load (waves).

carga específica | specific charge (nuclear energy).

carga estática | inertial load | static head (fluid mechanics) | static load.

carga estructural | constructional load.

carga excéntrica | off-center loading.

carga explosiva | blasting charge | blowing charge | bursting charge | payload (projectile).

carga fija | overhead | static load.

carga fundida | cast (furnaces).

carga hidrodinámica | water load.

carga hidrostática | water head.

carga hidrostática de alimentación | feedhead.

carga hidrostática debida a la presión | pressure head.

carga hidrostática neta | net head.

carga impulsiva | impulsive load.

carga inducida | induced charge.

carga inductiva | inductance load | inductive load | lagging load.

carga iniciadora | initiator (explosives) | primer | primer tube.

carga iniciadora de la fluencia | yield stress (metallurgy).

carga intermitente | intermittent rating (electric motors).

carga inversa | negative loading.

carga iónica | ion charge.

carga lenta | trickle charge.

carga límite | maximum load | ultimate load.

carga límite de termofluencia | limiting creep stress.

carga máxima | load limit | maximum load | peak load | rated input (engines).

carga máxima admisible | ultimate allowable stress.

carga media | mean charge.

carga mínima de rotura a la tracción | minimum tensile strength.

carga motriz | motive head (hydraulics) | operating head.

carga móvil | live load.

carga no inductiva | noninductive burden.

carga no reactiva | noninductive burden (electricity) | noninductive load.

carga nominal | nominal load.

carga nuclear | payload.

carga nula | zero load.

carga por alumbrado | lighting load (electricity).

carga por bobinas en paralelo | shunt loading.

carga por eje | weight per axle.

carga por inducción | induction charging.

carga por la boca | muzzle loading.

carga positiva | positive charge (electricity).

carga posterior | back loading (electroacoustics).

carga previa | preloading.

carga pulsátil | pulsating load.

carga química | chemical filling.

carga radiactiva | radioactive burden.

carga reactiva | reactance load | reactive load | wattless load.

carga real | applied load.

carga reducida | underload (electricity).

carga residual | electrical residue (electricity).

carga sintonizada | tuned load (circuits).

carga sobrepuesta | superimposed load.

carga superficial | surface charge (electricity).

carga supuesta | assumed load.

carga temporal | transient load.

carga térmica | thermal load | work.

carga total | burden (electricity).

carga unidad | unit charge (electricity).

carga uniforme | uniform load.

carga unitaria | unit load.

carga unitaria de rotura a la flexión | modulus of rupture.

carga útil I useful load.

carga variable I varying load.

carga y arranque I load-and-go (computing).

carga y ejecución consecutiva I load-and-go (computing).

cargabilidad de la salida I fan out.

cargabilidad de salida I fan-out.

cargadera I inhaul (ships).

cargado I live (projectiles) I loaded I weighted.

cargado de ácido I acid laden.

cargador I magazine (weapons).

cargador de batería eólica I wind-driven battery charger.

cargador de imanes I magnet charger.

cargador de varios voltajes I multi-voltage charger.

cargador del sistema I system loader.

cargador impulsor I pusher charger.

cargadora de rastras I scraper loader.

cargadora en bandejas I pallet loader.

cargadora mecánica I loader.

cargadora mecánica de vagonetas I pit-car loader (mine pit).

cargamento I cargo.

cargar I charge (to) I stoke (to) (furnaces).

cargar lentamente I soak (to) (electricity).

cargar y trasladar I load and go (to) (computing).

cargas desiguales I unlike charges (electricity).

cargas iguales I like charges (electricity).

carguero I cargo ship.

carinación I carination.

carinado I keeled.

carlinga I carling I keelson I mast step.

carminita I carminite.

carnotita I carnotite (chemistry).

caroteno I carotene.

carotenoide I carotenoid (biochemistry).

carpintería I carpentering I carpentry.

carpintería de obra I structural carpentry.

carraca tensaalambre I wire stretcher.

carragenina I carrageenin.

carrera I sweep (spares) I throw (machines) I travel (machines) I traverse (machine tool).

carrera de admisión I inlet stroke (engines) I suction stroke (mechanics).

carrera de aspiración I induction stroke (engines).

carrera de encendido I ignition stroke.

carrera de explosión I ignition stroke (engines).

carrera de ida I outstroke (pistons).

carrera de impulsión I pressure stroke (engines).

carrera de la leva I lift of cam.

carrera de la válvula I lift of the valve I valve lift I valve travel.

carrera del carro del cabezal portamuela I wheelhead slide traverse.

carrera del distribuidor I valve travel.

carrera del émbolo del pistón I piston stroke.

carrera del pistón I piston throw I piston travel I ram stroke (press).

carrera motriz I working stroke.

carrera rápida de rodaje sobre la pista I taxi run.

carrera útil I working stroke.

carrete I bobbin I cathead (lathe) I reel.

carrete alimentador I supply reel.

carrete de alambre I wire coil.

carrete de rebobinado I rewind reel.

carrete virgen I virgin coil.

carretel I reel I spool I winder.

carretel de la corredera I log reel (ships).

carretera I road.

carretilla I barrow I bummer.

carretilla de transporte I buggy.

carretilla elevadora I fork lift truck I lift truck.

carretilla elevadora de paletas I pallet lift-truck.

carretilla elevadora para bandejas I pallet lift-truck.

carretón I bogey I bogie I bummer.

carretón de las ruedas I wheel truck (airplanes).

carretón de locomotora I locomotive truck.

carretón de motores I motor bogie.

carril I rail.

carril conductor I trolley rail.

carril de aguja I switch rail (railways).

carril de cambio I switch rail.

carril de contacto I power rail (electric train).

carril de zapata I tee rail.

carril fijo I main rail (railways).

carril móvil I moveable rail.

carril Vignole I tee rail.

carrilada I wheel track.

carrillo portatroncos I logging arch.

carro I carriage (machines) I carrier (machines).

carro anfibio (milicia) I alligator.

carro de asalto I assault tank.

carro de cepilladora I planing tool carriage.

carro de combate I tank.

carro de perforadoras múltiples I jumbo (tunnels, mines).

carro de puente-grúa I jenny.

carro de remolque I trailer.

carro de rodadura I jinny (gauntry crane) I truck (gauntry crane).

carro de selfactina I spindle carriage.

carro del torno I lathe slide.

carro giratorio de torno | swiveling slide.

carro portacables | wheeled cable drum (telecommunications).

carro portaherramientas | tool saddle | tool slide | tool standard | toolbox.

carro portamuela | wheel slide (grinder).

carro portatorreta | turret slide.

carro preselector | preselector saddle (machine tool).

carro transportador | traveling platform.

carrocería | body (automobile) | body work.

carrozar | body (to) (autos).

carta aeronáutica | navigation chart.

carta aeronaútica internacional | international aeronautical chart.

carta al nivel del mar | sea-level chart (meteorology).

carta batimétrica | bathymetric chart.

carta de ajuste | test pattern.

carta de altura | upper air chart (meteorology).

carta de aterrizaje | landing chart.

carta de ayudas a la navegación | radio facility chart.

carta de declinación magnética | magnetic chart | variation chart.

carta de derrotas | pilot chart.

carta de hielos | ice chart (navigation).

carta de isobaras | pressure change chart.

carta de los vientos | wind chart.

carta de navegación | circulation map | navigation chart (navy).

carta de navegación operativa | operational navigation chart.

carta de objetivos | target chart (aeronautics).

carta de posición | plotting chart.

carta de radar | radar chart.

carta de radionavegación | radionavigation chart.

carta de ruta | route chart.

carta de superficie | surface chart (meteorology).

carta esquemática | skeleton chart (cartography).

carta facsímil | facsimile chart (meteorology).

carta geográfica | map.

carta hidrográfica | chart | nautical chart.

carta isentrópica | isentropic chart.

carta marina | chart.

carta mercatoriana | Mercator projection chart.

carta naútica | navigation chart | pilot chart (navigation).

carta para planear vuelos | planning chart.

carta para vuelos con instrumentos | instrument flight chart.

carta pedológica | soil map.

carta piezométrica | pressure plot.

carta plana | plane-chart (nautics).

carta planimétrica | planimetric map.

carta policroma | polychromatic chart.

carta sinóptica | synoptic chart.

cartabón | knee plate | square | try square.

cartabón de contrafuerte | tripping bracket.

cartabón de inglete | miter gauge | miter square.

cartabón de unión | tie bracket.

cartas de ruta | routing chart (telephony).

cartela | bracket support | gusset bracket.

cartela angular | angle clip.

cárter de admisión | inlet case.

cárter de engranaje | wheelcase.

cárter de la turbina | turbine box.

cárter del aceite | oil-pan (automobile).

cárter del husillo | spindle case.

cárter del lubricante | oil sump.

cárter del reactor | engine case.

cartografía | cartography | chartography | mappery | mapping | planography.

cartografía estereoscópica | stereoscopic mapping.

cartografía fotogramétrica | photogrammetric mapping.

cartografía magnética | magnetic charting.

cartografía náutica | nautical charting.

cartografía por rayos infrarrojos | infrared mapping.

cartografía radar | radar mapping.

cartografía topográfica | topographic mapping.

cartografiar | cartography (to) | map (to).

cartógrafo | cartographer | chartographer | mapper.

cartograma | cartogram.

cartología | cartology.

cartólogo | cartologist.

cartómetro | chartometer.

cartón | card (loom) | paperboard.

cartón para telares | jacquard cardboard.

cartón-yeso | plaster-board.

cartucho | cartridge.

cartucho cebador | auget (blasting).

cartucho de cinta sin fin | wrap-around cartridge.

cartucho de fogueo | blank cartridge | practice cartridge.

cartucho de proyección | impulse cartridge.

cartucho estereofónico | stereo cartridge.

cartucho magnético | magnetic cartridge.

cartulina | paperboard.

casamata | gunhouse.
cascada | cascade (aerodynamics) | waterfall.
cascada de extracción | stripping cascade.
cascada de superficie de sustentación | lifting-surface cascade (aerodynamics).
cascajal | gravelly land.
cascajo | gravel.
casco | carcase (ships).
casco de buques o aviones | hull.
casco remachado | riveted hull.
casete | cassette.
casete original | master.
casiterita | cassiterite (tin oxide) | grain tin.
casiterita fibrosa | wood tin.
casquete | bonnet (valves).
casquete cónico | conical cap.
casquete glacial | ice cap.
casquillo | bushing | cap (glow lamp) | collar | ferrule | ferrule tip | stub end | thimble | tip.
casquillo adaptador | socket.
casquillo con ocho pitones | octal base (radio valves).
casquillo de bolas | ball bushing.
casquillo de cojinete | bearing shell.
casquillo de huso | spindle sheath.
casquillo de regulación | adjusting sleeve.
casquillo del prensaestopas | stuffing box gland.
casquillo guía | jig bushing.
casquillo octal | octal base.
castillete | tower | trestlework.
castillete de extracción | pithead frame (mining) | poppet (mining).
castillete de pozo de mina | pit head frame.
castillo de proa | forecastle.
castina | hearthstone | limestone flux (blast furnaces).
castor | castor (mineralogy).
castorita | castorite.
catabático | katabatic.
catacáustica | catacaustic (optics).
catadióptrico | catadioptric.
catalasa | catalase (biochemistry).
catalinita | catalina sardonyx.
catalisatrón | catalysatron (electrochemistry).
catálisis | catalysis.
catálisis por radiación | radiation catalysis.
catalíticamente pirodesintegrado | catalytically cracked.
catalizado por ácido | acid-catalyzed.
catalizador | catalyst (chemistry) | initiator.
catalizador ácido | acid catalyst.
catalizador alcalino | alkaline catalyst.
catalizador bioquímico | biochemical catalyst.
catalizador en suspensión | suspended catalyst.

catalizar | catalyse (to) | catalyze (to).
catalogar | table (to).
catapulta lanzacohetes | rocket booster.
catarata | waterfall.
catatermómetro | catathermometer.
catatipia | catatype (photography).
catazona | catazone (geology).
catear | exploit (to) | prospect (to) (mining).
catenaria | catenary (mathematics) | overhead distribution (electrified railway) | sag (curves) | string (electric line).
catenaria parabólica | parabolic catenary.
catenario | catenarian.
cateo | costeaning | prospect | prospecting | prospection | searching | wildcat.
catergol | monopropellant with catalyst.
catéter | catheter.
catetómetro | cathetometer.
catetrón | cathetron.
catión | cathion | cation.
catiónico | cationic.
cationotropia | cationotropy.
catódico | cathodic.
catodizar | cathodize (to).
cátodo | cathode | emitter | filamentary cathode.
cátodo borúrico | boride cathode.
cátodo calentado iónicamente | ionic-heated cathode.
cátodo cápilar | capillary cathode.
cátodo de baño de mercurio | mercury-pool cathode.
cátodo de bismuto | bismuth cathode.
cátodo de caldeo indirecto | unipotential cathode
cátodo de capa intermedia | interface cathode.
cátodo de cinta envolvente | sarong cathode (electronics).
cátodo de efecto túnel | tunnel cathode (electronics).
cátodo de platino ventilado | aerated platinum cathode.
cátodo de puntas | rake cathode.
cátodo del amplificador de radiofrecuencia | RF amplifier cathode.
cátodo emisor | dispenser cathode.
cátodo equipotencial | indirectly-heated cathode.
cátodo fotoeléctrico | photoelectric cathode.
cátodo L | L cathode (electricity).
cátodo rectangular | rectangular cathode.
cátodo sinterizado | sintered cathode.
cátodo termiónico | thermionic cathode.
catógeno | catogene (geology).
católito | catholyte.

catóptrico | catoptric.
catoscopio | cathoscope.
cattlerita | cattlerite (cobalt bisulfide).
cauce | bed (rivers).
caucho | caoutchouc | rubber.
caucho celular de látex | latex foam rubber.
caucho con gran proporción de plomo | lead rubber.
caucho de polibutadieno | polybutadiene rubber.
caucho duro | hard rubber.
caucho vulcanizado | vulcanized rubber.
cauchotado | rubberized.
caudal | capacity (pumps, ventilators).
caudal de estiaje | low water flow.
caudal en galones | gallonage (pumps).
caudal máximo | peak flow.
caudal máximo neto | net peak flow.
caudal medio | rate of flow (hydraulics).
caudal regulable | variable discharge (pumps) | variable duty (pumps).
caudalímetro | flowmeter.
cáustica | caustic (curves).
causticidad | causticness.
cáustico | caustic.
caustificar | caustify (to).
caustobiolito | caustobiolith.
cauterio eléctrico | galvanic cautery.
cautín | soldering iron.
cavadora cargadora | elevating grader.
cavar | excavate (to) | scoop (to).
caverna | cavern.
caveto invertido | reverse cavetto (architecture).
cavidad | camera | cavity | hole | hollow.
cavidad TR | T.R. cavity.
cavitación | boundary layer separation | cavitation | streaming.
cavitación de la hélice | propeller cavitation.
cavitación incipiente | incipient cavitation (screws).
cavitación intergranular | intergranular cavitation.
cavitar | cavitate (to).
caza-bombardeo | fighter bomber.
cebado | priming (bombs) | starting (injector).
cebado acústico | microphonics.
cebado anódico | anode firing.
cebado de impulsos | pulse priming.
cebado de un arco | striking of an arc.
cebador | bootstrap | primer (bombs) | water charger (pumps).
cebador atómico | atomic trigger.
cebador del carburador | tickler.
cebar | prime (to) (weapons) | strike (to) (electricity).

cebo | fuze | primer (bursting charge) | priming (explosives).
cebo de chispa | spark-fuse.
cebo de tensión | machine fuse | spark-fuse.
cebo detonante | detonating cup.
cebo eléctrico | electric blasting cap | electric cap | electric detonator fuse | electric fuse.
cebo eléctrico de incandescencia | quantity-fuse.
cebo eléctrico de voltaje | machine fuse.
cedazo | bolting-reel | riddle | screen | sieve.
cedazo mecánico | bolting mill.
cedazo sacudidor | shaking screen.
ceder | yield (to).
cefeida variable | cepheid variable (astronomy).
celadonita | celadon green | green earth.
celda | cell (computing).
celda binaria | bit location.
celda de absorción | absorption cell.
celda de bitio | bit location.
celda de datos | data cell.
celda de página | page frame (computing).
celda galvánica | galvanic cell.
celda nuclear | nuclear cell (nuclear battery).
celda sensible a la luz | light sensitive cell.
celestial | celestial.
celestita | celestite (minerals).
celidografía | celidography.
celidógrafo | celidographer.
celita | celite.
celosía | framework | lacing | lattice | louver (ships) | louvre (ships) | window blind.
celosía húmeda | wet lattice (nuclear energy).
célula cromática | color cell.
célula de batería | battery cell.
célula de cesio | cesium cell.
célula de litio | lithium cell.
célula de memoria | data cell.
célula de reducción-oxidación | redox cell.
célula de silicona | silicon cell.
célula de sulfuro de plomo | lead sulphide cell.
célula de teluro de plomo | lead telluride cell.
célula de unión electroquímica | liquid junction cell.
célula fotoconductora | photoresistive cell.
célula fotoeléctrica | electric eye | light cell | P. E. cell | photoelectric cell.
célula fotoeléctrica de unión PN | P.N. junction photocell.
célula fotoeléctrica multiplicadora | multiplier phototube | photomultiplier.
célula fotorreactiva | light-reactive cell.

célula fotorresistente I photoresistant cell.

célula fotovoltaica I photovoltaic cell I self-generating cell.

célula fotovoltaica de cinta I ribbon cell.

célula fotovoltaica solar I solar cell.

célula fotrónica I photronic cell.

célula grasa I fat cell.

célula magnética I magnetic cell.

célula marcada I labeled cell.

célula radárica I radar cell.

célula rectificadora de selenio I selenium rectifier cell.

célula reticular I lattice cell.

célula sensible al infrarrojo I infrared-sensitive cell.

célula solar I solar battery I solar cell.

celular I cellular.

células voltaicas solares I solar voltaic cells.

celulosa I cellulose.

celulosa al sulfato I kraft.

celulosa kraft I kraft pulp.

celulosa sulfitada I sulfite cellulose.

cementabilidad I casehardenability (metallurgy).

cementable I hardenable.

cementación I carbonizing (metallurgy) I cementation (metallurgy, drillings) I cementing (metallurgy, drillings) I hardening I set casing.

cementación con ferrocianuro potásico I potash hardening (metallurgy).

cementación del acero I steel carburization.

cementación en baño de sales I liquid carburizing (metallurgy) I salt bath carburizing.

cementación en caja I case carburizing (metallurgy).

cementación no oxidante I nonscale carburizing.

cementado I carbonized I casehardened (metallurgy) I cemented (metallurgy).

cementado de costra I scab cementing (oil well).

cementar I carbonize (to) (metallurgy) I carburize (to) (metallurgy) I caseharden (to) (metallurgy) I cement (to) I convert (to) (metallurgy) I face-harden (to) (metallurgy) I harden (to) (metallurgy) I hardface (to).

cementar en baño de sales I liquid-carburize (to).

cementerio radiactivo I radioactive cemetery.

cementita I cement carbon I cementite I iron carbide.

cementita en exceso I massive cementite.

cementita manganesífera I manganiferous cementite.

cemento I cement I cementing material (geology).

cemento adhesivo I bonding cement.

cemento asfáltico I asphalt cement.

cemento celular I aeriferous cement.

cemento con base portland I portland-base cement.

cemento de engastar I chasing cement.

cemento de mineral de hierro I iron-ore cement.

cemento de oxicloruro magnésico I magnesium oxychloride cement.

cemento de óxido de plomo y glicerina I litharge-glycerin cement.

cemento tratado al vacío I vacuumized concrete.

cemento vulcanizable I vulcanizable cement.

cenceñada I rime.

cendrada I cupel ashes.

cenicero I cave (crucible furnace).

cénit I zenith.

cenital I zenithal.

ceniza I ash.

ceniza de coque I coke ash.

ceniza negra I black ash.

cenizas radiactivas I weapon debris.

cenología I cenology.

centelleante I scintillant.

centellear I scintillate (to) I sparkle (to).

centelleo I flashing I gleam I scintillating I scintillation I sparkle I target scintillation (radar).

centelleo angular I angular scintillation (radar).

centellograma I scintiphoto.

centeómetro I scintillation meter.

centígrado I centigrade.

centímetro I centimeter.

centrado de dirección I rudder trim (aeronautics).

centrado en cabeceo I pitch trim.

centrador de boca I muzzle bore sight (cannons).

centrador de muela I wheel locator.

centrador de rosca I thread locator.

centraje I centering I centring.

central I exchange center (telephony) I median.

central atómica I atomic energy plant.

central automática I automatic central (telecommunications) I dial central office (communications).

central automática de intercomunicación I dial exchange.

central de acetileno I acetylene generating plant (dokyard).

central de batería local I L. B. exchange (telephony).

central de conmutación I switching central (telecommunications).

central de energía I power plant.

central de enlace radioeléctrico I radio relay exchange.

central de llegada I incoming exchange (telephony).

central de radio I main radio (ships).

central de registro I recording-room (cinematography).

central de tránsito I tandem central office (telephony).

central eléctrica I electric power plant I electric power station I generating station I plant I power station I powerhouse.

central eléctrica de varios generadores I multimachine power system.

central electrógena eólica I wind electric plant.

central electronuclear I nuclear power plant.

central emisora I originating exchange.

central energética I power station.

central energética eólica I wind power plant.

central energética nuclear I nuclear plant.

central eólica I wind-driven plant.

central eólica-solar I solar-wind power plant.

central geotérmica I geothermal power station.

central helioeléctrica I solar power station.

central heliotérmica I heliothermal power plant I solar power station I solar-thermal power plant.

central hidroeléctrica I hydroelectric power plant I hydroelectric power station I hydroplant I water-power station.

central hidroeléctrica subterránea I underground power station.

central intermedia I intermediate exchange.

central interurbana I trunk exchange (telephony).

central interurbana manual I manual trunk exchange.

central manual I manual central office (communications) I manual exchange (telephony) I manual office (telephony).

central maremotriz I tidal plant I tidal power plant I tidal power station.

central meteorológica I weather central.

central nuclear I nuclear power plant I nuclear power station.

central nucleoeléctrica I nuclear energy plant I nuclear power station.

central nucleoenergética I nuclear power plant.

central principal de grupos de redes I network group exchange (telephony).

central privada I private exchange (telephony).

central semiautomática I semiautomatic exchange (telephony).

central solar I solar power plant.

central telefónica auxiliar I dependent exchange I satellite exchange.

central telefónica de línea selectiva I party-line exchange.

central telefónica intermedia I tandem exchange.

central telefónica pública I public telephone exchange.

central telegráfica I telegraph exchanges.

central télex I telex exchange.

central térmica I thermal power plant I thermal power station I thermal station.

central terminal I terminal exchange.

central termoeléctrica I heat power station I heat-electric station I heat-engine plant I powerplant I steam electric plant I steam power plant I thermal generating station.

central turboeléctrica I turboelectric power station.

central urbana I local exchange.

centralita I switchboard (telecommunications) I telephone switchboard.

centralita de servicio interno I internal service exchange (telephony).

centralizar I focalize (to).

centrar I center (to) I match (to).

centrar la imagen I center-up (to).

centricidad I centricity.

centrifugación I centrifugalization I centrifugation I centrifuging I whizzing.

centrifugación de metales I metal spinning.

centrifugado I centricast (smelting).

centrifugador I spinner.

centrifugadora I whizzer.

centrifugar I centrifugalize (to) I centrifuge (to) I hydroextract (to) I spin (to) (smelting) I whizz (to).

centrífugo I centrifugal.

centriolo I centriole.

centro I center (USA) I centre (G.B.) I centrum I core.

centro aceptor I acceptor center.

centro cabecera de línea internacional I international trunk exchange (telecommunications).

centro de captura I trapping center (semiconductors).

centro de carga I load center (electricity).

centro de comunicaciones I message center.

centro de conmutación I switching station.

centro de conmutación semiautomática I semiautomatic switching center.

centro de control arterial I trunk control center (telephony).

centro de control de lanzamiento I launch control center (astronautics).

centro de distribución I switching center.

centro de enlace interurbano I toll center (communications).

centro de esfuerzo I working point.

centro de explotación de TV I television operating center.

centro de flexión I flexural center.

centro de giro I live center.

centro de gravedad I center of gravity (barycenter) I center of mass.

centro de informática I computation center.

centro de la banda I midband (acoustics).

centro de masas I center of mass.

centro de momentos I moment center.

centro de rotación I centro (mechanics).

centro de tránsito internacional I international transit exchange (telecommunications).

centro de transmisiones I message center (telecommunications).

centro móvil de lanzamiento I mobile launch center.

centro operacional aerotáctico I tactical air operations center.

centro óptico I principal point (aerophotography).

centro rural automático I unit automatic exchange (telephony).

centro telefónico I area exchange.

centro terminal internacional I international terminal exchange (telephony).

centro transmisor I transmission center (radio).

centrobárico I centrobaric.

centroclinal I centroclinal.

centrómero I centromere.

centrosoma I centrosome.

cepilladora I planer I planing machine.

cepilladora de bordes de chapa I machine planer.

cepillar I wipe (to).

cepillar mecánicamente I machine plane (to).

cepillo acanalador I plough plane I plow-plane.

cepillo batidor I agitating brush.

cepillo de alambre I wire brush.

cepillo de cantear I border plane.

cepillo de carpintero I carpenter's plane.

cepillo de galera I long plane (bench plane).

cepillo de igualar I border plane.

cepillo de juntas I joiner's plane I jointer I jointing-plane.

cepillo de machihembrar I matching plane.

cepillo de ranurar I carpenter's plow I plough.

cepillo de ranuras I housing plane.

cepillo para cantos de chapas I edge planer.

cepillo para ingletes I miter plane.

cepillo ranurador I plow I plow-plane I router plane.

cepillo-cizalla I planoshear (plates).

cepo de barrena I auger holder.

cepo del yunque I anvil bed I anvil stock.

cera I wax.

cera de lignito I lignite wax.

cera de parafina I paraffin wax.

cera mineral I mineral wax.

cera montana I montan wax.

ceramet I metal-ceramic.

cerametal I ceramic metallic mixture I cermet I metal-ceramic.

cerametal a base de carburo de titanio I titanium-carbide-base cermet.

cerametal de aluminiuro de níquel I nickel aluminide cermet.

cerametal de hierro I iron ceramal.

cerametología I cermetology.

cerámica porosa I ceramic sponge.

cerámico I ceramic.

cerámicos I ceramics (ceramic products).

cerargirita I argyroceratite I cerargyrite I horn silver I kerargyrite.

ceraunito I ceraunite (meteorite).

ceraunoprotegido I lightning-proof.

ceraunorresistente I lightning-proof.

cerca de la región infrarroja del espectro I near IR.

cercano I near.

cercar I enclose (to).

cercenador I clipper.

cercenar I clip (to).

cercha I truss.

cercha (cubiertas) I roof frame I roof truss.

cercha de dos péndolas I queen-post truss.

cercha de falso tirante I collar truss.

cercha trapecial I queen-post truss.

ceresina I fossil wax I mineral wax.

ceria I ceria (ceri-rouge).

cérico I ceric.

cérido I cerium metal.

cerio I cerium (Ce).

cermet I cermet.
cernedor I bolting machine.
cerner I screen (to).
cero I cipher I cypher I zero.
cero de la portadora I zero carrier (radiocom-munications).
cerografía I cerography.
cerrado I close I closed I sealed I tight.
cerrado herméticamente I tightly-sealed.
cerradura I lock.
cerradura de combinaciones I puzzle-lock.
cerradura de contactos I key switch (electro-tecnics).
cerradura de espiga I pin lock.
cerradura de llave I key lock.
cerradura de muelle I spring lock.
cerradura de seguridad I safety lock.
cerramiento I sealability.
cerrar I lock (to) I occlude (to) I seal (to).
cerrar el circuito I make a circuit (to) I make the circuit (to) (electricity).
cerrar imagen a negro I fade out (to) (TV).
cerrar la emisión I sign off (to) (TV, radio).
cerro glaciárico I kame.
cerrojo I bolt I breech bolt (rifles) I lock I lock bolt (locks) I locking bolt.
cerrojo de bloqueo I switch-lock (railways).
cerrojo de leva I cam-lock.
cerrojo embutido I mortise bolt.
cerrojo hembra I lock strike.
cerusa I ceruse I lead flake I white lead.
cerusita I cerussite I lead carbonate (minerals) I lead white.
cervantita I cervantite (antimonium oxide).
cesación I stoppage.
cese de comunicación I log off.
cese de la propagación I propagation blackout (radio).
cesio I caesium (Cs) I cesium (Cs).
cesio 134 I caesium 134.
cetanaje I cetane rating.
cetosa I ketose (chemistry).
chabota I anvil block (forge hammer) I anvil stock (forge hammer).
chafaldete I clue line.
chaflán I cant I chamfer I fillet I miter I splay I taper.
chaflán del corte de apeo I scarf.
chaflanar I chamfer (to).
chalcantita I chalcanthite.
chalcotriquita I capillary red oxide of copper.
chaleco salvavidas I life jacket I life preserver.
chamota I seggar clay.
chapa I flatiron I plate I plate iron.
chapa abombada I dished plate.

chapa con perforaciones I pierced plate.
chapa de acero I fabricated steel I steel plate.
chapa de aluminio I aluminum sheet.
chapa de cierre I wrapper plate.
chapa de cobre I copperplate.
chapa de expulsión I stripping plate (foundry).
chapa de forro I lining plate.
chapa de hierro I iron plate I sheet iron.
chapa de madera I veneer.
chapa de montaje I support plate.
chapa de piedra I veneer.
chapa de recubrimiento I coverplate I junction plate.
chapa de refuerzo I tie plate.
chapa de retenida I solepiece (ship launcching).
chapa de revestimiento I facer I lining plate.
chapa de seguridad I keeper.
chapa de trancanil I stringer plate.
chapa de unión I splice plate I tie plate.
chapa desviadora I deflecting plate.
chapa embutida I dished plate.
chapa emplomada I terne plate.
chapa eyectora I stripper plate.
chapa galvanizada I galvanized sheet.
chapa guardajunta I joint shield.
chapa laminada I rolled plate.
chapa maleable en caliente I postforming sheet (plastic).
chapa metálica I sheet metal.
chapa oscilante I wobble plate (helicopter).
chapa protectora I protecting sheet.
chapa revestida I long terne.
chapa superior I top plate.
chapado I cladding.
chapado de metales I metal cladding.
chapado en aluminio I aluminum-clad.
chapado en platino I platinum-clad.
chapado por laminación I rolling bonding.
chapar I clad (to) I veneer (to).
chaparrón I shower.
chaparrón cósmico I cosmic ray shower.
chapas de acero I plate steel.
chapeado I plating I veneering.
chapear I veneer (to).
chapear con níquel I nickel clad (to).
chaqueta I jacket (rolls).
charactrón I charactron.
charnela I bend (geology) I hinge I hinge axis I joint I knuckle I knuckle pin I pintle (hinges).
charnela de alerón I wing flap hinge.
charolamiento I japanning.
charolar I japan (to).
chasis I carriage I chassis (autos, wagons).
chasis de almacén I plate magazine (photo-graphy).

chasis de camión | lorry chassis.

chasis de montaje | mounting frame.

chasis galvanizado y pasivado | passivated zinc plated chassis.

chasis portaplacas | plateholder.

chasis soldado | welded chassis (auto).

chasmófita | chasmophyte.

chasquido de línea | line hit.

chasquido de manipulador | key click.

chatarra | junk | scrap | waste iron.

chatarra de acero | scrap steel.

chatarra de fabricación | process scrap.

chatarra de hierro | scrap iron.

chatarra del pozo de escoria | pit scrap.

chaveta | forelock | key | knuckle pin | machine key | peg | pin | spring clip | tongue | wedge.

chaveta cóncava | saddle key.

chaveta cónica | tapered cotter.

chaveta corrediza | feather.

chaveta de ajuste | wedge bolt.

chaveta de apriete | wedge bolt | wedge key.

chaveta de corredera | feather key.

chaveta de extremo perdido | short pin.

chaveta de guía | cotter.

chaveta de retén | cotter.

chaveta de válvula | valve cotter.

chaveta hendida | spring key.

chaveta hueca | saddle key.

chaveta para tuerca | nut cotter.

chaveta semifija | feather key.

chaveta trapecial | taper key.

chaveta y contrachaveta | key and gib.

chavetear | cotter (to).

chavetero | cotter hole | key seat | key-groove | key-slot | keyway | wedge hole.

chequear | check (to).

chibalete | case stand (printing) | composing stand (typography).

chicote | loose end (navy) | rope fall.

chicote de tierra | landing cable (submarine cables).

chiflón | dip heading (mining) | winze.

chigre | winch.

chigre de amarre | mooring winch (ships).

chigre de atoar | warping winch.

chigre de espiar | warping winch (ships).

chigre neumático | air winch.

chigre para amantillar | topping-lift winch (ships).

chigre para botes | boat hoist.

chilenita | bismuth silver.

chilenita | chilenite.

chillera | magazine (naval cannon).

chillido | squealing (radio).

chimenea | chimney (mining) | chute raise (mining) | funnel | pug hole (mining) | smoke pipe | staple (mining) | staple pit (mining) | staple shaft (mining).

chimenea auxiliar de mineral | jocker chute (mining).

chimenea de ascensión | neck (geology).

chimenea de ascenso | channel of ascent (mining).

chimenea de mineral | pipe of ore.

chimenea de paso | manway raise (mining) | manway-up (mining).

chimenea interior de alimentación | feed chute (mining).

chimenea para relleno | waste chute (mining).

chip | chip.

chirrido | birdie.

chisguete | back squirt.

chispa | spark.

chispa de alto voltaje | jump spark.

chispa de descarga | jump spark.

chispa de desconexión | rupture spark.

chispa de encendido | ignition spark (engines).

chispa disruptiva | jump spark.

chispa inducida por láser | laser-induced spark.

chispear | sparkle (to).

chispero de aguja | needle gap (electricity).

chisporrotear | sparkle (to).

chocar | crash (to).

choque | bumping | collision | crash | impact | impingement | shock | wreck.

choque aleatorio | random encounter (nuclear energy).

choque de aterrizaje | impact load (airplanes).

choque de carga | charging choke (electricity).

choque inelástico | inelastic impact.

choque radiactivo | radioactive collision.

choque térmico | temperature shock | thermal shock.

chorlo | jetstone (minerals).

chorreado húmedo de abrasivos | wet blasting.

chorreador de arena | sand sprayer.

chorreadora | blaster (sand, pellets).

chorrear con arena | sandblast (to).

chorrear con arena húmeda | wet-sand (to).

chorreo abrasivo | abrasive blasting.

chorreo con granalla | peening.

chorro acelerador | accelerating jet.

chorro de agua | water jet.

chorro de agua a presión | water blast.

chorro de arena | sandblast.

chorro de granalla | shotblast.

chorro propulsor | propulsive jet.

chorro pulsátil | pulsating jet.

chorro turbulento | turbulent jet.
chrismatita | christmatite (hydrocarbon).
chubasco | squall.
chumacera | cushion | journal | journal bearing | journal box.
chumacera de empuje | thrust block (ships) | thrustblock (ships).
chumacera del eje | shaft bearing.
churtita | churchite.
cía | sternway.
cian | cyan.
cianamida | cyanamide.
cianamida de plomo | lead cyanamide.
cianato | cyanate.
cianhídrico | hydrocyanic.
cianhidrina | cyanhydrin | cyanohydrin.
cianicida | cyanicide.
cianita | blue talc | kyanite.
cianogenético | cyanogenetic.
cianógeno | cyanogen.
cianometría | cyanometry.
cianómetro | cyanometer.
cianotipia | blue printing | cyanotype.
cianotipo | cyanotype (photography).
cianuración | cyanidation.
cianurar | cyanide (to).
cianúrico | cyanuric.
cianuro | cyanide.
cianuro de oro | auric cyanide.
cianuro de plomo | lead cyanide.
ciar | back (to) (navy) | back astern (to) | back water (to) | go astern (to) | sternway (to).
cibernética | cibernetic | cybernetics.
cibernético | cybernetic.
ciclamato cálcico | calcium cyclamate.
cíclico | cyclic | periodic.
ciclo alternativo | up-and-down cycle.
ciclo básico | basic cycle.
ciclo cerrado | closed loop.
ciclo de avance de separación | out feed cycle.
ciclo de búsqueda | search cycle (computing).
ciclo de carga | reactor cycle (reactor).
ciclo de carga intermitente | intermittent-load cycle.
ciclo de combustible nuclear | nuclear fuel cycle.
ciclo de contrapresión | topping.
ciclo de desecho | throwaway cycle (natural uranium reactor).
ciclo de escritura | write cycle (computing).
ciclo de exploración | scanning cycle.
ciclo de fotosíntesis | photosynthetic cycle.
ciclo de galvanoplastia | plating cycle.

ciclo de histéresis intrínseca | intrinsic hysteresis loop.
ciclo de instrucción | instruction cycle.
ciclo de lectura | read cycle (computing).
ciclo de máquina | machine cycle.
ciclo de memoria | basic cycle (computing) | memory cycle (computing) | storage cycle (computing).
ciclo de parada | stop loop.
ciclo de petición | RQ-cycle (telephony).
ciclo de polarización | polarization cycle.
ciclo de puesta a cero | reset cycle.
ciclo de refrigeración | refrigerating cycle.
ciclo de relajación | relaxation cycle.
ciclo de restablecimiento | recovery cycle.
ciclo de salida | exit cycle (computing).
ciclo de telemetría | telemetry frame.
ciclo en vacío | idle cycle.
ciclo freático | phreatic cycle.
ciclo neutrónico | neutron cycle (reactor).
ciclo principal | major cycle.
ciclo protónico | proton cycle.
ciclo recuperativo | recuperative cycle.
ciclo tectónico | tectonic cycle (geology).
ciclo termonuclear | thermonuclear cycle.
ciclógrafo | arcograph | cycle recorder.
cicloide | isochronal line.
ciclón | cyclone | revolving storm (meteorology).
ciclón tropical | tropical cyclone.
ciclona | cyclone (chemistry).
ciclonar | cyclone (to) (mining).
ciclónico | cyclonic.
ciclotrón | cyclotron.
ciclotrón de aristas radiales | radial-ridge cyclotron.
ciclotrón de electrones | microtron.
ciclotrón de inyector | injector cyclotron.
ciclotrón de sector espiral | spiral ridge cyclotron.
ciclotrónico | cyclotronic.
cielo | sky.
cielo radioeléctrico | radio sky.
cielorraso | ceiling.
cieno | mud.
cienos químicos | chemical sludge.
cierre | blocking-up | breech (weapons) | closure | fastening | locking | making (electric circuit) | packoff (oil well) | seal | sealing | shutoff.
cierre al vacío | vacuumtight.
cierre de avance | feed lock.
cierre de cerrojo | rifle-bolt (rifles).
cierre de cremallera | sliding fastener.
cierre de juntas | sealing.
cierre de leva | cam handle.

cierre de líquido | liquid seal.

cierre de resorte | snap | spring clip.

cierre de un circuito | switching on (electricity).

cierre del diafragma | stopping down (photography).

cierre del tragante | throat stopper (blast furnaces).

cierre eléctrico | lockout.

cierre estanco a la presión | pressure seal.

cierre gradual del diafragma | irising-out (optics).

cierre hermético | moisture seal | sealing | tight closing | tight shutoff (valves).

cierre hidráulico | liquid packing | water seal.

cierre rápido | quick closing.

cierzo | norther (meteorology).

cifra | cipher | cypher | digit | number.

cifra binaria | bigit (binary digit) | binary digit.

cifra de clave | test number.

cifrado | keyed in code.

cifrador | coder.

cifrador-descifrador | coder-decoder.

cifrar | cipher (to) | code (to) | key (to).

cigüeñal | crankshaft.

cigüeñal armado | built crankshaft.

cigüeñal compuesto | built crankshaft.

cigüeñal de media presión | intermediate pressure crankshaft.

cigüeñal de tres muñequillas | three-throw crankshaft.

cigüeñal de una pieza | solid crankshaft.

cigüeñal de varios brazos | multicrankshaft.

cigüeñal enterizo | solid-forged crankshaft.

cigüeñal equilibrado | counterbalanced crankshaft.

cigüeñal forjado en la prensa | press-forged crankshaft.

cilindrada | capacity (engines) | cylinder capacity (engines) | volume (engines).

cilindrado | rolled.

cilindrar en caliente | hot-roll (to).

cilindrita | cylindrite.

cilindro | barrel (turbine, pumps) | cylinder | platen | roll | roller.

cilindro ajustable | laminating roller.

cilindro alimentador | feed roller | feed-roll.

cilindro amortiguador | retardation cylinder.

cilindro apisonador | paving roller.

cilindro arrancador | drawing-off roller.

cilindro batidor | pin apron stripper.

cilindro con válvulas en la culata | overhead-valve cylinder.

cilindro de aire | air cylinder (compressors).

cilindro de arrastre | taking-in roller.

cilindro de boca | muzzle cylinder (cannons).

cilindro de bomba | pump barrel.

cilindro de contacto | feeler roller.

cilindro de desbastar metales | roughing roll.

cilindro de elevación | lifting cylinder.

cilindro de inmersión | immersing roller.

cilindro de introducción | taking-in roller.

cilindro de laminador | rolling mill cylinder.

cilindro de presión | press cylinder | pressure roll.

cilindro de puntas | spike roll.

cilindro de retroceso | pullback cylinder.

cilindro de rotograbado | rotogravure cylinder.

cilindro del acumulador | accumulator cylinder.

cilindro del clisé | plate cylinder (offset).

cilindro del freno | recoil cylinder (cannons).

cilindro del laminador | laminated rollers.

cilindro desbastador | puddle roll (rolling mill) | rough-down roll (rolling mill) | roughing down roll | roughing-roll | soft roll (rolling mill).

cilindro desborrador | stripper.

cilindro descargador | stripper | stripping roll.

cilindro desprendedor | stripper (weaving).

cilindro giratorio | rotating roller.

cilindro guía | feed-roll | pinch roll (rolling mill).

cilindro hembra | lower roll (rolling mill).

cilindro hinchado | puffed roll (rolling mill).

cilindro humectador | damping roll.

cilindro macho | top roll (rolling mill) | upper roll (rolling mill).

cilindro mecánico | power cylinder.

cilindro medidor | measuring cylinder.

cilindro prensador | pressure roll | squeeze roll.

cilindro pulidor | polishing drum.

cilindro semiduro | sand roll (rolling mill).

cilindro superior | top roll.

cilindros de enderezar chapa | mangle.

cilindros de rodadura | rolling cylinders.

cima | head | summit | top | vertex.

cimacio | cyma (architecture) | keel moulding.

cimborrio | lantern light.

cimbra | arch | arch center | arched falsework | center (U.S.A.) | centering (architecture) | centre (G.B.) | centring | curve | falsework.

cimbrar | center (to).

cimentación | footing | foundation.

cimentación de la presa | dam foundation.

cimentación en escalones | stepping.

cimentación sobre pilotes | pile foundation.

cimentar | found (to).

cimiento | fundament.

cimiento artesonado | caisson foundation.
ciminita | ciminite.
cimógeno | cimogene.
cimol | cymol.
cimurgia | zymurgy (fermentations).
cinabrio | quicksilver ore. | cinnabar.
cinc | zinc.
cinc sublimado | flowers of zinc.
cincado | zincification | zincing.
cincar | zinc (to) | zincify (to).
cincar por sublimación | sherardize (to).
cincel | burin | chisel | graver.
cincel de calafatear | caulking iron.
cincel de desbastar | carving chisel | chipping chisel | roughing tool.
cincel de entallador | carving chisel.
cincel de pico redondo | roundnose chisel.
cincel de raspar | scraping chisel.
cincel de retocar | caulking chisel.
cincel neumático | pneumatic chisel.
cincel oblicuo | bent chisel.
cincel para desbastar | pitching tool.
cincelado | chased.
cincelador | chaser.
cinceladura | chasing.
cincelar | chase (to) | chisel (to) | engrave (to).
cincografía | zinc printing | zincography.
cincometalizar | zinc-spray (to).
cinemática | kinematics (physics).
cinerita | cinerite (volcanic tuff).
cinescopio | kinescope | picture tube.
cinescopio de haz reflejado | reflected-beam kinescope.
cinescopio tricolor | tricolor picture tube (TV).
cinética | kinetics (science).
cinético | kinetic | motional.
cinglado | knobbling.
cinglador de palanca | ball squeezer.
cinglar | shingle (to).
cinglar el hierro | knobble (to).
cinología | cinology.
cinta | inking ribbon (typewriter) | ribbon.
cinta abrasiva | abrasive belt.
cinta adhesiva | adhesive tape.
cinta aisladora para cables | serving.
cinta aislante | adhesive tape (electricity) | insulating tape.
cinta alimentadora | feed belt.
cinta con perforación parcial | chadless perforated tape.
cinta conectora | ribbon connector.
cinta continua | tape loop.
cinta de acetato | acetate tape.
cinta de alineación | tape alignment.
cinta de impresión | ribbon.

cinta de papel | paper tape.
cinta de papel continuo | web.
cinta de papel perforada | punched paper tape.
cinta de programa | routine tape (computing).
cinta de programa operativo | operating-program tape.
cinta de prueba | test tape (recording).
cinta de registro | record tape | strip chart.
cinta de sustentación | lift wire (airplanes).
cinta de transmisión | sending slip.
cinta de transporte del frente | face belt conveyor (mining).
cinta del programa | program tape (computing).
cinta emisora | originating tape.
cinta estroboscópica | stroboscopic tape.
cinta grabadora | magnetic tape.
cinta guía | tape leader.
cinta imantada | magnetized tape.
cinta maestra | master tape.
cinta maestra de instrucciones | master instruction tape.
cinta magnética | magnetic ribbon | magnetic tape | tape | video tape.
cinta magnética en casete | magnetic cassette.
cinta magnética sin grabar | unrecorded tape.
cinta magnetofónica | tape.
cinta metálica | strap.
cinta métrica | tape measure.
cinta perforada | chad tape (communications) | perforated tape | punched tape.
cinta perforada de télex | ticker tape.
cinta registradora | record ribbon.
cinta sin fin | endless belt.
cinta sin registrar | unrecorded tape.
cinta télex | telex tape.
cinta transportadora | moving belt.
cinta virgen | raw tape (tape) | virgin tape.
cinturón de Van Allen | Van Allen belt.
cinturón térmico | thermal belt (meteorology).
ciprina | cyprine.
circo glaciar | cirque (geology) | comb (geology) | kettle | kettle-hole.
circón | zircon.
circonilo | zirconyl.
circonio | zirconium.
circuital | circuital.
circuitar | circuit (to) | gate (to).
circuitería | circuitry.
circuitería impresa | printed circuitry (electronics).
circuitería operativa | operative circuitry (cybernetics).
circuito | circuit.
circuito a larga distancia | long-haul circuit.
circuito a presión | live circuit.

circuito abierto | incomplete circuit (electricity) | no-connexion (telecommunications) | open circuit | open loop | open wiring.

circuito absorbente | wavetrap.

circuito accionado por impulsos | pulse-operated circuit.

circuito acentuador | accentuator (radio).

circuito activador | trigger circuit | triggering circuit.

circuito activo | active circuit.

circuito acústico | voice circuit.

circuito adaptador | applique circuit.

circuito adicionador | summing circuit.

circuito agudizador de una onda | trigger sharpener.

circuito aislador | isolation circuit.

circuito aislante | isolation network.

circuito alámbrico | physical circuit.

circuito amortiguador | damping circuit | losser circuit | quenching circuit.

circuito amplificador | amplifier circuit | magnifier circuit.

circuito amplificador de impulsos | pulse-amplifying circuit.

circuito analizador | scanning circuit.

circuito analógico | simulation.

circuito anexo | associated circuit.

circuito anódico | plate circuit (thermionic valves).

circuito anódico sintonizado | tuned plate circuit.

circuito ánodo-filamento | plate-to-filament circuit.

circuito antena-tierra | aerial-ground circuit.

circuito antirresonante | antiresonant circuit | parallel resonant circuit | stopper circuit (radio) | tank circuit (radio).

circuito asimétrico | unbalanced circuit.

circuito atenuador | minimizer circuit.

circuito atenuador de interferencias | interference minimizer circuit.

circuito autodino | autodyne circuit.

circuito autoelevador | bootstrap circuit (radar, televisión).

circuito auxiliar | ancillary circuit.

circuito averiado | faulty circuit (telecommunications) | out of order circuit.

circuito bajo tensión | live circuit.

circuito barredor | sweep circuit.

circuito basculador | trigger.

circuito basculador ferrorresonante | ferro-resonant flip-flop.

circuito basculante | flip-flop | seesaw circuit.

circuito biestable | lock-over circuit.

circuito bifilar | loop circuit | two-wire circuit (telecommunications).

circuito bilateral | two-way circuit (communications).

circuito binario | binary circuit.

circuito bioeléctrico | bioelectric circuit.

circuito blindado | screened circuit.

circuito booleano | Boolean circuit.

circuito calibrador | gaging circuit.

circuito captador | pickup circuit.

circuito cargado | loaded circuit (telephony).

circuito cebador | keep-alive circuit (TR).

circuito cercenador | limiting circuit.

circuito cerrado | closed system | complete circuit | loop circuit | made circuit (electricity) | meshed network (electricity) | ring main | seal circuit (autos).

circuito cíclico | round robin (computing).

circuito coaxial | coaxial circuit.

circuito combinador | combining circuit.

circuito compensador | equalization circuit.

circuito complementario | idler circuit.

circuito completo | complete circuit.

circuito compuesto | composite circuit | multiple circuit.

circuito común | joint circuit.

circuito con batería no puesta a tierra | non-battery loop.

circuito con corriente | load circuit (electricity).

circuito con corriente eléctrica | live circuit.

circuito con derivaciones | tapped circuit.

circuito con desvanecimiento | fading circuit (radiocommunications).

circuito con hilo de ida y de vuelta | loop circuit.

circuito con hilo de vuelta | metallic circuit.

circuito con repetidores | repeatered circuit.

circuito con ruidos | noisy line (telephony).

circuito contador en anillo | ring counting circuit.

circuito cuádruplex | quadruplex circuit (telegraphy).

circuito de absorción | tank circuit.

circuito de acarreo | carry over circuit.

circuito de acción residual | keep alive circuit..

circuito de acoplamiento | coupling circuit | link circuit.

circuito de activación | firing circuit (electricity).

circuito de activación magnético | magnetic firing circuit.

circuito de admisión | acceptor circuit (radio).

circuito de alimentación | feed circuit | feeding circuit | supply circuit.

circuito de alumbrado | lighting circuit.

circuito de amortiguamiento | absorption trap.

circuito de anillo | loop circuit (electricity).

circuito de ánodo | wing circuit.

circuito de antena | aerial circuit.

circuito de antiinterferencia | wavetrap (radio).

circuito de arranque | kickoff circuit | start circuit | start-up loop.

circuito de arranque instantáneo | instant-start circuit.

circuito de autorretención | stick circuit.

circuito de avance automático | self-drive circuit.

circuito de baja presión | low-pressure circuit.

circuito de bajada | drop circuit.

circuito de bajo amortiguamiento | low-damped circuit.

circuito de bajo voltaje | low-pressure circuit.

circuito de barrido fantastrón | phantastron sweep circuit.

circuito de barrido lineal | line sweep circuit.

circuito de base de tiempo | time base circuit (television).

circuito de batería sin toma de tierra | non-battery loop.

circuito de batería solar | solar-battery circuit.

circuito de bloqueo | blocker circuit | blocking circuit | clamp circuit.

circuito de bombeo | pumping circuit.

circuito de borrado | erase circuit (electronics)

circuito de bucle | loop circuit.

circuito de caldeo | firing circuit.

circuito de cambio de estado | upset circuit (electronics).

circuito de cancelación | cancellation circuit.

circuito de carga | charging circuit.

circuito de carga anódica | seesaw circuit.

circuito de combinación | combiner circuit.

circuito de compensación | absorbing circuit | equalizing network (electroacoustics).

circuito de comprobación | gaging circuit | monitoring circuit.

circuito de concentración constante | lumped-constant circuit.

circuito de conexión | link circuit.

circuito de conexión y desconexión | on-off circuit (electricity).

circuito de conformación | reshaping circuit.

circuito de conmutación | switching circuit.

circuito de conmutación de impulsos | pulse-switching circuit.

circuito de conmutación de salida múltiple | multiple-output switching circuit.

circuito de conmutación por la voz | voice-switched circuit.

circuito de conservación | maintenance circuit.

circuito de contorno isoecoico | isoecho contour circuit (radar).

circuito de contraderivación | back-shunt circuit.

circuito de control | control circuit.

circuito de conversación | speaking circuit | speech circuit | talking circuit (telecommunications).

circuito de coordinación técnica | technical-coordination circuit (telecommunications).

circuito de coordinación telefónica | telephone coordinating circuit.

circuito de débil capacidad | low-C circuit.

circuito de derivación | bypass trunk | takeoff circuit.

circuito de descodificación | decoding circuit.

circuito de desconexión periódica | window.

circuito de desenganche | trigger circuit.

circuito de diodos ultrarrápidos | pulse snap diode circuit.

circuito de disparo | shot-firing circuit (electronics).

circuito de doble alimentación | two-supply-circuit.

circuito de doble efecto | push-pull circuit.

circuito de encendido | firing circuit (engines) | ignition circuit (engines).

circuito de enclavamiento | interlocking circuit.

circuito de enclavamiento de protección | interlocking protective circuit.

circuito de energía | power circuit.

circuito de engrase | lubricating system | oiling circuit.

circuito de enlace | junction circuit | junction trunk | link circuit | outgoing circuit (telecommunications).

circuito de enlace entre operadores | operator's speaker circuit (telephony) | order-wire circuit (telephony).

circuito de enlace interno | internal junctor.

circuito de enlaces radioeléctricos | radio-link circuit.

circuito de entrecierre | interlock circuit.

circuito de entretenimiento | keep-alive circuit.

circuito de escucha | listening circuit (telephony) | monitoring circuit (telephony) | observation circuit (telephony).

circuito de eslabón I link circuit.

circuito de espera I orbiting.

circuito de estado sólido I solid state circuit.

circuito de excitación I energizing circuit I trigger.

circuito de exclusión I lockout circuit.

circuito de extensión I tail circuit (telegraphy).

circuito de extinción I quenching circuit.

circuito de fijación del nivel I level-setting circuit.

circuito de filtro I suppression circuit.

circuito de formación I shaper.

circuito de frenado I brake system.

circuito de fuerza I power system.

circuito de fuga I sneak circuit.

circuito de gran resistencia I resistive circuit.

circuito de iluminación I lamp circuit.

circuito de imagen I picture circuit.

circuito de impulsiones I pulsing circuit (telecommunications).

circuito de impulsos I pulse circuit.

circuito de inflamación I ignition circuit.

circuito de información I information channel.

circuito de interacción I interaction circuit.

circuito de intercomunicación I talkback circuit.

circuito de interconexión I interconnecting circuit I interface circuit I patch circuit.

circuito de interrupción I turnoff circuit.

circuito de irradiación I irradiation loop I irradiation rig.

circuito de izado I lifting circuit.

circuito de la memoria I memory circuit (computing).

circuito de liberación I release circuit.

circuito de línea I line circuit.

circuito de línea de cinta I strip-line circuit.

circuito de línea de consulta I inquiry line circuit.

circuito de llamada I call circuit I ringing circuit (telephony).

circuito de llamada selectiva I select call circuit.

circuito de llegada I incoming circuit.

circuito de lubricación I oiling circuit.

circuito de mando I steering circuit (electronics) I trigger.

circuito de mando del conmutador I key operating circuit.

circuito de manipulación I keying circuit.

circuito de manipulación semiautomática I semiautomatic keying circuit (communications.

circuito de medición I measuring circuit (telephony).

circuito de medida I measuring line (electricity).

circuito de microvatiaje I microwatt circuit.

circuito de modulación I modulating circuit.

circuito de muestreo I sampling circuit.

circuito de múltiples capas I multilayer circuit.

circuito de onda lenta I slow-wave circuit.

circuito de oscilación I ringing circuit.

circuito de partida I outgoing circuit.

circuito de película delgada I thin-film circuit (electronics).

circuito de película multicapa I multi-layer film circuit.

circuito de pequeña impedancia de salida I low-output impedance circuit.

circuito de permanencia I unblanking circuit.

circuito de polarización I biasing circuit.

circuito de potencia I power circuit.

circuito de preacentuación I preemphasis network (TV).

circuito de protección I snubbing circuit.

circuito de protección de zonas I zoned circuit.

circuito de protección por apertura I trip protection circuit.

circuito de prueba I test circuit I test loop.

circuito de pulverización I spraying circuit.

circuito de radiotélex I radiotelex circuit.

circuito de reacción I retroactive circuit.

circuito de reactancia I rejector circuit.

circuito de realimentación I feedback circuit.

circuito de realimentación de voltaje I voltage feedback circuit.

circuito de realimentación intermitente I feedback gating circuit.

circuito de rectificadores conectados en serie I series rectifier circuit.

circuito de red I mesh circuit (electricity).

circuito de registro I register circuit.

circuito de regulación I control circuit.

circuito de relajación I relaxation circuit.

circuito de relé I relay circuit.

circuito de repetidor I repeater circuit (telephony).

circuito de reposición I reset circuit.

circuito de reserva I reserve circuit (telecommunications) I spare circuit.

circuito de resistencia y capacidad I resistance-capacitance circuit.

circuito de retardo I delay circuit (telecommunications).

circuito de retardo para TV I video delay-line.

circuito de retención | keep-alive circuit | latch | locking circuit | retention circuit.

circuito de retorno | back circuit | return circuit (electricity) | return path.

circuito de retroacción | feedback circuit.

circuito de salida | outgoing circuit | output circuit.

circuito de seguridad | safety circuit.

circuito de señal | line circuit.

circuito de señalización | signal circuit | signal wiring (telecommunications).

circuito de señalización manual | ringdown circuit.

circuito de servicio | service circuit | speaker circuit (telephony) | traffic circuit.

circuito de servicio público | message circuit (telephony).

circuito de sincronización | phase lock loop.

circuito de sintonización única | single-tuned circuit.

circuito de socorro | fall-back system (telecommunications).

circuito de sonda | probe circuit.

circuito de supresión | rejection circuit.

circuito de telecomunicación | telecommunication circuit.

circuito de telemedida | telemetering circuit.

circuito de televisión | television circuit.

circuito de terminación | termination circuit.

circuito de toma | supply circuit.

circuito de trabajo | operating circuit | working circuit (telecommunications).

circuito de tráfico | traffic circuit (telecommunications).

circuito de transferencia | intercep trunk | order wire (telecommunications) | transfer circuit | transfer loop (computing).

circuito de transistores | transistor circuit.

circuito de tránsito | via circuit (telecommunications).

circuito de transmisión radiofónica | program transmission circuit.

circuito de tubo de vacío | vacuum-tube circuit.

circuito de tubos electrónicos | tube circuit.

circuito de umbral | threshold circuit.

circuito de unión | trunking.

circuito de utilización | appliance circuit.

circuito de válvulas | tube circuit.

circuito de vídeo | video circuit.

circuito de voltaje | pressure circuit (electricity).

circuito de voltaje medio | medium voltage circuit.

circuito de White | White circuit (electronics).

circuito del aceite | oil circuit.

circuito del ánodo | anode circuit.

circuito del arrancador | starter circuit.

circuito del colector | collector circuit.

circuito del contactor suicida | suicide contactor circuit (relays).

circuito del metal licuado | liquid-metal circuit.

circuito del servomecanismo | servo loop.

circuito del sonido | sound circuit.

circuito dependiente | interlocking circuit.

circuito derivado | branch circuit | composite circuit | pressure circuit | shunt circuit | tree branch (electricity) | voltage circuit.

circuito derivador | biasing circuit.

circuito desacentuador | deaccentuator (radio).

circuito desconectador | trigger circuit | trip circuit (electronics).

circuito desconectador por impulsos | pulse trigger circuit.

circuito desequilibrado | unbalanced circuit.

circuito desmultiplicador | scaling down circuit.

circuito detector | detector circuit.

circuito detector de fugas | leakage detection circuit.

circuito diferenciador | differentiating circuit | peaker circuit | peaking network.

circuito diferenciador de crestas | peaker.

circuito difusor de fase | phase splitting circuit.

circuito directo | straightforward circuit (communications).

circuito disparador | trigger circuit.

circuito eléctrico | electric circuit.

circuito electrónico | electronic circuit.

circuito eliminador | acknowledging circuit | rejection circuit | rejective circuit | rejector circuit | rolloff circuit | separator circuit | trap | trap circuit | wavetrap (radio).

circuito emisor | keying circuit (radio) | register circuit (telephony).

circuito emisor de parásitos | noise-making circuit.

circuito en anillo | ring circuit (electricity).

circuito en avance de fase | phase advance circuit.

circuito en bucle | loop line | loopback.

circuito en caliente | in-pile loop.

circuito en carga | load circuit.

circuito en celosía | lattice network.

circuito en derivación | bridge circuit (electricity) | parallel circuit (electricity).

circuito en estrella | star circuit.

circuito en reposo I idle circuit.

circuito en serie I series circuit I tandem circuit (electricity).

circuito en serie-paralelo I series-parallel circuit (electricity).

circuito en T I T network (telecommunications).

circuito en triángulo I mesh circuit.

circuito enchufable I plug-in circuit.

circuito equivalente paralelo I parallel equivalent circuit.

circuito equivalente térmico I thermal equivalent circuit.

circuito esclavo I slave circuit.

circuito estabilizador I smoothing circuit I stabilizing circuit.

circuito estampado I stamped circuit.

circuito estático de conmutación I static switching circuit.

circuito excitador I drive circuit I trigger circuit.

circuito experimental I test loop.

circuito exterior I external circuit I outgoing circuit.

circuito fantasma I phantom circuit I side circuit (telephonic cable).

circuito fantasma cuádruple I quadruple phantom circuit (telecommunications).

circuito fantastrón I phantastron (radar).

circuito físico I side circuit.

circuito formador I shaping circuit.

circuito híbrido I hybrid circuit.

circuito hidráulico I fluid circuit.

circuito húmedo I wet circuit.

circuito impreso I printed circuit I printed wiring I processed circuit.

circuito impreso de polvo comprimido I pressed-powder printed circuit.

circuito impreso enchapado I plated circuit.

circuito impreso por rociado I sprayed printed circuit.

circuito impreso sinterizado I pressed-powder printed circuit.

circuito incompleto I incomplete circuit.

circuito inducido I induced circuit.

circuito inhibidor I inhibition circuit.

circuito integrado I integral circuit.

circuito integrado de estructura M.O.S I M.O.S. integrated circuit.

circuito integrado lineal I linear integrated circuit.

circuito integrado optoelectrónico I integrated optoelectronic circuit.

circuito intermedio I buffer I intermediate circuit I transfer circuit (telephony).

circuito intermitentemente cargado I intermittently rated circuit (electricity).

circuito interno de entrada I input circuit.

circuito intervalvular I intervalve circuit.

circuito inversor I inverter circuit I latch circuit (electronics).

circuito inversor de fases I phase-inversion circuit.

circuito isocronodesconectador I window (radar, TV).

circuito isoecoico I isoecho circuit.

circuito limitador I bound circuit I limiter (electronics) I limiting circuit.

circuito lineal I linear circuit.

circuito local I local loop.

circuito local de órdenes I local order wire (telegraphy).

circuito localizador I tracing circuit.

circuito lógico I AND circuit I Boolean circuit I logic I logic circuit.

circuito lógico con diodo de tipo túnel I tunnel diode logic circuit.

circuito lógico de compuerta I logical gate circuit.

circuito lógico de transistor I transistor logic circuit.

circuito lógico estático I static logic circuit.

circuito longitudinal I longitudinal circuit.

circuito magnético I metallic circuit.

circuito magnético con entrehierro I iron-air magnetic circuit.

circuito magnético en el hierro I iron circuit.

circuito magnético lamelar I laminated magnetic circuit.

circuito mal protegido I overfused circuit (electricity).

circuito manipulado I keyed circuit.

circuito matricial I matrixing circuit.

circuito matriz I matrixer.

circuito mayorante I majority gate.

circuito medidor I gaging circuit.

circuito medidor-registrador I measuring-recording circuit.

circuito metálico I loop circuit.

circuito metálico de ida y vuelta I physical circuit.

circuito mezclador I mixer circuit I mixing circuit.

circuito mixto I both-way junction I composite circuit I mixed circuit.

circuito modulador I strobing circuit.

circuito monoestable I monostable circuit I one-shot circuit (electronics) I single shot circuit .

circuito Morse I Morse circuit.

circuito mu | mu circuit.
circuito multicanal | multitone circuit.
circuito multifrecuencia | multitone circuit.
circuito multipastilla | multichip circuit.
circuito múltiple | multiloop | multiple circuit.
circuito multipunto | multiple drop circuit.
circuito multiterminal | multipoint circuit.
circuito NOR | N.O.R. circuit (logic circuit).
circuito negativo | non circuit.
circuito neutral | neutral circuit (telegraphy).
circuito nivelador | smoothing circuit (electricity).
circuito NO | NOT circuit.
circuito normalizado | preferred circuit.
circuito O | OR circuit.
circuito oscilante | oscillatory circuit | swing circuit.
circuito oscilante de resonancia | resonance oscillatory circuit.
circuito para dar forma al impulso | pulse-shaping circuit.
circuito para formación de impulsos | pulse-forming circuit.
circuito para graduar el nivel | level-setting circuit.
circuito para ordenes | order-wire circuit (telephony).
circuito para tráfico de llegada | line for incoming traffic (telecommunications).
circuito para un solo sentido | unidirectional circuit (telecommunications).
circuito pasabanda | bandpass circuit.
circuito piloto | cockpit system.
circuito pirométrico | pyrometric circuit.
circuito polarizado | polar circuit.
circuito polifásico | polyphase circuit.
circuito por hilo | wire circuit (telecommunications) | wire route (telecommunications).
circuito por satélite | satellite circuit.
circuito portador | bearer circuit (telegraphy).
circuito prefabricado | prefabricated circuit.
circuito primario de refrigeración | primary coolant circuit.
circuito primitivo | primitive circle.
circuito principal | trunk circuit (telecommunications) | trunk line (telephony).
circuito principal de enlace | main trunk circuit.
circuito puesto a tierra | dead circuit.
circuito radiofónico | program channel | program circuit | sound program circuit.
circuito radiofónico de televisión | television programme circuit.
circuito radiotelefónico | radio circuit | radiotelephone circuit.
circuito radiotelegráfico | radiophoto circuit.

circuito ramificado | tree circuit.
circuito reactivo | reactive circuit | regenerative circuit.
circuito real | real circuit (telecommunications).
circuito receptor | receiver circuit | receiving circuit.
circuito receptor de radio | radio receiver circuit.
circuito recortador con triodo | triode clipping circuit.
circuito rectangulador | squaring circuit.
circuito rectificador | rectifying circuit.
circuito rectificador polifásico | multiphase rectifier circuit.
circuito reductor | rundown circuit | scaling circuit.
circuito reflejo | reflex circuit.
circuito regenerador de subportadoras | sub-carrier regenerator circuit.
circuito registrador | record circuit.
circuito regulador | regulator circuit.
circuito regulador de la amplificación | gain-control circuit (aerials).
circuito resistivo en serie-paralelo | series-parallel resistive circuit.
circuito resonante | tuned circuit.
circuito resonante paralelo | tank circuit | wavetrap (radio).
circuito restablecedor | restoring circuit.
circuito retardador | time delay circuit.
circuito retardador de impulsos | pulse delay circuit.
circuito reversible | reversible circuit (telecommunications).
circuito saturado | overloaded circuit.
circuito secundario | leg (telecommunications) | secondary | secondary circuit.
circuito secundario de refrigeración | secondary coolant circuit.
circuito selectivo | wavetrap.
circuito selectivo contra el paso de bajas frecuencias | low-pass selective circuit.
circuito selector | selecting circuit | selector circuit | switching circuit.
circuito semiconductor mezclado | mixed semiconductor circuit.
circuito sensible | sensing circuit.
circuito separador de impulsos de sincronismo | intersync circuit.
circuito serie-derivación | series-shunt circuit.
circuito sigma | sigma circuit.
circuito silenciador | muting circuit | noise suppressor | silencer circuit | squelch | squelch circuit.

circuito silencioso | quiet circuit.

circuito simétrico | push-pull circuit.

circuito sin carga | unloading circuit (computer).

circuito sin conexión a tierra | ungrounded circuit.

circuito sin hilos | radio circuit.

circuito sin memoria | memoryless circuit (computing).

circuito sin pérdida | zero-loss circuit.

circuito sincronizador | synchronizing circuit.

circuito sintético | synthetic circuit.

circuito sintonizado | tuned circuit.

circuito sintonizado en paralelo | parallel-tuned circuit.

circuito sintonizado simple | single tuned circuit.

circuito sintonizador | tuning circuit.

circuito sobrecargado | overloaded circuit.

circuito sólido | solid circuit.

circuito subalimentado | starved circuit.

circuito subterráneo | underground circuit.

circuito superheterodino | superheterodyne circuit.

circuito superpuesto | superimposed circuit.

circuito tanque | tank circuit.

circuito telefónico | telephone circuit | telephonic circuit.

circuito telefónico de larga distancia | long-distant telephonic circuit.

circuito telefónico de radiodifusión | program circuit.

circuito telefónico de tránsito | telephone transit circuit.

circuito telefónico interior | inland telephone circuit.

circuito telefónico internacional | international telephone circuit.

circuito telefónico por radio | telephone circuit by radio.

circuito telegráfico | telegraph circuit.

circuito telegráfico de enlace | trunk telegraph circuit.

circuito telegráfico internacional | international telegraph circuit.

circuito telegráfico por cable submarino | submarine telegraph circuit.

circuito télex | telex circuit.

circuito temporizador | time delay circuit (electronics) | timing circuit.

circuito transistorizado | solid-state circuit.

circuito transoceánico | transoceanic circuit.

circuito tributario | tributary circuit (telecommunications).

circuito trifásico | three-phase circuit.

circuito triplicador del voltaje | voltage-trebling circuit.

circuito unidireccional | one-way circuit.

circuito unifilar | longitudinal circuit | single wire circuit.

circuito unilateral | one-way circuit (communications).

circuito universal | AC-DC circuit.

circuito verificador | check circuit.

circuito vibratorio | oscillatory circuit.

circuito vídeo | vision circuit.

circuito Y | AND circuit.

circuitos acoplados | ganged circuits (radio).

circuitos de apoyo | support chips.

circuitos de prolongación nacional | national extension circuits (telecommunications).

circuitos de sintonía múltiples | ganged circuits (radio).

circuitos de sintonización simultánea | ganged circuits.

circuitos interbloqueados | interlocked circuits.

circuitos internos | machine hardware (machines).

circuitos sintonizados | adjusted circuits.

circuitrón | circuitron.

circulación | circuitation (electricity) | circulation (meteorology) | traffic.

circulación de trenes | working.

circulación en remolino | vortex type flow (meteorology).

circulación interior de aire | internal air circulation.

círculo | circle.

círculo de calibración | calibration circle (radar).

círculo de contacto | pitch circle (gear) | pitch line (gear) | primitive circle (gear).

círculo de declinación | declination circle | parallel of declination.

círculo de distancia | range circle.

círculo de inercia | inertia circle (material strength).

círculo de la corona | point circle.

círculo de la raíz | root circle (gear).

círculo de radio unidad | unit circle.

círculo de rodadura | pitch circle.

círculo de rotación | swinging circle (cranes).

círculo exterior | point circle (gear).

círculo interior | root circle.

círculo máximo | great circle | orthodrome.

círculo meridiano | transit circle.

círculo primitivo | pitch circle.

circumpolar | circumpolar.

circumpolarización | circumpolarization.

circundar I circle (to).
circunferencia de base I root circle (gear).
circunferencia primitiva I pitch-circumference (gear).
circunfundir I circumfuse (to).
circunfusión I circumfusion.
circunnavegación I circumnavigation.
circunnavegar I circumnavigate (to).
circunscripción telefónica I multiexchange area (G.B.).
circunsolar I circumsolar.
circunterrestre I circumterrestrial.
circunvalar I enclose (to).
circunvolar I fly round (to).
circunvolución I circumrotation.
cirro I cirrus.
cirrocúmulo I cirrocumulus.
cirroestrato I cirrostratus.
cisco I culm.
ciselíseo I ciselysian.
cisgangético I cisgangetic.
cisterna I container I tank.
cístido I cystid.
cistolito I cystolith.
citasa I cytase (chemistry).
cítola de molino I clapper.
citoquímica I cytochemistry.
citrato I citrate.
citrato cálcico I calcium citrate.
citrato de litio I lithium citrate.
citrato de plata I itrol I silver citrate.
citrina I citrine I Indian topaz I Madagascar topaz I Spanish topaz.
citrografía I citrography.
citrómetro I citrometer.
citrooxalato I citrooxalate.
ciudadela I bridge (ships).
cizalla I card cutter I cutting press I guillotine shears I shear I wirecutter.
cizalla cónica I bevel shears.
cizalla de escuadrar I squaring shear.
cizalla de mano I bench shear.
cizalla de palanca I alligator shears I lever shears.
cizalla mecánica I shearing machine.
cizalla para alambre I wire shears.
cizalla para chapas I plate shears I slitting shears.
cizalla para cortar angulares I angle iron cutting machine.
cizalla para lupias I blooming shears.
cizalla para tochos I bloom shears.
cizalla recortadora I cropping shears.
cizalla rotativa I slitter.
cizallamiento I cutting action I shear I shearing.

cizallar I clip (to).
cizallas de mano I block shears.
cizallas de pasador I pin shears.
cizallas para chapa I iron cutters.
cizallas para tochos I billet shears.
claraboya I bull's eye I roof light I skylight I top light.
clareno I clarain (geology).
claridad en los bordes de la imagen I marginal definition (optics).
clarificación I fining.
clarificador I clarifier.
clarificar I clarify (to) I fine (to) I fine down (to) I purify (to).
clarifloculador I clariflocculator.
clarolina I claroline.
clase de tipo I style of type (typography).
clasificación I sizing I sorting (metallurgy).
clasificación de rollizos I log grades.
clasificación de trozas I log grades.
clasificación indicada en la placa de características I nameplate rating.
clasificador del sonido I acoustic clarifier.
clasificadora I collator.
clasificadora hidráulica I jig I jigging machine.
clasificar I pick (to).
clasificar documentos I file (to).
clasolita I clasolite.
clástico I clastic (geology).
clastocristalino I clastocrystaline.
clastógeno I clastogene.
clastomórfico I clastomorphic.
clastomorfismo I clastomorphism.
clatrado I clathrate.
clavalita I clavalite.
clavar I pin (to) I stick (to).
clave I cipher key I code I key I key sheet (telephony).
clave de búsqueda I search key (computing).
clave de código I code key.
clave de memoria I storage key (computing).
clave de protección I protection key.
clave para cifrar I additive.
clave sinóptica I synoptic code (meteorology).
clave telegráfica I cipher code I telegraphic key.
clavera I nail-heading tool (molds).
clavetear I stud (to).
clavija I dowel I dowel pin I gudgeon I key I linch pin I peg I pin I plug-in I spile I spill I trunnel.
clavija bipolar I socket.
clavija de apertura del circuito I infinity plug.
clavija de bayoneta I bayonet plug.

clavija de bloqueo l locking pin.

clavija de caucho l rubber plug (telecommunications).

clavija de cierre l locking pin.

clavija de conexión l interconnecting plug l plug cap l plug key l stud (electricity) l terminal stud.

clavija de conmutación l throw-out plug l wander plug.

clavija de contacto l plug adaptor.

clavija de corrección l adjusting pin.

clavija de corte l infinity plug.

clavija de derivación l socket-outlet adapter (electricity).

clavija de dos conductores l two conductor plug.

clavija de fijación l register pin l steady pin.

clavija de infinidad l infinity plug.

clavija de prueba l test plug (telecommunications).

clavija de puesta a tierra l earth bolt.

clavija de selector l selector plug.

clavija de sujeción l retaining pin.

clavija de toma de corriente l power plug.

clavija del gancho pinzote l pintle pin.

clavija en U l U plug.

clavija macho l male jack.

clavija maestra l bolster bolt l kingbolt l kingpin l main bolt.

clavija polarizada l polarized plug.

clavija posicionadora l locating pin (plugs).

clavija telefónica l phone plug l telephone plug.

clavija terminal l termination plug.

clavija y base de contacto l plug and jack.

clavijero de espiga l tip jack.

clavo l nail l spike nail.

clavo de anclaje l spike anchor (railway line).

clavo de moldeador l anchor bolt.

clavo elástico l spring spike (railway line).

clavo grueso l spike.

clavo para remachar l rivet.

clavo remachado l sprig.

cliché l cliché.

cliché de multicopista l stencil.

clima l climate.

climático l climatic.

climatización l climatization.

climatizador l cooling unit.

climatografía l climatography.

climatología l climatology.

climatología sinóptica l synoptic climatology.

climatológico l climatic.

climodiagrama l climodiagram.

climografía l climography.

climograma l climograph.

clinker l clinker (cementmaking).

clinkerización l clinkering.

clinkerizar l clinker (to) (cement).

clino l clino (oceanography).

clinoanemómetro l clinoanemometer.

clinoclasa l clinoclase.

clínodo l clinode.

clinódomo l clinodome.

clinoédrico l clinohedric.

clinófono l clinophone.

clinoformo l clinoform (oceanography).

clinógrafo l clinograph.

clinómetro l angle meter l clinometer l gradient indicator l gradometer l inclinometer l slope level.

clinómetro de burbuja l bead clinometer.

clinómetro de péndulo l pendulum clinometer.

clinomicrobarógrafo l clinomicrobarograph.

clinopinacoidal l clinopinacoidal.

clinopiroxeno l clinopyroxene.

clinoprisma l clinoprism.

clinorrómbico l clinorhombic.

clinoscopio l clinoscope.

clinostato l clinostat.

clinotema l clinothem (oceanography).

clisador l platemaker (typography).

clisé l master l printing plate.

clisé anastático l anastatic plate (printing).

clisé de aluminio l aluminum plate.

clisé fototipográfico l phototype.

clivaje l cleaving.

clivaje macroscópico l macroscopic cleavage.

cloaca l gutter.

cloisonné l cloisonné.

clonación molecular l molecular cloning.

cloración l chlorinating l chloring.

cloramida l chloramide.

cloramina l chloramine.

cloranílico l chloranilic.

clorar l chlore (to).

clorargirita l cerargyrite.

clorato l chlorate.

clorato de calcio l calcium chlorate.

clorhidrato l chlorhydrate l hydrochloride.

clorhidrina l chlorhydrin.

clórico l chloric.

clorimetría l chlorimetry.

clorinidad l chlorinity.

cloritización l chloritization (mineralogy).

cloritoesquisto l chlorite schist.

cloritoide l chloritoid.

cloro l chlorine.

cloro radiactivo l radiochlorine.

clorobenceno l chlorobenzene.

clorociánico | chlorocyanic.
cloroetileno | chloroethylene (chemistry).
clorofila | chlorophyll.
clorómetro | chlorimeter.
cloropreno | chloroprene.
cloruración | chloridization | chloridizing | chlorinating.
cloruro | chloride (chemistry).
cloruro áurico | auric chloride.
cloruro cálcico | calcium chloride.
cloruro ceroso | cerium chloride.
cloruro de acetilo | acetyl chloride.
cloruro de ácido | acid chloride.
cloruro de cal | chloride of lime | chlorinated lime.
cloruro de carbonilo | carbonyl chloride.
cloruro de indio | indium chloride.
cloruro de magnesio | magnesium chloride.
cloruro de mercurio | mercuric chloride.
cloruro de tiamina | thiamine chloride.
cloruro plúmbico | lead tetrachloride.
cloruro polivinílico | PVC.
cnoidal | cnoidal.
coagulación | coagulation.
coagulante | coagulant | thickener.
coagularse | clump (to) | gelate (to).
coalescencia | coalescence.
coaltitud | coaltitude.
coaxial | coaxial.
cobaltaje | cobalt-plating.
cobaltífero | cobaltiferous.
cobaltina | cobaltite.
cobalto | cobalt.
cobalto arseniado | red cobalt.
cobaltoocre | cobalt crust | cobalt ocher.
cobertura | coverage | scanned area (radar).
cobertura baja | low cover (radar).
cobertura de volumen | volume coverage.
cobertura múltiple | multiple coverage (radar).
cobertura puntual | point cover (radar).
cobertura radárica | radar coverage.
cobertura sectorial | sectorized coverage (radar).
cobertura vertical | vertical coverage (radio).
cobre | copper.
cobre amarillo | brass.
cobre azul | blue copper ore.
cobre de cátodo | cathode copper.
cobre de cementación | precipitated copper (metallurgy).
cobre electrolítico | cathode copper.
cobre litiado | lithium copper.
cobre negro | black copper.
cobre oxidulado | tough-pitch copper.

cobre oxidulado terroso | tile ore.
cobre penachado | bornite | purple copper ore.
cobre piritoso | yellow ore.
cobre sobrebatido | overpoled copper.
cobre sulfurado | chalcosine.
cobre tratado con litio | lithium-treated copper.
cobre vítreo | chalcosine | vitreous copper.
cobreado | coppering.
cobrear | copper (to).
cobresoldabilidad | brazeability.
cobresoldadura | braze | brazing | brazing solder | copper soldering | hard solder.
cobresoldadura eléctrica | electric brazing.
cobresoldadura por corriente inducida | induction brazing.
cobresoldadura por inmersión en baño metálico | metal-dip brazing.
cobresoldar | braze (to) | copper solder (to) | copper weld (to) | copper-braze (to) | hard solder (to).
cobresoldar en el vacío | vacuum-braze (to).
cobresoldar en horno | oven-braze (to).
cobresoldar por corrientes de inducción | induction braze (to).
cobresoldeo | hard soldering.
cobresoldeo por inmersión en baño de sales | salt bath brazing.
cobrizado | copper plating.
cobrizo | cupreous.
coca de un cable | kink.
coca del cable | rope loop.
cocción | backing (bricks) | baking | firing | kilning (ceramics).
cocción al sulfito | sulfite cooking.
cocer | bake (to) (furnace) | boil (to).
cocer ladrillos | kiln (to).
coche automotor | motorcar (railways) | motorcoach (railways).
coche de remolque | trailer.
coche militar de empleo general | jeep.
cochura | baking | burning.
cocolito discoidal | discolith.
codal | shore | spur | strut | trench brace.
codaste | astern post | stern frame (ships) | stern post (ships) | tail post.
codaste de proa | propeller frame.
codaste proel | body post (ships).
codeclinación | codeclination.
codificación | coding | encoding (telecommunications).
codificación absoluta | absolute coding (computing).
codificación binaria | binary coding.
codificación de impulsos | pulse coding.

codificación de intervalos I gap coding.
codificación de la forma de onda I waveform encoding.
codificación de lenguaje simbólico I symbolic coding (computing).
codificación en lenguaje máquina I machine language code (computing).
codificación inversa I reverse coding.
codificación lineal I in-line coding I straight-line code.
codificación numérica I numeric coding.
codificación propia I own coding.
codificación superpuesta I superimposed coding (computing).
codificador I coder (computer).
codificador binario I binary encoder.
codificador cromático I color encoder.
codificador de datos I data encoder.
codificador de duración de impulsos I pulse-duration coder (communications).
codificador de fallas I fault coder (telecommunications).
codificador de impulsos I pulse coder (telecommunications).
codificador de telemedida I telemetering coder.
codificador manual I thumbwheel encoder.
codificadora magnética I inscriber.
codificar I code (to) I encode (to) I tally (to).
codificar la información I key (to) (computing).
codificar por impulsos I pulse-code (to).
código I code I coding scheme.
código absoluto I absolute code.
código alfanumérico I alphanumeric code.
código autocomplementario I self-complementing code (computing).
código automático I autocode (computing).
código Baudot I Baudot code (telegraphy).
código binario I binary code.
código binario de cuenta fija I M out of N code.
código binario reflejado I reflected binary code.
código biquinario I biquinary code.
código cifrado I cipher code.
código de acceso I access code (computing).
código de anchura I width coding (communications).
código de avance de línea I line feed code.
codigo de barras I bar code (computing).
código de bloques I block code (computing).
código de cambio I shift code.
código de caracteres I character code.
código de cinta I tape code.
código de datos (información) I data code.

código de dirección simple I single address code.
código de impulsos I pulse code.
código de instrucción I symbolic code.
código de línea I line code (computing).
código de longitud fija I fixed-length code (computing).
código de máquina I machine code.
código de mínimo acceso I minimum access code (computing).
código de modulación I modulation code (data link).
código de Morse I Morse code.
código de operación I operation code (computing) I order code (computing) I transaction code.
código de preguntas I interrogation coding.
código de retardo mínimo I minimum delay code.
código de retorno I return code.
código de ruta I routing code (telecommunications).
código de señales I signal code.
código de signo I sign code.
código de tiempo mínimo de espera I minimum latency code.
código de transmisión I transmission code.
código de una sola dirección I single address code.
código decimal binario I binary decimal code.
código en cortocircuito I short-circuit code.
código encadenado I chain code.
código fuente I source code (computing).
código identificador I password.
código internacional I international code.
código internacional de señales I international signal code.
código meteorológico I weather code.
código mnemotécnico I mnemonic code.
código numérico I numeral coding I numeric code I numerical code.
código objeto I object code.
código ponderado I weighted code.
código Q I Q code (radiocommunications).
código rectilíneo I straight-line code.
código reubicable I relocatable code (computing).
código secuencial I serial code.
código simbólico I symbolic code.
código telegráfico I cable code I sending code I telegraphic code I telegraph code.
código télex I teleprinter code.
código ternario I ternary code.
código unitario I unitary code.
codillo I knuckle.
codímero I codimer (petroleum).

codo | elbow | elbow ell (pipes) | ell | knee (pipes) | knee-pipe (pipes).

codo a 90 grados de radio medio | medium sweep elbow.

codo abierto | long elbow.

codo adaptador | elbow adapter | stub angle.

codo angular | miter bend | miter elbow (pipes).

codo cerrado | short sweep (pipes) | short elbow (pipes).

codo compensador | expansion bend.

codo de descarga | elbow discharge.

codo de entrada | intake elbow.

codo de gran radio | long elbow (pipes).

codo de inglete | miter bend (pipes) | miter elbow.

codo de reducción | reducing elbow (pipes).

codo de retorno | return bend (construction).

codo en ángulo recto | right-angle bend.

codo poligonal de chapa soldada | miter bend (pipes).

codo reductor | taper elbow (pipes).

coeficiente | modulus.

coeficiente cavitario | void coefficient.

coeficiente de absorción | absorption factor.

coeficiente de acidez | acidity coefficient.

coeficiente de acoplamiento normalizado | normalized coupling coeficient.

coeficiente de adaptación | return current coefficient (telecommunications).

coeficiente de amortiguamiento | decay coefficient.

coeficiente de amplificación | mu (thermionic valve) | mu factor (thermionic valve).

coeficiente de carga | load factor.

coeficiente de carga del peso | weight load factor (aeronautics).

coeficiente de cohesión del núcleo | packing fraction.

coeficiente de desviación | deflection factor.

coeficiente de dilatación lineal | linear expansivity.

coeficiente de dispersión | leakage factor.

coeficiente de distribución | spread factor (electricity).

coeficiente de escorrentía | runoff coefficient.

coeficiente de huecos | void coefficient.

coeficiente de intermodulación | intermodulation coefficient.

coeficiente de masa | mass coefficient.

coeficiente de modulación | modulation index.

coeficiente de pérdidas por reflexión | mismatch factor (electric circuit).

coeficiente de potencia | output coefficient.

coeficiente de presión | pressure coefficient.

coeficiente de protección eléctrica | shielding factor.

coeficiente de reactancia | reactive factor.

coeficiente de reactividad de potencia | power coefficient (nuclear reactor).

coeficiente de reflexión acústica | acoustical reflectivity.

coeficiente de resistencia de la junta | joint factor.

coeficiente de resistencia secundaria | secondary drag coefficient.

coeficiente de resistencia térmica | R coefficient.

coeficiente de rigidez | stiffness coefficient.

coeficiente de rotura | ultimate factor.

coeficiente de ruidosidad | noise figure.

coeficiente de soldadura | weld factor.

coeficiente de succión | thrust deduction (ships).

coeficiente de sustención | lift coefficient (aeronautics).

coeficiente de tracción | thrust coefficient (aeronautics).

coeficiente de transmisión térmica | K coefficient.

coeficiente del voltaje | pressure coefficient.

coeficiente másico | mass coefficient.

coeficiente pluviométrico | pluviometric coefficient.

coenzima | coenzyme (biochemistry).

cofásico | cophasal.

coferdán | cofferdam (ships).

cofiar | cap (to) (projectiles).

cohesión | bonding strength.

cohete | rocket.

cohete acelerador | acceleration rocket | booster rocket (airplanes).

cohete antirradárico | window rocket.

cohete circunlunar | circumlunar rocket.

cohete de aceleración | ullage rocket.

cohete de arranque | booster rocket.

cohete de aterrizaje | landing flare.

cohete de aviación | aircraft rocket.

cohete de despegue | takeoff rocket.

cohete de etapas múltiples | multiple-stage rocket.

cohete de iluminación | reconnaissance flare.

cohete de interceptación | interception rocket.

cohete de investigación | research rocket.

cohete de plasma | plasma rocket (aerospatial engineering).

cohete de propulsión iónica | ion rocket | ion thrust rocket.

cohete de propulsión nuclear | nuclear rocket.

cohete descelerante | braking rocket.

cohete estatorreactor I ram rocket.

cohete experimental I research rocket.

cohete frenante I braking rocket.

cohete luminoso I pyrotechnic light.

cohete meteorológico I rocketsonde.

cohete nuclear I nuclear rocket.

cohete teledirigido I radio controlled rocket.

cohete terminal I terminal rocket (spatial).

cohete transportador I carrier rocket.

cohete tripulado I manned rocket.

cohete-sonda I probe-rocket I rocketsonde.

cojinete I bearing I journal I journal box.

cojinete a rótula I ball joint bearing.

cojinete ajustable I takeup.

cojinete antifricción I antifriction bearing.

cojinete con ranura de engrase I oil-groove bearing.

cojinete de agujas I needle bearing.

cojinete de apoyo I step bearing.

cojinete de apoyo de agujas I needle roller bearing.

cojinete de bolas I antifriction bearing I ball bearing I rolling bearing.

cojinete de bolas con adaptador I adapter-type ball bearing.

cojinete de cabeza de biela I top end bearing (reciprocating machine).

cojinete de desembrague I release bearing.

cojinete de eje del piñón I pinion shaft bearing.

cojinete de empuje I thrustblock.

cojinete de fricción I friction bearing.

cojinete de guía I pilot bearing.

cojinete de junta I joint chair (railway line).

cojinete de nilón revestido de metal I metal-backed nylon bearing.

cojinete de rodillos I roller bearing I rolling bearing.

cojinete de roscar I screwcutting die I threading die.

cojinete de rótula I swivel bearing.

cojinete de soporte I support bearing.

cojinete de suspensión de la corredera I link bearing (Stephenson distribution).

cojinete de telar I loom step.

cojinete de transmisión I shaft bearing.

cojinete del árbol I shaft bearing.

cojinete del cigüeñal I main bearing.

cojinete del eje I shaft bearing.

cojinete del husillo I spindle bearing (lathe).

cojinete doble de empuje I two-way thrust-bearing.

cojinete elástico I shock-absorbing bearing.

cojinete escariador I reaming-die.

cojinete esférico I ball socket I swivel bearing.

cojinete guarnecido de metal blanco I white-metalled bearing.

cojinete inferior I lower bearing.

cojinete liso I friction bearing I journal bearing I plain bearing.

cojinete principal I main bearing.

cojinetes de biela I connecting rod bearings.

cojinetes de terraja I screw dies.

cok I coke.

cok metalúrgico I oven coke.

cola I back (train) I glue I tail (airplanes).

cola de espera prioritaria I priority queuing (computing).

cola de impulso I tail.

cola de la matriz I pouring sheet (stereotypo-graphy) I pouring shield (stereotypography) I tail board (stereotypography).

cola de llamadas I queue (telephony).

cola de milano I dovetail I fantail (carpentry).

cola de realimentación I feedback queue (computing).

cola de salida I output queue (computing).

cola de trabajos I work queue (computing).

cola para injertar I lute.

colabilidad I castability (metallurgy) I casting fluidity.

colada I blast-furnace tapping (blast furna-ces) I cast (metallurgy) I casting I heat I melt (metallurgy) I pour (concrete, molten metal) I tapping I teeming (metallurgy).

colada a chorro I top pouring (casting mold).

colada centrífuga I rotational casting I spin-ning casting.

colada de lavado I wash heat (Siemens furnace).

colada de metal fundido I tapping.

colada desde la cuchara a la lingotera I teem-ing.

colada en arcilla I loam casting.

colada en caída directa I top casting I top pou-ring.

colada en lingotera I pouring.

colada en sifón I rising casting.

colada en tierra I loam casting (foundry).

colada múltiple I multiple casting.

colada por arriba I top casting (foundry).

colada por el fondo I rising pouring (metallurgy).

coladero I iron runner I winze.

colado en arena I sand cast.

colaminación I roll bonding (nuclear energy).

colante I gluey.

colapsible I collapsible.

colar I cast (to) (metallurgy) I teem (to) (foundry).

colar el metal licuado I pour the metal (to).

colchado I laying I laying up (metallic cables).

colcótar I jeweler's red I jeweler's rouge.

colecistoquinina I cholecystokinin (biochemistry).

colector I commutator (electricity) I header I main I manifold I sink I trap.

colector abierto I open collector (integrated circuit).

colector anular I ring manifold (radial engine).

colector de aceite I oil-dish.

colector de admisión I induction manifold I inlet manifold I intake manifold (engines).

colector de agua I water drum (boilers) I water manifold I water trap.

colector de barrido I air box (engines) I scavenge manifold.

colector de corriente I skate (electricity).

colector de drenaje I main drain.

colector de energía solar I solar energy collector.

colector de escape I exhaust collector.

colector de fangos I mud baffle (boilers).

colector de iones I ion collector.

colector de lubricante I sump (engines).

colector de lubricante dentro del cárter I wet sump (engines).

colector de ondas I wave collector.

colector de salida I outlet header (boilers).

colector de vaciamiento final de tanques I stripping line (petroleum tankers).

colector de vapor I manifold (locomotives).

colector del lodo I mud baffle (drilling).

colector inferior I water drum.

colector intermedio I inter-header (boilers).

colector para radiación solar I solar collector.

colector parabólico I parabolic collector (solar energy).

colector principal I trunk main.

coleglobina I choleglobin (biochemistry).

colilla de electrodo I stub end I stump.

colimación I collimation (optics).

colimar I define (to) (X rays).

colina I choline (biochemistry).

colina abisal I abyssal hill (geology).

colinérgica I cholinergic.

colisión I collision I impingement.

colisión atómica I atomic collision.

colisión coulombiana I Coulomb collision.

colisión de un pión con un protón I pion-proton collision.

colisión fotón-nucleón I photon-nucleon collision.

colisión inelástica I inelastic collision.

colisión iónica molecular I molecular-ion collision.

colisión térmica I thermal collision (nuclear energy).

colisiones de electrones monoenergéticos I monoenergetic electron collisions.

collarín I collar.

collarín de eje I arbor collar (engineering).

collarín del prensaestopas I stuffing box flange.

colocación I laying-on (coating) I positioning I setup.

colocación de alambres I wiring.

colocación de minas I mining.

colocado I fixed.

colocado a presión I press-fit.

colocar I load (to) (tape) I seat (to) (machines) I set (to).

colocar el armón I limber up (to).

colocar en órbita I insert into orbit (to).

colocar planchas I plate (to).

colocar tubería I land (to) (drillings).

colocar un periférico bajo el control central I vary online (computing).

colofonia I colophony I common resin I rosin.

coloidal I colloidal.

coloide I colloid (chemistry).

coloide líquido I sol (chemistry).

cololito I chololith.

color I color (U.S.A.) I colour (G.B.).

color ácido I acid color.

color compuesto I secondary color.

color de fondo I background color.

color de referencia I reference color (TV).

color elemental I primary color.

color primario I primary color (optics).

coloración I coloring I staining.

coloradoíta I coloradoite (mercury telluride).

colorante I pigment.

colorante ácido I acid colorant I acid dye I acid stain I acidic dye I acidic stain.

colorante acridínico I acridine dye.

colorante al acetato I acetate dye.

colorante al hielo I ice color (chemistry).

colorante básico I basic stain.

colorante graso I fat dye.

colorante metalizado I metalized dye (chemistry).

colorantes azoicos I ice colors.

colorantes naftol I ice colors.

coloreado I colored I tinted.

colorear I pigment (to).

colores al hielo I ice colors.

colorímetro I chromometer (chemistry) I colorimeter I colormeter.

columna I column I limb (magnetic core) I pillar I post (machines) I strut.

columna de agua alimentadora | jackhead (railways).
columna de alimentación | feeder pillar.
columna de cables | feeder pillar.
columna de destilación | stripping column.
columna de entubado | string of casing.
columna de mineral | ore chimney (geology) | pipe of ore.
columna de separación | separation column (nuclear energy).
columna de tubos | string of casing (drillings).
coluro | colure (astronomy).
comandar | control (to).
comando de entrada | bootstrap (computers).
combadura | warping.
combar | sag (to) | spring (to) | warp (to).
combate | fight.
combate aéreo | aerial fighting.
combinación | combination (mathematics).
combinación ala-fuselaje-empenaje | wing-body-tail combination.
combinación de canales | mix down (stereophonics).
combinado | bound (chemistry).
combinador de resistencia líquida | liquid controller.
combinador giratorio | rotary circuit controller (electrotecnics).
combinador principal | master controller (electrotecnics).
combinar | combine (to) | compound (to).
comburente | comburent.
comburente oxidante | oxidizer.
comburívoro | comburent.
combustibilidad | flammability.
combustible | propellant.
combustible antidetonante | antipinking fuel.
combustible atómico | atomic fuel.
combustible cerametálico | cermet fuel.
combustible coquificante | coking fuel.
combustible de bajo octanaje | low-octane fuel.
combustible de calidad inferior | lower grade fuel.
combustible de magnesio en polvo | magnesium fuel.
combustible de metal líquido | liquid-metal nuclear fuel.
combustible de reactor | jet fuel | reactor fuel.
combustible hidrocarbúrico licuado | liquid-hydrocarbon fuel.
combustible líquido | liquid fuel | liquid propellant | oil | oil fuel.
combustible líquido de petróleo | liquid petroleum fuel.

combustible no encartuchado | unclad fuel (nuclear reactor).
combustible nuclear | nuclear fuel.
combustible nuclear nitruro | nitride nuclear fuel.
combustible nuclear transportado por metal líquido | liquid-metal fuel.
combustible para turbinas de combustión | jet fuel.
combustible recirculado | recycled fuel (nuclear energy).
combustible sólido | solid fuel.
combustible termonuclear | thermonuclear fuel.
combustímetro | combustimeter.
combustión | burning | combustion.
combustión a presión | pressured combustion.
combustión catalítica | catalytic burning.
combustión rápida | quick-burning.
combustión retardada | afterburning | retarded combustion (engines).
combustión total | ashing.
combustión vibratoria | oscillatory burning (rockets).
combustor del cohete | rocket combustor.
combustor del estatorreactor | ramjet combustor.
cometa | comet.
cometografía | cometography.
commutador | switch.
compacidad | consistency (grounds) | density.
compactación | compaction.
compactación por sacudidas | jolt-pack.
compactado | compacted.
compactar | compact (to) | consolidate (to).
compacto | close-coupled | closed | compact | dense.
comparador | comparator.
comparador de niveles | level comparator.
comparador óptico de proyección | projector comparator.
comparoscopio | comparoscope (microscope).
compartimentar | box off (to).
compartimiento | panel (mining).
compartimiento estanco | cofferdam (ships) | watertight compartment.
compás | compass.
compás con arco | wing caliper | wing compass.
compás de arco | quadrant compass.
compás de bisección | bisecting dividers.
compás de calibrar | inside calipers.
compás de cremallera | rack-compass.
compás de espesores | bow compasses | calliper compass.

compás de graduación I index gage.

compás de inclinación I inclinometer.

compás de marcar I scribing compass.

compás de navegación I mariner's compass I steering compass.

compás de proporciones I sector.

compás de puntas de resorte I spring-joint caliper.

compás de recalada I landing compass (navigation).

compás de revés I inverted compass.

compás de varas I trammel.

compás elíptico I elliptic compass.

compás forestal I die stock.

compás invertido I inverted compass.

compás magistral I master compass (ships) I standard compass.

compás magnético I magnetic compass.

compás para rollizos I log calipers.

compatibilidad de sistemas I system compatibility.

compensación I equalizing I padding (radio) I shimming (nuclear reactor) I trim (airplanes) I trimming.

compensación acústica I loudness compensation.

compensación de baja frecuencia I low frequency compensation.

compensación de la brújula I swinging of compass.

compensación de la caída de cuadratura I quadrature-droop compensation.

compensación de la corriente de reposo I quiescent current compensation.

compensación de la luminancia I luminance compensation.

compensación de línea I line bend (television) I line tilt (television).

compensación de tensión I voltage equalization.

compensación del voltaje I voltage equalization.

compensación magnética I shimming (magnetic field).

compensación química I chemical shim.

compensación telemétrica I range corrector setting.

compensado I balanced.

compensador I adjuster I advancer (electricity) I balance gear I compensator I equalization box I equalizer I equilibrator I outrigger (continuous spinning machine) I padder (electricity) I surge damper.

compensador de atenuación residual I line residual equalizer.

compensador de caída de voltaje en la línea I line drop compensator.

compensador de fase I delay equalizer I phase compensator I phase equalizer.

compensador de línea I line balance.

compensador de línea eléctrica I line buffer.

compensador de nivel I level compensator.

compensador de torsión I twist compensator.

compensador de transformación I transformer trimmer (radio).

compensador de volumen I volume compensator.

compensador del freno I brake adjuster.

compensador para grabación sonora I recording equalizer

compensador térmico I temperature compensator.

compensador voltimétrico I line drop compensator.

compensar I adjust (to) (topography) I equalize (to).

compilación I compiling (computing).

compilación de datos I tally.

compilador I compiler (computing) I language processor (computing).

compilar I compile (to) (computing).

complejar I chelate (to) (chemistry).

complejo I complex.

complementario I complementary.

complexante I complexing agent.

componedor I compositor.

componedora I type-setting machine (printing).

componente I constituent.

componente activa I inphase component.

componente alterna residual I ripple component.

componente anérgica I imaginary component (electricity).

componente continua estable I standing DC component (TV).

componente de atenuación iterativa I iterative attenuation coefficient.

componente de banda lateral I sideband component.

componente de crominancia Q I Q chrominance component.

componente de error cuadrantal I quadrantal component of error (radionavigation).

componente de RF I RF component.

componente de voltaje unidireccional I ripple voltage.

componente eléctrica I electric component.

componente electrostática I electric component.

componente en cuadratura I quadrature component.

componente en fase I inphase component I positive-sequence component (electricity) I power component (electricity).

componente en inversión de fase I negative sequence component (electricity).

componente energética I inphase component (electricity).

componente homopolar I zero-sequence component.

componente inercial I inertial component.

componente no lineal de circuito I nonlinear circuit component.

componente ondulada I ripple quantity (electricity).

componente onduladora I ripple component.

componente reactiva I idle component (electricity) I imaginary component I lag (electricity) quadrature component (electricity) I wattles component.

componente soldado intrincado I intricate welded component.

componente Z I Z component (magnetoionics).

componentes del sistema operativo I monitor system components (computing).

componer I format (to).

componer tipos I compose (to) (typography).

comportamiento carga-deflexión I load deflection behavior.

composición I framing I montage I type matter.

composición apretada I narrow composition (typography).

composición no eutéctica I off-eutectic composition.

composición obturadora I sealing compound.

compositor I compositor.

compresímetro I compression gage I compressometer.

compresión biescalonada I two-stage compression.

compresión bietápica I two-stage compression.

compresivo I compressive.

compresor I compressor.

compresor axial multigradual I multistage axial compressor.

compresor bicilíndrico I twin compressor.

compresor centrífugo I centrifugal-flow compressor.

compresor centrífugo de flujo mixto I mixed flow centrifugal compressor.

compresor centrífugo de rotor abierto I unshrouded centrifugal compressor.

compresor centrífugo de varias etapas I multistage centrifugal compressor.

compresor con cilindros en V I vee-bloc compressor.

compresor de banda I band compressor.

compresor de cabina I cabin supercharger I pressurizer (airplanes).

compresor de chorro I jet compressor.

compresor de émbolo I reciprocating compressor.

compresor de pistón I reciprocating compressor.

compresor de varias velocidades I multispeed supercharger.

compresor del aire de inyección I injection-air compressor.

compresor del tiempo I time-compressor (communications).

compresor frigorígeno I refrigerating compressor.

compresor radial I radial compressor.

compresor sobrecargado I supercharged compressor.

compresor tipo émbolo I piston type compressor.

compresor volumétrico I positive displacement blower.

comprimido I compressed I pressed I pressurized.

comprimido con pistón I piston-compressed.

comprimido de pulvihierro I iron-powder compact.

comprimido en estado líquido I liquid squeezed.

comprimido poroso de pulvihierro I iron-powder porous pressing.

comprimir I block (to) I compact (to) I compress (to) I press (to) I squeeze (to).

comprobación I check I checking I proof I verification.

comprobación cíclica I repetitive checking.

comprobación de lentes I lens checking.

comprobación de roscas I thread testing.

comprobación par-impar I odd-even check.

comprobación por onda cuadrada I square-wave testing.

comprobación prevuelo I preflight checking.

comprobación selectiva I leapfrog test (computing).

comprobación transversal I transverse check.

comprobación visual I visual monitoring.

comprobado I checked.

comprobado por gammagrafía I gammaradiography checked.

comprobador I monitor I tester.

comprobador de asertos | assertion checker (computing).

comprobador de calibres | gage tester (workshops).

comprobador de dentaduras de evolvente de círculo | involute checker (gear).

comprobador de engranamiento | mesh tester (gear).

comprobador de lámparas termiónicas | tube tester.

comprobador de linealidad | linearity checker (TV).

comprobador de manómetros | gage tester.

comprobador de niveles | level tester | level tryer (topography).

comprobador de tubos electrónicos | tube tester.

comprobador de válvulas | tube tester.

comprobador de válvulas electrónicas | valve tester.

comprobador del nivel | level monitor.

comprobador incorporado | built-in check (computing).

comprobar | check (to) | monitor (to).

comprobar por rayos X | X ray (to).

compuerta | gate | hatch | lock gate | overflow (dam) | shutter | sluice.

compuerta de agujas | needle dam | needlegate.

compuerta de cola | tailgate (sluiceways).

compuerta de desagüe | sluice gate | waste gate.

compuerta de descarga | outlet valve.

compuerta de esclusa | penstock | sluice gate.

compuerta de mariposa | wicket gate.

compuerta de postigo | wicket gate.

compuerta de purga | reject gate.

compuerta de vertedero | spillway gate | spillway sluice.

compuerta lineal | linear gate (electronics).

compuerta NY | N.A.N.D. gate.

compuerta sonora | sound gate.

compuerta Y-o-NO | AND-or-NOT gate (computing).

compuesto | complex.

compuesto acíclico | acyclic compound.

compuesto adhesivo | antistripping compound.

compuesto antiprecipitante | antiprecipitating compound.

compuesto azoico de cadena larga | long-chain azo-compound.

compuesto cíclico | ring compound.

compuesto de absorción | absorption compound.

compuesto de cadena larga | long chain compounds (chemistry).

compuesto de cierre | sealing compound.

compuesto de condensación | condensation compound (chemistry).

compuesto intermetálico | intermediate constituent.

compuesto obturador de juntas | joint-sealing compound.

compuesto orgánico polar | polar organic compound (chemistry).

compuesto para calafatear | caulking compound.

compuesto químico | chemical compound.

compuestos intermetálicos | intermetallics.

compuestos líquidos para pulir | liquid buffing compositions.

compuestos minerales | inorganic compounds.

compulsivo | compelling.

computabilidad | computability.

computación | account | adjusting.

computador central | main frame.

computador de corrección al objetivo | lead computer.

computador de pantalla táctil | touch-screen computer.

computador de radiactividad | radiac computer.

computador digital en paralelo | parallel digital computer.

computador electrónico | digital computer.

computador logarítmico | logarithmic computer.

computadora de a bordo | airborne computer.

computadora de programación | programing computer.

computadora de registro visual | visual record computer.

computar | account (to) | compute (to) | figure (to) | number (to).

computarizado | computer-based.

cómputo | computing | tally.

cómputo por inversión de alimentación | reverse battery metering (electricity).

comraz | comraz.

comunicación | communication | conveyance.

comunicación alámbrica | wire communication.

comunicación bidireccional | two-way communication.

comunicación bilateral | two way connection.

comunicación cifrada | code communication.

comunicación codificada | scrambled speech (radiotelephony).

comunicación de barco a costa | ship-to-shore communication.

comunicación de datos | data communication.
comunicación de doble sentido | two-way communication.
comunicación dentro del área | intra-area communication (aeronautics).
comunicación en ambos sentidos | both-way communication.
comunicación en fonía | voice communication.
comunicación entre sistemas | intersystem communication.
comunicación interaviónica | interplane communication.
comunicación interior | inland call (telephony).
comunicación internacional de tránsito | international transit call (telephonic stations).
comunicación interurbana | toll call.
comunicación interurbana télex | telex trunk call.
comunicación lateral | bypass.
comunicación múltiple | multiple working | multiplex communication.
comunicación por dispersión orbital | orbital scatter communication.
comunicación por microondas | microwave communication.
comunicación por ondas espaciales | sky wave communication.
comunicación por radioteleimpresor | radioteletypewriter communication.
comunicación por señales | wigwag.
comunicación por ultrasonidos | ultrasonic communication.
comunicación radiotélex | radiotelex call.
comunicación rechazada | refused communication.
comunicación submarina | underwater communication.
comunicación telefónica | telephonic communication.
comunicación télex | telex call | telex communication.
comunicación unidireccional | one-way communication.
comunicación unilateral | one-way communication | one-way connection.
comunicación visual | visual communication.
comunicaciones marítimas | sea communications.
comunicaciones terrestres | rearward communications (stations).
comunicar | convey (to) | put through (to).
con acoplamiento inductivo | induction-coupled.

con alambre | wired.
con camisa exterior | jacketed.
con el neutro aislado | ungrounded.
con el neutro no puesto a tierra | ungrounded (electric power system).
con entalla Izod | Izod-notched.
con envuelta | jacketed.
con instalación eléctrica | wired.
con todos los gases | wide open (engines).
concatenable | interlinkable.
concatenación | interlinkage | interlinking | linkage.
concatenar | chain (to) | concatenate (to) | interlace (to) | interlink (to).
concatenar fases | intermesh (to) (electricity).
cóncavo | bowed-in | concave.
cóncavo-convexo | concavo-convex.
concavoesférico | concavospherical.
concentración | concentration.
concentración de aceptores | acceptor concentration.
concentración de electrones | electron cloud.
concentración de fangos | ragging (mining).
concentración de masa | mass abundance.
concentración húmeda | water concentration (metallurgy).
concentración intrínseca | intrinsic concentration (semiconductor).
concentración iónica | ion concentration | ionic focusing.
concentración magnética | magnetic focusing.
concentración máxima permisible | maximum allowable concentration.
concentración relativa | relative concentration (nuclear energy).
concentrado | lumped (power loads, electricity).
concentrador | concentrator | evaporating pan | vacuum pan.
concentrador de energía solar | solar concentrator.
concentrador de tensiones | stress-raiser.
concentrar | boil away (to) (chemistry) | boil down (to) (chemistry) | focus (to) (electronics) | lump (to) (electricity).
concentricidad | concentricity.
concéntrico | concentric.
concha de fundición | chill-mold.
concluir | end up (to).
conclusión | close | end.
concordancia | match.
concreción | caking | sinter.
concreto | concrete (concrete).
condensación | sweat | sweating (pipes).
condensado | condensed.

condensador I condenser I permittor (electricity).

condensador acorazado I shell condenser (freezing).

condensador ajustable I adjustable capacitor.

condensador apagachispas I quenching condenser.

condensador atenuador I padding condenser.

condensador cerámico I ceramic capacitor.

condensador colector de la luz I light-collecting condeser

condensador compensador I balancing capacitor.

condensador corrector I padder.

condensador de aire I air capacitator I air condenser (electricity).

condensador de ajuste I padder.

condensador de ajuste de baja frecuencia I low-frequency padder (radio).

condensador de amortiguamiento I quenching condenser.

condensador de antena I aerial capacitor I aerial condenser.

condensador de arranque I starting capacitor (electricity).

condensador de baja impedancia I low impedance capacitor.

condensador de bloqueo I blocking condenser (condenser).

condensador de bloqueo de entrada I input blocking capacitor.

condensador de chorro I ejector condenser.

condensador de derivación de equilibrio I trimmer.

condensador de desacoplo I shortening condenser.

condensador de doble flujo I two-pass condenser.

condensador de inyección I injection condenser I jet condenser (steam engine).

condensador de laberinto I labyrinth condenser.

condensador de mezcla I jet condenser I mixing condenser.

condensador de motor I motor condenser.

condensador de placas I plate condenser.

condensador de refrigeración I refrigeration condenser.

condensador de serpentín I worm condenser.

condensador de silicio I silicon capacitor.

condensador de sintonía I tuning capacitor.

condensador de sintonización anódica I plate tuning condenser.

condensador de variación cuadrática I square-law condenser.

condensador derivador I bypass condenser.

condensador en circuito abierto I open circuit condenser.

condensador en serie I padder I series capacitor.

condensador estático I static condenser (electricity).

condensador impregnado en líquido I liquid-impregnated capacitor.

condensador múltiple I tapped condenser.

condensador Mylar I Mylar capacitor.

condensador patrón I calibration condenser.

condensador plano I plane condenser.

condensador por eyección I ejector condenser.

condensador posterior I aftercondenser.

condensador refrigerado por agua I water-cooled condenser.

condensador resonante I resonant capacitor.

condensador rotatorio I rotary condenser.

condensador sincrónico I synchronous capacitor.

condensador sincronizado I synchronized condenser.

condensador síncrono I rotatory condenser.

condensador tándem I gang capacitor (radio).

condensador telefónico I telephone capacitor.

condensador variable I variable capacitor.

condensador vernier I vernier capacitor.

condensar I condense (to).

condición de inestabilidad I triggering (electronics).

condiciones atmosféricas I weather conditions.

condiciones de bifurcación I jump conditions (computing).

condiciones de excitación máxima I maximum drive conditions (transistor).

condiciones de vuelo simulado I simulated flight conditions.

condiciones meteorológicas I weather.

condrificación I chondrification.

condriogén I chondriogene.

condrítico I chondritic.

condrito I chondrite.

conducción eléctrica I electric conduction.

conducción intrínseca I intrinsic conduction.

conducción maestra I main.

conducir I guide (to) I manage (to).

conductancia anódica I plate conductance.

conductancia de dispersión I leak conductance I leakance.

conductancia de entrada I input conductance.

conductancia de fuga I leakage conductance (electricity).

conductancia del ánodo I anode conductance.

conductancia inversa I backward conductance.

conductancia mutua I mutual conductance.

conductancia positiva I positive conductance (electricity).

conductancia relativa I relative conductance.

conductancia transversal I leakage conductance.

conductímetro I conductometer.

conductividad intrínseca I intrinsic conductivity (semiconductors).

conductividad térmica I thermal conductivity.

conducto I conduit I duct I feeder I inlet I pipage I pipe I pipeline I spout I tube I way.

conducto ascendente I rising main I uptake.

conducto de aforo I rating flume (hydraulics).

conducto de agua I waterway.

conducto de aire I air passage I airconduit.

conducto de alimentación I feeding conduit.

conducto de aspiración I intake conduit.

conducto de derivación I bypass.

conducto de desagüe I scupper pipe.

conducto de descarga I delivery conduit.

conducto de evacuación I sluiceway.

conducto de exhaustación I exhaust-duct.

conducto de guía de ondas I air duct (radio).

conducto de humos I smoke pipe.

conducto de inyección I delivery duck.

conducto de ondas I wave duct.

conducto de toma I intake conduit.

conducto de troncos I log chute.

conducto de ventilación I monkey way (mining) I ventilating duct.

conducto eléctrico I raceway.

conducto fibroso flexible I loom (electricity).

conducto forzado I penstock.

conducto magnetoiónico I magnetoionic duct (waves).

conducto multitubular I multiple duct conduit (telephonic cables- USA).

conducto para cables de energía eléctrica I power cableway.

conducto para tuberías I pipe duct I raceway.

conducto principal I main.

conducto protector I kickpipe.

conducto subsidiario I subsidiary conduit.

conducto unitario I single-line of ducts (telecommunications).

conducto vertical I uptake.

conductometría térmica I thermal conductometry.

conductor I leader.

conductor adaptador I matching stub (aerials).

conductor aislado con plástico I plastic-insulated conductor.

conductor alimentador I feeder cable.

conductor auxiliar I pilot (electricity).

conductor bifilar por fase I twin-bundled conductor (three-phase line).

conductor con corriente I live conductor.

conductor con revestimiento magnético I magnetic plated wire.

conductor de alimentación I feed wire I feeding conductor I leading-in wire.

conductor de anillo I R-wire (telephony).

conductor de compensación I equalizing wire.

conductor de derivación I pressure wire (electricity).

conductor de electricidad I power-conductor.

conductor de empalme I jumper.

conductor de entrada I lead-in (electricity).

conductor de fuera I outer conductor (three-phase system).

conductor de ida I lead conductor (electricity).

conductor de ida y vuelta I lead and return (electricity).

conductor de información I P.B.X. power lead (telephony).

conductor de línea I line conductor (electricity).

conductor de llamada I P.B.X. ringing lead (telephony).

conductor de prueba I sleeve wire.

conductor de puesta a tierra I earth lead.

conductor de salida I leadout.

conductor de señalización M I M signalin lead.

conductor de tierra I earth core (cables).

conductor de toma I collector conductor (electricity).

conductor de vuelta I return lead.

conductor de zirconato-titanato I lead zirconate-titanate.

conductor desnudo I bare conductor.

conductor en haz I multiple conductor (electricity).

conductor exterior I outer I outer main (electricity).

conductor flexible I pigtail.

conductor formado por tiras múltiples I laminated conductor.

conductor impreso I printed conductor.

conductor interior I inner (coaxial cable) I inner conductor.

conductor múltiple I multiple conductor.

conductor neutro I neutral I neutral conductor (electricity) I third wire (electricity).

conductor para taladrar I jig.

conductor perfilado I shaped conductor (electricity).

conductor principal | electric main (electricity) | lead wire (electricity) | main (electricity).

conductor resistivo | resistive conductor.

conductor unipolar | single wire.

conductor vacante | vacant conductor (cables).

conductor vertical | riser (electricity).

conductores de fuerza | power mains (electricity).

conductores de luz | lighting mains (electricity).

conductores de salida | fan out (circuits).

conductores principales | main leads (electricity).

conectado | connected | electrically bonded | on (electric circuit) | on position | on-line | switched | switched on.

conectado a la línea | on-line.

conectado a un transformador | transformer-coupled.

conectado en derivación | multiple-connected | parallel-connected.

conectado en paralelo | multiple-connected (electricity) | paralleled (electricity).

conectado en serie | series-connected.

conectado en triángulo | mesh-connected.

conectado en V | V-connected (transformers).

conectado-desconectado | on-off (electricity).

conectador | connecter | connector | coupler | fitting | interlinked piece | junction-piece | nipple | outlet (electricity) | transfer switch.

conectador acoplador | link.

conectador angular | elbow connector.

conectador cerrador | locking connector.

conectador de admisión | inlet nipple.

conectador de alimentación | power lead.

conectador de intercomunicación | interlock connector.

conectador de la salida | output nipple.

conectador de línea | line connector (telecommunications).

conectador de placas de acumuladores | inter-cell connector.

conectador de reducción | reducing nipple.

conectador de tornillo | joint screw.

conectador de unión | stud union (pipes) | union nipple.

conectador eléctrico de carriles | rail bond.

conectador macho | male connector.

conectador multiclavijas | multipin connector (telecommunications).

conectador reductor | reducing pipe-fitting (pipes) | swedged nipple.

conectador soldado | welded adaptor.

conectar | attach (to) (computing) | branch off (to) | connect (to) | connect up (to) | couple (to) | cut in (to) (electricity) | join up (to) | link (to) | patch (to) (electricity) | plug in (to) | put through (to) | strap (to) | switch in (to) | switch on (to) | tap (to) | turn on (to) | wire (to) (electricity).

conectar a tierra | connect to ground (to).

conectar eléctricamente | bond (to).

conectar en circuito | loop in (to).

conectar en derivación | bridge (to) (electricity) | bridge across (to) | shunt (to).

conectar en paralelo | shunt (to).

conectar provisionalmente | jump (to) (electricity).

conectar y desconectar | make and break (to).

conector | computing | connecter | connecting fitting | connector | inlet plug and socket.

conector con varios terminales | multipin connector.

conector de alimentación | power supply connector.

conector de antena | antenna input connector.

conector de circuito impreso | PCB connector.

conector de derivación | tap connector (electricity).

conector de elementos | cell connector.

conector de espiga | pin connector.

conector de guía de ondas | waveguide connector.

conector de hilos | wiring connector.

conector de perforaciones | punch bus (computing).

conector elástico | spring connector.

conector en derivación | bridge across.

conector en T | pipe tee.

conector hembra | female connector | jack connector.

conector interno | inner connector.

conector lógico | logical connective (computing).

conector macho del yugo | yoke plug.

conector múltiple | tie piece.

conectores de cables eléctricos | wire connectors.

conexión | affinity | cell connector | connecting | connection | coupling | hooking | jack | jack-plugging | joining (electricity) | joint | junction | link | linkage | making | splicing | switching | switching on | tie | union.

conexión a tierra | bonding.

conexión arrollada | wrapped connection (electricity).

conexión articulada | linkage.

conexión bajo presión I wet connection (pipes).

conexión criptográfica I link encryption.

conexión de bucle I ring connection (telecommunications).

conexión de cable I cable binding I cable connection (telecommunications).

conexión de cableado I interwiring.

conexión de carril I rail-bond.

conexión de engrase I lubricator fitting.

conexión de entrada I inlet connection I input connection.

conexión de estrella I wye connection (electricity).

conexión de interfono I interphone connection.

conexión de inversión I inverting connection.

conexión de lengüeta I lug connection.

conexión de retorno I return connection.

conexión de salida I leadout.

conexión de tensión de línea I line connection.

conexión de tierra I earth lead.

conexión de toma I wet connection.

conexión de un solo sentido I one-way connection.

conexion de vía I route connection (telephony).

conexión delta I delta connection.

conexión derivada I loop through.

conexión directa I positive drive.

conexión directa a tierra I solid ground (electricity).

conexión elástica I yielding connection.

conexión eléctrica I electric bond I electric connection.

conexión en cascada I cascade connection I interfacing (circuit) I tandem connection (engines).

conexión en circuito I looping-in.

conexión en cuña I wedge bonding.

conexión en derivación I shunt connection.

conexión en estrella I star connection I Y-connection.

conexión en estrella interconectada I interconnected star connection (electricity).

conexión en polígono I mesh connection I ring connection.

conexión en puente I strapping (electricity).

conexión en serie I series connection I tandem connection (electricity).

conexión en series paralelas I multiple series connection.

conexión en supergrupo I supergroup link.

conexión en triángulo I mesh grouping.

conexión en triángulo abierto I open-delta connection.

conexión en triángulo y estrella I mesh-star connection.

conexión en V I open-delta connection I V connection.

conexión en zigzag I interconnected star connection.

conexión enrollada I wrapping.

conexión espía I wiretap.

conexión estrella zig-zag I Y-zigzag connection.

conexión estrella-estrella I Y-Y connection.

conexión estrella-triángulo I wye-delta connection I Y-delta connection.

conexión falsa de las fases I wrong phase connection (electronics).

conexión flexible I whip.

conexión floja I loose connection.

conexión frontal I end winding (coil).

conexión inductiva I impedance bond.

conexión interfacial I interface connection.

conexión intermedia I tapping.

conexión magnética I magnetic latching.

conexión manual I manual switching.

conexión múltiple I multiple connection.

conexión multipunto I multipoint connection.

conexión normal I normal plugging.

conexión ocasional de un circuito I occasional circuit connexion (telecommunications).

conexión oscilante I toggle.

conexión para programas I program switching (radiobroadcast).

conexión perfecta a masa I dead earth.

conexión poligonal-triángulo I mesh-delta connection (polyphase circuit).

conexión por arrollamiento I wire wrap.

conexión por clavija I plug connection.

conexión por conmutación I switched connection.

conexión por oscilación I wobble bond.

conexión provisional I patch.

conexión recíproca I back-to-back connection.

conexión rígida I positive connexion.

conexión soldada I britannia joint I soldered connection.

conexión suelta I loose connection.

conexión suicida I suicide connection (electricity).

conexión telefónica troncal interzonal I interzone telephone trunk connection.

conexión total a masa o a tierra I total earth (electricity).

conexión volante I jumper I jumper (electricity).

conexionado en red I net working.

conexionado impreso I printed wiring.

conexiones en serie conectadas en múltiple I multiple-series connection.

confección de programas | program design (computing).

confeccionadora de placas offset | platemaker.

conferencia | talk (telephony).

conferencia con aviso previo | préavis call (telephony).

conferencia internacional de doble tránsito | two link international call.

conferencia urbana | local call.

configuración de ejecución | target configuration (computing).

configuración en estrella | wye configuration (electricity).

configuración escalonada | staggered conformation (chemistry).

configuración radial | cartwheel configuration.

configuración ramificada | radial pattern (electric power system).

confirmación negativa de recepción | negative acknowledge.

confluencia | junction.

conformación | conformation | spinning.

conformación de impulsos | pulse shaping.

conformación de la muela abrasiva | truing.

conformación por estirado sobre hormas | stretch-forming.

conformado a presión | pressed to shape.

conformado con prensa | pressed to shape.

conformado magnético | magneform.

conformado por estirado | stretch-formed (metallurgy).

conformador | former.

conformar | shape (to) | size (to).

conforme | ROGER (telephony).

confrontar | collate (to) | compare (to).

congelación | chilling | freeze | freeze-up | freezing.

congelación rápida | quick freezing.

congelador | freezer.

congelador a baja temperatura | low temperature freezer.

congelamiento por inmersión | immersion freezing.

congelar | freeze (to) | ice (to).

conglomerado | compact.

conglomerado aurífero | banket.

conglomerar | glomerate (to).

cónico | mitre (G.B.) | tapered.

conidio | conidium.

coniferina | coniferin.

conificación | tapering.

conificación de la extremidad | tagging (tubes).

conificado | coned.

conificar | taper (to).

conímetro | konimeter (meteorology).

coniscopio | coniscope | koniscope.

conjunto | array | assemblage (petrography) | set | unit.

conjunto cociente | quotient set.

conjunto de bebederos | risering.

conjunto de caminos conductores | treeing (electricity).

conjunto de datos | data set.

conjunto de datos de entrada | input data set.

conjunto de datos de mensajes | message data set.

conjunto de derivación | branch jack.

conjunto de paneles de regulación | suite.

conjunto de secuencia | sequence set.

conjunto del eje con sus dos ruedas | wheel set.

conjunto elevador | lifting block (mechanics).

conjunto integral de circuitos | integral circuit package.

conjunto intermedio | intermediate assembly.

conjunto monitor nupac | nupac monitoring set.

conjunto pistón-biela | rod assembly.

conjunto unitario | unit set.

conjuntor | contactor | cut-in (electricity) | junctor (telephony).

conjuntor de línea | line jack.

conjuntor de respuesta | answering jack.

conjuntor general | multiple jack (telephony).

conjuntor-disyuntor | line breaker | make-and-break.

conjuntos acíclicos | acyclic sets (mathematics).

conmutabilidad | commutability.

conmutable | commutable.

conmutación | changing over | commutation (electricity) | reversal of current | switching.

conmutación automática | automatic changeover.

conmutación con recubrimiento | overlap switching (electric circuit).

conmutación de banda ancha | wide-band switching (electronics).

conmutación de circuitos | line switching.

conmutación de haz | aerial switching.

conmutación de líneas | line switching.

conmutación de lóbulo | lobe switching (radar).

conmutación de lóbulos | lobing (radar, TV).

conmutación de paquetes | packet switching (computing).

conmutación de Q | Q switching (laser).

conmutación de receptores | receiver changeover (telecommunications).

conmutación de vídeo I video switching.
conmutación del receptor I receiver gating.
conmutación entre entrada y salida I input-output switching.
conmutación instantánea I instantaneous changeover (telecommunications).
conmutación manual I manual switching.
conmutación múltiple I multiple switching.
conmutación selectiva I selective switching.
conmutación semiautomática I semiautomatic switching (telegraphy).
conmutación telefónica I telephone switching.
conmutado I changed over (electricity).
conmutado por la voz humana I voice-switched.
conmutador I change-over switch I commutator I converter I electronic switcher I selector (telephony) I switching apparatus.
conmutador a dos canales I two channel switch.
conmutador a presión I pressure switch.
conmutador actuador I actuator switch.
conmutador al vacío I vacuum switch.
conmutador antena-tierra I lightning switch.
conmutador anticapacitivo I anticapacity switch.
conmutador ATR I A.T.R. switch (radar).
conmutador automático I self-acting switch.
conmutador auxiliar I booster switch.
conmutador barométrico I baro switch I barometric switch.
conmutador bilateral de silicio I silicon bilateral switch.
conmutador bipolar I two-pole switch (electricity).
conmutador buscador de enlace I trunk-hunting switch.
conmutador buscador de línea I line-finder switch (communications).
conmutador cambiador de polos I pole-changer I pole-changing switch.
conmutador coaxial I coaxial switch.
conmutador conectador-desconectador I on-off switch.
conmutador corredizo I slide switch.
conmutador de alteración I alteration switch.
conmutador de anillo I ring switch.
conmutador de antena I aerial change-over switch I antenna changeover switch I antenna switch I wire change-over switch.
conmutador de arranque y parada I start-stop switch.
conmutador de asignación I allotter switch (electrotecnics).
conmutador de balancín I whiffletree switch (electronics).

conmutador de banda de onda I wave-band switch.
conmutador de banda y onda I wave band switch.
conmutador de cambio de marcha I travel-reversing switch.
conmutador de cambio de onda I wave changer.
conmutador de carga I charge switch I load switch (electricity) I regulating switch.
conmutador de cavidades resonantes I resonant chamber switch (electronics).
conmutador de clavija I pin switch I plug commutator.
conmutador de clavijas I plug switch.
conmutador de control de nivel I level switch.
conmutador de corte I cutoff switch.
conmutador de década I decade switch.
conmutador de derivaciones I tap switch.
conmutador de dos vías I two way switch.
conmutador de duración de los impulsos I pulse switch.
conmutador de enclavamiento I interlock switch.
conmutador de escalonamiento I stepping switch.
conmutador de escalones I notching controller (electricity).
conmutador de estado sólido I solid-state switch.
conmutador de exploración I scanner switch I scanning switch (electricity).
conmutador de gamas I range switch.
conmutador de inductancia I inductance switch.
conmutador de inercia I inertia switch.
conmutador de ingravidez I weightlessness switch (electricity).
conmutador de inserción I insertion switch.
conmutador de láminas I reed switch (electricity).
conmutador de láminas magnéticas I ferreed.
conmutador de laminilla magnética I ferreed switch.
conmutador de línea I line switch I line switchboard.
conmutador de línea primaria I primary line switch.
conmutador de mando I control switch.
conmutador de matriz magnética I magnetic-matrix switch.
conmutador de modos I mode switch.
conmutador de mordazas I jaw switch.
conmutador de palanca I lever switch I lever throwover switch.

conmutador de palanca de disco | wafer lever switch.

conmutador de parada instantánea | scram switch (nuclear reactor).

conmutador de posición | position switch.

conmutador de presión | press switch.

conmutador de proximidad | proximity switch.

conmutador de puesta en cortocircuito | short-circuiter.

conmutador de ranura | recessed switch.

conmutador de redundancia de transistor | transistor redundancy switch.

conmutador de reposición | reset switch.

conmutador de resorte | lock switch (electricity).

conmutador de sectores | wafer switch.

conmutador de secuencia | sequence switch.

conmutador de secuencia de unidades | unit sequence switch.

conmutador de seguridad | safety switch.

conmutador de serie a paralelo | series parallel switch.

conmutador de telecomunicación | change-over switch.

conmutador de timbre | ringing changeover switch (telecommunications).

conmutador de tomas | tap changer | tap switch (electricity).

conmutador de transferencia de carga | load transfer switch (circuits).

conmutador de tránsito | transfer board.

conmutador de transmisión-recepción | T.R. switch.

conmutador de tres direcciones | three-point switch.

conmutador de tres vías | triple-throw switch.

conmutador de una dirección | single-way switch.

conmutador del acumulador | accumulator switch.

conmutador detector de reposición | resetting detector switch.

conmutador disyuntor | break-circuit.

conmutador eléctrico | electric switch.

conmutador electrónico | change-over switch | electronic switch | keyer.

conmutador en baño de aceite | oil switch.

conmutador enclavador de las clavijas | key-interlocking switch.

conmutador fotoeléctrico | photoswitch.

conmutador giratorio | dial switch | turn switch.

conmutador iniciador auxiliar | pilot initiating switch.

conmutador integrador | integrator switch.

conmutador inversor | reverser | reversing-switch | throw-out switch | throw-over switch.

conmutador lógico | logic switch.

conmutador magnetoóptico | magnetooptical switch.

conmutador manual remoto | remote manual board (telephony).

conmutador manual telegráfico | telegraph switchboard.

conmutador multidireccional | multiple way switch.

conmutador múltiple | gang switch.

conmutador optoelectrónico | optoelectronic switch.

conmutador oscilante | tumbler switch.

conmutador para el encendido | kindling switch (boilers).

conmutador para poner en derivación | paralleling switch.

conmutador pirométrico | pyrometric switch.

conmutador principal | keith master switch (telecommunications) | master controller.

conmutador relé | relay switch.

conmutador repartidor de tiempos | time-sharing switch.

conmutador selector | multiple-contact switch | selector switch.

conmutador selector de modo | mode-selectted switch (telephony).

conmutador selector de radar | radar selector switch.

conmutador selector de tomas | multipoint selector switch.

conmutador sin cortocircuito | nonshorting contact switch.

conmutador sincrónico | synchronous switch.

conmutador télex | telex switchboard.

conmutador térmico | thermal switch.

conmutador térmico de enganche | latching thermal switch.

conmutador triodo | triode switch (electrotecnics).

conmutador unipolar bidireccional | two-way single-pole switch.

conmutador unipolar unidireccional | one-way single-pole switch.

conmutar | change over (to) | commutate (to) (electricity) | commute (to) | energize (to) | switch (to) (electricity).

conmutatriz | rotary convertor | transverter.

conmutatriz síncrona | synchronous converter (electricity).

cono | cone.

cono aluvial | fan delta | wash.

cono complementario | back cone.
cono de avance | feed cone | sink (mine pit).
cono de centraje | centering cone.
cono de deyección | alluvial fan | fan delta | mound.
cono de dispersión | scattering cone | spread cone (projectiles).
cono de fricción | friction bevel | friction socket.
cono de la exhaustación | tail cone.
cono de la hélice | spinner.
cono de lava | lava cone (volcanology).
cono de poleas | cone-pulley.
cono de referencia | back cone (conic gear).
cono de silencio | silence cone (radionavigation).
cono del núcleo de la hélice | propeller-boss cone.
cono hendido | split cone.
cono Morse | Morse taper (tools).
cono parásito | adventive cone (volcanology).
cono pirométrico | sentinel pyrometer.
cono primitivo | pitch cone (conic gear).
cono reductor | increaser (pipes).
cono Seger | sentinel pyrometer.
conocimiento | knowledge.
conocimiento técnico-científico | know-how.
conoide | conoid.
conos fusibles | melting cones.
conoscopio | conoscope.
conservación | attendance | upkeep.
conservación de rumbo | maintenance of heading.
conservar | maintain (to).
consistencia | consistence | consistency.
consistente | consistent.
consistómetro | consistence meter | consistometer.
consol | consol (radionavigation).
consola | console.
consola de regrabación | rerecording console (TV).
consolidación | bracing | clotting (minerals).
consolidar | consolidate (to) | strengthen (to).
constancia del flujo luminoso | lumen maintenance.
constante | invariant | regular | stable | stationary uniform.
constante de apantallamiento | screening number (radio).
constante de fase | wavelength constant.
constante de red | lattice constant.
constante de retículo | lattice constant (crystallography).
constante de tiempo de entrada | input time constant.

constante de tiempo del termistor | thermistor time constant.
constante de un elemento | cell constant.
constante dieléctrica | inductive capacity | permittivity | specific inductive capacity.
constante elástica isótropa | isotropic elastic constant.
constituyente | constituent.
constituyente intermedio | intermediate constituent.
constricción | pinch | pinchoff.
constringencia | Abbe number (optics).
construcción | build | building | construction | erecting | erection.
construcción de túneles | tunneling.
construcción naval | ship construction | shipbuilding.
construcción soldada | weldment.
construir | build (to) | engineer (to).
consulta en tiempo real | real time inquiry (computing).
consumible | consumable.
consumo calorífico | heat rate.
consumo máximo | maximum demand (electricity).
consumo mínimo | minimum demand (electricity).
contacto | abutting | connection (electricity) | connexion (G.B.) (electricity) | keeper (electric magnet) | terminal lug | touch | touchdown (landing).
contacto con tierra | earth fault.
contacto de abertura | break contact.
contacto de cierre | make contact.
contacto de clavija | plug contact | plug-in contact.
contacto de disparo | break contact.
contacto de dos direcciones | two-way contact (relays).
contacto de encendido | lighting-switch (autos).
contacto de interruptor giratorio | rotary interrupter contact.
contacto de inversión | reverse contact (electrotecnics).
contacto de presión | plunger.
contacto de relé | relay contact.
contacto de reposo | break contact.
contacto de resistencia | resistance contact.
contacto de rosca | screwed contact (electricity).
contacto de tierra | earth connection.
contacto de tierra intermitente | occasional earth connection.

contacto de trabajo | make contact (electricity).

contacto defectuoso | poor contact.

contacto deficiente | poor contact.

contacto deslizante | sliding contact | wiper | wiper contact.

contacto eléctrico de característica óhmica | ohmic contact.

contacto húmedo | wet contact (relays).

contacto interior | inner contact.

contacto inversor | change-over contact.

contacto libre | spare contact (telecommunications).

contacto móvil | movable contact | wiper | sliding contact.

contacto óhmico | ohmic contact.

contacto por radar | radar contact.

contacto por radio | radio contact.

contacto puntual | point contact (semiconductors).

contacto radio | radio out board (communications).

contacto rozante | wiping contact (electricity).

contacto temporizado | timed contact.

contacto temporizador | timing contact (electricity).

contacto triple | three-terminal contac (relays).

contacto vibrante | vibrating contact (electricity).

contactor | contact unit | contactor | taper (radio).

contactor de cortocircuito | short circuiting contactor.

contactor de programación | timer switch.

contactor inversor | reversing contactor.

contactor magnético para línea | magnetic line contactor.

contactor térmico | thermal flasher.

contactos de cierre previo a apertura | make-before-break contacts.

contactos de conmutación sin interrupción | make-before-break contacts.

contador | accumulator | metre (G.B.).

contador binario | binary counter (computing).

contador de agua | water meter.

contador de comunicaciones | message recorder (telephony).

contador de destellos | scintillation counter (radiations).

contador de electricidad | electric meter.

contador de energía reactiva | sine meter.

contador de fotones | photon counter.

contador de frecuencia | frequency counter.

contador de impulsos | impulse counter | impulse meter | scaler (electronics) | scaling unit.

contador de inclusiones | inclusion counter (metallurgy).

contador de inducción | induction meter.

contador de instrucciones | instruction counter (computing).

contador de iones por centímetro cúbico | ion counter.

contador de líquidos | liquid meter.

contador de llamadas | call-counting meter (machine switching) | position meter (telephony).

contador de polvo | konimeter (air).

contador de potencia activa | active-power meter.

contador de potencia reactiva | wattless power meter.

contador de pozo | well counter (radiation).

contador de programa | program counter.

contador de rayos X | X-ray counter.

contador de revoluciones | speed counter | speed indicator | tachymeter.

contador de sobrecarga | overflow meter.

contador de tráfico | traffic meter.

contador de unidades | unit counter (computing.

contador de unidades de información | item counter (computing).

contador de vatios-hora | watthour meter.

contador de volumen | volume meter.

contador de vueltas | revolution counter | speed indicator.

contador eléctrico | electric counter.

contador en anillo | ring counter (electronics).

contador Geiger | Geiger Mueller (G.M.).

contador impresor | printometer.

contador proporcional | proportional counter (radiology).

contador reactivo | reactive meter.

contador totalizador | integrating meter.

contador totalizador de llamadas | integrated-demand meter (telephony).

contaje de inclusiones | inclusion count.

contaje de la actividad | activity counts (nuclear reactor).

contaminación | contamination | pollution.

contaminación atmosférica | air pollution.

contaminación radiactiva | radioactive contamination.

contaminación sonora | nuisance noise.

contaminar | poison (to) (electrolytic baths).

contención de desechos | waste containment (radioactivity).

contención de vapores radiactivos | vapor containment (nuclear energy).
contenedor | vessel.
contenedor cerrado | container.
contenedor-tanque | tanktainer.
contestador automático | telephone answering machine.
contestador telefónico | telephone answerer.
contiguo | adjoining.
continua de retorcer | twister.
continuación de mensaje | message following (telecommunications).
continuidad | continuity | steadiness.
continuo | endless | regular.
contorneado de chapa | nibbling.
contornear | jigsaw (to) | profile (to) | round (to).
contorno | outline | profile.
contraalisio | countertrade.
contrabraceado | abox (ships).
contracapacidad eléctrica | electric balance.
contracarril | rail-guard.
contracción | contraction | narrowing | negative feedback (multiplying system) | pinch | shrink | shrinkage.
contracción al fuego | firing shrinkage.
contracción de área | contraction of area.
contracción de moldeo | mold shrinkage.
contracción por enfriamiento | liquid contraction (hot metals).
contracción volumétrica | volumetric shrinkage.
contrachapado | laminated.
contrachaveta | nose key.
contracielo | raise (mining).
contracielo de acceso | manway raise.
contracodaste | inner post (ships).
contracorriente | back current (electricity) | backflow (electronics) | contraflow | counter-current | counterflow | reverse current.
contractilidad | contractility.
contractímetro | contractometer.
contractivo | contractive.
contracuño | female die.
contradiagonal | counterbrace | counterdiagonal.
contraeje | jackshaft.
contraelectrodo | counterelectrode.
contraelectromotriz | counterelectromotive.
contraemisión | back emission.
contraesmalte | back-enamel.
contraespiral | counter scroll (self-acting mule).
contraespiras | back turns.
contraestampa | counterdie.
contrafase | push-pull (electricity).

contrafilo | back edge (weapons).
contrafilón | counterlode | countervein.
contraflujo | backflooding (hydrology) | counterflow.
contrafuego | clean-burning.
contrafuerte | abutment | allette | buttress | stiffener.
contragiro | counterrevolution.
contraguía | fence.
contraimanación | back magnetization.
contraión | contraion.
contraluz | backlight.
contramanivela | fly-crank.
contramarcha | back-gearing | reverse drive.
contramarco | trim.
contramatriz | counterdie | female die.
contramedidas de perturbación | jamming countermeasures.
contrapeado | abutted.
contrapedal | back pedal.
contrapercutor | needle pellet (fuze).
contrapesar | poise (to).
contrapeso | balance weight | counterpoise | poise weight.
contrapeso desplazable | jockey weight.
contrapeso eléctrico | electric balance.
contrapeso móvil | jockey weight.
contrapesos de las ruedas | locomotive balance (locomotives).
contrapicado | low angle (cinematography).
contraplacada | laminated (wood).
contraplacar | laminate (to) (wood).
contra-plato | back plate (lathe) | backplate.
contrapolarización | back bias.
contrapresión | back pressure | backlash.
contrapunto | back center (lathe) | back puppet (lathe) | back-head (lathe) | loose head (lathe) | tail slide (lathe) | tailstock (lathe).
contrarradiación | counterradiation.
contrarreacción | degenerative feedback (radio) | inverse coupling | reverse reaction (radio).
contrarrotación | contrarotation.
contrarrotante | contrarotating.
contraseña de llamada | word call sign (telephony).
contrasifonaje | backsiphonage.
contrastado por anillos de Newton | Newton-ring-checked.
contrastador | monitor.
contrastar | monitor (to).
contraste | chatoyancy (minerals).
contraste de brillo | brightness-contrast.
contraste de luminancia | luminance contrast.
contraste lumínico | brilliance contrast.

contratalud I foreslope.

contratensión I back stress I backlash.

contratuerca I back nut I grip nut I jam nut I keeper I lock nut I pinch nut.

contravapor I back steam.

contrete I stay pin (chain) I stud (chain).

contrete de cadena I cable stud.

control I control I monitoring.

control a distancia I distant control I remote control I telecontrol.

control auditivo I aural monitoring.

control automático I automatic check I automatic control.

control automático de velocidad supersónica I mach hold.

control cableado I wired control.

control central I central control.

control centralizado I centralized control.

control compensado I anticipatory control.

control con retorno de la información I message feedback.

control de amplificación I gain control.

control de anchura I line amplitude control (TV).

control de arenas I sand control (foundry).

control de balanceo y cabeceo I roll and pitch control.

control de brillo I background control (TV).

control de cero I zero control.

control de cierre y apertura I on-off control.

control de color I chroma control (TV).

control de conexión y desconexión I on-off control.

control de contacto I touch control (electricity).

control de datos a la entrada I input auditing.

control de desplazamiento I shift control.

control de distancia I range control.

control de ejecución de un programa I program control.

control de espaciado I space control (computing).

control de explotación I pitch control (TV).

control de fase I phase monitoring.

control de funcionamiento I monitoring.

control de ganancia I gain check I gain control.

control de ganancia de vídeo I video gain control.

control de imparidad I odd even check.

control de inclinación I tilt control (TV).

control de intensidad I intensity control.

control de la anchura de imagen I width control.

control de lectura y escritura simultánea I read-while-write check (computing).

control de linealidad I linearity control.

control de luminosidad I brilliance control.

control de nivel I level control I level monitoring (radio).

control de nivel de entrada I input level control.

control de par limitado I torque-limited control.

control de posición I position keeping (satellites).

control de procesos I process control (computing).

control de radiaciones I radiation survey.

control de registro I monitoring of recording.

control de reglajes I limit testing.

control de retroalimentación I feedback control.

control de retroalimentación lineal I linear feedback control.

control de rutinas I routine check.

control de secuencia I sequence check (computing) I sequence control (computing).

control de seguimiento I tracking control (recorder).

control de seguridad I safety control (nuclear energy).

control de sincronismo vertical I vertical hold control.

control de situación I attitude control.

control de sonoridad I loudness control.

control de sujeción vertical I vertical hold control.

control de tamaño I size control (TV).

control de temperatura I temperature control.

control de tensión I voltage control.

control de tiempo real I real time control (computing).

control de tránsito I traffic regulation.

control de vídeo I video control.

control de volumen I gain control (sound) I ride gain (radio) I volume control.

control del alcance I range control.

control del microprocesador I processor control.

control del reactor I reactor control (nuclear energy).

control del reactor nuclear I nuclear-reactor control.

control del tráfico aéreo I traffic control.

control del vector de empuje I thrust-vector control (airplanes).

control derivado I rate control (electronics).

control diferencial de ganancia I fast time gain control (radar) I swept gain (radar).

control dinámico de redes | network operation management system (telecommunications).
control fino | trimming control (electricity).
control gradual | tapped control.
control inercial | inertial control.
control integral | integral control.
control lateral | lateral control.
control lineal | linear control.
control local | local record (telegraphy).
control magnetohidrodinámico | MHD control.
control manual | manual control.
control manual de la actitud | manual attitude control (cosmonautics).
control numérico | numerical control.
control para el centrado | centering control.
control para inversión | inversion control.
control por absorbente | absorber control.
control por comparación | loop checking.
control por impulsiones inversas | revertive control.
control por moderador | moderator control (nuclear energy).
control por programa almacenado | stored program control (computing).
control por tiratrón | thyratron control.
control radiológico | radiological survey.
control reforzador de agudos | treble boost control (acoustics).
control remoto | remote control.
control técnico | technical control.
control visual | visual monitoring.
controlado | controlled.
controlado por televisión | TV-controlled.
controlador | controller.
controlador de programa | program controller.
controlador de propulsión | propulsion controller.
controlador del pH | pH controller.
controlador del sistema de refrigeración | refrigeration system controller.
controlador registrador del nivel | recording level controller.
controlador separador de interconexiones | interface buffer controller.
controlar | check (to).
controlar el sonido | monitor (to) (cinematography).
controlar la humedad | humidity-control (to).
convección | convection.
convectivo | convective.
convector | convector.
convencional | conventional.

convergencia | concentration | convergence.
convergencia de meridianos | map convergence.
convergencia focal | focusing.
convergencia uniforme | uniform convergence (mathematics).
convergencia vertical | vertical convergence (TV).
conversación interurbana | inland trunk call.
conversación invertida | inverted speech.
conversión | conversion | converting | transformation.
conversión de color | transcoding.
conversión de señal lógica | logic interfacing.
conversión eléctrica solar | solar electric conversion.
conversión fotoeléctrica | photoelectric conversion.
conversión fotovoltaica | photovoltaic conversion.
conversión heliotérmica | solar-thermal conversion.
conversión interna | internal conversion.
conversión solar fotovoltaica | solar photovoltaic conversion.
conversión térmica oceánica | ocean thermal conversion.
conversor | converter.
conversor de energía solar | solar energy converter.
conversor de guía de onda | waveguide converter.
conversor de impedancia negativa | negative impedance converter.
conversor de lenguajes | language converter (computing).
conversor de nivel lógico | logic-level converter (circuits).
conversor elevador | up-converter.
conversor paramétrico descendente | parametric down-converter.
conversor pentarrejilla | pentagrid converter.
conversor reductor paramétrico | parametric down-converter.
convertidor | dynamotor | quantizer.
convertidor analógico-numérico | A/D converter | digitizer.
convertidor de arco de mercurio | mercury-arc convertor.
convertidor de corriente continua a alterna y viceversa | transverter.
convertidor de energía de transformación | transducer.
convertidor de equilibrio de línea | line-balance converter (electricity).

convertidor de fase | phase convertor.

convertidor de ficha a cinta | card-to-tape converter (computing).

convertidor de frecuencia de inducción | induction frequency converter.

convertidor de frecuencias | frequency changer.

convertidor de imagen | image converter (optics).

convertidor de imagen infrarroja | infrared image converter.

convertidor de imágenes ultrasónico | ultrasonic image converter.

convertidor de normas | standard converter (TV).

convertidor de onda corta | short wave converter.

convertidor de ondas | wave converter.

convertidor de oxígeno líquido en oxígeno gaseoso | liquid-oxygen converter.

convertidor de par inversor | reversing torque converter.

convertidor de par mecánico | mechanical torque converter.

convertidor de potencia estático | static power converter.

convertidor de RF | RF converter.

convertidor de señal integrado | integrated data set.

convertidor de sistemas de televisión | television system converter.

convertidor de tensión | voltage converter.

convertidor del par | torque-multiplication unit.

convertidor del par motor | torque converter.

convertidor en cascada | motor-convertor.

convertidor en serie | cascade converter.

convertidor equilibrador | balun.

convertidor equilibrador de línea | line balance converter.

convertidor impresor | printing digitizer.

convertidor insuflado con oxígeno | oxygen-blasted converter (metallurgy) | oxygen-blown converter (metallurgy).

convertidor iónico | ionic converter.

convertidor para electroimán portante | rectifier for hoisting-magnet.

convertidor polifásico | polyphase converter.

convertidor rotativo de corriente continua alterna | inverted converter | inverted rotary convertor.

convertidor rotatorio de corriente continua a alterna | inverter.

convertidor síncrono | rotary converter (electricity) | synchronous converter | synchronous inverter.

convertidor soplado con lanza de oxígeno | lance-blown convertor (metallurgy).

convertidor termiónico nuclear | nuclear-thermionic converter.

convertir | convert (to).

convexo | bowed-out | convex | domed.

convexocóncavo | convexo-concave.

coordenada | coordinate.

coordenada celeste | celestial coordinate.

coordenada de navegación | navigation coordinate.

coordenada universal | world coordinate (Cartesian).

coordenadas aéreas | air coordinates.

coordenadas de posición | position coordinates.

coordenadas en el origen | intercepts on axes.

coordenadas geográficas | geographic coordinates | terrestrial coordinates.

coordenadas terrestres | terrestrial coordinates.

coordinación | coordinate link (chemistry).

copal | copal.

copalina | copalin | fossil gum.

copela | cupel.

copelación | cup assay.

copelar | cupel (to) | cupellate (to).

copia | reproduction.

copia de sonido | sound print.

copia intermedia | lavender copy (movies).

copia maestra | master print.

copia original | master copy | master print (movies).

copia permanente | hard copy.

copia sonora | sound print (movies).

copia temporal | soft copy (computing).

copiador a láser | laser copying machine.

copiapita | yellow copperas.

copiloto | second pilot (aeronautics).

coplanar | coplanar.

copo de nieve | snowflake.

copolimerización | copolymerization.

copolimerizado | copolymerizate.

copolímero | mixed polymer | copolymer.

coprolito | coprolite.

coque | charred coal | coke.

coque cristalizado en agujas | needle-coke.

coque de gas | gashouse coke.

coquería | coal-carbonizing plant | coke plant.

coquificación | coking.

coquificar | cokify (to).

coquilla | chill (metallurgy) | insulating jacket | iron mold | liner | permanent mold.

coquilla de colada | chill mould.

coquilla de moldeo | casting die.

coquizar | cokify (to).

coralina I corallin (chemistry).
coralrag I coralrag.
coraza I armor I shield.
corbatear I collar (to) (ships).
corchete I brace (typography).
cordel I rope I string.
cordel de la sondaleza I lead line.
cordel del escandallo I lead line.
cordierita I cordierite.
cordón I bead (welding) I cord.
cordón de alimentación I line cord.
cordón de alza I neck cord (jacquard).
cordón de anclaje I stay cord (electric line).
cordón de estaño I wire (tin plate defects).
cordón de línea I line cord (electricity).
cordón de oropel I tinsel cord.
cordón inferior I lower flange (girders).
cordoncillo I twist.
corindón I corundum I diamond spar.
cornalina I cornelian.
corneana I hornfels.
cornisa I corbel.
corometría I chorometry.
corona I rim (pitch wheel).
corona cortante I cutting ring.
corona de émbolo I piston follower.
corona de leva I lip of cam (mechanics).
corona de rueda I wheel rim.
corona de sondeo I drill head.
corona del pistón I piston crown.
corona fija I speed ring.
corona móvil I wheel.
corona solar I solar corona.
coronamiento I coping I top (dam, walls).
coronar I top (to).
corondel I reglet I wire mark (paper).
correa I strap.
correa articulada I link belt.
correa de alimentación I feed belt I feeding belt.
correa de transmisión I drive belt.
correa del freno I back band.
correa portaabrazadera I lug strap holder.
correa sin fin I endless belt.
correa transportadora I feed belt.
correa transportadora de tela metálica I woven-wire conveyor belt.
correa trapezoidal con eslabones I link V belt.
corrección I adjustment (apparatus) I rectification I trueing.
corrección de deriva I deflection correction I wind correction.
corrección de escala I scale correction.
corrección de frecuencia I line equalization.

corrección de fugas I leakage correction.
corrección de imagen I tilt correction (TV).
corrección de paralaje I parallax correction.
corrección de puntería angular I aiming off allowance.
corrección de tonalidad I tone correction.
corrección del cero I index correction.
corrección del error instrumental I index correction.
corrección del nivel I level correction.
corrección del paso I pitch correction (screws).
corrección en altura I aiming correction.
corrección en circuito línea I line correction.
corrección por el viento I windage (ballistics).
correcto I right.
corrector cuadrantal I quadrantal corrector (magnetic needle).
corrector de alcances I range corrector.
corrector de altitud I mixing control (aircraft engine).
corrector de bornes I link.
corrector de distorsión de imagen I tilt mixer.
corrector de imagen I tilt corrector.
corrector de inclinación I tilt corrector.
corrector de la aleta de centrado I trimming strip (airplanes).
corrector de latitud I latitude corrector.
corrector de rumbo I course corrector.
corrector de tensión I voltage corrector.
correctores cuadrantales I quadrantal spheres (ships).
corredera I log (navigation) I slider (machines).
corredera del sector Stephenson I link block.
correderas I launching ways.
corregido I rectified.
corregir I patch (to) I true up (to).
correlación I link.
correlación de datos de seguimiento I track correlation.
correlación intercanálica I interchannel correlation.
correlación lineal I linear correlation.
correlación múltiple I multiplexing.
correlato I correlate (chemistry).
correo aéreo I aeromail.
correo electrónico I electronic mail.
corriente I flow I juice (electricity).
corriente acelerada I accelerated flow.
corriente activa I active current I phase current I watt current I wattfull current I working current.
corriente adiabática I adiabatic flow.
corriente alimentadora I infeed current.
corriente alterna I alternating current.

corriente alterna rectificada | rectified alternating current.

corriente anérgica | idle current | inactive current.

corriente aniónica | anionic current.

corriente anódica | plate current.

corriente anódica de cresta | peak anode current.

corriente anormal de electrodo | fault electrode current.

corriente anular | ring current.

corriente armónica | harmonic current.

corriente ascendente | upcurrent.

corriente ascensional | rising current.

corriente barotrópica | barotropic flow.

corriente bifásica | biphase current | diphase current | two-phase current.

corriente catódica de cresta | peak cathode current (electronics).

corriente centrífuga | centrifugal current.

corriente centrípeta | centripetal current.

corriente circular | ring current.

corriente compensadora | offset current.

corriente con fluctuaciones | ripple current.

corriente con rotor frenado | locked rotor current.

corriente constante | constant current.

corriente continua | continuous current | D.C. current | direct current (electricity) | unidirectional current (electricity).

corriente continua ondulada | ripple current.

corriente costera | alongshore current (oceanography).

corriente de absorción | absorption current.

corriente de actuación | pull-up current.

corriente de advección | advectional current.

corriente de agua | stream.

corriente de aire | blow.

corriente de aire vertical | vertical air current.

corriente de alimentación | feed | feed current | supply current.

corriente de alta frecuencia | induction current.

corriente de alto amperaje y bajo voltaje | low-voltage high-amperage current.

corriente de antena | antenna current.

corriente de arranque | preoscillation current | starting current.

corriente de arranque de poca intensidad | low starting current.

corriente de audiofrecuencia | a-f current.

corriente de bajo voltaje | low-tension current | low-voltage current.

corriente de borrado | erasing current.

corriente de caldeo | heater current.

corriente de calor | heat flow.

corriente de carga | charging current.

corriente de carga lenta | trickle current (electricity).

corriente de centrado | centering current.

corriente de cierre | sealing current.

corriente de conexión | pull-in current.

corriente de convección térmica | thermal density current.

corriente de cortocircuito | prospective current (circuits) | short-circuit current | fault current (three-phase network).

corriente de descarga | power follow current.

corriente de descarga espontánea | leakage current.

corriente de desconexión | releasing current | trip current (relays).

corriente de desenganche | trip current.

corriente de desequilibrio | spill current.

corriente de desequilibrio de entrada | input offset current.

corriente de desexcitación | dropout current (relays).

corriente de desplazamiento | drift current.

corriente de disparo | trigger current.

corriente de drenaje | drain current (telecommunications).

corriente de enganche | latching current (thyristors).

corriente de entrada | inflow current | input (electricity) | input stream | supply (electricity).

corriente de excitación | energizing current.

corriente de excitación magnética | pickup current.

corriente de exploración | scanning current (TV).

corriente de fase | phase current.

corriente de Foucault | eddy current | local current (electricity).

corriente de frenado | braking current.

corriente de fuga | dielectric current | eddy current | sneak current (telephony) | spike current | stray current (electricity).

corriente de fugas | leakage current.

corriente de funcionamiento | operating current.

corriente de gas | gas flow.

corriente de grabación | record current.

corriente de gran amperaje | power current.

corriente de humectación | wetting current.

corriente de inducción | induction current | lagging current.

corriente de interrupción | turnoff current.

corriente de inversión cíclica | periodic-reverse current.

corriente de ionización | firing current (radio) | ionization current.

corriente de la marea | tidal stream.

corriente de lazo | loop current.

corriente de llamada | signaling current (telephony).

corriente de llegada | incoming current | inflow current.

corriente de mando | control current.

corriente de mantenimiento | sustaining current.

corriente de pérdida | fault current | leakage current.

corriente de pérdidas | loss current.

corriente de placa | anode feed.

corriente de polarización | bias current.

corriente de polarización alterna | a.c. bias.

corriente de propulsión | jet stream (troposphere).

corriente de protección | protection current.

corriente de rayos positivos | positive-ray current.

corriente de recarga | recharging current.

corriente de recuperación | recovery current.

corriente de régimen | rated current | working current.

corriente de reposo | idling current | quiescent current | spacing current (telegraphy).

corriente de retorno | after current | restriking (circuit breakers) | return current.

corriente de retorno por tierra | spike current.

corriente de RF | RF current.

corriente de RF de rejilla | RF grid current.

corriente de rotor bloqueado | locked rotor current.

corriente de ruptura | break current.

corriente de salida | output | output current | output stream.

corriente de salida de señal | signal output current.

corriente de saturación | saturation current.

corriente de sector | lead-on current (electricity).

corriente de señal | signal current.

corriente de servicio | operating current (electricity).

corriente de sincronización | synchronizing current.

corriente de sobrevoltaje | transient.

corriente de soldadura | welding current.

corriente de solenoide | solenoid current.

corriente de trabajo | working current.

corriente de trabajos de entrada | input job stream.

corriente de transferencia | transfer current.

corriente de tránsito | traffic flow (aeronautics).

corriente de yugo | yoke current.

corriente del captador fonográfico | pickup current.

corriente del fondo | underflow (hydraulics).

corriente del haz | beam current.

corriente del inducido | rotor current.

corriente derivada | branched current | shunt current | undercurrent | underflow.

corriente directa | direct current.

corriente discontinua | transient current.

corriente efectiva | virtual current.

corriente eficaz | effective alternating current | effective current (electricity) | effort current (electricity) | RMS current (electricity).

corriente eficaz simétrica | symmetrical RMS current.

corriente eléctrica | current | electric current.

corriente eléctrica interna | internal electric current.

corriente electrónica de fuga | fault electrode current.

corriente emergente | upwelling current.

corriente en chorro | jet stream.

corriente en chorro circumpolar | jet airstream (meteorology).

corriente en cuña | wedge flow.

corriente en espiral | spiral flow.

corriente enderezada | redress current.

corriente entrante | inward flow.

corriente equilibrada | balanced current.

corriente equivalente | offset current.

corriente espacial | space current.

corriente estacionaria | steady current.

corriente estática | quiescent current.

corriente faradaica | faradaic current.

corriente filtrada | smoothed current (electricity).

corriente fotoeléctrica | photocurrent.

corriente freática | water table stream.

corriente imanante | magnetizing current.

corriente inducida | induced current (electricity).

corriente inductora | inducing current | primary current.

corriente infinitesimal | infinitesimal current.

corriente inicial | surge current.

corriente instantánea imanante | magnetizing pulse.

corriente intermitente | intermittent current | make-and-break current.

corriente intrabase | interbase current.

corriente inversa | inverse current (semiconductors).

corriente inversa de electrodo I inverse electrode current.

corriente inversa de fuga I reverse leakage current (diodes).

corriente inversa de rectificación I rectifier reverse current.

corriente inversa de rejilla I inverse grid current I reverse grid current (electronics).

corriente invertida I reverse current.

corriente inviscida I inviscid flow.

corriente iónica I ion current.

corriente laminar I laminar flow.

corriente límite I limiting current.

corriente límite de fusión I limiting fusing current.

corriente local I local current.

corriente longitudinal I longitudinal current (telecommunications).

corriente magnética I magnetic current.

corriente magnetizante en cuadratura I quadrature magnetizing current.

corriente mareal I tidal current.

corriente máxima de ánodo I peak anode current.

corriente máxima de descarga I maximum discharge current (electricity).

corriente menor que la de régimen I undercurrent.

corriente microfónica I transmitter current (telecommunications).

corriente mínima de fusión I minimum blowing current (electricity) I current (fuses) I minimum fusing current.

corriente mínima necesaria I minimum working current.

corriente modulada I modulated current.

corriente modulante I modulating current.

corriente momentánea I transient I transient current.

corriente monofásica I single-phase current.

corriente motriz I actuating current.

corriente no viscosa I inviscid flow.

corriente nominal de excitación I rated coil current.

corriente nominal de funcionamiento I rated working current.

corriente normal I loop current (bifilar circuit).

corriente nula I zero current.

corriente ondulatoria I pulsating current I wave current.

corriente oscilatoria I beating current I oscillatory current.

corriente parásita I local current I parasitic I parasitic current I stray current.

corriente permanente I closed-circuit current I rest current (electricity) I steady current.

corriente perturbadora I noise current.

corriente polarizante I polarizing current.

corriente polifásica I polyphase current.

corriente ponderada I weighted current.

corriente por capilaridad I streaming current (electricity).

corriente por efecto túnel I tunnel current (electronics).

corriente portadora I carrier current I superimposed current.

corriente portadora de teléfono I telephone carrier current.

corriente primaria I primary current.

corriente progresiva I forward flow.

corriente proporcional I proportional current.

corriente pulsatoria I pulsating current I pulsatory current.

corriente reactiva I idle current I inactive current I magnetizing current I quadrature current I reactive current I wattless current.

corriente reactiva retrasada I lagging reactive current.

corriente rectificada I rectified current.

corriente reflejada I reflected current (electricity) I return current (telephony).

corriente residual I dark current I limiting current I residual current I transient decay current.

corriente retardada I lagging current.

corriente retrógrada I slipstream.

corriente rotórica I rotor current.

corriente secundaria I secondary current.

corriente simple I single current (telecommunications).

corriente sin turbulencia I streamline.

corriente sinusoidal I sine current I sinusoidal current.

corriente subfluvial I underflow.

corriente submarina I undercurrent.

corriente subsuperficial I subsurface current I interflow.

corriente supersónica I supersonic flow.

corriente surgente I upwelling current (oceanography).

corriente telúrica I ground current I telluric current.

corriente térmica I thermal I thermal current.

corriente termiónica I space current.

corriente termoiónica I thermionic current.

corriente transitoria I transient current.

corriente transitoria anormal I surge.

corriente transversal I transverse current.

corriente trifásica I rotary current I three phase current I threephase current.

corriente turbulenta I eddy current.

corriente umbral I threshold current (tubes).

corriente unidireccional I unidirectional current.

corriente uniforme I steady flow.

corriente voltaica I voltaic current.

corrientes en contrafase I push-pull currents.

corrientímetro I current meter.

corrimiento I shift (geology) I thrust (geology).

corrimiento de potencia I power drift (nucleonics).

corrimiento espectral I spectral shift.

corrimiento isotópico I isotope shift.

corroer I bite (to) (acid) I eat (to) I eat away (to).

corrosífugo I corrosion-inhibiting.

corrosión I eating away (metals) I fretting I scouring.

corrosión biológica I biofouling.

corrosión esponjosa I spongy disease (metallurgy).

corrosión intergranular I intergranular corrosion I season crack (metallurgy).

corrosión intergranular de la soldadura I weld decay.

corrosión interior I internal corrosion.

corrosión localizada I pitting.

corrosión por frotamiento I fretting corrosion.

corrosión por picaduras I pitting (plates).

corrosión química I chemical corrosion.

corrosividad I aggressivity.

corrosivo I aggressive I caustic I corrodent I corrosive I mordant.

corrugación I wrinkling.

corsita I corsite.

corta anticipada I advance felling (woods).

corta forestal I clear-felling I coupe I cropping I cutting I cutting down I felling.

cortacircuito I circuit breaker I cutoff.

cortacircuito calibrado I noninterchangeable fuse.

cortacircuito de fusible de expulsión I expulsion cut-out.

cortacircuito de fusible multipolar I multipolar fuse.

cortacircuito de puesta a tierra I earth arrester.

cortacircuito de tapón I plug cutout.

cortacircuito en baño de aceite I oil-fuse cutout.

cortacircuito multipolar I multipolar cutout.

cortado a medidas exactas I trimmed.

cortado con láser I laser-cut.

cortador I cropping die (press) I cropping punch (press) I cropping tool (press).

cortador angular I angular cutter.

cortador de palanca I crocodile shear.

cortador de remaches I slogging chisel.

cortadora I slitting machine.

cortadora de láminas delgadas I wafering machine.

cortadora de tubos I pipe cutter.

cortadura I cut I shear.

cortafrío I cutting iron I set chisel.

cortafrío de herrero I cold cutter.

cortafuegos I fire barriers I fire chopper I fire cutoff.

cortar I break off (to) I cut (to).

cortar a la autógena I torch cut (to).

cortar al sesgo I bevel (to) I slope (to).

cortar árboles I log (to).

cortar con el soplete I oxycut (to).

cortar en bisel I miter (to).

cortar en caliente I hot-shear (to).

cortar en chaflán I skew (to).

cortar en tiras I strip (to).

cortar la corriente I switch off (to).

cortar un arco I disrupt (to) (electricity).

cortatubos I pipe cutter.

cortatubos de cadena I chain pipe wrench (pipe cutter).

corte I cut I cutting out I edge I failure I jagging I kerf I notch I scission I scoring I section I shearing I splitting.

corte a inglete I miter cut.

corte angular I angular shear.

corte autógeno I autogenous cutting.

corte brusco I sudden break-down (telephony - radio).

corte compaginado I match cut (TV).

corte con láser I laser cutting.

corte con plasma de arco eléctrico I plasma-arc cutting.

corte de desbaste I roughing cut.

corte de drenador I pinchoff.

corte de energía I power shutdown.

corte de energía de la línea I line outage.

corte de metales I metal cutting.

corte de talud I bank cutting.

corte diagonal I miter-cut.

corte en bisel I miter cut.

corte en la línea I outage (electricity).

corte en pico de flauta I scarfing.

corte longitudinal I inboard profile (ships) I longitudinal section.

corte normal I X cut.

corte oblicuo I oblique cut I oblique section I scarfing.

corte oxicinético I powder-cutting.
corte oxieléctrico I oxyarc cutting.
corte perimetral I perimeter shear.
corte por arco con electrodo metálico I metal-arc cutting.
corte rápido I steep cutoff (electric filters).
corte remoto I remote cutoff.
corte sesgado I undercut.
corte térmico I thermal cutout.
corte vertical I sectional elevation.
corte X I X cut.
cortes de energía I power cuts.
cortina térmica I thermal shutter.
corto I short.
cortocircuitación I shorting.
cortocircuitado I shorted.
cortocircuitador I short-circuiter.
cortocircuitador automático I automatic cutout.
cortocircuitador térmico I thermal cutout.
cortocircuitar I short (to) I short-circuit (to) (electricity).
cortocircuito I bad ground I electric leakage I short-circuit.
cortocircuito a tierra I short-circuit to ground.
cortocircuito de doble acción I two-shot cutout.
cortocircuito de frenaje I slugging.
cortocircuito de fusible I safety cutout.
cortocircuito de mano I manual cutout.
cortocircuito de régimen permanente I steady-state short circuit.
cortocircuito de seguridad I safety short-circuit.
cortocircuito deslizante I sliding short circuit.
cortocircuito interfásico I phase-to-phase short circuit.
cortocircuito momentáneo I transient short circuit.
cortocircuito trifásico I three-phase short circuit.
corvusita I blue-black ore (vanadium mineral).
cosechadora I combine harvester.
cosedora I inserter-stitcher.
cosedora con alambre I wire stitcher.
cosedora-refiladora I stitcher-trimmer (printing.
coseno I cosine.
coser con grapa I wire stitch (to) (bindings).
coser con tiretas I lace (to) (straps).
cósmico I cosmic.
cosmografía I cosmography.
cosmógrafo I cosmographer.
cosmología I cosmology.
cosmonauta I cosmonaut.
cosmonáutica I cosmonautics I space navigation.

cosmonave I craft I space vehicle I spacecraft I spaceship.
cosmonave lunar I lunar spacecraft.
cosmonavegación I cosmonavigation.
cosmoquímico I cosmochemical.
cosmotrón I cosmotron.
cosmotrón de varios millones de voltios I multimillion-volt cosmotron.
costa I coast I shore.
costado I beam (airplane) I shipside I side.
costado de barlovento I luff.
costero I slab (logs).
costra I scab I skim.
costra caliza I calcareous crust (geology).
costra de fundición I casting crust.
costra de óxido I scale.
costura I lacing (metallurgy).
costura con alambre I wiring.
costura engargolada I lock seam.
costura engatillada I lock seam.
cota I contour elevation I contour height.
cotana I mortise chisel.
cotejar I collate (to) I compare (to) I match (to).
cotejo I check I comparison.
cotillo I peen (hammer) I poll (hammer, ax).
coulombímetro I voltameter.
covalencia I covalence.
covalente I covalent.
covariación I covariation.
covarianza I covariance (statistics).
covelita I covellite.
cracking aromatizante I aromatizing cracking.
cracking con catalizador de platino I platforming.
craignurita I craignurite.
craqueo catalítico I cat cracking.
craqueo térmico I thermal cracking.
cráter I crater (volcanology).
cráter adventicio I adventive crater.
craterización I crater formation I cratering.
cratogénico I cratogenic.
craurita I green iron ore.
creación de una pareja I pair creation (nucleonics).
crecimiento I heaving.
crecimiento cristalino filamentario I whisker.
cremallera I rack.
cremallera base I basic rack.
creosota I creosote I dead oil I pitch oil I wood-tar.
creosotado I tarred.
crepitación I frying effect I jackling (electricity) I motor-boating I scratching noise (acoustics).
crepúsculo civil I civil twilight (astronomy).
cresol I cresyl alcohol.

cresta a cresta | peak-to-peak.
cresta de acreación | accretionary ridge (geology).
cresta de alta presión | ridge (meteorology).
cresta de onda | wave crest.
cresta de potencial | potential peak.
cresta de resonancia | resonance peak.
cresta de sincronismo | sync tip (TV).
cresta de tensión | voltage loop.
crestón de mineral | ore outcrop.
creta precipitada | precipitated chalk.
criadero | mineral deposit | ore deposit.
criadero aurífero | auriferous deposit.
criadero de mena de hierro | iron ore deposit.
criadero de petróleo | oil pool.
criadero mineral | orebody.
criadero por disolución | solution deposit (geology).
criadero residual | residual deposit (geology).
criba | riddle | screen | sieve | sifter | trommel.
criba de estañar | white pot (tinplate).
criba de percusión | impact screen | percussion jig.
criba de pistón | jig.
criba de rodillos | roller screen.
criba de sacudidas | percussion jig | shaker.
criba de tela metálica | wire sieve.
criba filtrante | plunger jig.
criba giratoria | revolving screen (metallurgy) | riddle drum | rotary screen | trommel (metallurgy).
criba hidráulica | brake sieve | jib | jig | jigging machine.
criba hidráulica de sacudidas | jolting machine.
criba neumática | air jig (metallurgy).
criba oscilante | brake sieve | shaker | shaker screen | shaking sieve | swinging sieve.
criba vibradora | impact screen.
criba vibrante | jig table.
cribado | jigged | screened | screening.
cribado hidráulico | jigger work | jigging (mining).
cribado húmedo | wet screening.
cribador | riddler.
cribar | jig (to) (minerals) | riddle (to) | screen (to) | sieve (to) | sift (to).
crichtonita | ilmenite.
crinolina | crinoline.
crioaislado | insulated.
crioaislamiento | insulation.
criobomba de iones | ion-cryopump.
criofractura | freeze fracturing.
criógeno | cold-producing | frigorigenous.
criograbado | freeze etching.
criolita | greenland spar | ice-stone.

criología | glaciology.
criorresistente | cold resistant.
criostato de nitrógeno líquido | liquid nitrogen cryostat.
criotratamiento | cold treatment | deepfreezing | stubzero treatment (metallurgy).
criotratar | cold treat (to).
criptoanálisis | cryptanalysis.
criptografía | cryptography.
criptografía de enlace | link encryption.
criptón | crypton (Kr) | krypton.
criptovolcánico | cryptovolcanic.
criptozoico | criptozoic.
criselefantino | chryselephantine.
crisoberilo | chrysoberyl | Oriental cat's eye.
crisocloro | chrysochlorous.
crisocola | copper malachite | copper pitch ore.
crisocro | chrysochrous.
crisofilita | chrysophilite.
crisografía | chrysography.
crisol | crevet | crucible | hearth (blast furnaces) | melting pot | monkey (glass found) | pot | smelting hearth (furnace) | well (blast furnaces).
crisol blanco | white pot.
crisol brascado | brasqued crucible.
crisol de arcilla | clay crucible.
crisol de barro | clay crucible.
crisol de plombagina | blacklead crucible.
crisol para soldadura | solder pot | soldering pot.
crisol para vidrio flint | monkeypot.
crisol revestido | brasqued crucible.
crisoprasa | chrysoprase.
crisótilo | Canadian asbestos | chrysotile.
cristal | pane (window).
cristal antibalas | bulletproof glass.
cristal cúbico | isometric crystal.
cristal de cuarzo | Bristol diamond | crystal | quartz crystal.
cristal de cuarzo maclado | macled quartz crystal.
cristal de roca | Brazilian diamond | Bristol diamond | crystal | flint glass | mountain crystal | rock crystal.
cristal de toque | tap crystal (electronics).
cristal dendrítico | pine-tree crystal (crystallography).
cristal fatigado | fatigued crystal (metallurgy).
cristal inastillable | shatterproof glass.
cristal jaspeado | clouded glass.
cristal levógiro | left-handed crystal (optics).
cristal líquido | liquid crystal (physics).
cristal microscópico de crecimiento filiforme | whisker.

cristal óptico I flint glass.
cristal piezoeléctrico sintético I synthetic piezoelectric crystal.
cristal simple I unit crystal (metalography).
cristal uniáxico I uniaxial crystal (optics).
cristalería graduada I volumetric glassware (chemistry).
cristales cuadráticos I quadratic crystals.
cristales de litargirio I feathers of litharge.
cristales inactínicos para soldadores I welders' glasses.
cristalino I glassy.
cristalizado I crystallized.
cristalizador I crystallizing dish (chemistry) I crystallizing pan (chemistry).
cristalizador por vacío parcial I vacuum crystallizer.
cristalizar I crystallize (to) I jell (to).
cristaloblástesis I crystalloblastesis.
cristaloblástico I crystalloblastic.
cristaloblasto I crystalloblast.
cristalografía geométrica I geometrical crystallography.
cristalografía morfológica I geometrical crystallography.
cristalografía por rayos X I X-ray cristallography.
cristaloidal I crystalloidal.
cristaloide I crystalloid.
cristaloluminiscencia I crystalloluminescence.
cristaloquímica I chemical crystallography I crystallochemistry.
cristalotecnia I crystalotechny.
crístico I crystic (geology).
criticidad I criticality.
crocidolita I blue asbestos I blue ironstone I cape blue I crocidolite.
crocoíta I red lead ore.
cromacidad I chromacity.
cromado I chromate treatment.
cromar I chromatize (to) I chrome (to) I chromizice (to).
cromatación I chromatation.
cromaticidad I chroma I chromaticity.
cromático I chromatic.
cromatina I chromatin.
cromatismo I chromatism.
cromatitas I chromatites (mining).
cromatizar I chromatize (to).
cromato I chromate.
cromato de plata I silver chromate.
cromato de plomo I lead chromate.
cromatografía de absorción I absorption chromatography.
cromatografía de adsorción I adsorption chromatography.

cromatografía de cambio de iones I ion exchange chromatography.
cromatografía de exclusión iónica I ion-exclusion chromatography.
cromatografía de intercambio iónico I ion exchange chromatography.
cromatografía de reparto I partition chromatography.
cromatografiar I chromatograph (to).
cromatográfico I chromatographic.
cromatógrafo I chromatograph.
cromatograma I chromatogram.
cromatólisis I chromatolysis.
cromatología I chromatology.
cromatómetro I chromatometer.
cromatoptometría I chromatoptometry.
cromatoptómetro I chromatoptometer.
cromatoscopio I chromatoscope (optics).
cromatrón I chromatron.
crómico I chromic.
cromífero I chromiferous.
crominancia I chrominance.
cromismo I chromism.
cromita I chrome ore I chromic iron.
cromito I chromite (chemistry).
cromización I chromizing.
cromizar I chromize (to).
cromo I chrome (chemistry).
cromo metal I chromium metal.
cromocobre I chromium copper.
cromocodificar I color code (to).
cromofotografía I chromophotography.
cromofotolitografía I chromophotolithography.
cromofototipia I chromophototype.
cromofotoxilografía I chromophotoxylography.
cromogénico I chromogenic.
cromógeno I chromogen I color-forming.
cromógrafo I chromograph.
cromogravimetría I chromogravimetry.
cromolitografía I chromolithography I chromotype I color lithography I lithocromatics.
cromoscopia I chromoscopy.
cromoscopio I chromoscope.
cromosfera I chromosphere.
cromosfera solar I solar chromosphere.
cromosoma de inversión I inversion chromosome.
cromotipia I chromotype I color printing.
cromotipografía I chromotypography.
cromotografía I chromotography.
cromotograma I chromotogram.
cromotropismo I chromotropism.
cromoxilografía I chromoxylography.

cronización vertical I vertical drive (TV).
cronoeléctrico I chronoelectrical.
cronografía I time recording.
cronógrafo I stop-watch I time recorder I timer.
cronógrafo contador I counter chronograph.
cronógrafo electrónico I electronic timer.
cronograma I timing diagram.
cronointerruptor I time switch.
cronomedición I time-measuring I timing.
cronomedidor de intervalos I interval timer.
cronometración I timing.
cronometrado I timed.
cronometrador I timekeeper.
cronometrador para rayos X I X-ray timer.
cronometraje I time keeping I time metering I timekeeping I work count.
cronometrar I clock (to) I time (to).
cronometría I chronometry.
cronometría radárica I radar chronometry.
cronométrico I chronometric.
cronómetro I chronometer I clock I deck watch (ships) I timekeeper I timer.
cronómetro electrónico I electronic timer.
cronómetro integrador de luz I light-integrating timer.
cronómetro marino I box chronometer.
cronómetro naval I naval chronometer.
cronómetro regulador I regulator.
cronómetro sincrónico I synchronous timer.
cronómetro sísmico I seismic timer.
cronómetro totalizador I integrating timer.
cronorregulado I timed.
cronorregulador I time regulator.
cronorruptor I time-delayed switch I timer.
cronoscopia I chronoscopy.
cronoscopio I chronoscope I stop-watch.
cronoscopio electrónico I electronic timer.
cronostato I chronostat.
cronototalizador I time-totalizing device.
croquis I rough drawing I sketch.
croquis de montaje I layout.
croquis topográfico I map substitute.
crotovina I crotovine.
cruce I crossing.
cruce ferroviario I railway crossing.
crucero I cleaving (mineralogy) I cruiser (ships) I cruising I thirl.
crucero antiaéreo I A. A. cruiser.
crucero lineal I linear cleavage (geology).
crucero minador I cruiser minelayer.
crucero octaédrico I octahedral cleavage (mineralogy).
cruceta I crossarm I crosshead I spider I X-bracing.
cruceta atravesada I reverse arm (telecommunications).

cruceta del vástago del pistón I piston rod crosshead.
cruceta monopatín I single bar crosshead (engines).
crudo I crude I crude oil I raw.
crudo con poco azufre I sweet crude (petroleum).
crudo de destilación primaria I topped crude.
crudo parafínico I paraffin base crude.
crudos I petroleum.
crujía I amidships I centerline I centre line (ships) I centreline (G.B.) I middle line.
cruz I cross.
cruzamiento I crossing I crossover I transposition.
cruzamiento aéreo I trolley frog.
cruzamiento de agujas móviles I movable point crossing (railways) I movable-point frog (railways).
cruzamiento de vías I track crossing.
cruzamiento doble I scissors crossing.
cruzar I traverse (to).
cuaderna I cant floor I rib (ships) I timber (ships).
cuaderna en V I V-shaped frame (ships).
cuaderna maestra I main frame (ships) I midship (ships) I midship frame (ships) I midship section (ships).
cuaderna revirada I cant frame (ships).
cuadernaje I ribbing (ships).
cuadernaje de henchimiento I bossed framing.
cuadernal I block pulley I hoisting tackle I pulley I pulley block.
cuadernal de gancho I hook block.
cuadernal desplazable I load block (cranes).
cuadernal móvil I load block.
cuaderno de bitácora I log book.
cuaderno de trabajo I log (machines).
cuadrado I square.
cuadrangular I four-angled I four-square.
cuadrantal I quadrantal.
cuadrante I instrument dial (apparatus) I quadrant.
cuadrante de aguja I needle dial.
cuadrante de alcances I range-dial.
cuadrante de entibación I square set.
cuadrante de puntería en elevación I range-dial.
cuadrante de selfactina I mule quadrant.
cuadrante de sintonización I tuning dial.
cuadrante indicador I indicating dial.
cuadrante micrométrico I microdial I micrometer dial.
cuadrante vernier I vernier dial.
cuadrántico I quaedrantid (astrophysics).

cuadrar I tally (to).
cuadratín I quad (typography) I quadrat (typography).
cuadratrón I quadratron.
cuadratura I quadrature I squaring.
cuadratura de fase I phase quadrature.
cuadrete I quad (telegraphy).
cuadrícula I grid square.
cuadrícula de proyección I projection grid (cartography).
cuadriculación I squaring.
cuadriculado modular I modular grid.
cuadricular I grid (to).
cuadrifonía I quadraphony.
cuadriplano I quadruplane (airplanes).
cuadripolo I four-pole I quadripole (electric power system).
cuadripolo activo I active fourpole.
cuadripolo de adaptación I matching quadrupole.
cuadripolo de escala de resistencia-capacidad I RC-ladder network.
cuadripolo en cascada I tandem network.
cuadripolo en paralelo I parallel two-terminal pair networks.
cuadripolo interconectado I interconnected four-pole network.
cuadro I board (electricity) I panel (electricity) I picture plane (perspective) I table.
cuadro de bornas I terminal board.
cuadro de color I color frame (TV).
cuadro de conexiones I pinboard I plugboard.
cuadro de conmutación I switching panel.
cuadro de conmutación manual I manual switchboard.
cuadro de conmutación monocordón I monocord switchboard (electricity).
cuadro de conmutación telefónico I telephone switchboard.
cuadro de corriente alterna I A. C. panel.
cuadro de datos I data board I data display panel.
cuadro de distribución I switchboard (electricity).
cuadro de distribución de alumbrado I lighting switchiboard.
cuadro de distribución de enlace I trunk distribution frame.
cuadro de distribución de fuerza I power distribution panel (electricity).
cuadro de distribución de los alimentadores I feeder switchboard (electricity).
cuadro de distribución de potencia I power switchboard (electricity).

cuadro de distribución del motor I motor switchboard.
cuadro de enchufes I plug switchboard.
cuadro de enlace I liaison switchboard.
cuadro de entrada I B-board I inward board (telephony).
cuadro de fuerza I power frame (electricity).
cuadro de funcionamiento I running schedule.
cuadro de instrumentos I instrument board I panel board.
cuadro de las tolerancias de frecuencia I table of frequency tolerances.
cuadro de latitudes y desviaciones I traverse table (topography).
cuadro de mandos I operator control panel.
cuadro de operadora I telephone switchboard (telephony).
cuadro de pruebas I test board I test panel I test switchboard.
cuadro de salida I A switchboard I outward board (communications).
cuadro de señales I signal board.
cuadro de tensiones I voltage chart.
cuadro de unidades I table of unit.
cuadro del generador I generator panel (electricity).
cuadro indicador de las luces de navegación I navigation light indicating panel I navigational light indicator board.
cuadro móvil I moving coil (electric apparatus).
cuadro múltiple manual I multiple (telephony).
cuadro partido I split frame (TV).
cuadro principal I main frame (electricity).
cuadro principal de distribución I main distribution frame.
cuadro repartidor I tag board (electricity).
cuadro vertical I vertical switchboard (electricity).
cuadros de conmutación PBX I P.B.X. switchboards (telephony).
cuádruple I quad (telephony).
cuádruple en línea I quad in-line (integrated circuit).
cualidad de una radiación I quality meter.
cuanta I quanta (energy).
cuántico I quantal.
cuantificación I quantizing.
cuantil I quantile (statistics).
cuanto I quantum (physics).
cuanto de información I bit.
cuantómetro I quantometer.
cuarcita I quartz rock.
cuarcita cementada I cemented quartzite.

cuarteamiento I crocodiling.
cuartear el compás I box the compass (to) (ships).
cuartear I box (to).
cuarteo I crocodiling.
cuarteto I four bits byte.
cuartil I quartile (statistics).
cuartillo I quart (cubic measure).
cuarto de longitud de onda I quarter wavelength.
cuarto de marcaciones I plotting room.
cuarto de onda I quarter wave.
cuarto oscuro I operating room (photography).
cuarzo I quartz.
cuarzo azul I blue quartz.
cuarzo elutriado I air floated quartz.
cuarzo ferrífero I iron quartz.
cuarzo piezoeléctrico I piezoquartz.
cuarzo rutilado I needle stone.
cuarzo transductor I transducing piezoid.
cuarzo zafirino I azure quartz.
cuásar I quasar (astronomy).
cuaternario I quaternary.
cuatricomía I four-color print.
cuatrirreactor I four-jet engine aircraft.
cuba I bowl I casing (furnaces) I cell (electrolysis) I fire room (blast furnaces) I tank (converter) I tub I vat.
cuba blindada I iron-plated shaft (blast furnaces).
cuba con estaño fundido I washpot (tinned).
cuba crisol I cell cavity.
cuba de absorción I absorption cell (spectral analysis).
cuba de amalgamación I pan I pan mill.
cuba de clarificación I settling tank.
cuba de decantación I sintering tank.
cuba de elutriación I elutriation tank.
cuba de enfriamento I quenching trough.
cuba de envejecimiento I aging vat.
cuba de fermentación I fermenter.
cuba de filtración I leaching vat (metallurgy).
cuba de galvanizado I kettle.
cuba de lavado I washing tub.
cuba de plomo I lead basin.
cuba de recuperación I replenisher.
cuba de vacío I vacuum tank.
cuba electrolítica I pot I potline (aluminum-making).
cuba para lixiviar I leaching vat.
cubeta I basin (barometer) I basin fold (geology) I bowl I bucket I bulb (barometer) I mercury cup (barometer) I tank I trough I tub.
cubeta aceleradora I accelerating well.
cubeta de colada I pouring-basin (metallurgy).

cubeta del acumulador I accumulator tray.
cubeta del rectificador I rectifier pool (electrotecnics).
cubeta sinclinal I basin.
cubicación I cubic measurement I measurement I measuring I yardage.
cubicador I culler.
cubicar I cube (to) I gage (to) I gauge (to) I measure (to).
cúbico I cubic I isometric (mineralogy).
cubierta I canopy I roof I wrapping I tire (USA) (automobile).
cubierta a dos aguas I gable roof I pitched roof.
cubierta de alojamientos I accommodation deck (ships).
cubierta de gran pendiente I pitched roof (construction).
cubierta de popa I after deck I poop deck.
cubierta de protección I apron.
cubierta inclinada I pitched roof.
cubierta inferior I lower deck (ships).
cubierta mansarda I knee roof.
cubierta protectora I shielding.
cubierta sin talón I plain tire (tires).
cubierta transparente al infrarrojo I irdome.
cubierto I shrouded.
cubierto de hierro I iron-coated.
cubierto de plomo I leaded.
cubilote I cupola I flowing furnace I smelting pot.
cubreboca I muzzle cover (cannons).
cubrejunta I butt-plate I butt-strap I butt-strip I cover I coverplate I fish I fishplate I gasket I junction plate I splice plate I strap I welt I wrapper.
cubrejunta de madera I wood scab.
cubrejunta longitudinal I edge strip.
cubretapas I jacket.
cubrir los fuegos I kill (to) (boilers) I kill the fire (to) (boilers).
cubrirse de vaho I mist (to).
cuchara I auger (drillings) I scoop (drillings) I sludger I spoon.
cuchara de arrastre I scraper (mining) I slusher (mining).
cuchara de colada I ladle (metallurgy).
cuchara de fundición I casting ladle.
cuchara excavadora I earth grab I pullshovel.
cuchara para la escoria I slag ladle (metallurgy).
cucharilla para análisis I sample spoon (docimacy).
cucharón I bucket (dredging machine) I scoop (dredge).
cucharón de arrastre I scraper bucket.

cucharón de dientes | dipper (excavating machines).
cucharón de mordazas | clamshell.
cucharón de quijadas | clamshell.
cucharón excavador | digging bucket.
cuchilla | blade | knife | lifting knife (jacquard) | tool bit.
cuchilla circular | knife disk.
cuchilla de cepillar | planer knife | planing tool.
cuchilla de fresa | cutter blade.
cuchilla de moldurar | molding cutter.
cuchilla de tejedor | loom knife.
cuchilla desbastadora | scutcher.
cuchilla escariadora | reaming blade.
cuchilla fija | ledger blade.
cuchilla inferior | ledger blade.
cuchilla lisa | plain knife.
cuchilla para machihembrar | matching knife.
cuchilla tundidora | ledger blade.
cuchillas giratorias | rotary knives.
cuchillo raspador | scraping knife.
cuello | throat (fillet weld).
cuello de cisne | throat (machine tool).
cuello del cilindro | neck.
cuello del tubo catódico | neck.
cuenca | basin (rivers).
cuenca de captación | watershed (hydrology).
cuenca de la falla | fault trough.
cuenca de recepción | water-collecting area.
cuenca eólica | aeolian basin.
cuenca hidrográfica | watershed.
cuenca hullera | coal field.
cuenco amortiguador | stilling pool (dam).
cuenco del vertedero | stilling basin.
cuenta aisladora | insulating bead (cables).
cuenta de repetición periódica | repetitive account (computing).
cuentahílos | thread counter.
cuentakilómetros | speedometer.
cuentamillas | speedometer.
cuentarrevoluciones | R.P.M. indicator | revolution indicator.
cuentarrevoluciones mecánico | mechanical tachometer.
cuentavueltas | tachometer.
cuerda | cord | rope | string.
cuerda de leña | short cord (measure).
cuerpo celeste | celestial body.
cuerpo de válvula | valve chest.
cuerpo emisor | emitter.
cuerpo fotoemisor | light emitter.
cuerpo magnético | magnetic.
cuerpo negro | black body.
cuerpo oxidante | oxidizer.

cuerpo paramagnético | paramagnetic.
cuerpo productor de luz | light-producer.
culata | bootleg (mining) | breech | yoke piece (electricity).
culata del electroimán | magnet joke.
culata en L | L head.
culebra de vela de estay | lacing.
culmífero | culm-producing (geology) | culmiferous (geology).
culombímetro | coulometer.
culombio | coulomb.
culote | cartridge (aeronautics).
culote del cartucho | cartridge rim.
cultivadora | cultivator.
culytita | bismuth blende.
cumarina | coumarin (chemistry).
cumbre | summit | vertex.
cumbrera | collar (mining) | ridgepiece | roof timber (mining).
cumengeíta | cumengeite.
cúmetro | Q-meter | quality meter.
cumulescente | cumulescent.
cumuliforme | cumuliform.
cumulito | cumulite.
cumulonimbo | cumulonimbus.
cuneta | ditch.
cuña | chock | chuck | gad picker | hold-down | key | wedge.
cuña de apriete | wedge key.
cuña de cantero | gad.
cuña desviadora | whipstock (drillings).
cuño | punch | stamp | stamper.
cupreno | cuprene.
cuprífero | copper-containing.
cuprita | red copper ore.
cuproaururo | cuproauride.
cuprocianuro | cuprocyanide.
cuprocinc | cuprozinc.
cuprocincita | cuprozincite.
cuproníquel | cupronickel.
cuproníquel con adición de hierro | iron-modified cupronickel.
cuproníquel ferroso | iron-bearing cupronickel.
cuproso | cupreous.
cúpula | cap (chemistry) | cope | cupola (architecture) | domical vault | radome.
cúpula de pechinas | pendentive dome.
cúpula estelar | astrodome.
cúpula volcánica | volcanic dome.
curado | seasoned (metallurgy).
curado con membrana | membrane curing (concrete).
curado del cemento | aging of cement.
curchatovio | kurchatovium.
curie | curie (radioactivity unit).

currentilínea I streamline (electricity).
currentilíneo I faired.
curso I course.
curso de reglaje I takeup.
cursor I cursor (computing) I finger I rubbing cursor (telecommunications) I runner I slide contact I sliding block.
cursor de rumbos I bearing cursor.
curtido químico I chemical tanning.
curtosis I kurtosis (mathematics).
curva I curve I knee.
curva abierta I long radius curve.
curva asimétrica I unsymmetrical curve.
curva batimétrica I depth contour I depth line.
curva cáustica I caustic curve (optics).
curva cúrtica I kurtic curve.
curva de agotamiento I depletion curve.
curva de amortiguamiento I damping curve.
curva de calibración I correction curve I working curve.
curva de cargas I rating chart.
curva de compensación I correction curve.
curva de consumo I load curve (electricity).
curva de corriente alterna I waveform of alternating current.
curva de decrecimiento I decay curve.
curva de descenso I depletion curve.
curva de desimanación I recoil curve (electrotecnics).
curva de dilatación I expansion loop.
curva de enfriamiento I temperature-time curve.
curva de enlace I junction curve I transition radius.
curva de esfuerzos y deformaciones I stress-strain curve.
curva de frecuencia I frequency curve.
curva de fusión I melting curve.
curva de gastos I rating curve (hydraulics).
curva de igual espesor I isopachous curve.
curva de la solución sólida I solidus.
curva de nivel I contour I form line.
curva de precisión I lead curve (antiaircraft fire).
curva de refuerzo I knee I knee-piece (ships).
curva de rendimiento I performance curve I yield curve.
curva de respuesta cuántica I quantal response curve (statistics).
curva de retorno I return bend.

curva de saturación I saturation curve.
curva de solidus I solidus curve (alloys).
curva de solubilidad I solidus.
curva de tráfico I traffic curve (telecommunications).
curva de transformación isotérmica I T T T curve (metallurgy).
curva de unión I junction curve I transition radius.
curva dicáustica I dicaustic.
curva E I E bend.
curva en U I U bend (pipes).
curva equifase I equiphase curve.
curva hipsométrica I contour line.
curva horizontal para bao I lodger knee.
curva isobática I depth line.
curva isócrona I isochronal line.
curva isodinámica I isodynamic curve.
curva isohélica I isohelical curve.
curva isópaca I isopachous curve.
curva loxodrómica I rhumb.
curva parabólica I para-curve.
curva primitiva I pitch line (gear).
curva S I S curve.
curva singular I singular curve (mathematics).
curva valona I lodger knee (ships).
curvadora I bender.
curvadora de bandajes I tire bending machine.
curvadora de cuadernas I ship frame bender (dockyard).
curvadora de llantas I tire bending machine.
curvadora de tubos I pipe-bending machine I tube bender.
curvadura I hooking.
curvar I bend (to) I bend down (to) I gag (to) (girders).
curvatubos I pipe bender.
curvatura I arcuation I bend I bowing I braking I curvature.
curvatura de la cinta I tape-curvature (recording).
curvatura del ala I wing camber I wing flexure.
curvilíneo I curvilinear.
curvímetro I curvimeter I map measurer I map meter I opisometer I rotometer.
cúspide I cusp I summit I tip (architectura) I top I vertex.
cuspidina I cuspidine (minerals).
cytac I cytac (radionavigation).

D

dado de resorte | prong die.

dado de roscar | threading die.

dama | dam (blast furnaces) | dam stone (blast furnaces).

damasquinar | damask (to) (metallurgy).

dar atrás | back (to) (machines).

dar corriente | plug-in (to) | put on the current (to) (electricity) | supply (to) | switch on (to).

dar entrada | input (to).

dar forma aerodinámica | streamline (to).

dar gases | advance the throttle (to).

dar marcha atrás | reverse (to).

dar mástique | lute (to).

dar mechazo | misfire (to) (blast holes).

dar rumbo a | vector (to).

daraf | daraf.

darafio | daraf.

dársena | basin | dock | wet dock.

datación | age determination (geology) | dating.

datación isotópica | isotopic age determination (nucleonics).

datación radiactiva | radioactive dating.

datación radiocarbónica | radiocarbon dating.

datafono | dataphone.

datagrama | datagram.

datar | date (to).

dato alfanumérico | alphanumeric item.

dato binario | binary item.

datolita | dystome spar.

datos | data.

datos a procesar | input data (computing).

datos de entrada | input data.

datos de la prueba | test data.

datos de salida | output data.

datos de tiempo real | real time data (computing).

datos inmediatos | immediate data.

datos meteorológicos | weather data.

datos pluviométricos | rainfall data.

datos radáricos | radar data.

datos sin procesar | raw data (computing).

davisonita | davidsoine.

de amplia gama | wide-range.

de devanado cerrado | closed-coil (electricity).

de gran campo de lectura | wide-range (apparatus).

de mando directo | direct acting.

de nivel constante | unilevel.

de paso recto | straight run (valves).

de punta | advanced (industry).

de red metálica | wired.

débil | weak.

debilidad | lowness (noises).

debilitación en la transmisión | transmission loss.

debilitación por impacto iónico | ion charging.

debilitador | killer.

debilitamiento | fade out | weakening.

debilitamiento auditivo | swinging.

debilitamiento paradiafónico | near-end crosstalk attenuation.

debilitar | weaken (to).

débilmente disipativo | low-loss (electricity).

debitómetro integrador | integrating dose-meter.

decaer | slack (to).

decalaje | displacement (brush) | lag | phase difference.

decalaje de fase | phase angle (electricity).

decalaje de las escobillas | brush displacement | lag of brushes.

decalaje negativo | negative stagger.

decalaje positivo | positive stagger.

decalar | brush shift (to) | displace (to) (brushes).

decalescencia | decalescence.

decalescente | decalescent.

decantación | decantation | elutriation | pouring off | sedimentation | separating.

decantación sedimentaria | settling.

decantador | clarifier | settler.

decantar | decant (to) | deposit (to) | draw off (to) | elutriate (to).

decapado | descaling | dipping (metallurgy) | pickled | scaling | scouring.

decapado anódico | anode pickling | anodic etch.

decapado catódico | cathode pickling.

decapado electrolítico | anode pickling.

decapado en ácido sulfúrico | plain pickled.

decapado químico | chemicaldescaling(metallurgy).

decapado ultrasónico | ultrasonic pickling.

decapador | pickler | scourer.

decapaje al ácido | acid etching.

decapaje con ácido | pickling.

decapante | cleaner (metallurgy) | etching.

decapar | clean (to) | dip (to) | etch (to) | pickle (to) | scale (to) | scour (to).

decapar en ácido | acid dip (to).

decca | decca (navigation).

deciamperio | deciampere.

decibar = 10^5 dinas/centímetro^2 | decibar.

decibel | decibel.

decibelímetro I dB meter I decibelmeter I noise meter I transmission measuring set I V. U. indicator.

decibelio I dB unit I decibel I volume unit (VU).

decibelio corregido I adjusted decibel.

decilo I decyl.

decimal codificado I coded decimal.

decimal con zona I zoned decimal (computing).

decimal de repetición I repeating decimal (mathematics).

decímetro I decimeter.

decineperio I decineper (dN).

decisión multivaluada I multivalued decision (statistics).

declinación I declination I wane.

declinación astronómica I celestial declination.

declinación geográfica I map declination.

declinación magnética I declination I magnetic variation I variation I variation of the compass.

declive I gradient I inclination I slant.

declive continental I continental slope.

decoagulante I decoagulant.

decocción I decoction.

decodificación I interpretation.

decodificador activo I active decoder.

decodificador operacional I operation decoder.

decodificar I interpret (to).

decoloración I bleach.

decompresor de gas I pressure reducing valve.

decrecimiento I decaying.

decrecimiento brusco de la presión I surging.

decrecimiento energético I moderation.

dectra I dectra (radionavigation).

dedo de arrastre I striker pin.

defecto I flaw.

defecto de adherencia I peeling (electroplating).

defecto de alineación I misalignment.

defecto de masa I mass correction (nucleonics) I mass defect (nucleonics) I packing loss (nucleonics).

defecto de masa relativo I packing fraction (nucleonics).

defecto tridimensional erróneo I plastic effect.

defectos de la red cristalina I lattice defects.

defectos en mosaico I mosaic defects (crystal).

defectos reticulares I lattice defects (crystallography).

defectos superficiales I superficial blemishes.

defectos térmicos I thermal defects (crystallography).

defectuoso I incorrect.

defensa I bumper (ships).

definición I definition I resolution (television).

definición de alcance I reaching definition.

definición vertical I vertical definition (TV) I vertical resolution (TV).

definidor de matriz I array declarator.

definir I define (to).

deflección I braking.

deflección acústica I acoustic baffling.

deflector I baffle I buncher (thermoionic) I deflector.

deflector aerodinámico I spoiler.

deflector de aceite I oil thrower.

deflector de aire intercilíndrico I intercylinder baffle.

deflexión I deflection I fold-over.

defoliación química I chemical defoliation.

deforestación I degradation.

deformabilidad I deformability.

deformación I buckling I deflection (telecommunications) I deformation I mushrooming (electrodes) I straining I yield.

deformación clástica I clastic deformation.

deformación de retardo I delay distortion.

deformación del retículo cristalino I lattice strain.

deformación elástica I lag I temporary set.

deformación inelástica I inelastic deformation I inelastic strain.

deformación interna I internal strain.

deformación irregular I irregular distortion (telegraphy).

deformación isótropa I isotropic strain.

deformación lateral I outward bulging.

deformación lineal I linear strain (mechanics).

deformación máxima I maximum distortion (telegraphy).

deformación permanente I inelastic deformation I yielding (constant load).

deformación plástica I cold working (metals) I plastic deformation I plastic flow I plastic strain I plastic yielding.

deformación por arrufo I sagging strain.

deformación por torsión I twist.

deformación por tracción I tensile deformation I tensile strain.

deformación reticular invariante I lattice invariant strain (geology).

deformación térmica lenticular I thermal lensing (laser)

deformación transversal I lateral strain I sway (structures) I transverse strain.

deformación trapezoidal | keystoning (TV).
deformación volumétrica | volumetric strain.
deformar | deform (to | strain (to).
deformar en caliente | hot-strain (to).
deformímetro | deformation meter | strainmeter.
degüello de yunque | hardy.
degeneración fotónica | photon decay.
deglaciación | deglaciation.
degradación | decay (isotopes) | degradation.
degradación actínica | light tendering (cellulosic materials).
degradación de la luminiscencia | luminescence degradation.
degradación del peso molecular | molecular weight degradation.
degradación del ruido | noise degradation.
degradación térmica | temperature derating.
dehidrocongelamiento | dehydrofreezing.
dejar de radiar | leave the air (to) (radio station).
dejar inactiva | lay off (to) (boilers).
dejar mate | mat (to) (metals).
dejar reposar | let stand (to) (liquids) | quiet (to) (chemistry).
delgado | thin.
delinear | trace (to).
deltámetro | deltameter.
demanda máxima | maximum demand.
demanda térmica | thermal requirements (freezing).
demanda variable | varying duty (electric circuit).
demodulación de fase | phase demodulation.
demodulador telegráfico | telegraph demodulator.
demodulador telemétrico | telemetry demodulator.
demoler | breakdown (to) | wreck (to).
demolición | wrecking.
demolición de macizos | pillar drawing (mining) | pillar robbing (mining)
demora de espera | queuing delay (communications).
demora magnética | magnetic bearing.
demora media | mean delay (telecommunications).
demora observada | observed bearing.
demora unilateral | unilateral bearing.
demostración | proof.
dendrita | dendrite | dendrolite.
dendrítico | arborescent | dendroid.
dendrito | pine-tree crystal.
dendrólito | dendrolite.
denominador | divisor.

densidad | density.
densidad absoluta | true specific gravity.
densidad baja del flujo | low-flux density.
densidad calorífica | rate of heat input.
densidad de condensación | packing density (computing).
densidad de corriente neutrónica | neutron-current density.
densidad de energía interna | internal power density.
densidad de ionización | ion density | ionization density.
densidad de moderación | slowing-down density.
densidad de radiación | radiation density.
densidad libre de poros | pore-free density.
densidad óptica | absorbance.
densidad óptica interna | internal optical density.
densidad relativa | specific gravity.
densificación | densification.
densificador acelerador | accelerating densifier.
densigrafía | densography.
densígrafo | densographer.
densímetro | densimeter | density meter | densometer | hydrometer float.
densímetro registrador | recording hydrometer.
densitometría | densitometry.
densitómetro de reflexión | reflexion densitometer.
densitómetro por reflexión | reflection densitometer.
densografía | densography.
dentado | jagged | serrated | slotted | toothed.
dentadura parcial | partial denture (gear).
dentar | indent (to) | jag (to) | tooth (to).
dentellado | toothed.
depleción | depletion.
deplistor | deplistor (semiconductor).
deposición | depositing.
deposición al vacío | vacuum deposition (chemistry).
deposición electrolítica | electrodeposit | electrodeposition.
deposición electrónica | sputtering.
deposicion eólica | wind deposition.
deposición galvanoplástica | electrodeposit.
deposición homogénea y uniforme | leveling (electrolysis).
deposición por inmersión | electroless plating.
depósito | pan | reservoir | settling | skull (nucleonics) | storage | tank.
depósito alimentador | feeder.

depósito aluvial I aggradational deposit I alluvial basin.

depósito amortiguador I stilling pool.

depósito de aceite I oil reservoir I oil vessel.

depósito de ácido I acid container.

depósito de captación I impounding reservoir.

depósito de carbón I coal shed.

depósito de expansión I expansion tank.

depósito de lastre I ballast tank (navy).

depósito de mineral I ore plot.

depósito de municiones I magazine.

depósito de petróleo I oil reservoir I oil vessel.

depósito de reserva I reserve tank.

depósito de residuos I waste tank.

depósito de retención I detention reservoir.

depósito de sedimentación I sedimentation tank I settling tank.

depósito del aire I air receiver.

depósito electrolítico I plated deposit.

depósito geotérmico I geothermal reservoir.

depósito glacial I till.

depósito radiactivo precipitado I radioactive rainout.

depósito salino I bittering.

depresión I air pocket I drawdown I low area I negative pressure I through (G.B.) (meteorology).

depresión barométrica I barometric low I low.

depuración I cleanup (gas) I clearing I purifying I scrubbing (gas) I stripping I tresatment.

depuración del aceite I oil purification.

depuración del petróleo I oil purification.

depurador I cleaner I purifier I scrubber.

depurador de aceite I oil rectifier.

depurador de aire I air washer.

depurador de lubricantes usados I oil reclaimer.

depurar I debug (to) (computing) I filter (to) I fine (to) I purge (to) I scavenge (to).

derecho I right.

deriva I drift I drift away I drifting I lateral deviation (ballistics) I leeway (navigation) I rafting (geology) I sight deflection (laying).

deriva absoluta I absolute drift.

deriva de CC I D.C. drift.

deriva de iones I ion drift.

deriva de la imagen I image drift.

deriva de potencia I power drift.

deriva de radar I radar drift.

deriva de tensión I voltage drift.

deriva de viento I wind drift (phonolocalizator).

deriva del satélite I satellite drift.

deriva ionosférica I ionospheric drift.

deriva lineal I linear drift.

deriva relativa I relative drift.

deriva térmica I temperature drift I thermal drift.

derivación I bias (electricity) I biasing I branch (pipes, electricity) I branch link (telecommunications) I branching (electricity) I bridging I bypass I diverting I junction piece I leakage (telegraphy) I shunt (electricity, piping) I spin-off I switching I T joint (electricity) I tail (electricity, piping) I tap I tap circuit I tapoff I tapping I teeing off (electricity) I wire-tapping (circuits).

derivación a tierra I earth leakage.

derivación a tierra de la línea I line-to-ground fault.

derivación catódica I cathode tail.

derivación central I center tap.

derivación coaxial I coaxial shunt.

derivación de cable partido I split-cable tap.

derivación de nudo I knotted tap joint (electricity).

derivación de servicio I service connection.

derivación del devanado secundario I secondary winding shunting..

derivación eléctrica I tapping.

derivación en paralelo I parallel branch (electricity).

derivación enrollada de alambre I wrapped tap joint.

derivación inductora I inductive shunt.

derivación larga I long shunt (electricity).

derivación magnética I magnetic shunt.

derivación múltiple I multitap.

derivación no inductiva I noninductive shunt.

derivación térmica I thermal shunt.

derivado I branched (electricity) I derivative (chemistry) I shunted I tapped.

derivado a tierra I bypassed to ground.

derivador I rat race (waveguide).

derivador amperimétrico I ammeter shunt.

derivador de corriente I shunt.

derivador de seguridad I safety shunt.

derivar I branch (to (electricity) I bypass (to) I drift (to) I tap (to) (electricity) I tap off (to) I tee (to) (circuits) I tee off (to) I shunt (to) (electricity, piping).

derivómetro I drift and speed indicator I drift bar I drift indicator I drift meter I drift sight.

dermolítico I dermolithic.

dermolito I dermolith.

derramamiento I shedding.

derrame I spill I spillage I spilling.

derrape I yaw (aeronautics) I yawing (aeronautics).

derretido I molten.

derretimiento | melt | melting.

derretir | found (to) | fuse (to) | melt (to) | smelt (to).

derribar | cast down (to) (airplanes).

derribo | wrecking (construction).

derribos | debris (geology).

derrota | heading | way.

derrota loxodrómica | loxodrome | loxodromic curve | plane sailing | rhumb (navigation) | rhumb line (navigation).

derrota magnética | magnetic track.

derrota ortodrómica | great circle course | great circle route.

derrotero | course.

derrubio | alluvion.

derrumbabilidad | cavability (mining).

derrumbe | breaking down (mining) | cave-in (mining) | draw (mining) | earth creep | earth slide | earth-fall.

derrumbe por socavón | washout.

desabrochar | unfasten (to).

desaceleración | deceleration | negative acceleration | stepdown.

desacelerador | decelerator.

desacelerar | decelerate (to) | slow down (to).

desacelerómetro | decelerometer.

desacidificar | disacidify (to).

desacidular | disacidify (to).

desacoplar | mismatch (to) (radio).

desacoplo | mismatch.

desactivación | cooling | desactivation | disabling.

desactivado | deenergized.

desactivar | disable (to) | inoperative (to) | turn off (to) (electronics).

desadaptación | mismatching.

desadaptador | mismatcher.

desafinar | untune (to) (engines).

desagüe | drain | drainage | draining | outlet | overflow | spillway | undersluice | water drainage.

desagües | outlet works (hydraulics).

desagrupación | underbunching (electron).

desagrupamiento de bloques | unblocking (computing).

desagrupamiento de datos | unpacking (computing).

desagrupar | unpack (to) (computing).

desaguar | drain (to) (mining) | flow (to).

desajustar | mismatch (to).

desajuste | backlash | misalignment | mismatch | offset (timer).

desalación | desalting.

desalar | desalt (to).

desalcalinizar | dealkalize (to).

desalificar | desalinizate (to) | desalt (to).

desalinación | desalination.

desalinador del agua de mar | water desalter.

desalineación | misalignment.

desalineado | misaligned | out of line.

desalinear | misalign (to) | mismatch (to).

desalinización | desalination | desalinization | desalting.

desalquilar | dealkylate (to) (chemistry).

desalquitranar | detar (to).

desaluminización | dealuminizing (aluminum bronze).

desangrado | chipping (resin industry).

desaparecer gradualmente | fade (to).

desaparición de las señales de radio | radio fadeout.

desaparición gradual | fade out | lap dissolve.

desapriete | brakes off.

desarenador | cleaner (smelting).

desarmar | unprime (to) (fuze).

desarme de la entibación | prop-drawing (mining).

desarrollar | develop (to) | spread (to).

desarrollo | development | process | rise.

desarrollo de potencia eléctrica | power development.

desarrollo de una macroinstrucción | macro expansion.

desarrollo excesivo | overdevelopment.

desarrollo intermitente | intermittent let-off.

desarrumar | break bulk (to) (ships) | break out the hold (to) (ships).

desarticulado | unjointed.

desatar | unfasten (to) | unfix (to) | unlace (to).

desatascar | clear (to).

desatracar | bear off (to).

desazufrado | sweet (petroleum).

desazufrar | desulfur (to) | desulfurize (to) | sweeten (to) (petroleum).

desazufrar la colada | sweeten the melt (to) (metallurgy).

desbarbador | separator.

desbarbar | chip (to) (smelting) | debur (to) (metallurgy) | fettle (to) | shave (to).

desbastado | chipping.

desbastador | rougher.

desbastadora | snagging grinder | surfacing machine | trimmer (lumber mills).

desbastar | axe (to) | baulk (to) (carpentry) | boast (to) (quarry) | cut (to) | rough (to) | rough down (to) (metallurgy) | rough in (to) | rough-dress (to) | rough-shape (to) | scab (to) (work stone) | spall (to) | surface (to).

desbastar con la muela | rough-grind (to) | snag (to).

desbaste I blocking-out I boasting (quarry) I cogging I ragging (rolling) I rough filtering I roughing I spalling (quarry) I trimming (stone) I wasting (work stone).

desbaste por chorro de arena I sand cutting.

desbloqueado I line free (electricity).

desbloqueo I back off I unblanking (electronics).

desbordamiento I overflow.

desbordamiento de la capacidad mínima I underflow (photocomposition).

desbordamiento térmico I thermal runaway.

desbroce I clearing.

desbrozadora I brush breaker I shredder.

desbrozadora mecánica I burring machine.

desbutanización I debutanization.

desbutanizar I debutanize (to).

descalce I undercutting (mining) I underminig (hydraulic work).

descalcificar I delime (to).

descamación I peeling.

descantear I break corners (to) I splay (to).

descarbonatación I decarbonation.

descarbonatar I decarbonate (to).

descarbonizar I decarbonate (to).

descarburación I carbon pickup (metallurgy).

descarburante I decarbonizer (metallurgy).

descarburar I decarbonize (to) (metallurgy).

descarga I discharge I eduction I off-load I outflow (pipes) I runout I throw (propelling pump) I unload.

descarga aperiódica I impulsive discharge (electricity).

descarga atmosférica I atmospheric discharge.

descarga de memoria I memory dump I roll-in roll-out (computing).

descarga disruptiva I electrical breakdown I flash-over I spark discharge I sparking I sparking over I sparkover I voltage breakdown (dielectric).

descarga eléctrica I electric discharge I lightning.

descarga eléctrica a través de un aislador I puncture.

descarga en ambiente húmedo I wet flashover (electricity).

descarga en circuito abierto I self-discharge.

descarga en plasma I plasma discharge.

descarga estratificada I stratified discharge (electricity).

descarga estriada I striated discharge.

descarga mecánica I power dump.

descarga oscilante I oscillating discharge I oscillatory discharge (electricity).

descarga pulsante I pulsed discharge.

descarga serpenteante I wriggling discharge (gas).

descarga sometida a varios campos magnéticos I multipacting discharge.

descargado I rundown (electricity).

descargador I spark gap (electricity).

descargador de aguja I needle gap (electronics).

descargador de vacío I vacuum cap (telephony).

descargador eléctrico I lowerator.

descargar I empty (to) I unlace to).

descargar con exceso I overdischarge (to).

descargar vapor I let steam (to).

descargar y elevar a la memoria I swap (to) (computing).

descargas eléctricas atmosféricas I sferics.

descarrilador I derail switch.

descarrilar I derail (to).

descascarillar I descale (to) (scale removing).

descebado I failure (pumps, injectors) I loss of excitation (magnetism).

descebado del arco I rupture of the arc (electricity).

descebamiento I loss of prime (bombs).

descebar I unprime (to) (cartridges).

descender I go down (to).

descenso I pulldown.

descenso lineal I linear decrease (reactivity).

descentrado I misaligned I off center I out of line.

descentramiento I offsetting I running out I runout.

descifrable I decodable (code).

descifrado de impulso I pulse decoding.

descifrado de umbral I threshold decoding.

descifrador I decoder.

descifrar I decode (to) I unpack (to) (telegraphy).

descimbramiento I center easing (architecture) I easing I easing centers I striking.

descimbrar I decenter (to) (architecture) I lower (to).

descincar I dezincify (to).

descincificación I dezincification.

desclavador I nail puller.

descloridación I dechlorination.

descodificación en serie I serial decoding.

descodificador I decoder I decoder unit.

descodificador de telemedida I telemetering decoder.

descodificador para reproducción cuadrifónica I quadraphonic decoder.

descodificar I decode (to).

descoloración I etiolation.

descolorido I colorless.

descomponer I break up (to) (typography) I breakdown (to) I decompose (to).

descomposición I decay I resolution (mathematics).

descomposición a la intemperie I weathering (stones).

descomposición de la corriente I resolution of current.

descomposición en ácido I wet ashing.

descomposición radiolítica del agua I water radiolytic decomposition.

descomposición térmica I thermal decomposition.

descompresor I exhaust valve lifter.

desconchable I spallable.

desconchado I scalping (metallurgy) I spallation.

desconectado I disconnected I loose I off line I switched off I switched out.

desconectador I disconnect I isolating switch I isolator I kick-out mechanism I releaser I tripping device.

desconectador de fin de carrera I limit switch.

desconectador de mínima I minimum cutout (electronics).

desconectador de sobrecarga I overload trip.

desconectador periódico I sequence timer.

desconectar I branch-off (to) I decouple (to) (electricity) I disconnect (to) I inoperative (to) I interrupt (to) (electricity) I mute (to) I shut off (to) I switch off (to) I switch out (to) I trigger (to) I trip (to) (relays) I turn off (to) I unplug (to).

desconexión I back off I breaking (electricity) I disconnecting I off I patch-out I release I releasing I rupturing (electricity) I switching off I trip I tripping I turn-off I uncoupling.

desconexión con voltaje mínimo I low-voltage release.

desconexión de la línea I line dropping (electricity).

desconexión de sobreamperaje I overcurrent release.

desconexión de sobreintensidad I overcurrent release.

desconexión de voltaje mínimo I low-volt release.

desconexión en vacío I no load release.

desconexión por falta de corriente I no volt release.

desconexión por sobrecarga I overload release.

desconexión prematura I premature disconnection (telecommunications) I premature release (telecommunications).

desconexión temporizada I time release.

desconexionar I kick out (to).

descongelador I defroster I deicer.

descongelar I deice (to) I thaw (to) I unfreeze (to).

descortezador I peeler.

descortezamiento I barking I peeling.

descortezar I scale (to) I strip (to).

descostrar I skin (to).

descrestador I peak-shift limiter (wave).

descriptor I descriptor (computing).

descriptor de fichero I file descriptor (computing).

descrudar I boil off (to).

descubierto I uninsulated (wires).

descubrir I uncover (to).

descubrir un filón minero I strike (to).

desdoblamiento I double decomposition (chemistry).

desdoblamiento espín-órbita I spin-orbit splitting.

desdoblar I decompose (to) (chemistry).

desecación I dehydration I dewatering I drainage I drying out I drying-up.

desecación-congelación I freeze-drying.

desecador I dryer.

desecante I desiccant I desiccator I drying agent I exsiccant.

desecar I dehumidify (to) I drain (to) I dry off (to) I exsiccate (to).

desechar I cull (to).

desecho ácido I acid waste.

desechos I rubbish I tailings (mining) I waste.

desechos agrícolas I agricultural wastes.

desechos de refinado I sludge.

desechos industriales I industrial waste I trade wastes.

desechos radiactivos I radioactive waste.

desembarcar I land (to).

desembarque I debark I debarkation.

desembocadura I mouth (rivers).

desembocar I flow (to).

desembragado I disconnected.

desembragar I declutch (to) (machines) I disconnect (to) I throw-out (to) I uncouple (to) I ungear (to).

desembrague I kickoff (press) I knocking off (machine tool) I releasing I throwout I tripping.

desembrague automático I kickout clutch.

desembrague por sobrecarga I overload release.

desempernar I unbolt (to).

desencerrojar I unlock (to) (railways).

desenchufar I unplug (to).

desencuadrado I out-of-frame.

desencuadre I misframe.

desenfocado I blurred I out-of-focus.

desenfocar I blur (to) I unfocus (to).

desenfoque de la imagen I misframe (cinematography, TV).

desenfoque de modulación I modulation defocusing.

desenganchador I releaser.

desenganchar I kick out (to) I release (to) I trip (to) (mining) I uncouple (to) I unhook (to).

desenganche I hooking-off I pull-out (synchronous motor) I release I releasing I tripping I uncoupling I unhooking.

desenganche de tensión baja I low-voltage release.

desengranar I move out engagement (to) I throw-out (to) (gear) I ungear (to).

desengrane I releasing.

desengrasar I degrease (to).

desengrase I degreasing.

desenlodamiento I desilting I silt removal.

desenlodar I desilt (to) I deslime (to).

desenrollamiento I running off.

desentarquinamiento I desilting I silt removal.

desentarquinar I desilt (to).

desentibar I rob (to) I untimber (to) (mining).

desequilibrar I mismatch (to).

desequilibrio I mismatch I mismatching.

desequilibrio de la red I network unbalance (electricity).

desescamar I scale (to).

desescoriado I skimming.

desescoriador I skimmer (metallurgy).

desescoriar I descale (to) (welding) I skim (to) I skin (to) (smelting).

desestannificación I destannification.

desestañación I detinning.

desestañar I detin (to).

desfasado I out of phase.

desfasador I phase shifter (electricity).

desfasador de guía de ondas I waveguide phase shifter.

desfasador de nivel I level shifter.

desfasador motorizado I motor-operated phase-shifter.

desfasador múltiple I phase splitter (electricity).

desfasaje I electric angle (electricity) I phase change I phase displacement I phase splitting I slippage.

desfasaje capacitativo I electrostatic displacement.

desfasamiento I phase difference I phase displacement.

desfasamiento cronológico I time lag.

desfase I lag I phase difference.

desfenolizar I dephenolize (to).

desferrificación I deferrification.

desferrificar I deferrize (to).

desferrizar I deferrize (to).

desfibradora I shredder.

desfiladero I canyon.

desfiladero abisal I abyssal gap (geology).

desfilar I advance (to) (tape).

desfluoración I defluorination.

desforrador de hilos I wire stripper.

desforramiento I stripping (electric cables).

desgarrador I ripper (oil pipes).

desgarradura I tear.

desgarramiento I tearing.

desgarrar I tear (to).

desgaseado de metales fundidos I killing.

desgaseador I getter.

desgaseamiento I outgassing.

desgaseamiento del acero líquido I molten steel degassing.

desgaseamiento por colada en lingotera bajo vacío I vacuum stream degassing.

desgasificación I cleanup I degasification I gas freeing I gasproofing I outgassing.

desgasificación al vacío I vacuum degassification.

desgasificación del acero I steel degasification.

desgasificación en la cuchara I ladle degassing.

desgasificado de metales I outgassing of metals.

desgasificador I degasser.

desgasificar I clear of gas (to) I degas (to) I degasify (to).

desgastado I abrase.

desgastar I abrade (to) I fret (to) I weaken (to) I wear (to).

desgaste I abrasion I detrition I fretting I slack (piece) I wear I wearing I weathering (geology).

desgaste abrasivo I scuffing.

desgaste por abrasión I abrasive wear.

desgaste por rozamiento I abrasive wear.

desgaste superficial I scuffing.

desgausamiento I degaussing.

desgomar I boil off (to) (silk).

desguace de buques I shipbreaking.

desguarnecer I strip (to).

desguazado I broken up (ships).

deshelar I deice (to) I thaw (to).

deshidratación I dehydratation I dehydration I dewatering.

deshidratación catalítica | catalytic dehydration.

deshidratador de aceites | water stripper.

deshidratador del vapor | water trap.

deshidratante | dehydratant | desiccator (chemistry).

deshidratar | dehydrate (to) | devaporize (to) | dewater (to).

deshidrogenación | dehydrogenation.

deshidrogenar | dehydrogenize (to).

deshielo | thaw.

deshollinar con lanza | lance (to) (boiler tubes).

deshullar | coal (to) (mining).

deshumectación | dehumidification.

deshumectador | moisture scavenger.

deshumectante de alambre de aleación Monel | Monel wire dehumectant.

deshumidificación | dehumidification | moisture proofing | moisture removal.

deshumidificación por nebulización | spray dehumidification.

deshumidificador | dehumidifier.

deshumidificar | dehumidify (to).

desilicatar | desilicate (to).

desiliciar | desiliconize (to) (metallurgy).

desilicificación | desilication.

desilicificar | desilicify (to).

desimanación | degaussing | recoil.

desimanación de buques | vessel demagnetizing

desimanación por barrido con cable horizontal desplazable | wiping demagnetization (ships).

desimanante | demagnetizing.

desimanar | deenergize (to).

desincronización | pull-out.

desincrustación | scaling.

desincrustación por termodilatación | shock scaling.

desincrustador del hielo | deicer (airplanes).

desincrustador para calderas | scaler.

desincrustante | scale remover.

desincrustar | descale (to) (boilers) | scale (to) (boilers).

desincrustrante | antiscale (boilers).

desintegración | breakdown | breaking up | debunching | decay (radioactivity) | disintegration | meltdown (nuclear reactor).

desintegración atómica | atomic disintegration.

desintegración beta | beta decay.

desintegración catalítica | catalytic cracking.

desintegración catalítica de lecho fluidizado | moving bed catalytic cracking (chemistry).

desintegración catódica | cathode disintegration.

desintegración del revestimiento | lining disintegration.

desintegración en cadena | series decay | series disintegration.

desintegración en cascada | cascade decay.

desintegración espontánea | spontaneous decay | spontaneous disintegration.

desintegración gamma | gamma decay (nuclear physics).

desintegración inducida | induced decay.

desintegración isomerizante | isocracking.

desintegración leptónica | leptonic decay.

desintegración nuclear | nuclear burst | nuclear decay.

desintegración positrónica | positron decay (nuclear energy).

desintegración radiactiva | radioactive decay.

desintegración radiativa | radiative decay.

desintegrador | disintegrator.

desintegrador catalítico | cat cracker.

desintegrador centrífugo | centrifugal disintegrator.

desintegrarse | decay (to).

desintonización | untuning.

desintonizado | off tune | untuned.

desintonizar | detune (to) | untune (to).

desionización | deionization.

desionización por lecho mixto | mixed-bed deionization.

desionizador catiónico | cationic deionizer.

desionizar | deionize (to).

desleír | slake (to).

deslice | taxiing (hydroplanes).

desligar | unfix (to).

deslingotar | strip (to).

deslingotera | stripper crane (metallurgy) | stripper ram (metallurgy).

deslizamiento | glide | gliding | shearing | skidding | slide | sliding | slip | slippage | slipping.

deslizamiento basal | basal slip (crystallography).

deslizamiento de frecuencia | mode skip.

deslizamiento de imagen | image drift.

deslizamiento de tierras | landslide.

deslizamiento del inducido | rotor slip.

deslizamiento submarino | submarine slide (geology).

deslizarse | glide (to).

deslizarse sobre el agua | taxi (to) (hydroplanes).

deslizómetro | skiddometer.

deslumbrar | glare (to).

deslustrado | unglazed.

deslustrar | mat (to) (crystal) | matt (to) (glass).

deslustrar al ácido | acid etch (to).

deslustre | deblooming (chemistry).

desmagnetizador | bulk eraser.

desmagnetizar | degauss (to) | demagnetize (to).

desmercaptanización | sweetening.

desmineralización por intercambio iónico | ion exchange demineralization.

desmodulación | demodulation | detection (radio).

desmodulación lineal | linear detection (radio).

desmodulador bifásico | biphase demodulator.

desmodulador de canal | channel demodulator.

desmodulador de señal R-Y | R-Y demodulator (TV).

desmodulador de telemedida | telemetering demodulator.

desmodulador en anillo | ring demodulator.

desmodular | demodulate (to).

desmoldeadora | stripping machine.

desmoldear | strip (to) (ingots) | withdraw (to).

desmoldeo | knocking off | mould release | pattern draw (foundry) | stripping.

desmontable | collapsible | detachable | loose | removable | withdrawable.

desmontaje | removal | stripping.

desmontaje del mecanismo | mechanism stripping.

desmontar | detach (to) | strip (to).

desmontar la entibación | rob (to) (mining).

desmontaválvulas | valve lifter.

desmonte | burrow (mining) | cutting | excavating | pit

desmonte de la línea | recovery of the line (telecommunications).

desmotación mecánica | mechanical bur extracting.

desmotar | bur (to) (weaving).

desmultiplexador | demultiplexer (computing).

desmultiplicación | scaling | scaling down.

desmultiplicación de frecuencia | skip keying.

desmultiplicador | divider.

desnaturalización | denaturation.

desnaturalizador nuclear | nuclear denaturant.

desnaturalizar | denaturate (to) (chemistry).

desnitración ácida | acid denitration.

desnitrificar | denitrify (to).

desnitrogenación | denitrogenation | denitrogenizing.

desnivel efectivo | effective head.

desnivelado | out of level.

desorganizar | disrupt (to) (communications).

desoxidación | reducing (chemistry) | scaling | scavenge (metallurgy) | scouring (metals).

desoxidación del acero | killing.

desoxidación en la cuchara | ladle deoxidation (metallurgy).

desoxidación mecánica | mechanical descaling.

desoxidación por baño ácido | pickling.

desoxidación superficial | descaling.

desoxidado | killed (metallurgy) | pickled | scoured (metals).

desoxidados | nonrimming (metallurgy).

desoxidante | rust remover.

desoxidar | deoxidate (to) | deoxidize (to) | derust (to) | scale (to) | scavenge (to) (metallurgy) | scour (to) (metals).

desoxidar el acero | kill the steel (to).

desoxigenar | deoxidate (to) (chemistry) | deoxygenate (to).

desozonizar | deozonize (to).

desparafinación | deparaffining.

desparafinar | dewax (to).

despegar | take off (to) (airplanes).

despegue | liftoff (rockets) | takeoff (aeronautics).

despegue asistido | assisted takeoff.

despegue asistido por cohete | rocket-assisted takeoff.

despegue ayudado por cohetes | jato (airplanes).

despegue con ayuda de cohete | jet-assisted takeoff (airplanes).

despegue con ayuda de reactores | jet assisted takeoff.

despegue hacia atrás | rearward takeoff (aeronautics).

despegue y aterrizaje cortos | short take-off and landing (aeronautics).

despepitadora de algodón | cotton gin.

desperdicios | rubbish | waste.

desperfecto | damage.

despermeabilización | deperming.

despilaramiento | pillar working | robbing (mining) | stooping | working in the broken (coal mine).

despilarar | rob (to) (mining) | work in the broken (to) (coal mine).

desplatación | desilverization | parting.

desplatar | desilver (to).

desplazamiento | displacement | motion | movement | shift | shifting | sliding | slippage | slipping | transfer | travel.

desplazamiento de fase | phase distortion | phase shift.

desplazamiento de frecuencia de subportadora | subcarrier frequency shift.

desplazamiento de la imagen | image shift (TV).

desplazamiento de la señal | leapfrogging (radar).

desplazamiento de pantalla | scrolling.

desplazamiento de radiofrecuencia | r.f. shift.

desplazamiento de relieve | relief displacement (aerial photogrammetry).

desplazamiento de RF | RF shift.

desplazamiento del modo | mode shift.

desplazamiento horizontal | strike slip.

desplazamiento isotópico | isotope shift.

desplazamiento normal | normal shift (geology).

desplazamiento químico | chemical shift.

desplazamiento rápido en la pantalla de radar | wander.

desplazamiento vertical | throw.

desplazar | displace (to).

desplazarse con oscilaciones irregulares | wobble (to) (vertical axes).

desplegar | spread (to) | unfold (to).

desplomarse | pancake (to) (airplanes).

desplome | cover caving (mining) | pancake (airplanes) | pancaking (inflight airplane).

desplomeado | deleading.

despolarización | depolarization | depolarizing.

despolarizador | depolarizer.

despolarizador ácido | acid depolarizer.

despolarizar | depolarize (to).

despolimerización | depolymerization.

despolimerizar | depolymerize (to).

desprender | liberate (to) (gas) | release (to) (gas).

desprendimiento | slippage.

desprendimiento de calor o de gas | liberation.

desprendimiento de gases | release.

desprendimiento de la capa antifricción con carga pequeña | false brinelling (bearings).

desprendimiento de tierras | cave-in | landslide.

desprendimiento por sobretensión | overvoltage release.

despresionización | depressurization.

despresionizar | depressurize (to).

despresurizar | depressurize (to).

despropanizar | depropanize (to).

despumación | skimming.

despuntado | backed-off (yarns) | backing-off (self-acting mule) | blunt.

despunte | tipping | butt scrap (metallurgy).

despunte de lingotes | crop-end | crophead | cropping.

desrebabado | snagging (castings) | trimming.

desrebabar | snag (to) (casting).

destalonado | backed-off (tools) | backing-off (tools).

destalonar | relieve (to) (tools).

destanización | detannization.

destanizar | detan (to) | detannate (to).

destapar | uncover (to).

destartarizador | acid extractor.

destellar | flash (to).

destello | gleam.

destello de descarga eléctrica | lightning stroke (geophysics).

destello de luz | light flash.

destello luminoso | light flash.

destellos rápidos | quick flashing.

destilación | distillation | refining.

destilación a reflujo | rectification distillation (chemistry).

destilación al vacío | vacuum distillation.

destilación directa | straight run.

destilación en retortas | retorting.

destilación por calor solar | solar distillation.

destilado de alquitrán | tar distillate.

destilador molecular | molecular still.

destiladora de la alimentación de agua de relleno | makeup feed distiller (boilers).

destilar | distil (to) | draw off (to) | trickle (to).

destilatorio | distillatory.

destilería | refinery.

destornillador | turnscrew.

destornillador de berbiquí | screwdriver bit.

destornillar | unbolt (to).

destorsionador | detwister.

destorsionamiento | detwisting.

destrabador | jar bumper (drillings).

destrincar | unlock (to) (navy).

destrucción | wreck.

destrucción por láser | laser produced damage.

destruir | breakdown (to) | kill (to).

desulfonar | desulfonate (to).

desulfuración | sulfur removal | sweetening.

desulfuración con aire | air sweetening.

desulfuración del arrabio | pig-iron desulfurization.

desulfuramiento | desulfurization (metallurgy).

desulfurante | desulfurizer (metallurgy).

desulfurar | desulfur (to) (metallurgy) | desulfurize (to) (metallurgy).

desunido | unjointed.

desvanecimiento de amplitud | amplitude fading.

desvanecimiento de imagen | picture fading (TV).

desvanecimiento de interferencia | interference fading.

desvanecimiento de la señal | fading (radio).

desvanecimiento de salto | skip fading (electronics).

desvanecimiento de señales radioeléctricas | radio fadeout.

desvanecimiento del blanco | target fade (radar).

desvanecimiento del sonido | sound fading.

desvanecimiento gradual | fade over.

desvanecimiento por absorción | absorption fading (communications).

desvanecimiento profundo | deep fade (radio-communications).

desvanecimiento selectivo | selective fading (telephony).

desvaporizar | devaporize (to).

desvatiado | wattless.

desvíaarcos | arc deflector (electricity).

desviabilidad | deviability.

desviación | bypass | deviation | distortion (magnetic field) | diverting | obliquity | offsetting | running out | runout | switching (railways) | excursion (astronomy).

desviación angular del eje | wander (gyroscope).

desviación azimutal | azimuthal angle.

desviación cuadrantal | quadrantal deviation.

desviación cuadrática media | mean-square deviation.

desviación de aguja | needle deviation (apparatus).

desviación de frecuencia | frequency departure | frequency deviation | frequency shift.

desviación de la aguja | swing.

desviación de la imagen | image drift.

desviación de la plomada | deflection of the plumb line (topography) | deflection of the vertical (topography).

desviación de la vertical | rake.

desviación de los iones | ion deflection.

desviación del tránsito | runaround.

desviación eléctrica | electric deflection.

desviación en alcance | range deviation (ballistics).

desviación en la ionosfera | ionospheric path error (waves).

desviación lateral | lateral deviation.

desviación lenta de la imagen | image hunting (TV).

desviación magnética | magnetic amplitude | magnetic deflection.

desviación máxima | peak deviation.

desviación mecánica | mechanical tilt (radar).

desviación media cuadrática | mean square deviation | root mean square deviation | standard deviation.

desviación periódica y aleatoria | pard (periodic and random deviation).

desviación típica | standard deviation (statistics).

desviación vertical de laminación | sweep.

desviador | baffle defector | pull-off (electricity).

desviancia | deviance (statistics).

desviar | turn off (to) | vary (to).

desvío | sidetrack.

desvío lateral | lateral spotting (ballistics).

desvíometro | deviometer.

desvitrificable | devitrifiable.

desvitrificación | devitrification.

desvitrificar | devitrify (to).

desvulcanización | devulcanization.

desvulcanizador | devulcanizer.

desvulcanizar | devulcanize (to).

detección | detection | sensing.

detección de averías | fault tracing.

detección de fugas | leak test (semiconductors).

detección de marcas | mark sensing (cards).

detección de plutonio | plutonium monitoring.

detección de potencia | power detection.

detección de ruidos | noise sensing.

detección de un blanco | target pickup (radar-sonar).

detección en franja infrarroja | infrared detection.

detección estática | static split (radar).

detección lineal | linear detection.

detección pasiva | passive sensing.

detección por ecos | echo detection.

detección por válvula | tube detection (radio).

detección radárica | radar detection.

detección radiactiva | radiac.

detección radiológica | radiological monitoring.

detección rotogenerativa | rotogenerative detection.

detección sincrónica | synchronous detection.

detección y localización por medio del rayo láser | laser detection and ranging.

detección y telemetría por radio | radio detection and ranging.

detectado con sonar | sonar-detected.

detectar | detect (to) (radio).

detectar con asdic | asdic (to).

detectar con sonar | asdic (to).

detector | barreter | detector | locator | photo-sensor | responder (electricity) | sensing device | sensor.
detector acicular | needle counter tube.
detector acústico | acoustic detector.
detector aéreo magnético | magnetic airborne detector.
detector de cristal | crystal detector.
detector cuadrático | square detector | square-law detector.
detector de aceleraciones piezoeléctrico | piezoelectric acceleration detector.
detector de altura de impulsos | pulse-height detector.
detector de antena | antenna detector.
detector de averías | fault tracer.
detector de capas | layer detector.
detector de centelleo | scintillation meter.
detector de cero | zero detector.
detector de croma | chroma detector.
detector de difusión de litio | lithium-drifted detector.
detector de envolvente | envelope detector.
detector de escapes de RF | RF leak detector.
detector de escintilación | scintillation detector..
detector de fugas | leak finder | leak hunter | leak locator | leak detector.
detector de gas | gas detector.
detector de gradiente de litio | lithium-drifted detector.
detector de hierro en la chatarra de aluminio | iron-in-aluminum detector.
detector de hierro en la chatarra de latón | iron-in-brass detector.
detector de icebergs | iceberg detector (radar).
detector de imagen | picture detector.
detector de inversión de polaridad | polarity reversal detector.
detector de ionización | ionization detector.
detector de irradiaciones | radiation monitor.
detector de luz | light sensor.
detector de menas radiactivas | radioactive ore detector.
detector de microondas | microwave detector.
detector de minas | mine detector.
detector de nivel Zener | Zener level detector.
detector de ondas | wave detector.
detector de ondulaciones | ripple-detecting device.
detector de partículas | particle detector.
detector de polaridad | polarity finder.
detector de poros | pinhole detector.
detector de posición | position detector.
detector de presión | pressure detector.

detector de radar | radar sensor.
detector de radiación láser | laser radiation detector.
detector de radiactividad | radioactive detector | radioactive monitor (nucleonics) | radioactive survey meter | radioactivity instrument.
detector de rayos infrarrojos | infrared detector | infrared scanner.
detector de reacción | regenerative detector | retroactive detector.
detector de silicio | silicon detector.
detector de tántalo | tantalum detector.
detector de tensión | voltage detector | voltage indicator.
detector de umbral | threshold detector.
detector de unión | junction detector.
detector de velocidad | velocity pickup (electricity).
detector de vibraciones | vibration detector.
detector de vídeo | video detector | picture detector.
detector de voltaje | pressure detector.
detector del infrarrojo cercano | near-infrared detector.
detector del viento | wind sensor.
detector electrónico de objetos metálicos | radio metal locator.
detector en contrafase | push-pull detector.
detector en paralelo | shunt detector.
detector fin de cinta | out-of-tape sensor.
detector fotosensible | light-sensitive detector.
detector magnético | magnetic detector.
detector neumático de infrarrojo | pneumatic detector.
detector piezo-eléctrico | ceramic detector.
detector polar | polar detector (radio).
detector por retroceso | recoil particle detector.
detector puntual | point detector (nuclear energy) | unitary detector.
detector sensible a las variaciones de fase | phase-sensitive detector.
detector sónico de profundidad | sonic depth finder.
detector subacuático | underwater detector.
detector termoiónico | valve detector.
detector termométrico de resistencia | resistance-thermometer detector.
detector ultrasónico | ultrasonic detecter | ultrasonic receiver.
detectoscopio | detectoscope.
detención | standstill | stop | stoppage | stopping.
detenedor | arrester.

detener I stop (to).

detergente I abluent.

detergente no iónico I nonionic surfactant.

deteriorar I wear (to).

deterioro I wear I wearing.

determinación de distancia I ranging.

determinación de la contaminación radiacti-va I monitoring.

determinación de la posición de un buque I ship positioning.

determinación del centro I centering.

determinar la posición I plot a fix (to) (ships, airplanes).

determinar un punto I plot (to) (topography).

detonación I detonation I ping (engines) I pink-ing (engines) I pop I spark-knock.

detonación nuclear subterránea I under-ground nuclear detonation.

detonación por influencia I induced detona-tion.

detonador I detonator I exploder I primer I shooting box.

detonador atómico I atomic trigger.

detonador de percusión I percussion detona-tor.

detonador eléctrico I electric detonator.

detonador eléctrico de bajo voltaje I low-ten-sion detonator.

detonante I detonant I explosive.

detonar I fulminate (to).

detonómetro I detonation meter.

detrición I detrition.

detritus de rocas I debris.

deutérico I deuteric.

deuterio I heavy hydrogen I hydrogen 2 (D).

deuterización I deuterating.

deuterizar I deuterate (to) I deuterize (to).

deuterón I deuteron.

deuteruro I deuteride.

deuteruro de litio I lithium deuteride.

devanadera I bobbin I spool.

devanadera de alambre I wire reel.

devanadera de algodón I cotton reel.

devanadera mecánica I power reel.

devanadera motriz I power reel.

devanado I winding (electricity).

devanado a máquina I machine-winding.

devanado amortiguador I amortisseur win-ding I damper winding.

devanado anular I ring winding.

devanado bifásico I biphase winding.

devanado bifilar I bifilar winding I noninduc-tive winding I two-wire winding (electricity).

devanado bipolar I bipolar winding.

devanado cerrado I reentrant winding.

devanado cónico I taper winding.

devanado de anillo en derivación I parallel ring winding.

devanado de arranque I starting winding.

devanado de baja tensión I low-tension win-ding.

devanado de bajo voltaje I low-tension winding.

devanado de bobinas superpuestas I sand-wich coil winding.

devanado de circuito único I single winding.

devanado de espiras escalonadas I mesh winding.

devanado de excitación I excitation winding.

devanado de la fase principal I main-phase winding.

devanado de lazo I loop winding.

devanado de marcha I running winding (elec-tricity).

devanado de panel I lattice winding (electricity).

devanado de salida I output winding I sense winding.

devanado de tambor en derivación I parallel drum winding.

devanado de una ranura por polo I single-coil winding.

devanado de varios circuitos I multiplex winding.

devanado del variómetro I jigger winding (electricity).

devanado dividido I split winding.

devanado doble I compound winding (elec-tricity).

devanado en barras I squirrel-cage winding.

devanado en capas superpuestas I multilayer winding.

devanado en celosía I lattice winding.

devanado en cortocircuito I amortisseur winding I damper winding I damping win-ding I squirrel-cage winding.

devanado en derivación I parallel winding I potential winding (electricity) I shunt wind-ing.

devanado en estrella I star-connected winding.

devanado en lazo I lap winding.

devanado en serie I series-wound.

devanado en serie-derivación I multiplex winding.

devanado en triángulo I diamond winding.

devanado en Y I Y-wound.

devanado espaciado I space-wound (electric-ity).

devanado estatórico I stator winding.

devanado frontal I end winding.

devanado imbricado I interlaced winding I lap winding (electricity) I multiple circuit winding.

devanado inductor I primary winding (electricity).

devanado lateral I lateral winding.

devanado mixto I compound winding.

devanado multicapas I multilayer winding.

devanado múltiple I multiple winding I multiplex winding.

devanado multiplicador I multiplying winding.

devanado no inductivo I noninductive winding (electricity).

devanado oblicuo I oblique winding (electricity).

devanado ondulado I two-circuit winding I wave winding.

devanado para la señal I signal winding (telecommunications).

devanado paralelo múltiple I multiplex lap (electricity).

devanado por capas I layer winding.

devanado principal I main winding.

devanado reticulado I basket winding.

devanado rotórico I rotor winding.

devanado secundario I secondary winding.

devanado simple I simplex winding.

devanador I yarn carrier.

devanadora I reel I reeling frame I reeling machine I winder I winding machine.

devanados alternados I sandwich windings (electricity).

devanados de arranque I manoeuvring winding.

devanados en oposición I opposed windings.

devanar I reel (to) I spool (to) I wind (to).

devintita I dewindtite.

dextrina I dextrin (chemistry).

dextrinización I dextrinization.

dextrinizar I dextrinize (to).

dextrógiro I clockwise I right-hand I dextrorotatory.

dextrorso I clockwise.

dextrosa I dextrose (chemistry).

deyector I ejecting mechanism.

diabasa I copper emerald I diabase.

diabático I diabatic.

diac I diac (diodes).

diacetilo I diacetyl.

diácido I diacid.

diaclasa I diaclase I joint (geology).

diaclasa longitudinal I strike joint.

diaclasas horizontales I sheet joints.

diacrilato I diacrylate.

diádico I dyadic.

diadoquia I diadochy.

diafonía I crosstalk I interchannel cross-talk.

diafonía entre antenas I aerial crosstalk.

diafonía entre repetidores I runaround crosstalk.

diafonía lineal I linear crosstalk.

diafonía múltiple I babble I multiple crosstalk (telecommunications).

diafonía no inteligible I inverted crosstalk (telecommunications).

diafonía posicional I positional crosstalk.

diafonía telefónica I crosstalk.

diafonímetro I crosstalk meter.

diafonómetro I crosstalk meter.

diafragma I diaphragm I window (waveguide).

diafragma abierto I iris-in (photography).

diafragma cerrado I iris-out (photography).

diafragma de seguridad I rupturing diaphragm.

diafragma de tobera I nozzle diaphragm.

diafragma del objetivo I objective aperture (microscope).

diafragma múltiple I babble.

diagénesis I diagenesis.

diageotropismo I diageotropism.

diaglomerado I diaglomerate.

diagonal I oblique.

diagonal de tracción I tension diagonal (lattice girder).

diagonalización I diagonalization.

diagrafía I log (drillings) I logging (drillings).

diagrafía acústica I acoustic log (wells).

diagrafía del sondeo I well log (oil well).

diagrafía radiométrica I radiometric logging (drillings).

diagrama I chart I plot.

diagrama absoluto I absolute pattern.

diagrama adiabático I adiabatic chart.

diagrama bloque I block diagram.

diagrama de aceleraciones y tiempos I acceleration-time graph.

diagrama de barras I bar chart.

diagrama de conexiones entre unidades I interunit connection diagram.

diagrama de constitución I phase diagram (alloys).

diagrama de Cremona I space diagram.

diagrama de cromaticidad XYZ I XYZ chromaticity diagram.

diagrama de dispersión I scatter diagram.

diagrama de empalme I jointing diagram.

diagrama de enlaces I junction diagram (telephony).

diagrama de entropía y energía interna I internal energy-entropy diagram.

diagrama de esfuerzos y deformaciones | stress strain diagram.

diagrama de esparcimiento | scatter diagram.

diagrama de explotación | performance chart.

diagrama de flujos | signal-flow graph.

diagrama de fuerzas | reciprocal diagram | space diagram | stress diagram | stress sheet (mechanics).

diagrama de funcionamiento | performance chart.

diagrama de impedancia de carga | load impedance diagram.

diagrama de Laue | lauegram (crystallography).

diagrama de líneas | line chart | traffic diagram (telephony).

diagrama de líneas isolumínicas | isocandle diagram.

diagrama de marcaciones radáricas | radar plot.

diagrama de marcha | performance curve.

diagrama de movimientos | motion pattern | plot (ship, airplane or submarine).

diagrama de niveles | level diagram.

diagrama de Nyquist | Nyquist diagram.

diagrama de perfil longitudinal | profile diagram (radiocommunications).

diagrama de polvo | powder pattern.

diagrama de potencia | power pattern.

diagrama de pozo | well log.

diagrama de radiación | radiated field pattern | radiation pattern (aerials).

diagrama de red | network chart.

diagrama de sistema | system chart.

diagrama de solubilidad ternario | ternary solubility diagram.

diagrama de tráfico | traffic diagram.

diagrama del campo magnético | magnetic field pattern.

diagrama del circuito | wiring diagram (electricity).

diagrama del círculo de Mohr | Mohr's circle diagram.

diagrama direccional de radiación láser | laser lobes.

diagrama direccional del altavoz | loudspeaker directional pattern

diagrama indicador | indicator diagram.

diagrama logarítmico | logarithmic plot.

diagrama lógico de bloques | logic-block-diagram.

diagrama lógico | logic diagram.

diagrama óptico | Christmas tree pattern.

diagrama polar | polar plot.

diagrama polar de radiación | polar radiation pattern.

diagrama sinóptico | working diagram (receiver).

diagrama vectorial | clock diagram | vector plot.

diagramación | layout.

diagramado | layout (graphic arts).

diagramar | plot (to).

dialaga | diallage.

diálisis | dialysis.

dialitizar | dialitize (to).

dializabilidad | dialyzability.

dialquilamina | dialkyl amine.

dialquilo | dialkyl.

diamagnético | nonmagnetic.

diamagnetismo | diamagnetism.

diamante | diamond.

diamante amarillo | canary diamond.

diamante de vidrieros | quarrel.

diamante industrial | bort.

diamante patrón | master diamond (hardness measure).

diamante tallado en tabla | table cut diamond.

diamantífero | diamantiferous.

diamantino | diamantine.

diámetro | diameter.

diámetro de la circunferencia primitiva | pitch diameter (gear).

diámetro de la pantalla | scope diameter (radar).

diámetro del rotor | rotor diameter.

diámetro efectivo | pitch diameter (threads).

diámetro exterior | outside diameter | tip diameter (vanes).

diámetro interior | bore (tubes) | minor diameter (threads).

diámetro interior de la llanta | tire bore.

diámetro interno | inside diameter (I.D.).

diámetro máximo admisible | swing (lathe).

diámetro medio | pitch diameter.

diámetro menor | minor diameter (screw worms).

diámetro pequeño | small-diameter.

diamondoscopio | diamondscope.

diapiro | diapir (geology).

diapositiva | cell (television) | slide | transparency | transparency slide.| color slide.

diapositiva proyectable | lantern slide.

diario de navegación | log | log book.

diascopio | diascope.

diasfalteno | diasphaltene.

diasporámetro | diasporameter.

diasporogelita | diasporogelite.

diasquístico | diaschistic.

diastasa | diastase.
diastático | diastatic.
diastema | diastema.
diastereomería | diastereomerism.
diasteria | diasteria.
diasterismo | diasterism.
diastímetro | diastimeter.
diastimómetro | gradienter.
diatermia en onda media | medium wave diathermy.
diatérmico | diathermic.
diatomea | diatom.
diatomita | diatomaceous earth | fossil farina | fossil flour | fossil meal | mountain flour | mountain meal | rock flour | rotten stone | siliceous earth.
diazo | diazo.
diazometano | diazomethane.
diazotipia | diazotypy.
dibenzilo | dibenzyl.
dibit | dibit.
diborano | diborane (B_2H_6).
dibromuro | dibromide.
dibujo a escala | scaling.
dibujo de taller | shop drawing.
dibujo en corte | section drawing.
dibujo en perspectiva caballera | isometric drawing.
dibujo isométrico | isometric drawing.
dibujo matriz | master drawing.
dibujo modelo | master drawing.
dibujo trazado en la montea | lofting.
dibutilamina | dibutyl amine.
dicáustico | dicaustic.
diclorodifluorometano | freon.
dicordio | double cord.
dicotomía | dichotomy.
dicroico | dichromatic.
dicroísmo | dichroism.
dicromasia | dichromasy.
dicromático | dichromatic.
dictáfono | transcribing machine.
dictamo | dittany (chemistry).
didelfo | didelphic.
dideriquita | diderichite.
diedro | interfacial (crystallography).
diedro agudo | acute solid angle.
diedro negativo | anhedral | cathedral (aeronautics).
dieldrín | dieldrin (chemistry).
dieléctrico | dielectric | nonconducting.
dieléctrico de aire | air dielectric.
dieléctrico de refracción de rayos | refractory dielectric.

dieléctrico formado de barras | rodded dielectric.
dieléctrico líquido | liquid dielectric.
dieléctrico plástico | plastic dielectric.
dielectrómetro | dielectrometer.
dieno | diene.
diente | spike | tooth.
diente cortante | cutting tooth.
diente corto | stub tooth (gear).
diente de desbaste | roughing tooth.
diente de evolvente truncado | stub involute tooth.
diente de perfil de evolvente de círculo | involute tooth.
diente de rueda | sprocket.
diente de sierra | sawtooth.
diente del peine | reed blade (weaving).
diente destalonado | backed-off tooth.
diente saliente | long-addendum tooth (gear).
diente triangular | mill tooth (mechanics).
dientes con ranuras | nicked teeth.
dientes interrumpidos | nicked teeth (mill, reamer).
dieselizado | dieseling.
dietilamina | diethyl amine.
difasado | quarter-phase.
difenil | diphenyl.
difenilbenceno | diphenylbenzene.
difenilcarbinol | benzhydrol.
diferencia de potencial interdinodo | interdynode potential difference (phototubes).
diferencia de voltaje | pressure difference.
diferencia sucesiva cuadrática media | mean-square succesive difference.
diferenciador | differentiator | discriminator.
diferencial | balance gear (automobile) | differential (autos).
difracción | deflection (optics) | diffraction (optics) | scattering.
difracción cinemática | kinematical diffraction.
difracción costera | shore effect (radio).
difracción de electrones lentos | low energy electron diffraction.
difracción de la luz | inflexion of light.
difracción de neutrones | neutron diffraction.
difracción electrónica de baja energía | low-energy electron diffraction.
difracción múltiple | multiple scattering.
difracción ultrasónica de la luz | ultrasonic light diffraction.
difractar | diffract (to).
difractometría | diffractometry.
difractometría por rayos X | X-ray diffractometry.

difractómetro I diffractometer.
difractómetro de neutrones I neutron diffraction meter.
difuminar I blur (to).
difundente I diffusing.
difundir I diffuse (to) I scatter (to) (light, radiations).
difundir alrededor I circumfuse (to).
difusímetro I scatterometer.
difusión I diffusing I diffusion I dispersion I interpenetration (welding) I run I scattering.
difusión acústica I acoustic scattering.
difusión de la imagen I image broadcasting.
difusión de la luz I light scattering (optics).
difusión de la radiación I scattering of radiation.
difusión de la red I lattice diffusion (powder metals).
difusión de Rayleigh I Rayleigh scatter (physics).
difusión de varias vías I multichannel scattering.
difusión del sonido I sound scattering.
difusión isotrópica I isotropic scattering.
difusión magnética I magnetic scattering.
difusión megafónica I public address.
difusión multicanálica I multichannel scattering.
difusión por hilo I wire broadcasting.
difusión por solubilidad selectiva I selective solubility diffusion (chemistry).
difusión retrógrada I backscattering.
difusión simple I single scattering.
difusión televisiva I telecasting.
difusión troposférica I troposcatter.
difusión turbulenta en un fluido estratificado I turbulent diffusion in a stratified fluid.
difusógrafo I diffusograph.
difusor I converter I expandor (electricity) I mixer (carburetor) I mixing-cone (carburetor) I scatterer (nucleonics) I spray cone (carburetor) I volute chamber (centrifugal blower).
difusor de admisión I intake diffuser.
difusor de arco I arc baffle.
difusor de luz I light diffuser.
difusor de paletas I vaned diffuser.
difusor en espiral I volute casing (hydraulics).
difusor subsónico I subsonic diffuser.
difusor ultrasónico I supersonic diffusor.
digálico I digallic (chemistry).
digestor I kier (chemistry).
digitación I digitizing.
digital I digital.
digitalizar I digitalize (to).
dígito I digit.

dígito autoverificador I self-check digit.
dígito binario I binary digit I bit (binary-digit).
dígito de comprobación I check digit.
dígito de signo I sign digit.
dígito octal I octal digit.
dígitos binarios de igual valor I isobits.
digitrón I digitron (nuclear energy).
dihaluro I dihalide.
dilatabilidad I dilatability.
dilatación I expansion I extension.
dilatación aerodinámica I aerodynamic expansion.
dilatación lineal I linear expansion.
dilatado I wide.
dilatancia I dilatancy (rheology).
dilatarse I expand (to).
dilatómetro I expansion meter I expansometer.
dilatómetro de resistencia eléctrica I wire resistance strain gage.
dilatómetro interferencial I interferential dilatometer.
dilución I diluteness I dilution.
diluir I dilute (to) I let down (to).
diluyentes I dilution liquids.
dimensión I measure I measurement.
dimensión a escala I scaled dimension.
dimensión de palabra I word size (computing).
dimensionamiento I sizing.
dimensionar I size (to).
dimerizar I dimerize (to).
dímero I dimer (chemistry).
dímero trans I trans-dimer (chemistry).
dimetiletileno I dimethyl ethylene.
dina I dyne.
dinacidad I dynacity.
dinactinómetro I dynactinometer.
dinágrafo I dynagraph.
dinámetro I dynameter.
dinámica de la cosmonave I spacecraft dynamics.
dinámica de las colisiones de los núcleos I nuclear collision dynamics.
dinámico I dynamic I kinetic.
dinamita I dynamite.
dinamita goma I blast gelatine I explosive gelatine.
dinamitación de pozos de petróleo I oil well shooting.
dinamitar I blast (to) I dynamite (to) I torpedo (to) (oil well).
dinamo I dynamo I generator.
dinamo de polos I pole dinamo.
dinamo de polos conmutadores I interpole dynamo.

dinamo elevadora de voltaje I positive booster.

dinamo eólica I aerogenerator.

dinamo excitada en derivación I shunt dynamo.

dinamo excitada en serie I series dynamo.

dínamo no acorazada I open-type dynamo.

dinamo para alumbrado I lighting dynamo.

dinamo para cargar acumuladores I replenisher.

dinamo para galvanoplastia I plating generator.

dinamo polimórfica I multicurrent dynamo.

dinamo sin polos I nonpolar dynamo.

dinamoeléctrico I dynamoelectric.

dinamóforo I energy-producing I energy-yielding.

dinamo-freno I braking dynamo.

dinamógeno I energy-producing.

dinamograma I dynamogram.

dinamometamorfismo I dynamometamorphism.

dinamómetro I dynamometer I strength tester I yarn tester (yarns).

dinamómetro de absorción I absorption dynamometer.

dinamómetro de tracción I traction dynamometer.

dinamómetro hidráulico I water-brake.

dinamoscopia I dynamoscopy.

dinamoscopio I dynamoscope.

dinamotor I dynamotor.

dinatermo I dynatherm.

dinectrón I dynectron.

dinistor I dynistor.

dínodo I dynode I electron mirror.

dinómetro I dynometer.

dintel I lintel I transom.

dioctilo I dioctyl (chemistry).

diodímetro I diodemeter.

diodo I diode.

diodo amortiguador I damper I damper diode.

diodo coaxial I coaxial diode.

diodo con efecto túnel I tunnel diode.

diodo de aislamiento I isolation diode.

diodo de arseniuro de galio I gallium arsenide diode.

diodo de avalancha I breakdown diode.

diodo de barrera de superficie I surface-barrier diode.

diodo de barrera intrínseca I intrinsic-barrier diode.

diodo de bloque I catching diode.

diodo de bloqueo I clamping diode.

diodo de capacitancia variable I variable-capacitance diode.

diodo de cartucho reversible I reversible cartridge diode.

diodo de centrado I centering diode.

diodo de cesio I cesium diode.

diodo de compensación I offset diode (electronics).

diodo de conmutación I switching diode.

diodo de conmutación PIN I PIN switching diode.

diodo de cristal con contacto de punta I point contact crystal diode.

diodo de desconexión I gate trigger diode.

diodo de desconexión rápida I snap-off diode.

diodo de desenganche I gate trigger diode.

diodo de dirección I steering diode.

diodo de equilibrio I offset diode.

diodo de ganancia I efficiency diode (TV).

diodo de gas I gas diode.

diodo de medida I measuring diode (circuits).

diodo de microondas PIN I PIN microwave diode.

diodo de plasma I plasma diode.

diodo de potencia I power diode.

diodo de reactancia I reactance diode I varactor.

diodo de recuperación I recovery diode I shunt efficiency diode.

diodo de rotura I breakdown diode.

diodo de ruido I noise diode (thermionics).

diodo de ruptura brusca I snap-off diode.

diodo de selenio I selenium diode.

diodo de separación I isolation diode.

diodo de silicio I silicon diode.

diodo de tres capas I three-layer diode.

diodo de unión I junction diode.

diodo de unión de silicio I silicon junction diode.

diodo de unión PN I PN junction diode.

diodo electro-luminiscente I led (light emitting diode) I light-emitting diode.

diodo emisor I emitter diode.

diodo emisor de luz I light emissor diode I light-emitting diode.

diodo estabilizador de salida I output-balancing diode.

diodo fijador I catching diode I clamping diode (electronics).

diodo fotoconductivo I photoconductive diode.

diodo fotodetector I photosensor diode.

diodo fotoemisor I light emitting diode.

diodo interruptor I switching diode.

diodo inverso I back diode I backward diode.

diodo inversor antiparasitario | interference inverter (television).

diodo láser | laser diode (semiconductor).

diodo limitador | limiter diode.

diodo limitador de entrada | input clamp-diode (semiconductors).

diodo logarítmico | logarithmic diode.

diodo PIN | PIN diode.

diodo rectificador | probe (electronics) | rectifier diode.

diodo reforzador | booster diode | efficiency diode (TV).

diodo regulador | regulator diode.

diodo regulador del voltaje | voltage-regulator diode.

diodo saturado | temperature limited diode.

diodo selector | pickoff diode.

diodo semiconductor | semiconductor diode.

diodo sencillo | single diode.

diodo separador | isolating diode.

diodo silenciador | squelch diode.

diodo soldado por plata | silver-bonded diode.

diodo termiónico | thermionic diode.

diodo túnel | tunnel diode.

diodo varactor | varactor diode.

diodo Zener | Zener diode.

diodo Zener de silicio | silicon Zener diode.

diogenito | diogenite (meteorite).

dioptasa | emerald malachite | emerandine.

dioptometría | dioptometry.

dioptómetro | dioptometer.

diorita | green stone.

diorita cuarcífera | quartz-diorite.

diorita orbicular | ball-diorite.

diotrón | dyotron.

dióxido de carbono | carbon dioxide.

dióxido de cloro | chlorine dioxide.

dióxido de plomo | lead dioxide.

dióxido de zirconio sinterizado | sintered zirconium dioxide.

diplex | diplex (telegraphy).

diplexor de la portadora de sonido | sound diplexer.

diplosporia | diplospory.

dipolo | dipole | doublet (aerials) | two-pole.

dipolo activado | energized dipole.

dipolo corto | short dipole.

dipolo de banda ancha | wideband dipole.

dipolo de jaula | cage dipole.

dipolo de tubo coaxial | sleeve dipole.

dipolo de UHF | ultrahigh-frequency loop.

dipolo eléctrico | electric dipole | electric doublet.

dipolo excéntrico | off-center dipole.

dipolo grueso | thick dipole.

dipolo infinitesimal | infinitesimal dipole.

dipolo nutador | nutating dipole.

dipolo recto | straight dipole.

dipolo resonante | resonant dipole.

dipolo sintonizado | tuned dipole.

dipolos superpuestos | stacked dipoles.

dique | bulwark | dam | dam weir | dike | dock | dyke | embankment | jetty.

dique de contrafuerte | spur dike.

dique de defensa | levee.

dique de encauzamiento | training dike.

dique de guía | training dike.

dique de mareas | wet dock.

dique de pontones | pontoon dock.

dique de retención | basin dam.

dique filoniano | dike.

dique flotante | pontoon dock.

dique marítimo | seawall.

dique seco | basin | dock | dry dock | graving dock.

dique-taller | dock yard.

dirección | course | lay | steering | way | leading.

dirección absoluta | absolute address (computing.

dirección angular | angular bearing.

dirección asistida | power assisted steering.

dirección de interceptación | intercept heading.

dirección de reanudación del programa | restart address (computing).

dirección irreversible | irreversible steering (automobile).

dirección magnética | compass heading.

dirección por cremallera | rack and pinion steering.

dirección preferencial | preferential direction.

dirección relativa | relative address (computing).

dirección simbólica | symbolic address (computing).

dirección virtual | virtual address (computing.

direccionamiento | addressability | addressing (computing).

direccionamiento absoluto | absolute addressing.

direccionamiento indirecto | indirect addressing (computing).

direccionamiento máximo por indización | maximum indexation directing.

direccionamiento reiterativo | repetitive addressing.

direccionamiento relativo | relative addressing (computing).

directo | straight.

directriz I guideline.
dirigible I air ship I steerable.
dirigir I vector (to).
disacárido I disaccharide (chemistry).
disco I wafer (metals).
disco abrasivo I abrasive disk (mechanics).
disco acumulador I accumulating dial.
disco archivo I archive disk (computing).
disco combinador I dial (telephony).
disco compacto I compact disk.
disco cortado en troquel I punch blank.
disco cortador I cutting disc.
disco cromático I color disk (optics).
disco cuadrifónico I quadraphonic disk.
disco de alcances I range-dial.
disco de cifrado I cipher disk.
disco de cuero para pulir I leather mop.
disco de esmerilar I sanding disc.
disco de espiral giratoria I whirling spiral disk (cinematography).
disco de excéntrica I eccentric disc.
disco de freno I brake flange.
disco de inercia I inertia disc.
disco de larga duración I long-play disc I long-play record.
disco de lentes I lens disc.
disco de llamada I calling dial.
disco de presión I pressure washer.
disco de pulir I polishing wheel.
disco de taladrar I pad (lathe).
disco de tope I arresting disc I thrust shoulder.
disco de turbina de chorro I jet turbine disc.
disco del émbolo I plunger follower.
disco del nonio I vernier plate.
disco digital de sonido I compact disc.
disco distribuidor I wrist plate (steam engine).
disco duro I hard disk (computer).
disco explorador I lens disc (TV).
disco fijo I hard disk.
disco giratorio I spinning disk I turnplate (microscope).
disco lapeante I lapping disc.
disco lapeante rotatorio I rotatable lapping disc.
disco láser I laser disk.
disco matriz I master record (gramophone).
disco microsurco de larga duración I long-playing record.
disco óptico digital I optical disk.
disco para tronzar I slicing disc.
disco perforado I chopper disk.
disco pulidor I polishing disk.
disco removible I knockout.
disco tensor I takeup disc.
disco troceador I cutting disc.

disco utilitario I utility disk (computing).
disco virtual I virtual disk.
disco volante I wheel crank (mechanics).
disco-cinta magnéticos I mag disk-tape.
discolito I discolith.
discontinuidad de absorción I absorption discontinuity I absortion edge (radiations).
discordancia paralela I accordant unconformity (geology).
discrasita I antimonial silver I dyscrasite.
discriminador de fase I phase discriminator.
discriminador de frecuencias I frequency discriminator.
disectrón I dissectron.
diseminación I dispersion.
diseñar I design (to).
diseño I design I layout I pattern I project I scheme I sketch I styling.
diseño a escala I scaled design.
diseño de sistemas I system design.
diseño gráfico I art still I art work.
disfenoide I disphenoid (crystallography).
disfótico I dysphotic.
disgregación I breaking (geology) I disintegration.
disgregación química I chemical decay.
disgregado I weathered.
disgregador I decomposer (chemistry).
disgregar I breakdown (to) (chemistry).
disilano I disilane (chemistry).
disimetría I dyssymmetry I skewness (statistics).
disipación anódica máxima I maximum anode dissipation.
disipación de placa I plate dissipation.
disipación del ánodo I plate dissipation.
disipación del calor del láser I laser heat dissipation.
disipador I losser.
disipador de sobrevoltajes I surge arrester I surge diverter.
disipativo I dissipative.
dislocación I dislocation (metallurgy) I throw (geology).
dislocación confusa I tangled dislocation (metalography).
dislocación estable I stable dislocation (metallurgy).
dislocaciones desplazadas I jogged dislocations (metallurgy).
disminución I dwindle I lowering I narrowing I pulldown I reducing I reduction I wane.
disminuir I ebb (to) I let down (to) (hardness).
disociación I splitting.
disodilo I dysodyle.

disolución I solution (chemistry).
disolución quinaria I quinary solution.
disolvente I solvent.
disolvente ácido I acidic solvent.
disolvente del óxido I rust remover.
disolver I dissolve (to) I solve (to) (chemistry).
disonancia I jar.
disparador I shutter actuator (photography) I trigger I trip gear I tripper.
disparador electrónico I electronic trigger.
disparador monoestable I monostable trigger.
disparar I shoot (to) I trigger (to).
disparo I fire.
disparo de impulso eléctrico I pulse firing (electronics).
disparo del obturador I release of shutter.
disparo interdependiente I intertripping.
disperdancia I leakage conductance I leakance.
dispersar I scatter (to).
dispersímetro I dispersion meter.
dispersión I diffusion (rays) I dispersion I fringing I leakage (electricity) I scatter I scattering I spreading (beam) I stray.
dispersión aleatoria I random scattering.
dispersión alrededor I circumfusion.
dispersión atmosférica I atmospheric scattering.
dispersión de electrones I scattering of electrons.
dispersión de frecuencia I frequency spread.
dispersión de la luz I light scattering I scattering of light.
dispersión de neutrones I scattering of neutrons.
dispersión de ondas de radio I scattering of radio waves.
dispersión de radio I radio scattering.
dispersión de rayos Roentgen I X-ray scattering.
dispersión de resonancia I resonance scattering.
dispersión del flujo I spread of flux.
dispersión del haz I beam spread.
dispersión dieléctrica I dielectric leakage.
dispersión elástica I elastic scattering.
dispersión electromagnética I electromagnetic leakage.
dispersión espacial I spatial scattering.
dispersión inelástica I inelastic scattering.
dispersión interfacial I interfacial scattering.
dispersión interfacial de fonones I interfacial phonon scattering.
dispersión ionosférica I ionospheric scatter.
dispersión magnética I magnetic leakage I magnetic stray.
dispersión modulada I modulated scattering.
dispersión múltiple I multiple scattering.
dispersión neutrónica I neutron leakage.

dispersión nuclear I nuclear scattering.
dispersión pión-nucleón I pion-nucleon scattering.
dispersión polar I pole leakage (electricity).
dispersión por ultrasonidos I ultrasonic dispersion.
dispersión potencial I potential scattering.
dispersión potencial nuclear I nuclear potential scattering.
dispersión reticular I lattice scattering.
dispersión rotatoria I rotatory dispersion (optics).
dispersión selectiva I selective scattering (electromagnetism).
dispersión térmica I thermal scattering.
dispersión troposférica I tropospheric scatter.
dispersión única I single scattering.
dispersividad I dispersiveness I dispersivity.
dispersoide líquido I liquid dispersoid.
dispersor I scatterer.
dispersor de energía I scrambler.
disponibilidad I availability.
disponible I available I useful.
disposición de las levas I camming.
dispositivo I arrangement I device I gadget I gear I mechanism I system.
dispositivo accionado por rayo de luz I light-ray device.
dispositivo acelerador I speedup device.
dispositivo activo I active device.
dispositivo alimentador I feeder.
dispositivo antihielo I antiice device.
dispositivo antiluz I light lock.
dispositivo atómico I atomic device.
dispositivo automático I automatic device.
dispositivo automático de llamada I kickback.
dispositivo automático de parada del avance I throw-off (machine tool).
dispositivo avisador I telltale.
dispositivo captador I pickup gear.
dispositivo codificador I inscriber.
dispositivo cronométrico I timing device.
dispositivo de acoplamiento I interface instrument.
dispositivo de adaptación I matching device.
dispositivo de alarma I warning device.
dispositivo de alarma para las radiaciones I radiation alarm assembly.
dispositivo de amarre I mooring gear.
dispositivo de avance I feeding arrangement (machine tool).
dispositivo de avance lento I inching device.
dispositivo de barrido I scanning device.

dispositivo de bloqueo I locking device I plugging-up device (telecommunications).

dispositivo de bobina I spool device.

dispositivo de cebado I striking device (gas pipes).

dispositivo de cierre I shutdown device.

dispositivo de comprobación I proof device (computing).

dispositivo de conversión I transfer device.

dispositivo de corte I splitting device (telephony).

dispositivo de corte de una línea I line splitting (telephony).

dispositivo de desconexión I release gear.

dispositivo de desembrague I releasing arrangement.

dispositivo de desenclavamiento I unlocking device.

dispositivo de disparo I tripping device.

dispositivo de emisión por efecto túnel I tunnel-emission device (semiconductors).

dispositivo de encendido I igniter train I ignition device.

dispositivo de enclavamiento I interlocking device I locking device.

dispositivo de enganche I jockey.

dispositivo de entrada I input device.

dispositivo de entrada-salida I input-output device.

dispositivo de entrenamiento I trainer.

dispositivo de estado sólido I solid-state device (semiconductors).

dispositivo de estancamiento I water stop.

dispositivo de fichas I card unit (computing).

dispositivo de fijación de la pieza I workholding device.

dispositivo de fotoimpresión por láser I laser phototypesetter.

dispositivo de inductancia I inductance device.

dispositivo de inmovilización I interlocking device.

dispositivo de interbloqueo I interlock device.

dispositivo de lanzamiento I launcher.

dispositivo de llamada I calling feature I ringer.

dispositivo de llamadas al operador I operator call.

dispositivo de localización I locating device.

dispositivo de marcación I locating device.

dispositivo de medición I measuring device (magnetism-electricity).

dispositivo de montaje I jig I setup.

dispositivo de muestreo I sample-and-hold device (computing).

dispositivo de observación I monitoring device.

dispositivo de par magnético I magnetotorquer.

dispositivo de parada I locking device.

dispositivo de paro I knockoff motion.

dispositivo de prueba de hermeticidad I leak test plant.

dispositivo de puesta a cero I zero setting device I zero-resetting device.

dispositivo de rearme I resetting device (relays).

dispositivo de registro de unidad I unit record device.

dispositivo de registro del sistema I system log device.

dispositivo de reglaje del freno I brake adjuster.

dispositivo de regulación mecánica I motor-driven timing device.

dispositivo de reposición I resetting device (electricity).

dispositivo de resolución I resolver set.

dispositivo de retención I ratchet gear.

dispositivo de retenida I retainer.

dispositivo de rotación I rotating device.

dispositivo de salida I out device I output device.

dispositivo de salto I skipping device.

dispositivo de seguridad I safety I safety device.

dispositivo de seguridad independiente I independent safety device.

dispositivo de tres bornes I three-terminal device.

dispositivo detector por rayos X I X-ray detecting device.

dispositivo duplicador por tarjeta maestra I master-card duplicating device.

dispositivo electrónico cuadrático I square-law electronic device.

dispositivo en red I array device.

dispositivo estable I stable device.

dispositivo estático I static device (electricity).

dispositivo explorador I scanner (TV) I scanning unit.

dispositivo extractor I withdrawing device.

dispositivo hipersustentador I lift increasing device.

dispositivo igualador I jogger.

dispositivo indicador I indicating device.

dispositivo inmovilizador I locking device.

dispositivo lanzacohetes en las alas I launcher pod (airplanes).

dispositivo limitador I limiting device.

dispositivo limitador de tiempo I time-limit attachment.

dispositivo lubricador I luber.
dispositivo mecánico I jigger.
dispositivo medidor I timing device.
dispositivo multicircuito integrado I logic array.
dispositivo para atenuar parásitos I interference attenuating device.
dispositivo para aumentar la selectividad I wavetrap (aerials).
dispositivo para disminuir la sustentación I lift spoiler (airplanes).
dispositivo para emisión y recepción en dúplex I listening through.
dispositivo para emisión y recepción simultáneas I listening-through device (radio).
dispositivo para fotorreproducción por láser I laser controlled photorepeater.
dispositivo para izar submarinos I submarine-lifter.
dispositivo para maniobrar señales y agujas I interlocking machine.
dispositivo para mortajar I mortise gear.
dispositivo para posicionar la plantilla I template positioning device.
dispositivo para pruebas I test-rig.
dispositivo para separar fases I phase-splitting device (single-phase motor).
dispositivo paramétrico inversor I inverting parametric device.
dispositivo perturbador I jamming device.
dispositivo protector contra irradiaciones I radiation-shielding device.
dispositivo protector de sobrecarga I safety cutout.
dispositivo radicador termoiónico I rooter.
dispositivo semiconductor I semiconductor device (electronics).
dispositivo sensible al infrarrojo I infrared-sensing device.
dispositivo sincrónico I synchro unit.
dispositivo sincronizador I timing device.
dispositivo sujetador I hold-down gear I retaining device.
dispositivo tensor I tensioning device.
dispositivo totalizador del tiempo I time-totalizing device.
dispositivo YIG I YIG device.
disquete I diskette (computing).
disrupción eléctrica I electric breakdown.
disruptivo I disruptive.
disruptor I disruptor.
distancia I gap I range I reach.
distancia cenital I coaltitude I zenith distance (astronomy).
distancia de ida I one-way distance.

distancia de salto I skip distance (waves).
distancia de visibilidad I seeing distance.
distancia disruptiva I sparkgap.
distancia eficaz I effective range.
distancia en millas I mileage.
distancia entre bordes I gap width.
distancia entre ejes I wheel base I wheelbase.
distancia entre electrodos I sparking-plug gap.
distancia entre las láminas I interlamellar spacing (crystallography).
distancia entre pistas I track pitch.
distancia entre puntos I needle gap (electrotecnics).
distancia entre varillas I rod gap.
distancia explosiva I sparkgap.
distancia focal reducida I reduced focal length.
distancia infinita I infinite distance.
distancia interpolar I pole pitch (electricity).
distancia navegada I leg.
distancia ortodrómica I air line distance I great circle distance.
distancia topográfica I map distance I map range.
distaxia I distaxy (crystallography).
distéctico I dystectic.
distintivo de llamada de una red I net call sign.
distintivo de llamada internacional I international call sign.
distorsímetro I distortion meter.
distorsión I distortion I racking I warping.
distorsión armónica I waveform distortion.
distorsión atenuada I minimized distortion.
distorsión cóncava I pillow distortion.
distorsión de alargamiento I prolate distortion (nuclear energy).
distorsión de amplitud I intensity distortion (radio).
distorsión de escala I scale distortion.
distorsión de fase I delay-frequency distortion I phase distortion.
distorsión de frecuencia de línea I line frequency distortion.
distorsión de imagen I bend I pincushion
distorsión de intermodulación I intermodulation distortion.
distorsión de la cresta de amplitud I peak distortion.
distorsión de la imagen I tilt (TV).
distorsión de modulación I modulation distortion.
distorsión de retardo de fase I phase delay distortion.
distorsión de señal I signal distortion (telephony).

distorsión de señal telegráfica I telegraph signal distortion.

distorsión de submodulación I underthrow distortion.

distorsión del punto explorador I spot distortion.

distorsión ecoica I echo distortion.

distorsión en acerico I pincushion distortion (TV) I pincushion effect (TV).

distorsión en barril I positive distortion (TV).

distorsión en S I S distortion (TV).

distorsión esferoide I barrel distortion.

distorsión máxima I maximum distortion.

distorsión negativa I barrel distortion.

distorsión oblicua I skew distortion (telecommunications).

distorsión óptica I optical twinning.

distorsión por el soldeo I welding distortion.

distorsión reticular I dislocation I lattice distortion.

distorsión telegráfica I telegraph distortion.

distorsión tetragonal I tetragonal distortion (metallurgy).

distorsionador I scrambler.

distorsionar I distort (to).

distribución I distribution I wiring system (telecommunications).

distribución alternativa I interlacing (computing).

distribución aparrillada I network distribution (electricity).

distribución de la cadena de montaje I line layout.

distribución de la carga nuclear I nuclear charge distribution.

distribución de la muestra I sampling distribution (statistics).

distribución de las velocidades I Maxwellian distribution (nucleonics).

distribución de resistencia lineal I linear taper.

distribución del flujo intracelular I intracell flux distribution (nuclear energy).

distribución en derivación I parallel distribution.

distribución en paralelo I parallel distribution (electricity).

distribución en punta I spike distribution.

distribución energética de los neutrones I neutron energy distribution.

distribución espacial I spatial distribution.

distribución maxveliana I Maxwellian distribution.

distribución por corredera I link gear I link motion I link valve motion.

distribución por sector Stephenson I link motion.

distribuidor I divider I manifold.

distribuidor cilíndrico I slide-valve I piston valve (steam reciprocator).

distribuidor de buscadores I allotter (telephony).

distribuidor de concha I plain slide-valve (steam engine) I slide-valve.

distribuidor de conductores I lead spreader.

distribuidor de expansión I expansion valve.

distribuidor de llamada I call distributor.

distribuidor de media presión I intermediate pressure slide valve.

distribuidor de telera I apron distributor.

distribuidor de válvula cilíndrica con recubrimiento I lap piston-valve gear (locomotives).

distribuidor del vapor I steam valve.

distribuidor oscilante I swinging valve (steam engine).

distribuidor plano I slide-valve (steam reciprocator).

distribuidor receptor I receiving distributor.

distrofia I dystrophy.

distrófico I dystrophic.

disulfato I disulphate.

disulfuro I disulphide.

disyunción I jointing (petrography) I switching (electricity) I tripout I tripping.

disyunción de mínima I low-voltage release.

disyuntor I break switch (electricity) I breaker I circuit breaker I contact breaker I disconnect I disjunctor (electricity) I power cutout (electricity) I trip I tripping device.

disyuntor asimétrico desequilibrado I out-of-balance circuit-breaker.

disyuntor automático I recloser I reclosing fuse cutout.

disyuntor de aire comprimido I pressure switch.

disyuntor de antena I aerial circuit breaker.

disyuntor de circuito de elementos extraíbles I withdrawable type circuit breaker.

disyuntor de circuito primario I primary disconnecting switch (electrotecnics.

disyuntor de contracorriente I reverse-current circuit breaker.

disyuntor de corriente alterna I alternating current circuir breaker.

disyuntor de corriente inversa I reverse current cutout.

disyuntor de cuchilla vertical I vertical break switch.

disyuntor de cuernos I horn-switch.

disyuntor de desconexión ultrarrápido I instantaneous trip breaker.

disyuntor de la red | network protector.

disyuntor de línea eléctrica | line circuit breaker.

disyuntor de máxima | limit break switch | maximum cutout | overcurrent trip | overload circuit-breaker | overload switch.

disyuntor de mínima | minimum cutout | underload circuit breaker.

disyuntor de reconexión | reset contactor | reset switch.

disyuntor de seguridad | limit switch | safety cutout switch.

disyuntor de separación libre | nonautomatic tripping.

disyuntor de sobrecorriente | overcurrent trip.

disyuntor de sobreintensidad | overcurrent circuit breaker | overcurrent tripping device | overload release | overload switch.

disyuntor de sobrevoltaje | overvoltage release.

disyuntor de subvoltaje | undervoltage circuit breaker.

disyuntor de telemando | remote-control break switch.

disyuntor direccional | reverse-current circuit breaker.

disyuntor en aceite | oil circuit-breaker.

disyuntor en baño de aceite | oil switch.

disyuntor en gas inerte | inert-gas breaker.

disyuntor magistral | master key switch | master switch.

disyuntor neumático | pressure switch.

disyuntor ortoyector | orthojector switch.

disyuntor protector | protective circuit breaker.

disyuntor protegido | cellular switchgear.

disyuntor seccionador | sectionalizing breaker.

disyuntor térmico | thermal cutout.

disyuntor termomagnético | thermal-magnetic circuit breaker.

disyuntor unipolar | single-throw circuit breaker.

ditieno | dithiene.

ditiocarbónico | dithiocarbonic.

divalente | diatomic.

divergencia | divergence | divergency.

divergencia de salida | fan-out (electrotecnics).

diversidad de polarización | polarization diversity.

dividir | split (to).

divinilo | divinyl.

división | branch | scale | scission | section.

división de escala | scale division.

división de haz | beam splitting (radar).

división de la fase | phase splitting.

división del empuje | thrust split.

división lógica de palabras | logic hyphenation (photocomposition).

divisor | divider | divisor.

divisor de potencia | power divider.

divisor de potencial | potential divider.

diyoduro | diodide.

dobladora de tubos | tube bender.

doblaje | dubbing (audio).

doble | dual | duplex.

doble diodo | twin diode (electronics).

doble encendido | twin ignition.

doble expansión de impulsión | velocity compounded stage (steam turbine).

doble imagen | double picture (TV) | multipath effect.

doble pista | twin track.

doblete | doublet (chemistry) | duplet.

doblete de antena | infinitesimal dipole.

doblez en zigzag | accordion fold.

dodecilbenceno | dodecyl-benzene.

doladera | broad axe | chip axe | cooper's adze axe | howel.

dolmen | dolmen.

dolobre | stone hammer.

dolomita | dolomite | muricalcite (mineralogy) | rhomb spar.

domet | domett.

dometrón | dometron.

dominio | domain (metallurgy).

dominio magnético | magnetic domain.

domo de sal | salt plug (geology).

domo salífero | acromorph (geology) | salt dome (geology).

donutrón | donutron.

dos direcciones | two-way.

dos vías | two-way.

dosaje ponderal | weight dosage.

dosificable | determinable (chemistry).

dosificación | dosage | dose-range | gradation | measurement | measuring (chemistry) | proportioning | quantity determination (chemistry).

dosificación de áridos | aggregate proportioning (concrete).

dosificado | gaged (concrete).

dosificador | doser.

dosificador de ácido | acid proportioner.

dosificar | dose (to) | measure (to) (chemistry).

dosimetría de irradiaciones | radiation dosimetry.

dosimetría de soluciones radiactivas | radioactive solution dosimetry.

dosímetro | intensimeter | intensitometer | quantimeter (irradiations) | roentgenometer | badge.

dosímetro de bolsillo | pocket meter.

dosímetro de rayos gamma | gamma-ray dosimeter.

dosímetro integrador | integrating dosimeter.

dosímetro luminiscente I luminescent dosimeter.

dosímetro químico I chemical dosemeter.

dosímetro radiológico I X-ray dosimeter.

dosis I dosage.

dosis absorbida I absorbed dose.

dosis atmosférica I air dose.

dosis en el aire I air dose (nucleonics).

dosis integral I integral dose (radiology).

dosis máxima inocua de manipulación I maximal safe-handling dose (nuclear energy).

dosis permisible I permissible dose (nucleonics).

dosis profunda I depth dose (radiations).

dotación I crew.

dotar de máquinas o mecanismos I mechanize (to).

dotar de válvulas I valve (to).

dovela I arch-stone I keystone I wedge piece (architecture).

dovela de arranque I skewback (architecture).

draga I drag I dredge I dredger I dredging-machine I hedgehog.

draga aspiradora I suction dredge.

draga aspirante de arena I sand dredger.

draga con cántara I hopper dredger.

draga de altamar I seagoing dredger.

draga de arrastre I slackline cableway.

draga de bomba I pump dredger.

draga de cangilones I bucket dredge I elevator dredge I ladder-dredger I scoop dredger.

draga de cuchara I spoon dredger.

draga de cucharón perforado I skimmer.

draga de rosario I ladder bucket dredge I ladder-dredger.

draga de succión I hydraulic dredge I pump dredger.

draga de vertedera I hopper dredger.

draga elevadora I elevator dredge.

draga excavadora I cutter dredger.

draga hidráulica I hydraulic dredge.

draga seca I bucket excavator.

dragado I dragging I scooping I sweeping (hydrography).

draga-gánguil I hopper dredger.

dragalina I drag scraper I dragline I dragline excavator.

dragar I dredge (to) I dredge out (to).

dren colector I tail-drain.

dren de juntas abiertas I open-joint drain.

dren interceptador I interceptor drain.

drenaje I drain I drainage I draining I pipe draining I water drainage.

drenaje de protector I protector drainage.

drenaje efectivo I net drainage (petroleum).

drenaje eléctrico I electric drainage.

drenaje tubular I tube drainage.

drenar I bleed (to) (radio) I drain (to).

driblete I driblet.

driza de cable I wire halyard.

drusa I vug.

dual I dual.

dualidad I duality.

ductibilidad I drawing property I temper (iron straps).

dúctil I ductile I plastic.

ductilidad I ductility.

ductilidad nula I nil-ductility.

ductilimetría I ductilimetry.

dufrenita I green iron ore.

dunita I dunnite.

duodiodo I double diode.

duofase I duophase.

duoplasmatrón I duoplasmatron.

duopolístico I duopolistic.

duopolo I duopole.

duosónico I duosonic.

duotono I duotono.

duotriodo I twin triode.

dúplex por adición I incremental duplex (telegraphy).

dúplex puente I bridge duplex (electricity).

duplexor I duplexer.

duplicación de imágenes I intermediate multiple (TV) I split image (TV).

duplicación en multicopista I stencil printing.

duplicación óptica I optical twinning.

duplicado I dupled.

duplicador offset I offset duplicator.

duplo I duplex.

durabilidad a la fatiga I fatigue durability (metallurgy).

duración de la señal I pulse duration.

duración de la transmisión I release time.

duración de la trayectoria I time of flight (ballistics).

duración de los impulsos I pulse length (radar).

duración del cierre I make-time (electricity).

duración del impulso I pulse duration I pulse width.

duración del vuelo I time of flight.

duraluminio I duralumin.

dureza a la abrasión I abrasion hardness.

dureza a la indentación I penetration hardness.

dureza abrasiva I abrasive hardness.

dureza al rayado I scratch hardness.

dureza anisótropa I anisotropic hardness.

dureza Brinell I Brinell hardness.

dureza intrínseca intrinsic hardness.

dureza Mohs I scratch hardness.

duro I stiff.

durómetro I durometer I hardness test I hardometer.

E

ebonita | ebonite | hard rubber | vulcanite.
ebullición | boiling | ebullition.
ebullición por núcleos | nucleate boiling.
ebulliometría | ebulliometry.
ebulloscopia | ebullioscopy.
ebulloscopio | ebullioscope.
echazón | jettison (ships, airplanes).
eclímetro | slope level.
eclíptico | ecliptic.
eclisa | butt-strap (rail) | fish | shin | splice bar.
eclosión | eclosion.
eco | echo | pip | reverberation | signal return (radar).
eco de blanco | target echo.
eco de proximidad | near echo.
eco de repetición | repetition echo.
eco del radar | radar return.
eco del terreno | land return (radar).
eco enmascarado | masked echo.
eco fijo | permanent echo (radar).
eco incoherente | noncoherent echo (radar).
eco parásito | angel (radar) | unwanted echo (radar).
eco permanente | permanent echo.
eco reflejado | back echo.
eco retardado | long echo.
ecodetector | sonic detector.
ecoico | echoic.
ecología | environmental science.
ecometría | echo ranging.
ecómetro | echo meter | echo test set.
ecómetro de impulsos | pulse echo meter.
economizador de aceite | oil saver.
economizador de petróleo | oil saver.
ecos de mar | sea clutter | sea return (radar).
ecos de nieve | snow clutter (radar).
ecos parásitos | clutter (radar) | clutter return (radar) | parasitic echoes.
ecos perturbadores de radar | clutter.
ecoscopia | sound detection.
ecosfera | physiological atmosphere.
ecosistema terrestre | terrestrial ecosystem.
ecosonda | echo sounder | echometer | fathometer.
ecosondador | depth finder | echo sounding gear.
ecosondar | echosound (to).
ecuación aditiva de predicción | additive predicting equation.
ecuación de equilibrio | balance equation.
ecuación de primer grado | linear equation.
ecuación de propiedad | accounting equation.

ecuación de segundo grado | second-order equation.
ecuación irracional | irrational equation.
ecuación lineal | linear equation.
ecuación secular | secular equation.
ecuador | equator.
ecuador astronómico | celestial equator.
ecualizador | equalizer.
ecualizar | equalize (to).
edafogénesis | pedogenesis (soil).
edafología | edaphology | pedology | soil science.
edición de texto | text editing (computing).
edificación | building | construction.
edificar | build (to).
educción | eduction.
edulcorar | edulcorate (to).
efectividad de tracción | pull effectiveness.
efectivo | effective | virtual.
efecto | effect.
efecto cis | cis effect (chemistry).
efecto Compton | Compton recoil effect.
efecto de antena | vertical effect (radio).
efecto de anulación | cancellation effect.
efecto de arrastre | pulling effect.
efecto de barrido | wiping effect (metallurgy).
efecto de canal | channel effect.
efecto de compresión | pinch effect.
efecto de contacto | junction effect.
efecto de dispersión | scatter effect.
efecto de estricción | pinch effect.
efecto de fondo | background (radioactivity).
efecto de impacto | shot effect.
efecto de inducción | induction effect.
efecto de inercia | inertial effect.
efecto de isla | island effect.
efecto de masa | packing effect (nucleonics).
efecto de nieve | snow effect (radar and TV).
efecto de pantalla | screen effect | screening effect.
efecto de polarización | polarization effect.
efecto de proximidad | proximity effect.
efecto de resonancia | resonance effect.
efecto de retardo | retardation effect.
efecto de sombra | shadow effect (nuclear energy).
efecto de sombreado | soot and white wash (TV).
efecto de sonido panorámico | panoramic sound effect.
efecto de supeficie | surface effect (electricity).
efecto de tara | tare effect (fluid mechanics).

efecto de volumen | volume effect (nuclear energy).
efecto disruptivo | disruptive effect.
efecto Doppler | Doppler effect.
efecto enmascarador local de señales | local screening (radio).
efecto fónico | sound effect.
efecto fotoeléctrico | photoeffect.
efecto Joule | Joulean effect.
efecto Kelvin | skin effect (electricity).
efecto Larsen | microphonics.
efecto local | sidetone (telephone exchanges).
efecto magneto óptico | magneto-optic effect.
efecto magnetoscópico Kerr | Kerr magnetooptical effect.
efecto microfónico | microphonics.
efecto muaré | moiré effect (television).
efecto pelicular | skin effect.
efecto piroeléctrico | pyroelectric effect.
efecto plástico | plastic effect.
efecto rompedor | disruptive effect (explosives).
efecto sinergético | synergetic effect.
efecto sinérgico | synergistic effect.
efecto supresor | suppressor effect (nuclear energy).
efecto tiristor | latchup (transistor).
efecto transistor | transistor action.
efecto túnel | tunnel effect | tunneling effect (electronics).
efecto útil | efficiency.
efectos de dispersión | straggling effects.
efectos de reacción | feed back effects (radio).
efectos de transporte | transport effects (semiconductors).
efectos visuales | visual effects (TV).
efervescencia | effervescence.
efervescer | effervesce (to).
eficacia | effectiveness | potency.
eficaz | effective | positive (gears).
eficiencia | effectiveness | efficiency.
eflorescencia | efflorescence (chemistry).
eflorescente | efflorescent.
eflorescer | bloom out (to) (chemistry) | effloresce (to).
efluencia | effluence.
efluente | effluent.
efluvio | emanation | glow discharge.
efluvio eléctrico | brush discharge.
efusión | effluent | effusion.
efusómetro | effusiometer.
eglestonita | eglestonite.
einsteinio | einsteinium (atomic number = 99).

eje | arbor | axle (vehicles, machines) | bolt | centerline | centreline (G.B.) | pin | shaft (machines).
eje accesorio | accessory shaft.
eje anticlinal | anticlinal axis | caddle axis.
eje articular | hinge axis.
eje base | basic shaft.
eje binario helicoidal | twofold screw axis (crystallography).
eje buzando | pitching axis (geology) | plunging axis (geology).
eje centroidal | centroidal axis.
eje cigüeñal | crankshaft.
eje cigüeñal enterizo | one-piece crank axle.
eje con motor | motored axle (electric autos).
eje con muñón central | stub axle.
eje conducido | layshaft.
eje conductor | drive shaft.
eje cónico | tapered arbor | tapered shaft.
eje cristalográfico | crystal axis.
eje de articulación | hinge pin.
eje de avance | feed shaft.
eje de balancín | rocker shaft | rocking shaft.
eje de banda ancha | wideband axis.
eje de basculación | trunnion axis.
eje de cabrestante | capstan spinale.
eje de cero | zero axis (Cartesian coordinates).
eje de cola | railshaft | stern shaft (ships).
eje de deformación | strain axis.
eje de distribución | layshaft (engines) | timing shaft (engines).
eje de empuje | center of thrust (airplanes, rockets) | line of thrust | thrust axis | thrust shaft.
eje de entrada | input shaft.
eje de excéntricas | bottom shaft (loom).
eje de giro | spin axis | turning axis.
eje de grúa | jib post.
eje de guiñada | yawing axis.
eje de inclinación | pitching axis.
eje de la banda estrecha | narrow-band axis.
eje de la dirección | steering axle.
eje de la esfera celeste | celestial axis.
eje de la máquina | engine shaft.
eje de la toma de fuerza | power takeoff shaft.
eje de las ruedas | paddle shaft (ships).
eje de levas | eccentric shaft | layshaft | tappet shaft | tumbling shaft | wiper shaft.
eje de los balancines | valve rocker shaft.
eje de maclas | twin axis.
eje de mangueta | stub axle.
eje de muñones | trunnion axis.
eje de ordenadas | Y coordinate.
eje de orientación | training shaft.
eje de piñones | pinion supporting pin.

eje de piñones satélites | planetary gear pin.

eje de polea | pulley-pin.

eje de puntería azimutal | training shaft.

eje de rodillo | roll shaft.

eje de rotación | rotation axis | spin axis | trunnion axis.

eje de rotor | rotor shaft.

eje de sustentación | lift axis.

eje de tornillo sin fin | wormshaft (mechanics).

eje de tracción | tensile axis | thrust axis.

eje de tracción de hélice | propeller thrust axis.

eje de transmisión | jackshaft | lineshaft | propeller shaft.

eje de transmisión helicoidal | worm shaft.

eje de vaina | quill shaft.

eje del alternador | alternator shaft.

eje del bogie motor | motor truck axle.

eje del diferencial | live axle (autos).

eje del disparador | trigger shaft.

eje del distribuidor | weighshaft.

eje del embrague | clutch shaft.

eje del engranaje selectivo | pickoff gear shaft.

eje del freno | brake pin.

eje del husillo | spindle axis.

eje del inducido | armature shaft.

eje del muñón | trunnion center.

eje del par de rotación | torque roll axis (machines).

eje del percutor | firing shaft.

eje del piñón satélite | planet wheel pin.

eje del timón | rudder axle.

eje del trinquete | ratchet shaft.

eje descentrado | off-center spindle.

eje eléctrico | electric axis | X-axis (quartz crystal).

eje enchavetado | keyed shaft.

eje escalonado | stepped shaft.

eje fiducial | plate axis (aerial photogrammetry).

eje final | railshaft.

eje flotante | dancing axle.

eje focal | major axis (optics) | mayor axis (optics).

eje geométrico | centre line.

eje geométrico del eje | shaft centerline.

eje giratorio | live axle.

eje horizontal | horizontal axis | lying shaft.

eje hueco | quill.

eje impulsor | input shaft.

eje instantáneo de rotación | instantaneous axis of rotation.

eje intermedio | intermediate shaft | jackshaft | layshaft (change gear).

eje intermedio de transmisión | line shaft.

eje lateral | lateral axis | Y-axis (airplanes).

eje loco | idler shaft | loose axle.

eje longitudinal | center line | longitudinal axis | X-axis (airplanes).

eje mandado | layshaft.

eje mayor | major axis (ellipse).

eje mecánico | mechanical axis (crystallography).

eje motor | drive shaft | engine shaft | live axle | main shaft | motive axle | output shaft | power shaft.

eje motriz | live axle.

eje neutro | neutral axis | neutral line | zero line.

eje no acoplado | noncoupled axle.

eje normal | yawing axis.

eje oblicuo | oblique axis.

eje óptico | lens axis | optic axis | optical axis | optical centerline | Z-axis (quartz crystal).

eje oscilante | dancing axle | pivoted axle | rocker | rocking shaft | weighbar | weighshaft.

eje partido | split shaft.

eje polar del telescopio | telescope polar axis.

eje portabrocas | boring spindle.

eje portador | bearing axle | supporting axle | truck axle (locomotives).

eje portaescariador | reamer arbor.

eje portahélice | propeller shaft | screwshaft.

eje portaherramientas | boring spindle.

eje portamuela | wheel spindle.

eje portante | noncoupled axle (locomotives).

eje portapieza | work arbor | work spindle.

eje posterior | rear axle.

eje principal | first motion shaft (change gear) | main shaft.

eje propulsor | propeller shaft (autos) | screwshaft.

eje propulsor de la hélice | propeller drive shaft.

eje propulsor fuera de borda | outboard propeller shafting (ships).

eje radioeléctrico | radio axis.

eje recto | straight axis.

eje secundario | intermediate shaft | jackshaft | layshaft | oblique axis (optics).

eje sinclinal | synclinal axis | trough axis (geology).

eje sobre muelles | sprung axle.

eje telescópico | driving shaft | telescopic shaft.

eje torsor | quill shaft.

eje tractor | line of thrust.

eje transmisor de la potencia | jackshaft.

eje transversal | cross axle | jackshaft.
eje trasero | back axle.
eje vertical | center (U.S.A.) (theodolites) | vertical shaft | vertical spindle | yaw axis (airplanes) | yawing axis (airplanes) | Z-axis (airplanes).
eje Z | Z axis.
ejecución del programa | program execution (computing).
ejecutar un bucle | loop (to).
ejercicio | practice.
ejercitación | training.
ejército | army.
ejes octaédricos | octahedral axes (crystallography).
ejes tectónicos | tectonic axes.
elaborar | work (to).
elastancia específica | electric elasticity.
elasticidad | elasticity | resilience | spring | yieldingness.
elasticidad acústica | acoustic compliance.
elasticidad eléctrica | electric elasticity.
elasticidad lateral | lateral compliance.
elástico | flexible | resilient | shock-absorbent.
elastómero | elastomer (chemistry).
elastómero sin enlaces transversales | non-cross-linked elastomer.
elastómeros saturados vulcanizables | vulcanizable saturated elastomers.
elastómetro | elastometer.
elaterita | elastic bitumen | elastic mineral pitch | elaterite (amorphous hydrocarbon).
elección | sorting.
electra | electra (loran).
eléctrete plástico | plastic electret.
electreto | electret.
electreto de cera | wax electret.
electricidad | electricity.
electricidad estática | static.
electricidad nuclear | atomic electricity.
electricidad solar | solar-electrics.
electricidad telúrica | telluric electricity.
electricidad vítrea | vitreous electricity.
eléctrico | electric | electrical.
electrificación | electrification | electrifying.
electrificar | electrify (to).
electrización | electrization.
electrizar | electrize (to).
electroabsorción | electroabsorption.
electroacero | electrosteel.
electroacumulador | electrical accumulator.
electroacústica | electroacoustics.
electroacústico | acoustoelectric.
electroaislado | insulated.
electroaislamiento | insulation.

electroaislar con plásticos | plastics-insulate (to).
electrobomba | electric pump.
electrocalibración | electrosizing.
electrocerámica | electrical ceramics | electroceramics.
electrochapado | electroplated.
electrochapar | electroplate (to).
electrochoque | electric shock.
electrocibernética | electrocybernetics.
electrocincar | electrogalvanize (to) | electrozinc (to).
electrocinética | electrokinetics.
electrocloración | electrochlorination.
electrocobresoldadura | arc brazing | electric brazing.
electrocolorímetro tricelular | three-cell electrocolorimeter.
electroconformación | electroforming.
electroconformación por oclusión | occlusion electroforming.
electrocución | electrocuting | electrocution.
electrocutar | electrocute (to).
electrodeposición | deposition | electrodeposition | electroplating.
electrodeposición de una capa fina inicial | striking (electroplating).
electrodeposición por impulsos | pulse electroplating.
electrodeposición selectiva | selective electrodeposition.
electrodepositado | electroplated | plated.
electrodepositar | electrodeposit (to) | electroplate (to) | plate (to).
electrodepositar una capa muy delgada | level (to) (electroplating).
electrodepósito | electrodeposit.
electrodesintegración | electrical disintegration.
electrodesintegrador | electrodesintegrator.
electrodinámica | electrodynamics.
electrodinámica cuántica | quantum electrodynamics.
electrodinamómetro | electrodynamometer.
electrodisolución | electrodissolution.
electrodo | electrode.
electrodo acelerador | accelerating electrode.
electrodo arrollado | coil electrode.
electrodo bipolar | bipolar electrode | intermediate electrode.
electrodo cebador | keep electrode | keep-alive electrode.
electrodo circular | welding wheel.
electrodo cobreado | copper-coated electrode.
electrodo colector | collecting electrode.

electrodo con recubrimiento de polvo metálico I iron-powder electrode.

electrodo con revestimiento muy delgado I washed electrode.

electrodo corto I noncontinuous electrode.

electrodo de cadmio I cadmium electrode.

electrodo de calomelanos I calomel electrode.

electrodo de carbón I carbon electrode.

electrodo de cebado I ignition electrode I ignitor electrode I starting electrode (lamps) I trigger electrode I triggering electrode.

electrodo de control I control electrode.

electrodo de corrimiento I drift electrode.

electrodo de desviación I deflecting electrode.

electrodo de disparo I trigger electrode.

electrodo de doble alma I twin-cored electrode.

electrodo de encendido I starter.

electrodo de entrada I input electrode.

electrodo de entretenimiento I keep-alive electrode.

electrodo de excitación I keep-alive electrode.

electrodo de fondo I bottom electrode.

electrodo de mando I control electrode.

electrodo de masa I earth electrode.

electrodo de penetración I penetration electrode.

electrodo de placa I plate electrode.

electrodo de platino I platinum electrode.

electrodo de punta I point electrode.

electrodo de reflexión I reflecting electrode I reflector electrode I repeller electrode.

electrodo de reparto de potencial I voltage-grading electrode.

electrodo de retardación I retarding electrode.

electrodo de roldana I roller electrode.

electrodo de salida de señal I signal output electrode.

electrodo de señal I signal electrode.

electrodo de sondeo I sounding electrode.

electrodo de transferencia I transfer electrode (electronics).

electrodo de varilla I rod electrode.

electrodo decelerador I retarding electrode.

electrodo deslizante I slipping electrode.

electrodo desviador I deflection electrode.

electrodo dispersivo I dispersive electrode.

electrodo emisor I emitter electrode (transistor).

electrodo excitador I keep electrode.

electrodo inconsumible I nonconsumable electrode.

electrodo inerte I passive electrode.

electrodo infungible I nonconsumable electrode I welding rod (arc welding).

electrodo inorgánico I inorganic electrode.

electrodo modulador I modulating electrode.

electrodo para soldar I welding electrode.

electrodo pasivo I passive electrode.

electrodo positivo I anelectrode I positive electrode.

electrodo posterior I back electrode.

electrodo receptor I receiving electrode.

electrodo recogedor I catcher electrode.

electrodo recto I right electrode.

electrodo recubierto I wrapped electrode.

electrodo regulador I control electrode.

electrodo revestido de cal fluorítica I lime-fluoritic electrode.

electrodo revestido de espatoflúor y cal I lime-fluorspar-coated electrode.

electrodo revestido de óxido de cal I lime-coated electrode.

electrodo revestido de plástico I plastic-covered electrode.

electrodo revestido de pulvihierro I iron-powder coated electrode.

electrodo rociado con metal I metal sprayed electrode.

electrodo selector de iones I ion-selective electrode.

electrodo sensor I sensor electrode.

electrodorado I gold electroplating.

electrodos auxiliares I testing electrodes.

electrodos de trabajo I work electrodes.

electrodos en haz I nested electrodes.

electroducto I power line.

electroelongámetro I strain gage.

electroencendedor I electric lighter.

electroerosión I electroerosion I electrospark erosion I spark erosion.

electroestañado I electrotinned I electrotinning.

electroestañar I electrotin (to).

electroestenólisis I electrostenolysis.

electroestricción I electrostriction.

electroextracción I electroextraction (metals) I electrowinning.

electrófilo I electrophilic I electrophilous.

electrofluorescencia I electrofluorescence.

electrofonía I electrophony.

electrófono I electrophone.

electroforesis I electrophoresis.

electroforesis en papel I paper electrophoresis (chemistry).

electroforetograma I electrophoretogram.

electroforicidad I electrophoricity.

electroformación I cold casting.

electroformar I electroform (to).

electroforo I electrophorous.

electrofotografía láser | laser electrophotography.

electrofragmentación | electroerosion.

electrofundir | electrosmelt (to).

electrofusión | electric smelting | electrosmelting.

electrogalvanizar | electrogalvanize (to).

electrogenerador | electric generator | power-producing.

electrogenerador eólico | wind-driven generator.

electrogenerador para soldar | welding generator.

electrogoniómetro | electrogoniometer.

electrohidráulico | electrohydraulic.

electrohidromagnetismo | electrohydromagnetism.

electrohidrometría | electrohydrometry.

electrohorno basculante | rocking electric furnace.

electrohorno de hiperfrecuencia | radiofrequency furnace.

electrohorno de resistencia | resistance-furnace.

electroimán | electric magnet | electromagnet | magnet.

electroimán activado | energized magnet.

electroimán amortiguador | damping magnet.

electroimán con corriente | energized magnet.

electroimán de alimentación de la línea | line feed magnet.

electroimán de arrollamiento supraconductor | superconducting electromagnet.

electroimán de caja | lagging electromagnet.

electroimán de conteo | count electromagnet.

electroimán de desconexión | releasing magnet.

electroimán de elevación | vertical magnet.

electroimán de enganche | clutch magnet.

electroimán de impresión | printing magnet.

electroimán de liberación | release magnet.

electroimán de núcleo ferromagnético | iron-cored electromagnet.

electroimán de relé | relay magnet.

electroimán de soplado | blowout magnet.

electroimán de succión | plunger magnet (electricity).

electroimán de suspensión | lifting magnet | magnet-lifter (cranes).

electroimán de zona | zone magnet.

electroimán del freno | brake magnet.

electroimán elevador | magnetic pickup (cranes).

electroimán frenante | damping magnet.

electroimán levantador | lifting magnet.

electroimán portador | lifting magnet.

electroimán selector | selecting magnet (telecommunications).

electroimán silenciador | silencer magnet.

electroimán sincronizador | phase magnet | trip magnet.

electroimán telegráfico | telegraph electromagnet.

electroindicador | electric indicator.

electroinducción | electric induction | electroinduction.

electrointerruptor | electrical interrupter.

electroiónico | electroionic.

electrólisis | electrolysis.

electrolítico | electrolytic | galvanic.

electrólito anfotérico | ampholyte.

electrólito fuerte | strong electrolyte (chemistry).

electrolito mineral | inorganic electrolyte.

electrólito sólido | solid electrolyte (electrochemistry).

electrolixiviar | electroleach (to).

electrolización | electrolyzation.

electrolizador | electrolyzer.

electrolizar | electrolyze (to).

electrología | electrology.

electrolón | electrolon.

electroluminiscencia | electroluminescence.

electromagnético | electromagnetic | magnetic.

electromagnetismo | electromagnetism.

electromagnetogasdinámica | electromagnetogasdynamics.

electromanómetro | electromanometer.

electromecánica | electromechanics.

electromería | electromerism.

electrómero | electromeric.

electrometalización | electrometalling | electrometallization.

electrometalurgia | electrometallurgy.

electrometría | electrometry.

electrométrico | electrometric.

electrómetro | electrometer.

electrómetro absoluto | absolute electrometer.

electrómetro capilar | capillary electrometer.

electrómetro de balanza | absolute electrometer | balance electrometer.

electrómetro de cuadrante | quadrant electrometer.

electrómetro de repulsión | repulsion electrometer.

electrómetro patrón | calibrating electrometer.

electrometrología | electrometrology.

electromicrografía | electromicrography.

electromigración | electromigration.

electromoción | electromotion.

electromoldear | electroform (to).

electromoldeo | electroforming.
electromotor | electric motor | electromagnetic engine | electromotor | motor.
electromotor de imanes permanentes | permanent-magnet motor.
electromotor de inducción lineal | linear induction motor.
electromotor de pequeña velocidad | low-speed electric motor.
electromotor monofásico | single-phase electromotor.
electromotriz | electromotor.
electrón | electron.
electrón Compton | Compton electron (nucleonics).
electrón cortical | shell electron.
electrón de caja externa | outer-shell electron.
electrón de conversión interna | internal conversion electron.
electrón de la capa K de un átomo | K-electron.
electrón de retroceso | recoil electron.
electrón de valencia | valence electron.
electrón del plasma | plasma electron.
electrón desacoplado | runaway electron.
electrón desviado | deflected electrón.
electrón estacionario | standing electron.
electrón expulsado | knocked electron.
electrón giratorio | spinning electron.
electrón impar | unpaired electron.
electrón incidente | incident electron.
electrón interno | inner-shell electron.
electrón K | K electron.
electrón L | L electron (electronics).
electrón ligado | bound electron.
electrón ligero | light electron.
electrón monoenergético | monoenergetic electron.
electrón orbital | orbital electron.
electrón percutido | knock-on electron.
electrón periférico | outer electron | outer-shell electron.
electrón planetario | orbital electron.
electrón positivo | antielectron | positive electron | positron.
electrón Q | Q electron.
electrón rápido | light electron.
electrón reflejado | reflected electron.
electrón relativista | relativistic electron.
electrón solitario | lone electron.
electrón térmico | negative thermion | thermoelectron.
electronegatividad | electronegativity.
electronegativo | electronegative.
electrones cautivos | trapped electrons.

electrones de rechazo | return electrons.
electrones parásitos | roaming electrons.
electrones retenidos | trapped electrons.
electrones sometidos a choques múltiples | multipacting electrons.
electrones vagabundos | roaming electrons.
electroneumático | electropneumatic.
electroneutrabilidad | electroneutrality.
electrónica aeronáutica | avionics.
electrónica aplicada a la navegación | navigational electronics.
electrónica biológica | bionics.
electrónica cuántica | quantum electronics.
electrónica de la física nuclear | nuclear-physics electronics.
electrónica espacial | avionics | space electronics.
electrónica integrada | integrated electronics.
electrónica molecular | molectronics.
electrónico | electronic.
electronismo | electronism.
electronización | electronization.
electronizar | electronize (to).
electronógeno | electron-producing.
electronografía | electronography.
electronomía | electronomy.
electronotecnia | electronic engineering.
electronucleónico | electronucleonic.
electrón-voltio | electron-volt.
electroóptica | electrooptics.
electropirolizador | electropyrolyzer.
electropirómetro | electropyrometer.
electroplastia | electrodeposition | electroforming | electroplating.
electroplastia de parcheo | parcel plating.
electroplateado | plated.
electropolar | electropolar.
electropolipasto | electric pulley block | electrical hoist.
electropositividad | electropositivity.
electropositivo | electropositive.
electropotencial | electropotential.
electroprecipitación | electroprecipitation.
electropropulsión | electrical propulsion.
electropulido | electropolishing.
electropulimentado | electropolishing.
electropulimento | electrolytic brightening | electromachining.
electropulir | electropolish (to).
electroquímica | electrochemistry | galvanochemistry.
electroquímico | electrochemical.
electrorradiómetro | electroradiometer.
electrorrefinación | electrorefining.
electrorrefinado | electrorefining.
electrorrefinar | electrorefine (to).

electrorregulador I electric regulator.
electrorreofóresis I electrorheophoresis.
electrorrepulsión I electrical repulsion.
electroscopia I electroscopy.
electroscopio I electrification detector I electroscope.
electrosedimentación I electrosedimentation.
electrosiderurgia I electrosiderurgy.
electrosierra I electric saw.
electrosis I electrosis.
electrosoldar I electroweld (to).
electrosoldeo I electrowelding.
electrosoldeo con roldanas I seamwelding.
electrosónico I electrosonic.
electrostático I electrostatic.
electrostatografía I electrostatography.
electrotecnia I electrical technology I electrotechnics I electrotechnology.
electrotecnología I electrotechnology.
electrotelemedición I electric telemetering I electrical telemetering.
electrotermia I electrotherm I electrothermancy I electrothermics I electrothermy.
electrotérmico solar I solar thermal electric (solar energy).
electrotermiónico I electrothermionic.
electrotermóforo I electrothermophore.
electrotermómetro I electrical thermometer.
electrotermostato I electric thermostat I electrothermostat.
electrotipia I electrotype I electrotyping I electrotypy.
electrotipo I electrotype.
electrotrén I electric train.
electrovalencia I electrovalence I polar bond.
electroválvula I electrically operated valve.
elemental I primary.
elemento I constituent I couple (electricity) I element I item I unit.
elemento amortiguador I losser.
elemento binario I bistable unit.
elemento captador de oxígeno I tramp element (metallurgy).
elemento combustible nuclear I nuclear fuel element.
elemento de acoplamiento I pairing element.
elemento de atenuación I losser element.
elemento de cinta I ribbon element (electricity).
elemento de enlace I pairing element.
elemento de imagen I picture dot (TV).
elemento de protección I protection element (electricity).
elemento de rastreo I tracking element.
elemento de seguimiento I tracking element.

elemento de señal I signal element (telegraphy).
elemento de una sola pieza I solid state.
elemento del acumulador I accumulator cell.
elemento extraíble I withdrawable element.
elemento fusible I link (electric fuse).
elemento indicador I tracer element.
elemento intercambiable I interchangeable unit.
elemento intersticial I interstitial (alloys).
elemento lineal I linear element (mathematics).
elemento natural I natural element (chemistry).
elemento NI I NOR element (computing).
elemento pasivo alineal I passive nonlinear element.
elemento primario I primary cell.
elemento radiactivo I radioelement.
elemento radiante I radiator.
elemento vacuosensible I vacuum sensing element.
elevación I elevation I raising I relief I rise.
elevación de la presión I boosting.
elevación de voltaje I voltage step up.
elevación del voltaje I boosting.
elevador I elevator I hoist I lifter.
elevador de barcos I ship lift (navigation channels).
elevador de cangilones I belt-bucket elevator.
elevador de tensión I line booster.
elevador de voltaje I booster I voltage booster I positive booster.
elevador de voltaje desfasador I quadrature booster (electricity).
elevador de voltaje síncrono I synchronous booster .
elevador electromagnético I magnetic hoist.
elevador neumático I airlift I pneumatic lift.
elevador reversible de tensión I reversible booster.
elevar I ascend (to) I hoist (to) I raise (to) I step-up (to).
elevar el octanaje I kick up (to).
elevar el voltaje I boost (to) (electricity).
elevarse I rise (to).
eliminabilidad I eliminability.
eliminación I removal.
eliminación de desechos radiactivos I radioactive waste disposal.
eliminación de ecos I echo cancellation.
eliminación de la humedad I moisture removal.
eliminación de las interferencias I interference prevention.
eliminación del ruido I noise stripping.

eliminador I blanker (radar) I rejector I scavenger (metallurgy).

eliminador de ecos I echo killer I echo suppressor I singing suppressor.

eliminador de hiperfrecuencia I radiofrequency suppressor.

eliminador de imagen I image remover.

eliminador de interferencias I interference filter I interference suppressor.

eliminador de oscilaciones parásitas I parasitic stopper.

eliminador de parásitos I noise suppressor I noise trap.

eliminador de perturbaciones I antijamming I noise trap.

eliminador de radiointerferencias I radiointerference eliminator.

eliminador de ruidos I noise killer I noise trap.

eliminador de sobrevoltaje I surge suppressor.

eliminador del efecto de cuadratura I quadrature suppressor (electricity).

eliminar I eliminate (to) I let down (to) (carbon) I scavenge (to) (metallurgy).

eliminar el hiposulfito I kill the hypo (to) (photography).

elipse de inercia I inertia ellipse.

elipsógrafo I trammel.

elipsoide índice I index ellipsoid.

elongación I digression (astronomy).

elongación plástica I plastic elongation.

eloxación I eloxation.

eloxadizar I eloxadize (to).

eluante I eluant.

elución I elution.

elutriación I air floating I elutriation.

elutriador centrífugo I centrifugal elutriator.

elutriar I air float (to) I elutriate (to).

eluviación I eluviation.

eluvial I eluvial.

eluvio I eluvium.

eluvión I eluvium.

emanación I efflux I emanation I fume.

emanación de actinio I actinon.

emanar I emanate (to).

emanometría I emanometry.

emanómetro I emanometer I radon content meter.

embalamiento I runaway (engines).

embalar I rev up (to) (engines).

embaldosar I flag (to).

embalsar I dam (to) I impound (to).

embalse I barrage basin I damming reservoir I impoundage I pond I reservoir I storage (dam) I storage basin.

embalse de detención I detention basin.

embarcación I boat I ship I vessel.

embarcadero I quay I wharf.

embarque aéreo I air shipment.

embarrancar I ground (to) I land (to) (ships).

embasamento I footing.

embeber I imbibe (to) I soak (to).

embisagrar I hinge (to).

embocadura I mouth I nozzle (waveguide).

embolado I stroke length (engines).

embolar I piston (to).

émbolo I piston I plunger.

émbolo con faldilla I solid piston.

émbolo de aspiración I pumping piston.

émbolo de guiaondas I waveguide plunger.

émbolo del acumulador I accumulator plunger.

émbolo del disparador I sear piston.

émbolo magnético I magnetic plunger.

embono de mamparo I bulkhead liner (ships).

embotado I blunt (edges) I edgeless.

embragar I clutch (to) I couple (to) I engage (to) I gear (to) I throw in (to).

embrague I clutch I connecting I coupling I engaging I engaging coupling.

embrague de acción obligada I positive clutch.

embrague de anillo I ring clutch.

embrague de cinta I band clutch.

embrague de contramarcha I reverse clutch.

embrague de discos I laminated clutch I plate clutch.

embrague de engrane I positive clutch I positive-contact clutch.

embrague de fluido magnético I magnetic fluid clutch.

embrague de fricción I slipping clutch.

embrague de fricción polidisco I multiplate friction clutch.

embrague de fricción reversible I reversible friction clutch.

embrague de garras I dog clutch.

embrague de líquido magnético I magnetic fluid clutch.

embrague de manguito I muff-coupling.

embrague de mordazas I jaw clutch.

embrague de rodillos I roller clutch.

embrague de rotación libre I overrunning clutch.

embrague de seguridad I safety clutch.

embrague de sobremarcha I overrunning clutch (autos).

embrague de trinquete I ratchet coupling.

embrague de uñas I dog clutch.

embrague del avance I feed clutch.

embrague deslizante I slip clutch.

embrague magnético I magnetic clutch.

embrague mecánico I mechanical clutch.

embrague monodisco I single-plate clutch.
embrague para marcha avante I forward gear.
embrague pluridental I multitooth clutch.
embrague pluridisco I multiplate clutch I multiple disc clutch.
embrague polidisco I multidisc clutch.
embrague sincronizado I synchronized clutch.
embreado I tarred.
embrear I pitch (to) I tar (to).
embrión de pieza I work blank.
embromar costuras I chinse (to) (navy).
embuchadora I inserter I inserter-stitcher.
embudo I bowl (geology) I funnel.
embudo con llave I tap funnel (chemistry).
embudo de contracción I shrink hole (metallurgy).
embudo de decantación I separating-funnel I separator.
embutibilidad I drawing ability.
embutición I deep-draw I hobbing I ironing I shaping I snarling I spinning I stretch-forming I swaging.
embutición de copas metálicas I ironing of metal cups.
embutición de tubos I pipe pressing.
embutición en varias pasadas I multiple drawing.
embutición por tracción I stretch pressing.
embutido I recessed I solid-drawn.
embutidor I inserter.
embutidor de clavos I nail set.
embutidor de remaches I rivet set.
embutidora I stuffer.
embutir I press hollow (to) I shape (to) I snarl (to) I stuff (to).
embutir en caliente I hot cup (to).
emeralita I emeralite.
emergencia I emergence.
emerger I surface (to).
emersión I emergence I emersion.
emético I emetic (chemistry).
emisión I eduction I emission I exit I release I run I sending (radio) I transmission (radio).
emisión A5 I A5 emission (TV).
emisión de campo nulo I zero-field emission.
emisión de falsas señales I meaconing.
emisión de luz I light emission.
emisión de prueba de televisión I television test transmission.
emisión de radiodifusión por ondas largas I long wave broadcasting station.
emisión de televisión en directo I live television broadcast.
emisión en cascada I cascade emission.

emisión en directo I live I live transmission (TV).
emisión espontánea I spontaneous emission.
emisión estereofónica I stereophonic broadcast.
emisión FO I F.O. emission.
emisión fotoeléctrica multifotón I multiphoton photoelectric emission.
emisión fuera de banda I out of band emission.
emisión hablada I talk (TV-radio).
emisión indeseada I unwanted emission (radio).
emisión interferente I jammer emission (interference current).
emisión iónica I ion emission.
emisión multicanal I multiple working.
emisión perturbadora I jammer (radio).
emisión pulsada I pulsed emission.
emisión regular I routine broadcast.
emisión secundaria I secondary emission.
emisión telegráfica I telegraph emission.
emisión termiónica I thermionic emission.
emisividad I emissivity.
emisor clave I code emitter.
emisor controlado I controlled sender (telecommunications).
emisor de chispas I spark transmitter (radio).
emisor de frecuencia media I medium-frequency transmitter.
emisor de gran longitud de onda I long wave length emmiter.
emisor de impulsos I pulse transmitter.
emisor de infrarrojo I infrared source I infrared transmitter..
emisor de llamadas I keysender (telephony).
emisor de óxido de magnesio I magnesium oxide emitter.
emisor de radiaciones infrarrojas I infrared emitter.
emisor de radiodistribución I rediffusion transmitter.
emisor de rayos beta de baja energía I low-energy beta-ray emitter.
emisor de rayos gamma I gamma emitter.
emisor de rayos láser I laser transmitter.
emisor de señal de velocidad I rate transmitter.
emisor de sonido para televisión I television sound transmitter.
emisor de telemetría I telemetry sender.
emisor dirigido I beam transmitter.
emisor mayoritario I majority emitter (telecommunications).
emisor perturbador I hodge-podge I jammer.

emisor radiotelefónico | phone transmitter.
emisora de radio | radio station.
emisora de radio de muchas portadoras | multicarrier transmitter.
emisora de señales patrón | standard station (radio).
emisora de televisión | television broadcasting station.
emisora móvil | mobile station.
emisora portátil | mobile station.
emisor-receptor accionado por impulsos | transponder.
emisor-receptor portátil | transceiver | walk-ie-talkie..
emisor-receptor radárico | radar transponder.
emitancia | emittance.
emitir | release (to) (fume) | transmit (to).
emitir en cadena | link up (to) (radio, TV).
emitir impulsos | pulse (to).
emitir rayos | ray (to).
emmonita | emmonite.
emolescencia | emollescence.
emolescente | emollescent.
empalmador | splicer (electricity) | through joint (electricity).
empalmador de cables | jointer.
empalmar | branch off (to) | connect (to) | couple (to) | fay (to) | join (to) | join up (to) | joint (to) | splice (to).
empalmar a cremallera | joggle (to).
empalmar a espiga | joggle (to) (carpentry).
empalme | adapter | coupling | fay | joining | jointing | junction | link up | linkage | splice | splicing | straight-through joint (electricity).
empalme a rayo de Júpiter | oblique scarf joint.
empalme a tope | square joint.
empalme abierto | open joint.
empalme con cubrejuntas | welted joint.
empalme cubierto | shielded joint (electricity).
empalme de aletas | lug splice (electricity).
empalme de barbilla | joggle-joint.
empalme de cables | cable joint.
empalme de cinta | tape splice.
empalme de cola de milano | fantail joint.
empalme de cremallera | joggle-joint.
empalme de derivación | tap joint (electricity) | tap splice.
empalme de espiga | joggle | joggle-joint.
empalme de larguero | spar splicing (airplanes).
empalme de lengüeta postiza | feather joint.
empalme de retención | stop joint (electricity).
empalme de revestimiento | skin splice (airplanes).

empalme en una línea con corriente | live-line splicing (electricity).
empalme ferroviario | railway junction.
empalme flexible | pigtail splice.
empalme mecánico | mechanical joint.
empalme soldado | soldered splice.
empalme un poco separado | open joint (welding).
empalomar | marl (to) (ships).
empanelado | paneling.
empaquetador | wrapper.
empaquetadura de laberinto | labyrinth packing (turbine).
emparedar | wall (to).
emparejador | jogger.
emparejadora-apiladora | jogger-stacker.
emparejamiento | jogging (typography).
emparejamiento por clave | key matching (computing).
emparejar | match (to).
emparrillado | grillage.
emparrillado de un reactor | reactor lattice.
emparrillar | grate (to).
empenaje en T | tee-tail (aeronautics).
empernar | bolt (to) | pin (to).
emplazador del bucle | loop setter (telephony).
emplazamiento | location | site.
emplazar | site (to).
emplomado | leaded | terne.
emplomadura | leading | lead-coating.
emplomar | lead (to).
empobrecer | poison (to) (catalyzer).
empobrecer la mezcla | lean (to).
empobrecimiento | derichment (chemistry) | poisoning (catalyzer).
empotrado | encastered | fixed.
empotramiento | abutment | embedment | fixing | housing | impaction.
empotrar | imbed (to).
empujador de leva | cam follower.
empujador de rodillo | roller follower (valves).
empujador de seta | mushroom tappet (valves).
empujador de válvula | valve tappet. | lifter.
empujadora de traílla | scraper pusher.
empujadora niveladora | bulldozer.
empujar | propel (to) | push (to) | thrust (to).
empujaválvula | tappet.
empuje | push | thrust.
empuje al despegue | thrust at take-off (aeronautics).
empuje de la hélice | propeller thrust | thrust of propeller.
empuje eficaz | effective thrust.
empuje específico | specific thrust.
empuje nulo | zero thrust.

empuje por agua | water drive (oil well).
empuje propulsor | propelling thrust.
emulación | emulation.
emulgente | emulgent.
emulsificador | emulsifier.
emulsificador de grasas | fat emulsifier.
emulsión | emulsion.
emulsión de aceite y agua | oil water emulsion.
emulsión de petróleo y agua | oil water emulsion.
emulsión delgada peliculable | stripping film.
emulsión opaca | cloudy emulsion.
emulsión para detectar trayectorias nucleares | nuclear-track emulsion (plates).
emulsionabilidad | emulsibility.
emulsionable | emulsible | emulsificable.
emulsionado | emulsified.
emulsionador | emulsifier.
emulsionadora centrífuga | centrifugal emulsifier.
emulsionamiento | emulsification.
emulsionante | emulsifier.
emulsionar | emulsify (to) | emulsionize (to) | wipe-on (to) (lithography).
emulsivo | emulsifier.
emulsoide | emulsoid (chemistry).
emulsor | emulseur | emulsifier.
emulsor de aire | air pump.
en caliente | in-pile (nuclear energy).
en cantidad | in bridge (electricity) | in multiple (electricity) | in parallel (electricity) | in quantity | in shunt (electricity).
en circuito | in circuit | on.
en conexión directa | on-line.
en contacto | in contact.
en derivación | in bridge | in leak | in multiple | in parallel | in quantity | in shunt.
en derivación con la carga | in shunt with the load (electricity).
en el aire | on air (radio) | on the air (radio).
en emisión | on the air.
en espera | stand by.
en fase | in phase | in step | inphase.
en forma de V | vee.
en funcionamiento | in operation | on-power (engines, nuclear reactor).
en impresión | in print | in the press.
en lastre | in ballast (ships).
en línea | in line.
en marcha | in blast | on.
en múltiple | multed (telecommunications).
en paralelo | in bridge | in multiple | in parallel | in shunt | multiple (electricity) | shunted (electricity).

en paralelo con la carga | in shunt with the load.
en prensa | in the press.
en reposo | on hook (telephony).
en reserva | stand by.
en seco | in fork (mining).
en serie | cascade (electricity) | in line (electricity) | tandem (electricity) | tandem-mounted (electricity).
en servicio | in operation.
en sincronismo | in step (electricity).
en triángulo abierto | in open delta (electricity).
en vacío | idle.
en vuelo | in flight (airplanes).
encabritado | zooming (airplanes).
encabritamiento | jump (ballistics).
encabritamiento brusco | pull-up (airplanes).
encabritarse | buck (to) (airplanes).
encadenado | dissolve.
encadenar | link (to) | tie (to).
encajar | fit (to) | gear (to) | imbed (to).
encaje | fit.
encaje apretado | tight fit.
encallar | ground (to).
encaminar | route (to).
encanilladora | cop winder.
encanillar | spool (to) | wind (to).
encapsulación | encapsulating | encapsulation | potting.
encapsulado | encapsulation | potted.
encapsular | encapsulate (to).
encarretar | spool (to).
encartadora | inserter | inserter-trimmer.
encartadora-cosedora | inserter-stitcher.
encarte | inset | tipping.
encasquillada | jammed (weapons).
encasquillamiento | jam (weapons) | jamming (weapons).
encasquillar | bush (to).
encasquillarse | jam (to) (weapons).
encastrar | imbed (to).
encastre a presión | press fit.
encauzar | channel (to).
encendedor | igniter | ignitor.
encendedor por bobina de alto voltaje | jump-spark igniter.
encender | blaze (to) | fire (to) | flame (to) | light (to) | switch in (to) (electricity) | warm (to).
encendido | firing (engines) | ignition | in blast (blast furnaces) | lighting | lighting up (boilers) | on | power-up | sparking (engines).
encendido eléctrico | electric ignition.

encendido electrónico | electronic ignition.

encendido estático | static firing (aerospatial engineering).

encendido por bujías | spark plug ignition.

encendido por inyección de gasóleo | oil-fuel ignition (gas engine).

encendido por magneto | magneto ignition.

encendido prematuro | preignition (engines).

encendido sencillo | single ignition (engine).

encerar | wax (to).

encerrar | enclose (to).

enchapado | plated | veneering.

enchapar | loricate (to) | plate (to).

enchavetado | keyed | keyed-on | keying.

enchavetar | forelock (to) | key (to) | pin (to) | wedge (to).

enchufar | plug (to) | plug in (to) | socket (to) | switch on (to).

enchufe | hub | plugging in | tap.

enchufe de bayoneta | bayonet holder | bayonet plug.

enchufe de conexión a la red | main plug.

enchufe de conmutación | throw-over plug (telephony).

enchufe de mandril | mandrel socket.

enchufe de pared | wall socket.

enchufe de tres clavijas | three-prong plug (electricity).

enchufe hembra | female adapter | female connector | socket | socket outlet.

enchufe macho | male connector | male plug | pin plug | socket plug (electricity).

enchufe macho y hembra | male and female plug.

enchufe monopolar | one-pole plug.

enchufe multiclavijas | multipin plug.

enchufe mural | wall socket.

enchufe tomacorriente | plug-in.

encintado | taped (cables).

enclavamiento | interlock | lock-in | locking-in.

enclavamiento absoluto | absolute block (railways).

enclavamiento automático | automatic locking.

enclavamiento auxiliar | section blocking (electricity).

enclavamiento condicional | permissive blocking (railways).

enclavamiento de continuidad | rotation locking (railways).

enclavamiento de fase | phase interlocking (telecommunications).

enclavamiento de itinerario | route locking.

enclavamiento de sección | section locking (railway line).

enclavamiento de teclado | keyboard interlocks.

enclavamiento del paso | pitch-lock (screws).

enclavamiento mecánico | mechanical interlocking | mechanical locking.

enclavamiento múltiple | special locking (railways).

enclavar | latch (to) (railways) | lock (to).

enclave | outlier (geology).

enclavijar | bolt (to) | pin (to) | wedge (to).

encofrado | casing | lining | mould (G.B.) | plank lining.

encofrar | crib (to) (mining) | plank (to) (mining) | sheath (to).

encogimiento | shrink.

encoladora | glue spreader | gluing machine.

encolar | glue (to).

encontrar petróleo | strike (to).

encorvadura | flex.

encorvar | spring (to).

encorvarse | buckle (to).

encuadernación | bookbinding | bookmaking.

encuadernación mecánica | mechanical binding.

encuadernar | bind (to) | bookbind (to).

encuadrado holgado | loose framing (TV).

encuadramiento | mapping (radar, televisión) | panning (TV).

encuadrar | align (to) | bracket (to) | trim (to).

encuadre | framing | mapping (radio) | racking.

encuadre de la imagen | image framing.

encuadre de líneas | line centering (TV).

encuadre vertical | vertical centering (TV).

encuentro | strike (vein).

encuentro orbital | orbital rendezvous.

endentar | joggle (to) (beams) | mesh (to) | tooth (to).

enderezar | gag (to) (rail) | right (to).

enderezar en caliente | hot-straighten (to).

endodino | endodyne.

endoérgico | endoergic.

endorradiosonda | endoradiosonde.

endotermia | endothermy.

endotérmico | endoergic | endothermal | endothermic.

endurecedor | hardener | hardening material.

endurecer | harden (to) (metallurgy) | indurate (to) | temper (to) (glass) | toughen (to) (glass).

endurecer por acritud | work-harden (to).

endurecer por laminación en frío | temper (to) (thin gauge sheets).

endurecer por medios mecánicos | work-harden (to) (metallurgy).

endurecibilidad | hardenability.

endurecibilidad por envejecimiento | age hardenability.

endurecible por envejecimiento | age-hardenable.

endurecimiento | hardening.

endurecimiento estructural | precipitation hardening.

endurecimiento isotérmico | isothermal hardening.

endurecimiento neutrónico | neutron hardening.

endurecimiento por acritud (se sobrepasa el límite elástico) | work hardening.

endurecimiento por deformación en frío | strain hardening.

endurecimiento por deformación plástica | strain hardness.

endurecimiento por disolución | solution hardening.

endurecimiento por dispersión de un óxido | oxide dispersion strengthening (metallurgy).

endurecimiento por envejecimiento | age hardening | ageing hardness.

endurecimiento por inducción | induction hardening.

endurecimiento por irradiación | irradiation hardening.

endurecimiento por laminación en frío | temper hardening | tempering.

endurecimiento por medios mecánicos | work hardening.

endurecimiento por oxidación | oxidation hardening.

endurecimiento por precipitación | precipitation hardness.

endurecimiento por presión | press hardening.

endurecimiento por radiación | radiation hardening.

endurecimiento por reposo | aging hardening.

endurecimiento por revenido | secondary hardening (metallurgy) | secondary hardness.

endurecimiento por temple | quench hardening.

endurecimiento por temple instantáneo | quenching hardening.

eneodo | nine-electrode tube (nine electrode valve).

energético | energy-producing | energy-yielding..

energía | force | power.

energía a la temperatura del cero absoluto | zero point energy.

energía absorbible | absorbable energy.

energía absorbida | input.

energía acústica | sonic energy | sound energy.

energía atómica | atomic energy | atomic power.

energía cinética | active energy | actual energy | kinetic energy | motional energy | motive energy | motivity.

energía cinética de rotación | spin energy.

energía concentrada | untapped energy.

energía cuántica | quantic energy.

energía de absorción por resonancia | resonance absorption energy (radio).

energía de conducción | advected energy.

energía de deformación real | true-strain energy.

energía de desintegración nuclear | Q-value.

energía de enlace | bond energy | separation energy (physics).

energía de enlace de un protón | proton binding energy.

energía de enlace neutrónica | neutron binding energy.

energía de enlace nuclear | nuclear binding energy.

energía de enlace por partícula | packing fraction (nuclear physics).

energía de entrada | input.

energía de excitación de electroimán | magnet power.

energía de ionización | ionizing energy.

energía de radiación del láser | laser output energy.

energía de radiación láser | laser radiation energy.

energía de red cristalina | lattice energy.

energía de repulsión | repulsive energy.

energía de reserva | standby power.

energía de resonancia | resonance energy.

energía de resonancia iónica | ionic resonance energy.

energía de rotación | rotational energy.

energía de sustitución | replacement energy.

energía eléctrica | electric energy | electric power | electrical energy.

energía eléctrica de generación nuclear | nuclear-generated electric power.

energía eléctrica primaria | primary power.

energía eléctrica producida por combustible nuclear | nuclear fueled electrical power.

energía eléctrica ultrasónica | ultrasonic electrical energy.

energía en el cero absoluto | zero-point energy (physics).

energía eólica | wind energy | wind power.

energía equivalente del kilotón | kiloton energy.

energía fotovoltaica solar | photovoltaic solar energy.

energía geotérmica | hot rock energy.

energía hidráulica | water power.

energía interna | internal energy | intrinsic energy.

energía intrínseca | intrinsic energy.

energía mareal | tidal energy | tidal power.

energía maremotriz | tide-power.

energía media | mean energy.

energía media de ionización | mean ionization energy.

energía megatónica | megaton energy (nuclear burst).

energía motriz | motive energy.

energía nuclear | atomic energy | nuclear energy.

energía nula | zero energy.

energía radiante incidente | incident radiant energy.

energía radiante por unidad de superficie | radiance.

energía radioeléctrica | RF energy.

energía reactiva | kilovar output | reactive energy | reactive volt-amperes.

energía real | actual power.

energía recibida | input.

energía remanente | residual energy.

energía renovable | renewable energy.

energía reticular | lattice energy.

energía secundaria | secondary energy.

energía solar | sun power.

energía térmica | heat energy | thermal power.

energía térmica solar | solar thermal energy.

energía termonuclear | thermonuclear energy.

energía total de enlace de los electrones | total electron binding energy.

energía umbral | threshold energy (physics).

energía utilizable | availability.

energía volumétrica | volume energy.

energía Wigner | Wigner energy.

energización | energizing.

energizador | energizer.

energizar | energize (to).

enfaldilladora | flanger.

enfaldillar | angle (to) (plates).

enfocar | focalize (to) | focus (to).

enfoque | focalization | focusing | viewing.

enfoque iónico | ionic focusing (radio).

enfoque magnético | magnetic focusing.

enfoque magnetostático | magnetostatic focusing.

enfoque por solenoide | solenoid focusing.

enfoque visual | visual focusing (photography).

enfoscado | rough-cast.

enfoscar | parget (to) | rough-coat (to) (walls).

enfriado ablativamente | ablatively cooled.

enfriado con anhídrido carbónico líquido | liquid-CO_2-cooled.

enfriado con sodio líquido | liquid-sodium-cooled.

enfriado en aceite | oil quenched (metallurgy).

enfriado en fosa | pit-cooled (metallurgy).

enfriado en un líquido | liquid-quenched.

enfriado por agua | water-cooled.

enfriado por agua salada | seawater-cooled.

enfriador | coolant | cooler.

enfriador del aceite de temple | quenching-oil cooler.

enfriador tubular | tubular cooler.

enfriamiento | chill | chilling | cooldown | cooling.

enfriamiento con nitrógeno líquido | liquid nitrogen cooling.

enfriamiento de sublimación | sublimation cooling.

enfriamiento en aceite | oil quenching.

enfriamiento en baño de plomo | lead-cooling.

enfriamiento entre cal | lime cooling.

enfriamiento forzado | supercharged cooling (electricity).

enfriamiento interior | internal cooling.

enfriamiento interno | inner-cooling.

enfriamiento nuclear | nuclear cooling (frigo-technique).

enfriamiento por ablación | ablation cooling | ablative cooling (mechanics).

enfriamiento por aceite | oil cooling.

enfriamiento por aletas | rib cooling.

enfriamiento por camisa exterior | jacket-cooling.

enfriamiento por condensación superficial | sweat cooling.

enfriamiento por debajo de cero grados K | subfreezing.

enfriamiento por inmersión | immersion cooling.

enfriamiento por líquido | liquid-cooled.

enfriamiento por neblina | mist cooling.

enfriamiento por pulverización | spray cooling.

enfriamiento por sodio | sodium cooling.

enfriamiento rápido | quench | quenching.

enfriamiento termoeléctrico | thermoelectric cooling.

enfriar | chill (to) | cool (to) | temper (to) (gas).

enfriar a presión | pressure-cool (to).

enfriar con sodio líquido | sodium-cool (to).

enfriar con un líquido | liquid-cool (to).

enfriar rápidamente en un líquido | quench (to).

enfrisar | wainscot (to).

enfurtido | milling.

enfurtido ácido | acid fulling.

enfurtir | mill (to).

engalgar | back (to) (anchor).

enganchador de vagones | car coupler (mining).

enganchapercutor | jar latch (drillings).

enganchar | hook (to) | hook-up (to) | latch (to).

enganche | branching (telephony) | fall-in | hooking on | joint | latching | lock-on (radar) | seizing (telephony).

enganche con red | mains hold.

enganche de barras | rod coupling.

enganche de fase | phase lock (electronics).

enganche de oscilaciones | release of oscillations (telecommunications).

enganche de vagones | car coupler (train).

enganche inferior | ingate-plot (working pit).

engastado | chased.

engastador | chaser.

engastar | chase (to).

engaste | chasing | seating.

engatilladora | seamer.

engazador | looper.

engomado | gummed | rubberized.

engomar | gum (to).

engoznar | hinge (to).

engranaje | connection | gear | gearing.

engranaje angular | angular gear.

engranaje anular | ring gear.

engranaje bañado en aceite | oil-immersed gear.

engranaje bihelicoidal | V gear.

engranaje con piñón | pinion gear.

engranaje cónico | angular gear | conical gear | miter gears | miter wheel | mitre (G.B.) | wedge gearing.

engranaje cónico de dentadura interna | internal bevel gear.

engranaje cónico de dientes oblicuos | oblique bevel gear.

engranaje conicohelicoidal | spiral bevel gear.

engranaje de avance | feed gear.

engranaje de baja velocidad | louver gear (autos).

engranaje de cadena | chain gear.

engranaje de cambio | change gear.

engranaje de cambio de marcha | yoke gear.

engranaje de cambio de velocidad | tumbler gear.

engranaje de corona | drum gear.

engranaje de cremallera | rack gear.

engranaje de dentadura ancha | wide-gear.

engranaje de dentadura chata | stub-tooth gear.

engranaje de dentadura discontinua | intermittent gear.

engranaje de dentadura espiral | spiral gear.

engranaje de dentadura frontal | face gear.

engranaje de dentadura interior | internal gear.

engranaje de dientes cortos | stub-tooth gear.

engranaje de dientes rectos | spur gear.

engranaje de eje movible | pivot gearing.

engranaje de giro | bull gear.

engranaje de inversión | yoke gear.

engranaje de la distribución del encendido | timing gear (engines).

engranaje de linterna | lantern gear | pin gearing | pinwheel gear.

engranaje de manguito | quill gear.

engranaje de perfil de evolvente de círculo | involute gear.

engranaje de plato | plate gear.

engranaje de pulvimetal | powder-metal gear.

engranaje de reducción simple | single-reduction gear.

engranaje de retroceso | reverse gear.

engranaje de rueda dentada y tornillo sin fin | screw gear.

engranaje de rueda y cadena | sprocket gear.

engranaje de toma constante | intermeshing gear.

engranaje de tornillo sin fin | worm and wheel | worm drive | worm gear.

engranaje de tornillo tangente | worm and wheel | worm gear.

engranaje de transmisión | connecting gear.

engranaje de transposición | transposing gear.

engranaje de vaivén | seesaw gearing.

engranaje de velocidad variable | multispeed gearing.

engranaje del arrancador | starter gear.

engranaje del avance longitudinal | sliding gear.

engranaje deslizante | sliding gear.

engranaje desmultiplicador | reducing gear.

engranaje desplazable | sliding gear.

engranaje diferencial | balance gear | equalizing gear.

engranaje elíptico | elliptic gear.

engranaje en dos piezas | split gear.

engranaje encerrado en cárter | shrouded gear.

engranaje epicicloidal | solar gear | star gear.

engranaje exterior | outside gear.

engranaje helicoidal | angular gear | screw gear | wheel screw | worm gear | worm wheel.

engranaje hiperbólico | skew gear.

engranaje impulsor | power gear.

engranaje inferior | undergear.

engranaje intermedio | idler gear | stud gear.

engranaje intermitente | intermittent gearing.

engranaje interno | inside gear.

engranaje inversor | tumbler gear.

engranaje métrico | metric gear | module gear.

engranaje micrométrico | vernier gear.

engranaje moldeado | moulded gear.

engranaje motor auxiliar | accessory drive gear.

engranaje multiplicador | increase gear | overgear.

engranaje planetario | planet gear | planetary gear | planetary motion | sun gear | sun-and-planet gear.

engranaje por corona sin fin | worm wheel gear.

engranaje preselector | preselector-type gearing.

engranaje principal | master gear.

engranaje reductor | back gear | nest of gears.

engranaje reductor epicicloidal | star reduction gear.

engranaje revenido en aceite | oil-toughened gear.

engranaje selector | pickoff gear.

engranaje silencioso | silent gear.

engranaje sobre un eje hueco | quill gear.

engranaje sólido | plate gear.

engranaje templado en aceite | oil-hardened gear.

engranaje trabador | locking gear.

engranaje tubular | quill gear.

engranaje unilateral | unilateral gear.

engranajes de avance | feed pickup gears (lathe).

engranar | gear (to) | gear up (to) | intermesh (to) | mate (to) | mesh (to) | throw in (to) (gear) | tooth (to).

engrane | gear | gearing | mesh.

engrane recto | spur gear.

engrasado | oiled.

engrasador | greaser | lubricator.

engrasador de mecha | wick lubricator.

engrasador Stauffer | screw feed grease cup.

engrasar | grease (to) | oil (to).

engrase | greasing | oiling.

engrosar | thicken (to).

engruesamiento de una capa | lensing (geology).

enhebradora | threader | threading machine.

enhidro | enhydro | enhydrous.

enjullo | loom beam (loom).

enlacado | lacquering.

enlacar | lacquer (to).

enlace | affinity | attaching | bond (chemistry) | bonding | bootstrap (nucleonics) | bracketing | interlacing | link | linkage | linking | pairing (gear) | tie | tieline (telecommunications) | touch | trunk | trunking.

enlace alámbrico | wire link (telecommunications).

enlace automático | dial trunk.

enlace básico | basic linkage (computer).

enlace bilateral | two-way connection (telecommunications).

enlace cable-radio | cable-radio connection.

enlace común | bus (computing) | common trunk | data bus.

enlace con conmutación | switched link (telecommunications).

enlace covalente | homopolar bond | linked bond | valence bond.

enlace de comunicación | communication link.

enlace de conexión | feeder link.

enlace de datos | data bus.

enlace de direcciones | address bus (computing).

enlace de fibra óptica | optical fiber link.

enlace de guía de alambre | wire guidance link.

enlace de hidrógeno | hydrogen bond.

enlace de interceptación | intercepting trunk.

enlace de larga distancia | intertoll trunk.

enlace de llegada | incoming junction (telephony) | incoming trunk (telecommunications).

enlace de radio | data link | radio beam | radio link.

enlace de registro | recording trunk (electricity).

enlace de salida | local out junction (telephony).

enlace de televisión | television connection | television link.

enlace de transferencia | transfer trunk (telephony).

enlace de valencia | valence bond.

enlace de VHF | V.H.F. link.

enlace débil | low binding.

enlace directo | tie line (telephony).

enlace en ambos sentidos | two-way link (telecommunications).

enlace en grupo terciario | mastergroup link.

enlace en línea | line link (telecommunications).

enlace entre bastidores | interbay trunk (telephony).

enlace entre estudio y transmisor | studio-transmitter link.

enlace entre posiciones | interposition trunk (telephony).

enlace hertziano | radio beam | radio link.

enlace hertziano de ondas métricas | VHF radio link.

enlace heteropolar | heteropolar bond.

enlace homopolar | homopolar bond.

enlace inactivo | inactive bond.

enlace intermolecular | intermolecular bond.

enlace interplanetario por radio | interplanetary radio contact.

enlace intersatélite | intersatellite communication | intersatellite link.

enlace interurbano | intercity link (telecommunications).

enlace iónico | ionic bond (chemistry) | polar bond.

enlace iónico covalente | ion covalent bonding.

enlace iónico-covalente | ionic-covalent bonding.

enlace lateral | spur link.

enlace local | local trunk.

enlace magnético | magnetic linkage.

enlace molecular | molecular bond.

enlace móvil | oscillating bond.

enlace móvil de la televisión por cable | mobile picture relay.

enlace multicanal | multichannel link (telecommunications).

enlace múltiple de radio | multiplex communication.

enlace múltiplex | multiplex system.

enlace multisatélite | multisatellite link.

enlace óptico para navegación | optical navigation attachment.

enlace oscilante | oscillating bond.

enlace para | para-bond (chemistry).

enlace peptídico | peptide bond.

enlace por cable | cable link (telecommunications).

enlace por difusión | scatter radio link.

enlace por dispersión | scatter circuit.

enlace por dispersión ionosférica | ionospheric-scatter link.

enlace por ferrocarril | rail link.

enlace por microondas | microwave link | microwave route.

enlace por radioteleimpresor | radioteletypewriter link.

enlace por satélite | satellite link.

enlace por teletipo | telex link.

enlace principal | radio trunk.

enlace químico | linkage.

enlace radárico por microondas | microwave radar link.

enlace radioeléctrico | radio link | skyway.

enlace radioeléctrico bilateral | two-way radio link.

enlace radiofónico | microwave link | program link | radio link.

enlace radiotelefónico | interphone | radiotelephone relay link.

enlace radiotelegráfico | radiotelegraph link.

enlace rápido directo | straightforward junction.

enlace reactivo | reactive bond (chemistry).

enlace rígido | stiff connection.

enlace semicomún | partial common trunk.

enlace submarino | underwater link (telecommunications).

enlace telefónico | phone patch | telephone connection | telephone link.

enlace telefónico por cable | telephone cable link.

enlace telefónico privado | tie trunk.

enlace telegráfico | telegraph connection | telegraph link.

enlace télex | telex route | telex connection.

enlace télex por radio | telex radio link.

enlace terrestre | land circuit (telecommunications) | line link.

enlace terrestre por microondas | rearward microwave link.

enlace transoceánico | transoceanic link (telecommunications).

enlace triorbital | three-orbital bond.

enlace unidireccional | one-way trunk.

enlace unilateral | one-way trunk.

enlace urbano | city trunk (telephony).

enlace visual | visual link.

enlace vítreo inorgánico | inorganic glassy bond.

enlaces nucleares | nuclear bonds (nucleonics).

enlaces reticulares | lattice binding.

enladrillar | brick (to).

enlatar | can (to).

enlazado | connected.

enlazar | link (to) | tie (to) | unite (to).

enllantar | tire (to) (wheels).

enlomado | backing (bindings).

enlomar | back (to) (books).

enlosar | flag (to).

enlucido | floated work | parget | plaster | plaster coat (masonry).

enlucido acústico | acoustical plaster (construction).
enlucido con mástique de hierro | iron coat.
enlucir | coat (to) | float (to) | parget (to).
enmangar en caliente | shrink on (to) (tools).
enmanguitado | jacketed.
enmanguitar | jacket (to) | shrink on (to) (cannons).
enmascarado fotográfico | masking.
enmascaramiento | mask (computing).
enmascaramiento auditivo | aural masking.
enmascaramiento de interrupción | interrupt mask.
enmascaramiento del radar | radar camouflage.
enmascaramiento (milicia) | camouflage.
enmascarar | mask (to).
enmasillado | luting.
enmasillar | fill (to) | lute (to).
enmohecimiento | rusting.
enmuescar | slot (to).
enobarómetro | enobarometer.
enolizable | enolizable.
enoquímica | chemical enology | enochemistry.
enoquímico | enochemist.
enrarecido | rare.
enrasamiento | leveling.
enrasar | flush (to) | fur (to) | grade (to).
enrejado | grillage | lacing | lattice | railing.
enriquecido con plutonio | plutonium-enriched (nuclear propellant).
enrollado | rolled.
enrollador | coiler.
enrollamiento | rolling | winding.
enrollamiento a máquina | machine-winding.
enrollamiento de entrada | primary coil (transformers).
enrollamiento del núcleo de la magneto | magneto core winding.
enrollamiento ondulado | wave winding.
enrollar | spool (to) | wrap (to).
enroscado | twisted.
enroscadura | twist.
ensamblado de trabajos | work assembly (program).
ensamblador | assembler (computing).
ensamblador de macro | macro assembler.
ensambladora | jointer.
ensambladura | accouplement | joining (carpentry) | joint | jointing | tabling.
ensambladura a inglete | mitering.
ensambladura de caja y espiga | mortise joint.
ensambladura de cola de milano | fantail joint.
ensambladura de falsa espiga | feather joint.

ensambladura endentada | joggle-joint.
ensamblaje | assembly | joinery | joining.
ensamblaje del depósito de difusión | nozzle assembly.
ensamblar | accouple (to) | assemble (to) | fitup (to) | join (to) | joint (to).
ensamble | erection.
ensamble en cola de milano | lap dovetail.
ensanchador | stretcher.
ensanchador de un pozo | underreamer.
ensanchamiento | widening.
ensanchar | extend (to) | widen (to).
ensanche | expansion.
ensayar | try (to).
ensayo | proof | rehearsal | testing | trial | try.
ensayo al choque | shock test.
ensayo de abrasión | abrasion test.
ensayo de aceleración | G test.
ensayo de apreciación | judgement test (telecommunications).
ensayo de bombeo | pumping test.
ensayo de chispa | spark-over test (electrotecnics).
ensayo de cohesión | peel test.
ensayo de fugas radiactivas | radioactive leak test.
ensayo de materiales por rayos X | X-ray testing of materials.
ensayo de minerales | ore assaying.
ensayo de programa | test run.
ensayo de prueba | test trial.
ensayo de ruptura | tension test.
ensayo de sobrecarga | proof test.
ensayo de tensión | voltage test (electricity).
ensayo de torsión | torsion test.
ensayo de trepidación | shake test.
ensayo de vibraciones | vibration test.
ensayo en vacío | off-circuit test.
ensayo manométrico | pressure test.
ensayo por vía húmeda | wet assay (chemistry) | wet essay.
ensayo tecnológico | technological test.
ensenada | inlet.
enstatita | enstatite.
entabladura | planking.
entablonado | planked.
entalingar | bend (to) (anchor).
entalla | nick | notch | notching.
entalla en U | keyhole notch.
entalla en V | V notch.
entalla Izod en V | Izod V notch.
entallado | notched | spinning.
entallado de chapas metálicas | metal spinning.
entalladura | jagging | kerf | mortise.

entalladura poco profunda I shallow notch.
entallar I hole (to) I nick (to).
entalpía de enlace de iones I ion bond enthalpy.
entalpía mása I mass enthalpy.
entarimado I boarding I flooring.
entarimar I floor (to).
entarquinamiento I silt deposition.
enterizo I solid-forged.
entero binario I binary integer.
entibación I bonding (mining) I bracing I cribbing I lag I propping (mining) I shoring I staying (mining) I timbering I trench bracing (construction) I tubbing (mining) I tubage.
entibación armada I reinforced timbering.
entibación cuadricular I square set.
entibación de pozos I pit shoring.
entibación metálica I steel-timbering.
entibación perdida I lost timbering (mining).
entibación poligonal I rafter set (mining).
entibado I planked (mining) I timbering.
entibado adosado I close-set timber.
entibado del techo I lofting (mining).
entibado reforzado I reinforced timbering (mining).
entibamiento I shoring.
entibar I back (to) (mining) I lag (to) (mine pit) I plank (to) I prop (to) I sheet (to) (ditchs) I shore (to) (mining) I stay (to) I timber (to) (mining) I wainscot (to).
entibar el techo I bridge (to) (mining).
entintador I inker.
entintar I ink (to).
entorno volátil I volatile environment (computing).
entrada I admission (machines) I entrance I entry I gate I ingate (molds) I ingress I inlet I input I logging in I mouth (mining) I threshold I throat.
entrada a nivel cero I zero-level input.
entrada asimétrica I unbalanced input (radio).
entrada de aire I air induction I intake.
entrada de aire a presión I ram air inlet.
entrada de antena I aerial weight I antenna input.
entrada de corriente I leading-in wire.
entrada de línea I line in (sound).
entrada de micro/línea I mic/line input.
entrada de programa I program entry (computing).
entrada de radiofrecuencia I RF input (image and sound).
entrada de rampa I ramp input (aeronautics).
entrada de reenganche I reset-input.
entrada de terminal I terminal entry.
entrada de una máquina I feed end.

entrada del sonido I fade in (fitting) I sound gate.
entrada en comunicación I handshaking I log on.
entrada en comunicación con el sistema I logging in.
entrada en pérdida I stalling.
entrada en tiempo real I real-time input (computing).
entrada equilibrada I balanced input (circuit).
entrada positiva I positive input (electronics).
entrada posterior I back entry.
entrada sincrónica I fall-in (engines).
entradas en múltiples I multed inputs (telecommunications).
entradas-salidas I input-output.
entramado I framework I framing I trusswork.
entrar al sistema/salir del sistema I sign on/sign off (to).
entrar en barrena I spin (to) (aeronautics).
entre conductores I line-to-line (three-phase line).
entre etapas I interstage.
entre fases I line-to-line.
entrecruzamiento I crosslinking I interlacing.
entrecruzar I crisscross (to).
entrehierro I air gap (magnets) I gap I pole gap (cyclotron) I residual gap (relays).
entrehierro de inducido I armature gap.
entrelaminación I interleaving.
entrelaminar I interleave (to).
entrelazado I woven.
entrelazamiento I interlacing I knotwork (architecture).
entrelazamiento vertical I vertical interlace (TV).
entrelazar I interlace (to) I loop (to) I twist (to).
entremezclar I intermix (to).
entrenzado I lacing.
entrepaño (puertas) I pane.
entrepiso I intermediate level (mining).
entresacar I cull (to).
entretejer I twist (to).
entretener I maintain (to) (machines, roads).
entrevía I rail gage I railway gage.
entropía I entropy (physics).
entropía mása I mass entropy.
entropía negativa de activación I negative activation entropy.
entropía relativa I relative entropy.
entubación I piping I tubbing I tubing.
entubación perforada I perforated casing (wells).
entubado I sheeting (wells).
entubado de entibación I set casing.

entubado de mampostería I stone tubing.
entubados de pozos I iron tubing.
entubar I case (to) (wells) I case off (to) (wells) I tub (to).
enturbiamiento I cloudiness.
enturbiar I cloud (to).
envainado en plomo I lead-sheathed.
envainar I clad (to) I sheath (to) (electric cables).
envasar I case (to).
envejecimiento I aging I souring (fire resisting).
envejecimiento artificial I precipitation treatment.
envejecimiento magnético I magnetic aging.
envejecimiento por inmersión I quench aging.
envenenamiento por xenón I xenon poisoning (nuclear reactor).
envenenar I poison (to).
envergadura I span (airplanes) I spread (aeronautics) I wing expanse I wingspan I wingspread.
envergar I bend (to) (ships).
envergar (una vela) I bring in (to).
envoltorio I wrap I wrapping.
envoltura I coat I envelope I jacket I sheath I wrapping.
envoltura a presión I pressurized casing (reactor).
envoltura tubular I quill.
envolvente I steam casing.
envolver I jacket (to) I wrap (to).
envuelta I envelope I jacketing I liner I serving I shell I skin.
envuelta de agua I water jacket.
envuelta exterior I mantle.
envuelta protectora I protective casing.
envuelta termoaislante I lagging.
envuelta torisférica I torispherical shell.
envuelto I wrapped.
enzima I ferment.
enzimas óxido-reductoras I oxidation-reduction enzymes (chemistry).
enzimático I enzymatic I enzymic.
enzímico I enzymatic I enzymic.
enzimólisis I enzymolysis.
enzimología I enzymology.
enzimosis I enzymosis.
eolación I eolation.
eólico I aeolian I aeolic I eolian I wind-driven I wind-operated.
eolipila I aeolipyle.
eolito I eolith (geology).
eolodetector I wind sensor.
eolosfera I aeolosphere (meteorology).
eolotropía I eolotropy.

eotecnia I eotechny.
eotécnico I eotechnic.
eozoico I eozoic.
epicentral I epicentral I epicentric.
epicentro I epicenter I epicentrum I focus (seismology).
epiciclo I epicycle.
epicicloidal I epicycloidal.
epicicloide I epicycloid.
epidota I epidote.
epidotización I epidotization.
epifocal I epifocal.
epimería I epirism.
epimérico I epimeric.
epipolar I epipolar.
epipolo I epipole.
epirogenia I epirogen.
epirogénico I epirogenic.
episcopia I episcopy.
epistilo I epistyle.
epitaxial I epitaxial.
epitermal I epithermal.
epoxia I epoxy.
epóxido I epoxide.
epsomita I bitter salt I epsom salt I epsomite.
equiatómico I equiatomic.
equicorriente I uniflow.
equidistancia I spacing.
equifrecuente I equifrequent.
equilibrado I balanced I matched I matching I push-pull I trimmed (airplanes).
equilibrado de la muela I wheel truing.
equilibrado de masa I massbalancing.
equilibrador I equilibrator I network (telephony).
equilibrador de filtro de línea I line filter balance (communications).
equilibrador de impedancia I matching stub.
equilibrador de línea I line equalizer.
equilibrador de precisión I precision network (telephony).
equilibrador del nivel I level compensator.
equilibrador estático I static balancer (electricity).
equilibrar I counterbalance (to) I counterpoise (to) I equalize (to) I poise (to) I trim (to).
equilibrar los calados I trim (to).
equilibrio I balance I counterbalance I counterbalancing I counterpoise I trim.
equilibrio aerodinámico I aerodynamic balance.
equilibrio de línea I line balance (electricity).
equilibrio de tensiones I voltage balance.
equilibrio dinámico I running balance.
equilibrio en vuelo rectilíneo I trim (airplanes).

equilibrio estático I standing balance.
equilibrio neutrónico I neutron balance.
equilibrio térmico I temperature balance.
equimomental I equimomental.
equipado I manned (ships).
equipado con TV I TV-equipped.
equipamiento I outfit.
equipar I furnish (to) I man (to) I rig (to).
equipar con radiotelefonía I wireless-equip (to).
equipar para funcionar a temperaturas muy bajas I winterize (to).
equiparación I matching.
equipo I accouterment I accoutrement I equipment I equipping I outfit.
equipo aislador de línea I line isolation facility (telecommunications).
equipo antirradar I counterradar equipment.
equipo automatizado I automated equipment.
equipo auxiliar I ancillary equipment.
equipo cronométrico I timing equipment.
equipo de arranque I drawing gang (mining).
equipo de canalización I channel equipment.
equipo de comprobación multidimensional I multigaging equipment.
equipo de conmutación I switching equipment (electricity).
equipo de corriente portadora I carrier equipment.
equipo de cronometraje I timing unit.
equipo de línea I line facility (communications).
equipo de máquinas I unit.
equipo de medición de ruido I noise-measuring set.
equipo de medida de transmisión I transmission measuring set.
equipo de mochila I packset.
equipo de múltiples funciones I multipurpose set.
equipo de navegación por radiogoniómetro I radionavigational equipment.
equipo de operadora I operator's telephone set (telephony).
equipo de protección I protective gear.
equipo de pruebas I test panel.
equipo de radar I radar head.
equipo de radioenlace por VHF I V.H.F. relay equipment.
equipo de radio I radio set.
equipo de radio omniondas I multifrequency radio set.
equipo de radiosondeo I rawin equipment.
equipo de radiotelefonía I wireless equipment.

equipo de radioviento I rawin equipment.
equipo de rayos X I roentgen machine.
equipo de registro unitario I unit record equipment.
equipo de reserva I reserve equipment.
equipo de selectores I selector unit.
equipo de sonar marino I marine sonar equipment.
equipo de telemando I remote control unit I telecontrol equipment.
equipo de telemetría y telemando I telemetry and command equipment.
equipo de transferencia calorífica I reboiler.
equipo de transmisiones I signal communications equipment.
equipo de traslación I translating equipment (telecommunications).
equipo de verificación I test set.
equipo de vigilancia contra radiaciones malignas I nupac monitoring system (nuclear reactor).
equipo emisor y receptor I two-way radio equipment.
equipo en línea I on-line equipment.
equipo impelente I plunger-set (mine pump).
equipo inercial de navegación I inertial navigation equipment.
equipo láser de soldadura I laser welding machine.
equipo lógico I software (computing).
equipo memorizador I memory unit.
equipo monitor sobre la línea I on-line monitoring facility.
equipo motor I power pack I powerplant.
equipo multicanal I multichannel equipment (telecommunications).
equipo para armar un aparato I kit.
equipo para procesado de textos I word processing equipment.
equipo para pruebas de radar I radar test-set.
equipo para pruebas de resiliencia Izod I Izod impact-testing unit.
equipo para tarjetas perforadas I punched card equipment.
equipo perforador I rig.
equipo portátil I portable set I portable unit.
equipo probador I testing set.
equipo propulsor I power unit.
equipo receptor I receiving set.
equipo receptor de datos telemétricos I telemetric data receiving set.
equipo regulador del par I torque-control unit.
equipo tecnológico láser I laser machinery.
equipo telefónico I telephone equipment.

equipo telefónico para datos | telephone data set.
equipo telemétrico | distance measuring equipment.
equipo telerregistro | telerecording equipment.
equipo terminal | terminal equipment.
equipo terminal de línea | line terminal apparatus.
equipo transpondor | transponder set.
equipo ultrasónico | ultrasonic equipment.
equipo valvular | tube equipment (electronics).
equipolencia | equipollence.
equipolente | equipollent.
equiponderancia | equiponderance.
equipos de descodificación | scrambling equipment.
equipos electrónicos navales | marine electronic equipment (sea service).
equipotencial | equipotential | unipotential.
equirradiactivo | equiradiactive.
equirradial | equiradial.
equiseñal | equisignal.
equivalencia | equivalence | match.
equivalente químico | chemical equivalent.
equivocado | wrong.
era | aeon (geology).
era de colada | pig bed (metallurgy).
erbia | erbia.
erbio | erbium (Er).
erector del lanzador | launcher erector (missiles).
ergasia | ergasia.
ergio | erg.
ergoabsorción | energy absorption.
ergógeno | power-producing.
ergómetro | energometer | energy-measuring instrument | ergmeter | power measuring device | power meter.
ergómetro de inercia | inertia ergometer.
ergón | ergon.
ergonomía | ergonomics.
ergonómico | ergonomic.
ergotecnia | ergotechnics | power engineering.
erinómetro | erinometer.
eriómetro | eriometer | halometer.
erióscopo | erioscope.
eritrina | erythrite | red cobalt.
erlan | erlan.
erosión | eroding | erosion | fretting | rock rot | rotting (geology).
erosión de costas | beach erosion.
erosión de playas | beach erosion.
erosión del ánima | barrel erosion.
erosión electrolítica | electroerosion.

erosión en el canal de salida | tail-erosion (turbine).
erosión eólica | wind erosion.
erosión mareal | scour (geology).
erosión pluvial | rain-erosion.
erosión por abrasión | abrasion erosion.
erosión retrocedente | retrogressive erosion (geology).
erosión y relleno | scour and fill (geology).
erosionabilidad | erodability | erosibility.
erosionado | abrase.
erosivo | erodent.
errar | miss (to).
errata | misprint.
erróneo | incorrect | wrong.
error | bug (computing) | error.
error cuadrático medio | mean-square error.
error de ajuste del índice | index error.
error de balance intercardinal | intercardinal rolling error (gyroscopic compass).
error de calibración | scale error.
error de clasificación | misfiling.
error de colimación | index error.
error de cuantificación | quantizing error.
error de dirección | misrouting.
error de fase | phase error.
error de imprenta | misprint.
error de inclinación | tilt error.
error de marcación | ship error.
error de mezcla | mixing error.
error de paralaje | parallax error.
error de perpendicularidad | perpendicularity error.
error de polarización | polarization error (radiogoniometry).
error de posición | positional error.
error de sincronización | timing error.
error de transformación | ratio error.
error de transmisión | padding error (radio).
error de trayectoria en la ionosfera | ionospheric-path error (radar).
error de velocidad | velocity error (servomechanism).
error del bucle | loop error.
error en alcance | range error.
error estático nulo | zero static error.
error fundamental | garble.
error instrumental | index error (sextants) | perpendicularity error (sextants).
error medio cuadrático | standard deviation | standard error.
error nulo | zero error.
error por desplazamiento del cero | zero-error.
error por reflexión | reflection error (radionavigation).

error típico | standard error.
errores en el paso | pitch errors (gear).
errores en la transmisión de radio | garble.
erubescita | bornite | erubescite.
erupción | eruption | outbreak | outburst.
erupción solar | solar flare.
eruptivo | igneous.
escafandra | diving apparatus.
escala | call (navigation) | ladder (ladder-dredge) | scale.
escala acimutal | bearing scale.
escala anemométrica | scale of wind forces | wind force scale.
escala atómica | atomic scale.
escala binaria | binary scale.
escala cromática | chromatic scale | color scale.
escala de ajuste | adjustment range.
escala de distancias | range scale.
escala de dureza de Mohs | Mohs hardness scale.
escala de ebullición | boiling range.
escala de escariadores | line of reamers (mechanics).
escala de longitudes de onda | wavelength scale.
escala de los vientos | wind scale.
escala de marcaciones | bearing scale (radar).
escala de matices | tone wedge (optics).
escala de mayor alcance | main sweep (radar).
escala de miliamperaje | m.a. scale.
escala de Mohs | Mohs scale.
escala de paralaje | parallax scale.
escala de rumbos | bearing scale.
escala de saturación | saturation scale (optics).
escala de temperaturas | temperature scale.
escala de valores eficaces | RMS scale.
escala de vientos NRM | N.R.M. wind scale.
escala del nonio | vernier scale.
escala del objetivo | lens scale (chamber).
escala hidrométrica | sloping gage | stream gage.
escala Kelvin | Kelvin scale (absolute zero).
escala linear | linear scale.
escala logarítmica | logarithmic scale.
escala móvil | movable ladder.
escala técnica | technical landing (airplanes) | technical stop (airplanes).
escala temperada | tempered scale (acoustics).
escala termométrica | thermometer scale.
escala termométrica de Kelvin | Kelvin temperature scale.
escalar | scalar.
escaldar | scald (to).
escalera | ladder | stair.
escalera mecánica | movable ladder.

escalímetro | scaler | triangular scale.
escalón | echelon | stair | step.
escalón de compensación | winder.
escalón de presión | pressure stage.
escalón de testero | overhand stope.
escalón de vuelta | winder.
escalón unidad de corriente | unit step current.
escalonado | multistep.
escalonamiento | stepping.
escalonar | stagger (to).
escalpelo | currier's knife.
escamación | spalling.
escandallo | plummet (navy) | lead.
escandallo de mano | hand-lead.
escandio | scandium (Sc).
escandir | scan (to).
escanistor | scanistor (image analyzer).
escansión | scanning | scansion.
escansión circular | circular scanning (TV).
escansión de líneas alternas | interlaced scanning (TV) | nonsequential scanning (TV).
escansión del haz radárico | radar scan.
escansión entrelazada | line-jump scanning (TV) | multiple scanning | nonsequential scanning | staggered scanning (TV).
escansión ferroeléctrica | ferroelectric scanning (TV).
escansión isócrona | isochronous scanning (TV).
escansión óptica | optical scanning.
escansión opticomecánica | optical-mechanical scanning.
escansión oscilatoria | oscillatory scanning.
escansión por líneas | line scanning (TV).
escansión rectilínea | rectilinear scanning (TV).
escansión rotatoria | rotating scanner.
escansionador | scanner.
escantillón | gage (USA) | gage bar | scantling | set bar.
escantillón para peines | lacing board (telecommunications).
escape | eduction (engines) | egress (machines) | egression (machines) | evacuation | exit | leak | leakage | leaking.
escape de áncora | lever escapement (clocks).
escape de leva | lever escapement (clocks).
escape de neutrones | neutron leakage.
escape de vapor | release.
escape libre | open exhaust.
escape magnético | magnetic leakage.
escarbadora | scraper.
escarcha | frost | rain ice (meteorology) | rime.
escarchar | frost (to).
escarda | grub hoe | grubbing axe.

escardador | picker.

escariado | broaching (mechanics).

escariado de desbaste | rough reaming.

escariador | broach | counterborer | reamer | rimer | scraper.

escariador con taladro axial | shell reamer.

escariador cónico | taper reamer.

escariador de cortes múltiples | multifluted reamer.

escariador de cuchillas postizas | inserted-blade reamer.

escariador de expansión | expansion reamer.

escariador de lomo | ridge reamer.

escariador esférico | ball reamer.

escariador macho | male reamer.

escariador para rótulas | ball reamer.

escariador para tubos | pipe reamer.

escariador pluriestriado | multifluted reamer.

escariadora | reaming machine.

escariar | bore out (to) | broach (to) | ream (to) | rime (to).

escariar a máquina | machine ream (to).

escarificación | cultivating | cupping.

escarificador | rooter | scarifier.

escarificadora | ripper.

escarmenar | cull (to).

escarpador | scarfer (metallurgy).

escarpe | scarf (welding).

escarpia | dog nail | dog spike | peg | spike | staple | wall hook.

escarpia de carril | rail spike.

escarpia de madera | wooden spike.

escarpia roscada | screw spike.

escarzo | floss silk.

escayola | molding plaster | plaster cast.

esciloscopio | scope.

escintifotografía | scintiphoto.

escintilación | scintillation.

escintilador | scintillator (telecommunications).

escintilante | scintillant.

escintilar | scintillate (to).

escintilómetro | scintillometer.

escisión | spin-off | splitting.

escisión de haz | beam splitting.

esclerómetro | sclerometer.

escleroscopio | scleroscope.

esclusa | floodgate | lock | sluiceway | weir.

esclusa de aire | air sluice.

esclusa de canal | canal lock.

esclusa de fuga | outlet lock.

esclusa elevadora | lift lock.

esclusa-dársena | basin lock.

esclusar | lock (to).

escoba | brass broom (telecommunications) | joystick (airplanes).

escobén | hawse hole | hawsepipe | spill pipe.

escobén de amarre | mooring pipe (ships).

escobén de popa | stern pipe.

escobilla | brush | pickup (electricity) | wiper.

escobilla colectora | collector brush | feeder brush (electricity).

escobilla de goma | squeegee.

escobilla de láminas | laminated brush (electricity).

escobilla de línea telefónica | line brush.

escobilla de magneto | magneto brush.

escobilla del colector | commutator brush.

escobilla engrasadora | oil-brush.

escobilla laminar | leaf brush (dynamos).

escobilla sensora | sensing brush.

escobilla superior | upper brush (computing).

escobillón | brush | cylinder brush.

escobina | filing.

escoda | broad chisel | bushhammer | claw hammer | granulating hammer.

escofina | half-round rasp | rasp-cut file | rasping file | wood file.

escofina dulce | smooth rasp.

escofina para madera | wood rasp.

escogedor | culler.

escoger | buck (to) (minerals) | pick (to) (minerals).

escogimiento | sorting.

escollera | jetty | mound | pier | rockfill.

escombrera | burrow (mining) | spoil bank | waste (mining) | waste heap (mining) | waste pile.

escopeta | gun.

escopleadura | mortice | mortise | mortise hole.

escoplear | chip (to) (stereotypography) | chisel (to) | jag (to) | mortice (to) (carpentry) | slot (to).

escoplo | carving chisel | chisel | cutting tool | mortise chisel | plow (carpentry) | spud (wood) | yarning chisel.

escoplo acanalado | paring gouge.

escoplo biselado | bevel chisel.

escoplo curvo | ripping chisel.

escoplo de desbastar | pitching tool.

escoplo de ebanista | cabinet chisel.

escoplo en bisel | cant chisel.

escoplo para tornear | turning gouge.

escopómetro | scopometer (optics).

escora | heeling | shore.

escora lateral | barrel roll.

escorado | alist (ships).

escorar | cant (to) (ships) | cant over (to) (ships) | shore (to) (props).

escoria I scoria I skim I slag.
escoria ácida I acid slag.
escoria básica I Thomas slag.
escoria caliza I calcareous slag.
escoria cruda I ore slag I raw slag.
escoria de alto horno I laitier.
escoria de canal I spout slag.
escoria de colada I tapping slag.
escoria de hierro I iron cinder.
escoria de horno de reverbero I open-hearth slag.
escoria de mineral I ore slag.
escoria de pudelado I puddling slag.
escoria del mezclador I mixer slag (metallurgy).
escoria dulce I refining slag.
escoria ferruginosa ácida I acid ferruginous slag.
escoria final I tappings (puddled).
escoria flotante I kish.
escoria fluida I liquid clinker.
escoria fusible I wet slag.
escoria refractaria I refractory slag.
escoria silícea I acid slag.
escoria Thomas I basic slag I Thomas slag.
escorias I ash.
escorias de hierro I iron dross.
escorificación I slag forming I slagging.
escorificar I scorify (to) I slag (to).
escorrentía I runoff (geology).
escorrentía superficial I surface runoff.
escota de foque I jib sheet.
escotadura I incut I indentation.
escotera de espiar I warping chock (ships).
escotilla I hatch I hatch door I hatchway.
escotilla de carga I cargo hatchway (ships).
escotilla de popa I after hatch.
escotilla mayor I main hatch (ships).
escotilla pequeña I scuttle.
escotoscopio I scotoscope (telescope).
escribir I write (to).
escribir a máquina I typewrite (to).
escritura I write.
escritura a láser I laser scribing.
escrúpulo I pennyweight.
escrutador automático de datos I logger (electronic computer).
escuadra I corner I fleet I square.
escuadra de agrimensor I optical square.
escuadra de alineación I line ranger (telephony).
escuadra de ángulo I angle plate.
escuadra de apoyo I angle plate.
escuadra de bisel I bevel blade.
escuadra de carpintero I square.
escuadra de centrar I center square.

escuadra de diámetros I center square.
escuadra de espaldón I try square.
escuadra de hierro I knee.
escuadra de ingletes I miter square.
escuadra de mecánico I try square.
escuadra de nivel I quadrant sight I range quadrant.
escuadra de reflexión I optical square.
escuadra de unión I shin.
escuadra para cabios I rafter square (frames).
escuadrador I squarer (electronics).
escuadría I scantling.
escucha I listen (telecommunications) I listening I (telecomunications) I watch.
escucha de recepción I monitoring (radio).
escucha por radio I radio watch.
escudete I canopy (electricity).
escudo térmico ablativo I ablating heat shield I ablative heat shield.
escueto I bald (numbers).
esculpir I chisel (to) I engrave (to).
esculpir a máquina I machine-sculpture (to).
escurridor I wiper.
escurridora I wringer.
escurrimiento I trickle.
escurrimiento plástico I yielding.
esfalerita I blackjack I mock lead I mock ore I pseudogalena.
esfera I ball (metric spaces) I sphere.
esfera astronómica I celestial sphere.
esfera terrestre I terrestrial globe.
esférico I globular I spherical.
esferocobaltita I spherocobaltite (ceramics).
esferógrafo I spherograph.
esferoidal I globular I spheroidal.
esferoide I spheroid.
esferoidita I divorced pearlite I globular pearlite.
esferoidización I spheroidization.
esferómetro I spherometer.
esfigmómetro I sphygmometer.
esfuerzo I stress.
esfuerzo axial I thrust load.
esfuerzo cortante I shear force I shear stress.
esfuerzo cortante negativo máximo I maximum negative shear.
esfuerzo de arranque I withdrawal load.
esfuerzo de arrufo I sagging stress.
esfuerzo de contracción I shrinkage stress.
esfuerzo de deformación I strain.
esfuerzo de flexión I bending stress.
esfuerzo de fractura I fracture stress.
esfuerzo de rotura I breaking stress I fracture stress I rupture stress.
esfuerzo de trabajo I working stress (mechanics).

esfuerzo de tracción ǀ tensile stress ǀ tractive power.

esfuerzo dieléctrico ǀ electric stress.

esfuerzo interno ǀ internal stress.

esfuerzo motor ǀ tractive force.

esfuerzo por unidad ǀ unit stress (mechanics).

esfuerzo residual ǀ internal stress ǀ residual stress.

esfuerzo tangencial ǀ tangential stress.

esfuerzo torsional ǀ torsional stress.

esfuerzo unitario de flexión ǀ unit flexural stress.

esfuerzos en el ala ǀ wing stressing.

eslabón ǀ chain iron.

eslabón de empalme ǀ master link.

eslabón giratorio ǀ swivel ǀ swivel link.

eslabón pivotante ǀ swing link.

eslabón y pasador de enganche ǀ link and pin.

eslabonado ǀ link coupled.

eslabonar ǀ chain (to) ǀ interlink (to) ǀ link (to).

eslinga ǀ cargo sling ǀ rope sling (rope, cable) ǀ sling ǀ span.

eslinga de brida ǀ bridle sling.

eslinga de cadena ǀ chain sling.

eslinga de tela metálica ǀ woven-wire sling.

eslingada ǀ sling load (navy).

eslique ǀ dressed ore.

eslora ǀ length (ships).

eslora de cubierta ǀ deck girder ǀ longitudinal deck girder.

eslora de escotilla ǀ carling.

eslora total ǀ length over all (ships).

esmaltación ǀ annealing.

esmaltado ǀ enameled ǀ enameling ǀ enamelling.

esmaltar ǀ enamel (to) ǀ loricate (to).

esmalte ǀ enamel ǀ gloss paint ǀ lacquering.

esmalte de porcelana ǀ porcelain enamel.

esmalte incrustado ǀ champlevé.

esmalte mate ǀ opaque enamel.

esmalte vítreo ǀ vitreous enamel.

esmaltería ǀ enameling ǀ glaziery.

esmaltina ǀ gray cobalt.

esmaragdina ǀ emerald green.

esmectita ǀ smectite.

esmeralda ǀ emerald.

esmeril ǀ abrasive wheel ǀ emery.

esmeril pulidor ǀ polishing emery.

esmerilado ǀ abrase ǀ grinding.

esmerilado al ácido ǀ acid embossing.

esmeriladora ǀ grinder ǀ grindstone ǀ snagging grinder.

esmeriladora mecánica ǀ sanding device.

esmeriladora universal ǀ universal grinding machine.

esmerilar ǀ emery (to) ǀ frost (to) ǀ gag (to) (valves) ǀ hone (to) ǀ rough (to) (glass) ǀ stone (to).

esmerilar cristal ǀ mat (to).

esnorquel ǀ snorkel (submarines).

esnorquel periscópico ǀ periscopic snorkel (submarines).

espaciación ǀ spacing.

espacial ǀ spatial.

espaciamiento ǀ spacing.

espaciar ǀ space (to).

espaciar a cero ǀ space to zero (to) (computing).

espacio ǀ space ǀ span.

espacio aéreo ǀ aerospace ǀ sky.

espacio de aceleración ǀ acceleration focusing ǀ acceleration space (microwaves).

espacio de agua ǀ water wall (boilers).

espacio de reflexión ǀ reflector space (klystron).

espacio entre bloques ǀ interrecord gap (magnetic recording).

espacio entre dentellones ǀ interdentil (architecture).

espacio entre partículas ǀ void (powder).

espacio extraterrestre ǀ space.

espacio interelectródico ǀ interelectrode space.

espacio intergaláctico ǀ intergalactic space.

espacio interplanetario ǀ interplanetary space.

espacio isobárico ǀ spin space.

espacio rarificado ǀ vacuous space.

espacio vacío ǀ ullage.

espacio vectorial adjunto ǀ adjoint vector space (mathematics).

espacistor ǀ spacistor (electronics).

espadadora ǀ scutch ǀ scutcher ǀ swingle.

espadilladora ǀ scutcher ǀ swingle.

espadillar ǀ scutch (to) ǀ swingle (to).

espalación ǀ spallation (nuclear energy).

espalderas ǀ backing rings (welding).

espaldón ǀ berm (geology).

esparavel ǀ mortar board (masonry).

espárrago ǀ stud.

espárrago de rueda ǀ wheel stud.

espatillar ǀ chamfer (to) (plates).

espato esquistoso ǀ argentine.

espato flúor ǀ fluor spar.

espato pardo ǀ brown spar.

espátula ǀ slice ǀ smoother.

espátula de cuchara ǀ spoon (foundry).

específico ǀ specific.

espectro continuo ǀ continuum radiation.

espectro cromático ǀ chromatic spectrum.

espectro de absorción infrarroja ǀ infrared absorption spectrum.

espectro de carga aleatoria | random-loading spectrum.

espectro de energía acústica | sound power spectrum.

espectro de frecuencia del efecto local | sidetone frequency spectra.

espectro de frecuencias | range of frequencies.

espectro de frecuencias radioeléctricas | RF spectrum.

espectro de impulso | pulse spectrum (physics).

espectro de interferencia | interference spectrum.

espectro de líneas | line spectrum.

espectro de masas | mass spectrum.

espectro de ondas de choque | shock spectra.

espectro de radiación | radiated field pattern (radio).

espectro de rayas | line spectrum.

espectro de rayos X | X-ray spectrum.

espectro de resonancia | resonance spectrum.

espectro de respuesta | response spectrum.

espectro de rotación | rotation spectrum.

espectro de Watt | Watt spectrum (fission).

espectro fantasma | phantom.

espectro inducido por irradiación | radiation-induced spectrum.

espectro infrarrojo | infrared spectrum.

espectro interferencial | interference pattern.

espectro magnético | magnetic figure.

espectro químico | actinic spectrum.

espectro radioeléctrico | radio spectrum | radioelectric pattern.

espectro solar | prism.

espectro ultravioleta | ultraviolet spectrum.

espectroanálisis | spectroanalysis.

espectrobolómetro | spectrobolometer.

espectrofluorímetro | spectrofluorimeter.

espectrofotocolorimetría | spectrophotocolorimetry.

espectrofotografía | spectrophotography.

espectrofotometría de infrarrojo próximo | near-infrared spectrophotometry.

espectrofotometría de infrarrojos | infrared spectrophotometry.

espectrofotómetro de reflectancia | reflectance spectrophotometer.

espectrofotómetro para infrarrojo | infrared spectrophotometer.

espectrografía | spectrography.

espectrografía de microondas | microwave spectrography.

espectrógrafo | spectroradiometer.

espectrógrafo de cuarzo | quartz spectrograph.

espectrógrafo de masas | mass spectrograph.

espectrógrafo de rayos X | X ray spectrograph.

espectrograma | spectrogram.

espectrograma de rayas | line spectrogram.

espectrograma de rayos X | X-ray spectrogram.

espectrograma de sonidos | sound spectrogram.

espectroheliógrafo | spectroheliograph (optics).

espectrohelioscopia | spectrohelioscopy.

espectrohelioscopio | spectrohelioscope (optics).

espectrología | spectrology.

espectrometalografía | spectrometallography.

espectrometría | spectrometry.

espectrometría de fluorescencia por rayos X | X-ray fluorescence spectrometry.

espectrometría de masa | mass spectrometry.

espectrómetro | spectrometer.

espectrómetro contador | counter spectrometer.

espectrómetro contador proporcional | proportional counter spectrometer.

espectrómetro de baja resolución | low-resolution spectrometer.

espectrómetro de centelleo | scintillation spectrometer.

espectrómetro de escintilación por protones | proton scintillation spectrometer.

espectrómetro de ionización | ionization spectrometer.

espectrómetro de prisma | prism spectrometer.

espectrómetro de radiofrecuencia | RF spectrometer.

espectrómetro de rayos gamma | gamma-ray spectrometer.

espectrómetro de tipo de oscilación marginal | marginal-oscillator spectrometer.

espectrómetro infrarrojo | infrared spectrometer.

espectropirómetro | spectropyrometer.

espectrorradiografía | spectroradiography.

espectros de fotoionización | photoionization spectra.

espectros de radiofrecuencia nuclear | nuclear radiofrequency spectra.

espectroscopia | spectroscopy.

espectroscopia de absorción | absorption spectroscopy.

espectroscopia de absorción infrarroja | infrared absortion spectroscopy.

espectroscopia de reflectancia interna | internal reflectance spectroscopy.

espectroscopia de resonancia magnética nuclear | nuclear-magnetic-resonance spectroscopy.

espectroscopia infrarroja | infrared spectroscopy.

espectroscopia láser | laser spectroscopy.

espectroscopia molecular por microondas | molecular microwave spectroscopy.

espectroscopia por espectro Mössbauer | Mössbauer spectroscopy (metallurgy).

espectroscopia por microondas | radiofrequency spectroscopy.

espectroscopia por rayos infrarrojos | infrared spectroscopy.

espectroscopio de fibra de cuarzo | quartz fiber spectroscope.

espectroscopio de infrarrojo | infrared spectroscope.

espectroscopio interferencial | interference spectroscope.

espectroscopio para determinar las masas | mass-spectroscope.

espejo | back plate (rolls) | glass | mirror.

espejo de alidada | index glass.

espejo de varillas | rod mirror.

espejo esférico | spherical mirror (optics).

espejo magnético | magnetic mirror.

espejo metálico | mirror (chemistry).

espejo parabólico | parabolic mirror (solar energy).

espejo retrovisor | wing mirror (autos).

espeleología | caving.

espeque | claw lever | handspike.

espera | wait.

espesador | thickener.

espesante | thickener.

espesante inorgánico | inorganic thickner (chemistry).

espesar | thicken (to).

espesímetro | thickness gage.

espeso | thick.

espesor | thickness.

espesor máximo de óxido | maximum oxide thickness.

espetón de horno | kiln rake.

espiche | spile | spill.

espiche de bote | boat plug.

espiga | dowel | peg | pin | pivot | shank (tools) | spigot (tube) | spike | stem | tongue (tools) | trunnel | wooden pin.

espiga cónica | taper shank (tools).

espiga de apoyo | pallet.

espiga de cierre | locking dog.

espiga de contacto | prong.

espiga de inserción | insert pin.

espiga de retención | lock stud.

espiga de tubo electrónico | tube pin.

espiga invisible | tooth (carpentry).

espiga térmica | thermal spike.

espiga y mortaja | mortise and tenon.

espigón | jetty | pier | spur dike.

espigón de atraque | approach.

espín | spin (rotatory electron).

espín isobárico | isospin | isotopic spin.

espín isotópico | isotopic spin.

espín nuclear | nuclear spin.

espinela | spinel (mining).

espinela ferrífera | iron spinel.

espinor | spinor (nuclear energy).

espinterómetro | ball spark gap | spark gap | sparkgap | spintherometer | test cell (electrical stiffness).

espinterómetro de chispas amortiguadas | quenched gap.

espinterómetro rotativo | rotary gap.

espira | spire.

espira de cortocircuito | shading ring.

espira de sombra | shading ring (electronics).

espira inactiva | dead end (inductance coil).

espira libre | idle turn (telephony).

espiral | spiral.

espiral ascendente | mounting spiral.

espirosoldado | spirally welded.

espita | faucet | plug | spigot | spout | tap.

espita de medida | try cock.

esplendor | brightness (optics).

espoleta | firing mechanism | fuze | pistol.

espoleta acústica | acoustic fuze.

espoleta barométrica | air pressure fuze.

espoleta de mina | mine fuze.

espoleta de ojiva | point fuze.

espoleta de percusión | percussion-fuze.

espoleta de proximidad | influence fuze | proximity fuze | radio fuze.

espoleta de proximidad radioeléctrica | VT fuze.

espoleta de retardo | delayed fuze | retarded action fuze.

espoleta de seguridad | safety fuse.

espoleta de tiempos | time fuze.

espoleta electrónica | electronic fuze.

espolón | beak (ships) | rammer.

espuma | foam | froth.

espuma de fundición | kish (metals).

esquema | outline | pattern | scheme | setup | skeleton.

esquema de conexiones | plugging chart | plugging diagram (electricity).

esquema de conexiones eléctricas | wiring diagram.

esquema del cableado I trunking diagram.
esquema vertical I vertical schematic diagram.
esquemas de direccionamiento I addressing schemes (computing).
esquiatrón I skiatron (electronics).
esquina I arris I corner.
esquina en inglete I mitered corner.
esquina redonda I round corner.
esquinera I corner piece.
esquisto I slate-clay.
esquisto bituminoso I oil shale.
esquisto blando I cash.
esquisto calcáreo I calc-schist.
esquisto carbonoso I bone coal I rattle jack.
esquisto glandular I augen schist.
esquisto micáceo I mica slate.
esquisto noduloso I knotted schist.
esquistosidad I foliation I foliature.
esquistoso arcilloso I mudstone.
estabilidad I stability I steadiness.
estabilidad del punto cero I zero-point stability.
estabilidad direccional I weathercock stability.
estabilidad en serie I series stability (electric motor).
estabilidad transversal I rolling stability (airplanes).
estabilitrón I stabilitron.
estabilización I fining I stabilization I stabilizing I stress relieving (heat treating).
estabilización contra la inclinación I tilt stabilization.
estabilización de tensiones interiores por reposo I aging (metallurgy).
estabilización en paralelo I shunt stabilization.
estabilizado I aged (metallurgy).
estabilizado con niobio I niobium-stabilized.
estabilizador I ager I outboard float I stabilizer (USA).
estabilizador de frecuencia I frequency control.
estabilizador de inercia I inertia stabilizer.
estabilizador de la corriente de la lente I lens current stabilizer.
estabilizador de tensión I stabilivolt.
estabilizador de tensión de corriente negativa I negative current voltage stabilizer.
estabilizador de tubo de torsión I torsion-tube stabilizer.
estabilizador de voltaje I voltage stabilizer.
estabilizador de voltaje regulable I variable voltage stabilizer.
estabilizador del giroscopio magistral I master gyrostabilizer.

estabilizador del movimiento I motion stabilizer.
estabilizador para curvas I radius-rod (autos).
estabilizar con niobio I niobium-stabilize (to) (metallurgy).
estabilizar por reposo I age (to) (alloy, melting).
estabilizar por rotación I spin stabilize (to).
estable I firm I noble I stable.
establecer un gráfico I chart (to).
estaca I stick I wooden pin.
estaca testigo I witness stake (topography).
estacha I hawser (navy) I headfast I warp.
estacha de amarre I mooring line (ships) I mooring rope (ships).
estacha de proa I bow rope.
estacha de remolque I tow line (ships) I towline.
estación I station.
estación aeronáutica I aeronautical station.
estación alimentadora I power feeding station (electricity).
estación aprovechadora de agua I water station.
estación cabecera I master station (radio).
estación cabecera de línea internacional I international exchange.
estación captadora I listening station.
estación con avería I faulty station (telecommunications).
estación consol I consol station (radiobeacon).
estación control de la red I net control station.
estación costera I coast station.
estación de abonado I subscriber station (telephony).
estación de alerta previa de misiles I missile early warning station.
estación de bifurcación I junction.
estación de bombeo I pumping unit.
estación de bombeo de agua I water-pumping plant.
estación de cabeza de línea I terminus.
estación de comunicación interzonal I interzone station.
estación de control I monitoring station (radio).
estación de destino I terminating station (telecommunications).
estación de detección I sensing station.
estación de empalme I junction (railways) I junction railway station.
estación de enlace I linking station (communications).
estación de enlace de televisión I T.V. relay station.

estación de enlace por dispersión ionosférica I ionospheric-scatter station.

estación de escucha I listening station I radio intercept station.

estación de gran alcance I long-distance station.

estación de información I inquiry station.

estación de interconexión I interlocking plant.

estación de loran I loran station.

estación de microondas I microwave station.

estación de observación I observation station.

estación de origen I originating station.

estación de procedencia I originating station.

estación de radar detectora de aviones I radar aircraft detection station.

estación de radiodifusión internacional I international broadcast station.

estación de radioescucha I monitoring post.

estación de radiosonda I radiosonde station.

estación de radioviento I radiowind station I rawin station.

estación de red de radar I radar netting station.

estación de registro metereológico I weather recording station.

estación de registros ionosféricos I ionospheric recording station.

estación de seguimiento I earth station I tracking station.

estación de seguimiento radar I radar tracking station.

estación de sondeo ionosférica I ionospheric-sounding station.

estación de telemando I distant electric control.

estación de trabajo I workstation (computing).

estación de transbordo I junction railway station I junction station I transfer station.

estación de unión I junction station (radio).

estación directora I master station.

estación directriz I controlling testing station.

estación emisora I sending station I transmitting station (communications).

estación emisora internacional I international broadcast station.

estación emisora-receptora I two-way station.

estación esclava I B station (loran).

estación espacial I space station.

estación espacial en órbita I orbiting space station.

estación experimental I experimental station (radiocommunications) I research station.

estación fija I fixed station (radiocommunications).

estación fija aerodinámica I fax.

estación fuera de red I off-net station (communications).

estación impresora remota I remote printing station (computing).

estación incineradora I destructor station.

estación interferente I jamming station.

estación intermedia I way station (meteorology) I intermediate exchange office (telecommunications).

estación maestra I master station (telecommunications).

estación marítima de seguimiento I seaborne tracking station.

estación meteorológica I weather station.

estación meteorológica oceánica I ocean weather station.

estación monitora I monitoring station.

estación móvil I mobile station.

estación móvil de radionavegación I radionavigation mobile station.

estación móvil terrestre I land mobile station (communications).

estación no atendida I unattended station (telecommunications).

estación perturbadora I interfering station.

estación pluviométrica I precipitation station (meteorology).

estación principal I master I master office (telecommunications) I master station.

estación principal de abonado I main station (telephony).

estación principal de la red I net control station.

estación radiodifusora marítima I marine broadcast station.

estación radioeléctrica aeronáutica I aeronautical radio station.

estación radioeléctrica para servicio marítimo I maritime radio station.

estación radiofaro I radiobeacon station.

estación radiofónica I radiophone station.

estación radiogoniométrica I direction finding station I radio direction-finder station I radio range station.

estación radiotelegráfica I radio station.

estación radiotelegráfica móvil I mobile radio station.

estación receptora I receiving station.

estación receptora remota I remote receiving station (radiocommunications).

estación receptora-transmisor I transponder.

estación regulada I regulated station (telecommunications).

estación regular I regular station (telecommunications).

estación relé I booster.

estación relé espacial I space relay station.

estación repetidora I relay station I satellite (radio).

estación repetidora orbital I active satellite I orbital repeater station.

estación repetidora principal I major relay station (electronics).

estación repetidora radioeléctrica I radio repeater station.

estación retransmisora I relay point I relay station I retransmitting station.

estación rodada I vehicular station (radio).

estación satélite I satellite station I slave station.

estación secundaria I secondary station (telecommunications).

estación subdirectriz I subcontrol station (telephony).

estación subordinada I tributary station.

estación supervisora I supervisory station (telecommunications).

estación telemétrica I range finder station I rangefinder station.

estación terminal I terminal station (telecommunications) I terminus (railways).

estación terminal activa I active station.

estación terrena aeronáutica I aeronautical earth station.

estación terrestre I land station.

estación terrestre de radar I radar land station.

estación terrestre de radionavegación I radionavigation land station.

estación transmisora de un radiofaro omnidireccional I omnidirectional range station.

estación tributaria I tributary station (telecommunications).

estacionamiento I staging.

estacionario I stationary I steady.

estadio I stage.

estadio de presión I pressure stage (turbines, compressors).

estadística de tráfico I traffic summary (telecommunications).

estadístico I statistical.

estado I state I status.

estado abierto I off state (semiconductor).

estado brumoso I mistiness.

estado con acritud por laminado en frío I temper.

estado de desactivado I off state.

estado de espera I standby.

estado de funcionamiento I operating state (computing).

estado de oxidación I oxidation state.

estado higrométrico I moisture content.

estado interfaz I interface state.

estado isomérico I isomeric state (nuclear energy).

estado líquido cristalino I liquid-crystalline state.

estado pastoso I mushy stage (metalography).

estado puro I undoped state (semiconductor).

estajadora I joggling machine.

estalactita I drop-stone.

estalagmita I drop-stone.

estallar I blow out (to) I burst (to) I crack (to) I crash (to).

estallido I boom I burst.

estambre I wool top.

estampa I die I die mold I die plate I drawing die (metallurgy) I pressing die I stamp (forging) I stamper I swage (forging).

estampa de forja I shaper.

estampa de mano I loose tool (forging).

estampa hembra I bottoming die I hollow die.

estampa inferior I bottoming die.

estampa para recalcar I upset.

estampa para remachar I rivet die.

estampa perforadora I piercing die.

estampa xilográfica I woodcut drawing.

estampación I embossment I printing I tooling.

estampación en caliente I drop forging.

estampación en frío I stamping.

estampación en la prensa I pressing.

estampado I embossing I molded (press) I printed (weaving) I swaging.

estampado al ácido I acid badging (glass).

estampado de prueba I plate-marking (graving).

estampado en caliente I pressed in heat.

estampado en caliente en la prensa I press-forging.

estampar I die (to) I emboss (to) I impress (to) I imprint (to) I punch (to) I snarl (to) (metals) I tool (to).

estampar a máquina I machine-print (to) (weaving).

estampar en caliente I drop-forge (to) I hot die-press (to) I hot stamp (to) I hot swage (to) I hot-press (to) I swage (to).

estampar en caliente en la prensa I press-forge (to).

estampar en frío I cold draw (to) I cold form (to) I stamp (to).

estampar en relieve I emboss (to).

estampido I rumble.

estampido sónico I sonic boom (aeronautics).

estancamiento I stagnation.

estancar I seal (to).

estanco I leak-proof I leaktight I liquidtight I sealed I tight (ships) I weathertight.

estanco al aceite I oil-tight.

estanco al agua I watertight.

estanco al petróleo I oil-tight.

estannita I stannite (mineralogy).

estanque decantador I settling basin.

estanqueidad I imperviousness I leak-tightness I sealing I tightness.

estanqueidad a la presión I pressure tightness.

estanqueidad al agua I watertightness.

estanqueificar I tighten (to).

estañado I tinned I tinning.

estañadura I tinning.

estañar I tin (to) I tinplate (to).

estañar al fuego I hot-tin (to).

estañar en caliente I hot-tin (to).

estaño I tin.

estaño en grano I grain tin.

estaño ferrífero I iron-bearing tin.

estaño xiloide I wood tin.

estañosoldado I tinned.

estañosoldadura I sweating I tin solder.

estañosoldar I soft solder (to) I solder (to) I tin (to).

estañosoldar con soplete I torch solder (to).

estañosoldar en horno I oven-solder (to).

estañosoldeo I soft soldering.

estar a la escucha I stand by (to) (telecommunications).

estar a la espera I stand by (to).

estar al ancla I lay at anchor (to) (ships).

estar desfasado I lag (to) (electricity).

estar en avance de fase I lead in phase (to).

estar en órbita I orbit (to) (orbiting satellite).

estar en retardo de fase I lag in phase (to).

estarcido I stencil.

estarcido térmico I thermal stencil.

estática de las ruedas I wheel static.

estático I quiescent I static.

estatofaradio I statfarad.

estatohenrio I stathenry.

estatohm I statohm.

estátor I shaft (steam turbine) I stator.

estátor con enfriamiento interno I inner-cooled stator.

estatorreactor I ramjet I ramjet engine I ramjet motor.

estatorreactor de bajo volumen I low volume ramjet.

estatorreactor nuclear I nuclear ramjet.

estatoscopio I statoscope (aeronautics).

estatovoltio I statvolt (299,796 V).

estaurolita I cross stone.

estay I stay.

estay de cable I wire stay.

estay de caldera I boiler stay.

estay de proa I forestay.

estay de trinquete I forestay.

estay de unión I jackstay.

estay del palo macho I lower stay (ships).

estearato I stearate (chemistry).

estearato de litio I lithium stearate.

estearato de manganeso I manganese stearate.

estearina I stearine (chemistry).

esteatita I soap-chalk I soapstone I steatite (minerals).

estefanita I stephanite.

estela I slipstream.

estela de condensación I vapor streamer (airplanes) I vapor trail (airplanes).

estelar I stellar.

estelerátor I stellerator (magnetism).

estemple I chock block (mining) I mine prop (mining) I pit-prop I prop stay I spur timber (mining) I stanchion (mining) I stemple I stoop (mining) I strut I stull I prop (mining).

estemple de acero I steel prop (mining).

estemple de aletas I wing stull (mining).

estemple flexible I expanding prop.

estemple metálico I metal prop (mining).

estenografía I stenography.

estenógrafo I stenograph.

estenograma I logogram.

estenoscopio I pinhole camera.

estepa I steppe (geology).

estequiometría I stoichiometry.

estequiométrico I stoichiometric (chemistry).

éster I ester.

éster carboxílico I carboxylate ester.

éster de alcohol graso I fatty alcohol ester.

éster graso I fatty ester (chemistry).

éster láctico I lactic ester.

esterasa de acetilcolina I acetylcholinesterase.

estéreo I stereo.

estereofluoroscopia I stereofluoroscopy.

estereofonía I stereophony.

estereofónico I binaural I stereo.

estereofotografía I stereophotography.

estereofotograma I stereophotogram.

estereografía I stereograph.

estereograma I stereogram.

estereometría I stereometry.

estereómetro I stereometer.

estereomicrografía I stereomicrograph.

estereomicrómetro I stereomicrometer.

estereomicroscopía I stereomicroscopy.

estereomicroscopio I stereomicroscope.

estereoóptica I stereoptics.

estereoplanígrafo I stereoplanigraph.
estereopsis I plastic effect.
estereopticón I stereopticon.
estereorradar I stereoradar.
estereorradián I steradian.
estereorradiografía I stereoradiography.
estereoscópica I stereograph.
estereoscópico I stereo.
estereoscopio I stereoscope.
estereoscopio topográfico I topographical stereoscope.
estereotelémetro I stereotelemeter.
estereotelevisión I stereotelevision.
estereotipadora I casting box.
estereotipia I stereo I stereotyping (typography) I stereotypography (typography).
estereotomía de la piedra I stone cutting.
estereotopografía I stereotopography.
estereotrazador radial I stereoradial plotter.
esterificación I esterification.
esterificar I esterify (to).
estéril I sterile.
estériles I spoil (mining).
estériles finos I tailings.
esterilización mediante la radiación I radiation sterilization.
esterilización por nebulización I fogging sanitizing.
esterilización por radiación I radiation sterelization.
esterilización por vapor I steam sterilization.
esterilizar por irradiación electrónica I radiation-sterilize (to).
estermoscopio I esthermoscope.
estesiómetro I aesthesiometer I esthesiometer.
estiaje I low water (rivers).
estiba I housing.
estiba con huecos I broken stowage.
estiba de municiones I ammunition stowage.
estiba del ancla I anchor stowage.
estibado I racking (derrick tower).
estibaje I stowage (ships).
estibar I house (to) I lean (to) I stow (to).
estibina I antimony glance I gray antimony.
estilete I stylus.
estilismo I styling.
estilolita I stylolith (petrology).
estima I reckoning (navy).
estimación I computing.
estimación por puntos I point estimation.
estimar I rate (to) I reckon (to) (navy).
estimómetro I dead-reckoning tracer (air navigation).
estimulación de pozos petrolíferos I well stimulation.

estirabilidad I drawability I drawing ability.
estirado I drawing out.
estirado a máquina I machine-drawn.
estirado en frío I solid-drawn.
estirado en prensa I ironing.
estirado múltiple I multiple drawing (wires).
estirador I stretcher.
estiradora de urdimbres I warp drawing machine.
estiramiento I stretch I stretching I wiredrawing.
estiramiento por presión I extrusion.
estirar I stretch (to) I string (to) I tighten (to).
estirar en caliente I hot-draw (to).
estirar en frío I cold draw (to).
estirar metales I wiredraw (to).
estireno I vinyl benzene.
estirol I styrol (chemistry).
estirona I styrone (chemistry).
estizola I bank (weaving).
estocástico I stochastic.
estopa I tow.
estopa alquitranada I oakum.
estopa de calafatear I oakum.
estopín I fuse I ignition device I priming screw.
estopín de percusión I percussion tube I percussion-fuze.
estopor I bow stopper (ships) I cable stopper (ships) I riding chock (ships).
estrangulador de marcha en vacío I idle cutoff.
estrangular el vapor I throttle (to).
estratificación I banding (metallurgy) I bedding (geology) I layering.
estratificación cuneiforme I lensing.
estratificación diagonal I oblique bedding (geology).
estratificación intrínseca I intrinsic layering (semiconductor).
estratificación lenticular I lensing I lenticularity.
estratificación oblicua I false bedding (geology) I oblique bedding.
estratificado I laminated I layered I stratified.
estratificar I bed (to) I layer (to).
estratigrafía geológica I geological stratigraphy.
estrato I band I bed I layer I stratus (meteorology).
estrato monomolecular I monolayer.
estrato rocoso I layer (geology).
estratocúmulo I stratocumulus.
estratosfera I stratosphere.
estrechamiento I contraction I narrowing I neck I tightening.
estrechamiento progresivo del campo I irising (photography).

estrecho I narrow.
estrella I star.
estrella polar I north star.
estrella-triángulo I mesh-star (electricity).
estría I cable I fluting I quirk I scratch I spline I streak I stria I striation.
estría helicoidal I spiral groove.
estría ojival I pointed groove.
estriación I scoring I scratch I scratching I striation.
estriado I knurling I ribbed I scored I serrated I striated.
estriadora I fluting gouge.
estriar I chamfer (to) I channel (to) I flute (to) I groove (to) I quirk (to) I ridge (to) I score (to) (rocks) I spline (to) I streak (to).
estribo I abutment (bridge) I abutment pier (bridge) I U bolt I yoke.
estribo de tornillo I screw clip.
estribo en U I U abutment (bridges).
estribor I starboard (ships).
estricción lineal I linear pinch (physics).
estricción magnética I magnetic striction.
estricción tubular I tubular pinch (physics).
estrinque I stay tackle.
estrioscopia I interferometer photography.
estrobo I sling I strap.
estroborradiografía I stroboradiography.
estroboscopio I flicker I stroboscope.
estroboscopio cromático I chromatic stroboscope.
estroboscopio de luz neón I stroboglow.
estrobotrón I strobotron.
estrofotrón I strophotron.
estrógenos I estrogens.
estroncio I strontium (Sr).
estropear I spoil (to).
estructura I cage (construction) I framework I structure.
estructura A I A frame.
estructura alar I wing structure.
estructura apilada I tier array.
estructura compacta I close-packet structure.
estructura cristalina lamelar I lamellar crystal structure.
estructura de acero I steel framework I steel work.
estructura de anclaje I tie-down.
estructura de caballetes I trestlework.
estructura de celosía I lattice structure.
estructura de cuadripolo I quadrupole structure.
estructura de grafito esferolítico I spherulitic graphite structure.
estructura de la tierra I tectonics.

estructura de relleno I sandwich structure.
estructura del larguero I spar frame.
estructura del núcleo I nuclear structure.
estructura en mortero I mortar structure (geology).
estructura en Y I wye member.
estructura esferoidal I ball structure.
estructura fabricada por soldeo I welding.
estructura interna I internal structure.
estructura lamelar I lamination (geology).
estructura lenticular I augen structure.
estructura longitudinal I longitudinal framing.
estructura mallada I mesh structure (petrology).
estructura metálica I steel framing.
estructura ordenada I ordered structure (metalography).
estructura química I chemical makeup.
estructura reticular I lattice structure I mesh structure.
estructura rígida I rigid frame.
estructura soportante metálica de las paredes I lintel (blast furnaces).
estructuración I framing.
estructural I structural.
estructura magnética I magnetic fabric (minerals).
estruendo I rumble.
estuario I inlet.
estuche de herramientas I tool kit.
estudio I studio (cinematography, TV).
estudio de agrimensura I land survey.
estudio de micromovimientos I micromotion study.
estudio de pozos I well surveying (petroleum).
estudio de sonido I recorder room (register).
estudio de televisión I television set.
estudio sísmico I seismic survey.
estufa I stove.
estufa de barnizar en negro I japanning oven.
estufa de carbonización I carbonizing stove.
estufa metálica I metal stove (blast furnaces).
estufa para machos I kettle (foundry).
estufado I kilning (paints).
estufar I kiln (to) (paints) I oven (to).
esvarcita I swartzite.
esviaje I obliquity I skewing.
etal I ethal.
etalaje I bosh (blast furnaces).
etalonar I color correct (to).
etanamida I ethanamide.
etano I ethane.
etanol I ethanol.
etano-nitrilo I ethane nitrile.
etapa I stage.

etapa amplificadora de potencia | power amplifying stage.
etapa amplificadora de RF | RF stage.
etapa de conversión | mixing stage.
etapa de frecuencia intermedia | intermediate frequency stage.
etapa de radiofrecuencia neutralizada | neutralized-radio-frequency stage.
etapa de recalentamiento | reheat stage (thermodynamics).
etapa de selección | selection stage (telecommunications).
etapa de vídeo | video stage.
etapa en contrafase | push-pull stage.
etapa multiplicadora | multiplier stage (electronics).
éter | aether | ether | gas.
éter acético | acetic ether.
éter cresilmetílico | cresyl methylether.
éter de petróleo | petroleum ether.
eterificación | etherification.
eterificar | etherify (to).
eterizar | etherize (to).
etilación | ethylation.
etilar | ethylate (to).
etilato | ethylate.
etilenglicol | ethylene glycol.
etileno | ethylene.
etilglicol | ethyl glycol.
etiolación | etiolation.
etiqueta | tag.
etites | eaglestone.
etmolito | ethmolith.
euclasa | euclase.
eudiometría | eudiometry.
eudiómetro | detonating tube (bursts).
eulitita | eulyte.
eupateoscopio | eupatheoscope.
europia | europia | europium oxide.
europio | europium (Eu).
eustático | eustatic.
eutéctica | eutectic.
eutéctica de temperatura de fusión baja | low-melting eutectic.
eutectífero | eutectiferous.
eutectoide | eutectoid.
eutexia | eutexia (alloys) | eutexy.
evacuación | clearing | eduction | efflux (liquids) | effluxion (liquids) | ejection | exhaustion.
evacuación de desechos | waste disposal.
evacuar | blowdown (to) | evacuate (to) | exhaust (to).
evaluación | weighting.
evaluar | rate (to).

evanescencia | evanescence.
evansita | evansite.
evaporación | evaporating | evaporation | vaporization.
evaporador | evaporating pan | evaporator | vacuum pan | vapour source.
evaporar | dry off (to) | evaporate (to) | vapor (to).
evaporatividad | evaporativity.
evaporita | evaporite.
evaporógrafo | evaporograph.
evolución | development (meteorology).
evolvente | involute (curves) | involute curve.
evolvente corta | stub involute (gear).
ex libris | bookmark.
exactitud | accuracy | precision | trueness.
exactitud diferencial | incremental accuracy.
exactitud en distancia | range accuracy (radar).
exacto | accurate (electronics) | right | true.
exafásico | six-phase.
examinar | overhaul (to) (machines) | scan (to).
exapolar | six-pole.
excavación | cutting | excavating | hole | hollow | pit | scooping.
excavación a cielo abierto | open diggings.
excavadora | dredging-machine | trencher.
excavadora acarreadora | scraper.
excavadora cargadora | scraper loader.
excavadora de arrastre | slusher.
excavadora de cable | scraper.
excavadora de cangilones | bucket excavator | dredger excavator | scoop shovel.
excavadora de cucharón | bucket excavator.
excavadora de cucharón de arrastre | scraper | slackline cableway.
excavadora de mordazas | crab dredger.
excavadora mecánica | digger | power shovel.
excavadora para canteras | quarry excavator.
excavadora retromóvil | backacter.
excavar | excavate (to) | gouge (to) | groove (to) | hole (to) | hollow (to) | scoop (to).
excavar un túnel | tunnel (to).
excavar una galería | tunnel (to).
excéntrica | eccentric (mechanics) | lever wheel | tappet | wiper.
excéntrica de carrera regulable | variable-throw eccentric.
excéntrica de la distribución | main eccentric.
excéntrica de montaje | jig latch.
excéntrica del disco | dial cam (telephony).
excéntrica del muelle | spring eccentric.
excéntrica principal | main eccentric.
excentricidad | offsetting.

excéntrico I off center.
excentridad I throw.
exceso I overrun.
exceso de corriente de reposo I mark bias (communications).
exceso de hierro fundido I over iron (smeltings).
exceso de luz I overlighting (photography).
exceso de potencia I margin of power.
exceso de revelado I overdevelopment (photography).
exceso de tensión I overstressing.
excisión I cutting out I excition I fissioning.
excitación I energizing.
excitación en derivación I shunt excitation.
excitación en vacío I no load excitation.
excitación lasérica I laser excitation.
excitación natural I natural excitation (magnetism).
excitación por choque I impulse excitation.
excitación por impulsos I impulse excitation I pulse excitation.
excitado I wound (electricity).
excitado en derivación I shunt-excited.
excitado en serie I series-wound.
excitado por la hélice I propeller-excited.
excitador I discharger (electricity) I driver I energizer (electricity) I excitator (electricity) I excitor.
excitador de galvanómetro I galvanometer driver.
excitador de hiperfrecuencia I radiofrequency exciter.
excitador de línea I line driver.
excitador de relé I relay driver.
excitador maestro I master drive (electricity).
excitatriz de campos múltiples I multifield exciter.
excitón I exciton.
excitrón I excitron.
excluir I lockout (to).
exclusión de iones I ion exclusion.
excoriación I scratching.
exento de ácido I acid free I acidless.
exfoliación I exfoliation I foliation I foliature I peeling I scaling I spalling I splitting.
exfoliación octaédrica I octahedral cleavage.
exfoliación por estratificación I stratification foliation.
exfoliado I laminated (metallurgy).
exhalación I fume.
exhalar I exhale (to).
exhaustación I eduction I egression I exhaustion.
exoelectrón I exoelectron.
exoenergético I exoenergetic.

exoenzima I exoenzyme.
exoérgico I exoergic.
exografía I exography.
exolón I exolon.
exosfera terrestre I terrestrial exosphere.
exotérmico I heat-emitting.
expansibilidad I dilatability.
expansión I expansion I spreading.
expansión de reacción I reaction stage (turbine).
expansión isotérmica I isothermal expansión.
expansión polar I pole cap (electric magnets) I pole shoe.
expansor I compandor I extender.
expedanza I expedance.
experiencia tecnológica I know-how.
experimentación I testing.
experimental I pilot.
experimentar I assay (to).
experimento I experiment I test I trial.
explanación I roadbed.
explanadora elevadora I elevating grader.
exploración I exploration I hunting I prospecting I reconnaissance I scan I scanning (radar, TV) I search I sweeping (radar, asdic) I trace.
exploración a gran distancia I ranging (aeronautics).
exploración circular I circular scanning I spiral scanning.
exploración con el noctovisor I noctovisor scan.
exploración cónica I conical scan.
exploración cósmica I space exploration.
exploración de la imagen I scansion.
exploración de lápiz fotosensible I light pen tracking.
exploración de líneas I line scanning (TV).
exploración de puntos I point scanning (television).
exploración de radar I radar scan.
exploración de televisión I television scanning.
exploración de trama I raster scan.
exploración de traza luminosa I spotlight scanning (TV).
exploración de un haz de iones I ion-beam scanning.
exploración de un sector I sector scan (radar).
exploración del haz I beam scanning.
exploración eléctrica I electric scanning (radar).
exploración en distancia I range search (radar).
exploración entrelazada I intercalated scanning (TV) I interlace scanning I interlaced

scanning I interlacing (television) I line-jump scanning I multiple scanning I staggered scanning.

exploración espacial I space exploration.

exploración geofísica I geophysical prospecting (minerals).

exploración hacia atrás I reverse scan (computing).

exploración intermitente I intermittent scanning.

exploración isócrona I isochronous scanning.

exploración limitada a un sector I section scanning (radar).

exploración lineal I linear scan (radar).

exploración M I M scan.

exploración múltiple I multiple scanning (TV).

exploración óptico-mecánica I optical-mechanical scanning.

exploración por líneas I rectilinear scanning (TV).

exploración por líneas contiguas I progressive scanning.

exploración por rayos X I X-ray examination.

exploración progresiva I progressive scanning (communications).

exploración radar I radar search.

exploración radiológica I radiological scanning.

exploración rápida horizontal I slewing (radar).

exploración retardada I delayed scanning.

exploración sincrónica I synchronous scanning.

exploración tipo Q I Q scan (radar).

exploración total de imagen I raster (TV).

exploración ultrasónica I ultrasound scanning.

exploración variable I variable sweep.

exploración vertical I vertical scanning (TV, radar).

exploración visual I visual scanning.

explorador I analyzer (TV).

explorador de centelleo I scintiscanner (nuclear energy).

explorador de cinta I tape scanner (computing).

explorador de circonio-niobio I zirconium-niobium scanner.

explorador de diapositivas I slide scanner.

explorador de radiactividad I radioactive scanner.

explorador de radio I radio scanner.

explorador de rayos láser I laser scanner.

explorador de tipo n I n scan (radar).

explorador de transductores I transducer scanner.

explorador fotoeléctrico I photoelectric scanner.

explorador mecánico I mechanical scanner (disc).

explorador óptico I optical scanner I visual scanner.

explorador optoelectrónico I optoelectronic scanner.

explorador por infrarrojos I infrared scanner.

explorador principal I main scanner.

explorador tipo G I G scan (radar).

explorador tipo K I K scan (radar).

explorador tipo L I L scan (radar).

explorador visual I visual scanner.

explorar I explore (to) I scan (to) I search (to) I sweep (to) (radar, TV).

explosión I blowing up I burst I explosion I outburst.

explosión al carburador I kickback.

explosión atómica I A-blast.

explosión de barrenos múltiples I multishot firing (blasting).

explosión de neutrones I neutron pulse (nucleonics).

explosión nuclear I nuclear burst.

explosión nuclear en el aire I nuclear airburst.

explosión nuclear subterránea I underground nuclear blast.

explosión oxidativa I oxidative explosion (nucleonics).

explosión por simpatía I sympathetic explosion.

explosión sin contacto directo I noncontact explosion.

explosión submarina I underwater burst.

explosión superficial I surface burst (nuclear energy).

explosión térmica I thermal explosion.

explosionar I explode (to).

explosivo I explosive.

explosivo cloratado I chlorate explosive.

explosivo deflagrante I low explosive.

explosivo lento I low explosive.

explosivo moldeable I plastic explosive.

explosivo no detonante I low explosive.

explosivo plástico I plastic explosive.

explosivos autorizados I permissible explosives.

explosivos de seguridad I permissible explosives.

explosor I firing machine I igniter.

explotabilidad I workability.

explotación I developing I working (mining) I works.

explotación a cielo abierto I open cut I open diggings I open mining I open pit I paddock I surface work.

explotación avanzando I outstope process.

explotación de canteras I quarrying.

explotación de menas de baja ley I low-grade ore mining.

explotación de placeres I placer mining.

explotación de roca a cielo abierto I quarry.

explotación directa I working in-bye (mining).

explotación en descubierto I stripping (mining).

explotación en serie I tandem operation (telephony) I tandem working (telephony).

explotación forestal I logging I lumbering.

explotación mecanizada I mechanized exploitation (mining).

explotación por compartimientos I panel work.

explotación por derrumbe I caving system (mining).

explotación por escalones I stoping.

explotación por gradas I stoping.

explotación por gradas al revés I overhand stoping.

explotación por gradas invertidas I back-stoping (mining) I overhead stoping.

explotación por hundimiento I caving system (mining).

explotación por pilares abandonados I pillar mining (mining) I pillar working (mining).

explotar I burst (to) I explode (to).

explotar a cielo abierto I paddock (to) (diggings) I strip (to) (mining).

explotar canteras I quarry (to).

explotar irregularmente I rob (to) (mining).

explotar una mina I mine (to).

exponer a la intemperie I weather (to).

exposición I exposure I irradiation.

exposición a la intemperie I weathering.

exposición de fondo I background exposure.

exposición instantánea I snapshot.

exposición insuficiente I underexposure (photography, cinematography).

exposímetro I exposure meter I light meter.

exprimidor I wringer I wringing machine.

expulsador I ejector.

expulsar I exhaust (to).

expulsar la escoria I shingle (to) (puddling).

expulsión I eject I ejection I expulsion.

expulsor I knockout.

expulsor de palanca I lever ejector.

exsicación I exsication.

extensible I tensile.

extensimetría I extensometry.

extensímetro acústico I acoustic strain gage.

extensímetro contador I counting strain gage.

extensímetro de hilo vibrante I vibrating wire strain gage.

extensímetro de inducción I induction strain gage.

extensímetro de resistencia eléctrica de hilo I wire resistance strain gage.

extensión I area I extension I range I reach I scope I space I spread I sweep.

extensión parcial de la imagen I spreading (TV).

extenso I wide.

extensómetro I free point indicator I strain gage.

extensor I extensor.

extensor de línea I line stretcher.

exterior I outside I surface (mining).

exteriores I outdoor scenes (cinematography) I outdoor shots (cinematography).

extinguidor I snuffer.

extinguir I slake (to).

extintor magnético I blowout magnet.

extracción I drawing out I winning.

extracción de canales I channel dropping.

extracción de minerales I ore mining.

extracción de petróleo I oil recovery.

extracción de sólidos con disolventes I leaching.

extracción del eje de cola I tailshaft drawing (ships).

extracción del mineral I ore winning I winding.

extracción por aire I air lift.

extracción por disolución I leaching.

extracción resonante I resonant extraction (cyclotron).

extracorriente I transient.

extracorriente de cierre I making contact current I making current.

extracto I abstract.

extracto acetónico I acetone soluble matter.

extractor I abstractor I finger grip (drillings) I knockout I puller.

extractor centrífugo I spinner I whizzer.

extractor de aire I exhauster.

extractor de cojinetes I puller press.

extractor de escarpias I spike extractor.

extractor de muestras I sampler.

extractor de paletas I paddle extractor.

extractor de sedimentos I sediment extractor.

extractor de tubos electrónicos I tube puller.

extractor de válvulas I tube lifter.

extractor oscilante I rocking extractor.

extractor técnico I abstracter.

extradós I wing upper surface (airplanes).

extraer I blowoff (to) I withdraw (to).

extraer agua I pump (to).

extraer carbón I mine coal (to).

extraer de la memoria | move out (to) (computing).

extraer mineral | mine (to).

extraer por destilación | abstract (to) (chemistry).

extraíble | withdrawable.

extraperforación | lacing.

extrarrápido | instantaneous.

extremidad | tip.

extremidad de llegada | incoming end (telecommunications).

extremidad polar de entrada | leading pole horn.

extremo | tip.

extremo de cuerda | rope fall.

extremo de la cola | stern (airplanes).

extremo del carril | railhead.

extremo inferior | lower end.

extremo libre | loose end.

extremo protector | sealing end.

extricción | pinch.

extruir | extrude (to) (metallurgy).

extruir en caliente | hot-extrude (to).

extrusión | extrusion.

extrusión en frío | cold extrusion.

extrusivo | extrusive.

extrusor | extruder.

extrusora | extrusion mill | extrusion press.

exudación | sweat.

eyección | eject | ejection.

eyección de aire | air porting.

eyecta | ejecta.

eyectable | ejectable.

eyectado por cohete | rocket ejected.

eyector | ejection device | ejector | jet compressor | jet pump | shedder (machine).

eyector a chorro | jet ejector.

eyector cebador | priming ejector.

eyector de aire del vacuofreno | vacuum-brake ejector.

eyector de arranque rápido | quick start ejector.

eyector de tres etapas | three-stage ejector.

eyector de vapor | steam ejector (spraying).

eyector deshollinador | soot ejector (boilers).

eyector hidráulico | water-jet pump.

eyector neumático | air knockout.

eyector neumático de chorro | air operated jet ejector.

F

fábrica | factory | mill | works.
fábrica de aceros | steel company.
fábrica de papel | paper mill.
fábrica metalúrgica | smelter.
fábrica siderúrgica | iron mill | steel mill.
fabricación | make | making | process.
fabricación a máquina | machining.
fabricación con plantillas | jigging.
fabricación de acero oxigenado | oxygen steelmaking.
fabricación de pasta con sulfito | sulfite pulping.
fabricación en cadena | mass production.
fabricar | engineer (to) | fabricate (to) | work (to).
fachada | façade | front | frontage.
fachear | back (to) (ships) | box (to) (ships) | heave (to).
facies | facies.
facies acicular | acicular habitus.
fácil de manejar | easy to service.
facilidad de ejecución | runnability (computing.
facilidad de manejo | easy handling.
facsímil | fax.
factor | item.
factor beta | beta | beta factor | beta value.
factor de absorción | absorptance (illumination) | absorption ratio.
factor de absorción interna | internal absorptance.
factor de alcance | reach factor (magnets).
factor de amplificación | magnification factor | Q (radio).
factor de amplificación reflejo | reflex amplification factor (electronic tube.
factor de arrastre | pulling figure (radio).
factor de atenuación | loss factor (radio).
factor de atenuación imagen | quadripole attenuation factor (telecommunications).
factor de autoapantallamiento | self-shielding factor.
factor de bloque | blocking factor (computing).
factor de capacidad | plant factor (electricity) | use factor (electricity).
factor de carga de la red de energía | system load factor.
factor de carga instantáneo | instantaneous load factor.
factor de comportamiento del radar | radar performance figure.

factor de conexión | operating factor (electrotecnics).
factor de devanado | winding factor.
factor de equivalencia | net-loss factor (telecommunications).
factor de escala | scale factor | scaling factor.
factor de fase imagen | image phase factor (telecommunications).
factor de filtrado | smoothing factor.
factor de fisión rápida | fast fission factor.
factor de fisión térmica | thermal fission factor.
factor de fuga | leakage factor.
factor de inclinación | skew factor (electric).
factor de inducción | induction factor.
factor de infiltración | leakage factor.
factor de integración | scaling factor.
factor de luminación | luminance factor.
factor de multiplicación | reproduction factor (nucleonics).
factor de ondulación | ripple factor.
factor de penetración | penetration factor (nuclear reaction).
factor de pérdidas | loss factor.
factor de peso sofométrico | psophometric weighting factor.
factor de potencia | lag factor (electricity).
factor de potencia de la red eléctrica | system power factor.
factor de recalentamiento | reheat factor.
factor de reducción del sonido | sound reduction factor.
factor de reflexión | radiant reflectance.
factor de reluctancia | reluctance factor.
factor de rendimiento | performance factor.
factor de ruido | noise figure.
factor de utilización | load factor (electricity).
factor espectral de reflexión | spectral reflectance.
factor eta | eta factor | neutron yield per absorption (nuclear energy.
factor mu | mu factor (three electrode valve).
factor Q | Q factor.
factor z | z factor.
factoría | mill | workyard | factory.
factoría carboquímica | coal synthesis plant.
factoría de devanados | winding factory (electricity).
fácula | facula.
faja de aceleración | accelerating lane (airports).

967

faja de estacionamiento | parking apron (airports).
faldilla | flanging.
falla | blatt (geology) | break in lode (mining) | displacement (geology) | dyke | slick | thrust.
falla abierta | gap fault (geology) | open fault.
falla anticlinal | anticlinal fault.
falla antitética | antithetic fault.
falla ascendente | overthrust fault.
falla basculante | basculating fault (geology).
falla centrífuga | centrifugal fault (geology).
falla centrípeta | centripetal fault (geology).
falla cerrada | closed fault (geology).
falla de charnela | pivotal fault (geology).
falla de corrimiento | overthrust fault | thrust fault.
falla de hundimiento | trough fault.
falla de la señal de programa | program failure (TV).
falla de torsión | wrench fault (geology).
falla diagonal | oblique fault.
falla en pivotes | pivotal fault.
falla en un filón | jump.
falla inversa | thrust fault.
falla invertida | overfault | overturned fault.
falla longitudinal | longitudinal fault.
falla marginal | boundary fault.
falla oblicua | dip fault.
falla primaria | primary fault (electricity).
falla sísmica | earthquake-fault.
falla transversal | dip fault.
fallar | fail (to) | misfire (to) (shots) | miss (to).
falleba | bolt.
fallo | failure | fault.
fallo de encendido | misfire (engines).
fallo de fuego | misfire (artillery, blast holes).
fallo de sincronización | out-of-step.
fallo del encendido | miss fire (engines).
fallo en el tiro | misfire.
fallos del encendido | missing (engines).
falsa alarma | wrong alarm.
falsa dama | monkey-dam (blast furnaces).
falsa escuadra | carpenter's bevel.
falsa escuadra en T | T bevel.
falsa estratificación | false bedding.
falsa galena | mock lead | pseudogalena.
falsa galería | jenkin (mining).
falsa ojiva | ballistic cap.
falsa quilla | outer keel.
falsa señal | signal imitation (telecommunications).
falso protector | wooden block (telecommunications).
falso registro de una línea | line misregistration (computing).

falso topacio | Madagascar topaz | quartz topaz | Spanish topaz.
falsos ecos | indirect echoes (radar).
falta de cebado | mode skip.
falta de corriente | outage (electricity).
falta de encendido | off-firing (engines).
falta de unión | lack of fusion (welding).
falta de yuxtaposición | underlap.
falúa | barge.
faluchera | bulwark port (ships).
familia radiactiva | transformation series (nuclear energy).
fango | slush.
fango activado | activated sludge.
fango diatomáceo | diatomaceous ooze.
fangos | slime (minerals).
fanotrón | phanotron (electronics).
fantastrón | phantastron.
fantoscopio | phantoscope (radiation).
faradímetro | faradmeter.
faradización | screening.
faradizar | screen (to) (radio).
farallón | bluff | cliff | headland.
faro | lighthouse beacon | sea light.
faro aeronáutico | aeronautical beacon.
faro de aeródromo | aerodrome beacon.
faro de aeropuerto | air beacon | airport beacon.
faro de aproximación | approach light beacon.
faro de aterrizaje | landing direction light (airports).
faro de automóvil | head lamp | headlight.
faro de gran alcance | making light (navigation).
faro de identificación | identification beacon | landmark beacon.
faro de láser | laser beacon.
faro de localización | range beacon.
faro de punto de referencia | landmark beacon.
faro de radar | radar beacon.
faro fijo de destellos | occulting light.
faro giratorio | revolving beacon.
fase | phase | stage | step.
fase carbúrica | carbidic phase.
fase chi | chi phase (metallurgy).
fase de amplificación modulada | modulated amplification stage.
fase de energía negativa | negative-energy state.
fase de imagen positiva | positive picture phase (TV).
fase de impulso | pulse phase.
fase de lanzamiento | launching stage.
fase de latencia | lag phase.

fase de retardo | lagging phase.
fase de sincronización | locking phase.
fase experimental | experimental stage.
fase líquida | liquidus.
fase opuesta | opposite phase.
fase precipitada | precipitated phase (alloys).
fase preliminar a la galvanostegia | preplating phase.
fase retardada | lagging phase.
fase retrasada | lagging phase.
fase sigma | sigma (metallurgy) | sigma phase.
fase sigma ternaria | ternary sigma phase (metallurgy).
fase sólida | solid phase (chemistry).
faseamiento | phasing (TV).
fasímetro | phase meter | phase-angle meter | phasemeter.
fasímetro numérico | digital phasemeter.
fasitrón | phasitron (electronics).
fasor | phasor.
fasotrón | phasotron.
fatigado a presión subatmosférica | fatigued in vacuum.
fatigado en el vacío | fatigued in vacuum.
fechar | date (to).
fedal | fedal (nuclear propellant).
feldespato | feldspar.
feldespato alcalino | alkali feldspar.
feldespato barítico | barium feldspar | baryta feldspar.
feldespato calizo | lime feldspar.
feldespato descompuesto | cotton rock.
feldespato nacarado | moonstone.
feldespato sódico | soda feldspar.
feldespato sodicocálcico | lime-soda feldspar.
félsico | felsic.
felsitoide | felsitoid.
femtovoltio | femtovolt.
fenicado | carbolized.
fénico | carbolic.
fenol | phenol (chemistry).
fenol metílico | cresyl alcohol.
fenólico | phenolic.
fenolsulfonato de plata | silver phenolsulfonate.
fenómeno psicogalvánico | psychogalvanic phenomenon.
ferganita | ferghanite.
fergusonita | fergusonite.
fermentación | fermentation | zymosis.
fermentación acética | acetic acid fermentation.
fermentación acetobutílica | acetonebutanol fermentation.
fermentación ácida | acid fermentation.
fermentación al vacío | vacuum fermentation.

fermentación en cascada | cascade fermentation.
fermentación heteroláctica | lactic heterofermentation.
fermentación homoláctica | lactic homofermentation.
fermentador | fermentator.
fermentadora | fermenter.
fermentar | brew (to) | ferment (to) | sour (to).
fermento | ferment | yeast.
fermio | fermium (Fm).
fermión | fermion (nuclear energy).
ferrado | iron plating (electroplating).
ferrar | iron-plate (to) (electroplating).
ferrato | ferrate (chemistry).
férrico | iron-containing.
ferrielectricidad | ferrielectricity.
ferrífero | iron-bearing.
ferrimagnético | ferrimagnetic.
ferrimagnetismo | ferrimagnetism.
ferristor | ferristor.
ferritígeno | ferrite former.
ferritización | ferritization | ferritizing.
ferritizador | ferritizer.
ferroaleación | ferro alloy | iron alloy.
ferroaluminio | ferroaluminum.
ferrocarbono | ferrocarbon.
ferrocarril | railroad | railway.
ferrocarril de ancho normal | standard gage railway.
ferrocarril de circunvalación | loop line.
ferrocarril de vía ancha | broad gage railway.
ferrocarril de vía estrecha | light railway | narrow gage railway.
ferrocarril subterráneo | subway | tube | underground.
ferrocemento | ferrocement.
ferrocerámica | ferroceramics.
ferrocerio | ferrocerium.
ferrocianuro | ferrocyanide.
ferrocianuro férrico | iron blue (chemistry).
ferrocobalto | ferrocobalt.
ferrocromo | ferrochrome | ferrochromium.
ferroelectricidad | ferroelectricity.
ferroeléctrico | ferroelectric.
ferroimanación | ferromagnetization.
ferromagnético | ferromagnetic.
ferromagnetismo | ferromagnetism.
ferromagnetómetro | ferrometer.
ferromanganeso | ferromanganese.
ferrómetro | ferrometer.
ferromolibdeno | ferromolybdenum.
ferroniobio | ferrocolumbium | ferroniobium.
ferroníquel | ferronickel.

ferroprusiato | blueline (printing) | ferroprussiate.
ferrorreactancia | ferroreactance.
ferrorresonancia | ferroresonance.
ferrorresonante | ferroresonant.
ferroselenio | ferroselenium.
ferrosilicio | ferrosilicium | ferrosilicon | silicon-iron.
ferroso | ferrous | iron-bearing.
ferrostático | ferrostatical.
ferrotántalo | ferrotantalum.
ferro-titanio | ferro-titan | ferrotitanium.
ferrotungsteno | ferrotungsten.
ferrovanadio | ferrovanadium.
ferrovidrio | ferroglass.
ferrozirconio | ferrozirconium.
ferruginoso | iron-containing | irony.
fertilizante | fertilizer.
ferular | ferrule (to) (tubes).
fiabilidad | reliability.
fiador | dog | sear (percussor).
fiador de resorte | spring catch.
fiador de rueda dentada | pallet.
fiador de seguridad | safety catch.
fibra | fibre | thread.
fibra celulósica | cellulosic fiber.
fibra de carbono | carbon fiber.
fibra de cuarzo | quartz fiber | quartz fibre.
fibra detergente ácida | acid detergent fiber.
fibra neutra | neutral axis (bending).
fibra óptica | fiber optic | optical fiber | optical fibre.
fibras del huso | spindle fiber.
fibriforme | fibriform.
fibrilado | fibrillose.
fibrolamelar | fibrolamellar.
fibrolaminar | fibrolamellar.
ficha | card.
ficha contable | ledger card.
ficha de control | checking form.
ficha de programa | program card (computing).
ficha de registro | data card.
ficha magnética | magnetic card.
fichero | filing cabinet.
fichero compartido | shared file (computing).
fichero de acceso selectivo | random-access file.
fichero de actualización | update file (computing).
fichero de almacenamiento masivo | mass storage file.
fichero de datos | data file.
fichero de entrada | input data set.
fichero de modificaciones | change file.
fichero de programas | program file (computing).

fichero de trabajo | working file (computing).
fichero en cinta | tape file.
fichero maestro | master | master file.
fichero secuencial | sequential file (computing).
fichero vídeo | image file.
ficheros de datos maestros | master data file (computing).
ficticio | dummy.
fíctil | fictile.
fiel de balanza | needle.
fieltro | felt.
figura grabada al ácido | etch figure.
figurar | figure (to).
fijación | clamping | fixing.
fijación de fase | phase lock.
fijación de hilos de conexión | wire bond (electronics).
fijación de la imagen | picture lock.
fijación de la posición en navegación | plotting.
fijación de las tabulaciones | tab setting.
fijación del voltaje | voltage-clamp.
fijación mutua | interlock.
fijación por ácido | acid fixing.
fijación por vacío | vacuum fixation.
fijación rígida | rigid fastening.
fijador | clamper | fixer | pallet.
fijador de hiposulfito | acid hypo.
fijador del acumulador | accumulator lock (calculating machine).
fijador magnético | magnet clamp.
fijar | bind (to) (chemistry) | clamp (to) | fix (to) | grip (to) | pin (to) | secure (to) | set (to).
fijar la posición sobre la carta | plot (to) (navigation).
fijo | firm | fixed | immobile | quiescent | stationary | still.
fila | file.
fila de activación | activation stack (process).
fila de bastidores | suite (telephony).
fila de vórtices | vortex street.
filadiz | floss silk.
filamento | emitter | filament | thread.
filamento de lámpara | bulb filament.
filamento de plasma | plasma filament.
filamento de tungsteno | tungsten filament.
filamento en V | vee filament.
filamento tubo | tube filament.
filamentos de hierro | iron wiskers.
filar | ease away (to) | ease off (to) | veer (to).
fildistor | fieldistor.
filete tipográfico | strip rule.
filetear | worm (to).
filmación | film recording | filming.
filmación cinescópica | kinescoping.

filmador | film recorder.
filmar | film (to) | shot (to).
filme | movie | movie film.
filmina | slide short film.
filo | arris | edge | lip.
filo irregular | featheredge (tools).
filón | bed | brood | course | delf | deposit | layer (mining) | load (mining) | lode | vein.
filón crucero | contra-lode | counterlode | cross vein | crossing (mining) | crossing vein.
filón de cuarzo aurífero | reef.
filón de hierro | iron vein.
filón de mineral | ore lode.
filón de roca | channel.
filón eruptivo | eruptive vein (mining).
filón estéril | barren lode | channel | sterile vein.
filón madre | mother lode.
filón metalífero | ledge.
filón mineral | mineral vein.
filón pequeño | femmer.
filón principal | champion lode (mining) | main lode | master vein | mother lode.
filón tabular | reef (mining).
filón transversal | cross vein | crossing vein.
filtración | filtering | filtration | leaching | percolation | seepage.
filtración cuántica | tunnel effect.
filtrado | leachate.
filtrar | filter (to) | leach (to) | mask (to) | percolate (to) | sift (to) (radio) | strain (to).
filtro | bypass (radio) | crossover (electronics) | screen (air or liquids).
filtro a presión | pressure filter.
filtro activo | active filter (amplifier).
filtro acústico | acoustic filter.
filtro ajustado | matched filter.
filtro al vacío | vacuum filter.
filtro antiparasitario | line filter | noise filter.
filtro antiparásito | noise suppressor filter.
filtro antiparásitos | anticlutter | interference eliminator (radio) | interference suppressor | radio noise filter | radio noise-suppression filter.
filtro armónico de paso bajo | low-pass harmonic filter.
filtro clarificador | clarifying filter.
filtro con sobrecarga | loaded filter.
filtro contra el paso de bajas frecuencias | low-pass filter.
filtro contra el zumbido | ripple filter (radio).
filtro corrector | line equalizer.
filtro corrector de impulsos | impulse regenerator.

filtro cristalino de banda estrecha | narrow-band crystal filter.
filtro cromofotográfico | light filter (photomechanics) | ray filter (photomechanics).
filtro de absorción | absorbing filter.
filtro de aceite | oil screen.
filtro de aire | air scrubber.
filtro de aire de admisión | intake air filter.
filtro de ancho de banda variable | variable-bandwidth filter.
filtro de bajo amortiguamiento | low-damping filter.
filtro de banda | separating filter (radio).
filtro de banda de paso | pass-band filter.
filtro de bucle | loop filter (electronics).
filtro de bujía | candle filter.
filtro de canal | channel filter.
filtro de carbón | carbon filter.
filtro de célula única | single-section filter.
filtro de constantes localizadas | lumped-constant filter.
filtro de cristal de cuarzo | quartz-crystal filter.
filtro de densidad neutra | neutral density filter.
filtro de desacoplo | decoupling filter.
filtro de eliminación de banda | low-and-high-pass filter (radio).
filtro de entrada | inlet filter | input filter.
filtro de escurrimiento | trickling filter.
filtro de frecuencia | band filter | wave filter.
filtro de hiperfrecuencia | radiofrequency filter.
filtro de imagen | video filter.
filtro de impedancias | choke filter.
filtro de intercambio iónico | ion exchange filter.
filtro de interferencias | interference filter.
filtro de la banda principal | principal channel filter (telecommunications).
filtro de línea | line filter.
filtro de línea de energía | power-line filter.
filtro de luz | light filter.
filtro de microondas | microwave filter.
filtro de modo | mode filter (optic fibers).
filtro de muesca | notch filter.
filtro de ola | wave filter.
filtro de onda | wave filter.
filtro de ondas mecánicas | mechanical wave filter.
filtro de paso bajo | low-band filter | low-pass filter.
filtro de peine | comb filter (electricity).
filtro de pendiente | slope filter.
filtro de percolación | percolating filter.

filtro de preacentuación | preemphasis filter.
filtro de presión | press filter.
filtro de radiación | radiation filter.
filtro de recepción | receiving filter (telecommunications).
filtro de red | network filter.
filtro de respuesta en hendidura | notch filter (electronics).
filtro de respuesta monotónica | monotonic response filter.
filtro de ruidos | noise filter.
filtro de salida | output filter.
filtro de seguimiento | tracking filter.
filtro de separación | isolation filter | separating filter | separation filter.
filtro de unión | junction filter.
filtro de vacío | suction filter | suction strainer.
filtro de variación lineal | linear filter.
filtro de velocidad | velocity filter (radar).
filtro de voz | voice filter (acoustics).
filtro del aceite | oil filter.
filtro del aire | air cleaner.
filtro del rojo | red filter (TV).
filtro del videodetector | video detector filter.
filtro desferrizador | iron removal filter.
filtro desmodulador | demodulator filter.
filtro dicroico | dichroic filter.
filtro electrónico variable | variable electronic filter.
filtro eliminador de banda | rejection filter (radio).
filtro en escalones | ladder filter (electricity).
filtro infrarrojo | infrared filter.
filtro limitador | limiting filter.
filtro magnético para lubricantes | magnetic oil filter.
filtro neutro | neutral filter.
filtro óptico | optical filter.
filtro óptico antirreflexivo | optical light filter.
filtro óptico encuadrante de la imagen | luminous edge (television).
filtro ortocromático | light filter (photography).
filtro para fluctuaciones | ripple filter.
filtro para fuente de alimentación | power-supply filter.
filtro para la red de alimentación | power-line filter.
filtro para luz ultravioleta | ultraviolet filter.
filtro percolador | trickling filter.
filtro polarizador | neutral gray filter (photography) | polarising screen.
filtro pulvimetalúrgico | powder-metal filter.
filtro resistencia-capacidad | resistance-capacity filter.

filtro selectivo | selective filter.
filtro separador | network filter (frequencies).
filtro sin memoria | memoryless filter (electronics).
filtro sintonizado | tuned filter (circuits).
filtro sonoro | sound filter (acoustics).
filtro tarado | tared filter (chemistry).
fin | close | end.
fin de mensaje | over (radiotelephony).
fino | thin.
finos del carbón | small coal.
finos mezclados | mixed fines.
firme | firm.
firme de la carretera | roadbed.
física | physics (science).
física atómica | atomic physics.
física interplanetaria | interplanetary physics.
física nuclear | atomic physics.
fisicoquímico | physicochemical.
físil | fissile.
fisión de plutonio | plutonium fission.
fisión nuclear | atomic fission.
fisión oxidativa | oxidative fission (chemistry).
fisión provocada por neutrones | neutron-induced fission.
fisión rápida | fast fission.
fisión térmica | thermal fission (nuclear energy) | thermal-neutron fission.
fisión termonuclear | thermonuclear fission.
fisionable | active.
fisionar | fission (to).
fisioquímica | fissiochemistry.
fisioquímico | fissiochemical.
fisura | break | cleavage | crack | fissure | seam.
fisura de tensión | stress crack (metallurgy).
fisuración | jointing.
fisuración cáustica | embrittlement.
fisuración en caliente | hot-tearing.
fisuración intercristalina | caustic cracking | caustic embrittlement.
fisuración intergranular | intergranular cracking | intergranular embriuttlement | intergranular fisuring.
fisuración por corrosión bajo tensión | stress-corrosion cracking.
fisuración por envejecimiento mecánico | strain-age cracking (metallurgy).
fisuración por tensiones internas | stress-cracking (metallurgy).
fisuración por tensocorrosión | stress-corrosion cracking.
fisuración superficial | surface checking (metallurgy).
fisurado | rifted.
fisurar | fissure (to).

flamear | flame (to).
flanco | side.
flap | wing flap.
flap de aterrizaje | landing flap.
flecha | arrow.
flejado | metal strapped.
fleje | band iron | hoop | hoop iron | metal strip | strap | strip | strip iron.
fleje de acero | spring steel.
fleje de guía | feather.
fleje de hierro | iron tie.
fletar | affreight (to).
flete | cargo.
flete aéreo | airfreight.
flexar | flex (to).
flexible | flexible | resilient (fitting).
flexímetro | fleximeter | flexometer | torsion meter.
flexión | bending | deflection | sagging.
flexión asimétrica | unsymmetrical bending (girders).
flexión elástica | elastic bending.
flexionar | flex (to).
flexocompresión | flexopressure.
flintglass | lead glass.
floculación | feathering.
flocular | clump (to) | flocculate (to).
floculento | flocculent.
flóculo | floc | floccule.
flóculos solares | solar flocculi.
flogopita | rhombic mica | silver mica.
flogopita | phlogopite.
floración | flush.
florescencia | blooming.
floresta | forest.
flota | fleet.
flotación | flotation | load line (ships) | waterline (ships).
flotación en lastre | light waterline (ships).
flotador | float.
flotante | afloat.
flotar | drift (to) | float (to).
fluctuación | jitter | oscillation | ripple | variance.
fluctuación de frecuencia | swinging.
fluctuación de la radiorrecepción | radio flutter.
fluctuación del voltaje de la línea | line-voltage fluctuation.
fluctuación y trémolo | wow and flutter (acoustics).
fluctuaciones de los impulsos | pulse jitter (electronics).
fluctuar | oscillate (to) | roll (to).
fluencia | flow | flowage.
fluencia plástica | plastic flow.

fluencia viscosa | viscous creep.
fluidescer | fluidize (to).
fluidez | fluidity | runnability (metallurgy).
fluidez de la colada | casting fluidity.
fluidificante | flux.
fluidificar | fluidify (to) | fluidize (to).
fluidímetro | fluidimeter.
fluidizar | fluidify (to).
fluido | flowing medium | fluid | juice.
fluido aireado | aerate flow (physics).
fluido catalítico | catalytic fluid.
fluido magnético | magnetic fluid.
fluido motor | motive fluid | working fluid.
fluido no viscoso | inviscid fluid.
fluido refrigerante | coolant.
fluidodinámica | fluid dynamics.
fluir | flow (to) | stream (to).
flujo | current | flood (tides) | flow | flux (electricity, magnetism) | inflow | outflow | rise (tides) | stream | tide | wave action.
flujo acelerado | accelerated flow.
flujo acelerante | accelerating flux.
flujo acústico | acoustic streaming.
flujo adiabático | adiabatic flow.
flujo ascendente | upflow.
flujo barotrópico | barotropic flow.
flujo bifásico | two-phase flow.
flujo calorífico | heat flow | heat flux.
flujo catabático | kataflow.
flujo concatenado | linkage (electricity).
flujo de aire | windstream (aerodynamic tunnel).
flujo de cizallamiento | shear flow.
flujo de conmutación | switching flux.
flujo de cortocircuito | short-circuit flux.
flujo de dispersión | leakage flux | stray flux.
flujo de entrehierro | air-gap flux.
flujo de inducción | induction flux.
flujo de inducción magnética | magnetic flux.
flujo de masa total | overall mass flow.
flujo de neutrones | neutron flux.
flujo de resonancia | resonance flux.
flujo de trabajo | job stream (computing).
flujo de transición | transition flow (rolling mill).
flujo de transmisión | keying wave | marking wave.
flujo del esfuerzo cortante | shear flow.
flujo eléctrico | electric flux.
flujo electrónico | electron flow | electron stream | electronic flow.
flujo energético | power flow.
flujo intraperlítico | intrapearlitic flow.
flujo intrínseco | intrinsic flux.
flujo iónico | ion flow.

flujo laminar I laminar flow I viscous flow.
flujo luminoso I flux I light flux.
flujo magnético en espiral I linkage.
flujo magnetodinámico I MGD flow.
flujo másico I mass flow.
flujo motor I actuating flux.
flujo neto de potencia I net power flow (electromagnetism).
flujo neutrónico del reactor I reactor neutron flux.
flujo plástico I plastic flow I yield stress.
flujo polar I polar flux (electricity).
flujo por aspiración I induction flowing.
flujo preferencial I preferential flow.
flujo radiante I radiance.
flujo supersónico I supersonic flow.
flujo térmico I heat flow I heat flux.
flujo transónico I transonic flow.
flujo turbulento I swirling flow.
flujo útil I working flux.
flujo Venturi I Venturi flow.
flujo virgen I virgin flux (nuclear energy).
flujo vortical I vortical flow.
flujometría I flowmetering I fluxmetry.
flujómetro I flowmeter I fluxmeter.
flujómetro acústico I acoustic flowmeter.
flujómetro de gasto másico I mass rate flowmeter.
flujómetro de sección variable I variable-area flow meter.
flujómetro magnético I magnetic flowmeter.
fluorar I fluoridate (to) I fluorinate (to) I fluorine (to).
fluoreno I fluorene.
fluorescencia de resonancia I resonance fluorescence.
fluorescente I fluorescent.
fluorhídrico I hydrofluoric.
fluorímetro I fluorimeter.
fluorímetro de excitación por rayos X I X ray excitation fluorimeter.
fluorina I blue John.
fluorización del agua I water fluorization.
fluorizar I fluoridate (to).
fluorocarburo I fluorocarbon.
fluoróforo I fluorophore.
fluorofotometría I fluorophotometry.
fluorofotómetro I fluorophotometer.
fluorografía I fluorography.
fluorometría I fluorometry.
fluorómetro I fluorometer.
fluoromineralogía I fluoromineralogy.
fluoroplástico I fluoroplastic.
fluoroscopia I fluoroscopy.
fluoroscopia por rayos X I X-ray fluoroscopy.

fluoruro I fluoride.
fluoruro de carbono I carbon fluoride.
fluoruro de manganeso I manganese fluoride I manganous fluoride.
fluosilicato I fluosilicate.
fluosólido I fluo-solid.
fluviógrafo I fluviograph.
fluviometría I fluviometry.
fluviómetro I fluviometer.
fluxímetro I fluxmeter.
fluxómetro I flush valve.
focal I focal.
focalización I concentration I focalization I focalizing I focusing.
focalización del haz I shimming.
focalización del haz de láser I laser-beam focusing.
focalizar I focalize (to) I focus (to).
foco I focal point I focus (optics, geometry, photography).
foco catódico I cathode spot.
foco estático I static focus (electronics).
foco lineal I line focus (optics).
foco real I real focus (optics).
foco tangencial I tangential focus (optics).
foco trasero I back focus.
focómetro I focometer.
fogonazo I muzzle flash (cannons).
foliación I foliation I foliature I pagination I paging.
foliadora I paging machine.
foliadora-numeradora I paging and numbering machine.
foliar I page (to) I paginate (to) (printing).
fondeadero I mooring.
fondeadero de descarga I working anchorage.
fondeado I moored (mining).
fondear I arrive (to) (ships) I bring up (to) (ships) I drop anchor (to).
fondear minas I lay mines (to).
fondearse I come to anchor (to).
fondo I back end (rolls) I bottom I sole I toe (blast holes).
fondo de cuchara I skull.
fondo de rosca I root of thread.
fondo de trabajo I working face (tunnels).
fondo del cárter I oil-pan.
fondo del crisol I hearth block.
fondo del mar I sea bed I sea bottom I sea floor.
fondo móvil I loose bottom.
fondo oceánico I ocean bottom.
fondo submarino I submarine bottom.
fondo torisférico I torispherical end (pressure vessel).

fondos del buque | ship bottom.
fonía | voice.
fonio | phon (sound unit).
fonoamplificador | pickup amplifier.
fonoatenuación | sound deadening.
fonocaptación | sound pickup.
fonocaptor | reproducer.
fonocaptor cerámico | ceramic pickup.
fonocaptor de bobina móvil | moving-coil pickup.
fonocaptor estéreo | stereo pickup.
fonocaptor magnético | magnetic pickup.
fonocaptor mecánico | mechanical reproducer.
fonodetector | noise detector.
fonógeno | sound-producing.
fonógrafo | phonograph.
fonograma | phonogram.
fonolita | sound-stone.
fonolocalización | sound location.
fonolocalizador | acoustic detector.
fonometría | phonometry.
fonómetro | audiometer | phonometer | sound level meter.
fonón | phonon (physics).
fonón térmico | thermal phonon.
fonoproyector | sound projector.
fonotelemetría | sound ranging.
foque | jib (ships) | outer jib | standing jib (ships).
foque balón | balloon jib | balloon sail (yachts)
foque escocés | angulated sails..
forbesita | forbesite.
forestación | afforestation | forestation.
forestar | forest (to).
forja | forge | forging | smithy.
forja a mano | smith forging.
forja catalana | Champlain forge.
forja con estampa abierta | open-die forging.
forja de afino | low hearth.
forja de estampación | impact die forging.
forja de precisión | close-to-limit forging.
forja de soldar | welding fire.
forja en caliente | hot forging.
forja para soldar | welding forge.
forja parcialmente conformada | use.
forja por recalcado | upsetting.
forja recalcada | upsetter forging.
forja termoestable | thermally stable forging.
forjabilidad | forgeability.
forjado | wrought.
forjado a estampa | die forging.
forjado a máquina | machine forging (metallurgy).
forjado en frío | cold beaten | cold-forged.
forjado en prensa | press forged.

forjado en rosario | string forging.
forjado ligero de preparación | saddening.
forjador | forger.
forjadura | forging.
forjadura por recalcado | upset forging.
forjar | forge (to) | hammer (to) | malleate (to).
forjar a mano | smith (to).
forjar al yunque | anvil (to).
forjar con estampa | swage (to).
forjar en caliente | forge hot (to) | hot-forge (to).
forjar en frío | forge cold (to) | planish (to).
forjar por laminación | roll-forge (to).
forma | pattern | shaping.
forma de onda | waveform.
forma de onda de televisión | television waveform.
forma de onda vídeo | video waveform.
formación abierta | loose formation (aeronautics).
formación abrasiva | abrasive ground.
formación apilada | stacked array.
formación carbonífera | coal formation.
formación de colas | queuing (computing).
formación de escoria | slagging.
formación de grupos de enlace | multiple trunk groups (local lines).
formación de imágenes | imaging.
formación de incrustaciones | scaling (boilers).
formación de la trama | ratchetting (television).
formación de sectores | sectoring (radar).
formación por estiraje | stretch-forming.
formación secundaria | secondary (geology).
formado químicamente | chemically formed.
formador de impulsos | pulse former (telecommunications).
formador de iones | ionogenic.
formaldehído | formaldehyde (chemistry).
formaleta | curb rafter | turning piece.
formalina | formalin.
formar | form (to) | shape (to).
formar en caliente | thermoform (to).
formar en declive | slope (to).
formato | formate.
formato de dirección | address format (computing).
formato de la imagen | picture ratio (TV) | picture size.
formato de palabra | word format (computing).
formato U | U-format (computer).
formón | carpenter's chisel | chisel | firmer | firmer tool.

formón de carpintero I ripping chisel.
formón de chaflanar I beveling chisel.
formón de ebanista I joiner's chisel.
formón de hender I ripper.
formón de mano I paring chisel.
formón de pico de pato I joiner's chisel.
formón de punta de lanza I spear point chisel.
fórmula de constitución I rational formula (chemistry).
fórmula del número de Reynolds I Reynolds number formula.
fórmula empírica I rational formula.
fórmula estructural I constitutional formula (chemistry) I linkage formula (chemistry).
formulación I formulation.
formular I formulate (to).
forrado I served (electric cable) I wrapped.
forrado de chapa I iron-covered.
forrado de hierro I ironed.
forrado de plomo I lead-lined I lead-sheathed.
forrar I case (to) (boilers) I face (to) I jacket (to).
forrar con un revestimiento termoaislante I lag (to).
forro I sheathing I shell I skin.
forro acústico I acoustical liner.
forro calorífugo I lagging (boilers).
forro de madera I veneering.
forro de sillería I masonry lining.
forro exterior I jacketing.
forro exterior de la caja de fuegos I wrapper plate.
fortificación I supporting (mining).
fortificar I steel-timber (to) (mining).
forzar I break (to) (blocking).
forzar un decimal I approximate a decimal (to).
fosa I deep trough (oceanography) I pit I trench.
fosa de sedimentos I silt pit.
fosa marina I deep.
fosa tectónica I fault trough.
fosfatar I phosphate (to) I phosphatize (to).
fosfatización I phosphating.
fosfato cálcico I calcium phosphate (chemistry).
fosfato de acetilo I acetyl phosphate.
fosfato de litio I lithium phosphate.
fosfato de plata I silver phosphate.
fosfato dicálcico I bimagnesium phosphate.
fosfato dimagnésico I bimagnesium phosphate.
fosfato sódico terciario I tertiary sodium phosphate.
fosfato triclesilo I tricresyl phosphate.
fosforar I phosphorate (to) I phosphorize (to).
fosforescencia I after-glow I phosphorescence.

fosforescer I phosphoresce (to).
fosforita I rock phosphate.
fósforo I phosphorus.
fósforo activado con manganeso I manganese-activated phosphor.
fosfuro I phosphide.
fosfuro de galio I gallium phosphide.
fosfuro de indio I indium phosphide.
fosgenita I corneous lead I hornlead I phosgenite.
fosgeno I phosgene (chemistry).
fósil I fossil.
fosilizar I fossilize (to).
foso I cave (radioactive) I pit I trench.
foso colector I gathering pit.
foso de captura I pit shelter.
foso de colada I casting pit I foundry pit I pouring pit.
foso de lingoteras I pouring level.
foso de trabajo I working pit.
foso descubierto I open pit.
foso para moldes I mold hole (foundry).
foticón I photicon tube.
fotio I phot (illuminance metric unit).
fotoionización I photoionization.
foto con teleobjetivo I long shot.
fotoabsorbente I light-absorbing.
fotoabsorción I light absorption.
fotoaccionado I light-triggered.
fotoatenuador I light attenuator.
fotoatenuante I light-attenuating.
fotocalcar I blueprint (to).
fotocaptación I light gathering.
fotocaptador I light gathering.
fotocartografía I aerial photographic mapping I photographic mapping I photomapping.
fotocartógrafo I photographic plotter.
fotocátodo I photocathode I photoelectric cathhode.
fotocélula I photocell.
fotocélula al vacío I vacuum photocell.
fotocélula autogeneradora I self-photocell.
fotocélula de potasio I K photocell.
fotocélula de selenio I selenium photocell.
fotocélula multiplicadora I multiplier phototube.
fotocerámica I ceramic photography.
fotoclinógrafo I photoclinograph.
fotoclinómetro I photoclinometer.
fotocolorímetro I colorimetric photometer (optics).
fotocomponedora I phototypesetting unit (printing).
fotocomponedora lasérica I laseric photocomposer.

fotocomposición | cold type | photocomposition.

fotoconducción | photoconduction.

fotoconductancia | photoconductance.

fotoconductividad inducida por irradiación | irradiation-induced photoconductivity.

fotoconductividad unipolar | unipolar photoconductivity.

fotoconductivo | photoconductive.

fotoconductor | light positive | photoconductor | photopositive.

fotoconmutador | photoswitch.

fotocopia | photocopy.

fotocopiadora | copying machine | photocopier.

fotocopiar | photocopy (to).

fotocorriente | photocurrent.

fotocromatismo | photochromatism.

fotocromía | color print | photochrome | photochromy.

fotocromograbado | color print (printing).

fotocronómetro | photo-timer.

fotodesintegración nuclear | nuclear photodisintegration | nuclear photoelectric effect.

fotodetector | photodetector.

fotodiodo | photodiode (semiconductor).

fotodiodo de contacto de punta | point-contact photodiode.

fotodiodo de unión | junction photodiode.

fotodiodo planar | planar photodiode.

fotodiodo sensible a la posición | position-sensitive photodiode.

fotodisociación inelástica | inelastic photodissociation.

fotodispositivo | photodevice.

fotoefecto | photoeffect.

fotoelectricidad | photoelectricity.

fotoelectrón | photoelectron | primary electron.

fotoemisión | light emission.

fotoemisión estimulada por interferencia | interference-enhanced photoemission.

fotoemisivo | photoemissive.

fotoemisor | light-emitting | photoemissive.

fotoemulsión | photoemulsion (photographic emulsion).

fotoestimulación | light stimulation.

fotoestimulado | light-stimulated.

fotófilo | light-loving.

fotofísica | photophysics.

fotofisión | photofission (nuclear energy).

fotofisión nuclear | nuclear photofission.

fotofisionable | photofissionable.

fotófono | photophone.

fotoforesis | photophoresis.

fotoformador | photoformer (cathodic rays tube).

fotófugo | light-avoiding.

fotogénico | light-giving | light-producing.

fotógeno | light-creating | light-giving | light-producing.

fotogoniómetro | photogoniometer.

fotograbado | gravure | heliogravure | photoaquatint | photoetching | photoprinting.

fotograbar | photoetch (to).

fotografía | photo | photograph.

fotografía a gran distancia | long shot.

fotografía cartográfica | mapping photograph.

fotografía cinematográfica | motion picture.

fotografía de imagen directa | print-out effect.

fotografía de polvos | powder photograph (crystallography).

fotografía electrónica | phototronics.

fotografía fija | still (TV).

fotografiar | photograph (to).

fotograma | photogram | photographic print | picture frame.

fotogrametría | mapping | photogrammetry.

fotogrametría topográfica | topographical photogrammetry.

fotogramétrico | photogrammetric.

fotogravimetría | photogravimetry.

fotogravímetro | photogravimeter.

fotoimpresora | photoprinter.

fotoincisión | photoetching.

fotolisis | photolysis.

fotolito | mechanical | photolith.

fotolito offset | photo-offset.

fotolitografía | offset lithography | photo-offset | photolithography | process-work.

fotolitografía tridimensional | three-dimensional photolithography.

fotolito-offset | offset lithography.

fotomacrografía | photomacrograph.

fotomagnetismo | photomagnetism.

fotomapa | aerial mosaic.

fotomecánica | photomechanics.

fotomecánico | photomechanical.

fotomesón | photomeson.

fotómetro | exposure meter | light meter | light-meter | luminosity tester | photometer (illumination).

fotómetro de contraste | match photometer.

fotómetro de esfera | sphere photometer.

fotómetro de integración | integrating photometer.

fotómetro de luz incidente | incident-light meter.

fotómetro de luz reflejada | reflected-light meter.

fotómetro de sombra | shadow photometer.

fotómetro portátil para medir la iluminación | lumeter.
fotomicrografía | photomicrograph.
fotomicrograma | photomicrograph.
fotomodulador | light modulator.
fotomontaje | composite | montage photograph | photomontage | photomounting.
fotomultiplicador | multiplier phototube | photomultiplier.
fotomultiplicador pulsatorio | pulsed photomultiplier.
fotón | photon.
fotón de aniquilación | annihilation photon.
fotón infrarrojo | infrared photon.
fotonefelómetro | photonephelometer.
fotonegativo | photonegative.
fotoneutrón | photoneutron (nuclear physics).
fotónica | photonics (electronics).
fotooxidación | photooxidation.
fotooxidar | photooxidize (to).
fotoplano | photoplan (photogrammetry).
fotopólvora | flashlight powder.
fotopositivo | photopositive.
fotoprotón | photoproton.
fotoquímica | photochemics | photochemistry.
fotoquímica de láser | laser photochemistry.
fotoquímico | photochemical.
fotoresist | photoresist (electronics).
fotorradiograma | photoradiogram.
fotorregistrador | photographic recorder.
fotorresistencia | lightfastness | photoresistance.
fotorresistente | light-negative | lightfast.
fotorresistor | photoresistor.
fotoscopio | photoscope.
fotosensible | light-sensitive (pellicle, cell) | photosensible.
fotosensor | photosensitor.
fotosfera | photosphere.
fotosintato | photosynthate.
fotosíntesis | photosynthesis (chemistry).
fotostato | photostat.
fototaxia positiva | positive phototaxy.
fototecnia | phototechny.
fototelefonía | phototelephony.
fototelegrafía | radiophotography | wirephoto.
fototelégrafo | phototelegraph.
fototelegrama | phototelegram.
fototelemetría | phototelemetry.
fototensión en circuito abierto | open-circuit photovoltage.
fototeodolito | phototheodolite.
fototérmico | photothermal.
fototermoelasticidad | photothermoelasticity.

fototipia | phototype | phototypy.
fototipograbado | process-block | process-engraving.
fototipografía | block process | phototypography.
fototiristor | light-triggered thyristor | photothyristor.
fototopografía | photographic survey | photographic topography | phototopography.
fototransistor | photistor.
fototransistor P.N.P | P.N.P. phototransistor.
fototrónica | phototronics.
fototropía | phototropy (physics).
fototropismo | phototropism.
fototubo | light sensitive tube | phototube.
fototubo de gas | soft phototube.
fototubo de vacío | vacuum phototube.
fototubo multiplicador | multiplier tube.
fotovaristor | photovaristor.
fracción compleja | complex fraction (mathematics).
fracción de abundancia | packing fraction (isotopes).
fracción molar | mole fraction.
fraccionación | fractionation.
fraccionamiento de la memoria | partition (computing).
fraccionamiento de memoria con programa cargado | load partition (computing).
fraccionar | split (to).
fraccionario | fractional.
fractoestrato | scud.
fractura | breakage | breaking | fracture.
fractura con corazón blanco y capa exterior negra | inverse chill fracture (temper casting).
fractura de fusión | melt fracture.
fractura en copa | cup fracture.
fracturar | fracture (to).
frágil | brittle | weak.
fragilidad ácida | acid brittleness.
fragilidad cáustica | embrittlement.
fragilidad de decapado | acid embrittlement (wire mill).
fragilidad de temple | temper brittleness.
fragilidad en caliente | hot shortness (metals) | hot-tearing | red shortness.
fragilidad en frío | cold-shortness.
fragilidad por decapado | pickle brittleness.
fragilidad por entalla a baja temperatura | low-temperature notch brittleness.
fragilidad por galvanización | galvanizing brittleness.
fragilidad por irradiación | irradiation embrittlement.

fragilidad por la fase sigma I sigma-phase embrittling (alloys).
fragilidad por revenido I temper-embrittlement.
fragmentación I breakage I breaking down.
fragmentar I break (to).
fragmentario I fragmentary.
fragmento I shred.
fragua I forge I forge mill I smithy.
fragua de recalcar I upsetting forge.
fraguado inicial I initial set (limes or cements).
fraguado rápido I quick-setting.
fraguar I forge (to).
fraguar por calor I thermoset (to).
francalete I buckle end (straps).
francio 223 I actinium K.
franco I free.
franja I band (typography).
franja de interferencia I interference fringe.
franquear I brush (to) (mining).
frasco de absorción I absorber (chemistry).
fratás I mason's float.
fratasar I float (to).
fratonimbo I scud.
freático I phreatic I subsurface.
frecuencia I frequency I periodicity (electricity) I rate.
frecuencia acústica I audible frequency I audio frequency I beat frequency I sound frequency.
frecuencia alternativa I alternate frequency (radiocommunications).
frecuencia amortiguadora I quenching frequency.
frecuencia angular I radian frequency I pulsatance.
frecuencia audible I beat note I musical frequency I musical pitch I sonic frequency.
frecuencia central I center frequency.
frecuencia complementaria I idler frequency.
frecuencia crítica I cutoff frequency I penetration frequency I threshold frequency.
frecuencia de barrido I sweep frequency.
frecuencia de canal I channel frequency.
frecuencia de circuito I oscillating current frequency.
frecuencia de corte I frequency cutoff I quench frequency (superreaction).
frecuencia de corte de guíaondas I waveguide cutoff frequency.
frecuencia de dispersión I scattering frequency.
frecuencia de entrada I input frequency.
frecuencia de escucha I watch frequency (radiocommunications).

frecuencia de exploración I dot frequency (TV) I scan rate (computer).
frecuencia de exploración vertical I vertical frequency (TV).
frecuencia de imagen I picture tone I pix frequency (TV) I second channel frequency.
frecuencia de interconversión I interconverting frequency.
frecuencia de intermodulación I intermodulation frequency.
frecuencia de interrogación I interrogator frequency.
frecuencia de interrupción I quench frequency.
frecuencia de la raya espectral I line frequency.
frecuencia de las ondulaciones I ripple frequency.
frecuencia de las pulsaciones I pulsation frequency.
frecuencia de línea I line frequency.
frecuencia de líneas de exploración I stroke speed (communications).
frecuencia de llamada I signaling frequency.
frecuencia de media banda I midband frequency.
frecuencia de medida I marker frequency.
frecuencia de modulación I audiofrequency I modulation frequency I wobble frequency.
frecuencia de obturación I shutter cutoff frequency.
frecuencia de onda I ripple frequency.
frecuencia de ranura I slot frequency (telecommunications).
frecuencia de recepción I receive frequency.
frecuencia de red I power frequency.
frecuencia de referencia I reference frequency.
frecuencia de relajación I relaxation frequency (radio).
frecuencia de repetición I repetition frequency I repetition rate.
frecuencia de reposo I key-up frequency (telegraphy) I resting frequency.
frecuencia de resonancia mecánica I mechanical resonance frequency.
frecuencia de respuesta I response frequency.
frecuencia de salvamento I rescue frequency (radiocommunications).
frecuencia de señal I amplifying frequency.
frecuencia de señalización I signaling frequency.
frecuencia de sintonía I tuning frequency.
frecuencia de subportadora I subcarrier frequency.

frecuencia de tono I tone frequency.
frecuencia de traba I line frequency (television).
frecuencia de trabajo I working frequency (radio).
frecuencia de visión I vision frequency.
frecuencia fijada I spot frequency (radio).
frecuencia fuera de resonancia I off-resonant frequency.
frecuencia heterodina I beat frequency.
frecuencia infraacústica I subaudio frequency.
frecuencia infrabaja I infralow frequency (between 0.3 and 3 khz).
frecuencia intermedia I midfrequency.
frecuencia lateral I side frequency (telecommunications).
frecuencia máxima de banda base I maximum baseband frequency.
frecuencia máxima de manipulación I maximum keying frequency (phototelegraphy-facsimile).
frecuencia modulada I modulating frequency.
frecuencia nominal I resting frequency (frequency modulation).
frecuencia portadora de sonido I sound carrier frequency.
frecuencia portadora estabilizada I resting frequency (radio).
frecuencia presintonizada I pretuned frequency.
frecuencia principal I primary frequency (radiocommunications).
frecuencia propia I natural frequency.
frecuencia pulsatoria I radian frequency.
frecuencia relativa I relative frequency (computing).
frecuencia superacústica I superaudio frequency.
frecuencia ultrasonora I supersonic frequency.
frecuencia umbral I threshold frequency.
frecuencia única I single frequency.
frecuencia utilizable I usable frequency.
frecuencias altas I treble.
frecuencias laterovibratorias I whirling frequencies (axes).
frecuencímetro I carpet checker I cycle counter I cycle meter I frequency meter.
frecuencímetro de absorción I absorption frequency meter.
frecuencímetro de precisión I precision frequency meter.
frecuencímetro de resonancia I resonance frequency meter.
frecuencímetro desmultiplicador I scaler frequency meter.

frecuencímetro digital I digital frequency meter.
frenado I braking.
frenado de contramarcha I plugging.
frenado por inversión de corriente I reverse current braking.
frenado por recuperación I regenerating braking (electricity).
frenado regenerativo I regenerative braking.
frenado reostático I resistance braking I rheostatic braking.
frenado retroactivo I regenerative braking.
frenado subsíncrono monofásico I monophasic subsynchronous braking.
frenaje I brakeage.
frenar I brake (to) I safety (to) (screw nuts).
freno I brake.
freno aerodinámico I aerodynamic brake.
freno automático I self-acting brake.
freno centrífugo I centrifugal brake.
freno de aceite I oil buffer I oil dashpot.
freno de aire comprimido I compressed air brake I pneumatic brake.
freno de bogie motor I motor-bogie brake.
freno de cinta I band brake.
freno de cortocircuito I short-circuit brake.
freno de estacionamiento I parking brake (airplanes).
freno de fricción I friction brake.
freno de husillo I screw brake.
freno de la hélice I propeller brake.
freno de mano I handbrake.
freno de mano de multiplicación progresiva I multileverage hand brake.
freno de palanca I lever brake.
freno de paletas I paddle brake.
freno de pedal I toe brake.
freno de Prony I Prony brake.
freno de retroceso I recoil brake I recoil cylinder.
freno de sobrevelocidad I overrun brake I overspeed brake.
freno de tornillo I spindle brake.
freno de vacío I vacuum brake.
freno de vapor I steam brake.
freno de zapata I block brake I shoe brake.
freno del carretel I reel brake.
freno del husillo I spindle brake.
freno desacelerador I checking brake.
freno dinamométrico I brake dynamometer I Prony brake.
freno eléctrico I electric brake.
freno electrohidráulico I electrohydraulic brake.

freno electromagnético | eddy current brake | magnet brake | magnet-operated brake | solenoid brake.
freno en la boca | muzzle brake (cannons).
freno hidráulico | hydro-brake.
freno hidráulico para medir potencias | water brake.
freno magnético | magnetic brake.
freno mecánico | power brake.
freno mecánico de expansión | mechanical expanding brake.
freno motorizado | motor operated brake.
freno para tuerca | nut lock.
freno polidisco | multi-disk brake.
freno posterior | back brake.
freno rotor | rotor brake.
frente | front.
frente cálido | warm front (meteorology).
frente de arranque | mine-head (mining) | stope face (mining) | wall face (mining) | working face (mining).
frente de avance | leading edge (meteorology).
frente de carbón | buttock (mining).
frente de excavación | digging face (quarry).
frente de impulso eléctrico | leading edge.
frente de la toldilla | poop front.
frente de onda | wavefront (acoustics, electromagnetics).
frente de onda plano | plane wavefront.
frente del sillar | quarry face (mining).
frente en avance | leading heading (mining engineering).
frente intertropical | intertropical front (meteorology).
frente ocluido | occluded front (meteorology).
freón | freon (chemistry).
freón-6 | archton-6.
fresa | milling cutter (mechanics) | milling tool (mechanics).
fresa cilíndrica | cylindrical cutter | parallel milling cutter | plain milling cutter.
fresa cilíndrica helicoidal | slabbing cutter.
fresa cónica | angular mill.
fresa cónica para escariar | reamer.
fresa cortadora | mill cutter.
fresa de acanalar | molding cutter | moulding cutter.
fresa de ángulo | angular cutter (mechanics).
fresa de barrenar | hole cutter.
fresa de broca | cutter bit.
fresa de cepillar | plain milling cutter.
fresa de cortar metales | metal slitting saw.
fresa de corte lateral | side milling cutter.
fresa de cuchillas postizas | inserted-blade cutter | inserted-blade mill.

fresa de dentadura fina | plain mill.
fresa de dientes interrumpidos | nicked-tooth cutter.
fresa de dientes postizos | inserted teeth milling cutter.
fresa de disco para ranuras | metal slitting saw.
fresa de dos cortes | two lipped cutter.
fresa de dos labios | two lipped cutter.
fresa de forma | formed cutter.
fresa de machihembrar | tonguing cutter.
fresa de mandrinar | hole cutter.
fresa de moldurar | molding cutter | moulding cutter | profile cutter.
fresa de perfilar | profile cutter.
fresa de piñones | toothing mill.
fresa de planear | plain mill | plain milling cutter.
fresa de refrentar cónica | tapered-face-milling cutter.
fresa desbastadora | roughing cutter.
fresa espiral | spiral cutter.
fresa estrecha | edge mill.
fresa generadora | hobbing cutter.
fresa generatriz | hobbing cutter.
fresa helicoidal | worm hob.
fresa helicoidal dextrogira | R. H. helical cutter.
fresa matriz | hobbing cutter.
fresa matriz para cremalleras | rack hob.
fresa matriz para tornillos sin fin de evolvente de círculo | involute worm hob.
fresa para asientos | seat reamer (mechanics).
fresa para cremalleras | rack cutter.
fresa para engranajes | wheel cutter.
fresa para hacer juntas | jointing cutter.
fresa para machos de roscar y escariadores | tap and reamer cutter.
fresa para ranuras | slitting cutter.
fresa para ranuras en T | T-slot cutter.
fresa para tallar engranajes de evolvente de círculo | involute gear cutter.
fresa para tallar roscas | thread milling cutter.
fresa para tornillos sin fin | worm miller.
fresa perfilada | formed cutter.
fresa poliestriada | multiflute mill.
fresa radial | end mill.
fresa rasuradora | shaver cutter.
fresa rotativa de ranurar | dado head (shaper).
fresa universal | end mill.
fresado | machine cutting | machine-cut | machining | milling.
fresado con ácido | acid milled (chemical milling).

fresado con tren de fresas I multiple milling.
fresado concurrente I climb milling.
fresado continuo I string milling.
fresado de retroceso I back milling.
fresado en paralelo I abreast milling (mechanics).
fresado en serie I multiple milling.
fresado oblicuo I angular milling.
fresado pendular I pendulum milling (milling machines).
fresado por electroerosión I spark milling.
fresado según plantilla I jig milling.
fresadora I milling head.
fresadora cepilladora I planer type miller.
fresadora de engranajes helicoidales I worm gear miller.
fresadora de planear I plain miller.
fresadora de roscar I thread miller.
fresadora de roscas I threadmilling hob.
fresadora horizontal I slabbing machine.
fresadora para cremallera I rack cutting machine.
fresadora para engranajes helicoidales I worm gear milling machine.
fresadora para hélices I propeller milling machine.
fresadora ranuradora I spline miller.
fresadora-cepilladora I planomiller I planomilling machine I rotary planer.
fresadura helicoidal I spiral milling.
fresar I mill (to).
fresar horizontalmente I planomill (to).
fresa-sierra I edge mill.
friabilidad I friability.
fricción I friction.
friccionar I chafe (to).
frigistor I frigistor (thermoelectricity).
frigoaislamiento I frigoisolation.
frigoconservación I frigoconservation.
frigófugo I frigofuge.
frigorífico I freezer.
frigorígeno I frigorigenous I refrigerant.
frigorímetro I frigorimeter.
frigorización I frigorization.
frigorresistente I cold resistant.
frisa I joint.
frisa estanca I water seal.
friso I floor molding I wainscot.
frita de plomo I lead frit.
frontispicio I front.
frontón I break bulkhead (ships).
frotación I friction.
frotador I brush I rubbing contact (electricity) I wiper.
frotamiento I friction.

frotar I rub (to).
frote I rub.
frunce I creasing.
ftaleína I phthalein (chemistry).
fuego I fire.
fuelle I bellows.
fueloil I fueloil I heavy oil.
fuel-oil para calderas I boiler oil.
fuente I source.
fuente aceleradora I accelerating well.
fuente alimentadora de energía para klistrón I klystron power supply.
fuente de alimentación I power pack (radio) I supply source (energy).
fuente de alimentación anódica I plate power source.
fuente de alimentación de relés I relay power supply.
fuente de alimentación eléctrica I power supply unit.
fuente de energía I power source I power supply I supply.
fuente de energía secundaria I secondary power supply.
fuente de iones I ion source.
fuente de radioemisión galáctica I galactic radio source.
fuente hipoenergética I low-level energy source.
fuente iónica I ion gun.
fuente luminosa I light source.
fuente normalizada de radiactividad I standardized radioactive source.
fuente radioeléctrica I radio source.
fuente termal I hot spring.
fuentes de cargas I charges sources (electrotechnics).
fuera I out.
fuera de banda I out of band.
fuera de borda I outboard.
fuera de campo I off camera (cinematography) I out of vision (communications).
fuera de circuito I off-circuit I off-position I out.
fuera de costado I outboard.
fuera de estación I off station.
fuera de imagen I out of television.
fuera de línea I off line.
fuera de resonancia I off-resonance.
fuera de servicio I off I out of order I out of service.
fuera de sincronía I out of sync.
fuera del campo visual I out of television.
fuerza I force I press.
fuerza acelerante I accelerating force.

fuerza aceleratriz I accelerative force.
fuerza ascensional I aerostatic force I aerostatic lift I lift I lift force I lifting power.
fuerza centrífuga I centrifugal acceleration I centrifugal strength.
fuerza constante I constant force.
fuerza continua I constant force.
fuerza contraelectromotriz I back electromotive force I back-emf I opposing electromotive force.
fuerza de adherencia I peel strength.
fuerza de arranque I pull-off strength.
fuerza de choque I pulse force.
fuerza de Coriolis I compound centrifugal force I deflecting force.
fuerza de corte I shear force I transverse force.
fuerza de elevación I lifting capacity.
fuerza de extracción I pull-out strength.
fuerza de frenado I brake load I brake power.
fuerza de inducción I induction force.
fuerza de inercia I inertia pressure I inertial force.
fuerza de propulsión I propelling force.
fuerza de retroceso I setback force.
fuerza de sostén I lifting power.
fuerza de sustentación I lift force.
fuerza de tracción I pulling force I tractive pull.
fuerza desimanante I demagnetizing forze.
fuerza desviadora I deflecting force.
fuerza detonante I detonative force.
fuerza directriz I directing agency.
fuerza elástica I spring.
fuerza eléctrica I electric force.
fuerza electromagnética I electromagnetic force.
fuerza electromotriz I electric tension I electromotance I electromotive force I internal voltage.
fuerza electromotriz dinámica I rotational electromotive force.
fuerza electromotriz en reposo I rest electromotive force.
fuerza elevadora I lifting power.
fuerza excéntrica I noncentral force.
fuerza flexante I deflecting force.
fuerza frenante I retarding force.
fuerza impulsiva I impulsive force I pulse force.
fuerza impulsora I impulsive force.
fuerza intermolecular I intermolecular force.
fuerza iónica I ionic strength.
fuerza isométrica máxima I maximal isometric force.
fuerza locomotriz I locomotive power.

fuerza magnetizante I magnetizing force.
fuerza motriz I impellent I leading power I motive power I mover I moving force I moving power I power I propelling force.
fuerza motriz total I thrust power (airships).
fuerza no central I noncentral force.
fuerza portante I lifting capacity (magnets).
fuerza propulsiva I impulsive force.
fuerza propulsora I propelling power.
fuerza repulsiva I repulsive force (physics).
fuerza retardadora I retarding force.
fuerza tangencial I tangential force.
fuerza tractora I tractive force.
fuerza transversal I transverse force.
fuerza útil I effective force.
fuerza virtual I image force.
fuerzas de enlace entre cadenas I interchain forces (polymers).
fuga I escape I leak I leakage I leaking.
fuga de corrientes I RF leak.
fuga de gas I gas escape I gas leak.
fuga de línea I line leakage.
fuga de neutrones I escape of neutrons I leakage (nuclear energy).
fuga de vapor I vapor leak I waste steam.
fuga interelectródica I interelectrode leakage.
fuga neutrónica I neutron leakage.
fuga por contacto entre conductores I line-to-line fault (three-phase line).
fuga total I leakage.
fulguración solar I solar flare.
fulminación I fulminating.
fulminante I percussion cap I wafer (cartridges).
fulminar I fulminate (to).
fulminato I fulminate.
fulminato de mercurio I mercury fulminate.
fumarola I fumarole.
fumarola ácida I acid fumarole.
fumífugo I smokeless.
fumigación I smudge.
fumigar I fumigate (to).
función AND I AND function.
función beta I beta function (mathematics).
función binaria I binary function.
función conmutante I switching function.
función de Bessel I Bessel function.
función de repetición I repeat function.
función de temporización I timing function.
función de transferencia de retroalimentación I feedback transfer function.
función de transferencia de retropulsión I feedback transfer function (servomechanism).
función de transferencia del bucle I loop transfer function.
función escalar I scalar function.

función escalonada I step function.
función impar I odd function.
función irracional I irrational function (mathematics).
función lógica I switching function (computing).
función matricial I matrix-valued function.
funcional aditivo I additive functional (mathematics).
funcionalidad I reliability (machines).
funcionamiento I performance I running I service I servicing I working.
funcionamiento automático I unattended operation.
funcionamiento del motor I motor working.
funcionamiento del regulador I action of the governor.
funcionamiento discontinuo I on-off functioning.
funcionamiento en derivación I parallel running.
funcionamiento en línea I on line operation.
funcionamiento en múltiplex I multiplex operation.
funcionamiento en paralelo I parallel operation (electricity).
funcionamiento en sobretensión I overbunching (Klystron).
funcionamiento en tiempo real I real time operation (computing).
funcionamiento en vacío I zero-power range (nuclear reactor).
funcionamiento lento I slow running.
funcionamiento por inercia I running out (engines).
funcionamiento sincrónico I synchronous working.
funcionando I on (machines).
funcionar I ride (to) I run (to) I work (to).
funcionar a poca potencia I idle (to) (engines).
funcionar con marcha lenta I idle (to).
funcionar en vacío I idle (to) (engines).
funda I coat.
fundación I foundation.
fundamental I primary.
fundamento I fundament I fundamental.
fundente I booster (chemistry) I flux I fluxing agent I fusion agent I melting I ore-flux.
fundente ácido I acid flux.
fundente arcilloso I clay flux.
fundente básico I basic flux.
fundente calizo I calcareous flux I limestone flux.
fundente en polvo I powdered flux.

fundente neutro aglomerado I neutral agglomerated flux.
fundente para soldadura I soldering flux.
fundente para soldar I welding flux.
fundería I foundry I ironworks.
fundería de acero I steelfoundry.
fundería de hierro I iron foundry.
fundería de metales no ferrosos I nonferrous foundry.
fundería de plomo I lead-works.
fundería mecanizada I mechanized foundry.
fundible I fusible.
fundición I cast iron I casting (metallurgy) I founding I foundry I iron I smelting.
fundición acerada I ferrosteel I pig steel I toughened cast iron.
fundición acicular I acicular cast iron I needle iron.
fundición atruchada I mottled cast iron I mottled iron I mottled pig.
fundición austenítica I austenitic cast iron.
fundición Bessemer I Bessemer iron.
fundición blanca I forge pig I white cast iron I white iron.
fundición bruta I pig iron.
fundición cavernosa I porous cast iron.
fundición centrífuga I centrifugal casting.
fundición colada en moldes de arena I sand pig.
fundición con fractura blanca brillante I white casting.
fundición de acero I steelfounding.
fundición de afino I forge pig.
fundición de afino para horno Martin-Siemens I open-hearth pig-iron.
fundición de aleación I alloy casting.
fundición de cilindros de laminador I roll founding.
fundición de coque I coke iron.
fundición de coquilla I chilled cast iron I chilled iron.
fundición de grafito esferoidal I spheroidal-graphite cast iron.
fundición de hierro I iron foundry I ironworks.
fundición de menas I ore smelting.
fundición de plomo I lead smelting works.
fundición de primera fusión I pig iron.
fundición de segunda fusión I remelted cast iron.
fundición de tipos de imprenta I type casting.
fundición desazufrada I desulphurized pig iron.
fundición dúctil I ductile cast iron I nodular cast iron I nodular-graphite iron I S. G. iron.

fundición dúctil ferrítica I ferritic S. G. iron I ferritic nodular iron.

fundición dulce para moldeo I malleable iron.

fundición dura I chill casting.

fundición en arena seca I dry casting.

fundición en atmósfera de gas inerte I inert-gas casting.

fundición en cajas I box casting.

fundición en concha I case casting (chill casting) I casehardened casting.

fundición en coquilla I die casting.

fundición en fusión I molten metal.

fundición en molde I casehardened casting.

fundición en molde abierto I open sand casting.

fundición en molde de yeso I plaster-mold casting.

fundición en molde metálico I case casting.

fundición en moldes I box casting.

fundición ferrítica de grafito esferoidal I ferritic S. G. iron.

fundición fosforosa I phosphorous pig iron.

fundición frondescente I cabbage leaf marking.

fundición grafítica nodular I nodular-graphite cast iron.

fundición gris I machinery iron.

fundición gris niquelosa I nickel-containing grey iron.

fundición hipereutéctica baja en azufre I low-sulfur hypereutectic cast iron.

fundición inoculada I inoculated cast iron.

fundición inyectada I die casting.

fundición inyectada en coquillas I pressure diecasting.

fundición licuada I molten pig.

fundición maleable I annealed cast iron I malleable cast iron I malleable iron I malleable pig iron I S. G. iron I tempered casting.

fundición martensítica I martensitic cast iron.

fundición metálica no férrica I metal casting.

fundición molibdenosa I molybdenum-containing cast iron..

fundición nitrurada I nitrided cast iron.

fundición no ferrosa I nonferrous casting.

fundición nodular I nodular-graphite iron.

fundición nodular ceriosa I nodular cerium-containing cast iron.

fundición perlítica I pearlitic cast-iron.

fundición perlítica alta en cromo I loaded iron.

fundición por gravedad I nonpressure casting.

fundición por inyección a presión I pressure diecasting.

fundición por moldeo I pig iron of castings.

fundición tenaz I toughened cast iron.

fundición Thomas I basic Bessemer pig.

fundición tratada con magnesio I spheroidal-graphite cast iron.

fundido I dissolve I molten.

fundido a presión I die cast.

fundido al aire libre I air-melted.

fundido de imágenes I lap dissolve (TV).

fundido en arena I sand cast.

fundido en bloque I cast-in-block.

fundido en coquilla I cast chilled I die cast.

fundido en foso de colada I pit-cast.

fundido en un bloque solo I unit casting.

fundido en una sola pieza I integrally cast.

fundido en vacío parcial I vacuum-melted.

fundido y colado en el vacío I vacuum-melted-and-cast.

fundidor I caster I founder I smelter.

fundidor de hierro I ironfounder.

fundidora I casting-machine.

fundidora de tipos I typecaster (typography).

fundir I cast (to) I flux (to) I found (to) I fuse (to) I liquate (to) I melt (to) I melt down (to) I merge (to) I slake (to) I smelt (to).

fundir alto I melt high (to).

fundir bajo I melt low (to).

fundir chatarra I melt scrap (to).

fundir con la cuchara I ladle (to) (metallurgy).

fundir en basto I rough-cast (to).

fundir en concha I chill (to).

fundir en coquilla I caseharden (to) I cast chill (to) I chill-harden (to).

fundir en hueco I cast hollow (to).

fundir en molde metálico I caseharden (to).

fundir en moldes I chill (to).

fundir tipos I typecast (to) (typography).

fungible I consumable.

funicular I cable railway.

funicular aéreo I ropeway.

funidraga I dragline.

fuselado I faired I streamlined (airplanes).

fuselaje I airframe I body (airplanes) I fuselage.

fuselaje de anclaje I tail drag.

fuselaje de cuadernas I monocoque fuselage.

fuselaje monocasco I monocoque fuselage (airplanes).

fuselaje sustentador I lifting body.

fuselar I streamline (to).

fusible I cutout (lead-electricity) I fuse (electricity) I fusible (electricity) I limiter (electricity) I low-melting.

fusible bipolar I bipolar fuse.

fusible calibrado I noninterchangeable fuse.

fusible de acción retardada I time-lag fuse (electricity).

fusible de acometida I service fuse.

fusible de alambre I wire fuse.
fusible de apagado en líquido I liquid-quenched fuse.
fusible de bajo voltaje I low-tension fuse.
fusible de cinta I link fuse.
fusible de cuchilla I knife-blade fuse.
fusible de eslabón abierto I open-link fuse.
fusible de línea I line fuse (electricity).
fusible de líquido I liquid fuse.
fusible de plomo I lead-fuse.
fusible de seccionamiento I sectionalizing fuse.
fusible de seguridad I safety fuse.
fusible de tapón I plug fuse.
fusible desnudo I bare fuse.
fusible indicador I pilot fuse.
fusible no recolocable I one-time fuse.
fusible no reponible I one-time fuse.
fusible recambiable I renewable fuse.
fusible temporizado I kick fuse.
fusible ultrarrápido I quick-break fuse.
fusible unipolar I single-pole fuse.
fusil I gun I rifle.
fusil anticarro I bazooka.
fusil de repetición I breech loader.
fusión I founding I fusion I melt (metallurgy) I
   meltdown I melting I merge I merging I smelting.
fusión al ácido I acid fusion.

fusión al aire libre I air-melting.
fusión catalizada por muones I muon-catalyzed fusion.
fusión cruda I ore smelting.
fusión electrolítica I electrolytic smelting.
fusión en vacío I vacuum melting.
fusión fraccional I zone melting.
fusión gradual I vitreous fusion.
fusión incongruente I incongruent melting.
fusión inducida por láser I laser induced fusion.
fusión nuclear I nuclear fusion.
fusión oxidante I oxidizing smelting.
fusión plúmbea I lead fusion.
fusión por corriente de inducción I induction
   melting.
fusión por haz electrónico I electron-beam
   melting.
fusión por láser I laser smelting.
fusión por zonas I zone melting (semiconductor).
fusión termonuclear I thermonuclear fusion.
fusionamiento I merging.
fusionar I consolidate (to) I merge (to).
fuste I barrel (hinge).
fuste de columna I shaft.

G

gabachín I lacing (jacquard).
gal I gal (acceleration unit).
galáctico I galactic.
galactosa I galactose.
galápago I sow (lead).
galato I gallate (chemistry).
galaxia I galaxy.
galena I lead glance.
galeota I fore-and-after I hatchway beam.
galerada I galley (typography) I galley proof (typography) I proof (typography) I pull (printing) rough proof (typography).
galería I arcade I cable subway (telecommunications) I lodge (architectura) I loggia (architectura) I roadway (mining) I subway (mining).
galería aislada I fenced-off road (mining).
galería al nivel de suelo I level shaft (mining).
galería ascendente I mounting gallery (mining).
galería auxiliar I side drift.
galería barreada I fenced-off road.
galería central I center drift (mining).
galería de arrastre I rolleyway I tram level (mining).
galería de avance I advance heading (mining) I fast end I pilot bore (tunnels) I pilot heading (tunnels) I pilot tunnel (tunnels).
galería de captación I gathering drift.
galería de carga I haulage level.
galería de cateo I exploring drift (mining).
galería de circulación del personal I manway (mining).
galería de desagüe I adit gutter (mining) I deep adit (mining) I deep level (mining) I drain gallery I drainway (mining) I lodge (mining) I lodgment (mining) I lodgment level (mining) I offtake (mining) I water adit (mining) I water level (mining).
galería de dirección I level drift (mining).
galería de entrada de aire I intake airway (mining).
galería de exploración I exploration level (mining) I pioneer-level (mining) I prospecting level (mining).
galería de explotación I panel entry (mining).
galería de extracción I offtake I ore-way (mining).
galería de fondo I deep level (mining).
galería de maniobra I operating gallery (mining).
galería de mina I mine level.

galería de prospección I monkey-drift I prospecting level.
galería de reconocimiento I exploration level I exploratory drift (mining) I monkey-drift (mining).
galería de rodaje I rolleyway (mining).
galería de tostación I stall (metallurgy).
galería de ventilación I air gate (mining) I fan drift (mining) I ventilating course I wind road (mining).
galería del frente de ataque I stall road (mining).
galería desplomada I caved-in level (mining).
galería en roca I stone drift (mining).
galería horizontal de arrastre I level haulageway (mining).
galería inclinada I incline (mining) I jinny (mining) I jinny-road (mining) I slope.
galería inferior I bottom level (mining).
galería inferior de avance I bottom drift (mining).
galería lateral de avance I side drift (tunnels).
galería maestra I main level (mining) I mother gate.
galería principal I level road (mining) I main road (mining) I main way (mining) I mother gate (mining).
galería principal de arrastre I main haulageway (mining).
galería saliente I bartizan (architecture).
galería transversal I thirl.
galga I gauge I set bar I spoke.
galga cerámica I ceramic gage.
galga de ajuste I setting gage.
galga de alambres I wire gage.
galga de compresión I compression gage.
galga de comprobación I checking gage.
galga de cuadrante I dial gage.
galga de dos escalones I two-step gauge.
galga de espesores I feeler I feeler gage I thickness gage.
galga de interiores I inside gage.
galga de la vía I rail gage.
galga de reglaje I setting gage.
galga de tolerancia I limit gage.
galga decimal I decimal gage.
galga del ancla I anchor back.
galga eléctrica I electric gage.
galga eléctrica de deformación I sonic gauge I strain gage.
galga indicadora del diámetro interior I internal diameter indicator gage.

galga magnética para determinación de esfuerzos I magnetic strain gage.

galga magnética para medición de espesores I magnetic thickness gauge.

galga métrica para alambres I metric wire gage.

galga mínima I low-gage.

galga óptica I optical gage.

galga para alineación del eje de la turbina I turbine alignment gage.

galga para ángulos I angle gage.

galga para brocas I drill gage.

galga para comprobar los límites metálicos mínimos I not go gage.

galga para dimensiones exteriores I gap gage.

galga para huelgos I feeler gage.

galga para lentes I lens gage.

galga para medir esfuerzos I strain gage.

galga para medir la rugosidad superficial I surface-roughness gage.

galga para roscas I screwthread calliper gage.

galga para tornillos I screw gage I thread gage.

galga patrón I master gage I standard gage.

galga piezoeléctrica I piezoelectric gage.

galga radioisotópica para medir espesores I isotope thickness gage I isotopic thickness meter.

galga radiométrica para espesores I radiometric gage.

galga receptora I receiver gage.

galga sensora I sensing gage.

galga sin contacto directo I noncontacting gage.

galga ultrasónica I sonigage.

gálibo I gage (U.S.A.) I gage bar I jib I mold (U.S.A.) I mould (G.B.) I template I templet.

gálibo de caja I box jig.

gálibo de carga I limit gage I master gage (railways) I tunnel gage (railways).

gálibo de inclinación I declivity board.

gálibo de ionización I ionization gauge.

gálibo del ferrocarril I railroad clearance.

gálibo para el devanado I winding former.

galio I gallium.

gallardete I coach whip I narrow pennant.

galleta I cob-coal (coal).

galón I gal.

galón de bovedilla I knuckle (ships).

galoneado I braided.

galvánico I galvanic.

galvanización I galvanising I galvanism I galvanization I galvanizing I zincification I zincing.

galvanización en caliente I hot plating.

galvanización por inmersión I immersion galvanization I wet galvanizing.

galvanizado I galvanised ↓ patented I zinc coated.

galvanizado interiormente I internally galvanised.

galvanizar I galvanize (to) I sherardize (to) I zinc (to) I zincify (to).

galvanografía I galvanography.

galvanomagnetismo I galvanomagnetism.

galvanometalización I electrofacing.

galvanómetro balístico I quantometer.

galvanómetro de aguja I pointer galvanometer.

galvanómetro de cuadro móvil I movable coil galvanometer I moving-coil galvanometer.

galvanómetro de cuerda I torsion-string galvanometer.

galvanómetro de espejo I mirror galvanometer.

galvanómetro de haz luminoso I light-beam galvanometer.

galvanómetro de imán móvil I moving-magnet galvanometer I moving-needle galvanometer.

galvanómetro de oscilaciones I oscillation galvanometer.

galvanómetro de potencial I potential galvanometer.

galvanómetro de reflexión I mirror galvanometer I reflecting galvanometer.

galvanómetro de resorte I marine galvanometer (ships) I spring galvanometer.

galvanómetro de tangentes I tangent galvanometer.

galvanómetro diferencial I moving-coil galvanometer.

galvanómetrro de aguja I needle galvanometer.

galvanoplasta I electroplater.

galvanoplastia I electric deposition I electrodeposition I electroforming I electrolytic deposition I electroplating I galvanoplastics.

galvanoplastia con aleación de estaño-níquel I tin-nickel electroplating.

galvanoplastia en tambor I barrel electroplating.

galvanoplastia mecánica I mechanical plating.

galvanoplastia por inmersión I immersion deposition I immersion plating.

galvanoplastiado I electroplated I plated.

galvanoplastiar I electro (to) I electrodeposit (to) I electroplate (to) I plate (to).

galvanoplastiar con aleación de estaño y níquel I tin-nickel plate (to).

galvanoplástica I electrotypy.

galvanoplatear I electrosilver (to).

galvanoscopio | galvanoscope | lineman's detector.

galvanostático | galvanostatic.

galvanostegia | electrodeposition | electroplating.

galvanotermia | galvanothermy.

galvanotipar | electrotype (to).

galvanotipia | electrotype | electrotyping | electrotypy.

galvanotipo | electrotype.

galvanotropismo | galvanotropism.

gama acimutal | range of bearings | spread of bearings (radiogoniometry).

gama de ampliación | magnification range.

gama de energía | energy range.

gama de frecuencia | frequency range.

gama de frecuencias vocales | voice-frequency range.

gama de impedancias | impedance range.

gama de longitud de ondas | waveband.

gama de medida | measurement range..

gama de ondas | wave range.

gama de revoluciones | running range (engines).

gama de sensibilidad | lock-in range (electronic tubes).

gama de trabajo | working range.

gama de velocidades | velocity range.

gama de voltajes | voltage range | range of voltage.

gama del infrarrojo | infrared range.

gama del ultravioleta | ultraviolet range.

gama utilizable | usable range.

gambota | stern frame.

gamma | gamma (photographic emulsion).

gamma inmediato | prompt gamma.

gammaexano | gammexane.

gammagrafía | gammaradiography.

gammairradiado | gamma-irradiated.

gammámetro | gamma counter.

gammarradiografía | gammaradiograph | gammaradiography.

gammascopio | gammascope.

gammascopizar | gammascopize (to).

gammatelescopio | gammatelescope.

ganancia | margin.

ganancia de antena | antenna field gain (television).

ganancia de antena dirigida | power gain.

ganancia de bucle | loop gain.

ganancia de potencia | power advantage (telecommunications).

ganancia de recepción | receive gain (telecommunications).

ganancia de tensión | voltage gain.

ganancia de transmisión | transmission gain (telecommunications) | transmit gain (telecommunications).

ganancia de un transductor | transducer gain.

ganancia de vídeo | video gain.

ganancia efectiva | overall gain.

ganancia en potencia de un circuito adaptado | matched power gain.

ganancia en RF | RF gain.

ganancia fónica | stage gain (electronics).

ganancia isotrópica | isotropic gain.

ganancia neta | net gain (telecommunications).

ganancia por polarización de rejilla | initial bias gain.

ganancia relativa en potencia | relative power gain.

ganancia total | overall gain (telecommunications).

ganancia variable | variable gain.

ganancímetro | gain measuring set | kerdometer.

gancho | claw | hook.

gancho basculante | tilting hook.

gancho conmutador | receiver hook (telephony) | switch hook.

gancho de abrazadera | clevis hook.

gancho de cierre | lock hook.

gancho de clavija | pintle hook.

gancho de elevación | lifting dog.

gancho de eslinga | sling hook.

gancho de garfios | claw hook.

gancho de izar | lifting hook.

gancho de pudelaje | rake for puddling.

gancho de resorte | spring hook.

gancho de retenida | latch hook.

gancho de seguridad | life hook | pintle hook | spring hook.

gancho de solera | bunk hook.

gancho de trinquete | pawl hook.

gancho PN | PN hook.

ganga | attle (mining) | brood (mining) | country rock (mining) | deads (metallurgy) | matrix | ore stone | tailings (mineral) | veinstuff (mining).

gánguil | barge | dredge boat | dredger hopper | dredger-barge | hopper.

gánguil de ferrocarril | track hopper.

garfio | dog iron | drag | gaff.

garlopa | foreplane | jack plane | smooth plane.

garlopa de desbastar | horse jack.

garlopín | rabbet plane.

garra | claw | nail.

garra de embrague | tooth clutch (mechanics).

garra de fijación I yoke (boreholes).
garra de seguridad I liner catcher (pipes).
garrear I break ground (to) (ships) I leave the anchorage (to) (ships).
garrucha I pulley.
gas I fume I gas.
gas amoníaco I gaseous ammonia.
gas butano I butane gas.
gas caliente ionizado I plasma.
gas carbónico I carbon dioxide gas.
gas cementante I carburizing gas (metallurgy).
gas cloro I chlorine war gas.
gas combustible I gas fuel I power-gas.
gas crudo I rough gas.
gas de agua I water gas.
gas de alto horno I top gas.
gas de alumbrado I town gas.
gas de boca de pozo I casinghead gas.
gas de escape I escape-gas I exit gas.
gas de extinción I quenching gas.
gas de gasógeno I producer gas.
gas de incompleta combustión I wild gas (blast furnaces).
gas de lignito I brown coal gas.
gas de petróleo I oil gas I petroleum gas.
gas de prueba I search gas.
gas del alumbrado I coal gas.
gas depurado I cleaned gas.
gas Dowson I mixed producer gas.
gas enrarecido I rarefied gas.
gas ideal I ideal gas.
gas industrial I power-gas I town gas.
gas inerte I fire-smothering gas I inert gas I rare gas.
gas lacrimógeno I tear gas.
gas licuado I liquid gas.
gas licuado de petróleo I LP-gas I liquefied petroleum gas I liquid petroleum gas.
gas líquido I liquid gas.
gas mixto I mixed gas (blast furnace gas and coke gas mixture).
gas mostaza I mustard gas I yperite (chemistry).
gas natural I casinghead gas (USA) I liquefied petroleum gas I oil-well gas I rock gas.
gas noble I noble gas (inactive) I rare gas.
gas perfecto I ideal gas.
gas pobre I generator gas (producer gas) I lean gas I producer gas.
gas rarificado I rarefied gas.
gas raro I inert gas.
gas refrigerante I freon I refrigerant gas.
gas rico de altohorno I rich blastfurnace gas.
gas seco I dry gas I residue gas (petroleum).
gas sofocante I choking gas.

gas xenón I xenon gas.
gaseamiento I gassing.
gaseoducto I gas fuel-line I pipeline.
gaseoso I aereous I aeriform I gaseous.
gases nocivos I abnoxious fumes.
gasífero I gas-making.
gasificación I gasification.
gasificación del petróleo I oil gasification.
gasificación heliotérmica I solar-thermal gasification.
gasificador I gasifier I gasser.
gasificar I gasify (to) I volatilize (to).
gasodetector I gas-signalling device.
gasoducto I gas pipe I gas pipeline.
gasoeléctrico I gas-electric.
gasoenfriar I gas-cool (to).
gasógeno I gas generator I gas producer I gas producing I gasogene I generating set I generator.
gasógeno de acetileno I acetylene generator.
gasógeno de aire insuflado I pressure gas-producer.
gasoil I diesel oil I gas-oil I heavy oil.
gasóleo I gas-oil.
gasolina I gas I gasolene I gasoline I petrol (G.B.).
gasolina con plomo tetraetilo I leaded fuel.
gasolina para turborreactores I turbofuel (aeronautics).
gasomagnetismo I gasomagnetism.
gasomagnetrón I gasomagnetron.
gasómetro I gas bell I gas holder I gas tank I gas-meter I gasometer.
gasoscopia I gasoscopy.
gasoscopio I gas indicator I gasoscope.
gasto I outflow.
gasto calorífico I rate of heat input.
gasto volumétrico I volume flow.
gatillo de parada I locking mechanism (telecommunications).
gatillo de retención I catch pawl.
gatillo de trinquete I ratchet pawl.
gato I hoisting jack I jack (machines).
gato accionado mecánicamente I power jack.
gato curvacuadernas I ship frame bending jack.
gato de aire comprimido I pneumatic jack.
gato de manivela I windlass jack.
gato de tijera I articulated jack I scissors jack.
gato de tornillo sin fin I worm gear jack.
gato de tracción I pulling jack.
gato de uña I claw jack.
gato de vía I track jack (railways).
gato hidráulico I hydraulic jack.
gato impulsor I actuating jack.

gato neumático I pneumatic jack.

gato para automóviles I car jack.

gausio I gauss (magnetic induction unit).

gausiómetro I gaussmeter.

gausitrón I gausitron (electric rectifier).

geanticlinal I geanticline.

gel de sílice I silica gel.

gelatina I gelatine.

gelatina detonante I explosive gelatine.

gelatinización I gelatification I gelatinization.

gelatinizar I jell (to).

gelificación I gel formation I gelling.

gelificación por envejecimiento I age gelation.

gelificante I gelatizing agent I gelling.

gelificar I gel (to) I gelify (to).

gelifracción I frost bursting.

gelignita I gelignite.

gelisuelo I permafrost.

gelómetro I gelometer.

gema I gem I gemstone I precious stone I stone.

gema tallada I carved gem.

generación de flujo en una dirección I streaming.

generación en masa de neutrones I mass-generation of neutrons.

generador I generator I parent I source (electricity) I supply (electricity).

generador acústico I acoustic generator.

generador auxiliar I booster.

generador con máquina impulsora I generator unit.

generador de barras I bar generator.

generador de calibración I marker generator.

generador de CC I D.C. generator.

generador de circuito impreso I printed circuit generator (machine tool).

generador de corriente alterna I A.C generator I alternator.

generador de corriente patrón I standard current generator.

generador de descargas eléctricas I lightning generator.

generador de eje vertical I vertical generator.

generador de empuje I thruster I thrustor.

generador de energía RF I RF generator.

generador de falsas señales I meacon (radar).

generador de ganancia de barrido I swept gain generator (radar).

generador de gas inerte I inert-gas generator.

generador de haz electrónico I electron-beam generator.

generador de impulsos I impulse generator I logic pulser I pulsator I pulse generator I pulser I spacistor I surge generator.

generador de impulsos cíclicos I recurrent surge generator.

generador de impulsos de desbloqueo I unblanking generator.

generador de impulsos de regeneración I regenerative pulse generator.

generador de impulsos de tipo lineal I line-type pulser.

generador de impulsos múltiples I multipulse generator.

generador de impulsos rectangulares I rectangular-pulses generator.

generador de inducción I induction generator.

generador de interferencias I interference generator I interference unit.

generador de intervalos I interval generator.

generador de macroinstrucciones I macrogenerator (computing).

generador de neutrones I neutron generator.

generador de neutrones rápidos I intense neutron generator.

generador de onda trapecial I trapezoidal generator (electronics).

generador de ondas I wavemaker.

generador de ondas de choque I impulse generator I lightning generator.

generador de oscilaciones I oscillation generator.

generador de palabras I word generator (computing).

generador de pantalla I screen generator (program).

generador de polos auxiliares I interpolar generator.

generador de polos salientes I salient-pole generator (electricity).

generador de programas I programa generator (computing).

generador de rampa I ramp generator (electronics).

generador de rayos X I X-ray generator.

generador de rejilla negativa I negative grid generator.

generador de señal I signal generator.

generador de señal de radiofrecuencia I radio frequency signal generator.

generador de señalar de RF y AF I RF AF signal generator.

generador de señales moduladas en frecuencia transistorizado I transistorized F-M signal generator.

generador de señales RF I RF signal generator.

generador de sincronismo para televisión I television sync generator.

generador de superficies tóricas I toric surface generator.

generador de tensión I voltage generator (circuits).

generador de tiempo para llamada local I local call timer (telephony).

generador de vapor I steam generator.

generador de vibraciones ultrasónicas I ultrasonic vibration generator.

generador eléctrico portátil I jenny.

generador electrostático I influence machine.

generador electrostático giratorio I rotary electrostatic generator.

generador en avance de fase I leading generator.

generador eólico I wind machine I wind-power generator.

generador fotoacústico I photoaudio generator.

generador helioeléctrico I solar generator.

generador magnético de impulsos I magnetic pulser.

generador monofásico I single-phase generator.

generador nuclear I nuclear power reactor.

generador omnionda I signal generator.

generador polifásico I multiphase generator.

generador polimórfico I multiple current generator.

generador regulador I reversible booster.

generador sincrónico I sync generator.

generador solar fotovoltaico I solar photovoltaic generator.

generador termoeléctrico de potencia I thermoelectric power generator.

generador termoeléctrico por radioisótopos I radio-isotope thermoelectric generator.

generador tiratrónico I thyratron generator.

generador tiristor I thyristor driver.

generador ultrasónico de baja frecuencia I low frequency ultrasonic generator.

generar vapor I steam (to).

generatriz I generating function I parent.

geobarometría I geobarometry.

geobarómetro I geobarometer.

geocentro I geocenter (geology).

geociencia I geoscience.

geoda I drusy cavity I vug.

geodesia I geodesy I land survey I land surveying.

geodesia celeste I celestial geodesy.

geodesia de satélites I celestial geodesy.

geodimetría I geodimetry.

geodinámica I geodynamics.

geodinámica petrolera I petroleum geodynamics.

geoeléctrico I geoelectric.

geoestabilidad I soil stability.

geofísica del suelo marino I marine geophysics.

geohidráulica I geohydraulics.

geoisoterma I geoisothermal.

geolitología I geolithology.

geología I geology.

geología krística I krystic geology.

geología submarina I submarine geology.

geología superficial I cenology.

geología volcánica I volcanic geology.

geólogo I earth scientist.

geomagnetismo I geomagnetism.

geomecánica I soil mechanics.

geometría abstracta I abstract geometry.

geometría analítica I analytic geometry.

geometría de red I lattice design (nuclear energy).

geonómico I geonomic.

geonucleónico I geonucleonic.

geopotencial I gravity potential.

geoquímica del petróleo I petroleum geochemistry.

geoscopio I geoscope.

geósfera I geosphere.

geosinclinal I geosynclinal I geosyncline.

geosismos I geosisms.

geostática I geostatics.

geotecnia I soil science I soil technology.

geotectónica I tectonic geology.

geotectónico I geotectonic.

geotermia I geothermy.

geotérmico I geothermal.

geotermometría I geothermometry.

geotermómetro I geothermometer I soil thermometer.

geotropismo I geotropism.

germanato I germanate.

germanio impurificado con manganeso I manganese-doped germanium.

gestión de memoria I memory management (computing).

gestión de memoria virtual I virtual storage management (computing).

gigantones de popa I after poppets (ship launching).

gimnoto I electric eel.

girar I rotate (to) I spin (to) I swivel (to) I turn (to) I twirl (to) I wheel (to).

girar horizontalmente I slew (to).

girar por la acción del viento I windmill (to) (screws).

girar rápidamente I slew (to) (radar).

girar sobre un eje I pivot (to).

giratorio | revolving | rotary | rotatable | rotating.

giro | pivoting | rotation | round | spin | swiveling | turn | turning | twirl | whirl.

giro excéntrico | wobble.

giroavión | rotorcraft.

giroscopio angular | rate integrating gyro (airplanes).

giroscopio clásico | spinning gyroscope.

giroscopio de balanceo | rolling gyro.

giroscopio integrador | integrating gyroscope.

giroscopio para amortiguar guiñadas | yaw-rate gyro (airplanes).

giroscopio vibratorio | vibratory gyroscope.

giróscopo de régimen de guiñada | yaw rate gyro (aeronautics).

glaciación | glacierization.

glaciar | glacier | ice stream | ice-river.

glaciárico | glacial.

glaciarización | glacierization.

glaciología | glaciology.

glaciómetro | glaciometer.

glasear | glass (to) | glaze (to) | gloss (to).

glauconia | green chalk.

glauconita | glauconite | green earth | greenstone.

glicasa | glycasa.

glicerato | glycerate.

glicerina | glycerin | glycerine | glycerose.

glicerofosfato | glycerophosphate.

glicerol | glycerol.

glicocelona | glycocellone.

glicocola | glycocoll.

glicol | glycol.

glicolato | glycolate.

glicoproteido | glycoproteid.

glifografía | glyphography.

glifoscopio | glyphoscope.

glíptico | glyptic.

gliptografía | gem-engraving | glyptography.

globo aerostático | aerostat | balloon.

globo cautivo | moored balloon.

globo compensador | ballonet.

globo de barrera | barrage balloon.

globo esférico | spherical balloon.

globo libre meteorológico | skyhook balloon.

globo radiosonda | radio balloon | radiosonde balloon | rawin balloon.

globo sonda | pilot balloon | sound balloon | sounding balloon.

globo sonda con radar | radar balloon | radar sonde.

globo terráqueo | terrestrial globe.

globocirro | globocirrus.

globocúmulo | globocumulus.

globos compensadores | quadrantal correctors (ships).

globulimetría | globulimetry.

globulina | globulin.

globulito | globulite.

glocosa | glycose.

glosimetría | glossimetry.

glúcido | biose.

glucógeno | glucogen.

gluconato | gluconate.

gluconato de calcio | calcium gluconate.

glucoproteido | glucoproteid.

glucosa | dextrose | glucose.

glucósido | glucoside.

gluten | glue | gluten.

glutinosidad | glutinousness.

gobernabilidad | steerability (ships, airplanes).

gobernado por radar | radar-controlled.

gobernar | navigate (to) (ships) | pilot (to) (ships) | steer (to) (ships, missiles).

gobernar con cuarzo | quartz control (to) (electronics).

gobierno | steering (ship, auto, airplane).

gobierno del misil | missile guidance.

goethita | needle ironstone.

gofrado | chased | embossing | pebbling (paper).

gofrar | emboss (to) | wafer (to).

gola | keel moulding (architecture).

golpe | bumping | percussion.

golpe de ariete | water hammer (pipes).

golpeo producido por los autoencendidos | pinking.

golpeteo | knocking (machines).

goma | gum.

goma arábiga | acacia gum.

goma butílica | butyl rubber.

goma elástica | rubber.

goma éster | ester gum.

goma laca | gumlac | lac | shellac.

gomorresina | gum resin.

goniofotómetro | goniophotometer.

goniometría | angle measuring | goniometry.

goniometría auditiva | auditory direction finding.

goniométrico | goniometer.

goniómetro | angle gage | angle meter | angulometer | direction finder | goniometer | protractor | sight | loop compass.

goniómetro antena | periscopic sight.

goniómetro automático | compass.

goniómetro brújula | aiming circle.

goniómetro de espejo | optical square.

goniómetro de puntería | telescopic sight.

goniómetro de rayos X | X-ray goniometer.

goniómetro de reflexión | reflecting goniometer.

goniómetro infrarrojo | infrared goniometer.

goniómetro panorámico | panoramic sight.

goniómetro periscópico | periscopic sight.

goniómetro principal | master service sight.

goniómetro radárico | radar direction finder.

gonioscopio | gonioscope.

gotas de lluvia | raindrops.

gotear | trickle (to).

goteo | drip | trickle.

gozne | hinge | hinge hook | hinge strap | joint | pin.

grabación | pretaping (program) | record | recording.

grabación con retorno a cero | return-to-zero recording.

grabación cuadrifónica | quadraphonic recording.

grabación de clichés | stencil punch.

grabación de datos | data recording.

grabación de modulación lateral | lateral recording (acoustics).

grabación de sonido óptico | optic sound recording.

grabación de televisión | T.V. recording | television recording.

grabación digital | digital recording.

grabación electrónica de la imagen | electronic video recording.

grabación electrónica de vídeo | electronic video recording.

grabación en bloque | yoke.

grabación en cinta magnetofónica | magnetic tape recording.

grabación en fase | in-phase recording (stereophonic recording).

grabación fotográfica | photographic recording.

grabación lateral | lateral transcription or recording.

grabación magnética longitudinal | longitudinal magnetic recording.

grabación magnética transversal | transversal recording.

grabación multipista | multitrack recording.

grabación óptica | optical recording.

grabación por láser | laser beam record | laser writing.

grabación por modulación de frecuencia | F.M. recording.

grabación por modulación de frecuencia modificada | M.F.M. recording.

grabación sin vuelta a cero | nonreturn to zero (computing).

grabado | icon | picture.

grabado a media tinta | mezzotint.

grabado anastático | anastatic engraving.

grabado con muela abrasiva | wheel engraved.

grabado en madera | wood engraving.

grabador de fonógrafo mecánico | mechanical phonograph recorder.

grabador de hilo | wire recorder.

grabador magnético | magnetic cutter (electroacoustics) | magnetic recorder.

grabador- reproductor | playback reproducer.

grabadora de cliché | stencil cutter.

grabadora de pantógrafo | pantograph engraver (machines).

grabadora reproductora de casete de cinta | tape-cassette recorder/player.

grabador-reproductor | playback recorder.

grabar | carve (to) | engrave (to) | impress (to) | imprint (to) | record (to).

grabar al ácido | acid etch (to) | etch (to).

grabar al buril | chisel (to).

grabar en relieve | emboss (to).

grabar por ataque químico | etch (to).

grabar un programa de TV | videotape (to).

grabar una cinta | tape (to).

grada | stope.

grada al revés | overhand stope.

grada invertida | back stope (mining).

gradación | gradation | grading.

gradiente | grade | gradient.

gradiente crítico | critical gradient.

gradiente de humedad | moisture gradient.

gradiente de potencial | potential gradient (electricity).

gradiente de presión | pressure gradient.

gradiente de presión opuesta | adverse pressure gradient.

gradiente de voltaje | voltage gradient.

gradiente del calentamiento | rate of heating.

gradiente del flujo | inflow gradient.

gradiente del módulo de refracción | refractive modulus gradient.

gradiente del viento | wind gradient.

gradiente energético | energy gradient.

gradiente hidráulico | hydraulic gradient.

gradiente magnético | magnetic slope.

gradiente pulsado | pulsed gradient.

gradientímetro | gradient meter | gradimeter | gradiometer.

gradilla de tubos de ensayo | test-tube stand (chemistry).

grado | degree.

grado angular | degree angular.

grado Celsio | degree Celsius.

grado Celsius | centigrade degree.

grado de acidez | acid content.

grado de carburación | temper (metallurgy).

grado de desequilibrio | unbalance factor (electricity) | unsymmetry factor (electricity).

grado de lixiviación | leaching rate.

grado de oxidación | oxidation number (mineral chemistry).

grado Kelvin | degree Kelvin | Kelvin degree.

gradómetro | gradometer.

graduabilidad | adjustability.

graduación | graduation | scale | scaling | staging (machines).

graduación de la resistencia | resistance graduation.

graduación de pruebas | test scaling.

graduación de velocidad | velocity staging.

graduación del paso | pitch setting.

graduación octánica | octane rating.

graduado | tapered.

graduador | adjuster.

graduar | adjust (to) | gage (to) | gauge (to) | scale (to) | taper (to).

gráfica | graphics.

gráfica de dispersión | scatter chart.

gráfica de ejes múltiples | multiple axis chart.

gráfica de procesos | run chart.

gráfica de promedios | chart for averages.

gráfica de recorrido | range chart.

gráfica de visibilidad | visibility chart.

gráfica XY | XY chart.

gráfico | chart | graphics | plot.

gráfico de alineación | alignment chart.

gráfico de barras | bar graph (statistics).

gráfico de corrección por temperatura | temperature correction chart.

gráfico de isodosis | isodose chart.

gráfico de pasadas | run chart (computing).

gráfico de reactancia | reactance chart.

gráfico de regímenes | rating chart.

gráfico de sectores | sector chart.

gráfico de trayectorias | trajectory chart.

gráfico isométrico | isometric chart.

gráfico logarítmico | logarithmic chart.

gráfico lógico | logic chart.

gráfico registrado | recorder chart.

grafitación | graphitization | graphitizing.

grafitado | graphite-treated.

grafitar | blacklead (to) | graphite (to) | graphitise (to) | graphitize (to).

grafítico | graphitic.

grafitización | graphitization | graphitizing.

grafitizado | graphitized.

grafitizar | graphitise (to) | graphitize (to).

grafito | blacklead or plumbago | graphite | pot lead.

grafito cobresoldado | brazed graphite.

grafito coloidal | aquadag.

grafito nodular esferolítico | spherulitic nodular graphite.

grafo unitario | unit-graph (computing).

grafoestática | graphical statics | graphostatics.

grafometría | graphometry.

grafómetro | graphometer | leveling-compass.

grafotecnia | graphotechnics.

grafotipia | graphotype.

gramaje | paper weight.

grametría | grammetry.

gramil | marking gage | scriber | shifting gage.

gramil de carpintero | joiner's gage.

gramil de trazar | surface gage | timber scriber.

gramilar | scribe (to).

gramo | gram | gramme.

gramo-metro | gram-meter.

grampa | staple.

gran definición | high resolution.

gran tonelada | long ton (1,016 kg).

gran velocidad | high speed.

granada | bombshell.

granada perforante | armor piercing shell.

granalla | granulated metal | powder | shot (metallurgy).

granalla de acero | steel powder.

granalla de fundición | iron shot.

granalla de latón | brass powder.

granalla de plomo | lead-shot.

granalla gruesa de níquel | nickel shot.

granallado | cloudbursting (siderurgy) | peened.

granalladora | shotblast machine.

granallar | peen (to) | shot (to).

granate blanco | white garnet.

granate ferrocálcico (andradita) | calcium-iron garnet.

granelado | boarding.

granetazo | center-punch mark.

granete | marking hammer.

granetear | center (to) (holes) | center-dot (to).

granitectónico | granitectonic.

granito | granite.

granito binario | binary granite.

granito columbitífero | columbite-bearing-granite.

granito gráfico | Jewish stone | runite.

granizo | hail.

grano atruchado | mottled grain (smelting).

grano de muela abrasiva | wheel grit.

granómetro | granometer.

granulación | granulation | pelleting | pelletizing.

granulación de la fundición licuada | molten iron granulation.

granulación solar | solar granulation.

granulado | pelleted.
granular | grain (to) | granular | pelletize (to).
granulidad | grain size.
granulitización | granulitization.
gránulo | pellet.
granulometría | grain size | grain size measurement | granulometry | particle size analysis | size classification | sizing.
granulometría continua | continuous grading.
granulometría de la arena | sand grading.
granulometría del árido | aggregate gradation (concrete).
granulometría del suelo | soil texture.
granulométrico | granulometric.
granulómetro | granulometer.
gránulos de carburo metálico | metal carbide granules.
granuloso | granulose.
granzas | nut coal.
grapa | clamp | clip | cramp | dog | dog iron | staple.
grapa de amarre | anchor clamp.
grapa para tubos | pipe clamp (drillings).
grapón | iron dog | staple.
grasa | grease.
grasa ácida | acid fat.
grasa lubricante | slush.
grasa lubricante con jabón de litio | lithium soap grease.
grasa neutra | acid free grease.
graso | fatty.
gratícula del microscopio | microscope graticule.
graticular | grid-like.
grauwaka | graywacke.
grava | break-stone | broken stone | channer | gravel | grit | roadstone.
grava arcillosa | clayey gravel.
grava aurífera | auriferous gravel.
grava de cantera | pit gravel.
grava de playa | beach gravel.
gravas de terraza | bench gravels.
grave | bass (audiofrequency) | low (sound).
gravedad | lowness (sound).
gravedad específica | specific gravity.
gravera | gravel bank | gravel mine | gravel pit | gravelly land.
gravidez | gravidity.
gravidimetría | gravitimetry.
gravidímetro | gravity meter.
gravilla | hogging | pea gravel.
gravimetría | gravimetry.
gravimétrico | gravimetric.
gravímetro | gravimeter | gravity meter.
gravímetro láser | laser gravimeter.

gravitación | gravitation | gravity.
gravitar | gravitate (to).
gravitodinámica | gravitodynamics.
gravitón | graviton.
gravitrón | gravitron.
greca | fretwork.
greda | cawk | grit | loam (geology).
greenoquita | cadmium ocher.
gres | grit rock | sandstone | flintware.
grieta | cleavage | crack | flaw | joint | rift | rime | seam | slit | split.
grieta de desecación | mud crack (geology).
grieta de tensión | stress crack.
grieta marginal | marginal crevasse (geology).
grieta microscópica | microcrack.
grieta superficial | surface crack.
grieta transcristalina | transgranular crack.
grifa de suspensión | suspensión clamp.
grifo | cock | spigot | tap.
grifo cebador | priming cock (pumps).
grifo de alimentación | feed cock.
grifo de cierre | stop cock.
grifo de comprobación | master-cock.
grifo de descarga | outlet cock.
grifo de distribución | regulator cock.
grifo de extracción | blowoff cock.
grifo de inyección | injection cock.
grifo de prueba | try cock.
grifo de purga | pit cock | purge-cock | try cock.
grifo de vaciamiento | purge-cock (boilers).
grifo de verificación | master-cock.
grifo indicador | indicator cock.
grifo purgador | waste cock.
grifo regulador | regulator cock.
grillete | shackle.
grillete de cadena | chain shackle.
grímpola | coach whip | narrow pennant.
gripado | jammed | seizure.
grisú | gas (mining) | pit gas.
grisuómetro | firedamp detector | gas detector | gas verifier.
grisuscopio | gas detector | gas indicator | warner (mining).
grosor | thickness.
grossuralita | calcium-aluminum garnet.
grosularia | grossularite.
grosularita | cinnamon stone | gooseberry stone.
grúa | crane | derrick.
grúa de auxilio | wrecking crane.
grúa de brazo móvil | derrick crane.
grúa de cadena | chain hoist.
grúa de electroimán | magnetic crane.

grúa de estudio | studio crane (cinematography).

grúa de martillo | cantilever crane.

grúa de muelle | dock crane | wharf crane.

grúa de orugas | crawler crane.

grúa de pescante | jib crane.

grúa de pivote | revolving crane.

grúa de pórtico | gantry crane.

grúa de salvamento | wrecking crane.

grúa de torre | tower crane.

grúa de vía | locomotive crane.

grúa electromagnética | magnetic hoist.

grúa fija | standing derrick.

grúa flotante | yard crane.

grúa giratoria | crane derrick | jib crane | rotary crane.

grúa locomóvil | jenny | locomotive crane.

grúa magnética | magnet crane.

grúa móvil | travelling crane | yard crane | overhead crane.

grúa neumática | air hoist.

grúa para deslingotar | stripper crane.

grúa sobre orugas | caterpillar crane.

grueso | thick.

grupo | group.

grupo alternador | alternator set.

grupo binario | binary group.

grupo combinable | phantom group (telecommunications).

grupo convertidor | M. G. set | motor generator | motor-alternator set | motor-generator set.

grupo de bits | packet.

grupo de cinta magnética | magnetic tape group.

grupo de enlace | junction group | link group.

grupo de enlace general | outgoing trunk multiple (telephony).

grupo de enlaces | trunk group (telecommunications).

grupo de fallas | fault bundle (geology).

grupo de frecuencias | channel.

grupo de impresión | print set.

grupo de lagunas | vacancy cluster (crystallography).

grupo de mecanismo | unit assembly.

grupo de montaje | mounting assembly.

grupo de ocho bitios | byte.

grupo de relés | relay-set (telephony).

grupo de reserva | reserve group (telecommunications).

grupo de señales | word (computing).

grupo de tubos | nest of tubes.

grupo electrógeno | electric generating set | electrical unit | electrogenous unit | generator set | generator unit | power unit | powerplant.

grupo en cascada | cascade set (electricity).

grupo encapsulado | potted group (electronics).

grupo iónico | ion cluster.

grupo maestro | mastergroup.

grupo motobomba | pumping unit.

grupo motopropulsor | engine set.

grupo motor | motor set | power unit | power plant.

grupo motor-alternador | motor-alternator unit.

grupo motor-generador | motor-generator set.

grupo normal de pistas | normal band (computing).

grupo primario | channel group.

grupo secundario | secondary group (telecommunications) | supergroup (carrier wave).

grupo terciario | mastergroup (telephony).

grupo turboalternador | turbine-generator unit.

grupo turbogenerador | turbogenerator set (electricity).

grupo turbogenerador autónomo | self-contained turbogenerator set.

grupo turbohélice | turboprop engine.

grupo turbomotor | power plant.

grupos de enlace de salida | outgoing trunk groups (telephony).

guardacabo | thimble.

guardacantón | guardrail.

guardaderrumbes | cave catcher (mining).

guardaeje | cannon.

guardas de fundir | casting bars (stereotypography).

guardín | wheel rope (rudder).

guarismo | number.

guarnecer | face (to) | furnish (to) | jacket (to) | lag (to) | stuff (to) (machines).

guarnecer con antifricción | white-metal (to) (bearings).

guarnecer las posiciones de combate | man the battle positions (to).

guarnecer un parapeto | man a parapet (to).

guarnición | furring | jacketing | trim.

guarnición estanca | water packer (drillings).

guarnir | man (to).

guarnir el cabrestante | man the capstan (to) (ships).

gubia | carving gouge | gouge.

gubia de corte interior | inside cut gouge.

gubia de ebanista | paring gouge.

gubia de mano | paring gouge | scribing gauge.

gubia punzón | firmer gouge.

guía I draft I guide I leader I leading I piloting I slide.
guía de cable de arrastre I fairlead.
guía de crisol I ladle guide.
guía de deslizamiento I slider I track.
guía de driza I boom iron.
guía de luz I light guide (photocathode).
guía de navegación inercial I inertial guidance-navigation.
guía de onda abierta longitudinalmente I trough waveguide.
guía de ondas I wave conducting gun I waveguide.
guía de ondas a modos múltiples I multimode waveguide.
guía de ondas adaptadas I matched waveguide (telecommunications).
guía de ondas apuntada I taper.
guía de ondas con multimodos de transmisión I multimode waveguide.
guía de ondas de tres modos I trimode waveguide.
guía de ondas dieléctrica I dielectric waveguide.
guía de ondas fusiforme I taper.
guía de ondas paralelepipédica I rectangular waveguide.
guía de ondas radáricas I radar wave guide.
guía de ondas radiantes I radiating guide.
guía de sierra I knife clip.
guía de sincronización I synchroguide.
guía de trayectoria I track guide (radionavigation).
guía de un mecanismo I motion-bar.
guía del emparejador I jogger guide.
guía lateral de escuadrar el papel I jogger.
guía móvil I jogger guide.
guía para tubos electrónicos I tube guide I tube pilot.
guía por rayos láser I laser guidance.
guía principal I main link.
guía semiactiva I semiactive homing.
guía trapezoidal I vee slideway.
guiacabos I fairlead I warping chock.
guiación inercial I inertial guidance.
guiado alámbrico I wire guidance.
guiado astronómico I celestial guidance.

guiado cartográfico por radar I map-matching guidance.
guiado loran I loran guidance.
guiado por hilo I wire guidance I wire-guided.
guiado por rodillos I roller-guided.
guiado preestablecido I preset guidance.
guíahilos I yarn guide.
guiaje por haz I beam riding.
guiaje por infrarrojo I infrared guidance.
guiancia activa I active guidance.
guiancia por radiación infrarroja I infrared homing.
guiancia por rayos infrarrojos I infrared homing.
guiancia por repetidor de radar I radar repeat-back guidance.
guiancia radárica I radar guidance I radar homing.
guianza del misil I missile guidance.
guiaondas I waveguide.
guiaondas ahusado I tapered wavegide.
guiaondas cilíndrico I wave duct.
guiaondas circular I circular waveguide.
guiaondas rectangular I rectangular waveguide.
guiar I guide (to) I steer (to).
guiasondas I whipstock.
guijarro I cobble I pebble.
guillame I joiner's tool.
guillame de inglete I miter plane.
guillamen I rabbet plane.
guilleminita I guilleminite.
guillotina I guillotine.
guillotina para cortar papel I ream cutter.
guimbaleta I hand lever.
guimbalete I pump brake.
guimbarda I housing plane I plough I router plane.
guinche I hoist.
guinche de la escala I ladder winch (dredges).
guinche de tracción I jinny.
guindaleza I hawser.
guíndola I life buoy I suspended cradle.
guiñada I lurch (ships) I yaw.
guiñadímetro I yawmeter.
guiñar I yaw (to).
gumita I gummite.

H

habilidad I know-how.

habitación I room.

hábito intrusivo I intrusive habit (petrology).

hacer acrobacias I stunt (to) (aeronautics).

hacer avanzar I advance (to).

hacer el rodaje I run (to) (machines).

hacer el vacío I exhaust (to).

hacer funcionar I work (to).

hacer un vacío parcial I vacuum (to).

hacerse cocas I kink (to) (cables).

haces de rayos laséricos I laser rays.

hacha I ax.

hacha de carpintero I broad axe.

hacha de desbastar I hewing axe.

hacha de tumba I logging ax.

hachuela de uña I claw hatchet.

hacinar I stack (to).

hadrónico I hadronic.

hafnato de calcio I calcium hafnate.

hafnio I hafnium.

hahnio I hahnium (Ha-USA) I nielsbohrium (Ns-RUSSIA) I unnilpentium (Unp - I.U.P.A.C.)

halagenuro I halide.

halaje I haul I hauling.

halar I haul (to) I heave (to) I pull (to).

halita I native salt.

halo I halation.

halobéntico I halobenthic.

halogenación I halogenation.

halogenar I halogenate (to).

halógeno I halogenous.

halogenuro I halogenide I hologenide I halide.

halogenuro de níquel I nickel halide.

halografía I halography.

halómetro I halometer I salt gage.

haloplancton I haloplankton.

haloscopio I haloscope.

halotriquita I butter-rock I iron alum I fibrous alunogen.

haluro I halide I haloid.

haluro de ácido I acid halide.

haluro de plata I silver halide.

haluro de silicio I silicon halide.

hangar I hangar I loft I loft building.

harina fósil I mountain flour I mountain meal.

haz I bunch I bundle I jet (cathodic rays tube).

haz acromático I achromatic spindle.

haz acústico I acoustic beam I sound beam.

haz ancho I broad beam (optics).

haz atómico I atomic beam.

haz calibrador I calibrating beam.

haz catódico I cathode beam.

haz concéntrico I concentric bundle.

haz convergente I convergent beam.

haz de cables I cable package.

haz de definición I resolution wedge.

haz de desequilibrio I spill beam (cyclotron).

haz de electrones I electron beam I electron ray.

haz de exploración en abanico I fanning beam.

haz de fibras I multiple fiber.

haz de localizador de pista I runway localizer beam.

haz de luz I pencil.

haz de partículas I particle beam.

haz de protones I proton ray.

haz de protones solares I solar proton beam.

haz de radioaterrizaje I radio landing beam.

haz de rayos láser I laser beam.

haz de referencia I check beam.

haz de retorno I return beam.

haz de salida I ejected beam.

haz de seguimiento I tracking beam.

haz de tubos I nest of tubes I tube bundle.

haz de vías de clasificación I ladder (railways).

haz de zona I zone beam.

haz deformado I bent course.

haz del asdic I asdic beam.

haz direccional I directional beam.

haz electrónico de velocidades múltiples I multivelocity electron beam.

haz en V I V beam (radar).

haz estático I static beam.

haz estrecho I narrow beam.

haz explorador I scanning beam.

haz explorador de la pantalla I screen sweep.

haz filiforme I pencil beam.

haz fotoeléctrico I photobeam.

haz giratorio I rotating beam.

haz hendido I split beam.

haz hertziano I microwave link I radio link.

haz incidente I incident beam.

haz iónico I ion beam.

haz iónico monoenergético I monoenergetic ion beam.

haz laminar I sheet beam.

haz localizador I localizer beam (radio).

haz luminoso I light bundle.

haz modular I modulated beam.

haz molecular I molecular beam.

haz monocromático de neutrones I monochromatic neutron beam.

haz monoenergético I monoergic beam.

haz ondulante I undulating beam.
haz perfilado I beam shaped.
haz plano I plane beam.
haz posterior I back beam.
haz radárico I radar beam.
haz radiador I radiating beam.
haz tricolor I tricolor beam (TV).
haz tubular I bundle.
haz uniforme I uniform beam.
haz útil I useful beam.
haz vertical I vertical beam.
haz-guía de aterrizaje I landing beam.
hebra I thread I yarn (weaving).
hecho a mano I hand-made.
hectólitro I hectoliter.
hectométrico I hectometric.
hectovatio I hectowatt.
hectovatio-hora I hectowatt-hour.
helada I freeze.
helar I freeze (to) I frost (to) I ice (to).
helero I glacier.
hélice I air propeller I propeller (ship, airplane).
hélice aérea de paso variable I feathering airscrew.
hélice canalizada I ducted propeller.
hélice cardán I swiveling airscrew (airplanes).
hélice carenada I ducted propeller I shrouded propeller (airplanes).
hélice de atraque I thruster.
hélice de eje vertical I vertical axis propeller.
hélice de palas móviles I feathering propeller.
hélice de palas orientables I feathering propeller.
hélice de paso invariable I true screw.
hélice de paso regulable I adjustable pitch propeller.
hélice de proa I bow propeller.
hélice de una pieza I solid propeller.
hélice en autorrotación I windmilling propeller.
hélice en régimen de molinete I windmilling propeller.
hélice enteriza I solid propeller.
hélice espiral I spiral helix.
hélice plana I pancake auger.
hélice propulsora I propelling screw I pusher airscrew I pusher propeller.
hélice supercavitante I supercavitating propeller.
hélice sustentadora I lifting airscrew I lifting propeller.
hélice tractora I tractor propeller.
hélice transónica I transonic propeller.
hélice tripala I three-bladed propeller.
helicoidal I corkscrew I helicoid I spiral.

helicoide I helicoid.
helicoide de evolvente de círculo I involute helicoid.
helicoide de involuta I involute helicoid.
helicoide involuto I involute helicoid.
helicometría I helicometry.
helicóptero I helicopter I rotorplane.
helicóptero a reacción I jet helicopter.
helicóptero elevador I skycrane.
helicóptero grúa I crane helicopter.
helinave I helicopter carrier.
helio I helium.
heliocentricidad I heliocentrity.
heliocéntrico I heliocentric.
heliocromía I heliochromy.
heliocrómico I heliochromic.
heliocromoscopio I heliochromoscope.
heliocronómetro I heliochronometer.
heliocronoscopio I heliochronoscope.
helioelectricidad I helioelectricity I solar-electrics.
heliofísica I heliophysics.
heliofotómetro I heliophotometer.
heliograbado I heliograving I heliogravure.
heliograbar I heliograph (to).
heliografía I blueprint I heliography I helioprinting.
heliográfico I heliographic.
heliógrafo I helio I heliograph I solar telegraph.
helioingeniería I helioengineering.
heliómetro I heliometer.
heliopila I solar cell.
helioscopia I helioscopy.
helioscopio I solar prism.
helioscopio de polarización I polarizing solar prism.
heliosfera I heliosphere.
helióstato I heliostat.
heliotecnia I heliotechnology.
heliotermómetro I heliothermometer.
heliotipia I heliotypy.
heliotipo I heliotype.
heliotipografía I heliotypography.
helipuerto I VTOL terminal.
helipuerto de azotea I rooftop heliport.
hematites especular I iron glance.
hematites roja I red iron ore I red ochre.
hemidomo I hemidome.
hemiesfera I hemisphere.
hemiformita I electric calamine.
hemisferio I hemisphere.
hemisferio boreal I northern hemisphere.
hemisferio norte I northern hemisphere.
hemitropía I hemitropism I hemitropy I twinning (crystallography).

henchimiento I boss (ships).

hendedor I splitter.

hender I break over (to) (bindings) I crack (to) I fissure (to) I slit (to) I split (to).

hendible I fissile.

hendido I rifted.

hendidura I cleavage I cleaving I crack I crevice I fissure I groove I rift I rime I seam I slit I split.

hendidura óptica I optical slit (TV).

hendimiento I splitting.

henriómetro I henrymeter.

heptano normal I n-heptane.

hermeticidad I imperviousness I sealing.

hermético I air tight I impervious I leak-proof I sealed I weathertight.

hermético a la luz I light-tight.

hermético al humo I smoke-tight I smoke-proof.

hermetificar I tighten (to).

herraje I binding iron I fitting I metal attachment I metal fitting.

herraje de bancada I mount fitting.

herramental I equipment I outfit I tool set I tooling.

herramienta I implement I tool.

herramienta abrasiva I abrading tool.

herramienta acabadora I necking tool.

herramienta acodada I knee tool.

herramienta ahuecadora I trepanning tool.

herramienta biseladora I chamfering tool.

herramienta de cepillar I planer tool.

herramienta de corte I edge tool.

herramienta de desbaste I rougher I roughing tool.

herramienta de empalmar I splicing tool.

herramienta de escotar I parting tool.

herramienta de perforación I boring tool.

herramienta de programación I software tool (computing).

herramienta de punta I point-tool I pointed tool.

herramienta de rótula I knee tool.

herramienta de sangrar I parting tool (lathe).

herramienta de sondeo I boring tool.

herramienta de trinquete I ratchet tool.

herramienta mecánica I power tool.

herramienta neumática I pneumatic tool.

herramienta para ajustar I aligning tool.

herramienta para biselar I featheredge.

herramienta para el corte de metales I metal-cutting tool.

herramienta para entallar en el torno I spinning tool.

herramienta para hacer engatillados I lock-seaming tool (joints).

herramienta para hacer rebajos I necking tool.

herramienta para marcar las juntas I jointing tool (walls).

herramienta para reavivar muelas abrasivas I wheel dressing tool.

herramienta pelahilos I wire stripper.

herramienta posicionadora I spotting tool.

herramienta trazadora I scribing tool.

herramienta tronzadora I cutoff tool.

herramientas de corte I notching tools.

herramientas de fragua I anvil tool.

herramientas del torno I lathe tools.

herramientas para abrasión I abrasive tools.

herramientas para refrentar I facer.

herrería I smithery I smithing.

herrumbre I iron rust I rust.

herrumbroso I rusty.

hertziano I hertzian.

hertzio I hertz.

hervidor I reboiler.

hervor I boiling.

heterocromático I heterochromatic.

heterodino I beat-frequency oscillator I heterodyne.

heterostático I heterostatic.

heterotropía I anisotropy.

hexacloruro de carbono I carbon hexachloride.

héxada I hexad.

hexafluorocirconato I hexafluorzirconate.

hexagonal I hexagon I hexagonal.

hexágono I hexagon.

hialino I glassy.

hialografía I glass engraving I hyalography.

hialosiderita I brown chrysolite.

hidrácido I halogen hydride.

hidrácido acético I acethydrazide.

hidrante I hydrant.

hidratación I hydration.

hidratar I hydrate (to).

hidrato de carbono I carbohydrate I carbon hydrate.

hidrato de magnesio I magnesium hydrate.

hidrato de quinina I quinine hydrate.

hidroacústica I hydroacoustics.

hidroaerodinámica I hydroaerodynamics.

hidroala I hydrofoil.

hidroaleta I hydrofoil.

hidroamortiguador I hydraulic damper.

hidroaspirador I water blast.

hidroavión I airboat I amphibious air-craft I hydroaeroplane I hydroairplane I seaplane I waterplane.

hidroavión de flotadores I float seaplane.

hidrobacia I hydrobatics.
hidrobalística I hydroballistics.
hidrobarófono I hydrobarophone.
hidrobarómetro I depth gage I hydrobarometer.
hidrocarburo I carbon hydride I hydrocarbon I hydrogen carbide.
hidrocarburo alifático I aliphatic hydrocarbon.
hidrocarburo de parafina I paraffin hydrocarbon.
hidrocarburo fluorado I fluorocarbon.
hidrocarburo isomérico I isomeric hydrocarbon.
hidrocarburo ramificado I branched hydrocarbon.
hidrocarburos acetilénicos I acetylenic hydrocarbons.
hidroclasificador I hydrosizer.
hidroconformación I hydroforming.
hidrocraqueo I hydrocracking.
hidrodesintegración I hydrocracking.
hidrodinámica I hydrodynamics.
hidrodinámica del acero licuado I liquid steel hydrodynamics.
hidrodinámica fisicoquímica I physicochemical hydrodynamics.
hidrodinámico I hydrodynamic.
hidroelasticidad I fluidelasticity.
hidroelectricidad I hydroelectricity.
hidroeléctrico I hydroelectric.
hidroelectrificación I hydroelectrification.
hidroelutriación I water elutriation.
hidroenfriado I water-cooled.
hidroenfriamiento I hydrocooling.
hidroenfriar I water-cool (to).
hidroestabilizador I stubwing stabilizer (flying boat).
hidroextractor I whizzer I wringer.
hidroextractor de ácidos I acid hydroextractor.
hidrófilo I hydrophilic I hydrophilous.
hidrofisuración I hydrocracking.
hidrofluoración I hydrofluorination.
hidrófobo I hydrophobic I water-repelling.
hidrofonía I hydrophony.
hidrófono I hydrophone I sonic detector.
hidrófono de carbón I carbon hydrophone.
hidrófono de sonar I depth finder.
hidroformación I hydroforming.
hidrofugacidad I water repellency.
hidrófugo I water resisting I waterproof.
hidrogenación I hydrogenation.
hidrogenar I hydrogenate (to).
hidrogenion I H-ion I hydrogen ion.

hidrógeno I hydrogen.
hidrógeno 2 I deuterium I heavy hydrogen.
hidrógeno carburado I carburated hydrogen.
hidrógeno intergaláctico I intergalactic hydrogen.
hidrógeno ligero I protium.
hidrógeno nascente I active hydrogen.
hidrógeno pesado I heavy hydrogen.
hidrografiar I chart (to).
hidrógrafo I hydrograph.
hidrograma I hydrograph.
hidrograma de escorrentía superficial I surface-runoff hydrograph.
hidrohematites I hydrohematite.
hidrólisis I hydrolysis I splitting.
hidrólisis ácida I acid hydrolysis.
hidrolizar I hydrolyze (to).
hidrología I hydrology.
hidrológico I hydrologic.
hidromagnética I hydromagnetics.
hidromagnético I hydromagnetic.
hidromagnetismo I hydromagnetism.
hidromecánica I hydromechanics.
hidromecanización I hydromechanization.
hidrometalurgia I hydrometallurgy.
hidrometeorología I hydrometeorology.
hidrometría I hydrometry.
hidrómetro I gravimeter I gravity meter I hydrometer I water gage I water meter.
hidromotor I hydraulic engine I hydraulic motor I water motor.
hidroneumática I hydropneumatics.
hidroneumático I air hydraulic I airdraulic I hydropneumatic I pneumohydraulic.
hidrooscilador I hydroscillator.
hidrooxidación I hydroxidation.
hidropirolisis I hydrocracking.
hidropirómetro I hydropyrometer.
hidroprensa I hydraulic press I hydropress.
hidroprensar I hydraulic press (to).
hidropropulsión I hydraulic propulsion.
hidróptero I hydrofoil boat.
hidroquímica I hydrochemics.
hidrorrepelencia I water repellency.
hidrorrepelente I water repellent.
hidroscopia I hydroscopy.
hidroscopio I hydroscope.
hidrosfera I hydrosphere.
hidrosoluble I water-soluble.
hidrostática I hydrostatics.
hidrosucción I hydrosuction.
hidroturbina I hydroturbine.
hidróxido I hydroxide.
hidróxido cérico I cerium hydrate.
hidróxido de litio I lithium hydroxide.

hidróxido de manganeso I manganese hydroxide.
hidróxido de potasa I potassium hydroxide.
hidróxido plumboso I lead hydroxide.
hidróxilo I hydroxyl.
hidruro de silicio I silicon hydride.
hielo I ice.
hielo flotante I ice floe.
hierro I iron.
hierro acerado I ferrosteel.
hierro acicular I needle ironstone.
hierro afinado I bloom iron.
hierro agrio I brittle iron I short iron.
hierro arcilloso I iron clay.
hierro arsenical I arsenical pyrite I mispikel.
hierro bruto I puddle bar (puddled).
hierro carbonizado I carbonized iron.
hierro cementado I carbonized iron.
hierro cinglado I knobbled iron.
hierro colado I cast iron I ingot steel.
hierro colado al níquel I nickel cast iron.
hierro combinado con carbono I cementite.
hierro de cepilladora I planing tool.
hierro de desecho I junk.
hierro de lingote homogeneizado I normalized
  ingot iron.
hierro de lupia I ball iron.
hierro de soldar I soldering iron.
hierro de unión I binding iron.
hierro dúctil I malleable iron.
hierro dulce I soft iron.
hierro en ángulo I L iron.
hierro en chapas I flatiron.
hierro en flejes I strip.
hierro en lingotes I pig iron.
hierro en lupias I bloom iron.
hierro en planchas I plate iron.
hierro en polvo I powdered iron.
hierro en T I tee.
hierro en T con bulbo I tee bulb bar.
hierro en T con nervio I T bulb.
hierro en tochos I bloom iron.
hierro estañado I plated iron.
hierro forjado I malleable iron I malleable
  wrought iron I wrought iron.
hierro formado I ready iron (puddled).
hierro fundido I cast iron.
hierro fundido al molibdeno I molybdenum
  cast iron.
hierro fundido maleable I malleable iron.
hierro galvanizado I galvanized iron.
hierro inerte I passivated iron I passive iron.
hierro inoculado hipoaleado I low-alloy inoculated iron.
hierro maleable I malleable cast iron I malleable iron I wrought iron.

hierro maleable al coque I malleable coke
  iron.
hierro maleable bajo en azufre I low-sulfur-
  content malleable iron.
hierro móvil I moving iron (magnetism).
hierro oligisto I oligist iron.
hierro oolítico I oolitic iron ore.
hierro pudelado I puddled iron.
hierro pudelado de forja I puddle-wrought
  iron.
hierro quebradizo I short iron.
hierro quemado I overburnt iron.
hierro radiactivo I radio iron.
hierro redondo I round iron.
hierro turboso I lake ore.
hietografía I hyetography.
hietógrafo I hyetograph.
hietometría I hyetometry.
hietómetro I hyetometer I rain gage.
higroabsorbedor I moisture-absorber.
higroacondicionador I humidity conditioner.
higroestabilización I hygrostabilization.
higrofugacia I moisture resistance.
higrófugo I moisture repellent I moisture-ex-
  cluding I moistureproof I water repellent.
higrógrafo I hygrograph.
higrograma I hygrogram.
higroindicador I humidity indicator.
higrología I hygrology.
higrometría I hydroscopy.
higrómetro I humidity indicator I humidity
  meter I hygrometer I moistmeter I moisture
  content meter I moisture indicator I moisture
  meter.
higrómetro de absorción I absorption hygrometer.
higrorregular I humidity-control (to).
higrorresistente I moisture resisting.
higroscopia I hygroscopy.
higroscopicidad I absorbing capacity I hygro-
  scopicity.
higroscopio I moisture detector.
higrostato I hygrostat.
higrotermógrafo I hygrothermograph.
higrotermograma I hygrothermogram.
hilada I bed.
hilada de base I base course.
hilada de muro I layer.
hilada de nivel I level course.
hilada inferior I base course.
hilada volada I string course (architecture).
hilado de selfactina I mule-spun yarn.
hilado intermitente I mule spinning.
hiladora I comb frame I spinning machine.

hiladora mecánica intermitente | mule | mule jenny.
hilatura | spinning.
hilatura del algodón | cotton spinning.
hilatura en selfactina | mule spinning.
hilaza | yarn.
hilera | row | tier | wire mill (machines).
hilera de desbaste | roughing block.
hileras paralelas de vórtices | vortex street.
hilo | thread | twist | wire (electricity) | yarn.
hilo activo | P-wire | release wire (telephony).
hilo aislado | insulated wire (electricity).
hilo alimentador | source wire (electricity).
hilo auxiliar | pilot wire.
hilo con metalizado magnético | magnetic plated wire.
hilo conductor | lead wire (electricity).
hilo de antena | aerial wire.
hilo de bloqueo | inhibit wire.
hilo de conexión | jumper.
hilo de contaje | P wire (telephony).
hilo de cuadrete | quad wire (telecommunications) | quad-wire.
hilo de derivación | shunt wire | tap lead (winding).
hilo de desconexión | release wire.
hilo de entrada | lead-in.
hilo de envoltura | wire wrap.
hilo de estambre | combed yarn.
hilo de fase | phase conductor.
hilo de ida | feed wire (electricity).
hilo de masa | earth wire.
hilo de puente | jumper wire.
hilo de puesta a tierra | earth lead | earth wire.
hilo de punta | C wire.
hilo de retorno | return wire (electricity).
hilo de vuelta | return lead (electricity) | return wire (electricity).
hilo del timbre de llamada | R-wire (telephony).
hilo desnudo | open wire | uninsulated wire.
hilo electroaislado | insulated wire.
hilo encintado | taped wire (electricity).
hilo inductor | primary wire.
hilo lustrado | lustered yarn.
hilo M | M lead (telecommunications) | M signaling lead (telecommunications).
hilo metálico | wire.
hilo neutro | inner conductor (electricity) | middle conductor (electricity) | middle wire (electricity) | neutral | third wire | zero-lead.
hilo neutro aislado | insulated neutral.
hilo para bobinas | magnet wire.
hilo para urdimbre | warp yarn.

hilo pararrayos | pole earth wire (telecommunications).
hilo raspado | abraded yarn (rayon).
hilo tenso | taut wire.
hilo testigo | pilot wire | tracer thread.
hilo único | single wire | solid conductor.
hilo vertical | vertical cross hair.
hilos y torcidos de lana | wool yarns and twists (weaving).
hincadora de pilotes | pile driver.
hincar | ram (to) (piles) | stick (to).
hincar pilotes | pile (to) | spile (to).
hinchamiento | heave.
hiperacidez | overacidity.
hiperamortiguamiento | overdamping.
hiperbólico | hyperbolic.
hipereutéctico | hypereutectic.
hiperfrecuencia | high frequency | hyperfrequency | overfrequency | radiofrequency | superhigh frequency | ultrahigh frequency | very high frequency.
hipergólico | hypergolic.
hiperlubricación | over oiling.
hiperón lambda | lambda hyperon.
hiperpresión | heavy pressure | high top pressure.
hipersónico | hypersonic.
hipersustentador | increasing lift | wing flap (airplanes).
hipervoltaje | heavy pressure | hi-voltage | high top pressure | supervoltage | very high tension.
hipoabisal | hypabyssal.
hipoaleado | low-alloy | low-alloyed.
hipoclorito | hypochlorite.
hipoclorito cálcico | bleaching powder.
hipoenergético | low-level.
hipofosfato | hypophosphate.
hipofrecuencia | low frequency | very low frequency.
hiponitrito | hyponitrite.
hiposograma | level diagram (telephony).
hipótesis lineal | linear hypothesis (mathematics).
hipovoltaje | undervoltage.
hipsobarómetro | hypsobarometer.
hipsocromía | hypsochromy.
hipsocromismo | hypsochromism.
hipsografía | hypsography.
hipsógrafo | level recorder.
hipsograma | hypsogram.
hipsometría | hypsometry.
hipsómetro | boiling point barometer | boiling-point thermometer | height measurer | hypsometer | level measuring set.

histeresígrafo | hysterigraph.
histeresímetro | hysteresis meter | hysteresis tester | magnetic tester.
histéresis | hysteresis (electricity).
histéresis dieléctrica | dielectric absortion | dielectric hysteresis.
histéresis eléctrica | electric hysteresis.
histéresis magnética | magnetic lag.
histéresis térmica | temperature interval.
histéresis torsional | torsional hysteresis.
histéresis viscosa | viscous hysteresis.
histograma | bar-graph.
hodógrafo | hodograph.
hogar de fusión | smelting hearth.
hogar interior | internal furnace (boilers).
hoja | pan (gold or silver) | sheet.
hoja de acero | steel blade.
hoja de cálculo | work sheet.
hoja de cizalla | shear blade.
hoja de corte | tear-off blade.
hoja de registro | data sheet.
hoja de sierra | saw blade.
hoja de trabajo | work sheet.
hoja de vidrio | pane.
hoja electrónica | work sheet.
hoja fija | bar knife.
hoja maestra | carrier plate.
hoja magnética | magnetic strate.
hoja metálica | sheet metal.
hojalata | tin sheet | tinned iron | white iron.
hojoso | lamellar (geology).
holgura | allowance.
holgura de la válvula | valve clearance.
hollín | soot.
holocristalino | holocrystalline.
holoedría | holohedry.
holoedrismo | holohedrism.
holoedro | holohedron.
holofoto | holophote.
holografía | holography.
holografía acústica | acoustic holography.
holográfico | holographic.
holograma | hologram.
holograma bajo en ruido | low-noise hologram.
holograma por láser | laser hologram.
holográmico | hologramic.
holómetro | holometer.
holomórfico | holomorphic.
homogeneizar | equalize (to).
homogenización | homogenizing | soaking.
homogenización de la textura | normalizing (metallurgy).
homogenizador | homogenizer.
homogenizar | homogenize (to).

homologar | approve (to).
homopolar | homopolar.
hondonada | gully.
hora | hour.
hora crítica | zero hour.
hora de afluencia | rush hour.
hora de Greenwich | Greenwich civil time | international time | universal time | zebra time.
hora de máxima carga | peak hour (electricity).
hora de poco tráfico | slack traffic hour (telecommunications).
hora media local | local mean time.
hora punta | peak hour.
hora Z | zebra time.
horadar | bore (to) | perforate (to) | tunnel (to).
horadar un túnel | tunnel (to).
horizonte óptico | line of sight.
horizonte pedológico | soil horizon.
horizonte verdadero | rational horizon | real horizon.
horma | form | shape.
hormigón acelular | nonair-entraining concrete.
hormigón aireado | aerated concrete.
hormigón armado | concrete | ferroconcrete | reinforced concrete | steel concrete.
hormigón asfáltico | concrete asphalt.
hormigón celular | aerated concrete | air entrainment cement | air entrainment concrete.
hormigón colado | heaped concrete.
hormigón coloidal | colcrete.
hormigón de asfalto | asphalt concrete.
hormigón de cal | lime concrete.
hormigón en masa | mass concrete | plain concrete | solid concrete.
hormigón fraguado | set concrete.
hormigón no armado | plain concrete.
hormigón ordinario | plain concrete.
hormigón pesado | heavy concrete.
hormigón plástico | plastic concrete.
hormigón ya fraguado | precast concrete.
hormigonado | concreting.
hormigonaje | concreting.
hormigonar | concrete (to).
hormigonera | cement-mixer | concrete mixer | mixer.
hormigonera basculante | tilting mixer.
hormigonera pavimentadora | paving mixer.
hornablenda | hornblende.
hornada | batch | heat.
hornada de acero | melt of steel.
hornada identificable | identifiable batch (metallurgy).
hornear | bake (to) | oven (to).
hornfelsa | hornfels.

hornija I oven-wood.

hornillo I furnace.

horno I furnace I kiln I oven I stove.

horno atómico I atomic furnace.

horno basculante I rocking furnace I rolling furnace I tilting furnace.

horno basculante de arco I rocking arc furnace (electrothermics).

horno caldeado con fueloil I oil-fuel furnace.

horno con caldeo por inducción trabajando en el vacío I vacuum-induction furnace.

horno continuo I walking beam furnace.

horno cubierto I jacket furnace.

horno de afinación I finery furnace I refining furnace.

horno de afino I refiner I refinery I refinery furnace I refining furnace.

horno de aglomeración I agglomerating kiln.

horno de baño de sales I salt-bath furnace.

horno de caja I box-type furnace.

horno de calcinación I calcining furnace I calcining kiln I kiln I roaster I roasting furnace.

horno de calcinar I burning kiln.

horno de calcinar matas I metal calciner (metallurgy).

horno de calcinar minerales I ore calcining furnace.

horno de caldeo por rayos infrarrojos I infrared oven.

horno de campana I hood type furnace I top hat kiln.

horno de carbonización I baking oven (weaving) I carbonizing dryer.

horno de carbonizar I char oven.

horno de cementación I carburizing furnace I hardening furnace.

horno de cementar de mufla I muffle carburizing furnace.

horno de cemento por vía húmeda I wet-process cement kiln.

horno de cinglado I knobbling furnace.

horno de cinglar I shingling furnace.

horno de cocción I baking oven.

horno de cochura I kiln.

horno de combustión I combustion furnace.

horno de copela I muffle I muffle furnace.

horno de copelación I assay furnace.

horno de copelar I cupelling furnace.

horno de copelar plomo I lead cupelling furnace.

horno de coque I coke oven I pit kiln.

horno de crisol I crucible furnace I pothole I skull furnace I pot furnace (glass).

horno de crisol de inducción I induction crucible furnace.

horno de cuba I kiln I shaft furnace.

horno de cuba baja I low-shaft furnace.

horno de cuba para tostación I roasting blast furnace.

horno de desoxidar I scaling furnace I scaling oven.

horno de desoxidar hierro I scaling furnace.

horno de destilación I topping furnace.

horno de electrofusión I electric melting furnace.

horno de electrólisis I electrolysis furnace.

horno de enfriamiento I lehr.

horno de enfriamiento brusco I quenching furnace.

horno de ensayos I assay furnace.

horno de esmaltar I enamel kiln I muffle.

horno de forja I hearth furnace.

horno de fosa caliente I live pit (metallurgy).

horno de fueloil I oil furnace.

horno de fundir plomo I lead smelter.

horno de fusión I casting-furnace I flowing furnace I melting furnace I melting stove I smelter I smelting furnace.

horno de galera I tube furnace.

horno de galería I tunnel furnace.I gallery furnace.

horno de gas I gas-fired furnace I gas-fired kiln.

horno de inducción I induction furnace.

horno de inducción de frecuencias medias I medium frequency induction furnace.

horno de licuación I liquating furnace I liquation hearth.

horno de lupias I bloomer furnace.

horno de maleabilizar I malleableizing furnace.

horno de manga I low-blast furnace.

horno de microondas I microwave oven.

horno de mufla I muffle furnace.

horno de multiconductos I multitunnel kiln.

horno de paso de peregrino I walking beam furnace (metallurgy) I walking-beam kiln.

horno de pudelar I puddler I puddling furnace.

horno de radiación solar I sun-powered furnace.

horno de rayos catódicos I cathode ray furnace.

horno de recalentar I mill furnace (metallurgy) I reheating oven (ingots).

horno de recalentar bandas I strip heating furnace.

horno de recirculación I recirculating furnace.

horno de recuperación I recuperative furnace.

horno de reducción I reducing furnace I scaling furnace I scaling oven.

horno de reducir escorias I slag furnace.

horno de refinar I refinery furnace.

horno de resistencia I resistance furnace.

horno de retorta I retort furnace I retort oven.

horno de reverbero I air furnace I draught-furnace I galley I open-hearth furnace I reverberatory I reverberatory furnace.

horno de revestimiento ácido I acid lined furnace.

horno de sales I pot furnace (metallurgy).

horno de secado de pintura I paint drying oven.

horno de segunda fusión I remelting furnace.

horno de solera I hearth furnace.

horno de solera abierta I open-hearth furnace.

horno de solera sobre rodillo I roller-hearth kiln.

horno de tejas I tile kiln.

horno de templado I tempering-furnace.

horno de templar I hardening furnace.

horno de termodifusión I soaking furnace (metallurgy) I soaking-pit (metallurgy).

horno de tostación I roaster (minerals) I roasting kiln.

horno de tubo I tube furnace.

horno de túnel I tunnel furnace I tunnel kiln I tunnel oven.

horno de vacío I vacuum furnace.

horno de ventilación I air furnace (mining).

horno del cemento I cement kiln.

horno discontinuo I intermittent furnace.

horno eléctrico ácido I acid electric furnace (metallurgy).

horno en túnel I lehr.

horno giratorio I revolving furnace I revolving kiln.

horno Martin-Siemens I open-hearth furnace.

horno multicrisoles I multiple crucible furnace.

horno multigalerías I multitunnel kiln.

horno para baño de sales licuadas I molten-salt bath furnace.

horno para charolar I japanning oven.

horno para desoxidar cobre I poling furnace.

horno para fundir mineral I ore smelting furnace.

horno para lacar I japanning oven.

horno para piritas I desulfurizing furnace.

horno para pudelar chatarra I scrap furnace.

horno para refinar metales preciosos I parting furnace.

horno para tostar cinabrio I mercury furnace.

horno para tostar menas I ore furnace.

horno para tostar mineral I ore roasting furnace I ore roasting oven.

horno para vacuocobresoldar I vacuum-brazing furnace.

horno recuperador I regenerating-furnace.

horno regenerador I regenerating-furnace.

horno rotativo de pudelar I mechanical puddler.

horno rotatorio I rotary furnace I rotary kiln.

horno secador I kiln dryer.

horno solar I solar furnace.

horno tipo foso I pit furnace.

horno vertical de cuba I pit furnace.

horología I horology.

horometría I horology I horometry.

horómetro I horometer.

horquilla I clevis I wye I yoke.

horquilla de articulación I yoke.

horquilla elevadora I fork lift I lifting fork.

horquilla para riel I rail fork.

horst I horst.

horsteno I chert (geology) I hornstone.

horsteno desintegrado I cotton rock.

hueco I cavity I hole I hollow.

huecograbado I gravure I gravure-printing I intaglio printing process I mezzotint.

huecograbado en rotativas I rotogravure.

huelgo I clearance space I play (machines).

huelgo angular I angular play.

huelgo axial I end play I free travel.

huelgo de piezas de máquina I slack.

huelgo del empujaválvula I tappet clearance.

huelgo longitudinal I end play.

huelgo máximo I maximum clearance.

huelgo mínimo I minimum clearance.

huelgo radial I tip clearance.

hulla I coal I hard coal I pit coal.

hulla aglutinada I cake coal.

hulla apizarrada I slate-coal.

hulla de gas I gas coal.

hulla de turba I peat coal.

hulla grasa I bituminous coal I fat coal I rich coal I soft coal.

hulla magra I lean coal.

hulla menuda I nut coal.

hulla pizarrosa I bone coal.

hulla terrosa blanda I mush.

hullera I colliery.

humazo I camouflet (land mine).

humectabilidad I wettability.

humectación I dampening I damping I humectation I humidification I humidifying I moistening.

humectador I dampening unit I humidifier I moistener.

humectador de artesa I pan humidifier.

humectador del aire I air moistener.

humectante I humectant.

humectar I dampen (to) I humidify (to) I moisten (to).

humedad I damp I moisture I wetness.
humedad atmosférica I air humidity.
humedad de aire I air moisture.
humedad específica I moisture content.
humedecer I dampen (to) I humidify (to) I moisten (to) I water (to) I wet (to).
humedecer un contacto I wet down a contact (to) (relays).
humedecimiento I wetting.
húmedo I moist I wet.
humidificación I damping I humidification I humidifying I moistening.
humidificador I damp air blower I humidifier I moistener.
humidificar I humidify (to) I moisten (to) I wet (to).
humidifugacia I moisture resistance.
humidífugo I moisture repellent.
humidímetro I humidity meter I moistmeter I moisture indicator I moisture meter.
humidorresistente I moisture resisting.
humo I fume I smoke.
humus I humus.
hundimiento I cave-in I cover caving I draw I sinkage I sinking.
hundimiento por la acción del agua I washout.
hundir I sink (to).
huracán I hurricane.
husada I cop (weaving) I spinning bobbin.

husillo I arbor (mechanics) I feed screw (lathe) I feed shaft (lathe) I headstock spindle I lead screw (lathe) I leading screw (lathe) I peg I pin I screw I screw spindle I shank I spindle (lathe) I worm.
husillo de avance I feed screw I feed spindle.
husillo de avance longitudinal I longitudinal feed screw.
husillo de avance transversal I surfacing screw.
husillo de bobina I bobbin skewer.
husillo de cilindrar I feed rod (lathe).
husillo de izado I lifting screw (cranes).
husillo de prensa I press screw.
husillo de torno I lathe lead screw.
husillo desplazable I rising stem (valves).
husillo giratorio I live spindle I stud.
husillo móvil I live spindle.
husillo para rectificar interiores I internal grinding spindle.
husillo para tuercas I nut arbor I nut mandrel.
husillo planetario I planetary spindle.
husillo vertical I vertical spindle.
huso I spindle I spinner I winch head.
huso de bobina I spool spindle.
huso de caja I cap spindle.
huso esférico I lune.
huso horario I zone time.
huso ovillador I balling spindle.

I

iceberg I iceberg.
iconómetro I iconometer.
iconoscopio I iconoscope (TV) I orthicon.
ictómetro I counting ratemeter (nucleonics).
ictómetro lineal I linear ratemeter.
ictómetro logarítmico I logarithmic ratemeter.
identificar I identify (to).
identificar por medio de su contenido radiactivo I label (to).
idiohiperoxidación I idiohyperoxidation.
idiohipoxidación I idiohypoxidation.
idioscopio I idioscope.
ígneo I igneous.
ignición I ignition I lighting (engines).
ignición doble I twin ignition.
ignición espontánea I spontaneous ignition (engines).
ignición piezoeléctrica I piezoelectric ignition (combustion engine).
ignición por magneto I magneto ignition (engines).
ignición química I chemical ignition.
ignición retardada I retarded ignition.
ignifugación I fire proofing treatment I fire resistant treatment I fire retardant treatment I fire retardation I fire-retarding.
ignifugar I fireproof (to).
ignífugo I antifire I fire proof I fire resisting I flame-resistant I heat-resisting I nonignitable.
ignisensible I fire-sensitive.
ignitor I igniter I ignitor.
ignitor del estatorreactor I ramjet igniter.
ignitrón I ignitron (electronic tube).
ignitrón hermético I pumpless ignitron.
igualación I leveling.
igualador I leveler I leveller I sound equalizer.
igualador de fase I phase equalizer.
igualador de ganancia I gain equalizer (electronics).
igualador de impulsos I pulse equalizer.
igualador de potencia I power equalizer.
igualador en derivación I parallel equalizer (telegraphy).
igualador en serie I series equalizer (telecommunications).
igualar I flush (to) I level (to) I true up (to).
ilimitado I unlimited.
illinio I illinium.
ilmenio I ilmenium.
ilmenita I ilmenite.
iluminación I illumination I lighting.
iluminación excesiva I overlighting.

iluminación general I base lighting (TV).
iluminación por rayos infrarrojos I infrared illumination.
iluminador I illuminator I luminator.
iluminador del campo óptico I optical field illuminator.
iluminante I illuminant.
iluminar I illuminate (to) I illumine (to) I lamp (to) I light (to) I lighten (to).
iluminómetro I illuminometer.
ilustración I icon I picture.
imadas I launching ways.
imagen I display (TV) I field (TV) I icon I image I picture I video I vision.
imagen cinescópica I kinescope display.
imagen con gradaciones de tono oscuras I low-key picture (TV).
imagen congelada I stop action.
imagen consecutiva I after image.
imagen continua I afterimage (optics).
imagen de dos haces I two beam display (radar).
imagen de estenoscopio I pinhole image.
imagen de potencial I charge image (television).
imagen de puntos blancos I white-dot pattern.
imagen de radar I radar imagen.
imagen de televisión I tele-image I television picture.
imagen de un eco I pip (radar).
imagen débil I soft picture (TV).
imagen desdoblada I judder.
imagen desenfocada I out-of-focus image.
imagen directa I virtual image.
imagen eco I multipath effect.
imagen en negativo I reverse image (photography).
imagen en trapecio I trapezoidal pattern (TV).
imagen en un radariscopio I paint.
imagen especular I mirror image.
imagen espuria I spurious pattern.
imagen estereoscópica I stereopicture.
imagen explorada I scanned image.
imagen falsa I streaking (TV).
imagen fija I still image.
imagen inmóvil I monoscope (TV).
imagen invertida I inverted image I reversed image.
imagen luminosa I light image.
imagen manchada I spottiness.
imagen monocromática I monochromatic picture.

imagen múltiple | multiple image (TV, photography).

imagen negativa | negative image | negative picture | reversed image.

imagen nítida | clean image | sharp image.

imagen no permanente | transient image.

imagen oscura | low-key picture (cinematography).

imagen partida | split image.

imagen patrón | master image (optics) | standard picture (TV).

imagen positiva | positive image.

imagen real | real image (optics).

imagen retenida | stop action.

imagen secundaria negativa | negative after image.

imagen sin contraste | weak picture.

imagen sobre sonido | vision on sound.

imagen sonora | sound image.

imagen televisada | televised picture.

imagen truncada | truncated picture (TV).

imagen virtual | negative image | virtual image.

imágenes | pix (television).

imágenes de neutrones térmicos | thermal neutron images.

imágenes múltiples | travel ghosts (TV).

imágenes superpuestas | fold-over (TV).

imán acorazado | pot magnet.

imán amortiguador | damping magnet.

imán anisotrópico | anisotropic magnet.

imán cerámico | ceramic magnet.

imán compensador | magnetic compensator.

imán corrector | magnet corrector.

imán de convergencia | beam magnet.

imán de fase | phase magnet (communications).

imán de posicionamiento | positioning magnet.

imán giratorio | rotating magnet.

imán inducido | temporary magnet.

imán lamelar | laminated magnet.

imán laminoso | lamellar magnet.

imán natural | loadstone | lodestone | natural magnet.

imán neutralizador de campo | rim magnet.

imán permanente | magnet | permanent magnet.

imán recto | bar magnet.

imanación | magnetism | magnetization.

imanación residual | remanence.

imanado | magnetic.

imanar | magnetize (to).

imanes de centrado | centering magnets.

imantación | magnetization.

imantado a saturación | magnetized to saturation.

imbibición | imbibition | impregnating | impregnation | soaking.

imbibición en ácido | acid soaking.

imbornal | limber hole | scupper (navy).

imida | imide.

impacción | impaction.

impacto | impact | shot (projectile).

impaginación | makeup.

impar | odd | uneven.

impedancia | impedance | virtual resistance (electricity).

impedancia anódica | plate impedance.

impedancia bloqueada | blocked impedance.

impedancia característica | wave impedance.

impedancia cinética | motional impedance (acoustics).

impedancia cinética cargada | loaded motional impedance.

impedancia de altavoz | loudspeaker impedance.

impedancia de antena | aerial empedance.

impedancia de carga | load impedance (electricity) | load resistance.

impedancia de carga anódica | plate load impedance.

impedancia de carga de placa | plate load impedance.

impedancia de entrada | input impedance | sending-end impedance.

impedancia de equilibrio | matching stub.

impedancia de fuente | source impedance (electronics).

impedancia de interacción | interaction impedance.

impedancia de las ramificaciones de la red | network branches impedances.

impedancia de línea | line impedance.

impedancia de onda | wave impedance.

impedancia de radiación | radiation impedance.

impedancia de recubrimiento de cátodo | cathode coating impedance.

impedancia de ruptura | breakdown impedance.

impedancia de sobrevoltaje | surge impedance.

impedancia de transferencia | transfer impedance.

impedancia del cable | cable impedance.

impedancia del circuito | loop impedance.

impedancia del relé | relay impedance.

impedancia dinámica | motional impedance.

impedancia electródica | electrode impedance.

impedancia en circuito abierto | open circuit impedance.

impedancia en cortocircuito I short-circuit impedance.

impedancia en las bornas I terminal impedance.

impedancia en paralelo I shunt impedance.

impedancia en serie I series impedance.

impedancia en serie con la línea I line-series impedance.

impedancia en vacío del transductor I transducer blocked impedance.

impedancia final I terminal impedance.

impedancia impulsiva I surge impedance.

impedancia interna I internal impedance.

impedancia interna de la máquina I machine impedance (electricity).

impedancia interna propia I inherent internal impedance.

impedancia iterativa I iterative impedance.

impedancia libre I normal impedance.

impedancia mocional I motional impedance.

impedancia mutua de onda I mutual surge impedance.

impedancia normalizada I normal impedance.

impedancia propia I self-impedance.

impedancia real I normal impedance.

impedancia reflejada I coupled impedance.

impedancia residual I residual impedance.

impedancia térmica I thermal impedance.

impedancímetro I impedance meter I impedometer I Z-meter I z meter.

impedancímetro acústico I acoustic impedance meter.

impedidor I impeder.

impelente I impellent I plenum (pumps, ventilators).

impeler I deliver (to) (pumps) I propel (to) I thrust (to).

impendancia de dispersión I leak impedance.

imperfección I blemish I flaw.

impermeabilidad I imperviousness.

impermeabilidad al agua I watertightness.

impermeabilización I dampproofing I waterproofing.

impermeabilización integral I integral waterproofing.

impermeabilización por membrana I membrane waterproofing.

impermeabilizar I caulk (to) I waterproof (to).

impermeable I impervious I liquidtight I waterproof.

implantación de iones I ion implantation.

implosión I implosion.

implosionar I implode (to).

implotar I implode (to).

imposición I makeup (typography) I stonework (typography).

imposta I springing (architecture).

impreciso I blurred (photography).

impregnación I impregnating I impregnation I soaking.

impregnación con creosota I tar oil impregnation.

impregnación con una solución I solutioning.

impregnado de óxido férrico I iron-stained.

impregnante I saturant.

impregnar I imbibe (to) I saturate (to) I soak (to).

impregnar con silicio I siliconize (to) (metallurgy).

impregnar con solución I solution (to).

imprenta I press I print I printery.

impresión I impression I indention I keystroke I print I printing I printout I pulling (proofs).

impresión a proyección I projection printing (photogrammetry).

impresión anastática I anastatic printing.

impresión artística I art print.

impresión con planchas I plate printing.

impresión con retícula I screen printing.

impresión de desbaste I blocking impression (forged works).

impresión de la memoria I memory print (computing).

impresión del contenido de la memoria I memory print-out (computing).

impresión digital I digital printing.

impresión en colores I color printing.

impresión en entalle I intaglio printing.

impresión en hueco I intaglio printing.

impresión en huecograbado I intaglio printing.

impresión en matriz I matrix printing.

impresión fotomecánica I photomechanical printing.

impresión fototipográfica I photoprint.

impresión heliográfica I solar print.

impresión offset I offset impression I offset printing.

impresión offset a bobina I web-fed offset.

impresión por agujas I needle printing.

impresión por cliché I stencil printing.

impresión por estilete I needle printing.

impresión por máquina I machining.

impresión por transferencia I offset.

impresión textil I textile printing.

impresión xerográfica I xerographic printing.

impresión xilográfica I wood-block printing.

impreso I printed.

impreso en rotograbado I rotogravure printed.

impresor I printer.

impresor en cinta I tapewriter (telegraph).
impresor xerográfico de datos I xerographic data printer.
impresora de agujas I stylus printer.
impresora de barrilete I barrel printer.
impresora de disco I wheel printer.
impresora de inyección I ink-jet printer.
impresora de líneas I line printer.
impresora de margarita I daisywheel printer (computing).
impresora de matriz de alambre I wire printer.
impresora de páginas I page printer (comput.ing).
impresora de rueda de tipos I wheel printer (computing).
impresora de salida del sistema I system output printer (computing).
impresora en paralelo I parallel printer (computing).
impresora en serie I serial printer.
impresora línea a línea I line at a time printer.
impresora magnética I videoprinter.
impresora matricial I matrix printer.
impresora por caracteres I character printer.
impresora por impacto I impact matrix printer (computing).
impresora por renglones I line printer.
impresora térmica I thermal transfer printer.
impresora xerográfica I xerographic printer.
imprimación I bottom coat I priming.
imprimir I engrave (to) I impress (to) I imprint (to) I print (to) I type (to).
imprimir a máquina I machine-print (to).
imprimir mal I misprint (to).
imprimir un programa I trace (to).
impulsado I powered.
impulsado por motor I motor-propelled.
impulsador I impulse starter.
impulsar I propel (to) I push (to).
impulsión I burst I drive I impulsing I impulsion I push.
impulsión a horquillas I yoke drive (electromotive).
impulsión de láser I laser burst.
impulsión de presión I pressure pulse.
impulsión eléctrica I electric drive.
impulsión por agua I water drive.
impulsión por combustión I thermal thrusting.
impulsión por vaina I quill drive.
impulsión por válvula I valve drive.
impulsión residual I residual pulse (telecommunications).
impulso I impulse I pulse (electricity) I thrust.
impulso activador I trigger pulse.
impulso actuador I firing pulse (electricity).

impulso cíclico I recurrent surge.
impulso de apertura I break pulse.
impulso de arranque I start impulse.
impulso de arrastre I sprocket pulse.
impulso de avance I sprocket pulse (tape).
impulso de bajo voltaje I low-tension pulse (electricity).
impulso de bloqueo I inhibit pulse.
impulso de borrado I reset pulse.
impulso de conmutación I signaling impulse (telephony).
impulso de control de tiempo I trigger timing pulse (radar).
impulso de disco I dial impulse (telecommunications).
impulso de eco I echo pulse.
impulso de emisión I transmission pulse.
impulso de entrada I input pulse.
impulso de fijación I strobe pulse (radar).
impulso de gran intensidad I power pulse (electricity).
impulso de información I information pulse (radar).
impulso de interrogación I interrogation pulse.
impulso de lectura I read pulse (computing).
impulso de llegada I input pulse.
impulso de parada I stop pulse.
impulso de potencia I power impulse I power pulse.
impulso de radar I radar pip.
impulso de radio I radio pulse.
impulso de referencia I strobe.
impulso de reposición I reset pulse.
impulso de RF I RF pulse.
impulso de selección I strobing pulse.
impulso de señal I signal pulse.
impulso de sincronismo I vertical pulse (TV).
impulso de sincronismo de línea I line synchronizing signal.
impulso de sincronización I stroke pulse I synchronization pulse I timing pulse (radar, TV).
impulso de sintonización I tuning pulse.
impulso de sonar I ping.
impulso de supresión I suppression pulse (radar).
impulso de teletipo I mark impulse.
impulso de test I interrogating pulse.
impulso de voltaje I voltage impulse I voltage pulse.
impulso directo I direct impulse (telecommunications).
impulso eléctrico I electric impulse.
impulso electrónico I electronic pulse.
impulso identificador I marker pip.

impulso imanante I magnetizing pulse.

impulso iniciador I main bang (radar).

impulso interferente I interference pulse.

impulso inverso I revertive impulse (telecommunications).

impulso lasérico I laser pulse.

impulso lasérico incidente I incident laser pulse.

impulso luminoso I light pulse.

impulso maestro de sincronización I master synchronization pulse.

impulso marcador I marker pulse (telecommunications).

impulso mecánico I mechanical drive.

impulso negativo I negative-going pulse.

impulso oscilatorio I oscillatory surge.

impulso para consulta I interrogating pulse.

impulso parásito I interference pulse I spurious pulse.

impulso patrón I standard pulse (electronics).

impulso positivo I positive-going pulse.

impulso principal de sincronización I master synchronization pulse.

impulso radar I radar pulse.

impulso radioeléctrico I radio pulse.

impulso rectangular I square pulse.

impulso rectangular de voltaje I rectangular voltage pulse.

impulso residual I residual impulse (telecommunications).

impulso selector I selector pulse.

impulso sincronizador de línea   I   line synchronizing impulse.

impulso sincronizante I time control pulse.

impulso sonárico I sonar pulse.

impulso telegráfico I telegraph pulse.

impulso temporizado I timed pulse.

impulso triangular I triangular pulse (electronics).

impulso único I single pulse.

impulso unitario I step function (servosystem).

impulsor I impulser (electricity) I propeller I tappet I tractor.

impulsor de cinta I ribbon driver.

impulsor de flujo mixto I mixed flow impeller (centrifugal pumps).

impulsor iniciador I trigger pulse.

impulsos activadores I trigger points I triggering pulses.

impulsos de imagen invertidos I inverted field pulses I inverted frame pulses.

impulsos de línea I line impulses.

impulsos de llamada I ringing impulses.

impulsos de rayos gamma I gamma-pulses.

impulsos de ruidos I key click.

impulsos normalizados I standardized pulses (electronics).

impulsos radáricos interrogantes I interrogating radar pulses.

impulsos radáricos lineales I line-type radar impulses.

inacabado I unfinished.

inactivación I inactivation I lock I quiescing.

inactivado I unoperated.

inactivar I inactivate (to) I quiet (to) I sterilize (to) (explosive mine).

inactividad I idleness I inertness I paralysis (machines).

inactivo I dead I deenergized I dormant I idle I inactive I off I quiescent I sterile (explosive mine).

inaislado I uninsulated.

inalámbrico I wireless.

inastillable I shatterproof.

inatascable I jamproof.

inaudible I unaudible.

incandescencia residual I afterglow.

incandescente I incandescent.

incendiar I fire (to).

incendio I fire.

INCERFA I INCERFA (uncertainty phase in aviation).

incidencia nula I zero angle of yaw.

incidencia vertical I vertical incidence (radio).

incineración I ashing I ignition I incineration.

incinerador I incinerator.

incinerar I ash (to) I incinerate (to).

incipiente I incipient.

incisión I cut I notch I scoring.

inclinable I tiltable.

inclinación I bending I hang I inclination I pitch I pitching I plunge I rake I rise I skew I slant I slope I taper I tilt I tilting I underlay.

inclinación de la cámara para lograr efectos escénicos I tilt shot (TV).

inclinación de la hélice I pitch of coil.

inclinación lateral I heeling.

inclinación longitudinal I pan up (camera).

inclinación magnética I magnetic dip I magnetic inclination.

inclinado I tapered.

inclinar I cant (to) I pitch (to) I slant (to) I slope (to) I tilt (to) I tip (to).

inclinarse lateralmente I tilt (to) (airplanes).

inclinómetro I dip meter I dipmeter (drillings) I inclination compass I tiltmeter.

inclinómetro de bola I ball bank indicator.

inclusión I inclusion.

inclusión de procesos I nesting (computing).

incoloro I colorless.

incombustibilidad I incombustibility.
incombustibilizar I fireproof (to).
incombustible I apyrous I asbestine I fire proof I flame-resistant I flameproof I incombustible I nonignitable.
inconcluso I unfinished.
incongelable I frostproof.
inconsistente I loose.
inconstancia de las frecuencias I mode shift (magnetron).
incorporar I admix (to).
incorrosible I incorrodible I noncorrodible.
incremental I incremental.
incremento lineal I linear increase (reactivity).
incrustación I incrustation I inlay I scale (boilers).
incrustante I scale producing.
incrustar I imbed (to).
indeformable I nonshrinking (metallurgy).
indentación I indentation I indention.
indentación cónica I tapered indentation.
indentación por martillado I peening mark (welding).
indentador de bola I ball indenter.
indentar I mar (to).
indexómetro I indexometer (refraction).
indiado I indium-plated.
indiar I indium-plate (to).
indicación cero I null reading.
indicación de polaridad I terminal marking (cells).
indicación óptica automática I optical automatic ranging (O.A.R.).
indicador I dial I dial pointer I flag I gauge I indicator I locator I marker I monitor I pointer I telltale I tracer.
indicador acústico I ringing set (radio).
indicador automático de rumbo I offset-course computer.
indicador azimutal automático I omnibearing indicator (radar).
indicador catódico I magic eye.
indicador de ángulo de despegue I takeoff angle indicator.
indicador de apertura I travel indicator (valves).
indicador de avances I feed indicator.
indicador de averías I trouble indicator.
indicador de cabeceo I pitch indicator.
indicador de canal I channel indicator.
indicador de carga I charge indicator.
indicador de cero I null indicator I null instrument I null meter.
indicador de corriente cero I null detector.
indicador de deriva I deviation indicator.

indicador de descenso de la carga I stockline gage (blast furnaces).
indicador de desviación I deviation indicator.
indicador de dirección I direction finder I direction indicator.
indicador de dirección por láser I laser-addressed display.
indicador de distancias I range indicator I range-dial (artillery).
indicador de envolvente de RF I RF envelope indicator.
indicador de exploración I scan pointer (computing).
indicador de frecuencia nula I null-frequency indicator.
indicador de fugas I leakage indicator.
indicador de fugas de aceite I oil-leak detector.
indicador de haz catódico I electron-beam indicator.
indicador de huelgos I play indicator.
indicador de inclinación I inclination gage.
indicador de intensidad de haz neutrónico I neutron-beam intensity indicator.
indicador de intermitencia I winking indicator.
indicador de interrupción de circuito I power off indicator (electricity).
indicador de luces de navegación I navigating lights indicator (ships).
indicador de medidas de varios fenómenos I logger.
indicador de momentos I moment indicator.
indicador de nivel I level gage I level indicator I tank gage I water glass.
indicador de nivel de aceite I oil quantity indicator.
indicador de nivel de gasolina I petrol gage.
indicador de nivel magnético I magnetic level indicator.
indicador de número de Mach y velocidad con relación al aire I Mach airspeed indicator.
indicador de pérdida de carga I loss-of-head gage.
indicador de pérdidas a tierra I leak detector I fault detector (electricity).
indicador de planeo I flight path recorder.
indicador de porcentaje I ratio gage.
indicador de posición I attitude indicator (airships) I position indicator I position-finder.
indicador de presión I pressure indicator.
indicador de presión de aceite I oil pressure gage.
indicador de presiones I load cell (electricity).

indicador de profundidad del avance | feed depth dial.

indicador de puntería azimutal | training indicator.

indicador de radar | radar indicator.

indicador de radiofrecuencia | r.f. indicator.

indicador de relación | ratio gage.

indicador de RF | RF indicator.

indicador de sincronismo | synchronism indicator.

indicador de sintonía | tuning eye | tuning meter.

indicador de temperatura | temperature indicator meter (implements).

indicador de tensión | voltage detector | voltage indicator.

indicador de tolerancias | limit bridge | limit indicator.

indicador de vacío | pressure vacuum gage.

indicador de velocidad | log (ships) | motion indicator | speedometer.

indicador de velocidad supersónica | machmeter.

indicador del nivel de agua | water gage | water gauge.

indicador del nivel de grabación | recording level indicator.

indicador del nivel de potencia | output meter.

indicador luminoso | light pencil.

indicador luminoso de dirección del viento | lighted wind indicator.

indicador luminoso en T de dirección del viento | lighted wind-tee (airports).

indicador óptico de sintonización | magic eye.

indicador para la medida del pH | pH indicator.

indicador principal de posición en el plano | master plan position indicator (radar).

indicador radiactivo | radioactive gauge | tracer element.

indicador radio magnético | radio magnetic indicator (radionavigation).

indicador sobre tolerancias | limit comparator.

indicador verificador de lectura-escritura | read write check indicator (computing).

indicador visual | visual indicator.

indicador visual de nivel | sight gage.

indicador visual del flujo | visual flow indicator.

indicar | mark (to).

indicar sobre un plano | mark on a map (to).

indicar velocidad y rumbo | vector (to).

indicativo de llamada local | voice call sign (communications).

índice | index (mathematics) | index chart (nautics).

índice cromático | color index.

índice de acetilo | acetyl value (chemistry).

índice de acidez | acid number | acidity value | pH value.

índice de actividad solar | solar index.

índice de ajuste | adjuster point.

índice de arrastre | pulling figure.

índice de cetano | c.n. (cetane number).

índice de compresión | compression ratio.

índice de detonación | knock rating.

índice de directividad | directivity index.

índice de exposición | printing index (photography).

índice de fisión lenta | neutron yield per absorption.

índice de humedad | moisture index.

índice de limpieza | inclusion count (metallurgy).

índice de maquinabilidad | machinability index (metallurgy).

índice de mercurio | mercury number.

índice de modulación | modulation index.

índice de octano | octane number | performance number.

índice de paralaje X | X-parallax index.

índice de peróxido | peroxide value (analytic chemistry).

índice de plasticidad | plasticity index.

índice de pulsación | pulse number.

índice de radiactividad | level of radioactivity.

índice de refracción | refraction index (optics) | refractive index.

índice de refracción radioeléctrico | radio refractive index.

índice de regulación | setting index.

índice de sobrecarga | overcurrent factor.

índice de viscosidad | viscosity index.

índice de visibilidad | visibility index.

índice de yodo | iodine number | iodine value.

índice pluvial | rainfall index.

índice ponderado | weighted index.

indicio | trace (chemistry).

indiscopio | indiscope.

indistorsionado | undistorted.

indización automática | machine indexing.

inducción crítica | critical induction.

inducción de saturación | saturation induction.

inducción electrostática | static induction (electricity).

inducción magnética | magnetoinduction.

inducción normal | normal induction (magnetism).
inducción remanente | residual induction.
inducción residual | residual induction.
induccional | inductional.
inducido | armature.
inducido de anillo | ring armature.
inducido de estator | stator armature.
inducido de polos interiores | internal pole armature.
inducido dentado | punchable armature (electricity) | slotted armature (electricity).
inducido en circuito abierto | open circuit armature.
inducido en cortocircuito | squirrel cage armature.
inducido fresado | milled armature.
inducido por bombardeo neutrónico | neutron-induced.
inducido por impurezas | impurity-induced (metallurgy).
inducido por la fatiga | fatigue-induced (metallurgy).
inducido por onda de choque | shock-induced.
inductancia | electrical inertia | inductance.
inductancia con tomas intermedias | tapped inductance.
inductancia crítica | critical inductance.
inductancia de ánodo | anode reactor.
inductancia de arco | whistle box.
inductancia de dispersión | leakage inductance.
inductancia de escape | leakage inductance.
inductancia de fuga | leakage inductance.
inductancia de saturación | saturation inductance.
inductancia de sintonización | syntonizing inductance.
inductancia localizada | concentrated inductance.
inductancia parásita | interfering inductance.
inductancia propia | natural inductance.
inductancia protectora para sobretensiones | line cloking coil.
inductancia unitaria | inductance per unit length.
inductancímetro | inductance meter | L-meter.
indúctil | inductile.
inductilidad | inductibility.
inductímetro | inductimeter | inductometer.
inductivo | inductive.
inductor | exciter | inductor | primary (electricity).
inductor de tierra | earth coil.
inductor regulable | variometer.

inductor variable | variable inductor.
inductosintonizador | inductuner.
inductosoldar | induction-weld (to).
inductotermia | induction heating.
indurar | indurate (to).
industria de fundición | iron works (siderurgy).
industria minera | mining.
industrial | technical.
inelasticidad | inelasticity.
inencogible | nonshrinking.
inercia | inertia.
inercia eléctrica | electric inertia.
inercia química | chemical-inertia.
inercia térmica | temperature delay | temperature lag | thermal lag.
inerte | actionless | idle | indifferent | inert | noble.
inertidad | inertness.
inertizar | inert (to).
inestabilidad de la base de tiempos | jitter.
inestabilidad de la imagen | jitter (cathodic rays tube).
inestabilidad de sincronismo | image hunting.
inestabilidad del efecto de torsión | wriggle instability (nucleonics).
inestabilidad del sistema | system instability.
inestabilidad horizontal de la imagen | jitter (TV).
inestabilidad plástica a la tracción | tensile plastic instability.
inestabilidad rotacional | whirl.
inestabilidad térmica | thermal runaway.
inestable | bumpy (atmosphere) | labile | nonsteady | unstable.
inexacto | incorrect.
infiltración | infiltration | leak | seepage.
infiltrar | infiltrate (to).
infiltrómetro | infiltrometer.
infinitesimal | infinitesimal.
infinitésimo | infinitesimal.
infinitrón | infinitron (microelectronics).
inflable | inflatable.
inflamabilidad | flammability | ignitability.
inflamable | flammable | ignitable.
inflamador | ignitor.
inflamar | blaze (to) | ignite (to).
inflexión | bend | bending | change of direction (curves) | contraflexure (girders) | curvature | inflexion | jog (curves).
influencia | influence.
infografía | infography.
información | data | information | knowledge.
información de base | source data.

información de reconocimiento por láser I laser reconnaissance imagery.

información meteorológica I weather report.

información que no debe ser tratada I nondata information (computing).

informática I computer science I informatics.

informática de gestión I administrative data processing I business data processing.

informatización I informatization.

informatizar I computerize (to) I informatize (to).

informe I report.

informe pluviométrico I rainfall report.

infraacústica I infrasonics.

infraacústico I infraacoustic I infrasonic.

infraaudible I infraaudible.

infracturable I shatterproof.

infradino I infradyne.

infraestructura I framework I underframe.

infraluminiscencia I infraluminescence.

infrarrojo I infrared I ultrared.

infrarrojo lejano I far-infrared.

infrarrojo próximo I near infrared.

infrasónica I infrasonics.

infrasónico I infrasonic I subaudio.

infrasonido I infrasonic sound I infrasound.

ingeniería I engineering I engineership.

ingeniería aeronáutica I aircraft engineering.

ingeniería agrícola I agricultural engineering.

ingeniería de estructuras I structural engineering.

ingeniería de iluminación I illuminating engineering.

ingeniería de las telecomunicaciones I telecommunication engineering.

ingeniería de sistemas I system engineering (computing).

ingeniería forestal I forestry.

ingenio guiado por haz de láser I laser-guided weapon.

inglete I mitre (G.B.) I miter.

ingleteadora I mitering machine.

ingletear I miter (to).

ingrávido I gravity free.

ingrediente I constituent.

ingresión I ingress (astronomy).

inherente I inherent.

inhibición I inhibition.

inhibidor I inhibitor.

inhibidor catódico I cathode inhibitor.

inhibidor de la corrosión ácida I acid inhibitor.

inhibidor de oxidación I oxidation inhibitor.

inhibir I inhibit (to).

iniciación I lock-on.

iniciación de comunicación I log on.

iniciación de seguimiento de radar I lock-on.

iniciación del sondeo I spudding.

iniciador I initiator.

iniciar I induce (to) (reactions, explosions).

iniciar el registro I log-on (to).

iniciar la comunicación I log-on (to).

iniciar una serie de comunicaciones I log on (to).

inicio I start.

inicio de programa I bootstrap.

inicio de salto I skip start (computing).

inicio del impulso I pulse start.

inidentificado I unidentified.

ininflamable I nonflammable.

injerto I junction piece.

injerto en Y I wye (pipes).

inmediato I near.

inmergir I plunge (to).

inmergir en caliente I hot-dip (to).

inmersibilidad I immersibility.

inmersión I diving (submarines) I immergence I immersion I plunge I submergence I submersion.

inmersión cáustica I caustic dip.

inmersión en baño de metal licuado I molten-metal-bath immersion.

inmersión periscópica I periscope depth.

inmiscibilidad I immiscibility.

inmiscible I immiscible.

inmodulado I unmodulated.

inmóvil I immobile I motionless I still.

inmovilización I hang-up I locking.

inmovilizado I locked.

inmovilizador de tuerca I nut lock.

inmovilizar I lock (to) I safety (to).

inmunoquímica I chemoimmunity.

inoculación I inoculation.

inoculante I inoculant.

inocular I inoculate (to).

inosilicato I inosilicate.

inoxidable I corrosion-resisting I incorrodible I noncorrodible I nonscaling (steel surface) I stainless.

insaturado I unsaturated.

inscripción de las interrupciones I interrupt logging.

inscriptor I inscriber.

inserción I inset I running-in.

inserción de bits I bit stuffing (computing).

inserción de imagen I chromakey.

inserción en órbita lunar I lunar orbit insertion.

insertador I inserter.

insertar I cue (to) I fill in (to).

inserto de carburo I carbide insert.

inserto para el troquel | die insert.
insolubilización | insolubilization.
insolubilizar | insolubilize (to).
insonoridad | insonority.
insonorización | acoustic treatment | deadening | desonorization | insonorization | noise damping | noise quieting | sound damping | sound deadening | sound insulation | sound proofing | sound-resisting | soundproofing | noise abatement.
insonorizado | noiseless | sound-proofed.
insonorizador | deadener | deafener | noise killer | sound deadener.
insonorizar | dampen (to) | soundproof (to).
insonoro | insonorous | noiseless | noiseproof | sound proof | soundproof.
inspección | survey.
inspección por partículas magnéticas | magnetoscopy.
inspeccionar | search (to).
inspectoscopio | inspectoscope (optics).
instalación | equipping | erecting | erection | facility | laying-on (water, light) | mounting | plant | setting | setup | system | wiring (electricity).
instalación aérea | overhead equipment.
instalación de alumbrado | plant.
instalación de enclavamiento | interlocking plant.
instalación de energía solar | solar power plant.
instalación de ensayos | pilot plant.
instalación de galvanización | plating plant.
instalación de hilos desnudos | open wiring.
instalación de las tuberías de gas | carcassing (construction).
instalación de relés | relaying.
instalación de toma de agua y desagüe | water supply and drainage.
instalación de tubería | pipelaying.
instalación eléctrica | electric plant | wiring.
instalación experimental | pilot plant.
instalación frigorífica | refrigerating plant | refrigerating system.
instalación motriz | powerplant.
instalación oculta | concealed wiring (electricity).
instalación para elaboración de menas de plomo | lead-ore processing plant.
instalación suministradora de energía | powerhouse.
instalación telegráfica | telegraph set.
instalación terminal | terminal installation (telecommunications).
instalación transportable de energía nuclear | mobile nuclear power plant.

instalación visible | open wiring.
instalado en tierra | land-based.
instalar | erect (to) | fix (to) | lay on (to) (water, light) | mount (to) | site (to).
instalar máquinas herramientas | tool (to).
instantánea | instantaneous exposure (photography) | snapshot (photography).
instantáneo | instantaneous.
instrucción | instruction | statement (computing).
instrucción de bifurcación | jump instruction.
instrucción de dirección cero | zero-address instruction.
instrucción de dirección nula | zero-address instruction.
instrucción de dirección única | one-address instruction (computing).
instrucción de parada opcional | optional stop instruction.
instrucción de pausa optativa | optional pause instruction (program).
instrucción de retorno | return jump (computing).
instrucción de salto | jump instruction (computing).
instrucción de tres direcciones | three address instruction (computing).
instrucción lógica | logical instruction.
instrucciones de entrada | input instructions.
instrumentación para medir irradiaciones | radiation instrumentation.
instrumental | instrument kit.
instrumentar | instrument (to) | instrumentalize (to).
instrumento | instrument.
instrumento de cronometraje | timing instrument.
instrumento de láser | laser device.
instrumento de medida polarizado | polarized meter.
instrumento de precisión | precision instrument.
instrumento endoscópico | internal viewing instrument.
instrumento medidor de gama amplia | multirange measuring instrument.
instrumento óptico de medida | optical measuring instrument.
instrumento para medidas interiores | internal measuring instrument.
instrumento para varias medidas simultáneas | multiple measuring instrument.
instrumentos para conexiones arrolladas | wire-wrapping tools.
insuflado con oxígeno | oxygen-blasted.

integración de impulsos I pulse integration.
integración vídeo I video integration.
integrador I integrating.
integrador del flujo luminoso I lumen integrator.
integral I integral.
integral de resonancia I resonance integral.
integrante I integrating.
integrímetro I integrimeter.
inteligencia artificial I artificial intelligence.
intemporizado I weathered.
intensidad I loudness (sound) I quantity (electricity) I strength.
intensidad acústica I loudness.
intensidad constante I constant current (electricity).
intensidad de antena I antenna current.
intensidad de arranque en vacío I no load starting current (electricity).
intensidad de campo de radio I radio field intensity.
intensidad de desexcitación I dropout current.
intensidad de ionización I ionization level.
intensidad de la portadora I strength of carrier (radio).
intensidad de ruido I noise grade.
intensidad del campo magnético I magnetic field intensity.
intensidad iónica I ionic strength.
intensidad lumínica I candle power.
intensidad luminosa I candle power brilliancy I light intensity.
intensidad luminosa en lúmenes I lumen output.
intensidad luminosa esférica media I mean spherical candlepower.
intensidad luminosa media I mean candlepower.
intensidad máxima de desconexión I interrupting capacity.
intensidad máxima de señal I maximal signal strength.
intensidad mínima de excitación I pickup current (relays).
intensidad relativa de dispersión I relative scatter intensity (optics).
intensidad remanente I residual intensity (nuclear energy).
intensificación de la imagen latente I latensification (photography).
intensificador I enhancer I intensifier.
intensificador de imagen I photomultiplier tube.
intensificar I intensify (to).
intensímetro I intensimeter.
intensímetro lineal I linear ratemeter.

intensitómetro I intensitometer.
interacción I interacting I interaction.
interacción binaria I binary reaction.
interacción entre estructuras líquidas I liquid-structure interaction.
interbanda I interband.
interbloque I interblock.
interbloquear I interblock (to) I interlock (to).
interbloqueo I interlock I interlocking.
intercalación I intercalation I interlacing I interlayer (geology) I interleaving I merge I sandwiching I scud (clay, pyrite).
intercalación de impulsos I pulse interleaving.
intercalación lenticular I interlensing.
intercalado I interbedded (geology).
intercaladora I collator.
intercalar I collate (to) I cut in (to) I interleave (to) I interpolate (to) (geology) I loop in (to) (circuit).
intercalar en operaciones simultáneas I interleave (to).
intercambiable I interchangeable.
intercambiador I interchanger.
intercambiador de calor I reboiler.
intercambiador de calor primario I primary heat exchanger.
intercambiador de temperatura I thermic exchanger.
intercambiar I interchange (to) I swap (to).
intercambio I interchange I swap.
intercambio de cationes I base exchange.
intercambio de iones I ion exchange.
intercambio de memorias I swapping.
intercelular I intercellular.
intercepción I interception.
intercepción radárica I radar interception.
interceptación I intercept.
interceptación de radiomensajes I radio intercept.
interceptador I interceptor.
interceptar I break (to) I intercept (to) I shut off (to).
intercomunicación I intercommunication.
intercomunicador I intercom I interphone.
intercomunicador de mensajes I message exchange.
interconectado I interconnected.
interconectador I interconnector.
interconectar I cross-connect (to) I interconnect (to) I interwork (to).
interconexión I hookup I interconnecting I interconnection I interface I interlocking I intertie I interworking (telecommunications) I network (electricity) I patching I switching I tieline (electricity).

interconexión de sistemas abiertos | open systems interconnection.
interconexión eléctrica | electric interconnection.
interconexión en frecuencia vocal | back-to-back connection (telecommunications).
interconexión progresiva | progressive interconnection (telecommunications).
intercostal | intercostal.
intercristalino | intergranular (metals).
interdendrítico | interdendritic.
interdependencia entre disyuntores de una línea | intertripping.
interdifusión | interdiffusion.
interdigital | interdigital.
interelectrodo | interelectrode.
interenfriador | intercooler.
interestelar | interstellar.
interestratificación | interbedding | interlayer | interleaving.
interestratificado | interband | interbedded.
interestratificar | interlay (to) | interleave (to).
interfaceta | interface (metalography).
interfacial | interfacial.
interfase | interface (chemistry) | interphase.
interfase de control modular | interface control module.
interfase de terminación | termination interface (computing).
interfase en lenguaje natural | natural language interface (computing).
interfaz | interface.
interfaz de entrada-salida | i/o interface.
interfaz estándar | standard interface.
interfaz para dispositivos periféricos | peripheral interface adapter (computing).
interfaz paralelo | parallel interface (computing).
interferencia | acoustic jamming | blanketing (radio) | blanking (radio) | interference | jam (radio) | jamming | monkey chatter (radio apparatus) | noise | spoofing | squealing.
interferencia accidental | accidental jamming.
interferencia admisible | permissible interference.
interferencia atmosférica | sferics (radio).
interferencia de avión | aeroplane flutter (TV).
interferencia de exploración | sweep interference (television).
interferencia de gran intensidad | wipeout.
interferencia de haz múltiple | multiple beam interference.
interferencia de intermodulación | intermodulation interference.

interferencia de modulación cruzada | monkey chatter.
interferencia de onda senoidal modulada | sine-wave modulated jamming.
interferencia de radar | jamming of radar.
interferencia de radio | radio interference.
interferencia de radioemisora | radio station interference.
interferencia de radio frecuencia | radio-frequency interference.
interferencia de ruido modulado | noise-modulated jamming.
interferencia del canal adyacente | monkey chatter (TV).
interferencia entre distintos servicios | interference between services (radiocommunications).
interferencia heterodina | C.W. interference | interfering heterodyne.
interferencia intencionada | jamming (radar, radio).
interferencia lenta | slow crosstalk (circuit).
interferencia múltiple | babble.
interferencia pasiva | passive jamming.
interferencia por barrido | sweep jamming.
interferencia radar | radar jamming.
interferencia selectiva | selective jamming (radar).
interferente | interfering.
interferidor por ruido | noise jammer (electronics).
interferir | jam (to) (radio).
interferograma | interferogram.
interferometría | interferometry (optics).
interferométrico | interferometric.
interferómetro | interferometer.
interferómetro acústico | acoustic interferometer.
interferómetro calibrador | gage interferometer.
interferómetro de máser | maser interferometer.
interferómetro lasérico | laser interferometer.
interferómetro para pruebas de lentes | lens interferometer.
interferoscopio | interferoscope.
interfonía | interphony.
interfono | intercom | interphone | private-address system.
interfono de órdenes | talkback.
intergaláctico | intergalactic.
intergranular | intergranular.
interior | inner | internal | inward.
interior de la cuba | inwall (blast furnaces).
interior liso | smooth bore (rolls).

interlamelar I interlamellar.

interlaminar I interlamellar.

interlínea I line space I pitch-row I white line (typography).

interlinear I space (to).

intermareal I intertidal.

intermedio I intermediate I interstage.

intermitente I erratic I intermittent I nonsteady.

intermodulación I cross talk (radio) I cross-modulation I intermodulation.

intermodulación ionosférica I ionospheric cross-modulation.

intermotratable I nonheat-treatable.

interno I inner I internal.

interpenetración I interpenetration.

interplanetario I interplanetary.

interpolación I interpolating I interpolation I sandwiching.

interpolación lineal I linear interpolation.

interpolar I interleave (to) I interpolar I interpolate (to).

interpolo I interpole.

interportadora I intercarrier.

interposición I sandwiching.

interpretación I interpretation.

interrecalentador I interheater.

interrogación I interrogation I polling (electric line).

interrogador I interrogator (radar).

interrogador-respondedor I interrogator-responsor.

interrogar I interrogate (to).

interrumpir I break (to) I break in (to) (communications) I break off (to) I interrupt (to) I mar (to).

interrupción I arrest I breaking I stoppage I stopping I tripping.

interrupción de banda I band-break.

interrupción de comunicaciones I blackout I communications blackout.

interrupción de la carga I load-shedding.

interrupción de la corriente I line outage I shutdown I tripout.

interrupción de la radiopropagación I radio blackout.

interrupción de urgencia I scram.

interrupción del servicio I breakdown I outage (electricity).

interruptor I break switch I breaker I circuit breaker I cutout I interrupter I mean of insulation (electric line) I on-off I switch (electricity) I switch cutout (electricity) I switcher.

interruptor aislador I isolating switch.

interruptor al vacío I vacuum switch.

interruptor anticapacitivo I anticapacitance switch.

interruptor automático I contactor (electricity).

interruptor automático de mínima I no load cutout.

interruptor automático de reglaje I timer.

interruptor automático de sobrecarga I overload switch (electrotecnics).

interruptor automático para sobrevelocidad I overspeed switch (electromotor).

interruptor automático por caída de voltaje I pressure switch.

interruptor auxiliar I booster switch.

interruptor basculante I toggle switch.

interruptor blindado I metalclad switchgear.

interruptor cíclico I gating switch.

interruptor colgante I pendant switch.

interruptor con reconexión automática I recloser.

interruptor de acción simultánea de las cuchillas I linked switch.

interruptor de aire comprimido I pneumatic switch.

interruptor de alumbrado I light switch I lighting-switch.

interruptor de alumbrado bidireccional I landing-switch.

interruptor de arranque I starting-switch I switch starter (electricity).

interruptor de cambio I change-over switch.

interruptor de chorro de mercurio I jet interrupter.

interruptor de circuito de C A I A.C. circuit breaker.

interruptor de contacto I contact breaker I tap switch.

interruptor de contacto de cuchilla I knife-contact switch.

interruptor de contacto sin cortocircuito I non shorting contact switch.

interruptor de cordón I pull switch.

interruptor de cortocircuito I short-circuiting switch.

interruptor de cuchilla I knife-switch.

interruptor de desconexión brusca I jumping switch (electricity).

interruptor de desconexión extrarrápida I snap switch.

interruptor de dos vías I throw-out switch.

interruptor de enclavamiento I interlock switch.

interruptor de ferrita I ferrite switch.

interruptor de fin de carrera I limit switch.

interruptor de fusible en baño de aceite | oil-fuse cutout.

interruptor de impulsos | impulse circuit breaker.

interruptor de la batería | battery switch.

interruptor de leva | cam actuator.

interruptor de línea | line switch.

interruptor de luz | light chopper.

interruptor de máxima | maximum circuit breaker | maxirruptor (electricity) | overcurrent circuit breaker | overload cutout.

interruptor de mercurio | mercury break switch | mercury switch.

interruptor de mínima | minimum circuit breaker | minirruptor (electricity) | no load circuit breaker | no load release | underload interruptor.

interruptor de palanca | knife-switch | lever switch | lever tumbler (electricity) | toggle switch.

interruptor de palanca rotativa | dial switch.

interruptor de panel | panel switch.

interruptor de parada | landing-switch (elevators).

interruptor de pared | wall switch (electricity).

interruptor de pedal | toe switch.

interruptor de perforadora | punch switch.

interruptor de posición | position switch.

interruptor de poste | pillar switch.

interruptor de potencial | potential switch.

interruptor de presión | press switch.

interruptor de puesta a tierra | earthing switch.

interruptor de puesta en marcha | on-off switch.

interruptor de pulsador | push-button switch.

interruptor de reconexión | reclosing breaker.

interruptor de red | mains switch | on-off switch.

interruptor de resorte | snap switch (electricity) | spring switch (electricity).

interruptor de retardo | time delay switch.

interruptor de ruptura brusca | quick-break switch | snap switch.

interruptor de ruptura lenta | slow-break switch.

interruptor de seguridad | limit switch (electricity) | safety switch.

interruptor de selección | selection switch.

interruptor de servicio | service switch.

interruptor de sobrepaso | bypass switch.

interruptor de tambor | drum switch.

interruptor de tensión cero | zero-voltage switch.

interruptor de tiempos | time switch.

interruptor de transferencia de carga | load transfer switch.

interruptor de tres polos | three pole switch.

interruptor de triple acción | three-way switch.

interruptor de umbral | threshold switch.

interruptor de vía única | single-throw switch.

interruptor del haz luminoso | light chopper.

interruptor del motor | motor-switch.

interruptor distribuidor | make-and-break.

interruptor disyuntor | break-circuit.

interruptor eléctrico | electric cutout.

interruptor electromagnético | electromagnetic switch.

interruptor electrónico | electronic switch.

interruptor en aceite | oil circuit-breaker.

interruptor en baño de aceite | oil-break switch.

interruptor en derivación | shunt switch.

interruptor general | major switch | master switch | power switch | service switch.

interruptor giratorio | turn switch.

interruptor interior | wiring switch.

interruptor intermitente | ticker.

interruptor inversor | reversing-switch.

interruptor inyector | injector switch.

interruptor limitador | limiting switch.

interruptor maestro | master switch.

interruptor magnético | magnetic circuit breaker.

interruptor magnético bipolar | two-pole magnetic switch (electricity).

interruptor magnético de martillo | magnetic hammer-break.

interruptor múltiple | deck switch | multiple switch.

interruptor multipolar | multipole switch.

interruptor oscilante | rocker switch.

interruptor por aceite | oil switch.

interruptor principal | main switch | major switch | master switch.

interruptor pulsador | push buttom switch.

interruptor rápido | quick switch.

interruptor silenciador | muting switch.

interruptor sincronizador | synchronizing switch.

interruptor temporizado | stepping switch | time-delayed switch.

interruptor térmico | thermoswitch.

interruptor TR | T.R. switch.

interruptor unipolar | single-break switch | single-pole switch | single-throw switch.

interruptor unipolar de bajo voltaje | tumbler switch.

interruptores acoplados | gang switch.

interruptor-fusible de expulsión I expulsion fuse-switch.

intersección I intersection.

intersección de un filón inclinado con un plano horizontal I strike.

intersección lógica I AND operation.

intersectado I interlacing (architecture) I intersecting (architecture).

intersectar I intersect (to).

intersector I intersector.

intertipo I linograph (printing).

interurbano I intercity I intertoll (telephony).

intervalo I elapsed time I gap I interval I step.

intervalo crítico I critical range I transformation range (metallurgy).

intervalo de activación I turn-on time (electronics).

intervalo de impulsos I pulse spacing.

intervalo de manipulación I spacing interval (telegraphy).

intervalo de pH I pH differential (volumetric analysis).

intervalo de potencia I power range.

intervalo de reposo I relief period (telephony) I spacing interval.

intervalo de retorno I retrace interval (TV) I retrace time (TV).

intervalo de temperatura I temperature interval.

intervalo entre dígitos I interdigit pause.

intervalo entre registros I interrecord gap.

intervalo entre sangrías I tapping interval (blast furnaces).

intervalo interceptado I intercept.

intervalo mínimo I minimum pause (telephony).

intervalo térmico de transformación I transformation range.

intervalómetro I interval regulator I intervalometer.

intervalos de recorridos tiempo o ciclos entre averías de conjuntos I mean time between.

intervalos entre bloques I interblock gap.

intervalvular I intervalve.

intoxicación del cátodo I cathode poisoning.

intracristalino I intragranular.

intradós I lower surface (airships) I wing bottom surface (airplanes).

intragranular I intragranular.

intralamelar I intralamellar.

intralaminal I intralamellar.

intramagmático I intramagmatic.

intrarreacción I inverse feedback.

introducción I logging in.

introducción en memoria central I swap in (computing).

introducir I enter (to).

introducir en memoria I store (to).

introducir una clavija I plug-in (to).

introscopia I introscopy.

introscopio I introscope.

introscopizar I introscopize (to).

intrusión I intrusion.

intrusión abisal I abyssal intrusion.

intrusión plutónica I abyssal intrusion.

intrusivo I intrusive.

inundación I flood I overflow.

inundado I waterlogged (ships).

inutilizar I spoil (to).

invar I invar.

invariable I uniform.

invariancia I invariance.

invariancia relativista I relativistic invariance.

invariante I invariant I monotonic quantity.

invariante escalar I scalar invariant.

invernadero I glasshouse.

invernizar I winterize (to).

inversión I change-face (theodolite telescope) I inversion I overturn (geology).

inversión de corriente I reversal of current.

inversión de empuje I thrust reverse (aeronautics).

inversión de fase I phase reversal.

inversión de la palabra I inversion of speech (radiotelephony).

inversión de la temperatura I temperature inversion (meteorology).

inversión de paso I pitch reversing (screws).

inversión de polaridad I reversal of polarity.

inversión de polos I pole changing.

inverso I opposed.

inversor I alteration switch I inverter I reversing-switch.

inversor de arco I arc inverter.

inversor de corriente I change over switch I current reverser I pole reverser I reverser I reversing-switch.

inversor de corriente estatórica I stator reverser.

inversor de fase I phase inverter.

inversor de frecuencia I frequency inverter.

inversor de la polaridad I polarity switch.

inversor de marcha I reverser.

inversor de polaridad I change over switch I pole changer.

inversor de polarización I polarization changer.

inversor de polos I pole reverser I pole-changer.

inversor de potencia I power inverter.

inversor de tiratrón I thyratron inverter.
inversor del empuje I thrust reverser.
inversor estático trifásico I three-phase static inverter.
invertasa I invertase (biochemistry).
invertidor I inverter I invertor.
invertir la marcha I reverse (to).
investigación I research I search.
investigación experimental I experimental research.
investigaciones termonucleares por láser I laser fusion research.
invierno I winter.
inviscido I inviscid.
involuta I involute I involute curve (curves).
inyección I injection I intrusion (geology) I pressing in.
inyección a presión I injection under pressure I pressure grouting.
inyección cíclica I timed injection.
inyección de agua I water flooding I water jet.
inyección de aire I air supply.
inyección de cemento I cement grout.
inyección de combustible sólido pulverizado I solid fuel injection (blast furnaces).
inyección de portadora luminosa I light carrier injection.
inyección de vapor I steaming.
inyección en dos fases I two-phase injection.
inyección por bomba pulsatoria I jerk-pump injection (engines).
inyección preliminar I pilot injection.
inyecciones de mortero de cemento I mortar injections.
inyectabilidad I injectability.
inyectado a presión I pressure-treated (wood).
inyectar I inject (to).
inyectar aire I blast (to) I blow (to).
inyectar oxígeno con la lanza I lance (to) (steelmaking).
inyector I nozzle (impulse turbine) I spray valve (engines).
inyector aspirante I inspirator.
inyector automático I automatic injector.
inyector con retorno I spill burner.
inyector de arranque I starting injector.
inyector de cemento I cement gun.
inyector de combustible I sprayer (engines).
inyector de encendido I torch igniter.
inyector de iones negativos de hidrógeno I negative hydrogen ion injector.
inyector de protones I proton gun I proton injector.
inyector de retorno I spill flow burner.

inyectora I injection moulding machine (plastic).
ion I ion.
ion anfotérico I zwitterion.
ion carbónio I carbonium ion.
ion con carga positiva y negativa I zwitterion.
ion electródico I electrodic ion.
ion excitado I excited ion.
ion híbrido I hybrid ion.
ion lábil I adion.
ion macrorreticular I macroreticular ion.
ion móvil de red cristalina I mobile lattice ion.
ion negativo I negative ion.
ion positivo I positive ion.
iones de signos contrarios I unlike ions.
ion-gramo I gramme ion.
ionicidad I ionicity.
iónico I ionic (chemistry).
ionio I ionium.
ionizabilidad I ionizability.
ionización I ionization.
ionización acumulativa I electron avalanche.
ionización lineal I linear ionization.
ionización por radiación I radiation ionization.
ionización proporcional I proportional ionization.
ionizador I ionizer.
ionizar I ionize (to).
ionógeno I ionogen I ionogenic.
ionómetro I ionization dosemeter I ionometro (radiology).
ionosfera I F region I ionosphere.
ionosonda I ionosonde.
iperita I mustard gas I yperite.
iperita pura I purified mustard gas.
iráser I iraser.
irdomo I irdome.
iridación I iridation.
iridiar I iridize (to).
iridio I iridium (Ir).
iridiscencia I iridescence I irisation.
iridiscente I iridescent.
iridiscer I iridesce (to) I irisate (to).
iridización I iridization.
iris I iris.
iris abierto I iris-in.
iris cerrado I iris-out.
irisación I iridescence I irisation.
irisado I iridescent.
irisar I iridesce (to) I iris (to) I irisate (to).
irradiación I bombardment I exposure I irradiance I irradiating I irradiation.
irradiación aguda I acute exposure.

irradiación con luz ultravioleta I U.V. irradiation.

irradiación con neutrones monoenergéticos I monoenergetic neutron irradiation.

irradiación crónica I chronic exposure.

irradiación de aniquilación I annihilation radiation.

irradiación global I white body exposure I whole-body exposure.

irradiación modulada por la hélice I propeller-modulated radiation (airplanes).

irradiación natural I background exposure.

irradiación neutrónica I neutron irradiation.

irradiación por neutrones I irradiation by neutrons.

irradiación residual I residual radiation (nuclear burst).

irradiación total I total exposure.

irradiado I irradiated.

irradiado con isótopos I irradiated.

irradiado con neutrones I neutron irradiated.

irradiado por neutrones I neutron-damaged.

irradiancia I irradiance.

irradiar I irradiate (to) I radiate (to).

irradiar con isótopos I label (to).

irradiar con rayos X I X-irradiate (to).

irregular I erratic I irregular I nonuniform I uneven.

irrotación I irrotation.

irrupción I breaking.

isalobara I isallobar (meteorology).

isalohipsa I isallohypse.

isanémona I isanemone.

isentropa I isentrope (physics).

isentrópico I isentropic.

isóbara I isobar (meteorology).

isobárico I isobaric.

isóbaro I isobare (chemistry).

isóbata I fathom line I isobath I depth contour I depth curve.

isobits I isobits.

isobutano I isobutane (chemistry).

isobutileno I isobutylene.

isocarbónica I isocarb.

isocasma I isochasm.

isocentro I isocenter (aerophotography).

isoclina I isocline.

isoclinal I isoclinal I isocline.

isoclino I isoclinic.

isocón de imagen I image isocon (television camera tube).

isócora I isochore (gas).

isocromático I isochromatic.

isocronía I isochronism.

isocronismo I isochronism.

isocuadrícula I isogriv.

isodina I isodynamic line.

isodinamo I equally acting.

isodinamómetro I isodynamometer.

isodino I isodyne (radio).

isodosis I isodose (radiation).

isoelasticidad I isoelasticity.

isoelectrónico I isoelectronic (atoms).

isoespín I isospin.

isofónico I isophonic.

isófono I isophone I isophonous (telephony).

isofotometría I isophotometry.

isofotométrica I isolux I isophot.

isofrecuencia I isofrequency.

isógala I isogal (gravimetry).

isogeoterma I isogeotherm.

isógona I isogon.

isogónico I isogonal.

isograma I isoline.

isogriva I isogriv.

isohelia I isohel.

isohieta I isohyet I isopluvial line.

isohiético I isohyetal.

isohipsa I contour (meteorology) I isohypse.

isohipsa absoluta I absolute isohypse.

isolateral I isolateral.

isólito I isolith (integrated circuit).

isolumínica I isolux (optics).

isomagnetismo I isomagnetism.

isómera I isomer (meteorology).

isomería I isomerism.

isomería geométrica I geometric isomerism.

isomérico I isomeric.

isomerismo I isomerism.

isomerismo lineal I chain isomerism (chemistry).

isomerización I isomeric change I isomerization.

isomerizar I isomerize (to).

isómero I isomer.

isométrico I isometric I monometric (crystallography).

isomorfismo I isomorphism.

isópaca I isopaque I isopach (geology).

isoplanático I isoplanatic.

isopleta I isoline I isopleth (meteorology).

isopluvial I isopluvial.

isopropanol I isopropanol.

isorradiactividad I isoradioactivity.

isorreactivo I isoreagent.

isósceles I isosceles.

isoscopio I isoscope.

isosísmico I isoseismal.

isosonia I equivalent loudness.

isostera I isostere (meteorology).

isostera de adsorción | adsorption isostere.
isóstero | isostere (chemistry).
isotaca | isotach.
isotéctico | isotectic.
isótera | isother.
isoterma | isotherm.
isoterma de adsorción | adsorption isotherm.
isotérmico | isothermal.
isotisma | isothismic line.
isotonicidad | isotonicity.
isótono | isotone.
isotopía | isotopy.
isotópico | isotopic.
isótopo | isotope.
isótopo captor de neutrones | neutron-capturing isotope.
isótopo con exceso de neutrones | neutron-excess isotope.
isótopo deficiente en neutrones | neutron deficient isotope.

isótopo inestable | unstable isotope.
isótopo radiactivo | radioactive isotope.
isótopos marcados | labeled isotopes.
isotrón | isotron (isotopes).
isotropía | isotropism.
isotrópico | isotropic.
isótropo | isotropic.
istmo | neck.
itacolumita | flexible sandstone.
iterativo | iterative | repetitive.
iterbia | ytterbia.
iterbio | itterbium (Yb) | ytterbium.
itinerante | itinerant.
itinerario | traverse (topography).
itrio | yttrium (Y).
ixión | ixion (nuclear energy).
izada | heaving | hoist.
izar | heave (to) | hoist (to) | raise (to).
izquierda | left.

J

jabalcón | collar beam | corner piece | knee brace | prop | strut | strut brace.
jácena | main beam.
jack de respuesta | local jack (telephony).
jack sencillo | tip jack.
jacquard | jacquard.
jade | jade (mineralogy).
jadeíta | Chinese jade.
jadeita birmana | Burmese jade.
jalón | ranging pole | ranging rod | rod | sight rod | stake | surveying rod (topography).
jalón de madera | wooden peg.
jalón de nivelación | boning rod.
jalonamiento | marking | staking.
jalonar | stake out (to).
jamba de ventana | window jamb | window post.
jamesomita impura | bergzunderz.
jamesonita | feather ore.
jar | jar (capacitance unit).
jarosita | jarosite.
jaspe | jasper.
jaspe negro | Lydian stone | lydite.
jaspe zonar | banded jasper.
jaspeado | mottled | speckled.
jaspear | jasperize (to) | marble (to) (books) | marbleize (to) (books) | vein (to) (glass).
jaspe-ónice | jasp onyx.
jaula de ardilla | squirrel cage (electricity).
jaula de extracción | cage (mining) | pit cage (mining).
jaula elevadora | lift.
jaula pantalla de Faraday | screen enclosure.
jeringa de aceite | oil squirt.
juego | set (spares).
juego de herramientas | kit | kit of tools | set of tools.
juego de instrucciones | instruction set (computing).
juego de matrices | die set.
juego de piezas | kit.
juego de pruebas | check program (computing).
juego de resortes | spring set (telephony).
juego de suma cero | zero-sum game.
juego de válvulas | tappet clearance.
juegos de luz | play of light.
julio | joule (electricity).
juliómetro | joulemeter.
junta | clamping | coupling | joint | jointing | junction | seam | splice (railway line) | union.
junta a inglete | miter joint.

junta a la Cardán | Hooke's coupling | Hooke's joint.
junta a rebajo | rabbet joint.
junta a tope | butt joint | carvel joint | straight joint.
junta a tope con los extremos recalcados | jumped joint.
junta aislante | splitter joint.
junta al tope oblicua | oblique butt joint.
junta angular | edge joint.
junta articulada | elbow joint | knee-joint | knuckle joint | pin connection | swing joint.
junta biselada | sloping joint.
junta calafateada | caulked joint.
junta cardánica | cardan joint | spider | universal coupling | universal joint.
junta con cordones múltiples | multirun joint (welding).
junta con llave de enlace | keyed joint.
junta con manguito de unión | sleeve joint.
junta con pasador | pin joint (mechanics).
junta cosida | stitched joint.
junta de aceite | oil seal.
junta de bayoneta | faucet joint.
junta de carril | rail gap | rail joint.
junta de charnela | folding joint | knuckle | knuckle joint.
junta de codillo | toggle joint.
junta de conexión | clamping plate | union joint (pipes).
junta de contracción | contraction joint.
junta de corredera | sliding joint.
junta de dilatación | dry joint | expanding joint | expansion gap | expansion joint | slip-joint.
junta de dilatación del carril | rail expansion gap.
junta de empalme | scarf joint.
junta de empotramiento | bridle joint.
junta de enchufe | faucet joint | inserted joint | spigot-joint.
junta de enchufe y cordón | spigot and faucet joint (pipes).
junta de escuadra | abutting joint.
junta de estanqueidad | gasket | sealing gasket.
junta de inserción | inserted joint.
junta de laberinto | labyrinth joint.
junta de mortero | mortar joint (masonry).
junta de ranura y lengüeta | joggle-joint.
junta de recubrimiento | covering joint | lap-joint | lapped joint | overlap joint.

junta de rieles | rail joint.
junta de rótula | knuckle joint | socket joint | spherical joint | swivel joint.
junta de solape | jump joint (ships) | lap-joint.
junta de transición | transition joint.
junta de tubería | pipe joint.
junta de vacío | vacuum seal.
junta deslizante | sliding joint | slip-joint.
junta empernada | bolted joint.
junta emplomada | leaded joint.
junta en pico de flauta | scarf.
junta en T a tope | tee butt joint.
junta en voladizo | suspended joint.
junta engatillada | lock joint | welted joint.
junta esférica | socket joint.
junta estanca | leak-tight joint | seal | weather proofing draught seal.
junta estanca al petróleo | oil-tight joint.
junta estañosoldada | soldered joint.
junta hermética | leakproof joint | seal | vacuum seal.
junta hidráulica | liquid seal | sealing liquid | water joint | water seal.

junta líquida | sealing liquid.
junta oblicua | skew joint.
junta para dilatación | topping joint.
junta plana | abutting joint | butt joint | gasket.
junta recalcada | jump joint.
junta rígida | rigid joint.
junta roscada | screwed joint.
junta saliente | saddle joint (walls).
junta solapada | simple lap joint.
junta soldada | wipe joint.
junta soldada con estaño | sweated joint.
junta telescópica | slip-joint | telescope joint.
junta tórica | O-ring gasket | O-ring seal.
junta universal | cardan joint | Hooke's coupling | Hooke's joint | knuckle joint.
juntar | bind (to) | fay (to) | join (to) | joint (to) | link (to) | mass (to) | splice (to) | tie (to) | unite (to).
juntar a tope | butt (to).
juntas contrapeadas | broken joints.
juntera | jointer | jointing-plane.
juntura | joint | jointing.

K

karst I karst (geology).
kárstico I karstic.
karstología I karstology (geology).
kenotrón I kenotron (thermionic diode).
kerdómetro I kerdometer (telephony).
kerma I kerma (kinetic energy).
keroseno I kerosene.
keroseno de gran volatilidad I vaporizing oil.
keroseno industrial I power kerosene.
kiloamperio I kilampere I kiloampere.
kilobar I kilobar.
kilobaudio I kilobaud.
kilobit I kilobit.
kilocaloría I great calorie I kilocalorie I major
   calorie.
kilocaracteres I kilobyte (k).
kilociclo por segundo I kilohertz.
kilocurie I kilocurie.
kiloergio I kilerg.
kilogaussio I kilogauss.
kilogramo I kilogram I kilogramme (G.B.).
kilohertzio I kilohertz.
kilohmio I kilohm.
kilojulio I kilojoule.
kilolitro I kiloliter.
kilomega I kilomega (giga).
kilomegabit I billibit I kilomegabit.
kilomegaciclo I kilomegacycle.
kilómetro cuadrado I square kilometer.
kiloocteto I kilobyte (k).

kilooctetos I kilooctets (computing).
kiloohmio I kiloohm.
kilopondio I kilopond.
kilotón I kiloton (10^{12} calories).
kilotón de energía I kiloton energy.
kilotonelada corta I kiloton.
kilovario I kilovar.
kilovatímetro I kW meter.
kilovatio I kilowatt.
kilovoltamperio reactivo I kilovar.
kilovoltímetro I kV meter I kilovoltmeter.
kilovoltio I kilovolt.
kilovoltio-amperio I kilovolt-ampere.
kimberlita I blue stuff I blueground I kimberlite.
kinescopio I telerecorder.
klistrón I inductive-output valve I klystron
   (electronics).
klistrón de reflector I klystron reflex.
klistrón especial I monofier.
klistrón generador de armónicos I klystron
   harmonic generator.
klistrón multiplicador de frecuencia I
   klystron frecuency multiplier.
klistrón para banda X I X band klystron.
klistrón pulsado I pulsed klystrom.
krístico I krystic.
kurtschatovio I rutherfordium (Rf-USA) I unnilquadium (Unq - I.U.P.A.C.)

L

laberinto | labyrinth.
lábil | labile.
labilidad | lability.
labio inferior | bottom wall (geology) | low wall (geology).
labor | work.
labor a cielo | top hole (mining).
labor al aire libre | open cast (mining).
laboratorio | iron chamber (furnaces).
laboratorio de pruebas | testing shop.
laboratorio del cielo | skylab.
laboratorio espacial | spacelab.
laboreo | working (mining).
laboreo de minas | mine working.
laboreo de minerales | ore mining.
laboreo de placeres | placer mining.
laboreo del ancla | working of the anchor (ships).
laboreo en avance | working forwards | working in-bye.
laboreo en retirada | working homewards (mining).
laboreo mecanizado | machine mining (mining) | machine stoping (mining).
laboreo por anchurón y pilar | room-and-pillar mining.
laboreo por cámaras y pilares | pillar and stall (mining) | pillar-and-stall system (mining).
laboreo por cuadros | panel work.
laboreo por derrumbe | caving (mining).
laboreo por huecos y pilares | stoop-and-room system (coal mine).
laboreo por lajas | slabbing (mining).
laboreo por pilares | square work (mining).
laboreo por roza | slabbing method.
laboreo por testeros | stepping (mining).
labores sin plan | wasting (mining).
labrado | machined | machining | wrought.
labradorita | Labrador feldspar.
labrar | spall (to).
labrar a máquina | machine-tool (to).
labrar en caliente | hot-work (to).
laca | lacquer.
lacar | japan (to).
lactasa | lactase.
lactato | lactate (chemistry).
lactato de litio | lithium lactate.
lactato de plata | actol | silver lactate.
lactosa | lactose.
ladar | ladar (balistic rocket tracking).
ladear | tilt (to) | yaw (to).
ladeo | tilt | tipping.

ladera | slope.
lado | side.
lado positivo | positive side.
lado posterior | leaving edge (electric brush).
ladrillo | brick.
ladrillo crudo | cob.
ladrillo de coronación | capping brick (architecture).
ladrillo de fachada | face brick.
ladrillo de grafito | carbon brick.
ladrillo de magnesia | magnesia brick.
ladrillo de magnesita | magnesite brick.
ladrillo de obra a la vista | face brick.
ladrillo de paramento | face brick.
ladrillo refractario | fire brick.
ladrillo refractario para cucharas | ladle brick (metallurgy).
ladrillo vitrificado | vitrified brick.
laguna | split (telegraphy).
laja | spall.
lajación | spallation.
lambert | lambert (luminance unit).
lambertio | lambert.
lambertita | lambertite (mineralogy).
lamelar | laminate | laminated.
lámina | sheet.
lámina de adaptación | matching strip (telecommunications).
lamina de cinc | zinc sheet.
lámina de contacto | stray key (electricity).
lámina magnética | magnetic strate (electricity).
laminabilidad | rollability | rolling ability.
laminación | lamination | rolling.
laminación de bandas | strip rolling.
laminación de flejes | strip rolling.
laminación de tubos | tube rolling.
laminación en caliente | hot rolling.
laminado | laminated | plated | rolled.
laminado de acrílico | acrylic laminate.
laminado de desbastes planos | slabbing.
laminador | hot-mill | laminated rollers | mill | mill machine | roll | roller | rolling machine | rolling mill.
laminador cortante | slitting mill (rerolling).
laminador de carriles | rail mill.
laminador de chapas | plate mill.
laminador de fleje | strip rolling mill.
laminador de roscas | thread rolling machine.
laminador de tubos | tube rolling mill.
laminador dúo | two-high train.
laminador endurecedor | temper mill.

laminador para alambres I wire mill.
laminador para chapa fina I thin sheet mill.
laminador para roscas I thread roller.
laminador para tubos I tube mill.
laminador preliminar I roughing mill.
laminador trío I I three-high mill.
laminador trío para chapa I three-high plate mill.
laminadora I rolling machine.
laminar I flatten (to) I lamellar I laminate I laminate (to) I mill (to) I roll (to) (metals).
laminar en caliente I hot-roll (to).
laminar lingotes I planish (to).
laminarización I laminarization.
laminografía I laminography.
laminoso I lamellar.
lámpara I bulb I lamp.
lámpara amplificadora I output tube.
lámpara astral I astral.
lámpara compensadora I ballast lamp (electricity).
lámpara compleja I multiple valve (electronics).
lámpara de acetileno I acetylene light.
lámpara de arco con electrodo I metallic electrode arc lamp.
lámpara de carburo I limelight.
lámpara de circonio I zirconium lamp.
lámpara de entrada I input tube (radio).
lámpara de infrarrojos I infrared lamp.
lámpara de luz inactínica I safelight lamp.
lámpara de mercurio I mercury lamp.
lámpara de pentano I pentane lamp (photometry).
lámpara de seguridad I safelight.
lámpara de tungsteno I tungsten lamp.
lámpara de vacío I vacuum lamp.
lámpara de vapor de mercurio I mercury discharge lamp I mercury vapor lamp.
lámpara de xenón I xenon lamp.
lámpara del casco I cap lamp (mining).
lámpara eléctrica I electric lamp.
lámpara eléctrica de bolsillo I torch.
lámpara electrónica I electron tube I oscillion I vacuum tube.
lámpara estroboscópica I stroboflash I stroboscopic lamp.
lámpara inactínica I dark-room lamp.
lámpara indicadora I pilot signal (telephony).
lámpara infrarroja I infrared heater.
lámpara multirrejilla I multigrid tube.
lámpara rectificadora I rectified tube.
lámpara termiónica I thermionic tube (electronics) I valve (radio).
lámpara testigo I pilot lamp I pilot light I warning light.

lamparilla de soldar I plumber's torch.
lampazo de goma I squeegee.
lana I wool.
lana cardada I combed wool.
lana peinada I combed wool.
lanceta I lancet.
lancha I launch.
lancha de reconocimiento I reconnaissance boat.
lancha fuera borda I outboard motor-boat.
lancha torpedera I motor torpedo boat.
langley I langley (solar radiation unit).
lanolina hidratada I adeps lanae hydrosus.
lantánido I lanthanide.
lantano I lanthanum (La).
lantión I whip.
laña I clamp I cramp I dog I dogbolt I holdfast I spear.
lanza de oxígeno I oxygen lance.
lanzacargas de profundidad I Y gun.
lanzacohetes I rocket launcher.
lanzacohetes multitubo I multiple tube launcher.
lanzadera I shuttle (loom).
lanzadera con rodillos I roller shuttle.
lanzadera de canilla I cop shuttle.
lanzadera de husada I cop shuttle.
lanzadera de mordaza I nipper shuttle.
lanzadera espacial I space shuttle.
lanzadera mecánica I loom shuttle (weaving).
lanzadera para paños I cloth shuttle.
lanzador I jettison gear I launcher.
lanzador de cargas de profundidad I K gun.
lanzamiento I launch I launching I projection (projectile).
lanzamiento aéreo I airdrop.
lanzamiento de práctica I practice run (torpedos).
lanzamiento de satélites I launch of spacecraft.
lanzamiento de sonoboyas I spitting.
lanzamiento del codaste I afterrake.
lanzamisiles I rocket launcher.
lanzar I trigger (to).
lanzatorpedos I torpedo launcher.
lapislázuli I azure.
lápiz de grafito I lead pencil.
lápiz fotosensible I light pen.
lápiz luminoso I light pen (computing).
lápiz óptico I light pen.
laplaciano material I material buckling (nucleonics).
lapso de comunicaciones I garble in communications.
larga distancia I long distance.

larga duración I long play (tape-disc).
largar I ease away (to) I ease off (to) I veer (to).
largar un cabo I let run (to) (navy).
larguero I boom (airplanes) I longitudinal beam I sleeper I spar (airships) I stringer.
larguero de cola I tail boom.
lasca I spall.
lascabilidad I spallability.
lascable I spallable.
láser I laser.
láser blando I soft laser.
láser con bomba solar I sun-pump laser.
láser de átomos neutros I neutral atom laser.
láser de componentes sólidos I solid state laser.
láser de contacto I junction laser.
láser de fibra óptica I optical fiber laser.
láser de gas molecular I molecular gas laser.
laser de helio-neón I neon-helium laser.
láser de infrarrojos I infrared laser.
láser de inyección I injection laser.
láser de neodimio I neodymium laser.
láser de plasma I plasma laser.
láser de rayos próximos a la banda infrarroja I near ir-laser.
láser de salida pulsatoria I pulsed output laser.
láser de semiconductores I semiconductor laser.
láser de unión I junction laser.
láser excitado por el sol I solar excited laser.
láser iónico de criptón I krypton ion laser.
láser líquido I liquid laser.
láser magnetoóptico I magnetooptical laser.
lastrada I ballast bonus.
lastre I ballast (ships) I weight.
lata I can.
latencia I latency.
lateral I lateral.
laterotracción I lateral pull.
laterovibraciones críticas I whirling vibrations (axes).
látex I latex.
latitud I breadth I latitude.
latitud astronómica I astronomic latitude.
latitud celeste I celestial latitude.
latitud de la línea AB I latitude of the course AB (planimetry).
latitud estimada I latitude by dead reckoning.
latitud norte I latitude positive.
latitud por estima I latitude by account.
latitud sur I latitude negative I latitude south I southing.
latitudes crecientes I meridional part (Mercator chart).

latón I brass I yellow copper I yellow metal.
latón amarillo I yellow brass.
latón blanco I white brass.
latón cromado I chrome-plated brass.
latón ordinario I yellow brass.
latonado I brassing I brazing.
latonaje I brassing.
latonar I brass (to) I braze (to).
lauegrama I lauegram.
laumontita I caporcianite.
laurencio I lawrencium (atomic number = 103).
lava I lava.
lava almohadillada I pillow lava.
lava celular I cellular lava.
lava de superficie rugosa I AA lava.
lavabilidad I launderability.
lavadero I abac (mining) I launder.
lavadero de mineral I ore washer.
lavadero separador I launder washer (mining).
lavado I scoured I scrubbing I wash I washing.
lavado del mineral I ore washing.
lavado en la batea I pan washing (geology).
lavado previo I ragging (minerals).
lavado químico I chemical washing.
lavado sobre cribas de sacudidas I jigging.
lavador de gases I scrubber.
lavador de sacudidas I jig (mining).
lavadora I washer.
lavadora de cubetas I trough washer (metallurgy).
lavaparabrisas I windscreen washer.
lavar I cleanse (to) I eluate (to) I wash (to).
lavar en la batea I pan (to).
lavar mineral I buddle (to).
lazo I mesh.
lazo de enganche I lock-in loop I loop lock.
lazo de unión I connecting link.
lazulita I azure spar I blue opal I blue-spar I false lapis.
lechada de cemento I cement grout.
lecho I layer.
lecho amortiguador I tumble bay.
lecho de absorción I absorption bed (construction).
lecho de arena I sand-bed (metallurgy).
lecho de calcinación I roasting bed.
lecho de cantera I natural bed.
lecho de colada I casting bed.
lecho de fusión I batch I mixing bed.
lecho de roca I ledge rock.
lecho mixto I mixed-bed.
lector I reader (computing).
lector de cinta magnética I magnetic tape reader I tape player.
lector de cinta perforada I tape reader.

lector de cintas perforadas | punched tape reader (computing).

lector de curvas | stroke device (computing).

lector de documentos magnéticos | magnetic document reader.

lector de micropelículas | microfilm reader.

lector de pantalla | screen reader (computing).

lector fonográfico | cartridge.

lector óptico | optical scanner.

lector óptico de caracteres | optical character reader.

lector óptico de sonido | optical sound reproducer.

lectora de caracteres magnéticos | magnetic ink character reader (computing).

lectora de cinta | tape reader.

lectora de cinta perforada | paper tape reader.

lectora de fichas | card reader (computing).

lectora óptica de códigos de barras | optical bar-code reader.

lectora perforadora de cinta perforada | paper tape recorder punch.

lectura a distancia | remote sensing (computing).

lectura cero | null reading | zero reading.

lectura con la brújula | needle reading.

lectura de etiqueta automática | mark sensing.

lectura de grabación | playback.

lectura de marcas sensibles | mark sensing.

lectura dispersa | scatter read (computing).

lectura magnética | magnetic playback | magnetic sensing.

lectura memoria | memory read.

lectura óptica | optical scanning.

lectura óptica de caracteres | optical character sensing.

lectura óptica de marcas | mark reading | mark scanning (computing).

lectura-escritura a la vez | read while write (computing).

leer | read (to) (computing).

leer de salida | read out (to) (computing).

leer ópticamente | mark scan (to).

legible por máquina | machine-readable (computing).

legua marina | nautical league.

lejía | liquor (paper industry) | lixivium | lye (sodium hydroxide, potassium hydroxide).

lejía sulfítica | sulfite lye.

lejiar | lixiviate (to).

lemniscata | lemniscate.

lemniscata de Busch | neutral line (atmospheric optics).

lengüeta | feather key | feather tongue | joint tongue (splicings) | pallet | reed | spline | tongue.

lengüeta de cara | barefaced tongue.

lengüeta de conexión | lug (electricity).

lengüeta tensora | tension pad (shuttle).

lengua | tongue.

lenguaje absoluto | target language (computing).

lenguaje ampliable | extensible language (computing).

lenguaje base | base language (computing).

lenguaje Basic | Basic language (computing).

lenguaje binario | binary language (computer).

lenguaje cifrado | cipher | code language.

lenguaje de consulta | query language (computing).

lenguaje de control de robots | robot-control languaje.

lenguaje de control de sistemas | system control lenguage.

lenguaje de control de trabajos | job control language (computing).

lenguaje de macroinstrucción | macro language.

lenguaje de programación de sistemas | system programming language.

lenguaje de recuperación de información | information retrieval language (computing).

lenguaje de sistemas | systems language (computing).

lenguaje formal | formal language (computing).

lenguaje interpretativo | interpretive language (computing).

lenguaje máquina | machine language (computing).

lenguaje objeto | object language.

lenguaje programado de diseño | program design language (computing).

lenguaje secreto | secret languaje (telecommunications).

lenguaje traducido | target language (computing).

lenguas-fuentes | source languages (computing).

lente | lens (optics).

lente acromática | achromat.

lente acústica | acoustic lens.

lente anamorfótica | anamorphote lens (optics).

lente anastigmática | anastigmatic lens.

lente astigmática | astigmatic lens.

lente bicóncava | negative lens.

lente colimadora | gunsight lens.

lente compuesta | compound lens (optics).
lente cóncava | concave lens | negative lens.
lente concéntrica | concentric lens | null lens.
lente convergente | positive lens.
lente convexa | convex lens.
lente de ángulo ancho | wide angle lens.
lente de ángulo angosto | narrow angle lens.
lente de antena | antenna lens (radar).
lente de aumento | magnifying lens.
lente de cámara | camera lens.
lente de cambio rápido de plano | zoom lens.
lente de cuarzo | quartz lens.
lente de enfoque | viewing lens.
lente de foco regulable | zoom lens.
lente de inmersión | immersion lens.
lente de proyección | projection lens.
lente de tetrapolo | quadrupole lens.
lente dióptrica | magnifying lens.
lente divergente | negative lens.
lente escalonada | stepped lens.
lente fotográfica | photographic lens.
lente fresnel | Fresnel lens.
lente multifocal | multifocal lens.
lente ocular | eye lens (telescope).
lente planocóncava | planoconcave lens.
lente planoconvexa | planoconvex lens.
lente polifocal | multifocal lens.
lente radioeléctrica escalonada | zoned lens.
lente retroscópica | retroscopic lens.
lente telescópica | telescopic lens.
lente variable | zoom lens.
lente visor | viewfinder.
lentes graduadas | trial lenses.
lentes reproductoras | imaging lenses (electron microscope).
lentes trifocales | trifocal lenses.
lenticular | lens-like | lens-shaped | lenticular.
lenticularidad | lenticularity.
lentiforme | lens-shaped.
lentilla | lenslet (optics).
lentilla de contacto multifocal | multifocal contact lens.
lentillas de contacto tóricas | toric contact lenses.
lentímetro | lensmeter.
lentiprisma | prismatic lens.
lentisco | mastic.
leña | wood.
lepidolita | lithia mica.
leptogénesis | leptogenesis (geology).
leptómetro | leptometer.
leptón | lepton (physics).
letal | lethal.
letargia neutrónica | lethargy.
letargo | lethargy (nuclear energy).

letra | character | letter.
letra cursiva | script (typography).
letra de imprenta | type.
letra de latón | brass type.
letra negrita | bold-faced type.
leucita | white garnet.
leucoderivado | leuco compound (chemistry).
leva | cam | cog | lifter | tappet | toe | wiper.
leva bipolar | bipolar cam.
leva calada en un eje | lifter cog.
leva cónica | conical cam.
leva de admisión | admission cam.
leva de árbol | shaft cam.
leva de bloqueo | locking cam.
leva de descerrojar y encerrojar | unlatch-and-lock cam (cannons).
leva de descompresión | relief cam (engines) | relieving cam (engines).
leva de desconexión automática | knockoff cam.
leva de desembrague | knockoff cam | release cam.
leva de deslizamiento | sliding cam.
leva de disco | plate cam.
leva de disco oscilante | toe-and-wiper cam.
leva de disparo automático | toe plate.
leva de encendido | ignition cam (engines).
leva de enclavamiento | interlock cam.
leva de escape | outlet cam (engines).
leva de espiral | involute cam.
leva de evolvente de círculo | involute cam.
leva de exhaustación | exhaust cam.
leva de expulsión | picking cam (loom).
leva de fijación | locking cam.
leva de imprimir | printery cam.
leva de interruptor | switch cam (teleprinter).
leva de pulsaciones | pulse cam (radio).
leva de ranura | face cam.
leva de regulación | adjusting cam.
leva de reposición | resetting cam.
leva de tambor | cylinder cam | cylindrical cam.
leva de trinca y destrinca | unlatch-and-lock cam.
leva de vaivén | rocking cam.
leva del freno | brake camp.
leva desplazable | sliding cam.
leva formando parte del eje | integral cam.
leva giratoria | rotary cam.
leva inversa | inverse cam (mechanics).
leva invertida | inverse cam.
leva matriz | master cam.
leva oscilante | rocker cam.
leva patrón | master cam.
leva plana | plate cam.

leva pulsatoria I pulsing cam.
leva reguladora I adjustable cam.
levadura I yeast.
levantacarriles I rail lifter.
levantamiento I hoist I raising I rise.
levantamiento aerofotográfico I photosurvey.
levantamiento batimétrico I bathymetric survey.
levantamiento con aparatos I instrumental survey (topography).
levantamiento con el teodolito I theodolite surveying.
levantamiento con la brújula I latching (mining).
levantamiento con la plancheta I plane tabling I plane surveying (topography).
levantamiento de caminos I route survey (topography).
levantamiento de detalle I detailed survey (topography).
levantamiento de plano de mina I mine survey.
levantamiento de planos I surveying I surveying operation I survey.
levantamiento de trazado I location survey (topography).
levantamiento del modelo I pattern draw.
levantamiento del plano I plotting.
levantamiento del poligonal I meander survey (topography).
levantamiento fotográfico I photographic survey.
levantamiento fotogramétrico I photogrammetric survey.
levantamiento geodésico I geodesic surveying.
levantamiento hidrográfico I marine surveying.
levantamiento taquimétrico I tachymetric survey.
levantamiento topográfico I contour survey I land survey I topographic plot I topographic survey I topographical survey.
levantar I hoist (to) I raise (to).
levantar planos I map (to).
levantar por levas I cam-up (to).
levantar un plano I make a survey (to).
levantaválvula I cam lifter (engines) I valve lifter.
levigación I elutriation I levigating I levigation.
levigar I levigate (to).
levogiro I left-handed I levogyre I levogyrous I levorotatory I negative (optics).
levorrotación I left-hand rotation I levorotation.
levotorsión I left twist.
ley cero I zeroth law (thermodynamics).

ley de la radiación I radiation law.
ley de Ohm I Ohm's law.
ley de variación lineal I linear law.
leyes de Kepler I Kepler's laws.
leyes de termodinamismo I laws of thermodynamics.
lezna I broach I stabbing awl.
liberación de neutrones por fisión I neutron yield per fission.
liberar un periférico del procesador central I vary offline (to) (computing).
libre I free I idle (electricity).
libre de carbono I carbon-free.
libre de ruidos I noise-free.
libro de a bordo I journey logbook (airplanes).
libro de vuelos I log (aeronautics).
licuación I liquefaction.
licuado I liquefied.
licuado en vacío parcial I vacuum-melted.
licuar I eliquate (to) (metals) I liquate (to).
licuar de nuevo I remelt (to).
licuefacción I liquefaction.
lidar I lidar (optics-meteorology).
lidita I Lydian stone I lydite I touchstone (lydite).
lienzo I canvas.
ligado I bonded I bound I coherent.
ligadura I binding I tie.
ligamento I bond I bonding.
ligante I ligand (chemistry).
ligante asfáltico I asphalt binder.
ligante de brea I pitch binder.
ligar I alloy (to) I bond (to) (chemistry).
ligazón I binding I bonding I tie.
ligeramente oxidado I lightly scaled (metallurgy).
ligero I light.
lignita I lignite (chemistry).
lignítico I lignitic.
lignito I lignite (coal) I peat coal.
lignito bituminoso I pitch coal.
lignito de turbera I bog coal.
lijadora I sanding machine I sandpapering machine.
lima I file.
lima angular I angular file.
lima carleta I hand file.
lima carleta delgada I pillar file.
lima carleta plana I cotter file.
lima cilíndrica I round file.
lima con dientes fresados I milled file.
lima de ajustar I joint file.
lima de alisar I planing file.
lima de bruñir I polishing file.
lima de cortar I slitting file.
lima de corte I featheredge file.

lima de cuchillo I slitting file.
lima de ensanchar I piercing file.
lima de filos I bit file.
lima de igualar I planing file.
lima de marquetería I inlaying file.
lima de pulir I polishing file I smooth file.
lima de ranurar I notching file.
lima de sierra I mill saw file.
lima de un solo corte I mill file.
lima espada I featheredge file.
lima gruesa I rough file.
lima musa I bent rasp I single cut file.
lima para madera I wood file.
lima ranuradora I cotter file.
lima redonda pequeña I joint file.
lima-cuchillo I knife file.
limadora I filing machine.
limadura I filing.
limaduras de hierro I iron filings.
lima-fresa I milled file.
limar I file (to).
limbo I limb (mathematics, astronomy,).
limitación I limit I restraint.
limitación de velocidad I velocity limiting.
limitación lineal I linear clipping (electronics).
limitación por temperatura I temperature limiting (electricity).
limitador I gag (reactor) I limiting device (telecommunications) I restricter I slicer (telephony).
limitador de banda estrecha I narrowband limiter.
limitador de corriente I demand limiter (electricity) I peak clipper.
limitador de onda inversa I inverse suppressor.
limitador de parásitos I interference limiter (communications).
limitador de pico de blanco I white peak limiter (TV).
limitador de potencia I output limiter.
limitador de potencia consumida I load anticipator (electrofurnaces).
limitador de potencia de radiofrecuencia I RF output limited.
limitador de ruido I noise limiter.
limitador de tensión I voltage limiter.
limitador de velocidad I overspeed preventer.
limitador de voltaje I limiting device I voltage restricter.
limitador de volumen I volume limiter.
limitador del par motor I torque limiter.
limitador del valor máximo I peak limiter.
límite I bound (matrix).

límite aparente de elasticidad I yield limit I yield strength.
límite de adherencia I limiting friction.
límite de alargamiento I yield ratio.
límite de banda I band edge.
límite de elasticidad I yield point I yield ratio.
límite de estricción I yield point.
límite de fatiga sin entalla I unnotched endurance limit.
límite de fluencia I yield point (metallurgy).
límite de fluidez I liquid limit.
límite de longitud de onda larga I long-wavelength cutoff.
límite de potencia I power limit.
límite de resistencia I yield point.
límite de resolución I resolution limit (microscope).
límite elástico I ultimate yield strength I yield strength I yield stress I yielding.
límite elástico aparente I yielding point.
límite máximo I ceiling.
límite PN I PN boundary.
limnígrafo I limnigraph I water level recorder.
limnímetro I depth gage I level meter I limnimeter I water-level gauge.
limnímetro de cable y peso I wire-weight gage.
limo I slime.
limonita I bog ore I brown hematite I brown iron ore.
limonita arcillosa I brown clay ironstone.
limpiado con arena I sand blown.
limpiador I cleaner I clearer.
limpiador de tanques I scrubber (petroleum tankers).
limpiaparabrisas I windscreen wiper.
limpiar I clean (to) I cleanse (to) I clear (to).
limpiar catódicamente I clean cathodically (to).
limpiar con chorro de granalla I shot (to).
limpiar por aspiración I vacuum (to).
limpiatubos I swab (drillings).
limpieza I cleanup.
limpieza anódica I anode cleaning.
limpieza con ácido I acid cleaning.
limpieza con chorro de arena I sandblasting.
limpieza del mineral I mineral dressing.
limpieza mecánica del balasto I mechanical ballast-cleaning (railways).
limpieza por ácido I etch cleaning.
limpieza por chorreo de arena I sanding.
limpieza por chorro a presión I pressure-blast cleaning.
limpieza por chorro abrasivo I abrasive jet cleaning.

limpieza por inmersión I immersion cleaning.
limpieza por remojo I immersion cleaning.
linac I linac.
linaza I linseed.
linde I abuttal.
línea I line I row.
línea a dos hilos I two-wire route (telecommunications).
línea abierta I open wire line (telephony).
línea aclínica I aclinic line.
línea adiabática I adiabat.
línea aérea I aerial line I overhead line.
línea alámbrica I landline.
línea alimentadora I supply lead (electricity) I supply line (electricity).
línea artificial complementaria I line simulator.
línea auxiliar I boosting main I spur line.
línea auxiliar de dos hilos I two-wire trunk (telephony).
línea auxiliar de enlace I junction.
línea auxiliar intercentrálica I interoffice trunk (telephony).
línea averiada I faulty line (telecommunications).
línea bifilar I parallel-wire line I twin line I two-wire line.
línea blindada I shielded line.
línea cargada con inductancia I loaded line.
línea central I middle line.
línea coaxial I coaxial line.
línea colectiva I multiparty line.
línea colectiva de carga I load bus (electricity).
línea compartida I party line (telephony) I shared line (telephony).
línea compuesta I line composite (telephony).
línea común para varios abonados I party line.
línea con corriente I live line (electricity).
línea con derivación I leaky line (telecommunications).
línea con repetidores I repeatered line (telecommunications).
línea con ruidos I noisy line.
línea con varias puestas a tierra I multigrounded line (electricity).
línea conmutada I dial line.
línea de acción I pressure line (gear).
línea de acometida I subscriber drop (telephony).
línea de acoplamiento I tie line.
línea de adaptación I transforming section (telephony).
línea de agua I waterline (ships).
línea de alimentación de corriente I main line.
línea de alto voltaje I power line.

línea de anotación I record line (telephony).
línea de anotadora I record circuit (telephony).
línea de arranque I springing line (architecture).
línea de baja tensión I low-tension line.
línea de bajo voltaje I low-tension line.
línea de batería central I CB line (telephony).
línea de campo I field line.
línea de carga I load line.
línea de cero I neutral line.
línea de cierre I abutment line (architecture).
línea de cinta I stripline (radio).
línea de colimación I transit line.
línea de compensación I equalizing line.
línea de comunicación I line.
línea de conductores paralelos I parallel-wire line.
línea de conexión I station line (telegraphy) I tie line.
línea de conexión teléfonica I trunk line.
línea de contacto aéreo I overhead equipment (electric railway).
línea de conversación I voice wire (telephony).
línea de corriente I streamline.
línea de derivación I bypass line I spur line.
línea de desimanación I recoil line.
línea de ejes I line of sight I shafting.
línea de empalme I junction line I tie line.
línea de energía I power line.
línea de enlace I tie line.
línea de enlace de interceptación I intercept trunk (communications).
línea de enlace entre estaciones I interoffice trunk (communications).
línea de enlace interurbano I intertoll trunk (telecommunications).
línea de enlace local I local trunk (communications).
línea de entrada I input line.
línea de espera I queue (computing).
línea de extensión I extension line (telephony).
línea de flotación I line of flotation.
línea de forma I form line.
línea de fuerza I line of induction (magnetism).
línea de fuerza motriz I power mains (electrotecnics).
línea de fuga I base line I leakage path (electricity).
línea de igual contenido de azufre I isothei.
línea de igual declinación magnética I isogon.
línea de igual declinación reticular I isogriv.

línea de igual densidad fotográfica | isopaque.

línea de igual duración de la insolación | isohel.

línea de igual iluminación | isolux line.

línea de igual inclinación magnética | isocline.

línea de igual intensidad del viento | isanemone.

línea de igual intensidad magnética terrestre | isodynamic line.

línea de igual variación magnética | isogriv.

línea de inducción | induction line.

línea de influencia | influence line.

línea de información | information line (telephony) | information trunk (telephony).

línea de isofluorescencia | isofluor.

línea de isorradiactividad | isorad.

línea de llegada | incoming line.

línea de longitud eléctrica variable | line stretcher.

línea de marcación | line of bearing.

línea de máxima pendiente | line of steeper descent.

línea de menor resistencia | line of weakage.

línea de mira | line of aim | line of sight.

línea de montaje | mounting line.

línea de nivel | level line.

línea de órdenes | order-wire circuit (telecommunications).

línea de posición | line of position (navigation) | Sumner line.

línea de posición lorán | loran line.

línea de presión cero | absolute line (indicator diagram).

línea de presiones | pressure line (architecture).

línea de producción | assembly line.

línea de puesta en fase | phasing line.

línea de puntería | line of aim.

línea de rayas y puntos | dash and-dot line (telegraphy).

línea de rebaba | parting line (forging).

línea de referencia | check line | reference line.

línea de registro de llamadas | recording trunk (telephony).

línea de relés | stick circuit.

línea de remetido | looming line (warping).

línea de repetidor | repeater line (telephony).

línea de retardo | delay line | sweep load (TV).

línea de retardo de cuarzo | quartz delay line.

línea de retardo de elementos concentrados | lumped delay line (telecommunications).

línea de retardo de mercurio | mercury delay line (computing).

línea de retardo de parámetros localizados | lumped delay line.

línea de retardo eléctrica | electric delay line.

línea de retardo interdigital | interdigital delay line (microwaves).

línea de retardo ultrasónico | ultrasonic delay line.

línea de retorno | retrace line (TV) | return line.

línea de retroceso | return line.

línea de rotación | rotational line (physics).

línea de rotura del flujo | surge line.

línea de rumbo | course line | line of position | on-course line (navigation) | rhumb.

línea de separación | parting line.

línea de servicio | order-wire circuit (telephony).

línea de simple polaridad | single-current line.

línea de situación | line of sight.

línea de socorro | boosting main (electricity).

línea de sondear | fathom line.

línea de Sumner | Sumner line (navigation).

línea de sustentación nula | zero lift line.

línea de telecomunicación | telecommunication line.

línea de telegobierno | supervisory wiring (electricity).

línea de tierra | earth line.

línea de tiro | line of elevation (ballistics) | line of fire (ballistics).

línea de transmisión | program loop (telecommunications) | telecommunication line.

línea de transmisión abierta | open-transmission line.

línea de transmisión de datos | data line.

línea de transmisión de estrías | stripline.

línea de transmisión de radiofrecuencia | radio-frequency transmision line.

línea de transmisión de RF | RF line | RF transmission line.

línea de transmisión planar | planar transmission line.

línea de turbonada | squall line.

línea de unión | seam | trunk (telephony).

línea de voz | voice line.

línea del campo electromagnético | line of field strength.

línea del mismo contenido en carbono | isocarb (metallurgy).

línea derivada | branch line.

línea dúplex | duplex circuit.

línea eléctrica | electric line.

línea en soportes | line carried on brackets (communications).

línea equifase | equiphase contour.

línea equilibradora | balancing line (telecommunications) | basic network (telecommunications).

línea equinocial | terrestrial equator.

línea espectral | spectral line.

línea exploradora | picture strip (TV).

línea exterior de entrada de corriente | outer lead.

línea férrea | railway line.

línea física | physical line (circuit).

línea generadora de un impulso | pulse forming line (radar).

línea interurbana | trunk line (telephony).

línea isanómala | isanomal (meteorology).

línea isóbara | isobaric | isobaric line.

línea isobárica | equal-pressure line.

línea isobática | depth curve.

línea isoclinal | isoclinic.

línea isócora | isochore.

línea isocroma | isochrome.

línea isocromática | isochromatic.

línea isodina | isodyne.

línea isodinámica | isodynamic line.

línea isofoto | isolux line.

línea isogonal | isogonal.

línea isohélica | isohelic line.

línea isohiética | isohyetal line.

línea isomagnética | isomagnetic line.

línea isópaca | isopach.

línea isopícnica | isopycnic.

línea isopluvial | isohyet | isopluvial line.

línea isópora | isopor.

línea isóptera | isopter.

línea isoquímena | isochimal.

línea isosísmica | isoseismal.

línea isotéctica | isotectic.

línea isótera | isother | isotheral | isotheral line.

línea isoterma | isotherm | isothermal.

línea isotísmica | isothismic line.

línea libre | idle line (telephony) | idle trunk (telephony).

línea loxodrómica | rhumb bearing (navigation).

línea magnética | magnetic line.

línea media | middle line.

línea monofilar | single-wire line.

línea muerta | lost line (telephony).

línea multicompartida | multiparty line (telephony).

línea neutra | indifferent line (magnets) | neutral axis (electricity) | neutral line.

línea no uniforme | line structure (telephony).

línea ocupada | engaged line (telecommunications) | line busy (telephony).

línea paralela | parallel.

línea partida | split line (telecommunications).

línea periódica | periodic line.

línea plana | stripline (microwaves).

línea portadora | carrier line.

línea primitiva | pitch line.

línea principal | main route (telecommunications) | mains | trunk | trunk line (railways).

línea principal de alimentación | main feed line.

línea principal de transmisión | trunk transmission line.

línea privada | private line.

línea pupinizada | loaded line.

línea quebrada | angle line (topography) | broken line.

línea quebrada auxiliar | meander line (topography).

línea radial | radiant.

línea radial de suministro | radial circuit (electricity).

línea real | physical line (telephony) | real line (telephony).

línea remota | remote line (telecommunications).

línea rumbo-loran | lorhumb line.

línea sangrada | indented line (typography).

línea secante | intersecting line.

línea secundaria | feeder-line (aeronautics).

línea submarina | submarine line (electricity).

línea subterránea | underground line (electricity).

línea sustentadora | lifting line (propeller).

línea telefónica | telephone line | voice line.

línea telefónica directa | hot line.

línea telefónica interior | private line.

línea telegráfica de abonado | loop telegraph (telephony).

línea telegráfica local | telegraph loop.

línea telegráfica morse | Morse telegraph line.

línea terminal | terminal line (transmissions).

línea terrestre | land line (telecommunications).

línea transversal | traverse.

línea trifásica de doble circuito | three-phase double-circuit line.

línea unifilar | single wire line (telephony).

línea uniforme | uniform line (transmissions).

línea urbana | city line (telephony) | town mains (electricity).

línea visual | line of sight.

lineal | linear.

linealidad | linearity.

linealidad de respuesta | response linearity.

linealidad del sistema | system linearity.

líneas de fuerza magnética | magnetic lines of force.

líneas de isoactividad | isoactivity lines.

líneas de larga distancia | long lines (communications).

líneas de Lüders | stretcher strain marks.

líneas de Lüders por deformación inuniforme | stretcher strains (steel pressings defect).

líneas de transmisión variables | nonuniform transmission lines (telecommunications).

líneas isocásmicas | isochasmic lines.

líneas isócronas | isotime lines.

líneas isofases | constant-phase lines.

líneas isoflexas | isoflex lines.

líneas isométricas | isometric lines.

líneas selectoras | select lines (computing).

lingotar | ingot (to) (metallurgy).

lingote | billet | ingot | sow.

lingote con rechupe | piped ingot.

lingote de acero | steel ingot.

lingote de afino | steel iron.

lingote de hierro | iron.

lingote de hierro maleable | malleable iron | malleable pig iron.

lingote de oro o plata | bullion.

lingote de segunda fusión | secondary ingot.

lingote de uranio | uranium slug (nuclear energy).

lingote para chapa | slab ingot.

lingote refundido en el vacío | vacuum remelted ingot.

lingote testigo | pilot ingot (metallurgy).

lingotera | casting mold | casting pig | ingot mold | ingot mould.

lingotismo | ingotism.

linguete | keeper | pallet | pawl.

linguete de accionamiento | actuating pawl.

linguete de bloqueo | locking pawl.

linguete de presión | pressing pawl.

linguete de retención | retaining pawl.

linguete impulsor | propelling pawl.

linneíta | cobalt pyrites.

lino | flax.

linografía | linography.

linotipia | linograph | linotype.

linotipo | linograph | linotype.

linterna | lamp | mangle wheel.

linterna de válvula | valve casing (diesel engine).

linterna mágica | magic lantern (optics).

linternón de una cúpula | skylight turret (architecture).

liofilización | freeze-drying.

liofilizador | freeze dryer.

liofilizar | freeze-dry (to).

lipasa | lipase (biochemistry).

lípido | lipid.

lipoclástico | fat-breaking.

lipógeno | fat-producing.

lipoide | fat like | lipoid (biochemistry).

lipoideo | adipoid.

lipolítico | fat-cleaving | fat-reducing.

liporresistente | grease-resistant.

liposoluble | fat-dissolving | fat-soluble | grease-soluble | soluble in fat.

lipotéctico | lipotectic.

líquido | liquid.

líquido de decapado | pickle liquor.

líquido del freno | buffer liquid.

líquido excitador | active liquid (electricity).

líquido magnético | magnetic fluid.

líquido obturador | sealing liquid.

líquido refrigerante de metal licuado | liquid-metal coolant (nuclear reactor).

lira | sweep (lathe).

lisímetro | lysimeter.

liso | plain | smooth.

lista de programas | menu (computing).

lista enlazada | chained list (computing).

listado | listing (computing) | table.

listado de programa | program listing (computing).

listado del mapa de la memoria | memory map list (computing).

listón | bandlet (architecture).

listón de madera | batten.

listón separador | sticker.

lisura | smoothness.

litargirio | lead ochre | lead oxide | litharge.

litia | lithia (lithium oxide).

litiasis | gravel.

litio | lithium (Li).

litoclasa | rock fracture.

litocromía | lithochromy.

litogénesis | rock formation.

litoglíptica | lithoglyptics.

litoglíptico | lithoglyptic.

litografía | lithoglyptics.

litografía por rayos X | X-ray lithography.

litografiar | lithograph (to).

litoral | shore.

litoral marino | seaboard.

litosfera | geosphere.

litosiderito | lithosiderite (meteorite).

litro | liter (metric system).

lixiviación | elution | leach | leaching | lixiviating | lixiviation.

lixiviación al amoníaco | ammonia leaching.

lixiviado | leachate | lixiviate.

lixiviado en ácido | acid leached.

lixivialidad | leachability.

lixiviar | leach (to) | leach out (to) | lixiviate (to).

lixivio | lixivium.

lizo | heald | shaft (loom).

lizo de baja | lowering heald | lowering shaft.

llama | flame.

llama de encendido | pilot light.

llama neutra | neutral flame (chemistry).

llama no luminosa | nonluminous flame.

llama oxidante | nonluminous flame (blow-tube).

llamada | call | call in (computing) | dialing (telephony) | signaling (telephony).

llamada automática | automatic dial.

llamada de abonado | subscriber call (telephony).

llamada de aviso | report call (telephony).

llamada de larga distancia | toll call (telephony).

llamada de preaviso | preavis call.

llamada de reversión | reverting call (telephony).

llamada de servicio | service call (telephony).

llamada de timbre | ringing.

llamada de tránsito | transit call (telephony).

llamada equivocada | permanent loop (telephony).

llamada internacional | international call.

llamada luminosa | lamp call.

llamada manual | manual ringing (communications) | ringdown (telecommunications).

llamada por magneto | magneto call (telephony).

llamada por valor | call by value (program).

llamada previa | preliminary call | preliminary warning.

llamada revertida | reverting call.

llamada selectiva | coded call | selecting | selective call | selective ringing (telephony).

llamada telefónica | call.

llamador | ringer (telephony).

llamarada solar | solar flare.

llana de ángulo | angle float.

llana para enlucir | plastering-trowel.

llano | plain | plane.

llanta | beadlock (tires) | hoop iron | rim (wheels, pulleys) | strap | tyre (G.B.) (wheels) | wheel band | tire (USA) (wheels).

llanta de caucho | rubber tire.

llanta de rueda | wheel rim.

llanta de rueda endurecida por acritud | work-hardened wheel tread (wagons).

llanta embutida | pressed-on tire.

llanta lisa | smooth rim (wheels).

llanta neumática | pneumatic tire.

llanta sin pestaña | plain tire (wheels).

llanta soldada sobre el canto de la plancha | face flat.

llanura | flat | plain.

llanura abisal | abyssal plain.

llave | key | spigot.

llave ajustable | adjustable wrench (electricity).

llave de acceso | password.

llave de aguja | key switch (railways).

llave de anillo | ring spanner.

llave de apriete prefijado | torque wrench.

llave de arco | keystone (architecture).

llave de bujías | plug spanner.

llave de cebar | priming cock.

llave de comprobación | monitoring key.

llave de conmutación | rocking key.

llave de conmutación de báscula | lever key (telephony).

llave de contacto | keyswitch.

llave de cortocircuitar | taper.

llave de cortocircuito | short-circuit key.

llave de cremallera | monkey wrench.

llave de cuña | taper key.

llave de desagüe | petcock.

llave de dientes | pin wrench | prong key.

llave de enclavamiento | locking key.

llave de escucha | monitoring key (telephony).

llave de espiga | pin key (locks).

llave de gancho | spanner.

llave de gancho con espiga | pin wrench | pin spanner.

llave de inyección | injection cock.

llave de lanzamiento | dagger (ships).

llave de lengüeta | stray key | tapping key (electricity).

llave de llamada | key-sending (telephony) | recalling key (telephony) | ringing key.

llave de mandíbulas | alligator wrench.

llave de maniobra | tiller.

llave de montador | construction wrench.

llave de mordaza | bulldog wrench.

llave de pasador | pin spanner.

llave de paso | curb cock | pass key.

llave de pitones | pin wrench.

llave de prueba | test key.

llave de purga | petcock.

llave de retención | nipping-fork.

llave de retenida | nipping-fork (drillings) | rod support (drillings).

llave de ruptura | interruption key (telephony).

llave de seguridad | stop key.

llave de separación | splitting key (telephony).

llave de suspensión | lifting-dog (drillings).
llave de tetones | pin spanner.
llave de trinquete | ratchetting end wrench.
llave de tubería | lay tong (drillings).
llave de tubo | socket wrench.
llave de tuercas | nut wrench | screw wrench | spanner | wrench.
llave de tuercas ajustable | monkey wrench.
llave inglesa | adjustable spanner | adjustable-jaw wrench | monkey wrench | spanner.
llave inglesa acodada | elbowed spanner.
llave inglesa ajustable | shifting spanner.
llave inglesa de tubo | box spanner.
llave inglesa para tuercas | wrench.
llave inglesa torsiométrica | torque spanner.
llave maestra | pass key | skeleton key.
llave para grifos | cock wrench.
llave para tubos | pipe wrench.
llave para tuercas | nut driver.
llave para válvula | valve key.
llave torsiométrica | torque wrench.
llegada | arrival.
llenar | fill (to).
llenar un molde | teem (to).
lluvia | rain.
lluvia ácida | acid rain.
lluvia radiactiva | radioactive fallout.
lobo | skull (metallurgy).
lobo de cuchara | ladle button (metallurgy) | ladle skull (metallurgy).
lóbulo | lobe (radio).
lóbulo principal | major lobe (radiation).
localización | locating | location | lock-on (radar).
localización acústica | sound ranging.
localización de averías | fault finding.
localización de estaciones de radio | radio position finding.
localización de la información | information retrieval.
localización por radio | radio fix.
localización radárica | radiolocation.
localización submarina | subaqueous ranging.
localización y reparación de averías | troubleshooting.
localizador | localizer | locator.
localizador de averías | fault finder | fault localizer.
localizador de emisoras | intercept receiver.
localizador de haz | beam finder.
localizador de palabras | word locator (computing).
localizador de programas | run locator.
localizador de señal | range finder.
localizador de trayectoria | path finder.

localizador infrarrojo | infrared localizer.
localizar | detect (to) (failures) | locate (to).
locomotora | locomotive | locomotive engine.
locomotora de maniobra | yard engine | yard locomotive.
locomotora de maniobras | pony engine.
locomotora exploradora | pilot engine.
locomotora ténder | tank engine | tender locomotive (railways).
lodar | lodar (radiogoniometer).
lodo | mud | slime | sludge.
lodo a la cal | lime mud (drillings).
lodo ácido | acid sludge (chemistry) | acide sludge.
lodo de inyección | mud (drillings) | mud fluid (drillings) | mud flush (drillings).
lodo de perforación | mud | sludge (drillings).
lodos | slurry (mining).
loes arcilloso | loessic loam.
loésico | loessic.
loess | loess.
logarítmico | logarithmic.
logaritmo | log | logarithm | artificial number.
logaritmo decimal | decimal log.
logaritmo natural | natural logarithm.
logaritmo neperiano | natural logarithm.
logaritmos neperianos | Napier's logarithms.
logátomo | logatom (acoustics).
lógica binaria | binary logic (computing).
lógica con transistor acoplado | transistor coupled logic.
lógica del diodo de transistores | transistor-diode logic.
lógica y bases de datos | logic and databases.
lógico | logical.
lógico de impulsos patrón multifase | multiphase clocked logic.
logístico | logistical.
logit | logit (logarithmic unit).
logografía | logography.
logograma | logogram.
logómetro | quotient meter | ratio meter.
logonio | logon (telecommunications).
logotipo | adcut (printing) | logotype.
lona | canvas.
longidud angular | angular length.
longitud | length | width (pulsation).
longitud calibrada | gage length.
longitud celeste | celestial longitude.
longitud de la carrera | stroke length (tools).
longitud de la trayectoria | path length.
longitud de onda | wavelength.
longitud de onda crítica | critical wavelength | threshold wavelength.

longitud de onda de guía de ondas | wave-guide wavelength.

longitud de onda espectral | spectral wave-length.

longitud de onda máxima | maximum wave-length.

longitud de onda neutrónica | neutron wave-length.

longitud de onda propia | natural wavelength.

longitud de onda resonante | resonant wave-length.

longitud de onda ultravioleta | ultraviolet wave.

longitud de palabra | word length (comput-ing).

longitud de referencia | gage length.

longitud de traza | track length (nuclear energy).

longitud en pies | footage | linear footage.

longitud en radianes | angular length.

longitud en yardas | yardage.

longitud focal del objetivo | objective focal length.

longitud inducida | active length (electricity).

longitud total | length over all | overall length.

longitudinal | linear | longitudinal.

loran | long range navigation (loran) | loran.

losa | slab.

losa continua de cimentación | mat (concrete).

losa de paramento | face slab.

loseta de revestimiento | facing tile.

lote | set.

lote básico | basic batch (computing).

lote de programa | program deck (computing).

loxodromia | loxodrome.

lubricación | greasing | lubricating | oiling.

lubricación en circuito cerrado | loop lubrica-tion.

lubricación en la capa límite | thin-film lubri-cation.

lubricación por borboteo | splash lubrication.

lubricación por salpicadura | splash lubrica-tion.

lubricado | oiled.

lubricador | greaser.

lubricador de aguja | needle lubricator.

lubricador para alimentar diversos circuitos | multipoint lubricator.

lubricante | lubricant | oil.

lubricante multigrado | multigrade lubricant | multigrade oil.

lubricante para bomba de agua | water-pump lubricant.

lubricante para motores de chorro | jet lubri-cant.

lubricante plomoso | lead lubricant.

lubricante resistente a las irradiaciones | ra-diation-resistant lubricant (spatial vehicles).

lubricantes para transmisiones | machinery oils.

lubricar | grease (to) | lubricate (to) | oil (to).

lubricar el motor | oil motor (to).

lubricar por baño de aceite | oil-bath lubri-cate (to).

lubricar por chapoteo | splash lubricate (to).

lubricidad | lubricity.

lubrificar | lubricate (to).

lucernario | lantern light.

luces | play of light (diamonds).

luces de borde de pista | runway edge lights.

luces de extremo de pista | runway end lights.

luces de navegación | navigation lamps | navi-gation lights.

luces de situación | night-lights (airplanes, ships).

luces de umbral | threshold lights.

luces de umbrales de pista | threshold lights (airports).

luces para el contacto con la pista | touch-down lights (airports).

luchar contra el viento al ancla | ride to the wind (to).

lucífugo | light-avoiding.

lugar de aterrizaje | landing site.

lugar geométrico | locus.

lugares geométricos | loci.

lugre | chasse maree | lugger (ships).

lumbergio | lumberg (luminic energy unit).

lumbrera de admisión | intake port.

lumbrera de escape | relief port (engines).

lumen | lumen.

lumen por vatio | lumen per watt.

lumenímetro | lumen meter | lumeter.

lumergio | lumerg.

luminancia | luminance (photometric bright-ness).

luminancia de adaptación | adaptation bright-ness | adaptation illuminance | brightness le-vel.

luminífero | light-emitting.

luminímetro | luminometer.

luminiscencia | luminescence.

luminiscencia azul | blue glow.

luminiscencia catódica | cathode luminescence.

luminiscencia por contacto | junction luminis-cence.

luminiscencia química | chemical luminis-cence.

luminiscencia residual | afterglow | postlumi-nescence.

luminiscente I glowing.
luminosidad I brightness I brilliance I emittance I lucidity I luminosity (physics).
luminosidad anódica I anode glow.
luminosidad de fondo I background (TV).
luminosidad de la lente I lens speed (optics).
luminosidad del objetivo I lens speed.
luminosidad negativa I negative glow.
luminoso I light-giving.
luminotecnia I illuminating engineering.
luna I moon.
lunación I moon (astronomy).
luneto I lunette (architecture).
lúnula I lune (geometry).
lupia I balling (metallurgy) I puddle ball.
lustrado I lustering.
lustradora I lustering machine.
lustrar I gloss (to) I luster (to) I polish (to) I surface (to).
lustre I brilliance I gloss I glossiness I luster (USA) I lustre (G.B.).
lustrómetro I glossimeter.
lutecio I lutetium (Lu).
luten I lute.
lutenación I luting.
lutolita I mudstone.
lux I lux (luminic intensity unit).
luxímetro I foot-candle meter I illumination meter.
luxómetro I luxmeter.
lux-segundo I fot.
luz I light.
luz actínica I acting light.
luz alta de mástil de antena   I   obstruction light.
luz anódica I positive glow (gas).
luz blanca I white light.
luz catódica I negative glow.
luz catóptrica I catoptric light.
luz de acceso I approach light.
luz de advertencia I caution light.
luz de aeronave I aircraft light.
luz de aproximación I approach light.
luz de aterrizaje I approach light I landing light.
luz de avería I warning light.
luz de aviso I tally light I warning light.
luz de balizaje de pista I runway marker.
luz de balizamiento I range light.
luz de destellos I intermittent light I revolving light (beacon).
luz de enfilación I range light (navigation).
luz de estudio I studio light (TV).
luz de fondeo I riding light (ships).

luz de frenado I stoplight.
luz de identificación I identification light (aeronautics).
luz de navegación I lamp (ships).
luz de ocultaciones I occulting light (ships).
luz de parada I stoplight.
luz de pista I runway light.
luz de posición I range light I top light (surfaced submarine).
luz de positivado I printer light (cinematography).
luz de puerto I sea light (ships).
luz de recalada I approach light.
luz de rodaje I taxi light.
luz de sentido de aterrizaje I landing direction light.
luz de señales I marker light I signalling light.
luz de señalización I recognition light I signal light.
luz de situación I range light I riding light (ships, airplanes) I side light (ships).
luz de tope I masthead light (ships).
luz de umbral de pista I runway threshold light (aeronautics).
luz diámetro interior I lumen.
luz difusa I scattered light.
luz eléctrica I electric light.
luz fría I aeolight I cold light.
luz giratoria I revolving light.
luz indicadora I marker light.
luz indicadora de fusible I signal fuse light.
luz indicadora de un obstáculo I obstruction light.
luz indicadora del aterrizador I landing gear light (airplanes).
luz infrarroja I infrared light.
luz intermitente I intermittent light.
luz láser I laser light.
luz lineal I linear light.
luz marcadora I marker light.
luz negativa I negative glow.
luz negra I dark light.
luz piloto I pilot light I rear light.
luz polarizada plana I plane-polarised light.
luz positiva I positive glow.
luz reflejada I reflected light.
luz refractada I refracted light.
luz solar I sunlight.
luz superior de torre de antena I obstruction light.
luz testigo I pilot light.
luz trasera I taillight.
luz visible I visible light.

M

macareo I eagre I tidal bore.

maceración I macerating I maceration I soaking I souring.

macerar I macerate (to) I mash (to) I soak (to) I sour (to).

maceta de cantero I mallet.

mach I mach.

Mach 2 I Mach 2.

machacadora de martillos oscilantes I swing hammer crusher.

macheteo I pitching (ships).

machihembrado I matched I tonguing.

machihembradora I matching machine I tonguing and grooving machine.

machihembradora-cepilladora I planer and matcher.

machihembrar I feather (to) I groove (to) I groove and tongue (to).

machio I mach (aerodynamics unit).

machmetro I machmeter.

macho I about-sledge I pintle.

macho acabador I third tap.

macho aterrajador I tapper tap.

macho cilíndrico I bottoming tap.

macho cónico I tapered plug (coks).

macho de acabar I plug tap.

macho de arcilla I loam core.

macho de aterrajar I screw tap.

macho de escariar I rimer tap.

macho de fragua I blacksmith sledge.

macho de garganta I neck core (foundry).

macho de grifo I cock plug.

macho de perforación I tap drill (wells).

macho de roscar I tap.

macho de tierra I loam core (foundry).

macho desbastador I taper tap.

macho embutidor I stamping die.

macho escariador I reaming-tap.

macho grande I nowel (foundry).

macho intermedio para roscar I second tap.

macho mecánico I machine coring (molding).

macho para roscar a máquina I machine screw tap.

macho para roscar tuercas I nut tap.

macho perdido I lost sand core (smelting).

macho roscador cónico I taper tap.

macho roscador corto I stub tap.

macho semicónico para roscar I plug tap.

machota I maul.

macizado I backing-up (walls).

macizo I stoop (mining).

macizo de anclaje I deadman.

macizo de mineral I mass of ore.

macla I macle (crystallography) I twin (crystallography) I twin crystal (crystallography).

macla de Brasil I chiral twin.

macla de celosía I lattice twin.

macla de inversión I inversion twinning.

macla de la cruz de hierro I iron cross twin.

macla de penetración I penetration twin (crystallography).

macla de recocido I annealing twin.

macla lenticular I lenticular twin.

macla mecánica I mechanical twin (crystallography).

macla natural I congenital twin.

macla polisintética I polysynthetic twin.

macla primaria I primary twin (crystallography).

maclación I twinning.

maclación interna I internal twinning.

maclaje I twinning.

maclar I twin (to).

maclas de interpenetración I interpenetration twins.

macro I macro.

macroactivar I macroactivate (to).

macroatacar al ácido I macroetch (to).

macroataque por ácido I macroetch (metalography).

macrocodificación I macro coding.

macrodeformación I macroscopic strain.

macrodureza I macrohardness.

macrografía I macrography.

macrograma I macrogram.

macroinstrucción I macro.

macrómetro I macrometer (optics).

macroonda I macrowave.

macroparámetro I macroparameter.

macropartícula I particulate.

macroquímica I macrochemistry.

macrorreactivo I macroetchant.

macroscopia I macroscopy.

macroseísmo I macroseism.

macrosísmico I macroseismic.

madera I wood.

madera agatizada I agatized wood.

madera de encofrar I falsework.

madera de revestimiento I lagging.

madera lamelar I laminate.

madera para minas I pit timber.

madera silificada I agatized wood.

maderaje I timber.

maderamen I timber.

madero I lumber I timber.
madero de entibación I spile.
madistor I madistor (semiconductor).
maduración I season (metallurgy) I seasoning (metallurgy).
maduración magnética I magnetic aging (metallurgy).
maduración mecánica I strain-ageing.
madurado I seasoned.
madurar por deformación plástica I strain age (to).
maestra I midship section (ships).
maestranza I arsenal.
magma I magma.
magma agresivo I invasive magma (geology).
magma invasivo I invasive magma.
magma madre I parent magma.
magma primario I parent magma.
magma volcánico I igneous magma.
magmático I magmatic (geology).
magnascopio I magnascope.
magnesia I bitter earth I magnesia.
magnesiano I magnesian (chemistry).
magnésico I magnesian.
magnesio I magnesium.
magnesio colado I cast magnesium.
magnesiotermia I magnesothermy.
magnesita I magnesite I meerschaum I pipe stone.
magnesita amorfa I massive magnesite.
magnético I magnetic.
magnetismo I magnetism.
magnetismo del espín I spin magnetism.
magnetismo pasajero I temporary magnetism.
magnetismo remanente I residual magnetism.
magnetita I black iron ore I black oxide of iron I loadstone I lodestone I magnetic ore I magnetite I natural magnet.
magnetización saturante I saturation magnetization.
magnetizar I magnetize (to).
magneto I magnet I magneto.
magneto de encendido y alumbrado I ignition and lighting magneto.
magneto de inducido giratorio I revolving coil magneto.
magnetófono I tape machine I tape recorder.
magnetógrafo solar I solar magnetograph.
magnetohidrodinámica I hydromagnetics.
magnetómetro I field balance.
magnetómetro astático de punto cero I null astatic magnetometer.
magnetómetro de avión I airborne magnetometer.
magnetómetro equilibrador I null astatic magnetometer.

magnetón I magneton.
magnetorrotación I magnetorotation.
magnetoscopia I magnetoscopy.
magnetoscopio I magnetoscope I television magnetic tape recorder I television tape machine (TV) I video tape recorder.
magnetoscopio reproductor I videoplayer.
magnetostática I magnetostatics (science).
magnetostático I magnetostatic.
magnetostricción de saturación I saturation magnetostriction.
magnetotermiónico I magnetothermionic.
magnetrón I disk-seal tube I magnetron.
magnetrón de ánodo hendido I split-anode magnetron.
magnetrón de cavidad I cavity magnetron.
magnetrón de cavidades I multicavity magnetron.
magnetrón de microondas I microwave magnetron.
magnetrón de múltiples ranuras I multislot magnetron.
magnetrón de onda progresiva I traveling-wave magnetron.
magnetrón iónico I ion magnetron.
magnetrón lineal I linear magnetron.
magnetrón plurisectoral I multisegment magnetron.
magnetrón pulsado I pulsed magnetron.
magnetrón sintonizable I tunable magnetron.
magnetrón unimodal I unimode magnetron.
magnetrones pulsados resistentes I rugged pulsed magnetrons.
magnistor I magnistor.
magnitud del desvanecimiento I fading depth (radioelectric signals).
magnitud eficaz I RMS magnitude.
magnitud escalar absoluta I absolute scalar.
magnitud radiométrica I radiation magnitude.
magnox I magnox (nuclear energy).
magslip I magslip (synchronous motor).
majador I dampening unit (offset).
mal encaminamiento I misrouting.
mal funcionamiento I runout.
mala conexión I faulty connection (electronics).
malabsorción I malabsorption.
malacate I bullock gear I capstan I crab I drawworks I windlass.
malacate de mina I mine hoist.
malacate de pozo I shaft hoist.
malacate neumático I air winch.
malacate portátil I donkey.
malalineación I misalignment.
malalineado I misaligned.
malalinear I misalign (to).

malaquita I green copper ore I malachite.

maleabilidad I drawing property I ductility I malleability.

maleabilización I malleableizing.

maleable I ductile.

malecón I bulkhead I dyke I jetty I levee (rivers) I pier I seawall.

malla I heald I lattice I loop (weaving).

malla bidireccional I two-way link (telecommunications).

malla jacquard I jacquard coupling.

malla múltiple I multiloop (electricity).

mallazo I welded wire fabric.

mallo I about-sledge (metallurgy) I mallet.

malpaís I malpais.

mampara I screen.

mamparaje I bulkheading.

mamparo I bulkhead (ships).

mamparo balístico I ballistic bulkhead.

mamparo blindado I armor bulkhead.

mamparo de proa de la toldilla I poop fore end bulkhead I poop front.

mamparo del prensaestopas I stuffing box bulkhead.

mamparo estanco I watertight bulkhead.

mamparo interior I inboard bulkhead (airplanes).

mamparo longitudinal I longitudinal bulkhead.

mampostear I brick (to).

mampostería I masonry I walling.

mampostería aparejada I block-in-course I bound masonry.

mampostería de hormigón I concrete masonry.

mampuesto I rough ashlar.

manantial I source (energy).

manantial artesiano I artesian spring.

manantial de corriente I supply (electricity).

manantial de luz I light source.

manantial térmico I hot spring.

manantial volcánico I volcanic spring.

manar I flow (to) I stream (to).

mancha I spot I stain.

mancha de difracción I mottling diffraction (casting defect).

mancha ferruginosa I iron stain.

mancha hiperluminosa I womp.

mancha iónica I ion burn I ion spot.

mancha luminosa I light patch (TV).

mancha solar I facula I sun spot.

mandarria I about-sledge I beetle (navy) I maul I slogging hammer.

mandato de prueba I test command (telecommunications).

mando I control (airplanes) I operating controls (machines).

mando a distancia I pilot relaying.

mando accionado por válvula I valve-actuated control.

mando auxiliar I accesory drive I accessory drive.

mando de alabeo I lateral control (airplanes).

mando de compensación I trimming control (airplanes).

mando de cuadrante único I single-dial control.

mando de dirección I rudder control (airplanes).

mando de levas I tappet gear.

mando de puesta a cero I set zero control.

mando de transmisión I transmit control.

mando de vuelo por servomando I power-operated control.

mando del alerón I aileron control.

mando del husillo I spindle drive.

mando desmodrómico I positive drive.

mando desmultiplicador I screwdown drive.

mando directo I local control I positive control.

mando eléctrico enclavado I interlocked electrical control.

mando electrónico a distancia I telelectric.

mando hidráulico I hydraulic drive.

mando irreversible I irreversible steering.

mando mecánico I machine drive I powering control.

mando motorizado I power-operated control.

mando neumático I pneumatic control.

mando numérico I numerical control.

mando por cable I rope drive.

mando por pulsador I push-button control.

mando servoaccionado I power-operated control.

mando servoasistido I power boosted control.

mando temporizado I timing control.

mandril I beading tool I broach I mandrel I pin I tube expander tool I work holder.

mandril abocardador I turnpin.

mandril cónico I taper mandrel (lathe).

mandril cortador I cutting drift.

mandril de avance I feed chuck.

mandril de chaveta I key chuck.

mandril de expansión I expander I expanding mandrel I roller expander (tubes).

mandril de garras I jaw chuck.

mandril de reborde I spur chuck.

mandril de resorte I spring chuck.

mandril de tornillo I screw chuck.

mandril escalonado I stepped mandrel.

mandril excéntrico I eccentric chuck.

mandril fileteado I nut arbor.

mandril para acepilladora I planer chuck.

mandril para tuercas I nut mandrel.

mandril partido I split chuck.

mandril portafresa I milling arbor.

mandril roscado I nut arbor (lathe).

mandril universal I universal chuck.

mandrilar I bore out (to) I expand (to) I flange (to) I mandrel (to) I ream (to) I widen (to) (tubes).

mandrín I mandrel.

mandrín acanalado I mortise bolt.

mandrín cónico para ensanchar I thimble (tubes).

mandrinado I boring I broaching.

mandrinadora I boring machine I boring mill (mechanics).

mandrinar I bore (to) I broach (to) I mandrel (to).

mandrino I mandrel (lathe).

manejabilidad I workability.

manejable I easy to handle I maneuverable.

manejar I man (to) I manage (to).

manejo I management I working.

manejo fácil I easy control.

maneta de sujeción I clamp handle (mechanics).

manga I baffle (thermionics) I beam (ships) I breadth (ships) I journal (wheel shaft) I tuyere sack (blast furnaces) I windspout.

manga de aire I wind cone.

manga de ventilación I vent.

manga soldable I welding sleeve (pipes).

manganato de bario I manganese green.

manganeso I manganese.

manganita I acerdese I gray manganese ore I grey manganese ore I manganite (mineralogy).

manganoepidota I manganese epidote.

manga-veleta I wind cone (airports) I wind sleeve (airports).

mangle I mangle I mangler I mangling machine.

mangleado I mangling.

manglear I mangle (to).

manguera I hose I sleeve (aeronautics).

manguera de comunicación interior I interconnecting sleeve (dirigibles).

manguera metálica I metal hose.

mangueta I journal I soil pipe I strut I wheel spindle (tires).

manguito I bootleg I bushing I bushing ring I collar I jacket (cannons) I lead sleeve I pipe joint I quill I sleeve I spool I thimble.

manguito aislante I insulating boot.

manguito de acoplamiento I joint sleeve I muff I muff-coupling.

manguito de apriete I collet sleeve.

manguito de compresión I compression sleeve.

manguito de detención I locking sleeve.

manguito de empalme I jointer I jointing sleeve.

manguito de empuje I thrust gland.

manguito de enfriamiento I jumbo (nozzle).

manguito de fijación I adapter sleeve.

manguito de fricción I friction socket.

manguito de piñón I pinion sleeve (toothed wheels).

manguito de reducción I swedged nipple (mechanics).

manguito de refuerzo I cathead.

manguito de regulación del aire I air control sleeve.

manguito de resorte I spring sleeve.

manguito de soldar I wiper sleeve (electricity) I wiping sleeve (electricity).

manguito de tuerca I barrel-nut.

manguito de unión I joining length I joint sleeve (tubes) I jointing sleeve I junction-box I splicing sleeve I union nipple.

manguito del émbolo I piston sleeve.

manguito del pie de rey I thimble (tools).

manguito del pistón I piston sleeve.

manguito desplazable I sliding sleeve.

manguito directo I junction coupling.

manguito interconectador I interconnecting sleeve.

manguito para soldar I welding sleeve.

manguito portador I carrying sleeve.

manguito portaherramienta I chuck.

manguito ranurado I keyed sleeve.

manguito roscado I screw coupling.

manguito-tope I abutment cradle I abutment sleeve.

manigueta I hand lever I holdfast.

maniobra I move I movement I moving I run I maneuver (U.S.A.) I manoeuvre (G.B.).

maniobra en vuelo I maneuver in the air.

maniobra para la reunión I rendezvous manoeuvre (cosmonautics).

maniobrabilidad I handiness I maneuvrability.

maniobrable I maneuverable.

maniobrar I manage (to) I maneuver (to) I sail (to) (ships).

manipulación I handling I key-sending (telegraphy) I keying I servicing.

manipulación de cadenas I string handling.

manipulación en el punto nodal I nodal point keying.

manipulación por desviación de fase I phase shift keying.

manipulador I keyer (communications) I key-set (radio) I sender (telegraphy) I tapper I transmitter key (telegraphy).

manipulador de cable I cable key (telegraphy).

manipulador de servomecanismo I servomanipulator.

manipulador de telemedida I telemetry keyer.

manipulador por teclas I keysender (telegraphy).

manipulador telegráfico I sending key.

manipulador telemandado I master-slave manipulator.

manipular I manage (to).

manivela I crank I crooked handle I hand crank I handle.

manivela de arranque I starting crank (engines).

manivela de plato I wheel crank.

manivela de volante I wheel handle.

manivela retráctil I retracting crank.

manocontactor anemométrico I ram pressure switch.

manojo I bundle.

manometría I manometry.

manómetro I air gauge I manometer I pressure gage I pressure indicator I pressure measuring apparatus I pressure meter I pressure-tester I vacuum gauge.

manómetro contrastado I calibrated pressure gage.

manómetro de aceite I oil gage I oil pressure indicator.

manómetro de columna líquida I liquid-column gage.

manómetro de fibra de cuarzo I quartz-fiber manometer.

manómetro de gas absoluto I absolute manometer.

manómetro de ionización I ionization gage I ionization gauge I ionization manometer.

manómetro de mercurio I mercurial gage I mercury gage I mercury pressure gage.

manómetro de mercurio con tubo en U I mercury U-tube manometer.

manómetro de pérdida de carga I loss-of-head gage.

manómetro de pistón I piston gage.

manómetro de presión de admisión I manifold pressure gauge.

manómetro de purga de aire I vent gage.

manómetro de tubo en U I U-tube manometer.

manómetro de vapor I steam gage.

manómetro del aceite I oil-pressure gage.

manómetro del aire I air gage.

manómetro indicador de la presión I indicating pressure.

manómetro metálico I spring pressure gage.

manómetro óptico I optical pressure indicator.

manómetro patrón I master gage.

manómetro piezoeléctrico I piezoelectric gage.

manómetro registrador I recording gage.

manómetro térmico I hot-wire gage.

manorreducción I pressure reduction.

manorregulador I pressure governor.

manostato I pressurestat.

manotransmisor I pressure element.

mansarda I back dryer.

mantenimiento I attendance I servicing I upkeep.

mantenimiento de un sistema I system maintenance.

mantenimiento no periódico I unscheduled maintenance.

mantenimiento no programado I unscheduled maintenance.

mantilla I blanket (printing).

mantillo I humus.

manto I bed vein (geology) I blanket vein I ledge (mining).

manto acuífero I water-bearing stratum.

manto carbonífero I carboniferous bed.

manto de carbón I coal-bed.

manto intrusivo I intrusive sheet.

manto superficial I callow (geology).

manto I mantle.

manubrio I crank I handle-bar.

mapa I chart I map.

mapa aéreo I air map.

mapa astrográfico I astrographic chart.

mapa celeste I star chart (navigation).

mapa de carreteras I road map.

mapa de isohietas I isohyetal map.

mapa de isópacas I isopach map.

mapa de isoyetas I isopluvial map.

mapa de la memoria I memory map.

mapa del tiempo I weather chart.

mapa improvisado I map substitute.

mapa isobárico I isobaric chart.

mapa isohiético I isohyetal chart.

mapa isorradiométrico I radiometric map.

mapa isótero I isotheral chart.

mapa lógico I logic map (computing).

mapa meteorológico I weather chart I weather map.

mapa orográfico I orographic map.

mapa oroscópico I oroscopic map.

mapa pedológico I soil map.

mapa planimétrico I planimetric map.

mapa pluviométrico | rain chart | rainfall chart.

mapa táctico | tactical map.

mapa tectónico | structural map.

mapa topográfico | contour map | profile map | topographical map.

mapa utilitario de terrenos | land-use map (cartography).

maquetación | makeup.

máquina | engine | jenny | machine | unit.

máquina accionada por aire comprimido | pneumatic machine.

máquina alternativa | reciprocating engine.

máquina automática | push-button machine | robot.

máquina auxiliar | auxiliary.

máquina auxiliar pequeña | jack engine.

máquina calibradora | rating machine.

máquina cargadora | loader.

máquina con distribución por válvulas | valve engine.

máquina copiadora xerográfica | xerographic copyng machine.

máquina cortacarriles | rail-cutting machine.

máquina cortadora por haz lasérico | laser cutting machine.

máquina cultivadora | cultivator.

máquina curvadora de carriles | rail-bender.

máquina de aboquillar | joggling machine.

máquina de acanalar | quarrying machine.

máquina de acceso a red | network access machine.

máquina de arrastre | log hauler.

máquina de babor | port engine.

máquina de balancín | lever engine.

máquina de cablear | wire wrapper.

máquina de calandrar | mangle | mangler.

máquina de campo variable | pulsating-field machine.

máquina de cilindro invertido | inverted cylinder engine.

máquina de componer | composing machine (typography) | typecasting machine (typography).

máquina de curvar tangente | tangent bender.

máquina de desmoldear | pattern draw machine.

máquina de ejes múltiples para hacer colas de milano | multispindle dovetailer.

máquina de embutir | squeezer.

máquina de empalmar | splicing machine.

máquina de encartar | inlaying machine.

máquina de energía solar | solar energy engine.

máquina de equilibrar | balancing machine.

máquina de escariar | reamer.

máquina de escribir | typewriter.

máquina de escurrir | wringer.

máquina de estajar | joggling machine.

máquina de estampar | printing machine.

máquina de estenotipia | stenograph.

máquina de estirar alambre | wiredrawing machine.

máquina de extracción | drawing-engine (mining) | winding engine (mining).

máquina de forjar horizontal | upsetter.

máquina de fresar | milling head.

máquina de fundir matrices | die caster.

máquina de hacer juntas | jointing machine.

máquina de hilar | jenny | spinner | spinning frame | spinning machine.

máquina de hilar algodón | cotton jenny.

máquina de huecograbado | intaglio press.

máquina de imprimir | printery machine | printing machine.

máquina de inducción | induction machine.

máquina de machihembrar | matcher.

máquina de moldear | molding machine.

máquina de moldear de sacudidas | jolting molding machine.

máquina de moldeo por inyección | injection moulding machine.

máquina de moldurar | dado machine | molding machine.

máquina de oxicorte de multisopletes | multi-torch cutting machine.

máquina de oxicorte de plurisopletes | multi-nozzle cutting machine.

máquina de oxicorte por plantilla | profiler.

máquina de perforar | stamping machine.

máquina de pistón | piston engine.

máquina de plegar | folding machine.

máquina de pulimentar | lapping machine.

máquina de punzonar y cizallar | punching and shearing machine.

máquina de ranurar | jointer (carpentry).

máquina de rayar cañones | rifling bench.

máquina de rebordear | crimping machine.

máquina de recalcar | forging machine.

máquina de rectificación | lapping machine.

máquina de redondear esquinas | round corner machine (printing).

máquina de remachar | riveter.

máquina de revelar | processor (photography).

máquina de roscar | threader.

máquina de soldar | soldering machine.

máquina de sumar | adding machine.

máquina de sumar con mecanismo de impresión | listing machine.

máquina de taladrar lasérica | laser drilling machine.

máquina de tallar los engranajes de perfil de envolvente | involute gear cutter.

máquina de vapor de agua | steam engine.

máquina elaboradora | processor.

máquina electroneumática | air-electric machine.

máquina elevadora | raising machine.

máquina encarretadora | spooler.

máquina enfriada con agua | water-cooled machine.

máquina eólica | wind machine.

máquina escarbadora | scraper.

máquina explanadora | road grader.

máquina exploradora | pilot (railways) | pilot engine.

máquina gobernada por ciclo mecánico | mechanical-cycle machine.

máquina herramienta | machine tool.

máquina hidráulica | water engine.

máquina impresora | printer.

máquina inteligente | understanding machine.

máquina lapidadora | lapping machine.

máquina locomóvil | locomotive engine | portable engine.

máquina magnetoeléctrica | magneto | magneto-generator.

máquina manipuladora automática | robot-handler.

máquina motriz | motor engine | prime mover.

máquina multicopista | manifolder.

máquina neumática | aspiring pump | pneumatic machine (pump out).

máquina nuclear | nuclear engine.

máquina oscilante | jerking machine.

máquina para abrir galerías | miner (mining).

máquina para apilar | stacker.

máquina para apilar bandejas | pallet stacker.

máquina para barrenar pistones | piston-boring machine.

máquina para bombear | pumper.

máquina para cortar pastillas | wafering machine.

máquina para cortar perfiles laminados | section-cropping machine.

máquina para desterronar arenas | muller (foundry).

máquina para pruebas de tracción | tensile tester.

máquina para rafar y partir y cargar carbón | mechanical miner (mining).

máquina para trocear barras | slitting machine.

máquina perfiladora | profiler.

máquina pilón | inverted cylinder engine.

máquina planchadora | ironer.

máquina pulimentadora | lapper.

máquina punteadora | jig borer.

máquina quitanieves | snow plough.

máquina rafadora de carbón | miner.

máquina reforzadora de esquinas | stayer (typography).

máquina rellenadora | stuffer.

máquina rotativa | rotary engine.

máquina rotativa para offset | rotary offset machine.

máquina semiautomática | partial automatic machine.

máquina sincrónica | synchronous machine (electricity).

máquina solar | solar engine.

máquina térmica | heat engine.

máquina tractora | mover.

máquina turbotérmica | turbothermal machine.

máquina universal | multipurpose machine.

máquina ventilada | aircooled machine.

máquina vibradora | paving spreader.

máquina virtual | virtual machine (computing).

maquinabilidad | machinability.

maquinado | machined | machining.

maquinado de festones | incutting.

maquinado de vaciados | incutting.

maquinado en caliente | hot-working.

maquinado multigradual | multistage machining.

maquinado por electroerosión | spark machining.

maquinal | mechanical.

maquinar | machine-tool (to) | tool (to).

maquinar en caliente | hot-work (to).

maquinar por electroerosión | spark machine (to).

maquinaria | machinery | works.

maquinaria textil | textile machinery.

maquinización | machining.

maquinización con micromáquina | micromachining.

maquinización por haz lasérico | laser machining.

maquinizar | machine (to).

mar | sea.

mar gruesa | high sea | rough sea.

mar picada | rough sea.

marbete | tag.

marbeteado de los conductores de un cable multifilar | tagging.

marbetear | tag (to).
marca | mark | marking.
marca de cinta | tape mark.
marca de distancia | range mark (radar).
marca de palabra | word mark (computing).
marca de pista | index marker (computing).
marca de sincronización | timing mark.
marca estroboscópica | strobe (cathodic rays tube).
marcación | marking.
marcación al origen | datum bearing.
marcación cruzada | cross-bearing.
marcación de interceptación | intercept bearing.
marcación de llegada | inbound bearing.
marcación de salida | back bearing.
marcación en bucle | loop dialing (telephony).
marcación loxodrómica | mercatorial bearing.
marcación magnética | magnetic bearing.
marcación por disco | rotary dial.
marcación por teclado | key-sending.
marcación radiogoniométrica | radio bearing.
marcación radiogoniométrica magnética | magnetic radio bearing.
marcación recíproca | back bearing | reciprocal bearing (navigation).
marcación relativa | relative bearing.
marcación sobre instrumento | instrument marking.
marcación sónica | acoustic bearing.
marcación verdadera | true bearing.
marcado | tagged.
marcado de puntos | plotting of points.
marcador | digit switch (telecommunications) | marker (telephony) | marker switch (telephony).
marcador de alcance | range marker.
marcador de desconexión del bucle | loop disconnect dialer.
marcador de juntas | jointer (walls).
marcador de posición | place marker.
marcador de radar | radar mark.
marcador de sincronización | timing marker.
marcador de tiempos | timekeeper.
marcaje | tagging.
marcar | mark (to) | scribe (to) | tag (to).
marcar con el gramil | mark (to).
marcar con el punzón de garantía | mark (to) (material survey).
marcar con grafito | mark sense (to).
marcar con isótopos trazadores | label (to).
marcar el rumbo | shape the course (to) (navigation).
marcar por coordenadas | plot (to).
marcar un punto en la carta | prick (to) (navigation).

marcas de abrasión | abrasion marks.
marcasita | marcasite | white iron.
marcelina | marceline (minerals).
marcha | course | motion | move | movement | process | run | running | working.
marcha a pocas revoluciones | idling.
marcha atrás | astern running | reverse drive | reverse motion | reverse running.
marcha con poca carga | light-load running (engines).
marcha continua | tapping process (electrofurnaces).
marcha cruda | irregular working (blast furnaces).
marcha de prueba | test run | trial run (engines).
marcha de regularidad | reliability run.
marcha del programa | program run (computing).
marcha en paralelo | parallel operation (electricity) | parallel running | running in multiple (electricity).
marcha en vacío | idle running | idling (machines) | light running (engines) | no load run.
marcha hacia adelante | moving forward.
marcha intermitente | inching.
marcha irregular | irregular working.
marcha lenta | idle | idling | inching | jogging | slow speed.
marcha por inercia | running out.
marcha rápida en vacío | fast idle.
marcha reversible | push-pull running.
marcha silenciosa | noiseless running | quiet running.
marcha suave | quiet running | smooth running | smooth working.
marchar | run (to).
marco | chassis | frame | framing | square set (mining).
marco arriostrado | braced rectangular frame.
marco de cumbrera y dos pies | ordinary set (mining).
marco de entibación | timber set (mining).
marco de la hélice | screw aperture (ships) | screw race (ships) | stern frame (ships).
marco de la pinza | nipper frame (loom).
marco de referencia | strobe (radar, screen).
marco de tubos | tubular frame.
marco de ventana | window frame.
marco del codaste | stern frame.
marco intermedio de entibación | jump set (mining).
marco rígido | stiff frame.
marea | tide.
marea alta | high tide.

marea baja | low tide | low water.
marea de cuadratura | neap tide.
marea de origen eólico | wind tide.
marea menguante | ebb tide.
marea muerta | neap tide.
marea perigea | perigean tide (oceanography).
mareal | tidal.
marejada | after tossing | sea | swell.
maremoto | seaquake | submarine earthquake | tsunami.
mareógrafo | mareograph | tide gage | tide register.
mareómetro | mareometer | tide gage.
marfil | ivory.
marga | malm | marl.
marga arcillosa | clay grit | clayey marl.
marga calcárea | lime marl.
marga caliza | lime marl | marly limestone.
margar | marl (to).
margarita | daisy wheel (printer).
margen | margin | rim | skirt | verge.
margen de captación de señales de sincronización | lock-in range (television).
margen de cebado | singing margin (telephony).
margen de desvanecimiento | fading range (radiocommunications).
margen de enganche | lock-in range.
margen de error | margin of error.
margen de estabilidad | margin of stability (telephony).
margen de ganancia | gain margin.
margen de potencia | power margin.
margen de seguridad | gain margin.
margen de tolerancia | margin of allowance.
margen X | X band.
marginal | marginal.
marginar | lay on (to) (typography).
marina de guerra | Navy.
marinar | man (to) (ship, dam) | man her (to) (ship).
marinar un buque | man a ship (to).
marino | maritime.
mariposa de válvula | throttle.
marisma | marsh.
marítimo | maritime | nautical | naval.
marmita | kettle (geology).
mármol | marble.
mármol con rayas micáceas | mica-streaker marble.
mármol de trazar | layout block (workshops).
marmolina | marble dust | marble flour.
marmolizar | marbleize (to).
marquesina | canopy.
marrano | sow (metallurgy).

martellina | drag | millstone hammer | millstone pick | roughing hammer.
martemplar | martemper (to).
martemple | martempering.
martensita | martensite.
martensita baja en carbono | low-carbon martensite.
martensita estabilizada | aged martensite.
martensita lamelar | lamellar martensite.
martensita no revenida | untempered martensite.
martensita revenida | tempered martensite.
martensita tetragonal | tetragonal martensite.
martensitizar | martensitize (to).
martillado | peening.
martillar | anvil (to) | hammer (to) | malleate (to) | peen (to) (electrical welding).
martillar con la peña | peen (to).
martillo | hammer | striker.
martillo burilador | chipper | chipping hammer.
martillo cincelador | chipper.
martillo con boca de peña | cross peen hammer.
martillo de agua | water hammer (torpedo burst).
martillo de ajustador | engineer's hammer | mechanist's hammer.
martillo de ajuste | bench hammer | cross pane hammer.
martillo de alisar | planishing hammer.
martillo de aplanar | catch hammer | planishing hammer.
martillo de báscula | trip hammer.
martillo de bola | peen hammer.
martillo de carpintero | nail hammer.
martillo de chapista | ding hammer.
martillo de cincelar | chipping hammer.
martillo de contragolpe | counterblow hammer.
martillo de embutir | chasing hammer.
martillo de estampa | snap hammer.
martillo de forja | forge hammer.
martillo de mano | blacksmith's hammer (forging).
martillo de pala | spader.
martillo de palanca | shaft hammer.
martillo de peña | peen hammer.
martillo de peña redonda | roundnosed hammer.
martillo de picar | jadding pick (mining).
martillo de profundización | sinker.
martillo de pulimentar | burnishing hammer.
martillo de realzar | raising hammer.
martillo de recalcar | swaging hammer.

martillo de remachar | rivet hammer | riveting hammer.

martillo de triscar | blocking hammer.

martillo de uña | nail hammer.

martillo de uña hendida | claw hammer.

martillo desincrustador | scaling hammer.

martillo eléctrico | electric hammer.

martillo mecánico | power hammer.

martillo neumático | air gun | air hammer | jack hammer | pneumatic hammer.

martillo para estampado | swaging hammer.

martillo para marcar | marking hammer.

martillo percutor | plexor | strinking hammer.

martillo perforador | bully (mining) | jackhammer (mining) | miner's hammer | percussive drill | plugger drill (mining) | rock hammer.

martillo perforador con inyección de agua | wet drifter.

martillo perforador de percusión | percussion drill.

martillo picador | jackhammer (mining) | pick hammer | pneumatic pick (mining).

martillo pilón | block hammer | drop-hammer | forge hammer | pile hammer | power hammer | stamper.

martillo quebrantador | paving breaker.

martinete | beetle | drop weight | pile driver | pile engine | power hammer | ram engine | stamp | tilter (forging).

martinete de aire comprimido | pneumatic hammer.

martinete de contragolpe | counterblow hammer.

martinete de forja | drop-hammer.

martinete de fragua | stamper.

martinete de fricción | friction hammer.

martinete de hinca de pilotes | rammer.

martinete de leva | cam hammer.

martinete de mano | monkey (drying).

martinete de palanca | lever hammer | shaft hammer.

martinete de vapor | rammer.

martinete en T | nose helve (forge mill).

martinete pequeño | ringer.

masa | clump | mass.

masa activa | contact mass.

masa atómica | atomic mass.

masa crítica | critical mass (physics).

masa del electrón | mass of the electron.

masa del protón | proton mass.

masa en reposo | rest mass.

masa fundida | melt.

masa inercial | inertial mass.

masa intrusiva | intruding mass | intrusive mass.

masa mesónica | meson mass.

masa mineral | orebody.

masa molar | molar mass.

masa molecular | molecular mass.

masa oscilante | seismic mass.

masa perdida | missing mass.

masa por unidad de longitud | linear density.

masa propia | rest mass (atomic energy).

masa sísmica | seismic mass.

masa supercrítica | supercritical mass (nuclear energy).

masa terminal | tip mass.

máscara antigás | face mask.

máscara de sombra | planar mask (TV).

máscara de vídeo | video masking (radar).

máser | maser.

máser de haz molecular | molecular beam maser.

máser de infrarrojo | iraser.

máser de infrarrojo lejano | far-infrared maser.

máser de infrarrojos | infrared maser.

máser de onda progresiva | traveling-wave maser.

máser de semiconductor | semiconductor maser.

máser fonónico | phonon maser.

máser gaseoso | gas maser.

máser óptico | laser | optical maser.

máser óptico de estado sólido | solid state optical maser.

máser submilimétrico | submillimeter maser.

masicote | massicot (mineralogy) | yellow lead.

masilla | filler | lute | mastic | putty.

masilla de calafateo | caulking compound.

masilla de hierro | iron putty | rust putty.

masonita | masonite (reactor shielding).

mástil | mast (drillings) | spar.

mástil inferior | lower mast.

mástil radiante | mast radiator (radio).

mástique | cement | filler | filling | lute | mastic | putty.

mástique bituminoso | bituminous cement.

mástique de fundición | fake.

mástique de hierro | iron cement | iron putty.

mástique de limadura de hierro | rust putty.

mástique de minio | red lead cement | red lead putty.

mástique para juntas | jointing compound | sealing compound.

mástique para sellado de juntas | joint-sealing compound.

mata | mat (metallurgy) | matt (metallurgy) | matte (metallurgy).

mata de cobre | blue metal.

matalote de popa | ship next astern.

matalote de proa | ship next ahead.

matar un pozo | kill a well (to) (drillings).

mate | unglazed.

mateado al ácido | acid embossing (glass).

matear | matt (to).

matemática abstracta | abstract mathematics.

matemáticas aplicadas | applied or mixed mathematics.

matemáticas superiores | advanced mathematics.

materia | stuff.

materia filoniana | veinstuff.

materia prima | raw material.

material | material | stuff.

material absorbente | absorbing material.

material absorbente de humedad | Kempac pad.

material aplastado y extendido | splatted material.

material de alimentación | feed material (nuclear energy).

material de desecho | scrap material.

material de perforación | sinking equipment.

material de recuperación | salvage material.

material de revestimiento | jacketing material.

material desechado | rejected material.

material difractante | scattering material.

material dragado | spoil.

material en bruto | raw | unrefined material.

material ferromagnético | ferromagnet.

material fértil | source material (nuclear reactor).

material granular | powder.

material laminar | laminate.

material lixiviable | leach material.

material magnético sinterizado | sintered magnetic material.

material móvil | rolling stock (railways).

material nuclear especial | special nuclear material.

material para revestimientos | facing material.

material radiactivo | active material.

material refractario aislante | moler.

material rígido | obdurate material.

material sin refinar | unrefined material.

material superconductor | superconducting material.

matizado | shading.

matraz | balloon (chemistry) | balloon flask | boiling bulb | bulb | globular flask.

matrices de amplitud cuadrática | mean-square amplitude matrices.

matrices en V | V-shaped dies.

matriz | array | bottoming die | die | die mold | form | former | hollow die | host crystal | master form | mat (lithography) | matrix (mathematics, metallurgy) | mold (U.S.A.) (types) | mother disc | mould (G.B.) | swage.

matriz adjunta | adjoint of a matrix.

matriz cero | zero matrix.

matriz colocadora | gage die.

matriz de conmutación | switch matrix (electronics) | switching matrix (telephony).

matriz de curvar | bending die.

matriz de dispersión | scattering matrix.

matriz de embutir | drawing die.

matriz de estructuras | array of structures.

matriz de masa | mass matrix.

matriz de memoria tejida | woven memory matrix.

matriz de película delgada | thin-film matrix.

matriz de prueba | test matrix.

matriz de recortar | trimming die.

matriz en forma de V | V-bend die.

matriz escalar | scalar matrix.

matriz estampa | bed die.

matriz metálica | metal matrix.

matriz negativa fonográfica | master phonograph record.

matriz para fundir tipos | type mold.

matriz para mimeógrafo | stencil.

matriz positiva | positive matrix (electroplating).

matriz recíproca | inverse matrix.

matriz reforzada | backed stamper.

matriz test | test matrix (mathematics).

matriz unidad | unit matrix.

matrizar | die-forge (to) | drop-forge (to).

máxima tensión inversa de cresta | maximum peak reverse voltage (electronics).

máxima transferencia de potencia | maximum transfer of power.

máximo | high.

maxvelio | maxwell (magnetic flux unit).

maza | monkey (ram down).

maza de hierro | mallet.

mazarota | dozzle (siderurgy) | feedhead | feeding head | riser | rising head | runner head | settling head | shrink-head | shrinkage head | sinkhead (metallurgy) | sprue | sullage head.

mazarota caliente | hot top.

mazarota esponjosa | spongy top (ingots).

mazarota refractaria | hot top.

mazarotaje | risering (metallurgy).

mazo | bat (plumber) | hammer | lifter (mining) | maul | striker.

mazo de hierro | about-sledge.

mazo y cincel | mallet and chisel.

mecánica celeste | celestial mechanics.

mecánica fisicoquímica | physicochemical mechanics.

mecánica racional | abstract mechanics.

mecánico | mechanical.

mecanismo | device | gadget | gear | gearing | mechanical appliance | mechanism | system | work.

mecanismo activado | live mechanism.

mecanismo analizador del paralaje | parallax analyzing mechanism.

mecanismo arrancador | drawing-off motion.

mecanismo articulado | linkage | mechanical linkage.

mecanismo basculador | tilting mechanism.

mecanismo cargador | loading gear.

mecanismo cronometrador | time-marking mechanism.

mecanismo de alimentación | feed gear | feed mechanism | feed motion | feed work | feeding mechanism | infeed mechanism.

mecanismo de alza | sighting gear.

mecanismo de angulación | angling gear (gyroscope, torpedos).

mecanismo de antivibración | antivibration gear.

mecanismo de arranque | manoeuvring gear (engines).

mecanismo de avance | feed control | feed gear | feed mechanism (machine tool) | feed work | infeed mechanism (machine tool) | pacing device (machines) | travel mechanism.

mecanismo de avance de tornillo sin fin | worm gear feed.

mecanismo de avance mecánico | power-traversing gear (lathe).

mecanismo de avance por cremallera | rack feed gear (machine tool).

mecanismo de avance transversal | surfacing gear (lathe).

mecanismo de cambio de marcha | reverse gear | reversing gear | reversing motion.

mecanismo de cambio de marcha por engranajes | wheel reversing gear.

mecanismo de cremallera | rack work.

mecanismo de cuña | wedge gear.

mecanismo de desconexión | releasing gear | releasing mechanism | relieving mechanism.

mecanismo de desconexión automática | knockoff motion.

mecanismo de desenganche | kick-out mechanism | trip gear | trip mechanism.

mecanismo de despuntado | back-off motion (self-acting mule).

mecanismo de dirección | steering gear (autos, guns).

mecanismo de disparo | kick-out mechanism | pistol | releasing gear | trigger action | tripping gear.

mecanismo de distribución | distribution gear.

mecanismo de distribución por impulsor | tappet motion.

mecanismo de distribución por válvulas | valve gear.

mecanismo de echazón | jettison gear.

mecanismo de enclavamiento | interlocking gear.

mecanismo de enganche | latch gear.

mecanismo de evacuación | eduction gear.

mecanismo de excéntrica | eccentric gear.

mecanismo de expansión | expander.

mecanismo de expulsión | ejection mechanism.

mecanismo de fijación | locating mechanism (machine tool).

mecanismo de giro | bull gear | slewing gear (cranes) | swinger (derrick) | swinging gear.

mecanismo de gobierno | steering gear (ships).

mecanismo de inversión | reversing gear.

mecanismo de la lanzadera | picking motion.

mecanismo de la picada | picking motion (loom).

mecanismo de la zapata del freno | shoe gear.

mecanismo de las mordazas | nipper motion.

mecanismo de mando del distribuidor | valve gear.

mecanismo de mando del huso | spindle driving gear.

mecanismo de maniobra | manoeuvring gear | rig.

mecanismo de orientación | training gear.

mecanismo de palanca | lever-action | toggle mechanism.

mecanismo de parada | stop gear.

mecanismo de parada y arranque | stopping-and-starting gear.

mecanismo de paro | arresting gear.

mecanismo de puesta a cero | return-to-zero gear.

mecanismo de puesta en marcha | starter.

mecanismo de puntería en dirección | training gear (cannons).

mecanismo de puntería en elevación | laying gear (cannons).

mecanismo de regulación de la bomba | pump-control gear.

mecanismo de repetición | repeat mechanism.

mecanismo de retardo | retardation mechanism.

mecanismo de retracción rápida | quick-retracting mechanism.

mecanismo de retroceso | back-off motion.

mecanismo de rotación | slewing gear.

mecanismo de salida | drawing-out motion.

mecanismo de seguridad | safety gear.

mecanismo de selección | selecting mechanism.

mecanismo de sincronización | synchronizing gear.

mecanismo de tijera | scissoring mechanism.

mecanismo de tornillo sin fin | screw gear.

mecanismo de tracción rotatoria | rotary drawworks.

mecanismo de transmisión | actuating gear | driving gear.

mecanismo de transporte de cinta | tape transport mechanism.

mecanismo de trinquete | pawl mechanism.

mecanismo del distribuidor de baja presión | low-pressure valve gear.

mecanismo del distribuidor de media presión | intermediate pressure valve gear.

mecanismo detenedor | arresting gear.

mecanismo disparador | striker mechanism.

mecanismo distribuidor | valve gear.

mecanismo elevador | lifting gear.

mecanismo espaciador | spacing mechanism.

mecanismo eyector | ejection mechanism.

mecanismo giratorio | swivel mechanism.

mecanismo hidráulico | hydraulic gear.

mecanismo impulsor | jumper mechanism.

mecanismo inferior | undergear.

mecanismo interceptor | shutoff gear.

mecanismo lanzador | throwing mechanism.

mecanismo motor | driving gear.

mecanismo para fondear minas | laying gear (minelayers).

mecanismo para izar el mástil | mast-raising gear.

mecanismo para recuperación de estemples | sylvester (mining).

mecanismo percutor | pistol.

mecanismo predictor | predicting mechanism.

mecanismo regulador | adjustment mechanism.

mecanismo retractor | retracting gear | retracting mechanism.

mecanismo telerrepetidor | telerepeating device.

mecanismo tensor | tension motion.

mecanización | mechanization.

mecanización de escotaduras | incutting.

mecanización de la cara de trabajo | face mechanization (mining).

mecanizado | automated.

mecanizado por abrasión | abrasive machining.

mecanizar | mechanicalize (to) | mechanize (to) | tool (to).

mecanoaccionado | power-actuated | power-assisted | power-operated.

mecanoaccionamiento | mechanical drive.

mecanodetección | mechanical detection.

mecanoeléctrico | mechanoelectrical.

mecanoelectrónico | mechanoelectronic.

mecanoestabilidad | mechanical stability.

mecanografiar | typewrite (to).

mecanotipista | compositor (printing).

mecha | fuse | fuze | squib (mining) | stump | wick.

mecha detonante | detonating fuse | instantaneous fuse.

mecha ordinaria | common fuse.

mechazo | miss fire (blast holes).

mechinal | weep hole.

mecometría | mecometry.

mecómetro | mecometer (distance measurer).

media | mean.

media aritmética | arithmetic average | arithmetic mean | average | mean.

media cuadrática | root mean square.

media cuadrática de las velocidades | mean-square velocity.

media cúpula | conch.

media de trabajo | working mean (statistics).

media frecuencia | medium frequency (300-3,000 KHz).

media funcional | working mean.

media ponderada | weighted factor | weighted mean.

mediana | median | median | median value.

mediatinta | mezzotint.

mediatriz | median line | perpendicular bisector.

medición | gaging (U.S.A.) | measurement | measuring | mensuration | survey.

medición a escala | scaling.

medición de distancias | ranging.

medición de frecuencia | frequency check.

medición en grados | measurement in degrees.

medición infrarroja | infrared measurement.

medición Kelvin | Kelvin measurement.

medición lasérica | laser measuring.

medición por sonda | probe measurement.

medida I measure I measurement I measuring I mensuration I size I standard.

medida aritmética ponderada I weighted mean.

medida con el método del puente I loop test (electric cables).

medida de aislación I resistance measurement.

medida de capacidad para líquidos I liquid measure.

medida de la presión I measurement of pressure.

medida de longitud I linear measure I long measure.

medida de proceso y transferencia I throughput (computing).

medida de profundidad I fathom.

medida de resistencia I resistance measurement.

medida de voltaje I measurement of pressure (electricity).

medida lineal I long measure.

medida opticoquímica I opticochemical measure.

medida tacométrica I tachometer measurement.

medido I gaged.

medidor I gager I measurer I tester.

medidor Compton I Compton meter.

medidor de capilaridad I capillary meter.

medidor de concentración radiactiva I radiac survey meter.

medidor de deformación I strain gage I strain gauge.

medidor de desviación I deviation meter.

medidor de dureza I sclerometer.

medidor de dureza de rayos X I penetrometer I qualimeter.

medidor de dureza sin contacto I noncontact hardness tester.

medidor de fase I phase meter I phase-angle meter.

medidor de flujo magnético de electroimanes I magnet tester.

medidor de ganancia I gain meter.

medidor de humo I smoke meter.

medidor de inclinación I tiltmeter.

medidor de inductancia I L-meter.

medidor de integración I integrating meter.

medidor de intensidad I intensitometer.

medidor de interferencia de radiofrecuencia I R F I meter.

medidor de intervalos entre impulsos I pulse-interval meter.

medidor de ionización I ionization gage I ionization gauge.

medidor de la carga límite I limit-load gage.

medidor de la intensidad del ruido I noise-intensity meter.

medidor de la radiactividad del aire I radioactivity air sampler.

medidor de luz I light meter.

medidor de nivel de ruido I kerdometer.

medidor de nivel de sonido I sound-level meter.

medidor de nivel de transmisión I transmission level meter (hypsometer).

medidor de pérdidas I loss meter (energy).

medidor de pH I pH meter.

medidor de Q I Q-meter I quality meter.

medidor de radiación I radiation meter.

medidor de radiactividad I radioactivity meter.

medidor de radiancia I radiance meter.

medidor de reactividad I reactimeter.

medidor de resiliencia Izod I Izod impact-tester.

medidor de resistencias I insulation testing set.

medidor de ruidos I noise level meter I noise meter.

medidor de salida I output meter.

medidor de temperatura-color I Kelvin meter.

medidor de tensiones de cables y alambres I tautness-meter.

medidor de vibración I vibrometer.

medidor de visibilidad I visibility meter.

medidor de voltios y ohnios I volt ohmmeter.

medidor del aislamiento I insulation set.

medidor del brillo I brightness meter.

medidor del factor de potencia I power factor meter.

medidor del par I torquemeter.

medidor del porcentaje I ratio meter (magnetism).

medidor magnético de espesores I magnetic thickness measurer.

medidor múltiple I multimeter.

medidor para interferencia radioeléctrica I RFI meter.

medidor por volumen I volume batcher.

medidor radiactivo de espesores I radioactive thickness gage.

medidor vu I VU meter.

medio I median I medium.

medio ambiente I environment.

medio cuadratín I nut (typography).

medio de aislamiento I mean of insulation.

medio de contraste radiológico I X ray contrast medium.

medio multiplicador | active core (nucleonics).

medio octeto | four bits byte.

medios de propulsión | motive power.

medir | gauge (to) | measure (to).

medir con cinta | tape (to) (topography).

medir la velocidad con la corredera | log (to) (ships).

megabar | megabar.

megabario | megabar.

megabidígito | megabit.

megabit | megabit.

megacaloría | M cal.

megaciclo | megacycle.

megacristal | megacryst (geology).

megacurio | megacurie.

megadeformación | macroscopic strain.

megadígito binario | megabit.

megaelectrón-voltio | megaelectron volt.

megaelectronvoltio-curio=0,0054 vatios | MeV-curie.

megaelectrón-voltios | mev.

megaergio | megerg.

megafaradio | megafarad.

megáfono | loudhailer | megaphone.

megagausio-oerstedio | megagauss-oersted.

megahertzio | megahertz.

megakilómetro | megakilometer.

megalumen | megalumen.

megámetro | megameter.

megamilla | megamile.

megamilla marina | nautical megamile (1,853,248 kms.).

megamperio | megampere.

meganewtonio | meganewton.

megaocteto | megabyte.

megaóhmetro | megger (insulation tester).

megaohmímetro | megohmmeter.

megaohmio | megohm.

megaonda | macrowave.

megarrad | megarad (nucleonics).

megarroentgenio | megaroentgen.

megatón | electron | megaton.

megatonelada | megaton.

megatonelaje | megatonnage (atomic bomb).

megatrón | megatron (valves).

megavario | megavar.

megavatímetro | megawatt meter.

megavatio | megawatt.

megavatiohora eléctrico | megawatthour electric.

megavoltio | megavolt.

megavoltioamperio | megavoltampere.

megóhmetro | megger.

megohmio-microfaradio | megohm-microfarad.

melanterita | copperas (minerals) | green vitriol.

melino | canary-yellow.

melio | mel.

mella | jag.

mellado | jagged.

mellar | jag (to) | tooth (to).

memistor | memistor (resistor).

memoria | memory | store (computing).

memoria acústica | acoustic store.

memoria adicional | backing store (computers).

memoria agotada | out of memory (computing).

memoria asociada | cache (computing).

memoria auxiliar | blackboard storage | secondary storage (computing).

memoria borrable | erasable storage (computing).

memoria central | main memory | main storage (computer).

memoria compartida | shared memory (computing).

memoria común | common storage (computing) | shared storage (computing).

memoria con tiempo de acceso nulo | zero-access memory | zero-access storage.

memoria conectada | on line storage.

memoria de acceso aleatorio | RAM | random access memory (RAM).

memoria de acceso directo | direct memory access | RAM.

memoria de acceso inmediato | immediate access store.

memoria de acceso rápido | quick access storage (computing).

memoria de banda magnética | magnetic tape memory.

memoria de burbujas magnéticas | magnetic bubble memory (computing).

memoria de cálculo | calculation report.

memoria de cifra intercalada | interleaved-digit store (electronic computer).

memoria de cinta | tape memory.

memoria de cinta magnética | magnetic tape storage.

memoria de control espacial | space control store.

memoria de disco | disk storage.

memoria de ficha magnética | magnetic card store.

memoria de holografía láser | laser-holography storage (computing).

memoria de malla I woven-screen storage.

memoria de placa de ferrita I waffle-iron store.

memoria de rayos catódicos I cathode ray storage.

memoria de sólo lectura I ROM memory (computing).

memoria de teclado I keyboard buffer.

memoria de tránsito I buffer storage (computing).

memoria de un solo nivel I one-level store (computing).

memoria de vídeo I video buffer (electronics).

memoria estática I static storage.

memoria fija I nonerasable storage (computing).

memoria holográfica I holographic memory.

memoria imborrable I nonerasable storage.

memoria intermedia I buffer (computing) I buffer memory (computing) I buffer pooling (computing) I data buffer (computing) I memory buffer register.

memoria intermedia de entrada I input buffer.

memoria intermedia de salida I output buffer.

memoria intermedia de texto I text buffer (computing).

memoria jerarquizada I nesting store (computing).

memoria magnética I magnetic memory I magnetic store I storage tube.

memoria magnética de disco I magnetic disk storage.

memoria mercurial I mercury storage.

memoria no protegida I unprotected storage.

memoria no volátil I nonvolatile memory.

memoria numeral I digital memory.

memoria numérica I digital store.

memoria organizada por palabras I word-organized storage.

memoria permanente I nonvolatile memory (computer).

memoria por cilindro magnético I magnetic drum memory.

memoria principal I main memory I primary storage (computing).

memoria PROM I PROM.

memoria RAM estática I static RAM.

memoria rotativa I rotating memory (computing).

memoria secuencial I sequential memory (computing).

memoria secundaria I secondary memory (computing).

memoria solamente de lectura I read only memory (R.O.M).

memoria tampón I buffer (computing) I buffer memory (computing) I buffer storage (computing).

memoria virtual I virtual storage (computing).

memoria volátil I volatile memory (electronics).

memoria y almacenamiento I memory and storage (computing).

memorización de tambor magnético I magnetic drum store.

memorizar I store (to) (computing).

mena I ore.

mena ácida I acid ore.

mena caliza I limey ore.

mena de baja ley I lean ore.

mena de mercurio I quicksilver ore.

mena de plomo I lead ore.

mena recia I massive ore.

mengua I wane.

menguante de la luna I wane.

menguar la marea I ebb (to).

mensaje de cancelación I cancellation message.

mensaje de prueba I test message (circuits).

mensaje enviado equivocadamente I missent message.

mensaje RQ I RQ message (telegraphy).

ménsula I bracket I cantilever I corbel I knee.

ménsula angular I angle bracket (architecture).

ménsula de escuadra I bracket angle.

ménsula de unión I tie bracket.

mensurabilidad I measurability.

mensuración I measuring I mensuration.

mensurar I measure (to).

menudo de coque I coke dross.

mercurial I mercurial.

mercúrico I mercurial.

mercurio I mercury I quicksilver.

meridiana I north-south line.

meridiano I meridian.

meridiano astronómico I true meridian.

meridiano celeste I celestial meridian.

meridiano geográfico I geographic meridian I true meridian.

meridional I meridional.

merma I dwindle I tare I ullage (liquids).

mermar I waste (to).

mes lunar I moon.

mesa de comprobación I monitoring board.

mesa de concentración I table classifier (washing).

mesa de control principal I master control panel.

mesa de escogido I picking table (mining).

mesa de escucha | monitor desk (telephony).
mesa de la cinta | tape table (computing).
mesa de laminar | roll table.
mesa de mezclas | mixer board | mixing console | mixing desk.
mesa de mezclas de sonido | mixer.
mesa de percusión | percussion table.
mesa de pruebas | test desk | trunk test rack (telephony).
mesa de retoque | light table.
mesa de rodillos | roll table.
mesa de sonido | mixer board | mixing console.
mesa de trazado | lofting table.
mesa giratoria | turntable.
mesa lavadora de vaivén | percussion table (metallurgy).
mesa luminosa | light table (photomechanics).
mesa portapieza | workholding table (machine tool).
meseta | plain | plateau (geology).
mesón | meson (radioactive particle) | X-particle.
mesón escalar | scalar meson.
mesón k positivo | positive k meson.
mesón mu | M meson | mu-meson | muon.
mesón pi | pi-meson | pion.
mesón pi positivo | positive pi meson.
mesón rho | rho meson.
mesón sigma | sigma meson.
mesosfera | mesosphere.
mesotorio | mesothorium.
mesotrón | mesotron (nuclear energy).
metacentro transversal | latitudinal metacenter.
metacinabarita | aethiops mineral.
metadinamo | metadyne.
metadino | metadyne.
metal | metal.
metal afinado | washed metal.
metal agitado | wild metal.
metal antifricción | babbitt | white metal.
metal Babbitt con base de plomo | lead-base Babbitt.
metal base | parent metal (welding).
metal caliente | hot metal.
metal compuesto | composite.
metal de aportación | adding material (welding) | feeding metal (welding).
metal de ayuda | ore-flux (metallurgy).
metal de origen | parent metal.
metal depositado | weld metal.
metal derretido | run metal.
metal dúctil | soft metal.
metal duro de aleación de varios carburos | multicarbide hard metal.

metal en fusión | molten metal.
metal en lingotes | ingot metal.
metal en planchas | plate-metal.
metal en polvo | powdered metal.
metal en suspensión | metal mist (electrolytes) | metal-fog (electrolytes).
metal fundido | hotmelt | molten metal.
metal inglés | britannia metal.
metal licuado | liquid metal | molten metal | run metal.
metal líquido | hot metal.
metal liviano | light metal.
metal madre | mother metal | sow metal (metallurgy).
metal noble | noble metal.
metal para cojinetes | lining metal.
metal para soldaduras | welding metal.
metal pasivado | passified metal.
metal plaqueado | clad metal.
metal precioso | noble metal | precious metal.
metal puro | unalloyed metal.
metal radiactivo | radioactive metal.
metal recalcado | upset metal.
metal sin consistencia | metal without body.
metal terroso | earth metal.
metal tipográfico | type metal.
metálico | metal.
metalitografía | metalithography.
metalitografiar | metalithograph (to).
metalitos | arites (geology).
metalización | bronzing (photography) | metalization | metalizing.
metalización al vacío | vacuum metallizing.
metalización con pistola | metal spraying.
metalización galvánica | electrofacing.
metalización por rociadura | spraying.
metalizado | metal | metalclad.
metalizador de pulvimetal | powder metalizer.
metalizar | metal (to) | metalize (to) | wash (to) (facing).
metalizar por aspersión | metal spray (to).
metalografía microscópica | microscopic metallography.
metaloide | nonmetal | semimetal.
metalotermia | metallothermy.
metal-óxido-semiconductor | MOS | metal oxide semiconductor (MOS).
metalurgia adaptiva | adaptive metallurgy.
metamorfismo dinámico | kinetic metamorphism.
metamorfismo geotermal | geothermal metamorphism.
metaniobiato de plomo | lead metaniobate.
metano licuado | liquid methane.

metanol l wood spirit.
metanómetro acústico l acoustic methanometer.
metanómetro catalítico l catalytic methanometer.
metasoma l guest mineral.
meteorito l aerolite.
meteorito de hierro l iron meteorite.
meteorizado l weathered.
meteorología l weather science.
meteorología sinóptica l synoptic meteorology.
meter en página l page (to) (printing).
metido en aceite l oil-immersed.
metilato l methylate.
metileno l methylene.
metil-etil-cetona l methyl-ethyl-ketone.
metimetilo cetona l methymethyl ketone.
método l process.
método de acceso a telecomunicaciones l telecommunications acces method.
método de acceso para telecomunicaciones l telecommunications access method.
método de compensación l balanced method.
método de exploración l scanning method.
método de explotación de minas l working method.
método de la proporcionalidad l K method.
método de martensitización l martensitizing method.
método de rastreo l tracer technique.
método de recuperación térmica l thermal method.
método de replicación en dos fases l two-stage replication method.
método de tanteo l trial and error.
método de trabajo l working method.
método húmedo l wet process.
método radar para navegación de aviones l oboe system.
metraje l metrage.
metrecón l metrechon (radar and TV).
métrica l metric (mathematics).
metro l metre (G.B.).
metro cuadrado l square meter.
metrología l measuring technique l metrology.
metrómetro l metrometer.
metronoscopio l metronoscope.
metroscopio l metroscope.
metrotecnia l metrotechnics l metrotechny.
mezcla l admixture l combination l commixture l composition l mix l mixing l mixture l slurry.
mezcla colable l pourable mix (metallurgy).
mezcla de aire-combustible l mixture.

mezcla de alquitrán-betún l tar-bitumen mixture.
mezcla de canales l mix down.
mezcla de impulsos l pulse mixing.
mezcla de pólvora negra con nitroglicerina l low powder.
mezcla de polvos l powder blending (powder metallurgy).
mezcla de sonidos l mixing (cinematography).
mezcla explosiva l mixture.
mezcla para sinterizar l sinter mix.
mezcla pobre l lean mixture (carburetor).
mezcla preliminar l premix.
mezclado l mixed.
mezclador l agitator l mixing impeller.
mezclador cromático l color mixer.
mezclador de arenas l mix-muller (foundry).
mezclador de imagen l vision mixer l vision switcher.
mezclador de microondas l microwave mixer.
mezclador de paletas l paddle mixer.
mezclador de sonido l sound mixer.
mezclador de vídeo l video mixer.
mezclador en línea l line mixer.
mezclador microfónico l microphone mixer.
mezclador para arrabio l pig-iron mixer.
mezclador sincrónico l lock-in mixer.
mezcladora l concrete mixer l mixer.
mezcladora basculante l tilting mixer.
mezcladora de arenas l muller.
mezcladora de válvula termoeléctrica l vacuum tube mixer.
mezclador-sedimentador l mixer-settler.
mezclar l admix (to) l combine (to) l commix (to) l compound (to) l mash (to) l mix (to).
mezclar el audio con el vídeo l mix down (to).
mho l mho.
miargirita l miargyrite.
mica l isinglass stone l mica l specular stone.
mica amarilla l cat gold.
mica blanca l cat silver l white mica.
mica de litio l lithia mica.
mica ferrosa l iron mica.
mica litinífera l lithia mica.
mica sódica l soda mica.
micanita l built-up mica.
micra l micron.
micro inalámbrico l wireless/radio mic.
micro omnidireccional l omnidirectional mic (sound).
microacabado l microfinishing.
microacústica l microacoustics (science).
microajuste l microadjustment.
microaleación l microalloy.
microalear l microalloy (to).

microamperímetro I microammeter.
microamperio I microampere.
microanálisis cuantitativo I quantitative microanalysis (chemistry).
microavance I microfeed (machines).
microbanda I microstrip.
microbar I microbar (acoustics).
microbarograma I microbarogram.
microcalorímetro I microcalorimeter.
microcampo I microfield.
microcinta I microstrip.
microcircuitería I microcircuitry (electronics).
microcodificación I microcoding.
microcojinete I miniature bearing (machines) I tiny bearing.
microcomputador I microcomputer.
microconmutador I microswitch.
microcopia I microsheet.
microcristalino I microcrystalline.
microcurio I microcurie.
microdeformación I microstraining.
microdisyuntor I miniature circuit-breaker.
microdureza I microhardness.
microelectrodo I microelectrode.
microelectrónica I microelectronics I micronics.
microendurecimiento I microhardening.
microescultura superficial I surface sculpture (crystallography).
microesfera I microsphere.
microfaradímetro I microfaradmeter.
microfaradio I microfarad.
microfase I microstage.
microficha I microcard I microfiche I microsheet.
microfilm I microfilm.
microfilmación I microfilming.
microfilmar I microfilm (to).
microfiltro I microfilter.
microfísica I microphysics.
microfisura I microcrack.
microfisuración de la matriz I matrix microcracking (metallurgy).
microfisurar I microcrack (to).
microfonía I microphonic I microphony.
microfónica I microphonics.
microfonicidad I microphonism.
microfonicismo I microphonism.
microfónico I microphonic.
micrófono I microphone.
micrófono abierto I live microphone.
micrófono de cinta I ribbon microphone.
micrófono de cuadrilátero I ring microphone.
micrófono de inductor I inductor microphone.
micrófono diferencial I differential microphone.

micrófono electrodinámico I moving-coil microphone.
micrófono equilibrado I push-pull microphone.
micrófono inalámbrico I radio microphone I wireless microphone.
micrófono simétrico I push-pull microphone.
micrófono sonda I probe microphone.
microfotograma I microphotograph.
microfotograma a pequeño aumento I low-power microphotograph.
microfotómetro explorador I scanning microphotometer.
micrografía informática I computer micrographics.
microgramo I microgram.
microgrieta I tiny crack.
microhaz I microbeam.
microherramienta I subminiature tool.
microinterruptor I microswitch.
microlámpara I miniature lamp.
microlimado I microfiling.
microlita I microlite (mineralogy).
microlito I microlithe.
micromacla I microtwin (crystallography).
micromaquinización I micromachining.
micrometría I micrometry.
micrómetro I micrometer I micron.
micrómetro de inducción I induction micrometer.
micrómetro de paralajes I parallax-measuring micrometer.
micrómetro para calibrar interiores I internal gaging micrometer.
micrómetro para roscas I thread micrometer (screws).
micromicrómetro I micromicron.
micromicrón I micromicron.
micrón I micron.
micronizar I micronize (to).
microobjetivo I microobjetive (photography).
microonda I microwave I quasi optical wave.
microonda de alarma previa I microwave early warning.
microonda de canales múltiples I multichannel microwave.
microondámetro I microwavemeter.
microordenador I microcomputer.
micropelícula I microfilm.
microplaqueta I wafer.
microportador magnético I magnetic microcarrier.
microprocesador I microcomputer I microprocessor.
microprocesamiento I microcomputing.
microprograma I microprogram.

microprogramación | microcoding | micropro-gramming.
microquímica | microchemistry.
microrradiografía de absorción | absorption microradiograpy.
microscopia de efecto túnel | scanning tunneling microscopy (electronics).
microscopia por interferencia | interference microscopy.
microscopio centrífugo | centrifuge micros-cope.
microscopio de luz incidente | incident-light microscope.
microscopio de perfil de luz | light-profile mi-croscope (metallic surfaces).
microscopio de poco aumento | low-power microscope.
microscopio de rendija de luz | light slit mi-croscope.
microscopio electrónico de exploración | scanning electron microscope.
microscopio estereoscópico | stereoscopic mi-croscope.
microscopio infrarrojo | infrared microscope.
microscopio interferencial | interference mi-croscope.
microscopio óptico | light microscope.
microscopio óptico de exploración | scanning optical microscope.
microscopio petrológico | petrological micros-cope.
microscopio televisivo | television microscope.
microsección | microslice (metallurgy).
microsegundo | microsecond.
microsismo | microseism.
microtaladrar | microdrill (to).
microtarjeta | microcard.
microteléfono | handset | handset earphone | telephone handset.
microtelescopio | microtelescope.
microtensímetro | microtensiometer.
microtermofluencia | microcreep.
microtomización | microtoming (metalography).
microtomo | microtome.
microtrón | microtron (nuclear energy).
microvatio | microwatt.
microviscosidad | microviscometry.
microviscosímetro | microviscometer.
microvoltaje | microvoltage.
microvoltímetro | microvoltmeter.
microvoltio | microvolt.
migración atómica | atomic migration.
migración de iones | ion migration.
migración de los carburos | migration of the carbides (metallurgy).

migración de los iones | migration of the ions.
mil toneladas de T.N.T | kiloton.
miliamperaje | milliamperage.
miliamperímetro | milliammeter | milliampere meter.
miliamperio | milliampere.
milicurio | millicurie.
miligalio | milligal.
miligausio | milligauss (mG1).
miligramo | milligram.
milihenrio | millihenry.
milijulio | millijoule.
milímetro | millimeter.
milimicra | amicron.
milimicrómetro | millimicron.
milimicrón | millimicron.
miliohmímetro | milliohmmeter.
miliohmio | milliohm.
milipulgada | mil.
milivatio | milliwatt.
milivoltaje | millivoltage.
milivoltímetro | millivoltmeter.
milivoltio | millivolt.
milivoltio-amperio | millivolt-ampere.
milla cuadrada | square mile.
milla marina | nautical mile (USA 1852 m, G.B. 1853 m).
milla náutica | sea mile.
milla terrestre | land mile | mile.
millaje | mileage.
millerita | capillary pyrites.
millón de voltios | megavolt.
mimeógrafo | mimeograph | mimeograph ma-chine.
mina | mine.
mina a cielo abierto | daylight mine | open mine | surface mine.
mina antidragante | antisweep mine.
mina de aluvión | alluvial mine.
mina de cantera | strip mine.
mina de carbón | coal mine | colliery.
mina de hierro | iron mine | iron ore mine.
mina de menas de hierro de aluvión | irons-tone quarry.
mina de minerales de hierro de aluvión | iron placer.
mina de producción escasa | substandard mine.
mina en explotación | active mine (mining).
mina magnética | limpet | magnetic mine.
mina metálica | ore mine.
mina submarina | mine.
mina terrestre | mine.
minar | excavate (to) | mine (to) | undermine (to).
mineral | mine stone | mineral | ore.

mineral asociado | accompanying mineral.
mineral autígeno | authigenic mineral.
mineral bruto | raw ore.
mineral calcinado | roasted ore.
mineral calizo | limey ore.
mineral carbonatado | carbonate ore.
mineral complejo | complex ore.
mineral crudo | crude ore.
mineral cuproplumbífero | lead-copper mineral.
mineral de acarreo | secondary ore.
mineral de aluvión | diluvial ore.
mineral de filón | lode ore.
mineral de hierro | iron ore.
mineral de hierro pobre | low-grade iron ore.
mineral de litio | lithium ore.
mineral de plomo | lead ore.
mineral dulce | iron spar.
mineral duro | refractory ore.
mineral en terrones | lump ore.
mineral explotable | pay ore.
mineral extraído | mineral gotten.
mineral para fusión | melting ore.
mineral pobre | lean ore.
mineral radiactivo | radioactive mineral.
mineral refractario | refractory ore.
mineral sintético | manufactured mineral.
minerales silíceos | acid ores.
minería | mining.
minería de cámara y pilar | bord-and-pillar mining.
minerva | bed and platen press (printing) | platen (typography) | platen press (typography).
miniaturizado | tiny.
minicalculadora electrónica | minicomputer.
minicomputador | minicomputer.
minidisco flexible | minifloppy.
minidisquete | minifloppy.
mínima distancia de acercamiento |nearest approach (marine radar).
mínima potencia efectiva | lowest effective power.
mínimo | not go (tolerance gage).
mínimos de visibilidad | visibility minima.
minio | red lead.
minio de hierro | iron minium.
miniordenador | minicomputer.
miniseguimiento | minitrack.
minúscula | lowercase.
minúsculo | tiny.
minuto | minute.
mira | gunsight head | leveling rod | sight.
mira de infrarrojo para rifle | sniperscope.
mira de nivel | leveling staff (topography).
mira de pínula | bead sight.

mira de pruebas sobre linealidad | linearity test chart (TV).
mira metálica | iron sight.
mira óptica | optical sight.
mira óptica ajustable | adjustable peep sight.
mira telescópica | sniperscope | telescopic sight | telescopic staff.
mira topográfica | ranging pole | ranging rod.
miran | miran.
miriámetro | myriameter.
mirilla | sight glass | sight hole | wicket (furnaces).
mirmequita | myrmekite.
miscible | consolute.
misil | missile.
misil aerobalístico | aeroballistic missile.
misil antibalístico | antiballistic missile (ABM).
misil antimisílico | missile killer.
misil atmosférico | air-breathing missile.
misil de fases múltiples | multiple-stage missile.
misil de perseguimiento | pursuit course missile.
misil filodirigido | wire guided missile.
misil interceptor | interceptor missile.
misil móvil de base en tierra | mobile land-base missile.
misil radioguiado | muff.
misil submarino | submarine launched missile.
misil superficie-aire | surface to air missile.
misil superficie-superficie | surface to surface missile.
misil teleguiado | pilotless missile.
misión aérea abortada | air abort.
misión de interceptación | intercept | intercept mission.
misión en la luna con piloto humano | manned lunar mission.
míspiquel | arsenical pyrite | mispikel.
mitigación | relaxation.
mixto | mixed.
mixtura | blend | compound | mixture.
mnemotécnico | mnemonic.
moción | motion.
mocional | motional.
modal | modal.
modalidad seleccionada | selected mode (computing).
modelación | modeling.
modelado | modeling.
modelado de amalgamas | carving of amalgam.
modelado por alargamiento | stretch-forming.
modelar | form (to) | mould (to) | shape (to).

modelo | model | mold (U.S.A.) | mould (G.B.) | pattern | scheme | shape | standard | template | templet.

modelo agregativo | aggregative model (econometry).

modelo de choques y errores | shock and error model (statistics).

modelo de circuito | land pattern.

modelo en capas | shell model (nuclear energy).

modelo experimental | pilot model.

modem | modem.

modem digital | digital subset.

moderación | moderation.

moderador | inhibitor (etching bath) | moderator.

moderador de velocidad | overspeed-gear | overspeeder.

modificable | variable.

modificaciones por irradiación | irradiation damage.

modificado por neutrones | neutron-damaged.

modificador de fase | phase advancer.

modificar | change (to) | modify (to) | patch (to).

modo de impulso | pulse mode (telecommunications).

modo de verificación | verification mode (process).

modo operatorio | know-how.

modulación angular | angle modulation.

modulación cruzada | monkey chatter.

modulación de amplitud | amplitude modulation.

modulación de brillantez | intensity modulation (television).

modulación de canal | channel modulation.

modulación de dos tonos | two-tone modulation (telegraphy).

modulación de fase | phase modulation.

modulación de frecuencia de banda estrecha | narrow-band frequency modulation.

modulación de frecuencia modificada | modified frequency modulation.

modulación de impulsos en amplitud | pulse-amplitude modulation.

modulación de impulsos en código | pulse count modulation.

modulación de la intensidad | intensity modulation.

modulación de la luz | light modulation (TV).

modulación de potencia | power modulation.

modulación de velocidad | velocity modulation.

modulación de visión | vision modulation.

modulación del reactor nuclear | pile modulation.

modulación entre canales | interchannel modulation.

modulación exterior | outer modulation.

modulación lineal | line modulation (radio).

modulación múltiple | multiple modulation.

modulación negativa | negative transmission.

modulación nula | zero modulation.

modulación por absorción | absorption modulation.

modulación por anchura del impulso | pulse-duration modulation.

modulación por corriente constante | choke modulation.

modulación por impulsos | pulse modulation.

modulación por impulsos anódicos | plate pulse modulation.

modulación por impulsos codificados | pulse-code modulation.

modulación por inversión de fase | phase reversal modulation.

modulación por placa | plate modulation.

modulación por portadora variable | variable carrier modulation.

modulación por reactancia | choke modulation | reactance modulation.

modulación vídeo negativa | negative video modulation.

modulador | coder | keyer (radar) | modulator.

modulador accionado por la voz | voice-actuated modulator.

modulador anular | ring modulator.

modulador de frecuencia | frequency modulator | wobbulator.

modulador de línea de descarga | line-type modulator.

modulador de luz | light modulator.

modulador de radar | radar modulator.

modulador de radiofrecuecia | R.F. modulator.

modulador de sonar | sonar modulator.

modulador de telemedida | telemetering modulator.

modulador de tubo fotomultiplicador | phototube modulator.

modulador del haz de neutrones | neutron chopper.

modulador en onda rectangular | square-waver.

modulador lineal | linear modulator.

modulador-demodulador | modem.

modular | modular | modulate (to) | tune (to) | wobble (to) (radio).

modulímetro | modulation factor meter | modulation monitor.

módulo | modulus (mathematics).

módulo de elasticidad | stretch modulus.

módulo de excursión lunar | lunar excursion module (cosmonautics).

módulo de frecuencia intermedia | intermediate-frequency strip.

módulo de propulsión | boost element.

módulo elástico | young's modulus.

módulo lunar | lunar module (space vehicle).

módulo young | young's modulus.

modulómetro | modulation meter.

mofeta | chokedamp (mining).

moho | mold (U.S.A.) | mould (G.B.).

mojabilidad | wettability.

mojado | wet | wetted.

mojar | water (to) | wet (to).

mojón | cornerstone | hub | landmark | waymark.

mol | gram molecule | mol | mole.

molal | molal (chemistry).

molar | molar (chemistry).

moldavita | Bohemian crysolite | bottle-stone | false chrysolite.

molde | form | former | matrix | mold (U.S.A.) (smelting) | mould (G.B.) | shape.

molde al descubierto | open sand mold.

molde de arcilla | loam mold.

molde de arena | sand mold.

molde de barro | loam mold.

molde de cáscara | shell mold.

molde de fundición | box | cast-iron mold | casting mould | chill-mold.

molde de hierro fundido | iron mold.

molde de inyección | injection mould.

molde de lingote | pig mold.

molde de vaina | shell mold.

molde de yeso | plaster mould.

molde fijo | permanent mold.

molde macho | male mold.

molde para embutir | stamping die.

molde para fundir | casting frame.

molde para lingote | ingot mould.

moldeabilidad | castability.

moldeable | plastic.

moldeado | molded.

moldeado en frío | cold-forming | cold-molded.

moldeado plástico | plastic molding.

moldeador | caster.

moldeadora | molding press.

moldeadora a presión | press molding machine.

moldear | found (to) | mold (to) | mould (to).

moldear a máquina | machine-mold (to).

moldear en caliente | hot-mold (to).

moldear en cáscara | shell mold (to).

moldear en vaina | shell mold (to).

moldear por inyección | injection mold (to).

moldeo | casting | molding | moulding | shaping.

moldeo a máquina | machine molding.

moldeo a presión | injection molding | transfer moulding.

moldeo al torno | molding by jigger (ceramics).

moldeo con terraja | striking (foundry) | templet molding.

moldeo de estratificado | laminated moulding (plastic).

moldeo en arcilla | loam casting (smelting).

moldeo en arena | sand-casting.

moldeo en arena seca | dry casting.

moldeo en barbotina | slip casting (fire resisting).

moldeo en cajas | molding between flask (smelting).

moldeo en caliente | hot forming | hot moulding.

moldeo en cáscara | shell molding.

moldeo en cáscara de yeso | plaster molding.

moldeo en concha | die casting.

moldeo en moldes metálicos acoplados | matched-metal molding.

moldeo en seco | dry pressing | dry shaping.

moldeo en una operación | one shot moulding (plastic).

moldeo en vaina | shell molding.

moldeo múltiple | multiple molding.

moldeo por extrusión | extrusion molding.

moldeo por inyección | injection molding | jet molding | pressure casting.

moldeo por inyección de líquido | liquid injection moulding.

moldeo por soplado | blow moulding.

moldeo por vaciado | cast moulding.

moldeo por vacío | vacuum forming.

moldeo sobre placa-modelo | plate-molding.

moldería | mould making.

moldería de acero | steel foundry.

moldura | mold (USA) (architecture) | molding | moulding.

moldura aplicada | planted molding.

moldura convexa | beading.

moldura cubrejunta | covering bead.

moldura de madera para canalización | wood molding (electricity).

moldura lisa | plain molding.

moldura para conductores | wooden raceway.

moldurar | mould (to).

molectrónica | molectronics.

molécula | molecule.

molécula marcada I labeled molecule.
molécula neutra I neutral molecule (chemistry).
molécula polar I polar molecule (dielectric).
molécula-gramo I gram-molecule I mol I molecule-gram.
molecular I molar I molecular.
moleta I brayer (typography) I cutter wheel.
moleta cortante I cutting wheel.
moleteado I knurling I milling.
moletear I mill (to).
mol-gramo I gram mole.
molibdato I molybdate.
molibdato magnésico I magnesium molybdate.
molibdeno I molybdenum (Mo).
molienda I grinding I mealing.
molienda en húmedo I wet grinding.
molinete I reel I spool (hoisting machine) I turnstile I winch head.
molinete accionado por sinfín I worm-geared capstan.
molinete dinamométrico I air friction dynamometer.
molinete regulador I air wing.
molino de viento I windmill.
molino mezclador I mixing-mill.
molino movido por engranajes I Abbe tube mill.
molino para minerales I ore mill.
molino triturador I pulverizer mill.
molino tubular I tube mill.
mollerización I mollerizing.
moltura I grinding.
molturabilidad I grindability.
molturación I grinding I milling.
molturación autógena I autogenous grinding.
molturar I mill (to).
momento angular nuclear I nuclear angular momentum (nuclear physics).
momento de arrufo I sagging moment (ships).
momento de fuerzas I moment.
momento de guiñada I yawing moment.
momento de inercia I moment of rotation.
momento de la cantidad de movimiento I moment of momentum.
momento de rotación I turning moment I twisting moment.
momento de torsión I torque I torsional moment I twisting moment I wringing moment.
momento de torsión mecánico I mechanical torque.
momento de una fuerza I torque.
momento del par de fuerzas I moment of couple.
momento dinámico de torsión I torque.

momento motor I working moment.
momento restablecedor I restoring moment (aeronautics).
momento torsional I twist moment.
momento torsional de régimen I rated torque (electricity).
momento torsor I torque.
monergol I monopropellant.
monitor I monitor.
monitor con cuarzo I quartz monitor.
monitor contador I monitor counter (nuclear energy).
monitor de cámara I camera monitor.
monitor de control I performance monitor.
monitor de funcionamiento I performance monitor.
monitor de modulación I modulation monitor.
monitor de potencia I power monitor.
monitor de radio I radio monitor.
monitor de RF I RF monitor.
monitor de salida I actual monitor (TV) I output monitor (TV).
monitor de televisión I television monitor.
monitor de uso general I utility monitor (TV).
monitor de vídeo I video monitor.
monitor del agua I water monitor (radioactivity).
monitor del sistema operativo I monitor operating system.
monitor electrónico I electronic view finder.
monitor patrón I reference monitor (TV).
monitrón I monitron (nuclear energy).
monoaural I monaural.
monoauricular I monaural.
monoaxial I uniaxial.
monobloque I monobloc.
monocanal I monaural I single-channel.
monocapa I unilayer.
monocarril I monorail.
monocasco I monocoque.
monocíclico I single-cycle.
monocompresional I single-stage (compressors).
monocordio I monocord.
monocristal sin deformaciones I whisker.
monocromaticidad I monochromaticity.
monocromático I monochromatic.
monocromatizar I monochromatize (to).
monocromía I monochrome.
monocromo I monochrome.
monoeje I single shaft.
monoestable I monostable.
monoestrato I monolayer I unilayer.
monoetápico I single-stage.
monofase I monophase.

monofásico | monaural | monophasic | one-phase | single-phase.

monofilar | single core.

monofonía | monophony.

monofónico | monophonic.

monofosfato de inosina | inosine monophosphate.

monograma | alignment chart | monoscope.

monoimpulso | monopulse.

monolito | monolith.

monómero | monomer (chemistry).

monométrico | monometric.

monómetro | monometer.

monomotor | single-engined | single-motored.

monoplano | monoplane.

monoplano bimotor de ala alta | twin-engine high-wing monoplane.

monopolar | monopole | single pole | single-polar.

monopolo | monopole.

monopropulsante | monopropellant.

monorrefringencia | monorefringence.

monoscopio | monoscope.

monoseñal | single-signal.

monotipia | monotype (typography).

monotipo | monotype.

monotubo | single-tube.

monovibrador | univibrator.

monóxido de plomo | lead monoxide | lead oxide (chemistry) | lead protoxide.

monta-ácidos | acid egg.

montable en chasis | rack mountable.

montacarga | winch.

montacargas | elevator | hoist | lift | lifter | windlass.

montacargas neumático | pneumatic lift.

montado | fixed.

montado a charnela | pivotally mounted.

montado a prueba de sacudidas | shock-mounted.

montado en el eje | shaft-mounted.

montado en el taller | shop-assembled.

montado en la torreta | turret-mounted (airplanes).

montado en tándem | tandem-mounted.

montado en torre | turret-mounted (cannons).

montado en triángulo | mesh-connected.

montado sobre pivote | pivot-mounted | pivotally mounted.

montador de enlaces | link.

montaje | assembly | circuitry | connection | erecting | erection | fitting | fixing | jig | makeup | making | montage | mount | mounting | rigging (machine) | seating | setting | setup.

montaje antivibratorio | shock isolator.

montaje con enlace | link editing.

montaje con máscara | mask flat (photomechanics).

montaje con reflector | reflected assembly (nuclear energy).

montaje de planos | map compilation.

montaje de posición trabada | keyed mounting.

montaje de prueba | test-rig (wings, engines).

montaje doble | twin mount (cannons).

montaje elástico | spring mounting.

montaje en bastidor | rack mount.

montaje en bucle | loop connection (electricity).

montaje en cadena | in-line assembly.

montaje en derivación | bridge (electricity).

montaje en el banco | bench assembly.

montaje en estrella | star grouping (electricity) | wye (electricity) | Y-connection.

montaje en serie | nest | series connection.

montaje en triángulo | mesh connection | mesh grouping.

montaje flexible | resilient mounting.

montaje fotográfico | photomounting.

montaje múltiple | multiple connection.

montaje original | master copy.

montaje para escariar | reaming fixture.

montaje para fresado | milling fixture.

montaje para levas | cam fixture.

montaje para maquinado | machining setup.

montaje principal | master mounting.

montaje provisional | breadboard.

montaje simétrico | push-pull circuit | symmetrical arrangement.

montante | spur timber | stanchion | stud.

montante amortiguador | shock strut (landing gear).

montante amortiguador oleoneumático | oleo strut.

montante de batayola | bulwark stanchion.

montante de sustentación | lift strut (airplanes).

montante del yugo | yoke post (weaving).

montaña | mount.

montar | cock (to) (firing pin) | erect (to) | fit (to) | mount (to) | rig (to) (machines) | rig up (to) (apparatus).

montar el inducido | armature (to).

montar en caliente | shrink on (to) (tires).

montar sobre un eje | pivot (to).

montar sobre una plantilla | jig-align (to).

monte | mount.

montea | working drawing.

montmorilonita | montmorillonite.

montura de lizos | loom harness.

monzonita | monzonite.

monzonita cuarzosa I adamellite.
mordaza I clamp I dog head I grab I gripper I jaw I nipper (weaving).
mordaza de freno I brake gripper.
mordaza de resorte I spring clamp.
mordaza de sujeción I jaw clamp.
mordaza de tornillo I vise jaw.
mordaza de unión I stay clamp (cables).
mordaza giratoria I swivel jaw.
mordaza inferior I nipper plate.
mordaza para tubos I pipe grip.
mordaza superior I nipper knife.
mordazas de arranque I detached nippers.
mordazas de retención I nippers.
mordentado al ácido I acid etched.
mordentado iónico I ion-beam etching.
mordente I mordant.
mordiente I etching.
mordiente de cromo I chrome mordant.
mordiente férrico I iron mordant.
morena I kame (geology).
morfología de las inclusiones I inclusion morphology (metallurgy).
morfología estructural I structural morphology.
morrena I glacial drift I glacial till I moraine.
morrena de ablación I ablation moraine (geology).
morrena de fondo I bottom moraine (geology) I till (geology).
morrena lateral I marginal moraine (geology).
morrillo I boulder.
mortaja I mortice I mortise I mortise hole.
mortaja y filete I dado and rabbet (mechanics).
mortajar I mortice (to) I spline (to).
mortero I mortar I parget I slurry.
mortero balístico I ballistic mortar.
mortero de agarre I key mortar (cement).
mortero de cemento I concrete.
mosaico I mosaic.
moscovita I common mica I mirror stone (geology) I muscovite I white mica.
mostrar una imagen en un radariscopio I paint (to).
moteado I mottled I spottiness (TV).
motilidad I motivity.
motobuque tetrahélice I quadruple-screw motorship.
motón I block pulley I hoisting tackle I pulley.
motón de candaliza I inhaul block (ships).
motón del amante I span tackle (ships).
motón sencillo I single block.
motoniveladora I grader I motor grader I motorgrader.
motopropulsor I motor driven.

motor I engine I impellent I motor I mover.
motor a reacción I jet engine.
motor acelerador I boost motor.
motor acorazado I ironclad motor.
motor adiabático I adiabatic engine.
motor alternativo I piston-powered engine.
motor atómico I atomic engine.
motor auxiliar I pony motor.
motor bicilíndrico I two cylinder engine.
motor bicilíndrico en V I vee-twin engine.
motor bifásico I two-phase motor.
motor cohete de propelente líquido I liquid-propellant rocket engine.
motor cohético I rocket engine I rocket motor.
motor cohético de ajuste fino I vernier rocket (spatial vehicles).
motor con barrido en U invertida I loop-scavenged engine.
motor con devanado dividido I split-wound motor.
motor con enfriamiento natural I surface-cooled motor.
motor con engranajes reductores I back geared motor.
motor con inyección de agua I wet engine (aeronautics).
motor con los cilindros en V I vee-form engine.
motor con poco consumo másico de aire I nonairbreathing motor.
motor con polos de conmutación I interpole motor.
motor con todas sus piezas desmontadas I stripped down engine.
motor con varias filas de cilindros en línea I multibank engine.
motor convertidor I motor converter (electricity).
motor de aire comprimido I pneumatic motor.
motor de ala I wing motor (aeronautics).
motor de alta compresión I supercompression engine.
motor de arranque I motor starter I starter I starting motor.
motor de arranque con capacitor con par motor pequeño I low-torque capacitor motor.
motor de arranque con resistor I resistance-start motor.
motor de arranque por pulsador I push-button-started motor.
motor de arrastre I drawoff motor I run motor.
motor de avance gradual I stepping motor.
motor de aviación alternativo I piston-type aircraft engine.

motor de aviación de pistones | piston-type aircraft engine.

motor de avión | aero engine.

motor de chorro | jet engine.

motor de chorro sustentador | lift-jet engine (vertical take-off).

motor de cilindros en línea | in-line engine.

motor de cilindros en V | vee engine.

motor de cilindros opuestos | opposed piston engine | opposed-cylinder engine.

motor de circuito estampado | printed-circuit motor.

motor de combustión | motor.

motor de combustión interna | I.C. engine | internal combustion engine.

motor de corriente alterna | A.C motor.

motor de cruceta de dos tiempos | two-stroke crosshead engine.

motor de cuatro tiempos | two-revolution engine.

motor de cuatro tiempos exacilíndrico | six-cylinder four stroke engine.

motor de desarrollo | development engine.

motor de dos cilindros en V | V-twin engine.

motor de dos cilindros verticales | vertical twin.

motor de dos tiempos | two-cycle engine | two-stroke-cycle engine.

motor de explosión | explosion engine | gasoline engine.

motor de frenado | braking motor.

motor de funcionamiento mixto | oil-cum-gas engine.

motor de gas | gas engine | gas-fueled engine.

motor de gasoil | oil motor.

motor de gasolina | gasoline engine.

motor de gasolina de cuatro tiempos | petrol four-stroke engine.

motor de inducción | induction motor.

motor de inducción con rotor devanado | wound-rotor induction motor.

motor de inducción de rotor bobinado | wound-rotor induction motor.

motor de keroseno | kerosene engine.

motor de la alimentación | feed motor.

motor de levas | cam engine.

motor de número variable de polos | pole-change motor.

motor de orientación | training motor.

motor de par | torquer.

motor de petróleo lampante | kerosene engine | paraffin engine | paraffin-operated engine.

motor de pistón | piston engine.

motor de pistones | reciprocating engine.

motor de pistones opuestos | coverless engine.

motor de plasma | plasma engine (aerospatial engineering).

motor de plasma para cohete | plasma rocket engine.

motor de propulsión por chorro | jet-propulsion engine.

motor de reacción | aerojet | reaction engine | reaction motor | reactor.

motor de reacción directa | jet-propulsion engine.

motor de reacción por chorro de gases | jet.

motor de refrigeración líquida | liquid-cooled engine.

motor de reglaje de potencia | power trim motor.

motor de repulsión | repulsion motor.

motor de rotación | kick motor.

motor de rotor bobinado | wound-rotor motor.

motor de rotor en cortocircuito | squirrel-cage motor.

motor de sincronización | rate motor.

motor de sustentación y de empuje | lift thrust engine (vertical take-off plane).

motor de sustitución | replacement engine.

motor de temporización | timing motor.

motor de tracción | traction motor.

motor de turbina | turbine engine.

motor de turbohélice | turbine-propeller engine (airplanes).

motor de válvulas en cabeza | valve in head engin.

motor de válvulas en la culata | overhead-valve engine.

motor de velocidad regulable | variable speed motor.

motor de velocidad variable | polyspeed motor.

motor del avance | feed motor.

motor del limpiaparabrisas | wiper motor.

motor devanado en espiral | spring-wound motor.

motor diesel | C.I. engine | compression-ignition engine | diesel | I. C. engine | internal combustion engine | oil engine | oil motor.

motor diesel puro | pressure ignition engine.

motor eléctrico | electromotor.

motor en derivación | shunt motor.

motor en estrella | radial engine.

motor en serie | cascade motor.

motor en V | V engine.

motor en V invertida | inverted Vee engine.

motor eólico | wind motor.

motor estanco | waterproof motor (electricity).

motor excitado en serie | series motor.

motor excitado por metadino | metadyne-excited motor.

motor fónico | phonic motor.

motor fotónico | photon engine.

motor fuera borda | outboard engine | outboard motor.

motor generador de excitación | motor generator exciter.

motor hidráulico | hydraulic engine | water motor.

motor interior | inboard engine.

motor iónico | ion engine.

motor lateral | wing motor.

motor logarítmico | logarithmic motor (electricity).

motor monofásico | single-phase motor.

motor monofásico de tres conductores | split-phase motor.

motor muy revolucionado | quick-revolution engine.

motor nuclear | nuclear engine.

motor oscilante lineal | linear oscillating motor (electricity).

motor para el alerón | aileron booster.

motor para la dirección | steering engine.

motor para laminadores | mill type motor.

motor para punterías en elevación y azimutal | laying and training motor (cannons).

motor plasmático | plasma jet (rockets).

motor policarburante | multifuel engine.

motor policilíndrico en línea | multicylinder in-line engine.

motor polifásico de colector | polyphase commutator motor.

motor polifásico sin conmutador | multiphase commutatorless motor.

motor primario | prime mover.

motor principal | main engine.

motor principal de propulsión | main propulsion motor.

motor propulsor | main engine (ships) | propeller motor | propulsion motor.

motor pulsorreactor | pulsejet engine.

motor radial | pancake engine.

motor radial de varias coronas de cilindros | multibank radial engine.

motor rápido | quick-revolution engine.

motor reforzador | booster motor.

motor refrigerado por agua | water-cooled engine.

motor sin válvulas | valveless engine.

motor sincrónico | synchronous motor.

motor sincrónico polifásico | polyphase synchronous motor.

motor sobrealimentado | supercharged engine | supercharged motor.

motor solar | solar engine.

motor sumergible | submersible.

motor suplementario | booster engine.

motor térmico | heat engine.

motor termoelectrónico | thermoelectron engine.

motor termopropulsor | thermal jet engine.

motor tipo nonio | vernier motor.

motor totalmente despiezado | stripped down engine.

motor trasero | rear engine.

motor trifásico | three-phase motor.

motor turbo hélice | propjet engine.

motor turbohélice | propeller-turbine engine | turboprop engine.

motor turborreactor | turbojet engine.

motor turborreactor a postcombustión | turboramjet engine.

motor turbosobrealimentado | turbosupercharged engine.

motores pareados | paired engines.

motorización | mechanization | motorization.

motorizado | motor-actuated | motor-driven | motor-operated | motorized | power-actuated | power-driven | power-operated | powered | self-propelled.

motorizar | mechanicalize (to) | mechanize (to).

motorpropulsado | motor-propelled.

motosierra | chain saw | power saw.

mototrilladora | motor thresher.

motricidad | motivity.

mover | move (to).

movible | mobile.

movido por energía nuclear | nuclear-powered.

movido por motor | motor-operated.

móvil | loose | mobile | movable | moveable | walking (cranes).

movilidad de un ion | ion mobility.

movimiento | motion | move | movement | moving | running.

movimiento alternativo | reciprocating motion.

movimiento de avance | feed motion | feed movement | feeding motion | infeed movement.

movimiento de avance transversal | surfacing (machine tool).

movimiento de cierre de la mordaza | nipper closing movement.

movimiento de galope | pitching motion (locomotives).

movimiento de retroceso | recoil.
movimiento de rotación | turning motion.
movimiento de vaivén | reciprocating motion.
movimiento giratorio | swiveling.
movimiento giroscópico | yawing motion (projectiles).
movimiento inverso | back-action.
movimiento microsísmico | microseismic movement.
movimiento oscilante | rocker movement | rocking motion.
movimiento oscilante de la mordaza | nipper oscillating movement.
movimiento planetario | planetary motion.
movimiento rectilíneo | linear motion.
movimiento recurrente | repetitive motion.
movimiento retardado | lagging.
movimiento retrógrado | retrograde motion.
movimiento sísmico | seismic shock.
movimiento transversal | traversing.
movimiento vertical alternativo | rock.
muaré | moire (photography).
muela | grinder.
muela abrasiva | grinding wheel | wheel.
muela abrasiva de desbastar | reducing-wheel.
muela abrasiva para rectificar plantillas | template grinder.
muela abrasiva plana | plain wheel.
muela acoplada | cup wheel.
muela adiamantada con ligante metálico | metal-bonded diamond wheel.
muela adiamantada en forma de V | V-form diamond wheel.
muela con bastidor pendular | swing grinder.
muela cónica | tapered wheel.
muela de afilar | knife-grinder.
muela de desbastar | abrading-wheel.
muela de pulir | abrasive disc | smoothing mill.
muela de rectificar | wheel.
muela desbastadora | snagging wheel (foundry).
muela para pulverizar | abrasive wheel.
muela para rectificar matrices | die grinder.
muela para rectificar roscas | thread grinding wheel.
muela plana | straight wheel.
muela ranuradora | spline grinder.
muela vertical | edge runner.
muelle | dock | jetty | pier | quay | spring (mechanics) | wharf.
muelle antagonista | back spring.
muelle de lámina | leaf spring.
muelle de retención | retainer spring.
muelle de ruptor | whip.
muelle de telar | loom spring.

muelle de válvula | valve spring.
muelle del inyector | nozzle spring.
muelle del trinquete | pawl spring.
muelle helicoidal de elasticidad variable | multirate helical spring.
muelle tensor | tension spring.
muelleo | springing.
muesca | chase | housing | indentation | jag | jagging | mortise | nick | notching | sinkage | slot.
muesca de ajuste | adjustment notch.
muesca de sección en T | T-slot.
muesca de seguridad | safety catch.
muesca en V | V notch.
muesca helicoidal | spiral groove.
muesca plana | plain slot.
muescado | notched.
muescar | notch (to).
muestra | bore core (drillings) | sample | test piece.
muestra de la colada | pit sample.
muestra piloto | pilot sample.
muestreo | drawing samples | sampling.
muestreo aleatorio | random sampling.
muestreo de actividad | activity sampling.
muestreo de telemedida | telemetering sampling.
muestreo discontinuo | batch sampling.
muestreo instantáneo | instantaneous sampling.
muestreo mecánico | mechanical sampling (metallurgy).
mufla | muffle.
multiacoplamiento | diplexing.
multiánodo | multianode.
multiaspa | multivane.
multiaxialidad | multiaxiality.
multicanal | multichannel | multicircuit.
multicanalización portadora | analog multiplex (data link).
multicapa | multilayer.
multicircuito | multicircuit.
multicolor | multicolored.
multicomponente | multicomponent.
multicopiadora | mimeograph machine.
multicopista | mimeograph.
multidifusión | multiplex transmission.
multiestación | multistation.
multifásico | multiphase.
multifilamentoso | multifilament.
multifilar | multiwired.
multifocal | multifocal.
multífono | multiphone.
multifonon | multiphonon.
multifrecuencia | multifrequency.

multigradual I cascade I multistage I multistep.
multihaz I multibeam.
multilobulado I multifoil.
multímetro I circuit analyzer I multifunction meter I multimeter.
multímetro de tensión alterna I A.C. voltage multimeter.
multímetro digital I digital multimeter.
multipaleta I multivane.
multiperforadora I gang punch.
multipista I multitrack.
múltiple I ganged (electrotecnics) I multiple.
múltiple ampliable I extensible multiple switchboard (telecommunications).
múltiple de abonado I subscriber multiple (electricity).
múltiple de cinta I ribbon multiple (tele-phony).
múltiplex I multiplex.
múltiplex de división de tiempo I time-division multiplex.
múltiplex de modo de impulsos I pulse-mode multiplex.
múltiplex de tiempo compartido I time division multiplex.
multiplexación I multiplexing.
multiplexado por división del tiempo I time-division multiplexing.
multiplexor I power divider.
multiplicación escalar I scalar multiplication.
multiplicación intrínseca de portadores I intrinsic carrier multiplication (semiconductors).
multiplicación pequeña I low gear (gear).
multiplicación subcrítica I subcritical multiplication (nuclear energy).
multiplicador I multiplier.
multiplicador constante I constant multiplier.
multiplicador de frecuencias I frequency multiplier.
multiplicador de neutrones I neutron booster.
multiplicador de presión I pressure transmitter.
multiplicador de voltaje I voltage multiplier.
multiplicador electrónico I augetron.
múltiplo I multiple.
multipolar I multiple-pole (electricity) I multipolar.
multipolaridad I multipolarity.
multipolo I multipole.
multipolo eléctrico estático I static electric multipole.
multipropulsante I multipropellant.
multipunto I multistation.
multiscopio I multiscope.
multiselector miniatura I miniswitch.

multiterminal I multidrop I multistation I multiterminal.
multivía I multitrack.
multivibrador I flip-flop.
multivibrador de relajación monoestable I monostable multivibrator.
multivibrador monoestable I univibrator.
multivuelta I multiturn.
mumetal I mumetal (magnetic alloy).
munición I ammunition.
munición cargada I live ammunition.
munición de fogueo I practice ammunition.
munición en cargador de cinta I linked ammunition (weapons).
munición incendiaria perforante I A. P. I. ammunition.
muñequilla I crankpin I pin (crankshaft) I wrist pin (crankshaft).
muñequilla del cigüeñal de media presión I intermediate crankshaft journal (steam engine).
muñón I journal (axes) I wrist I wrist pin.
muñón de acoplamiento I wobbler (rolling mill roll).
muñón de articulación I swivel pin.
muñón de la rueda I wheel pivot I wheel spindle.
muñón de pie de biela I piston pin.
muñón del ala I stub plane (airplanes).
muón I mu-meson I muon I M meson.
muón escalar I scalar negative meson (atomic energy).
muonio I muonium.
muraje de galerías I walling.
murar I wall (to).
muro I low wall (mining) I wall.
muro de adobe I mud-wall.
muro de bloques de hormigón en masa I mass-concrete blockwall.
muro de carga I load-bearing wall I main wall I wall bearing.
muro de cimiento I wall foundation.
muro de contención I bearing wall.
muro de mampostería I masonry wall.
muro de protección I barrier (mining).
muro de revestimiento I face wall.
muro de sostenimiento I breast wall.
muro frontal I face wall.
muro hastial I gable wall.
muro medianero de carga I sleeper wall.
muro piñón I gable end I gable wall.
muscovita hidratada I damourite.
mutación estructural I structural mutation.
mutador I inverter.
muza I smooth file.
Mylar I Mylar.

N

nacela | nacelle.
nacrina | nacrine.
nacrita | nacrite.
nafta | gasoline | naphtha.
naftaleno | naphthalene.
naftol | naphthol.
naftoquinona | naphthaquinone.
nanocurio | nanocurie.
nanofaradio | nanofarad.
nanógramo | nanogram.
nanómetro | nanometer.
nanosegundo | nanosecond.
nanovatio | nanowatt.
narria | drag | log boat | road drag | sledge.
nata de fundición | sullage (molten metal).
nativo | native.
natrón | natron.
natural | native (mining) | natural.
naufragar | cast (to) | wreck (to).
naufragio | wreck | wrecking.
nauropómetro | nauropometer.
náutica | nautics.
náutico | nautical.
navaglide | navaglide.
naval | naval.
Navar | Navar (radar and control).
nave espacial | space vehicle | spaceship.
nave espacial lunar | lunar spacecraft.
nave espacial tripulada | manned spacecraft.
nave tripulada | manned module.
navegación | navigation.
navegación a estima | dead reckoning.
navegación aérea | airshipping | avigation.
navegación aérea astronómica | celestial air navigation.
navegación aérea internacional | international air navigation.
navegación aérea polar | polar air navigation.
navegación astronómica | astronomical navigation.
navegación astronómica automática | automatic celestial navigation.
navegación de acercamiento | approach navigation.
navegación espacial | space navigation.
navegación estelar | stellar navigation.
navegación interplanetaria | interplanetary navigation.
navegación isobárica | isobaric navigation | pressure pattern flying.
navegación loxodrómica | plane sailing.

navegación ortodrómica | circular sailing | great circle sailing | right sailing.
navegación por radar y televisión | television radar navigation.
navegación por televisión y radar | teleran.
navegación radiogoniométrica | radionavigation.
navegación transpolar | transpolar navigation.
navegación transversal | traverse sailing.
navegación y exploración sónica | sound navigation and ranging.
navegación y telemetría por sonido | sound navigation and ranging.
navegar | navigate (to) | sail (to) | steer (to).
navígrafo | navigraph.
navisferio | navisphere.
neblina | fog | mist.
neblina metálica | metal-fog.
nebulizador | fog-forming | fogger | mist sprayer | spray.
nebulizador de agua | mist projector | water sprayer.
nebulizar | mist (to) | spray (to) | vaporize (to).
nebulosa | nebula (astronomy) | nebule (astronomy).
nefelina | fat stone.
nefelómetro | nephelometer (optics).
nefoaltímetro | ceilometer.
nefología | cloud study.
nefrita | greenstone.
negativamente ionizado | negatively ionized.
negativo | negative.
negativo invertido | reversed negative (photography).
negatoscopio | X-ray illuminator.
negatrón | negatron (negative electron).
negro alterado | noisy blacks (facsimile).
negro de fundición | paint.
negro mineral | mineral blacking (foundry) | slate black.
negro | steam black.
neis | gneiss.
neis augítico | augite-gneiss.
neis biotítico | biotite gneiss.
neis glanduloso | augen gneiss.
neodimio | neodymium (Nd).
neón | neon (Ne).
neopecblenda | sooty pitchblende (black oxide).
neoprenado | neoprene lined | neoprene-coated.
neopreno | neoprene (polychloroprene).
neotrón | neotron (electronics).
neperímetro | nepermeter.

neperio I neper (8.686 decibels).

nervado I ribbed (plates).

nervadura I bead I branch (architecture) I buttress I rib (architectura) I ribbing.

nervadura de arco I arch rib.

nervar I rib (to) (plates).

nerviación de refuerzo I ribbing.

nervio I lierne rib (architecture) I rib I ridge.

nervio del forjado I joist.

nervio secundario I lierne (architecture).

neto I net.

neumático I pneumatic tire I rubber tire I tyre (G.B.) I tire (USA).

neumático del avión I aircraft tire.

neumático sin cámara de aire I tubeless tire.

neumocalibración I air gaging.

neumoconmutador I pneumatic switch.

neumoeléctrico I pneumoelectric.

neumoeyector automático I pneumatic automatic ejector.

neumohidráulico I air hydraulic I pneumohydraulic.

neumomotor I pneumatic motor.

neumoservomecanismo I pneumatic servo.

neumosincronizador I pneumatic timing mechanism.

neutral I neutral.

neutralidad I adiaphory (chemistry).

neutralización I disabling.

neutralización del circuito anódico I plate neutralization.

neutralización magnética I deperming.

neutralización por placa I plate neutralization (electronics).

neutralizado I killed.

neutralizador I neutralator (chemistry) I neutralizer.

neutralizador ácido I sour.

neutralizador de ácidos I acid neutralizer.

neutralizar I kill (to).

neutrino I neutrino.

neutro I indifferent I neutral I uncharged (electricity).

neutrodinar I neutrodyne (to).

neutrodino I neutrodyne.

neutrón I neutron.

neutrón absorbido I absorbed neutron (radiations).

neutrón cuasi térmico I near-thermal neutron.

neutrón de energía térmica I thermal-energy neutron (nuclear energy).

neutrón hipoenergético I low-energy neutron.

neutrón inmediato I prompt neutron.

neutrón lento I slow neutron.

neutrón no moderado I unmoderated neutron (nuclear energy).

neutrón pulsado I pulsed neutron.

neutrón rápido I fast neutron.

neutrón refractado I refracted neutron.

neutrón subcádmico I subcadmium neutron.

neutrón termonuclear I thermonuclear neutron.

neutrones difusos I scattered neutrons.

neutrones dispersos I stray neutrons.

neutrónico I neutronic.

neutronirradiar I neutron-irradiate (to).

nevada I snow fall.

newtonio I newton.

nicolita I arsenical nickel I copper nickel.

niebla I fog I mist I vapor (U.S.) I vapour (G.B.).

niebla ácida I acid fog.

niebla barométrica I barometric fog.

niebla orográfica I orographic fog.

niebla urbana I city fog.

nielsbohrio I hahnium (Ha-USA) I unnilpentium (Unp - I.U.P.A.C.) (Russia) I nielsbohrium.

nieve I snow.

nieve en polvo I powder snow.

nilo I nile (reactor reactivity measure).

nilón I nylon.

nimbo I curl cloud I nimbus.

nimboestrato I nimbostratus.

niobio I columbium I niobium.

niple I nipple.

niple articulado I articulated nipple.

niple de surgencia I flow nipple.

niple elevador I lifting nipple (drillings).

NIPO I NIPO (negative input-positive output).

níquel I nickel.

níquel en lingotes I ingot nickel.

niquelación I nickel plating I nickeling.

niquelado I nickel plating I plated.

niquelina I copper nickel.

nitidez I articulation (telecommunications) I definition I sharpness (image).

nitidez de reproducción I quality of picture reproduction.

nitidez del contorno I edge definition (TV).

nítido I neat.

nitración I nitration (chemistry).

nitraleación I nitralloy.

nitrar I nitrate (to) (chemistry).

nitrato I nitrate.

nitrato amónico I ammonia nitrate.

nitrato cálcico I calcium nitrate I lime nitrate.

nitrato de Chile I Chilean nitrate.

nitrato de litio I lithium nitrate.

nitrato de magnesio I magnesium nitrate.
nitrato de plata I silver nitrate.
nitrato de plomo I lead nitrate.
nitrato paladioso I palladous nitrate.
nitrato potásico I niter I nitre.
nitrato sódico I cubic niter.
nítrico I azotic.
nitridación I nitridation.
nitrito de amilo I amyl nitrite.
nitrito de isoamilo I isoamyl nitrite.
nitro I niter I nitrate I nitre I saltpeter I saltpetre.
nitro de Chile I Chile niter I soda niter.
nitrobacterias I nitrifying bacteria.
nitrobenceno I nitrobenzene.
nitrocelulosa I nitrocellulose.
nitrocolorante I nitro dye (chemistry).
nitrofenol I nitrophenol.
nitrogenación I azotization.
nitrogenado I azotic.
nitrogenar I azotize (to).
nitrógeno I nitrogen.
nitrógeno atmosférico I aerial nitrogen.
nitroglicerina I explosive oil I nitroglycerin.
nitrómetro I azotometer.
nitroparafina I nitroparaffin.
nitroprusiato I nitroprussiate (chemistry).
nitrosa I nitrose.
nitrosulfinización I nitrosulphinizing (metallurgy).
nitrotolueno I nitrotoluene.
nitruración I nitrogen case-hardening (metallurgy).
nitruración en baño de sales I liquid nitriding I salt-bath nitriding.
nitrurado I nitrogen-hardened.
nitrurar I nitrate (to) (metallurgy) I nitride (to) (metallurgy) I nitrify (to) (metallurgy).
nitruro I nitride.
nitruro de boro isótropo I isotropic boron nitride.
nitruro de galio I gallium nitride.
nitruro de plomo I lead nitride.
nivel I bubble (topographic apparatus) I degree I grade I level.
nivel absoluto de voltaje I voltage level.
nivel admisible de irradiación I permissible irradiation.
nivel con anteojo reversible I wye level.
nivel crítico de escape I level of escape (ionosphere).
nivel de actuación I triggering level (transponder).
nivel de base I base level.
nivel de blanco I white level.
nivel de borrado I blank level.
nivel de brillo I brightness level.

nivel de captura I trapping level (semiconductors).
nivel de colada I pouring level.
nivel de comparación I match level.
nivel de corte I threshold level (magnetic recording).
nivel de demarcación I demarcation level (electronics).
nivel de desconexión I triggering level.
nivel de desenganche I triggering level.
nivel de direccionamiento I level of addressing.
nivel de energía molecular I molecular energy level.
nivel de ensayo I test level.
nivel de entrada I input level (audiofrequency).
nivel de estado I status level (computing).
nivel de estiaje I low water level.
nivel de fondo I background level (TV).
nivel de grabación I recording level.
nivel de iluminación I light level.
nivel de impurezas I impurity level.
nivel de intensidad I intensity level.
nivel de intensidad sonora I loudness level.
nivel de interferencia I interference level.
nivel de intermodulación I intermodulation level.
nivel de la carga I stockline (blast furnaces).
nivel de la portadora I carrier level.
nivel de línea I line level (transmissions).
nivel de mira I rod level.
nivel de modulación I modulation level.
nivel de nonio I vernier level.
nivel de plomada I pendulum level I perpendicular I plumb level I plummet-level.
nivel de potencia I output level I power level.
nivel de potencia acústica I sound-power level.
nivel de potencia del reactor nuclear I reactor power level.
nivel de programa I program level (acoustics).
nivel de prueba I testing level.
nivel de recepción I listening level (telephony) I receiving level (telecommunications).
nivel de referencia I reference level.
nivel de resonancia I resonance level.
nivel de ruido I noise grade I noise objetive.
nivel de ruido de imagen I video noise level.
nivel de salida I output level.
nivel de señal I program level (electroacoustics).
nivel de señal de recepción I threshold signal level.
nivel de sincronización I sync level.

nivel de sobrecarga | overload level.

nivel de sonoridad | loudness equivalent | loudness level.

nivel de soporte en Y | Y level.

nivel de tono | pitch level.

nivel de transmisión | transmission level.

nivel del aceite | oil level.

nivel del agua | water level | waterline (boilers).

nivel del baño | metal level (glaze kiln).

nivel del blanco máximo | picture white (TV).

nivel del espectro de presión | pressure spectrum level.

nivel del fondo | bottom level.

nivel del petróleo | oil level.

nivel del sonido | sound level.

nivel del ultranegro | infrablack level.

nivel freático | water table.

nivel hidrostático | water level (geology) | water table (geology).

nivel L | L shell.

nivel límite | overload level.

nivel máximo admisible de emisión | maximum permissible level.

nivel máximo de la señal | peak-signal level.

nivel medio del agua | mean water level.

nivel mínimo | low water (boilers).

nivel muerto | spare level (telecommunications) | vacant level (telecommunications).

nivel n | n shell.

nivel para observar la latitud astronómica | latitude level.

nivel piezométrico | hydraulic gradient.

nivel ponderado | weighted level (acoustics).

nivel relativo de tensión | relative voltage level (telecommunications).

nivel sonoro | loudness | volume level.

nivel telegráfico | telegraph level.

nivel umbral | threshold level.

nivel virtual | virtual level (nuclear energy).

nivelación | boning (topography) | leveling (topography) | levelling (G.B.) (topography).

nivelación barométrica | barometric leveling.

nivelación indirecta | indirect leveling.

nivelación por tubos comunicantes | U-tube leveling.

nivelación trigonométrica | indirect leveling.

nivelada hacia atrás | back observation (topography).

nivelador | leveler.

nivelador de potencia | power leveler.

nivelador de rieles | rail leveler.

niveladora | leveling machine | leveling staff.

nivelar | bone (to) (topography) | flush (to) | grade (to) | level (to) | level off (to) | level out (to) | plain (to) | surface (to) (railways).

niveleta | boning rod | boning staff | boning stick | level board | leveling rod | leveling staff | sighting board.

nivómetro | snow gage.

no aleado | unalloyed.

no amortiguado | undamped.

no cincado | ungalvanized.

no cocido | unfired.

no codificado | uncoded.

no combinado | uncombined (chemistry).

no enriquecido | unenriched (nuclear energy).

no galvanizado | ungalvanized (metals).

no modulado | unmodulated.

nobatrón | nobatron.

nobelio | element 102 | nobelium (No).

noble | noble (minerals).

noctovisión | noctovision (TV).

noctovisor | noctovisor.

nodal | nodal.

nodalizador | nodalizer.

nodo | node (astronomy, geometry, physics, electricity).

nodo ascendente | ascending node (astronomy) | northbound node (astronomy).

nodo de corriente | node of current (electricity).

nodo de presión | pressure node.

nodo de tensión | node of voltage | voltage node (standing waves).

nodo de voltaje | potential node.

nodo fuente | source node (electricity).

nodo troposférico | tropospheric node.

nodular | nodular | nodulize (to).

nodulización | pelleting | pelletizing.

nodulizar | pelletize (to).

nódulo | ball (geology) | kernel | node | nodule.

nódulos de carbonato | carbonate nodules.

nonio | vernier.

nonio de precisión | precision vernier.

nonio directo | direct vernier.

nonio retrógrado | retrograde vernier.

noniotipómetro | vernier type gauge (typography).

noria | scoop wheel.

norma | standard.

norma internacional | international standard.

normal | normal.

normalidad de la solución | normality of the solution (chemistry).

normalización | homogenizing | normalizing (metallurgy) | soaking (metallurgy).

normalización entre fases de maquinado | interstage normalizing.

normalización térmica | aging (metallurgy).

normalizar I homogenize (to) I standardise (to) I standardize (to).

normas de ensayo I test code.

normas de transmisión I standard of transmission (telecommunications).

norte I north.

norte cuarta noroeste I north by west.

norte cuarta oeste I north by east.

norte geográfico I geographic north I true north.

norte magnético I compass north I magnetic north.

norte verdadero I geographic north I north (aeronautics) I true north.

notación octal I octal notation.

novaculita I razor-stone.

novar I novar (electronic tube).

nube I cloud.

nube ardiente I nuée ardente (volcanology).

nube atómica I atomic cloud.

nube de iones I ion cloud.

nube electrónica I electron cloud.

nube iónica I ion cluster.

nube ionizada I ion cloud.

nube radiactiva I radioactive cloud.

nublarse I cloud (to).

nubosidad I cloudiness.

nuboso I cloudy.

nucleación preferente I preferential nucleation.

nuclear I nuclear.

nucleido hijo I daughter product.

nucleido impar-par I odd-even nuclide.

nucleido radiactivo I radioactive nuclide.

núcleo I armature (electric magnet) I core I kernel I nucleus.

núcleo anular I ring core.

núcleo atómico I atomic core I atomic nucleus.

núcleo bombardeado I struck nucleus (nucleonics).

núcleo de arcilla I puddle core.

núcleo de difusión I diffusion kernel.

núcleo de dispersión I scattering kernel.

núcleo de ferrita I ferrite core.

núcleo de ferrita de varios circuitos magnéticos I multipath ferrite core.

núcleo de hierro I iron core.

núcleo de hierro laminado I laminated ferromagnetic core I laminated iron core.

núcleo de moderación I slowing down kernel.

núcleo de neutrones impares I odd-neutron nucleus.

núcleo de protones impares I odd-proton nucleus.

núcleo de pulvimetal I powder core.

núcleo de relé I relay core.

núcleo de retardación I slowing down kernel.

núcleo de retroceso I recoil nucleus.

núcleo de sublimación I sublimation nucleus.

núcleo de transformador I transformer core.

núcleo de tritio I triton.

núcleo del electroimán I magnet core.

núcleo del estator I stator core.

núcleo del inducido I armature core.

núcleo del reactor nuclear I reactor core.

núcleo del resistor I resistor core.

núcleo ferromagnético de chapas adosadas I laminated ferromagnetic core.

núcleo impar-par I odd-even nucleus.

núcleo macizo forjado I solid forged center.

núcleo magnético I magnetic core I pole core I pole shank.

núcleo magnético de tipo cerrado I lock-wound core (transformers).

núcleo polar I limb (magnets) I pole core.

núcleo reactor I reacting core.

núcleo repulsivo I repulsive core.

núcleo saturable I saturable core.

núcleo tórico I toroidal core.

núcleo toroide I toroid core.

núcleo transitorio I transient nucleus (nuclear energy).

nucleón I nucleon (nuclear particle).

nucleónica I nucleonics.

nucleopropulsado I nuclear-powered.

núcleos de números mágicos I magic number nuclei (atomic nucleus).

núcleos piónicos I pionic nuclei.

núclido de neutrones impares I odd-neutron nuclide.

núclido en espejo I mirror nuclide.

nudo I branch point (telecommunications) I junction point (electric power system) I knot I node (electric power system).

nudo de comunicaciones I junction.

nudo de urdimbre I twist.

nudo ferroviario I railway junction.

nudo llano I square knot (navy).

nudo principal I major node (electric power system).

nuez del disparador I sear.

nuez del mandrín I mandrel nose (lathe).

nulo I nil I null I zero.

numeración por teclado I keyboard selection (telecommunications).

numerar I number (to) I page (to) (typography).

numerar páginas I paginate (to).

numérico I digital.

numerizar I digitize (to).

número I number.

número abstracto I abstract number.

número atómico I atomic number.

número complejo I complex number (mathematics).

número compuesto I composite number (mathematics).

número correlativo I rotation number.

número de Abbe I Abbe number.

número de aceptación cero I zero acceptance number.

número de Beaufort I Beaufort number.

número de clave I test number.

número de extrañeza I strangeness number (nucleonics).

número de Mach I Mach.

número de Mach > 1 I supersonic Mach number.

número de Mach supercrítico I supercritical Mach number.

número de masa I nucleon number.

número de modo I mode number (magnetron).

número de neutrones por absorción I neutron per fission.

número de operación I operation number (computing).

número de palabras transmitidas I wordage (telegraphy).

número de prefijo I prefix number.

número impar I odd number.

número irracional I irrational number.

número Mach subsónico I subsonic Mach number (Mach number <1).

número másico I mass number (chemistry).

número nucleónico I nucleon number.

número octal I octal number (base 8).

números escuetos I bald figures.

números mágicos I magic numbers (2, 8, 20, 28, 50, 82, 126).

nutar I nutate (to).

nuvistor I nuvistor (electronic tube).

O

O lógico | OR logic.

obencadura del palo macho | lower rigging (ships).

obenque | shroud (ships).

obenque del palo macho | lower shroud.

objetivo | field lens | object lens (optics) | objective lens (optics) | target.

objetivo concéntrico | concentric lens.

objetivo de foco largo | long-focus lens.

objetivo de foco variable | zoom lens.

objetivo de microscopio | microscope objective.

objetivo de pequeño campo | narrow angle lens.

objetivo de proyección | projection lens.

objetivo de una lente | objective lens.

objetivo episcópico | episcope lens.

objetivo fotográfico | photographic lens.

objetivo gran angular | normal-angle lens (optics) | wide angle object lens.

objetivo múltiple | multilens (camera).

objetivo pequeño angular | narrow angle lens.

objetivo simétrico | symmetrical lens.

objetivo teleanastigmático | teleanastigmat lens.

objeto buscado | rabbit (radar).

objeto volante no identificado | unidentified flying object (UFO).

objetos voladores identificados | identified flying objets (I.F.O.).

oblicuar | skew (to) | slant (to).

oblicuidad | obliquity | skew | skewing | slant.

oblicuo | oblique | slanting.

obligatorio | compulsory.

oboe | oboe system (long range navigation).

obra | work.

obra de mampostería | masonry work | stonework.

obra de sillería | masonry work.

obra muerta | deadwood (ships).

obra viva | ship bottom.

observación astral | astral sights (navigation).

observación astronómica | celestial observation.

observación radioeléctrica | radio observation.

observación radioviento | radiowind observation.

observatorio | observation station.

observatorio meteorológico | weather bureau.

obsidiana | Iceland agate | obsidian | volcanic glass.

obstrucción | blocking-up | clogging | jam | obstruction | stopping.

obstrucción de la tobera | nozzle blocking.

obstrucción de válvula | gag (mine pump).

obstrucción por burbujas | vapor lock (hydraulic tubing).

obstruir | block up (to) | mar (to) | obstruct (to).

obturación | obturation | plugging | seal | sealability | sealing | stoppage | stopping.

obturado | closed | sealed.

obturado con plomo | lead-sealed (joints).

obturado hidráulicamente | liquid-sealed.

obturado por laberinto | labyrinth-sealed.

obturador | abutment | cap (well drilling) | obturator | packer (drillings) | packoff | plug | preventer | shutter | stopper | thimble.

obturador de aceite | oil slinger ring.

obturador de agua | water shutter (nuclear energy).

obturador de aire | air seal | air-shutter.

obturador de caucho | rubber seal.

obturador de cierre líquido | liquid seal.

obturador de cortinilla | louver shutter.

obturador de cristal | crystal shutter.

obturador de lanza | spear valve (impulse turbine).

obturador de neutrones | neutron shutter.

obturador de objetivo | lens shutter.

obturador de persiana | louver shutter | Venetian-blind shutter (photography).

obturador de vacío | vacuum seal.

obturador del aceite | oil-guard.

obturador del lubricante | oil retainer (axes).

obturador del tubo | pipe seal.

obturador electrónico | electronic shutter.

obturador electroóptico | electrooptical shutter.

obturador ferroeléctrico | ferroelectric shutter.

obturador giratorio | rotary shutter.

obturador hermético | airtight seal.

obturador laberíntico | labyrinth-type seal.

obturador magnético | magnetic seal.

obturador neutrónico | neutron chopper.

obturador óptico | optical shutter.

obturador para ejes | shaft seal.

obturador rotatorio | rotating seal.

obturador sincrónico | synchro-shutter.

obturar | cap (to) (wells) | obturate (to) | plug (to) | seal (to) | stop (to).

obturar con líquido | liquid-seal (to).

obtuso | blunt (angles).
obús | howitzer.
obús de la válvula | valve core (air chamber).
oceánico | ocean | oceanic.
océano | ocean.
ochavar | eightsquare (to) (carpentry).
ocluido | occluded | trapped.
ocluir | occlude (to) (chemistry) | seal (to).
oclusión | occlusion | shutoff | trapping.
ocre | ocher | ochre.
ocre amarillo | yellow ocher.
ocre de bismuto | bismuth ocher.
ocre de hierro | paint rock.
ocre de plomo | lead ocher | lead ochre.
ocre rojo | red iron ore | red ochre | reddle.
octal | octal.
octanaje | octane rating (gasoline).
octano | octane.
octeto | bite | byte.
octetos por pulgada | bytes per inch.
octodo | octode (electronic tube).
octosa | octose (chemistry).
ocular | viewing eyepiece.
ocular de Huyghens | Huyghenian ocular.
ocular de microscopio | microscope reader.
ocular de poco aumento | low-power eyepiece.
ocular positivo | positive ocular.
ocupación de la memoria | memory fill.
odógrafo | odograph.
odometría | odometry.
odómetro | odometer.
odontolita | odontolite.
oersted | oersted (magnetic intensity unit).
oerstedio | oersted (electricity).
offset | offset.
offset a bobina | web offset.
oficina meteorológica | weather bureau.
ofitrón | ophitron (electronics).
ofuscación acústica | acoustic dazzle.
óhmetro | ohmmeter.
ohmímetro | insulation resistance meter | ohm-
meter.
ohmio | ohm.
ohmio acústico | acoustical ohm.
ohmio-faradio | ohm-farad.
ojiva | lancet-arch | spinner.
ojival | lancet.
ojo | keyhole (locks).
ojo de buey | bull's eye (ships).
ojo de gato | sunstone (chrysoberyl).
ola | wave.
ola cnoidal | cnoidal wave.
ola de calor | heat wave | hot wave.
ola de gas | gas wave.
ola de marea | eagre.

ola eólica | wind wave.
ola sísmica | seismic sea wave.
olas de incidencia oblicua | oblique incidence
waves.
olas intersectantes | intersecting waves.
oleaginoso | oil-bearing.
oleaje | sea | swell | wave action.
olefinas | olefins (chemistry).
oleífero | oil-bearing.
oleína | olein (chemistry).
oleoamortiguador | oil dashpot | oleo-shock
absorber.
oleoducto | oil pipeline | pipeline.
oleoducto de crudos | crude line | crude oil pi-
peline.
oleoducto de disminución gradual | tapered
pipeline.
oleoducto submarino | sea line | submarine
pipeline.
oleófugo | oil-repellent.
oleómetro | oil hydrometer | oilmeter.
oleorrepelente | oil-repellent.
oligisto | oligiste.
oligoaleado | low-alloy.
oligoclasa | oligoclase.
olivina | night emerald.
olla glaciar | kettle-hole.
ollao | lacing hole (ships).
ómhetro | continuity tester.
ómnibus | omnibus.
omnidireccional | nondirectional | omnidirec-
tional | universally steerable (aerials).
omnígrafo | omnigraph (Morse code).
omniorientación | omnibearing.
onda | ripple | wave.
onda A1 | A1 wave (radiocommunications).
onda absorbida | absorbed wave.
onda acoplada | C-wave.
onda acústica | acoustic wave | speech wave.
onda amortiguada | damped wave.
onda amortiguada manipulada | keyed damped
wave.
onda armónica | harmonic wave.
onda balística | bow wave (projectiles).
onda básica | basic waveform.
onda beta | beta wave.
onda celeste | indirect wave.
onda centimétrica | centimetric wave.
onda cnoidal | cnoidal wave.
onda compartida | shared wave.
onda completa trifásica | three phase full wa-
ve.
onda compresional | compressional wave.
onda continua | continuous wave.

onda continua fraccionada | interrupted continuous wave.

onda continua interrumpida | interrupted continuous wave.

onda corta | short wave.

onda creciente monoclinal | monoclinal rising wave.

onda de arco | bow wave (mechanics).

onda de baja frecuencia | low-frequency wave.

onda de choque | chopped wave | impulse wave | mach wave | shock wave (physics) | steepfronted wave | step shock.

onda de choque de gran presión dinámica | strong shock wave.

onda de choque del morro | nose shock-wave (airplanes).

onda de choque normal | normal shock wave.

onda de choque paraboloidal | paraboloidal shock wave.

onda de choque plana | plane shock wave.

onda de compresión plástica | plastic compression wave.

onda de conmutación | switching waveform.

onda de contramanipulación | spacing wave (telegraphy).

onda de corte | shear wave.

onda de depresión | return wave (bursts).

onda de deriva | drift wave.

onda de detonación | detonating wave.

onda de detonación magnetohidrodinámica | magnetohydrodynamic detonation wave.

onda de entrada | input wave.

onda de entrada trapezoidal | trapezoidal input wave.

onda de escucha | watch wave (radiocommunications).

onda de espín | spin wave.

onda de excitación | excitation wave.

onda de expansión | expansion wave.

onda de flexión | bending wave.

onda de hiperfrecuencia | RF wave.

onda de impulso | surge.

onda de inercia | inertia wave.

onda de Lamb | Lamb wave (electromagnetism).

onda de luz | light wave.

onda de Mach | Mach front.

onda de manipulación | keying wave | marking wave.

onda de marca | marking wave.

onda de marcación | marking wave.

onda de modulación | modulation wave.

onda de oscilación | oscillating wave.

onda de percusión | percussion wave.

onda de polarización plana | linearly polarized wave.

onda de presión | pressure wave.

onda de prueba | test waveform.

onda de radio | radio wave.

onda de rarefacción | suction wave.

onda de recepción | receive wave.

onda de redifusión | rediffusion wave.

onda de reposo | back wave (radio) | spacing wave.

onda de resalto traslacional | abrupt translatory wave.

onda de retroceso | retornation-wave.

onda de succión | suction wave.

onda de tensión | voltage wave.

onda de tierra | main bang (radar) | pilot pulse.

onda de trabajo | signal wave (radio) | working wave (radiocommunications).

onda de tráfico | signal wave | traffic wave (radio).

onda de traslación | translatory wave.

onda difractada | diffracted wave.

onda dinámica | shock wave.

onda dispersa | scattered wave.

onda distorsional | distorsional wave.

onda dominante | dominant wave.

onda electromagnética | electric wave | electromagnetic wave.

onda electromagnética plana | plane electromagnetic wave.

onda electromagnética polarizada elípticamente sinistrorsa | left-handed polarized wave.

onda electrónica | electronic wave.

onda electrostática | electrostatic wave.

onda emitida | outgoing wave.

onda en punta | spindle wave.

onda entretenida | A1 wave (telegraphy) | A2 wave (modulated telegraphy).

onda errante | migrating wave | surge (electricity).

onda escalonada | staircase waveform.

onda esférica | spherical wave.

onda espacial | sky wave.

onda estacionaria | standing wave | stationary wave.

onda explosiva | burst wave | detonating wave | explosion wave.

onda extendida | mush (radio).

onda freática | phreatic wave.

onda frontal | bow wave.

onda fundamental | ordinary wave.

onda hertziana | electric wave | radio wave.

onda impulsiva | impulse wave.

onda indirecta | indirect wave.

onda inframilimétrica I submillimeter wave.
onda infrarroja I infrared wave.
onda infrasónica I infrasonic wave.
onda intercalada I insert wave.
onda interportadora I intercarrier.
onda inversa I backward wave.
onda ionosférica I ionospheric wave I sky wave I space wave.
onda irruptiva I surge.
onda larga I long wave (radiocommunications) I macrowave.
onda lenta I slow wave.
onda limitada I unbounded wave.
onda limítrofe I boundary wave.
onda longitudinal I compressional wave I irrotational wave.
onda luminosa I light wave.
onda magnetosónica I magnetosonic wave.
onda manipulada I keyed wave I telegraph-modulated wave.
onda marina sísmica I tsunami.
onda media I medium wave (300 to 3,000 KHz).
onda mesónica I meson wave.
onda migrante I moving wave.
onda milimétrica I millimeter wave.
onda miriamétrica I myriametric wave.
onda modulada I interrupted continuous wave.
onda modulada de frecuencia audible I tone-modulated wave.
onda modulada en baja frecuencia I tone-modulated wave.
onda modulada por impulsos I P1 wave (telegraphy).
onda móvil I moving wave.
onda móvil transitoria I transient wave.
onda no amortiguada I undamped wave (electromagnetism).
onda normal de trabajo I normal working wave (radio).
onda ordinaria I ordinary wave.
onda parásita I interfering wave.
onda piloto I pilot tone (telecommunications) I pilot wave (telecommunications) I reference pilot.
onda piloto de conmutación I switching pilot.
onda plana I plane wave.
onda plana progresiva I traveling plane wave.
onda plástica I plastic wave.
onda polarizada I polarized wave.
onda polarizada en línea I linearly polarized wave.
onda portadora I carrier wave I frequency carrier.
onda portadora de imagen I image carrier.

onda portadora de radio I radio carrier.
onda portadora de sonido I sound carrier wave.
onda portadora desvanescente I fading carrier.
onda portadora interrumpida I interrupted carrier wave.
onda portadora modulada I modulated carrier wave.
onda portadora multicanal I multichannel carrier (radio).
onda portadora sin modular I unmodulated carrier.
onda portadora sobre línea de energía I power-line carrier.
onda portadora variable I variable carrier (telecommunications).
onda portadora visual I visual carrier.
onda positiva I positive wave.
onda posterior I tail wave (airplanes).
onda progresiva I traveling wave (physics).
onda progresiva plana I plane progressive wave.
onda pronosticada I predicted wave (telecommunications).
onda pulsatoria I pulse wave.
onda radioeléctrica I radio wave.
onda Rayleigh I R-wave.
onda reconstituida I restored wave.
onda rectangular I rectangular wave I square wave.
onda recurrente I recurrent waveform.
onda reflejada I echo wave (telecommunications) I indirect wave I ionospheric wave (radio).
onda reflejada por la ionosfera I ionospheric wave.
onda refractada I refracted wave.
onda regresiva I backward wave.
onda repentina I abrupt wave.
onda residual I back wave I spacing wave.
onda rotacional I rotational wave.
onda S I S wave (electrobiology).
onda senoidal I sine wave.
onda silbante I whistler wave (radioelectricity).
onda simple I simple wave.
onda sin distorsión I undistorted wave.
onda sinusoidal I simple harmonic wave I sinusoidal wave.
onda sinusoidal plana I plane sinusoidal wave.
onda sonora I sound wave.
onda sostenida I sustained wave.
onda submilimétrica I submillimeter wave.
onda subportadora I subcarrier wave.
onda superficial I surface wave.

onda supersónica I supersonic wave.
onda térmica I heat wave I thermal wave.
onda tipo A1 I type A1 wave (communications).
onda TM I T M wave.
onda transmisora I carrier wave.
onda transmitida I transmitted wave.
onda transversal I distortional wave I rotational wave.
onda triangular I triangular wave.
onda troposférica I tropospheric wave.
onda ultracorta I microwave.
onda ultrasónica I ultrasonic wave.
onda ultrasonora I supersonic wave.
onda vagante I traveling wave (hydraulics).
onda viajera I travelling wave.
ondámetro I wavemeter.
ondámetro de absorción I absorption frequency meter I absorption wavemeter.
ondámetro de cuarzo I quartz wavemeter.
ondámetro de resonancia I resonator wavemeter.
ondámetro de varilla I rod wavemeter.
ondas acústicas iónicas I ion acoustic waves.
ondas atómicas I atomic waves.
ondas de choque hipoenergéticas I weak shock waves.
ondas de compresión I P waves (seismology).
ondas de deformación plástica I plastic strain waves.
ondas de hiperfrecuencia I hyperfrequency waves.
ondas hertzianas solares I solar radio waves.
ondas planas progresivas I progressive plane waves.
ondas radáricas I radar rays.
ondas radio de baja frecuencia I LF radio waves.
ondas radioeléctricas galácticas I galactic radio waves.
ondas radioeléctricas radioondas I radio rays.
ondas sísmicas I earthquake waves.
ondas ultracortas I ultrashort waves (communications) I very short waves.
ondógrafo I ondograph.
ondómetro I ondometer.
ondoscopio I ondoscope.
ondulación I crimping I ripple I wobbling (radio).
ondulación del terreno I swell.
ondulador I undulator.
ondulador iónico I ionic inverter.
ondulante I undulating.
ondular I loop (to) I ripple (to) I roll (to) I undulate (to) I wriggle (to).

ónice I chalcedonyx (minerals).
ónice negro I black onyx.
oolita I egg-stone.
oolito I oolite (geology).
opacidad I cloudiness.
opacidad a las radiaciones I radiopacity.
opacificación durante el recalentamiento I striking (glass).
opacímetro I plate tester.
opaco I dense (photography) I lightproof I opaque.
opaco a las radiaciones I radiopaque.
opalina I opal glass I opaline.
ópalo jaspe I jasper opal.
opdar I opdar (rocket tracking laseric system).
operación I working.
operación de desmoldeo I stripping operation.
operación de extracción I stripping operation.
operación de interconexión de redes I internetworking (computing).
operación de memoria I memory operation (computer).
operación de tiempo real en línea I on-line real time operation.
operación directa I on line operation.
operación en red I networking (telephony).
operación en serie I serial operation (computing).
operación simultánea I parallel running.
operación simultánea de periféricos en línea I spooling (computing).
operador I operator.
operador lógico I connector.
operador lógico variable I variable connector (computer).
operadora de entrada I inward operator.
operadora de llegada I inward operator (telecommunications).
operar I operate (to).
operativo I operative.
opisómetro I map measurer I opisometer.
oposición de fase I phase opposition.
oprimir el disparador I pull the trigger (to).
óptica I optics (science).
óptica cenital I zenithal optics.
óptica de espejos I mirror optics.
óptica de infrarrojo I infrared optics.
óptica de microondas I microwave optics.
óptica de prismas I prism optics.
óptica de proyección I projection optics (television) I reflective optics (television).
óptica de televisión I television optics.
óptica electrónica I electro optics I electron optics I optoelectronics I optronics.
óptica fotográfica I photographic optics.

óptica iónica I ion optics.
óptica submarina I underwater optics.
óptico I optic I visual.
óptico-acústica I acousto-optics.
optímetro I optimeter.
optimización I optimization.
optiscopio I optiscope.
optoacoplador I optocoupler.
optoaislador I optoisolator.
optoelectrónica I optoelectronics.
optoelectrónico I optoelectronic.
optófono I optophone.
optometría I optometry.
optrónica I optronics.
opuesto I opposed I opposite.
oquedad I blowhole (smelting) I cavity.
órbita I orbit (astronomy).
órbita atómica I atomic orbit.
órbita circunlunar I circumlunar orbit.
órbita circunlunar con cosmonave tripulada
    I manned lunar orbit.
órbita circunterrestre I circumterrestrial orbit.
órbita cuasigeoestacionaria I nearly-synchro-
    nous orbit.
órbita de Clarke I Clarke's orbit.
órbita de pequeña excentricidad I low-eccen-
    tricity orbit.
órbita de transferencia I transfer orbit.
órbita estacionaria I stationary orbit (orbiting
    satellite).
órbita inercial I inertial orbit.
órbita planetaria I planetary orbit.
órbita planetaria de satélites I planetary sate-
    llite orbit.
orbitación I orbiting.
orbitante I orbiting.
orbitar I orbit (to).
orbitómetro I orbimeter (astronomy).
orden I order.
orden de espera I wait order.
orden de fusión I merge order (file).
orden lógico de celdas I logic cell array (com-
    puting).
ordenación I array I zoning.
ordenador I computer I data processing machine.
ordenador analógico I analog computer.
ordenador base I host computer.
ordenador de abordo I shipborne computer.
ordenador de desviación de rumbo I offset-
    course computer.
ordenador de funcionamiento en paralelo I
    parallel computer.
ordenador de gestión I business computer.
ordenador de la segunda generación I second
    generation computer.

ordenador de reserva I standby computer.
ordenador de secuencia I sequencer (compu-
    ters).
ordenador de teclado I keyboard computer.
ordenador de tránsito I traffic computer.
ordenador digital I digital computer.
ordenador explotado en tiempo real I real ti-
    me computer (computing).
ordenador principal I back end (system) I host
    computer.
ordenador secuencial I sequential computer.
ordenador sincrónico I synchronous computer.
ordenadores en redes I networks computers.
ordenadores maestro y periférico I master
    and slave computers.
ordenamiento I arrangement.
ordenamiento de paquetes I packet sequencing
    (computing).
ordenar I file away (to).
ordinograma de un programa I program
    flowchart.
ordinograma lógico I logical flowchart (com-
    puting).
ordir I ordir (radar).
orear I weather (to) I wind (to).
oreja de anclaje I outrigger (electricity).
orejeta de alimentación I feeder ear (electric-
    ity).
orejeta terminal I lug I terminal-lug.
organigrama I functional chart I process chart.
organigrama de macros I macro flowchart.
organigrama de sistemas I system flowchart.
organigrama lógico I logical flowchart.
organismo acidificante I acid-forming orga-
    nism.
organismo microscópico I microscopic orga-
    nism.
organización en páginas I paging (comput-
    ing).
organizar I plan (to).
órgano I member (machines).
órgano de conexión I switching device (tele-
    phony).
órgano de entrada I input device (electrotecn-
    ics).
órgano motor I driver.
orientable en todas direcciones I universally
    steerable.
orientación I heading I training.
orientado I beamed.
orientar I steer (to) (bearing).
orificio I hole I mouth I orifice I port I throat.
orificio de admisión I intake port.
orificio de colada I taphole (metallurgy).
orificio de escape I venthole.

orificio de ventilación | venthole.
original | master.
orilla | border | brim | rim | skirt.
orinque | buoy rope.
orinque de profundidad | depth wire rope (submarine mine).
orla | trimming.
oro | gold.
oro blanco | white gold.
oro coloidal | collaurum.
oro de aluvión | placer-gold.
oro de copela | refined gold.
oro de ley | standard gold.
oro en barras | ingot gold.
oro en hojas | leaf gold.
oro falso | cat gold.
oro impuro | brown gold.
oro negro | rusty gold.
oro refinado | parting gold | refined gold.
oro y plata acuñado | bullion.
orogenia acadiense | Acadian orogeny.
orografía | orography.
orógrafo | orograph.
orometría | orometry.
orómetro | orometer.
oropel | tinsel.
orticón | orthicon | orthiconoscope.
orticón de imagen | image orthicon (TV).
orticonoscopio | orthicon | orthiconoscope.
ortoclasa | orthoclase.
ortocromática | orthochromatics (science).
ortocromaticidad | orthochromaticity.
ortocromático | orthochromatic.
ortocromatismo | orthochromatism.
ortodromía | great circle route | orthodromics | orthodromy.
ortodrómico | great circle.
ortodromo | orthodrome.
ortoeje del cristal | orthoaxis of the crystal (crystallography).
ortofotografía | orthophotograph.
ortofotoscopia | orthophotoscopy.
ortofotoscopio | orthophotoscope.
ortohelio | orthohelium (chemistry).
ortohidrógeno | orthohydrogen.
ortomagmático | intramagmatic.
ortómetro | orthometer.
ortopinacoide | orthopinacoid.
ortorrómbico | orthorhombic.
ortoscopio | orthoscope.
ortosismómetro | orthoseismometer.
ortotelémetro | orthotelemeter.
ortotrón | orthotron.
oruga | crawler track.
orza a la banda | luff round.

orzada | luff.
orzar | luff (to) (marine).
Osa Mayor | Great Bear.
Osa Menor | Little Bear (astronomy) | Little Dipper (astronomy).
oscilación | beat | cyclic variation | fluttering | oscillation | pendulation | rocking | sway | swing | swinging.
oscilación aeroelástica de hipofrecuencia | judder (airplanes).
oscilación angular periódica de las ruedas delanteras | wheel wobble (autos).
oscilación de fase | phase swinging.
oscilación del encendedor | ignitor oscillation.
oscilación máxima | peak swing.
oscilación momentánea | transient.
oscilación parásita | parasitic.
oscilación pendular | phase swinging.
oscilaciones de descenso sinusoidales | sinusoidal sinking oscillations.
oscilaciones intermitentes | motor-boating (polyphase amplifier).
oscilaciones no amortiguadas | undamped oscillations.
oscilaciones persistentes | undamped oscillations (radio).
oscilaciones pulsatorias | pulsed oscillations.
oscilaciones sinusoidales | sine oscillations.
oscilaciones sostenidas | undamped oscillations.
oscilador | exciter | flip-flop | oscillator | rocker | vibrator.
oscilador amplificador maestro | master oscillator-power amplifier.
oscilador armónico isótropo | isotropic harmonic oscillator.
oscilador autopulsante | squegger.
oscilador cautivo | captive oscillator.
oscilador con barrido de frecuencia | swept oscillator.
oscilador de audiofrecuencia | audio oscillator.
oscilador de autobloqueo | squegging oscillator.
oscilador de base de tiempos | timing axis oscillator.
oscilador de bloqueo | blocking oscillator | squegger.
oscilador de calibración | calibrating oscillator | calibration oscillator.
oscilador de campo retardador | retarding-field oscillator.
oscilador de chispas | spark-gap oscillator.
oscilador de constantes concentradas | lumped-constant oscillator.

oscilador de contrarreacción | feedback oscillator.

oscilador de cristal de cuarzo | quartz vibrator.

oscilador de croma | chroma oscillator.

oscilador de cuarzo | quartz oscillator.

oscilador de cuarzo multicanálico | multichannel crystal oscillator.

oscilador de descarga | relaxation oscillator.

oscilador de extinción | quench oscillator.

oscilador de extinciones | squegging oscillator.

oscilador de fijación en circuito | locked-in oscillator.

oscilador de haz molecular | molecular beam oscillator.

oscilador de impulsiones luminosas | light pulser.

oscilador de interrupción | quench oscillator | quenching oscillator.

oscilador de lámpara | valve oscillator.

oscilador de línea | line oscillator.

oscilador de línea estabilizada | line stabilized oscillator.

oscilador de líneas paralelas | parallel-rod oscillator.

oscilador de microondas | microwave oscillator.

oscilador de muy alta frecuencia | very-high-frequency oscillator.

oscilador de onda corta | short wave oscillator.

oscilador de ondas amortiguadas | mass radiator (far infrared).

oscilador de parámetro concentrado | lumped-parameter oscillator.

oscilador de potencia | power oscillator.

oscilador de prueba | test oscillator (radio).

oscilador de pulsaciones | beat-frequency oscillator | beating oscillator.

oscilador de referencia | reference oscillator.

oscilador de relajación | relaxation oscillator.

oscilador de resistencia negativa | negative resistance oscillator.

oscilador de RF | RF oscillator.

oscilador de transferencia | transfer oscillator.

oscilador de tubo | tube oscillator (electronics).

oscilador de ultrafrecuencia | UHF oscillator.

oscilador de un reactor | pile oscillator (nuclear energy) | reactor oscillator.

oscilador de válvula | valve oscillator.

oscilador de visión | video oscillator.

oscilador eléctrico regenerativo | regenerative electrical oscillator.

oscilador en anillo | ring oscilator.

oscilador enganchado | locked oscillator.

oscilador esclavo | slave oscillator.

oscilador explorador | sweep oscillator.

oscilador heterodino | beat note oscillator.

oscilador iónico | ionic oscillator.

oscilador klistrón | klystron oscillator.

oscilador lineal de onda regresiva | linear backward wave oscillator.

oscilador local | local oscillator (electronics).

oscilador magnetrón | magnetron oscilator.

oscilador masérico | maser oscillator.

oscilador por cristal de cuarzo | quartz crystal oscillator.

oscilador por desplazamiento de fase | phase-shift oscillator.

oscilador por hiperfrecuencias | microwave oscillator.

oscilador principal-amplificador de potencia | master oscillator-power amplifier.

oscilador simétrico | push-pull oscillator.

oscilador sincronizado | locked oscillator.

oscilador telecontrolado | labile oscillator.

oscilador telemandado | labile oscillator.

oscilador termiónico | thermionic oscillator.

oscilador termistorizado | thermistored oscillator.

oscilador transistor | transistor oscillator.

oscilador triodo | triode oscillator.

oscilador vertical | vertical oscillator (TV).

oscilante | oscillatory | pendulous.

oscilar | oscillate (to) | pendulate (to) | quake (to) | shiver (to) | sway (to) | swing (to).

oscilatorio | oscillatory.

oscilatrón | oscillatron.

oscilistor | oscillistor (electronics).

oscillador de prueba | service oscillator.

oscilófono | oscillophone.

oscilografía interferencial | interferential oscillography.

oscilógrafo | nauropometer (marine) | oscillograph | pendulum wheel.

oscilógrafo catódico | cathode-ray display.

oscilógrafo de espejo móvil | moving mirror oscillograph.

oscilógrafo de onda pulsante | recurrent surge oscillograph.

oscilograma | cathode ray trace (cathodic rays tube) | oscillogram | oscillographic record | oscilloscope recording.

oscilograma de espectro | spectrum display.

oscilómetro | oscillometer.

osciloscopia por impulsos | impulse oscilloscopy.

osciloscopio | oscillograph | oscilloscope.

osciloscopio catódico | oscillograph tube | oscilloscope tube.

osciloscopio de impulsos cíclicos | recurrent surge oscilloscope.

osciloscopio del receptor de contrastación | monitor oscilloscope.

osciloscopio discriminador | sampling oscilloscope.

oscurecer | shadow (to).

osmógrafo | osmograph.

osmómetro | osmometer.

osmótico | osmotic.

ovillado | balling (weaving).

ovillar | ball (to) (weaving) | wind (to).

ovnis | ufos.

owyheelita | silver-jamesonite.

oxácido | oxacid.

oxalato ceroso | cerium oxalate.

oxalato ferroamónico | iron-ammonium oxalate

oxálico | oxalic.

oxiacetileno | oxyacetylene (chemistry).

oxiácido | oxyacid.

oxibromuro | oxybromide.

oxicloruro de bismuto | pearl-white.

oxicortar | flame cut (to) | gas-cut (to) | oxycut (to) | torch cut (to).

oxicorte | gas cutting | oxycutting.

oxicorte a espejo | mirror cutting.

oxicorte mecanizado | mechanized gas cutting.

oxicorte por arco | oxyarc cutting.

oxicorte submarino | underwater cutting.

oxidación | oxidizing | rust.

oxidación esponjosa | spongy oxidation.

oxidación preferente | preferential oxidation.

oxidación térmica | thermal oxidation.

oxidado | rusty.

oxidado interiormente | internally oxidized.

oxidante | oxidizer.

oxidar | oxidate (to) | oxidize (to).

oxidarse | pit (to) (plates).

oxidasa | oxidase.

óxido | oxide.

óxido acético | acetic oxide.

óxido ácido | acidic oxide.

óxido anfotérico | intermediate oxide.

óxido arsenioso | arsenic blanc.

óxido bórico | boron oxide.

óxido cobáltico | cobaltic oxide.

óxido colorante | ceramic colorant.

óxido de aluminio | aluminum oxide.

óxido de berilio | beryllia.

óxido de calcio | burned lime | caustic lime.

óxido de carbono | carbonic oxide gas | white damp.

óxido de cerio | ceri-rouge.

óxido de cinc | flowers of zinc.

óxido de cobalto | cobalt oxide.

óxido de cobre | burnt copper.

óxido de erbio | erbia.

óxido de estaño | tin-oxyde.

óxido de hierro | iron oxide.

óxido de hierro carbonatado | iron spar.

óxido de litio | lithium oxide.

óxido de magnesio | magnesium oxide (MgO).

óxido de plata | silver oxide.

óxido de plomo | litharge | red lead oxide.

óxido de silicio | silicon oxide.

óxido de sodio | natron.

óxido de tántalo | tantalic ocher.

óxido férrico | iron buff | iron rust | jeweler's rouge | purple oxide.

óxido férrico gamma | gamma ferric oxide.

óxido férrico hidratado | needle ironstone.

óxido ferrosoférrico | magnetic oxide | magnetite.

óxido magnético | magnetic oxide.

óxido magnético de hierro | magnetic oxide of iron.

óxido metálico | metal oxide.

óxido metálico sinterizado | cermet.

óxido mezclado | mixed oxide.

óxido mixto | mixed oxide.

óxido pulverizado | sputtered oxide.

óxido rojo de plomo | orange red.

óxido salino | mixed oxide.

oxídrico | oxyhydrogen.

oxigenación | oxygenation.

oxigenado | oxygenated.

oxigenar | oxygenate (to) | oxygenize (to).

oxígeno | oxygen.

oxígeno de conexión | bridging oxygen.

oxígeno de puente | bridging oxygen (chemistry).

oxígeno de pureza media | tonnage oxygen.

oxígeno industrial en gran cantidad | tonnage oxygen (metallurgy).

oxígeno líquido | liquid oxigen.

oxígeno puente | oxygen-bridge (chemistry).

oxígeno salino | compound oxide.

oxihidrógeno | oxyhydrogen.

oximetría | oximetry.

oxiniobato | oxyniobate.

oxisal | acid salt.

oxisoldar | flame weld (to).

oxisulfato de plomo | lead oxysulphate.

ozocerita | native paraffin.

ozokerita refinada | ceresin.

ozonar | ozonize (to).

ozonización | ozonization.

ozonizar | ozonize (to).

ozono | ozone (chemistry).
ozono líquido | liquid ozone.
ozonometría | ozonometry.
ozonómetro | ozonometer.

ozonoscopio | ozonoscope.
ozonosfera | ozone layer | ozone stratum | ozonosphere.
ozoquerita | ader wax (geology) | montan wax.

P

página | page.
paginación | pagination | paging.
pagmatita | Cornish stone.
paila | caldron.
pala | blade (screws) | dipper (excavating machines) | slice | spade.
pala articulada | feathering paddle.
pala de arrastre | pull shovel | scraper | scraper drag.
pala de cuchara | scoop shovel.
pala de cuchara niveladora | skimmer.
pala de hélice | propeller blade | screw blade.
pala de rotor | rotor blade | wing (helicopter).
pala del estator | stator blade.
pala excavadora | digger | shovel excavator | dragshovel.
pala mecánica | loader | navvy excavator | power shovel | shovel.
pala neumática | spader.
pala rascadora | scraper.
pala retrocavadora | back digger | backdigging shovel.
pala tractorizada | tractor shovel.
palabra | word.
palabra almacenada | stored word (computing).
palabra clave | keyword (computing) | word code (telecommunications).
palabra de control | control word (computing).
palabra de edición | edit word.
palabra de instrucción | instruction word.
palabra de máquina | machine word.
palabras en paralelo | word-parallel (telephony).
paladiado | palladium plating | palladium-coating.
paladiar | palladium-coat (to).
paladio | palladium (Pd).
palanca | bar | lever | manhole hook | prize | pry | pry bar.
palanca acodada | bellcrank | knee-lever.
palanca angular | gab lever.
palanca buscadora | seeker.
palanca compuesta | compound lever.
palanca con trinquete | pawl lever.
palanca cuantitativa | quantity lever.
palanca de acción de los lizos | jack lever (loom).
palanca de accionamiento de profundidad | joystick.

palanca de admisión de gases | throttle lever (engines).
palanca de alimentación | feed lever.
palanca de alza | jack lever (jacquard) | lifting lever.
palanca de arranque | starting lever.
palanca de avance | feed lever (machine tool).
palanca de avance rápido | quick traverse lever (machine tool).
palanca de bloqueo | detent | locking lever.
palanca de bomba | pump brake.
palanca de cambio de marcha | reversing lever | link lever (steam locomotive).
palanca de cambio del avance | feed-changing lever.
palanca de cierre | locking handle.
palanca de desbloqueo | releasing lever | unclamping lever | unlocking lever.
palanca de desconexión | releasing lever.
palanca de desembrague | releasing lever.
palanca de desenganche | trip lever.
palanca de detención | sprag.
palanca de disparo | firing lever | releasing lever.
palanca de embrague | operative lever (machine tool).
palanca de empuje | push lever.
palanca de enclavamiento | lock lever.
palanca de equilibrio | balancing lever.
palanca de excéntrica | gab lever.
palanca de expulsión | picking lever (loom).
palanca de freno | brake handle | catch lever.
palanca de funcionamiento | operative lever.
palanca de giro | pivot lever.
palanca de incidencia | tilt lever.
palanca de inversión | reversing lever (teleprinting).
palanca de inversión de avances | feed reverse lever (lathe).
palanca de itinerario | route lever (railways).
palanca de la mariposa | throttle lever.
palanca de la tecla | key lever.
palanca de leva | cam lever.
palanca de mando | joystick.
palanca de mando de la aguja | needle control lever.
palanca de mando de la dirección | steering arm.
palanca de mando de los gases | throttle lever (engines).
palanca de maniobra | handspike | switch lever (railways).

palanca de parada | sprag.

palanca de paro | stop lever.

palanca de pie de cabra | pinch bar | spike bar.

palanca de platina | jack.

palanca de presión | locking lever | weight lever.

palanca de regulación | adjusting lever.

palanca de retención | latch lever | notch lever.

palanca de retenida | notch lever.

palanca de rótula | ball lever.

palanca de suspensión | lever hanger.

palanca de timón | rudder bar (aeronautics).

palanca de transferencia | transfer lever.

palanca de trinca | catch lever.

palanca de trinquete | ratchet lever.

palanca de unión | link lever.

palanca de uña | claw bar.

palanca de volteo | shift lever.

palanca del disparador | sear lever (cannons).

palanca del interruptor | switch lever (electricity).

palanca del manipulador | key lever (telegraphy).

palanca del regulador | throttle lever (steam locomotive).

palanca desconectadora | desconnecting lever.

palanca flexible | breakback lever.

palanca inmovilizadora | locking lever.

palanca motriz | live lever.

palanca omnidireccional | joystick.

palanca oscilante | rock-level | rocker lever | rocker-arm | swivel lever.

palanca propulsora | trip lever.

palanca reguladora de las agujas | needle adjusting lever (jacquard).

palanca retractora | retracting lever.

palanca selectora | seeker.

palanqueta | ball stang | jimmy bar.

palanquín | clue garnet.

palastro | sheet iron.

paleta | paddle | vane (turbine).

paleta de aire | air vane.

paleta de la tobera | nozzle blade.

paleta de turbina | turbine bucket.

paleta directriz | stationary blade | stationary vane.

paleta directriz fija | stay vane (hydraulic turbine).

paleta distribuidora | nozzle blade (turbine).

paleta en espiral | involute vane.

paleta fija | nozzle blade | stationary blade | stationary vane | stator blade.

paleta guía de la tobera | nozzle guide vane.

paleta móvil | moving blade | runner blade.

paleta orientable | feathering blade.

paleta receptora | moving blade (turbine) | moving vane (turbine) | runner blade.

paletaje de impulsión | impulse blading.

paletas amortajadas | shrouded blades (steam turbine).

paletas predistribuidoras | prestator blades (combustion gas turbine).

paletín de rejuntar | jointing tool.

paletizar | pallet (to).

palmo | palm (length unit).

palo de acero | mast (ships).

palo macho | lower mast (ships).

palo mesana | mizzenmast.

palo trinquete | foremast.

palomilla | wing nut.

palustrillo | angle float (masonry).

pan de licuación | liquation cake (cupper).

pan de oro | gold-foil.

pancromático | panchromatic.

pancromatismo | panchromatism.

pandear | buckle (to) (architecture).

pandeo | buckle (architecture) | buckling (architecture) | outward bulging (architecture) | sag.

pandeo inelástico | inelastic buckling.

pandiculación | yawing.

panel | panel | plugboard.

panel adaptador | interface panel.

panel celular | cavitied panel.

panel de acoplamiento | patch-bay.

panel de alimentación | power panel (electricity).

panel de bastidor | rack panel (electronics).

panel de conexiones | junction panel | patch board | patch panel | wired panel.

panel de conmutación | jack field | switchboard | switching panel.

panel de control | bus board (electricity) | monitoring panel | patch panel.

panel de cristal líquido | liquid-crystal display.

panel de distribución | distribution panel.

panel de luces indicadoras | lamp panel.

panel de medición | measuring board.

panel de plasma | plasma panel (shielding).

panel de señales | liaison panel.

panel experimental | breadboard model.

panel luminoso | light board.

panel rectificador | rectifier panel.

panel solar | solar collector | solar panel.

panel solar colector | solar collector panel.

panel terminal de líneas I line terminal panel (telecommunications).

panel-membrana I membrane panel (boilers).

panidiomórfico I panidiomorphic (crystallography).

panorámica I pan shot I panning shot (cinematography).

panorámica vertical I tilting (cinematography).

panoramización I panning (camera).

panoramizar I pan (to) (cinematography, TV) I tilt (to) (cinematography, TV).

pantalla I screen I shade (lamp) I shield I shielding I sunshade I sunshield.

pantalla absorbente I dark-trace screen.

pantalla actínica I actinic screen.

pantalla acústica I acoustic baffle I acoustic screen I baffle.

pantalla aisladora I insulating barrier.

pantalla antideslumbrante I louver.

pantalla antidifusora I spill shield.

pantalla blindada I apron shield.

pantalla cinescópica I television screen.

pantalla de blindaje I screening shield.

pantalla de busca I search scope (radar).

pantalla de control I monitor screen.

pantalla de exploración de radar I radar scanning screen.

pantalla de intercepción I intercepting screen.

pantalla de la luz de navegación I lamp screen (ships).

pantalla de lámpara I lamp screen.

pantalla de larga persistencia I persistence screen.

pantalla de mumetal I mumetal shield.

pantalla de persistencia intermedia I medium-persistence screen.

pantalla de proyección I lantern screen I projection screen.

pantalla de radar I radar screen I radarscope.

pantalla de soldadura I face mask.

pantalla de terminal I terminal screen (monitor).

pantalla de visualización I viewing screen.

pantalla deflectora I wind deflector.

pantalla dividida I split screen.

pantalla eléctrica I electric screen I electric shield.

pantalla en V I V screen.

pantalla exploradora I monitor screen.

pantalla fluorescente I phosphor screen.

pantalla fotocrónica I ray filter.

pantalla fotoeléctrica I photoelectric screen.

pantalla fotoopaca I light-opaque screen.

pantalla fraccionada I split screen.

pantalla inactínica I safelight.

pantalla indicadora I plan-position indicator.

pantalla luminiscente I luminous screen.

pantalla magnética I magnetic shield.

pantalla metálica I wire part.

pantalla metalizada I metal backing.

pantalla opaca I light screen (cinematography).

pantalla panorámica I plan-position indicator (radar).

pantalla para proyecciones I lantern-screen.

pantalla plana I flat screen (computing).

pantalla protectora I barrier shield.

pantalla radárica I PPI screen.

pantalla reflectora I reflex baffle.

pantalla sobreactiva I superactivated screen.

pantalla táctil I touch screen (computer).

pantalla translúcida I translucent screen.

pantalla visual I video screen.

pantano I bog I marsh I moss.

pantógrafo I pantograph (electromotive).

pantoque I bilge (ships) I chine (aeronautics).

paño I cloth.

pañol I locker.

pañol de luces I lamp room (ships) I light room (ships).

pañol de municiones I magazine (ships).

pañol de pólvora I magazine (ships).

papel I paper.

papel abrasivo I abrasive paper I sandpaper.

papel continuo I web paper.

papel cristal I glassine.

papel de imprenta I printery paper.

papel de lija I sandpaper.

papel de pasta química I wood-free paper.

papel de tornasol I litmus paper (chemistry).

papel fotográfico I developing paper.

papel heliográfico I printery paper.

papel indicador del pH I litmus paper (acidity).

papel kraft I kraft I kraft paper.

papel milimetrado I plotting paper.

papel plúmbico I lead paper.

papel secante I absorbent paper.

papel vegetal I glassine.

paquete I package (computing) I packet (computing).

paquete contable I accounting package (computing).

paquete de instrucciones I instruction deck (computing).

paquete de tubos I tube bundle.

paquete informático I software package.

par I couple (mechanics) I pair.

par a la velocidad crítica | stall torque (servo-motors).
par acelerador | acceleration torque.
par activo | deflecting couple.
par aerodinámico | aerodynamic torque.
par aislado | lone pair (chemistry).
par al freno | locked rotor torque (machines).
par amortiguador | damping torque.
par antagonista | opposing torque | restoring torque (telephony).
par apantallado | shielded pair (telecommunications).
par astático | astatic couple.
par cargado | loaded pair (telecommunications).
par cinemático elemental | lower pair.
par cinemático rotoidal | turning pair.
par de amortiguamiento | damping couple.
par de apriete | tightening torque.
par de arranque | starting torque (engines).
par de arranque de la bomba | pump starting torque.
par de arranque máximo | pull-out torque (induction motor).
par de derrape | yawing couple.
par de desenganche | pull-out torque.
par de electrones | duplet | electron pair.
par de encendido | firing torque.
par de entrada | input torque.
par de frenado | retarding torque.
par de giro | turning torque.
par de guiñada | yawing couple.
par de hilos | wire pair (telecommunications).
par de impulsión | impulsive couple | pulse torque.
par de inercia | inertia torque.
par de la hélice | propeller torque.
par de reposición | restoring torque (electro-technics).
par de resistencia | long tail pair | resisting torque (electricity).
par de rotación | turning force.
par de rozamiento | friction torque.
par de sobrecarga | excess torque (engines).
par de terminales | terminal pair.
par de torsión | torsion couple | torsion torque.
par de torsión del timón | rudder torque.
par de torsión opuesto | opposing torque.
par del eje de potencia | power shaft torque.
par desviador | deflecting couple.
par director | deflecting torque.
par electromagnético | electromagnetic torque.
par en autorrotación | windmill torque.
par en cable terminal | stubbed-out pair (telecommunications).

par flector | bending couple.
par galvánico | galvanic couple.
par giratorio | turning pair.
par inicial de arranque | locked rotor torque (electric motor).
par iónico | ion pair.
par límite | stalled torque.
par magnético | magnetic couple | magnetic torque.
par máximo | breakdown torque (engines) | stalled torque.
par máximo constante en carga | pull-in torque.
par máximo de montaje | mounting torque (semiconductors).
par mecánico | mechanical torque.
par mínimo | static torque | switching torque.
par motor | couple | driving moment | driving torque | engine torque | motor torque | power torque (electricity) | torque | turning force | turning pair.
par motor del inducido | armature torque.
par motor límite | pull-out torque.
par oscilante | oscillating torque.
par retardador | retarding torque.
par simétrico | balanced pair | symmetric pair (telecommunications).
par térmico | thermocouple | thermopair.
par termoeléctrico | thermocouple.
par torsor | torque | twisting torque.
par torsor del eje del mezclador | mixer shaft torque.
par torsor impulsor | input torque.
par torsor neto | net torque.
par torsor síncrono | synchronous torque.
par torsor vibratorio | vibratory torque.
par transitorio | transient torque (electromechanics).
par trenzado | twisted pair.
paraboloidal | paraboloidal.
paraboloide | paraboloid.
parabrisas | wind screen | windscreen (automobile) | windshield (automobile).
paracaídas | chute | parachute.
paracaídas frenante de cola | parabrake (airplanes).
parachoques | bumper.
parada | arrest | outage (furnaces, machines) | pull-up (vehicles) | shut down (engine) | standstill | stop | stoppage | stopping.
parada automática | self-catching.
parada de salto | skip stop (computing).
parada momentánea | tarry (machine tool).
parada programada | program stop (computing).
parada sobre bucle de iteración | loop stop.

paradiafonía I near-end crosstalk.
parafase I paraphase.
parafina I paraffin I wax.
parafina insuflada I blower wax.
parafinación I waxing.
parafinaje I waxing.
parafinar I paraffin (to) I wax (to).
parafínico I wax-laden (chemistry).
paragénesis I paragenesis (petrography).
paraguta I paragutta (cables).
paralaje I parallax.
paralaje acústico I sound lag.
paralaje cruzado I crossed parallax.
paralaje del blanco I target offset (artillery).
paralaje horizontal I X-parallax (photo-graphy).
paralaje instrumental I instrumental parallax.
paralaje-segundo I parsec (astronomy).
paralelizar I parallel (to).
paralelo I parallel (latitude).
paralelo a la costa I along the coast (naviga-tion).
paralelo de latitud I parallel of latitude.
paralelogramo articulado I parallel motion.
paralelogramo de Watt I parallel motion.
paralización I shutdown (nuclear energy) I stagnation.
paralizado I idle.
paramagnético I paramagnetic.
paramento I facing I panel.
paramento de sillería I stone facing.
paramento interior de un muro I inwall.
parámetro I parameter.
parámetro de dispersión I straggling parame-ter.
parámetro de la red cristalina I lattice para-meter.
parámetro del cable I cable parameter.
parámetro del pozo I well parameter (nuclear energy).
parámetro reticular I lattice parameter (crys-tallography).
parámetro Y I Y parameter.
parámetros cristalográficos I intercepts.
parámetros de maquinización I machining parameters.
parámetros del soldeo I welding parameters.
parámetros híbridos del transistor I transis-tor hybrid parameters.
parar I stop (to).
parar rápidamente I scram (to) (nuclear reac-tor).
pararrayos I arrester I lightning arrester I light-ning conductor I lightning discharger I light-ning protector I lightning rod.

pararrayos de cuchilla I knife lightning arres-ter.
pararrayos de gas rarificado I vacuum light-ning arrester.
pararrayos de placas I plate lightning arrester I plate protector.
pararrayos de punta I point lightning arresterl pointed lightning protector.
pararrayos de válvula I valve arrester.
parásitos I interference (radio) I interfering (ra-dio) I snow (radar, TV) I. noise (telephony, TV).
parásitos industriales I man-made statics (ra-dio).
paraviento I abat-vent (construction).
parche de refuerzo I patch.
pared I wall.
pared de relleno I panel wall.
pared ecoica I live end (acoustics).
pared hueca I cavity wall.
pared interior I inwall.
pared maestra I main wall.
pared medianera I party wall.
pared reverberante I live end.
pared sin carga I panel wall.
pareja de conductores I pair of wires (cables).
pareo I pairing.
parhelio I mock sun I parhelion.
parhilera I ridgepiece.
paridad I parity.
paridad impar I odd parity.
parihuela I barrow.
parpadeo acústico I acoustic twinkling (oceanography).
parpadeo de la imagen I wink (TV).
parpadeo entre puntos I interdot flicker (tele-vision).
párrafo I paragraph.
parrilla I grid.
parsec I parsec (astronomy).
parte móvil I working part (machines).
partición I partition.
partícula I particle.
partícula alfa I alpha.
partícula beta I beta I beta particle.
partícula bombardeada I struck particle (nu-clear energy).
partícula elemental hipotética sin carga I neutrino.
partícula neutra I uncharged particle.
partícula sigma I sigma particle.
partículas interactivas I interacting particles.
partido I broken.
partidor I splitter I spreader.
partir I leave (to) I split (to).

pasacorreas I striker (transmissions).
pasada I pass I runup (airplane flight) I traverse
pasada de acabado I face pass (welding).
pasada de comprobación I trial run.
pasada de control I test run.
pasada de máquina I machine run.
pasada de prueba I trial run (computing).
pasada en máquina I run.
pasada (rectificado) I traverse.
pasadera de popa I warping bridge (ships).
pasador I bolt I gudgeon I key I knuckle pin I locking catch I peg I pin I stud bolt I through pin.
pasador central I center pin.
pasador con entallas I slotted pin.
pasador cónico I taper pin.
pasador corto I stud.
pasador de articulación I hinge pin I joke pin I link pin.
pasador de bisagra I hinge pin I joint pin.
pasador de blocaje I locking pin.
pasador de espiga I shank pin.
pasador de excéntrica I eccentric pin.
pasador de fijación I lock pin I locking pin I steady pin.
pasador de giro I pivot bolt.
pasador de grillete I shackle bolt.
pasador de inversión I banking pin.
pasador de la biela maestra I knuckle pin (radial engine).
pasador de pie de biela I wrist pin.
pasador de referencia I locator.
pasador de reglaje I rigging pin.
pasador de retención I retainer pin.
pasador de seguridad I keeper pin (screw nuts) I shear pin.
pasador de trinca I lock pin (cannons).
pasador del manguito I spool pin.
pasador del pistón I piston pin I wrist pin.
pasador macho I male pin.
pasador roscado I screw pin.
pasador-pivote I pivot pin.
pasillo I bolthole (mining) I lane (decca).
pasillo aéreo I lane.
pasivación I immunization (metals) I passivatting (metallurgy).
pasivar I passify (to) (metallurgy) I passivate (to).
pasividad I passivity (chemistry).
paso I pass I pitch (mechanics) I spacing I thread (screws).
paso a derecha I right handed (R.H.).
paso a nivel I level crossing (railways) I railroad crossing I railway crossing.
paso a paso I single stepping (program) I step by step (program).

paso aerodinámico I aerodynamic pitch.
paso angular I angular pitch (mechanics).
paso axial I linear pitch (worm drive).
paso de aire I air passage.
paso de arrastre I feed pitch.
paso de banda I band pass I bandpass.
paso de conmutación I switching stage.
paso de exploración I scanning pitch (facsimile).
paso de hélice I helix pitch.
paso de hélice aérea I airscrew pitch.
paso de inspección I manhole (mechanics).
paso de la hélice I propeller pitch I screw pitch.
paso de la hélice geométrica I lead of the helix.
paso de los dientes I pitch (toothed wheels).
paso de par nulo I aerodynamic pitch (screws).
paso de portadora doble I intercarrier system (television).
paso de programa I program step (computing).
paso de puesta en bandolera I feathering pitch.
paso de pupinización I load coil spacing (telecommunications).
paso de rosca I pitch of a screw.
paso de selección I selecting stage (telephony).
paso de un engranaje I tooth pitch.
paso del cableado I twist pitch (cables).
paso del devanado I winding pitch (electricity).
paso del tornillo I screw pitch.
paso dental I tooth pitch.
paso dinámico I zero-thrust pitch.
paso eficaz I effective pitch.
paso elevado I overhead crossing.
paso experimental I zero-thrust pitch (screws).
paso geométrico I pitch.
paso inferior I bridge under (railways) I subway (railways).
paso interportadoras I intercarrier system.
paso invariable I uniform twist (screws).
paso largo I long pitch.
paso lineal I linear pitch (racks).
paso longitudinal I array pitch I row pitch.
paso modular I modulus pitch (gear).
paso nominal I standard pitch (screws).
paso para rollizos I log chute (dam).
paso pequeño I short pitch (threads).
paso polar I pole pitch.
paso rápido I long pitch.
paso real I true pitch.
paso retrógrado I backward pitch.
paso único I single step.
paso vertical I vertical step (telecommunications).

paso y corto | over and out (radio).
pasta | cement (geology) | paste.
pasta abrasiva para pulimentar | abrasive cleaning compound.
pasta de madera al sulfato | kraft process.
pasta kraft | kraft pulp.
pasta mecánica | mechanical pulp.
pasta papelera | wood pulp.
pasta para acumuladores | accumulator paste.
pasteurizar | pasteurize (to).
pastilla | cake (electricity) | pellet.
pastilla de abrasivo | abrasive stick.
pastilla de base | master chip (semiconductor).
pastilla de combustible nuclear | pellet (nuclear reactor).
pastilla de silicio | chip.
pastilla terminada | nib (powder metallurgy).
pata de araña | abrid (machines).
pata del ancla | anchor blade.
pata oleoneumática | oleo leg (undercarriage).
patas de araña | oil-tracks (bearings).
patín | shoe (pistons).
patín de ala | wing skid (aeronautics).
patín de aterrizaje | skid.
patín de cola | tail skid (aeronautics).
patín de frenado | skate (wagons).
patín de leva | mushroom follower.
patinaje | slippage (wheels).
patinaje de la rueda | wheel slip (locomotives).
patinamiento | slip.
patinar | patinate (to) | patinize (to).
patrón | model | mold (U.S.A.) | mould (G.B.) | pattern | stencil | template | templet.
patrón de ajuste | test chart.
patrón de calibración | calibration standard.
patrón de cesio | cesium standard.
patrón de inductancia | inductance standard.
patrón de luz | light standard.
patrón de prueba de televisión | television chart.
patrón de radiactividad | radioactive standard | radioactivity standard.
patrón de referencia | reference gage.
patrón de resistencia | resistance gage.
patrón de sincronización | synchronization pattern.
patrón de tensión | voltage standard.
patrón fotométrico | luminator.
patrón para duplicación | stencil.
patrón prototipo | primary standard (metrology).
patrón radioeléctrico | radio standard.
pausa | wait.
pauta | standard.
pavimentador | paver.

pavimentar | floor (to) | pave (to).
pavimento | floor | flooring | pavement.
pavonar | blue (to).
pechblenda | pechblende | pitchblende.
pechina | pendentive (architecture) | squinch (architecture).
pedal | pedal.
pedal articulado de arranque | kick-starter.
pedal de dirección | rudder bar.
pedal del acelerador | accelerator pedal.
pedernal | chert | fire-stone | flint | flint stone | silex.
pedestal | carriage | pedestal.
pedestal para el lanzamiento | launch pad (missiles).
pedogénesis | soil formation | soil genesis | pedogenesis (geology).
pedología | earth science | soil science. | pedology.
pedólogo | earth scientist.
pedregal | bouldery ground.
pedregoso | rocky.
pedrisco | hail | hailstone | hailstorm.
pega de barrenos | firing | spitting.
pega de multibarrenos | multishot firing (mining).
pegada | blast (quarry).
pegamento | lute.
pegar | bond (to).
pegmatita | pegmatite (mineralogy).
peinado | combed (weaving).
peinadora mecánica | comber.
peine | cable fan (telecommunications) | cable form (telecommunications) | reed (warper).
peine de cable | cable comb (telecommunications).
peine de cardar | carding comb.
peine de roscar | comb.
peine hembra de roscar | inside screw tool.
peine para cartuchos | magazine (rifle).
peine para telares | loom comb.
peine y carda | reed and comb.
película | film | movie | movie film.
película aérea topográfica | topographical aerial film.
película de cine | motion picture.
película de imágen multiple | multiple image film (printed board).
película de infrarrojos | infrared film.
película de rayos X | X-ray film.
película en bobina | roll film.
película en carrete | roll film (photography).
película en rollo | roll film.
película fotoabsorbente | light-absorbent film.

película fotosensible | light-sensitive film | photosensitive film.
película infrarroja | infrared film.
película metálica | metal film.
película Mylar | Mylar film.
película virgen | raw stock (cinematography).
peltre | pewter.
pendiente | cohade (geology) | gradient | pitch | steep.
pendiente de descenso | approach angle.
pendiente de sotavento | leeward slope.
pendiente débil | low gradient.
pendiente fuerte | steep gradient.
pendiente piezométrica | hydraulic gradient.
pendiente suave | low gradient.
péndola | queen-post | rod support (catenary).
pendolón | truss post (architecture).
pendulación | hunting | pendulation | swinging.
pendular | pendulate (to).
penduleo del flujo | surging (compressors).
péndulo | pendulum.
péndulo actuador | actuator pendulum (hydraulic turbine).
penetración | impact value (electrodes) | permeation | piercing | pressing in | sinkage.
penetrámetro | image quality indicator (X rays) | penetrameter | qualimeter.
penetrar | penetrate (to) | pierce (to).
penetrascopio | penetrascope.
penetrometría | penetrometry.
penetrómetro | penetrometer.
pentano | pentane.
pentanol | butylcarbinol.
pentapolar | five-pole.
pentasulfuro de antimonio | antimony orange.
pentodo | pentagrid tube | pentode.
pentodo de potencia | power pentode.
pentodo final de línea | line output pentode.
pentodo para RF | RF pentode.
pentodo para vídeo | video pentode.
pentodo pulsatorio | pulsed pentode.
pentodo subalimentado | starved pentode (electricity).
penumbra | adumbra (astronomy).
peña | peen (hammers).
pepita de oro | nugget.
pepsina | pepsin.
péptido | peptide.
pequeña intensidad | low-level (electricity).
pequeña potencia | low-power.
pequeña velocidad | low speed.
pequeño alcance | short range.
pequeño diámetro interior | small bore.
pequeño timón a proa de la hélice | maneuvering rudder (ships).

peraltada | steep (curves).
peraltar | bank (to) (curves).
perbituminoso | perbituminous.
perborato | perborate.
percepción | sensing.
percha | mast (ships).
perclorato de magnesio | magnesium perchlorate.
percloruro de etileno | perchlorethylene.
percolación | filtration | percolation | seepage.
percolación de la lubricación | lubrication percolation.
percolado | percolate.
percolar | percolate (to).
percusión | impact | percussion.
percusión en átomos | knock-on atom.
percusor | striker.
percutor | detonating hammer | firing pin | jar | needle | plunger | striking pin.
pérdida | drain | leaking | missing | loss.
pérdida a masa | earth fault | fault ground (electricity).
pérdida a tierra | accidental ground (telecommunications) | earth (electricity) | earth fault | earth leakage.
pérdida al fuego | deads (chemistry).
pérdida de ácido | acid leakage.
pérdida de calor | abstracting of heat | heat loss | heat waste | thermal loss.
pérdida de carga | loss of head (pipes) | loss of pressure (hydraulics) | pressure loss (hydraulics).
pérdida de carga hidrostática | loss of head.
pérdida de conexión | junction loss.
pérdida de fuerza sustentadora | wing drop.
pérdida de inadaptación | mismatch loss.
pérdida de inserción | insertion loss (electronics).
pérdida de lechada | leakage (chemistry).
pérdida de línea | line loss (transmissions).
pérdida de potencia | power drop | power loss | watt loss.
pérdida de presión | loss of pressure.
pérdida de propagación | propagation loss (telecommunications).
pérdida de radiofaro | beacon stealing (radar).
pérdida de reflexión | reflection loss.
pérdida de retorno | return loss (telecommunications).
pérdida de sustentación | stall (airplanes).
pérdida de transductor | transducer loss.
pérdida de velocidad | stalling.
pérdida de voltaje | line drop (electricity).
pérdida eléctrica | electric leakage | electric loss.

pérdida en las bornas finales | terminal return loss (circuits).

pérdida en vacío | no load loss | standby loss (electricity).

pérdida entre conductores | line leakage (telephony).

pérdida nula | zero loss.

pérdida óhmica | ohmic loss.

pérdida por absorción | absorption loss.

pérdida por corriente parásita | parasitic loss.

pérdida por debilitamiento | fading loss.

pérdida por dispersión | leaking (electricity).

pérdida por efecto Joule | J^2R loss | Joulean loss | resistance loss.

pérdida por humedad | wetness loss.

pérdida por reflexión | mismatch loss.

pérdida por remolinos | eddy loss.

pérdida por reprocesamiento | reprocessing loss (nuclear energy).

pérdida por resistencia aerodinámica | windage loss (aeronautics).

pérdida por rozamiento | friction loss.

pérdida por sombra | shadow loss (radiocommunications).

pérdida residual | residual loss.

pérdida térmica | thermal loss.

pérdida total | absolute total loss | overall loss (telecommunications).

pérdida transductiva | transducer loss | transducer powerloss.

perfil | mold (U.S.A.) | outline | profile | structural shape.

perfil aerodinámico | aerofoil | airfoil profile.

perfil alar | wing contour (airplanes) | wing profile (airplanes).

perfil de ala | airfoil section (aeronautics).

perfil de cubierta | roof line.

perfil del ala | wing section.

perfil del sondeo | well log.

perfil especial en cuña | wedge section.

perfil hidrodinámico | hydrofoil.

perfil interior | inboard profile.

perfil laminado o estirado | shape.

perfil longitudinal | profile view (draw).

perfil ondulado | waviness.

perfil óptimo | ideal shape.

perfil transversal | cross section.

perfiladora | profiler.

perfiladora-niveladora | road grader (roads).

perfilaje eléctrico | electric logging.

perfilar | border (to) | profile (to).

perforabilidad | drillability.

perforabilidad de la roca | rock drillability.

perforación | bore | boring | breakthrough | drilling | driving | hole punching | holing | perforation | piercing | punch hole | puncture | tunneling.

perforación a percusión | churn drilling.

perforación abrasiva | abrasive drilling (mining).

perforación con cable | spudding.

perforación con inyección de lodo | mud flush drilling.

perforación con láser | laser perforation | laser drilling.

perforación con lavado | wash boring.

perforación con pistolete | jump drilling.

perforación de alimentación | feed hole.

perforación de avance | feed hole.

perforación de chiflones | winzing.

perforación de coladeros | winzing (mining).

perforación de exploración | wildcat drilling.

perforación de filas impares únicamente | interstage punching (computing).

perforación de indización | indexing hole.

perforación de límite | line drilling.

perforación de matrices | stencil punch.

perforación de pozos de petróleo | oil well drilling.

perforación de X | X punch (computing).

perforación de Y | Y punch (computing).

perforación dieléctrica | dielectric breakdown | puncture.

perforación exploratoria | wildcatting.

perforación geotérmica | geothermal drilling.

perforación mecánica | machine holing.

perforación no válida | off punch.

perforación petrolífera submarina | offshore drilling.

perforación por barrena | auger drilling.

perforación por haz lasérico | laser piercing.

perforación por láser | laser hole burning.

perforación por marcado electrosensible | mark-sensed punching.

perforación por percusión | percussive boring or drilling.

perforación sónica | sonic drill (drillings).

perforación submarina | submarine borehole (drillings).

perforación telescópica | telescopic boring.

perforación térmica | jet piercing | thermal boring | thermic boring.

perforación Y | Y-punch.

perforaciones de exploración | scanning apertures.

perforado | punched.

perforado por haz lasérico | laser-pierced.

perforador | perforator.

perforador de cartones I card cutter.
perforador lasérico I laser drill.
perforador receptor I reperforator.
perforadora I bit drilling I borer I boring machine I drill I driller I drilling-mill I key puncher I puncher.
perforadora con teclas I key operated card-punch (machines).
perforadora de aire comprimido I air drill I pneumatic drill.
perforadora de avance I drifter.
perforadora de cantera I quarrying machine.
perforadora de cinta I tape punch (computing).
perforadora de cinta de papel I paper tape punch.
perforadora de columna I drifter (mining) I pillar drilling machine.
perforadora de diamantes I diamond borer.
perforadora de estarcidos I stencil cutter.
perforadora de fichas I card punch (computing) I punch.
perforadora de mano I gad picker.
perforadora de percusión I churn drill I percussive drill.
perforadora de percusión a mano I plugger.
perforadora de rotación I rotary drill.
perforadora de tarjetas con teclado I key card punch.
perforadora de teclado I key punch.
perforadora electroneumática I air electric drill.
perforadora hidráulica I hydraulic drill.
perforadora inicial I spudder.
perforadora lasérica I laser drilling machine.
perforadora mecánica I machine drill.
perforadora neumática I air operated hammer drill I compressed air drill.
perforadora neumática manual I jackhammer.
perforadora para roca I rock drill.
perforadora rotativa I auger drill I rotary jack hammer.
perforadora rotatoria I rotary rig.
perforadora telescópica I air feed stoper.
perforadora verificadora I verifying punch.
perforante I armor piercing (projectiles).
perforar I bore (to) I bore out (to) (well) I bore through (to) I break through (to) I cut (to) I cut holes (to) I drill (to) I hole (to) I perforate (to) I pierce (to) I punch (to) I puncture (to) I tap (to).
perforar con inyección de agua I wet drill (to).
perforar con láser I laser pierce (to).

perforar en cadena I lace (to) (cards).
perforar en caliente I hot-pierce (to).
perforar encadenadamente I lace (to).
perforar por teclado I keypunch (to).
periastrón I periastron (astronomy).
pericia I know-how.
pericintio I pericynthian.
periclasa I periclase.
periclino I pericline (crystallography).
peridoto I bastard emerald.
periférico I peripheral.
periférico de entrada I input peripheral (computing).
periférico de salida I output peripheral (computing) I output unit.
perigeo I perigee.
perihelio I perihelion.
perilunio I pericynthian (moon).
perímetro I perimeter I peripheral length.
periodicidad I periodicity I recurrence frequency.
periódico I periodic I sequential.
periodo I stage.
periodo cíclico I recurrent period.
periodo de arranque I startup time.
periodo de calentamiento I warming-up period (engines).
periodo de carga I charging period.
periodo de recurrencia I recurrence period.
periodo de reposo I quiescent period.
periodo de silencio I silence period (radiocommunications).
periodo glaciar I ice period.
periodo preparatorio I preparatory period (telecommunications).
periodo recurrente I recurrent period.
periscopio I periscope.
periscopio para tanque I tank periscope.
peritación I surveying.
peritaje I survey.
perla aisladora I insulating bead (diodes).
perla metálica I metal bead (mineralogy).
perlado I beaded (chemistry).
perlasa I pearl ash.
perlita I perlite (mineralogy).
perlita laminar I laminated pearlite.
perlítico I pearlitic.
permáfico I permafic (igneous rocks).
permahielo I permafrost.
permalloy I permalloy (nickel and iron alloy).
permanecer al largo I lay off (to) (ships).
permanente I steady.
permanganato I permanganate.
permanganato de plata I silver permanganate.
permatrón I permatron.

permeabilidad I seepage (dam).

permeabilidad específica I absolute permeability.

permeable I leaky I permeable.

permeación I permeance I permeation I seepage.

permeámetro I magnetic tester I permeability bridge I permeameter (soil permeability).

permeámetro de hiperfrecuencia I radiofrequency permeameter.

permio I perm (permeance unit).

permutabilidad I commutability.

permutable I commutable.

permutación I changeover I exchange.

permutación aniónica I anion exchange.

permutación catiónica I cationic exchange.

permutador I changer I exchanger I interchanger I permutator.

permutador de iones I ion exchanger.

permutar I change over (to) I swap (to).

permutatriz I permutator (electricity) I rectifying conmutador (electricity) I transverter (electricity).

pernio I butt hinge I hinge I hinge strap I knuckle hinge I pin hinge.

perno I bolt I dog stay I fastener I gudgeon I knuckle pin (hinged connection) I pin.

perno ajustado I reamed bolt.

perno arponado I fang bolt I jag bolt I rag-bolt.

perno articulado I swing bolt.

perno con tuerca I nut bolt.

perno de abrazadera I strap bolt.

perno de anclaje I anchor bolt I holding-down bolt I rag-bolt I stay bolt.

perno de apriete I clamping bolt I packing bolt (stuffing box).

perno de argolla I ring bolt.

perno de articulación I joint bolt.

perno de azada I spade bolt.

perno de biela I connecting rod bolt.

perno de bordón I mushroom bolt.

perno de brida I track bolt.

perno de cabeza con hueco poligonal I internal wrenching bolt.

perno de cabeza redonda I roundhead bolt.

perno de cadena I chain pin.

perno de cáncamo I swivel bolt.

perno de cazoleta I pan bolt.

perno de charnela I swing bolt.

perno de chaveta I forelock bolt I joint bolt I key bolt.

perno de cierre I lock pin.

perno de cimentación I holding-down bolt.

perno de codillo I knuckle pin.

perno de cuchilla I knife bolt.

perno de cuña I wedge bolt.

perno de curva llave I knee bolt (ships).

perno de empalme I in-and-out bolt I joint bolt.

perno de empotrar I fang bolt.

perno de fijación I holding-down bolt.

perno de gancho I clutch bolt.

perno de horquilla I clevis bolt.

perno de lectura I sensing pin.

perno de lengüeta I jag.

perno de llanta I rim bolt I tire bolt.

perno de orejeta I lug bolt.

perno de pala I spade bolt.

perno de palomilla I wing bolt.

perno de presión I set bolt I thrust stud.

perno de punta I pointed bolt.

perno de puntal I stay bolt.

perno de reborde I lip bolt.

perno de resorte I spring bolt.

perno de retención I latch bolt I retaining bolt.

perno de retenida I lock bolt.

perno de rosca I nut bolt.

perno de rótula I ball head bolt.

perno de rueda I wheel stud.

perno de seguridad I safety bolt.

perno de sombrerete I keep bolt (bearings).

perno de sujeción I attachment bolt I holding-down bolt I tie bolt.

perno de tope I shoulder bolt.

perno de unión I joint bolt I stitch bolt.

perno hendido de anclaje I fang bolt.

perno nervado I rib bolt.

perno para empotrar I rag-bolt.

perno pasante I in-and-out bolt.

perno pinzote I main pin I pintle.

perno pinzote de avantrén I limber bolt.

perno prisionero I stud bolt.

perno puntiagudo I pointer bolt.

perno roscado I machine bolt.

perno sin cabeza I stud.

perno sujetador I tie bolt.

perno tensor I stay bolt.

perno torneado I machine bolt.

perno-tope I bumper bolt.

peróxido de acetilo I acetyl peroxide.

peróxido de hidrógeno I peroxide.

peróxido de plomo I brown lead oxide I lead peroxide.

perpendicular I perpendicular.

perro de arrastre I lathe carrier I lathe clamp I lathe dog.

perro de cojinete I jaw dog (lathe).

persecución óptica I optical tracking (avionics).

perseguimiento I pursuit.

persiana I louver I louvre.

persiana de imagen I afterimage (radar).
persistencia I tailing (cathodic rays tube) I trail (cathodic rays tube).
persistencia de imágenes I retention of images.
persistencia del eco I tail (radar).
persistente I undamped.
persistor I persistor.
persistrón (tablero luminiscente) I persistron.
perspectiva I perspective.
perspectiva caballera I isometric projection.
perspectiva isométrica I isometric perspective.
pertrechos I accouterment.
perturbación I blur (acoustics) I disturbance I disturbing I interference I jamming I masking (acoustics).
perturbación aerodinámica I wash.
perturbación atmosférica I air disturbance I atmospheric disturbance.
perturbación eléctrica I noise.
perturbación ionosférica I ionospheric disturbance.
perturbación ionosférica itinerante I travelling ionospheric disturbance.
perturbación natural I natural interference (electromagnetism).
perturbación ocasional I accidental jamming.
perturbación provocada I jamming interference.
perturbación radioeléctrica I RF noise.
perturbación silbante I whistler.
perturbación televisora I tearing.
perturbación transitoria I transient.
perturbación tropical I tropical disturbance (meteorology).
perturbaciones aeroelásticas I aeroelastics.
perturbaciones de radar I radar clutter.
perturbaciones en el circuito I line hit.
perturbaciones oscilatorias I jitter.
perturbaciones radioeléctricas I RF interference.
perturbador I interfering.
perturbador específico I spot jammer (electronics).
perturbador radárico I radar-jammer.
perturbador repetidor I repeater jammer (radar).
perveancia I perveance (electronics).
pesa corrediza I jockey weight.
pesa-ácidos I acid densimeter I acid hydrometer.
pesado I heavy.
pesador automático I weightometer.
pesadora I weighgear.
pesaje I weighing.
pesar I weigh (to) I weight (to).

pescaespigas I pin socket (drillings).
pescante I jib.
pescante de amura I bumpkin (ships).
pescante de grúa I crane arm I crane beam I crane boom.
peso I weighing I weight.
peso atómico I atomic weight.
peso básico I base weight.
peso de inercia I inertia weight.
peso de tara I tare weight.
peso en el vacío I absolute weight.
peso en marcha I working weight.
peso en vacío I lightweight I tare.
peso específico I specific gravity I specific weight I weight-density (liquids).
peso específico absoluto I absolute specific gravity.
peso estructural I structural weight.
peso fórmula I formula weight.
peso máximo al aterrizar I maximum landing weight.
peso máximo autorizado en el despegue I maximum licenced takeoff weight.
peso molecular I molecular mass.
peso por caballo I weight per horsepower.
peso por libra de empuje I weight per pound thrust (aeronautics).
peso por longitud unitaria I weight per length.
peso sin combustible I structural weight (rockets).
peso sin motores I structural weight (airplanes).
peso sofométrico I psophometric weight I weight psophometric.
pestañadora I brake I flanger I flanging machine.
pestillo I locking bolt I slip bolt.
pestillo acodado I elbow catch.
pétalo I lobe (radiation pattern).
petición I request.
petición de información I information call (telephony) I request for information (telephony).
petición de interrupción I interrupt request (computing).
petición de línea I line bid (teleprocess).
petoscopio I petoscope (electronics).
pétreo I rocky.
petrificar I fossilize (to) I petrify (to).
petrinita I needle ore.
petrografía I petrography.
petrolado I petrolatum.
petrolato I mineral jelly I petroleum jelly.
petrolear I fuel (to) I oil (to) (ships).
petróleo I mineral oil I naft I oil I petrol.
petróleo absorbente I fat oil.

petróleo bruto | black oil | crude | crude fuel | crude oil | petroleum.

petróleo crudo | base oil | crude mineral oil | crude oil | live oil.

petróleo crudo parafínico | wax-laden crude oil.

petróleo de alumbrado | kerosene.

petróleo de base mixta | mixed base oil.

petróleo de esquisto bituminoso | shale oil.

petróleo dulce | sweet oil.

petróleo lampante | kerosene | lamp oil | paraffin | petroleum.

petróleo pobre | lean oil (refineries).

petróleo sintético | synthetic oil.

petróleo soplado | blown oil.

petrolero | fuel ship | oil tanker | tanker.

petrolífero | oil-bearing.

petrolización | petrolization.

petrolizar | paraffin (to).

petrología | petrology.

petroquímica | petrochemistry.

petroquímico | petrochemical.

pez de alquitrán | tar pitch.

pez rubia | rosin pitch.

pica | jadding (mining) | jumper bar.

picado | diving (airplanes).

picado pronunciado | steep dive (aeronautics).

picadura | pitting (metals).

picadura dulce | smooth cut (files).

picar | buzz (to) (aeronautics) | pit (to).

picnoxílico | compact-wooded.

pico | mattock | nose (nozzle) | peak | pick (tools) | slitter (mining).

pico de absorción | absorption peak.

pico de colada | nose (Bessemer converter).

pico de fuga | leakage peak.

pico de minero de dos puntas | mandrel (mining)

pico del yunque | beak of anvil.

pico máximo de corriente directa | maximum peak forward current.

pico máximo de la intensidad de placa | maximum peak plate current (electronics).

pico neumático | jack hammer (mining).

pico para labrar piedras | scabble axe.

pico positivo de la modulación | positive peak modulation.

picoculombio | picocoulomb.

picocurie | picocurie.

picofaradio | picofarad.

picosegundo | picosecond (pseg).

picovatio | picowatt.

picrato de plata | silver picrate (chemistry).

pictografía | pictograph | picture-writing.

pictograma | pictogram | pictograph.

pie | toe.

pie cuadrado | square foot.

pie de batayola | bulwark stay.

pie de biela | bottom end | crosshead | wrist pin end.

pie de fundición | cast iron leg.

pie de rey | scale callipers | slide caliper | slide-gage.

pie de roda | club-foot (ships).

pie de talud | toe of slope (roads).

pie del diente | tooth root (gear).

pie del puntal | pillar heel (ships).

pie lineal | linear foot.

pie topográfico | survey foot.

piedra | stone.

piedra azul | bluestone (chemistry).

piedra caliza | limestone.

piedra de afilar | whetstone.

piedra de amolar | whetstone.

piedra de asentar filos | razor-stone.

piedra de esmerilar | lapping stone.

piedra de hielo | ice stone (mineralogy).

piedra de imán | natural magnet.

piedra de luna | moonstone.

piedra de molino | millstone.

piedra de paramento | facing stone.

piedra de toque | Lydian stone | lydite.

piedra fría | arsenic silver.

piedra imán | lodestone | magnet.

piedra meteórica | brontolith.

piedra moleña | millstone | millstone grit.

piedra preciosa | precious stone.

piel de estanqueidad | steel liner (reactor).

pierolita | bastard asbestos.

pieza | component | fitting | item | member | part.

pieza a máquina | workpiece.

pieza a soldar por resistencia | workpiece.

pieza bruta de fundición | rough casting.

pieza de acero forjado | steel forging.

pieza de acero fundido | steel casting.

pieza de acero moldeado | steel casting.

pieza de empalme | joining piece.

pieza de fundición | iron casting.

pieza de fundición con detalles | intricate casting.

pieza de fundición maleable | malleable casting.

pieza de magnesio fundida a presión | magnesium die casting.

pieza de recambio | spare part.

pieza de refuerzo | stiffening piece | truss.

pieza de repuesto | part | spare part.

pieza de transición | transition piece.

pieza de unión | interlinked piece | jointing piece | junction piece | makeup length | making-up length (pipes).

pieza desmontable | loose piece.

pieza equivalente | interchangeable item.

pieza forjada a martillo | drop forging.

pieza forjada a martinete | drop forging.

pieza forjada con estampa | drop forging.

pieza forjada para coronas | rim forging (gear).

pieza maciza de fundición | solid casting.

pieza matrizada | drop forging.

pieza moldeada | molding.

pieza polar | pole shoe (electricity).

pieza prismática | prismatic bar.

pieza prototipo | prototype piece.

pieza soldada | weldment.

pieza suelta | independent piece | loose piece.

pieza termoformada | thermoform (metallurgy).

piezas de recambio | replacement parts | replacements | spare gear.

piezas de repuesto | replacement parts.

piezas fundidas sin cajas | open sand casting.

piezas intercambiables | interchangeable parts.

piezoclasa | compression joint (geology).

piezoelectricidad | crystal electricity | piezoelectricity.

piezoeléctrico | piezoelectric.

piezómetro | pressure gage.

piezomoldear | compression mold (to).

piezoóptico | piezooptical.

piezopirólisis catalítica | cracking.

piezorreducción | pressure reduction.

piezorregulado | pressure-controlled.

piezorregulador | pressure governor.

piezorresistencia | piezoresistance.

piezosensible | pressure-sensitive.

piezostato | pressurestat.

pigmento | color (U.S.A.) | pigment.

pigmento orgánico | toner (paints).

pila | pier (bridges) | pile | primary cell (electricity) | stack.

pila atómica | atomic pile.

pila autorregeneradora | breeder | breeder pile.

pila de aire | air cell.

pila de bario | barium fuel cell (electricity).

pila de cadmio | cadmium cell | Weston cell.

pila de carbón | carbon cell (electricity).

pila de electrólito de cera sólida | wax-electrolyte battery.

pila de electrolito orgánico | organic electrolyte cell.

pila de estribación | abutment pier.

pila de litio | lithium cell.

pila de magnesio | magnesium cell.

pila de mercurio | mercury battery.

pila de óxido de plata | silver oxide battery | silver oxide cell.

pila de selenio | selenium cell.

pila eléctrica | cell | electric cell | galvanic battery | pile.

pila electroquímica con electrólito de sales-fundidas | molten-salt fuel cell.

pila galvánica | galvanic cell | galvanic pile.

pila hidroeléctrica | wet cell.

pila húmeda | wet cell.

pila patrón | standard pile (nuclear energy).

pila piezoeléctrica | load cell.

pila regenerable | regenerative cell.

pila seca | dry battery | dry cell.

pila seca no recargable | throwaway dry cell.

pila secundaria | secondary pile (nuclear energy).

pila solar | solar cell.

pila térmica | thermal cell.

pila termoeléctrica | thermopile | thermopole.

pila termoeléctrica solar | thermoelectric solar cell.

pila voltaica | voltaic cell | voltaic pile.

pila Weston | cadmium cell | Weston cell.

pilar | bridge pier | buttress | column | fault ridge (geology) | pier (masonry) | pillar | post | stanchion | stump (mining).

pilar de asiento | bed pile.

pilar de bóveda | arch-pillar.

pilar de carbón | broken (mining) | stoop.

pilar de protección | stoop (mining).

pilar de seguridad | barrier (mining) | rib (mining) | wall pillar (mining).

pilar del muro | wall pillar.

pilastra | allette | anta | bridge pier.

pileta | sump (mining).

pilón de forja | anvil block.

pilotado | piloted.

pilotaje | grillage | piloting.

pilotar | navigate (to) (airplane) | pilot (to) (airplanes).

pilotar una aeronave | man an aircraft.

pilote | pile.

pilote de anclaje | stay pile.

pilote de entibación | stay pile.

pilote de madera | spile.

pilote maestro | bearer pile.

piloto | pilot.

piloto automático | pilot aid (airplanes) | robot pilot.

pincel | brush.

pinchar | puncture (to).

pinchazo | puncture.

pincho | prod.

pintar | coat (to) | paint (to).

pintura | paint.

pintura al plomo | lead paint.

pintura al temple | absorbent grounds.

pintura antiácida | acidproof paint.

pintura bituminada | bituminized paint.

pintura de esmalte al horno | oven-enamelled paint.

pintura para fondos | bottom composition.

pintura para moldes | liquid blacking (foundry).

pintura vidriada | enamel painting.

pínula | cross staff | light aperture (optics) | sight vane | vane.

pínula para nivelar | level sights.

pinza de alimentación | feed collet.

pinza de conexión doble | twin clip (electronics).

pinza de contacto | clip.

pinza de enganche | rope clip.

pinza de Mohr | screw clip.

pinza portapieza | collet.

pinzas | pincers | pliers | tweezers.

pinzas de arranque | detached nippers.

pinzas de retención | nippers.

pinzas romas | blunt forceps.

piñón | boundary gable (walls) | pinion (mechanics).

piñón central | sun wheel (planetary gear).

piñón cónico | bevel pinion.

piñón cónico satélite | spider bevel gear.

piñón de arrastre | driving gear.

piñón de la rueda de linterna | mangle wheel pinion.

piñón de laminador | rolling mill pinion.

piñón de transmisión | idler.

piñón diferencial | pinion gear.

piñón loco | idler | idler pinion.

piñón para cadena | sprocket-wheel.

piñón satélite | idler pinion | planet-pinion | planetary wheel | spider pinion.

piñón trasero | rear pinion.

piñón y cremallera | rack and pinion.

pión | pi-meson | pion.

pión negativo | negative pion.

piónico | pionic.

pip | pip (radar).

pipeta de absorción | absorption pipette.

pipeta medidora | measuring pipet.

pipeta mezcladora | mixing pipet.

piquera | jet | metal outlet (blast furnaces) | taphole.

piquera de escoriar | slag eye | slag-notch.

piquera de hierro | iron notch (blast furnaces).

piquera para la escoria | monkey.

piqueta | mattock.

piqueta de albañil | mason's hammer.

piquete de anclaje | deadman.

piquetear | stake out (to).

pirámide de tierra | sand pinnacle (geology).

pirargirita | antimonial red silver | argyrythrose | dark red silver ore | red silver | ruby silver ore | silver ruby.

pirita | pyrite.

pirita arsenical | mispikel.

pirita blanca | marcasite.

pirita carbonífera | scud.

pirita de hierro | brazil | iron pyrite.

pirita magnética | magnetic pyrites.

pirita prismática | marcasite.

pirita tostada | roasted pyrites.

piroaglutinación | sinterization.

piroaglutinar | sinterize (to).

piroconductividad | pyroconductivity (electrometallurgy).

pirodesintegración | thermal cracking (petroleum).

piroelectricidad | thermal electricity.

piroeléctrico | pyroelectric.

piroelectrólisis | igneous electrolysis.

piroescisión catalítica | cat cracking.

piroescisión por catálisis | catalysis cracking.

pirofotómetro | pyrophotometer.

pirogenación | dry distillation.

pirograbado | poker work.

pirografía | poker work.

pirolignito de hierro | iron pyrolignite.

pirólisis | pyrolysis | thermal decomposition (chemistry).

pirólisis aromatizante | aromatizing cracking.

pirólisis de la acetona | acetone pyrolysis (chemistry).

pirolización hidrogenante | thermal hydrocracking.

pirometalurgia | igneous metallurgy.

pirometría | pyrometry.

pirometría por rayos infrarrojos | infrared pyrometry.

pirómetro | pyrometer.

pirómetro calorimétrico | calorimetric pyrometer.

pirómetro de absorción | absorption pyrometer.

pirómetro de aguja indicadora | needle pyrometer.

pirómetro de cuña | wedge pyrometer.

pirómetro de inmersión | immersion pyrometer.

pirómetro de succión | suction pyrometer.

pirón | pyron (electromagnetic radiation unit).

piropo | Cape ruby (garnet).

pirorresistencia I fire resistance.
pirorresistente I fire resisting I refractory.
pirosensible I fire-sensitive.
pirostato I pyrostat.
pirotrón I pyrotron (nuclear energy).
piroxeno dialágico I diallagic pyroxene.
piroxilina I nitrocellulose.
pirquineria I coyoting (mining) I wasting.
pirrotita I magnetic pyrites I pyrrhotite (minerals).
pisanita I cuproferrite.
piscina de desactivación I cooling pond.
piso I bottom wall (mining) I low wall I underlier (mining).
pisolita I cave pearl I pisolite I accretionaty lapillus.
pisón de punta I pegging pean (foundry) I pegging rammer (foundry).
pisón neumático I air rammer I pneumatic compactor.
pissasfalto I maltha.
pista I flightway (airports) I racetrack (electronics) I track I trail.
pista alternativa I alternate track.
pista de aterrizaje I landing lane I landing strip.
pista de circulación I taxiway (airport).
pista de despegue I flight strip I runway (airports) I take-off runway.
pista de direcciones I address track (magnetic disc).
pista de estacionamiento I apron.
pista de ficha magnética I magnetic band.
pista de la lanzadera I sley race (loom).
pista de lectura I playback track.
pista de música I music track.
pista de rodadura I roller track I taxiway I track.
pista de rodaje I tailtrack (airports) I taxiway.
pista de rodaje estrecha I taxi strip (airports).
pista de rodamiento I roller path.
pista de sonido I sound track.
pista de vídeo I video track.
pista magnética I magnetic stripe (cards).
pista múltiple I multiple sound track (acoustics).
pista óptica de sonido I optical sound track.
pista para aterrizaje instrumental I instrument runway.
pista sonora múltiple I multiple sound track.
pista única I single track.
pista utilizable I active runway (airports).
pistola I gun.
pistola de pintor I pistol.
pistola óptica I light gun.

pistola para pintar I paint gun.
pistola pulverizadora I spray gun.
pistolete de mina I jumper I jumper bar I jumping drill.
pistón I mover I percussion cap I piston I plunger (hydraulic pumps, presses).
pistón compensador I balance piston.
pistón conicoelíptico I tapered elliptical piston.
pistón de achique I swab (tube well).
pistón de aire I air piston.
pistón de aleación liviana I light-alloy piston.
pistón de aspiración I pumping piston.
pistón de faldilla I plunger piston.
pistón de inyección I injection ram.
pistón de laberinto I labyrinth piston.
pistón de regulación del paso I pitch-control piston (screws).
pistón del distribuidor cilíndrico I piston valve piston.
pistón del inyector I injector plunger.
pistón motor I power piston.
pistón obturado por laberinto I labyrinth-sealed piston (compressors).
pistón sin contacto I noncontacting piston.
pistonar I piston (to).
pistonear I swab (to) (drillings).
pistoneo I swabbing.
pistones contrapuestos I opposed pistons.
pistonófono I pistonphone.
pivotación I pivoting I swiveling.
pivotaje I pivoting.
pivotar I pivot (to).
pivote I center pin I centre pin I gudgeon I pin I pivot I pivotal point I spindle I swivel.
pivote a rótula I ball swivel.
pivote central I kingbolt I kingpin I main pin I pintle.
pivote de empuje I thrust block.
pivote de la dirección I kingbolt I kingpin.
pivote de orientación de la rueda I kingbolt.
pivote de presión I push bolt.
pivote del muñón I swivel pin.
pivote trasero I back center pin.
pivotear I swivel (to).
pizarra I healing stone I shale I slate.
pizarra arcillosa I clayey slate.
pizarra bituminosa I oil shale I wax shale.
pizarra carbonácea I jabez.
pizarra carbonífera I coal-slate.
pizarra carbonosa I carbonaceous shale.
pizarra filoniana I dike slate.
placa I chip I master I plate I printing plate (offset) I slice.
placa activada por neutrones I neutron activated slab.

placa **plancha**

placa antirremanente I residual stud (relays).
placa base I mother board.
placa calcárea I calcareous plate.
placa continua de cimentación I mat.
placa de acumulador I accumulator plate.
placa de aluminio I aluminum plate (offset).
placa de anclaje I tie plate.
placa de apoyo I back plate I backplate.
placa de apriete I bridge plate.
placa de asiento I wallplate (construction).
placa de blindaje I armor plate I plate-armor.
placa de burbujeo I bubble tray.
placa de cableado impreso I printed-wiring board.
placa de celdillas I pocket plate (electricity).
placa de choque I deflecting plate (furnaces) I striking plate.
placa de cierre I obturator plate.
placa de cimentación I soleplate.
placa de circuito impreso I printed-circuit board.
placa de contacto I wafer.
placa de cuarto de onda I quarter wave plate.
placa de dama I dam plate (blast furnaces).
placa de datos I nameplate I rating plate.
placa de desgaste I wear plate.
placa de deslizamiento I sliding plate.
placa de desmoldeo I stripping plate.
placa de desviación I compresser.
placa de empalme I joint plate.
placa de estanqueidad I tightening plate.
placa de fijación I bridge plate I wallplate.
placa de fundición I iron plate.
placa de guarda I stripping plate (rolling mill).
placa de guía I stripping plate.
placa de identificación I nameplate.
placa de interruptor I switchplate (electricity).
placa de junta I shin (railway line).
placa de la mufla I muffle plate.
placa de lámpara I valve plate.
placa de los nonios I upper plate.
placa de maniobra I switchplate (railways).
placa de presión I pressure plate.
placa de recubrimiento I faceplate I top plate (smelting).
placa de refuerzo I strain plate.
placa de retardo I retardation plate (optics).
placa de retención I lock plate I retaining plate.
placa de revestimiento I casing.
placa de rozamiento I rubbing plate.
placa de ruptor I interrupter plate.
placa de solera I soleplate.
placa de sujeción I locking plate.
placa de sustentación I mat.

placa de tensión I tension plate.
placa de tobera I back of hearth (forging).
placa de tubos I tubular plate (electricity).
placa de unión I joint plate.
placa de vértice I vertex plate (microwaves).
placa difusora I baffle plate.
placa fotosensible I photosensible plate.
placa frontal I apron (lathe saddle).
placa giratoria I turnplate (railways) I turntable (railways).
placa giratoria para cruce oblicuo I oblique turntable.
placa infinita I infinite slab (nuclear energy).
placa madre I mother board.
placa modelo de madera I match-board (smelting).
placa motriz I swashplate.
placa oscilante I wobbler.
placa para roscar I screw plate.
placa portaestampa I press plate (press).
placa portamodelo I pattern plate (smelting).
placa portamuela I carrier plate.
placa positiva I lanternplate I positive plate.
placa posterior I rear plate.
placa pulidora I polishing plate.
placa salmer I skew plate (furnaces).
placa signalética I rating plate.
placas de desviación vertical I Y-plates (cathodic rays tube).
placer I placer.
placer de terraza I bench placer.
placer metalífero I ore placer.
plan I plan.
plan de explotación I working plan.
plan de producción I development plan.
plan de servicio I working schedule.
plan de trabajo I working plan I working schedule.
plan de trazado I development plan (mining).
planar I planar.
plancha I master (offset) I plate I printing plate (typography).
plancha arrollable I wrap around plate (printing).
plancha de acero I plate steel.
plancha de cabezal I bolster plate.
plancha de cinc I zinc plate (lithography) I zinc sheet (lithography).
plancha de contacto I strike plate (magnetism).
plancha de entibar I poling board I wood piling.
plancha de impresión enrollable I wraparound plate.
plancha de las agujas I needle board (jacquard).

plancha de medio tono | halftone cut.
plancha electrotípica | cast.
plancha estereotípica | cast.
plancha estratificada | laminated board (printed circuit).
plancha offset para sensibilizar | wipe-on offset plate.
planchadora | ironer (machines).
plancheta | plane table.
planeador | sailplane | soaring machine | soaring plane.
planeador aeroespacial | aerospace plane.
planeador motorizado | motor glider.
planear | soar (to).
planeidad | flatness.
planeo | glide | planing (aeronautics).
planialtimetría | contour mapping.
planicidad | flatness.
planicie | flat | plain.
planificación | planning.
planificación de trabajos | job scheduling (computing).
planificar | plan (to).
planigrafía | planigraphy.
planígrafo | planigraph.
planimetría | ground plan | layout | plane surveying | planimetry.
planímetro | planimeter | surface integrator.
plano | chart | map | plain | plan | planar | plane.
plano axial óptico | optic axial plane.
plano batimétrico | bathymetric chart.
plano compensador | control surface.
plano con zoom | zoom shot.
plano de alza | plane of sight (artillery).
plano de cola | tail plane.
plano de construcción | working drawing.
plano de crucero | plane of cleavage (mineralogy).
plano de curvatura | plane of curvature.
plano de deriva | lateral plane (ships).
plano de deriva de cola | tail fin (airplanes).
plano de desviación | deflection plane.
plano de diaclasa | jointing-plane.
plano de ejecución | working drawing.
plano de estratificación | natural bed (rocks).
plano de fractura | parting plane | plane of clearance.
plano de guiñada | plane of yaw.
plano de instalaciones y servicios | facility chart.
plano de junta | joint-plane | parting.
plano de la imagen | picture plane.
plano de la red | trunking diagram (telephony).
plano de maclación | twining plane.

plano de mira | plane of sight.
plano de movimiento | motion plane.
plano de polarización | plane of polarization.
plano de propagación | transmission plane.
plano de proyección | plane of departure (ballistics) | plane of projection.
plano de referencia | datum level.
plano de separación | jointing-plane (geology) | parting | parting plane | plane of clearance.
plano de simetría | plane of symmetry | symmetry plane.
plano de situación logística | administrative map.
plano de taller | working drawing.
plano de trazado | plotting plate (radar) | position tracker (radar).
plano de un cuadro | plane of a loop (radio).
plano diametral | centerline (ships) | centreline (G.B.) (ships).
plano en panorámica | pan shot (chamber).
plano en proyección Mercator | Mercator chart.
plano fijo horizontal | tail plane.
plano general | long shotmaster shot.
plano general amplio | wide shot (TV).
plano hidrodinámico | hydrofoil.
plano inclinado | incline | incline shaft | slope (mining).
plano lateral | lateral plane.
plano lejano | long shot (cinematography).
plano medio | medium shot (cinematography, TV).
plano oblicuo | canted shot (TV).
plano óptico | optical flat.
plano principal | unit plane (optics).
plano principal de crucero | face cleat (mineralogy).
plano proyectivo | projective plane.
plano topográfico | map | profile map | topographical map.
plano unilateral | single-line drawing (electricity).
plano vertical de cola | vertical tail plane (aeronautics).
plano-convexo | plano-convex.
planografía | planography.
planos intersectantes | intersecting planes.
planta | plan view (draw).
planta de destilación | topping plant (petroleum).
planta de reserva | reserve equipment (electricity).
planta de vapor | steam power plant.
planta eléctrica | electric power plant.
planta eléctrica a vapor | steam plant.

planta eléctrica eólica I wind electric plant.
planta generadora I power plant.
planta motriz I power plant.
planta refrigeradora I refrigerating plant.
plantilla I gage (U.S.A.) I modeling board (foundry) I shape I standard gage I template.
plantilla de estarcir I stencil plate.
plantilla de precisión I accurate templet.
plantilla de taladrar I stud gage.
plantilla para posicionar o alinear I jig.
plantilla para taladrar I jig.
plasma I plasma.
plasma de desbloqueo I turn-on plasma (thyristors).
plasma originado por haz de láser I laser plasma.
plasmatrón I plasmatron (gas diode) I plasma jet.
plasmotrón I plasmotron (plasma generator).
plástica I fatty (clay).
plasticidad I plasticity (physics).
plástico I fictile I plastic.
plástico acetálico I acetal plastic.
plástico armado I laminated plastic.
plástico estratificado I laminated plastic.
plástico fenólico I phenolic plastic.
plástico laminado I laminated plastic.
plastificadora I laminating machine.
plastificar I plastify (to).
plastómetro I plastometer (rheology).
plata I argentum I silver.
plata alemana I nickel silver.
plata antimonial I antimonial silver.
plata arsenical I arsenic silver I proustite.
plata cementatoria I cement silver.
plata córnea I cerargyrite I kerargyrite.
plata córnea amarilla I iodyrite.
plata de ley I sterling silver.
plata negra I miargyrite.
plata roja arsenical I light ruby silver I light-red silver ore.
plata vítrea I argentite I vitreous silver.
plata yodurada I iodyrite.
platabanda I coverplate.
plataforma I apron (sluiceways) I dilly (mining) I flooring I pallet I platform I roadbed.
plataforma autoelevadora I jack up platform.
plataforma continental I continental shelf.
plataforma de abrasión I abrasion platform.
plataforma de deslizamiento I skidway.
plataforma de erosión I abraded-platform.
plataforma de guía de dos giroscopios I two-gyro guidance platform.
plataforma de lanzamiento I launching platform.

plataforma de lanzamiento de cohetes I launcching pad (USA).
plataforma de pivote I pivot frame.
plataforma elevadora I lifting platform.
plataforma giratoria I rolling platform I turn-plate I turntable.
plataforma inercial I inertial platform.
plataforma móvil I traveling platform.
plataforma móvil para prospección petrolífera I mobile rig.
plataforma para prospecciones submarinas I offshore drill rig.
platillo de válvula I valve plate.
platillo fijador I locking plate.
platina I bed (typography) I lock plate (weapons) I mounting plate I platen I slide.
platina de avance I jack sinker.
platina de carro I mechanical stage (microscope).
platina de descenso I jack sinker.
platina para montaje I adaptor plate.
platinado I platinum-clad.
platinar I platinum-plate (to).
platinita I platinite.
platinización I platinization.
platino endurecido con iridio I iridium hardened platinum.
platino iridiado I iridioplatinum.
platinodo I platinode.
platinoide I platinoid (alloys).
platinos I breaker points.
platinotrón I platinotron.
plato conductor I wrist plate (Corliss distribution).
plato de bobina I bobbin flange.
plato de borboteo I bubble tray.
plato de criba I sieve plate.
plato de destilación I bubble plate.
plato de garras I claw chuck (lathe) I dog chuck (lathe) I jaw chuck.
plato de llaves I key chuck (lathe).
plato de prensa I platen I press plate.
plato de puntas I pronged chuck (lathe).
plato de resorte I spring chuck.
plato de torno I lathe face plate.
plato divisor I index dial (machine tool).
plato electromagnético I magnetic chuck (lathe).
plato escalonado I step chuck (lathe).
plato giratorio I rotating turntable.
plato helicoidal I spiral chuck.
plato magnético de sujeción I magnetic chuck.
plato oscilante I swashplate (machines).
plato para entallar I spinning chuck (lathe).

plaza I sole (furnaces).

plazo de reposición I time lag (airplanes).

pleamar I high tide.

plegable I retractable.

plegado alternativo I reverse bending.

plegado en el offset a bobina I web offset folding.

plegado en zigzag I accordion fold.

plegador I back beam (warper) I book-folder (typography) I coiler (draw frame) I winding faller (self-acting mule).

plegador de urdidor I warp roller I warping beam.

plegador de urdimbre I loom beam I yarn beam.

plegador del telar I loom beam.

plegador móvil I rocking beam.

plegadora de chapas I brake I plate-folding machine.

plegadora mecánica I folding machine.

plegamientos caledónicos I Caledonian folds.

plegar I bend (to) I bend down (to) I crimp (to).

pleonasto I iron spinel.

pletina I billet.

pletina de cabeza I face flat.

pletina en T I tee iron.

plexo de inyección I injection plexus (geology).

plexor I plexor.

pliegue I creasing I crimping I crinkle I deflection (geology) I fold I plication (geology) I welt I wrinkle.

pliegue aéreo I aerial fold (geology).

pliegue alóctono I allochthonous fold.

pliegue anticlinal I anticlinal fold.

pliegue asimétrico I asymmetric fold.

pliegue cerrado I closed fold (geology).

pliegue concordante I accordant fold (geology).

pliegue de acarreo I overfold (geology).

pliegue geológico I overthrust.

pliegue invertido I inverted fold (geology) I overfold I overturned flexure.

pliegue isoclinal I carinate fold (geology) I isoclinal I isocline.

pliegue marginal I marginal fold (geology).

pliegue monoclinal I monoclinal flexure (geology) I monoclinal fold (geology) I monocline (geology).

pliegue principal I major fold (geology).

pliegue simétrico I symmetrical fold.

pliegue sinclinal I canoe fold I synclinal flexure (geology) I trough.

pliegue sumergido I plunging fold (geology).

pliegue tumbado I overturned flexure (geology).

pliegues armónicos I competent folds.

pliegues orogénicos I orogenic fold-belts (geology).

pliodinatrón I pliodynatron (electronic tube).

pliotrón I pliotron (electronic tube).

plomada I bob plumb.

plomado I lead-coated.

plomar I lead (to) I lead-plate (to).

plombagina I black lead (mineralogy) I black-lead or plumbago I graphite I plumbagin I pot lead.

plombaginar I blacklead (to).

plomizo I leady.

plomo I lead.

plomo 207 I actinium D.

plomo 211 I actinium B.a.

plomo antimonial I antimonial lead.

plomo blanco I cerussite I lead carbonate.

plomo carbonatado I cerussite.

plomo cromatado I lead chromate I red lead ore.

plomo de obra I work lead.

plomo de plomada I plumb.

plomo dulce I refined lead.

plomo espático I blacklead ore.

plomo fusible I safety fuse (electricity).

plomo impuro obtenido en alto horno I work lead.

plomo líquido I melted lead.

plomo metálico I blue lead.

plomo refinado I refined lead.

plomo rojo I red lead ore.

plomo sulfurado I lead glance.

plomo telural I altaite.

plomo tetraetilo I tetraethyl lead.

pluma de grúa I crane arm I crane beam I crane boom I crane mast I jib of a crane.

plumbato cálcico I calcium plumbate.

pluricanal I multiple channel.

pluriderivación I multitap.

pluridireccional I multipath.

plurifásico I multistage.

plurivalente I multipurpose.

plutón I pluton (mineralogy).

plutónico I abyssal (geology) I deep seated (mineralogy).

plutonígeno I plutonium-producing.

plutonio I plutonium (Pu).

plutonio de adición I plutonium make-up.

pluvial I pluvial.

pluviófugo I rainproof.

pluviografía I hyetography.

pluviógrafo I hyetograph I recording rain gage I udomograph.
pluviograma I hyetograph.
pluviometría I hyetometry I rain gaging.
pluviómetro I hyetometer I pluviometer I pluvioscope I rain gage I udometer.
pluviómetro acumulativo I precipitation gage.
pluviómetro registrador I recording rain gage.
pluvionivómetro I rain and snow gage.
pluvioperturbación I rain clutter (radar).
pluviorresistente I rain-resistant.
pluvioscopio I pluvioscope.
pluviosidad I rainfall.
poa de bolina I bridle.
población neutrónica I neutron population (nuclear reactor).
poca intensidad I low-level.
poceta I trap.
poceta de drenaje I sump (ships).
poción I draught.
poco aumento I low power (optics) I low-power (optics).
poder adherente I adhesive capacity.
poder aislante I insulating strength.
poder amplificador I magnifying power.
poder calorífico I heat power I heating power.
poder calorífico inferior I lower heating value.
poder cubridor I throwing power.
poder de deposición I throwing power (electroplating).
poder de detención I stopping power.
poder de frenado I stopping power.
poder de recubrimiento I covering power.
poder de refracción I light-bending power.
poder de resolución I resolving power.
poder de resolución en acimut I resolution in azimuth (radar).
poder de resolución en distancia I resolution in range (radar).
poder fotocaptador I light-gathering power (telescopes).
poder fotodispersor I light-scattering power.
poder iluminante I illumination power.
poder inductor I inductive capacity.
poder ocular I covering power (lenses).
poder portante I lifting power (magnets).
poder refringente I refractive power.
poder resolutivo I power of resolution (optics) I resolving power.
poder rotatorio I rotatory power (optics).
poder separador I defining power (microscope) I resolving power.
poder termoeléctrico I thermoelectric power.
podómetro I podometer.

podredumbre I rot.
podrido I rotten.
podsol I podsol (soil).
podsol húmico ferruginoso I iron-humic podsol.
podzol I podzol (soil).
polaridad I polarity.
polaridad de la soldadura I weld polarity.
polaridad directa I straight polarity.
polarímetro I polarimeter.
polariscopio I polariscope.
polarización I bias (telegraphy) I biasing I polarization.
polarización amplificada realimentada I amplified banck bias (electronics).
polarización C I C bias.
polarización circular I circular polarization.
polarización continua I D.C. bias.
polarización de cátodo I cathode bias.
polarización de CC I D.C. bias.
polarización de la luz I light polarisation.
polarización de la onda I wave polarization (electromagnetics).
polarización de la radiación láser I laser polarization.
polarización de línea I line bias.
polarización de rejilla I C bias.
polarización de rejilla positiva I positive bias.
polarización de reposo I spacing bias (radio).
polarización de ruido mínimo I minimum noise bias.
polarización de señal I signal bias.
polarización de tensión I voltage bias.
polarización de voltaje I voltage bias.
polarización eléctrica I electric bias I electrical bias.
polarización electromagnética I electromagnetic bias.
polarización fotónica I photon polarization.
polarización interferencial I interferential polarization.
polarización inversa I back bias I reverse bias.
polarización lineal I plane polarization.
polarización magnética I magnetic biasing I magnetization.
polarización mecánica I mechanical bias (relays).
polarización negativa I negative bias.
polarización negativa de rejilla I negative grid bias (electric tubes).
polarización nula I zero bias.
polarización plana I plane polarization.
polarización por batería I battery bias.
polarización positiva I positive bias.
polarización telegráfica I telegraph bias.
polarización vertical I vertical polarization.

polarizador de impulsos I pulse polarizer.
polarizador de infrarrojo I infrared polarizer.
polarizador de selenio I selenium polarizer.
polarizador magnético I magnet charger.
polarizar I polarise (to) (G.B.) I polarize (to)
(USA).
polarográfico I polarographic.
polarógrafo I polarograph.
polaroide I polaroid.
polaronio I polaron (measure unit).
polea I capstan (stranding machine) I pulley I
roller I sheave I single block I wheel.
polea colgante I overhanging pulley.
polea de canales trapezoidales I wedge-grooved
pulley.
polea de cuchareo I sand sheave (drillings).
polea de gancho I hook block.
polea de guía I idle pulley I knuckle sheave I
leading pulley I training idler.
polea de mando I rigger.
polea de retorno I leading block I tail pulley I
tail sheave I turn pulley.
polea de tensión I idle pulley I idler I jockey-
pulley.
polea de transmisión I rigger.
polea desviadora I knuckle sheave.
polea enteriza I solid pulley.
polea escalonada I machine pulley.
polea fija I dead pulley (tackle) I fast pulley I
tight pulley.
polea guía I capstan idler I jockey-pulley I
jockey-wheel.
polea loca I idler I loose pulley.
polea motriz I lead sheave I leading pulley.
polea móvil I travelling block.
polea para cable I rope pulley.
polea para correa I band pulley I band wheel.
polea portasierra I band wheel.
polea tensora I idler wheel I jockey I jockey
roller I jockey-wheel I tension pulley.
polea-guía I idler I idler pulley I idler wheel.
poliamida I polyamide.
polibutadieno I polybutadiene.
polibutenos I polybutenes.
polibutileno I polybutylene (chemistry).
policinético I multivelocity.
policombustible I multifuel.
policromático I multichromatic I polychromatic.
policromía I polychromy.
policromo I multicolored I polychromatic I
polychrome.
poliescalonado I multistage (turbines, ampli-
fiers).
poliéster I polyester (chemistry).

poliésteres termoplásticos I thermoplastic polyesters.
poliestireno I polystyrene.
polietileno I poly I polyethylene.
polifásico I multiphase.
polifenilo clorado I chlorinated polyphenil.
polifilamento I multifilament.
polígono de aceleraciones I acceleration poly-
gon.
polimerización I polymerization (chemistry).
polimerización en solución I solution polymerization.
polimerización por rayos gamma I gamma
polymerization.
polímero I polymer.
polímero catiónico I cationic polymer.
polímero en masa I mass polymer.
polímero hidrófilo I water solvable polymer.
polímero ligado I linked polymer.
polímetro I multimeter I multiple-purpose
tester I polymeter (meteorology).
polímetro digital I digital multimeter.
polín I seat (ships) I seating (ships) I skid.
polín de caldera I boiler saddle.
polín de máquina I engine seating.
polióbulado I multifoil (architecture).
poliodo I polyode (electricity).
polipasto I block and tackle I burton I chain fall
(mechanics) I hoist I hoist block I pulley I
tackle I treble block (mechanics).
polipasto de cadena I chain block.
polipasto de madera I wood block.
polipasto de recambio I relieving tackle.
poliuretano I polyurethane.
polivalencia I multivalence I polyvalence.
polivalente I multipurpose I multivalued I versatile.
polivinilo I polyvinyl.
polo I pole.
polo austral I marked end (magnetism) I marked
pole (magnetism).
polo blindado I shaded-pole (electric magnet).
polo boreal I south pole (magnetism).
polo celeste I celestial pole.
polo compensador I compole.
polo conmutador I interpole.
polo de conmutación I interpole I reversing
pole.
polo eclíptico I ecliptic pole (astronomy).
polo inductor I field pole.
polo magnético I magnetic pole.
polo negativo I C minus I negative pole (electricity) I negative terminal I platinode (electric
cell).

polo norte | marked end | marked pole | north pole.

polo norte geográfico | north geographic pole.

polo norte magnético | north magnetic pole.

polo positivo | C plus | positive | positive pole.

polo terrestre | terrestrial pole.

polo unitario | unit pole.

polonio | polonium (Po).

polonio 211 | actinium C'a.

polonio 215 | actinium A.

polos geográficos | geographic poles.

polos magnéticamente cortocircuitados | magnetically short-circuited poles.

polos opuestos | opposite poles | unlike poles (magnetics).

polución del aire | air pollution.

polución térmica | calefaction.

polvareda interestelar | interstellar dust | interstellar grains.

polvo acicular | acicular powder.

polvo de acero | steel powder.

polvo de acetona | acetone powder.

polvo de cementación | cementing powder.

polvo de hierro | iron dust | iron powder.

polvo de mármol | marble dust | marble flour.

polvo de mezcla de metales | mixed metal powder.

polvo de roca | rock flour.

polvo dendrítico | arborescent powder.

polvo interestelar | interstellar dust | interstellar grains.

polvo magnético | magnetic powder.

polvo magnético de ferroaleación | iron-alloy magnetic powder.

polvo metálico | metal powder.

polvo micrométrico | ultrafine dust.

pólvora | powder.

pólvora al nitrato | nitrate powder.

pólvora comprimida | pellet powder.

pólvora de combustión lenta | low powder.

pólvora de grano grueso | pellet powder.

pólvora de mina | blasting powder.

pólvora nitrada | nitrate powder.

pólvora viva | quick powder.

polvorín | magazine (construction).

ponderación | weighting.

ponderación base | base weight.

ponderado | weighted.

ponderar | weigh (to) | weight (to).

poner a cero | cancel (to) (computing).

poner a flote | float (to).

poner a tierra | earth (to) (electricity).

poner cuadratines | quad (to).

poner en circuito | put in circuit (to) (telecommunications).

poner en clave | key (to).

poner en fase | phase (to).

poner en marcha | move (to) | release (to) | restart (to) (machines) | start (to) | work (to) (machines).

poner en movimiento | move (to) | release (to).

poner en órbita | place in orbit (to) | put in orbit (to) (orbiting satellite).

poner en paralelo | parallel (to) (electricity).

poner en servicio | put in use (to) (telecommunications).

poner señales | signalise (to) (G.B.) | signalize (to) (USA).

poner sifón | trap (to) (pipes).

poner tapas | case (to) (bindings).

pontón | ponton | ponton boat | pontoon.

popa | afterpart (ships) | arse | poop (ships) | stern.

porcelana | porcelain.

porcelanita | porcelanite.

porcentaje | percentage | rate.

porcentaje de carbono | temper (metallurgy).

porcentaje de humedad | moisture content.

porcentaje de ondulación | ripple percentage.

porcentaje de utilización de la red eléctrica | network output factor.

pórfido riolítico | rhyolite porphyre.

poro | pinhole | pore.

poro de ataque al ácido | etch pit.

poro de ataque químico | etch pit.

pororoca | eagre.

porosidad | porosity.

porosidad puntiforme | pinhole porosity.

porosímetro | porosimeter.

porpezita | palladium-gold (minerals).

porra | about-sledge.

portaagujas | needle holder.

portaaviones | A. C. carrier | aerial carrier | aircraft carrier.

portabarrena | auger holder.

portabombas | bomb carrier.

portabroca | chuck | drill | pad (tools) | drill holder.

portacadena | chain bearer (topography).

portacamisa | mantle holder.

portacanilla | cop holder.

portacátodo | cathode header.

portacebo | shutter (bursting charge).

portacojinete | bearing holder.

portacuchilla | blade holder | cutter holder.

portador de carga mayoritaria | majority charge carrier.

portador de frecuencia vibrada | warbling carrier.

portador mayoritario | majority carrier (semiconductor).

portador minoritario | minority carrier (semiconductor).

portadora constante | steady carrier.

portadora de audiofrecuencia | carrier tone.

portadora de imagen | picture carrier | visual carrier.

portadora de imágenes | pix carrier (TV).

portadora de impulsos | pulse carrier.

portadora de luminancia | luminance carrier.

portadora de sonido | sound carrier.

portadora de vídeo | video carrier.

portadora desmodulada | unmodulated carrier.

portadora en línea alámbrica | line wire carrier.

portadora mayoritaria | majority carrier.

portadora minoritaria | minority carrier (electricity).

portadora modulada | modulated carrier.

portadora piloto | pilot carrier (telecommunications).

portadora policanálica | multichannel carrier.

portadora pulsada | pulsed carrier.

portadora reducida | reduced carrier (waves).

portadora sobre la red eléctrica del sector | power-line carrier.

portadora sobre línea alámbrica | open-wire carrier.

portadora suprimida | quiescent carrier (radar) | suppressed carrier.

portadora visual | virtual carrier (telecommunications).

portaelectrodo para soldar | welding-electrode holder.

portaescariador | reamer holder.

portaescobilla | brush holder.

portaestampa | die block | die holder.

portaestilete | stylus holder.

portafresa | mill holder.

portafusible | cutout base | fuse block | fuze holder.

portafusible indicador | indicating fuse post.

portagarra | jaw carrier.

portaherramienta | cutter bar | tool carrier | tool holder | toolbox | toolholder.

portaherramienta articulado | jointed tool holder.

portaherramienta del torno | lathe tool rest.

portaherramienta revólver | turret (lathe).

portaherramienta universal | universal holding tool.

portaherramientas | cutter head.

portahusada | cop carrier | cop holder.

portaisótopo | isotope carrier.

portaisótopos | cassette.

portalentes | lens holder.

porta-macho | bearing (smelting).

portamandril | mandrel support.

portamatriz | die block | die box.

portaobjetivo | lens holder | lens mount.

portaobjetivo giratorio | lens turret (optics).

portaobjetos | object-slide (microscope).

portapieza | work rest | workholder.

portapiñón satélite | planet wheel carrier.

portaplacas | plateholder (photography).

portapunta trazadora | scriber carrier.

portapunzón | stylus holder.

portarruedas | wheel carrier.

portasierra | blade holder.

portasurtidor | jet carrier (carburetor).

portaterraja | die holder.

portatestigo | core barrel.

portátil | mobile | pack-type | portable.

portatrinquete | pawl holder.

portatroquel | die holder.

porta-útil de acepilladora | planing tool holder.

portaviento | tuyere pipe (blast furnaces).

porte | capacity (ships).

pórtico | bent | framework | gantry | gate | portico.

pórtico arriostrado | braced portal.

pórtico de celosía | braced portal.

portilla de luz | porthole (ships).

portillo | wicket.

portillo de luz | scuttle (ships).

portillo de ventilación | air course (ships).

poscombustión | after firing | reheating (jet engine).

poscombustor | reheater (jet engine).

posformación | postforming.

posibilidad de acceso | retrievability (computing).

posición | attitude | location | position | situation | status.

posición angular | angular position.

posición celeste | celestial fix.

posición con el avantrén colocado | limbered position.

posición de abierto | off-position.

posición de acoplamiento | switch position.

posición de apertura del circuito | off-position.

posición de apriete | off-position (brakes) | on position (brakes).

posición de arranque | on position (machines).

posición de cerrado | on position.

posición de cierre | on position (electricity) | off-position (wrench, cocks).

posición de cierre del circuito | make position (electricity).

posición de conmutación | switch position.
posición de desconectado | off position.
posición de engrane | point of mesh.
posición de equilibrio | trim angle.
posición de espera | standby.
posición de funcionamiento | on position.
posición de llamada | ringing position (telephony).
posición de los impulsos | pulse position.
posición de marcha | on position.
posición de memoria | storage location.
posición de perforación | punching position (computing).
posición de reglaje | rigging position.
posición de reposo | back position | key up (operator) | normal position (telecommunications) | off-position (levers).
posición de trabajo | on position.
posición de trabazón | locked position.
posición de trincado | locked position.
posición del signo | sign position (electronics).
posición direccionable | addressable location (computing).
posición en bandolera | feathering position (propeller).
posición geográfica | geographic position.
posición normal | normal position.
posición real | true position (navigation).
posición supuesta | assumed position (navigation).
posicionador | position finder (telephony) | positioner | positioning device.
posicionador rotativo | rotator.
posicionamiento | positioning | setting.
posicionamiento del tabulador | tab set.
posicionar | position (to) | set (to).
posicionar en una plantilla | jig (to).
positiva | positive film (photography).
positivadora óptica | optical printer.
positivar | print (to).
positivo | positive.
positivo a masa | positive grounding.
positrón | positive electron | positron.
positronio | positronium.
posmoldeado | postforming.
poso radiactivo | fallout.
poso radiactivo local | local fall-out.
poste | mast | post | stake | stump | way-mark.
poste de guía ondas | post.
poste en común | joint pole (electricity).
postes acoplados | A. pole (telegraph lines).
postigo | wicket.
potasa | potash | potassium hydroxide.
potasa purificada | pearl ash.
potasio | potassium.

potencia | energy | potency | power | strength.
potencia absorbida | absorbed power | delivered horsepower (screws) | input | input power (electricity).
potencia aceleratriz | accelerative power.
potencia activa | active volt-amperes (electricity) | actual power | combined power | real power | true power.
potencia acústica | sound power.
potencia acústica instantánea | instantaneous acoustic power.
potencia aérea | air power | airpower.
potencia aerodinámica | air horsepower.
potencia al freno | actual horsepower | actual power | brake horsepower | effective power.
potencia al freno real | actual brake horsepower.
potencia al régimen de marcha lenta | idling power.
potencia amortiguadora | quenching power.
potencia anódica | plate efficiency.
potencia avante | ahead power (ships).
potencia balística | ballistic power.
potencia calorífica | calorific value | heating power.
potencia continua | continuous power.
potencia de alimentación | supply power.
potencia de antena | aerial power.
potencia de audición | receptive power.
potencia de audio | AF power | audio power.
potencia de aumento | magnifying power (optics).
potencia de caldeo | heating power.
potencia de choque | striking power.
potencia de corte | cut-off input.
potencia de cresta | peak power.
potencia de emisión | radiating power | transmitter output | transmitter power.
potencia de entrada | input | input power | power input.
potencia de entrada al circuito de carga | load-circuit power input.
potencia de entrada de placa | plate input power.
potencia de excitación | driving power (electronic valves).
potencia de frenado | braking power.
potencia de fuga | leakage power.
potencia de la señal | signal power.
potencia de línea de transmisión | transmission-line power.
potencia de ordenador | computer power.
potencia de placa de entrada | plate power input (electricity).

potencia de propulsión | propulsive strength (explosives).

potencia de puntería azimutal | training power (artillery).

potencia de recepción | received power.

potencia de régimen | nominal horsepower | nominal output | rated output | rated power.

potencia de reserva | reserve power (engines).

potencia de salida | delivered power | output (electricity) | output power | power out | power output.

potencia de salida de ruido | noise output | noise power.

potencia de salida sin distorsión | undistorted output.

potencia de salida vídeo | video output.

potencia de servicio | nameplate rating (electromotor) | operating power.

potencia de utilización | wattage rating.

potencia de vídeo | video power.

potencia del impulso de salida | output pulse rating.

potencia del motor | engine horse power | engine output | engine power.

potencia disipada | I. R. loss.

potencia disponible | power available (electricity) | power output.

potencia efectiva | actual horsepower | actual output | actual power | effective output | effective power.

potencia efectiva neta de remolque | net tow rope e. h. p.

potencia eficaz | true power (electricity).

potencia eléctrica neta | maximum output capacity | net electrical output.

potencia en el despegue | takeoff power.

potencia en el eje | delivered horsepower (engine) | shaft horsepower | shaft output.

potencia en la antena | aerial input.

potencia en vacío | no load power.

potencia específica | power input | specific power (nuclear energy).

potencia generada | output (electricity).

potencia geotérmica | geothermal power.

potencia homologada | type test horsepower.

potencia instantánea | instantaneous output | instantaneous power.

potencia intermitente | intermittent rating.

potencia limitada por el autoencendido | knock-limited power (engines).

potencia lumínica | illumination power.

potencia marítima | seapower.

potencia máxima | maximum capacity (electricity) | maximum output | maximum power | peak power | top output | top power | top rating.

potencia máxima continua | maximum continuous rating.

potencia máxima intermitente | maximum intermittent output.

potencia máxima normal | rated full output.

potencia mecánica | mechanical output | mechanical power.

potencia media | average power | mean power (radio).

potencia mínima detectable | noise equivalent input (NEI).

potencia modulada | modulated power.

potencia motriz | motive power | motivity.

potencia nominal | nameplate rating | wattage rating.

potencia nominal de salida | rated output.

potencia normal | normal output.

potencia nuclear | atomic power.

potencia propulsora total | aggregate horsepower.

potencia pulsatoria | pulse power.

potencia racional | rational power.

potencia radioisotópica | isotopic power.

potencia reactiva | idle power (electricity) | induction power (electricity) | kilovar output | reactive power (electricity) | reactive volt-amperes | reverse power (electricity) | wattless power (electricity).

potencia real | actual power | true power.

potencia reducida | reduced power | reduced rate.

potencia reflejada | reflected power (electricity).

potencia relativa | relative power.

potencia residual | after-power.

potencia sin carga | no load power.

potencia sobrante | excess horsepower.

potencia sofométrica | psophometric power.

potencia solar | solar power.

potencia sonora | volume (radio).

potencia térmica | caloric power | thermal horsepower.

potencia útil | carrying power | operating power | output | thrust horsepower (airships) | useful performance | water horsepower (pumps) | wattfull power.

potencia vectorial | vector power (electricity).

potencial compensador de entrada | input bucking potential.

potencial crítico | critical potential.

potencial de ánodo | plate potential.

potencial de arrastre | driving potential.

potencial de cebado | striking potential.

potencial de contacto entre dos electrolitos | liquid-junction potential.

potencial de detención | stopping potential (electron).

potencial de electrodo | electrode potential.

potencial de ignición | firing potential.

potencial de reducción-oxidación | redox potential.

potencial de reposo | quiescent potential.

potencial de ruptura | striking potential.

potencial de separación | separative work content (atomic energy).

potencial de velocidad | velocity potential (fluid mechanics).

potencial eléctrico | electrical pressure.

potencial escalar | scalar potential.

potencial estático | quiescent potential.

potencial inverso de rejilla | reverse grid potential (electronics).

potencial iónico | ionic strength.

potenciometría | potentiometry.

potenciómetro | potentiometer.

potenciómetro bobinado | inductive potentiometer.

potenciómetro con tomas | tapped potentiometer.

potenciómetro de ajuste | preset potentiometer.

potenciómetro de ajuste bobinado | wirewound trimming potentiometer.

potenciómetro de centrado | centering potentiometer.

potenciómetro de desviación | deflection potentiometer.

potenciómetro de entrada | input potentiometer.

potenciómetro de espiras | multiturn potentiometer.

potenciómetro de hilo bobinado | wirewound potentiometer.

potenciómetro de inducción | induction potentiometer.

potenciómetro de medida | measuring potentiometer.

potenciómetro de reacción | feedback potentiometer.

potenciómetro de reglaje | fader (electricity).

potenciómetro de regulación | trimming potentiometer.

potenciómetro de tomas múltiples | multitapped potentiometer.

potenciómetro de variación logarítmica | logarithmic potentiometer.

potenciómetro de varias tomas | tappered potentiometer.

potenciómetro inductor | inductive potentiometer.

potenciómetro multivuelta | multiturn potentiometer.

potenciómetro sinusoidal | sine potentiometer.

potencioscopio | potentioscope.

potenciostato | potentiostat.

potente | strong (veins).

poundal | poundal (strength unit).

pozo | pit (mining) | shaft (mining) | sink | water spring | well.

pozo abisinio | driven well.

pozo absorbente | absorbing well | drain.

pozo artesiano | artesian well.

pozo auxiliar | jack pit (mining).

pozo blindado | ironclad shaft (mining) | steeltimbered shaft (mining).

pozo brotante | flowing well | spouter (petroleum).

pozo ciego | winze.

pozo de acceso | access shaft.

pozo de achique | sump.

pozo de agotamiento | pumping shaft | water shaft.

pozo de agua freática | water table well.

pozo de alivio | relief well.

pozo de auxilio | relief well (oil drilling).

pozo de avance | pilot shaft (tunnels).

pozo de carga | standpipe.

pozo de cateo | costean pit | exploratory well | prospect hole | prospecting pit | wildcat well.

pozo de colada | foundry pit.

pozo de compensación | offset well.

pozo de comunicación | winze.

pozo de desagüe | pumping shaft (mining) | water shaft.

pozo de desarrollo | development well (petroleum).

pozo de drenaje | absorbing well | relief well (dam).

pozo de ensayo | test well (petrol engineering).

pozo de exploración | exploratory pit.

pozo de extracción | drawing shaft (mining) | lifting way (mining) | pulley shaft (mining) | winding shaft | working pit | working shaft (mining).

pozo de inyección | input well (petroleum) | intake well (petroleum) | pressure well (drillings).

pozo de las bombas | sump (dry dock).

pozo de mina | mine pit.

pozo de petróleo | oil well.

pozo de popa | after well (navy).

pozo de potencial | potential well (electricity).

pozo de prospección | costean pit | prospect hole | prospecting pit.

pozo de registro | manhole.

pozo de relleno | waste shaft (mining).

pozo de sedimentación I catchpit.

pozo de sondeo I test pit (foundations) I wildcat well.

pozo de trabajo I winding shaft (mining).

pozo de ventilación I air course (mining) I bypass pit (mining) I jackhead pit (mining) I staple (mining).

pozo del cigüeñal I engine pit (machines).

pozo enfrentado I offset well (drillings).

pozo eruptivo I gusher.

pozo exploratorio I wildcat well.

pozo hincado I driven well.

pozo inclinado I incline (mining).

pozo interior I way shaft (mining).

pozo kárstico I karst well.

pozo negro filtrante I leaching cesspool.

pozo surgente I flowing well I spouter.

pozo surgente sin control I wild well (petroleum).

pozo térmico I thermal pit (nuclear energy).

pozo vertical I vertical shaft.

PPI excéntrico I off center PPI (radar).

práctica I practice.

practicaje I piloting.

preacentuación I preemphasis.

preajustar I preset (to).

preámbulo I preamble.

preamplificación I preamp I preemphasis.

preamplificación de contrarreacción I feedback preamplification.

preamplificador I gain amplifier (radio) I head amplifier I input amplifier I preamplifier.

preamplificador del captador I pickup preamplifier.

preamplificador logarítmico/lineal I log/linear preamplifier.

precalentamiento I preheat.

precesión I precession.

precesión del eje I wander (gyroscope).

precintar I strap (to).

precinto I sealing.

precipitación I deposition I precipitation.

precipitación atmosférica I precipitation (rain or snow).

precipitación celular I cellular precipitation (metallurgy).

precipitación de carburo intergranular I intergranular carbide precipitation.

precipitación de un electrólito I salting-out.

precipitación electrolítica I electroprecipitation.

precipitación intragranular I intragranular precipitation (metallography).

precipitación pluvial I rainfall.

precipitación radiactiva I fallout (nuclear burst).

precipitado I precipitate (chemistry).

precipitador I precipitator.

precipitante I precipitant (chemistry) I precipitating agent (chemistry) I precipitator (chemistry).

precipitar I precipitate (to).

precipitarse I deposit (to) (chemistry).

precisión I accuracy I accurateness I precision I trueness.

precisión absoluta I absolute accuracy.

precisión del instrumento I instrument accuracy.

precisión del tiro I accuracy of fire (ballistics).

precomprimido I prestressed (concrete).

predicción ionosférica I ionospheric prediction.

predicción local I local forecast (meteorology).

predicción meteorológica I weather forecast.

predictor I predictor.

preenfriador I precooler.

prefabricado I precast (concrete) I prefabricated.

preferente I preferential.

prefijar I preset (to).

prefijo I numerical code I prefix.

prefraguado I precast.

preguntar I interrogate (to).

preignición I preignition.

preignición inducida por el autoencendido I knock-induced preignition (engines).

preionización I preionization.

preliminar I preliminary I preparatory.

premezcla I premix.

premoldeado I precast (concrete).

prensa I press.

prensa cortadora I drop press.

prensa de balancín I pendulum press.

prensa de bobina I web-fed press.

prensa de calandra I wheel press.

prensa de carpintero I joining press.

prensa de embutir I dishing press I forming press I shaper I stretch-former.

prensa de encolar I G clamp.

prensa de entallar I notching press.

prensa de estampar I stamp I stamping machine.

prensa de estampas I swaging machine.

prensa de forjar I forging machine I forging press.

prensa de husillo I screw press.

prensa de imprimir I printery press I printing press.

prensa de mandril expansor I mandrel press.

prensa de mandrinar I expanding press.

prensa de moldear I molding press.
prensa de moldeo I moulding press.
prensa de muescar I notching press.
prensa de palanca I lever press I prize press I toggle press.
prensa de platina I platen press.
prensa de recortar I punch press.
prensa de rectificar I forming press.
prensa de rodillos I rolling press.
prensa de rótula I knuckle press I toggle press.
prensa de satinar I mangle.
prensa de soldar I welding press.
prensa de tornillo I G clamp.
prensa de troquelar I dieing machine.
prensa de tundir I cloth press.
prensa enderezadora I gag press.
prensa estampadora I stamping press.
prensa extractora de cojinetes I pull press (axes).
prensa hidráulica I Bramah press I hydraulic press I water press.
prensa hidráulica de escote I overhung hydraulic press.
prensa mecánica de percusión I percussion power press.
prensa moldeadora I squeezer.
prensa neumática I air press.
prensa offset de bobina I web offset press.
prensa para abombar chapas I dishing press.
prensa para asentar mandriles I mandrel press.
prensa para bujes I bushing press.
prensa para conformar por estirado I stretch press.
prensa para curvar I bending press I gag press (rolled channel sections).
prensa para estampar I forging stamping press.
prensa para grabados I plate press.
prensa para montar y desmontar chapas I puller press.
prensa para pastillas I pill press (powder metallurgy).
prensa perforadora I piercer press.
prensa punzonadora I drop press.
prensa revólver I turret press.
prensa tipográfica I printery machine I printery press.
prensa troqueladora I stamping press.
prensado I pressed.
prensado en frío I cold-sizing.
prensaestopa I stuffing box.
prensaestopas I compression gland I gland I packing box.
prensaestopas rascador I wiper gland.

prensar I press (to) I smash (to) I squeeze (to).
prensar en caliente I hot-press (to).
prensar hidráulicamente I hydraulic press (to).
preparación de menas I ore dressing (mineralogy).
preparación de minerales I washing.
preparación de programa I program setup (computing).
preparación de un compuesto I mixing.
preparación magnética I magnetic dressing (metallurgy).
preparatorio I preparatory.
prerrecubrimiento I precoating.
presa I barrage (rivers) I dam.
presa de abatimiento I wicket dam.
presa de agujas I needle dam.
presa de escollera I rockfill dam.
presa de rebose I overfall dam I overflow dam.
presa de retención I detention dam (hydrology).
presa de retenida I impounding dam.
presa de rocalla I rock dam I rockfill dam.
presa de tableros I wicket dam.
presa de vertedero I overfall dam I overflow dam.
presa de viguetas I rafter dam.
presa vertedora I spillway dam.
preselector I preselector I subscriber line switch (telecommunications).
preselector de RF I RF preselector.
presentación A I A display (radar).
presentación de sector I sector display (radar).
presentación numérica I numerical display.
presentación panorámica I P.P.I. display (radar).
presentación panorámica de centro abierto I open center ppi.
presentación R I R display (radar).
presentación tipo C I C-display (radar).
presentación tipo I I I-display (radar).
presentación visual a láser I laser display.
presentación visual del eco I presentation (radar).
presentación visual luminosa I light display.
presentación visual tipo K I K display (radar).
presentación visual tipo M I M display (radar) I M scope.
presilla I spring clip.
presincronización I prescoring.
presinterización I presintering (powder metallurgy).
presintonizar I pretune (to).
presión I press I pressing I pressure I rush I tension.

presión absoluta en la aspiración | manifold pressure (engines).

presión acústica | sound pressure.

presión acústica eficaz | RMS sound pressure.

presión acústica máxima | maximum sound pressure.

presión atmosférica | air pressure | atmospheric pressure | barometric pressure.

presión barométrica | air pressure | gage pressure.

presión cinética | kinetic pressure.

presión constante | constant pressure.

presión crítica | critical pressure.

presión de admisión en el colector | manifold pressure.

presión de altura | altitude pressure.

presión de aspiración | intake pressure.

presión de avance | infeed pressure.

presión de compensación | equalizing pressure.

presión de descarga | delivery pressure.

presión de disolución | solution pressure (chemistry, physics).

presión de ensayo | test pressure.

presión de entrada | intake pressure | through pressure.

presión de funcionamiento | working pressure.

presión de giro | pivot pressure | pivoting pressure.

presión de impulsión | delivery pressure (pumps).

presión de la radiación solar | solar radiation pressure.

presión de la tubería | line pressure.

presión de prueba | proof pressure | test pressure | testing pressure.

presión de régimen | normal working pressure | rated pressure | working pressure.

presión de regulación | set pressure.

presión de retorno | pull-back pressure.

presión de rotura | bursting pressure.

presión de ruptura | breaking pressure.

presión de salida de la tobera | nozzle exit pressure.

presión de servicio | nameplate pressure (boilers) | working pressure.

presión de soldeo | welding pressure.

presión de trabajo | working pressure.

presión de velocidad | velocity head.

presión del acumulador | accumulator pressure.

presión del agua | water pressure.

presión del depósito intermedio | intermediate receiver pressure.

presión del pistón | piston pressure.

presión del pozo | well pressure (petroleum, gas).

presión del vapor | vapor pressure.

presión del viento | pressure of blast (blast furnaces).

presión dinámica | kinetic pressure | ram air pressure | velocity pressure.

presión dinámica de admisión | ramming (airplanes).

presión efectiva | actual pressure | effective pressure | working pressure.

presión en la tubería | pressure in line.

presión equivalente | equivalent pressure.

presión estática | closed pressure.

presión final | terminal pressure.

presión intermedia | medium pressure.

presión interna | internal pressure.

presión manométrica | psig | gage pressure (active pressure - boilers).

presión máxima | limiting pressure | maximum pressure.

presión media | mean pressure.

presión media cuadrática acústica | mean-square sound pressure.

presión media efectiva | output density (diesel engine).

presión mínima | minimum pressure | low.

presión osmótica | osmotic pressure (biochemistry).

presión relativa | relative pressure.

presión subatmosférica | subatmospheric pressure.

presión transitoria | transient pressure.

presión vibratoria | vibratory pressure.

presionar | press (to).

presionización | pressurization | pressurizing.

presionizado | pressurized.

presionizar | pressure (to) | pressurize (to) (airplanes).

presostato | pressure switch | pressurestat.

presurización | pressurization | pressurizing.

presurización química | chemical pressurization.

presurizado | pressure locked | pressurized.

presurizador | pressurizer (nuclear reactor).

presurizar | pressure tighten (to) | pressurize (to).

pretil | guardrail | railing.

pretratamiento | pretreatment.

previsión meteorológica | weather forecast.

primario | primary.

primer plano | close-up (movies, TV).

primer selector de entrada | incoming first selector (electricity).

primera colada | pill heat (Siemens furnace).

primera fase del estirado de la forja hueca | middling.

primera pasada | roughing out cut (machine tool).

primera velocidad | low gear (autos).

primero | prime.

primordio de herramienta | tool blank.

primordio de lentes | lens blank.

primordio de leva | cam blank.

primordio para maquinar | work blank.

primordio para ruedas | wheel blank.

principal | major | prime.

principio de registro | log on.

principio del fraguado | initial set.

principio inmediato | native substance (chemistry).

prioridad | priority.

prisma | prism.

prisma de Fresnel | Fresnel prism.

prisma enderezador | rectifying prism (optics).

prisma inversor | reversing prism.

prisma ocular | ocular prism (telemeter).

prisma radar | radar prism.

prisma rotatorio | rotating wedge (optics).

prisma sencillo | single prism (optics).

prisma triangular | wedge (optics).

prisma triangular de medición | measuring wedge.

proa de bulbo | bulbous bow (ships).

probabilidad de reacción | probability of reaction (nuclear energy).

probado | tested.

probador de aparatos de radio | radio tester.

probador de cero | zero tester.

probador de explosivos | explosive tester.

probador de intermodulación | intermodulation test set.

probador de la conductancia mutua | mutual-conductance checker (electronic tubes).

probador de resistencias y condensadores | RC tester.

probador de tiratrones | thyratron tester.

probador de transistores | transistor checker.

probador de tubería | casing tester.

probador de vacuómetros | vacuum gage testing machine.

probadora de resiliencia | impact tester.

probar | test (to) | try (to).

probar a presión | pressure-test (to).

probeta | test glass | trial mix.

probeta cilíndrica | test cylinder.

probeta con entalladura | nick-break specimen.

probeta de cremallera | vertical eprouvette.

probeta de prueba fundida en arena | sand-cast test coupon.

probeta de tensión | tension bar (chemistry).

probeta sin entalla | unnotched test piece.

probeta termopar | thermocouple probe.

procedimiento | process.

procedimiento a la cera perdida | waste-wax process (smelting).

procedimiento arrabio y chatarra | P. & S. process (metallurgy).

procedimiento Bessemer ácido | acid Bessemer process.

procedimiento controlador de tráfico | message switching (telecommunications).

procedimiento de fabricación | make.

procedimiento fotomecánico | process (typography).

procedimiento sol-gel | sol-gel process.

procesador | processor.

procesador auxiliar | back end processor.

procesador central | main frame.

procesador de entrada-salida | input-output processor.

procesador de multisensores | multisensor processor.

procesador de octetos | byte processor.

procesador de periféricos | peripheral processor (computing).

procesador de texto | word processor.

procesamiento | processing.

procesamiento de imágenes | image processing (computing).

procesamiento de texto | text processing.

procesamiento electrónico de datos | electronic data processing.

procesamiento en línea | in-line processing (teleprocess).

procesamiento en tiempo real | real time processing (computing).

procesamiento por lotes secuencial | sequential batch processing.

proceso | procedure | process | run.

proceso automático de datos | automatic data processing | datamation.

proceso de afino con escorias | slag process (metallurgy).

proceso de datos | data processing.

proceso de decisión secuencial | multistage decision process.

proceso de desazufrado con cal | lime desulfurizing process.

proceso de detención de la fusión | melt-quench process.

proceso de dos fases | two-stage process.

proceso de entrada | input process (computing).

proceso de extracción por fusión | melting process.
proceso de fabricación | processing.
proceso de irradiación | optical pumping.
proceso de la palabra | word processing.
proceso de lixiviación | leaching process.
proceso de transformación | processing.
proceso discontinuo | batch process.
proceso en cadena | on-line process.
proceso en lenguaje natural | natural language procesing (computing).
proceso en línea | on line processing.
proceso en paralelo | parallel processing (computing).
proceso integrado de datos | integrated data processing.
proceso permanente | nonstop processing (computing).
proceso por lotes | batch process.
proceso reductor-estirador | stretch-reducing process (tubes).
proceso simultáneo | parallel (computing).
proceso subordinado | background processing.
proceso unitario | unit process.
producción | capacity.
producción de energía | power development.
producción en serie | mass production.
producción media de energía | mean energy production (electricity).
productividad comparada | throughput.
producto decapante | etching agent.
producto químico irritante | irritant.
productor de ácido | acid former.
productor de hielo | ice maker.
productos agroquímicos | agrochemicals.
productos de fisión mezclados | mixed fission products.
profundidad | depth.
profundidad de desgaste | wearing depth.
profundidad del entrehierro | gap depth.
profundidades abisales | abyssal depths.
profundización | sinking.
profundizar | fathom (to).
programa | program | programme (G.B.) | routine (computing).
programa alternativo | alternate program.
programa de actuación inmediata | immediate action program.
programa de análisis de respuestas | response analysis program.
programa de biblioteca | library program (computing).
programa de carga | linkage loader.

programa de consulta | inquiry program (computing).
programa de control | checking routine.
programa de control de redes | network control program.
programa de control primario | primary control program.
programa de conversión de lenguajes | language conversion program (computing).
programa de funcionamiento | leapfrog test.
programa de mantenimiento de macroinstrucciones | macro maintenance program.
programa de montaje | assembler.
programa de prioridad | priority program.
programa de prueba de línea | on line test program.
programa de rastreo | trace program (computing).
programa de reserva | standby (radio).
programa de servicio | utility program.
programa de sonido | sound program (radio).
programa de televisión | telecast.
programa de trabajo | working program.
programa de traducción | translating routine.
programa de tratamiento de un lenguaje | language translator (computing).
programa de utilidad | utility program.
programa de vaciado selectivo | selective trace.
programa del usuario | user program (computing).
programa ejecutable | object program | operational program.
programa en cadena | network program.
programa en funcionamiento | running program.
programa en lenguaje de máquina | machine language program.
programa en paquete | packaged program (computing).
programa en servicio de macros | macro service program.
programa enlatado | canned program (computing).
programa escalonado | staggered program.
programa general de instrucción | master training schedule.
programa grabado | recorded program.
programa introductor | input program.
programa macroensamblador | macro assembly program.
programa maestro de control | master control program.
programa monitor | monitor routine.
programa no prioritario | background program.

programa normal I master routine (electronic computers).

programa objeto I object program.

programa original I source program (computing).

programa patrón I benchmark program (computer).

programa principal I main program I master routine.

programa principal de control I master control program (computing).

programa registrado I stored-program.

programa registrado en cinta magnética I taped program (TV-radio).

programa supervisor I supervisory program (computing).

programación I instruction I planning.

programación de acceso aleatorio I random access programing.

programación de sistemas I systems programming (computing).

programación en serie I serial programing (computing).

programación múltiple en línea I multiple on-line programming.

programación óptima I optimum programming (computing).

programación simbólica I symbolic programing (computing).

programador I coder.

programador de PROM I PROM programmer (computing).

programador electrónico de la correcta distribución de la carga I loadmaster.

programar I code (to) I program (to).

programas de apoyo I support programs (computing).

programateca I library (computing).

programática I programatics.

progresión I progression.

progresión aritmética I arithmetic progression (mathematics).

progresión global I overall increase (aeronautics).

progresivo I incremental.

prolongación excesiva de la amortiguación de una señal I tailing.

prolongador eléctrico I extension cable.

prolongar I extend (to).

promediar I average (to) (mathematics).

promedio I mean.

promedio aritmético I arithmetic average.

prominencia I swell.

promontorio I bluff I headland.

promover I raise (to).

pronóstico I forecast.

pronóstico de ruta I route forecast (meteorology).

pronóstico del tiempo I weather forecast.

propagación I propagation.

propagación de ondas de radio I radio-wave propagation.

propagación directa I line-of-sight propagation (radiotelegraphy).

propagación entre puntos ópticamente visibles I line-of-sight propagation.

propagación ionosférica I ionospheric propagation.

propagación ondulante I streaming.

propagación por caminos múltiples I multipath propagation (radio).

propagación por dispersión ionosférica I ionospheric scattering propagation.

propagación por guíaondas I waveguide propagation.

propagación por multitrayectoria I multipath propagation.

propagación sin atenuación I unattenuated propagation (interferences).

propagador I spreader.

propanizar I propanize (to).

propano I propane.

propano líquido I liquid propane.

propelente sólido I solid propellant.

propiedades internas I internal properties.

propiedades termostáticas I internal properties (thermodynamics).

propilacetona I propyl acetone.

propileno I propylene.

propileno químico I chemical propylene.

propilita I propylite.

proporción I cross ratio I rate I ratio.

proporción de alquitrán I tar coefficient (lubricants).

proporcionalidad I linearity.

proposición de instrucción máquina I machine instruction statement (computing).

propulsado por cohete I rocket propelled.

propulsado por motor cohético I rocket engine-powered.

propulsado por motor de chorro I jet-powered I jet-propelled.

propulsante I propellant.

propulsante líquido I liquid propellant.

propulsante para cohetes I rocket-type propellant.

propulsar por chorro I jet engine (to).

propulsión I propulsion.

propulsión a reacción I reaction propulsion.

propulsión fotónica I photon propulsion.

propulsión helioeléctrica | solar electric propulsion.
propulsión iónica | ion propulsion.
propulsión mecánica | power propulsion.
propulsión nuclear de buques de guerra | naval nuclear propulsion.
propulsión por chorro | jet propulsion.
propulsión por cohete | rocket propulsion.
propulsión por polimotores engranados | multiengined gear propulsion (ships).
propulsión por reacción directa | rocket drive.
propulsión por vapor | steam propulsion.
propulsión solar | solar propulsion.
propulsión turboeléctrica | turbine-electric propulsion | turboelectric drive.
propulsivo | propulsive.
propulsor | impeller | propeller | thruster | thrustor | tractor.
propulsor de chorro | jet engine.
propulsor de cohete | rocket motor.
propulsor de hélice | screw | screw propeller.
propulsor del pistón | piston propeller.
prospección | exploration | prospect | prospecting | prospection | research | searching.
prospección aérea | aerial monitoring.
prospección de pozos petrolíferos | wildcatting.
prospección de refracción | refraction survey.
prospección geofísica | geophysical prospecting (petroleum).
prospección geológica | geological prospecting.
prospección por pozos | test-pitting.
prospeccionado con calicatas | test-pitted (mining).
prospeccionar | burrow (to) | prospect (to).
prospectar | costean (to) | exploit (to) (mining).
prospectar con calicatas | test-pit (to).
proteasa ácida | acid protease.
protección | protection.
protección antiparasitaria | interference shielding (engine).
protección contra bajo voltaje | low voltage protection.
protección contra el efecto de cierre | latch-up protection (circuits).
protección contra la radiactividad | radioactivity shielding.
protección contra los agentes invernales | winterization | winterizing.
protección contra radiactividad | radioactive screening.
protección crómica | chromic protection.
protección de asincronismo | out-of-step protection.

protección de memoria | memory guard (computing).
protección de sobretensión | overvoltage protection.
protección fosfática | phosphatic protection (metallurgy).
protección local temporizada | local back-up (electricity).
protector | protective.
protector de ablación | ablative shielding (engineering).
protector de caucho | rubber nipple (mechanics).
proteger con diques de encauzamiento | levee (to) (grounds).
proteger con malecones | levee (to).
protegido con cárter | shrouded.
protegido contra el rayo | lightning-proof.
protegido contra la intemperie | weather-protected | weatherproof.
protegido contra rayos | rayproof.
protegido dentro de gas inerte | inert-gas-shielded.
protio | protium.
protón | proton.
protón de retroceso | recoil proton.
protón negativo | antiproton | negative proton.
protónico | protonic.
prototipo | prototype.
protóxido de plomo | yellow lead.
proustita | arsenic silver blende | light ruby silver | light-red silver ore | proustite | red silver.
provocado por neutrones | neutron-induced.
próximo | near.
proyección | projection.
proyección caballera | cavalier projection (geometry).
proyección cartográfica | map projection.
proyección conforme | orthomorphic projection (cartography).
proyección conforme de Mercator | Mercator conformal projection.
proyección cónica secante | secant conic projection.
proyección de diapositivas | slide projection.
proyección de Mercator | Mercator projection.
proyección de metal fundido | molten-metal spray.
proyección episcópica | opaque projection.
proyección fija | still projection.
proyección isométrica | isometric drawing.
proyección ortogonal | right-angle projection.
proyección ortomórfica | orthomorphic projection.

proyección tangencial | tangential projection (radiology).
proyectar | design (to) | engineer (to) | layout (to) | plan (to) | program (to).
proyectil | bombshell | missile | projectile.
proyectil cargado | live projectile.
proyectil cofiado | capped projectile.
proyectil cohético | rocket projectile.
proyectil con capacete | capped shell.
proyectil de avión a tierra | plane-to-ground weapon.
proyectil de ejercicios | practice projectile.
proyectil perforante | A. P. shell | armor piercing projectile.
proyecto | design | lay | plan | plot | project.
proyecto de frecuencias | proposed frequency plan (telecommunications).
proyector | floodlamp | projector.
proyector cinematográfico | motion-picture projector.
proyector con lente | lens spot.
proyector convergente | intensive projector.
proyector de diapositivas | stereopticon | viewer | still projector.
proyector de exploración | searchlight.
proyector de haz | spot light.
proyector de infrarrojos | infrared searchlight.
proyector de lente | lens projector.
proyector de luz | spotlight.
proyector de radiaciones infrarrojas | infrared projector.
proyector de telecine | telecine projector.
proyector de transparencias | reflecting projector | slide projector | transparency projector.
proyector de vídeo | video projector.
proyector direccional | bearing projector (airports).
proyector dividido | split projector.
proyector eléctrico | searchlight.
proyector episcópico | opaque projector.
proyector extensivo | wide angle floodlight.
proyector intensivo | spot light.
proyector luminoso | light projector (optics).
proyector nefoscópico | ceiling projector | cloud searchlight.
proyector óptico de sonidos | optical sound projector.
proyector óptico de telecomunicaciones | light beam transmiter.
prueba | experiment | proof | proving | test | trial | try.
prueba a cero | zero proof.
prueba a la tracción | tensile test.
prueba ácida | acid test ratio.

prueba acidotérmica | acid heat test.
prueba al ácido | acid test.
prueba al agua | water test.
prueba al choque | impact test.
prueba al fuego | fire test.
prueba aritmética | arithmetic check.
prueba con aire comprimido | pneumatic testing.
prueba con desconexión brusca de la carga | load-dropping test.
prueba con presión de vapor | steam test.
prueba de adherencia | peel test | pull-out test.
prueba de aislamiento | pressure test (electricity).
prueba de ajuste | test for fitting.
prueba de angularidad | slope test.
prueba de audición | listening test (high fidelity).
prueba de caída de voltaje | drop test.
prueba de calcinación | char test.
prueba de calibración | calibration test.
prueba de cavitación pulsada | pulsed-cavitation test.
prueba de circuito cerrado | loop test.
prueba de cohesión | shatter test.
prueba de cortocircuito | short-circuiting test.
prueba de cortocircuito en vacío | no load short-circuit test.
prueba de descarga disruptiva | spark testing (electric cables).
prueba de doblado al temple | quenched bend test.
prueba de duración | test run.
prueba de enlaces | link testing.
prueba de envejecimiento | aging test.
prueba de estabilidad de imagen | camera register test.
prueba de flexión | bend test | transverse test.
prueba de flexión al choque | shock bending test.
prueba de fragilidad | impact test.
prueba de frangibilidad | shatter test (glass).
prueba de fuga de aire | leak test (ship tanks).
prueba de funcionamiento | running test | working test.
prueba de galerada | galley (printing).
prueba de grabador | trial proof.
prueba de homologación | type test.
prueba de inmersión en ácido | pickle test.
prueba de inmersión intermitente | intermittent-immersion test.
prueba de lazo | loop test.
prueba de lentes | lens testing.
prueba de mandrilado | mandrel test.

prueba de maniobrabilidad I Z manoeuvre.
prueba de opacidad I cloud test.
prueba de oposición I opposition test (transformers).
prueba de orden aleatorio I test of random order.
prueba de paridad I parity check (computing).
prueba de perforación I breaking down test I puncture test.
prueba de pista I track test.
prueba de plancha I plate proof.
prueba de plegado en T I tee-bend test (welding).
prueba de potencia I output test I power test.
prueba de presión I pressure test.
prueba de rendimiento I output test.
prueba de resiliencia I impact test I pounding test.
prueba de resiliencia a baja temperatura I low-temperature impact test.
prueba de resiliencia con entalla en U I U-notch test.
prueba de resiliencia con probeta entallada I notch impact test.
prueba de resistencia I strength test.
prueba de resistencia al choque I drop test.
prueba de rodaje I taxi trial.
prueba de simetría I symmetry test.
prueba de sobretensión I overvoltage test.
prueba de sobrevelocidad I overspeed test.
prueba de sobrevoltaje I overvoltage test I surgeproof.
prueba de sonido I test tone.
prueba de tensión reducida I undervoltage test.
prueba de termofractura I spalling test.
prueba de tolerancias I limit testing.
prueba de torsión I torsion test.
prueba de torsión por choque I torsion impact test.
prueba de tracción por choque I tensile impact test.
prueba de transmisión I keying test (telegraphy).
prueba de vibración I shake test I vibration test.
prueba de voltaje I pressure test.
prueba del lazo I loop testing (electric circuit).
prueba del programa I program test (computing).
prueba del prototipo I type test.
prueba disruptiva I rupturing test.
prueba en bucle I back-to-back test (telephony) I loop test.
prueba en carga I service test.

prueba en colores I color proof.
prueba en el reactor I in-pile test.
prueba en frío I cold test.
prueba en línea I on-line testing (telecommunications).
prueba en páginas I page proof (typography).
prueba en vacío I off-circuit test.
prueba en vacío parcial I vacuum test.
prueba estática I captive test (jet engine).
prueba macroscópica I macro test.
prueba nuclear I nuclear test.
prueba pirométrica I fire test.
prueba por corrosión I etching test.
prueba por duplicación I twin check (equipment).
prueba por impulsos I surge testing.
prueba positiva I positive (photography).
prueba programada I programed check (computing).
prueba térmica al vacío I thermal vacuum test.
prueba yodométrica de cloro I iodometric chlorine test.
pruebas antes del vuelo I preflight testing.
pruebas con ondas de choque I surge testing.
pruebas de fondeo I laying trials (mining).
pruebas de puntería I laying trials (cannons).
pruebas de un pozo I well testing.
prusiato amarillo I yellow prussiate.
prusiato amarillo de potasa I yellow prussiate potash.
pseudoaleatorio I pseudorandom.
psicogalvanómetro I psychogalvanometer.
psicrógrafo I psychrograph.
psicrómetro I psychrometer (meteorology).
psicrómetro de honda I sling psichrometer.
púa I spike I tooth.
pudelación I puddle I puddling.
pudelado I puddled.
pudelado caliente I wet puddling.
pudelado húmedo I wet puddling.
pudeladora mecánica I mechanical puddler I puddler.
pudelaje I puddle I puddling.
pudelaje caliente I slag puddling.
pudelar I bushel (to) I puddle (to) (iron).
pudrición I rot.
pudrir I rot (to).
puente I bridge I gap bridge (lathe) I jumper (electricity) I jumping cable (electricity).
puente acústico I acoustic bridge.
puente báscula I weighbridge.
puente de clavijas I plugbridge (electricity).
puente de conexión de plomo I lead connector (electricity).

puente de continuidad | wire bonding (physics).

puente de corriente alterna | A. C. bridge.

puente de cursor | slide-bridge (electricity).

puente de guía de ondas | rat race.

puente de hidrógeno intermolecular | intermolecular hydrogen bonding.

puente de medidas | measuring bridge (electricity).

puente de medidas rápidas | limit bridge (electricity).

puente de navegación | navigating bridge (ships).

puente de pontones | pontoon bridge.

puente de radiofrecuencias | rat race.

puente de resistencias | Wheatstone bridge (electricity).

puente de sillería | masonry bridge.

puente de termistores | thermistor bridge (electric circuit).

puente de transmisión | transmission bridge (telecommunications).

puente de Wheatstone | Wheatstone bridge (electricity).

puente del áncora | pallet bridge (clocks).

puente desequilibrado | off-balance bridge (electricity).

puente giratorio | swing bridge.

puente indicador de cero | null bridge (electricity).

puente Kelvin | Kelvin bridge.

puente levadizo | lifting bridge.

puente levadizo de balancín | lever drawbridge.

puente magnético | permeability bridge.

puente para mediciones de potencia | power bridge.

puente rectificador | rectifier bridge (electrotechnics).

puente sobre pilas | pier bridge.

puente tubular | box-girder bridge.

puentear | bridge (to) (electricity) | short (to) (electricity).

puerta | gate.

puerta aislada | insulate gate (electronics).

puerta de acordeón | accordion door (construction).

puerta de aireación | air gate.

puerta de busco | mitering gate.

puerta de conmutación | switching gate (electronic circuit).

puerta de esclusa | lock gate.

puerta de inhibición | inhibit-gate (circuit).

puerta de muestreo | sampling gate (computing).

puerta de trabajo | puddling door (puddler).

puerta escrutadora | search gate (electronics).

puerta lógica Y | AND gate.

puerta NO | NOT gate.

puerta NOR | NOR gate.

puerta O | OR gate (logic circuit).

puerta plegadiza | accordion door.

puerta serie | serial port (terminal).

puertas de aireación solidarias | interlocked air-doors (mining).

puertas de la galería de ventilación | fan-drift doors.

puerto | harbor (U.S.A.) | harbour (G.B.).

puerto marítimo | port.

puesta a cero | reset | zero set.

puesta a punto | lining up (engines) | make-ready | tuneup.

puesta al día de un programa | update (computing).

puesta en cero | index correction.

puesta en circuito | turn-on (electricity).

puesta en marcha | power-up | running-in | start (machines) | start-up | starting (machines).

puesta en servicio | launching.

puesto a tierra | earth-wired | earthy (electricity).

puesto de intercepción | intercept position (telecommunications).

puesto en derivación | paralleled.

pujavante | buttrice | paring iron | paring knife.

pulido | smooth.

pulido con muela de abrasivo fino | wheel bobbing.

pulido electrolítico | electropolishing.

pulido químico del acero | steel chemical polishing.

pulidor | buffer | finisher | polishing iron.

pulidora | abrasive wheel | buffing machine | lapper | polishing machine | polishing wheel.

pulidora de pastillas | wafer polishing machine.

pulidora para lentes | lens grinder.

pulimentación | polishing.

pulimentación preliminar | smoothing.

pulimentación química | chemical polishing.

pulimentar | buff (to) | burnish (to) | gloss (to) | grind (to) | hone (to) | polish (to).

pulimento | gloss | glossiness | honing | polish.

pulimento de lentes | lens grinding.

pulimento por ataque al ácido | etching polishing.

pulir | brighten (to) | buff (to) | burnish (to) | grind (to) | lap (to) | planish (to) | polish (to) | sleek (to) | smooth (to) | surface (to) | true up (to).

pulpa de madera | wood pulp.

pulpa mecánica | mechanical pulp.

pulsación I beat I hunting I pulsatance I pulsation I pulsing I radian frequency I surge.

pulsación cero I zero-beat.

pulsación de ionización I ionization pulse.

pulsación de una tecla I keystroke.

pulsación luminosa I light pulse.

pulsación transitoria I surging.

pulsado I pulsed.

pulsador I chopper (spectrometry) I plunger armature stud (telecommunications) I pulsator I pulser (radar) I thumb switch (electricity).

pulsador con enclavamiento I interlock pushbutton.

pulsador conmutador I push switch.

pulsador de canilla I cop feeler.

pulsador de emergencia I panic button (electricity).

pulsador de encuadre I centering control (television).

pulsador de husada I cop feeler.

pulsador de línea I line pulser (radar).

pulsador de reposición I reset button.

pulsador disparador I trigger button.

pulsador magnético I magnetic pulser.

pulsante I pulsating.

pulsatancia I radian frequency (electricity).

pulsatorio I undulating.

pulsión I pulse.

pulsómetro I pulsator I pulsometer.

pulsorreactor I aeropulse I intermittent jet (aeronautics) I pulsating jet engine I pulse jet.

pulsoscopio I pulsescope.

pulverización I atomizing I comminution I mealing I powdering I pulverizing I spray I spraying.

pulverización catódica I cathode sputtering I physical sputtering I sputtering.

pulverización de metales I metal atomization.

pulverización por haz iónico I ion sputtering I ion-beam sputtering.

pulverizado I powdered.

pulverizador I atomizer I pulverizer I sprayer.

pulverizador de agua I water sprayer.

pulverizador de aire comprimido I pressure atomizer.

pulverizador de petróleo I oil sprayer.

pulverizador de tobera I nozzle atomizer I nozzle blocking.

pulverizador telescópico I telescopic sprayer.

pulverizadora-mezcladora I soil mixer.

pulverizar I atomize (to) I comminute (to) I flour (to) I grind away (to) I meal (to) I pulverize (to) I spray (to) I sprinkle (to).

pulvicorte I powder-cutting (metallurgy).

pulvihierro I iron pot.

pulvimetal I metal powder.

pulvimetalurgia I powder metallurgy.

pulvimetalurgia del hierro I iron-powder metallurgy.

pulvimetalurgia no ferrosa I nonferrous powder metallurgy.

punción I needling.

punta I point I prong I spike I tip I toe I top.

punta de acción I action spike.

punta de aguja I point of switch (railways).

punta de carga I maximum demand.

punta de contacto I prod (electricity).

punta de corte I cutting point.

punta de cruzamiento I tongue rail (railways).

punta de diamante I diamond point I nailhead.

punta de inducción I spray point.

punta de la aguja I nose (railways) I switch point (railways).

punta de la aguja grabadora I stylus tip.

punta de la clavija I tip of plug (telecommunications).

punta de rebajar I edge tool.

punta de trazar I cutting point I pointer borer I scriber I tracing point.

punta del diente I tip of tooth (gear).

punta del estilete I stylus tip.

punta metálica para pirograbado I poker.

punta móvil I tongue (railways).

punta norte I north point (compass).

punta palpadora I sensing tip.

punta real del corazón I nose of the crossing (railways).

punta trazadora I scriber.

puntal I bracket I prop I rib I shore I sprag (mining) I spur I stanchion I stay I stull.

puntal de carga I cargo boom (ships).

puntal de madera I wood shore.

puntal en crujía I centerline pillar.

puntal grueso I strut (mines, tunnels).

puntal inclinado I spur brace I spur shore.

puntal oblicuo I strut brace.

punteado I speckled (weaving).

punteadora barrenadora I jig borer.

punteadora rectificadora I jig grinder.

punteamiento I pincushion (image distortion-TV).

punteo de marcaciones de radar I radar plotting.

puntería I aiming I sight.

puntería automática I automatic aiming.

puntería azimutal I traversing (cannons).

puntería en azimut I traverse.

puntería en dirección I traverse I traversing.

punterola I pitching tool.

punto I center (U.S.A.) (lathe) I point.

punto acotado | reference point (cartography) | spot elevation (cartography).

punto aislado | acnode (mathematics).

punto cero | ground zero.

punto cero real | actual ground zero.

punto clave de medición | key measurement point.

punto crítico | critical point.

punto de abastecimiento | supply point.

punto de alimentación | feeding point.

punto de amarre | landing location (submarine cables) | landing site | tie point | tie-down point.

punto de aplicación | working point.

punto de Arago | Arago point (astronomy).

punto de arranque | pickoff point | starting point.

punto de articulación | linking point.

punto de audición mínima | null point.

punto de bifurcación | sector point (airways) | tapping point.

punto de cambio | turning point.

punto de cebado | singing point.

punto de cierre | tie point (topography).

punto de cloración | break point (water).

punto de combustión | ignition point.

punto de comprobación | check point.

punto de concatenación | interlinking point.

punto de condensación | dew point.

punto de conexión | tie point.

punto de congelación máximo | maximum freezing point.

punto de cono Morse | Morse taper center (lathe).

punto de contacto | point of osculation | touch-down point (landing).

punto de derivación | takeoff point (pipes).

punto de descarga | off-carrier position.

punto de desvanecimiento | vanishing point.

punto de ebullición | boiling point.

punto de enfilada | aiming point (aeronautics).

punto de enlace | linking point.

punto de enturbiamiento | cloud point.

punto de equilibrio | null point (potentiometer) | saddle point.

punto de evaporación | vaporizing point.

punto de explosión | bursting point.

punto de fluencia | yield point (mechanics).

punto de fluidez | pour point.

punto de funcionamiento | quiescent point.

punto de fusión | melting point | pour point | solidus point (alloys).

punto de giro | pivot point | pivoting point.

punto de ignición | burning point.

punto de imagen | image point.

punto de impacto | splashdown point.

punto de inflexión | break point | breakpoint | inflexion point | point of contraflexure | turning point.

punto de inserción | inset point.

punto de interconexión de circuitos | interface point.

punto de interruptor | switch point.

punto de intersección | intersecting point | intersection point | intersectional point.

punto de inversión | inversion point | point of inversion (meteorology) | reversing point.

punto de inversión de la temperatura | lid (meteorology).

punto de iones | ion spot.

punto de luz explorador | scanning light spot.

punto de mezclado | mixing point (telecommunications).

punto de mira | leveling point (topography).

punto de mutación | turning point.

punto de opacidad | cloud point.

punto de oxígeno | oxygen point (thermodynamics).

punto de quiebra | break point (curves).

punto de ramificación | junction point.

punto de reanudación | restart point (computing).

punto de recalentamiento | scalding point.

punto de recepción | receiver end (telecommunications) | receiving location (telecommunications).

punto de referencia | aiming point (artillery) | landmark | locating spot | mark point | picture point | reference point | set point | target.

punto de referencia de tiempo | time reference point.

punto de regulación | setting point.

punto de relajamiento | yield point.

punto de relevo | relay point (telecommunications).

punto de reposo | quiescent point (radio) | resting point.

punto de retroceso | node (geometry).

punto de rocío | dew point.

punto de rotura | breakpoint (radio).

punto de ruptura | breakdown point.

punto de saturación | limiting concentration.

punto de simetría | symmetry point (aerophotography).

punto de soldadura | nugget (tack weld) | tack.

punto de unión | junction | tie point.

punto de unión de fases | interlinking point (electricity).

punto de verificación | check point.

punto de viraje | turning point.

punto de vista | point of sight (perspective).

punto en el cual se cortan gases | key position (aeronautics).

punto estimado | estimated position (navigation).

punto estimado en navegación | deck reckoning.

punto explorador | scanning spot.

punto focal | focal point | focal spot.

punto focal de rayos X | X-ray focal spot.

punto fotométrico | picture point.

punto giratorio | live center (lathe).

punto incidente | object-point (optics).

punto intercardinal | intercardinal point | quadrantal point.

punto límite de retorno | point of no return.

punto luminoso | light spot.

punto máximo | peak.

punto medio | midpoint.

punto Morse | Morse dot.

punto móvil | live center.

punto muerto | center (U.S.A.) (machines) | dead point | deadlock.

punto muerto inferior | lower dead center (engines).

punto nadiral | V point (photogrammetry).

punto neutro | neutral | neutral point | star point (electricity) | Y-point (electricity).

punto nodal | nodal point | node.

punto nodal anterior | incident nodal point.

punto nodal inferior | incident nodal point.

punto nulo | null point.

punto posicional determinado por radio | radio fix.

punto principal | principal point.

punto repetidor | repeater point (telecommunications).

punto singular | saddle point (hydromechanics).

punto terminal | terminal point (circuit).

punto visado | target (topography).

punto y raya | dot and dash.

puntos cardinales | cardinal points.

puntos colaterales | intermediate points (compass).

puntos cuadrantales | intercardinal points.

puntos de acceso a la línea | line access points (telecommunications).

puntos de cruce de miniconmutador | mini-switch crossing point (telephony).

puntos de detención | arrest points.

puntos intermedios | intermediate points.

puntos reticulares | lattice-points | mesh points.

punzar | puncture (to).

puño de escota | clue.

punzón | broach | graver | hole punch | male die | piercer | pricker | punch | punch pin | punching tool | stamp | stylus | turning pin.

punzón botador | pin punch.

punzón cilíndrico | key-drift.

punzón de broca | bit punch.

punzón de embutir | punch die.

punzón de entallar | notching punch.

punzón de forja | stamper.

punzón de marcar | center punch | prick punch | scratch awl.

punzón de palanca | lever punch.

punzón de perforar | center punch.

punzón de recalcar | heading tool.

punzón embutidor | nail punch.

punzón eyector | stripper punch.

punzón hidráulico | bear.

punzón rayador | scratch awl.

punzón recto | bradawl.

punzón sacabocados | hollow punch.

punzonadora | punch press.

punzonar | punch (to).

pupinización | cable loading (telephony) | pupinization.

pupinizado | loaded | lump-loaded.

pupinizar | coil (to) | load (to) | pupinize (to).

purga | blowdown (boilers) | blowoff.

purga de aire | air escape | vent | vent shaft.

purgador | blowoff gear (steam).

purgador de agua | interceptor.

purgador de vapor | trap (pipes).

purgar | bleed (to) (air) | blowdown (to) (boilers) | blowoff (to) | purge (to) | purify (to).

purgar máquinas | blow through (to).

purificación | purifying.

purificador | scrubber | stripper | treater (gas or oil).

purificar | cleanse (to) | refine (to).

puro | unalloyed (metals) | undoped (semiconductor).

purpurina | bronze powder.

putrefacción | rotting.

Q

quark | quark (nucleonics).
quebradizo | brittle | dry (metals) | eager (metals).
quebrado | broken.
quebrantadora | grinding machine.
quebrantadora de mineral | ore crusher.
quebrar | smash (to).
quelación | chelation (chemistry).
quelar | chelate (to).
quelatador | chellating agent.
quelato | chelate (chemistry).
quelato metálico | metal chelate.
quelificante | chelating agent.
queloide | cheloid.
quelón | chelone (microchemistry).
quemado | burnup (nuclear energy) | oxygenated (metallurgy).
quemado iónico | ion burn.
quemado por la cal | lime blast.
quemador | burner | jet (petroleum).
quemador de flujo vorticial | vortex-type sprayer.
quemador de keroseno | kerosene burner.
quemador de premezcla | premix burner (boilers).
quemar | combust (to) | fire (to) | flame (to).
queralita | cheralite.
queratófiro de cuarzo | quartz keratophyre (mineralogy).
quercitol | acorn sugar.
querdómetro | kerdometer.
queroseno | paraffin.
quetognato | chaetognath.
quijo | gossan | iron gossan | iron hat | ironstone blow | vein-rock.
quilataje | caratage (diamonds).
quilate | K (carat) | karat.
quilla | keel (ships).
quilla de barra | bar keel.
quilla de varada central intercostal | intercostal centreline docking girder (ships).

quilla vertical intercostal | intercostal centerline girder | intercostal keelson.
quimasa | chymase.
quimiatría | chemiatry.
química | chemistry.
química agrícola industrial | chemurgy.
química analítica | analytic chemistry.
química biodinámica | biodynamical chemistry.
química de las radiaciones | radiochemistry.
química industrial | technochemistry.
química inorgánica | abiochemistry | inorganic chemistry.
química nuclear | nuclear chemistry.
químico | chemical.
químico analítico | analyst.
quimioadsorber | chemisorb (to).
quimiofosforescencia | chemical phosphorescence.
quimiógrafo | chemograph.
quimiólisis | chemolysis.
quimioluminiscencia | chemiluminescence.
quimiomorfosis | chemomorphosis.
quimionuclear | chemonuclear.
quimioplastia | electrodeless plating | electroless plating.
quimioplastiar | electroless plate (to).
quimiorreceptor | quimioreceptor.
quimiorresistencia | chemoresistance.
quimiorresistente | chemical resistant.
quimiosfera | chemosphere.
quimiurgia | chemurgy.
quimosina | chymosin (biochemistry).
quinario | quinary.
quinona | quinone (chemistry).
quiral | chiral.
quiropterita | chiropterite.
quirotesia | chirothesia.
quitafusibles | fuse puller.

R

rabal | rabal (radiosonde balloon).

rabdomancia | rhabdomancy | water divining.

racha de viento | gust.

racional | rational.

racón | racon (radar beacon).

racor | connecter | connection | connector | reducing pipe.

racor articulado | articulated nipple.

racor de válvula | valve lug.

RADAC | RADAC (rapid digital automatic computing) | rapid digital automatic computing (R.A.D.A.C.)

radan | radan (radar Doppler automatic navigator).

radar | radar | radiolocator.

radar acústico | sodar | sound ranging.

radar aéreo interceptativo | AI radar.

radar afinado | peaked radar.

radar altimétrico | height finder.

radar antiaéreo | flak radar.

radar auxiliar | gap filler radar.

radar avisador de tormentas | storm-warning-radar.

radar cartográfico | mapping radar.

radar centimétrico | centimetric radar.

radar con red directiva de antenas | multi-function array radar.

radar costero | shore-based radar.

radar cuádruple | quadradar.

radar de a bordo | aircraft radar | ship radar | shipborne radar (navy).

radar de adquisición perimétrico | perimeter acquisition radar.

radar de alarma | warning radar.

radar de alcance medio | medium range radar.

radar de alunizaje | lunar landing radar.

radar de aproximación preciso | PAR.

radar de aterrizaje | landing radar.

radar de aterrizaje desde tierra | precision approach radar.

radar de avión | airborne radar.

radar de aviso | warning radar.

radar de ayuda a la navegación aérea | radar flying aid.

radar de barco | seaborne radar.

radar de barrido adyacente | side looking radar.

radar de bombardeo automático | sniffer.

radar de cita | rendezvous radar.

radar de cola para combate | tail warning radar.

radar de control | control radar.

radar de control de aproximación | approach control radar.

radar de control de proyectores | searchlight-control radar.

radar de control táctico | tactical control radar.

radar de corto alcance | short range radar.

radar de detección | target search radar.

radar de detección de tormentas | storm detection radar.

radar de detección en vuelo | airborne search radar.

radar de dos haces | two beam radar.

radar de exploración | search radar | tracking radar.

radar de exploración lateral | side looking radar.

radar de exploración y seguimiento | search tracking radar.

radar de formación de imágenes | imaging radar.

radar de guiaje de misiles | missile guidance radar.

radar de haz en V | V-beam radar.

radar de identificación | I.F.F. radar | identification radar.

radar de imágenes laterales | side-looking radar.

radar de imágenes oblicuas | side-looking radar.

radar de impulsos | pulse radar.

radar de impulsos modulados | pulse-modulated radar.

radar de intercepción | intercepting radar.

radar de láser | laser radar.

radar de láser infrarrojo | laser infrared radar.

radar de monoimpulsos | monopulse radar.

radar de múltiples antenas de vigilancia | multiple antenna surveillance radar.

radar de múltiples canales | multiple-track radar.

radar de muy corto alcance | very short range radar.

radar de muy largo alcance | very-long range radar.

radar de onda larga | long-wave radar.

radar de onda métrica | V.H.F. radar.

radar de ondas luminosas | light radar.

radar de precisión | precision radar.

radar de precisión para la aproximación | precision approach radar.

radar de presentación panorámico | plan position radar.

radar de rastreo | tracking radar.

radar de rastreo múltiple | multiple track radar.

radar de seguimiento | tracking radar.

radar de seguimiento del terreno | terrain-following radar.

radar de tiro | track radar.

radar de vigilancia | search radar | surveillance radar | zone position indicator radar (Z.P.I.).

radar de vigilancia aérea | air search radar | air surveillance radar.

radar de vigilancia de ruta | route surveillance radar.

radar DECCA | D.E.C.C.A. radar.

radar detector | search-tracking radar.

radar detector de aviones | aircraft warning radar.

radar dispersivo | scatterometer (topography).

radar Doppler de impulsos | pulse-Doppler radar.

radar en banda Q | Q-band radar.

radar explorador | early warning | scanning radar.

radar explorador de microondas | microwave early warning.

radar fotográfico | photographic radar.

radar indicador de blancos móviles | M.T. radar | MTI radar.

radar interceptor de noche | night interceptor radar.

radar marino | marine radar.

radar meteorológico | weather radar.

radar monoestático | monostatic radar.

radar MTI | MTI radar.

radar multiestático | multistatic radar.

radar multifuncional con varias antenas | multifunction array radar.

radar náutico | marine radar.

radar navegacional | navigational radar.

radar omnidireccional | panoramic radar.

radar óptico | lidar | optical radar.

radar panorámico | P.P.I. radar | panoramic radar.

radar para buques | shipboard radar.

radar para detectar el mal tiempo | weather detection radar (meteorology).

radar para la reunión cósmica | space rendezvous radar.

radar para localización de morteros | mortar locating radar.

radar para misiles | missile radar.

radar para navegación de gran alcance | loran radar.

radar para seguimiento de satélites | satellite-tracking radar.

radar perturbador | radar-jammer.

radar por infrarrojo | lidar.

radar portátil | hand radar.

radar portuario | port radar | shore-based radar.

radar primario | primary radar.

radar primario de vigilancia | primary surveillance radar.

radar principal | master radar.

radar reglado | peaked radar.

radar secundario | secondary radar.

radar secundario de vigilancia | secondary surveillance radar.

radar seguidor del blanco | tracker.

radar selector de objetivos | multiple target radar.

radar simulado en funcionamiento | lorelei (ships).

radar submarino | underwater radar.

radar táctico | tactical radar.

radar taxi | taxi radar (airport).

radar térmico | thermal radar.

radar topográfico | plan-position indicator | terrain following radar.

radar transhorizonte | over-the-horizon radar.

radar tridimensional | three-dimensional radar.

radar volumétrico | volumetric radar.

radariscopio | radarscope.

radariscopizar | radar-detect (to).

rad-gramo | gram rad.

radiación | rad | radiance (physics) | radiancy (physics).

radiación alfa | alpha radiation.

radiación ambiente | background radiation (nucleonics).

radiación atrapada | trapped radiation.

radiación blanca | white radiation.

radiación calorífica | radiation.

radiación de bombeo | pumping radiation (laser).

radiación de fondo | background radiation.

radiación de fondo natural | natural background radiation.

radiación de fotones | photon radiation.

radiación de onda larga | long-wave radiation.

radiación de ranura | slot radiation.

radiación de rayos X | X radiation.

radiación del plasma | plasma radiation.

radiación difractada | diffracted radiation.

radiación dispersa | scattered radiation.

radiación dispersada | air slatter.

radiación eficaz | effective radiation.

radiación electromagnética | electromagnetic energy | radiation.

radiación fuera de banda | out of band radiation.

radiación gamma hipoenergética | low-energy gamma radiation.

radiación gamma inmediata | prompt gamma radiation.

radiación infrarroja | infrared radiation.

radiación infrarroja lejana | far-infrared radiation.

radiación instantánea | prompt radiation.

radiación ionizante | radiation.

radiación ionizante natural | natural background radiation.

radiación monoenergética | monoenergetic radiation.

radiación normal | normal radiation.

radiación nuclear | nuclear radiation.

radiación nula | null.

radiación polarizada | polarized radiation.

radiación por choque | impulse radiation.

radiación por fugas | leakage radiation.

radiación secundaria | secondary emission.

radiación solar | solar irradiation | solar radiation | sun radiation.

radiación solar de microondas | solar microwave radiation.

radiación térmica | heat | heat radiation | thermal radiation (electromagnetic waves).

radiación terrestre | long-wave radiation.

radiación ultravioleta | U.V. radiation.

radiación umbral | threshold radiation (solar).

radiactivación con isótopos | labeling.

radiactivar | radioactivize (to).

radiactivar con isótopos | label (to).

radiactividad artificial | induced radioactivity.

radiactividad específica | specific radioactivity.

radiactivo | active | radioactive | unstable (nuclides).

radiador | heater | radiator.

radiador de guíaondas | waveguide radiator (electromagnetic).

radiador de tubos | tube radiator.

radiador lineal | line radiator (electroacoustics).

radiagrafía | skiagram.

radiancia | radiance (physics) | radiant flux density.

radiando | on air (signal).

radiante | irradiating.

radiar | beam (to) | go on the air (to) | radiate (to).

radiar un programa | radiate (to) (radio).

radicador | rooter.

radiespectroscopio | radiospectroscope.

radiestesia | rhabdomancy.

radio | radio | radium (Ra) | radius (geometry) | throw (handles).

radio brújula | direction finder.

radio de acción | action-radius | cruising radius (ships) | maximum range (airplanes) | operating range | scope.

radio de acción máximo | ultimate range (airplanes).

radio de acción pequeño | low range.

radio de batería | battery-operated radio.

radio de giro | radius of gyration | turning radius.

radio de giro de la masa | mass radius of gyration.

radio de la aeronave | airborne transceiver.

radio de la hélice | propeller radius | tip radius.

radio de rotación del brazo | jib swing (cranes).

radio del borde de ataque | leading-edge radius.

radio del borde de entrada | leading-edge radius (vanes).

radio emisor | radio sender.

radioacústica | radioacoustics.

radioaltímetro | radio altimeter | radioaltimeter.

radioamplificador | radioamplifier.

radioastronomia planetaria| planetary radio astronomy

radioaterrizaje | radio landing.

radioayuda | radio aid.

radioayuda a la navegación aérea con líneas de posición hiperbólicas | long range navigation (loran).

radioayuda aérea con líneas de situación hiperbólicas | loran.

radioayuda de navegación a corta distancia | shoran.

radioayudas de aproximación | radio approach aids.

radiobaliza | beacon (air navigation) | low-power beacon | marker beacon | marker radio beacon | radiobeacon.

radiobaliza automática | marker.

radiobaliza de aproximación | outer marker beacon.

radiobaliza de aterrizaje | approach beacon.

radiobaliza de compás | compass locator.

radiobaliza de haz en abanico | fan marker | fan-marker beacon.

radiobaliza de límite | boundary marker.

radiobaliza de posición | locator.

radiobaliza de radar I ramark.

radiobaliza de rumbo I radio marker beacon.

radiobaliza de zona I zone marker.

radiobaliza ILS I ILS marker.

radiobaliza interna I inner marker.

radiobaliza para la recalada I radio homing beacon.

radiobaliza telemétrica I telemetry beacon.

radiobaliza Z I Z marker (radionavigation).

radiobalización I radiolocation.

radiobiología I bioradiology.

radioblindaje I radio shield.

radioboya I radio buoy.

radioboya marcadora I marker beacon.

radiobrújula I homing device I radio compass.

radiobusca I radio paging.

radiocaptar I monitor (to).

radiocarbono I radiocarbon.

radiocarbono geológico I geological radiocarbon.

radiocompás I compass I homing device I radio compass I radio direction finder.

radiocomunicación I radiocommunication I radiotelecommunication I space radio.

radiocomunicación entre barcos I intership communication.

radiocomunicación por dispersión I scatter radio communication.

radiocontrol I radio remote control.

radiocristalografía I radiocrystallography I X-ray crystallography.

radiocromatograma I radiochromatogram.

radiocromo I radiochromium.

radiocronometría I wireless timekeeping.

radiodesvanecimiento I radio fadeout.

radiodetección I radiodetection I radiolocation.

radiodetector I radiodetector.

radiodetector de agua I water monitor (nuclear physics).

radiodiagrafía I radiodiagraphy.

radiodifundir I broadcast (to) I go on the air (to).

radiodifusión I broadcast I radiophony.

radiodifusión de las señales horarias I time broadcasting.

radiodifusión directa I live.

radiodifusión estereofónica I stereocasting.

radiodifusión meteorológica I weather broadcast.

radiodifusión por ondas métricas I V.H.F. broadcasting (VHF).

radiodifusión por satélite I satellite broadcasting.

radiodifusión simultánea I simulcast.

radiodifusión sonora I sonic broadcasting I sound broadcasting.

radiodifusión telefónica I telephone broadcasting.

radiodifusión televisiva I television broadcasting.

radiodistribución I wired radio.

radioelectrónica I radioelectronics I radionics.

radioemisor I broadcaster I radiosender.

radioemisora I broadcast station.

radioenlace I RF link I radio-linkage I radio-relay I relay link.

radioenlace con la luna I lunar link.

radioenlace de microondas bidireccional I two-way microwave radio link.

radioenlace móvil I mobile radio I mobile relay.

radioenlace multicanal I radio multichannel link.

radioenlace por microondas I microwave radio link.

radioescucha I listening I monitor.

radioespectroscopio I radio spectroscope.

radioespoleta de proximidad I radio proximity fuze.

radioestación relé I radio relay.

radioestrella I radio star I radiostar.

radioexploración I radio search.

radioexposición I exposure.

radiofaro I beacon I hertzian beacon I landing beam I marker I radio beacon I radiophare I range station I wireless beacon.

radiofaro adireccional de recalada I splasher beacon.

radiofaro balizador I marker beacon.

radiofaro con múltiples rumbos I multiple-track range.

radiofaro de acercamiento I approach marker-beacon-transmitter.

radiofaro de aterrizaje I landing beacon.

radiofaro de código I coded radio beacon.

radiofaro de doble modulación I tone localizer.

radiofaro de haz vertical I radio fan marker.

radiofaro de identificación I identification beacon I identification marker.

radiofaro de impulsos I pulsed beacon.

radiofaro de localización I locator.

radiofaro de modulación acústica I talking radio beacon.

radiofaro de orientación I radio marker beacon.

radiofaro de recalada I homing beacon.

radiofaro de referencia I localizer-transmitter.

radiofaro de rumbo I marker beacon I radio marker beacon.

radiofaro direccional I course-indicating beacon I homer I radio range I homing beacon.

radiofaro direccional AN I A.N. radio-range.

radiofaro direccional acústico I talking beacon.

radiofaro direccional de VHF I VHF directional range.

radiofaro direccional equiseñal I radio-range beacon.

radiofaro directivo I radio range I radio-range beacon.

radiofaro giratorio I revolving radiobeacon I rotating beacon.

radiofaro localizador I localizer beacon I localizer marker.

radiofaro marcador I marker beacon.

radiofaro omnidireccional I nondirectional beacon I omnidirectional radio beacon I omnidirectional radio range I omnirange.

radiofaro omnidireccional de alta frecuencia I VHF omnidirectional radio range.

radiofaro omnidireccional telemétrico I omnibearing distance facility.

radiofaro omnidirectivo I omnibearing distance system.

radiofaro onmidireccional de UHF I UHF omnirange.

radiofaro para radar I ramark.

radiofaro para recalados I radio homing beacon.

radiofaro respondedor I beacon transponder I racon I responder beacon.

radiofaro secundario de aproximación I marker beacon.

radiofaro transpondor I transponder beacon.

radiofaro vertical I marker beacon.

radiofaro visual I visual radio range.

radiofaro zonal con haz vertical I zone marker.

radiofísica I radiophysics.

radiofonía I radiophony.

radiófono I photophone.

radiófono direccional audiovisual I visual aural range.

radiofonógrafo I radiophonograph.

radiofoto I radiophoto I radiophotogram.

radiofotografía I fluorography I X-ray photograph.

radiofotografía por retrorreflexión I X-ray back-reflection photograph.

radiofotograma I radiophotogram.

radiofotoluminiscencia I radiophotoluminescency I radiophotoluminescense.

radiofrecuencia I radio frecuency (RF) I radio-frequency.

radiofrecuencia variable I variable radio frequency.

radiogénico I radiogenic (chemistry).

radiogoniometría I direction finding I radiogoniometry.

radiogoniometría astral I map-matching guidance.

radiogoniometría por microondas I microwave direction finding.

radiogoniometría sobre ondas largas I low frequency direction finding.

radiogoniómetro I direction finder I goniometer I radio compass I radio direction finder I target radio direction finder (meteorology) I wireless compass I X-ray goniometer (crystallography) I radiogoniometer.

radiogoniómetro de aeródromo I aerodrome direction-finder.

radiogoniómetro marino I marine direction finder.

radiogoniómetro para estáticos I static direction finder (radio).

radiogoniómetro VHF/UHF I VHF/UHF direction finder.

radiografía I radio I radiography I roentgenogram I skiagraphy I X ray picture I X-ing I X-ray film I X-ray print.

radiografía del polvo I powder photograph (metallurgy).

radiografiado I X-rayed.

radiografiar I radio (to) I X-ray (to).

radiograma I radiograph I roentgenogram I skiagram I wireless message I X-ray print.

radioguía I radio range.

radioguía de alineación I localizer beacon.

radioimpulsión I pulse impulsion (communications).

radioimpulso I radio pulse.

radiointerferencia I radio jamming.

radiointerferómetro I radiointerferometer.

radioisotopía I radioisotopy.

radioisotopizado I tagged.

radioisotopizar I tag (to) I trace (to).

radioisótopo I isotope I radioisotope.

radioisótopo de exploración I scanning radioisotope.

radiolizar I radiolyze (to).

radiolocalización I radio location I radiolocation.

radiolocalización direccional I radio direction finding.

radiolocalizador I localizer I radio tracker.

radiolocalizador de metales I radio metal locator.

radiología I radio I radiology.

radiológico l radiological.
radiomarcación magnética l magnetic radio bearing.
radiomarcar l take a bearing (to) (avionics).
radiomensaje interceptado l intercept l radio intercept.
radiometalografía l X-ray metallography.
radiometeoro l radio meteor.
radiometría l radiaton monitoring l radiometry.
radiómetro l radiation counter l radiometer.
radiómetro de dos receptores l two-receiver radiometer.
radiómetro de microondas l microwaves radiometer.
radiómetro masérico l maser radiometer.
radiomicrófono l radio microphone.
radiomicrómetro l radiomicrometer.
radión l radion.
radionavegación l radio flying l radionavigation.
radionúclido l radionuclide.
radioondas de hiperfrecuencia l VHF radio waves (between 30 and 300 megahertzs).
radioopacidad l radiopacity.
radioopaco l radiopaque.
radiopantalla l radio shield.
radioquímica l radiochemistry.
radiorreceptor l radio set.
radioscopia l fluoroscopy.
radioscopio l radioscope.
radioseñal l radio signal.
radiosextante l radio sextant.
radiosonda l aerosonde l radio meteorograph l radio sonde l radioprobe l radiosonde (meteorology) l weather sonde.
radiosonda de intervalos de tiempo l time-interval radiosonde.
radiosonda del viento l rawinsonde (meteorology).
radiosonda telemedidora l telemetering radiosonde.
radiosondeo l radiosondage l radiosounding l sounding radio.
radiotecnología l radiotechnology.
radiotelefonear l phone (to) l radio (to).
radiotelefonía l radiotelephony.
radiotelefonía de inversión de frecuencia l inverted speech l scrambled speech.
radiotelefonía por hiperfrecuencias l VHF radiotelephony.
radioteléfono l radiophone l radiotelephone l voice transmitter.
radioteléfono de inversión de frecuencia l inverted-speech radiotelephone.

radioteléfono de VHF l VHF radiotelephone.
radioteléfono portátil l walkie-talkie.
radiotelegrafía l aerial telegraphy l radiotelegraphy l wireless telegraphy.
radiotelegrafía alámbrica l line radio.
radiotelegrafía por hilos l line radio.
radiotelegrafiar l radio (to) l wireless (to).
radiotelegráfico l wireless.
radiotelégrafo l radiotelegraph.
radiotelegrama l aerogram l radio l radiogram l radiotelegram l wireless telegram.
radioteleimpresor l radioprinter l radioteleprinter l radioteletype.
radiotelemando l RF wireless remote control l radiocontrol.
radiotelemedición l radiotelemetering.
radiotelemetría l radio range finding l radio telemetry l radiotelemetering.
radiotelescopio l radio telescope l radiotelescope.
radiotelescopio milimétrico l millimeter radio telescope.
radioteletipo l radioteleprinter.
radiotérmica l radiothermics.
radiotermoluminiscencia l radiothermoluminiscence.
radiotomograma l tomograph.
radiotorio l radiothorium.
radiotransistor l transistor radio.
radiotransmisión l radiotransmission.
radiotransmisión de paquetes l packet radio (computing).
radiotransmisión en código l carrier ware.
radiotransmisor l radio set l radiosender l radiotransmitter l transmitting set.
radiotransparente l radiotransparent.
radiotrazador l radiotracer.
radiotropismo l radiotropism.
radioyodo l radioiodine.
radomo l radome (airplanes).
radomo de incidencia normal l normal-incidence radome (radar).
radón l radon (Rn).
radux l radux.
raer l grate (to) l rub (to).
rafadora l channeler (mining) l channeling machine (mining) l crosscutter (mining) l cutter (mining) l cutter arm (mining) l pick machine (mining) l undercutter (mining).
rafadora de barra l arm coal cutter.
rafadora de cadena l chain breast machine (mining).
rafadora de cantera l quarrying machine.
rafadora de percusión l percussive coal-cutting machine.
rafadora de pico l pick coal-cutting machine.

rafadora-cargadora I cutter-loader.
rafadura I kirving.
ráfaga I glitch I gust.
ráfaga de aire I waft.
ráfaga de neutrones I neutron burst.
ráfaga de referencia I reference burst (TV).
ráfaga preambular I preamble burst (circuit).
rafagómetro I gust-measuring device.
rafar I kerve (to) I kirve (to) (coal mine) I underhole (to).
raíl I rail.
raíz I root.
raíz cuadrada I square root.
raíz cúbica I cube root I cubic root.
raíz del ala I wing root (airplanes).
raíz simple I simple root (mathematics).
rajar I crack (to) I slit (to) I split (to).
rama I chase (printing).
rama acústica I acoustic branch.
rama común I mutual branch (telecommunications).
rama de ferrocarril I rail link.
rama receptora I receiving leg (telecommunications).
ramal I feeder-line I spur I spur route (telecommunications).
ramal de enlace I linking spur.
ramal de filón I lode branch.
ramal de recepción I receive branch (telecommunications) I receive leg (telecommunications) I receiving branch.
ramal de transmisión I send leg.
ramal de tubería I branch pipe I pipe range.
ramal largo I long spur (telephony).
ramal tributario I feeder system (communications).
rambla I gully.
ramificación I branching (pipes) I hooking I tapping (electricity).
rampa I bank (railways) I chute I ramp.
rampa basculante I pivoted chute.
rampa de deslizamiento I slip way (ships).
rampa de entrada I log jack (lumber mills).
rampa de lanzamiento I launch ramp I launching ramp.
rampa fuerte I steep gradient.
ramplón I caulk.
rango intercuartílico I interquartile range.
rangua I pin socket I pivot bearing I pivot box I pivot hole I step bearing I step box.
rangua de bolas I ball pivot bearing.
ranura I chase I croze I groove I nick I pod (tools) I rabbet I slit I slot I spline.
ranura de engrase I oil-channel.
ranura de entrada I main groove (dry dock).

ranura de involuta I involute spline.
ranura de lubricación I oil groove.
ranura del rotor I rotor slot.
ranura en espiral I involute spline.
ranura en T I T-slot.
ranura excéntrica I cam groove.
ranura oblicua I skewed slot.
ranura principal I main groove.
ranura radiante I slot radiator.
ranuración I chasing I slotting.
ranurado I slotted.
ranuradora I grooving machine I key seater I notching machine I router I slitter I slotting machine.
ranurar I groove (to) I notch (to) I rabbet (to) I rout (to) I slit (to) I slot (to) I spline (to).
rapcon I rapcon (aeronautics).
rapidez de modulación telegráfica I telegraph speed.
rapidez del objetivo I lens speed.
rápido I fast I quick.
raqueta I balloon loop.
rarefacción I exhaustion.
rarificación I evacuation.
rarificado I rare.
rarificar I vacuum (to).
raro I rare.
rasante I grade I grade line.
rasar I shave (to).
rascador I scraper.
rascadura I scratch I scratching I scrape.
rascar I scrape (to) I scratch (to).
rasel de popa I afterpeak.
raser I raser (electricity).
ráser-X I X-raser.
rasgadura I tearing I tear.
rasgar I tear (to).
raspador I scraping knife.
raspadura I scraping.
raspar I grate (to) I rub (to) I scratch (to).
rasqueta I shaver.
rasqueta de ajustador I engineer's scraper.
rasqueta de ebanista I cabinet scraper.
rasqueta de la prensa de huecograbado I wiper blade (printing).
rasqueta del limpiaparabrisas I wiper blade.
rasqueteado I scraped.
rastra I drag I drag shoe I jumbo (forestry works) I nowel I road drag I sledge.
rastreador I tracer.
rastreador de rayo móvil I moving beam scanner (bar code).
rastreador electromagnético I ferret.
rastreador óptico I optical scanner.
rastreador radiactivo I radioactive tracer.

rastreador visual l optical scanner.
rastrear l sweep (to) (explosive mine).
rastrel l gobb l sticker.
rastreo l tracking.
rastreo a saltos l leapfrogging.
rastreo balizado l beacon tracking.
rastreo de impulso único l monopulse tracking.
rastreo de velocidad l rate tracking.
rastreo telemétrico l minitrack system.
rastrillar l harrow (to).
rastrillo l drag.
rasuradora l shaver.
ratón óptico l optical mouse (computing).
rauvita l rauvite.
raya l rifling groove (bore) l scratch l streak.
raya Morse l Morse dash.
raya radioeléctrica l radio spectral line.
rayado l scored (rolls) l scraped.
rayado abrasivo l scratching (gear teeth).
rayado de remisión l stripping (process chart).
rayado uniforme l uniform rifling.
rayaduras l abrasion marks (photography).
rayar l rifle-bore (to) (bore) l score (to) l scribe (to) l streak (to) l stripe (to).
rayas de absorción l absorption lines (spectrography).
raylio l rayl (acoustics).
rayo l lightning l ray.
rayo alabeado l skew ray.
rayo alfa l alpha ray.
rayo beta l beta l beta beam l beta ray.
rayo catódico l cathode beam l cathode ray.
rayo cósmico l cosmic ray.
rayo de imagen l image ray.
rayo de luz l light ray l ray of light (optics).
rayo de rueda l spoke.
rayo directo l surface ray.
rayo gamma l gamma l gamma ray.
rayo incidente l object ray (optics) l surface ray.
rayo incidente límite l limiting incident ray.
rayo luminoso l light ray.
rayo periférico l marginal ray (optics).
rayo reflejado ionosférico l space ray.
rayo sesgado l skew ray (optic fibers).
rayo ultravioleta l U.V. ray.
rayo X l X-ray.
rayón l rayon.
rayón de acetato l acetate rayon.
rayos actínicos l actinic rays.
rayos blandos l soft rays.
rayos cósmicos solares l solar cosmic rays.
rayos gamma inmediatos l prompt gamma rays.
rayos hipoenergéticos l soft rays.

rayos indirectos l indirect rays.
rayos infrarrojos l infrared rays.
rayos ionosféricos l indirect rays.
rayos positivos l canal rays.
rayos visuales l visual rays.
rayos X l roentgen rays.
rayos X hipoenergéticos l soft X rays.
rayos X y ultravioleta l X-ray and ultraviolet.
raz de marea l tidal bore.
razón de captura l capture ratio.
reacción l back coupling (radioelectricity) l couple back.
reacción capacitiva l capacitative feedback l capacitive feedback l electrostatic feedback.
reacción de cesión l stripping reaction (nuclear physics).
reacción de fusión nuclear l nuclear fusion reaction.
reacción de isomerización l isomerization reaction (chemistry).
reacción de oxidación-reducción l redox reaction.
reacción de reducción l reducing reaction (chemistry).
reacción electromagnética l magnetic feedback.
reacción en estrella l star reaction (nucleonics).
reacción incompleta l balanced reaction (chemistry).
reacción inducida por fotones l photon-induced reaction.
reacción inductiva l inductance feedback l inductive feedback.
reacción irreversible l irreversible process (electrochemistry).
reacción martensítica l martensite-like reaction.
reacción negativa l inverse feedback l negative feedback.
reacción nuclear en cadena l nuclear chain reaction.
reacción nuclear progresiva l nuclear chain reaction.
reacción química l process.
reacción termonuclear l thermonuclear reaction.
reacondicionar l recondition (to) l true (to).
reactancia l reactance.
reactancia capacitiva l capacitive reactance.
reactancia de acoplamiento l swinging choke.
reactancia de antena l aerial reactance.
reactancia de impedancia variable l saturable reactance.
reactancia de la línea l line reactance.

reactancia de núcleo ferromagnético | iron-cored reactor.
reactancia de salida | output reactance.
reactancia de saturación | saturation reactance.
reactancia efectiva | effective reactance.
reactancia en cuadratura | quadrature reactance.
reactancia másica | mass reactance.
reactancia nula | zero reactance (electricity).
reactancia regulable | variable reactance.
reactancia rotórica | rotor reactance.
reactancia saturable | saturable reactance.
reactancia síncrona | synchronous reactance.
reactancia transitoria | transient reactance.
reactancia variable | varactor.
reactancímetro | reactance meter.
reactante | reactant.
reactivación | reactivation.
reactivación del catalizador | catalyst revivification.
reactivar | reactivate (to).
reactividad del reactor | reactor reactivity.
reactividad inmediata | prompt reactivity (nuclear energy).
reactivo | etchent | reactant (chemistry) | reactive | reagent (chemistry) | regenerative | wattless.
reactivo catiónico | cationic reagent.
reactivo de Abel | Abel's reagent (chemistry).
reactivo de Schweitzer | Schweitzer's reagent (chemistry).
reactivo para ataque | etchant.
reactivo químico | chemical reagent.
reactivo rompecadena | chain breaking reagent (chemistry).
reactor | impedance coil | inductor (electricity) | jet | reactor.
reactor autorregenerador | breeder reactor.
reactor cerámico | ceramic reactor (nuclear energy).
reactor con moderador orgánico | organic-moderated reactor (nuclear energy).
reactor conmutador | switching reactor.
reactor convertidor | converter reactor.
reactor de agua a presión | pressurized water reactor.
reactor de agua ligera | light water reactor (nuclear energy).
reactor de baja temperatura | low temperature reactor.
reactor de bajo flujo | low flux reactor.
reactor de celosía | lattice reactor.
reactor de ciclo abierto | open-cycle reactor.
reactor de cubeta agitada | stirred tank reactor.

reactor de depósito | tank reactor.
reactor de deriva espectral | spectral shift reactor.
reactor de desarrollo | developmental reactor.
reactor de doble flujo | turbofan reactor (aeronautics).
reactor de dos rotores | twin spool turbojet.
reactor de energía nuclear | atomic energy reactor.
reactor de ensayo de materiales | materials testing reactor.
reactor de fisión nuclear | nuclear fission reactor.
reactor de fluido bajo presión | pressurized reactor.
reactor de frecuencia | radio frequency choke.
reactor de haz | beam reactor.
reactor de irradiación | irradiation reactor.
reactor de mesa partida | split-table reactor.
reactor de modulación | modulation reactor.
reactor de múltiple finalidad | multipurpose reactor (nuclear energy).
reactor de neutrones intermedios | intermediate neutron reactor | intermediate reactor.
reactor de núcleo sembrado | seed core reactor | spiked core reactor.
reactor de pasta combustible | paste reactor.
reactor de piscina | pool reactor (nucleonics).
reactor de plutonio | plutonium reactor.
reactor de potencia | power reactor.
reactor de potencia cero | zero energy reactor.
reactor de potencia nula | zero power reactor.
reactor de producción | production reactor.
reactor de prueba de materiales | materials-testing reactor.
reactor de ráfagas | fast-burst reactor.
reactor de resonancia | resonance reactor.
reactor de RF | RF choke.
reactor de RF para iluminación de antena | RF antenna lighting choke.
reactor de sales fundidas | molten salt reactor.
reactor de saturación | saturating reactor.
reactor de sodio-grafito | sodium graphite reactor.
reactor de sustentación | liftjet.
reactor de torio | thorium reactor (nuclear energy).
reactor de tratamiento de materiales | materials processing reactor.
reactor de uranio | uranium reactor (nuclear energy).
reactor de uranio natural | natural uranium reactor.
reactor en derivación | paralleling reactor | shunt reactor.

reactor espacial de energía I space power unit reactor.

reactor experimental de sales fundidas I molten salt experimental reactor (nuclear energy).

reactor generador I production reactor.

reactor integrado I integral reactor.

reactor integral I integral reactor.

reactor lento I slow reactor.

reactor moderado por agua ligera I light water moderated reactor.

reactor nuclear I chain reaction plant I nuclear pile I nuclear reactor I reactor.

reactor nuclear alimentado con plutonio I plutonium-fuelled reactor.

reactor nuclear autorregenerable I breeder I breeding reactor.

reactor nuclear con lecho de bolas I pebble nuclear reactor.

reactor nuclear de alto flujo neutrónico transitorio I transient high flux reactor.

reactor nuclear de combustible fluido I molten salt reactor.

reactor nuclear de débil flujo neutrónico I low-flux reactor.

reactor nuclear energético I power producing reactor.

reactor nuclear enfriado por metal licuado I liquid-metal-cooled reactor.

reactor nuclear epitérmico I epithermal reactor.

reactor nuclear ergógeno y plutonígeno I power-plus-plutonium reactor.

reactor nuclear neutrónico I neutronic reactor.

reactor nuclear no regenerable I nonbreeder reactor.

reactor nuclear para buques I marine reactor.

reactor nuclear para la investigación I research reactor.

reactor nuclear productor de radioisótopos I isotope reactor.

reactor nuclear que no ha funcionado I virgin reactor.

reactor nuclear subcrítico I subcritical reactor.

reactor nuclear supercrítico I supercritical reactor.

reactor nuclear térmico I slow reactor.

reactor para procesado de material I materials processing reactor.

reactor plutonígeno I plutonium producing reactor.

reactor primario I primary pile.

reactor productor de calor I process heat reactor.

reactor prototipo I prototype reactor (nuclear energy).

reactor pulsado I pulsed reactor.

reactor rápido I fast power reactor (nuclear energy).

reactor refrigerado orgánico I organic cooled reactor.

reactor refrigerado por agua I water-cooled reactor.

reactor refrigerado por sodio I sodium reactor.

reactor regenerador de neutrones rápidos I fast breeder.

reactor reproductor I breeder reactor.

reactor térmico I thermal reactor.

reactor termonuclear I thermonuclear reactor.

reafilador de muela abrasiva I wheel dresser.

reajustabilidad I resettability.

reajustar I refit (to) I reset (to).

reajuste I rearrangement I refit I resetting.

real I true.

realce I boss I relief I top hole I underlay.

realimentación de la información I information feedback.

realimentación inductiva I inductive feedback.

realimentación inversa I inverse feedback.

realimentación iónica I ion feedback.

realimentación negativa I negative feedback.

realimentación positiva I positive feedback.

realimentación primaria I primary feedback.

realimentación regenerativa I regenerative feedback (electronics).

realización de redes I networking.

realzado en relieve I anastatic.

realzar I flange (to) I underlay (to) (typography).

reanudación I restart.

reanudar I restart (to).

reaprovisionamiento I refuelling.

reaprovisionar I refuel (to).

reavivador de muela abrasiva I wheel refacer.

reavivador de muelas de rectificar I refacer.

reavivar I true (to).

rebaba I beard I burr I featheredge (smelting).

rebabar I bur (to) I flash (to) I trim (to).

rebajado I lowered I recessed.

rebajador de voltaje I sucking booster.

rebajamiento I necking.

rebajar I relieve (to) (machined) I rout (to) (carpentry).

rebajar con el guillamen I rabbet (to).

rebaje I canch (mining) I cope I necking.

rebaje de cabeza | overhand stope (mining).

rebajo | housing | necking | rabbet | undercutting.

rebarbar | fettle (to).

rebasar los enganches | overwind (to).

rebase | overrun.

rebatén | lowering heald (loom) | lowering shaft (loom).

reblandecimiento | softening.

rebobinado | redrawing | rewind.

rebobinadora | redraw machine.

rebobinadora-cortadora | slitter-rewinder.

rebobinar | backwind (to) | rewind (to).

reborde | bead | curb | flanging | raised edge | rib | ridge | rim | shoulder | snug | welt.

reborde de filete | ridge fillet.

reborde de retención | retaining rim.

reborde inferior | toe.

rebordeado | beaded.

rebordeadora | crimping machine | curling machine | flanger.

rebordeadora de plancha | bar folder.

rebordeadora de tubos | tube beader.

rebordear | bead (to) (tubes) | flange (to).

rebosadero del bebedero | out-gate (foundry).

rebosamiento | spillover.

rebosar | break out (to).

reboso | spilling.

rebufo | back flash | muzzle blast.

recalada | approach | landing (ships).

recalar | approach the land (to) (ships).

recalcado | needling | upset (metals) | upsetting.

recalcadora | upsetter.

recalcar | forge (to) | jump (to) | swage (to) | upset (to) (forging).

recalcar en caliente | hot upset (to).

recalentador | reheater.

recalentador intermedio | interheater.

recalentamiento | chauffage (metallurgy) | overheat | reheating.

recalentar | reheat (to) (metallurgy).

recalescencia | afterglow (metallurgy).

recalzar | underprop (to).

recámara | breech (cannons).

recambios | replacement parts | replacements | spares.

recambios intercambiables | interchangeable spares.

recanteadora | planing machine (metallurgy).

recanteadora de chapa | router.

recanteadora de oxicorte | oxyplane machine | oxyplaner.

recantear | mill (to).

recantear a máquina | machine plane (to) (plates).

recarburación | carbon restoration | skin recovery (metallurgy).

recarburar con arrabio | pig back (to).

recarga | recharge | reload (nuclear reactor).

recargar | reload (to).

recargar a fondo | top (to) (electricity).

recauchutar | cap (to) (tires).

recebar | restart (to) (injectors, pumps).

recepción | listening (radio).

recepción con ruidos | mushy reception (radio).

recepción confusa | mushy reception.

recepción de cero batido | zero beat reception.

recepción de voltaje | voltage sensing.

recepción doble | dual reception (radio).

recepción heterodina | beat reception.

recepción infradina | infradyne reception.

recepción monofásica | monaural reception.

recepción monofónica | monophonic reception.

recepción retransmitida | ball reception (TV).

recepción supersónica | supersonic reception (radio).

receptáculo refractario de cocción | seggar.

receptor | load (machines) | receiver | responser (radio beacon) | responsor (radio beacon) | sink (hydraulics).

receptor auxiliar | pilot indicator (radar).

receptor bipolar | bipolar receiver.

receptor CA-CC | AC-DC receiver.

receptor de alcance y deriva | range and deflection receiver.

receptor de aviso radárico | radar warning receiver.

receptor de baliza marcadora | marker beacon receiver (landing).

receptor de banda múltiple | multiple band receiver.

receptor de barrido | sweeping receiver.

receptor de bolsillo | pocket-size receiver.

receptor de calibración | calibrating receiver.

receptor de comunicación óptica | optical communication receiver.

receptor de datos | data sink.

receptor de dos canales | two-channel receiver.

receptor de exploración | scanning receiver | search receiver.

receptor de imágenes | image receiver | vision receiver.

receptor de impulsos | impulse receiver.

receptor de infrarrojo | infrared receiver.

receptor de intercepción | intercept receiver.

receptor de interportadora I intercarrier receiver I intercarrier sound receiver.

receptor de mando de la cosmonave I spacecraft command receiver.

receptor de microondas I microwave receiver.

receptor de navegación I navigation receiver.

receptor de onda corta I short wave receiver.

receptor de perturbaciones atmosféricas I sferics receiver.

receptor de radiobaliza I marker beacon receiver I marker receiver.

receptor de radiofaro I beacon receiver.

receptor de radiosonda I radiosonde receiver.

receptor de seguimiento I tracking receiver.

receptor de señal fija I single signal receiver.

receptor de sonar I sonar receiver.

receptor de sonido dividido I split-sound receiver (TV).

receptor de superreacción I periodic triggertype receiver.

receptor de telecontrol I remote-control receiver.

receptor de televisión I televising receiver.

receptor de tono I tone receiver.

receptor de tubos electrónicos I tube receiver (radio).

receptor de vídeo I video receiver.

receptor decca I decca receiving set.

receptor del localizador I localizer receiver.

receptor desmodulador I receiver demodulator.

receptor heterodino I beat receiver.

receptor infradino I infradyne receiver.

receptor lineal-logarítmico I lin-log receiver (radar).

receptor maestro del sonido I master sound receiver.

receptor monofrecuencia I single frequency receiver.

receptor multibanda I multiband receiver I multirange receiver.

receptor omnidireccional de UHF I V.O.R. receiver.

receptor omnionda I all-wave receiver I multiple band receiver.

receptor óptico de impulso único I monopulse optical receiver.

receptor panorámico I panoramic receiver.

receptor panorámico omnionda I multiband panoramic receiver.

receptor para un circuito sincronizado I one-circuit receiver.

receptor perforador impresor I printer perforator (telegraphy).

receptor plurivalvular I multivalve receiver.

receptor presintonizado I pretuned receiver.

receptor principal I main receiver (radio).

receptor radar I radar receiver.

receptor radiotelefónico I radio transceiver.

receptor selectivo I selective receiver.

receptor selsyn I selsyn receiver.

receptor televisivo I television receiver I television set.

receptor unidino I unidyne receiver (radio).

receptor vídeo patrón I master vision receiver.

receptor-transmisor de radar I radar receiver-transmitter.

rechazador I rejector.

rechazar I repel (to).

rechazo horizontal I shift (geology) I strike slip (geology).

rechazo vertical I throw (geology).

rechupe I cavity (ingots) I void (ingots).

recibido bien I ROK (recieved OK) (telegraphy).

recibido y atendido I wilco (radiotelephony).

recibido y comprendido I ROGER (radio).

reciclaje I reprocessing.

reciclar I recycle (to).

recipiente I cell box (electrochemistry) I pan I vessel.

recipiente de seguridad del reactor nuclear I reactor vessel.

recíproca de la distancia focal I vergency (lenses).

recirculación I recirculation I recycle.

recircular I recirculate (to) I recycle (to).

recocer I anneal (to) (metallurgy).

recocido I abating (metallurgy) I annealing (metallurgy) I reheating (metallurgy) I softening (steel).

recocido a fondo I dead annealing.

recocido a láser I laser annealing.

recocido coalescente I spheroidized annealing.

recocido de disolución I solution annealing.

recocido de distensión I stress relieving.

recocido de estabilización I stress relieving.

recocido en caja I pot-annealed.

recocido en crisol I pot-annealed (metallurgy).

recocido en el vacío I annealed in vacuo.

recocido en fosa I pit annealing (metallurgy).

recocido en pozo I pit annealing.

recocido entre cal I lime annealing (metallurgy).

recocido intermedio I intermediate annealing.

recocido inverso I inverse annealing.

recocido isotérmico I isothermal annealing.

recocido por corriente eléctrica I resistance annealing.

recocido por debajo del punto crítico I subcritical annealing.

recocido rápido I fast annealing.

recocido selectivo | local annealing (metallurgy).

recodificar | recode (to) | recodify (to).

recodo | turning.

recogeminas | cathead.

recolado | after pouring (metallurgy).

recombinación | recombination (electronics).

recombinador | recombiner.

reconectador | recloser (electricity).

reconexión | reclosing.

reconocimiento | development (mining) | reconnaissance | survey.

reconocimiento de la configuración | pattern recognition.

reconocimiento electromagnético | ferret reconnaissance.

reconocimiento fotoscópico | photoscope reconnaissance (aeronautics).

reconocimiento negativo | negative acknowledge.

reconocimiento óptico de caracteres | optical character recognition (OCR).

reconocimiento por satélite | satellite reconnaissance.

reconocimiento radioeléctrico | radio survey.

reconocimiento visual | visual reconnaissance.

reconversión | reconversion.

recorrido | haul | path | ray (radio wave) | route | routing.

recorrido de difusión inverso | inverse diffusion length (physics).

recorrido en inmersión | submerged run (submarines).

recortador | clipper.

recortadora | trimmer.

recortadora de chapa | nibbling machine.

recortadura | jagging.

recortar | clip (to) | crop (to).

recortar con la sierra | jigsaw (to).

recorte | thirl (mining).

recorte de ventilación | monkey (mining).

recorte por punzonado | nibbling.

recrecer con soldadura | overlay (to) | weld-surface (to).

recrecimiento con soldadura | overlay | weld overlay | weld surfacing.

recristalización | recrystallization.

rectificación | rectification | rectifying | truing.

rectificación cónica | conical grinding.

rectificación de la variante | deviation rectification.

rectificación de ruedas | wheel truing (wagons or locomotives).

rectificación del perfil de la muela | wheel profile truing.

rectificación electrolítica interior | internal electrolytic grinding.

rectificación lineal | linear detection.

rectificación periférica | topping (cutting disc).

rectificado | rectified.

rectificado con muela de forma | profile grinding.

rectificado con plantilla | profile grinding.

rectificado de precisión | precision grinding.

rectificado de superficies frontales | face grinding.

rectificado de superficies planas | plane surface grinding.

rectificado de válvulas | valve-grinding.

rectificado en profundidad | plunge-grinding.

rectificado guiado | infeed grinding.

rectificado por buceo | plunge-grinding.

rectificador | rectifier.

rectificador al vacío | vacuum rectifier (tubes).

rectificador de arco de mercurio | mercury-arc rectifier.

rectificador de cierre hermético | sealed rectifier.

rectificador de contacto puntual | point-contact rectifier.

rectificador de cristal de silicio | silicon-crystal rectifier.

rectificador de cuarzo negativo | N-type crystal rectifier.

rectificador de cuarzo positivo | P-type crystal rectifier.

rectificador de mando por rejilla | grid-control rectifier.

rectificador de media onda trifásica | three phase half rectifier.

rectificador de muelas abrasivas | wheel dresser.

rectificador de ondas | mixer.

rectificador de placa | plate rectifier.

rectificador de polaridad invertida | reversed polarity rectifier.

rectificador de selenio | barrier layer rectifier.

rectificador de silicio | silicon rectifier.

rectificador de suministro de corriente | power supply rectifier.

rectificador de tantalio | tantalum rectifier.

rectificador de tubo al vacío | vacuum tube rectifier.

rectificador de una alternancia | single wave rectifier.

rectificador de unión PN | PN junction rectifier.

rectificador de válvula electrónica | valve rectifier.

rectificador de voltaje | potential rectifier.

rectificador electromagnético | magnetic rectifier.

rectificador en penetración | plunge-cut grinder.

rectificador hexafásico de media onda | six-phase half-wave rectifier.

rectificador inversor | inverter | invertor (electricity).

rectificador inversor de corriente continua a alterna | inverted rectifier.

rectificador lineal | linear rectifier (electricity).

rectificador mecánico | mechanical rectifier (electricity).

rectificador metálico | metal rectifier.

rectificador para electroplastia | plating rectifier.

rectificador para galvanoplastia | plating rectifier.

rectificador polianódico | multianode rectifier.

rectificador polifásico | polyphase rectifier.

rectificador sincrónico | synchronous rectifier.

rectificador trifásico | three-phase rectifier.

rectificadora | boring bar (rolls) | grinder.

rectificadora de asientos de válvulas | refacer | reseater | valve reseater.

rectificadora de calibres | gage grinder.

rectificadora de colectores | commutator grinder.

rectificadora de herramientas | tool grinder.

rectificadora de lentes ópticas | optical lens grinder.

rectificadora de matrices | die grinder.

rectificadora de perfilar | contour grinder.

rectificadora de perfiles | form grinder.

rectificadora de plantillas | jig grinder.

rectificadora de roscas | thread grinder.

rectificadora de superficies planas | plain grinder.

rectificadora de tambor | drum grinder.

rectificadora de valvulas | valve grinder.

rectificadora para fresas | milling cutter grinding machine.

rectificadora para interiores | internal grinder.

rectificadora para pistones | piston grinder.

rectificar | clean (to) (part) | rectify (to) | reface (to) (valve seat) | true (to) (grinding disc) | true up (to).

rectificar con la muela | wheel true (to).

rectificar con muela abrasiva | lap (to).

rectificar con piedra abrasiva | stone (to).

rectificar interiormente | internal grind (to).

rectificar superficies | face off (to).

recto | right | straight.

recuadro filtrador de la luz | luminous edge (TV).

recubierto de cinc | zinc coated.

recubrimiento | caulking weld | lap | lens coating (optics) | overlap | overlaying | overthrust (geology).

recubrimiento anticorrosivo | rust proof coat.

recubrimiento catódico | cathode lining.

recubrimiento con metal fundido | metalization.

recubrimiento de plomo | lead lining.

recubrimiento del ala | wing envelope.

recubrimiento del distribuidor | lap of the valve.

recubrimiento electrolítico | plated coating | plating.

recubrimiento exterior | outside lap.

recubrimiento fotográfico | photoresist (printed board)

recubrimiento galvánico | galvanic treatment.

recubrimiento iónico | ion sheath.

recubrimiento metálico | metal skin.

recubrimiento metálico interior | metal backing (cathodic rays tube)

recubrimiento plástico | plastic coating.

recubrimiento por aspersión | sprayed coating.

recubrimiento por vía química | electroless plating.

recubrimiento refractario | refractory coating.

recubrimiento transversal | sidelap.

recubrimientos de la memoria | memory overlays (computing).

recubrir | encase (to) | face (to) | lap (to) | overlap (to).

recubrir con metal licuado | metalize (to).

recubrir de plomo | lead-coat (to).

recuento radiactivo | radioactive counting.

recuperación | recovery | regenerating | salvage.

recuperación de calor | reheat (boilers).

recuperación de corriente | recuperation of current.

recuperación de datos | data retrieval (computing).

recuperación de desperdicios industriales | industrial waste recovery.

recuperación de información | information retrieval (computing).

recuperación de lubricantes usados | oil reclaiming.

recuperación de presión | pressure recovery.

recuperación de texto libre | free text retrieval (computing).

recuperación química | chemical recovery.

recuperador | economizer | recuperator | regenerator.

recuperar | recycle (to) | salvage (to) (materials).

recurrencia | recurrence.

recurso del sistema | system resource (computing).

recursos hidráulicos | water resources.

recursos hidroeléctricos | water-power resources.

red | external plant (telecommunications) | lattice (crystallography) | net | network | trunk.

red activa | active lattice (physics).

red aditiva | summing network.

red aérea | landline system.

red aérea de energía eléctrica | overhead electric system.

red aérea y subterránea | overhead-underground system.

red aisladora | isolation network.

red alámbrica nacional | landline system.

red antitorpedos | antitorpedo net.

red asociada de circuitos terminales | network terminal circuits.

red automática | automatic area (telephony) | dial exchange area (telephony).

red celular | ladder (electricity).

red colectora | collecting network.

red colineal | linear array.

red combinadora | combining network.

red compensadora | weighting network (telephony).

red compleja | combination array.

red compresora | compressor network.

red común | common trunk (telephony).

red con neutro aislado | isolated neutral system.

red conectada | connected network.

red conformadora | shaping network (electronics).

red conformadora de impulsos | pulse forming network.

red conmutada | exchange network (computing) | switched network.

red conmutada pública | public switched network (communications).

red correctora | lead-lag network (radio) | weighting network.

red correctora de fase | phase-correcting network (electronics).

red cristalina | crystal lattice | space lattice.

red cronizadora | timing network (TV).

red cuadrangular | o-network.

red cúbica | cubic lattice.

red de absorción | absorption mesh.

red de actividades | activity network (computing).

red de adaptación | matching network.

red de adición | adding network.

red de aislamiento | isolation network.

red de alarma | warning net.

red de alarma de radar | radar warning net.

red de alcantarillado | sewer system.

red de alerta | warning net.

red de alumbrado | lighting mains | lighting network | lighting system.

red de anillos múltiples | multimesh network (electricity).

red de antenas | aerial array | aerial network.

red de antenas apiladas | stacked array.

red de antenas equiespaciadas | linear array.

red de antenas radan | radan antenna array.

red de área local | local area network (computing).

red de atenuación predeterminada | weighting network

red de avance | lead network.

red de banda ancha | broadband networking (computing).

red de cables | cable network (telecommunications) | cable plant (telecommunications) | cable system | mesh wiring.

red de canalizaciones subterráneas | underground system of lines.

red de carreteras | road network.

red de celosía | lattice network.

red de centrales múltiples | multiexchange area.

red de circuitos | network of circuits (telecommunications).

red de circuitos integrados | integrated-circuit array.

red de codificación de tiempo variable | time-varying coding network.

red de compensación | balancing network.

red de comunicaciones | communications network.

red de conmutación | switching network (electricity).

red de conmutación iterativa | iterative switching network.

red de cruce | crossover network.

red de cuadripolos | ladder network (electricity)

red de desacoplo | decoupling network.

red de desfase mínimo | minimum phase network.

red de detención | arrester net.

red de distribución | distribution network | mains.

red de distribución de energía | power network | powering system.

red de distribución del agua | water lines | water system.

red de doble acceso | two port network.

red de dos accesos | two-port network.

red de dos bornas | two-terminal network.

red de dos pares de terminales | two-terminal-pair network.

red de emisoras | radio network.

red de energía | power system.

red de enlaces | junction network (communications).

red de erosión | stone lattice (geology).

red de estaciones | network of stations (radio, TV).

red de estaciones de radar | radar network.

red de estaciones de radio | web.

red de flujo | flow net.

red de frenado | arresting net.

red de gasoductos | gas grid.

red de información | information network.

red de instalaciones de radar | radar net.

red de interferencia | interference pattern.

red de líneas | line plant (telecommunications) | network of lines (telecommunications).

red de los hilos | wire system (telecommunications).

red de mallas | meshed network (electricity).

red de microondas | microwave network.

red de n accesos | n-port network.

red de n polos | n-port network.

red de nivelación | level net (topography) | leveling network (topography).

red de prismas triangulares | triangular lattice (crystallography).

red de puntos | point lattice.

red de radares | radar fence.

red de radares exploradores | sky screen.

red de radares para detección anticipada de misiles | missile warning network.

red de radio difusión | radio relay link.

red de retardo | lag network.

red de retransmisión | relay network.

red de retransmisión por cintas | tape relay network.

red de satélites | satellite network.

red de seguimiento | tracking network.

red de servicio local | local-area network (computing).

red de sonar | sonar array.

red de suministro compensada | resonant earthed system (electricity).

red de telecomunicaciones | telecommunication network | telecommunication system.

red de telegestión | computer network.

red de teleproceso | teleprocessing network.

red de televisión | television network.

red de tracción | traction network.

red de transistores | transistor network.

red de transmisión | transmission grating (optics) | transmission network | signal communication.

red de transmisión cero | null transmission network.

red de transmisión nula | null network.

red de tres estaciones radiogoniométricas | triplet.

red de triangulación | triangulation net.

red de tuberías | pipe network.

red de tubos | pipe grid | piping system.

red desequilibrada | unbalanced network.

red detectora | sensor network.

red difasada | quarter-phase network.

red digital | digital network.

red digital integrada | integrated digital network.

red divisora de fase | phase splitting network.

red eléctrica | mains | network.

red en C | C network.

red en cascada | ladder network.

red en delta | delta circuit.

red en escalera | ladder network.

red en estrella | star network (electricity) | wye network (electricity).

red en L | L network | L-network (electricity).

red en O | O network.

red en pi simétrica | O-network (electricity).

red en puente | lattice network.

red en serie-derivación | series-shunt network.

red en T | T network (electricity).

red en Y | Y network (electricity).

red equilibrada | balanced network (electricity) | null network.

red equilibradora | balancing network | matching network.

red equilibradora de fases | phase balancing network.

red espacial | spatial lattice.

red estratificada | layer lattice (crystallography).

red estructural | structural lattice (crystallography).

red ferroviaria | railroad system.

red filtrante | weighting network.

red geodésica | chain.

red integrada de circuitos lógicos | integrated logic network.

red integradora | integrating network (computing).

red integral | integral network.

red interconectadora | interconnecting network.

red internacional I international network (telephony).

red interurbana I toll circuit (telephony).

red interurbana de televisión I television relay network.

red intranuclear I intranuclear network.

red inversa I inverse network.

red iónica I ionic lattice.

red lineal I linear network.

red local de computadoras I local computer network.

red lógica I logical network.

red lógica con salidas múltiples I multiple-output logical network.

red lógica de mayoridad I majority-logic network.

red logística I administrative net.

red mallada I lattice network.

red matricial I matrixing network.

red mezcladora I mixing grid (telephony).

red mimética I camouflage net.

red molecular I molecular lattice.

red mutualmente sincronizada I mutually synchronized network (communications).

red no disipativa I lossless network (electricity).

red no lineal I nonlinear network (electricity).

red no mallada I tree network (electricity).

red nuclear I nuclear network.

red ordenada I ordered lattice (crystallography).

red organizada de comunicaciones I net.

red paralela de pares con dos terminales I parallel two-terminal pair.

red pasiva I passive network (electricity).

red planar I planar network.

red pluviométrica I precipitation network.

red poligonal I mesh network.

red ponderada I weighting network (acoustics).

red por hilos I wire network (telecommunications).

red principal I backbone network (bearer network) (computing) I backbone system (telecommunications).

red privada I private network (communications).

red privada telefónica I private telephone.

red pública I public network (telecommunications).

red pública conmutada de teléfonos I public switched telephone network.

red pública de telecomunicaciones I public telecommunications network.

red puntual I point lattice (crystallography).

red radioeléctrica I radio net.

red radiométrica I radiometric network.

red radiotelefónica I radiotelephony network.

red reactiva I reactance network.

red recurrente I recurrent network I recurrent structure.

red reguladora I equalizing network.

red resistiva I resistor network.

red resistiva-capacitativa I resistance-capacitance network.

red restauradora I restoring network.

red secundaria I secondary network.

red separadora I isolation network.

red simétrica I simmetrical network.

red sin disipación I nondissipative network.

red sin pérdidas I lossless network.

red suburbana I tandem area (telephony).

red superdirectiva de antenas I supergain array.

red telefónica I multioffice exchange (USA) I telephone network I telephone system.

red telefónica con estación central única I multiphone system.

red telefónica de conmutación I switched telephone network.

red telegráfica I telegraph network I telegraph system.

red telegráfica interconectada I omnibus telegraph system.

red telegráfica pública I public telegraph network.

red televisiva interurbana I intercity television network.

red télex I telex network.

red terminal I terminal network (telegraph).

red tetragonal I tetragonal lattice.

red topográfica I net.

red trifásica de siete hilos I three-phase seven-wire system.

red trifilar I three-wire system.

red troncal I junction network.

red unilateral I uilateral network.

red urbana I secondary network (electricity).

red zonal I area network.

redel I balance frame (ships).

redes antisubmarinos I nets and booms (harbour defense).

redes disipativas I lossy networks.

redes modulares I modular lattices (crystallography).

redifusión I rediffusion.

redisolución I resolution (chemistry).

redisposición I rearrangement (telecommunications).

redondear I round (to).

redondos I round stock (metallurgy).

redox I redox (chemistry).

reducción I gearing down I lowering I reducing I reduction I stepdown.

reducción de tensión I voltage step-down.

reducción de voltaje I voltage cutoff.

reducción del volumen sonoro I muting (radio).

reducir I let down (to) I lower (to) I reduce (to).

reducir a estado metálico I metalize (to).

reducir el voltaje I lower the voltage (to).

reducir la cantidad de combustible en la mezcla aire-combustible I lean (to) (engines).

reductor I divider I negative booster I resolver.

reductor de carrera I stroke reducer (pressure indicator).

reductor de ganancia I gain turndown.

reductor de tensión por resistencia I resistive voltage divider.

reductor de tres fases I three-stage reducer.

reductor de velocidad I reducer.

reductor de velocidad de engranaje interior I internal-gear reducer.

reductor de velocidad de tornillo sin fín I worm gear speed reducer.

reductor de voltaje I adapter I potential divider.

reductor del punto de goteo I pour point depressant.

reductor lineal I linear taper.

reductor para acumuladores I cell regulator.

redundancia vertical I vertical redundance (computer).

reedición I reprint.

reelaboración I reprocessing.

reemisión I reemission.

reemisor I rebroadcasting transmitter I reemitter (T.V. radio) I translator transmitter (TV) I transposer.

reemitir I relay (to) (TV, radio).

reemplazable I renewable I replaceable.

reemplazar I replace (to).

reemplazo I swapping (program).

reencaminamiento I rerouting (telecommunications).

reencaminar I reroute (to).

reencendido I reignition I restart.

reenganchar I reset (to).

reenganche I reclosing.

reentrada I reentry.

reentrante I reflex (electroacoustics).

reextracción I stripping.

referencia I lining up (machines).

referencia de las estaciones I logging of stations (radio).

refiladora I inserter-trimmer.

refinación I processing I refining.

refinación con ácido I acid refining.

refinación electrolítica I electrorefining.

refinación en horno de reverbero I open-hearth refining.

refinado I raffinate.

refinado de minerales I ore refining.

refinador I refiner.

refinar I refine (to) I sublimate (to).

refinería I oil plant I oil refinery I refinery I refining plant.

refino catalítico I catalytic refining.

reflectancia I reflectance (optics).

reflectancia espectral I radiant reflectance.

reflectancia luminosa direccional I luminance factor.

reflectancia regular I regular reflectance.

reflectante I reflective.

reflectar I reflect (to).

reflectividad biestática I bistatic reflectivity.

reflectividad de la luz I light reflectivity.

reflectometría I glossimetry I reflectometry.

reflectómetro I reflection meter I reflectometer I return measuring set.

reflector I reflector I repeller (electronics) I reverberator (heat, light) I spotlight I tamper (nuclear reactor).

reflector de bomba I tamper (nuclear energy).

reflector de guía de ondas I waveguide reflector.

reflector de radar I radar reflector.

reflector de rejilla I openwork reflector (aerials).

reflector giratorio I rotoflector (radar).

reflector iónico I ion repeller.

reflector láser I laser reflector.

reflector para alumbrado I lighting reflector.

reflector para confusión radárica I tinsel.

reflector parabólico I beam projector I parabolic reflector (solar energy).

reflector parabólico asimétrico para microondas I mirror.

reflector plano I billboard reflector.

reflectoscopio I reflection plotter I reflectoscope.

reflejado I reflected.

reflejar I reflect (to).

reflejo I glare I reflected I reflection I reflex (electricity).

reflejo psicogalvánico I psychogalvanic reflex.

reflejos irisados I iris.

reflexión I reflection.

reflexión de la luz I light reflection.
reflexión especular I regular reflection.
reflexión interna I internal reflection.
reflexión interna de las lentes I lens flare (chamber).
reflexión ionosférica I ionospheric reflection I ionospheric return.
reflexión selectiva I selective reflection.
reflexiones de mar I sea clutter (radar).
reflotar I float (to).
reflujo I back flow I flowing back I reflux.
reflujo de la marea I ebb current.
reformación con platino I platforming.
reforzado I strong.
reforzador I intensifier (photography) I replenisher.
reforzador del voltaje I positive booster.
reforzador y disminuidor del voltaje I positive-negative booster.
reforzamiento I reinforcing.
reforzamiento a las radiaciones I radiation hardening.
reforzar I build up (to) I reinforce (to) I stay (to) I strengthen (to) I truss (to) I underlay (to).
refracción I bending I refraction.
refracción de las ondas de choque I shock waves refraction.
refracción terrestre I terrestrial refraction (optics).
refractante I refracting.
refractar I bend (to) (optics).
refractario I fire resisting I heat resistant I heat-resisting I heatproof I refractory.
refractario al cromo I chrome refractory.
refractario moldeable I castable refractory.
refractario plástico I plastic refractory.
refractivo I refractive.
refractómetro I refractometer.
refractómetro de Abbee I Abbe-refractometer (liquids).
refractómetro de contraste de fase I phase-contrast refractometer.
refractómetro interferencial I interference refractometer.
refractor I refractor (electricity).
refractoscopio I refractoscope.
refrigeración I freezing.
refrigeración del tubo I tube cooling (electronics).
refrigeración intermedia I intercooling.
refrigeración por absorción I absorption cooling I absorption refrigeration.
refrigeración por agua I liquid cooling I water flow cooling.
refrigeración por aire I aircooling.

refrigeración por circuito cerrado I tank cooling.
refrigeración por líquido I liquid cooling.
refrigeración por nitrógeno líquido I liquid-nitrogen refrigeration.
refrigeración por vacío parcial I vacuum refrigeration.
refrigerado por aire I aircooled.
refrigerador I chiller I intercooler I refrigerator.
refrigerador de aire I aircooler.
refrigerador del canal de escoria I jumbo (blast furnaces).
refrigerador tubular I pipe cooler.
refrigerante I condenser I cooling agent I cooling fluid I refrigerant.
refrigerante de agua I water condenser.
refrigerante de aire I air condenser (chemistry).
refrigerante líquido I liquid cooler.
refrigerante para maquinado I machining coolant.
refrigerar I chill (to) I refrigerate (to).
refringente I refracting I refractive..
refuerzo I backing I fish I stiffener.
refuerzo del alma I web reinforcement (girders).
refundido en el vacío I vacuum-remelted.
refundir I consolidate (to) I remelt (to) I resmelt (to).
regala I gunnel I gunwale.
regeneración I carbon restoration (decarburizing pieces) I positive feedback (thermionics) regenerating I regeneration.
regeneración de los impulsos I pulse regeneration.
regenerador I regenerator I replenisher.
regenerador de impulsos I impulse regenerator I pulse regenerator.
regenerador de potencia I power breeder.
regenerador de turbina marina de gases I marine gas-turbine regenerator.
regenerador del catalizador I catalyst regenerator.
regenerar I restore (to).
regenerativo I regenerative.
régimen ascensional inicial I initial rate of climb.
régimen continuo máximo I maximum continuous rating.
régimen de ascenso I rate of climb.
régimen de bitios I binary rate.
régimen de carga I charging rate.
régimen de corriente I rate of flow.
régimen de descarga I rate of flow.

régimen de funcionamiento I operating range.

régimen de lluvias I rainfall regime.

régimen de marcha I working conditions (machines).

régimen de modulación I modulation rate.

régimen de retardo I rate of deceleration.

régimen de velocidad I speed range I speed rating.

régimen nominal I rating.

región acromática I achromatic locus.

región anódica I region of anode.

región barrida I scanned area.

región catódica I region of cathode.

región de silencio I shadow region (radio).

región del infrarrojo I infrared region.

región del ultrablanco I ultrawhite region (TV).

región infrasónica I supersonic region (Mach number > 1.1).

región insonora I anacoustic zone (geophysics).

región interfacial I interface region.

región macromosaica I macromosaic region (crystallography).

región n I n region.

región térmica I thermal region (nuclear energy).

regional I areal.

registrador I logger (implements) I recorder I transcriber.

registrador de alcances I range plotter.

registrador de banda I strip recorder.

registrador de bandas de vídeo I video tape recorder.

registrador de cartuchos de vídeo I videocartridge recorder.

registrador de cinta I strip-chart recorder (telecommunications) I tape recorder.

registrador de datos I logger.

registrador de dos coordenadas I X-Y recorder.

registrador de fase I phase plotter.

registrador de imágenes de radar I radar photo recorder.

registrador de impulsos I impulse recorder I pulse recorder I shift register.

registrador de la actividad ionosférica I ionosphere recorder.

registrador de llamadas automáticas I traffic meter (telephony).

registrador de luz solar I sunlight recorder.

registrador de nivel I level recorder.

registrador de partida I sender (telephony).

registrador de perturbaciones atmosféricas I lightning recorder.

registrador de pruebas I test register (telephony).

registrador de puntas de carga I maximum-demand recorder (electricity).

registrador de radio I radio recorder.

registrador de radiosonda I radiosonde recorder.

registrador de retardo I lagged-demand meter.

registrador de rumbos I odograph.

registrador de ruta autoajustable I self-setting flight log (aeronautics).

registrador de señales de entrada I input recorder.

registrador de sifón I siphon recorder (telegraphy).

registrador de sombras I shadowgraph.

registrador de vídeo I videotape recorder.

registrador del nivel de agua I water level recorder.

registrador digital I digital recorder.

registrador digital incremental I incremental digital recorder.

registrador estereofónico I binaural recorder.

registrador óptico del sonido I optical sound recorder.

registrador por rayo láser I laser-beam recorder.

registrador repetidor I repeating register (telecommunications).

registrador sobre cinta magnética I magnetic tape encoder.

registrador VH I VH recorder.

registradora de alambre I wire recorder.

registrar I hunt (to) I record (to) I scan (to) I store (to) I tally (to) I write (to) I log (to).

registrar el rumbo I plot (to) (ship or airplane).

registrar en cinta magnetofónica I tape-record (to).

registrar sobre cinta I tape (to).

registro I bookmark (printing, lithography) I item I manhole (sewage system) I record I recording I register.

registro a distancia I remote recording.

registro bajo llave I record locking (computing).

registro básico de frecuencia radioeléctrica I master radio frequency record.

registro bloqueado I locked record (computing).

registro cinescópico I kinescope recording I kinescoping.

registro cronológico de operaciones I log.

registro de cinta magnética | magnetic tape recording.

registro de código de retorno | return-code register.

registro de control | service observation summary (telecommunications).

registro de datos | data register | logging.

registro de datos de memoria | memory data register (computing).

registro de datos del almacenamiento | storage data register.

registro de decalajes | shift register.

registro de desbordamiento | overflow record.

registro de desplazamiento síncrono | synchronous shift register.

registro de dirección | address register (computing).

registro de dirección de la memoria | memory address register (computing).

registro de dos pistas | two-track recording (magnetic recording).

registro de enlace | link register.

registro de entrada | input record (computing) | input register (computing).

registro de entrada-salida | input-output register.

registro de impulsos | impulse recording.

registro de instrucción | program register.

registro de instrucción principal | main instruction buffer (computing).

registro de instrucciones | instruction register (computing).

registro de la irradiación | radiation recording.

registro de las telecomunicaciones | telecommunication log.

registro de líneas | line records (telecommunications).

registro de memoria | memory register (computer).

registro de pista múltiple | multiple-track recording.

registro de pistas | track record.

registro de programas de televisión | television recording.

registro de radiofrecuencias | radio frequency record.

registro de referencia | reference recording.

registro de referencia de frecuencias | master frequency register.

registro de retenida de reacción | feedback shift register (numerical computer).

registro de salida | output record (computing).

registro de secuencia | sequence register.

registro de temperatura | temperature selector unit.

registro de tráfico | traffic record (telephony).

registro de vídeo | videorecording.

registro de visita | manhole.

registro del eco | echo record.

registro del resultado | accumulating register.

registro del sonido | sound record.

registro diario de perforación | well log.

registro digital | digital record | digital recording.

registro directo sobre cinta | key to tape (computing).

registro directo sobre disco | key to disk (computing).

registro electrostático | electrostatic recording.

registro en bandas magnéticas | magnetic stripe recording.

registro en cinta magnética | tape record.

registro encadenado | chained record (file).

registro escalonado | stepping register (computing).

registro estático | static register (computing).

registro fotográfico | camera recording | optical recording | photographic recording.

registro galvanométrico | galvanometric registration.

registro índice | B box (computer).

registro inferior audible | low audio range.

registro intermedio | buffer register (computing)

registro lateral | lateral tracking (computing).

registro magnético | magnetic log (drillings).

registro medio | midfrequency range (acoustics).

registro neutrónico | neutron log.

registro oscilográfico | oscillographic record.

registro por contacto | print-through.

registro por rayos gamma | gamma-ray logging (drillings).

registro previo | input storage | pretaping (program).

registro principal | master record.

registro radiométrico | radiometric logging.

registro simultáneo de varios trazados | multitrace recording.

registro sin retorno a cero | nonreturn to zero recording (computing).

registro sonoro en cinta | sound recording on tape.

registro sonoro en disco | sound recording on disk.

registro sonoro en película | sound recording on film.

registro tabulado | tabulated log.

registro tampón de la memoria | memory buffer register (computing).

registro telefonográfico | telecord.

registro telemétrico | telemetering record.

registro unitario | unit record (computing).

registro videoelectrónico | electronic video recording.

registro vigente | live record (computing).

regla de Abegg | Abegg's rule.

regla de calibrar | slide caliper.

regla de conjunta | chain rule.

regla de desplazamiento | shifter bar.

regla de Fleming | right-hand rule (electricity).

regla de tipógrafo | line gage.

regla del pulgar | thumb rule (electricity).

reglado | tuned.

reglaje | adjustment | control | harmonization | lining | lining up (engines) | positioning | power setting (engines) | quadrature adjustment | regulating | regulation | setting | timing | trimming | tuneup (engines) | tuning.

reglaje antes del vuelo | preflight adjustment.

reglaje de distribución | valve timing.

reglaje de la impedancia | impedance setting.

reglaje de la linealidad | linearity control.

reglaje de la magneto | magneto timing.

reglaje de la válvula | valve adjusting | valve timing.

reglaje de precisión | accurate adjustment.

reglaje del ala | wing setting.

reglaje del altímetro | altimeter setting.

reglaje del encendido | ignition timing.

reglaje del instrumento | instrument adjustment.

reglaje del motor | engine trim | motor tuneup.

reglaje del número de líneas | linearity control (TV).

reglaje en alcance | ranging (artillery).

reglaje en fase | phasing (TV).

reglaje recíproco | back tuning (communications).

reglaje silencioso | squelch.

reglaje sincronizado | synchronized timing.

reglar | adjust (to) | position (to) | tune (to).

reglar aparatos | peak (to).

reglar una máquina | adjust a machine (to).

reglas de vuelo por instrumentos | instrument flight rules (I.F.R.).

regleta | reglet (typography) | strip (typography).

regleta de ajuste | adjusting gib | vee slip.

regleta de bornas | terminal grid | terminal plate (electricity).

regleta de bornes | terminal strip.

regleta de botones | strip of keys (telecommunications).

regleta de clavijas | jack strip.

regleta de conexiones | tag strip | terminal strip.

regleta de fusibles | strip of fuses (electricity).

regleta de jacks | jack strip | jack's strip.

regleta de terminales | terminal grid | terminal strip.

regletear | space (to) (typography).

regolito | mantle-rock.

regrabación | rerecording.

reguera de colada | launder (metallurgy).

reguero de colada | tapping launder.

regulable | variable.

regulación | adjustment | monitoring | regulating | regulation | setting | traaining.

regulación azimutal | azimuthal control.

regulación de anchura de imagen | width control (television).

regulación de conductores | regulation of wires (telecommunications).

regulación de la circulación | traffic control.

regulación de la luz | light control.

regulación de la magneto | magneto timing.

regulación de la válvula | valve setting.

regulación de nonio | vernier adjustment.

regulación del avance de la inyección | injection timing.

regulación del retroceso | recoil control.

regulación del voltaje de cuadratura | quadrature voltage control.

regulación del voltaje de fase | inphase voltage control.

regulación del volumen del altavoz | loudspeaker volume control.

regulación por amplificadores magnéticos | magamp regulation.

regulación por husillo | lead screw control.

regulación por televisión | television control.

regulación por variación de voltaje | multivoltage control.

regulado | controlled.

regulado por el voltaje | pressure-controlled.

regulado por la presión | pressure-controlled.

regulador | adjuster | controller | monitor | regulator | throttle | buffer (chemistry).

regulador automático | automatic adjuster.

regulador axial | shaft governor.

regulador axial de inercia | inertia shaft governor.

regulador contra el embalamiento | runaway governor (engines).

regulador de aceleración | acceleration governor.

regulador de ajuste | setting regulator.
regulador de alimentación | feeder regulator.
regulador de bolas | ball governor.
regulador de discos | faceplate controller.
regulador de dosificación | proportioning controller.
regulador de inducción | induction regulator | induction voltage regulator.
regulador de inercia | inertia governor (mechanics).
regulador de la alimentación | feed regulator.
regulador de la bomba de inyección | injection timing device.
regulador de la mezcla | mixture regulation.
regulador de la presión del aceite | oil-pressure governor.
regulador de masa central | loaded governor.
regulador de nivel | level control | level regulator.
regulador de péndulo | pendulum governor.
regulador de potencia | power regulator.
regulador de presión | constant-pressure valve | pressure regulator.
regulador de temperatura | attemperator | temperature controller.
regulador de temperatura del aceite | oil temperature regulator.
regulador de tensión con diodo Zener | Zener diode voltage regulator.
regulador de tiempo | timer.
regulador de tornillo sin fin | worm letoff (loom).
regulador de voltaje | voltage regulator.
regulador de voltaje anódico | plate voltage regulator.
regulador de voltaje de la red | line-voltage regulator.
regulador de voltaje del alimentador | feeder voltage regulator.
regulador de Watt | centrifugal governor | flyball governor.
regulador del avance | feed regulator (machine tool).
regulador del campo inductor del motor | motor field regulator.
regulador del distribuidor | slide throttle-valve.
regulador del voltaje | pressure regulator.
regulador dinamométrico | differential governor.
regulador en derivación | parallel regulator.
regulador hidráulico | cataract (pumps).
regulador reostático | rheostatic regulator.
regulador sinusoidal | tonlar.
regulador térmico | attemperator.

regulador vocal | vogad | voice operated gain adjusting device (V.O.G.A.D.).
regular | regular | regulate (to) | standardise (to) | time (to).
regular el voltaje | adjust the voltage (to).
regular el volumen sonoro | monitor (to).
regular por metadino | metadyne-control (to).
regular por pulsador | push-button control (to).
regular por válvula | valve (to) (pipes).
regularidad | steadiness | uniformity.
regularidad de marcha | reliability.
regularización | regularization.
regularizar | control (to) | normalize (to) | regulate (to).
regularizar la presión | pressurize (to).
régulo nativo de arsénico | native arsenic.
reignición | reignition.
reimpresión | reprint.
reiniciación cíclica de imagen | wraparound.
reiniciar | restart (to).
reino abisal | abyssal realm.
reinserción de portadora | reinsertion of carrier (radiocommunications).
reiteración de interrupciones | jogging.
reja | grate | railing.
reja de soporte | lower grid.
reja excavadora | sweep.
rejilla | grate | louver.
rejilla aceleradora | accelerator grid.
rejilla acelerante | accelerating grid.
rejilla de admisión | intake screen.
rejilla de captación de electrones | catcher grid.
rejilla de chapa | plate grid.
rejilla de control | control grid.
rejilla de difracción | echelette | echelle | echelle grating.
rejilla de escritura | scribing grid (semiconductor).
rejilla de protección | shield grid.
rejilla de ventilación | air grate.
rejilla moduladora | control grid.
rejilla portadora | supporting grid.
rejilla positiva | positive grid (electronics).
rejilla protectora | protecting screen.
rejilla-pantalla | screen grid.
rel | rel (reluctance unit).
relación | rate | ratio.
relación cádmica | cadmium ratio.
relación de absorción | absorption ratio.
relación de admisión | ratio of cutoff (steam engine).
relación de compresión | squeeze ratio.
relación de contrarreacción | feedback ratio.

relación de cortocircuito no saturado | unsaturated short-circuit ratio.
relación de desviación | deviation ratio.
relación de expansión | ratio of expansion.
relación de impulsión | impulse ratio.
relación de masa | mass ratio.
relación de mezcla | mixing ratio.
relación de paso | pitch ratio.
relación de tensiones del transformador | transformer voltage ratio.
relación de transferencia del lazo | loop transfer ratio.
relación de transformación | turn ratio.
relación de transformación de voltajes | voltage ratio.
relación de transformación en vacío | no load ratio (transformers).
relación de voltaje en vacío | no load voltage ratio (transformer).
relación intrínseca | intrinsic stand-off ratio (transistor).
relación intrínseca de cresta | intrinsic stand-off ratio.
relación isotópica | abundance ratio (nucleonics).
relación modular | modular ratio.
relación paradiafónica | near-end signal-to-crosstalk ratio (telecommunications).
relación señal-imagen | image ratio (receiver selectivity).
relajación del máser | maser relaxation.
relajación térmica | aging.
relámpago | lightning.
relampaguear | lighten (to).
relaves | tailings (mining).
relé | relay | trip.
relé al vacío | vacuum relay.
relé armónico | tuned-reed relay.
relé autoprotegido magnéticamente | magnetically self-shielded relay.
relé auxiliar | slave relay.
relé avisador de demanda máxima | maximum-demand alarm relay.
relé bipolar | two-terminal relay.
relé capacitivo | capacitance relay.
relé coaxial | coaxial relay.
relé compensado | balanced relay.
relé con arrollamientos múltiples | multicoil relay.
relé con efecto de inercia | inertia relay.
relé con regulador de tiempo | time controlled relay.
relé conectable | plugging relay.
relé conjuntor | closing relay.
relé conmutador | center zero relay.

relé conmutador de transmisión/recepción | transmit-receive relay.
relé contador | register relay.
relé cortocircuitador | shorting relay.
relé de acción diferida | time locking relay | time-limit relay.
relé de acción diferida de tiempo | inverse time relay.
relé de acción lenta | slow-operate relay.
relé de acción rápida | quick-acting relay.
relé de acción retardada | slow operating relay.
relé de aceleración | accelerating relay.
relé de acoplamiento | interlocking relay.
relé de alterna | A.C. relay.
relé de antena | aerial relay.
relé de apertura retardada | slow releasing relay.
relé de avance | stepping relay.
relé de bloqueo | blocking relay (telecommunications) | latching relay | locking relay | lockout relay.
relé de bloqueo diferido | time locking relay.
relé de bola magnética | magnetic ball relay.
relé de cambio brusco | sudden-change relay.
relé de campo derivado | shunt-field relay.
relé de clavijas | plug-in relay.
relé de cociente | quotient relay.
relé de comprobación | pilot relay.
relé de conexión | latch in relay.
relé de conmutación | switching relay.
relé de contacto hermético | sealed contact relay.
relé de control | control relay | pilot relay.
relé de corriente invertida | reverse-power relay.
relé de corriente máxima | maximum current relay.
relé de cuadro móvil | moving relay.
relé de desconexión para sobrevelocidad | overspeed shut-down relay.
relé de desconexión preferente | preference-tripping relay.
relé de desenganche lento | inching relay.
relé de desplazamiento de mercurio | mercury displacement relay.
relé de disco de inducción | induction disk relay (electromagnetism).
relé de doble efecto | two-step relay.
relé de dos posiciones | two-step relay.
relé de enclavamiento | interlock relay | interlocking relay | latching relay | locking relay.
relé de enganche | latch in relay.
relé de enganche magnético | magnetic-latching relay.

relé de equilibrio de fase | phase-balance relay.
relé de fallo | fault relay.
relé de fase abierta | open-phase relay.
relé de fase de red | network phasing relay.
relé de fichas | plug-in relay.
relé de fotocélula | photocell relay.
relé de fototubo | phototube relay.
relé de frecuencia | frequency relay.
relé de frecuencia acústica | voice frequency relay.
relé de hiperfrecuencia | overfrequency relay.
relé de hipocorriente | undercurrent relay.
relé de impedancia | impedance relay.
relé de impulsión | impulse relay.
relé de impulsos de llegada | instepping relay.
relé de impulsos directos | instepping relay.
relé de impulsos sucesivos | notching relay.
relé de intensidad | current relay.
relé de inversión de fase | negative-phase-sequence relay | phase reversal relay (telecommunications) | reverse-phase relay.
relé de jaula | cage relay.
relé de láminas | reed relay.
relé de línea | line relay.
relé de llamada | call relay | line relay | ringing relay.
relé de maniobra | control relay.
relé de máxima | overcurrent relay | overload relay | surge relay.
relé de máxima y mínima | maximum and minimum relay | over-and-under relay.
relé de máximo de potencia | overpower relay.
relé de medidas | measuring relay.
relé de mercurio | mercury relay.
relé de microondas | microwave relay.
relé de mínima | underload relay | undervoltage relay.
relé de mínimo voltaje | underpower relay.
relé de nucleo móvil | plunger relay.
relé de perforación | punch relay.
relé de potencia | power relay.
relé de potencia reactiva | reactive power relay.
relé de presión | pressure relay.
relé de progresión | rotary stepping relay.
relé de protección | locking relay.
relé de puente | jumper relay.
relé de puesta a tierra | earthing relay.
relé de puesta en marcha | start relay | starting relay.
relé de radar | radar relay.
relé de reactancia | reactance relay.
relé de reenganche | reset relay.

relé de registro | record relay.
relé de resistencia | resistance relay.
relé de resonancia | tuned-reed relay | vibrating relay.
relé de resorte | spring relay.
relé de retardo | time-delayed relay | timing relay.
relé de retardo constante | independent time-lag relay.
relé de retardo de tiempo | inverse time-lag relay.
relé de retardo dependiente | inverse time-lag relay.
relé de retardo térmico | thermal delay relay.
relé de retardo variable | inverse time relay.
relé de secuencia de fase inversa | negative sequence relay.
relé de secuencia negativa | negative sequence relay.
relé de señal | signal relay.
relé de señalización | signaling relay.
relé de sobrecarga | overcurrent relay | overload relay.
relé de sobrecarga temporizado | timed-graded overload relay.
relé de sobrecorriente | overcurrent relay.
relé de sobrevoltaje | surge relay.
relé de solenoide | plunger relay | solenoid relay.
relé de subvoltaje | undervoltage relay.
relé de telecomunicación | telecommunication relay.
relé de televisión | television relay.
relé de temporización | timing element.
relé de tensión | voltage relay.
relé de tensión mínima | phase undervoltage relay.
relé de tiempo retardado | time delay relay.
relé de transferencia | power-transfer relay.
relé de válvulas electrónicas | tube relay.
relé de velocidad de cambio | rate of change relay.
relé del freno de puntería en acimut | train brake relay.
relé del oleoamortiguador | oil dashpot relay.
relé desconectador | separating relay (telephony) | trip relay | tripping relay.
relé desconectador automático | load-leveling relay.
relé desconector | cutout relay.
relé distribuidor | allotter relay.
relé detector | sensing relay.
relé diferencial | balanced relay.
relé diferido | retarded relay.
relé direccional | reverse-power relay.

relé direccional de potencia I power directional relay.

relé direccional polarizado I polarity directional relay.

relé directo I primary relay.

relé disyuntor I circuit breaking relay.

relé electromagnético I electromagnetic relay.

relé electromecánico I electromechanical relay.

relé electroneumático I air electric relay.

relé electrónico I electronic relay I trigger relay.

relé electrónico de semiconductor I semiconductor relay.

relé emisor-receptor I send-receive relay.

relé enclavador I locking relay.

relé enganchador I latching relay.

relé extrarrápido I instantaneous relay.

relé fotoeléctrico I light relay I photoelectric relay I photorelay I radiovisor (G.B.).

relé hermético I sealed relay.

relé homopolar I zero-phase sequence relay.

relé impolarizado I nonpolarized relay.

relé indicador de fugas I leakage relay.

relé inductivo I induction relay.

relé iniciador I initiating relay.

relé integrador I integrating relay.

relé integrador de impulso I notching relay.

relé interruptor I cutoff relay.

relé limitador I limiting relay.

relé magnético I magnetic relay.

relé magnético sensible I sensitive magnetic relay.

relé magnético temporizado I magnetic time relay.

relé manométrico I manometric relay.

relé modulador I chopper relay.

relé neumático I pneumatic relay.

relé neumático de retardo de tiempo I pneumatic time-delay relay.

relé neutro I neutral relay I nonpolarized relay.

relé no polarizado I neutral relay I nonpolarized relay.

relé óptico I light valve.

relé polar I polar relay.

relé polarizado I biased relay I polar relay I polarized relay.

relé primario I initiating relay I primary relay I trigger relay (thermionics).

relé principal de una red I network master relay.

relé protector I protective relay.

relé radioeléctrico de microondas I microwave radio relax.

relé receptor I receiving relay (telecommunications).

relé repetidor I repeating relay.

relé retardador I time delay relay.

relé rotativo I rotary relay.

relé semiautomático de cinta I semiautomatic tape relay.

relé sensible I sensitive relay.

relé simulador I simulator relay.

relé sincronizador I synchronizing relay.

relé sintonizado I tuned relay.

relé telefónico I telephone relay.

relé telegráfico I telegraph relay.

relé temporizado I retarded relay I time locking relay I time relay I timing relay.

relé temporizado independiente I independent time-lag relay.

relé térmico I heat relay I temperature relay I thermal relay (electrothermics).

relé termiónico I thermionic relay.

relé termostático I thermostatic relay.

relé transistorizado I transistorized relay.

relé unipolar I single-pole relay.

relé verificador I test relay.

relé vibrador I vibrating relay.

relés de enclavamiento de seguridad I interlocked safety relays.

relevador I relay (telephony).

relevador de disparo I trigger relay.

relevador de retardo termostático I thermostatic delay relay.

relicuado in vacuo I vacuum-remelted.

relieve I embossing I embossment I relief.

relinga I balk I bolt rope (navy) I boltrope.

relinga de caída I after leech rope (ships).

relingar I marl (to).

rellenar I backfill (to) (mining) I cake (to) I fill in (to) I pad (to) I stow (to) (mining).

relleno I attle-packing (mining) I filling I stowage (mining) I waste fill (mining).

relleno de la memoria I memory fill (computing).

relleno de un muro I backing.

relleno hidráulico I water packing (mining).

relleno para juntas I joint filler.

relleno por tongadas I strip packing (mining).

reloj I clock.

reloj atómico I atomic clock.

reloj de áncora I lever watch.

reloj de escape I lever watch.

reloj de intervalos I interval timer.

reloj de precisión I accurate timepiece.

reloj de tiempo real I real time clock (computing).

reloj interruptor I switch clock.

reloj sincrónico I synchronous clock.
reloj temporizador I time clock.
relojería I horology.
reluctancia I magnetic resistance I reluctance (electricity).
reluctancia del hierro I iron reluctance.
reluctancia variable I variable reluctance (magnetism).
reluctividad I reluctivity (electricity).
reluctómetro I reluctometer.
relumbrón repentino I womp (TV).
rem I rem (roentgen equivalent man).
remachado a máquina I machine riveting.
remachado de empalme I joint riveting.
remachado de junta I joint riveting.
remachado en cadena I tandem riveted.
remachado rectangular I square riveting.
remachadora I rivet gun.
remachadora de presión I squeeze riveter.
remachadora neumática I pneumatic riveter.
remachar I bur (to) (nails) I rivet (to).
remachar en caliente I rivet hot (to).
remachar en frío I rivet cold (to).
remache I fastener I rivet.
remache de cabeza hemisférica I snap head rivet.
remache de cabeza redonda I round head rivet.
remache de unión I jointing rivet.
remache estructural I structural rivet.
remache hendido I split rivet.
remalladora I looper.
remanencia I remanence (electricity).
remanencia magnética I remanence.
rematar I top (to).
remeter los hilos de urdimbre I loom the warp threads (to).
remetido I looming (weaving).
remetido de los hilos de urdimbre I looming.
remetido en punta I point draw.
remoción I removal (neutron).
remoción de bebederos I sprueing (foundry).
remoción de pilares I robbing I stooping (mining).
remolcador I tow boat I tug I tugboat I tugger.
remolcador con tobera Kort I nozzle tug.
remolcador de empuje I pusher tug.
remolcador espacial I space tug.
remolcar I haul (to) I tow (to) I trail (to) I tug (to).
remoldeo I smear (sand pit).
remolino I swirl I vortex I whirl I whirlwind.
remolino de arena I sand pillar (meteorology).
remolque I haulage I jink (larry) I tow I trailer I trailer van I trailer-coach I trolley I tug.

remolque aéreo I aerotow.
remoto I remote.
remover I stir (to).
rendija óptica I optical slit.
rendimiento I capacity (machines) I effectiveness (thermodynamics) I efficiency I gain factor (radio) I performance (mechanics) I response I throughput I yield.
rendimiento aerodinámico I lift drag ratio I aerodynamic output.
rendimiento continuo máximo I maximum continuous output.
rendimiento cuántico I quartz yield.
rendimiento de extracción I face output (mining).
rendimiento de la hélice I thrust efficiency.
rendimiento de mezcla I mixing efficiency (nuclear energy).
rendimiento de neutrones I neutron yield (nuclear energy).
rendimiento de radiación I yield of radiation.
rendimiento de voltaje I volt efficiency.
rendimiento del material I material efficiency (nuclear energy).
rendimiento en neutrones por absorción I neutron yield per absorption.
rendimiento en pareja de iones I ion yield.
rendimiento en pares de iones I ion-pair yield.
rendimiento en pares iónicos I ionic yield.
rendimiento luménico I lumen output.
rendimiento máximo I peak output (electricity).
rendimiento máximo sin deformación I maximum undistorted output.
rendimiento neutrónico por fisión I neutron yield per fission.
rendimiento nuclear I breeding ratio.
rendimiento térmico I heat rate.
rendimiento volumétrico I volumetric efficiency I volumetric yield.
renglón para nivelar I level board.
renio I rhenium.
renovable I renewable I replaceable.
renovación I restoration.
reoelectricidad I rheoelectricity.
reóforo I rheophore (electricity).
reógrafo I rheograph.
reología I rheology.
reología terrestre I earth rheology.
reómetro I rheometer.
reómetro de tubo Pitot I Pitot tube flowmeter.
reómetro óptico I optical current meter.
reordenación I arrangement I rearrangement I wraparound.

reóstato I rheostat I variable resistor I resistance I resistor I slide resistor.

reóstato de agua I water rheostat.

reóstato de anillo I ring rheostat.

reóstato de arranque I starter I starting box (electricity) I starting resistance I startor I starter rheostat (electricity).

reóstato de arranque automático I self-startor.

reóstato de arranque de resistencia de líquido I liquid starter.

reóstato de arranque de resistencia líquida I liquid rheostat.

reóstato de arranque del motor I motor starter.

reóstato de arranque del rotor I rotor startor.

reóstato de cambio de marcha I reversing starter.

reóstato de carbón I carbon rheostat.

reóstato de carga I charge rheostat I loading resistance I loading resistor I load rheostat.

reóstato de clavijas I plug rheostat.

reóstato de conmutador I switch rheostat (electricity).

reóstato de cursor I slide resistance I sliding resistance.

reóstato de excitación I induction regulator.

reóstato del cable alimentador I feeder rheostat.

reóstato devanado de alambre I wire-wound rheostat.

reóstato en puente I potentiometer rheostat.

reóstato excitador I field rheostat.

reóstato para variar la velocidad I speed adjusting rheostat.

reóstato potenciométrico I potentiometer rheostat.

reóstato regulador I trimming rheostat.

reóstato rotórico I rotor rheostat.

reótomo I rheotome.

reótropo I rheotrope (physics).

reparación I repair.

reparar I fix (to) I overhaul (to) I recondition (to) (machines) I refit (to) I repair (to).

repartición de la resistencia I taper.

repartidor I dispenser.

repartidor de combinaciones I link distributing frame (telephony).

repartidor de la carga I load dispatcher (electric power system).

repartidor de línea I line splitter.

repartidor intermedio I intermediate distribution frame.

repartidor mixto I combined distribution frame.

repartidor principal I main distribution frame (telephony).

reparto de la carga I load sharing (electricity).

repasar I reface (to) (bearings).

repasar en el torno I reface (to).

repaso I rerun.

repeler I repel (to).

repeler protones I repel protons (to).

repercusión I shifting.

repetición I recurrence I recursion (computing) I rehearsal (TV) I repetition.

repetición de pasada I rerun.

repetición vídeo I video replay.

repetidor I echoer (acoustics) I relay (telegraphy) I repeater I satellite station I slave (apparatus) I translator I transponder (telecommunications) I transposer.

repetidor bifilar I two-wire repeater.

repetidor catódico bivalvular I two-valve cathode follower (radio).

repetidor de banda ancha I wideband repeater.

repetidor de cinta de vídeo I video tape replay.

repetidor de enlace de impulsos I pulse link repeater.

repetidor de frecuencia vocal I voice frequency repeater.

repetidor de impedancia negativa I negative impedance repeater I negistor.

repetidor de impulsos I pulse repeater.

repetidor de línea I line repeater (telecommunications).

repetidor de llamada I ringing repeater (telephony).

repetidor de portadora I carrier repeater.

repetidor de portadoras múltiples I multi-carrier repeater.

repetidor de radar I radar picket.

repetidor de ramificación I branching repeater (telecommunications).

repetidor de regeneración I regenerative repeater.

repetidor de reserva I spare repeater (telecommunications) I standby repeater (telecommunications).

repetidor de televisión I T.V. relay station I television relay station I television repeater.

repetidor de tránsito I through repeater.

repetidor desmodulador I back-to-back repeater.

repetidor directo I through repeater.

repetidor en contrafase I push-pull repeater.

repetidor en paralelo I shunt repeater.

repetidor intermedio I intermediate repeater.

repetidor klistrón I klystron repeater.

repetidor pasante I through repeater (electricity).

repetidor PPI I PPI repeater.

repetidor rígido I rigid repeater (submarine cables).

repetidor satélite I satellite relay.

repetidor semiactivo I semiactive repeater (telecommunications).

repetidor síncrono I synchro repeater I synchronous repeater.

repetidor submarino I submarine repeater (telecommunications) I submerged repeater (telecommunications).

repetidor telefónico I telephone amplifier I telephone repeater.

repetidor telegráfico I telegraph repeater.

repetidor terminal I terminal repeater (communications).

repetidor unidireccional I one-way repeater.

repetidora móvil I vehicular repeater (radiocommunications).

repetir I rerun (to) I rollback (to) (computing).

repetir una señal I repeat a signal (to).

repleción I silt deposition (dam).

réplica I aftershock (geophysics) I replica.

réplica de la imagen I image response.

repliegue I fold.

repoblación forestal I forestation.

repoblar I afforest (to) (woods).

reposición I reset I resetting I reversal.

reposición automática I self-resetting.

reposo I seasoning (casting).

repostaje I refuelling.

repostaje en vuelo I aerorefuelling.

repostar I refuel (to).

represa I dam.

represar I dam (to) I impound (to).

representación I icon.

reprocesar I rerun (to).

reproceso I reprocessing.

reproducción I replay (magnetic recording) I replica I reproduction.

reproducción de registro sonoro I playback.

reproducción fotostática I photostat.

reproducción magnética I magnetic playback.

reproducción verificada I verified reproducing (computing)

reproducir I reproduce (to).

reproductor I reproducer.

reproductor de agudos I treble reproducer (acoustics).

reproductor de cartuchos cuadrifónicos I quadraphonic cartridge player.

reproductor de cinta I tape player.

reproductor de vídeo I videoplayer.

reproductor magnético I magnetic reproducer.

reproductor nuclear I nuclear breeder.

reproductor optoeléctrico I optical sound head.

reproductor rápido I fast breeder.

reproductor térmico I thermal breeder.

reproductor vídeo I videocartridge player.

reproductora de cinta de papel I paper tape reproducer.

reproductora de fichas I card reproducer (computing).

repuesto I spare.

repuesto de piezas I backup.

repujado I bossing I chased I embossing.

repujado de metales I metal spinning.

repujado en torno I metal spinning.

repulgador I creaser (seam).

repulsión I repulsion.

repulsividad I repulsiveness.

repulsivo I repulsive.

requemar I overburn (to).

resaca I surf.

resalte I rib.

resalto I back wash (hydraulics) I jump (hydraulics) I salient I skewback I snug I stud.

resalto abrasivo I abradant land (fluting) I abraded land.

resalto vertical I throw.

resbalamiento I slide I sliding I slippage I slipping.

resbalar I slip (to).

rescate I rescue.

rescate de señal I signal recovery (communications).

reserva I acid resist (photogravure) I backup (computer) I reserve.

reserva de la red I system reserve.

reserva de potencia I hot reserve.

reserva de redes I network backup (computing).

reserva disponible de energía I system reserve (electricity).

reservas de mineral I reserves of ore.

reservorio de petróleo I accumulation I petroleum reservoir (geology).

residual I residual.

residuo I educt (chemistry) I scrap I sediment.

residuos I tailings (oil refining).

residuos agrícolas I agricultural wastes.

residuos de armas nucleares I weapon debris.

residuos de carbón I waste coal.

residuos de petróleo I topped petroleum.

residuos industriales I industrial waste I trade wastes.

residuos nucleares I nuclear waste.

residuos radiactivos I radioactive debris I radioactive waste.

residuos radiactivos líquidos I liquid radioactive waste.

resiliencia I impact energy (probes) I resilience.

resiliencia a la tracción I tensile resilience.

resiliencia al choque I toughness (metals).

resiliencia al cizallamiento I shearing resilience.

resiliencia de probeta entallada I notch value.

resiliencia de prueba I proof resilience.

resiliencia mínima I minimum impact energy (probes).

resiliencia mínima a la entalla I minimum notch-impact energy.

resiliencia por unidad de volumen I unit resilience.

resiliencia torsional I torsional resilience.

resiliente I resilient.

resina I colophony I resin.

resina de intercambio iónico I ionic-change resin.

resina de moldeo I casting resin.

resina de petróleo I petroleum resin.

resina de trementina I rosin.

resina fenólica I phenol-base resin I phenolic resin.

resina intercambiadora de ion I ion exchange resin (chemistry).

resina para estructuras lamelares I laminating resin.

resina permutadora de iones I ion exchange resin.

resina sintética I plastic I synthetic resin.

resina sintética con un endurecedor I mixed glue.

resinato de hierro I iron resinate.

resinato de magnesio I magnesium resinate.

resinita I pitchstone.

resistencia I ballast I strength.

resistencia a la abrasión I abrasion resistance.

resistencia a la cizalla I shear strength.

resistencia a la flexión I stiffness.

resistencia a la formación de olas I wave drag (ships).

resistencia a la formación de ondas I wave drag (projectiles).

resistencia a la intemperie I weather resistance.

resistencia a la luz I light resistance.

resistencia a la rotura I rupture strength.

resistencia a la ruptura I breaking strength.

resistencia a la sensibilización I resistance to sensitization (metallurgy).

resistencia a la tracción I tensile strength.

resistencia a las altas frecuencias I RF resistance.

resistencia a tierra I resistance to earth.

resistencia acústica I acoustic drag.

resistencia adicional I incremental resistance.

resistencia adicional en serie I multiplier (electricity).

resistencia aerodinámica I aerodynamic drag (mechanics) I air resistance I windage.

resistencia al agarrotamiento I seizure resistance (bearings).

resistencia al corte I shearing strength.

resistencia al frío I cold hardiness.

resistencia al movimiento I motional resistance I resistance to motion.

resistencia al planeo I planing resistance (aeronautics).

resistencia al rozamiento I resistance to abrasion.

resistencia al viento I windage (structures).

resistencia anódica I plate resistance (radio valve).

resistencia antiparasitaria I screening resistance.

resistencia calibradora I calibrating resistance.

resistencia cermet I cermet resistor.

resistencia compuesta I combined strength.

resistencia con tomas I tapped resistor (electricity).

resistencia crítica I critical resistance.

resistencia de acero elástico I yield strength steel.

resistencia de aislamiento I dielectric strength I fault resistance (electricity) I insulance (electricity).

resistencia de alambre I wire resistance.

resistencia de antena I aerial resistance.

resistencia de arranque I tractional resistance.

resistencia de baja inducción I low-induction resistance.

resistencia de barrera I barrier resistance.

resistencia de base I base resistance (transistor).

resistencia de bucle I loop resistance.

resistencia de bucle de línea I line loop resistance (electricity).

resistencia de caída anódica I plate-dropping resistance (radio).

resistencia de carga I ballast resistor (electricity).

resistencia de compensación I barreter.

resistencia de cordón de línea I line-cord resistor (electricity).

resistencia de cursor | runner resistance (electricity) | slide wire.

resistencia de dispersión | leak resistance.

resistencia de entalle | notch toughness (crystallography).

resistencia de estabilización | swamping resistor.

resistencia de fuga | leakage resistance.

resistencia de funcionamiento | light resistance (photocell).

resistencia de la chapa | plate resistance.

resistencia de la estructura | structural strength.

resistencia de la lámpara | lamp resistance.

resistencia de las alas al avance | wing drag.

resistencia de paso | transition resistance (electric traction).

resistencia de penetración | penetration drag (aeronautics).

resistencia de resonancia | resonance resistance | resonant resistance.

resistencia de saturación | saturation resistance.

resistencia de soplado de chispas | quenching resistance.

resistencia de transformación | transformation resistance.

resistencia de variación logarítmica | logarithmic taper.

resistencia de variación proporcional | linear taper.

resistencia debida a la sustentación | lift-dependent drag.

resistencia del aislamiento | insulation resistance (electricity).

resistencia derivada | tapped resistance.

resistencia derivadora | shunting resistance.

resistencia dieléctrica | dielectric strength | insulating strength.

resistencia diferencial de ánodo | incremental resistance.

resistencia dinámica | ram drag.

resistencia eléctrica | resistance.

resistencia en derivación | shunt (electricity).

resistencia enrollada en espiral | pigtail resistor.

resistencia específica | resistivity.

resistencia estabilizadora | ballast resistor.

resistencia estática del diodo | static diode resistance.

resistencia formada por bombillas | lamp resistance.

resistencia friccional | skin resistance.

resistencia inducida al avance | induced drag (airplanes).

resistencia interna | internal resistance.

resistencia interna de la base | internal base resistance (transistor).

resistencia intrínseca | intrinsic resistance (semiconductors).

resistencia líquida | water resistance (electricity)

resistencia magnética | magnetic resistance | reluctance.

resistencia máxima | ultimate strength.

resistencia mecánica interna | internal mechanical resistance.

resistencia multiplicadora | multiplier (electricity).

resistencia mutua | mutual resistance (aerials).

resistencia negativa | negative resistance (electric circuit).

resistencia óhmica | D.C. resistance.

resistencia óhmica de aislamiento | ohmic insulation resistance.

resistencia parásita | structural drag.

resistencia pasiva | resistance to motion (machines) | structural drag (airplanes).

resistencia pirométrica | thermometer resistor.

resistencia real | true resistance (electricity).

resistencia sin derivación | unbypassed resistance (electricity).

resistencia térmica | thermal endurance | thermistor.

resistencia total al avance | total drag.

resistencia traccional | tractional resistance.

resistencia transónica | transonic drag.

resistencia transversal | transverse strength.

resistencia variable | variable resistance | varistor.

resistencia virtual | virtual resistance.

resistencia-condensador | capristor.

resistente | rugged | steady | strong.

resistente a la cascarilla de óxido | scale-tight.

resistente a la intemperie | weatherproof.

resistente a la perforación dieléctrica | puncture-resisting.

resistente a los choques | impactproof.

resistente al calor | heatproof.

resistente al desgaste | abrasion resistant.

resistente al envejecimiento | age resistant.

resistente al moho | moldproof.

resistividad | resistivity.

resistividad de volumen | volume resistivity.

resistividad térmica | thermal resistivity.

resistividad volumétrica | specific insulation resistance.

resistivo | resistive.

resistor | resistor | resistor unit.

resistor con cursor | resistor runner.

resistor de acoplo I injector resistor.
resistor de cinta I strip resistor.
resistor de curso I runner resistor (electricity).
resistor de entrada I input resistor.
resistor de gran disipación I power resistor.
resistor de hilo bobinado I wire-wound resistor.
resistor de hoja metálica I metal resistor.
resistor de líquido I liquid resistor.
resistor de pastilla aislante I pellet film resistor.
resistor de película de óxido metálico I metal oxide resistor.
resistor de película metálica I metal-film resistor.
resistor de precisión I precision resistor.
resistor de puesta a tierra I earthing resistor.
resistor de silicio I silicon resistor.
resistor dependiente del voltaje I voltage-dependent resistor.
resistor derivador I shunt resistor.
resistor en derivación I shunting condenser.
resistor fusible I resistor fuse.
resistor reductor de voltaje I voltage divider.
resistor regulador de la carga I load resistor.
resistor separador I isolating resistor.
resistor túnel I tunnel resistor.
resistor variable I variable resistor.
resma I ream (paper).
resnatrón I resnatron (tetrode).
resolución I resolution.
resolución angular I angular resolution (radar).
resolución de impulsos I pulse resolution.
resolver I solve (to) (mathematics).
resonador I baffle (radio) I resonator I sounder.
resonador colector I catcher (radio).
resonador de banda estrecha I narrow-band cavity.
resonador de cavidad I cavity resonator.
resonador de entrada I input resonator.
resonador de extinción I quenched resonator.
resonador de microondas I microwave resonator.
resonador eléctrico Morse I Morse sounder.
resonador multimodal I multimode resonator.
resonancia I resonance.
resonancia acústica I rattle.
resonancia de aguja I needle talk.
resonancia de alta frecuencia I treble resonance (acoustics).
resonancia de cavidad I cavity resonance (electroacoustics).
resonancia de fase I velocity resonance (electricity).

resonancia de precesión I precession resonance.
resonancia de voltaje I pressure resonance (electricity).
resonancia electrónica I electron resonance.
resonancia en paralelo I parallel resonance.
resonancia iónico-covalente I ionic-covalent resonance.
resonancia protónica I proton resonance.
resonante I resonant I reverberant.
resonar I resonate (to) I reverberate (to).
resonistor I resonistor.
resorte I spring.
resorte amortiguador I shock spring.
resorte de empuje I thrust spring.
resorte de lámina flexible I leaf spring.
resorte de presión I pressure spring.
resorte de retorno I back spring.
resorte espiral cónico I volute spring.
respaldo I back (veins) I vein wall (mining).
respaldo adaptador I adapter back (photography).
respiradero I airshaft (mining) I out-gate I vent I vent opening I venthole.
resplandor I glare I gleam.
respondedor I responder (radio beacon) I responser (radio beacon) I transponder (IFF).
respondencia I responsiveness (radio).
respuesta I answerback (teletypes) I replay (telecommunications) I reply (radar) I response.
respuesta cuántica I quantal response.
respuesta de imagen I image response.
respuesta de impulsos I pulse reply.
respuesta de potencia I transmitting power response (electroacoustics).
respuesta de retropulsión I feedback response.
respuesta de reverberación I reverberation response.
respuesta de RF I RF response.
respuesta del bucle I loop output signal (telephony).
respuesta en baja frecuencia I low-frequency response.
respuesta media cuadrática I mean-square response.
respuesta negativa I negative acknowledge.
respuesta no selectiva I spurious response.
respuesta relativa I relative response (electroacoustics).
respuesta térmica I thermal response.
respuesta transitoria I step response (telecommunications).
resquebrajamiento I bulling (mining).
restablecedor I restorer (TV).
restablecer I restore (to).

restablecimiento | recovery | restoration.
restablecimiento de arco | restriking (electricity).
restablecimiento de la forma del impulso | pulse regeneration.
restauración | reset | restoration (architecture).
restauración con soldadura | weld surfacing.
restaurador | restorer.
restaurar un ciclo | reset a cycle (to).
restituir | restore (to).
restricción | restraint.
restricción de la carga en la hora de máxima demanda | load-shedding (electricity).
restricción de la costura | joint restraint (welding).
restricción de la junta | joint restraint.
restricciones de energía | power cuts.
restrictor | restrictor.
retacado | stemming.
retacar | calk (to).
retardador | inhibitor.
retardar | decelerate (to) | lag (to) | slack (to) | slow down (to).
retardo | definite time-lag (relays) | inverse time | lag | lagging | losing rate | retard (motor ingnition) | time lag.
retardo a la admisión del distribuidor | lap of the valve (steam engine).
retardo absoluto | absolute delay (radionavigation).
retardo acústico | sound lag.
retardo aerodinámico | aerodynamic lag.
retardo al encendido | ignition lag.
retardo de activación | turn-on delay time (electronics).
retardo de alcance | range delay (electromagnetism).
retardo de envolvente | envelope delay.
retardo de fase | phase delay (radio).
retardo de frecuencia cero | phase intercept (electricity).
retardo de grupo | envelope delay.
retardo de imanación | lag of magnetization.
retardo de impulso | pulse relay.
retardo de transmisión | transmission delay.
retardo del impulso | pulse delay (radio).
retardo en la inyección | injection delay (engines).
retardo iónico | ion retardation (chemical engineering).
retardo magnético | magnetic lag.
retardo por propagación | velocity lag.
retardo por velocidad | velocity lag.
retardo térmico | thermal lag.
retardo variable | variable delay (electronics).

retén | detent.
retén de resorte | spring retainer.
retén para tuerca | nut retainer.
retención | lag (mining) | retaining | retention | sticking | trapping.
retención de la imagen | sticking.
retención de una imagen | retention of a scene (TV).
retenedor de tuerca | nut retainer.
retenido | trapped.
reticulación | crosslinking (chemistry) | linkage (chemistry) | reticulation.
retículo | grid | lattice | web (optics).
retículo anisótropo | anisotropic lattice.
retículo atómico ortorómbico | orthorhombic lattice.
retículo coaxial | coaxial sheet grating.
retículo cristalino | crystal lattice.
retículo cúbico | cubic lattice (crystallography).
retículo de transmisión | transmission grating.
retículo del anteojo | telescope cross-lines.
retículo del reactor | reactor lattice.
retículo escalonado | echelle grating.
retículo espacial | space lattice.
retículo interno | internal graticule.
retinita | retinite (minerals).
retorcedora | twister.
retorcer | twist (to) | wriggle (to).
retorcerse | kink (to).
retorcido | twisted.
retorcimiento | wriggle.
retornear | reface (to).
retorno | backtracking (computing) | kickback (TV) | retrace | return.
retorno a la posición neutra | return to neutral.
retorno de energía | feedback.
retorno de la llama | backflash.
retorno de línea | line return (TV).
retorno de señal de vídeo | return video.
retorno de tierra | land return.
retorno por masa | earth return.
retorta | retort.
retorta rectangular para destilación de maderas | jumbo.
retracción | retrace | withdrawal.
retractabilidad | retractability.
retractable | retractable.
retranscripción | rerecording.
retransmisión | rebroadcast | refile (telephony) | relaying | reradiation (radio) | retransmission | transit.
retransmisión manual por cinta perforada | manual tape relay.

retransmisión radioeléctrica I radio relaying.

retransmisor I rebroadcasting transmitter I responder I retransmitter.

retransmisor de haz concentrado I link-transmitter (television network).

retransmitido I relayed (radio).

retransmitir I rebroadcast (to) (radio) I relay (to) (radio) I reradiate (to) (radio) I retransmit (to).

retrasmisión televisiva I television rebroadcasting.

retraso I lag I lagging I retard I time delay I time lag.

retraso acústico I acoustic delay.

retraso rotacional I rotational delay.

retroacción I feedback I positive feedback.

retroacción de aceleración I acceleration feedback.

retroalimentación I feedback I kickback.

retroalimentación acústica I acoustic feedback.

retroalimentación inversa I inverse feedback.

retroarco I arcback.

retrocargadora I back loader.

retroceder I sternway (to).

retroceso I back motion I flyback action I recoil (weapons) I setback I sternway I withdrawal.

retroceso del haz electrónico I retrace.

retroceso glaciar I deglaciation.

retroceso iónico I ion recoil.

retrocohete I braking rocket.

retrodescarga I back discharge.

retrodifusión I back diffusion.

retrodiodo I back diode.

retrodispersión I back scatter I backscattering I backward scatter.

retrodispersión de rayos gamma I gamma-ray backscattering.

retrodispersión múltiple I multiple backscattering.

retroexcavador I back spade I backdigger I dragshovel.

retroexcavadora I dragshovel I pullshovel.

retroindicador I back pointer.

retropolarización I back bias (electronics).

retroproyección I rear screen projection.

retrovaloración I back titration (chemistry).

retrovelocidad I retrograde velocity.

reubicación I relocation (computing).

reubicar I relocate (to).

reunión cósmica I space rendezvous (orbiting satellite).

reunión en órbita I rendezvous (cosmonautics).

reunirse en el espacio I rendezvous in space (to) (cosmonautics).

revelado I bath development (photography) I development (photography).

revelador I developer (chemistry) I developing solution.

revelador ácido I acid developer.

revelador fotográfico I soup.

revelador magnético I magnetic pickup.

revelador para radiografías I X-ray developer.

revelar fotografías I develop (to).

revenido I tempered (metallurgy).

revenido en aceite I oil-tempered.

revenido en baño de aceite I oil tempering.

revenido en baño de plomo I lead tempering.

revenido en baño de sales I salt-bath tempering.

revenido suave I low temper.

revenir I blaze (to) (metallurgy) I let down (to) (metallurgy) I temper (to) (metallurgy).

revenir por corrientes de inducción I induction temper (to).

reventar I break out (to).

reverberación I reflex I reverberation.

reverberación volumétrica I volume reverberation.

reverberador I reverberator.

reverberante I reverberant.

reverberar I reverberate (to).

reverbero I cap (furnaces).

reverberómetro I reverberation-time meter.

reversibilidad I reversibility.

reversibilidad óptica I optical reciprocity.

reversible I reversible.

reversión I reversal I reversion.

revestido I jacketed.

revestido de acero I steel-clad.

revestido de neopreno I neoprene lined I neoprene-coated.

revestido de óxido I oxide-coated.

revestido de platino I platinization.

revestido de plomo I lead-coated I lead-lined.

revestimiento I cladding I facing I jacketing I lagging (pipeline) I overlaying I revetment I serving I sheath I sheathing I sheeting I shell I surfacing I veneering.

revestimiento ablativo I ablative coating.

revestimiento abrasiorresistente I abrasion resistant coating.

revestimiento absorbente I absorbent lining (acoustics).

revestimiento aislante I serving.

revestimiento anódico I anodic coating.

revestimiento anódico mate I opaque anodic coating.

revestimiento antifricción I anti-friction lining.

revestimiento antirreflector I antireflection coating.

revestimiento calorífugo I lag (boilers, rollers).

revestimiento catódico I cathode coating.

revestimiento con mercurio I quicksilvering.

revestimiento con una aleación de estañosoldar I tinning.

revestimiento de acero I steel lining plate.

revestimiento de chapa I plating.

revestimiento de cojinetes con metal antifricción I lining of bearings.

revestimiento de fábrica I walling (wells).

revestimiento de mampostería I masonry lining I stone tubing.

revestimiento de níquel Watts I Watts-nickel deposit.

revestimiento de piedra I stone facing.

revestimiento de plata I silvering.

revestimiento de plomo I lead lining.

revestimiento de resina I resin coating.

revestimiento de una mina I lining.

revestimiento electrolítico I electrodeposit.

revestimiento electrolítico por oclusión I occlusion plating.

revestimiento fosfático I phosphate coating (metallurgy).

revestimiento hermético I tight coat.

revestimiento interior I inner lining I inwall I lining.

revestimiento interior de muros I interior wall cladding.

revestimiento metálico I metal coating I metal filming I metal plating I metal shield I metal skin.

revestimiento por inmersión I immersion plating.

revestimiento por reacción química I electroless plating.

revestimiento refractario I refractory lining.

revestimiento termoaislante I lag.

revestir I encase (to) I face (to) I jacket (to) I mat (to) (slopes) I tub (to) I veneer (to) I wainscot (to).

revestir con níquel I nickel clad (to).

revestir una junta I wrap a joint (to) (electricity).

revirado I twisted.

revirar I veer again (to).

reviro I twisting I winding.

revisar I overhaul (to).

revisión I overhaul (machines).

revisión general I major overhaul I overhaul (aeronautics).

revocable I reversible.

revocar I parget (to) I rough-cast (to) I rough-coat (to).

revoco I floated work I parget I roughing.

revoco antisonoro I acoustic plaster.

revolución I revolution I round.

revólver I gun.

revoque I wash (walls).

rezón I grapnel I grapple.

riada I flood.

ribera I shore.

ribete I welt.

ribeteador I trimmer (sewing machine).

ribeteadora I flanging machine.

ribetear I edge (to) I welt (to) (seam).

rico I strong (gas, mixtures).

riego por aspersor I sprinkler irrigation.

riesgo de interferencia I potential interference (radiocommunications).

rifle I rifle.

rigidez I stiffness (mechanics) I tightness I toughness.

rigidez aerodinámica I aerodynamic stiffness.

rigidez dieléctrica I dielectric strength I electric breakdown I insulating strength I puncture strength.

rigidez dieléctrica específica I unit dielectric strength.

rigidez magnética I magnetic stiffness.

rigidez mecánica I mechanical stiffness.

rigidizador I stringer.

rígido I inelastic I rigid I stiff I steady.

riobasalto I rhyobasalt.

riómetro I riometer (ionospheric relative opacity measurer).

riostra I cockermeg (mining) I cockersprag (mining) I cross brace I cross stretcher I juggler I spur (carpentry) I stringer I strut I stull I tie.

riostra angular I angle brace I knee brace.

riostra en X I X-bracing.

riostra longitudinal I longitudinal bar I longitudinal stay.

riotrón I ryotron.

riqueza I value (mining).

riqueza higrométrica I mixing ratio.

ristra de aisladores I insulator stack I insulator string.

ritmo de avance I rate of progress.

ritmo de fuego I rate of fire.

ritmómetro I interval clock (artillery).

rizo I looping (aeronautics).

rizo normal invertido | inverted normal loop (aeronautics).
R-metro | R meter (ionizing radiation).
roblonar | rivet (to).
robot | robot.
robótica | robotics.
robotización | robotization.
robotizar | robotize (to).
roca | stone.
roca abisal | abyssal rock | plutonic rock.
roca ácida | acidic rock.
roca acuosa | aqueous rock.
roca alcalina | basic rock.
roca almacén | reservoir rock.
roca arqueozoica | archean rock.
roca asquística | aschistic rock.
roca atmoclástica | atmoclastic rock.
roca carbopérmica | carbo-permian rock.
roca cuarzosa | quartz rock.
roca de dureza media | medium rock.
roca de inyección | vein-rock (mining).
roca de recubrimiento | mantle-rock (geology).
roca desintegrada | rotten rock.
roca determinante | key rock.
roca encajante | adjoining rock (mining).
roca eólica | atmospheric rock.
roca eruptiva | volcanic rock.
roca estratificada | layered rock.
roca falsa | false bed-rock.
roca fanerítica | coarse-grained rock.
roca ferruginosa | ironstone.
roca filoniana | vein-rock.
roca guía | key rock (geology).
roca hidrogénica | aqueous rock.
roca holocristalina ácida | acid holocrystalline rock.
roca ígnea ácida | acid igneous rock.
roca impregnada de petróleo | oil-wet rock.
roca intermedia | intermediate rock.
roca intrusiva | intrusive | penetrative rock.
roca lunar | moon rock.
roca maciza | bastard (mining).
roca madre | country rock | matrix (geology) | mother rock (geology) | native rock (geology) | original rock | parent rock | reservoir | source rock.
roca madre del petróleo | oil source bed.
roca magnesiana | cotton rock.
roca monomineralógica | monomineralic rock.
roca neutra | intermediate rock.
roca originaria | origin rock.
roca permeable | pervious rock.
roca plutónica | plutonic rock.

roca reservorio | reservoir rock.
roca sedimentaria | layered rock | sedimentary rock.
roca silícea | acidic rock.
roca veteada | ribbon rock.
roca virgen | ledge rock.
roca viva | ledge | ledge rock.
roca volcánica | volcanic rock.
roca-almacén | reservoir.
rocalla | rockfill.
rocas de intrusión | intruded rocks.
rocas de inyección | intruded rocks.
rocas efusivas | effusive rocks.
rocas extrusivas | lava flows.
rocas volcánicas | effusive rocks.
roce | rub.
rociada | splash.
rociado metálico | metal spraying.
rociador | spray device | sprayer | sprinkler.
rociador nebulizador | mist sprayer.
rociadura | aspersion.
rociamiento | spraying.
rociar | asperse (to) | splash (to) | spray (to).
rociar con metal líquido | metal spray (to).
rocío | dew.
rocoso | rocky.
roda | bow | stem (ships).
rodadura | rolling.
rodaje | limbering up (motor) | running | seasoning (magnetron) | taxiing (airplanes) | wheeling.
rodaje de exteriores | location shooting (cinematography).
rodaje de película | shooting.
rodaje en estudios | studio shooting (TV, cinematography).
rodaje sobre el suelo por medio de sus motores | taxi (airplanes).
rodamiento | bearing | rolling | wheel arrangement | wheel set (railways).
rodamiento de bolas de rótula | spherical ball bearing.
rodamiento de rodillos | roller bearing.
rodamiento de rodillos cónicos | taper-rolling bearing.
rodapié | skirting-board.
rodar | limber up (to) (engines) | ride (to) | roll (to) | shot (to) | wheel (to).
rodar el motor | limber up the engine (to).
rodar sobre el suelo | taxi (to) (airplanes).
rodear | circle (to).
rodeo | turning.
rodete | wheel.
rodete de bomba | pump wheel.
rodete de turbina hidráulica | turbine runner.
rodillo | roll | roller | skid.

rodillo accional I sprocket.
rodillo aislador I screw roll (shearing machine).
rodillo alimentador I feed roller I infeed roller.
rodillo antifricción I antifriction bowl.
rodillo de arrastre I pinch roll I taking-in roller.
rodillo de avance I feed roller.
rodillo de bloqueo I jamming roller.
rodillo de cabrestante I capstan shaft.
rodillo de curvar I bending roll.
rodillo de entintar I inker (typography).
rodillo de fricción I friction bowl.
rodillo de laminador I mill roll.
rodillo de palanca I lever roller.
rodillo de presión I press roll I pressure roller.
rodillo de pulir I polishing roll.
rodillo de tensión I idler (straps) I idler pulley I jockey I jockey roller I jockey-pulley I jockey-wheel.
rodillo desterronador I clod crusher.
rodillo entintador I ink formrolle (offset) I ink roller (typography).
rodillo escurridor I wringer.
rodillo impresor I print roll I printery roller.
rodillo impulsor I capstan.
rodillo matriz I roller die.
rodillo principal I pinch roll.
rodillo regulador del avance I takeup roll.
rodillo tensor I falling roller (straps) I tension roll.
rodillo tomador I pinch roll (rolling mill).
rodillo tubular I pipe roller.
rodillos de bolas I ball roller.
rodillos de presión I nip rolls.
rodillos prensadores I nip rolls.
rodio I rhodium (Rh).
rodocrosita I manganese spar.
roentgen I roentgen (X ray exposure unit).
roentgenografía I X-ing.
roentgenometría I ionometry.
roentgenómetro I ionometer I roentgen meter.
rojo de Inglaterra I jeweler's red.
rojo de óxido de plomo I lead oxide red (chemistry).
rojo de paranitralina I para red.
rolar I veer (to).
roldana I pulley I pulley-sheave I pulley-wheel I roller I sheave I skate I wheel.
roldana de conducción I leading block.
roldana de leva I cam bowl.
roldana de tuerca I nut collar.
roldana guía I leading block sheave.
roldana para soldar I welding wheel.
rolete I roll.
rollizo I bolt (forestry) I log.

rollizo de entibación I stull.
rollo I roll.
rollo de cinta magnética I web.
romana I lever balance I lever weigher.
rombo I diamond I rhomb.
romboedro I rhomb (crystallography).
romo I blunt.
rompelingotes I pig-breaker.
rompeolas I breakwater (ships) I bulwark I mound.
romper I breach (to) I break (to) I fracture (to) I smash (to).
romperremaches I slogging chisel.
rompiente en la playa I surf.
rosa con coordenadas polares I maneuvering board (nautical compass).
rosa de la brújula I compass card.
rosa de los vientos I compass card I wind chart I wind rose.
rosa náutica I compass card I compass rose I sea card.
rosario I chain of buckets (scoop wheel, dredger).
rosario de cangilones I line of buckets (dredges).
rosario de herramientas de perforación I string of drill tools (drillings).
rosca I thread (screws) I worm (screws).
rosca cónica I taper thread.
rosca cuadrada I square thread I square worm.
rosca de enclavamiento I locking thread.
rosca de gusano I worm thread.
rosca de perno I bolt screw.
rosca de tornillo I screw worm.
rosca de tornillo sin fin I worm thread.
rosca de tubo I pipe thread.
rosca destalonada I backed-off thread.
rosca exterior I male thread I outside thread.
rosca hembra I female thread I interior screw I internal thread.
rosca interior I female screw I female thread I inside screw I internal thread.
roscado I screw cutting I screwed I threaded.
roscadora I screw machine I screwcutter I screwcutting machine I threader I threading machine.
roscadora de pernos I bolt screwing machine.
roscadura con macho I tapping.
roscar I screw (to) I thread (to) I worm (to).
roscar con macho I tap (to).
rossita I rossite (minerals).
rotación I rotation I spin I swinging I twirl I wheeling I whirl.
rotación a izquierdas I left-hand rotation.
rotación binómica I binomial twist.

rotación de leva I cam motion.

rotación dextrorsa I rotation clockwise.

rotación levogira I counter clockwise.

rotación según una hélice I spin.

rotacional I circuital I rotational I rotative.

rotador I rotator.

rotar I rotate (to) I twirl (to).

rotativa I cylinder press (typography) I rotary machine (typography) I rotary press (typography).

rotativa a bobina I wed press.

rotativa tipográfica de bobina I web-fed letterpress rotary.

rotativo I revolving I rotary I rotative.

roto I broken.

rotoactuador I rotary actuator.

rotoaspirador I rotary exhauster I rotoexhauster.

rotodino I rotodyne.

rotodistribuidor I rotary distributor.

rotoestabilizar I spin stabilize (to).

rotograbado I rotogravure (rotary machines).

rotómetro I rotometer.

rotomotor I rotomotor.

rotooscilación I rotooscillation.

rotor I impeller I inductor I rotor I spinner (compressors).

rotor antipar I antitorque rotor (helicopter) I tail rotor (helicopter).

rotor basculante I tilting rotor.

rotor cilíndrico bipolar I two-pole cylindrical rotor.

rotor con paletas en flecha I swept-blade rotor.

rotor de álabes montados al aire I unshrouded impeller.

rotor de barras I bar-wound rotor.

rotor de cola I tail rotor.

rotor de helicóptero I lifting airscrew.

rotor de paletas I paddle wheel rotor (helicopter).

rotor de ranuras radiales I radial-slot rotor.

rotor de turbina I turbine wheel I turborotor I vane wheel.

rotor frenado I locked rotor.

rotor giroscópico de viraje I rate-of-turn gyro rotor.

rotor inclinable I tilting rotor.

rotor inmovilizado I locked rotor (electromotor).

rotor macho I male rotor.

rotor sustentador I lifting rotor (helicopter).

rotoscopio I rotoscope.

rótula I hinge joint I swivel I swivel joint.

rótula cardan I universal joint.

rótula en el apoyo I abutment impost.

rotura I breach I break I breakage I breaking I breaking down I fracture I rupture I rupturing I smash.

rotura de varillas I twist off (drillings).

rotura por torsión I twist off.

roza I chase I holing I jad (mining) I kerving I kirving I undercut (mining) I undercutting.

rozadora I crosscutter.

rozadora de barra I arm coal cutter.

rozadora de percusión I pick coal-cutting machine I pick mining machine.

rozadora móvil de Joy I joy walking miner (mining engineering).

rozadora para carbón I coal cutter.

rozadura I scraping.

rozamiento I friction.

rozamiento cinético I kinetic friction.

rozamiento de rodadura I rolling friction.

rozamiento interno I internal friction.

rozamiento superficial I skin friction.

rozar I jad (to) (mining) I kerve (to) I kirve (to) I rub (to) I undercut (to) (mining).

rubellita I daourite.

rubí del Brasil I red topaz.

rubidio I rubidium (Rb).

rueda I wheel.

rueda carenada I faired wheel.

rueda catalina I balance wheel I catherine wheel I sprocket I sprocket-wheel.

rueda de acción I impulse wheel.

rueda de alimentación I feed wheel.

rueda de avance I feed wheel.

rueda de cadena I chain pulley.

rueda de cuba I tub wheel (hydraulics).

rueda de disco de chapa I plate disc wheel.

rueda de engranaje I pitch wheel.

rueda de escape I rack wheel I ratchet wheel.

rueda de espejos I mirror wheel.

rueda de espigas I pinwheel.

rueda de fricción I Y-gear.

rueda de husillos I pinwheel.

rueda de impulsión I impulse wheel (steam turbine).

rueda de paletas I paddle I paddle wheel.

rueda de paletas articuladas I feathering blade paddle wheel (ships) I feathering wheel.

rueda de piñón I pinion wheel.

rueda de pulir de discos de cuero I leather polishing wheel.

rueda de reacción I pressure wheel (turbine).

rueda de repuesto I spare wheel.

rueda de tornillo sin fin I worm gear.

rueda de trinquete I ratchet wheel.

rueda del timón I steering wheel.

rueda delantera I leading wheel.

rueda dentada I gear I pitch wheel I rack wheel.

rueda dentada cónica I miter wheel I mitre (G.B.).

rueda dentada madre I sun wheel (planetary gear).

rueda directriz I speed ring (hydraulic turbine).

rueda eólica I wind wheel.

rueda excéntrica I eccentric wheel.

rueda helicoidal I screw wheel I spiral wheel.

rueda hidráulica I undershot wheel I water wheel.

rueda hiperbólica I skew wheel.

rueda intermedia I lazy pinion (transmissions) I stud wheel (gear).

rueda loca I idler I lazy pinion I loose wheel.

rueda maestra I master wheel.

rueda móvil I rotor (turbine).

rueda para husillo I worm gear.

rueda parásita I stud wheel.

rueda Pelton I impulse turbine.

rueda planetaria I planet wheel I planetary wheel.

rueda plegable I retractable wheel.

rueda portadora I traveling wheel I truck wheel (locomotives).

rueda satélite I planet gear I planet wheel I planet-pinion.

rueda trasera I rear wheel.

rueda vertical I edge runner.

ruedas de husillos I mangle wheel.

rugómetro I rugometer.

rugoscopio I profiloscope.

rugosidad I roughness I rugosity.

rugosidades superficiales I stretcher strains.

rugosímetro I corrugmeter I profilometer I roughmeter I roughness tester I rugometer I rugosimeter I surface tester.

rugoso I coarse.

ruido I noise.

ruido de agitación térmica I shot noise.

ruido de amplificador I noise in amplifier (telecommunications).

ruido de amplitud I amplitude noise (radar).

ruido de canal inactivo I quiescent channel noise.

ruido de choque I knocking.

ruido de circuito I line noise.

ruido de corriente de cortocircuito I shorting noise.

ruido de equipo I set noise (telecommunications).

ruido de fondo I background noise (acoustics) I idle noise I internal noise I mush.

ruido de fritura I mush (radio) I shot effect (radio).

ruido de granalla I shot noise.

ruido de inducción I induction noise (circuits).

ruido de intermodulación I intermodulation noise.

ruido de línea I line hit I line noise.

ruido de modulación I modulation noise.

ruido de parásitos ambientales I sidetone (telephony).

ruido de termoagitación I thermal noise.

ruido eficaz medio I mean RMS noise.

ruido ergódico estacionario I stationary ergodic noise (electronics).

ruido errático triangular I triangular random noise (spectral).

ruido estelar I stellar noise (radioelectric).

ruido galáctico I galaxy noise.

ruido interno I internal noise I set noise.

ruido modal I modal (optic fibers).

ruido parásito I spurious noise I static (radio receiver).

ruido permanente I steady noise (telecommunications).

ruido ponderado I weighted noise (acoustics).

ruido por inducción I inductive interference.

ruido radioeléctrico I radio noise.

ruido radioeléctrico solar I solar radio noise.

ruido residual I idle noise I intrinsic noise (telecommunications).

ruido sofométrico I psophometric noise.

ruido sordo I rumble.

ruidos parásitos I interference I parasitic noises I X's (radio).

rulo apisonador I tamping roller.

rumbatrón I rhumbatron.

rumbo I angular bearing I bearing (ships) I compass heading I course I direction I heading I rhumb I strike I way.

rumbo aparente I steered course.

rumbo astronómico I astronomic bearing I true course.

rumbo con la brújula I compass course.

rumbo con relación al norte magnético I magnetic heading (aeronautics).

rumbo de interceptación I intercept bearing.

rumbo de un avión I angle of heading I vector.

rumbo del avión I aircraft heading.

rumbo del localizador I localizer course.

rumbo desviado I bent course.

rumbo intercardinal I intercardinal heading.

rumbo inverso I reciprocal course (navigation) I reverse bearing.

rumbo magnético I magnetic course I magnetic heading I magnetic track.

rumbo oblicuo I intercardinal point.
rumbo observado I observed bearing.
rumbo por balizaje I beacon course.
rumbo posterior I back course.
rumbo radárico I radar heading.
rumbo radiogoniométrico I radio bearing.
rumbo relativo I relative course.
rumbo sobre una carta Mercator I Mercator track.
rumbo verdadero I true bearing I true course.
runita I Jewish stone I runite.
ruptor I breaker I cutout I interrupter I make-and-break mechanism (automobile) I trembler (electricity).
ruptor de línea I line breaker.
ruptor distribuidor I make-and-break.
ruptor térmico I thermal switch.
ruptura I breach I break I breakage I breakover I breakup I rupturing.
ruptura de cadena I string break (register).
ruptura de serie I string break.
ruptura dieléctrica I dielectric breakdown.
ruptura eléctrica I electrical breakdown.
ruptura por irradiación láser I laser-induced breakdown.
ruptura Zener I Zener breakdown.
ruta I road I route I routing I way.
ruta aérea I aerial route I air way I skyway.
ruta aérea internacional I international air route.
ruta de aproximación I approach path I approach route.
ruta de conexiones I wire routing.
ruta de enlace I trunk route (telephony).
ruta de navegación marítima I lane.
ruta de tránsito I transit routing (telecommunications).

ruta de transmisión I transmission route.
ruta loxodrómica I rhumb course.
ruta magnética I magnetic course.
ruta marítima I sea road I sea route.
ruta ortodrómica I great circle route.
ruta principal I main route I trunk route.
rutenio I ruthenium (Ru).
ruterfordina I rutherfordine.
rutherfordio I unnilquadium (Unq - I.U.P.A.C.) I rutherfordium (Rf-USA)
rutilo I rutile.
rutina de análisis I trace routine.
rutina de búsqueda en memoria I memory search routine (computing).
rutina de clasificación I sort routine (computing).
rutina de control de las interrupciones I interrupt control routine.
rutina de corrección I patch routine I patching routine (computing).
rutina de gestión de interrupciones I trap handling routine.
rutina de introducción I input program.
rutina de rastreo I trace routine.
rutina de traducción I translating routine.
rutina de utilidad I utility routine (computing).
rutina directora I main schedule routine (program).
rutina maestra I master routine.
rutina preparatoria I housekeeping routine.
rutina principal I master routine (telephony).
rutina suplementaria de entrada-salida I input-output appendage.
rutina-intérprete I interpretive routine (computing).

S

sabinio | sabin (acoustic absorption unit).
sacabocados | cutting punch | nipping-tool.
sacabujes | bushing extractor.
sacachavetas | cotter puller | pin setter.
sacaclavos | nail puller | nail punch | nail remover | ripper.
sacafusibles | fuse puller.
sacamuestras | sample taker (drillings).
sacar con pala | scoop (to).
sacarasa | saccharase (biochemistry).
sacarosa | sucrose.
sacatestigos | core barrel | corer (drillings) | tester (drillings).
sacatestigos de diamante | diamond coring.
sacatestigos de sedimentos | sediment corer (petrology).
sacatestigos del terreno | sampler (drillings).
sacatuercas | nut extractor.
sacudida | jolting | shaking | shock.
sacudida sísmica | earthquake shock.
sacudimiento | sway.
sacudir | shiver (to).
safirina | blue chalcedony.
sagita de curvatura | curvature sagita.
sal | salt (chemistry).
sal ácida | acid salt.
sal básica | basic salt.
sal de roca | rock salt.
sal efervescente | effervescent salt.
sal eflorescente | efflorescent salt.
sal gema | native salt | rock salt.
sal iodurada | iodized salt.
sal lixivial | lixivial salt.
sal neutra | normal salt (chemistry).
sala | stall (mining).
sala blanca | white room (acoustics).
sala con reflexiones | live room (echoes).
sala de alternadores | generator room.
sala de conmutación | switch room.
sala de cuadros de operadores | operating room.
sala de dinamos | generator room.
sala de distribución | switch room.
sala de explotación | operations room (radar).
sala de gálibos | mold loft (dockyard).
sala de instrumentos | instrument room.
sala de mezcla | mixing room.
sala de operadores | operating room (telephony) | traffic room (radio).
sala de pruebas | testroom.
sala de teletipos | wire room.
sala de trazado | loft (aeronautics).

sala del cuadro | operating room (telephony).
sala ecoica | live room.
sala esterilizada | white room.
sala no absorbente | live room (acoustics).
sala reverberante | live room.
sala terminal | terminal room (telephony).
salar | salt (to).
salbanda | astillen (geology) | clay band | sal-band | vein wall | wall.
salbanda arcillosa | clay course.
salicilato | salicylate.
salicilato amílico | amyl salicylate.
salicilato de metilo | methyl-salicylate.
salida | discharge | effluxion (liquids) | egress | egression | outlet (pipes) | output (computing).
salida a nivel cero | zero-level output.
salida analógica | analog output.
salida cero | zero output (signal).
salida de antena | aerial lead-out.
salida de audiofrecuencia | AF output.
salida de comunicación | log off.
salida de desagüe | blowoff.
salida de la memoria | swap out (computing).
salida de línea | line out.
salida de programa | program exit (computing).
salida de radiofrecuencia | R.F. out (sound and image).
salida de un compilador | object code.
salida digital | digital output.
salida en tiempo real | real-time output (computing).
salida impresora de la memoria | memory print-out (computing).
salida máxima sin distorsión | maximum undistorted output.
salida no cortocircuitada | non-shorted output.
salida por lectura | read out (computing).
saliente | boss | salient | shoulder | stud.
salificar | salify (to) (chemistry).
salino | saline.
salinómetro | concentration indicator | salimeter | salinity indicator | salinity meter.
salir | flow (to).
salir a la superficie | surface (to).
salir del puerto | leave harbor (to) (navigation).
salitre | niter | nitrate | nitre | saliter | saltpeter | saltpetre.
salitre de Chile | cubic saltpeter.
salitre sódico | soda saltpeter.
salón de gálibos | loft floor.

salpicadura I splash I splashing (metallurgy).
salto I jump (computing) I skipping (telecommunications).
salto de agua I waterfall.
salto de arco I arcover.
salto de imagen I jump cut.
salto de tensión I voltage jump.
salto de voltaje I voltage jump.
salto efectivo I working fall.
salto en paracaídas I jump.
salto energético I energy gap.
salto único I single hop (electronics).
salto útil I working fall (hydrography).
salvamento I salvage.
salvamento aeromarítimo I air-sea rescue.
samario I samarium (Sm).
saneamiento con filtraciones I leaching cesspool.
sangrado I indention.
sangradora I bleeder drain.
sangrar I indent (to) (printing).
sangrar (árboles) I box (to).
sangría I tap I tapping (smelting).
sangría de párrafo I paragraph indention (printing).
sangría de una línea I indentation (typography).
sanguina I reddle.
sanguinita I red silver.
saprolito I mantle-rock.
sapropel I sapropel.
saquito de Kempac I Kempac pad.
sarga por urdimbre I warp twill.
satélite I satellite.
satélite activo I active satellite.
satélite activo de comunicaciones I active communications satellite.
satélite artificial I artificial satellite I orbiter.
satélite artificial topográfico I mapping satellite.
satélite cartográfico I cartographic satellite.
satélite con el eje en oscilación I wobbling satellite.
satélite con nutación I wobbling satellite.
satélite de comunicaciones I communications satellite.
satélite de investigación I research satellite.
satélite de órbita polar I polar-orbit satellite.
satélite de órbita variable I random-orbit satellite.
satélite de telecomunicación I telecommunication satellite.
satélite de televisión I television satellite.
satélite de vigilancia I surveillance satellite.

satélite detector de explosiones nucleares I nuclear explosion detection satellite.
satélite geodinámico láser I laser geodynamics satellite.
satélite geoestacionario I synchronous satellite.
satélite geostacionario I stationary earth orbit satellite.
satélite meteorológico I weather observation satellite.
satélite pasivo de telecomunicación I passive communication satellite.
satélite planetario I planetary satellite.
satélite polivalente I multi-purpose satellite.
satélite repetidor I relay satellite I telecommunications relay satellite.
satélite síncrono I synchronous satellite.
satélite transmisor de señales I active satellite.
satelizar I place into orbit (to).
satinado I planishing (photography).
satinador I calender I mangle.
satinadora I glazing machine.
satinar I burnish (to) (photography) I calender (to) (paper) I glass (to) I glaze (to) I gloss (to) I mangle (to) I planish (to) (photography).
saturable I saturable.
saturación I saturation.
saturación anódica I plate saturation.
saturación cromática I color saturation.
saturación dieléctrica I dielectric soak.
saturado I saturated.
saturante I saturant.
saturar I saturate (to) (chemistry).
saturómetro I saturation meter.
scheelita I calcium tungstate.
secado al aire I air dried.
secado al horno I kiln-dried I kilning I oven-dried.
secado por infrarrojos I infrared drying.
secado por sublimación I sublimation drying.
secador infrarrojo I infrared dryer.
secamiento al vacío I vacuum drying.
secamiento centrífugo I centrifugal drying.
secante I drying agent I secant.
secante para pintura I paint dryer.
secar I wipe (to).
secar en el horno I oven-dry (to).
secar en la estufa I kiln-dry (to).
sección I section.
sección cuadrada I square section.
sección de admisión I induction section.
sección de amplificación I repeater section.
sección de desagüe I waterway (bridges).
sección de extracción I stripping section.
sección de la viga I beam section.
sección de línea I stub line (telephony).

sección de paso de agua | waterway (valves).

sección de radio | radio section (telecommunications).

sección de repetición | repeater section (telecommunications).

sección de reserva | reserve link (telecommunications) | reserve section (telecommunications).

sección derivada de adaptación | matching stub.

sección eficaz | cross section.

sección eficaz de captura neutrónica | neutron capture cross-section.

sección eficaz de difusión | scattering cross-section (nuclear reactor).

sección eficaz de transporte | transport cross-section (nuclear energy).

sección eficaz macroscópica | macroscopic cross section.

sección eficaz maxweliana | Maxwellian cross section.

sección en T | tee (waveguide).

sección longitudinal | longitudinal section | profile view.

sección mínima de paso | throat (pipeline).

sección transversal | cross section.

seccionador | isolating switch (electricity) | isolator (electric line) | line breaker | sectionalizer | sectionalizing switch | splitter breaker (electric power system) | switch (electricity).

seccionador de línea | insulating switch (electricity) | line breaker (electricity).

seccionamiento | sectioning.

seccionamiento de la imagen | tearing.

seccionar | cross section (to).

seco | dried | dry | moisture-free | moistureless.

secreto | secrecy (telecommunications).

sectante | sectant (crystallography).

sector | sector.

sector de aterrizaje | landing site.

sector de localizador | localizer sector (modulation).

sector de pistas | track sector.

sector de selfactina | mule quadrant.

sector de silencio | silent arc (telecommunications).

sector de Stephenson | reversing link.

sector de visibilidad | arc of visibility.

sector del cambio de marcha | reversing link.

sector dentado | segment gear (mechanics) | segmental rack (mechanics).

sector n | n quadrant (radionavigation).

secuencia | follow-up | order sequence (program).

secuencia binaria | binary sequence.

secuencia conectada | string.

secuencia cronizada | timing sequence.

secuencia de aterrizajes | landing sequence (airports).

secuencia de bit | byte.

secuencia de fases | phase sequence.

secuencia indefinida | infinite sequence.

secuencia negativa-positiva-negativa | N-P-N sequence (transistor).

secuencia ordenada | string (computing).

secuenciación | sequencing.

secuenciador | sequencer.

secuencial | multistage | sequential | serial.

secuestrante | sequestering agent (chemistry).

secundario | second | secondary | subordinate | subsidiary.

sedimentación | sedimentation | settlement | settling | siltation.

sedimentación iónica | ion plating.

sedimentador | settler.

sedimentar | deposit (to) | precipitate (to) (chemistry).

sedimentario | aqueous (rocks).

sedimento | draff | dross | sediment | settling | silt | sludge.

sedimento ácido | acide sludge.

sedimento arcilloso | mudstone.

sedimento de gasolina | naphtha sludge.

sedimento de nafta | naphtha sludge.

sedimentos | cuttings.

sedimentos basales | bottom set beds.

segador | lawn mower (radar).

segadora y trilladora | combine harvester (agriculture).

segmentación | segmentation.

segmento | segment.

segmento de programa | page (computing).

segmento interceptado | intercept.

segmento oscilante | rocker.

segmento peinador | needle half lap.

segregación | segregation.

segregación de grafito | kish (metallurgy).

segregación inversa | negative segregation (metallurgy) | reverse segregation (metallurgy).

segregación preferencial | preferential segregation (metallurgy).

segregación radial | radial segregation (metallurgy).

segregados de temperatura de fusión baja | low-melting-point segregates.

segueta | bow saw | compass saw | fret saw | hack saw | inlaying saw.

seguidor de la fuente | source follower (electricity).

seguidor selectivo | selective trace (computing).

seguimiento | follow-up.

seguimiento automático | searchlighting (radar).

seguimiento automático del blanco | locking on the target (gun radar).

seguimiento con radar | radar tracking | radio tracking.

seguimiento de la luna | moon tracking (astronomy).

seguimiento de misiles por radar | radar missile tracking.

seguimiento de proyectiles autopropulsados | miran.

seguimiento del haz | beam riding.

seguimiento por monoimpulso | monopulse tracking.

seguimiento por rayos gamma | gamma-ray tracking.

seguimiento radioeléctrico | radio tracking.

seguimiento solar | sun tracking (solar collector).

seguir automáticamente el blanco | lock on (to) (radaric beam).

segunda fuente | second source (computing).

segundo detector de vídeo | second video detector.

segundo foque | middle jib.

seguridad | safety | security.

seguridad de funcionamiento | reliability.

seguro de prueba | test lock (computing).

selección | selecting | selection.

selección alternativa | alternate selection (computing).

selección automática | automatic hunting (radio).

selección de frecuencias | frequency selective.

selección de impulsos | pulse selection.

selección de señal en el tiempo | strobing (radar).

selección de terminales P B X. automáticamente | P.B.X. terminal hunting.

selección falsa | faulty selection (telecommunications).

selección por disco giratorio | rotary dial selection.

selección por teclado | pushbutton selection (telephony).

seleccionador múltiple | multisorter.

seleccionar un impulso | strobe (to).

selector | director (telephony) | selector (telephony) | tuner (radio).

selector de alcance | range selector.

selector de avances | feed selector.

selector de banda | range selector.

selector de bandas laterales | sideband selector.

selector de canales | channel selector.

selector de clavija | plug selector.

selector de dos movimientos | Strowger selector (vertical-horizontal).

selector de ecos | echo selector.

selector de entrada | incoming selector (telecommunications).

selector de escobillas | trip spindle.

selector de frecuencias | frequency discriminator | frequency selector.

selector de impulsos | pulse sorter.

selector de interlineación | line space selector.

selector de línea | line selector.

selector de líneas | intercommunication switch.

selector de neutrones | neutron chopper (nucleonics).

selector de pista | track selector (magnetic recording).

selector de potencia | power selector.

selector de programas | program selector (computing).

selector de recodificación | recode selector (computing).

selector de relé | relay selector.

selector de salida | outgoing selector.

selector de trayectos | path selector.

selector de velocidad neutrónica | neutron velocity selector.

selector del cambio de velocidades | selector (autos).

selector del paso | pitch selector.

selector explorador | scanner selector (communications).

selector libre | idle selector (telephony).

selector multidireccional | multiway selector.

selector paso a paso | step-by-step selector (telecommunications).

selector primario | A-digit selector (telephony) | access selector (telephony).

selector registro-lectura | recording-reproducing switch.

selector regulador de rumbo | omnibearing selector.

selector repetidor de conmutación | switching-selector repeater.

selector Strowger | Strowger selector.

selenio | selenium (Se).

selenio rojo | flowers of selenium.

selenito | selenite (chemistry).

seleniuro de plomo | lead selenide (Pb_2S).

selenoide | selenoid.

selfactina I mule I mule jenny I self-acting mule.

selfactina de retorcer I mule twiner.

sellar juntas I calk (to).

sello hidráulico I liquid seal.

selsyn I selsyn.

semiamplitud I half-width.

semiautomático I semiautomatic.

semiciclo I half-wave.

semicírculo I semicircle.

semiconductor I semiconducting I semiconductor (microelectronics).

semiconductor intrínseco I intrinsic semiconductor.

semiconductor P con déficit metálico I metal-deficit P-semiconductor.

semiconductor transportador positivo I P-type semiconductor.

semiconexión I half connection.

semielaborado I unfinished.

semiesfera I hemisphere.

semionda I half-wave.

semionda positiva I positive half of a wave.

semistor I semistor.

sencillo I plain.

senda I path I way.

seno I sine (mathematics) I trough (waves).

seno de la onda I wave trough.

seno de ola I wave trough.

sensación sonora I loudness.

sensibilidad I sensitivity (implements).

sensibilidad al efecto de entalladura I notch sensitivity.

sensibilidad del objetivo I lens speed (brightness).

sensibilidad mínima a la entalla I minimum notch sensitivity.

sensibilización I sensitization.

sensibilizador I sensitizer.

sensibilizar I sensitize (to) (metallurgy) I wipe-on (to).

sensible a la entalla I notch sensitive (metallurgy).

sensible a la temperatura I temperature-sensing.

sensible al infrarrojo I infrared sensitive.

sensitivación I sensitization (metallurgy).

sensitómetro I sensitometer.

sensor I detecting head I feeler I sensor.

sensor de guiñada I yaw attitude sensor (satellites) I yaw sensor (satellite).

sensor de humedad I dew sensor.

sensor de luz I light sensor.

sensor de posición I position sensor.

sensor de radiaciones I radiation sensor.

sensor de radiosonda I radiosonde sensor.

sensor de rayos infrarrojos I infrared sensor (missiles).

sensor de sobrevelocidad I overspeed sensor.

sensor de vibración I vibration sensor.

sensor del infrarrojo I infrared-sensing device.

sensor detector de deformación I strain-gage sensor.

sensor fotoeléctrico I photoelectric pickup.

sensor inercial I inertial sensor.

sensor infrarrojo I infrared sensor.

sensor óptico I optical feeler.

sensor pasivo I passive sensor.

sensor terrestre boreal I north earth sensor (satellites).

sentar I seat (to).

sentencia modificadora utilitaria I utility modifier statement (computing).

sentido I sense (navigation).

sentido directo I positive direction.

sentido inverso I reverse direction (diodes).

sentina I bilge.

señal I landmark I mark I marking I sign I signal.

señal acústica I acoustic signal I audible signal I audio-signal.

señal acústica submarina I submarine sound signal.

señal analógica I analog signal (computing).

señal audiofrecuente en paralelo I parallel audio signal.

señal auxiliar de conmutación I switching pilot.

señal auxiliar de sincronización I synchronizing pilot.

señal casual I random signal (telecommunications).

señal compensadora I shading signal (TV).

señal compuesta I composite signal (TV).

señal con luz amarilla I yellow-aspect signal.

señal conmutadora I keying signal.

señal cromática I color signal.

señal cronométrica I time tick.

señal cuantificada I quantized signal.

señal de absorción I absorption marker.

señal de advertencia I warning signal.

señal de alarma I safety signal I warning sign I warning signal.

señal de aproximación I middle marker.

señal de arranque I start signal (communications).

señal de audición mínima I minimum-strength signal (radio) I null (radio).

señal de avería I trouble tone.

señal de aviso I offering signal (telephony).

señal de baja frecuencia I lf signal.

señal de barra I bar waveform (TV).

señal de bifurcación I junction signal (railways).

señal de blanco I nominal white (TV) I target signal (electronics).

señal de borde de pista I runway edge marking.

señal de borrado I jam signal.

señal de caída de tensión de línea I line drop signal.

señal de calibración I marker pip.

señal de cancelación I cancelling signal.

señal de comienzo I start signal.

señal de componente única I single-component signal.

señal de conmutación I switching signal.

señal de control I controlling signal.

señal de crominancia Q I Q chrominance signal (TV).

señal de densidad mínima I picture white (TV).

señal de desbloqueo I unblocking signal (telecommunications).

señal de desconexión I disconnect signal I prefix I prefix signal I release signal.

señal de desenganche I prefix signal.

señal de despegar I wind-up signal (airplanes).

señal de eco I echo blip (radar).

señal de emisión I outgoing signal I transmit signal (communications).

señal de entrada al limitador I limiter input signal.

señal de entrada sinusoidal I sinusoidal input.

señal de estación esclava I slave signal.

señal de fin de imagen I picture stop (videodisc).

señal de finalización I supervisory signal (telephony).

señal de frecuencia única I simple signal.

señal de identificación I pilot signal I pilot tone.

señal de imagen I picture signal I vision signal (TV).

señal de imagen de salida I output video signal (television).

señal de impulso corto I narrow pulsed signal.

señal de impulsos I pulse signal.

señal de información I intelligence signal.

señal de inicialización I reset signal.

señal de intensidad excesiva I space bias.

señal de interrogación I interrogation signal I interrogator signal.

señal de intervalo I interval signal.

señal de invitación a transmitir I ready signal (telegraphy).

señal de la derecha I right signal.

señal de línea libre I idle signal (telephony).

señal de llamada I call-up (radio) I recall signal (telephony) I ringing.

señal de llamada por impulsos I impulsing signal.

señal de marcación I impulsing signal (telephony).

señal de medida I measuring mark.

señal de modulación I modulation signal.

señal de onda cuadrada I square wave signal.

señal de onda rectangular I rectangular signal.

señal de peligro I scram signal (nuclear reactor).

señal de portadora I carrier signal.

señal de posición I position sign I position-target (railways).

señal de precaución I caution sign.

señal de prueba I pilot signal.

señal de puesta a cero I reset signal.

señal de pulsaciones I beat signal.

señal de realimentación I feedback signal.

señal de realimentación del bucle I loop feedback signal.

señal de recorrido I route marker (railways).

señal de referencia I measuring mark I reference signal.

señal de regulación de tiempo I timing signal.

señal de reposo I interval signal.

señal de respuesta I return light I return signal.

señal de retorno I feedback signal I return echo I return signal I signal return.

señal de salida I outgoing signal (telephony).

señal de salida de lectura I read output (computing).

señal de selección I selection signal (switching network).

señal de sincronización I sync pulse I sync signal I synchronization signal I synchronizing signal.

señal de sombreado I shading signal.

señal de teleimpresor I teletypewriter signal.

señal de telemedida I telemetry signal.

señal de televisión I television signal.

señal de temporización I timing signal.

señal de terminación I clear forward signal.

señal de término de conversación I on hook signal (telephony).

señal de toma de línea I seizure signal (telephony).

señal de umbral I threshold signal (radionavigation).

señal de ventana I window signal (TV).

señal de vía libre I open signal.

señal de vídeo I video signal I video transmission.

señal débil I small signal I weak signal.

señal del código Q I Q signal (radiocommunications).

señal del terreno I landmark.

señal desmodulada I demodulated signal.

señal disparadora I triggering signal (electrotecnics).

señal entre portadoras I signal intercarrier.

señal espuria I spurious signal.

señal heterodina I beat signal.

señal horaria I time tick.

señal horaria internacional I international time signal.

señal horaria radiotelegráfica I radio time-signal.

señal inhibidora I inhibit signal.

señal internacional de llamada I international call sign (communications).

señal inversa I backward signal (communications).

señal luminosa I lamp signal I light signal I luminous signal.

señal marcadora excesiva I mark bias.

señal mioeléctrica I myoelectric signal.

señal nula I zero signal.

señal óptica I visible signal.

señal oscilante I wigwag signal.

señal para alimentación del bucle I loop feed back signal.

señal para transmitir I start-pulsing signal (telephony).

señal parásita I interfering signal (radio).

señal patrón I standard signal (electrotecnics).

señal perturbadora I interfering signal.

señal preparatoria de tráfico I preparatory traffic signal (telecommunications).

señal pulsatoria I pulsed signal I ripple signal.

señal radioeléctrica internacional de socorro I MAYDAY.

señal rechazada I rejected signal (telecommunications).

señal reflejada I reflected signal.

señal repetida I repeated signal.

señal R-Y I R-Y signal (TV).

señal semiautomática I semiautomatic signal (railways).

señal sin interferencias I interference-free signal.

señal sincronizadora de líneas I line synchronizing signal.

señal sincronizante de la imagen I picture-synchronizing signal.

señal sonora de alarma I scramble.

señal subportadora de fase en cuadratura I quadrature-phase subcarrier signal.

señal telegráfica I telegraph signal.

señal telemétrica I telemetric signal.

señal televisiva de amplia banda I wideband television signal.

señal transmitida por radio I radio signal.

señal verificadora del VOR I V.O.R. test signal.

señal vídeo I vision signal I picture signal (TV).

señal visual I video signal.

señal Y I Y signal.

señalador de objetivos por láser I laser target designator.

señalar I mark (to).

señales de entrada de pista I runway threshold markings.

señales de línea I line signals (telephone network).

señales del servicio télex I telex service signals.

señalización I signalling.

señalización de circuito abierto I open circuit signalling.

señalización de dos tonos I two-tone signaling.

señalización de frecuencia vocal I voice frequency signalling.

señalización dentro de banda I in-band signaling.

señalización manual I ringdown signaling (telephony).

señalización multitrama I multiraster signaling (TV).

señalización por rayos infrarrojos I infrared signaling.

señalización submarina I underwater signaling.

señalizador I flag.

señalizar I signalise (to) I signalize (to).

separación I parting (mining) I partition I segregation I separating.

separación de fases I phase splitting.

separación de los álabes I pitch of the blades (turbine).

separación de los electrodos I gap clearance.

separación de los impulsos I pulse spacing.

separación de portadoras I carrier spacing.

separación del haz de láser I laser beam splitting.

separación electrolítica I electrolytic winning (metallurgy).

separación entre agujas I needle gap (electrodes).

separación entre bloques I interblock gap.

separación entre canales | interchannel isolation.

separación entre grabaciones | write gap (computing).

separación interlaminar | interlamellar spacing.

separación larga | long break (telecommunications).

separación por atacado | separation etching (chemistry).

separación por inercia | momentum separation.

separación por tobera | nozzle separation.

separador | insert | releaser | resolver | separator | splitter | spreader | stretcher (mines, tunnels).

separador de absorción | absorption separator.

separador de amplitud | synchronizing separator.

separador de impulsiones | impulse separator.

separador de interferencias | buffer.

separador de minerales | vanner.

separador de sincronización | impulse separator (television).

separador de unidades | unit separator.

separador magnético por vía húmeda | wet magnetic separator.

separar | break off (to).

separar por fusión | melt off (to).

separar por vibración y lavado | jig (to) (minerals).

sepiolita | ecume de mer | meerschaum | pipe stone.

serie | array | scale (numbers) | string.

serie de datos | output stream.

serie de desintegración del uranio | uranium decay series.

serie de prueba | pilot run.

serie de reglaje | pilot run (processing).

serie espectral | spectral series (spectrography).

serie logarítmica | logarithmic series.

serie recurrente | recurrent series.

serie-paralelo | series-parallel.

serigrafía | silk-screening.

serpentear | wriggle (to).

serpenteo | wriggling.

serpentín | coil | coil condenser | pipe coil | spiral condenser | worm | worm pipe.

serpentín recalentador | reheating coil.

serpentina | serpentine (mineralogy).

serrado | toothed.

serrar | saw (to).

serretas | cargo battens (ships).

serrucho | handsaw | saw.

serrucho de calar | coping saw | keyhole saw | padsaw.

serrucho de contornear | padsaw.

serrucho de marquetería | compass saw.

serrucho de punta | compass saw | lock saw | padsaw.

serrucho para machihembrar | dovetail saw.

servicio | service | utility.

servicio continuo | continuous duty.

servicio de carga variable | varying duty.

servicio de contador | measured service (telecommunications).

servicio de escucha | listenning watch (radio).

servicio de intercepción | intercept service (telephony).

servicio de llegada | incoming service (telecommunications).

servicio de mantenimiento | maintenance service.

servicio de mediciones | maintenance service (telecommunications).

servicio de retransmisión televisiva | television relay service.

servicio de telecomunicaciones | telecommunication service | teleservice.

servicio de télex | telex service.

servicio de transmisión visual | visual broadcast service.

servicio espacial | space service (radiocommunications).

servicio ininterrumpido | uninterrupted duty (telephony).

servicio intermitente | intermittent rating.

servicio interurbano | intercity service.

servicio medido | measured service (telephony).

servicio meteorológico | weather service.

servicio radiotelefónico marítimo | maritime radiotelephone service.

servicio simultáneo | interlace operation (computing).

servicios de transmisiones y comunicaciones | signal corps.

serviola del ancla | anchor beam.

servo | servo.

servo limitador de velocidad | velocity-limiting servo.

servoaccionar | servooperate (to).

servoadaptador | servocoupler.

servoaltímetro | servo altimeter.

servoamplificador | servoamplifier.

servoasistido | power-boosted (gear).

servobomba | servopump.

servocátodo de salida | output cathode follower (TV).

servocilindro I servo cylinder.
servocircuito I servo circuit I servocircuit.
servocircuito de c.a.f I a.f.c. loop.
servocontrol I followup control I servocontrol.
servocontrolador I controller system.
servodino I servodyne.
servoelectrónico I servoelectronic.
servoenlace I servolink.
servoflap I servoflap.
servofreno I booster brake I brake booster I power-assisted brake system I servobrake.
servofreno de vacío I vacuum brake servo.
servomandado I power-operated.
servomando I boost system I closed loop control I heightened control I power control I power-assisted control.
servomando para aeronaves I aircraft power control.
servomanipulador I mechanical hand.
servomecanismo I power control I servo I servo equipment I servomechanism.
servomecanismo de pluricircuitos I multiloop servosystem.
servomecanismo de predicción I prediction servomechanism.
servomecanismo de regulación de la posición I position-control servomechanism.
servomecanismo discriminador I sampling servo.
servomecanismo neumático I pneumatic servo.
servomecanismo pluricircuital I multiple-loop servomechanism.
servomecanizar I servomechanize (to).
servomotor I actuator I power assistor I power servo I relay I self-energized I servomotor.
servomotor de mando de la aguja I needle control servomotor.
servomotor del deflector del chorro I jet-deflector servomotor (impulse turbine).
servomotor del timón I steering engine (ships).
servomotor oleohidráulico I oily servo.
servomultiplicador I servo multiplier.
servopistón I servopiston.
servorregulador I servogovernor I servoregulator.
servorregulator I servo controller.
servoscopio I servoscope.
servosincronizador automático I magslip I synchro.
servosistema I servocontrol system I servosystem.
servosonda I servoprobe.
servotrón I servotron.
servoválvula I servovalve I valve actuator.

sesgado I oblique I slanting.
sesgar I slant (to) I slope (to).
sesgo I lay I obliquity I skew I skewness I slant.
seudocódigo I pseudocode (computing).
sextante I index glass I sextant.
sextante aeronáutico I bubble sextant.
sextante de espejo I mirror sextant.
sextante marino I nautical sextant.
sextante topográfico I surveying sextant.
shoran I shoran I short range navigation (shoran).
shunt I shunt.
shunt magnético I keeper I magnet keeper I magnetic shunt.
shunt no inductivo I noninductive shunt.
shuntar I shunt (to).
sial I sial (lithosphere).
siderita I brown ironstone I carbonate ore I ironstone I siderite.
siderita arcillosa I clay ironstone.
siderógeno I iron-producing.
siderurgia I iron and steel metallurgy I iron and steel plant I siderurgy.
siembra de minas I mine sowing.
sierra I saw.
sierra abrazadera I long saw I pit saw.
sierra al aire I pit saw.
sierra alternativa I reciprocating saw.
sierra alternativa de varias hojas I multiple saw.
sierra alternativa para trocear rollizos I log cross-cutting machine.
sierra alternativa vertical I jigsaw.
sierra articulada I jointed saw.
sierra basculable I tiltable saw.
sierra cilíndrica I barrel saw I tube saw.
sierra circular I disk saw I revolving saw.
sierra circular de balancín I pendulum circular saw I pendulum cross-cut saw.
sierra circular oscilante I wobble saw.
sierra con armazón I mill saw.
sierra cortametales I hacksaw.
sierra de arco I bow saw.
sierra de balancín para trocear I swing crosscut saw.
sierra de banda I band saw.
sierra de bastidor I frame saw.
sierra de bastidor para rollizos I log frame saw.
sierra de cadena I chain saw.
sierra de calar I fret saw.
sierra de cantear I edger.
sierra de cantero I quarryman's saw I stone saw.
sierra de carpintero I carpenter's saw.

sierra de cinta | belt-saw | ribbon saw | strap saw.

sierra de contornear | bow saw | jib-saw | jig-saw | piercing saw | scroll saw.

sierra de cortar al hilo | ripsaw.

sierra de costilla | narrow back saw.

sierra de descantear | edge saw.

sierra de disco | radial saw.

sierra de ebanistería | cabinet saw.

sierra de mano | handsaw.

sierra de marquetería | fret saw | inlaying saw | scroll saw.

sierra de mesa | table saw.

sierra de perforación | hole saw.

sierra de talar | falling saw.

sierra de trocear | cutoff saw.

sierra de tronzar | butt saw | jack saw | log saw.

sierra de trozar | dago.

sierra de tumba | falling saw.

sierra de vaivén | jigsaw | shuttle saw.

sierra elíptica | wobble saw.

sierra excéntrica | wobble saw.

sierra mecánica | mill saw | power saw | sawing machine.

sierra neumática de cadena | pneumatic chain saw.

sierra para aserrar al hilo | ripping saw.

sierra para cortar ingletes | miter saw.

sierra ranuradora | slitting saw.

sierra segueta | buhl saw | curving saw.

sierra tronzadera | crosscut saw.

sifón | siphon | syphon.

sifón de pie | interceptor.

sifón térmico | thermal siphon.

sigmatización | sigmatization (metallurgy).

sigmatizar | sigmatize (to) (metallurgy).

sigmatrón | sigmatron.

signo | mark | sign | signal.

signo óptico | optic character (mineralogy).

silbido | whistle.

silbido de sonar | ping.

silbido parásito atmosférico | whistler (ionosphere).

silenciador | silencer | squelch (radio) | squelch circuit (radio).

silenciador de escape | muffler (engines).

silenciador de la admisión | intake muffler.

silenciador de la toma | intake muffler.

silencio | silence.

silencioso | noiseless.

sílex | flint | flint stone | silex.

sílex negro | rock-flint.

silicagel | silica gel.

silicato | silicate.

silicato cálcico | calcium silicate.

silicato calciomagnésico | calcium-magnesium silicate.

silicato de litio | lithium silicate.

silicato de litio y circonio | lithium-zirconium silicate.

silicato de manganeso | braunite.

silicato de potasa | soluble glass.

sílice | silica.

sílice criptocristalina | caolad flint.

sílice diatomácea | celite.

silíceo | acid (metallurgy).

silicio | silicon (Si).

siliciuro | silicide.

siliciuro de calcio | calcium silicide.

siliciuro de hierro | iron silicide.

siliciuro de litio | lithium silicide.

siliciuro de niobio | niobium silicide.

silicocalcio | silicocalcium.

silicocarburo | silicocarbide.

silicofosfato | silicophosphate.

silicomanganeso | silicomanganese.

silicona | silicone.

sillar | bed-stone (walls) | building stone | dressed stone | hewing stone | work stone.

sillar de arranque | skewback.

sillar de traba | joggle-joint (walls).

sillarejo | block-in-course.

sillería | masonry.

silueta | outline.

siluminio | alpax.

silvania | yellow tellurium.

silvanita | graphic gold | white tellurium.

silvatrón | sylvatron.

silvicultura | forest-culture | forestation | forestry.

símbolo | symbol.

símbolo de tensión continua de ánodo | Ep.

simetría | symmetry.

simetría a espejo | mirror-symmetry.

simetría especular | mirror-symmetry.

simetría por reflexión | mirror symmetry (geometry).

simétrico | push-pull.

simetrizar | symmetrize (to).

simple | single.

símplex | simplex.

simulación | simulation | spoofing (electronics).

simulación de movimiento | motion simulation.

simulación por red aleatoria | random-net simulation.

simulador | simulator (spatial training apparatus).

simulador de reactor I reactor simulator.

simulador de ruidos I noise simulator.

simulador de vuelos I synthetic trainer.

simulador tripulado I manned simulator.

simultáneo I simultaneous.

sin cartucho I tubeless (fuses).

sin condensador en paralelo I unbypassed (electricity).

sin conexión a masa I ungrounded.

sin hilos I wireless.

sin piloto I unmanned (balloons, airplanes).

sin tripulación I unmanned (ships, satellites).

sin tubo I tubeless.

sin válvula termiónica I tubeless.

sin válvulas I valveless.

SINAD I SINAD (signal plus noise and distortion).

sinclasa I contraction joint (geology).

sinclinal I inverted saddle (geology) I syncline (geology).

sinclinal aquillado I carinate syncline.

sinclinorio atípico I abnormal synclinorium (geology).

sincro I synchro I teletorque.

sincrociclotrón I frequency-modulated cyclotron.

sincrodino I synchrodyne.

sincrofasotrón I synchrophasotron.

sincrófono I synchrophone.

sincrogenerador I synchrogenerator.

sincroguía I synchroguide.

sincrómetro I synchrometer.

sincrómetro de masa I mass synchrometer.

sincromotor I synchro motor.

sincronía I synchrony.

sincronismo I locking-in I synchronism.

sincronismo en serie I cascade synchronism.

sincronización I clocking I locking (electricity) I phasing (electricity) I sync I synchronization I time control I timing.

sincronización de fase I phase lock.

sincronización de imagen I image lock.

sincronización estroboscópica I strobing (computer).

sincronización exterior I injection locking.

sincronización inicial I handshaking I preamble (tape).

sincronización interna I internal clocking.

sincronización por inyección I injection locking (Klystron)

sincronización preventiva I prescoring (movies).

sincronizado I lock-in (television).

sincronizador I synchro I synchronizer.

sincronizador de ciclos de soldeo I welding timer.

sincronizador de gran tiempo de retardo I long-delay timer.

sincronizador de propulsión mecánica I motor-driven timing device.

sincronizador de tiratrón I thyratron timer.

sincronizador inductivo I inductive timer.

sincronizador magnético I magnetic synchronizer.

sincronizador neumático I pneumatic timing mechanism.

sincronizar I phase (to) (electricity) I time (to).

síncrono I synchronous.

síncrono de fuerza I torque synchro.

sincronómetro I synchronometer.

sincronoscopio I synchronoscope.

sincrorreceptor I receiver synchro.

sincroscopio I synchroscope.

sincroscopio indicador I indicating synchroscope.

sincrotransmisor I synchrotransmitter I transmitter synchro.

sincrotrón I synchrotron.

sincrotrón de enfoque fuerte I strong focusing synchrotron.

sincrotrón de gradiente nulo I zero gradient synchrotron.

sincrotrón protónico I proton synchrotron I protonic synchrotron.

sinergético I synergetic.

sinergístico I synergistic.

sinfín de granzas I trailing screw.

sinistrorso I left-handed.

sinódico I synodical.

sinóptico I synoptic.

sinterización I clotting (roasting) I fritting I sintering I sinterization.

sinterización activada I activated sintering.

sinterización de mineral de hierro I iron ore sintering.

sinterización de minerales I ore sintering.

sinterización en el vacío I vacuum sintering.

sinterizado I sintered.

sinterizado por tostación I roast-sintering.

sinterizar I sinter (to) I sinterize (to).

síntesis de la red I network synthesis.

síntesis del cuadrípolo I network synthesis.

sintético I synthetic.

sintetizador de impulsos I pulse synthesizer.

sintetizador de voz I voice synthesizer I voice unit.

sintonía I tune.

sintonía de una estación de radio I signature.

sintonía inductiva I inductive tuning.

sintonía por núcleo I slug tuning (radio).
sintonía por reluctancia I reluctance tuning.
sintonizable I tunable.
sintonización I tuneup I tuning.
sintonización ancha I broad tuning.
sintonización aproximada I rough tuning.
sintonización capacitiva I capacitive tuning.
sintonización de frecuencia de radio I patching.
sintonización electrónica I electronic tuning.
sintonización en línea I in-line tuning (receiver).
sintonización en red I netting.
sintonización escalonada I stagger tuning.
sintonización óptica I visual tuning.
sintonización plana I broad tuning.
sintonización por permeabilidad I permeability tuning.
sintonización precisa I sharp tuning.
sintonización recíproca I back tuning.
sintonización silenciosa I quiet tuning.
sintonización variable I variable tuning.
sintonizado I tuned (radio, TV).
sintonizado en paralelo I parallel-tuned.
sintonizador I syntonizer I tuner I tuning unit.
sintonizador de acoplamiento inductivo I loose-coupled tuner.
sintonizador de adaptador I stub tuner.
sintonizador de antena I antenna tuner.
sintonizador de barra I slug tuner.
sintonizador de frecuencia ultraalta I ultra-high-frequency tuner.
sintonizador de guía de ondas I slug tuner I waveguide tuner.
sintonizador de guiaondas de manguito I waveguide slug tuner.
sintonizador de inducción I inductuner.
sintonizador de muy alta frecuencia I very-high-frequency tuner.
sintonizador de radio I radio tuner.
sintonizador de sonda I probe tuner.
sintonizador de torreta I turret tuner.
sintonizador de vídeo I video tuner.
sintonizador de visión I vision tuner.
sintonizador giratorio I turret tuner.
sintonizador múltiple I multiple tuner.
sintonizador para canales de VHF I V.H.F. channel tuner.
sintonizador televisivo I television tuner.
sintonizador térmico I thermal tuner.
sintonizar I align (to) I resonate (to) I syntonize (to) I tune (to) (radio, TV).
sinuosidad I wriggle.
sirga I haul down cable I towline I towrope.
sismicidad I seismicity.
sísmico I seismic.

sismo I earthquake I seism.
sismocronógrafo I seismochronograph.
sismografía I seismography.
sismógrafo I seismograph.
sismógrafo de inducción I induction seismograph.
sismógrafo de reflexión I reflection seismograph.
sismograma I seismogram.
sismología I seismology.
sismometría I seismometry.
sismómetro I seismometer.
sismómetro de deformación I strain seismometer.
sismorresistencia I seism-resistance.
sismoscopio I seismoscope.
sismotectónico I seismotectonic.
sismotrón I seismitron.
sismovolcánico I seismovolcanic.
sistema I system.
sistema a un cuarto de fase I quarter-phase system.
sistema aislado de tierra I ungrounded system (electricity).
sistema alámbrico I wire system.
sistema alineal de mallas múltiples I multi-loop nonlinear system.
sistema apagador de descarga I quenched-spark system.
sistema asimétrico I triclinic system.
sistema automático de relés I relay automatic system.
sistema básico de entrada salida I basic input output system (computing).
sistema bifásico I two-phase system.
sistema bifásico trifilar I interconnected two-phase system.
sistema cegesimal I centimeter-gram-second system.
sistema cerrado I feedback system (servomechanism).
sistema coaxial I coaxial system.
sistema combinado maestro/subordinado I master/slave system.
sistema con marcador I marker system.
sistema con varias estaciones repetidoras I multiple-relay system (telecommunications).
sistema conductor I conductor system.
sistema conectado I on-line system.
sistema cuadrático I quaternary system (crystallography).
sistema cuantificado I quantized system.
sistema cuaternario I quaternary system.

sistema cúbico | cubic system | isometric system (crystallography) | monometric system (crystallography).

sistema de acompañamiento láser | laser tracking system.

sistema de admisión | induction system.

sistema de aleatorización | randomizing scheme.

sistema de almacenamiento | storage system.

sistema de altavoces | loudspeaker system.

sistema de antenas colineales | linear array.

sistema de antenas e interferómetro | interferometer antenna system.

sistema de arranque | runup system (machines, turbines).

sistema de arranque-parada | start stop system.

sistema de aspiración | induction system (engines).

sistema de ayuda a la navegación | N.A.V.A.I.D. system.

sistema de base fija | fixed-base system (computing).

sistema de bloqueo de receptores | receiver lockout system (radiocommunications).

sistema de cable hertziano | radio relay system.

sistema de cable interactivo | interactive cable system (TV).

sistema de cálculo automático digital | rapid digital automatic computing (R.A.D.A.C.).

sistema de cambios múltiples | multiple currency system.

sistema de captación solar | solar collection system (solar energy).

sistema de centralización de la carga | load-center system (electricity).

sistema de cierre | interlocking device.

sistema de circuito abierto | open-loop system (computing).

sistema de circuitos múltiples | multiple-loop system.

sistema de comunicación por radio | radio dispatching system.

sistema de comunicación XY | XY switching system (telephony).

sistema de conmutación | switching system.

sistema de conmutación por máquina | machine switching system (electronics).

sistema de conmutación semiautomática | semiautomatic switching system.

sistema de control adaptable | adaptive control system (computing).

sistema de control de bucle abierto | open-loop control system.

sistema de control de entrada-salida | input-output control system.

sistema de coordenadas | coordinate system.

sistema de corriente trifásica | three-phase-current system (engines).

sistema de desconexión preferente | preference tripping system.

sistema de deslizamiento | slipping system.

sistema de desviación | deflection system.

sistema de detección de avería | interference signalling system.

sistema de detección de humo | smoke alarm system.

sistema de detección por percepción | sound-sensing detection system.

sistema de diagnosis técnica | technical diagnosis system.

sistema de disyunción preferente | preference tripping system (relays).

sistema de dos canales | two-way-system.

sistema de drenaje | drainage piping.

sistema de enclavamiento | interlock system | interlocking system.

sistema de enfriamiento por bomba | pump-cooling system.

sistema de engranajes | train.

sistema de enlace múltiple por microondas | multichannel microwave relay system.

sistema de enlace múltiplex por microondas | multiplex microwave system.

sistema de entrada única | single-entry system.

sistema de escape durante el lanzamiento | launch escape system.

sistema de eslabones | linkage.

sistema de espera | queuing system (telecommunications).

sistema de evaluación | weighting system.

sistema de explotación por pilares | panel system (mining).

sistema de fases enlazadas | interlinking system.

sistema de frecuencia vocal | voice frequency system.

sistema de guiación inercial | inertial system.

sistema de guiancia radioinercial | radio inertial guidance system.

sistema de guías de ondas | system of waveguides.

sistema de imanes | magnet system.

sistema de impulsos | pulsing system.

sistema de inducción | induction system.

sistema de intercomunicación | intercom | intercommunication system | private-address system.

sistema de intercomunicación acústica | intercom (ships).

sistema de interconexión de energía | interconnected power system.

sistema de interconexión telefónica | intercommunication system.

sistema de interrogador y respondedor | interrogator-responder system (radar).

sistema de inyección de agua | water injection system.

sistema de llamada selectiva | selective call system.

sistema de llamadas | paging system (communications).

sistema de llamamiento colectivo | selective calling (telephony).

sistema de lubricación | lubing system.

sistema de lubricación a baja presión | low-pressure oil system.

sistema de mando | power drive.

sistema de manipulación remota | remote manipulator system (robots).

sistema de memoria nula | zero-memory system.

sistema de microfilm | microfilm system.

sistema de microondas | microwave system (radiocommunications).

sistema de microondas de estado sólido | solid-state microwave device.

sistema de montaje sobre una plantilla | jig-aligned system.

sistema de múltiples ondas portadoras | multicarrier scheme.

sistema de multiplexión por división de tiempo | interleaved system.

sistema de navegación automático por radar Doppler | radar Doppler automatic navigation.

sistema de navegación con radar | long range navigation (loran).

sistema de navegación inercial | inertial navigation system.

sistema de palancas | rod linkage.

sistema de portadora de largo alcance | long-haul carrier system.

sistema de portadora K | K-carrier system (telephony).

sistema de proceso de datos en tiempo real | real time computer system (computing).

sistema de propulsión del cohete | rocket feed system.

sistema de purga | priming system.

sistema de radar de impulsos múltiples | multipulse radar system.

sistema de radioalineación | track guidance system.

sistema de radioenlace | radio relay system.

sistema de radionavegación | loran | radionavigation system.

sistema de radionavegación para larga distancia | Navarho.

sistema de radioteléfono | radio telephone system.

sistema de rastreo | tracking system.

sistema de rastreo por satélites | minitrack system.

sistema de recuperación de minerales | ore-reclaiming system.

sistema de redes interconectadas | loop interconnected system.

sistema de reducción-oxidación | redox system.

sistema de registro de banda | web registering system.

sistema de registro de sonido en pista múltiple | multitrack recording system.

sistema de registro magnético en pista múltiple | multitrack magnetic system.

sistema de registro sonoro | sound recording system.

sistema de regrabación | rerecording system (sound studio).

sistema de remolque | train system.

sistema de retransmisión | relay system.

sistema de retransmisión de microondas | microwave relay system.

sistema de revestimiento de multicapas | multilayer coating system.

sistema de sectorización | sectoring system (magnetic disc).

sistema de seguimiento por radar | radar tracking system.

sistema de señales | signal complex (television).

sistema de servicio marítimo por satélite | maritime satellite system.

sistema de servicio móvil | mobile system (radio).

sistema de sobrepresión | plenum system.

sistema de sonido estereofónico | stereophonic sound system.

sistema de sustentación | lifting system.

sistema de telecomunicaciones marítimas | maritime communications system.

sistema de telefonía múltiple | multiplexed system.

sistema de telemedida de posición | position telemetering system.

sistema de telemetría, persecución y mando I telemetry, tracking and command system (avionics).

sistema de teleproceso I teleprocessing system.

sistema de tiempo real I real time system (computing).

sistema de transmisión autosíncrono I selsyn system.

sistema de transmisión mecánica I mechanical transmission system.

sistema de transmisiones simultáneas I multiple way system.

sistema de transporte espacial I space transportation system.

sistema de tuberías I piping system.

sistema de TV por cable I TV cable system.

sistema de una fuerza y un par I wrench (mechanics).

sistema de ventilación I vent system I ventilating system

sistema de vigilancia neutrónica I neutron monitoring system.

sistema de vuelo integrado I integrated flight system.

sistema decimal I blocked-number system.

sistema defensivo de alarma misilística I missile defense alarm system.

sistema descodificador por impulsos I pulse decoding system.

sistema direccional I addressing system.

sistema eléctrico I power system.

sistema electrónico de navegación aérea I television and radar air navigation (TELERAN).

sistema emisor I transmitting system.

sistema en línea I on-line system.

sistema en Y I Y network.

sistema estelar oblato I oblate stellar system.

sistema estereofónico I stereo sound system.

sistema fluvial I water system.

sistema inductor I magnet system (electricity) I magnetic field system (electricity).

sistema inercial I inertial frame.

sistema informático I automatic computing system.

sistema informático remoto I remote computing system.

sistema integrado de telefonía y datos I voice and data integrated system.

sistema interactivo I interactive system.

sistema interrogador I interrogator responder.

sistema iterativo I iterative array.

sistema Lorentz de aterrizaje por instrumentos I Lorentz instrument landing system (aeronautics).

sistema mecanizado de datos logísticos I mechanized logistics data system.

sistema megafónico I public address system.

sistema métrico I metric system.

sistema microfónico estéreo I stereo microphone system.

sistema mixto termohidroeléctrico I mixed thermal-hydroelectric system.

sistema molibdeno-oro I molybdenum-gold system.

sistema monitor I monitor system (operative).

sistema monoclínico I monosymmetric system (mineralogy) I oblique system (crystallography).

sistema monofásico I single-phase system.

sistema multifilar I multiple system (electricity).

sistema múltiple de lanzamiento de cohetes I multiple launch rocket system.

sistema múltiplex I multiplex system (telecommunications).

sistema multiplexor óptico I optical multiplexing system.

sistema multipunto de intercomunicación de datos I multipoint data exchange system.

sistema multivariante I multivariant system.

sistema no aislado I nonisolated assembly (thermodynamics).

sistema operativo I operating system (computing) I operational procedure.

sistema operativo de redes I network operating system.

sistema operativo de terminales I terminal operating system (computing).

sistema operativo para el control lógico del input-output I logical input-output control system.

sistema opticoiónico I ion optical system.

sistema opticomecánico I optical-mechanical system.

sistema para telecomunicaciones I telecommunication system.

sistema paso a paso I step-by-step system (telecommunications).

sistema planetario I planetary system.

sistema policíclico I multifrequency system.

sistema portador de baja frecuencia I low-frequency carrier system.

sistema portador de línea colectiva I party-line carrier system.

sistema práctico electromagnético I practical electromagnetic system.

sistema procesador de lanzamientos I launch process system (satellites).

sistema programador I autocoder (computing).

sistema propulsor de la cosmonave I spacecraft power supply system.

sistema radárico perturbado I jammed radar system.

sistema radioeléctrico I radio system.

sistema radioeléctrico múltiplex I radio multiplex system.

sistema radiofónico secreto I secrecy sistem.

sistema receptor de alarma I warning-receiver system (electronics).

sistema redox I redox system.

sistema relevador de microondas I microwave relay system.

sistema reproductor I playback system.

sistema reversible I reversible process.

sistema SECAM I S.E.C.A.M. system.

sistema semiconductor compuesto ternario I ternary-compound semiconductor system.

sistema síncrono I synchro system.

sistema sónico localizador I sofar (sound fixing and ranging).

sistema sonoro de portadora múltiple I intercarrier sound system (television).

sistema telefónico celular I cellular telephone system.

sistema telefónico por magneto I magneto system.

sistema telefónico semiautomático I semiautomatic telephone system.

sistema telemandado de redes I network remote-control system.

sistema telemétrico I telemetry system.

sistema télex I telex system.

sistema tetragonal I tetragonal system.

sistema TRACALS I TRACALS (USA navigation aid).

sistema tributario I feeder system (telecommunications).

sistema triclínico I triclinic system.

sistema trifásico tetrafilar I interconnected three-phase system I three-phase four wire system.

sistema trigonal I trigonal system.

sistemas de transmisión de la luz I light transmitting systems.

sistemático I systematic.

sistematización I processing.

sistematización integrada de datos I integrated data processing (computing).

sistema temporizador I timing system.

sitómetro I elevation quadrant.

situación I position I site I situation I status.

situación estimada I assumed position.

situación por loran I loran fix.

situación por radar I radar fix.

situación radiogoniométrica I radio fix (air navigation).

situar I locate (to).

situar una estación I log (to) (radio).

smithsonita I dry-bone ore.

sobreagitado I overpoled (cupper).

sobrealimentación I boosting (engines) I overfeed I pressure charging (engines) I turbocharged (engines) I supercharging (engines).

sobrealimentación a pequeña presión I low-degree pressure-charging (engines).

sobrealimentado I supercharged (engines).

sobrealimentador I booster (engines) I supercharger (engines).

sobrealimentar I boost (to) (engines) I pressure-charge (to) (engines).

sobreamperaje I overcurrent I overload.

sobreángulo de posición I pitchover (rocket).

sobrecalentamiento nuclear I nuclear superheat.

sobrecapa I overlayer.

sobrecapacidad I overflow (register).

sobrecarga I live load I load increase I overflow (telephony) I overhead I overload (electricity) I overstressing I supercharge I surge.

sobrecarga de tensión I voltage overload.

sobrecarga normal I normal overload (electricity).

sobrecargado I overdriven (electricity) I supercharged.

sobrecargar I overstress (to).

sobrecarrera de conmutador I switch over-travel.

sobrecocción I overfiring.

sobrecochura I overfiring.

sobrecorriente I overcurrent.

sobrecorriente al cerrar un interruptor I making current (electricity).

sobrecubierta I jacket.

sobreexcitado I overdriven.

sobreexcitar I overdrive (to) (electricity).

sobreexposición I overexposure (photography).

sobrefatigar I overstress (to).

sobrefrecuencia I overfrequency.

sobreimpresión I double exposure.

sobreintensidad I overload.

sobreinterrogación I overinterrogation (radiobeacon).

sobreinterrogación del radiofaro I overinterrogation of beacon.

sobremodulación | overshoot (television).

sobrepasar el fin de carrera | overwind (to) (mine cage).

sobrepasar la potencia | overrun (to) (machines).

sobrepolarización | overbias.

sobreposición | keyer (video).

sobrepotencial | overpotential (electricity).

sobrepresión | overpressure | pressure-rise.

sobrequilla | keelson | middle line girder (ships).

sobrequilla intercostal | intercostal keelson (ships).

sobrerrecocer | overanneal (to).

sobresaturación | color overload (TV).

sobretensión | booster voltage | overpressure | overshoot | overvoltage | voltage stressing.

sobretensión de activación | activation over-voltage.

sobretensión móvil | traveling overvoltage.

sobretensión osciladora | oscillatory surge.

sobretensión transitoria | surge | surging.

sobretensión transversal | transverse overvol-tage.

sobrevolar | fly over (to) | overfly (to).

sobrevoltaje | booster voltage | excess voltage | overpressure | overvoltage | pressure-rise | rush of current (electricity) | surging | voltage stressing | voltage surge.

sobrevoltaje de conmutación | switching surge.

sobrevoltaje de desconexión | switching surge (electricity).

sobrevoltaje de prueba | impulse test voltage.

sobrevoltaje momentáneo | surge.

sobrevoltaje por descargas atmosféricas | lightning surge.

sobrevuelo | overflight.

socaire | leeward.

socava | kirving.

socavación | undercutting | underminig | washing.

socavadora | undercutter.

socavadura | undercut.

socavamiento | cutting down (mining).

socavar | eat away (to) | kerve (to) (mining) | kirve (to) | snub (to) (mining) | undercut (to) | underhole (to) (mining) | undermine (to).

socave | kerving (mining).

socavón | day drift (mining) | day hole (mining).

socavón crucero | crosscut tunnel (mining).

socavón por la acción del agua | washout.

sodio | sodium.

sofogenerador | noise generator.

sofógeno | noise-producer.

sofometría | psophometry.

sofómetro | noise level meter | noise meter | psophometer.

sol | sol | sun.

sol ficticio | mock sun.

solapado de líneas | pairing (TV defect).

solapar | lap (to) | overlap (to).

solape | lap | overlap (welding defect).

solape de onda | overlap (radio).

solar | solar.

solarímetro | solarimeter.

solarización | solarization.

soldable | solderable | weldable.

soldado en atmósfera de gas inerte | inert-gas welded.

soldado espiralmente | spirally welded.

soldado por aproximación | jump-jointed.

soldado por electrodo de roldana | seam-wel-ded.

soldado por láser | laser welded.

soldado sobre plantilla | jig-welded.

soldador | hatchet bit.

soldador láser | laser-beam welder.

soldadora | welder (machines) | welding machine.

soldadora automática para costuras | sea-mer.

soldadora con transformador toroidal | to-roidal transformer welder.

soldadora de carriles | rail welder.

soldadora de corriente alterna | A. C. welding machine.

soldadora de costuras | seam solder.

soldadora de espárragos | stud setter.

soldadora de pequeña potencia | light welder.

soldadora de pespunteo | stitch welder.

soldadora de roldanas | roll welder.

soldadora para chapa | plate welder.

soldadora por puntos | gun welder | spotwel-der.

soldadora por puntos múltiples | multipoint welding machine.

soldadora por puntos neumática | air operat-ed spot welder.

soldadora por resistencia eléctrica | resistance welder.

soldadura | welding compound | welding seam | wipe.

soldadura a máquina | machine welding.

soldadura a solape | lap weld.

soldadura a tope | jam weld | jump | jump-weld.

soldadura a tope en ángulo recto | jump-weld | junction weld.

soldadura a tope en U | U butt weld.

soldadura aeroacetilénica I air acetylene welding.

soldadura autógena I autogenous welding I fusion weld.

soldadura con arco en atmósfera inerte I inert-arc weld.

soldadura con arco metálico I gas metal-arc welding.

soldadura con plomo I leadburning.

soldadura con precalentamiento I hot welding.

soldadura con soplete I torch welding.

soldadura continua I seam welding.

soldadura de acetileno I acetylene welding.

soldadura de ángulo de cara plana I miter fillet weld.

soldadura de arco manual I manual arc welding.

soldadura de bajo punto de fusión I low-melting solder.

soldadura de estanqueidad I seal weld.

soldadura de magnesio por arco I magnesium arc weld.

soldadura de plomo I lead solder (metallurgy).

soldadura de ranura en J I J-groove weld.

soldadura de ranura en U I U-groove weld.

soldadura de recubrimiento I lap weld.

soldadura de tapón I plug weld.

soldadura de transición I transition weld.

soldadura de varios cordones I multi-pass weld.

soldadura defectuosa I dry joint I incorrect weld.

soldadura dúctil I ductile weld.

soldadura eléctrica I galvanic welding.

soldadura en bisel I scarf weld.

soldadura en espiral I spirally welding.

soldadura espaldar I backing weld.

soldadura estanca al agua I watertight weld.

soldadura fuerte con soplete I torch brazing.

soldadura fuerte por inducción I induction brazing.

soldadura horizontal I level welding.

soldadura lineal discontinua I intermittent linear weld.

soldadura ortogonal de inglete I miter fillet weld.

soldadura ortogonal discontinua I intermittent fillet weld.

soldadura plástica continua I mash seam welding.

soldadura pluricordón I multilayer weld.

soldadura por abrasión I abrasion soldering.

soldadura por aluminotermia I thermit welding.

soldadura por aproximación I jump-weld.

soldadura por inducción I brazing by induction.

soldadura por infrarrojos I infrared brazing.

soldadura por inmersión I immersion reflow soldering.

soldadura por láser I laser welding.

soldadura por pasadas transversales I build-up welding.

soldadura por percusión I percussion welding.

soldadura por presión I mash seam welding.

soldadura por puntos I intermittent welding I spot weld I tack weld.

soldadura por puntos con arco de electrodo de tungsteno I tungsten arc spot welding.

soldadura por puntos múltiples I multispot welding.

soldadura por recubrimiento I joint welding.

soldadura por resistencia I resistance welding.

soldadura por resistencia de inducción I induction resistance welding.

soldadura por superposición I lap welding I tap brazing.

soldadura posicional I positional weld.

soldadura radiografiada I X-rayed weld.

soldadura sobre plantilla I jig welding.

soldadura tangencial I tangent welding.

soldadura termoestabilizada I thermally stress-relieved weld.

soldar I solder (to) I weld (to) I wipe (to).

soldar a máquina I machine-weld (to).

soldar a recubrimiento I lap weld (to).

soldar a solape I lap weld (to).

soldar a tope I butt weld (to).

soldar con bronce I bronzeweld (to).

soldar con estaño I sweat (to).

soldar con soplete I flame weld (to).

soldar con soplete oxiacetilénico I oxy-weld (to).

soldar las costuras I seam-weld (to).

soldar los cantos I edge weld (to).

soldar plomo I lead-burn (to).

soldar por aproximación I jump-weld (to).

soldar por arco sumergido en atmósfera inerte I submerged-arc weld (to).

soldar por corrientes de inducción I induction-weld (to).

soldar por forja I forge-weld (to) I weld-forge (to).

soldar por puntos I tack (to) I tackweld (to).

soldeo I welding.

soldeo a presión oxiacetilénico I oxyacetylene pressure welding.

soldeo a tope I jam welding I jump-welding.

soldeo con aleaciones de estaño y plomo I soldering.

soldeo con arco visible | visible-arc welding.

soldeo con dos electrodos | twin-arc welding.

soldeo con electrodo consumible | metal-arc welding.

soldeo con electrodos múltiples | multiple electrode welding.

soldeo con plata | silver brazing.

soldeo con soplete oxiacetilénico | oxy-welding.

soldeo de forja por laminación | roll welding (metal cladding).

soldeo de fragua | smith welding.

soldeo de puntadas | stitch welding.

soldeo de puntos solapados | stitch welding.

soldeo de recubrimiento | lap welding.

soldeo de solape | lap welding.

soldeo de una unión a ingletes | miter welding.

soldeo discontinuo | intermittent welding.

soldeo en fase sólida | solid-phase welding.

soldeo en vacío escaso | low-vacuum welding.

soldeo oxiacetilénico | gas welding.

soldeo policordón | multipass welding.

soldeo por aproximación | jam welding | jump-welding.

soldeo por arco con electrodo metálico | metal-arc welding.

soldeo por arco eléctrico | electric arc welding.

soldeo por arco eléctrico en atmósfera inerte | submerged arc welding.

soldeo por arco en atmósfera de gas inerte | inert gas-shielded arc welding.

soldeo por arco en atmósfera de nitrógeno | nitrogen-arc welding.

soldeo por arco mediante impulsos | pulsed arc welding.

soldeo por contacto | touch welding.

soldeo por corrientes de alta frecuencia | induction welding.

soldeo por cortocircuito | short-circuit welding (metallurgy).

soldeo por deformación | deformation welding.

soldeo por electrodos en haz | nested electrode welding.

soldeo por estampado | mash welding (forge mill).

soldeo por forja | forge-welding.

soldeo por frotamiento | friction welding.

soldeo por fusión del plomo | lead burning.

soldeo por impulsos | pulse welding.

soldeo por impulsos de corriente | pulsation welding.

soldeo por inducción y presión | induction-pressure welding.

soldeo por láser | laser welding.

soldeo por presión | pressure welding.

soldeo por pulsaciones | interrupted welding.

soldeo por puntos | intermittent welding.

soldeo por puntos en gas inerte | inert-gas spot welding.

soldeo por puntos múltiples | multiple-spot welding.

soldeo por puntos y estampado de las juntas | mash seam welding.

soldeo por recalcadura | upset welding.

soldeo por resistencia eléctrica | incandescent welding.

soldeo por vaporización de metales | vapor welding.

soldeo retrógrado | retrogressive welding.

soldeo submarino | subsea welding.

soldeo vertical | vertical welding.

solenoide | electromagnetic cylinder | solenoid.

solenoide de Ampere | ideal solenoid.

solenoide de borrado magnético | withdrawal solenoid.

solenoide de núcleo ferromagnético | iron-filled solenoid.

solenoide forrado de chapa | iron-shrouded solenoid.

solenoide y detonador | squib and solenoid (satellites).

solera | basin (puddler) | bunk | footing | hearth | open hearth | sole | template.

solera abierta | open hearth.

solera ácida | acid bottom (furnaces).

solera base | soleplate.

solera de entibación de minas | solepiece | soleplate.

solera de ladrillo del horno | oven sole (coke hole).

solera de pudelado | puddling basin (furnaces).

solera de trabajo | working hearth (furnaces).

solera del crisol | hearth block.

solera vibratoria | jolting hearth (furnaces).

solicitud | request.

solicitud de identificación | interrogating.

solicitud de un subprograma | subroutine call (computing).

solidez a la luz | lightfastness.

solidificación | gelling | solidification.

solidificación del caldo en la cuchara | ladle chill.

solidificación diferencial | incongruent freezing (metalography).

solidificación isotérmica | isothermal freezing (metallurgy).

solidificar | cake (to) | consolidate (to) | jell (to) | solidify (to) (physics).

sólido I compact I solid I steady.
sólido a la luz I lightfast.
sólido estratificado I layered solid.
solistor I solistor (electronics).
solistrón I solistron (klystron).
sollado I lower deck I orlop.
solubilidad I solubility.
solubilidad en el estado sólido I solid solubility.
solubilización I solubilization I solubilizing.
solubilización de un componente aleante I precipitation (metallurgy).
solubilizar I solubilise (to) (G.B.) I solubilize (to) (USA).
soluble I soluble.
soluble en agua I water-soluble.
solución I liquor I solution.
solución abrasiolubricante I abrading-lubricating solution.
solución ácida I pickle.
solución ácida de decapado I acid pickling solution.
solución aclarante I clearing solution.
solución acuosa I water solution.
solución alcalina I lixivium I lye.
solución concentrada I strong solution.
solución de ataque I etchant.
solución de cloruro de litio I lithium chloride solution.
solución de percolación I leachate.
solución de pH bajo I low-pH solution.
solución decapadora I pickle solution.
solución desincrustante I descalant solution I descaling solution (boilers).
solución desoxidante I descaling solution.
solución estacionaria I steady-state solution (nuclear energy).
solución exenta de aire I air free solution.
solución humectante I wetting solution.
solución humidificante I wetting solution.
solución limpiante I cleaning solution.
solución madre I mother liquor.
solución microdepositadora I leveling solution (electrodeposition).
solución mineralizante I ore bearing solution.
solución no saturada I unsaturated solution (chemistry).
solución normal I normal solution (chemistry) I standard solution I volumetric solution (chemistry).
solución para galvanoplastia I plating solution.
solución reveladora I developing solution I soup.
solución salina normal I normal salt solution.

solución valorante I titrating solution.
solución volumétrica I standard solution I volumetric solution.
soluciones monótonas I monotonic solutions (mathematics).
solvente I solvent.
solvente de grasas I fat solvent.
sombra I shade I shadow.
sombra espuria I spurious shading (TV).
sombreado I shaded.
sombrerete I cap (stuffing box, bearings) I keep (bearings).
sombrerete del prensaestopas I stuffing box gland.
sombrero de hierro I iron gossan (mining) I iron hat (mining) I ironstone blow (mining).
someter a esfuerzo I strain (to).
sometido a presión interna I internally pressurized.
sometido a tensiones térmicas I thermically stressed.
sometido a variaciones cíclicas de la carga I fatigued (mechanical resistance).
sonancia I sonance.
sonar I asdic I dunking I sonar (USA) I sound navigation and ranging.
sonar activo I echo-ranging sonar.
sonar de haz explorador I searchlight sonar.
sonar de inmersión variable I variable-depth sonar.
sonar de profundidad variable I variable-depth sonar.
sonar de superficie I surface sonar.
sonar explorador I scanning sonar.
sonar explorador del tipo rotativo I rotating scaning sonar.
sonda I drilling-mill I fathometer I gauge I ground rig I plummet I probe I sonde I sound I testing spike I tracking rod I lead (ships).
sonda activa I active probe.
sonda altimétrica I radio altimeter.
sonda amplificadora de autointerrupción I quenching probe unit (nuclear energy).
sonda anemométrica I anemometric probe.
sonda caliza I limestone sonde (drillings).
sonda cautiva I wiresonde.
sonda con termistor I thermistor probe.
sonda cósmica I space probe.
sonda de activación I activation probe.
sonda de barrena I miner's auger.
sonda de captación electrostática I electrostatic pickup probe.
sonda de consistencia I consistency gage.
sonda de cuchara I sludger.
sonda de diamantes I diamond drill.

sonda de energía de RF | RF power probe.
sonda de haz iónico | ion beam probe.
sonda de mano | hand-lead.
sonda de percusión | churn drill | jumper (drillings) | percussion drill.
sonda de potencial | potential probe.
sonda de pruebas | test prod.
sonda de reactor | pile gun (nuclear energy).
sonda de RF | RF probe.
sonda de temperatura | temperature probe.
sonda de tensión | voltage probe.
sonda de termopar | thermocouple probe.
sonda de toma de testigo | sampling probe.
sonda detectora | sensing probe.
sonda divisora de escala | range-splitter probe.
sonda electrónica | electron probe.
sonda electrostática | electrostatic probe.
sonda especial | accessory probe.
sonda exploradora marciana | Mars probe.
sonda interestelar | interstellar probe.
sonda interplanetaria | interplanetary probe.
sonda láser | laser probe.
sonda lógica | logic probe.
sonda lunar | lunar probe | moon probe.
sonda magnética | magnetic probe.
sonda mecánica | sounding machine.
sonda meteorológica aérea | weather sonde.
sonda móvil | travelling probe.
sonda neumática de temperatura | pneumatic temperature probe.
sonda para CC | D.C. probe.
sonda perforadora de pozos | well drill.
sonda piezoeléctrica | piezoelectric probe.
sonda pirométrica | thermometer probe.
sonda planetaria | planetary probe.
sonda radiactiva | radioactive gauge.
sonda rectificadora | rectifier probe.
sonda separadora | isolation probe.
sonda sintonizable | tuning probe.
sonda solar | solar probe.
sonda sonora | sound probe.
sonda térmica | thermal probe.
sonda trépano | earth-boring auger.
sonda tubular | tubular probe.
sonda ultrasónica | ultrasonic depth sounder | ultrasonic probe.
sondador | depth finder | depth sounding machine | depthometer.
sondador acústico | acoustic sounder | echo sounder | echo-sounding apparatus | echometer | fathometer.
sondador de ultrasonido | fathometer.
sondador por eco | fathometer.
sondador radar | radar scanner.

sondador supersónico | supersonic sounding apparatus.
sondadora de rotación | shot drill.
sondaje | sounding.
sondaleza | hand-lead | plummet | sea line | sound | lead.
sondeador | fathometer | sounder.
sondeador ecoico osciloscópico | cathode-ray echo sounder.
sondeador sónico por eco | sonic echo sounder.
sondeador ultrasónico de profundidades | ultrasonic depth finder.
sondeadora de granalla de acero | adamantine drill.
sondear | bore (to) | delve (to) | explore (to) | fathom (to) (navy) | probe (to).
sondeo | bore | boreholing | boring | drilling | probing | prospecting | sample boring | sounding | tracking | trial hole | well-bore.
sondeo a gran profundidad | deep boring.
sondeo acústico | acoustic sounding | echo sounding.
sondeo con barrena | auger boring.
sondeo con cable | wireline drilling.
sondeo con inyección de agua | wash boring.
sondeo de cateo | exploration boring.
sondeo de exploración | exploration boring | pioneer well | proving hole (mining) | scout boring | test boring.
sondeo de investigación | trial drilling.
sondeo de prospección | exploratory hole | trial drilling | wildcat.
sondeo de reconocimiento | exploratory boring.
sondeo del subsuelo | subsurface drilling.
sondeo dirigido | directional drilling.
sondeo ecométrico | acoustic sounding.
sondeo eléctrico | electric log (drillings).
sondeo explorador | wildcat (oil field).
sondeo geotérmico | geothermal drilling.
sondeo hidráulico | hydraulic drilling | wash boring.
sondeo marino | offshore drilling.
sondeo marino de petróleo | marine oil-drilling.
sondeo por percusión | cable tool drilling | percussion drilling | percussive boring.
sondeo rotativo por percusión | rotary-percussive drilling.
sondeo sismométrico | seismometric sounding.
sondeo sónico | sonic sounding.
sondeo subacuático | underwater sounding.
sondeo submarino | subsea drilling.
sondeo submarino para petróleo | submarine oil-drilling.
sondeos de exploración | wildcatting.

sondeos por rayos gamma | gamma-ray logging.

sondímetro | fathometer.

sónico | sonic | sound.

sonido | sound.

sonido cíclico | reflected sound.

sonido débil | low sound.

sonido digital | digital sound.

sonido entre portadoras | intercarrier sound.

sonido equilibrado | balanced sound.

sonido fotográfico | optical sound.

sonido grave | low sound | low tone.

sonido infraudible | IA sound.

sonido monofónico | monophonic sound.

sonido óptico | photographic sound.

sonido reflejado | reflected sound.

sonido reverberante | reverberant sound.

sonido secundario | second sound.

sonoamortiguación | sound damping.

sonoamortiguador | noise killer | sound damper | sound deadener.

sonoamplificador | sound amplifier.

sonoboya | sonobuoy.

sonoboya de radio | radio sonobuoy.

sonocaptación | sound pickup.

sonodetección | sound detection.

sonodetector | noise detector | sound detector.

sonogenerador | noise generator.

sonógeno | noise-producer | sound-producing.

sonógrafo | sonograph (seismograph) | soundwriter.

sonometría | sonometry | sound measuring.

sonómetro | audiometer | noise meter | sound analyzer | sound level meter | soundmeter.

sonoprobe | sonoprobe (echo sonde).

sonoquímica | sonochemistry.

sonoro | audible | sound.

sonoscopio | soniscope | sonoscope.

sonoscopizar | sonoscopize (to).

sonosondador | acoustic depth finder.

sonotrodo | sonotrode (ultrasonic welding).

soplado a baja presión | low-blast (blast furnaces).

soplado del hollín | soot blasting (boilers).

sopladura | blasthole (metallurgy) | bubble (casting) | honeycomb.

sopladura superficial | skinhole (metallurgy) | surface blowhole (metallurgy).

sopladura tubular | worm hole (welding).

soplante | blower.

soplante de aire ionizado | ion blower.

soplante de pistón | piston-blower.

soplante de turbina | turbine-driven pressure charger.

soplante o bomba de sobrealimentación | pressure-charger (engines).

soplar | blow (to) | quench (to) (electricity).

soplete | blowing iron (chemistry).

soplete cortador | burner | cutting torch.

soplete de acanalar | gouging blowpipe.

soplete de acetileno | acetylene torch.

soplete de oxiacetileno | oxyacetylene torch.

soplete de oxígeno y gas pobre | oxycoal gas blowpipe.

soplete de plasma | plasma torch.

soplete de ranurar | gouging blowpipe | gouging torch

soplete de soldar | welding burner | welding torch.

soplete oxiacetilénico | acetylene blowpipe | acetylene torch | oxyacetylene blowpipe | oxyacetylene pistol | torch.

soplete oxialumínico | oxygen-powered aluminum torch.

soplete oxídrico | oxyhydrogen blowpipe.

soplete para escarpar | scarfing torch.

soplete para soldar | welding blowpipe.

soporte | abutment | attaching | backstay (reinforcement) | carriage | carrier | mount | mounting plate | pedestal | pillar | prop | shoulder | sprag | stay | support | upright.

soporte basculante | swivel bearing | swivel hanger.

soporte de acetato | acetate base (photography).

soporte de báscula | pivotal bearing.

soporte de bobina | bobbin cradle.

soporte de cojinete | bearing support.

soporte de cortocircuito | interrupter plate.

soporte de datos | data carrier.

soporte de la pieza | workholder.

soporte de mantenimiento en vacío | vacuum chuck.

soporte de montaje en bastidor | rack hanger.

soporte de resorte | spring bracket.

soporte de rótula | swivel bearing.

soporte de teodolito | transit frame.

soporte de válvula | valve socket.

soporte del huso | spindle bearing.

soporte del muelle | spring bearing | spring bracket.

soporte del sector | link fulcrum (Stephenson distribution).

soporte del timón | rudder carrier.

soporte en escuadra | angle bracket.

soporte en pirámide | A frame.

soporte giratorio | rotating fixture.

soporte guía | back rest ring.

soporte plano giratorio | turntable.

soporte rígido | rigid support.

soporte virgen | virgin medium (computing).

soporte-pescante | cantilever.

sorbente | sorbent (chemistry).

sorbita | sorbite (metallurgy).

sorbitismo | sorbitism.

sorbitizar | sorbitize (to) (metallurgy).

sorbitol | sorbite (chemistry).

sosa | soda (chemistry).

sosa bruta | black ash.

sostener | prop (to).

sotavento | leeward.

stencil | stencil.

stilb | stilb (brilliance unit).

suavidad de movimientos | smoothness (autos).

suavizar | smooth (to).

subacuático | subaqueous | underwater.

subagrupamiento | underbunching.

subalimentador | subfeeder.

subatmosférico | subatmospheric.

subaudio | subaudio.

subcanal | subchannel (telecommunications).

subcentral telefónica | subexchange.

subdesviación | underscan (TV).

subdivisión | branch.

subenfriamiento | subcooling.

subenfriar | subcool (to).

subenlace | spur link (radioelectricity).

subfrecuencia | underfrequency (electricity).

subfusión | subcooling (physics).

subida | rise (barometer, temperature).

subida balística | ballistic ascent.

subida de tensión | voltage rise.

subir | ascend (to) | climb (to) | rise (to).

sublimación | sublimation.

sublimación catódica | cathodic sputtering | sputtering.

sublimación catódica por radiofrecuencia | r.f. sputtering.

sublimar | sublimate (to).

submarino | subaqueous | submarine | U-boat | undersea | underwater.

submarino en inmersión | submerged submarine.

submatriz | submatrix.

submilimétrico | submillimetric.

submilímetro | submillimeter.

submúltiplo | submultiple (mathematics).

submurar | underpin (to).

subordinado | secondary | subordinate.

subportadora | subcarrier.

subportadora de impulsos | pulse subcarrier (communications).

subportadora de transistores | transistor subcarrier.

subprograma | accounting routine (computing).

subprograma abierto | open subroutine.

subprograma cerrado | linked subroutine.

subprograma correctivo de incidente | malfunction routine (computing).

subprogramas de subrutinas | subroutine subprograms (computing).

subred catiónica | cationic sublattice.

subretículos magnéticos | magnetic sublattices.

subrutina | subroutine.

subrutina con enlace | linked subroutine.

subrutina directa | in-line subroutine.

subrutina estática | static subroutine.

subsistema | subsystem.

subsónico | subsonic.

subsuelo | subsoil | substratum | subsurface.

subterráneo | buried (cables) | subsurface | subterranean | underground.

subvoltaje | undervoltage.

succinita | Baltic amber.

succión | draft | draught | indraft | sucking | suction.

succión neumática | pneumatic suction.

sucesión de impulsos | row of impulses.

sucesión monótona | monotonic sequence.

suciedad de los fondos | marine fouling (ships).

sucrosa | sucrose.

sudación del estaño | tin sweat (hydrobronze foundry).

suelda | solder (welding alloy).

suelda de estaño | soft solder.

suelda de estaño y plomo | tin-lead solder.

suelda de plomeros | lead solder.

suelda de plomo y estaño | soft solder | lead-tin solder.

suelda de temperatura de fusión baja | low-melting solder.

suelo | earth | floor | flooring | ground | soil.

suelo ácido | sour soil.

suelo estratificado | layered soil.

suelo rocoso | bedrock.

suero ácido | acid whey.

sujeción | fastening | fixing | gripping | hold-down | tie-down | retaining

sujeción con flejes | strapping.

sujeción lateral | bridle (electricity).

sujetador | securing device.

sujetador Dzus | Dzus fastener (airplanes).

sujetador electromagnético | magnetic gripper.

sujetar | grip (to) | pin (to) | secure (to) | stick (to) | tie (to).

sulfamato amónico | ammate.
sulfamida | sulfa drug.
sulfatación | sulfating | sulfation | sulfatizing.
sulfatar | sulfate (to) | sulphatize (to).
sulfato | sulfate (EE.UU.).
sulfato bárico | pearl-white.
sulfato de alumina | cake alum.
sulfato de bario | cawk.
sulfato de cerio | ceric sulphate.
sulfato de cinc | white copperas.
sulfato de cobalto | red vitriol.
sulfato de cobre | bluejack | copper vitriol.
sulfato de cromo | chromium sulphate.
sulfato de magnesio | magnesium sulphate.
sulfato de plata | silver sulfate.
sulfato de plomo | lead sulphide | lead vitriol.
sulfato ferroso | ferrous sulphate | iron sulphate.
sulfonar | sulphonate (to).
sulfuración | sulfinization (heat treating).
sulfurar | sulfur (to) | sulfurize (to).
sulfurizar | sulfurize (to) | sulphurise (to) (G.B.) | sulphurize (to) (USA).
sulfuro | sulfide | sulphide (G.B.).
sulfuro de antimonio | gray antimony.
sulfuro de bismuto | bismuth glance.
sulfuro de cadmio | aurora yellow | cadmium sulphide | cadmium yellow.
sulfuro de calcio | calcium sulphide.
sulfuro de cobre | chalcocite.
sulfuro de hidrógeno | stinkdamp.
sulfuro de manganeso | manganese sulphide.
sulfuro de molibdeno | molybdenum sulphide.
sulfuro de níquel | blue salts.
sulfuro salino | compound sulfide.
sulfuroso | sour.
suma | sum.
suma de vectores | addition of vectors (mathematics).
sumador | adder | summing.
sumergibilidad | immersibility.
sumergible | immersible | submersible.
sumergidor | sinker (submarine mine).
sumergir | dip (to) | immerge (to) | immerse (to) | plunge (to) | sink (to).
sumergirse | dive (to).
sumersión | submergence | submersion.
sumidero | gully | oil sump (engines) | sink | sump.
suministrar | feed (to).
suministrar energía | power (to).
suministro | delivery | furnishing.
suministro de corriente | input (electricity).
suministro de energía | power supply.
superaleación | superalloy.
superaudible | superaudible.

supercarburante | premium gasoline.
superconducente | superconducting.
superconductivo | superconductive.
supercrítico | supercritical (nuclear energy).
superficial | shallow.
superficie | area | surface.
superficie activa | working surface (electronics).
superficie bituminosa | blacktop.
superficie de aceleración | acceleration area.
superficie de apoyo | seat.
superficie de compensación | balanced surface.
superficie de contacto | abutting surface | bearing surface | interface | seat.
superficie de dispersión | scattering surface.
superficie de empalme | fay surface.
superficie de flotación | waterplane.
superficie de freno | spoiler.
superficie de la pieza | workpiece surface.
superficie de nivel | level surface.
superficie de rodadura | runway (pulleys).
superficie de rodaje | riding surface.
superficie de rozamiento | bearing surface | rubbing surface.
superficie de separación | interface.
superficie de trabajo | riding surface (bearings).
superficie de unión | fay surface (welded junction).
superficie equipotencial | level surface (physics).
superficie granallada | peened surface.
superficie hidrodinámica | hydrofoil.
superficie interfacial | interfacial surface.
superficie interior | bore | lower surface.
superficie interior de caldeo | internal heating surface.
superficie irregular | chatter (extrusion).
superficie isobara | pressure surface.
superficie lisa | smooth surface.
superficie martillada | peened surface (welding).
superficie nodal | nodal surface (tridimensional wave).
superficie pasivada | passivated surface (metallurgy).
superficie piezométrica | pressure surface.
superficie polar | pole-face (electricity).
superficie primitiva de rodadura | pitch-surface (gear).
superficie pulimentada | lapped surface.
superficie rugosa | rough surface.
superficie sustentadora | load-carrying area | wing area (airplanes).
superficie sustentadora subsónica | subsonic lifting surface.
superfosfato de cal | acid calcium phosphate.

supergrupo I supergroup (telephony).

superheterodino I superheterodyne.

superior I upper.

supernova I supernova (astrology).

superorticón I superorthicon (TV).

superposición I overlay I stacking I topping.

superposición de imágenes I montage (television).

superposición entre señales I overlap.

superpuesto I superimposed.

supersónico I supersonic.

supervisión invertida I backwards supervision (computing).

supervoltaje I very high tension.

suplementario I secondary.

suplemento I shim.

supraconductor I superconductive.

supresión I elimination.

supresión de haz I beam blanking.

supresión de interferencias radioeléctricas I radio interference suppression.

supresión de la frecuencia de imagen I image rejection.

supresión de la portadora de imagen I image rejection (TV).

supresión de la portadora de sonido I takeoff (TV).

supresión de línea I line blanking (television) I vertical blanking (television).

supresión de radiointerferencias I abatement of radio-interference.

supresión de un defecto I removal of fault (electrotecnics).

supresión de zona I zone blanking I zone suppression (computing).

supresor I arrester I suppressor.

supresor de color I color killer.

supresor de interferencias I interference blanker.

supresor de oscilaciones parásitas I parasitic stopper.

supresor de reacción I singing suppressor (telecommunications).

supresor de ruido I noise killer.

supresor de ruido entre estaciones I interchannel noise suppressor.

supresor de ruidos I noise blanker (radio) I sonad (telephony) I squelch.

supresor de ruidos parásitos I X's stopper.

supresor de transitorios I transient suppressor (electronics).

suprimir I damp (to) I eliminate (to).

suprimir chispas I quench (to).

suprimir el haz I blank (to).

suprimir I clear (to).

sur I south.

sur magnético I magnetic south.

surco I furrow.

surco de bajas presiones I trough (meteorology).

surco de conexión I lead-over groove.

surco laminar I sill.

surfactante I surface-active agent.

surfactante catiónico I cationic surfactant.

surgir I spout (to).

surtidor de aceleración I accelerating jet (autos) I acceleration jet I accelerator jet.

surtidor de la bomba de aceleración I acceleration pump jet.

surtidor de marcha lenta I idle jet (carburetor).

surtidor principal I main jet (carburetor).

suspensión I carrier (aerial ropeway) I springing (autos).

suspensión acuosa I water slurry.

suspensión cardan I cardan motion I cardan's suspension I cardanic suspensión.

suspensión de emisiones por radio I radio silence.

suspensión húmeda I wet suspension.

suspensión por orejetas I lug suspension.

suspensión tipo cardan I universal suspension.

sustancia I agent (chemistry).

sustancia aceleratriz I promoter (chemistry).

sustancia adsorbente I adsorber.

sustancia antioxidante I rust preventor.

sustancia derretida I melt.

sustancia paramagnética I paramagnet.

sustancia precipitadora I precipitator.

sustancia radiativa I radiator.

sustancia reductora de la tensión superficial I wetting agent.

sustancias quimicas I chemistries

sustentación I lift I support.

sustentación aerodinámica I aerodynamic lift.

sustentación de las aletas hidrodinámicas I lift of foils.

sustentación del ala I wing lift.

sustentación estática I static lift (aeronautics).

sustentación nula I zero lift (airplanes).

sustitución I replacement I swap (program).

sustituible I replaceable.

sustituir I replace (to).

sustraer energía I abstract energy (to).

T

T de aterrizaje | landing T.

T mágica | magic T.

tabique | astillen (mining) | brattish | closure.

tabla | plank | table.

tabla de agujas | needle board.

tabla de alzas | range scale.

tabla de control de tareas | task control table (computing).

tabla de coordenadas de latitud y longitud | traverse table.

tabla de datos | table (computing).

tabla de encofrado | joining balk (mining).

tabla de montaje | baseboard.

tabla de mortero | mortar board.

tabla de páginas | page table (computing).

tabla de tolerancias | chart limits.

tabla de tolerancias de ajuste | table of fits.

tabla del molde | moldboard.

tabla machihembrada | match-board.

tablas de zócalo | skirting.

tablas psicrométricas | psychrometric tables (thermodynamics).

tablazón | planking.

tablero | board | pane | panel.

tablero acústico | acoustic board.

tablero base | mother board (electronics).

tablero de a bordo | instrument board.

tablero de aglomerado | hardboard.

tablero de bornas | terminal block.

tablero de bornes | terminal board.

tablero de circuito impreso | PC board.

tablero de conexiones | jack panel | patch board | wiring board.

tablero de control | gage board | pinboard | switchboard.

tablero de instrumentos | panel board.

tablero de mandos | maneuvering board.

tablero de montaje | workboard (electrotecnics).

tablero de señales | marker board.

tablero estratificado | laminated board.

tablero madre | mother board.

tablestaca | lagging piece | pile | sheet pile | spile | spill | timber lining.

tablestaca de avance | poling board.

tablestacado | camp sheathing (foundations).

tableteo | motor-boating (radio).

tablón | plank.

tabulación | tab | tabling | tabulation.

tabulación de datos | tabulation of data.

tabulador | tabulator.

tabulador electrónico | logger.

tabuladora | listing machine.

tabular | chart (to) | table (to) | tabular | tabulate (to).

tacan | tactical air navigation (tacan).

tachuela | sprig | tack.

tacitrón | tacitron.

tacocha | blockholing.

tacochear | blockhole (to) (mining).

tacógrafo | recording tachometer.

tacometría | tachometry.

tacómetro | motion indicator | R.P.M. indicator | revolution counter | speed counter | speed gage | speed indicator | speedometer | tachometer.

tacómetro estroboscópico | stroboscope tachometer.

tacómetro registrador | indicating tachometer | recording tachometer.

taconita | taconite (mining).

táctico | tactical.

tajadera | cold cutter | hacksaw | hardy.

tajadera de fragua | hot sate.

tajadera mecánica | cutting point.

tajamar | breakwater (bridges).

tajo de arranque | stope.

tajo del yunque | anvil bed | anvil stock.

tajo descendente | descending cut (mining).

tala | clearing (agriculture) | felling.

taladrabilidad | drillability.

taladrado | punched.

taladrado con plantilla | jigged.

taladrado de reconocimiento | exploratory boring.

taladrado por láser | laser drilling.

taladrado por percusión | percussion drilling.

taladrado sobre plantilla | jigboring.

taladrador | piercer.

taladradora | driller | drilling-mill.

taladradora con macho de roscar | tap drill.

taladradora de columna | pillar drilling machine.

taladradora de pistón | piston drill.

taladradora de plantillas | jig borer | jigboring machine.

taladradora multibrocas | gang borer | multidrilling machine.

taladradora múltiple | multispindle driller.

taladradora radial | radial drill.

taladrar | bore (to) | drill (to) | penetrate (to) | pierce (to) | punch (to).

taladrar con láser | laser pierce (to).

taladrar con plantilla | jig (to) | jig bore (to) | jig-drill (to).

taladro | auger | bit | bore | borehole | boring | perforator | piercing tool.

taladro angular | angular bitstalk.

taladro basto | rough bored.

taladro con perforadora de expansión | pad drill (drillings).

taladro de carpintero | auger brace.

taladro de percusión | percussion drill.

taladro de trinquete | ratchet drill.

taladro diamantino | adamantine drill.

taladro giratorio | churn drill.

taladro láser | laser drill.

taladro neumático | air drill | pneumatic drill.

taladro para madera | wood borer.

taladro ranurador | cotter drill.

taladro rotativo | rotary drill.

taladro ultrasónico | ultrasonic drill.

talar | log (to).

talato | tallate (chemistry).

talbot | talbot (luminic energy unit).

talco | talc.

talio | thallium (Tl).

talio 207 | actinium C'/Ca.

talla | hewing.

talla de encaje | lacing (glass).

talla del diamante | stone cutting.

tallado a máquina | machine-cut (gear).

talladora de ruedas | wheel cutter.

tallar | carve (to) | engrave (to) | hew (to).

tallar en hueco | intaglio (to).

tallar en inglete | miter (to).

taller | shop | works | workyard.

taller de forja | smithery | smithing.

taller de galvanoplastia | plating shop.

taller mecánico | tool shop.

tallo de Mach | Mach front (waves).

talón de quilla | skeg (ships).

talón del codaste | skeg.

talud | cohade | slope.

talud continental | continental slope.

talud interior | backslope.

tamaño | size.

tamaño de la imagen | picture size (TV) | size of picture (TV).

tamaño de la varilla | rod size.

tamaño del punto luminoso | spot size.

tambor | barrel (capstant).

tambor arrollador | quadrant drum | takeup drum | winding-on drum.

tambor cribador | wheel screen.

tambor de cuchillas | knife drum.

tambor de enrollamiento | winding drum.

tambor de frenado | snubber.

tambor de impresión | print drum.

tambor de mezcla | mixing-drum.

tambor de municiones | feed drum.

tambor de prismas | prism drum.

tambor de pulir | polishing drum.

tambor de torno | winch barrel | winch drum.

tambor del alza | range drum (cannons).

tambor del cable de extracción | winding drum (mining).

tambor del freno | brake drum.

tambor desarenador | rattler (smelting) | shaking barrel | shaking machine (foundry) | tumbler (foundry).

tambor elevador de herramientas | tool drum (drillings).

tambor explorador | lens drum (television).

tambor giratorio | barrel | tumbler.

tambor impresor | print barrel.

tambor limpiador | sand roll.

tambor magnético | magnetic drum.

tambor mezclador | mixing-drum.

tambor oscilante | wobbling cylinder.

tambor rotativo | rotary drum.

tamiz | bolting-reel | riddle | screen | sieve.

tamiz de sacudidas | shaking sieve.

tamiz de tela metálica | wire sieve.

tamiz oscilante | shaker screen.

tamizado | screened.

tamizar | screen (to) | sieve (to) | sift (to).

tamponar | buff (to) (chemistry).

tancaje | tankage.

tándem | tandem.

tangente | tangent.

tanque | tank.

tanque de absorción | absorbing tank.

tanque de acetileno | acetylene bottle.

tanque de agua | water tank.

tanque de asiento | trimming tank (ships).

tanque de balance | rolling tank (ships).

tanque de desagüe de imbornales | scupper drain tank (ships).

tanque de enfriamiento | quench tank.

tanque de equilibrio | trimming tank.

tanque de fermentación | fermentator.

tanque de lixiviación | leaching tank.

tanque de los raseles | trimming tank.

tanque de presión | pressure vessel.

tanque de purga de alimentación | feed drain tank.

tanque de vacío | vacuum tank.

tanque decapador | pickler.

tanque inyector de ácido | acid blow case.

tanque para decapar con ácido | acid pickling tank.

tanqueta | tankette.

tantalato I tantalate.

tantalio I tantalum (Ta).

tapa I lid.

tapa de ajuste I trim shield.

tapa de regala I main rail (ships).

tapa de válvula I bonnet.

tapaboca I muzzle cap (cannon) I muzzle cover.

tapajuntas I flashing I staff bead.

tapaobjetivo I object-glass cap.

tapar I clog (to) I seal (to).

tapar con luten I lute (to).

tapial I mud-wall.

tapiar I wall (to).

tapiz I carpet (radar).

tapón I clamp (crucible furnace) I plug.

tapón calibrador I plug gage.

tapón de plomo I lead plug.

tapón de seguridad I safety plug.

tapón de vapor I vapor lock (pipeline).

tapón fusible I lead plug (boilers).

tapón y enchufe I plug and socket (electricity).

taponamiento I plugging.

taponar I cake (to) (drillings) I plug (to) I stop (to).

taquear I blockhole (to).

taqueos I blockholing.

taquilita I basalt glass I bottleite.

taquímetro I revolution indicator I speedometer I stadia transit I tachometer (topography) I tachymeter (topography) I transit theodolite.

taquímetro estroboscópico I stroboscopic tachometer.

tara I tare.

tarabilla I clack (mill) I clapper.

tarado I measurement.

tarado de la válvula I valve setting.

taraje I tare weight.

tarar I caliper (to) I measure (to).

tarea I task I work.

tarjeta I card (printing).

tarjeta base I backplane (microcomputer).

tarjeta con talón I stub card (computing).

tarjeta de circuito I circuit card (computing).

tarjeta de circuito lógico I logical card.

tarjeta de datos I data card.

tarjeta de memoria I chip card (computing).

tarjeta de tabulación I tabulating card (computing).

tarjeta láser I laser card (two millions of characters).

tarjeta lógica I logic card.

tarjeta magnética I magnetic card.

tarjeta para lectura gráfica I mark sense card.

tarjeta perforada I card (computing) I punch card.

tarjeta principal I backplane (computing).

tarquinómetro I siltometer.

tartrato I tartrate.

tartrato ácido de amonio I acid ammonium tartrate (chemistry).

tasa de fuga I leakage rate (nuclear energy).

tasa de lixiviación I leaching rate.

tasa en bits I bit rate.

tasa terrestre I land fee (telecommunications).

tasación errónea I misrating.

tasímetro I tasimeter.

taurina I taurine (chemistry).

taxasita I emerald nickel.

te de derivación I tee joint.

techo I ceiling (aeronautics) I roof.

techo absoluto I absolute roof (mining).

techo aerodinámico teórico I absolute aerodynamic ceiling.

techo de la galería I gallery back (mining).

techo de servicio I service ceiling (aeronautics).

techo en voladizo I overhanging roof.

techo ilimitado I unlimited ceiling (aeronautics).

techo práctico I practical ceiling (aeronautics).

techo teórico I absolute ceiling (aeronautics).

tecla I key button I keytop.

tecla de borrado I reset key.

tecla de conexión I power-on key (electricity).

tecla de función I function key (computing).

tecla de interrupción I break key.

tecla de selección I selection key (computing).

tecla para tabular I tab key.

teclado I keyboard.

teclado alfanumérico I alphanumeric keyboard.

teclado auxiliar I keypad.

teclado de emisión-recepción I keyboard send-receive.

teclado de terminal I terminal keyboard.

teclado numérico I keypad.

tecleo I keying.

tecnecio I technetium (chemistry).

tecnetrón I tecnetron (three electrode valve).

técnica I technics.

técnica al vacío I vacuum technique.

técnica de inversión de rayas espectrales I line-reversal technique.

técnica de medida I measuring technique.

técnica de refusión I remelt technique.

técnica del soldeo I welding engineering.

técnica operatoria I know-how.

técnica ultrasonográfica | ultrasonographical technique.
técnicas cartográficas | mapping techniques.
técnicas cartográficas cuantitativas | quantitative mapping techniques.
técnico | technical.
tecnografía | technography.
tecnología | technology.
tecnología atómica | atomic engineering.
tecnología de la energía eólica | wind engineering.
tecnología de la energía solar | solar energy technology.
tecnología de la mensuración | measurement technology.
tecnología del plasma | plasma engineering.
tecnología del semiconductor | semiconductor technology.
tecnología espacial | space technology.
tecnología marítima | maritime engineering.
tecnología metal-óxido-silicio | MOS technology.
tecnología MOS | MOS technology.
tecnología naval | marine engineering | naval engineering.
tecnológico | technological.
tectogénesis | tectogenesis.
tectogénesis y orogénesis | tectogenesis and orogeny.
tectónica | structural geology.
tectónico | tectonic.
tefigrama | tephigram (meteorology).
teja | roofing tile.
teja lomuda | Spanish tile.
teja plana | plain tile | plane tile | tile.
tejado | roof.
tejeduría | weaving.
tejer | weave (to).
tejido | cloth | weaving | woven.
tejido acústico | acoustextile.
tektita | tektite.
tela | cloth.
tela abrasiva | abrasive cloth.
tela absorbente | absorption fabric.
tela esmeril | abrasive cloth.
tela metálica | netting | wire cloth | wire fabric | wire gauze | wire mesh | woven wire.
tela metálica de alambres soldados | welded wire fabric.
telar | loom | spinning frame | textile loom.
telar circular | circular loom.
telar de barras | bar loom.
telar de cajones | multiple box loom.
telar de una lanzadera | plain loom.

telar de varias lanzaderas | revolving box loom.
telar jacquard | jacquard loom.
telar multilanzaderas | multiple box loom | multiple shuttle loom.
telar revólver | revolving box loom.
telar sencillo | plain loom.
teleaccionado | distant-controlled.
teleamperímetro | teleammeter.
teleamperímetro de antena | remote antena ammeter.
telebrújula | remote compass | telecompass.
teleceptor | teleceptor.
telecine | motion picture pick-up | telecine.
teleclinómetro | teleclinometer.
telecompás | telecompass.
telecomputación | telecomputing.
telecómputo | telecounting.
telecomunicación por cable | cable telecommunication.
telecomunicación radioeléctrica | radiotelecommunication.
telecomunicación vía satélite | satellite telecommunication.
telecomunicaciones de superficie | surface communications (terrestrial and maritime).
telecomunicaciones por satélite | satellite communications.
teleconexión | teleconnection.
teleconferencia por vídeo | video teleconferencing.
teleconmutador | teleswitch.
telecontrol | remote control.
telecontrolar | telecontrol (to).
teledetección | remote detection | remote sensing | teledetection.
teledetección aeroespacial | aerospace remote sensing.
teledetección espacial | space remote sensing.
telediafonía | distant and crosstalk | far-end crosstalk.
teledifundir | telecast (to).
teledifusión | line broadcasting (radio) | telediffusion | wire broadcasting.
teleelectroscopio | telectroscope.
telefacsímil | telefacsimile.
telefax | telefax (facsimile).
teleférico | cable carrier | cable railway | rope railway | ropeway | wire ropeway.
teleférico monocable | monocable ropeway.
telefonear | phone (to).
telefonema | telephone message.
telefonía accionada por la luz | light-powered telephone.
telefonía alámbrica | wire telephony.

telefonía sin hilos | wireless telephony.
telefonista | operator.
teléfono | telephone.
teléfono con transmisión de imagen | picture-phone (videotelephony).
teléfono de abordo | interphone.
teléfono de comunicación interior | intercom.
teléfono óptico | photophone.
telefonometría | telephonometry.
telefonómetro | telephonometer.
telefoto | telephoto | wire photo | wire picture.
telefotografía | wirephoto.
telefotómetro | telephotometer.
telegestión | remote processing | telecomputing | teleprocessing.
telegrafía | telegraphy.
telegrafía armónica | voice frequency telegraph.
telegrafía con banderas | wigwag.
telegrafía de onda continua modulada | MCW telegraphy.
telegrafía en dos frecuencias | two tone telegraphy.
telegrafía facsímil | facsimile telegraphy.
telegrafía interbandas | interband telegraphy.
telegrafía múltiple | multiplex.
telegrafía óptica | visual signaling.
telegrafía por frecuencias | carrier telegraphy.
telegrafía por hilo | line telegraphy.
telegrafía por rayos infrarrojos | infrared telegraphy.
telegrafía por tonos | tone telegraph.
telegrafía sin hilos | radio.
telegrafía ultraacústica | superaudio telegraphy.
telegrafiar | cable (to) | telegraph (to) | wire (to).
telegrafista | operator.
telegrafista receptor | receiving telegraphist.
telégrafo | telegraph.
telégrafo de aguja | needle telegraph | pointer telegraph.
telégrafo de cuadrante | needle telegraph.
telégrafo impresor | type printing telegraph.
telegrama por teléfono | phonogram.
telegrisumetría | telegrisoumetry.
teleguiado | pilotless.
teleguiado por haz | beam rider guidance.
teleguiaje | remote guidance.
teleguiar | teleguide (to).
telehidrógrafo | telehydrograph.
teleimpresión | teleprinting.
teleimpresor | telegraph printer | teleprinter (terminal) | teletypewriter | ticker.
teleimpresor de teclado | keyboard teleprinter.

teleimpresora de páginas | page teleprinter.
teleindicación | telemetering (electricity).
teleindicador | remote indicator | telegage | telemeter (electricity).
teleinformática | computer communications | data communication equipment | tele-data processing | telecomputer science | teleinformatic.
teleinscriptor | teleinscriptor.
teleinterruptor | remote control switch.
teleirradiación | teleirradiation.
teleléctrico | telelectric.
telemandado | distant-controlled.
telemando | distant control | followup control | pilot relaying | remote control | telecontrol.
telemando de ganancia | remote gain control.
telemando eléctrico | remote electrical control.
telemando mecánico | mechanical distance control.
telemando por radio | radio remote control.
telemanipulación | remote handling | remote keying.
telemanómetro | telemanometer.
telemático | telematic.
telemecanismo | telemechanism.
telemedición | remote measurement | telemetering.
telemedición por haz luminoso | light beam telemetering.
telemedida | telemetering.
telemedida de la información | information telemetering.
telemedida por enlace móvil | mobile telemetering.
telemedidor de impulsos | pulse-type telemeter.
telemedidor del tipo de posición | position-type telemeter.
telemetría | range finding | telemetering | telemetry.
telemetría autoadaptable | adaptive telemetry.
telemetría espacial | space telemetry.
telemetría para misiles | missile telemetry.
telemetría por enlace alámbrico | wire-link telemetry.
telemetría por impulsos codificados | pulse code telemetry.
telemetría por transmisión alámbrica | wire telemetry.
telemetría radárica | radar distance measuring | radar range finding.
telemetría radioacústica | radio acoustic position-finding.
telemétrico | telemetric.

telémetro I distance-finder I distance-meter I range finder I telemeter.

telémetro acústico I acoustic rangefinder.

telémetro de alidada I alidade distance-finder.

telémetro de coincidencia I split-field telemeter.

telémetro de impulsos I impulse-type telemeter.

telémetro de nubes I ceilometer.

telémetro de rayos láser I laser rangefinder.

telémetro del tipo de tensión I voltage-type telemeter.

telémetro estereoscópico I stereo rangefinder I stereoscopic rangefinder.

telémetro lasérico para nubes I laser ceilometer.

telémetro Navar I Navar distance meter.

telémetro nefoscópico I cloud-base measuring instrument.

telémetro óptico I optical ranger.

telémetro para aviones I aircraft range finder.

telémetro radárico I distance-measuring radar.

telemetrógrafo I telemetrograph.

telemicroscopia I telemicroscopy I televised microscopy.

teleobjetivo I phototelescope I telelens I teleobjective I telephoto lens.

telepantalla I telescreen.

teleproceso I remote processing I teleprocessing.

telerradar I teleran.

telerradiografía I teleradiography.

telerreceptor I telereceiver.

telerreferencia I remote marking.

telerregistrador I telerecorder.

telerregistro I telerecording.

telerrelé I distance relay.

telescopia I telescopy.

telescopio I telescope.

telescopio cenital I zenith telescope I zenith tube.

telescopio de imagen invertida I inverting telescope.

telescopio de rayos gamma I gamma ray telescope.

telescopio de reflexión I reflecting telescope.

telescopio de refracción I refractor I retracting telescope.

telescopio espacial I space telescope.

telescopio infrarrojo I infrared telescope.

telescopio radárico I radar telescope (astronomy).

telescopio solar I solar telescope.

telescopio submilimétrico I submillimetric telescope.

teleselector I teleselector.

telesintonización I remote tuning.

teletacómetro I teletachometer.

teletermógrafo I telethermograph.

teletermómetro I telethermometer.

teletexto I teletext.

teletipar I teletype (to).

teletipia I teletypesetter I teletypewriter equipment.

teletipo I tape printer I teleprinter I teletype I type printer.

teletipo por línea alámbrica I land line teletypewriter.

teletranscriptor I telewriter.

teletransmisión I teletransmission.

teletratamiento I teleprocessing.

teletrón I teletron.

televatímetro I telewattmeter.

televisar I telecast (to) I televise (to).

televisión I television.

televisión colectiva I community television.

televisión de baja definición I low-definition television.

televisión en directo I live TV.

televisión multicanal I multicircuit television.

televisión por cable I cable TV I cable television I cablecasting I piped television I teledistribution I wire distribution service I wired television.

televisión por rayos X I X-ray television.

televisión por satélite I satellite television.

televisión por videocasete I video-tape generation.

televisión submarina I submarine television I underwater television.

televisión tridimensional I three-d television.

televisor I televisor.

televoltímetro I televoltmeter.

télex I telex.

telurato I tellurate.

telúrico I telluric.

telurio I tellurium.

telurómetro I tellurometer.

telururo de bismuto I bismuth telluride.

telururo de cadmio I cadmium telluride.

telururo de oro y plata I sylvanite (mining).

telururo de plata I silver telluride.

telururo de plomo I lead telluride.

temblador I ticker (electricity).

temblar I quake (to) I shake (to).

temblor I quake I shaking.

temblor de la imagen I picture bounce (TV, cinematography).

temblor de tierra I shake.

témpano I needle ice.

témpano de hielo I ice floe.

temperaruta elevada I high temperature.

temperatura I heat I temperature.

temperatura = 0° C I ice point.

temperatura absoluta de ebullición I absolute boiling point.

temperatura alta I high temperature.

temperatura bajo cero I low temperature I subatmospheric temperature I subfreezing temperature.

temperatura bajo cero en grados K I subzero temperature.

temperatura crítica I critical point I critical range.

temperatura de bulbo húmedo   I   wet-bulb temperature.

temperatura de cambio magnético I magnetic change point (iron).

temperatura de cementación   I   hardening heat.

temperatura de congelación I freezing point.

temperatura de congelación baja I low-freezing point.

temperatura de cristalización I cloud point.

temperatura de ductilidad nula I nil ductility temperature (metallurgy).

temperatura de ebullición I boiling heat I ebullition point.

temperatura de entrada I inlet temperature.

temperatura de fusión I let-go temperature I melting point I yield temperature.

temperatura de fusión del hielo I ice point.

temperatura de ignición I ignition point I ignition temperature.

temperatura de incandescencia I color temperature.

temperatura de inversión I inversion point I inversion temperature.

temperatura de la fusión incipiente   I   incipient melting point I incipient-melting temperature.

temperatura de recocido I annealing temperature.

temperatura de remanso I stagnation temperature (aerodynamics).

temperatura de revenido I tempering heat.

temperatura de rocío I set point.

temperatura de ruido I noise temperature (electricity).

temperatura de saturación I dew point.

temperatura de solidificación I setting point.

temperatura de temple I hardening heat.

temperatura del hielo fundente I ice point.

temperatura del rojo I red heat.

temperatura inferior de solidificación I lower freezing point.

temperatura intrínseca I intrinsic temperature (semiconductor).

temperatura ultrabaja I ultralow temperature.

tempestad I storm.

tempestad de arena I sandstorm.

templabilidad I hardenability.

templable I hardenable I quenchable (metallurgy).

templado I quenched I tempering.

templado en aceite I oil-hardened.

templado en baño de plomo I patented (metallurgy).

templado en baño de sales I liquid-quenched.

templado por laminación en frío   I   temper rolling.

templar I harden (to) I indurate (to) (metallurgy) I temper (to) I toughen (to).

templar al aire I chill-harden (to).

templar bainíticamente I austemper (to).

templar bruscamente en agua I quench (to) (metallurgy).

templar con agua I water-harden (to).

templar diferidamente I martemper (to).

templar en aceite I oil harden (to).

templar en baño de plomo I lead harden (to) I patent (to) (metallurgy).

templar por corrientes de inducción I induction-harden (to).

templar por flameo I shorterize (to).

temple I hardening (metallurgy) I plunging (metallurgy).

temple bainítico I bainitic hardening.

temple caliente I hot quenching.

temple con rotación I spin hardening.

temple de solubilización I precipitation hardness.

temple diferido   I   martempering I slack quenching.

temple en aceite I oil hardening.

temple en baño de plomo I lead quenching.

temple en baño de sales I salt-quenching.

temple en coquilla I chilling.

temple en plomo I lead hardening.

temple escalonado   I   interrupted   quench (metallurgy).

temple general instantáneo en aceite   I   oil quenching (metallurgy).

temple inverso I inverse chill.

temple isotérmico I incomplete quenching I isothermal hardening I isothermal quench I martempering I patenting (wire mill).

temple martensítico I martensitic hardening I martensitic quenching.

temple martensítico ininterrumpido | mar-tempering.
temple negativo | negative hardening.
temple selectivo | selective quenching.
temple suave | low temper | soft quenching.
temple superficial oxiacetilénico | oxyacety-lene flame hardening.
temporal | gale | storm.
temporización | timing.
temporización por impulsos | pulse timing.
temporizado | time delay (relays) | timed.
temporizador | interval timer | timer.
temporizador de cierres | make-timer (cir-cuits).
temporizador de soldadura | weld-interval - timer.
temporizador fotoeléctrico | photoelectric timer.
temporizador monoestable | monostable timer.
temporizador pulsátil | pulsing timer.
tenacidad | toughness (metallurgy).
tenacidad a la entalla | notch toughness.
tenacillas | pincers | pliers | tweezers.
tenaza de cadena para tubos | pipe grip.
tenaza para tubos | pipe wrench.
tenazas | lifter (smelting).
tenazas articuladas para manejar sillares | lever grip tongs.
tenazas de corte | nippers | pincers.
tenazas de corte para alambres | wire nip-pers.
tenazas de forja | anvil tongs | blacksmith tongs | forge tong.
tenazas de fragua | forge tong.
tenazas de remache | rivet tongs.
tenazas de soldar | soldering tongs.
tenazas para alambre | wire cutters.
ténder de locomotora | engine tender | tank | tender.
tendido | laying (cable, pipe).
tendido de cable | cable run (electricity).
tendido de la vía | tracklaying.
tendido de tuberías | pipe laying.
tener fallos en el encendido | misfire (to) (en-gines).
tener huelgo | ride (to).
tennantita | gray copper ore.
tenorita | black copper.
tensar | stretch (to).
tensímetro | tensimeter | tensometer.
tensímetro interfacial | interfacial tensiometer.
tensión | pressure (electricity) | stretching | ten-sion | voltage.
tensión admisible | allowable tension.
tensión alterna | alternating voltage.
tensión anódica | collecting voltage.

tensión avanzada | leading voltage.
tensión baja de desconexión | low striking voltage.
tensión circunferencial | ring tension.
tensión continua | direct voltage | rectified ten-sion.
tensión contrapuesta | offset voltage.
tensión creciente | mounting tension.
tensión crítica | critical voltage.
tensión cuántica | quantum voltage.
tensión de aceleración | acceleration voltage.
tensión de aceleración iónica | ion accelerat-ing voltage.
tensión de agitación térmica | thermal-agita-tion voltage.
tensión de aislamiento | insulating strength.
tensión de alimentación de placa | plate supply voltage.
tensión de audiofrecuencia | audio voltage.
tensión de barrera | barrier voltage.
tensión de bloqueo | blocking voltage | storage potential.
tensión de bombeo | pump voltage (semicon-ductors).
tensión de carga | impressed voltage | load voltage (circuits).
tensión de CAV | A.V.C. voltage.
tensión de cebado | starter breakdown voltage | starting voltage.
tensión de chispa | sparking voltage.
tensión de circuito abierto | off-load voltage.
tensión de corte | pinchoff voltage (electricity) | voltage cutoff.
tensión de deriva | drift voltage (semiconduc-tor).
tensión de desconexión | dropout voltage.
tensión de desequilibrio | unbalance voltage.
tensión de desnivel | offset voltage.
tensión de desprendimiento | dropout voltage.
tensión de desviación | deflecting potential | deflection voltage.
tensión de disposición | set voltage.
tensión de eco | echo voltage (telecommunica-tions).
tensión de emisor | emitter voltage.
tensión de entrada | input voltage.
tensión de equilibrio | equilibrium potential | offset voltage.
tensión de equilibrio del cero | zero offset voltage.
tensión de error de entrada | input error volt-age.
tensión de estricción | pinchoff voltage (elec-tricity).
tensión de excitación | excitation voltage.

tensión de fase | phase pressure (electricity).

tensión de fluencia | fluid stress | yield stress.

tensión de formación de arco | minimum flashover voltage (electrotecnics).

tensión de frenado | stopping potential.

tensión de funcionamiento | pickup voltage | working voltage.

tensión de integración | integration voltage.

tensión de lámpara | tube voltage.

tensión de línea | line voltage | line pressure.

tensión de mantenimiento | sustaining voltage.

tensión de montaje | mounting tension.

tensión de onda triangular | triangular voltage.

tensión de ondulación de salida | output ripple voltage.

tensión de penetración | reach-through voltage (semiconductors).

tensión de reactancia | reactance voltage.

tensión de recuperación | recovery voltage.

tensión de red | main voltage.

tensión de reencendido | restriking voltage (electrotecnics).

tensión de reflector | reflector voltage (electronics).

tensión de régimen | normal working pressure (electricity) | voltage rating.

tensión de rejilla | grid voltage.

tensión de rejilla pantalla | screen voltage.

tensión de ruido | noise voltage | psophometric potential difference.

tensión de ruptura | breakdown voltage | ultimate stress.

tensión de ruptura estática | static breakdown voltage.

tensión de salida del transmisor | transmitter output voltage.

tensión de servicio | nameplate pressure | running voltage (electricity) | service voltage | working voltage.

tensión de trabajo | working voltage.

tensión de umbral | voltage threshold.

tensión de variación lineal | linearly varying voltage.

tensión del blanco | target voltage (pickup tube).

tensión del hilo | wire tension (telephony).

tensión directa instantánea | instantaneous forward voltage (diodes).

tensión disruptiva | critical gradient | rupturing voltage.

tensión eficaz | effective voltage | RMS voltage.

tensión electromagnética | electromagnetic stress.

tensión en cortocicuito | short-circuit voltage.

tensión en escalón | step voltage.

tensión en vacío | open-circuit voltage.

tensión entre bornes | terminal voltage.

tensión entre espiras | interturn voltage (electricity).

tensión entre fase y neutro | Y voltage.

tensión entre fases | interlinked voltage | mesh voltage.

tensión equilibrada | balanced voltage.

tensión estabilizadora | stabilizing voltage.

tension estática de electrodo | static electrode potential.

tensión excitadora | drive voltage.

tensión inducida | induced voltage.

tensión interfacial | interfacial tension.

tensión interfásica | interphase tension.

tensión interior | internal pressure.

tensión interruptora | quenching voltage.

tensión inversa | inverse voltage | reverse voltage (diodes).

tensión inversa de rejilla | inverse grid potential | reverse grid voltage (electronics).

tensión inversa instantánea | instantaneous reverse voltage (diodes).

tensión inversa máxima de pico | maximum peak inverse voltage (electronics).

tensión límite | voltage rating.

tensión máxima | ceiling voltage.

tensión media | average voltage.

tensión mínima de arranque | minimum starting voltage (servomotor).

tensión negativa | negative potential.

tensión neutralizadora | neutralizing voltage.

tensión nominal | nominal voltage.

tensión normal de régimen | normal operating voltage.

tensión normal de servicio | normal operating voltage.

tensión nula | no volt | zero voltage.

tensión ondulatoria | undulatory voltage.

tensión patrón | standard voltage.

tensión perturbadora | interfering voltage.

tensión polarizadora | bias voltage.

tensión primaria | primary voltage (transformer) | source voltage.

tensión química | chemical stress.

tensión reactiva | reactive voltage.

tensión reforzadora | boost voltage (TV).

tensión secundaria | secondary voltage.

tensión simétrica | push-pull voltage.

tensión sincrónica | synchronous voltage.

tensión sinusoidal | sinusoidal voltage.

tensión sofométrica I noise voltage I psophometric potential difference I psophometric voltage (telecommunications).
tensión tectónica I tectonic strain (geology).
tensión térmica I thermal stress.
tensión termoeléctrica I thermoelectric voltage.
tensión transitoria I transient voltage.
tensión transversal I transverse voltage (electricity).
tensión uniaxial I uniaxial tension.
tensión variable I variable voltage.
tensional I tensional.
tenso I taut.
tensómetro de cuarzo I quartz strain gage.
tensor I brace rod I radius arm I slack adjuster I takeup I tension member I tensioner I tightener.
tensor de oposición I back guy.
tensor de permeabilidad I permeability tensor.
tensor espacial I space tensor.
tensor métrico I metric tensor.
teñir I pigment (to).
teodolito I altometer I theodolite.
teodolito con anteojo reversible I wye theodolite.
teodolito de anteojo central I transit theodolite.
teodolito de brújula I surveyors' transit I transit.
teodolito de brújula para minas I mining transit.
teodolito de impulsos de luz I pulsed-light theodolite.
teodolito para trabajos de minas I mining transit.
teoría I theory.
teoría cinética de la difusión I kinetic theory of diffussion.
teoría de funciones I theory of functions (mathematics).
teoría de la lógica de conjuntos difusos I fuzzy theory (computing).
teoría del campo unificado I unified field theory (physics).
teoría del transporte de cargas I theory of charge transport (electricity).
teoría modal I mode theory (radiotechnics).
teracurie I teracurie (10^{12} curies).
terahertzio I terahertz.
teraocteto I terabyte (1,000 megabytes).
teratrón I teratron (electronics).
teravatio I terawatt (electricity).
terbinario I orthorhombic.

terbio I terbium (Tb).
tercero I third.
tercio I third.
termal I thermal I thermic.
termal oceánica I ocean thermal.
termia I therm (heat unit).
térmico I thermal I thermic.
terminación I close I finish.
terminación adaptada I matched termination.
terminación de cadena nuclear I nuclear chain ending.
terminación de un bloque I termination of a block (computing).
terminado I over (telephony).
terminador de cable I pothead (electricity).
terminal I hub I stud I terminal (electricity).
terminal central I central terminal.
terminal consultor I inquiry station.
terminal de anclaje I tie terminal.
terminal de antena I aerial terminal.
terminal de cable I sealing end.
terminal de conexión arrollada I wrap post.
terminal de consulta a pantalla I inquiry display terminal.
terminal de contacto I prong (electronics).
terminal de derivación I service head.
terminal de ensayo I test terminal.
terminal de extracción I outlet ventilator.
terminal de microondas I microwave terminal (radio linkage).
terminal de pantalla I C.R.T. terminal (computing).
terminal de paso continuo I through terminal (railways).
terminal de portadora I carrier terminal (computing).
terminal de red I branch point.
terminal de teclado I pushbutton terminal (telephony).
terminal de teleproceso I teleprocessing terminal.
terminal de una red I subscriber station.
terminal de usuario de consulta I inquiry station (computing).
terminal negativo I negative terminal.
terminal neutro I neutral terminal (electricity).
terminal submarina para cargar o descargar petróleo I submarine oil terminal.
terminal supervisora I supervisory terminal (telecommunications).
terminal télex I telex terminal.
terminal UHF de amplio rango I terminal UHF omnirange.
terminal visualizadora de consulta I inquiry display terminal (computing).

terminales alimentadores | supply terminals (electricity).

terminales de fase | line terminals.

terminar | break off (to) | end (to) | end up (to) | finish (to).

terminar una conversación | sign off (to) (radio).

término constante | absolute term.

término independiente | absolute term (mathematics).

termión | thermion | thermoelectron.

termión negativo | negative thermion.

termiónica | thermionics (science) | thermoelectronics.

termiónico | thermionic.

termistor | temperature sensor | thermistor.

termistor tipo arandela | washer thermistor.

termistorizar | thermistor (to).

termoablación | heat ablation.

termoabsorción | heat pickup.

termoacabar | hot-finish (to).

termoaccionado | temperature operated.

termoacondicionamiento | temperature conditioning.

termoagitación | thermal agitation.

termoaislado | heat-insulated | heat-isolated | insulated | thermoinsulated.

termoaislamiento | heat insulation | insulation | thermal insulation.

termoaislar con plásticos | plastics-insulate (to).

termoamperímetro | thermoammeter.

termoataque | thermal etching.

termobarógrafo | thermobarograph.

termobarometría | thermobarometry.

termocambiador de chapa | plate-type heat exchanger.

termocambiador de guijarros | pebble-type heat exchanger.

termocambiador de láminas metálicas | strip heat exchanger.

termocambiador de placas | plate heat exchanger.

termocambiador intermedio | intercooler.

termocambiador recuperativo | recuperative heat exchanger.

termocambiador tubular | shell-and-tube heat exchanger.

termocanjeador | heat exchanger.

termocoagulable | heat-coagulable.

termocoloración | heat tint | heat-tinting.

termocolorear | heat-tint (to).

termocolorímetro | color temperature meter | kelvinometer | thermocolorimeter.

termocompensador | heat compensator.

termocompensador magnético | magnetic temperature compensator.

termocompresión | thermocompression.

termoconductibilidad absoluta | absolute heat conductivity.

termoconductivo | heat conducting | heat-conductive.

termoconmutador | thermoswitch.

termocontracción | thermal contraction.

termocuración | heat aging | heat-aging.

termocurar | heat-cure (to).

termodensímetro | thermohydrometer.

termodensintegración | thermal cracking.

termodetector | temperature detector.

termodetector magnético | magnetic temperature detector.

termodifusión | thermodiffusion.

termodifusividad | heat release rate.

termodilatación | thermoexpansivity.

termodinámica | thermodynamics.

termoelasticidad | thermoelasticity.

termoelástico | thermoelastic.

termoeléctrico | thermionic.

termoelectrón | thermion | thermoelectron.

termoendurecer | heat-harden (to) | thermoset (to).

termoendurecible | thermosetting.

termoesfuerzo | thermal stress.

termoestañado | thermally tinned.

termoesterilización | heat sterilization.

termoestratificación | thermal stratification.

termoevaporación | thermic evaporation.

termoextruir | hot-extrude (to).

termofijar | heat set (to).

termofisuración | thermal checking.

termofluencia activada por fatiga | fatigue-activated creep.

termofluencia secundaria | secondary creep.

termoformar | thermoform (to).

termofraccionación | thermal cracking.

termofractura | spalling.

termofraguado | thermosetting.

termofraguar | thermoset (to).

termofugacia | heat resistance | heat-repellence.

termófugo | heat resistant | heat-repellent | heat-resisting.

termofusión | thermofusión.

termogalvanismo | thermogalvanism.

termogalvanómetro | thermogalvanometer.

termogeneración | heat generation.

termogenerador | heat generator.

termógeno | heat-creating | heat-emitting.

termógrafo | temperature recorder | termograph (meteorology).

termogravimetría | thermogravimetry.

termohigrómetro I thermohygrometer.

termoindurante I thermosetting.

termoinmersor I immersion heater.

termointercambiador I heat exchanger I heat interchanger.

termoionización I thermal ionization.

termólisis I thermal decomposition I thermolysis (chemistry).

termomaduración I heat aging.

termomadurar I heat-cure (to).

termomecánica I thermomechanics.

termometalurgia I thermometallurgy.

termómetro I heat gage I thermometer.

termómetro contrastado I certificated thermometer.

termómetro de bola de vidrio rellena con líquido I liquid-in-glass thermometer.

termómetro de bulbo húmedo I wet-bulb thermometer.

termómetro de dilatación de líquido I liquid-expansion thermometer I liquid-filled thermometer.

termómetro de máxima I maximum thermometer.

termómetro de máxima y mínima I maximum and minimum thermometer.

termómetro de presión I tasimeter.

termómetro de resistencia I resistance thermometer.

termómetro-honda I sling thermometer (meteorology).

termonuclear I thermonuclear.

termopar I thermocouple I thermojunction I thermopair.

termopar compensado I compensated thermocouple.

termopar de aguja I needle thermocouple.

termopar de estancamiento I stagnation thermocouple.

termopar de forma de onda I wave form thermocouple.

termopar de inmersión I immersion thermocouple.

termopar de semiconductor I semiconductor thermocouple (electronics).

termopar formado de plasma I plasma thermocouple.

termopar voltaico I voltaic couple.

termopermutador I heat exchanger.

termopermutar I heat-exchange (to).

termopila I thermobattery I thermopile.

termopila de radiación I radiation thermopile.

termopotencia I thermopower.

termoprocesado I heat processing.

termoquebradizo I hot-short.

termoquímica I thermochemistry.

termorreactivo I heat reactive.

termorreactor I thermal reactor.

termorreactor nuclear I thermal reactor.

termorreceptor I thermal receiver.

termorrecuperador I cold heat exchanger.

termorreducción I thermoplastic reduction (chemistry).

termorreflectividad I heat reflectivity.

termorregenerador I heat regenerator.

termorregulación I heat-regulating.

termorregulador I heat regulator I thermoregulator.

termorrelé I temperature relay.

termorrelé de inducción I induction thermal relay.

termorresistencia I thermoresistance.

termorresistente I heat resistant I heat-resisting.

termoscopio I thermoscope.

termosecar I heat dry (to).

termosensible I caloreceptor I temperature-responsive.

termosimbiosis I heat transfer.

termosonda I thermoprobe.

termostática I thermostatics (science).

termostatizado I thermostatted.

termostato I thermal switch I thermoregulator I thermostat.

termostato de ambiente I room thermostat.

termostato de inmersión I immersion thermostat.

termostato de la válvula I valve thermostat.

termostato de radiación I radiant heating thermostat.

termostato de seguridad I safety thermostat.

termostato de termistor I thermistor thermostat.

termostato horario I clock thermostat.

termostato para el agua I aquastat.

termotecnia I calorifics I heat engineering I thermotechnics.

termotratabilidad I heat-treatability.

termotratado I heat-treated.

termotratamiento I heat treatment I thermal treatment.

termotratamiento con baño de sales I salt-bath heat treatment.

termotratamiento de hornada en masa I mass-batch heat-treating.

termotratamiento de solubilización I solution heat treatment (metallurgy) I solutioning (metallurgy).

termotratamiento isotérmico I isothermal heat-treating.

termotratamiento mecanizado | mechanized heat treatment.

termotratamiento para endurecimiento estructural | precipitation-hardening heat-treatment.

termotratamiento regenerativo | regenerative heat treatment.

termotratamiento suave | mild thermal treatment.

termotratar | heat-treat (to).

termotratar por solubilización | solution-treat (to) (aluminum alloys).

termounión | thermojunction.

termovinificación | heat treatment.

ternario | ternary.

terraja | die | die plate | jam die plate | modeling board | screw plate | screwing-die | strickle (foundry) | strike (foundry) | sweep | templet.

terraja de anillo | die stock.

terraja de mano | screw cutter.

terraja de moldeo | molding frame (siderurgy).

terraja de resorte | spring die.

terraja de roscar | die stock.

terraja esférica | ball tap wrench.

terraja giratoria | loam board (molding).

terraja maciza | solid die.

terraja para roscas exteriores | threading die.

terrajadora | boltcutter | tapper.

terraplén | bank | embankment | mound | roadbed (railway line).

terraplenar | embank (to) | fill (to) | fill in (to).

terraza costera | raised beach (geology).

terraza fluvial | bench gravel.

terremoto | earthquake | quake.

terremoto réplica | aftershock.

terreno | ground | land | soil.

terreno cretáceo | chalk-formation.

terreno de aluvión | bench-land | alluvial soil | placer.

terreno de asiento | roadbed.

terrón | clod.

tesar | taut (to).

testera | headstock.

testero | back stope | capping (walls) | headwall.

testigo | core sample (drillings) | sample core (drillings).

testigo de perforación | drill core.

testigo de sondeo | drill core.

testigo sonda sintonizable | tunable probe.

tetatrón | thetatron (nuclear energy).

tetón | snug.

tetrabasculador | quadraflop (circuit).

tetracarbonilo de hierro | iron tetracarbonyl.

tetraceno | tetrazene (chemistry).

tetrácido | tetracid (chemistry).

tetracloruro de carbono | carbon chloride.

tetracloruro de iridio | iridium tetrachloride.

tetradecano | tetradecane (carbides).

tetraedrita | gray copper ore.

tetraetilo de plomo | lead tetraethyl | tetraethyl lead.

tetragonal | four-angled.

tetrahidrofurano | tetrahydrofuran (organic chemistry).

tetrametileno | tetramethylene.

tetrametilo de plomo | tetramethyllead.

tetramotórico | four-engine.

tetrapolar | four-pole.

tetrapolo | quadrupole.

tetrilo | tetryl (chemistry).

tetrodo | double-grid tube | tetrode.

tetrodo de haz | beam tetrode (radar).

tetrodo de potencia | power tetrode (electronics).

tetrodo de uniones | junction tetrode.

tetrodo oscilador | tetrode oscillator.

tetrodo P N P | P.N.P. tetrodo.

tetróxido de plomo | lead tetroxide.

tetróxido de tántalo | tantalum tetroxide.

texto | text.

textura en cemento | mortar texture (petrology).

textura en mortero | mortar texture.

thyratrón de rejilla blindada | shield grid thyratron.

tiazol | thiazole.

tiempo | time.

tiempo atmosférico | weather.

tiempo cronométrico | time.

tiempo de acceso | access time (computing).

tiempo de acceso a la información | retrieval time.

tiempo de bloqueo | turnoff time (electronic valves).

tiempo de búsqueda | search time (computing)

tiempo de búsqueda pista a pista | track-to-track seek time (computing).

tiempo de comunicación | operating time.

tiempo de conmutación | switching time | transfer time (telephony).

tiempo de corrección | setting time.

tiempo de desbloqueo | turn-on time.

tiempo de desconexión | turn-off time.

tiempo de doblado lineal | linear doubling time (reactor).

tiempo de ejecución | operation time | turn-around time.

tiempo de electrodeposición | plating time.

tiempo de escalonamiento | stagger time.

tiempo de espera | attended time (computing) | latency.

tiempo de espera de la unidad base | waiting time (computing).

tiempo de fraguado | setting time.

tiempo de funcionamiento | operating time.

tiempo de fusión | meltdown.

tiempo de generación | neutron lifetime (neutron).

tiempo de inactividad | off time (machines).

tiempo de incremento | time of growth (nuclear energy).

tiempo de inocupación | idle time (telephony).

tiempo de interrupción | off-air time (television, radio).

tiempo de inversión | turnaround time.

tiempo de la aceleración | acceleration time (computing).

tiempo de lectura | read time (computing).

tiempo de mantenimiento | servicing time (machines).

tiempo de oscilación parásita | ring time.

tiempo de proceso | run time (computing).

tiempo de propagación | propagation time (telecommunications) | time delay.

tiempo de propagación de la señal | signal delay.

tiempo de recuperación | recovery time (diodes) | restoring time (telecommunications).

tiempo de reposición | release lag (electrotecnics).

tiempo de resolución | resolving time.

tiempo de respuesta | response time | turnaround time.

tiempo de restablecimiento | recovery time.

tiempo de retardo | retention time | time lag.

tiempo de rodaje | taxi time.

tiempo de subida | rise time (semiconductor) | risetime.

tiempo de transferencia | transfer time | transport time (computing).

tiempo de transferencia de palabra | word time.

tiempo de vuelo | time of flight.

tiempo medio de reacción | mean reaction time.

tiempo medio entre averías | mean time between failures (MTBF).

tiempo muerto | time lag (gears) | idle time | idling (machines).

tiempo real | real time (computing) | true time.

tiempo solar | true time.

tierra | earth | ground | land.

tierra absorbente | absorbent earth.

tierra de hierro | iron clay.

tierra de moldeo | loam.

tierra gredosa | clayey marl.

tierra neutra | neutral ground (electricity).

tieso | taut | tight.

tifón | typhoon | windspout.

tijera para angulares | angle iron shears.

tijera para perfiles | bar-shear.

tijera-cepilladora | planoshear.

tijeras | scissors.

tijeras cortapernos | bolt-cutting pliers.

tijeras de guillotina | crocodile shears.

tijeras de palanca | alligator shears | lever shears.

tijeras de quijadas | cropping shears.

tijeras para viguetas laminadas | joist shears.

timbre CA | AC ringing.

timbre de corriente alterna | magneto bell.

timbre electromagnético | magneto bell.

timón | rudder (ships).

timón a babor | left rudder.

timón activo | active rudder (ships).

timón biplano | biplane rudder.

timón compensado | balanced rudder.

timón de dirección | rudder (airplanes).

timón de proa | bow rudder | forward rudder.

timón de rumbo | steering rudder.

timón delantero | forward rudder.

timón popel | stern rudder.

timonel automático | pilot aid (ships).

tina | tub | vat.

tina de lixiviación | leaching vessel.

tinta | ink.

tintado | tinted.

tinte | dye | stain | tincture | tint.

tintómetro | tintometer.

tintura | stain | tincture.

tiosulfatómetro | hypometer.

tipo | standard | type | typeface.

tipo de tubo recomendado | preferred tube type.

tipografía | printery | typesetting | typography.

tipografiar | type (to).

tipógrafo | compositor (typography).

tipolitografía | typolithography.

tipología | typology.

tipometría | typometry (typography).

tipómetro | measuring stick (printing) | type gage (typography).

tira | ribbon | strip.

tira antirradárica de papel metalizado | window (airplanes).

tirafondo | coach screw (railways) | lag bolt | lag screw | long bolt | screw spike | sleeper-screw | spike (railway line) | tap bolt | wood screw.

tirafondos de expansión | stud lag.
tirafrictor | fuse lighter.
tiraje | pulling.
tiralíneas de puntear | pricker (draw).
tiralizos | shaft carrier (loom) | spring shaft (loom).
tirante | brace (railways) | cramp iron | retaining rod | span | stay (machines) | stay rod (boilers) | stringer (frames) | tension member | tie | tie bar | tie bolt | tie rod | tight | transom.
tirante de caldera | boiler stay.
tirante de cercha | truss rod.
tirante de conexión | connecting link.
tirante de hierro | iron tie.
tirante de tracción | tie rod.
tirante longitudinal | longitudinal stay.
tirantez | tightness.
tirar de | pull (to).
tiras de papel metalizado antirradar | chaff (airplanes).
tiratrón | thyratron.
tiratrón con rejilla de control | positive tube (electronics).
tiratrón de rejilla simple | single grid thyratron.
tiratrón de tetrodo | tetrode thyratron.
tiristor | thyristor (electronics).
tiristor bidireccional | bidirectional thyristor | triac.
tiristor óptico | light-triggered thyristor.
tiro | fire | shot.
tiro activado | activated draft (furnaces).
tiro de recepción | acceptance firing (artillery).
tiro eficaz | effective fire.
tiro por aspiración | exhaust draft (chimneys) | induced draught.
tiro retardado | hung shot.
tisonita | tysonite (mineralogy).
titanato de cadmio | cadmium titanate.
titanato de litio | lithium titanate.
titanato de plomo | lead titanate.
titanio | titanium (Ti).
titrato | titrate.
titulación diferencial | differential titration (chemistry).
tiza | chalk | whiting.
tiznadura | smudge.
tizón | band-stone (walls) | binding stone (construction) | bond (walls) | bondstone (walls) | jumper (walls).
toba | hassok | tufa (geology).
toba calcárea | tufa.
toba caliza | tufa.
toba riolítica | rhyolithic tuff.
toba volcánica | cinerite | tuff | volcanic tuff.

tobera | adjutage | ajutage (hydraulics) | bellows pipe | blast pipe | nozzle | tuyere | twyer.
tobera acelerante | acceleration nozzle.
tobera ajustable | adjustable tuyere (blast furnaces).
tobera cónica | conical nozzle.
tobera de aceleración | accelerating jet.
tobera de aguja | needle nozzle | pintle nozzle.
tobera de cohete | rocket nozzle.
tobera de descarga | efflux nozzle.
tobera de escoria | monkey.
tobera de inyección | feed nozzle | injection nozzle | injector nozzle.
tobera de mezcla | mixing-cone (injector).
tobera de propulsión | propulsion nozzle.
tobera de pulverización | spray nozzle.
tobera de turbina | turbine nozzle.
tobera de un horno | tewel.
tobera divergente | delivery tube (injector).
tobera enfriada por sudación | sweat cooled nozzle.
tobera eyectora | effuser (aerodynamics).
tobera giratoria | swiveling nozzle.
tobera obstruida | blocked nozzle.
tobera para chorrear arena | sandblast nozzle.
tobera para hilar | spinning nozzle.
tobera plana | nozzle plate.
tobera ranurada | slotted nozzle.
tobera regulable | adjustable nozzle.
tobera soplante | blast nozzle.
tocadiscos | record player.
tocho | billet.
tocho en bruto | use.
tojino | angle clip.
toldilla | roundhouse (ships).
tolerable | permissible.
tolerancia | limit | margin (mechanics).
tolerancia a la energía radioeléctrica | RF tolerance.
tolerancia amplia | loose tolerance.
tolerancia crítica | close tolerance.
tolerancia de ajuste | allowance.
tolerancia de fabricación | machining allowance.
tolerancia en longitud | length-margin (telecommunications).
tolerancia metálica | metal tolerance.
tolerancia metálica máxima | maximum metal limit.
tolerancia mínima | tight tolerance.
tolerancia ponderal | weight tolerance.
tolerancia restringida | tight tolerance.
tolerancias de maquinado | machining tolerances.

tolerancias vertical y lateral | vertical and lateral tolerances.

tolerante a fallos | fault-tolerant (computing).

tolva | bin | feeding box | feeding trough | funnel | grain box | hopper | tremie | trough.

tolva alimentadora | feeder trough.

tolva cargadora del mezclador | mixer bin.

tolva de carga | ammunition hopper (cannons) | feedbox.

tolva de evacuación | spout.

tolva dosificadora | measuring hopper.

tolva medidora | measuring hopper.

tolva oscilante | shaking chute.

tolva para el fundente | melt hopper.

tolva pesadora | weigh-hopper.

tolva-báscula | weigh-hopper.

toma | feeding point | intake (water, steam, electricity) | seizure (telecommunications) | take | takeoff (electricity) | tapping.

toma auxiliar | convenience outlet.

toma central | center tap.

toma de agua | hydrant | offtake (channels).

toma de agua del mar | injection (ships).

toma de aire a succión | ramming air intake.

toma de aire dinámica | ramming air intake (aircraft engine).

toma de corriente | intake of current (electricity) | outlet | switch | tapping point.

toma de escenas exteriores | remote pickup (TV).

toma de exteriores | nemo (radio, TV, cinematography).

toma de fotografías | shooting.

toma de fuerza | power takeoff.

toma de gas | gas up-take.

toma de presión | pressure tap.

toma de televisión | television pickup.

toma de tierra | earth connection | landing approach (aeronautics).

toma de un objeto a distancia | long shot (cinematography).

toma de vapor | input | input of steam | offtake (boilers) | throttle | throttle valve.

toma de vapor del inyector | injection cock.

toma de vista a distancia | long shot.

toma de vistas en directo | live pickup (TV).

toma del transformador | transformer tap.

toma en directo | live shot (TV).

toma en el estudio | studio pickup (TV, radio).

toma exterior | field broadcast (TV).

toma intermedia | center tape | tapping.

toma maestra | master shot (chamber).

toma panorámica | panning (TV).

toma seguida | travel shot (chamber).

toma superior de rejilla | grid cap.

tomacorriente | electric plug | plug cluster | plugging device | service box (electricity) | socket | tap.

tomacorriente de clavija | peg switch.

tomacorriente de pértiga | whip current collector.

tomacorriente mural | wall outlet.

tomar | tap (to) | tap off (to).

tomar una marcación | take a bearing (to).

tomografía | laminography | planigraphy | tomography.

tonal | tonal.

tonalidad | coloring.

tonel | tub.

tonelada americana | short ton.

tonelada corta | short ton.

tonelada de arqueo | measurement ton.

tonelada larga | long ton (2,240 pounds).

tonelada métrica | metric ton (1,000 kg).

tonelaje | tonnage.

tonelaje total | aggregate tonnage (fleet).

toner | toner (copying machine).

tongada | layer | tier.

tongada de hormigón | concrete bed.

tonlar | tonlar (telephony).

tono | tone | tune.

tono bajo | low tone.

tono completo | whole tone (acoustics).

tono de frecuencia variable | warble tone (acoustics).

tono de ocupación de retorno | return busy tone (telephony).

tono de prueba | test tone.

tonos altos | treble.

topacio | topaz.

topacio de Bohemia | quartz topaz.

topacio verdoso | Brazilian aquamarine.

tope | catcher (valve) | kep (mine cage) | snug.

tope amortiguador | shock-absorbing bumper.

tope antirremanente | residual screw (relays).

tope de aguja | needle stop.

tope de desembrague | knockoff (machine tool).

tope de empuje | tappet.

tope de enganche | lock stop.

tope de fin de carrera | keep (mine cage).

tope de resorte | spring buffer.

tope de telar | loom buffer.

tope del carro | carriage stop (lathe).

tope limitador | fence.

topes de inversión de marcha | stroke dogs (machine tool).

topografía | land surveying | survey | surveying.

topografía aérea | airborne control system.

topografía con teodolito | transit survey.

topografía estereoscópica I stereo surveying.

topografía plana I plane surveying.

topografía por radar I radar surveying.

topografía sísmica I seismic survey.

topografía submarina I underwater topography.

topometría I plotting of points.

torbanita I boghead cannel (geology).

torbellino I slipstream I whirlwind I windspout.

torbernita I vitreous copper I copper uranite.

torcedor de alambre I wire twister.

torcedura I kink.

torcer I spring (to) I twist (to) I wind (to).

torcido I twisted.

torcido de selfactina I mule twist.

torcimiento I warping.

torio I thorium (Th).

tormenta I storm I thunderstorm.

tormenta ionosférica I radio storm.

tornado I tornado.

tornapunta I brace rod I push brace I spur I spur brace I spur shore I strut.

tornapuntar I brace (to).

tornasol I chatoyancy I litmus (chemistry).

torneado de desbaste I rough turning (mechanics).

torneado por electroerosión I spark turning.

tornear I turn (to).

torneo cilíndrico I straight turning.

tornillo I bolt I male screw I screw.

tornillo de ajuste I setscrew.

tornillo de alas I thumbscrew.

tornillo de apriete I lock screw I press screw.

tornillo de Arquímedes I screw.

tornillo de avance I feed screw I feeding screw I lead screw.

tornillo de ayustar I rigging screw.

tornillo de cabeza hueca I socket-head screw.

tornillo de cabeza ranurada I slotted screw.

tornillo de centrar I centring screw.

tornillo de elevación I lifting screw.

tornillo de empalmar I abutting frame (carpentry).

tornillo de empuje I thrust screw.

tornillo de entibación I lag screw.

tornillo de espiga I feather bolt I pin screw.

tornillo de fijación I binding screw I clamp screw I dog screw I locating screw.

tornillo de mariposa I thumbscrew.

tornillo de palometa I thumbscrew.

tornillo de paso pequeño I slow-motion screw.

tornillo de paso rápido I long pitch screw.

tornillo de presión I clamp bolt I pinching screw.

tornillo de reglaje I adjusting screw.

tornillo de regulación del empujaválvula I tappet aiming screw.

tornillo de rosca para madera I wood screw.

tornillo de seguridad I lock screw.

tornillo de sintonía I tuning screw (microwaves).

tornillo de sujeción I clamping screw I hold-down screw I locating screw.

tornillo de tracción I pulling screw.

tornillo extractor I jackscrew.

tornillo fijador I setscrew.

tornillo graduador I temper screw.

tornillo guía del eje del cierre I lock shaft guide screw.

tornillo helicoidal I screw.

tornillo hembra I female screw I interior screw I internal screw.

tornillo hueco I hollow screw.

tornillo macho I outside screw.

tornillo nivelador I jackscrew.

tornillo para cebar I priming screw.

tornillo para maquinaria I machine screw.

tornillo para metales I machine screw.

tornillo regulador I lead screw I leveling screw I temper screw.

tornillo roscador I tapping screw.

tornillo sin fin I screw I worm I perpetual screw.

tornillo sin fin de accionamiento I actuating screw.

tornillo sin fin de evolvente de círculo I involute worm.

tornillo sostenedor I retaining screw.

tornillo tensor I takeup screw I tightening bolt.

tornillo-eje I pivot screw.

torniquete I turnstile.

torno I wheel and axle I whim.

torno al aire I facing lathe.

torno automático I auto I automatic lathe.

torno copiador I tracing lathe (mechanics).

torno de acanalar I fluting lathe.

torno de alfarero I whirling table.

torno de antena I antenna winch (airplanes).

torno de carro I slide lathe I sliding lathe.

torno de cercenar I slicing lathe.

torno de cilindrar I plain lathe.

torno de desbastar I forge lathe I roughing lathe.

torno de embutir I spinning lathe.

torno de entallar I mandrel lathe I spinning lathe.

torno de extracción I mine hoist (mining) I tackle.

torno de foso I pit lathe.

torno de husillo I spindle lathe.

torno de izar I hoisting winch.

torno de izar pequeño de aire comprimido | tugger hoist.

torno de mandrilar | chucking lathe.

torno de plato | facing lathe.

torno de pulir | grinding lathe.

torno de puntos | centring lathe.

torno de refrentar | facing lathe.

torno de roscar | screw machine | screwcutting lathe.

torno de taladrar | boring lathe.

torno de tornear | lathe.

torno de trocear | slicing lathe.

torno eléctrico | electric hoist.

torno mecánico de alfarero | jigger.

torno para banco | bench lathe.

torno para cilindros de laminador | roll lathe.

torno para elevar pesos | winch.

torno para entallar | carving lathe.

torno para poleas | pulley-lathe.

torno para rayar | rifling bench.

torno para ruedas de ferrocarril | railway wheel lathe.

torno paralelo | sliding lathe.

torno revólver | turret lathe.

torno simple | plain lathe.

torno vertical bimontante | two-standard vertical lathe.

toroide | toroid.

torón | thoron (radon 220).

torón de alambre | wire strand.

torón metálico | wire strand.

toronado | laying (cables).

torpedear | torpedo (to).

torpedo | torpedo.

torpedo propulsado por cohete | rocket-assisted torpedo.

torr | torr (pressure unit).

torre | tower.

torre anemométrica | anemometer tower (meteorology).

torre de absorción | absorber | absorbing tower | absorption column (petroleum) | absorption tower (petroleum).

torre de anclaje | dead-end tower.

torre de borboteo | bubble tower (chemistry).

torre de control | control tower.

torre de depuración | purifying tower | wash tower (chemistry).

torre de destilación | vacuum pipe still tower.

torre de enfriamiento | quench tower | water tower | wind tower.

torre de extensión | telescoping derrick (drillings).

torre de extinción | quenching tower.

torre de lanzamiento | tower launcher.

torre de lavado | tower scrubber (chemistry) | washing tower (gas).

torre de perforación | derrick | drilling derrick | rig.

torre de popa | after turret (ships).

torre de refrigeración húmeda | wet cooling tower.

torre de retransmisión | relay tower (radio).

torre de secado | spray tower.

torre de separación | stripping tower.

torre de sondeos | boring tower.

torre de telecomunicaciones | telecommunication tower.

torre depuradora | scrubber.

torre exploradora | scanner tower (radar).

torre para sondeos de petróleo | oil derrick.

torre rociadora | spray tower.

torrefacción | roasting.

torrente | gully.

torrentes de lava | lava flows.

torreta | turret.

torreta de acrílico | acrylic canopy (airplanes).

torreta de objetivo | lens turret (chamber).

torreta portaobjetivos | lens turret (camera).

tórrido | torrid.

torsiógrafo | torsiograph.

torsiograma | torsiogram.

torsiómetro | torque gage | torque measurer | torquemeter | torsion meter | torsion tester.

torsiómetro de inducción | induction torsion meter.

torsiómetro de reluctancia | reluctance torque meter.

torsiómetro magnético | magnetic torquemeter.

torsión | torsion | twist | twisting.

torsión aerodinámica | aerodynamic twist.

torsión angular | angular twist.

torsión compensada | balanced twist.

torsión dextrogira | right-handed twist.

torsión elástica | elastic twist.

torsión flexural del ala | wing flexure-torsion.

torsión intermitente | intermittent twisting.

torsión uniforme | uniform twist.

torsional | torsional.

torsionamiento | twisting.

torsionar | twist (to).

torsor | wrench (statics).

torta amarilla | yellow cake (uranium).

torta de linaza | linseed cake (chemistry).

torzal | twist.

tosco de fundición | rough-cast.

tostación | roasting.

tostación salina | salt roasting (mining).

tostación sulfatante | sulfation roasting | sulfatizing roasting.

tostación vitrificante | sinter-roastig.

tostación volatilizante | volatilization roasting.

tostadura | roasting.

tostar | roast (to) | toast (to).

totalizador | integrating | position meter (telephony).

totalizador sumador | accumulator (electronic computer).

toxicología del carbonilo de níquel | nickel carbonyl toxicology.

trabajado | wrought.

trabajar | work (to).

trabajo | task | work.

trabajo de extracción | work function (ionized gas).

trabajo de forja | shape work.

trabajo de terminal | terminal job.

trabajo en caliente | hot-working.

trabajo en frío | cold-forming.

trabajo en red | networking (computing).

trabajo en roca | stonework (mining).

trabajo en tiempo real | real time working (computing).

trabajo macroscópico | macroscopic work (thermodynamics).

trabajo manual | handicraft.

trabajo por testeros | overhand stoping (mining).

trabar | interlock (to).

tracción | draft | draught | draw | haulage | pull | pulling | traction | thrust (screws).

tracción adicional | added traction.

tracción lateral | lateral pull.

tracción mecanizada | mechanized draught.

tracción por acumuladores | accumulator traction.

tracción por locomotora | locomotive drive.

traccional | tensile.

tractor | tractor.

tractor de arrastre de troncos | log hauler (forested cutting).

tractor de oruga | crawler tractor.

tractor oruga | caterpillar | caterpillar tractor.

traducción con máquina electrónica | machine translation.

traducción de lenguajes | language translation (computing).

traducir de un lenguaje a otro | translate (to) (computing).

traductor | translator.

tráfico | traffic.

tráfico aéreo | air traffic.

tráfico aéreo internacional | international air traffic.

tráfico de escala | through traffic (telecommunications) | via traffic (telecommunications).

tráfico de espera | waiting traffic (telecommunications).

tráfico de llegada | incoming traffic (telecommunications).

tráfico de radiocomunicación | radio traffic.

tráfico de salida | outgoing traffic (telecommunications).

tráfico de servicio | service traffic (telecommunications).

tráfico de sobrecarga | overflow traffic (telecommunications).

tráfico de telecomunicaciones | telecommunication traffic.

tráfico de tránsito | transit traffic (telephony).

tráfico interior | inland traffic (telecommunications).

tráfico interurbano interior | inland trunk traffic (telephony).

tráfico medio | average traffic (telecommunications).

tráfico terminal | terminal traffic (telecommunications).

tráfico útil | net traffic (electricity).

tragaluz | bull's eye | dream-hole.

tragante | mouth | throat (blast furnaces) | top (blast furnaces) | tunnel (furnaces).

trama | abb (weaving) | mesh | raster.

trama de selfactina | mule-spun yarn.

tramar | weave (to).

tramo | leg | span.

tramo compensado | adjusted link (topography).

trampa adiabática | adiabatic trap (thermonuclear reaction) | magnetic mirror (thermonuclear reaction).

trampa magnética de iones | ion-trap magnet.

trancanil | stringer (navy).

transadmitancia | transadmittance (electrodes).

transbordador aéreo | aerial bridge.

transbordador en catamarán | twin-hulled ferry.

transbordador espacial | space shuttle.

transceptor | transceiver (radio) | transreceiver.

transceptor de datos | data transceiver.

transcodificador | transcoder | transcodificator.

transconductancia estática | static transconductance (transistor).

transconductancia interelectródica | interelectrode transconductance.

transconductancia refleja | reflex transconductance.

transcribir I transcribe (to).

transcripción I transcription.

transcripción cinescópica I television transcription.

transcripción de un mapa I chart plotting.

transcriptor I transcriber.

transdiodo I transdiode (electronics).

transducir I transduce (to).

transductor I pickoff (electromechanical) I transducer I transductor.

transductor bilateral I reversible transducer.

transductor cinematográfico I motion picture pickup (TV).

transductor de acoplamiento en serie I series transductor.

transductor de cinematografía a televisión I motion picture pick-up.

transductor de inductancia mutua I mutual-inductance transducer.

transductor de ionización I ionization transducer.

transductor de medida I measuring transductor (electricity).

transductor de presión absoluta I absolute pressure pickup.

transductor de pulsaciones I pulse sensor.

transductor de secuencias I sequence transducer.

transductor de sonar I sonar transducer.

transductor de telemedida I telemetering pickup.

transductor digital I digital transducer.

transductor explorador I scanning transducer (sonar).

transductor lineal I linear transducer.

transductor para indicación posicional I position transducer.

transductor pasivo I passive transducer.

transductor piezoeléctrico I piezo-type transducer.

transductor piroeléctrico I pyroelectric transducer.

transductor reversible I reversible transducer.

transductor rotativo digital I digital rotary transducer.

transductor selectivo I selective network.

transductor simétrico I symmetrical transducer.

transferencia I changeover (electricity) I transfer.

transferencia de control I transfer of control (aeronautics).

transferencia de datos I data transfer.

transferencia de impresión I print-through I transfer print (computing).

transferencia de iones I ion transfer (electrotherapy).

transferencia de palabra I word transfer.

transferencia de sector I sector transfer (computing).

transferencia en paralelo I parallel transfer (computing).

transferencia en serie I serial transfer (computing).

transferencia metálica I metal transfer.

transferencia radial I radial transfer (computer).

transferencia telegráfica I telegraph transfer.

transferencia térmica I thermal transfer.

transferir I relocate (to) I transfer (to) I transmit (to).

transferir el control I transfer check (to) (computing).

transfluxor I transfluxor (ferromagnetic core).

transformación I conversion I transformation.

transformación del número de líneas I line translation (TV).

transformación desdoblada I split transformation (metalography).

transformación energética I power process (thermodynamics).

transformación reversible I ideal process (thermodynamics).

transformada inversa de Fourier I inverse Fourier transform.

transformador I converter (electricity) I transformer.

transformador apuntador I peaking transformer.

transformador con tres devanados I three-winding transformer.

transformador conectado en paralelo I parallel conected transformer.

transformador de alimentación I supply transformer (electricity).

transformador de audiofrecuencias I A. F. transformer.

transformador de base de tiempo de línea I line output transformer (TV).

transformador de bobina múltiple I multiple coil transformer.

transformador de CC I D.C. transformer.

transformador de conexión en T I teaser transformer.

transformador de corriente alterna I alternating current transformer.

transformador de cuarto de onda I matching section transformer.

transformador de dispersión magnética I leak transformer I leakage-flux transformer.

transformador de distribución impregnado con silicona y enfriado con aire | aircooled silicone-impregnated distribution transformer.

transformador de energía | power transformer.

transformador de enlace | interstage transformer.

transformador de entrada | input transformer (radio).

transformador de frecuencias | frequency changer | frequency transformer.

transformador de imagen | image converter.

transformador de impulsos | impulse transformer | pulse transformer.

transformador de inversor | inverter transformer.

transformador de la red | mains transformer.

transformador de línea | line transformer.

transformador de multiarrollamientos en derivación | multiwinding transformer.

transformador de oscilaciones | jigger.

transformador de preamplificación | preamplification transformer.

transformador de relación de voltaje regulable | variable-ratio transformer.

transformador de relación regulable | switch over transformer.

transformador de RF | RF transformer.

transformador de soldar | welding transformer.

transformador de tensión | voltage transformer.

transformador de velocidad | matching stub.

transformador de vibrador | vibrator transformer (electricity).

transformador de voltaje | potential transformer | pressure transformer | tension transformer.

transformador del número de líneas | line transformer (TV).

transformador diferencial | hybrid transformer.

transformador elevador | booster transformer.

transformador elevador de voltaje | positive booster transformer.

transformador en cuadratura | quadrature transformer.

transformador en derivación | shunt transformer.

transformador en paralelo | multiple transformer.

transformador equilibrador | balance transformer.

transformador estático | mutual inductor (electricity).

transformador interetápico | interstage transformer.

transformador intermedio | intervalve transformer.

transformador intervalvular | intervalve transformer.

transformador para desenganche | tripping transformer.

transformador para el alumbrado | lighting transformer.

transformador para impulsos | peaking transformer.

transformador para parrilla | network transformer (electricity).

transformador para rectificadores | rectified transformer.

transformador para varios circuitos | multicircuit transformer.

transformador pequeño | teaser.

transformador rebajador del voltaje | negative booster.

transformador reductor | reducing transformer.

transformador regulable | variable transformer.

transformador regulador | booster transformer.

transformador regulador de voltaje | voltage regulating transformer.

transformador simétrico | push-pull transformer.

transformador sin tomas variables | no tapchanging transformer.

transformador sintonizado | resonance transformer | tuned transformer.

transformador sonda | probe transformer (microwaves).

transformador trifásico | three-wire transformer.

transformar | change (to) | convert (to) | translate (to).

transición | transition.

transición conductiva | breakover.

transición electrónica | jump of electrons.

transición gradual | tapered transition (waves).

transición nula | nil transition.

transistancia | transistance.

transistor | transistor.

transistor bipolar | bipolar transistor.

transistor CS | CS transistor.

transistor de barrera | barrier transistor.

transistor de base metálico | metal-base transistor.

transistor de campo | fieldistor.

transistor de cola | tail transistor.

transistor de conmutación | switching transistor.

transistor de contacto puntual | point-contact transistor.

transistor de deriva de unión PN | PN junction drift transistor.

transistor de dos emisores | two emitter transistor.

transistor de efecto de campo | unipolar transistor.

transistor de estabilización | stabilizing transistor.

transistor de juntura | junction transistor.

transistor de microaleación | microalloy transistor.

transistor de nivel bajo | low-level transistor.

transistor de potencia | power transistor.

transistor de punta de contacto | point-contact transistor.

transistor de puntas de contacto | point contact transistor.

transistor de tetrodo | tetrode transistor.

transistor de tres uniones | three-junction transistor.

transistor de unión de efecto de campo | junction field-effect transistor (computing).

transistor de uniones | junction transistor.

transistor en paralelo | shunt transistor.

transistor M O S | M.O.S. transistor.

transistor MOS parásito | parasitic MOS transistor.

transistor N P N | NPN transistor.

transistorP N I N | P.N.I.N. transistor

transistor P N P | P.N.P. transistor.

transistor pentodo | pentode transistor.

transistor planar | planar transistor.

transistor planar de uniones | planar junction transistor.

transistor tetrodo de unión | tetrode junction transistor.

transistor unipolar | unipolar transistor.

transistorización | transistorization.

transistorizado | solid state.

tránsito con conmutación | transit with switching.

transitorio | transient.

transitrón | transitron (electrotecnics).

translador | translator (telephony).

translador telefónico | telephone translator.

transmisión | driving | driving gear | driving-motion | sending | shafting | transmission.

transmisión a petición | request/reply transmission (telecommunications).

transmisión acústica | sound transmission.

transmisión automática radioeléctrica de datos | radio data link.

transmisión auxiliar | accessory drive.

transmisión canalizada | channeling.

transmisión con matrices | matrixing (radio).

transmisión de datos | data link.

transmisión de datos del recorrido | range data transmission.

transmisión de datos y texto | telematic (TV).

transmisión de energía | power transmission.

transmisión de husillo | worm drive.

transmisión de imágenes | television transmission.

transmisión de impulsos | pulse transmission.

transmisión de información | intelligence transmission.

transmisión de radioenlaces por microondas | microwave radio relax.

transmisión de reglaje | marking transmission.

transmisión de rotor trasero | tail rotor drive shaft.

transmisión de señales falsas | meacon.

transmisión de señales por medio de conductores metálicos | line pickup.

transmisión de techo | overhead driving motion (machines).

transmisión de tracción | pull transmission.

transmisión desde el estudio | studio pickup.

transmisión desmodrómica | positive transmission.

transmisión en alternativa | alternate operation.

transmisión en bucle | loop transmission.

transmisión en cadena | networking (radio).

transmisión en directo | live transmission (TV).

transmisión en estéreo | stereocasting.

transmisión en paralelo | parallel transmission.

transmisión en serie | serial transmission.

transmisión física | physical transmission (dates).

transmisión fototelegráfica | picture call.

transmisión mecánica | mechanical drive.

transmisión múltiple | multiplex | multiplex transmission.

transmisión negativa | negative transmission (TV).

transmisión neutra | neutral transmission (communications).

transmisión óptica | line-of-sight transmission (radio waves) | visual communication.

transmisión por cable | cable transmission | rope gearing | wire broadcasting (radio-TV) | rope drive.

transmisión por cadena | chain drive.

transmisión por correa | belt transmission | flexible gearing.

transmisión por correa abierta | open-belt drive.

transmisión por eje hueco | quill drive.

transmisión por engranaje desplazable | sliding-gear transmission.

transmisión por engranajes | wheel gear.

transmisión por frecuencias ultraaltas | ultrahigh-frequency transmission.

transmisión por línea | line transmission.

transmisión por microbanda | microband transmission.

transmisión por palancas | leverage.

transmisión por tornillo sin fin | worm and wheel drive.

transmisión pregunta-respuesta | request-reply transmission.

transmisión radioeléctrica | radio transmission.

transmisión radiofónica | program transmission.

transmisión radiofónica reversible | reversible sound program.

transmisión regular | regular transmission.

transmisión Rockwood | pivoted motor mount.

transmisión secreta | secret transmission (telecommunications).

transmisión secuencial | sequential transmission.

transmisión simultánea | multiplex | multiplexing | simultaneous broadcast.

transmisión sin difusión | regular transmission.

transmisión sin onda portadora | suppressed carrier transmission.

transmisión sincronizada | synchromesh transmission.

transmisión televisada | telecast.

transmisión télex | telex transmission.

transmisión unilateral | one-way transmission | unilateral transmission (TV).

transmisión vertical | vertical drive (mechanics).

transmisión vía satélite | transmission via satellite.

transmisor | radiator (radio) | sender (telephony) | tapper | transmitter.

transmisor acústico | sound transmitter.

transmisor alimentado a mano | manually energized transmitter.

transmisor barométrico | baroswitch.

transmisor captador magnético | magnetic pickup transmitter.

transmisor conectado | X-on.

transmisor de aeronaves | airborne transmitter.

transmisor de alcances | range transmitter.

transmisor de alternador | alternator transmitter.

transmisor de baja potencia | low voltage transmitter.

transmisor de baliza adireccional | nondirectional beacon transmitter.

transmisor de banda lateral | independent-sideband transmitter.

transmisor de cinta perforada | tape transmitter (telegraphy).

transmisor de comunicación | communication transmitter.

transmisor de datos | data transmitter.

transmisor de impulsos | pulsed transmitter.

transmisor de llave | key transmitter (railways).

transmisor de localizador de pista | runway localizar transmitter.

transmisor de onda corta | short wave transmitter.

transmisor de órdenes | talkback.

transmisor de perturbación radárica | radar jamming transmitter.

transmisor de radar | radar transmitter.

transmisor de radio | X-mitter.

transmisor de radioenlace | link transmitter.

transmisor de radiosonda | radiosonde transmitter.

transmisor de rastreo telemétrico | minitrack.

transmisor de sonar | sonar transmitter.

transmisor de teclado | keyboard transmitter.

transmisor de teleimpresor | teletypewriter transmitter.

transmisor de telemetría | telemetering transmitter.

transmisor de televisión | television transmitter.

transmisor de textos a distancia | teleprinter.

transmisor de tubos de vacío | vacuum-tube transmitter.

transmisor de velocidad relativa | indicated air speed transmitter (avionics).

transmisor del registrador | register sender.

transmisor desconectado | X-off.

transmisor digital | digital transmitter.

transmisor electromagnético de posición angular | magslip.

transmisor lasérico | laser transmitter.

transmisor multicanal | multichannel transmitter (radiocommunications).

transmisor múltiple | multiple transmitter.

transmisor principal | main transmitter.

transmisor receptor I transmitter receiver.

transmisor repetidor I satellite transmitter.

transmisor telefónico I telephone transmitter.

transmisor telegráfico I telegraph transmitter.

transmisor telegráfico para facsímil I facsimile telegraph transmitter.

transmisor telemedidor I telemetry transmitter.

transmisor visual I visual transmitter (TV).

transmisor-receptor I transceiver.

transmitancia I transmittance (lighting engineering).

transmitancia de luz I light transmittance.

transmitancia radiante I radiant transmittance.

transmitiendo I on air.

transmitir I send (to) I transfer (to) I transmit (to) I beam (to) (radio).

transmitir por fax I fax (to).

transmitir por hilo I send by wire (to).

transmitir por radio I send by radio (to).

transmitir por repetidor I relay (to).

transmodulación I monkey chatter.

transoceánico I transoceanic.

transónico I transonic (Mach number between 0.9 and 1.1).

transparencia I lucidity I slide I transparency.

transparencia de rejilla I inverse amplification factor.

transparente I transparent.

transpolar I transpolar.

transpolarizador I transpolarizer (electronics).

transpondedor I transponder.

transpondedor por satélite I satellite transponder.

transpondor de radar I radar transponder.

transportable I mobile.

transportador I protractor.

transportador con paletas rascadoras I scraper conveyor.

transportador de ángulos I protractor.

transportador de artesas I pan conveyor.

transportador de banda I belt conveyor.

transportador de cable I cable railway.

transportador de cinta cóncava I trough conveyor.

transportador de cinta de tela metálica I mesh belt conveyer.

transportador de grados I protractor.

transportador de hélice I worm conveyor.

transportador de información I information carrier.

transportador de tornillo sin fin I auger conveyor.

transportador mecánico I pneumatic conveyor.

transportador para el frente de arranque I face conveyor (mining).

transportador sin fin I screw conveyor.

transportador teleférico I trolley conveyor.

transportadora de cinta I tape transport.

transportar I carry (to) I transport (to).

transporte del metal de aportación I metal transfer (welding).

transporte mecánico I mechanical haulage.

transposición I transposition.

transversal al rumbo I across course.

trapezoidal I vee.

trascanado I redrawing.

trascanar I backwind (to).

trasdos I back (architecture).

trasegar I transfer (to).

trasiego I decantation.

traslación I shifting I traveling (U.S.) (gauntry crane).

trasladar I relocate (to) I translate (to) I transmit (to).

traslado I removal.

traslador con circuito de memoria I wired memory translator (telephony).

traspaso I transfer.

trasvase I decantation.

tratado a presión I pressure-treated.

tratamiento I processing.

tratamiento a baja temperatura I low-heat treatment.

tratamiento a temperaturas bajo cero I stub-zero treatment.

tratamiento ácido I lime sour (weaving).

tratamiento al ácido I acid cure.

tratamiento con rayos X I X-irradiation.

tratamiento contra la herrumbre I rust proofing.

tratamiento de aguas residuales I waste water treatment.

tratamiento de datos I data handling I database management.

tratamiento de desechos industriales I industrial waste treatment.

tratamiento de envejecimiento I aging treatment.

tratamiento de estabilización I aging treatment.

tratamiento de finos I sliming (metallurgy).

tratamiento de imágenes I image processing I picture processing.

tratamiento de la interrupción I interrupt handling.

tratamiento de minerales I mineral dressing (mining).

tratamiento de residuos radiactivos | radioactive waste disposal.

tratamiento de texto | text processing | word processing.

tratamiento del mineral | ore process.

tratamiento desoxidante | pickling.

tratamiento directo con el ordenador | on line processing.

tratamiento en el horno | kilning.

tratamiento hidrófugo | water repellancy treatment.

tratamiento húmedo | wet treatment.

tratamiento iónico | ion-beam treatment.

tratamiento magnético para el recocido | magnetic annealing treatment.

tratamiento preliminar | pretreatment.

tratamiento sobre mesas oscilantes | tabling (minerals).

tratamiento térmico en vacío | vacuum heat treatment.

tratar con nitrógeno | nitrogen-treat (to).

tratar en atmósfera rarificada | vacuum-treat (to).

tratar en frío | cold treat (to).

tratar los fangos | slime (to) (metallurgy).

tratar químicamente | treat (to).

travelín | traveling (U.S.).

travesaño | bunk | cross beam | cross member | head beam | sleeper | tie | transom | waist rail.

travesaño central | lock rail.

travesaño de tope | buffer beam (railways).

travesaño del bogie de motores | motor-bogie bolster.

travesaño frontal | headstock.

traviesa | cross beam | cross hammer | cross member | cross timber | crosshead | rail bearer | railway tie | sleeper | splice bar | tie.

traviesa de cambio | switch tie (railways).

traviesa de junta | joint sleeper (railways) | joint tie (railways).

traviesa metálica | iron tie (railways).

traviesa oscilante | swing bolster (railways).

trayecto | haul | path.

trayecto corto | short path.

trayecto mixto | mixed route (telecommunications).

trayecto óptico | optical path (radiocommunications).

trayecto principal | principal path.

trayecto recorrido por un avión | leg.

trayecto terrestre | land path (radiocommunications).

trayecto único | single hop (radio).

trayectoria | flight (projectiles) | path (ballistics, mathematics) | ray | track | trail | trajectory.

trayectoria de aceleración | acceleration path.

trayectoria de aterrizaje | approach path | landing path.

trayectoria de despegue | take-off path (aeronautics).

trayectoria de infiltración | leakage path.

trayectoria de interceptación | interception trajectory.

trayectoria de la partícula | track of the particle.

trayectoria de línea visual | line-of sight path.

trayectoria de planeo con instrumentos | ILS glide path (airports).

trayectoria de tiempo mínimo | minimum time path.

trayectoria de transmisión | transmission path (telecommunications).

trayectoria de vuelo de tiempo mínimo | minimum time flight path.

trayectoria del misil | missile's flight.

trayectoria del protón | proton track.

trayectoria múltiple | multipath.

trayectoria radioeléctrica | RF path | radio path.

trayectoria terciaria | tertiary path (telecommunications).

traza | trace | track.

traza de macla | twin marking (crystallography).

trazado | alignment | progression (topography).

trazado de coordenadas | polar plot.

trazado de escalas | laying of scales.

trazado de planos | plotting.

trazado de una línea | route of a line.

trazado en la sala de gálibos | lofting (dockyard).

trazado gráfico | plot.

trazado verdadero | true plot (radar).

trazador | marker | tracer lever.

trazador automático de gráficos | plotter.

trazador de baja radiactividad | low-activity tracer.

trazador de circuitos impresos | printed circuit generator.

trazador de curvas | X-Y plotter.

trazador de estima | dead-reckoning tracer (navigation).

trazador de perfiles | profiler.

trazador de reflexión | reflection plotter.

trazador de rumbos | odograph.

trazador del rumbo | course plotter.

trazador gráfico X-Y I X-Y plotter.

trazar I develop (to) (mining) I layout (to) I plot (to) I route (to) I scribe (to) (on wood or metal) I trace (to) I train (to) (vein).

trazar el rumbo I lay a course (to).

trazar la derrota I prick off (to) (navigation) I shape the course (to) (ships).

trazar mapas I map (to).

trazar sobre un plano I lay off (to).

trazar un itinerario I traverse (to).

trazar un rumbo I plot a course (to).

trazo I mark.

trazo de referencia I strobe.

trébol I wobble (rolling mill roll).

trefilado I wiredrawing.

trefilado de alambre I wire drawing.

trefilado de tubos I bar drawing (siderurgy).

trefilador I wire drawer I wiredrawer.

trefilar alambres I wiredraw (to).

trefilería I wiredrawing works.

trefle I wobble I wobbler.

trementina I turpentine I white resin.

tren I train.

tren aterrizador delantero I nose gear (airplanes).

tren continuo de chapa I tandem mill I tandem plate mill.

tren continuo desbastador I tandem roughing mill.

tren de alambre I looping mill (rolling mill) I wire mill I wire rod mill.

tren de amaraje I float carriage I float gear I float undercarriage.

tren de aterrizaje I aircraft undercarriage I landing chassis I landing gear I landing undercarriage (airships) I undercarriage.

tren de cercanías I accommodation train.

tren de desbaste I cogging mill (metallurgy).

tren de engranajes I cluster gear I gearing I line of gear I swing I toothed gearing I train.

tren de engranajes de reducción I reduction gear train.

tren de engranajes planetarios I planetary gear train I planetary set.

tren de estampado I printery range (weaving).

tren de fresas I milling cutter gang.

tren de fuselaje I body gear (aeronautics).

tren de impulsos I pulse train (physics) I spike train.

tren de impulsos negativos I negative pulse train.

tren de impulsos periódicos I periodic pulse train.

tren de impulsos sin señal de referencia I markerless pulse train.

tren de laminación de fleje o de banda I strip mill.

tren de laminadores I rolling train.

tren de laminar en caliente I hot-mill.

tren de laminar perfiles I shape mill.

tren de laminar redondos I rod mill.

tren de lupias I forge train.

tren de montaje I line I mounting line.

tren de morro I nose gear (airplanes).

tren de ondas I train of waves.

tren de palancas I leverage.

tren de producción I line (workshops).

tren de pudelaje I puddle-train.

tren de pudelar I puddle rolls.

tren de rodillos I roller train.

tren de sondeo I rig.

tren de varilla I wire mill.

tren de vástagos I string of casing.

tren desbastador I puddle rolling mill I puddle-train I roughing mill.

tren desbastador trío I three-high rougher.

tren desmultiplicador I reducing train (speed).

tren dúo para desbastar I two-high rougher.

tren fijo de engranajes I lay gear.

tren laminador I mill I mill train.

tren laminador de carriles I rail train.

tren laminador de raíles I rail train.

tren laminador doble I twin rolling mill I two high roll.

tren logístico I accompanying supplies.

tren monocarril I monorail train.

tren múltiple trío I three-high cluster mill.

tren multiplicador I overgear (mechanics).

tren para chapa fina I thin sheet mill (rolling mill).

tren trío I three-high mill.

tren trío de desbaste I three-high blooming mill.

tren unidireccional de impulsos I unidirectional pulse train.

trenzado I braided.

trenzar I braid (to) (cables).

trepanar I trepan (to).

trépano I bit (drillings) I bore-bit (drillings) I boring bit I cross mouthed chisel I drill-jar I jackhammer (drillings) I miner's auger I trepan.

trépano adiamantado I diamond drill.

trépano con diamantes engastados en la superficie I surface-set bit (drillings).

trépano de chorro I jet-bit (drillings).

trépano de corona I splayed drill.

trépano de cuchara I spoon bit.

trépano de guía I pilot bit (drillings).

trépano de moletas I roller bit.

trépano de rodillos | roller bit (drillings).

trépano de sondar | earth borer.

trépano de sondeo | drilling head.

trépano de toberas | jet bit.

trépano dentado | sawtooth bit (drillings).

trépano ensanchador | underreamer (drillings).

trépano excéntrico | eccentric bit | eccentric chisel.

trépano para arcilla | mud-bit (drilling).

trépano para roca | rock bit (drillings) | rock drill bit (drillings).

trépano plano de corte en punta de diamante | V-shaped chisel (drillings).

trépano rectificador | reamer bit (wells).

trépano rotatorio de sondeo | rotary drill bit.

trepidación | jar | jarring | jerking | judder | shaking | tremor.

trepidar | quake (to).

triac | triac (electrotecnics).

triádico | triad.

triangular | triangular | trigonal | vee.

triángulo | delta (electricity) | triangle.

triángulo acutángulo | acute triangle.

triángulo bisectriz | bisector triangle.

triángulo de entrada | inlet diagram (turbine).

triángulo del viento | wind triangle (air navigation).

triaxial | triaxial.

tribómetro | tribometer (friction meter).

tricloruro | trichloride.

tricolor | three-color.

tricón | tricon (radionavigation).

tricono | tricone.

tridimensional | three dimensional | tridimensional.

tridireccional | three way.

tridop | tridop (projectile tracking).

triductor | triductor.

trielectródico | three-electroded.

trietápico | three stage.

trifilar | three-wire.

triforio | triforium (architecture).

trigonal | trigonal (crystallography).

trigonometría analítica | analytic trigonometry (mathematics).

trigonómetro | trigonometer.

trigradual | three stage.

trillonde bytes| terabyte

trimen de popa | after peak | afterpeak (ships).

trimotor | three-engined.

trinca | hold-down | lash-rope | securing device | seizing | tie-down.

trincado térmico | thermal ratchetting.

trincar | seize (to).

trinistor | trinistor (semiconductor).

trinitrobenceno | trinitrobenzene (chemistry).

trinitrobutiltolueno | Baur's musk.

trinitrotolueno | trinitrotoluene.

trinquete | dog | keeper | kep | pallet | pawl | ratchet | trigger | tripper | tripping device.

trinquete de arrastre | feed pawl.

trinquete de avance | feed pawl | stepping pawl (telephony).

trinquete de enclavamiento | locking pawl.

trinquete de parada | stop catch.

trinquete de retención | catch pawl.

trinquete de seguridad | recoil click.

trinquete de tracción | pulling pawl.

trinquete elevador | lifting pawl.

trinquete propulsor | trip pawl.

triodo | three-electrode vacuum tube | three-electrode valve | triode.

triodo de gas | gas relay.

triodo de impedancia media | medium-impedance triode (electricity).

triodo de microondas de pequeña potencia | low-power microwave triode.

triodo doble | twin triode.

triodo termoiónico | thermionic triode.

trióxido | trioxide (chemistry).

trióxido de arsénico | arsenic glass.

triple | triple.

triple diodo | triple diode.

triple enlace | triple bond.

triplete | triad (radio).

triplete de carga | triplet.

triplexor | triplexer (radar).

trípode | dolly | trivet.

tripolar | triple-pole.

trípoli | fossil flour.

tripolo | tripole.

triposicional | three way.

tripulación | crew.

tripulado | manned.

tripulante | crew member.

tripular | man (to) | man her (to).

tripular un buque | man a ship (to).

triquita | trichite.

trirreactor | three engined jet aircraft.

triscador de sierras | jumper.

triscar | jump (to) (saws).

trisilicato | trisilicate (chemistry).

trisulfuro | trisulfide (chemistry).

trisulfuro de antimonio | antimony red.

trisulfuro de arsénico | arsenic orange | arsenic yellow.

triterio | triterium.

tritio | hydrogen 3 | tritium (H_3).

tritón | triton (triton).

triturabilidad | grindability.

trituración I comminution I powdering.

trituración a mano I ragging (mining).

trituración de minerales I ore spalling.

trituración del mineral I ore breaking.

trituración fina I sliming.

trituración húmeda I damp crushing.

triturador I disintegrator I grinder I grinding mill.

triturador de artesa I pan crusher.

triturador de mineral I ore stamp.

trituradora I grinding machine I hammer mill I shredder.

trituradora de mineral I ore crusher.

trituradora mezcladora I mixing-mill.

triturar I grind (to) I masticate (to) I meal (to) I triturate (to).

trivalente I triad.

trivalvular I three-valved.

triyoduro de iridio I iridium triiodide.

triza I shred.

troceador de luz I light chopper.

troceadora I cutting-off machine.

troceadora de arrabio I pig-breaker.

trocha angosta I narrow gage (railways).

troilita I troilite.

trole I trolley.

tromba I windspout (water).

tromel I trommel.

tromelar I trommel (to) (metallurgy).

trompa de agua I water jet aspirator.

troncal de entrada I inward trunk (telephony).

tronco de intercepción I intercep trunk.

tronera I cannon hole.

tronzadora I cutting-off machine.

tronzar I dock (to) I log (to).

tropical I tropical.

trópico I tropic.

tropometría I tropometry.

tropómetro I tropometer.

troposfera I troposphere.

troposférico I tropospheric.

tropotrón I tropotron (magnetron).

troquel I die I die mold I punch I shaper I stamp I stamper.

troquel colocador I gage die.

troquel combinado I compound die.

troquel de corte I shearing die.

troquel de división I index die.

troquel de embutición I pressing die.

troquel de moldear I moulding die.

troquel de punzonar I piercing die.

troquel de recortar I trimming die.

troquel desbastador I roughing die.

troquel hembra I female die.

troquel partido I split die.

troquelado I punched.

troquelado por láser I laser-diesinking.

troqueladora I dieing machine I stamping machine.

troquelar I die (to) I drop-forge (to) I punch (to) I punch-press (to).

troquelar en caliente I hot die-press (to).

troza I log.

trozador I crosscutter.

trucar un motor I soup up (to).

trueno I thunder.

truncar I truncate (to).

tsunami I tsunami (oceanography).

tuba acuágena I aquagene tuff (geology).

tubería I hosepipe I main (water, gas) I pipe I pipeline I piping I tubing.

tubería colectora I gathering line.

tubería de abastecimiento I supply pipe.

tubería de agua I water pipe.

tubería de alimentación I feed line (boilers).

tubería de aspiración I induction line I suction line I suction piping.

tubería de aspiración del aceite I oil-suction piping.

tubería de aspiración del petróleo I oil-suction piping (petroleum tankers).

tubería de caucho I rubber tubing.

tubería de conducción I line pipe.

tubería de desagüe I soil pipe.

tubería de drenaje I waste outlet.

tubería de entrada I intake pipe.

tubería de entubación I casing.

tubería de explotación I tubing (oil well).

tubería de hierro forjado I wrought iron pipe.

tubería de impulsión I rising main.

tubería de producción I tubing.

tubería de recuperación I scavenge pipe.

tubería de retorno I return piping.

tubería de revestimiento I casing pipe I liner (drillings) I tubing.

tubería de servicio I service pipe.

tubería de toma I service pipe.

tubería de trasiego I transfer pipe.

tubería de vapor I steampipe.

tubería del aceite I oil-duct.

tubería del agua I waterline.

tubería en funcionamiento I live line (current liquid).

tubería general del frenado I train pipe (train).

tubería helicoidal I spiral pipe.

tubería interconectadora I interconnecting piping.

tubería maestra I main pipe.

tubería marítima I sea line.

tubería para petróleo I oil pipe.

tubería principal I main line I main pipe I trunk.

tubería principal de achique I main drain (ships).

tubería principal del viento I air main (blast furnaces).

tubería sumergida I submerged pipeline.

tubería vertical I riser.

tubería vitrificada I vitrified pipe.

tuberías de empuje intermitente I puff-pipes (airplanes).

tubo I culm I pipe I tube.

tubo abductor I leading tube.

tubo acodado I elbow I elbow pipe I knee bend.

tubo acústico I speaking tube I voice pipe I voice tube.

tubo aductor I inlet tube.

tubo al vacío I vacuum tube.

tubo alimentador del lodo I standpipe (drillings).

tubo almacenador de datos I memorizing tube (electronics) I memory tube.

tubo almacenador de imágenes I image storing tube.

tubo aluminizado para TV I TV-aluminized tube.

tubo amplificador de salida I output tube.

tubo analizador de imagen I image analysis tube.

tubo analizador de televisión I image pickup tube.

tubo ascendente I riser I riser pipe.

tubo atirantador I stay tube (boilers).

tubo barométrico I tailpipe (implements).

tubo calorifugado I lagged tube.

tubo catalizador I catalysing tube.

tubo catódico I CR tube I thermionic tube.

tubo cerámico I ceramic tube.

tubo cerrado I closed tube.

tubo cinescópico I kinescope tube.

tubo conductor I conductor pipe.

tubo cónico de unión I increaser.

tubo contador I scaling tube (nucleonics).

tubo contador de neutrones I neutron-counting tube.

tubo contador proporcional I proportional counter tube.

tubo convertidor de imagen I image-converter tube.

tubo corto I stub pipe.

tubo corto de empalme I nipple.

tubo corto soldable I welding nipple.

tubo curvado I bent pipe.

tubo de acero I steel pipe.

tubo de admisión I induction pipe I inlet pipe I intake pipe.

tubo de aireación I breather I vapour line (petroleum tankers).

tubo de aletas I ribbed pipe.

tubo de alimentación I delivery tube I feedpipe.

tubo de almacenamiento visual I visual storage tube.

tubo de antisifonaje I back vent.

tubo de arrastre I pull tube (nuclear energy).

tubo de aspersión I spray tube.

tubo de aspiración I aspiring tube I sucker I suction sleeve I suction tube I tailpipe (pumps).

tubo de bifurcación I wye-pipe.

tubo de bombeo I pumping main.

tubo de cámara I camera tube.

tubo de captación I pickup pipe.

tubo de cátodo líquido I pool tank I pool tube.

tubo de chimenea I tunnel.

tubo de cola I tailpipe.

tubo de comunicación I conduit.

tubo de conducción I conduit pipe.

tubo de conexión I interconnector.

tubo de conmutación I switching tube.

tubo de corriente I stream tube I tube of flow (electricity).

tubo de cripton I krypton tube.

tubo de desagüe I delivery pipe I waste pipe.

tubo de desbordamiento I overflow pipe.

tubo de descarga I delivery pipe I drainpipe I offtake I spout.

tubo de descarga de arco de vapor de mercurio I mercury vapor arc-discharge tube.

tubo de destellos de xenón I xenon flash tube I xenon flash lamp.

tubo de destellos láser I laser flash tube.

tubo de dilatación I expansion pipe.

tubo de disparo I trigger tube (electronics).

tubo de distribución I feed tube.

tubo de drenaje I weep pipe.

tubo de eje percutor I needle case.

tubo de elementos múltiples I multielement tube.

tubo de ensayo I test-tube.

tubo de entrada I inlet I inlet tube I leading-in tube I supply pipe.

tubo de escape I drainpipe I exhaust I exhaust pipe I exit tube I tailpipe.

tubo de evacuación I blowoff pipe I eduction pipe I waste pipe.

tubo de evacuación interior I internal blow-down pipe.

tubo de exhaustación I tailpipe (engines).

tubo de fuerza magnético I magnetic tube of force.

tubo de fundición I iron pipe I steel pipe.

tubo de goma I hose.

tubo de haz lineal I linear beam tube.

tubo de haz orbital I orbital beam tube.

tubo de hierro I iron pipe.

tubo de hiperfrecuencias I microwave tube.

tubo de imagen I kinescope I picture tube (TV).

tubo de imagen de televisión I television picture tube.

tubo de imagen infrarroja I infrared image tube.

tubo de imbornal I scupper pipe.

tubo de impulsión I delivery pipe (pumps) I run pipe (mine pump).

tubo de inductancia I inductive tube.

tubo de ionización por ondas de choque I shock tube.

tubo de lanzamiento I launcher tube.

tubo de llegada I inlet pipe I leading tube.

tubo de lubricación I oil pipe I oil tube I oil-duct.

tubo de manipulación I keying tube (telephony).

tubo de máscara I shadow mask tube (electronics).

tubo de mercurio I mercury tube.

tubo de microondas I microwave tube.

tubo de modulación de velocidad I inductive-output valve.

tubo de muestreo I tube sampler.

tubo de nivel I gage glass (boilers) I water glass (boilers).

tubo de obturación I seal pipe.

tubo de ondas progresivas I travelling wave tube.

tubo de paso I bypass.

tubo de paso de pared I leading-in tube.

tubo de perforación I drill pipe I drive pipe.

tubo de pínula I vane tube (topography).

tubo de Pitot con toma estática I Pitot static tube.

tubo de plástico I plastic pipe.

tubo de polarización cero I zero-bias tube.

tubo de presión I pressure pipe.

tubo de protección I kickpipe (cables).

tubo de purga I bleeder I drainpipe I drip pipe.

tubo de rayos catódicos I cathode ray tube I display tube I image reproducer I pix tube I ray tube.

tubo de rayos catódicos de memoria I storage tube.

tubo de rayos catódicos de proyección I projection tube.

tubo de rayos catódicos magnéticos I magnetic cathode ray tube.

tubo de rayos catódicos para proyección I projection cathode-ray tube.

tubo de rayos catódicos para televisión I television picture tube I television tube.

tubo de rayos X I X-ray tube.

tubo de reacción I soaking tube.

tubo de reactancia I reactance valve I reactor tube I valve reactor (electronics).

tubo de rebose I overflow pipe.

tubo de referencia I reference tube.

tubo de repuesto I spare tube.

tubo de resistencia I resistance tube.

tubo de resonancia I resonance tube.

tubo de salida I blowoff pipe I effluent pipe I efflux pipe.

tubo de salida de potencia I power output tube.

tubo de sonda I sounding pipe.

tubo de sondeo I drive pipe.

tubo de subida I riser.

tubo de televisión I TV bulb.

tubo de toma de agua I water pipe (boilers).

tubo de unión I joint pipe.

tubo de vacío I vacuum tube.

tubo de varias rejillas I multigrid tube.

tubo de ventilación I vapour line I vent pipe.

tubo de vidrio calibrado I gage glass.

tubo del objetivo I lens barrel (optics).

tubo desfasador I phase inverter.

tubo dosificador I measuring tube (chemistry).

tubo eductor I eduction pipe.

tubo electrómetro I tube electrometer.

tubo electrónico I electron tube I tube I vacuum tube (USA) I valve (G.B.).

tubo electrónico de base octal I octal base tube.

tubo electrónico de bloqueo I lockout tube.

tubo electrónico de cierre hermético I sealed tube.

tubo electrónico de salida I output tube.

tubo electrónico en cascada I cascade tube.

tubo electrónico filiforme I pencil tube.

tubo electrónico memorizador I storage tube.

tubo electrónico multicolector I multicollector electron tube.

tubo electrónico noval I noval tube.

tubo electrónico separador I separating tube.

tubo elevador I lift pipe.

tubo emisor I bottle.

tubo en T I tee.

tubo en U I U-tube.

tubo en Y | Y-tube.
tubo enfriado por agua | water cooled tube.
tubo estabilizador | ballast tube.
tubo estabilizador de la tensión | voltage-stabilizing tube.
tubo estabilizador de voltaje | stabilivolt tube.
tubo estirado | seamless tube | solid-drawn tube.
tubo filtro | screen pipe (drillings).
tubo flexible | hose | loom.
tubo fotoeléctrico | phototube.
tubo fotoluminiscente | photoglow tube (electronics).
tubo fotomultiplicador | photomultiplier tube.
tubo generador de señales | signal generating tube.
tubo graduado | measuring cylinder (chemistry).
tubo guía | conductor pipe | surface casing (drillings).
tubo guiador durante el lanzamiento | launching tube.
tubo imagen | teletron (TV).
tubo indicador | display tube.
tubo interior | inner tube.
tubo introscopizado | introscoped tube.
tubo invertido | inverted tube (electronics).
tubo inyector | jet pipe.
tubo inyector con barrena | jet auger.
tubo lanzacohetes | rocket tube.
tubo lanzatorpedos | impulse tube | torpedo gun | torpedo tube.| lauching tube.
tubo luminoso | light pipe.
tubo memorizador | memorizing tube | memory tube (electronics).
tubo memorizador de imágenes | picture storage tube.
tubo metálico flexible | metal hose.
tubo mezclador | mixer tube.
tubo monitor | monitoring tube (TV).
tubo monitor de línea | line monitoring tube (TV).
tubo monocañón | single-gun tube (electronics).
tubo multicañón | multigun tube (cathodic rays).
tubo multicátodo | multicathode tube.
tubo multiplicador de electrones | multiplying tube.
tubo neumático | pneumatic tube.
tubo para sondeo de tanques | tank-sounding tube.
tubo para VHF | V.H.F. tube.
tubo perforado | liner (well casing).
tubo planar | planar tube.
tubo receptor | receiving tube.

tubo rectificador | rectifier tube | rectifying tube.
tubo rectificador de gas | rectifier gas tube.
tubo refrigerante | refrigerator pipe.
tubo regulador | ballast tube.
tubo regulador de tensión | VR tube (voltage-regulator tube).
tubo sin costura | seamless pipe | seamless tube | solid-drawn tube.
tubo soporte | standpipe.
tubo subminiatura | subminiature tube (electronics).
tubo telescópico | extension tube | telescopic pipe | telescopic tube.
tubo televisivo | picture tube.
tubo termiónico | thermionic tube.
tubo testigo | core tube (drillings).
tubo tiratrón | thyratron tube.
tubo tomavistas | pickup tube.
tubo transductor | transducer tube (electronics).
tubo tricolor | tricolor tube.
tubo Venturi | Venturi.
tubo vertedor | scoop tube.
tubo vertical | standpipe.
tubo zunchado | banded pipe.
tubo-conducto rígido | rigid metal conduit (electricity).
tubo-faro | lighthouse tube (radar).
tubo-relé | relay tube.
tubos de múltiples haces | multibeam tube.
tubos de reacción | puff-pipes (missiles).
tubulado | piped.
tubuladora de admisión | inlet manifold.
tubuladura | branch | tubing.
tubuladura de admisión | induction manifold.
tubuladura de aspiración | induction manifold (engines).
tubuladura de escape forrada | lagged exhaust manifold (engines).
tubular | piped | tubular.
tuerca | female screw | hollow screw | interior screw | nut | screw nut.
tuerca ahuecada | recessed nut.
tuerca almenada | slotted nut.
tuerca cautiva | captive nut.
tuerca cerrada | acorn nut.
tuerca con hueco poligonal | internal wrenching nut.
tuerca con maniguetas | lever nut.
tuerca de acoplamiento | housing nut.
tuerca de ajuste | set nut.
tuerca de aletas | butterfly nut | wing nut.
tuerca de cañón | barrel-nut.
tuerca de empuje | thrust nut (mechanics).

tuerca de fijación | binding nut | lock nut.

tuerca de inmovilización | jam nut.

tuerca de la envuelta | housing nut.

tuerca de mariposa | lever nut | thumbnut | wing nut | wring nut.

tuerca de montaje | pilot nut.

tuerca de orejetas | butterfly nut | lugged nut | wing nut | wing screw | wring nut.

tuerca de palomilla | wing nut | wing screw.

tuerca de prensaestopas | stuffing nut.

tuerca de presión | packing nut.

tuerca de reglaje | set nut.

tuerca de retenida | retaining nut.

tuerca de seguridad | lock nut.

tuerca de sujeción | securing nut | hold-down nut

tuerca de tope | stopnut.

tuerca de unión | union nut.

tuerca del eje de la hélice | propeller-shaft nut.

tuerca del husillo | lead screw nut (lathe).

tuerca desplazable | traveling nut.

tuerca guía | pilot nut.

tuerca hexagonal | hexagon nut | hexagonal nut.

tuerca inmovilizada con pasador | locked nut.

tuerca móvil | sliding nut.

tuerca para hilos | wire nut.

tuerca tensora | adjusting nut.

tuerca-manguito | housing nut.

tuerca-tapón | plug nut.

tuistor | twistor.

tulio | thulium (Tm).

tundidor | cropper.

tundidora | cloth shear | cropping machine (linen).

tundra | bog-ice.

túnel | tunnel.

túnel aerodinámico | propulsion wind tunnel | wind tunnel.

túnel aerodinámico de flujo de agua | wet wind tunnel.

túnel aerodinámico subsónico | subsonic wind tunnel.

túnel aerodinámico vorticial | vortex tunnel.

túnel auxiliar | pioneer tunnel.

túnel de recocido | lehr (glass works).

túnel de toma | intake tunnel.

túnel de viento | wind-tunnel.

túnel hidrodinámico | water tunnel.

túnel subterráneo | subterranean tunnel (railways).

tungsteno | tungsten.

turba | peat | turf.

turba eutrófica | calcareous peat.

turba musgosa | moss peat.

turbera | bog | moss | peat bog | peat moor.

turbiedad | cloudiness (liquids).

turbina | turbine.

turbina aspirante | syphon turbine.

turbina axial | parallel flow turbine.

turbina centrípeta | inward flow turbine.

turbina con extracción | pass-out turbine.

turbina de acción | impulse turbine (steam) | impulser.

turbina de acción y de impulsión | reaction-and-impulse turbine.

turbina de admisión interior | inside admission turbine.

turbina de aire comprimido | air turbine.

turbina de aviación | aeroturbine.

turbina de baja presión | l-p turbine | low-pressure turbine.

turbina de chorro | jet turbine.

turbina de ciar | back-up turbine (ships) | impulse astern turbine (ships) | reversing turbine.

turbina de combustión de ciclo abierto | open-cycle gas turbine.

turbina de combustión interna | internal combustion turbine.

turbina de doble expansión | two-stage turbine.

turbina de gases | internal combustion turbine.

turbina de gases de recuperación | recuperative gas turbine.

turbina de hélice | airscrew-turbine (aeronautics) | propeller turbine.

turbina de impulsión | impulse turbine | velocity turbine.

turbina de libre desviación | tangential wheel.

turbina de marcha avante | ahead turbine.

turbina de media presión | intermediate pressure turbine.

turbina de motor de chorro | jet-engine turbine.

turbina de reacción | back turbine | pressure turbine (hydraulics) | reaction turbine.

turbina de recuperación de potencia | power recovery turbine.

turbina de vapor | steam turbine.

turbina de vapor de media presión | IP turbine.

turbina de vapor de mercurio | mercury-vapor turbine.

turbina de vapor mercúrico | mercury turbine.

turbina de vapor saturado | wet steam turbine.

turbina eólica | wind turbine.

turbina Kaplan | Kaplan turbine.

turbina marina | marine turbine.

turbina marina de gases | marine gas turbine.

turbina mixta | mixed-flow turbine | reaction-and-impulse turbine.

turbina Pelton | water wheel.

turbina radial | radial flow turbine.

turbina radial centrífuga | radial outward-flow turbine.

turbina-bomba reversible | pump-turbine (hydropower plant).

turboagitador | turboagitator.

turboaireador | turboaerator.

turboalternador | turbine-type machines | turboalternator | turbogenerator.

turboarrancador | turbostarter.

turboaspirador | turbocollector.

turbobomba | turbine pump.

turbocirculador | turbocirculator.

turbocompresor | turboblower (engines) | turbocompressor.

turboconvector | turboconvector.

turboconvertidor | turboconvertor.

turbodinamo | turbine-type machines | turbodynamo | turbogenerator.

turbo-embrague | fluid flywheel.

turboexcitador | turboexciter (electricity).

turboexhaustor | turboexhauster.

turboexpansión | turboexpansion.

turboexpansor | turboexpander.

turboextracción de testigos | turbocoring (drillings).

turboextractor | turboextractor.

turbogenerador | turbogenerator.

turbogenerador de vapor de mercurio | mercury turbogenerator.

turbohélice | propeller turbine | propjet | turbine-driven propeller (airships) | turboprop | turboprop-jet engine | turbopropeller.

turbointerruptor de mercurio | mercury turbine interrupter.

turbomáquina | turbine-type machines | turbomachine.

turbomáquina de flujo radial | radial turbomachine.

turbomaquinaria | turbomachinery.

turbomezclador | turbomixer.

turbomotor | turboengine | turbomotor.

turbomotor compuesto | compound turbine engine.

turbonada | squall | vortex.

turbonave | turbine ship.

turboneumático | turbopneumatic.

turboperforación | turbodrilling.

turbopropulsión | turbopropulsion.

turbopropulsor | turboprop engine.

turborreactor | turbojet | turboreactor.

turborreactor a poscombustion | turboramjet.

turborreactor de doble manguito | twin spool turbojet.

turborrefrigerador | turbine cooler unit.

turbosecador | turbodryer.

turbosina | jet propellant.

turbosobrealimentador | turbocharger (engines) | turbosupercharger.

turbosondeo | turbine drilling.

turbosoplante | turboblower (furnace) | turbobooster | turbocharger.

turbotaladro | turbodrill.

turbotransmisión | turbotransmission.

turboventilador | turboblower | turbofan | turboventilator.

turbulencia | eddy | swirl | turbulence.

turgita | hydrohematite.

turmalina azul | blue schorl.

turmalina negra | schorl.

turmalina verde | Brazilian emerald.

TV interactiva por cable | interactive cable TV.

twystron | twystron.

U

ubicación I location I site I situation.
ubitrón I ubitron (microwaves).
udómetro I udometer.
ulexita I boronatrocalcite.
última fase I upper stage (rockets).
ultraacústica I ultrasonics.
ultraacústico I ultrasonic.
ultracorto I ultrashort.
ultrahermético I ultratight.
ultramicroonda I ultramicrowave.
ultranegro I infrablack.
ultrarrápido I instantaneous I quick-break (contactors).
ultrasónica I ultrasonics.
ultrasónico I supersonic I ultra-audible.
ultrasonido I ultrasound.
ultrasonoro I superaudible I supersonic I ultrasonic.
ultrasonoscopio I ultrasonoscope.
ultravelocidad I ultraspeed.
ultravioleta I ultraviolet.
ululación I wow (tape).
umbral I threshold.
umbral absoluto I absolute threshold.
umbral acromático I achromatic threshold.
umbral de detección I threshold of detection (radar).
umbral de energía I threshold of energy.
umbral de frecuencia I threshold of frequency.
umbral de radiación láser admisible I laser-safety threshold.
umbral fotoeléctrico I photoelectric threshold.
umbral máximo de interferencia I maximum interference threshold.
umbral visual I visual threshold.
uniaxial I single-axis I uniaxial.
único I single.
unicom I unicom (frequency 122.8 MHz USA).
unidad I unit.
unidad aritmética I accumulator (digital computer).
unidad cartográfica I mapping unit.
unidad central I main frame I master processor (computing system).
unidad central de proceso I processor.
unidad de activación I staging drive (magnetic disc).
unidad de alimentación I feed unit I power pack.
unidad de barrido I scanner unit.

unidad de capacitancia I abfarad (10^9 farads).
unidad de carga I loading unit (telecommunications).
unidad de cinta I tape unit (computing).
unidad de cinta magnética I magnetic tape drive.
unidad de comienzo I originating unit (telephony).
unidad de conductancia I abmho (10^{-9} mho) I mho.
unidad de control I signaling unit (telegraphy).
unidad de control a distancia I remote control unit.
unidad de control común I common control unit (computing).
unidad de control de impresora I printer control unit (computing).
unidad de control de telecomunicaciones I telecommunications control unit.
unidad de control periférico I peripheral control unit (computing).
unidad de conversación I unit call (telephony).
unidad de corriente I unit of current (electricity).
unidad de datos I data unit.
unidad de desplazamiento I shift unit (computing).
unidad de discos I disk unit (computing).
unidad de discos fijos I fixed disk drive (computing).
unidad de distancia I range unit (radar).
unidad de entrada I input unit.
unidad de escape I unit escapement (computing).
unidad de flujo acústico I vu.
unidad de flujo luminoso I lumen.
unidad de frecuencia I unit frequency.
unidad de germen I seed unit (nuclear energy).
unidad de impresión I print unit.
unidad de inductancia I abhenry (10^9 henrys).
unidad de información I transmission frame.
unidad de intensidad I unit of current.
unidad de interconexión I interface unit.
unidad de longitud I linear unit.
unidad de longitud de onda I wavelength unit.
unidad de masa atómica I physical mass unit.
unidad de masa atómica unificada I unified atomic mass unit.

unidad de medida I measure I measuring unit.

unidad de memoria I memory unit I storage unit.

unidad de perforación I punch unit (computing).

unidad de pirolización isomerizante I iso-cracker.

unidad de potencia I power unit.

unidad de precipitación I precipitation unit.

unidad de presentación visual I video display unit.

unidad de proceso I run unit.

unidad de programa I program unit (computing).

unidad de registro exploratorio I scan-buffer unit.

unidad de resistencia I resistance unit.

unidad de respuesta vocal I voice response unit.

unidad de retardo I unit delay.

unidad de retardo lineal I linear delay unit.

unidad de retransmisión I retransmission unit.

unidad de salida I output unit.

unidad de salida del sistema I system output unit.

unidad de señal telegráfica I telegraph signal unit.

unidad de servicio I service unit (telecommunications).

unidad de telecobalto I telecobalt unit (nuclear energy).

unidad de terminación de redes I network termination unit.

unidad de trabajo I job (computing).

unidad de transmisión I transmission unit (telecommunications).

unidad de tratamiento I processing unit.

unidad de visualización I data display unit I display unit.

unidad descodificadora I decoder unit.

unidad eléctrica I electrical unit.

unidad electrostática absoluta I abstat unit (CGS).

unidadfotométrica I candle.

unidad funcional I functional unit (computing).

unidad gravitacional I G unit.

unidad impresora/perforadora I printer-punch unit.

unidad logística I administrative unit.

unidad luminosa I light unit (railways).

unidad Mache I Mache unit.

unidad matriz I matrix unit.

unidad mecanohidráulica I mechano-hydraulic unit.

unidad motora I motor unit.

unidad motriz I motive unit I motor unit I power pack.

unidad móvil I mobile group I mobile unit (TV) I outside broadcast vehicle (TV).

unidad móvil de grabación I mobile recording unit.

unidad móvil de radio I radio O.B.

unidad móvil de televisión I television pickup station.

unidad múltiple de señalización I multiple signal unit.

unidad operacional I operational unit (computing).

unidad perforadora I punching unit.

unidad procesadora I processing unit.

unidad receptora I receiving unit.

unidad registradora y reproductora I recording-reproducint unit.

unidad sensible I sensing unit.

unidad temporizadora de impulsos I pulse-timing unit.

unidad térmica I thermal unit.

unidad terminal I terminal unit (telecommunications).

unidad transmisora I transmitter unit.

unidad transportable I mobile unit.

unidad X I X unit (radiations).

unidades de conversación interurbanas I intercity message units (telephony).

unidades de entrada I linking panel (telecommunications).

unidimensional I unidimensional.

unidireccional I one-way I simplex (circuit).

unido I coherent I connected.

unido a masa I earthed (engines).

unido a tierra I earthed (electricity).

unificado I unified.

unificar I unite (to).

unifilar I single-wired I unifilar.

uniforme I uniform.

uniformidad I flatness I uniformity.

uniformidad de ganancia I gain flatness.

unilateral I one-way.

unilcuadio I rutherfordium (Rf-USA) I unnilquadium (Unq - I U P A C).

unilhéxio I unnilhexium (Unh - I U P A C).

unilpentio I hahnium (Ha-USA) I nielsbohrium (Ns-Russia) I unnilpentium (Unp - I U P A C).

unión I blend I bracketing I fay I fusion I joint I jointing I junction I linkage I linking I tie I union.

unión a charnela I folding joint.

unión a chaveta I keyed connection.

unión a inglete I miter joint I mitering.

unión a tierra | earth connection.

unión articulada con pasador | knuckle pin joint.

unión con pasador | pin connection.

unión de carriles | rail joint (railways).

unión de charnela | knuckle pin joint.

unión de cubo y espiga | spigot and socket joint.

unión de guíaonda en T | waveguide T.

unión de reborde | lip union.

unión de soldadura | weld junction.

unión del ala al fuselaje | wing root.

unión diferencial | hybrid junction.

unión doble | tool joint.

unión eléctrica | interlinking.

unión en bisel | scarfed joint.

unión en T | tee.

unión en Y | wye junction (waves).

unión éster | ester linkage.

unión frontal | face-bonding (microcircuits).

unión mecánica | mechanical joint.

unión NI | NI junction.

unión piezoeléctrica | piezojunction.

unión plana | planar junction (semiconductors).

unión por chavetas | keying.

unión por hilo | wire bonding.

unión por laminación | rolling bonding.

unión rotativa | rotating joint.

unión sin costura | seamless coupling.

unión soldada | wipe joint | wiped joint.

unión única | single junction (semiconductor).

unipolar | monopole | single core (cables) | single pole | single throw | single-polar | unipolar.

unipolo | unipole.

unir | admix (to) | bind (to) | bond (to) | consolidate (to) | fay (to) | interlink (to) | join (to) | joint (to) | link (to) | match (to) | splice (to) | strap (to) | tie (to) | unite (to).

unir a masa | earth (to) (engines).

unir con pasadores | stud (to).

unir con pernos | join by bolts (to).

unitario | unitary.

unitor | unitor (electronics).

uniunión | unijunction (semiconductors).

univalencia | univalence (chemistry).

universal | all-wave (radio apparatus) | multipurpose (machines) | universal.

universo | universe.

uña | nail.

uña de accionamiento | actuating pawl.

uña de arrastre | striker pin.

uña de enclavamiento | interlock finger.

uña de sujeción | feather.

uña del ancla | anchor bill.

uñeta de trinquete | locking finger.

uñeteador de remaches | rivet chisel.

uranilo | uranyl.

uraninita | pitch ore | pitchblende.

uranio | uranium.

uranio 235 | actinium-uranium | actinouranium.

uranio agotado | depleted uranium.

uranio cuasi natural | near-natural uranium.

uranio empobrecido | depleted uranium.

uranio enriquecido | enriched uranium.

uranio irradiado | irradiated uranium.

uranio ligeramente enriquecido | near-natural uranium.

uranio natural | natural uranium | unenriched uranium.

uranio piceo | pitch ore.

uranio puro refinado | yellow cake.

uranocalcita | uranochalcite.

urbitrón | urbitron (millimeter waves).

urdidor | warper.

urdidor para ovillos | ball warper.

urdidor por secciones | sectional warper.

urdidora | warping machine.

urdimbre | reed (weaving) | warp.

urdimbre en ovillo | ball warp.

urdimbre mezclada | mixed end.

urdimbre y trama | reed and pick.

urdir | warp (to) (weaving) | weave (to).

uso | use | wear | wearing.

utensilio | implement | tool.

útil de recalcar | spinning tool.

utilidad | utility.

utilizable | available | usable.

utillaje | jig | tool kit | tool setup.

uvanita | uvanite.

uvarovita | chrome garnet.

uvicón | uvicon (TV).

V

vaciado | casting | teeming.
vaciado de memoria | memory dump.
vaciado en yeso | plaster cast.
vaciamiento | emptying | hollowing | scooping.
vaciar | empty (to) | scoop (to) (water).
vacío | lag | vacancy | vacuity | vacuum.
vacío atmosférico lunar | lunar vacuum.
vacío de comunicaciones | radio blackout.
vacío espacial | space vacuum.
vacío interstical | interstitial.
vacío perfecto | absolute vacuum.
vacuidad | vacancy | vacuity.
vacuoaccionamiento | vacuum control.
vacuocomprimido | vacuocompressed.
vacuocongelación | vacuum freezing.
vacuocristalizador | vacuocrystallyzer.
vacuodepresor | vacuodepressor.
vacuodesecador | vacuum desiccator.
vacuodesgasificación | vacuodegasification | vacuum degassification.
vacuodeshidratar | vacuumize (to).
vacuodisyuntor | vacuum circuit breaker.
vacuoembutición | vacuum drawing.
vacuoextracción | vacuum stripping.
vacuoeyector | vacuum ejector.
vacuofrenar | vacuum-brake (to).
vacuofreno | vacuum brake.
vacuofundir | vacuum melt (to).
vacuofusión | vacuum melting.
vacuohorno | vacuum oven.
vacuoimpregnación | vacuoimpregnation | vacuum impregnation.
vacuolicuado | vacuum-melted (metallurgy).
vacuometalización | vacuometallization | vacuum coating | vacuum metallizing.
vacuometría | vacuometry.
vacuómetro | vacuum gage | vacuum gauge | vacuummeter | pressure vacuum gage.
vacuómetro de ionización | ionization vacuum gage.
vacuómetro electrónico | ionization gage.
vacuomultiplicador de fuerza | vacuum booster.
vacuoobturador | vacuum seal.
vacuopresor | vacuopressor.
vacuorreforzador | vacuum booster.
vacuorregulación | vacuum control.
vacuosecado | vacuum-dried.
vacuosecador | vacuum dryer.
vacuoservomotor | vacuum servo.
vacuosinterización | vacuum sintering.
vacuosinterizar | vacuum sinter (to).

vacuotecnia | vacuotechnics.
vacuotratar | vacuum-treat (to).
vacuounión | vacuojunction.
vacuovaporización | vacuum steaming.
vagón | car | railcar | wagon (railways).
vagón cisterna | tank truck | tanker wagon.
vagón de mercancías | truck (USA).
vagoneta | bogey | tramcar (mining) | wagon (mining).
vagoneta de mina | barrow | corve | rolley.
vagoneta Decauville | jubilee wagon.
vagra | keelson (ships).
vagra central | center girder | center keelson.
vagra intercostal | intercostal side girder (ships) | intercostal stringer (ships).
vagra intercostal del fondo | intercostal bottom side girder (ships).
vaho | mist.
vaina | quill | sheathing (electric cables).
vaivén | seesaw.
valencia | adicity (chemistry) | valence (chemistry).
valencia mínima | lowest valence (chemistry).
valle | hollow | valley.
valle aclinal | acclinal valley.
valle estructural | structural valley (geology).
valle sinclinal | canoe valley.
valle tectónico | structural valley (geology).
valona de carrete | bobbin flange.
valor calorífico | calorific value.
valor compensado | adjusted value (topography).
valor crítico del parámetro | parameter critical value.
valor de brillantez | brightness value.
valor de combustión neto | lower heating value.
valor de cresta | peak value.
valor de desenganche | resetting value (relays).
valor de resiliencia Izod | Izod impact value.
valor de resistencia | resistance value.
valor de ruido | noise figure (acoustics).
valor del pH | pH value.
valor eficaz | mean-square value | square root mean.
valor en reposo | quiescent value (radio).
valor instantáneo | instantaneous value.
valor instantáneo de corriente | instantaneous current value.
valor máximo | peak | peak value.

valor máximo de corriente al cerrar un inte-rruptor I making current.

valor medio cuadrático I RMS value I root-mean-square value.

valor muestral I sample value.

valor nominal I rating.

valor ponderado de la corriente I weighted current value (telecommunications).

valor ponderado de la tensión I weighted voltage value.

valor propio I eigen value (chemistry).

valor Q I Q value (nuclear energy).

valor simple numérico I scalar value.

valor vectorial I phasor value.

valorable I titratable (chemistry).

valoración I titration (chemistry).

valoración acidimétrica I acidimetric titration.

valoración por fases I phase titration (analytic chemistry).

valoración por oxidorreducción I oxidation-reduction titration.

valoración térmica I thermal titration.

valoración vatimétrica I voltammetric titra-tion.

valoración voltamétrica I voltametric titra-tion.

valoración yodométrica I iodometric titration.

valorante I titrant (chemistry).

valorar I titrate (to) (chemistry).

valorimetría I titrimetry.

valorímetro I titrimeter.

valuar I measure (to).

valuma I after leech (navy).

válvula I cap (pumps) I valve.

válvula amortiguadora I absorber valve I damping tube I snubber valve.

válvula amplificadora I magnifier valve.

válvula antiexplosiones I explosion valve.

válvula apantallada I screened valve.

válvula auxiliar I jockey valve I pilot valve.

válvula auxiliar reguladora del aceite I pilot oil regulating valve.

válvula avisadora de la sobrepresión I senti-nel relief valve.

válvula blanda I soft valve.

válvula blindada I screened valve.

válvula compleja I multielement tube (ther-mionics).

válvula con cuerpo de fundición I iron-body valve.

válvula con deflector I masked valve (mecha-nics).

válvula con descarga sifónica I siphonic dis-charge valve.

válvula con obturador tubular I tube valve.

válvula cónica I needle valve.

válvula de absorción I absorber tube (radia-tion).

válvula de acción directa I pop valve.

válvula de acción lenta I slow-opening valve.

válvula de actuación I actuation valve.

válvula de admisión I admission valve I induc-tion valve (engines) I injection valve I inlet valve I intake valve I throat valve I throttle valve.

válvula de admisión de aire I vacuum valve.

válvula de admisión del vapor I steam valve.

válvula de admisión parcialmente tapada I masked-inlet valve.

válvula de aguja I needle valve I pin valve.

válvula de aire I air valve I breather.

válvula de aislamiento I isolating valve.

válvula de ala I wing valve.

válvula de alimentación I feed valve.

válvula de alimentación principal I main feed check.

válvula de alivio de sobrepresión I surge valve.

válvula de apertura rápida I QO valve.

válvula de arranque I starting valve (engines).

válvula de asiento cónico I miter valve I miter-seated valve I mushroom valve (engines) I poppet-valve.

válvula de aspiración I foot valve (pumps) I inlet valve I intake valve I suction valve.

válvula de balancín I rocker operated valve.

válvula de barrido I scavenger valve I scaveng-ing valve.

válvula de bola I ball check valve I clack valve.

válvula de bola y asiento I ball-and-seat valve.

válvula de cabeza de seta I mushroom headed valve.

válvula de cambio de marcha I reversing-valve.

válvula de camisa I sleeve valve.

válvula de carga I charging valve.

válvula de carrete I spool valve.

válvula de caucho I rubber valve.

válvula de cebado I primary valve (pumps) I primer valve I priming-valve.

válvula de charnela I clack I clack valve I clapper I leaf valve I open flap valve I swing valve.

válvula de cierre I across-the-line valve I non return valve I screwdown valve I shutoff valve I stop valve.

válvula de cierre de la turbina I turbine stop valve.

válvula de cierre de seguridad I safety shutoff valve.

válvula de cierre del colector de vapor I ma-nifold shutoff valve (locomotives).

válvula de cierre efectivo | positive action valve.

válvula de cierre rápido | quick closing valve.

válvula de cierre vertical | lift-valve.

válvula de cierre y retención | screwdown nonreturn valve (pipes).

válvula de cinco electrodos | pentagrid.

válvula de compuerta | sluice valve.

válvula de compuerta de cuña | wedge-gate valve.

válvula de conmutación | switching tube | switching valve.

válvula de contracorriente | backflow valve.

válvula de contraflujo | reverse-flow valve.

válvula de contrapresión | back valve | back-pressure valve.

válvula de control de alimentación | feed-control valve.

válvula de control de la potencia | power-control valve.

válvula de control de la presión | pressure control valve.

válvula de control de servomotor | servoengine control valve.

válvula de control del preenfriador | precooler control valve.

válvula de control proporcional | proportional valve.

válvula de corredera | slide-valve.

válvula de corte remoto | remote cut-off valve | remote-cutoff tube.

válvula de cuartete | quad valve.

válvula de cuello | main steam valve (turbines, reciprocating engines) | throat valve.

válvula de dardo | dart valve (drillings).

válvula de derrame | overflow valve | spill valve.

válvula de desagüe | sluice valve | washout valve (pipes).

válvula de desahogo | off-relief valve | pet-valve | safety valve.

válvula de desahogo a mano | manual blow-down valve (boilers).

válvula de descarga | blowoff valve | escape valve | release valve | relief valve | unloader valve | unloading valve.

válvula de descarga de aceite | oil relief valve.

válvula de desfogue | vent valve.

válvula de desviación | bypass valve.

válvula de detención | trip valve.

válvula de disco | deck valve.

válvula de doble efecto | shuttle valve.

válvula de dos vías | two-way valve.

válvula de drenaje | drain valve.

válvula de drenaje de agua | water drain valve.

válvula de drenaje del colector | sump drain valve.

válvula de enclavamiento de mandos de gases | throttle interlock valve (aeronautics).

válvula de entrada | input tube.

válvula de entrada de aire | air inlet valve | relief valve.

válvula de equilibrio | equilibrium valve.

válvula de escape | eduction valve | escape valve | exhaust valve | outlet valve.

válvula de estanqueidad | sealing valve.

válvula de estrangulación | restrictor valve.

válvula de expansión | expansion valve.

válvula de expansión de pistón | piston expansion valve.

válvula de flotador | ball tap.

válvula de freno | restrictor.

válvula de gas | gas vent.

válvula de haz de luz | light valve.

válvula de husillo | screw down valve.

válvula de impulsión | delivery valve | pressure valve..

válvula de impulsión del aire | air discharge valve. | air delivery valve

válvula de incomunicación | shutoff valve.

válvula de introducción | inserting valve.

válvula de inversión | reversing-valve.

válvula de inversión de tipo de pistón | piston-type reverse valve.

válvula de inyección | injection valve.

válvula de inyección por mezcla | jet injection valve.

válvula de lanzadera | shuttle valve.

válvula de lengüetas | feather valve.

válvula de mando | pilot valve.

válvula de manguito | equilibrium valve.

válvula de mariposa | butterfly valve | pivot valve | pivoted disc valve | strangler.

válvula de microondas | microwave tube.

válvula de palanca | lever valve.

válvula de parada | shutoff valve.

válvula de paso | flow valve | line valve | screwdown valve.

válvula de paso directo | straightway valve.

válvula de paso único | one-way valve.

válvula de pie | foot valve.

válvula de pistón | piston valve.

válvula de pistón inmersor | plunger valve.

válvula de pivote | butterfly valve.

válvula de presionización | pressurizing valve.

válvula de prueba | gage valve.

válvula de pulverización | spray valve.

válvula de purga I blowoff valve I drip valve I primer valve I purge valve.

válvula de reactancia I reactance tube.

válvula de rebose I overflow valve.

válvula de recuperación I rebound valve (hydraulic damper).

válvula de reducción de presión I pressure reducing valve.

válvula de regulación I regulating valve.

válvula de regulación de aceite I oil control valve.

válvula de regulación de la descarga I outlet control valve.

válvula de rejilla pantalla I screen grid tube.

válvula de resorte I poppet-valve I spring valve I spring-loaded valve.

válvula de retardo I delay valve.

válvula de retención I check valve I foot valve I nonreturn valve I poppet I reflux-valve (pipes) I resistance valve I retaining valve (pipes) I stop valve.

válvula de retención del imbornal I scupper nonreturn valve.

válvula de retenida I expanding valve I nonreturn valve.

válvula de retorno de alimentación I feed check-valve.

válvula de retorno de la presión I pressure-return-type valve.

válvula de salida I outlet valve I power tube.

válvula de seccionamiento I isolating valve.

válvula de seguridad I escape valve I pressure relief valve I priming-valve (rolls) I release valve I relief valve I safety valve I unloader.

válvula de seguridad con contrapeso I weighted safety valve.

válvula de seguridad de la tubería I tubing safety valve.

válvula de seguridad de palanca y muelle I locomotive balance (locomotives).

válvula de seguridad de resorte I spring-loaded safety valve.

válvula de seguridad de vaciado rápido I pop valve.

válvula de servicio I service valve (freezing).

válvula de servomando I servo control valve.

válvula de seta I poppet-valve.

válvula de toma de agua I water valve.

válvula de toma de agua de mar I main injection valve (ships) I sea cock (ships) I sea injection valve (ships) I sea inlet (ships) I sea valve (ships) I outboard valve (ships)

válvula de transmisión-recepción I T.R. tube.

válvula de tres vías I switch valve I triple valve.

válvula de un grifo I adapter.

válvula de vaciado I washout valve.

válvula de vaciado rápido I quick-jettison valve.

válvula de vacío I vacuum tube I vacuum valve.

válvula de vacío mantenido I pumped rectifier.

válvula de vacío pentodo I vacuum-tube pentode.

válvula de vacío tetrodo I vacuum-tube tetrode.

válvula de vapor del inyector I injector steam valve.

válvula de vástago I poppet-valve.

válvula de ventilación I venting valve.

válvula del amplificador de baja frecuencia I bottle (radio).

válvula del control del aceite I oil control valve.

válvula del costado del buque I shipside valve.

válvula del limitador I limiter valve.

válvula del obturador I trap valve.

válvula del regulador I regulator valve.

válvula del sobrante I overflow valve.

válvula diodo I diode tube.

válvula distribuidora I manifold valve (oil well).

válvula dosificadora I proportioning valve.

válvula electrónica I electron tube I tube I vacuum tube I valve tube I wireless valve.

válvula electrónica bielectródica I two-electrode vacuum-tube.

válvula electrónica de cierre I lockout tube.

válvula electrónica de multirrayos catódicos I multibeam tube.

válvula electrónica miniatura I miniature electron tube.

válvula electrónica multicolector I multicollector electron tube.

válvula electrónica múltiple I multiunit tube.

válvula electrónica trielectródica I three-electrode vacuum tube.

válvula electrónica triodo I vacuum-tube triode.

válvula equilibrada I pet-valve (pumps).

válvula esférica I ball valve.

válvula estabilizadora I ballast valve I regulating valve.

válvula estanca I droptight valve I well-seating valve.

válvula excitadora I driver tube.

válvula excitadora de presión I actuating pressure valve.

válvula faradizada I screened valve (radio).

válvula fijadora de nivel I clamp tube (electronics).

válvula generadora I power tube.

válvula generadora de señales I signal generator tube.

válvula horizontal de retención I lift check valve.

válvula interceptadora I intercepting valve.

válvula interior I inner valve.

válvula iónica I ionic valve.

válvula Kingston I Kingston valve.

válvula limitadora I restrictor valve.

válvula limitadora de la presión I pressure-limiting valve.

válvula luminosa I light valve.

válvula macho de tres vías I three port plug.

válvula maestra I master valve.

válvula manorreguladora I pressure regulating valve.

válvula mezcladora I mixer (radio) I mixer tube (radio) I mixing valve.

válvula miniatura I bantam tube (radio).

válvula moderadora I retarding valve.

válvula moduladora I modulator tube.

válvula multielectrodo I multielement tube.

válvula multiplicadora I multiplier tube.

válvula neumática I pneumatic valve.

válvula noval I noval tube.

válvula obturadora I plug valve.

válvula osciladora modulada en velocidad I velocity modulation oscillator tube.

válvula oscilante I rocker valve I rocking valve.

válvula pequeña I acorn tube (thermionics).

válvula piezolimitadora I pressure-limiting valve.

válvula poliodo I polyode valve.

válvula preajustable I preset valve.

válvula preamplificadora I preamplifying tube.

válvula precintada I sealed valve.

válvula principal I master valve.

válvula principal de inyección I main injection valve.

válvula principal del vapor I main steam valve.

válvula protectora I protector tube.

válvula purgadora de aire I air cock.

válvula receptora I receiving tube (thermionics).

válvula rectificadora I rectified tube (thermionics) I rectifier (electronics) I rectifying tube

válvula reductora I reducing valve I restrictor.

válvula refrigerada por agua I water cooled tube.

válvula reguladora I ballast valve I throttle valve I welding regulator (burning).

válvula reguladora de la velocidad I restriction valve.

válvula secuencial I sequence valve.

válvula selectora I selector valve.

válvula sin ánodo I plateless valve (thermionics).

válvula sónica I Mach-one valve.

válvula subminiatura I subminiature tube.

válvula terminal I terminal valve.

válvula termiónica I electron valve I thermionic rectifier I thermionic valve I vaccum tube.

válvula tipo hongo I mushroom valve.

válvula tiratrón I thyratron tube.

válvula tubular I pocketed valve.

válvula umbral I threshold tube (radar, TV).

válvula vacuorreguladora I vacuum breaker.

válvula vibratoria I flutter valve.

valvulaje I valving.

valvulaje de admisión I inlet porting (engines).

válvula-relé I thyratron.

válvulas regladas I timing valves.

vanadinita I vanadinite.

vanadio I vanadium (V).

vano de la hélice I screw aperture I screw race.

vano del arco I arch span.

vapoaccionado I steam-powered.

vapofreno I steam brake.

vapografía I vapography.

vapometalurgia I vapometallurgy.

vapor I fume I mist I vapor (USA) I vapour (G.B.).

vapor a presión I live steam I pressurized steam.

vapor de agua I steam.

vapor de exhaustación I waste steam.

vapor de extinción I quenching vapor.

vapor húmedo I wet steam.

vapor saturado I wet steam.

vapores ácidos I acid fumes.

vaporímetro I vaporimeter (chemistry).

vaporización I evaporating I evaporation I steaming.

vaporización a altas temperaturas y presiones I advanced steaming.

vaporización intermitente I batch vaporization.

vaporización máxima continua I maximum continuous rating (boilers).

vaporizador I evaporator I hydroconion I vapour source I ager.

vaporizar I steam (to) I vaporize (to) I vapourize (to) I volatilize (to).

vapotrón I vapotron (electronic tube).

var I var (reactive energy unit).

vara I verge.

varactor I varactor.

varadero del ancla I anchor bed (ships).

varenga armada I bracket floor (ships) I open floor (ships).

varenga estanca I watertight floor (ships).

varenga intercostal I intercostal floor (ships).

varenga maestra I main floor (ships) I midship floor (ships).

varengaje I flooring.

variable I irregular I nonuniform I variable.

variables auxiliares I slack variables.

variación I variance I variation.

variación acotada I bounded variation.

variación aleatoria I straggling.

variación amplia de frecuencia I wide frequency coverage.

variación amplia de voltaje I wide voltage range.

variación de corriente anódica I plate-current shift.

variación de fase I phase shift.

variación de foco I zooming.

variación de la frecuencia I frequency variation.

variación de paso I feathering.

variación de tensión en escalón I voltage step.

variación del cambio de dirección del eje I wander rate (gyroscope).

variación del régimen I load variation (electricity).

variación gradual I tapering.

variación magnética I magnetic variation.

variación nula I zero variation.

variación pequeña del voltaje I ripple.

variación rápida I pulsing.

variaciones cíclicas I jitter (servomechanism).

variador de fase I phase shifter I phase splitter.

variador de toma bajo carga I load tap-changer (transformer).

variancia I variance (statistics).

variancia muestral I sample variance.

variante I variant.

varianza I variance.

variar I vary (to).

variar la amplitud I modulate (to).

varicap I varicap (condenser).

varilla I culm I rod I shank I stick I verge.

varilla aforadora I gaging stick.

varilla articulada I articulated rod.

varilla calibradora I rod gage.

varilla conductora de luz I light pipe (optics).

varilla corrediza I sliding rod.

varilla de accionamiento de la bomba de extracción I sucker rod (oil well).

varilla de acoplamiento I link rod.

varilla de ajuste I adjusting rod I setting rod I shim rod.

varilla de arrastre I drag link I kelly (oil drilling) I pull rod.

varilla de bombeo I sucker rod.

varilla de comprobación I feeler pin.

varilla de conexión I stretcher rod I tie rod.

varilla de empuje I pushing rod.

varilla de enclavamiento I lock rod.

varilla de flotador I tickler.

varilla de guardín I wheel rod.

varilla de láser I laser rod.

varilla de levantamiento I lifter.

varilla de lizos I shaft rod.

varilla de maniobra I pull-rod (railways).

varilla de reglaje I setting rod.

varilla de seguridad I safety rod.

varilla de separación I stretcher rod (railways).

varilla de sonda I boring rod I gage rod I sounding rod.

varilla de tracción I pull-rod I rod line (drillings).

varilla de transmisión I flat rod.

varilla de unión I tie bar I tie rod.

varilla del nivel de aceite I oil level gauge.

varilla del paralelogramo de Watt I radius bar.

varilla graduada I gage rod.

varilla guía I tracking rod.

varilla lisa I plain rod.

varilla medidora I dip stick I gaging stick.

varilla para soldar I welding rod.

varilla tensora I radius-rod.

varillaje de distribución I valve gear rods.

varindor I varindor (inductor).

varioacoplador I variocoupler.

variómetro I jigger I variable inductor I variometer (radio).

variómetro de antena I aerial variometer.

variómetro magnético I magnetic variometer.

varistor I varistor (strength).

varistor simétrico I symmetrical varistor.

varitrón I varitron.

varmetro I var-meter.

varotrón I varotron (electronics).

vaselina I mineral jelly I paraffin jelly I petrolatum I petroleum jelly I vaseline.

vasija de seguridad I pressure vessel (nuclear reactor).

vaso de acumulador I accumulator box.

vaso de amortiguamiento I stilling basin (dam).

vaso graduado I tumbler graduate.

vástago I pin I shank I stem.
vástago cuadrado I kelly.
vástago de avance I feed stud.
vástago de herramienta I tool bit.
vástago de perforación I auger stem.
vástago de sondeo I boring rod.
vástago de transmisión I kelly.
vástago de válvula I valve rod I valve spindle I valve stem.
vástago del distribuidor I slide-rod.
vástago del freno I recoil rod.
vástago del pistón I piston rod.
vástago elevador I lifting stem (valves).
vatiaje I watt density I wattage.
vatiaje nominal I wattage rating.
vatímetro I voltammeter I wattmeter.
vatímetro de balanza I watt-balance.
vatímetro de bobina móvil I moving-coil wattmeter.
vatímetro de disco de inducción I induction wattmeter.
vatímetro de núcleo ferromagnético I iron-cored wattmeter.
vatímetro de potencia reactiva I reactive power meter.
vatímetro funcionando por torsión I torque-operated wattmeter.
vatímetro térmico I thermal wattmeter.
vatímetro totalizador I integrating wattmeter.
vatio I watt.
vatio-hora I watthour (Wh).
vatios efectivos I true watts.
vatio-segundo I watt second.
vectar I vector (to).
vectógrafo I vectograph.
vector I vector.
vector cinético I angular-momentum vector.
vector con distribución Rayleigh I Rayleigh-distributed vector.
vector de acceso I access vector (computing).
vector de corriente I phasor (electricity).
vector de deslizamiento I slip vector.
vector de espín I spin vector.
vector de interrupciones I trap vector (routines).
vector de onda I wave vector (physics).
vector de posición I position vector.
vector de transferencia I transfer vector.
vector fijo I bound vector.
vector giratorio I rotating vector.
vector impulso I momentum vector.
vector ligado I bound vector.
vector luminoso I light vector.
vector mayoritario I majority carrier (electronics).

vector nuclear de medio alcance I medium-range nuclear vector.
vector solenoidal I solenoidal vector.
vectorialidad I vectoriality.
vectórmetro I vectormeter.
vehicular I vehicular.
vehículo I vehicle.
vehículo de exploración cósmica I space probe.
vehículo de exploración lunar I lunar excursion module.
vehículo de lanzamiento I launch vehicle.
vehículo de motor I motor vehicle.
vehículo de salvamento I rescue vehicle.
vehículo espacial I craft I space vehicle I spacecraft.
vehículo lunar I lunar module.
vehículo maniobrable para la reentrada I marv (maneuverable re-entry vehicle).
vehículo orbital I orbital vehicle.
vehículo radioguiado sin conductor I pilotless guided vehicle.
vela I sail.
vela cangreja I boom sail I gaff sail.
vela de batículo I jigger.
vela de mesana de cangrejo I mizzen.
velamen I canvas I cloth (ships).
velas de popa I after sails.
velero I sail.
veleta I weather vane I weathercock I wind vane (winds).
veleta en T I landing T (airports) I tee I wind tee (airports).
veleta móvil I yawing vane.
velocidad I speed I velocity.
velocidad aerodinámica I air speed I airspeed (airplanes).
velocidad angular I angular speed.
velocidad angular de viraje I rate of turn (airplanes).
velocidad bisónica I twice speed of sound.
velocidad constante I stable speed I uniform velocity.
velocidad crítica I critical speed I critical velocity I whirling speed (axis).
velocidad crítica de resonancia I resonant critical speed (engines).
velocidad cuadrática media I mean-square speed.
velocidad de arranque I starting velocity.
velocidad de aterrizaje I touchdown speed (aeronautics).
velocidad de avance I rate of feed.
velocidad de barrido I scanning rate I sweep speed.
velocidad de choque I striking velocity.

velocidad de combustión | burning rate.

velocidad de compensación | trim speed.

velocidad de corte | rate of cutting.

velocidad de crucero | cruising speed | flying speed | operating speed (airplanes).

velocidad de deposición | rate of deposition (welding electrodes).

velocidad de descarga | rate of discharge.

velocidad de descenso | lowering speed | rate of descent.

velocidad de desintegración | rate of decay (radioactivity) | rate of disintegration (nuclear energy).

velocidad de despegue | liftoff speed (rockets) | takeoff speed.

velocidad de embalamiento | runaway speed.

velocidad de equilibrio | balanced speed.

velocidad de exploración | pickup velocity | scanning speed | spot speed.

velocidad de fase | phase velocity.

velocidad de frecuencias críticas | whipping speed (axes).

velocidad de fusión | melting rate.

velocidad de izada | lifting speed.

velocidad de la cinta | tape speed.

velocidad de la deformación | strain rate.

velocidad de la hélice | propeller speed.

velocidad de laminado | rolling speed (metallurgy).

velocidad de llegada | terminal velocity (projectiles).

velocidad de manipulación | key speed (Morse).

velocidad de marcha | running speed.

velocidad de modulación | modulation rate.

velocidad de palabra | word rate (computing).

velocidad de paso | rate of flow.

velocidad de penetración | penetration rate.

velocidad de pérdida | stalling speed.

velocidad de polarización | polar velocity (electricity).

velocidad de precesión | precession rate.

velocidad de prensado | pressing speed.

velocidad de progresión | rate of advance.

velocidad de propagación de una onda | velocity of a wave.

velocidad de punta | peak speed.

velocidad de punto luminoso | spot speed.

velocidad de reacción | reaction rate.

velocidad de reacción química | rate of chemical reaction.

velocidad de régimen | free-running speed | normal speed | operating speed | rated speed | rating speed.

velocidad de retroceso | recoil velocity | return speed.

velocidad de rotación | rotative speed | slew rate | spinning speed.

velocidad de rotación en la punta de la pala | tip speed (screw, rotor).

velocidad de salto | slew rate.

velocidad de subida | lifting speed.

velocidad de subida inicial | initial rate of climb.

velocidad de tracción | pulling speed.

velocidad de transmisión | word rate (telegraphy).

velocidad de transmisión de datos | modulation rate.

velocidad de transmisión de señal | signalling rate.

velocidad de transmisión media | medium speed.

velocidad de vuelo | flying speed.

velocidad del cable | rope speed.

velocidad del eje | spindle speed.

velocidad del inducido | rotor speed.

velocidad del obturador | obturator's speed.

velocidad del pistón | stroking speed.

velocidad del rotor | rotor speed.

velocidad del sonido | mach.

velocidad efectiva | effective speed.

velocidad eficaz | RMS velocity.

velocidad en el círculo de contacto | pitch-line velocity.

velocidad en inmersión | submerged speed.

velocidad en servicio | sea speed (ships).

velocidad en tierra | land speed.

velocidad en vacío | idling speed | no load speed.

velocidad excesiva | overspeed.

velocidad final | terminal velocity.

velocidad límite | terminal velocity.

velocidad másica | mass velocity (physics).

velocidad media | mean speed.

velocidad mínima de sustentación | stalling speed.

velocidad mínima de vuelo | minimum flying speed.

velocidad newtoniana del sonido | Newtonian speed of sound.

velocidad orbital circular | circular velocity.

velocidad periférica | pitch-line velocity (gear) | tip speed.

velocidad preseleccionada | preselected speed.

velocidad reducida | reduced rate | reduced speed.

velocidad regulable | varying speed.

velocidad relativa indicada | indicated airspeed (airplanes).

velocidad retrógrada | retrograde velocity.

velocidad sin carga | idling speed.

velocidad sonora | sound speed.

velocidad supersónica | supersonic speed.

velocidad tangencial | whirl velocity (axial compressor).

velocidad telegráfica | modulation rate.

velocidad transónica | transonic speed.

velocidad uniforme | uniform velocity.

velocidad variable | multispeed.

velocidad verdadera | true airspeed (aeronautics).

velocímetro | speedometer | velocimeter.

velómetro | velometer.

veloz | fast | quick.

veneno | poison.

veneno del reactor | reactor poison (nuclear energy).

veneno nuclear | nuclear poison.

veneno rápido | prompt poisoning (nuclear energy).

ventana | window.

ventana de lanzamiento | launch window (satellites).

ventana de lectura | sound gate (cinematography).

ventana de medio punto | roundheaded window.

ventanilla | wicket.

ventear | vent (to) (foundry).

ventilación | aerage | aeration.

ventilación a presión | plenum ventilation.

ventilación impelente | plenum ventilation.

ventilación por aspiración | induced draught.

ventilado por conducto | pipe-ventilated.

ventilado por tubería | pipe-ventilated.

ventilador aspirante | exhauster.

ventilador centrífugo | paddle-wheel fan.

ventilador centrífugo pluripalas | multivane centrifugal fan.

ventilador de baja presión | vent set.

ventilador de hongo | mushroom ventilator.

ventilador de inyección | intake fan.

ventilador volumétrico | volume blower.

ventilar | aerate (to) | vent (to) | ventilate (to).

ventisca | snowdrift.

ventosa | sucker | vent.

ventoso | gusty.

venturímetro | Venturi meter.

verde ácido | acid green.

verde de Cassel | Cassel's green.

verde de Schweinfurt | Schweinfurst green (cupric acetoarsenite).

vergencia | vergency.

verificación | checking | proving | testing | verification.

verificación aritmética | arithmetic check.

verificación de borrado de reposición | reset check (computing).

verificación de frecuencia | frequency check.

verificación de la perforadora | punch check (computing).

verificación de la secuencia | sequence check.

verificación de las señales | signal check.

verificación de programa | program check (computing).

verificación de salida de impresión | printer output check (computing).

verificación de signo | sign check.

verificación de tipos | type check.

verificación por bucle | loop checking.

verificación por rayos X | X-ray inspection.

verificación por saltos | leapfrog test.

verificación por sondeos | spitting.

verificación sincronizada | synchronized check.

verificación sistemática de errores | systematic error checking (computing).

verificado | checked.

verificador | checker | gauge.

verificador de cinta | tape verifier.

verificador de pirómetros | pyrometer tester.

verificador de planeidad | surface gage.

verificador óptico de perfiles | shadowgraph.

verificar | check (to) | control (to) | monitor (to) | overhaul (to) (machines) | test (to).

verificar por rayos X | X-ray (to).

verja | railing.

vernitel | vernitel (telecommunications).

vertedera | chute (dredges) | moldboard (plow).

vertedera de fundición | nose.

vertedero | overfall | sink | spillway (hydraulics) | weir (hydraulics).

vertedero de compuertas Stoney | suspended frame weir (dam).

vertedero de presa | dam spillway.

vertedor | bailer.

verter | spill (to).

vertical | perpendicular | vertical.

vértice | angular point | peak | summit | top | vertex.

vértice primitivo | pitch apex (conic gear).

vertido | spill.

vertiente | slope | watershed.

vertimiento del metal fundido | teeming.

vesícula de aire | air sac (geology).

vesuvianita | brown hyacinth | cyprine.

veta I leading (mining) I lode (geology) I vein.

veta carbonífera I coal seam.

veta madre I main lode.

veta metalífera I ore vein (mining).

veta-guía I bryle.

veteado I cloudy (stones) I mottled.

vetear I marbleize (to) (wood) I vein (to).

veterar I marble (to) (wood).

vía I channel I road (railways) I roadway (railways) I route I routing (communications) I way.

vía aérea I air route I overhead runway I overhead track.

vía alternativa I alternate route.

vía analámbrica I wireless route (telecommunications).

vía ancha I broad gage.

vía auxiliar I alternate route I alternative route (telecommunications).

vía contraria I wrong way (railways).

vía de acceso I approach.

vía de banda estrecha I narrow-band path (communications).

vía de cambio I switch track.

vía de carena I ship railway.

vía de comunicación I channel of communication.

vía de derivación I branch track (railways) I loop I loop line (railways).

vía de desbordamiento I overflow route (telecommunications).

vía de desviación I lead track (railways).

vía de encaminamiento I routing channel (telecommunications).

vía de extracción del mineral I ore road (mining).

vía de información I information channel.

vía de intercambio I interchange track.

vía de lanzamiento I launching track.

vía de rodadura I runway.

vía de tráfico I lane.

vía de transbordo I interchange track.

vía de transmisión I channel I transmission path I transmission route.

vía de traslación I runaway.

vía de unión I junction line.

vía Decauville I jubilee track.

vía directa I through road (railways).

vía doble I double-track.

vía dúplex I duplex channel (telecommunications) I duplex channelling.

vía estrecha I narrow gage.

vía férrea I railroad I railroad track I railway line I track.

vía fluvial I waterway.

vía húmeda I moist way (chemistry) I wet process.

vía libre I all right (railways).

vía marítima I sea lane.

vía muerta I sidetrack (railways) I stub track (railways).

vía normal I first route (telecommunications) I primary route (telecommunications).

vía para telecomunicación I telecommunication channel.

vía primaria I primary route (telephony).

vía principal I principal path.

vía principal transmisora I bus.

vía radiotelegráfica I radiotelegraph route.

vía secundaria I secondary route (telephony).

vía télex I telex channel.

vía única I single line (railways).

vibración I beat I chatter I fluttering I jar I jarring I jerking I jolting I pulse (waves) I shake I shaking I sway I tremble I tremor.

vibración acumulada I cumulative vibration.

vibración aeroelástica alar I wing flutter.

vibración aeronáutica I aeronautical flutter.

vibración amortiguada por electroimán I magnet-damped vibration.

vibración binodal I two-noded vibration.

vibración de aguja I needle talk.

vibración de baja frecuencia I rumbling vibration.

vibración de resonancia I resonance vibration.

vibración galopante I galloping (electric lines).

vibración lateral I whirling (axes).

vibración reticular I lattice vibration.

vibración sonora I sound vibration.

vibración torsional I whirling (axes).

vibración uninodal I single-node vibration.

vibraciones acústicas I acoustic jars.

vibraciones de red cuantificadas I quantized lattice vibrations.

vibrador I jolter I shaking apparatus I ticker I trembler I vibrator.

vibrador de frecuencia I warbler.

vibrador de inmersión I immersion vibrator (concrete).

vibrador de muelle I whip.

vibrador oscilográfico I oscillograph vibrator.

vibrar I flutter (to) I shake (to) I shiver (to) I vibrate (to).

vibratrón I vibratron.

vibroabsorbedor I vibration absorber.

vibroamortiguador I vibrodamper.

vibrocaptor cerámico I ceramic vibration pickup.

vibrómetro I amplitude meter I vibration meter I vibrometer.

vibromotriz I vibromotive.
vibroperforación I vibrodrilling.
vibrorrotación I vibrorotation.
vibroscopio I vibroscope.
vibroseparador I vanner.
vibrotaladrar I vibrodrill (to).
vibrotón I vibroton (triode).
vida media volumétrica I volume lifetime.
vídeo I video.
video escritura I videotype.
video interactivo I interactive video.
videoamplificador I video amplifier.
videocaptación I video pickup.
videocasete I video tape I video-cassette.
videocentro I videocenter.
videocinta I videotape.
videodatáfono I wiewdata.
videodetector I video detector.
videodifusión I telecast.
videodisco I video disc I videodisc.
videoenlace I video link.
videofono I picture phone I videotelephone.
videofrecuencia I video frequency I video link I vision frequency I visual frequency (TV).
videograbación I videorecorder.
videograbadora I video tape machine I video tape recorder.
videógrafo I video tape recorder I videograph.
videograma I sound-image carrier.
videométrico I videometric.
videomodulación I vision modulation.
videorreceptor I vision receiver.
videorregistrador I videorecorder.
videosensor I videosensor.
videotelefonía I telephone image.
videotexto I videotext.
videotransistor I videotransistor.
videotransmisor I video transmitter.
vidicón I vidicon (television).
vidriado sin plomo I leadless glaze (ceramics).
vidriera I stained glass.
vidriería I glaziery.
vidrio I glass.
vidrio al fosfato I phosphate glass.
vidrio antibala I ballistic glass.
vidrio cilindrado I plate glass.
vidrio colado I cast glass.
vidrio de cerámica I ceramic glass.
vidrio de hierro I iron glass (meteorite).
vidrio de Jena I Jena glass (optics).
vidrio de neodimio I neodymium glass.
vidrio de plomo I lead crystal glass I lead glass.
vidrio de plomo y sílice I lead-silica glass.
vidrio endurecido I toughened glass.

vidrio escarchado I ice glass.
vidrio estirado I drawn glass.
vidrio estratificado I laminated fiberglass.
vidrio ferromagnético I ferroglass.
vidrio industrial I mechanical glass.
vidrio laminado I sheet glass.
vidrio laminado de seguridad I shatterproof glass.
vidrio líquido I molten glass.
vidrio magnesífero I magnesia-containing glass.
vidrio opalino I opal glass I opaline.
vidrio óptico I lens.
vidrio para láser I laser glass.
vidrio plano pulido I plate glass.
vidrio soluble I soluble glass I water glass.
vidrio templado I tempered glass I toughened glass.
vidrio termorresistente I oven glass.
vidrio volcánico I volcanic glass.
vidrioso I glasslike.
viento I wind.
viento alisio I trade wind.
viento caliente I warm blast (blast furnaces).
viento catabático I katabatic wind.
viento del norte I norther.
viento dextrógiro I veering.
viento oxigenado I oxygen-enriched blast (blast furnaces).
viento rafagoso I squally wind.
viento supergeostrófico I supergeostrophic wind (meteorology).
vientos alisios del nordeste I northeast trades.
vientre I waist (blast furnaces).
viga I beam I joist (construction) I timber.
viga armada I built section.
viga atirantada I trussed beam.
viga basculante I tilting beam.
viga cajón I bow beam (construction).
viga central I center girder.
viga compuesta I built girder I composite beam I compound beam.
viga de alma abierta I lattice girder.
viga de alma llena I plain web girder I plate girder I web girder.
viga de apoyo de baos I longitudinal deck girder (ships).
viga de apuntalamiento I needle.
viga de arco I bowstring beam.
viga de arco parabólico I parabolic arched rib.
viga de celosía I lattice beam I lattice frame I lattice girder I truss I truss beam.
viga de celosía en K I K truss.
viga de celosía lenticular I lenticular truss.
viga de piso I floor beam.

viga de refuerzo I stiffening girder.
viga de T sencilla I T beam.
viga de unión I tail outrigger (airplanes).
viga del tren de aterrizaje principal I main-gear beam (aeronautics).
viga doble T I I-girder.
viga empotrada I restrained beam.
viga en consola I overhung girder.
viga en ménsula I overhung girder.
viga en N I n-truss.
viga en saliente I overhung girder.
viga en T I tee I tee-shaped beam.
viga en voladizo I overhung girder.
viga en Z I Z-beam.
viga ensamblada I compound beam.
viga intercostal I intercostal girder.
viga longitudinal I longitudinal girder.
viga maestra I bridging joist I chief beam I main beam I main girder I principal beam I sleeper.
viga mixta I composite beam.
viga reforzada I trussed beam I trussed girder.
viga remachada I riveted girder.
viga reticulada I truss.
viga secundaria I pony girder.
viga transversal I cross beam I head tree.
viga transversal de apeo I needle beam (underpinning).
viga tubular I box girder.
viga voladiza I cantilever I cantilever beam I outrigger.
viga-balancín I walking beam.
viga-riostra I bridging joist.
viga-tirante I tie beam.
vigilancia I surveillance I watch.
vigilancia aérea I air search I air surveillance.
vigilancia con radar I radar surveillance.
vigilancia de radio I radio watch.
vigilancia de superficie I surface search (radar).
vigilancia submarina I subaqueous surveillance.
vigilancia y control I monitor and control.
vigueta de enlace I tail boom.
vigueta de izada de pesos I lifting beam (cranes).
vigueta laminada I joist.
vigueta prefabricada I precast joist.
viguetas de recalcado I needle beam.
vinagre I acetum.
vinilo I vinyl.
viñeta I vignette (printing).
virada por avante I tack.
virador I jacking engine I jacking gear I toner (photography) I turning gear.
viraje I swinging I turning.
viraje cerrado I shallow turn.
viraje cronometrado I timed turn.

viraje de inclinación media I medium turn.
viraje de precisión I precision turn (aeronautics).
viraje en vuelo horizontal I level turn.
viraje por redondo I veering (navy).
virar I about ship (to) I change color (to) (chemistry) I jack over (to) (machines) I turn (to).
virar el viento I veer (to).
virar por avante I tack (to).
virola I bush I hoop I thimble I tip.
virtual I virtual.
viscosímetro I viscosimeter.
viscoso I tacky.
visera I verge (roofs).
visibilidad I seeing I sight distance I visibility.
visibilidad nula I ceiling zero (aeronautics) I nil visibility.
visibilidad oblicua I slant visibility.
visibilímetro I visibility meter.
visión I seeing I video I vision.
visión escotópica I night vision I rod vision.
visión estereoscópica I solid vision I stereo-viewing I stereovision.
visión fotópica I cone vision.
visión nocturna I night vision.
visionado de material rodado I screening (cinematography, TV).
visor I finder I sight I view finder (photography) I viewer.
visor de abertura I retractable visor.
visor de cámara I viewfinder.
visor de diapositivas I slide viewer.
visor de navegación I sighting device.
visor de proa I bow visor.
visor de rayos láser I laser sight.
visor electrónico I electronic viewfinder.
visor iconométrico I iconometer view finder.
visor interior del ánima I muzzle bore sight.
visor óptico I optical viewfinder.
visor prismático I prismatic eye.
visor reflex I reflex sight.
visor reticulado I window frame finder (photography).
vista I vision.
vista de perfil I profile view.
vista de planta I plot view (draw).
vista en corte I sectional view (draw).
vista en planta I plan view (draw).
vista general I wide angle (TV).
vista posterior I rear view (draw).
vista seccional I sectional view.
visual I visual.
visual de apuntar I training gear (artillery).
visual de nivelada I level sight.
visual de radiación I radiating line.

visual hacia atrás | backsight.
visual hacia delante | plus sight (topography).
visual inversa | back sight.
visualizador | viewer.
visualizador de panel | panel display (TV).
visualizador radiactivo | radioactive tracer.
visuoindicador | visual indicator.
vitelinato de plata | silver vitellin (chemistry).
vítreo | glasslike | glassy | vitreous.
vitrificación | vitrification.
vitrificar | vitrify (to).
vitriol rojo | cobalt vitriol.
vitriolo | vitriol.
vitriolo azul | blue vitriol | bluejack | copper vitriol.
vitriolo de plomo | lead vitriol.
vitriolo rojo | red vitriol.
vitriolo verde | copperas.
vitrobasalto | vitrobasalt.
vitrofibra | glass fiber.
vituallas | accouterment.
viva | strong (powder).
vivianita | blue iron earth | blue ochre | vivianite.
vocablo | word.
voder | voder.
vogad | vogad | voice operated gain adjusting device (V.O.G.).
voladizo en flecha | swept cantilever (aeroelasticity).
voladura | blasting (mining) | blowing up.
voladura de rocas | rock-blasting.
voladura por barrenos de levantamiento | snakeholing (quarry).
volante | wheel (machines).
volante de dirección | steering wheel (autos).
volante de inercia | momentum wheel (satellites).
volante de maniobra | hand wheel.
volante de mano | hand wheel.
volante tensor | tension wheel.
volar | blast (to) | blow out (to) | fly (to).
volátil | volatile.
volatilidad relativa | relative volatility (chemistry).
volatilizar | volatilize (to).
volcador | tilter.
volcán | volcano.
volcánico | igneous.
volcanismo cenozoico | cainozoic volcanism.
volcanizar | vulcanize (to).
volcar | tip (to).
volframato | wolframate.
volframio | tungsten | wolfram.
volquete | dumper.

VOLSCAN | VOLSCAN (airplane landing aid).
voltaje | electrical pressure | potential (electricity) | pressure | tension (electricity) | voltage..
voltaje a circuito abierto | open-circuit voltage.
voltaje acelerador | accelerating voltage.
voltaje acelerante | acceleration voltage | beam voltage.
voltaje activo | active voltage.
voltaje anódico | beam voltage (klystron).
voltaje anódico de cebado | anode breakdown voltage.
voltaje anódico inverso | inverse anode voltage.
voltaje anódico inverso de punta | peak inverse anode voltage.
voltaje antipolarizador | backing voltage.
voltaje aparente | lumped voltage.
voltaje aplicado | impressed voltage.
voltaje bajo de desconexión | low striking voltage.
voltaje compuesto | lumped voltage (thermionics).
voltaje crítico | critical voltage.
voltaje de actuación | actuating voltage.
voltaje de alimentación | input voltage | supply voltage.
voltaje de ánodo | plate voltage (radio).
voltaje de arco de soldadura | welding arc voltage.
voltaje de arranque | starting voltage.
voltaje de audio | audio voltage.
voltaje de barrido | sweep voltage.
voltaje de bloqueo | trapping voltage.
voltaje de carga | charging voltage | impressed voltage.
voltaje de cebado | firing voltage | priming potential | priming voltage (architecture) | striking voltage (electrical welding).
voltaje de choque | surge voltage.
voltaje de compensación | equalizing pressure | equalizing voltage.
voltaje de contorneamiento en húmedo | wet flashover voltage (electricity).
voltaje de corte | cutoff voltage.
voltaje de corte del blanco | target cutoff voltage.
voltaje de cortocircuito | short-circuit voltage.
voltaje de deposición | deposition voltage.
voltaje de descarga | arcover voltage (lightning arrester) | discharge voltage.
voltaje de desenganche | dropout voltage.
voltaje de desexcitación | dropout voltage.

voltaje de desviación I deflecting voltage.

voltaje de dispersión I leakage voltage.

voltaje de encendido I firing voltage (engines) I starter voltage.

voltaje de entrada I input voltage I sending-end voltage I supply voltage I threshold voltage (radio).

voltaje de entrada de la señal de prueba I test signal input voltage.

voltaje de excitación I driving voltage I sealing voltage (relays).

voltaje de exploración I scanning voltage.

voltaje de fase I phase pressure I phase voltage (electricity).

voltaje de formación del arco I minimum flashover voltage I striking voltage.

voltaje de funcionamiento I operating voltage I pickup voltage I working voltage.

voltaje de ionización I ionization voltage.

voltaje de la chapa I plate voltage.

voltaje de la línea I line pressure.

voltaje de la red I line voltage.

voltaje de la rejilla del activador I trigger grid voltage.

voltaje de línea I line voltage.

voltaje de modulación lineal I linearly-modulated voltage.

voltaje de nodo I node voltage.

voltaje de oscilación I oscillating voltage.

voltaje de pila o de acumulador I cell voltage.

voltaje de polarización I bias voltage.

voltaje de polarización del tiratrón I thyratron bias voltage.

voltaje de polarización inversa I reverse-bias voltage.

voltaje de prueba I proof pressure I test pressure I testing pressure.

voltaje de realimentación I feedback voltage.

voltaje de recebado I restriking voltage.

voltaje de recuperación I recovery voltage.

voltaje de reencendido I restriking voltage.

voltaje de referencia I reference voltage.

voltaje de referencia preseleccionado I preselected reference voltage.

voltaje de régimen I normal working pressure I operating potential I operating voltage I rated current I rated pressure I rated voltage I safe operating voltage I working pressure I working voltage.

voltaje de regulación I regulating voltage.

voltaje de restablecimiento I restriking voltage (electricity).

voltaje de ruptura I breakdown voltage.

voltaje de salida I load voltage I output voltage.

voltaje de salto del arco con aislador húmedo I wet flashover voltage.

voltaje de saturación I saturation voltage.

voltaje de servicio I nameplate pressure (electricity) I operating potential I operating pressure I operating voltage I working voltage.

voltaje de trabajo I operating pressure.

voltaje de umbral I threshold voltage.

voltaje de una fase de la estrella I Y-voltage.

voltaje de verificación I calibration voltage.

voltaje del acumulador I accumulator voltage.

voltaje del ánodo I anode voltage.

voltaje del baño I pressure of bath (electroplating).

voltaje del circuito inducido I secondary voltage (transformers).

voltaje del electrodo I electrode pressure.

voltaje del error de salida I output error voltage.

voltaje del inducido I armature voltage.

voltaje discriminador de impulsos I pulse discrimination voltage.

voltaje disruptivo I critical gradient I minimum flashover voltage I puncture voltage I rupturing voltage I sparking voltage.

voltaje eficaz I RMS voltage.

voltaje eficaz de la señal I signal voltage.

voltaje en avance de fase I leading voltage.

voltaje en derivación I shunt voltage.

voltaje en el extremo receptor I receiving end voltage.

voltaje en la línea I pressure in line.

voltaje en las bornas I terminal pressure.

voltaje en oposición I bucking voltage.

voltaje en reposo I rest potential.

voltaje en retardo de fase I lagging voltage.

voltaje en vacío I open circuit voltage.

voltaje entre conductores I line-to-line voltage (three-phase line).

voltaje entre fase y el neutro I star voltage I voltage-to-neutral I Y-voltage.

voltaje entre fases I interlinked voltage I line voltage (three-phase system) I mesh voltage.

voltaje entre fases de corriente alterna I line-to-line voltage.

voltaje entre fases unidas I interlinked pressure I interlinking voltage.

voltaje entre la línea y tierra I line-to-ground voltage.

voltaje equilibrado I offset voltage.

voltaje equivalente I equivalent pressure.

voltaje estático tierra-base I quiescent ground-to-base voltage.

voltaje final de recepción I receiving end voltage.

voltaje inductivo | inductive voltage.
voltaje interespiral | interturn voltage.
voltaje interfásico | interphase tension.
voltaje interior | internal pressure (electricity).
voltaje inverso máximo | inverse peak volts.
voltaje inverso máximo de cresta | maximum peak inverse voltage.
voltaje límite de funcionamiento | limit operating voltage.
voltaje máximo | ceiling voltage | limiting pressure | maximum pressure | peak voltage.
voltaje máximo de servicio | voltage rating.
voltaje máximo en circuito abierto | striking voltage.
voltaje medio | bias (electrodes) | medium pressure.
voltaje mínimo | minimum pressure.
voltaje momentáneo | instantaneous voltage | transient voltage.
voltaje negativo de la rejilla | negative grid voltage.
voltaje neutralizador | neutralizing voltage.
voltaje no disruptivo | withstand voltage.
voltaje normal | standard voltage.
voltaje normal de servicio | normal operating voltage.
voltaje nulo | no volt.
voltaje ondulado | ripple voltage.
voltaje perturbador | noise voltage.
voltaje pulsatorio | pulsating voltage.
voltaje real | effective pressure.
voltaje rectificado | rectified voltage.
voltaje reducido | reduced voltage.
voltaje reforzador | boost voltage.
voltaje regulado de las líneas | line-regulated voltage.
voltaje residual | discharge voltage | residual voltage.
voltaje silenciador | squelch voltage (radio).
voltaje simétrico | push-pull voltage.
voltaje sofométrico | psophometric voltage.
voltaje suplementario | boosted voltage.
voltaje transitorio | transient pressure.
voltaje unidireccional | unidirectional voltage.
voltametría | voltametry.
voltámetro | voltameter.
voltámetro de peso | weight voltameter.
voltamperio | volt-ampere.
voltamperio reactivo | var.
volteador | tumbler.
volteador de troncos | log turner.
volteador de trozas | log turner (saws).
voltear | trip (to) (conveyor) | turn (to).
voltejear | tack (to) (ships).
volthorímetro | volt-hour meter.

voltiamperímetro | voltammeter.
voltímetro | voltage tester | voltmeter.
voltímetro anulador | null voltmeter.
voltímetro avisador | signal voltmeter.
voltímetro bipolar | bipolar voltmeter.
voltímetro cuadrático | square-law voltmeter.
voltímetro de contacto | contact voltmeter.
voltímetro de continua | D.C. voltmeter.
voltímetro de conversión térmica | thermal transfer voltmeter.
voltímetro de corriente alterna | A. C. voltmeter.
voltímetro de corriente continua | D. C. voltmeter.
voltímetro de cresta de impulsión | impulse peak voltmeter.
voltímetro de equilibrio | paralleling voltmeter.
voltímetro de fase | phase voltmeter.
voltímetro de imán móvil | moving-magnet voltmeter.
voltímetro de lámpara termiónica | valve voltimeter.
voltímetro de resorte | marine voltmeter.
voltímetro de solución de sal metálica | metal voltmeter.
voltímetro de triodo | triode voltmeter.
voltímetro de válvula electrónica | vacuum-tube voltmeter.
voltímetro digital | digital voltmeter.
voltímetro electrolítico | electrolytic voltmeter.
voltímetro electrónico | tube voltmeter.
voltímetro registrador | recording voltmeter | voltage recorder.
voltímetro rotativo | rotary voltmeter.
voltímetro térmico | hot-wire voltmeter.
voltímetro-amperímetro | voltmeter-ammeter.
voltímetro-ohmimetro-miliamperímetro | voltmeter-ohmmeter-milliammeter.
voltio | volt (tension unit).
voltio-amperio | ampere-volt.
voltioamperio-hora | voltampere-hour.
voltiohmímetro | voltohmeter.
voltiohmimiliamperímetro | volt-ohm-milliammeter.
voltios eficaces | RMS volts.
voltios-amperios reactivos | reactive volt-amperes.
volumen | cubic contents | volume.
volumen de bombeo | pumpage.
volúmen de cobertura | volumetric coverage (radiolocation).

volumen de referencia | reference volume | reference telephonic power (telecommunications).

volumen de tráfico | traffic flow (telephony) | loading (radio).

volumen desplazado | swept volume.

volumen molal | molal volume (chemistry) | mole volume.

volumen sonoro | loudness.

volumétrico | volumetric.

volúmetro | V. U. indicator | V.U. meter | volume indicator | volumeter | vu meter (VU).

voluminal | voluminal.

volver al estado inicial | restore (to).

VOR terminal | terminal VOR (radiobeacon).

vórtice | eddy | vortex | whirlpool.

vórtice tubular | vortex tube.

vórtices de Karmán | vortex street.

vorticidad | vorticity.

vorticidad absoluta | absolute vorticity.

vorticidad turbulenta | turbulent vorticity.

voz | voice.

vuelco de la memoria | memory dump.

vuelo | flight | flying.

vuelo ascendente | climbing-flight.

vuelo astronáutico | spaceflight.

vuelo automático | pilotless flight.

vuelo cartográfico | mapping flight.

vuelo circunlunar | lunar orbital flight.

vuelo con instrumentos | instrument flying.

vuelo cósmico | spaceflight.

vuelo de comprobación | test flight.

vuelo de ensayo | test flight.

vuelo de entrenamiento | instructional flight | practice flight | training flight.

vuelo de larga distancia | long-haul flight.

vuelo de prueba | check flight | trial flight | test fly.

vuelo de reconocimiento | observation flight | reconnaissance flight.

vuelo en aeroplano | aeroplane flight.

vuelo en picado | nose dip.

vuelo espacial | space flight.

vuelo espacial tripulado | manned spaceflight (cosmonautics).

vuelo estacionario | hovering | hovering flight.

vuelo horizontal | level flight.

vuelo interplanetario | interplanetary flight.

vuelo isobárico | pressure pattern flying.

vuelo lunar con vehículo habitado | manned lunar flight.

vuelo meteorológico | weather flight.

vuelo orbital de prueba | test orbital flight.

vuelo ortodrómico | point-to point flight.

vuelo radioguiado | radio flying.

vuelo rasante | low flying.

vuelo sin motor | motorless flight.

vuelo sin piloto | pilotless flight.

vuelo subsónico | subsonic flight.

vuelo transónico | transonic flight.

vuelo vertical | vertical flight (helicopter).

vuelo visual | visual flight.

vuelta | revolution | round | turn | turning | twirl | whirl.

vuelta al estado inicial | reset.

vuelta de remallar | looping round.

vulcanismo | volcanism | vulcanism.

vulcanita | hard rubber | vulcanite.

vulcanización | curing | metalization.

vulcanización en frío | liquor cure (rubber).

vulcanizado | vulcanizate | vulcanized.

vulcanizar | cure (to) | metalize (to) | vulcanize (to).

vulcanología | volcanology.

W

wagnerita | wagnerite.
watt | watt.
weber | weber.
weberes-espiras | weber-turns.
weberes-vueltas | weber-turns (electricity).
weberio | weber (magnetic flux unit).

wilemita | willemite.
witerita | witherite.
wollastonita | wollastonite (mining).
wulfenita | wulfenite | yellow lead ore.
wurtcita | wurtzite.

X

xantato | xanthate.
xanteno | xanthene.
xenoblasto | xenoblast.
xenocristal | cadacryst.
xenolito | accidental inclusion | exogenous enclosure.
xenón | xenon (chemistry).
xenón terrestre | terrestrial xenon.
xerocopia | xerocopying.
xerografía | xerography.
xerografía por láser | laser xerography.

xerorradiografía | xeroradiography.
xerorreproducción | xeroprinting.
xilenol | xylenol.
xilografía | block print | wood engraving | woodcut | xylograph.
xilógrafo | wood borer.
xilómetro | xylometer.
xilonita | xylonite.
xilosa | beech-wood sugar | xylose.
xilotipo | xylotype.

Y

yacimiento | brood | delf | deposit.
yacimiento aluvial | alluvial ore deposit.
yacimiento clástico | clastic deposit.
yacimiento de aluvión | placer deposit.
yacimiento de amianto | asbestos bed.
yacimiento de hierro | iron deposit.
yacimiento de mineral | layer.
yacimiento de petróleo | accumulation | oil deposit | oil pool | petroleum occurrence | reservoir.
yacimiento detrítico | clastic deposit.
yacimiento diamantífero | banket reef.
yacimiento eflorescente | efflorescent deposit.
yacimiento hullero | coal deposit.
yacimiento metalífero | ore deposit.
yacimiento mineral | mineral deposit.
yacimiento piroclástico | agglutinate.
yacimiento pluvial | pluvial deposit.
yacimiento profundo | deep field (petroleum).
yacimientos en filón | lode deposits.
yarda | YD (yard) | yard (measure).
yardaje | yardage.
yeso | cawk | chalk | dried calcium sulfate | plaster.

yeso alumbrado | marble cement.
yeso anhidro | dead-burned plaster.
yeso de molde | casting plaster.
yeso de vaciar | casting plaster.
yeso fibroso | annaline.
yodación | iodination.
yodato de plata | silver iodate.
yódico | iodic.
yodirita | iodyrite.
yodo | iodine.
yodo 131 | iodine 131.
yodometano | iodomethane.
yodoplatinato | iodoplatinate.
yoduro | iodide (chemistry).
yoduro de cadmio | cadmium iodide.
yoduro de cianógeno | cyanogen iodide.
yoduro de litio | lithium iodide.
yoduro de plata | silver iodide.
yunque | anvil.
yunque de calderero | chamfering anvil.
yunque de embutir | chasing anvil.
yunque de estampar | swage anvil.

Z

zafar el ancla | break ground (to).
zafiro | sapphire.
zafiro de Ceilán | Ceylon sapphire.
zafiro oriental | Burma sapphire | blue sapphire.
zafra | rubbish (mining).
zamarra | ore bloom (metallurgy) | slab (metallurgy).
zamarra de pudelaje | puddle ball.
zanja | ditch | furrow | trench.
zanjadora de cangilones | ladder ditcher | trench digger | trencher.
zapa | mining.
zapapico | pick mattock.
zapata | lower flange (rail) | set shoe | shoe | shoe lining | skid shoe | solepiece | soleplate | third-rail shoe (electric traction).
zapata asimétrica | unsymmetrical footing (foundations).
zapata de contacto | ramp shoe (electric railway).
zapata de freno | brake block | brake check.
zapata de fricción | friction block.
zapata de oruga | crawler shoe.
zapata de pilón | stamp shoe (mining).
zapata del carril | rail foot (bulb rail) | rail shoe (bulb rail).
zapata del codaste | solepiece.
zapata positiva | positive shoe.
zapatilla de grifo | joint ring | leather washer.
zaratita | emerald nickel.
zarpar | leave (to) (ships) | sail (to) (ships).
zeolita férrica | iron zeolite.
zeolita manganesífera | manganese zeolite.
zeolita sódica | base-exchange material.
ziegelina | tile ore.
zinconita | zinc bloom.
zircón | zircon.
zircón incoloro | Ceylon diamond.
zirconato de plomo | lead zirconate.
zirconia | zirconia.
zirconita | jacinth (mineralogy).
zócalo | apron | floor molding | footing | socket | sole (machines).
zócalo de pastilla | wafer socket (electronic valve).
zócalo de tubo | tube socket.
zócalo portaválvula | tube socket.
zona | zone.
zona abisal | abyssal zone.
zona barrida | swept area.
zona ciega del radar | radar blind spot.
zona de aborción | abort zone (aeronautics).

zona de aterrizaje | landing area.
zona de bajas presiones | low altitude area.
zona de comunicaciones | logistic zone | logistical zone.
zona de contacto puntual | kneck (semiconductors).
zona de desembarco | landing area.
zona de despegue | takeoff area (aeronautics).
zona de estacionamiento | standing (airports).
zona de explotación a cielo abierto | stripping area.
zona de inestabilidad meteorológica | squall line.
zona de interferencia | interference range | mush area (radar - USA).
zona de interferencia del ruido | nuisance area.
zona de maniobra | maneuvering area (airports).
zona de oxidación | oxidizing zone (metallurgy).
zona de penetración | negative area (meteorology).
zona de perturbación | nuisance area.
zona de pista magnética | zone track (tape).
zona de presión decreciente | katallobaric area.
zona de prueba de motores | runup area.
zona de recepción | receiving area (radio) | reception area (radiocommunications).
zona de silencio | null (radio) | shadow area | skip distance (radio) | skip zone (radio).
zona de sombra | risk area (radar) | shadow area (radar) | shadow zone (radar).
zona de turbulencia | vortex zone.
zona del blanco | target area.
zona del objetivo | target area.
zona equifásica | equiphase zone.
zona fría | cold area.
zona interfacial | interface.
zona logística | logistic zone | logistical zone.
zona muerta | dead zone | neutral zone.
zona N N | N.N. junction (semiconductors).
zona negativa | negative area.
zona negra | solid area (photomechanics).
zona neutra | neutral zone (aeronautics).
zona primaria de silencio | primary skip zone (radio).
zona radioeléctrica muerta | radio hole.
zona saltada | skip area (radiocommunications).
zona terminal | terminal pad (printed circuit).
zona tórrida | torrid zone.

zonación | zoning.

zonal | areal.

zoolita cúbica | cubizite.

zozobrar | capsize (to) (ships) | wreck (to).

zumbador | buzzer | rattler (electricity).

zumbido | bump (mining) | buzzing.

zumbido de cátodo | cathode hum.

zumbido de la interportadora | intercarrier hum.

zunchamiento | ringing.

zunchar | coil (to) | collar (to) | ferrule (to) | hoop (to).

zunchar en caliente | sweat (to).

zuncho | coil | collar | hoop.

zuncho de arrastre | lug band.

zuncho de botalón | boom iron.

zuncho de culata | breech ring.

zuncho de freno | brake hoop.

zuncho de pilote | pile ferrule | pile hoop | pile ring.

zwitterion | dual ion | inner salt (aminoacids).